भारत 2017

वार्षिक संदर्भ-ग्रंथ

न्यू मीडिया विंग
द्वारा संकलित

प्रकाशन विभाग
सूचना और प्रसारण मंत्रालय
भारत सरकार

2017 (शक 1938)
61वां संस्करण

PD ISBN : 978-81-230-2311-3
BN REF-HIN-OP-121-2016-17

मूल्य: ₹ 350.00

प्रकाशक

अपर महानिदेशक
प्रकाशन विभाग,
सूचना और प्रसारण मंत्रालय, भारत सरकार,
सूचना भवन, सी.जी.ओ. कॉम्प्लेक्स,
लोधी रोड, नई दिल्ली-110 003 द्वारा प्रकाशित
वेबसाइट : www.publicationsdivision.nic.in

संकलन और समन्वय : न्यू मीडिया विंग
बी. नारायणन, स्मिता वत्स शर्मा
नवीन जोशी, सिम्मी कुमार, शिवानन्द पाण्डेय

संपादन : प्रकाशन विभाग
अनिल कु. श्रीवास्तव, राजेंद्र प्र. उपाध्याय
रेमी कुमारी, कांता रानी

आवरण सज्जा : आशा सक्सेना, प्रकाशन विभाग

उत्पादन समन्वय : वी.के. मीणा, प्रकाशन विभाग

विक्रय केंद्र ● सूचना भवन, सी.जी.ओ. कॉम्प्लेक्स, लोधी रोड, **नई दिल्ली**-110 003 ● हॉल नं. 196, पुराना सचिवालय, **दिल्ली**-110 054 ● 701, 'बी' विंग, केंद्रीय सदन, बेलापुर, **नवी मुंबई**-400 614 ● 8, एस्प्लेनेड ईस्ट, **कोलकाता**-700 069 ● 'ए' विंग, राजाजी भवन, बेसेंट नगर, **चेन्नई**-600 090 ● बिहार राज्य सहकारी बैंक बिल्डिंग, अशोक राजपथ, **पटना**-800 004 ● प्रेस रोड, निकट गवर्नमेंट प्रेस, **तिरुअनंतपुरम**-695 001 ● हॉल नं. 1, दूसरी मंजिल, केंद्रीय भवन, सेक्टर-एच, अलीगंज, **लखनऊ**-226024 ● कमरा न. 204, द्वितीय तल, सीजीओ टॉवर्स, कवादीगुडा, **हैदराबाद**-500 080 ● प्रथम तल, 'एफ' विंग, केंद्रीय सदन, कोरामंगला, **बंगलुरु**-560 034 ● अंबिका कॉम्प्लेक्स, प्रथम तल, पालदी, **अहमदाबाद**-380 007 ● हाउस नं. 7, के. के. बी. रोड, न्यू कॉलोनी, चेनी कुत्थी, **गुवाहाटी**-781 003

टाइप सेट : एएआर रिप्रोग्राफिक्स, एम-50, तीसरी मंजिल, लाजपत नगर-IV, नई दिल्ली-110 024
मुद्रक : टेन प्रिंट्स (इंडिया) प्राइवेट लिमिटेड

अनुक्रम

1. भारत भूमि और उसके निवासी 1
2. राष्ट्रीय प्रतीक 27
3. राजनीतिक संरचना 32
4. कृषि 72
5. संस्कृति और पर्यटन 90
6. मूल आर्थिक आंकड़े 108
7. वाणिज्य 137
8. संचार और सूचना प्रौद्योगिकी 171
9. रक्षा 205
10. शिक्षा 242
11. ऊर्जा 262
12. पर्यावरण 289
13. वित्त 320
14. कारपोरेट मामलों का मंत्रालय 389
15. खाद्य और नागरिक आपूर्ति 399
16. स्वास्थ्य और परिवार कल्याण 422
17. आवास 449
18. भारत और विश्व 459
19. उद्योग 492
20. विधि और न्याय 573
21. श्रम, कौशल विकास और रोज़गार 605
22. जनसंचार 617
23. आयोजना 655
24. ग्रामीण और शहरी विकास 671

25. वैज्ञानिक और प्रौद्योगिकी विकास 695

26. परिवहन 735

27. जल संसाधन 756

28. कल्याण 782

29. युवा कार्यक्रम और खेल 820

30. राज्य तथा केंद्रशासित प्रदेश 835

31. राष्ट्रीय घटनाक्रम 920

32. सामान्य सूचना 932

1 भारत भूमि और उसके निवासी

'*भारत मानव जाति का पालना, मानव भाषा की जन्मस्थली, इतिहास की जननी, पौराणिक कथाओं की दादी और परंपरा की परदादी रहा है। मानव इतिहास में हमारी सर्वाधिक मूल्यवान और सर्वाधिक शिक्षाप्रद सामग्री का खजाना केवल भारत में निहित है।*'

- मार्क ट्वेन

भारत बेजोड़ संस्कृति वाला देश है और यह विश्व की प्राचीनतम और महानतम सभ्यताओं में से एक है। यह उत्तर में बर्फ से ढके हिमालय से लेकर दक्षिण में धूप से सराबोर तटवर्ती गांवों और दक्षिण-पश्चिम तट पर आर्द्र उष्णकटिबंधीय जंगलों, पूर्व में ब्रह्मपुत्र घाटी के उपजाऊ क्षेत्र से लेकर पश्चिम में थार रेगिस्तान तक फैला है। भारत का क्षेत्रफल 32,87,263 वर्ग किलोमीटर है। स्वतंत्रता प्राप्ति के बाद पिछले 66 वर्षों के दौरान भारत ने चहुंमुखी सामाजिक-आर्थिक प्रगति की है। आकार की दृष्टि से भारत विश्व में सातवें और जनसंख्या की दृष्टि से दूसरे स्थान पर है। पर्वतमाला और समुद्र इसे शेष एशिया से पृथक करते हैं और एक विशिष्ट भौगोलिक पहचान प्रदान करते हैं। यह उत्तर में विशाल हिमालय से घिरा है और दक्षिण की ओर विस्तार के साथ ककरेखा पर शंकु आकार धारण किए पूर्व में बंगाल की खाड़ी और पश्चिम में अरब सागर के बीच हिंद महासागर में फैला है।

पूरी तरह उत्तरी गोलार्द्ध में स्थित इसकी मुख्य भूमि की अवस्थिति $8^{0}4'$ और $37^{0}6'$ अक्षांश उत्तर तथा $68^{0}7'$ और $97^{0}25'$ देशांतर पूर्व में है। उत्तर से दक्षिण तक इसका अक्षांशीय विस्तार करीब 3,214 किलोमीटर और पूर्व से पश्चिम की तरफ देशांतरीय विस्तार करीब 2,933 किलोमीटर है। इसकी स्थलीय सीमा करीब 15,200 किलोमीटर है। मुख्य भूमि, लक्षद्वीप समूह और अंडमान निकोबार द्वीप समूह सहित तट रेखा की कुल लंबाई 7,516.6 कि.मी. है।

प्राकृतिक पृष्ठभूमि

भारत की सीमा उत्तर-पश्चिम में अफगानिस्तान तथा पाकिस्तान; उत्तर में चीन, भूटान तथा नेपाल; सुदूर पूर्व में म्यांमां और पूर्व में बांग्लादेश से लगती है। पाक जलडमरूमध्य और मन्नार की खाड़ी से निर्मित एक तंग समुद्री चैनल श्रीलंका को भारत से पृथक करता है। देश को मुख्य रूप से 6 अंचलों- उत्तरी, दक्षिणी, पूर्वी, पश्चिमी, मध्यवर्ती और पूर्वोत्तर अंचल में वर्गीकृत किया जा सकता है। यहां 29 राज्य और 7 केंद्रशासित प्रदेश हैं।

प्राकृतिक संरचना

मुख्य भूमि चार भागों- विशाल हिमालय क्षेत्र, गंगा और सिंधु के मैदानी भाग, रेगिस्तानी क्षेत्र और दक्षिणी प्रायद्वीप में बंटी है।

हिमालय पर्वतमाला में तीन लगभग समानांतर शृंखलाएं हैं, जो बड़े पठारों और घाटियों से विभाजित हैं, जिनमें से कश्मीर और कुल्लू जैसी कुछ विस्तृत और अत्यंत उपजाऊ घाटियां प्राकृतिक सौंदर्य से भरपूर हैं।

अनंतिम-आंकड़े

इन पर्वतमालाओं में विश्व की कुछ सबसे ऊंची चोटियां स्थित हैं। समुद्र तल से बहुत अधिक ऊंची होने के कारण इसके कुछ दर्रों से होकर ही यात्रा की जा सकती है, जिनमें दार्जिलिंग के उत्तर–पूर्व में चुंबी घाटी होते हुए मुख्य भारत–तिब्बत व्यापार मार्ग पर स्थित जेलेप–ला, नाथू–ला और कल्पा (किन्नौर) के उत्तर–पूर्व में सतलुज घाटी में शिपकी–ला प्रमुख हैं। पर्वतमाला करीब 2,400 किलोमीटर में फैली है, जो अलग–अलग स्थानों पर 240 से 320 किलोमीटर तक चौड़ी है। पूर्व में भारत और म्यामां तथा भारत और बांग्लादेश के बीच अपेक्षाकृत कम ऊंचाई की पर्वत शृंखलाएं हैं। लगभग समूचे पूर्व–पश्चिम में गारो, खासी, जयंतिया और नगा पर्वतमालाएं इस शृंखला को उत्तर–दक्षिण में मिजो और रखाईं पर्वतमाला के साथ जोड़ती हैं।

गंगा और सिंधु के मैदानी भाग, करीब 2,400 किलोमीटर लंबे और 240 से 320 किलोमीटर चौड़े हैं, जो तीन विशेष नदी प्रणालियों– सिंधु , गंगा और ब्रह्मपुत्र के थालों से मिल कर बने हैं। ये मैदान, नदियों की बाढ़ के साथ बह कर आई कछारी मिट्टी से बने दुनिया के सबसे बड़े मैदानों में से हैं और धरती पर सर्वाधिक घनी आबादी वाले क्षेत्रों में से एक हैं। दिल्ली में यमुना और बंगाल की खाड़ी के बीच करीब 1,600 किलोमीटर क्षेत्र की ऊंचाई में केवल 200 मीटर का ढाल है।

रेगिस्तानी क्षेत्र को दो भागों में बांटा जा सकता है– 'वृहत रेगिस्तान' और 'लघु रेगिस्तान।' वृहत रेगिस्तान कच्छ के रण से उत्तर की ओर लूनी नदी तक फैला है। समूचा राजस्थान–सिंध सीमावर्ती क्षेत्र इसमें समाहित है। लघु रेगिस्तान का विस्तार जैसलमेर और जोधपुर के बीच लूनी से उत्तर–पश्चिम तक है। बृहत और लघु रेगिस्तानों के बीच बंजर भूमि क्षेत्र है, जिसमें चूना पत्थर की पहाड़ियों से सटी चट्टानी भूमि शामिल है।

प्रायद्वीपीय पठार गंगा और सिंधु के मैदानों से सटा है, जिसमें 460 से 1,220 मीटर तक अलग–अलग ऊंचाई वाले पहाड़ और पर्वतमालाएं शामिल हैं। इनमें अरावली, विंध्य, सतपुड़ा, मैकाल और अजंता पर्वतमालाएं प्रमुख हैं। प्रायद्वीप के एक तरफ पूर्वी घाट स्थित हैं जिनकी ऊंचाई करीब 610 मीटर है और दूसरी तरफ पश्चिमी घाट हैं जिनकी ऊंचाई सामान्यत: 915 से 1,220 मीटर तक है, जो कुछ स्थानों पर 2,440 मीटर तक जाती है। पश्चिमी घाटों और अरब सागर के बीच एक संकीर्ण तटवर्ती पट्टी है, जबकि पूर्वी घाटों और बंगाल की खाड़ी के बीच एक वृहत्तर तटवर्ती क्षेत्र है। पठार का दक्षिणी बिंदु नीलगिरि पर्वतमाला से निर्मित है, जहां पूर्वी और पश्चिमी घाट मिलते हैं। उसके परे कार्डमम हिल्स है जिसे पश्चिमी घाट का विस्तार माना जा सकता है।

भौगोलिक संरचना

भौगोलिक क्षेत्र मुख्य रूप से भौतिक विशेषताओं का अनुसरण करता है और इसे 3 क्षेत्रों में वर्गीकृत किया जा सकता है। ये हैं– हिमालय और उससे जुड़ी पर्वतमालाओं का समूह, सिंधु–गंगा का मैदान और प्रायद्वीपीय ढाल।

उत्तर में हिमालय और पूर्व में नगा–लुशाई पर्वत निर्माण करने वाली हलचलों से निर्मित क्षेत्र हैं। इस क्षेत्र का अधिकतर भाग, जो आज विश्व के कुछ सर्वाधिक मनोरम पर्वतीय दृश्य प्रस्तुत करता है, वह करीब 60 करोड़ वर्ष पूर्व समुद्र था। करीब 7 करोड़ वर्ष पहले शुरू हुईं हलचलों से हुए पर्वत निर्माण की शृंखलाओं में, तलछट चट्टानों ने अधिक ऊंचाई ग्रहण की। मौसमी परिवर्तनों और भू–क्षरण से चट्टानों के टूटने के कारण मैदानों का निर्माण हुआ, जो आज हमें दिखाई देता है। सिंधु–गंगा के मैदान विस्तृत कछारी क्षेत्र हैं, जो उत्तर में हिमालय को दक्षिण के प्रायद्वीप से पृथक करते हैं।

प्रायद्वीप अपेक्षाकृत स्थिर क्षेत्र है और इसमें कभी-कभार भूकंप से हलचल पैदा होती है। इस क्षेत्र में 380 करोड़ वर्ष पूर्व धरती के निर्माण के समय के अत्यंत प्राचीन कायांतरित शैल पाए जाते हैं; शेष चट्टानों में गोंडवाना संरचना, दक्षिणी पठार संरचना और कम प्राचीन तलछट भूमि शामिल है।

नदी प्रणालियां

भारत की नदी प्रणालियों को चार समूहों (1) हिमालयी नदियों, (2) दक्षिणी नदियों, (3) तटवर्ती नदियों और (4) अंतरदेशीय बरसाती नदियों में वर्गीकृत किया जा सकता है। हिमालयी नदियां बर्फ और हिमनदों के पिघलने से बनती हैं और इसलिए वे वर्षभर निरंतर बहती रहती हैं। मानसून के महीनों में, हिमालयी क्षेत्र में तेज वर्षा होती है, जिससे नदियों में उफान आता है और बार-बार बाढ़ आती है। दूसरी तरफ दक्षिणी नदियां वर्षा पर निर्भर हैं, अतः उनका आकार घटता-बढ़ता रहता है। इनमें से कई नदियां बारहमासी नहीं हैं। तटवर्ती नदियां, विशेषकर पश्चिमी तटवर्ती नदियों की लंबाई अधिक नहीं है और उनके जलग्रहण क्षेत्र सीमित हैं। उनमें से अधिकतर बारहमासी नहीं हैं। अंतरदेशीय बरसाती नदियां पश्चिमी राजस्थान थाले से संबद्ध हैं जो गिनी-चुनी और अलग-थलग हैं। इनमें से ज्यादातर थोड़े दिन ही बहती हैं।

मुख्य हिमालयी नदी प्रणालियां सिंधु और गंगा-ब्रह्मपुत्र-मेघना प्रणाली का हिस्सा हैं। सिंधु नदी, विश्व की बड़ी नदियों में से एक है, जिसका उद्‌गम स्थल तिब्बत में मानसरोवर के निकट है और यह पहले भारत और इसके बाद पाकिस्तान से बहते हुए अंततः कराची के निकट अरब सागर में मिल जाती है। भारतीय भू-भाग में बहने वाली इसकी महत्वपूर्ण सहायक नदियों में सतलुज (जो तिब्बत से निकलती है), व्यास, रावी, चिनाब और झेलम शामिल हैं। गंगा-ब्रह्मपुत्र-मेघना अन्य महत्वपूर्ण नदी प्रणाली है जिसके प्रमुख उप-थालों में भागीरथी और अलकनंदा के थाले शामिल हैं। ये दो नदियां देवप्रयाग में आकर गंगा बन जाती हैं। गंगा नदी उत्तराखंड, उत्तर प्रदेश, बिहार, झारखंड और पश्चिम बंगाल राज्यों से होकर गुजरती है। भागीरथी, अतीत के मुख्य नदी मार्ग राजमहल पर्वतमाला के नीचे से निकलती है जबकि पद्‌मा पूर्व की ओर बढ़ते हुए बांग्लादेश में प्रवेश कर जाती है। गंगा की महत्वपूर्ण सहायक नदियों में यमुना, रामगंगा, घाघरा, गंडक, कोसी, महानंदा और सोन शामिल हैं। चंबल और बेतवा इसकी महत्वपूर्ण उप-सहायक नदियां हैं, जो यमुना के गंगा में मिलने से पहले यमुना में समा जाती है। पद्‌मा और ब्रह्मपुत्र बांग्लादेश में मिलती हैं और पद्‌मा या गंगा के रूप में निरंतर बहती हैं। ब्रह्मपुत्र तिब्बत से प्रारंभ होती है, जहां इसे त्सांगपो के रूप में जाना जाता है और भारत में अरुणाचल प्रदेश में प्रवेश करने तक यह दिहांग के नाम से एक लंबा मार्ग तय कर चुकी होती है। पासीघाट के निकट दिबांग और लोहित नदियां ब्रह्मपुत्र में मिलती हैं और यह संयुक्त नदी असम घाटी में बहती है। धुबरी से निचली धारा बांग्लादेश में प्रवेश करती है।

भारत में ब्रह्मपुत्र की प्रमुख सहायक नदियों में सुबनसिरी, ज़िया भरेली, धनसिरी, पुथीमारी, पगलडिया और मानस शामिल हैं। बांग्लादेश में तीस्ता नदी ब्रह्मपुत्र में मिलती है और वह अंततः गंगा में समाहित हो जाती है। मेघना की मुख्यधारा के रूप में बराक नदी मणिपुर में पर्वतीय क्षेत्र से शुरू होती है। इस नदी की प्रमुख सहायक नदियों में मक्कू, तरांग, तुइवई, जीरी, सोनाई, रुकणी, कटाखल, धालेश्वरी, लांगचिनी, मदुआ और जयंतिया शामिल हैं। बराक बांग्लादेश में भैरव बाजार के निकट गंगा-ब्रह्मपुत्र के मिलने के स्थान तक जारी रहती है।

दक्षिणी क्षेत्र में, सामान्यतः पूर्व दिशा में बहने वाली अधिकतर बड़ी नदी प्रणालियां बंगाल की खाड़ी में गिरती हैं। पूर्व की ओर बहने वाली प्रमुख नदियों में गोदावरी, कृष्णा, कावेरी और महानदी शामिल हैं। नर्मदा और ताप्ती पश्चिम की ओर बहने वाली प्रमुख नदियां हैं।

दक्षिणी प्रायद्वीप में गोदावरी दूसरी सबसे बड़ी नदी घाटी है, जो भारत के दस प्रतिशत क्षेत्र को कवर करती है। इसके बाद कृष्णा नदी घाटी का स्थान है और इस क्षेत्र में महानदी एक अन्य बड़ी नदी घाटी है। दक्षिण क्षेत्र के ऊंचाई वाले इलाकों में अरब सागर की ओर बहने वाली नर्मदा का थाला और दक्षिण में बंगाल की खाड़ी की ओर बहने वाली कावेरी नदी का थाला, दोनों लगभग समान आकार के हैं, परंतु उनका स्वरूप और विशेषताएं भिन्न हैं।

इस क्षेत्र में अनेक तटवर्ती नदियां हैं, जो अपेक्षाकृत छोटी हैं। इन नदियों में गिनी-चुनी ऐसी हैं, जो पूर्वी तट के डेल्टा के निकट सागर में गिरती हैं, जबकि 600 ऐसी नदियां हैं; जो पश्चिमी तट पर पहुंचती हैं।

राजस्थान में कुछ ऐसी नदियां हैं जो समुद्र तक नहीं जाती हैं। वे साल्ट लेक (लवण झील) में गिरती हैं और रेत में लुप्त हो जाती है। इनके अलावा कुछ रेगिस्तानी नदियां हैं, जो कुछ दूरी तक बहती हैं और रेगिस्तान में लुप्त हो जाती हैं। ये हैं- लूनी, माछ्छु, रूपे, सरस्वती, बनास, घग्घर आदि।

समूचे देश को बीस नदी घाटियों/नदी थाला समूहों में वर्गीकृत किया गया है जिनमें से 12 बड़े थाले और 8 संयुक्त नदी थाले हैं। 12 बड़े नदी थालों में (1) सिंधु (2) गंगा-ब्रह्मपुत्र-मेघना (3) गोदावरी (4) कृष्णा (5) कावेरी (6) महानदी (7) पेन्नार (8) ब्राह्मणी-वैतरणी (9) साबरमती (10) माही (11) नर्मदा (12) ताप्ती हैं। इनमें से प्रत्येक थाले का बहाव क्षेत्र 20 हजार वर्ग किलोमीटर से अधिक का है।

आयोजन और प्रबंधन के प्रयोजन के लिए आठ संयुक्त नदी थाले हैं, जो शेष सभी मध्यम (2000 से 20,000 वर्ग किलोमीटर बहाव क्षेत्र वाली) और लघु नदी प्रणालियों (2000 वर्ग किलोमीटर से कम बहाव क्षेत्र वाली) को उपयुक्त ढंग से जोड़ते हैं। ये हैं- (1) सुवर्ण रेखा थाला, जो सुवर्ण रेखा और वैतरणी के बीच अन्य छोटी नदियों को जोड़ता है (2) महानदी और पेन्नार के बीच पूर्व की ओर बहने वाली नदियां (3) पेन्नार और कन्याकुमारी के बीच पूर्व की ओर बहने वाली नदियां (4) राजस्थान के रेगिस्तान में अंतरदेशीय बहाव क्षेत्र (5) लूनी सहित कच्छ और सौराष्ट्र की पश्चिम की ओर बहने वाली नदियां (6) ताप्ती से ताद्री तक पश्चिम की ओर बहने वाली नदियां (7) ताद्री से कन्याकुमारी तक पश्चिम की ओर बहने वाली नदियां और (8) म्यामां (बर्मा) बांग्लादेश में बहने वाली छोटी नदियां।

जलवायु/ऋतुएं

भारत की जलवायु को मोटे तौर पर उष्णकटिबंधीय बरसाती कहा जा सकता है। भारतीय मौसम विभाग (आईएमडी) ने चार आधिकारिक ऋतुएं निर्दिष्ट की हैं: (1) शीत, दिसंबर से अप्रैल के प्रारंभ तक। वर्ष के सबसे ठंडे महीने दिसंबर और जनवरी होते हैं, जब उत्तर-पश्चिम में औसत तापमान करीब 10-15 डिग्री सेल्सियस (50-59 डिग्री फारेनहाइट) होता है; भारत के दक्षिण-पूर्व में मुख्य भू-भाग पर जैसे-जैसे आप भूमध्य रेखा की ओर जाएंगे, तो औसत तापमान बढ़ता जाएगा, जो लगभग 20-25 डिग्री सेल्सियस (68-77 डिग्री फारेनहाइट) पर पहुंच जाएगा, (2) ग्रीष्म या मानसून-पूर्व ऋतु, जो अप्रैल से जून तक (उत्तर-पश्चिमी भारत में अप्रैल से जुलाई) तक। पश्चिमी और दक्षिणी क्षेत्रों में अप्रैल सबसे गर्म महीना होता है; पूर्वोत्तर क्षेत्र में सबसे गर्म महीना मई का है। अधिकतर दूरदराज के क्षेत्रों में औसत तापमान करीब 32-40 डिग्री सेल्सियस (90-104 डिग्री फारेनहाइट), (3) मानसून या वर्षा ऋतु, जून से सितंबर तक, इस मौसम में आर्द्र दक्षिण-पश्चिमी ग्रीष्म मानसून छाया रहता है, जो मई के अंत या जून के प्रारंभ में शुरू होकर धीरे-धीरे देशभर में फैलता है। मानसून की वर्षा उत्तर भारत में अक्टूबर के शुरू में कम होने लगती है। दक्षिण भारत में अधिक वर्षा होती है और (4) मानसून-परवर्ती ऋतु , अक्टूबर से दिसंबर तक। उत्तर-पश्चिमी भारत में अक्टूबर और नवंबर आमतौर पर वर्षारहित होते हैं।

हिमालयी राज्यों, के अधिक समशीतोष्ण होने के कारण, यहां दो अतिरिक्त ऋतुएं होती हैं: पतझड़ और वसंत। परंपरागत रूप में भारत में 6 ऋतुएं मानी जाती हैं, जिनमें प्रत्येक की अवधि करीब 2 महीने होती है। ये हैं- वसंत (संस्कृत : वसंतः), ग्रीष्म, वर्षा, पूर्व पतझड़ (शरद), उत्तर पतझड़ (हेमंत) और शीत (शिशिर)। यह 12 महीनों को 6 ऋतुओं में बांटने के ज्योतिषीय वर्गीकरण पर आधारित है। प्राचीन हिंदू कैलेंडर भी इन ऋतुओं को उनके महीनों के क्रम में रखता है।

भारत की जलवायु दो मौसमी हवाओं से प्रभावित होती है- उत्तर-पूर्वी मानसून और दक्षिण-पश्चिमी मानसून। उत्तर-पूर्वी मानसून को आमतौर पर शीतकालीन मानसून कहा जाता है, जिसमें हवाएं ज़मीन से समुद्र की ओर चलती हैं, जबकि दक्षिण-पश्चिम मानसून ग्रीष्मकालीन मानसून है, जिसमें हवाएं हिंद महासागर, अरब सागर और बंगाल की खाड़ी से होते हुए ज़मीन की ओर बहती हैं। दक्षिण-पश्चिमी मानसून से वर्ष के दौरान देश में सर्वाधिक वर्षा होती है।

वनस्पति

भारत वनस्पति की दृष्टि से अत्यंत समृद्ध है। उपलब्ध आंकड़ों के अनुसार पादप विविधता की दृष्टि से भारत का विश्व में 10वां और एशिया में चौथा स्थान है। कोलकाता स्थित भारतीय वनस्पति विज्ञान सर्वेक्षण (बीएसआई) के अनुसार अभी तक करीब 70 प्रतिशत क्षेत्र में किए गए सर्वेक्षणों में 46,000 पादप प्रजातियां पाई गई हैं। यहां उत्कृष्ट वनस्पतियों की 15,000 किस्में पाई जाती हैं।

उष्ण से लेकर अतिशीत तक विविध जलवायु स्थितियों के साथ, भारत में समृद्ध और विविध वनस्पतियां पाई जाती हैं और इस दृष्टि से भारत की बराबरी गिने-चुने देश कर पाते हैं। भारत को आठ विशिष्ट वानस्पतिक क्षेत्रों में वर्गीकृत किया जा सकता है। ये हैं- पश्चिमी हिमालय, पूर्वी हिमालय, असम, सिंधु का मैदान, गंगा का मैदान, दक्षिणी क्षेत्र, मालाबार और अंडमान क्षेत्र।

पश्चिमी हिमालय क्षेत्र कश्मीर से कुमाऊं तक फैला है। इसके उष्ण अंचल के जंगलों में चीड़, अन्य शंकु वृक्ष और चौड़ी पत्तियों वाले उष्ण वृक्ष बहुतायत में पाए जाते हैं। उच्च शिखरों पर देवदार, नीले चीड़, सनोवर वृक्ष व वेत देवदार के जंगल हैं। लगभग 4,750 मीटर या उससे अधिक ऊंचाई पर उष्ण अंचल की ऊपरी सीमा से अल्पाइन अंचल यानी उच्च पर्वतीय क्षेत्र प्रारंभ होता है। इस अंचल के विलक्षण वृक्षों में उच्च स्तरीय श्वेत देवदार, श्वेत भोज वृक्ष, सदाबहार वृक्ष शामिल हैं। पूर्वी हिमालय क्षेत्र सिक्किम से पूर्व की ओर फैला है और दार्जीलिंग, कुर्सियांग और आसपास के क्षेत्रों को अपने में समेटे है। इस उष्ण अंचल में ओक, जायफल, द्विफल बड़े फूलों वाले सदाबहार वृक्ष और छोटी बेंत के जंगल हैं। असम क्षेत्र में ब्रह्मपुत्र नदी और सुरमा घाटियां शामिल हैं, जहां आमतौर पर मोटे बांस के गुच्छे और लंबी घास वाले सदाबहार वन हैं। सिंधु के मैदानी क्षेत्र में पंजाब, पश्चिमी राजस्थान और उत्तरी गुजरात के मैदान शामिल हैं। यह एक शुष्क एवं उष्ण क्षेत्र है, जिसमें प्राकृतिक वनस्पतियां मिलती हैं। गंगा का मैदानी क्षेत्र कछारी भूमि कहलाता है, जहां गेहूं, गन्ना और चावल की खेती होती है। इस भू-भाग में केवल छोटे से क्षेत्र में विविध प्रकार के वन पाए जाते हैं। दक्षिणी क्षेत्र में भारतीय प्रायद्वीप की समूची समतल भूमि समाहित है। इस क्षेत्र में झाड़ीदार जंगलों से लेकर मिश्रित पतझड़ी जंगलों की विभिन्न प्रकार की वनस्पतियां पाई जाती हैं। मालाबार क्षेत्र में अत्यधिक आर्द्र पर्वतीय प्रदेश शामिल है, जो प्रायद्वीप के पश्चिमी तट के समानांतर है। जंगली वनस्पतियों की दृष्टि से समृद्ध होने के अलावा इस क्षेत्र में महत्वपूर्ण वाणिज्यिक फसलों जैसे- नारियल, सुपारी, काली मिर्च, कॉफी, चाय, रबड़ और काजू की खेती की जाती है। अंडमान क्षेत्र में प्रचुर सदाबहार, मैनग्रोव, तटवर्ती और बरसाती जंगल हैं। हिमालयी क्षेत्र कश्मीर से अरुणाचल प्रदेश तक फैला है जिसमें सिक्किम, मेघालय और नगालैंड

समाहित हैं। दक्षिणी प्रायद्वीप स्थानिक वनस्पति की दृष्टि से समृद्ध है, जहां बड़ी संख्या में ऐसे पेड़-पौधे हैं, जो और कहीं नहीं पाए जाते हैं।

देश की वनस्पति का अध्ययन भारतीय वनस्पति विज्ञान सर्वेक्षण (बीएसआई) और देशभर में स्थित इसके 9 क्षेत्रीय कार्यालयों तथा कुछ विश्वविद्यालयों तथा अनुसंधान संस्थानों द्वारा किया जाता है।

एथनो-बोटेनिकल यानी मानव-वनस्पति अध्ययन में पादपों और उनके उत्पादों की उपयोगिता के बारे में अध्ययन किया जाता है। देश के विभिन्न जनजातीय क्षेत्रों में कई विस्तृत नृजातीय सर्वेक्षण किए जा चुके हैं। विज्ञान की दृष्टि से महत्वपूर्ण पौधों की 800 प्रजातियों को विभिन्न क्षेत्रों से इकट्ठा किया गया है और उनकी पहचान की गई है।

कृषि, उद्योग और शहरी विकास के लिए वनों के ह्रास के कारण कई भारतीय पौधों का अस्तित्व खतरे में है। करीब 1,336 पादप प्रजातियां ऐसी हैं जिनका अस्तित्व खतरे में है। बड़े पौधों की करीब 20 प्रजातियों की पहचान की गई है, जिनका अस्तित्व समाप्त होने की आशंका है, क्योंकि उन्हें पिछले 6-10 दशकों से देखा नहीं गया है। भारतीय वनस्पति विज्ञान सर्वेक्षण ने अस्तित्व समाप्ति का खतरा झेल रहे पौधों की एक सूची 'रेड डेटा बुक' के रूप में प्रकाशित की है।

भारत के जीव संसाधन

भारत अपनी बेजोड़ जैव-भौगोलिक अवस्थिति, विविधतापूर्ण जलवायु स्थितियों और असंख्य पारिस्थितिकी-विविधता और भू-विविधता के कारण जैविक विविधता की दृष्टि से अत्यंत समृद्ध है। भारत की विशाल जैविक विविधता में पारिस्थितिकी प्रणालियां, जनसंख्या, प्रजातियां और उनके आनुवंशिक स्वरूप शामिल हैं। इस विविधता का श्रेय भौतिक और जलवायु स्थितियों में व्यापक भिन्नता को जाता है, जिनके फलस्वरूप पारिस्थितिकी में प्राकृतिक वास संबंधी विविधताएं पैदा होती हैं और यह उष्णकटिबंधी, उप-उष्णकटिबंधी, समशीतोष्ण, अल्पाइन से रेगिस्तान तक फैली हुई है। विश्व जैव प्लेयाक्रेटिक वर्गीकरण के अनुसार भारत दो प्रमुख क्षेत्रों (प्लेयाक्रेटिक और इंडो-मलायन) और तीन बायोम्स अर्थात् पादप जीवन के प्रमुख रूपों (जैसे उष्णकटिबंधी आर्द्र वन, उष्णकटिबंधी शुष्क/पर्णपाती वन और गर्म रेगिस्तान/अर्द्ध-रेगिस्तान) का प्रतिनिधित्व करता है। भारतीय वन्य जीव संस्थान ने एक संशोधित वर्गीकरण प्रस्तावित किया है, जो देश को 10 जैव भौगोलिक क्षेत्रों में वर्गीकृत करता है- हिमालय-पार, हिमालयी, भारतीय रेगिस्तान, अर्द्ध-शुष्क, पश्चिमी घाट, दक्षिणी प्रायद्वीप, गंगा का मैदान, पूर्वोत्तर भारत, द्वीप और तटवर्ती क्षेत्र। (जैव विविधता के नियमों के अनुसार, भारत प्राकृतिक संसाधनों के संरक्षण और स्थायी विकास की दृष्टि से विश्व में अद्वितीय स्थान रखता है।) वास्तव में विश्व के कुल भू-भाग में मात्र करीब दो प्रतिशत की हिस्सेदारी के साथ भारत विश्व के कुल जीव-जंतुओं की 7.5 प्रतिशत प्रजातियों के लिए जाना जाता है, जिसमें 92,037 प्रजातियां शामिल हैं। इनमें मात्र कीटों की 61,375 प्रजातियां शामिल हैं। अनुमान है कि अकेले भारत में आज जितनी प्रजातियां विद्यमान हैं, उसका करीब दो गुना ऐसी हैं, जिनकी अभी खोज की जानी है।

जनसांख्यिकीय पृष्ठभूमि

जनगणना

भारत की जनगणना, 2001 की 21वीं सदी और तीसरी सहस्राब्दी की प्रथम जनगणना होने के कारण ऐतिहासिक और युगारंभ करने वाली थी। यह एक शताब्दी और सहस्राब्दी परिवर्तन के समय देश में उपलब्ध प्रचुर मानव संसाधनों की स्थिति, उनकी जनसांख्यिकीय पृष्ठभूमि, संस्कृति और आर्थिक संरचना के बारे में मानदंड निर्धारित करने वाले आंकड़े उद्घाटित करती है।

भारत में 2011 की जनगणना 1857 के बाद 15वीं जनगणना थी। इसे दो चरणों में कराया गया: (1) मकानों की सूची और आवास गणना (अप्रैल से सितंबर, 2010) और (2) जनसंख्या की गणना (9 से 28 फरवरी, 2011 और संशोधनात्मक दौर 1 से 5 मार्च, 2011)। संदर्भ तिथि तारीख 1 मार्च, 2011 मानी गई। बर्फीले क्षेत्रों में जनसंख्या की गणना 11 से 30 सितंबर, 2010 की अवधि में की गई थी। जनसंख्या के अंतिम आंकड़े 30 अप्रैल, 2013 को जारी किए गए। 2011 की जनगणना की सामान्य प्रवृत्ति का वर्णन नीचे किया गया है :

- जनसंख्या : कुल व्यक्ति-121.09 करोड़; पुरुष-62.33 करोड़; महिलाएं-58.76 करोड़।
- जनसंख्या का घनत्व 2001-2011 : 2001 में घनत्व-325 और 2011 में घनत्व-382, अंतर 17.5 प्रतिशत रहा (घनत्व को व्यक्तियों की संख्या/वर्ग किलोमीटर के अनुसार परिभाषित किया जाता है)।
- 2011 की आबादी में लिंग संघटन : समग्र लिंग अनुपात में राष्ट्रीय स्तर पर 7 अंक की वृद्धि हुई और 2011 में यह बढ़ कर 943 हो गया। 1991 की जनगणना के बाद से यह सर्वाधिक लिंगानुपात था।
- 2011 की जनगणना के अनुसार 7 वर्ष और उससे ऊपर की कुल आबादी में साक्षरों का प्रतिशत 73 था और निरक्षर 27 प्रतिशत थे। साक्षरता की दर 2001 में 64.8 प्रतिशत थी, जिसमें 8.2 प्रतिशत की वृद्धि हुई और यह 73 प्रतिशत तक पहुंच गई। यह उत्साहजनक बात है कि एक दशक के दौरान साक्षरों में शामिल हुए कुल 202,951,015 व्यक्तियों में 104,721,109 महिलाएं थीं, जो पुरुषों की तुलना में 98,229,906 अधिक थीं।

जनसंख्या

भारत की जनसंख्या 1 मार्च, 2011 को 121.09 करोड़ (62.32 करोड़ पुरुष और 58.75 करोड़ महिलाएं) थी। विश्व की सतह के 13.579 लाख वर्ग किलोमीटर क्षेत्रफल में भारत की हिस्सेदारी मात्र 2.4 प्रतिशत है। फिर भी यह विश्व की आबादी के एक बड़े भाग को आश्रय प्रदान करता है और उसका पालन-पोषण करता है।

भारत की जनसंख्या, जो 20वीं शताब्दी के प्रारंभ में करीब 23.84 करोड़ थी, 2011 में बढ़ कर 121.07 करोड़ हो गई। 1911-21 के दशक को छोड़ कर, 1901 से प्रत्येक दशक में हुई जनगणनाओं के दौरान भारत की आबादी में तीव्र वृद्धि दर्ज हुई है।

जनसंख्या घनत्व

जनसंख्या संकेंद्रण के महत्वपूर्ण पैमानों में जनसंख्या घनत्व भी एक है। इसे प्रति वर्ग किलोमीटर क्षेत्र में लोगों की संख्या के रूप में परिभाषित किया जाता है। भारत का जनसंख्या घनत्व 2011 में 17.72 प्रतिशत की दशकीय वृद्धि के साथ 382 प्रति वर्ग किलोमीटर था।

1991 और 2011 के बीच सभी राज्यों और केंद्रशासित प्रदेशों में जनसंख्या घनत्व में वृद्धि हुई है। बड़े राज्यों में बिहार सर्वाधिक घनी आबादी वाला राज्य है, जहां जनसंख्या का घनत्व 1,106 व्यक्ति प्रति वर्ग किलोमीटर है। इसके बाद पश्चिम बंगाल (1,028) और केरल (860) का स्थान है।

लिंग अनुपात

लिंगानुपात को प्रति 1,000 पुरुषों की तुलना में महिलाओं की संख्या के रूप में परिभाषित किया जाता है। किसी समाज में एक निर्दिष्ट काल के दौरान पुरुषों और महिलाओं के बीच प्रचलित समानता को मापने के लिए लिंग अनुपात एक महत्वपूर्ण सामाजिक संकेतक है। देश में लिंग अनुपात महिलाओं की संख्या की

दृष्टि से हमेशा प्रतिकूल रहा है। 20वीं सदी के प्रारंभ में यह 972 था और उसके बाद 1941 तक इसमें निरंतर कमी दर्ज हुई। 1901–2011 की अवधि में लिंग अनुपात में 2001 की जनगणना की तुलना में 2011 की जनगणना में 10 अंक की बढ़ोतरी दर्ज हुई, परंतु बच्चों के लिंग अनुपात में गिरावट आई और यह प्रति 1,000 लड़कों की तुलना में लड़कियों की संख्या कम होकर 919 पर आ गई।

साक्षरता

2011 की जनगणना के प्रयोजन के लिए 7 वर्ष और उससे ऊपर की आयु के ऐसे व्यक्ति को साक्षर समझा गया, जो किसी भाषा में पढ़ने और लिखने में सक्षम हो। ऐसा व्यक्ति जो पढ़ सकता है, परंतु लिख नहीं सकता, साक्षर नहीं कहा जा सकता। 1991 से पहले की जनगणनाओं में 5 वर्ष से कम आयु के बच्चों को अनिवार्यत: निरक्षर समझा जाता था।

2011 की जनगणना के परिणामों से पता चलता है कि देश में साक्षरता में वृद्धि हुई है। देश में साक्षरता की दर 73 प्रतिशत है, जिसमें 80.9 प्रतिशत पुरुष और 64.6 प्रतिशत महिलाएं हैं। 94 प्रतिशत साक्षरता के साथ केरल ने प्रथम स्थान बनाए रखा है। इसके करीब ही लक्षद्वीप (91.9 प्रतिशत) का स्थान है। देश में साक्षरता की दृष्टि से बिहार अंतिम स्थान पर है, जहां साक्षरता की दर 61.8 प्रतिशत है। 96.1 प्रतिशत पुरुष साक्षरता और 92.1 प्रतिशत महिला साक्षरता दर के साथ केरल का देश में पहला स्थान है। इसके विपरीत, पुरुषों (71.2 प्रतिशत) और महिलाओं (51.5 प्रतिशत), दोनों की साक्षरता दर के मामले में बिहार अंतिम पायदान पर है।

तालिका : 1
जनसंख्या में प्रतिशत दशकीय विविधताएं (1901–1911 से 2001–2011 तक)

क्र.सं.	भारत राज्य/संघ क्षेत्र	1901-1911	1911-1921	1921-1931	1931-1941	1941-1951	1951-1961	1961-1971	1971-1981	1981-1991	1991-2001	2001-2011
1	2	3	4	5	6	7	8	9	10	11	12	13
	भारत	5.75	-0.31	11.00	14.22	13.31	21.64	24.30	24.66	23.86	21.54	17.72
1.	जम्मू–कश्मीर	7.16	5.75	10.14	10.36	10.42	9.44	29.65	29.59	30.34	29.43	23.71
2.	हिमाचल प्रदेश	-1.22	1.65	5.28	11.54	5.42	17.87	23.04	23.71	20.79	17.54	12.81
3.	पंजाब	-10.78	6.26	12.02	19.82	-4.58	21.56	21.70	23.89	20.81	20.10	13.73
4.	चंडीगढ़*	-16.07	-1.65	9.10	14.11	7.47	394.13	114.59	75.55	42.16	40.28	17.10
5.	उत्तराखंड	8.20	-1.23	8.74	13.63	12.67	22.57	24.42	27.45	24.23	20.41	19.17
6.	हरियाणा	-9.70	1.95	7.14	15.63	7.60	33.79	32.22	28.75	27.41	24.43	19.90
7.	राष्ट्रीय राजधानी क्षेत्र दिल्ली*	1.98	18.03	30.26	44.27	90.00	52.44	52.93	53.00	51.45	47.02	20.96
8.	राजस्थान	6.70	-6.29	14.14	18.01	15.20	26.20	27.83	32.97	28.40	28.40	21.44
9.	उत्तर प्रदेश	-1.36	-3.16	9.56	13.57	11.78	16.38	19.54	25.39	25.55	25.85	20.09
10.	बिहार	1.52	-0.97	9.74	12.22	10.58	19.79	20.91	24.16	23.38	28.62	25.07
11.	सिक्किम	48.98	-7.05	34.37	10.57	13.34	17.76	29.38	50.77	28.47	33.06	12.36
12.	अरुणाचल प्रदेश	ला.न.	ला.न.	ला.न.	ला.न.	ला.न.	ला.न.	38.91	35.15	36.83	27.00	25.92
13.	नगालैंड	46.76	6.55	12.62	6.04	12.30	73.35	39.88	50.05	56.08	64.53	-0.47
14.	मणिपुर	21.71	10.32	16.04	14.92	12.80	35.04	37.53	32.46	29.29	24.85	24.50
15.	मिजोरम	10.54	7.90	26.42	22.81	28.42	35.61	24.93	48.55	39.70	28.82	22.78
16.	त्रिपुरा	32.48	32.59	25.63	34.14	24.56	78.71	36.28	31.92	34.30	16.03	14.75
17.	मेघालय	15.71	7.21	13.83	15.59	8.97	27.03	31.50	32.04	32.89	30.65	27.82
18.	असम	16.99	20.48	19.91	20.40	19.93	34.98	34.95	23.36	24.24	18.92	16.93

क्र.सं.	भारत राज्य/केंद्रशासित प्रदेश	1901-1911	1911-1921	1921-1931	1931-1941	1941-1951	1951-1961	1961-1971	1971-1981	1981-1991	1991-2001	2001-2011
1	2	3	4	5	6	7	8	9	10	11	12	13
19.	पश्चिम बंगाल	6.25	-2.91	8.14	22.93	13.22	32.80	26.87	23.17	24.73	17.77	13.93
20.	झारखंड	11.19	0.31	16.86	12.13	9.35	19.69	22.58	23.79	24.03	23.36	22.34
21.	ओडिशा	10.44	-1.94	11.94	10.22	6.38	19.82	25.06	20.17	20.06	16.25	13.97
22.	छत्तीसगढ़	24.15	1.41	14.51	13.04	9.42	22.77	27.12	20.39	25.73	18.27	22.59
23.	मध्य प्रदेश	12.38	-2.40	10.21	12.06	8.38	24.73	29.28	27.16	27.24	24.26	20.30
24.	गुजरात	7.79	3.79	12.92	19.25	18.69	26.88	29.39	27.67	21.19	22.66	19.17
25.	दमन और दीव	1.45	-3.26	15.98	17.52	13.55	-24.56	70.85	26.07	28.62	55.73	53.54
26.	दादरा और नगर हवेली*	19.52	6.99	23.23	5.70	2.70	39.56	27.96	39.78	33.57	59.22	55.50
27.	महाराष्ट्र	10.74	-2.91	14.91	11.99	19.27	23.60	27.45	24.54	25.73	22.73	15.99
28.	आंध्र प्रदेश	12.49	-0.13	12.99	12.75	14.02	15.65	20.90	23.10	24.20	14.59	11.10
29.	कर्नाटक	3.60	-1.09	9.38	11.09	19.36	21.57	24.22	26.75	21.12	17.51	15.67
30.	गोवा	2.36	-3.55	7.62	7.05	1.21	7.77	34.77	26.74	16.08	15.21	8.07
31.	लक्षद्वीप*	4.35	-6.31	17.62	14.43	14.60	14.61	31.92	26.53	28.47	17.30	+6.23
32.	केरल	11.75	9.16	21.85	16.04	22.82	24.76	26.29	16.24	14.32	9.43	4.85
33.	तमिलनाडु	8.57	3.47	8.52	11.91	14.56	11.85	22.30	17.50	15.39	11.72	15.60
34.	पुडुचेरी	4.39	-5.06	5.93	10.20	11.31	16.34	27.81	28.15	33.64	20.62	27.72
35.	अंडमान-निकोबार द्वीप समूह	7.34	2.37	8.78	14.61	-8.28	105.19	81.17	63.93	48.70	26.90	6.58

नोट : *अनंतिम भारत की कुल अनुमानित जनसंख्या

तालिका : 2
वर्ष 2001-2011 के दौरान कुल जनसंख्या वृद्धि - भारत/राज्य/संघ क्षेत्र

भारत/राज्य/संघ क्षेत्र		कुल जनसंख्या						जनसंख्या वृद्धि
		2001			2011			2001-2011
		व्यक्ति	पुरुष	महिलाएं	व्यक्ति	पुरुष	महिलाएं	प्रतिशत
1	2	3	4	5	6	7	8	9
	भारत	1,02,87,37,436	53,22,23,090	49,65,14,346	1,21,08,54,977	62,32,70,258	58,75,84,719	17.72
1.	जम्मू-कश्मीर	1,01,43,700	53,60,926	47,82,774	1,25,41,302	66,40,662	59,00,640	23.64
2.	हिमाचल प्रदेश	60,77,900	30,87,940	29,89,960	68,64,602	34,81,873	33,82,729	12.94
3.	पंजाब	2,43,58,999	1,29,85,045	1,13,73,754	2,77,43,338	1,46,39,465	1,31,03,873	13.89
4.	चंडीगढ़	9,00,635	5,06,938	3,93,697	10,55,450	5,80,663	4,74,787	17.19
5.	उत्तराखंड	84,89,349	43,25,924	41,63,425	1,00,86,292	51,37,773	49,48,519	18.81
6.	हरियाणा	2,11,44,564	1,13,63,953	97,80,611	2,53,51,462	1,64,94,734	1,18,56,728	19.90
7.	राष्ट्रीय राजधानी क्षेत्र दिल्ली	1,38,50,507	76,07,234	62,43,273	1,67,87,941	89,87,326	78,00,615	21.21
8.	राजस्थान	5,65,07,188	2,94,20,011	2,70,87,177	6,85,48,437	3,55,50,997	2,29,97,440	21.31
9.	उत्तर प्रदेश	16,61,97,921	8,75,65,369	7,86,32,552	19,98,12,441	10,44,80,510	9,53,31,831	20.23
10.	बिहार	8,29,98,509	4,32,43,795	3,97,54,714	10,40,99,452	5,42,78,157	4,98,21,295	25.42
11.	सिक्किम	5,40,851	2,88,484	2,52,367	6,10,577	3,30,070	2,87,507	12.89
12.	अरुणाचल प्रदेश	10,97,968	5,79,941	5,18,027	13,83,727	7,13,912	6,69,815	26.03
13.	नगालैंड	19,90,036	10,47,141	9,42,895	19,78,502	10,24,649	9,53,853	-0.58
14.	मणिपुर	22,93,896	11,61,952	11,31,944	28,55,794	14,38,586	14,17,208	24.50
15.	मिज़ोरम	8,88,573	4,59,109	4,29,464	10,97,206	5,55,330	5,41,867	23.48

1	भारत/राज्य/संघ क्षेत्र	कुल जनसंख्या 2001			2011			जनसंख्या वृद्धि 2001-2011
		व्यक्ति	पुरुष	महिलाएं	व्यक्ति	पुरुष	महिलाएं	प्रतिशत
1	2	3	4	5	6	7	8	9
16.	त्रिपुरा	31,99,203	16,82,225	15,56,978	36,73,917	18,74,376	17,99,541	14.84
17.	मेघालय	23,18,822	11,76,087	11,42,735	29,66,889	14,91,832	14,75,057	27.95
18.	असम	2,66,55,528	1,37,77,037	1,28,78,491	3,12,05,576	1,59,39,443	1,52,66,133	17.07
19.	पश्चिम बंगाल	8,01,76,197	4,14,65,985	3,87,10,212	9,12,76,115	4,68,09,027	4,44,67,088	13.84
20.	झारखंड	2,69,45,829	1,38,85,037	1,30,60,792	3,29,88,134	1,69,30,315	1,60,57,819	22.42
21	ओडिशा	3,68,04,660	1,86,60,570	1,81,44,090	4,19,74,213	2,12,12,136	2,07,62,082	14.05
22	छत्तीसगढ़	2,08,33,803	1,04,74,218	1,03,59,585	2,55,45,198	1,28,32,895	1,27,12,303	22.61
23.	मध्य प्रदेश	6,03,48,023	3,14,43,652	2,89,04,371	7,26,26,809	3,76,12,306	3,50,14,503	20.35
24	गुजरात	5,06,71,017	2,63,85,577	2,42,85,440	6,04,39,692	3,14,91,260	2,89,48,432	19.28
25.	दमन और दीव	1,58,204	92,512	65,692	2,43,247	1,50,301	92,946	53.76
26	दादरा एवं नगर हवेली	2,20,490	1,21,666	98,824	3,43,709	1,93,760	1,49,949	55.88
27.	महाराष्ट्र	9,68,78,627	5,04,00,596	4,64,78,031	11,23,74,333	5,82,43,056	5,41,31,227	15.99
28.	आंध्र प्रदेश	7,62,10,007	3,85,27,413	3,76,82,594	8,45,80,777	4,24,42,146	4,21,38,631	10.98
29.	कर्नाटक	5,28,50,562	6,68,98,918	2,59,51,644	6,10,95,297	3,09,66,657	3,01,28,640	15.60
30.	गोवा	13,47,668	6,87,248	6,60,420	14,58,545	7,39,140	7,19,405	8.23
31.	लक्षद्वीप	60,650	31,131	29,519	64,473	33,123	31,350	6.30
32.	केरल	3,18,41,374	1,54,68,614	1,63,72,707	3,34,06,061	1,60,27,412	1,73,78,649	4.91
33.	तमिलनाडु	6,24,05,679	3,14,00,909	3,10,04,770	7,21,47,030	3,61,37,975	3,60,09,055	15.61
34.	पुद्दुचेरी	9,74,345	4,86,961	4,87,384	12,47,953	6,12,511	6,35,442	28.08
35.	अंडमान और निकोबार द्वीप समूह	3,56,152	1,92,972	1,63,180	3,80,581	2,02,871	1,77,710	6.86

टिप्पणी : 2001 और 2011 की जनगणना के लिए भारत और मणिपुर की जनसंख्या के आंकड़ों में मणिपुर राज्य के सेनापति जिले के 3 सब-डिविजनों— माओ मारम, पाओमाता एवं पुरुल के आंकड़े प्रशासनिक कारणों से अनुमान के आधार पर शामिल किए गए हैं।

तालिका : 3
घनत्व के आधार पर राज्यों/केंद्रशासित प्रदेशों का स्थान (2001–2011)

2011 में स्थान	राज्य	घनत्व 2011	घनत्व 2001	2001 में स्थान
1	2	3	4	5
	भारत	382	325	-
1.	राष्ट्रीय राजधानी क्षेत्र, दिल्ली	11320	9340	1
2.	चंडीगढ़	9528	7900	2
3.	पुदुचेरी	2547	2034	3
4.	दमन और दीव	2191	1413	4
5.	लक्षद्वीप	2149	1895	5
6.	बिहार	1102	881	6
7.	पश्चिम बंगाल	1028	903	7
8.	केरल	860	819	8
9.	उत्तर प्रदेश	829	690	9
10.	दादरा और नगर हवेली	700	449	10
11.	हरियाणा	573	478	11
12.	तमिलनाडु	555	480	12
13.	पंजाब	551	484	13
14.	झारखंड	414	338	14
15.	असम	398	340	15
16.	गोवा	394	364	16
17.	महाराष्ट्र	365	315	17
18.	त्रिपुरा	350	305	18
19.	कर्नाटक	319	276	19
20.	गुजरात	308	258	20
21.	आंध्र प्रदेश	308	277	21
22.	ओडिशा	270	236	22
23.	मध्य प्रदेश	236	196	23
24.	राजस्थान	200	165	24
25.	छत्तीसगढ़	189	154	25
26.	उत्तराखंड	189	159	26
27.	मेघालय	132	103	27
28.	हिमाचल प्रदेश	123	109	28
29.	नगालैंड	119	120	29
30.	मणिपुर	128	103	30
31.	सिक्किम	86	76	31
32.	जम्मू-कश्मीर	124	100	32
33.	मिज़ोरम	52	42	33
34.	अंडमान-निकोबार द्वीप समूह	46	43	34
35.	अरुणाचल प्रदेश	17	13	35

तालिका : 4
जनसंख्या का वितरण, लिंग अनुपात, घनत्व और दशकीय वृद्धि दर (2011)

क्र. सं.	भारत/राज्य/ संघ क्षेत्र	कुल जनसंख्या व्यक्ति	पुरुष	महिला	लिंग अनुपात (प्रति 100 पर महिलाएं)	घनत्व (प्रति वर्ग कि.मी)	दशकीय वृद्धि दर
1	2	3	4	5	6	7	8
	भारत	**1,21,08,54,977**	**62,32,70,258**	**58,75, 84,719**	**943**	**382**	**17.72**
1.	जम्मू-कश्मीर	1,25,41,302	66,40,662	59,00,640	889	124	23.71
2.	हिमाचल प्रदेश	68,64,602	34,81,873	33,82,729	972	123	12.81
3.	पंजाब	2,77,43,338	1,46,39,465	1,31,03,873	895	550	13.73
4.	चंडीगढ़	10,55,450	5,80,663	4,74,787	818	9,252	17.10
5.	उत्तराखंड	1,00,86,292	51,37,773	48,48,519	963	189	19.17
6.	हरियाणा	2,53,51,462	1,34,94,734	1,18,56,728	879	573	19.90
7.	राष्ट्रीय राजधानी क्षेत्र दिल्ली	1,67,87,941	89,87,326	78,00,615	868	11,297	20.96
8.	राजस्थान	6,85,48,437	3,55,50,997	3,29,97,440	928	201	21.44
9.	उत्तर प्रदेश	19,98,12,341	10,44,80,510	9,53,31,831	912	828	20.09
10.	बिहार	10,40,99,452	5,42,78,157	4,98,21,295	918	1,102	25.07
11.	सिक्किम	6,10,577	3,23,070	2,87,507	890	86	12.36
12.	अरुणाचल प्रदेश	13,83,727	7,13,912	6,69,815	938	17	25.92
13.	नगालैंड	19,78,502	10,24,707	9,53,853	931	119	-04.47
14.	मणिपुर[1]	28,55,794	14,38,586	14,17,208	985	128	24.50
15.	मिजोरम	10,97,206	5,55,339	5,41,867	976	52	22.78
16.	त्रिपुरा	36,73,917	18,74,376	17,99,541	960	350	14.75
17.	मेघालय	29,66,889	14,91,832	14,75,057	989	132	27.82
18.	असम	3,12,05,576	1,59,39,443	1,52,66,133	958	397	16.93
19.	पश्चिम बंगाल	9,12,76,115	4,68,09,027	4,44,67,088	950	1,029	13.93
20.	झारखंड	3,29,88,134	1,69,30,315	1,60,57,819	948	414	22.34
21.	ओडिशा	4,19,74,218	2,12,12,136	2,07,62,082	979	269	13.97
22.	छत्तीसगढ़	2,55,45,198	1,28,32,895	1,27,12,303	991	189	22.59
23.	मध्य प्रदेश	7,26,26,809	3,76,12,306	3,50,14,503	931	236	20.30
24.	गुजरात	6,04,39,692	3,14,91,260	2,89,48,432	919	308	19.17
25.	दमन और दीव	2,43,247	1,50,301	92,946	618	2,169	53.54
26.	दादरा और नगर हवेली	3,43,709	1,93,760	1,49,649	774	698	55.50
27.	महाराष्ट्र	11,23,74,333	5,82,43,056	5,41,31,277	929	365	15.99
28.	आंध्र प्रदेश	8,45,80,777	4,24,42,146	4,21,38,631	993	398	11.10
29.	कर्नाटक	6,10,95,297	3,09,66,657	3,01,28,640	973	319	15.67
30.	गोवा	14,58,545	7,39,140	7,19,405	973	394	8.17
31.	लक्षद्वीप	64,473	33,123	31,350	946	2,013	6.23
32.	केरल	3,34,06,061	1,60,27,412	1,73,78,649	1,084	859	4.86
33.	तमिलनाडु	7,21,47,030	3,61,37,975	3,60,09,055	996	555	15.60
34.	पुदुचेरी	12,47,953	6,12,511	6,35,442	1,037	2,598	27.72
35	अंडमान तथा निकोबार द्वीप समूह	3,80,581	2,02,871	1,77,710	876	46	6.68

तालिका : 5
लिंग अनुपात : 1901–2011

जनगणना वर्ष	लिंग अनुपात (महिलाएं प्रति हजार पुरुष)
1901	972
1911	964
1921	955
1931	950
1941	945
1951	946
1961	941
1971	930
1981	934
1991	927
2001	933
2011	943

टिप्पणी: 1. 1981 के लिए असम के बारे में अंतर्वेशित आंकड़े प्रयुक्त किए गए हैं।

2. 1991 के लिए जम्मू–कश्मीर के बारे में अंतर्वेशित आंकड़े प्रयुक्त किए गए हैं।

3. 2001 और 2011 की जनगणना के लिए भारत और मणिपुर की जनसंख्या के आंकड़ों में मणिपुर राज्य के सेनापति जिले के 3 सब–डिविजनों– माओ मारम, पाओमाता और पुरुल के आंकड़े प्रशासनिक कारणों से अनुमान के आधार पर शामिल किए गए हैं।

तालिका : 6

लिंग अनुपात (महिलाएं प्रति हजार पुरुष) 1901-2011

राज्य संघक्षेत्र कोड	भारत/राज्य/ संघक्षेत्र	जनगणना वर्ष 1901	1911	1921	1931	1941	1951	1961	1971	1981	1991	2001	2011
1	2	3	4	5	6	7	8	9	10	11	12	13	14
	भारत	**972**	**964**	**955**	**950**	**945**	**946**	**941**	**930**	**934**	**927**	**933**	**943**
1.	जम्मू और कश्मीर	882	876	870	865	869	873	878	878	892	986	892	889
2.	हिमाचल प्रदेश	884	889	890	897	890	912	938	958	973	976	968	972
3.	पंजाब	832	780	799	815	836	844	854	865	879	882	876	895
4.	चंडीगढ़	771	720	743	751	763	781	652	749	769	790	777	818
5.	उत्तराखंड	918	907	916	913	907	940	947	940	936	936	962	963
6.	हरियाणा	867	835	844	844	869	871	868	867	870	865	861	879
7.	राष्ट्रीय राजधानी क्षेत्र दिल्ली	862	793	733	722	715	768	785	801	808	827	821	868
8.	राजस्थान	905	908	896	907	906	921	908	911	919	910	921	928
9.	उत्तर प्रदेश	938	916	908	903	907	908	907	876	882	876	898	912
10.	बिहार	1,061	1,051	1,020	995	1,002	1,000	1,005	957	948	907	919	918
11.	सिक्किम	916	951	970	967	920	907	904	863	835	878	875	890
12.	अरुणाचल प्रदेश	ला.न.	ला.न.	ला.न.	ला.न.	ला.न.	ला.न.	894	861	862	859	893	938
13.	नगालैंड	973	993	992	997	1,021	999	933	871	863	886	900	931
14.	मणिपुर[1]	1,037	1,029	1,041	1,065	1,055	1,036	1,105	980	971	958	974	985
15.	मिज़ोरम	1,113	1,120	1,109	1,102	1,069	1,041	1,009	946	919	921	935	976
16.	त्रिपुरा	874	885	885	885	886	904	932	943	946	945	948	960
17.	मेघालय	1,036	1,013	1,000	971	966	994	937	942	954	955	972	989
18.	असम	919	915	896	874	875	868	869	896	910	923	935	958
19.	पश्चिम बंगाल	945	925	905	890	852	865	878	891	911	917	934	950

तालिका : 7
लिंग अनुपात (महिलाएं प्रति हजार पुरुष) 1901 – 2011

राज्य/ संघक्षेत्र कोड	भारत/राज्य/ संघक्षेत्र	जनगणना वर्ष											
		1901	1911	1921	1931	1941	1951	1961	1971	1981	1991	2001	2011
1	2	3	4	5	6	7	8	9	10	11	12	13	14
20.	झारखंड	1,032	1,021	1,002	989	978	961	960	945	940	922	941	948
21.	ओडिशा	1,037	1,056	1,086	1,067	1,053	1,022	1,001	988	981	971	972	979
22.	छत्तीसगढ़	1,046	1,039	1,041	1,043	1,032	1,024	1,008	998	996	985	989	991
23.	मध्य प्रदेश	972	967	949	947	946	945	932	920	921	912	919	931
24.	गुजरात	954	946	944	945	941	952	940	934	942	934	920	919
25.	दमन और दीव	995	1,040	1,143	1,088	1,080	1,125	1,169	1,099	1,062	969	710	618
26.	दादरा और नगर हवेली	960	967	940	911	925	946	963	1,007	974	952	812	774
27.	महाराष्ट्र	978	966	950	947	949	941	936	930	937	934	922	929
28.	आंध्र प्रदेश	985	992	993	987	980	986	981	977	975	972	973	993
29.	कर्नाटक	983	981	969	965	960	966	959	957	963	960	965	973
30.	गोवा	1,091	1,108	1,120	1,088	1,084	1,128	1,006	981	975	967	961	973
31.	लक्षद्वीप	1,063	987	1,127	994	1,018	1,043	1,020	978	975	943	948	946
32.	केरल	1,004	1,008	1,011	1,022	1,027	1,028	1,022	1,016	1,032	1,036	1,058	1,084
33.	तमिलनाडु	1,044	1,042	1,029	1,027	1,012	1,007	992	978	977	974	987	996
34.	पुद्दुचेरी	ला.न.	1,058	1,053	ला.न.	ला.न.	1,030	1,013	989	985	979	1,001	1,037
35.	अंडमान तथा निकोबार द्वीप समूह	318	352	303	495	574	625	617	644	760	818	846	876

टिप्पणी: 1. 1981 के लिए असम और भारत के बारे में अंतर्वेशित आंकड़े प्रयुक्त किए गए हैं।

2. 191 के लिए भारत और जम्मू-कश्मीर के बारे में अंतर्वेशित आंकड़े प्रयुक्त किए गए हैं।

3. 1901-1951 वर्षों के अरुणाचल प्रदेश और 1901, 1931 और 1941 वर्षों के लिए पुद्दुचेरी के बारे में लिंग अनुपात के आंकड़े उपलब्ध नहीं हैं।

तालिका : 8

जनगणना 2011 की कुल साक्षरता दर में पुरुष और महिलाओं के आंकड़ों के आधार पर राज्यों/केंद्रशासित प्रदेशों का स्थान

	व्यक्ति		पुरुष		महिला	
	राज्य / संघ क्षेत्र	साक्षरता दर	राज्य/ संघ क्षेत्र	साक्षरता दर	राज्य/ संघ क्षेत्र	साक्षरता दर
1	2	3	4	5	6	7
1.	केरल	94.0	केरल	96.1	केरल	92.1
2.	लक्षद्वीप	91.8	लक्षद्वीप	95.6	मिज़ोरम	89.3
3.	मिज़ोरम	91.3	मिज़ोरम	93.3	लक्षद्वीप	87.9
4.	गोवा	88.7	गोवा	92.6	गोवा	84.7
5.	त्रिपुरा	87.2	दमन और दीव	91.5	त्रिपुरा	82.7
6.	दमन और दीव	87.1	त्रिपुरा	91.5	अंडमान और निकोबार द्वीप समूह	82.4
7.	अंडमान और निकोबार द्वीप समूह	86.6	पुदुचेरी	91.3	चंडीगढ़	81.2
8.	राष्ट्रीय राजधानी क्षेत्र दिल्ली	86.2	राष्ट्रीय राजधानी क्षेत्र दिल्ली	90.9	राष्ट्रीय राजधानी क्षेत्र दिल्ली	80.8
9.	चंडीगढ़	86.0	अंडमान और निकोबार द्वीप समूह	90.3	पुदुचेरी	80.7
10.	पुदुचेरी	85.8	चंडीगढ़	90.0	दमन और दीव	79.5
11.	हिमाचल प्रदेश	82.8	हिमाचल प्रदेश	89.5	नगालैंड	76.1
12.	महाराष्ट्र	82.3	महाराष्ट्र	88.4	हिमाचल प्रदेश	75.9
13.	सिक्किम	81.4	उत्तराखंड	87.4	महाराष्ट्र	75.9
14.	तमिलनाडु	80.1	तमिलनाडु	86.8	सिक्किम	75.6
15.	नगालैंड	79.6	सिक्किम	86.6	तमिलनाडु	73.4
16.	उत्तराखंड	78.8	गुजरात	85.8	मेघालय	72.9
17.	गुजरात	78.0	दादरा और नगर हवेली	85.2	पंजाब	70.7
18.	मणिपुर	76.9	हरियाणा	84.1	पश्चिम बंगाल	70.5
19.	पश्चिम बंगाल	76.3	मणिपुर	83.6	मणिपुर	70.3
20.	दादरा और नगर हवेली	76.2	नगालैंड	82.8	उत्तराखंड	70.0
21.	पंजाब	75.8	कर्नाटक	82.5	गुजरात	69.7
22.	हरियाणा	75.6	पश्चिम बंगाल	81.7	कर्नाटक	68.1

23.	कर्नाटक	75.4	ओडिशा	81.6	असम	66.3
24.	मेघालय	74.4	पंजाब	80.4	हरियाणा	65.9
25.	ओडिशा	72.9	छत्तीसगढ़	80.3	दादरा और नगर हवेली	64.3
26.	असम	72.2	राजस्थान	79.2	ओडिशा	64.0
27.	छत्तीसगढ़	70.3	मध्य प्रदेश	78.7	छत्तीसगढ़	60.2
28.	मध्य प्रदेश	69.3	असम	77.8	मध्य प्रदेश	59.2
29.	उत्तर प्रदेश	67.7	उत्तर प्रदेश	77.3	आंध्र प्रदेश	59.1
30.	जम्मू-कश्मीर	67.2	झारखंड	76.8	अरुणाचल प्रदेश	57.7
31.	आंध्र प्रदेश	67.0	जम्मू-कश्मीर	76.8	उत्तर प्रदेश	57.2
32.	झारखंड	66.4	मेघालय	76.0	जम्मू-कश्मीर	56.4
33.	राजस्थान	66.1	आंध्र प्रदेश	74.9	झारखंड	55.4
34.	अरुणाचल प्रदेश	65.4	अरुणाचल प्रदेश	72.6	राजस्थान	52.1
35.	बिहार	61.8	बिहार	71.2	बिहार	51.5

टिप्पणी :- 2011 की जनगणना के लिए 7 वर्ष और उससे ऊपर की आयु की साक्षरता दर के संबंध में मणिपुर के आंकड़ों में सेनापति जिले के तीन सब-डिविजनों— माओमारम, पावोमाता और पुरुल के आंकड़े शामिल नहीं हैं।

तालिका : 9
भारत में साक्षरता दर 1951–2011

जनगणना वर्ष	व्यक्ति	पुरुष	महिलाएं	साक्षरता दर में पुरुष-महिला अंतर
1	2	3	4	5
1951	18.33	21.16	8.86	12.30
1961	28.3	40.4	15.35	25.05
1971	34.45	45.96	21.97	23.99
1981	43.57	56.38	29.76	26.62
1991	52.21	64.13	39.29	24.84
2001	64.83	75.26	53.67	21.59
2011	72.98	80.88	64.63	16.25

टिप्पणियां

1. 1951, 1961 और 1971 की जनगणना में साक्षरता दर पांच वर्ष और उससे ऊपर की आबादी से संबंधित है। 1981, 1991, 2001 और 2011 की जनगणना में साक्षरता दर सात वर्ष और उससे अधिक की आबादी से संबंधित है।
2. 1981 की साक्षरता दर में असम शामिल नहीं है, वहां 1981 की जनगणना पूरी नहीं हो पाई थी। 1981 की जनगणना की साक्षरता दरों में जम्मू-कश्मीर भी शामिल नहीं है।

तालिका 10 : लिंग के अनुसार साक्षरता और साक्षरता दर : 2011

क्र.सं.	भारत/राज्य/केंद्र शासित प्रदेश*	साक्षर व्यक्ति	पुरुष	महिलाएं	साक्षरता दर (प्रतिशत) व्यक्ति	पुरुष	महिलाएं
1	2	3	4	5	6	7	8
	भारत	76,36,38,812	43,47,63,622	32,88,75,190	72.98	80.88	64.63
1.	जम्मू-कश्मीर	70,67,233	42,64,671	28,02,562	67.16	76.75	56.43
2.	हिमाचल प्रदेश	50,39,736	27,52,590	22,87,146	82.8	89.53	75.93
3.	पंजाब	1,87,07,137	1,04,36,056	82,71,081	75.84	80.44	70.73
4.	चंडीगढ़	8,05,438	4,65,346	3,40,092	86.05	89.99	81.19
5.	उत्तराखंड	68,80,953	38,63,708	30,17,245	78.82	87.40	70.01
6.	हरियाणा	1,65,98,988	97,94,067	68,04,921	75.554	84.06	65.94
7.	राष्ट्रीय राजधानी क्षेत्र दिल्ली	1,27,37,767	71,94,856	55,42,911	86.21	90.94	80.76
8.	राजस्थान	3,82,75,282	2,36,88,412	1,45,86,870	66.11	79.19	52.12
9.	उत्तर प्रदेश	11,43,97,555	6,82,34,964	4,61,62,591	67.68	77.28	57.18
10.	बिहार	5,25,04,553	3,16,08,023	2,08,96,530	61.80	71.20	51.50
11.	सिक्किम	4,44,952	2,51,269	1,93,683	81.42	86.55	75.61
12.	अरुणाचल प्रदेश	7,66,005	4,39,868	3,26,137	65.38	72.55	57.70
13.	नगालैंड	13,42,434	7,23,957	6,18,477	79.55	82.75	76.11
14.	मणिपुर	19,08,475	10,39,858	8,68,618	76.94	83.58	70.26
15.	मिज़ोरम	8,48,175	4,38,529	4,09,646	91.33	93.35	89.27
16.	त्रिपुरा	28,04,783	15,01,369	13,03,414	87.22	91.53	82.73
17.	मेघालय	17,85,005	9,13,879	8,71,126	74.43	75.95	72.89
18.	असम	1,91,77,977	1,05,68,639	86,09,338	72.19	77.85	66.27
19.	पश्चिम बंगाल	6,15,38,281	3,38,18,810	2,77,19,4717	76.26	81.69	70.54
20.	झारखंड	1,83,28,069	1,08,82,519	74,45,550	66.41	76.84	55.42
21.	ओडिशा	2,67,42,595	1,50,89,681	1,16,52,914	72.87	81.59	64.01
22.	छत्तीसगढ़	1,53,79,922	88,07,893	65,72,029	70.28	80.27	60.24
23.	मध्य प्रदेश	4,28,51,169	2,51,74,328	1,76,76,841	69.32	78.73	59.24
24.	गुजरात	4,10,93,358	2,34,74,873	1,76,18,485	78.03	85.75	69.68
25.	दमन और दीव	1,88,406	1,24,643	63,763	87.10	91.54	79.55
26.	दादरा और नगर हवेली	2,23,320	1,42,521	80,709	76.24	85.17	64.32
27.	महाराष्ट्र	8,15,54,290	4,52,57,584	3,62,96,706	82.34	88.38	75.87
28.	आंध्र प्रदेश	5,05,56,760	2,82,51,243	2,23,05,517	67.02	74.88	59.15
29.	कर्नाटक	4,06,47,322	2,25,08,471	1,81,38,851	75.36	82.47	68.08
30.	गोवा	11,65,487	6,15,823	5,49,664	88.70	92.65	84.66
31.	लक्षद्वीप	52,553	28,023	24,530	91.85	95.56	87.95
32.	केरल	2,81,35,824	1,37,04,903	1,44,30,921	94.00	96.11	92.07
33.	तमिलनाडु	5,18,37,507	2,80,40,491	2,37,97,016	80.09	86.77	73.44
34.	पुदुचेरी	9,57,309	4,97,378	4,59,931	85.85	91.26	80.67
35.	अंडमान-निकोबार द्वीप समूह	2,94,281	1,64,377	1,29,904	86.63	90.27	82.43

नोट : उपलब्ध आंकड़े भारत की जनगणना-2011 के आधार पर हैं।

तालिका : 11

लिंग के अनुसार राज्यों/केंद्रशासित प्रदेशों की जनसंख्या तथा 2011 की कुल जनसंख्या में जनसंख्या प्रतिशत हिस्सा

राज्य	भारत/राज्य/संघ		कुल आबादी	कुल जनसंख्या में	कोड
क्षेत्र कोड	शासित क्षेत्र	व्यक्ति	पुरुष	महिलाएं	प्रतिशत हिस्सा
1	2	3	4	5	6
	भारत	1,21,08,54,977	62,32,70,258	58,75,84,719	100.00
1.	जम्मू-कश्मीर	1,25,41,302	66,40,662	59,00,640	1.04
2.	हिमाचल प्रदेश	68,64,602	34,81,873	33,82,729	0.57
3.	पंजाब	2,77,43,338	1,46,39,465	1,31,03,873	2.29
4.	चंडीगढ़	10,55,450	5,80,663	4,74,787	0.09
5.	उत्तराखंड	1,00,86,292	51,37,773	48,48,519	0.83
6.	हरियाणा	2,53,51,462	1,34,94,734	1,18,56,728	2.09
7.	राष्ट्रीय राजधानी क्षेत्र दिल्ली	1,67,87,941	89,87,326	78,00,615	1.39
8.	राजस्थान	6,85,48,437	3,55,50,997	3,29,97,440	5.66
9.	उत्तर प्रदेश	19,98,12,341	10,44,80,510	9,53,31,831	16.50
10.	बिहार	10,40,99,452	5,42,78,157	4,98,21,295	8.60
11.	सिक्किम	6,10,577	3,23,070	2,87,507	0.05
12.	अरुणाचल प्रदेश	13,83,727	7,13,912	6,69,815	0.11
13.	नगालैंड	19,78,502	10,24,707	9,53,853	0.16
14.	मणिपुर	28,55,794	14,38,586	14,17,208	0.24
15.	मिज़ोरम	10,97,206	5,55,339	5,41,867	0.09
16.	त्रिपुरा	36,73,917	18,74,376	17,99,541	0.30
17.	मेघालय	29,66,889	14,91,832	14,75,057	0.25
18.	असम	3,12,05,576	1,59,39,443	1,52,66,133	2.58
19.	पश्चिम बंगाल	9,12,76,115	4,68,09,027	4,44,67,088	7.54
20.	झारखंड	3,29,88,134	1,69,30,315	1,60,57,819	2.72
21.	ओडिशा	4,19,74,218	2,12,12,136	2,07,62,082	3.47
22.	छत्तीसगढ़	2,55,45,198	1,28,32,895	1,27,12,303	2.11
23.	मध्य प्रदेश	7,26,26,809	3,76,12,306	3,50,14,503	6.00
24.	गुजरात	6,04,39,692	3,14,91,260	2,89,48,432	4.99
25.	दमन और दीव	2,43,247	1,50,301	92,946	0.02
26.	दादरा और नगर हवेली	3,43,709	1,93,760	1,49,949	0.03
27.	महाराष्ट्र	11,23,74,333	5,82,43,056	5,41,31,277	9.28
28.	आंध्र प्रदेश	8,45,80,777	4,24,42,146	4,21,38,631	6.99
29.	कर्नाटक	6,10,95,297	3,09,66,657	3,01,28,640	5.05
30.	गोवा	14,58,545	7,39,140	7,19,405	0.12
31.	लक्षद्वीप	64,473	33,123	31,350	0.01
32.	केरल	3,34,06,061	1,60,27,412	1,73,78,649	2.76
33.	तमिलनाडु	7,21,47,030	3,61,37,975	3,60,09,055	5.96
34.	पुदुचेरी	12,47,953	6,12,511	6,35,442	0.10
35.	अंडमान और निकोबार द्वीप समूह	3,80,581	2,02,871	1,77,710	0.03

तालिका : 12

2001 और 2011 की जनगणना में राज्य और केंद्रशासित प्रदेशों में कुल जनसंख्या घटते क्रम में और स्थान

रैंक 2011	राज्य/केंद्रशासित प्रदेश	कुल आबादी 2011	भारत की कुल आबादी का प्रतिशत 2011	2001	2001 में स्थान
1	2	3	4	5	6
1.	उत्तर प्रदेश	19,98,12,341	16.50	16.16	1
2.	महाराष्ट्र	11,23,74,333	9.28	9.42	2
3.	बिहार	10,40,99,452	8.60	8.07	3
4.	पश्चिम बंगाल	9,12,76,115	7.54	7.79	4
5.	आंध्र प्रदेश	8,45,80,777	6.99	7.41	5
6.	मध्य प्रदेश	7,26,26,809	6.00	5.87	7
7.	तमिलनाडु	7,21,47,030	5.96	6.07	6
8.	राजस्थान	6,85,48,437	5.66	5.49	8
9.	कर्नाटक	6,10,95,297	5.05	5.14	9
10.	गुजरात	6,04,39,692	4.99	4.93	10
11.	ओडिशा	4,19,74,218	3.47	3.58	11
12.	केरल	3,34,06,061	2.76	3.10	12
13.	झारखंड	3,29,88,134	2.72	2.62	13
14.	असम	3,12,05,576	2.58	2.59	14
15.	पंजाब	2,77,43,338	2.29	2.37	15
16.	छत्तीसगढ़	2,55,45,198	2.11	2.03	17
17.	हरियाणा	2,53,51,462	2.09	2.06	16
18.	राष्ट्रीय राजधानी क्षेत्र, दिल्ली	1,67,87,941	1.39	1.35	18
19.	जम्मू-कश्मीर	1,25,41,302	1.04	0.99	19
20.	उत्तराखंड	1,00,86,292	0.83	0.83	20
21.	हिमाचल प्रदेश	68,64,602	0.57	0.59	21
22.	त्रिपुरा	36,73,917	0.30	0.31	22
23.	मेघालय	29,66,889	0.25	0.23	23
24.	मणिपुर	28,55,794	0.24	0.22	24
25.	नगालैंड	19,78,502	0.16	0.19	25
26.	गोवा	14,58,545	0.12	0.13	26
27.	अरुणाचल प्रदेश	13,83,727	0.11	0.11	27
28.	पुदुचेरी	12,47,953	0.10	0.09	28
29.	मिज़ोरम	10,97,206	0.09	0.09	30
30.	चंडीगढ़	10,55,450	0.09	0.09	29
31.	सिक्किम	6,10,577	0.05	0.05	31
32.	अंडमान-निकोबार द्वीप समूह	3,80,581	0.03	0.03	32
33.	दादरा और नगर हवेली	3,43,709	0.03	0.02	33
34.	दमन और दीव	2,43,247	0.02	0.02	34
35.	लक्षद्वीप	64,473	0.01	0.01	35

सूचना :- 1. 2011 की जनगणना के लिए भारत और मणिपुर की जनसंख्या के आंकड़ों में मणिपुर राज्य के सेनापति जिले के 3 सब-डिविजनों— अर्थात माओमारम, पाओमाता और पुरुल के आंकड़े अनुमान के आधार पर शामिल हैं।

तालिका : 13 : 2011 में अनुसूचित जाति और अनुसूचित जनजाति की कुल आबादी का प्रतिशत

क्र. संख्या	राज्य/केन्द्र शासित प्रदेश	कुल जनसंख्या व्यक्ति	पुरुष	महिला	प्रतिशत	हिस्सा
1	2	3	4	5	6	7
	भारत	12,10,570	2,01,378	10,42,81	16.6	8.6
1.	जम्मू-कश्मीर	12,541	925	1,493	7.4	11.9
2.	हिमाचल प्रदेश	6,865	1,729	392	25.2	5.7
3.	पंजाब	27,743	8,860	एनएसटी	31.9	एनएसटी
4.	चंडीगढ़	1,055	199	एनएसटी	18.9	एनएसटी
5.	उत्तराखंड	10,086	1,893	292	18.8	2.9
6.	हरियाणा	25,351	5,114	एनएसटी	20.2	एनएसटी
7.	राष्ट्रीय राजधानी क्षेत्र दिल्ली	16,788	2,812	एनएसटी	16.8	एनएसटी
8.	राजस्थान	68,548	12,222	9,239	17.8	13.5
9.	उत्तर प्रदेश	1,99,812	41,358	1,134	20.7	0.6
10.	बिहार	1,04,0999	16,567	1,337	15.9	1.3
11.	सिक्किम	611	28	206	4.6	33.8
12.	अरुणाचल प्रदेश	1,384	एनएससी	952	एनएससी	68.8
13.	नगालैंड	1,979	एनएससी	1,711	एनएससी	86.5
14.	मणिपुर	2,570	97	903	3.4	40.9
15.	मिज़ोरम	1,097	1	1,036	0.1	94.4
16.	त्रिपुरा	3,674	655	1,167	17.8	31.8
17.	मेघालय	2,967	17	2,556	0.6	86.1
18.	असम	31,206	2,231	3,884	7.2	12.4
19.	पश्चिम बंगाल	91,276	21,463	5,297	23.5	5.8
20.	झारखंड	32,988	3,986	8,645	12.1	26.2
21.	ओडिशा	41,974	7,188	9,591	17.1	22.8
22.	छत्तीसगढ़	25,545	3,274	7,823	12.8	30.6
23.	मध्य प्रदेश	72,627	11,342	15,317	15.6	21.1
24.	गुजरात	60,440	4,074	8,917	6.7	14.8
25.	दमण और दीव	243	6	15	2.5	6.3
26.	दादरा और नगर हवेली	344	6	179	1.8	52.0
27.	महाराष्ट्र	1,12,374	13,276	10,510	11.8	9.4
28.	आंध्र प्रदेश	84,581	13,878	5,918	16.4	7.0
29.	कर्नाटक	61,095	10,475	4,249	17.1	7.0
30.	गोवा	1,459	25	149	1.7	10.2
31.	लक्षद्वीप	64	एनएससी	61	एनएससी	94.8
32.	केरल	33,406	3,040	485	9.1	1.5
33.	तमिलनाडु	72,147	14,438	795	20.0	1.1
34.	पुदुचेरी	1,245	196	एनएसटी	15.7	एनएसटी
35.	अंडमान और निकोबार द्वीप समूह	381	एनएससी	29	एनएससी	7.5

नोट :- 1. 2011 की जनगणना के लिए भारत और मणिपुर की जनसंख्या के आंकड़ों में मणिपुर राज्य के सेनापति जिले के 3 सब-डिविजनों— अर्थात माओमारम, पाओमाता और पुरुल के आंकड़े अनुमान के आधार पर शामिल नहीं हैं।

तालिका : 14
ग्रामीण और शहरी आबादी

जनगणना वर्ष	जनसंख्या (मिलियन)		कुल जनसंख्या का प्रतिशत	
	ग्रामीण	शहरी	ग्रामीण	शहरी
1	2	3	4	5
1901	213	26	89.20	10.80
1911	226	26	89.70	10.30
1921	223	28	88.80	11.20
1931	246	33	88.00	12.00
1941	275	44	86.10	13.90
1951	299	62	82.70	17.30
1961	360	79	82.00	18.00
1971	439	109	80.10	19.90
1981	524	159	76.70	23.30
1991	629	218	74.30	25.70
2001	743	286	72.20	27.80
2011	834	377	68.85	31.14

नोट :- 1. 2001 व 2011 की जनगणना के लिए भारत और मणिपुर की जनसंख्या के आंकड़ों में मणिपुर राज्य के सेनापति जिले के 3 सब-डिविजनों— अर्थात माओमारम, पाओमाता और पुरुल के आंकड़े अनुमान के आधार पर शामिल हैं।

2. जम्मू-कश्मीर में तनावग्रस्त परिस्थितियों के चलते 1991 में जनगणना नहीं हुई थी, इसीलिए जम्मू-कश्मीर में 1991 के लिए जनगणना आंकड़े अंतरवेशन आधार पर निकाले गए थे।

3. असम में 1981 में जनगणना नहीं हो पाई थी। असम में 1981 के लिए जनगणना आंकड़े अंतरवेशन आधार पर निकाले गए थे।

तालिका : 15
भारत-2011 की जनगणना, शहरों की श्रेणी के अनुसार जनसंख्या

	शहरों की श्रेणी	2011
1.	1,00,000 और अधिक	2,27,899
2.	50,000-99,999	41,328
3.	20,000-49,999	58,174
4.	10,000-19,999	31,866
5.	5,000-9,999	15,883
6.	5,000 से कम	1,956
	सभी श्रेणियां	3,77,106
	कुल जनसंख्या की शहरी जनसंख्या प्रतिशत के रूप में	31.2

तालिका : 16 : 2011 की जनगणना के अनुसार गांवों का वितरण और बसे हुए गांवों की संख्या

क्र. सं.	राज्य /केंद्र केंद्रशासित प्रदेश	10,000 से ऊपर	5,000–9,999	2,000–4,999	1,000–1,999	500–999	200–499	200 से कम	बसे हुए गांवों की संख्या
1	2	3	4	5	6	7	8	9	10
1.	जम्मू–कश्मीर	23	212	1152	1641	1521	1275	513	6337
2.	हिमाचल प्रदेश	1	12	219	832	2459	5898	8461	17882
3.	पंजाब	41	330	2227	3471	3237	1903	959	12168
4.	चंडीगढ़	0	3	2	0	0	0	0	5
5.	उत्तराखंड	21	96	471	824	1826	4684	7823	15745
6.	हरियाणा	121	594	2256	1967	1035	437	232	6642
7.	राष्ट्रीय राजधानी क्षेत्र दिल्ली	6	9	55	21	6	2	4	103
8.	राजस्थान	120	832	5802	10530	12421	8869	4690	43264
9.	उत्तर प्रदेश	545	3432	21013	28020	23381	13591	7832	97814
10.	बिहार	1129	3216	10128	10076	7536	4584	2404	39073
11.	सिक्किम	0	4	42	127	150	75	27	425
12.	अरुणाचल प्रदेश	0	1	21	112	325	1026	3773	5258
13	नगालैंड	1	30	158	240	337	423	211	1400
14.	मणिपुर	7	39	217	260	417	777	798	2515
15.	मिज़ोरम	0	2	43	105	233	236	85	704
16.	त्रिपुरा	18	131	375	196	80	52	11	863
17.	मेघालय	0	7	82	254	953	2515	2648	6459
18.	असम	21	309	3304	5718	6076	5649	4295	25372
19.	पश्चिम बंगाल	417	1716	7552	8731	8574	6848	3640	37478
20.	झारखंड	35	224	2365	5215	7948	8249	5456	29492
21.	ओडिशा	10	195	3058	7902	11978	13271	11263	47677
22.	छत्तीसगढ़	2	88	1913	5392	6142	4252	1778	19567
23.	मध्य प्रदेश	31	583	5084	12515	16339	11943	5434	51929
24.	गुजरात	166	963	4781	5566	3891	1900	576	17843
25.	दमन और दीव	0	5	4	5	3	2	0	19
26.	दादरा और नगर हवेली	1	6	28	18	6	5	1	65
27.	महाराष्ट्र	310	1175	7170	12154	11144	6426	2582	40961
28.	आंध्र प्रदेश	482	1923	7158	6397	4245	3243	2838	26286
29.	कर्नाटक	164	836	4433	6492	7039	5296	3137	27397
30.	गोवा	1	14	87	75	57	57	29	320
31.	लक्षद्वीप	0	1	2	0	0	1	2	6
32.	केरल	797	146	58	11	3	1	1	1017
33.	तमिलनाडु	209	1490	5100	4231	2376	1171	472	15049
34.	पुडुचेरी	3	26	46	13	2	0	0	90
35.	अंडमान और निकोबार द्वीप समूह	0	2	24	53	61	78	178	396
	भारत *	4682	18641	96388	139134	141761	114730	82149	597485

नोट: जम्मू–कश्मीर के आंकड़ों में पाकिस्तान और चीन के अवैध कब्जे वाले क्षेत्रों में आने वाले गांव शामिल नहीं किए गए हैं, यहां जनगणना नहीं कराई जा सकी।

– 2011 की जनगणना के लिए भारत और मणिपुर की जनसंख्या के आंकड़ों में मणिपुर राज्य के सेनापति जिले के 3 सब–डिविजनों– अर्थात माओ मारम, पाओमाता और पुरुल के आंकड़े अनुमान के आधार पर शामिल किए गए हैं।

2 राष्ट्रीय प्रतीक

राष्ट्रीय ध्वज

भारत का राष्ट्रीय ध्वज तिरंगा है, जिसमें समानांतर तीन रंगों की पट्टियां हैं। सबसे ऊपर गहरी केसरिया पट्टी है, मध्य में सफेद और सबसे नीचे गहरे हरे रंग की पट्टी है। ध्वज की चौड़ाई और लंबाई का अनुपात 2:3 है। सफेद पट्टी के केंद्र में गहरे नीले रंग का एक चक्र है, जिसका प्रारूप सम्राट अशोक के सारनाथ स्थित सिंह स्तंभ पर बने चक्र की तर्ज़ पर बनाया गया है। इसका व्यास सफेद पट्टी की चौड़ाई के समान है और इसमें 24 तिल्लियां हैं। भारत की संविधान सभा ने राष्ट्र ध्वज के प्रारूप को 22 जुलाई, 1947 को अपनाया।

सरकार द्वारा समय-समय पर जारी गैर-सांविधिक अनुदेशों के अतिरिक्त राष्ट्रीय ध्वज के प्रदर्शन पर राजचिह्नों और नामों के (दुरुपयोग की रोकथाम) अधिनियम, 1950 (1950 का 12वां) और राष्ट्रीय गौरव अपमान निवारण अधिनियम, 1971 (1971 का 69वां) की व्यवस्थाएं लागू होती हैं।

भारतीय ध्वज संहिता, 2002 जो 26 जनवरी, 2002 से प्रभावी हुई, में विधि, परंपराओं, प्रविधियों और अनुदेशों सभी को एक साथ रखा गया है। भारत की ध्वज संहिता, 2002 के अनुसार आम नागरिकों, प्राइवेट संगठनों, शैक्षिक संस्थानों आदि द्वारा राष्ट्रीय ध्वज के प्रदर्शन पर कोई पाबंदी नहीं है, परंतु इस बारे में राजचिह्नों और नामों के (दुरुपयोग की रोकथाम) अधिनियम, 1950 और राष्ट्रीय गौरव अपमान निवारण अधिनियम, 1971 के प्रावधानों और इस विषय में अधिनियमित किसी अन्य कानून की व्यवस्थाओं का अनुपालन अनिवार्य है।

राजचिह्न

भारत का राजचिह्न सारनाथ स्थित अशोक के सिंह स्तंभ की अनुकृति है। मूल स्तंभ में शीर्ष पर 4 सिंह हैं, जो एक-दूसरे की ओर पीठ किए हुए हैं। इसके नीचे घंटे के आकार के पद्म के ऊपर एक चित्र वल्लरी में एक हाथी, चौकड़ी भरता हुआ एक घोड़ा, एक सांड़ तथा एक सिंह की उभरी हुई मूर्तियां हैं, जिनके बीच-बीच में चक्र बने हुए हैं। चिकने बलुआ पत्थर के एकल ब्लॉक को काट कर बनाए गए इस स्तंभ पर 'धर्मचक्र' सुशोभित है।

भारत सरकार द्वारा 26 जनवरी, 1950 को अपनाए गए राजचिह्न में केवल 3 सिंह दिखाई पड़ते हैं। पट्टी के मध्य में उभरी हुई नक्काशी में चक्र है, जिसके दाईं ओर एक सांड़ और बाईं ओर एक घोड़ा है। दाएं और बाएं छोरों पर अन्य चक्रों के किनारे हैं। घंटाकार पद्म छोड़ दिया गया है। फलक के नीचे *मुंडकोपनिषद्* का सूत्र 'सत्यमेव जयते' देवनागरी लिपि में अंकित है जिसका अर्थ है- 'सत्य की ही विजय होती है।'

भारत के राजचिह्न का उपयोग भारत के राजकीय (अनुचित उपयोग निषेध) अधिनियम, 2005 के तहत नियंत्रित होता है।

राष्ट्रगान

रवीन्द्रनाथ ठाकुर द्वारा मूल रूप से बांग्ला में रचित और संगीतबद्ध 'जन-गण-मन' के हिंदी संस्करण को संविधान सभा ने भारत के राष्ट्रगान के रूप में 24 जनवरी, 1950 को अपनाया था। यह सर्वप्रथम 27 दिसंबर, 1911 को भारतीय राष्ट्रीय कांग्रेस के कोलकाता अधिवेशन में गाया गया था। पूरे गीत में 5 पद हैं। प्रथम पद, राष्ट्रगान का पूरा पाठ है, जो इस प्रकार है :

जन-गण-मन अधिनायक जय हे
भारत भाग्य विधाता।

पंजाब-सिंधु-गुजरात-मराठा
द्राविड़-उत्कल-बंग
विंध्य हिमाचल यमुना गंगा
उच्छल जलधि तरंग।
तब शुभ नामे जागे, तब शुभ आशिष मांगे
गाहे तब जय-गाथा।

जन-गण-मंगलदायक जय हे भारत भाग्य विधाता।
जय हे, जय हे, जय हे, जय जय जय जय हे।

राष्ट्रगान के गायन की अवधि लगभग 52 सेकेंड है। कुछ अवसरों पर राष्ट्रगान को संक्षिप्त रूप में गाया जाता है, जिसमें इसकी प्रथम और अंतिम पंक्तियां (गाने का समय लगभग 20 सेकेंड) होती हैं जो इस प्रकार है :

जन-गण-मन अधिनायक जय हे
भारत भाग्य विधाता।

जय हे, जय हे, जय हे, जय जय जय जय हे।।

राष्ट्रगीत

बंकिमचंद्र चटर्जी ने संस्कृत में 'वंदे मातरम्' गीत की रचना की, जिसे 'जन-गण-मन' के समान दर्जा प्राप्त है। यह गीत स्वतंत्रता संग्राम में जन-जन का प्रेरणा स्रोत था। यह गीत पहली बार 1896 में भारतीय राष्ट्रीय कांग्रेस के अधिवेशन में गाया गया था। इसका प्रथम पद इस प्रकार है :

वंदे मातरम्!

सुजलाम् सुफलाम् मलयज शीतलाम्,

शस्यश्यामलाम्, मातरम्!

शुभ्रज्योत्सना पुलकितयामिनीम्,
फुल्लकुसुमित द्रुमदल शोभिनीम्,
सुहासिनीम् सुमधुर भाषिणीम्,
सुखदाम् वरदाम्, मातरम्!

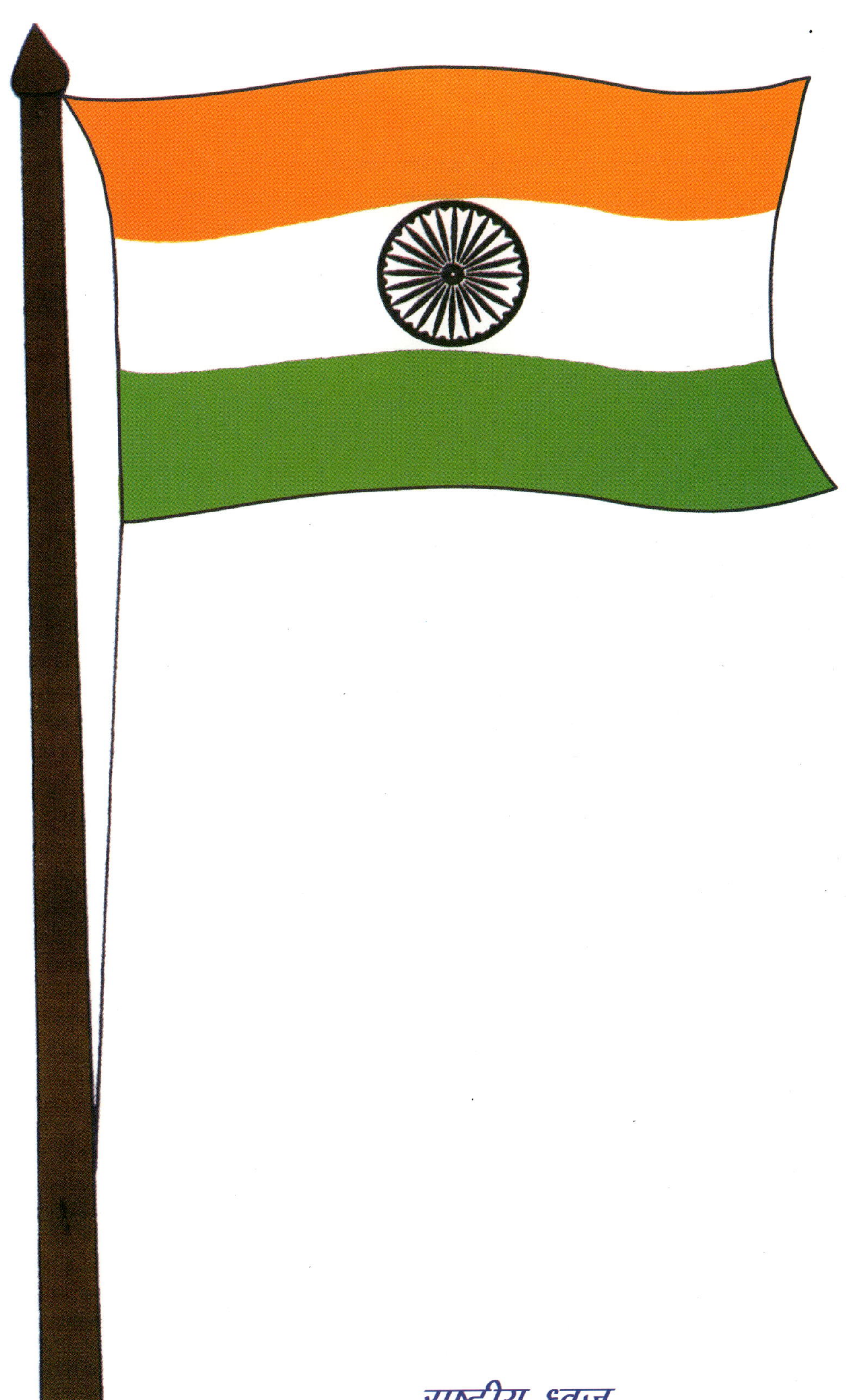

राष्ट्रीय ध्वज

सत्यमेव जयते

राष्ट्रीय चिह्न

राष्ट्रीय पंचांग (कैलेंडर)

ग्रिगेरियन कैलेंडर के साथ-साथ देशभर के लिए शक संवत् पर आधारित एकरूप राष्ट्रीय पंचांग, जिसका पहला महीना चैत्र है और सामान्य वर्ष 365 दिन का होता है। 22 मार्च, 1957 को इन्हें सरकारी उद्देश्यों के लिए अपनाया गया : (1) भारत का राजपत्र, (2) आकाशवाणी के समाचार प्रसारण, (3) भारत सरकार द्वारा जारी किए गए कैलेंडर और (4) भारत सरकार द्वारा नागरिकों को संबोधित-पत्र।

राष्ट्रीय पंचांग और ग्रिगेरियन कैलेंडर की तारीखों में स्थाई सादृश्य है। चैत्र का पहला दिन सामान्यत: 22 मार्च को और अधिवर्ष में 21 मार्च को पड़ता है।

3 राजनीतिक संरचना

राज्यों का संघ भारत, धर्मनिरपेक्ष लोकतांत्रिक गणराज्य है जिसमें शासन की संसदीय प्रणाली है। गणराज्य 26 नवंबर , 1949 को संविधान सभा द्वारा स्वीकृत और 26 जनवरी, 1950 को लागू संविधान की व्यवस्थाओं के अनुसार प्रशासित होता है।

संसदीय सरकार के संविधान का ढांचा एकात्मक विशेषताओं के साथ-साथ संघीय भी है। भारत के राष्ट्रपति केंद्र की कार्यपालिका के संवैधानिक प्रमुख होते हैं। संविधान का अनुच्छेद-74(1) यह निर्दिष्ट करता है कि कार्य संचालन में राष्ट्रपति की सहायता करने तथा उन्हें परामर्श देने के लिए प्रधानमंत्री के नेतृत्व में एक मंत्रिपरिषद् होगी तथा राष्ट्रपति उसके परामर्श से ही कार्य करेंगे। इस तरह कार्यपालिका की वास्तविक शक्ति प्रधानमंत्री के नेतृत्व में गठित मंत्रिपरिषद् में निहित होती है। मंत्रिपरिषद् सामूहिक रूप से लोकसभा के प्रति उत्तरदायी है। इसी प्रकार, राज्यों में राज्यपाल की स्थिति कार्यपालिका के प्रधान की होती है परंतु , वास्तविक शक्ति मुख्यमंत्री के नेतृत्व में मंत्रिपरिषद् में निहित होती है। किसी राज्य की मंत्रिपरिषद् सामूहिक रूप से उस राज्य की विधानसभा के प्रति उत्तरदायी होती है।

संविधान में विधायी शक्तियां संसद एवं राज्य विधानसभाओं में विभाजित की गई हैं तथा शेष शक्तियां संसद को प्राप्त हैं। संविधान में संशोधन का अधिकार भी संसद को ही प्राप्त है। संविधान में न्यायपालिका, भारत के नियंत्रक तथा महालेखा परीक्षक, लोक सेवा आयोगों और मुख्य निर्वाचन आयोग की स्वतंत्रता बनाए रखने के लिए प्रावधान है।

केंद्र और उसके क्षेत्र

भारत में 29 राज्य और सात केंद्रशासित प्रदेश हैं। ये राज्य हैं- आंध्र प्रदेश, असम, अरुणाचल प्रदेश, बिहार, छत्तीसगढ़, गोवा, गुजरात, हरियाणा, हिमाचल प्रदेश, जम्मू-कश्मीर, झारखंड, कर्नाटक, केरल, मध्य प्रदेश, महाराष्ट्र, मणिपुर, मेघालय, मिज़ोरम, नगालैंड, ओडिशा, पंजाब, राजस्थान, सिक्किम, तमिलनाडु, तेलंगाना, त्रिपुरा, उत्तराखंड, उत्तर प्रदेश और पश्चिम बंगाल। केंद्रशासित प्रदेश हैं- अंडमान और निकोबार द्वीप समूह, चंडीगढ़, दादरा और नगर हवेली, दमन और दीव, राष्ट्रीय राजधानी क्षेत्र दिल्ली, लक्षद्वीप तथा पुद्दुचेरी।

नागरिकता

संविधान में संपूर्ण भारत के लिए एकसमान नागरिकता की व्यवस्था की गई है। ऐसा प्रत्येक व्यक्ति भारत का नागरिक माना गया है, जो संविधान लागू होने के दिन (26 जनवरी, 1950 को) भारत में स्थायी रूप से रहता हो; और (क) जो भारत में पैदा हुआ हो; अथवा (ख) जिसके माता-पिता में से एक भारत में पैदा हुआ है; अथवा (ग) जो सामान्यतया कम-से-कम पांच वर्ष

से भारतीय क्षेत्र में रह रहा हो। नागरिकता अधिनियम, 1955 में संविधान लागू होने के पश्चात् नागरिकता ग्रहण करने, निर्धारित करने तथा समाप्त करने के संबंध में प्रावधान किए गए हैं।

मौलिक अधिकार

संविधान में सभी नागरिकों के लिए व्यक्तिगत और सामूहिक रूप से बुनियादी स्वतंत्रता की व्यवस्था की गई है। संविधान में मोटे तौर पर छह प्रकार की स्वतंत्रता की मौलिक अधिकारों के रूप में गारंटी दी गई है, जिनकी सुरक्षा के लिए न्यायालय की शरण ली जा सकती है। संविधान के तीसरे भाग, अनुच्छेद-12 से 35 तक, में मौलिक अधिकारों का उल्लेख किया गया है। ये मौलिक अधिकार हैं-

(1) समानता का अधिकार: कानून के समक्ष समानता, धर्म, वंश, जाति, लिंग या जन्म-स्थान के आधार पर भेदभाव का निषेध और रोज़गार के लिए समान अवसर;

(2) विचारों की स्वतंत्रता और अभिव्यक्ति का अधिकार: सम्मेलन करने, संस्था या केंद्र बनाने, देश में सर्वत्र आने-जाने, भारत के किसी भी भाग में रहने तथा कोई रोज़गार या व्यवसाय करने का अधिकार (इनमें से कुछ अधिकारों को देश की सुरक्षा, विदेशों के साथ मैत्रीपूर्ण संबंधों, लोक व्यवस्था, शिष्टता या नैतिकता में सीमित किया गया है);

(3) शोषण से रक्षा का अधिकार: इसके अंतर्गत सभी प्रकार की बेगार, बालश्रम और व्यक्तियों के क्रय-विक्रय का निषेध किया गया है;

(4) अंत:करण की प्रेरणा तथा धर्म को निर्बाध रूप से मानने, उसके अनुरूप आचरण करने और उसका प्रचार करने की स्वतंत्रता का अधिकार;

(5) नागरिकों के किसी भी वर्ग को अपनी संस्कृति, भाषा और लिपि को संरक्षित करने तथा अल्पसंख्यकों द्वारा पसंद की शिक्षा ग्रहण करने एवं शिक्षा संस्थानों की स्थापना करने का अधिकार; और

(6) मौलिक अधिकारों को लागू करने के लिए संवैधानिक उपायों का अधिकार।

मौलिक कर्तव्य

1976 में पारित संविधान में 42वें संशोधन के अंतर्गत, नागरिकों के मौलिक कर्तव्यों का भी उल्लेख किया गया है। ये कर्तव्य संविधान के भाग चार 'ए' के अनुच्छेद-51 'क' में दिए गए हैं। इसमें अन्य बातों के अलावा यह कहा गया है कि नागरिकों का कर्तव्य है कि वे संविधान का पालन करें; स्वतंत्रता प्राप्ति के लिए राष्ट्रीय संघर्ष को प्रेरित करने वाले आदर्शों का अनुसरण करें; देश की रक्षा करें और कहे जाने पर राष्ट्रीय सेवा में जुट जाएं। धर्म, भाषा और क्षेत्रीय तथा वर्ग संबंधी भिन्नताओं को भुलाकर सद्भाव और भाईचारे की भावनाओं को बढ़ावा दें।

राज्य के नीति-निदेशक सिद्धांत

संविधान में निहित राज्य के नीति-निदेशक सिद्धांत यद्यपि न्यायालयों द्वारा लागू नहीं कराए जा सकते, तथापि वे 'देश के प्रशासन का मूलभूत आधार' हैं और 'सरकार' का यह कर्तव्य है कि

वह कानून बनाते समय इन सिद्धांतों का पालन करे। ये सिद्धांत संविधान के भाग चार के अनुच्छेद-36 से 51 में दिए गए हैं। उनमें कहा गया है- सरकार ऐसी प्रभावी सामाजिक व्यवस्था कायम करके लोगों के कल्याण के लिए प्रोत्साहन देने का प्रयास करेगी, जिससे राष्ट्रीय जीवन के सभी क्षेत्रों में सामाजिक, आर्थिक तथा राजनीतिक न्याय का पालन हो। सरकार ऐसी नीति निर्देशित करेगी जो सभी स्त्री-पुरुषों को जीवनयापन के लिए यथेष्ट अवसर दे , समान कार्य के लिए समान वेतन तथा अपनी आर्थिक क्षमता, विकास की सीमाओं के अनुसार सबको काम तथा शिक्षा दिलाने की प्रभावी व्यवस्था करे और बेरोज़गारी, बुढ़ापे, बीमारी तथा अपंगता या अन्य प्रकार की अक्षमता की स्थिति में सबको वित्तीय सहायता दे। सरकार श्रमिकों के लिए निर्वाह- वेतन, कार्य की मानवोचित दशाओं, रहन-सहन के अच्छे स्तर तथा उद्योगों के प्रबंधन में उनकी पूर्ण भागीदारी के लिए भी प्रयत्न करेगी।

आर्थिक क्षेत्र में, सरकार को अपनी नीति इस ढंग से लागू करनी चाहिए जिससे कि समाज के भौतिक संसाधनों पर अधिकार और उनका लोगों के बीच इस प्रकार वितरण हो कि वे सभी लोगों के कल्याण के लिए उपयोगी सिद्ध हों और यह सुनिश्चित हो कि आर्थिक व्यवस्था को लागू करने के परिणामस्वरूप सर्वसाधारण के हितों के विरुद्ध धन और उत्पादन के साधन कुछ ही लोगों के पास केंद्रित नहीं हों।

कुछ अन्य महत्वपूर्ण निर्देशात्मक सिद्धांत हैं:

- बच्चों को स्वस्थ वातावरण में विकास के लिए अवसर तथा सुविधाएं उपलब्ध कराना;
- 14 वर्ष तक के बच्चों के लिए नि:शुल्क तथा अनिवार्य शिक्षा की व्यवस्था करना;
- अनुसूचित जाति तथा अनुसूचित जनजाति और समाज के अन्य कमज़ोर वर्गों के शैक्षिक और आर्थिक हितों को बढ़ावा देना;
- ग्राम पंचायतों का गठन; कार्यपालिका से न्यायपालिका को अलग रखना;
- संपूर्ण देश के लिए समान नागरिक संहिता की घोषणा;
- राष्ट्रीय स्मारकों की सुरक्षा; समान अवसरों के आधार पर न्याय को बढ़ावा देना;
- नि:शुल्क कानूनी सहायता की व्यवस्था;
- पर्यावरण की सुरक्षा तथा सुधार;
- वनों एवं वन्यजीवों की सुरक्षा तथा अंतरराष्ट्रीय शांति और सुरक्षा;
- राष्ट्रों के बीच न्यायोचित तथा समानतापूर्ण संबंधों को प्रोत्साहन; तथा
- अंतरराष्ट्रीय कानूनों और संधियों की शर्तों का सम्मान एवं अंतरराष्ट्रीय विवादों को मध्यस्थता द्वारा निपटाने को बढ़ावा देना।

संघ

कार्यपालिका

केंद्रीय कार्यपालिका के अंतर्गत राष्ट्रपति, उपराष्ट्रपति तथा प्रधानमंत्री के नेतृत्व में एक मंत्रिपरिषद् होती है, जो राष्ट्रपति को सहायता और सलाह देती है।

राष्ट्रपति

राष्ट्रपति का निर्वाचन एक निर्वाचक मंडल के सदस्य आनुपातिक प्रतिनिधित्व प्रणाली के आधार पर एकल हस्तांतरणीय मत द्वारा करते हैं। इस निर्वाचक मंडल में संसद के दोनों सदनों तथा राज्यों की विधान सभाओं के निर्वाचित सदस्य होते हैं। राज्यों के बीच आपस में समानता तथा राज्यों और केंद्र के बीच समानता बनाए रखने के लिए प्रत्येक मत को उचित महत्व दिया जाता है। राष्ट्रपति को अनिवार्य रूप से भारत का नागरिक, कम-से-कम 35 वर्ष की आयु का तथा लोकसभा का सदस्य बनने का पात्र होना चाहिए। राष्ट्रपति का कार्यकाल पांच वर्ष का होता है तथा पुनर्निर्वाचित किया जा सकता है। संविधान के अनुच्छेद-61 में निहित प्रक्रिया द्वारा उन्हें पद से हटाया जा सकता है। वह उपराष्ट्रपति को संबंधित स्व-हस्तलिखित पत्र द्वारा पद-त्याग कर सकते हैं।

कार्यपालिका के समस्त अधिकार राष्ट्रपति में निहित हैं। वह इनका उपयोग संविधान के अनुसार स्वयं या अपने अधीनस्थ सरकारी अधिकारियों द्वारा कराते हैं। रक्षा सेनाओं की सर्वोच्च कमान भी राष्ट्रपति के पास होती है। राष्ट्रपति को संसद का अधिवेशन बुलाने, उसका सत्रावसान करने, संसद को संबोधित करने तथा संदेश भेजने, लोकसभा को भंग करने, दोनों सदनों के अधिवेशन काल को छोड़ कर किसी भी समय अध्यादेश जारी करने, बजट तथा वित्त विधेयक प्रस्तुत करने की सिफारिश करने तथा विधेयकों को स्वीकृति प्रदान करने, क्षमादान देने, दंड रोकने अथवा उसमें कमी या परिवर्तन करने या कुछ मामलों में दंड को स्थगित करने, छूट देने या दंड को बदलने के अधिकार प्राप्त हैं। किसी राज्य में संवैधानिक व्यवस्था के विफल हो जाने पर राष्ट्रपति उस सरकार के संपूर्ण या कोई भी अधिकार अपने हाथ में ले सकते हैं।

यदि राष्ट्रपति को इस बारे में विश्वास हो जाए कि कोई ऐसा गंभीर संकट पैदा हो गया है जिससे देश अथवा उसके किसी भाग की सुरक्षा को युद्ध अथवा बाह्य आक्रमण या सशस्त्र विद्रोह का खतरा उत्पन्न हो गया है, तो वह देश में आपात स्थिति की घोषणा कर सकते हैं।

उपराष्ट्रपति

उपराष्ट्रपति का चुनाव आनुपातिक प्रतिनिधित्व प्रणाली के अनुसार एकल हस्तांतरणीय मत द्वारा एक निर्वाचक मंडल के सदस्य करते हैं। निर्वाचक मंडल में दोनों सदनों के सदस्य होते हैं। उपराष्ट्रपति को अनिवार्य रूप से भारत का नागरिक, कम-से-कम 35 वर्ष की आयु का और राज्यसभा का सदस्य बनने का पात्र होना चाहिए। उनका कार्यकाल पांच वर्ष का होता है और उन्हें इस पद पर पुनर्निर्वाचित भी किया जा सकता है। संविधान के अनुच्छेद-67 (ख) में निहित कार्यविधि द्वारा उन्हें पद से हटाया जा सकता है।

उपराष्ट्रपति राज्यसभा के पदेन सभापति होते हैं। जब राष्ट्रपति बीमारी या अन्य किसी कारण से अपना कार्य करने में असमर्थ हों या जब राष्ट्रपति की मृत्यु या पद-त्याग अथवा पद से हटाए जाने के कारण राष्ट्रपति का पद रिक्त हो गया है, तब छह महीने के भीतर नए राष्ट्रपति के चुने जाने तक वह राष्ट्रपति के रूप में कार्य कर सकते हैं। ऐसी स्थिति में वह राज्यसभा के सभापति के रूप में कार्य नहीं कर सकते।

मंत्रिपरिषद्

कार्य-संचालन में राष्ट्रपति की सहायता करने तथा उन्हें परामर्श देने के लिए प्रधानमंत्री के नेतृत्व में एक मंत्रिपरिषद् की व्यवस्था है। प्रधानमंत्री की नियुक्ति राष्ट्रपति करते हैं तथा अन्य मंत्रियों की नियुक्ति भी राष्ट्रपति, प्रधानमंत्री के परामर्श से करते हैं। मंत्रिपरिषद् संयुक्त रूप से लोकसभा के प्रति उत्तरदायी होती है। प्रधानमंत्री का कर्तव्य है कि वह केंद्र के कार्यों के संचालन के संबंध में मंत्रिपरिषद् के निर्णयों, कानून बनाने के प्रस्तावों तथा उनसे संबंधित जानकारियों से राष्ट्रपति को अवगत कराते रहें। मंत्रिपरिषद् में कैबिनेट मंत्री, राज्यमंत्री (स्वतंत्र प्रभार), राज्यमंत्री तथा उपमंत्री होते हैं।

विधायिका

केंद्र की विधायिका को 'संसद' कहा जाता है। इसमें राष्ट्रपति, दोनों सदन (लोकसभा तथा राज्यसभा) शामिल हैं। संसद के दोनों सदनों की बैठक पिछली बैठक के छह महीने के भीतर बुलानी होती है। कुछ अवसरों पर दोनों सदनों का संयुक्त अधिवेशन किया जा सकता है।

राज्यसभा

संविधान में व्यवस्था है कि राज्यसभा में साहित्य, विज्ञान, कला और समाज सेवा आदि क्षेत्रों में विशेष ज्ञान या अनुभव रखने वाले 12 सदस्यों को राष्ट्रपति मनोनीत करेंगे तथा राज्यों और केंद्रशासित प्रदेशों के चुने हुए सदस्यों की संख्या 238 से अधिक नहीं होगी। राज्यसभा के सदस्यों का विवरण **परिशिष्ट** में दिया गया है।

राज्यसभा के सदस्यों का चुनाव अप्रत्यक्ष होता है; राज्यों का प्रतिनिधित्व करने वाले सदस्यों का चुनाव राज्यों की विधानसभाओं के चुने हुए सदस्यों द्वारा एकल हस्तांतरणीय मत के आधार पर आनुपातिक प्रतिनिधित्व प्रणाली के जरिए किया जाता है। केंद्रशासित प्रदेशों के प्रतिनिधियों का चुनाव संसद द्वारा निर्धारित कानून के अंतर्गत किया जाता है। राज्यसभा कभी भी भंग नहीं होती और उसके एक-तिहाई सदस्य हर दो वर्ष के बाद अवकाश ग्रहण करते हैं।

लोकसभा

लोकसभा के सदस्य वयस्क मताधिकार के आधार पर लोगों द्वारा सीधे चुने जाते हैं। संविधान में लोकसभा के सदस्यों की अधिकतम संख्या अब 552 है (530 सदस्य राज्यों का और 20 सदस्य केंद्रशासित प्रदेशों का प्रतिनिधित्व करते हैं तथा राष्ट्रपति को आंग्ल भारतीय (एंग्लो इंडियन) समुदाय के दो व्यक्तियों को उस हालत में मनोनीत करने का अधिकार है, जब उन्हें ऐसा लगे कि सदन में इस समुदाय को पर्याप्त प्रतिनिधित्व नहीं मिला)।

लोकसभा के लिए विभिन्न राज्यों की सदस्य संख्या का निर्धारण इस प्रकार किया जाता है कि राज्य के लिए निर्धारित सीटों की संख्या और उस राज्य की जनसंख्या का अनुपात, जहां तक व्यावहारिक रूप से संभव हो, सभी राज्यों में समान हो।

वर्तमान लोकसभा के 543 सदस्य हैं। इनमें से 530 सदस्य राज्यों से तथा 13 सदस्य केंद्रशासित प्रदेशों से सीधे चुने गए हैं। 84वें संविधान संशोधन विधेयक 2001 के तहत् विभिन्न

राज्यों में लोकसभा की वर्तमान सीटों की कुल संख्या का निर्धारण 1971 की जनगणना के आधार पर किया गया है तथा 2026 के बाद की जाने वाली पहली जनगणना तक इसमें कोई फेर-बदल नहीं किया जाएगा।

लोकसभा का कार्यकाल, यदि उसे भंग न किया जाए, सदन की पहली बैठक की तिथि से लेकर पांच वर्ष होता है। किंतु यदि आपात स्थिति लागू हो तो यह अवधि संसद द्वारा कानून बनाकर बढ़ाई जा सकती है। परंतु यह वृद्धि एक समय पर एक वर्ष से अधिक नहीं हो सकती और आपात स्थिति समाप्त होने के बाद किसी भी हालत में छह महीने से अधिक समय तक नहीं हो सकती। अब तक 16 लोकसभाएं गठित की जा चुकी हैं। प्रत्येक लोकसभा के कार्यकाल और उसके अध्यक्षों का ब्योरा तालिका-1 में दिया गया है।

16वीं लोकसभा के सदस्यों के नाम, उनकी पार्टी और चुनाव क्षेत्र का विवरण **परिशिष्ट** में दिया गया है।

संसद की सदस्यता के लिए योग्ताएं

संसद का सदस्य चुने जाने के लिए भारत का नागरिक होना आवश्यक है। लोकसभा के लिए कम-से-कम 25 वर्ष और राज्यसभा के लिए कम-से-कम 30 वर्ष उम्र होनी चाहिए। अतिरिक्त योग्यताएं संसद कानून बनाकर निर्धारित कर सकती है।

संसद के कार्य और अधिकार

अन्य संसदीय लोकतंत्रों की भांति भारत की संसद को भी कानून बनाने, प्रशासन की देख-रेख, बजट पारित करने, लोगों की कठिनाइयों को दूर करने और विकास योजनाओं, राष्ट्रीय नीतियों, अंतरराष्ट्रीय संबंधों जैसे विषयों पर चर्चा करने का अधिकार है। केंद्र और राज्यों में अधिकारों के वितरण की संविधान में जो व्यवस्था की गई है, उसके अनुसार विधायी क्षेत्र में कई तरह से संसद को उच्च स्थान दिया गया है।

संसद कुछ परिस्थितियों में ऐसे विषयों के विधायी अधिकार भी प्राप्त कर सकती है, जो अन्यथा राज्यों के लिए सुरक्षित हैं। संसद को राष्ट्रपति पर महाभियोग चलाने, उच्चतम न्यायालय और उच्च न्यायालयों के न्यायाधीशों, मुख्य चुनाव आयुक्त और नियंत्रक तथा महालेखा परीक्षक को संविधान की निर्धारित प्रक्रिया के अनुसार उनके पदों से हटाने का अधिकार प्राप्त है।

सभी विधेयकों को संसद के दोनों सदनों की स्वीकृति मिलना अनिवार्य है। किंतु वित्त विधेयकों के मामले में लोकसभा की इच्छा सर्वोपरि है। संसद, प्रदत्त कानूनों की समीक्षा करती है तथा उन पर नियंत्रण रखती है। संविधान के अंतर्गत संसद को कानून बनाने के साथ-साथ संविधान में संशोधन करने का अधिकार है।

तालिका : 1

लोकसभा का कार्यकाल और उसके अध्यक्ष

लोकसभा	गठन के पश्चात् की प्रथम बैठक	भंग होने की तिथि	अध्यक्ष[1] का नाम	से	तक
पहली लोकसभा	13 मई, 1952	4 अप्रैल, 1957[2]	गणेश वासुदेव मावलंकर	15 मई, 1952	27 फरवरी, 1956[3]
			एम. अनंतशयनम आयंगर	8 मार्च, 1956	10 मई, 1957
दूसरी लोकसभा	10 मई, 1957	31 मार्च, 1962[4]	एम. अनंतशयनम आयंगर	11 मई, 1957	16 अप्रैल, 1962
तीसरी लोकसभा	16 अप्रैल, 1962	3 मार्च, 1967[5]	हुकम सिंह	17 अप्रैल, 1962	16 मार्च, 1967
चौथी लोकसभा	16 मार्च, 1967	27 दिसंबर, 1970[6]	नीलम संजीव रेड्डी	17 मार्च, 1967	19 जुलाई, 1969[7]
			गुरदयाल सिंह ढिल्लों	8 अगस्त, 1969	19 मार्च, 1971
पांचवीं लोकसभा	19 मार्च, 1971	18 जनवरी, 1977[8]	गुरदयाल सिंह ढिल्लों	22 मार्च, 1971	1 दिसंबर, 1975[9]
			बलिराम भगत	5 जनवरी, 1976	25 मार्च, 1977
छठी लोकसभा	25 मार्च, 1977	22 अगस्त, 1979[10]	नीलम संजीव रेड्डी	26 मार्च, 1977	13 जुलाई, 1977[11]
			के.एस. हेगड़े	21 जुलाई, 1977	21 जनवरी, 1980
सातवीं लोकसभा	21 जनवरी, 1980	31 दिसंबर, 1984[12]	बलराम जाखड़	22 जनवरी, 1980	15 जनवरी, 1985
आठवीं लोकसभा	15 जनवरी, 1985	27 नवंबर, 1989[13]	बलराम जाखड़	16 जनवरी, 1985	18 दिसंबर, 1989
नौवीं लोकसभा	18 दिसंबर, 1989	13 मार्च, 1991[14]	रबि राय	19 दिसंबर, 1989	9 जुलाई, 1991
दसवीं लोकसभा	9 जुलाई, 1991	10 मई, 1996	शिवराज वी. पाटिल	10 जुलाई, 1991	22 मई, 1996
ग्यारहवीं लोकसभा	22 मई, 1996	4 दिसंबर, 1997[15]	पी.ए. संगमा	23 मई, 1996	23 मार्च, 1998 (पूर्वाह्न)
बारहवीं लोकसभा	23 मार्च, 1998	26 अप्रैल, 1999[16]	जी.एम.सी. बालयोगी	24 मार्च, 1998	20 अक्टूबर, 1999 (पूर्वाह्न)
तेरहवीं लोकसभा	20 अक्टूबर, 1999	6 फरवरी, 2004[18]	जी.एम.सी. बालयोगी	22 अक्तूबर, 1999	3 मार्च 2002[17]
			मनोहर गजानन जोशी	10 मई, 2002	2 जून, 2004
चौदहवीं लोकसभा	2 जून, 2004	18 मई, 2009	सोमनाथ चटर्जी	4 जून, 2004	1 जून, 2009
पंद्रहवीं लोकसभा	1 जून, 2001	18 मई, 2014	मीरा कुमार	1 जून, 2009	18 मई, 2014
सोलहवीं लोकसभा	4 जून, 2014	–	सुमित्रा महाजन	6 जून, 2014	अब तक

1. संविधान के अनुच्छेद-94 के अंतर्गत लोकसभा भंग हो जाने पर अध्यक्ष अपना पद नई लोकसभा की प्रथम बैठक होने तक नहीं छोड़ता।
2. अपने सामान्य कार्यकाल से 38 दिन पूर्व ही भंग हो गई।
3. मृत्यु हो गई।
4. अपने कार्यकाल की समाप्ति से 40 दिन पूर्व ही भंग हो गई।
5. अपने कार्यकाल की समाप्ति से 44 दिन पूर्व ही भंग हो गई।
6. अपने कार्यकाल की समाप्ति से एक वर्ष 79 दिन पूर्व भंग हो गई।
7. त्यागपत्र दे दिया।
8. लोकसभा का कार्यकाल जोकि 18 मार्च, 1976 को समाप्त होना था (कालावधि विस्तार) अधिनियम, 1976 के अंतर्गत एक वर्ष के लिए 18 मार्च, 1977 तक बढ़ा दिया गया। इसे लोकसभा द्वारा एक वर्ष की और अवधि 18 मार्च, 1978 तक के लिए (कालावधि विस्तार) संशोधन अधिनियम 1976 के अंतर्गत बढ़ा दिया गया।
9. त्यागपत्र दे दिया।
10. दो वर्ष, चार महीने और 28 दिन अस्तित्व में रहने के बाद सदन को भंग कर दिया गया।
11. त्यागपत्र दे दिया।
12. अपने कार्यकाल की समाप्ति से 20 दिन पूर्व ही भंग हो गई।
13. अपने कार्यकाल की समाप्ति से 48 दिन पूर्व ही भंग हो गई।
14. एक वर्ष, दो महीने और 25 दिन अस्तित्व में रहने के बाद सदन को भंग कर दिया गया।
15. एक वर्ष, छह महीने और 13 दिन अस्तित्व में रहने के बाद सदन को भंग कर दिया गया।
16. एक वर्ष, छह महीने और चार दिन अस्तित्व में रहने के बाद सदन को भंग कर दिया गया।
17. निधन
18. अपने कार्यकाल की समाप्ति से 253 दिन पूर्व ही भंग हो गई।

संसदीय सूंकि उसके पास समय सीमित होता है, इसलिए उसके समक्ष प्रस्तुत

संसद के व पर गहन विचार नहीं हो सकता है। अतएव इसका बहुत-सा कार्य

सभी विष

समितियं की समितियों की संरचना, कुछ अपवादों को छोड़कर, एक जैसी होती हैं। र्यकाल, कार्य एवं कार्य संचालन की प्रक्रिया कुल मिलाकर करीब एक जैसी अनुच्छेद-118 (1) के अंतर्गत दोनों सदनों द्वारा निर्मित नियमों के अनुसार

इन स

ही

मितियां दो प्रकार की होती हैं- स्थायी समितियां और तदर्थ समितियां। स्थायी समय-समय पर निर्वाचित या नियुक्त की जाती हैं और इनका कार्य कमोबेश निरंतर र्थ समितियों की नियुक्ति जरूरत पड़ने पर की जाती है तथा अपना काम पूरा कर लेने पेश कर देने के बाद वे समाप्त हो जाती हैं।

यां: लोकसभा की स्थायी समितियों में तीन वित्तीय समितियों, यानी लोक लेखा समिति मिति तथा सार्वजनिक उपक्रम समिति का विशिष्ट स्थान है और ये सरकारी खर्च और लगातार नज़र रखती हैं। लोक लेखा समिति तथा सार्वजनिक उपक्रम समिति में राज्यसभा भी होते हैं, लेकिन प्राक्कलन समिति के सभी सदस्य लोकसभा से होते हैं।

न समिति: प्राक्कलन समिति बताती है कि प्राक्कलनों में निहित नीति के अनुरूप क्या यता बरती जा सकती है तथा संगठन, कार्यकुशलता और प्रशासन में क्या-क्या सुधार किए जा कते हैं। यह इस बात की भी जांच करती है कि प्राक्कलनों में निहित नीति के अनुरूप ही धन व्यय किया गया है या नहीं। समिति इस बारे में भी सुझाव देती है कि प्राक्कलन को संसद में किस रूप में पेश किया जाए। लोक लेखा समिति भारत सरकार के विनियोग तथा वित्त लेखा और लेखा नियंत्रक तथा महालेखा परीक्षक की रिपोर्ट की जांच करती है। यह सुनिश्चित करती है कि सरकारी धन संसद के निर्णयों के अनुरूप ही खर्च हो। यह अपव्यय, हानि और निरर्थक व्यय के मामलों की ओर ध्यान दिलाती है। सार्वजनिक उपक्रम समिति नियंत्रक तथा महा लेखापरीक्षक की, यदि कोई रिपोर्ट हो, तो उसकी जांच करती है। वह इस बात की भी जांच करती है कि ये सार्वजनिक उपक्रम कुशलतापूर्वक चलाए जा रहे हैं या नहीं तथा इनका प्रबंधन ठोस व्यापारिक सिद्धांतों और विवेकपूर्ण वाणिज्यिक प्रक्रियाओं के अनुसार किया जा रहा है या नहीं।

इन तीन वित्तीय समितियों के अलावा, लोकसभा की नियमों संबंधी समिति ने विभागों से संबंधित 17 स्थायी समितियां गठित करने की सिफारिश की थी। इसके अनुसार 8 अप्रैल, 1993 को इन 17 समितियों का गठन किया गया। जुलाई 2004 में नियमों में संशोधन किया गया, ताकि ऐसी ही सात और समितियां गठित की जा सकें। इस प्रकार इन समितियों की संख्या बढ़कर 17 से 24 हो गई है। इन समितियों के कार्य हैं: (क) भारत सरकार के विभिन्न मंत्रालयों/विभागों के अनुदानों की मांग पर विचार करना और उसके बारे में सदन को सूचित करना; (ख) लोकसभा के अध्यक्ष या राज्यसभा के सभापति द्वारा समिति के पास भेजे गए ऐसे विधेयकों की जांच-पड़ताल करना, और जैसा भी मामला हो, उसके बारे में रिपोर्ट तैयार करना; (ग) मंत्रालयों/विभागों की वार्षिक रिपोर्टों पर विचार करना और उन पर

अपनी रिपोर्ट देना और (घ) सदन में प्रस्तुत नीति संबंधी दस्तावेज़ों (यदि लोकसभा के अध्यक्ष अथवा राज्यसभा के सभापति द्वारा समिति के पास भेजे गए हैं) पर विचार करना और जैसा भी हो, उसके बारे में रिपोर्ट तैयार करना।

प्रत्येक सदन में अन्य स्थायी समितियां, उनके कार्य के अनुसार इस प्रकार विभाजित हैं: **(1) जांच समितियां**- (क) याचिका समिति विधेयकों और जनहित संबंधी मामलों पर प्रस्तुत याचिकाओं की जांच करती है और केंद्रीय विषयों पर प्राप्त प्रतिवेदनों पर विचार करती है; और (ख) विशेषाधिकार समिति सदन या अध्यक्ष/सभापति द्वारा भेजे गए विशेष अधिकार के किसी भी मामले की जांच करती है।

(2) समीक्षा समितियां- (क) सरकारी आश्वासनों संबंधी समिति मंत्रियों द्वारा सदन में दिए गए आश्वासनों, वादों एवं संकल्पों आदि पर उनके कार्यान्वित होने तक नज़र रखती है; (ख) अधीनस्थ विधि निर्माण समिति इस बात की जांच करती है तथा सदन को इसकी रिपोर्ट देती है कि क्या संविधान द्वारा प्रदत्त विनियमों, नियमों, उप-नियमों तथा प्रदत्त शक्तियों का प्राधिकारियों द्वारा उचित उपयोग किया जा रहा है; और (ग) पटल पर रखे गए पत्रों संबंधी समिति वैधानिक अधिसूचनाओं और आदेशों के अलावा, जो कि अधीनस्थ विधान संबंधी समिति के कार्यक्षेत्र में आते हैं, मंत्रियों द्वारा सदन के पटल पर रखे गए सभी कागज़ातों की जांच करती है और देखती है कि संविधान, अधिनियम, नियम या विनियम के अंतर्गत कागज़ात प्रस्तुत करते हुए उनकी व्यवस्थाओं का पालन हुआ है या नहीं।

(3) सदन के दैनिक कार्य से संबंधित समितियां- (क) कार्य मंत्रणा समिति सदन में पेश किए जाने वाले सरकारी एवं अन्य कार्यों के लिए समय-निर्धारण की सिफारिश करती है; (ख) गैर-सरकारी सदस्यों के विधेयकों तथा प्रस्तावों संबंधी लोकसभा की समिति निजी सदस्यों द्वारा पेश गैर-सरकारी विधेयकों का वर्गीकरण एवं उनके लिए समय का निर्धारण करती है, निजी सदस्यों द्वारा पेश प्रस्तावों पर बहस के लिए समय का निर्धारण करती है और लोकसभा में निजी सदस्यों द्वारा पेश किए जाने से पूर्व संविधान संशोधन विधेयकों की जांच करती है। राज्यसभा में इस तरह की समिति नहीं होती। राज्यसभा की कार्य-मंत्रणा समिति, गैर-सरकारी विधेयकों एवं प्रस्तावों के चरण या चरणों में बहस के लिए समय के निर्धारण की सिफारिश करती है। (ग) नियम समिति सदन में कार्यविधि और कार्यवाही के संचालन से संबंधित मामलों पर विचार करती है और नियमों में संशोधन या संयोजन की सिफारिश करती है, और (घ) सदन की बैठकों में अनुपस्थित सदस्यों संबंधी लोकसभा की समिति सदन के सदस्यों की बैठकों से अनुपस्थिति या छुट्टी के आवेदनों पर विचार करती है। राज्यसभा में इस प्रकार की कोई समिति नहीं है तथा सदस्यों की छुट्टी या अनुपस्थिति के आवेदनों पर सदन स्वयं विचार करता है।

(4) अनुसूचित जातियों तथा अनुसूचित जनजातियों के कल्याण की समिति- इसमें दोनों सदनों के सदस्य होते हैं। यह केंद्र सरकार के कार्यक्षेत्र में आने वाले अनुसूचित जातियों तथा अनुसूचित जनजातियों के कल्याण संबंधी मामलों पर विचार करती है और इस बात पर नज़र रखती है कि उन्हें जो संवैधानिक संरक्षण दिए गए हैं, वे ठीक से कार्यान्वित हो रहे हैं या नहीं।

(5) सदस्यों को सुविधा प्रदान करने संबंधी समितियां- (क) सामान्य प्रयोजन संबंधी समिति: सदन से संबंधित ऐसे मामलों पर विचार करती है, जो किसी अन्य संसदीय समिति के अधिकार क्षेत्र में नहीं आते तथा अध्यक्ष/सभापति को इस बारे में सलाह देती है; और (ख) आवास समिति: सदस्यों की आवास तथा अन्य सुविधाओं की व्यवस्था करती है।

(6) संसद सदस्यों के वेतन और भत्तों संबंधी संयुक्त समिति- यह संसद सदस्यों के वेतन, भत्ते एवं पेंशन अधिनियम, 1954 के अंतर्गत गठित की गई है। संसद सदस्यों के वेतन, भत्ते एवं पेंशन संबंधी नियम बनाने के अतिरिक्त, यह उनके चिकित्सा, आवास, टेलीफोन, डाक, निर्वाचन क्षेत्र एवं सचिवालय संबंधी सुविधाओं के नियम बनाती है।

(7) लाभ के पदों संबंधी संयुक्त समिति- यह केंद्र, राज्यों तथा केंद्रशासित प्रदेशों द्वारा नियुक्त समितियों एवं अन्य निकायों की संरचना तथा स्वरूप की जांच करती है, और यह सिफारिश करती है कि कौन-कौन से पद ऐसे हों, जो संसद के किसी भी सदन की सदस्यता के लिए किसी व्यक्ति को योग्य अथवा अयोग्य बनाते हैं।

(8) पुस्तकालय समिति- इसमें दोनों सदनों के सदस्य होते हैं। यह समिति संसद के पुस्तकालय से संबंधित मामलों पर विचार करती है।

(9) महिला अधिकारिता समिति- 29 अप्रैल, 1997 को महिलाओं के अधिकारों के बारे में दोनों सदनों के सदस्यों की एक समिति का गठन किया गया। इसका उद्देश्य, सभी क्षेत्रों में महिलाओं को हैसियत, गरिमा और समानता प्रदान करना है और

(10) आचार-संहिता समिति- 4 मार्च, 1997 को राज्यसभा की आचार-संहिता समिति गठित की गई। लोकसभा की आचार-संहिता समिति 16 मई, 2000 को गठित की गई।

तदर्थ समितियां: इस तरह की समितियों को मोटे तौर पर दो शीर्षकों के अंतर्गत वर्गीकृत किया जा सकता है-(क) संसद के दोनों सदनों द्वारा तत्संबंधी प्रस्ताव लाकर अथवा अध्यक्ष/सभापति द्वारा किसी विशिष्ट विषय पर जांच करने एवं रिपोर्ट देने हेतु समय-समय पर गठित समितियां, (उदाहरणस्वरूप-संसदीय परिसर में खाद्य प्रबंधन पर समिति, संसदीय परिसर में राष्ट्रीय नेताओं और सांसदों के चित्रों/प्रतिमाओं की स्थापना पर समिति, संसदीय परिसर में सुरक्षा पर समिति, सांसद स्थानीय क्षेत्र विकास योजना समिति, आदि।) और (ख) विशेष विधेयकों पर विचार करने एवं रिपोर्ट देने के लिए नियुक्त प्रवर एवं संयुक्त समितियां। विधेयकों के संदर्भ में ये समितियां अन्य तदर्थ समितियों से भिन्न हैं और इनके द्वारा पालन की जाने वाली प्रक्रिया का उल्लेख अध्यक्ष/सभापति के निर्देश तथा प्रक्रिया संबंधी नियमों में किया जाता है।

संसद में विपक्ष के नेता

राज्यसभा और लोकसभा में विपक्ष के नेताओं को वैधानिक मान्यता दी गई है। पहली नवंबर 1977 से लागू एक पृथक कानून के अंतर्गत उन्हें वेतन तथा कुछ अन्य सुविधाएं दी जाती हैं।

संसद में सरकारी कामकाज

संसद में सरकार की ओर से विविध संसदीय कार्यों को दक्षतापूर्वक करने का जिम्मा संसदीय कार्य मंत्रालय को सौंपा गया है। यह मंत्रालय संसद के दोनों सदनों के बीच तथा सरकार के साथ संसद में सरकारी कामकाज हेतु महत्वपूर्ण कड़ी के रूप में काम करता है। सरकार का मुख्य सचेतक होने के नाते संसदीय कार्य मंत्री को संसद के दोनों सदनों में सरकारी कामकाज समन्वित करने, उसकी योजना बनाने और तत्संबंधी व्यवस्था करने की ज़िम्मेदारी सौंपी गई है। इस कार्य के संपादन में दो राज्यमंत्री दोनों सदनों के पीठासीन अधिकारियों, विभिन्न दलों के नेताओं एवं मुख्य सचेतकों तथा सचतेकों के साथ निरंतर नज़दीकी संपर्क बनाए रखते हैं।

सलाहकार समितियां

भारत सरकार (कामकाज का आवंटन) नियम, 1961 के अंतगर्त संसदीय मामलों के मंत्रालय को आवंटित कार्यों में से एक, विभिन्न मंत्रालयों के लिए संसद सदस्यों की सलाहकार समितियों का कामकाज है। इस कार्य के निर्वहन हेतु संसदीय कार्य मंत्रालय इन समितियों का गठन करता है तथा उनकी बैठकें आयोजित करता है। इन समितियों का मुख्य उद्देश्य संसद सदस्यों और मंत्रियों तथा वरिष्ठ सरकारी अधिकारियों के बीच सरकारी नीतियों, सिद्धांतों और कार्यक्रमों तथा उनके क्रियान्वयन के तरीकों के बारे में अनौपचारिक चर्चा हेतु मंच प्रदान करना है। संबंधित मंत्रालय का मंत्री/प्रभारी मंत्री सलाहकार समिति के अध्यक्ष के रूप में कार्य करता है।

सलाहकार समिति की न्यूनतम सदस्यता 10 और अधिकतम सदस्यता 30 है। प्रत्येक लोकसभा के भंग होने पर सलाहकार समिति भी भंग हो जाती है तथा नई लोकसभा के गठन के साथ सलाहकार समितियां पुनर्गठित की जाती हैं।

16वीं लोकसभा के दौरान विभिन्न मंत्रालयों से संबद्ध 35 सलाहकार समितियां गठित की गई थीं तथा 1 जून, 2015 से 3 मई, 2016 तक सलाहकार समितियों की 108 बैठकें हुई थीं।

संसद सदस्यों का सरकारी समितियां/निकायों में मनोनयन

संसदीय कार्यमंत्री, संसद सदस्यों को भारत सरकार द्वारा विभिन्न मंत्रालयों में स्थापित समितियों, परिषदों, बोर्डों और आयोग आदि में मनोनयन करता है (संवैधानिक अथवा अन्य ऐसे निकायों को छोड़कर जो संविधान या कानून का निर्माण करते हैं, वहां संसद सदस्यों की नियुक्ति के लिए मनोनयन संबंधित सदस्यों के पीठासीन अधिकारी द्वारा किया जाता है या फिर उसका चयन लोकसभा या राज्यसभा करती है)। इस तरह के संगठनों में सदस्यों को उनकी विशेष दिलचस्पी और योग्यता को देखते हुए नामज़द किया जाता है।

युवा संसद प्रतियोगिता

युवाओं को लोकतांत्रिक प्रक्रियाओं और लोकतंत्र से अवगत कराने के लिए मंत्रालय विभिन्न श्रेणी के विद्यालयों और कॉलेजों/विश्वविद्यालयों के स्तर पर युवा संसद प्रतियोगिता का आयोजन करता है। युवा संसद प्रतियोगिता आयोजित करने की यह योजना सबसे पहले 1966-67 में दिल्ली के विद्यालयों में लागू की गई थी। बाद में 1978 में दिल्ली और आसपास के केंद्रीय विद्यालयों में भी इस योजना को लागू किया गया। राष्ट्रीय स्तर पर 1988 में केंद्रीय विद्यालयों में एक अलग योजना के रूप में इसे शुरू किया गया। इसी तरह 1997-98 में दो नई योजनाओं के अंतर्गत युवा संसद प्रतियोगिता लागू की गई, एक जवाहर नवोदय विद्यालय के लिए और दूसरी विश्वविद्यालयों/कॉलेजों के लिए। सातवें अखिल भारतीय सचेतक सम्मेलन की सिफारिश के अनुसार युवा संसद प्रतियोगिता आयोजित करने के लिए मंत्रालय राज्यों/केंद्रशासित प्रदेशों को वित्तीय सहायता उपलब्ध कराता है।

अखिल भारतीय सचेतक सम्मेलन

समान हित के विषयों पर चर्चा करने तथा संसदीय लोकतंत्र की संस्थाओं को मज़बूत बनाने हेतु कानून बनाने वाली संस्थाओं के व्यावहारिक कार्य-संचालन से संबंध रखने वाले केंद्र और राज्यों के विभिन्न राजनीतिक दलों के सचेतकों के बीच उपयुक्त संपर्क स्थापित करने के उद्देश्य से संसदीय कार्य मंत्रालय

समय-समय पर अखिल भारतीय सचेतक सम्मेलन का आयोजन करता है। वर्ष 1952 से अब तक सत्रह अखिल भारतीय सचेतक सम्मेलन आयोजित किए गए हैं। अंतिम सम्मेलन 29-30 सितंबर, 2015 को विशाखापत्तनम में आयोजित किया गया था।

नियम 377 तथा विशेष उल्लेख के अंतर्गत मामले

संसदीय कार्य मंत्रालय लोकसभा में कार्यविधि और कार्यवाही के संचालन संबंधी नियमों के नियम 377 और राज्यसभा में विशेष उल्लेख के अंतर्गत उठाए गए विषयों पर अनुवर्ती कार्रवाई करता है। लोकसभा में प्रश्नकाल के बाद 12 बजे दोपहर में सदस्य सार्वजनिक महत्व के ज़रूरी विषय उठाते हैं। राज्यसभा में सदस्य सार्वजनिक महत्व के ज़रूरी विषय 11 बजे दिन में उठाते हैं। मंत्रीगण कभी-कभी सदस्यों द्वारा इंगित बिंदुओं पर प्रतिक्रिया देते हैं, यद्यपि यह अनिवार्य नहीं है। संबंधित मंत्री की अनुपस्थिति की स्थिति में संसदीय कार्य मंत्री सदन अथवा सदस्य को आश्वासन देते हैं कि संबंधित मंत्री को उनकी भावनाओं से अवगत करा दिया जाएगा।

आश्वासनों का कार्यान्वयन

संसदीय कार्य मंत्रालय संसद के दोनों सदनों में मंत्रियों द्वारा दिए गए आश्वासनों, वायदों, संकल्पों आदि को छांटकर उन्हें संबंधित मंत्रालयों/विभागों को कार्यान्वयन के लिए भेजता है। इसके बाद इनके कार्यान्वयन की स्थिति की आवधिक समीक्षा मंत्रालय द्वारा की जाती है तथा वायदों की पूर्ति की दिशा में काम करने हेतु संबंधित मंत्रालयों को याद भी दिलाया जाता है। मंत्रालयों से कार्यान्वयन रिपोर्ट प्राप्त होने के बाद तथा समुचित जांच के बाद सरकार द्वारा आश्वासनों के कार्यान्वयन हेतु की गई कार्रवाई को दर्शाने वाले विवरण समय-समय पर सदन के पटल पर रखे जाते हैं। कार्यान्वयन रिपोर्ट प्रस्तुत किए जाने के बाद इसे सदन के पटल पर रखे जाने की सूचना सदस्यों तथा संबंधित मंत्रालयों को दे दी जाती है। इस अवधि के दौरान लोकसभा में 1462 (49 भाग) तथा राज्यसभा में 945 (57 भाग) कार्यान्वयन रिपोर्टें प्रस्तुत की गईं।

सद्‌भावना शिष्टमंडल

किसी देश के सांसद उस देश की नीति के निर्धारण तथा अन्य देशों के साथ संबंधों को मज़बूत बनाने में महत्वपूर्ण भूमिका अदा करते हैं। हमारी नीतियों, कार्यक्रमों और विभिन्न क्षेत्रों की उपलब्धियों को दूसरे देशों के समकक्षों और राय निर्माताओं के समक्ष पेश करके भारत के पक्ष में उनका समर्थन पाने के लिए खासकर, भारत जैसे लोकतांत्रिक और विकासशील देश में कुछ संसद सदस्यों और विशिष्ट व्यक्तियों की सेवाएं लेना उपयोगी तथा आवश्यक है।

संसदीय कार्य मंत्रालय अन्य देशों के लिए सद्‌भावना शिष्टमंडल प्रायोजित करता है और विदेश मंत्रालय के माध्यम से आदान-प्रदान कार्यक्रम के अंतर्गत सांसदों का वैसा ही प्रायोजित शिष्टमंडल अपने देश में बुलाता है।

संसद सदस्यों का कल्याण

संसदीय कार्य मंत्रालय दिल्ली के अस्पतालों में भर्ती होने वाले बीमार सांसदों के कल्याण को देखता है और उन्हें आवश्यक सहायता मुहैय्या कराता है। किसी सांसद की दिल्ली में मृत्यु होने की स्थिति में संसदीय कार्य मंत्रालय मृत सदस्य के पार्थिव शरीर को अंतिम संस्कार हेतु परिवार द्वारा चयनित स्थान पर ले जाने में शोकाकुल परिवार को हर ज़रूरी सहायता प्रदान करता है।

नियंत्रक तथा महालेखा परीक्षक

नियंत्रक तथा महालेखा परीक्षक की नियुक्ति राष्ट्रपति द्वारा की जाती है। उसे पद से हटाने के लिए वही कार्यविधि अपनाई जाती है, जो उच्चतम न्यायालय के न्यायाधीश को हटाने के लिए होती है। अपना पद छोड़ने के बाद वह केंद्र या राज्य सरकार में कोई नौकरी नहीं कर सकता है।

केंद्र और राज्यों का लेखा-जोखा, नियंत्रक तथा महालेखा परीक्षक की सलाह पर राष्ट्रपति द्वारा निर्धारित प्रारूप में रखा जाएगा। नियंत्रक तथा महालेखा परीक्षक द्वारा केंद्र के लेखा-जोखा की रिपोर्ट राष्ट्रपति के पास भेजी जाएगी, जो इसे संसद के दोनों सदनों के समक्ष प्रस्तुत कराएंगे। नियंत्रक तथा महालेखा परीक्षक द्वारा राज्यों के लेखा-जोखा की रिपोर्टें संबंधित राज्य के राज्यपाल के पास भेजी जाएंगी, जो इसे विधानसभा में प्रस्तुत कराएंगे। नियंत्रक तथा महालेखा परीक्षक के कर्तव्य, शक्तियां तथा सेवा शर्तें नियंत्रक तथा महालेखा परीक्षक (कर्तव्य, शक्तियां तथा सेवा शर्तें) अधिनियम, 1971 में निर्धारित की गई हैं।

सरकारी कामकाज के लिए प्रशासनिक ढांचा

सरकारी कामकाज के लिए प्रशासनिक ढांचा भारत सरकार के कार्यों का आवंटन करने के लिए भारत के राष्ट्रपति द्वारा संविधान के अनुच्छेद-77 के अंतर्गत भारत सरकार (कार्य आवंटन) नियम, 1961 बनाए गए हैं। इन नियमों के अंतर्गत ही प्रधानमंत्री की सलाह पर राष्ट्रपति द्वारा भारत सरकार के मंत्रालयों/विभागों का गठन किया जाता है। इन मंत्रालयों/विभागों, सचिवालयों और कार्यालयों में भारत सरकार के कार्यों का संचालन इन नियमों में निर्दिष्ट विषयों के वितरण के अनुसार होता है। प्रधानमंत्री की सलाह पर राष्ट्रपति मंत्रियों के बीच काम का बंटवारा करते हैं। प्रत्येक विभाग आमतौर पर एक सचिव के अधीन होता है, जो नीतिगत मामलों और सामान्य प्रशासन के बारे में मंत्री की मदद करता है।

मंत्रिमंडल सचिवालय

मंत्रिमंडल सचिवालय प्रत्यक्षतः प्रधानमंत्री के अधीन कार्य करता है। इसका प्रशासनिक प्रमुख कैबिनेट सचिव होता है जो सिविल सर्विसेज बोर्ड का पदेन अध्यक्ष भी होता है। कैबिनेट सचिवालय का कार्य होता है: (क) मंत्रिमंडल तथा मंत्रिमंडल समितियों को सचिवालय सहयोग; और (ख) कार्य नियम।

कैबिनेट सचिवालय भारत सरकार (कार्यकरण) नियम, 1961 और भारत सरकार (कार्य आवंटन) नियम, 1961 के प्रशासन के लिए उत्तरदायी होता है, जिसमें वह सरकार के मंत्रालयों/विभागों में इन नियमों का पालन करते हुए सुचारू रूप से कार्य संचालन की सुविधा प्रदान करता है। विभिन्न मंत्रालयों के बीच समन्वय स्थापित करते हुए और मंत्रालयों/विभागों के बीच मतभेदों को दूर करते हुए यह सचिवालय सरकार को निर्णय लेने में मदद करता है तथा सचिवों की स्थायी/तदर्थ समितियों के ज़रिए आपस में सहमति बनाए रखता है।

कैबिनेट सचिवालय यह सुनिश्चित करता है कि सभी मंत्रालयों/विभागों की प्रमुख गतिविधियों के बारे में हर महीने एक सारांश बनाकर राष्ट्रपति, उपराष्ट्रपति और मंत्रियों को उससे अवगत कराया जाए। देश में किसी बड़े संकट के समय उसका प्रबंधन करना तथा ऐसी परिस्थितियों में विभिन्न मंत्रालयों की गतिविधियों में समन्वय स्थापित करना भी कैबिनेट सचिवालय का काम है।

सभी सचिव समय-समय पर गतिविधियों के बारे में कैबिनेट सचिव को सूचित करते हैं। कार्यकरण नियमों के संचालन के लिए भी यह आवश्यक है कि समय-समय पर विभिन्न गतिविधियों

के बारे में, विशेषकर यदि कहीं नियमों का पालन नहीं हो रहा है तो उसके बारे में कैबिनेट सचिव को सूचित किया जाए। 1950 से अब तक के कैबिनेट सचिवों की सूची अध्याय-32 (**सामान्य सूचना**) में दी गई है।

सरकार के मंत्रालय/विभाग

सरकार के कई मंत्रालय/विभाग होते हैं। इनकी संख्या समय-समय पर इन बातों पर निर्भर करती है कि काम कितना है तथा किसी मसले को कितना महत्व दिया जा रहा है।

मंत्रालयों/विभागों की सूची[1]

1. **कृषि एवं किसान कल्याण मंत्रालय**

   (i) कृषि, सहकारिता एवं किसान कल्याण विभाग (ii) कृषि अनुसंधान और शिक्षा विभाग (iii) पशुपालन, डेयरी और मत्स्य पालन विभाग

2. **आयुष (आयुर्वेद, योग और प्राकृतिक चिकित्सा, यूनानी, सिद्ध और होम्योपैथी) मंत्रालय**

3. **रसायन एवं उर्वरक मंत्रालय**

   (i) रसायन और पेट्रो-रसायन विभाग (ii) उर्वरक विभाग (iii) औषध विभाग

4. **नागर विमानन मंत्रालय**

5. **कोयला मंत्रालय**

6. **वाणिज्य मंत्रालय**

   (i) वाणिज्य विभाग (ii) औद्योगिक नीति और संवर्धन विभाग

7. **संचार मंत्रालय**

   (i) दूरसंचार विभाग (ii) डाक विभाग

8. **उपभोक्ता मामले, खाद्य और सार्वजनिक वितरण मंत्रालय**

   (i) उपभोक्ता मामले विभाग (ii) खाद्य और सार्वजनिक वितरण विभाग

9. **कारपोरेट कार्य मंत्रालय**

10. **संस्कृति मंत्रालय**

11. **रक्षा मंत्रालय**

    (i) रक्षा विभाग (ii) रक्षा उत्पादन विभाग (iii) रक्षा अनुसंधान तथा विकास विभाग (iv) पूर्व सेनानी कल्याण विभाग

12. **उत्तर पूर्वी क्षेत्र विकास मंत्रालय**

13. **पेयजल और स्वच्छता मंत्रालय**

14. **पृथ्वी विज्ञान मंत्रालय**

15. **इलेक्ट्रॉनिकी और सूचना प्रौद्योगिकी मंत्रालय**

16. **पर्यावरण, वन और जलवायु परिवर्तन मंत्रालय**

---

1. मंत्रालय/विभागों की सूची समय-समय पर संशोधित कामकाज आवंटन नियम, 1961 में दी गई सूचना पर आधारित है और कैबिनेट सचिवालय की वेबसाइट: विभाग http://cabsec.nic.in पर उपलब्ध है।

17. विदेश मंत्रालय

18. वित्त मंत्रालय

(i) आर्थिक कार्य विभाग (ii) व्यय विभाग (iii) राजस्व विभाग (iv) निवेश और लोक संपत्ति प्रबंधन विभाग (v) वित्तीय सेवाएं विभाग

19. खाद्य प्रसंस्करण उद्योग मंत्रालय

20. स्वास्थ्य और परिवार कल्याण मंत्रालय

(i) स्वास्थ्य और परिवार कल्याण विभाग (ii) स्वास्थ्य अनुसंधान विभाग

21. भारी उद्योग और लोक उद्यम मंत्रालय

(i) भारी उद्योग विभाग (ii) लोक उद्यम विभाग

22. गृह मंत्रालय

(i) आंतरिक सुरक्षा विभाग (ii) राज्य विभाग (iii) राजभाषा विभाग (iv) गृह विभाग (v) जम्मू-कश्मीर विभाग (vi) सीमा प्रबंधन विभाग

23. मानव संसाधन विकास मंत्रालय

(i) स्कूल शिक्षा और साक्षरता विभाग (ii) उच्चतर शिक्षा विभाग

24. सूचना और प्रसारण मंत्रालय

25. श्रम और रोज़गार मंत्रालय

26. विधि और न्याय मंत्रालय

(i) विधि कार्य विभाग (ii) विधायी विभाग (iii) न्याय विभाग

27. सूक्ष्म, लघु और मध्यम उद्यम मंत्रालय

28. खान मंत्रालय

29. अल्पसंख्यक कार्य मंत्रालय

30. नवीन और नवीकरणीय ऊर्जा मंत्रालय

31. पंचायती राज मंत्रालय

32. संसदीय कार्य मंत्रालय

33. कार्मिक, लोक शिकायत तथा पेंशन मंत्रालय

(i) कार्मिक और प्रशिक्षण विभाग (ii) प्रशासनिक सुधार और लोक शिकायत विभाग (iii) पेंशन और पेंशनभोगी कल्याण विभाग

34. पेट्रोलियम और प्राकृतिक गैस मंत्रालय

35. योजना मंत्रालय

36. विद्युत मंत्रालय

37. रेल मंत्रालय

38. सड़क परिवहन और राजमार्ग मंत्रालय

39. ग्रामीण विकास मंत्रालय

(i) ग्रामीण विकास विभाग (ii) भूमि संसाधन विभाग

40. विज्ञान और प्रौद्योगिकी मंत्रालय

(i) विज्ञान और प्रौद्योगिकी विभाग (ii) विज्ञान और औद्योगिक अनुसंधान विभाग (iii) बायोटेक्नोलॉजी विभाग

41. पोत परिवहन मंत्रालय

42. कौशल विकास और उद्यमिता मंत्रालय

43. सामाजिक न्याय और अधिकारिता मंत्रालय

(i) सामाजिक न्याय और अधिकारिता विभाग (ii) दिव्यांगजन सशक्तीकरण विभाग

44. सांख्यिकी और कार्यक्रम कार्यान्वयन मंत्रालय

45. इस्पात मंत्रालय

46. वस्त्र मंत्रालय

47. पर्यटन मंत्रालय

48. जनजातीय कार्य मंत्रालय

49. शहरी विकास मंत्रालय

50. आवास और शहरी गरीबी उपशमन मंत्रालय

51. जल संसाधन, नदी विकास और गंगा संरक्षण मंत्रालय

52. महिला और बाल विकास मंत्रालय

53. युवा कार्यक्रम और खेल मंत्रालय

(i) युवा कार्यक्रम विभाग (ii) खेल विभाग

केंद्र सरकार के स्वतंत्र विभाग

54. परमाणु ऊर्जा विभाग

55. अंतरिक्ष विभाग

प्रमुख/स्वतंत्र कार्यालय

56. नीति आयोग

57. मंत्रिमंडल सचिवालय

58. राष्ट्रपति सचिवालय

59. प्रधानमंत्री कार्यालय

परियोजना निगरानी समूह

परियोजना निगरानी समूह (पीएमजी) विभिन्न मुद्दों, जिनमें बड़ी सार्वजनिक-निजी भागीदारी (पीपीपी) जैसी परियोजनाओं को लगाने और शीघ्र चालू करने हेतु त्वरित अनुमोदन शामिल हैं, के निपटारे के लिए एक संस्थागत व्यवस्था है। परियोजना निगरानी समूह की स्थापना जून 2013 में कैबिनेट सचिवालय के

अधीन की गई थी। वर्तमान में परियोजना निगरानी समूह 14 सितंबर, 2015 से प्रधानमंत्री कार्यालय के अधीन कार्य कर रहा है।

सामान्यत: परियोजनाओं को शीघ्र चालू करने और निपटारे हेतु निम्नलिखित अनुमति/मुद्दे परियोजना द्वारा उठाए गए हैं:

(क) केंद्रीय मंत्रालयों से संबंधित मुद्दे: (i) पर्यावरण, वन एवं वन्यजीव अनुमतियां; (ii) पर्यावरण संवेदनशील क्षेत्र की अनुमति; (iii) पेड़ काटने की अनुमति; (iv) वन विभाग द्वारा कार्य करने की अनुमति; (v) प्राइवेट रेलवे साइडिंग बनाने हेतु अनुमोदन; (vi) औद्योगिक लाइसेंस बनाने हेतु अनुमोदन; (vii) पाइपलाइनों/वितरण लाइनों का सड़क पार करना; (viii) मार्ग अधिकार/उपयोग के अधिकार की अनुमति देना तथा (ix) उपयोगी सेवाओं का स्थान बदलना।

(ख) राज्य सरकारों से जुड़े मुद्दे: (i) भूमि अधिग्रहण मुद्दे जैसे- सरकारी अधिसूचनाएं/क्षतिपूर्ति भुगतान, स्वामित्व का परिवर्तन तथा कब्ज़ा देना; (ii) अतिक्रमण हटाना; (iii) सहायता और पुनर्वास योजना; (iv) वन अधिकार अधिनियम के अंतर्गत प्रमाण-पत्र, वन्यभूमि का डायवर्जन तथा वनरोपण हेतु क्षतिपूर्ति; (v) बिजली एवं पानी की आपूर्ति हेतु कनेक्शन/दर; (vi) राज्य प्रदूषण नियंत्रण बोर्ड से स्थापित करने और संचालन की अनुमति; (vii) सरकारी भूमि का स्थानांतरण; (viii) कानून व्यवस्था के मुद्दे तथा (ix) मार्ग के अधिकार तथा उपयोग के अधिकार की अनुमति।

पीएमजी, केंद्र तथा राज्य सरकारों के अधिकारियों और परियोजना प्रस्तावकों की नियमित बैठकों के माध्यम से परियोजना प्रस्तावकों द्वारा उठाए गए मुद्दों का समाधान कराता है। अब तक पीएमजी द्वारा 793 परियोजनाओं (अनुमानित निवेश लगभग 33.73 लाख करोड़ रुपये) पर विचार किया गया है जिनमें से 422 परियोजनाओं (अनुमानित निवेश 15.31 लाख करोड़ रुपये) से संबंधित मुद्दों का समाधान हो गया है और 106 परियोजनाओं (अनुमानित निवेश 7.41 करोड़ रुपये) से जुड़े मुद्दों पर पीएमजी के दखल या किसी कार्रवाई की आवश्यकता नहीं है। अगस्त 2016 तक 265 परियोजनाओं (अनुमानित निवेश 10.81 लाख करोड़ रुपये) से जुड़े मुद्दे पीएमजी के विचाराधीन हैं। निवेशक/परियोजना प्रस्तावकों द्वारा उठाए गए मुद्दों में से अधिकांश में राज्य सरकार के दखल/त्वरित कार्रवाई की ज़रूरत है। अतएव, राज्य की राजधानी में बैठकें की जाती हैं, जहां राज्य सरकार के संबंधित विभागों और निवेशकों/परियोजना प्रस्तावकों के साथ मिलकर लंबित मुद्दों की समीक्षा की जाती है।

लोक शिकायत निदेशालय

लोक शिकायत का संतोषजनक समाधान उचित समय सीमा में संबंधित मंत्रालय/विभाग द्वारा नहीं हो पाने के मद्देनज़र लोक शिकायतों के निराकरण हेतु लोक शिकायत निदेशालय (डीजीपी) की स्थापना 25 मार्च, 1988 को की गई थी। इस तरह डीपीजी अपने कार्यक्षेत्र में आने वाले क्षेत्र से संबंधित शिकायतों के निराकरण हेतु अंतिम पड़ाव के रूप में कार्य करता है। लोक शिकायत निवारण के कार्यक्षेत्र में व्यापक सार्वजनिक इंटरफेस वाले क्षेत्र आते हैं। कतिपय विषय डीपीजी के कार्यक्षेत्र से बाहर हैं। डीपीजी के कार्यक्षेत्र में आने वाले संगठन हैं- (i) डाक विभाग, (ii) दूरसंचार विभाग, (iii) रेल मंत्रालय, (iv) वित्तीय सेवा विभाग (बैंकिंग तथा बीमा), (v) राष्ट्रीय लघु बचत योजना: आर्थिक मामलों का विभाग, (vi) शहरी विकास मंत्रालय (डीडीए, एल एवं डीओ, सीपीडब्ल्यूडी), (vii)

सड़क परिवहन एवं राजमार्ग मंत्रालय, (viii) पोत परिवहन मंत्रालय, नागर विमानन मंत्रालय, (ix) क्षेत्रीय पासपोर्ट प्राधिकरण (एमईए), (x) श्रम मंत्रालय, (xi) कर्मचारी भविष्य निधि संगठन, (xii) कर्मचारी राज्य बीमा निगम-अस्पताल एवं औषधालय, (xiii) सीजीएचएस: स्वास्थ्य एवं परिवार कल्याण मंत्रालय, (xiv) पैट्रोलियम और प्राकृतिक गैस मंत्रालय, (xv) केंद्रीय विश्वविद्यालय, केंद्रीय विद्यालय (xvi) नवोदय विद्यालय, (xvii) राष्ट्रीय मुक्त विद्यालयी शिक्षा संस्थान, (xviii) केंद्रीय माध्यमिक शिक्षा बोर्ड, (xix) पर्यटन मंत्रालय और (xx) युवा मामलों का मंत्रालय।

डीपीजी के कार्यक्षेत्र से बाहर के विषय हैं- (i) नीतिगत मामले, (ii) ऐसे मामले जो न्यायाधीन हैं, (iii) संबंधित मंत्रालय के स्तर पर निपटाई गई शिकायतें, (iv) सेवा मामले (सेवांत लाभ के भुगतान से संबंधित मामलों को छोड़कर) और (v) वाणिज्यिक संविदाएं।

डीपीजी के पास शिकायतें डाक द्वारा, ई-मेल अथवा पोर्टल पर ऑनलाइन दर्ज कराई जा सकती हैं। ऑफलाइन प्राप्त सभी मामलों को सिस्टम में डालने के बाद पीजीआरएएमएस एप्लीकेशन का प्रयोग कर कार्रवाई की जाती है।

प्रत्येक शिकायत को पहले डीपीजी के कार्यक्षेत्र में आने वाले मामलों के आधार पर छांटा जाता है। डीपीजी के कार्यक्षेत्र से बाहर वाले क्षेत्रों से संबंधित मामलों को प्रशासनिक सुधार एवं लोक शिकायत विभाग में उचित निष्पादन हेतु भेज दिया जाता है तथा इसकी सूचना शिकायतकर्ता को दे दी जाती है। शेष शिकायतों में मामलों की गंभीरता देखी जाती है और देखा जाता है कि क्या संबंधित मंत्रालय/विभाग को शिकायत के निराकरण हेतु अवसर दिया गया है। गंभीर प्रकृति की शिकायतों को, जो या तो लंबे समय से लंबित हैं अथवा संबंधित सेवा संगठन/मंत्रालय से जिनका निराकरण नहीं हो रहा है, विस्तृत जांच के लिए हाथ में लिया जाता है। इन मामलों का अनुसरण उनकी तार्किक एवं उचित निष्कर्ष पाने तक किया जाता है। अन्य मामलों को संबंधित मंत्रालय के पास समुचित कार्रवाई हेतु भेज दिया जाता है।

डीपीजी द्वारा टिप्पणी मांगे जाने पर विभाग या संगठन से अपेक्षित है कि वे मामले की जांच का 30 दिनों के अंदर जवाब भेज दें। टिप्पणी प्राप्त होने के बाद डीपीजी यदि आवश्यक समझता है तो यह सुनिश्चित करने के लिए कि शिकायत को विभाग अथवा संगठन द्वारा समुचित और निष्पक्ष ढंग से निपटाया गया, अतिरिक्त सूचनाएं मांग सकता है। मामले को बंद करने से पहले शिकायकर्ता से शिकायत के उचित निपटारे की सहमति प्राप्त की जाती है।

वर्ष 2015-16 के दौरान डीपीजी द्वारा इसके कार्यक्षेत्र में आने वाली 10,357 शिकायतें प्राप्त की गईं, जिनमें से 595 मामले हाथ में लिए गए जिससे कुल 1,372 मामले निपटारे हेतु लिए गए। इनमें से 846 का निपटारा किया गया, जिनमें 745 का निपटारा शिकायतकर्ता के पक्ष में किया गया। इस तरह लगभग 88 प्रतिशत मामलों का निराकरण किया गया। इसके अतिरिक्त, 1,782 शिकायतों को प्रशासनिक सुधार और लोक शिकायत विभाग को स्थानांतरित किया गया था।

शिकायत निवारण

प्रौद्योगिकी उन्नयन हेतु आईसीटी एप्लीकेशन ज़िम्मेदारी के क्षेत्र में, शिकायत निपटान हेतु केंद्रीकृत लोक शिकायत एवं देख-रेख प्रणाली (सीपीजीआरएएमएस) नामक ऑन लाइन पद्धति 2007 से प्रारंभ की गई है। वर्तमान में इसका उन्नत संस्करण 5.0, www.pgportal.gov.in तथा वेबसाइट: www.darpg.gov.in पर सुलभ है। सीपीजीआरएएमएस 142 केंद्रीय मंत्रालयों/विभागों/संगठनों को जोड़ती है। इनमें लगभग

19,000 उपयोगकर्ता जुड़े हैं जिनमें अधीनस्थ तथा क्षेत्रीय कार्यालय भी शामिल हैं। सीपीजीआरएएमएस से जुड़े क्षेत्रीय कार्यालयों/संगठनों की संख्या वर्ष 2010-11 के करीब 1,500 से बढ़कर 2016-17 में 19,000 हो गई है। सीपीजीआरएएमएस हिंदी में भी उपलब्ध है। प्रधानमंत्री कार्यालय का लोक शिकायत तंत्र वेबसाइट: www.pmindia.gov.in पर उपलब्ध है। अब पीएमओ में दर्ज शिकायतें केंद्रीय मंत्रालयों/विभागों और राज्य सरकारों को स्थानांतरित की जा रही हैं तथा सीपीजीआरएएमएस, जोकि पीजी पोर्टल का एक भाग है, के द्वारा ऑनलाइन मॉनीटर की जाती हैं।

पीजी पोर्टल के सार्वजनिक इंटरफेस को पेंशनभोगियों के पोर्टल से भी विधिवत एकीकृत कर दिया गया है और उपभोगकर्ताओं के पास पेंशन से जुड़ी शिकायतें पीजी पोर्टल पर संबंधित विकल्प पर क्लिक कर दर्ज करने का विकल्प उपलब्ध कराया गया है। इस तरह एक ही शिकायत पीजी पोर्टल और पेंशनभोगी पोर्टल दोनों पर दर्ज नहीं हो पाती है। पीजी पोर्टल पर निचले स्तर तक पहुंच के लिए इसके साथ सामान्य सेवा केंद्र को एकीकृत कर दिया गया है ताकि कोई भी व्यक्ति मामूली शुल्क देकर अपने क्षेत्र में स्थित सामान्य सेवा केंद्र के माध्यम से पीजी पोर्टल पर अपनी शिकायत दर्ज कर सकता है।

21 अक्टूबर, 2015 से एक मोबाइल ऐप भी प्रारंभ किया गया है जिससे एंड्राएड आधारित मोबाइल फोन पर ऐप डाउनलोड कर सार्वजनिक शिकायतें दर्ज की जा सकती हैं। इससे मोबाइल पर की गई कार्रवाइयों की स्थिति को भी देखा जा सकता है।

बेहतर मॉनिटरिंग के लिए पीएमओ के परामर्श से शिकायतों की समीक्षा कर 20 मुख्य श्रेणियों में वर्गीकृत किया गया है, जिसे संबंधित मंत्रालयों/विभागों द्वारा, उनके द्वारा निपटाए जा रहे विषय सूची के अनुसार पुनः विशिष्ट श्रेणियों में बांटा जाता है।

सभी मंत्रालयों/विभागों के प्रमुखों तक संबंधित मंत्रालयों/विभागों और उनसे जुड़े अधीनस्थ संगठनों में लंबित शिकायतों से जुड़ी संबंद्ध सूचना की पहुंच हेतु सीपीजीआरएएमएस पर डैशबोर्ड का सृजन किया गया है। सभी संबंधितों को यूज़र आईडी तथा पासवर्ड प्रदान कर दिए गए हैं। बेहतर मॉनिटरिंग हेतु सीपीजीआरएएमएस द्वारा ऑनलाइन प्राप्त होने वाली विश्लेषणात्मक रिपोर्टों का सृजन किया गया है। सीपीजीआरएएमएस में निष्पादन के आधार पर मंत्रालयों/विभागों की रंग कोडिंग की गई है। इस प्रारूप में 2-6 तथा 6-12 महीनों और एक वर्ष से अधिक लंबित मामलों के संदर्भ में अब रसीदें, निष्पादन तथा निष्पादन का प्रतिशत शामिल है।

सीपीजीआरएएमएस पर निष्पादन को मान्यता देने के लिए प्रशंसा प्रमाण-पत्र के रूप में एक पुरस्कार योजना शुरू की गई है। 31 दिसंबर, 2015 से 31 मार्च, 2016 की त्रैमासिक अवधि हेतु तीन मंत्रालय/विभागों को प्रमाण-पत्र दिए गए हैं।

लोक सेवा दिवस

भारत सरकार द्वारा प्रतिवर्ष 21 अप्रैल को लोक सेवा दिवस के रूप में मनाया जाता है, जिसमें लोक सेवा अधिकारी नागरिकों के हितों के प्रति अपनी निष्ठा दोहराते हैं। ऐसा पहला आयोजन 21 अप्रैल, 2006 को नई दिल्ली के विज्ञान भवन में आयोजित किया गया था। इस अवसर पर प्रधानमंत्री ने लोक प्रशासन में उत्कृष्टता हेतु प्रधानमंत्री पुरस्कार प्रदान किया था। इस तिथि का चयन स्वतंत्र देश के पहले गृहमंत्री सरदार बल्लभ भाई पटेल द्वारा भारतीय प्रशासनिक सेवा के पहले बैच को 'मेटकॉफ हाउस' नई दिल्ली में संबोधित किए जाने की तिथि के उपलब्ध में किया गया है।

लोक प्रशासनिक कार्यों में उत्कृष्टता के लिए प्रधानमंत्री पुरस्कार

केंद्र एवं राज्य सरकारों के संगठनों और ज़िले के असाधारण तथा अभिनव कार्यों की पहचान एवं उन्हें पुरस्कृत करने के लिए भारत सरकार ने लोक प्रशासनिक कार्यों में उत्कृष्टता के लिए प्रधानमंत्री पुरस्कार शुरू किया है।

प्रधानमंत्री पुरस्कार प्रत्येक वर्ष 21 अप्रैल को दिए जाते हैं। 20–21 अप्रैल, 2015 को आयोजित लोक सेवा दिवस में प्रधानमंत्री ने शासन में उत्कृष्ट पहल के लिए वर्ष 2012–13 तथा 2013–14 के लिए 17 पुरस्कार प्रदान किए। वर्ष 2007 से शुरू करके अभी तक व्यक्तिगत, समूह तथा संगठन तीन श्रेणियों में कुल 67 पुरस्कार प्रदान किए गए हैं। वर्ष 2016 से इस योजना को संशोधित किया गया है और पहली बार चिह्नित प्राथमिकता कार्यक्रमों में श्रेष्ठ निष्पादन करने वाले ज़िलों को पुरस्कार प्रदान किया गया। लोक सेवा दिवस, 2016 के अवसर पर चार प्राथमिकता कार्यक्रमों यथा, प्रधानमंत्री जनधन योजना, स्वच्छ भारत ग्रामीण, स्वच्छ विद्यालय अभियान और मृदा स्वास्थ्य कार्ड योजना को लागू करने में उत्कृष्टता हेतु 10 सर्वोत्तम निष्पादन वाले ज़िलों को पुरस्कार प्रदान किए गए।

इस चयन प्रक्रिया में सर्वेक्षण कर तीन लाख से अधिक नागरिकों से फीडबैक लिया गया, फीडबैक का विश्लेषण किया गया तथा छांटे गए 38 ज़िलों में क्षेत्र भ्रमण किया गया था। लोक सेवा दिवस, 2017 को प्रदान किए जाने वाले पुरस्कारों हेतु चिह्नित प्राथमिकता कार्यक्रम हैं– प्रधानमंत्री कृषि/सिंचाई योजना, दीनदयाल उपाध्याय ग्राम ज्योति योजना, प्रधानमंत्री फसल बीमा योजना, स्टार्ट अप इंडिया/स्टैंड अप इंडिया और ई–राष्ट्रीय कृषि बाज़ार (ई–नैम)। इसके अतिरिक्त केंद्र/राज्य सरकार के संगठनों द्वारा पर्यावरण संरक्षण, आपदा प्रबंधन, जल संरक्षण, ऊर्जा, शिक्षा, स्वास्थ्य, महिला एवं बाल केंद्रित पहलों आदि के लोक शासन वाले क्षेत्र में उत्कृष्ट/अभिनव कार्यों हेतु भी पुरस्कार दिए जाएंगे।

पुरस्कार में शामिल हैं– (i) एक मेडल, (ii) एक प्रशस्ति–पत्र और (iii) पुरस्कृत जिला/संगठन को दस लाख रुपये का प्रोत्साहन जिसका उपयोग लोक कल्याण कार्य के क्षेत्र में परियोजना/कार्यक्रम लागू करने अथवा संसाधन के अंतर को पाटने के लिए किया जाएगा।

पुरस्कार हेतु आवेदन का आकलन त्रिस्तरीय समितियां करती हैं। स्क्रीनिंग समिति, जिसका प्रमुख अतिरिक्त सचिव स्तर का अधिकारी होता है, विशेषज्ञ समिति, जिसका अध्यक्ष प्रशासनिक सुधार विभाग का सचिव होता है तथा अधिकार संपन्न समिति जिसका अध्यक्ष कैबिनेट सचित होता है। पुरस्कार पाने वालों के चयन हेतु अधिकारसंपन्न समिति अपनी अनुशंसाएं प्रधानमंत्री के पास विचारार्थ भेजती है।

राज्यों तथा केंद्रशासित प्रदेशों में सुशासन के लिए प्रधानमंत्री पुरस्कार की पहल

लोकसेवा दिवस के अवसर पर 2015 में 21 अप्रैल को लोक प्रशासन में उल्लेखनीय योगदान के लिए प्रधानमंत्री पुरस्कार प्रदान किए गए।

प्रधानमंत्री द्वारा पुरस्कृत सुशासन की पहल को चिह्नित कर राज्य सरकारों से इसे दोहराने का अनुरोध किया गया था। 23 राज्यों तथा केंद्रशासित क्षेत्रों ने 14 ऐसी पहलों को राज्यों/केंद्रशासित प्रदेशों में अपनाने और दुहराने का निर्णय किया है।

लोक प्रशासन और प्रशासनिक सुधार तथा जन शिकायत निवारण हेतु अंतरराष्ट्रीय आदान-प्रदान और सहयोग

प्रशासनिक सुधार और जन शिकायत विभाग (डीएआरपीजी) लोक प्रशासन एवं शासन के क्षेत्र में अंतरराष्ट्रीय सहयोग से जुड़े मामलों के लिए नोडल (प्रमुख) केंद्र है। इसके कार्यों में भारत और अन्य देशों के बीच (द्विपक्षीय या बहुपक्षीय) समझौता/समझौता ज्ञापन (एमओयू) के तहत् परियोजनाओं/द्विपक्षीय उपायों से संबंधित हिस्से के रूप में कार्यक्रमों का आयोजन शामिल है। अंतरराष्ट्रीय सहयोग घटक का उद्देश्य राष्ट्रीय सरकार को सूचनाओं, सर्वोत्तम अनुभवों और कार्मिकों के आदान-प्रदान में सक्षम बनाना है।

अपने अंतरराष्ट्रीय सामूहिक प्रयासों के तहत् विभाग ने प्रशासनिक अनुभवों तथा आदान-प्रदान की संभावनाओं का पता लगाया है और ब्रिटेन, फ्रांस, सिंगापुर, मलेशिया, चीन (नवीकरण के अंतर्गत), दक्षिण अफ्रीका तथा ब्राज़ील (आईबीएसए के अंतर्गत) के साथ एमओयू पर हस्ताक्षर किए हैं। इनमें यात्राओं का आदान-प्रदान तथा लोक प्रशासन और सेवा वितरण के क्षेत्र में कार्यक्रमों/परियोजनाओं तथा गतिविधियों का दायित्व शामिल है ताकि शासन की वर्तमान व्यवस्था में सुधार हो और जवाबदेही, उत्तरदायित्व, पारदर्शिता की बेहतर भावना पैदा हो सके तथा लोक सेवा वितरण, सुशासन, लोक सेवा में सुधार, क्षमता निर्माण और गुणवत्ता उन्नयन के परिप्रेक्ष्य में लोकसेवा में उत्कृष्टता प्राप्त की जा सके।

ब्रिटेन सरकार के साथ समझौता ज्ञापन

विभाग ने लोक प्रशासन एवं शासन सुधार के क्षेत्र में सहयोग हेतु ब्रिटेन की सरकार के साथ एक समझौता ज्ञापन (एमओयू) पर 11 नवंबर , 2015 को हस्ताक्षर किए थे। भारत ब्रिटेन संयुक्त कार्यदल की पहली बैठक लंदन में 28-29 जनवरी , 2016 को आयोजित हुई थी। दोनों पक्षों ने लोक प्रशासन, शासन सुधारों और नागरिक-केंद्रित सेवाओं को ऑनलाइन प्रदान करने के क्षेत्र में अपने सर्वोत्तम अनुभवों का आदान-प्रदान किया तथा इन क्षेत्रों में इन्हें अपनाने की संभावनाओं को तलाशा। दोनों पक्ष नई पहल को समझौता ज्ञापन के दायरे में आगे बढ़ाने पर भी सहमत हुए।

लोक प्रशासन और प्रशासनिक सुधारों पर भारत-फ्रांस समझौता

फ्रांस सरकार के साथ लोक प्रशासन एवं शासन सुधार में सहयोग पर 25 जनवरी, 2016 को एक समझौते पर हस्ताक्षर किए गए थे। भारत-फ्रांस के संयुक्त कार्यदल की पहली बैठक में भाग लेने हेतु तीन सदस्यीय प्रतिनिधि मंडल ने पेरिस की यात्रा की। दोनों पक्षों ने लोक प्रशासन, शासन सुधारों और नागरिक केंद्रित सेवाएं ऑनलाइन उपलब्ध कराने पर विचारों का आदान-प्रदान किया तथा इन क्षेत्रों में उपयुक्त सर्वोत्तम कार्यकलापों को अपनाने की संभावनाओं को तलाशा। एमओयू के समग्र दायरे के अंतर्गत दोनों पक्षों द्वारा नई पहलों को आगे बढ़ाने के लिए कार्रवाई के कार्यक्रम (पीओए) पर भी सहमति बनी।

भारत-सिंगापुर सहयोग

भारत और सिंगापुर ने लोक सेवा सुधार और बेहतर शासन को प्राथमिकता देते हुए, कार्मिक प्रबंधन तथा लोक प्रशासन के क्षेत्र में सहयोग के लिए 11 नवंबर , 2011 को एक समझौता ज्ञापन पर हस्ताक्षर किए। समझौता ज्ञापन के अंतर्गत कार्मिक प्रबंधन और लोक प्रशासन के क्षेत्र में भारत-सिंगापुर संयुक्त कार्यदल की दूसरी बैठक 19-20 जनवरी, 2015 को सिंगापुर में आयोजित हुई थी। एमओयू के अंतर्गत चिह्नित

रुचि के क्षेत्र में कार्यान्वित होने वाले क्षेत्र में आदान-प्रदान एवं सहयोग हेतु दोनों पक्षों ने कार्रवाई की योजना बनाई।

सिंगापुर की सरकार ने भारत सरकार तथा राज्यों/केंद्रशासित प्रदेशों के अधिकारियों हेतु 'ई-गवर्नेंस' विषय पर 28 जून से 1 जुलाई, 2016 के दौरान चार दिवसीय प्रशिक्षण कार्यक्रम का आयोजन किया। यह प्रशिक्षण कार्यक्रम एक आदर्श मंच साबित हुआ जिसमें भागीदारों ने श्रेष्ठ व्यवहारों को साझा किया और एक वास्तविक प्रशासनिक वातावरण में कठिनाइयों एवं त्रुटियों को समझा। भागीदार अधिकारियों को लोक प्रशासन के क्षेत्र में उत्कृष्टता प्राप्त करने हेतु कार्यनीतियों से अवगत कराया गया।

भारत-मलेशिया सहयोग

मलेशिया सरकार के साथ लोक प्रशासन और शासन के क्षेत्र में सहयोग हेतु 25 नवंबर, 2013 को एक समझौता ज्ञापन पर हस्ताक्षर किए गए। भारत-मलेशिया संयुक्त कार्यदल की तीसरी बैठक 28 से 30 सितंबर, 2015 के दौरान कुआलालंपुर, मलेशिया में आयोजित की गई थी। संयुक्त कार्यदल की इस बैठक के दौरान दोनों पक्षों में कार्रवाई के कार्यक्रम (पीओए) पर सहमति बनी।

पीएमओ समझौते के अंतर्गत मलेशिया ने 18 से 22 जुलाई, 2016 को राष्ट्रीय प्रशासन संस्थान, कुआलालंपुर, मलेशिया में भारत सरकार के 15 मध्यम प्रबंधन समूह स्तर के अधिकारियों (निदेशक तथा उससे नीचे) का ई-गवर्नेंस के माध्यम से 'नागरिक केंद्रित ऑनलाइन सेवाओं पर एक लघु-अवधि प्रशिक्षण कार्यक्रम आयोजित किया। सहभागियों को लोक प्रशासन और शासन, विशेषकर लोक सेवाओं की ऑनलाइन डिलीवरी के क्षेत्र में मलेशिया सरकार के अनुभव और श्रेष्ठ कार्यकलापों से अवगत कराया गया। इससे सहभागियों को सीखे गए सबक को समुचित सुधारों के साथ भारत में लागू करने में मदद मिलेगी।

भारत-चीन सहयोग

भारत के राष्ट्रपति की चीन यात्रा के दौरान 27 मई, 2010 को भारत सरकार के कार्मिक, लोक शिकायत एवं पेंशन मंत्रालय तथा चीन जनवादी गणराज्य के मानव संसाधन एवं सामाजिक सुरक्षा मंत्रालय की ओर से सिविल सेवाओं, कार्मिक प्रबंधन तथा लोक प्रशासन के क्षेत्र में सहयोग के लिए समझौता ज्ञापन (एमओयू) पर हस्ताक्षर किए गए थे। इस एमओयू की अवधि 26 मई, 2015 को समाप्त हो गई थी।

कैबिनेट ने 18 मई, 2016 की बैठक में सिविल सेवाओं, कार्मिक प्रबंधन तथा लोक प्रशासन के क्षेत्र में सहयोग के लिए प्रशासनिक सुधार तथा लोक शिकायत विभाग, कार्मिक, लोक शिकायत एवं पेंशन मंत्रालय, भारत सरकार तथा चीन जनवादी गणराज्य के मानव संसाधन तथा सामाजिक सुरक्षा मंत्रालय के बीच एक समझौता ज्ञापन पर हस्ताक्षर करने हेतु अनुमोदन दिया।

भारत-ब्राज़ील-दक्षिण अफ्रीका (इब्सा) मंच

भारत-ब्राजील-दक्षिण अफ्रीका (इब्सा) मंच सुदृढ़ीकरण को मान्यता देते हुए तथा बेहतर प्रशासन को प्रोत्साहित करने एवं दक्षिण-दक्षिण सहयोग को मज़बूत बनाने के लिए क्षेत्रीय एवं वैश्विक स्तर पर सहयोग हेतु तीनों देशों ने माना कि वे संयुक्त प्रयास और सहयोग से लोकतांत्रिक मूल्यों तथा सामाजिक समावेश की ओर लोक प्रशासन और शासन को दिशा देने में मदद कर सकते हैं। 13 सितंबर, 2006 को ब्राजीलिया (ब्राज़ील) में भारत के प्रधानमंत्री, ब्राज़ील के राष्ट्रपति तथा दक्षिण अफ्रीका के राष्ट्रपति

भारत-ब्राज़ील-दक्षिण अफ्रीका वार्ता मंच के पहले शिखर सम्मेलन के लिए मिले। इस अवसर पर जारी संयुक्त घोषणा के अनुरूप इब्सा शिखर बैठक के निर्णयों को आगे बढ़ाते हुए तीनों देशों ने लोक प्रशासन पर इब्सा कार्यदल (डब्ल्यूजीपीए) का गठन किया। तब से इस कार्यदल की सात बैठकें हुई हैं तथा सहयोग के निम्नलिखित क्षेत्रों का चयन किया गया है- (i) एकीकृत मॉनिटरिंग एवं मूल्यांकन, (ii) ई-गवर्नेंस, (iii) मानव संसाधन विकास, (iv) नागरिक केंद्रित सेवा डिलीवरी, (v) भ्रष्टाचार विरोधी तथा नैतिक आचार और (vi) उत्तरदायित्व एवं पारदर्शिता। इन क्षेत्रों में सहयोग से दूसरे इब्सा शिखर बैठक के दौरान 17 अक्टूबर, 2007 को दक्षिण अफ्रीका में हस्ताक्षरित एवं स्वीकृत एमओयू के मूलतत्व का प्रतिनिधित्व होता है।

भारत ने लोक प्रशासन के क्षेत्र में इब्सा सहयोग कार्यक्रम को आगे बढ़ाते हुए ब्राज़ील और दक्षिण अफ्रीका के साथ मिलकर 30 नवंबर, 2010 को इब्सा वेब पोर्टल लांच किया। यह वेब पोर्टल, जोकि लोक प्रशासन का उत्कृष्ट केंद्र है, इब्सा सहयोगियों के लिए विचारों के आदान-प्रदान तथा लोक प्रशासन ज्ञान का वेब आधारित मंच है।

अंतरराष्ट्रीय प्रशासनिक विज्ञान संस्थान (आईआईएएस) के साथ सहयोग

डीएआरपीजी 1998 से ही अंतरराष्ट्रीय प्रशासनिक विज्ञान संस्थान (आईआईएएस) का संस्थागत सदस्य है। आईआईएएस का मुख्यालय बेल्जियम के बसेल्स में है। इसकी स्थापना प्रशासनिक विज्ञान के विकास, बेहतर संगठन और लोक प्रशासनिक एजेंसियों के संचालन, प्रशासनिक मामलों और तकनीकों में सुधार तथा अंतरराष्ट्रीय प्रशासन की प्रगति आदि को प्रोन्नत करने के उद्देश्य से हुई थी।

इसका सदस्य होने के नाते भारत आईआईएएस द्वारा आयोजित अंतरराष्ट्रीय बैठकों एवं गोष्ठियों में भाग लेकर लोक प्रशासन के क्षेत्र में नवीन विकास की जानकारी प्राप्त करता है तथा विभिन्न पत्रिकाओं, कागजातों और तैयार किए गए दस्तावेज़ों और जारी रिपोर्टों से भी नवीन जानकारी हासिल करता है।

सीएपीएएम के साथ सहयोग

राष्ट्रमंडल लोक प्रशासन एवं प्रबंधन केंद्र (सीएपीएएम) समूचे राष्ट्रमंडल में लोकप्रबंधन, लोकतंत्र एवं सुशासन को मज़बूत बनाने के लिए प्रतिबद्ध संगठन है। इसका मुख्यालय कनाडा के ओटावा में है। 1991 में हरारे तथा 1993 में साइप्रस में राष्ट्रमंडल शासनाध्यक्षों की बैठकों में लिए गए निर्णयों के परिणामस्वरूप इसकी स्थापना 1994 में की गई। इसकी स्थापना के बाद से राष्ट्रमंडल देशों की ओर से इसकी सदस्य संख्या 11,00 से अधिक हो गई है। भारत सरकार का कार्मिक, लोक शिकायत एवं पेंशन मंत्रालय 1997 में सीएपीएएम का संस्थागत सदस्य बना। भारत इसका सदस्य होने के नाते सीएपीएएम के अंतरराष्ट्रीय नवाचार पुरस्कार कार्यक्रम, अंतरराष्ट्रीय नवाचार सोपान कार्यक्रम, अंतरराष्ट्रीय बैठकों, गोष्ठियों तथा सम्मेलनों और विभिन्न पत्रिकाओं, प्रलेखों एवं अध्ययन रिपोर्टों से लोक प्रशासन संबंधी नवीनतम जानकारी प्राप्त करता है।

लोक प्रशासन एवं सेवा सुधार हेतु योगदान देने वालों को मान्यता देने के लिए तथा लोक सेवा में नवाचार की भावना को प्रोत्साहित करने के लिए सीएपीएएम 1998 से द्विवार्षिक अंतरराष्ट्रीय नवाचार पुरस्कार कार्यक्रम की घोषणा करता आ रहा है। भारत प्रारंभ से ही सीएपीएएम पुरस्कार कार्यक्रम में भाग लेता आ रहा है। भारत ने 1998, 2000, 2002, 2004, 2010, 2012, 2014 तथा हाल में संपन्न 2016 सीएपीएएम नवाचार पुरस्कार कार्यक्रम (कैंसर सर्विक्स स्क्रीनिंग: एक जीवन रक्षक पहल,

तमिलनाडु सरकार) में स्वर्ण पदक जीता तथा वर्ष 2002, 2004, 2006 तथा 2016 में रजत पदक भी जीता। विभाग ने 21–22 अक्टूबर 2012 को सीएपीएएम अंतरराष्ट्रीय पुरस्कार कार्यक्रम का आयोजन किया। इस कार्यक्रम का विषय था– 'लोक सेवा में नवाचार' और यह कार्यक्रम सीएपीएएम द्विवार्षिक सम्मेलन (24–26 अक्टूबर, 2016) के साथ मिलकर हुआ। भारत की गन्ना सूचना प्रणाली ने सीएपीएएम अंतरराष्ट्रीय नवाचार पुरस्कार 2012 का स्वर्णपदक जीता।

भारत सरकार/राज्यों के वरिष्ठ/मध्यम स्तर के प्रबंधन अधिकारियों हेतु विदेशी प्रशिक्षण कार्यक्रम

अंतरराष्ट्रीय सहयोग प्रयासों के हिस्से के रूप में अन्य देशों के साथ प्रशासनिक अनुभवों का आदान-प्रदान और साझा करने की संभावना तलाशी गई है, खासकर लोक प्रशासन एवं सेवा प्रदान करने के क्षेत्र में, ताकि शासन की वर्तमान पद्धति में सुधार हो और जवाबदेही, उत्तरदायित्व और पारदर्शिता की बेहतर भावना पैदा हो सके तथा इन क्षेत्रों में ताज़ा अंतर्दृष्टि और नए परिप्रेक्ष्य का समावेश किया जा सके।

विभाग ने प्रधानमंत्री पुरस्कार विजेताओं/राष्ट्रीय ई-गवर्नेंस विजेताओं समेत भारत सरकार/राज्यों/केंद्रशासित प्रदेशों से लोक सेवा कर्मियों को निम्नलिखित हेतु नामित किया है– (i) प्रधानमंत्री पुरस्कार विजेताओं/राष्ट्रीय ई-गवर्नेंस विजेताओं सहित भारत सरकार/राज्यों/केंद्रशासित प्रदेशों से 16 अधिकारियों के एक समूह को 22 से 26 अगस्त, 2016 तक कनाडा के लोक प्रशासन संस्थान, टोरंटो, कनाडा में पांच दिवसीय प्रशिक्षण कार्यक्रम और (ii) प्रधानमंत्री पुरस्कार विजेताओं/राष्ट्रीय ई-गवर्नेंस विजेताओं सहित भारत सरकार/राज्यों/केंद्रशासित क्षेत्रों से 21 अधिकारियों के समूह को पीबीएलक्यू, डच लोक प्रशासन संस्थान, हेग, नीदरलैंड में 12 से 16 सितंबर, 2016 तक आयोजित पांच दिवसीय प्रशिक्षण कार्यक्रम।

प्रशिक्षण कार्यक्रम के दौरान सहभागी लोक प्रशासन और सेवा प्रदान करने के क्षेत्र में प्रशासनिक अनुभवों और श्रेष्ठ कार्यकलापों को सांझा करेंगे। इन देशों में ये सहभागी सेवा प्रदान करने और प्रसार सहित लोक सेवा सुधारों: श्रेष्ठ अनुभवों को दोहराने की संभावना सहित ई-गवर्नेंस पहल/आईटी मदद से सेवा प्रदान करना और नागरिक केंद्रित शासन की ओर अभिमुख प्रशासनिक सुधारों के अनुभवों को सांझा करेंगे।

डीएआरपीजी-यूएनडीपी परियोजना

देश की कार्यक्रम कारवाई योजना (सीपीएपी) 2013–17 के भाग के रूप में विभाग ने 3 फरवरी, 2014 को यूएनडीपी के साथ लोक प्रशासन एवं शासन का सशक्तीकरण नामक परियोजना दस्तावेज़ पर हस्ताक्षर किए हैं। चालू वित्त वर्ष में निम्नलिखित दो कार्यक्रम आयोजित किए जाएंगे। इस परियोजना का लक्ष्य है- (क) लोक प्रशासन एवं शासन के प्रति उत्तरदायी व्यक्तियों और संस्थानों की क्षमता में सुधार, सरकारी कार्यक्रमों के तहत् सेवा प्रदान करने में सफलता या विफलता के कारकों की प्रशासकों में गहरी समझ तथा दक्षिण-दक्षिण परिप्रेक्ष्य समेत वैश्विक लोक प्रशासन के क्षेत्र में बेहतर सहयोग। यह परियोजना पूरी तरह यूएनडीपी द्वारा अनुदानित है जिसमें गतिविधियों हेतु 10 लाख अमरीकी डॉलर की राशि देने की प्रतिबद्धता व्यक्त की गई है।

विभाग ने यूएनडीपी के साथ 164,525 अमरीकी डॉलर के बजट वाली वार्षिक कार्य योजना 2016 पर हस्ताक्षर किए हैं। इसका उद्देश्य है- विश्व स्तरीय, श्रेष्ठ व्यवहार वाले राष्ट्रीय पोर्टल के ज़रिए नागरिक केंद्रित सेवाएं प्रदान करना, संस्थागत तंत्र और अवसंरचना का सृजन। इन गतिविधियों का व्यय यूएनडीपी द्वारा वहन किया जाता है। विभाग इसके कार्यान्वयन में साझीदार है।

ई-गवर्नेंस पर राष्ट्रीय सम्मेलन पुरस्कार

डीएआरपीजी इलेक्ट्रॉनिक्स एवं सूचना प्रौद्योगिकी विभाग के साथ मिलकर एक राज्य सरकार के सहयोग से 1997 से ही ई-गवर्नेंस पर प्रतिवर्ष राष्ट्रीय सम्मेलन का आयोजन कर रहा है। यह सम्मेलन राज्य सरकारों के आईटी सचिवों, केंद्रीय सरकार के आईटी प्रबंधकों तथा संसाधन व्यक्तियों और विशेषज्ञों, उद्योग तथा अकादमिक संस्थानों के बुद्धिजीवियों सहित सरकार के वरिष्ठ अधिकारियों के लिए ई-गवर्नेंस से जुड़े विभिन्न विषयों पर विचार-विमर्श करने तथा अनुभव साझा करने का मंच उपलब्ध कराता है। अब तक ई-गवर्नेंस पर 19 राष्ट्रीय सम्मेलन आयोजित किए जा चुके हैं।

डीएआरपीजी ई-गवर्नेंस प्रयासों को लागू करने में उत्कृष्टता को मान्यता देने और प्रोत्साहित करने के लिए प्रत्येक वर्ष निम्नलिखित श्रेणियों में राष्ट्रीय सम्मेलन में पुरस्कार देता है।

(1) सरकारी प्रक्रिया री-इंजीनियरिंग में उत्कृष्टता; (2) नागरिक केंद्रित सेवा देने में उत्कृष्ट योगदान; (3) ई-गवर्नेंस में प्रौद्योगिकी का अभिनव उपयोग; (4) वर्तमान परियोजनाओं में वृद्धिपरक नवाचार; (5) आईसीटी के माध्यम से नागरिक केंद्रित सेवा देने में जिला स्तर का श्रेष्ठ प्रयास; (6) ई-गवर्नेंस में जीआईएस प्रौद्योगिकी का अभिनव उपयोग; (7) ई-गवर्नेंस में मोबाइल प्रौद्योगिकी का अभिनव उपयोग; (8) क्षेत्रीय पुरस्कार-कौशल विकास एवं रोज़गार परकता; (9) केंद्र सरकार के सार्वजनिक क्षेत्र के उपक्रमों द्वारा आईसीटी का अभिनव उपयोग; (10) राज्य सरकार/सार्वजनिक क्षेत्र के उपक्रमों/सहकारी समितियों/संगठनों/सोसायटी द्वारा आईसीटी का अभिनव उपयोग; (11) अकादमी एवं अनुसंधान संस्थानों द्वारा उत्कृष्ट ई-गवर्नेंस प्रयास; (12) गैर-सरकारी संस्थानों द्वारा विकास के लिए आईसीटी का उपयोग।

प्रत्येक श्रेणी में एक स्वर्ण और एक रजत पुरस्कार दिया जाता है, स्वर्ण पुरस्कार विजेता परियोजना और उसकी टीम को अधिकतम दो लाख रुपये का नकद पुरस्कार दिया जाता है। इसमें प्रतिव्यक्ति 75,000 रुपये देने की अधिकतम सीमा है। रजत पुरस्कार विजेता परियोजना और उसकी टीम को अधिकतम एक लाख रुपये का नकद पुरस्कार दिया जाता है। इसमें प्रतिव्यक्ति 50,000 रुपये देने की सीमा है।

सुशासन संबंधी कार्यकलापों का प्रलेखन और प्रसार

श्रेष्ठ शासन व्यवहारों का प्रलेखन एवं प्रसार डीएपीआरपी मुख्य रूप से केंद्र/राज्य/केंद्रशासित प्रदेशों की सरकारों के बेहतर प्रशासन के श्रेष्ठ व्यवहारों से जुड़े अनुभवों को सांझा करने तथा इन्हें दोहराने के उद्देश्य से प्रलेखन और प्रसार गतिविधियां चलाता है। इसके अलावा प्रभाग लोक प्रशासन, प्रबंधन, सूचना प्रौद्योगिकी, मानव संसाधन विकास से संबंधित संदर्भ सामग्री का भंडारण एक समृद्ध पुस्तकालय के रूप में करता है।

बेहतर शासन पहल के पेशेवर प्रलेखन के लिए राज्य सरकारों/केंद्रशासित प्रदेशों को वित्तीय सहायता

योजना का उद्देश्य राज्यों/केंद्रशासित प्रदेशों द्वारा बेहतर शासन पहल के पेशेवर प्रलेखन तथा प्रसार और एक-दूसरे के साथ अनुभव सांझा करने और दोहराने के लिए तीन लाख रुपये तक की वित्तीय सहायता देना है। अभी तक 72 परियोजनाओं को स्वीकृत किया गया है। राज्य सरकारों/केंद्रशासित प्रदेशों को वित्तीय सहायता दिए जाने की संशोधित योजना के अनुसार पेशेवर प्रलेखन रिपोर्ट कागज़ी प्रलेखन की

बजाए अब ई-बुक के रूप में होगी तथा तीन लाख रुपये की वित्तीय सहायता से राज्य सरकारों/केंद्रशासित प्रदेशों द्वारा एक लघु वृत्तचित्र भी बनाया जाएगा।

श्रेष्ठ कार्यकलापों पर वृत्तचित्र का निर्माण

विभाग पूरे देश में श्रेष्ठ कार्यकलापों पर वृत्त चित्र बनाने का काम कर रहा है। ये फिल्में प्रशासकों के लिए उपयोगी हैं और कामयाबी की कहानी के प्रसार से इन्हें कहीं और दोहराने में मदद होगी। ऐसे 78 वृत्तचित्रों का निर्माण किया जा चुका है। ये वृत्तचित्र विभाग की वेबसाइट और यू ट्यूब पर उपलब्ध हैं। सरकार के चार प्राथमिकता कार्यक्रमों के कार्यान्वयन में उत्कृष्टता पर दो पैनल चर्चा आयोजित की गईं और दूरदर्शन के राष्ट्रीय चैनल पर 21-22 मई, 2016 को इनका सीधा प्रसारण किया गया। यह वार्ता विभाग की वेबसाइट के साथ-साथ ट्विटर और फेसबुल जैसे सोशल मीडिया पर भी उपलब्ध है।

सुशासन की पहल पर अनुसंधान एवं मूल्यांकन अध्ययन

इस पहल का उद्देश्य है तकनीकी उन्नति के दृष्टिकोण से चुनी गईं सुशासन पहल के क्रियान्वयन की वर्तमान स्थिति का पता लगाना और पहल में सुधार हेतु लाए जाने वाले परिवर्तनों के बारे में सुझाव देना। यह इन पहल की निरंतरता, पैमाने और दुहराव के बारे में सुझाव भी देता है। 2013-14 में केपीएमजी एडवाइज़री सर्विसेज प्रा.लि. द्वारा इस पहल पर अध्ययन किया गया था। अनुसंधान मूल्यांकन की अध्ययन रिपोर्ट www.darg.gov.in पर उपलब्ध है। वित्तीय वर्ष 2015-16 में 12 चुनी गईं सुशासन पहल पर अनुसंधान एवं मूल्यांकन अध्ययन भारतीय विकास प्रबंधन संस्थान, भोपाल द्वारा किया जा रहा है।

क्षेत्रीय सम्मेलन

सुशासन के तौर-तरीकों को तैयार करने और उन्हें लागू करने के बारे में अनुभवों को साझा करने के लिए स्वयंसेवी संस्थानों, बुद्धिजीवियों, मीडिया आदि अन्य हितधारकों के साथ राष्ट्रीय तथा राज्य स्तरीय संगठनों को साथ लाने के उद्देश्य से विभिन्न राज्यों/केंद्रशासित प्रदेशों की सरकारों के साथ मिलकर विशिष्ट विषयों पर क्षेत्रीय सम्मेलन आयोजित किए जाते हैं। वर्ष 2015-16 के दौरान गति, उत्तरदायत्वि, पारदर्शिता तथा नवाचार के साथ शासन के भाग के रूप में 'न्यूनतम सरकार-अधिकतम शासन' विषय पर एक क्षेत्रीय सम्मेलन दिसंबर 2015 में बंगलुरु, कर्नाटक में आयोजित किया गया था। अभी तक 23 क्षेत्रीय सम्मेलन आयोजित किए ज़ा चुके हैं।

सर्वोत्तम तौर-तरीकों का प्रस्तुतीकरण

सफल सुशासन पहल को दूसरे राज्यों में दोहराए जाने के उद्देश्य से सर्वोत्तम तौर-तरीकों पर प्रस्तुतीकरण नई दिल्ली में आयोजित किया जा रहा है। वर्ष 2015-16 में विभाग ने 10-11 सितंबर, 2015 को नई दिल्ली में नागरिक केंद्रित शासन में सर्वोत्तम व्यवहार पर राष्ट्रीय कार्यशाला का आयोजन किया।

सर्वोत्तम कार्यकलापों पर पुस्तक

यह डिविजन चुनिंदा पुरस्कार विजेता सुशासन कार्य-कलापों पर लेखों की पुस्तक प्रकाशित करता है। ये लेख उन पहल से संबंधित होते हैं जिन्हें प्रधानमंत्री पुरस्कार या राष्ट्रीय ई-गवर्नेंस पुरस्कार मिला है। यह संग्रह प्रशासकों के लिए बेहद उपयोगी है क्योंकि सफलता की कहानियों के प्रसार से इसे अन्यत्र

दोहराने में सुविधा होती है। डिविजन ने इस विषय पर पुस्तकों की एक शृंखला प्रकाशित की है, ये हैं- *विचार जो कामयाब हुए*, *इनसे सीखें, स्पेलेंडर इन दि ग्रास, रूफलेस टावर्स, मैनेजमेंट बाई लिसनिंग, इन सर्च ऑफ लाइट, पीपुल फर्स्ट, सम जेम्स सम पर्ल्स, थिंकिंग आउट ऑफ दि बॉक्स, लाइटेड विंडोज* तथा *टुमॉरो इज़ हियर*। इस वर्ष सिविल सेवा दिवस, 2016 के अवसर पर *दि चेंज मेकर्स* और *रिक्रिएटिंग एक्सेलेंस* नामक दो पुस्तकें प्रकाशित की गई हैं।

न्यूनतम सरकार-अधिकतम शासन

विभाग की त्रैमासिक पत्रिका *मिनिमम मैनेजमेंट इन गवर्नमेंट* को पहले मैनेजमेंट इन गवर्नमेंट नाम से जाना जाता था। यह प्रशासकों, शिक्षाविदों, विद्वानों तथा लोक प्रशासन एवं सार्वजनिक क्षेत्र के प्रबंधन में रुचि रखने वाले अन्य लोगों को अपने विचारों और अपनी राय को खुले रूप से साझा करने हेतु एक मंच प्रदान करती है। विभाग *मैनेजमेंट इन गवर्नमेंट* नामक पत्रिका का प्रकाशन 1969 से करता आ रहा है। पहले यह पत्रिका सशुल्क थी, जिसके पूरे देश में तथा विदेशों में भी खरीदार थे। ई-गवर्नेंस की लाइन पर इस पत्रिका को ई-बुक प्रारूप में बदला गया है और विभाग की वेबसाइट पर अपलोड किया गया है। यह सबके लिए नि:शुल्क है। अब कोई भी व्यक्ति, जिसकी अभिरुचि हो, बिना किसी शुल्क के इस पत्रिका को पढ़ सकता है। अभी तक इस पत्रिका के छह अंक वेबसाइट पर अपलोड किए जा चुके हैं जिसमें अप्रैल-जून, 2016 का अंक अंतिम है।

ई-ऑफिस परियोजना

भूतपूर्व राष्ट्रीय ई-गवर्नेंस योजना 2006 एनईजीपी 1.0 में चिह्नित 31 मिशन मोड परियोजनाओं में से एक ई-ऑफिस है। इसका कार्यान्वयन डीएआर एंड पीजी द्वारा किया जा रहा है। ई-ऑफिस को वर्तमान डिजिटल इंडिया कार्यक्रम (एनईजीपी 2.0) में शामिल कर लिया गया है। ई-ऑफिस एमएमपी कार्यक्रम को कैबिनेट सचिव की अध्यक्षता वाली एक शीर्ष समिति द्वारा नियमित रूप से मॉनीटर किया जा रहा है।

प्रशासनिक सुधार आयोग

द्वितीय प्रशासनिक सुधार आयोग (एआरसी) का गठन एक जांच आयोग के रूप में 31 मई, 2005 को श्री वीरप्पा मोइली की अध्यक्षता में लोक प्रशासनिक पद्धति में सुधार हेतु विस्तृत खाका तैयार करने हेतु किया गया था। आयोग से देश के लिए सरकार के सभी स्तरों पर सक्रिय, उत्तरदायी, सतत और दक्ष प्रशासन हेतु उपाय सुझाने को कहा गया। इसने सरकार के विचारार्थ 15 रिपोर्टें प्रस्तुत कीं (1) सूचना का अधिकार: सुशासन की कुंजी; (2) मानव पूंजी को खोलना: पात्रता और शासन-एक केस स्टडी; (3)संकट प्रबंधन: निराशा से आशा की ओर; (4) शासन में आचार नीति; (5) सार्वजनिक व्यवस्था; प्रत्येक के लिए न्याय... सभी के लिए शांति; (6) स्थानीय शासन; (7)विरोध समाधान हेतु क्षमता निमार्ण-वैमनस्य से संयोजन; (8) आतंकवाद का विरोध; (9) सामाजिक पूंजी-साझा भाग्य; (10) कार्मिक प्रशासन-नई ऊंचाइयों को छूना; (11) ई-गवर्नेंस को बढ़ावा देना-आगे का सुगम रास्ता; (12) नागरिक केंद्रित प्रशासन-शासन का दिल; (13) भारत सरकार की संगठनात्मक संरचना; (14) वित्तीय प्रबंधन पद्धति का सुदृढ़ीकरण; (15) राज्य एवं जिला प्रशासन।

केंद्र सरकार ने 15 में से 14 रिपोर्टों पर विचार किया है तथा दूसरे एआरसी की स्वीकृति अनुशंसाओं पर निर्णय कार्यान्वयन के विभिन्न चरण में है।

आधुनिकीकरण योजना

प्रशासनिक सुधार की समग्र प्रक्रिया के रूप में दिल्ली में स्थित केंद्र सरकार के विभिन्न कार्यालयों में शाखा तथा सेक्शन स्तर पर कार्यालयों के आधुनिकीकरण को बढ़ावा देने के लिए प्रशासनिक सुधार तथा लोक शिकायत विभाग द्वारा 1987-88 से ही आधुनिकीकरण योजना को लागू किया जा रहा है। इस योजना के अनुसार डीएआरपीजी, परियोजना की कुल लागत का 75 प्रतिशत वित्तीय सहायता के रूप में देता है और लाभार्थी को लागत का 25 प्रतिशत वहन करना होता है। प्रस्तावों पर एक स्क्रीनिंग समिति विचार करती है तथा एकीकृत वित्त डिविजन की स्वीकृति से कोष दिया जाता है।

सूचना का अधिकार

नागरिकों को सशक्त बनाने, पारदर्शिता को बढ़ावा देने, सरकार की कार्यप्रणाली को जवाबदेह बनाने, भ्रष्टाचार रोकने और वास्तविक लोकतंत्र के अर्थों में लोगों के लिए कार्य करने के विचार से सूचना का अधिकार अधिनियम, 2005 बनाया गया है। अधिनियम का उद्देश्य सूचना से लैस नागरिक तैयार करना है जो शासन के विभिन्न अंगों पर आवश्यक सतर्कता रखने के लिए बेहतर तरीके से सक्षम होंगे और शासन के प्रति सरकार को अधिक जवाबदेह बनाएंगे।

अधिनियम सभी नागरिकों को किसी भी प्राधिकरण या निकाय या स्वशासित संस्था या संविधान द्वारा या संविधान के अंतर्गत गठित सरकार; संसद द्वारा या राज्य विधानमंडल द्वारा निर्मित कानून; या केंद्र सरकार या राज्य सरकार द्वारा जारी अधिसूचना या आदेश को रोकने पर सूचना पाने का अधिकार देता है। केंद्र सरकार या किसी राज्य सरकार के मालिकाना हक वाली, नियंत्रण और पर्याप्त वित्त पोषित संस्थाएं तथा केंद्र या राज्य सरकार द्वारा वित्त पोषित गैर-सरकारी संगठन भी लोक प्राधिकार की परिभाषा में आते हैं। किसी संस्था या एनजीओ का वित्त पोषण प्रत्यक्ष या अप्रत्यक्ष रूप से सरकार द्वारा हो सकता है। अधिकार में शामिल हैं- कार्य निरीक्षण, प्रलेख और रिकार्ड, नोट लेना, प्रलेखों या रिकार्ड का सार या प्रमाणित प्रतियां प्राप्त करना, लोक प्राधिकार या लोक प्राधिकार नियंत्रण द्वारा रोकी गई सामग्री के प्रमाणित नमूने लेना। इसमें किसी खास समय में लागू कानून के तहत लोक प्राधिकार की पहुंच वाली निजी संस्था से संबंधित सूचना शामिल है। सूचना के कुछ वर्ग ऐसे भी हैं जिन्हें अपने आप ही लोक प्राधिकार को प्रकाशित करना होता है।

जो भी सरकार के किसी कार्यालय से कोई सूचना चाहता है उसे कार्यालय के जनसूचना अधिकारी को एक अनुरोध करना पड़ता है। अनुरोध में केवल सूचना और जिस पते पर सूचना मांगी गई है उसे दर्शाना होता है। अनुरोध डाक द्वारा या व्यक्तिगत रूप से किया जा सकता है। यह अनुरोध हिंदी या अंग्रेज़ी या फिर उस क्षेत्र की राजकीय भाषा में किया जा सकता है और ई-मेल के जरिए भी भेजा जा सकता है। यदि आवेदक को 30 दिनों के भीतर सूचना नहीं प्राप्त होती या वह प्राप्त उत्तर से संतुष्ट नहीं होता तो वह 30 दिनों के भीतर प्राधिकरण द्वारा नियुक्त अपीली प्राधिकारी के पास, जो जनसूचना अधिकारी से वरिष्ठ होता है, अपील कर सकता है। अपील प्राप्त करने के 30 दिनों के भीतर अपील पर निर्णय लेना होता है। यदि अपीली प्राधिकारी के जवाब से भी आवेदक संतुष्ट नहीं होता तब 90 दिनों के भीतर वह केंद्रीय सूचना आयोग अथवा राज्य सूचना आयोग के पास दूसरी अपील कर सकता है।

केंद्रीय सूचना आयोग केंद्र सरकार के अंतर्गत कार्यालयों, वित्तीय संस्थाओं, सार्वजनिक क्षेत्र के उपक्रमों आदि और केंद्रशासित प्रदेशों से संबंधित अपील स्वीकार करता है जबकि राज्य सूचना आयोग संबंधित राज्य सरकार के अधीन कार्यालयों, वित्तीय संस्थाओं, सार्वजनिक क्षेत्र के उपक्रमों आदि से संबंधित अपीलों पर सुनवाई करता है।

केंद्रीय सूचना आयोग/राज्य सूचना आयोग अधिनियम द्वारा सृजित उच्चाधिकार प्राप्त स्वतंत्र संस्थाएं हैं। इन आयोगों को चूक करने वाले जनसूचना अधिकारियों पर दंड लगाने का अधिकार है। कानून काफी विस्तृत है और शासन के लगभग सभी स्तरों को शामिल करता है। यह न केवल केंद्र, राज्य तथा स्थानीय सरकारों के लिए लागू है बल्कि सरकारी अनुदान पाने वालों पर भी लागू होता है। इस अधिनियम के तहत् सूचना तक व्यापक पहुंच होती है तथा छूट न्यूनतम है। सूचना का अधिकार अधिनियम ने सरकार की कार्यप्रणाली में गोपनीयता की वर्तमान संस्कृति को खुलेपन और पारदर्शिता की संस्कृति में बदल दिया है।

राजभाषा-संवैधानिक/वैधानिक प्रावधान

संविधान के अनुच्छेद-343 (1)के अनुसार, हिंदी देवनागरी लिपि में केंद्र की राजभाषा होगी। अनुच्छेद-343 (2) में शासकीय कार्य में अंग्रेज़ी के उपयोग को संविधान के लागू होने के बाद से 15 वर्ष, यानी 25 जनवरी, 1965 तक जारी रखने का प्रावधान किया गया था। अनुच्छेद-343 (3) में संसद को यह अधिकार दिया गया है कि वह कानून बनाकर सरकारी कार्यों के लिए अंग्रेज़ी के निरंतर प्रयोग को 25 जनवरी, 1965 के बाद भी जारी रख सकती है। तदनुसार राजभाषा अधिनियम, 1963 (1967 में संशोधित) की धारा 3 (2) में यह व्यवस्था की गई है कि हिंदी के अलावा, अंग्रेज़ी भाषा सरकारी कामकाज के लिए 25 जनवरी, 1965 के बाद भी जारी रहेगी। अधिनियम में यह भी व्यवस्था है कि कुछ विशेष कार्यों, जैसे- प्रस्ताव, सामान्य आदेश, नियम, अधिसूचनाएं, प्रेस विज्ञप्तियां, प्रशासकीय और अन्य रिपोर्ट, लाइसेंस, परमिट, ठेकों आदि में हिंदी और अंग्रेज़ी दोनों का उपयोग अनिवार्य होगा।

राजभाषा अधिनियम, 1963 जोकि 1967 में संशोधित हुआ की धारा 8 (1) के अंतर्गत 1967 में राजभाषा नियम बनाए गए थे। इसकी मुख्य विशेषताएं इस प्रकार हैं:

(1) ये नियम केंद्र सरकारों के सभी कार्यालयों पर लागू हैं, जिनमें सरकार द्वारा नियुक्त आयोग, समिति या ट्रिब्यूनल एवं इसके नियंत्रण वाले निगम या कंपनियां भी शामिल हैं। इसमें तमिलनाडु राज्य शामिल नहीं है।

(2) केंद्र सरकार के कार्यालयों से क्षेत्र 'क' के राज्यों/केंद्रशासित प्रदेशों यथा- उत्तर प्रदेश, उत्तराखंड, हिमाचल प्रदेश, मध्य प्रदेश, छत्तीसगढ़, झारखंड, बिहार, राजस्थान, हरियाणा, अंडमान निकोबार द्वीप समूह और दिल्ली, या किसी व्यक्ति के बीच पत्र-व्यवहार की भाषा हिंदी होगी।

(3) केंद्र सरकार के कार्यालयों से क्षेत्र 'ख' (पंजाब, गुजरात, महाराष्ट्र और केंद्रशासित प्रदेश चंडीगढ़, दमन और दीव तथा दादरा नागर हवेली) को पत्र आदि हिंदी में भेजे जाएंगे, किंतु यदि कोई संवाद अंग्रेजी में है, तो उसका हिंदी अनुवाद भी भेजा जाएगा।

(4) केंद्र सरकार और राज्य सरकार के बीच या किसी अन्य कार्यालय (केंद्रीय कार्यालय नहीं होने पर) या किसी व्यक्ति को भेजे जाने वाले पत्र 'ग' क्षेत्र के लिए अंग्रेजी में भेजे जाएंगे।

(5) क्षेत्र 'ग' के अंतर्गत आने वाले केंद्र सरकार के कार्यालयों से 'क' तथा 'ख' क्षेत्र के राज्यों या केंद्रशासित प्रदेश या किसी कार्यालय (केंद्र सरकार का कार्यालय नहीं हो) अथवा ऐसे राज्यों के किसी व्यक्ति को हिंदी अथवा अंग्रेज़ी में पत्र भेजे जा सकते हैं।

राजभाषा नीति की विशेषताएं

राजभाषा नीति की विशेषताएं हैं:

(i) केंद्र सरकार के कार्यालयों से संबंधित सभी नियमावलियां, संहिताएं तथा प्रक्रिया संबंधी अन्य साहित्य हिंदी और अंग्रेजी दोनों में तैयार कराए जाएगें। सभी प्रपत्र, रजिस्टरों के शीर्ष, नामपट्ट, सूचना पटल तथा स्टेशनरी की वस्तुएं हिंदी और अंग्रेजी में होंगी;

(ii) अधिनियम की धारा 3(3) में उल्लिखित दस्तावेज़ों पर हस्ताक्षर करने वाले अधिकारी का यह दायित्व होगा कि वह देखे कि ये दस्तावेज़ हिंदी और अंग्रेजी दोनों में जारी हो;

(iii) केंद्र सरकार के प्रत्येक कार्यालय में प्रशासनिक प्रमुख का यह दायित्व होगा कि वह सुनिश्चित करे कि नियम-12 के तहत् जारी नियमों और निर्देशों तथा धारा की व्यवस्थाओं का पूरा पालन हो रहा है तथा इस पर नज़र रखने के लिए समुचित एवं कारगर जांच बिंदु बनाए जाएं।

वार्षिक कार्यक्रम

राजभाषा के संकल्प, 1968 का पालन करते हुए राजभाषा विभाग हर वर्ष एक वार्षिक कार्यक्रम तैयार करता है, जिसमें केंद्र सरकार के कार्यालयों के लिए हिंदी में पत्र-व्यवहार, हिंदी टंकक और आशुलिपिक की भर्ती, वेबसाइटों, हिंदी सलाहकार समिति और राजभाषा कार्यान्वयन समितियों की बैठकें और निरीक्षण, पुस्तकालयों हेतु हिंदी पुस्तकों की खरीद, इलेक्ट्रॉनिक उपकरणों की खरीद आदि का लक्ष्य निर्धारित किया जाता है। इस लक्ष्य की प्राप्ति के संबंध में केंद्र सरकार के कार्यालयों से तिमाही प्रगति रिपोर्ट भेजी जाती है। इस तिमाही रिपोर्ट के आधार पर वार्षिक रिपोर्ट तैयार की जाती है। यह वार्षिक रिपोर्ट संसद के दोनों सदनों में रखी जाती है और इसकी प्रतियां राज्य सरकारों और केंद्र सरकार के मंत्रालयों/विभागों में भेजी जाती हैं।

विभाग के अधीनस्थ कार्यालय

केंद्रीय हिंदी प्रशिक्षण संस्थान (सीएचटीआई) तथा केंद्रीय अनुवाद ब्यूरो (सीटीबी) हिंदी भाषा सीखने, टाइपिंग, शार्टहैंड, आईटी टूल्स तथा अनुवाद-कौशल में क्षमता-निर्माण के लिए दो अग्रणी संस्थान हैं। केंद्र की राजभाषा नीति के कार्यान्वयन की निगरानी के लिए बंगलुरु, कोच्ची, मुंबई, कोलकाता, गुवाहाटी, भोपाल, दिल्ली और गाज़ियाबाद में आठ क्षेत्रीय कार्यान्वयन कार्यालय स्थापित किए गए हैं।

समितियां

केंद्रीय हिंदी समिति का गठन सन् 1967 में किया गया। इसकी अध्यक्षता प्रधानमंत्री करते हैं। यह नीति निर्माण की सर्वोच्च संस्था है, जो राजभाषा के इस्तेमाल को बढ़ावा देने के बारे में दिशा-निर्देश तय करती है। राजभाषा अधिनियम, 1963 धारा-4 के तहत् राजभाषा पर संसद समिति का गठन 1976 में किया गया। इसका गठन सरकारी कामकाज में राजभाषा हिंदी के प्रयोग की प्रगति की समीक्षा करने और उसकी रिपोर्ट राष्ट्रपति को देने के लिए किया गया था। इसमें लोकसभा के 20 और राज्यसभा के

10 सदस्य हैं। समिति ने अब तक 9 खंडों में अपनी रिपोर्ट राष्ट्रपति को पेश की है। राष्ट्रपति ने 8 खंडों पर आदेश जारी कर दिए हैं और नवें खंड पर अभी काम चल रहा है।

सरकार की राजभाषा नीति के समुचित कार्यान्वयन के लिए सलाह देने के उद्देश्य से विभिन्न मंत्रालयों/विभागों में हिंदी सलाहकार समितियों का गठन किया गया है। संबंधित मंत्री इन समितियों के अध्यक्ष होते हैं। इन समितियों का गठन प्रधानमंत्री की अध्यक्षता वाली केंद्रीय हिंदी समिति की अनुशंसाओं के आधार पर निर्मित दिशा-निर्देशों के अनुसार किया जाता है। इन समितियों के मुख्य कार्य हैं, सरकारी कार्य में हिंदी के प्रयोग संबंधी केंद्रीय हिंदी समिति और राजभाषा विभाग के नीतिगत निर्णयों और निर्देशों तथा राजभाषा अधिनियम और नियमों से जुड़े सिद्धांतों के कार्यान्वयन हेतु सलाह देना।

ऐसे शहर जहां पर 10 या इससे अधिक केंद्र सरकार के कार्यालय हैं, उनमें हिंदी के उपयोग की समीक्षा हेतु नगर राजभाषा कार्यान्वयन समितियों (टीओएलआईसीएस) का गठन किया गया है। इसका उद्देश्य सदस्य कार्यालयों में हिंदी के प्रयोग को बढ़ावा देना तथा हिंदी के अनुभवों के विस्तृत प्रयोग हेतु बेहतर व्यवहारों संबंधी सूचनाओं का आदान-प्रदान करना है।

इसके अलावा, केंद्रीय राजभाषा कार्यान्वयन समिति जिसके अध्यक्ष राजभाषा के सचिव होते हैं, सरकारी कामकाज में हिंदी के उपयोग की समीक्षा करती है तथा कर्मचारियों को हिंदी का प्रशिक्षण देने, राजभाषा विभाग द्वारा समय-समय पर जारी निर्देशों के कार्यान्वयन की समीक्षा तथा इन निर्देशों के कार्यान्वयन में खामियों/कठिनाइयों को दूर करने के लिए अपने सुझाव देती है।

पुरस्कार योजनाएं

केंद्र की राजभाषा नीति के कार्यान्वयन में उत्कृष्ट उपलब्धि हेतु विभाग राजभाषा कीर्ति पुरस्कार प्रदान करता है। इस योजना के अंतर्गत राजभाषा नीति के क्रियान्वयन की दिशा में उत्कृष्ट उपलब्धियां हासिल करने वाले मंत्रालयों/विभागों, बैंकों एवं वित्तीय संस्थानों, सार्वजनिक क्षेत्र के उपक्रमों तथा नगर राजभाषा कार्यान्वयन समितियों को शील्ड प्रदान की जाती है।

राजभाषा गौरव हिंदी पुस्तक लेखन योजना के अंतर्गत केंद्र सरकार, बैंकों, वित्तीय संस्थानों, विश्वविद्यालयों, प्रशिक्षण संस्थानों तथा केंद्र सरकार की स्वायत्तशासी संस्थाओं के कार्यरत/सेवानिवृत कर्मचारियों द्वारा हिंदी में लिखी गईं मौलिक पुस्तकों हेतु नगद पुरस्कार, शील्ड तथा प्रमाण-पत्र दिए जाते हैं। इसी योजना के अंतर्गत ज्ञान तथा विज्ञान आधारित विषयों पर हिंदी में मौलिक पुस्तक लेखन हेतु भारत के नागरिकों को भी नगद पुरस्कार, शील्ड तथा प्रमाण-पत्र दिए जाते हैं। इसके अलावा, केंद्र सरकार के कर्मचारियों तथा सेवानिवृत्त कर्मचारियों को हिंदी में उत्कृष्ट लेखन हेतु पुरस्कार दिया जाता है।

केंद्र की राजभाषा नीति के कार्यान्वयन और हिंदी को बढ़ावा देने की दिशा में महत्वपूर्ण उपलब्धियां हालिस करने वाले केंद्र सरकार के कार्यालयों, सार्वजनिक क्षेत्र के उपक्रमों, नगर राजभाषा कार्यान्वयन समितियों, बैंकों तथा केंद्र सरकार के वित्तीय संस्थानों को प्रत्येक वर्ष क्षेत्रीय स्तर पर क्षेत्रीय राजभाषा पुरस्कार दिए जाते हैं।

अंतरराज्यीय परिषद्

संविधान के अनुच्छेद–263 में अंतरराष्ट्रीय परिषद की स्थापना का प्रावधान है। केंद्र–राज्य संबंधों पर सरकारिया आयोग द्वारा दी गई सिफारिशों का अनुसरण करते हुए 28 मई, 1990 को राष्ट्रपति के आदेश के माध्यम से 1990 में अंतरराज्यीय परिषद् का गठन किया गया।

अंतरराज्यीय परिषद् एक अनुशंसात्मक इकाई है और उसे ऐसे विषयों की जांच और चर्चा के अधिकार दिए गए हैं जिनमें कुछ या सभी राज्यों या केंद्र और एक या एक से अधिक राज्यों का समान हित जुड़ा हो। इस विषय के संदर्भ में बेहतर नीतिगत समन्वय और कार्रवाई के लिए यह राज्यों के समान हित के अन्य मुद्दों पर भी विचार करता है, जिसे परिषद् के अध्यक्ष के द्वारा प्रेषित किया गया हो।

माननीय प्रधानमंत्री इस परिषद् के अध्यक्ष होते हैं। सभी राज्यों और केंद्रशासित प्रदेशों (जहां विधानसभा हो) के मुख्यमंत्री, केंद्रशासित प्रदेशों (जहां विधानसभा न हो) के प्रशासक, राष्ट्रपति शासन वाले राज्यों के राज्यपाल, मंत्रिमंडल के छह कैबिनेट स्तर के मंत्री, जिन्हें परिषद् के अध्यक्ष ने नामांकित किया हो, इस परिषद् के सदस्य होते हैं।

परिषद् की बैठक खुली होती है और इसमें जिन प्रश्नों पर चर्चा की जाती है, वे सर्वसम्मति से तय किए जाते हैं। इस पर अध्यक्ष का निर्णय अंतिम होता है।

परिषद् के लिए विचारणीय मुद्दों पर निरंतर विचार करने और उन्हें आगे बढ़ाने के लिए वर्ष 1996 में अंतरराज्यीय परिषद् की स्थायी समिति का गठन किया गया। स्थायी समिति और अंतरराष्ट्रीय परिषद् की अब तक 10 बैठकें हुई हैं जिनमें सरकारिया आयोग की सभी अनुशंसाओं पर विचार किया गया है।

अंतरराज्यीय परिषद् ने सार्वजनिक नीति और प्रशासन के अन्य मुद्दों पर भी विचार किया है, ये इस प्रकार हैं: (क) ठेके पर श्रम और नियुक्तियां; (ख) सुशासन पर कार्ययोजना का खाका; (ग) आपदा प्रबंधन–आपदाओं से निबटने के लिए राज्यों की तैयारी; (घ) अनुसूचित जातियों और अनुसूचित जनजातियों पर अत्याचार और अनुसूचित जाति/अनुसूचित जनजाति (अत्याचार की रोकथाम) अधिनियम, 1989 के क्रियान्वयन की स्थिति।

क्षेत्रीय परिषदें

राज्य पुनर्गठन अधिनियम, 1956 के भाग–3 के अनुसार पांच क्षेत्रीय परिषदों यथा, उत्तरी क्षेत्रीय परिषद, केंद्रीय क्षेत्रीय परिषद, पूर्वी क्षेत्रीय परिषद, पश्चिमी क्षेत्रीय परिषद तथा दक्षिणी क्षेत्रीय परिषद की स्थापना की गई थी। इनके उद्देश्य हैं– राष्ट्रीय एकीकरण; तीव्र राज्य चेतना, क्षेत्रवाद, भाषाई एवं पक्षपाती प्रवृतियों को रोकना; केंद्र और राज्यों में सहयोग तथा विचारों एवं अनुभवों के आदान–प्रदान को सक्रिय बनाना तथा विकास परियोजनाओं के त्वरित तथा सफल कार्यान्वयन हेतु राज्यों में परस्पर सहयोग के वातावरण का निर्माण। प्रत्येक क्षेत्र की क्षेत्रीय परिषद में निम्नलिखित व्यक्ति होते हैं– (i) अध्यक्ष केंद्रीय गृहमंत्री इन सभी परिषदों के अध्यक्ष होते हैं, (ii) उपाध्यक्ष– प्रत्येक क्षेत्र में शामिल राज्यों के मुख्यमंत्री बारी–बारी से उस क्षेत्र की क्षेत्रीय परिषद् के उपाध्यक्ष होते हैं, इनका कार्यकाल एकबार में एक वर्ष का होता है, (iii) सदस्य– क्षेत्र में शामिल राज्यों के मुख्यमंत्री तथा राज्यपाल द्वारा नामित दो मंत्री (सभी राज्यों से) तथा केंद्रशासित प्रदेश से दो सदस्य होते हैं, (iv) सलाहकार– प्रत्येक क्षेत्रीय परिषदों के लिए योजना आयोग द्वारा नामित एक व्यक्ति, प्रत्येक राज्यों द्वारा मनोनीत उनके मुख्य सचिव तथा अन्य अधिकारी/विकास आयुक्त।

क्षेत्रीय परिषदों की रचना

क्षेत्रीय परिषद्	सदस्य राज्यों/केंद्रशासित प्रदेश
उत्तरी क्षेत्रीय परिषद्	हरियाणा, पंजाब, हिमाचल प्रदेश, राजस्थान, जम्मू-कश्मीर, राष्ट्रीय राजधानी क्षेत्र दिल्ली एवं केंद्रशासित क्षेत्र चंडीगढ़
केंद्रीय क्षेत्रीय परिषद्	उत्तराखंड, उत्तर प्रदेश, छत्तीसगढ़ तथा मध्य प्रदेश
पूर्वी क्षेत्रीय परिषद्	बिहार, झारखंड, पश्चिम बंगाल तथा ओडिशा
पश्चिमी क्षेत्रीय परिषद्	गुजरात, महाराष्ट्र, गोवा तथा केंद्रशासित प्रदेश दादरा एवं नागर हवेली तथा दमन एवं दीव
दक्षिणी क्षेत्रीय परिषद्	आंध्र प्रदेश, तमिलनाडु, कर्नाटक, केरल, तेलंगाना तथा केंद्रशासित प्रदेश पुदुचेरी

क्षेत्रीय परिषदों की संगठनात्मक संरचना

केंद्रीय गृहमंत्री सभी क्षेत्रीय परिषदों के अध्यक्ष होते हैं। संबंधित क्षेत्रीय परिषदों के सदस्य राज्य के मुख्यमंत्री एक वर्ष के लिए, रोटेशन के आधार पर उपाध्यक्ष होते हैं। प्रत्येक क्षेत्रीय परिषद् में हर राज्य के दो अन्य मंत्री सदस्य होते हैं। सदस्य राज्य के मुख्य सचिव, वार्षिक रोटेशन के आधार पर क्षेत्रीय परिषद् के सचित होते हैं तथा एक अन्य अधिकारी/विकास आयुक्त तथा योजना आयोग द्वारा नामित एक व्यक्ति (प्रत्येक क्षेत्रीय परिषद् के लिए) एक वर्ष की अवधि के लिए सलाहकार होता है।

क्षेत्रीय परिषद की समितियां

प्रत्येक क्षेत्रीय परिषद् ने संबंधित परिषद् की अनुशंसाओं के क्रियान्वयन की मॉनिटरिंग तथा संबंधित क्षेत्रीय परिषद् के समक्ष प्रस्तुत की जाने वाली कार्य सूची आईटमों की स्क्रीनिंग एवं छटनी के लिए एक स्थायी समिति बनाई है जिसमें उस क्षेत्र के राज्यों के मुख्य सचिवों को रखा गया है। संबंधित क्षेत्रीय परिषदों के सचिव के रूप में कार्य करने वाले मुख्य सचिव संबंधित स्थायी समिति की बैठकों की अध्यक्षता भी करते हैं।

राज्य पुनर्गठन अधिनियम की धारा-21 में यह प्रावधान है कि प्रत्येक क्षेत्रीय परिषद एक सलाहकार निकाय होगा और वह ऐसे किसी भी विषय पर चर्चा कर सकता है जिसमें उस परिषद के कुछ या सभी राज्य अथवा केंद्र और एक या अधिक राज्य का साझा हित शामिल हो तथा केंद्र सरकार और संबंधित सभी राज्य सरकारों को ऐसे किसी मामले पर की जाने वाली कारवाई हेतु सलाह देगा। एक क्षेत्रीय परिषद इन विषयों पर चर्चा कर अपनी अनुशंसाएं देती है- (क) आर्थिक एवं सामाजिक योजना के क्षेत्र में साझा हित से जुड़े मामले; (ख) सीमा विवाद, भाषाई अल्पसंख्यकों या अंतरराज्यीय परिवहन से जुड़े मामले; तथा (ग) राज्यों के पुनर्गठन से पैदा हुआ या संबंधित कोई भी मामला।

क्षेत्रीय परिषदों ने एक उत्कृष्ट मंच प्रदान किया है, जिसमें केंद्र और राज्यों तथा परस्पर राज्यों के बीच की समस्याओं को स्वतंत्र एवं स्पष्ट वार्ताओं और परामर्शों द्वारा सुलझा लिया गया है।

क्षेत्रीय परिषदों की बैठक

1956 में अपने गठन से आज तक पांचों क्षेत्रीय परिषदों ने 114 बैठकें की हैं तथा परिषदों की स्थायी समितियों ने 51 बैठकें की हैं। केंद्र-राज्य तथा अंतरराज्यीय संबंधों से जुड़े कई महत्वपूर्ण मुद्दे इन बैठकों में आपसी वार्ता से सुलझा लिए गए हैं।

क्षेत्रीय परिषदों के कार्यालय

अधिनियम की धारा 20(1) के अनुसार प्रत्येक क्षेत्र क लिए क्षेत्रीय परिषद का कार्यालय क्षेत्र के अंदर उस परिषद द्वारा निर्धारित स्थान पर स्थित होगा। हालांकि, 1963 से ही, सभी क्षेत्रीय परिषदों के मामले एक ही सचिवालय द्वारा देखे जा रहे हैं और यह सचिवालय नई दिल्ली से कार्य कर रहा है। क्षेत्रीय परिषदों का सचिवालय केंद्र-राज्य, अंतरराज्यीय अथवा क्षेत्रीय मुद्दे जिन पर स्थायी समितियों की अनुशंसाओं पर भी अनुवर्ती कार्रवाई करता है और आवश्यक हो तो अध्यक्ष तथा अन्य केंद्रीय मंत्रियों/मुख्यमंत्रियों का ध्यान आकृष्ट करता है।

क्षेत्रीय परिषद सचिवालय के कार्य का अंतरराज्यीय परिषद सचिवालय को स्थानांतरण

केंद्र-राज्य संबंधों पर द्वितीय आयोग ने क्षेत्रीय परिषद के क्रियाकलापों पर विचार कर यह अनुशंसा की कि सहयोग बढ़ाने और नीतियों को अनुरूप बनाने तथा अंतरराज्यीय असर वाली कार्रवाई पर संबंधित राज्यों द्वारा प्रस्तावित कार्यसूची के साथ क्षेत्रीय परिषदों को वर्ष में कम से कम दो बैठकें करनी चाहिएं। एक मज़बूत अंतरराज्यीय परिषद का सचिवालय क्षेत्रीय परिषदों के सचिवालया के रूप में भी काम कर सकता है। इस अनुशंसा के अनुरूप गृह मंत्रालय ने क्षेत्रीय परिषद सचिवालय का कार्य 1 अप्रैल, 2011 से अंतरराज्यीय परिषद सचिवालय को स्थानांतरित कर दिया गया है।

राज्य

राज्यों में शासन की व्यवस्था केंद्र से काफी मिलती-जुलती है।

कार्यपालिका

राज्यपाल

राज्य की कार्यपालिका के अंतर्गत राज्यपाल तथा मुख्यमंत्री के नेतृत्व में एक मंत्रिपरिषद् होती है। राज्यपाल की नियुक्ति भारत के राष्ट्रपति पांच वर्ष की अवधि के लिए करते हैं। 35 वर्ष से अधिक आयु वाले भारतीय नागरिक को ही इस पद पर नियुक्त किया जा सकता है। राज्य की कार्यपालिका के सारे अधिकार राज्यपाल में निहित होते हैं।

मुख्यमंत्री के नेतृत्व में मंत्रिपरिषद् राज्यपाल को उनके कार्यों में सहायता-सलाह देती है- सिवाय उन मामलों के, जहां संविधान के तहत् उन्हें अपने कुछ कार्य या कोई कार्य अपने विवेक से करना होता है। नगालैंड के मामले में संविधान के अनुच्छेद-371 क के अंतर्गत राज्यपाल को कानून-व्यवस्था के बारे में विशेष ज़िम्मेदारी सौंपी गई है। यद्यपि कानून-व्यवस्था से संबंधित मामलों में उनके लिए मंत्रिपरिषद् से परामर्श करना जरूरी होता है, फिर भी वह कार्रवाई के बारे में अपना स्वतंत्र निर्णय ले सकते हैं।

इसी प्रकार अरुणाचल प्रदेश के मामले में संविधान के अनुच्छेद-371 ज के अधीन कानून-व्यवस्था तथा उससे संबंधित कार्यों को निपटाने में राज्यपाल का विशेष दायित्व है। राज्यपाल मंत्रिपरिषद् के परामर्श के बाद कार्रवाई के मामले में अपने निर्णय का इस्तेमाल करेंगे। किंतु ये सभी व्यवस्थाएं अस्थायी हैं। यदि राष्ट्रपति राज्यपाल से प्राप्त रिपोर्ट या किसी अन्य आधार पर संतुष्ट हो जाएं कि कानून-व्यवस्था के मामले में राज्यपाल को विशेष दायित्व सौंपना अब आवश्यक नहीं है, तो वह आदेश जारी करके ऐसे निर्देश दे सकते हैं।

इसी प्रकार असम, मेघालय, त्रिपुरा और मिज़ोरम के जनजातीय इलाकों पर लागू होने वाली छठी अनुसूची के पैरा 20 में किए गए उल्लेख के अनुसार, ज़िला परिषद् और राज्य सरकार के बीच रॉयल्टी के बंटवारे से संबंधित मामलों में राज्यपाल को अपने विवेक का इस्तेमाल करने के अधिकार दिए गए हैं। छठी अनुसूची में मिज़ोरम और त्रिपुरा के राज्यपालों को दिसंबर 1998 से लागू लगभग सभी कार्यों (कर लगाने और ज़िला परिषदों द्वारा गैर-जनजातीय समुदाय के धन उधार देने वालों के मामलों को छोड़कर) में अपना विवेक इस्तेमाल करने के अतिरिक्त अधिकार मिले हुए हैं। सिक्किम के राज्यपाल को राज्य में शांति तथा जनता के विभिन्न वर्गों के लोगों की सामाजिक और आर्थिक उन्नति का विशेष उत्तरदायित्व सौंपा गया है।

सभी राज्यपालों को अपने ऐसे संवैधानिक कार्य करते समय, जैसे- मुख्यमंत्री की नियुक्ति अथवा राज्य में संवैधानिक तंत्र की असफलता की रिपोर्ट भेजते समय अथवा राज्य विधानमंडल द्वारा पारित किसी भी प्रस्ताव को स्वीकृति देने से संबंधित मामलों में अपने स्वतंत्र विवेक से निर्णय लेना होता है।

मंत्रिपरिषद्

मुख्यमंत्री की नियुक्ति राज्यपाल द्वारा की जाती है तथा मुख्यमंत्री की सलाह पर राज्यपाल द्वारा अन्य मंत्रियों की नियुक्ति की जाती है। मंत्रिपरिषद् सामूहिक रूप से विधानसभा के प्रति उत्तरदायी होती है।

विधानमंडल

प्रत्येक राज्य में एक विधानमंडल होता है, जिसके अंतर्गत राज्यपाल के अतिरिक्त एक या दो सदन होते हैं। आंध्र प्रदेश, तेलंगाना, बिहार , जम्मू-कश्मीर, कर्नाटक, महाराष्ट्र और उत्तर प्रदेश में विधानमंडल के दो सदन हैं, जिन्हें विधान परिषद् और विधानसभा कहते हैं। शेष राज्यों में विधानमंडल का केवल एक ही सदन है, जिसे विधानसभा कहा जाता है। किसी वर्तमान विधानपरिषद् को समाप्त करने या जहां वह नहीं है, वहां उसे बनाने के लिए यदि संबंधित विधानसभा प्रस्ताव पारित करे तो संसद कानून बनाकर ऐसी व्यवस्था कर सकती है।

विधानपरिषद्

प्रत्येक राज्य की विधानपरिषद् के सदस्यों की कुल संख्या राज्य के विधानसभा के सदस्यों की कुल संख्या के एक-तिहाई से अधिक तथा किसी भी स्थिति में 40 से कम नहीं होगी (जम्मू-कश्मीर के संविधान की धारा 50 के अंतर्गत जम्मू-कश्मीर विधानपरिषद् में 36 सदस्य हैं)। परिषद् के लगभग एक-तिहाई सदस्य उस राज्य की विधानसभा के सदस्यों द्वारा उन व्यक्तियों में से निर्वाचित किए जाते हैं, जो विधानसभा के सदस्य नहीं हों। एक-तिहाई सदस्यों का निर्वाचन नगरपालिकाओं, जिला बोर्डों और राज्य के अन्य स्थानीय निकायों के सदस्यों के निर्वाचक-मंडल करते हैं। कुल सदस्य संख्या के

12वें भाग के बराबर सदस्यों का निर्वाचन राज्य की माध्यमिक स्तर की शिक्षा संस्थाओं में कम-से-कम तीन वर्ष से काम कर रहे अध्यापकों के निर्वाचक मंडल करते हैं। अन्य 12वें भाग के बराबर संख्या में सदस्यों का निर्वाचन ऐसे पंजीकृत स्नातक करते हैं, जिन्हें उपाधि प्राप्त किए तीन वर्ष से अधिक हो गए हों। शेष सदस्यों के नाम राज्यपाल द्वारा ऐसे व्यक्तियों में से निर्दिष्ट किए जाते हैं, जिन्होंने साहित्य, विज्ञान, कला, सहकारिता आंदोलन तथा सामाजिक सेवा के क्षेत्र में प्रतिष्ठा प्राप्त की हो। विधानपरिषदें भंग नहीं होती हैं। उनके एक-तिहाई सदस्य प्रत्येक दूसरे वर्ष की समाप्ति पर सेवानिवृत्त हो जाते हैं।

विधानसभा

किसी राज्य की विधानसभा में अधिक-से-अधिक 500 तथा कम-से-कम 60 सदस्य होते हैं (संविधान के अनुच्छेद-371 'छ' के अनुसार, सिक्किम विधानसभा में 32 सदस्य हैं)। इनका निर्वाचन उस राज्य के प्रादेशिक निर्वाचन क्षेत्रों से प्रत्यक्ष मतदान द्वारा किया जाता है। प्रादेशिक निर्वाचन क्षेत्रों का परिसीमन इस ढंग से किया जाना चाहिए कि प्रत्येक निर्वाचन क्षेत्र की जनसंख्या और उस निर्वाचन क्षेत्र के लिए नियत किए गए स्थानों की संख्या के बीच अनुपात, जहां तक संभव हो, संपूर्ण राज्य में समान रहे। विधानसभा का कार्यकाल पांच वर्ष का होता है, बशर्ते कि वह पहले भंग न कर दी जाए।

अधिकार और कार्य

राज्य विधानमंडलों को संविधान की सातवीं अनुसूची-II में वर्णित विषयों पर पूर्ण अधिकार तथा उनकी सूची-III में दिए गए विषयों पर केंद्र के साथ मिले-जुले अधिकार प्राप्त हैं। विधानमंडल की वित्तीय शक्तियों के अंतर्गत सरकार द्वारा किया जाने वाला संपूर्ण व्यय, लगाए जाने वाला कर और ऋण प्राप्त करना शामिल है। वित्त विधेयक केवल विधानसभा में ही पेश हो सकता है। विधानपरिषद वित्त विधेयक प्राप्त होने के 14 दिनों के भीतर, उसमें आवश्यक कार्रवाई के लिए केवल सिफारिश कर सकती है, परंतु परिषद् की सिफारिशों को स्वीकार करने या अस्वीकार करने के लिए विधानसभा स्वतंत्र है।

विधेयकों को रोके रखना

विधानमंडल द्वारा पारित किसी विधेयक को राज्यपाल, भारत के राष्ट्रपति को विचारार्थ भेजने से रोक सकता है। संपत्ति का अनिवार्य अधिग्रहण, उच्च न्यायालयों की शक्ति और स्थिति पर प्रभाव वाले उपाय, अंतरराज्यीय नदी या नदी घाटी योजनाओं में पानी या बिजली के संग्रह, वितरण और बिक्री पर कर लगाने जैसे विषयों से संबंधित विधेयक अनिवार्यतः इस प्रकार से रोके रखे जाने चाहिएं। राज्य विधानमंडल में अंतरराज्यीय व्यापार पर रोक लगाने का कोई विधेयक राष्ट्रपति की पूर्व स्वीकृति के बिना प्रस्तुत नहीं किया जा सकता।

कार्यपालिका पर नियंत्रण

राज्य विधानमंडल वित्त पर सामान्य नियंत्रण रखने के अतिरिक्त, कार्यपालिका के दिन-प्रतिदिन के कार्यों पर निगरानी रखने के लिए प्रश्नों, चर्चाओं, वाद-विवादों, स्थगन, अविश्वास प्रस्तावों तथा संकल्पों आदि सामान्य प्रक्रियाओं का उपयोग करते हैं। उनकी अपनी प्राक्कलन तथा लेखा समितियां भी होती हैं, जो यह सुनिश्चित करती हैं कि विधानमंडल द्वारा स्वीकृत अनुदानों का उचित उपयोग किया जाए।

केंद्रशासित प्रदेश

केंद्रशासित प्रदेश का शासन राष्ट्रपति द्वारा चलाया जाता है और वह इस बारे में जहां तक उचित समझें, अपने द्वारा नियुक्त प्रशासक के माध्यम से कार्य करते हैं। अंडमान-निकोबार, दिल्ली और पुद्दुचेरी के प्रशासकों को उपराज्यपाल कहा जाता है, जबकि चंडीगढ़ का प्रशासक मुख्य आयुक्त कहलाता है। इस समय पंजाब का राज्यपाल ही चंडीगढ़ का प्रशासक है। दादरा और नगर हवेली का प्रशासक दमन और दीव का कार्य भी देखता है। लक्षद्वीप का अलग प्रशासक है।

राष्ट्रीय राजधानी क्षेत्र दिल्ली और केंद्रशासित प्रदेश पुद्दुचेरी की अपनी-अपनी विधानसभाएं और मंत्रिपरिषद् हैं। पुद्दुचेरी विधानसभा संविधान की सातवीं अनुसूची की सूची-II और III में निहित, केंद्रशासित क्षेत्र से संबद्ध मामलों में कानून बना सकती है। राष्ट्रीय राजधानी क्षेत्र दिल्ली की विधानसभा को भी संविधान की अनुसूची-II की प्रविष्टि 1, 2 और 18 को छोड़कर, जो विधानसभा की विधायी क्षमता के अंतर्गत नहीं है, ये सभी शक्तियां प्राप्त हैं। कुछ विशेष विधेयकों को विधानसभा में प्रस्तुत करने के लिए केंद्र सरकार की अग्रिम स्वीकृति लेना भी अनिवार्य है। केंद्रशासित प्रदेश पुद्दुचेरी और राष्ट्रीय राजधानी क्षेत्र दिल्ली की विधानसभा द्वारा पारित कुछ विधेयकों को राष्ट्रपति के विचारार्थ और मंजूरी देने के लिए रोक लिया जाता है।

स्थानीय प्रशासन

नगरपालिकाएं

भारत में स्थानीय निकायों का लंबा इतिहास है। सर्वप्रथम पूर्व-प्रेसीडेंसी शहर मद्रास में नगर निगम की स्थापना 1688 में की गई। उसके बाद 1726 में इसी तरह के नगर निगम मुंबई और कोलकाता (तत्कालीन बंबई और कलकत्ता) में स्थापित किए गए। भारतीय संविधान में संसद और विधानसभाओं में लोकतंत्र की रक्षा की विस्तृत व्यवस्थाएं की गई हैं, लेकिन संविधान में शहरी क्षेत्रों के लिए स्थानीय शासन को स्पष्ट रूप से संवैधानिक दायित्व नहीं दिया गया है। राज्य के नीति निर्देशक-सिद्धांतों में गांवों में पंचायत व्यवस्था का उल्लेख है, लेकिन राज्यों की सूची में प्रविष्टि 5 को छोड़कर, नगरपालिकाओं का कोई ज़िक्र नहीं किया गया है। इस प्रविष्टि में स्थानीय स्वशासन की ज़िम्मेदारी राज्य सरकार को सौंपी गई है।

स्थानीय शहरी निकायों के लिए समान ढांचा तैयार करने और इन निकायों को स्वायत्तशासी सरकार की प्रभावशाली लोकतांत्रिक इकाई के रूप में मज़बूत बनाने के कार्य में मदद करने के उद्देश्य से संसद ने 1992 में (नगरपालिका एक्ट) नगरपालिकाओं से संबंधित संविधान (74वां संशोधन) अधिनियम, 1992 पारित किया। इस अधिनियम को राष्ट्रपति ने 20 अप्रैल, 1993 को अपनी स्वीकृति प्रदान की। भारत सरकार ने अधिसूचना जारी करके 1 जून, 1993 से इस अधिनियम को लागू कर दिया। संविधान में नगरपालिकाओं के संबंध में एक नया खंड IX-क जोड़ दिया गया है, ताकि अन्य बातों के अलावा तीन प्रकार की नगरपालिकाओं का गठन किया जा सके: ग्रामीण क्षेत्रों से शहरी क्षेत्रों में परिवर्तित हो रहे क्षेत्रों के लिए नगर पंचायतें, छोटे शहरी क्षेत्रों के लिए नगरपालिका परिषदें और बड़े शहरी क्षेत्रों के लिए नगर निगम, निर्धारित अवधि की नगरपालिकाएं, राज्य निर्वाचन आयोगों की नियुक्ति, राज्य वित्त आयोगों की नियुक्ति और महानगर तथा जिला योजना समितियों का गठन। सभी राज्यों और केंद्रशासित प्रदेशों ने अपने निर्वाचन आयोगों और वित्त आयोगों का गठन कर लिया है।

पंचायतें

संविधान के अनुच्छेद-40 में दिए गए नीति-निदेशक सिद्धांतों में यह व्यवस्था की गई है कि राज्य ग्राम पंचायतों के गठन के लिए आवश्यक कदम उठाएगा और उन्हें इस प्रकार के अधिकार प्रदान करेगा कि वे एक स्वायत्तशासी सरकार की इकाई के रूप में काम कर सकें।

उपर्युक्त को ध्यान में रखते हुए संविधान में पंचायतों से संबंधित एक नया खंड (IX) जोड़ा गया है, जिसमें अन्य बातों के अलावा, निम्नलिखित व्यवस्था भी की गई है- गांव अथवा गांवों के समूह में ग्राम सभा; ग्राम और अन्य स्तरों या स्तर पर पंचायतों का गठन; ग्राम और उसके बीच के स्तर पर पंचायतों की सभी सीटों के लिए और इन स्तरों पर पंचायतों के अध्यक्षों के लिए सीधा चुनाव; ऐसे स्तरों पर पंचायत सदस्यों और पंचायत-अध्यक्षों के पदों के लिए जनसंख्या के अनुपात में अनुसूचित जाति और अनुसूचित जनजाति के लिए सीटों का आरक्षण; महिलाओं के लिए कम-से-कम एक तिहाई आरक्षण; पंचायत के लिए पांच साल के कार्यकाल का निर्धारण करना और किसी भी पंचायत की बर्खास्तगी की स्थिति में छह महीने के भीतर उसका चुनाव कराना।

निर्वाचन आयोग

भारत के निर्वाचन आयोग की स्थापना 25 जनवरी, 1950 को हुई थी। इसका मुख्यालय नई दिल्ली में है। यह स्थायी स्वतंत्र संवैधानिक निकाय है। संविधान ने संसद और राज्यों एवं केंद्रशासित प्रदेशों के विधानमंडलों तथा राष्ट्रपति एवं उपराष्ट्रपति पद के चुनावों की समस्त प्रक्रिया का अधीक्षण, निर्देशन और नियंत्रण का अधिकार आयोग में निहित किया है।

निर्वाचन आयोग, आम चुनाव और उपचुनावों दोनों के चुनाव कार्यक्रम का निर्धारण करता है। यह मतदाता सूचियां तैयार करता है और उनका रखरखाव करता है तथा समय-समय पर उन्हें अद्यतन करता है। उम्मीदवारों के नामांकन का पर्यवेक्षण, राजनीतिक दलों का पंजीकरण, उम्मीदवारों के धन एवं खर्च सहित चुनाव प्रचार की निगरानी करता है। यह चुनाव प्रक्रिया की मीडिया द्वारा कवरेज में सहायता करता है, मतदाताओं को शिक्षित और जागरूक करने के उपाय करता है, मतदान केंद्रों और बूथों की व्यवस्था करता है और मतगणना तथा नतीजों की घोषणा की निगरानी करता है। यह ईवीएम (इलेक्ट्रॉनिक वोटिंग मशीनों) के जरिए मतदान कराता है और हाल ही में प्रायोगिक आधार पर वीवीपीएटी (वोटर वेरिफाइएबल पेपर ऑडिट ट्रेल) की शुरुआत की गई है। निर्वाचन आयोग ने मतदान के समय मतदाता फोटो पहचान-पत्रों (ईपीआईसी) फोटो पर्चियों के वितरण के माध्यम से अनिवार्य पहचान का भी प्रावधान किया है।

चुनाव, संविधान के प्रावधानों के अनुरूप, संसद द्वारा बनाए कानूनों की सहायता से कराए जाते हैं। प्रमुख कानून राष्ट्रपति एवं उपराष्ट्रपति चुनाव अधिनियम, 1952; जनप्रतिनिधित्व कानून, 1950 और जनप्रतिनिधित्व कानून अधिनियम, 1951 हैं।

सभी राजनीतिक दलों को निर्वाचन आयोग में पंजीकरण कराने की आवश्यकता होती है। चुनाव चिह्न (आरक्षण एवं आवंटन) आदेश, 1968 में निर्धारित मानदंड के आधार पर आयोग राजनीतिक दलों को राष्ट्रीय एवं राज्य दलों के रूप में मान्यता प्रदान करता है। यह मान्यता प्राप्त राजनीतिक दलों के बंटवारे/विलय से संबद्ध विवादों का भी फैसला करता है।

आयोग के अंतर्गत एक छोटा सचिवालय है। विभाग का कार्य खंडों, शाखाओं और अनुभागों में आयोजित होता है। आयोग में कार्यात्मक एवं क्षेत्रीय खंड हैं जिनके प्रमुख उप निर्वाचन आयुक्त एवं

महानिदेशक होते हैं। इसके प्रमुख कार्यात्मक खंड हैं: नियोजन, न्यायिक, मतदाता सूचियां, राजनीतिक दल, चुनाव खर्च, संचार, व्यवस्थित मतदाता शिक्षा एवं मतदाता भागीदारी (एसवीईईपी), अंतरराष्ट्रीय सहयोग, प्रशिक्षण, सांख्यिकीय एवं प्रलेखन, स्वचालन और प्रौद्योगिकी, प्रशासन, वित्त एवं समन्वय। क्षेत्रीय कार्य पांच क्षेत्रों के लिए उत्तरदायी अलग-अलग इकाइयों में विभाजित हैं, जिनमें देश के 29 राज्य और सात केंद्रशासित प्रदेशों को प्रबंधन की सुविधा के लिए शामिल किया गया है।

राज्य स्तर पर चुनाव कार्य का पर्यवेक्षण, आयोग का समग्र नियंत्रण राज्य के मुख्य चुनाव अधिकारी के हाथ होता है, जिसकी नियुक्ति आयोग द्वारा राज्य सरकार के वरिष्ठ लोक सेवकों के बीच में से चयन के आधार पर की जाती है। भारत में ज़िला और उपमंडलीय स्तरों पर क्षेत्रीय प्रशासन डिस्ट्रिक्ट मजिस्ट्रेट (उपायुक्त/कलेक्टर), सब डिविजनल मजिस्ट्रेट, राजस्व मंडलीय अधिकारी, तहसीलदार आदि द्वारा संचालित किया जाता है। निर्वाचन आयोग, राज्य सरकार के इन अधिकारियों को ज़िला निर्वाचन अधिकारी, निर्वाचन पंजीकरण अधिकारी, निर्वाचन अधिकारी, सहायक निर्वाचन पंजीकरण अधिकारी, सहायक निर्वाचन अधिकारी आदि की नियुक्त कर चुनाव कार्य में इनका उपयोग करता है। चुनाव के समय वे निर्वाचन आयोग को कमोबेश पूर्णकालिक आधार पर उपलब्ध होते हैं।

पिछले 64 वर्षों के दौरान, आयोग ने लोकसभा के 16 आम चुनाव और राज्य विधानमंडलों के करीब 365 चुनाव संपन्न कराते हुए शांतिपूर्ण, व्यवस्थित एवं लोकतांत्रिक ढंग से सत्ता का हस्तांतरण किया है। 2014 के लोकसभा चुनावों में आयोग ने 83 करोड़ 40 लाख मतदाताओं का प्रबंधन किया, जो कई महाद्वीपों की कुल आबादी से अधिक है।

निर्वाचन आयोग ने शिक्षण, अनुसंधान, प्रशिक्षण और निर्वाचक लोकतंत्र एवं चुनाव प्रबंधन का अत्याधुनिक संसाधन केंद्र-'भारतीय अंतरराष्ट्रीय लोकतंत्र एवं निर्वाचन प्रबंधन संस्थान' (आईआईआईडीईएम) शुरू किया है। 150 प्रशिक्षुओं की क्षमता वाला यह संस्थान वर्तमान में निर्वाचन सदन से काम करता है। संस्थान निर्वाचन आयोग के क्षेत्र अधिकारियों और विदेशी भागीदारों के लिए पाठ्यक्रम आयोजित करता है। आयोग अन्य देशों के निर्वाचन प्रबंधन निकायों के साथ विशेषज्ञता एवं अनुभव की भागीदारी बढ़ा रहा है और द्विपक्षीय अनुरोधों एवं बहु-पक्षीय प्रबंधों के आधार पर निर्वाचन सहायता एवं प्रशिक्षण उपलब्ध करा रहा है। भारत के निर्वाचन आयोग ने यूएनडीपी, अंतरराष्ट्रीय आईडीईए और आईएफईएस के साथ सहमति-पत्रों पर हस्ताक्षर करने के अलावा 16 देशों के साथ सहमति-पत्रों पर हस्ताक्षर किए हैं।

4 कृषि

भारत की अर्थव्यवस्था में कृषि की अहम भूमिका है। 2011 की जनगणना के अनुसार देश की आबादी का लगभग 55 प्रतिशत कृषि और इससे जुड़ी गतिविधियों में लगा है और देश के सकल मूल्य संवर्धन में इसकी हिस्सेदारी 17.4 प्रतिशत है (वर्तमान मूल्य 2014–15, 2011–12 श्रृंखला)। कृषि क्षेत्र को प्राथमिकता देते हुए भारत सरकार ने इसके सतत विकास हेतु कई कदम उठाए हैं। मृदा स्वास्थ्य कार्ड योजना द्वारा सतत आधार पर मिट्टी की उर्वरकता में सुधार करने, प्रधानमंत्री ग्राम सिंचाई योजना के माध्यम से पानी की बढ़ी हुई क्षमता तथा सिंचाई के लिए उपयोग में सुधार करने, परंपरागत कृषि विकास योजना (पीकेवीवाई) द्वारा जैविक खेती को समर्थन और किसानों की आय में वृद्धि हेतु एकीकृत राष्ट्रीय कृषि बाज़ार के सृजन को समर्थन जैसे कई कदम उठाए गए हैं।

उत्पादन

कम वर्षा और बेमौसम वर्षा तथा ओलावृष्टि के कारण वर्ष 2014–15 में कृषि उत्पादन का अनुमान वर्ष 2013–14 के रिकार्ड उत्पादन की तुलना में कम है। वर्ष 2014–15 हेतु चौथे अग्रिम अनुमानों के अनुसार देश में चावल के कुल उत्पादन का अनुमान 1048 लाख टन है, जो वर्ष 2013–14 के उत्पादन से 18.5 लाख टन कम है। गेहूं का उत्पादन भी 88.94 लाख टन अनुमानित है, जो वर्ष 2013–14 के 958.5 लाख टन के रिकार्ड उत्पादन से कम है। मोटे अनाज का उत्पादन 417.5 लाख टन अनुमानित है, जो 2013–14 के उत्पादन से कम है। वर्ष 2014–15 के दौरान कुल खाद्यान्नों का उत्पादन 2526.8 लाख टन होने का अनुमान है, जोकि वर्ष 2013–14 के रिकार्ड उत्पादन 265 लाख टन से 123.6 लाख टन कम है। दालों और तिलहन का उत्पादन क्रमश: 172 लाख टन और 265.8 लाख टन अनुमानित है, जो 2013–14 के उत्पादन से क्रमश: 20.5 लाख टन और 60.7 लाख टन कम है, मुख्य फसलों का उत्पादन दिया गया है।

किसानों के लिए राष्ट्रीय नीति

भारत सरकार ने किसानों के लिए राष्ट्रीय नीति (एनपीएफ) का अनुमोदन किया। इस नीति के प्रावधानों में जमीन, जल, पशुधन, मत्स्य क्षेत्रों तथा जैव–संसाधनों संबंधी संपत्ति सुधारों; सीमांत प्रौद्योगिकियों के अनुप्रयोग जैसे समर्थन सेवाएं और निवेश; कृषि संबंधी जैव–सुरक्षा पद्धतियों; अच्छी गुणवत्ता के बीज और रोगमुक्त पौधरोपण सामग्री की आपूर्ति; मृदा उर्वरता और स्वास्थ्य में सुधार और एकीकृत कीटनाशक प्रबंध पद्धतियां; महिलाओं के लिए शिशु–गृह, शिशु देखभाल केंद्रों, पोषण, स्वास्थ्य एवं प्रशिक्षण हेतु समर्थन सेवाएं; उचित ब्याज दरों पर सांस्थानिक ऋण के लिए पर्याप्त और आसान पहुंच और कृषक अनुकूल बीमा प्रपत्र; सूचना और संचार प्रौद्योगिकी (आईसीटी) का उपयोग और कृषि विस्तार को सुदृढ़ करने हेतु कृषक विद्यालयों की स्थापना; देश में एमएसपी का प्रभावी क्रियान्वयन, कृषि बाज़ार ढांचे का विकास और किसान परिवारों हेतु ग्रामीण क्षेत्रों में खेती से इतर रोज़गार की पहल; ग्रामीण ऊर्जा हेतु एकीकृत दृष्टिकोण आदि शामिल हैं।

एनपीएफ के बहुत से प्रावधान विभिन्न योजनाओं और कार्यक्रमों के माध्यम से, जोकि केंद्र सरकार के विभिन्न विभागों और मंत्रालयों द्वारा क्रियान्वित हो रहे हैं, संचालित किए जा रहे हैं। इस नीति के शेष प्रावधानों के संचालन हेतु एक कार्ययोजना बनाई गई है तथा संबंधित मंत्रालयों एवं विभागों और सभी राज्यों तथा केंद्रशासित क्षेत्रों को आवश्यक अनुवर्त्ती कार्रवाई हेतु भेजा गया है। एनपीएफ के संचालन हेतु कार्ययोजना की प्रगति को मॉनीटर करने के लिए एक अंतर-मंत्रालयी समिति भी गठित की गई है।

मुख्य कार्यक्रम

प्रधानमंत्री कृषि सिंचाई योजना (पीएमकेएसवाई)

इस योजना का अनुमोदन 50,000 करोड़ रुपये की लागत के साथ 5 वर्षों (2015-16 से 2019-20) की अवधि हेतु किया गया है। पीएमकेएसवाई के मुख्य उद्देश्य हैं- जमीनी स्तर पर सिंचाई में निवेशों को समन्वित करना, सिंचाई सुविधा वाले कृषि योग्य क्षेत्र का विस्तार, पानी का अपव्यय कम करने हेतु और खेतों में उपलब्ध पानी का बेहतर उपयोग, सटीक सिंचाई और अन्य पानी बचाने वाली प्रौद्योगिकियों को अपनाने में वृद्धि (प्रति बूंद अधिक फसल), भूमिगत जलाशयों के रिचार्ज में वृद्धि और सतत जल संरक्षण प्रथाओं को लागू करना आदि। बजट 2015-16 में 5,300 करोड़ रुपये का बजट प्रावधान किया गया है, जिसमें कृषि एवं सहकारिता हेतु 1,800 करोड़ रुपये, भूमि संसाधन विभाग के लिए 1,500 करोड़ रुपये और जल संसाधन, नदी विकास एवं गंगा कायाकल्प मंत्रालय हेतु 2,000 करोड़ का प्रावधान है।

कृषि ऋण: प्रत्येक वर्ष बजट में सरकार कृषि ऋण हेतु वार्षिक लक्ष्य की घोषणा करती है। कृषि ऋण प्रवाह में प्रत्येक वर्ष निरंतर प्रगति हुई है। वर्ष 2013-14 में 7,00,000 करोड़ रुपये का लक्ष्य निर्धारित था और रुपये 7,11,621 करोड़ रुपये किसानों को कृषि ऋण के रूप में दिया गया था। वर्ष 2014-15 में 8,00,000 करोड़ रुपये कृषि ऋण लक्ष्य निर्धारित था, जबकि कृषि ऋण प्रवाह 8,45,328.23 करोड़ रुपये था। वर्ष 2015-16 हेतु 8,50000 करोड़ रुपये का लक्ष्य निर्धारित किया गया है और 31 दिसंबर, 2015 तक 6,30,243.87 करोड़ रुपये का लक्ष्य हासिल किया जा चुका है।

किसान क्रेडिट कार्ड: किसान क्रेडिट कार्ड योजना (के.सी.सी) पूरे देश में संचालित हो रही है और इसका क्रियान्वयन वाणिज्यिक बैंकों, सहकारी बैंकों और क्षेत्रीय ग्रामीण बैंकों द्वारा किया जा रहा है। इस योजना से कृषि गतिविधियों हेतु ऋण प्रवाह बढ़ाने में मदद मिली है। केसीसी आवधिक ऋण और घरेलू जरूरतों को शामिल कर इसे व्यापक आधार दिया गया है। केसीसी योजना को सरलीकृत कर इसे एटीएम सक्षम डेबिट कार्ड के रूप में बदला गया है और साथ ही एक बार के प्रलेखीकरण, सीमा में अंतर्निहित लागत वृद्धि, सीमा के अंतर्गत किसी भी संख्या में निकासी की सुविधा मिलती है, जिससे शिविर लगाकर भुगतान की जरूरत खत्म हो जाती है तथा बिचौलियों द्वारा किसानों का शोषण कम होता है।

फसल बीमा

प्राकृतिक आपदा, कीटों और बीमारियों, प्रतिकूल मौसम की स्थिति में फसल खराब होने से किसानों को सुरक्षा देने हेतु भारत सरकार ने संशोधित राष्ट्रीय कृषि योजना (एमएनएआईएस), मौसम आधारित फसल बीमा योजना (डब्ल्यूबीसीआईएस) और नारियल वृक्ष बीमा योजना (सीपीआई) जैसी योजनाओं के अवयवों को मिलाकर राष्ट्रीय फसल बीमा कार्यक्रम (एनसीआईपी) शुरू किया है। इसके अतिरिक्त राष्ट्रीय कृषि बीमा योजना (एनएआईएस), जिसे एनसीआईपी के क्रियान्वयन के बाद रबी फसल 2013-14 से वापस लिया जाना था, को 2015-16 तक बढ़ा दिया गया है। वर्तमान फसल बीमा योजनाओं की हाल ही

में विभिन्न राज्यों/केंद्रशासित क्षेत्र समेत विभिन्न हिस्सेदारों के साथ परामर्श कर समीक्षा की गई है। इस समीक्षा के परिणामस्वरूप खरीफ 2016 से प्रधानमंत्री फसल बीमा योजना (पीएमएफबीआई) क्रियान्वयन के लिए स्वीकृत की गई है। इसके साथ पायलट एकीकृत पैकेज बीमा योजना (डब्ल्यूबीसीआईएस) तथा पुनर्गठित मौसम आधारित फसल बीमा योजना (एफबीवाई) को क्रियान्वयन हेतु अनुमोदित किया गया है। पीएमएफबीवाई के अंतर्गत किसानों द्वारा सभी खरीफ फसलों हेतु दो प्रतिशत तथा सभी रबी फसलों हेतु 1.5 प्रतिशत का समान अधिकतम प्रीमियम का भुगतान किया जाएगा। वाणिज्यिक और बागवानी फसलों के मामले में अधिकतम 5 प्रतिशत वार्षिक प्रीमियम का किसानों द्वारा भुगतान किया जाएगा। किसानों द्वारा दिए जानेवाले प्रीमियम की दरें काफी कम हैं तथा शेष प्रीमियम का भुगतान सरकार द्वारा किया जाएगा ताकि प्राकृतिक आपदाओं से किसानों को हुए फसल के नुकसान की पूरी बीमा राशि मिल सके।

विपदाग्रस्त किसानों हेतु विशेष पुनर्वास पैकेज: (i) आत्महत्या संभावित 31 जिलों के चार राज्यों- आंध्र प्रदेश, महाराष्ट्र, कर्नाटक और केरल के लिए एक विशेष पुनर्वास पैकेज लागू किया गया था। इस पैकेज के अंतर्गत इन राज्यों को 16,978.78 करोड़ रुपये के अनुमोदित व्यय के मुक़ाबले 19,998.70 करोड़ की राशि स्वीकृत/मुक्त की गई थी। इस पैकेज से चिह्नित जिलों में किसानों की स्थिति में ठहराव आया है। (ii) आत्महत्या की समस्या से ग्रस्त जिलों हेतु विशेष पुनर्वास पैकेज के अंश के रूप में भारत सरकार द्वारा केरल के लिए एम.एस. स्वामीनाथन फाउंडेशन द्वारा 2008 में सुझाए गए विभिन्न कार्यक्रमों/हस्तक्षेपों पर आधारित दो पैकेजों का अनुमोदन किया गया- (क) 1840.75 करोड़ रुपये के आर्थिक व्यय से कुआनाड आर्द्रभूमि पारिस्थितिकी तंत्र का विकास; (ख) इडुक्की जिले में 764.65 करोड़ से भूमि संबंधी मामलों में राहत देना। केरल सरकार को चालू योजनाओं के अंतर्गत स्वीकृत परियोजनाओं को क्रियान्वित करने तथा राष्ट्रीय कृषि विकास योजना और अन्य योजनाओं/कार्यक्रमों के अंतर्गत विभिन्न पहलों के द्वारा किसानों की स्थिति में सुधार को गतिविधियां जारी रखने को कहा गया है ताकि इन पैकेजों के अंतर्गत प्राप्त लाभों को कायम रखा जा सके।

कृषि लागत एवं मूल्य आयोग: संतुलित और एकीकृत मूल्य संरचना तैयार करने के उद्देश्य से कृषि लागत एवं मूल्य आयोग (सीएसीपी) की स्थापना की गई थी। इसे 23 फसलों की मूल्यनीति (एमएसपी) पर सलाह देनी है, जिनमें सात अनाज वाली फसलें (धान, गेहूं, ज्वार, बाजरा, मक्का, रागी और जौ) पांच दलहन फसलें (चना, अरहर, मूंग, उड़द और मसूर), सात तिलहन (मूंगफली, सूरजमुखी बीज, सोयाबीन, रेपसीड-सरसों, कुकुम, नाइजर बीज तथा तिल), गिरी (सूखा नारियल), कच्चा जूट तथा गन्ना हैं। इसे एमएसपीए के बदले उचित और लाभकारी मूल्य (एफआरपी) सुझाना है। एमएसपी/एफआरपी की अनुशंसा करते समय सीएसीपी से यह सुनिश्चित करते समय कहा जाता है कि उत्पादन का पैटर्न मोटे तौर पर अर्थव्यवस्था की समग्र जरूरतों (मांगों) के अनुरूप हो। सीएसीपी अपनी अनुशंसाएं प्रत्येक वर्ष सरकार को मूल्यनिधि रिपोर्ट के रूप में भेजती है। यह सामग्रियों के पांच समूह के लिए अलग-अलग होती हैं। ये हैं- खरीफ फसल, रबी फसल, गन्ना, कच्चाजूट और गरी। इन पांचों मूल्य नीति रिपोर्टों को तैयार करने से पहले आयोग विभिन्न राज्य सरकारों, संबंधित राष्ट्रीय संगठनों और मंत्रालयों से उनकी राय लेता है।

एमएसपी के निर्धारक : अपने अधिकार क्षेत्र के अंतर्गत आनेवाली विभिन्न वस्तुओं की मूल्य-नीति की अनुशंसा करते समय आयोग, भूमि और जल जैसे राष्ट्रीय संसाधनों का अधिकतम उपयोग सुनिश्चित करने के अलावा मांग और आपूर्ति, उत्पादन लागत, घरेलू एवं अंतरराष्ट्रीय बाज़ार की कीमतों का ट्रेंड अंतरफसल मूल्यों में समता, कृषि और गैर-कृषि क्षेत्रों के बीच व्यापार की शर्तें, उस वस्तु के एमएसपी का उपभोक्ताओं

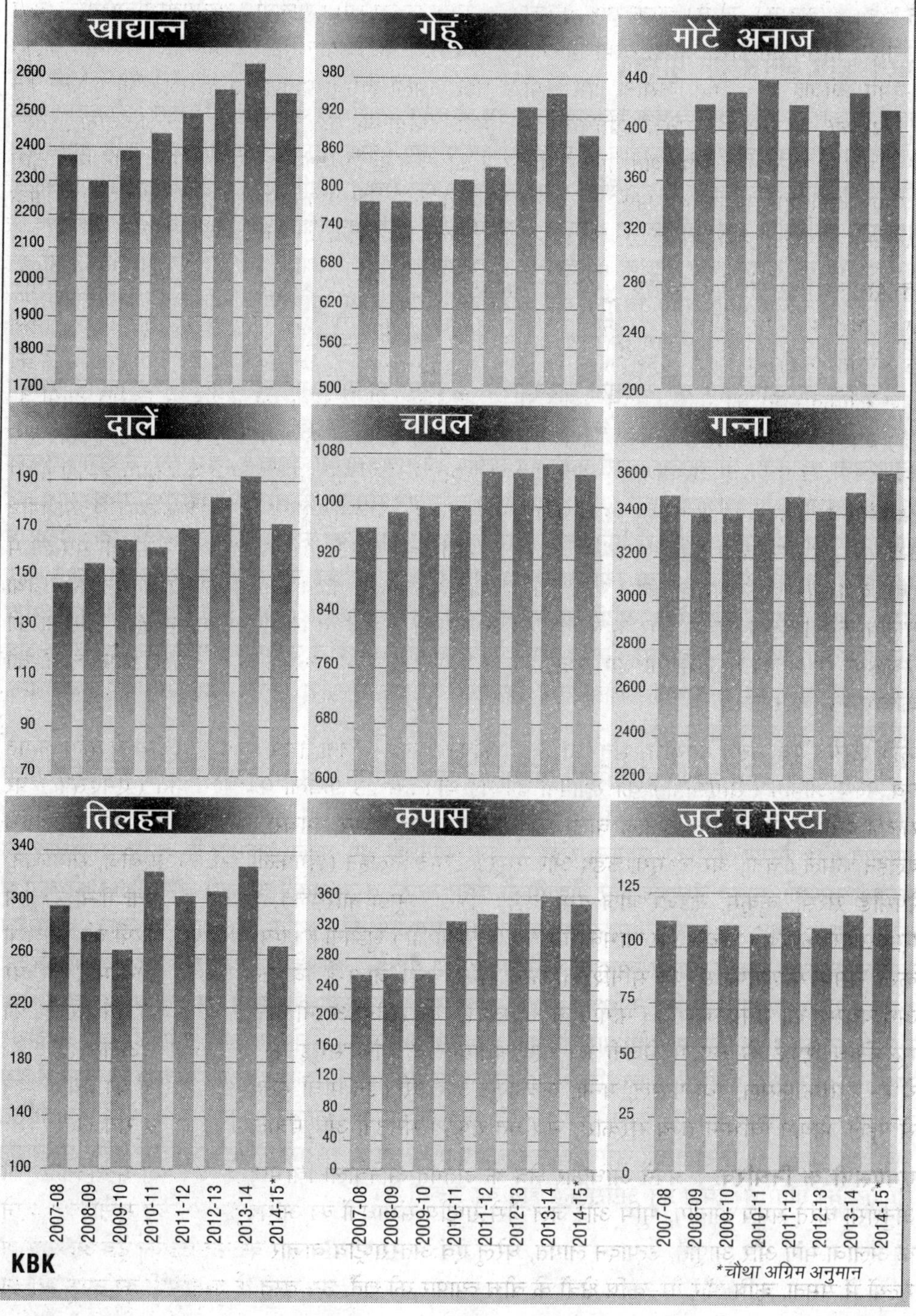
कृषि उत्पादन
(लाख टन में)
खाद्यान्न
1700 1800 1900 2000 2100 2200 2300 2400 2500 2600
गेहूं
500 560 620 680 740 800 860 920 980
मोटे अनाज
200 240 280 320 360 400 440
दालें
70 90 110 130 150 170 190
चावल
600 680 760 840 920 1000 1080
गन्ना
2200 2400 2600 2800 3000 3200 3400 3600
तिलहन
100 140 180 220 260 300 340
कपास
0 40 80 120 160 200 240 280 320 360
जूट व मेस्टा
0 25 50 75 100 125
2007-08 2008-09 2009-10 2010-11 2011-12 2012-13 2013-14 2014-15*
KBK
*चौथा अग्रिम अनुमान

पर प्रभाव का भी ध्यान रखता है। यह बात ध्यान देने योग्य है कि एमएसपी के निर्धारण में उत्पादन लागत एक महत्वूर्ण निर्धारक है, परंतु विभिन्न फसलों का एमएसपी निर्धारण केवल लागत जोड़ के आधार पर नहीं होता है।

भारत कृषि अनुसंधान परिषद

भारत सरकार के कृषि और कृषक कल्याण मंत्रालय के कृषि अनुसंधान और शिक्षा विभाग (डीआरएई) के अंतर्गत गठित स्वायत्त संस्था भारतीय कृषि अनुसंधान परिषद (आईसीएआर) के नेतृत्व में कृषि अनुसंधान और शिक्षा कार्य किया जाता है। इस शीर्ष संस्था को कृषि एवं संबद्ध गतिविधियों में अनुसंधान और शिक्षा के समन्वय, मार्गदर्शक और प्रबंधक का दायित्व सौंपा गया है। कृषि अनुसंधान और शिक्षा के क्षेत्र में परिषद के पास दुनिया का सबसे बड़ा नेटवर्क है। देशभर में परिषद के 109 संस्थान, 78 अखिल भारतीय समन्वित परियोजनाएं/नेटवर्क/642 कृषि विज्ञान केंद्र (केवीके), 71 राज्य कृषि/पशु चिकित्सा, बागबानी/मत्स्य विश्वविद्यालय और कृषि संकाय के साथ चार सामान्य विश्वविद्यालय हैं।

देश के कृषि क्षेत्र की बदलती जरूरतों के अनुसार आईसीएआर संस्थानों ने कई लागत प्रभावी प्रौद्योगिकियां, तकनीकी और उत्पादों का विकास किया है, जो कि न केवल विभिन्न फसलों और वस्तुओं की उत्पादकता बढ़ाते हैं, बल्कि लाभकारी कृषि हेतु उत्पाद की गुणवत्ता भी बढ़ाते हैं। इस वर्ष के दौरान राष्ट्रीय कृषि अनुसंधान और शिक्षा प्रणाली (एनएआरईएस) के अपने संगठनों के बीच भागीदारी के साथ-साथ कई बाहरी संगठनों के साथ साझेदारी अनुसंधान और विकास प्रयासों की सबसे बड़ी उपलब्धि रही। पटना में आयोजित आईसीएआर का 87वां स्थापना दिवस आईसीएआर की कई पहलों की शुरुआत का साक्षी बना, जैसे- फार्मर फर्स्ट, स्टूडेंट रेडी, अट्रैक्टिंग रिटेनिंग यूथ इन एग्रीकल्चर (आर्या), एग्रीटेक फोरसाइट सेंटर (एटीएफसी) तथा मेरा गांव मेरा गौरव। इससे कृषि स्नातकों के बीच उद्यमशीलता का निर्माण होगा और प्रौद्योगिकी डिलीवरी में सुधार आयेगा तथा किसानों के ज्ञान में वृद्धि होगी। आईएआरआई हजारीबाग, झारखंड की भी नींव डाली गई।

भारतीय कृषि बायो-प्रौद्योगिकी संस्थान (आईआईएबी), रांची तथा राष्ट्रीय एकीकृत खेती अनुसंधान केंद्र, मोतिहारी, बिहार की भी नींव डाली गई। अन्य पहलों में भागीदारी अनुसंधान कार्यक्रमों की शुरुआत और परिषद के लिए सामान्य स्रोतों से इतर स्रोतों से धन जुटाना शामिल है। कृषि अनुसंधान की बदलती जरूरतों, मानव संसाधन और प्रौद्योगिकी प्रसार के रू-ब-रू बढ़ती आबादी और भोजन की मांग में वृद्धि, खाद्य खपत के पैटर्न में बदलाव, प्राकृतिक संसाधनों की स्थिति, जलवायु परिवर्तन, कृषि का वाणिज्यीकरण, वैश्विक व्यापार व्यवस्था और घरेलू तथा वैश्विक दोनों हेतु गतिशीलता नीति के माहौल को ध्यान में रखते हुए आईसीएआर ने विजन-2050 डॉक्यूमेंट तैयार किया और सभी संस्थानों के अधिकार क्षेत्रों में संशोधन किया है। कई आईसीएआर संस्थानों की नामावली में भी संशोधन किया गया। इस वर्ष के दौरान उत्तरी राज्यों के कई क्षेत्रों में ओलावृष्टि से गेहूं की खड़ी फसल को नुक़सान हुआ, मानसून के आने में देरी हुई। वर्षा 14 प्रतिशत कम हुई, जिससे देश के कुछ भागों में बारानी खेती को नुक़सान हुआ। ऐसी अप्रत्याशित प्राकृतिक आपदाओं से खेती की संवेदनशीलता का पता चलता है, जिससे निबटने के लिए कृषि अनुसंधान समुदाय को प्रतिरोध क्षमता हेतु अग्रसक्रिय होने की जरूरत है।

मृदा एवं जल उत्पादकता

जब भारत का जैव-जलवायु मानचित्र संशोधित किया गया, भू-दृश्य पारिस्थितिकी इकाई (एईयू), जिसमें भू-संरचना, भूमि इस्तेमाल और ढाल आधार मानचित्र के रूप में शामिल हैं, को लेकर भूमि संसाधन सूची 1:10,000 स्केल पर बनाई गई। ओडिशा और हिमाचल प्रदेश हेतु विकसित जल संसाधनों का इलेक्ट्रॉनिक एटलस कैच असेसमेंट और जीआईएस आधारित निर्णय समर्थन प्रणाली विकसित करने हेतु उपयोगी टूल है। इस सूचना से योजनाकारों को मत्स्य संसाधनों के आवंटन और जनशक्ति की तैनाती में मदद मिलेगी। बांस पौधरोपण आधारित बायो-इंजीनियरिंग हस्तक्षेपों को वसाड (गुजरात) में माही के बीहड़ों, कोटा (राजस्थान) में चंबल के बीहड़ों, आगरा (उत्तर प्रदेश) में यमुना बीहड़ों जैसे मुख्य बीहड़ों (रेवाइंस) के सुधार और उत्पादक उपयोग हेतु संभावनाशील पाया गया। ये हस्तक्षेप वर्षा जल के 80 प्रतिशत हिस्से से अधिक का अवशोषण कर सकते हैं तथा मृदा और पोषक तत्वों के नुक़सान को क्रमशः 90 और 70 प्रतिशत कम कर सकते हैं। फसलों के मौसम के दौरान संपूर्ण विविध वर्षा पोषित कृषि पारिस्थितिकी वाले क्षेत्र में सूखे के काल को कम करने के लिए विभिन्न रसायनों के साथ पत्ते के स्प्रे का मूल्यांकन किया गया। पौधे के विकास को बढ़ाने वाले राइज़ोबैक्टीरिया तथा आर्थोबैक्टर को अलग कर चिह्नित किया गया और मध्य प्रदेश में वर्टिसोल क्षेत्र मूल्यांकन किया गया। एक्टीनोमिसिटस टीका के कारण गेहूं की औसत उपज नियंत्रण पर 16 प्रतिशत अधिक थी। चुने हुए आर्थोबैक्टर आइसोलेटस से मक्का और सोयाबीन की उपज में प्रभावी सुधार हुआ। लक्षित उपज प्राप्ति के लिए नागपुर मेंडाटिन में मृदा नाइट्रोजन जांच आधारित उर्वरक पूर्वानुमान मॉडल विकसित किया गया था। एकीकृत कृषि पद्धति (1 हेक्टेयर) मॉडल में शामिल हैं- फसल प्रणालियां (0.52 हेक्टेयर)+बागवानी (0.32 हेक्टेयर)+बायोगैस और केंचुआखाद (वर्मी कंपोस्ट) सहित डेयरी (0.08 हेक्टेयर)+मत्स्य-सह-मुर्गीपालन (0.1 हेक्टेयर)+पश्चिमी हिमालय क्षेत्र में उगाए गए मशरूम। इनसे पूरे वर्ष अधिक उत्पादन हुआ (21.52 टन आरईवाई (चावल के समतुल्य प्राप्ति/प्रतिवर्ष), लाभ (3.06 लाख प्रतिवर्ष) और रोज़गार (731 मानव दिवस प्रतिवर्ष)।

जलवायु परिवर्तन

जीएचजीएस के उत्सर्जन के आकलन हेतु व्यवहृत कूल फार्म टूल मॉडल कई भूमंडलीय स्तर पर निर्धारित अनुभवसिद्ध जीएचजी परिमाणन माडलों को एकीकृत करता है। इस टूल के प्रयोग द्वारा जीएचजी प्रवाह (कार्बन डाईऑक्साइड और मीथेन), नमी और मृदा-पौधा वातावरण प्रणालियों में ताप की माप चावल-गेहूं रोटेशन में की गई थी। कृषि प्रणालियों में मक्का-गेहूं की खेती का कार्बन प्रबंधन इंडेक्स उच्चतम रहा। लगातार पानी वाले चावल की तुलना में एटोबिक चावल में संचयी मौसमी मिथेन उत्सर्जन में 75 प्रतिशत कमी आई। धीमे निर्गमन एन-उर्वरक में मौसमी उत्सर्जन कम था।

पशुधन सुधार

वार्षिक दूध उत्पादन में सतत वृद्धि के साथ भारत विगत कई वर्षों से विश्व में शीर्ष दूध उत्पादक राष्ट्र बना हुआ है। इसमें अनुसंधान विकास की अहम भूमिका है। अध्ययन दर्शाते हैं कि गायों के औसत प्रथम दूध स्रवण (लैक्टेशन) 305 दिन से दूध की प्राप्ति 3,703.6+31.3 किलोग्राम और प्रथम बछड़े को जन्म देने के समय औसत आयु 1036.6±10.2 दिन था। देसी जानवरों की नस्लों के संरक्षण और जेनेटिक सुधार के कारण विभिन्न सेटों के संतानों के बीच दूध की प्राप्ति में वृद्धि हुई और औसत 305 दिन के दूध की प्राप्ति बढ़कर पहले सेट में 1,958 कि.ग्रा. से 10वें सेट में 2,064 कि.ग्रा. हो गई। गिर, कांकरेज, साहिवाल के

सीमेन डोज उत्पादित किए गए और वीर्यारोपण में इनका उपयोग किया गया। छत्तीसगढ़ की एकमात्र जीवित जंगली भैंस के प्रतिरूपण (क्लोनिंग) ने संकटग्रस्त प्रजातियों के संरक्षण में प्रतिरूपण प्रौद्योगिकी अनुप्रयोग के लिए नई संभावनाओं के द्वार खोल दिए हैं। बहुप्रजनक भेड़ नस्ल जीएमएम X पी (गैटोल-मालपुरा-मालपुरा X पटनवाडी) 50 तक जन्म दिए हैं।

कृषि शिक्षा

उच्चतर कृषि शिक्षा की गुणवत्ता और प्रासंगिकता को बनाए रखने और उन्नयन हेतु उत्कृष्टता के आला क्षेत्र (28), प्रायोगिक ज्ञान इकाइयों (21 नए) हेतु आर्थिक समर्थन दिया गया और देखरेख की गई। शैक्षणिक ढांचों के रखरखाव और नवीकरण, छात्र और शिक्षक को सुविधाएं, पाठ्यक्रम में संशोधन/सुधार, आईसीटी के साथ पुस्तकालयों का विकास तथा मल्टी मीडिया लर्निंग संसाधनों समेत शिक्षण का आधुनिकीकरण किया गया। एचआरडी कार्यक्रमों/गतिविधियों से आईसीआर प्रायोजित योजनाओं के क्रियान्वयन और आगे बढ़ाने की सुविधा मिली। इसमें, आंतरिक प्रजनन को कम करने, योग्यता को महत्त्व देने और राष्ट्रीय एकीकरण के विकास के लिए यूजी/पीजी में केंद्रीकृत नामांकनः प्रतिभा को आकर्षित करने और योग्यता को बढ़ावा देने के लिए पुरस्कार और फेलोशिप का वितरण; कृषि शिक्षा के भूमंडलीकरण के लिए विदेशी छात्रों का प्रवेश, समर-विंटर स्कूलों और अग्रिम फैकल्टी प्रशिक्षण केंद्र के माध्यम से फैकल्टी का क्षमता निर्माण, उत्कृष्टता की वृद्धि के लिए नेशनल प्रोफेसर चेयर्स और राष्ट्रीय फेलो योजना, उत्कृष्ट सेवानिवृत्त व्यावसायिकों के कौशल बैंक का उपयोग करने हेतु अवकाश प्राप्त वैज्ञानिक योजना शामिल है।

प्रौद्योगिकी आकलन

क्षेत्रीय स्तर पर स्थानांतरित करने से पहले प्रौद्योगिकी आकलन और शोधन की प्रक्रिया प्रौद्योगिकी उत्पादन जितनी महत्वपूर्ण है। सूचना अवधि के दौरान 4,003 स्थलों पर कृषकों के खेतों में 27,008 ट्रायलों द्वारा 2,652 प्रौद्योगिकी हस्तक्षेपों का आकलन किया गया। ग्रामीण महिलाओं के सशक्तीकरण से संबंधित महिलाओं के लिए विशिष्ट आय अर्जित करने वाली प्रौद्योगिकियों (205) का 394 स्थलों पर आकलन किया गया, जिसमें विषयगत क्षेत्रों के अंतर्गत 2,917 परीक्षण किए गए। विषयगत क्षेत्रों जैसे- रोग प्रबंधन, चारा प्रबंधन, पोषण प्रबंधन और उत्पादन प्रबंधन के अंतर्गत पशुधन, मुर्गी पालन और मत्स्य पर 398 परीक्षणों के द्वारा 43 स्थलों पर प्रौद्योगिकीय हस्तक्षेपों (39) में सुधार किया गया। विभिन्न फसलों की उन्नतशील प्रजातियों की 228.75 लाख गुणवत्तापूर्ण रोपण सामग्रियों का उत्पादन कर उन्हें 18.38 लाख किसानों को उपलब्ध कराया गया। जैव-एजेंटों, जैव-कीटनाशकों, जैव-उर्वरकों, वरमिन कंपोस्ट, मिनरल मिश्रण आदि का 16,406 क्विंटल उत्पादन कर 18.38 लाख किसानों को वितरित किया गया। आईसीएआर की पहल किसान मोबाइल एडवाइजरी (केएमए) द्वारा 93,949 छोटे टेक्स्ट संदेश, 14,788 आवाज संदेश भेजे गए। इससे 557 केवीकेएस द्वारा प्रदत्त इनपुट पर कृषि आधारित विभिन्न पहलुओं पर संदेशों से 223.94 लाख कृषक लाभान्वित हुए।

राष्ट्रीय कृषि विज्ञान कोष

राष्ट्रीय कृषि विज्ञान कोष (एनएएसएफ) की स्थापना कृषि में बुनियादी और युक्तिसंगत अनुसंधान को समर्थन हेतु की गई। इसने जारी परियोजनाओं को समर्थन, समीक्षा, देखरेख और आकलन के साथ ही आकलन की प्रक्रिया में रही नई परियोजनाओं को धन देने की शुरुआत भी की। वर्ष 2015-16 के दौरान एनएएसएफ ने पांच पेटेंट और 38 प्रौद्योगिकियां दीं। कुल महत्वपूर्ण परियोजनाएं हैं- खरपतवार प्रबंधन हेतु

शाकनाशी सहन क्षमता वाले ट्रांसजेनिक चावल में कम नमी और कम तापमान के फेनोमिक्स; ट्रांसजेनिक अरहर और काबुली चना का विकास; संकर बीज उत्पादन हेतु चावल में प्रभावी न्यूक्लियर मेल स्टर्लिटी पद्धति; मुर्गीपालन वायरल बीमारियों के निदान हेतु उत्पत्तिमूलक टीकों का विकास; हिलसा में अनुकूल प्रणाली कब्जा प्रजनन; ट्रापिकल समुद्रों हेतु ग्रीन फिशिंग पद्धति; बैक्टीरिया और सफेद दाग सिंड्रोम वायरस के अलावा अन्य वायरस के खिलाफ रक्षा जीन।

पशुपालन, डेयरी विकास और मत्स्य पालन

पशुपालन, डेयरी और मत्स्य पालन विभाग कृषि मंत्रालय के अंतर्गत एक विभाग है। यह विभाग पशुधन उत्पादन, संरक्षण, सुरक्षा और सुधार, डेयरी विकास के साथ-साथ, दिल्ली दुग्ध योजना और राष्ट्रीय डेयरी विकास बोर्ड से संबंधित मामलों के लिए उत्तरदायी है। इसके अतिरिक्त विभाग मत्स्य पालन से संबंधित मामलों की निगरानी करता है, जिसमें अंतर्देशीय व समुद्री क्षेत्र तथा राष्ट्रीय मत्स्य पालन विकास बोर्ड से संबंधित मामले भी शामिल हैं।

कार्य

विभाग पशुपालन, डेयरी विकास और मत्स्य पालन के क्षेत्र में नीतियों एवं कार्यक्रमों के प्रतिपादन में राज्य सरकारों/केंद्रशासित प्रदेशों को परामर्श देता है। गतिविधियों के केंद्र में (क) पशु उत्पादन में सुधार के लिए राज्यों व केंद्रशासित प्रदेशों में जरूरी बुनियादी ढांचे का विकास, (ख) दुग्ध और दुग्ध उत्पादों की हैंडलिंग, प्रसंस्करण और विपणन हेतु ढांचे का विकास, (ग) स्वास्थ्य पर ध्यान के जरिए पशुधन संरक्षण और सुरक्षा, (घ) राज्यों को वितरित करने के लिए केंद्रीय पशुधन फार्म (मवेशी, भेड़ और कुक्कुट) की मजबूती हेतु उत्कृष्ट कोटि के जर्मप्लाज्म का विकास और (च) ताजा और खारे पानी में एक्वाकल्चर का विकास, समुद्री मत्स्य पालन के लिए बुनियादी ढांचे का विकास और फसल उपरांत गतिविधियां एवं मछुआरों का कल्याण आदि शामिल हैं।

पशुपालन, डेयरी विकास और मत्स्य पालन राष्ट्रीय अर्थव्यवस्था और देश के सामाजिक-आर्थिक विकास में महत्वपूर्ण भूमिका निभाते हैं। इस प्रकार की गतिविधियां खाद्य सामग्रियों, पोषण सुरक्षा तथा किसानों की घरेलू आय में योगदान करती हैं और सस्ता और पौष्टिक भोजन उपलब्ध कराने के अतिरिक्त, ग्रामीण क्षेत्रों में रोज़गार पैदा करने में, विशेष रूप से भूमिहीन, छोटे और सीमांत किसानों और महिलाओं के बीच, महत्वपूर्ण भूमिका निभाती हैं। पशुधन सूखे और अन्य प्राकृतिक आपदाओं में प्रकृति के प्रकोप के खिलाफ किसानों के लिए बीमा की तरह कार्य करता है।

पशुपालन सांख्यिकी

वर्ष 1919 से देश में पशुओं की गणना प्रारंभ हुई। अब तक ऐसी 19 गणनाएं की जा चुकी हैं। पशु गणना एक पूर्व निर्धारित संदर्भ तारीख में पशुओं और मुर्गियों की पूरी गिनती है। पशुओं की प्रजातियों अर्थात मवेशी , भैंस , भेड़ , बकरी , सुअर , घोड़े और टट्टू , खच्चर , गधे , ऊंट , मिथुन और याक को इस गणना में शामिल किया जाता है। इसके अतिरिक्त इसमें कुत्ते, खरगोश और हाथी को भी शामिल किया जाता है। गणना में इन प्रजातियों की गिनती की जाती है और उनके संबंधित परिवारों/घरेलू उद्यमों/गैर-परिवारी उद्यमों और अन्य संस्थानों में इस गणना को दर्ज किया जाता है। पिछली दो गणनाओं में प्रजाति के लिहाज से पशुओं और मुर्गियों की संख्या तालिका में दी गई है:

तालिका : 1

पशुधन एवं कुक्कुट संख्या

	प्रजाति	2007	2012
1.	मवेशी	199.08	190.90
2.	भैंस	105.34	108.70
3.	याक	0.08	0.08
4.	मिथुन	0.26	0.30
	कुल गोजातीय	304.76	299.98
5.	भेड़	71.56	65.07
6.	बकरी	140.54	135.17
7.	घोड़े और टट्टू	0.61	0.63
8.	खच्चर	0.14	0.20
9.	गधे	0.44	0.32
10.	ऊंट	0.52	0.40
11.	सुअर	11.13	10.29
	कुल पशु	529.70	512.06
12.	कुल कुक्कुट	648.83	729.21

मुख्य पशुधन उत्पादों का अनुमान

एकीकृत नमूना सर्वेक्षण के परिणामों के आधार पर दूध, अंडा, मांस और ऊन जैसे पशु उत्पादों का अनुमान लगाया जाता है। प्रत्येक वर्ष विभिन्न मौसमों (गर्मी, बरसात और सर्दी) में प्रत्येक मौसम में 5 प्रतिशत गांवों के 15 प्रतिशत नमूनों के आधार पर यह सर्वेक्षण किया जाता है। सर्वेक्षण की अवधि मार्च-फरवरी के बीच होती है। तालिका : 2 वर्ष 2007-08 से 2014-15 के दौरान दूध, अंडे, मांस और ऊन के अनुमानों को प्रदर्शित करती है।

तालिका : 2

अनुमानित उत्पादन

वर्ष	दूध	अंडे	मांस	ऊन
(मार्च-फरवरी)	मिलियन टन में	मिलियन संख्या में	मिलियन किलो में	मिलियन किलो में
2007-08	107.9	53583	4.0	43.9
2008-09	112.2	55562	4.2	42.8
2009-10	116.4	60267	4.5	43.1
2010-11	121.9	63024	4.9	43.0
2011-12	127.9	66450	5.5	44.7
2012-13	132.4	69731	5.9	46.1
2013-14	137.7	74752	6.2	47.9
2014-15*	145.7	78120	6.7	48.4

*अंतरिम

भारत के महानिबंधक के कार्यालय द्वारा दिए गए आंकड़ों के अनुसार अनुमानित जनसंख्या का प्रयोग करते हुए, दूध और अंडे की प्रतिव्यक्ति अनुमानित उपलब्धता का आकलन भी किया गया है।

डेयरी विकास

देश में दूध की मांग वर्ष 2016–17 के अंत तक 1,500 लाख टन और 2021–22 तक 2,100 लाख टन तक पहुंचने की उम्मीद है। डेयरी क्षेत्र में पिछले कुछ वर्षों में काफी वृद्धि हुई है। विवेकपूर्ण नीति के परिणाम के रूप में भारत दुनिया के दूध उत्पादक देशों में पहले स्थान पर पहुंच गया है, जहां वर्ष 2013–14 के दौरान दूध का वार्षिक उत्पादन 1,376.80 लाख टन रहा। इसकी तुलना में वर्ष 2014–15 के दौरान उत्पादन 5.32 प्रतिशत की वृद्धि के साथ 1,450 लाख टन (अंतरिम) के स्तर पर पहुंच गया। वर्ष 2015–16 के लिए देश में दूध का अनुमानित उत्पादन 1,480 लाख टन है। इससे देश की बढ़ती आबादी के मद्देनजर दुग्ध और दुग्ध उत्पादों की उपलब्धता में निरंतर वृद्धि प्रदर्शित होती है।

दुग्ध उत्पादन ग्रामीण परिवारों के लाखों लोगों के लिए आय का एक महत्वपूर्ण अतिरिक्त स्रोत बन गई है और विशेष रूप से महिलाओं और सीमांत किसानों के लिए रोज़गार और आय सृजन के अवसर प्रदान करने में इसकी महत्वपूर्ण भूमिका रही है। वर्ष 2013–14 के दौरान दूध की प्रतिव्यक्ति उपलब्धता प्रतिदिन 302 ग्राम पर पहुंच गई है, जोकि 294 ग्राम प्रतिदिन के विश्व औसत की तुलना में कहीं अधिक है। देश में दूध का सबसे अधिक उत्पादन छोटे, सीमांत किसान और भूमिहीन मजदूर करते हैं। लगभग 154.60 लाख किसानों को मार्च 2014 तक ग्रामीण स्तर की 1,62,186 डेयरी सहकारी समितियों के अंतर्गत लाया जा चुका है। सहकारी दुग्ध संघों ने वर्ष 2014–15 के दौरान प्रति दिन दूध की 3.92 लाख किलोग्राम की औसत खरीद की है, जोकि पिछले साल 342 लाख की मात्रा की तुलना में 12.5 प्रतिशत अधिक है। सहकारी क्षेत्र द्वारा वर्ष 2014–15 के दौरान तरल दूध की बिक्री 299 लाख लीटर प्रतिदिन हो गई, जोकि पिछले वर्ष 280 लाख की तुलना में 6.8 प्रतिशत ज्यादा है।

डेयरी क्षेत्र में विभाग के प्रयासों का मुख्य उद्देश्य डेयरी गतिविधियों को बढ़ावा देना है, जिसमें आपरेशन फ्लड के अंतर्गत न आने वाले क्षेत्रों में सहकारिता के बुनियादी ढांचे के निर्माण पर जोर देना, बीमारू डेयरी सहकारी संघों का पुनरुद्धार और दूध और दूध से बने उत्तम उत्पादों के उत्पादन के लिए राज्यों में बुनियादी ढांचे का निर्माण करना शामिल है। राष्ट्रीय डेयरी विकास बोर्ड (एनडीडीबी) आपरेशन फ्लड क्षेत्र में समग्र विकास संबंधी गतिविधियां जारी हैं।

गोजातीय प्रजनन एवं डेयरी विकास के लिए राष्ट्रीय कार्यक्रम

वर्ष 2014 में गोजातीय प्रजनन एवं डेयरी विकास के लिए राष्ट्रीय कार्यक्रम (एनपीबीबीडीडी) नाम से एक नई पुनर्गठित योजना की शुरुआत हुई, जिसमें गहन डेयरी विकास कार्यक्रम (आईडीडीपी), गुणवत्ता एवं शुद्ध दुग्ध उत्पादन हेतु बुनियादी ढांचा सशक्तीकरण (एसआईक्यू एंड सीएमपी) और सहकारिता को सहयोग (एटूसी) एवं राष्ट्रीय मवेशी और भैंस प्रजनन कार्यक्रम जैसी तीन डेयरी विकास योजनाओं का विलय किया गया। इस योजना के दो घटक हैं (क) राष्ट्रीय गोजातीय प्रजनन कार्यक्रम (एनपीबीबी)। (ख) राष्ट्रीय डेयरी विकास कार्यक्रम (एनपीडीडी)। एनपीबीबी मैत्री (ग्रामीण भारत में बहु–प्रयोजन एआई तकनीशियन) के माध्यम से फील्ड एआई नेटवर्क के विस्तार पर ध्यान देगा और जो देश में मान्यता–प्राप्त देसी नस्लों के विकास और संरक्षण को प्रोत्साहित करेगा। एनपीडीडी राज्य कार्यान्वयन एजेंसियों (स्टेट मिल्क मार्केटिंग फेडरेशन व जिला सहकारी दुग्ध उत्पादक संघ) द्वारा दूध और दूध से बने उत्पादों के उत्पादन, खरीद, प्रसंस्करण और विपणन से संबंधित बुनियादी ढांचे के निर्माण और मानव संसाधन विकास संबंधी गतिविधियों जैसे डेयरी सहकारी समितियों से जुड़े उत्पादकों के प्रशिक्षण पर ध्यान केंद्रित करेगा।

12वीं योजना के दौरान एनपीबीबीडीडी के कार्यान्वयन के लिए 1,800 करोड़ रुपये का बजटीय प्रावधान है और इसके तहत 2015–16 के लिए 150 करोड़ रुपये की राशि प्रदान की गई है। इस राशि में से 74 करोड़ रुपये एनपीडीडी के घटक के तहत वित्तीय वर्ष 2015–16 के लिए आवंटित किए गए हैं।

एनपीडीडी के घटक के तहत मार्च 2015 तक चार राज्यों में 142.84 करोड़ रुपये की कुल लागत के साथ 15 नई परियोजनाओं को मंजूरी दी गई है। वर्ष 2014–15 के दौरान योजना के तहत मंजूर परियोजनाओं के कार्यान्वयन के लिए 89.97 करोड़ रुपये की राशि जारी की गई है जिसमें 41.52 करोड़ रुपये की राशि नई परियोजनाओं के लिए है।

राष्ट्रीय डेयरी योजना चरण–1

राष्ट्रीय डेयरी योजना की शुरुआत मार्च 2013 में की गई थी। इसका लक्ष्य दुधारू पशुओं की उत्पादकता बढ़ाना और संगठित दुग्ध प्रसंस्करण क्षेत्र तक ग्रामीण उत्पादकों की पहुंच बढ़ाना था। 14 प्रमुख दुग्ध उत्पादक राज्यों और छत्तीसगढ़ पर केंद्रित इस योजना को राष्ट्रीय डेयरी विकास बोर्ड (एनडीडीबी) द्वारा लागू किया जा रहा है। एनडीपी1 का कुल परिव्यय 2,242 करोड़ रुपये है, जिसमें 1,584 करोड़ रुपये का बाहरी अनुदान है और भारत सरकार का हिस्सा 176 करोड़ रुपये है।

डेयरी उद्यमिता विकास

दूध का उत्पादन बढ़ाने के लिए डेयरी क्षेत्र में निजी निवेश को बढ़ावा देने के उद्देश्य से सितंबर 2010 में डेयरी उद्यमिता विकास योजना (डीईडीएस) की शुरुआत की गई। इसका एक लक्ष्य स्वरोज़गार के अवसरों के जरिए गरीबी कम करना भी था। इस योजना को नाबार्ड के माध्यम से कार्यान्वित किया जा रहा है, जोकि वाणिज्यिक, सहकारी, शहरी और ग्रामीण बैंकों द्वारा ऋण प्राप्त वाणिज्यिक रूप से विश्वसनीय परियोजनाओं को वित्तीय सहायता प्रदान करता है। सामान्य वर्ग के लाभार्थियों को परियोजना लागत पर 25 प्रतिशत की सब्सिडी और अनुसूचित जाति और अनुसूचित जनजाति के लाभार्थियों को 33.33 प्रतिशत की सब्सिडी मिलती है। यह कुछ संशोधनों और 12वीं योजना के दौरान 1,400 करोड़ रुपये के बजट प्रावधान के साथ जारी है।

योजना के प्रारंभ से अब तक नाबार्ड ने लाभार्थियों को पूंजीगत सब्सिडी के रूप में 842.92 करोड़ रुपये की राशि वितरित की है।

राष्ट्रीय पशुधन मिशन

वर्ष 2014–15 और वर्ष 2015–16 से राष्ट्रीय पशुधन मिशन (एनएलएम) पशुधन क्षेत्र के सतत विकास के उद्देश्यों के साथ लागू किया गया। योजना के केंद्र में उत्तम चारे की उपलब्धता में सुधार करना, जोखिम कवरेज, प्रभावी विस्तार, कौशल विकास, ऋण के प्रवाह में सुधार और पशुपालकों आदि को संगठित करना है। अन्य उद्देश्यों में जुगाली करने वाले छोटे पशुओं, सुअर पालन और कुक्कुट का विकास शामिल है। इसके तहत राज्यों में फार्मों का आधुनिकीकरण किया जाएगा। उनमें स्वचालन और जैव सुरक्षा की ओर ध्यान दिया जाएगा, जिससे बकरी, भेड़, सुअरों और मुर्गियों की बेहतर नस्ल तैयार की जा सके। इसके अतिरिक्त बीपीएल परिवारों को घर के पिछवाड़े मुर्गीपालन और समुदाय आधारित प्रजनन सुधार कार्यक्रम चलाने के संबंध में प्रोत्साहित किया जाएगा, जिससे उत्पादकता में वृद्धि हो। इसी प्रकार उद्यमिता विकास और रोज़गार सृजन के तहत जुगाली करने वाले छोटे पशुओं, सुअर पालन और मुर्गीपालन एवं संबद्ध गतिविधियों का प्रावधान है, जिसके लिए किसानों को सब्सिडी दी जाएगी।

पशुधन विकास पर उप-मिशन

भेड़ और बकरी विकास

पशु गणना 2012 के अनुसार, देश में लगभग 650.70 लाख भेड़ें और 1,352 लाख बकरियां हैं। देश के लगभग पचास लाख परिवार जुगाली करने वाले छोटे पशुओं (भेड़ और बकरियों) के पालन और अन्य संबंधित गतिविधियों में संलग्न हैं।

केंद्रीय भेड़ प्रजनन फार्म

हिसार में स्थित केंद्रीय भेड़ प्रजनन फार्म जलवायु के अनुकूल उत्तम विदेशी/संकर नस्ल की भेड़ों का उत्पादन करता है। यह फार्म विभिन्न राज्य एजेंसियों और किसानों को नर भेड़ों की आपूर्ति करता है।

संकटग्रस्त नस्लों का संरक्षण

जुगाली करने वाले छोटे पशुओं, घोड़ों, सुअर और झुंड में रहने वाले पशुओं की खालिस नस्लों की संख्या में लगातार गिरावट आई है। कुछ नस्लों में तो पशुओं की संख्या 10 हजार से भी कम है जिसके कारण उन्हें 'संकटग्रस्त नस्ल' की श्रेणी में रख दिया गया है। ऐसी नस्लों के संरक्षण के लिए 10वीं पंचवर्षीय योजना के दौरान 15 करोड़ रुपये के परिव्यय के साथ केंद्र प्रायोजित एक योजना की शुरुआत की गई। योजना के तहत सौ प्रतिशत केंद्रीय सहायता के माध्यम से फार्म/प्रजनन तंत्र में किसानों की इकाइयां स्थापित की गईं। इन संरक्षण योजनाओं को राज्य सरकारों, विश्वविद्यालयों और गैर-सरकारी संगठनों द्वारा लागू किया जा रहा है। 10वीं पंचवर्षीय योजना अवधि के दौरान 27 नस्लों के लिए संरक्षण परियोजनाओं को संचालित किया गया।

जुगाली करने वाले छोटे पशुओं और खरगोशों का एकीकृत विकास

11वीं पंचवर्षीय योजना के तहत 2009 में इस केंद्रीय योजना को 134.825 करोड़ रुपये के आवंटन के साथ मंजूरी दी गई। वर्ष 2012-13 के दौरान इस योजना के तहत 15 करोड़ रुपये का आवंटन किया गया। इस योजना के तहत नाबार्ड के जरिए उद्यम पूंजी के साथ जुगाली करने वाले पशुओं के गहन विकास के लिए क्लस्टर बनाने और राज्य कार्यान्वयन एजेंसी के जरिए बुनियादी ढांचे के विकास और संस्थागत पुनर्गठन की परिकल्पना की गई। वर्ष 2014-15 के दौरान इस योजना को राष्ट्रीय पशुधन मिशन (घटक (III)- पशुधन विकास पर उप-मिशन के तहत जुगाली करने वाले छोटे पशुओं और खरगोशों का एकीकृत विकास) के अंतर्गत लाया गया।

मांस और सुअर विकास

सुअर पालन का कार्य समाज के सबसे निचले सामाजिक-आर्थिक तबके की आजीविका का साधन है, जिनके पास वैज्ञानिक तरीके से इस गतिविधि को संचालित करने के साधन मौजूद नहीं हैं, उनके पास सुअरों के बेहतर स्टॉक, उचित आवास, भोजन और प्रबंधन के साधन नहीं होते। इसलिए भारतीय सुअर उद्योग के आधुनिकीकरण और छोटे आकार के ग्रामीण सुअरों की उत्पादकता बढ़ाने के लिए यह जरूरी है कि वैज्ञानिक तरीके से सुअरों के प्रजनन और पालन को लोकप्रिय बनाने के लिए वित्तीय प्रावधान किए जाएं। राष्ट्रीय पशुधन मिशन की घटक योजना उद्यमिता विकास और रोज़गार सृजन (ईडीईजी) वैज्ञानिक तरीकों को अपनाकर और बुनियादी ढांचे के निर्माण के माध्यम से सुअरों के वाणिज्यिक पालन को प्रोत्साहित करती है। मिशन प्रजनन के मौजूदा बुनियादी ढांचे को मजबूत करने के लिए राज्य सुअर प्रजनन फार्मों का सहयोग करता है।

जोखिम प्रबंधन

राष्ट्रीय पशुधन मिशन के पशुधन विकास पर उप-मिशन के एक घटक के रूप में 'जोखिम प्रबंधन' को देश के सभी जिलों में लागू किया जाएगा, जिसमें वे भविष्य में निर्धारित किए जाने वाले जिले भी शामिल हैं। इस घटक का उद्देश्य पशुओं की मृत्यु पर किसानों को होने वाले नुकसान की स्थिति में संरक्षण प्रदान करते हुए जोखिम और अनिश्चितता का प्रबंधन और लोगों को पशुधन बीमा के फायदों से अवगत कराना है। इसके तहत देसी/संकर दुधारू पशु, झुंड में रहने वाले पशु (घोड़े, गधे, खच्चर, ऊंट, टट्टू और मवेशी/नर भैंस) और अन्य पशु (बकरी, भेड़, सुअर, खरगोश, याक, मिथुन आदि) शामिल हैं। सब्सिडी का लाभ 5 पशु प्रति लाभार्थी प्रति परिवार तक सीमित है, जबकि भेड़, बकरी, सुअर और खरगोश के लिए लाभ 5 मवेशी इकाई तक सीमित है (1 मवेशी इकाई = 10 भेड़/बकरी/सुअर/खरगोश)। इसलिए भेड़, बकरी, सुअर और खरगोश पर सब्सिडी का लाभ 5 मवेशी इकाई प्रति लाभार्थी प्रति परिवार तक सीमित है।

फिर भी, अगर एक लाभार्थी के पास 5 से कम पशु हैं तो 1 मवेशी इकाई पर सब्सिडी का लाभ उपलब्ध है।

जोखिम प्रबंधन और बीमा घटक में अनुदान के रूप में केंद्रीय कोष से निम्नलिखित भुगतानों की परिकल्पना की गई है (क) आगे दी गई तालिका के अनुसार सब्सिडी, (ख) पशु चिकित्सकों को मानदेय का शत प्रतिशत भुगतान और (ग) शत प्रतिशत प्रचार। फिर भी एक लाभार्थी भेड़, बकरी, सुअर और खरगोश को छोड़कर सभी जानवरों के लिए सब्सिडी का लाभ उठाए बिना पूरा प्रीमियम देकर 5 से अधिक पशुओं का बीमा करा सकता है। इसी प्रकार एक लाभार्थी भेड़, बकरी, सुअर और खरगोश के लिए सब्सिडी का लाभ उठाए बिना पूरे प्रीमियम का भुगतान करके अधिक से अधिक 5 मवेशी इकाइयों का बीमा करा सकता है।

तालिका : 3

जोखिम प्रबंधन के पशुधन विकास घटक पर उप-मिशन के तहत अनुदान का पैटर्न

जोखिम प्रबंधन के घटक		
क्र.सं.	**घटक**	**सहायता का पैटर्न**
1.	(जोखिम प्रबंधन (सीएसएस) एक वर्ष की नीति के लिए प्रीमियम दर- सामान्य क्षेत्रों में- 3 प्रतिशत, पूर्वोत्तर/पहाड़ी क्षेत्रों/ एलडब्ल्यूई से प्रभावित क्षेत्रों में-3.5 प्रतिशत और दुर्गम क्षेत्रों में-4.0 प्रतिशत	सामान्य क्षेत्रों में एपीएल के लिए केंद्र की हिस्सेदारी 25 प्रतिशत, राज्य की हिस्सेदारी 25 प्रतिशत और लाभार्थी की हिस्सेदारी 50 प्रतिशत तथा बीपीएल/अनुसूचित जाति/अनुसूचित जनजाति के लिए केंद्र की हिस्सेदारी 40 प्रतिशत, राज्य की हिस्सेदारी 30 प्रतिशत और लाभार्थी की हिस्सेदारी 30 प्रतिशत।
	तीन वर्ष की नीति के लिए प्रीमियम दर- सामान्य क्षेत्रों में-7.5 प्रतिशत, पूर्वोत्तर/पहाड़ी क्षेत्रों/ एलडब्ल्यूई से प्रभावित क्षेत्रों में- 9.0 प्रतिशत और दुर्गम क्षेत्रों में-10.5 प्रतिशत)	पूर्वोत्तर/पहाड़ीक्षेत्रों/ एलडब्ल्यूई से प्रभावित क्षेत्रों में एपीएल के लिए केंद्र की हिस्सेदारी 35 प्रतिशत, राज्य की हिस्सेदारी 25 प्रतिशत और लाभार्थी की हिस्सेदारी 40 प्रतिशत तथा बीपीएल/अनुसूचित जाति/अनुसूचित जनजाति के लिए केंद्र की हिस्सेदारी 50 प्रतिशत, राज्य की हिस्सेदारी 30 प्रतिशत और लाभार्थी की हिस्सेदारी 20 प्रतिशत।
		दुर्गम क्षेत्रों में एपीएल के लिए केंद्र की हिस्सेदारी 45प्रतिशत, राज्य की हिस्सेदारी 25 प्रतिशत और लाभार्थी की हिस्सेदारी 30 प्रतिशत तथा बीपीएल/अनुसूचित जाति/अनुसूचित जनजाति के लिए केंद्र की हिस्सेदारी 60 प्रतिशत, राज्य की हिस्सेदारी 30 प्रतिशत और लाभार्थी की हिस्सेदारी 10 प्रतिशत।

कार्यान्वयन एजेंसियां

पशुपालन, डेयरी और मत्स्यपालन विभाग (डीएडीएफ) राष्ट्रीय पशुधन मिशन के पशुधन विकास के उप मिशन के घटक के रूप में केंद्र प्रायोजित जोखिम प्रबंधन और बीमार प्रबंधन को लागू कर रहा है। इसे एसआईएएस जैसे राज्य पशुधन विकास बोर्ड/एजेंसी के जरिए लागू किया जाता है, जोकि मवेशी और भैंसों के प्रजनन की राष्ट्रीय परियोजना को लागू कर रही हैं। जिन राज्यों/केंद्रशासित प्रदेशों में एसआईएएस नहीं हैं, यह योजना राज्य/केंद्रशासित पशुपालन विभागों के माध्यम से लागू की जाती है।

कुक्कुट विकास

कुक्कट पशुपालन के सबसे तेजी से विकसित होते उपक्षेत्रों में से एक है जिसमें हर वर्ष अंडों की वार्षिक वृद्धि दर 6 प्रतिशत के करीब है।

एवियन इंफ्लूएंजा के बावजूद, जोकि इस उद्योग के लिए एक बड़ा झटका था, उपलब्धियां और विकास बरकरार रहे, जो कि कुक्कुट क्षेत्र की समुत्थान शक्ति, निजी क्षेत्र की दृढ़ता और सरकार द्वारा समय रहते किए गए हस्तक्षेप को प्रदर्शित करता है। कुक्कुट फार्म में बीमारी की रोकथाम के उपाय करने के लिए जैवसुरक्षा के सामान्य दिशानिर्देशों को संकलित और सभी राज्यों में वितरित किया गया है।

प्रजनन के बुनियादी ढांचे का आधुनिकीकरण और विकास

केंद्रीय कुक्कुट विकास संगठन

चार क्षेत्रों चंडीगढ़, भुवनेश्वर, मुंबई और हेसराघत्ता में स्थित केंद्रीय कुक्कुट विकास संगठन (सीपीडीओ) कुक्कुट पालन के संबंध में सरकार की नीतियों के कार्यान्वयन में अहम भूमिका निभा रहे हैं। इन संगठनों का कार्य विशेष रूप से कुक्कुट उत्पादन में सुधार करना है और इन्होंने चारा खपत और कुक्कुट के वजन में बढ़ोतरी के मामले में चारा रूपांतरण अनुपात में व्यापक सुधार किया है। एक मुर्गी प्रतिवर्ष औसतन 180-200 अंडे देती है। इन संगठनों में किसानों को अपने तकनीकी कौशल को उन्नत करने के लिए प्रशिक्षण दिया जाता है। हेसराघत्ता स्थित संगठन देश के अतिरिक्त विदेशी प्रशिक्षकों को प्रशिक्षित करने का कार्य भी करता है। इन संगठनों में विश्लेषणात्मक पशु और कुक्कुट चारा परीक्षण भी किया जाता है। संगठन कुक्कुट के अतिरिक्त दूसरी नस्लों जैसे- बत्तख, जापानी बटेर आदि के विविधीकरण का कार्य भी करते हैं। गुरुग्राम स्थित केंद्रीय कुक्कुट प्रदर्शन परीक्षण केंद्र में लेयर और बॉयलर किस्मों पर परीक्षण किया जाता है। यह केंद्र देश में उपलब्ध विभिन्न आनुवंशिक स्टॉक से संबंधित मूल्यवान जानकारी देता है।

प्रजनन के बुनियादी ढांचे का सुदृढ़ीकरण

इसका उद्देश्य राज्यों में स्थित मौजूदा कुक्कुट फार्मों को सशक्त करना है जिससे फार्मों के क्षमता निर्माण के जरिए जमीनी स्तर पर शोध संस्थानों/प्रयोगशालाओं से उपयुक्त जर्मप्लाज्म का प्रवाह बना रहे और तकनीकी सेवाएं प्रदान की जा सकें। इसके अतिरिक्त कुक्कुट प्रणाली के विभिन्न प्रकारों, जिसमें अनुपूरक आय सृजन और परिवारी पोषण शामिल है, के लिए जमीनी स्तर पर अनेक कार्य किए जा सकें। इस संबंध में सभी राज्यों/केंद्र शासित प्रदेशों को 75 प्रतिशत केंद्रीय सहायता प्रदान की जाती है। फार्मों के दीर्घकालिक स्थायित्व और सुचारु रखरखाव के लिए संचालन/परिचालन फंड एक बार दिया जाता है।

उत्पादकता बढ़ाने की दिशा में पहल

ग्रामीण बैकयार्ड कुक्कुट विकास

इस घटक के तहत घर के आंगन में ही मुर्गीपालन करने वाले बीपीडी परिवारों को अनुपूरक आय और पोषण प्रदान करने की परिकल्पना की गई है। इस कार्यक्रम के तहत अब तक 1.45 लाख बीपीडी लाभार्थियों को वित्तीय सहायता दी गई है।

उत्तर-पूर्वी क्षेत्र में सुअर विकास पर उप-मिशन

पूर्वोत्तर राज्यों से लगातार क्षेत्र में सुअरों के सर्वांगीण विकास हेतु सहायता की मांग की जाती रही है, इसलिए पूर्वोत्तर क्षेत्र में सुअर विकास राष्ट्रीय पशुधन मिशन के एक उप-मिशन के रूप में लागू किया जा रहा है।

उप-मिशन पूर्वोत्तर क्षेत्र में सुअरों के समग्र विकास के लिए उचित उपायों के माध्यम से अनुसंधान और विकास संगठनों के बीच समन्वय कायम करने का प्रयास कर रहा है, जिसमें आनुवंशिक सुधार और स्वास्थ्य भी शामिल हैं।

चारा और चारा विकास पर उप-मिशन

इस योजना के तहत फसल उपरांत तकनीकों का प्रयोग करते हुए चारे की बुआई और संरक्षण को में मदद दी जा रही है। इसके अतिरिक्त बीज प्रतिस्थापन परिदृश्य में सुधार करने के लिए इस विभाग ने पिछले दो वर्षों से अपने आठ क्षेत्रीय चारा स्टेशनों में ब्रीडर बीज से फाउंडेशन बीजों का उत्पादन शुरू किया है। फाउंडेशन बीज से प्रमाणित बीजों के उत्पादन के लिए इस विभाग ने 'चारा बीज खरीद और वितरण' की शुरुआत की है। इस कार्यक्रम के तहत राज्यों को क्षेत्रीय स्टेशनों पर फाउंडेशन बीजों के उत्पादन के बाद अधिक बीज उत्पादन करने का प्रस्ताव दिया गया है जो कि प्रमाणित बीजों के उत्पादन के एक ही अधिमानतः प्रबंधन के अंतर्गत मिल्क फेडरेशन, डेयरी सहकारिता और प्रगतिशील किसानों के माध्यम से कार्य कर सकते हैं। इसके लिए राज्यों को चारा बीज उत्पादन व खरीद और वितरण के तहत सहायता प्रदान की जा रही है।

कौशल विकास, प्रौद्योगिकी हस्तांतरण और विस्तार पर उप-मिशन

यह घटक विस्तार, शिक्षण, पशुधन के उत्पादन, विस्तार से संबंधित सामग्री प्रदान करेगा। राज्य के लिए आईईसी कार्यक्रम को प्रत्येक जिले और ब्लॉक की विशिष्टताओं के अनुरूप अंतिम रूप दिया जाएगा। ज्ञान आधारित विकास के तहत पशुपालकों की विविध आवश्यकताओं के मद्देनजर शिक्षण प्रदान किया जाना चाहिए। उन्हें न केवल उत्पादन प्रक्रियाओं पर, बल्कि समग्र पशुधन-व्यापार, उत्पादन प्रणालियों, अनुसंधान संस्थानों, विकास से संबंधित विभागों के कार्यक्रमों और योजनाओं, गुणवत्ता प्रमाणन और रिपोर्टिंग प्रक्रियाओं, ग्रेडिंग, पैकेजिंग, भंडारण, परिवहन और असीमित सहयोगियों के साथ विभिन्न स्तरों पर इंटरफेस सहित घरेलू एवं निर्यात बाज़ारों की दूसरी जरूरतों को ध्यान में रखते हुए प्रशिक्षित किया जाना चाहिए। सूचना संचार प्रौद्योगिकी (आईसीटी) और दूरसंचार नेटवर्क के विकास ने सूचना तंत्र, ज्ञान समुच्चय और सेवाओं के सृजन का मार्ग प्रशस्त किया है, जिसका इस उद्देश्य के लिए वृहद प्रयोग किया जा सकता है।

मत्स्य पालन

भारत दुनिया में दूसरा सबसे बड़ा मछली उत्पादक देश है। दुनिया के कुल मछली उत्पादन में भारत का प्रतिशत 5.68 प्रतिशत है। भारत मछली पालन के जरिए मछली उत्पादन करने वाला प्रमुख देश है और चीन के बाद दुनिया में उसका दूसरा स्थान है। मत्स्य पालन भारत में कृषि और संबंधित गतिविधियों के सबसे संभावनापूर्ण क्षेत्रों में से एक है। 12वीं पंचवर्षीय योजना के दौरान इस क्षेत्र में समग्र विकास दर 6 प्रतिशत रही।

भारत के पास ऐसे व्यापक जलीय संसाधन मौजूद हैं, जिनमें सतत उपयोग के लिए विविध मत्स्य जीवों का भंडार है। हमारे देश में मछलियों की 2,200 प्रजातियां पायी जाती हैं, जोकि विश्व स्तर पर उपलब्ध प्रजातियों की 11 प्रतिशत हैं। इन प्रजातियों में से 24.7 प्रतिशत गर्म मीठे पानी में, 3.3 प्रतिशत ठंडे पानी में, 6.5 प्रतिशत नदी के मुहानों पर और बाकी 65.5 प्रतिशत समुद्र में पाई जाती हैं।

अंतर्देशीय मत्स्य पालन और एक्वाकल्चर

जलजीव पालन (एक्वाकल्चर) विश्व में तेजी से बढ़ता खाद्य उत्पादन क्षेत्र है, जिसमें हर वर्ष 7 प्रतिशत की वृद्धि हो रही है। कुल मछली उत्पादन और एक्वाकल्चर से किए जाने वाले मछली उत्पादक देशों में भारत

दूसरा सबसे बड़ा देश है। मछली और मत्स्य उत्पादों की बढ़ती मांग को एक्वाकल्चर और जलाशयों में कल्चर आधारित अधिग्रहित मछली पालन से पूरा किया जा रहा है, क्योंकि दुनिया में अधिग्रहित मछली पालन का विकास उतनी तेजी से नहीं हो रहा है।

समुद्री मत्स्य पालन

देश में समुद्री मत्स्य संसाधनों के क्षेत्र में प्रौद्योगिकीय नवाचारों और ऐसे प्रबंधन मानदंडों की जरूरत है जोकि आजीविका के मुद्दों और संसाधन संरक्षण संबंधी चिंताओं के बीच सामंजस्य बैठा सकें। पिछले एक दशक में समुद्री अधिग्रहीत मत्स्य पालन से मछली का विश्वव्यापी उत्पादन धीरे-धीरे स्थिर हो गया है और कई कंपनियों के शेयरों का दोहन कर लिया गया है या उनसे अधिकतम लाभ प्राप्त किया जा चुका है।

चालू योजनाएं

(i) अंतर्देशीय मत्स्य पालन और एक्वाकल्चर का विकास, (ii) समुद्री मत्स्य, बुनियादी ढांचा और फसल उपरांत संचालन का विकास, (iii) मछुआरों के कल्याण की राष्ट्रीय योजना, (iv) मत्स्य पालन क्षेत्र के लिए डेटाबेस और भौगोलिक सूचना प्रणाली का सुदृढ़ीकरण, (v) मत्स्य संस्थानों के लिए सहायता, (vi) राष्ट्रीय मत्स्य विकास बोर्ड और (vii) तटीय मछुआरों को बायोमीट्रिक पहचान कार्ड जारी करना।

नील क्रांति

देश में मत्स्य पालन और एक्वाकल्चर के विकास हेतु मत्स्य पालन क्षेत्र की सभी मौजूदा योजनाओं को नील क्रांति के अंतर्गत लाया गया है। नील क्रांति जलजीवों का उत्पादन और उत्पादकता बढ़ाने के लिए देश में मत्स्य पालन और एक्वाकल्चर क्षेत्र के विकास और प्रबंधन की दिशा में की गयी एकीकृत और समग्र पहल का नाम है।

पशु स्वास्थ्य

पशुधन क्षेत्र राष्ट्रीय अर्थव्यवस्था और देश के सामाजिक-आर्थिक विकास में महत्वपूर्ण भूमिका निभाता है। पशुधन क्षेत्र में विकास की अपार क्षमता है। फिर भी इस क्षेत्र के विकास में सबसे बड़ी बाधा बड़े पैमाने पर पशुओं की बीमारियां जैसे- पैर और मुंह में होने वाला रोग (एफएमडी),पीपीआर, ब्रूसिलोसिस, एवियन इंफ्लूएंजा आदि हैं, जो पशुधन उत्पादकता को प्रभावित करती हैं। इन बीमारियों से पशु बीमार होते हैं या उनकी मौत हो जाती है जिसके फलस्वरूप उत्पादन में कमी आती है। इसलिए पशुओं के स्वास्थ्य की समस्या से निपटने, घाटे को कम करने और पशुओं से अधिकतम लाभ प्राप्त करने के लिए पशु मालिकों को सक्षम बनाने हेतु भारत सरकार राज्य सरकारों को पशु रोगों की रोकथाम और नियंत्रण के लिए केंद्र प्रायोजित योजना पशु स्वास्थ्य और रोग नियंत्रण (एलएच एंड डीसी) के विभिन्न घटकों के तहत सहायता प्रदान करती है। अब इसे पशु चिकित्सा सेवा और पशु स्वास्थ्य के नये नाम से चलाया जा रहा है।

बीमारियों को नियंत्रित करने के लिए समयबद्ध तरीके से बीमारियों की जानकारी देने हेतु एक ऑनलाइन प्रणाली की शुरुआत की गई है जिससे तत्काल कार्रवाई की जा सके। इसके तहत प्रत्येक तालुका/जिला और राज्य मुख्यालय को नई दिल्ली स्थित डीएडीएफ की केंद्रीय रोग निगरानी इकाई के साथ जोड़ा गया है।

पशु स्वास्थ्य और रोग नियंत्रण योजना के कार्यान्वयन की कई बड़ी उपलब्धियां हैं। ओआईई द्वारा मई 2007 में भारत को संक्रामक गोजातीय प्लूरा-न्यूमोनिया (सीबीपीपी) के संक्रमण से मुक्त देश घोषित

किया गया था। इसके बाद हर साल इस स्थिति को बरकरार रखा गया। विश्व पशु स्वास्थ्य संगठन (ओआईई) द्वारा मई 2010 में भारत बोवाइन स्पॉन्जिफॉर्म एनसेफेलोपैथी (बीएसई) के लिए नगण्य जोखिम वाले देश के रूप में वर्गीकृत किया गया। बीएसई के लिए नगण्य जोखिम की स्थिति को हर साल बरकरार रखा जा रहा है। खुर और मुंह में होने वाले रोगों के नियंत्रण के कार्यक्रम (एफएमडी-सीपी) को अब 351 जिलों में चलाया जा रहा है। यह निर्णय भी लिया गया है कि धन और टीके की उपलब्धता के मद्देनजर 12वीं योजना के दौरान पूरे देश में एफएमडी-सीपी को चलाया जाएगा। पेस्ते दस पेटिट्स रूमिनेंट कंट्रोल प्रोग्राम (पीपीआर-सीपी), जोकि दक्षिणी राज्यों में लागू किया गया था, फरवरी 2014 से पूरे देश में चलाया जा रहा है। सभी राज्यों में नियोजित नियंत्रण कार्यक्रम के कार्यान्वयन के साथ यह उम्मीद की जाती है कि इस रोग पर काबू पा लिया जाएगा और अंततः इसका उन्मूलन हो जाएगा। देश में विभिन्न पशुओं और पशुधन उत्पादों के आयात के कारण फैलने वाली विदेशी बीमारियों की रोकथाम के लिए देश में संगरोध यानी क्वारेंटाइन को मजबूती दी जा रही है। राज्यों/केंद्र शासित प्रदेशों द्वारा उत्तम पशु स्वास्थ्य सेवा प्रदान करने हेतु पशु चिकित्सा के बुनियादी ढांचे को मजबूत करने के लिए अगस्त 2010 में नए पशु चिकित्सालय और दवाखाने खोले गए और मौजूदा सेवाओं को सशक्त बनाया गया। राज्यों ने इस कार्यक्रम का स्वागत किया और कार्यक्रम के तहत अब तक 3,419 पशु चिकित्सालयों और 4,169 पशु दवाखानों के निर्माण/नवीकरण हेतु मदद दी गयी है। प्रयोगशाला संबंधी बुनियादी ढांचे को मजबूत करने के लिए विभाग ने पूर्व निर्मित जैव सुरक्षा स्तर III (बीएसएल तृतीय) की चार प्रयोगशालाओं की स्थापना की है (कोलकाता, जालंधर, बरेली और बंगलुरु में एक-एक)। एक मोबाइल बीएसएल तृतीय प्रयोगशाला एनईआरडीडीएल असम में गुवाहाटी में उपलब्ध है। 23 राज्यस्तरीय रोग निदान प्रयोगशालाओं को बीएसएल द्वितीय स्तर पर उन्नत किया जा रहा है, जिनमें 18 चालू हैं, जबकि शेष का निर्माण विभिन्न चरणों में है।

5 संस्कृति और पर्यटन

संस्कृति मंत्रालय प्राचीन सांस्कृतिक विरासत का परिरक्षण एवं संरक्षण तथा देश में मूर्त एवं अमूर्त दोनों तरह की कला एवं संस्कृति के संवर्धन का कार्य करता है। इसके प्रशासनिक ढांचे में मंत्रालय के विभिन्न ब्यूरो और डिवीजन शामिल हैं, जिनका प्रमुख सचिव होता है। मंत्रालय में दो संबद्ध, छह अधीनस्थ कार्यालय तथा पैंतीस स्वायत्त संगठन हैं, जोकि पूर्णत: सरकार द्वारा वित्त पोषित हैं। सात क्षेत्रीय सांस्कृतिक केंद्र हैं जो मुख्यत: विभिन्न क्षेत्रों की लोककलाओं एवं पारंपरिक कलाओं पर कार्य करते हैं। मंत्रालय के अंतर्गत राष्ट्रीय पांडुलिपि मिशन, राष्ट्रीय स्मारक एवं पुरावस्तु मिशन, राष्ट्रीय पुस्तकालय मिशन तथा गांधी विरासत स्थल मिशन नामक चार मिशन भी हैं।

मोटे तौर पर यह मंत्रालय सभी प्रकार की सांस्कृतिक विरासत यथा- मूर्त विरासत, अमूर्त विरासत तथा ज्ञान विरासत के संरक्षण , विकास और उन्नयन का कार्य कर रहा है। इसके अतिरिक्त मंत्रालय गांधी-विरासत, महत्वपूर्ण ऐतिहासिक अवसरों तथा महान व्यक्तित्वों की शताब्दियां मनाने के दायित्व का भी निर्वहन भी करता है। मूर्त विरासत के क्षेत्र में मंत्रालय राष्ट्रीय महत्व के केंद्र संरक्षित स्मारकों का भारतीय पुरातत्व सर्वेक्षण के माध्यम से रखरखाव करता है। इसी प्रकार यह मंत्रालय देश में संग्रहालय आंदोलन को भी बढ़ावा दे रहा है तथा अधिकांश संग्रहालय इसके प्रशासनिक नियंत्रण में हैं। मंत्रालय अनुदान देकर क्षेत्रीय संग्रहालयों को भी प्रोत्साहन देता है।

मंत्रालय अमूर्त विरासत के क्षेत्र में दृश्य एवं साहित्यिक कलाओं के निष्पादन में लगे व्यक्तियों के समूह और सांस्कृतिक संगठनों को वित्तीय समर्थन देता है। इसी तरह, मंत्रालय साहित्य अकादमी और संगीत नाटक अकादमी जैसे संस्थानों द्वारा कला और संस्कृति के क्षेत्र में दिए जाने वाले पुरस्कारों के माध्यम से उत्कृष्टता को महत्व प्रदान करने के कार्य में लगा है। राष्ट्रीय नाट्य विद्यालय हमारी परंपराओं और सांस्कृतिक विभिन्नताओं के अनुरूप समसामयिक महत्व के जीवंत नाट्य आंदोलन को बढ़ावा देने में लगा है।

मंत्रालय ज्ञान विरासत के क्षेत्र में देश की सभी प्रमुख पुस्तकालयों का संरक्षक है। पुस्तकालय विकास हेतु यह अनुदान देता है तथा पुस्तकालय विकास संबंधी सभी नीतिगत मामलों के लिए भी उत्तरदायी है। मंत्रालय भारतीय राष्ट्रीय अभिलेखागार के माध्यम से देश के सभी अभिलेखीय रिकार्डों के रखरखाव के लिए उत्तरदायी है।

मंत्रालय लेह और सारनाथ स्थित विभिन्न संस्थाओं के माध्यम से बौद्ध और तिब्बती संस्कृति के संरक्षण और प्रोन्नति के काम में भी लगा है। भारतीय तथा एशियाई कला और संस्कृति के क्षेत्र में उत्कृष्टता चाहने वालों के लिए मंत्रालय के पास सुनियोजित क्षमता निर्माण कार्यक्रम है। इस संबंध में पुरातत्व विज्ञान विद्यालय, अभिलेखागार विद्यालय, राष्ट्रीय इतिहास एवं कला संस्थान, मौलाना अबुल कलाम आजाद एशियाई अध्ययन संस्थान जैसी संस्थाएं उल्लेखनीय हैं। राष्ट्रीय नाट्य विद्यालय और

कलाक्षेत्र फाउंडेशन द्वारा चलाए जा रहे विभिन्न पाठ्यक्रम क्षमता निर्माण के मंत्रालय के प्रयासों के कुछ उदाहरण हैं।

संस्कृति के क्षेत्र में यूनेस्को की विभिन्न संधियों के क्रियान्वयन के लिए भी संस्कृति मंत्रालय उत्तरदायी है तथा वर्तमान में 130 संधि/समझौता-पत्र हैं। अभी 59 वैध सांस्कृतिक विनियम कार्यक्रम (सीईपी) हैं जिनमें से 18 सीईपी वित्तीय वर्ष 2015-16 के दौरान मंगोलिया, अल्जीरिया, बांग्ला देश, उज्बेकिस्तान, क्रिगिस्तान, ताज़िकिस्तान, रूस, बुल्गारिया, इंडोनेशिया, मलेशिया, सिंगापुर, फिलीपींस, जॉर्डन, इज़राइल, फ्रांस, ऑस्ट्रेलिया, संयुक्त अरब अमीरात और लिथुएनिया के साथ हस्ताक्षर किए गए हैं।

अमूर्त सांस्कृतिक विरासत

ललित कला अकादमी

भारतीय कला के प्रति देश-विदेश में समझ बढ़ाने और प्रचार-प्रसार के लिए सरकार ने नई दिल्ली में 5 अगस्त, 1954 को ललित कला अकादमी (नेशनल अकादमी ऑफ आर्ट्स) की स्थापना की थी। अकादमी के लखनऊ, कोलकाता, चेन्नई, गढ़ी (नई दिल्ली), शिमला और भुवनेश्वर में क्षेत्रीय केंद्र हैं जिन्हें राष्ट्रीय कला केंद्र के नाम से जाना जाता है। इन केंद्रों पर पेंटिंग, मूर्तिकला, प्रिंट-निर्माण और चीनी मिट्टी की कलाओं के विकास के लिए कार्यशाला सुविधाएं उपलब्ध हैं।

अकादमी हर वर्ष समसामयिक भारतीय कलाओं की प्रदर्शनियां आयोजित करती है। 50-50 हज़ार रुपये के 15 राष्ट्रीय पुरस्कार भी प्रदान किए जाते हैं। अकादमी समकालीन कला पर हर तीन वर्ष में एक बार नई दिल्ली में इंडिया त्रिनाले नामक त्रिवार्षिक अंतरराष्ट्रीय प्रदर्शनी का आयोजन करती है। 1955 से अकादमी 52 राष्ट्रीय कला प्रदर्शनियां आयोजित कर चुकी है, जिनमें 545 कलाकारों को राष्ट्रीय पुरस्कार प्रदान किए जा चुके हैं। विदेशों में भारतीय कला के प्रचार-प्रसार के लिए अकादमी अंतरराष्ट्रीय द्वि-वार्षिक और त्रिवार्षिक प्रदशर्नियों में नियमित रूप से भाग लेती है और अन्य देशों की कलाकृतियों की प्रदर्शनियां भी आयोजित करती है। देश के कलाकारों का अन्य देशों के कलाकारों के साथ मेल-मिलाप और तालमेल बढ़ाने के उद्देश्य से अकादमी भारत सरकार के सांस्कृतिक आदान-प्रदान कार्यक्रमों और समझौतों के अंतर्गत कलाकारों को एक-दूसरे के यहां भेजने की व्यवस्था करती है।

ललित कला अकादमी कला संस्थाओं/संगठनों को मान्यता प्रदान करती है और इन संस्थाओं के साथ-साथ राज्यों की अकादमियों को आर्थिक सहायता देती है। यह क्षेत्रीय केंद्रों के प्रतिभावान युवा कलाकारों को छात्रवृत्ति भी प्रदान करती है। अपने प्रकाशन कार्यक्रम के तहत अकादमी समकालीन भारतीय कलाकारों की रचनाओं पर हिंदी और अंग्रेजी में मोनोग्राफ और समकालीन पारंपरिक तथा जनजातीय और लोक कलाओं पर जाने-माने लेखकों और कला आलोचकों द्वारा लिखित पुस्तकें प्रकाशित करती है। अकादमी *ललित कला कंटेंपरेरि* (अंग्रेज़ी), *ललित कला एनशिएंट* (अंग्रेजी) तथा हिंदी में *समकालीन कला* नामक अर्द्धवार्षिक कला पत्रिकाएं भी प्रकाशित करती है। इसके अलावा, अकादमी समय-समय पर समकालीन पेंटिंग्स और ग्राफिक्स की विशाल आकार की बहुरंगी प्रतिकृतियां भी निकालती है। अकादमी ने अनुसंधान और अभिलेखन का नियमित कार्यक्रम भी शुरू किया है। भारतीय समाज और संस्कृति के विभिन्न समसामयिक पहलुओं से संबंधित परियोजनाओं पर काम करने के लिए अकादमी विद्वानों को आर्थिक सहायता देती है।

वेबसाइटः www.lalitkala.gov.in

संगीत नाटक अकादमी

संगीत नाटक अकादमी संगीत, नृत्य और नाटक की राष्ट्रीय अकादमी है जिसकी आधुनिक भारत के निर्माण में अग्रणी भूमिका है। 1945 में बंगाल की एशियाटिक सोसायटी ने प्रस्ताव रखा था कि एक राष्ट्रीय संस्कृति न्यास (नेशनल कल्चरल ट्रस्ट) बनाया जाए जिसमें तीन अकादमियां– नृत्य, नाटक एवं संगीत अकादमी, साहित्य अकादमी और कला एवं वास्तुकला अकादमी सम्मिलित हों। इस तरह स्वतंत्रता के पश्चात तीन राष्ट्रीय अकादमियों के सृजन मार्ग प्रशस्त हुए।

31 मई, 1952 को तत्कालीन शिक्षा मंत्री मौलाना अबुल क़लाम आज़ाद के हस्ताक्षर से पारित प्रस्ताव से सबसे पहले नृत्य, नाटक और संगीत के लिए राष्ट्रीय अकादमी के रूप में संगीत नाटक अकादमी की स्थापना हुई जिसका उद्घाटन तत्कालीन राष्ट्रपति डॉ. राजेंद्र प्रसाद ने किया। 1961 में सरकार ने संगीत नाटक अकादमी का सोसायटी के रूप में पुनर्गठन किया और समिति पंजीकरण अधिनियम, 1860 (1957 में संशोधित) के अंतर्गत इसे पंजीकृत किया गया।

अपनी स्थापना के बाद से ही अकादमी भारत में संगीत, नृत्य और नाटक के उन्नयन में सहायता के लिए एकीकृत ढांचा कायम करने में जुटी है। यह सहायता परंपरागत और आधुनिक शैलियों तथा शहरी और ग्रामीण परिवेशों के लिए एक समान है। अकादमी द्वारा प्रस्तुत अथवा प्रायोजित संगीत, नृत्य एवं नाटक समारोह समूचे देश में आयोजित किए जाते हैं। विविध कला–विधाओं के महान कलाकारों को अकादमी का फेलो चुना गया है। प्रतिवर्ष जाने–माने कलाकारों और विद्वानों को दिए जाने वाले संगीत नाटक अकादमी पुरस्कार मंचन कलाओं के क्षेत्र में सर्वाधिक प्रतिष्ठित सम्मान माने जाते हैं। दूर–दराज के क्षेत्रों सहित देश के विभिन्न भागों में संगीत, नृत्य और रंगमंच के प्रशिक्षण और प्रोत्साहन में लगी हजारों संस्थाओं को अकादमी ने आर्थिक सहायता दी है और विभिन्न संबद्ध विषयों के शोधकर्ताओं, लेखकों तथा प्रकाशकों को भी आर्थिक सहायता दी जाती है।

अकादमी के पास ऑडियो–वीडियो टेपों, 16 मि.मी. फिल्मों, चित्रों और ट्रांसपेरेंसियों का एक बड़ा अभिलेखागार है, जो मंचन कलाओं के बारे में शोधकर्ताओं के लिए देश का अकेला सबसे महत्वपूर्ण स्रोत है।

अकादमी की संगीत वाद्ययंत्रों की वीथि में 600 से अधिक वाद्ययंत्र रखे हैं और यह विगत वर्षों में प्रकाशित सामग्री का भी प्रमुख स्रोत है।

अकादमी मंचन कलाओं के क्षेत्र में राष्ट्रीय महत्व के संस्थानों और परियोजनाओं की स्थापना एवं देख–रेख करती है। इनमें सबसे पहला संस्थान है इंफाल की जवाहरलाल नेहरू मणिपुरी नृत्य अकादमी जिसकी स्थापना 1954 में की गई थी। यह मणिपुरी नृत्य एवं संगीत का अग्रणी संस्थान है। 1959 में अकादमी ने राष्ट्रीय नाट्य विद्यालय की स्थापना की और 1964 में कथक केंद्र स्थापित किया। ये दोनों संस्थान दिल्ली में हैं। अकादमी की राष्ट्रीय महत्व की अन्य परियोजनाओं में केरल का 'कुटियट्टम' थिएटर है जो 1991 में शुरू हुआ था और 2001 में इसे यूनेस्को ने मानवता की मौखिक एवं अमूर्त धरोहर के रूप में मान्यता प्रदान की। ओडिशा, झारखंड और पश्चिम बंगाल के 'छऊ' नृत्य के बारे में परियोजना 1994 में प्रारंभ हुई। असम के 'सत्रीय' (शास्त्रीय) संगीत, नृत्य, नाटक और संबद्ध कलाओं के लिए 2002 में परियोजना को समर्थन देना शुरू किया गया।

शीर्षस्थ संस्था होने के कारण अकादमी भारत सरकार को इन क्षेत्रों में नीतियां तैयार करने और उन्हें क्रियान्वित करने में परामर्श और सहायता उपलब्ध कराती है। अकादमी राष्ट्रीय तथा अंतरराष्ट्रीय स्तर पर सांस्कृतिक संपर्कों के विकास को बढ़ावा देती है। अकादमी ने विदेशों में प्रदर्शनियों और बड़े उत्सवों का आयोजन किया है।

वेबसाइट: www.sangeetnatak.gov.in

मंचन कलाएं

संगीत

भारत में शास्त्रीय संगीत की दो प्रमुख धाराएं- हिंदुस्तानी और कर्नाटक गुरु-शिष्य संबंधों पर आधारित मौखिक परंपरा का निर्वाह करती चली आ रही हैं। इसी परंपरा ने घरानों और संप्रदायों की स्थापना करने की प्रेरणा दी जो बराबर आगे बढ़ रही है।

नृत्य

भारत में नृत्य परंपरा 2000 से भी ज्यादा वर्षों से निरंतर चली आ रही है। नृत्य की विषयवस्तु धर्मग्रंथों, लोककथाओं और प्राचीन साहित्य पर आधारित रहती है। इसकी दो प्रमुख शैलियां हैं- शास्त्रीय नृत्य और लोकनृत्य। शास्त्रीय नृत्य वास्तव में प्राचीन नृत्य परंपराओं पर आधारित है और इनकी प्रस्तुति के नियम कठोर हैं। इनमें प्रमुख हैं- भरतनाट्यम, कथकलि, कथक, मणिपुरी, कुचिपुड़ी और ओडिसी। भरतनाट्यम मुख्यत: तमिलनाडु का नृत्य है किंतु अब यह अखिल भारतीय स्वरूप ले चुका है। कथकलि केरल की नृत्यशैली है। कथक भारतीय संस्कृति पर मुगल प्रभाव से विकसित नृत्य का एक अहम शास्त्रीय रूप है। मणिपुरी नृत्य शैली में कोमलता और गीतात्मकता है जबकि कुचिपुड़ी की जड़ें आंध्र प्रदेश में हैं। ओडिशा का ओडिसी, प्राचीनकाल में मंदिरों के नृत्य रूप में प्रचलित था जो अब समूचे भारत में प्रचलित है। प्रत्येक क्षेत्र में लोकनृत्य और आदिवासी नृत्य की अपनी विशिष्ट शैलियां प्रचलित हैं।

शास्त्रीय और लोकनृत्य दोनों को लोकप्रिय बनाने का श्रेय संगीत नाटक अकादमी तथा इसी तरह के प्रशिक्षण संस्थानों और सांस्कृतिक संगठनों को है। अकादमी सांस्कृतिक संस्थानों को आर्थिक सहायता देती है और नृत्य तथा संगीत की विभिन्न दुर्लभ शैलियों में उच्च शिक्षा और प्रशिक्षण के लिए अध्ययेताओं, कलाकारों और अध्यापकों को फेलोशिप प्रदान करती है।

रंगमंच

भारत में रंगमंच उतना ही पुराना है जितना संगीत और नृत्य। शास्त्रीय रंगमंच तो अब कहीं-कहीं ही जीवित है। लोक रंगमंच को अनेक क्षेत्रीय रूपों में विभिन्न स्थानों पर देखा जा सकता है। इनके अलावा, शहरों में पेशेवर रंगमंच भी है। इसके अलावा भारत में कठपुतली रंगमंच की समृद्ध परंपरा रही है जिनमें सजीव कठपुतलियां, छड़ियों पर चलने वाली कठपुतलियां, दस्ताने वाली कठपुतलियां और चमड़े वाली कठपुतलियां (छाया रंगमंच) प्रचलित हैं। अनेक अर्द्ध-व्यावसायिक और शौकिया रंगमंच समूह भी हैं जो भारतीय भाषाओं और अंग्रेज़ी में नाटकों का मंचन करते हैं।

साहित्य अकादमी

साहित्य अकादमी विभिन्न भारतीय भाषाओं के साहित्य की राष्ट्रीय अकादमी है। इसका उद्देश्य प्रकाशन, अनुवाद , गोष्ठियां, कार्यशालाएं आयोजित करके भारतीय साहित्य के विकास को बढ़ावा देना है। इसके

तहत देशभर में सांस्कृतिक आदान–प्रदान कार्यक्रम और साहित्य सम्मेलन आयोजित किए जाते हैं। अकादमी की स्थापना 1954 में स्वायत्त संस्था के रूप में की गई थी और इसके लिए धन की व्यवस्था भारत सरकार का संस्कृति विभाग करता है। अकादमी का सोसायटी के रूप में पंजीकरण 1956 में सोसायटी पंजीकरण अधिनियम, 1860 के तहत हुआ था। अकादमी ने 24 भाषाओं को मान्यता दे रखी है। प्रत्येक भाषा के लिए एक सलाहकार बोर्ड है जो संबद्ध भाषा के कामकाज और प्रकाशन के बारे में सलाह देता है। अकादमी का मुख्यालय नई दिल्ली में है तथा कोलकाता, मुंबई, बंगलुरु और चेन्नई में भी इसके चार कार्यालय हैं। अकादमी के बंगलुरु और कोलकाता में दो अनुवाद केंद्र भी हैं। मौखिक और जनजातीय साहित्य को बढ़ावा देने के उद्देश्य से शिलांग में अकादमी का परियोजना कार्यालय स्थित है तथा दिल्ली में भारतीय साहित्य का अभिलेखागार है। नई दिल्ली में ही अकादमी का अनूठा बहुभाषीय पुस्तकालय भी है जिसके क्षेत्रीय कार्यालय बंगलुरु और कोलकाता में हैं। इनमें 25 से ज्यादा भाषाओं की करीब डेढ़ लाख पुस्तकों का संग्रह है।

साहित्य अकादमी द्वारा दी जाने वाली तीन फेलोशिप हैं:

1. साहित्य अकादमी मानद फेलोशिप
2. आनंद फेलोशिप एवं
3. प्रेमचंद फेलोशिप

साहित्य अकादमी अपना सर्वोच्च सम्मान यानी फेलोशिप साहित्यिक विभूतियों को देती है। साहित्य प्रेमचंद की 125वीं जन्मशती के दौरान 2005 में अकादमी ने प्रेमचंद फेलोशिप स्थापित की। यह फेलोशिप भारतीय साहित्य पर अनुसंधान करने वाले विद्वानों या भारत के अलावा अन्य सार्क देशों के लेखकों को दी जाती है। 1954 में अकादमी की शुरुआत से प्रत्येक वर्ष मान्यता प्राप्त प्रमुख भारतीय भाषाओं में प्रकाशित उत्कृष्ट साहित्यिक कृतियों को पुरस्कार प्रदान किए जाते हैं। पहले यह पुरस्कार राशि 5,000 थी जो 1983 में बढ़ाकर 10,000, 1988 में 25,000, 2001 में 40,000 और 2003 में 50,000 कर दी गई। प्रथम पुरस्कार 1955 में दिए गए थे।

अकादमी 24 भाषाओं में पुस्तकें प्रकाशित करती है जिनमें पुरस्कृत कृतियों का अनुवाद, भारतीय साहित्य के महान लेखकों के मोनोग्राफ, साहित्यों का इतिहास, महान भारतीय और विदेशी रचनाओं का अनुवाद, उपन्यास, कविता और गद्य का संकलन, आत्मकथाएं, अनुवादकों का रजिस्टर, भारतीय लेखकों के बारे में जानकारी (हू इज हू ऑफ इंडियन लिटरेचर), भारतीय साहित्य की राष्ट्रीय संदर्भ सूची और भारतीय साहित्य का विश्वकोष शामिल है। अभी तक अकादमी इन विभिन्न श्रेणियों में 6,000 से अधिक पुस्तकें प्रकाशित कर चुकी है। अकादमी की तीन पत्रिकाएं हैं– अंग्रेजी में द्विमासिक *इंडियन लिटरेचर*, हिंदी द्विमासिक *समकालीन भारतीय साहित्य* और संस्कृत अर्धवार्षिक पत्रिका *संस्कृत प्रतिभा*। अकादमी हर वर्ष औसतन 250 से 300 पुस्तकें प्रकाशित करती है। इसकी कुछ विशेष परियोजनाएं भी हैं, जैसे– *प्राचीन भारतीय साहित्य*, *मध्यकालीन भारतीय साहित्य* और *आधुनिक भारतीय साहित्य* जिसके अंतर्गत गत पांच सहस्राब्दियों के श्रेष्ठतम भारतीय लेखन को दस खंडों में समाहित किया गया है। अकादमी ने *भारतीय काव्यशास्त्र का विश्वकोष* तैयार करने की नई परियोजना भी शुरू की है।

वेबसाइट: www.sahitya-akademi.gov.in

राष्ट्रीय नाट्य विद्यालय

राष्ट्रीय नाट्य विद्यालय- नेशनल स्कूल ऑफ ड्रामा (एनएसडी) रंगमंच का प्रशिक्षण देने वाली विश्व की श्रेष्ठतम संस्थाओं में से एक है तथा भारत में यह अपनी तरह का एकमात्र संस्थान है। संगीत नाटक अकादमी ने 1959 में इसकी स्थापना की थी। इसे 1975 में स्वायत्त संस्था का दर्जा दिया गया। इसका पूरा खर्च संस्कृति विभाग वहन करता है। राष्ट्रीय नाट्य विद्यालय का उद्देश्य छात्रों को रंगमंच के इतिहास, प्रस्तुतीकरण, दृश्य डिजाइन, वेशभूषा, प्रकाश व्यवस्था और रूप-सज्जा सहित रंगमंच के सभी पहलुओं का प्रशिक्षण देना है। इस विद्यालय में प्रशिक्षण पाठ्यक्रम की अवधि तीन वर्ष है। प्रवेश पाने के पात्र आवेदकों को दो चरणों से गुजरना पड़ता है। राष्ट्रीय नाट्य विद्यालय के डिप्लोमा को भारतीय विद्यालय संघ की ओर से एम.ए. की डिग्री के बराबर मान्यता प्राप्त है और इसके आधार पर वे महाविद्यालयों/ विश्वविद्यालयों में शिक्षक के रूप में नियुक्ति पा सकते हैं अथवा पीएचडी (डॉक्टरेट) उपाधि के लिए पंजीकरण करा सकते हैं।

इस विद्यालय के मंचन विभाग रेपर्टरि कंपनी की स्थापना व्यावसायिक रंगमंच उपलब्ध कराने और लगातार नए प्रयोग जारी करने के उद्देश्य से की गई थी। बाल रंगमंच को बढ़ावा देने की दिशा में राष्ट्रीय नाट्य विद्यालय का महत्वपूर्ण योगदान है। 1989 में थिएटर इन एजुकेशन की स्थापना की गई। बाद में इसका नाम बदल कर 'संस्कार रंग टोली' कर दिया गया। यह बच्चों के लिए नाटक तैयार करने, दिल्ली के विद्यालयों में गर्मी की छुट्टियों में कार्यशालाएं आयोजित करने और 'सैटरडे क्लब' के जरिये बाल रंगमंच को प्रोत्साहित करने का काम कर रहा है। 1998 से ही यह विद्यालय बच्चों के लिए राष्ट्रीय रंगमंच महोत्सव का आयोजन कर रहा है। यह महोत्सव हर वर्ष 'जश्ने बचपन' के नाम से आयोजित किया जाता है। भारत की आज़ादी की 50वीं वर्षगांठ के अवसर पर 18 मार्च से 14 अप्रैल, 1999 तक पहले राष्ट्रीय रंगमंच महोत्सव भारत रंग महोत्सव का आयोजन किया गया था। भारत रंग महोत्सव अब हर वर्ष मनाया जाता है।

1978 में 'विस्तार कार्यक्रम' नामक एक अल्पावधि शिक्षण एवं प्रशिक्षण कार्यक्रम शुरू किया गया था। इस कार्यक्रम के तहत विद्यालय स्थानीय थिएटर ग्रुपों/कलाकारों के सहयोग से कार्यशालाएं चलाता है जिनमें सभी कार्यक्रम स्थानीय भाषाओं में होते हैं। इन कार्यशालाओं को मोटे तौर पर तीन श्रेणियों में बांटा जा सकता है- प्रस्तुति कार्यशालाएं, बच्चों के लिए नाट्य निर्माण कार्यशालाएं और रंगमंच संबंधी शिक्षण तथा प्रशिक्षण। चार दक्षिणी राज्यों और पुदुचेरी की रंगमंच संबंधी आवश्यकताओं को पूरा करने के उद्देश्य से विद्यालय ने बंगलुरु में अपना क्षेत्रीय अनुसंधान केंद्र भी स्थापित किया है।

विद्यालय रंगमंच के बारे में पाठ्यपुस्तकों का प्रकाशन भी करता है तथा रंगमंच से जुड़े विषयों पर महत्वपूर्ण अंग्रेजी पुस्तकों का हिंदी अनुवाद की व्यवस्था करता है।

वेबसाइट: www.nsd.gov.in

इंदिरा गांधी राष्ट्रीय कला केंद्र

इंदिरा गांधी राष्ट्रीय कला केंद्र, (आईजीएनसीए) भारत सरकार के संस्कृति मंत्रालय के अधीन एक स्वायत्तशासी केंद्र है।

इंदिरा गांधी राष्ट्रीय कला केंद्र के दायरे में जो विभिन्न क्षेत्र आते हैं उनमें रचनात्मक और आलोचनात्मक साहित्य (लिखित और मौखिक), दृश्य कला, वास्तुशिल्प, मूर्तिकला, पेंटिंग और ग्राफिक्स, फोटोग्राफी एवं फिल्म शामिल हैं। केंद्र का उद्देश्य, कला संबंधी क्षेत्रों में भारत और इसके पड़ोसी देशों तथा भारत और विश्व समुदायों के बीच अध्ययन और संवाद कायम करना है।

यह केंद्र राष्ट्रीय सेमिनार, सम्मेलन, प्रदर्शनियां और व्याख्यान मालाएं आयोजित करता है। स्कूलों और अन्य शैक्षिक संस्थाओं पर इसका ध्यान रहता है और अंतर-विषयक अध्ययनों से अपने अनुसंधानों को पुष्ट करता है। विगत 25 वर्षों के दौरान इस केंद्र ने विश्वभर की अपनी जैसी संस्थाओं के सहयोग से विश्व के नामी विद्वानों को भागीदार बनाते हुए कई अंतरराष्ट्रीय सेमिनार और प्रदर्शनियां आयोजित की हैं। केंद्र की वेबसाइट आईजीएनसीए की गतिविधियों की अद्यतन जानकारी प्रदान करती है।
वेबसाइट: www.ignca.nic.in

सांस्कृतिक संसाधन और प्रशिक्षण केंद्र

सांस्कृतिक संसाधन और प्रशिक्षण केंद्र (सीसीआरटी) संस्कृति को शिक्षा से जोड़ने के क्षेत्र में देश के अग्रणी संस्थानों में से एक है। इस केंद्र की स्थापना मई 1979 में भारत सरकार द्वारा एक स्वायत्तशासी संस्था के रूप में की गई थी। इसका मुख्यालय नई दिल्ली में है तथा उदयपुर, हैदराबाद और गुवाहाटी में इसके तीन क्षेत्रीय केंद्र हैं।

इस केंद्र का मुख्य उद्देश्य विद्यार्थियों में भारत की विविध क्षेत्रीय संस्कृतियों के प्रति समझ और जागरुकता पैदा कर शिक्षा प्रणाली को सशक्त बनाना और इस जानकारी का शिक्षा के साथ एकीकरण करना है। खास जोर शिक्षा को संस्कृति से जोड़ने और छात्रों को विकास कार्यक्रमों में संस्कृति के महत्व के प्रति जागरूक बनाने पर है। केंद्र देश के विभिन्न भागों से चुने गए अध्यापकों के लिए कई प्रकार के सेवाकालीन प्रशिक्षण कार्यक्रम चलाता है। इस प्रशिक्षण द्वारा पाठ्यक्रम अध्यापन में भारतीय कला और साहित्य के दर्शन, सौंदर्य तथा बारीकियों की बेहतर समझ को समाहित करने हेतु प्रक्रिया निर्माण पर जोर दिया जाता है। प्रशिक्षण कार्यक्रमों में संस्कृति को शामिल किए जाने पर ज्यादा जोर दिया जाता है। इस प्रशिक्षण में विज्ञान और प्रौद्योगिकी, आवास, कृषि, खेल आदि के क्षेत्रों में संस्कृति की भूमिका पर भी जोर दिया जाता है। प्रशिक्षण में विद्यार्थियों और शिक्षकों को पर्यावरण प्रदूषण की समस्याओं के समाधान तथा प्राकृतिक और सांस्कृतिक संपदा के संरक्षण में उन्हें उनकी भूमिका से भी अवगत कराया जाता है।

यह केंद्र विशेष अनुरोध पर नाटक, संगीत तथा वर्णनात्मक कला रूपों आदि पर कार्यशालाएं आयोजित करता है। शिक्षकों को ऐसे कार्यक्रम तैयार करने को प्रोत्साहित किया जाता है जिनसे शैक्षणिक पाठ्यक्रम में कला रूपों का लाभप्रद उपयोग हो सके। सांस्कृतिक संसाधन और प्रशिक्षण केंद्र विभिन्न शैक्षिक गतिविधियां आयोजित करता है जिनमें ऐतिहासिक स्मारकों, संग्रहालयों, कलावीथियों, हस्तकला केंद्रों, चिड़ियाघरों और उद्यानों का भ्रमण, प्राकृतिक और सांस्कृतिक संपदाओं के संरक्षण के बारे में शिविर, स्थानीय तौर पर उपलब्ध कम लागत वाली सामग्री की मदद से हस्तकलाएं सिखाने के लिए शिविर, कला की विभिन्न विधाओं पर जाने-माने कलाकारों और विशेषज्ञों के भाषण और प्रदर्शन तथा स्कूलों में कलाकारों और हस्तशिल्पियों के प्रदर्शन शामिल हैं। इन गतिविधियों में विद्यार्थियों के बौद्धिक विकास और उनके सौंदर्य बोध को विकसित करने पर जोर दिया जाता है।

एक अरसे से सीसीआरटी आलेख, रंगीन स्लाइड्स, चित्र, ऑडियो और वीडियो रिकार्डिंग और फिल्मों का संग्रह करता रहा है। ग्रामीण भारत की कलाओं और हस्तशिल्पों को पुनर्जीवित करने और उन्हें प्रोत्साहन देने के उद्देश्य से केंद्र हर वर्ष कार्यक्रम आयोजित करता है। यह केंद्र भारतीय कला एवं संस्कृति की समझ विकसित करने के उद्देश्य से प्रकाशन भी कराता है। सांस्कृतिक प्रतिभा खोज छात्रवृत्ति योजना को क्रियान्वित करना केंद्र का एक महत्वपूर्ण कार्य है, इस योजना के तहत 10 से 14 वर्ष की आयु के उन होनहार बच्चों को छात्रवृत्तियां दी जाती है जो या तो मान्यता प्राप्त स्कूलों में पढ़ते हैं या पारंपरिक कलाओं में लगे

परिवारों से हैं ताकि उनकी प्रतिभा को कलाक्षेत्र में और विशेषकर दुर्लभ कलाविधाओं के क्षेत्र में विकसित किया जा सके। ये छात्रवृत्तियां 20 वर्ष की आयु तक अथवा विश्वविद्यालय में स्नातक के प्रथम वर्ष तक चलती हैं।

इस केंद्र ने सीसीआरटी शिक्षक पुरस्कार शुरू किया है जो हर वर्ष शिक्षा और संस्कृति के क्षेत्रों में उल्लेखनीय कार्य करने वाले शिक्षकों को प्रदान किया जाता है। इस पुरस्कार में प्रशस्ति-पत्र, स्मृति पट्टिका और अंगवस्त्रम के साथ 10,000 रुपये की नकद राशि दी जाती है।

वेबसाइट : www.ccrtindia.gov.in

क्षेत्रीय सांस्कृतिक केंद्र

क्षेत्रीय सांस्कृतिक केंद्रों (जेडसीसी) का मूल उद्देश्य स्थानीय संस्कृतियों के प्रति गहन जागरुकता पैदा करना और यह दिखाना है कि ये संस्कृतियां किस प्रकार अंततः भारत की समृद्ध विविधतापूर्ण संस्कृति में समाहित हो जाती हैं। ये केंद्र समूचे देश में संस्कृति को बढ़ावा देने, उसका संरक्षण और विस्तार करने वाली अग्रणी संस्था का दर्जा अर्जित कर चुके हैं। ये मंचन कलाओं को प्रोत्साहन देने के साथ-साथ साहित्य तथा दृश्य कलाओं के संबद्ध क्षेत्र में भी उल्लेखनीय योगदान कर रहे हैं। इस योजना के अंतर्गत 1985-86 में पटियाला, कोलकाता, तंजावुर, उदयपुर, इलाहाबाद, दीमापुर और नागपुर में सात क्षेत्रीय सांस्कृतिक केंद्र स्थापित किए गए थे। इन क्षेत्रीय केंद्रों की संरचना की खास विशेषता यह है कि राज्य अपने सांस्कृतिक जुड़ाव के अनुसार एक से ज्यादा केंद्रों में शामिल हो सकते हैं। क्षेत्रीय संस्कृति केंद्र के लिए एक अलग कोष (कॉर्पस) स्थापित किया गया था और इस कोष में जमा राशि पर मिलने वाले ब्याज से इन केंद्रों की गतिविधियों का खर्च वहन किया जाता है। भारत सरकार ने प्रत्येक केंद्र को पांच करोड़ रुपये का अनुदान दिया और संबद्ध राज्य सरकार ने एक करोड़ रुपये दिए। ये क्षेत्रीय संस्कृति केंद्र 1993 से हर वर्ष गणतंत्र दिवस पर होने वाले लोकनृत्य समारोह में भाग लेने के लिए अपने लोक कलाकारों को भेजते हैं। भारत के राष्ट्रपति प्रतिवर्ष 24-25 जनवरी को तालकटोरा इनडोर स्टेडियम में इस समारोह का उद्‌घाटन करते हैं। इस समारोह के माध्यम से लोक कलाकारों को राष्ट्रीय मंच पर अपनी कला प्रदर्शित करने का दुर्लभ अवसर प्राप्त होता है।

विभिन्न क्षेत्रीय सांस्कृतिक केंद्रों से प्रमुख हस्तशिल्पी एवं मूर्ति शिल्पी हस्तशिल्प मेलों में भाग लेते हैं। ये क्षेत्रीय सांस्कृतिक केंद्र विभिन्न लोक व जनजातीय कलाओं तथा खासतौर पर दुर्लभ कला-विधाओं के प्रलेख तैयार करने पर विशेष ध्यान देते हैं। राष्ट्रीय सांस्कृतिक आदान-प्रदान कार्यक्रम के अंतर्गत देश के विभिन्न क्षेत्रों के कलाकारों, संगीतकारों और विद्वानों का आदान-प्रदान किया जाता है। इससे देश के विभिन्न भागों में जनजातीय तथा लोक कला-विधाओं के प्रति जागरुकता बढ़ाने में बहुत ज्यादा मदद मिली है। रंगमंच के कलाकारों, विद्यार्थियों, चित्रकारों, निर्देशकों और लेखकों को साझे मंच पर काम करने और परस्पर एक-दूसरे को देखने-समझने का अवसर जुटाने के उद्देश्य से थिएटर रिजुविनेशन (रंगमंच पुनर्जीवन) नामक एक योजना चलाई जा रही है। नई प्रतिभाओं को प्रोत्साहन देने के लिए 'गुरु-शिष्य परंपरा' योजना भी प्रारंभ की गई है। अपने शिल्पग्रामों के माध्यम से ये केंद्र हस्तशिल्पियों को बढ़ावा देते हैं। क्षेत्रीय सांस्कृतिक केंद्र अपने-अपने क्षेत्र में मंच से जुड़ी कलाओं/लोक कलाओं की पहचान कर हर क्षेत्र में एक या दो प्रतिभशाली कलाकारों का चुनाव करते हैं।

मूर्त सांस्कृतिक विरासत

भारतीय पुरातत्व सर्वेक्षण

भारतीय पुरातत्व सर्वेक्षण (एएसआई) की स्थापना 1861 में हुई थी। यह पर्यटन एवं संस्कृति मंत्रालय के अंतर्गत संस्कृति विभाग के संलग्न कार्यालय के रूप में कार्य करता है। इस विभाग के प्रमुख महानिदेशक होते हैं। भारतीय पुरातत्व सर्वेक्षण के प्रमुख कार्य इस प्रकार हैं:

1. पुरातात्विक अवशेषों तथा उत्खनन कार्यों का सर्वेक्षण।
2. केंद्र सरकार द्वारा सुरक्षित स्मारकों, स्थलों और अवशेषों का रखरखाव और परिरक्षण।
3. स्मारकों और भग्नवाशेषों का रासायनिक परिरक्षण।
4. स्मारकों का पुरातात्विक सर्वेक्षण।
5. शिलालेख संबंधी अनुसंधान और मुद्राशास्त्रीय अध्ययन का विकास।
6. स्थल संग्रहालयों की स्थापना और पुनर्गठन।
7. विदेशों में अभियान।
8. पुरातत्व विज्ञान में प्रशिक्षण और
9. तकनीकी रिपोर्ट और अनुसंधान कार्यों का प्रकाशन।

24 मंडलों और पांच क्षेत्रीय निदेशालयों के जरिये भारतीय पुरातत्व सर्वेक्षण अपने संरक्षण वाले स्मारकों का रखरखाव और संरक्षण करता है।

प्राचीन स्मारक और पुरातत्व स्थल तथा अवशेष अधिनियम, 1958 के अंतर्गत भारतीय पुरातत्व सर्वेक्षण ने देश में 3,675 स्मारकों/स्थलों को राष्ट्रीय महत्व का स्थान घोषित किया है जिनमें 21 स्मारक यूनेस्को की विश्व धरोहर सूची में शामिल हैं।

तीन स्थलों- गुजरात के चंपानेर पावागढ़- पुरातात्विक पार्क, मुंबई के छत्रपति शिवाजी टर्मिनस (जो पहले विक्टोरिया टर्मिनस था) रेलवे स्टेशन और बृहदीश्वर मंदिर परिसर तथा गंगइकोंडाचोलापुरम के बृहदीश्वर तथा दारासुरम के ऐरावतेश्वरैया मंदिर जो तंजावुर के बृहदीश्वर मंदिर परिसर का विस्तार है (ये अब महान चोल मंदिरों के नाम से विख्यात हैं) को यूनेस्को द्वारा 2004 में विश्व सांस्कृतिक धरोहर सूची में शामिल कर लिया गया है।

यूनेस्को की इस सूची में सम्मिलित कराने के उद्देश्य से विश्व धरोहर केंद्र के पास निम्नलिखित स्थलों के विवरण भेजे गए हैं: (i) पंजाब में अमृतसर का हरमंदिर साहिब (स्वर्ण मंदिर), (ii) असम में ब्रह्मपुत्र नदी की मध्यधारा में स्थित माजुली द्वीप, (iii) उत्तराखंड में नंदा देवी राष्ट्रीय उद्यान के विस्तार के रूप में 'फूलों की घाटी' और (iv) दिल्ली का लाल किला (आस्थगित नामांकन)।

भारतीय पुरातत्व सर्वेक्षण कुल पांच हजार से ज्यादा स्मारकों और ढांचों की देख-रेख कर रहा है। इसकी विभिन्न शाखाओं की गतिविधियां इस प्रकार हैं:

जलगत पुरातत्व शाखा: देश के भीतर या सीमावर्ती सागर क्षेत्र में पानी के नीचे मौजूद सांस्कृतिक धरोहर की खोज, अध्ययन और संरक्षण जलगत पुरातत्व शाखा के मुख्य कार्य हैं। यह शाखा अरब सागर और बंगाल की खाड़ी में खोज तथा खुदाई करती है।

विज्ञान शाखा: सर्वेक्षण की विज्ञान शाखा का मुख्यालय देहरादून में है। देशभर में फैली इसकी क्षेत्रीय प्रयोगशालाएं स्मारकों, प्राचीन सामग्री, पांडुलिपियों, पेंटिंग्स आदि के रासायनिक संरक्षण का दायित्व संभालती हैं।

देहरादून स्थित विज्ञान शाखा की प्रयोगशालाओं ने निम्नलिखित वैज्ञानिक परियोजनाएं हाथ में ली हैं: (i) पत्थर, टेराकोटा (पक्की मिट्टी) और ईंट से बने ढांचों पर संरक्षणात्मक परत चढ़ाने और उन्हें मजबूत बनाने के लिए नई सामग्री का आकलन, (ii) प्राचीन चूना पलस्तर के संरक्षण के बारे में वैज्ञानिक अध्ययन और (iii) त्वरित सख्त होने वाले पलस्तर सीमेंट को विभिन्न अनुपातों में मिलाकर उसकी भौतिक विशेषताओं का आकलन।

उद्यानिकी शाखा: भारतीय पुरातत्व सर्वेक्षण की बागवानी शाखा देश के विभिन्न भागों में स्थित केंद्र सरकार के संरक्षण वाले 287 स्मारकों/स्थलों में बगीचों और उद्यानों की देखभाल करती है। यह शाखा दिल्ली, आगरा, श्रीरंगपट्टनम और भुवनेश्वर में आधार-नर्सरियां विकसित करके इन बगीचों और उद्यानों के लिए मौसमानुसार पौधे उपलब्ध कराती है।

पुरालेख शास्त्र शाखा: मैसूर स्थित पुरालेख शास्त्र शाखा संस्कृत और द्रविड़ भाषाओं में शोधकार्य करती है जबकि नागपुर स्थित शाखा अरबी और फारसी में शोधकार्य करती है।

विदेशों में अभियान: भारतीय पुरातत्व सर्वेक्षण ने विदेश मंत्रालय के अंतरराष्ट्रीय पर्यटन आदान-प्रदान कार्यक्रम (आईटीईसी) के अंतर्गत कंबोडिया में 'ता प्रोह्म' के संरक्षण की परियोजना शुरू की है जिसके लिए 19.51 करोड़ रुपये का प्रावधान किया गया है। यह संरक्षण परियोजना कंबोडिया सरकार के अनुरोध पर वहां के 'प्रसात ता प्रोह्म' के संरक्षण और पुनर्स्थापन के लिए शुरू की गई। यह संरक्षण परियोजना दस वर्ष की है और इसे पांच चरणों में पूरा किया जाएगा।

वेबसाइट : www.asi.nic.in

राष्ट्रीय स्मारक और पुरावस्तु मिशन

राष्ट्रीय स्मारक और पुरावस्तु मिशन (एनएमएमए) 90 करोड़ के बजटीय आवंटन के साथ 19 मार्च, 2007 में शुरू किया गया था। इसके कार्यों में निर्मित विरासत, स्थल तथा एंटीक्वेरियम के लिए एक राष्ट्रीय रजिस्टर तैयार करना, निर्मित विरासत पर योजनाकारों, अनुसंधानकर्ताओं के लिए एक राज्य स्तरीय डाटाबेस तैयार करना और ऐसी सांस्कृतिक संपदा का बेहतर प्रबंधन शामिल है। इस मिशन के लिए पांच वर्षों की समय सीमा निर्धारित की गई है।

राष्ट्रीय पांडुलिपि मिशन

राष्ट्रीय पांडुलिपि मिशन (एनएमएम) को इंदिरा गांधी राष्ट्रीय कला केंद्र के साथ भारत में पांडुलिपियों के विशाल खजाने में निहित ज्ञान को खोजने वाली शीर्ष एजेंसी के तौर पर 2003 में शुरू किया गया था। देश में 46 पांडुलिपि संसाधन केंद्र, 33 पांडुलिपि परिरक्षण केंद्र, 42 पांडुलिपि भागीदार केंद्र तथा 300 पांडुलिपि परिरक्षण भागीदार केंद्र हैं।

राष्ट्रीय पांडुलिपि मिशन की प्रमुख गतिविधियां हैं: सर्वे के माध्यम से पांडुलिपियों का प्रलेखन, निरोधक एवं सुधारात्मक परिरक्षण तथा परिरक्षण पांडुलिपि पंजीकरण तथा पुरालिपि शास्त्र पर प्रशिक्षण पाठ्यक्रमों तथा कार्यशालाओं का आयोजन, डिजिटाइजेशन के जरिये प्रलेखन, पांडुलिपियों के संरक्षण एवं प्रसार कार्य हेतु जन जागरुकता पैदा करने के लिए अनुसंधान, प्रकाशन तथा लोक संपर्क कार्यक्रम।

राष्ट्रीय संग्रहालय

राष्ट्रीय संग्रहालय 1960 के बाद से संस्कृति मंत्रालय के अधीन कार्य कर रहा है। इसमें प्रागैतिहासिक काल से लेकर आज तक की दो लाख साठ हजार से ज्यादा वस्तुएं संग्रहीत हैं। इसकी मुख्य गतिविधियां हैं: प्रदर्शनियां लगाना, कला वीथियों का पुनर्गठन एवं आधुनिकीकरण, शैक्षिक गतिविधियां तथा लोकसंपर्क कार्यक्रम , जनसंपर्क , प्रकाशन , फोटो प्रलेखन , ग्रीष्मावकाश कार्यक्रम , स्मारक भाषणमालाएं , संग्रहालय कॉर्नर , फोटो यूनिट , मॉडलिंग यूनिट , पुस्तकालय , संरक्षण प्रयोगशाला और कार्यशालाएं।

राष्ट्रीय आधुनिक कला वीथि : राष्ट्रीय आधुनिक कला वीथि (एनजीएमए) नई दिल्ली में स्थित है और इसकी स्थापना 1954 में की गई थी। इसका मुख्य उद्देश्य समसामयिक भारतीय कला को प्रोत्साहन देना और उसका विकास करना है। इस कला वीथि में 1,748 समकालीन भारतीय कलाकारों की विभिन्न विषयों पर 17,858 कृतियों का संग्रह है। इस संग्रह के लिए मुख्य रूप में कलाकृतियां खरीदी गई हैं और उपहार में प्राप्त हुई कृतियां भी शामिल हैं। इसके महत्वपूर्ण संग्रहों में पेंटिंग्स, मूर्तियां, लिपिविज्ञान की कृतियां, रेखाचित्र तथा चित्र शामिल हैं। राष्ट्रीय आधुनिक कला वीथि सांस्कृतिक आदान–प्रदान कार्यक्रम के तहत समय–समय पर अपने संग्रह की प्रदर्शनियां भी आयोजित करती है। अनेक रंगीन प्रतिकृतियां भी प्रकाशित की गई हैं। इस कला वीथि का असल उद्देश्य लोगों में आधुनिक कला के प्रति बेहतर समझ और संवेदनशीलता विकसित करना है।

अन्य महत्वपूर्ण संग्रहालय हैं– भारतीय संग्रहालय, विक्टोरिया मेमोरियल हाल, सालारजंग संग्रहालय और राष्ट्रीय संग्रहालय विज्ञान परिषद।

वेबसाइट : www.ngmaindian.gov.in

राष्ट्रीय कला इतिहास, परिरक्षण एवं संग्रहालय विज्ञान संस्थान

संस्कृति मंत्रालय द्वारा पूर्णरूपेण वित्तपोषित इस स्वायत्तशासी संगठन की स्थापना 1989 में एक डीम्ड विश्वविद्यालय के रूप में की गयी थी। नई दिल्ली स्थित राष्ट्रीय संग्रहालय की प्रथम मंज़िल से काम कर रहा यह देश का एकमात्र संग्रहालय विश्वविद्यालय है। इसके मेमोरेन्डम ऑफ एसोसिएशन के अनुसार, महानिदेशक ही विश्वविद्यालय का पदेन कुलपति होता है।

मुख्य उद्देश्य : (क) कला इतिहास, परिरक्षण और संग्रहालय विज्ञान की विशिष्ट विधायों में एम.ए और पीएच.डी. की उपाधि प्रदान करने के लिए शिक्षण एवं प्रशिक्षण। (ख) भारतीय संस्कृति को लोकप्रिय बनाने हेतु 'भारतीय कला एवं संस्कृति', 'कला समीक्षा और भारतीय कलानिधि' (हिंदी माध्यम) में कुछ अल्पावधि के पाठ्यक्रम संचालित किए जाते हैं। (ग) संग्रहालय शिक्षा, कला एवं संस्कृति पर संगोष्ठी, कार्यशालाएं , सम्मेलन और विशेष व्याख्यानों का आयोजन।

राष्ट्रीय सांस्कृतिक संपदा संरक्षण अनुसंधान प्रयोगशाला

1976 में स्थापित राष्ट्रीय सांस्कृतिक संपदा संरक्षण अनुसंधान प्रयोगशाला संस्कृति विभाग का अधीनस्थ कार्यालय है और विज्ञान एवं प्रौद्योगिकी विभाग से इसे भारत सरकार के वैज्ञानिक संस्थान के रूप में मान्यता प्राप्त है। इस प्रयोगशाला का उद्देश्य और लक्ष्य देश में सांस्कृतिक संपदा का संरक्षण करना है। इन उद्देश्यों की प्राप्ति के लिए यह प्रयोगशाला संग्रहालयों, अभिलेखागारों, पुरातत्व विभागों और इसी प्रकार के अन्य संस्थानों को संरक्षण सेवाएं तथा तकनीकी परामर्श उपलब्ध कराती है, संरक्षण के विभिन्न पहलुओं पर

प्रशिक्षण देती है, संरक्षण की पद्धति और सामग्री के बारे में अनुसंधान करती है, संरक्षण संबंधी जानकारी का प्रचार-प्रसार करती है और देश में संरक्षण से जुड़े विषयों पर पुस्तकालय सेवाएं मुहैया कराती है। इस राष्ट्रीय अनुसंधान प्रयोगशाला का मुख्यालय लखनऊ में है। संरक्षण के बारे में जागरुकता पैदा करने के उद्देश्य से मैसूर में भी क्षेत्रीय संरक्षण प्रयोगशाला कार्य कर रही है।

रामकृष्ण मिशन संस्कृति संस्थान, कोलकाता

इस संस्थान की स्थापना का विचार 1936 में स्वामी रामकृष्ण परमहंस (1836-1886) की पहली जन्मशती के अवसर पर उनका स्थाई स्मारक बनाने के उद्देश्य से सामने आया था। स्वामी रामकृष्ण द्वारा प्रतिपादित वेदांत के संदेश के प्रसार के लिए स्वामी विवेकानंद ने रामकृष्ण मिशन के शाखा केंद्र के रूप में 29 जनवरी, 1938 को इसकी विधिवत स्थापना की थी। स्वामी रामकृष्ण के मूल उपेदशों में (i) सभी धर्मों को समान आदर देना, (ii) मनुष्य की दैवीय क्षमताओं को उभारना, तथा (iii) मानव सेवा को ईश्वर की पूजा मानना अर्थात् मानवता को नया धर्म मानना शामिल है।

मानव मात्र की एकता के आदर्श के प्रति समर्पित इस संस्थान ने लोगों को विश्व की संस्कृतियों के समृद्ध मूल्यों से अवगत कराने अंतर्सांस्कृतिक समझ की आवश्यकता तथा एक-दूसरे के दृष्टिकोण को समझने, मानने और उसे आवश्यक रूप से स्वीकार करने पर जोर दिया है। संस्थान का मुख्य संदेश है, आपस में एक-दूसरे के दृष्टिकोण तथा विचारों का सम्मान करना तथा स्वयं की समृद्धि के लिए उनको अंगीकार करना।

भारतीय मानव विज्ञान सर्वेक्षण: भारतीय मानव विज्ञान सर्वेक्षण संस्कृति मंत्रालय के अंतर्गत कार्य करने वाला एक अग्रणी अनुसंधान संगठन है। यह अपनी स्थापना के 60 वर्ष पूरे कर चुका है और अपने गौरवपूर्ण कार्यकाल में सामान्य तौर पर जनता के और विशेषकर 'अत्यधिक कमजोर' कहे जाने वाले वर्गों के जैव-सांस्कृतिक पहलुओं के क्षेत्रों में मानव विज्ञान संबंधी अनुसंधान में प्रयासरत रहा है। इनके अलावा, इसकी गतिविधियों में नृवंश सामग्री और प्राचीन मानव कंकाल अवशेषों को एकत्र करना, उनका संरक्षण करना, देख-रेख करना, उनके बारे में आंकड़े तथा दस्तावेज तैयार करना और अध्ययन करना शामिल हैं। कोलकाता स्थित अपने मुख्यालय और सात क्षेत्रीय केंद्रों, एक उपक्षेत्रीय केंद्र, एक स्थायी फील्ड स्टेशन तथा आठ अन्य क्षेत्रीय स्टेशनों और नई दिल्ली के अपने कैंप कार्यालय की मदद से निरंतर अनुसंधान करते हुए जमीनी सर्वेक्षण से इसने कई जानकारियां एकत्र की हैं।
वेबसाइट: www.ansi.gov.in

भारतीय राष्ट्रीय अभिलेखागार: भारतीय राष्ट्रीय अभिलेखागार (एनएआई), नई दिल्ली जो स्वतंत्रता से पहले इंपीरियल रिकार्ड विभाग के नाम से जाता था, 11 मार्च, 1891 को कोलकाता में स्थापित किया गया था। यह भारत सरकार और उसकी पूर्ववर्ती हुकूमतों के स्थायी महत्व वाले सभी अभिलेखों का सरकारी संरक्षक है। इसका क्षेत्रीय कार्यालय भोपाल में है और भुवनेश्वर, पुदुचेरी तथा जयपुर में इसके रिकार्ड केंद्र हैं।

अभिलेखागार की मुख्य गतिविधियां हैं: (1) विभिन्न सरकारी एजेंसियों और शोधकर्ताओं को रिकार्ड उपलब्ध कराना, (2) संदर्भ सामग्री तैयार करना, (3) उक्त उद्देश्य के लिए वैज्ञानिक जांच-पड़ताल का संचालन और अभिलेखों की सार-संभाल करना, (4) अभिलेख प्रबंधन कार्यक्रम का विकास करना, (5) अभिलेखों के संरक्षण में लगे व्यक्तियों और संस्थाओं को तकनीकी सहायता उपलब्ध कराना,

(6) पेशेवर और उप-पेशेवर स्तर पर पांडुलिपियों, पुस्तकों और अभिलेखों के संरक्षण, अभिलेखागार प्रशासन, अभिलेख प्रबंधन और प्रतिलिपिकरण के क्षेत्र में प्रशिक्षण देना और (7) देश में विभिन्न विषयों पर प्रदर्शनियां आयोजित करके अभिलेखों के प्रति जागरुकता बढ़ाना।

भारतीय राष्ट्रीय अभिलेखागार राज्यों/केंद्र शासित क्षेत्रों, स्वैच्छिक संगठनों, अभिलेखागारों और अन्य संस्थानों को आर्थिक सहायता देता है ताकि अभिलेख संबंधी विरासत की हिफाजत की जा सके और अभिलेख विज्ञान का विकास हो।
वेबसाइट: www.nationalarchives.nic.in

पुस्तकालय

राष्ट्रीय पुस्तकालय

राष्ट्रीय पुस्तकालय, कोलकाता की स्थापना 1948 में इंपीरियल लाइब्रेरी (नाम परिवर्तन) अधिनियम, 1948 पारित करके की गई थी। इस पुस्तकालय को राष्ट्रीय महत्व के संस्थान का दर्जा प्राप्त है। इसकी मुख्य गतिविधियां हैं: (i) राष्ट्रीय महत्व की प्रत्येक मुद्रित सामग्री (आवधिक प्रकाशनों को छोड़कर) तथा सभी पांडुलिपियां प्राप्त करके उनका संरक्षण करना; (ii) देश से संबंधित मुद्रित सामग्री एकत्र करना, चाहे वह कहीं से भी प्रकाशित की गई हो; (iii) सामान्य एवं विशिष्ट दोनों प्रकार की सामयिक और पुरानी सामग्री के संदर्भ में ग्रंथ सूची और प्रलेखन सेवाएं उपलब्ध कराना (इसमें देश से संबद्ध विभिन्न पहलुओं पर चालू राष्ट्रीय ग्रंथसूचियां तथा पूर्वसमय की ग्रंथसूचियां तैयार करने की जिम्मेदारी भी शामिल है); (iv) ग्रंथ सूची जानकारी के सभी सूत्रों के बारे में पूरी और सही जानकारी देने वाले संदर्भ केंद्र की भूमिका निभाना और अंतरराष्ट्रीय ग्रंथ सूची निर्माण गतिविधियों में हिस्सा लेना; और (v) पुस्तकों के अंतरराष्ट्रीय आदान-प्रदान तथा देश के भीतर ऋण पर पुस्तकें देने वाले केंद्र की भूमिका निभाना।
वेबसाइट: www.nationallibrary.gov.in

केंद्रीय सचिवालय पुस्तकालय

केंद्रीय सचिवालय पुस्तकालय (सीएसएल) की स्थापना वर्ष 1891 में कोलकाता में इंपीरियल सेक्रेटेरिएट लाइब्रेरी के नाम से की गई थी और 1969 से यह नई दिल्ली के शास्त्री भवन में काम कर रहा है। इसमें सात लाख से अधिक दस्तावेजों का संग्रह है जो मुख्य रूप से समाजशास्त्र और मानवशास्त्र के विषयों पर हैं। यह भारतीय सरकारी दस्तावेजों, केंद्र सरकार एवं राज्य सरकार के दस्तावेजों का अमानत घर है।

इसका क्षेत्रीय अध्ययन प्रभाग पुस्तकों का अनूठा संग्रह है, जहां भौगोलिक क्षेत्र के अनुसार पुस्तकें रखी गई हैं। इसमें दुर्लभ पुस्तकों का विशाल संग्रह है, जिसमें आत्मकथाओं का भी खासा संग्रह है।

केंद्रीय सचिवालय पुस्तकालय की मुख्य जिम्मेदारी है नीति निर्णय लेने की प्रक्रिया से संबंधित सभी विषयों की तमाम सामग्रियों का संग्रह करना और उनका विकास करना। विकासपरक साहित्य का संग्रह एकत्र करना भी इसका दायित्व है। यह पुस्तकालय केंद्र सरकार के अधिकारियों और कर्मचारियों तथा देशभर से आने वाले शोधार्थियों को वाचन संबंधी सभी सेवा-सुविधाएं उपलब्ध कराता है। हाल में ही पुस्तकालय ने भारत के राजपत्र तथा समितियों और आयोगों की रिपोर्टों का डिजिटलीकरण किया है और अपने संग्रह-कार्य के लिए सार्वजनिक उपयोग सूची प्रणाली (ओपीएसी) भी विकसित की है।

पुस्तकालय की दो शाखाएं हैं। पहली है नई दिल्ली के बहावलपुर हाउस स्थित हिंदी और क्षेत्रीय भाषाओं की शाखा जो तुलसी सदन लाइब्रेरी के नाम से मशहूर है। इसमें हिंदी तथा संविधान में स्वीकृत 13 अन्य भारतीय भाषाओं की 1.9 लाख पुस्तकें संग्रहीत हैं। दूसरी शाखा पाठ्यपुस्तकों की है जो नई दिल्ली के रामकृष्णपुरम में स्थित है। यह केंद्र सरकार के कर्मचारियों के स्नातक स्तर से नीचे के बच्चों की जरूरतों को पूरा करती है।

अन्य प्रमुख पुस्तकालय हैं: राजा राममोहन राय लाइब्रेरी फाउंडेशन, दिल्ली पब्लिक लाइब्रेरी, रामपुर रज़ा लाइब्रेरी और खुदाबक्श ओरिएंटल पब्लिक लाइब्रेरी।

छात्रवृत्ति एवं अध्येतावृत्ति विभाग

मंत्रालय का छात्रवृत्ति और अध्येतावृत्ति विभाग देश में सांस्कृतिक गतिविधियों के संवर्धन में लगे व्यक्तियों एवं संगठनों को वित्तीय सहायता प्रदान करने के लिए निम्नलिखित योजनाएं संचालित करता है:

1. विभिन्न सांस्कृतिक क्षेत्रों में युवा कलाकारों के लिए छात्रवृत्ति योजना

भारतीय शास्त्रीय नृत्यों एवं संगीत, रंगमंच, दृश्य कलाओं, लोक और पारंपरिक कलाओं इत्यादि के क्षेत्र में असाधारण प्रतिभा वाले युवा कलाकारों को छात्रवृत्तियां प्रदान की जाती हैं। इस योजना के तहत प्रत्येक वर्ष 400 तक छात्रवृत्तियां दो वर्षों के लिए प्रदान की जाती हैं। इसके तहत ₹ 5,000 प्रतिमाह दिए जाते हैं। 18 से 25 वर्ष की आयु वर्ग वाले कलाकार आवेदन के पात्र होते हैं। आवेदक को अपने गुरुओं अथवा संस्थाओं के साथ कम से कम 5 वर्षों तक का प्रशिक्षण प्राप्त होना चाहिए।

2. सांस्कृतिक क्षेत्र में उत्कृष्ट व्यक्तियों के लिए अध्येतावृत्ति योजना

संस्कृति तथा सृजनात्मक क्षेत्रों में साहित्यिक कलाओं, प्लास्टिक कलाओं, प्रदर्शन एवं मंचन कलाओं, भारत विद्या, शिलालेख विद्या, संस्कृति का समाज शास्त्र, सांस्कृतिक अर्थशास्त्र, स्मारकों का ढांचागत तथा इंजीनियरिंग पहलू , मुद्राशास्त्र, परिरक्षण के वैज्ञानिक और तकनीकी पहलू , कला और विरासत के प्रबंधन पहलू और संस्कृतियों से जुड़े क्षेत्रों में विज्ञान तथा प्रौद्योगिकी के अनुप्रयोग संबंधी अध्ययन के लिए उत्कृष्ट कलाकारों को अध्येतावृत्तियां प्रदान की जाती हैं। दो वर्षों के लिए 250 अध्येतावृत्तियां प्रतिवर्ष दी जाती हैं जिनमें से 125 वरिष्ठ अध्येतावृत्तियां हैं जिसके तहत 15,000 रुपये प्रतिमाह तथा 125 कनिष्ठ अध्येतावृत्तियां हैं जिसके तहत 7,500 रुपये प्रतिमाह अध्येतावृत्ति के रूप में दिए जाते हैं। वरिष्ठ वर्ग के लिए आवेदक की आयु 40 वर्ष या इससे अधिक तथा कनिष्ठ वर्ग के लिए आयु सीमा 25 से 40 वर्ष है।

यह अध्येतावृत्तियां अनुसंधान केंद्रित परियोजनाओं के लिए प्रदान की जाती हैं। हालांकि अकादमिक अनुसंधान तथा मंचन संबंधी दोनों ही अनुसंधानों को बढ़ावा दिया जाता है, तथापि आवेदक से परियोजना को पूरा करने में उसकी क्षमताओं का प्रमाण मांगा जाता है।

3. मुनाफे के उद्देश्य से काम न करने वाले संगठनों द्वारा आयोजित संगोष्ठियों, उत्सवों तथा प्रदर्शनियों के लिए वित्तीय सहायता योजना (सांस्कृतिक समारोह अनुदान योजना)

संस्कृति मंत्रालय ने 'सेमिनार अनुदान योजना' को एक बड़ी और संशोधित योजना 'सांस्कृतिक समारोह अनुदान योजना' के रूप में शुरू किया है। औपचारिक रूप में यह योजना गैर-लाभकारी संगठनों द्वारा संगोष्ठियों, उत्सवों तथा प्रदर्शनियों के लिए वित्तीय सहायता योजना कहलाती है। इसकी विशेषताएं निम्नलिखित हैं:

i. नई 'सांस्कृतिक कार्यक्रम अनुदान योजना' के अंतर्गत अनुसंधान परियोजनाएं, सेमिनार, सम्मेलन, परिसंवाद आदि सहित उत्सव और प्रदर्शनियां भी शामिल हैं।

ii. नई योजना में सहायता की ऊपरी सीमा भी बढ़ाई गई है। कोई भी विशेष परियोजना कुल परियोजना लागत के 75 प्रतिशत तक वित्तीय सहायता प्राप्त कर सकती है। इसके तहत सरकार का सहयोग ₹ 5 लाख तक जा सकता है।

iii. इस नई योजना में अब गैर–सरकारी संगठन, समितियां, ट्रस्ट आदि के साथ ही विश्वविद्यालय विभाग और विश्वविद्यालय केंद्र भी सहायता के लिए आवेदन कर सकते हैं।

iv. पहले सेमिनार अनुदान योजना के लिए साल में एक बार ही नए आवेदन मांगे जाते थे, लेकिन नई सांस्कृतिक कार्यक्रम अनुदान योजना के लिए वर्षभर आवेदन किए जा सकेंगे।

v. एनजीओ/स्वैच्छिक संगठनों (विश्वविद्यालय या उनके केंद्र नहीं) को एनजीओ पार्टनरशिप नेशनल पोर्टल: वेबसाइट: ngo.india.gov.in पर पंजीकरण साइन–अप करना होगा। यह सरल प्रक्रिया डाटा बेस उद्देश्य के लिए है।

4. रामकृष्ण मिशन सांस्कृतिक संस्थान, कोलकाता (राष्ट्रीय स्तर का एक सांस्कृतिक संगठन) को वित्तीय सहायता

रामकृष्ण मिशन का एक शाखा केंद्र रामकृष्ण मिशन सांस्कृतिक संस्थान विभिन्न क्षेत्रों के प्रमुख विद्वानों तथा गणमान्य व्यक्तियों से बनी एक प्रबंध समिति द्वारा चलाया जाता है। इस समिति के अध्यक्ष पश्चिम बंगाल के राज्यपाल हैं।

मानव मात्र की एकता के आदर्श को बढ़ावा देने के लिए समर्पित इस संस्थान ने विश्व संस्कृतियों की समृद्धि से लोगों को जागरूक बनाने के प्रयास वर्षों किए हैं। संस्थान ने अंतर–सांस्कृतिक समझ, बोध और एक–दूसरे के विचारों को स्वीकार करने की आवश्यकता के बारे में भी लोगों को जागरूक बनाया है। यह एक ऐसा दृष्टिकोण है जो वैश्विक स्तर पर अंतरराष्ट्रीय सद्भाव तथा देश में राष्ट्रीय एकता के अनुकूल है। संस्थान जो कुछ भी गतिविधियां चलाता है उसका प्रमुख बिंदु है एक–दूसरे के विचारों का आदर करना और अपनी समृद्धि के लिए इसको आत्मसात और अंगीकार करना।

संस्थान की गतिविधियों में सहयोग देने के लिए भारत सरकार और पश्चिम बंगाल सरकार 1962 से संस्थान के रखरखाव के लिए अनुदान स्वीकृत करती आ रही है।

5. कला, संस्कृति तथा विरासत में अतिथि अध्येताओं के लिए योजना

यह योजना संस्कृति मंत्रालय के अधीन कार्यरत उन संस्थाओं का उद्धार और उनको सक्रिय बनाने के लिए शुरू की गई है जिनके पास पांडुलिपियों, दस्तावेजों, हस्तकला, पुरावशेष और पेंटिंग के रूप में विशाल खजाना है। इसका ध्येय हमारे सांस्कृतिक संसाधनों में गंभीर अनुसंधानकर्ताओं की रुचि को प्रोत्साहित करना है ताकि राष्ट्र को इसका लाभ मिल सके। किसी संग्रहालय के समस्त संग्रह में से कुछ ही प्रदर्शित की जा सकती है, परंतु ऐसी योजनाओं से उन वस्तुओं के आकलन और शोधादि को भी बढ़ावा मिलता है जिन्हें आमतौर पर जनता के सामने नहीं रखा जाता।

वर्तमान में योजना के अंतर्गत 17 संस्थान एवं संगठन आते हैं। योजना विदेशी और स्वदेशी शिक्षाविदों तथा अनुसंधानकर्ताओं के लिए उपलब्ध है।

वे अध्येता तथा अनुसंधानकर्ता जिनकी अच्छी अकादमिक तथा व्यावसायिक पृष्ठभूमि है और जो अपने-अपने क्षेत्र के विशेषज्ञ हैं अथवा जिन्होंने कला या संस्कृति के क्षेत्र में सृजन कार्य किया है, वे अध्येतावृत्ति प्राप्त कर सकते हैं। अध्येतावृत्ति सामान्यत: दो वर्षों के लिए दी जाती है।

अध्येताओं को सभी तरह का संभावित ढांचागत सहयोग प्रदान किया जाएगा और अध्ययन तथा अनुसंधान सामग्री के लिए राष्ट्रीय सांस्कृतिक संस्थानों में जाने का लाभ भी प्राप्त होगा। शैक्षणिक योजना अनुसंधान संस्थानों से श्रेष्ठ प्रतिभाओं वाले विशेषज्ञों को अपनी ओर आकर्षित करने के लिये योजना में बेहतर सुविधाएं, शर्तें और पारिश्रमिक प्रदान किया जाता है।

जो प्राध्यापक 2 वर्षों के अध्ययन एवं शोध के लिए आते हैं उन्हें पूरा वेतन, भत्ते, मकान किराया भत्ता आदि मिलेगा और वे परियोजना सहायता के रूप में प्रतिवर्ष (2 वर्षों के लिए) ₹ 3.5 लाख तक पाने के भी हक़दार होंगे।

प्रतिष्ठित सेवानिवृत्त शिक्षाविदों या अनुसंधानकर्ताओं को ₹ 80 हज़ार प्रतिमाह मानदेय प्राप्त होगा जो अन्य वित्तीय और लॉजिस्टिक सहयोग के अतिरिक्त होगा। बाहर के अध्येता भी 'सेटलिंग इन अलाउंस' के पात्र होंगे।

पर्यटन

रोज़गार सृजन और देश की आर्थिक वृद्धि में पर्यटन की अहम भूमिका है। अर्थव्यवस्था में रोज़गार सृजन की क्षमता और अपने आगे एवं पिछड़े लिंकेज द्वारा सार्वभौमिक स्तर पर सम्मिलित सामाजिक आर्थिक प्रगति हेतु पर्यटन को एक शक्तिशाली वाहक के रूप में माना गया है। पर्यटन के क्षेत्र में रोज़गार की अपार संभावना है तथा प्रत्येक 10 लाख के निवेश पर लगभग 90 रोज़गार सृजन की क्षमता है। इस क्षेत्र में आवासीय परियोजनाओं, खान-पान संबंधी परियोजनाओं, मनोरंजन पार्कों और जल क्रीड़ाओं जैसी संबद्ध गतिविधियों के रूप में रोज़गार सृजन के विपुल अवसर हैं।

आगमन पर वीजा

वर्ष 2015 में विदेशी पर्यटकों के भारत आगमन (एफटीए) में 4.5 प्रतिशत की वृद्धि दर्ज की गई। यह वृद्धि वैश्विक स्तर पर अंतरराष्ट्रीय पर्यटक आगमनों में दर्ज विकास दर के औसत 4.5 प्रतिशत के समतुल्य है। वर्ष 2014 में 76.79 लाख विदेशी पर्यटकों की तुलना में वर्ष 2015 में 80.27 लाख विदेशी पर्यटकों का आगमन हुआ। पर्यटन से वर्ष 2015 में 9.6 प्रतिशत की वृद्धि के साथ कुल 1,35,193 करोड़ रुपये की विदेशी मुद्रा आय प्राप्त हुई।

पर्यटन मंत्रालय ने इलेक्ट्रॉनिक यात्रा प्रमाणन सुविधा से युक्त (ई-वीजा के रूप में पुनर्नामित) आगमन पर वीजा (वीओए) सेवा के क्रियान्वयन संबंधी पहल का जोरदार समर्थन किया है तथा गृह मंत्रालय, विदेश मंत्रालय और नागरिक उड्डयन मंत्रालय को कार्यक्रम के क्रियान्वयन में मदद हेतु अपनी प्रतिबद्धता दुहराई है। भारत सरकार ने ई-पर्यटक वीजा 27 नवंबर, 2014 को लॉन्च किया। जनवरी-दिसंबर, 2015 के दौरान ई-पर्यटक वीजा वाले 4,45,300 पर्यटक भारत पहुंचे। यह सुविधा 26 फरवरी, 2016 से 16 हवाईअड्डों पर भी उपलब्ध है। भारत सरकार ने नवंबर 2015 से ई-पर्यटक वीजा (ई-टीवी) के शुल्क में संशोधन कर इसे चार स्लैब यथा- 0 अमरीकी डॉलर, 25 अमरीकी डॉलर, 48 तथा 60 अमरीकी डॉलर में रखा है। वर्तमान तथा बैंक प्रभार दो डॉलर है। यह सभी देशों के लिए एक समान है। वीजा

शुल्क में संशोधन आदान–प्रदान के सिद्धांत पर किया गया है। बैंक प्रभार भी ई–टीवी शुल्क के 2.5 प्रतिशत से घटाकर 2 प्रतिशत अमरीकी डॉलर कर दिया गया है। शून्य वीजा शुल्क हेतु कोई बैंक प्रभार नहीं है।

वेब आधारित लोक वितरण पद्धति

मंत्रालय से मान्यता चाहने वाले पर्यटन उद्योग सेवा प्रदाताओं की सुविधा तथा अनुमोदनों में पारदर्शिता के उद्देश्य से पर्यटन मंत्रालय ने पर्यटन उद्योग सेवा प्रदाताओं को मान्यता देने के लिए वेब आधारित लोक विवरण पद्धति की स्थापना की है। जनवरी 2016 से ऑनलाइन प्रक्रिया को भुगतान गेटवे के साथ एकीकृत कर दिया गया है।

आला पर्यटन उत्पाद

पर्यटन मंत्रालय ने पर्यटन उद्योग के आला उत्पादों की पहचान, विविधीकरण, विकास तथा प्रोन्नति के लिए पहल की है। यह भारत को मौसम विशेष की बजाय साल के 365 दिनों तक पर्यटन गंतव्य बनाए रखने हेतु की गयी है। इसका उद्देश्य खास अभिरुचि वाले पर्यटकों को आकर्षित करना और विशिष्ट उत्पादों, जिनमें भारत तुलनात्मक रूप से बेहतर स्थिति में है, के लिए पर्यटकों की बार–बार यात्रा सुनिश्चित करना है। खास उत्पादों की पहचान एक गतिशील प्रक्रिया है। इस तरह जल्दी ही नए उत्पाद जोड़े जाएंगे। पर्यटन मंत्रालय ने 'गोल्फ पर्यटन' और 'तंदरुस्ती पर्यटन' के विकास हेतु समितियां गठित कर दी हैं। गोल्फ, पोलो, चिकित्सा एवं तंदुरुस्ती के लिए किए जाने वाले पर्यटन में मदद के लिए मंत्रालय ने दिशा–निर्देशों को भी तैयार कर लिए हैं। तद्नुसार, विकास एवं प्रोन्नति हेतु निम्नलिखित आला उत्पादों की पहचान की गई है:

पोत परिभ्रमण; साहसिक कार्य; चिकित्सा; तंदुरुस्ती; गोल्फ; पोलो; प्रोत्साहन सम्मेलनों एवं प्रदर्शनियों की बैठकें; पर्यावरण पर्यटन; फिल्म पर्यटन एवं सतत पर्यटन।

चिकित्सा पर्यटन

चिकित्सा पर्यटन, जिसे चिकित्सा यात्रा, स्वास्थ्य पर्यटन या स्वास्थ्य लाभ के लिए यात्रा भी कहा जा सकता है इलाज या तंदुरुस्ती के लिए विदेश यात्रा करने के संदर्भ में इस्तेमाल किया जाता है। आम तौर पर इस तरह के यात्री स्वेच्छा से कराई जाने वाली शल्य चिकित्सा के साथ–साथ कुछ विशिष्ट प्रकार की शल्य क्रियाओं जैसे घुटने और कूल्हे के जोड़ों को बदलने, हृदय शल्य चिकित्सा, दंत शल्य चिकित्सा और कॉस्मेटिक सर्जरी की मांग करते हैं। वैसे भारत में मनोरोगों के इलाज, वैकल्पिक चिकित्सा पद्धतियों से इलाज और रोगी के उपचार और सुश्रुषा जैसी विभिन्न प्रकार की सुविधाएं उपलब्ध हैं।

चिकित्सा पर्यटन गतिविधियां मुख्य रूप से निजी क्षेत्र द्वारा संचालित की जा रही हैं। इसमें पर्यटन मंत्रालय की भूमिका केवल सहायक की है जो इन सुविधाओं का विश्व के बाजारों में प्रचार–प्रसार करता है। पर्यटन मंत्रालय ने भारत को चिकित्सा और स्वास्थ्य स्थल के रूप में प्रचारित करने के लिए अनेक कदम उठाए हैं।

भारत पर्यटन विकास निगम

पर्यटन मंत्रालय के प्रशासनिक नियंत्रणाधीन भारत पर्यटन विकास निगम (आईटीडीसी) सार्वजनिक क्षेत्र का उपक्रम है। 1 अक्टूबर, 1966 को अस्तित्व में आए भारत पर्यटन विकास निगम (आईटीडीसी) की देश में पर्यटन संरचना के विकास में अहम भूमिका है। देश में होटलों की सबसे बड़ी शृंखला को चलाने के साथ,

आईटीडीसी पर्यटन से संबंधित कई सुविधाएं प्रदान करता है जैसे- परिवहन, शुल्क मुक्त खरीदारी, मनोरंजन, पर्यटन प्रसार साहित्य का प्रकाशन और परामर्श आदि। आईटीडीसी दूरस्थ क्षेत्रों में पर्यटन के ढांचे में सुधार के लिए प्रतिबद्ध है। इस प्रकार वह क्षेत्रीय संतुलन बनाने की कोशिश कर रहा है। आईटीडीसी ने 18 होटलों में विनिवेश के बाद अपनी शेष गतिविधियों को संगठित किया है और विविध सेवा उन्मुख व्यावसायिक गतिविधियां जैसे- परामर्श और पर्यटन एवं इंजीनियरिंग परियोजनाओं का निष्पादन, आतिथ्य के क्षेत्र में प्रशिक्षण परामर्श, इवेंट मैनेजमेंट, ऐतिहासिक समारकों पर ध्वनि एवं प्रकाश कार्यक्रम आदि चलाने के लिए खुद को पुनर्गठित किया है।

व्यावसायिक स्तर पर वर्तमान संगठनात्मक ढांचे में प्रबंध निदेशक, कार्यपालक निदेशक और व्यापार समूहों के प्रमुख जैसे- अशोक समूह के होटलों, कारपोरेट मार्केटिंग, इवेंट मैंनेजमेंट, अशोक अंतरराष्ट्रीय व्यापार, अशोक ट्रेवल्स एंड टूर, अशोक क्रिएटिव और पब्लिक रिलेशन्स, अशोक आतिथ्य और पर्यटन प्रबंध संस्थान और इंजीनियरिंग सेवा डिवीजन प्रमुख हैं जिनकी सहायता मानव संसाधन प्रबंधन, वित्त एवं लेखा, सतर्कता एवं सुरक्षा, प्रशासन तथा सचिवालय सहायता के प्रमुख करते हैं।

वर्तमान में आईटीडीसी नेटवर्क के पास अशोक समूह के आठ होटल, सात संयुक्त उद्यम होटल (जिसमें एक निमार्णाधीन होटल भी शामिल है), एक रेस्टोरेंट , 11 परिवहन इकाइयां, एक पर्यटन सेवा स्टेशन, हवाईअड्डों और बंदरगाहों पर सात शुल्क मुक्त दुकानें, दो ध्वनि और प्रकाश कार्यक्रम तथा तीन खान-पान की दुकानें हैं। इसके अलावा, आईटीडीसी भरतपुर में एक होटल और कोसी में एक पर्यटक परिसर भी संचालित कर रहा है।

एक भारत श्रेष्ठ भारत

सरदार वल्लभभाई पटेल की जयंती 31 अक्टूबर, 2015 को राष्ट्रीय एकता दिवस पर अपने संबोधन में प्रधानमंत्री श्री नरेन्द्र मोदी ने घोषित किया कि सरकार नया कार्यक्रम 'एक भारत श्रेष्ठ भारत' आरंभ कर रही है। कार्यक्रम का लक्ष्य देश के विभिन्न भागों के बीच सांस्कृतिक तालमेल को बढ़ावा देना और विभिन्न राज्यों में रहने वाले लोगों के बीच पारस्परिक संवाद बढ़ाना है। आशा है कि यह कार्यक्रम भारत की सांस्कृतिक जीवंतता का उत्सव होगा और नागरिकों में राष्ट्रवाद तथा सांस्कृतिक जागरुकता जगाने के लिए पक्की व्यवस्था करेगा।

संस्कृति मंत्रालय द्वारा नीति आयोग के साथ मिलकर नई दिल्ली में अप्रैल 2016 में 'एक भारत श्रेष्ठ भारत' पर राष्ट्रीय स्तर की पहली कार्यशाला का आयोजन किया गया, जिसका उद्देश्य विभिन्न पक्षों के बीच सामूहिक चर्चा आरंभ करना था। कार्यशाला में कार्यक्रम की सफलता के लिए प्रौद्योगिकी तथा आधुनिक माध्यमों के प्रयोग की आवश्यकता पर जोर दिया गया।

6 मूल आर्थिक आंकड़े

सांख्यिकी विभाग और कार्यक्रम कार्यान्वयन विभाग के विलय से 15 अक्टूबर, 1999 को एक स्वतंत्र मंत्रालय के रूप में सांख्यिकी और कार्यक्रम कार्यान्वयन मंत्रालय अस्तित्व में आया। मंत्रालय के दो स्कंध हैं, एक का संबंध सांख्यिकी से और दूसरे का संबंध कार्यक्रम कार्यान्वयन से है। सांख्यिकी स्कंध को राष्ट्रीय सांख्यिकी कार्यालय (एनएसओ) के रूप में नया नाम दिया गया है जिसमें केंद्रीय सांख्यिकी कार्यालय (सीएसओ) और राष्ट्रीय प्रतिदर्श सर्वेक्षण कार्यालय (एनएसएसओ) शामिल हैं। कार्यक्रम कार्यान्वयन स्कंध के तीन खंड हैं। जिनके नाम हैं: (i) बीस सूत्री कार्यक्रम, (ii) बुनियादी ढांचा और परियोजना निगरानी, तथा (iii) सांसद स्थानीय क्षेत्र विकास योजना। इन तीन खंडों के अलावा राष्ट्रीय सांख्यिकीय आयोग (एनएससी) का गठन भारत सरकार (एमओएसपीआई) के प्रस्ताव के जरिए किया गया है। इसके अलावा एक स्वायत्तशासी संस्थान यानी भारतीय सांख्यिकी संस्थान (आईएसआई) को संसद के एक अधिनियम द्वारा राष्ट्रीय महत्व का संस्थान घोषित किया गया है।

वेबसाइट: www.mospi.nic.in

राष्ट्रीय सांख्यिकीय आयोग

सरकार ने 1 जून, 2005 को एक प्रस्ताव के जरिए राष्ट्रीय सांख्यिकीय आयोग (एनएससी) का गठन करने का फैसला किया। एनएससी का गठन रंगराजन आयोग की सिफ़ारिशों को स्वीकार कर मंत्रिमंडल के फ़ैसले के बाद किया गया, जिसने 2001 में भारतीय सांख्यिकीय प्रणाली की समीक्षा की। आरंभ में एनएससी का गठन सांख्यिकीय प्राथमिकताओं और मानकों को तैयार करने, उनकी निगरानी करने और उन्हें लागू करने तथा सांख्यिकीय समन्वय सुनिश्चित करने तथा देश की सभी प्रमुख सांख्यिकीय गतिविधियों के लिए एक केंद्रीय और अधिकार प्राप्त संगठन के रूप में कार्य करने के लिए 12 जुलाई, 2006 को किया गया। एनएससी का एक अंशकालिक अध्यक्ष और चार अंशकालिक सदस्य हैं। प्रत्येक को सांख्यिकी के विशेष क्षेत्रों में विशेषज्ञता और अनुभव प्राप्त है। इसके अलावा नीति आयोग के सचिव, आयोग के पदेन सदस्य हैं। भारत के मुख्य सांख्यिकीविद्, आयोग के सचिव हैं।

केंद्रीय सांख्यिकी कार्यालय

केंद्रीय सांख्यिकी कार्यालय (सीएसओ) मंत्रालय से संबद्ध कार्यालय है, जो देश में सांख्यिकीय गतिविधियों का समन्वय करता है और सांख्यिकीय मानक तैयार करता है। इसकी गतिविधियों में अन्य बातों के अलावा राष्ट्रीय खातों, औद्योगिक उत्पादन सूचकांक, शहरी/ग्रामीण/मिश्रित उपभोक्ता मूल्य सूचकांकों, राज्यों और केंद्रशासित प्रदेशों में लिंग संबंधी आंकड़ों सहित मानव विकास आंकड़ों का संकलन और ऊर्जा सांख्यिकी, सामाजिक और पर्यावरण सांख्यिकी का प्रसार तथा राष्ट्रीय औद्योगिक वर्गीकरण तैयार करना शामिल है।

सांख्यिकी और कार्यक्रम कार्यान्वयन मंत्रालय का केंद्रीय सांख्यिकी कार्यालय (सीएसओ) मूल्यों की सामयिक तुलना के उद्देश्य से अखिल भारतीय स्तर पर और राज्यों/केंद्रशासित प्रदेशों के लिए ग्रामीण, शहरी और मिश्रित (ग्रामीण + शहरी) उपभोक्ता मूल्य सूचकांक (सीपीआई) 2010 को आधार वर्ष के रूप में रखकर जनवरी 2011 से जारी कर रहा है। इन सीपीआई शृंखलाओं के आधार पर वार्षिक मुद्रास्फीति दरें जनवरी 2012 से उपलब्ध हैं।

प्रतिव्यक्ति वास्तविक और शुद्ध राष्ट्रीय आय

वर्ष 2015–16 के लिए अस्थायी अनुमानों के अनुसार स्थायी (2011–12) बाजार मूल्यों पर प्रतिव्यक्ति वास्तविक आय यानी प्रतिव्यक्ति शुद्ध राष्ट्रीय आय 77,435 रुपये होगी जबकि 2014–15 के लिए प्रथम संशोधित अनुमान में यह 72,889 रुपये थी। इससे संकेत मिलता है कि वर्ष 2015–16 के दौरान प्रतिव्यक्ति वास्तविक आय में 6.2 प्रतिशत की वृद्धि हुई। वर्ष 2015–16 के दौरान वर्तमान मूल्यों पर 86,879 रुपये की तुलना में 93,293 रुपये प्रतिव्यक्ति आय होने का अनुमान लगाया गया जो 7.4 प्रतिशत की वृद्धि दर्शाता है।

राष्ट्रीय आय

राष्ट्रीय आय के 31 मई, 2016 को जारी अस्थायी अनुमानों के अनुसार वर्ष 2015–16 में स्थायी (2011–12) मूल्यों पर जीडीपी वर्ष 2014–15 के लिए 29 जनवरी, 2016 को जारी पहले संशोधित अनुमान 105.5 लाख करोड़ रुपये की तुलना में 113.5 लाख करोड़ रुपये है। वर्ष 2015–16 के दौरान वास्तविक जीडीपी में 7.6 प्रतिशत की वृद्धि हुई जो 2014–15 में 7.1 प्रतिशत थी।

मूल्य सांख्यिकी

उपभोक्ता मूल्य सूचकांक (ग्रामीण/शहरी): सांख्यिकी और कार्यक्रम कार्यान्वयन मंत्रालय के केंद्रीय सांख्यिकी कार्यालय (सीएसओ) ने जनवरी, 2011 से हर महीने ग्रामीण, शहरी और मिश्रित अखिल भारतीय और राज्यों/केंद्रशासित प्रदेशों के लिए उपभोक्ता मूल्य सूचकांक जारी करना शुरू किया। इसने अब आधार वर्ष 2010=100 से परिवर्तित कर 2012=100 कर दिया है। संशोधित सीपीआई शृंखला के बारे में अंदाजा लगाने वाली आकृति एनएसएस के उपभोक्ता व्यय सर्वेक्षण (2011–12) के 68वें दौर के परिणामों पर आधारित है।

सभी राज्यों/केंद्रशासित प्रदेशों में फैले चुने हुए 1,181 गांवों से सीपीआई (ग्रामीण) के लिए मासिक खुदरा मूल्य आंकड़ों का संग्रहण डाक विभाग द्वारा किया गया है, जबकि राष्ट्रीय प्रतिदर्श सर्वेक्षण कार्यालय [एनएसएसओ (एफओडी)] का क्षेत्र संकार्य प्रभाग और अर्थशास्त्र और सांख्यिकी निदेशालय सभी राज्यों/केंद्रशासित प्रदेशों में फैले 310 कस्बों के चुने हुए 1,114 बाजारों से सीपीआई (ग्रामीण) के लिए खुदरा मूल्य आंकड़े एकत्र करने में लगे हुए हैं।

मुद्रास्फीति की दर

वर्ष 2012–13 से आगे के वर्षों के लिए मासिक उपभोक्ता मूल्य सूचकांक (मिश्रित) के औसत पर आधारित अखिल भारतीय मुद्रास्फीति दर तालिका 1 में दी गई है। सामान्य मुद्रास्फीति के साथ, उपभोक्ता खाद्य मूल्य सूचकांक (सीएफपीआई) पर आधारित मुद्रास्फीति (यह समूह खाद्य और पेय पदार्थों के उपसमूह के कुछ सूचकांकों का भारित औसत है। ये उप-समूह हैं: अनाज और उत्पाद, मांस

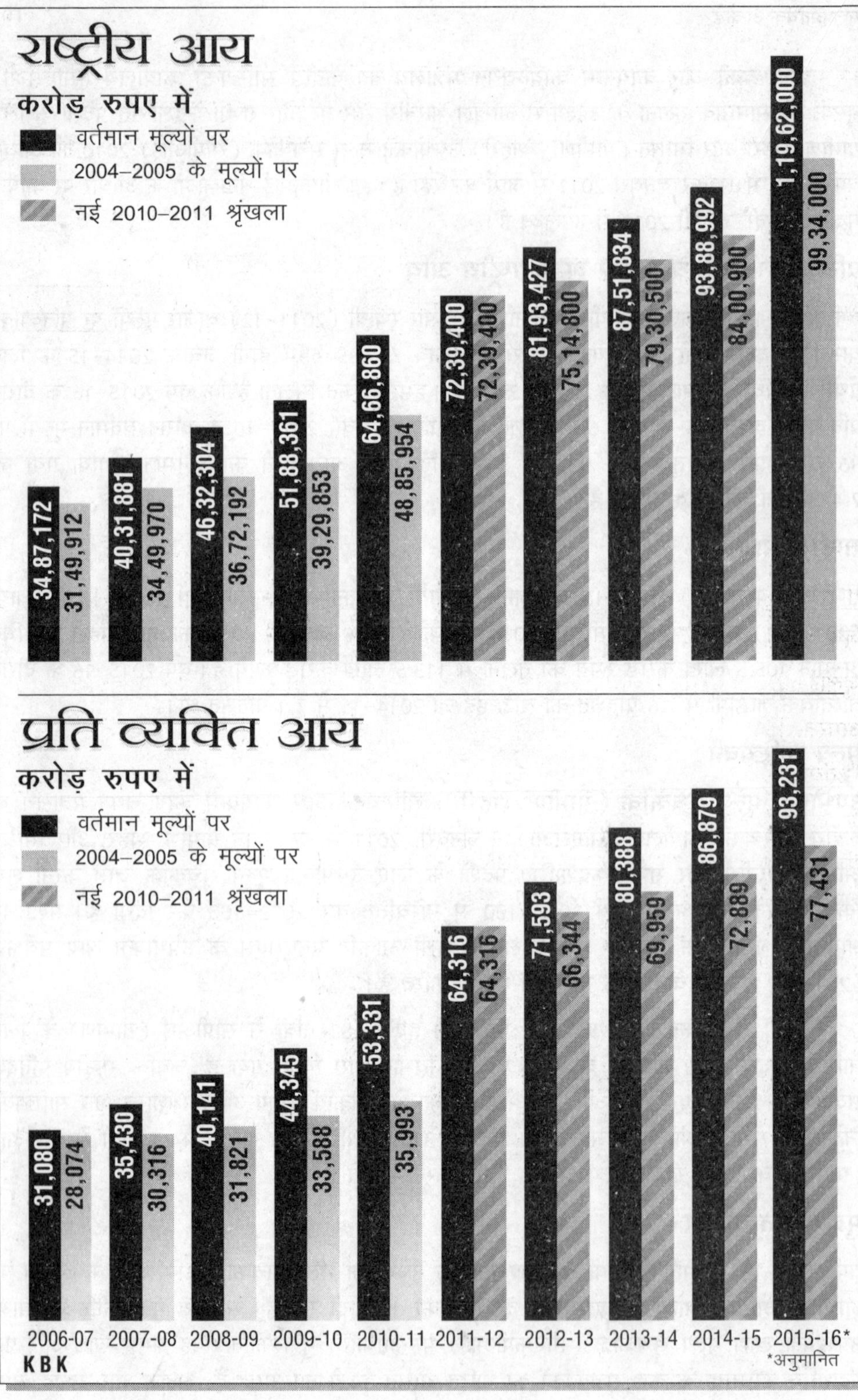
राष्ट्रीय आय
करोड़ रुपए में
वर्तमान मूल्यों पर
2004–2005 के मूल्यों पर
नई 2010–2011 श्रृंखला
34,87,172
31,49,912
40,31,881
34,49,970
46,32,304
36,72,192
51,88,361
39,29,853
64,66,860
48,85,954
72,39,400
72,39,400
81,93,427
75,14,800
87,51,834
79,30,500
93,88,992
84,00,900
1,19,62,000
99,34,000
प्रति व्यक्ति आय
करोड़ रुपए में
वर्तमान मूल्यों पर
2004–2005 के मूल्यों पर
नई 2010–2011 श्रृंखला
31,080
28,074
35,430
30,316
40,141
31,821
44,345
33,588
53,331
35,993
64,316
64,316
71,593
66,344
80,388
69,959
86,879
72,889
93,231
77,431
2006-07
2007-08
2008-09
2009-10
2010-11
2011-12
2012-13
2013-14
2014-15
2015-16*
KBK
*अनुमानित

और मछली, अंडा, दूध और उत्पाद, तेल और वसा, फल, सब्जियां, दालें और उत्पाद, चीनी और मिष्ठान और मसाले है) और गैर-खाद्य मदों के सूचकांक (यह पान तंबाकू और मादक वस्तुएं, ईंधन और लाइट, परिधान और जूते, आवास और विविध समूहों के सूचकांक का भारित औसत है) तालिका-1 में दी गई है।

तालिका : 1

सीपीआई पर आधारित अखिल भारतीय मुद्रास्फीति दरें

अवधि	सभी	खाद्य (सीएफपीआई)	गैर-खाद्य
2012-13	9.90	11.07	8.88
2013-14	9.44	12.09	7.27
2014-15	5.93	6.36	5.47
2015-16	4.91	4.88	4.64
अप्रैल-16	5.47	6.40	4.66
मई-16	5.76	7.47	4.47
जून-16	5.77	7.79	4.36
जुलाई-16	6.07	8.35	4.43
अगस्त-16	5.05	5.91	4.41
सितंबर-16	4.31	3.88	4.65

नोट: सितंबर 2016 के आंकड़े अस्थायी हैं।

पिछले दो वर्षों यानी जनवरी 2015 से सितंबर 2016 पर आधारित अखिल भारतीय मासिक सामान्य सीपीआई (ग्रामीण/शहरी/मिश्रित) और मुद्रास्फीति दरें क्रमशः तालिका-2 और 3 में दी गई हैं।

तालिका : 2

अखिल भारतीय जनरल (सभी समूह) का विवरण

माह	सीपीआई (ग्रामीण)	सीपीआई (शहरी)	सीपीआई (मिश्रित)
जनवरी-15	120.3	118.5	119.5
फरवरी-15	120.6	118.7	119.7
मार्च-15	121.1	119.1	120.2
अप्रैल-15	121.5	119.7	120.7
मई-15	122.4	120.7	121.6
जून-15	124.1	121.7	123.0

जुलाई–15	124.7	122.4	123.6
अगस्त–15	126.1	123.2	124.8
सितंबर–15	127.0	123.5	125.4
अक्टूबर –15	127.7	124.2	126.1
नवंबर–15	128.3	124.6	126.6
दिसंबर –15	127.9	124.0	126.1
जनवरी –16	128.1	124.2	126.3
फरवरी –16	127.9	123.8	126.0
मार्च–16	128.0	123.8	126.0
अप्रैल–16	129.0	125.3	127.3
मई–16	130.3	126.6	128.6
जून–16	131.9	128.1	130.1
जुलाई–16	133.0	129.0	131.1
अगस्त–16	133.5	128.4	131.1
*सितंबर–16	133.3	128.0	130.8

*सितंबर 2016 के लिए आंकड़े अस्थायी हैं

तालिका : 3
सीपीआई पर आधारित अखिल भारतीय मुद्रास्फीति दरों का विवरण

माह	सीपीआई (ग्रामीण)	सीपीआई (शहरी)	सीपीआई (मिश्रित)
जनवरी–15	5.34	4.96	5.19
फरवरी–15	5.79	4.95	5.37
मार्च–15	5.67	4.75	5.25
अप्रैल–15	5.29	4.36	4.87
मई–15	5.52	4.41	5.01
जून–15	6.07	4.55	5.40
जुलाई–15	4.35	2.94	3.69
अगस्त–15	4.47	2.75	3.74
सितंबर–15	5.05	3.61	4.41

अक्टूबर -15	5.54	4.28	5.00
नवंबर-15	5.95	4.71	5.41
दिसंबर-15	6.32	4.73	5.61
जनवरी -16	6.48	4.81	5.69
फरवरी -16	6.05	4.30	5.26
मार्च-16	5.70	3.95	4.83
अप्रैल-16	6.17	4.68	5.47
मई-16	6.45	4.89	5.76
जून-16	6.29	5.26	5.77
जुलाई-16	6.66	5.39	6.07
अगस्त-16	5.87	4.22	5.05
*सितंबर-16	4.96	3.64	4.31

* सितंबर 2016 के लिए मुद्रास्फीति दरों के आंकड़े अस्थायी हैं

मुद्रास्फीति की दर जो 2012-13 और 2013-14 में बहुत अधिक थी, उसमें 2014-15 में गिरावट आनी शुरू हो गई। वर्ष 2016-17 के दौरान सितंबर के महीने में मुद्रास्फीति अपने निम्नतर स्तर पर आ गई। 2012-13 से 2016-17 की अवधि के दौरान मुद्रास्फीति की दर में कुल गिरावट मुख्य रूप से खाद्य वस्तुओं के मूल्यों में कमी के कारण आई जो सीएफपीआई पर आधारित मुद्रास्फीति की गिरती हुई दरों से स्पष्ट है।

सेवा क्षेत्र

आधार मूल्य (वर्तमान मूल्यों पर) भारत के सकल योगित मूल्य (जीवीए) में सेवा क्षेत्र की हिस्सेदारी अस्थायी अनुमानों के अनुसार 2011-12 में 49 प्रतिशत थी जो बढ़कर 2015-16 में 53.2 प्रतिशत हो गई। निर्माण को शामिल करके हिस्सेदारी 2015-16 में बढ़कर 61.5 प्रतिशत हो गई। 20.6 प्रतिशत हिस्सेदारी के साथ, समूह के रूप में वित्तीय, रियल एस्टेट, और व्यावसायिक सेवाएं विभिन्न सेवाओं के उप-क्षेत्रों के बीच जीवीए की सबसे बड़ी अंशदाता हैं। इसके बाद व्यापार, होटलों, परिवहन, संचार और प्रसारण से जुड़ी सेवाओं का स्थान है, जिनकी हिस्सेदारी 18.6 प्रतिशत है और तीसरा स्थान सार्वजनिक प्रशासन, रक्षा और अन्य सेवाओं का है, जिनकी हिस्सेदारी 14.01 प्रतिशत है।

2015-16 में सेवा क्षेत्र की वृद्धि गिरकर 8.9 प्रतिशत पर आ गई जो 2014-15 में 10.3 प्रतिशत थी। इस क्षेत्र की वृद्धि 2014-15 और 2015-16 में स्थायी मूल्यों पर जीवीए की क्रमशः 7.1 प्रतिशत और 7.2 प्रतिशत कुल वृद्धि से अधिक है। ऐसा मुख्य रूप से वित्तीय, रियल एस्टेट और व्यावसायिक सेवाओं की वृद्धि की गति धीमी होने के कारण हुआ जो 2014-15 में 10.6 प्रतिशत से कम होकर 2015-16 में 10.3 प्रतिशत पर आ गई और व्यापार, मरम्मत के कार्य, होटलों और रेस्तराओं में 2014-15 में 9.80 प्रतिशत से कम होकर 2015-16 में 9 प्रतिशत पर आ गई।

सेवाओं का व्यापार

वर्ष 2015-16 में सेवाओं का निर्यात -0.73 प्रतिशत सिमटकर 154.3 अरब अमरीकी डॉलर पर आ गया जबकि 2014-15 में इसमें 2.6 प्रतिशत की वृद्धि हुई थी। सेवाओं का निर्यात 6.1 प्रतिशत बढ़कर 84.6 अरब अमरीकी डॉलर पर पहुंच गया जबकि 2014-15 में 1.6 प्रतिशत की वृद्धि देखने को मिली थी। इसके परिणामस्वरूप धीमी गति होने के कारण 2015-16 में सेवाओं की कुल वृद्धि-7.9 प्रतिशत पर आ गई जबकि 2014-15 में 3.7 प्रतिशत की वृद्धि दर्ज की गई थी। वर्ष 2015-16 में वास्तविक सेवाओं से वस्तुओं पर भारत के व्यापार घाटे का करीब 53.6 प्रतिशत वित्त प्रबंधन हुआ।

बुनियादी ढांचा सहायक उद्योग

आठ मूलभूत बुनियादी ढांचा सहायक उद्योग कोयला, कच्चा तेल, प्राकृतिक गैस, तेल-शोधन उत्पाद, उर्वरक, इस्पात, सीमेंट और विद्युत, जिनकी औद्योगिक उत्पादन सूचकांक (आईआईपी) में कुल भारिता 37.90 प्रतिशत है, ने वर्ष 2014-15 के दौरान 3.7 प्रतिशत की वृद्धि दर्ज की जो 2013-14 के दौरान 4.2 प्रतिशत थी। वर्ष 2014-15 के दौरान कोयला क्षेत्र की वृद्धि 8.4 प्रतिशत, विद्युत की 8.1 प्रतिशत, सीमेंट की 5.6 प्रतिशत, इस्पात की 1.3 प्रतिशत और तेल शोधन उत्पादों के क्षेत्र में वृद्धि 0.4 प्रतिशत रही। कच्चे तेल, प्राकृतिक गैस और उर्वरक क्षेत्रों में 2014-15 के दौरान नकारात्मक वृद्धि देखने को मिली।

उद्योगों का वार्षिक सर्वेक्षण

उद्योगों का वार्षिक सर्वेक्षण (एएसआई) देश में औद्योगिक सांख्यिकी का प्रमुख स्रोत है। यह विद्युत, गैस और पानी की आपूर्ति तथा शीत भंडारों के निर्माण की प्रक्रिया, मरम्मत सेवाओं, उत्पादन, पारेषण आदि से जुड़ी गतिविधियों को मिलाकर संगठित निर्माण क्षेत्र के विकास, संयोजन और ढांचे में परिवर्तन तक तटस्थ भाव से और वास्तव में पहुंच और उसके मूल्यांकन के बारे में सांख्यिकीय सूचना प्रदान करता है।

एएसआई का विस्तार देशभर में है। सर्वेक्षण में फैक्टरी अधिनियम 1948 की धारा 2एम (i) और 2एम (ii) के अंतर्गत पंजीकृत सभी फैक्टरियां शामिल हैं। सर्वेक्षण में बीड़ी और सिगार कामगार (रोज़गार की शर्तें) अधिनियम, 1966 के अंतर्गत पंजीकृत बीड़ी और सिगार बनाने वाले प्रतिष्ठानों को शामिल किया गया है। केंद्रीय विद्युत प्राधिकरण (सीईए) में दर्ज बिजली उत्पादन, पारेषण और वितरण में लगे 1997-98 तक के सभी विद्युत उपक्रमों को एएसआई के अंतर्गत शामिल किया गया, चाहे उनका रोज़गार, आकार कुछ भी हो। कुछ सेवाओं और गतिविधियों जैसे शीत भंडारण, जलापूर्ति, मोटर वाहनों की मरम्मत और अन्य टिकाऊ उपभोक्ता वस्तुएं जैसे घड़ियां आदि सर्वेक्षण के अंतर्गत शामिल की गई हैं। रक्षा प्रतिष्ठान, तेल भंडारण और वितरण डिपो, रेस्तरां, होटल, कैफे और कम्प्यूटर सेवाएं तथा तकनीकी प्रशिक्षण संस्थानों को सर्वेक्षण के दायरे से बाहर रखा गया है। सीईए के साथ पंजीकृत विद्युत उपक्रमों को 1998-99 से एएसआई के अंतर्गत शामिल नहीं किया गया है। हालांकि सीईए के साथ पंजीकृत निष्क्रिय इकाइयां एएसआई के अंतर्गत बनी रहेंगी।

एएसआई द्वारा वर्णित वर्ष 2005-06 से 2013-14 की अवधि के लिए फैक्टरी क्षेत्र के प्रमुख अभिलक्षणों को नीचे तालिका-1 में दिया गया है। एएसआई के नवीनतम उपलब्ध आंकड़ों यानी एएसआई 2013-14 से फैक्टरी क्षेत्र के राज्यवार प्रमुख अभिलक्षणों को तालिका-4 में देखा जा सकता है।

तालिका : 4 – प्रमुख अभिलक्षण

(मूल्य संबंधी आंकड़े लाख रुपये में, मानव दिवस हज़ार में और अन्य संख्या में)

अभिलक्षण	2005-06	2006-07	2007-08	2008-09	2009-10	2010-11	2011-12	2012-13	2013-14
फैक्टरियों की संख्या	140160	144710	146385	155321	158877	211660	217554	222120	224576
स्थायी पूंजी	60694028	71513139	84513209	105596614	135218367	160700652	194955088	218026022	237371903
कार्यशील पूंजी	18446260	28218880	31695306	31123298	38774453	62036285	59107859	60341107	66268577
निवेशित पूंजी	90157861	107150382	128012553	153517773	193305395	239358002	284114733	314411215	338455535
बकाया ऋण	35150737	42858882	45399645	53641948	66300983	82563795	92438166	107224700	122209355
कामगारों की संख्या	7136097	7880536	8198110	8776745	9157802	9901970	10438156	10051626	10444404
मानव दिवस-कामगार	2154187	2383707	2477465	2660547	2783026	3035766	3190232	3048628	3163707
कर्मचारियों की संख्या	9038523	10252148	10378495	11252793	11722631	12617691	13346243	12873853	13462061
मानव दिवस-कर्मचारी	2739729	3034322	3144881	3386622	3574683	3884964	4087324	3910879	4085342
काम में लगे कुल व्यक्ति	9111680	10328434	10452535	11327485	11792055	12694853	13430483	12950025	13538114
कामगारों को वेतन	3766366	4429135	5103023	5977184	6894071	8564552	10001913	11089620	12649644
कुल परिलब्धियां	7400820	8875099	10544284	12944123	14700696	18329574	21509846	23805727	27241503
भविष्य निधि और अन्य निधियां	857258	1029960	1106509	1284077	1493962	1633875	1813675	2014422	2104617
कामगार और कर्मचारी कल्याण खर्च	612293	753445	851638	1005420	1191381	1326556	1535156	1682187	1849376
उपभोग किया गया ईंधन	9662969	12006706	12956170	15216203	16160001	19542403	24243842	26754523	29850770
उपभोग की गई सामग्री	120428441	151177096	175288695	206598245	240909606	302044142	374191914	392949410	423046161
कुल उत्पादन	154365843	194836758	222295282	266148638	303585334	385108361	479846038	501866586	549013952
उत्पाद और उप-उत्पाद	169755185	212863582	247071651	286314842	330614199	408371845	495987634	528558114	570344878

उत्पादन का मूल्य	190835548	240854764	277570904	327279786	373303593	467621696	570366932	602594536	655525116
मूल्य ह्रास	5283286	6445480	7116354	8354590	10506872	12055754	14065505	15533081	16976977
शुद्ध योगित मूल्य	31186419	39572526	48159268	52776558	59211387	70457581	76455389	85194869	89534187
चुकाया गया किराया	529948	640399	750549	975778	1200490	1349336	1619529	1642164	1527272
चुकाया गया ब्याज	3339801	4131128	5148688	6868048	7331793	8802079	12065632	13807327	15485061
शुद्ध आय	27316670	34800999	42260031	44932732	50679104	60306166	62770228	71928627	75152048
शुद्ध स्थायी पूंजी निर्माण	7324388	7987020	10662743	14240111	16323196	16309792	20316875	20219540	18396832
सकल स्थायी पूंजी निर्माण	12607674	14432500	17779098	22594701	26830068	28365547	34382380	35752621	35373809
स्टॉक संकलन									
(i) सामग्री, ईंधन आदि	2178056	2926206	4952720	1974707	5323903	7742594	771176	3323215	3458978
(ii) अर्द्धनिर्मित वस्तुएं	853964	927755	1060215	909350	1902222	2707800	1794022	1237924	1446002
(iii) तैयार वस्तुएं	1517008	1646496	2437910	679786	2128264	5774460	3966016	4359554	1905532
(iv) कुल	4549027	5500458	8450845	3563843	9354390	16224854	6531214	8920693	6810512
सकल पूंजी निर्माण	17156701	19932958	26229942	26158544	36184458	44590400	40913594	44673315	42184321
लाभ	**18446298**	**24142496**	**29757600**	**29699112**	**33293065**	**39016161**	**37911551**	**44426292**	**43956552**

तालिका : 5
एएसआई 2013-14 के अनुसार राज्यवार प्रमुख अभिलक्षण

(मूल्य संबंधी आंकड़े लाख रुपये में और अन्य संख्या में)

राज्य	फैक्टरियां	स्थायी पूंजी	लाभकारी पूंजी	निवेशित पूंजी	कामगार	काम में लगे कुल व्यक्ति	कामगारों को वेतन	कुल परिलब्धियां	कुल निवेश	कुल उत्पादन	मूल्य ह्रास	कुल योगित मूल्य	चुकाया गया किराया	चुकाया गया ब्याज
महाराष्ट्र	29123	32636160	44677999	48716663	1328688	1886025	2032079	5339045	83739649	106597134	2805836	20051648	343241	2360224
गुजरात	22876	38265385	46817794	54813239	1049725	1372669	1209240	2773399	107510149	123064181	2712028	12842005	97969	2405784
तमिलनाडु	37378	27081648	31918368	38053367	1641460	2046553	1796388	3752027	57019375	67695733	1955090	8721268	211349	1714822
कर्नाटक	12107	16731050	22115261	23339966	705941	927392	973437	2069905	37702681	44469973	1233936	5533356	154810	868506
उत्तर प्रदेश	14463	10243627	13110975	16944630	701782	912206	796253	1737049	35044248	41126757	895445	5187064	139172	1027899
उत्तराखंड	2936	5479327	6301345	7632858	312131	386654	341534	651128	13485768	17725377	453199	3786410	20539	321327
हरियाणा	6117	7065108	9102093	11247367	467741	612419	592737	1460800	25179113	29640333	751638	3709582	89725	605521
तेलंगाना	14110	5694436	9525811	9071450	629361	747062	531708	1021006	13631996	17133649	489041	3012612	44734	404573
राजस्थान	8820	7149502	9800522	10287816	356006	470078	418899	878277	18194200	21469179	593835	2681144	44162	512937
हिमाचल प्रदेश	2806	4769133	6237616	6205555	132706	194608	156918	457034	7316952	9954730	361153	2276625	25081	282219
पश्चिम बंगाल	8859	8094660	10489366	12389882	522241	645738	643388	1072868	24854988	27637949	539199	2243761	55030	640845
ओडिशा	2714	21086599	22188086	24112454	206788	260771	337494	589567	9303658	12237946	800307	2133980	13958	914574
छत्तीसगढ़	2534	6408052	11443834	8091611	131032	166236	252609	483647	8153091	10599069	320625	2125353	32356	295292
मध्य प्रदेश	4047	8608707	10356550	11447244	239212	322833	302055	662013	14648214	17208597	435657	2124725	25570	456949
पंजाब	12278	3935562	6478340	7678829	485520	602818	468822	824034	15825805	18210659	378378	2006476	25301	527570
झारखंड	2688	7134878	8017112	9194872	130450	187877	289564	609658	8335305	10779440	456888	1987246	29720	403160
आंध्र प्रदेश	15719	14862643	17085075	19463961	415127	522057	521945	911322	23558737	26268382	846864	1862780	63077	814131

केरल	7132	2342965	2931170	3864741	290055	351662	305239	541317	11579148	13105441	180324	1345969	16615	142505
दादरा और नगर हवेली	1405	3410225	4636432	4755479	83397	148522	94602	200842	8372069	9596018	201750	1022199	7704	234272
असम	3518	1444632	2158110	2135656	157687	186483	133191	212675	4840084	5761714	119875	801755	5788	92609
दिल्ली	3918	572580	1638207	1667085	75273	112180	94516	253237	5057130	5901429	56458	787841	32833	110913
गोवा	618	793409	1142162	1319622	39618	56684	67967	167754	2539663	3379150	75499	763987	7850	45034
दमन और दीव	1881	1027888	1945751	1769285	89215	109462	93163	186993	3402752	4110609	91198	616659	25566	108908
बिहार	3419	803738	747951	1391746	96122	113594	59895	110631	4945635	5529620	68528	515457	3478	41223
जम्मू-कश्मीर	943	517712	748745	1008947	52886	66829	47135	91141	1871781	2337180	50477	414922	3299	75958
सिक्किम	66	173938	342850	270635	10227	12749	9352	29247	286816	710303	12292	411195	822	3122
पुदुचेरी	857	440126	855065	766764	39751	50108	41900	80518	1557868	2007285	42145	407272	4243	25488
चंडीगढ़ (केंद्रशासित प्रदेश)	285	177381	268270	277699	8030	13143	11617	34969	580830	658424	9409	68185	1268	8734
मेघालय	108	362758	463941	442803	10998	13434	13129	22233	299734	381377	34192	47451	1433	36192
त्रिपुरा	552	27221	46484	44251	26524	29121	8048	10925	96571	131623	3390	31661	420	2088
नगालैंड	134	17872	33515	27736	3303	3746	1581	2047	31631	39707	447	7629	91	168
मणिपुर	145	9793	16918	16857	4988	5879	2740	3453	31455	37752	1089	5208	49	818
अंडमान और निकोबार द्वीप	20	3185	?1239	4468	421	521	499	742	16853	18397	783	761	19	694
अखिल भारतीय	224576	237371903	303640480	338455535	10444404	13538114	12649644	27241503	549013952	655525116	16976977	89534187	1527272	15485061

औद्योगिक उत्पादन का सूचकांक (आईआईपी)

सीएसओ विभिन्न मंत्रालयों/विभागों की 15 स्रोत एजेंसियों अथवा उनके संबद्ध/अधीनस्थ कार्यालयों से प्राप्त सहायक आंकड़ों का इस्तेमाल करते हुए औद्योगिक उत्पादन सूचकांक का संकलन करता है। आईआईपी का वर्तमान आधार वर्ष 2004-05 है। आईएमएफ के विशेष आंकड़ा प्रसार मानकों के अनुसार 6 सप्ताहों के अंतराल पर त्वरित अनुमानों के रूप में हर महीने आईआईपी जारी किया जाता है। खनन, निर्माण और विद्युत क्षेत्रों के लिए सूचकांक के विघटन के अलावा, अनुमानों को उपयोग आधारित वर्गीकरण यानी आधारभूत वस्तुओं, पूंजीगत वस्तुओं, अर्द्धनिर्मित वस्तुओं, टिकाऊ उपभोक्ता वस्तुओं और गैर टिकाऊ वस्तुओं के लिए साथ-साथ जारी किया जाता है। इन अनुमानों को 15 स्रोत एजेंसियों से नवीनतम उत्पादन आंकड़े प्राप्त होने पर बाद में संशोधित किया जाता है। आईआईपी के लिए आंकड़ों का प्रमुख स्रोत औद्योगिक नीति और संवर्द्धन विभाग है जो कुल आईआईपी में 45.6 प्रतिशत विशिष्ट भार के साथ 399 मद समूहों में से 268 के लिए आंकड़ों की आपूर्ति करता है।

अक्टूबर 2016 तक, वास्तविक निर्गमन कैलेंडर के अनुसार अगस्त 2016 तक आईआईपी जारी किया गया। 2015-16 में आईआईपी में 2.4 प्रतिशत की वृद्धि हुई जबकि 2014-15 में यह वृद्धि 2.8 प्रतिशत थी। विद्युत क्षेत्र ने 2015-16 के दौरान 5.7 प्रतिशत की वृद्धि दर्ज की जबकि वर्ष 2014-15 के दौरान 8.4 प्रतिशत वृद्धि दर्ज की गई थी। खनन और निर्माण क्षेत्रों में 2015-16 में क्रमश: 2.2 प्रतिशत और 2.0 प्रतिशत की वृद्धि दर्ज की गई जबकि 2013-14 में इसमें 1.5 प्रतिशत और 2.3 प्रतिशत की वृद्धि दर्ज की गई थी।

उपयोग आधारित श्रेणियों में, मूलभूत वस्तुओं ने 2015-16 के दौरान 3.6 प्रतिशत की वृद्धि दर्ज की जबकि 2014-15 में 7.0 प्रतिशत की वृद्धि दर्ज की गई थी। पूंजीगत वस्तुओं ने 2015-16 के दौरान 2.9 प्रतिशत वृद्धि दर्ज की जबकि 2014-15 के दौरान 6.4 प्रतिशत की वृद्धि दर्ज की गई थी। अर्द्धनिर्मित वस्तुओं के मामले में 2015-16 में 2.5 प्रतिशत की वृद्धि हुई जबकि 2014-15 के दौरान 1.7 प्रतिशत की वृद्धि दर्ज की गई थी। उपभोक्ता वस्तुओं ने 2015-16 के दौरान 3.0 प्रतिशत वृद्धि दर्ज की जबकि 2014-15 में 3.4 प्रतिशत की गिरावट दर्ज की गई थी।

उपयोग आधारित श्रेणियों में, मूलभूत वस्तुओं ने वर्ष 2015-16 के दौरान 3.6 प्रतिशत वृद्धि दर्ज की जबकि 2014-15 में यह 7.0 प्रतिशत थी। पूंजीगत वस्तुओं ने वर्ष 2015-16 के दौरान 2.9 प्रतिशत वृद्धि दर्ज की जबकि वर्ष 2014-15 के दौरान 6.4 प्रतिशत की वृद्धि दर्ज की गई थी। वर्ष 2015-16 में अर्द्धनिर्मित वस्तुओं की वृद्धि दर 2.5 प्रतिशत रही जो 2014-15 के दौरान 1.7 प्रतिशत थी। उपभोक्ता वस्तुओं की वृद्धि दर 2015-16 में 3.0 प्रतिशत रही जबकि 2014-15 में इसमें 3.4 प्रतिशत की गिरावट दर्ज की गई थी।

वर्ष 2005-06 से 2015-16 तक औद्योगिक उत्पादन के वार्षिक सूचकांकों में क्षेत्रवार परिवर्तन का स्वरूप और उनकी संबद्ध वृद्धि दरों को क्रमश: चित्र 1 और चित्र 2 में दर्शाया गया है। जनवरी 2016 से अगस्त 2016 तक औद्योगिक उत्पादन का मासिक क्षेत्रवार सूचकांक और उनकी वृद्धि दर भी क्रमश: चित्र 3 और चित्र 4 में दर्शाई गई है।

चित्र 1: औद्योगिक उत्पादन का क्षेत्रवार वार्षिक सूचकांक (आधार 2004-05 के साथ आईआईपी)

	2005-06	06-07	07-08	08-09	09-10	10-11	11-12	12-13	13-14	14-15	15-16
खनन	102.3	107.5	112.5	115.4	124.5	131.0	128.5	125.5	124.7	126.5	129.3
उत्पादन	110.3	126.8	150.1	153.8	161.3	175.7	181.0	183.3	181.9	186.1	189.8
विद्युत	105.2	112.8	120.0	123.3	130.8	138.0	149.3	155.2	164.7	178.6	188.7
सामान्य	108.6	122.6	141.7	145.2	152.9	165.5	170.3	172.2	172.0	176.9	181.1

चित्र 2: औद्योगिक उत्पादन सूचकांक की क्षेत्रवार वार्षिक वृद्धि दरें (आधार 2004-05 के साथ आईआईपी)

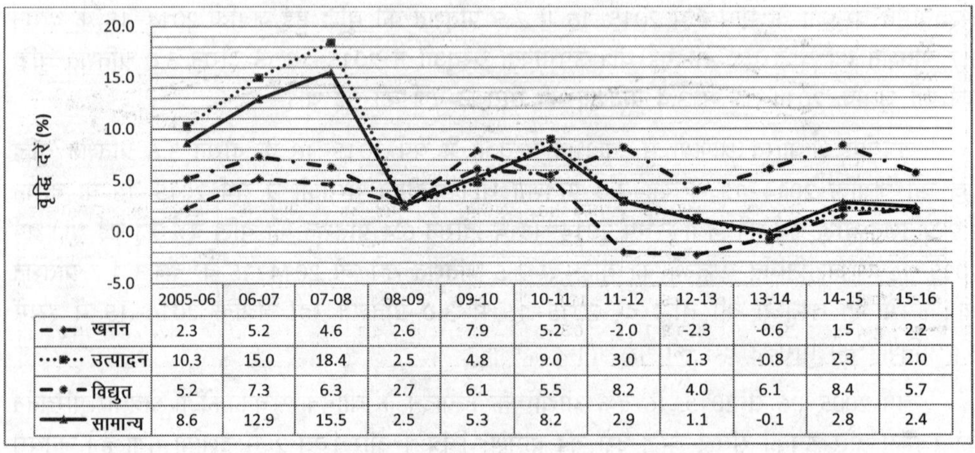

	2005-06	06-07	07-08	08-09	09-10	10-11	11-12	12-13	13-14	14-15	15-16
खनन	2.3	5.2	4.6	2.6	7.9	5.2	-2.0	-2.3	-0.6	1.5	2.2
उत्पादन	10.3	15.0	18.4	2.5	4.8	9.0	3.0	1.3	-0.8	2.3	2.0
विद्युत	5.2	7.3	6.3	2.7	6.1	5.5	8.2	4.0	6.1	8.4	5.7
सामान्य	8.6	12.9	15.5	2.5	5.3	8.2	2.9	1.1	-0.1	2.8	2.4

चित्र 3: औद्योगिक उत्पादन का क्षेत्रवार मासिक सूचकांक (आधार 2004-05 के साथ आईआईपी)

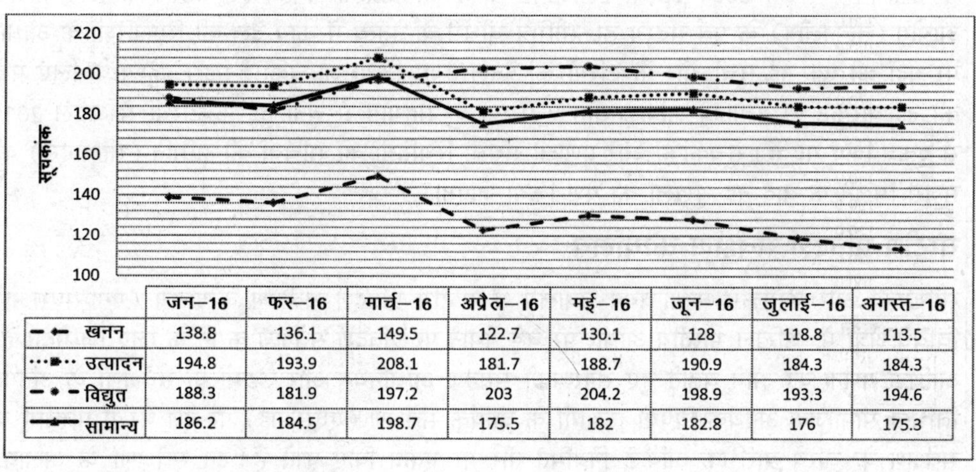

	जन–16	फर–16	मार्च–16	अप्रैल–16	मई–16	जून–16	जुलाई–16	अगस्त–16
खनन	138.8	136.1	149.5	122.7	130.1	128	118.8	113.5
उत्पादन	194.8	193.9	208.1	181.7	188.7	190.9	184.3	184.3
विद्युत	188.3	181.9	197.2	203	204.2	198.9	193.3	194.6
सामान्य	186.2	184.5	198.7	175.5	182	182.8	176	175.3

चित्र 4: औद्योगिक उत्पादन सूचकांक की क्षेत्रवार मासिक वृद्धि दरें (आधार 2004-05 के साथ आईआईपी)

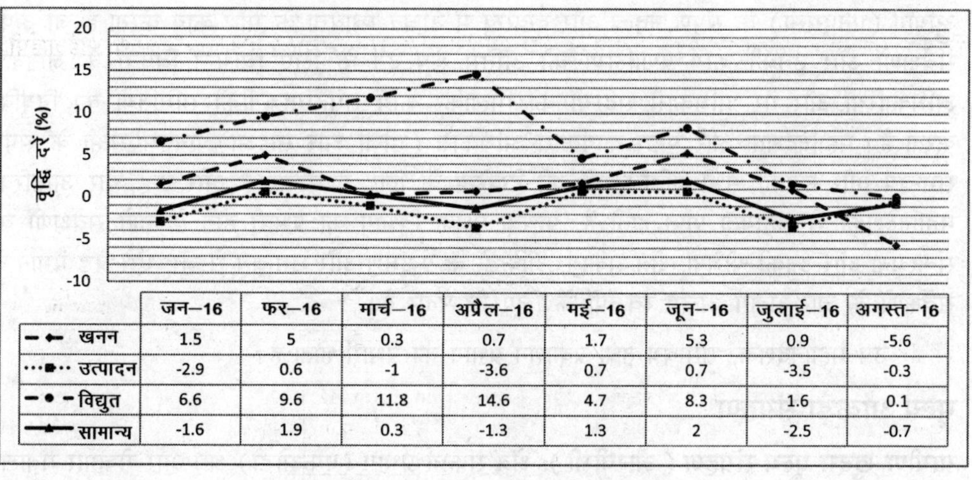

	जन–16	फर–16	मार्च–16	अप्रैल–16	मई–16	जून–16	जुलाई–16	अगस्त–16
खनन	1.5	5	0.3	0.7	1.7	5.3	0.9	-5.6
उत्पादन	-2.9	0.6	-1	-3.6	0.7	0.7	-3.5	-0.3
विद्युत	6.6	9.6	11.8	14.6	4.7	8.3	1.6	0.1
सामान्य	-1.6	1.9	0.3	-1.3	1.3	2	-2.5	-0.7

औद्योगिक क्षेत्र में परिवर्तनों को देखते हुए सीएसओ अखिल भारतीय आईआईपी के आधार वर्ष में संशोधन कर उसे 2004-05 से 2011-12 करने की प्रक्रिया में है। इस उद्देश्य के लिए योजना आयोग (तत्कालीन) के पूर्व सदस्य डा. सौमित्र चौधरी के नेतृत्व में कार्य दल की सिफ़ारिशों के आधार पर मदों की एक नई सूची और फैक्टरियों का पैनल तैयार किया जा चुका है। इस उद्देश्य के लिए मदों की नई बास्केट पर उत्पादन आंकड़े स्रोत एजेंसियों के सहयोग से चुनी हुई फैक्टरियों से अप्रैल 2011 से एकत्र किए गए हैं। सूचकांकों और प्रणाली संबंधी स्थितियों को सचिवों की समिति (सीओएस) की मंजूरी मिलने के बाद नई शृंखला को पेश किया जाएगा।

राष्ट्रीय प्रतिदर्श सर्वेक्षण कार्यालय

सांख्यिकी और कार्यक्रम कार्यान्वयन मंत्रालय में राष्ट्रीय प्रतिदर्श सर्वेक्षण कार्यालय (एनएसएसओ) विविध क्षेत्रों में, अखिल भारतीय आधार पर बड़े पैमाने पर प्रतिदर्श सर्वेक्षण कराने के लिए जिम्मेदार है। आर्थिक गणना को आगे बढ़ाते हुए सांख्यिकी संग्रहण अधिनियम और उद्यमों के सर्वेक्षणों के अंतर्गत विभिन्न सामाजिक आर्थिक विषयों, उद्योगों के वार्षिक सर्वेक्षण (एएसआई) पर देश भर में परिवारों के सर्वेक्षण के जरिये प्रारंभिक आंकड़े नियमित तौर पर एकत्र किए जाते हैं। इन सर्वेक्षणों के अलावा, एनएसएसओ ग्रामीण और शहरी मूल्यों पर आंकड़े एकत्र करता है; क्षेत्र गणना और राज्य एजेंसियों के फसल अनुमान सर्वेक्षणों के निरीक्षण के जरिये फसल सांख्यिकी के सुधार में महत्वपूर्ण भूमिका निभाता है। यह शहरी इलाकों में सामाजिक-आर्थिक सर्वेक्षणों के लिए प्रतिदर्शों का रेखांकन करने के लिए शहरी क्षेत्रीय इकाइयों के ढांचों की देखरेख करता है। एनएसएसओ आंकड़ों के संग्रहण, परिणामों/उसके सर्वेक्षणों पर आधारित आंकड़ों के प्रक्रमण और प्रकाशन/प्रसार से जुड़े मामलों में राष्ट्रीय सांख्यिकीय आयोग (एनएससी) के संपूर्ण नेतृत्व और देखरेख में उचित स्वायत्ता के साथ कार्य करता है जो अपने सर्वेक्षणों और उनकी कार्य प्रणालियों को अंतिम रूप देने के लिए विभिन्न विषयों के जानकार अधिकारियों और गैर अधिकारी सदस्यों को मिलाकर कार्य समूहों/तकनीकी समितियों की नियुक्ति करता है। महानिदेशक और मुख्य कार्यकारी अधिकारी (डीजी और सीईओ) एनएसएसओ के संपूर्ण समन्वय और उसकी सभी गतिविधियों की देखरेख के लिए जिम्मेदार हैं और उन्हें चार अतिरिक्त महानिदेशकों से सहायता प्राप्त होती है, प्रत्येक पृथक विभाग का प्रभारी होने के नाते सर्वेक्षणों की संकल्पना और उनकी योजना, क्षेत्र संकार्य, आंकड़ों के प्रक्रमण और समन्वय से जुड़े ऐसे बड़े पैमाने के सर्वेक्षणों के चार अलग-अलग स्वरूपों के लिए जिम्मेदार है।

उप महानिदेशक, समन्वय तथा प्रकाशन प्रभाग का प्रभारी होता है।

मूल्य आंकड़ा संग्रहण

ग्रामीण खुदरा मूल्य संग्रहण (आरपीसी): क्षेत्र संकार्य प्रभाग (एफओडी) श्रम और रोज़गार मंत्रालय के श्रम ब्यूरो की तरफ से देश भर के 340 जिलों के 603 गांवों को शामिल कर कृषि और ग्रामीण श्रमिकों के लिए उपभोक्ता मूल्य सूचकांक के संकलन के लिए मासिक आधार पर नियमित रूप से ग्रामीण मूल्य आंकड़े एकत्र करता है। योजना के अंतर्गत 12 कृषि और 13 गैर कृषि कारोबारों के संबंध में वेतन दरों के बारे में भी आंकड़े एकत्र किए जाते हैं। महत्वपूर्ण कृषि कार्यों की दिहाड़ी दरों के आंकड़ों की जानकारी राज्य सरकारों द्वारा मासिक आधार पर दी जाती है। वेतन दरों के आंकड़ों की वैकल्पिक शृंखला प्रदान करने के लिए, एनएसएसओ का आंकड़ा प्रक्रमण संभाग व्यवसाय के साथ वेतन दरों का

संकलन और उनके प्रकाशन का कार्य कर रहा है जो ग्रामीण मूल्य अनुसूची 3.01 (आर) में एकत्र आंकड़ों पर आधारित हैं। आरपीसी बुलेटिन ग्रामीण भारत में मूल्य और वेतन के नाम से जाना जाता है जिसे प्रत्येह तिमाही के लिए प्रकाशित किया जाता है, जो राष्ट्रीय स्तर पर केवल मूल्य आंकड़े और 26 प्रमुख राज्यों के लिए राष्ट्रीय और राज्य स्तर पर वेतन आंकड़े प्रदान करता है।

बीस सूत्री कार्यक्रम

बीस सूत्री कार्यक्रम (टीपीपी) की शुरुआत वर्ष 1975 में की गई थी और इसे 1982, 1986 और 2006 में नया रूप प्रदान किया गया। 2006 में नये सिरे से तैयार किए गए कार्यक्रम का मुख्य जोर गरीबी उन्मूलन और देश भर के गरीब तथा सुविधाओं से वंचित लोगों के जीवन स्तर को सुधारना था। कार्यक्रम में अनेक सामाजिक-आर्थिक पहलू जैसे गरीबी, रोज़गार, शिक्षा, आवास, कृषि, पेयजल, वनीकरण और पर्यावरण संरक्षण, ग्रामीण इलाकों में ऊर्जा, समाज के कमजोर लोगों का कल्याण आदि शामिल हैं।

बीस सूत्री कार्यक्रम (टीपीपी)-2006 प्रारंभ में 20 सूत्रों और 66 विषयों को मिलाकर बनाया गया था जिसकी निगरानी संबद्ध प्रधान केंद्रीय मंत्रालयों द्वारा की जाती थी। 66 विषयों में से 25 की मासिक निगरानी की जाती थी जबकि शेष की निगरानी इस मंत्रालय द्वारा वार्षिक आधार पर की जाती थी। 21 विषयों के संबंध में मासिक सूचना विभिन्न राज्यों/केंद्रशासित प्रदेशों से एकत्र की जाती थी और शेष चार के लिए, सूचना संबद्ध केंद्रीय मंत्रालयों से एकत्र की जाती थी। टीपीपी 2006 ने अब अपने प्रचालन के दस वर्ष पूरे कर लिए हैं। 66 विषयों में से एक संपूर्ण ग्रामीण रोज़गार योजना (एसजीआरवाई) को एक अन्य विषय राष्ट्रीय ग्रामीण रोज़गार गारंटी अधिनियम में 1 अप्रैल, 2008 से सम्मिलित कर लिया गया और इसे 31 दिसंबर, 2009 से महात्मा गांधी राष्ट्रीय ग्रामीण रोज़गार गारंटी अधिनियम नाम दे दिया गया। सितंबर 2014 से आंकड़ों का संग्रहण तिमाही आधार पर किया जाता है और मासिक निगरानी को बदलकर तिमाही निगरानी कर दिया गया है। वर्तमान में शेष 65 विषयों में से 19 विषयों की निगरानी तिमाही आधार पर की जाती है। टीपीपी-2006 के लिए निगरानी तंत्र को बढ़ा दिया गया है और इसमें वर्तमान केंद्रीय, राज्य और जिला स्तर की निगरानी के साथ खंड स्तर की निगरानी को शामिल कर लिया गया है।

निगरानी तंत्र

कार्यक्रम के कार्यान्वयन और उसकी निगरानी की प्रमुख जिम्मेदारी कार्यक्रम को अमल में लाने वाली एजेंसियों की होती है, जो इस मामले में राज्य सरकारों/केंद्रशासित प्रदेशों के प्रशासनों और प्रमुख केंद्रीय मंत्रालयों की है। सांख्यिकी और कार्यक्रम कार्यान्वयन मंत्रालय कार्यक्रमों/योजनाओं की निगरानी करता है जिन्हें राज्य सरकारों/केंद्रशासित प्रदेशों और प्रमुख केंद्रीय मंत्रालयों से प्राप्त प्रदर्शन रिपोर्टों के आधार पर टीपीपी-2006 के अंतर्गत शामिल किया गया है। मंत्रालय ने वेब आधारित एक प्रबंधन सूचना प्रणाली विकसित की है ताकि राज्य सरकारों और प्रमुख केंद्रीय मंत्रालयों से सूचना तेजी से एकत्र की जा सके।

बीस सूत्री कार्यक्रम-2006 के अंतर्गत शामिल सभी योजनाओं/विषयों के कार्यान्वयन की प्रगति की निगरानी के लिए अधिकतर राज्यों/ केंद्रशासित प्रदेशों में टीपीपी-2006 के दिशा निदेर्शों के प्रावधानों के अनुसार राज्य, जिला और ब्लॉक स्तर पर निगरानी समितियों का गठन किया गया है।

टीपीपी-2006 की तिमाही प्रगति रिपोर्ट (क्यूपीआर) 19 विषयों के बारे में राज्य सरकारों/ केंद्रशासित प्रदेशों के प्रशासनों द्वारा प्रदान की गई सूचना के आधार पर तैयार की जाती है। क्यूपीआर

वार्षिक वास्तविक लक्ष्यों, संचयी लक्ष्यों और रिपोर्ट के अंतर्गत अवधि तक उपलब्धियों के बारे में सूचना प्रदान करती है। इसके कार्यक्षेत्र का दायरा राज्य सरकारों/केंद्रशासित प्रदेशों के प्रशासनों और प्रमुख केंद्रीय मंत्रालयों द्वारा दिए गए आंकड़ों पर आधारित है। निर्धारित लक्ष्यों के विपरीत तिमाही निगरानी वाले विषयों/मानदंडों और राज्यों/केंद्रशासित प्रदेशों के तुलनात्मक कार्यों का आकलन करने के लिए क्यूपीआर में विस्तृत विश्लेषण किया गया है। क्यूपीआर सभी राज्य सरकारों/केंद्रशासित प्रशासनों और प्रमुख केंद्रीय मंत्रालयों को महत्व वाले क्षेत्रों में उचित उपाय करने के लिए भेजी जाती है।

कार्यक्रम के अंतर्गत टीपीपी–2006 के बारे में वार्षिक रिपोर्ट में सभी विषयों के बारे में सूचना शामिल है (केवल उन विषयों को छोड़कर जिन पर अभी कार्य शुरू नहीं हुआ है)। इन विषयों के बारे में सूचना संबद्ध प्रमुख केंद्रीय मंत्रालयों और राज्यों/केंद्रशासित प्रदेशों द्वारा प्रदान की जाती है।

बीस सूत्री कार्यक्रम की निगरानी और उसके प्रभाव का आकलन

मंत्रालय ने अब तक दो प्रभाव आकलन अध्ययन किए हैं। पहला अध्ययन पूर्वोत्तर राज्यों के तीन चुने हुए जिलों में मनरेगा के प्रभाव से संबंधित है और दूसरा अध्ययन दिल्ली, कर्नाटक, मध्य प्रदेश और पश्चिम बंगाल में दीनदयाल दिव्यांग पुनर्वास योजना (डीडीआरएस) के अंतर्गत दिव्यांगों के पुनर्वास के बारे में है। मंत्रालय ने नीति आयोग (तत्कालीन योजना आयोग) और प्रमुख केंद्रीय मंत्रालयों द्वारा चालू की गई योजनाओं के मूल्यांकन रिपोर्टों के गहन परीक्षण की जिम्मेदारी भी ली है।।

तिमाही निगरानी वाले विषयों का प्रदर्शन

प्रमुख केंद्रीय मंत्रालयों और राज्य सरकारों/ केंद्रशासित प्रशासनों से प्राप्त आंकड़ों के आधार पर, वर्ष 2014–15 और 2015–16 के लिए तिमाही निगरानी वाले विषयों के संपूर्ण प्रदर्शन का एक विश्लेषण निम्नलिखित अनुच्छेदों और तालिका–7 और 8 में दिया गया है। तालिका–7 में दिखाए गए वर्ष 2014–15 के विश्लेषण से संकेत मिलता है कि टीपीपी 2006 के 22 नियोजित मानदंडों में से 15 के अंतर्गत प्रदर्शन बेहद शानदार रहा (90 प्रतिशत या लक्ष्य से अधिक)। ये विषय/ मानदंड हैं (i) अनुसूचित जाति के परिवार जिन्हें एससीए से एससीएसपी और एनएसएफडीसी के अंतर्गत सहायता मिलती है; (ii) सात सूत्री चार्टर के अंतर्गत सहायता प्राप्त शहरी गरीब परिवार; (iii) वित्त वर्ष–एनआरएलएम के दौरान सामुदायिक निवेश कोष (सीआईएफ) प्रदत्त स्व सहायता समूहों की संख्या (iv) ऊर्जा प्राप्त पंप सेट (v) निर्मित सड़कें–पीएमजीएसवाई (vi) लगाए गए पौधे (सार्वजनिक और वन भूमि) (vii) वित्त वर्ष–एनआरएलएम के दौरान रिवॉल्विंग फंड प्रदत्त स्व सहायता समूहों की संख्या, (viii) आवृत्त निवास (आंशिक रूप से आवृत्त और पलटाव)–एनआरडीडब्ल्यूपी, (ix) आईसीडीएस ब्लॉक संचालित (संचयी) (x) क्रियाशील आंगनवाड़ियां (संचयी) (xi) खाद्य सुरक्षा–राष्ट्रीय खाद्य सुरक्षा अधिनियम (स्वीकृत)–एनएफएसए; (xii) बिजली की आपूर्ति, (xiii) खाद्य सुरक्षा–नियोजित सार्वजनिक वितरण प्रणाली (केवल एएवाई), (xiv) विद्युतीकृत गांव–डीडीयूजीजेवाई, (xv) खाद्य सुरक्षा–नियोजित सार्वजनिक वितरण प्रणाली (केवल बीपीएल)।

चार मानदंडों का प्रदर्शन अच्छा रहा (80 प्रतिशत और इससे अधिक, लेकिन 90 प्रतिशत के लक्ष्य से कम)। ये विषय/ मापदंड हैं: (i) पौधरोपण के अंतर्गत शामिल क्षेत्र (सार्वजनिक और वन भूमि), (ii) निर्मित मकान–ईडब्ल्यूएस/एलआईजी, (iii) खाद्य सुरक्षा– राष्ट्रीय खाद्य सुरक्षा अधिनियम(साधारण)– एनएफएसए, (iv) खाद्य सुरक्षा– नियोजित सार्वजनिक वितरण प्रणाली

(एपीएल+बीपीएल+एएवाई)। इन तीन विषयों/ मानदंडों का प्रदर्शन यानी (i) वित्त वर्ष- एनआरएलएम के दौरान आगे बढ़ाए गए (नये और पुनर्जीवित) स्व सहायता समूहों की संख्या (ii) निर्मित मकान-आईएवाई (iii)पानी की गुणवत्ता से प्रभावित आवासों की कवरेज-एनआरडीडब्ल्यूपी को खराब पाया गया (लक्ष्य से 80 प्रतिशत कम)।

तालिका : 7

अप्रैल 2014 से मार्च 2015 की अवधि के दौरान बीस सूत्री कार्यक्रम-2006 के अंतर्गत तिमाही निगरानी वाले विषयों का प्रदर्शन

क्र. सं.	मद/मापदंड	इकाई	लक्ष्य अप्रैल 2014-मार्च 2015	उपलब्धियां अप्रैल 2014 मार्च 2015	लक्ष्य की तुलना में उपलब्धियों का प्रतिशत
मनरेगा के अंतर्गत सृजित रोज़गार					
1.	जारी किए गए जॉब कार्डों की संख्या	संख्या	–	21,10,947	–
2.	सृजित रोज़गार	मानव दिवस	–	157.34 करोड़	–
3.	दी गई मजदूरी	रुपये	–	2,35,22.38 करोड़	–
राष्ट्रीय शहरी आजीविका मिशन (एनआरएलएम)					
4.	वित्त वर्ष के दौरान प्रोत्साहित स्व सहायता समूहों (नये और पुनर्जीवित) की संख्या	संख्या	2,79,707	2,16,171	77
5.	वित्त वर्ष (एनआरएलएम) के दौरान रिवॉल्विंग फंड (आरएफ) प्रदत्त स्व सहायता समूहों की संख्या	संख्या	1,33,290	1,46,875	110
6.	वित्त वर्ष (एनआरएलएम) के दौरान सामुदायिक निवेश कोष (सीआईएफ) प्रदत्त स्व सहायता समूहों की संख्या	संख्या	75,814	2,20,459	291
भूमिहीनों को बंजर भूमि का वितरण					
7.	कुल वितरित भूमि	हेक्टेयर	–	56,418 हेक्टेयर	–
न्यूनतम वेतन प्रवर्तन अधिनियम					
8.	निरीक्षण किया (एमडब्ल्यू)	संख्या	–	3,324	–

9. पाई गईं अनियमितताएं (एमडब्ल्यू)	संख्या	–	1,734	–
10. संशोधित अनियमितताएं (एमडब्ल्यू)	संख्या	–	1,516	–
11. दायर किए गए दावे (एमडब्ल्यू)	संख्या	–	6	–
12. निबटाए गए दावे (एमडब्ल्यू)	संख्या	–	13	–
13. लंबित अभियोजन मामले (एमडब्ल्यू)	संख्या	–	3	–
14. अभियोजन के लिए दायर मामले (एमडब्ल्यू)	संख्या	–	212	–
15. फैसला किए गए अभियोजन मामले (एमडब्ल्यू)	संख्या	–	101	–
खाद्य सुरक्षाः टीपीडीएस/ एनएफएसए				
16. खाद्य सुरक्षाः नियोजित सार्वजनिक वितरण प्रणाली (एपीएल+बीपीएल+एएवाई)	लाख टन	301.44	257.76	86
17. खाद्य सुरक्षाः गरीबी रेखा से नीचे (बीपीएल)	लाख टन	104.93	96.12	92
18. खाद्य सुरक्षाः अंत्योदय अन्न योजना (एएवाई)	लाख टन	59.25	56.39	95
19. एनएफएसए के अंतर्गत खाद्यान्न–सामान्य	लाख टन	213.93	183.5	86
20. एनएफएसए के अंतर्गत खाद्यान्न–स्वीकृत	लाख टन	4.76	4.61	97
ग्रामीण आवास–इंदिरा गांधी आवास योजना (आईएवाई)				
21. निर्मित मकान	संख्या	25,15,108	18,39,490	73
ईडब्ल्यूएस/एलआईजी निर्मित मकान				
22. निर्मित मकान	संख्या	1,50,000	1,28,559	86
राष्ट्रीय ग्रामीण पेय जल कार्यक्रम (एनआरडीडब्ल्यूपी)				
23. आंशिक रूप से शामिल आवास	संख्या	1,18,671	1,19,933	101

24. गुणवत्ता प्रभावित आवासों की कवरेज	संख्या	23,427	15,958	68
ग्रामीण इलाकों में स्वच्छता कार्यक्रम				
25. घरों में निर्मित शौचालयों की संख्या	संख्या	–	58,54,987	–
संस्थागत सुपुर्दगी				
26. संस्थानों में सुपुर्दगी	संख्या	–	1,49,57,060	–
सहायता प्राप्त अनुसूचित जाति के परिवार				
27. एससीए से एससीएसपी और एनएसएफडीसी के अंतर्गत सहायता प्राप्त अनुसूचित जाति के परिवार	संख्या	1,80,000	19,57,119	1087
28. मैट्रिक के बाद छात्रवृत्ति के अंतर्गत सहायता प्राप्त अनुसूचित जाति के छात्र	संख्या	–	38,83,199	–
आईसीडीएस योजना का सार्वभौमिकरण				
29. संचालित आईसीडीएस ब्लॉक (संचयी)	संख्या	6,952	7,024	101
कार्य कर रही आंगनवाड़ियां				
30. कार्य कर रही आंगनवाड़ियां (संचयी)	संख्या	13,53,081	13,43,711	99
सात सूत्री चार्टर के अंतर्गत सहायता प्राप्त शहरी गरीबों की संख्या				
31. सात सूत्री चार्टर के अंतर्गत सहायता प्राप्त शहरी गरीब परिवार	संख्या	1,32,000	12,88,018	976
वनीकरण				
32. पौधारोपण के अंतर्गत शामिल क्षेत्र	हेक्टेयर	15,34,923	13,48,412	88
33. बीजों से तैयार रोपे गए पौधे	संख्या	1,01,88,81,000	1,22,44,06,605	120
ग्रामीण सड़कें-प्रधान मंत्री ग्रामीण सड़क योजना (पीएमजीएसवाई)				
34. निर्मित सड़क की लंबाई	किलोमीटर	21,775	37,157	171

दीनदयाल उपाध्याय ग्राम ज्योति योजना (डीडीयूजीजेवाई)				
35. विद्युतीकृत गांव	संख्या	14,000	13,232	95
पंप सेटों को ऊर्जा				
36. ऊर्जा प्रदान किए गए पंप सेटों की संख्या	संख्या	3,61,458	6,56,846	182
विद्युत आपूर्ति				
37. आपूर्ति की गई बिजली	मिलियन यूनिट	10,50,989	10,13,285	96

37 विषयों/मानदंडों में से 22 विषयों/ मानदंडों के लिए लक्ष्य साधा जा सकता है।

वर्ष 2015-16 में, एक मानदंड 'सात सूत्री चार्टर के अंतर्गत सहायता प्राप्त शहरी गरीब परिवार' लक्ष्य नहीं साधने योग्य हो गया था। अतः नियोजित मानदंडों की संख्या 22 से घटकर 21 हो गई थी। तालिका-8 में दर्शाए गए वर्ष 2015-16 के विश्लेषण से संकेत मिलता है कि टीपीपी-2006 के 21 नियोजित मानदंडों में से, टीपीपी-2006 के सोलह मानदंडों के अंतर्गत प्रदर्शन बेहद शानदार (लक्ष्य से 90 प्रतिशत या अधिक) रहा। ये विषय/मानदंड हैं : (i) एससीए से एससीएसपी और एनएसएफडीसी के अंतर्गत सहायता प्राप्त अनुसूचित जाति के परिवार; (ii) डीडीयूजीजेवाई के अंतर्गत विद्युतीकृत गांव; (iii) ऊर्जा प्राप्त पंप सेट; (iv) बीजों से तैयार रोपे गए पौधे (सार्वजनिक और वन भूमि); (v) वित्त वर्ष-एनआरएलएम के दौरान रिवॉल्विंग फंड (आरएफ) प्रदत्त स्व सहायता समूहों की संख्या; (vi) पौधारोपण के अंतर्गत शामिल क्षेत्र (सार्वजनिक और वन भूमि); (vii) आंशिक रूप से शामिल आवास-एनआरडीडब्ल्यूपी; (viii) निर्मित सड़कें-पीएमजीएसवाई; (ix) खाद्य सुरक्षा : नियोजित सार्वजनिक वितरण प्रणाली केवल बीपीएल के लिए; (x) खाद्य सुरक्षा: नियोजित सार्वजनिक वितरण प्रणाली केवल एएवाई के लिए; (xi) निर्मित मकान- आईएवाई; (xii) आईसीडीएस ब्लॉक प्रचालित (संचयी); (xiii) विद्युत आपूर्ति; (xiv) कार्य कर रही आंगनवाड़ियां (संचयी); (xv) खाद्य सुरक्षा: नियोजित सार्वजनिक वितरण प्रणाली (एएफएल+बीपीएल+एएवाई) के लिए ; और (xvi) खाद्य सुरक्षा: राष्ट्रीय खाद्य सुरक्षा अधिनियम (सामान्य)-एनएफएसए।

एक मानदंड का प्रदर्शन अच्छा रहा (80 प्रतिशत और अधिक, लेकिन 90 प्रतिशत के लक्ष्य से कम)। (i) खाद्य सुरक्षा- राष्ट्रीय खाद्य सुरक्षा अधिनियम (स्वीकृत)-एलएफएसए।

चार विषयों/मानदंडों यानी (i) पानी की गुणवत्ता से प्रभावित आवासों की कवरेज-एनआरडीडब्ल्यूपी; (ii) वित्त वर्ष- एनआरएलएम के दौरान आगे बढ़ाए गए (नए और पुनर्जीवित) स्व सहायता समूहों की संख्या (iii) निर्मित मकान- ईडब्ल्यूएस/एलआईजी और (iv) वित्त वर्ष- एनआरएलएम के दौरान सामुदायिक निवेश कोष (सीआईएफ) प्रदत्त स्व सहायता समूहों की संख्या जिसे खराब पाया गया (लक्ष्य से 80 प्रतिशत कम)।

तालिका : 8
अप्रैल 2015 से मार्च 2016 की अवधि के दौरान बीस सूत्री कार्यक्रम-2006 के अंतर्गत तिमाही निगरानी वाले विषयों का प्रदर्शन

क्र. सं.	विषय/मापदंड	इकाई	लक्ष्य अप्रैल 2015- मार्च 2016	उपलब्धियां अप्रैल 2015 मार्च 2016	लक्ष्यों की तुलना में उपलब्धियों का प्रतिशत
मनरेगा के अंतर्गत सृजित रोज़गार					
1.	जारी किए गए जॉबकार्डों की संख्या	संख्या	–	32,24,415	–
2.	सृजित रोज़गार	मानव दिवस	–	195.79 करोड़	–
3.	दिया गया वेतन	रुपये	–	26,445.21 करो.	–
राष्ट्रीय ग्रामीण आजीविका मिशन (एनआरएलएम)					
4.	वित्त वर्ष के दौरान आगे बढ़ाए गए (नए और पुनर्जीवित) स्व सहायता समूहों की संख्या	संख्या	3,03,086	2,26,536	75
5.	वित्त वर्ष (एनआरएलएम) के दौरान रिवॉल्विंग फंड (आरएफ) प्रदत्त स्व सहायता समूहों की संख्या	संख्या	1,57,874	1,88,426	119
6.	वित्त वर्ष (एनआरएलएम) के दौरान सामुदायिक निवेश कोष (सीआईएफ) प्रदत्त स्व सहायता समूहों की संख्या	संख्या	1,88,818	1,01,076	54
भूमिहीनों को बंजर भूमि का वितरण					
7.	कुल वितरित भूमि	हेक्टेयर	–	3,868	–
न्यूनतम वेतन प्रवर्तन अधिनियम					
8.	निरीक्षण किया गया (एमडब्ल्यू)	संख्या	–	1,90,063	–
9.	पकड़ी गईं अनियमितताएं (एमडब्ल्यू)	संख्या	–	23,357	–
10.	संशोधित अनियमितताएं (एमडब्ल्यू)	संख्या	–	22,531	–
11.	दायर किए गए दावे (एमडब्ल्यू)	संख्या	–	7,052	–

12. निबटाए गए दावे (एमडब्ल्यू)	संख्या	–	6,770	–
13. अभियोजन के लंबित मामले (एमडब्ल्यू)	संख्या	–	19,369	–
14. अभियोजन के लिए दायर मामले (एमडब्ल्यू)	संख्या	–	1,624	–
15. अभियोजन के जिन मामलों पर फैसला हुआ (एमडब्ल्यू)	संख्या	–	707	–
खाद्य सुरक्षाः टीपीडीएस/ एनएफएसए				
16. खाद्य सुरक्षा : नियोजित सार्वजनिक वितरण प्रणाली (एपीएल+बीपीएल+एएवाई)	लाख टन	523.4	495.94	95
17. खाद्य सुरक्षा : गरीबी रेखा से नीचे (बीपीएल)	लाख टन	83.13	87.59	105
18. खाद्य सुरक्षाः अंत्योदय अन्न योजना (एएवाई)	लाख टन	46.16	47.72	103
19. एनएफएसए के अंतर्गत खाद्यान्न-सामान्य	लाख टन	283.54	254.63	90
20. एनएफएसए के अंतर्गत खाद्यान्न-स्वीकृत	लाख टन	5.91	5.09	86
ग्रामीण आवास-इंदिरा आवास योजना (आईएवाई)				
21. निर्मित मकान	संख्या	20,79,146	20,80,530	100
निर्मित ईडब्ल्यूएस/एलआईजी मकान				
22. निर्मित मकान	संख्या	1,49,999	1,09,518	73
राष्ट्रीय ग्रामीण पेयजल कार्यक्रम (एनआरडीडब्ल्यूपी)				
23. आंशिक रूप से शामिल आवास	संख्या	47,080	54,979	117
24. गुणवत्ता प्रभावित आवासों की कवरेज	संख्या	10,117	7,621	75
ग्रामीण इलाकों में स्वच्छता कार्यक्रम				
25. घरों में निर्मित शौचालयों की संख्या	संख्या	–	1,27,41,367	–
संस्थागत सुपुर्दगी				
26. संस्थानों में सुपुर्दगी	संख्या	–	161.17 लाख	–

सहायता प्राप्त अनुसूचित जाति के परिवार				
27. एससीए से एससीएसपी और एनएसएफडीसी के अंतर्गत सहायता प्राप्त अनुसूचित जाति के परिवार	संख्या	1,77,699	3,88,006	218
28. मैट्रिक के बाद छात्रवृत्ति के अंतर्गत सहायता प्राप्त अनुसूचित जाति के छात्र	संख्या	–	49.15 लाख	–
आईसीडीएस योजना का सार्वभौमिकरण				
29. प्रचालित आईसीडीएस ब्लॉक (संचयी)	संख्या	7,075	7,029	99
कार्य कर रही आंगनवाड़ियां				
30. कार्य कर रही आंगनवाड़ियां (संचयी)	संख्या	14,00,000	13,47,312	96
सात सूत्री चार्टर के अंतर्गत सहायता प्राप्त शहरी गरीब परिवारों की संख्या				
31. सात सूत्री चार्टर के अंतर्गत सहायता प्राप्त शहरी गरीब परिवार	संख्या	–	25.77 लाख	–
वनीकरण				
32. पौधरोपण के अंतर्गत शामिल क्षेत्र	हेक्टेयर	11,66,651	13,81,596	118
33. बीजों से तैयार रोपे गए पौधे	संख्या	75,83,32,000	97,38,43,399	128
ग्रामीण सड़कें-प्रधान मंत्री ग्रामीण सड़क योजना (पीएमजीएसवाई)				
34. निर्मित सड़क की लंबाई	किलोमीटर	26,000	30,187	116
दीनदयाल उपाध्याय ग्राम ज्योति योजना (डीडीयूजीजेवाई)				
35. विद्युतीकृत गांव	संख्या	3,501	7,108	203
पंप सेटों को ऊर्जा				
36. ऊर्जा प्राप्त पंप सेटों की संख्या	संख्या	3,49,954	6,87,248	196
विद्युत आपूर्ति				
37. आपूर्ति की गई विद्युत	मिलियन यूनिट	10,96,258	10,72,848	98

37 विषयों/मानदंडों में से 21 विषयों/मानदंडों के लिए लक्ष्य साधा जा सकता है।

बुनियादी ढांचा निगरानी

देश के महत्वपूर्ण बुनियादी ढांचा क्षेत्रों की निगरानी की संकल्पना उसके कामकाज और यदि कोई चूक है तो निर्णय करने वाले प्राधिकारों के समक्ष उसे समीक्षा के लिए रखने के लिए की गई। यह मंत्रालय देश के ग्यारह प्रमुख बुनियादी ढांचा क्षेत्रों यानी बिजली, कोयला, इस्पात, रेलवे, दूरसंचार, बंदरगाहों, उर्वरकों, सीमेंट, पेट्रोलियम और प्राकृतिक गैस, सड़कों और नागर विमानन के कामकाज की निगरानी करता है। इन क्षेत्रों के कामकाज का विश्लेषण महीने के लिए वर्तमान लक्ष्यों के संदर्भ में और संचयी अवधि के लिए किया जाता है और पिछले वर्ष के समतुल्य महीने ओर पिछले वर्ष की संचयी अवधि के दौरान उपलब्धियां बताई जाती हैं।

बुनियादी ढांचा कामकाज पर मासिक समीक्षा रिपोर्ट के जरिये बुनियादी ढांचा कामकाज की जानकारी नियमित तौर पर दी जाती है।

अप्रैल-जुलाई 2016 के दौरान बुनियादी ढांचा प्रदर्शन

अप्रैल-जुलाई 2016 के दौरान संपूर्ण बुनियादी ढांचा क्षेत्र में सकारात्मक वृद्धि की प्रवृत्ति दिखाई दी। केवल कच्चा तेल, प्राकृतिक गैस, रेलवे द्वारा माल ढुलाई, टेलीफोन एक्सचेंजों की स्विचिंग क्षमता और मोबाइल फोन कनेक्शनों को छोड़कर अन्य सभी क्षेत्रों में पिछले वर्ष इसी अवधि की तुलना में शुद्ध वृद्धि और सकारात्मक बढ़ोतरी दर्ज की गई। हालांकि बिजली उत्पादन, सीमेंट के उत्पादन, तेल शोधन, राज्य पीडब्ल्यूडी और बीआरओ द्वारा राजमार्गों के सुधार, हवाई अड्डों पर निर्यात माल को भेजने और हवाईअड्डों के दोनों टर्मिनलों (घरेलू और अंतरराष्ट्रीय) पर यात्रियों की आवाजाही की वृद्धि दर पिछले वर्ष इसी अवधि (अप्रैल-जुलाई 2015) के दौरान हासिल वृद्धि दर से अधिक रही।

तथापि अप्रैल-जुलाई 2016 के लिए निर्धारित लक्ष्यों की तुलना में, अधिकतर क्षेत्रों केवल उर्वरकों, कच्चे तेल, प्राकृतिक गैस के उत्पादन, राजमार्गों के सुधार और रेलवे द्वारा मालगाड़ी से ले जाई जाने वाली वस्तुओं को छोड़कर अधिकतर क्षेत्रों ने अवधि के लिए लक्ष्यों से अधिक हासिल किया। अप्रैल-जुलाई 2016 की अवधि के लिए निर्धारित लक्ष्य और वर्ष 2015-16 के प्रदर्शन की तुलना में इसी अवधि के दौरान संपूर्ण बुनियादी ढांचा क्षेत्र के प्रदर्शन की प्रवृत्ति तालिका-9 में दी गई है।

तालिका : 9

अप्रैल-जुलाई 2016 के दौरान बुनियादी ढांचा क्षेत्र का प्रदर्शन

(आंकड़े त्वरित अनुमान और अस्थायी हैं)

क्र. सं.	क्षेत्र	इकाई	उपलब्धि 2015-16	अप्रैल-जुलाई 2016 लक्ष्य	अप्रैल-जुलाई 2016 उपलब्धि	अप्रैल-जुलाई 2015 वास्तविक	परिवर्तन शेष (प्रतिशत में) अप्रैल-जुलाई 2016 लक्ष्य	परिवर्तन शेष (प्रतिशत में) अप्रैल-जुलाई 2015 उपलब्धियां
1.	बिजली उत्पादन	बीयू	1,173.59	389.27	420.86	389.80	8.11	7.97
2.	कोयला उत्पादन	मीट्रिक टन	637.87	191.78	196.89	186.72	2.67	5.45
3.	तैयार इस्पात उत्पादन	मीट्रिक टन	98.74	लागू नहीं	35.22	34.37	-	2.46
4.	सीमेंट उत्पादन	मीट्रिक टन	283.18	लागू नहीं	99.05	94.58	-	4.73
5.	उर्वरक उत्पादन	लाख टन	177.38	62.75	57.01	54.74	-9.14	4.16
6.	पेट्रोलियम							
	i) कच्चा तेल उत्पादन	मीट्रिक टन	36.95	12.16	12.08	12.45	-0.69	-2.95
	ii) तेल शोधन उत्पादन	मीट्रिक टन	231.05	78.66	81.49	74.95	3.60	8.74
	iii) प्राकृतिक गैस उत्पादन	एमसीएम	32,249	10,756	10,449	10,862	-2.85	-3.80
7.	सड़कें-राष्ट्रीय राजमार्गों का सुधार							
	i) एनएचएआई	किलोमीटर	1,988.00	1,534.00	673.00	617.00	-56.13	9.08
	ii) राज्य पीडब्ल्यूडी और बीआरओ#	किलोमीटर	1,426.70	833.00	806.74	436.35	-3.15	84.88
8.	रेलवे							
	माल यातायात से अर्जित राजस्व	मीट्रिक टन	1,104.17	385.73	360.42	363.40	-6.56	-0.82

9.	नौवहन और बंदरगाह							
	i) प्रमुख बंदरगाहों पर प्रबंधित माल	मीट्रिक टन	606.37	लागू नहीं	212.78	202.11	-	5.28
	ii)प्रमुख बंदरगाहों पर प्रबंधित कोयला	मीट्रिक टन	130.05	लागू नहीं	53.29	52.925	-	0.70
10.	नागर विमानन							
	i) प्रमुख हवाई अड्डों पर प्रबंधित निर्यात माल	टन	9,84,666	3,53,097	3,64,941	3,33,820	3.35	9.32
	ii) प्रमुख हवाई अड्डों पर प्रबंधित आयात माल	टन	6,73,475	2,28,525	2,36,383	2,22,105	3.44	6.43
	iii) अंतर्राष्ट्रीय टर्मिनल पर प्रबंधित यात्री	लाख	546.71	190.21	1,91.69	175.28	0.78	9.36
	iv) घरेलू टर्मिनल पर प्रबंधित यात्री	लाख	1,684.30	560.42	653.62	532.10	16.63	22.84
11.	दूरसंचार							
	i) स्विचिंग क्षमता में संकलन (फिक्स्ड+वायरलैस)	'000' लाइन	3,603.47	लागू नहीं	1,380.54	1,484.71	-	-7.02
	ii) शुद्ध नए वायरलाइन (फिक्स्ड) संपर्क का प्रावधान	'000' संख्या	-1,369.77	लागू नहीं	-608.47	-490.01	-	-
	iii) शुद्ध नए संपर्क का प्रावधान	'000' संख्या	64,572.79	लागू नहीं	704.74	14,322.22	-	-95.08

#चार/छह/आठ लेनों और दो लेनों को चौड़ा करना तथा वर्तमान कमजोर पटरियों को मजबूत करना शामिल है

* अस्थायी बीयू : बिलियन यूनिट एमटी : मीट्रिक टन एनए : लागू नहीं

एमसीएम : मिलियन क्यूबिक मीटर केएम : किलोमीटर

सांसद स्थानीय क्षेत्र विकास योजना

सांसद स्थानीय क्षेत्र विकास योजना (एमपीलैड) की शुरुआत 23 दिसंबर, 1993 को तत्कालीन प्रधानमंत्री द्वारा की गई थी। आरंभ में ग्रामीण विकास मंत्रालय इस योजना के लिए प्रमुख मंत्रालय था। अक्टूबर 1994 में यह योजना सांख्यिकी और कार्यक्रम कार्यान्वयन मंत्रालय को हस्तांतरित कर दी गई। एमपीलैड योजना का उद्देश्य राष्ट्रीय प्राथमिकता वाले क्षेत्रों में स्थायी सामुदायिक परिसंपत्तियों के सृजन पर जोर देते हुए सांसदों को विकास संबंधी कार्यों की सिफ़ारिश करने के लिए सक्षम बनाना है। इनमें पीने के पानी की सुविधा; शिक्षा; बिजली की सुविधा; स्वास्थ्य और परिवार कल्याण; सिंचाई सुविधा; गैर परंपरागत ऊर्जा; रेलवे, सड़कों, पगडंडियों और पुलों; स्वच्छता और सार्वजनिक स्वास्थ्य, आदि शामिल हैं जो स्थानीय लोगों की जरूरतों पर आधारित हैं। यह योजना कुछ दिशानिर्देशों से संचालित है। एमपीलैड योजना के बारे में मौजूदा दिशानिर्देशों को संशोधित कर जून 2016 में प्रकाशित किया गया है। एमपीलैड के अंतर्गत वर्षवार जारी की जाने वाली धनराशि तालिका-10 में दी गई है।

एमपीलेड योजना की मुख्य बातों में शामिल हैं: (i) एमपीलैड एक केंद्रीय योजना है जो पूरी तरह से भारत सरकार से सहायता प्राप्त है जिसके अंतर्गत सहायता अनुदान के रूप में धनराशि सीधे तौर पर जिला अधिकारियों को जारी की जाती है; (ii) योजना के अंतर्गत जारी निधि कालातीत अथवा रद्द नहीं होती, यानी किसी एक विशेष वर्ष में नहीं जारी की गई निधि को योग्यता के अनुसार आगामी वर्ष में स्थानांतरित कर दिया जाता है। इस समय कोई भी सांसद/ निर्वाचन क्षेत्र 5 करोड़ रुपये वार्षिक लेने का हकदार है; (iii) एमपीलैड के अंतर्गत कार्यों की सिफ़ारिश करने में सांसदों की भूमिका सीमित है। फिर जिला प्राधिकारी की यह जिम्मेदारी है कि एक नियत समय के भीतर सांसदों द्वारा सिफ़ारिश किए गए कार्यों को मंजूरी दे, उन्हें निष्पादित करे और पूरा कराए; (iv) लोक सभा के निर्वाचित सदस्य अपने अपने निर्वाचन क्षेत्रों में कार्यों की सिफ़ारिश कर सकते हैं। राज्य सभा के निर्वाचित सदस्य उस राज्य में कहीं भी कार्यों की सिफ़ारिश कर सकते हैं जहां से वे चुने गए हैं। लोक सभा और राज्य सभा के मनोनीत सदस्य देश के किसी भी हिस्से में कार्यों के कार्यान्वयन की सिफ़ारिश कर सकते हैं; (v) एमपीलैड कार्यों को प्राकृतिक आपदाओं जैसे बाढ़, तूफान, ओलावृष्टि, हिम्स्खलन, बादल फटने, कीटों के हमले, भूस्खलन, बवंडर, भूकंप, सूखा, सुनामी, आग और जैविकीय, रासायनिक, रेडियोलॉजिकल खतरों आदि से प्रभावित इलाकों में कार्यान्वित किया जा सकता है। राज्य/केंद्रशासित प्रदेश के गैर-प्रभावित इलाकों के सांसद राज्य/ केंद्रशासित प्रदेश के प्रभावित इलाके(इलाकों) में प्रतिवर्ष अधिकतम 25 लाख रुपये तक के जायज कार्यों की इजाज़त दे सकते हैं (vi) अनुसूचित जातियों (अ.जा.) और अनुसूचित जनजातियों (अ.जजा.) की रिहायश वाले इलाकों के विकास पर विशेष ध्यान देने के लिए, एमपीलैड निधि की 15 प्रतिशत धनराशि का इस्तेमाल अ.जा. की आबादी वाले इलाकों में किया जाएगा और 7.5 प्रतिशत निधि का इस्तेमाल अ.ज.जा. की आबादी के लिए किया जाएगा। (vii) कोई भी सांसद दिव्यांग नागरिकों को तिपहिया साइकिल (मोटरयुक्त तिपहिया साइकिल सहित), बैटरीचालित मोटरयुक्त व्हील चेयर और कृत्रिम अंग; नेत्रहीन और श्रवण बाधित लोगों को यंत्र आदि खरीदने के लिए प्रतिवर्ष अधिकतम 20 लाख रुपये तक सहायता के रूप में खर्च कर सकता है; (viii) भारत सरकार द्वारा जारी निधि को जिला प्रशासनों द्वारा राष्ट्रीयकृत बैंकों (आईडीबीआई बैंक सहित)/क्षेत्रीय ग्रामीण बैंकों (ग्रामीण बैंक) जो राष्ट्रीयकृत बैंक के साथ मूलभूत बैंकिंग मंच पर उनके प्रायोजक के रूप में हैं, एमपीलैड योजना के उद्देश्य से प्रत्येक सांसद के लिए जमा

किया जाता है; तथा (ix) एमपीलैड योजना के कार्यान्वयन के लिए एमपीलैड के बारे में दिशानिर्देशों में केंद्र सरकार, राज्य सरकार, जिला प्राधिकरण और कार्यान्वयन एजेंसियों की भूमिकाएं स्पष्ट रूप से परिभाषित की गई हैं।

तालिका : 10

एमपीलैड योजना के अंतर्गत अब तक जारी वर्षवार निधि

(करोड़ रुपये में)

वर्ष	जारी निधि	जारी संचयी
1993–1994	37.80	37.80
1994–1995	771.00	808.80
1995–1996	763.00	1,571.80
1996–1997	778.00	2,349.80
1997–1998	488.00	2,837.80
1998–1999	789.5	3,627.30
1999–2000	1,390.50	5,017.80
2000–2001	2,080.00	7,097.80
2001–2002	1,800.00	8,897.80
2002–2003	1,600.00	10,497.80
2003–2004	1,682.00	12,179.80
2004–2005	1,310.00	13,489.80
2005–2006	1,433.90	14,923.70
2006–2007	1,451.50	16,375.20
2007–2008	1,470.55	17,845.75
2008–2009	1,580.00	19,425.75
2009–2010	1,531.05	20,957.25
2010–2011	1,533.31	22,490.56
2011–2012	2,507.68	24,998.25
2012–2013	3,722.00	28,720.25
2013–2014	3,937.00	32,657.25
2014–2015	3,350.00	36,007.25
2015–2016	3,502.00	39,509.25
2016–2017 (30.09.2016 को)	1,668.00	41,177.25
कुल	**41,176.79**	**3,83,501.81**

7 वाणिज्य

वाणिज्य विभाग, विदेश व्यापार नीति बनाता है और उसका कार्यान्वयन तथा निगरानी करता है। यह नीति, निर्यात व्यापार को बढ़ावा देने के लिए आधारभूत नीतिगत ढांचा और रणनीति आधार प्रदान करती है। नीति की समय-समय पर समीक्षा की जाती है, ताकि घरेलू और अंतरराष्ट्रीय अर्थव्यवस्था के उभरते आर्थिक परिदृश्यों को ध्यान में रखते हुए इसमें आवश्यक परिवर्तन किए जा सकें। इस विभाग को बहुपक्षीय और द्विपक्षीय वाणिज्यिक संबंधों, विशेष आर्थिक क्षेत्रों, राज्य व्यापार, निर्यात संवर्द्धन और व्यापार सुविधाओं तथा कुछ निर्यातोन्मुखी उद्योगों तथा जिन्सों के विकास और विनियमन की ज़िम्मेदारी सौंपी गई है।

वर्तमान व्यापार स्थितिः विश्व और भारत

2008 में वित्तीय संकट के बाद से विश्व अर्थव्यवस्था के निष्पादन से संकेत मिलता है कि विकसित देश जहां सकल घरेलू उत्पाद की वृद्धि दरों में ठहराव की स्थिति का सामना कर रहे हैं वहीं उभरते बाज़ारों और विकासशील देशों में विविधता के साथ सुधार हो रहा है। विश्व की मौजूदा आर्थिक स्थिति में जोखिमों और बाज़ार के उतार-चढ़ाव जैसी कई चुनौतियां हैं। जिन्सों की गिरती कीमतें और विशेषकर तेल निर्यातकों की कमज़ोर वित्तीय स्थिति, बाज़ार की उथल-पुथल को दर्शाती है। जनवरी 2016 के विश्व आर्थिक परिदृश्य के अनुसार वैश्विक वृद्धि दर 2015 में 3.1 प्रतिशत, 2016 में 3.4 प्रतिशत और 2017 में 3.6 प्रतिशत रहने का अनुमान है।

विकसित अर्थव्यवस्थाओं में उत्पादन के अंतर को धीरे-धीरे और कम करने से साधारण और असमान वसूली जारी रहने की संभावना है। उभरते बाज़ारों और विकासशील देशों की स्थिति भिन्न, लेकिन कई मामलों में चुनौतिपूर्ण है। चीन की अर्थव्यवस्था का पुनर्संतुलन तथा मंदी, जिन्सों की घटी कीमतें और कुछ बड़े उभरते बाज़ारों वाली अर्थव्यवस्थाओं में दबाव का 2014-17 में वृद्धि की संभावनाओं पर असर बना रहेगा। चीन में जारी मंदी के बावजूद अगले दो वर्ष में वृद्धि का अनुमान, मुख्य रूप से ब्राज़ील, रूस और मध्य पूर्व के कुछ देशों की वृद्धि दर में धीरे-धीरे सुधार होने के पूर्वानुमानों पर आधारित है, हालांकि सुधार की संभावनाओं पर नए आर्थिक और राजनीतिक झटकों के कारण बाधा आ सकती है।

विश्व व्यापार संगठन ने विश्व व्यापार वृद्धि दर के अप्रैल के लिए अपने 3.3 प्रतिशत के अनुमान को घटाकर 2.8 प्रतिशत कर दिया है। 2016 में 3.9 प्रतिशत की व्यापार वृद्धि का अनुमान पिछले 20 वर्षों (1995-2015) में 5 प्रतिशत के औसत से कम है। विश्व व्यापार संगठन द्वारा व्यापार वृद्धि दर अनुमान में संशोधन कर इसे कम करने के कई कारण हैं। इनमें शामिल हैं- चीन, ब्राज़ील तथा अन्य उभरती अर्थव्यवस्थाओं में आयात मांग में गिरावट, तेल तथा अन्य आवश्यक वस्तुओं की कीमतों में

गिरावट, विनिमय दर में अत्यधिक उतार–चढ़ाव, वित्तीय बाज़ारों में उथल–पुथल और अमरीका की मौद्रिक नीति के बारे में अनिश्चितता की स्थिति।

2000 के दशक में दुनियाभर में जिन्सों की मांग में हुई कुल बढ़ोतरी में चीन का हिस्सा आधे के बराबर था। इसके पुनर्संतुलन से वैश्विक मांग प्रभावित हुई और जिन्सों की कीमतों में गिरावट आई। तेल की कीमत अब 30 डॉलर प्रति बैरल हो गई है जोकि 2014 की तुलना में एक–तिहाई है। निर्यातक देश काफी मुश्किलों से जूझ रहे हैं। ब्राज़ील और रूस मंदी की चपेट में हैं। एशिया के कई विनिर्माता देश ग्लोबल वैल्यू चेन का हिस्सा हैं और चीन को असेंबलर की तरह इस्तेमाल कर रहे हैं। ऐसे देशों पर चीन की मंदी का बहुत बुरा असर पड़ा है। भारत इसका अपवाद है, क्योंकि वह वास्तविक आयातक है और ग्लोबल वैल्यू चेन का हिस्सा नहीं है, लेकिन अगर पूरी दुनिया मंदी की चपेट में आती है तो भारत पर भी इसका प्रभाव पड़ सकता है।

विश्व अर्थव्यवस्था के साथ समाकलन

वर्तमान में ग्लोबल वैल्यू चेन, अंतरराष्ट्रीय व्यापार परिदृश्य का एक प्रमुख घटक है। वस्तुओं और सेवाओं को अंतिम रूप देने में समावेशी उत्पादन नेटवर्क के ज़रिए अंतरवर्ती वस्तुओं और सेवाओं को मिला दिया जाता है। भारत, साधारणतः ग्लोबल वैल्यू चेन और रसायन, इलेक्ट्रीकल उपकरण तथा आभूषण के क्षेत्रों में विदेशों से अंतरवर्ती वस्तुओं के ज़रिए विनिर्माण में भागीदारी करता है। सेवा क्षेत्र में भी भारत की भागीदारी काफी अधिक है। यह विशेषकर अन्य देशों को निर्यात में भारतीय अंतरवर्ती वस्तुओं के इस्तेमाल से होने वाले व्यापार में है। निर्यात में अंतरवर्ती वस्तुओं और आयातित उत्पाद, खनन, वस्त्र, मशीनरी और वितरण, परिवहन तथा दूरसंचार जैसे सेवा क्षेत्रों का योगदान अधिक है। सामान्यतः अपर्याप्त आधारभूत ढांचा, वैश्विक परिवहन नेटवर्क के साथ पूर्ण संपर्क का अभाव, परिवहन के क्षेत्र में पूरी तरह सक्षम न होना और प्रशासनिक जटिलताओं के कारण बंदरगाहों और सीमा शुल्क कार्यालय में देरी से भारतीय उत्पादकों के ग्लोबल वैल्यू चेन में भागीदारी में बाधा उत्पन्न होती है। इस तरह इन सभी क्षेत्रों में भारतीय उत्पादकों को आसियान और पूर्वी एशिया के उत्पादकों के मुकाबले नुकसान उठाना पड़ता है।

भारत को क्षेत्रीय या वैश्विक वैल्यू चेन से सफलतापूर्वक जुड़ने के लिए व्यापार संबंधी भौतिक बुनियादी ढांचे को मजबूत करने, परिवहन सेवाओं के लिए समुचित नियामक व्यवस्था लागू करने, सीमा प्रक्रियाओं में दक्षता और पूर्वसूचनीयता में सुधार, संभार तंत्र सेवा बाज़ार में नीतिगत सुधार और समन्वय संबंधी खामियों को दूर करने की जरूरत है। इसके अलावा उद्योग को मांग के अनुसार अपना कारोबार कम करने या बढ़ाने की क्षमता हासिल करनी होगी। विश्व व्यापार में बड़े क्षेत्रीय व्यापार प्रबंध अंतरराष्ट्रीय व्यापार परिदृश्य की अन्य नई विशिष्टताएं हैं। इन उपायों से वस्तुओं तथा सेवाओं के व्यापार के अलावा निवेश, प्रतिस्पर्धा (सरकारी उद्यमों सहित), बौद्धिक सम्पदा, श्रम, पर्यावरण, सरकारी खरीद, पारदर्शिता, नियामक सामंजस्य तथा विवाद निपटान और गैर–सदस्यों के लिए बाज़ार पहुंच प्रतिबंध की क्षमता हासिल की जा सकती है।

अमरीका के नेतृत्व में 12 प्रशांत तटवर्ती देशों के समूह ने 2015 में एक बड़े क्षेत्रीय व्यापार समझौते– ट्रांस पेसिफिक पार्टनरशिप (टीपीपी) पर हस्ताक्षर किए। आशा की जाती है कि इस समझौते से वस्तु और सेवा व्यापार में उच्च मानक स्थापित हो सकेंगे। दो अन्य बड़े क्षेत्रीय व्यापार समझौतों पर भी बातचीत चल रही है। ये हैं– अमरीका तथा यूरोपीय संघ के बीच ट्रांस अटलांटिक व्यापार तथा निवेश

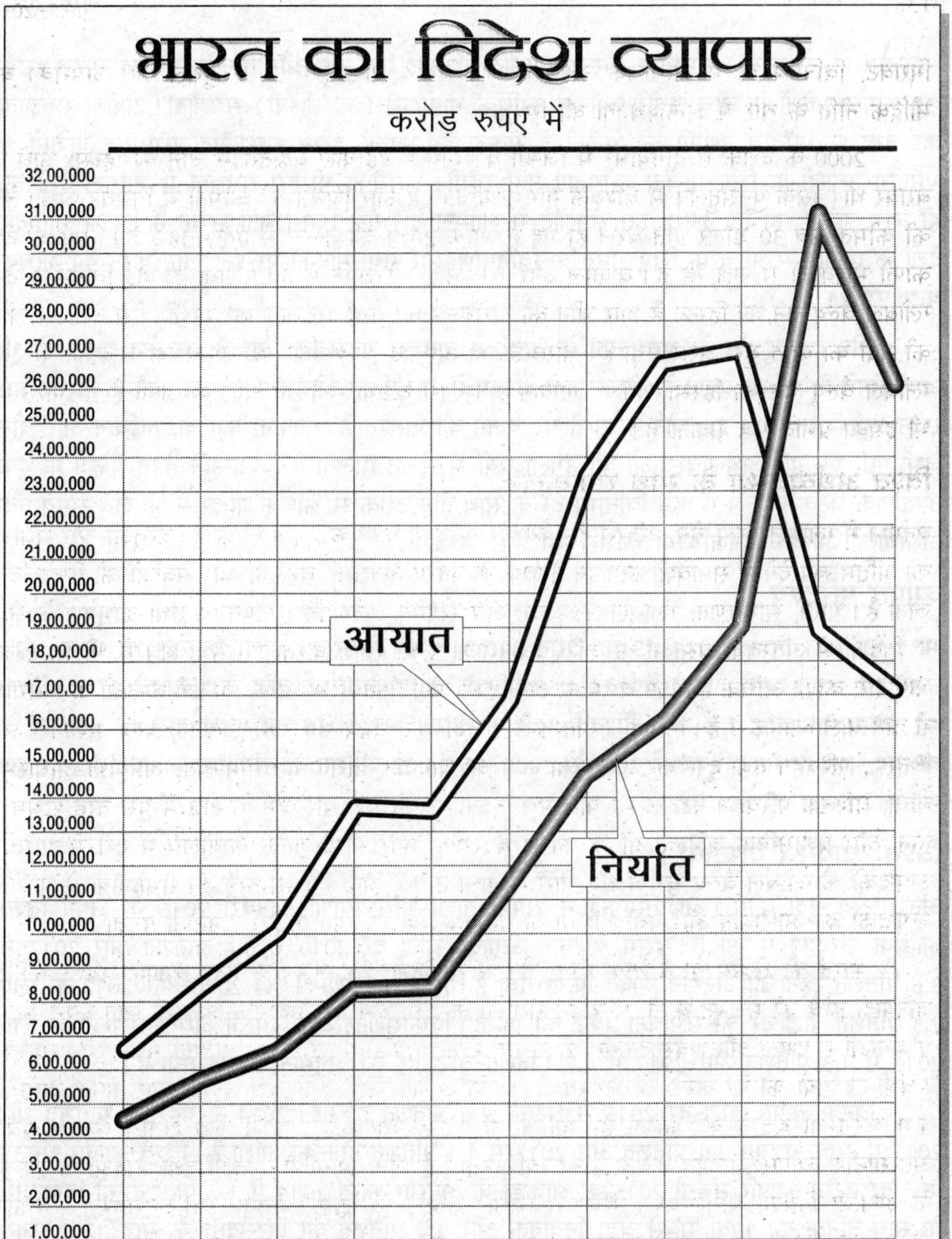

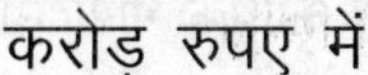

32,00,000
31,00,000
30,00,000
29,00,000
28,00,000
27,00,000
26,00,000
25,00,000
24,00,000
23,00,000
22,00,000
21,00,000
20,00,000
19,00,000
18,00,000
17,00,000
16,00,000
15,00,000
14,00,000
13,00,000
12,00,000
11,00,000
10,00,000
9,00,000
8,00,000
7,00,000
6,00,000
5,00,000
4,00,000
3,00,000
2,00,000
1,00,000
0

आयात

निर्यात

2005-06
2006-07
2007-08
2008-09
2009-10
2010-11
2011-12
2012-13
2013-14
2014-15 (अप्रैल–जनवरी)
2015-16 (अप्रैल–जनवरी)

स्रोतः डी.जी.सी.आई.एस. कोलकाता

*अनंतिम

KBK

भागीदारी (टीटीआईपी) समझौता और दक्षिण पूर्व एशियाई राष्ट्र संघ और चीन तथा भारत सहित इसके छह भागीदार देशों के बीच क्षेत्रीय व्यापक आर्थिक भागीदारी (आरसीईपी) समझौता। टीपीपी समझौता कई तरह से भारतीय उद्योगों को चुनौती दे सकता है। पहला, इससे संस्थापित परंपरागत बाज़ारों में भारतीय उत्पादों के लिए मौजूदा वरीयताएं नहीं रहेंगी। अमरीका भी इस समझौते में शामिल देशों को ही लाभ पहुंचा रहा है। दूसरा, इस समझौते में शामिल देश ऐसे नियम बना सकते हैं जिनसे भागीदार देशों के बाज़ारों में पहुंच के लिए भारत के विनिर्माण और सेवा मानकों पर इन्हें लागू करने का अधिक बोझ पड़ेगा।

चीन द्वारा युआन के अवमूल्यन के बाद इस बात पर बहस छिड़ गई है कि क्या भारत को भी अपने गिरते निर्यात को बढ़ाने के ठोस उपायों के रूप में आरईईआर इंडेक्स में रुपये की कीमत निरंतर कम रखना सुनिश्चित करते हुए चीन के रास्ते पर चलने की ज़रूरत है। जापान, कोरिया, ताईवान और चीन जैसी पूर्वी एशियाई अर्थव्यवस्थाओं की उपलब्धियों से संकेत मिलता है कि इन्होंने वृहत् पैकेज के एक आवश्यक घटक के रूप में कम विनिमय दर के साथ तीन दशक से अधिक या इससे भी लंबे समय तक असाधारण आर्थिक उपलब्धियां हासिल की हैं।

व्यापार परिदृश्य

भारत का माल निर्यात 2014–15 के दौरान 310.34 अरब अमरीकी डॉलर के स्तर पर पहुंच गया। उसने इस दौरान इससे पिछले वर्ष की 4.66 प्रतिशत की सकारात्मक वृद्धि के मुकाबले 1.29 प्रतिशत की नकारात्मक वृद्धि दर्ज की। वैश्विक मंदी के कारण निर्यात क्षेत्र को पहुंचे हाल के नुकसान के बावजूद भारत के माल निर्यात में 2004 से 2005 तक 14.02 प्रतिशत की संयोजित वार्षिक वृद्धि दर दर्ज की गई।

विश्व व्यापार (परिदृश्य)

अंतरराष्ट्रीय मुद्रा कोष (आईएमएफ) ने अपनी ताज़ा भविष्यवाणी, जनवरी 2016 के अपने विश्व आर्थिक परिदृश्य में की है। इसमें वैश्विक उत्पादन वृद्धि दर 2016 में 3.4 प्रतिशत और 2017 में 3.6 प्रतिशत रहने का अनुमान व्यक्त किया गया है। विकसित देशों में वर्ष 2016 और 2017 के लिए 2.1 प्रतिशत वृद्धि दर की संभावना प्रकट की गई है। विकासशील और उभरती अर्थव्यवस्थाओं के लिए 2016 में 4.3 प्रतिशत और 2017 में 4.7 प्रतिशत वृद्धि दर का अनुमान लगाया गया है।

विश्व व्यापार वृद्धि दर 2015 में घटकर 2.6 प्रतिशत हो गई। 2014 में यह 3.4 प्रतिशत थी। 2016 में इसके बढ़कर 3.4 प्रतिशत और 2017 में 4.1 प्रतिशत होने की आशा है। विश्व व्यापार संगठन के अंतरराष्ट्रीय व्यापार संबंधी 2015 के आंकड़ों के अनुसार भारत 2014 में 1.7 प्रतिशत की हिस्सेदारी के साथ दुनिया का 19वां सबसे बड़ा निर्यातक और 2.4 प्रतिशत की हिस्सेदारी के साथ 12वां सबसे बड़ा आयातक देश था।

निर्यात

अप्रैल 2015 से दिसंबर 2016 (अनंतिम) के दौरान, पिछले वर्ष की इसी अवधि की तुलना में डालर के हिसाब से 18.03 प्रतिशत की नकारात्मक वृद्धि दर्ज की गई। अप्रैल 2015 से दिसंबर 2016 (अनंतिम) के दौरान माल निर्यात 196.68 अरब डॉलर का हो गया।

आयात

अप्रैल 2015 से दिसंबर 2016 (अनंतिम) के दौरान आयात 15.87 प्रतिशत की नकारात्मक वृद्धि दर्ज करते हुए 295.82 अरब डॉलर का हो गया जबकि इससे पिछले वर्ष यह 351.61 अरब डॉलर का था। अप्रैल 2015 से दिसंबर 2016 के दौरान 54.62 अरब डॉलर मूल्य का तेल आयात किया गया, जबकि इससे पिछले वर्ष 98.57 अरब डॉलर मूल्य का तेल आयात किया गया था।

अप्रैल 2015 से दिसंबर 2016 (अनंतिम) के दौरान गैर-तेल उत्पादों का आयात मूल्य 241.20 अरब डॉलर था, जोकि इससे पिछले वर्ष से 4.68 प्रतिशत कम था। उस वर्ष यह 253.05 अरब डॉलर था।

व्यापार संतुलन

अप्रैल 2015 से दिसंबर 2016 (अनंतिम) के दौरान व्यापार घाटा 99.14 अरब डॉलर रहने का अनुमान है जोकि इससे पिछले वर्ष की इसी अवधि के 111.69 अरब डॉलर के मुकाबले कम है। 2004-05 से 2015-16 (अप्रैल-दिसंबर) के दौरान निर्यात, आयात और व्यापार संतुलन का निष्पादन तालिका-1 में दर्शाया गया है।

तालिका : 1 (क)

2004-05 से 2015-16 (अनंतिम) तक के व्यापार के आंकड़े

(करोड़ रुपये में)

क्र.सं.	वर्ष	निर्यात	प्रतिशत वृद्धि	आयात	प्रतिशत वृद्धि	व्यापार संतुलन
1.	2004-2005	3,75,340	27.94	5,01,065	39.53	-1,25,725
2.	2005-2006	4,56,418	21.6	6,60,409	31.8	-2,03,991
3.	2006-2007	5,71,779	25.28	8,40,506	27.27	-2,68,727
4.	2007-2008	6,55,864	14.71	10,12,312	20.44	-3,56,448
5.	2008-2009	8,44,755	28.19	13,74,436	35.77	-5,33,680
6.	2009-2010	8,45,534	0.57	13,63,736	-0.78	-5,18,202
7.	2010-2011	11,36,964	34.47	16,83,467	23.45	-5,46,503
8.	2011-2012	14,65,959	28.94	23,45,463	39.32	-8,79,504
9.	2012-2013	16,34,318	11.48	26,69,162	13.8	-10,34,844
10.	2013-2014	19,05,011	16.56	27,15,434	1.73	-8,10,423
11.	2014-2015	18,96,348	-0.45	27,37,087	0.8	-8,40,738
12.	अप्रैल-दिसं 2014	14,58,094		21,36,855		-678,761
13.	अप्रैल-दिसं 2015	12,73,734	-12.64	19,15,821	-10.34	-6,42,087

स्रोत: डीजीसीआईएस कोलकाता

तालिका : 1 (ख)

2004-05 से 2015-16 (अनंतिम) तक के व्यापार के आंकड़े

(मिलियन डॉलर में)

क्र.सं.	वर्ष	निर्यात	प्रतिशत वृद्धि	आयात	प्रतिशत वृद्धि	व्यापार संतुलन
1.	2004–2005	83,536	30.85	1,11,517	42.7	–27,981
2.	2005–2006	1,03,091	23.41	1,49,166	33.76	–46,075
3.	2006–2007	1,26,414	22.62	1,85,735	24.52	–59,321
4.	2007–2008	1,63,132	29.05	2,51,654	35.49	–88 ,522
5.	2008–2009	1,85,295	13.59	3,03,696	20.68	–1,18,401
6.	2009–2010	1,78,751	–3.53	2,88,373	–5.05	–1,09, 621
7.	2010–2011	2,49,816	39.76	3,69,769	28.23	–1,19, 954
8.	2011–2012	3,05,964	22.48	4,89,319	32.33	–1,83,356
9.	2012–2013	3,00,401	–1.82	4,90,737	0.29	–1,90,336
10.	2013–2014	3,14,405	4.66	4,50,200	–8.26	–1,35,794
11.	2014–2015	3,10,338	–1.29	4,48,033	–0.48	–1,37,695
12.	अप्रैल–दिसंबर 2014	2,39,929		3,51,614		–1,11,685
13.	अप्रैल–दिसंबर 2015	1,96,679	–18.03	2,95,821	–15.87	–99,142

स्रोत: डीजीसीआईएस कोलकाता

प्रमुख जिन्सों का निर्यात

अप्रैल 2014 से दिसंबर 2015 की तुलना में अप्रैल 2015 से दिसंबर 2016 (अनंतिम) में प्रमुख जिन्सों के निर्यात के बारे में अलग–अलग आंकड़े परिशिष्ट–I (क) में दर्शाया गए हैं। अप्रैल 2015 से दिसंबर 2016 (अनंतिम) के दौरान सबसे अधिक निर्यात वाली पांच जिन्सों की कुल निर्यात में हिस्सेदारी 32.60 प्रतिशत रही। ये जिन्सें हैं– पेट्रोलियम उत्पाद, मोती, बहुमूल्य व अर्द्धबहुमूल्य रत्न, औषध प्रतिपादन जैविक तथा अन्य बहुमूल्य धातु के आभूषण और सहायक सहित आरएमजी कपास।

तालिका : 2

प्रमुख जिन्सों का निर्यात

(मिलियन डॉलर वृद्धि और हिस्सा)

क्र. सं.	वस्तु	अप्रैल–मार्च 2014	अप्रैल–मार्च 2015	अप्रैल–दिसं 2014	अप्रैल–दिसं 2015	प्रतिशत वृद्धि	प्रतिशत हिस्सा
1.	**बागवानी**	**1,625.05**	**1,502.88**	**1,116.77**	**1,155.25**	**3.45**	**0.59**
	चाय	798.76	681.79	531.01	559.68	-5.4	0.28
	कॉफी	798.8	814.02	580.65	564.42	-2.8	0.29
	प्राकृतिक रबड़	27.49	7.06	5.11	31.15	509.58	0.02

2.	**कृषि और संबद्ध उत्पाद**	**32,953.57**	**30,147.31**	**22,991.80**	**18,047.00**	**-21.51**	**9.18**
	बासमती चावल	4,864.69	4,516.28	3,370.49	2,717.73	-19.37	1.38
	गैर बासमती चावल	2,925.05	3,336.84	2,488.98	1,717.70	-30.99	0.87
	गेहूं	1,569.03	828.75	778.42	134.6	-82.71	0.07
	अन्य अनाज	1,204.11	869.11	742.89	193.14	-74	0.1
	दालें	290.27	199.86	164.18	172.2	4.88	0.09
	तंबाकू गैर-विनिर्मित	789.04	680.01	493.75	453.05	-8.24	0.23
	तंबाकू निर्मित	222.31	278.61	205.64	222.72	8.3	0.11
	मसाले	2,497.22	2,430.35	1,845.36	1.853.37	0.43	0.94
	काजू	842.3	909.26	686.92	593.02	-13.67	0.3
	काजू गिरी शैल लिक्विड	6.35	9.1	6.02	6.91	14.75	0
	तिल सीड	592.14	772.27	640.8	345.86	-46.03	0.18
	तिल्ली सीड	18.69	17.71	10.69	15.73	47.12	0.01
	मूंगफली	525.67	760.37	535.87	421.77	-21.29	0.21
	अन्य तिलहन	155.17	185.03	133.24	116.04	-12.91	0.06
	वनस्पति तेल	53.38	94.56	69.15	55.25	-20.11	0.03
	ऑयल मील	2,796.34	1,324.17	946.15	441.39	-53.35	0.22
	ग्वारगम मील	1,979.63	1,551.87	1,292.26	417.87	-67.66	0.21
	रेंडी तेल	725.68	770.49	554.12	537.02	-3.09	0.27
	चमड़ा	84.95	43.8	34.3	19.4	-43.61	0.01
	चीनी	1,177.03	871.41	606.05	937.58	54.7	0.48
	शीरा	24.53	31.61	21.34	71.1	233.21	0.04
	फल/सब्जी बीज	68.8	69.96	54.04	50.97	-5.67	0.03
	ताजे फल	608.96	516.26	326.44	311.4	-4.61	0.16
	ताजी सब्जियां	886.12	763.24	572.76	553.78	-3.31	0.28
	संसाधित सब्जियां	213.04	281.75	203.47	179.83	-11.62	0.09
	संसाधित फल और रस	547.12	592.26	438.66	419.32	-4.41	0.21
	अनाज निर्मित वस्तुएं	471.31	496.41	367.84	376.12	2.25	0.19
	कोको उत्पाद	93.96	138.87	101.1	142.67	41.11	0.07
	मशीन से बने उत्पाद	166.15	168.76	134.92	125.8	-6.76	0.06
	अन्य संसाधित वस्तुएं	418.03	453.66	342.69	332.31	-3.03	0.17
	पशु खाल	4.73	3.18	2.75	2.37	-13.99	0
	भैंस मांस	4,350.23	4,781.18	3,769.99	3,171.04	-15.89	1.61
	भेड़/बकरी मांस	115.36	135.71	105.29	99.38	-5.61	0.05
	अन्य मांस	0.55	0.44	0.41	0	-99.46	0
	संसाधित मांस	1.29	2.29	0.55	0.95	73.48	0
	डेयरी उत्पाद	727.52	355.83	267.66	196.07	-26.75	0.1

	मुर्गी उत्पाद	93.02	106.38	79.59	89.95	13.02	0.05
	पुष्पोत्पाद	75.31	75.4	54.57	52.33	-4.12	0.03
	मदिरा	401.51	369.59	271.34	327.09	-12.62	0.12
	आयुष और जड़ी बूटी उत्पाद	366.97	354.68	271.01	262.17	-3.26	0.13
3.	**समुद्री उत्पाद**	**5,016.46**	**5,510.49**	**4,432.69**	**3.778.74**	**-14.75**	**1.92**
	समुद्री उत्पाद	5,016.46	5,510.49	4,432.69	3,778.74	-14.75	1.92
4.	**अयस्क और खनिज**	**3,583.86**	**2,410.18**	**1,817.59**	**1,418.02**	**-21.98**	**0.72**
	लौह अयस्क	1,557.58	526.5	421.11	103.81	-75.35	0.05
	अभ्रक	50.73	56.02	42.38	39.67	-6.39	0.02
	कोयला, कोक और ब्रिकेट आदि	208.13	136.51	86.68	88.44	2.03	0.04
	ढेर खनिज तथा अयस्क	460.56	443.94	334.88	406.06	21.26	0.21
	संसाधित खनिज	1,003.59	1,034.38	784.35	646.08	-17.63	0.33
	सल्फर अनरोस्टिड	66.26	60.57	33.55	62.02	84.87	0.03
	लौह पाइराइट						
	अन्य कच्चे खनिज	237.01	152.26	114.63	71.93	-37.25	0.04
5.	**चमड़ा और चमड़े से बनी वस्तुएं**	**5,722.54**	**6,195.21**	**4,754.34**	**4,219.38**	**-11.25**	**2.35**
	कच्ची खाल और चर्म	4.91	2.41	1.69	0.27	-84.03	0
	तैयार चमड़ा	1,285.11	1,1331.24	1,044.36	809.87	-22.45	0.41
	चमड़े की वस्तुएं	1,350.01	1,453.19	1,100.81	1,048.07	-4.79	053
	चमड़े की पोशाकें	591.8	604.58	468.4	430.37	-8.12	0.22
	लैदर फुटवीयर	2,025.65	2,279.00	1,725.48	1,599.81	-7.28	0.81
	लैदर फुटवीयर कम्पोनेंन्ट	320.01	361.94	287.36	221.02	-23.09	0.11
	जीनसाज़ी का सामान	145.05	162.85	126.14	109.97	-12.82	0.06
6.	**रत्न और आभूषण**	**41,389.07**	**41,266.07**	**31,258.27**	**28.711.17**	**-8.15**	**14.6**
	मोती, बहुमूल्य, कम मूल्यवान रत्न	27,159.49	24,758.79	18,471.87	16,161.08	-12.51	8.22
	सोना	3,031.84	2,845.15	1,593.79	4,315.53	170.83	2.19
	चांदी	18.52	5.68	5.26	5.94	13.28	0
	अन्य बहुमूल्य और बेस धातुएं	321.53	414.05	283.03	319.15	12.76	0.16
	सोना और अन्य बहुमूल्य धातु आभूषण	10,857.70	13,242.41	10,904.31	7,908.46	-27.47	4.02
7.	**खेल वस्तुएं**	**236.45**	**274.5**	**215.14**	**178.27**	**-16.68**	**0.09**
	खेल वस्तुएं	236.45	274.5	215.14	178.27	-16.68	0.09
8.	**रसायन और संबंधित उत्पाद**	**30,793.62**	**31,731.22**	**23,849.90**	**23.932.23**	**0.35**	**12.17**
	उर्वरक क्रूड	6.42	7.75	5.52	8.72	57.92	0
	विनिर्मित उर्वरक	75.39	82.54	49	57.9	18.15	0.03

	बल्क ड्रग्स, ड्रग इन्टरमीडिएट्स	3,610.70	3,561.39	2.571.53	2,687.53	4.51	1.37
	डाई इन्टरमीडिएट्स	248.14	239.85	187.27	142.32	-24	0.07
	डाई	1,904.67	2,129.98	1,646.18	1,401.89	-14.84	0.71
	ड्रग्स फारमुलेशन बायोलॉजीकल	10,669.04	11,215.86	8,466.73	9,480.72	11.98	4.82
	कृषि रसायन	1,923.64	1,951.77	1,447.34	1,423.84	-1.62	0.72
	अजैव रसायन	721.25	683.59	519.22	459.64	-11.48	0.23
	जैव रसायन	5,641.15	5,394.35	4,122.27	3,627.76	-12	1.84
	अन्य रसायन	655.11	742.21	535.88	512.74	-4.32	0.26
	कॉस्टमेटिक और टॉयलटरीज़	1,325.86	1,404.01	1,044.50	1,004.44	-3.84	0.51
	सुगंधित तेल	71	90.17	66.77	78.38	17.4	0.04
	अवशिष्ट रसायन और संबंधित उत्पाद	3,225.27	3,490.25	2,621.38	2,554.00	-2.57	1.3
	पेंट, वार्निश और संबंधित उत्पाद	645.91	669.06	515.77	441.38	-14.42	0.22
	ग्रेफाइट, एक्सप्लोज़िव और एक्ससेसर	70.07	68.46	50.54	50.97	0.84	0.03
9.	**प्लास्टिक तथा रबड़ वस्तुएं**	**6,860.02**	**6,615.17**	**5,207.69**	**4,837.23**	**-7.11**	**2.46**
	फुटवीयर को छोड़कर अन्य रबड़ उत्पाद	964.16	1,071.11	818.35	685.62	-16.22	0.35
	केनवस/रबड़/आदि फुटवीयर	201.56	307.2	239.92	242.39	1.03	0.12
	मोल्डिड और एक्सट्रूडिड वस्तुंए	919.31	988.24	745.4	772.41	3.62	0.39
	प्लास्टिक कच्चा माल	3,045.64	2.508.66	2,067.83	1,893.78	-8.42	0.96
	प्लास्टिक शीट, फिल्म, प्लास्टिक आदि	1,082.61	1,068.79	819.39	791.19	-3.44	0.4
	स्टेशनरी/आफिस, स्कूल आपूर्ति	226.02	250.07	186.87	181.21	-3.03	0.09
	अन्य प्लास्टिक वस्तुएं	420.74	421.1	329.94	270.64	-17.97	0.14
10.	**पत्थर, प्लास्टर, सीमेंट, एस्बेस्टोस, अभ्रक या इसी प्रकार की सामग्री, सेरेमिक उत्पाद, शीशा और शीशे की वस्तुएं**	**3,600.58**	**4,042.51**	**3,049.43**	**2,868.79**	**-5.92**	**1.46**
	ग्रेनाइट, प्राकृतिक पत्थर और उत्पाद	1,996.23	2,019.82	1,524.38	1,356.78	-10.99	0.59
	सीमेंट, क्लिंकर और एस्बेस्टोस सीमेंटट	312.26	378.00	282.95	221.27	-21.8	0.11
	सेरेमिक और संवद्ध उत्पाद	633.68	925.89	686.55	731.89	6.6	0.37
	शीशा और शीशे की वस्तुएं	658.41	718.49	555.55	558.84	0.59	0.28

11.	**कागज़ और संबंधित उत्पाद**	**2,099.81**	**2,180.66**	**1,647.23**	**1,776.52**	**7.85**	**0.9**
	पुस्तकें, प्रकाशन और मुद्रण	306.19	265.66	203.48	213.72	5.03	0.11
	न्यूज़प्रिन्ट	2.49	8.05	7.57	1.85	-75.6	0
	कागज़, पेपर, बोर्ड और उत्पाद	1,077.18	1,182.01	893.25	885.5	-0.87	0.45
	प्लाईवुड और संबद्ध उत्पाद	709.08	714.81	536.73	584.76	8.95	0.3
	अन्य लकड़ी और लकड़ी के उत्पाद	4.32	2.22	2.05	81.74	3,886.53	0.04
	पल्प और रद्दी कागज़	0.56	7.92	415	8.94	115.37	0
12.	**बेस धातुएं**	**22,365.63**	**24,742.75**	**18,465.98**	**14,316.45**	**-22.47**	**7.28**
	लौह और इस्पात	9,223.40	8,684.40	6,665.52	4,363.32	-34.54	2.22
	लौह और इस्पात उत्पाद	6,780.18	7,562.81	5,668.86	4,613.43	-18.62	2.35
	अल्म्यूनियम और इसके उत्पाद	1,943.18	2,859.37	2,028.33	1,962.69	-3.24	1
	तांबा और इससे बने उत्पाद	2,855.01	3,420.30	2,603.47	1,979.26	-23.98	1.01
	सीसा और इससे बने उत्पाद	194.7	173.2	140.35	143.23	2.06	0.07
	निकल और इससे बने उत्पाद	437.25	897.58	578.95	437.48	-24.44	0.22
	टीन और इससे बने उत्पाद	80.39	37.73	32.43	41.04	26.55	0.02
	जस्ता और इससे बने उत्पाद	435.38	608.06	369.44	4.55.92	23.41	0.23
	अन्य नॉन फेरेस धातु और उत्पाद	416.13	499.29	378.53	320.08	-15.44	0.16
13.	**ऑप्टीकल, मेडिकल और सर्जिकल उपकरण**	**1,562.96**	**1,683.34**	**1,279.02**	**1,196.171**	**-6.48**	**0.61**
	सर्जिकल	302.35	299.57	229.12	212.73	-7.15	0.11
	ऑप्टीकल वस्तुएं (लैंस सहित)	293.55	306.34	233.9	258.44	10.49	0.13
	मेडिकल और सर्जिकल उपकरण	967.06	1,080.43	816.01	725	-11.15	0.37
14.	**इलेक्ट्रॉनिक वस्तुएं**	**7,634.85**	**6,009.07**	**4,581.54**	**4,130.82**	**-9.84**	**2.1**
	कम्प्यूटर, हार्डवेयर, पेरिफेरल्स	387.45	346.44	267.07	286.8	7.38	0.15
	उपभोक्ता इलेक्ट्रॉनिक उपकरण	834.57	808.01	629.39	468.78	-25.52	0.24
	इलेक्ट्रॉनिक यंत्र	1,819.39	1,880.45	1,457.67	1,368.79	-6.1	0.7
	इलेक्ट्रॉनिक उपकरण	1,536.56	1,900.91	1,395.15	1,421.59	1.89	0.72
	दूरसंचार उपकरण	3,056.89	1,073.26	832.25	584.88	-29.72	0.3
15.	**मशीनरी**	**17,569.36**	**19,705.35**	**14,723.90**	**14,067.35**	**-4.46**	**7.15**
	इलेक्ट्रोड	37.88	38.6	28.95	31.61	9.2	0.02
	एक्यूमुलेटर और बैट्री	170.06	213.06	158.97	142.9	-10.11	0.07
	धातु के एचएनडी औज़ार और काटने वाले उपकरण	711.1	755.7	572.91	487.31	-14.94	0.25
	मशीन औज़ार	335.13	376.89	275.06	298.64	8.57	0.15
	एसी, रेफ्रीजरेटर, मशीनरी आदि	1,164.08	1,168.33	872.64	778.95	-10.74	0.4
	क्रेन, लिफ्ट और विन्च	309.71	341.79	230.61	285.6	23.84	0.15

	इलेक्ट्रिक मशीनरी और उपकरण	3.683.19	3,974.08	2,943.96	2,870.39	-2.5	1.46
	आईसी इंजन और हिस्से पुर्जे	1,170.30	2,397.98	1,881.08	1,443.56	-23.26	0.73
	डेयरी इत्यादि के लिए औद्योगिक मशीनरी	4,276.13	4,769.28	3,524.97	3,449.05	-2.15	1.75
	एटीएम इंजेक्टिंग मॉल्डिंग मशीनरी इत्यादि	1,244.17	1,344.40	984.34	931.34	-5.38	0.47
	बॉयलर और हिस्से पुर्जे सहित परमाणु रिएक्टर	563.08	603.89	450.6	489.49	8.63	0.25
	अन्य निर्माण सामग्री	1,008.62	1,177.40	892.92	811.54	-9.11	0.41
	अन्य इंजीनियरिंग वस्तुएं	1,585.91	1,751.50	1,318.39	1,501.19	13.86	0.76
	उत्तम अभ्रक और उसके उत्पाद	19.1	19.51	14.12	13.06	-7.5	0.01
	हर तरह के पंप	690.89	773.24	574.38	532.73	-7.25	0.27
16.	**ऑफिस उपकरण**	**30.89**	**54.77**	**39.13**	**65.72**	**67.96**	**0.03**
	आफिस उपकरण	30.89	54.77	39.13	65.72	67.96	0.03
17.	**परिवहन उपकरण**	**22,164.67**	**26,636.37**	**20,327.83**	**15,928.67**	**-21.64**	**8.1**
	ऑटो टायर और ट्यूब	1,687.47	1,648.11	1,270.70	1,020.89	-19.66	0.52
	ऑटो हिस्से और पुर्जे	3,971.62	4,438.56	3,329.37	3,110.30	-6.58	1.58
	साइकिल और हिस्से पुर्जे	348.65	354.16	264.84	214.33	-19.07	0.11
	विमान, अंतरिक्षयान और हिस्से पुर्जे	4,584.87	6,159.19	5,121.40	2,742.69	-46.45	1.39
	मोटरवाहन/कार	6,147.71	6,684.05	5,170.12	5,001.01	-3.27	2.54
	रेलवे परिवहन उपकरण और हिस्से पुर्जे	178.17	135.35	109.36	58.62	-46.4	0.03
	पोत, नौका और तैराने संबंधी बुनियादी ढांचा	3,724.76	5.352.61	3,610.30	2,410.22	-33.24	1.23
	दुपहिया और तिपहिया	1,521.42	1,864.34	1,451.73	1,370.62	-5.59	0.7
18.	**प्रोजेक्ट वस्तुएं**	**47.35**	**36.59**	**24.36**	**14.37**	**-41.01**	**0.01**
	प्रोजेक्ट वस्तुएं	47.35	36.59	24.36	14.37	-41.01	0.01
19.	**कपड़ा और संबद्ध उत्पाद**	**36,967.56**	**37,140.74**	**27,303.40**	**26,830.46**	**-1.73**	**13.64**
	हस्तनिर्मित स्टेपल फाइबर	597.79	551.59	415.06	397.3	-4.28	0.2
	सूती यार्न	4,550.26	3,937.41	2,906.28	2,755.48	-5.19	1.4
	सूती कृत्रिम रेशे आदि	5,118.07	5,516.42	4,131.17	3,948.47	-4.42	2.01
	अन्य कपड़ा सूत, कृत्रिम रेशे की वस्तुएं	422.09	399.59	302.59	251.45	-16.9	0.13
	कच्चा रेशम	0.04	0.11	0.06	0.21	287.14	0
	प्राकृतिक सिल्क यार्न, कृत्रिम रेशे	142.93	124.97	96.87	66.72	-31.12	0.03
	हस्तनिर्मित कृत्रिम यार्न, रेशे	5,183.47	5,275.03	3,983.75	3,574.93	-10.26	1.82
	ऊन, रॉ	0.2	0.04	0.02	0.24	1,323.81	0
	ऊनी यार्न, कृत्रिम रेशे इत्यादि	127.07	201.85	147.36	146.74	-0.42	0.07

	आरएमजी कपास, सहायक सहित	9,106.39	9,282.83	6,733.52	6,566.81	-2.48	3.34
	आरएमजी सिल्क	236.54	303.97	216.54	197.46	-8.81	0.1
	आरएमजी कृत्रिम रेशे	3,148.83	3,997.13	2,815.94	3,059.26	8.64	1.56
	आरएमजी ऊन	307.47	307.75	256.14	225.3	-12.04	0.11
	अन्य कपड़ा सामग्री का आरएमजी	2,190.68	2,941.65	2,116.08	2,376.14	12.29	1.21
	नारियल रेशा और इससे बनी वस्तुएं	229,85	285.13	213.69	173.19	-18.95	0.09
	हथकरघा वस्तुएं	373.01	369.56	275.06	283.63	3.11	0.14
	सिल्क वेस्ट	16.25	17.86	13.92	11.22	-19.41	0.01
	कच्चा जूट	18.81	19.41	13.85	7.66	-44.69	0
	कच्चा यार्न	23.46	22.64	15.37	15.6	1.55	0.01
	जूट हेसियन	141.7	126	93.32	86.39	-7.46	0.04
	जूट के कालीन	63.6	86.3	65.06	52.09	-19.93	0.03
	जूट के अन्य उत्पाद कालीन (सिल्क सहित) हस्तनिर्मित	152.82	112.55	91.76	203.42	121.68	0.1
	रेशमी कालीन	2.57	2.62	2.16	1.7	-21.14	0
	कच्चा कपास (अपशिष्ट सहित)	3,637.53	1,900.19	1,350.77	1,343.86	-0.51	0.68
20.	**पेट्रोलियम क्रूड और उत्पाद**	**63,177.46**	**56,794.15**	**48,569.59**	**23,987.92**	**-50.61**	**12.2**
	पेट्रोलियम क्रूड	63,177.46	56,794.15	48,569.59	23,987.92	-50.61	12.2
	पेट्रोलियम उत्पाद						
21.	**अन्य**	**9,003.52**	**5,656.13**	**4,273.40**	**5,217.96**	**22.1**	**2.65**
	अन्य वस्तुएं	6,666.75	3,431.80	2,606.80	3,354.83	28.7	1.71
	मानव बाल और इसके उत्पाद	384	336.37	238.77	225.17	-5.7	0.11
	पैकेजिंग सामग्री	453.32	509.93	382.41	416.59	8.94	0.21
	हस्तशिल्प (हस्तनिर्मित कालीन सहित)	1,499.45	1,378.04	1,045.42	1,221.38	15.83	0.62
	कुल	**3,14,405.29**	**3,10,338.47**	**2,39,928.90**	**1,96,679.49**	**-18.03**	**100**

स्रोत: डीजीसीआईएस कोलकाता

प्रमुख जिन्सों का आयात

अप्रैल 2014 से दिसंबर 2015 की तुलना में अपैल 2015 से दिसंबर 2016 (अनंतिम) में प्रमुख जिन्सों के आयात के बारे में अलग-अलग आंकड़े परिशिष्ट-I (ख) में दर्शाए गए हैं। अप्रैल 2015 से दिसंबर 2016 (अनुमानित) के दौरान सबसे अधिक आयात की गई पांच जिन्सों की कुल आयात में हिस्सेदारी 41.15 प्रतिशत रही। इसमें पेट्रोलियम क्रूड, मोती, बहुमूल्य तथा कम मूल्यवान रत्न, पेट्रोलियम उत्पाद और दूरसंचार उपकरणों की महत्वपूर्ण हिस्सेदारी थी।

तालिका : 3
प्रमुख जिन्सों का निर्यात

(मिलियन डॉलर वृद्धि और हिस्सा)

क्र. सं.	वस्तु	अप्रैल-मार्च 2014	अप्रैल-मार्च 2015	अप्रैल-दिसं 2014	अप्रैल-दिसं 2015	प्रतिशत वृद्धि	प्रतिशत हिस्सा
1.	**बागवानी**	**1,075.13**	**1,034.06**	**836.83**	**713.26**	**-14.77**	**0.24**
	चाय	48.54	63.57	47.4	45.47	-4.06	0.02
	कॉफी	120.18	152.2	118.5	93.74	-20.9	0.03
	प्राकृतिक रबड़	906.41	818.29	670.94	574.05	-14.44	0.19
2.	**कृषि और संबद्ध उत्पाद**	**13,492.25**	**19,004.14**	**14,864.09**	**15,885.04**	**6.87**	**5.37**
	बासमती चावल						
	गैर बासमती चावल	1.37	1.77	1.35	0.72	-46.56	0
	गेहूं	4.42	9.95	6.18	131.04	2,020.76	0.04
	अन्य अनाज	16.08	10.03	5.09	18.19	257.25	0.01
	दालें	1,828.16	2,786.11	2,186.18	2,956.30	35.23	1
	तंबाकू गैर-विनिर्मित	13.09	15.9	12.14	9.18	-24.38	0
	तंबाकू निर्मित	27.85	32.76	24.49	23.73	-3.09	0.01
	मसाले	571.36	717.78	523.3	593.03	13.33	0.2
	काजू	773.78	1,087.16	904.66	1,146.66	26.75	0.39
	काजू गिरी शैल लिक्विड	0.34	1.63	1.11	0.87	-21.52	0
	तिल सीड	134.48	62.67	53.64	21.11	-60.64	0.01
	तिल्ली सीड		0.6	0.07	5.36	7,812.09	0
	मूंगफली	0.06	0.08	0.02	0.03	21.17	0
	अन्य तिलहन	27.5	26.59	15.96	18.69	17.13	0.01
	वनस्पति तेल	7,249.85	10,621.48	8,279.12	8,102.59	-2.13	2.74
	ऑयल मील	33.33	44.71	35.62	38.18	7.2	0.01
	ग्वारगम मील	3.66	0.95	0.87	0.39	-55.5	0
	रेंडी तेल	0.34	0.3	0.18	0.1	-45.13	0
	चपड़ा	8.01	9.75	7.08	2.29	-67.62	0
	चीनी	392.18	601.17	527.53	425.35	-19.37	0.14
	शीरा	1.47	4.93	3.6	0.82	-77.26	0
	फल/सब्जी बीज	74.36	100.48	83	87.6	5.54	0.03
	ताजे फल	1,273.44	1,565.20	1,205.22	1,335.47	10.81	0.45
	ताजी सब्जियां	6.66	1.82	1.57	32.05	1,936.50	0.01
	संसाधित सब्जियां	28.79	17.07	12.62	13.66	8.24	0
	संसाधित फल और रस	68.28	81.58	61.25	56.92	-7.07	0.02
	अनाज निर्मित वस्तुएं	69.15	95.44	71.71	67.33	-6.11	0.02

	कोको उत्पाद	176.89	253.58	205.13	155.91	-24	0.05
	मशीन से बने उत्पाद	3.64	2.9	2.25	2.23	-1	0
	अन्य संसाधित वस्तुएं	244.47	292.05	216.33	197.02	-8.93	0.07
	पशु खाल	0					
	भेड/बकरी मांस	0.86	1.43	1.13	0.51	-54.71	0
	अन्य मांस	2.61	3.19	2.41	2.17	-10.29	0
	संसाधित मांस	1.27	0.85	0.74	0.36	-52.15	0
	डेयरी उत्पाद	38.46	61.49	50.2	43.19	-13.97	0.01
	मुर्गी उत्पाद	3.89	6.18	4,8	3.37	-29.77	0
	पुष्पोत्पाद	18.45	18.52	13.4	12.72	-5.06	0
	मदिरा	341.26	408.47	300.06	339.3	13.08	0.11
	आयुष और जड़ी-बूटी उत्पाद	52.46	57.58	44.07	40.6	-7.86	0.01
3.	**समुद्री उत्पाद**	**67.65**	**73.93**	**50.57**	**65.64**	**29.8**	**0.02**
	समुद्री उत्पाद	67.65	73.93	50.57	65.64	29.8	0.02
4.	**अयस्क और खनिज**	**24,603.63**	**26,917.86**	**20,030.04**	**15.820.49**	**-21.02**	**5.35**
	लौह अयस्क	57.4	1,067.86	675.81	425.28	-37.07	0.14
	अभ्रक	0.6	0.63	0.47	0.56	19.53	0
	कोयला, कोक और ब्रिकेट आदि	16,403.03	17,802.56	13,072.90	10,203.50	-21.95	3.45
	ढेर खनिज तथा अयस्क	6,813.64	6,622.98	5,193.75	4,233.41	-18.49	1.43
	संसाधित खनिज	836.6	739.15	559.42	538.19	-3.8	0.18
	सल्फर अनरोस्टिड लौह पाइराइट	183.1	286.41	215.75	168.69	-21.81	0.06
	अन्य कच्चे खनिज	309.25	398.27	311.94	250.87	-19.58	0.08
5.	**चमड़ा और चमड़े से बनी वस्तुएं**	**901.49**	**1,092.62**	**818.92**	**773.86**	**-5.5**	**0.26**
	कच्ची खाल और चर्म	78.03	87.19	67.53	48.63	-27.98	0.02
	तैयार चमड़ा	501.83	646.24	490.29	451.96	-7.82	0.15
	चमड़े की वस्तुएं	67.27	76.53	57.54	61.22	6.39	0.02
	चमड़े की पोशाकें	2.23	2.1	1.75	5.79	231.05	0
	लेदर फुटवीयर	229.91	253.87	181.24	184.64	1.88	0.06
	लेदर फुटवीयर कम्पोनेंन्ट	22.03	26.32	20.31	21.42	5.5	0.01
	जीनसाज़ी का सामान	0.2	0.37	0.27	0.19	-29.73	0
6.	**रत्न और आभूषण**	**58,436.49**	**62,351.34**	**47.722.68**	**45,013.39**	**-5.68**	**15.22**
	मोती, बहुमूल्य, कम बहुमूल्य रत्न	23,987.59	22,598.25	17,796.24	14,565.49	-18.15	4.92
	सोना	28,704.13	34,407.18	25,868.31	26,478.70	2.36	8.95
	चांदी	4,539.88	4,523.51	3,459.40	3,198.77	-7.53	1.08

	अन्य बहुमूल्य और बेस धातुएं	239.51	250.48	188.54	172.71	-8.4	0.06
	सोना और अन्य बहुमूल्य धातु आभूषण	965.39	571.93	410.19	597.72	45.72	0.2
7.	**खेल वस्तुएं**	**203.05**	**201.29**	**148.99**	**162.21**	**8.87**	**0.05**
	खेल वस्तुएं	203.05	201.29	148.99	162.21	8.87	0.05
8.	**रसायन और संबंधित उत्पाद**	**35,645.21**	**38,553.65**	**30,356.37**	**29,320.62**	**-3.41**	**9.91**
	उर्वरक क्रूड	926.07	1,026.79	772.5	812.17	5.14	0.27
	विनिर्मित उर्वरक	5,337.77	6,371.93	5,171.48	6,284.53	21.52	2.12
	बल्क ड्रग्स, ड्रग इंटरमीडिएट्स	3,146.66	3,245.64	2,457.45	2,510.41	2.16	0.85
	डाई इंटरमीडिएट्स	832.97	774.79	612.39	486.6	-20.54	0.16
	डाई	320.25	328.41	255.47	239.06	6.42	0.08
	ड्रग्स फारमुलेशन बायोलॉजीकल	1,491.68	1,562.54	1,217.25	1,209.94	-0.6	0.41
	कृषि रसायन	852.2	980.69	792.54	703.21	-11.27	0.24
	अजैव रसायन	4,040.29	4,494.25	3,453.70	3,394.82	-1.7	1.15
	जैव रसायन	11,067.14	11,341.68	9,130.82	7,565.12	-17.15	2.56
	अन्य रसायन	552.16	670.45	520.93	465.25	-10.69	0.16
	कॉस्टमेटिक और टॉयलटरीज़	834.35	989.72	781.1	703.33	-9.96	0.24
	सुगंधित तेल	100.14	116.24	90	91.55	1.72	0.03
	अवशिष्ट रसायन और संबंधित उत्पाद	4,723.54	5,166.22	3,937.95	3,777.30	-4.08	1.28
	पेंट, वार्निश और संबंधित उत्पाद	1,265.79	1,344.56	1,049.91	1,026.85	-2.2	0.35
	ग्रेफाइट, एक्सप्लोज़िव और एक्ससेसर	154.2	139.75	112.88	50.47	-55.29	0.02
9.	**प्लास्टिक तथा रबड़ वस्तुएं**	12,768.93	14,326.69	11,265.83	10,666.54	-5.32	3.61
	फुटवीयर को छोड़कर अन्य रबड़ उत्पाद	2,084.11	1,992.76	1,591.09	1,301.40	-18.21	0.44
	केनवस/रबड़/आदि फुटवीयर	146.02	180.36	132.37	144.51	9,17	0.05
	मोल्डिड और एक्सट्रूडिड वस्तुंए	1,028.87	1,129.34	852.21	890.89	4.54	0.3
	प्लास्टिक कच्चा माल	7,839.33	9,223.19	7,317.52	6,896.62	-5.75	2.33
	प्लास्टिक शीट, फिल्म, प्लास्टिक आदि	933.78	1,008.95	775.04	819.74	5.77	0.28
	स्टेशनरी/आफिस, स्कूल आपूर्ति	71.43	81.72	61.91	66.22	6.95	0.02
	अन्य प्लास्टिक वस्तुएं	656.39	710.36	535.69	547,16	2.14	0.18
10.	**पत्थर, प्लास्टर, सीमेंट, एस्बेस्टोस, अभ्रक या इसी प्रकार की सामग्री, सेरैमिक उत्पाद, शीशा और शीशे की वस्तुएं**	**2,047.01**	**2,373.87**	**1,730.76**	**1,900.71**	**9.82**	**0.64**

	ग्रेनाइट, प्राकृतिक पत्थर और उत्पाद	438	472.06	329.1	404.9	23.03	0.14
	सीमेंट, क्लिंकर और एस्बेस्टोस सीमेंटट	68.34	91.93	68.06	72.82	7	0.02
	सेरेमिक और संवद्ध उत्पाद	769.52	918.65	666.57	703.75	5.58	0.24
	शीशा और शीशे की वस्तुएं	771.15	891.22	667.03	719.24	7.83	0.24
11.	**कागज़ और संबंधित उत्पाद**	**7,402.22**	**7,636.46**	**5,842.72**	**5,442.10**	**-6.86**	**1.84**
	पुस्तकें, प्रकाशन और मुद्रण	619.8	382.18	225.72	272.64	20.78	0.09
	न्यूज़प्रिन्ट	887.87	839.25	648.54	601.88	-7.19	0.2
	कागज़, पेपर, बोर्ड और उत्पाद	2,187.31	2,566.53	2,008.65	1,817.37	-9.52	0.61
	प्लाईवुड और संबद्ध उत्पाद	867.65	954.46	700.92	826.04	17.85	0.28
	अन्य लकड़ी और उसके उत्पाद	20,72.14	1,950.01	1,532.05	1,215.65	-20.65	0.41
	पल्प और रद्दी कागज़	767.44	944.02	726.85	708.52	-2.52	0.24
12.	**बेस धातुएं**	**21,563.13**	**27,046.58**	**20,464.02**	**19,100.31**	**-6.66**	**6.46**
	लौह और इस्पात	9,109.60	12,342.03	9,314.87	8,704.98	-6.55	2.94
	लौह और इस्पात उत्पाद	3,576.04	3,959.31	3,059.43	2,831.99	-7.43	0.96
	अल्म्यूनियम और इसके उत्पाद	3,149.38	3,813.40	2,859.70	2,738.55	-4.24	0.93
	तांबा और इससे बने उत्पाद	3,003.82	3,297.06	2,508.23	2,570.54	2.48	0.87
	सीसा और इससे बने उत्पाद	523.07	630.78	499.93	370.23	-25.94	0.13
	निकल और इससे बने उत्पाद	909.94	1,388.66	990.06	791.18	-20.09	0.27
	टीन और इससे बने उत्पाद	244.28	202.91	152.51	142.81	-6.36	0.05
	जस्ता और इससे बने उत्पाद	289.66	560.47	446.95	326.43	-26.97	0.11
	अन्य नॉन फेरेस धातु और उत्पाद	757.35	851.95	632.33	623.6	-1.38	0.21
13.	**ऑप्टीकल, मेडिकल और सर्जिकल उपकरण**	**4,156.11**	**4,283.47**	**3,245.12**	**3,104.35**	**-4.34**	**1.05**
	सर्जिकल	554.84	567	436.62	413.62	-5.27	0.14
	ऑप्टीकल वस्तुएं (लैंस सहित)	309.62	327.74	240.72	248.41	3.2	0.08
	मेडिकल और सर्जिकल उपकरण	3,291.65	3,388.72	2,567.78	2,442.32	-4.89	0.83
14.	**इलेक्ट्रॉनिक वस्तुएं**	**32,383.80**	**36,857.40**	**27,693.10**	**30,865.77**	**11.46**	**10.43**
	कंप्यूटर, हार्डवेयर, पेरिफेरल्स	6,885.63	7,246.37	5,537.38	5,900.40	6.56	1.99
	उपभोक्ता इलेक्ट्रॉनिक उपकरण	3,665.56	4,122.09	3,170.98	3,088.94	-2.59	1.04
	इलेक्ट्रॉनिक यंत्र	5,434.39	5,383.29	3,883.94	4,905.14	26.29	1.66
	इलेक्ट्रॉनिक उपकरण	5,178.04	5,408.32	4,060.60	4,456.33	9.75	1.51
	दूरसंचार उपकरण	11,220.17	14,697.34	11,040.21	12,514.95	13.36	4.23
15.	**मशीनरी**	**31,103.36**	**32,023.10**	**23,834.11**	**24,017.55**	**0.77**	**8.12**
	इलेक्ट्रोड	84.71	86.33	64.16	61.67	-3.88	0.02
	एक्यूमुलेटर और बैट्री	769,48	596.58	463.9	618.58	33.34	0.21

	धातु के एचएनडी औज़ार और काटने वाले उपकरण	881.12	969.7	724.15	632.22	-12.69	0.21
	मशीन औज़ार	2,183.17	2,168.52	1,631.61	1,410.52	-13.55	0.48
	एसी, रेफ्रीजरेटर, मशीनरी आदि	2,843.95	3,063.33	2,147.61	2,132.93	-0.68	0.72
	क्रेन, लिफ्ट और विन्च	1,045.34	1,064.86	778.32	829.94	6.63	0.28
	इलेक्ट्रिक मशीनरी और उपकरण	5,492.28	6,061.65	4,487.11	4,682.29	4.35	1.58
	आईसी इंजन और हिस्से पुर्जे	2,270.98	2,190.94	1,672.87	1,578.62	-5.63	0.53
	डेयरी इत्यादि के लिए औद्योगिक मशीनरी	9,050.01	9,186.54	6,908.46	7,237.72	4.77	2.45
	एटीएम इंजेक्टिंग मॉल्डिंग मशीनरी इत्यादि	927099	832.28	624.28	572.39	-8.31	0.19
	बॉयलर और हिस्से पुर्जे सहित परमाणु रिएक्टर	335.51	509.68	368.07	400.72	8.87	0.14
	अन्य निर्माण सामग्री	1,681.71	1,596.52	1,155.46	1,028.16	-11.02	0.35
	अन्य इंजीनियरिंग वस्तुएं	2,465.07	2,634.54	2,007.69	2,075.69	3.39	0.7
	उत्तम अभ्रक और उसके उत्पाद	185.61	182.2	136.2	151.8	11.45	0.05
	हर तरह के पंप	886.44	879.13	664.23	604.31	-9.02	0.2
16.	**ऑफिस उपकरण**	**129.03**	**161.5**	**115.17**	**94.52**	**-17.92**	**0.03**
	ऑफिस उपकरण	129.03	161.5	115.17	94.52	-17.92	0.03
17.	**परिवहन उपकरण**	16,167.51	15,287.74	10,878.44	9,511.85	-12.56	3.22
	ऑटो टायर और ट्यूब	439.82	442.81	339.69	389.85	14.77	0.13
	ऑटो हिस्से और पुर्जे	3,824.39	4,225.07	3,243.40	3,329.81	266	113
	साइकिल और हिस्से पुर्जे	257.2	219.28	168.33	139.89	-16.9	0.05
	विमान, अंतरिक्षयान और हिस्से पुर्जे	4,305.07	4,706.71	3,484.15	2,126.51	-38.97	0.72
	मोटरवाहन/कार	307.72	300.63	210.64	214.31	1.74	0.07
	रेलवे परिवहन उपकरण और हिस्से पुर्जे	278.32	399.32	304.83	375.77	23.27	0.13
	पोत, नौका और तैराने संबंधी बुनियादी ढांचा	6,723.33	4,959.03	3,105.64	2,901.49	-6.57	0.96
	दुपहिया और तिपहिया	31.65	34.9	21.77	34.22	57.32	0.01
18.	**प्रोजेक्ट वस्तुएं**	**4,551.03**	**3,631.43**	**2,758.80**	**2,074.66**	**-24.8**	**0.7**
	प्रोजेक्ट वस्तुएं	4,551.03	3,631.43	2,758.80	2,074.66	-24.8	0.7
19.	**कपड़ा और संबद्ध उत्पाद**	**4,835.93**	**5,512.44**	**4,290.96**	**4,118.79**	**-4.01**	**1.39**
	हस्तनिर्मित स्टेपल फाइबर	328.29	406.78	317.21	315.3	-0.5	0.01
	सूती यार्न	54.28	41.33	32.37	32.99	1.91	0.01
	सूती कृत्रिम रेशे आदि	509.42	506.1	390.79	406.73	4.08	0.14
	अन्य कपड़ा सूत, कृत्रिम रेशे की वस्तुएं	614.17	737.33	549.56	575.52	4.72	0.19

	कच्चा रेशम	148.51	158.93	121.09	115.04	-4.99	0.04
	प्राकृतिक सिल्क यार्न, कृत्रिम रेशे	65.67	51.72	42	34.67	-17.44	0.01
	हस्तनिर्मित यार्न, फेबरिक्स, कृत्रिम	1,659.69	1,885.71	1,451.40	1,326.97	-8.57	0.45
	ऊन, रॉ	325.22	348.73	277.51	236.45	-14.8	0.08
	ऊनी यार्न, कृत्रिम रेशे इत्यादि	52.11	64.46	53.49	48.38	-9.56	0.02
	आरएमजी कपास, सहायक सहित	217.52	236.49	171.61	187.87	9.47	0.06
	आरएमजी सिल्क	5.17	6.13	4.5	3.59	-20.21	0
	आरएमजी कृत्रिम रेशे	102.81	142.51	111.05	130.44	17.46	0.04
	आरएमजी ऊन	15.19	16.06	13.84	11.68	-15.59	0
	अन्य कपड़ा सामग्री का आरएमजी	91.03	122.72	92.06	95.17	3.38	0.03
	नारियल रेशा और इससे बनी वस्तुएं	9.61	5.55	3.98	3.79	-4.76	0
	हथकरघा वस्तुएं	18.83	10.2	7.21	8.94	24.01	0
	सिल्क वेस्ट	4.77	4.24	3.42	2.04	-40.46	0
	कच्चा जूट	25.71	23.18	21.92	45.48	107.48	0.02
	कच्चा यार्न	47.24	49.94	41.64	50.22	20.6	0.02
	जूट हेसियन	13.43	29	20.94	19.68	-6.01	0.01
	जूट के कालीन	1.29	0.91	0.55	0.92	66.31	0
	जूट के अन्य उत्पाद	68.06	81.14	60.23	78.39	30.15	0.03
	कालीन (सिल्क को छोड़कर) हस्तनिर्मित	61.33	74.42	53.47	58.47	9.36	0.02
	रेशमी कालीन	0.1	0.07	0.07	0.01	-89.82	0
	कच्चा कपास (अपशिष्ट सहित)	394.47	508.8	449.05	330.04	-26.5	0.11
20.	**पेट्रोलियम क्रूड और उत्पाद**	**1,64,764.69**	**1,38,325.51**	**1,16,559.48**	**68,189.60**	**-41.5**	**23.05**
	पेट्रोलियम क्रूड	1,43,638.53	1,16,442.86	98,567.43	54,617.70	-44.59	18.46
	पेट्रोलियम उत्पाद	21,126.17	21,882.65	17,992.06	13,571.90	-24.57	4.59
21.	**अन्य**	**13,902.12**	**11,338.33**	**8,106.91**	**8,980.00**	**10.77**	**3.04**
	अन्य वस्तुएं	13,177.80	10,515.02	7,505.91	8,308.51	10.69	2.81
	मानव बाल और इसे उत्पाद	14.51	13.39	9.77	6.9	-29.39	0
	पैकेजिंग सामग्री	237.74	249.43	188.2	194.11	3.14	0.07
	हस्तशिल्प (हस्तनीर्मित कालीन सहित)	472.07	560.5	403.03	470.47	16.73	0.16
	कुल	**4,50,199.78**	**4,48,033.40**	**3,51,613.93**	**2,95,821.27**	**-15.87**	**100**

स्रोत: डीजीसीआईएस कोलकाता

विदेश व्यापार नीति

विदेश व्यापार के क्षेत्र में सरकार की प्राथमिकताओं के बारे में यह व्यापक विवरणी है। इसके ज़रिए विदेशों के साथ व्यापार के बारे में वृहत् दृष्टिकोण को स्पष्ट किया गया है। इसमें विदेश व्यापार क्षेत्र के लिए महत्वपूर्ण ढांचागत और संस्थागत व्यवस्था के वास्ते सरकार की नीति का विवरण है। इसमें यह भी स्पष्ट किया गया है कि सरकार व्यापार भागीदारियों के साथ व्यापार तथा आर्थिक समावेशन समझौते और भारतीय उद्यमियों की बेहतरी के लिए किस प्रकार काम करेगी।

यह नीति, व्यापार संवर्द्धन ढांचागत विकास और व्यापार पारिस्थितिकी प्रणाली को पूरी तरह से बढ़ावा देने के लिए आवश्यक बाज़ार तथा उत्पाद नीति और उपायों के बारे में है। इससे विदेशों से व्यापार करने में आने वाली रुकावटों का पता लगाया जाता है। भारत के निर्यात को बढ़ावा देने में राज्य सरकारों के साथ मिलकर काम करने के लिए संस्थागत ढांचा उपलब्ध कराने के वास्ते निर्यात संवर्द्धन मिशन स्थापित करना और निर्यात संबंधी नीतियां बनाने में राज्यों तथा केंद्रशासित प्रदेशों को वाणिज्य विभाग द्वारा सहायता उपलब्ध कराना विदेश व्यापार नीति के उद्देश्यों में शामिल हैं।

विदेश व्यापार नीति के तहत वस्तुओं तथा सेवाओं का निर्यात एवं रोज़गार के अवसर बढ़ाने और 'मेक इन इंडिया' कार्यक्रम के तहत प्रोत्साहन देने की कार्यविधि उपलब्ध कराई जाती है। इस नीति का उद्देश्य अंतरराष्ट्रीय व्यापार संरचना के विकास की गति के अनुरूप भारत को बाहरी स्थितियों की चुनौतियों का मुकाबला करने में सक्षम बनाना और देश के आर्थिक विकास में व्यापार को एक बड़ा भागीदार बनाना है। इस नीति में ईपीसीजी योजना के तहत पूंजीगत वस्तुओं की खरीद स्वदेशी निर्माताओं से करने पर बल दिया गया है। इसके लिए विशेष निर्यात बाध्यता को कम कर सामान्य निर्यात बाध्यता का 75 प्रतिशत कर दिया गया है। यह नीति, रक्षा तथा हाई-टेक वस्तुओं, हथकरघा उत्पादों का ई-कॉमर्स निर्यात, पुस्तकों/पत्रिकाओं, चमड़े के जूतों, खिलौनों और वस्त्रों के निर्यात को कूरियर या विदेशी डाकघरों के माध्यम से बढ़ावा देती है। इस नीति के तहत दर्जा प्राप्त विनिर्माता द्विपक्षीय तथा व्यापार समझौतों के विभिन्न रूपों के तहत तरजीह व्यवहार की योग्यता हासिल करने की दृष्टि से भारत में उत्पत्ति के तौर पर चरणबद्ध रूप से अपनी विनिर्मित वस्तुओं का स्व-प्रमाणन कर सकेंगे। इस नीति के तहत ईओयू/ईएचटीपी/एसटीपीआई/बीटीपी योजनाओं के तहत विनिर्माण और निर्यात को प्रोत्सहन देने के कई उपाय किए गए हैं। इनके अलावा कारोबार को आसान बनाने को प्रोत्साहन देने और व्यापार सुविधाओं पर भी प्रमुखता से ध्यान केंद्रित किया गया है।

विदेश व्यापार नीति में दो नई परियोजनाएं लाई गई हैं। ये हैं- बाज़ार विशेष के लिए विशिष्ट वस्तुओं के निर्यात के वास्ते भारत से माल निर्यात की योजना (एमईआईएस) और निर्यात संवर्द्धन के लिए पात्रता तथा उपयोग को विभिन्न शर्तों वाली पहले की योजनाओं के स्थान पर अधिसूचित सेवाओं के लिए भारत से सेवा निर्यात की योजना (एसईआईएस)। इन योजनाओं के तहत जारी पावती-पत्र के साथ कोई शर्त नहीं होगी। एमईआईएस और एसईआईएस के तहत जारी जमा रसीद और इन पर आयतित वस्तुएं पूरी तरह अंतरणीय होंगी।

भारत से वस्तुओं के निर्यात की योजना

पहले वस्तुओं के निर्यातकों के फायदे के लिए कई अलग-अलग योजनाएं थीं। इनके तहत विभिन्न प्रकार की शुल्क पर्चियों के इस्तेमाल के लिए कई तरह की शर्तें थीं। ये योजनाएं थीं- (1) फोकस उत्पाद योजना, (एफपीएस) (2) फोकस बाज़ार योजना (एफएमएस), (3) बाज़ार संबद्ध फोकस

उत्पाद पावती–पत्र (एमएलएफपीएस), (4) विशेष कृषि और ग्रामोद्योग योजना, (5) कृषि आधारभूत ढांचा प्रोत्साहन पावती–पत्र और (5) वृद्धिशील निर्यात प्रोत्साहन योजना। भारत से माल निर्यात योजना, 2015 में विदेश व्यापार नीति 2015–20 के ज़रिए लागू की गई। इसमें सभी योजनाओं का विलय कर दिया गया है। रोज़गार सृजक कुछ विशेष क्षेत्रों से ई–कॉमर्स निर्यात को कूरियर या विदेशी डाकघरों के जरिए भी बढ़ावा दिया गया है।

भारत से सेवा निर्यात की योजना

भारत से सेवा निर्यात योजना (एसईआईएस), सर्व्ड फ्राम इंडिया स्कीम (एसएफआईएस) के स्थान पर लाई गई है। एसईआईएस भारतीय सेवा प्रदाताओं की बजाय भारत में स्थित सेवा प्रदाताओं के लिए उपलब्ध है। एसईआईएस के तहत भारत से सेवाएं प्रदान करने वाले सभी अधिसूचित सेवा प्रदाताओं को, अधिसूचना की शर्तों के आधार पर प्रोत्साहन दिया जाता है और सेवा प्रदाता की शर्तें और प्रोफाइल कोई मायने नहीं रखते। अधिसूचित सेवाएं और पारिश्रमिक की दरें, प्रक्रिया की पुस्तिका के परिशिष्ट–III (ग) में सूचीबद्ध हैं।

कूरियर या विदेशी डाकघरों के ज़रिए निर्यात

नई विदेश व्यापार नीति के तहत एमईआईएस के अंतर्गत ई–कॉमर्स का इस्तेमाल करते हुए कूरियर या विदेशी डाकघरों के जरिए वस्तुओं के निर्यात को प्रोत्साहन देने की योजना शुरू की गई है। चूंकि ई–कॉमर्स निर्यात के लिए नियामक ढांचा अभी तैयार किया जा रहा है इसलिए इस योजना का कार्यक्षेत्र सीमित रखा गया है।

अग्रिम अनुमति योजना

इस योजना के अंतर्गत वस्तुओं के शुल्क मुक्त आयात (जिन्हें वास्तविक तौर पर निर्यात उत्पाद में शामिल किया गया है) की न्यूनतम 15 प्रतिशत मूल्य संवर्द्धन के साथ अनुमति दी गई है। परिणामी उत्पादों के संबंध में वस्तुओं के लिए अग्रिम अनुमति, विदेश व्यापार नीति की कार्यविधि के अनुसार एसआईओएन के मुताबिक या स्वघोषणा के आधार पर दी जाती है। आयात के लिए अग्रिम अनुमति, जारी होने की तारीख से एक वर्ष के लिए मान्य होती है। निर्यात अनुबंध को पूरा करने के लिए यह अवधि डेढ़ वर्ष है। अग्रिम अनुमति सहायक विनिर्माता/विनिर्माताओं से जुड़े विनिर्माता निर्यातकों या माल निर्यातकों को दी जाती है।

शुल्क मुक्त आयात अनुमति योजना

वस्तुओं के शुल्क मुक्त आयात (डीएफआईए) की अनुमति देने के लिए, न्यूनतम 20 प्रतिशत मूल्यवर्द्धन के साथ डीएफआईए जारी किया जाता है। डीएफआईए को केवल मूल सीमा शुल्क के भुगतान से छूट दी जा सकती है। डीएफआईए, उत्पादों के निर्यात के बाद के आधार पर जारी किया जा सकता है, जिसके लिए एसआईओएन अधिसूचित किया गया है। रत्न और आभूषण क्षेत्र के लिए अलग योजनाएं हैं।

पूंजीगत वस्तु निर्यात संवर्द्धन योजना

भारत की निर्यात प्रतिस्पर्धा बढ़ाने के लिए बेहतर सेवाओं और प्रौद्योगिकी उन्नयन के वास्ते पूंजीगत वस्तु निर्यात संवर्द्धन योजना (ईपीसीजी) के तहत पूंजीगत वस्तुओं का आयात शून्य सीमा शुल्क पर करने की अनुमति दी गई है। ईपीसीजी के अंतर्गत आयात छह वर्ष में बचाए गए शुल्क के छह गुना के बराबर निर्यात बाध्यता पर निर्भर करता है। यह योजना 25 प्रतिशत कम निर्यात बाध्यता के साथ पूंजीगत वस्तुओं के देश में ही विकास की अनुमति देती है।

सुगम कारोबार और ई-गवर्नेंस पहल

दस्तावेज़ों की संख्या में कमी

नई विदेशी नीति के अंतर्गत आयात और निर्यात के लिए आवश्यक दस्तावेज़ों की संख्या को कम करने तीन-तीन कर दिया गया है जबकि पहले निर्यात के लिए 7 और आयात के लिए 10 दस्तावेज़ों की ज़रूरत होती थी। भारत से निर्यात के लिए अब जिन दस्तावेज़ों की आवश्यकता होती है, वे हैं- लदान/एयरवे बिल, कमर्शियल इनवॉयस तथा पैकिंग सूची और शिपिंग बिल। भारत में आयात के लिए ज़रूरी दस्तावेज़ हैं- लदान बिल/एयरवे बिल, कमर्शियल इनवॉयस तथा पैकिंग सूची और प्रवेश बिल। दस्तावेज़ों को कम करने से समय और व्यय की बचत होगी, जिससे भारत के साथ कारोबार करना आसान होगा। आवेदनों/दस्तावेज़ों को ऑनलाइन भेजने और चौबीसों घंटे पेपरलेस व्यापार के लिए (i) डीजीएफटी के क्षेत्रीय प्राधिकरणों को हाईस्पीड इंटरनेट से जोड़ा गया है। आवेदन ऑनलाइन प्राप्त किए जाते हैं और निपटाए जाते हैं, (ii) डीजीएफटी, विभिन्न अनुमति पत्रों/पावती पत्रों और आयातक निर्यातक कोड जारी करने के लिए ऑनलाइन आवेदन की सुविधा प्रदान करता है। आवेदनों पर डिजिटल हस्ताक्षर कर इन्हें डीजीएफटी के सम्बद्ध क्षेत्रीय कार्यालयों को ऑनलाइन भेज सकते हैं, (iii) डीजीएफटी, डिजिटल सिग्नेचर का अधिकार देने वाला भारत सरकार का पहला संगठन है। इसने एनक्रिप्टिड 2048 बिट डिजिटल सिग्नेचर के उच्चतर स्तर को लागू किया है, (iv) आवेदन शुल्क का भुगतान डेबिट/क्रेडिट कार्ड या लिंक्ड बैंकों के ज़रिए किया जा सकता है, (v) कागज़ और निर्यातकों के समय तथा धन की बचत के लिए, अग्रिम अनुमति योजना के तहत आवेदन प्रपत्रों और दस्तावेज़ों की प्रति संलग्न करने की व्यवस्था पूरी तरह खत्म कर दी गई है।

एमईआईएस तथा ईपीसीजी योजनाओं के लिए आवेदन पेपरलैस करने के लिए सॉफ्टवेयर के बीटा वर्जन को डीजीएफटी की वेबसाइट पर डाला गया है, और (vi) दोहरे इस्तेमाल की वस्तुओं (विशेष रसायन, अवयवी, सामग्री, उपकरण तथा प्रौद्योगिकी) के लिए अनुमति-पत्र जारी करने के काम में तेज़ी लाने के लिए ऑनलाइन व्यवस्था की गई है।

आयातक निर्यातक कोड

फरवरी 2015 में आयातक निर्यातक कोड (आईईसी) ऑनलाइन जारी करने की सरल प्रणाली शुरू की गई। निर्यातकों के लिए आईईसी अनिवार्य है और इसकी जानकारी डीजीएफटी से ऑनलाइन कस्टम को दी जाती है। इससे नए उद्यमियों/निर्यातकों/आयातकों को नए आईईसी जारी करने के लिए ऑनलाइन आवेदन करने और विवरण में बदलाव, दस्तावेज़ को अपलोड करके आवश्यक शुल्क का भुगतान नेट बैंकिंग/क्रेडिट/डेबिट कार्ड के ज़रिए किया जा सकता है।

डीजीएफटी के क्षेत्रीय प्राधिकार द्वारा इस तरह के आवेदनों की ऑनलाइन प्रोसेसिंग की जाएगी और डिजिटल हस्ताक्षर वाला ई-आईईसी सामान्य तौर पर आवेदनकर्ता को दो कार्यदिवसों के भीतर ई-मेल कर दिया जाएगा।

डीजीएफटी की ई-बीआरसी पहल से बैंकों से विदेशी मुद्रा प्राप्ति प्रमाण-पत्र का डीजीएफटी सर्वर को रोज़ाना इलेक्ट्रॉनिक ट्रांसमिशन संभव हुआ है जिससे डीजीएफटी, बैंकों और निर्यातकों के बीच इलेक्ट्रॉनिक डेटा इंटरचेंज (ईडीआई) स्थापित हो सका है। ई-बीआरसी (इलेक्ट्रॉनिक बैंक प्राप्ति प्रमाण-पत्र) परियोजना की शुरुआत 2012 में की गई जिससे प्राप्ति, प्रोसेसिंग और निर्यातकों, बैंकों,

केंद्रीय और राज्य सरकारों के विभागों द्वारा सभी बैंक प्राप्ति संबंधित सूचना के आगे इस्तेमाल के लिए एक समन्वित मंच बन सका है। ई-वीआरसी को 2012 में अनिवार्य बनाया गया। तीन वर्ष से भी कम समय में इसने भारतीय निर्यातकों का व्यवसाय खर्च घटा दिया है और बैंकों, डीजीएफटी तथा अनेक अन्य संगठनों की उत्पादकता बढ़ा दी है। अब तक 95 बैंकों ने 1.4 करोड़ से ज्यादा ई-बीआरसी प्रेषित किए हैं। ई-बीआरसी आंकड़ों को साझा करने के लिए भारत सरकार के प्रवर्तन निदेशालय सहित राज्य सरकारों के 13 विभागों ने डीजीएफटी के साथ समझौता ज्ञापन पर हस्ताक्षर किए हैं।

शिकायत निवारण प्रणाली

ईडीआई संबंधी मुद्दों के समाधान के लिए एक शिकायत निवारण प्रणाली स्थापित की गई है। इसका इस्तेमाल निर्यातक सक्रियता से कर रहे हैं। इसके अलावा प्रशासनिक सुधार और जन शिकायत विभाग के जन शिकायत पोर्टल के ज़रिए प्राप्त शिकायतों का हल करने के लिए एक ऑनलाइन प्रणाली भी मौजूद है।

ऑनलाइन समवर्ती लेखा परीक्षण

डीजीएफटी की ऑनलाइन समवर्ती लेखा परीक्षण की प्रणाली को फरवरी 2015 में लागू किया गया।

आईएसओ 9001-2008 प्रमाण-पत्र

डीजीएफटी मुख्यालय, मुंबई, चेन्नई, दिल्ली और कोच्चि के क्षेत्रीय कार्यालयों को आईएसओ 9001-2008 प्रमाण-पत्र मिल चुका है। डीजीसीआईएंडएस को 2015 में आईएसओ 9001-2008 प्रमाण-पत्र दिया गया।

सोशल मीडिया

मोबाइल एप्लीकेशन

डीजीएफटी ने एक मोबाइल एप्लीकेशन डीजीएफटी विकसित की है जो निर्यातकों/आयातकों को विदेश व्यापार नीति और अन्य संबंधित दस्तावेज़ इस्तेमाल के लिए आसानी से उपलब्ध कराता है। व्यापारी विभिन्न अनुमति पत्रों और शिपिंग बिलों के ट्रांसमिशन की स्थिति की जांच डायनेमिक मोबाइल ऐप के ज़रिए कर सकते हैं।

व्यापार के लिए एकल खिड़की का गठन

ऐसी पहल की गई है जिससे व्यापार के लिए इलेक्ट्रॉनिक एकल खिड़की की व्यवस्था हो सके। भारत का व्यापार 12 प्रमुख बंदरगाहों, 187 छोटे बंदरगाहों और अनेक निजी अधिसूचित बंदरगाहों के ज़रिए होता है। इनकी सहायता 218 कार्यरत और 34 अल्प विकसित अंतर्देशीय कंटेनर डिपो (आईसीडी) और कंटेनर माल भाड़ा स्टेशन (सीएफएस) करते हैं। हवाई कार्गो की मंजूरी के लिए पूरी तरह कार्यरत 36 अंतरराष्ट्रीय हवाईअड्डे हैं। अंतरराष्ट्रीय सीमाओं पर 138 ज़मीनी सीमा शुल्क स्टेशन (एलसीएस) हैं जिनमें से 66 कार्यरत एलसीएस हैं। इन इंटरफेस बिंदुओं को जोड़ना ज़रूरी है ताकि सभी संबद्ध पक्षों के साथ जानकारी का आदान-प्रदान किया जा सके।

ईडीआई पहल

सीमा शुल्क विभाग द्वारा की गई महत्वपूर्ण ईडीआई पहल

- सीमा शुल्क की ईडीआई प्रणाली (आईसीईएस) और उसका ऑनलाइन इंटरफेस (आईसगेट) कस्टम को आयातकों/निर्यातकों, कस्टम हाउस एजेंटों, एयरलाइनों तथा शिपिंग लाइनों, हवाई तथा समुद्री संरक्षकों, बैंकों, भारतीय रिजर्व बैंक और सरकारी विभागों जैसे- वाणिज्यिक खुफिया महानिदेशालय तथा सांख्यिकी, विदेश व्यापार महानिदेशालय और मूल्य निर्धारण निदेशालय से जोड़ता है। एफएसएसएआई सहित कस्टम्स की अगुआई में एकल खिड़की परियोजना को तुगलकाबाद स्थित अंतर्देशीय कंटेनर डिपो पर लागू किया गया है।
- इस समय 344 बंदरगाह अथवा सीमा शुल्क केंद्र हैं जिनके ज़रिए भारत का निर्यात और आयात होता है, लेकिन बुनियादी ढांचा संबंधी अड़चनों के कारण केवल 126 बंदरगाहों में इलेक्ट्रॉनिक डेटा इंटरचेंज (ईडीआई) की सुविधा है और शेष 218 बंदरगाह अभी भी हस्तचालित प्रणाली अथवा गैर-ईडीआई रूप में काम कर रहे हैं।

ईडीआई पहल

डीजीएफटी का प्रयास है कि वह आवेदनों को ऑनलाइन दायर करने जैसे तरीकों, सामुदायिक सहयोगियों के साथ संदेश के आदान-प्रदान, डिजिटल हस्ताक्षर और इलेक्ट्रॉनिक शुल्क भुगतान, प्रस्तावित ई-गवर्नेंस पहल जिसमें डीजीएफटी से कस्टम को पत्रों के प्रेषण के लिए संदेश के आदान-प्रदान को स्थापित करना, ई-बीआरसी को सीबीईसी और आरबीआई के साथ जोड़ने सहित अपनी सेवाएं पारदर्शी और प्रभावी तरीके से प्रदान करे। विदेश व्यापार महानिदेशालय (डीजीएफटी) पहला भारतीय सरकारी संगठन है जिसने सुरक्षित डिजिटल प्रमाण-पत्र (2048 बाइट की इनक्रिप्शन-2004) का इस्तेमाल करते हुए वेब आधारित आवेदन प्रोसेसिंग (1997) की शुरुआत की। पिछले एक दशक में बेहतर पारदर्शिता हासिल करने, निर्यातकों के लिए कारोबार का समय कम करने तथा खर्च घटाने के लिए अनेक ई-गवर्नेंस पहल की गईं।

(1) डीजीएफटी की वेबसाइट एक समन्वित मंच है जो निम्नलिखित महत्वपूर्ण कार्य करता है: यह विदेश व्यापार नीति और कार्यविधि तथा सभी संबंधित दस्तावेजों के बारे में जानकारी प्रदान करता है; यह डीजीएफटी योजनाओं/देश भर में फैले डीजीएफटी के 36 क्षेत्रीय कार्यालयों में से किसी में भी उपयोगकर्ताओं को वेब आधारित इलेक्ट्रॉनिक आवेदन दायर करने की अनुमति देता है। आवेदन दायर करने की प्रक्रिया डिजिटल हस्ताक्षर के साथ सुरक्षित है; यह उपयोगकर्ताओं को इस बात की अनुमति देता है कि वे कस्टम्स से प्राप्त अपने शिपिंग बिलों और बैंक से प्राप्त इलेक्ट्रॉनिक बैंक प्राप्ति प्रणामपत्र (ई-बीआरसी) संबंधी जानकारी की जांच करें।

(2) सभी अनुमतियां डीजीएफटी द्वारा ऑनलाइन जारी की जाती हैं। कस्टम के साथ संदेश का आदान-प्रदान, अग्रिम अनुमति, ईपीसीजी और डीएफआईए के लिए लागू किया गया है। निर्यातक डीजीएफटी की वेबसाइट पर अपने आवेदन के बारे में जानकारी प्राप्त कर सकते हैं।

(3) भारत भर में डीजीएफटी के सभी 36 क्षेत्रीय कार्यालय कंप्यूटरीकृत हैं और उन्हें केंद्रीय सर्वर से जोड़ा गया है। हाई स्पीड ब्रॉड बैंड/लीज़ लाइन के ज़रिए इन कार्यालयों की नेटवर्किंग से

विभिन्न आवेदनों, संदेशों के आदान–प्रदान और आंकड़ों (निर्यात–आयात प्रोफाइल के संबंध में, अनुमति प्रदान करने और विवरणों को प्रतिबंधित सूची में डालने) को जोड़ना संभव हुआ है।

(4) सुरक्षित ऑनलाइन प्रारूप में निर्यात संवर्द्धन परिषद, जिन्स बोर्डों और एफआईईओ से पंजीकरण और सदस्यता प्रमाण–पत्र (आरसीएमसी) प्राप्त करने के लिए एक प्रणाली बनाई गई है। 22 ईपीसी आदि ने डीजीएफटी की वेबसाइट पर आरसीएमसी अपलोड किए हैं।

(5) निर्यातकों द्वारा आवेदन शुल्क का भुगतान करने के लिए इलेक्ट्रॉनिक धन हस्तांतरण सुविधा का इस्तेमाल किया जा रहा है। अब तक 21 बैंक इलेक्ट्रॉनिक धन हस्तांतरण के लिए डीजीएफटी के साथ समझौते पर हस्ताक्षर कर चुके हैं।

(6) भारतीय व्यापार स्पष्टीकरण आईटीसी (एचएस), अंतरराष्ट्रीय स्तर पर स्वीकृत कोडिंग की सामंजस्य प्रणाली पर आधारित है जो निर्यात/आयात की सभी वस्तुओं के लिए कोडों का संकलन करता है। इस समय सभी वस्तुओं के लिए निर्यात अथवा आयात की संभावना आईटीसी (एचएस) डेटाबेस में दी गई है जो डीजीएफटी की वेबसाइट पर ऑनलाइन उपलब्ध है। अद्यतन ऑनलाइन आईटीसी (एचएस) डेटाबेस के ज़रिए निर्यात और आयात नियंत्रण ज़रूरतों से संबंधित जानकारी को शामिल करने के लिए कार्य शुरू किया गया है।

नई पहल

ऑनलाइन आरटीआई

डीजीएफटी को अब कार्मिक और प्रशिक्षण विभाग की ऑनलाइन आरटीआई प्रणाली से फरवरी 2015 से जोड़ दिया गया है जिससे नागरिकों को डीजीएफटी और उसके क्षेत्रीय कार्यालयों से ऑनलाइन जानकारी मिलती है। ऑनलाइन अंतर–मंत्रालय विचार–विमर्श: नीतियों को लागू करने के लिए विभिन्न समितियां बनाई गई हैं।

जवाहरलाल नेहरू बंदरगाह ट्रस्ट

डीजीएफटी ने प्राथमिकता के आधार पर निम्नलिखित कार्यों को पूरा करने की पहचान की (1) फॉर्म ई–13/ई–11 की आवश्यकता को खत्म करने के लिए बंदरगाह और कस्टम प्रणाली का समेकन/संदेश का आदान–प्रदान; (2) जवाहरलाल नेहरू पोर्ट ट्रस्ट जेएनपीटी सॉफ्टवेयर प्रणाली को कस्टम्स ईडीआई के साथ जोड़ना; (3) बंदरगाह गेट पर सीआईएसएफ द्वारा जांच में तेज़ी लाने के लिए अतिरिक्त क्षेत्रों को शामिल करने के उद्देश्य से जेएनपीटी प्रणाली में सुधार; (4) गेटिंग प्रणाली का स्वचालन; (5) वर्चुअल गेट के ज़रिए जेएनपीटी पर अंतर–टर्मिनल आवागमन को सरल और कारगर बनाना; (6) डिलीवरी ऑर्डर/कार्गो जारी करने के आदेश का स्वचालन; (7) पार्किंग स्थलों का विकास; (8) सड़कों से भीड़भाड़ को कम करना और जवाहरलाल नेहरू बंदरगाह पर यातायात के आवागमन को सुचारू बनाना (9) कंटेनर फ्रंट स्टेशनों (सीएफएस) पर रेलवे हिंदी में सिगनलों की स्थापना और (10) कस्टम, सीएफएस, बंदरगाहों और सीएचए/प्रेषणों के बीच संदेश के आदान–प्रदान में सुधार।

निर्यात बंधु योजना

पहली पीढ़ी के उद्यमियों को परामर्श देने के लिए अनूठी निर्यात बंधु योजना की संकल्पना की गई। अधिकारी (निर्यात बंधु) मुख्य रूप से अंतरराष्ट्रीय व्यवसाय के क्षेत्र में दिलचस्पी रखने वाले व्यक्तियों

के परामर्शदाता हैं। डीजीएफटी के अधिकारियों द्वारा इस तरह के कार्य से नए निर्यातकों/आयातकों को मदद मिलेगी और उन्हें अधिकारियों के ज्ञान का लाभ उठाने के साथ-साथ समय पर और उचित मार्गदर्शन मिल सकेगा। योजना का मुख्य उद्देश्य नए और संभावित निर्यातकों तक पहुंचना और उन्हें अभिविन्यास कार्यक्रमों, काउंसलिंग सत्रों, व्यक्तियों को अलग से सुविधाओं के ज़रिए परामर्श दिया जा सकेगा ताकि वे अंतरराष्ट्रीय व्यापार में सक्षम हो सकें। कार्यक्रम का कार्यान्वयन डीजीएफटी के 36 क्षेत्रीय कार्यालयों (फील्ड कार्यालयों) के ज़रिए किया जाता है जो आईईसी, अनुमति प्रदान करने, प्रोत्साहन, पत्र आदि की मंजूरी देते समय नए और संभावित निर्यातकों के साथ प्रत्यक्ष रूप से संपर्क में आते हैं। वर्ष की शुरुआत में क्षेत्रीय कार्यालयों को धनराशि आवंटित की जाती है और साथ ही योजना के विभिन्न घटकों के अंतर्गत कार्यकलापों का स्थाई रूप से आवंटन किया जाता है, ताकि वे संबद्ध पक्षों, मुख्यतः, निर्यात परिषदों, उद्योग संघ, राज्य सरकार के विभागों, सीमा तथा उत्पाद शुल्क विभाग आदि के साथ समन्वय कायम करके अग्रिम रूप से अपना कार्यक्रम तैयार कर लें।

मध्यस्थता की रणनीति के रूप में निर्माण क्षेत्र में छोटे और मझोले उद्यमियों के नीतिगत महत्व और रोज़गार सृजन पर गौर करते हुए , 108 एमएसएमई क्लस्टरों की पहचान की गई है जो उत्पाद की निर्यात संभावना और क्लस्टर में उद्योग की सघनता पर आधारित है ताकि निर्यात को बढ़ाने के लिए मध्यस्थता की जा सके। साथ ही निर्यात बंधु योजना के अंतर्गत 35 उत्कृष्टता कस्बों को हाथ में लिया गया है। यह परिकल्पना की गई कि अभिविन्यास कार्यक्रम कुछ विशेष निर्यात उत्पादों पर ध्यान केंद्रित करेगा और उसका मुख्य उद्देश्य उस क्षेत्र से नए निर्यातकों को जोड़ना तथा साथ ही उत्पाद विशेष के निर्यात को बढ़ाना होगा।

योजना अवधि (2012-17) के लिए 23.23 करोड़ रुपये का कुल आवंटन किया गया है, जबकि वित्त वर्ष 2013-14 की चौथी तिमाही में 2.00 लाख रुपये का आंशिक आवंटन किया गया, वित्त वर्ष 2014-15 में 2 करोड़ रुपये के आवंटन के साथ वास्तव में योजना का कार्यान्वयन हुआ।

मुक्त व्यापार समझौते में भारत की भूमिका

भारत हमेशा से खुली, न्यायोचित, पूर्वानुमेय, भेदभाव रहित तथा नियम आधारित अंतरराष्ट्रीय व्यापार प्रणाली का समर्थन करता रहा है। भारत की दृष्टि से मुक्त व्यापार समझौते को व्यापार उदारीकरण के उद्देश्य से बहुपक्षीय व्यापार प्रणाली का पूरक होना चाहिए।

परिणामस्वरूप भारत ने अब तक 11 मुक्त व्यापार समझौते किए हैं जिनमें 5 सीमित क्षेत्र तरजीही व्यापार समझौते हैं तथा 19 अन्य समझौते बातचीत/विस्तार की प्रक्रिया में हैं। इनमें 3 समीक्षाधीन समझौते भी शामिल हैं। इन समझौतों की सूची परिशिष्ट । और ॥ में दी गई है।

व्यापार समझौतों के लिए इस्तेमाल किए गए विभिन्न पारिभाषिक शब्दों की परिभाषा कवरेज के दायरे और अनुबंध की गहराई जैसे विभिन्न मानकों पर आधारित है: 1. तरजीही व्यापार समझौता (पीटीए): सीमित संख्या में व्यवसाय क्षेत्रों पर शुल्क उदारीकरण यानी भारत-मरकौसर पीटीए। 2. मुक्त व्यापार समझौता (एफटीए): भारत और श्रीलंका जैसे सहयोगी देशों के बीच ठोस द्विपक्षीय व्यापार वाली मदों पर शुल्क समाप्त करना। 3. व्यापक आर्थिक सहयोग समझौता (सीईसीए)/व्यापक आर्थिक भागीदारी समझौता (सीईपीए)/व्यापक आधार वाला व्यापार और निवेश समझौता (बीटीआईए): सीईसीए अथवा सीईपीए या बीटीआईए शब्दों का इस्तेमाल समझौतों का विवरण देने के लिए किया

जाता है जिसमें वस्तुओं, सेवाओं, निवेश, पारस्परिक मान्यता, बौद्धिक संपदा आदि के बारे में समझौते का संपूर्ण पैकेज है, यानी भारत कोरिया सीईपीए।

आसियान के साथ व्यापार

भारत ने पूर्वी एशियाई देशों के व्यापार बढ़ाने के प्रयासों के तहत 1991 में 'लुक ईस्ट' नीति की घोषणा की। इस नीति के तहत आर्थिक संबंधों में विस्तार के लिए आसियान (दक्षिण पूर्व एशियाई देशों के संघ) देशों- ब्रूनेई, दारुसलाम, कंबोडिया, इंडोनेशिया, लाओ पीडीआर, मलेशिया, म्यामां, फिलीपींस, सिंगापुर, थाईलैंड और वियतनाम के साथ संतत् वार्तालाप बनाए रखा गया है। 'लुक ईस्ट' नीति के एजेंडे को पूरा करने के लिए शिखर स्तर की वार्ताएं और मंत्रियों तथा अधिकारियों की बैठकें आयोजित की जाती हैं। 2014-15 में भारत ने आसियान देशों के साथ 76.5 अरब डॉलर का व्यापार किया। 2015-16 (अप्रैल से अगस्त) के दौरान यह राशि 26.7 अरब डॉलर थी। भारत इस क्षेत्र में सिंगापुर, इंडोनेशिया, मलेशिया, वियतनाम और थाईलैंड के साथ निर्यात करता है, जबकि उसके आयात के प्रमुख स्रोत इंडोनेशिया, मलेशिया, सिंगापुर, थाईलैंड, वियतनाम और म्यामां हैं।

आसियान के साथ समझौते

भारत और आसियान ने दोनों के बीच व्यापक आर्थिक सहयोग समझौते (सीईसीए) की वृहत कार्यविधि के तहत वस्तु व्यापार के समझौते पर 2009 में हस्ताक्षर किए हैं। यह समझौता 2010 में आसियान के सभी सदस्य देशों और भारत के बीच पूरी तरह लागू हो गया है। भारत और आसियान के सदस्य देशों ने निवेश तथा सेवाओं में व्यापार के समझौते पर भी हस्ताक्षर किए हैं।

पूर्वोत्तर एशिया के साथ व्यापार

भारत ने, पूर्वोत्तर एशिया (एनईए) क्षेत्र के देशों के साथ 2014-15 के दौरान 131.60 अरब डॉलर का व्यापार किया। इस क्षेत्र के देश हैं- पीपुल रिपब्लिक ऑफ चाइना, जापान, रिपब्लिक ऑफ कोरिया, हांगकांग, चीन, ताईवान चीन, डेमोक्रेटिक रिपब्लिक ऑफ कोरिया, मकाओ और मंगोलिया। 2014-15 के दौरान इन देशों के साथ भारत के व्यापार में इससे पिछले वर्ष की तुलना में 5.12 प्रतिशत की वृद्धि हुई। 2014-15 में इस क्षेत्र के साथ भारत का निर्यात 37.81 अरब डॉलर का रहा। इस दौरान इससे पिछले वर्ष की तुलना में 7.35 प्रतिशत की नकारात्मक वृद्धि दर्ज की गई। इसी अवधि में इस क्षेत्र से भारत का व्यापार 11.19 प्रतिशत बढ़कर 93.81 अरब डॉलर का हो गया। 2014-15 के दौरान इस क्षेत्र के साथ भारत का व्यापार घाटा बढ़कर 55.99 अरब डॉलर हो गया, जोकि 2013-14 में 43.55 अरब डॉलर था। निर्यात में कमी होने और आयात में बढ़ोतरी के कारण व्यापार घाटे में वृद्धि दर्ज की गई।

उत्तर अमरीका मुक्त व्यापार समझौते (नाफ्टा) के तहत व्यापार

नाफ्टा में अमरीका, कनाडा और मैक्सिको शामिल हैं। इन तीनों ने इस समझौते पर हस्ताक्षर किए हैं। ये तीनों दुनिया के सबसे बड़े और महत्वपूर्ण व्यापार खंड में शामिल हैं। इसमें इन देशों के मामलों को सुलझाने के लिए निम्न संस्थागत व्यवस्था की गई है।

विवाद निपटान

विश्व व्यापार संगठन के सदस्य देश 1997 से विवाद निपटान समझौते के विभिन्न प्रावधानों को स्पष्ट करने और उनमें सुधार के लिए बातचीत कर रहे हैं। ये वार्ता, डीडीए के तहत एकल उत्तरदायित्व से

संबद्ध नहीं है और ये डीएसबी के विशेष सत्र में हो रही है। भारत और अन्य विकासशील देश, विकासशील देशों के हितों की रक्षा करते हुए, दोहा विकास एजेंडा के तहत विवाद निपटान प्रक्रियाओं की विकासोन्मुखी समीक्षा के लिए अपने मुद्दों को दोहराते रहे हैं। विकासशील देश जिन मुद्दों पर दबाव बना रहे हैं, उनमें शामिल हैं- प्रतिकार से बचाव तथा प्रभावी कार्यान्वयन की प्रेरणा की सुविधा और विवाद निपटान कोष की स्थापना। दिसंबर 2013 में मंत्रिस्तरीय बाली बैठक के बाद डीएसयू सुधार वार्ता को गति मिली। हालांकि, कई मुद्दों पर मतभेद के कारण आम सहमति न बनने के मद्देनज़र अध्यक्ष ने दिसंबर 2015 में नैरोबी मंत्रिस्तरीय बैठक के बाद भी वार्ता जारी रखने की इच्छा व्यक्त की।

अंतरराष्ट्रीय व्यापार में मानकों की भूमिका

आज घरेलू और अंतरराष्ट्रीय बाज़ार में मानकों का बहुत महत्व है। जैसे-जैसे विश्व स्तर पर शुल्क कम हो रहे हैं, अंतरराष्ट्रीय व्यापार से जुड़ी जटिलताएं बढ़ रही हैं। अपने उपभोक्ताओं को गुणवत्तापूर्ण, सुरक्षित और पर्यावरण की दृष्टि से अनुकूल उत्पादों की आपूर्ति सुनिश्चित करने के लिए यह महत्वपूर्ण है कि हमारे औद्योगिक उपक्रम और व्यवसाय संचालक भी अपने-अपने संगठनों में मानकों और तकनीकी नियमों की अवधारणा को अपनाएं। इसे संभव बनाने के लिए सरकार को एक पूर्ण पारिस्थितिकी प्रणाली पेश करने की आवश्यकता है जिसमें मानक और तकनीकी नियम आसानी से बनाए जा सकें और उन्हें संकलित किया जा सके।

व्यापार में तकनीकी बाधाओं के बारे में डब्ल्यूटीओ समझौता और सेनीटरी तथा फाइटोसेनिटरी उपायों को अमल में लाने के बारे में समझौता, अंतरराष्ट्रीय स्तर पर मानकों और अनुकूलता आकलन पर मूल समझौते हैं। ये समझौते घरेलू नियामक स्वायत्ता के लिए प्रतिस्पर्धा मांगों और उत्पाद मानकों के वैश्विक सामंजस्य के बीच व्यापार के अनुकूल संतुलन कायम करने की कोशिश करते हैं। अतः ये समझौते मानकों को संरक्षणवादी साधन बनने से रोकते हैं; हालांकि व्यवहार रूप में हम कुछ और ही रुझान देखते हैं।

सेवाओं में मानक

भारत के पास बहुत-सी गैर-परंपरागत सेवाओं में कौशल आधारित सेवाओं के निर्यात की संभावनाएं हैं। इनमें पेशेवर सेवाएं जैसे- एकाउंटेंसी (लेखा विधि), वास्तु शिल्प और पर्यटन, मेडिकल वैल्यू यात्रा जैसी सेवाएं शामिल हैं। सेवाओं के मानक इस कार्य को आगे बढ़ाने में मदद करेंगे।

भारतीय व्यापार पोर्टल (www.indiantradeportal.in) में सुधार किया गया और इसे दिसंबर 2014 में शुरू किया गया। यह अब चार आसान तरीकों से 42 देशों को प्रमुख जानकारियां प्रदान कर रहा है जिससे हमारे निर्यातकों को बहुत मदद मिलेगी। इसमें (1) एमएफएन शुल्क, (2) तरजीही शुल्क, (3) उत्पत्ति के नियम और (4) गैर शुल्क उपाय। इनसे एफटीए के इस्तेमाल और निर्यात अवसरों का लाभ उठाने में निर्यातकों को सहायता मिलेगी। इसका इस्तेमाल एफटीए को बढ़ाने के लिए भी किया जा रहा है।

यह पोर्टल किसी भी द्विपक्षीय अथवा क्षेत्रीय तरजीही व्यापार समझौते के अंतर्गत लागू अधिक तरजीही प्राप्त देश (एमएफएन) शुल्क और रियायती शुल्क (यदि कोई है) पर आधारित एक विशेष बाज़ार में अपने उत्पादों की प्रतिस्पर्द्धात्मकता का मूल्यांकन करने में कारोबारियों की मदद करता है।

पोर्टल की एक अन्य महत्वपूर्ण विशेषता शुल्क जिसे गैर शुल्क उपाय (एनटीएम) जैसे मानकों, तकनीकी नियंत्रणों, सादृश्य आकलन प्रक्रियाओं, सैनिटरी और फाइटो सैनिटरी उपाय जो व्यापार को प्रतिकूल तरीके से प्रभावित कर सकते हैं, के बारे में जानकारी देना है। यह महत्वपूर्ण है क्योंकि यदि भारतीय निर्माता और उद्यमी मानकों को पूरा करने के आवश्यक दायित्वों को पूरा नहीं कर पाते हैं तो हम दुनिया में प्रमुख निर्यात बाज़ारों को खोने लगेंगे।

यह पोर्टल वास्तव में एक निर्यातक के लिए आसानी से सभी आवश्यक जानकारियां लेने की एकल खिड़की है जिससे निर्यातक को आसानी से और एक व्यापक तरीके से बाज़ार तक पहुंच बनाने में मदद मिलेगी। इसमें भारत से निर्यात कैसे किया जाए, निर्यात संवर्द्धन योजनाएं, बैंकिंग नियंत्रण, विभिन्न विषयों पर अक्सर मांगी जाने वाली जानकारियां प्रदान की गई हैं। ईमेल और एसएमएस के पोर्टल पर अपडेट के बारे में अलर्ट की मुफ्त व्यवस्था उपलब्ध है। पोर्टल के कार्य के बारे में एक छोटा वीडियो, पोर्टल के हेल्प खंड में उपलब्ध कराया गया है।

भारत की शुल्क मुक्त तरजीही शुल्क योजना

दिसंबर 2005 के हांगकांग मंत्रिस्तरीय घोषणा-पत्र की बातों में से एक, बहुत कम विकसित देशों (एलडीसी) को शुल्क मुक्त कोटा मुक्त पहुंच बढ़ाना है।

भारत ऐसा पहला विकासशील देश है जिसने बहुत ही कम विकसित देशों को यह सुविधा दी है। भारत ने 2008 में कम विकसित देशों के लिए शुल्क मुक्त तरजीही शुल्क योजना की घोषणा की।

उत्पाद रणनीति

देश में मज़बूत विनिर्माण आधार के साथ उच्च मूल्य वाले उत्पादों के निर्यात को बढ़ावा देने पर ज़ोर दिया जाएगा। इनमें अन्य उत्पादों के अलावा इंजीनियरिंग वस्तुएं, इलेक्ट्रॉनिक्स और औषधियां शामिल हैं। भारत की क्षमताओं और रोज़गार सृजन की दृष्टि से जिन अन्य क्षेत्रों पर ध्यान देने की जरूरत है वे हैं-चमड़ा, वस्त्र, रत्न तथा आभूषण और प्राकृतिक संसाधनों पर आधारित क्षेत्र कृषि, बागवानी फसलों, समुद्री उत्पाद तथा लौह अयस्क का निर्यात। कृषि के लिए कम नियंत्रित व्यवस्था के लिए नए बागान बनाना, उत्पादों के मूल्य संवर्द्धन के उद्देश्य से प्रसंस्करण को बढ़ावा देकर इन क्षेत्रों में निर्यात का मूल्य बढ़ाया जा सकता है। जैविक उत्पादों के निर्यात के लिए पूर्वोत्तर राज्यों पर विशेष ध्यान दिया जा सकता है। बागवानी क्षेत्र के सामने आ रही चुनौतियों से निपटने के लिए कई उपाय किए जा रहे हैं।

सरकार का लक्ष्य रक्षा क्षेत्र से निर्यात को बढ़ावा देना है। रक्षा उत्पाद विभाग के विदेश व्यापार नीति के तहत रक्षा निर्यात को बढ़ावा देने के लिए एक विशेष नीति तैयार की है। रक्षा क्षेत्र से वस्तुओं का निर्यात बढ़ाने के लिए कई पहल की जा चुकी है या की जानी है। इनमें, विदेश व्यापार नीति में बदलाव, इस क्षेत्र के लिए औद्योगिक लाइसेंस के बारे में अधिक स्पष्टता, आवेदनों पर तेज़ी से कार्रवाई, युद्ध सामग्री की सूची, इस क्षेत्र की वस्तुओं के लिए एचएस कोड बनाना और रक्षा निर्यातकों के लिए प्रोत्साहक संस्थानों की स्थापना शामिल हैं।

सेवा क्षेत्र

सेवा क्षेत्र, राष्ट्रीय तथा राज्यों की आय, व्यापार की मात्रा, रोज़गार और प्रत्यक्ष विदेशी निवेश में अपने योगदान की दृष्टि से एक प्रमुख क्षेत्र के रूप में उभरा है। इस क्षेत्र का योगदान सकल घरेलू उत्पाद में

लगभग 50 प्रतिशत और रोज़गार में 28 प्रतिशत है। कुल व्यापार में इसकी 25 प्रतिशत भागीदार है। निर्यात में इसकी भागीदारी 20 प्रतिशत है। देश में प्रत्यक्ष विदेशी निवेश का 50 प्रतिशत से अधिक इसी क्षेत्र में है। भारत में सेवा क्षेत्र की वृद्धि दर सामान्यतः समूचे सकल घरेलू उत्पाद की वृद्धि दर से अधिक है। देश के सेवा निर्यात में आईटी/आईटीईएस क्षेत्र सबसे अधिक महत्वपूर्ण भागीदार है। भारत ने कई कौशल आधारित और श्रम प्रधान सेवाओं में निर्यात और प्रतिस्पर्द्धा की क्षमता हासिल की है। चिकित्सा, शिक्षा, व्यवसायिकता, अनुसंधान तथा विकास, परामर्श, मुद्रण, प्रकाशन और मनोरंजन सेवाएं जैसे क्षेत्रों में निर्यात की भरपूर संभावनाएं हैं। इनमें से बहुत सी सेवाओं का निर्यात अलग-अलग तरीकों से किय जा सकता है।

भारत ब्रांड की रचना

भारत को अत्यधिक प्रतिस्पर्द्धी वैश्विक माहौल में टिके रहने में सक्षम बनाने और ब्रांड भारत को उत्तम गुणवत्ता के पर्याय के रूप में स्थापित करने के लिए एक दीर्घावधि ब्रांडिंग नीति बनाई गई है। भौगोलिक संकेतकों के रूप में पंजीकृत उत्पादों के व्यावसायीकरण तथा ब्रांडिंग और उनके निर्यात संवर्द्धन को बढ़ावा देने के लिए एक कार्यक्रम, इस नीति के लागू होने के एक वर्ष के भीतर शुरू किया जाएगा।

विशेष आर्थिक क्षेत्र

भारत, एशिया के उन देशों में से एक है जिन्होंने निर्यात को बढ़ावा देने के लिए सबसे पहले एक्सपोर्ट प्रोसेसिंग ज़ोन (ईपीजेड़) मॉडल के महत्व को समझा। एशिया के पहले ईपीज़ेड की स्थापना 1965 में कांडला में की गई। नियंत्रण तथा मंजूरी की बहुलता, विश्वस्तरीय आधारभूत ढांचे का अभाव और अस्थिर वित्तीय व्यवस्था जैसी कमियों को दूर करने और भारत में अधिक विदेशी निवेश आकर्षित करने के लिए अप्रैल 2000 में विशेष आर्थिक क्षेत्र (एसईज़ेड) नीति की घोषणा की गई। इस नीति का उद्देश्य एसईज़ेड को गुणवत्तापूर्ण बुनियादी ढांचे के सहयोग से आर्थिक वृद्धि का वाहक बनाना था जिसमें केंद्र और राज्य दोनों स्तरों पर एक आकर्षक वित्तीय पैकेज होगा और आसान नियम होंगे। भारत में एसईज़ेड, विदेश व्यापार नीति के प्रावधानों के तहत 2000 से 2006 तक कार्यरत थे। इन्हें संबंधित अधिनियमों के प्राधानों के तहत वित्तीय प्रोत्साहन दिए गए।

विशेष आर्थिक क्षेत्र कानून 2005 और विशेष आर्थिक क्षेत्र नियम, 2006

विशेष आर्थिक क्षेत्र (एसईज़ेड) कानून, 2005 को 2005 में मंजूरी दी गई। एसईज़ेड नियमों के साथ यह कानून 2006 में लागू किया गया। इसमें प्रकियाओं का सरलीकरण हुआ और केंद्र तथा राज्य सरकारों से जुड़े मामलों को एक ही स्थान से स्वीकृति प्रदान की जाने लगी। एसईज़ेड कानून के मुख्य उद्देश्य हैं- अतिरिक्त आर्थिक गतिविधियों का सृजन, वस्तुओं और सेवाओं के निर्यात को प्रोत्साहन, घरेलू और विदेशी स्रोतों से निवेश को बढ़ावा, रोज़गार के अवसर पैदा करना और बुनियादी ढांचागत सुविधाओं का विकास।

विशेष आर्थिक क्षेत्रों की स्थापना को मंजूरी

विशेष आर्थिक क्षेत्र नीति की घोषणा के बाद केंद्र सरकार द्वारा कांडला (गुजरात), सांता क्रूज़ (महाराष्ट्र), कोच्ची (केरल), नोएडा (उत्तर प्रदेश), चेन्नई (तमिलनाडु), फाल्टा (पश्चिम बंगाल) और विशाखापत्तनम (आंध्र प्रदेश) में स्थापित सात एक्सपोर्ट प्रोसेसिंग ज़ोन (ईपीज़ेड) को विशेष आर्थिक क्षेत्र में बदल दिया गया। निजी क्षेत्र में आने वाले सूरत के ईपीज़ेड को भी एसईज़ेड में बदल

दिया गया। इसके अलावा राज्य सरकारों/निजी क्षेत्र द्वारा 11 और एसईज़ेड स्थापित किए गए। इनकी स्थापना 2000 से 2005 तक पश्चिम बंगाल (2), गुजरात (2), मध्यप्रदेश (1), उत्तर प्रदेश (1), राजस्थान (1) और तमिलनाडु (4) में की गई। एसईज़ेड कानून, 2005 के लागू होने के बाद 412 विशेष अर्थिक क्षेत्रों की स्थापना की स्वीकृति दी गई। इनमें से 329 को अधिसूचित कर दिया गया है और ये कार्यरत होने के विभिन्न चरणों में हैं। कुल 204 एसईज़ेड निर्यात कर रहे हैं।

19 राज्यों तथा 3 केंद्रशासित प्रदेशों में स्वीकृत एसईज़ेड से संकेत मिलता है कि ये किसी क्षेत्र विशेष तक सीमित नहीं हैं। दिसंबर 2015 तक एसईज़ेड का राज्यवार फैलाव तालिका-1 में दर्शाया गया है। अधिसूचित एसईज़ेड सहित विधिवत स्वीकृत एसईज़ेड का कुल भू-क्षेत्र लगभग 51791.62 हेक्टेयर है।

तालिका : 4
आरटीए/एफटीए की स्थिति

I. लागू एफटीए

क्र.सं.	समझौते का नाम	समझौते पर हस्ताक्षर की तारीख	समझौता लागू होने की तारीख
1.	भारत-श्रीलंका एफटीए	28 दिसंबर, 1998	1 मार्च, 2000
2.	साफ्टा पर समझौता (भारत, पाकिस्तान, नेपाल, श्रीलंका, बांग्लादेश, भूटान, मालदीव, और अफगानिस्तान)	4 जनवरी, 2004	1 जनवरी, 2006 (शुल्क छूट 1 जुलाई, 2006 से लागू)
3.	अवैध व्यापार पर नियंत्रण के लिए भारत और नेपाल सरकार के बीच संशोधित सहयोग समझौता	27 अक्टूबर, 2009	27 अक्टूबर, 2009
4.	व्यापार वाणिज्य और पारगमन पर भारत-भूटान समझौता	17 जनवरी, 1972	परस्पर सहमति बदलावों के साथ समय-समय पर नवीकरण
5.	भारत-थाईलैंड एफटीए-प्रारंभिक फसल योजना (ईएचएस)	9 अक्टूबर, 2003	1 सितंबर, 2004
6.	भारत-सिंगापुर सीईसीए	29 जून, 2005	1 अगस्त, 2005
7.	भारत-आसियान-वस्तु व्यापार समझौता (ब्रूनेई, कंबोडिया, इंडोनेशिया, लाओस मलेशिया, म्यामां, फिलीपिन्स, सिंगापुर, थाइलैंड और वियतनाम)	13 अगस्त, 2009	• 1 जनवरी, 2010 - भारत और मलेशिया, सिंगापुर, थाईलैंड • 1 जनवरी, 2010 - भारत और वियतनाम • 1 सितंबर, 2010 - भारत और म्यामां • 1 अक्टूबर, 2010 - भारत और इंडोनेशिया • 1 नवंबर, 2010 - भारत और ब्रूनई

			• 24 जनवरी, 2011 –भारत और लाओस • 1 जनवरी, 2011 – भारत और फिलिपींस • 1 अगस्त, 2011 – भारत और कंबोडिया
8.	भारत–दक्षिण कोरिया सीईपीए	7 अगस्त, 2009	1 जनवरी, 2010
9.	भारत–जापान सीईपीए	16 फरवरी, 2011	1 अगस्त, 2011
10.	भारत–मलेशिया सीईसीए	18 फरवरी, 2011	1 जुलाई, 2011
11.	भारत–आसियान सेवा एवं निवेश समझौता (ब्रुनेई, कंबोडिया, इंडोनेशिया, लाओस, मलेशिया, म्यामां, फिलिपींस, सिंगापुर, थाईलैंड एवं वियतनाम)	9 नवंबर, 2014	1 जुलाई, 2015

II. लागू पीटीए

क्र.सं.	समझौते का नाम	समझौते पर हस्ताक्षर की तारीख	समझौता लागू होने की तारीख
1.	एशिया प्रशांत व्यापार समझौता (एपीटीए) (बांग्लादेश, चीन, भारत, कोरिया गणराज्य, श्रीलंका)	जुलाई, 1975 (2 नवंबर, 2005 को संशोधित)	1 नवंबर, 1976
2.	व्यापार तरजीह की वैश्विक व्यवस्था (जीएसपीटी) (अल्जीरिया, अर्जेन्टीना, बांग्लादेश, बेनिन, बोलिविया, ब्राज़ील, कैमरून, चिली, कोलंबिया, क्यूबा, कोरिया गणराज्य, इक्वाडोर, मिस्र, घाना, गिनी, गुयाना, भारत, इंडोनेशिया, ईरान, इराक, लीबिया, मलेशिया, मेक्सिको, मोरक्को, मोजम्बीक, म्यामां, निकारागुआ, नाइजीरिया, पाकिस्तान, पेरू, फिलीपींस, कोरिया, सिंगापुर, श्रीलंका, सूडान, थाईलैंड, त्रिनिदाद और टोबेगो, ट्यूनीशिया, तंजानिया, वेनेजुएला, वियतनाम, युगोस्लाविया, जिम्बाब्वे)	13 अप्रैल, 1988	19 अप्रैल, 1989
3.	सार्क तरजीही व्यापार समझौता (एसएपीटीए)	11 अप्रैल, 1993	7 सितंबर, 1995
4.	भारत–अफगानिस्तान	6 मार्च, 2003	13 मई, 2003
5.	भारत–मरकोसर	25 जनवरी, 2004	1 जून, 2009
6.	भारत–चिली	8 मार्च, 2006	11 सितंबर, 2007

III. वार्ता के तहत लागू एफटीए/पीटीए

क्र. सं.	समझौते का नाम	स्थिति
1.	भारत-ईयू बीटीआईए (आस्ट्रिया बेल्जियम, बुलगारिया, क्रोएशिया, साइप्रस, चेक रिपब्लिक, डेनमार्क, एस्टोनिया, फिनलैंड, फ्रांस, जर्मनी, ग्रीस, हंगरी, आयरलैंड, इटली, लाटविया, लिथुआनिया, लग्जमबर्ग, माल्टा, नीदरलैंड, पोलैंड, पुर्तगाल, रोमानिया, स्लोवाकिया, स्पेन, स्वीडन, ब्रिटेन)	वस्तुओं, सेवाओं, निवेश, सेनिटरी तथा फाइटो सेनिटरी उपायों, व्यापार में तकनीकी बाधाएं, व्यापार सुविधाएं और सीमा शुल्क सहयोग प्रतिस्पर्धा आईपीआर एवं जीआई इत्यादि। अब तक वार्ता के 15 दौरे, कई अंतरसत्र और मुख्य वार्ताकार स्तर की बैठक हो चुकी है। माननीय वाणिज्य तथा उघोग मंत्री और यूरोपीय संघ के व्यापार आयुक्त के बीच मंत्रिस्तरीय समीक्षा बैठक 15 अप्रैल, 2013 को ब्रसेल्स में हुई थी। दोनों पक्षों ने कुछ समय तक चुप्पी साधे रखने के बाद अक्तूबर 2016 से फिर से संबंध बनाने का सिलसिला शुरू किया।
2.	भारत-श्रीलंका सीईपीए	वस्तुओं में एफटीए मार्च 2000 से लागू किया गया। अप्रैल, 2013 में एक जेएसजी स्थापित किया गया ताकि वस्तुओं के अलावा सेवाओं को भी व्यापार में शामिल करने के लिए आईएसएलएफटीए का दायरा व्यापक किया जा सके और दोनों देश एक-दूसरे के यहां निवेश बढ़ा सकें। सीईपीए के लिए जेएसजी वार्ताओं के नतीजों और सिफारिशों के आधार पर फरवरी 2005 में वार्ता शुरू की गई।
3.	भारत-थाईलैंड सीईसीपीए	82 उत्पादों की प्रारंभिक फसल योजना लागू की गई है। अब तक भारत-थाईलैंड व्यापार वार्ता समिति (आईटीटीएनसी) की बैठकों के 29 दौर हो चुके हैं। 29वां दौरा जून 2015 में बैंकॉक में हुआ था।
4.	भारत-मॉरिशस	अब तक दोनों पक्षों के बीच भारत-मॉरिशस सीईसीपीए पर वार्ता के दस दौर हो चुके है। बातचीत का आखिरी दौर 23-24 अक्टूबर 2006 को हुआ था। वार्ता औपचारिक रूप से अभी रुकी हुई है।
5.	भारत ईएफटीए टीईपीए (आइसलैंड, नॉर्वे और स्विटजरलैंड)	भारत ईएफटीए, टीईपीए (उस समय बीटीआईए से जाना जाने वाला) की शुरुआत जनवरी 2008 में की गई थी। पहले दौर की वार्ता नई दिल्ली में 2008 में 6 से 8 अक्टूबर के बीच हुई थी। वार्ता के विषय थे- वस्तु-सेवा व्यापार, निवेश सेनिटरी और फाइटो सेनिटरी उपाय, व्यापार में तकनीकी रुकावटें, व्यापार सुवधिाएं सीमा शुल्क सहयोग, प्रतिस्पर्द्धा, बौद्धिक संपदा अधिकार, सरकारी खरीद, विवाद निपटान, व्यापार रक्षा, उद्भव नियम, सतत विकास और कानून संबंधी मुद्दे। वार्ता के 13 दौर हो चुके हैं। 13वें दौर की बातचीत 2013 में 25 से 29 नवंबर को हुई थी। अधिकतर विषयों की कानूनी जांच पूरी कर ली गई है। दोनों पक्षों की ओर से टीआरआईपीएस + डाटा प्रचुरता / डाटा सुरक्षा स्थिति जैसे कुछ मुद्दे लंबित हैं।
6.	भारत-न्यूज़ीलैंड एफटीए-सीईसीए	अब तक सीईसीए की वार्ता के 10 दौर हो चुके हैं। 10वां दौर नई दिल्ली में 17-18 फरवरी 2015 में हुआ।
7.	भारत-इस्राइल एफटीए	अब तक भारत-इस्राइल एफटीए वार्ता के 8 दौर हो चुके हैं। 8वां दौर इस्राइल में 24-26 नवंबर 2013 में हुआ था।
8.	भारत-सिंगापुर सीईसीए	भारत-सिंगापुर सीईसीए की दूसरी समीक्षा मई 2010 में शुरू हुई थी। यह 2013 में वाणिज्य और उद्योग मंत्री की 15-16 मई को इस्राइल की यात्रा के दौरान की गई थी। कर्मचारी भविष्य निधि के मद्दे पर दूसरी

		समीक्षा पूरी करने के लिए समयबद्ध रूप से परिसंपत्ति रख-रखाव आवश्यकताओं के मसले को सुलझाने के लिए सिंगापुर के मौद्रिक प्राधिकरण और भारतीय रिजर्व बैंक का एक संयुक्त कार्यदल गठित करने का फैसला किया गया।
9.	भारत-एसएसीयू पीटीए (दक्षिण अफ्रीका, बोत्स्वाना, लेसोथो, स्विटजरलैंड और नामीबिया)	अब तक बातचीत के 5 दौर हो चुके हैं। पहला दौर 5-6 अक्टूबर 2007 को प्रीटोरिया में हुआ था और 5वां नई दिल्ली में अक्टूबर 2016 में हुआ था। 2015 में 19 मार्च को भारत और दक्षिण अफ्रीका के विदेश मंत्रियों की सह-अध्यक्षता में 9वें मंत्रिस्तरीय आयोग की बैठक में भारत-एसएसीयू पीटीए को अंतिम रूप देने के लिए लंबित वार्ता पर विचार के दौरान भारत ने वार्ता के दौर के लिए सहायता का दक्षिण अफ्रीका से अनुरोध किया।
10.	भारत-मरकोसर पीटीए (अर्जेनटीना, ब्राजील, परगुआ और उरुगुए)	भारत-मरकोसर पीटीए के बारे में जिन दो मुद्दों पर वार्ता जारी है वे हैं- पीटीए में वेनेजुएला को शामिल करना और दायरे में विस्तार।
11.	भारत-चिली पीटीए	दोनों देशों के बीच व्यापार बढ़ाने और अधिकतम लाभ उठाने के उद्देश्य से भारत-चिली पीटीए के विस्तार को मंत्रिपरिषद की मंजूरी की प्रक्रिया जारी है।
12.	बिम्स्टेक एफटीए (बांग्लादेश, भारत, म्यामां, श्रीलंका, थाईलैंड, भूटान और नेपाल)	व्यापार वार्ता समिति (टीएनसी) की 20वीं बैठक हो चुकी है। यह बैठक 2015 में 7 से 9 सितंबर तक थाईलैंड के खोन कायेन प्रांत में हुई थी।
13.	भारत-खाड़ी सहयोग परिषद (जीसीसी) कार्यविधि समझौता (सऊदी अरब, ओमान, कुवैत, कतर, बहरीन और संयुक्त अरब अमीरात)	अब तक वार्ता के दो दौर 2006 और 2008 में हो चुके हैं। दूसरा दौर 2008 में 9-10 सितंबर को हुआ था। पिछले 7 वर्ष से जीसीसी ने सभी देशों और आर्थिक समूहों के साथ अपनी वार्ताएं स्थगित की हैं तब से कोई वार्ता नहीं हुई है। जीसीसी अब सभी देशों तथा आर्थिक समूहों के साथ अपनी वार्ताओं की समीक्षा कर रहा है।
14.	भारत-कनाडा एफटीए	भारत-कनाडा सीईपीए पर वार्ता के 9 दौर हो चुके हैं। 9वां दौर मार्च 2015 में कनाडा में ओटावा में हुआ।
15.	भारत-इंडोनेशिया व्यापक आर्थिक सहयोग समझौता (सीईसीए)	इंडोनेशिया-भारत सीईसीए की वार्ता शुरू करने की घोषणा 25 जनवरी, 2011 को इंडोनेशिया के राष्ट्रपति की भारत यात्रा के दौरान की गई। वार्ता अभी शुरू होनी है। वार्ता से पूर्व और द्विपक्षीय व्यापार तथा निवेश की पहली बैठक 2011 में 3-4 अक्टूबर को जकार्ता में हुई थी। यह वार्ता आरसीईपी की प्रगति के मद्देनजर स्थगित रखी गई है।
16.	भारत-ऑस्ट्रेलिया	अब तक नौ दौर की वार्ता हो चुकी है। वार्ता का 9वां दौर 2015 में 21 से 23 सितंबर तक नई दिल्ली में हुआ था।
17.	भारत-मलेशिया सीईसीए (पहली समीक्षा)	समझौते पर अमल की समीक्षा के लिए भारत-मलेशिया संयुक्त दल की पहली बैठक 8 दिसंबर, 2014 को हुई।
18.	आसियान+6 एफटीए भागीदारों (आस्ट्रेलिया, चीन भारत, जापान, दक्षिण कोरिया तथा न्यूज़ीलैंड के बीच क्षेत्रीय व्यापक आर्थिक भागीदारी (आरसीईपी) समझौता)	व्यापक आर्थिक भागीदारी के लिए आसियान के 10 सदस्य देशों और इसके 6 एफटीए भागीदारों के बीच, नवंबर 2012 में आसियान शिखर सम्मेलन के दौरान नेताओं की घोषणा पर आधारित वार्ता मई 2013 में शुरू हुई। अब तक वार्ता के दस दौर हो चुके हैं। 10वां दौर 2015 में 8 से 10 अक्टूबर तक बुसान, कोरिया में हुआ। वस्तुओं और सेवाओं के व्यापार, निवेश, बौद्धिक संपदा, आर्थिक तथा तकनीकी सहयोग, प्रतिस्पर्द्धा और कानून संबंधी तथा संस्थागत मुद्दों पर बातचीत की गई है।

19.	भारत–आसियान वस्तु व्यापार समझौता (ब्रूनेई, कंबोडिया, इंडोनेशिया, लाओस, मलेशिया, म्यामां, फिलीपिन्स, सिंगापुर, थाईलैंड और वियतनाम) (पहली समीक्षा)।	आसियान सचिवालय, भारत–आसियान वस्तु व्यापार समझौते की आगामी महीनों में समीक्षा करने पर सहमत हो गया है। तारीख का फैसला परस्पर सलाह–मशवरे से किया जाएगा।

तालिका : 5
14 दिसंबर, 2015 तक स्वीकृत विशेष आर्थिक क्षेत्र का राज्यवार फैलाव

(14 दिसंबर, 2015 तक)

क्र. सं.	राज्य/केंद्रशासित प्रदेश	औपचारिक रूप से स्वीकृत	सिद्धांत रूप से स्वीकृत	अधिसूचित एसईज़ेड	निर्यातक एसईज़ेड केंद्र सरकार+राज्य सरकार/निजी एसईज़ेड अधिनियम 2005 के तहत+अधिसूचित एसईज़ेड
1.	आंध्रप्रदेश	30	4	26	19
2.	चंडीगढ़	2	0	2	2
3.	छत्तीसगढ़	2	1	1	1
4.	दिल्ली	2	0	0	0
5.	गोवा	7	0	3	0
6.	गुजरात	31	4	27	18
7.	हरियाणा	22	3	19	7
8.	झारखंड	1	0	1	0
9.	कर्नाटक	59	0	38	26
10.	केरल	29	0	25	16
11.	मध्यप्रदेश	12	1	8	2
12.	महाराष्ट्र	59	9	51	25
13.	मणिपुर	1	0	1	0
14.	नगालैंड	2	0	2	0
15.	ओडिशा	8	1	4	2
16.	पुदुचेरी	1	1	0	0
17.	पंजाब	4	0	2	2
18.	राजस्थान	9	1	8	4
19.	तमिलाडु	48	4	45	36
20.	तेलंगाना	49	1	42	26
21.	उत्तर प्रदेश	22	1	19	11
22.	पश्चिम बंगाल	12	2	5	7
	कुल योग	**412**	**33**	**329**	**204**

स्रोत: वाणिज्य विभाग (एसईज़ेड प्रभाग)

8 संचार और सूचना प्रौद्योगिकी

देश में संचार एवं सूचना प्रौद्योगिकी का संचालन इलेक्ट्रॉनिकी एवं सूचना प्रौद्योगिकी मंत्रालय और संचार मंत्रालय करता है। इलेक्ट्रॉनिकी एवं सूचना मंत्रालय का मिशन है ई-गवर्नेंस एवं इलेक्ट्रॉनिकी के सतत विकास को बढ़ावा देना साथ ही सूचना प्रौद्योगिकी एवं सूचना प्रौद्योगिकी उद्योगों का विस्तार और देश में इंटरनेट गवर्नेंस को प्रोत्साहन देना है। वहीं संचार मंत्रालय का काम डाक एवं दूरसंचार विभाग की देखरेख करना है। इन विभागों की विशेषताएं, गतिविधियां और इनके द्वारा इस क्षेत्र में की गई पहल इस प्रकार हैं:

डाक

भारत में संचार की सबसे पसंदीदा आधुनिक डाक प्रणाली की शुरुआत 1766 में लॉर्ड क्लाइव ने की थी और 1774 में लॉर्ड हेस्टिंग्स ने इस कार्य को आगे बढ़ाया। इसके नेटवर्क का विस्तार 1786 से 1793 के दौरान हुआ। 1837 के एक अधिनियम के माध्यम से पहली बार डाकघरों को नियमन व्यवस्था के अंतर्गत लाया गया ताकि तत्कालीन तीन प्रेसिडेंसियों के सभी डाकघरों को अखिल भारतीय सेवा के दायरे में लाया जा सके। इसके बाद 1854 के डाकघर अधिनियम में संशोधन के साथ संपूर्ण डाक व्यवस्था का स्वरूप बदल गया और 1 अक्टूबर, 1854 से भारत के डाकघर वर्तमान प्रशासनिक तरीके से चलाए जाने लगे। देश में पहला डाक टिकट उसी समय जारी किया गया था जो पूरे देश में मान्य था। डाक टिकटों की दरें कम और समान रखी गईं। डाक दर दूरी के हिसाब से न होकर भेजे जाने वाले पत्र अथवा पैकेट के वजन से तय की गई। आमजन पहली बार एक ऐसी सुविधा का उपयोग कर सके जिसके तहत उन्हें दरवाजे तक पत्र मिलने लगे। पहले इस तरह की सुविधा केवल राष्ट्राध्यक्षों और सरकारी अधिकारियों को ही मिलती थी। तब से डाकघर देश के सभी लोगों के जीवन का हिस्सा बन गया। यद्यपि अंग्रेजों ने अपने फायदे के लिए डाकघरों की स्थापना की, लेकिन डाकघर, रेल और टेलीग्राफ के साथ सामाजिक विकास का महत्वपूर्ण इंजन बन गया।

वर्तमान में पोस्ट ऑफिस एक्ट, 1898 द्वारा भारतीय डाक सेवाओं का नियंत्रण किया जाता है। उन्नीसवीं सदी के मध्य में, डाकघर डाक बंगलों और डाक सरायों की देखभाल करके यात्रा को भी सुगम और सहज बनाते थे। मेल ऑर्डर सेवा 1877 में मूल्य देय प्रणाली शुरू होने के साथ प्रारंभ हुई जबकि 1880 से मनी ऑर्डर सेवा के माध्यम से दरवाज़े पर ही धनराशि प्राप्त करना संभव हुआ। 1882 में डाकघर बचत बैंक प्रारंभ होने के साथ बैंकिंग सुविधा सभी लोगों तक पहुंची और 1884 तक सभी सरकारी कर्मचारियों को डाक जीवन बीमा के अंतर्गत लाया गया। डाक संचार सुविधाएं प्रदान करने के अतिरिक्त डाकघर नेटवर्क 19वीं सदी के उत्तरार्द्ध से धन का हस्तांतरण, बैंकिंग और बीमा सेवा भी दे रहा है।

संगठन का संक्षिप्त विवरण

डाक विभाग संचार मंत्रालय के अंतर्गत आता है। विभाग का शीर्ष प्रबंधन निकाय डाक सेवा बोर्ड है। बोर्ड में एक अध्यक्ष एवं छह सदस्य हैं। बोर्ड के छह सदस्यों के कार्यक्षेत्र क्रमश: कार्मिक, परिचालन, प्रौद्योगिकी, डाक जीवन बीमा, मानव संसाधन विकास योजना हैं। विभाग के संयुक्त सचिव एवं वित्तीय सलाहकार का बोर्ड में स्थायी स्थान है। निदेशालय के एक वरिष्ठ स्टाफ अधिकारी (डाक सेवा बोर्ड) के सचिव के रूप में बोर्ड की सहायता करते हैं। उप महानिदेशक, निदेशक एवं सहायक निदेशक भी मुख्यालय में बोर्ड को आवश्यक सहयोग उपलब्ध कराते हैं।

डाक नेटवर्क

31 मार्च, 2015 के आंकड़ों के अनुसार 1,54,939 डाकघरों के साथ भारत का डाक नेटवर्क विश्व में सबसे बड़ा डाक नेटवर्क है जिसमें 1,39,222 (89.86 प्रतिशत) डाकघर ग्रामीण क्षेत्रों में हैं। स्वतंत्रता प्राप्ति के समय 23,344 डाकघर थे जो मुख्यत: शहरी क्षेत्रों में थे। इस प्रकार स्वतंत्रता के बाद इस नेटवर्क में 7 गुना वृद्धि हुई है। डाकघरों का यह विस्तार मुख्यत: ग्रामीण क्षेत्रों में हुआ है। औसतन एक डाकघर 21.22 वर्ग कि.मी. क्षेत्र तथा 8,354 की आबादी को सेवा प्रदान करता है।

देश में, विशेषकर ग्रामीण क्षेत्रों में डाकघर नेटवर्क का विस्तार मुख्य रूप से ग्रामीण डाक सेवक डाकघर खोलने और लघु स्तर पर डिपार्टमेंटल डाकघर खोलने के कारण हुआ है। ग्रामीण डाक सेवक डाकघर तीन घंटे अथवा अधिकतम पांच घंटे के लिए खुलता है। ऐसे डाकघरों की देखरेख ग्रामीण डाक सेवक करते हैं जिन्हें उनकी सेवाओं के लिए भत्ता दिया जाता है। दूसरी ओर डिपार्टमेंटल डाकघर आठ घंटे के लिए कार्य करते हैं और उनकी देखरेख नियमित डाककर्मियों द्वारा की जाती है।

डाक विभाग द्वारा निर्धारित दूरी, जनसंख्या और आय संबंधी नियमों के पूरा होने पर डाकघर खोला जाता है। सार्वभौमिक सेवा दायित्व (यूएसओ) पूरा करने के उद्देश्य से ग्रामीण क्षेत्र के सभी डाकघरों को सब्सिडी दी जाती है। सामान्य ग्रामीण क्षेत्रों में यह सब्सिडी कुल लागत के 66.66 प्रतिशत और पर्वतीय, जनजातीय, रेगिस्तानी और दुर्गम क्षेत्रों में 85 प्रतिशत दी जाती है। लेकिन डिपार्टमेंटल डाकघरों को किसी प्रकार की सब्सिडी नहीं दी जाती क्योंकि ऐसे डाकघरों से यह अपेक्षा की जाती है कि वे वित्तीय रूप से आत्मनिर्भर हों और पहले वर्ष के बाद कम से कम 5 प्रतिशत मुनाफ़ा अर्जित करें।

पंचवर्षीय योजना के अंतर्गत डाक नेटवर्क योजना आने के बाद से डाकघर स्थापित करने के वार्षिक लक्ष्य तय किए गए। योजना अवधि में खोले गए नए डाकघरों की पुनरावर्ती और अनावर्ती लागत के लिए योजना समर्थन पहले भी उपलब्ध था। लेकिन हाल के वर्षों में नेटवर्क विस्तार की रणनीति बदली है और 10वीं योजना के बाद, मौजूदा संसाधनों के पुनर्नियोजन द्वारा नए डाकघर खोलने के लिए आवश्यक श्रमशक्ति जुटाया जा रहा है।

वित्त वर्ष 2015-16 के दौरान सर्किलों के लिए विभिन्न लक्ष्य निर्धारित किए गए हैं। इन लक्ष्यों में 139 उप-डाकघर और 92 शाखा डाकघर खोलना (स्थान परिवर्तन/पुन: तैनाती द्वारा), 200 फ्रेंचाइजी आउटलेट्स खोलना, 10,000 ग्रामीण डाक सेवक डाकघरों को बुनियादी अवसंरचना उपकरण उपलब्ध कराना, पूर्वोत्तर के ग्रामीण इलाकों में 2,226 शाखा डाकघरों में लेटर बॉक्स लगाना, शाखा डाकघरों में पहचान संकेत लगाना और ग्रामीण शाखा डाकघरों में 20,000 तिजोरियां स्थापित करना है।

ग्रामीण व्यवसाय

विभाग ग्रामीण डाक संचालन से संबंधित विभिन्न पहलुओं को लेकर चिंतित है। इन पहलुओं में तकनीक को शामिल करना, नए व्यावसायिक कार्यक्रम, देश में फैले 1.39 लाख ग्रामीण डाकघर नेटवर्क का लाभ लेना, सेवाओं का विपणन तथा ग्रामीण डाकघरों द्वारा प्रदान की जाने वाली सेवाओं की निगरानी करना है।

कुछ वर्षों से वित्तीय समावेशन, ग्रामीण बैंकिंग (आरबी) डिविजन की गतिविधियों के प्रमुख केंद्र के रूप में उभर कर आया है, यद्यपि इसकी सक्रियता कुछ अन्य क्षेत्रों में भी है। डिविजन को सरकार द्वारा प्रायोजित निम्नलिखित योजनाओं के अंतर्गत वितरित की जाने वाली धनराशि देने का काम सौंपा गया है:

- महात्मा गांधी राष्ट्रीय ग्रामीण रोज़गार गारंटी योजना (मनरेगा);
- इंदिरा गांधी राष्ट्रीय वृद्धावस्था पेंशन योजना (आईजीएनओएपीएस);
- इंदिरा गांधी राष्ट्रीय विधवा पेंशन योजना (आईजीएनडब्ल्यूपीएस);
- इंदिरा गांधी राष्ट्रीय निशक्तता पेंशन योजना (आईजीएनडीपीएस); तथा
- इंदिरा गांधी मातृत्व सहयोग योजना (आईजीएमएसवाई)।

ग्रामीण विकास मंत्रालय ने मनरेगा के अंतर्गत वित्त वर्ष 2012-13, 2013-14 तथा 2014-15 में दी गई सेवाओं के लिए डाक विभाग को वित्त वर्ष 2014-15 के दौरान आंशिक भुगतान के रूप में 425.28 करोड़ रुपये की राशि जारी की है।

सेवा की गुणवत्ता में सुधार संबंधी पहल

प्रोजेक्ट एरो

डाक विभाग ने 2008 में प्रोजेक्ट एरो की परिकल्पना इस उद्देश्य से की कि डाकघरों की कार्यप्रणाली में सुधार किया जाए और मुख्य व्यावसायिक क्षेत्रों को उन्नत बनाया जाए ताकि डाकघरों की कार्यप्रणाली और इनके 'देखो और महसूस करो' में सुधार हो। इसका उद्देश्य शहरी और ग्रामीण क्षेत्रों में डाकघरों द्वारा दी जाने वाली सेवाओं की गुणवत्ता में सुधार करना है। इसका लक्ष्य डाकघरों के माध्यम से आईटी आधारित सेवाएं प्रदान करना है और सामान्य जन के लिए डाकघरों को 'विश्व की खिड़की' बनाना है।

वर्ष 2014-15 के अंत तक 23,600 डाकघर (चरण 1 से चरण 7) 'कोर ऑपरेशन मॉनिटरिंग' के अंतर्गत कवर किए गए हैं और 2,940 डाकघर 'देखो और महसूस करो' के अंतर्गत उन्नत बनाए गए हैं। वित्त वर्ष 2015-16 के दौरान 1,000 डाकघरों को कोर ऑपरेशन मॉनिटरिंग के अंतर्गत लाने और 297 डाकघरों को 'देखो और महसूस करो' के अंतर्गत लाने का प्रस्ताव है। प्रोजेक्ट एरो के अंतर्गत वित्त वर्ष 2014-15 के अंत तक 594 डाकघर लाए गए हैं और वित्त वर्ष 2015-16 में 77 डाकघरों को इस योजना में कवर करने का प्रस्ताव है।

मेल नेटवर्क इष्टतमीकरण परियोजना

मेल प्रोसेसिंग, ट्रांसमिशन और डिलिवरी गुणवत्ता में सुधार करने के लिए डाक विभाग ने 2010 में मेल नेटवर्क 'इष्टतमीकरण योजना' (एमएनओपी) की शुरुआत की। इसमें डाक विभाग के पुराने मेल

नेटवर्क को सुदृढ़ करने और सर्वोत्तम बनाने का काम शामिल किया गया ताकि कोर मेल संचालन को व्यवस्थित बनाया जा सके। इसका उद्देश्य मेल प्रोसेसिंग, ट्रांसमिशन और डिलिवरी संबंधी संचालन को अधिक मानक बनाना और सुधार करना था। तब से स्पीड पोस्ट, प्रथम और द्वितीय श्रेणी डाक को नेटवर्क मॉडल का रूप दिया गया है। संचालन को सरल बनाने तथा कार्यक्षमता में सुधार के लिए संचालनगत प्रक्रियाओं को नया रूप दिया गया है।

स्वचालित मेल प्रोसेसिंग केंद्र

डाक की छंटाई और वितरण प्रक्रिया को गति देने के लिए विभाग ने दिल्ली और कोलकाता में स्वचालित डाक प्रोसेसिंग केंद्र (एएमपीसी) की स्थापना की है। यह केंद्र पत्र छंटाई मशीन (एलएसएम) और मिश्रित मेल विलगीकरण मशीन (एमएमएस) से लैस है। प्रत्येक मशीन की क्षमता क्रमशः प्रति घंटे 35,000 तथा 18,000 सामग्री की छंटाई करने की है। पत्र-मेल छंटाई की बढ़ी हुई क्षमता तथा प्रोसेसिंग सुविधा के मशीनीकरण से इन शहरों में विलगन और डाक डिलिवरी में तेजी आई है। विभाग ने बंगलुरु, चेन्नई, हैदराबाद तथा मुंबई में निकट भविष्य में प्रोसेसिंग पॉकेट और पार्सल के लिए इस तरह का केंद्र स्थापित करने की पहल की है।

राष्ट्रीय पता डाटाबेस प्रबंध प्रणाली

विभाग ने राष्ट्रीय पता डाटाबेस प्रबंध प्रणाली नाम की परियोजना शुरू की है जिसमें पतों का व्यापक डाटाबेस बनाना प्रमुख लक्ष्य है ताकि डाक वितरण में तेजी आए।

जीपीएस से लैस डाक गाड़ियां

विभाग ने डाक सौंपने और वितरण की कारगर निगरानी के लिए डाक गाड़ियों के समूचे बेड़े को ग्लोबल पोजिशनिंग सिस्टम (जीपीएस) से लैस करने का निर्णय लिया है। इसके वित्त वर्ष 2015-16 में पूरा होने की संभावना है।

सड़क परिवहन नेटवर्क विकास

स्पीड पोस्ट सामग्री, पार्सलों विशेषकर ई-कॉमर्स सामग्री को सुरक्षित सौंपने के लिए सरकार ने सड़क परिवहन नेटवर्क योजना को मंजूरी दी है। इस योजना के अंतर्गत 17 सर्किलों में 52 मार्गों को स्वीकृति दी गई है जो 112 शहरों में स्पीड पोस्ट सामग्री, पार्सलों तथा ई-कॉमर्स सामग्री के सुरक्षित प्रेषण को सुनिश्चित करेंगे। प्रेषण के लिए संचालन की दृष्टि से लाभकारी वैकल्पिक/अतिरिक्त मार्गों को भी चिह्नित किया जा रहा है।

प्रौद्योगिकी में सुधार

डाक विभाग की सूचना प्रौद्योगिकी आधुनिकीकरण परियोजना को मिशन मोड ई-गवर्नेंस परियोजना के रूप में नवंबर 2012 में 4,909 करोड़ रुपये के आवंटन के साथ स्वीकृति दी गई। परियोजना का उद्देश्य डाक विभाग की कार्यप्रणाली में परिवर्तन लाना और उन्नत तकनीकी और संपर्क के माध्यम से संचालन और प्रशासनिक इकाइयों की सेवा डिलिवरी में सुधार लाना है।

- देश के सुदूर क्षेत्रों सहित सभी 1,55,000 डाकघरों की नेटवर्किंग से सभी प्रकार की डाक और पार्सलों के आने-जाने पर नज़र रखी जा सकेगी। इसके अतिरिक्त उपभोक्ताओं के फीडबैक तथा प्रबंधकीय कार्यों में सहायता के लिए वास्तविक जानकारी दी जा सकेगी।

- परियोजना वर्ष 2012-13 में अमल में लाई गई और 2017 तक इसके कार्य प्रारंभ किए जाने की संभावना है। यह परियोजना आठ भागों में लागू का जा रही है और पूरी परियोजना कार्यान्वयन के चरण में है।
- प्रारंभिक डाटा केंद्र नवी मुंबई में शुरू किया गया है। यह 3 अप्रैल, 2013 से चालू है और आपदा प्रतिलाभ केंद्र को मैसूर में 15 मई, 2015 को चालू किया गया है।
- परियोजना के राष्ट्रीय समाकलक स्रोत के रूप में 27,561 स्थानों की नेटवर्किंग वाइड एरिया नेटवर्क (डब्ल्यूएएन) से की गई है। इस तरह यह देश का सबसे बड़ा डब्ल्यूएएन बन गया है।
- परियोजना की वित्तीय प्रणाली समाकलक स्रोत का उद्देश्य एक केंद्रीकृत मंच से बचत बैंकों तथा डाक जीवन बीमा (पीएलआई) का कंप्यूटरीकरण करना है। 3,811 डाकघरों में प्रमुख बैंकिंग समाधान को चालू कर दिया गया है और 124 एटीएम अधिकृत किए गए हैं। 14,850 डाकघरों में डाक जीवन बीमा (पीएलआई) की कंप्यूटरीकृत प्रणाली प्रारंभ हो गई है।
- परियोजना की प्रमुख प्रणाली समाकलन स्रोत का उद्देश्य विभाग के वित्त और लेखा कार्यों तथा मानव संसाधन कार्यों के कंप्यूटरीकरण के अतिरिक्त सभी डाक, मेल और काउंटर संचालनों का एक केंद्रीकृत प्लेटफॉर्म के माध्यम से कंप्यूटरीकरण करना है।
- परियोजना के प्रवर्तन प्रबंधन स्रोत का उद्देश्य सूचना प्रौद्योगिकी सक्षम वातावरण में काम करने के लिए ग्रामीण डाक सेवकों सहित सभी कर्मचारियों को तैयार करना है। प्रशिक्षण कार्य प्रगति पर है।
- परियोजना के डाक परिचालन हार्डवेयर स्रोत के अंतर्गत डाक दफ्तरों तक जरूरी हार्डवेयर की आपूर्ति एवं पोस्टमैन को हस्तचालित तकनीकी उपकरण उपलब्ध कराना।
- ग्रामीण आईसीटी परियोजना के अंतर्गत देशभर में डाकघरों की 1,30,000 शाखाओं में कंप्यूटर हार्डवेयर, अन्य संबंधित सामग्री, सौरचालित उपकरण एवं नेटवर्क कनेक्टिविटी, मनरेगा के लिए सॉफ्टवेयर विकास एवं तैयारी, ई-एमओ आदि का लक्ष्य है। शाखा कार्यालयों में हार्डवेयर की आपूर्ति और इंस्टॉलेशन का काम दिसंबर 2015 में पूरा हो गया।

नई और संवर्धित सेवा

स्पीड पोस्ट

स्पीड पोस्ट सेवा डाक विभाग की प्रमुख सेवाओं में से है। इसकी शुरुआत अगस्त 1986 में की गई। इस सेवा के अंतर्गत 35 किलो तक के वजन वाले पत्रों या पार्सलों को देशभर में कहीं भी तेजी से और निश्चित समयावधि में भेजा जा सकता है। घरेलू एक्सप्रेस उद्योग में इसका स्थान अग्रणी है। इस सेवा से महीने में तीन करोड़ से अधिक पत्र और पार्सल भेजे जाते हैं। स्पीड पोस्ट बुकिंग सुविधा देश के लगभग सभी विभागीय डाकघरों में उपलब्ध है और पूरे देश में सामग्री पहुंचाई जाती है।

स्पीड पोस्ट सेवा किफायती दरों पर उपलब्ध है। देश के किसी भी भाग में 50 ग्राम भार का स्पीड पोस्ट पहुंचाने के लिए 35 रुपये और 50 ग्राम स्थानीय स्पीड पोस्ट के लिए 15 रुपये का शुल्क देय है। इसमें सेवा कर शामिल नहीं है। स्पीड पोस्ट से भेजी गई सामग्री को इंडिया पोस्ट के वेबसाइट (indiapost.gov.in) अथवा 'SMS POST TRACK' पर 13 अंकों की स्पीड पोस्ट संख्या डालने के बाद 166 या 512969 पर एसएमएस भेज कर ट्रैक किया जा सकता है।

बिजनेस पोस्ट

किसी सामग्री को डाक से भेजने से पहले उसकी फोल्डिंग, इनसर्टिंग, फ्रैंकिंग, एड्रेसिंग और पेस्टिंग जैसे कार्य करने पड़ते हैं। इन कार्यों को अंजाम देने में बड़े संगठनों को कठिनाई का सामना करना पड़ता है। डाक विभाग ने कारपोरेट/सरकारी संगठनों/सार्वजनिक प्रतिष्ठानों तथा कारपोरेट घरों को मेल भेजने से पहले कार्यों के व्यापक समाधान के लिए 1996 में बिजनेस पोस्ट सेवा प्रारंभ की। अतिरिक्त राजस्व प्राप्ति के अलावा यह सेवा कारपोरेट और थोक ग्राहकों की आवश्यकताओं को भी पूरा कर रही है।

एक्सप्रेस पार्सल और बिजनेस पार्सल

भारत में बढ़ते हुए ई-कॉमर्स बाजार ने पार्सल खंड को गति दी है जहां बिजनेस टू कस्टमर (बी2सी) पार्सल में वृद्धि हो रही है। उपभोक्ता से उपभोक्ता (सीटूसी) श्रेणी में भी आवश्यकता पूरी करने की गुंजाइश है। बाजार शक्ति, उपभोक्ता मांग और संचालन संभाव्यता को देखते हुए डाक विभाग ने पार्सल सेवाओं का पुनर्गठन किया है। एक्सप्रेस पार्सल/बिजनेस पार्सल सेवाएं सरकार द्वारा 2 दिसंबर, 2013 से शुरू की गई।

कैश ऑन डिलिवरी

भारतीय ग्राहकों में ऑनलाइन शॉपिंग के प्रति बढ़ते रुझान से भुगतान सेवाओं, ऑर्डर प्रोसेसिंग और उनकी पूर्ति करने वाली सेवाओं को व्यापक अवसर मिले हैं। इन व्यावसायिक अवसरों को पूरा करने तथा सामग्री डिलिवरी के समय धनराशि लेने और भेजने वाले को उसे सौंपने के लिए एक तेज, सुरक्षित और किफायती समाधान के लिए डाक विभाग ने 2 दिसंबर, 2012 को कैश ऑन डिलिवरी सेवा की शुरुआत की। कैश ऑन डिलिवरी सेवा एक्सप्रेस पार्सल, बिजनेस पार्सल और स्पीड पोस्ट के ग्राहकों के लिए है।

समान दर पार्सल

अपने उपभोक्ताओं को सुविधा प्रदान करने के लिए तथा पार्सल के आकार और बनावट को मानक रूप देने के लिए 4 फरवरी, 2011 को समान दर पार्सल सेवा प्रारंभ की गई। समान दर पार्सल में उपभोक्ताओं को प्री-पेड समान दर पार्सल बॉक्स की अतिरिक्त सुविधा दी जाती है। ये बॉक्स वजन की दृष्टि से तीन वर्गों- 1 किग्रा, 2.5 किग्रा और 5 किग्रा भार श्रेणी में दिए जाते हैं। समान दर पार्सल बॉक्स प्रधान डाकघरों, चिह्नित कंप्यूटरीकृत डाकघरों में बेचे जाते हैं और ग्रामीण क्षेत्रों सहित पूरे देश में भेजे जाते हैं। यह सेवा अंतरराष्ट्रीय पार्सलों के लिए भी उपलब्ध है।

लॉजिस्टिक्स पोस्ट

लॉजिस्टिक्स पोस्ट के अंतर्गत ग्राहकों को एकीकृत संचालन एवं पूर्ति सेवा से जुड़ी विस्तृत सेवाएं दी जाती हैं जिन्हें ग्राहकों की जरूरत के तदनुकूल बनाया जा सकता है। इसके अंतर्गत ऑर्डर प्रोसेसिंग, वेयर हाउसिंग एवं गृह सेवा वितरण जैसी सेवाएं आती हैं।

ई-डाक

ई-डाक सेवा खुदरा और कारपोरेट ग्राहकों को इलेक्ट्रॉनिक्स संदेशों को भेजने की सुविधा देने वाली गैर-पंजीकृत हाइब्रिड सेवा है जिसमें टेक्स्ट मैसेज, स्कैन किए गए चित्र तथा अन्य तस्वीरें शामिल हो सकती हैं। हार्ड कॉपी पोस्टमैन/डिलिवरी ब्वाय के माध्यम से नियत स्थान पर पहुंचाई जाती है। वर्तमान में 13,000 से अधिक डाकघरों में यह सेवा सुविधा उपलब्ध है और सामग्री पहुंचाने के लिए देश के

1.54 लाख से अधिक डाकघरों का नेटवर्क है। ई-डाक सेवा का उपयोग मुख्य रूप से वैयक्तिक उपभोक्ताओं द्वारा सीमित संख्या में ई-डाक संदेश भेजने के लिए किया जाता है। उपभोक्ता इस सेवा का लाभ ई-डाक सुविधा वाले डाकघरों से प्राप्त कर सकते हैं या उपभोगता स्वयं को प्री-पेड यूजर के रूप में पंजीकृत करा कर अपने परिसर से संदेश भेज सकते हैं।

ई-भुगतान

व्यवसाय के लिए पूरे देश में बिलों का संग्रह करने और उपभोक्ताओं से भुगतान की आवश्यकता होने पर डाकघर ई-भुगतान के रूप में सरल और सुविधाजनक समाधान पेश करता है। उद्यमों और संगठनों के पास यह विकल्प होता है ि कवे अपना बिल अथवा अन्य भुगतान डाकघर नेटवर्क से प्राप्त करें। यह 'अनेक से एक' समाधान है जो किसी संगठन की ओर से राशि (टेलीफोन बिल, बिजली बिल, परीक्षा शुल्क, विश्वविद्यालय शुल्क और विद्यालय शुल्क आदि) प्राप्त करने की अनुमति देता है। राशि इलेक्ट्रॉनिक रूप में प्राप्त की जाती है और बिल बनाने वाले के पसंद के निर्दिष्ट डाकघर से चेक के माध्यम से केंद्रित रूप में भुगतान किया जाता है।

ई-डाकघर

ई-डाकघर डाक विभाग का ई-वाणिज्य पोर्टल है जो इंटरनेट के जरिए आम आदमी को कुछ चुनिंदा डाक सेवाएं प्रदान करता है। इस पोर्टल का उद्देश्य जनता को सुविधा प्रदान करता है।

डाकघरों के माध्यम से प्रत्यक्ष लाभ अंतरण (डीबीटी)

प्रत्यक्ष लाभ अंतरण वर्तमान वितरण प्रक्रिया को पारदर्शी बनाने, धन के सहज प्रवाह तथा लाभार्थियों के हित के लिए भारत सरकार का प्रमुख सुधार कार्यक्रम है। इसका उद्देश्य लाभार्थियों के सटीक लक्ष्य को हासिल करना, दोहरीकरण और धोखाधड़ी को समाप्त करना, वितरण प्रक्रिया को सक्षम बनाना, बर्बादी को समाप्त करना, चोरी रोकना और व्यय को नियंत्रित रखना है। डाक विभाग प्रत्यक्ष लाभ अंतरण के अंतर्गत विभिन्न सामाजिक क्षेत्र के भुगतान की अदायगी में भारत सरकार की भुजा के रूप में काम कर रहा है। यह हमारे नेटवर्क की पहुंच और वितरण विशेषज्ञता से अंतिम छोर तक लाभार्थियों तक अबाध रूप से पहुंचने में सहायक है।

फिलेटेली

फिलेटेली डाक टिकट संग्रह करने के साथ-साथ डाक टिकटों के इतिहास और अन्य संबद्ध वस्तुओं के अध्ययन करने का शौक है। यह डाक टिकट संग्रह करने के अतिरिक्त महत्वपूर्ण अवसरों को मनाने, महत्वपूर्ण व्यक्तियों को स्मरण करने तथा राष्ट्रीय विरासत, संस्कृति और घटनाओं को प्रोत्साहित करने का तरीका है। यह डाक प्रशासन की ब्रांड छवि और देश की संप्रभुता की अभिव्यक्ति में एक दूत के तौर पर महत्वपूर्ण भूमिका निभाता है। डाक विभाग की फिलेटेलिक गतिविधियां हैं:

- फिलेटेलिक ब्यूरो और काउंटरों के माध्यम से विशेष/स्मारक डाक टिकटों की डिजाइनिंग, प्रिंटिंग, वितरण और बिक्री।
- नियत डाक टिकटों और डाक स्टेशनरी तथा लिफाफे, अंतर्देशीय पत्र, पोस्टकार्ड, एरोग्राम, रजिस्टर्ड कवर आदि की डिजाइनिंग, प्रिंटिंग और वितरण।

- राष्ट्रीय स्तर पर फिलेटेली को प्रोत्साहन और फिलेटेलिक प्रदर्शनियों का आयोजन, अंतरराष्ट्रीय और विश्व प्रदर्शनियों में भागीदारी के साथ राज्य/क्षेत्रीय और जिला स्तर पर प्रदर्शनियों का आयोजन।
- राष्ट्रीय फिलेटेलिक संग्रहालय, डाक भवन का रखरखाव।

1 अप्रैल, 2015 से 31 दिसंबर, 2015 के बीच 24 विषयों पर 40 स्मारक/विशेष डाक टिकट जारी किए गए जो व्यक्तियों, घटनाओं और अवसरों पर आधारित थे। इनमें प्रमुख स्मारक/डाक टिकट हैं भारत-फ्रांस: 50 वर्षों का अंतरिक्ष सहयोग (दो डाक टिकटों का सेट), भारत-सिंगापुर संयुक्त विषय (दो डाक टिकटों का सेट), तीसरा भारत-अफ्रीका फोरम सम्मेलन (6 डाक टिकटों का सेट)। इसी वर्ष के दौरान महिला सशक्तीकरण पर चार सेटों का विशेष डाक टिकट भी जारी किया गया।

वित्तीय सेवाएं

डाक विभाग भारत सरकार के वित्त मंत्रालय की ओर से लघु बचत योजना चलाता है। 31 मार्च, 2015 के आंकड़ों के अनुसार डाक घर बचत बैंक (पीओएसबी) में 33.03 करोड़ से अधिक खाताधारक थे। बचत बैंक सुविधा 1.54 लाख डाकघरों के नेटवर्क के माध्यम से प्रदान की जाती है। 31 मार्च, 2015 तक डाकघरों में राष्ट्रीय बचत योजना और बचत सर्टिफिकेट के अंतर्गत 6,19,317.44 करोड़ रुपये की धनराशि बकाया थी।

कोर बैंकिंग समाधान

कोर बैंकिंग समाधान (सीबीएस) भारतीय डाक के सूचना प्रौद्योगिकी आधुनिकीकरण का हिस्सा है। इसका उद्देश्य डाकघरों में आवश्यक सूचना प्रौद्योगिकी अवसंरचना के साथ विभिन्न सूचना प्रौद्योगिकी समाधानों को लाना है। परियोजना का उद्देश्य चालू योजना अवधि के दौरान लघु बचत योजनाओं के लिए सभी विभागीय डाकघरों में कोर बैंकिंग समाधान को लागू करना है। परियोजना से 'कहीं भी, कभी भी' बैंकिंग, एटीएम तथा इंटरनेट बैंकिंग सुविधा मिल सकेगी। जून 2016 तक 22,395 डाकघर सीबीएस विस्थापित कर दिए गए हैं और 946 जगहों पर एटीएम स्थापित किए गए हैं।

म्यूचुअल फंड्स की रिटेलिंग

डाकघर देश में पूंजी बाजार की पहुंच को बढ़ाने तथा सामान्यजन को बाजार आधारित निवेश विकल्प उपलब्ध कराने में महत्वपूर्ण भूमिका निभा रहा है। वर्तमान में 2,000 डाकघरों के माध्यम से यूनिट ट्रस्ट ऑफ इंडिया के विभिन्न म्यूचुअल फंड उत्पादों की रिटेलिंग की जा रही है।

अंतरराष्ट्रीय धन हस्तांतरण सेवा

अंतरराष्ट्रीय धन हस्तांतरण सेवा विदेशों से व्यक्तिगत तौर पर भारत में धन भेजने का त्वरित और सहज तरीका है। वेस्टर्न यूनियन वित्तीय सेवाओं और मनी ग्राम इंटरनेशनल के सहयोग से डाकघरों के माध्यम से 195 देशों से भारत में किसी व्यक्ति को भेजे जाने वाला धन शीघ्र और सहज तरीके से मिल जाता है। वर्तमान में यह सुविधा देश के 9,943 स्थानों पर उपलब्ध है।

राष्ट्रीय पेंशन योजना

डाक विभाग भारत के नागरिकों के लिए राष्ट्रीय पेंशन योजना (एनपीएस) के लिए करीबी इकाई है। 18 से 55 वर्ष आयुवर्ग का कोई भी भारतीय नागरिक पेंशन योजना का लाभ ले सकता है और 60 वर्ष की

आयु तक योजना में अपना अंशदान कर सकता है। पेंशन अंशदान का निवेश पेंशन फंड नियामक (पीएफआरडीए) द्वारा भुगतानकर्ता की प्राथमिकता के मुताबिक उसकी पसंद की योजना में किया जाता है। ये सुविधा देश के सभी मुख्य डाकघरों में मौजूद है।

जन सुरक्षा योजनाएं तथा अटल पेंशन योजना

जन सुरक्षा योजनाएं यथा प्रधानमंत्री सुरक्षा बीमा योजना (पीएमएसबीवाई) एवं प्रधानमंत्री जीवन ज्योति बीमा योजना (पीएमजेजेबीवाई) सभी सीबीएस डाकघरों में 7 सितंबर, 2015 से लांच की गई हैं। यह योजनाएं डाकघर के सभी बचत खाताधारकों को उपलब्ध हैं। 8 फरवरी, 2016 तक 1,06,784 उपभोक्ता पीएमएसबीवाई के अंतर्गत और 9,140 पीएमजेजेबीवाई में शामिल किए गए हैं। 1 दिसंबर, 2015 से सीबीएस मुख्य डाकघरों में अटल पेंशन योजना (एपीवाई) लांच की गई है और इसके तहत 8 फरवरी, 2016 तक 25,398 उपभोक्ता शामिल किए गए हैं।

डाक जीवन बीमा और ग्रामीण डाक जीवन बीमा

डाक जीवन बीमा योजना (पीएलआई) का प्रारंभ 1 अप्रैल, 1884 को ब्रिटिश साम्राज्ञी के शासन में सेक्रेटरी ऑफ स्टेट (भारत के लिए) द्वारा अभिव्यक्त संदेश की अनुमति से हुआ था।

दिसंबर 2014 से पीएलआई में बीमा की ऊपरी सीमा 20 लाख रुपये से बढ़ाकर 50 लाख कर दी गई और ग्रामीण डाक जीवन बीमा के अंतर्गत बीमा की ऊपरी सीमा मई 2015 से 5 लाख रुपये से बढ़ाकर 10 लाख रुपये कर दी गई है। इसके अंतर्गत केंद्रीय और राज्य सरकारों के कर्मचारी, केंद्रीय और राज्य सरकारों के प्रतिष्ठान, विश्वविद्यालय, सरकारी सहायता से चलने वाले शैक्षिक संस्थान, राष्ट्रीयकृत बैंक तथा स्थानीय निकाय आदि आते हैं। काफी समय से संविदा कर्मियों को भी पीएलआई के दायरे में लाया गया है। एकल सीमा पॉलिसियों के अतिरिक्त पीएलआई डाक विभाग के अतिरिक्त विभागीय कर्मचारियों (ग्रामीण डाक सेवक) के लिए भी बीमा योजना का प्रबंधन करती है।

ग्रामीण डाक जीवन बीमा योजना बीमा क्षेत्र में सुधार लाने के लिए बनी आधिकारिक समिति (मल्होत्रा समिति) की सिफारिशों के परिणामस्वरूप प्रारंभ हुई। योजना का मुख्य उद्देश्य सामान्य ग्रामीण जनता को बीमा कवच प्रदान करना और कमजोर वर्गों तथा महिलाओं विशेषकर ग्रामीण महिलाओं को लाभ पहुंचाना है। इसका उद्देश्य ग्रामीण आबादी में बीमा के प्रति जागरुकता फैलाना भी है।

पीएलआई को बीमा अधिनियम 1938 की धारा 118(सी) के अंतर्गत छूट प्राप्त है। पीएलआई/आरपीएलआई को 1956 के एलआईसी अधिनियम की धारा 44(डी) के अंतर्गत भी छूट प्राप्त है।

बीमा क्षेत्र के उदार बनने के साथ ही डाक जीवन बीमा और ग्रामीण डाक बीमा योजना को बाजार स्पर्धा का सामना करना पड़ रहा है। दोनों योजनाओं के पास डाक जीवन की अवसंरचना और विशाल नेटवर्क के इस्तेमाल की सुविधा उपलब्ध है और इस कारण ये बीमा योजनाएं अन्य बीमा कंपनियों की तुलना में कम लागत पर बीमा कवच उपलब्ध करा सकती हैं। इसीलिए पात्र ग्राहकों में पीएलआई और आरपीएलआई बहुत लोकप्रिय हैं और अच्छा प्रदर्शन कर रही हैं। दोनों योजनाओं का प्रबंधन पूरी तरह डाक विभाग कर्मचारी ही करते हैं। यद्यपि व्यवसाय में काफी वृद्धि हो रही है और अतिरिक्त कर्मियों की नियुक्ति के बिना ही दोनों योजनाएं चल रही हैं। कम लागत की योजनाओं का लाभ ग्राहकों को कम प्रीमियम और अधिक बोनस के रूप में दिया जाता है।

डाक जीवन बीमा के 6 बीमा प्लान हैं :

1. संपूर्ण जीवन सुरक्षा (सुरक्षा)
2. परिवर्तनीय संपूर्ण जीवन सुरक्षा (सुविधा)
3. एन्डोमेंट सुरक्षा (संतोष)
4. अनुमानित एन्डोमेंट सुरक्षा (सुमंगल)
5. संयुक्त बीमा सुरक्षा (युगल सुरक्षा)
6. बाल पॉलिसी (बाल जीवन बीमा)

ग्रामीण जीवन बीमा के 6 प्लान हैं :

1. संपूर्ण जीवन सुरक्षा (ग्राम सुरक्षा)
2. परिवर्तनीय संपूर्ण जीवन सुरक्षा (ग्राम सुविधा)
3. एन्डोमेंट सुरक्षा (ग्राम संतोष)
4. अनुमानित एन्डोमेंट सुरक्षा (ग्राम सुमंगल)
5. 10 वर्षीय ग्रामीण डाक जीवन बीमा (ग्राम प्रिय)
6. बाल पॉलिसी (बाल जीवन बीमा)

वित्त वर्ष के प्रारंभ में प्रत्येक वित्त वर्ष के लिए सभी 23 सर्किलों की पीएलआई तथा आरपीएलआई के व्यावसायिक लक्ष्य निर्धारित कर दिए जाते हैं। प्रीमियम आय के संदर्भ में वित्त वर्ष 2013–14 में आरएफडी लक्ष्यों की उपलब्धि इस प्रकार रही :

डाकघर जीवन बीमा कोष (पीओएलआईएफ) और ग्रामीण डाक जीवन बीमा कोष (आरपीओएलआईएफ) का निवेश: वित्त मंत्रालय वर्ष 2008 तक पीओएलआईएफ तथा आरपीओएलआईएफ पर 8 प्रतिशत ब्याज दे रहा था। सरकार ने 2009 में इन कोषों को बाजार से जुड़ी प्रतिभूतियों में निवेश करने की स्वीकृति दी और दो कोष प्रबंधकों- एसबीआई कोष प्रबंधन प्राइवेट लिमिटेड और यूटीआई परिसंपत्ति प्रबंधन कंपनी लिमिटेड के साथ निवेश बोर्ड की स्थापना की गई। आईआरडीए के नियमों के अनुसार निवेश प्रक्रिया 4 नवंबर, 2009 से प्रारंभ हुई। प्रबंधन के अंतर्गत कुल परिसंपत्ति 31 मार्च, 2015 तक 56,971.59 करोड़ रुपये थी जिसमें जब्त की गई संपत्ति के बदले वित्त मंत्रालय द्वारा जारी 20,893.68 करोड़ रुपये शामिल हैं।

उपभोक्ता सेवाओं को बेहतर बनाने के लिए उठाए गए कदम :

(क) देश के किसी भी डाकघर में पीएलआई/आरपीएलआई प्रीमियम का भुगतान।

(ख) शिकायतों के शीघ्र निवारण के लिए ग्राहकों की शिकायतों का सिस्टम में सूचीकरण।

(ग) पीएलआई/आरपीएलआई से संबंधित सभी सूचनाओं के साथ वेबसाइट और डाउनलोड करने योग्य फॉर्म (www.postallifeinsurance.gov.in)।

(घ) पॉलिसी का एक सर्किल से दूसरे सर्किल में ऑनलाइन हस्तांतरण।

(ङ) जमा नहीं हुई राशि के बारे में ग्राहकों को जानकारी।

(च) प्रीमियम भुगतान की ऑनलाइन सुविधा (www.epostoffice.gov.in) और फिर से चालू राशि की गणना।

(घ) परिपक्व दावों, ऋण और पुनः चालू प्रीमियम का डिविजन स्तर पर विकेंद्रीकरण।

(ज) सेवा गुणवत्ता में सुधार के लिए मार्केटिंग कौशल एवं जोखिम अंकन विषयों पर मार्केटिंग एवं बैंक ऑफिस कर्मियों को प्रशिक्षण।

ग्राहक सेवा बेहतर बनाने के लिए प्रस्तावित उपाय :

(क) www.epostoffice.gov.in के माध्यम से प्रीमियम का भुगतान।

(ख) पीओएसबी खातों से पीएलआई/आरपीएलआई प्रीमियम का स्वतः हस्तांतरण।

(ग) पोस्ट डेटेड चेकों के माध्यम से परिपक्व राशि का भुगतान।

(घ) बकाया प्रीमियम का किस्तों में भुगतान।

प्रशिक्षण अवसंरचना

विभाग ने अच्छी तरह प्रशिक्षण अवसंरचना की स्थापना की है। विभाग की प्रशिक्षण आवश्यकताओं को निम्नलिखित प्रशिक्षण संस्थान पूरा करते हैं:

रफी अहमद किदवई राष्ट्रीय डाक अकादमी (आरएकेएनपीए), गाजियाबाद शीर्ष प्रशिक्षण संस्थान है। इसे कार्मिक और प्रशिक्षण विभाग से केंद्रीय प्रशिक्षण संस्थान के रूप में मान्यता मिली हुई है। इसमें भारतीय डाक सेवा और भारतीय डाक के अन्य प्रबंधन अधिकारियों को प्राथमिक और सेवारत प्रशिक्षण दिया जाता है। अकादमी विदेशी डाक प्रशासन और केंद्र सरकार तथा सार्वजनिक क्षेत्र के प्रतिष्ठानों के विभिन्न विभागों के प्रबंधकों को भी समान हित के क्षेत्रों में प्रशिक्षण देता है।

डाक प्रशिक्षण केंद्र (पीटीसी) दरभंगा, गुवाहाटी, मदुरै, मैसूर, सहारनपुर और वडोदरा में हैं जहां संचालन स्टाफ और निरीक्षण कैडर को प्रशिक्षित किया जाता है।

वर्तमान में डाक लेखा शाखा के 5 क्षेत्रीय प्रशिक्षण केंद्र (जैडटीसी) सहित 417 कार्यस्थल प्रशिक्षण केंद्र (डब्ल्यूटीसी) कार्यरत हैं।

प्रशिक्षण डिलिवरी

निम्नलिखित प्रवेश प्रशिक्षण आयोजित किए गए : अप्रैल 2015 से दिसंबर 2015 की अवधि में पीटीसी ने ग्रुप सी के 2,713 कर्मचारियों को प्रवेश प्रशिक्षण दिया।

डाक सेवा ग्रुप बी के 121 अधिकारियों को आरएकेएनपीए , गाजियाबाद में प्रवेश प्रशिक्षण दिया गया। आरएकेएनपीए , गाजियाबाद में भारतीय डाक सेवा के 26 परिक्षार्थियों और उम्मीदवारों के लिए प्रवेश प्रशिक्षण का आयोजन किया गया।

दूरसंचार

तेजी से बढ़ती ज्ञान की दुनिया में दूरसंचार सामाजिक-आर्थिक विकास के लिए आवश्यक अवसंरचना बन गया है। देश के सभी हिस्सों में दूरसंचार सेवाओं की पहुंच नए परिवर्तनशील और प्रौद्योगिकी संपन्न

समाज के विकास का अभिन्न हिस्सा है। अध्ययनों में देश के जीडीपी के विकास पर इंटरनेट तथा मोबाइल सेवाओं के बीच सकारात्मक पारस्परिक संबंध हैं। सरकार द्वारा उठाए गए उपायों के परिणामस्वरूप भारतीय दूरसंचार क्षेत्र तेजी से आगे बढ़ा है और चीन के बाद विश्व का दूसरा सबसे बड़ा नेटवर्क बन गया है।

वर्तमान स्थिति

इस अवधि में टेलिफोन कनेक्शनों की संख्या एक अरब को पार कर गई है। टेलिफोन की संख्या वित्त वर्ष के प्रारंभ के 99.61 करोड़ से बढ़ कर दिसंबर 2015 के अंत मे 103.6 करोड़ हो गई। दूरसंचार क्षेत्र की वर्तमान स्थिति (31 दिसंबर, 2015 को) भारतीय टेलीकॉम नेटवर्क टेलिफोन कनेक्शनों के संदर्भ में चीन के बाद विश्व का दूसरा सबसे बड़ा नेटवर्क है। देश में 103.6 करोड़ टेलिफोन कनेक्शन हैं जिनमें 101.1 करोड़ वायरलेस टेलिफोन कनेक्शन हैं। इसमें शहरी टेली–घनत्व 152.57 प्रतिशत और ग्रामीण टेली घनत्व 49.82 प्रतिशत है। कुल टेलिफोन्स में वायरलेस टेलिफोनों का हिस्सा 97.54 प्रतिशत है। कुल टेलिफोनों में निजी क्षेत्र का हिस्सा 89.88 प्रतिशत है। नवंबर 2015 के अंत तक ब्रॉडबैंड कनेक्शनों की संख्या 13.15 करोड़ थी।

दूरसंचार विभाग

दूरसंचार विभाग तेज समावेशी सामाजिक–आर्थिक विकास के लिए सुरक्षित, विश्वसनीय, किफायती तथा उच्च गुणवत्ता संपन्न कनवर्ज्ड दूरसंचार सेवाएं, कहीं भी, कभी भी देने के लिए संकल्पबद्ध है। विभाग पूरे देश में सुरक्षित किफायती दर पर, विश्वसनीय तथा सुरक्षित वॉयस तथा डाटा सेवाएं प्रदान कर जनहित के लक्ष्यों को प्राप्त करने की दिशा में काम कर रहा है।

विशाल और विविधतापूर्ण देश में सेवा देने के लिए आधुनिक दूरसंचार सुविधाएं देश के दूरवर्ती क्षेत्रों तक दी जाएंगी और इसमें पूर्वोत्तर क्षेत्र तथा पिछड़े क्षेत्रों, विशेषकर वामपंथी उग्रवाद (एलडब्ल्यूई) प्रभावित क्षेत्रों पर विशेष ध्यान केंद्रित किया जाएगा। सामाजिक–आर्थिक विकास के लिए हाईस्पीड डिजिटल हाईवे के जरिये देश को एकसूत्र में बांधने और सरकारी सेवाओं की पहुंच हरेक नागरिक तक का भी प्रावधान है। देश की तेज आर्थिक प्रगति सुनिश्चित करने तथा शिक्षा, स्वास्थ्य और रोज़गार सृजन जैसे क्षेत्रों में विकास की चुनौतियों का सामना करने के लिए दूरसंचार क्षेत्र को मजबूत बनाना आवश्यक है। समर्थनकारी विधायी रूपरेखा और मजबूत लाइसेंसिंग सिद्धांत के साथ हमारी वर्तमान नीति में तेजी से हो रहे प्रौद्योगिक परिवर्तनों के साथ सामंजस्य स्थापित करने तथा नवाचार को तेजी देने की सुदृढ़ क्षमता है।

वायर लाइन बनाम वायरलेस

यद्यपि वायरलेस वॉयस और डाटा सेवाओं में वृद्धि हो रही है। लैंडलाइन ने हाई स्पीड डाटा सेवाओं को अभूतपूर्व समर्थन दिया है। दिसंबर 2015 के अंत तक लैंडलाइन टेलिफोन कनेक्शन 2.5 करोड़ थे और वायरलेस टेलिफोन कनेक्शन 101.1 करोड़। परिणामस्वरूप वायरलेस टेलिफोन का कुल हिस्सा बढ़कर 97.54 प्रतिशत हो गया। वायरलेस सेवाओं की बढ़ती मांग ने दूरसंचार क्षेत्र की आवश्यकताओं की पूर्ति के लिए सतत संसाधन सृजन करने के लिए गति दी है।

सार्वजनिक बनाम निजी

भारतीय दूरसंचार की एक और विशेषता यह है कि निजी क्षेत्र के ऑपरेटरों के टेलिफोन की संख्या निरंतर बढ़ रही है। दिसंबर 2015 के अंत तक निजी क्षेत्रों द्वारा दिए गए टेलिफोन कनेक्शनों की संख्या बढ़कर 93.2 करोड़ हो गई जबकि सार्वजनिक क्षेत्र के टेलिफोन कनेक्शनों की संख्या 10.5 करोड़ रही। कनेक्शनों की कुल संख्या में निजी क्षेत्र की हिस्सेदारी बढ़ कर दिसंबर 2015 के अंत तक 89.88 प्रतिशत हो गई जबकि समान अवधि में सार्वजनिक क्षेत्र के टेलिफोनों का प्रतिशत 10.12 रहा। वर्तमान परिदृश्य में दूरसंचार क्षेत्र में निजी क्षेत्र की स्थिति मजबूत है।

तालिका : 1
दूरसंचार विकास संकेतक

क्र. सं.	मद		के अंत में				
			मार्च 13	मार्च 14	मार्च 15	दिसंबर 14	दिसंबर 15
1.	टेलीफोनों की संख्या (करोड़ में)	समग्र	898.02	933.02	996.13	971.01	1036.57
2.		वायर लाइन	30.21	28.50	26.59	27.00	25.52
3.		वायरलेस	867.81	904.52	969.54	944.01	1011.05
4.		ग्रामीण	349.21	377.78	416.08	398.73	434.23
5.		शहरी	548.80	555.23	580.05	572.27	602.34
6.	टेली घनत्व (प्रति 100 व्यक्तियों पर टेलीफोन	समग्र	73.32	75.23	79.36	74.03	81.85
7.		ग्रामीण	41.05	44.01	48.04	42.71	49.82
8.		शहरी	146.64	145.46	149.04	144.63	152.57
9.	प्रतिशत हिस्सा	वायरलेस	96.64	96.95	97.33	97.22	97.54
10.		सार्वजनिक	14.49	12.87	10.07	10.85	10.12
11.		निजी	85.51	87.13	89.93	89.15	89.88
12.	कुल टेलीफोन वृद्धि का प्रतिशत पिछले वर्षों की तुलना में		(–)5.61	3.90	6.76	6.10	6.75

दिसंबर 2015 में कुल टेलीफोनों का विकास प्रतिशत, दिसंबर 2014 की तुलना में यानी 12 महीने।

टेली घनत्व

टेलिफोन घनत्व प्रत्येक 100 व्यक्तियों की आबादी पर टेलिफोनों की संख्या का सूचक है। यह देश में टेलिफोन की पहुंच होने का महत्वपूर्ण संकेतक है। 1 अप्रैल, 2015 को देश में टेली घनत्व 79.36 प्रतिशत था जो दिसंबर 2015 के अंत तक बढ़ कर 81.85 प्रतिशत हो गया। इस अवधि में ग्रामीण फोन घनत्व 48.05 प्रतिशत से बढ़कर 49.82 प्रतिशत हो गया। इस अवधि में शहरी टेली घनत्व ने अपनी वृद्धि बनाए रखी (ग्रामीण टेली घनत्व से अधिक) और यह 149.04 प्रतिशत से बढ़कर 152.57 प्रतिशत हो गया। सेवा क्षेत्रों में हिमाचल प्रदेश में सबसे अधिक टेली घनत्व (124.54 प्रतिशत) रहा। इसके बाद तमिलनाडु (117.27 प्रतिशत), पंजाब (104.15 प्रतिशत), कर्नाटक (102.33 प्रतिशत) तथा केरल (100.52 प्रतिशत) रहे। दूसरी ओर बिहार (52.55 प्रतिशत), असम (55.52 प्रतिशत), पश्चिम बंगाल (61.40 प्रतिशत), मध्य प्रदेश (63.02), उत्तर प्रदेश (63.51 प्रतिशत) तथा ओडिशा (65.69 प्रतिशत) में टेली घनत्व तुलनात्मक रूप से कम रहा। दिल्ली, कोलकाता और मुंबई महानगर में टेली घनत्व में दिल्ली सेवा क्षेत्र 240.93 प्रतिशत के साथ शीर्ष स्थान पर रहा और उसके बाद कोलकाता (160.30) और मुंबई (149.45 प्रतिशत) रहे।

एकीकृत लाइसेंस

सेवाओं और सेवा क्षेत्रों में एक देश एक लाइसेंस की व्यवस्था करने के लिए एनटीपी–2012 के लक्ष्यों को प्राप्त करने के उद्देश्य से दूरसंचार विभाग ने एकीकृत लाइसेंस पर दिशानिर्देश जारी किए हैं। इन दिशानिर्देशों के अनुसार स्पेक्ट्रम आवंटन को लाइसेंस से अलग कर दिया गया है और निर्धारित प्रक्रिया यानी बोली प्रक्रिया के तहत इसे अलग से प्राप्त करना होगा। पूरे देश में केवल एक एकीकृत लाइसेंस की आवश्यकता है। इसके अतिरिक्त, एक्सेस सेवा, राष्ट्रीय लंबी दूरी की सेवाओं, अंतरराष्ट्रीय लंबी दूरी की सेवाओं, इंटरनेट सेवा प्रदाता (आईएसपी) जैसी विभिन्न सेवाओं के लिए अलग से अधिकृत होने की आवश्यकता है। एकीकृत लाइसेंस के लिए एकल अधिकार (सभी सेवाएं) श्रेणी के अंतर्गत आईएसपी (बी) तथा आईएसपी (सी) सेवाओं को छोड़ कर सभी दूरसंचार सेवाएं कवर होंगी। ऐसी अधिकार एकीकृत लाइसेंस के साथ–साथ होंगे। विभिन्न दूरसंचार सेवाओं के लिए प्रवेश शुल्क में भी काफी कमी की गई है।

विदेशी प्रत्यक्ष निवेश नीति

प्रत्यक्ष विदेशी निवेश (एफडीआई) आकर्षित करने तथा क्षेत्र को निवेशक अनुकूल बनाने के लिए सरकार ने दूरसंचार क्षेत्र में प्रत्यक्ष विदेशी निवेश सीमा 74 प्रतिशत से बढ़ा कर 100 प्रतिशत कर दी है। इस कदम से दूरसंचार लाइसेंसधारियों को इक्विटी सुदृढ़ बनाने और बाजार से घरेलू तथा विदेशी ऋण जुटाने में मदद मिलेगी। दूरसंचार और दूरसंचार सेवाओं को अवसंरचना उपक्षेत्र की मास्टर सूची में शामिल किया गया है। भारतीय रिजर्व बैंक ने भी अवसंरचना क्षेत्र की परिभाषा का विस्तार किया है ताकि बाह्य वाणिज्यिक उधारी (ईसीबी) का लाभ उठाया जा सके।

सार्वभौमिक सेवा दायित्व कोष

ग्रामीण दूरभाषी को गति देने के लिए सरकार ने जून 2002 में संसद के अधिनियम से सार्वभौमिक सेवा दायित्व कोष (यूएसओएफ) की स्थापना की थी। इसके बाद यूएसओएफ का दायरा बढ़ाया गया ताकि

मोबाइल सेवाएं, ब्रॉडबैंड कनेक्टिविटी तथा ग्रामीण व दूरवर्ती क्षेत्रों में ऑप्टिकल फाइबर जैसी अवसंरचना सहित सभी प्रकार की टेलीग्राफ सेवाओं को सब्सिडी समर्थन दिया जा सके। इसलिए ग्रामीण और दूरवर्ती क्षेत्रों में दूसरंचार सेवाओं के प्रावधान के लिए यूएसओएफ द्वारा विभिन्न योजनाएं लांच की गई हैं। 31 दिसंबर, 2015 को सार्वभौमिक उगाही के माध्यम से जुटाए गए 70,120.03 करोड़ रुपये के संसाधन के साथ 41,834.10 करोड़ रुपये का कोष बचत है। इसमें से 21,337.29 करोड़ रुपये सब्सिडी के रूप में दिए गए हैं।

भारतनेट

ऑप्टिकल फाइबर राज्यों की राजधानियों, जिलों और ब्लॉकों तक पहुंच गया है। देश में सभी 2.5 लाख ग्राम पंचायतों को जोड़ने के लिए सरकार ने नेशनल ऑप्टिकल फाइबर नेटवर्क परियोजना को मंजूरी दी जिसे भारतनेट कहा जाता है। ग्रामीण क्षेत्रों में मोबाइल इंटरनेट तथा केबल टीवी जैसे दूरसंचार सेवा प्रदाताओं को बिना किसी भेदभाव के नेटवर्क एक्सेस प्रदान किया जाएगा। यह परियोजना स्पेशल पर्पज वेहिकल (एसपीवी) भारत ब्रॉडबैंड नेटवर्क्स लिमिटेड (बीबीएनएल) के माध्यम से लागू की जा रही है। इस परियोजना के अंतर्गत 31 दिसंबर, 2015 तक देश में 1,11,645 कि.मी. पाइप और 82,501 कि.मी. ऑप्टिकल फाइबर बिछाया गया है। ओएफसी से जुड़े ग्राम पंचायतों की संख्या 34,881 हो गई है।

वामपंथी उग्रवाद प्रभावित क्षेत्रों में मोबाइल संचार सेवाएं

सरकार ने 20 अगस्त, 2014 को आंध्र प्रदेश, बिहार, छत्तीसगढ़, झारखंड, महाराष्ट्र, मध्य प्रदेश, ओडिशा, तेलंगाना, उत्तर प्रदेश और पश्चिम बंगाल में गृह मंत्रालय द्वारा चिह्नित 2,199 वामपंथी उग्रवाद प्रभावित स्थानों पर मोबाइल सेवाएं प्रदान करने की योजना को स्वीकृति दी। भारत संचार निगम लिमिटेड (बीएसएनएल) द्वारा यह योजना लागू की जा रही है। 31 दिसंबर, 2015 तक 1,288 स्थानों को जोड़ा जा चुका है।

ग्रामीण वायर लाइन ब्रॉडबैंड योजना

ग्रामीण और दूरवर्ती क्षेत्रों में ग्राम स्तर तक वायर लाइन ब्रॉडबैंड कनेक्टिविटी प्रदान करने के लिए यूएसओएफ ने ग्रामीण वायर लाइन ब्रॉडबैंड योजना के अंतर्गत बीएसएनएल के साथ समझौता किया है ताकि वर्तमान ग्रामीण एक्सचेंजों की अवसंरचना तथा तांबा वायर लाइन नेटवर्क का लाभ उठाते हुए ग्रामीण और दूरवर्ती क्षेत्रों में वायर लाइन ब्रॉडबैंड कनेक्टिविटी दी जा सके। प्रत्येक ब्रॉडबैंड कनेक्शनों की गति कम से कम 512 केबीपीएस होगी। अनुमान है कि देश के 55,669 गांवों में मोबाइल कवरेज नहीं है। पूर्वोत्तर के लिए व्यापक दूरसंचार विकास योजना में मोबाइल कवरेज प्रदान करने के लिए वहां के 8,621 गांवों को शामिल किया गया है।

नियामक संरचना

भारतीय दूरसंचार नियामक प्राधिकरण (टीआरएआई) ने राष्ट्रीय दूरसंचार नीति 2012 के उद्देश्यों को पूरा करने के लिए बेहतर गुणवत्ता और किफायती कीमतों के साथ दूरसंचार क्षेत्र में स्पर्धा को प्रोत्साहित करने का हमेशा प्रयास किया है। 2015-16 के दौरान टीआरएआई द्वारा अनेक सिफारिशें की गईं। टीआरएआई ने सेवाप्रदाताओं द्वारा तिमाही आधार पर बेसिक और सेल्युलर मोबाइल टेलिफोन सेवाओं तथा मासिक

आधार पर प्वाइंट ऑफ इंटरकनेक्शन (पीओआई) सेवा की निगरानी करने के लिए जरूरी कदम उठाए हैं। टीआरएआई द्वारा उठाए गए नियमन संबंधी कदमों से स्वस्थ स्पर्धा को प्रोत्साहन मिला है तथा उपभोक्ताओं के हितों की रक्षा के अतिरिक्त निवेश दक्षता बढ़ी है और टीआरएआई ने दूरसंचार क्षेत्र के विकास में सहायता दी है।

अनुसंधान और विकास

स्वायत्त निकाय सी-डॉट दूरसंचार विभाग का अंग है। यह संगठन लागत प्रभावी, स्वदेश में विकसित अत्याधुनिक दूरसंचार समाधान प्रदान करने के लिए संकल्पबद्ध है। सी-डॉट उपग्रह संचार, आईएन, एटीएम, डीडब्ल्यूडीएम, एनएमएस, वायरलेस ब्रॉडबैंड, जीपीओएन, एनजीएन तथा मोबाइल सेल्युलर प्रणालियों जैसे क्षेत्रों में दूरसंचार प्रौद्योगिकी का राष्ट्रीय अनुसंधान और विकास केंद्र बन गया है। सी-डॉट को दूरसंचार के लिए केंद्रीय निगरानी प्रणाली और सामरिक एप्लीकेशनों के लिए सुरक्षित नेटवर्क जैसे राष्ट्रीय महत्व की परियोजनाओं का दायित्व भी दिया गया है।

सार्वजनिक क्षेत्र के प्रतिष्ठान

दूरसंचार विभाग के प्रशासनिक नियंत्रण में निम्नलिखित सार्वजनिक प्रतिष्ठान (पीएसयू) हैं:

1. भारत संचार निगम लिमिटेड (बीएसएनएल)
2. महानगर टेलिफोन निगम लिमिटेड (एमटीएनएल)
3. आईटीआई लिमिटेड
4. टेलीकम्युनिकेशन्स कंसल्टेंट्स इंडिया लिमिटेड (टीसीआईएल)
5. भारत ब्रॉडबैंड नेटवर्क लिमिटेड (बीबीएनएल)
6. हेमिस्फेयर प्रॉपर्टीज इंडिया लिमिटेड (एचपीआईएल)

भारत संचार निगम लिमिटेड

भारत सरकार की पूर्ण स्वामित्व वाली कंपनी बीएसएनएल की स्थापना अक्टूबर 2000 में की गई। यह कंपनी दिल्ली और मुंबई को छोड़कर पूरे देश में दूरसंचार सेवा प्रदान करती है। यह लैंडलाइन टेलिफोन सेवा, डब्ल्यूएलएल तथा जीएसएम मोबाइल, ब्रॉडबैंड, इंटरनेट, लीज्ड सर्किट तथा लंबी दूरी की दूरसंचार सेवाएं प्रदान करती है। इसका फोकस क्षेत्र ग्रामीण टेलिफोनी है। बीएसएनएल पूर्वोत्तर क्षेत्र तथा जनजातीय क्षेत्रों तथा वामपंथी उग्रवाद प्रभावित क्षेत्रों पर विशेष बल देती है।

महानगर टेलिफोन निगम लिमिटेड

1986 में स्थापित महानगर टेलिफोन निगम (एमटीएनएल) नवरत्न सार्वजनिक प्रतिष्ठान है और यह दिल्ली और मुंबई में सेवा प्रदान करती है। इन दो महानगरों में एमटीएनएल निर्धारित लाइन की दूरसंचार सेवा प्रदाता कंपनी है। एमटीएनएल दिल्ली के साथ नोएडा, गुरुग्राम, फरीदाबाद तथा गाजियाबाद और मुंबई के साथ-साथ मुंबई महापालिका, नवी मुंबई निगम और ठाणे पालिका निगम के अंतर्गत आने वाले क्षेत्रों में जीएसएम मोबाइल सेवा प्रदान करती है। एमटीएनएल अपने ब्रॉडबैंड नेटवर्क पर वायस, हाई स्पीड इंटरनेट तथा आईपीटीवी सेवा प्रदान करती है। वर्तमान में कंपनी में 56.25 प्रतिशत हिस्सेदारी

भारत सरकार की है और शेष हिस्सेदारी एफआईआई, वित्तीय संस्थानों, बैंकों, म्यूचुअल फंडों तथा व्यक्तिगत निवेशकों सहित अन्य की है।

आईटीआई लिमिटेड

आईटीआई लिमिटेड की स्थापना 1948 में तब के दूरसंचार सेवा प्रदाता दूरसंचार विभाग को उपकरणों की सप्लाई करने के लिए की गई थी। आईटीआई ने अपना संचालन 1948 में बंगलुरु में शुरू किया। बाद में इसका विस्तार हुआ और जम्मू-कश्मीर में श्रीनगर, उत्तर प्रदेश में नैनी, रायबरेली और मानकपुर तथा केरल में पलक्कड़ इसकी उत्पादन इकाइयां स्थापित हुईं। सभी उत्पादन इकाइयां आईएसओ 9001-2000 मानक प्राप्त हैं। विभिन्न स्थानों पर इन इकाइयों की स्थापना का उद्देश्य न केवल निर्माण क्षमता को सुदृढ़ बनाना है बल्कि सामाजिक अवसंरचना का विकास करना भी है।

भारतीय दूरसंचार परामर्शदाता लिमिटेड

भारतीय दूरसंचार परामर्शदाता लिमिटेड (टीसीआईएल) की स्थापना 10 मार्च, 1978 को की गई। इसका प्रमुख उद्देश्य दूरसंचार और सूचना प्रौद्योगिकी के सभी क्षेत्रों में विश्वस्तरीय प्रौद्योगिकी प्रदान करना है ताकि उचित विपणन नीति तैयार कर, निरंतर आधुनिक टेक्नोलॉजी प्राप्त करके और अपनी अग्रणी भूमिका को बनाए रखते हुए विदेश तथा घरेलू बाजारों में परिचालन की श्रेष्ठता बनाई रखी जा सके। इसने साइबर पार्कों, इंटेलिजेंट बिल्डिंग, साइबर और स्मार्ट सिटी तथा ब्रॉडबैंड मल्टीमीडिया कंजरवेंट सेवा पर फोकस कर के, आईटी और आईटी सक्षम सेवाओं में प्रवेश कर के अपनी विविधता कायम की है। टीसीआईएल बाहरी देशों में भी दूरसंचार और आईटी अवसंरचना विकसित कर रही है।

भारत ब्रॉडबैंड निगम लिमिटेड

भारत ब्रॉडबैंड निगम लिमिटेड (बीबीएनएल) नामक एक स्पेशल पर्पज व्हीकल (एसपीवी) को भारतीय कंपनी कानून 1956 के अंतर्गत 25 फरवरी, 2012 को शामिल किया गया ताकि लगभग 2.50 लाख ग्राम पंचायतों में भारतनेट योजना लागू की जा सके। दूरसंचार विभाग के अंतर्गत हेमिस्फेयर प्रॉपर्टीज इंडिया लिमिटेड (एचपीआईएल) भी एक सार्वजनिक प्रतिष्ठान है। विदेश संचार निगम लिमिटेड (अब टाटा कम्युनिकेशंस लिमिटेड) में 25 प्रतिशत रणनीतिक बिक्री के समय, चार स्थानों पर मापन के समय कुल 1230.13 एकड़ भूमि में से 773.13 एकड़ अतिरिक्त जमीन अलग की गई और यह निर्णय लिया गया कि अतिरिक्त भूमि विनिवेश निविदा का भाग नहीं होगा और इसका प्रबंधन एक अलग अचल संपत्ति कंपनी करेगी। इस भूमि पर सरकार के अधिकारों को शेयर खरीद समझौते (एसपीए) तथा शेयर धारक समझौते (एसएचए) में शामिल व्यवस्था के माध्यम से संरक्षित किया गया। परिणामस्वरूप सरकार ने बीएसएनएल की अतिरिक्त भूमि को बांट कर इससे बनने वाली कंपनी की योजना को स्वीकृति दी और मार्च 2014 में इससे बनी कंपनी हेमिस्फेयर प्रॉपर्टीज लिमिटेड (एचपीआईएल) के 51.12 प्रतिशत शेयर सरकार ने ले लिए। इसके साथ ही एचपीआईएल दूरसंचार विभाग का छठा सार्वजनिक प्रतिष्ठान बन गया।

सूचना प्रौद्योगिकी

इलेक्ट्रॉनिक्स और सूचना प्रौद्योगिक मंत्रालय

सूचना प्रौद्योगिकी, इलेक्ट्रॉनिक्स, इंटरनेट (आईएसपी लाइसेंसिंग को छोड़कर) तथा साइबर सुरक्षा संबंधी नीतिगत विषयों को देखता है। इसका उद्देश्य नागरिकों को सशक्त बनाने के लिए ई-गवर्नेंस,

इलेक्ट्रॉनिक्स, आईटी एवं आईटीईएस उद्योगों के समावेशी और टिकाऊ विकास को बढ़ावा देना, इंटरनेट गवर्नेंस में भारत की भूमिका को बढ़ाना, बहुआयामी दृष्टिकोण अपनाना जिसमें मानव संसाधनों का विकास, अनुसंधान एवं विकास और नवाचार को बढ़ावा देना, डिजिटल सेवाओं द्वारा दक्षता बढ़ाना और सुरक्षित साइबर स्पेस सुनिश्चित करना है।

भारत सरकार द्वारा डिजिटल इंडिया कार्यक्रम लांच करने के साथ इलेक्ट्रॉनिक्स और सूचना प्रौद्योगिकी मंत्रालय की भूमिका बढ़ गई है। कार्यक्रम का लक्ष्य भारत को डिजिटल रूप से सशक्त समाज और ज्ञान अर्थव्यवस्था में परिवर्तित करना है। कार्यक्रम के तीन विजन हैं- प्रत्येक नागरिक के लिए उपयोगिता के रूप में डिजिटल अवसंरचना मांग आधार पर गवर्नेंस और सेवाएं तथा देश में डिजिटल खाई को पाट कर नागरिकों को डिजिटल रूप से सशक्त बनाना। यह परिवर्तनकारी कार्यक्रम अवसंरचना, विनिर्माण, कौशल तथा डिलिवरी प्लेटफॉर्म की समग्र क्षमता को बनाने के लिए तैयार किया गया है जो कालक्रम में आत्मनिर्भर ज्ञान अर्थव्यवस्था बनाने में नेतृत्व करेगा।

प्रत्येक नागरिक की उपयोगिता के रूप में डिजिटल अवसंरचना में नागरिक सेवा प्रदान करने के लिए हाई स्पीड इंटरनेट की उपलब्धता, प्रत्येक नागरिक के लिए डिजिटल पहचान, मोबाइल फोन और बैंक खातों से डिजिटल और वित्तीय क्षेत्र में नागरिकों की भागीदारी, पब्लिक क्लाउड के बीच निजी स्थान बनाना और देश में सुरक्षित और सुदृढ़ साइबर स्पेस गठित करना।

मांग आधार पर गवर्नेंस और सेवाओं में सभी विभागों या क्षेत्राधिकारों को एकीकृत सेवा प्रदान करना, ऑनलाइन तथा मोबाइल प्लेटफॉर्मों पर वास्तविक समय में सेवाओं की उपलब्धता, कारोबारी सहजता के लिए डिजिटल रूप में परिवर्तित सेवाएं , निर्णय संबंधी सहयोग प्रणाली और विकास के लिए ग्लोबल इंफॉरमेशन सिस्टम (जीआईएस) का लाभ उठाना शामिल है।

नागरिकों को डिजिटल रूप से सशक्त बनाने में वैश्विक डिजिटल साक्षरता उपलब्ध कराना, डिजिटल स्रोतों तक आसान पहुंच बनाना, सभी सरकारी दस्तावेज/प्रमाण-पत्र क्लाउड पर उपलब्ध कराना और क्लाउड के माध्यम से सभी के अधिकार सुनिश्चित करना है।

डिजिटल इंडिया कार्यक्रम के अंतर्गत विकास के नौ स्तंभों यथा- ब्रॉडबैंड हाइवे, मोबाइल कनेक्टिविटी से सभी को जोड़ना, पब्लिक इंटरनेट एक्सेस कार्यक्रम, ई-गवर्नेंस, तकनीक के माध्यम से प्रशासनिक सुधार, ई-क्रांति सेवाओं की इलेक्ट्रॉनिक डिलिवरी, सब के लिए सूचना की उपलब्धता, इलेक्ट्रॉनिक्स विनिर्माण, सूचना प्रौद्योगिकी का नौकरियों और अच्छी पैदावार के लिए कृषि कार्यक्रमों में इस्तेमाल को प्रोत्साहित किया जा रहा है। सरकार का पूरा ध्यान डिजिटल इंडिया कार्यक्रम के विभिन्न घटकों को एकीकृत रूप से लागू करने पर केंद्रित है। इलेक्ट्रॉनिक्स और सूचना प्रौद्योगिकी मंत्रालय द्वारा डिजिटल इंडिया कार्यक्रम का समन्वय केंद्रीय मंत्रालयों और राज्यों के विभागों के साथ किया जाता है।

इलेक्ट्रॉनिक्स और सूचना प्रौद्योगिकी मंत्रालय दो प्रमुख अधिनियमों के दायरे में कार्य करता है।

सूचना प्रौद्योगिकी अधिनियम, 2000 में इलेक्ट्रॉनिक्स डाटा के आदान-प्रदान द्वारा इलेक्ट्रॉनिक सूचना के अन्य साधनों जिन्हें सामान्यत: 'इलेक्ट्रॉनिक वाणिज्य' कहा जाता है और जिसमें पत्र-व्यवहार और सूचना के भंडारण के कागज आधारित विकल्पों का उपयोग शामिल है, किए गए कार्यों को विधिक मान्यता देने तथा सरकारी अभिकरणों को इलेक्ट्रॉनिक्स रूप में फाइल करने का प्रावधान है।

इस अधिनियम में सूचना प्रौद्योगिकी अधिनियम, 2008 के माध्यम से संशोधन किया गया। इस संशोधन में 'डिजिटल दस्तखत' के स्थान पर 'इलेक्ट्रॉनिक दस्तखत' शब्द रखा गया है। इस संशोधन के माध्यम से नए खंड जोड़ने के साथ-साथ विभिन्न खंडों में बड़े परिवर्तन किए गए। लक्षित लाभार्थियों तक विभिन्न लाभों और सब्सिडी को पहुंचाने के उद्देश्य से आधार प्लेटफॉर्म का लाभ उठाने के सभी प्रयास किए गए हैं। आधार को वैधानिक शक्ति प्रदान करने के लिए संसद में उचित विधेयक प्रस्तुत किया गया है। वैधानिक समर्थन प्रदान करने वाले विधेयक से वास्तविक पात्र लाभार्थी को विभिन्न सब्सिडी और कार्यक्रमों के लाभ प्रदान करना सुनिश्चित हो सकेगा। यह व्यवस्था की गई है कि प्रत्येक निवासी आधार संख्या प्राप्त करने का हकदार होगा। यह वैकल्पिक होगा, आवश्यक नहीं।

आधार (वित्तीय और अन्य सब्सिडियों, लाभों और सेवाओं की लक्षित आपूर्ति) कानून 2016 में सब्सिडियों, लाभों और सेवाओं की डिलिवरी में सुशासन, दक्षता, पारदर्शिता का प्रावधान है। इस पर आने वाला खर्च भारत की संचित निधि से किया जाता है। यह लाभ भारत में रहने वाले लोगों को आधार संख्या प्रदान कर दिया जाता है। इस विधेयक में आधार नामांकन संख्या, यूआईडीएआई की मौलिक स्थापना आदि सभी क्षेत्रों को समाहित किया जाता है। यूआईडीएआई अब वैधानिक इकाई है। 102.60 करोड़ नागरिकों ने आधार नामांकन कराया है।

डिजिटल इंडिया कार्यक्रम तथा इलेक्ट्रॉनिक्स और सूचना प्रौद्योगिकी मंत्रालय के कार्यक्रमों, योजनाओं को सात प्रमुख क्षेत्रों में रखा जा सकता है। पहला ई-कॉमर्स के माध्यम से शासन गुणवत्ता में परिवर्तन करने से संबंधित है। इलेक्ट्रॉनिक्स निर्माण को बढ़ावा, सूचना प्रौद्योगिकी सेवाओं को प्रोत्साहन तथा सूचना प्रौद्योगिकी अवसरंचना तैयार करना कार्यक्रम संबंधी पहलों के अगले तीन सेट हैं। पुराने कार्यक्रमों को अनुसंधान और विकास पहल, कार्यक्रमों के डिजिटल समावेशन सहित मानव संसाधन विकास और साइबर सुरक्षा से पूरक बनाया गया है।

ई-गवर्नेंस

शीर्ष कार्यक्रम के रूप में डिजिटल इंडिया की शुरुआत के साथ ई-क्रांति, ई-गवर्नेंस प्रणालियों में ओपन सोर्स सॉफ्टवेयर अपनाने की नीति, ई-मेल नीति, आईटी संसाधनों के उपयोग की नीति, सरकारी एप्लीकेशनों के सोर्स कोर्ड को खोल कर सहकारी एप्लीकेशन विकास की नीति, क्लाउड रेडी एप्लीकेशनों के लिए एप्लीकेशन विकास और रि-इंजीनियरिंग दिशानिर्देश तथा ई-गवर्नेंस सक्षमता रूपरेखा जैसी अनेक नीतिगत पहल की गई है। इस दिशा में ई-जिले, समान सेवा केंद्र तथा राज्यव्यापी एरिया नेटवर्क (एसडब्ल्यूएएन) जैसी प्रमुख योजनाएं भी काम कर रही हैं।

ओपन सोर्स सॉफ्टवेयर अपनाने की नीतिः यह नीति सरकारी संगठनों में ओपन सोर्स सॉफ्टवेयर को औपचारिक रूप से अपनाने तथा उपयोग को प्रोत्साहन देती है। इस नीति के अनुसार सभी सरकारी संगठन, ई-गवर्नेंस एप्लीकेशंस तथा प्रणाली को लागू करते समय नीति का परिपालन सुनिश्चित करेंगे और क्षमता, रणनीतिक नियंत्रण, आरोह्य, सुरक्षा, संपूर्ण जीवन लागत तथा समर्थन आवश्यकताओं के संदर्भ में ओपन सोर्स सॉफ्टवेयर तथा क्लोज्ड सोर्स सॉफ्टवेयर की तुलना करके निर्णय लेंगे।

सरकारी एप्लीकेशनों के सोर्स कोर्ड को खोल कर सहयोगी एप्लीकेशन विकास की नीतिः इस नीति का उद्देश्य ई-गवर्नेंस एप्लीकेशन की गति को बढ़ाना तथा ओपन सोर्स कोड अपना कर तेजी से क्रियान्वित करना है। सरकार सफल, आरोह्य, उच्च गुणवत्ता संपन्न ई-एप्लीकेशनों को सहयोग तरीके से

विकसित करना चाहती है। सरकार नवाचारी ई–एप्लीकेशनों को प्रोत्साहन देना चाहती है और सहयोगी विकास के माध्यम से समाधान की इच्छुक है।

भारत सरकार के सूचना प्रौद्योगिकी संसाधनों के उपयोग पर नीति: यह नीति उपयोगकर्ता के दृष्टिकोण से सूचना प्रौद्योगिकी संसाधनों के उपयोग को नियंत्रित करती है। इस नीति का उद्देश्य सरकारी सूचना प्रौद्योगिकी संसाधनों तक उचित पहुंच और उपयोग को सुनिश्चित करना और उपयोगकर्ता द्वारा उसका दुरुपयोग रोकना है। यह नीति भारत सरकार के सभी कर्मचारियों तथा राज्यों/केंद्रशासित प्रदेशों के उन कर्मचारियों पर लागू होती है जो भविष्य में इस नीति का चयन करेंगे।

भारत सरकार की ई–मेल नीति: यह नीति भारत सरकार की ई–मेल सेवाओं के उपयोग के संबंध में दिशानिर्देश निर्धारित करती है। यह नीति भारत सरकार की ई–मेल सेवा का उपयोग करने वाले भारत सरकार के सभी कर्मचारियों/राज्यों/केंद्रशासित प्रदेशों के उन कर्मचारियों पर लागू होती है जो भारत सरकार की ई–मेल सेवा का उपयोग करते हैं। यह राज्यों/केंद्रशासित प्रदेशों के उन कर्मचारियों पर भी लागू होती है जो भविष्य में भारत सरकार की ई–मेल सेवा का उपयोग करना चाहेंगे। इस नीति का उद्देश्य उपयोगकर्ताओं द्वारा भारत सरकार की ई-मेल सेवाओं तक सुरक्षित पहुंच और उपयोग को सुनिश्चित करना है।

ओपन एप्लीकेशन प्रोग्रामिंग इंटरफेसेज पर नीति (एपीआई): सरकार की एपीआई नीति का उद्देश्य सभी ई–गवर्नेंस एप्लीकेशनों तथा प्रणालियों के लिए सॉफ्टवेयर के अंतरसंचालन को प्रोत्साहित करना तथा नागरिकों सहित सभी हितधारकों की भागीदारी को बढ़ावा देने के लिए डाटा और सेवाओं तक एक्सेस प्रदान करना है।

ई–गवर्नेंस सक्षमता रूपरेखा (ई-जीसीएफ): टूलकिट में सरकारी कर्मचारियों के लिए उपभोगकर्ता नॉलेज एरिया का सेट होता है। इस रूपरेखा का उद्देश्य क्षमता सृजन योजना को सुदृढ़ बनाना है ताकि ई–गवर्नेंस के अंतर्गत विभिन्न कार्य भूमिकाओं के लिए आवश्यक सक्षमता आधारित प्रणाली के माध्यम से सक्षमता को चिह्नित और परिभाषित किया जा सके। सेवाओं की गुणवत्ता में परिवर्तन करने तथा एकीकृत सेवाएं प्रदान करने के लिए 'ई–क्रांति' पहल का उद्देश्य क्लाउड और मोबाइल प्लेटफॉर्म जैसी उभरती प्रौद्योगिकी का उपयोग करना और सेवाओं को एकीकृत करने पर ध्यान केंद्रित करना है। इस कार्यक्रम का सिद्धांत परिवर्तन करना है, कार्य में परिणत करना नहीं। इसका उद्देश्य एकीकृत सेवाएं प्रदान करना है, व्यक्तिगत सेवाएं देना नहीं।

एक अन्य महत्वपूर्ण पहल 'जीवन प्रमाण' है जिसका उद्देश्य पेंशनधारियों को आधार आधारित डिजिटल जीवन प्रमाण–पत्र प्रदान करना है। इस पोर्टल पर 15.96 लाख पेंशनधारियों ने पंजीकरण कराया है और पोर्टल लांच किए जाने के बाद से 10.81 लाख डिजिटल प्रमाण–पत्र सफलतापूर्वक तैयार किए गए हैं। 'डिजिटल लॉकर प्रणाली' की परिकल्पना एक प्लेटफॉर्म के रूप में की गई है जिससे नागरिक सेवा प्रदाताओं से अपना दस्तावेज साझा कर सकेंगे और सेवा प्रदाता इलेक्ट्रॉनिक रूप से नागरिकों के दस्तावेजों को एक्सेस कर सकेंगे। 'ई-साइन' की रूपरेखा जारी कर दी गई है। इससे नागरिक आधार कार्ड का उपयोग करते हुए दस्तावेज पर डिजिटल हस्ताक्षर कर सकेंगे। संगठनात्मक उपयोगकर्ताओं को ई-साइन सुविधा देने के लिए गजट अधिसूचना 27 अप्रैल, 2016 को जारी की गई।

राष्ट्रीय छात्रवृत्ति पोर्टल किसी भी छात्रवृत्ति योजना के अंतर्गत विद्यार्थियों को छात्रवृत्ति राशि प्रदान करने वाला केंद्रीकृत मंच है। एक करोड़ से अधिक आवेदन प्रस्तुत किए गए हैं। 15 मंत्रालयों/ विभागों की 21 छात्रवृत्तियां पंजीकृत हैं। 54 योजनाएं पंजीकृत की गई हैं। राष्ट्रीय छात्रवृत्ति पोर्टल 2.0 एप्लीकेशन को चालू कर दिया गया है।

विभिन्न विभागों की सरकारी सेवाओं को एकीकृत करने के लिए मोबाइल सेवा कार्यक्रम लांच किया गया है। स्वास्थ्य, शिक्षा, कृषि, ऊर्जा, सामाजिक कल्याण तथा ई-गवर्नेंस पर सूचना प्रदान करने के लिए 10 से अधिक भाषाओं में 'विकासपीडिया' पोर्टल लांच किया गया है। इसमें और भाषाओं को जोड़ा जाएगा।

MyGov.in एक अभिनव प्लेटफॉर्म है। इसका उद्देश्य सरकार के निर्णयों में जन भागीदारी सुनिश्चित करना है ताकि सुशासन का लक्ष्य प्राप्त किया जा सके। यह नागरिकों और विश्वभर के शुभेच्छुओं के लिए महत्वपूर्ण विषयों पर भारत के प्रधानमंत्री के साथ अपने विचार साझा करने का अवसर प्रदान करता है।

ओपन गवर्नमेंट डाटा (ओजीडी) भारत सरकार के ओपन डाटा कार्यक्रम को समर्थन देने वाला मंच है। इस पोर्टल का उपयोग भारत सरकार के मंत्रालयों/विभागों द्वारा उपयोग के लिए है ताकि मंत्रालय और विभाग लोगों के उपयोग के लिए संग्रहित डाटासेट्स, दस्तावेजों, सेवाओं, टूल्स तथा एप्लीकेशनों को प्रकाशित कर सकें। इसका उद्देश्य सरकार के काम-काज में पारदर्शिता को प्रोत्साहित करना और अन्य नवाचारी उपयोगों के लिए अवसर प्रदान करना है।

ई-संपर्क डाटाबेस जन प्रतिनिधियों तथा सकरारी कर्मचारियों को संदेश और ई-मेल भेजने के लिए विकसित किया गया है। इस डाटाबेस में 98 लाख ई-मेल एड्रेस और 12 करोड़ मोबाइल नंबर हैं। 243 अभियानों के लिए मेलर्स/भेजी गई ई-मेल्स की संख्या 114 करोड़ से अधिक है।

आधार सहायक बायोमीट्रिक अटेंडेंस प्रणाली (एईबीएस) सरकार में दक्षता लाने के लिए इलेक्ट्रॉनिक्स और सूचना प्रौद्योगिकी मंत्रालय द्वारा आधार सक्षम बायोमीट्रिक अटेंडेंस प्रणाली लागू की गई है।

ई-पेमेंट संरचना: सभी भुगतान और प्राप्तियां इलेक्ट्रॉनिक मोड में होंगी। ऑनलाइन भुगतान के लिए सामूहिक मंच payonline.gov.in पोर्टल लांच किया गया है।

ई-अस्पताल: बाह्यरोगी पंजीकरण (ओआरएफ) सरकारी अस्पतालों में ऑनलाइन ओपीडी अपॉइंटमेंट सुविधा के लिए है। इसमें रोगी देखभाल, प्रयोगशाला सेवाएं तथा चिकित्सा रिकॉर्ड प्रबंधन को कवर किया गया है।

ई-जिले: यह राष्ट्रीय ई-गवर्नेंस कार्यक्रम के अंतर्गत 44 मिशन मोड परियोजनाओं में से एक है। इस परियोजना का नोडल मंत्रालय इलेक्ट्रॉनिक्स और सूचना प्रौद्योगिकी मंत्रालय है और इसे राज्य सरकारों तथा उनकी निर्दिष्ट एजेंसियों द्वारा लागू किया जाएगा। मिशन मोड परियोजना का उद्देश्य जिला और ऐसे उप जिला स्तर पर, जो किसी अन्य मिशन मोड परियोजना का हिस्सा नहीं हैं, चिह्नित नागरिक केंद्रित सेवाओं की इलेक्ट्रॉनिक डिलिवरी करना है। मिशन मोड परियोजना में नागरिकों को उनके दरवाजे पर इलेक्ट्रॉनिक तौर पर लोक सेवाएं प्रदान करने के लिए ई-अवसंरचना के चार स्तंभों-राज्य डाटा केंद्र (एसडीसी), एसडब्ल्यूएन, राज्य सेवा डिलिवरी गेटवे तथा समान सेवा केंद्र (सीएससी) के अधिकतम

उपयोग का प्रावधान है। यह परियोजना 553 जिलों में लांच की गई है और लगभग 890 ई–सेवाएं भी लांच की गई हैं।

समान सेवा केंद्रः इस योजना का उद्देश्य भारत के 6 लाख गांवों में आईसीटी सक्षम फ्रंट एंड सेवा आउटलेट प्रदान करना है। ऐसे इंटरनेट सक्षम केंद्रों से नागरिकों को सरकारी, निजी कौशल विकास, शिक्षा, डिजिटल साक्षरता, स्वास्थ्य और वित्तीय सेवाओं तक एक्सेस की अनुमति होती है। बैंकिंग, बीमा तथा प्रधानमंत्री जन–धन योजना के अंतर्गत पेंशन सेवाओं ने समान सेवा केंद्रों (सीएससी) को जीवंत बना दिया है। डिजिटल साक्षरता प्रसार के लिए डिजिटल साक्षरता अभियान (डीआईएसएचए) से समान सेवा केंद्रों के माध्यम से नागरिकों को सक्रिय भागीदारी सक्षम बनाया गया है। आधार नामांकन/अपडेट को समान नागरिक सेवा केंद्रों के जरिए सक्षम बनाया गया है। 30 जून, 2016 तक 2,23,307 समान सेवा केंद्र शुरू किए गए हैं।

राज्यव्यापी एरिया नेटवर्क (एसडब्ल्यूएएन): एसडब्ल्यूएएन को ई–गवर्नेंस कार्यक्रम को समर्थन देने के लिए मुख्य अवसंरचना तत्व के रूप में चिह्नित किया गया है। इलेक्ट्रॉनिक्स और सूचना प्रौद्योगिकी मंत्रालय ने कार्यक्रम गतिविधि को समर्थन देने के लिए धन का आवंटन किया है। राष्ट्रीय ई–गवर्नेंस कार्ययोजना के अंतर्गत ब्लॉक स्तर तक एनआईसीएनईटी/राज्यव्यापी एरिया नेटवर्क (एसडब्ल्यूएएन) के माध्यम से संपर्क प्रदान करने का प्रस्ताव है। यह 34 राज्यों/केंद्रशासित प्रदेशों के विभागों में क्षमता सृजन करना है। इसका उद्देश्य परियोजना टीमों की सक्षमता को बढ़ाना और परियोजना संबंधी परिकल्पना और डिलिवरी की समझ कायम करना है।

जीआई क्लाउडः क्लाउड संगणना के उपयोग और लाभ देने के लिए भारत सरकार ने महत्वाकांक्षी और महत्वपूर्ण कार्यक्रम 'जी क्लाउड' प्रारंभ किया है जिसे 'मेघराज' नाम दिया गया है। इस कार्यक्रम का फोकस रणनीति विकसित करने तथा सरकार में क्लाउड के प्रसार सुनिश्चित करने के लिए सरकारी व्यवस्था सहित विभिन्न घटकों को लागू करने पर है। क्लाउड नीति तैयार करना एक प्राथमिक कदम है जो सरकार द्वारा क्लाउड को बड़े पैमाने पर अपनाने में सहायक होगा। जीआई क्लाउड का प्रमुख उद्देश्य आईसीटी अवसंरचना का अधिकतम उपयोग करना, ई–शासन एप्लीकेशनों को तेजी से विकसित और तैनात करना, सफल एप्लीकेशनों की तेजी से नकल करना और एक स्थान पर समान मानक का अनुसरण करते हुए प्रमाणित एप्लीकेशन उपलब्ध करना है।

राष्ट्रीय जियो–इंफॉरमेटिक्स सेंटर (एनसीओजी): यह केंद्र सरकारी मंत्रालयों/विभागों को जीआईएस आधारित सेवाएं प्रदान करता है। एनसीओजी वर्तमान में विभिन्न संगठनों के लिए जीआईएस आधारित निर्णय समर्थ प्रणाली तैयार करने का काम कर रहा है। ग्राम स्तर, प्रमुख सड़कों, नदियों, रेल तक प्रशासनिक सीमाओं के लिए पूरे देश में 1:10,000 के स्केल पर बेस मैप लेयर्स पूरे कर लिए गए हैं। जीआईएस आधारित निर्णय समर्थ प्रणाली (डीएसएस) प्लेटफॉर्म निम्नलिखित के लिए विकसित और प्रस्तुत किए गए हैं:

- सरकारी भूमि सूचना प्रणाली (शहरी विकास मंत्रालय);
- ग्रामीण विद्युतीकरण निगम;
- खनन सूचना प्रणाली (खान मंत्रालय);
- एआईसीटीई के लिए डीएसएस;

- लवण पटल सूचना प्रणाली (डीआईपीपी);
- पीईएसए तथा नेशनल एसेट डायरेक्टरी (कार्मिक मंत्रालय); तथा
- सीएससी स्थानों के साथ ई-जिला सेवाएं (इलेक्ट्रॉनिक्स और सूचना प्रौद्योगिकी मंत्रालय)।

ई-अवसंरचना

ई-अवसंरचना में अग्रणी सहयोग के लिए आवश्यक टूल्स, सुविधाएं और संसाधन होते हैं। इसमें इंटरनेट ब्रॉडबैंड चैनल, कंप्यूटिंग पावर, बैंडविड्थ प्रोविजनिंग, डेटा स्टोरेज, ग्रिड आधारित संसाधन भागीदारी जैसी विभिन्न प्रौद्योगिकी का एकीकरण शामिल है। सूचना और संचार टेक्नोलॉजी (आईसीटी) के विकास को बनाए रखने के लिए तथा उच्च स्पर्धी बाजार को प्रेरित करने वाली वैश्विक चुनौतियों का मुकाबला करने के लिए गुणवत्तासंपन्न अवसंरचना, अनुसंधान और विकास प्रयासों को प्रोत्साहन, संचार में बौद्धिक संपदा सृजन, इंटरनेट तथा ब्रॉडबैंड प्रौद्योगिकी में निरंतर निवेश करना तथा संबंधित नीतिगत विषयों का समाधान करना आवश्यक है। इस संबंध में सरकार ने सूचना प्रौद्योगिकी निवेश क्षेत्र (2008) शुरू किया ताकि सूचना प्रौद्योगिकी (आईटी)/सूचना प्रौद्योगिकी सक्षम सेवाएं (आईटीईएस)/इलेक्ट्रॉनिक हार्डवेयर मैन्यूफेक्चरिंग (ईएचएम) इकाइयों में निवेश को प्रोत्साहित किया जा सके। राष्ट्रीय सार्वभौमिक इलेक्ट्रॉनिक सुगमता नीति (2013) बनाई गई ताकि इलेक्ट्रॉनिक्स तथा आईसीटी सुगमता के संबंध में दिव्यांगों के समक्ष आने वाली बाधाओं को दूर किया जा सके।

सूचना प्रौद्योगिकी निवेश क्षेत्र (आईटीआईआर): सरकार ने एक पारदर्शी और निवेश अनुकूल नीति बनाकर तथा सूचना प्रौद्योगिकी निवेश क्षेत्रों की स्थापना करके निवेश आकर्षित करने का निर्णय लिया है। सूचना प्रौद्योगिकी निवेश क्षेत्रों में उत्कृष्ट अवसंरचना और निवेश अनुकूल वातावरण होगा। ऐसे केंद्र समान अवसंरचना और समर्थनकारी सेवाओं के उपयोग से स्थानिक समानता, नेटवर्किंग और बेहतर सक्षमता का लाभ उठा सकेंगे। इन केंद्रों से निर्यात में तेजी आएगी और रोज़गार के अवसर पैदा होंगे। आईटीआईआर इन निवेश क्षेत्रों को लगभग 40 वर्ग कि.मी. के क्षेत्र में विशेष रूप से अलग बनाया गया। यहां उत्पादन इकाइयों, जनोपयोगी सुविधाओं, लॉजिस्टिक, पर्यावरण संरक्षण व्यवस्था, रिहायशी क्षेत्रों तथा प्रशासनिक सेवाओं का जमावड़ा रहेगा।

सार्वभौमिक इलेक्ट्रॉनिक सुगमता: इलेक्ट्रॉनिक्स और आईसीटी दिव्यांग व्यक्तियों की बाधाओं को दूर करने के साथ-साथ उन्हें दैनिक जीवन में स्वतंत्र रूप से भाग लेने में भी सहायक होंगे। राष्ट्रीय इलेक्ट्रॉनिक सुगमता नीति इस मंत्रालय द्वारा बनाई गई और इसे 25 अक्टूबर, 2013 को अधिसूचित किया गया। यह नीति दिव्यांगता के आधार पर भेदभाव खत्म करना आवश्यक मानती है और इलेक्ट्रॉनिक्स तथा आईसीटी की समान सुगमता में सहायक है। यह नीति दिव्यांग लोगों की विविधताओं को मान्यता देते हुए उनकी विशेष आवश्यकताओं को पूरा करती है।

इलेक्ट्रॉनिक्स तथा आईटी और आईटीईएस

अनुमान है कि 2020 तक भारत में इलेक्ट्रॉनिक उत्पादों और प्रणालियों की मांग बढ़कर लगभग 400 खरब डॉलर हो जाएगी। घरेलू उत्पादन वृद्धि की पारंपरिक दर से 2020 तक केवल 100 खरब डॉलर की मांग पूरी करना ही संभव हो पाएगा। सरकार इलेक्ट्रॉनिक्स और आईटी हार्डवेयर उत्पादन को उच्च प्राथमिकता देती है। इलेक्ट्रॉनिक्स और आईटी हार्डवेयर निर्माण में साइबर सुरक्षित ईको सिस्टम/पारिस्थितिक तंत्र में सहायक होने के अतिरिक्त घरेलू धन और रोज़गार सृजन की काफी क्षमता है।

निर्माण के क्षेत्र में सबसे अधिक ध्यान इलेक्ट्रॉनिक उद्योग में घरेलू निर्माण पर है। इसके लिए केंद्रीय बजट 2016-17 में अंतरीय शुल्क ढांचे का कुछ इलेक्ट्रॉनिक सामग्री तक विस्तार करके शुल्क ढांचे को तर्कसंगत बनाया गया। बजट में सेमी कंडक्टर वेफर तथा एलसीडी फेब्रिकेशन इकाइयों को प्रोत्साहन का संकल्प व्यक्त किया गया है। बजट में पॉपुलेटेड पीसीबी के स्वदेशी निर्माण को प्रोत्साहन देने की भी व्यवस्था की गई है। सरकार द्वारा उठाए गए कुछ प्रमुख कदम इस प्रकार हैं:

इलेक्ट्रॉनिक उत्पादन/निर्माण समूह (ईएमसी): सेमीकंडक्टरों, पुर्जों और इलेक्ट्रॉनिक उत्पादों के निर्माण के लिए निवेश आकर्षित करने में प्रमुख बाधाओं में एक है जरूरी सामान की उपलब्धता और विश्वसनीय अवसंरचना। सरकार का ईएमसी के अंदर इलेक्ट्रॉनिक सिस्टम डिजाइन तथा मैन्युफेक्चरिंग (ईएसडीएम) को प्रोत्साहन पैकेज देने का प्रस्ताव है। ईएमसी ईएसडीएम क्षेत्र के विकास में सहायक होंगे, उद्यमितापूर्ण पारिस्थितिकी प्रणाली विकास में मदद देंगे, नवाचार को प्रेरित करेंगे तथा रोज़गार के अवसर बढ़ा कर और कर राजस्व से क्षेत्र के आर्थिक विकास को प्रेरित करेंगे। आठ राज्यों में 1,203 करोड़ रुपये की लागत के साथ ग्रीनफील्ड इलेक्ट्रॉनिक्स मैन्युफेक्चरिंग क्लस्टर्स स्थापित करने के लिए आठ आवेदनों तथा ब्राउनफील्ड क्लस्टर में समान सुविधा केंद्र की स्थापना के लिए एक आदेवन को अंतिम स्वीकृति दी गई है। इन ईएमसी में 21,470 करोड़ रुपये का निवेश आकर्षित होगा और 1.15 लाख रोज़गार के अवसर मिलेंगे। इस योजना के अंतर्गत आवेदन अक्टूबर 2017 तक किए जा सकेंगे।

संशोधित विशेष प्रोत्साहन पैकेज योजना (एमएसआईपीएस): भारत में ईएसडीएम उद्योग उच्च कारोबारी लागत, जटिल प्रशासनिक प्रक्रियाओं तथा बुनियादी कमजोरी जैसी चुनौतियों का सामना कर रहे हैं। इन चुनौतियों से निपटने के लिए एम-एसआईपीएस प्रोत्साहन देती है ताकि ईएसडीएम क्षेत्र तथा ईएमसी में घरेलू और वैश्विक निवेश आकर्षित किया जा सके। अब तक 1,22,320 करोड़ रुपये के निवेश प्रस्ताव प्राप्त हुए हुए हैं। लगभग 17,997 करोड़ के लागत वाले 75 प्रस्तावों को मंजूरी दी गई है। समीक्षा समिति ने 2,732 करोड़ रुपये के 23 प्रस्तावों की सिफारिश की है। 90,882 करोड़ रुपये के 78 आवेदन प्रक्रियाधीन हैं। जून 2016 तक 10,709 करोड़ रुपये के 28 आवेदनों को पूरी तरह नहीं भरने और पात्रता की कमी के कारण अस्वीकृत किया गया है।

इलेक्ट्रॉनिक विकास कोष नीति: इसे मंत्रिमंडल अनुसंधान और विकास, नवाचार तथा इलेक्ट्रॉनिक्स, आईटी/नैनो इलेक्ट्रॉनिक्स में आईपी जेनरेशन को समर्थन देने में उद्यम कोषों की भागीदारी प्रदान करने के लिए दिसंबर 2014 में स्वीकृति दी। सरकार ने इलेक्ट्रॉनिक विकास कोष के फंड मैनेजर के रूप में कैनबैंक वेंचर कैपिटल फंड लिमिटेड (सीवीसीएफएल) की नियुक्ति की है। ईडीएफ की शुरुआत 15 फरवरी, 2016 में की गई। ईडीएफ प्रबंधन बोर्ड ने जून 2016 तक अंतिम वचनबद्धता के लिए 179 करोड़ रुपये के 4 कन्या कोष तथा 510 करोड़ के 12 कन्या कोष की सिद्धांत रूप में वचनबद्धता की सिफारिश की है।

भारतीय बीपीओ प्रोत्साहन योजना (आईबीपीएस) में सरकार ने बारहवीं पंचवर्षीय योजना की शेष अवधि यानी 31 मार्च, 2017 तक लगभग 493 करोड़ रुपये के आवंटन के साथ छोटे शहरों और ग्रामीण क्षेत्रों सहित पूरे देश में बीपीओ/आईटीईएस संचालन को प्रोत्साहन देने के लिए आईबीपीएस को मंजूरी दी है ताकि 1,45,000 व्यक्तियों के लिए रोज़गार अवसरों का सृजन हो सके और प्रत्येक राज्य में सूचना प्रौद्योगिकी और सूचना प्रौद्योगिकी सक्षम सेवा क्षेत्र का संतुलित विकास हो सके। 2011 की जनगणना के अनुसार जनसंख्या प्रतिशत के आधार पर बंग्लुरु, चेन्नई, हैदराबाद, कोलकाता, मुंबई,

एनसीआर (दिल्ली, गुरुग्राम, नोएडा, फरीदाबाद), पुणे तथा पूर्वोत्तर क्षेत्र के राज्यों को छोड़कर सभी राज्यों/केंद्रशासित प्रदेशों में वितरण के लिए 48,300 सीटों की योजना बनाई गई है। यह योजना गुड गवर्नेंस सप्ताह के दौरान 28 दिसंबर, 2015 को लांच की गई। भारत सरकार के इलेक्ट्रॉनिक्स और सूचना प्रौद्योगिकी मंत्रालय के अंतर्गत स्वशासी सोसायटी सॉफ्टवेयर टेक्नोलॉजी पार्क ऑफ इंडिया (एसटीपीआई) को आईबीपीएस लागू करने के लिए नोडल एजेंसी बनाया गया है।

पूर्वोत्तर बीपीओ प्रोत्साहन योजना (एनईबीपीएस): पूर्वोत्तर क्षेत्र में युवाओं के लिए रोज़गार अवसर पैदा करने तथा सूचना प्रौद्योगिकी सक्षम उद्योग के विकास के लिए बीपीओ/सूचना प्रौद्योगिकी सक्षम संचालनों को बढ़ावा देने के लिए डिजिटल इंडिया कार्यक्रम के अंतर्गत एनईबीपीएस को स्वीकृति दी गई है। इस योजना का उद्देश्य संभाव्यता अंतर धनपोषण के रूप में वित्तीय समर्थन के साथ 5,000 सीटों की स्थापना को प्रोत्साहित करना है।

अनुसंधान विकास प्रोत्साहन और नवाचार

टेक्नोलॉजी इन्क्यूबेशन तथा उद्यमी विकास (टीआईडीई): इसका उद्देश्य उच्च शिक्षण संस्थानों के टेक्नोलॉजी इन्क्यूबेशन केंद्रों को सुदृढ़ बनाने के लिए संस्थान की सहायता करना है ताकि युवा उद्यमी विकसित प्रौद्योगिकी का वाणिज्यिक लाभ लेने के लिए टेक्नोलॉजी स्टार्टअप कंपनी शुरू कर सकें। इन्क्यूबेशन केंद्र नए उद्यमियों को अनेक प्रकार की सेवाएं देते हैं और कंपनियों के अस्तित्व और विकास के लिए संपर्क में सहायक होते हैं। इन्क्यूबेशन केंद्र स्टार्टअप कंपनियों को परामर्श और वित्तीय समर्थन देने वाले बड़े निवेशकों तथा उद्यम पूंजीपतियों के साथ नेटवर्क बनाते हैं। बड़े निवेशक और उद्यम पूंजीपति स्टार्टअप कंपनियासें को 2–3 वर्षों में सक्षम बनाने में मदद करते हैं ताकि कंपनियां वास्तविक व्यवसाय के लिए वाणिज्यिक स्थान में कदम रख सकें।

गुणक अनुदान योजना (एसएसजी): उद्योग और संस्थानों के बीच संपर्क स्थापना, निरंतरता और मजबूती तथा संस्थानों में उद्योग अनुकूल व विकास को प्रोत्साहित करने के लिए इस योजना का लक्ष्य उद्योग को बढ़ावा देना है ताकि वे प्रतिष्ठित अकादमियों और सरकारी अनुसंधान विकास संस्थानों से उत्पाद/पैकेज विकास के लिए सहयोग करें।

राष्ट्रीय सुपरकंप्यूटिंग मिशन (एनएसएम): यह मिशन 7 वर्षों में 4,500 करोड़ रुपये के आवंटन के साथ शुरू किया गया है ताकि भारत विश्व स्तरीय कंप्यूटिंग शक्तियों की श्रेणी में पहुंच सके।

नया केंद्र सोसायटी फॉर अप्लाइड माइक्रोवेव इलेक्ट्रॉनिक्स इंजीनियरिंग एंड रिसर्च (एसएएमईईआर): इसे इलेक्ट्रोमैग्नेटिक प्रभावों के लिए विशाखापत्तनम में स्थापित किया गया है। इसकी स्थापना उच्च विशेषज्ञता वाले अत्याधुनिक ईएमआई/ईएमसी परीक्षण तथा इलेक्ट्रोमैग्नेटिक पल्स (ईएमपी) तथा पल्स करंट इंजेक्शन (पीसीआई) सहित मापन सुविधाओं के लिए की गई है ताकि देश की सामरिक और नागरिक आवश्यकताओं की पूर्ति की जा सके।

5जी प्रौद्योगिकी पर सहयोगी अनुसंधान परियोजना: प्रतिष्ठित संस्थान आईआईटी मुंबई, आईआईटी हैदराबाद, आईआईटी मद्रास, आईआईएससी बंगलुरु तथा सीईडब्ल्यूआईटी (आईआईटी मद्रास में वायरलेस प्रौद्योगिकी में उत्कृष्टता केंद्र) में 5जी प्रौद्योगिकी पर सहयोगी अनुसंधान परियोजना शुरू की गई है। अनुसंधान दल संयुक्त रूप से अग्रणी स्टीम्यूलेटर तथा टेक्नोलॉजी प्रोटोटाइप विकसित करेंगे। इस परियोजना में विकसित आईपीआर का योगदान 5जी मानकीकरण के लिए किया जाएगा।

नेशनल सेंटर ऑफ एक्सेलेंस लार्ज फॉर एरिया फ्लेक्सिबल इलेक्ट्रॉनिक (एनसीएफएलईएक्सई): इस केंद्र की स्थापना पांच वर्षों के लिए 13,299 करोड़ रुपये के प्रावधान के साथ आईआईटी कानपुर में की जा रही है। यह केंद्र उभरते फ्लेक्सिबल इलेक्ट्रॉनिक्स क्षेत्र में संसाधन केंद्र के रूप में काम करेगा। माननीय प्रधानमंत्री ने 1 जुलाई, 2015 को एनसीएफएलईएक्सई को लांच किया था।

नेशनल सेंटर ऑफ एक्सेलेंस इन टेक्नोलॉजी फॉर इंटरनल सिक्योरिटी (एनसीईटीआईएस): इस केंद्र की स्थापना पांच वर्षों के लिए 83.89 करोड़ रुपये के प्रावधान के साथ आईआईटी मुंबई में की जा रही है। यह केंद्र राज्य पुलिस बलों के लिए संसाधन केंद्र के रूप में काम करेगा और टेक्नोलॉजी चयन, पसंद के बढ़िया उत्पाद तथा प्रौद्योगिकी रोडमैप परामर्श तथा अन्य सलाहकार सेवाएं प्रदान करेगा।

सूचना प्रौद्योगिकी अनुसंधान अकादमी (आईटीआरए): यह भारत सरकार के इलेक्ट्रॉनिक्स और सूचना प्रौद्योगिकी मंत्रालय द्वारा शुरू किया गया कार्यक्रम है। इसका उद्देश्य सूचना तथा संचार टेक्नोलॉजी और इलेक्ट्रॉनिक्स में (आईटी) अनुसंधान और विकास की गुणवत्ता तथा मात्रा को बढ़ाने के लिए राष्ट्रीय संसाधन तैयार करना और आईटी आधारित समस्या के समाधान में अकादमिक संस्कृति को सुदृढ़ बनाना और सामाजिक विकास में बढ़ते अकादमिक और अनुसंधान संस्थानों में इसके एप्लीकेशनों को बनाना है। आईटीआरए को इस तरह डिजाइन किया गया है कि इससे अधिक से अधिक अनुसंधानकर्ता निकलें जो नवीनतम आईटी ज्ञान रखते हों, समाधान विकसित करने में संबंधित ज्ञान में शिक्षित हों, समाधान योग्य समस्याओं को ढूंढ़ने में प्रशिक्षित हों, आईटी तथा अन्य क्षेत्रों में सामाजिक समस्याओं की पहचान करने के लिए प्रेरित हों तथा लैब नतीजों को चालू प्रोटोटाइप में बदलने की जानकारी रखते हों।

मानव संसाधन विकास

ईएसडीएम तथा आईटी/आईटी सक्षम सेवा में पीएचडी बढ़ाने की योजना (5 वर्षों में प्रतिवर्ष 1500)। इस योजना के लिए 466 करोड़ रुपये का खर्च प्रस्तावित है। अब तक 28 राज्यों/केंद्रशासित प्रदेशों के 96 अकादमिक संस्थानों में 1,436 फेलोशिप (1,086 पूर्णकालिक तथा 350 अंशकालिक) दिए गए हैं। संस्थानों में कुल 872 पीएचडी उम्मीदवारों (738 पूर्णकालिक तथा 134 अंशकालिक) नामांकन हुआ है।

स्नातक स्तर/समकक्ष क्षेत्र

- फैकल्टी विकास के लिए 7 इलेक्ट्रॉनिक्स और आईसीटी अकादमियों की स्थापना के लिए योजना– इस योजना के लिए 147.48 करोड़ रुपये का आवंटन किया गया है। इसका उद्देश्य आईआईआईटीडीएम, जबलपुर (मध्य प्रदेश), एनआईटी, वारंगल (तेलंगाना), एनआईटी, पटना (बिहार) तथा आईआईटी, गुवाहाटी (असम) में 4 इलेक्ट्रॉनिक्स और आईसीटी अकादमियों की स्थापना करना है। आईआईटी कानपुर, आईआईटी रुड़की तथा एमएनआईटी जयपुर में तीन और अकादमियों को मंजूरी दी गई है।
- सूचना, सुरक्षा, शिक्षा तथा जागरुकता (आईएसईए) चरण दो के अंतर्गत देशभर में 51 संस्थान चिह्नित किए गए और सहमति ज्ञापन पर हस्ताक्षर किए गए हैं।

व्यावसायिक, कौशल विकास

- योजना 1-8 राज्यों के ईएसडीए में 90,000 व्यक्तियों का कौशल विकास; आवंटन 113.77 करोड़ रुपये।

- योजना 2- अतिरिक्त 3.28 लाख व्यक्तियों का कौशल विकास; डिजिटल इंडिया के अंतर्गत 411 करोड़ रुपये। अब तक 73 पाठ्यक्रमों को स्वीकृति दी गई है और कुल 55,651 उम्मीदवारों का नामांकन हुआ है। इनमें से 14,963 उम्मीदवार सफल प्रमाणित किए गए हैं।
- क्षेत्र कौशल परिषदों का प्रोत्साहन- इलेक्ट्रॉनिक्स, दूरसंचार, आईटी, आईटी सक्षम सेवाओं, स्वास्थ्य सीबीएससी स्कूलों के लिए ऑटोमोटिव ऑनलाइन लैब्स (ओलैब्स)- गुड गवर्नेंस दिवस के दौरान इसे 28 दिसंबर, 2015 को लांच किया गया। इस परियोजना का मुख्य उद्देश्य नेशनल नॉलेज नेटवर्क (एनकेएन) पर ओलैब सामग्री को होस्ट करना तथा सीबीएससी स्कूलों के 30,000 शिक्षकों को प्रशिक्षित करना है।

डिजिटल साक्षरता

इलेक्ट्रॉनिक्स और सूचना प्रौद्योगिकी मंत्रालय ने जनता को डिजिटल साक्षरता प्रदान करने के लिए निम्नलिखित दो योजनाओं को मंजूरी दी है। आईटी जन साक्षरता के लिए राष्ट्रीय डिजिटल साक्षरता मिशन को मार्च 2014 में मंजूरी दी गई। इस योजना के लिए कुल आवंटन 97.02 करोड़ रुपये का है। इस योजना की अवधि मूल रूप से 18 महीनों की थी जिसे 30 जून, 2016 तब बढ़ा दिया गया। इस योजना का उद्देश्य 10 लाख व्यक्तियों को प्रशिक्षित करना है। माननीय प्रधानमंत्री ने इस योजना को जून 2014 में रांची, झारखंड में लांच किया।

सार्वभौमिक डिजिटल साक्षरता प्रदान कर नागरिकों को डिजिटल तौर पर सशक्त बनाना डिजिटल इंडिया कार्यक्रम के विजन का अभिन्न घटक है। इस तथ्य को ध्यान में रखते हुए डिजिटल साक्षरता अभियान (डीआईएसएचए) को देशभर के चुनिंदा परिवारों में 42.5 लाख व्यक्तियों को डिजिटल रूप से साक्षर बनाने के लिए स्वीकृति दी गई। इसका कुल बजट आवंटन 4 वर्षों के लिए 380 करोड़ रुपये का है। योजना को 'डिजिटल इंडिया' कार्यक्रम के अंतर्गत 9 दिसंबर, 2014 को मंजूरी दी गई।

उपरोक्त दोनों योजनाएं साथ-साथ लागू की गई। अब तक एनडीएलएम/डीआईएसएचए योजनाओं के अंतर्गत 72.92 लाख उम्मीदवार प्रशिक्षित किए गए हैं और लगभग 33.15 लाख उम्मीदवार सफल प्रमाणित किए गए हैं। इस योजना में कुल 1952 प्रशिक्षण पार्टनर शामिल हैं। इन पार्टनर/प्रशिक्षण केंद्रों में से लगभग 57 प्रतिशत ग्रामीण (30,000 सीएससी शामिल) क्षेत्रों में हैं। वित्त मंत्री के बजट घोषणा के अनुसार इलेक्ट्रॉनिक्स और सूचना प्रौद्योगिकी मंत्रालय 'प्रधानमंत्री ग्रामीण साक्षरता अभियान' तैयार कर रहा है ताकि ग्रामीण भारत के 6 करोड़ लोगों को डिजिटल रूप से साक्षर बनाया जा सके।

साइबर सुरक्षा

देश के ग्रामीण और शहरी क्षेत्रों में लाखों लोग साइबर स्पेस में उपलब्ध सेवाओं और सूचनाओं पर निर्भर करते हैं। साथ ही, सरकार, व्यवसाय और राष्ट्रीय अवसंरचना से जुड़े कार्य भी साइबर स्पेस पर निर्भर होते जा रहे हैं। इलेक्ट्रॉनिक सूचना की गुणवत्ता और संख्या वृद्धि के साथ ही जहां बिजनेस मॉडलों में भी सुधार हुआ है, वहीं आपराधिक एवं विरोधी पक्षों ने भी अपनी गतिविधियों को छुपकर अंजाम देने के लिए साइबर स्पेस को एक लाभकारी तरीके के तौर पर अपनाया है। अतः राष्ट्रीय कार्यसूची में साइबर स्पेस की सुरक्षा का महत्वपूर्ण स्थान है।

इसके महत्व को समझते हुए 2013 में राष्ट्रीय साइबर सुरक्षा नीति लाई गई। इसका उद्देश्य साइबर स्पेस में सूचना तथा सूचना अवसंरचना को संरक्षित कर के, साइबर खतरों को रोकने के लिए क्षमता सृजन और संस्थागत अवसंरचनाओं, जनता, प्रक्रियाओं, प्रौद्योगिकी तथा सहयोग के माध्यम से अन्य साइबर घटनाओं से हुई क्षति को कम करके नागरिकों, व्यवसाय तथा सरकार के लिए सुरक्षित और लचीला साइबर स्पेस बनाना है।

साइबर स्पेस को सुरक्षित बनाने के लिए अनेक कदम उठाए गए हैं। इन कदमों का फोकस साइबर सुरक्षा के खतरों का अनुमान, महत्वपूर्ण सूचना अवसंरचना पर खतरा तथा राष्ट्रीय सुरक्षा, महत्वपूर्ण सूचना अवसंरचना की रक्षा, प्रासंगिक सुरक्षा प्रौद्योगिकी को अपनाना, कानूनी प्रक्रियाओं को सक्षम बनाना, सूचना सुरक्षा जागरुकता, प्रशिक्षण तथा अनुसंधान पर है। हाल के कार्य इस प्रकार हैं:

राष्ट्रीय साइबर सहयोग केंद्र (एनसीसीसी): इस केंद्र की स्थापना साइबर आक्रमणों का अनुमान लगाने और तैयारी के बारे में साइबर सुरक्षा परिस्थिति पर जागरुकता सृजन के लिए की गई है। एनसीसीसी वास्तविक समय पर खतरे का मूल्यांकन करने और परिस्थिति जागरुकता के लिए देश में विभिन्न चिह्नित संसाधनों से साइबर खतरों संबंधित सूचनाएं एकत्र करेगा ताकि विश्लेषण तथा समय पर अलर्ट और सावधिक रिपोर्टों में मदद मिल सके। इस कार्यक्रम से साइबर सुरक्षा में मदद मिलेगी और लोगों की विशेषज्ञता, मानक प्रक्रियाओं की तैनाती और संसाधनों को साझा कर के साइबर सुरक्षा दृष्टि को मजबूत बनाया जा सकता है।

'बोटनेट क्लीनिंग एंड मालवेयर एनालिसिस सेंटर' इंडियन कंप्यूटर इमरजेंसी रिसपॉन्स टीम (सीईआरटी–इन) भारत में जोखिम प्रणालियों का पता लगाने और अधिसूचित करने और आगे संक्रमणों को रोकने के लिए उपयोगकर्ताओं के सिस्टमों को स्वच्छ व सुरक्षित रखने के लिए बोटनेट क्लीनिंग एंड मालवेयर एनालिसिस सेंटर लागू कर रही है। यह परियोजना इंटरनेट सेवा प्रदाताओं तथा उद्योग के सहयोग से लागू की जा रही है।

संगठन

वैधानिक संगठन

प्रमाणन प्राधिकार नियंत्रक (सीसीए): डिजिटल हस्ताक्षर प्रमाण–पत्र प्रमाणन प्राधिकार नियंत्रक (सीसीए) द्वारा लाइसेंस प्राप्त किए हुए प्रमाणन प्राधिकारों (सीए) द्वारा जारी किए जाते हैं। सीसीए का कार्यालय लाइसेंसशुदा प्रमाणन प्राधिकारों की सूची बनाता है ताकि प्रमाणन प्राधिकार कानूनी ढांचे और दिशानिर्देशों के तहत दी जाने वाली ई–साइन सेवा की पेशकश कर सके। अभी तक सीसीए कार्यालय ने ई–साइन सेवा देने के लिए आठ में से तीन लाइसेंसशुदा सीए को पैनल में शामिल किया है। इन ई–साइन सेवा प्रदाताओं से अपेक्षा की जाती है कि वे यूआईडीएआई से प्राप्त ईकेवाईसी के आधार पर केवल आधार धारकों के लिए ही डिजिटल साइन सुविधा दें।

साइबर अपीली अधिकरण (सीएटी): आईटी अधिनियम, 2000 की धारा 48(1) के अंतर्गत प्रावधानों के अनुसार अक्टूबर 2006 में साइबर नियामक अपीली अधिकरण (सीएटी) की स्थापना की गई। आईटी अधिनियम के अनुसार प्रमाणन प्राधिकार नियंत्रक या कानून के तहत किसी न्यायिक अधिकारी के आदेश से यदि कोई व्यक्ति आहत है तो वह साइबर अपीली अधिकरण के समक्ष अपील कर सकता है। इस अधिकरण का प्रमुख आईटी अधिनियम, 2000 की धारा 49 के अंतर्गत अधिसूचना

के माध्यम से सरकार द्वारा नियुक्त अध्यक्ष होता है। कार्यक्रमों और योजनाओं को चलाने के लिए विभिन्न संगठन हैं जो इलेक्ट्रॉनिक्स और सूचना प्रौद्योगिकी मंत्रालय के अंतर्गत आते हैं।

इंडियन कंप्यूटर इमरजेंसी रिस्पॉन्स टीम (सीईआरटी-इन): यह इलेक्ट्रॉनिक्स और सूचना प्रौद्योगिकी, संचार तथा सूचना प्रौद्योगिकी मंत्रालय का संचालित संगठन है। सीईआरटी-इन सूचना प्रौद्योगिकी (संशोधन) अधिनियम, 2008 की धारा 70बी के अंतर्गत बनाई गई है ताकि साइबर सुरक्षा के क्षेत्र में यह राष्ट्रीय एजेंसी के रूप में निम्नलिखित कार्य कर सके:

- साइबर सुरक्षा घटनाओं पर सूचना संग्रहण, विश्लेषण और प्रसार।
- साइबर सुरक्षा घटनाओं का पूर्वानुमान लगाना और अलर्ट करना।
- साइबर सुरक्षा घटनाओं से निपटने में आपातकालीन कदम उठाना।
- साइबर सुरक्षा घटना से संबंधित प्रतिक्रिया गतिविधियों में समन्वय करना।
- सूचना, सुरक्षा व्यवहारों, प्रक्रियाओं, रोकथाम, प्रतिक्रिया और साइबर घटनाओं की रिपोर्टिंग के संबंध में दिशानिर्देश, परामर्श, नीतिगत कमी संबंधी टिप्पणी और श्वेत-पत्र जारी करना।
- साइबर सुरक्षा से संबंधित अन्य निर्धारित कार्य करना।

सेंटर फॉर डेवलपमेंट ऑफ एडवांस्ड कंप्यूटिंग (सी-डैक): सी-डैक आज सूचना प्रौद्योगिकी तथा इलेक्ट्रॉनिक्स में देश के प्रतिष्ठित अनुसंधान और विकास संगठन के रूप में उभरा है। यह संगठन क्षेत्र में हुए वैश्विक विकास के संदर्भ में राष्ट्रीय प्रौद्योगिकी क्षमताओं को मजबूत बनाने और चुनिंदा फाउंडेशन क्षेत्रों में बाजार आवश्यकताओं में परिवर्तन हेतु प्रतिक्रियात्मक कार्य कर रहा है। उच्च अनुसंधान और विकास संस्थान के रूप में सी-डैक सूचना प्रौद्योगिकी क्रांतियों में अग्रणी रहा है, उभरती/सक्षम प्रौद्योगिकी में क्षमता सृजन कर रहा है, नवाचार कार्य में लगा है और देश की अर्थव्यवस्था के विभिन्न क्षेत्रों के लिए अपनी विशेषज्ञता, क्षमता, आईटी उत्पादों और समाधानों के विकास और तैनाती में निरंतर रूप से क्षमता सृजन कर रहा है।

व्यावहारिक सूक्ष्म तरंग इलेक्ट्रॉनिक्स इंजीनियरिंग और अनुसंधान (एसएएमईईआर): एसएएमईईआर की स्थापना मुंबई में स्वायत्त अनुसंधान और विकास प्रयोगशाला के रूप में माइक्रोवेव इंजीनियरिंग तथा इलेक्ट्रोमैग्नेटिक प्रौद्योगिकी के क्षेत्र में अनुसंधान और विकास कार्य करने के लिए की गई थी। यह टाटा इंस्टीट्यूट ऑफ फंडामेंटल रिसर्च (टीआईएफआर) में 1977 में स्थापित विशेष माइक्रोवेव उत्पाद इकाई से निकली शाखा है। एसएएमईईआर, मुंबई 1984 में स्थापित की गई। एसएएमईईआर केंद्र आरएफ/माइक्रोवेव (सूक्ष्म तरंग) तथा संबद्ध विषयों के हाई एंड प्रौद्योगिकी क्षेत्रों में कार्य करते हैं। यह हार्डवेयर की डिजाइनिंग, विकास और आपूर्ति का कार्य करता है ताकि उच्च शक्ति आरएफ एम्प्लीफायर्स, संचार प्रणालियों, वायुमंडलीय राडार इंस्ट्रूमेंटेशन, लीनियर एक्सेलरेटर्स, आरएफ/माइक्रोवेव/मिलिमीटर वेव प्रणाली और फोटोनिक्स सहित विशेषज्ञता के महत्वपूर्ण क्षेत्रों की यूजर एजेंसियों की कठोर मानकों की पूर्ति की जा सके।

इलेक्ट्रॉनिक्स प्रौद्योगिकी के लिए सेंटर फॉर मेटीरियल्स (सी-मेट): सी-मेट की स्थापना मुख्य रूप से इलेक्ट्रॉनिक्स के लिए पदार्थों के क्षेत्र में व्यावहारिक प्रौद्योगिकी के विकास के लिए इलेक्ट्रॉनिक्स विभाग (अब इलेक्ट्रॉनिक्स और सूचना प्रौद्योगिकी मंत्रालय) के अंतर्गत 1990 में की गई थी। सी-मेट अपनी पुणे, हैदराबाद और त्रिसूर स्थित प्रयोगशालाओं के माध्यम से कार्य रहा है।

शिक्षा और अनुसंधान नेटवर्क (ईआरएनईटी): भारत सरकार के इलेक्ट्रॉनिक्स और सूचना प्रौद्योगिकी मंत्रालय की स्वायत्तशासी वैज्ञानिक सोसायटी है। इसने देश में नेटवर्किंग के प्रसार में महत्वपूर्ण योगदान किया है। ईआरएनईटी कनेक्टिविटी प्रदान करने के अतिरिक्त आईटी परामर्श, परियोजना प्रबंधन तथा प्रशिक्षण के जरिये अकादमिक और अनुसंधान संस्थानों की आवश्यकताओं को पूरा कर रही है। ईआरएनईटी स्थालीय और वीसैट के माध्यम से शुरू से ही डोमेन नेम सेवाएं और कनेक्टिविटी सेवाएं दे रही है।

नेशनल ई-गवर्नेंस डिविजन (एनईजीडी): देश में ई-गवर्नेंस की बढ़ती मांग को पूरा करने के लिए निजी और सरकारी क्षेत्रों के विशेषज्ञों को मिलाकर ई-गवर्नेंस डिविजन की स्थापना की गई। यह डिविजन प्रोग्राम प्रबंधन तथा डिजिटल इंडिया कार्यक्रम को पूरा करने में प्रमुख भूमिका निभा रहा है। एनईजीडी की कुछ प्रमुख गतिविधियों में संपूर्ण डिजिटल इंडिया कार्यक्रम की निगरानी और समन्वय, तकनीकी समीक्षा, इलेक्ट्रॉनिक्स और सूचना प्रौद्योगिकी मंत्रालय तथा अन्य केंद्रीय मंत्रालयों के परियोजना विभागों की सहायता शामिल है।

राष्ट्रीय सूचना विज्ञान केंद्र (एनआईसी): वर्ष 1976 में स्थापित राष्ट्रीय सूचना विज्ञान केंद्र (एनआईसी) निचले स्तर तक ई-गवर्नमेंट/ई-गवर्नेंस एप्लीकेशन बनाने वाले वृहद संगठन और सतत विकास के लिए डिजिटल अवसर प्रोत्साहक के रूप में उभरा है। एनआईसी ने अपने 'एनआईसीएनईटी' नेटवर्क के माध्यम से सभी मंत्रालयों/केंद्र सरकार के विभागों, 36 राज्य सरकारों/केंद्रशासित प्रदेशों और लगभग 650 से अधिक भारत के जिला प्रशासनों के साथ संस्थापक संपर्क स्थापित कर दिया है। केंद्र में सरकारी मंत्रालयों/विभागों, राज्य, जिला तथा ब्लॉक तक ई-गवर्नमेंट/ई-गवर्नमेंट एप्लीकेशनों के संचालन में ये सहायक रहा है, सरकारी सेवाओं को सुधारने में सहायता दे रहा है, व्यापक पारदर्शिता ला रहा है और विकेंद्रित प्रबंधन और नियोजन को प्रोत्साहन दे रहा है ताकि लोगों के लिए बेहतर क्षमता और दायित्व का प्रदर्शन किया जा सके।

मानकीकरण, परीक्षण तथा गुणवत्ता प्रमाणन निदेशालय (एसटीक्यूसी): एसटीक्यूसी निदेशालय भारत सरकार के इलेक्ट्रॉनिक्स और सूचना प्रौद्योगिकी मंत्रालय का संबद्ध कार्यालय है। पूर्वोत्तर क्षेत्र सहित देशभर में एसटीक्यूसी निदेशालय द्वारा परीक्षण और केलिबरेशन प्रयोगशालाएं स्थापित की गई हैं। ये प्रयोगशालाएं अत्याधुनिक मानकों और उपकरणों से लैस हैं। ये प्रयोगशालाएं उद्योग को परीक्षण, कैलिबरेशन, प्रशिक्षण तथा प्रमाणन सेवाएं प्रदान करती हैं। वर्तमान में उद्योग, सरकारी विभाग और अनुसंधान और विकास से जुड़े 10,000 संगठन एसटीक्यूसी की सेवाएं ले रहे हैं।

नेशनल इंटरनेट एक्सचेंज ऑफ इंडिया (एनआईएक्सआई): एनआईएक्सआई कंपनी अधिनियम, 1956 की धारा-25 (अब कंपनी अधिनियम, 2013 की धारा 8 के अंतर्गत) के तहत स्थापित गैर-लाभकारी संगठन है जो इंटरनेट सेवा प्रदाताओं को आपस में जोड़ता है और देश के अंदर घरेलू ट्रैफिक का मार्ग तय करता है। इलेक्ट्रॉनिक्स और सूचना प्रौद्योगिकी मंत्रालय के वित्त पोषण से एनआईएक्सआई निम्नलिखित गतिविधियां चला रहा है- 1. इंटरनेट एक्सचेंज, 2. आईएन रजिस्ट्रीय तथा अंतरराष्ट्रीय डोमेन नेम (आईडीएन) और 3. नेशनल इंटरनेट रजिस्ट्री (एनआईआर)।

भारतीय विशिष्ट पहचान प्राधिकरण (यूआईडीएआई): भारतीय विशिष्ट पहचान प्राधिकरण (यूआईडीएआई) की स्थापना जनवरी 2009 में योजना आयोग (अब नीति आयोग) के संबद्ध कार्यालय के रूप में की गई जो अब इलेक्ट्रॉनिक्स और सूचना प्रौद्योगिकी मंत्रालय का संबद्ध कार्यालय

है। इसका विजन देशवासियों को किसी भी समय, कहीं भी प्रमाणन के लिए विशिष्ट पहचान और डिजिटल प्लेटफॉर्म से सशक्त करना है। आधार कार्यक्रम का एक प्रमुख उद्देश्य विभिन्न सामाजिक कल्याण कार्यक्रमों की डिलिवरी के लिए पहचान अवसंरचना प्रदान करना है ताकि कल्याणकारी सेवाओं को कारगर तरीके से लागू किया जा सके। आधार की क्षमता का उपयोग आईडी पहचान के रूप में तथा विभिन्न राज्य विभागों, केंद्रीय मंत्रालयों, सार्वजनिक प्रतिष्ठानों और निजी क्षेत्र की कंपनियों द्वारा निवासियों को एकीकृत रूप से सेवा डिलिवरी की विशिष्ट कुंजी के रूप में किया जा सकता है।

राष्ट्रीय इलेक्ट्रॉनिक्स और सूचना प्रौद्योगिकी संस्थान (एनआईईएलआईटी): एनआईईएलआईटी इलेक्ट्रॉनिक्स तथा सूचना प्रौद्योगिकी मंत्रालय की वैज्ञानिक सोसायटी है। यह आईटी, इलेक्ट्रॉनिक्स, संचार प्रौद्योगिकी, हार्डवेयर, साइबर कानून, साइबर सुरक्षा, ईपीआर, जीआईएस, क्लाउड कंप्यूटिंग, ईएसडीएम ई-कचरा, आईओटी, ई-गवर्नेंस तथा संबंधित इकाइयों के क्षेत्र में क्षमता सृजन और कौशल विकास का कार्य सक्रिय रूप से कर रहा है। एनआईईएलआईटी औपचारिक और गैर-औपचारिक दोनों क्षेत्रों में पाठ्यक्रम संचालन करता है और राष्ट्रीय परीक्षा निकायों में एक है जो संस्थानों/संगठनों को गैर औपचारिक क्षेत्र में पाठ्यक्रम चलाने की मान्यता देते हैं। एनआईईएलआईटी अनेक राज्यों में कर्मचारियों और जनता के लिए आईटी साक्षरता कार्यक्रम प्रारंभ करने के लिए अधिमान्य एजेंसी है।

सॉफ्टवेयर टेक्नोलॉजी पार्क ऑफ इंडिया (एसटीपीआई): सॉफ्टवेयर टेक्नोलॉजी पार्क ऑफ इंडिया (एसटीपीआई) की स्थापना 1991 में इलेक्ट्रॉनिक्स और सूचना प्रौद्योगिकी मंत्रालय के अंतर्गत सोसायटी के रूप में की गई। इसका मुख्य उद्देश्य देश से सॉफ्टवेयर निर्यात को प्रोत्साहित करना है। एसटीपीआई सॉफ्टवेयर निर्यातकों के लिए एकल खिड़की सुविधा केंद्र का काम करता है। सॉफ्टवेयर निर्यातकों के लिए एसटीपीआई द्वारा दी गई सेवा, डाटा संचार सेवाएं, इन्क्यूबेशन सुविधाएं, प्रशिक्षण तथा मूल्यवर्द्धित सेवाएं हैं। एसटीपीआई ने सॉफ्टवेयर निर्यात प्रोत्साहन में एसएमई तथा स्टार्टअप इकाइयों पर फोकस के साथ महत्वपूर्ण भूमिका निभाई है। एसटीपीआई सॉफ्टवेयर टेक्नोलॉजी पार्क (एसटीपीआई) तथा इलेक्ट्रॉनिक्स हार्डवेयर टेक्नोलॉजी पार्क (ईएचटीपी) योजना को लागू करने के लिए उत्तरदायी है।

मीडिया लैब एशिया

भारत सरकार के इलेक्ट्रॉनिक्स और सूचना प्रौद्योगिकी मंत्रालय द्वारा प्रोत्साहित मीडिया लैब एशिया गैर-लाभकारी कंपनी है। इस कंपनी का उद्देश्य जनसाधारण तक ईसीटी का लाभ पहुंचाना है। इसकी गतिविधियों में एप्लीकेशन क्षेत्र यथा- स्वास्थ्य सेवा, शिक्षा, जीविका तथा दिव्यांगों के सशक्तीकरण के लिए आईसीटी को शामिल करना है। कंपनी विकास कार्य चलाने के लिए अनुसंधान प्रयोगशालाओं का विस्तार कर विकास की विशिष्ट राह पर है। कंपनी ने कुछ आईआईटी में केंद्र बनाने के साथ शुरुआत की। ऐसी परियोजनाओं की सूची में 58 से अधिक परियोजना पार्टनर हैं। इन पार्टनरों में अकादमिक और अनुसंधान संस्थान, स्वयंसेवी संगठन तथा सरकारी एजेंसियां हैं। परियोजना कारपोरेट संस्थानों, सरकार (केंद्र/राज्य) तथा स्थानीय पालिका निकाय/पंचायत द्वारा प्रायोजित की जा सकती है।

डिजिटल भारत की परिकल्पना

डिजिटल भारत की परिकल्पना का उद्देश्य देश को डिजिटल रूप से सशक्त समाज और ज्ञान अर्थव्यवस्था में बदलना है। यह कार्यक्रम चरणबद्ध तरीके से 2018 तक लागू किया जाएगा। कार्यक्रम की परिकल्पना

इलेक्ट्रॉनिक्स और सूचना प्रौद्योगिकी विभाग ने की है। इसके माध्यम से सरकारी सेवाओं को इलेक्ट्रॉनिक रूप में बदल कर जनता के प्रति दायित्व को और पुख्ता बनाया जाएगा। इसमें विशिष्ट पहचान और ई-प्रमाण शामिल किए जाएंगे जो मौलिक तथा एकीकृत सरकारी एप्लीकेशंस व डाटा आधारित होती हैं। ई-गवर्नेंस के लिए वर्तमान वित्तीय व्यवस्था केंद्रीय और राज्य सरकारों के संबंधित मंत्रालयों/विभागों के बजट से की जाती है। डिजिटल इंडिया के लिए स्वतंत्र परियोजनाओं के लिए वित्तीय व्यवस्था नोडल मंत्रालयों/विभागों से की जाएगी।

डिजिटल इंडिया के लिए चुने गए क्षेत्र

1. प्रत्येक नागरिक के लिए अवसंरचना उपयोगिता
   - आधारभूत आवश्यकता के रूप में हाई स्पीड इंटरनेट सभी ग्राम पंचायतों को उपलब्ध कराया जाएगा।
   - डिजिटल पहचान का उद्गमस्थल - विशिष्ट, दीर्घकालिक, ऑनलाइन तथा प्रामाणिक।
   - मोबाइल फोन और बैंक खातों से निजी तौर पर डिजिटल और वित्तीय क्षेत्र में सहभागिता बढ़ेगी।
   - क्षेत्रीय स्तर पर सार्वजनिक सेवा केंद्रों तक पहुंच आसान होगी।
   - पब्लिक क्लाउड के बीच निजी स्थान बनेगा।
   - देश में सुरक्षित और सुदृढ़ साइबर स्पेस का गठन होगा।
2. मांग आधार पर संचालन और सेवाएं
   - ऑनलाइन और मोबाइल प्लेटफॉर्म्स पर सरकारी सेवाएं वास्तविक समय में उपलब्ध होंगी। क्लाउड पर सभी नागरिक हितों से जुड़ी जानकारियां पहुंच सकेंगी।
   - डिजिटल रूप में परिवर्तित सरकारी सेवाओं के आधार पर व्यवसाय करने में आसानी होगी।
   - एक सीमा से अधिक वित्तीय लेन-देन इलेक्ट्रॉनिक और नकदी रहित होगा।
   - निर्णय संबंधी सहयोग प्रणालियों और विकास के लिए ग्लोबल इंफॉरमेशन सिस्टम (जीआईएस) का लाभ उठाना होगा।
3. नागरिकों को डिजिटल रूप से सशक्त बनाना
   - सार्वभौमिक डिजिटल साक्षरता।
   - सभी डिजिटल स्रोतों तक आसान पहुंच बनाना।
   - सभी सरकारी दस्तावेज/प्रमाण-पत्र क्लाउड पर उपलब्ध होंगे।
   - भारतीय भाषाओं में डिजिटल स्रोतों/सेवाओं की उपलब्धता।
   - सहभागी शासन के लिए सभी के सहयोग से डिजिटल प्लेटफॉर्म तैयार करना।
   - क्लाउड के माध्यम से सभी के अधिकारों को सुनिश्चित करना।

डिजिटल इंडिया के कार्यक्षेत्र

इस कार्यक्रम का समग्र कार्यक्षेत्र निम्नलिखित हैं:

(क) भारत को ज्ञान आधारित भविष्य के लिए तैयार करना।

(ख) बदलाव के लिए तैयारी यानी आईटी (इंडियन टेलेंट) + आईटी (सूचना प्रौद्योगिकी) = आईटी (इंडिया टुमारो)।

(ग) परिवर्तन के लिए तकनीक को आधारभूत बनाना।

(घ) इसकी तैयारी एक समग्र कार्यक्रम के रूप में करना ताकि इसके अंतर्गत अनेक विभाग आ सकें।

इस कार्यक्रम में अनेक विचारों और पक्षों को संयुक्त परिकल्पना के अंतर्गत रखा गया है ताकि प्रत्येक विचार एक वृहद लक्ष्य के रूप में दिखे। इसके प्रत्येक भाग का अपना आधार है। वह एक बड़ी तस्वीर का अंश भी है। इन सभी पक्षों को एक साथ जोड़ने से ही रूपांतरण मिशन पूरा किया जा सकता है।

डिजिटल इंडिया कार्यक्रम में अनेक योजनाओं को एक साथ पुनर्गठित और पुनर्केंद्रित कर के क्रमिक तरीके से लागू किया जाएगा। डिजिटल इंडिया के रूप में सभी पक्षों को जोड़ने पर ही उसके रूपांतरकारी प्रभाव की जानकारी मिल सकेगी।

विकास के निम्नलिखित नौ स्तंभों को सहयोग देने में डिजिटल इंडिया महत्वपूर्ण भूमिका अदा करेगा ये नौ स्तंभ हैं :

1. ब्रॉडबैंड हाईवे;
2. सबको मोबाइल कनेक्टिविटी से जोड़ना;
3. पब्लिक इंटरनेट एक्सेस कार्यक्रम;
4. ई-गवर्नेंस: तकनीक के माध्यम से प्रशासनिक सुधार;
5. ई-क्रांति सेवाओं की इलेक्ट्रॉनिक डिलिवरी;
6. सभी के लिए सूचना उपलब्धता;
7. इलेक्ट्रॉनिक्स निर्माण;
8. रोज़गार के लिए सूचना प्रौद्योगिकी का उपयोग; तथा
9. समय पर फसल कटाई कार्यक्रम का संचालन।

डिजिटल इंडिया

डिजिटल इंडिया कार्यक्रम के अंतर्गत निम्नलिखित कदम उठाए गए हैं:

1. एलआईएमबीएस (लीगल इंफॉरमेशन एंड मैनेजमेंट बेस्ड सिस्टम)

एलआईएमबीएस अदालती मामलों की व्यापक, नियामक और सक्रिय निगरानी के लिए सहज पहुंच वाला वेब आधारित टूल है।

यह वेब आधारित मंच है जो विभिन्न आवश्यकताओं वाले सभी उपभोक्ताओं को समान एक्सेस पोर्टल प्रदान करता है यानी यह शुरुआती कार्य करने वाले से लेकर शीर्ष प्रबंधन अधिकारी तक पहुंच प्रदान करता है। अदालती मामलों के ब्योरों की जानकारी के लिए यह अनुकूल डाटा एंट्री स्क्रीन उपलब्ध कराती है। अदालती मामलों की प्रगति को प्रविष्ट किया जा सकता है। विभिन्न एमआईएस रिपोर्ट मामलों की निगरानी में सहायक होंगी। ई–दस्तावेज तिजोरी उपयोगकर्ता को महत्वपूर्ण फैसलों को प्रविष्ट करने की अनुमति देती है। महत्वपूर्ण मामलों पर उपयोगकर्ता को संवेदी बनाने के लिए एसएमएस अलर्ट भेजे जाते हैं।

एलआईएमबीएस एप्लीकेशन विशाल डाटा होस्ट करेगा, विभिन्न हितधारकों को शामिल करेगा, नोडल प्राधिकारी डाटा प्रेरित निर्णय ले सकेंगे, अग्रिम रूप से सुनवाई की तिथि जानी जा सकेगी और इससे प्राधिकारी को अंतिम रूप से अपना उत्तर तैयार करने में मदद मिलेगी।

2. एनसीपी (नेशनल डाटा शेयरिंग एंड एक्सेसिबिलिटी कार्यक्रम)

इस नीति का उद्देश्य एक नेटवर्क से पठनीय और मशीन सक्षम पठनीय रूप में भारत सरकार का साझा करने लायक डाटा एक्सेस करना है। एनडीएसएपी के लाभ इस प्रकार हैं:

1. अधिकतम उपयोग;
2. दोहरीकरण को टालना;
3. अधिकाधिक एकीकरण;
4. स्वामित्व सूचना; तथा
5. बेहतर निर्णय लेना।

ई–ऑफिस

ई–ऑफिस के मुख्य उद्देश्य हैं:

1. सरकारी प्रतिक्रिया में सक्षमता, निरंतरता और प्रभाव बढ़ाना।
2. परिवर्तन समय में कमी लाना तथा नागरिक चार्टर मांगों की पूर्ति करना।
3. प्रशासन गुणवत्ता को बढ़ाने के लिए कारगर संसाधन प्रबंधन उपलब्ध कराना।
4. प्रोसेसिंग विलंब में कमी लाना।
5. पारदर्शिता और दायित्व स्थापित करना।
6. सिस्टम से सरकारी कार्यालयों में फाइलों की आवाजाही स्वचालित होगी।

3. निर्णय लेने के स्तर में कमी: अवकाश स्वीकृति जैसे कुछ मामलों में शक्तियां विकेंद्रित की गई हैं।

4. पेंशन मामलों की ऑनलाइन प्रोसेसिंग: पेंशन मामलों की ऑनलाइन प्रोसेसिंग प्रारंभ की जा रही है।

9 रक्षा

भारत के भू-भाग का क्षेत्रफल 3.3 लाख वर्ग किलोमीटर है और महाद्वीपीय एशिया और भारतीय क्षेत्र के संदर्भ में भारत विशिष्ट रणनीतिक स्थान पर स्थित है। अपनी 15,500 कि.मी. लंबी भू-सीमा से और लगभग 7,500 कि.मी. लंबी समुद्री सीमा के कारण भारत एशिया में 11 देशों का महादेशीय अथवा समुद्री पड़ोसी है। पड़ोस के साथ भारत की सीमाएं विविध रूप में हैं, जैसे- उत्तरी सीमा 28,000 फुट ऊंची हिमालय की चोटियों द्वारा चिह्नित होती है, तो पश्चिमी सीमा उपजाऊ मैदानों और मरुस्थलों तक विस्तृत है। पूर्वी सीमांत उच्च श्रेणी और घने उष्ण कटिबंधीय वनों से भरा है और बंगाल की खाड़ी में तटवर्तीय सीमा अरब सागर, हिंद महासागर से लगा हुआ है। भारत न केवल दक्षिण एशिया के बीचों-बीच स्थित है, बल्कि यह पश्चिमी एशिया और दक्षिण-पूर्व एशिया से भी मिला हुआ है। महाद्वीपीय एशिया के मूलाधार के रूप में हिंद महासागर के ऊपर अवस्थित होना भारत को मध्य एशिया और हिंद महासागरीय क्षेत्र में महत्वपूर्ण स्थान दिलाता है। अंडमान और निकोबार द्वीपसमूह हमारे पूर्वी तट के निकटवर्ती बिंदु से 1,300 कि.मी. दूर बंगाल की खाड़ी में है और इसका राजनीतिक रूप से महत्वपूर्ण मलक्का जलडमरूमध्य के प्रवेश द्वार से संबंध है, जहां से प्रतिवर्ष 60,000 जहाज़ों और तेल का परिवहन होता है।

लक्षद्वीप और मिनिकॉय द्वीपसमूह पश्चिमी तट के निकटवर्ती बिंदु से 450 कि.मी. दूर अरब सागर में स्थित है जो लाल सागर और फारस की खाड़ी के पूर्वी समुद्री लेन के संचार के मार्ग में पड़ता है। लंबे समुद्र तट के साथ प्रायद्वीपीय विस्तार के बल पर भारत के पास 1,60,000 वर्ग कि.मी. से भी बड़ा जल क्षेत्र है और यह बीस लाख वर्ग कि.मी. से भी अधिक बड़े क्षेत्र का विशिष्ट आर्थिक क्षेत्र बन जाता है। अत: भारत एक समुद्रीय व महाद्वीपीय इकाई है। भारत का आकार, इसकी सामरिक अवस्थिति, व्यापारिक संबंध और विशिष्ट आर्थिक क्षेत्र (ईईजेड) इसके सुरक्षा वातावरण को सीधे तौर पर पड़ोसी देशों और पश्चिम एशिया, दक्षिण पूर्व एशिया, पूर्व एशिया और हिंद महासागर के क्षेत्रों से जोड़ते हैं। इसके चहुंमुखी राष्ट्रीय विकास की दिशा में सकारात्मक वातावरण तैयार करने के लिए एक स्थायी और शांतिपूर्ण क्षेत्रीय और अंतरराष्ट्रीय वातावरण की नितांत आवश्यकता है।

भारत के निकटतम पड़ोसी देशों और दूरस्थ पड़ोसी देशों में आतंकवादी गतिविधियों, नशीले पदार्थों की तस्करी की समस्या, छोटे हथियारों के विस्तार, जनसंहारक हथियारों और समुद्री सुरक्षा से जुड़ी चुनौतियां आदि कुछ ऐसे महत्वपूर्ण कारक हैं, जो भारत के सुरक्षा वातावरण को प्रभावित करते हैं। सुरक्षा संबंधी इन पुरानी और नई चुनौतियों से निपटने के क्रम में भारत निरंतर ठोस रक्षात्मक सामरिक उपायों में जुटा है, जिसमें अपनी क्षमता बढ़ाने के साथ ही शांति और स्थायित्व को बढ़ावा देने की दिशा में क्षेत्रीय और वैश्विक प्रयासों में संलग्नता शामिल है।

क्षेत्रीय व वैश्विक सुरक्षा वातावरण

भारत के सुरक्षा वातावरण में क्षेत्रीय व वैश्विक मुद्दों एवं चुनौतियों का जटिल समावेश है। भारत की भू–राजनीतिक स्थिति एवं वैश्विक संबंधों का सीधा असर इसके राष्ट्रीय हितों की सुरक्षा पर पड़ता है। इसके करीबी एवं विस्तृत पड़ोसी राज्यों में फैली अस्थिरता एवं अनिश्चितता के कारण उपजने वाली परिस्थितियों हेतु भी तैयारी आवश्यक है। इसी तरह अन्य देशों के साथ शांति एवं स्थिरता बनाए रखने के लिए भी मजबूत नवीकृत रक्षात्मक समझौतों के प्रयास जारी हैं।

भारत के निकटवर्ती दक्षिण–एशियाई पड़ोस में सुरक्षा की मिली–जुली तस्वीर नजर आती है। जहां एक ओर कुछ देशों में सुरक्षा एवं राजनीतिक हालात को लेकर परिस्थितियां सुधरी नजर आ रही हैं, वहीं अन्य देशों में बिगड़े राजनीतिक हालात के कारण वहां की आंतरिक सुरक्षा चरमरा चुकी है (आतंकवाद, घुसपैठ और सामुदायिक संघर्ष लगातार क्षेत्र की स्थिरता के लिए संकट/खतरा है)। पड़ोसी राज्यों के साथ विस्तृत स्तर पर संबंधों को मजबूत करने के लिए गतिशील प्रयासों के बीच, क्षेत्र में सहयोगी सुरक्षात्मक कदम उठाना सबसे बड़ी प्राथमिकता है। भारत समानता, आपसी लाभ एवं सम्मान के आधार पर सभी पड़ोसियों के साथ सुरक्षात्मक सहयोग हेतु प्रतिबद्ध है।

हिंद महासागर क्षेत्र (आईओआर) भारत के विकास एवं सुरक्षा के केंद्र में है। अपने भू–प्राकृतिक विन्यास एवं सामरिक व आर्थिक अनिवार्यताओं हेतु भारत को समुद्रों एवं महासागरों का सहारा लेना पड़ता है। हिंद महासागर क्षेत्र तक फैला भारत का प्रायद्वीपीय हिस्सा, मलक्का स्ट्रेट्स से फारस की खाड़ी एवं स्वेज नहर तक फैले समुद्री मार्गों के जरिए भारत को उन्मुक्त सामुद्रिक व्यापार एवं वाणिज्य की सुविधा मिलती है।

भारत पर हिंद महासागर क्षेत्र एवं इसके निकटवर्ती पड़ोस से परे अन्य देशों में हो रहे विकास का भी असर पड़ता है। पश्चिम एशिया, मध्य एशिया एवं एशिया प्रशांत क्षेत्र में विकास का भारत के हितों पर सीधा असर पड़ता है। इन सभी क्षेत्रों में हमें सामरिक निहितार्थ रखने वाले बड़े राजनीतिक एवं आर्थिक बदलावों की आहट सुनाई दे रही है। एक ओर यह परिवर्तन जहां नित बढ़ रही उथल–पुथल एवं हिंसा से संबद्ध हैं, वहीं वैश्वीकरण एवं आर्थिक परस्पर निर्भरता की भी स्पष्ट झलक मिल रही है। साथ ही, नई अर्थव्यवस्थाओं के उभार एवं विकेंद्रीकृत ताकतों के सामने आने से भी विश्व स्तर पर शक्तियों के माप एवं गतिशीलता में बदलाव आया है जिस कारण सामरिक दृष्टिकोण से जुड़ी नई अनिश्चितताएं सामने आई हैं। यह तमाम पक्ष राष्ट्रों के बीच बढ़ती प्रतिस्पर्धा एवं वाद–विवाद का कारण बन रहे हैं।

पश्चिम जगत, जापान एवं चीन में जारी आर्थिक मंदी के साथ ऊर्जा क्षेत्र में गिरती कीमतों से रूस जैसे तेल उत्पादक देशों पर पड़ने वाले असर के कारण वैश्विक आर्थिक हालात सुस्त दिखाई दे रहे हैं। इस कारण मुद्रा अवमूल्यन, निर्यात एवं सीधे पूंजी निवेश में आने वाली कमी की वजह से अन्य क्षेत्रों की अर्थव्यवस्थाओं पर भी विपरीत असर पड़ा है।

बीसवीं सदी की अपेक्षा यद्यपि पारंपरिक युद्ध की संभावना कम हो गई है, परंतु परोक्ष युद्ध जैसे कारकों ने नई चुनौतियां और तनाव के कारण खड़े कर दिए हैं। इनके जरिए कुछ देश अन्य देशों की व्यवस्था को अस्थिर करने का काम कर रहे हैं और इस कारण क्षेत्रीय व वैश्विक सुरक्षा परिदृश्य में कई चुनौतियां सामने आई हैं। इनमें बढ़ता राष्ट्रीयतावाद, बढ़ते सैन्य खर्चे, मानव निर्मित एवं प्राकृतिक आपदाओं के कारण स्थानांतरण एवं रिफ्यूजी समस्या, हथियारों तक आसान पहुंच एवं प्राकृतिक संसाधनों से जुड़ी प्रतिस्पर्धा ने मौजूदा परिस्थितियों को और तंग कर दिया है।

शांति एवं सुरक्षा के लिए आतंकवाद और आतंकी संगठन संभवतः सबसे बड़ा खतरा हैं। कुछ देशों द्वारा आतंकवाद को अपनी कार्यनीति में शामिल किए जाने से उन देशों में और बाहर द्वंद्व की स्थिति गहरा गई है। आतंकी संगठनों ने नई तकनीक, विशेषकर साइबरस्पेस का लाभ उठाया है। इसके जरिए उन्होंने सीमापार अपनी वैचारिक पहुंच से विशेषकर युवाओं को कट्टरवाद के रास्ते पर चलने को प्रेरित किया है। ऐसे राष्ट्रों को कुछ अन्य देशों सहित विभिन्न स्रोतों से संचालन एवं वित्तीय सहयोग भी प्राप्त होता है और उसके आधार पर यह अपने आधारभूत क्षेत्रों से बाहर के क्षेत्रों में समस्याएं उत्पन्न करते हैं। नित नए द्रोही आतंकी गुटों के सिर उठाने के कारण, भारत का निकटवर्ती अफ-पाक क्षेत्र अंतरराष्ट्रीय आतंकवाद का केंद्र बन चुका है। भारत के पड़ोस में मौजूद आतंकी गुटों के कारण बढ़ते खतरे और इन गुटों को अंतरराष्ट्रीय स्तर से मिलने वाला सहयोग गहन चिंता का विषय है।

विश्व के कई क्षेत्रों में जनसंहारक हथियारों की प्रचुरता के कारण भी शांति और स्थायित्व का खतरा बढ़ा है। अंतरराष्ट्रीय स्तर पर परमाणु सुरक्षा एवं आतंकी गुटों की परमाणु हथियारों तक पहुंच को रोकने के बावजूद परमाणु आतंकवाद अंतरराष्ट्रीय चिंता का बड़ा विषय है।

हाल में एशिया-प्रशांत क्षेत्र में कुछ समय से आए परिवर्तनों के कारण वैश्विक स्तर पर हुई हलचल के कारण बड़ी और क्षेत्रीय शक्तियों के बीच परस्पर नए सैन्य एवं राजनयिक आयाम देखने को मिले हैं। इसकी झलक नवीकृत समुद्री विवादों, सैन्य अवस्था में परिवर्तन और सत्ता की रस्साकशी में देखने को मिली है, जिन कारणों से क्षेत्र में सुरक्षा स्थिति अधिक जटिल हुई है। इस बारे में विशेषकर एशिया प्रशांत के द्वीपीय क्षेत्रों के कारण स्थानीय स्तर पर तनाव बढ़ा है। इस कारण एशिया प्रशांत क्षेत्र के उस सहयोगी ढांचे को नुकसान पहुंच सकता है जिसके आधार पर यह इलाका वैश्विक विकास का महत्वपूर्ण अंग बनने जा रहा है। वहीं उत्तर कोरिया द्वारा परमाणु एवं मिसाइल परीक्षणों के कारण कोरियाई प्रायद्वीपीय क्षेत्र भी तनावपूर्ण है।

एशिया प्रशांत क्षेत्र में शांति एवं स्थायित्व से भारत का महत्वपूर्ण सामरिक, आर्थिक एवं वाणिज्यिक हित जुड़ा हुआ है। भारत का मानना है कि बिना बल प्रयोग या बल प्रयोग की चेतावनी के सभी देश द्विपक्षी मुद्दों को राजनयिक रूप से सुलझाएं। भारत, अंतरराष्ट्रीय कानून के अनुसार अंतरराष्ट्रीय जल में नौपरिवहन और व्यापार हेतु समुद्री मार्गों को खुला रखने का पक्षधर है। भारत का मत है कि वर्तमान क्षेत्रीय सुरक्षा परिदृश्य में सहयोगात्मक पहल की जरूरत है। वहीं भारत अपनी 'एक्ट ईस्ट' नीति के आधार पर एशिया प्रशांत क्षेत्र से संबंध प्रगाढ़ करने को अग्रसर है। इसके लिए भारत अनेक द्विपक्षीय एवं बहुपक्षीय मंचों पर मौजूद रहा है जहां ईस्ट एशिया समिट (एडीएमएम)-प्लस एवं आसियान रिजनल फोरम ऑफिसर्स डिफेंस मिनिस्टर्स मीटिंग आसियान डिफेंस मिनिस्टर्स मीटिंग (एआरएफ) में मुख्य जोर सुरक्षा विषयों पर रहा। इसके अतिरिक्त, अंतरराष्ट्रीय अपराध, आतंकवाद, प्राकृतिक आपदाओं, महामारियों, साइबर सुरक्षा के साथ खाद्य एवं ऊर्जा सुरक्षा जैसे विषयों पर भी क्षेत्रीय सहयोग की आवश्यकता है।

मध्य एशियाई क्षेत्र अपनी अवस्थिति और संसाधनों तथा यूरेशिया और पश्चिमी एशिया की ताजा गतिविधियों के मद्देनज़र सामरिक महत्व का क्षेत्र है। भारत ने सभी मध्य एशियाई गणराज्यों के साथ मजबूत राजनीतिक, आर्थिक एवं सुरक्षा साझेदारियां विकसित करने की दिशा में कदम उठाया है। ऐसे संकेत प्राप्त हुए हैं कि अनेक आतंकी गुट इन देशों के धर्मनिरपेक्ष ताने-बाने को समाप्त कर देना चाहते हैं। भारत मुख्य ऊर्जा उत्पादक मध्य एशियाई देशों के साथ साझेदारी के आधार पर अपने यहां ऊर्जा की

कमी को पूरा करना चाहता है। यूरेशियाई आर्थिक जगत को मजबूती देने के प्रयासों के मद्देनज़र निर्यात और निवेश हेतु यह क्षेत्र आर्थिक हितों का साझा मंच बन चुका है। ईरान में आए परिवर्तनों के बाद मध्य एशिया और भारत के बीच स्थानीय संबंधों के लिए नया मार्ग खुला है जिसके जरिए क्षेत्र में प्राकृतिक संसाधनों तक व्यापक पहुंच बन रही है। ईरान इस क्षेत्र की आर्थिक और सुरक्षा में महती भूमिका निभाता है। ई3+3 और ईरान के बीच परमाणु समझौते का भारत ने स्वागत किया है।

अरब पुनर्गठन के कारण आए परिवर्तनों से पश्चिम एशियाई क्षेत्र में हिंसा और अस्थिरता बढ़ गई है। हालांकि, पहले इन परिवर्तनों ने इस क्षेत्र के कई देशों में सकारात्मक राजनीतिक और सामाजिक-आर्थिक परिवर्तनों की उम्मीद बंधी थी। इन घटनाक्रमों के कारण अनेक नुकसानदायक तत्व, विशेषकर आतंकी समूह उठ खड़े हुए हैं। कई सांप्रदायिक मोर्चे भी खुल गए हैं जिस कारण विभिन्न देशों के बीच संबंध चरमरा गए हैं। इस क्षेत्र से प्रवासियों, व्यापार, ऊर्जा, धन एवं सुरक्षा के रूप में भारत के अनेक महत्वपूर्ण हित जुड़े हैं। अत: भारत के वृहद पड़ोस, पश्चिम एशिया एवं खाड़ी क्षेत्र में फैलने वाली हिंसा का उस क्षेत्र में भारत के व्यापक हितों पर सीधा असर पड़ सकता है। वहीं सीरिया में बड़ी शक्तियों एवं प्रभावशाली स्थानीय शक्तियों के संघर्ष और स्पर्धा के कारण हालात बद से बदतर हो चुके हैं। उधर इराक की स्थिति भी लंबे समय से गहरी चिंता का विषय है। यहां अधिक खतरा उन आतंकी गुटों से है जो युवाओं को कट्टरवाद के मार्ग पर ले जाकर दुनिया के अन्य देशों में हमले करने हेतु तैयार कर रहे हैं। अत: सीरियाई संकट और इराक की विपरीत परिस्थितियों के कारण अतिवाद और सांप्रदायिकता से जुड़ी बड़ी चुनौतियां सामने आई हैं। भारत ने सीरिया में हिंसा और मानवजीवन की हानि के प्रति गहरी चिंता जताई है। भारत ने कारगर और विस्तृत समाधान पर निरंतर बल दिया है जिसके अंतर्गत सीरियाई जनता की उचित अपेक्षाओं को ध्यान में रखा जाए। भारत ने अंतरराष्ट्रीय आतंकवाद के खिलाफ और अपनी क्षेत्रीय एकता व अखंडता बनाए रखने की कोशिश के प्रति इराक को अपना दृढ़ समर्थन दिया है। इजराइल और फिलिस्तीन के बीच तनाव भी चिंता का विषय है। भारत बातचीत के द्वारा ऐसे समाधान का समर्थन करता है जिसमें सार्वभौमिक, स्वतंत्र और संयुक्त फिलिस्तीन राज्य गठित हो और जिसकी सुरक्षित एवं मान्य सीमाएं हों। साथ ही, क्वार्टेट रोडमैप और संबद्ध यूएनएससी संकल्पों के अनुरूप इजराइल के साथ शांति स्थापित हो सके।

अफ्रीका के कई क्षेत्रों में, खासकर उत्तरी और पश्चिमी अफ्रीका के कई देशों में उथल-पुथल और विद्रोह की स्थिति है। विशेषकर इस क्षेत्र में आतंकी संगठनों का बढ़ता प्रभाव चिंता का विषय है। यद्यपि पश्चिमी हिंद महासागर में समुद्री डकैती का खतरा कम हो गया है, परंतु गुयाना की खाड़ी में यह खतरनाक रूप से बढ़ गया है और वहां कई भारतीय नाविक जलदस्युता का शिकार हुए हैं। पश्चिमी अफ्रीका में आतंकी गुटों की गतिविधियां वहां के देशों के स्थायित्व के समक्ष बड़ा खतरा हैं। स्थानीय गिरोहों और क्षेत्र से बाहर के अन्य आतंकी संगठनों के बीच संबंध गंभीर चिंता का विषय है। भारत के कई अफ्रीकी देशों के साथ ऐतिहासिक संबंध रहे हैं। भारत द्विपक्षीय, क्षेत्रीय और महाद्वीपीय स्तर पर अफ्रीकी देशों के साथ भारत-अफ्रीका फोरम समिट (आईएएफएस) तंत्र के आधार पर राजनीतिक, आर्थिक और सामरिक सहयोग बढ़ाना चाहता है।

आंतरिक सुरक्षा वातावरण

भारत के समक्ष सुरक्षा चुनौतियों को मुख्यत: चार श्रेणियों में बांटा जा सकता है: जम्मू-कश्मीर में सीमापार आतंकवाद, उत्तर-पूर्वी क्षेत्रों में आतंकवाद, कुछ राज्यों में वामपंथी उग्रवाद और देश के अंदरूनी

क्षेत्रों में फैला आतंकवाद। सरकार द्वारा इन चुनौतियों से निपटने के लिए नीतिगत एवं कठोर प्रयास किए गए जिसका नतीजा यह कि देश की आंतरिक सुरक्षा व्यवस्था आज काबू में है। अंदरूनी क्षेत्रों में आतंकी हमलों और वामपंथी उग्रवाद में कमी आई है। हालांकि जम्मू-कश्मीर और पंजाब में सीमापार आतंकवाद और हथियार व नशीले पदार्थों की तस्करी चिंता का विषय है।

बावजूद इसके, अलगाववादियों एवं आतंकी संगठनों द्वारा शांति भंग किए जाने के प्रयासों के बाद भी जम्मू-कश्मीर में सुरक्षा हालात स्थिर बने रहे हैं। ऐसा सुरक्षा बलों द्वारा अंदरूनी क्षेत्रों में सुरक्षा अभियानों एवं वास्तविक सीमारेखा/अंतरराष्ट्रीय सीमा पर घुसपैठ विरोधी रोकथाम उपायों के असरकारी इस्तेमाल से संभव हो सका है। इन परिस्थितियों के बावजूद कट्टरवाद और दक्षिण कश्मीर में युवाओं का उग्रपंथियों के साथ मिलना गहरी चिंता का विषय बना हुआ है। वहीं पाकिस्तान एवं अफगानिस्तान में बदलती परिस्थितियां भी जम्मू-कश्मीर की आंतरिक स्थिति पर सीधा असर डालती हैं।

उत्तर-पूर्वी राज्यों में भी सुरक्षा स्थिति धीरे-धीरे सामान्य होती जा रही है। वहां हिंसक घटनाओं एवं हत्या संबंधित घटनाओं में कमी आई है। 2012 में घटी 1025 हिंसक घटनाओं की अपेक्षा यह आंकड़ा 2015 में 574 था। वहीं इसी दौरान हत्या संबंधित आंकड़ा 97 से गिरकर 46 तक पहुंचा है। त्रिपुरा, मिज़ोरम एवं सिक्किम कुल मिलाकर शांतिमय हैं। कुछ घटनाओं को छोड़कर अरुणाचल प्रदेश में भी शांति का वातावरण कायम है। 2015 में एनएससीएन/के द्वारा एकतरफा युद्धविराम को रद्द किए जाने की घोषणा के बाद मणिपुर एवं नगालैंड में सुरक्षा बलों के खिलाफ उग्रवादी हिंसा में तेजी आई। मेघालय में सुरक्षा बल अतिवादी संगठनों की हिंसक गतिविधियों पर नकेल कसने में कामयाब रहे। अगस्त 2015 में भारत सरकार और नेशनल सोशलिस्ट काउंसिल ऑफ नगालिम (इस्साक-मुविया) के बीच शांति समझौते पर करार, देश में सबसे पुराने विद्रोह को रोकने की दिशा में बड़ा प्रयास था। वहीं बांग्लादेश से यूनाइटेड लिबरेशन फ्रंट ऑफ असोम (उल्फा) के नेता अनूप चेतिया का नवंबर 2015 में भारत प्रत्यर्पण भारत सरकार और उल्फा (बातचीत हेतु सहमत) नेताओं के बीच वार्ता की दिशा में सकारात्मक कदम हो सकता है। नेशनल डेमोक्रेटिक फ्रंट ऑफ बोडोलैंड - सोंगिजबित (एनडीएफबी(एस)) एवं गारो नेशनल लिबरेशन आर्मी (जीएनएलए) के खिलाफ सुरक्षा बलों के सफल अभियानों से इन तीनों आतंकी गुटों की युद्ध क्षमताओं को भारी नुकसान पहुंचा है।

देश की आंतरिक सुरक्षा के मामले में वामपंथी आतंकवाद (एलडब्ल्यूई) चिंता का विषय है। सुरक्षा बलों की एलडब्ल्यूई ग्रस्त राज्यों में व्यापक मौजूदगी, गिरफ्तारी के कारण इन संगठनों के कार्यकर्ताओं/लीडरों की कमी, उनके द्वारा समर्पण या संगठनों को छोड़ा जाना, विकास योजनाओं का बेहतर परिचालन एवं माओवादियों के बीच फैले हतोत्साह के कारण पिछले कुछ वर्षों से एलडब्ल्यूई हिंसा में कमी आई है।

मंत्रालय और इसके विभाग

रक्षा मंत्रालय का प्रमुख काम है रक्षा और सुरक्षा संबंधी सभी मामलों पर सरकार से निर्देश प्राप्त करना और सशस्त्र बलों के मुख्यालयों, अंतरसेना संगठनों, रक्षा उत्पादन प्रतिष्ठानों और अनुसंधान एवं विकास संगठनों तक कार्यान्वयन के लिए उन्हें पहुंचाना। सरकार के नीति-निर्देशों को प्रभावी ढंग से तथा आवंटित संसाधनों का ध्यान रखकर उन्हें कार्यान्वियत करना भी उसका काम है। विभाग के प्रमुख कार्य इस प्रकार हैं:

(1) रक्षा विभाग एकीकृत स्टाफ (आईडीएस) और तीनों सेनाओं तथा विभिन्न अंतर-सेवा संगठनों की जिम्मेदारियों का वहन करता है। रक्षा बजट, स्थापना कार्य, रक्षा नीति, संसद से जुड़े मुद्दे, बाहरी देशों के साथ रक्षा सहयोग तथा रक्षा से जुड़े समस्त क्रिया-कलापों का समन्वय इसी विभाग के दायित्व हैं।

(2) रक्षा उत्पादन विभाग का प्रमुख सचिव होता है जो रक्षा उत्पादन, आयातित भंडार के स्वदेशीकरण, उपकरणों और अतिरिक्त कलपुर्जों तथा हथियार कारखाना बोर्ड और सार्वजनिक क्षेत्र (डीपीएसयूज) के रक्षा उद्यमों की विभागीय उत्पादन इकाइयों के नियंत्रण संबंधी कार्यों को निपटाता है।

(3) रक्षा, शोध तथा विकास विभाग का प्रमुख सचिव होता है जो रक्षामंत्री का सलाहकार भी होता है। इसका कार्य सैनिक साजो-सामान के वैज्ञानिक पक्ष, संचालन तथा सेना द्वारा इस्तेमाल में लाए जाने वाले उपकरणों से संबंधित शोध, डिजाइन और विकास योजना बनाना और उनके बारे में सरकार को सलाह देना होता है।

(4) भूतपूर्व सैनिक कल्याण विभाग का प्रमुख एक सचिव होता है। इसके जिम्मे भूतपूर्व सैनिकों के पुनर्नियोजन, कल्याण और पेंशन से जुड़े सभी मुद्दों का निष्पादन होता है।

एकीकृत रक्षा स्टाफ मुख्यालय (एचक्यू आईडीएस)

करगिल समीक्षा समिति की रिपोर्ट पर मंत्रियों के समूह की सिफारिशों पर आधारित एकीकृत रक्षा स्टाफ मुख्यालय की स्थापना 1 अक्टूबर, 2000 में हुई। मुख्यालय चीफ ऑफ स्टाफ कमिटी (सीओएससी) के अध्यक्ष संरक्षण में तीनों सेवाओं में संयुक्त तालमेल से जुड़ा कार्य करता है। स्थापना के पश्चात मुख्यालय ने स्वीकृत संयुक्त योजना, सूचना के समन्वय, डिफेंस क्राइसिस मैनेजमेंट ग्रुप (डीसीएमजी) के माध्यम से मानव सहायता और आपदा सहायता (एचएडीआर) अभियानों का संयुक्त संचालन तथा अन्य कई उपलब्धियां प्राप्त की हैं।

वेबसाइट: www.ids.nic.in

थलसेना

बदलते हुए वैश्विक भू-राजनीतिक परिदृश्य से राष्ट्र के समक्ष सुरक्षा की बहुआयामी चुनौतियां आ खड़ी हुई हैं। भारतीय थल सेना देश के समक्ष उपस्थित होने वाले सभी आंतरिक और बाह्य खतरों से देश की रक्षा के लिए समर्पित है तथा सभी संभावित सुरक्षा संबंधी चुनौतियों का सामना करने की तैयारी पर नजर रखे हुए है। किसी आपदा/प्राकृतिक विपदा के समय भी आहत लोगों की सहायता हेतु भारतीय थल सेना सबसे आगे रहती है।

जम्मू-कश्मीर

जम्मू-कश्मीर में सुरक्षा की स्थिति संघर्ष में स्थायित्व से समाधान की ओर बढ़ रही है। सेना के अथक प्रयासों से जनता का विश्वास मजबूत हुआ और इसकी वजह से वहां लोकसभा और राज्यसभा के चुनावों में भारी मतदान संभव हो सका। लोगों का विश्वास लोकतांत्रिक व्यवस्था में मजबूत हुआ है और वह अब हिंसा त्यागकर शांति और स्थायित्व की ओर मुड़ रहे हैं।

युद्ध-विराम उल्लंघन

जम्मू-कश्मीर में वास्तविक स्थिति, नियंत्रण रेखा और अंतरराष्ट्रीय सीमा पर पिछले दो वर्षों में युद्ध विराम उल्लंघन की घटनाएं बढ़ी हैं। देश को बाहरी एवं भीतरी खतरों से किसी भी युद्ध विधि से बचाने के लिए भारतीय सेना प्रतिबद्ध है। सेना, जब आवश्यक हो, पाकिस्तान द्वारा युद्धविराम उल्लंघन का करारा जवाब देती है। युद्ध विराम उल्लंघन की घटनाओं से निपटने हेतु डीजीएमओ स्तर की वार्ता, स्थानीय स्तर पर फ्लैग मीटिंग आदि की जाती हैं। फिर भी पाकिस्तान जम्मू-कश्मीर की विवादित सीमा रेखा के विवाद को जिंदा रखने के लिए हिंसा का सहारा लेता रहता है। हालांकि, सेना द्वारा घुसपैठ विरोधी अभियानों की सख्ती से हालात में सुधार हुआ है।

घुसपैठ

अपने हालिया शांति प्रस्तावों के बावजूद, पाकिस्तान ने कश्मीर मुद्दे को अंतरराष्ट्रीय स्तर पर उछालने में कोई कसर नहीं छोड़ी। उसके द्वारा सीमा पार मौजूद आतंकी ढांचा जस का तस बना हुआ है।

आंतरिक हालात

आतंक विरोधी अभियानः 2015 के दौरान कुशल गुप्तचर सूचनाओं के आधार पर कठोर एवं सशस्त्र कार्रवाइयों से देश के अंदरूनी इलाकों में 67 आतंकवादियों को मार गिराया गया।

आतंकी गतिविधियां: 2015 के दौरान सांबा एवं राजबाग क्षेत्रों में आत्मघाती हमलों सहित देश के अंदरूनी क्षेत्रों में 48 आतंकी गतिविधियां अंजाम दी गईं। इनमें से कई आतंकी घटनाएं मोबाइल कम्युनिकेशन ढांचे, बंदी आतंकियों को छुड़ाने एवं हुर्रियत से संबद्ध थीं। 2015 की आतंकी वारदातों में (सीएपीएफ) के 18 जवान शहीद हुए और 16 नागरिक भी हताहत हुए।

सोशल मीडिया का इस्तेमाल, स्थानीय भर्तियां एवं कट्टरवाद का उदयः आतंकी गुटों एवं अलगाववादियों द्वारा आसानी से प्रभावित किए जाने वाले युवाओं को सोशल मीडिया द्वारा वरगलाया जाना सुरक्षा की दृष्टि से बड़ी चुनौती बनती जा रही है। इसके लिए स्थानीय स्तर पर भर्तियों, कट्टरवाद के लिए डिजिटल मीडिया का व्यापक इस्तेमाल किया जा रहा है। जनता को विरोध प्रदर्शन हेतु उकसाने के लिए भी अलगाववादी सोशल मीडिया की मदद ले रहे हैं।

पूर्वोत्तर

पूर्वोत्तर की सुरक्षा स्थिति कुल मिलाकर अस्थिर एवं परिवर्तनीय रही है। मार्च 2015 में एनएससीएन (के) द्वारा युद्धविराम उल्लंघन के बाद सुरक्षा बलों पर हमलों में तेजी आई है। इससे निपटने के लिए नगालैंड और मणिपुर में सीमा रक्षा एवं घुसपैठ विरोधी स्थिति को मजबूत किया गया है। 2015 में 1504 आतंकियों को निष्प्रभावी (103 हताहत, 1,359 गिरफ्तार एवं 42 द्वारा आत्मसमर्पण) किया गया। आतंकियों से 1,111 हथियार भी बरामद हुए।

असम

असम में सुरक्षा स्थिति शांतिपूर्ण और नियंत्रण में है। सुरक्षा बलों के अभियानों से एनडीएफबी (सोंगबिजीत) गुट की नेतृत्व क्षमता को कमजोर कर निष्प्रभावी किया गया। नतीजा, इस संगठन के कार्यकर्ताओं के मनोबल पर विपरीत असर पड़ा है।

नगालैंड

27 मार्च, 2015 को एनएससीएन (खापलैंग) द्वारा युद्धविराम का उल्लंघन करने के बाद राज्य में विपरीत हालात बने हैं। नतीजतन, नगालैंड, मणिपुर एवं अरुणाचल प्रदेश में एनएससीएन (के) द्वारा सुरक्षा बलों पर हमले किए गए जिसके बाद 28 सितंबर] 2015 को इस गुट को 'गैरकानूनी संस्था' घोषित किया गया। भारत-म्यामां सीमा पर सुरक्षा बलों द्वारा इस गुट पर लगातार किए गए हमलों के बाद संगठन को गहरा भौतिक और मनोवैज्ञानिक नुकसान पहुंचा जिसके बाद इसके अधिकांश कार्यकर्ताओं को म्यामां की सीमा में ही रुकना पड़ा है। 3 अगस्त, 2015 को भारत सरकार एवं एनएससीएन-(आईएम) के बीच 'फ्रेमवर्क एग्रीमेंट फॉर नगा पीस अकॉर्ड' पर हस्ताक्षर के बाद देश में चले आ रहे सबसे पुराने विरोधी अभियान की समाप्ति की आशा बंधी है। समझौते का सकारात्मक असर समूचे पूर्वोत्तर पर हो सकता है। इसके अलावा, क्षेत्र की जनता में एनएससीएन के विरुद्ध मोहभंग की भी स्थिति है, भ्रष्टाचार एवं निरंतर लागू कर प्रणाली (एसीएयूटी) के खिलाफ जारी असंतोष, नगा जनजातीय परिषद (एनसीटी) के अधीन नगालैंड को नगाओं हेतु एकीकृत करना अन्य सकारात्मक प्रयास हैं।

मणिपुर

यह पूर्वोत्तर का सबसे अशांत प्रदेश है। यहां अधिकांश हिंसा की घटनाओं को क्षेत्र में मौजूद संगठन ही अंजाम देते हैं। इस तरह यहां की 61 प्रतिशत हिंसक घटनाटओं के लिए स्थानीय गुट जिम्मेदार हैं। लगातार चक्काजाम और बंद की घटनाओं के कारण यहां के तीन प्रमुख समुदायों- मेतीस, नगा, कुकी के बीच दरार पड़ चुकी है। 2015 के दौरान जनजातीय संघर्षों एवं क्षेत्रीय-बाहरी के बीच विभेद स्पष्ट तौर पर दिखा। इस दौरान इनर लाइन परमिट को अमल में लाना एवं उसके खिलाफ प्रदर्शन द्वंद्व का मुख्य मुद्दा था।

अरुणाचल प्रदेश

राज्य के लोंगदिंग, तिरप एवं चांगलंग जिलों में नगा घुसपैठी संगठन अपनी पहचान बनाने के प्रयासों में रहते हैं। राज्य का इस्तेमाल म्यामां से असम और नगालैंड तक गैर-कानूनी तरीके से हथियार, असला, नशीले पदार्थ आदि लाने के लिए किया जाता है। सुरक्षा बलों द्वारा सहक्रियात्मक कार्रवाइयों से घुसपैठियों को भारी नुकसान पहुंचा है।

मेघालय

गारो गुटों द्वारा की जाने वाली हिंसक घटनाएं गारों पहाड़ियों तक सीमित हैं। हालांकि असम के पड़ोसी गोलपाड़ा और घुबरी जिलों में इन समूहों की गतिविधियों का छिटपुट प्रभाव पड़ा है।

सीमावर्ती क्षेत्रों के हालात

चीन के साथ द्विपक्षीय संबंध: भारत अपने पड़ोसियों के साथ शांति और सौहार्दपूर्ण संबंध बनाए जाने के पक्ष में है। इसके लिए वास्तविक सीमा रेखा (एलएसी) के पास शांति और सौहार्द बनाए रखने के साथ लगातार वार्ता पर भी जोर दिया गया है। गत कुछ वर्षों में दोनों देशों के बीच संबंधों में सुधार हुआ है। समय के साथ-साथ सैन्य आदान-प्रदान के अलावा राजनीतिक, राजनयिक एवं सैन्य स्तर की वार्ताएं भी होती रही हैं। 2015 को विजिट इंडिया ईयर घोषित किया गया था। मई 2015 के दौरान भारतीय

प्रधानमंत्री की चीन यात्रा के साथ दोनों देशों के बीच मैत्रीपूर्ण संबंध और व्यापक द्विपक्षीय वार्ताओं को और मजबूती मिली थी।

वास्तविक सीमा रेखा (एलएसी) के निकट हालातः भारत और चीन की सीमा पर हालात शांतिपूर्ण रहे हैं। सीमा रेखा के निकट कुछ क्षेत्र जरूर ऐसे हैं जिनको लेकर भारत और चीन का एलएसी के बारे में अलग नज़रिया है। दोनों देश एलएसी के बारे में अपनी-अपनी राय के अनुसार गश्त करते हैं, जिस कारण सीमा उल्लंघन की घटनाएं होती रही हैं। इसलिए हॉट लाइंस, फ्लैग मीटिंग्स और बॉर्डर पर्सनल मीटिंग के जरिए संबद्ध चीनी अधिकारियों के साथ एलएसी उल्लंघन की कुछ घटनाओं का मामला उठाया गया है। हालांकि, पीपल्स रिपब्लिक आर्मी (पीएलए) द्वारा नियमित गश्त के दौरान हठधर्मिता देखी गई है।

सीमा सुरक्षा सहयोग समझौता (बीडीसीए) का अमलीकरणः इस वर्ष दोनों देशों ने बीडीसीए को अमल में लाए जाने संबंधी व्यापक वार्ताएं की हैं। इसके लिए संपर्क रहित कार्यवाही और त्योहारों को संयुक्त तौर पर मनाने के अलावा कई अन्य मुद्दों के लिए बॉर्डर पर्सनल मीटिंग्स (बीपीएम) के उद्देश्यों में वृद्धि हुई है। हाल में दो नए बीपीएम स्थानों की शुरुआत की गई।

पांचवां संयुक्त प्रशिक्षण अभियानः अक्टूबर 2015 के दौरान चीन के कुनमिंग में पांचवें संयुक्त प्रशिक्षण अभियान का सफल आयोजन किया गया। इस अभियान का लक्ष्य सकारात्मक फौजी लक्ष्यों, अंत:परिचालन एवं आतंकवाद विरोधी (सीटी) वातावरण में संयुक्त कार्रवाइयों का विकास करना था। संयुक्त प्रशिक्षण का उद्देश्य एक दूसरे के मध्य पेशेवर सैन्य आदान-प्रदान और विश्वास को बढ़ाना था।
वेबसाइटः www.indianarmy.nic.in

नौसेना

मूल रूप से भारतीय नौसेना देश की समुद्री संप्रभुता और समुद्र के इस्तेमाल से जुड़ी व्यापक गतिविधियों की सबसे बड़ी संरक्षक है। भारतीय नौसेना अपनी चार भूमिकाओं- सैन्य, राजनयिक, निगरानी और सौम्यता के माध्यम से इन कार्यों को पूरा करती है। नौसेना की सैन्य भूमिका में किसी हस्तक्षेप अथवा हमारे राष्ट्रीय हितों के विरुद्ध किसी गतिविधि को विफल करना और किसी हमले की स्थिति में जोरदार ढंग से हटाने की क्षमता विकसित करना शामिल है। भारतीय नौसेना की निगरानी संबंधी भूमिका का एक प्रमुख उद्देश्य तटीय सुरक्षा सुनिश्चित करना और जल-दस्युता के विरुद्ध कार्य करना है।

क्षेत्र में सक्रियता और बहुआयामी क्षमताओं के कारण भारतीय नौसेना (आईएन) भारतीय महासागरीय क्षेत्र (आईओआर) में समुद्रीय नायक की भूमिका निभा रही है। भारत के समुद्रीय पड़ोस की स्थितियां नित परिवर्तनीय दिख रही हैं जहां बढ़ती अस्थिरता, गहराते भू-राजनीतिक एवं स्थानीय हालात, बढ़ती सैन्य ताकत और कई अन्य तरह की सुरक्षा चुनौतियां मुंह बाए खड़ी हैं। इन कारणों से भारत को समुद्री मार्ग से पारंपरिक और गैर-पारंपरिक किस्म के खतरे बढ़ जाते हैं। अतः भारतीय नौसेना को किसी भी तरह की भावी चुनौतियों के लिए तैयार रहने हेतु सशस्त्र तौर पर सतर्क रहना पड़ता है।

भारत समुद्री राष्ट्र है और देश के निकट बड़ी संख्या में अंतरराष्ट्रीय जहाज़ हिंद महासागर से आवागमन करते हैं। व्यापार की मात्रा के अनुसार 90 प्रतिशत से अधिक का तथा मूल्य के अनुसार 70 प्रतिशत व्यापार का परिवहन समुद्री मार्ग से किया जाता है। तेजी से बढ़ती अर्थव्यवस्था के लिए, जिसे विश्वभर में नए बाज़ारों की तलाश है, व्यापार संबंधी ये आंकड़े भविष्य में केवल ऊपर की ओर ही

जाएंगे। पिछले दशक से आर्थिक, समुद्री एवं तकनीकी विकास के कारण, वैश्विक संबंधों में वृद्धि और राष्ट्रीय सुरक्षा और राजनीतिक हितों की व्यापकता के कारण भारत की समुद्री परिवेश पर निर्भरता कई गुना बढ़ी है। अतः यह माना जा सकता है कि 21वीं सदी भारत के लिए 'समुद्र की सदी' होगी और समुद्र उसके वैश्विक उत्थान में महत्वपूर्ण भूमिका अदा करेंगे।

भारतीय नौसेना हिंद महासागर क्षेत्र में मित्र राष्ट्रों की नौसेना की क्षमता निर्माण एवं उसे बढ़ाने के काम में सक्रिय रूप में लगी है। इस दिशा में भारत एक्सक्लूसिव इकोनॉमिक जोन (ईईजेड) की निगरानी हेतु जहाजों एवं एयरक्राफ्ट समेत हार्डवेयर और प्लेटफॉर्म प्रदान कर रहा है। भारतीय नौसेना मित्र देशों के समुद्री ढांचा विकास में भी लगा हुआ है। इसकी पहल में समुद्री व्यवसाय की संचालन क्षमता एवं तकनीकी क्षमता के विकास हेतु योगदान शामिल है। सामग्री सहायता के रूप में क्षेत्र की नौसेनाओं/समुद्री बलों के लिए पुर्जे, शस्त्र, एआईएस उपकरण, जहाज चलाने वाले सिमुलेटर, संचार, उपकरण, तटीय निगरानी हेतु राडार, नावें आदि उपलब्ध कराती हैं। द्विपक्षीय संबंध और भारत की स्थिति को मजबूती प्रदान करने की दिशा में काफी काम किया जाता है। जलदस्यु हमलों से बचाव और भारतीय तथा विदेशी व्यापारिक जहाजों की सुरक्षा हेतु एडन की खाड़ी में अक्टूबर 2008 से एक जहाज तैनात रखा गया है।

नौसेना में नए शामिल हुए शीघ्र सहायता जहाजों (आईएसवी) की तैनाती कर तटीय विकास क्षेत्र (ओडीए) समेत तटीय सामानों की सुरक्षा को बढ़ाया गया है। भारत की ऊर्जा सुरक्षा की दृष्टि से महत्वपूर्ण ओडीए प्लेटफॉर्म्स की सुरक्षा के लिए ओडीए में नियमित अभ्यास भी किए जाते हैं।

समुद्र पार के अभियान

लंग्कावी अंतरराष्ट्रीय समुद्रीय भूमंडलीय प्रदर्शनी: आईएनएस कमोर्ता ने मार्च 2015 में मलेशिया के लंग्कावी में लंग्कावी अंतरराष्ट्रीय समुद्रीय भूमंडलीय प्रदर्शनी (एलआईएमए-15) में शिरकत की थी।

अंतरराष्ट्रीय समुद्रीय सुरक्षा एक्सपो एशिया-2015: सिंगापुर में मई 2015 में नौसेना के सतपुड़ा और कमोर्ता जहाजों ने अंतरराष्ट्रीय समुद्रीय सुरक्षा एक्सपो (आईएमडीईएक्स) के 10वें खंड में हिस्सा लिया। इस आयोजन का मुख्य आकर्षण भारतीय डीपीएसयू विशेषकर मै. जीएसएल एवं जीआरएसई द्वारा 'मेक इन इंडिया' पवेलियन का प्रतिनिधित्व करना था।

एआरएफ आपदा राहत प्रशिक्षण: मई 2015 में आईएनएस सरयू ने मलेशिया के पेनांग में आसियान क्षेत्रीय मंच (एआरएफ) के आपदा राहत प्रशिक्षण (डीआईआरएक्स) में हिस्सा लिया।

पूर्वी बेड़े की विदेशी तैनाती: मई एवं जून 2015 के दौरान विदेशी तैनाती हेतु पूर्वी समुद्री बेड़ा (ओएसडी) के जहाजों सतपुड़ा, कमोर्टा, रणवीर और शक्ति को दक्षिण चीन सागर, जापान सागर और जावा सागर में तैनात किया गया। सिंगापुर नौसेना के साथ भारतीय नौसेना ने दक्षिण चीन सागर में सिम्बेक्स-15 में शिरकत की थी। वहीं इंडोनेशिया, ऑस्ट्रेलिया, थाईलैंड और कंबोडिया की नौसेनाओं के साथ भारतीय नौसेना ने पीएएसएसईएक्स (पासिंग एक्सरसाइज) में भी हिस्सा लिया था।

जापान की सगामी खाड़ी में अंतरराष्ट्रीय फ्लीट रिव्यू: अक्टूबर 2015 में जापान के सगामी बे में आईएनएस सहयाद्री ने जापान द्वारा आयोजित आईएफआर में हिस्सा लिया। वापसी के दौरान जहाज वियतनाम, कोरिया गणराज्य एवं फिलिपीन्स भी गया।

पश्चिमी बेड़े की विदेशी तैनाती: सितंबर 2015 भारतीय नौसेना के दिल्ली, दीपक, ताबर और त्रिशूल जहाज फारस की खाड़ी में पश्चिमी बेड़े के तौर पर विदेशी तैनाती (ओएसडी) पर रहे। अगस्त-सितंबर 2015 के दौरान भारतीय नौसेना के ब्यास और बेतवा जहाज ईरान में तैनात रहे।

ट्रेनिंग स्क्वाड्रन की विदेशी तैनाती: मार्च 2015 को पहले ट्रेनिंग स्क्वाड्रन ने कैडेटों के प्रशिक्षण हेतु इंडोनेशिया, सिंगापुर, मलेशिया, बांग्लादेश, श्रीलंका और सितंबर-नवंबर में मॉरीशस एवं सैशेल्स की यात्रा की। 1 टीएस की मॉरीशस यात्रा के दौरान 2 नवंबर 2015 के दौरान आईएनएस सुजाता ने वहां अप्रवासी दिवस में हिस्सा लिया।

लोकायन 15: भारतीय नौसेना का तैराकी प्रशिक्षण जहाज आईएनएस तरंगिनी अप्रैल-दिसंबर 2015 के दौरान आठ महीनों के लिए विदेशी तैनाती पर रहा। लोकायन 2015 विश्व स्तर पर सुरक्षित एवं भयमुक्त समुद्रीय परिवेश बनाए रखने के भारतीय नौसेना के वृहद प्रयास को इंगित करता है।

प्रमुख अभ्यास सत्र

ट्रॉपेक्स 15: जनवरी से फरवरी 2015 के दौरान भारतीय नौसेना के वार्षिक थियेटर लेवल ऑपरेशनल रेडिनेस एक्सरसाइज (टीआरओपीईएक्स) का आयोजन हुआ। इस अभ्यास सत्र में हाल में प्रतिष्ठापित पोसिडोन-8(i) एयरक्राफ्ट सहित 42 समुद्री जहाज, 3 पनडुब्बियां एवं 51 अन्य वायुयान शामिल हुए। अभ्यास सत्र में भारतीय वायुसेना और तटरक्षक दल भी शामिल हुआ। साथ ही, ट्रॉपेक्स के दौरान लक्षद्वीप एवं मिनिकॉय (एलएंडएम) द्वीपसमूह में बड़े पैमाने पर मानवीय सहयोग एवं आपदा सहायता से जुड़े अभ्यास सत्र भी आयोजित किए गए।

गुजरात सुरक्षा अभ्यास (डीजीएक्स 15): पश्चिमी समुद्री क्षेत्र में अक्टूबर अंत से नवंबर 2015 के दौरान गुजरात सुरक्षा अभ्यास आयोजित किया गया। इस अभ्यास में 33 समुद्री जहाज, 3 पनडुब्बियों एवं नौसेना, वायु सेना एवं तटरक्षक बल के 29 वायुयानों ने हिस्सा लिया।

विदेशी नौसेनाओं के साथ अभ्यास

मालाबार-15: 1992 से भारतीय एवं अमेरिकी नौसेना समय-समय पर द्विपक्षीय अभ्यास सत्र 'मालाबार' में हिस्सा लेती रही हैं। अक्टूबर 2015 को बंगाल की खाड़ी में मालाबार का 19वां आयोजन किया गया जिसमें जापानी मेरिटाइम सेल्फ डिफेंस फोर्स (जेएमएसडीएफ) ने भी शिरकत की।

वरुण-15: 1993 से भारत-फ्रांसीसी नौसेना अभ्यास 'वरुण' का आयोजन होता रहा है। अप्रैल अंत से 20 मई, 2015 तक अरब सागर में वरुण-15 का आयोजन किया गया।

सिम्बेक्स-15: बंगाल की खाड़ी और दक्षिण चीन सागर में बारी-बारी से एक-एक वर्ष सिंगापुर-भारत द्विपक्षीय अभ्यास (एसआईएमबीईएक्स) का आयोजन किया जाता है। 20 मई , 2015 को सिंगापुर नौसेना के साथ सिम्बेक्स-15 का आयोजन दक्षिण चीन सागर में किया गया।

कोंकण-15: 2004 से यूके की रॉयल नेवी के साथ वार्षिक द्विपक्षीय नौसेनिक अभ्यास होता आया है। सितंबर 2015 को यूके के तट पर कोंकण-15 का आयोजन किया गया।

ऑसिन्डेक्स-15: सितंबर 2015 के दौरान विशाखापत्तनम में भारतीय नौसेना और रॉयल ऑस्ट्रेलियन नेवी (आरएएन) के बीच पहला द्विपक्षीय नौसेना अभ्यास आयोजित किया गया।

स्लिनेक्स–15: 2005 में पहली बार भारत और श्रीलंका के बीच नौसेना अभ्यास आयोजित किया गया था। 2010 से इसे प्रत्येक दूसरे वर्ष आयोजित करने का निर्णय लिया गया। 2015 में अक्टूबर अंत से नवंबर आरंभ तक स्लिनेक्स–15 का आयोजन किया गया।

इंद्र–15: 2003 से भारत–रूस का 'इंद्र' नौसेना अभ्यास आयोजित किया जा रहा है। दिसंबर 2015 के दौरान बंगाल की खाड़ी में इंद्र–15 का आयोजन किया गया।

वेबसाइट: www.indiannavy.nic.in

भारतीय तटरक्षक

अंतरिम तटरक्षक संगठन की स्थापना हेतु मंत्रिमंडल की राजनीतिक मामलों की समिति की सिफारिश पर 1 फरवरी, 1977 को भारतीय तटरक्षक (आईसीजी) की स्थापना की गई थी। औपचारिक रूप से भारतीय तटरक्षक की स्थापना एक स्वतंत्र सेवा के रूप में 19 अगस्त 1978 को तटरक्षक अधिनियम, 1978 के अंतर्गत हुई। भारतीय नौसेना से दो युद्ध पोत एवं कस्टम विभाग से पांच गश्त नौकाओं के साथ इसकी शुरुआत हुई थी। प्रारंभ से ही आईसीजी दोनों क्षेत्रों–जल एवं वायु में कार्य करने में दक्ष है। शांति के समय तटरक्षकों को विभिन्न कार्य दिए जाते हैं, लेकिन युद्ध के समय इनका कार्य भारतीय नौसेना की आवश्यकताओं को पूरा करना होता है।

तटरक्षक बल की कमान और संचालन नई दिल्ली स्थित भारतीय तटरक्षक के महानिदेशक के अधीन होती है। संगठन के क्षेत्रीय मुख्यालय गांधीनगर, मुंबई, चेन्नई, कोलकाता और पोर्ट ब्लेयर में स्थित हैं। क्षेत्रीय मुख्यालय भारत की तटीय रेखा में जिला मुख्यालयों के साथ मिलकर तटरक्षक बल की कमान का संचालन करते हैं। समुद्री क्षेत्र में खोज, बचाव एवं निगरानी के लिए हवाईअड्डे , हवाई अंतः क्षेत्र एवं एक एयर स्क्वाड्रन का भी गठन किया जा रहा है।

तटरक्षक अधिनियम के तहत इसके दायित्व एवं कार्य इस प्रकार हैं: अपतटीय टर्मिनलों, कृत्रिम द्वीपों और समुद्री क्षेत्रों में प्रतिष्ठानों और उपकरणों की रक्षा; समुद्र में मुसीबत में फंसे मछुआरों को सुरक्षा प्रदान करना; समुद्री पर्यावरण का संरक्षण; समुद्री प्रदूषण से बचाव और संरक्षण; तटकर और अन्य अधिकारियों को तस्करी विरोधी अभियानों में सहायता करना; समुद्र में जान–माल की सुरक्षा करने और निर्दिष्ट जानकारी एकत्र करने सहित समुद्र में प्रभावी कानूनों तथा अन्य कानूनों को लागू करना। तटरक्षक अधिनियम 1978 धारा 14 में लिखित आदेश–पत्र के अतिरिक्त भारतीय तटरक्षक को कई और भूमिकाएं भी निभानी पड़ती हैं:

(1) अपटतीय सुरक्षा समन्वय समिति;

(2) राष्ट्रीय जहाजरानी खोज और बचाव समन्वय समिति;

(3) तटीय एवं समुद्री सीमा की प्रमुख गुप्तचर एजेंसी;

(4) प्रादेशिक जल की तटीय सुरक्षा;

(5) अध्यक्ष राष्ट्रीय तेल रिसाव आपदा समिति; तथा

(6) एशिया में जहाजों पर जलदस्युता और सशस्त्र डाका (आरईसीएएपी) की घटनाओं से निपटने के लिए क्षेत्रीय समझौते में भारतीय गवर्नर की भूमिका।

महत्वपूर्ण घटनाएं एवं उपलब्धियां

अपतटीय गश्ती जलयान की शुरुआत: 10 नवंबर 2015 को भारतीय तटरक्षक जहाज (आईसीजीएस) समर्थ नामक एक ऑफशोर पेट्रोल वेसल (ओपीवी) को बेड़े में शामिल किया गया।

प्रदूषण नियंत्रण जलयान का आरंभ: 9 दिसंबर, 2015 को आईसीजीएस समुद्र पावक नामक प्रदूषण नियंत्रण जलयान- पीसीवी को बेड़े में शामिल किया गया।

त्वरित गश्ती जलयानों की शुरुआत: 2015 के दौरान आईसीजीएस अमोघ, आईसीजीएस अनघ, आईसीजीएस अंकित, आईसीजीएस अनमोल, आईसीजीएस अपूर्व, आईसीजीएस रानी दुर्गावती एवं आईसीजीएस अरिंजय नामक सात त्वरित गश्ती जलयानों (एफपीवीज़) को बेड़े में शामिल किया गया।

अवरोधक नावों की शुरुआत: वर्ष 2015 के दौरान सी-414, सी-415, सी-430, सी-416, सी-417, सी-155, सी-418, सी-419, सी-420, सी-421 एवं सी-422 नामक 11 अवरोधक नावों (आईबीज) को बेड़े में शामिल किया गया।

वायुसेना

भारतीय वायुसेना (आईएएफ) ने 8 अक्टूबर, 2015 को राष्ट्र की सेवा की 83वीं वर्षगांठ मनाई। अपनी दीर्घकालिक योजना के अनुसार आईएएफ आधुनिकीकरण में लगा है। इसमें 'मेक इन इंडिया' के अंतर्गत स्वदेशी विकास एवं निर्माण पर जोर देना है जिसमें रक्षा उत्पादन क्षेत्र में निजी भागीदारी भी हो। आधुनिकीकरण की प्रक्रिया में क्षमता विकास के तौर पर नए प्रवेश के साथ मौजूदा शस्त्र एवं सहयोगी मंचों का उन्नयन करना भी शामिल है। आधुनिकीकरण की मौजूदा योजना में फाइटर जहाजों, परिवहन जहाजों, हेलिकॉप्टर्स, प्रतिरोधक सहयोगी क्षमताओं एवं वायु रक्षा नेटवर्क सहित आईएएफ के समूचे ढांचे को शामिल किया गया है। इंटरनेट केंद्रीयता, साइबर सुरक्षा एवं समूचे रणक्षेत्र को स्पष्ट देख सकने से जुड़ी परिष्कृत क्षमता भी क्षमता विकास प्रक्रिया का हिस्सा है। कार्यकारी क्षमता बढ़ाने के लिए, आईएएफ आधुनिक, असरकारी और तकनीकी आधारभूत ढांचा विकसित कर रहा है। हाल में आईएएफ द्वारा प्राप्त वायुवाहित परिसंपत्तियों का इस्तेमाल जम्मू-कश्मीर, नेपाल एवं यमन में ह्यूमेनिटेरियन असिस्टेंस एंड डिजास्टर रिलीफ (एचएडीआर) अभियानों में किया गया।

अभियान

अधिगृहण एवं विस्तार

एलसीए: लाइट कॉम्बेट एयरक्राफ्ट (एलसीए) को बंगलुरु की एयरोनॉटिकल डेवेलपमेंट एजेंसी (एडीए) ने डिजाइन और विकसित किया है। दिसंबर 2013 में इससे जुड़ा प्रारंभिक कार्यकारी निर्गम (आईओसी) पूरा किया गया था। जनवरी 2015 में आईओसी अनुरूप एयरक्राफ्ट की पहली शृंखला आईएएफ को सौंपी गई।

मिराज-2000 का उन्नयन: विकसित रेडार, वायविकी, इलेक्ट्रॉनिक सुईट, हथियार एवं नवयुगीन ग्लास कॉकपिट सहित सुविधाओं वाले मिराज-2000 के उन्नयन के लिए आईएएफ ने अनुबंधित किया। 25 मार्च, 2015 को आईएएफ के पहले उन्नयित जहाज को आईएएफ को सौंपा गया। एयरक्राफ्ट की प्राप्ति के बाद आईएएफ के पास असल में विपक्षियों से कहीं बेहतर वायु क्षमता आ गई है। बहुमुखी लड़ाकू हवाई जहाज के कार्यकाल में भी वृद्धि हुई है।

मिग-29 का उन्नयनः आईएएफ के बेस रिपेयर डिपो में मिग-29 के उन्नयन का काम शुरू हो गया है।

राफाल एयरक्राफ्टः भारत और फ्रांसीसी सरकारों के बीच समझौते के बाद 36 राफाल एयरक्राफ्ट प्राप्ति पर कार्य चल रहा है।

अतिरिक्त सी-130जेः पहली सी-1307जे स्क्वाड्रन ने पूरी तरह से काम करना शुरू कर दिया है। इसके लिए अतिरिक्त हवाई जहाज प्राप्ति का कार्य चल रहा है। दिसंबर 2013 को यह अनुबंध पारित हुआ था। हवाई जहाज़ों की प्राप्ति से विशेष कार्यों, हवाई हमलों एवं वायु सेना की हवाई यातायात क्षमता में भी विस्तार होगा।

एएन-32 का उन्नयनः एएन-32 बेड़े को भारतीय वायुसेना के जखीरे में 1984 से 1991 के बीच शामिल किया गया था। फिलहाल इसकी टोटल टेक्निकल लाइफ एक्सपेंशन (टीटीएलई)/रीइक्विपमेंट (आरई) परियोजना यूक्रेन के क्येइव एवं कानपुर के नं. 1 बेस रिपेयर डिपो (बीआरडी) में चल रही है। इस परियोजना से वायुयान के कार्यकाल में 15 वर्षों की वृद्धि होगी और इसकी कार्यक्षमता एवं सुरक्षा भी बढ़ेगी।

हेलिकॉप्टर्सः भारतीय वायुसेना की रोटरी विंग क्षमता में वृद्धि हुई है। आईएएफ पहले की कई आधुनिक मशीनों को अपने तंत्र में शामिल कर चुका है। एमआई-17 V5 के साथ वैमानिकी, शस्त्र प्रणाली के साथ-साथ गर्म एवं ऊंचाई वाले क्षेत्रों में भी वायुसेना की कार्यक्षमता में सुधार हुआ है। वर्तमान एमआई-17 और एमआई-17 IV हेलिकॉप्टरों का उन्नयन भी प्रस्तावित है।

लड़ाकू हेलिकॉप्टर्सः सितंबर 2015 में अत्याधुनिक एएच-64ई अपाची हमलावर हेलिकॉप्टरों की प्राप्ति के लिए अनुबंध पर हस्ताक्षर किए गए थे। टैंक विरोधी गाइडेड मिसाइल, घुसपैठ विरोधी अभियानों, शत्रु की वायु रक्षा प्रणाली को ध्वस्त करने, ड्रोन को प्रभावहीन करने, खोज एवं बचाव कार्यों व कम तीव्रता वाले अभियानों में इन हेलिकॉप्टरों का इस्तेमाल किया जाता है। लड़ाकू हेलिकॉप्टर सेना की हमलावर कमान को कुशल सहयोग प्रदान करने के साथ-साथ हमारी उत्तरी सीमा के ऊंचाई वाले क्षेत्रों में भी मदद पहुंचाता है।

भारवाहक हेलिकॉप्टर्सः सितंबर 2015 में चिनूक सीएच-47एफ (आई) नामक भारवाहक हेलिकॉप्टरों (एचएलएच) की प्राप्ति हेतु अनुबंध पर हस्ताक्षर किए गए। चरणबद्ध तरीके से हेलिकॉप्टर्स की आपूर्ति की जाएगी। आपदाओं के दौरान राहत कार्यों एवं मानवीय सहयोग देने के लिए बचाव कार्यों में सशस्त्र सेनाओं को एचएलएच की आवश्यकता रहती है। पहाड़ी क्षेत्रों में आधारभूत ढांचा विकसित करने हेतु भी एचएलएच की आवश्यकता होती है। पुल एवं मार्ग निर्माण में इस्तेमाल होने वाले भारी उपकरण केवल इन्हीं हेलिकॉप्टरों की मदद से उठाए जा सकते हैं।

पिलेटस का आरंभः 24 मई 2012 को भारत सरकार एवं स्विस कंपनी द्वारा किए गए अनुबंध के आधार पर अक्टूबर 2015 को मै. पिलेटस एयरक्राफ्ट लि. से बेसिक ट्रेनर एयरक्राफ्ट (पीसी-7 एमके II) प्राप्त किए गए। फिलहाल वायुयान का इस्तेमाल आरंभिक पायलट ट्रेनिंग के लिए किया जा रहा है। हालांकि वायुयान का इस्तेमाल उड़ान प्रशिक्षण के दूसरे चरण हेतु किए जाने की भी योजना है। इस अत्याधुनिक हवाई जहाज़ से नए चालकों को हमलावर उड़ान भरने हेतु तैयारी करने योग्य मदद मिलेगी।

माइक्रोलाइटः अक्टूबर 2015 को स्लोवानिया की पिपिस्ट्रेल के साथ कुछ माइक्रोलाइट्स का अनुबंध किया गया। इसकी मदद से उड़नपट्टियों के आसपास पक्षियों की गतिविधियां पता लगाने और उन्हें काबू करने में मदद मिलेगी।

विंटेज फ्लाइट का नवीकरणः भारतीय वायुसेना के पास द्वितीय विश्वयुद्ध काल के अनेक वायुयान हैं। यह वायुयान वैश्विक उड्डयन एवं आईएएफ की अमूल्य धरोहर के अंश हैं। 2008 में दुनियाभर में पुराने वायुयानों के रखरखाव के बारे में योग्यता रखने वालों से जुड़े एक सर्वेक्षण के बाद, देश के भीतर और बाहर कुछ कुशल कर्मियों से इनके नवीकरण संबंधित सहयोग प्राप्त किया गया। टाइगर मॉथ और हारवर्ड एयरक्राफ्ट को पहले चरण की मरम्मत के लिए यूके भेजा गया। वायुसेना दिवस पर आईएएफ की धरोहर के तौर पर इन वायुयानों की उड़ान भी भरी गई।

वेबसाइट: www.indianairforce.nic.in

कमीशंड रैंक

तीनों सेनाओं में कमीशंड रैंक का विवरण और उनके समान पदों का विवरण दिया जा रहा है:

थलसेना	नौसेना	वायुसेना
जनरल	एडमिरल	एयर चीफ मार्शल
लेफ्टिनेंट जनरल	वाइस एडमिरल	एयर मार्शल
मेजर जनरल	रीयर एडमिरल	एयर वाइस मार्शल
ब्रिगेडियर	कोमोडोर	एयर कोमोडोर
कर्नल	कैप्टन	ग्रुप कैप्टन
लेफ्टिनेंट कर्नल	कमांडर	विंग कमांडर
मेजर	लेफ्टिनेंट कमांडर	स्कवाड्रन लीडर
कैप्टन	लेफ्टिनेंट	फ्लाइट लेफ्टिनेंट
लेफ्टिनेंट	सब लेफ्टिनेंट	फ्लाइंग ऑफिसर

भर्ती

सशस्त्र सेनाएं सार रूप में सेवा, त्याग, देशभक्ति और देश की मिली-जुली संस्कृति की प्रतिमूर्ति होती हैं। सेनाओं में भर्ती शारीरिक, चिकित्सकीय, शैक्षणिक मापदंड के आधार पर भारत के सभी नागरिकों को जाति, वर्ग, धर्म और समुदाय के भेदभाव बिना स्वैच्छिक और खुले रूप में की जाती है।

सशस्त्र सेनाओं में कमीशन प्राप्त अफसरों की भर्ती संघ लोक सेवा आयोग द्वाराः सशस्त्र सेनाओं में कमीशन प्राप्त अफसरों की भर्ती मुख्यतः संघ लोक सेवा आयोग के माध्यम से ही की जाती है, जो निम्नलिखित दो अखिल भारतीय प्रतियोगी परीक्षाएं आयोजित करता हैः

(क) राष्ट्रीय सुरक्षा अकादमी (एनडीए) तथा नेवल अकादमी (एनए): एनडीए और एनए में प्रवेश के लिए संघ लोक सेवा आयोग वर्ष में दो बार प्रवेश परीक्षा आयोजित करता है। वैसे अभ्यर्थी जो 10+2 की परीक्षा दे चुके हैं अथवा 12वीं में हैं, यह परीक्षा दे सकते हैं।

(ख) सम्मिलित रक्षा सेवा परीक्षा (सीडीएसई): संघ लोक सेवा आयोग द्वारा सीडीएसई की परीक्षा वर्ष में दो बार ली जाती है। विश्वविद्यालय के स्नातक अथवा स्नातक के अंतिम वर्ष के छात्र इस परीक्षा में शामिल होने के पात्र हैं। सफल अभ्यर्थी भारतीय मिलिट्री अकादमी/वायुसेना अकादमी और नेवल अकादमी में स्थायी कमीशन और ऑफिसर्स प्रशिक्षण अकादमी (ओटीए) में शॉर्ट सर्विस कमीशन में शामिल होते हैं।

थलसेना में भर्ती

सेना में संघ लोक सेवा आयोग के माध्यम के अलावा कमीशंड अधिकारियों की भर्ती: संघ लोक सेवा आयोग द्वारा भर्तियों के अलावा निम्नलिखित गैर यूपीएससी माध्यम से थल सेना में कमीशंड अधिकारियों की भर्ती की जाती है:

(क) विश्वविद्यालय भर्ती योजना: अधिसूचित इंजीनियरिंग शाखाओं के अंतिम और प्री–फाइनल के विद्यार्थी इस योजना के तहत सेना की तकनीकी शाखा में कमीशंड अधिकारी के रूप में स्थायी कमीशन के लिए आवेदन करने के पात्र हैं। सेना मुख्यालय द्वारा नियुक्त एक स्क्रीनिंग दल कैंपस साक्षात्कार के माध्यम से योग्य उम्मीदवारों का चयन करता है। इन उम्मीदवारों को विश्वविद्यालय भर्ती योजना (यूईएस) एसएसबी तथा मेडिकल बोर्ड के समक्ष उपस्थित होना पड़ता है।

(ख) तकनीकी स्नातक पाठ्यक्रम: अधिसूचित इंजीनियरिंग शाखाओं के स्नातक या थलसेना शिक्षा कोर हेतु अधिसूचित विधाओं में स्नातकोत्तर न्यूनतम और द्वितीय श्रेणी कृषि व डेयरी के द्वितीय श्रेणी स्नातकोत्तर के माध्यम से स्थायी कमीशन के लिए आवेदन के पात्र हैं। एसएसबी और मेडिकल बोर्ड के बाद अंतिम रूप से चुने गए उम्मीदवारों को भारतीय सेना अकादमी देहरादून में एक वर्ष का प्री–कमीशन प्रशिक्षण पूरा करना होता है।

(ग) शॉर्ट सर्विस कमीशन (तकनीकी): अधिसूचित इंजीनियरिंग शाखाओं के इंजीनियरिंग स्नातक अथवा स्नातकोत्तर विद्यार्थी शॉर्ट सर्विस कमीशन (तकनीकी) प्रवेश के जरिए तकनीकी शाखा में सर्विस कमीशन के लिए आवेदन करने के पात्र हैं। चुने गए उम्मीदवारों को एसएसबी और मेडिकल बोर्ड के बाद 49 सप्ताह के प्री–कमीशन प्रशिक्षण के लिए ओटीए, चेन्नई जाना पड़ता है।

(घ) 10+2 तकनीकी योजना: 10+2 सीबीएसई/आईसीएसई/राज्य परीक्षा बोर्ड के भौतिकी, रसायन और गणित में 70 प्रतिशत अंकों के साथ उत्तीण करने वाले उम्मीदवार 10+2 तकनीकी भर्ती योजना (टीईएस) के तहत आवेदन कर सकते हैं।

(ड) शॉर्ट सर्विस कमीशन (विमेन): महिलाओं की तीन शाखाओं जैसे गैर तकनीकी स्नातक, तकनीकी, परास्नातक/विशेषज्ञ के रूप में शॉर्ट सर्विस कमीशन 10 वर्षों की अवधि के लिए जो चार वर्ष के लिए पूर्णत स्वैच्छिक आधार पर बढ़ाई जा सकती है, उपलब्ध कराई गई है। प्रशिक्षण की अवधि 49 सप्ताह की है जो ऑफिसर्स ट्रेनिंग अकादमी, चेन्नई में होती है। शॉर्ट सर्विस कमीशन (विमेन) (तकनीकी) में जो अभ्यर्थी अधिसूचित शाखाओं में उत्तीर्ण हो चुके हैं या बीई/बीटेक अंतिम वर्ष/सेमेस्टर में हैं, आवेदन कर सकते हैं। संघ लोक सेवा आयोग द्वारा संचालित लिखित परीक्षा में उत्तीर्ण होने वाले अभ्यर्थी को एसएसबी साक्षात्कार के लिए बुलाया जाता है।

(च) एनसीसी (विशेष) प्रवेश योजनाः कम से कम 'बी' ग्रेड के साथ एनसीसी का 'सी' सर्टिफिकेट रखने वाले और तीन वर्ष के बाद स्नातक पाठ्यक्रम के दो वर्षों में कुल 50 प्रतिशत से अधिक अंक प्राप्त करने वाले शॉर्ट सर्विस कमीशन के लिए आवेदन करने के पात्र हैं। एसएसबी साक्षात्कार में चुने जाने पर ऐसे अभ्यर्थियों को तीन वर्षीय डिग्री कोर्स में 50 प्रतिशत अंक प्राप्त करने होंगे। ऐसा करने में विफल होने पर उनकी उम्मीदवारी नामंजूर कर दी जाएगी। ऐसे अभ्यर्थियों को संघ लोक सेवा आयोग द्वारा आयोजित लिखित परीक्षा से छूट मिलती है तथा इनका सीधा चुनाव एसएसबी बोर्ड द्वारा साक्षात्कार तथा मेडिकल बोर्ड द्वारा किया जाता है।

(छ) न्यायाधीश-अधिवक्ता सामान्य प्रवेशः न्यायाधीश-अधिवक्ता सामान्य शाखा के लिए 21 से 27 वर्ष के आयु के लोग आवेदन कर सकते हैं, जिन्होंने एलएलबी में न्यूनतम 55 प्रतिशत अंक प्राप्त किए हों। योग्य उम्मीदवारों को सीधे साक्षात्कार के लिए बुलाया जाता है और उसके बाद चिकित्सा परीक्षण होता है। यह लघु सेवा कमीशन प्रवेश है, जिसमें उम्मीदवार स्थायी कमीशन का विकल्प ले सकता है।

अधिकारी स्तर से नीचे कार्मिकों की भर्तीः सेना में 11 भर्ती क्षेत्रीय कार्यालय, दो गोरखा भर्ती डिपो, एक स्वतंत्र भर्ती कार्यालय तथा 59 सेना भर्ती कार्यालय के अलावा 47 रेजिमेंटल केंद्र हैं जो रैलियों के द्वारा अपने क्षेत्राधिकार के अंतर्गत भर्ती करवाते हैं।

अफसर रैंक से नीचे के कार्मिकों की भर्ती खुली रैलियों के माध्यम से की जाती हैं। पीबीओआर के लिए भर्ती प्रक्रिया रैली स्थल पर अभ्यर्थियों की प्रारंभिक जांच से शुरू होती है जिसके पश्चात दस्तावेजों की जांच, शारीरिक योग्यता की परख, शारीरिक माप और चिकित्सा की जांच की जाती है। इसके बाद लिखित परीक्षा होती है। लिखित परीक्षा के बाद हर प्रकार से योग्य पाए गए अभ्यर्थियों को प्रशिक्षण के लिए संबंधित प्रशिक्षण केंद्रों पर भेजा जाता है।

भारतीय नौसेना में भर्ती

भारतीय नौसेना में अफसरों की भर्तीः नौसेना में भर्ती की प्रक्रिया सुप्रवाही, शीघ्र निष्पादित और अभ्यर्थी उन्मुख होती है। संघ लोक सेवा आयोग के जरिए की जाने वाली भर्तियों के अलावा कमीशन प्राप्त अफसरों की भर्ती नौसेना में गैर-यूपीएससी प्रवेश के माध्यम से भी की जाती है।

गैर-यूपीएससी भर्तीः नौसेना में गैर-यूपीएससी प्रवेश स्थायी कमीशन (पीसी) और अल्प सेवा कमीशन दोनों (एसएससी) कैडरों के लिए होता है। इस प्रकार की भर्तियों के लिए रक्षा मंत्रालय के एकीकृत मुख्यालय (नौसेना) में आवेदन आमंत्रित किए जाते हैं तथा उनकी छंटनी की जाती है। तत्पश्चात छांटे गए उम्मीदवारों को सेवा चयन बोर्ड द्वारा साक्षात्कार के लिए भेजा जाता है जो इस प्रकार हैः

(1) 10+2 (कैडेट) भर्ती योजनाः यह योजना भारतीय नौसेना में कार्मिक, इंजीनियरिंग तथा इलेक्ट्रिकल शाखाओं में स्थायी कमीशन मुहैया कराती है। इस योजना के तहत उम्मीदवार जो 10+2 (पीसीएम) के साथ उत्तीर्ण हों, उन्हें चयन के बाद सेवा चयन बोर्ड द्वारा बी-टेक के कोर्स के लिए भारतीय नौसेना अकादमी भेज दिया जाता है।

(2) कार्यपालक: हवाई यातायात नियंत्रण/कानून/संभारिकी/नौसेना आयुध निरीक्षणालय (एनएआई) जल संवर्गो/पायलट/प्रेक्षकों के लिए अल्प सेवा कमीशन और संभारिक/कानून/एनएआई सेवा के लिए स्थायी कमीशन।

(3) इंजीनियरी (नौसेना वास्तुकारों सहित): विश्वविद्यालय प्रवेश योजना के माध्यम से सेवा कमीशन (यूईएस), विशेष नौसेना वास्तुकार प्रवेश योजना और एसएससी (ई) योजना 10+2 (तकनीकी) योजना के माध्यम से स्थायी कमीशन।

(4) विद्युत इंजीनियरी: विश्वविद्यालय योजना और एसएससी (एल) योजनाओं के माध्यम से अल्प सेवा कमीशन तथा 10+2 (तकनीकी) योजना के माध्यम से स्थायी कमीशन में प्रवेश।

(5) शिक्षा शाखा: इस शाखा के लिए स्थायी कमीशन और अल्प सेवा कमीशन योजनाएं मौजूद हैं।

(6) विश्वविद्यालय प्रवेश योजना: विश्वविद्यालय प्रवेश योजना (यूईएस) के अंतर्गत अंतिम और अंतिम से पूर्व वर्ष के इंजीनियरी छात्र नौसेना की तकनीकी शाखाओं/संवर्गों में प्रवेश के पात्र हैं। एकीकृत मुख्यालय, रक्षा मंत्रालय (नौसेना) और कमान मुख्यालयों से नौसेना चयन दल उम्मीदवारों को छांटने के लिए पूरे देश में एआईसीटीई द्वारा अनुमोदित इंजीनियरी कॉलेजों का दौरा करते हैं। अखिल भारतीय मेरिट के आधार पर छांटे गए उम्मीदवारों को सेवा चयन बोर्ड में साक्षात्कार के लिए बुलाया जाता है।

(7) एनसीसी के माध्यम से भर्ती: न्यूनतम 'बी' ग्रेड सहित स्नातक डिग्री परीक्षा में 50 प्रतिशत अंक वाले एनसीसी 'सी' प्रमाणपत्र धारक विश्वविद्यालय स्नातकों (भौतिकी और गणित) को नियमित कमीशन प्राप्त अफसरों के रूप में नौसेना में शामिल किया जाता है। इन स्नातकों को संघ लोक सेवा आयोग द्वारा आयोजित संयुक्त रक्षा सेवा परीक्षा में बैठने की छूट दी जाती है और उनका चयन सेवा चयन बोर्ड साक्षात्कार के माध्यम से ही किया जाता है।

(8) नौसेना वास्तुविद विशेष भर्ती योजना: सरकार ने हाल ही में नौसेना में इंजीनियरी शाखा के नौसेना वास्तुविद संवर्ग में नौसेना वास्तुविद विशेष भर्ती योजना नामक विशेष योजना के तहत अल्प सेवा कमीशन प्राप्त अफसरों के रूप में 45 नौसेना वास्तुविद अफसरों को शामिल किया जाना अनुमोदित किया है। नौसेना का अधिकार प्राप्त दल आईआईटी खड़गपुर, आईआईटी चेन्नई, विज्ञान और प्रौद्योगिकी विश्वविद्यालय कोच्चि (सीयूएसएटी) और आंध्र प्रदेश विश्वविद्यालय, जिनमें बी. टेक (नौसेना वास्तुविद) पाठ्यक्रम का संचालन किया जाता है, में कैंपस साक्षात्कार के माध्यम से उम्मीदवारों का चयन करने हेतु दौरा करता है। चुने गए उम्मीदवारों की निकटतम सैनिक अस्पताल में चिकित्सा जांच की जाती है और उपयुक्त पाए जाने पर प्रशिक्षण के लिए उनका चयन किया जाता है।

(9) नाविकों की भर्ती: नौसेना में भर्ती उपलब्ध रिक्त स्थानों की संख्या के अनुरूप भर्ती योग्य पुरुषों का राज्यवार योग्यता के आधार पर अखिल भारतीय स्तर पर चयन किया जाता है। नाविकों की भर्ती की विभिन्न प्रविष्टियां इस प्रकार हैं:

(क) आर्टिफिसर अप्रेंटिस (एए) - 10+2 (पीसीएम)।

(ख) सीधी भर्ती (डिप्लोमाधारी) यांत्रिक/वैद्युत/इलेक्ट्रॉनिक/उत्पादन/वैमानिकी/धातु-विज्ञान/पोत-निर्माण में डिप्लोमा।

(ग) सीनियर सेकेंडरी रंगरूट (एसएसआर) - 10+2 विज्ञान।

(घ) मैट्रिक प्रविष्टि रंगरूट (एमआर), रसोइया, स्टीवर्ड एवं संगीतकार की भर्ती के लिए मैट्रिकुलेशन।

(ड) नॉन मैट्रिक रंगरूट (एनएमआर), टोपास नौसेनिकों (सफाईवाला) की भर्ती के लिए कक्षा-6।

(च) सीधी प्रविष्टि पैटी अफसर (उत्कृष्ट खिलाड़ियों के लिए)।

भारतीय वायुसेना में भर्ती

अफसरों की भर्ती: अफसरों की भर्ती राष्ट्रीय सुरक्षा अकादमी (एनडीए) और सम्मिलित रक्षा सेवा परीक्षा (सीडीएसई) के माध्यम से संघ लोकसेवा आयोग द्वारा की जाती है। गैर-यूपीएससी द्वारा अफसरों की भर्ती इस प्रकार की जाती है: एनसीसी भर्ती (पुरुषों के लिए), एएससी स्थायी (पुरुषों के लिए), जीडीओसी (गैर तकनीकी) (पुरुषों के लिए), एयरमैन भर्ती स्थायी (वायु योद्धाओं के लिए), एसएसएस (तकनीकी) (पुरुषों एवं महिलाओं के लिए) तथा एसएससी गैर तकनीकी (पुरुषों एवं महिलाओं के लिए)।

(क) सेवा चयन द्वारा भर्ती: सेवा चयन बोर्ड और वायुसेना बोर्ड फ्लाइंग (पायलट), एयरोनॉटिकल इंजीनियरिंग (इलेक्ट्रॉनिक्स), एयरोनॉटिकल इंजीनियरिंग (मेकेनिकल), शिक्षा, प्रशासन, लॉजिस्टिक्स, लेखा तथा मौसम विभागों में अफसरों का वायुसेना में चयन करता है।

(ख) विश्वविद्यालय प्रवेश योजना: विश्वविद्यालय प्रवेश योजना के अंतर्गत अंतिम और पूर्व अंतिम वर्ष इंजीनियरिंग संकाय के छात्र वायुसेना के तकनीकी विभागों में स्थायी कमीशन ऑफिसर भर्ती के योग्य होते हैं।

(ग) महिला अफसरों की भर्ती: भारतीय वायुसेना में योग्य महिलाओं की भर्ती अल्पसेवा कमीशन ऑफिसरों के रूप में फ्लाइंग, एयरोनॉटिकल इंजीनियरिंग (इलेक्ट्रॉनिक्स), एयरोनॉटिकल इंजीनियरिंग (मेकेनिकल), शिक्षा, प्रशासन, मौसम, लेखा, लॉजिस्टिक्स विभागों में की जाती है।

(घ) एनसीसी के माध्यम से भर्ती: वायुसेना में सेवा चयन बोर्ड (एसएसबी) द्वारा स्थायी कमीशन ऑफिसरों की भर्ती विश्वविद्यालय स्नातकों न्यूनतम 60 प्रतिशत अंक और एनसीसी का 'सी' सर्टिफिकेट न्यूनतम 'बी' ग्रेड रखने वाले अभ्यर्थियों में से की जाती है। फ्लाइंग ब्रांच कैडेट के पास 10+2 में मुख्य विषय के रूप में गणित और भौतिकी होने चाहिए।

ऑफिसर रैंक से नीचे के कार्मिकों की भर्ती: ऑफिसर रैंक से नीचे के कार्मिकों की भर्ती केंद्रित चयन प्रणाली के माध्यम से अखिल भारतीय स्तर पर केंद्रीय एयरमैन चयन बोर्ड (सीएएसबी) देश के विभिन्न स्थानों पर स्थित 14 एयरमैन चयन केंद्रों (एएससी) के सहयोग से अभ्यर्थियों का चयन करता है।

राष्ट्रीय कैडेट कोर

राष्ट्रीय कैडेट कोर (एनसीसी) की स्थापना एनसीसी अधिनियम, 1948 के अंतर्गत हुई थी। इसने अपनी स्थापना के 68 वर्ष पूरे कर लिए हैं। एनसीसी युवाओं में प्रतिबद्धता, समर्पण, अनुशासन, नैतिक मूल्यों को मजबूत करके, देश की चुनौतियों का सामना करने के लिए हर तरह से विकास का प्रयत्न करता है, जिससे वे सफल नागरिक बन सकें। एनसीसी का उद्देश्य है 'एकता और अनुशासन'।

एनसीसी कैडेटों की फुल स्वीकृत संख्या 15 लाख है। इसमें वर्ष 2010 में दो लाख कैडेटों की स्वीकृत संख्या शामिल है। इसके अधीन वर्ष 2015-16 तक प्रतिवर्ष 40,000 कैडेटों को पांच चरणों में

शामिल किया जा रहा है। एनसीसी 15,749 संस्थानों के साथ देश के 642 जिलों में अवस्थित है। मौजूदा वर्ष से वरिष्ठ डिविजन/वरिष्ठ विंग कैडेटों की प्रवेश नीति को बदलकर दो वर्ष से तीन वर्ष किया गया है। इसके परिणामस्वरूप कैडेटों के प्रशिक्षण से जुड़े मानदंडों और उनकी गुणवत्ता में सुधार होगा। एनसीसी को मौजूदा वर्ष से 10वीं और 11वीं कक्षा में एक अतिरिक्त/एच्छिक विषय बना दिया गया है। इससे एनसीसी और अधिक आकर्षक बनेगा और कैडेट अपने शैक्षिक परिणामों में भी बेहतर प्रदर्शन कर सकेंगे।

वेबसाइट: www.nccindia.nic.in

रक्षा सेवाओं के लिए प्रशिक्षण

रक्षा क्षेत्र में अनेक प्रशिक्षण संस्थान एक-दूसरे के सहयोग से कार्य कर रहे हैं। इनका विस्तृत ब्योरा आगे दिया गया है।

सैनिक स्कूल

सैनिक स्कूल केंद्रीय और राज्य सरकारों के संयुक्त उद्यम हैं। ये रक्षा मंत्रालय के सैनिक स्कूल सोसायटी के अधीन कार्य करते हैं। वर्तमान में देश के विभिन्न हिस्सों में 25 सैनिक स्कूल सोसायटी के द्वारा चलाए जा रहे हैं। नए सैनिक स्कूल खोले जाने की मांग कई राज्यों से आई है। नतीजतन, आंध्र प्रदेश, हरियाणा, बिहार और कर्नाटक में दो-दो सैनिक स्कूल हैं।

सैनिक स्कूलों के उद्देश्यों में आम आदमी तक ऊंची पब्लिक स्कूल शिक्षा की पहुंच बनाना, बच्चे के व्यक्तित्व का समग्र विकास एवं सशस्त्र सेनाओं के अधिकारी संवर्ग में क्षेत्रीय असंतुलन को दूर करना शामिल है। राष्ट्रीय सुरक्षा अकादमी में पहुंचने वाले कैडेटों की संख्या में निरंतर वृद्धि हो रही है जिसे ध्यान में रखते हुए सैनिक स्कूल लड़कों को राष्ट्रीय रक्षा अकादमी की मार्फत सशस्त्र सेनाओं में शामिल होने के लिए शैक्षिक, शारीरिक और मानसिक रूप से तैयार करते हैं। जुलाई 2015 को पूरे होने वाले आईएनए कोर्स में सैनिक स्कूलों के 101 कैडेट एनडीए और नौसेना अकादमी पहुंचे।

सैनिक स्कूलों में लड़कों को छठी व नवीं कक्षाओं में भर्ती किया जाता है। भर्ती वर्ष के दौरान 1 जुलाई तक छठी कक्षा के छात्रों की आयु 10-11 वर्ष और नवीं के छात्रों की आयु 13-14 वर्ष होनी चाहिए। स्कूलों में भर्ती प्रत्येक वर्ष जनवरी में अखिल भारतीय सैनिक स्कूल भर्ती परीक्षा में प्राप्त मैरिट के आधार पर होती है।

राष्ट्रीय मिलिट्री स्कूल

देश में पांच मिलिट्री स्कूल कर्नाटक के बंगलुरु, बेलगाम, हिमाचल प्रदेश के चैल, राजस्थान के अजमेर और धौलपुर में हैं। धौलपुर का राष्ट्रीय मिलिट्री स्कूल, सबसे बाद में, 16 जुलाई 1962 को स्थापित हुआ था। यह स्कूल सीबीएसई से मान्यता प्राप्त हैं। यह स्कूल लड़कों को उच्च शिक्षा प्रदान कर के उन्हें रक्षा सेवाओं में भर्ती करने हेतु तैयार करते हैं।

राष्ट्रीय मिलिट्री स्कूल में कॉमन एंट्रेंस टेस्ट के जरिए लड़कों की भर्ती होती है। अंग्रेजी, गणित, प्रज्ञा एवं सामान्य ज्ञान जैसे चार विषयों में प्रत्याशियों की परख होती है। आरएमएस में 67 प्रतिशत सीटें जूनियर कमीशंड अफसरों/अन्य रैंक के अधिकारियों के आश्रितों के लिए आरक्षित रहती हैं, 20 प्रतिशत सीटों कमीशंड अफसरों एवं 13 प्रतिशत सीटें आम नागरिकों के आश्रितों के लिए आरक्षित होती हैं।

वेबसाइट: www.rashtriyamilitaryschool.in

राष्ट्रीय रक्षा अकादमी

राष्ट्रीय रक्षा अकादमी (एनडीए) सेना के तीनों अंगों के कैडेटों को उनके कमीशन पूर्व प्रशिक्षण अकादमियों में शामिल किए जाने से पहले प्रशिक्षण देता है। भारतीय सशस्त्र सेनाओं में अफसरों की कमी और उस कमी को शीघ्र पूरा करने के लिए, हाल में एनडीए में कैडेटों की संख्या को 1800 से बढ़ाकर 1920 किया गया। साथ ही, एनडीए में एक अतिरिक्त स्क्वाड्रन यानी 16वीं स्क्वाड्रन भी गठित की गई। चूंकि नई इमारत के निर्माण में कुछ वर्ष का समय लगेगा, अत: अंतरिम व्यवस्था हेतु एनडीए में 120 कैडेटों के लिए अस्थायी शेल्टरों का इंतजाम किया गया है। 16वीं स्क्वाड्रन की इमारत का निर्माण आरंभ हो गया है। इसके अतिरिक्त, एक अन्य अस्थायी शेल्टर सेट निर्माण का प्रस्ताव रखा गया है और एनडीए में 4 स्क्वाड्रनों सहित एक अतिरिक्त 5वीं बटालियन गठित करने का भी प्रस्ताव है जिसकी मदद से 2018 तक 2400 कैडेट्स तैयार किए जा सकेंगे।

वेबसाइट: www.nda.nic.in

राष्ट्रीय इंडियन मिलिट्री कॉलेज

भारतीय सशस्त्र बल में अधिकारी बनने के इच्छुक तथा भारत में जन्मे या रहने वाले लड़कों को आवश्यक प्राथमिक प्रशिक्षण उपलब्ध कराने के उद्देश्य से राष्ट्रीय इंडियन मिलिट्री कॉलेज (आरआईएमसी), देहरादून की स्थापना 13 मार्च, 1922 को की गई। यह संस्थान आज राष्ट्रीय रक्षा अकादमी के सहयोग संस्थान के रूप में काम कर रहा है। इस कॉलेज के लिए चयन राज्य सरकारों द्वारा संचालित एक लिखित परीक्षा तथा मौखिक साक्षात्कार से होता है। जनसंख्या के आधार पर विभिन्न राज्यों का सीट आवंटन किया गया है।

वेबसाइट: www.rimc.nic.in

इंडियन मिलिट्री अकादमी, देहरादून

1932 में स्थापित देहरादून की इंडियन मिलिट्री अकादमी में फौजी अफसर बनने वाले व्यक्तियों के (आईएमए) संपूर्ण बौद्धिक, नैतिक और शारीरिक विकास हेतु प्रशिक्षण दिया जाता है। आईएमए में दाखिले की विभिन्न प्रणालियां इस प्रकार हैं:

(क) एनडीए में स्नातक के आधार पर।

(ख) आईएमए के एक अंश, आर्मी कैडेट कॉलेज से स्नातक करने के बाद।

(ग) संघ लोक सेवा आयोग की परीक्षा और बाद में सेवा चयन बोर्ड से होकर स्नातक कैडेटों की सीधी भर्ती।

(घ) तकनीकी स्नातक कोर्स (टीजीसी) के जरिए।

(ङ) अंतिम/अंतिम पूर्व वर्ष की शिक्षा प्राप्त कर रहे इंजीनियरिंग के छात्रों को विश्वविद्यालय भर्ती योजना (यूईएस) के अंतर्गत।

(च) 10+2 तकनीकी भर्ती योजना (टीईएस) के जरिए।

ऑफिसर्स ट्रेनिंग अकादमी, चेन्नई

वर्ष 1963 में स्थापित ऑफिसर्स प्रशिक्षण विद्यालय (ओटीएस) को उसकी स्थापना के 25 वर्ष पूरे होने के उपलक्ष्य में 1 जनवरी, 1988 को ऑफिसर्स ट्रेनिंग अकादमी (ओटीए) में परिवर्तित कर दिया गया। 1965 से पूर्व इसका प्रमुख कार्य कैडेटों को आपात कमीशन को सहायता देने के लिए प्रशिक्षित करना था। 1965 के बाद से अकादमी अल्पसेवा कमीशन (एसएससी) के कैडेटों को प्रशिक्षित करती है। 21 सितंबर, 1992 से थलसेना में महिलाओं की भर्ती शुरू होने से लेकर अब तक प्रत्येक वर्ष लगभग 100 महिला अधिकारियों को सेना सेवा कोर, सेना शिक्षा कोर, जज एडवोकेट जनरल्स डिपार्टमेंट, इंजीनियर्स कोर, सिग्नल्स एवं इलेक्ट्रिकल्स व मेकेनिकल इंजीनियर्स में कमीशन किया जाता है।

ऑफिसर्स ट्रेनिंग अकादमी, गया

मंत्रिमंडल की सुरक्षा समिति (सीसीएस) ने 2009 को द्वितीय ऑफिसर्स ट्रेनिंग अकादमी (ओटीए), गया में स्थापित करने का अनुमोदन किया। अकादमी को 2011 में कमीशन किया गया। अकादमी 400 कैडेट्स को प्रशिक्षण देने की क्षमता रखती है। इस क्षमता को बढ़ाकर 750 तक किया जाना है।

कॉलेज ऑफ मिलिट्री इंजीनियरिंग, पुणे

मिलिट्री अभियांत्रिकी महाविद्यालय, पुणे प्रमुख तकनीकी संस्थान है। यहां इंजीनियरिंग कोर, अन्य सशस्त्र सेवाओं, नौसेना, वायुसेना, अर्द्धसैनिक बल, पुलिस तथा सिविलियन को प्रशिक्षण दिया जाता है। इसके अलावा, मित्र राष्ट्रों के कर्मियों को भी यहां प्रशिक्षण दिया जाता है। सीएमई जवाहरलाल नेहरू विश्वविद्यालय (जेएनयू) से बीटेक डिग्री प्रदान करने के लिए मान्यता प्राप्त है।

नेशनल डिफेंस कॉलेज

राष्ट्रीय रक्षा महाविद्यालय (एनडीसी) ने राष्ट्रीय सुरक्षा तथा रणनीति के प्रत्येक पहलू के बारे में श्रेष्ठ प्रतिष्ठान का दर्जा प्राप्त किया है। सशस्त्र बलों के ब्रिगेडियर/समतुल्य रैंक के चुनिंदा अधिकारियों और निदेशक और उससे ऊपर अथवा समकक्ष के सिविल सेवा अधिकारियों को कॉलेज में प्रशिक्षण के लिए मनोनीत किया जाता है। एनडीसी वरिष्ठ रक्षा तथा सिविल सेवा के अधिकारी राष्ट्रीय सुरक्षा और रणनीति पर 11 महीने का एक व्यापक कार्यक्रम चलाता है, जिसमें घरेलू, क्षेत्रीय और अंतरराष्ट्रीय मुद्दे समाहित होते हैं ताकि भविष्य के नीति-निर्धारक विविध आर्थिक, राजनीतिक, सैनिक, वैज्ञानिक, संगठनात्मक पहलुओं को पूरी तरह समझ सकें जो राष्ट्रीय नीति की योजना बनाने हेतु जरूरी हैं।

रक्षा प्रबंधन कॉलेज

रक्षा प्रबंधन कॉलेज (सीडीएम) सशस्त्र बलों का ट्रेनिंग इंस्टीट्यूट (एएफटीआई) है जो तीन दशकों से अस्तित्व में है। सशस्त्र बलों के वरिष्ठ नेतृत्व में सामयिक प्रबंधन विचारों, सिद्धांतों और व्यवहार को उत्तरदायित्व के साथ समाहित करने का कार्य कर रहा है। उस्मानिया विश्वविद्यालय मास्टर ऑफ मैनेजमेंट स्टडीज (एमएमएस) डिग्री के लिए उच्च रक्षा प्रबंधन नामक सीडीएम पाठ्यक्रम को मान्यता देता है।

डिफेंस सर्विसेज स्टाफ कॉलेज

डिफेंस सर्विसेज स्टाफ कॉलेज (डीएसएससी) भारत के सबसे पुराने सैन्य संस्थानों में से एक है जिसकी स्थापना का उद्देश्य भारतीय सशस्त्र सेनाओं की तीनों शाखाओं, बाहरी मित्र देशों तथा भारतीय सिविल सर्विसेज के मध्यक्रम के अधिकारियों को आवश्यक प्रशिक्षण देना है। कॉलेज प्रतिवर्ष जून से अप्रैल तक 45 सप्ताह का एक प्रशिक्षण कार्यक्रम संचालित करता है। पाठ्यक्रम को पूरा करने वालों को मद्रास विश्वविद्यालय से एमएससी की डिग्री दी जाती है।

रक्षा उत्पाद

रक्षा उत्पाद विभाग की स्थापना नवंबर 1962 में राष्ट्र की सुरक्षा हेतु विशिष्ट अवसंरचनात्मक उत्पादों के विकास के उद्देश्यों के साथ हुई थी। इन वर्षों के दौरान विभाग ने उत्पाद निर्माण सुविधा की विस्तृत शृंखला विभिन्न रक्षा उपकरणों के लिए आयुध कारखानों तथा रक्षा उपक्रमों के माध्यम से तैयार की है। इन निर्मित उत्पादों में शामिल है गोला-बारूद, टैंक, बख्तरबंद वाहन, भारी वाहन, लड़ाकू विमान और हेलिकॉप्टर, युद्धपोत, पनडुब्बियां, मिसाइल, इलेक्ट्रॉनिक्स उपकरण, अर्थ मूविंग इक्विपमेंट, विशिष्ट एलॉय और विशिष्ट उद्देश्य इस्पात।

आयुध कारखाने

आयुध कारखाना बोर्ड के 39 कारखाने हैं, दो अन्य कारखाने नालंदा और कोरवा में स्थित हैं। संगठन ने इन वर्षों के दौरान मानव श्रम आधारित कार्यों से उच्च स्वचालित कंप्यूटर आधारित निर्माण प्रणाली विकसित कर ली है। बुनियादी और इंटरमीडिएट इनपुट से तैयार भंडार के उत्पादन पर जोर देकर संगठन पद्धति इंटिग्रेटर के रूप में उभरा है। रक्षा कारखानों को 5 कार्यकारी समूहों में बांटा गया है– (1) गोला-बारूद और विस्फोटक, (2) हथियार, वाहन और उपकरण, (3) सामग्री और कंपोनेंट, (4) बख्तरबंद वाहन तथा (5) कपड़े और उपकरण। ये प्रत्येक समूह अपर आयुध निर्माण महानिदेशक के अधीन हैं।

रक्षा उपक्रम

हिंदुस्तान एयरोनॉटिक्स लिमिटेड

हिंदुस्तान एयरोनॉटिक्स लिमिटेड (एचएएल) नवरत्न कंपनी है और यह दक्षिण एशिया का अग्रणी एयरोनॉटिक्स परिसर है। विमानों, हेलिकॉप्टरों, एयरो-इंजनों, औजारों, एविऑनिक्स और सिस्टम के डिजाइन, उत्पादन, मरम्मत, सफाई और उन्नयन के क्षेत्र में एचएएल की विशेषज्ञता बेजोड़ है। एचएएल ने न केवल अब तक 15 प्रकार के विमान/हेलिकॉप्टरों का डिजाइन तैयार कर उन्हें विकसित व उनका निर्माण किया है, बल्कि इसने विमानन, युद्धक विमान के संचालन, प्रशिक्षण विमान और हल्के हेलिकॉप्टरों के मामले में भारतीय रक्षा सेवा के लिए अद्वितीय समाधानकर्ता के रूप में स्थान भी कायम कर लिया है। इसके अलावा, रूस के साझेदारों के साथ पांचवीं पीढ़ी के युद्धक विमान (एफजीएफए) और बहुपयोगी परिवहन विमान को विकसित करने का काम शुरू किया गया है, जिससे रक्षा के क्षेत्र में स्वावलंबन की दिशा में एचएएल का योगदान बढ़ेगा। कंपनी अपने व्यापार का विस्तार करते हुए औद्योगिक और समुद्री गैस टर्बाइन इंजनों के निर्माण और मरम्मत तथा एयरोस्पेस वाहनों के निर्माण संरचना के क्षेत्र में जुटी है। कंपनी बेहतर गुणवत्ता और प्रतिस्पर्धा प्रदर्शित करते हुए 20 से अधिक देशों में अपने उत्पादों का निर्यात कर रही है।

वेबसाइट: www.hal-india.com

भारत इलेक्ट्रॉनिक्स लिमिटेड

रक्षा सार्वजनिक क्षेत्र के नवरत्न भारत इलेक्ट्रॉनिक्स लिमिटेड (बीईएल) उपक्रम की स्थापना वर्ष 1954 में बंगलुरु में हुई थी। संयुक्त राज्य अमेरिका के रक्षा समाचार द्वारा प्रकाशित विश्व की टॉप-100 रक्षा कंपनियों में बीईएल का 69वां स्थान है। पूरे देश में इसकी नौ इकाइयां हैं। रडार, अग्निशमन प्रणाली, हथियार प्रणाली तथा सोनार, संचार उपकरण, नेटवर्क केंद्रित पद्धतियों, इलेक्ट्रॉनिक्स, युद्ध पद्धतियों, इलेक्ट्रोऑप्टिक्स एवं टैंक इलेक्ट्रॉनिक्स आदि के क्षेत्र में कंपनी को दक्षता प्राप्त है। कंपनी का 80 प्रतिशत व्यापार इन उत्पादों से होता है। इसके अतिरिक्त, कंपनी कुछ विशिष्ट उत्पादों का निर्माण करती है, जैसे इलेक्ट्रॉनिक्स वोटिंग मशीन, टेबलेट पीसी, इंटिग्रेटेड सर्किट जैसे कई उत्पाद, हाइब्रिड माइक्रोसर्किट, सेमीकंडक्टर डिवाइसेज, सोलर सेल्स आदि। इसके अलावा, पहुंच नियंत्रण प्रणाली, आंतरिक सुरक्षा प्रणाली और चुनिंदा गैर-रक्षा उपयोगों के क्षेत्र में भी बीईएल ने अपनी उपस्थिति दर्ज की है।

वेबसाइट: www.wel-india.com

गार्डन रीच शिपबिल्डर्स एंड इंजीनियर्स लिमिटेड

गार्डन रीच शिपबिल्डर्स एंड इंजीनियर्स लिमिटेड (जीआरएसई) अग्रणी पोत निर्माता है जिसे पोत वाहिकाओं और विश्वस्टील फ्रिगेट से लेकर तेज इंटरसेप्टर नावें बनाने में विशेषता प्राप्त है। जीआरएसई को मिनी रत्न श्रेणी-1 का दर्जा प्राप्त है और इसे 2006-07, 2007-08 और 2010-11 में प्रतिष्ठित रक्षा मंत्री पुरस्कार भी मिला है। सार्वजनिक उपक्रम संस्थान, हैदराबाद ने वर्ष 2012 में जीआरएसई को सीएसआर-कॉर्पोरेट गवर्नेंस पुरस्कार प्रदान किया। जीआरएसई को 2013 में मुंबई में आयोजित वर्ल्ड सीएसआर कांग्रेस में केयरिंग कंपनी पुरस्कार-2013 प्रदान किया गया।

वेबसाइट: www.grse.nic.in

गोवा शिपयार्ड लिमिटेड

गोवा शिपयार्ड लिमिटेड (जीएसएल) देश में महत्वपूर्ण समुद्री सुरक्षा संबंधी जरूरतों को पूरा करने के लिए उच्च प्रौद्योगिकी वाले आधुनिक जलयानों की डिजाइन करने और उसके निर्माण में सक्षम है। पिछले चार दशकों से भी अधिक समय से जीएसएल ने अनेक प्रकार के अत्याधुनिक जलयानों का डिजाइन तैयार करके उनका निर्माण किया है। इस्पात और अल्यूमीनियम के गश्ती जलयानों के निर्माण में इसकी विशेषज्ञता के कारण रक्षा और वाणिज्यिक क्षेत्रों में इनका इस्तेमाल किया जाता है। जीएसएल के उत्पादों में तटवर्ती गश्ती जलयान (ओपीवी), तीव्र गश्ती जलयान, मिसाइल नौकायें, सर्वेक्षण जलयान, लैंडिंग क्राफ्ट यूटीलिटी वेसल और अन्य युद्धक वेसल्स शामिल हैं। जीएसएल ने ग्लास रिइन्फोर्स्ड प्लास्टिक (जीआरपी) इंटरसेप्टर नौकाओं के निर्माण में भी सफलता प्राप्त की है। इसने अब तक विभिन्न ग्राहकों के लिए 197 जलयान और 124 जीआरपी नौकाएं निर्मित और वितरित की हैं।

वेबसाइट: www.goashipyard.co.in

हिंदुस्तान शिपयार्ड लिमिटेड

हिंदुस्तान शिपयार्ड लिमिटेड (एचएसएल) भारतीय उपमहाद्वीप के पूर्वी समुद्री तट पर स्थित है और यह हमारे देश का अग्रणी पोत निर्माता और पोत/पनडुब्बी की मरम्मत करने वाला संगठन है। हिंदुस्तान

शिपयार्ड लिमिटेड आईपीवी, ओपीवी, एलपीडी, एसओवी और पनडुब्बियों सहित अनेक जलयानों के निर्माण के लिए विख्यात है।

वेबसाइट: www.hsl.gov.in

मझगांव डॉक लिमिटेड

मझगांव डॉक लिमिटेड (एमडीएल) मिनी रत्न कंपनी होने के साथ-साथ भारत का अग्रणी शिपयार्ड है जो विभिन्न आकारों और श्रेणियों के युद्धपोतों, पनडुब्बियों और तकनीकी दृष्टि से उन्नत अन्य वाणिज्यिक पोतों और तटवर्ती प्लेटफॉर्म/ड्रिलिंग रिंगों के निर्माण के लिए जाना जाता है। एमडीएल युद्धपोतों और पनडुब्बियों की भी मरम्मत करता है। एमडीएल के डिजाइन विभाग में एक वर्चुअल रियलिटी सेंटर (वीआरसी) है जो पोत निर्माण उद्योग में अपने तरह का पहला है। इसकी अत्याधुनिक तटीय समन्वय सुविधा (एसआईएफ) के बल पर एक संपूर्ण योद्धक प्रणाली समन्वय उपलब्ध होता है जिसकी स्थापना से पनडुब्बियों से जुड़ी अनिश्चित्ताओं और संभावित देरी में कम आती है। शिपयार्ड और नौसेना के नाविकों दोनों के प्रशिक्षण में भी इनका इस्तेमाल होता है। फिलहाल यह शिपयार्ड भारतीय नौसेना के लिए स्कॉर्पिन पनडुब्बियों और मिसाइल विध्वंसकों के निर्माण में जुटा है।

वेबसाइट: www.maazagondock.gov.in

भारत अर्थ मूवर्स लिमिटेड

1964 में स्थापित भारत अर्थ मूवर्स लिमिटेड (बीईएमएल) मिनी रत्न, प्रथम श्रेणी, बहु-उत्पाद, बहु-स्थान कंपनी है। यह रक्षा उत्पाद, खनन और निर्माण उपकरण तथा रेल और मेट्रो रेल उत्पादों की विस्तृत श्रृंखला के डिजाइन, निर्माण, विपणन और बिक्री सेवा में लगी कंपनी है। इसका अंतरराष्ट्रीय खंड वैश्विक बाजार से जुड़ा है। स्वदेशी अनुसंधान, डिजाइन और विकास कार्य में इस कंपनी का मजबूत आधार है।

वेबसाइट: www.bemlindia.com

भारत डायनेमिक्स लिमिटेड

वर्ष 1970 में स्थापित भारत डायनेमिक्स लिमिटेड (बीडीएल) मिनी रत्न प्रथम श्रेणी कंपनी है। कंपनी एंटी टैंक गाइडेड मिसाइल, सतह से हवा में मार करने वाली हथियार प्रणाली, सामरिक हथियार, लांचर, पानी के हथियार, झांसा देने वाले उपकरणों के परीक्षण और निर्माण में लगी है। बीडीएल कोंकूर्स-एम और इन्वार (3बीके-20) एंटी टैंक गाइडेड मिसाइल का उत्पादन केबीपी ट्यूला (रूस) और रोसोबोरोन एक्सपोर्ट (रूस) के सहयोग से तथा मिलन-2 टी का निर्माण एमबीडीए (फ्रांस) के सहयोग से कर रही है। हाल में बीडीएल द्वारा भारतीय सशस्त्र बलों के लिए पूर्ण रूप से स्वदेश निर्मित सतह से हवा में मार करने वाली मिसाइल - आकाश का उत्पादन बड़ी उपलब्धि रही है। बीडीएल द्वारा उत्पादित सी-303 (एंटी-टॉरपीडो काउंटर मेजर सिस्टम) को भारतीय नौसेना के अनुकूल पाया गया है और हल्के टॉरपीडो (टीएएल) के उत्पादन का कार्य प्रगति पर है। बीडीएल द्वारा स्वदेशी तरीके से विकसित सीएमडीएस (काउंटर मेजर डिस्पेंसिंग सिस्टम) को भारतीय वायु सेना ने जगुआर और एलसीए के लिए स्वीकार कर लिया है। बीडीएल फिलहाल अनेक एयरक्राफ्ट प्लेटफॉर्मों के लिए प्रणाली तैयार करने पर काम कर रही है और यह रेडियो तरंग द्वारा नियंत्रित एटीजीएम विकसित करने के काम में भी जुटी है।

वेबसाइट: www.bdl.ap.nic.in

मिश्र धातु निगम लिमिटेड

मिश्र धातु निगम लिमिटेड (एमआईडीएचएएनआई) की स्थापना 1973 में हैदराबाद में की गई। इसका मुख्य उद्देश्य आत्मनिर्भरता के लिए देश को रणनीतिक उत्पाद, टिकाऊ और सूक्ष्म तकनीकी व उत्पाद प्रस्तुत करना तथा राष्ट्रीय महत्व के विभिन्न कार्यक्रम जैसे हल्के लड़ाकू विमान, एमबीटी अर्जुन, पीएसएलवी, जीएसएलवी ऊर्जा संयंत्र मुहैया करवाना है। ए-श्रेणी की कंपनी के रूप में इसका विकासात्मक कार्यों और सामरिक क्षेत्रों में आवश्यक महत्वपूर्ण मिश्र धातुओं और उत्पादों के स्वदेशीकरण में अग्रणी स्थान है जैसे - रक्षा, एयरोस्पेस, परमाणु और भारतीय उद्योग के अन्य क्षेत्र। मुख्य उत्पादों की श्रृंखला में आयरन की सुपर मिश्र धातु, निकल और कोबाल्ट आधारित, टाइटेनियम और टाइटेनियम एलॉयज, विशेष इस्पात, नरम चुंबकीय उत्पाद और विभिन्न प्रकार के मोलिब्डेनम। कई वर्षों के इंजीनियरिंग अनुभव के साथ मिश्र धातु निगम लिमिटेड ने जैव चिकित्सा प्रभावों, कवच उत्पादों, निवेश कास्टिंग, बंद पड़े फोर्जिंग और अन्य मूल्य वर्धित उत्पादों का विविधीकरण किया है।

वेबसाइट: www.midhani.gov.in

रक्षा पीएसयू/आयुध कारखानों का उत्पादन और कारोबार

रक्षा सेनाओं की बढ़ती जरूरतों के साथ-साथ देश की सुरक्षा और रणनीतिक संदर्भ में ओएफबी और आयुध कारखानों तथा रक्षा क्षेत्र के सार्वजनिक उपक्रमों (डीपीएसयू) के उत्पादन और कारोबार में तेजी से वृद्धि हुई है। पिछले तीन वर्षों के कारोबार की जानकारी नीचे दी जा रही है।

तालिका : 1

कार्य नतीजे

रक्षा क्षेत्र के सार्वजनिक उपक्रमों और ओएफबी का उत्पादन मूल्य

पीएसयू का नाम	2012-13	2013-14	2014-15	2015-16 (दिसंबर 2015 तक)
एचएएल	14202	15867	16289	10228
बीईएल	6290	6127	6659	4466
बीईएमएल	2879	2814	2599	1840
बीडीएल	1177	1804	2770	2446.70
जीआरएसई	1529	1611	1651.31	1030.95
जीएसएल	507	509	569.55	465.09
एचएसएल	484	453	294.16	340.16
एमडीएल	2291	2865	3592.60	2174.64
मिधानी	537	572	640.04	477.77
ओएफबी	11975	11123	11364	7526
कुल	**41871**	**43745**	**46428.66**	**30995.31**

#प्रस्तुत आंकड़े एमओयू के वर्तमान दिशानिर्देशों के अनुसार हैं।

तालिका : 2

रक्षा सार्वजनिक क्षेत्र उपक्रमों का कर पश्चात लाभ

पीएसयू का नाम	2012-13	2013-14	2014-15	2015-16 (दिसंबर 2015 तक)
एचएएल	2997	2693	2388	1005
बीईएल	890	932	1167	563.16
बीईएमएल	-80	5	6.76	-102
बीडीएल	288	346	419	318
जीआरएसई	132	121	43.45	47.22
जीएसएल	16	-61	78.24	32.26
एचएसएल	-55	-46	-202.84	-60.34
एमडीएल	413	398	491.59	388.74
मिधानी	83	83	102.13	66.26
कुल	**4,684**	**4,471**	**4,493.33**	**2,258.3**

#अनंतिम

क्वालिटी एश्योरेंस महानिदेशालय

क्वालिटी एश्योरेंस महानिदेशालय (डीजीक्यूए) रक्षा उत्पादन विभाग के अधीन एक अंतर-सेवा संगठन है जो सभी रक्षा उपकरणों तथा थलसेना व नौसेना के लिए भंडारण (नौसैन्य हथियारों को छोड़कर) तथा वायुसेना के सामान्य इस्तेमाल की चीजों की गुणवत्ता के लिए उत्तरदायी है। डीजीक्यूए निर्माताओं और प्रयोगकर्ताओं को तकनीकी निदेश देता है तथा विशिष्ट के मामले में तकनीकी मूल्यांकन एवं अंतिम स्वीकृति देता है। संगठन प्राधिकारपूर्ण विशेष सील (एएचएसपी) के रूप में कार्य करता है और सशस्त्र बलों के लिए कई क्षेत्रों में तकनीकी सहायता प्रदान करता है जैसे आरएफपीएस और जीएसक्यूआर का निर्माण, निविदाओं का तकनीकी मूल्यांकन, दोषपूर्ण जांच का संचालन, उपयोगकर्ताओं से संतुष्टि का आकलन आदि।

संगठन के 11 तकनीकी निदेशालय हैं जिसमें से प्रत्येक विशिष्ट श्रेणी के उपकरणों के लिए उत्तरदायी हैं। प्रत्येक निदेशालय तीन कार्यात्मक स्तरों (डीक्यूए (एन) और डीक्यूए (डब्ल्यूपी) को छोड़कर) मुख्यालय, नियंत्रणालयों और गुणवत्ता आश्वासन के क्षेत्र में बंटा है। इसके अतिरिक्त जीडीक्यूए फायरिंग के लिए बाहर ले जाने वाले हथियारों और गोला-बारूद के प्रमाणन हेतु भी आयुध प्रतिष्ठानों का संचालन करता है।

वेबसाइट: www.dgqadefence.nic.in

एयरोनॉटिकल क्वालिटी एश्योरेंस महानिदेशालय

एयरोनॉटिकल क्वालिटी एश्योरेंस महानिदेशालय (डीजीएक्यूए) रक्षा उत्पादन विभाग के अधीन एक संगठन है जो सैन्य विमानों, उपकरणों, अन्य वैमानिकी वस्तुओं के भंडारण की गुणवत्ता और अंतिम स्वीकृति के लिए उत्तरदायी है। संगठन सभी स्तरों पर तकनीकी निर्देश देता है, जैसे डिजाइन निर्माण, सुधार, उत्पादन, संचालन और मरम्मत।

डीजीएक्यूए सेवा निदेशालयों और निर्माताओं को देसी तथा विदेशी वैमानिकी भंडारण के विभिन्न स्तरों पर तकनीकी निर्देश देने में भी महत्वपूर्ण भूमिका निभाता है। संगठन सेवा मुख्यालयों और अन्य हितधारकों के साथ दुर्घटना/खराबी की जांच और एयरोनॉटिकल भंडारों की विश्वसनीयता और गुणवत्ता में सुधार के लिए संयुक्त अध्ययन में भी भाग लेता है। संगठन का मुख्यालय नई दिल्ली में हैं और उसके 34 उप–क्षेत्रीय प्रतिष्ठान देश के विभिन्न हिस्सों में सैन्य विमानन भंडारों से जुड़ी एजेंसियों के साथ स्थित हैं। एयरोनॉटिकल क्वालिटी एश्योरेंस महानिदेशालय के अधिकारियों और कर्मचारियों को उनके संबंधित व्यावसायिक क्षेत्र में दक्षता निर्माण और महत्वपूर्ण क्षेत्रों में इस वर्ष वैमानिकी भंडारों की गुणवत्ता में सुधार लाने और विश्वसनीयता कायम करने के उद्देश्य से गुणवत्ता लेखा परीक्षण पर प्रशिक्षण के दौरान जोर दिया गया है।

वेबसाइट: www.dgaeroqa.gov.in

मानकीकरण निदेशालय

मानकीकरण निदेशालय (डीओएस) का प्राथमिक लक्ष्य तीनों सेनाओं के बीच उपकरणों और अवयवों में समानता स्थापित करना है ताकि रक्षा सेवाओं की समग्र वस्तु सूची को न्यूनतम किया जा सके। इन उद्देश्यों की प्राप्ति इन माध्यमों द्वारा की जा सकती है– विभिन्न मानकीकरण दस्तावेजों की तैयारी, रक्षा सूची का संहिताकरण तथा प्रविष्टि नियंत्रण।

मानकीकरण दस्तावेज तैयार करने के लिए निदेशालय 13 मानकीकरण उपसमितियों और 12 अंतर–सेवा कार्यसमूहों के साथ समन्वय करता है। यह भारतीय मानकीकरण ब्यूरो (बीआईएस) के निरंतर संपर्क में रहता है ताकि राष्ट्रीय मानक तैयार करते समय रक्षा संबंधी जरूरतों का अनुपालन सुनिश्चित हो सके। अंतरराष्ट्रीय संहिताकरण निकाय–उन्नत समिति–135 (एसी–135) का सदस्य होने के नाते यह निदेशालय राष्ट्रीय संहिताकरण ब्यूरो (एनसीबी) के रूप में भी काम करता है और संहिताकरण पर प्रशिक्षण प्रदान करने के साथ ही एसी–135 के केंद्रीय आंकड़े में भारतीय निर्माताओं के उत्पादों को भी शामिल करता है। इससे भारतीय उत्पादों को अंतरराष्ट्रीय स्तर पर दर्शाने की सुविधा मिलती है। यह निदेशालय सभी रक्षा प्रतिष्ठानों के साथ बहुत करीबी संपर्क कायम रखता है और उनकी संबंधित गणना सूची के संहिताकरण के लिए निरंतर मार्गदर्शन करता है। अब तक इस निदेशालय ने 4,929 रक्षा मानक तैयार किए हैं और 5,41,894 मदों का संहिताकरण किया है। निदेशालय की वेबसाइट पर रक्षा क्षेत्र के सभी पंजीकृत उपभोक्ताओं के लिए सभी मानकीकरण/संहिताकरण के आंकड़े उपलब्ध कराए जाते हैं।

वेबसाइट: www.ddpdos.gov.in

योजना और समन्वय निदेशालय

योजना और समन्वय निदेशालय की स्थापना वर्ष 1964 में देश के रक्षा उपकरणों के उत्पादन की योजना की समग्र तैयारी के प्रमुख उद्देश्य के साथ हुई थी। निदेशालय रक्षा उत्पादन विभाग (डीडीपी) के संबद्ध कार्यालय के रूप में कार्य करता है। निदेशालय मुख्य रूप से विभिन्न हथियार प्रणालियों और भारत के सशस्त्र बलों के प्लेटफॉर्मों जैसे- वायुसेना, थलसेना, नौसेना और तटरक्षक की देखरेख करता है। निदेशालय रक्षा उत्पादन नीति, जेवी मार्गनिर्देशों को तैयार करने और डीडीपी के संदर्भ में अन्य नीतियों की भी देखरेख करता है। इसके अलावा, निदेशालय पोत-कारखानों के आधुनिकीकरण के साथ-साथ अंतरराष्ट्रीय सहयोग से जुड़े मुद्दों की देखरेख करता है।

रक्षा प्रदर्शनी संगठन

रक्षा प्रदर्शनी संगठन (डीईओ) का मुख्य कार्य भारतीय रक्षा उद्योग द्वारा निर्मित और विकसित रक्षा उन्मुख उत्पादों और सेवाओं की निर्यात क्षमता को बढ़ाने की दृष्टि से भारत और विदेशों में रक्षा प्रदर्शनी लगाना और उसे संचालित करना है। डीईओ प्रगति मैदान, नई दिल्ली में रक्षा पवेलियन में स्थायी रक्षा प्रदर्शनी लगाता है। इस प्रदर्शनी में रक्षा सार्वजनिक क्षेत्र उपक्रम (डीपीएसयूएस), आयुध निर्माण बोर्ड (ओएफबी), रक्षा अनुसंधान और विकास संगठन (डीआरडीओ), क्वालिटी एश्योरेंस महानिदेशालय (डीजीक्यूए) और एयरोनॉटिकल क्वालिटी एश्योरेंस महानिदेशालय (डीजीएक्यूए) अपने उत्पादों, नवीन प्रक्रियाओं/उत्पादों और सेवाओं को प्रदर्शित करते हैं।

विदेशों में अंतरराष्ट्रीय प्रदर्शनी

विदेशी अंतरराष्ट्रीय प्रदर्शनियों में डीईओ भारतीय रक्षा उद्योग के संभावित निर्यात को प्रोत्साहन देने की दृष्टि से उनके द्वारा निर्मित प्रमुख उत्पादों के प्रदर्शन के लिए 'इंडिया पवेलियन' का संचालन करता है।

राष्ट्रीय रक्षा पोत निर्माण अनुसंधान और विकास संस्थान

रक्षा मंत्रालय के रक्षा उत्पादन विभाग के अधीन एक स्वायत्त संस्थान के रूप में राष्ट्रीय रक्षा पोत निर्माण अनुसंधान विकास संस्थान (निर्देश) की स्थापना की गई है। यह भारत की आवश्यकता के अनुसार पोत निर्माण कार्यक्रम के केंद्र बिंदु के रूप में देखा जाता है। निर्देश की भूमिका का मुख्य क्षेत्र अनुसंधान और विकास, डिजाइन, प्रौद्योगिकी विकास, औद्योगिक गतिविधि, प्रशिक्षण तथा परियोजना प्रबंधन है। यह संस्थान मौजूदा क्षमताओं को मजबूत करने, नई क्षमताएं विकसित करने और उनके बीच अंतर पाटने के लिए उत्तरदायी है।

अनुसंधान तथा विकास

रक्षा अनुसंधान और विकास संगठन (डीआरडीओ) रक्षा मंत्रालय का अनुसंधान और विकास विंग है। इसका गठन 1958 में किया गया था। वैज्ञानिक समस्याओं पर रक्षा सेवा को सलाह और सहायता तथा रक्षा क्षेत्र में अनुसंधान हेतु 1948 में गठित रक्षा विज्ञान संगठन और तीनों सेवाओं के तकनीकी विकास स्थापना का विलय कर ही डीआरडीओ की स्थापना की गई। प्रशासनिक क्षमता में सुधार के लिए वर्ष 1980 में एक अलग रक्षा अनुसंधान और विकास विभाग (डीडीआर एंड डी) गठित किया गया। वर्ष 1958 में दस प्रयोगशालाओं के साथ काम शुरू करने वाले डीआरडीओ के पास आज 46 प्रयोगशालाएं हैं। ये प्रयोगशालाएं पूर्व में तेजपुर से पश्चिम में मुंबई तक और उत्तर में लेह से दक्षिण में कोच्चि तक

फैली हैं। डीआरडीओ हथियारों, प्लेटफॉर्मों और निगरानी सेंसरों के वैज्ञानिक पक्ष का आकलन करता है और सलाह देता है। यह रक्षा सेनाओं के लिए उन्नत सेंसर, हथियार प्रणाली प्लेटफॉर्म तथा सहयोगी उपकरण के उत्पादन से जुड़ी प्रौद्योगिकी और अनुसंधान का विकास करता है

हाल में इसके कार्यों में राष्ट्रीय साइबर सुरक्षा जोड़ दिया गया है, जिसमें जांच करने की क्षमता, सुरक्षा समाधान नेटवर्किंग पद्धतियां और साइबर सुरक्षा शामिल हैं। इस प्रक्रिया में डीआरडीओ ने राष्ट्रीय अवसंरचना, औद्योगिक सुरक्षा की बढ़ी क्षमता और समर्पित एवं उन्नत मानव संसाधन का विकास सुनिश्चित किया है।

संरचनात्मक ढांचा

डीआरडीओ का प्रमुख रक्षा मंत्री का वैज्ञानिक सलाहकार होता है जो रक्षा अनुसंधान विकास विभाग का सचिव और अनुसंधान एवं विकास का महानिदेशक भी होता है। रक्षा और अनुसंधान विकास संगठन की 46 प्रयोगशालाओं द्वारा किए जा रहे अनुसंधान एवं विकास कार्यों के आधार पर इन्हें सात प्रौद्योगिक क्लस्टरों में बांटा गया है। ये क्लस्टर हैं– 'आर्मामेंट और कम्बैट इंजीनियरिंग पद्धतियां (एसीई)', 'एयरोनॉटिकल पद्धतियां (एमएसएस)', 'नौसेना पद्धतियां और सामग्री (एनएसएंडएम)', 'इलेक्ट्रॉनिक्स और संचार पद्धतियां (ईसीएस)', 'माइक्रोइलेक्ट्रॉनिक्स डिवाइसेज और कंप्यूटेशनल पद्धतियां (एमईडी एंड सीओएस)' और 'जीवन विज्ञान (एलएस)'। ये सभी क्लस्टर संबंधित महानिदेश के प्रशासनिक नियंत्रण में कार्य करते हैं।

महानिदेशक के सात कार्यालय पुणे (एसीई), बंगलुरु (एयरो और ईसीएस), हैदराबाद (एमएसएस), विशाखापत्तनम (एनएस एवं एम) तथा दिल्ली (एमईडी, सीओएस एवं एलएस) में स्थित हैं। इसके अतिरिक्त डीडीआर एंड डी के अंतर्गत एक स्वशासी इकाई–वैमानिकी विकास एजेंसी; एक संयुक्त उपक्रम– ब्रह्मोस एयरोस्पेस; चार मानव संसाधन संस्थान– (1) कार्मिक प्रतिभा प्रबंधन केंद्र (सीईपीटीएएम), (2) प्रौद्योगिकी प्रबंधन संस्थान (आईटीएम), (3) सैन्य प्रशिक्षण संस्थान (एमआईएलआईटी) तथा (4) भर्ती और मूल्यांकन केंद्र (आरएसी) तथा एक डीम्ड विश्वविद्यालय– उन्नत प्रौद्योगिकी रक्षा संस्थान (डीआईएटी) और तीन प्रमाणन एजेंसियां–सैन्य उड़ान योग्यता और उत्पादों की उड़ान योग्यता का प्रमाणन केंद्र, अग्नि और विस्फोटकों हेतु अग्नि विस्फोटक और पर्यावरण सुरक्षा केंद्र तथा सूचना सुरक्षा उत्पादों के लिए विस्फोटक और वैज्ञानिक विश्लेषण समूह इसके अंतर्गत आते हैं। ये प्रमाणन एजेंसियां केवल डीआरडीओ को ही नहीं, बल्कि भारत सरकार के अन्य संगठनों को भी सेवा प्रदान करती हैं। डीआरडीओ द्वारा अनुमोदित और उसके अधीन कार्यरत चार अनुसंधान बोर्ड (वैमानिकी, नौसेना, अस्त्र–शस्त्र और जीवन विज्ञान) सामरिक महत्व के क्षेत्र में शिक्षा में बुनियादी अनुसंधान पर जोर देते हैं।

मानव संसाधन

उद्देश्यपूर्ण संस्था होने के नाते डीआरडीओ मानवशक्ति नियोजन की गतिशील प्रणाली का पालन करता है। प्रयोगशालाओं के कार्यभार और नई परियोजना शुरू करने के कारण तात्कालिक जरूरतों को ध्यान में रखते हुए प्रत्येक दूसरे वर्ष प्राधिकरण की समीक्षा की जाती है। गतिशील मानवशक्ति प्रबंधन पद्धति के द्वारा यह संगठन मानवशक्ति का बेहतर इस्तेमाल करता है। संगठन को ऊर्जावान बनाए रखने के लिए तथा सेवानिवृत्ति आदि से रिक्त स्थानों को भरने के लिए प्रयोगशालाओं की जरूरत के अनुसार हर वर्ष

वैज्ञानिकों की भर्ती की जाती है। अपनी सभी भर्तियों और मूल्यांकन के लिए डीआरडीओ ऑनलाइन आवेदन पत्र प्राप्त करता है। डीआरडीओ में कर्मियों की कुल संख्या 25,966 है। इनमें से 7,574 रक्षा अनुसंधान तथा विकास सेवा (डीआरडीएस) में, 9,643 रक्षा अनुसंधान तकनीकी संवर्ग (डीआरटीसी) में तथा 8,775 प्रशासन एवं अन्य सहयोगी संवर्ग में है।

डीआरडीओ प्रशिक्षण संस्थानों के द्वारा अपने सभी संवर्गों के कार्मिकों का प्रशिक्षण सुनिश्चित करता है। ये प्रशिक्षण संस्थान हैं- डीआइएटी, पुणे (तकनीकी पाठ्यक्रमों के लिए), आईटीएम, मसूरी (तकनीकी-प्रबंधकीय कार्यक्रमों के लिए) और रक्षा प्रयोगशाला, जोधपुर (तकनीकी, प्रशासनिक तथा संबद्ध संवर्ग के लिए)। प्रायोजित कार्यक्रम के तहत प्रत्येक वर्ष चुने हुए वैज्ञानिकों को भारतीय प्रौद्योगिकी संस्थान (आईआईटी), भारतीय विज्ञान संस्थान (आईआईएससी) और अन्य प्रतिष्ठित भारतीय विश्वविद्यालयों में एमई/एमटेक/पी.एचडी करने के लिए भेजा जाता है। डॉ. राजा रमन्ना कॉम्प्लेक्स, बंगलुरु में डीआरडीओ के वैज्ञानिकों हेतु लक्षित प्रशिक्षण केंद्र की स्थापना की गई है। सतत शिक्षा कार्यक्रम (सीईपी) भी डीआरडीओ के वार्षिक प्रशिक्षण का अंग है।

भूतपूर्व सैनिकों का पुनर्वास

भूतपूर्व सैनिक कल्याण विभाग देश में भूतपूर्व सैनिकों के कल्याण और पुनर्वास के लिए अनेक नीतियां और कार्यक्रम चलाता है। विभाग में पुनर्वास और पेंशन दो डिविजन हैं और इसके तीन संबद्ध कार्यालय हैं- केंद्रीय सैनिक बोर्ड (केएसबी), महानिदेशालय (पुनर्वास) और केंद्रीय संगठन भूतपूर्व सैनिक अनुदानित स्वास्थ्य योजना (ईसीएचएस) है। केंद्रीय सैनिक बोर्ड भूतपूर्व सैनिकों और उनके आश्रितों के कल्याण और कल्याण निधियों कें संचालन के लिए उत्तरदायी है। इसके कार्य में 32 राज्य सैनिक बोर्ड (आरएसबी) के तथा 392 जिला सैनिक बोर्ड (जेडएसबी), जो संबंधित राज्य सरकारों/केंद्रशासित क्षेत्र प्रशासनों के नियंत्रण में हैं, सहायता करते हैं। महानिदेशालय (पुनर्वास) का कार्यालय सेवानिवृत्ति से पहले या उसके बाद प्रशिक्षण, पुनर्नियोजन तथा स्वनियोजन आदि से संबंधित विभिन्न नीतियों/योजनाओं/कार्यक्रमों को लागू करता है। इस कार्य में डीजीआर की सहायता प्रत्येक पांच कमांड के पांच डीआरजेड करते हैं। ईसीएचएस भूतपूर्व सैनिकों और उनके आश्रितों के स्वास्थ्य एवं चिकित्सा संबंधी जरूरतों का ध्यान रखता है।

केंद्रीय सैनिक बोर्ड, सचिवालयः केंद्रीय सैनिक बोर्ड (केएसबी) सचिवालय भारत सरकार का शीर्ष निकाय है। यह युद्ध में शहीद/विकलांग और सेवानिवृत्त भूतपूर्व सैनिकों और उनके आश्रितों के पुनर्वास और कल्याण के लिए केंद्र सरकार की नीतियों को लागू करने के लिए उत्तरदायी है। कल्याण योजनाएं राज्य की राजधानियों में स्थित राज्य सैनिक बोर्ड तथा जिला स्तर पर जिला सैनिक बोर्ड द्वारा लागू की जाती हैं। राज्य सैनिक बोर्डों तथा जिला सैनिक बोर्डों की स्थापना के लिए खर्च केंद्र और राज्यों द्वारा साझा रूप से किया जाता है। विशेष श्रेणी के राज्यों जैसे अरुणाचल प्रदेश, असम, जम्मू-कश्मीर, मेघालय, मिज़ोरम, मणिपुर, नगालैंड, सिक्किम, त्रिपुरा, हिमाचल प्रदेश और उत्तराखंड में फंडिंग 75:25 अनुपात में है जबकि अन्य राज्यों और केंद्रशासित क्षेत्रों में यह अनुपात 60:40 है। आरएसबी/जेडएसबी की स्थापना/रखरखाव के खर्च का केंद्र के हिस्से की प्रतिपूर्ति केएसबी सचिवालय को आवंटित डीएसई बजट से की जाती है। दिसंबर 2015 तक केंद्रीय अंशदान के रूप में 28.80 करोड़ रुपये दिए गए हैं।

सैनिक आरामगृहों का निर्माण: सेवानिवृत्त सिपाहियों को पेंशन भत्ते एवं सीएसडी कैन्टीन आदि अन्य मामलों के निपटान हेतु राष्ट्रीय राजधानी/जिला मुख्यालयों में छोटी अवधि के लिए आने पर ठहरने के लिए उचित एवं किफायती इंतजाम किया गया है। डीएसई के लिए केएसबी सचिवालय सैनिक आरामगृहों (एसआरएच) के निर्माण का 50 प्रतिशत खर्चा वहन करता है। राज्य सरकारों/केंद्र शासित क्षेत्रों के प्रशासन को एसआरएच का अपने स्रोत/कोष से रखरखाव करना होता है।

सशस्त्र बल फ्लैग डे

देश के लिए सशस्त्र बलों के जवानों के बलिदान को श्रद्धांजलि देने के लिए प्रतिवर्ष 7 दिसंबर को सशस्त्र बल फ्लैग डे मनाया जाता है। इस दिन प्रतीक रूप में झंडा फैराया जाता है और जवानों की विधवाओं/अशक्तों, सेवानिवृत्त सैनिकों एवं उनके आश्रितों के कल्याण एवं पुनर्वास के लिए आमजन से धनराशि एकत्र की जाती है।

सशस्त्र बल फ्लैग डे फंड

डीएसई के बजट के अतिरिक्त, जवानों की विधवाओं, सेवानिवृत्त सैनिकों एवं उनके आश्रितों की मदद के लिए सशस्त्र बल फ्लैग डे फंड (एएफएफडीएफ) बहुत बड़ा स्रोत है। एएफएफडीएफ राशि पर प्राप्त ब्याज में से 7.5 प्रतिशत का पुनः उसी राशि में निवेश किया जाता है एवं शेष राशि को ईएसएम/आश्रितों के कल्याण एवं पुनर्वास हेतु इस्तेमाल किया जाता है। दिसंबर 2015 तक 59.85 लाख रुपये एकत्र किए गए थे। 31 दिसंबर, 2015 तक एएफएफडीएफ का कुल राशि संग्रह 268 करोड़ रुपये हो चुका है। इस धनराशि का रक्षा मंत्रालय के डीईएसडब्ल्यू के कार्यकारी समिति सचिव एवं रक्षा मंत्री की अध्यक्षता में आने वाली प्रशासनिक समिति के अधीन केएसबी सचिवालय देखरेख करता है।

महानिदेशक (पुनर्वास)

पुनर्वास महानिदेशक (डीजीआर) का मुख्य कार्य सेवानिवृत्त सैनिकों के कल्याण, पुनर्वास एवं पुनरुद्धार से जुड़ा है। प्रतिवर्ष लगभग 60,000 सशस्त्र सैन्यकर्मी रिटायर हो जाते हैं अथवा सक्रिय सेवा से हट जाते हैं, उनमें से अधिकांश की आयु 35 से 45 वर्ष के बीच होती है और उन्हें अपने परिवार की देखभाल के लिए दूसरा रोज़गार चाहिए होता है। इन कर्मियों के रूप में देश के पास मूल्यवान, अनुशासित, सुप्रशिक्षित, प्रतिबद्ध एवं प्रतिभावान कार्मिक ताकत होती है। इनके पुनर्वास को निम्न विधियों से पूरा करने का प्रयास किया जाता है:

(1) प्रशिक्षण के द्वारा उनकी प्रतिभा को बेहतर बनाकर ताकि वह नए कार्य संपन्न कर सकें। यह तरीका उन्हें पुनः रोज़गार दिलाने में मदद करता है।

(2) सरकारी/अर्द्ध-सरकारी/निजी क्षेत्र की संस्थाओं में रोज़गार दिलाकर।

(3) कारपोरेट क्षेत्र में ईएसएम को रोज़गार दिलाने हेतु सक्रिय कार्यकारी योजना बनाकर।

(4) स्वरोज़गार योजनाओं के जरिए।

(5) उद्यमशील उपक्रमों में सहयोग कर।

प्रशिक्षण कार्यक्रम

सेवानिवृत्त होने वाले तथा सेवानिवृत्त हो चुके सैनिकों को दूसरे रोज़गार के लिए तैयार करने की जिम्मेदारी डीजीआर की होती है। इन पुनर्वास कोर्सेज को सेवानिवृत्त सैनिकों को रोज़गार दिलाने की दृष्टि से तैयार किया गया है।

ऑफिसर्स प्रशिक्षणः ईएसएम (अधिकारियों) के लिए आईआईएम एवं अन्य प्रतिष्ठित बिजनेस स्कूलों से 24 हफ्ते के मैनेजमेंट कोर्सेज के अलावा अन्य प्रतिष्ठित संस्थानों से प्रोजेक्ट फाइनेंस, अकादमिक संस्थानों, आपूर्ति चेन, रिटेल, मानव संसाधन, सुविधा, आयात एवं निर्यात, ईवेंट सिक्स सिग्मा, जेट ट्रांजिशन एवं जहाज़रानी आदि के कोर्स भी कराए जाते हैं। सुरक्षा एजेंसियों के जरिए स्वरोज़गार करने वाले अफसरों के लिए कारपोरेट सिक्योरिटी एंड सेफ्टी से जुड़ा छह सप्ताह का विशेष कोर्स भी है। कोर्स की 60 प्रतिशत फीस का भुगतान डीजीआर करता है। अफसरों की विधवाएं भी यह कोर्स कर सकती हैं।

जेसीओ/ओआर एवं समकक्ष प्रशिक्षणः विभिन्न क्षेत्रों में एक वर्ष अवधि के प्रशिक्षण कोर्स कराए जाते हैं। यह क्षेत्र हैं सुरक्षा, अग्निशमन एवं औद्योगिक सुरक्षा, 'ओ' लेवल सहित कंप्यूटर एवं आईटी, हॉस्पिटेलिटी, पर्यटन, कृषि आधारित, बिजनेस मैनेजमेंट, मॉड्यूलर मैनेजमेंट, वोकेशनल एंड तकनीकी, मेडिकल एवं स्वास्थ्य सेवा एवं लाइब्रेरी इंफॉर्मेशन साइंस आदि। यह कोर्स आधिकारिक मान्यता प्राप्त प्रतिष्ठित संस्थानों में भी कराए जाते हैं। इनकी 100 प्रतिशत फीस का भुगतान डीजीआर करता है। जेसीओ/ओआर की विधवा/एक आश्रित डीजीआर द्वारा प्रायोजित कोई एक कोर्स कर सकता है। ईएसएम अब ऐसा नियमित डीजीआर प्रशिक्षण भी ले सकते हैं जो सेवानिवृत्त सैनिकों के अलावा अन्य के लिए भी होती है। नियमित डीजीआर कोर्स से जुड़ा यह निर्णय उन सेवानिवृत्त अधिकारियों के लाभ हेतु लिया गया जिन्होंने अतीत में कोई पुनर्वास कोर्स नहीं किया और वह इन कोर्सेज के जरिए अपनी प्रतिभा निखारना चाहते हैं। पेंशन प्राप्त करने वाले अधिकारियों के लिए प्रत्येक रेजिमेंटल केंद्र में प्रतिमाह दो कोर्स प्लान किए जाते हैं।

ईएसएम प्रशिक्षणः इस योजना के अंतर्गत, सेवानिवृत्त अधिकारियों को उनके राज्यों में वोकेशनल प्रशिक्षण उपलब्ध कराने के लिए आरएसबी को वित्तीय सहयोग दिया जाता है। यह योजना मुख्यतः उन ईएसएम के लिए है जो सेवा में रहते हुए पुनर्वास प्रशिक्षण नहीं कर पाते।

सरकारी नौकरियों में आरक्षणः केंद्र सरकार ने भूतपूर्व सैनिकों के लिए नौकरियों में सीधी भर्ती हेतु निमवत आरक्षण रखा है:

(क) ग्रुप 'सी' के लिए 10 प्रतिशत एवं ग्रुप 'डी' के लिए 20 प्रतिशत। निःशक्त सैनिकों एवं विधवाओं/आश्रितों के लिए प्रत्येक श्रेणी में 4.5 प्रतिशत आरक्षण रखा गया है।

(ख) सरकारी क्षेत्र के उपक्रमों एवं राष्ट्रीकृत बैंकों में ग्रुप 'सी' में 14.5 प्रतिशत एवं ग्रुप 'डी' में 24.5 प्रतिशत आरक्षण।

(ग) अर्धसैनिक बलों में असिस्टेंट कमांडेंट तक के पद के लिए 10 प्रतिशत आरक्षण।

(घ) डिफेंस सिक्योरिटी कोर में 100 प्रतिशत आरक्षण।

आरक्षण कार्यान्वयन: ईएसएम के लिए आरक्षण नीति को अमल में लाए जाने हेतु सरकार ने पुनर्वास महानिदेशक को नोडल एजेंसी के तौर पर नियुक्त किया है। विभिन्न संस्थानों से प्राप्त डेटा के आधार पर 30 जून 2015 को समाप्त अर्द्धवार्षिक रिपोर्ट तैयार की गई।

कारपोरेट/प्राइवेट क्षेत्र में नौकरी: भूतपूर्व सैनिकों के लिए प्राइवेट/कारपोरेट क्षेत्र में जागरुकता पैदा करने और भूतपूर्व सैनिकों को रोज़गार देने हेतु प्रेरित करने के लिए अगस्त 2014 में महानिदेशक (पुनर्वास) द्वारा राष्ट्रीय कारपोरेट कनक्लेव संचालित किया गया था। इसमें कारपोरेट घरानों के समक्ष भूतपूर्व सैनिकों की सक्षमता प्रदर्शित की गई और रक्षा मंत्री ने उन्हें भूतपूर्व सैनिकों के लिए रोज़गार के अवसर पैदा करने हेतु प्रेरित किया। डीजीआर ने सीआईआई के साथ इस संबंध में एक एमओयू पर भी हस्ताक्षर किए और दो नौकरी मेले आयोजित किए।

स्वरोज़गार योजनाएं

कोयला ढुलाई योजनाएं एवं टिपर अटेचमेंट: जुलाई 2014 को नए एमओयू एवं दिशानिर्देशों के आधार पर इस योजना को पुनः तेज किया गया। इसके अनुसार, वर्ष 2015 में इस योजना से 25 अफसरों, 112 जेसीओ/ओआर एवं 108 विधवाओं/अशक्त/ईएसएम/आश्रितों को लाभ पहुंचा है।

कंपनी स्वामित्व कंपनी चालित रिटेल आउटलेट्स: पेट्रोलियम एवं प्राकृतिक गैस मंत्रालय के नीतिगत दिशानिर्देशों के आधार पर कंपनी स्वामित्व कंपनी चालित (कोको) योजना के अंतर्गत देश भर में आईओसीएल, बीपीसीएल एवं एचपीसीएल के रिटेल आउटलेट्स पर प्रबंधन कार्य हेतु डीजीआर प्रायोजित अफसर रखे जाते हैं।

गोपालजी डेयरी एवं फ्रेश फार्म: इस योजना का उद्देश्य राष्ट्रीय राजधानी क्षेत्र (एनसीआर) में जेसीओ/ओआर को स्वरोज़गार उपलब्ध कराना है।

मदर डेयरी दुग्ध केंद्र एवं फल व सब्जी (सफल) दुकानें: यह ईएसएम जेसीओ/ओआर के समकक्षों के लिए उचित आमदनी प्रदान करने वाली स्वरोज़गार योजना है। वर्ष के दौरान जेसीओ/ओआर समकक्षों को 284 मदर डेयरी बूथ और 19 सफल दुकानें आवंटित की गई।

एनसीआर में ईएसएम द्वारा सीएनजी स्टेशनों का प्रबंधन: इस योजना को नोएडा, फरीदाबाद एवं गुरुग्राम सहित समूचे एनसीआर में फैलाने हेतु बढ़ाया गया है। वर्ष के दौरान 31 ईएसएम (अधिकारी) योजना से लाभान्वित हुए।

सेना के अतिरिक्त क्लास V 'बी' वाहनों का आवंटन: सेवा के दौरान शहीद होने वाले सैनिकों की विधवाएं एवं सेवानिवृत्त सैनिक सेना के अतिरिक्त क्लास V 'बी' वाहनों की प्राप्ति के लिए आवेदन दे सकते हैं। वर्ष के दौरान 75 ईएसएम ने डीजीआर में पंजीकरण कराया।

तेल उत्पाद एजेंसी योजना: पेट्रोल एवं प्राकृतिक गैस/तेल कंपनी के नीतिगत दिशानिर्देशों के अनुसार, 8 प्रतिशत डिफेंस कोटा के अंतर्गत तैल उत्पाद एजेंसियां प्राप्त करने के लिए डीजीआर योग्यता प्रमाण-पत्र दे सकते हैं।

स्वास्थ्य सेवा

भूतपूर्व सैनिक अंशदायी स्वास्थ्य योजनाः भूतपूर्व सैनिक अंशदायी स्वास्थ्य योजना (ईसीएचएस) की शुरुआत 1 अप्रैल, 2003 को की गई थी। योजना को अक्टूबर 2010 में विस्तार दिया गया। योजना के अंतर्गत देश भर में फैले नागरिक सूची में शामिल सिविल/सरकारी अस्पतालों एवं मेडिकल सेवा केंद्रों के जरिए भूतपूर्व-सैनिकों एवं उनके आश्रितों को बेहतर स्वास्थ्य सेवा उपलब्ध कराई जाती है। यह योजना केंद्र सरकार स्वास्थ्य योजना (सीजीएचएस) के आधार पर शुरू की गई है और यह भारत सरकार द्वारा वित्त पोषित है। इसके जरिए वरिष्ठ सैनिकों एवं उनके आश्रितों को सूचीबद्ध अस्पतालों से मुफ्त उपचार उपलब्ध कराया जाता है।

ईसीएचएस पोलीक्लीनिक्स को 'आउट पेशंट केयर' सेवा उपलब्ध कराने हेतु तैयार किया गया है जहां सलाह, जरूरी जांच और दवाएं मुहैया कराई जाती हैं। ईसीएचएस के अंतर्गत आने वाले आम अस्पतालों, सभी सरकारी अस्पतालों एवं सेवा अस्पतालों में 'इन पेशंट केयर' (भर्ती करना), जांच एवं विशेषज्ञ सलाह भी दी जाती है।

केंद्रीय संगठनः दिल्ली स्थित ईसीएचएस केंद्रीय संगठन है जो रक्षा मंत्रालय के एकीकृत मुख्यालय (थलसेना) में एडज्युटेंट जनरल के जरिए चीफ ऑफ स्टाफ कमेटी के अंतर्गत कार्य करती है। इस संस्था का प्रमुख एक कार्यकारी मेजर जनरल होता है। ईसीएचएस का कार्यकारी संभार पूर्व-सैनिक कल्याण विभाग के सुपुर्द किया गया है।

क्षेत्रीय केंद्रः देश भर में संस्था के 28 क्षेत्रीय कार्यालय हैं। यह क्षेत्रीय कार्यालय अपने अधीन ईसीएचएस पोलीक्लीनिक्स का कार्यभार देखते हैं और आम अस्पतालों में ईसीएचएस को सूचीबद्ध करने से जुड़ी आवश्यक कार्रवाई भी करते हैं।

पोलीक्लीनिकः सरकार ने नेपाल में छह पोलीक्लीनिकों सहित कुल 432 ईसीएचएस पोलीक्लीनिकों को मंजूरी दी है। भारत में 426 ईसीएचएस पोलीक्लीनिकों में से 419 में कार्य शुरू हो चुका है।

ईसीएचएस सदस्यताः 1 मई, 2015 तक 15,21,563 ईएसएम सहित 32,02,610 आश्रित अभी तक योजना से जुड़ चुके हैं। इस योजना से लाभ लेने वालों की संख्या 47,24,173 है।

पोलीक्लीनिक एवं आम सूचीबद्ध मेडिकल सुविधाएंः पिछले एक वर्ष के दौरान 177 अतिरिक्त मेडिकल सुविधाओं को ईसीएचएस योजना में सूचीबद्ध किया जा चुका है। अब ईसीएचएस लाभान्वितों को मुफ्त उपचार देने के लिए इस योजना के साथ 1,445 आम अस्पताल जुड़ चुके हैं। हालांकि, आपात स्थिति में सदस्य किसी अन्य अस्पताल से भी स्वास्थ्य सेवा ले सकते हैं। उनका स्वास्थ्य सेवा बिल का स्वीकृत (सीजीएचएस) दर से भुगतान किया जाएगा।

ईसीएचएस टोल-फ्री हेल्पलाइनः सदस्यता, उपचार एवं रोज़गार से जुड़े प्रश्नों के बारे में जानकारी प्राप्त करने हेतु सभी ईसीएचएस सदस्यों को ईसीएचएस टोल-फ्री हेल्पलाइन नंबर सुविधा प्रदान की गई है। यह नंबर है 1800-114-115। यह सेवा सभी कार्य दिवसों के दौरान सोमवार से शुक्रवार तक 0900-1700 बजे तक उपलब्ध रहती है।

ईसीएचएस वेबसाइटः ईसीएचएस की सूचीबद्ध सेवाएं, सदस्यता फॉर्म एवं नवीन योजनाओं आदि के बारे में ईसीएचएस वेबसाइट पर जानकारी प्राप्त की जा सकती है।
वेबसाइटः www.echs.gov.in

पेंशन सुधार

रक्षा सेवा कर्मियों के लिए समान रैंक समान पेंशनः सरकार ने रक्षाकर्मियों के लिए समान रैंक समान पेंशन (ओआरओपी) से जुड़ा ऐतिहासिक फैसला लिया जिसे 1 जुलाई, 2014 से अमल में लाया गया और इसके बारे में अधिसूचना भी जारी की। ओआरओपी से अभिप्राय किसी भी समय, समान पद से, समान अवधि तक सेवारत रहने वाले रक्षा कर्मियों को समान पेंशन दिया जाना। इस तरह मौजूदा और पिछले पेंशनधारकों के बीच एक समान पेंशन लागू हो सकेगी।

सरकारी क्षेत्र उपक्रमों/स्वायत्त इकाइयों में इस्तेमाल हेतु पेंशनधारी रक्षाकर्मियों द्वारा एकमुश्त राशि लिए जाने की दर में भी 43 एवं 45 प्रतिशत परिवर्तन देखा गया है।

छठे वेतन आयोग की सिफारिशों पर सरकार का निर्णयः कार्मिक, लोक शिकायत तथा पेंशन मंत्रालय, पेंशन एवं पेंशनभोगी कल्याण विभाग के 11 जुलाई 2013 का ओ.एम.सं.4/30/2010–पीएंडपीडब्ल्यू (डी) यथोचित परिवर्तनों के साथ पेंशनधारी रक्षा कर्मियों पर लागू होगा। यह आदेश सरकारी पत्र सं. 1(4)/2007–डी (पेन/पोल) दिनांक 19 जनवरी, 2015 के अंतर्गत जारी हुआ।

विपरीत परिस्थितियां झेल रहे नॉन–रेगुलर अफसरों को 30 अगस्त, 2006 से सेवा लाभः नॉन–रेगुलर अफसरों को नि:शक्तता मामलों में पेंशन उनके सेवाकाल के आकलन पर प्रदान की जाएगी। इस मामले में रेगुलर कमीशन प्राप्त अफसरों से जुड़ा नियम ही अमल में लाया जाएगा। इन्हें 30 अगस्त, 2006 से संशोधित लाभ के दायरे में लाया जाएगा। इस संदर्भ में संबंधित मामलों में पारित 30 अगस्त, 2006 के सरकारी पत्र का हवाला दिया गया है। यह आदेश सरकारी पत्र सं. 16(1)/2012–डी (पेन/पोल) दिनांक 23 मार्च, 2015 में दिया गया था।

रक्षा कर्मियों को मासिक आधार पर निशक्तता पेंशन सहित नियमित उपस्थिति भत्ताः निशक्तता अथवा युद्ध आघात पेंशन सहित बकाया राशि के स्थान पर नियमित उपस्थिति भत्ता दिया जाएगा। यह आदेश दिनांक 27 अप्रैल, 2015 के पत्र सं. 1(2)/2013–डी (पेन/पोल) में पारित किया गया। रक्षा कर्मी/फैमिली पेंशनधारी जो 1 अप्रैल, 2003 से पहले सेवानिवृत्त हो चुके हैं और जिन्होंने सशस्त्र सेना अस्पतालों/एआई रूम्स के ओपीडी से मेडिकल सुविधाएं प्राप्त नहीं की हैं एवं जो ईसीएचएस के सदस्य भी नहीं हैं, उन्हें निर्धारित मेडिकल भत्ता (एफएमए) दिया गया है। निर्धारित मेडिकल भत्ते की दर 19 नवंबर, 2014 को 300 रुपये से बढ़ाकर 500 रुपये कर दी गई है। आदेश सरकारी पत्र सं. 1(10)/2009–डी (पेन/पोल) दिनांक 5 मई, 2015 को जारी किया गया।

स्थायी निशक्त बच्चों/सहोदर एवं आश्रित अभिभावकों के लिए पेंशन प्रक्रिया का सरलीकरणः वृद्ध अभिभावकों/निशक्त बच्चों/सहोदर हेतु पेंशन प्रक्रिया सरल बनाने के लिए, कार्मिक/पेंशनधारी/पारिवारिक पेंशनधारी रक्षा कर्मी की सेवानिवृत्ति/मृत्यु से पहले अथवा बाद में नियुक्ति अधिकारी को आवेदन दे सकता है ताकि स्थायी निशक्त बच्चे/सहोदर के लिए पारिवारिक पेंशन को मंजूरी मिल सके। आदेश पत्र सं. 1(7)/2013–डी (पेन/पोल), दिनांक 15 मई, 2015 को दिया गया।

पेंशन भुगतान प्रक्रिया का सरलीकरण-पेंशन दस्तावेजों सहित सेवानिवृत्त हो रहे रक्षा कर्मियों एवं आम कर्मचारियों द्वारा प्रमाणपत्र जमा कराना: सेवानिवृत्ति से पहले रक्षा कर्मी रिकॉर्ड ऑफिस/कार्यालय प्रमुख से आवश्यक अंडरटेकिंग/पुन: रोज़गारच्युत अवस्था/रोज़गार संबंधित कागज अन्य दस्तावेजों के साथ प्राप्त कर सकता है। रिकॉर्ड ऑफिस/मुख्यालय द्वारा नियमित विधि से पेंशन पेमेंट ऑर्डर (पीपीओ) सहित अन्य अंडरटेकिंग/प्रमाणपत्र पेंशन एजेंसियों को भेजे जाते हैं। पेंशन दस्तावेजों के साथ उचित अंडरटेकिंग/प्रमाणपत्र प्राप्त होने के बाद बैंक पेंशनधारी के खाते में पेंशन संबंधित राशि जमा कर देगा। संबंधित आदेश रक्षा मंत्रालय के पत्र सं. 3(01)/2015-डी (पेन/पोल), दिनांक 25 अगस्त, 2015 को जारी किया गया।

2006 पूर्व सेवानिवृत्त जेसीओ/ओआर पेंशनधारकों/पारिवारिक पेंशनधारकों की पेंशन में संशोधन: यह निर्णय किया गया है कि 1 जनवरी, 2006 से वर्ष 2006 पूर्व सेवानिवृत्त होने वाले जेसीओ/ओआर पेंशनधारकों/पारिवारिक पेंशनधारकों की पेंशन/पारिवारिक पेंशन में क्रमश: 50 एवं 30 प्रतिशत की वृद्धि होगी।

10 शिक्षा

शिक्षा मानव संसाधन विकास का सार है, जो देश के सामाजिक-आर्थिक ताने-बाने को संतुलित करने में एक महत्वपूर्ण और उपचारात्मक भूमिका निभाती है। भारत के नागरिक इसके सबसे मूल्यवान संसाधन हैं, ऐसे में एक अरब से अधिक जनसंख्या वाले मजबूत देश को बेहतर गुणवत्ता वाला जीवन पाने के लिए मौलिक शिक्षा के रूप में विकास और देखभाल की आवश्यकता है। इसके लिए हमारे नागरिकों के समग्र विकास की आवश्यकता है, जोकि शिक्षा की मजबूत नींव के निर्माण से हासिल किया जा सकता है। अच्छी गुणवत्ता की शिक्षा नई खोजों, नए ज्ञान, नवाचार एवं उद्यमिता का आधार है जोकि व्यक्ति के साथ-साथ देश के विकास एवं समृद्धि की शुरुआत करती है। इसके लिए हमें अपने पाठ्यक्रम और अध्यापन कार्य को समाज एवं अर्थव्यवस्था के हिसाब से प्रासंगिक बनाने की आवश्यकता है। समस्या के समाधान की गुणवत्ता एवं कलात्मक सोच, अभ्यास के जरिए सीखने और आत्मविश्वास के साथ अपनी बात रखने की कला को बढ़ावा देने की आवश्यकता है।

मंत्रालय ने समाज के कमजोर वर्गों के छात्रों के शैक्षणिक विकास पर जोर देने के लिए कई नए कदम उठाए हैं जैसे: (1) अल्पसंख्यकों के लिए राष्ट्रीय निगरानी समिति का गठन, (2) अनुसूचित जाति, अनुसूचित जनजाति और दिव्यांगों के लिए राष्ट्रीय निगरानी समिति का गठन, (3) छात्रों के लिए राष्ट्रीय साधन सह-योग्यता छात्रवृत्ति योजना (एनएमएमएसएस) जैसी पहल, (4) माध्यमिक शिक्षा के लिए लड़कियों को प्रोत्साहन देने के लिए राष्ट्रीय योजना और (5) रैगिंग के विरुद्ध एक वेब पोर्टल विकसित करना।

भारत सरकार की प्राथमिकता को ध्यान में रखते हुए इस मंत्रालय की योजनाओं में अनुसूचित जाति उपयोजना/जनजातीय श्रम योजना एससीएसपी/टीएसपी के क्रियान्वयन के लिए दिशानिर्देश तैयार किए गए हैं और इन्हें मंत्रालय और इस विभाग के तहत सभी संगठनों, संस्थाओं के बीच क्रियान्वयन के लिए भेज दिया गया है। मंत्रालय का ध्यान पूर्वोत्तर क्षेत्रों (एनईआर) और जम्मू-कश्मीर समेत देश के सभी इलाकों के समग्र एवं संतुलित शैक्षणिक विकास पर भी केंद्रित है। वर्तमान में, मानव संसाधन विकास मंत्रालय, दो विभागों- स्कूली शिक्षा एवं साक्षरता विभाग और उच्चतर शिक्षा विभाग के जरिए काम करता है।

मानव संसाधन विकास मंत्रालय ने अपनी चुनौतियों से निपटने के लिए एक नया दृष्टिकोण अपनाया है। यही दृष्टिकोण विश्वास के क्षेत्रों को निर्धारित करेगा और यह सुनिश्चित करेगा कि उचित मूल्य प्रणाली, संवेदनशीलता एवं जिम्मेदारी के साथ अपने लक्ष्य प्राप्त किए जाएं। विभिन्न नीतियों एवं मंत्रालय के कार्यक्रमों ने देश के सभी क्षेत्रों के बच्चों एवं लोगों के लिए गुणवत्तापूर्ण, किफायती एवं अर्थपूर्ण शिक्षा को सफलतापूर्वक सुगम बनाया है।

मध्याह्न भोजन योजना

मध्याह्न योजना के अंतर्गत सरकारी और सरकार से सहायता प्राप्त स्कूलों, विशेष प्रशिक्षण केंद्रों (एस.टीसी) और सर्व शिक्षा अभियान (एसएसए) के तहत आने वाले मदरसों के पहली से आठवीं कक्षा के सभी छात्र-छात्राओं को दोपहर का भोजन दिया जाता है। देशभर की 11.50 लाख संस्थाओं के 10.03 करोड़ छात्रों को मध्याह्न भोजन की यह विश्व की सबसे बड़ी विद्यालयाधीन भोजन योजना है। बच्चों को पढ़ाई के लिए स्कूल में लाने और उनकी उपस्थिति बनाए रखने के अलावा, मध्याह्न भोजन योजना से सामाजिक और स्त्री-पुरुष समानता को भी प्रोत्साहन मिला है। इससे कक्षा में भूख से निवारण, स्कूल में उपस्थिति और सामाजिक समानता को बढ़ावा तथा बालक-बालिकाओं के बीच समानता को प्रोत्साहित करने में मदद मिली है।

मध्याह्न भोजन के मानक

(I) मध्याह्न भोजन का कैलोरी मूल्य: पके हुए भोजन में 100 ग्राम, गेहूं/चावल, 20 ग्राम दाल, 50 ग्राम सब्जी और 5 ग्राम तेल/चिकनाई शामिल होती है, जिससे प्राथमिक स्तर पर 450 कैलोरी और 12 ग्राम प्रोटीन की प्राप्ति होती है। उच्च प्राथमिक स्तर के बच्चों को जो भोजन दिया जाता है, उसमें 150 ग्राम गेहूं/चावल, 30 ग्राम दाल, 75 ग्राम सब्ज़ी और 7.5 ग्राम तेल/चिकनाई होती है, जिससे 700 कैलोरी ऊर्जा और 20 ग्राम प्रोटीन की प्राप्ति होती है।

(II) एमडीएम योजना के अंतर्गत खाना पकाने की लागत: खाना पकाने की लागत में दालों, सब्ज़ियों, खाद्य तेल, मसाले और ईंधन का खर्च शामिल होता है। 2016-17 के लिए खाना पकाने की लागत प्राथमिक कक्षा के छात्रों के लिए ₹ 4.13 प्रति छात्र प्रतिदिन और उच्च प्राथमिक शालाओं के बच्चों के लिए ₹ 6.16 प्रति छात्र प्रतिदिन पड़ती है। खाना पकाने का व्यय गैर-अनुपात में साझा किया जाता है, जबकि केंद्रशासित प्रदेशों में शत-प्रतिशत व्यय केंद्र द्वारा वहन किया जाता है। पूर्वोत्तर के राज्यों और हिमाचल प्रदेश, जम्मू-कश्मीर तथा उत्तराखंड के तीन हिमालयीन राज्यों में 90:10 के अनुपात में केंद्र और संबंधित राज्य खर्च साझा करते हैं।

तिथि भोजन

मध्याह्न भोजन कार्यक्रम के तहत अधिक से अधिक लोगों की भागीदारी सुनिश्चित करने के लिए गुजरात राज्य में 'तिथि भोजन' के नाम से एक नई अवधारणा का सूत्रपात हुआ है। समाज की भागीदारी को बढ़ावा देने के लिए स्थानीय लोगों को बच्चे का जन्म, परीक्षा में सफलता, गृहप्रवेश जैसे महत्वपूर्ण परिवारिक समारोहों को स्थानीय स्कूलों में दिए जाने वाले मध्याह्न भोजन में योगदान देकर मनाने के लिए प्रोत्साहित किया जाता है। स्थानीय और परिवार स्वेच्छा से इसमें योगदान करते हैं। नियमित मध्याह्न भोजन के साथ मिठाई और नमकीन, पूर्ण भोजन, अंकुरित अनाज आदि जैसे पोषक आहार के रूप में योगदान करने के अलावा रसोई के बर्तन, डिनर सेट और पानी पीने के गिलास आदि का भी योगदान किया जाता है।

सभी राज्यों/केंद्रशासित प्रदेशों से 'तिथि भोजन' की प्रथा को इसी नाम से अथवा राज्य सरकारों की इच्छा के अनुकूल नामों से अपनाने के लिए विचार करने का अनुरोध किया गया है। विभिन्न राज्यों ने अलग-अलग नामों से इस अवधारणा को अपनाना शुरू कर दिया है। असम में 'संप्रीति भोजन', हिमाचल प्रदेश में 'धाम', महाराष्ट्र में 'स्नेह भोजन', कर्नाटक में 'शाले गागी नावू नीवू', पुद्दुचेरी में

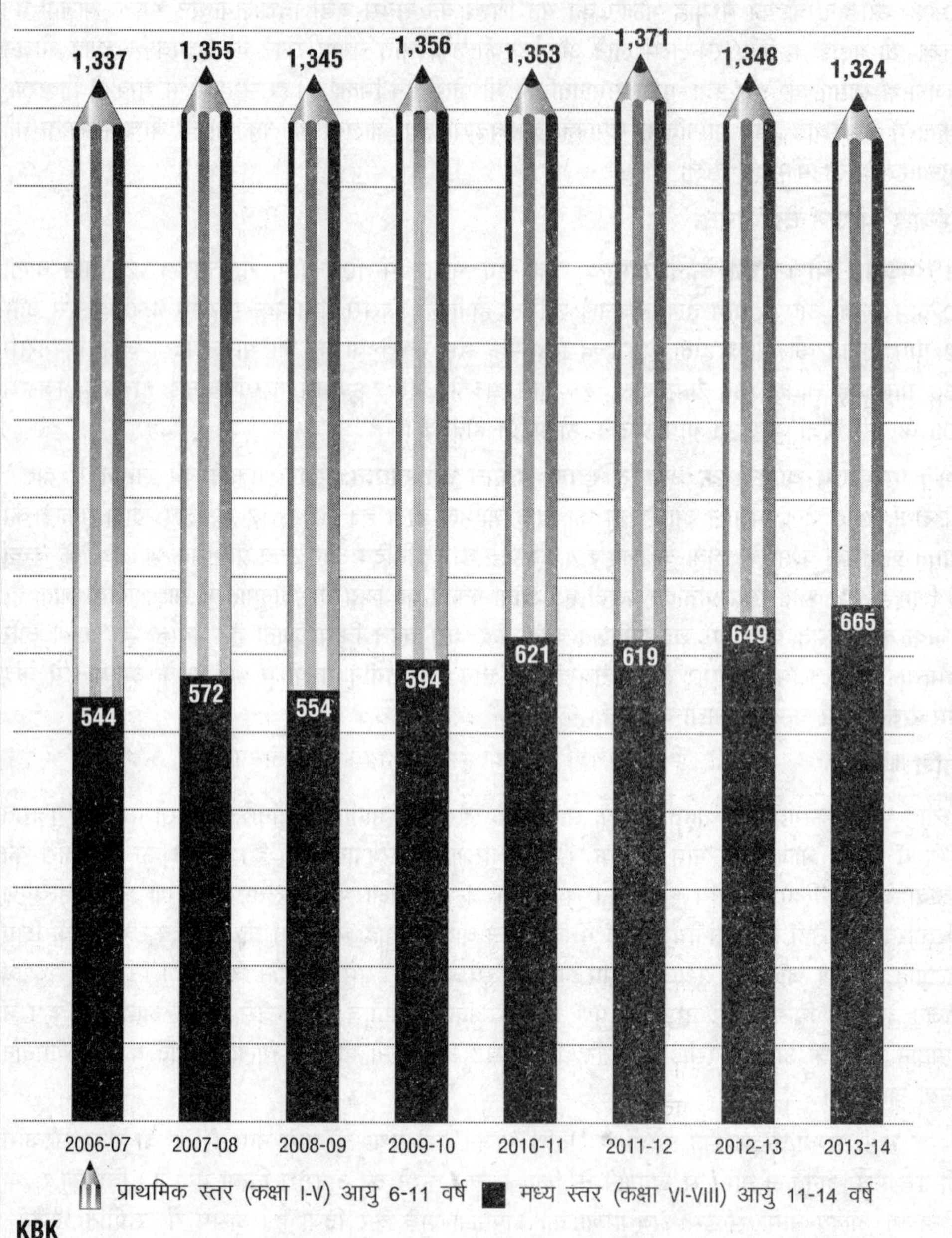
भारत में प्रारम्भिक शिक्षा
दाखिलों में बढ़ोत्तरी
(लाख में)
1,337
1,355
1,345
1,356
1,353
1,371
1,348
1,324
544
572
554
594
621
619
649
665
2006-07
2007-08
2008-09
2009-10
2010-11
2011-12
2012-13
2013-14
प्राथमिक स्तर (कक्षा I-V) आयु 6-11 वर्ष
मध्य स्तर (कक्षा VI-VIII) आयु 11-14 वर्ष
KBK

'अन दानम', पंजाब में 'प्रीतिभोज' और राजस्थान में 'उत्सव भोज' नाम से तिथि भोजन की परंपरा शुरू हो चुकी है।

एमडीएमएस की निगरानी हेतु स्वचालित निगरानी प्रणाली

स्कूल शिक्षा एवं साक्षरता विभाग ने योजना के विभिन्न संकेतकों से जुड़े आंकड़ों को आनलाइन प्राप्त करने के लिए एक वेब आधारित एमआईएस पोर्टल तैयार किया था, जो जून 2012 में शुरू किया गया था। योजना के आंकड़ों का उपयोग मुख्य रूप से राज्यों द्वारा किया जाता है। यह देखते हुए कि मध्याह्न भोजन योजना (एमडीएमएस) के क्रियान्वयन का दायित्व मुख्य रूप से राज्यों का है, योजना की निगरानी की प्रस्तावित परियोजना को लागू करने के कार्य भी उन्हें ही सौंपने का निर्णय लिया गया है। राज्य और केंद्रशासित प्रदेश, इस उद्देश्य के लिए स्कूलों से प्रतिदिन आंकड़े प्राप्त करने के लिए उपयुक्त प्रणाली स्थापित करेंगे और निगरानी तथा समय से कार्रवाई के लिए उसका उपयोग करेंगे।

मध्याह्न भोजन नियम 2015

मध्याह्न भोजन नियम 2015 को राष्ट्रीय खाद्य सुरक्षा अधिनियम, 2013 के अंतर्गत अधिसूचित कर दिया गया है और वह सितंबर 2015 से प्रभावी हो गया है। सभी राज्यों/केंद्रशासित प्रदेशों के सभी पात्र स्कूलों में एमडीएम नियम 2015 के बारे में समझाने और उन्हें लागू करने के लिए परामर्श दिया गया है। उन्हें इन नियमों के अमल के लिए आवश्यक कदम उठाने की भी सलाह दी गई है। सभी बच्चों को अच्छा भोजन कराने के उद्देश्य से नए मानकों का अनुपालन सुनिश्चित करने के लिए सभी स्कूलों को क्रियान्वयन के प्रभावी दिशानिर्देश तय करने को भी कहा गया है। मध्याह्न भोजन नियम, 2015 की मुख्य विशेषताओं में अधोलिखित बातें सम्मिलित हैं– (i) खाने के नमूने की जांच को अनिवार्य बनाकर, गुणवत्ता को सुदृढ़ बनाना; (ii) स्कूलों में एमडीएम निधि की अनुपलब्धता के मामले में अस्थायी रूप से अन्य निधियों के उपयोग की अनुमति देकर नियमितता को सुदृढ़ बनाना और स्कूलों में भोजन उपलब्ध करने में जारी विफलता के लिए जवाबदेही तय करना; (iii) स्कूलों में एमडीएम पर नजर रखने हेतु विद्यालय प्रबंधन समितियों की विस्तारित भूमिका और (iv) यदि खाद्यान्न की अनुपलब्धता, खाना पकाने की लागत, ईंधन अथवा रसोइया सह–सहायक की अनुपस्थिति अथवा अन्य किसी कारण से किसी दिन स्कूल में एमडीएम नहीं दिया जाता है तो संबंधित राज्य सरकार को खाद्य सुरक्षा भत्ता देना होगा।

खाद्य नमूनों की जांच

मध्याह्न भोजन योजना के तहत स्कूलों में परोसे जाने वाले भोजन की जांच के लिए राज्य सरकार ने काम पर रखी जाने वाली अधिमान्य प्रयोगशालाओं के लिए दिशानिर्देश जारी किए हैं। भोजन में निर्धारित पोषक तत्व और कैलोरी होनी चाहिए और जो भोजन परोसा जाए, वह बच्चों के लिए स्वास्थ्यवर्धक, स्वादिष्ट और आकर्षक होना चाहिए और इसीलिए भोजन के नियमित परीक्षण का प्रावधान किया गया है। कुछ राज्यों/केंद्रशासित प्रदेशों ने भोजन का परीक्षण प्रारंभ कर दिया है। देखें तालिका–1।

तालिका : 1

2015–16 में खाद्य नमूनों का परीक्षण

क्रमांक	राज्य/केंद्रशासित प्रदेश	2015–16 में किए गए परीक्षण
1.	असम	8
2.	बिहार	3
3.	गोवा	93
4.	गुजरात	1,060
5.	हरियाणा	3
6.	हिमाचल प्रदेश	10
7.	कर्नाटक	51
8.	मध्य प्रदेश	45
9.	महाराष्ट्र	506
10.	मिज़ोरम	5
11.	ओडिशा	34
12.	पंजाब	68
13.	उत्तर प्रदेश	972
14.	पश्चिम बंगाल	66
15.	चंडीगढ़	50
16.	दिल्ली	344
17.	पुद्दुचेरी	6
	योग	**3,324**

स्रोत: एडब्ल्यूपी और बी 2016–17

सामाजिक अंकेक्षण

सामाजिक अंकेक्षण वह प्रक्रिया होती है, जिसमें लोग सामूहिक रूप से किसी कार्यक्रम अथवा योजना की निगरानी और नियोजन तथा क्रियान्वयन का मूल्यांकन करते हैं। सामाजिक अंकेक्षण 2012–13 में आंध्र प्रदेश के दो ज़िलों- खम्माम और चित्तूर में किया गया था। यह अंकेक्षण, सामाजिक अंकेक्षण जवाबदेही और पारदर्शिता सोसायटी (एसएसएएटी) द्वारा किया गया था। इसके परिणाम से प्रोत्साहित होकर विभाग ने मध्याह्न भोजन योजना के अंतर्गत किए जाने वाले सामाजिक अंकेक्षण के लिए विस्तृत दिशानिर्देश जारी किए हैं। राज्यों/केंद्रशासित प्रदेशों को इसके लिए अपने यहां उपलब्ध प्रतिष्ठित संस्थानों को ही चुनने की सलाह दी गई है। अब तक दस राज्यों- बिहार, महाराष्ट्र, ओडिशा, कर्नाटक, पंजाब, तमिलनाडु, उत्तर प्रदेश, तेलंगाना, नगालैंड और आंध्र प्रदेश ने सामाजिक अंकेक्षण का कार्य पूरा कर लिया है। मध्य प्रदेश, पश्चिम बंगाल और राजस्थान में यह कार्य प्रगति पर है।

राष्ट्रीय संस्थागत क्रम निर्धारण फ्रेमवर्क दस्तावेज और वेब पोर्टल शैक्षणिक संस्थाओं के लिए राष्ट्रीय संस्थागत क्रम निर्धारण फ्रेमवर्क (एनआईआरएफ) की स्थापना अभिभावकों, छात्रों, शिक्षकों,

शिक्षण संस्थाओं और अन्य संबंधित पक्षों द्वारा निष्पक्ष मानदंडों और पारदर्शी प्रक्रिया के आधार पर संस्थानों का क्रम निर्धारण करने की आवश्यकता को देखते हुए की गई थी। शिक्षा क्षेत्र के विशेषज्ञों और संस्थानों के प्रमुखों के दल द्वारा विकसित यह पोर्टल और फ्रेमवर्क, वर्तमान में अभियांत्रिकी और प्रबंधन संस्थानों के लिए उपलब्ध है। अगले कुछ महीनों में विश्वविद्यालयों के साथ-साथ वास्तुशिल्प और नियोजन संस्थानों के क्रम निर्धारण की कार्यविधि, मानदंड और प्रक्रिया भी ऑनलाइन उपलब्ध हो जाएंगी। एनआईआरएफ की स्थापना से अंग्रेजी को छोड़कर अन्य भाषाओं में काम करने वाली और हाल के दिनों में उत्कृष्ट प्रदर्शन करने वाली संस्थाओं के क्रम निर्धारण के क्षेत्र में सबको समान अवसर मिल सकेगा। क्रम निर्धारण का फ्रेमवर्क इस प्रकार तैयार किया गया है कि अभियांत्रिकी, प्रबंधन आदि विभिन्न क्षेत्रों की संस्थाओं की तुलना उनके ही जैसे समूहों में पृथक रूप से की जाएगी। मानकों के पांच मुख्य शीर्षक निर्धारित किए गए हैं: (i) शिक्षण, विद्यार्जन और संसाधन; (ii) अनुसंधान, परामर्श देना और सहयोग-निष्पादन; (iii) स्नातक परीक्षा (ग्रेजुएशन) के परिणाम; (iv) आउटरीच और समावेशन और (v) बोध-क्षमता (व्यापकता)।

सर्वशिक्षा अभियान

सर्वशिक्षा अभियान (एसएसए) देशभर में प्रारंभिक शिक्षा के लोकव्यापीकरण के लिए राज्य सरकारों की सहभागिता में केंद्र-प्रायोजित योजना के तौर पर लाया जा रहा है। यह योजना निःशुल्क और अनिवार्य शिक्षा के बाल अधिकार (आरटीई) अधिनियम, 2009 के कानूनी ढांचे/प्रावधानों के अनुसार 2010-11 से चलाई जा रही है। इस अधिनियम में 6 से 14 वर्ष तक के सभी बच्चों को निःशुल्क और अनिवार्य शिक्षा देने का प्रावधान किया गया है। बच्चों को पास (पड़ोस) के विद्यालय में उपस्थिति और प्रारंभिक शिक्षा पूरी करना अनिवार्य बना दिया गया है। एसएसए के क्रियान्वयन के फ्रेमवर्क को आरटीई अधिनियम, 2009 के प्रावधानों के अनुसार सामंजस्य के लिए संशोधित किया गया है।

सामान्यतः एसएसए के लक्ष्यों में सभी बच्चों को शिक्षा सुलभ कराना और उनकी उपस्थिति सुनिश्चित करना, शिक्षा में लैंगिक और सामाजिक खाई को पाटना और बच्चों के ज्ञान के स्तर को ऊंचा उठाना सम्मिलित है। इसमें नए स्कूल खोलने, स्कूल भवनों, अतिरिक्त कक्षाओं और शौचालयों का निर्माण, पेयजल, शिक्षकों के लिए प्रावधान (समय-समय पर शिक्षक प्रशिक्षण और शैक्षिक संसाधन) निःशुल्क यूनीफार्म, पाठ्यपुस्तकों और विद्यार्जन के लिए सहायता जैसे अनेक प्रकार के हस्तक्षेप (कदम उठाने) का प्रावधान किया गया है। एसएसए कार्यक्रम ने शिक्षा के लोकव्यापीकरण, सुलभता और समानता हासिल करने की दिशा में उल्लेखनीय प्रगति की है।

क्रियान्वयन हेतु पुनरीक्षित एसएसए फ्रेमवर्क में दृष्टिकोणों और क्रियान्वयन रणनीतियों की मोटी-मोटी रूपरेखा दी गई है जिसके दायरे के भीतर रहकर राज्य अपनी विशिष्ट सामाजिक, आर्थिक और संस्थागत संदर्भों को दृष्टिगोचर रखते हुए और अधिक व्यापक दिशानिर्देश तय कर सकते हैं। क्रियान्वयन हेतु पुनरीक्षित एसएसए फ्रेमवर्क, आरटीई अधिनियम का क्रियान्वयन एक्स समिति की सिफारिशों के अनुसार तैयार किया गया है और इसका उद्देश्य एसएसए के साथ आरटीई अधिनियम की समरसता को प्रदर्शित करना है। यह राष्ट्रीय शिक्षा नीति, 1986/92 से और राष्ट्रीय पाठ्क्रम फ्रेमवर्क (एनसीएफ) 2005 से उद्भूत बाल-केंद्रित अवधारणाओं पर भी आधारित है।

सर्व शिक्षा अभियान के क्रियान्वयन के लिए प्रत्येक राज्य/केंद्रशासित प्रदेश में एक राज्य परियोजना कार्यालय (एसपीओ) होता है और प्रत्येक जिले में एक जिला परियोजना कार्यालय (डीपीओ)

होता है। प्रखंड स्तर पर प्रखंड संसाधन केंद्र (बीआरसी) होते हैं और एक प्रखंड के भीतर क्लस्टर (संकुल) होते हैं, जिनमें संकुल संसाधन केंद्र (सीआरसी) बने हुए हैं। बीआरसी और सीआरसी जमीनी स्तर पर शिक्षक प्रशिक्षण, शैक्षणिक समर्थन और निगरानी के लिए उत्तरदायी हैं। प्रत्येक विद्यालय में विद्यालय प्रबंधन समिति (एसएमसी) होती है, जिसमें प्रधानाध्यापक, शिक्षक, अभिभावक और सरपंच आदि शामिल होते हैं। एसएमसी स्कूल स्तर पर गतिविधियों के नियोजन, क्रियान्वयन और निगरानी के लिए उत्तरदायी होती है।

राज्यों और केंद्रशासित प्रदेशों की वार्षिक कार्ययोजना और बजट (एडब्ल्यूपी और बी) के अनुसार प्रतिवर्ष धनराशि जारी की जाती है। दो या अधिक किस्तों में जारी की जाने वाली यह राशि राज्य/केंद्रशासित प्रदेश की शेष राशि, राज्य के आनुपातिक अंशदान, व्यय की गति, लेखा परीक्षक रिपोर्ट और योजनांतर्गत उल्लिखित इसी प्रकार की अन्य कसौटियों पर निर्भर करती है। एसएसए फ्रेमवर्क और वित्तीय प्रबंधन एवं प्रापण नियमावली में उल्लिखित शर्तों के साथ-साथ समय पर संशोधित योजना के वित्तीय, प्रशासनिक और नीतिगत मानकों और शर्तों के अनुपालन के आधार पर धनराशि स्वीकृत की जाती है।

आरटीई अधिनियम की धारा 7 में व्यवस्था है कि अधिनियम के प्रावधानों को लागू करने के लिए केंद्रीय और राज्य सरकारों की समान (समवर्ती) जिम्मेदारी होगी। योजना आयोग ने वित्तमंत्रालय के परामर्श के साथ एसएसए कार्यक्रम के लिए 12वीं योजना (2012–13 से 2016–17) के लिए ₹ 1,92,726 करोड़ के आवंटन का सफल बजटीय समर्थन (जीबीएस) देने की बात कही थी। एसएसए के लिए वर्ष 2010–11 से 2014–15 तक केंद्र और राज्यों के बीच अंशदान का अनुपात 65:35 तय किया गया था। केवल पूर्वोत्तर के राज्यों के लिए यह अनुपात 90:10 का था। 2015–16 में केंद्र और राज्यों के बीच धनराशि के अंशदान का अनुपात संशोधित कर 60:40 का कर दिया गया। अरुणाचल प्रदेश, असम, मणिपुर, मेघालय, मिज़ोरम, नगालैंड, सिक्किम और त्रिपुरा के पूर्वोत्तर राज्यों, जम्मू-कश्मीर, हिमाचल प्रदेश और उत्तराखंड के तीन हिमालयीन राज्यों के लिए यह अनुपात 90:10 का कर दिया गया। केंद्र सरकार 2015–16 से केंद्रशासित प्रदेशों को एसएसए के लिए 100 प्रतिशत राशि प्रदान करती है।

2016–17 के बजट में एसएसए योजना के लिए ₹ 22,500 करोड़ आवंटित किए गए हैं।

क्र.स.	वर्ष	बजट अनुमान (बीई)	संशोधित अनुमान (आरई)	केंद्रीय अंशदान
1.	2009–10	13,100.00	13,100.00	12,826.23
2.	2010–11	15,000.00	19,000.00	19,636.53
3.	2011–12	21,000.00	21,000.00	20,866.30
4.	2012–13	25,555.00	23,875.83	23,858.00
5.	2013–14	27,258.00	26,583.01	24,820.92
6.	2014–15	28,258.00	24,380.00	24,122.51
7.	2015–16	22,000.00	22,015.42	21,666.51
8.	2016–17	22,500.00	–	5,182.52*

*जून 2016 तक

सफल एसएसए के अंतर्गत भौतिक प्रगति

मार्च 2016 को समाप्त अवधि के लिए एसएसए के अंतर्गत निर्माण कार्यों की सफल प्रगति

गतिविधि	2015-16 तक स्वीकृति	कुल उपलब्धि 31 मार्च, 2016 तक पूर्ण	पूर्ण प्रतिशत
प्राथमिक विद्यालय	1,99,230	1,83,386	92.05
उच्च प्राथमिक विद्यालय	11,2,392	10,5,943	94.26
अतिरिक्त कक्षाएं	18,61,336	17,40,487	93.51
पेयजल	2,38,973	2,29,742	96.14
बालक शौचालय	3,75,976	3,50,888	93.33
पृथक बालिका शौचालय	4,99,946	4,90,779	98.17
सीडब्ल्यूएसएन शौचालय	1,38,585	1,14,627	82.71

केंद्र सरकार समय-समय पर राज्यों के साथ आरटीई अधिनियम के क्रियान्वयन की समीक्षा एवं निगरानी भी करती है। राज्यों के शिक्षा मंत्रियों के सम्मेलनों में भी इसकी समीक्षा की जाती है, साथ ही दो वर्षों में वित्तीय समीक्षा भी की जाती है। हर वर्ष एकीकृत जिला शिक्षा सूचना प्रणाली (यूडीआईएसई) के जरिए शैक्षणिक आंकड़े एकत्रित किए जाते हैं। इन समीक्षाओं और मूल्यांकनों की स्थिति मंत्रालय की वेबसाइट पर डालकर सार्वजनिक की जाती है।

एसएसए और आरटीई का प्रभाव

आरटीई अधिनियम अप्रैल 2010 में लागू हुआ। सर्वशिक्षा अभियान 2000-01 में शुरू हुआ था और सभी को प्रारंभिक शिक्षा सुनिश्चित कराने का मुख्य कार्यकम सितंबर 2010 में संशोधित किया गया था ताकि उसे आरटीई के अधिदेश के अनुसार बनाया जा सके। आरटीई-एसएसए के प्रभाव को निम्नानुसार समझा जा सकता है:

सर्व सुलभता: 98 प्रतिशत बस्तियों में प्राथमिक विद्यालय खुले हैं और 97 प्रतिशत में उच्च प्राथमिक विद्यालय। अधिनियम के पारित होने के बाद एसएसए के अंतर्गत 3,67,494 विद्यालयों की स्वीकृति दी गई है।

बढ़ा हुआ दाखिला: जिला शिक्षा सूचना प्रणाली (डीआईएसई) द्वारा प्रतिवर्ष सितंबर में देशभर के सभी विद्यालयों से दाखिलों सहित अनेक संकेतकों पर आंकड़े एकत्र किए जाते हैं। 2014-15 में प्राथमिक विद्यालय में 19.78 करोड़ बच्चों का नाम लिखा हुआ था, जबकि 2009-10 में 18.79 करोड़ बच्चे भर्त्ती थे। तालिका-2 से स्पष्ट है कि प्राथमिक स्तर पर दाखिलों की संख्या में प्रतिवर्ष वृद्धि हो रही है।

तालिका : 2
शैक्षिक संकेतक

शैक्षिक संकेतक	2009-10	2010-11	2011-12	2012-13	2013-14	2014-15
प्राथमिक स्तर पर जीईआर	115.63	118.62	104.34	105.98	101.36	100.08
उच्च प्राथमिक स्तर पर जीईआर	75.80	81.15	80.59	82.50	89.33	91.24
प्राथमिक स्तर पर दाखिले (करोड़ संख्या में)	18.79	19.30	19.90	19.97	19.89	19.77
प्राथमिक स्तर पर धारण (नियमित रूप से बढ़ने वाले बच्चे)	74.01	73.42	75.94	80.07	89.58	89.74
संक्रमण दर (प्राथमिक से उच्च प्राथमिक)	83.53	85.17	87.09	86.74	89.58	89.74
प्राथमिक स्तर पर पढ़ाई बीच में छोड़ने वाले बच्चों (ड्रॉप आउट) की वार्षिक दर	6.76	6.50	5.62	4.67	अनुपलब्ध	4.34
विद्यालयों की संख्या (लाख में)	13.03	13.62	14.12	14.31	14.49	14.46

स्रोत: यूडीआईएसई

प्राथमिक विद्यालयों में कुल दाखिलों की संख्या 2009-10 के 18.79 करोड़ बच्चों से बढ़कर 2014-15 में 19.76 करोड़ हो गई है। यूडीआईएसई 2014-15 के अनुसार सकल दाखिला अनुपात (जीईआर) बालकों के लिए 98.85 प्रतिशत और बालिकाओं के लिए 101.43 प्रतिशत रहा है, जो प्राथमिक स्तर पर सार्वदेशिक दाखिले को दर्शाता है। उच्च प्राथमिक स्तर बालकों के लिए जीईआर 87.71 प्रतिशत और बालिकाओं के लिए 95.29 प्रतिशत रही है। शिष्य-शिक्षक अनुपात (पीटीआर) में भी सुधार हुआ है। यह 2009-10 के 32 से बढ़कर 2014-15 में 25 हो गया। भारत में 62.65 प्रतिशत शासकीय विद्यालयों में पीटीआर औसतन आरटीई के मानकों के अनुसार (30.1 प्राथमिक और 35.1 उच्च प्राथमिक) ही रही है।

स्कूल न जाने वाले बच्चों की संख्या 2005 में 134.6 लाख थी, जो 2009 में कम होकर 81 लाख और 2013 में और भी कम होकर 61 लाख रह गई। प्राथमिक स्तर पर औसत वार्षिक ड्रॉप आउट (पढ़ाई बीच में छोड़ देने वाले बच्चे) दर 2013-14 में 4.34 प्रतिशत पर थी, जबकि 2009-10 में यह 6.76 प्रतिशत थी, परंतु यह (ड्रॉप आउट) दर 2011-12 के 2.65 प्रतिशत से बढ़कर 2013-14 में 3.77 प्रतिशत हो गई थी। प्राथमिक से उच्च प्राथमिक स्तर पर संक्रमण दर 2009-10 के 85.17 प्रतिशत से ऊपर उठकर 2013-14 में 89.74 प्रतिशत हो गई। यूडीआईएसई 2014-15 के अनुसार,

लैंगिक क्षमता दर (जीपीआई) प्राथमिक स्तर पर 0.93 और उच्च प्राथमिक स्तर पर 0.95 थी। प्राथमिक स्तर पर बालिका दाखिला दर 2009-10 में 48.12 प्रतिशत से बढ़कर 2014-15 में 48.34 हो गई। प्राथमिक स्तर पर ही अनुसूचित जाति (एससी) के बच्चों की दाखिला दर 2010-11 के 19.06 प्रतिशत से बढ़कर 2014-15 में 19.80 प्रतिशत हो गई। यह जनसंख्या में उनके अनुपात से अधिक है। प्राथमिक स्तर के दाखिले में अनुसूचित जनजाति (एसटी) बच्चों का प्रतिशत 2014-15 में 10.47 था, जो जनसंख्या में उनके अनुपात से अधिक है। मुस्लिम बच्चों का दाखिला प्राथमिक स्तर पर 2010-11 में 12.50 प्रतिशत था जो 2014-15 में बढ़कर 13.77 प्रतिशत हो गया। यह प्रतिशत, 2011 की जनगणना के अनुसार जनसंख्या में 14.2 प्रतिशत की उनकी हिस्सेदारी से आंशिक रूप से कम है। विभिन्न वर्गों की हिस्सेदारी तालिका-3 में दर्शायी गई है:

तालिका : 3

सकल दाखिले में बालिकाओं, अनु. जाति, अनु. जनजाति और मुस्लिम का प्रतिशत

	प्राथमिक		उच्च प्राथमिक	
विशेष समूह	2009-10	2014-15	2009-10	2014-15
बालिकाएं	48.46	48.19	48.12	48.63
अनु. जाति	20.07	19.93	19.17	19.55
अनु. जनजाति	11.54	10.83	9.4	9.76
मुस्लिम	13.48	14.37	11.89	12.60

स्रोतः डीआईएसई

एसएसए-आरटीई अधिनियम, 2009 की धारा 12(1)(सी) के अंतर्गत केंद्र संबंधित राज्य सरकार द्वारा अधिसूचित कमज़ोर वर्गों और वंचित समूहों के कम से कम 25 प्रतिशत बच्चों के गैर-सहायता प्राप्त निजी स्कूलों में दाखिले में होने वाले व्यय की प्रतिपूर्ति के लिए राज्यों/केंद्रशासित प्रदेशों को सहायता प्रदान करता है। यह सहायता 2015-16 से दी जा रही है और यह राज्य सरकार द्वारा अधिसूचित प्रति छात्र लागत मानकों पर आधारित होती है, बशर्ते कि वह एसएसए वार्षिक कार्ययोजना और बजट के 20 प्रतिशत की अधिकतम सीमा के भीतर हो। राज्यों/केंद्रशासित प्रदेशों ने सूचित किया है कि धारा 12(1)(सी) के अंतर्गत 2014-15 में 18.10 लाख बच्चे निजी स्कूलों में पढ़ रहे थे।

समावेशी शिक्षा

विशिष्ट आवश्यकता वाले बच्चों (सीडब्ल्यूएसएन) की शिक्षा के लिए एसएसए के अंतर्गत जो प्रमुख हस्तक्षेप (प्रयास) किए जाते हैं, वे हैं- पहचान, कार्यसंबंधी एवं औपचारिक आकलन, सहायक उपकरणों का प्रावधान, शिक्षक प्रशिक्षण, विशेष रूप से सीडब्ल्यूएसएन के लिए योग्य व्यक्तियों को काम पर रखना, सहायक सेवाएं और बाधारहित सुगम पहुंच मार्ग। एसएसए यह भी सुनिश्चित करता है कि अयोग्यता (विकलांगता) की किस्म, श्रेणी और मात्रा का विचार किए बिना प्रत्येक सीडब्ल्यूएसएन को गुणात्मक समावेशी शिक्षा दी जाए। एकीकृत जिला शिक्षा सूचना प्रणाली (यूडीआईएसई) 2014-15 के अनुसार शिक्षा के दायरे में (औपचारिक विद्यालयों में दाखिले, विद्यालय उपलब्धता कार्यक्रम और गृह आधारित शिक्षा के जरिए) लाए गए निःशुल्क बच्चों की संख्या 23.18 लाख हो गई है।

बालिका शिक्षा पर बल

(क) कस्तूरबा गांधी बालिका विद्यालय: कस्तूरबा गांधी बालिका विद्यालय (केजीबीवी) शिक्षा के दृष्टिकोण से पिछड़े उन विकास खंडों में खोल गए हैं जहां ग्रामीण महिला साक्षरता राष्ट्रीय औसत से कम है ताकि लड़कियों को आवासीय उच्च प्राथमिक स्कूलों में शिक्षा प्रदान की जा सके। देश में 3,599 केजीबीवी कार्यरत हैं, जिनमें 3.64 लाख लड़कियों ने दाखिला ले रखा है। एसएसए योजना केजीबीवी घटक का लक्ष्य पढ़ाई बीच में छोड़ने वाली लड़कियों, विशेषकर कम साक्षरता वाली बस्तियों, गरीबी रेखा से नीचे और एससी/एसटी/अल्पसंख्यक वर्गों की लड़कियों को शिक्षा प्रदान करना है।

(ख) जेंडर एटलस: डिजिटल जेंडर एटलस 2015 में अंतरराष्ट्रीय महिला दिवस के अवसर पर लड़कियों की शिक्षा को आगे बढ़ाने के उद्देश्य से जारी किया गया था। यह विकलांगता सहित अन्य प्रकार से कमज़ोर वर्गों की लड़कियों पर ध्यान देते हुए समान शिक्षा को चिह्नित करने और उसे सुनिश्चित करने में मदद करता है। जेंडर एटलस राज्य, जिला और विकास खंड स्तर पर सांख्यिकीय आंकड़ों और भौगोलिक प्रतिनिधित्व का प्रयोग करता है और प्राथमिक, उच्च प्राथमिक और माध्यमिक स्तर पर तीन वर्ष के लिए लड़कियों की शिक्षा के वास्ते प्रमुख संकेतकों के बारे में जानकारी प्रदान करता है।

(ग) स्वच्छ भारत: स्वच्छ विद्यालय पहल: विभाग ने स्वच्छ भारत मिशन के शीर्ष के अंतर्गत स्वच्छ भारत पहल शुरू की है जिसका उद्देश्य शासकीय स्कूलों में एक वर्ष के अंदर लड़कों और लड़कियों के लिए अलग-अलग शौचालय बनवाना है। स्वच्छ विद्यालय कार्यक्रम के तहत एक वर्ष की अवधि में 2,61,400 स्कूलों में 4,17,796 शौचालयों का निर्माण किया गया। इस प्रकार प्रत्येक सरकारी स्कूल में लड़कों और लड़कियों के लिए अलग-अलग शौचालय सुनिश्चित किए गए हैं। इनमें दूर-दराज के ऐसे स्कूल भी शामिल हैं जहां पहुंचना बहुत दुष्कर कार्य है। वामपंथी उग्रवाद प्रभावित वनक्षेत्र, दुर्गम पर्वतीय क्षेत्र और सघन मलिन बस्तियों में स्थित स्कूलों में भी शौचालय बनवाए गए हैं। इस पहल की सफलता में सभी राज्य सरकारों, केंद्रीय सार्वजनिक क्षेत्र के उपक्रमों और निजी क्षेत्र की बड़ी-बड़ी कंपनियों की सहभागिता रही है। इसे मिलाकर देशभर के 11.08 लाख सरकारी स्कूलों के 13.58 करोड़ बच्चों को अब शौचालय की सुविधा उपलब्ध है।

नई पहल

राष्ट्रीय आविष्कार अभियान: राष्ट्रीय आविष्कार अभियान 6-8 वर्ष के बच्चों को विज्ञान, गणित और प्रौद्योगिकी के अध्ययन के लिए प्रेरित और प्रोत्साहित करने हेतु जुलाई 2015 में प्रारंभ किया गया था। इस कार्यक्रम का ढांचा एक साथ ही दो रास्तों पर कदम बढ़ाने के दृष्टिकोण पर आधारित है, (i) विद्यालयीन प्रणाली में प्रणालीगत सुधार; (ii) वैकल्पिक रणनीतियों के जरिये गणित, विज्ञान को प्रोत्साहित करने के प्रयास। कार्यक्रम की रणनीति का लक्ष्य शिक्षक, छात्र, कक्षा में प्रभावी संवाद, विज्ञान और गणित के लिए स्कूलों में बेहतर सुविधाएं और सामुदायिक भागीदारी। 2015-16 में एसएसए और आरएमएसए के अंतर्गत क्रमश: ₹ 124.78 करोड़ और ₹ 108.76 करोड़ का प्रावधान किया गया है। सहयोगात्मक पहल का मामला है, उनकी ओर से दी जाने वाली राशि उनकी योजनाओं और मानकों के अनुसार दी जाएगी। सभी राज्य सरकारों/केंद्रशासित प्रदेशों को एसएसए की नवाचार निधि के तहत भी प्रति जिला 5 लाख की राशि दी गई है ताकि वे नवाचारी गतिविधियां चला सकें और विज्ञान तथा गणित के अध्ययन के प्रति जागरुकता पैदा कर सकें।

पढ़े भारत, बढ़े भारतः सर्वशिक्षा अभियान के तहत पढ़े भारत, बढ़े भारत (पीबीबीबी) नाम का एक राष्ट्रव्यापी उपकार्यक्रम 2014 में शुरू किया गया। इसका उद्देश्य शिक्षा के बुनियादी वर्षों अर्थात पहली और दूसरी कक्षा की पढ़ाई में, गुणवत्ता सुनिश्चित करना है। इस कार्यक्रम के जरिये यह सुनिश्चित किया जाएगा कि सभी बच्चे समझ के साथ पढ़ने के साथ-साथ गिनती/पहाड़े आदि में बुनियादी कुशलता हासिल करें। कार्यक्रम में कक्षा I एवं II के लिए समर्पित शिक्षकों की परिकल्पना की गई है। यह शिक्षकों के क्षमता विकास, स्कूलों की दैनिक समय सारिणी में वाचन (रीडिंग) के पृथक घंटे (पीरियड) आयोजित करने, स्कूलों के पुस्तकालयों में बाल साहित्य के माध्यम से पढ़ाई के लिए समृद्ध मुद्रित वातावरण तैयार करने और कक्षा I एवं II में पढ़ने के लिए रीडिंग कार्नर की सुविधा उपलब्ध कराने पर निर्भर है। अधिक जनजातीय जनसंख्या वाले राज्यों में जनजातीय बच्चों के लिए विशेष सेतु सामग्री तैयार की गई है।

सारांशः सीबीएसई बोर्ड ने मान्यता प्राप्त और सीबीएसई स्कूलों के लिए 2014 में सारांश नाम की ऑनलाइन सुविधा शुरू की। इससे स्कूलों को समग्र और प्रत्येक छात्र के स्तर पर अपने प्रदर्शन को देखने में मदद मिलती है। प्रदर्शन से जुड़े सभी तथ्य, संस्थाओं के साथ-साथ चार्ट और ग्राफ के माध्यम से पेश किए जाते हैं ताकि आसानी से समझ में आ सकें। सारांश, स्कूलों को उनके प्रदर्शन के साथ-साथ विभिन्न स्तरों पर सीबीएसई स्कूलों से तुलना करने में मदद करता है।

पंडित मदन मोहन मालवीय राष्ट्रीय शिक्षक प्रशिक्षण मिशन

शिक्षकों और शिक्षण पर आधारित चल रही विभिन्न योजनाओं के बीच समन्वय और साथ में मिलकर काम करने के लिए एक व्यापक योजना शुरू की गई है। यह योजना अध्यापक, अध्यापन, अध्यापक की तैयारी, वृत्तिगत विकास, पाठ्यक्रम की रूपरेखा तैयार करने से जुड़े सभी मुद्दों का समाधान निकालेगी। यह योजना सुयोग्य अध्यापकों की भर्ती करने, अध्यापन के पेशे में बेहतर प्रतिभाओं को आकर्षित करने और स्कूलों तथा महाविद्यालयों में अध्यापन की गुणवत्ता का स्तर ऊंचा उठाने की आवश्यकता भी पूरी करती है। नियमों में समुचित परिवर्तनों के जरिये शिक्षक-शिक्षा क्षेत्र में सुधार लाने के प्रयास शुरू किए गए हैं ताकि शिक्षा का स्तर ऊंचा उठ सके। शिक्षक शिक्षा के 12 पाठ्यक्रमों को पुनरीक्षित और पाठ्यचर्या का उन्नयन किया गया है और तीन नए कार्यक्रमों का अनुमोदन और अधिसूचित किया गया है (4 वर्षीय बीए/बी.एससी. बीएड, 3 वर्षीय बीएड-एमएड और अवकाश के दौरान अंशकालिक बीएड)।

अनुसंधान, नवाचार एवं प्रौद्योगिकी पर बल

अनुसंधान और प्रौद्योगिकीय आवश्यकताओं के लिहाज से देश की आवश्यकताओं को चिह्नित करने के लिए 10 लक्ष्यों की पहचान की गई है। इनमें से प्रत्येक के लिए निश्चित समय सीमा में योजना तैयार करने के लिए अनुसंधान समूह गठित किए जा रहे हैं। प्रक्रिया को गति देने के लिए आईआईटी और आईएससी जैसी प्रमुख अग्रणी संस्थाओं को चिह्नित किया गया है।

नियमित समीक्षा

(1) विश्वविद्यालय अनुदान आयोगः उच्च शिक्षा के क्षेत्र में अनेक निजी संस्थान उभरकर सामने आए है, जिनमें व्यावसायीकरण की प्रवृत्ति बढ़ती दिखाई देती है। वे प्रायः निर्धारित मानदंडों का पालन

नहीं करते। यूजीसी का कामकाज ऐसा है कि वह अनुदान देने की ओर ज्यादा ध्यान देता है, न कि न्यूनतम मानदंडों को लागू करवाने और उनके नियमन पर। केंद्र सरकार ने विश्वविद्यालय अनुदान आयोग के पुनर्गठन की आवश्यकता को देखते हुए जुलाई 2014 में एक यूजीसी समीक्षा समिति का गठन किया है।

(2) अखिल भारतीय तकनीक शिक्षा परिषद: एमएचआरडी ने अखिल भारतीय तकनीक शिक्षा परिषद के पुनर्गठन और सुदृढ़ीकरण की आवश्यकता को स्वीकार करते हुए एक समीक्षा समिति का गठन किया है। समिति को एआईसीटीई की वर्तमान स्थिति की समीक्षा कर उसके पुनर्गठन और पुनर्संरचना का सुझाव देना है ताकि बेहतर ढंग से काम कर सके।

राष्ट्रीय रैंकिंग फ्रेमवर्क

विश्वविद्यालयों और संस्थाओं के लिए रैंकिंग (क्रम निर्धारण) का एक ढांचा (फ्रेमवर्क) तैयार करने के लिए एक राष्ट्रीय रैंकिंग फ्रेमवर्क समिति का गठन किया गया है। विभिन्न रैंकिंग एजेंसियों के सहयोग से कार्यशालाओं का आयोजन किया गया ताकि क्रम निर्धारण के विभिन्न प्रतिमान तय किए जा सकें।

अनिवार्य अधिमान्यता

राष्ट्रीय उच्चतर शिक्षा अभियान राष्ट्रीय आकलन और अधिमान्यता परिषद ने (आरयूएसए) के तहत एमएचआरडी को एक परियोजना सौंपी है और उसके लिए ₹ 17 करोड़ की मंजूरी दी गई है। राष्ट्रीय गुणवत्ता पुनर्जागरण पहल (एनक्यूआरआई) की मुख्य विशेषताएं हैं: (i) जागरुकता फैलाना, लोकप्रियता बढ़ाना और उच्च शिक्षा संस्थाओं को परामर्श देने में गुणवत्ता को सुनिश्चित करना, (ii) आकलन कर्ताओं का कालेजियम तैयार करना और (ii) गुणवत्ता पोषण और वृद्धि की पहल।

नवीन उच्च शिक्षा संस्थाएं

पांच आईआईटी- आंध्र प्रदेश, जम्मू-कश्मीर, छत्तीसगढ़, गोवा, केरल, 6 आईआईएम- हिमाचल प्रदेश, आंध्र प्रदेश, पंजाब, महाराष्ट्र, बिहार, ओडिशा, चार नए केंद्रीय विश्वविद्यालय- आंध्रप्रदेश (केंद्रीय विश्वविद्यालय और एक जनजातीय विश्वविद्यालय), बिहार (महात्मा गांधी केंद्रीय विश्वविद्यालय), एक आईआईएसईआर, आंध्र प्रदेश, एक एनआईटी, आंध्र प्रदेश, एक आईआईआईटी, आंध्र प्रदेश, एक जनजातीय विश्वविद्यालय तेलंगाना।

बैचलर ऑफ वोकेशनल स्टडीज़ उपाधि (व्यावसायिक शिक्षा में योग्यता)

यूजीसी ने राष्ट्रीय कौशल पात्रता फ्रेमवर्क (एनएसक्यूएफ) के तहत डिप्लोमा/एडवांस्ड डिप्लोमा के बहु-निकास के विविध पाठ्यक्रमों वाली बी. वोक (पीओसी) डिग्री कार्यक्रम की शुरुआत की है। इसके उद्देश्य हैं- (i) युवाओं को रोज़गार पाने की क्षमता में वृद्धि करना; (ii) बहु-प्रवेश और बहु-निकास के अध्ययन अवसरों और उर्ध्व गतिशीलता के प्रावधानों के जरिए उनकी प्रतियोगी क्षमता बनाए रखना; (iii) शिक्षित और रोज़गार योग्य के बीच के अंतर को दूर करना और (iv) माध्यमिक स्तर पर स्कूल, पढ़ाई/छोड़ने की दर को कम करना। 25 राज्यों के 2,035 स्कूल इस योजना पर अमल कर रहे हैं।

युवाओं की व्यावसायिक उन्नति हेतु कौशल आकलन मैट्रिक्स (सांचा)

एक फ्रेमवर्क तैयार किया गया है जो व्यावसायिक शिक्षा प्रणाली और वर्तमान शिक्षा प्रणालियों के बीच उर्ध्व (ऊपर की ओर) तथा पार्श्विक गतिशीलता को सुगम बनाता है। शैक्षिक ज्ञान और व्यावहारिक-व्यावसायिक कौशल की प्रगति के प्रयासों का निर्बाध एकीकरण ही इस फ्रेमवर्क की शक्ति है। इस प्रकार के प्रयासों से हमारे शिक्षित युवाओं की रोज़गार योग्यता में वृद्धि होगी।

शिक्षा क्षेत्र कौशल परिषद: शिक्षा क्षेत्र कौशल परिषद का गठन 2014 में शैक्षणिक संकायों और शिक्षक योग्यता से इतर रोज़गार की भूमिका पर विचार करने के लिए किया गया था। एसएससी के कार्यों में सम्मिलित हैं, श्रम बाज़ार सूचना प्रणाली (एलएमआईएस) का गठन ताकि कौशल विकास की जरूरतों की पहचान कर प्रशिक्षण की योजना बनाई और प्रदाय की जा सके तथा कौशल के प्रकारों का कैटलॉग तैयार किया जा सके, कौशल विकास योजना तैयार करना और कौशल इंवेंट्री बना कर रखना, कौशल दक्षता मानकों और योग्यताओं का विकास करना।

कौशल केंद्र: 100 दीन दयाल उपाध्याय कुशल मानवीय योग्यता एवं आजीविका हेतु ज्ञानार्जन एवं उन्नयन केंद्रों की स्थापना की जानी है। ये केंद्र (i) विशेष क्षेत्रों से उद्योगों, (ii) शिक्षा अभिकल्पना, पाठ्यक्रम अभिकल्पन और कौशल विकास के क्षेत्रों की सामग्री, (iii) शिक्षाशास्त्र, कौशल विकास शिक्षा एवं प्रशिक्षण हेतु आकलन, (iv) कौशल विकास के क्षेत्र में प्रशिक्षित शिक्षक वर्ग और (v) उद्यमिता की आवश्यकताओं को ध्यान में रखकर स्नातकोत्तर स्तर का पाठ्यक्रम तैयार करेंगे। कौशल उच्च शिक्षा प्रणाली और उद्योग के बीच समन्वय का कार्य करेंगे ताकि वे विशिष्ट (विषयों) क्षेत्रों में कौशल विकास के उत्कृष्टता केंद्र बन सकें।

उन्नत भारत अभियान

आईआईटी, आईआईएसईआर, एनआईटी जन भागीदारी के जरिये अनवरत विकास के लिए उपयुक्त ग्रामीण प्रौद्योगिकी का विकास करेंगे और गांवों को गोद लेंगे। यह अभियान उन प्रक्रियाओं को समर्थ बनाएगा, जो उच्च शिक्षा संस्थानों को स्थानीय समुदायों से जोड़ेंगी। जल प्रबंधन, जैवकृषि, अक्षय ऊर्जा, किफायती प्रौद्योगिकी, अवस्थापना और आजीविका पर ध्यान केंद्रित किया जाएगा।

युक्ति योग्य कलाकृति की तकनीक

युक्ति का उद्देश्य कौशल विकास और अभिकल्पन और प्रौद्योगिकियों का उन्नयन करना है ताकि पारंपरिक शिल्प और कला से जुड़े लोगों की आजीविका और आर्थिक संभावनाएं विस्तार पा सकें। इसका उद्देश्य अभिकल्पन, प्रौद्योगिकी और कौशल के उन्नयन की शुरुआत के लिए शिक्षा शास्त्रीय पद्धतियों को अपनाना है।

सक्षम- विकलांग बच्चों हेतु सक्षम छात्रवृत्ति

एआईसीटीई की इस योजना का उद्देश्य विकलांग बच्चों को तकनीकी शिक्षा के अध्ययन के लिए प्रोत्साहन और सहायता प्रदान करना है। एआईसीटीई द्वारा अनुमोदित संस्थाओं में तकनीकी शिक्षा प्राप्त करने के लिए जरूरतमंद और मेधावी छात्रों को शिक्षण शुल्क और अन्य आवश्यक खर्चों के लिए प्रतिवर्ष ₹ 5 करोड़ की छात्रवृत्ति का प्रावधान किया गया है। उन्हें यह सहायता इसलिए दी जाती है ताकि वे अध्ययन की समस्याओं, पर्यावरणीय चुनौतियों और चिकित्सा पर व्यय के बावजूद कॉलेज के अपने लक्ष्य को हासिल कर सकें।

पूर्वोत्तर क्षेत्र के छात्रों हेतु ईशान उदय

यूजीसी ने 2014-15 के शिक्षा सत्र से पूर्वोत्तर क्षेत्र के छात्रों के लिए 'ईशान उदय' नाम की एक विशेष छात्रवृत्ति योजना प्रारंभ की है। योजना में क्षेत्र के 10,000 छात्रों को छात्रवृत्ति दी जाएगी जिनके अभिभावकों की आय ₹ 4.5 लाख वार्षिक से कम है। इन छात्रों को देश के कॉलेजों/विश्वविद्यालयों में स्नातक स्तर तक के अध्ययन के लिए प्रतिमाह ₹ 3,500 से 5,000 की छात्रवृत्ति दी जाएगी।

ईशान विकास-पूर्वोत्तर के छात्रों हेतु शैक्षणिक अवसर

यह कार्यक्रम पूर्वोत्तर राज्यों के कॉलेज और स्कूलों के चुनिंदा छात्रों को उनके लंबे अवकाश के दौरान आईआईटी एवं आईटी और आईएसईआर संस्थानों के निकट संपर्क में लाने की योजना के तहत शुरू किया गया है ताकि उन्हें शिक्षा के बेहतर अवसरों का ज्ञान हो सके। क्षेत्र से 2,112 स्कूली छात्र और 528 स्कूली शिक्षक इस वर्ष देश के प्रमुख प्रतिष्ठित संस्थानों की यात्रा करेंगे। 5 संस्थाओं से करीब 250 कॉलेज विद्यार्थी 16 आईआईटी और 6 एनआईटी (शुरू में 6 एनआईटी के भ्रमण पर विचार किया जा रहा है) का प्रतिवर्ष दौरा किया करेंगे।

महिला नेता

महिलाओं को शीर्ष तकनीक शिक्षण संस्थानों और राष्ट्रीय प्रौद्योगिकी संस्थान (एनआईटी) के संचालक मंडल का अध्यक्ष नियुक्त किया गया है। इतिहास में पहली बार दो महिला वैज्ञानिकों को आईआईटी परिषद का सदस्य नियुक्त किया गया है।

उड़ान

यह योजना छात्राओं (बालिकाओं) की शिक्षा के विकास के प्रति समर्पित है ताकि छात्राओं के दाखिले को प्रोत्साहित किया जा सके। सीबीएसई ने 951 छात्राओं का चयन किया है। इसका उद्देश्य स्कूल शिक्षा और इंजीनियरिंग प्रवेश परीक्षा के बीच अध्यापन की खाई को समाप्त करना है। प्रोत्साहनों और शैक्षिक समर्थन के जरिये प्रतिष्ठित तकनीकी संस्थाओं में छात्राओं के दाखिले में वृद्धि ही इसका लक्ष्य है। यह टैबलेट विशेष रूप से तैयार किए गए हैं। योजना वीडियो, पाठ और अभ्यास परीक्षाओं के रूप में ऑनलाइन भौतिकी, रसायनशास्त्र और गणित के पूरक पाठ उपलब्ध कराती है।

साक्षर भारत

वयस्क साक्षरता और प्रधानमंत्री जन धन योजना, वयस्क शिक्षा और कौशल विकास की केंद्र प्रायोजित योजना में वंचित और कमज़ोर वर्ग पर विशेष ज़ोर दिया गया है। वित्तीय साक्षरता के तहत प्रधानमंत्री जन धन योजना के प्रमाणित वयस्क साक्षरों को शामिल करने और बैंक खाते खुलवाने में उनको लगाने की पहल की गई है। बताया गया है कि 82.75 लाख प्रमाणित वयस्क साक्षरों में पीएमजेडीवाई में खाते खोले हैं।

प्रगति

तकनीकी शिक्षा हेतु छात्राओं की छात्रवृत्ति योजना 'प्रगति' का उद्देश्य तकनीकी शिक्षा प्राप्त करने के लिए बालिकाओं को प्रोत्साहित और सहयोग प्रदान करना है। इस योजना के अंतर्गत दस माह के पाठ्यक्रम की अवधि के लिए ₹ 30,000 की छात्रवृत्ति और ₹ 2,000 प्रतिमाह का शिक्षण शुल्क देने का प्रावधान है।

प्रतिवर्ष ₹ 4,000 बालिकाओं को इसका लाभ मिलेगा। सालाना 6 लाख रुपये से कम आय वाले परिवार की केवल एक कन्या को ही यह छात्रवृत्ति मिलेगी। अभ्यर्थियों का चयन संबंधित राज्य की पात्रता परीक्षा के जरिए योग्यता के आधार पर किया जाएगा।

स्वामी विवेकानंद एकल बालिका छात्रवृत्ति

शिक्षा के अनेक स्तरों पर बालिकाओं द्वारा बीच में पढ़ाई छोड़ने का अनुपात बालकों की तुलना में कहीं अधिक है। महिला शिक्षा के बारे में स्वामी विवेकानंद के विचारों को ध्यान में रखते हुए और बालिका शिक्षा के संवर्धन के लिए यूजीसी ने सामाजिक विज्ञान के क्षेत्र में शोध के लिए स्वामी विवेकानंद एकल बालिका छात्रवृत्ति शुरू की है। इसका उद्देश्य विशेष रूप से उन लड़कियों की उच्च शिक्षा के खर्च की सीधे-सीधे प्रतिपूर्ति करना है जो अपने परिवार की एकमात्र संतान हैं।

शाला दर्पण

शाला दर्पण मंत्रालय का एक ऐसा आईसीटी कार्यक्रम है जो सरकारी और सरकारी सहायता प्राप्त स्कूलों के छात्रों के अभिभावकों को मोबाइल फोन की सुविधा प्रदान करने के लिए शुरू किया गया है। शाला दर्पण के उपयोग से वे अपने बच्चों की प्रगति की अद्यतन जानकारी देख सकते हैं। वे अपने बच्चे की उपस्थिति, सौंपे गए कार्य और उपलब्धि पर नज़र रख सकते हैं।

स्कूल रिपोर्ट कार्ड

एकीकृत जिला शिक्षा सूचना प्रणाली (यूडीआईएसई) पर आधारित दिनभर के स्कूलों का रिपोर्ट कार्ड राज्यों द्वारा प्रतिवर्ष अद्यतन किया जाता है। इसमें स्कूल और उसके कार्यों के सभी पहलुओं का लेखा-जोखा रहता है। यूडीआईएसई अभियान की शुरुआत 2014 में हुई थी ताकि सभी संबंधित पक्षों में जागरुकता पैदा की जा सके और स्कूलों, विशेषतः निजी स्कूलों की सहभागिता सुनिश्चित की जा सके। एसएसए व आरएमएसए के अंतर्गत अनुभवजनित आंकड़ों की उपलब्धता के तहत नियोजन और निगरानी में उसके प्रयोग से आवश्यकता पर आधारित प्रावधानों और संसाधनों के सदुपयोग में वृद्धि हुई है।

जीआईपी मानचित्रीकरण

राज्यों द्वारा संचालित जीआईपी मौपिंग (मानचित्रीकरण) को आधार बनाकर विभाग ने 2014 में राष्ट्रीय स्तर पर एनआईसीजी आईएस के मंच के साथ मिलाने के लिए पहल की। इसमें राज्यों के आंकड़ों की शुद्धता के परीक्षण पर ध्यान दिया जाता है और फिर इसी मंच पर स्कूल सूचना प्रणाली (जीआइएस) की एक परत चढ़ाई जाती है। 22 राज्यों के आंकड़े उपलब्ध कराए जा चुके हैं और उन्हें यूडीआईएसई स्कूल स्तर के आंकड़ों से जोड़ा जा चुका है।

स्वच्छ विद्यालय

2014 में प्रारंभ आयोग में स्वच्छ विद्यालय नाम के वेब पोर्टल ने अब तक 200 से अधिक स्कूलों के सहयोग को सरल बनाया है। ऑनलाइन पंजीकरण और स्कूलों के चयन (बिना शौचालय वाले), उनके अनुरोध की पुष्टि और निर्माण की प्रगति की अद्यतन जानकारी के साथ-साथ कार्यस्थल के वास्तविक चित्रों जियोलोकेशनजनित अपलोड के कारण ऐसा करना संभव हो सका है।

अपना कॉलेज जानो

अपना कॉलेज जानो (नो योर कॉलेज) एक ऐसा पोर्टल है जो कॉलेजों के बारे में आवश्यक जानकारी देकर छात्रों को कॉलेज के चयन के बारे में निर्णय लेने में मदद करता है। सहयोग, मोबाइल शिक्षा, व्यावसायिक शिक्षा, सामुदायिक कॉलेज आईसीटी का उपयोग, प्रादर्श पाठ्यचर्या और एक अनुसंधान जैसे विवरण इस पोर्टल पर उपलब्ध हैं। इसके अतिरिक्त, दिव्यांगों हेतु सुविधाएं, स्थापन (प्लेसमेंट) सुविधाएं और उद्यमिता के विवरण भी उपलब्ध हैं। छात्र निराकरण के लिए अपनी शिकायतें भी पोर्टल पर डाल सकते हैं। यह एप्लीकेशन (ऐप) देश के अंदर अथवा बाहर से छात्रों को अपनी शिकायत दर्ज कराने का अवसर देता है।

कैंपस कनेक्ट

राष्ट्रीय सूचना एवं संचार प्रौद्योगिकीय शिक्षा मिशन (एनएमईआईसीटी) योजना का उद्देश्य अध्यापन और अध्ययन की प्रक्रियाओं के लिए आईसीटी की संभावनाओं का लाभ उठाना है। इस मिशन के प्रमुख अंग हैं: (क) सामग्री सृजन (ख) संस्थाओं और छात्रों को इसके लिए आवश्यक यंत्र प्रदान करने के साथ संपर्क सुविधा प्रदान करना। एनएमईआईसीटी मिशन के तहत 419 विश्वविद्यालयों/विश्वविद्यालय स्तर की संस्थाओं और 25,000 से अधिक कॉलेजों और पॉलिटेक्निक संस्थाओं को कनेक्टिविटी उपलब्ध कराने की योजना है।

राष्ट्रीय ई-पुस्तकालय

राष्ट्रीय डिजिटल पुस्तकालय की परिकल्पना एक ऐसी राष्ट्रीय ज्ञान परिसंपत्ति के रूप में की गई है जो सर्वव्यापी डिजिटल ज्ञान स्रोत उपलब्ध कराएगा। यह देशभर में सभी प्रकार के अध्येता समूहों की शिक्षा, शीघ्र और नवाचार की आवश्यकताओं की पूर्ति में मदद करेगा। विभिन्न पृष्ठभूमि, अपेक्षाओं और भाषाओं के विभिन्न अध्येताओं के मतानुसार गुणात्मक ई-सामग्री तैयार करना और उनको दक्षतापूर्वक सुलभ कराना भी इसका लक्ष्य है।

स्वयं स्टडी वेब्स ऑफ एक्टिव-लर्निंग फॉर यंग एस्पायरिंग माइंड

यह एकीकृत मंच इंजीनियरिंग, मानविकी एवं सामाजिक शास्त्र आदि जैसे पाठ्यक्रम पेश करेगा ताकि अध्येता व्यापक रूप से इसका लाभ उठा सके। समुचित प्रमाणीकरण और प्रमाण-पत्र मिलने के बाद प्रमुख शैक्षिक संस्थाओं और विश्वविद्यालयों के कंसोर्टियम का गठन ताकि पाठ्यक्रमों के बारे में तत्काल जानकारी मिल सके।

शैक्षणिक नेटवर्क हेतु वैश्विक पहल

ज्ञान (जीआईएएन) का उद्देश्य अंतरराष्ट्रीय स्तर पर वैज्ञानिक और उद्यमी प्रतिभाओं के समूह, उनके जुड़ाव को प्रोत्साहित किया जा सके। इससे देश के वर्तमान शैक्षणिक संसाधनों का उपयोग हो सकेगा, गुणात्मक सुधार की गति को तेज किया जा सकेगा और भारत की वैज्ञानिक एवं प्रौद्योगिकीय क्षमता को विश्वस्तरीय उत्कृष्टता प्रदान की जा सकेगी। कार्यक्रम को विभिन्न देशों के सहयोग से शुरू करने का प्रस्ताव है।

स्वच्छ विद्यालय

सरकार ने एसएसए और आरएमएसए के तहत 1.70 लाख शौचालयों का अनुमोदन किया है। इसके अतिरिक्त सार्वजनिक क्षेत्र के निगमों ने 91,422 शौचालय निर्माण का वचन दिया है। निजी क्षेत्र ने 2,734 शौचालय निर्माण का संकल्प व्यक्त किया है। इसके अतिरिक्त सार्वजनिक क्षेत्र के उपक्रमों ने काम में नहीं आ रहे 67,592 शौचालयों के नवीकरण/पुननिर्माण का काम हाथ में लिया है। उद्योग और उच्च शिक्षा के क्षेत्र में सहयोग के संवर्धन और सुविधा के लिए एक नोडल एजेंसी का गठन किया जाएगा, जिसका संभावित नाम काउंसिल फॉर इंडस्ट्री एंड हायर एजुकेशन कोलेबरेशन (उद्योग एवं उच्च शिक्षा सहयोग परिषद-सीआईएचईसी) हो सकता है।

अनुसंधान पार्क

अनुसंधान पार्क का उद्देश्य उद्योग और शिक्षा जगत के सहयोग से ज्ञान और नवाचार की पर्यावरण प्रणाली कायम करना है ताकि वैश्विक स्तर से भी बेहतर अत्याधुनिक प्रौद्योगिकी और नवाचार का विकास हो सके। आईआईटी-एमआरपी का दूसरा चरण पूर्णत: कार्यशील है। आईआईटी मद्रास के अतिरिक्त दो और अनुसंधान पार्कों का अनुमोदन किया है। इनमें से एक आईआईटी मुंबई और दूसरा आईआईटी खड़गपुर में खुलेगा। प्रत्येक के लिए ₹ 100 करोड़ का आवंटन किया गया है।

आईआईआईटी विधेयक

आईआईआईटी विधेयक, 2014 में कानून बन गया है। तदनुसार इसने चार मौजूदा भारतीय सूचना प्रौद्योगिकी (आईआईआईटी) संस्थानों को वैधानिक दर्जा प्रदान कर दिया है, ताकि उन्हें एक ही छतरी के तहत लाया जा सके, उन्हें राष्ट्रीय महत्व के संस्थान घोषित किया है, जिससे वे अपने छात्रों को उपाधि प्रदान कर सकेंगे। सामान्य हित के नीतिगत मामलों पर चर्चा के लिए एचआरडी मंत्री की अध्यक्षता में आईआईटी परिषद जैसी संरचनाओं को संस्था का रूप दिया है।

केंद्रीय विश्वविद्यालय संशोधन

केंद्रीय विश्वविद्यालय संशोधन विधेयक, 2014 संसद में 2014 में ही पारित हो चुका है। इसमें महात्मा गांधी केंद्रीय विश्वविद्यालय के नाम से बिहार में दूसरा केंद्रीय विश्वविद्यालय स्थापित करने और मौजूदा बिहार केंद्रीय विश्वविद्यालय का नाम बदल कर दक्षिण बिहार केंद्रीय विश्वविद्यालय किए जाने का प्रावधान किया गया है।

बाल संसद

संसदीय कार्य मंत्रालय ने युवाओं को संसदीय प्रक्रिया समझाने के लिए युवा संसद योजना शुरू की है। संसद के कामकाज के अतिरिक्त इसका उद्देश्य सार्वजनिक मुद्दों पर मत बनाना, समूह चर्चा की तकनीक में उन्हें प्रशिक्षित करना, निर्णय पर पहुंचने की क्षमता विकसित करना, दूसरों के विचारों के प्रति सम्मान और सहिष्णुता विकसित करना, नेतृत्व का विकास करना और अन्य वांछनीय गुणों का विकास करना भी है।

संस्कृत सप्ताह

संस्कृत सप्ताह का आयोजन संस्कृत भाषा में छात्रों की रुचि जगाने (बढ़ाने) और साथ ही छात्रों, शिक्षकों तथा स्कूलों की रचनात्मक संभावनाओं (क्षमता) को मार्ग और मंच प्रदान करने के लिए किया गया था।

स्वच्छता अभियान- बाल स्वच्छता मिशन

सीबीएसई ने 2014 में अपने स्कूलों में स्वच्छ विद्यालय अभियान शुरू किया और उन्हें स्वच्छता के लिए कार्यक्रम हाथ में लेने को कहा। छात्रों, शिक्षकों, अभिभावकों के साथ-साथ स्कूल प्रबंधन समितियों को भी कार्यक्रम में भाग लेने के लिए प्रोत्साहित किया गया। 2,600 में से 18 स्कूलों को पुरस्कार के लिए चुना गया।

मातृभाषा दिवस

मातृभाषा दिवस के प्रसार को बढ़ावा देने और भाषायी तथा सांस्कृतिक परंपराओं के बारे में और अधिक जागरुकता फैलाने के लिए सीबीएसई ने अंतरराष्ट्रीय मातृभाषा दिवस मनाया।

संख्यात्मक नवाचार में बढ़ती प्रवृत्ति और प्रशिक्षण

महान गणितज्ञ श्रीनिवास रामानुजन की जन्मशती मनाने के लिए सीबीएसई के संबद्ध स्कूलों में 'संख्यात्मक नवाचार' में बढ़ती प्रवृत्ति और प्रशिक्षण (जीएएनआईटी) 'गणित सप्ताह' मनाया गया। इसका उद्देश्य गणित में छात्रों की रुचि को सक्रियता से बढ़ावा देना था। प्रख्यात वैज्ञानिकों द्वारा गणित पर व्याख्यान, निबंध लेखन प्रतियोगिताएं, क्विज़ प्रतियोगिताएं, शिक्षकों और छात्रों द्वारा नवाचार पर अनुभवों का आदान-प्रदान, विज्ञान प्रसार द्वारा निर्मित फिल्मों का प्रदर्शन, ओरिगेमी एवं पोस्टर प्रतियोगिताओं के आयोजन के बाद सप्ताह का औपचारिक समापन समारोहपूर्वक हुआ।

शाला उत्सव

देश में अनेक ऐसे स्कूल हैं जिनकी स्थापना 100 वर्षों से भी पहले हुई थी। शाला उत्सव इसी प्रकार के स्कूलों का स्थापना दिवस मनाने का एक प्रयास है। स्थानीय समुदाय भी स्थापना दिवस समारोह में भाग लेता है। इससे लोगों में अपने मोहल्ले के स्कूल के बारे में गर्व की भावना पैदा होती है। इस अवसर पर स्थानीय स्कूलों के सेवानिवृत्त अध्यापकों को आमंत्रित कर उनका सम्मान किया जाता है। इस प्रकार के उत्सवों से स्थानीय समुदाय (लोगों) को स्कूल के कामकाज और अध्यापन की गुणवत्ता में सुधार के लिए शिक्षा संवाद शुरू करने के प्रयास से जोड़ा जा सकेगा।

कॉपीराइट

कॉपीराइट प्राप्त करना स्वचालित प्रक्रिया है और इसके लिए किसी औपचारिकता की जरूरत नहीं है। किसी भी काम के पैदा होते ही कॉपीराइट अस्तित्व में आ जाता है और कॉपीराइट प्राप्त करने के लिए किसी भी औपचारिकता की आवश्यकता नहीं होती है। हालांकि कानून की धारा 48 के तहत कॉपीराइट के पंजीकरण का प्रमाण-पत्र और उसमें की गई प्रविष्टियां कॉपीराइट के स्वामित्व संबंधी विवादों के संदर्भ में अदालत में प्रथम दृष्ट्या साक्ष्य मानी जाती है।

कॉपीराइट कार्यालय की स्थापना कॉपीराइट कानून, 1957 की धारा 9 (1) के तहत 1958 में की गई थी। यह उच्च शिक्षा विभाग के प्रशासनिक नियंत्रण में कार्य करता है। इसकी अध्यक्षता कॉपीराइट

पंजीयक करता है, जिसके पास कॉपीराइट संबंधी मामलों से निपटने की अर्द्धन्यायिक शक्तियां होती हैं। कॉपीराइट कार्यालय का मुख्य काम कॉपीराइट का पंजीकरण करना है। कॉपीराइट कार्यालय द्वारा तैयार किया गया कॉपीराइट रजिस्टर आम लोगों को कॉपीराइट के काम के बारे में सूचना देता है। अब कॉपीराइट कार्यालय को अलग कर दिया गया है और यह एक पृथक संस्था के तौर पर काम कर रहा है। कॉपीराइट कार्यालय में पंजीकरण के अलावा रजिस्टर की जांच और उसमें से उद्धरण लेने जैसी सुविधाएं भी मुहैया कराई जाती हैं।

कॉपीराइट कानून 1957 के अनुच्छेद-13 के अनुसार कॉपीराइट निम्नलिखित वर्गों या कार्यों में निहित होता है, (क) मौलिक साहित्यिक, सॉफ्टवेयर, संगीतमय और कलात्मक काम, (ख) सिनेमैटोग्राफिक फिल्म और (ग) साउंड रिकॉर्डिंग। कॉपीराइट कार्यालय कॉपीराइट नियमों 2013 के नियम 70 के अनुसार कॉपीराइट रजिस्टर में शामिल कॉपीराइट के ब्योरों में बदलाव का भी पंजीकरण करता है। कानून के अनुच्छेद-47 के तहत कोई भी व्यक्ति निर्धारित शुल्क अदा करके कॉपीराइट के रजिस्टर से उद्धरण की पंजीकृत प्रतियां ले सकता है या कॉपीराइट के रजिस्टर की जांच कर सकता है। इसके लिए कॉपीराइट कार्यालय, कार्य की सूची भी तैयार करता है, जिसके बारे में रजिस्टर में जानकारी होती है। हालांकि रजिस्टर में शामिल ब्योरे में पंजीयक छोटे-मोटे सुधार और बदलाव कर सकता है, पंजीयक या किसी असंतुष्ट व्यक्ति के निवेदन पर रजिस्टर में शामिल किसी भी लेख को हटाने का अधिकार केवल कॉपीराइट बोर्ड के पास ही होता है।

कॉपीराइट 1957 की धारा 45 के तहत कॉपीराइट रजिस्टर में कार्य के ब्योरे को शामिल कराने के लिए लेखक या प्रकाशक या कॉपीराइट मालिक या किसी भी काम के कॉपीराइट का इच्छुक व्यक्ति निर्धारित शुल्क के साथ निर्धारित प्रारूप में निवेदन कर सकता है। कॉपीराइट कार्यालय सभी प्रकार के कार्यों के लिए पंजीकरण सुविधा मुहैया कराता है और कार्य के पंजीकरण के आवेदन डाक के जरिए कॉपीराइट कार्यालय भेजे जा सकते हैं और ऑनलाइन आवेदन भी किया जा सकता है।

ई-फाइलिंग सुविधा की शुरुआत 2014 से की गई और नई तरह से डिजाइन किए गए प्रमाण-पत्र के साथ कॉपीराइट का नया लोगो भी जारी किया गया है। कॉपीराइट रिकॉर्डों का डिजिटलीकरण भी जल्दी शुरू किया जा रहा है।

अर्द्धन्यायिक निकाय कॉपीराइट बोर्ड का गठन सितंबर 1958 में किया गया और यह अंशकालिक आधार पर कार्य कर रहा था। कॉपीराइट बोर्ड का अधिकार क्षेत्र पूरा भारत है। बोर्ड को कॉपीराइट पंजीकरण और कॉपीराइट निर्धारण संबंधी विवाद, पंजीकरण में सुधार, सरकार द्वारा रोके गए कार्य के संबंध में अनिवार्य लाइसेंस की मंजूरी, अप्रकाशित भारतीय कार्य, दिव्यांगों के लाभ के लिए अनुवादों का प्रकाशन तथा उत्पादन और विशेष मकसद के कार्यों के मामले में निर्णय लेने का काम सौपा गया है। बोर्ड कवर संस्करण और साहित्यिक एवं संगीतमय कार्यों के प्रसारण और साउंड रिकॉर्डिंग के वैधानिक लाइसेंसों के लिए अधिशुल्क की दर भी तय करता है। यह कॉपीराइट कानून 1957 के तहत इसके सामने स्थापित कई अन्य मामलों में भी सुनवाई करता है। कॉपीराइट (संशोधित) कानून 2012 के तहत कॉपीराइट बोर्ड के तीन स्थायी सदस्य होते हैं, जिनमें एक अध्यक्ष और दो अन्य सदस्य हैं।

11 ऊर्जा

ऊर्जा आर्थिक विकास और जीवनस्तर बेहतर बनाने का एक आवश्यक साधन है। समाज में ऊर्जा की बढ़ती जरूरतों को उचित लागत पर पूरा करने के लिए ऊर्जा के पारंपरिक साधनों के विकास की जिम्मेदारी सरकार की है। ऊर्जा के गैर-परंपरागत, वैकल्पिक, नए और नवीकरणीय स्रोतों, जैसे- सौर, पवन और जैव ऊर्जा आदि के विकास और संवर्धन पर लगातार ध्यान दिए जाने का सिलसिला बढ़ता जा रहा है। देश में ऊर्जा सुलभता की दिशा में महत्वपूर्ण योगदान के लिए परमाणु ऊर्जा के विकास को लगातार बढ़ावा दिया जा रहा है।

विद्युत

भारत में विद्युत उत्पादन का विकास 19वीं सदी के अंत में, सन् 1897 में दार्जिलिंग में बिजली आपूर्ति की शुरुआत से हुआ। उसके बाद सन् 1902 में कर्नाटक के शिवसमुद्रम में पनबिजली घर काम करने लगा। स्वतंत्रता से पहले विद्युत की आपूर्ति मुख्यतौर पर निजी क्षेत्र करता था और यह सुविधा भी शहरी क्षेत्रों तक सीमित थी। पंचवर्षीय योजनाओं के विभिन्न चरणों में राज्य बिजली बोर्डों का गठन और देशभर में विद्युत आपूर्ति की शुरुआत उद्योगों के सुव्यवस्थित विकास की ओर एक महत्वपूर्ण कदम था। अनेक बहुउद्देशीय परियोजनाएं आरंभ हुईं और ताप, जल और परमाणु बिजलीघरों की स्थापना के बाद से विद्युत उत्पादन में महत्पूर्ण प्रगति हुई।

विद्युत मंत्रालय देश में विद्युत ऊर्जा के विकास के लिए प्राथमिक तौर पर उत्तरदायी है। मंत्रालय परिप्रेक्ष्य नियोजन, नीति निर्धारण, परियोजनाओं में निवेश संबंधी निर्णयों, विद्युत परियोजनाओं के कार्यान्वयन की निगरानी, प्रशिक्षण एवं कर्मचारियों का विकास और प्रशासन तथा तापीय एवं पनबिजली उत्पादन, पारेषण एवं वितरण के संबंध में कानून बनाने के लिए उत्तरदायी है। सभी तकनीकी मामलों में केंद्रीय विद्युत प्राधिकरण (सीईए) विद्युत मंत्रालय की सहायता करता है।

केंद्रीय क्षेत्र में उत्पादन और पारेषण परियोजनाओं के निर्माण और संचालन का काम केंद्रीय क्षेत्र के बिजली निगमों यानी राष्ट्रीय ताप बिजली निगम (नेशनल थर्मल पावर कारपोरेशन- एनटीपीसी), राष्ट्रीय पनबिजली निगम (नेशनल हाइड्रोइलेक्ट्रिक पावर कारपोरेशन- एनएचपीसी), नार्थ-ईस्टर्न इलेक्ट्रिक पावर कारपोरेशन (एनईईपीसीओ) तथा पावर ग्रिड कारपोरेशन ऑफ इंडिया लिमिटेड (पीजीसीआईएल) को सौंपा गया है। पावर ग्रिड केंद्रीय क्षेत्र में सभी वर्तमान और भावी पारेषण परियोजनाओं तथा राष्ट्रीय बिजली ग्रिड के निर्माण के लिए भी जिम्मेदार है। संयुक्त क्षेत्र के दो बिजली निगम- सतलुज जलविद्युत निगम (एसजेवीएन) (जो पूर्व में एनजेपीसी के नाम से जाना जाता था) और टिहरी पनबिजली विकास निगम- टिहरी हाइड्रो डेवलपमेंट कारपोरेशन (टीएचडीसी) क्रमशः हिमाचल प्रदेश में नाथपा-झाकड़ी बिजली परियोजना तथा उत्तराखंड में टिहरी पनबिजली परियोजना के लिए जिम्मेदार हैं।

तीन वैधानिक निकाय- दामोदर घाटी निगम (दामोदर वैली कारपोरेशन- डीवीसी), भाखड़ा व्यास प्रबंधन बोर्ड (भाखड़ा ब्यास मैनेजमेंट बोर्ड- बीबीएमबी) तथा ऊर्जा दक्षता ब्यूरो (बीईई) भी विद्युत मंत्रालय के प्रशानिक नियंत्रण में हैं। ग्रामीण विद्युतीकरण के कार्यक्रमों के लिए ग्रामीण विद्युतीकरण निगम (रूरल इलेक्ट्रिफिकेशन कारपोरेशन- आरईसी) वित्तीय सहायता देता है। विद्युत वित्त निगम (पीएफसी) विद्युत क्षेत्र की परियोजनाओं को मियादी वित्तीय सहायता देता है। निजी क्षेत्र की विशाल विद्युत परियोजनाओं की सहायता के लिए बिजली व्यापार निगम का गठन किया गया है, जो बिजली खरीद समझौतों (पीपीए) को अंतिम रूप देने वाला एकमात्र संगठन है।

वेबसाइट: www.powermin.nic.in

क्षमता अभिवृद्धि

नवंबर 2014 की स्थिति के अनुसार अखिल भारतीय स्तर पर विद्युत उत्पादन की संस्थापित क्षमता 2,82,023.78 मेगावाट थी, जिसमें 1,96,204.44 मेगावाट ताप विद्युत से, 42,623.42 मेगावाट जल विद्युत से, 5.780 मेगावाट परमाणु विद्युत से और 37,415.53 मेगावाट अक्षय ऊर्जा स्रोतों से शामिल है।

विद्युत उत्पादन

देश में कुल विद्युत उत्पादन 1997-98 के दौरान 420.6 बिलियन यूनिट से बढ़कर अप्रैल-नवंबर, 2015 के दौरान 739.92 बिलियन यूनिट तक पहुंच चुका है।

अल्ट्रा मेगा पावर परियोजनाएं

भारत सरकार ने 4,000 मेगावाट क्षमता की कोयला आधारित अल्ट्रा मेगा विद्युत परियोजनाओं (यूएमपीपी) के विकास की पहल की थी। इस पहल का उद्देश्य बड़े पैमाने पर उत्पादन से होने वाली किफायत का लाभ उठाते हुए अनेक राज्यों की आवश्यकताओं को पूरा करना था ताकि भूमि, ईंधन व जल तथा अन्य सांविधिक स्वीकृतियों से संबंधित जोखिम में कमी सुनिश्चित की जा सके। सुपर क्रिटिकल प्रौद्योगिकी को अपनाते हुए प्रशुल्क आधारित प्रतिस्पर्धात्मक बोली के माध्यम से परियोजनाएं सफल डेलपर्स को प्रदान की जाती हैं, आवश्यक निवेश तथा स्वीकृतियों यथा- स्थल का प्रावधान, कैप्टिव खनन खंडों के माध्यम से ईंधन, जल तथा सिद्धांत रूप से पर्यावरण एवं वन स्वीकृतियों की व्यवस्था करने के लिए परियोजना-विशिष्ट शेल कंपनियों (एसपीवी) की इन परियोजनाओं की नोडल एजेंसी पावर फाइनेंस कारपोरेशन लि. (पीएफसी) पूर्णत स्वामित्व वाली सहायक कंपनियों के रूप में स्थापना की जाती है। बाद में इन एसपीवी को विभिन्न स्वीकृतियों सहित सफल डेवलपर को अंतरित किया जाता है। चार यूएमपीपी विद्युत परियोजनाएं यानी- मध्य प्रदेश में सासन, गुजरात में मुंद्रा, आंध्र प्रदेश में कृष्णापट्टनम तथा झारखंड में तिलैया पहले ही सफल बोलीदाताओं को प्रदान की जा चुकी हैं तथा ये विकास की विभिन्न अवस्थाओं में हैं।

पारेषण

विद्युत उत्पादन केंद्रों से लोड केंद्रों तक विद्युत की निकासी, प्रणाली के सुदृढ़ीकरण तथा राष्ट्रीय ग्रिड की स्थापना के संदर्भ में पारेषण परियोजनाओं को उच्च प्राथमिकता दिया जाना जारी है।

राष्ट्रीय ग्रिड का सशक्तीकरण और संवर्धन

राष्ट्रीय ग्रिड

भारत के प्राकृतिक संसाधन असमान रूप से वितरित हैं जैसे- कोयला संसाधन बिहार, झारखंड, ओडिशा, पश्चिम बंगाल में प्रचुरता में है, जल संसाधन मुख्यत: मांग केंद्रों से बहुत दूर उत्तरी और पूर्वोत्तर क्षेत्र आदि में संकेंद्रित है। इसके अतिरिक्त पारेषण प्रणाली का निर्माण करने के लिए मार्ग का अधिकार (आरओडब्ल्यू) प्राप्त करना कठिन होता जा रहा है। इनसे उच्च क्षमता वाले 'पारेषण गलियारे' के सृजन की आवश्यकता हुई, ताकि आरओडब्ल्यू में बाधाएं प्राकृतिक संसाधनों के दोहन में रुकावट न बनें। पावरग्रिड ऊर्जा संसाधनों के असमान वितरण का ईष्टतम उपयोग सुनिश्चित करने के लिए समयबद्ध तरीके से राष्ट्रीय ग्रिड की क्षमता बढ़ाने हेतु अंतर्राज्यीय एवं अंतर्क्षेत्रीय लिंक स्थापित करने के लिए अपने पारेषण नेटवर्क को सुदृढ़ कर रहा है। 30 नवंबर, 2015 तक, लगभग 53,150 मेगावाट की अंतर-क्षेत्रीय विद्युत अंतरण क्षमता से राष्ट्रीय ग्रिड स्थापित किया गया है।

ग्रामीण विद्युतीकरण

ग्रामीण क्षेत्रों के विकास के लिए ग्रामीण विद्युतीकरण को महत्वपूर्ण कार्यक्रम माना गया है। सन 1947 में भारत में केवल 1,500 गांव ही विद्युतीकृत थे। प्रतिव्यक्ति विद्युत की खपत 14 यूनिट थी।

न्यूनतम आवश्यकता कार्यक्रम (एमएनपी) के तहत ग्रामीण विद्युतीकरण: पांचवीं पंचवर्षीय योजना में कार्यक्रम के एक घटक के रूप में ग्रामीण विद्युतीकरण की शुरुआत की गई। इस कार्यक्रम के तहत धनराशि आंशिक रूप से अनुदान एवं आंशिक रूप से ऋण के रूप में राज्यों को केंद्रीय सहायता स्वरूप प्रदान की गई। एमएनपी की शुरुआत से ही ग्रामीण विद्युतीकरण से संबंधित घटक को एमएनपी के ऋण घटक के मुक़ाबले निर्धारित किया गया है। ग्रामीण विद्युतीकरण के उद्देश्य हेतु एमएनपी के तहत आने वाले क्षेत्र न्यून लोड संभावना वाले दूरस्थ, दूर दराज एवं कठिन स्थलों पर स्थित गांव थे। इस योजना को 2004 से समाप्त कर दिया गया और बाद में इसे नई योजना, 'राजीव गांधी ग्रामीण विद्युतीकरण योजना' के साथ मिला दिया गया।

प्रधानमंत्री ग्रामोदय योजना (पीएमजीवाई): इस योजना की शुरुआत 2000-01 में की गई, परंतु ग्रामीण विद्युतीकरण घटक को अगले वित्तीय वर्ष 2001-02 में जोड़ा गया। इसे कार्यान्वयन एजेंसी के रूप में नामित राज्य विद्युत बोर्ड/विद्युत डेवलपमेंट्स/विद्युत/यूटिलिटी द्वारा कार्यान्वित किया जा रहा था। कार्यान्वयन एजेंसियों के लिए धनराशि राज्य सरकार द्वारा जारी की जा रही थी। इस कार्यक्रम के तहत राज्यों को धनराशि अतिरिक्त केंद्रीय सहायता के रूप में प्रदान की गई, जिसे केंद्रीय सहायता की सामान्य पद्धति के रूप में माना गया। यह विशेष श्रेणी के राज्यों के लिए 90 प्रतिशत अनुदान व 10 प्रतिशत ऋण, अन्य राज्यों के लिए 30 प्रतिशत अनुदान और 70 प्रतिशत ऋण के रूप में है। इस योजना को 2005-06 से समाप्त कर दिया गया है।

कुटीर ज्योति योजना: हरिजनों एवं आदिवासी परिवारों सहित गरीबी रेखा से नीचे जीवनयापन करने वाले ग्रामीण परिवारों के मकानों के लिए सिंगल प्वाइंट लाइट कनेक्शन प्रदान करने हेतु इस कार्यक्रम को 1988-89 में शुरू किया गया। राज्यों को आवंटन राज्य में गरीबी रेखा के नीचे जीवनयापन करने वाली ग्रामीण जनसंख्या के आकार तथा ग्रामीण विद्युतीकरण के स्तर पर आधारित था। इसमें अधिक ध्यान उन

राज्यों पर दिया गया, जिनमें ग्रामीण गरीबों की आबादी अधिक थी एवं विद्युतीकरण का स्तर कम था। इस योजना का अब आरजीजीवीवाई के साथ विलय कर दिया गया है।

त्वरित ग्रामीण विद्युतीकरण कार्यक्रम (एआरईपी): इस योजना को वर्ष 2003-04 में शुरू किया गया। इसके तहत ग्रामीण विद्युतीकरण कार्यक्रम को चलाने के लिए राज्य सरकार/पावर यूटिलिटीज द्वारा वित्तीय संस्थानों से लिए ऋणों पर 4 प्रतिशत की ब्याज सब्सिडी प्रदान की जानी थी। यह सहायता ऊर्जा के पारंपरिक एवं गैर-पारंपरिक ऊर्जा स्रोतों, दोनों माध्यम से गैर-विद्युतीकरण गांवों के विद्युतीकरण, हैमलेट्स/दलित बस्तियों, जनजातीय गांवों एवं गांवों में मकानों के विद्युतीकरण तक सीमित थी।

एक लाख गांवों एवं एक करोड़ मकानों का त्वरित विद्युतीकरण: भारत सरकार ने ब्याज सब्सिडी योजना-एआरईपी (त्वरित ग्रामीण विद्युतीकरण कार्यक्रम) और कुटीर ज्योति कार्यक्रम का विलय करके 2004-05 में एक नई योजना 'एक लाख गांवों और एक करोड़ मकानों का त्वरित विद्युतीकरण' आरंभ की। इस योजना के अंतर्गत ग्रामीण विद्युतीकरण परियोजनाओं के लिए 40 प्रतिशत पूंजीगत सब्सिडी और शेष राशि आरईसी से शर्तों पर ऋण सहायता के रूप में देने का प्रावधान था। इस योजना में चार वर्षों की अवधि में सभी गैर-विद्युतीकृत गांवों का विद्युतीकरण करने और सभी ग्रामीण मकानों तक बिजली पहुंचाने का लक्ष्य है। इस योजना को अब नई योजना आरजीजीवीवाई के साथ मिला लिया गया है।

राजीव गांधी ग्रामीण विद्युतीकरण योजना (आरजीजीवीवाई): चार वर्षों के भीतर सभी ग्रामीण घरों को उपयोग के लिए बिजली प्रदान करने के लिए राष्ट्रीय न्यूनतम साझा कार्यक्रम के उद्देश्य को प्राप्त करने के लिए ग्रामीण बिजली अवसंरचना और गृह विद्युतीकरण योजना, अप्रैल 2005 में प्रारंभ की गई। रूरल इलेक्ट्रिफिकेशन कारपोरेशन (आरईसी) इस कार्यक्रम की नोडल एजेंसी है। 10वीं योजनावधि के शेष वर्षों के लिए 5,000 करोड़ रुपये की राशि प्रदान की गई थी। आरजीजीवीवाई के अंतर्गत, 10वीं और 11वीं योजना के दौरान 1,12,027 बिजली विहीन/डी इलेक्ट्रीफाइड गांवों (यूईवी), 3,815 आंशिक तौर पर विद्युतीकृत गांवों (पीईवी) का गहन विद्युतीकरण करने वाली स्वीकृत परियोजनाओं को कवर किया गया और देश में 2.76 करोड़ बीपीएल परिवारों को निःशुल्क बिजली के कनैक्शन जारी किए गए।

निजी क्षेत्र संबंधी नीति

विद्युत मंत्रालय इस तथ्य को स्वीकार करता है कि निजी निवेशक भारत में विद्युत क्षेत्र की प्रगति की दिशा में महत्वपूर्ण भूमिका निभाते हैं। विद्युत अधिनियम 2003 की धारा 63 के नियम के तहत उत्पादन और पारेषण में निजी क्षेत्र की भागीदारी पर बल दिया गया है। निजी क्षेत्र के लिए अनुकूल वातावरण तैयार करने के वास्ते शुल्क नीति के अंतर्गत खुली पहुंच और शुल्क प्रारूप का प्रावधान किया गया है।

परियोजना विकास की प्रक्रिया को सुचारू बनाने के लिए उठाए गए प्रमुख नीतिगत कदम: विद्युत मंत्रालय ने क्षमता बढ़ाने में तेजी लाने के लिए कई नीतिगत कदम उठाए हैं। निम्नलिखित नीतियों से इस उद्योग में निजी प्रवर्तकों के विश्वास में वृद्धि हुई है: राष्ट्रीय विद्युत नीति, अल्ट्रा मेगा पावर प्रोजेक्ट नीति, मेगा विद्युत नीति (बाद में वापस ली गई), टैरिफ नीति, नई जल विद्युत नीति 2008।

कैप्टिव विद्युत संयंत्र: विद्युत अधिनियम, 2003 में कैप्टिव उत्पादन केंद्र की स्थापना के लिए किसी प्राधिकरण के अनुमोदन/मंजूरी की अनिवार्यता को समाप्त कर दिया है। नया कानून (यथा संशोधित) बिना भेदभाव के उपभोक्ता तक किसी कैप्टिव विद्युत उत्पादन संयंत्र से उत्पादित विद्युत के पारेषण हेतु

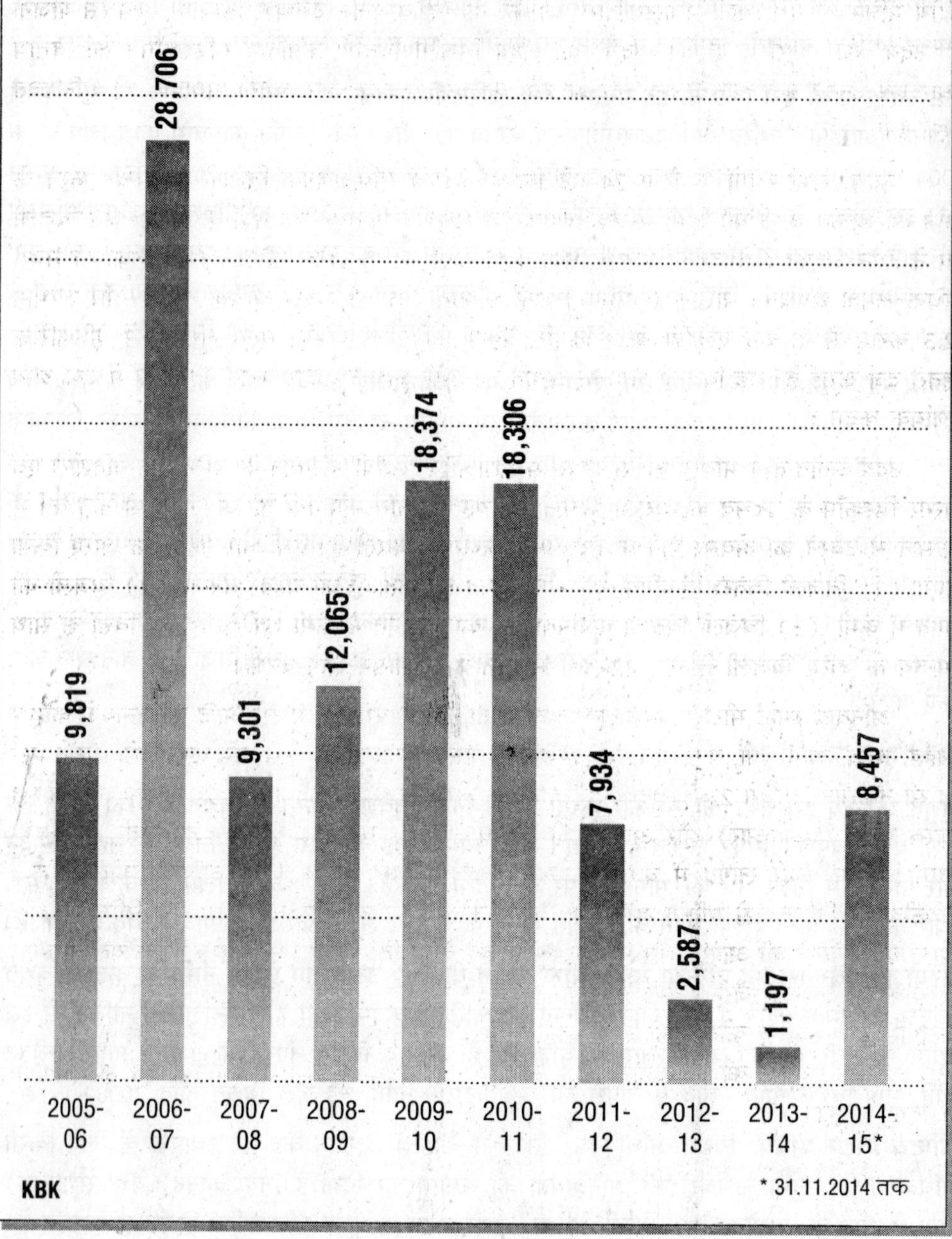

ग्रामीण विद्युतीकरण
विद्युतीकृत गांव
(संचयी)
9,819
28,706
9,301
12,065
18,374
18,306
7,934
2,587
1,197
8,457
2005-06
2006-07
2007-08
2008-09
2009-10
2010-11
2011-12
2012-13
2013-14
2014-15*
KBK
* 31.11.2014 तक

खुली पहुंच सुनिश्चित करता है, बशर्ते कि पारेषण क्षमता उपलब्ध हो। राज्य विद्युत विनियामक आयोग द्वारा विनिर्धारित किए जाने के अनुसार अधिभार तथा क्रॉस-सब्सिडी को उत्तरोत्तर घटाया जा रहा है। कोई व्यक्ति जो एक कैप्टिव विद्युत संयंत्र की स्थापना करता है, वह पारेषण लाइनों की स्थापना तथा अनुरक्षण भी कर सकता है।

उदय (उज्ज्वल डिस्कॉम एश्योरेंस योजना)

केंद्रीय मंत्रिमंडल ने बिजली मंत्रालय द्वारा पेश की गई नई योजना- उज्ज्वल डिस्कॉम एश्योरेंस योजना या 'उदय' को मंजूरी दे दी है। 'उदय' का लक्ष्य बिजली वितरण कंपनियों (डिस्कॉम) का वित्तीय सुधार एवं उनका पुनरुत्थान करना और समस्या का एक टिकाऊ और स्थायी समाधान भी सुनिश्चित करना है।

'उदय' सभी लोगों के लिए 24 घंटे किफायती एवं सुविधाजनक बिजली सुनिश्चित करने के स्वप्न को साकार करने की दिशा में एक पथप्रदर्शक सुधार है। पिछले डेढ़ वर्षों के दौरान, जब बिजली क्षेत्र ने ईंधन आपूर्ति (दो दशकों में सर्वाधिक कोल उत्पादन) से लेकर उत्पादन (अब तक का सबसे अधिक क्षमता संवर्धन) पारेषण (पारेषण लाइनों में अब तक की सबसे अधिक वृद्धि) और उपभोग (2.3 करोड़ से अधिक एलईडी बल्ब वितरित किए गए) तक समस्त मूल्य शृंखला में ऐतिहासिक बेहतरी दर्ज कराई है। यह बिजली क्षेत्र की स्थिति को और अधिक बेहतर बनाने की दिशा में एक अन्य निर्णायक कदम है।

उदय अतीत तथा भविष्य की संभावित समस्याओं के स्थायी समाधान के जरिए एक गतिशील एवं कारगर डिस्कॉम के उदभव का भरोसा दिलाती है। यह डिस्कॉम कंपनियों को अगले दो से तीन वर्ष में नुकसान से उबरने का अवसर पाने के लिए अधिकारसंपन्न करती है। ऐसा चार पहलों के जरिए किया जाएगा (1) बिजली वितरण कंपनियों की संचालनगत कुशलताओं को बेहतर बनाना, (2) बिजली की लागत में कमी, (3) बिजली वितरण कंपनियों की ब्याज लागत में कमी एवं (4) राज्य वित्तों के साथ समन्वय के जरिए बिजली वितरण कंपनियों में वित्तीय अनुशासन लागू करना।

अनिवार्य स्मार्ट मीटरिंग, संचालनगत कुशलता, ट्रांसफार्मरों एवं मीटरों आदि का उन्नयन, कारगर एलईडी बल्ब, कृषि पंपों, पंखों एवं एयरकंडीशनरों जैसे किफायती ऊर्जा से जुड़े कदमों से औसत एटी एंड सी नुकसान लगभग 22 फीसदी से घटकर 15 फीसदी पर आ जाएगा और 2018-19 तक औसत राजस्व प्राप्ति (एआरआर) और आपूर्ति की औसत लागत (एसीएस) के बीच का अंतर समाप्त हो जाएगा। बिजली की लागत में कमी को सस्ते घरेलू कोयले की बढ़ी हुई आपूर्ति, कोल लिंकेज विवेकीकरण, निष्क्रिय से सक्रिय संयंत्रों तक उदार कोल विनिमय, जीसीवी (ग्रास कैलोरिफिक), धुले तथा कुचले कोयले की आपूर्ति और पारेषण लाइनों की तेज गति से पूर्णता के आधार पर कोयले के मूल्य को युक्तिसंगत बनाने जैसे कदमों के जरिए बिजली की लागत में कमी की जा सकती है। केवल एनटीपीसी से ही घरेलू कोयले की उच्च स्तर पर आपूर्ति एवं विवेकीकरण तथा कोयले के विनिमय से 0.35 रुपये प्रति यूनिट की बचत होने की उम्मीद है जिसका लाभ डिस्कॉम कंपनियों एवं उपभोक्ताओं को दिया जाएगा।

वर्ष	2015-16	2016-17	2017-18	2018-19	2019-20	2020-21
विद्युत वितरण कंपनियों के पिछले वर्ष की हानि का दायित्व राज्य ने लिया	2014-15 की हानि का 0 प्रतिशत	2015-16 की हानि का 0 प्रतिशत	2016-17 की हानि का 5 प्रतिशत	2017-18 की हानि का 10 प्रतिशत	2018-19 हानि का 25 प्रतिशत	वर्ष की हानि का 50 प्रतिशत

विद्युत वितरण कंपनियां विद्युत मंत्रालय के साथ विचार-विमर्श करके तय की गई अवधि के भीतर 1 अप्रैल, 2012 से बकाया नवीकरणीय खरीद दायित्व (आरपीओ) का अनुपालन करेंगी। उदय को स्वीकार करने और परिचालन अवसरों के अनुसार कार्य करने वाले राज्यों को दीन दयाल ग्राम ज्योति योजना (डीडीयूजीजेवाई), एकीकृत विद्युत विकास योजना (आईपीडीएस), विद्युत क्षेत्र विकास कोष (पीएसडीएफ) या अन्य ऐसी योजनाओं के माध्यम से अतिरिक्त/प्राथमिकता से वित्तीय सहायता दी जाएगी।

एफडीआई के लिए स्वतः अनुमोदन

निवेश की मात्रा को कोई परिसीमा लगाए बिना विद्युत क्षेत्र में उत्पादन, पारेषण तथा वितरण और विपणन में 100 प्रतिशत विदेशी इक्विटी के लिए स्वत: अनुमोदन (आरबीआई रूट) की अनुमति है। सरकार ने 'स्वचालित मार्ग' के माध्यम से (26 प्रतिशत एफडीआई, 23 एफआईआई) 40 के रूप में सीईआरसी विनियम, 2010 के अंतर्गत पंजीकृत विद्युत विनियम के लिए एफडीआई कैप हेतु संशोधित स्थिति अधिसूचित की।

केंद्रीय विद्युत प्राधिकरण

केंद्रीय विद्युत प्राधिकरण (सीईए.) निरस्त विद्युत (आपूर्ति) अधिनियम, 1948 की धारा 3(1) के अधीन गठित और विद्युत अधिनियम, 2003 की धारा 70 के तहत जारी रखा गया एक सांविधिक संगठन है। इसकी स्थापना वर्ष 1951 में एक अंशकालिक निकाय के रूप में की गई थी और वर्ष 1975 में इसे एक पूर्णकालिक निकाय बनाया गया। विद्युत अधिनियम, 2003 की धारा 70(3) के अनुसार, प्राधिकरण में इसके अध्यक्ष सहित अधिकतम 14 सदस्य होंगे, जिनमें केंद्र सरकार द्वारा नियुक्त किए जाने वाले आठ पूर्णकालिक सदस्य शामिल हैं। सीईए का नेतृत्व अध्यक्ष द्वारा किया जाता है, प्राधिकरण के मुख्य कार्यपालक के रूप में मुख्यतः देश में विद्युत क्षेत्र के विकास की देख-रेख करता है। विद्युत अधिनियम, 2003 की धारा 72 के अधीन केंद्र सरकार की अनुमति से प्राधिकरण द्वारा नियुक्त एक सचिव सीईए के सांविधिक कार्यों के निपटान में अध्यक्ष को सहायता देता है। सचिव उन्हें मानव-संसाधन विकास और तकनीकी आर्थिक मूल्यांकन तथा विद्युत परियोजनाओं की सहमति आदि सहित प्रशासन और तकनीकी से संबद्ध सभी मामलों में भी सहायता करता है। इस समय छह प्रकोष्ठ, नामत: आयोजना, जल, तापीय, ग्रिड प्रचालन और वितरण, आर्थिक और वाणिज्यिक तथा विद्युत प्रणाली हैं, जिनमें से प्रत्येक का नेतृत्व प्राधिकरण के सदस्य द्वारा किया जाता है।

वेबसाइट: www.cea.nic.in

सार्वजनिक क्षेत्र के उपक्रम

एनटीपीसी लिमिटेड

भारत सरकार की महारत्न कंपनी, राष्ट्रीय ताप विद्युत निगम लिमिटेड, एनटीपीसी लिमिटेड, विद्युत परियोजनाओं के निर्माण और प्रचालन में व्यापक आंतरिक क्षमताओं से युक्त भारत की सबसे बड़ी विद्युत उत्पादक कंपनी है। एनटीपीसी के पास 10,000 करोड़ के अधिकृत पूंजीगत शेयर और 8245.5 करोड़ रुपये की चुकता पूंजी है। इसका 75 प्रतिशत भारत सरकार के पास है। एनटीपीसी की दृष्टि 'भारत के विकास को गति देते हुए विश्व की सबसे बड़ी और सर्वोत्तम विद्युत उत्पादक कंपनी बनना' और इसका लक्ष्य 'विश्वसनीय विद्युत, संबंधित उत्पाद एवं सेवाएं किफायती मूल्यों पर विकसित एवं उपलब्ध कराना, विभिन्न ऊर्जा स्रोतों को एकीकृत करते हुए, नवप्रवर्तक और अनुकूल प्रौद्योगिकियों के साथ समाज को योगदान प्रदान करना' है। बीते वर्षों में, एनटीपीसी ने वैश्विक दर्जा प्राप्त किया है। 2014 के लिए सर्वोत्तम 250 वैश्विक ऊर्जा कंपनियों में एनटीपीसी दुनियाभर में स्वतंत्र विद्युत उत्पादक के रूप में प्रथम स्थान पर है। एनटीपीसी विश्व में 2014 के लिए फोर्ब्स द्वारा संकलित कंपनियों की 'ग्लोबल 2000' की रैंकिंग में 424वीं सबसे बड़ी कंपनी है।

वेबसाइट: www.ntpc.co.in

नेशनल हाइड्रो-इलेक्ट्रिक पावर कारपोरेशन लिमिटेड

एनएचपीसी लिमिटेड (पूर्व नाम नेशनल हाइड्रोइलेक्ट्रिक पावर कारपोरेशन लिमिटेड) भारत सरकार का श्रेणी 'ए' मिनी रत्न दर्जा प्राप्त उद्यम है। इसकी प्राधिकृत हिस्सा पूंजी 15,000 करोड़ रुपये तथा निवेश आधार 40,471 करोड़ रुपये से अधिक है। एनएचपीसी की स्थापना 1975 में की गई थी, जो अब देश में जल विद्युत विकास क्षेत्र का सबसे बड़ा संगठन बन गई है। इसके पास जल विद्युत परियोजनाओं की अवधारणा से लेकर उन्हें चालू करने तक की समस्त गतिविधियों को क्रियान्वित करने की क्षमताएं विद्यमान हैं। एनएचपीसी के मुख्य उद्देश्यों में भारत तथा विदेशों में परम्परागत और गैर-परम्परागत स्रोतों के सभी पक्षों से दक्षतापूर्ण और एकीकृत विकास की योजना बनाने, उन्हें प्रोत्साहित करने और संगठित करने के साथ-साथ पावर स्टेशनों से उत्पादित विद्युत का व्यापार और बिक्री, वितरण, पारेषण आदि शामिल है। यह कंपनी मुंबई स्टॉक एक्सचेंज और नेशनल स्टॉक एक्सचेंज में भी सूचीबद्ध है।

वेबसाइट: www.nhpcindia.com

पावर ग्रिड कारपोरेशन

पावर ग्रिड कारपोरेशन ऑफ इंडिया लिमिटेड (पावरग्रिड) को पब्लिक लिमिटेड कंपनी के रूप में 23 अक्टूबर, 1989 को निगमित किया गया था। पावरग्रिड वर्ष 1998 से एक अधिसूचित केंद्रीय पारेषण उपयोगिता है। निगम, केंद्रीय क्षेत्र की परियोजनाओं से विद्युत की निकासी प्रणाली को सुदृढ़ बनाने आदि के लिए इसको सौंपे गए पारेषण प्रणाली प्रदान करने के अलावा वाणिज्यिक सिद्धांतों पर विश्वसनीय, सुरक्षा और किफायत के साथ क्षेत्रों में और उनमें विद्युत के अंतरण को सुविधा देने के लिए क्षेत्रीय और राष्ट्रीय विद्युत ग्रिड की स्थापना और प्रचालन (पोसोको, पावरग्रिड की पूर्णरूप से स्वामित्व वाली कंपनी के माध्यम से) के लिए भी जिम्मेदार है।

वेबसाइट: www.powergridindia.com

पावर फाइनेंस कारपोरेशन

पीएफसी का निगमन विद्युत एवं संबंधित क्षेत्रों को वित्तीय संसाधन उपलब्ध कराने और इनमें निवेशों के प्रवाह को प्रोत्साहित करने के उद्देश्य से भारत में विद्युत परियोजनाओं के लिए वित्त-पोषण बढ़ाने हेतु भारत सरकार की पहल पर 16 जुलाई, 1986 को किया गया था। इसे कंपनी अधिनियम की धारा 4-ए के अंतर्गत वर्ष 1990 में एक सार्वजनिक वित्तीय संस्थान (पीएफआई) घोषित किया गया था। पावर फाइनेंस कारपोरेशन लिमिटेड (पीएफसी) विद्युत क्षेत्र का एक प्रमुख सार्वजनिक वित्तीय संस्थान और गैर-बैंकिंग वित्तीय कंपनी है, जो भारतीय विद्युत क्षेत्र के विकास हेतु निधि एवं गैर-निधि आधारित सहायता प्रदान करती है। पीएफसी भारत सरकार की 73.72 प्रतिशत शेयरधारिता के साथ विद्युत मंत्रालय के प्रशासनिक नियंत्रण के अधीन वित्तीय सेवा क्षेत्र में अनुसूची-क की नवरत्न सीपीएसई है। इसका पंजीकृत और कारपोरेट कार्यालय नई दिल्ली में है। कारपोरेशन को भारत सरकार द्वारा 22 जून, 2007 को 'नवरत्न' का दर्जा प्रदान किया गया।

वेबसाइट: www.pfcindia.com

ग्रामीण विद्युतीकरण निगम

देश में ग्रामीण विद्युतीकरण की योजनाओं का वित्तपोषण करने के मुख्य लक्ष्य के साथ वर्ष 1969 में कंपनी अधिनियम, 1956 के तहत एक कंपनी के रूप में ग्रामीण विद्युतीकरण निगम (रूरल इलेक्ट्रीफिकेशन कारपोरेशन-आरईसी) की स्थापना हुई। तत्पश्चात, विद्युत उत्पादन, पारेषण और वितरण सहित सभी विद्युत परियोजनाओं के निर्बाध रूप से वित्तपोषण के लिए आरईसी के कार्यक्षेत्र में विस्तार किया गया। आरईसी कंपनी अधिनियम, 1956 की धारा 4-ए के अंतर्गत एक सार्वजनिक वित्तीय संस्थान है। आरईसी को भारतीय रिजर्व बैंक अधिनियम, 1934 की धारा 45-1ए के अंतर्गत एक गैर-बैंकिंग वित्तीय कंपनी (एनबीएफसी) के रूप में भी पंजीकृत किया गया और इसे भारतीय रिजर्व बैंक द्वारा एक इंफ्रास्ट्रक्चर फाइनेंस कंपनी (आईएफसी) के रूप में वर्गीकृत किया गया। आरईसी एक 'नवरत्न' कंपनी है और इसके इक्विटी शेयर वित्तीय वर्ष 2007-08 से स्टॉक एक्सचेंज ऑफ इंडिया लिमिटेड (एनएसई) तथा बीएसई लिमिटेड (बीएसई) में सूचीबद्ध है।

वेबसाइट: www.recindia.nic.in

सतलुज जल विद्युत निगम लिमिटेड

सतलुज जल विद्युत निगम लिमिटेड (एसजेवीएन) की स्थापना 24 मई, 1988 को भारत सरकार और हिमाचल प्रदेश सरकार के संयुक्त उद्यम के रूप में की गई थी। इसका उद्देश्य हिमाचल प्रदेश राज्य के सतलुज बेसिन और किसी अन्य स्थान की जल विद्युत परियोजनाओं, जिनमें भारत सरकार और हिमाचल प्रदेश सरकार का क्रमशः 75:25 प्रतिशत इक्विटी योगदान हो, का नियोजन, जांच, आयोजन, कार्यान्वयन , संचालन एवं अनुरक्षण करना था। एसजेवीएन विद्युत मंत्रालय के प्रशासनिक नियंत्रण वाला 'अनुसूची-ए' मिनीरत्न श्रेणी-1 का सार्वजनिक क्षेत्र का उद्यम है।

भारत सरकार द्वारा वर्ष 2010 में विनिवेश के बाद, भारत सरकार, हिमाचल प्रदेश सरकार और जनता के बीच इक्विटी योगदान क्रमशः 64.46 प्रतिशत, 25.51 प्रतिशत और 10.03 प्रतिशत है। एसजेवीएन की शुरुआती प्राधिकृत शेयर पूंजी 4,500 करोड़ रुपये और एसजेवीएन की वर्तमान प्राधिकृत शेयर पूंजी 7,000 करोड़ रुपये है। एसजेवीएन ने सबसे पहले 250-250 मेगावाट की छह इकाइयों

वाली नापथा झाकरी जल विद्युत केंद्र (1,500 मेगावाट) परियोजना के कार्यान्वयन का उत्तरदायित्व वहन किया था। इन सभी इकाइयों का 18 मई, 2004 से वाणिज्यिक परिचालन किया जा रहा है।

वेबसाइट: www.sjvn.nic.in

भाखड़ा प्रबंधन बोर्ड

भाखड़ा प्रबंधन बोर्ड (बीएमबी) का गठन, भाखड़ा नंगल परियोजना के प्रशासन, अनुरक्षण तथा प्रचालन के लिए पंजाब पुनर्गठन अधिनियम, 1966 की धारा-79 के अंतर्गत 1 अक्तूबर, 1967 को किया गया। ब्यास परियोजना के कार्य पूरे होने पर, भारत सरकार द्वारा अधिनियम की धारा 80 के अनुसार ब्यास निर्माण बोर्ड (बीसीबी) से बीएमबी को स्थानांतरित कर दिए गए और दिनांक 15 मई, 1976 से भाखड़ा प्रबंधन बोर्ड का नाम बदल कर भाखड़ा ब्यास प्रबंधन बोर्ड (बीबीएमबी) कर दिया गया। भाखड़ा ब्यास प्रबंधन बोर्ड, भाखड़ा नंगल परियोजना, ब्यास-सतलुज लिंक परियोजना तथा पौंग बांध साथ ही विद्युत गृह और पारेषण लाइनों तथा ग्रिड उपकेंद्रों के नेटवर्क के प्रशासन , परिचालन एवं अनुरक्षण के लिए उत्तरदायी हैं।

ब्यास प्रबंधन बोर्ड भाखड़ा-ब्यास परियोजनाओं के प्रशासन, प्रचालन एवं अनुरक्षण में जुटा हुआ है। यह भाखड़ा-ब्यास परियोजनाओं से उत्पादित विद्युत की आपूर्ति का विनियमन करता है और हरियाणा, पंजाब तथा राजस्थान राज्य की सरकारों के परामर्श से केंद्र सरकार द्वारा सौंपे गए कोई भी अन्य कार्य करता है। भारत सरकार ने वर्ष 1999 से जल विद्युत परियोजनाओं तथा सिंचाई परियोजनाओं के क्षेत्र में इंजीनियरी और संबंधित तकनीकी परामर्शी सेवाएं उपलब्ध कराने और निष्पादन के लिए अतिरिक्त कार्य सौंपे हैं।

राष्ट्रीय विद्युत प्रशिक्षण संस्थान

राष्ट्रीय विद्युत प्रशिक्षण संस्थान (एनपीटीआई) भारत सरकार के विद्युत मंत्रालय के अंतर्गत पंजीकृत सोसायटी है। यह पिछले चार दशकों से विद्युत क्षेत्र में मानव संसाधन विकास के लिए काम कर रही है और फरीदाबाद में अपने निगमित कार्यालय के साथ यह देशभर में आठ संस्थान चला रही है। इसके पांच क्षेत्रीय संस्थान नेवेली (तमिलनाडु), दुर्गापुर (पश्चिम बंगाल), बदरपुर (नई दिल्ली), नागपुर (महाराष्ट्र) और गुवाहाटी (असम) में स्थित हैं। इसके दो विशेषज्ञता केंद्र- पावर सिस्टम्स ट्रेनिंग इंस्टीट्यूट (पीएसटीआई) और हॉट लाइन ट्रेनिंग सेंटर बंगलुरु में है। फरीदाबाद (हरियाणा) में एक सेंटर फॉर एडवांस मैनेजमेंट एंड पावर स्टडीज है। एनपीटीआई (एनईआर) इस समय अपने अस्थायी स्थान-नारंगी कॉम्पलेक्स, गुवाहाटी से काम कर रहा है और भारत सरकार द्वारा स्वीकृत एक पूर्ण प्रशिक्षण संस्थान 18.29 करोड़ रुपये की लागत से गुवाहाटी के काहिलीपाड़ा में बनकर तैयार होने वाला है। भारत सरकार ने नांगल में ₹ 14.75 करोड़ की लागत से एक हाइड्रो पावर ट्रेनिंग सेंटर बनाने की योजना को भी मंजूरी दी है, जिसे कार्यान्वित किया जा रहा है।

एनपीटीआई के संस्थान अत्याधुनिक बुनियादी सुविधाओं से लैस हैं और उनमें तकनीकी और प्रबंधन संबंधी विविध पाठ्यक्रम चलाए जा सकते हैं जो ताप, जल विद्युत और परमाणु बिजलीघरों और पारेषण एवं वितरण व्यवस्थाओं तथा विद्युत के ऊर्जा संबंधित क्षेत्रों तथा संबद्ध ऊर्जा क्षेत्रों की जरूरतें पूरी कर सकते हैं। जीआईएस आधारित विद्युत वितरण नेटवर्क के नियोजन एवं प्रबंधन के क्षेत्र में प्रशिक्षण

और परामर्श देने के उद्देश्य से एनपीटीआई में जियोग्राफिकल इन्फर्मेशन सिस्टम (जीआईएस) रिसोर्स सेंटर बनाया गया है।

एनपीटीआई के विभिन्न संस्थानों में ताप, पनबिजली, पारेषण, वितरण तथा प्रबंधन आदि के क्षेत्रों से संबद्ध अल्पावधि और दीर्घावधि प्रशिक्षण पाठ्यक्रम चलाए जा रहे हैं। एनपीटीआई कार्यरत इंजीनियरों/सुपरवाइजरों आदि के लिए अनेक रिफ्रेशर कोर्स भी संचालित करता है साथ ही इसके द्वारा विद्युत प्रबंधन में एम.बी.ए., बी.टेक. (पावर) और ताप विद्युत संयंत्र इंजीनियरों में स्नातकोत्तर पाठ्यक्रम भी चलाए जाते हैं।

वेबसाइट: www.npti.in

केंद्रीय विद्युत अनुसंधान संस्थान

केंद्रीय विद्युत अनुसंधान संस्थान (सीपीआरआई) सोसायटीज पंजीकरण अधिनियम के अंतर्गत एक पंजीकृत सोसायटी है, जो विद्युत मंत्रालय के अधीन राष्ट्रीय स्तर की प्रयोगशाला के रूप में काम करता है, जिसमें इलेक्ट्रिकल पावर इंजीनियरिंग में अनुसंधान किया जाता है। यह बिजली उपकरणों की विश्वसनीयता सुनिश्चित करने के लिए एक स्वतंत्र परीक्षण और प्रमाणन प्राधिकरण के रूप में भी कार्य करता है।

अपने चार दशक के पिछले कार्यक्रम के दौरान इस संस्थान ने अति आधुनिक सुविधाएं जुटा ली हैं, जो अनुसंधान और परीक्षण दोनों में उपयोगी हैं। इन महत्वपूर्ण सुविधाओं में बंगलुरु में 2,500 एमवीए शार्ट सर्किट टेस्टिंग व सिंथेटिक टेस्टिंग फैसिलिटी, हैदराबाद की अल्ट्रा हाई वोल्टेज रिसर्च लैबोरेटरी, भोपाल की शॉर्ट सर्किट टेस्टिंग फैसिलिटी, कोराडी नागपुर की थर्मल रिसर्च सेंटर और नोएडा, कोलकाता एवं गुवाहाटी की रीजनल टेस्टिंग लेबोरेटरीज शामिल हैं।

बीते वर्षों में, सीपीआरआई ने विद्युत उत्पादन, पारेषण, वितरण व्यवस्था, विद्युत गुणवत्ता, एनर्जी मीटरिंग, एनर्जी ऑडिटिंग, ट्रांसमिशन लाइन, टॉवर डिजाइन, कंडक्टर वाइब्रेशन स्ट्डीज, पावर सिस्टम्स स्टडीज, ऊर्जा संरक्षण अध्ययन, ट्रांसफार्मर ऑयल रिक्लेमेशन एंड टेस्टिंग, डाइग्नोस्टिक एवं कंडीशन मॉनीटरिंग एवं उपकरणों के शेष जीवन का अनुमान, विद्युत प्रायोज्यता के लिए नई सामग्री, अल्ट्रा हाई वोल्टेज टेस्टिंग, शॉर्ट सर्किट टेस्टिंग, हाई वोल्टेज टेस्टिंग तथा इनसे जुड़े क्षेत्रों में विशेषज्ञता प्राप्त कर ली है। इस संस्थान ने एक अति आधुनिक भूकंपमापी प्रयोगशाला तथा रियल टाइम डिजिटल सिमुलेशन फैसिलिटी भी स्थापित और चालू की है।

सीपीआरआई की प्रयोगशालाएं देश में प्रयोगशाला प्रत्यायन के लिए राष्ट्रीय स्तर के निकाय, नेशनल एक्रेडिटेशन बोर्ड फॉर टेस्टिंग एंड कैलिब्रेशन ऑफ लेबोरेटरीज (एनएबीएल) से मान्यता प्राप्त हैं। इस अनुसंधान संस्थान को शॉर्ट सर्किट टेस्टिंग लीएजन ऑफ यूरोप समूह में सदस्यता प्रदान की गई है। सीपीआरआई की कुछ प्रयोगशालाओं को अंडरराइटर्स लेबोरेटीज एंड कनाडियन स्टैंडर्ड एसोसिएशन द्वारा संचार केबल, एनटी कैपिसिटर्स जैसे उत्पादों की टेस्टिंग के लिए अनुमोदित किया गया है। इस संस्थान को इंटरटेकास्टा यू.के. की ओर से लो वोल्टेज एवं मीडियम वोल्टेज उपकरणों एवं ट्रांसफार्मर एवं पावर केबिल की टेस्टिंग के लिए मान्यता प्राप्त है।

इसकी अनुसंधान एवं परामर्शी गतिविधियां आईएसओ 9001:2000 के लिए एनबीटी, केईएमए से प्रमाणित हैं। सीपीआरआई की प्रयोगशालाएं इलेक्ट्रिकल निदेशालय, किंगडम ऑफ बहरीन और

सऊदी अरब से मान्यता प्राप्त हैं। इसके प्रमाणन पश्चिम एशिया, दक्षिण-पूर्व, सुदूर पूर्व एशिया और अफ्रीकी देशों में भी व्यापक रूप से स्वीकृत हैं।

यह संस्थान विद्युत तंत्र में अनुसंधान के लिए राष्ट्रीय स्तर की नोडल एजेंसी के रूप में काम करता है। सीपीआरआई के नए उद्यमों में, विद्युत क्षेत्र में अनुसंधान के लिए कोलेबोरेटिव एंड एडवांस रिसर्च सेंटर खोला गया है, ताकि यहां आने वाले वैज्ञानिकों/टेक्नोलॉजिस्ट्स को बुनियादी सुविधाएं मुहैया कराई जा सकें। उद्योगों के लाभ के लिए एक ठोस औद्योगिक कचरा उपयोग केंद्र खोला गया है, जो मूल्यवर्धित उत्पाद तैयार करने के लिए अनुसंधान करता है।

इस संस्थान ने कोलकाता और गुवाहाटी में क्षेत्रीय टेस्टिंग लेबोरेटरीज खोली हैं, जो देश के पूर्वोत्तर और पूर्वी राज्यों की जरूरतें पूरी करती हैं। मानक और लेबलिंग कार्यक्रम के अंतर्गत एक रेफ्रिजरेटर एवं एयर कंडीशनर टेस्टिंग लेबोरेटरी खोली गई है।

सीपीआरआई ने एपीडीआरपी-1 कार्यक्रम के तहत तीन राज्यों के लिए सलाहकार-सह-परामर्शदाता की भूमिका निभाई है। ये राज्य हैं- कर्नाटक, केरल और आंध्र प्रदेश। इन तीन राज्यों में 9 वितरण वृत्तों और 256 कस्बों के लिए सराहनीय काम किया गया है। यह संस्थान यूटीलिटीज और उद्योग के लिए थर्ड पार्टी इंस्पेक्शन सर्विस और प्रशिक्षण कार्यक्रम की भी पेशकश करता है।
वेबसाइट: www.cpri.in

नॉर्थ ईस्टर्न इलेक्ट्रिक पावर कारपोरेशन लिमिटेड (नीपको)

नॉर्थ ईस्टर्न इलेक्ट्रिक पावर कारपोरेशन (नीपको) की स्थापना 1976 में विद्युत मंत्रालय के अंतर्गत सरकार के पूर्ण स्वामित्व वाले सार्वजनिक उद्यम के रूप में पूर्वोत्तर क्षेत्र की अपार विद्युत संभावनाओं को विकसित करने के उद्देश्य से की गई। इसका उद्देश्य है पूर्वोत्तर क्षेत्र में बिजलीघरों का नियोजन, सर्वेक्षण, डिजाइन, निर्माण, उत्पादन, संचालन और अनुरक्षण करना। इसकी वर्तमान प्राधिकृत पूंजी 3,500 करोड़ रुपये है। नीपको की स्थापित क्षमता 1,130 मेगावाट है जिसमें से 755 मेगावाट जल विद्युत और 375 मेगावाट गैस-आधारित बिजली है। यह निगम पूर्वोत्तर क्षेत्र की वर्तमान 60 प्रतिशत से ज्यादा ऊर्जा संबंधी आवश्यकताएं पूरी करता है। यह कंपनी शिलांग में है और इसे आईएसओ-9001: 2,000 (गुणवत्ता), आईएसओ-14001:1996 (पर्यावरण) और ओएचएसएएस-18001: 1999 (सुरक्षा) के प्रमाण-पत्र मिले हुए हैं।

पेट्रोलियम एवं प्राकृतिक गैस

पेट्रोलियम एवं प्राकृतिक गैस मंत्रालय, तेल और प्राकृतिक गैस के अन्वेषण (तरल प्राकृतिक गैस के आयात सहित) और उत्पादन, शोधन, वितरण, विपणन, आयात-निर्यात तथा पेट्रोलियम उत्पादों के संरक्षण के लिए उत्तरदायी है।

ऊर्जा संगम 2015

'ऊर्जा संगम 2015' का आयोजन मार्च 2015 में नई दिल्ली में किया गया। इस विश्वस्तरीय बड़े हाइड्रोकार्बन समारोह का लक्ष्य विश्व को भारत की हाइड्रोकार्बन क्षेत्र की क्षमताओं का दिगदर्शन कराना था और निवेशक हितैषी माहौल का सृजन करने के साथ-साथ नये 'ऊर्जा सुरक्षा' मंच का सृजन करके भारत के नेतृत्व को दिशा देना था। विश्वस्तर पर इस सम्मेलन का उद्देश्य दुनिया की प्रमुख कंपनियों के साथ सहयोग के करारों को सुदृढ़ करना था।

ऊर्जा सुरक्षा सुनिश्चित करना

पेट्रोलियम एवं प्राकृतिक गैस मंत्रालय ने भारतीय तलछटी बेसिनों में हाइड्रोकार्बन स्रोतों के पुन: आकलन के लिए एक विशाल योजना शुरू की है। सभी गैर-आकलित तलछटी बेसिनों के सर्वेक्षण के कार्यों की एक अन्य परियोजना का भी अनुमोदन किया गया है। निवेशकों में विश्वास बहाल करने के लिए उत्पादन शेयरिंग ठेकों में भी सुधार किए गए हैं। 2 सितंबर, 2015 को मंत्रीमंडल ने राष्ट्रीय तेल कंपनियों, ऑयल एंड नेचुरल गैस लिमिटेड (ओएनजीसी) और ऑयल इंडिया लिमिटेड (ओआईएल) द्वारा की गई 69 हाइड्रोकार्बन डिस्कवरीज के विकास के लिए डिस्कवर्ड स्माल फील्ड पॉलिसी का अनुमोदन किया है ताकि तेल और गैस के घरेलू उत्पादन में वृद्धि की जा सके। कई सुधारों को जिनमें विपणन उपलब्ध कराना और मूल्य तय करने की स्वतंत्रता, पूरी संविदा अवधि के दौरान अन्वेषण की अनुमति देना आदि को एक साथ लागू करने के प्रयास किए जा रहे हैं। हाइड्रोकार्बन के सभी रूपों के अन्वेषण और उत्पादन के लिए एकल लाइसेंस के अंतर्गत लाना और राजस्व शेयरिंग मॉडल को सरल और सुगम बनाने के प्रयास माननीय प्रधानमंत्री के विज़न न्यूनतम शासन और अधिकतम प्रशासन और व्यापार को सुगम बनाने के अंतर्गत किए जा रहे हैं। हाल ही में, सरकार ने हाइड्रोकार्बन एकरेज प्रदान करने के लिए ओपन एकरेज नीति और एक समान लाइसेंसिंग नीति को नए संविदागत और वित्तीय रूप के अंतर्गत लाने के लिए हाइड्रोकार्बन अन्वेषण लाइसेंसिंग नीति (एचईएलपी) का अनुमोदन किया है। इस नीति का डिजाइन इस प्रकार से तैयार किया गया है कि यह भारत में हाइड्रोकार्बन के अन्वेषण और उत्पादन के लिए नए युग का सूत्रपात कर सके।

कच्चे तेल और प्राकृतिक गैस का उत्पादन

2014-15 में हुए 37.461 एमएमटी उत्पादन के मुक़ाबले 2015-16 के लिए 37.046 मिलियन मीट्रिक टन (एमएमटी) क्रूड ऑयल उत्पादन का लक्ष्य निर्धारित किया गया है जो लगभग 1.11 प्रतिशत की कमी दर्शाता है। अप्रैल-दिसंबर 2015 के दौरान 27.952 एमएमटी क्रूड ऑयल का उत्पादन किया गया अर्थात् यह गत वर्ष की इसी अवधि में प्राप्त किए गए 28.174 एमएमटी के उत्पादन से 0.79 प्रतिशत की मामूली कमी के साथ था। यह कमी मुख्य तौर पर पुराने फील्डों से ऑनश्योर उत्पादन में कमी और कार्यचालन समस्याओं विशेषकर गुजरात, राजस्थान और पूर्वोत्तर के कारण थी तथा लंबी अवधि के बंद और असम में ब्लॉकेज भी इसका कारण रहा। वर्ष 2015-16 में प्राकृतिक गैस के उत्पादन का लक्ष्य 35.28 बिलियन क्यूबिक मीटर (बीसीएम) निर्धारित किया गया जोकि 2014-15 के दौरान 33.656 बीसीएम के मुक़ाबले 4.83 प्रतिशत अधिक था। अप्रैल-दिसंबर 2015 के दौरान प्राकृतिक गैस का उत्पादन 24.697 बीसीएम हुआ अर्थात् गत वर्ष की इसी अवधि के दौरान किए गए 25.397 बीसीएम के मुक़ाबले 2.76 प्रतिशत कम रहा। प्राकृतिक गैस के उत्पादन में आई यह कमी मुख्य रूप से बेसिन और सेटेलाइट फील्डों, केजी-डी6, एमएंडएस ताप्ति और पन्ना-मुक्ता में उत्पादन कम होने तथा गुजरात और आंध्र प्रदेश में पाइपलाइनों की मरम्मत के कारण उत्पादन कम हुआ और संभावित उपभोक्ताओं, विशेषकर असम, राजस्थान और तमिलनाडु द्वारा कम ऑफ-टेक के कारण हुई। वर्ष 2010-11 से 2015-16 के वर्षों के लिए क्रूड ऑयल का प्राकृतिक गैस के उत्पादन के रुझान तालिका-1 में प्रदर्शित किए गए हैं।

तालिका : 1

कच्चे तेल और प्राकृतिक गैस का उत्पादन

वर्ष	कच्चे तेल का उत्पादन एमएमटी	कच्चे तेल के उत्पादन में वृद्धि	प्राकृतिक गैस उत्पादन बीसीएम प्रतिशत में	प्राकृतिक गैस के उत्पादन में वृद्धि प्रतिशत में
2010-11	37.684	11.85	52.219	9.94
2011-12	38.090	1.08	47.559	-8.92
2012-13	37.862	-8.60	40.679	-14.47
2013-14	37.788	-0.19	35.407	-12.96
2014-15	37.461	-0.87	33.656	-4.95
2015-16**	37.046	-1.11	35.280	4.83
2014-15 (अप्रैल-दिसंबर)	28.174	-	25.397	-
2015-16 (अप्रैल-दिसंबर)	27.952	-0.79	24.697	-2.76

*अनंतिम **लक्षित उत्पादन

तेल एवं प्राकृतिक गैस निगम लिमिटेड

कच्चे तेल, प्राकृतिक गैस और मूल्यवर्धित उत्पादों के उत्पादन में संलग्न तेल एवं प्राकृतिक गैस निगम लिमिटेड (ओएनजीसी) को 23 जून, 1993 को, सांविधिक आयोग से पब्लिक लिमिटेड कंपनी के रूप में बदलने के भारत सरकार के फैसले के अनुसार संसद के एक अधिनियम तेल एवं प्राकृतिक गैस आयोग (उपक्रम हस्तांतरण एवं निरस्त अधिनियम, 1993) के माध्यम से कंपनी अधिनियम 1956 के तहत निगमित किया गया।

रिफाइनिंग क्षमता और रिफाइनरी कच्चा तेल थ्रुपुट

पिछले कुछ वर्षों से देश की रिफाइनिंग क्षमता में काफी अधिक वृद्धि हुई, यद्यपि दिसंबर 2015 तक वर्ष 2015-16 के दौरान कोई क्षमता विस्तार नहीं किया गया। 1 अप्रैल, 2015 को रिफाइनिंग क्षमता 215.066 एमएमटीपीए थी। वर्ष 2015-16 के लिए रिफाइनिंग कच्चा तेल थ्रुपुट (प्रोसेस्ड क्रूड ऑयल) का लक्ष्य 224.242 एमएमटी रखा गया है जबकि 2014-15 में यह 223.242 एमएमटी था, इस प्रकार इसमें लगभग 0.45 प्रतिशत की मामूली वृद्धि दिखाई देती है। अप्रैल-दिसंबर 2015 के दौरान कच्चा तेल थ्रुपुट 170.711 एमएमटी रहा जोकि 2014 अप्रैल-दिसंबर 166.688 एमएमटी 2.41 प्रतिशत अधिक रहा।

पेट्रोलियम उत्पादों का उत्पादन और खपत

वर्ष 2015-16 में पेट्रोलियम उत्पादों का उत्पादन लक्ष्य 220.964 एमएमटी रखा गया है जबकि इसकी तुलना में 2014.15 में 221.136 एमएमटी का उत्पादन हुआ था। अप्रैल-दिसंबर 2015 के दौरान 170.345 एमएमटी पेट्रोलियम उत्पादों का उत्पादन हुआ जोकि गत वर्ष इसी अवधि के दौरान किए गए 165.412 एमएमटी के उत्पादन से 2.98 प्रतिशत अधिक था। वर्ष 2015-16 के दौरान भारत में 176.972 एमएमटी पेट्रोलियम उत्पादों की खपत का अनुमान है जोकि वर्ष 2014-15 के दौरान हुई

165.520 एमएमटी खपत के मुक़ाबले 6.92 प्रतिशत अधिक है। अप्रैल-दिसंबर 2015 के दौरान पेट्रोलियम उत्पादों की खपत 134.310 एमएमटी हुई जोकि अप्रैल-दिसंबर 2014 के दौरान हुई 122.659 एमएमटी खपत से 9.50 प्रतिशत अधिक है।

कच्चे तेल का आयात

अप्रैल-दिसंबर 2015 के दौरान 3,41,067 करोड़ रुपये की लागत से 149.416 एमएमटी कच्चे तेल का आयात किया गया जो गत वर्ष की इसी अवधि की तुलना में मात्रा के रूप में 5.05 प्रतिशत अधिक था और मूल्य के रूप में इसमें 41.37 प्रतिशत की कमी आई। मूल्य के रूप में यह कमी जून 2014 से दिसंबर 2015 तक कच्चे तेल के मूल्यों में हुई लगभग 70 प्रतिशत की कमी से संबंधित है। वर्ष 2014-15 के दौरान 189.435 एमएमटी कच्चे तेल का आयात किया गया जिसका मूल्य 6,87,416 करोड़ रुपये था। फरवरी 2010 से कच्चे तेल का सार्वभौम मूल्य 100 डॉलर/बीबीएल से अधिक रहा। तथापि, सितंबर 2014 से इसके मूल्यों में भारी गिरावट दर्ज की गई। जून 2014 में जब इसका मूल्य 111.66 डॉलर/बीबीएल था, इसमें गिरावट का रुख जारी हुआ और यह घटकर दिसंबर 2015 में 38.21 डॉलर/बीबीएल पर आ गया। मूल्यों में यह भारी कमी एशिया की अर्थव्यवस्थाओं विशेषकर चीन, और यूरोप में मांग के कमजोर होने तथा भारी मात्रा में उत्पादन होने के कारण आई। इसके अलावा, अमरीका और कनाडा आदि देशों में शैल गैस के अन्वेषण और आयातित तेल पर उनकी निर्भरता कम होने के कारण भी तेल की मांग कम हुई। इसके परिणामस्वरूप डीज़ल, घरेलू एलपीजी और केरोसिन के खुदरा मूल्यों में भी कमी आई।

पेट्रोलियम उत्पादों का आयात एवं निर्यात

अप्रैल-दिसंबर 2015-16 के दौरान 52,224 करोड़ रुपये की लागत से 21.175 एमएमटी पेट्रोलियम उत्पादों का आयात किया गया जो गत वर्ष इसी अवधि के दौरान मात्रा के रूप में 36.01 प्रतिशत की वृद्धि और मूल्य के रूप में 12.52 प्रतिशत की कमी दर्शाता है। वर्ष 2014-15 के दौरान आयात की गई पेट्रोलियम उत्पादों की मात्रा 21.301 एमएमटी थी और इसका मूल्य 74,644 करोड़ रुपये था। अप्रैल-दिसंबर 2015-16 के दौरान 1,38,839 करोड़ रुपये की लागत के 43.779 एमएमटी पेट्रोलियम उत्पादों का निर्यात किया गया जोकि गत वर्ष की इसी अवधि के दौरान 2,41,543 करोड़ रुपये की लागत से निर्यात किए गए 49.100 एमएमटी के मुक़ाबले मात्रा के रूप में 10.84 प्रतिशत की कमी और मूल्य के रूप में 42.52 प्रतिशत की कमी दर्शाता है। वर्ष 2014-15 के दौरान 2,88,580 करोड़ रुपये की लागत से 63.932 एमएमटी पेट्रोलियम उत्पादों का निर्यात किया। अप्रैल-नवंबर 2015-16 के दौरान 44,389 करोड़ रुपये की लागत से 14.959 एमएमटी एलएनजी का आयात किया गया जोकि गत वर्ष इसी अवधि के दौरान 51,658 करोड़ रुपये की लागत से आयात की गई 12.175 एमएमटी के मुक़ाबले मात्रा के रूप में 22.87 प्रतिशत अधिक और मूल्य के रूप में 14.07 प्रतिशत अधिक है। वर्ष 2014-15 के दौरान 57,384 करोड़ रुपये की लागत से 14.092 एमएमटी एलएनजी का आयात किया गया। पेट्रोलियम उत्पादों और एलएनजी के आयात और निर्यात के मात्रागत रुझान तालिका-2 में दर्शाए गए हैं।

तालिका : 2
पेट्रोलियम उत्पादों का आयात एवं निर्यात

वर्ष	पेट्रोलियम उत्पादों का आयात (एमएमटी)	पेट्रोलियम उत्पादों का आयात में वृद्धि का प्रतिशत	पेट्रोलियम उत्पादों का निर्यात (एमएमटी)	पेट्रोलियम उत्पादों के निर्यात में वृद्धि का प्रतिशत	एलएनजी का आयात (एमएमटी)	एमएमटी के आयात में वृद्धि का प्रतिशत
2010-11	17.379	18.51	15.077	15.49	9.931	8.56
2011-12	15.849	-8.80	60.837	2.98	13.214	33.06
2012-13	15.774	-0.48	63.408	4.23	13.136	-0.60
2013-14	16.718	5.99	67.864	7.03	13.032	-0.79
2014-15	21.301	27.41	63.932	-5.79	14.092	8.13
2014-16**	28.233	32.54	58.372	-8.70	19.946	41.54
2014-15 (अप्रैल-दिसंबर)	15.569	-	49.100	-	12.175	-
2014-16 (अप्रैल-दिसंबर)	21.175	36.01	43.779	-10.84	14.959	22.87

*अनंतिम अप्रैल 2015 से दिसंबर 2015 के औसत के आधार पर अनुमानित**

नोट-एलएनजी के आयात के आंकड़े दिसंबर 2015 तक उपलब्ध हैं

विदेशी प्रत्यक्ष निवेश अंतर्वाह

इस क्षेत्र में विदेशी प्रत्यक्ष निवेश (एफडीआई) को आकर्षित करने के लिए एफडीआई नीति को और अधिक उदार बनाया गया है। केंद्रीय सार्वजनिक क्षेत्र के उद्यमों द्वारा पेट्रोलियम रिफाइनिंग के लिए एफडीआई की अनुमति विदेशी निवश प्रोत्साहन बोर्ड के माध्यम से लेने की बजाय ऑटोमैटिक रूट के अंतर्गत 49 प्रतिशत तक विदेशी इक्विटी की अनुमति है। यह देखा जा सकता है कि पेट्रोलियम तथा प्राकृतिक गैस के क्षेत्र में एफडीआई का अंतर्वाह अलग-अलग वर्षों में काफी भिन्न है जिसका कारण इस क्षेत्र में निवेश का भारी-भरकम स्वरूप कुछ हद तक हो सकता है। वर्ष 2011-12 में 9,955.17 करोड़ रुपये का अधिकतम एफडीआई अंतर्वाह प्राप्त हुआ जोकि अर्थव्यवस्था में कुल एफडीआई अंतर्वाह का 6.03 प्रतिशत था। वर्ष 2014-15 में 6,495.67 करोड़ रुपये का एफडीआई अंतर्वाह प्राप्त हुआ जोकि अर्थव्यवस्था में कुल एफडीआई अंतर्वाह का लगभग 3.44 प्रतिशत था।

वेबसाइट: www.ongc-india.com

ओएनजीसी विदेश लिमिटेड

ओएनजीसी विदेश लिमिटेड (ओवीएल) विदेशों में तेल और गैस की खोज और उत्पादन में संलग्न है। ओवीएल की स्थापना हाइड्रोकार्बन्स इंडिया प्राइवेट लिमिटेड के रूप में 5 मार्च, 1965 को अंतरराष्ट्रीय खोज और उत्पादन के कारोबार के संचालन के लिए की गई थी। 1989 से इस कंपनी का नाम बदल कर ओएनजीसी विदेश लिमिटेड (ओवीएल) कर दिया गया था। कंपनी ने प्रत्यक्ष रूप से या पूर्ण स्वामित्व वाली अपनी अनुषंगी कंपनियों/संयुक्त उद्यम कंपनियों के माध्यम से 15 देशों की 30 परियोजनाओं में हिस्सा लिया, जिनमें से 9 परियोजनाओं का संचालन ओवीएल ने किया, 7 परियोजनाओं का संचालन संयुक्त रूप से किया गया तथा 14 परियोजनाएं भागीदारी हित के माध्यम से संचालित की गईं। वर्तमान

में, ओवीएल आठ देशों में 10 परियोजनाओं के माध्यम से तेल और गैस का उत्पादन कर रही है, इनमें रूस (सखालिन-1 तथा इम्पीरियल एनर्जी), सीरिया (अल-फुरत पेट्रोलियम कंपनी), वियतनाम (ब्लॉक 06.1), कोलंबिया (एमईसीएल), सूडान (ग्रेटर नाइल पेट्रोलियम ऑपरेटिंग कंपनी), दक्षिण सूडान (ग्रेटर पायनियर ऑपरेटिंग कंपनी और सुड पेट्रोलियम ऑपरेटिंग कंपनी), वेनेजुएला (सान क्रिस्टोबल) और ब्राज़ील (बीसी-10) शामिल हैं। इसके अलावा, 5 परियोजनाओं में हाइड्रोकार्बंस की खोज की गई है और वे विकास की विविध अवस्थाओं में हैं और 15 खोज की विविध अवस्थाओं में हैं।

ओवीएल ने चालू वित्त वर्ष के लगभग 9 एमएमटीओई उत्पादन में छह गुणा वृद्धि करके उसे वर्ष 2030 तक 60 एमएमटीओई तक ले जाने के उद्देश्य से एक महत्वाकांक्षी 'परिप्रेक्ष्य योजना, 2030' तैयार की है।

ऑयल इंडिया लिमिटेड

भारत सरकार का उद्यम, ऑयल इंडिया लिमिटेड (ओआईएल) कच्चे तेल और प्राकृतिक गैस की खोज, उत्पादन और परिवहन के व्यवसाय में संलग्न है। ऑयल इंडिया प्राइवेट लिमिटेड की स्थापना 1959 को असम के नहारकटिया और मोरान के नए खोजे गए तेल क्षेत्रों के विस्तार और विकास के लिए की गई थी। 1961 में ओआईएल, भारत सरकार और बर्मा ऑयल कंपनी लिमिटेड यूके, की संयुक्त उद्यम बन गई। 1981 में ओआईएल भारत सरकार के पूर्ण स्वामित्व वाला उपक्रम बन गई। कंपनी की प्राधिकृत शेयर पूंजी 500 करोड़ रुपये है। इसकी निर्गमित, अभिदत्त और प्रदत्त पूंजी 240.45 करोड़ रुपये है, जिसमें भारत सरकार की होल्डिंग 78.43 प्रतिशत है। ओआईएल को 2010-11 की पहली तिमाही से 'नवरत्न' का दर्जा दिया गया।

देश में इसके संचालन क्षेत्र असम, अरुणाचल प्रदेश, मिज़ोरम, बिहार, आंध्र प्रदेश, पुदुचेरी, अंडमान और राजस्थान में फैले हैं। ओआईएल की उपस्थिति नौ देशों यथा- वेनेजुएला, लीबिया, गैबॉन, ईरान, नाइजीरिया, यमन, सूडान, तिमोर लेस्ट और मिस्र में है, जहां यह विभिन्न गतिविधियों में संलग्न है।

इसके अलावा नुमालीगढ़, गुवाहाटी और बोंगाइगांव तेलशोधन इकाइयों की जरूरतें पूरी करने के लिए ओआईएल देश के पूर्वोत्तर हिस्से में कच्चे तेल के परिवहन के लिए ट्रंक क्रूड ऑयल पाइपलाइन का प्रचालन करती है। इस पाइपलाइन का स्वामित्व भी उसी के पास है। दिग्बोई तेलशोधन इकाई की जरूरतें पूरी करने के लिए एक ब्रांच लाइन का स्वामित्व और उसके प्रचालन का दायित्व भी ओआईएल के पास है।

वेबसाइट: www.oil-india.com

गैस अथॉरिटी ऑफ इंडिया लिमिटेड

पहले गैस अथॉरिटी ऑफ इंडिया लिमिटेड के नाम से विख्यात गेल इंडिया लिमिटेड के अगस्त 1984 में गठन ने देश में प्राकृतिक गैस के एक नए युग की शुरुआत की। गेल अब राष्ट्र सेवा में 28 गौरवशाली वर्ष पूरे करने जा रही है। प्राकृतिक गैस ट्रांसमिशन कंपनी के रूप में शुरुआत करके आज यह एक एकीकृत ऊर्जा कंपनी है जिसने प्राकृतिक गैस की उपयोगी श्रृंखलाओं के साथ अंतरराष्ट्रीय स्तर पर अपनी छाप छोड़ी है। अस्सी के दशक के अंत में एक गैस ट्रांसमिशन कंपनी के रूप में शुरुआत करके

इसने आज 8,700 कि.मी. से भी लंबी पाइप लाइनों के विशाल नेटवर्क का निर्माण करके इन वर्षों में विकास किया।

देश की प्रमुख एकीकृत गैस कंपनी के रूप में अपनी स्थिति मजबूत बनाते हुए गेल एलएनजी आयात का बुनियादी ढांचा तैयार कर रही है और शहर में गैस वितरण, पेट्रोकैमिकल्स के कारोबार, गैस उपयोगी शृंखलाओं में अत्याधिक अंतर वाले डाउनस्ट्रीम क्षेत्रों में विविधता हासिल कर और नवीकरणीय कारोबार वाला पोर्टफोलियो तैयार करने जैसे क्षेत्रों पर ध्यान दे रही है। पाता में मौजूदा पेट्रोकैमिकल संयंत्र का विस्तार समय से पहले हो रहा है और 48 प्रतिशत वास्तविक वृद्धि प्राप्त की जा चुकी है।

कंपनी विदेशों में शेल गैस जैसे नए उभरते क्षेत्रों में गठबंधनों के माध्यम से नई विशेषज्ञता और संसाधन प्राप्त करने के लिए विश्व में अपनी उपस्थिति बढ़ा रही है। इससे कंपनी को अपने मूलभूत कारोबार की पूरक बनते हुए संसाधन की दृष्टि से समृद्ध देशों में अपने पैर जमाने का अवसर मिलेगा।
वेबसाइट: www.gailonline.com

पेट्रोलियम उत्पादों की कीमत

पेट्रोलियम उत्पादों की प्रशासित मूल्य प्रणाली (एडमिनिस्टर्ड प्राइसिंग मेकेनिज्म) या लागत प्लस मूल्य प्रणाली 1976 में लागू की गई थी, उसे भारत में तेल क्षेत्र नियंत्रण से मुक्त किए जाने के परिणामस्वरूप 1 अप्रैल, 2002 से खत्म कर दिया गया। सरकार ने अधिसूचित किया कि पीडीएस मिट्टी के तेल और घरेलू एलपीजी को छोड़कर पेट्रोलियम के सभी उत्पादों की कीमत बाज़ार द्वारा निधारित होगी। रंगराजन समिति की अनुशंसाओं के आधार पर जून 2006 में सरकार ने पेट्रोल और डीजल की मूल्य प्रणाली को आयात समरूपता से बदलकर कारोबार समरूप बना दिया (कारोबार समरूपता 80:20 के अनुपात में आयात समरूपता और निर्यात समरूपता कीमतों का नापा हुआ औसत है) जबकि पीडीएस मिट्टी के तेल और घरेलू एलपीजी की मूल्य प्रणाली आयात समरूपता आधार पर बनी रहेगी। सरकार ने 25 जून, 2010 को डीजल की कीमत को तेलशोधक संयंत्र के द्वार और खुदरा स्तर, दोनों में बाज़ार द्वारा निधारित करने का सैद्धांतिक फैसला लिया। हालांकि अंतरराष्ट्रीय तेल कीमतों में ऊंची वृद्धि और घरेलू स्तर पर महंगाई की स्थितियों के प्रभाव से आम आदमी को बचाने के लिए सरकार डीजल के खुदरा मूल्य को दुरुस्त करना जारी रखे हुए हैं। इसलिये डीजल का खुदरा मूल्य जरूरी बाज़ार मूल्य से नीचे रहता है, जिसके परिणामस्वरूप तेल विपणन कंपनियों को कम वसूली का सामना करना पड़ता है।

सरकार आम आदमी को अनिवार्य ईंधनों विशेषकर खाना पकाने से संबंधित ईंधनों की किफायती दामों पर उपलब्धता सुनिश्चित कराने के लिए प्रतिबद्ध है। तदनुसार, सार्वजनिक वितरण प्रणाली (पीडीएस) से बेचे जाने वाले मिट्टी के तेल और रसोई गैस एलपीजी की सब्सिडी जारी रखने का फैसला किया गया।

इंडियन ऑयल कारपोरेशन लिमिटेड

इंडियन ऑयल कारपोरेशन लिमिटेड (इंडियन ऑयल) भारत की अग्रणी राष्ट्रीय तेल कंपनी है और इसके व्यापारिक हित समस्त हाईड्रोकार्बन मूल्य शृंखला में व्याप्त हैं- जिसमें तेलशोधन, पाइपलाइन परिवहन और पेट्रोलियम उत्पादों के विपणन से लेकर कच्चे तेल और गैस की खोज तथा उत्पादन, प्राकृतिक गैस और पेट्रोकैमिकल्स नवीकरणीय ऊर्जा और अब परमाणु ऊर्जा का विपणन शामिल है।

भारत में 22 में से 10 रिफाइनरियों का स्वामित्व और प्रचालन इंडियन ऑयल समूह की कंपनियों द्वारा किया जाता है जिनकी संयुक्त तेल शोधन क्षमता 213.2 मिलियन मीट्रिक टन वार्षिक है। पूरे भारत में इंडियन ऑयल के कच्चे तेल और उत्पाद पाइपलाइनों का नेटवर्क 10,909 किलोमीटर क्षेत्र में फैला है जिसकी वाहक क्षमता 75.55 एमएमटीपीए कच्चा तेल और पेट्रोलियम उत्पाद तथा 96 एमएमएससीएमडी गैस है। यह नेटवर्क देश में सबसे बड़ा है जो उपभोक्ताओं की महत्वपूर्ण ऊर्जा आवश्यकताओं को कार्यकुशलता, मितव्ययिता और पर्यावरण अनुकूल तरीके से पूरा करता है।

इंडियन ऑयल 38,000 से अधिक टच प्वाइंट्स वाले बेजोड़ नेटवर्क के माध्यम से कीमती पेट्रोलियम उत्पाद देशभर में पहुंचाती है, जिसका लगभग 52 प्रतिशत भाग उद्योगों में इस्तेमाल होता है। यह 20,000 से अधिक रिटेल आउटलेट्स वाले सबसे विशाल नेटवर्क का संचालन करती है। कारपोरेशन की इंडेन कुकिंग गैस 5,934 इंडेन वितरकों के माध्यम से साढ़े छह करोड़ घरों तक पहुंचायी जाती है। 139 टर्मिनल और डिपो, 96 विमान तेल स्टेशन और 89 इंडेन बॉटलिंग प्लांट्स से आपूर्ति जरिए ये प्रयास संपन्न किए जाते हैं। उपभोक्ता समूह को सुविधाएं उपलब्ध कराने के लिए लगभग 6,218 थोक उपभोक्ता पंप्स भी काम करते हैं, ताकि उन्हें उत्पाद और सामान अपनी दहलीज पर ही मिल सकें।

बीतते वर्षों के साथ, इंडियन ऑयल ने, चेन्नई पेट्रोलियम कारपोरेशन लिमिटेड (सीपीसीएल) और बोंगाइगांव रिफायनरी एंड पेट्रोकैमिकल्स लिमिटेड (बीआरपीएल) जैसी स्वतंत्र तेलशोधन इकाइयों को अपने दायरे में लाकर, असम ऑयल कंपनी (एओसी) और आईबीपी कंपनी लिमिटेड का विलय करते हुए तेलशोधन और विपणन गतिविधियों में समन्वय करके अपने प्रचालन में विस्तार किया है। श्रीलंका, मॉरीशस और संयुक्त अरब अमीरात (यूएई) में अपनी अनुषंगी कंपनियां स्थापित करने के साथ ही साथ इंडियन ऑयल एशिया और अफ्रीका के ऊर्जा बाज़ारों में नए कारोबारी अवसरों की तलाश का कार्य भी कर रही है।

वेबसाइट: www.iocl.com

हिंदुस्तान पेट्रोलियम कारपोरेशन लिमिटेड

हिंदुस्तान पेट्रोलियम कारपोरेशन लिमिटेड (एचपीसीएल), सार्वजनिक क्षेत्र का एक विशाल उपक्रम है, जिसे 'नवरत्न' का दर्जा प्राप्त है। इसकी दो मुख्य रिफाइनरियां हैं, जिनमें से एक रिफाइनरी, मुंबई (पश्चिमी तट) पर स्थित है जिसकी क्षमता 6.5 एमएमटीपीए है तथा दूसरी विशाखापट्टनम (पूर्वी तट) पर स्थित है और इसकी क्षमता 8.3 एमएमटीपीए है। ये रिफायनरियां ईंधन, ल्यूब्रीकेंट्स, और विशिष्ट उत्पाद सहित व्यापक विविधता वाले पेट्रोलियम उत्पादों का निर्माण करती हैं। एचपीसीएल की मंगलोर रिफाइनरी एंड पेट्रोकैमिकल्स लिमिटेड में 16.95 प्रतिशत की हिस्सेदारी है यह मंगलोर स्थित अत्याधुनिक रिफायनरी है, जिसकी सालाना क्षमता 9.69 एमएमटीपीए है। एचपीसीएल ने पंजाब के बठिंडा में मित्तल एनर्जी इन्वेस्टमेंट्स प्रा.लि. के साथ एक संयुक्त उद्यम द्वारा 9 मिलियन टन क्षमता की अत्याधुनिक ग्रीनफील्ड रिफाइनरी का भी निर्माण कराया है। यह परियोजना पूरी हो चुकी है और इसे मार्च 2012 में चालू कर दिया गया।

देश की विशालतम ल्यूब रिफाइनरी का स्वामित्व एवं प्रचालन करने वाले एचपीसीएल के पास 3,35,000 मीट्रिक टन की क्षमता है। इस ल्यूब रिफाइनरी द्वारा देश के कुल ल्यूब बेस ऑयल के

40 प्रतिशत से ज्यादा हिस्से का उत्पादन किया जाता है। इसके अलावा इसके 7 ल्यूब ब्लैंडिंग प्लांट्स (3 मुंबई में और एक-एक बज बज, रामनगर , चेन्नई और सिलवासा) और मुंबई रिफाइनरी से बेस ऑयल निकालने के लिए एक ल्यूब ऑयल पाइपलाइन है। वर्तमान में, एचपीसीएल 300 से ज्यादा ल्यूब ग्रेड्स, स्पेशियलिटीज और ग्रीस का निर्माण कर रही है।

एचपीसीएल के विशाल विपणन नेटवर्क में मुख्य शहरों में 13 आंचलिक कार्यालय एवं 101 क्षेत्रीय कार्यालय हैं जिनकी सहायक टर्मिनल्ज, पाइपलाइन नेटवर्क्स, विमानन सेवा सुविधाओं, एलपीजी बॉटलिंग संयंत्रों, ल्यूब फिलिंग प्लांट्स, आंतरिक रिले डिपो जैसी बुनियादी आपूर्ति एवं वितरण सुविधाएं हैं। एचपीसीएल के पास अपने मूलभूत कारोबार की सहायता के लिए अत्याधुनिक सूचना प्रौद्योगिकी है। इसका डाटा सेंटर हैदराबाद की हाईटेक सिटी में है।

राष्ट्रीय प्राथमिकताओं को ध्यान में रखते हुए एचपीसीएल ने उच्च प्रगति की राह अपनायी है। इसकी महत्वाकांक्षी योजनाएं तालमेल बनाते हुए अपस्ट्रीम और डाउनस्ट्रीम क्षेत्रों को एकीकृत करते हुए तेल उद्योग की वृद्धि में योगदान दे रही हैं। नीतिगत पहलों में विविध क्षेत्रों में वृद्धि और विविध उद्यम शामिल हैं।

वेबसाइट: www.hindustanpetroleum.com

भारत पेट्रोलियम कारपोरेशन लिमिटेड

भारत पेट्रोलियम कारपोरेशन लिमिटेड (बीपीसीएल) डाउनस्ट्रीम सेक्टर की एक एकीकृत तेल कंपनी है, जो कच्चे तेल के शोधन तथा पेट्रोलियम उत्पादों के विपणन में संलग्न है। कंपनी ने पेट्रोकैमिकल फीडस्टॉक के उत्पादन और विपणन की दिशा में भी कदम बढ़ाए हैं। बीपीसीएल की रिफायनरियां मुंबई और कोच्चि में हैं, जिनकी कुल शोधन क्षमता 21.5 एमएमटीपीए है। दोनों रिफाइनरियां एकीकृत प्रबंधन प्रणाली (आईएमएस) के तहत प्रमाणित हैं, जिसका लक्ष्य आईएसओ 9,001, आईएसओ 14,001 और ओएचएसएएस 18,001 के अंतर्गत व्यक्तिगत प्रबंधन प्रणालियों के समन्वय से गुणवत्ता, पर्यावरण, स्वास्थ्य और सुरक्षा के लिए प्रतिबद्धता दर्शाते हुए विभिन्न प्रणालियों में एकीकृत रवैया अपनाना है।

बीपीसीएल का मजबूत वितरण नेटवर्क है जिसमें बड़े भंडारण स्थल और डिपो शामिल है। इसके अलावा कंपनी के कई एलपीजी बॉटलिंग प्लांट्स, 1,938 किलोमीटर क्रॉस-कंट्री पाइपलाइन (संयुक्त उद्यम कंपनी पेट्रोनेट सीसीके लिमिटेड द्वारा स्थापित 292 किलोमीटर पाइपलाइन सहित) और 2 ल्यूब्रीकेंट ब्लैंडिंग प्लांट्स भी है।

कोयला

कोयला मंत्रालय (एमओसी) कोयला तथा लिग्नाइट के भंडारों के अन्वेषण और विकास के संबंध में नीतियों का निर्धारण करने, उच्च मूल्य की महत्वपूर्ण परियोजनाओं को स्वीकृत करने और सभी संबद्ध मामलों का निर्णय करने के लिए समग्र रूप से उत्तरदायी है। इन महत्वपूर्ण कार्यों का निर्वहन सार्वजनिक क्षेत्र के इसके उपक्रमों अर्थात कोल इंडिया लि. (सीआईएल), नेयवेली लिग्नाइट कारपोरेशन लि. (एनएलसी) तथा सिंगरेनी कोलियरीज कंपनी लि. (एससीसीएल) द्वारा किया जाता है। तेलंगाना सरकार तथा भारत सरकार का एक संयुक्त उद्यम है जिसमें राज्य और केंद्र सरकार की इक्विटी पूंजी का अनुपात 51:49 है।

भारत में कोयला भंडार

भारतीय भूगर्भ सर्वेक्षण के अनुमान (1 अप्रैल, 2014) के अनुसार भारत में कोयले का भंडार, 306.596 बिलियन टन है। यह कोयला भंडार मुख्य रूप से झारखंड, ओडिशा, छत्तीसगढ़, पश्चिम बंगाल, मध्य प्रदेश, तेलंगाना और महाराष्ट्र में है।

भारत में लिग्नाइट भंडार

भारतीय भू-वैज्ञानिक सर्वेक्षण द्वारा देश में लिग्नाइट भंडारों का अनुमान लगभग 44.11 बिलियन टन (1 अप्रैल, 2015) लगाया गया है। प्रमुख निक्षेप तमिलनाडु राज्य में हैं, तत्पश्चात् ये राजस्थान, गुजरात, केरल, पश्चिम बंगाल, जम्मू-कश्मीर तथा संघ राज्य क्षेत्र पुद्दुचेरी में पाए जाते हैं।

कोयला उत्पादन

2015-16 के दौरान भारत में कोयले के समग्र उत्पादन का अनुमान 700 मिलियन टन लगाया गया था। 2014-15 की अप्रैल-दिसंबर की अवधि के 427.278 मिलियन टन (एमटी) की तुलना में अप्रैल-दिसंबर 2015 की अवधि में वास्तविक उत्पादन 447.48 मिलियन टन हुआ था जो 9.1 प्रतिशत की वृद्धि को दर्शाता है। सीआईएल, एससीसीएल तथा अन्य कंपनियों का कोयला उत्पादन का ब्योरा तालिका-3 में दिया गया है:

तालिका : 3

कंपनी का नाम	वर्ष 2014-15 वास्तविक	लक्ष्य बीई	लक्ष्य आरई*	उत्पादन (2015-16) मिलियन टन में		
				वास्तविक अप्रैल-दिसंबर 2015	उपलब्धियों का प्रतिशत	वृद्धि का प्रतिशत अप्रैल दिसंबर 2015
सीआईएल	494.23	550.00	536.70	373.48	69.6	9.08
एससीसीएल	52.54	56.00	56.00	43.24	77.2	22.70
कैप्टिव	52.77	75.50	75.50	21.55	28.5	46.86
अन्य	12.90	18.50	18.50	9.21	49.8	1.21
कुल	612.44	700.00	686.70	447.48	65.2	4.73

2015-16 के संशोधित अनुमान के संदर्भ से उपलब्धियों का प्रतिशत

कोल इंडिया लिमिटेड

कोल इंडिया लिमिटेड (सीआईएल) कोयला मंत्रालय, भारत सरकार के अंतर्गत 'महारत्न' कंपनी है, जिसका मुख्यालय कोलकाता, पश्चिम बंगाल में है। सीआईएल दुनिया में अकेली सबसे बड़ी कोयला उत्पादक कंपनी है और 3,46,638 कर्मचारियों (1 अप्रैल, 2014 तक) के साथ विशालतम कारपोरेट नियोक्ताओं में से एक है। सीआईएल भारत के 8 राज्यों में फैले 82 खनन क्षेत्रों के जरिए संचालन करती है।

कोल इंडिया लिमिटेड की 429 खदानें हैं, जिनमें से 237 भूमिगत खाने, 166 खुली खदानें और 26 मिश्रित खदानें हैं। कोलकाता में अपने मुख्यालय के साथ कोल इंडिया लिमिटेड (सीआईएल),

कोयला मंत्रालय के प्रशासनिक नियंत्रण वाली कोयला उद्योग की शीर्ष संस्था है। सीआईएल 7 पूर्ण स्वामित्व वाली कोयला उत्पादक अनुषंगियों और एक खान आयोजना एवं परामर्शी कंपनी के साथ नियंत्रक कंपनी है। यह कोयला रिजर्व की पहचान, अपनी खानों से कोयला निकालने के लिए विस्तृत अन्वेषण के बाद उनकी योजना एवं कार्यान्वियन और संचालन सहित व्यापक कार्य करती है। इसकी उत्पादक कंपनियों में शामिल हैं: ईस्टर्न कोलफील्ड्स लिमिटेड (ईसीएल), सैंक्टोरिया, पश्चिम बंगाल, भारत कोकिंग कोल लिमिटेड (बीसीसीएल), धनबाद, झारखंड, सेंट्रल कोलफील्ड्स लिमिटेड (सीसीएल), रांची, झारखंड, साउथ ईस्टर्न कोलफील्ड्स लिमिटेड (एसईसीएल), बिलासपुर, छत्तीसगढ़, वेस्टर्न कोलफील्ड्स लिमिटेड (डब्ल्यूसीएल), नागपुर, महाराष्ट्र, नॉर्दर्न कोलफील्ड्स लिमिटेड (एनसीएल), सिंगरौली, मध्य प्रदेश, महानदी कोलफील्ड्स् लिमिटेड (एमसीएल), संबलपुर, ओडिशा, हैं। परामर्शदाता कंपनी सेंट्रल माइन प्लानिंग एंड डिजाइन इंस्टीट्यूट लिमिटेड (सीएमपीडीआईएल), रांची, झारखंड है।
वेबसाइट: www.coa.india.in

नेवेली लिग्नाइट कारपोरेशन लिमिटेड

नेवेली लिग्नाइट कारपोरेशन लिमिटेड (एनएलसी) का कंपनी के रूप में पंजीयन 14 नवंबर, 1956 को हुआ था। खान-I में खनन कार्य औपचारिक रूप से 1957 को शुरू हुआ। नेवेली लिग्नाइट कारपोरेशन को अप्रैल 2011 से 'नवरत्न' का दर्जा प्राप्त है। नेवेली लिग्नाइट कारपोरेशन लिमिटेड, एक 'नवरत्न' कंपनी है जिसका पंजीकृत कार्यालय चेन्नई में और कारपोरेट कार्यालय तमिलनाडु के नेवेली में है और यह ऊर्जा क्षेत्र में अग्रणी सार्वजनिक क्षेत्र के उपक्रमों में से है। एनएलसी- नेवेली में सालाना 28.5 मिलियन टन की कुल क्षमता वाली लिग्नाइट की तीन खुली खादानों और बडसिंगार, राजस्थान में सालाना 2.1 मिलियन टन की कुल क्षमता वाली एक खुली खदान का संचालन करती है। वह नेवेली में 2,490 मेगावाट की कुल स्थापित क्षमता के साथ तीन ताप बिजली घरों और बडसिंगार, राजस्थान में 250 मेगावाट की कुल स्थापित क्षमता के साथ एक ताप बिजली घर का संचालन करती है। एनएलसी की सभी खानों को गुणवत्ता प्रबंधन प्रणाली, पर्यावरण प्रबंधन प्रणाली और व्यावसायिक स्वास्थ्य तथा सुरक्षा प्रणाली के लिए आईएसओ प्रमाण-पत्र प्राप्त है। एनएलसी के सभी बिजली घर भी गुणवत्ता प्रबंधन प्रणाली और पर्यावरण प्रबंधन प्रणाली के लिए आईएसओ प्रमाणित हैं। एनएलसी की प्रगति निरंतर जारी है और भारत के सामाजिक आर्थिक विकास में इसका महत्वपूर्ण योगदान है।
वेबसाइट: www.nlcindia.com

नवीन एवं नवीकरणीय ऊर्जा

नवीन और नवीकरणीय ऊर्जा मंत्रालय, संघीय स्तर पर नवीन और नवीकरणीय ऊर्जा से संबंधित सभी मामलों के लिए नोडल मंत्रालय है। यह मंत्रालय रोशनी, खाना पकाने और मोटिव विद्युत, ग्रामीण क्षेत्रों के लिए नवीकरणीय विद्युत, नवीकरणीय ऊर्जा का दोहन करने, शहरी, औद्योगिक और वाणिज्यिक अनुप्रयोगों में नवीकरणीय ऊर्जा का उपयोग करने और वैकल्पिक ईंधनों और अनुप्रयोगों के विकास समेत व्यापक विषयों वाले कार्यक्रम के कार्यान्वयन को सुकर बनाता रहा है।

भारतीय नवीकरणीय ऊर्जा परिदृश्य

पिछले कुछ वर्षों में भारत नवीकरणीय ऊर्जा क्षेत्र, ग्रिड से जुड़ी विद्युत उत्पादन क्षमता के क्षेत्र में महत्वपूर्ण प्रतियोगी के रूप में उभरा है। यह राष्ट्र की ऊर्जा संबंधी जरूरतों को पूरा करने के समाधान के अभिन्न

अंग और ऊर्जा तक पहुंच दिलाने के अनिवार्य प्रतिभागी के रूप में उभरते हुए सरकार के टिकाऊ वृद्धि के एजेंडे का समर्थन करता है। यह महसूस किया जा चुका है कि ऊर्जा सुरक्षा प्राप्त करने और ऊर्जा आयोजना प्रक्रिया का अभिन्न अंग बनने के लिए नवीकरणीय ऊर्जा को आने वाले वर्षों में काफी गहन भूमिका निभानी होगी।

पिछले 5 वर्षों के दौरान भारतीय ऊर्जा के परिदृश्य में नवीकरणीय ऊर्जा का प्रभाव बहुत स्पष्ट है। पिछले कुछ वर्षों के दौरान भारत में नवीकरणीय ऊर्जा क्षेत्र के परिदृश्य में सौर ऊर्जा का योगदान बढ़ाने की त्वरित और महत्वाकांक्षी योजनाओं सहित नीतिगत प्रारूप में कई बदलाव आए हैं। ऐसी अवधारणा है कि नवीकरणीय ऊर्जा अब महत्वपूर्ण भूमिका निभा सकती है, साथ ही अब प्रौद्योगिकियों में भी ऐसा कर दिखाने का विश्वास और क्षमता है। जवाहरलाल नेहरू राष्ट्रीय सौर मिशन के दायरे को व्यापक बनाना दोनों का प्रतीक है और यह वस्तुत: भविष्य के लिए दृष्टि और महत्वाकांक्षा को संपुष्ट करता है। यह आमूलचूल बदलाव संभवत: मिशन के अंतर्गत पांच साल की गतिविधियों का मुख्य अंश है। इसके अलावा, नवीकरणीय ऊर्जा प्रमाण-पत्र (आईईसी) व्यवस्था का प्रारंभ अखिल भारतीय नवीकरणीय ऊर्जा बाज़ार के सृजन में सहायता करता है। अन्य महत्वपूर्ण उपलब्धियां हैं- सौर ऊर्जा संबंधी विशिष्ट खरीद दायित्व, बेहतर चूल्हों संबंधी पहल का प्रारंभ, सौर पीवी और थर्मल में समन्वित अनुसंधान और विकास गतिविधियां शुरू करना, दूसरी पीढ़ी के जैव ईंधन, हाइड्रोजन ऊर्जा और ईंधन सेल्स आदि।

विकास के मुख्य वाहक

(क) ऊर्जा सुरक्षा: वर्तमान में भारत की लगभग 69.5 प्रतिशत विद्युत उत्पादन क्षमता कोयले पर आधारित है। इसके अलावा आयातित तेल पर भारत की बढ़ती निर्भरता के कारण उसे अपनी कुल ऊर्जा जरूरतों का लगभग 33 प्रतिशत आयात से पूरा करना पड़ता है।

(ख) बिजली की कमी: पिछले 65 वर्षों में स्थापित क्षमता में 113 गुना से ज्यादा वृद्धि होने के बावजूद, भारत अभी तक बिजली की अपनी अधिकतम मांग पूरी करने और साथ ही साथ ऊर्जा की जरूरतें पूरी करने की स्थिति में नहीं आया है। वित्तीय वर्ष 2001-02 के दौरान बिजली का अधिकतम घाटा 12.2 प्रतिशत, लगभग 9,252 मेगावाट था, हालांकि वित्तीय वर्ष 2014-15 के अंत में, बिजली का अधिकतम घाटा कम होकर 2.4 प्रतिशत रह गया। इस स्थिति के परिणामस्वरूप, मांग-आपूर्ति के अंतर को मिटाने के लिए सरकार और सुविधाओं द्वारा योजनाबद्ध और गैर-योजनाबद्ध उपाय किए गए।

(ग) ऊर्जा तक पहुंच: भारत को अपने समस्त नागरिकों के लिए ऊर्जा के विश्वसनीय और आधुनिक स्वरूपों की उपलब्धता सुनिश्चित करने की चुनौती का सामना करना पड़ रहा है। लगभग 85 प्रतिशत ग्रामीण परिवार खाना पकाने की अपनी जरूरतें पूरी करने के लिए ठोस ईंधन पर निर्भर हैं और केवल 55 प्रतिशत ग्रामीण परिवारों की ही बिजली तक पहुंच हैं। हालांकि इतनी कम पहुंच के बावजूद, ज्यादातर ग्रामीण परिवारों को बिजली आपूर्ति की गुणवत्ता और निरंतरता से संबंधित मसलों का सामना करना पड़ता है। बिजली की कमी के कारण मिट्टी के तेल का बड़े पैमाने पर इस्तेमाल होता है। इसमें कमी किए जाने की जरूरत है, क्योंकि इसके कारण सब्सिडी और आयात पर निर्भरता बढ़ती है, जिसके परिणामस्वरूप विदेशी मुद्रा भंडार पर दबाव पड़ता है।

(घ) जलवायु परिवर्तन: भारत ने 2030 तक अपने जीडीपी की उत्सर्जन गहनता में 2005 के स्तर से 33–35 प्रतिशत तक कमी लाने की स्वेच्छा से प्रतिबद्धता व्यक्त की है। हाल ही पेरिस में संपन्न जलवायु परिवर्तन पर संयुक्त राष्ट्र समझौते का प्रारूप(यूएनएफसीसीसी) के 21वें सम्मेलन में भारत ने प्रौद्योगिकी के हस्तांतरण और हरित जलवायु कोष (जीसीएफ) सहित कम लागत वाले अंतरराष्ट्रीय ऋण की मदद से वर्ष 2030 तक अपनी लगभग 40 प्रतिशत संचयी इलेक्ट्रिक विद्युत संस्थापित क्षमता गैर-जीवाश्म ईंधन आधारित ऊर्जा संसाधनों से प्राप्त करने की प्रतिबद्धता व्यक्त की है।

नवीकरणीय ऊर्जा संभावनाएं

भारत में अगर 3 प्रतिशत बंजर भूमि उपलब्ध करा दी जाए तो व्यावसायिक रूप से दोहन की जा सकने वाली नवीकरणीय ऊर्जा की संभावना करीब 900 गीगावाट है। (पवन ऊर्जा –102 गीगावाट (खंभे की ऊंचाई 80 मीटर), लघु पनबिजली –20 गीगावाट , जैव ऊर्जा –25 गीगावाट और ऊर्जा –750 गीगावाट) मंत्रालय ने राष्ट्रीय स्वच्छ ऊर्जा कोष (एनसीईएफ) के अंतर्गत देशभर में 500 नए स्टेशनों में 100 मीटर स्तर पर वास्तविक संभावनाओं का आकलन करने के लक्ष्य से कवर नहीं किए गए/नए क्षेत्रों में पवन संसाधन आकलन के कार्यान्वयन के लिए नई पहल की है। देश में 80 मीटर की ऊंचाई पर आंकी गई संशोधित पवन ऊर्जा संभावनाएं 102,788 मेगावाट पाई गई हैं। राष्ट्रीय पवन ऊर्जा संस्थान ने अत्याधुनिक मॉडलिंग तकनीकों का उपयोग किया है और 100 मीटर की ऊंचाई पर पवन ऊर्जा की संभावनाओं के आकलन को संशोधित करते हुए इसे 302 मेगावाट पाया गया है। अपतटीय पवन ऊर्जा संभावनाओं के अनुमान तमिलनाडु और गुजरात में संभावनाओं की ओर इंगित करते हैं। देशभर में 250 किलोवाट और 2.50 मेगावाट के बीच के आकार वाले पवन ऊर्जा जनरेटर लगाए गए हैं। इसके अलावा, सौर ऊर्जा के माध्यम से रिहायशी, व्यावसायिक और औद्योगिक क्षेत्रों की गर्म पानी की जरूरतों और बायोगैस के माध्यम से ग्रामीण इलाकों की खाना पकाने से संबंधित जरूरतों से निपटने के लिए विकेंद्रीकृत वितरित अनुप्रयोगों की ओर से महत्वपूर्ण सामर्थ्य मौजूद है। तालिका-4 देश में नवीकरणीय ऊर्जा की राज्य वार संभावनाओं का विवरण प्रस्तुत करती है।

तालिका : 4

नवीकरणीय ऊर्जा की राज्यवार संभावनाएं (मेगावाट्स में)

क्र. सं.	राज्य/केंद्रशासित प्रदेश	पवन ऊर्जा	लघु पन बिजली	जैव ऊर्जा			सौर	कुल
				बायोमास विद्युत	बगास गैस सम्मिलित उत्पादन	अपशिष्ट से ऊर्जा		
1.	आंध्र प्रदेश	14497	978	578	300	123	38440	54916
2.	अरुणाचल प्रदेश	236	1341	8	–	–	8650	10236
3.	असम	112	239	212	–	8	13760	14330
4.	बिहार	144	223	619	300	73	11200	12559
5.	छत्तीसगढ़	314	1107	236	–	24	18270	19951

6.	गोवा	–	7	26	–	–	880	912
7.	गुजरात	35071	202	1221	350	112	35770	72726
8.	हरियाणा	93	110	1333	350	24	4560	6470
9.	हिमाचल प्रदेश	64	2398	142	–	2	33840	36446
10.	जम्मू-कश्मीर	5685	1431	43	–	–	111050	118208
11.	झारखंड	91	209	90	–	10	18180	18580
12.	कर्नाटक	13593	4141	1131	450	–	24700	44015
13.	केरल	837	704	1044	–	36	6110	8732
14.	मध्य प्रदेश	2931	820	1364	–	78	61660	66853
15.	महाराष्ट्र	5961	794	1887	1250	287	64320	74500
16.	मणिपुर	56	109	13	–	2	10630	10811
17.	मेघालय	82	230	11	–	2	5860	6185
18.	मिज़ोरम	–	169	1	–	2	9090	9261
19.	नगालैंड	16	197	10	–	–	7290	7513
20.	ओडिशा	1384	295	246	–	22	25780	27728
21.	पंजाब	–	441	3172	300	45	2810	6768
22.	राजस्थान	5050	57	1039	–	62	142310	148518
23.	सिक्किम	98	267	2	–	–	4940	5307
24.	तमिलनाडु	14152	660	1070	450	151	17670	34152
25.	तेलंगाना	–	–	–	–	–	20410	20410
26.	त्रिपुरा	–	47	3	–	2	2080	2131
27.	उत्तर प्रदेश	1260	461	1617	1250	176	22830	27593
28.	उत्तराखंड	534	1708	24	–	5	16800	19071
29.	पश्चिम बंगाल	22	396	396	–	148	6260	7222
30.	अंडमान एवं निकोबार	365	8	–	–	–	0	373
31.	चंडीगढ़	–	–	–	–	6	0	6
32.	दादरा एवं नगर हवेली	–	–	–	–	–	0	0
33.	दमन और दीव	4	–	–	–	–	0	4
34.	दिल्ली	–	–	–	–	131	2050	2181
35.	लक्षद्वीप	–	–	–	–	–	0	0
36.	पुदुचेरी	120	–	–	–	3	0	123
37.	अन्य	–	–	–	–	1022	790	1812
	कुल	**102772**	**19749**	**17536**	**5000**	**2554**	**748990**	**896602**

हाल की योजनाएं एवं कार्यक्रम

पिछले वर्ष प्रारंभ किए गए नए कार्यों को जारी रखते हुए सरकार ने वर्ष 2015 में निम्नलिखित नई परियोजनाएं/योजनाएं शुरू की हैं: (i) राष्ट्रीय सौर मिशन के चरण-2 के बैच-3 के अंतर्गत वायबिलिटी

गैप फंडिंग (वीजीएफ) सहित 2,000 मेगावाट से अधिक की ग्रिड से जुड़ी सौर पीवी विद्युत परियोजनाओं की स्थापना की योजना। ये परियोजनाएं निर्माण-स्वामित्व-परिचालन आधार पर शुल्क में कटौती के प्रावधान सहित वीजीएफ राशि पर मुक्त एवं पारदर्शी प्रतिस्पर्धात्मक विपरीत या रिवर्स बोली के माध्यम से चुने गए सौर ऊर्जा डेवलपर्स द्वारा स्थापित की जाएंगी। इन परियोजनाओं का चयन ई-रिवर्स ऑक्शनिंग के बाद ई-बिडिंग की प्रक्रिया के माध्यम से किया जाएगा। (ii) भारतीय सौर ऊर्जा निगम (एसईसीआई) को कंपनी अधिनियम 2013 (2013 की संख्या 18) के अंतर्गत धारा-8 कंपनी से धारा-3 कंपनी में परिवर्तित किया गया और इसका नया नाम राष्ट्रीय नवीकरणीय ऊर्जा निगम (आरईसीआई) रखा गया। (iii) आंध्र प्रदेश, गुजरात, हिमाचल प्रदेश, कर्नाटक, मध्य प्रदेश, महाराष्ट्र और राजस्थान में अंतरराज्य पारेषण व्यवस्था की 8,548.68 करोड़ रुपये की अनुमानित लागत से स्थापना को मंजूरी दी गई। इसमें राष्ट्रीय स्वच्छ ऊर्जा कोष (एनसीईएफ) से 3,419.47 करोड़ रुपये के रूप में भारत सरकार का योगदान होगा। सरकार ने पिछले साल तमिलनाडु के लिए एनसीईएफ से 637 करोड़ रुपये के योगदान वाली 1,593 करोड़ रुपये की कुल लागत वाली इसी तरह की एक अन्य परियोजना को मंजूरी दी थी। (vi) राष्ट्रीय सौर मिशन के अंतर्गत ग्रिड कनेक्टिड रूफटॉप और लघु सौर विद्युत संयंत्र कार्यक्रम के लिए 12वीं पंचवर्षीय योजना के 600 करोड़ रुपये के बजट को वर्ष 2019-20 तक पांच साल की अवधि के लिए बढ़ाकर 5,000 करोड़ रुपये किया गया है। (v) राष्ट्रीय सौर मिशन के चरण-2 के बैच-4 के अंतर्गत वायबिलिटी गैप फंडिंग (वीजीएफ) सहित 5,000 मेगावाट ग्रिड कनेक्टिड सौर पीवी विद्युत परियोजनाओं की स्थापना की योजना।

राष्ट्रीय सौर मिशन

कुल 30 मेगावाट क्षमता वाली 26 सोलर फोटो वोल्टैक (एसपीवी) परियोजनाएं चालू की गई हैं। नवीन एवं नवीकरणीय ऊर्जा मंत्रालय की बंडलिंग स्कीम के अंतर्गत दिल्ली-मुंबई औद्योगिक गलियारा विकास निगम लिमिटेड (डीएमआईसीडीसी) द्वारा 5 मेगावाट एसपीवी परियोजना की भी स्थापना की गई है। इस प्रकार बंडलिंग स्कीम के अंतर्गत 523 मेगावाट सौर पीवी परियोजनाएं एवं 202.5 मेगावाट सौर तापीय विद्युत परियोजनाएं चालू की गई हैं। 100 एसपीवी विद्युत संयंत्रों के अंतर्गत 98 मेगावाट क्षमता वाली परियोजनाओं की स्थापना के लिए 12 राज्यों से 78 परियोजनाओं का चयन किया गया है। इसके लिए 90.80 मेगावाट की कुल क्षमता वाली 71 परियोजनाओं को ग्रिड से जोड़ा गया है।

ग्रामीण अनुप्रयोगों के लिए नवीकरणीय ऊर्जा

मंत्रालय की वित्तीय सहायता से देशभर में स्वीकृत मॉडल्स वाले 37,000 से अधिक बायोगैस संयत्र स्थापित किए गए हैं। इसके साथ ही देश के समस्त राज्यों और केंद्रशासित प्रदेशों में संचयी स्थापना 48.34 लाख बायोगैस संयत्र हो गई है। वर्ष के दौरान 1.11 लाख संयत्रों का लक्ष्य पूर्ण होने की संभावना है।

बायोगैस चूल्हे संबंधी राष्ट्रीय पहल के अंतर्गत, घरों, आंगनवाड़ियों, जनजातीय छात्रावासों और मध्याह्न भोजन योजना के तहत बड़े स्तर पर खाना पकाने वाले स्कूलों में प्रदर्शन के लिए बेहतर बायोमास चूल्हे लगाने की वर्ष के दौरान कई प्रायोगिक परियोजनाएं शुरू की गईं। उन्नत चूल्हा अभियान के अंतर्गत शुरू की गई परियोजनाएं अब सीडीएम व्यवस्था के अंतर्गत कार्बन क्रेडिट्स के लिए उपयुक्त है। साथ ही नवीन एवं नवीकरणीय ऊर्जा मंत्रालय के जालंधर, पंजाब स्थित स्वायत्त संस्थान सरदार स्वर्ण सिंह राष्ट्रीय

नवीकरणीय ऊर्जा संस्थान (एसएसएस-एनआईआरई) को समन्वयन और प्रबंधन संस्था (सीएमई) नामित किया गया है। परीक्षण केंद्रों की रिपोट्र्स के अनुसार वर्तमान में बेहतर चूल्हों के 40 मॉडल मंत्रालय द्वारा स्वीकृत किए जा सके हैं।

बिहार के विभिन्न गांवों में उद्यमियों द्वारा वहनीय व्यापार मॉडल के आधार पर चावल की भूसी को गैसीय ईंधन में परिवर्तित करने पर आधारित 12 ग्राम स्तरीय परियोजनाएं स्थापित की गई हैं। इनमें से प्रत्येक 32 किलोवॉट क्षमता की है। इनके अलावा, 10 प्रणालियां संस्थापन/चालू होने की विभिन्न अवस्थाओं में हैं। बिजली और तापीय अनुप्रयोगों की कैप्टिव मांग को पूरा करने के लिए 10 चावल मिलों और बेकरी सहित 12 अन्य उद्योगों से बायोमास गैसीफायर से ऑफ-ग्रिड विद्युत क्षमता इसमें जोड़ी गई है। उद्योग की कैप्टिव विद्युत जरूरतों को पूरा करने के लिए हरियाणा में 1 मेगावाट क्षमता वाले ग्रिड से जुड़े बायोमास गैसीफायर की स्थापना की गई है।

शहरी, औद्योगिक और व्यावसायिक अनुप्रयोगों के लिए नवीकरणीय ऊर्जा

वर्ष 2015-16 के दौरान, वास्तविक उपलब्धि 14.1 एमडब्ल्यूईक्यू रही और इस क्षेत्र की संचयी उपलब्धि 265.4 एमडब्ल्यूईक्यू रही। सरकार की ओर से उठाए गए नए कदमों के तहत राष्ट्रीय शुल्क नीति में संशोधन किया गया है ताकि वितरण लाइसेंसधारक डब्ल्यूटीई संयंत्रों में उत्पादित 100 प्रतिशत विद्युत खरीद सकें।

अब तक 601.87 मेगावाट संचयी क्षमता वाली इकाइयां तमिलनाडु , उत्तर प्रदेश, हरियाणा, कर्नाटक, आंध्र प्रदेश, उत्तराखंड , पंजाब और राजस्थान राज्यों में चालू की गई है।

सीईए ने वित्त वर्ष 2015-16 के लिए सामान्य शुल्क सहित एमएसडब्ल्यू, आरडीएफ और बायोगैस आधारित डब्ल्यूटीई परियोजनाओं के लिए सामान्य शुल्क के निर्धारण हेतु मानक अधिसूचित किए हैं। वित्त वर्ष 2015-16 के दौरान अहमदाबाद, गुजरात और देलावास, जयपुर में 9,538 किलोग्राम/बायो-सीएनजी दिवस के संचयी उत्पादन के लिए बायो-सीएनजी उत्पादन को सहायता देने वाली नयी पहल के अंग के रूप में, दो एमएनआरई समर्थित परियोजनाएं चालू की गईं।

सौर शहर कार्यक्रम के विकास के अंतर्गत मंत्रालय शहर में ऊर्जा दक्षता और नवीकरणीय ऊर्जा की आपूर्ति बढ़ाने के लिए नगर निगमों और शहरी स्थानीय निकायों को मास्टर प्लान तैयार करने में सहायता प्रदान करता है। वर्ष के दौरान तीन शहरों को सौर शहर के रूप में विकसित किए जाने को मंजूरी दी गई है। इस कार्यक्रम के अंतर्गत 56 शहरों को मंजूरी दी गई है, जिनमें से 49 के मास्टर प्लान को अंतिम रूप दिया जा चुका है। चार शहरों- नागपुर, चंडीगढ़, मैसूर और गांधी नगर को आदर्श सौर शहरों के रूप में विकसित किया जा रहा है। इनके अलावा 33 सौर शहरों को शहरी विकास मंत्रालय के स्मार्ट सिटी कार्यक्रम के अंतर्गत शामिल किया गया है। 32 परिसरों/टाउनशिप्स को हरित परिसर के रूप में विकसित करने के प्रस्ताव को मंजूरी दी गई है।

जीआरआईएचए रेटिंग प्रणाली को प्रोत्साहन देने वाले ऊर्जा दक्ष सौर/हरित भवन कार्यक्रम का कार्यान्वयन जारी है। अब तक कुल 97 सरकारी भवन परियोजनाओं को जीआरआईएचए प्रमाणन-सह-रेटिंग की स्वीकृति के लिए पंजीकृत किया गया है। विभिन्न तकनीकी संस्थाओं द्वारा जीआरआईएचए रेटिंग्स के मूल्यांकनकर्ताओं और प्रशिक्षुओं के लिए 210 क्षमता निर्माण कार्यक्रमों का संचालन किया गया। इस कार्यक्रम के तहत 970 जीआरआईएचए मूल्यांकनकर्ताओं और प्रशिक्षुओं को तैयार किया है।

12 पर्यावरण

पर्यावरण, वन और जलवायु परिवर्तन मंत्रालय (एमओईएफसीसी) ने 1985 में काम करना शुरू किया। यह मंत्रालय पर्यावरणीय, पारिस्थितिकी विषयक, वानिकी और वन्यजीव कार्यक्रमों की आयोजना बनाने, उन्हें प्रोत्साहित करने और तत्संबंधी समन्वयन एवं निगरानी के कार्य करता है। इसकी मुख्य गतिविधियों में पर्यावरण की संरक्षा; मौजूदा वनों, वन्यजीवों, जलीय निकायों और जल संसाधनों, जैव विविधता और अन्य संसाधनों, विशेषकर पारिस्थितिकी की दृष्टि से संवेदनशील क्षेत्रों का संरक्षण, जलवायु परिवर्तन के प्रति अनुकूलन और तत्संबंधी दुष्प्रभाव को कम करने के उपाय करना, वनस्पति एवं जीव-जंतुओं की नई प्रजातियों की पहचान के लिए सर्वेक्षण करना; विकृत क्षेत्रों में वनरोपण और उन्हें फिर से हरा-भरा बनाना; प्रदूषण (वायु, जल, ध्वनि और औद्योगिक प्रदूषण) की रोकथाम और नियंत्रण; खतरनाक पदार्थों का प्रबंधन और बेहतर पर्यावरणीय प्रशासन; जीव-जंतुओं का कल्याण सुनिश्चित करना; पारंपरिक और आणविक वर्गीकरण में क्षमता निर्माण, प्रशिक्षण और अनुसंधान; और वानिकी एवं पर्यावरण के क्षेत्र में अंतरराष्ट्रीय सहयोग शामिल है। मंत्रालय इसके लिए पर्यावरणीय प्रभाव मूल्यांकन (ईआईए), पारिस्थितिकी-पुनर्निर्माण, पर्यावरणीय और वन संबंधी अनुसंधान, विस्तार, शिक्षा और अपेक्षित कार्मिकों की संख्या में वृद्धि के लिए प्रशिक्षण में लगे संगठनों को सहायता, पर्यावरण संबंधी जानकारी का संग्रह और संप्रेषण तथा राष्ट्रीय स्तर पर पर्यावरणीय मुद्दों के प्रति जागरुकता पैदा करने जैसे कार्यों को अंजाम देता है।

यह मंत्रालय संयुक्त राष्ट्र पर्यावरण कार्यक्रम (यूएनईपी), अंतरराष्ट्रीय एकीकृत पर्वतीय विकास केंद्र (आईसीआईएमओडी) और बहुराष्ट्रीय पर्यावरणीय समझौतों के लिए एक नोडल एजेंसी है। मंत्रालय अनेक बहु-पक्षीय निकायों जैसे- मरुस्थलीकरण से निपटने संबंधी संयुक्त राष्ट्र कन्वेंशन (यूएनसीसीडी), जलवायु परिवर्तन संबंधी संयुक्त राष्ट्र फ्रेमवर्क कन्वेंशन (यूएनएफसीसीसी), जैव विविधता संबंधी कन्वेंशन (सीबीडी) के साथ समन्वय भी स्थापित करता है। यह मंत्रालय वैश्विक पर्यावरण केंद्र (जीईएफ) और क्षेत्रीय निकायों जैसे एशिया एवं प्रशांत आर्थिक और सामाजिक परिषद (ईएससीएपी) और दक्षिण एशियाई क्षेत्रीय सहयोग संगठन (सार्क) के लिए एक केंद्र बिंदु के रूप में भी काम करता है।

भारतीय वानस्पतिक सर्वेक्षण

भारतीय वानस्पतिक सर्वेक्षण (बीएसआई) पर्यावरण, वन और जलवायु परिवर्तन मंत्रालय के अधीन एक शीर्ष अनुसंधान संगठन है, जिसमें सर्वेक्षण, प्रलेखन और संरक्षण के जरिए देश के वन्य पादप संसाधनों के बारे में वर्गीकरण और वनस्पति संबंधी अध्ययन किए जाते हैं। सिलसिलेवार पंचवर्षीय योजनाओं के दौरान भारतीय वानस्पतिक सर्वेक्षण के कार्यात्मक आधार में विभिन्न नए क्षेत्रों का विस्तार भी शामिल किया गया है। इनमें स्थानीय, दुर्लभ और लुप्तप्राय: प्रजातियों के पौधों का सूचीकरण; उनके

संरक्षण की कार्यनीतियों का विकास, नाजुक पारिस्थितिकी प्रणाली और संरक्षित क्षेत्रों का अध्ययन; वानस्पतिक उद्यानों और आर्किडेरिया में ईईटी पादप प्रजातियों, जंगली सजावटी पौधों आदि का संवर्धन और रखरखाव; पौधों से संबंधित परंपरागत जानकारी का प्रलेखन और औषधीय पौधों (नमूना प्रकारों सहित) के बारे में राष्ट्रीय डाटाबेस का विकास और सजीव संग्रह, पादप वितरण और नामकरण, वानस्पतिक चित्रकारी/उदाहरण, पादप उपयोग आदि शामिल हैं।

भारतीय वानस्पतिक सर्वेक्षण फूलदार और गैर-फूलदार पौधों के बारे में फूल-विषयक, एथनोबोटेनिकल और औषधीय पौधों के अध्ययन के अंतर्गत पादप नमूने/सामग्री एकत्र करने के लिए अभी तक 114 परियोजनाओं (27 नई परियोजनाओं सहित) के तहत 96 क्षेत्रीय दौरे संचालित कर चुका है, जिनमें जैव विविधता की दृष्टि से अत्यंत महत्वपूर्ण 3 क्षेत्र, यानी हिमालय (14 दौरे), भारत-बर्मा सीमा (3 दौरे) और पश्चिमी घाट-श्रीलंका (12 दौरे) शामिल हैं। इनके अंतर्गत निम्नांकित जैव-भौगोलिक क्षेत्र कवर किए गए:- पश्चिमी हिमालय, पूर्वी हिमालय, उत्तर-पूर्वी भारत, शुष्क-अर्द्धशुष्क, गांगेय मैदान, दक्कन प्रायद्वीप, पश्चिमी घाट और तटवर्ती क्षेत्र, जिनमें केरल तट (समुद्री खरपतवार सर्वेक्षण के लिए) और अंडमान-निकोबार द्वीप समूह। इनमें 24 संरक्षित क्षेत्र और एक नाजुक पारिस्थितिकी प्रणाली भी कवर की गई।

भारतीय प्राणी विज्ञान सर्वेक्षण

मंत्रालय के अंतर्गत कार्यरत भारतीय प्राणी विज्ञान सर्वेक्षण (जेडएसआई) देश का एक प्रमुख अनुसंधान संस्थान है। 1916 में स्थापना के समय से ही यह संस्थान देश की समृद्ध जीव विविधता के बारे में हमारी जानकारी बढ़ाने के लिए उच्चस्तरीय सर्वेक्षण, पर्यवेक्षण और अनुसंधान कर रहा है। सिलसिलेवार पंचवर्षीय योजना अवधियों में जेडएसआई के कार्यों में जीव-जंतुओं के संबंध में पर्यावरणीय प्रभाव मूल्यांकन; संरक्षण वाले क्षेत्रों का सर्वेक्षण; लुप्तप्राय प्रजातियों की स्थिति का सर्वेक्षण; जीव संसाधनों से जुड़े डेटा का कंप्यूटरीकरण; जीव विविधता संबंधी पर्यावरणीय सूचना प्रणाली (ईएनवीआईएस); पहचान और परामर्श सेवाएं; नमूनों के 'प्रकार' एवं प्रमाण का राष्ट्रीय निर्दिष्ट भंडार; वन्यजीव (संरक्षण) अधिनियम, 1972 के प्रवर्तन को सुदृढ़ बनाना, और संरक्षण के बारे में जागरुकता आदि के लिए समुद्री जल जीवशाला और संग्रहालय तथा राष्ट्रीय प्राणी विज्ञान संग्रहालयों के संरक्षक के रूप में काम करना जैसे क्षेत्रों को शामिल करते हुए इसका विस्तार किया गया।

भारत एकीकृत तटवर्ती क्षेत्र प्रबंधन परियोजना

तटवर्ती और समुद्री पर्यावरण के संरक्षण, संरक्षा और प्रबंधन के लिए मंत्रालय विश्व बैंक की सहायता से भारत एकीकृत तटवर्ती क्षेत्र प्रबंधन (आईसीजेडएम) परियोजना का कार्यान्वयन कर रहा है। परियोजना के कार्यान्वयन के लिए मंत्रालय ने समिति पंजीकरण अधिनियम के तहत दिल्ली में एक नोडल निकाय के रूप में एकीकृत तटीय प्रबंधन समिति (एसआईसीओएम) की स्थापना की है। आईसीजेडएम परियोजना प्रायोगिक निवेश के रूप में तटवर्ती राज्यों- गुजरात, ओडिशा और पश्चिम बंगाल में कार्यान्वित की जा रही है। राष्ट्रीय गतिविधियां एकीकृत तटीय प्रबंधन समिति (एसआईसीओएम) के जरिए लागू की जाती हैं, जिन पर चुने हुए तीन राज्यों द्वारा गतिविधियों पर निगरानी रखी जाती है। परियोजना की 4 कार्यान्वयन एजेंसियां हैं- राष्ट्रीय स्तर पर एमओईएफ प्रमुख दायित्वों का निर्वाह करता है, और 3 प्रतिभागी राज्यों वन और पर्यावरण विभाग अन्य तीन एजेंसियों के रूप में काम करते हैं।

भारतीय वन सर्वेक्षण

भारतीय वन सर्वेक्षण (एफएसआई) मंत्रालय के अंतर्गत एक संगठन है, जो एक नियमित अंतराल पर देश के वन संसाधनों का मूल्यांकन करता है। 1981 में स्थापित भारतीय वन सर्वेक्षण भारत सरकार द्वारा 1965 मे शुरू किए गए वन संसाधन निवेश सर्वेक्षण (पीआईएसएफआर) के स्थान पर आरंभ किया गया था, जो कि एफएओ और यूएनडीपी द्वारा प्रायोजित था। पीआईएसएफआर का मुख्य उद्देश्य देश के चयनित क्षेत्रों में लकड़ी आधारित उद्योगों की स्थापना के लिए कच्चे माल की उपलब्धता का पता लगाना था।

प्रमुख गतिविधियां

एफएसआई की प्रमुख गतिविधियां इस प्रकार हैं- दूर संवेदन प्रौद्योगिकी का इस्तेमाल करते हुए वनाच्छादित क्षेत्र का द्विवार्षिक मूल्यांकन, वनों (ग्रामीण और शहरी क्षेत्रों) के बाहर वन एवं वृक्षों की सूची तैयार करना, डाटा प्रोसेसिंग, विभिन्न प्रकार के सर्वेक्षण और सूचीकरण को अंजाम देने के लिए पद्धति डिजाइन करना, प्रशिक्षण और विस्तार, तथा परियोजनाएं और परामर्श सेवाएं।

वन आच्छादन मानचित्रण

एफएसआई उपग्रह से प्राप्त आंकड़ों की व्याख्या के जरिए द्विवार्षिक आधार पर देश के वन आच्छादन के मूल्यांकन में संलग्न है। यह मूल्यांकन द्विवार्षिक चक्र के अनुसार किया जाता है और तत्संबंधी जानकारी 'इंडिया स्टेट ऑफ फोरेस्ट रिपोर्ट' के रूप में प्रस्तुत की जाती है। 1987 से 2015 तक ऐसे मूल्यांकन के 14 चक्र पूरे किए जा चुके हैं। 15वें चक्र के लिए कार्य प्रगति पर है। देश के वन आच्छादन के अतिरिक्त वनों से बाहर वृक्षों की सूची संबंधी आंकड़ों का इस्तेमाल करते हुए वृक्षाच्छादन का मूल्यांकन भी किया जा रहा है। 2013 के मूल्यांकन की तुलना में देश के वनाच्छादन क्षेत्र में 3,775 वर्ग किलोमीटर और वृक्षाच्छादन क्षेत्र में 1,306 वर्ग किलोमीटर की बढ़ोतरी हुई है।

वन क्षेत्रों से बाहर के वृक्षों की सूची

वन क्षेत्रों से बाहर के वनों और वृक्षों की सूची तैयार करना एफएसआई की दूसरी प्रमुख गतिविधि है। एफएसआई 2002 से राष्ट्रीय वन सूची (एनएफआई) के लिए एक नए नमूना डिजाइन का अनुपालन कर रहा है। देश को प्राकृतिक भूगोल संबंधी 14 क्षेत्रों में विभाजित किया गया है और आकार के अनुपात के अनुमान के अनुसार इन क्षेत्रों में से बेतरतीब 60 जिलों का चयन दो वर्षीय चक्र में विस्तृत सूची तैयार करने के लिए किया गया है। देशभर में क्षेत्रीय सूचीकरण के लिए प्रत्येक चक्र में संवितरित वन क्षेत्रों में करीब 7,000 नमूना प्लॉट तैयार किए गए हैं। इस सूची के परिणाम स्वरूप राष्ट्रीय स्तर पर प्रजातिवार और व्यास श्रेणीवार बढ़ते हुए स्टॉक का आकलन किया जा सका है। वनों के सूचीकरण के अलावा, वन क्षेत्रों से बाहर के संसाधनों का सूचीकरण समवर्ती आधार पर भी किया जाता है ताकि 2 वर्षीय चक्र के आधार पर वन क्षेत्र से बाहर के बढ़ते स्टॉक का राष्ट्रीय अनुमान लगाया जा सके। वन क्षेत्र से बाहर के वनों के अंतर्गत करीब 10,000 नमूना प्लॉट तैयार किए जा रहे हैं। इंडिया स्टेट ऑफ फोरेस्ट रिपोर्ट-2015 (आईएसएफआर-2015) दिसंबर 2015 में प्रकाशित की गई।

जैव विविधता संरक्षण

जैव विविधता के संरक्षण (सीबीडी) संबंधी कन्वेंशन, 1992 में रियो डि जेनेरो में आयोजित प्रथम पृथ्वी सम्मेलन के दौरान पारित महत्वपूर्ण समझौतों में से एक था। सीबीडी के उद्देश्य इस प्रकार हैं:- जीव वैज्ञानिक विविधता का संरक्षण, इसके घटकों का स्थाई आधार पर उपयोग और आनुवांशिक संसाधनों के उपयोग से होने वाले लाभों का उचित और समानता पर आधारित वितरण। 1994 में भारत द्वारा सीबीडी का अनुमोदन किए जाने के पश्चात, कन्वेंशन के अंतर्गत प्रतिबद्धताएं पूरी करने और कन्वेंशन द्वारा प्रस्तावित अवसरों का लाभ उठाने के लिए अनेक उपाय किए गए हैं। इन उपायों का लक्ष्य विधायी, प्रशासनिक और नीतिगत व्यवस्थाओं को सीबीडी के तीन तरफा लक्ष्यों के अनुरूप बनाना था। भारत ने 2002 में जीव वैज्ञानिक विविधता अधिनियम बनाया ताकि इस कन्वेंशन के प्रावधानों को लागू किया जा सके। भारत ने 2008 में एक राष्ट्रीय जैव विविधता कार्ययोजना (एनबीएपी) भी तैयार की ओर 2014 में जैव विविधता के 20 राष्ट्रीय लक्ष्य तय करते हुए एक परिवर्द्धित जैव विविधता कार्ययोजना भी तैयार की।

2010 में सीबीडी के तत्वावधान में नागोया प्रोटोकोल अनुमोदित किया गया, जो पहुंच और लाभ में हिस्सेदारी से संबंधित था। इसका लक्ष्य आनुवांशिक संसाधनों के इस्तेमाल से होने वाले फायदों में उचित और समान हिस्सेदारी सुनिश्चित करना था। भारत द्वारा 2012 में सीबीडी से संबद्ध पक्षों के 11वें सम्मेलन (सीओपी-11) की मेजबानी के बाद, सीओपी की भारत की अध्यक्षता की अवधि में, भारत एबीएस के बारे में नागोया प्रोटोकोल के पक्षकारों द्वारा अपेक्षित संख्या में समपुष्टि कराने में सफल रहा, ताकि उसे 2014 में लागू किया जा सके। जैव विविधता अधिनियम के माध्यम के अलावा पहुंच और हितभागिता (एबीएस) के बारे में देशभर में नागोया प्रोटोकोल लागू किया जा रहा है।

जैव विविधता अधिनियम 3 स्तरीय संस्थागत व्यवस्था के जरिए कार्यान्वित किया जा रहा है। इन संस्थाओं में राष्ट्रीय जैव विविधता प्राधिकारण (एनबीए), राज्य जैव विविधता बोर्ड (एसबीबीज) और जैव विविधता प्रबंधन समितियां (बीएमसीज़) शामिल हैं। एनबीए एक स्वायत्त निकाय है, जो सरकार के लिए जैव विविधता संबंधी मामलों में सुविधा प्रदाता, नियामक और परामर्शदाता संबंधी कार्य करता है।

'वैधानिक संगठनों के क्षमता विकास के बारे में एक परियोजना प्रस्ताव विकसित किया गया ताकि भारत-जर्मनी जैव विविधता कार्यक्रम, यूरो 3 मिलियन के अंतर्गत भारत में पहुंच और लाभ हितभागिता (एबीएस)' व्यवस्था को कारगर ढंग से लागू किया जा सके। यह समझौता विकास-सहकारिता के बारे में 2015 में भारत-जर्मनी वार्ता के दौरान अनुमोदित किया गया था। यह परियोजना राष्ट्रीय जैव विविधता प्राधिकारण (एनबीए), के साथ देशभर में लागू की जाएगी और 3 प्रायोगिक राज्यों- महाराष्ट्र, तमिलनाडु और उत्तराखंड में प्रयोग के तौर पर यह परियोजना संबद्ध राज्य जैव विविधता बोर्डों द्वारा लागू की जाएगी।

मंत्रालय ने 2015 में जैव विविधता वित्तीय पहल (बायोफिन) को यूएनडीपी द्वारा संचालित वैश्विक कार्यक्रम में शामिल किया। इस कार्यक्रम का प्रबंधन एनबीए द्वारा किया जाता है और बायोफिन के कार्यान्वयन के लिए तकनीकी सहायता भारतीय वन्य जीव संस्थान तथा राष्ट्रीय लोक वित्त एवं नीति संस्थान द्वारा दी जा रही है। बायोफिन-इंडिया के बारे में प्रथम राष्ट्रीय हितभागी विचार-विमर्श 14-15 जनवरी, 2016 को नई दिल्ली में आयोजित किया गया।

22 मई, 2015 को देशभर में अंतरराष्ट्रीय जैव विविधता दिवस मनाया गया। वर्ष 2015 का विषय था– 'स्थाई विकास के लिए जैव विविधता'।

कच्छ वनस्पति और मूंगे की चट्टानों का संरक्षण और प्रबंधन

यह मंत्रालय देश में कच्छ वनस्पति और मूंगे की चट्टानों के संरक्षण और प्रबंधन को उच्च प्राथमिकता प्रदान करता है। उन सभी तटवर्ती राज्यों/केंद्रशासित प्रदेशों को शत–प्रतिशत केंद्रीय सहायता प्रदान की जाती है, जिन्होंने अपनी अनुमोदित प्रबंधन कार्ययोजनाओं के कार्यान्वयन के लिए ऐसी सहायता हेतु अनुरोध किया हो। इन कार्ययोजनाओं में 'बुनियादी' और 'आनुषंगिक' दोनों तरह की गतिविधियां होती हैं। इसके अलावा मंत्रालय कच्छ वनस्पति और प्रवाल जैव विविधता, तत्संबंधी प्रबंधन और इन क्षेत्रों में प्रदूषण के विभिन्न पहलुओं के बारे में लक्षित अनुसंधान पर बल देने वाली अनुसंधान और विकास गतिविधियों के लिए भी सहायता प्रदान करता है। सरकार ने कच्छ वनस्पति और मूंगे की चट्टानों के गहन संरक्षण और प्रबंधन के लिए देशभर में 38 कच्छ वनस्पति और 4 मूंगा चट्टान स्थलों का चयन किया है। चुने हुए स्थलों का ब्यौरा नीचे तालिका में दिया गया है:

तालिका : 1

भारत में चुने हुए कच्छ वनस्पति स्थलों की सूची

राज्य/केंद्रशासित प्रदेश		कच्छ वनस्पति स्थल
पश्चिम बंगाल	1.	सुंदरबन
ओडिशा	1.	भैतरकनिका
	2.	महानदी
	3.	सुवर्णरेखा
	4.	देवी
	5.	धर्मा
	6.	कच्छ वनस्पति आनुवांशिक संसाधन केंद्र
	7.	चिलका
आंध्र प्रदेश	1.	कोरिंगा
	2.	पूर्वी गोदावरी
	3.	कृष्णा
तमिलनाडु	1.	पीचावरम
	2.	मुथुपेट
	3.	रामनाद
	4.	पुलिकट
	5.	कझुवेली
अंडमान–निकोबार	1.	उत्तरी अंडमान–
	2.	निकोबार

केरल	1.	वेंबानाद
	2.	कन्नूर (उत्तरी केरल)
कर्नाटक	1.	कूंडापुर
	2.	दक्षिण कन्नड/हन्नावर
	3.	कारवाड़
	4.	मंगलुरु वन विभाग
गोवा	1.	गोवा
महाराष्ट्र	1.	अचरा रत्नागिरि
	2.	देवगर्ज-विजय दुर्ग
	3.	वेल्दूर
	4.	कुंडालिका-रेवडांडा
	5.	मुंबई-दिवा
	6.	विक्रोली
	7.	श्रीवर्धन
	8.	वैतरणा
	9.	वसई-मनोरी
	10.	मलवाण
गुजरात	1.	कच्छ की खाड़ी
	2.	खंबात की खाड़ी
	3.	डूमस उभ्रत
मूंगा चट्टान स्थल		
गुजरात	1.	कच्छ की खाड़ी
तमिलनाडु	2.	मन्नार की खाड़ी
अंडमान और निकोबार	3.	अंडमान और निकोबार मूंगा चट्टानें

कच्छ वनस्पति (मैंग्रोव)

देश में कच्छ वनस्पति क्षेत्र 4,740 वर्ग किलोमीटर में फैला है। कच्छ वनस्पति ऐसे पौधे हैं, जो अन्य पौधों के लिए प्रतिकूल समझी जाने वाली उच्च लवणता, ज्वारभाटा, तेज हवा के वेग, उच्च तापमान और गाद युक्त अवायवीय मृदा जैसी परिस्थितियों में पाए जाते हैं। कच्छ वनस्पति पारिस्थितिकी प्रणाली स्थलीय पारिस्थितिकी और समुद्री पारिस्थितिकी प्रणालियों के बीच एक सहजीवी संपर्क या सेतु का निर्माण करती है। यह वनस्पति आच्छादित तटों के अंतर-ज्वारीय क्षेत्रों, नदी मुहानों, संकरी खाड़ियों, अप्रवाही घाटियों, दलदली क्षेत्र और कीचड़ क्षेत्र में पाई जाती है। कच्छ वनस्पति सभी राज्यों/केंद्रशासित प्रदेशों में पाई गई है। भारत में दुनिया की कुछ सबसे बेहतरीन कच्छ वनस्पति मिलती हैं। देश में

सर्वाधिक कच्छ वनस्पति पश्चिम बंगाल में और उसके बाद गुजरात और अंडमान-निकोबार द्वीप समूह के तटवर्ती क्षेत्रों में पाई जाती है। परंतु, कच्छ वनस्पति उगने के लिए सभी तटवर्ती क्षेत्र उपयुक्त नहीं हैं, क्योंकि इसके विकास और रखरखाव के लिए खारे और ताजा जल का उचित मिश्रण और कीचड़ युक्त मृदा की तरह नरम स्थल आवश्यक होते हैं। मंत्रालय सभी चुने हुए कच्छ वनस्पति क्षेत्रों के संरक्षण और प्रबंधन के लिए राज्य वन विभागों को वित्तीय सहायता प्रदान करता है। इसके अलावा मंत्रालय कच्छ वनस्पति जैव विविधता, उसके प्रबंधन और चुने हुए क्षेत्रों में प्रदूषण के विभिन्न पहलुओं पर बल देते हुए किए जाने वाले लक्षित अनुसंधान और विकास गतिविधियों के लिए भी सहायता प्रदान करता है।

मूंगे की चट्टाने

भारत में मूंगे की चट्टाने 2383.87 वर्ग किलोमीटर में होने का अनुमान है। मूंगे की चट्टानें पथरीले मूंगा पोलिप (जंतु) का संयुक्त रूप होती हैं। ये चट्टाने सर्वाधिक गतिशील पारिस्थितिकी प्रणाली का स्वरूप हैं, जो समुद्री वनस्पति और वन्यजीवों को आश्रय एवं पोषण प्रदान करती हैं। वे तटरेखा और तटवर्ती आबादी के संरक्षक के रूप में काम करती हैं, जो मूंगा चट्टान पारिस्थितिकी प्रणाली पर ज्यादातर निर्भर रहते हैं, भले ही वे कहीं भी विद्यमान हों। 'मूंगा' शब्द का उपयोग एक निर्बल समुद्री जीव की जाति निडेरिया के विकल्प के रूप में किया जाता है, जिसमें नरम और सख्त मूंगा शामिल होते हैं। परंतु, 'मूंगा' शब्द का प्रयोग अक्सर आर्डर स्लेरेक्टिनिया की सख्त चट्टानों के लिए किया जाता है। भारत में गहन संरक्षण एवं प्रबंधन के लिए 4 प्रमुख मूंगा चट्टान क्षेत्रों की पहचान की गई है:- (i) मन्नार की खाड़ी, (ii) कच्छ की खाड़ी, (iii) लक्षद्वीप और (iv) अंडमान-निकोबार द्वीप समूह। निगरानी और देखरेख के जरिए निवारक पहलुओं पर अधिक बल दिया जाता है क्योकि बहाली कार्य महंगा और समय खपाऊ होता है। मंत्रालय इन सभी चार मूंगा चट्टान क्षेत्रों के संरक्षण और प्रबंधन के लिए संबद्ध राज्यों को वित्तीय सहायता प्रदान करता है। इसके अतिरिक्त मंत्रालय मूंगा जैव विविधता के प्रबंधन और इन क्षेत्रों में प्रदूषण के विभिन्न पहलुओं पर लक्षित अनुसंधान पर जोर देने के साथ अनुसंधान एवं विकास गतिविधियों में भी सहयोग प्रदान करता है।

जैव मंडल सुरक्षित क्षेत्र

भारतीय राष्ट्रीय मानव एवं जैव मंडल (एमएएम) समिति यूनेस्को के दिशानिर्देश और मानदंड का अनुपालन करते हुए जैव मंडल सुरक्षित क्षेत्र निर्दिष्ट करने के लिए संभावित स्थलों का चयन और अनुशंसा करती है। देश में 18 निर्दिष्ट जैव मंडल सुरक्षित क्षेत्र हैं। इन 18 क्षेत्रों में से 9 को यूनेस्को के जैव मंडल सुरक्षित क्षेत्रों के अंतरराष्ट्रीय नेटवर्क में शामिल किया गया है। इसके मुख्य उद्देश्य इस प्रकार हैं:- प्राकृतिक पारिस्थितिकी प्रणालियों में पौधों/जीव जंतुओं की विविधता और एकीकरण का संरक्षण; प्रजातियों की उस आनुवंशिक विविधता की रक्षा करना, जिस पर उनका सतत विकास निर्भर करता है; शिक्षा और प्रशिक्षण की सुविधाएं प्रदान करना; बहुआयामी अनुसंधान एवं जांच के क्षेत्र प्रदान करना और स्थानीय लोगों की आर्थिक समृद्धि में सुधार के लिए सर्वाधिक उपयुक्त प्रौद्योगिकी के जरिए प्राकृतिक संसाधनों का स्थायी उपयोग सुनिश्चित करना।

जैव सुरक्षा से संबंधित जैव विविधता संरक्षण कार्यक्रम

अनुवांशिक इंजीनियरी अनुमोदन समिति (जीईएसी)

जैव विविधता संरक्षण कार्यक्रम के अंतर्गत 2 प्रमुख उपघटक हैं: जैव विविधता और जैव सुरक्षा। जैव विविधता घटक के अंतर्गत जैविक विविधता संबंधी कन्वेंशन (सीबीडी) और राष्ट्रीय जैव विविधता प्राधिकरण को सहायता संबंधी गतिविधियां शामिल हैं। जैव विविधता संबंधी घटक के अंतर्गत अनुवांशिक इंजीनियरी अनुमोदन समिति/जैव सुरक्षा के बारे में कार्टाजेना प्रोटोकोल/दायित्व एवं निवारण संबंधी नागोया क्वालालंपुर सप्लीमेंटरी प्रोटोकोल संबंधी गतिविधियां शामिल हैं।

मंत्रालय ने पर्यावरण (संरक्षण) अधिनियम, 1986 के अंतर्गत खतरनाक सूक्ष्मजीव समूहों/अनुवांशिक रूप में यंत्रीकृत जीव समूहों या सेल्स के इस्तेमाल, आयात, निर्यात और भंडारण नियम (नियम, 1989) अधिसूचित किए हैं। ये नियम ऐसे खतरनाक सूक्ष्मजीव समूहों के अनुप्रयोग को कवर करते हैं, जो भले ही अनुवांशिक दृष्टि से परिष्कृत न हों। खतरनाक सूक्ष्म जीव समूहों में वे सभी शामिल हैं, जो जीव जंतुओं और पौधों दोनों के लिए रोगकारक हों।

कार्टाजेना जैव सुरक्षा प्रोटोकोल

कार्टाजेना जैव सुरक्षा प्रोटोकोल (सीबीपी) संबंधी बातचीत जैविक विविधता संबंधी कन्वेंशन (सीबीडी) के तत्वावधान में की गई और इसे 2000 में पारित किया गया। भारत इस प्रोटोकोल का एक सदस्य है। यह प्रोटोकोल 2003 में लागू हुआ। अभी तक 170 देश इस प्रोटोकोल के सदस्य बन चुके हैं।

प्रोटोकोल का मुख्य उद्देश्य मानव स्वास्थ्य के प्रति जोखिम को देखते हुए आधुनिक जैव प्रौद्योगिकी से उत्पन्न ऐसे सजीव परिष्कृत जीव समूहों (एलएमओज़) का सुरक्षित अंतरण, परिचालन और इस्तेमाल सुनिश्चित करना है, जिनका जैविक विविधता संरक्षण और उसके स्थाई इस्तेमाल पर दुष्प्रभाव पड़ने की आशंका हो।

नागोया क्वालालंपुर

दायित्व और निवारण संबंधी सप्लीमेंटरी प्रोटोकोल एक नई अंतरराष्ट्रीय संधि है, जिसे 6 वर्षों की गहन वार्ताओं के बाद 2010 में नागोया, जापान में हुई सीपीबी के अंतर्गत कांफ्रेंस से संबद्ध पक्षों की 5वीं बैठक (सीओपी एमओपी) में पारित किया गया था। इस कार्यक्रम से जैव सुरक्षा प्रबंधन प्रणालियों को सुदृढ़ बनाने और भारत में इस बारे में जागरुकता बढ़ाने में मदद मिलती है।

अनुवांशिक इंजीनियरी प्राक्कलन समिति

सभी अनुवांशिक परिष्कृत जीव समूह (जीएमओज़) और तत्संबंधी उत्पाद ईपीए, 1986 के नियम 1989 के अंतर्गत नियंत्रित हैं। नियम 1989 के कार्यान्वयन के लिए, उनकी स्थापना से लेकर 2015 तक संचालित गतिविधियों में निम्नांकित शामिल हैं:- जीएम प्रौद्योगिकी से संबंधित अनुप्रयोगों की समीक्षा के लिए निर्धारित कार्यक्रम के अनुसार अनुवांशिक इंजीनियरी प्राक्कलन समिति (जीईएसी) की मासिक बैठकें आयोजित करना। अभी तक जीईएसी की 126 बैठकें आयोजित की जा चुकी हैं। जीईएसी द्वारा किए गए अनुमोदनों की स्थिति नीचे दी गई है:

कपास की प्रथम जीएम फसल 'बीटी कॉटन' का 2002 में अनुमोदन किया गया। आज तक जीईएसी द्वारा बीटी कॉटन संबंधी 6 गतिविधियों के लिए पर्यावरण संबंधी मंजूरी प्रदान की गई है: जैव

सुरक्षा आंकड़े तैयार करने के लिए निजी और सार्वजनिक क्षेत्र के संस्थानों से विभिन्न जीएम फसलों के सीमित फील्ड परीक्षणों का अनुमोदन प्राप्त है। इनमें ट्रांसजेनिक मक्का, चावल, टमाटर, आलू, कैस्टर, रबड़, कपास, बैंगन, सरसों, मूंगफली, ज्वार, गेहूं, तरबूज, पपीता, गन्ना, केला, अरहर, सफेद चना, समरी शामिल हैं। जीईएसी द्वारा निर्धारित जैव सुरक्षा दिशा निर्देशों में निम्नांकित शामिल हैं:- पुनर्संयोजक डीएनए सुरक्षा दिशा निर्देश, 1990 और 1994; ट्रांसजेनिक पौधों में अनुसंधान के लिए संशोधित दिशा निर्देश और विषाक्तता एवं एलर्जी उत्पन्न करने वाले पदार्थों के मूल्यांकन संबंधी दिशा निर्देश 1998; ट्रांसजेनिक पौधों के सीमित फील्ड ट्रायल संचालित करने हेतु दिशा निर्देश और मानक प्रचालन प्रक्रियाएं 2008.

जीईएसी ने 'गतिविधि आधारित अनुमोदन' व्यवस्था अपनाई है, जिसमें बीटी कॉटन की संकर किस्मों को वाणिज्यिक रूप में जारी करने के लिए एक नई प्रक्रिया अपनाई गई है। 5 फसलों-कपास, बैंगन, चावल, भिंडी और मक्का के लिए जैविक दस्तावेज पूरे कर लिए गए हैं।

वन नीति

वन नीति प्रभाग यूएस एड/इंडिया- 'फोरेस्ट प्लस प्रोग्राम' के साथ समन्वय के लिए एक नोडल प्रभाग है। इस कार्यक्रम पर 2010 में भारत सरकार (आर्थिक मामले विभाग) और संयुक्त राज्य अमरीका के बीच भागीदारी समझौते के अंतर्गत स्थाई वन और जलवायु अनुकूलन परियोजना में समन्वयन के लिए हस्ताक्षर किए गए। यूएस एड का योगदान 2.7 करोड़ अमरीकी डॉलर और भारत सरकार का योगदान 90 लाख अमरीकी डॉलर का है। यह कार्यक्रम वनरोपण, संरक्षण और वनों के स्थायी प्रबंधन, जलवायु लचीलापन संवर्धन, क्षमता निर्माण, वैज्ञानिक/तकनीकी आदान प्रदान कार्यक्रमों आदि के माध्यम से आरडीडी+ और संवर्धित कार्बन प्रच्छादन पर ध्यान केंद्रित करता है। फोरेस्ट+प्रोग्राम 4 राज्यों-मध्य प्रदेश, हिमाचल प्रदेश, कर्नाटक और सिक्किम में लागू किया जा रहा है।

संक्षिप्त जानकारी और उद्देश्य

भारतीय वन अधिनियम, 1927 (आईएएफ) वनों के संरक्षण और प्रबंधन, वन उत्पादों और इमारती लकड़ी की ढुलाई, और इमारती लकड़ी तथा अन्य वन उत्पादों पर लगाए जाने वाले शुल्क के लिए एक कानूनी फ्रेमवर्क प्रदान करता है। वन अधिनियम एक प्रमुख कानून है, जो देश में वनों के प्रबंधन का बुनियादी ढांचा प्रदान करता है। इसके अंतर्गत आरक्षित, संरक्षित और ग्राम वनों की अधिसूचना सुनिश्चित करने की व्यवस्था करना, देश के वन संसाधनों, वन जैव विविधता और वन्य जीवों का संरक्षण शामिल है।

राष्ट्रीय वन नीति, 1988 का उद्देश्य देश के समग्र भूमि क्षेत्र का एक तिहाई भाग वनों के लिए सुनिश्चित करना है। इसे राज्यों/केंद्रशासित प्रदेशों को भेजा गया है, ताकि उनके विचार जाने जा सकें।

वन्यजीव संरक्षण

भारत में संरक्षित वन क्षेत्र नेटवर्क के अंतर्गत 730 संरक्षित क्षेत्र (103 राष्ट्रीय उद्यान, 535 वन्यजीव अभयारण्य, 66 सुरक्षित संरक्षण क्षेत्र और 26 सामुदायिक क्षेत्र) शामिल हैं। इस योजना के अंतर्गत निम्नांकित घटक भी शामिल हैं- 'संरक्षित क्षेत्रों से बाहर वन्य जीवों का संरक्षण' और 'चिंताजनक ढंग से खतरे में पड़ी प्रजातियों और परिवासों को बचाने के लिए जीर्णोद्धार कार्यक्रम।'

लक्ष्य

इसके लक्ष्यों में निम्नांकित शामिल हैं:- संरक्षित क्षेत्र नेटवर्कों का विकास और प्रबंधन, संरक्षित क्षेत्रों के भीतर और उनसे बाहर वन्यजीव संरक्षण में राज्यों/केंद्रशासित प्रदशों की सहायता करना; संरक्षित क्षेत्रों/उच्च गुणवत्तापूर्ण जैव विविधता संरचनाओं के बेहतर संरक्षण और प्रबंधन के लिए सुविधाएं जुटाना; पारिस्थितिकी विकास, प्रशिक्षण, क्षमता निर्माण, और अनुसंधान अध्ययन के लिए धन एवं अन्य सहायता प्रदान करना; और सुरक्षित क्षेत्रों के अंतर्गत आने वाले गांवों का उनकी इच्छा के अनुसार सुरक्षित क्षेत्र के बाहर पुनर्स्थापन और उनके अधिकारों का निपटारा।

वन्यजीव अपराध नियंत्रण ब्यूरो

वन्यजीव अपराध नियंत्रण ब्यूरो (डब्ल्यूसीसीबी) एक बहु-विषयी सांविधिक निकाय है। इसका लक्ष्य देश में संगठित वन्यजीव अपराधों से निपटना है। ब्यूरो का मुख्यालय नई दिल्ली में है और इसके पांच क्षेत्रीय कार्यालय दिल्ली, कोलकाता, मुंबई, चेन्नई और जबलपुर में स्थित हैं; जबकि तीन उप क्षेत्रीय कार्यालय गुवाहाटी, अमृतसर और कोचीन में हैं। इसकी पांच सीमावर्ती यूनिटें रामनाथपुरम, गोरखपुर, मोतिहारी, नाथु-ला और मोरेह में स्थित हैं। वन्यजीव (संरक्षण अधिनियम) 1972 की धारा 38 (जेड) के अंतर्गत यह अनिवार्य है कि संगठित वन्यजीव अपराध गतिविधियों से संबंधित जानकारी एकत्र की जाए और परिकलन किया जाए तथा उसे राज्यों एवं अन्य प्रवर्तन एजेंसियों को भेजा जाए ताकि वे अपराधियों को पकड़ने के लिए तत्काल कार्रवाई कर सकें; एक केंद्रीकृत वन्यजीव अपराध डेटा बैंक स्थापित कर सकें; अधिनियम के प्रावधानों के प्रवर्तन के बारे में विभिन्न एजेंसियों द्वारा कार्रवाइयों में समन्वय स्थापित किया जा सके; वन्यजीव अपराध नियंत्रण के लिए समन्वय और सार्वभौम कार्रवाई को सुगम बनाने के लिए विदेशी प्राधिकरणों और अंतरराष्ट्रीय संगठनों की सहायता की जा सके; वन्यजीव अपराध प्रवर्तन एजेंसियों में क्षमता निर्माण करना ताकि वे वैज्ञानिक और व्यावसायिक ढंग से वन्यजीव अपराधों की जांच कर सकें तथा राज्य सरकारों की सहायता करना ताकि वन्यजीव अपराधों से संबंधित मुकदमों में सफलता सुनिश्चित की जा सके; और वन्यजीव अपराधों से संबंधित राष्ट्रीय एवं अंतरराष्ट्रीय दृष्टि से महत्वपूर्ण मुद्दों तथा संबद्ध नीति एवं कानूनों के बारे में भारत सरकार को परामर्श दिया जा सके।

केंद्रीय चिड़ियाघर प्राधिकरण

केंद्रीय चिड़ियाघर प्राधिकरण का मुख्य उद्देश्य भारतीय चिड़ियाघरों में जीव जंतुओं के रखरखाव एवं स्वास्थ्य देखभाल के लिए न्यूनतम मानक और मानदंड सुनिश्चित करना तथा ठीक से परिकल्पित न किए गए, ठीक से योजना न बनाए गए चिड़ियाघरों की बढ़ती संख्या पर नियंत्रण करना, मौजूदा चिड़ियाघरों पर निगरानी और उनका मूल्यांकन करना तथा देश में चिड़ियाघरों में सुधार के लिए अर्थोपाय सुझाना है ताकि उन्हें खतरे में पड़ी वन्यजीव प्रजातियों के स्व-स्थान संरक्षण के संभावित संरक्षा केंद्रों के रूप में रूपांतरित किया जा सके।

हाथी परियोजना

हाथी परियोजना (पीई) 1991-92 में केंद्र प्रायोजित कार्यक्रम के रूप में शुरू की गई थी। इसके निम्नांकित उद्देश्य हैं:- हाथियों, उनके परिवासों और गलियारों की रक्षा करना; मानव पशु संघर्ष के मुद्दों का समाधान करना; और पालतू हाथियों का कल्याण करना।

देश में उन राज्यों को वित्तीय और तकनीकी सहायता प्रदान की जा रही है, जहां हाथियों की संख्या अधिक है। इस कार्यक्रम के अंतर्गत संबद्ध राज्य सरकार को हाथी परिवासों के वैज्ञानिक प्रबंधन के लिए विभिन्न प्रकार की कार्यवाहियां शुरू करने हेतु शत-प्रतिशत वित्तीय सहायता प्रदान की जाती है। वर्तमान में यह परियोजना 22 राज्यों/केंद्रशासित प्रदेशों में चलाई जा रही है। इनमें आंध्र प्रदेश, अरुणाचल प्रदेश, असम, छत्तीसगढ़, झारखंड, कर्नाटक, केरल, महाराष्ट्र, मेघालय, नगालैंड, ओडिशा, तमिलनाडु, त्रिपुरा, उत्तराखंड, उत्तर प्रदेश, पश्चिम बंगाल, राजस्थान, अंडमान निकोबार, बिहार, पंजाब, गुजरात और हरियाणा (जहां हाथी परियोजना में मदद पहुंचाने के लिए एक हाथी बचाव केंद्र स्थापित किया गया है) शामिल हैं। देश में 29 अधिसूचित और 2 प्रस्तावित (मेघालय में खासी हिल्स और छत्तीसगढ़ में लेमरू) हाथी सुरक्षित क्षेत्र हैं।

बाघ परियोजना/राष्ट्रीय बाघ संरक्षण प्राधिकरण (एनटीसीए)

केंद्र प्रायोजित योजना बाघ परियोजना अप्रैल 1973 में शुरू की गई थी। इसका उद्देश्य वैज्ञानिक, आर्थिक, कलात्मक, सांस्कृतिक और पारिस्थितिकी मूल्यों के लिए बाघों की आबादी के रखरखाव को सुनिश्चित करना और लोगों के लाभ, शिक्षा और मनोरंजन के लिए इसकी जैविक महत्ता को देखते हुए एक राष्ट्रीय धरोहर के रूप में हर समय इसकी रक्षा करना है।

पशु कल्याण

भारतीय पशु कल्याण बोर्ड

पशु कल्याण प्रभाग का उद्देश्य पशुओं के प्रति निर्दयता निवारण (पीसीए) अधिनियम, 1960 के प्रावधानों के संदर्भ में पशुओं को अनावश्यक दर्द और कष्ट पहुंचाए जाने की प्रवृत्ति पर रोक लगाना है। सामान्य पशु कल्याण के अंतर्गत पृथक पशुओं, मुख्य रूप से पालतू पशुओं और कैद में रखे गए जंगली जीव जंतुओं का कल्याण भी शामिल किया गया है। तत्संबंधी गतिविधियां भारतीय पशु कल्याण बोर्ड, चेन्नई, तमिलनाडु के तत्वावधान में आयोजित की जाती हैं।

भारतीय पशु कल्याण बोर्ड द्वारा केंद्रीय क्षेत्र के निम्नांकित कार्यक्रम चलाए जा रहे हैं:- (क) भारतीय पशु कल्याण बोर्ड योजना कार्यक्रम; (ख) पशुओं की देखरेख के लिए आश्रय गृह कार्यक्रम; (ग) आवारा कुत्तों की नसबंदी और रोग प्रतिरक्षण कार्यक्रम; (घ) आपदा में फंसे पशुओं के लिए एम्बुलेंस सेवाएं उपलब्ध कराने का कार्यक्रम; और (ङ) राष्ट्रीय आपदाओं एवं अप्रत्याशित परिस्थितियों के दौरान पशुओं को राहत पहुंचाने का कार्यक्रम।

पशुओं पर परीक्षणों के नियंत्रण और पर्यवेक्षण प्रयोजनार्थ समिति (सीपीसीएसईए)

पशुओं पर परीक्षण के नियंत्रण और पर्यवेक्षण प्रयोजनार्थ समिति (सीपीसीएसईए) की स्थापना पशुओं के प्रति निर्दयता निवारण अधिनियम, 1960 के अध्याय 4, धारा 15(1) के अंतर्गत की गई। सीपीसीएसईए एक सांविधिक समिति है, जो ऐसे सभी उपाय करने के लिए दायित्वबद्ध है, जो यह सुनिश्चित करने के लिए अनिवार्य हों कि पशुओं पर परीक्षण किए जाने से पहले, परीक्षण के दौरान या परीक्षण के उपरांत उन्हें अनावश्यक दर्द अथवा कष्ट न हो।

राष्ट्रीय पशु कल्याण संस्थान

राष्ट्रीय पशु कल्याण संस्थान (एनआईएडब्ल्यू) की स्थापना पर्यावरण एवं वन मंत्रालय के एक अधीनस्थ कार्यालय के रूप में की गई है। एनआईएडब्ल्यू का उद्देश्य विविधता के आधार पर पशु कल्याण के बारे में प्रशिक्षण और शिक्षा प्रदान करना है। इसमें अन्य बातों के अलावा पशु प्रबंधन, उनके व्यवहार और तत्संबंधी आचार नीति की जानकारी देना शामिल है। इसका उद्देश्य एक ऐसे सक्षम वातावरण का निर्माण करना है, जिसमें पशुओं के प्रति निर्दयता निवारण अधिनियम, 1960 में वर्णित सांविधिक अपेक्षाएं पूरी की जा सकें। एनआईएडब्ल्यू का लक्ष्य शिक्षा अनुसंधान और जनसंपर्क के जरिए पशुओं के कल्याण की आवश्यकता पूरी करना है। यह संस्थान जनवरी 2006 से काम कर रहा है।

पर्यावरणीय प्रभाव मूल्यांकन

पर्यावरणीय प्रभाव मूल्यांकन (ईआईए), 2006 और तटीय नियमन क्षेत्र (सीआरज़ेड), 2011 नामक प्रक्रियाओं में समय-समय पर संशोधन किया जाता रहा है, ताकि मंजूरी देने संबंधी प्रक्रिया को अधिक सुचारू बनाया जा सके। स्थायी विकास का लक्ष्य हासिल करने के लिए विकासात्मक प्रक्रिया में पर्यावरणीय सरोकारों को जोड़ने की आवश्यकता से उत्पन्न मुद्दों के समाधान के लिए भी संशोधन किए गए हैं। विकास परियोजना(ओं) के लिए पर्यावरण संबंधी मंजूरी प्रदान करते समय, आवश्यक शर्तें, पर्यावरण सुरक्षा मानदंड और उपाय निर्धारित किए जाते हैं ताकि परियोजना के निर्माण एवं प्रचालन के दौरान उसका कार्यान्वयन प्रभावकारी ढंग से किया जा सके। दुष्प्रभाव न्यूनतम करने के प्रयोजन से किए जाने वाले सुरक्षा उपायों में अन्य बातों के अलावा निम्नांकित शामिल हैं- (i) वायु गुणवत्ता, (ii) जल गुणवत्ता, (iii) भूमि ह्रास, (iv) जैव विविधता और (v) वन्यजीव परिवास। इसके अतिरिक्त वर्षा जल संरक्षण, जल संरक्षण, हरित क्षेत्र और बागान; वन्यजीव संरक्षण योजना, आदि उपाय भी किसी परियोजना के दौरान कार्यान्वित करने की आवश्यकता होती है।

विकास परियोजनाओं से संबंधित पर्यावरणीय मंजूरी

ईआईए अधिसूचना, 2006 के प्रावधानों के अनुसार वर्ष के दौरान उद्योग, नव-निर्माण और औद्योगिक परिसंपत्ति, बुनियादी ढांचा-2 (विविध परियोजनाएं और सीआरज़ेड); गैर-कोयला खनन, कोयला खनन, नदी घाटी और पन-विद्युत परियोजनाएं; ताप परियोजनाएं और परमाणु परियोजनाएं जैसे क्षेत्रों से श्रेणी 'क' से संबंधित परियोजनाओं के मूल्यांकन के लिए वर्ष के दौरान विभिन्न क्षेत्रगत विशेषज्ञ मूल्यांकन समितियों की कई बैठकें आयोजित की गईं। मूल्यांकन प्रक्रिया के हिस्से के रूप में आवश्यकता पड़ने पर, विशेषज्ञ मूल्यांकन समिति ने भी जमीनी वास्तविकताओं के बारे में मौके पर जाकर सीधे जानकारी प्राप्त करने और आसपास रहने वाले लोगों के विचार जानने के लिए परियोजना स्थलों का दौरा भी किया। 508 परियोजनाओं को पर्यावरण संबंधी मंजूरी प्रदान की गई है।

प्रदूषण नियंत्रण

वायु प्रदूषण नियंत्रण

राष्ट्रीय वायु गुणवत्ता सूचकांक (एक्यूआई) की शुरुआत 2015 में की गई। एक्यूआई केंद्रीय प्रदूषण नियंत्रण बोर्ड (सीपीसीबी) के वेब पोर्टल पर लोड किया गया एक उपकरण है, जो आठ प्रदूषकों पर विचार करते हुए चुने हुए शहरों की परिवेशी वायु गुणवत्ता की स्थिति के बारे में लोगों को जानकारी प्रदान करता है। ये प्रदूषक हैं- सल्फर डाईआक्साइड, नाइट्रोजन डाईआक्साइड, सीसा, ओजोन, पीएम 10,

पीएम 2.5, कार्बन मोनोऑक्साइड और अमोनिया। राष्ट्रीय परिवेशी वायु गुणवत्ता मानकों (एनएएक्यूएस-2009) में निर्धारित मानदंडों के अनुसार यह जानकारी अल्पावधि (24 घंटे तक) के लिए दी जाती है। उक्त वायु प्रदूषकों पर निगरानी सतत परिवेशी वायु गुणवत्ता निगरानी केंद्रों (सीएएक्यूएम्ज़) द्वारा रखी जाती है, जो केंद्रीय प्रदूषण नियंत्रण बोर्ड (सीपीसीबी) और राज्यों के प्रदूषण नियंत्रण बोर्डों के जरिए निगरानी रखते है। राष्ट्रीय एक्यूआई एक महत्वपूर्ण उपकरण है, जो ई-गवर्नेंस उपायों के हिस्से के रूप में निर्णय समर्थक प्रणाली कायम करने में राष्ट्र की मदद करता है। सीपीसीबी ने सीएएक्यूएम स्टेशनों के आंकड़ों के आधार पर 10 शहरों के लिए वायु गुणवत्ता सूचकांक (एक्यूआई) सम्प्रेषित करना शुरू किया। वर्तमान में राष्ट्रीय वायु गुणवत्ता सूचकांक की वेब आधारित प्रणाली में 22 शहर जुड़ गए हैं। ये हैं- आगरा, अहमदाबाद, बंगलुरु, चंद्रपुर, चेन्नई, दिल्ली, फरीदाबाद, गया, गुड़गांव, हल्दिया, हैदराबाद, जयपुर, जोधपुर, कानपुर, लखनऊ, मुंबई, मुजफ्फरपुर, नवी मुंबई, पंचकूला, पटना, पुणे और वाराणसी।

पर्यावरणीय मानकों का विकास

राष्ट्रीय पर्यावरण नीति, 2006 मंजूर किए जाने के परिणाम स्वरूप मंत्रालय ने पर्यावरणीय मानदंड विकसित करने के लिए एक विशेषज्ञ समिति (ईसी) का गठन किया था। उक्त समिति का पुनर्गठन किया गया है। इस समिति में अब समाज वैज्ञानिक, जन-स्वास्थ्य विशेषज्ञ और पर्यावरण अर्थशास्त्री शामिल किए गए हैं।

राष्ट्रीय परिवेशी ध्वनि निगरानी नेटवर्क कार्यक्रम

राष्ट्रीय पर्यावरण नीति (एनईपी)-2006 की धारा 5.2.8 (IV) के अनुसार, परिवेशी ध्वनि को पर्यावरणीय गुणवत्ता मानदंड के रूप में शामिल किया गया है और निर्दिष्ट शहरी क्षेत्रों में नियमित रूप से इसकी जांच का प्रावधान किया गया है। केंद्रीय प्रदूषण नियंत्रण बोर्ड ने 2010-11 के दौरान राज्यों के प्रदूषण नियंत्रण बोर्डों के साथ मिल कर 9 मेट्रोपोलिटन शहरों में राष्ट्रीय परिवेशी ध्वनि निगरानी नेटवर्क (एनएएनएमएन) कायम किया है और मुंबई, दिल्ली, कोलकाता, चेन्नई, बंगलुरु, लखनऊ और हैदराबाद (प्रत्येक शहर में 5 निगरानी प्रणालियां) में 35 ध्वनि निगरानी प्रणालियां संस्थापित कीं। 2014-15 के दौरान नेटवर्क को सुदृढ़ बनाने के प्रयास करते हुए इन्हीं 7 मेट्रोपोलिटन शहरों में 35 अतिरिक्त ध्वनि निगरानी केंद्र स्थापित किए। इस प्रकार निगरानी नेटवर्क में केंद्रों की संख्या 70 पर पहुंच गई।

प्रदूषण उपशमन के लिए सहायता

मंत्रालय 7वीं पंचवर्षीय योजना (1990-1995) से 'प्रदूषण उपशमन के लिए सहायता' कार्यक्रम कार्यान्वित कर रहा है। 11वीं पंचवर्षीय योजना के दौरान इस कार्यक्रम के लिए ₹ 45 करोड़ (नीति एवं कानून और पर्यावरण स्वास्थ्य प्रकोष्ठ कार्यक्रम सहित) आवंटित किए गए। 'प्रदूषण उपशमन के लिए सहायता' एक केंद्र प्रायोजित कार्यक्रम है।

ऑटो ईंधन नीति

'ऑटो ईंधन लक्ष्य और नीति-2015' से संबंधित विशेषज्ञ समिति का गठन 19 दिसंबर, 2013 को पेट्रोलियम और प्राकृतिक गैस मंत्रालय द्वारा किया गया था। पर्यावरण मंत्रालय भी इस समिति के सदस्यों में से एक है।

प्रक्रिया सरल बनाने के क्रम में मंत्रालय द्वारा यह निर्णय किया गया है कि संयुक्त निरीक्षण की प्रक्रिया बंद की जाए और पर्यावरणीय प्रयोगशालाओं को मान्यता यह मानदंड पूरा करने के अधीन दी जाए कि सभी पर्यावरणीय प्रयोगशालाएं (प्राइवेट/स्वयंसेवी संगठन)/सरकारी/स्वायत्त/प्राइवेट क्षेत्र/सार्वजनिक क्षेत्र के प्रतिष्ठान/शैक्षिक संस्थान/राज्य/केंद्रीय प्रदूषण नियंत्रण बोर्ड प्रयोगशालाओं को पर्यावरणीय (संरक्षण) अधिनियम, 1986 के अंतर्गत मान्यता के लिए आवेदन जमा कराने से पहले उनके पास आईएसओ 17,025 (एनएबीएल प्रत्यायन) अथवा ओएचएसएएस 18,001 (ऑक्यूपेशनल हेल्थ एंड सेफ्टी मैनेजमेंट सिस्टम) सहित आईएसओ 9,001 प्रमाण–पत्र होना चाहिए, जो राज्य प्रदूषण नियंत्रण बोर्ड द्वारा भी सत्यापित किया गया हो। आवेदक को एक शपथपत्र देना होगा कि प्रयोगशाला की सभी गतिविधियां आईएसओ 17,025 (एनएबीएल प्रत्यायन) अथवा ओएचएसएएस 18,001 (व्यावसायिक स्वास्थ्य एवं सुरक्षा प्रबंधन प्रणाली) सहित आईएसओ 9,001 प्रमाण–पत्र के अनुरूप संचालित की जा रही हैं।

पर्यावरणीय स्वास्थ्य

मंत्रालय ने घरेलू और बाहरी प्रदूषण के विभिन्न क्षेत्रों में पर्यावरणीय महामारी का अध्ययन शुरू किया है ताकि आंकड़ा आधार तैयार करने और पर्यावरणीय उपशमन उपाय सुझाने के लिए कार्यक्रमों की पहचान और उनका विकास किया जा सके। परिवेशी वायु प्रदूषण के स्वास्थ्य पर पड़ने वाले दुष्प्रभावों के बारे में निरंतर अनुसंधान जरूरी है ताकि बदलती प्रवृत्तियों का मूल्यांकन किया जा सके और सुधार के उपाय सुझाए जा सकें।

साझा उत्प्रवाही उपचार संयंत्र कार्यक्रम

साझा उत्प्रवाही उपचार संयंत्रों (सीईटीपीज़) की स्थापना की धारणा प्रदूषण नियंत्रण के लिए सहकारी आंदोलन चलाने के प्रयासों के अंतर्गत सामने आई। सीईटीपीज़ का मुख्य उद्देश्य किसी सदस्य यूनिट द्वारा अकेले वहन की जाने वाली उपचार की लागत में कमी लाना है ताकि न्यूनतम लागत के साथ पर्यावरण की अधिकतम संरक्षा की जा सके। उत्प्रवाही जल उपचार और जल संरक्षण सीईटीपी के प्रमुख उद्देश्यों में शामिल है। सीईटीपीज़ की धारणा का विकास उपयुक्त लघु उद्योगों के समूह से होने वाले उत्प्रवाह के उपचार को ध्यान में रख कर किया गया। इसमें यह व्यवस्था भी है कि एक बार सीईटीपीज़ के कार्यान्वयन और चालू हो जाने के बाद प्रदूषण नियंत्रण और जल प्रदूषण की निगरानी के लिए काम करने वाले विभिन्न सरकारी प्राधिकरणों का बोझ कम किया जा सकेगा।

ताज संरक्षण अभियान

उच्चतम न्यायालय के आदेश के अनुपालन में विश्व धरोहर स्थल, ताजमहल के पर्यावरण संरक्षण की परियोजनाएं मंत्रालय द्वारा प्रारंभ और वित्त पोषित की गईं। योजना आयोग ने ताजमहल की पर्यावरणीय सुरक्षा के लिए ताज असमान्तरभुज क्षेत्र (ट्रेपीजियम जोन) में 50:50 के अनुपात में राज्य सरकारों के साथ साझेदारी के आधार पर 600 करोड़ रुपये मंजूर किए। इस कार्यक्रम के प्रथम चरण में 9वीं पंचवर्षीय योजना के दौरान सरकार ने 10 परियोजनाओं का अनुमोदन किया और उत्तर प्रदेश सरकार द्वारा उन्हें लागू किया गया।

केंद्रीय प्रदूषण नियंत्रण बोर्ड

जल (प्रदूषण रोकथाम और नियंत्रण) अधिनियम, 1974 के प्रावधानों के अंतर्गत केंद्र सरकार ने 1974 में जल प्रदूषण की रोकथाम और नियंत्रण के लिए केंद्रीय बोर्ड का गठन किया। बाद में जल (प्रदूषण की रोकथाम और नियंत्रण) संशोधन अधिनियम, 1988 (1988 का 53) के अंतर्गत इस बोर्ड को केंद्रीय प्रदूषण नियंत्रण बोर्ड (सीपीसीडी) का संशोधित नाम दिया गया। पर्यावरण के संरक्षण के लिए उपायों के प्रवर्तन हेतु एक प्रमुख कानून के रूप में पर्यावरण (संरक्षण) अधिनियम, 1986 के अधिनियमित होने और इस अधिनियम के अंतर्गत विभिन्न नियमों के अधिसूचित होने के साथ केंद्रीय बोर्ड की गतिविधियों का क्षेत्र व्यापक हो गया।

एनएएक्यूएस 2009 में अधिसूचित 12 मानदंडों में से परिवेशी वायु गुणवत्ता के अंतर्गत 8 मानदंडों की जांच की जाती है, ये हैं- एसओ-2, एनओ-2, एनएच-2, ओ-3, सीओ-1, बेंजीन, पीएम-10 और पीएम-2.3। वायु गुणवत्ता सूचकांक 41 केंद्रों से भी जारी किए जा रहे हैं।

रेड, ऑरेंज, ग्रीन और व्हाइट श्रेणी के अंतर्गत औद्योगिक क्षेत्रों का वर्गीकरण

सीपीसीबी, एपीपीसीबी, टीएनपीसीबी, डब्ल्यूबीपीसीबी, पीपीसीबी, एमपीपीसीबी और महाराष्ट्र पीसीबी से सदस्य शामिल करते हुए एक 'कार्य समूह' का गठन किया गया, ताकि औद्योगिक क्षेत्रों के वर्गीकरण के मानदंड फिर से निर्धारित किए जा सकें। इस कार्य समूह ने प्रदूषण सूचकांक के मानदंड विकसित किए हैं, जो उत्सर्जनों (वायु प्रदूषकों), उत्प्रवाहियों (जल प्रदूषक), उत्सर्जित खतरनाक क़चरे और संसाधनों की खपत से संबंधित हैं। इस प्रयोजन के लिए जल (प्रदूषण रोकथाम और नियंत्रण) उप कर (संशोधन) अधिनियम, 2003, पर्यावरण (संरक्षण) अधिनियम, 1986 और पर्यावरण, वन एवं जलवायु परिवर्तन मंत्रालय द्वारा जारी की गई दून घाटी अधिसूचना, 1989 से संदर्भ लिए गए। तदनुरूप औद्योगिक क्षेत्रों के वर्गीकरण के प्रयोजन के लिए 'प्रदूषण सूचकांक की सीमा' को अंतिम रूप दिया गया है। 60 और उससे ऊपर प्रदूषण सूचकांक स्कोर रखने वाले औद्योगिक क्षेत्र- रेड श्रेणी, 41 से 59 तक प्रदूषण सूचकांक स्कोर रखने वाले औद्योगिक क्षेत्र- ऑरेंज श्रेणी, 21 से 40 तक प्रदूषण सूचकांक स्कोर रखने वाले औद्योगिक क्षेत्र- ग्रीन श्रेणी, 20 तक प्रदूषण सूचकांक स्कोर रखने वाले औद्योगिक क्षेत्र- व्हाइट श्रेणी।

नई प्रारंभ की गई उद्योगों की व्हाइट श्रेणी के अंतर्गत ऐसे औद्योगिक क्षेत्र आते हैं, जो व्यावहारिक दृष्टि से गैर-प्रदूषक हैं।

खतरनाक पदार्थ प्रबंधन

खतरनाक पदार्थ प्रबंधन प्रभाग (एचएसएमडी) मंत्रालय में रासायनिक आपात स्थितियों और खतरनाक पदार्थों के प्रबंधन के लिए देश में एक नोडल बिंदु है। इस कार्यक्रम का मुख्य उद्देश्य खतरनाक रसायनों और खतरनाक क़चरे सहित खतरनाक पदार्थों के सुरक्षित प्रबंधन और इस्तेमाल को बढ़ावा देना है, ताकि स्वास्थ्य और पर्यावरण को होने वाली क्षति से बचा जा सके। यह प्रभाग निम्नांकित अंतरराष्ट्रीय कन्वेंशनों/समझौतों के लिए भी एक नोडल बिंदु है। जैसे (क) खतरनाक क़चरे और उसके निपटान के लिए सीमा पार नियंत्रण के बारे में बासिल कन्वेंशन; (ख) अंतरराष्ट्रीय व्यापार में विभिन्न रसायनों और कीटनाशकों के लिए पूर्व सूचना सहमति संबंधी रोटर्डम कन्वेशन; (ग) सतत कार्बनिक प्रदूषकों के बारे में स्टॉकहोम कन्वेंशन; (घ) अंतरराष्ट्रीय रसायन प्रबंधन के बारे में कार्यनीतिक दृष्टिकोण; और (ङ) पारे के बारे में मिनामाटा कन्वेंशन।

रासायनिक सुरक्षा

मंत्रालय ने देश में रासायनिक सुरक्षा सुनिश्चित करने के लिए खतरनाक रसायनों का विनिर्माण, भंडारण और आयात नियम, 1989 तथा रासायनिक दुर्घटनाएं (आपात योजना, तैयारी और कार्रवाई) नियम, 1996 अधिसूचित किए हैं। ये नियम प्रमुख दुर्घटना जोखिम (एमएएच) इकाई की पहचान के लिए मानदंड निर्धारित करते हैं। नियमों के अनुसार केंद्र, राज्य, जिला और स्थानीय स्तर पर क्रमशः केंद्रीय संकट समूह, राज्य संकट समूह, जिला संकट समूह और स्थानीय संकट समूह गठित किए जाते हैं ताकि नियमों में सूचीबद्ध खतरनाक रसायनों के परिचालन के कारण होने वाली दुर्घटनाओं का प्रबंधन किया जा सके। एमएएच इकाई रखने वाले जिले के लिए ऑफ-साइट आपात योजना बनाई जाती है ताकि रासायनिक दुर्घटनाओं का प्रभाव कम से कम किया जा सके। विभिन्न राज्यों और केंद्रशासित प्रदेशों से प्राप्त जानकारी के अनुसार 303 जिलों में 1861 एमएएच इकाइयां स्थापित की गई हैं।

'औद्योगिक क्षेत्रवार जोखिम विश्लेषण' नाम का एक उप-कार्यक्रम 8वीं पंचवर्षीय योजना से चलाया जा रहा है।

खतरनाक क़चरा प्रबंधन

केंद्रीय प्रदूषण नियंत्रण बोर्ड (सीपीसीबी) द्वारा प्रदान की गई जानकारी के अनुसार देश में 41,523 उद्योगों से हर वर्ष करीब 79 लाख टन ज़ोखिमपूर्ण क़चरा पैदा होता है, जिसमें से भूमि भराव योग्य क़चरा 33.2 लाख टन (42.02 प्रतिशत), जलाने योग्य क़चरा करीब 6 लाख टन (7.60 प्रतिशत) और उन्हें इस्तेमाल किया जा सकने वाला जोखिमपूर्ण क़चरा करीब 39.8 लाख टन (50.38 प्रतिशत) होता है।

मंत्रालय ने जीआईएस आधारित राष्ट्रीय जोखिमपूर्ण क़चरा सूचना प्रणाली (एनएचडब्ल्यूआईएस) कायम करने के लिए एक परियोजना भी प्रारंभ की है। यह वेब आधारित प्रणाली है, जिसका विकास देश में जोखिमपूर्ण क़चरे के प्रबंधन की स्थिति की जानकारी देने के लिए किया गया है। वेबसाइट पर उपलब्ध डेटाबेस सभी राज्य प्रदूषण नियंत्रण बोर्डों द्वारा नियमित रूप से अद्यतन करना होता है, ताकि हर वक्त अद्यतन जानकारी सुनिश्चित की जा सके। एनएचडब्ल्यूआईएस के जरिए अभी तक 33,000 जोखिमपूर्ण क़चरा उद्योगों का सर्वेक्षण और 27,500 जोखिमपूर्ण क़चरा उद्योगों की एमआईएस डेटा एंट्री का काम पूरा कर लिया गया है। यह प्रणाली अपने वर्तमान रूप में उद्योगों, क्षेत्रीय कार्यालयों और राज्य प्रदूषण नियंत्रण बोर्डों द्वारा आंकड़े अद्यतन किए जाने के लिए एमआईएस माड्यूल प्रदान करती है। यह जोखिमपूर्ण क़चरे के विश्लेषण के लिए उत्सर्जन, निपटान और पुनः इस्तेमाल के बारे में वेब आधारित जीआईएस उपकरण भी प्रदान करती है और जोखिमपूर्ण क़चरे के निपटान के लिए जीआईएस आधारित निपटान वाहन निगरानी प्रणाली की व्यवस्था करती है।

जोखिमपूर्ण क़चरे के उपचार, भंडारण और निपटान के लिए वर्तमान में 38 केंद्र काम कर रहे हैं। इनमें 17 इंटिग्रेटिड टीएसडीएफ, 13 विशेष साझा सुरक्षित लैंडफिल और आठ विशेष साझा निर्दाहक शामिल हैं, जो क्रमशः 10, 9 और 4 राज्यों/केंद्रशासित प्रदेशों में उपलब्ध हैं। ये राज्य/केंद्रशासित प्रदेश, देश में क्रमशः कुल भूमि भराव क़चरे में करीब 97.8 प्रतिशत और कुल जलाए जाने योग्य जोखिमपूर्ण क़चरे के उत्सर्जन में 88.19 प्रतिशत योगदान करते हैं।

मंत्रालय ने ई-वेस्ट (क़चरा) (प्रबंधन एवं परिचालन) नियम, 2011 अधिसूचित किए हैं। ये नियम 2012 में प्रवृत्त हुए। ये नियम सूचना अभियांत्रिकी (आईटी) और दूर संचार उपकरण तथा

उपभोक्ता इलेक्ट्रिकल और इलेक्ट्रानिक्स उद्योगों जैसे- टेलीविजन सेट (एलसीडी और एलईडी सहित), रेफ्रिजेरेटर, वाशिंग मशीन और एयर कंडीशनर उद्योगों से उत्सर्जित इलेक्ट्रानिक क़चरे के संदर्भ में लागू होते हैं। ये नियम संबद्ध राज्य एजेंसियों को ई-क़चरा प्रबंधन से संबंधित गतिविधियों पर नियंत्रण, देखरेख और विनियमन के अधिकार प्रदान करते हैं। इन गतिविधियों में ई-क़चरे का संग्रहण, पृथक्करण, विखंडन और री-साइकलिंग शामिल है।

इन नियमों में विस्तारित उत्पादक दायित्व (ईपीआर) की धारणा वर्णित की गई है। तदनुरूप उत्पादकों को संग्रह प्रणालियों की स्थापना करनी होती है और इन उत्पादों का 'जीवन समाप्त' होने पर उत्पन्न ई-क़चरे का पर्यावरण की दृष्टि से सुदृढ़ प्रबंधन करने की लागत वहन करनी होती है। इसके अलावा इलेक्ट्रिकल और इलेक्ट्रानिक उपकरणों के विनिर्माण में इस्तेमाल होने वाले 6 खतरनाक पदार्थों के लिए स्टॉक सीमा निर्धारित की गई है जो वैश्विक रूप में स्वीकृत है। उत्पादकों से उम्मीद की जाती है कि वे इन नियमों के प्रवृत्त होने की तारीख से 2 वर्ष की अवधि में जोखिमपूर्ण पदार्थों में निर्धारित सीमा तक कमी लाने का लक्ष्य पूरा करेंगे।

ये नियम ई-क़चरे का पर्यावरण की दृष्टि से सुदृढ़ प्रबंधन सुनिश्चित करने के लिए प्रमुख विलेख हैं। इन नियमों के अंतर्गत 128 उत्पादकों को ईपीआर प्राधिकरण प्रदान किया गया है, जो 11 राज्यों में फैले हैं। 19 राज्यों में 134 संग्रह केंद्र स्थापित किया गए हैं।

इन नियमों में संशोधन किया गया, जिसे 10 जून, 2015 को अधिसूचित किया गया और ई-क़चरा (प्रबंधन) नियम, 2015 के मसौदे को अंतिम रूप दिया जा रहा है।

ठोस क़चरा प्रबंधन

प्राप्त जानकारी के अनुसार देश में नगरीय क्षेत्रों से 1,33,760 टन ठोस क़चरा हर रोज़ निकलता है, जिसमें से केवल 91,152 टन क़चरा प्रतिदिन एकत्र किया जाता है और उसमें से 25,884 टन क़चरे का प्रतिदिन उपचार किया जाता है। मंत्रालय ने नगरीय ठोस क़चरे के प्रबंधन के लिए नगरीय ठोस क़चरा (प्रबंधन और परिचालन) नियम, 2000 अधिसूचित किए हैं। इन नियमों में अन्य बातों के अलावा नगरीय प्राधिकरण द्वारा अपने अधिकार क्षेत्र के भीतर क़चरे के प्रबंधन के लिए व्यवस्था किए जाने का प्रावधान है। परंतु, नगरीय प्राधिकरणों को इन नियमों के कार्यान्वयन में कठिनाइयां आ रही हैं। इस मामले पर हितभागियों के साथ विचार-विमर्श किया गया और यह निर्णय किया गया है कि नगरीय ठोस क़चरा संबंधी वर्तमान नियमों में संशोधन किया जाए। क़चरे का प्रबंधन एक स्थायी कार्य-व्यापार मॉडल के जरिए करने पर बल दिया जा रहा है, जिसमें नगरीय ठोस क़चरे का स्रोत पर पृथक्करण, क़चरा संग्रहकर्ताओं को शामिल करते हुए घर-घर जाकर क़चरा एकत्र करने, और संग्रहीत क़चरे का इस्तेमाल मिथेन, कंपोस्ट आदि उपयोगी उत्पाद बनाने में करने पर बल देना शामिल है।

जैव-चिकित्सा क़चरा प्रबंधन

राज्य प्रदूषण नियंत्रण बोर्डों और केंद्रशासित प्रदेशों की प्रदूषण नियंत्रण समितियों से प्राप्त जानकारी के अनुसार हर रोज़ करीब 4.16 टन जैव-चिकित्सा क़चरा उत्सर्जित होता है। इसके निपटान के लिए 190 साझा जैव-चिकित्सा क़चरा उपचार और निपटान सुविधाएं (सीबीएमडब्ल्यूटीडीएफ्स) प्रचालन में हैं और इस तरह की 29 अन्य सीबीएमडब्ल्यूटीडीएफ्स निर्माणाधीन हैं। तत्संबंधी क़चरे का प्रबंधन जैव चिकित्सा क़चरा (प्रबंधन और प्रचालन) नियम, 1998, मंत्रालय द्वारा यथासंशोधित के अनुसार किया जाता है।

मंत्रालय ने 2011 में मौजूदा नियमों में संशोधन की प्रक्रिया प्रारंभ की थी और लोगों की राय जानने के लिए जैव चिकित्सा क़चरा (प्रबंधन और प्रचालन) नियम, 2011 का मसौदा अधिसूचित किया था। मंत्रालय में प्राप्त टिप्पणियों/सुझावों को संकलित किया गया और विभिन्न हितभागियों जैसे केंद्रीय स्वास्थ्य और परिवार कल्याण मंत्रालय, राज्य प्रदूषण नियंत्रण बोर्डों/केंद्रशासित प्रदेशों की प्रदूषण नियंत्रण समितियों, स्वास्थ्य देखभाल प्रतिष्ठानों के प्रतिनिधियों, साझा जैव चिकित्सा क़चरा उपचार और भंडारण सुविधाओं के ऑपरेटरों और सिविल संस्थाओं के परामर्श से विश्लेषित किया गया। 2014–15 के दौरान इन नियमों को अंतिम रूप देने संबंधी गतिविधियां, विशेषकर जैव चिकित्सा क़चरे की श्रेणियों को पुनः निर्धारित करने, भस्मीकरण सहित जैव चिकित्सा क़चरा उपचार के लिए प्रौद्योगिकियों हेतु मानक निर्धारित करने संबंधी गतिविधियां संचालित की गईं।

प्लास्टिक क़चरा प्रबंधन

मंत्रालय ने प्लाटिक क़चरा (प्रबंधन और प्रचालन) नियम 2011 अधिसूचित किए थे, ताकि प्लास्टिक की थैलियों का विनिर्माण और इस्तेमाल तथा प्लास्टिक क़चरे के प्रबंधन को विनियमित किया जा सके। देश में हर रोज़ करीब 15,342.6 टन प्लास्टिक क़चरा उत्सर्जित होता है, इसमें से 9205 टन क़चरे को री–साइकिल किया जाता है और शेष 6137 टन क़चरा एकत्रित नहीं हो पाता है और उससे गंदगी फैलती है। तत्संबंधी नियमों में संशोधन किया जा रहा है।

फ्लाई ऐश का इस्तेमाल

देश में विद्युत उत्पादन वर्तमान में मुख्य रूप से कोयले पर आधारित है और निकट भविष्य में यही स्थिति बरक़रार रहने का अनुमान है। भारतीय कोयले में राख की मात्रा बहुत अधिक यानी 30 से 49 प्रतिशत तक होती है, जिससे देश में कोयला/लिग्नाइट आधारित ताप बिजली घरों में भारी मात्रा में फ्लाई ऐश उत्सर्जित होती है। इस प्रकार फ्लाई ऐश का प्रबंधन चिंता का विषय बन गया है। इसके निपटान के लिए विस्तृत भू–क्षेत्र की आवश्यकता है। इससे वायु और जल प्रदूषण का खतरा भी उत्पन्न होता है। फ्लाई ऐश के निपटान की पर्यावरणीय समस्या के समाधान के लिए मंत्रालय ने 1999 में फ्लाई ऐश के इस्तेमाल संबंधी अधिसूचना जारी की थी, जिसमें कोयला/लिग्नाइट आधारित ताप बिजली घरों के लिए फ्लाई ऐश का इस्तेमाल करने और चरणबद्ध रूप में फ्लाई ऐश का शत–प्रतिशत उपयोग करने का लक्ष्य निर्धारित किया गया था। 1999 में निर्धारित किए गए लक्ष्यों को 2003 और 2009 में संशोधित किया गया।

अधिसूचना के उद्देश्यों में पर्यावरण संरक्षण, ऊपरी मृदा का संरक्षण और ताप बिजली घरों से निकलने वाली फ्लाई ऐश को जमीन पर डंप करने की रोकथाम और भवन सामग्री के विनिर्माण और निर्माण गतिविधियों में राख के इस्तेमाल को प्रोत्साहित करना शामिल है। इस अधिसूचना के कार्यान्वयन के फलस्वरूप फ्लाई ऐश के इस्तेमाल में निरंतर बढ़ोतरी हुई है। देश में फ्लाई ऐश का इस्तेमाल 2013–14 में 13.51 प्रतिशत से बढ़ कर 57.63 प्रतिशत पर पहुंच गया, परंतु अभी इसके शत–प्रतिशत इस्तेमाल का लक्ष्य हासिल नहीं किया जा सका है।

जल निकायों का संरक्षण

इस मंत्रालय के अंतर्गत कार्यरत राष्ट्रीय नदी संरक्षण निदेशालय नदियों, झीलों और आर्द्र भूमि के संरक्षण के लिए केंद्र प्रायोजित कार्यक्रमों जैसे 'राष्ट्रीय नदी संरक्षण योजना' (एनआरसीपी), और 'राष्ट्रीय

जलीय पारिस्थितिकी प्रणाली संरक्षण योजना' (एनपीसीए) के अंतर्गत राज्य सरकारों को वित्तीय सहायता प्रदान करता है।

राष्ट्रीय नदी संरक्षण योजना

नदी संरक्षण कार्यक्रम 1985 में गंगा कार्ययोजना (जीएपी) के रूप में शुरू किया गया था। गंगा कार्ययोजना का विस्तार 1995 में राष्ट्रीय नदी संरक्षण योजना के अंतर्गत आने वाली अन्य नदियों तक किया गया। एनआरसीपी का उद्देश्य नदियों के जल की गुणवत्ता में सुधार लाना है, जो देश में जल का प्रमुख स्रोत हैं। इसके लिए विभिन्न शहरों में नदियों के पहचान किए गए प्रदूषित खंडों में प्रदूषण उपशमन कार्य किए जा रहे हैं, जो केंद्र और राज्य सरकारों के बीच लागत में हिस्सेदारी पर आधारित हैं। एनआरसीपी के अंतर्गत शुरू किए गए प्रदूषण उपशमन कार्यों में निम्नांकित शामिल हैं:- खुले नालों के जरिए नदियों में पड़ने वाले अनुपचारित मल-जल को रोकने के लिए अवरोधन और दिक्परिवर्तन कार्य/सीवरेज प्रणालियों की स्थापना तथा गंदे नालों को उपचार के लिए डाइवर्ट करना; डाइवर्ट किए गए मल-जल के उपचार के लिए सीवेज उपचार संयंत्रों (एसटीपीज़) की स्थापना; नदी किनारों पर खुले में मल त्याग करने की प्रवृत्ति पर रोक लगाने के लिए कम लागत के स्वच्छ शौचालयों का निर्माण करना; विद्युत शवदाह गृहों और परिष्कृत काष्ठ शवदाह गृहों का निर्माण करना ताकि लकड़ी के इस्तेमाल में कमी लाई जा सके; नदी संबंधी विकास कार्य, जैसे- स्नान घाटों का परिष्कार; जनभागीदारी और जागरुकता एवं क्षमता निर्माण कार्य आदि।

वर्तमान में एनआरसीपी (गंगा और इसकी सहायक नदियों को छोड़ कर) के अंतर्गत 14 राज्यों के 75 शहरों में 31 नदियों के प्रदूषित क्षेत्रों को कवर किया गया है, जिसके लिए ₹ 4,517.82 करोड़ की लागत मंजूर की गई है। विभिन्न प्रदूषण उपशमन कार्यक्रमों के कार्यान्वयन के लिए विभिन्न राज्य सरकारों को ₹ 1941.86 करोड़ जारी किए गए हैं, तथा एनआरसीपी के अंतर्गत अभी तक (गंगा और इसकी सहायक नदियों को छोड़ कर) प्रतिदिन 237.2 करोड़ लीटर उत्सर्जित जल के उपचार की क्षमता हासिल की गई है। कार्यक्रम के अंतर्गत शामिल की गई 31 नदियों का विवरण तालिका-2 में दिया गया है।

तालिका : 2
एनसीआरपी कार्यक्रम के अंतर्गत नदियों की सूची

क्र.सं.	नदी का नाम	क्र.सं.	नदी का नाम	क्र.सं.	नदी का नाम	क्र.सं.	नदी का नाम
1.	अड्यार	10.	कृष्णा	19.	पंचगंगा	28.	ताम्रबरनी
2.	ब्यास	11.	महानदी	20.	रानी चू	29.	वैगई
3.	भद्रम	12.	मांडवी	21.	साबरमती	30.	वेन्नार
4.	ब्राह्मणी	13.	मिंढोला	22.	सतलुज	31.	वेनगंगा
5.	कावेरी	14.	मुलु मुथा	23.	स्वणरिखा		
6.	कूउम	15.	मूसी	24.	ताप्ती		
7.	दीफू और धनसिरी	16.	नर्मदा	25.	तापी		
8.	घग्गर	17.	पेन्नार	26.	तुंगा		
9.	गोदावरी	18.	पाम्बा	27.	तुंगभद्रा		

राष्ट्रीय जलीय पारिस्थितिकी प्रणाली संरक्षण योजना

झीलों और आर्द्र भूमि के संरक्षण के लिए मंत्रालय पूर्व में दो अलग-अलग केंद्र प्रायोजित कार्यक्रम कार्यान्वित कर रहा था, 'राष्ट्रीय आर्द्र भूमि संरक्षण कार्यक्रम' (एनडब्ल्यूसीपी) और 'राष्ट्रीय झील संरक्षण योजना' (एनएलसीपी)।

अधि व्याप्ति को रोकने और बेहतर समाभिरूपता को बढ़ावा देने के लिए एनएलसीपी को एनडब्ल्यूसीपी कार्यक्रम के साथ मिलाते हुए एक समेकित कार्यक्रम अर्थात राष्ट्रीय जलीय पारिस्थितिकी प्रणाली संरक्षण योजना (एनपीसीए) प्रारंभ की गई है। इस कार्यक्रम के लक्ष्यों में झीलों और आर्द्र भूमि का समग्र संरक्षण और जीर्णोद्धार शामिल है ताकि जल गुणवत्ता में वांछित संवर्धन का लक्ष्य हासिल किया जा सके और एक समेकित एवं बहु-विषयी दृष्टिकोण तथा साझा नियामक फ्रेमवर्क के जरिए जैव विविधता और पारिस्थितिकी प्रणाली में सुधार लाया जा सके। इस कार्यक्रम से झीलों में प्रदूषण का स्तर कम करने और आर्द्र भूमि संसाधनों और तत्संबंधी सेवाओं का युक्तिसंगत उपयोग करने में मदद मिलेगी। यह कार्यक्रम वर्तमान में केंद्र सरकार और संबद्ध राज्य सरकारों के बीच लागत में हिस्सेदारी के आधार पर चलाया जा रहा है।

झीलों का संरक्षण

एनएलसीपी/एनपीसीए के अंतर्गत अभी तक 14 राज्यों में कुल ₹ 1096.09 करोड़ की लागत से 63 झीलों के संरक्षण के लिए कुल 46 परियोजनाएं मंजूर की गई हैं, जिनके अंतर्गत सीवर प्रणाली और मल-जल उपचार संयंत्रों, मल-जल का अवरोधन और दिक्परिवर्तन, गाद निकालना, जलग्रहण क्षेत्रों का उपचार, उफान जल प्रबंधन आदि कार्य किए जा रहे हैं। अभी तक 33 झीलों का संरक्षण कार्य पूरा कर लिया गया है।

वर्तमान में कार्यान्वित की जा रही प्रमुख परियोजनाओं में जम्मू-कश्मीर में डल झील, मध्य प्रदेश में शिवपुरी और सिंध सागर झील, नगालैंड (उत्तर पूर्वी क्षेत्र) के मोकोकचुंग में दो झीलें, राजस्थान में अन्ना सागर, पुष्कर और पिछोला झील, उत्तर प्रदेश में रामगढ़ ताल और लक्ष्मी ताल शामिल हैं। 2015-16 के दौरान एनपीसीए के अंतर्गत झीलों के संरक्षण के लिए ₹ 34.02 करोड़ जारी किए गए।

आर्द्र भूमि संरक्षण

आर्द्र भूमि क्षेत्र बड़ी संख्या में लोगों के लिए जीवन रक्षक का काम करते हैं और मनुष्य मात्र के लिए ताजे जल का महत्वपूर्ण स्रोत हैं। समृद्ध जैव विविधता को आधार प्रदान करने के अतिरिक्त वे मानव को अनेक पारिस्थितिकी प्रणाली विषयक सेवाएं प्रदान करते हैं। परंतु, नृवैज्ञानिक गतिविधियों के कारण आर्द्र भूमि क्षेत्र विकृत होते जा रहे हैं। आर्द्र भूमि क्षेत्रों पर पड़ रहे प्रमुख दबावों में जल वैज्ञानिक व्यवस्थाओं का विखंडन, विकृत जलग्रहण क्षेत्रों में उत्सर्जित गाद, प्रदूषण, आक्रामक प्रजातियों का प्रसार और संसाधनों का अत्यधिक दोहन आदि शामिल हैं।

आर्द्र भूमि क्षेत्रों का ह्रास रोकने और उनके संरक्षण के लिए 1987 में राष्ट्रीय आर्द्र भूमि संरक्षण कार्यक्रम (एमडब्ल्यूसीपी) शुरू किया गया था। इसके अंतर्गत राज्य सरकारों को चुने हुए आर्द्र भूमि क्षेत्रों के संरक्षण एवं प्रबंधन हेतु कार्ययोजनाएं लागू करने के लिए वित्तीय सहायता दी जाती है। अभी तक कुल 115 चुने हुए आर्द्र भूमि क्षेत्रों में से 22 राज्यों में 82 आर्द्र भूमि क्षेत्रों के संरक्षण एवं प्रबंधन के लिए

₹ 146.09 करोड़ प्रदान किए गए हैं। वर्ष 2015-16 के दौरान 25 आर्द्र भूमि क्षेत्रों की कार्य योजनाओं के प्रबंधन के लिए ₹ 7.54 करोड़ संबद्ध राज्य सरकारों को प्रदान किए गए।

रामसर कन्वेंशन

संभावित आर्दभूमि क्षेत्रों के संरक्षण की प्रतिबद्धता के रूप में भारत ने 1982 में रामसर कन्वेंशन पर हस्ताक्षर किए थे। इस कन्वेंशन के अनुसार भारत बंजर भूमि क्षेत्रों के संरक्षण और युक्तिसंगत इस्तेमाल में अंतरराष्ट्रीय सहयोग करने और राष्ट्रीय कार्ययोजना लागू करने के प्रति वचनबद्ध है। वर्तमान में भारत में 26 रामसर स्थल हैं।

आर्द्र क्षेत्र (संरक्षण और प्रबंधन) नियम, 2010

कन्वेंशन के लक्ष्यों को व्यावहारिक रूप देने के लिए दिसंबर 2010 में आर्द्र भूमि (संरक्षण और प्रबंधन) नियमों के रूप में एक नियामक व्यवस्था कायम की गई।

मंत्रालय ने देश में आर्द्र भूमि के अधिक कारगर संरक्षण और प्रबंधन तथा विशेष रूप से यह देखते हुए कि जल और भूमि राज्य के विषय हैं, आर्द्र भूमि के प्रबंधन में राज्य सरकारों को बडी भूमिका और स्वामित्व प्रदान करने के लिए वर्तमान आर्द्र भूमि नियमों के संशोधन की प्रक्रिया शुरू की है। राज्य आर्द्र भूमि प्राधिकरणों को उनके अधिकार क्षेत्र के भीतर बंजर भूमि के प्रबंधन और नियमन की भूमिका सौंपी गई है।

विश्व आर्द्र भूमि दिवस

हर वर्ष 2 फरवरी को विश्व आर्द्र भूमि दिवस मनाया जाता है। इसका उद्देश्य विश्वभर में आर्द्र भूमि क्षेत्रों के संरक्षण और युक्तिसंगत इस्तेमाल के बारे में जागरुकता बढ़ाना और उसका प्रसार करना है। मंत्रालय ने 2015 के दौरान राष्ट्रीय स्तर पर विश्व आर्द्र भूमि दिवस राज्य सरकार के सहयोग से गुजरात में नल सरोवर आर्द्र भूमि स्थल पर मनाया। समारोह में बंजर भूमि से संबंधित हितभागियों को आमंत्रित किया गया। विश्व आर्द्र भूमि दिवस की पूर्व संध्या पर पर्यावरण संबंधी विभिन्न विषयों पर आयोजित विभिन्न प्रतियोगिताओं के विजेताओं को पुरस्कार प्रदान किए गए।

भारतीय वन्यजीव संस्थान, देहरादून

भारतीय वन्य जीव संस्थान (डब्ल्यूआईआई) की स्थापना 1986 में मंत्रालय के एक स्वायत्त संस्थान के रूप में की गई थी। यह संस्थान दक्षिण एवं दक्षिण पूर्वी एशिया में वन्यजीव और संरक्षित क्षेत्र प्रबंधन में प्रशिक्षण और अनुसंधान के एक प्रमुख संस्थान के रूप में उभरा है। इसके लक्ष्यों में अनुसंधान के जरिए वन्यजीव विज्ञान में गुणवत्तापूर्ण सूचना और जानकारी सृजित करना तथा उसे विभिन्न लक्षित समूहों के लिए क्षमता निर्माण कार्यक्रमों में मुख्यधारा में शामिल करना है।

पर्यावरणीय शिक्षा और जागरुकता प्रशिक्षण

'पर्यावरणीय शिक्षा, जागरुकता और प्रशिक्षण' मंत्रालय का एक प्रमुख कार्यक्रम है, जिसका उद्देश्य मानव और पर्यावरण के बीच संबंध के बारे में विभिन्न स्तरों पर लोगों की समझ बढ़ाना और पर्यावरण में सुधार एवं उसकी संरक्षा के लिए क्षमताओं/कौशल का विकास करना है। ये कार्यक्रम 1983-84 में निम्नांकित बुनियादी लक्ष्यों के साथ शुरू किया गया था। समाज के सभी वर्गों के बीच पर्यावरण जागरुकता को बढ़ावा देना; पर्यावरण शिक्षा, विशेषकर समाज के विभिन्न वर्गों के बीच गैर-औपचारिक प्रणाली के

माध्यम से पर्यावरण की जानकारी प्रसारित करना; औपचारिक शिक्षा क्षेत्र में शिक्षा/प्रशिक्षण सामग्री और सहायक सामग्री के विकास में सुविधा पहुंचाना; वर्तमान शैक्षिक/वैज्ञानिक/अनुसंधान संस्थानों के माध्यम से पर्यावरण शिक्षा को बढ़ावा देना; पर्यावरण शिक्षा, जागरुकता और प्रशिक्षण के लिए प्रशिक्षण एवं कार्मिक विकास सुनिश्चित करना; गैर–सरकारी संगठनों, जन प्रचार माध्यमों और अन्य संबद्ध संगठनों को पर्यावरणीय मुद्दों के बारे में सभी स्तरों के लोगों के बीच जागरुकता पैदा करने के लिए प्रोत्साहित करना; और पर्यावरण की संरक्षा और संरक्षण के लिए लोगों की भागीदारी बढ़ाना।

राष्ट्रीय हरित फसल कार्यक्रम

वित्त वर्ष 2015–16 के दौरान धन की कमी के कारण केवल 15,500 पर्यावरण क्लबों को वित्तीय सहायता पहुंचाई गई। राष्ट्रीय हरित फसल कार्यक्रम की निगरानी व्यवस्था को सुदृढ़ बनाने के लिए, मंत्रालय प्रबंधन सूचना प्रणाली (एमआईएस) कायम करने की प्रक्रिया में है, जो सभी हितभागियों के बीच राष्ट्रीय हरित फसल कार्यक्रम के बारे में भागीदारी और जानकारी तक पहुंच के नए आयाम खोलेगी। एमआईएस रिपोर्टिंग और निगरानी परस्पर संवादात्मक एवं रचनात्मक होगी, जिससे राष्ट्रीय हरित फसल कार्यक्रम में गतिशीलता और सेवाएं सुनिश्चित की जा सकेंगी।

राष्ट्रीय पर्यावरण जागरुकता अभियान

राष्ट्रीय पर्यावरण जागरुकता अभियान (एनईएसी) 1986 के मध्य में शुरू किया गया था। इसका उद्देश्य राष्ट्रीय स्तर पर पर्यावरणीय मुद्दों के प्रति जागरुकता पैदा करना है। इस अभियान में गैर–सरकारी संगठनों, स्कूलों, कालेजों, विश्वविद्यालयों, अनुसंधान संस्थाओं, महिलाओं और युवा संगठनों, सैन्य इकाइयों, सरकारी विभागों आदि को कुछ वित्तीय सहायता प्रदान की जाती है, ताकि वे जागरुकता बढ़ाने वाली और कार्य उन्मुखी गतिविधियां संचालित कर सकें। जागरुकता बढ़ाने वाली गतिविधियों में सेमिनारों, कार्यशालाओं, प्रशिक्षण कार्यक्रमों, शिविरों, पद यात्राओं, रैलियों, सार्वजनिक सभाओं, प्रदर्शनियों, निबंध/वाद विवाद/चित्रकारी/पोस्टर प्रतियोगिताओं, लोकनृत्यों और गीतों, नुक्कड़ नाटक, कठपुतली शो, पर्यावरण शिक्षा संबंधी सामग्री तैयार करने और उसके वितरण जैसी गतिविधियां संचालित कर सकें।

राष्ट्रीय पर्यावरण जागरुकता अभियान को मिले व्यापक समर्थन का पता इस बात से चलता है कि इसके माध्यम से देशभर में 16 हज़ार से अधिक एजेंसियों की भागीदारी का एक नेटवर्क कायम किया गया। वित्त वर्ष 2015–16 के दौरान उन 6760 एजेसियों को वित्तीय सहायता प्रदान की गई, जिन्होंने पिछले वर्ष यानी 2014–15 में अभियान में हिस्सा लिया था।

इस कार्यक्रम के अंतर्गत स्थानीय आबादी सहित विभिन्न वर्गों के लोगों को तकनीकी जानकारी हस्तांतरित करने में मदद की जाती है। इस कार्यक्रम में विश्वविद्यालय/व्यावसायिक निकाय/तकनीकी संस्थान और अन्य अनुसंधान एवं विकास संगठन विशेष रुचि ले रहे हैं। इसका पता इस बात से चलता है कि मंत्रालय को अधिकाधिक संख्या में प्रस्ताव प्राप्त हो रहे हैं।

राष्ट्रीय प्रकृति शिविर कार्यक्रम

राष्ट्रीय प्रकृति शिविर कार्यक्रम पर्यावरण शिक्षा की दिशा में मंत्रालय की एक ऐसी पहल है, जिसका उद्देश्य पर्यावरण के प्रति अधिक जागरुकता, अधिक समझ पैदा करना और बच्चों को पर्यावरण के प्रति संवेदनशील बनाना और उसके साथ लगाव पैदा करना है। इस कार्यक्रम के जरिए यह उम्मीद की जा रही

है कि माध्यमिक स्कूल जाने वाले आठवीं कक्षा (कक्षा 6 से 8 तक) तक के प्रत्येक बच्चे को स्कूली शिक्षा के वर्षों में कम से कम 2-3 दिन तक प्रकृति शिविर में रहने का अनुभव प्रदान किया जा सके।

वित्त वर्ष 2015-16 के दौरान केवल 40 प्रकृति शिविरों के लिए वित्तीय सहायता प्रदान की गई। इस कार्यक्रम के अंतर्गत प्रत्येक विद्यार्थी को 2 रातों, 3 दिनों (अधिकतम 5 शिविरों के लिए) के लिए अधिकतम ₹ 2,000 (रुपये दो हज़ार मात्र) की वित्तीय सहायता प्रदान की जाती है।

ग्लोब कार्यक्रम

पर्यावरण के लाभ के लिए वैश्विक शिक्षण और पर्यवेक्षण (ग्लोब) कार्यक्रम अंतरराष्ट्रीय पर्यावरण विज्ञान और शिक्षा का एक ऐसा मंच है, जो विद्यार्थियों, शिक्षकों और वैज्ञानिकों को वैश्विक पर्यावरण के अध्ययन का प्रत्यक्ष अनुभव प्रदान करता है। भारत में ग्लोब कार्यक्रम के कार्यान्वयन के लिए पर्यावरण, वन और जलवायु परिवर्तन मंत्रालय ने अमरीकी सरकार के साथ 25 अगस्त, 2000 को एक समझौते पर हस्ताक्षर किए थे। इंडियन एन्वायरनमेंटल सोसायटी भारत में ग्लोब के लिए एक कार्यान्वयन एजेंसी है। ग्लोब के लक्ष्यों में विश्वभर में लोगों की पर्यावरण के प्रति जागरुकता बढ़ाना, पृथ्वी के प्रति वैज्ञानिक समझ में योगदान करना और सभी विद्यार्थियों को विज्ञान एवं गणित में उपलब्धियों के उच्चतर स्तर हासिल करने में मदद करना शामिल है।

राष्ट्रीय प्राकृतिक इतिहास संग्रहालय

नई दिल्ली स्थित राष्ट्रीय प्राकृतिक इतिहास संग्रहालय (एनएमएनएच) पर्यावरणीय शिक्षा के प्रति समर्पित संस्थान है, जिसे 5 जून, 1978 को विश्व पर्यावरण दिवस के अवसर पर लोगों को समर्पित किया गया था। यह संग्रहालय प्रदर्शनी कार्यक्रमों और शैक्षिक गतिविधियों के जरिए पर्यावरण शिक्षा प्रदान करता है। हालांकि संग्रहालय के लक्षित प्रशिक्षार्थियों में स्कूली विद्यार्थी मुख्य रूप से शामिल हैं, परंतु इस संस्थान ने अन्य श्रेणी के लोगों के लिए भी कार्यक्रम विकसित किए हैं। राष्ट्रीय प्राकृतिक इतिहास संग्रहालय एक प्रमुख संग्रहालय है, जिसने विकलांगो व्यक्तियों की जरूरतें पूरी करने के लिए कई विशेष पाठ्यक्रम शुरू किए हैं। संग्रहालय अनेक जन-शिक्षण कार्यक्रम भी संचालित करता है, जैसे अस्थाई प्रदर्शनियां, मोबाइल प्रदर्शनियां और बड़ी संख्या में प्रकृति शिविरों का आयोजन। यह संग्रहालय अनेक स्थानीय और राष्ट्रीय स्तर की प्रतियोगिताओं का भी आयोजन करता है, जिनके विजेताओं को वर्ष के युवा पर्यावरणविद् पुरस्कार (वाईईवाईए) प्रदान किए जाते हैं।

उत्कृष्टता केंद्र

पर्यावरण के बारे में लोगों की जागरुकता बढ़ाने और पर्यावरण शिक्षा, अनुसंधान और प्रशिक्षण के क्षेत्र में प्रयासों को समुचित सहायता देने के लिए संस्थागत और व्यक्तिगत स्तर पर क्षमता निर्माण आवश्यक है। इस लक्ष्य को पूरा करने के लिए मंत्रालय ने 1983 में 'उत्कृष्टता केंद्र' कार्यक्रम शुरू किया ताकि पर्यावरण विज्ञान और प्रबंधन के वरीयतापूर्ण क्षेत्रों में संस्थानों को प्रोत्साहित किया जा सके।

विभिन्न क्षेत्रों में अभी तक 10 उत्कृष्टता केंद्र स्थापित किए जा चुके हैं। इनमें से 8 उत्कृष्टता केंद्र काम कर रहे हैं। उत्कृष्टता केंद्र स्थापित करने के मुख्य लक्ष्यों में (i) देश की आबादी के विभिन्न भागों में पर्यावरण के मुद्दों के बारे में जागरुकता पैदा करना ताकि इस क्षेत्र में लोगों की भागीदारी बढ़ाई जा सके; (ii) देश की मानव, वैज्ञानिक, प्रौद्योगिकी संबंधी, संगठनात्मक, संस्थागत और संसाधन क्षमताओं को बढ़ाना और सुदृढ करना; (iii) विश्वविद्यालयों/संस्थानों/स्वैच्छिक संगठनों को प्रेरित और प्रोत्साहित

करना ताकि वे चुनी हुई इकाइयों की क्षमताओं को विकसित और सुदृढ़ बना सकें तथा स्थायी विकास की प्रक्रिया में योगदान कर सकें; और (iv) मंत्रालय में नीति संबंधी निर्णयों के लिए जानकारी प्रदान कर सकें और कारगर अनुसंधान शुरू कर सकें।

राष्ट्रीय हरित न्यायाधिकरण

राष्ट्रीय हरित न्यायाधिकरण (एनजीटी) की स्थापना 2010 में एनजीटी अधिनियम, 2010 के तहत की गई थी। एनजीटी की स्थापना का लक्ष्य पर्यावरण संरक्षण और वन एवं अन्य प्राकृतिक संसाधनों के संरक्षण से संबंधित मामलों को सक्षमतापूर्वक एवं शीघ्रता से निपटाना है। न्यायाधिकरण पर्यावरण से संबंधित कानूनी अधिकारों के प्रवर्तन संबंधी मामलों की भी सुनवाई करता है तथा व्यक्तियों और संपत्ति को पहुंचाई गई क्षति और तत्संबंधी अथवा अनुषंगी मामलों में राहत एवं मुआवजा प्रदान करने के आदेश देता है।

यह एक विशेषज्ञतापूर्ण निकाय है, जो बहु–विषयी मुद्दों से संबद्ध पर्यावरणीय विवादों को निपटाने के लिए आवश्यक विशेषज्ञता रखता है। न्यायाधिकरण सिविल प्रक्रिया संहिता, 1908 के अंतर्गत निर्धारित प्रक्रिया के अनुपालन के लिए बाध्य नहीं है, परंतु प्राकृतिक न्याय के सिद्धांतों का पालन करता है। न्यायाधिकरण का प्रयास है कि किसी भी आवेदन या अपील को दाखिल किए जाने से 6 महीने के भीतर उसका निपटान किया जाए।

वर्तमान में दिल्ली स्थित प्रधान पीठ सहित न्यायाधिकरण की 4 आंचलिक पीठें पुणे, कोलकाता, भोपाल और चेन्नई में काम करती हैं। इसके अतिरिक्त शिमला, शिलांग और जोधपुर में न्यायाधिकरण 3 सर्किट पीठ भी आयोजित करता है।

जलवायु परिवर्तन परिचय

भूमिका

वित्तीय वर्ष 2015–16 घरेलू और अंतरराष्ट्रीय दोनों ही स्तरों पर जलवायु की दृष्टि से महत्वपूर्ण रहा। वर्ष की शुरुआत जलवायु परिवर्तन संबंधी संयुक्त राष्ट्र फ्रेमवर्क कन्वेंशन (यूएनएफसीसीसी) के अंतर्गत तृतीय राष्ट्रीय संचार (नेटकोम) की तैयारी और द्विवार्षिक अद्यतन रिपोर्टें जारी किए जाने के साथ हुई। जलवायु परिवर्तन के बारे में प्रधानमंत्री की परिषद (पीएमसीसीसी) के अंतर्गत जलवायु परिवर्तन संबंधी राष्ट्रीय कार्ययोजना (एनएपीसीसी) के तहत सभी राष्ट्रीय मिशनों से कहा गया कि वे अपनी अपनी योजनाओं को नया रूप प्रदान करें। पवन, ऊर्जा, स्वास्थ्य, क्चरे से ऊर्जा और तटीय क्षेत्रों में ऊर्जा के बारे में नए मिशन शुरू किए गए। इसके अंतर्गत राष्ट्रीय जल मिशन और स्थायी कृषि संबंधी राष्ट्रीय मिशन को भी नया रूप दिया गया। जलवायु परिवर्तन के लिए राष्ट्रीय अनुकूलन निधि (एनएएफसीसी) को 2015–16 के दौरान कार्यशील किया गया। जलवायु परिवर्तन की समस्या के समाधान के लिए संस्थागत क्षमताओं का विकास करने और राज्य स्तरीय गतिविधियों को कार्यरूप देने के लिए जलवायु परिवर्तन संबंधी राज्य कार्ययोजना (एसएपीसीसी) तैयार की जा रही है। देश में जलवायु परिवर्तन के मूल्यांकन के लिए वैज्ञानिक और विश्लेषणात्मक क्षमता पैदा करने और उसे सुदृढ़ करने के लिए जलवायु परिवर्तन कार्रवाई कार्यक्रम (सीसीएपी) के अंतर्गत विभिन्न अध्ययन शुरू किए गए हैं। इस वित्तीय वर्ष के दौरान अनेक महत्वपूर्ण द्विपक्षीय और बहुराष्ट्रीय बैठकें और जलवायु परिवर्तन संबंधी अंतरराष्ट्रीय वार्ताएं आयोजित की गईं।

भारत ने यूएनएफसीसीसी को राष्ट्रों के लिए निर्धारित अंशदान अदा किया। पेरिस में सीओपी-21 के दौरान भारतीय पवेलियन स्थापित किया गया ताकि जलवायु परिवर्तन के बारे में भारत द्वारा की गई कार्रवाई संबंधी जानकारी प्रदर्शित एवं साझा की जा सके। इसके अतिरिक्त राष्ट्रीय स्वच्छ विकास व्यवस्था प्राधिकरण (एनसीडीएमए) द्वारा एक नई ऑनलाइन प्रबंधन सूचना प्रणाली (एमआईएस) शुरू की गई। वनों की कटाई और वनों के ह्रास से उत्सर्जन में कमी लाने (आरईडीडी+) के लिए एक नेशनल डेजिग्नेटिड एंटिटि (एनडीई) की स्थापना जलवायु परिवर्तन प्रभाग में की गई। इसके साथ ही जलवायु परिवर्तन केंद्र और नेटवर्क (सीटीसीएन) तथा प्रौद्योगिकी कार्यकारी समिति (टीईसी) के लिए भी एक नेशनल डेजिग्नेटिड एंटिटि बनाई गई।

राष्ट्रीय संचार (नेशनल कम्युनिकेशन) यूएनएफसीसीसी को सौंपी गई

जलवायु परिवर्तन संबंधी संयुक्त राष्ट्र फ्रेमवर्क कन्वेंशन (यूएनएफसीसीसी) के अंतर्गत रिपोर्टिंग दायित्वों के अनुपालन में, भारत ने वायदा किया कि वह साझा परंतु अलग अलग दायित्वों और संबद्ध क्षमताओं एवं विशेष क्षेत्रीय एवं राष्ट्रीय विकास प्राथमिकताओं, लक्ष्यों और परिस्थितियों को ध्यान में रखते हुए कन्वेंशन के कार्यान्वयन के बारे में जानकारी प्रदान करेगा। तत्संबंधी कम्युनिकेशन में प्रदान की गई जानकारी में नृवैज्ञानिक उत्सर्जन की स्रोतवार राष्ट्रीय सूची बनाना और सिंकों के जरिए सभी ग्रीनहाउस गैसों को हटाना, प्रभावों और कमजोर स्थितियों के मूल्यांकन सहित कन्वेंशन को कार्यान्वित करने के लिए किए गए उपायों का सामान्य विवरण और अन्य अपेक्षित सूचना शामिल थी। कम्युनिकेशन का उद्देश्य राष्ट्रीय संदर्भ और परिस्थितियों की जानकारी प्रदान करना था, जिसमें अन्य बातों के अलावा भारत के भूगोल, उसकी विकास संबंधी अनिवार्यताएं, जलवायु और अर्थव्यवस्था की जानकारी शामिल थी; जिसके आधार पर भारत आवश्यक कार्रवाई करते हुए जलवायु परिवर्तन की चुनौतियों का समाधान करेगा।

भारत ने 2012 में अपनी दूसरी राष्ट्रीय कम्युनिकेशन (नेटकोम) यूएनएफसीसीसी में प्रस्तुत की थी। दूसरी नेटकोम में वर्ष 2000 और 2007 के लिए ग्रीन हाउस गैस उत्सर्जन (जीएचजी) की जानकारी दी गई। मंत्रालय वर्तमान में भारत की तीसरी राष्ट्रीय कम्युनिकेशन (टीएनसी) भेजने की तैयारी कर रहा है। इस सिलसिले में जुलाई 2015 में नेशनल इन्वेंटरी मैनेजमेंट सिस्टम (एनआईएमएस) यानी राष्ट्रीय सूची प्रबंधन प्रणाली के बारे में एक कार्यशाला आयोजित की गई। इस कार्यशाला का उद्देश्य राष्ट्रीय सूची प्रबंधन प्रणाली (एनआईएमएस) की स्थापना के लिए जानकारी जुटाना और उच्च स्तरीय पद्धतियों के इस्तेमाल के साथ ग्रीन हाउस गैसों की सूची तैयार करने में अधिक परिशुद्धता लाना है।

कन्वेंशन के कार्यान्वयन के बारे में जानकारी साझा करने की पारदर्शी व्यवस्था के अंतर्गत द्विवार्षिक अद्यतन रिपोर्टें (बीयूआर) तैयार करना नया रिपोर्टिंग दायित्व है। बीयूआर सर्वर्धित रिपोर्टिंग का एक रूप है, जिसमें राष्ट्रीय गैस ग्रीन हाउस सूचियों की अद्यतन जानकारी और उपशमन कार्रवाइयों, वित्तीय, तकनीकी जरूरतों एवं प्राप्त सहायता की जानकारी और भारत की दूसरी राष्ट्रीय कम्युनिकेशन की अद्यतन जानकारी शामिल है। प्रथम बीयूआर में राष्ट्रीय परिस्थितियों की जानकारी और वर्ष 2010 के लिए ग्रीन हाउस गैस सूचियां शामिल थीं। दबावों, अंतरालों और संबद्ध वित्तीय, तकनीकी और क्षमता जरूरतों का विश्लेषण और अन्य संबंधित जानकारी के साथ घरेलू निगरानी, रिपोर्टिंग और सत्यापन (एमआरवी) व्यवस्थाएं भी जारी की गई हैं।

जलवायु परिवर्तन के बारे में राष्ट्रीय और राज्य कार्ययोजनाएं

जलवायु परिवर्तन के मुद्दे के समाधान के लिए भारत की घरेलू कार्यनीति देश के अनेक सामाजिक और आर्थिक विकास कार्यक्रमों में झलकती है। पर्यावरण, वन और जलवायु परिवर्तन मंत्रालय द्वारा समन्वित जलवायु परिवर्तन संबंधी राष्ट्रीय कार्ययोजना (एनएपीसीसी) का कार्यान्वयन विशेष क्षेत्रों में नोडल मंत्रालयों के माध्यम से किया जा रहा है। सौर ऊर्जा, सवंर्धित ऊर्जा सक्षमता, स्थायी कृषि, स्थायी परिवास, जल, हिमालयी पारिस्थितकी प्रणाली, ग्रीन इंडिया और एनएपीसीसी के कोर से जलवायु परिवर्तन की कार्यनीतिक जानकारी के क्षेत्र में आठ राष्ट्रीय मिशन बनाए गए हैं। सभी राष्ट्रीय मिशनों का अनुमोदन जलवायु परिवर्तन संबंधी प्रधानमंत्री की परिषद (पीएमसीसी) द्वारा किया गया और ये सभी अपने कार्यान्वयन के अलग अलग चरणों में हैं। प्रधानमंत्री की जलवायु परिवर्तन संबंधी परिषद इन मिशनों के कामकाज की निरंतर समीक्षा करती है। प्रधानमंत्री के प्रधान सचिव की अध्यक्षता में जलवायु परिवर्तन के बारे में एक कार्यकारी समिति का गठन किया गया ताकि वह जलवायु परिवर्तन संबंधी प्रधानमंत्री की परिषद को राष्ट्रीय स्तर पर जलवायु परिवर्तन से संबंधित मुद्दों में समन्वित कार्रवाई विकसित कर सके। यह समिति जलवायु परिवर्तन संबंधी अन्य उपायों के साथ आठ राष्ट्रीय मिशनों की नियमित रूप से जांच करती है और जलवायु परिवर्तन से संबंधित विभिन्न मुद्दों के बारे में विभिन्न एजेंसियों के साथ समन्वय करती है। प्रधानमंत्री कार्यालय को यह दायित्व सौंपा गया है कि वह जलवायु परिवर्तन संबंधी प्रधानमंत्री की परिषद और जलवायु परिवर्तन संबंधी कार्यकारी समिति को विभिन्न कार्यक्रमों के आयोजन और तत्संबंधी सेवा कार्यों में सहायता करे।

मंत्रालय ने राज्य सरकारों को भी प्रेरित किया है कि वे जलवायु परिवर्तन के बारे में राज्य कार्य योजना (एसएपीसीसी) तैयार करे। इन एसएपीसीसीज़ का उद्देश्य संस्थागत क्षमताओं का निर्माण करना और जलवायु परिवर्तन से निपटने के लिए राज्य स्तरीय गतिविधियों का कार्यान्वयन करना है। अभी तक 33 राज्यों ने एसएपीसीसी संबंधी दस्तावेज तैयार किए हैं और जमा कराए हैं। ये हैं- अंडमान निकोबार, आंध्र प्रदेश, तेलंगाना, अरुणाचल प्रदेश, असम, बिहार, छत्तीसगढ़, चंडीगढ़, दिल्ली, गुजरात, हरियाणा, हिमाचल प्रदेश, जम्मू-कश्मीर, झारखंड, केरल, कर्नाटक, लक्षद्वीप, मध्य प्रदेश, मणिपुर, मेघालय, मिज़ोरम, नगालैंड, ओडिशा, पुद्दुचेरी, पंजाब, राजस्थान, सिक्किम, तमिलनाडु, त्रिपुरा, उत्तराखंड और पश्चिम बंगाल, उत्तर प्रदेश, महाराष्ट्र और गोवा। मंत्रालय उन शेष दो राज्यों के संपर्क में है, जिन्होंने अभी तक अपने एसएपीसीसीज़ का गठन नहीं किया है।

जलवायु परिवर्तन के लिए राष्ट्रीय अनुकूलन कोष

जलवायु परिवर्तन के लिए राष्ट्रीय अनुकूलन कोष (एनएएफसीसी) ने 2015-16 में काम करना शुरू कर दिया। इस कोष का उद्देश्य राष्ट्रीय और राज्य स्तरीय गतिविधियों में सहायता प्रदान करना है ताकि ऐसे क्षेत्रों में अनुकूलन उपायों की लागत वहन की जा सके, जो जलवायु परिवर्तन के दुष्प्रभावों के प्रति विशेष रूप से कमजोर हैं। यह कार्यक्रम केंद्रीय क्षेत्र का कार्यक्रम है, जिसकी कार्यान्वयन संस्था राष्ट्रीय कृषि और ग्रामीण विकास बैंक (नाबार्ड) है। इस कोष का उद्देश्य ऐसी ठोस अनुकूलन गतिविधियों में सहायता पहुंचाना है, जो राज्य और राष्ट्रीय सरकार के जारी कार्यक्रमों में कवर नहीं की गई हैं और जो समुदाय, क्षेत्र एवं राज्यों द्वारा सामना किए जा रहे जलवायु परिवर्तन दुष्प्रभावों को कम करने वाली हैं।

2015-16 के दौरान राज्य सरकारों से 16 कन्सेप्ट नोट (धारणागत टिप्पणी) प्राप्त हुए (जिनकी अनुमानित लागत ₹ 313 करोड़ थी), जिन पर तकनीकी जांच समिति द्वारा विचार किया गया है।

जलवायु परिवर्तन कार्रवाई कार्यक्रम

मंत्रालय जनवरी 2014 से 'जलवायु परिवर्तन कार्रवाई कार्यक्रम' नाम की एक योजना लागू कर रहा है। इसका उद्देश्य देश में जलवायु परिवर्तन के मूल्यांकन के लिए वैज्ञानिक एवं विश्लेषणात्मक क्षमता बढ़ाना है। इसके तहत वैज्ञानिक और नीतिगत उपायों के लिए समुचित संस्थागत फ्रेमवर्क कायम करने और स्थायी विकास के संदर्भ में जलवायु परिवर्तन संबंधी कार्रवाइयों को लागू करने पर बल दिया जाता है। इस स्कीम के लिए 12वीं पंचवर्षीय योजना में कुल बजटीय आवंटन ₹ 290 करोड़ का रहा है।

जलवायु परिवर्तन के बारे में समझ बढ़ाने के लिए सीसीएपी में नेशनल कार्बोनेशस एरोसोल्स प्रोग्राम (एनसीएपी), दीर्घावधि पारिस्थितिकी विषयक वेधशालाएं (एलटीईओ) और पूर्वोत्तर क्षेत्र के लिए जलवायु परिवर्तन संबंधी समन्वित अध्ययन (सीएससीसीएनईआर) को शामिल किया गया है। एनसीएपी एक प्रमुख गतिविधि है जिसके अंतर्गत बहु-संस्थागत और बहु-एजेंसीगत अध्ययन शामिल हैं। इस कार्यक्रम में पर्यावरण, वन और जलवायु परिवर्तन मंत्रालय, पृथ्वी विज्ञान मंत्रालय, भारतीय अंतरिक्ष अनुसंधान संगठन, विज्ञान और प्रौद्योगिकी मंत्रालय और अन्य संबद्ध एजेंसियों के साथ सहयोग करता है ताकि जलवायु परिवर्तन में ब्लैक कार्बन की भूमिका को समझा जा सके। इसके लिए नमूना तकनीकों का इस्तेमाल करते हुए ब्लैक कार्बन के प्रभावों की जांच और मूल्यांकन किया जाता है। तत्संबंधी कार्य में 3 कार्य समूह शामिल किए गए हैं, जिनमें एरोसोल की दीर्घावधि निगरानी (कार्य समूह-1), हिमालयी ग्लेशियरों पर एरोसोल का प्रभाव (कार्य समूह-2) और भारत में ब्लैक कार्बन उत्सर्जनों के नमूने और उनके प्रभावों का मूल्यांकन (कार्य समूह-3) शामिल हैं।

मंत्रालय ने टीईआरआई, आईआरएडीई और आईईजी कंसोर्टियम को 'ग्रीन हाउस गैस उत्सर्जनों और भारतीय अर्थव्यवस्था की उत्सर्जन सघनता के बारे में नमूना अध्ययन' का कार्य सौंपा है। इस अध्ययन का उद्देश्य 2010 से 2050 तक दशकीय पद्धति में विभिन्न समयावधियों में ग्रीन हाउस गैस उत्सर्जनों का आकलन करना है। इसके अतिरिक्त इन अध्ययनों में 2005 से 2020 के दौरान भारतीय अर्थव्यवस्था की ग्रीन हाउस गैस उत्सर्जन गहनता की जांच शामिल की गई है, जिसमें पहले से जारी और योजनाबद्ध नीतियों तथा उनके प्रभावों और 2020 तक उनके आर्थिक प्रभावों सहित उपशमन के संभावित विकल्पों पर विचार किया गया है। इन अध्ययनों की अंतिम रिपोर्ट एजेंसियों द्वारा 2016 में प्रदान की जाएंगी।

जलवायु परिवर्तन संबंधी संयुक्त राष्ट्र फ्रेमवर्क कन्वेंशन के अंतर्गत जलवायु परिवर्तन के बारे में अंतरराष्ट्रीय समझौते

वित्त वर्ष 2015-16 के दौरान जलवायु परिवर्तन के बारे में अनेक महत्वपूर्ण द्विपक्षीय और बहु-राष्ट्रीय बैठकें आयोजित की गईं और अंतरराष्ट्रीय समझौते किए गए। ये बैठकें पक्षकारों के 21वें सम्मेलन के संदर्भ में अत्यंत महत्वपूर्ण थीं।

भारत के लक्षित राष्ट्रीय प्रतिबद्ध योगदानों (आईएनडीसीज़) में निम्नांकित महत्वपूर्ण योगदान शामिल हैं- परंपराओं और संरक्षण एवं संतुलन के मूल्यों पर आधारित स्वस्थ तथा स्थायी जीवनशैली प्रस्तुत करना और उसे प्रचारित करना; आर्थिक विकास के समनुरूप स्तर पर अन्यों द्वारा अब तक अपनाए गए मार्ग से भिन्न एक जलवायु अनुकूल और स्वच्छ मार्ग का अनुसरण करना; अपने सकल घरेलू उत्पाद की उत्सर्जन गहनता में 2005 के स्तर की तुलना में 2030 तक 33 से 35 प्रतिशत तक कमी लाना; आदि।

सीओपी-21वें भारतीय पवेलियन

जलवायु परिवर्तन के बारे में भारत द्वारा की गई कार्रवाई को दर्शाने और जानकारी साझा करने के लिए सीओपी-21 में एक भारतीय पवेलियन स्थापित किया गया। भारत के प्रधानमंत्री ने पेरिस में भारतीय पवेलियन का उद्‌घाटन किया।

पवेलियन में 25 व्याख्यान सत्र आयोजित किए गए, जिनमें 150 वक्ताओं ने अपने विचार व्यक्त किए, 130 आलेख प्रदर्शित किए गए, 80 से अधिक फिल्में दिखाई गईं और 13 पुस्तकों/रिपोर्टों/सीडीज़/फिल्मों/पुस्तिकाओं का विमोचन किया गया।

विभिन्न देशों से करीब 6,500 आगंतुकों ने पवेलियन को देखा और उसकी सराहना की। भारत के प्रयासों की जानकारी पुस्तकों या पुस्तिकाओं और डिजिटल सामग्री में भी साझा की गई। भारतीय संस्कृति और स्थायी जीवनशैली से संबंधित वाटर स्क्रीन, 360 डिग्री फिल्म, आईपैड फोरेस्ट, ई-बुक के कारण भारतीय पवेनियन सीओपी-21वां प्रमुख आकर्षण केंद्रों में से एक था।

वनों की कटाई और वनों के ह्रास से उत्सर्जन में कमी

इस मंत्रालय के जलवायु परिवर्तन प्रभाग में वनों की कटाई और वनों के ह्रास से होने वाले उत्सर्जन में कमी [(एनडीई (आरईडीडी+)] के लिए राष्ट्रीय निर्दिष्ट संस्था (नेशनल डेजिग्नेटिड एंटिटि) स्थापित की गई है। इस संस्था के प्रमुख कार्य इस प्रकार हैं:- (i) सहायता के लिए समन्वय में संभावित जरूरतों और अंतरालों की पहचान; (ii) वित्त व्यवस्था की प्रभाव क्षमता में सुधार (परिणाम आधारित वित्त व्यवस्था, प्रौद्योगिकी और क्षमता निर्माण); (iii) जानकारी, अनुभव और बेहतर पद्धतियों के बारे में सूचना साझा करना; (iv) जलवायु परिवर्तन संबंधी संयुक्त राष्ट्र फ्रेमवर्क कन्वेंशन (यूएनएफसीसीसी) की जरूरतों के अनुसार सूचना का आदान प्रदान; और (v) यूएनएफसीसीसी में जमा कराने के लिए राष्ट्रीय स्तर के आरईडीडी+ प्रस्ताव का अनुमोदन।

जलवायु प्रौद्योगिकी केंद्र और नेटवर्क एवं प्रौद्योगिकी कार्यकारी समिति

इस मंत्रालय के जलवायु परिवर्तन प्रभाग में जलवायु प्रौद्योगिकी केंद्र और नेटवर्क (सीटीसीएन) तथा प्रौद्योगिकी कार्यकारी समिति (टीईसी) (एनडीई (सीटीसीएन और टेक)) के लिए राष्ट्रीय निर्दिष्ट संस्था (नेशनल डेजिग्नेटिड एंटिटि) स्थापित की गई है। इसके प्रमुख कार्य इस प्रकार हैं:- (i) प्रौद्योगिकी जरूरतों के मूल्यांकन और सहायता के लिए अनुरोध तैयार करने, उनका चयन करने और उन्हें प्रस्तुत करने में प्रमुख भूमिका निभाना और उनमें समन्वय स्थापित करना; (ii) सीटीसीएन कार्रवाई सहायता प्रदान करना और तत्संबंधी कार्यान्वयन पर निगरानी रखना; (iii) देश में जलवायु प्रौद्योगिकी हस्तांतरण में तेजी लाने के लिए सूचना और ज्ञान में सहयोग एवं तत्संबंधी पहुंच सुदृढ़ बनाना; (iv) जलवायु प्रौद्योगिकी हस्तांतरण के लिए नेटवर्क, भागीदारी और क्षमता निर्माण सुदृढ़ बनाना।

ओजोन परत संरक्षण

ओजोन ऑक्सीजन का एक त्रि-आणविक अणु है, जिसका निर्माण धरती के वायुमंडल के ऊपरी स्तरों पर प्राकृतिक रूप में विद्यमान ऑक्सीजन के सूर्य से होने वाले उच्च ऊर्जा पराबैंगनी विकिरण के प्रभाव में आने से होता है। पराबैंगनी विकिरण ऑक्सीजन अणुओं को तोड़ता है, जिससे मुक्त अणु विचरण करते हैं, जिनमें से कुछ अन्य ऑक्सीजन अणु के साथ मिल जाते हैं, जिससे ओजोन की परत का निर्माण

होता है। इस तरह बनने वाली करीब 90 प्रतिशत ओजोन धरती की सतह से करीब 10 से 50 किलोमीटर के दायरे में रहती है, जिसे समतापमंडल कहा जाता है। वायुमंडल के इस भाग में पाई जाने वाली ओजोन को ओजोन की परत कहा जाता है।

ओजोन की परत की संरक्षा के लिए विएना कन्वेंशन और ओजोन की परत को क्षति पहुंचाने वाले पदार्थों के बारे में मांट्रियल प्रोटोकोल, महत्वपूर्ण अंतरराष्ट्रीय संधियां हैं, जो समतापमंडल ओजोन (ओजोन की परत) की संरक्षा से संबंधित है। मांट्रियल प्रोटोकोल को इतिहास में सर्वाधिक सफल अंतरराष्ट्रीय पर्यावरण संधि समझा जाता है। इसकी पुष्टि सार्वभौमिक रूप में की जा चुकी है और संयुक्त राष्ट्र के सभी 197 सदस्य राष्ट्र मांट्रियल प्रोटोकोल और विएना कन्वेंशन के सदस्य हैं। मांट्रियल प्रोटोकोल के प्रचालन के 29वें वर्ष में इस समझौते के तहत असाधारण अंतरराष्ट्रीय सहयोग के चलते ओजोन की परत को ह्रास पहुंचाने वाले कई प्रमुख पदार्थों का उत्पादन और खपत 1 जनवरी, 2010 से विश्वभर में चरणबद्ध तरीके से बंद कर दिया गया है। इन पदार्थों में क्लोरोफ्लूरो कार्बन्स, (सीएफसीज़), कार्बन टेट्राक्लोराइड (सीटीसी), और हेलोन्स शामिल हैं। मेथिल ब्रोमाइड के उत्पादन और खपत पर 2015 में विश्वभर में चरणबद्ध तरीके से रोक लगाई जा चुकी है। परंतु, संगरोधन और लदान पूर्व अनुप्रयोगों में इसके प्रयोग की छूट दी गई है। वैश्विक सिलसिलेवार पर्यवेक्षणों से इस बात की पुष्टि हो चुकी है कि ओजोन को ह्रास पहुंचाने वाले प्रमुख पदार्थों के वायुमंडलीय स्तरों में महत्वपूर्ण कमी आई है और अनुमान है कि यह सिलसिला जारी रहते मांट्रियल प्रोटोकोल के प्रावधानों का पूर्ण कार्यान्वयन होने पर वैश्विक ओजोन परत इस सदी के मध्य तक तथा अंटार्कटिक ओजोन परत करीब 15 वर्ष में 1980 से पहले की स्थिति में लौट आएगी।

ओजोन को क्षति पहुंचाने वाले पदार्थों को चरणबद्ध तरीके से समाप्त करना

भारत ने सीएफसीज़ के उत्पादन और खपत को चरणबद्ध तरीके से समाप्त कर दिया है। 2005 में 50 प्रतिशत, 2007 में 85 प्रतिशत और 1 अगस्त, 2008 को इन पदार्थों को शत प्रतिशत खत्म करने में सफलता प्राप्त की गई। भारत ने गैर-सीएफसी मीटर्ड डोज इन्हेलर्स (एमडीआईज़) में रूपांतरण के लिए राष्ट्रीय कार्यनीति सफलतापूर्वक लागू की है और फार्मास्युटिकल एमडीआईज़ के विनिर्माण में सीएफसीज़ का इस्तेमाल चरणबद्ध तरीके से समाप्त करने की योजना बनाई है। राष्ट्रीय एमडीआई हस्तांतरण कार्यनीति के कार्यान्वयन के फलस्वरूप दिसंबर 2012 में एमडीआईज़ के विनिर्माण में फार्मास्युटिकल ग्रेड के सीएफसीज़ को चरणबद्ध तरीके से सफलतापूर्वक हटा दिया गया था। यह लक्ष्य मांट्रियल प्रोटोकोल के कार्यान्वयन के लिए बहुराष्ट्रीय कोष (एमएलएफ) की कार्यकारी समिति द्वारा अनुमोदित अवधि से 11 महीने पहले ही हासिल किया गया। भारत में वर्जिन हेलोन्स का उत्पादन और खपत 2002 में चरणबद्ध तरीके से समाप्त कर दी गई थी। 2003 से विनिर्माण में सीएफसीज़ और हेलोन्स के इस्तेमाल पर पाबंदी है। भारत ने सीटीसी के उत्पादन और खपत को चरणबद्ध तरीके से समाप्त कर दिया है जिसे 2005 में 80 प्रतिशत और 1 जनवरी, 2010 को पूरी तरह समाप्त किया गया।

अंतरराष्ट्रीय सहयोग-बहुराष्ट्रीय मामले

यह प्रभाग संयुक्त राष्ट्र पर्यावरण कार्यक्रम (यूएनईपी), वैश्विक पर्यावरण केंद्र (जीईएफ), संयुक्त राष्ट्र विकास कार्यक्रम (यूएनडीपी), विश्व बैंक (डब्ल्यूबी), और एशिया एवं प्रशांत क्षेत्र के लिए आर्थिक और सामाजिक आयोग (ईएससीएपी), दक्षिण एशियाई क्षेत्रीय सहयोग संगठन (सार्क), दक्षिण एशिया

सहकारी पर्यावरण कार्यक्रम (एसएसीईपी), दक्षिणपूर्व एशियाई राष्ट्र संगठन (आसियान), एशियाई विकास बैंक (एडीबी), यूरोपीय केंद्र (ईयू), भारत-ब्राज़ील-दक्षिण अफ्रीका (इब्सा) पर्यावरण सम्मेलन जैसे क्षेत्रीय निकायों के लिए एक नोडल विभाग है। यह प्रभाग पर्यावरण के लिए काम करने वाले संयुक्त राष्ट्र और अन्य विभिन्न अंतरराष्ट्रीय निकायों को वार्षिक योगदान प्रदान करता है। प्रभाग हर वर्ष दक्षिण एशिया सहकारी पर्यावरण कार्यक्रम (एसएसीईपी) को 31,850 अमरीकी डॉलर का प्रत्यक्ष योगदान करता है।

भारत यूएनईपी का सदस्य है और यूएनईपी पर्यावरण कोष में 100,000 अमरीकी डॉलर का वार्षिक वित्तीय योगदान देता है। यूएनईपी के अंतरराष्ट्रीय संसाधन पैनल (आईआरपी) के वर्तमान 33 सदस्यों में से 3 भारत से हैं। यह मंत्रालय आईआरपी संचालन समिति का सदस्य है। आईआरपी संयुक्त राष्ट्र पर्यावरण कार्यक्रम की संसाधन सक्षमता/स्थायी खपत और उत्पादन (एससीपी) उप-कार्यक्रम में सहायता करता है और विश्व के सर्वाधिक महत्वपूर्ण संसाधन मुद्दों का मूल्यांकन करता है ताकि सरकारी नीति निर्माताओं, उद्योग जगत और समाज के लिए व्यावहारिक समाधान विकसित किए जा सकें।

संयुक्त राष्ट्र पर्यावरण असेंबली (यूएनईए) यूएनईपी का कार्यकारी निकाय है। यूएनईए का दूसरा अधिवेशन 23 से 27 मई, 2016 की अवधि में नैरोबी, केन्या में आयोजित किया गया। इसमें स्थायी विकास के लिए कार्य सूची-2030 के पर्यावरण संबंधी आयामों पर ध्यान केंद्रित किया गया। मंत्रालय संबद्ध हितभागियों के साथ मिल कर यूएनईए-2 की कार्यसूची को अंतिम रूप देने में सक्रिय है। मंत्रालय ने इसके लिए जानकारी प्रदान की और फरवरी, 2016 में 'यूएनईपी के स्थायी प्रतिनिधियों की समिति की मुक्त बैठक' में हिस्सा लिया।

भारत वैश्विक पर्यावरण केंद्र का संस्थापक सदस्य है। 1991 में स्थापित जीईएफ 183 देशों की निर्दिष्ट बहु-राष्ट्रीय वित्तीय व्यवस्था है, जो वैश्विक पर्यावरण लाभों के लिए वृद्धिशील वित्त व्यवस्था करता है ताकि वैश्विक पर्यावरण फायदे उठाए जा सकें, जो चुनी हुई राष्ट्रीय प्राथमिकताओं में भी शामिल हैं। जीईएफ के उद्देश्य बहु-राष्ट्रीय पर्यावरणीय कन्वेंशनों से संबद्ध पक्षकार सम्मेलन द्वारा निर्धारित किए जाते हैं। इन कन्वेंशनों में जैविक विविधता कन्वेंशन (सीबीडी), जलवायु परिवर्तन संबंधी संयुक्त राष्ट्र फ्रेमवर्क कन्वेंशन (यूएनएफसीसीसी), रेगिस्तान की रोकथाम से संबद्ध संयुक्त राष्ट्र कन्वेंशन, ईओपीज़ से संबद्ध स्टॉकहोम कन्वेंशन और पारे से संबद्ध मिनमेटा कन्वेंशन शामिल हैं। जीईएफ अनुदान 5 केंद्रीय क्षेत्रों के लिए उपलब्ध हैं जैसे- जैव विविधता, जलवायु परिवर्तन, भूमि ह्रास, अंतरराष्ट्रीय जल और रसायन एवं क़चरा।

स्थायी विकास

2015-16 इस दृष्टि से एक ऐतिहासिक वर्ष था कि सितंबर 2015 में भारत सहित संयुक्त राष्ट्र महासभा के 193 सदस्य राष्ट्रों ने 17 स्थायी विकास लक्ष्य और 169 संबद्ध लक्ष्य पारित किए। स्थायी विकास लक्ष्यों से संबंधित वार्ताओं में विदेश मंत्रालय ने सक्षम नेतृत्व प्रदान किया। हालांकि अंतर-मंत्रालयी विचार-विमर्श पर्यावरण वन और जलवायु मंत्रालय द्वारा आयोजित किए गए, लेकिन विदेश मंत्रालय को हमेशा संपर्क में रखा गया और संबद्ध मंत्रालयों द्वारा की गई टिप्पणियों/आपत्तियों से विदेश मंत्रालय को अवगत कराया गया। विचार-विमर्श के नतीजतन तैयार दस्तावेज को 'ट्रांसफोर्मिंग अवर वर्ल्डः द 2030

एजेंडा फार सस्टेनेबल डेवलपमेंट' अर्थात् 'हमारे विश्व का कायाकल्प: स्थायी विकास के लिए कार्यसूची-2030' का नाम दिया गया। इसमें नई विकास कार्य सूची में गरीबी उन्मूलन को अतिमहत्वपूर्ण लक्ष्य समझा गया है और स्थायी विकास के आर्थिक, सामाजिक और पर्यावरण विषयक आयामों को गरीबी के साथ जोड़ा गया है। विकास की नई कार्यसूची इस अर्थ में बेजोड़ है कि इसमें निर्धन, अमीर और मध्यम आय वाले सभी देशों द्वारा कार्रवाई का आह्वान किया गया है। 5 पी अर्थात् पीपल (लोग), प्लेनेट (धरती), प्रोस्पैरिटी (खुशहाली), पीस (शांति) और पार्टनरशिप (भागीदारी) इस कार्यसूची को आधार प्रदान करते हैं। स्थायी विकास के लक्ष्य 2030 तक हासिल कर लिए जाने की उम्मीद है।

13 वित्त

वित्त मंत्रालय पर सरकार के वित्त को संभालने का दायित्व है। इसका संबंध पूरे देश को प्रभावित करने वाले सभी आर्थिक एवं वित्तीय विषयों से है, जिनमें विकास एवं अन्य उद्देश्यों के लिए संसाधन जुटाना भी शामिल है। यह राज्यों को संसाधनों के अंतरण समेत सरकार के व्यय का नियमन करता है। इस मंत्रालय में पांच विभाग हैं, जिनके नाम हैं: (I) आर्थिक कार्य, (II) व्यय, (III) राजस्व, (IV) निवेश और लोक परिसंपत्ति प्रबंधन, तथा (V) वित्तीय सेवाएं।

आर्थिक मामलों का विभाग

विभाग अन्य बातों के साथ वर्तमान आर्थिक रुझानों पर नज़र रखता है और मूल्य, ऋण, राजकोषीय तथा मौद्रिक नीति एवं निवेश संबंधी नियमन समेत उन सभी मामलों पर सरकार को सलाह देता है, जिनका आर्थिक प्रबंधन के आंतरिक एवं विदेशी पहलुओं पर प्रभाव हो सकता है। एफएओ, आईएलओ, यूनिडो जैसे विशेषज्ञता प्राप्त अंतरराष्ट्रीय संगठनों से प्राप्त सहयोग और विज्ञान एवं प्रौद्योगिकी, संस्कृति तथा शिक्षा के क्षेत्र में हुए अंतरराष्ट्रीय द्विपक्षीय विशिष्ट समझौतों के अंतर्गत प्राप्त सहयोग के अतिरिक्त भारत को मिलने वाले सभी प्रकार के विदेशी, वित्तीय एवं तकनीकी सहयोग की निगरानी भी इसी विभाग द्वारा की जाती है। आर्थिक मामलों के विभाग में निम्नलिखित प्रभाग हैं: (i) एकीकृत वित्त प्रभाग, (ii) राजकोषीय जिम्मेदारी एवं बजट प्रबंधन (एफआरबीएम) सहित बजट प्रभाग, (iii) वित्तीय बाजार, (iv) द्विपक्षीय सहयोग और प्रशासन, (v) बहुपक्षीय संस्थाएं, (vi) बहुपक्षीय संबंध, (vii) सहायता, लेखा एवं लेखापरीक्षा के नियंत्रक, (viii) आर्थिक प्रभाग, (ix) निवेश एवं मुद्रा तथा (x) अवसंरचना एवं ऊर्जा।

केंद्रीय बजट तैयार करने और उसे संसद के सामने प्रस्तुत करने तथा राष्ट्रपति शासन वाली राज्य सरकारों एवं केंद्र शासित क्षेत्रों के प्रशासन के लिए बजट तैयार करने का दायित्व भी आर्थिक मामलों के विभाग का है। भारत सरकार के पूर्ण स्वामित्व वाले निगम सिक्योरिटी प्रिंटिंग एंड मिंटिंग कारपोरेशन ऑफ इंडिया लिमिटेड (एसपीएमसीआईएल) का प्रशासनिक नियंत्रण मुद्रा निदेशालय के पास होता है। एसपीएमसीआईएल भारत सरकार की टकसालों, करंसी प्रेस, सिक्योरिटी प्रेस और सिक्योरिटी पेपर मिल का प्रबंधन करती है। बैंक नोट एवं सिक्कों के डिजाइन अथवा सुरक्षा तत्वों से संबंधित नीतियां एवं कार्यक्रम तैयार करने तथा क्रियान्वित करने एवं स्मारक सिक्के जारी करने के अतिरिक्त निदेशालय को इस क्षेत्र में अनुसंधान एवं विकास गतिविधियां संचालित करने तथा बैंक नोट एवं अन्य सुरक्षा उत्पादों के उत्पादन हेतु समस्त आवश्यक सामग्री का स्वदेशीकरण करने का अधिकार है।

वार्षिक बजट

भारत का केंद्रीय बजट, जिसे आम बजट भी कहते हैं, प्रत्येक वर्ष फरवरी के अंतिम कार्यदिवस पर भारत के वित्त मंत्री द्वारा संसद में प्रस्तुत किया जाता है।

वार्षिक वित्तीय विवरण

संविधान के अनुच्छेद-112 के अंतर्गत प्रत्येक वित्त वर्ष के लिए भारत सरकार की अनुमानित आय अथवा प्राप्तियों एवं व्यय का विवरण संसद के सामने प्रस्तुत करना होता है। 'वार्षिक वित्तीय विवरण' कहलाने वाला यह विवरण ही बजट का मुख्य दस्तावेज होता है। वार्षिक वित्तीय विवरण सरकार की आय एवं भुगतान को तीन भागों में दिखाता है, जिनमें सरकार के खाते विभाजित किए जाते हैं: (क) समेकित कोष, (ख) आकस्मिक कोष और (ग) लोक खाता।

सरकार द्वारा प्राप्त किया गया सभी प्रकार का राजस्व, उसके द्वारा लिए गए ऋण, उसके द्वारा दिए गए ऋणों की वसूली से हुई प्राप्तियां समेकित कोष कहलाती हैं। सरकार का सभी प्रकार का व्यय समेकित कोष से ही होता है और संसद से अनुमति प्राप्त किए बगैर कोष से राशि का आहरण नहीं किया जा सकता।

ऐसे अवसर आ सकते हैं, जब सरकार को संसद की अनुमति के बगैर ही आपात एवं अप्रत्याशित व्यय करने पड़ते हैं। ऐसे व्यय के लिए अग्रिम अथवा पेशगी के रूप में राष्ट्रपति के अधीन आकस्मिक कोष होता है। ऐसे व्यय के लिए तथा इसके समतुल्य राशि का आहरण समेकित कोष से करने के लिए बाद में संसद से अनुमोदन प्राप्त किया जाता है और आकस्मिक कोष से खर्च हुई राशि की भरपाई कर दी जाती है। संसद द्वारा अधिकृत कोष में अभी 500 करोड़ रुपये की राशि है।

सरकार की समेकित कोष से संबंधित सामान्य प्राप्तियों एवं व्यय के अतिरिक्त कुछ अन्य निश्चित लेन-देन सरकार के खातों में आते हैं, जिनके संदर्भ में सरकार बैंकर के समान काम करती है। उदाहरण के लिए भविष्य निधि कोष, लघु बचत संग्रह एवं अन्य जमा आदि से संबंधित लेन-देन। इस प्रकार प्राप्त धन को लोक खाते में रखा जाता है और संबंधित भुगतान भी वहीं से किए जाते हैं, इसलिए लोक खाते से इस प्रकार के भुगतानों के लिए संसदीय अनुमोदन की आवश्यकता नहीं होती। कुछ मामलों में विशिष्ट उद्देश्यों जैसे सड़क विकास, मध्याह्न भोजन समेत प्राथमिक शिक्षा आदि पर व्यय के लिए सरकार के राजस्व का एक अंश अलग कोषों में रखा जाता है। इन राशियों को संसद की अनुमति के बाद समेकित कोष से आहरित किया जाता है और विशिष्ट उद्देश्यों पर व्यय हेतु लोक खाते में रखा जाता है। विशिष्ट उद्देश्यों पर प्रस्तावित वास्तविक व्यय के लिए भी संसद के अनुमोदन की आवश्यकता होती है।

संविधान के अंतर्गत बजट में राजस्व खाते पर होने वाले व्यय को अन्य प्रकार के व्यय से अलग करना होता है, इसलिए सरकार का बजट (I) राजस्व बजट एवं (II) पूंजी बजट से मिलकर बनता है।

अनुदान की मांगें

समेकित कोष से होने वाले व्यय के अनुमान, जिन्हें वार्षिक वित्तीय विवरण में शामिल किया जाता है और संसद में जिन पर मतदान होता है, संविधान के अनुच्छेद-113 के अनुसार अनुदान मांगों के रूप में प्रस्तुत किए जाते हैं। सामान्यतः प्रत्येक मंत्रालय अथवा विभाग के लिए एक अनुदान मांग रखी जाती है। किंतु बड़े मंत्रालयों एवं विभागों के लिए एक से अधिक मांगें रखी जाती हैं। प्रत्येक मांग में सामान्यतः

किसी सेवा के लिए सभी प्रावधान होते हैं अर्थात् राजस्व व्यय, पूंजीगत व्यय, राज्यों तथा केंद्र शासित सरकारों के लिए अनुदान एवं सेवा से संबंधित ऋण तथा अग्रिम के लिए प्रावधान होते हैं। विधायिका हीन केंद्र शासित प्रदेश के संदर्भ में प्रत्येक केंद्र शासित क्षेत्र के लिए अलग से मांग रखी जाती है। जहां सेवा के लिए प्रावधान पूरी तरह से समेकित कोष पर भारित व्यय के रूप में होता है, जैसे ब्याज का भुगतान, वहां उस व्यय के लिए मांग के अतिरिक्त अलग से विनियोग प्रस्तुत किया जाता है और उसके लिए संसद में मतदान की आवश्यकता नहीं होती, लेकिन जहां भी किसी सेवा पर व्यय में 'स्वीकृत' और 'भारित' व्यय शामिल होते हैं, वहां भारित व्यय को भी सेवा के लिए प्रस्तुत की गई मांग में सम्मिलित कर लिया जाता है। किंतु 'स्वीकृत' और 'भारित' के प्रावधान मांग में अलग-अलग दिखाए जाते हैं। अनुदानों के लिए मांगें वार्षिक वित्तीय लेखा के साथ ही लोकसभा में प्रस्तुत की जाती हैं।

वित्त विधेयक

वार्षिक वित्तीय विवरण संसद के सामने प्रस्तुत करते समय संविधान के अनुच्छेद-110 (1)(ए) की आवश्यकता पूरी करने के लिए वित्त विधेयक भी प्रस्तुत किया जाता है, जिसमें बजट में प्रस्तावित कर लागू करने, समाप्त करने, माफ करने, परिवर्तित करने तथा उनका नियमन करने का विवरण होता है। वित्त विधेयक संविधान के अनुच्छेद-110 में परिभाषित धन विधेयक होता है।

विनियोग विधेयक

अनुदान मांगों पर लोकसभा में मतदान होने के बाद अनुमोदित राशि का आहरण समेकित कोष से करने तथा समेकित कोष पर भारित व्यय को पूरा करने के लिए आवश्यक राशि का आहरण करने हेतु विनियोग विधेयक के माध्यम से संसद की अनुमति प्राप्त की जाती है। संविधान के अनुच्छेद-114 (3) के अंतर्गत संसद द्वारा कानून लागू किए बगैर समेकित कोष से किसी भी प्रकार की राशि नहीं निकाली जा सकती।

लेखानुदान

बजट प्रस्तुत होने के साथ आरंभ होने वाली और अनुदान मांगों पर चर्चा एवं मतदान के साथ समाप्त होने वाली पूरी प्रक्रिया में बहुत समय लग जाता है, इसलिए लोकसभा को मांगों पर मतदान की प्रक्रिया पूरी होने तक वित्त वर्ष के एक भाग के लिए अनुमानित व्यय के संदर्भ में किसी भी अग्रिम अनुदान को मंजूरी देने का अधिकार संविधान द्वारा प्रदान किया गया है। 'लेखानुदान' का उद्देश्य 'वित्तीय आपूर्ति' पर मतदान लंबित रहने तक सरकार के क्रियाकलापों को जारी रखना है। संसद से लेखानुदान एक विनियोजन (लेखा अनुदान) विधेयक के माध्यम से प्राप्त किया जाता है।

राजस्व के स्रोत

संविधान (18वां संशोधन) अधिनियम, 2000, जिसे पश्चगामी प्रभाव अर्थात् पिछली तिथि से 1996 से लागू किया गया है, के अनुसार अनुच्छेद-268 और 260 में उल्लिखित शुल्कों एवं करों, अनुच्छेद-271 में उल्लिखित करों एवं शुल्कों पर संबंधित अधिभार एवं संसद द्वारा बनाए गए किसी भी कानून के अंतर्गत विशिष्ट उद्देश्य से लागू किए गए उपकर के अतिरिक्त केंद्रीय सूची में दिए गए सभी प्रकार के करों को भारत सरकार द्वारा ही लागू किया जाएगा एवं संग्रहीत किया जाएगा और उसे केंद्र एवं राज्यों के मध्य उसी विधि से वितरित किया जाएगा, जिस विधि का निर्धारण वित्त आयोग की संस्तुतियों के आधार पर राष्ट्रपति करते हैं। 2015-20 की अवधि के लिए केंद्र और राज्यों के मध्य वितरण की विधि

चौदहवें वित्त आयोग की संस्तुतियों पर विचार के पश्चात् जारी राष्ट्रपति के आदेश में निर्धारित कर दी गई है। केंद्रीय कर राजस्व के मुख्य स्रोत सीमा शुल्क, केंद्रीय उत्पाद शुल्क, सेवा कर, निगम एवं आय कर होते हैं। गैर-कर राजस्व में मुख्य रूप से ब्याज से होने वाली प्राप्तियां, लाभांश/लाभ, जुर्माने तथा प्रशासनिक कार्यों के निष्पादन, नियामकीय शुल्कों एवं लाइसेंस शुल्क तथा सार्वजनिक रूप से प्रदान की गई वस्तुओं एवं सेवाओं पर उपयोग शुल्क से होने वाली अन्य प्राप्तियां सम्मिलित होती हैं।

अंतरण संसाधन

2015-16 के संशोधित अनुमानों में केंद्र सरकार से राज्यों को कर एवं शुल्कों में उनके अंश के रूप में प्राप्त होने वाली कर प्राप्तियों का अंतरण 5,06,193 करोड़ रुपये था। 2016-17 के बजटीय अनुमानों में यह राशि बढ़ाकर 5,70,337 करोड़ रुपये कर दी गई। इसके अतिरिक्त राज्यों एवं केंद्र शासित प्रदेशों को कुल अनुदान एवं ऋण 2015-16 के संशोधित अनुमान के अनुसार 3,24,420 करोड़ रुपये रहे थे, जो 2016-17 के बजटीय अनुमान में 3,60,337 करोड़ रुपये हो गया है।

सार्वजनिक ऋण एवं अन्य देयताएं

भारत के सार्वजनिक ऋण को केंद्र सरकार की देयताओं की तीन श्रेणियों आंतरिक ऋण, विदेशी ऋण और अन्य देयताओं में विभाजित किया गया है।

भारत सरकार के आंतरिक ऋण में प्रमुख अंश निश्चित अवधि एवं निश्चित दर वाले सरकारी पत्रों (दिनांकित प्रतिभूतियां एवं सरकारी हुंडियां) का होता है, जिनका निर्गम नीलामियों के माध्यम से किया जाता है। इनमें बाजार ऋण (दिनांकित प्रतिभूतियां), सरकारी हुंडियां (91, 182 और 364 दिन) और 14 दिन की अवधि वाली सरकारी हुंडियां (केवल राज्य सरकारों के लिए निर्गम), नकदी प्रबंधन बिल, भारतीय रिजर्व बैंक (आरबीआई) के लिए निर्गमित विशेष प्रतिभूतियां, क्षतिपूर्ति एवं अन्य ऋण-पत्र (बॉण्ड), अंतरराष्ट्रीय वित्तीय संस्थानों को जारी की जाने वाली गैर विनिमेय एवं गैर ब्याज वाली रुपये की प्रतिभूतियां तथा बाजार स्थायित्व योजना के अंतर्गत जारी प्रतिभूतियां होती हैं। इसका उद्देश्य भौतिक सोने पर निर्भरता कम करना और आयात कम करना है। वर्ष 2015-16 में उधारी के हिस्से के रूप में सॉवरिन स्वर्ण बांड योजना शुरू की गई।

विदेशी ऋण विदेशी सरकारों एवं बहुपक्षीय संस्थानों से प्राप्त ऋण का सूचक होता है। केंद्र सरकार अंतरराष्ट्रीय पूंजी बाजारों से सीधे ऋण नहीं लेती है। विदेशी मुद्रा में उधारी लेने की इसकी प्रक्रिया बहुपक्षीय एजेंसियों एवं द्विपक्षीय स्रोतों के माध्यम से पूरी की जाती है और आधिकारिक विकास सहयोग का हिस्सा होती है। वर्तमान में भारत सरकार अंतरराष्ट्रीय पूंजी बाजारों से ऋण नहीं लेती।

'अन्य' देयताएं सार्वजनिक ऋण के अंतर्गत नहीं आतीं। उनमें सरकार की ब्याज प्रदान करने वाली अन्य बाध्यताएं होती हैं, जैसे डाकघर बचत जमा, लघु बचत योजनाओं के अंतर्गत जमा, डाकघर नकद प्रमाण-पत्र के माध्यम से लिए गए ऋण, भविष्य निधि एवं कुछ अन्य निश्चित जमा।

भारत का आर्थिक विकास

विपरीत भूमंडलीय आर्थिक स्थिति के बावजूद 2015-16 में भारतीय आर्थिक वृद्धि ने रफ्तार पकड़ी। भारत के सकल घरेलू उत्पाद (जीडीपी) में 2011-12 के स्थिर बाजार मूल्यों के अनुसार वर्ष 2015-16 में केंद्रीय सांख्यिकी कार्यालय के अनुमानित आकलन के अनुसार वर्ष 2014-15 के 7.2 प्रतिशत की तुलना में 7.6 प्रतिशत हुई। क्षेत्रवार स्तर पर 2011-12 के स्थिर बाजार मूल्यों पर जीवीए की वृद्धि दर

वर्ष 2015–16 के लिए कृषि एवं संबंधित क्षेत्रों में 1.2 प्रतिशत उद्योग क्षेत्रों में 7.4 प्रतिशत तथा सेवा क्षेत्रों में 8.9 प्रतिशत होने का आकलन किया गया। इसी अवधि में वर्ष 2014–15 में ये विकास दर 10.3 प्रतिशत थे।

मांग के स्तर पर भारत के इस वृद्धि के रफ्तार का कारण मुख्यतः खपत प्रेरित है। जीडीपी में खपत का हिस्सा वर्ष 2014–15 68.5 प्रतिशत की तुलना में वर्ष 2015–16 में 70.1 प्रतिशत रहा। केंद्र से राज्यों को संसाधनों का हस्तांतरण भारत की केंद्रीय करों एवं शुल्कों में अपने हिस्से के अलावा राज्य सरकारों को विभिन्न विकास एवं गैर–विकास उद्देश्यों हेतु संवैधानिक एवं अन्य अनुदान तथा ऋण प्राप्त होते हैं।

वर्ष 2004–05 तथा उसके बाद और वर्ष 2015–16 तथा 2016–17 हेतु आकलित संसाधनों की कुल राशि जो सीधे राज्यों को स्थानांतरित किए गए की सूची तालिका–1 में दी गई है। इसके अतिरिक्त विभिन्न योजनाओं के अंतर्गत संसाधन भी केंद्र सरकार द्वारा क्रियान्वयन एजेंसियों को स्थानांतरित किए जाते हैं।

तालिका : 1

राज्यों को स्थानांतरित संसाधन

(करोड़ रुपये में)

अवधि	कर एवं शुल्क	अनुदान	ऋण	कुल योग
2012–13	2,91,547	1,75,202	10,661	4,77,410
2013–14	3,18,230	1,91,642	11,008	5,20,880
2014–15	3,37,808	3,28,343	11,940	6,78,091
2015–16 (स.अ.)	5,06,193	2,96,483	12,607	
2016–17 (ब.अ.)	5,70,337	2,69,713	12,610	

स्रोत: केंद्र सरकार के वार्षिक बजट दस्तावेज

केंद्र के आगामी वित्त वर्ष के सभी संभावित प्राप्तियों और व्यय का आकलन संसद के समक्ष प्रस्तुत किया जाता है। इसे वार्षिक वित्तीय प्रतिवेदन अथवा बजट के रूप में जाना जाता है। इसमें देश में तथा देश के बाहर केंद्र सरकार के सभी प्रकार के लेन–देन, जो पिछले वर्ष के दौरान हुआ हो, प्रतिवेदन वर्ष के दौरान हो तथा आगामी वर्ष के दौरान या बजट वर्ष के दौरान होगा, का विवरण दर्ज रहता है।

बजट प्रस्तुत करने के बाद संसद के दोनों सदनों में इस पर चर्चा होती है। भारत के समेकित कोष से व्यय का आकलन अनुदान मांगों के रूप में लोकसभा में पेश किया जाता है। संसद द्वारा प्रत्येक वर्ष पास किए गए विनियोग अधिनियम द्वारा प्राधिकृत किए जाने पर ही समेकित कोष से राशि का आहरण किया जाता है।

बजट सभी करों के प्रस्ताव बिल में शामिल होते हैं जो प्रतिवर्ष वित्त विधेयक के रूप में पारित किए जाते हैं। इसी तरह राज्य सरकारों द्वारा भी प्राप्तियों और व्यय का आकलन प्रत्येक वित्तीय वर्ष के आरंभ से पूर्व विधानमंडलों में प्रस्तुत की जाती हैं और समान विधि से व्यय की विधायी स्वीकृति प्राप्त

की जाती है। केंद्र सरकार की 2011-12 और उससे आगे की बजटीय स्थिति तालिका-2 में दर्शाया गया है।

तालिका : 2

केंद्र सरकार की बजटीय स्थिति

क्र. सं.		2012-13 वास्तविक	2013-14 वास्तविक	2014-15 वास्तविक	2015-16 संशोधित अनुमान	2016-17 बजट अनुमान
1.	राजस्व प्राप्तियां	8,79,232	10,14,724	11,01,473	12,06,084	13,77,022
2.	राजस्व व्यय	12,43,514	13,71,772	14,66,992	15,47,673	17,31,037
3.	राजस्व घाटा	3,64,282	3,57,048	3,65,519	3,41,589	3,54,015
4.	पूंजीगत प्राप्तियां	5,31,140	5,44,724	5,62,199	5,79,307	6,01,037
5.	ऋण की वसूली एवं अन्य प्राप्तियां	40,950	41,865	51,475	44,218	67,134
6.	उधारी एवं अन्य देयताएं*	4,90,190	5,02,859	5,10,724	5,35,089	5,33,903
7.	पूंजीगत व्यय	1,66,858	1,87,675	1,96,681	2,37718	2,47,023
8.	कुल प्राप्तियां	14,10,372	15,59,448	16,63,672	17,85,391	19,78,059
9.	कुल व्यय	14,10,372	15,59,447	16,63,673	17,85,391	19,78,060
10.	नकद शेष के आहरण में गिरावट	-51,012	-19,171	77,752	-22,084	13,195
11.	राजकोषीय घाटा [(1+5)-9=6]	4,90,190	5,02,858	5,10,725	5,35,089	5,33,904

स्रोत: केंद्र सरकार के बजट दस्तावेज

*नकद शेष का आहरण शामिल है।

वित्तीय प्रबंध में पहल

लगातार राजकोषीय घाटा और इससे जुड़े सार्वजनिक कर्ज़ में वृद्धि को देश की आर्थिक वृद्धि को प्रभावित करने वाले सबसे कठिन चुनौती के रूप में चिह्नित किया गया है। माइक्रो-इकोनॉमिक मापदंड पर राजकोषीय अनुशासन में कमी से हो रहे नुकसान को राकने के लिए संसद ने राजकोषीय उत्तरदायित्व एवं बजट प्रबंधन (एफआरबीएम) अधिनियम, 2003 पारित किया, जो जुलाई 2004 से लागू हुआ। एफआरबीएम अधिनियम के अनुसार 2007-08 तक राजकोषीय घाटा को समाप्त करने का आदेश दिया गया।

वैश्विक वित्तीय संकट और भारतीय अर्थव्यवस्था पर इसके विपरीत प्रभाव को देखते हुए एफआरबीएम अधिनियम द्वारा निर्धारित राजकोषीय लक्ष्यों में समय-समय पर संशोधन किए गए। 2016-17 के बजट अनुमानों में 2016-17 हेतु राजकोषीय घाटा जीडीपी का 3.5 प्रतिशत रखा गया। मध्यम अवधि के राजकोषीय नीति प्रतिवेदन 2016-17 के अनुसार राजकोषीय घाटे को समेकित कर 2017-18 और 2018-19 में घटाकर जीडीपी के 3.0 प्रतिशत करने का प्रस्ताव किया गया। 2016-17 के बजट में घाटे का लक्ष्य तालिका-3 में दिया गया है।

तालिका : 3

राजस्व सूचक-सकल घरेलू उत्पाद के प्रतिशत के रूप में परिवर्तनीय लक्ष्य

(वर्तमान बाजार कीमतों पर)

क्र. सं.	मद	संशोधित अनुमान 2015-16	बजट अनुमान 2016-17	लक्ष्य अनुमान 2017-18	2018-19
1.	राजस्व घाटा	2.5	2.3	1.8	1.3
2.	वर्तमान वित्त वर्ष में घाटा	3.9	3.5	3.0	3.0
3.	कुल कर राजस्व	10.8	10.8	10.9	11.1
4.	वर्ष की समाप्ति पर कुल बकाया देयताएं	47.6	47.1	46.8	44.4

स्रोत: केंद्रीय बजट दस्तावेज, 2016-17

टिप्पणियां:

1. सकल घरेलू उत्पाद नए सीरीज 2011-12 के अनुसार वर्तमान बाजार कीमतों पर सकल घरेलू उत्पाद है।
2. कुल बकाया देयताएं में वर्तमान विनिमय दरों पर बाह्य सार्वजनिक ऋण शामिल है। प्रायोजित लक्ष्य स्थिर विनिमय दरों पर आधारित है। एनएसएसएफ में देयताएं और एमएसएस देयताएं जो केंद्र सरकार के घाटों में नहीं जुड़ती शामिल नहीं हैं।

सार्वजनिक ऋण

सार्वजनिक ऋण में आंतरिक ऋण जिसमें देश के अंदर उधारी लेना शामिल है, जैसे- बाजार ऋण, क्षतिपूर्ति एवं अन्य ऋण-पत्र (बॉण्ड), राज्य सरकारों वाणिज्यिक बैंकों तथा अन्य पक्षों के वित्तपोषण के लिए जारी कोषागार बिलें और अंतरराष्ट्रीय वित्तीय संस्थानों को जारी की जानेवाली गैर-विनिमय और गैर-ब्याज वाली रुपये की प्रतिभूतियां शामिल हैं। बाह्य ऋण में विदेशों, अंतरराष्ट्रीय वित्तीय संस्थानों से ऋण शामिल हैं। तालिका-4 में केंद्र सरकार के सार्वजनिक कर्ज 'अन्य देयताओं' का विवरण दिया गया है। अन्य देयताओं में विभिन्न लघु बजट योजनाओं में जमा, भविष्य निधियों, तेल विक्रेता कंपनियों, उर्वरक कंपनियों और भारतीय खाद्य निगम को जारी प्रतिभूतियां, सुरक्षित कोष और जमा तथा अन्य मदें शामिल हैं।

तालिका : 4
केंद्र सरकार की बजटीय स्थिति

क्र. सं.	मद	2012-13 वास्तविक	2013-14 वास्तविक	2014-15 वास्तविक	2015-16 संशोधित अनुमान	2016-17 बजट अनुमान
क	सार्वजनिक ऋण (1+2)	39,20,961	44,25,348	49,35,804	55,20,634	60,29,868
1.	**आंतरिक ऋण**					
(i)	बाजार स्थिरीकरण योजना	37,64,566	42,40,767	47,38,290	53,11,636	58,01,775
(ii)	बाजार ऋण	29,84,309	34,41,641	38,91,734	42,96,663	47,23,333
(iii)	विशिष्ट प्रतिभूतियों का विक्रय प्रतिभूति में रूपांतरण	76,818	72,818	67,818	64,818	64,818
(iv)	अन्य विशिष्ट प्रतिभूतियों को आरबीआई को जारी करना	1,489	1,489	1,489	1,489	
(v)	क्षतिपूरक अन्य ब्रांड व प्रतिभूतियां	13,877	13,628	13,449	9,906	16,210
(vi)	14 दिनों की सरकारी हुंडी	1,18,380	8,6,816	85,678	85,678	85,678
(vii)	91 दिनों की सरकारी हुंडी	10,5,142	1,25,761	1,28,961	1,76,511	1,93,160
(viii)	182 दिनों की सरकारी हुंडी	64,196	76,417	77,337	87,572	87,572
(ix)	364 दिनों की सरकारी हुंडी	1,30,467	1,36,956	1,43,152	1,54,033	1,54,033
(x)	अंतरराष्ट्रीय वित्तीय संस्थाओं को प्रतिभूतियां जारी	32,226	35,181	46,395	99,262	99,160
(xi)	लघु बचतों के बदले प्रतिभूतियां	2,16,808	2,29,165	2,61,391	3,14,809	3,36,917
2.	**बाहरी ऋण***	**1,77,289**	**1,84,581**	**1,97,514**	**20,8,998**	**2,28,093**
(बी)	अन्य देयताएं @	11,28,737	12,44,081	13,06,716	13,71,579	14,08,613
3.	**कुल सार्वजनिक ऋण और अन्य देयताएं (ए+बी)**	**50,49,698**	**56,69,429**	**62,42,520**	**68,92,213**	**74,38,481**

स्रोत: केंद्र सरकार के बजट दस्तावेज

कीमत के अनुसार बकाया

तेल विपणन कंपनियों, खाद कंपनियों और भारतीय खाद्य निगम (एफसीआई) तथा अन्य चीज़ों के लिए रियायत (सब्सिडी) देने के बदले में राष्ट्रीय लघु बचत कोष, भविष्य निधि कोष, रिज़र्व कोष और विशेष प्रतिभूतियों की जमाराशि के तहत प्राप्तियां शामिल है।

मुद्रास्फीति

उपभोक्ता मूल्य सूचकांक (संयुक्त) पर आधारित शीर्ष मुद्रास्फीति की दर वर्ष 2012–14 के दौरान 9–10 प्रतिशत रही जो 2014–15 में उल्लेखनीय रूप से 5.9 प्रतिशत और 2015–16 में 4.9 प्रतिशत हो गई। वर्ष 2016–17 (अप्रैल से जुलाई) में इसका औसत 5.8 प्रतिशत और जुलाई 2016 में 6.1 प्रतिशत रहा। उपभोक्ता खाद्य मूल्य सूचकांक (सीएफपीआई) जो खाद्य मुद्रास्फीति पर आधारित है, 2014–15 में 6.4 प्रतिशत से सुधर कर 2015–16 में 4.9 प्रतिशत हो गया। इसका औसत 2016–17 (अप्रैल–जुलाई) में 7.5 प्रतिशत और जुलाई 2016 में 8.4 प्रतिशत रहा। चालू वित्त वर्ष 2016–17 (अप्रैल–जुलाई) के दौरान खाद्य मुद्रास्फीति अधिक रहने का मुख्य कारण दालों, सब्जियां और चीनी की उच्च मुद्रास्फीति दर रही। सीपीआई कोर मुद्रास्फीति (गैर-खाद्य गैर इंधन) वर्तमान वित्त वर्ष में 4.7 प्रतिशत के आसपास रही। अन्य उपभोक्ता मूल्य सूचकांकों (सीपीआई) जैसे- औद्योगिक कामगारों, कृषि श्रमिकों तथा ग्रामीण श्रमिकों के मामले में वर्तमान वित्त वर्ष औसतन 6 प्रतिशत के आसपास रहा।

थोक मूल्य सूचकांक (डब्ल्यूपीआई) के रूप में शीर्ष मुद्रास्फीति वर्ष 2011–14 के दौरान अधिक रही, लगभग 6–9 प्रतिशत जो सुधर कर 2014–15 में 2 प्रतिशत और 2015–16 में (–)2.5 प्रतिशत हो गई। 2016–17 (अप्रैल–जुलाई) में इसका औसत 1.8 प्रतिशत और जुलाई 2016 में 3.5 प्रतिशत रहा। डब्ल्यूपीआई खाद्य मुद्रास्फीति (खाद्य पदार्थ+खाद्य उत्पाद) जो वर्ष 2013–14 के दौरान औसतन 9.4 प्रतिशत और वर्ष 2015–16 में 2.6 प्रतिशत हो गई। वर्ष 2016–17 (अप्रैल–जुलाई) में इसका औसत 8.4 प्रतिशत और जुलाई 2016 में 11.3 प्रतिशत रहा।

तालिका : 5

डब्ल्यूपीआई और सीपीआई पर आधारित मुद्रास्फीति (प्रतिशत में)

	डब्ल्यूपीआई शीर्ष	डब्ल्यूपीआई खाद्य	सीपीआई संयुक्त शीर्ष	सीपीआई खाद्य (सीएफपीआई)*
2012–13	7.4	9.3	10.2	12.2
2013–14	6.0	9.4	9.5	11.3
2014–15	2.0	4.9	5.9	6.4
2015–16	–2.5	2.6	4.9	4.9
अप्रैल 16	0.8	6.0	5.5	6.4
मई 16	1.2	8.1	5.8	7.5
जून 16	1.6	8.2	5.8	7.8
जुलाई 16	3.5	11.3	6.1	8.4

स्रोत: आर्थिक सलाहकार का कार्यालय–डीआईपीपी एवं सीएसओ

*सीएफपीआई: उपभोक्ता खाद्य मूल्य सूचकांक

टिप्पणी: डब्ल्यूपीआई के विगत दो महीनों के और सीपीआई के विगत एक माह के आंकड़े अनंतिम हैं।

मुद्रास्फीति नियंत्रण के उपाय

सरकार नियमित रूप से कीमत स्थिति की समीक्षा करती है और चूंकि कीमत स्थिरता इसके एजेंडा में प्राथमिकता में है जिससे मुद्रास्फीति ने नियंत्रण हेतु कई उपाय किए गए हैं। उठाए गए कदमों में शामिल है- (i) अनिवार्य वस्तुओं खासकर दालों के मूल्यों में अस्थिरता को नियंत्रित करने हेतु 2016-17 के बजट में मूल्य स्थिरता कोष के लिए 2,900 करोड़ रुपये का बढ़ा हुआ आवंटन, (ii) घरेलू उगाही और आयात के माध्यम से दालों का बफर स्टॉक बनाने का निर्णय, (ii) उत्पादन को प्रोत्साहित करने के लिए उच्चतर न्यूनतम समर्थन मूल्य की घोषणा, (iv) अनिवार्य वस्तु अधिनियम, 1955 और अनिवार्य वस्तुओं की कालाबाजारी की रोकथाम तथा आपूर्ति जारी रखने संबंधी अधिनियम, 1980 के अंतर्गत जमाखोरी और कालाबाजारी के खिलाफ सख्त कार्रवाई करने के लिए राज्यों/केंद्रशासित क्षेत्रों को दिशानिर्देश देना, (v) चीनी के निर्यात पर 20 प्रतिशत शुल्क लगाना और (vi) आलू का न्यूनतम निर्यात मूल्य (एमईपी) 360 अमरीकी डॉलर प्रति टन करना।

संशोधित मौद्रिक नीतिगत ढांचा

संशोधित मौद्रिक नीतिगत ढांचा के दृष्टव्य सरकार ने अगस्त 2016 से मार्च 2021 की अवधि में (+/-) 2 प्रतिशत सहनशीलता की सीमा के साथ 4 प्रतिशत मुद्रास्फीति का लक्ष्य निर्धारित किया है। अगर लगातार तीन तिमाही तक औसत मुद्रास्फीति निर्धारित सह्य स्तर से अधिक या कम रहती है तो इसका मतलब होगा निर्धारित मुद्रास्फीति लक्ष्य को पाने में विफलता। आरबीआई मुद्रास्फीति लक्ष्य को प्राप्त करने में विफलता के कारणों, की जाने वाली प्रस्तावित उपचारात्मक कार्रवाई और अनुमानित समयावधि से संबंधित रिपोर्ट तैयार करेगा जिससे मुद्रास्फीति लक्ष्य को प्रस्तावित उपचारात्मक कार्रवाई को समय से लागू करने पर प्राप्त कर लिया जाएगा।

भारतीय रिजर्व बैंक की मौद्रिक नीति का रवैया जनवरी 2015 से उदार रहा है। आरबीआई ने जनवरी 2015 से रेपो रेट को 150 आधार अंक कम कर दिया है। इसी तरह रेपो रेट जनवरी 2015 के 8 प्रतिशत से अगस्त 2016 को 6.5 प्रतिशत हो गया है। औसत आधार दर में कमी केवल 62 आधार अंक रहा है। औसत उधार दर जनवरी 2015 के 10.00/10.25 की तुलना में 29 जुलाई, 2016 को 9.30/9.70 प्रतिशत थी।

कृषि एवं खाद्य प्रबंधन

दक्षिण-पश्चिम मानसून के दौरान 2016 में देश में सामान्य से 1 प्रतिशत अधिक वर्षा हुई। मानसून 2016 के दौरान सामान्य वर्षा 589.2 मिमी की तुलना में वास्तविक वर्षा 593.3 मिमी हुई। 36 मौसम विज्ञान संबंधी उप-प्रभागों में से 7 उपप्रभागों में अधिक वर्षा हुई, 23 उपप्रभागों में सामान्य बारिश हुई तथा शेष 6 उपप्रभागों में कम बारिश हुई।

कृषि मंत्रालय द्वारा जारी चौथे अग्रिम अनुमानों के अनुसार 2014-15 (अंतिम) के 252.0 मिलियन टन की तुलना में वर्ष 2015-16 के दौरान 252.2 मिलियन टन खाद्यान्न के उत्पादन का अनुमान है।

तालिका : 6
प्रमुख कृषि फसलों का उत्पादन

फसलें	उत्पादन (मिलियन टन में)			
	2012-13 अंतिम	2013-14 अंतिम	2014-15 अंतिम	2015-16 चौथा अग्रिम अनुमान
कुल खाद्यान्न	**257.1**	**265.0**	**252.0**	**252.2**
चावल	105.2	106.7	105.5	104.3
गेहूं	93.5	95.9	86.5	93.5
कुल मोटे अनाज	40.0	43.3	42.9	37.9
कुल दालें	18.3	19.3	17.2	16.5
कुल तिलहन	30.9	32.8	27.5	25.3
गन्ना	341.2	352.1	362.3	352.2
कपास	34.2	35.9	34.8	30.1

स्रोतः डीईएस, डीएसी एवं एफडब्ल्यू, कृषि एवं कृषक कल्याण मंत्रालय।
मिलियन गांठें प्रत्येक गांठ 170 कि.ग्रा.

भारतीय खाद्य निगम और राज्य एजेंसियों के भंडार में 1 जुलाई, 2016 को खाद्यान्न (चावल एवं गेहूं) का भंडार 54.85 मिलियन टन था और 1 जुलाई, 2016 को 41.12 मिलियन टन का आदर्श बफर स्टॉक था।

कृषि उत्पादों के लिए समर्थन मूल्य नीतियां उच्च निवेश और उत्पादन को बढ़ावा देने और उचित कीमतों पर आपूर्ति सुनिश्चित कर उपभोक्ताओं के हित की रक्षा के लिए घोषित की जाती हैं। वर्ष 2012-13 में न्यूनतम समर्थन मूल्य में पिछले वर्षों की तुलना में महत्वपूर्ण वृद्धि की गई। यद्यपि वर्ष 2013-14, 2014-15 एवं 2015-16 में भी न्यूनतम समर्थन मूल्य में मध्यम वृद्धि की गई।

उद्योग एवं अवसंरचना

निर्माण क्षेत्र में अच्छे निष्पादन द्वारा भारतीय अर्थव्यवस्था तेज विकसित होनेवाली अर्थव्यवस्था के रूप में उभरी है। अस्थायी अनुमानों के मुताबिक वर्ष 2015-16 की वार्षिक राष्ट्रीय आय, जिसमें खनन, उत्पादन, बिजली तथा निर्माण वाले औद्योगिक क्षेत्र है, की वृद्धि 7.4 प्रतिशत हुई थी जबकि 2014-15 में यह 5.9 प्रतिशत थी। तुलना में 2015-16 में वृद्धि 9.3 प्रतिशत रही। हाल के वर्षों में सरकार द्वारा किए गए कई उपायों के औद्योगिक क्षेत्र में वृद्धि तीव्र हुई है।

औद्योगिक उत्पादन का सूचकांक

औद्योगिक उत्पादन का सूचकांक (आईआईपी) जोकि प्रमुख औद्योगिक क्षेत्रों के निष्पादन का त्वरित अनुमान होता है, वर्ष 2014-15 के 2.8 प्रतिशत वृद्धि की तुलना में 2015-16 में 2.4 प्रतिशत बढ़ा। बिजली क्षेत्र में 2014-15 के दौरान हुए 8.4 प्रतिशत की तुलना में 2015-16 में 5.7 प्रतिशत की वृद्धि दर्ज हुई। खनन क्षेत्र में 2014-15 के 1.5 प्रतिशत की तुलना में 2015-16 में 2.2 प्रतिशत वृद्धि हुई।

निर्माण क्षेत्र में 2014-15 के 2.3 प्रतिशत की तुलना में 2015-16 के दौरान 2.0 प्रतिशत की वृद्धि दर्ज हुई।

बुनियादी वस्तुओं के क्षेत्र में 2014-15 में 7.0 प्रतिशत वृद्धि की तुलना में 2015-16 में 3.6 प्रतिशत की वृद्धि दर्ज की गई। कैपिटल गुड्स के क्षेत्र में वृद्धि 2014-15 के 6.4 प्रतिशत की तुलना में 2015-16 के दौरान (-) 2.9 प्रतिशत थी। मध्यवर्त्ती क्षेत्र में 2014-15 में 1.7 प्रतिशत की तुलना में 2015-16 में वृद्धि 2.5 प्रतिशत थी। उपभोक्ता टिकाऊ क्षेत्र में 2014-15 में 12.6 प्रतिशत गिरावट की तुलना में 2015-16 में 11.5 प्रतिशत की आश्चर्यजनक वृद्धि हुई। उपभोक्ता गैर-टिकाऊ वस्तुओं का उत्पदन कम होकर 2015-16 में 1.8 प्रतिशत रहा।

आठ प्रमुख अवसंरचना समर्थक उद्योग

अवसंरचना की सहायता देने वाले आठ प्रमुख उद्योगों- कोयला, कच्चा तेल, प्राकृतिक गैस, रिफाइनरी उत्पादन, उर्वरक, इस्पात, सीमेंट एवं बिजली जिनका औद्योगिक उत्पादन सूचकांक (आईआईपी) में 37.90 प्रतिशत हिस्सेदारी है, में वर्ष 2014-15 के 4.5 प्रतिशत की तुलना में 2015-16 में 2.7 प्रतिशत वृद्धि दर्ज हुई है। 2015-16 के दौरान कोयला क्षेत्र में 4.6 प्रतिशत रिफाइनरी उत्पाद में 3.8 प्रतिशत, उर्वरकों में 11.3 प्रतिशत, सीमेंट में 4.7 प्रतिशत और बिजली में 5.4 प्रतिशत वृद्धि हुई। कच्चा तेल, प्राकृतिक गैस और इस्पात उद्योगों में 2015-16 के दौरान वृद्धि नकारात्मक रही।

सामाजिक अवसंरचना, रोज़गार एवं मानव विकास

शिक्षा एवं स्वास्थ्य जैसी सामाजिक अवसंरचनाएं जनसंख्या की उत्पादकता में सुधार हेतु महत्वपूर्ण हैं। सस्ती और अच्छी स्वास्थ्य एवं शिक्षा सुविधाओं के सुलभ नहीं होने से आर्थिक दरिद्रता होती है जो मानवीय क्षमताओं को कम करता है। समाज के सभी वर्गों तथा महिलाओं एवं बच्चों, अनुसूचित जातियों, अनुसूचित जनजातियों, दिव्यांगों और वरिष्ठ नागरिकों जैसे- वंचित और हाशिए के समूहों जैसे- समाज के सभी वर्गों को शामिल करते हुए समग्र आर्थिक विकास की जरूरत है। इसके अतिरिक्त जनसांख्यिकीय लाभांश और भारत के विकास को समग्र और उत्पादक बनाकर अधिकतम लाभ हेतु विभिन्न उत्पादक क्षेत्रों के गुणवत्ता में अंतर को पाटने के लिए प्रशिक्षण को सुधारने और कौशल विकास की जरूरत है। इस तरह, भारत को न सिर्फ रोज़गार प्रदान करने बल्कि, श्रमबल की रोज़गारपरकता को बढ़ाने की चुनौतियों का सामना करना है, जो कि अच्छी शिक्षा और प्रशिक्षण तथा अच्छे स्वास्थ्य को सुनिश्चित करने के माध्यम से ज्ञान और कौशल विकास से जुड़ा है।

सेवा क्षेत्र निष्पादन

भारत के आर्थिक विकास में सेवा क्षेत्र एक मुख्य कारक है जिसका 2015-16 में सकल मूल्य संयोजन (जीवीए) वृद्धि में 65.1 प्रतिशत योगदान है। जीवीए में इसका योगदान, अनंतिम अनुमान (पीई) के अनुसार, 2011-12 के 49.0 प्रतिशत से बढ़कर 2015-16 में 53.2 प्रतिशत हो गया है। 20.6 प्रतिशत हिस्सेदारी के साथ विभिन्न सेवा उप-क्षेत्रों के बीच 'वित्तीय, रियल एस्टेट और पेशेवर सेवाओं' का एक समूह के रूप में जीवीए में सबसे बड़ी हिस्सेदारी है।

2014-15 के 10.3 प्रतिशत की तुलना में वर्ष 2015-16 में सेवा क्षेत्र की वृद्धि दर घटकर 8.9 प्रतिशत रही। इस क्षेत्र की वृद्धि समग्र जीवीए वृद्धि दर 7.2 प्रतिशत से काफी अधिक रही और वर्ष 2014-15 में बाजारी कीमतों पर जीडीपी विकास दर 7.3 प्रतिशत रही। 2015-16 के दौरान सेवा क्षेत्र

की कम वृद्धि का मुख्य कारण 'उद्योग, रिपेयर, होटल और रेस्त्रां' की वृद्धि में तेजी के बावजूद परिवहन, भंडारण, संचार और प्रसारण से जुड़ी सेवाएं तथा लोक प्रशासन, रक्षा एवं अन्य सेवाएं की संयुक्त वृद्धि में कमी रही। सेवा क्षेत्रों में वृद्धि अब भी औद्योगिक तथा कृषि क्षेत्रों से ज्यादा है, परंतु इसकी वृद्धि में कमी परिवहन सेवाओं और उससे जुड़े क्षेत्रों की वृद्धि में कमी द्वारा परिलक्षित विश्व उत्पादन और विदेशी व्यापार के मंद विकास के कारण है।

सेवा उद्योग

2015-16 में सेवाओं के निर्यात में वृद्धि घटकर 154.3 अरब अमरीकी डॉलर रहा यानी 2.1 प्रतिशत हो गया जबकि विगत वर्ष 4.1 प्रतिशत का विकास था। आयात सेवाएं पिछले वर्ष के 3.3 प्रतिशत की तुलना में बढ़कर 4.3 प्रतिशत से 84.6 बिलियन अमरीकी डॉलर हो गई। इसके परिणामस्परूप पिछले वर्ष के 5.0 प्रतिशत वृद्धि की तुलना में वर्ष 2015-16 में कुल सेवाओं की वृद्धि में 9.0 प्रतिशत की गिरावट दर्ज की गई। 2015-16 में भारत के उद्योग घाटे में शुद्ध सेवाओं का वित्तीय सहयोग 53.6 प्रतिशत रहा।

भारत के विदेशी क्षेत्र में निष्पादन

वैश्विक आर्थिक परिवेशः जुलाई 2016 में प्रकाशित ताजा विश्व आर्थिक दृष्टिकोण (डब्ल्यूईओ) में आईएमएफ ने 2016 एवं 2017 हेतु अपने वैश्विक विकास अनुमान में 0.1 प्रतिशत अंक का संशोधन कर क्रमशः 3.1 प्रतिशत और 3.4 प्रतिशत किया है। भारत के लिए आईएमएफ के वृद्धि के अनुमान में 0.1 प्रतिशत का संशोधन किया गया है और यह 2016 तथा 2017 हेतु 7.4 प्रतिशत किया गया है जो चीन हेतु किए गए क्रमशः 6.6 एवं 6.2 प्रतिशत प्रोजेक्शन से ज्यादा है। विश्व में तेजी से विकसित प्रोजेक्शन से ज्यादा है। विश्व में तेजी से विकसित हो रही प्रमुख अर्थव्यवस्थाओं में भारत ने चीन को पीछे छोड़ दिया है। 2015 में चीन के 6.9 प्रतिशत विकास दर की तुलना में, जोकि चीनी अर्थव्यवस्था में मंदी के कारण हुआ, भारत का विकास दर 7.6 हुए बाजार अर्थव्यवस्था के रूप में वैश्विक परिदृश्य में भारतीय अर्थव्यवस्था एक चमकता सितारा है।

भारत का अंतरराष्ट्रीय व्यापार विकासः 2014-15 में भारत का वस्तु निर्यात (सीमा शुल्क के आधार पर) 1.3 प्रतिशत घटकर 310.3 अरब अमरीकी डॉलर हो गया। 2015-16 में निर्यात 15.6 प्रतिशत कम (पिछले वर्ष के 310.3 अरब अमरीकी डॉलर की अपेक्षा 262.2 अरब अमरीकी डॉलर) हुआ। 2014-15 में आयात में 0.5 प्रतिशत की कमी हुई। 2015-16 में आयात 380.4 अरब डॉलर था जो पिछले वर्ष के 448 अरब डॉलर की तुलना में 15.1 प्रतिशत कम है। कच्चे तेल के अंतरराष्ट्रीय मूल्य में गिरावट के कारण पैट्रोलियम, तेल एवं ल्युब्रीकेंट (पीओएल) का आयात 2015-16 में 82.9 अरब डॉलर रहा, जो पिछले वर्ष के 138.3 अरब डॉलर से 40.1 प्रतिशत कम रहा। गैर-पीओएल के आयात में 2015-16 में पिछले वर्ष के मुकाबले 3.9 प्रतिशत की गिरावट हुई। 2015-16 में सोने और चांदी का आयात 2014-15 के 38.9 अरब डॉलर की तुलना में 9.0 प्रतिशत गिरकर 35.4 अरब डॉलर रहा। 2015-16 के दौरान व्यापार घाटा 2013-14 के 137.7 अरब अमरीकी डॉलर की तुलना में घटकर 118.4 अरब डॉलर हो गया। हाल के वर्षों में भारत के बाजार वैविध्य में महत्वपूर्ण वृद्धि हुई है, और भारत का बाजार यूरोप तथा अमरीका के वजाए एशिया और अफ्रीका में बढ़ा है, जिससे मंद वैश्विक मांग से निपटने में सहायता मिली है।

विदेशी मुद्रा भंडारः भारत का विदेशी मुद्रा भंडार विदेशी मुद्रा संपत्तियों (एफसीए), स्वर्ण, एसडीआर और अंतरराष्ट्रीय मुद्रा कोष (आईएमएफ) में आरक्षित अंश (आरटीपी) से मिलकर बना है। विदेशी मुद्रा भंडार में वृद्धि चालू खाते की वित्तीय आवश्यकताओं एवं लाभ/हानि के मूल्यांकन की तुलना में अधिक पूंजी प्रवाह आ जाने के कारण होती है। पिछले कुछ समय में अन्य चीजों के साथ कच्चे तेल का मूल्य कम होने से व्यापार घाटा कम हुआ है। वित्त वर्ष 2015-16 में विदेशी मुद्रा भंडार 348.4 अरब डॉलर से 360.2 अरब डॉलर के बीच रहा। जून 2016 के अंत में विदेशी मुद्रा भंडार 363.5 अरब डॉलर रहा, जिसमें मार्च 2016 के अंत में 360.2 अरब डॉलर के स्तर से 3.3 अरब डॉलर की वृद्धि दर्ज हुई। देश का विदेशी मुद्रा भंडार किसी भी बाहरी आघात को झेलने की स्थिति में है।

रुपये की विनिमय दरः वित्त वर्ष 2015-16 में रुपये की वार्षिक औसत विनिमय दर (आरबीआई का संदर्भ दर) 62-68 रुपये प्रति डॉलर (अप्रैल 2015 में 62.75 रुपये प्रति डॉलर और फरवरी 2016 में 68.24 रुपये प्रति डॉलर) के बीच रही। 2015-16 में रुपये की औसत वार्षिक विनिमय दर 65.47 रुपये प्रति डॉलर थी जो 2014-15 के दर 61.4 रुपये प्रति डॉलर से 6.6 प्रतिशत कम रही। 2016-17 में रुपये की औसत मासिक विनिमय दर अप्रैल 2016 में 66.47 रुपये, मई 2016 में 66.91 रुपये, मई 2016 में 67.29 रुपये, और जुलाई 2016 में 67.21 रुपये थी, जो मार्च 2016 के 67.06 रुपये प्रति डॉलर की तुलना में अप्रैल एवं मई 2016 में क्रमशः 0.9 प्रतिशत तथा 0.2 प्रतिशत अधिक थी तथा जून और जुलाई में क्रमशः 2.2 प्रतिशत और 1.9 प्रतिशत कम थी।

विदेशी ऋणः मार्च 2016 के अंत में विदेशी ऋण भंडार 485.6 अरब डॉलर था। जो मार्च 2015 के अंत के स्तर से 2.2 प्रतिशत अधिक था। त्रैमासिक आधार पर, मार्च 2016 के अंत में कुल विदेशी ऋण दिसंबर 2015 के अंत के स्तर से 5.9 अरब डॉलर अधिक रहा। मार्च 2016 के अत में दीर्घावधि ऋण कुल विदेशी ऋण का 82.2 प्रतिशत (मार्च 2015 के अंत में 82.0 प्रतिशत) रहा। मार्च 2015 के अंत में 85.5 अरब डॉलर की तुलना में मार्च 2016 के अंत में अल्पावधि विदेशी ऋण 83.4 अरब डॉलर था। मार्च 2016 के अंत तक वाणिज्यिक उधारियों का हिस्सा 37.3 के साथ सबसे अधिक रहा, इसके बाद एनआरआई जमा (26.1 प्रतिशत) और अल्पावधि व्यापार ऋण (16.1 प्रतिशत) रहा। सॉवरिन ऋण 93.4 अरब डॉलर रहा जो मार्च 2015 के अंत में 18.9 प्रतिशत की तुलना में कुल विदेशी ऋण का 19.2 प्रतिशत था। मार्च 2016 के अंत तक भारत के विदेशी ऋणों में 57.1 प्रतिशत के साथ अमरीकी डॉलर का सबसे पहला स्थान रहा, इसके बाद भारतीय रुपया (28.9 प्रतिशत), एसडीआर (5.8 प्रतिशत), जापानी येन (4.4 प्रतिशत) और यूरो (2.5 प्रतिशत) रहा। भारत के विदेशी ऋण भंडार का 74.2 हिस्सा सुरक्षित है जो कि मार्च 2015 के अंत में 71.9 प्रतिशत था।

अवसंरचना वित्त पोषण

निवेश की आवश्यकताओं और भौतिक अवसंरचना में निवेश हेतु जन संसाधनों की सीमित उपलब्धिता को देखते हुए विभिन्न स्रोतों के माध्यम से अवसंरचना में निवेश बढ़ाने हेतु माध्यमों की तलाश आवश्यक है। इसी को ध्यान में रखते हुए सरकार ने अवसंरचना में दीर्घावधि के निवेश को संगठित करने के लिए निम्नलिखित कदम उठाए हैं:

बैंक वित्तपोषणः भारत में बैंक अवसंरचना वित्तपोषण के मुख्यश्रोत रहे हैं। मार्च 2001 में अवसंरचना क्षेत्र पर बकाया बैंक ऋण 95 अरब रुपये (1418 मिलियन अमरीकी डॉलर) से बढ़कर मार्च 2015 में

10,074 अरब रुपये (150.36 बिलियन अरब अमरीकी डॉलर) हो गया है, यानी पिछले 14 वर्षों में मिश्रित वार्षिक वृद्धि दर (सीएजीआर) 39.5 प्रतिशत रही है।

संस्थागत वित्तः अवसंरचना परियोजनाओं के वित्तपोषण हेतु अवसंरचना क्षेत्र को दीर्घावधि ऋण प्रदान करने में उत्प्रेरक की भूमिका के निर्वहन के विशिष्ट आदेश के साथ सरकार ने 'भारत अवसंरचना वित्त कंपनी लिमिटेड' (आईआईएफसीएल) की स्थापना की है। आईआईएफसीएल दीर्घावधि ऋण, बैंकों एवं वित्तीय संस्थानों को उनके द्वारा किए गए ऋणों के पुनर्वित्त के माध्यम से व्यवहार्य अवसंरचना परियोजनाओं को निधि प्रदान करता है। जिसकी अवधि 10 वर्ष से अधिक अथवा सरकार द्वारा अनुमोदित किसी रूप में होती है। नई तथा नवीकरणीय उर्जा जैसे- मुख्य क्षेत्रों को ध्यान में रखते हुए पीएफसी/आईआरईडीए/आरईसी ने भी सांस्थानिक वित्त द्वारा अवसंरचना के एजेंडा को आगे बढ़ाने में अहम भूमिका का निर्वाह किया है।

अवसंरचना ऋण कोषः सरकार ने अवसंरचना क्षेत्र की परियोजनाओं के लिए लंबी अवधि के ऋण की समस्या का समाधान करने के उद्देश्य से आईडीएफ की अवधारणा आरंभ की, जो अभिनव प्रयास था। आईडीएफ के अंतर्गत संभावित निवेशकों में विदेशी संस्थागत निवेशक, विदेशी धनाढ्य व्यक्ति एवं अन्य संस्थागत निवेशक (बीमा कोष, पेंशन कोष, सॉवरिन वेल्थ फंड इत्यादि) शामिल हो सकते हैं। आईडीएफ की स्थापना न्यास या एनबीएफसी की तरह की जा सकती है।

रियल एस्टेट निवेश न्यास (रीट्स)/अवसंरचना निवेश न्यास (इनविट्स): सरकार ने रीट्स और इनविट्स जैसी नई वित्त पोषण योजनाओं की घोषणा रियल एस्टेट और अवसंरचना परियोजना के वित्त पोषण के लिए की। अवसंरचना निवेश न्यास (इनविट्स) और रियल एस्टेट निवेश न्यास (रीट्स), न्यास आधारित ढांचे हैं जो प्रभावी कर छूट और बेहतर प्रशासन ढांचे के माध्यम से प्रतिफल बढ़ाते है। लंबी अवधि के निवेशकों के लिए ये बहुत ही आकर्षक हैं।

नगर निगम की उधारीः सरकार ने अवसंरचना परियोजनाओं (सामान्यतः पीपीपी) के वित्तपोषण हेतु पूंजी बाजार के माध्यम से वित्त उगाही के लिए शहरी स्थानीय निकायों (यूएलबी) के क्षमता निर्माण हेतु एक ढांचा के विकास के लिए पाइलट परियोजना शुरू किया है। इस पहल का उद्देश्य शहरी स्थानीय निकायों यूएलबी हेतु सफल आरंभिक लेन-देन के माध्यम से दोहराए जाने लायक मॉडल तथा संबंधित दस्तावेज एवं उस मॉडल का प्रदर्शन एवं विकास करना है। सेबी ने भारत में नगर निगम बांडों को जारी करने के लिए दिशानिर्देश अधिसूचित कर दिए हैं। इसका उद्देश्य चार स्थानीय शहरी निकायों (यूएलबी) को चुनकर उनकी तैयारी के आकलन मॉडल का विकास और यूएलबी को नगर निगम बांडों को जारी करके पूंजी बाजार के दोहन, विशेषतः कारपोरेट म्युनिसिपल इक्विटी (सीएमई) संरचना के माध्यम से जो चुने गए यूएलबी द्वारा तैयार किए गए हों, हेतु तैयार करना है।

कर मुक्त बांडः वर्ष 2015-16 के बजट के दौरान भारत सरकार ने वित्त वर्ष 2015-16 में केंद्रीय सार्वजनिक क्षेत्र उपक्रम (सीपीएसई) द्वारा 43,500 करोड़ रुपये (6500 मिलियन अमरीकी डॉलर) के कर मुक्त बांड जारी करने के प्रस्ताव को मंजूरी दी।

प्रतिभूतिकरण ट्रस्टः परिसंपत्ति पुनर्निमाण कंपनी (एआरसी) करने के लिए , जिसकी बुरे ऋण के समाधान में अहम भूमिका है, में अधिक निवेश आकर्षित करने के लिए वर्ष 2016-17 के बजट में एआरसीज के ट्रस्टों समेत प्रतिभूतिकरण ट्रस्ट को आयकर से पूरी तरह मुक्त कर दिया गया है। इससे बैंक ऋणों और अग्रिमों का प्रतिभूतिकरण प्रोत्साहित होगा तथा नई अवसंरचना हेतु पर्याप्त बैंकिंग कोष प्राप्त होगा।

अवसंरचना निवेश को बढ़ावा: निवेश को बढ़ाने के लिए आईआरडीए, आरबीआई, सेबी, और पीएफआरडीए जैसी संबद्ध नियामकों द्वारा विभिन्न मानकों में छूट दी गई है।

त्वरित परियोजना कार्यान्वयन: रुकी हुई परियोजनाओं को सुगम बनाना/अवरोध हटाना: सार्वजनिक और निजी दोनों क्षेत्र में रुकी हुई निवेश परियोजनाओं का पता लगाने तथा इन परियोजनाओं के क्रियान्वयन का गतिरोध हटाने एक सांस्थानिक तंत्र लाने के उद्देश्य से कैबिनेट सचिवालय में सभी सार्वजनिक और निजी बड़े उद्योगों हेतु परियोजना मानिटरिंग समूह (पीएमजी) में एक प्रकोष्ठ की स्थापना की गई है। वेब आधारित सूचना पद्धति ई-पीएमएस भी किया गया है जिसमें 1000 करोड़ रुपये (167 मिलियन डॉलर) से अधिक निवेश वाली परियोजनाओं के उद्यमी सुगम क्रियान्वयन में अवरोध पैदा करने वाले मुद्दों का जिक्र करते हुए अपनी परियोजनाओं का ब्यौरा दे सकते हैं।

सार्वजनिक निजी भागीदारियां

निरंतर आधार पर व्यापक और समावेशी विकास हेतु अच्छी अवसंरचना की उपलब्धता जरूरी है। उत्पादकता बढ़ाने और निर्यात प्रतिस्पर्धा के लिए भी अवसंरचना में निवेश की जरूरतों और भौतिक अवसंरचना में निवेश हेतु जन संसाधनों की सीमित उपलब्धिता को देखते हुए सार्वजनिक निवेश और सार्वजनिक निजी भागीदारियों (पीपीपी) के मेल द्वारा अवसंरचना में निवेश बढ़ाने के लिए रास्ते का तलाश आवश्यक है। पीपीपी अवसंरचना परियोजनाओं के वित्तपोषण की कमी को पूरा करता है तथा सृजित परिसंपत्ति के रखरखाव और संचालन हेतु प्रभावी लागत वाली नई प्रौद्योगिकी लाकर प्रस्ताव के लिए लंबी अवधि का मूल्य प्राप्त करता है।

भारत ने उच्च प्राथमिकता वाली सार्वजनिक सुविधाओं और अवसंरचना की डिलीवरी हेतु योजनाबद्ध तरीके से पीपीपी कार्यक्रम लागू किया है तथा पिछले दशक में संभवत: विश्व का सबसे बड़ा पीपीपी कार्यक्रम विकसित किया है। कुल 1300 पीपीपी परियोजनाएं कार्यान्वयन के विभिन्न चरणों में हैं और विश्व बैंक के अनुसार भारत पीपीपीएस के लिए तैयारी के मामलों में विश्व के अग्रणी देशों में एक है।

वित्त मंत्रालय के अंतर्गत आर्थिक मामलों के विभाग (डीईए) के पीपीपी प्रकोष्ठ द्वारा सभी पीपीपी को केंद्रीकृत समन्वय प्रदान किया जाता है। पीपीपी प्रकोष्ठ नीतियों, दिशानिर्देशों, योजनाओं और क्षमता निर्माण पहलों सहित पीपीपी से जुड़े सभी मामलों के लिए उत्तरदायी है। डीईए की पीपीपी अवसंरचना में आर्थिक सहयोग हेतु योजना-व्यवहार्य अनुदान कोष (वीजीएफ) द्वारा वित्तीय सहायता के लिए परियाजनाओं हेतु पीपीपी प्रकोष्ठ निजी भागीदारी मूल्यांकन समिति और उच्चाधिकार प्राप्त संस्था (ईआई)/उच्चाधिकार प्राप्त समिति (ईसी)/के सचिवालय के रूप में भी काम करता है।

पीपीपी को प्रोत्साहन हेतु भारत सरकार द्वारा किए गए प्रयास

(क) पीपीपी परियोजनाओं के मूल्यांकन और अनुमोदन हेतु सांस्थानिक व्यवस्था

पीपीपी के माध्यम से अवसंरचना निर्माण में मुख्य कठिनाई परियोजनाओं और प्रस्तावों के सृजन और आकलन हेतु विशेषज्ञता का उपलब्ध नहीं होना है। अतएव पीपीपी परियोजनाओं की मूल्यांकन प्रक्रिया को कारगर बनाने हेतु आर्थिक मामलों की कैबिनेट समिति (सीसीईए) ने पीपीपी परियोजनाओं के अनुमोदन की प्रक्रिया को स्वीकृति दी। इसी निर्णय के अनुसार भारत सरकार ने वर्ष 2006 में सार्वजनिक निजी भागीदारी मूल्यांकन समिति (पीपीपी) का गठन कर मूल्यांकन तंत्र को अधिसूचित किया और

केंद्रीय क्षेत्र में पीपीपी परियोजनाओं के मूल्यांकन हेतु उत्तरदायी बनाया। परियोजनाओं का त्वरित मूल्यांकन सुनिश्चित करने, देरी खत्म करने, अंतरराष्ट्रीय श्रेष्ठ व्यवहारों को अपनाने तथा मूल्यांकन तंत्र के साथ ही दिशानिर्देश को कारगर बनाया गया।

(ख) मानकीकृत बोली प्रक्रिया दस्तावेज

मंत्रालय ने मानकीकृत बोली प्रक्रिया दस्तावेज भी प्रकाशित किया है। जिसमें पीपीपी परियोजनाओं के बोलीकर्ताओं की पूर्व-योग्यता के लिए आदर्श योग्यता के संदर्भ में अनुरोध (आरएफक्यू), पीपीपी परियोजनाओं की वित्तीय बोली के आमंत्रण हेतु आदर्श प्रस्ताव हेतु अनुरोध (आरएफपी) और पीपीपी परियोजनाओं हेतु वित्तीय तथा तकनीकी सलाहकारों को काम पर लगाने हेतु आदर्श आरएफपी शामिल है। मानकीकृत संविदा प्रलेख जैसे- क्षेत्र विशेष का आदर्श रियायत समझौता जिसमें जोखिम आवंटन, संभावित दायित्व एवं गारंटी और सेवा की गुणवत्ता तथा निष्पादन मानक से जुड़ी मानक शर्तें दी गई हैं, का भी विकास जैसे- सड़क परिवहन एवं राजमार्ग मंत्रालय, जहाज़रानी मंत्रालय, आदि विभिन्न केंद्रीय मंत्रालयों द्वारा किया गया है। परियोजना क्रियान्वयन एजेंसियों द्वारा बंदरगाह, सड़क, हवाईअड्डों, खाद्य भंडार (सिलोज), जलापूर्ति आदि क्षेत्रों में पीपीपी अवसंरचना परियोजनाओं के विकास हेतु मानक बोली और संविदा प्रलेखों का अभिग्रहण किया जा रहा है। यह भारत के पीपीपी कार्यक्रम की विशेषता को परिभाषित करता है।

(ग) अवसंरचना में सार्वजनिक-निजी भागीदारी को वित्तीय सहायता

अवसंरचना में पीपीपी परियोजनाओं को वाणिज्यिक सहायता (अर्थक्षमता अंतराल निधि) हेतु एक योजना बनाई गई है। अवसंरचना परियोजनाएं पर्याप्त डूबे हुए निवेश और कम प्रतिफल की वजह से प्रायः वाणिज्यिक आधार पर उपयुक्त नहीं होती है परंतु आर्थिक दृष्टिकोण से उन्हें पूरा करना आवश्यक होता है। अवसंरचना परियोजनाओं को एकमुश्त या अंशों में सहायता के रूप में वित्तीय सहायता उपलब्ध कराने के उद्देश्य से अर्थक्षमता अंतराल निधि योजना (वीजीएफ) का संचालन सार्वजनिक- निजी साझेदारी के माध्यम से किया जाता है ताकि उन्हें वाणिज्यिक दृष्टि से उपयुक्त बनाया जा सके। इस योजना के अंतर्गत परियोजना की कुल लागत के 20 प्रतिशत तक अर्थक्षमता अंतराल निधि प्रदान की जाती है। परियोजना की स्वामी सरकार या कोई संवैधानिक निकाय को नियुक्त किया जाता है। परियोजना की स्वामी सरकार या वैधानिक जो अपने निर्णयानुसार बजट से अतिरिक्त मदद मुहैया कराती है जो परियोजना की कुल लागत का लगभग 20 प्रतिशत तक हो सकती है। इस योजना के अंतर्गत प्रदत्त अर्थक्षमता अंतराल निधि सामान्यतः परियोजना निर्माण के स्तर पर पूंजीगत अनुदान के रूप में होती है। जुलाई, 2016 के अंत तक 58 परियोजनाओं के लिए कुल पूंजीगत लागत योजना के अंतर्गत 32,764.73 करोड़ रुपये और अर्थक्षमता अंतराल निधि के मद में 5,797.53 करोड़ रुपये के अनुदान का अंतिम अनुमोदन अर्थक्षमता अंतराल निधि के समर्थन लागत के रूप में किया गया।

भारत अवसंरचना परियोजना विकास निधिः सुसंगठित एवं मूल्य के लिहाज से उपयुक्त पीपीपी को विकसित करने के लिए गुणवत्तापूर्ण सलाहकार सेवाएं मूलभूत आवश्यकता है और पीपीपी की शुरुआत करने की लागत और विशेषतः सलाहकारों से लेन-देने पर बहुत व्यय होता है। सुदृढ़ वित्तीय ढांचे और जोखिम का ध्यान रखते हुए मजबूत परियोजनाओं का विकास परियोजनाओं के लिए बाजार में अच्छी प्रतिक्रिया हासिल करने के लिए आवश्यक है। पीपीपी परियोजनाओं के विकास में होने वाले व्यय के

लिए वित्तपोषण हेतु भारत अवसंरचना परियोजना विकास निधि (आईआईपीडीएफ) आरंभ की गई। आईआईपीडीएफ परियोजना विकास पर हुए व्यय की 75 प्रतिशत तक की सहायता प्रदान करती है।

(ङ) भारत अवसंरचना वित्त कंपनी लिमिटेड

सरकार ने अवसंरचना के क्षेत्र में उत्प्रेरक की भूमिका निभाते हुए अवसंरचना परियोजनाओं के लिए लंबी अवधि के ऋण उपलब्ध कराने के उद्देश्य से भारत अवसंरचना वित्त कंपनी लिमिटेड (आईआईएफसीएल) की स्थापना की। आईआईएफसीएल उपयुक्त अवसंरचना परियोजनाओं को लंबी अवधि के ऋण, बैंकों और वित्तीय संस्थानों द्वारा दिए गए ऋणों के बदले, 10 वर्षों की अवधि या सरकार द्वारा अनुमोदित किसी अवधि के लिए, उन्हें वित्तीय सहायता प्रदान करता है।

(च) पीपीपी व्यवसायियों के लिए दिशानिर्देश

सरकार ने देश में पीपीपी की प्रोन्नति और पीपीपी पारिस्थितिकी तंत्र के सुधार हेतु कई पहल की है। इसके फलस्वरूप राजमार्गों, बंदरगाहों और हवाई अड्डो सहित विभिन्न क्षेत्रों में पीपीपी का क्रियान्वयन किया जा रहा है। सार्वजनिक प्राधिकरणों द्वारा पीपीपी के कार्यान्वयन की सुविधा हेतु विधायी परिवर्तन और सांस्थानिक उपाय किए गए हैं। लाभप्रदाता के अंतर के वित्तपोषण तंत्र सहित पीपीपी को मदद हेतु वित्तपोषण तंत्र लागू किया गया है। सामान खरीदने का काम पूरा कर लिया है तथा मानकीकृत बोली लगाने की प्रक्रिया चालू है। आदर्श रियायती अनुबंध के माध्यम से संविदा ढांचे का मानकीकरण किया गया है। कई राज्य सरकारों ने अवसंरचना विकास एजेंसियों का गठन किया है। क्षमता विकास और जानकारी में विकास साझेदारों को कई दिशानिर्देश प्रलेख प्रदान किए गए हैं। पीपीपी विकास प्रक्रिया में लगे व्यवसायियों के लिए आर्थिक कार्य विभाग (डीईए) ने 'पीपीपी व्यवसायियों हेतु निर्देश' नामक एक विस्तृत दिशानिर्देश विकसित किया है। यह दिए जाने के पूर्व की अवस्था सहित पीपीपी परियोजना जीवन-चक्र की विभिन्न प्रक्रियाओं पर कदम-दर-कदम दिशानिर्देश प्रदान करता है। यह व्यवसायियों द्वारा अपनाए जा सकने वाले सर्वश्रेष्ठ व्यवहारों को उजागर करता है ताकि पीपीपी के क्रियान्वयन में पारदर्शिता, निष्पक्षता और उत्तरदायित्व सुनिश्चित हो सके। यह निर्देश डीईए के पीपीपी प्रकोष्ठ के वेबसाइट: www.pppinindia.gov.in पर उपलब्ध है और 17 माड्यूलों में विभाजित है जो पीपीपी परियोजना विकास प्रक्रिया के खास स्तर या धारणा की विवेचना करता है। यह निर्देश उदाहरणों सहित दर्शाए गए, टेकअवे, वेब लिंकों एवं केस अध्ययनों से भरा हुआ है।

(च) सूचना प्रसार

(i) www.pppinindia.gov.in: भारत में पीपीपी प्रयासों से जुड़ी सूचनाएं प्रदान करने हेतु डीईए का पीपीपी प्रकोष्ठ एक वेबसाइट: www.pppinindia.gov.in का रखरखाव करता है। यह वेबसाइट भारत में पीपीपी पहलों पर सूचना भंडार के रूप में काम करता है जिसमें संबंधित नीतिगत दस्तावेज, ऐसी परियोजनाओं को मुख्यधारा में लाने हेतु जारी सरकारी दिशानिर्देश हैं। इसमें पीपीपी अवसंरचना परियोजनाओं के त्वरित मूल्यांकन और पीपीपी परियोजनाओं को वित्तीय समर्थन हेतु योजनाओं के सांस्थानिक तंत्र संबंधी सूचनाएं शामिल हैं। इस वेबसाइट में पीपीपी द्वारा विकसित विभिन्न ज्ञान उत्पादों सहित ऐसी परियोजनाओं को क्रियान्वित करने वाले लोक अधिकारियों और निजी डेवलपरों से सर्वोत्तम पीपीपी साझा कर उनकी योग्यता में वृद्धि करना शामिल है।

(ii) www.infrastructureindia.gov.in: भारत के सभी क्षेत्रों में क्रियान्वित किए जा रहे पीपीपी समेत अवसंरचना परियोजनाओं का एक डाटाबेस www.infrastructureindia.gov.in है। यह सरकार और निजी क्षेत्र द्वारा कार्यान्वित किए जा रहे अवसंरचना परियोजनाओं की स्थिति पर महत्वपूर्ण सूचना प्रदान करता है।

मुद्रा एवं सिक्के

आर्थिक मामलों का विभाग मुद्रा/बैंक नोटों एवं सिक्कों के संदर्भ में नीति निर्माण देखता है तथा मुद्रा नोटों एवं सिक्कों के उत्पादन, नियोजन एवं मुद्रण/ढलाई पर नजर रखता है। यह सिक्योरिटी प्रिंटिंग एंड मिंटिंग कारपोरेशन ऑफ इंडिया लिमिटेड की निगरानी एवं प्रशासनिक नियंत्रण के लिए उत्तरादायी है। बैंक नोट एवं सिक्कों के डिजाइन अथवा सुरक्षा तत्वों से संबंधित नियमों, नियमनों एवं अनुमोदन एवं स्मारक सिक्के जारी करने का कार्य भी मुद्रा एवं सिक्के प्रभाग का होता है।

सिक्योरिटी प्रिंटिंग एंड मिंटिंग कारपोरेशन ऑफ इंडिया लिमिटेड (एसपीएमसीआईएल) आर्थिक मामलों के विभाग के अंतर्गत एकमात्र सार्वजनिक उपक्रम है। यह नौ इकाइयों- चार टकसाल, चार प्रेस (दो मुद्रा नोट प्रेस एवं दो प्रतिभूति प्रेस) एवं एक कागज मिल- के निगमीकरण से बनी हैं, जो पहले वित्त मंत्रालय के अधीन थीं। कंपनी का गठन 2006 में कंपनी अधिनियम, 1956 के अंतर्गत हुआ। यह प्रतिभूति पत्र, सिक्कों की ढलाई, मुद्रा एवं नोटों, गैर-न्यायिक स्टांप पत्रों, डाक टिकटों, यात्रा दस्तावेजों आदि का मुद्रण करती है। कंपनी आरबीआई को मुद्रा/बैंक नोट एवं सिक्के, विभिन्न राज्य सरकारों को स्टांप पत्र, डाक विभाग को डाक स्टेशनरी एवं टिकट, विदेश मंत्रालय को पासपोर्ट, वीजा स्टिकर एवं यात्रा संबंधी अन्य दस्तावेज की आपूर्ति करती है। अन्य उत्पादों में स्मारक सिक्के, एमआईसीआर एवं नॉन-एमआईसीआर चेक आदि शामिल हैं।

एसपीएमसीआईएल की इकाई सिक्योरिटी पेपर मिल, होशंगाबाद ने सफलतापूर्वक लगभग 6,000 मीट्रिक टन वार्षिक क्षमता वाले अत्याधुनिक तकनीक से युक्त एकीकृत नवीन सीडब्ल्यूबीएन पेपर विनिर्माण संयंत्र हेतु लगाया है। ₹ 10, ₹ 20, ₹ 1,000 के मूल्य के नोटों का वाणिज्यिक उत्पादन आरंभ हो गया है। इसके अतिरिक्त बैंक नोट कागज के उत्पादन में स्वावलंबन बढ़ाने के लिए सिक्योरिटी प्रिंटिंग एंड मिंटिंग कारपोरेशन ऑफ इंडिया (एसपीएमसीआईएल) और भारतीय रिजर्व बैंक नोट मुद्रण प्राइवेट लिमिटेड (बीआरबीएनएमपीएल) के संयुक्त उपक्रम में मैसूर में बैंक नोट पेपर मिल इंडिया प्राइवेट लिमिटेड (बीएनपीएमआईपीएल) की भी स्थापना दो स्टेट-ऑफ-दि-आर्ट प्रौद्योगिकी वाले पेपर लाइनों को लागू करने हेतु की गई है, जिसकी कुल वार्षिक क्षमता लगभग 12,000 मीट्रिक टन है। इन दोनों स्रोतों से वाणिज्यिक उत्पादन प्रारंभ हो गया है।

प्राथमिक बाजार

संस्थागत ट्रेडिंग प्लेटफार्म (आईटीएफ) पर प्रौद्योगिकी स्टार्ट-अप द्वारा पूंजी उगाहने हेतु सरलीकृत ढांचा

भारतीय प्रतिभूति एवं विनिमय बोर्ड (सेबी) ने प्राथमिक बाजार के वर्तमान नियामक ढांचे की समीक्षा की और बड़ी संख्या में स्टार्ट-अप कंपनियों को शामिल करने हेतु पूंजी उगाही के वर्तमान तरीकों को सुगम बनाने के लिए बाजार भागीदारों से सलाह ली।

इसके आधार पर सेबी ने संस्थागत ट्रेडिंग प्लेटफार्म (आईटीपी) से संबंधित विनियमों में संशोधन हेतु निम्नांकित प्रस्तावों का अनुमोदन किया:

(i) इस प्लेटफार्म को संस्थागत ट्रेडिंग प्लेटफार्म (आईटीपी) कहा जाएगा और यह पूंजी उगाही की सुविधा प्रदान करेगा।

(ii) इस प्लेटफार्म को अग्रलिखित कंपनियों की पहुंच में लाया जाएगा- (क) पर्याप्त मूल्यवर्धन और कम से कम 25 प्रतिशत निर्गम पूर्व पूंजी क्यूआईबी द्वारा नियंत्रित हो (जैसा कि सेबी द्वारा परिभाषित है [(इशु ऑफ कैपिटल एवं डिसक्लोज़र रिक्वायरमेंट्स) आईसीडीआर] विनियम, 2009 के साथ उत्पाद, सेवाएं अथवा व्यवसायिक प्लेटफार्म प्रदान करनेवाली प्रौद्योगिकी, सूचना प्रौद्योगिकी, बौद्धिक संपदा, डाटा विश्लेषण, बायो-प्रौद्योगिकी, अतिसूक्ष्म प्रौद्योगिकी का अधिक इस्तेमाल करने वाली कंपनियां, अथवा (ख) कोई अन्य कंपनी जिसकी कम से कम 50 प्रतिशत निर्गम पूर्व पूंजी क्यूआईबी द्वारा अपने पास रखी गई है।

(iii) ऐसी कंपनी में किसी भी व्यक्ति (अकेले या व्यक्तियों के साथ सामूहिक रूप से) के पास निर्गम पश्चात् शेयर पूंजी 25 प्रतिशत या अधिक नहीं होगा।

(iv) इस प्लेटफॉर्म पर सूचीबद्ध कंपनियों के व्यवसाय की प्रकृति को ध्यान में रखते हुए मुद्दे के केवल व्यापक उद्देश्यों को प्रकट किया जा सकता है और सामान्य कारपोरट उद्देश्यों हेतु उगाही गई राशि पर कोई उच्चतम सीमा निश्चित नहीं होगी। समूचे निर्गम पूर्व पूंजी की लॉक-इन अवधि सभी शेयरधारकों के लिए समान रूप से आवंटन की तिथि से 6 महीने की होगी।

(v) चूंकि पी/ई, ईपीएस आदि जैसे मानक मूल्यांकन मानदंड ऐसी कंपनियों में से कई मामलों में प्रासंगिक नहीं होगा। अतएव निर्गम मूल्यों के आधार में प्रोजेक्शन के अलावा अन्य प्रकटीकरण, जैसा- निर्गमकर्ता उचित समझे, शामिल किया जा सकता है।

(vi) प्रस्तावित आईटीपी में सूचीबद्ध होने की इच्छुक कंपनियों को सेबी में अपना ड्राफ्ट ऑफर दस्तावेज, जैसा कि सेबी (आईसीडीआर) विनियम, 2009 में दिया गया है, अवलोकन हेतु जमा करना होगा।

(vii) केवल दो श्रेणियों के निवेशकों की ही प्रस्तावित आईटीपी तक पहुंच सुलभ है- (i) संस्थागत निवेशक (सेबी (आईसीडीआर) विनियम, 2009 में परिभाषित क्यूआईबी पारिवारिक ट्रस्टों के साथ, आरबीआई से पंजीकृत बाकायदा महत्वपूर्ण गैर-बैंक वित्तीय कंपनियां (एनबीएफसीएस) और सेबी से पंजीकृत मध्यस्थ कंपनियां) तथा (ii) खुदरा व्यक्तिगत निवेशकों को छोड़कर गैर-संस्थागत निवेशक (एनआईआई)।

(viii) सार्वजनिक निर्गम के मामले में संस्थागत निवेशकों को आवंटन विवेकाधीन है जबकि एनआईआई के लिए यह समानुपातिक आधार पर होगा। उपरोक्त दोनों श्रेणियों के बीच आवंटन क्रमशः 75 प्रतिशत तथा 25 प्रतिशत के अनुपात में होगा।

(ix) संस्थागत निवेशकों को विवेकाधीन आवंटन के मामले में किसी भी संस्थागत निवेशक को निगम के आकार के 10 प्रतिशत से अधिक का आवंटन नहीं किया जाएगा। विवेकाधीन आधार पर आवंटित सभी शेयर हेतु लॉक-इन की अवधि एंकर निवेशक के लिए अपेक्षित लॉक-इन अवधि के अनुरूप होगी, जोकि वर्तमान में 30 दिनों की है।

(x) ऐसे निगमों के मामलों में आवेदन का न्यूनतम आकार 10 लाख रुपये होगा और न्यूनतम ट्रेडिंग लॉट भी 10 लाख रुपये का होगा।

(xi) सार्वजनिक निर्गमों के मामले में आवंटियों की संख्या 200 या अधिक होगी।

(xii) तीन वर्षों बाद कंपनी के पास मुख्य बोर्ड में स्थानांतरण का विकल्प होगा जो कि स्टॉक एक्सचेंज की पात्रता शर्तों को पूरा करने के विषयाधीन है।

(xiii) श्रेणी I और II के वैकल्पिक निवेश कोषों (एआईएफएस) के लिए, सेबी (वैकल्पिक निवेश कोष) विनियम, 2012 के अंतर्गत, एक निश्चित रशि असूचीबद्ध प्रतिभूतियों में निवेश करना है। इस प्लेटफार्म पर सूचीबद्ध कंपनियों का शेयर में निवेश को निवेश सीमा की गणना के लिए असूचीबद्ध प्रतिभूतियों में निवेश माना जाएगा।

सार्वजनिक निर्गमों की प्रक्रिया को कारगर बनाना

सार्वजनिक निर्गमों की प्रक्रिया को सरल एवं कारगर बनाने के उद्देश्य से वर्तमान T+12 दिनों और T+6 दिनों की निर्गम के पश्चात सूचीबद्धता हेतु समय सीमा को कम करने, खुदरा निवेशकों की पहुंच बढ़ाने और शेयरों तथा कंवर्टेबुल्स की लागत को कम करने के उद्देश्य से सेबी ने निम्नलिखित निर्णय लिया है: (i) वर्तमान में 99.5 प्रतिशत से अधिक आवेदन ऐसे केंद्रों से प्राप्त होते हैं जहां से की गई राशि से समर्थित आवेदन (एएसबीए) सुविधा उपलब्ध है। कुछ सार्वजनिक निर्गमों की राशि से संबंधित विश्लेषणों से पाया गया कि सभी निवेशकों से प्राप्त बोली की राशि में 99.90 प्रतिशत एएसबीए आवेदनों से प्राप्त है। एएसबीए की पहुंच और उसके लाभों को ध्यान में रखते हुए अब एएसबीए आवेदन सभी निवेशकों के लिए अनिवार्य होगा। कई महत्वपूर्ण लाभों में एक है। बीच की अवधि के ब्याज की राशि गंवाए बिना निवेशकों को आवेदन-पत्र के अनुसार राशि का भुगतान की सुविधा देना। इससे निर्गम-कर्ताओं द्वारा आवेदन राशि और अंतिम रूप से आवंटित शेयरों की राशि के अंतर के भुगतान से संबंधित परेशानी दूर हो जाती है। (ii) आवेदनों को जमा करने हेतु स्थलों को बढ़ाने के उद्देश्य से रजिस्ट्रार और शेयर ट्रांसफर एजेंटों (आरटीए) और डिपाजिटरी प्रतिभागियों (डीपी) को भी आवेदन-पत्र (भौतिक रूप से और ऑनलाइन) स्वीकार करने और स्टॉक एक्सचेंज़ प्लेटफार्म पर बोली लगाने की अनुमति होगी। यह वर्तमान में ऐसी सुविधा प्राप्त शेयर दलालों और बैंकों से अलग होगी। (iii) मध्यस्थ एवं बैंकों को उनकी वर्तमान व्यवस्था में सुधार करने और अपने स्टाफ को प्रशिक्षित करने और निवेशकों द्वारा नई पद्धति को अपनाने में मदद हेतु 6 महीने की अवधि होगी। तदनुसार 1 जनवरी, 2016 को या उसके बाद खुलने वाले सार्वजनिक निर्गम की नई पद्धति का अनुपालन करना होगा।

सूचीकरण विनियम और प्रकटीकरण मानकों का तर्कसंगत पुनर्गठन

पूंजी बाजार के विभिन्न हिस्सों और प्रकटीकरण मानकों (डिस्क्लोज़र नार्म्स) के संबंध में सेबी ने 2015 में सेबी (सूचीकरण और प्रकटीकरण) विनियम, 2015 (इसके आगे विनियम के रूप में उल्लिखित) जारी किया। ये विनियम स्टॉक एक्सचेंज में सूचीबद्ध विभिन्न प्रकार की प्रतिभूतियों हेतु एक समेकित दस्तावेज के रूप में बनाए गए हैं। मानकों के अद्यतन सेट कारपोरेट शासन सिद्धांतों के समावेश के अतिरिक्त सूचीबद्ध कंपनियों द्वारा आवधिक प्रकटीकरण हेतु व्यापक सिद्धांत दिए गए हैं। ये विनियम

उन सूचीबद्ध कंपनियों पर लागू होंगे जिन्होंने मान्यताप्राप्त स्टॉक एक्सचेंज/एक्सचेंजों में निम्नांकित नामित प्रतिभूतियों को सूचीबद्ध कराया है:

(क) मुख्य बोर्ड या एसएमई एक्सचेंज या संस्थागत व्यापार प्लेटफार्म में सूचीबद्ध विशिष्ट प्रतिभूतियां, (ख) गैर-परिवर्तनीय ऋण प्रतिभूतियां, गैर-परिवर्तनीय प्रतिदेय प्राथमिकता वाले शेयर, अनवरत कर्ज वाले इंस्ट्रूमेंट, अनवरत गैर-संचयी प्राथमिकता वाले शेयर, (ग) भारतीय डिपाजिटरी प्राप्तियां, (घ) सुरक्षित ऋण इंस्ट्रूमेंटस, (ङ) म्युचुअल फंडों द्वारा जारी यूनिटें और (च) बोर्ड द्वारा निर्दिष्ट कोई अन्य प्रतिभूतियां।

इन विनियमों के अनुसार सभी सूचीबद्ध कंपनियों को कार्यक्रमों या सूचना (इसे सामूहिक कार्यक्रम कहा गया है) को, जो कंपनी के निदेशक मंडल के विचार से वस्तुगत हो, प्रकट करना है। स्टॉक एक्सचेंज में सूचीबद्ध विभिन्न प्रकार की प्रतिभूतियों को एक ही दस्तावेज में निहित कर इस विनियम को संदर्भ हेतु सरल बनाया गया है।

आंशिक रूप से पेड-अप शेयरों की जब्ती-सेबी द्वारा छूट (अधीनीकरण विनियम)

(क) बुलाव सूचना अवधि खत्म होने के फलस्वरूप मताधिकार में निष्क्रिय वृद्धि के कारण होने वाले ओपन ऑफर दायित्वों और शेयरों की जब्ती से सामान्य छूट। (ख) सेबी (अधीनीकरण विनियम), विनियम 10 में ऐसे उदाहरण दिए गए हैं जहां किसी प्रोमोटर की शेयरधारिता सेबी द्वारा निर्धारित सीमा से अधिक होने पर छूट का प्रावधान है।

द्वितीयक बाजार

बाजार अवसंरचना संस्थानों के विदेशी निवेश नीति में सुधार: सरकार भारतीय स्टॉक एक्सचेंजों में विदेशी शेयरधारिता की सीमा 5 प्रतिशत से बढ़ाकर 15 प्रतिशत करने हेतु अनुमोदन देने की प्रक्रिया में है। यह वृद्धि स्टॉक एक्सचेंज, बैंकिंग कंपनी, बीमा कंपनी और कामोडिटी डेरिवेटिव एक्सचेंज हेतु तथा विदेशी पोर्टफोलियो निवेशकों को स्टॉक एक्सचेंजों में द्वितीयक बाजार के अलावा प्राथमिक आवंटन शेयर हासिल करने की अनुमति देता है। इस निर्णय से आधुनिक प्रौद्योगिकी और भूमंडलीय श्रेष्ठ व्यवहारों को अपनाने की सुविधा द्वारा भारतीय स्टॉक एक्सचेंजों में भूमंडलीय प्रतिस्पर्धा बढ़ाने में मदद मिलेगी। जिससे भारतीय पूंजी बाजार में समग्र वृद्धि होगी और विकास होगा।

अमान्य/अपरिचालित/बाहर हो गए स्टॉक एक्सचेंजों की विशिष्ट सूचीबद्ध कंपनियां: सेबी ने अमान्य/अपरिचालित/बाहर हो गए स्टॉक एक्सचेंजों की विशिष्ट सूचीबद्ध विशिष्ट कंपनियों के निवेशकों के हित में 18 महीने की समय सीमा तय की है जिसके अंदर ये कंपनियां राष्ट्रीय स्तर पर सूचीबद्धता की जरूरतों को पूरा कर सूचीबद्ध हो सकती हैं। ऐसी सूचीबद्धता केवल उन्हीं श्रेणी की प्रतिभूतियों के लिए है जो असंचालित स्टॉक एक्सचेंजों में पहले से सूचीबद्ध थे। राष्ट्रीय स्तर पर एक्सचेंजों में सूचीबद्धता चाहने वाले ये विशिष्ट सूचीबद्ध कंपनियां अपने शेयरधारिता पैटर्न में कोई वस्तुगत बदलाव नहीं करेंगी जिससे कि राष्ट्रीय स्तर पर स्टॉक एक्सचेंजों में सूचीबद्धता के समय नियंत्रण में परिवर्तन हो इन कंपनियों के सभी संचालन व निदेशक जिन्होंने 18 महीने की बढ़ाई गई अवधि के बावजूद अपने शेयरधारकों को बाहर होने या ट्रेडिंग प्लेटफार्म देने में विफल हुए हैं, भविष्य में किसी भी प्रतिभूति बाजार से जुड़ने पर उन्हें सख्त जांच से गुजरना होगा।

नीलामी सत्र (ऑक्शन सेशन) की गतिविधि अनुसूची में संशोधन: किसी सामान्य समझौता में बेचने वाले दलाल द्वारा भुगतान न करने के मामले में खरीदने वाले दलाल को शेयरों की डिलिवरी में लगने वाले समय में कमी के लिए सेबी ने क्लियरिंग निगमों को निलामी सत्र के समझौते का संचालन तय करने के लिए लचीला बनाया है और इसे टी+3 दिन को या उससे पहले यह कार्य करना है। पूर्व में नीलामी सत्र का समझौता यानी, प्रतिभूतियों की अपेक्षित डिलीवरी कम की डिलीवरी देने पर खरीदने वाले दलाल को टी+3 दिन के भीतर डिलीवरी देनी होती थी।

एक्सचेंज ट्रेडेड नकद निपटारे वाला ब्याज दर वायदा (आईआरएफ): सेबी ने स्टॉक एक्सचेंजों को भारत सरकार की 10 वर्षीय प्रतिभूति पर नकद निपटारे वाला ब्याज दर वायदा की ट्रेडिंग हेतु ढांचा निर्धारित किया। निगमों और दायित्वों की परिपक्वता संबंधी ब्याज दर के प्रबंधन हेतु बचाव का उपकरण प्रदान करने तथा बांड बाजार में तरलता और गहनता के उद्देश्य से सेबी ने स्टॉक एक्सचेंजों को 6 वर्ष तथा 13 वर्ष की सरकारी प्रतिभूतियों पर नकद निपटारे वाला ब्याज दर वायदा आरंभ करने की अनुमति देने का निर्णय किया। एक्सचेंजों को अब आईआरएफ करार समाप्त होने की तिथि को 4 वर्ष और 15 वर्ष के बीच की अवशिष्ट परिपक्वता वाले सरकारी प्रतिभूतियों सेबी ने स्टॉक एक्सचेंजों को आईआरएफ के तीन क्रमबद्ध मासिक करार के साथ ही मार्च/जून/सितंबर/दिसंबर के चक्र वाले तीन त्रैमासिक करार करने की भी अनुमति दी।

स्टॉक एक्सचेंज क्रियाविधि के माध्यम से शेयरों की बिक्री ऑफर (ओएफएस) की समीक्षा: स्टॉक एक्सचेंज तंत्र के माध्यम से बिक्री का ऑफर (ओएफएस) प्रोमोटरों/बड़े शेयरधारकों हेतु सूचीबद्ध कंपनियों में प्रोमोटरों के शेयरों की बिकवाली हेतु एक उपलब्ध तंत्र है। ओएफएस तंत्र पारदर्शिता, वृहद भागीदारी और तीव्र सेटलमेंट सुनिश्चित करता है अत: यह बाजार भागीदारों के लिए उपयोगी है। खुदरा निवेशकों को ओएफएस में भाग लेने हेतु प्रोत्साहित करने के उद्देश्य से तथा खुदरा निवेशकों हेतु बोली-प्रक्रिया को आसान बनाने के लिए इस तंत्र में ये सुधार किए गए हैं: (क) ओएफएस सूचना टी-2 दिन को 5 बजे अपराह्न तक दिया जाना जारी रहेगा। हालांकि टी-2 दिन की गणना ट्रेडिंग दिवस की बजाए बैंकिंग दिवस से की जाएगी। (ख) विक्रेताओं के लिए खुदरा निवेशकों को कट-ऑफ मूल्य पर अपनी बोली लगाने का विकल्प, जो प्राइस बिड जारी करने के अतिरिक्त होगा, प्रदान करना अनिवार्य होगा।

विदेशी बाजार

विदेशी पोर्टफोलियो निवेशकों द्वारा निवेश

विदेशी पोर्टफोलियो निवेशकों द्वारा निवेश हेतु अधिक पूर्वानुमान आधारित शासन तंत्र बनाने के उद्देश्य से ऋण प्रतिभूतियों में एफपीआई सीमाओं हेतु मध्यावधि ढांचा (एमटीएफ) का निर्धारण किया गया है। ऋण प्रतिभूतियों में एफपीआई निवेश की सीमा अब से रुपये के टर्म में घोषित व नियत की जाएगी। केंद्रीय सरकार की प्रतिभूतियों में एफपीआई निवेश की सीमा चरणबद्ध रूप में मार्च 2018 तक बकाया शेयर के 5 प्रतिशत तक बढ़ाई जाएगी। कुल मिलाकर, सभी सरकारी प्रतिभूतियों (जी-सेक) के वर्तमान ₹ 1,535 बिलियन की सीमा के अतिरिक्त मार्च 2018 तक केंद्रीय सरकार की प्रतिभूतियों हेतु सीमा में ₹ 1,200 बिलियन अतिरिक्त निवेश हेतु अवसर खुलने की उम्मीद है। इसके अतिरिक्त राज्य विकास ऋणों (एसडीएलएस) में एफपीआइएस द्वारा निवेश हेतु एक अलग सीमा होगी, जो चरणबद्ध रूप में मार्च 2018 तक बकाया शेयर के 2 प्रतिशत तक बढ़ाई जाएगी।

इससे मार्च 2018 तक करीब ₹ 500 बिलियन अतिरिक्त सीमा के रूप में प्राप्त होगा। सीमा में वृद्धि की घोषणा मार्च और सितंबर में अर्धवार्षिक रूप से की जाएगी और प्रत्येक तिमाही जारी किया जाएगा। जी-सेक (एसडीएलएस सहित) में निवेश की वर्तमान न्यूनतम तीन वर्ष की परिपक्वता अवधि संबंधी शर्त सभी श्रेणियों के एफपीआई पर लागू होना जारी रहेगा। किसी भी केंद्र सरकारी प्रतिभूति में सकल एफपीआई निवेश उस प्रतिभूति के बकाया स्टॉक के 20 प्रतिशत से नीचे नहीं होगा। वर्तमान स्तरों पर प्रतिभूतियों में इस सीमा से अधिक निवेश जारी रह सकता है, परंतु जबतक ये 20 प्रतिशत से नीचे नहीं होता एफपीआईएस द्वारा ताजा खरीद के माध्यम से मंगाया नहीं जा सकता।

विदेशी वाणिज्यिक ऋण ढांचे का उदारीकरण

वित्त मंत्रालय के परामर्श द्वारा एक नई, उदार और संशोधित विदेशी वाणिज्यिक ऋण (ईसीबी) ढांचा लागू किया गया है जो 2015 से प्रभावी है। नया इसीबी ढांचा वर्तमान आर्थिक और व्यावसायिक माहौल के ज्यादा अनुकूल है। नियामक परिप्रेक्ष्य में तीन मुख्य श्रेणियां/ट्रैक बनाई गई हैं, जिनमें शामिल है- मध्यावधि विदेशी मुद्रा मूल्यवर्ग ईसीबी (ट्रैक-1), दीर्घावधि विदेशी मुद्रा मूल्यवर्ग ईसीबी (टैक-2), और भारतीय ₹ मूल्यवर्ग ईसीबी (टैक-3), नए ढांचे में विदेशी विनियमित वित्तीय संस्थान, एसडब्ल्यूएफएस, पेंशन कोष, बीमा कंपनियां आदि मान्यता प्राप्त ऋणदाताओं और उधारकर्ताओं की विस्तृत सूची है। इसमें अनुमति प्राप्त अंतिम उपयोग (एंडयूजेज) की एक सुविस्तृत सूची है जिसमें दीर्घावधि विदेशी मुद्रा डिनौमिनेटेड ईसीबी और आईएनआर डिनौमिनेटेड ईसीबी हेतु न्यून नकारात्मक सूची है। वर्तमान विदेशी फंडिंग श्रोतों, खासकर दीर्घावधि ऋण और देश के अवसंरचना क्षेत्र की महत्वपूर्ण जरूरतों को ध्यान में रखते हुए अवसंरचना परियोजनाओं में निवेश को प्रोत्साहित करने के उद्देश्य से सरकार ने भारतीय रिजर्व बैंक के साथ परामर्श कर मार्च 2016 में वर्तमान ईसीबी दिशानिर्देशों की समीक्षा की है। अवसंरचना क्षेत्र की कंपनियों, गैर-बैंकिंग वित्तीय कंपनियों-अवसंरचना वित्त कंपनियों (एनबीएफसी-आईएफसी), एनबीएफसी- संपत्ति वित्त कंपनियों (एनबीएफसी-एएफसी), होल्डिंग कंपनियों और कोर निवेश कंपनियों (सीआईसीएस) को 100 प्रतिशत हेजिंग के विषयाधीन न्यूनतम 5 वर्षों की औसत परिपक्वता अवधि वाली बिदेशी मुद्रा मूल्यवर्ग बाह्य वाणिज्यिक उधारियां (ईसीबी) प्राप्त करने की अनुमति देने का निर्णय किया गया है। अवसरंचना क्षेत्र की कंपनियों को ईसीबी से लिए गए प्राप्तियों का पूंजी व्यय हेतु उपयोग की अनुमति दी गई है। यह अपेक्षा की जाती है कि न्यूनतम औसत परिपक्वता अवधि को 10 वर्ष से घटाकर 5 वर्ष करने से भारत के अवसंरचना क्षेत्र में ईसीबी का प्रवाह बढ़ेगा और निर्यात ऋण एजेंसियों तथा विकासात्मक वित्तीय संस्थानों का इस क्षेत्र में प्रवाह बढ़ेगा।

रुपया मूल्यवर्ग बांडों के विदेशी निर्गम हेतु ढांचा

विदेशों से ₹ मूल्यवर्ग उधारियां प्राप्त करने हेतु व्यापक विदेशी वाणिज्यिक ऋण नीति के अंतर्गत रुपया नामित बांडों के निर्गम हेतु एक ढांचा बनाने का निर्णय किया गया है। रिट्स (आरईआईटीएस) और इनविट्स (ईएनवीआईटीएस) समेत कोई भी निगमित निकाय विदेशों में ₹ मूल्यवर्ग बांड जारी करने के पात्र हैं आरएफएटीएफ के शिकायत के अधिकार क्षेत्र में आनेवाला कोई भी निवेशक निवेश कर सकता है। एफएटीएफ अनुवर्ती आर्थिक केंद्रों में जारी केवल सादे वनीला बांड ही पात्र साधन होंगे। इन बांडों की न्यूनतम परिपक्वता अवधि 5 वर्ष होगी और ऐसी उधारियों का संपूर्ण लागत विद्यमान बाजार स्थितियों के अनुरूप होना चाहिए। इसके अंतिम उपयोग (एंड यूज) में नकारात्मक सूची, जिसमें रीयल

इस्टेट और पूंजी बाजार में निवेश शामिल हैं, को छोड़कर कोई प्रतिबंध नहीं होगा। इन बांडों पर ब्याज से प्राप्त आय पर 5 प्रतिशत कर लागू होगा और रुपये के दर में वृद्धि से प्राप्त पूंजी लाभ पर कर से छूट होगी।

भारत सरकार ने ब्रिटिश कोलंबिया सरकार को ₹ मूल्यवर्ग ऑफशोर बांड जारी करने हेतु अनुमति दे दी है। मई 2016 तक आईएनआर ₹ 1,023 बिलियन के पांच रुपये वाले बांडों के विदेशी निर्गम हेतु ठेका दे दिया गया है जिसमें से आईएनआर 923 मिलियन (चार निर्गम) की उगाही पैटेंट/समूह कंपनियों से करने हेतु ठेका दिया गया है। एचडीएफसी बैंक ने भी मसाला बांडों के निर्गम द्वारा कोष उगाही का मार्ग तैयार किया है।

शाखा कार्यालय/संपर्क कार्यालय/परियोजना कार्यालयों की स्थापना हेतु सरलीकृत प्रक्रिया

भारत में विदेशी इकाइयों के बीओ/एलओ/पीओ की स्थापना फेमा विनियमों की शर्तों के अनुसार विनियमित होते हैं। भारतीय कानूनों के अनुसार विदेशी इकाइयां देश में बिना अपने को कंपनी/ट्रस्ट आदि के रूप में पंजीकृत कराए भी बीओ/एलओ/पीओ की स्थापना कर सकती हैं। इन इकाइयों को भारत में बीओ/एलओ/पीओ की स्थापना से पूर्व भारतीय रिज़र्व बैंक से अनुमोदन प्राप्त करना है। भारतीय रिज़र्व बैंक सामान्यत: उन सभी मामलों में अनुमति दे देता है जिसमें स्वचालित मार्ग से 100 प्रतिशत एफडीआई की अनुमति है। अन्य सभी मामले सरकार के पास अनुमोदन हेतु भेजे जाते हैं।

व्यापार करने में आसानी के लिए सुधार हेतु यह निर्णय किया गया है कि कुछ क्षेत्रों यथा, दूरसंचार, निजी सुरक्षा, सूचना एवं प्रसारण तथा सरकारी और गैर–सरकारी संगठनों को छोड़कर एलओ/बीओ/पीओ अनुमोदन देने का अधिकार अधिकृत डीलर श्रेणी–1 बैंकों को प्रत्यायोजित कर दिया जाएगा। कोई भी व्यक्ति जिसे सरकारी प्राधिकरण/पीएसयू द्वारा किसी परियोजना का ठेका दिया गया है, उसे स्वत: ही बैंक खाता खोलने की अनुमति होगी।

प्रतिभूति कानून (संशोधन) अधिनियम, 2014

सेबी और एफएमसी का विलय- प्रतिभूति संविदा (विनियमन) अधिनियम, 1956 में संशोधन

सेबी के साथ फारवर्ड बाजार आयोग (एफएमसी) के विलय के परिप्रेक्ष्य में 2015 में प्रतिभूति संविदा (विनियमन) अधिनियम, 1956 (एससीआरए) में संशोधन किया गया। इस अधिनियम में संशोधन प्राथमिक रूप से जिंस डेरिवेटिव बाजार के विनियमन हेतू प्रासंगिक मूल प्रावधानों को सम्मिलित करने हेतु पूर्व के फॉरवर्ड कांट्रैक्ट (विनियमन) अधिनियम, 1952 के स्थान पर किया गया था। इस संशोधन से जिंस डेरिवेटिव को परिभाषित कर इसे डेरिवेटिव की परिभाषा में लाया गया और इस तरह जिस डेरिवेटिव को प्रतिभूतियों के दायरे में लाया गया। अधिनियम में इस संशोधन के आधार पर एससीआरए के प्रावधान पूर्व के जिंस विनियमों और जिंस डेरिवेटिव बाजारों पर लागू होते है।

सेबी द्वारा बनाए गए विनियम

सेबी (सूचीबद्धता के दायित्वों और प्रकटीकरण आवश्यकताएं) विनियम, 2015

सेबी विनियम, पूंजी बाजार के विभिन्न भागों यथा, इक्विटी (परिवर्तनीय सहित) जो स्टॉक एक्सचेंजों के मुख्य बोर्ड पर सूचीबद्ध इकाइयों द्वारा जारी किए गए हैं, छोटे और मध्यम उद्योग जो एसएमई एक्सचेंजों तथा सांस्थानियक ट्रेडिंग प्लेटफार्म पर सूचीबद्ध हैं, गैर–परिवर्तनीय ऋण प्रतिभूतियां, गैर–

परिवर्तनीय प्रतिदेय प्राथमिकता शेयरों, भारतीय डिपाजिटरी प्राप्तियों, प्रतिभूतिकृत ऋण उपकरणों और म्युचुअल फंड योजनाओं द्वारा जारी यूनिटों हेतु वर्तमान सूचीबद्धता करारों के प्रावधानों को समेकित और व्यवस्थित बनाने के उद्देश्य से लागू किया गया था। यह विनियम स्टॉक एक्सचेंजों में सूचीबद्ध विभिन्न प्रकार की प्रतिभूतियों को एकमात्र प्रलेख के रूप में समेकित कर संदर्भ की सुविधा हेतु बनाया गया।

सेबी (नगरपालिका द्वारा ऋण प्रतिभूतियों का निर्गम और सूचीबद्धता) विनियम, 2015

नगरपालिकाओं द्वारा बांडों के निगम और उसकी सूचीबद्धता को संचालित करने वाला नियामक ढांचा प्रदान करने हेतु लागू किया गया। इससे निवेशकों को नगरपालिका बांडों में निर्गमकर्ताओं द्वारा समुचित प्रकटीकरण से निवेश की पूर्व जानकारी मिलती है और निवेश का निर्णय लेने में मदद होती है।

वैकल्पिक निवेश कोष हेतु टैक्स पास थ्रू

सेबी वैकल्पिक निवेश कोष (एआईएफ) विनियम, 2012 के अंतर्गत विभिन्न प्रकार के वैकल्पिक निवेश कोषों को तीन अलग श्रेणियों, श्रेणी-I, II तथा III में वर्गीकृत किया गया है। श्रेणी-I, के एआईएफ वे कोष हैं जो स्टार्ट-अप या प्राथमिक स्तर के उद्यमों या सामाजिक उद्यमों या एसएमई या अवसंरचना या अन्य क्षेत्रों जिसे सरकार अथवा नियामक सामाजिक या आर्थिक रूप से वांछनीय समझते हैं, में निवेश करते हैं। श्रेणी-II, एआईएफ निजी इक्विटी फंडों या ऋण कोषों सहित वे कोष हैं जो श्रेणी-I, और II, में नहीं आते और जिन्हें दैनन्दिन संचालन जरूरतों के अलावा उधारी अथवा फायदा नहीं लेते हैं। श्रेणी-III के एआईएफ के कोष हैं जो विविध अथवा जटिल व्यापारिक रणनीतियां अपनाते हैं और सूचीबद्ध या गैर-सूचीबद्ध डेरिवेटिव्स में निवेश के माध्यम से फायदा उठा सकते हैं।

म्युचुअल फंडों और आरंभिक सार्वजनिक निर्गमों द्वारा संसाधन जुटाना

जुलाई 2016 तक म्युचुअल फंडों ने ₹ 1,93,160 करोड़ जुटाए। सार्वजनिक क्षेत्र ने ₹ 45,088 करोड़ जुटाए और निजी क्षेत्र ने ₹ 148,072 करोड़ जुटाए। प्रबंधन के तहत परिसंपत्ति का बाजार मूल्य 31 मार्च, 2016 के ₹ 12,32,823 करोड़ की तुलना में 23.13 प्रतिशत की वृद्धि के साथ 31 जुलाई, 2016 को ₹ 15,18,097 करोड़ रहा।

वित्तीय साक्षरता और निवेश शिक्षा

प्रतिभूति बाजार में निवेशकों के क्षमता निर्माण के उद्देश्य से वित्तीय साक्षरता के प्रसार और निवेश शिक्षा हेतु सेबी ने कई पहलें की हैं। अपने आर्थिक साक्षरता पहल के रूप में यह सात विभिन्न लक्षित समूहों हेतु संसाधन व्यक्तियों के माध्यम से आर्थिक शिक्षा कार्यशालाओं का संचालन करता है और शैक्षणिक संस्थानों से विद्यार्थियों के समूह को आमंत्रित करता है। वर्ष 2015-16 के दौरान समूचे देश में 8,700 से अधिक संसाधन व्यक्ति कार्यशालाएं और सेबी कार्यक्रमों की 270 से अधिक यात्राएं आयोजित की गई।

निवेशकों को शिक्षित करने के पहल के रूप में सेबी एक अद्यतन और समर्पित वेबसाइट: www.investor.sebi.gov.in का रखरखाव करता है, क्षेत्रीय सेमिनारों, मान्यता प्राप्त निवेशकों के एसोसिएशन के माध्यम से कार्यक्रम, मास-मीडिया के माध्यम से अभियान आदि विभिन्न कार्यक्रमों का संचालन समूचे देश में, खासकर टीयर-II और टीयर-III शहरों/स्थलों में करता है।

सेबी (भेदिया कारोबार का रोकथाम) विनियम

सेबी (भेदिया कारोबार रोकथाम) विनियम, 1992 को 1992 में अधिसूचित किया गया था, जिसे सूचीबद्ध कंपनियों की प्रतिभूतियों में होने वाले भेदिया कारोबार को रोकने के लिए तैयार किया गया था। तब से अब तक सूचीबद्ध कंपनियों की प्रतिभूतियों में कई संशोधन हो चुके हैं। तब से अब तक इन विनियमों में कई संशोधन किए जा चुके हैं। यह सुनिश्चित करने के लिए कि भारत में भेदिया कारोबार से निपटने वाला नियामकीय ढांचा और मजबूत हो, सेबी ने वर्तमान भेदिया कारोबार व्यवस्था की समीक्षा करने का फैसला किया। नए विनियम, विधि एवं प्रवर्तन ढांचे को मजबूत बनाने, भारतीय व्यवस्था को अंतरराष्ट्रीय व्यवहार के समकक्ष लाने, परिभाषाओं और अवधारणाओं के संदर्भ में स्पष्टता लाने और वैद्य कारोबारी लेन–देन को सुविधाजनक बनाने में मदद करते हैं। सेबी ने 15 जनवरी, 2015 को सेबी (भेदिया कारोबार रोकथाम) विनियम, 2015 की अधिसूचना जारी की, जिसने 15 मई, 2015 से प्रभावी होकर 1992 के विनियमों का स्थान ले लिया है।

सेबी ने 2015 में प्रणाली संचालित प्रकटीकरण के बारे में दिशानिर्देश जारी किया जिसके अनुसार प्रकटीकरण की जिम्मेदारी व्यक्तियों/कंपनियों से हटकर डिपोजिटरियों, एक्सचेंजों, रजिस्ट्रार और ट्रांसफर एजेंटों (आरटीएएस) के बीच एकीकरण द्वारा प्रतिभूति बाजार अवसंरचना पर आ गई। प्रारंभ में पद्धति को एसएएसटी और पीआईटी विनियमों के अंतर्गत कतिपय प्रकटीकरण के संबंध में व्यक्तिगत इकाइयों द्वारा प्रकटीकरण के समानांतर परिचालित किया गया। स्थिरता आने के बाद यह मानवीय प्रकटीकरण दायित्वों का स्थान ले लेगा। ऐसी पद्धति से इकाइयों द्वारा अनजाने में उल्लंघन की संभावना को समाप्त करने में मदद मिलेगी तथा निवेशकों को समयानुसार निवेश संबंधी निर्णय लेने हेतु सूचना प्रदान करने में मदद करेगी तथा इससे बाजार में निष्पक्षता आएगी।

सेबी (इक्विटी शेयरों की गैर–सूचीबद्धता) (संशोधन) विनियम

यह सुनिश्चित करने के लिए कि मान्यता प्राप्त स्टॉक एक्सचेंजों से अपनी इक्विटी शेयरों को गैर–सूचीबद्ध कराने का प्रस्ताव देने वाली छोटी कंपनियों को ट्रेडिंग नहीं होने के कारण अनुचित कठिनाई नहीं हो, संशोधित विनियम में उल्लेख है कि छोटी कंपनियों की गैर–सूचीबद्धता के मामले में स्टॉक एक्सचेंजों पर शेयरों की ट्रेडिंग संबंधी पूर्व के मानदंड को बदलकर स्टॉक एक्सचेंजों में ट्रेड किए गए कुल इक्विटी शेयर उसके सकल इक्विटी शेयर के 10 प्रतिशत से कम हों। साथ ही, सार्वजनिक शेयरधारकों को की गई बाहर निकलने के मूल्य की पेशकश सेबी (शेयरों के पर्याप्त अधिग्रहण और कब्जा लेना) विनियमन, 2011 के विनियम 15 के उप–विनियम (2) के अनुसार निर्धारित न्यूनतम मूल्य से कम नहीं होगा।

प्रमुख नीतिगत घटनाक्रम

ऑफशोर डेरीवेडिब्ज इंस्ट्रूमेंट (ओडीआई) के निर्गम और ट्रांसफर से संबंधित मानदंडों को कड़ा किया गया है और ओडीआई ग्राहकों, ओडीआईएस की हस्तांतरणीयता, संदिग्ध लेन–देन की सूचना देना, पद्धतियों की आवधिक समीक्षा और संशोधित ओडीआई रिपोटिंग फार्मेट हेतु अपने ग्राहक को जानें (केवाईसी) संबंधी निर्देश जारी किए गए हैं। संक्षिप्त विवरण निम्नवत् हैं:

क्लाएंट ड्यू डिलिजेन्स हेतु भारतीय केवाईसी/एएमएल मानदंडों की प्रयोजनीयता (एप्लीकेबिलिटी): निर्गमकर्ताओं के लिए ग्राहक इकाइयों में से उन लाभार्थी मालिकों (बीओ)

की पहचान और सत्यापन अपेक्षित होगा जिनके पास प्रिवेंशन ऑफ मनी लांडरिंग (मेंटेनेन्स ऑफ रिकॉर्डस) नियम, 2005 के अंतर्गत परिभाषित सीमा यथा एक कंपनी के मामले में 25 प्रतिशत और पार्टनरशिप फर्मों/ट्रस्टों/गैर-निगमित निकायों के मामले में 15 प्रतिशत से अधिक का नियंत्रण है।

केवाईसी की समीक्षा: केवाईसी की समीक्षा ओडीआई निर्गमकर्ताओं द्वारा निर्धारित जोखिम मानदंड के आधार पर की जाएगी।

संदिग्ध लेन-देन की सूचना: ओडीआई निर्गमकर्ताओं को उनके द्वारा जारी ओडीआई से संबंधित संदिग्ध लेन-देन की रिपोर्ट, यदि कोई हो, भारतीय वित्तीय इंटेलिजेंस इकाई के पास भेजना होगा।

आवधिक परिचालन मूल्यांकन: ओडीआई निर्गमकर्ताओं को आवश्यक पद्धतियों को जारी रखना है और ओडीआईएस से संबंधित अपने नियंत्रणों, पद्धतियों और प्रक्रियाओं की आवधिक समीक्षा और आकलन करना है। इस संबंध में वार्षिक आधार पर एक प्रमाण-पत्र ओडीआई निर्गमकर्ताओं के मुख्य कार्यकारी अधिकारी या समतुल्य अधिकारी द्वारा सेबी के पास जमा करना है।

ट्रांसफर हेतु एफपीआई की पूर्व अनुमति: ओडीआई के ट्रांसफर हेतु एफपीआई से पूर्व अनुमति लेनी होगी। इस संबंध में सेबी (एफपीआई) विनियम, 2014 में अलग से आवश्यक संशोधन किए जा रहे हैं।

एफपीआई निवेश का विवरण

कैलेंडर वर्ष	भारतीय ₹ (करोड़ में)			अमरीकी डॉलर (मिलियन में)		
	इक्विटी	ऋण	कुल	इक्विटी	ऋण	कुल
2015	17,808	45,857	63,663	3,195	7,400	10,596
2016 (24 अगस्त, 2016 को)	39,939	7,083	32,855	6,001	1,008	4,993

नई डिपाजिटरी रसीद योजना

एम.एस. साहू समिति की सिफारिशों के आधार पर तैयार नई डिपॉजिटरी रसीद योजना, 2014 पूरे देश में दिसंबर 2014 से प्रभावी है। वित्त अधिनियम, 2015 में नई डीआर योजना के अनुसार ही कर संशोधन किए गए हैं। नई डीआर योजना में निम्नलिखित की अनुमति है: (i) किसी बकाया प्रतिभूति, इक्विटी या ऋण के बदले डिपॉजिटरी रसीदें (डीआर) जारी करना, (ii) किसी भी सूचीबद्ध अथवा गैर-सूचीबद्ध जारीकर्ता इसे जारी कर सकता है, (iii) डीआर को नए शेयरों या द्वितीयक शेयरों के माध्यम से पूंजी जुटाने हेतु जारी किया जा सकता है, (iv) निर्गम प्रायोजित अथवा गैर-प्रायोजित हो सकता है और (v) अगर डीआर धारक के पास मतदान का अधिकार है तो उसे सार्वजनिक शेयरधारिता समझा जाएगा।

मुद्रा डेरिवेटिव बाजार में गहराई लाना

आरबीआई द्वारा जारी दिशानिर्देशों और स्टॉक एक्सचेंजों के साथ वार्तालाप के आधार पर सेबी ने स्टॉक एक्सचेंजों को वर्तमान डॉलर-रुपया जोड़ी के अतिरिक्त यूरो-रुपये, पाउंड-रुपये और डॉलर-रुपये मुद्रा जोड़ियों में मुद्रा विकल्प अनुबंध प्रदान करने की अनुमति दी है। इस परिपत्र में प्रस्तावित दिशानिर्देश अग्रवत् हैं: (i) स्टाक दलालों, देशी सांस्थानिक निवेशकों, एफपीआई एवं क्लायंटों जैसे पात्र बाजार भागीदारों

को एक्सचेंज ट्रेडेड क्रॉस-कंट्री फ्यूचर्स और विकल्प अनुबंध में यूरो-डॉलर, पाउंड-डॉलर और डॉलर-जापानी येन मुद्रा जोड़ों में तथा एक्सचेंजों में ट्रेडेड मुद्रा विकल्प अनुबंधों में यूरो-रुपया, पाउंड-रुपया और जापानी येन-रुपया मुद्रा जोड़ों में पोजीशन लेने की अनुमति दी गई है। ये इस परिपत्र और आरबीआई के उपरोक्त परिपत्र में वर्णित नियम एवं शर्तों के विषयाधीन हैं। (ii) कुल मिलाकर प्रति एक्सचेंज डॉलर-रुपया अनुबंधों हेतु 1.5 करोड़ डॉलर और गैर डॉलर-रुपया अनुबंधों हेतु 50 लाख डॉलर (यथा, यूरो-रुपया, पाउंड-रुपया और जापानी येन-रुपया) की वर्तमान सीमा, अंतर्निहित जोखिम की स्थापना किए बगैर अपरिवर्तित रहेंगे। पात्र बाजार प्रतिभागियों हेतु हेजिंग की प्रक्रिया भी अपरिवर्तित रहेगी।

इक्विटी डेरिवेटिव

इक्विटी डेरिवेटिव वर्ग में न्यूनतम अनुबंध आकार 2 लाख रुपये से बढ़कर 5 लाख रुपये कर दी गई है। तदनुसार डेरिवेटिव अनुबंधों के आकार के निर्धारण का ढांचा भी संशोधित किया गया था।

ब्याज दर डेरिवेटिव

सेबी ने स्टॉक एक्सचेंजों को 6 वर्ष तथा 13 वर्ष की सरकारी प्रतिभूतियों पर नकद निपटारे वाला ब्याज दर वायदा आरंभ करने की अनुमति दे दी। दोनों ब्याज दर उत्पादों के लिए विशेषताएं पोजिशन की सीमा एवं जोखिम प्रबंधन ढांचा सेबी ने निर्धारित किया।

मुद्रा डेरिवेटिव

सेबी ने विदेशी एवं घरेलू निवेशों हेतु जोखिम का खुलासा किए बगैर ही एक्सचेंज पर कारोबार वाले मुद्रा डेरिवेटिव्स में निहित सौदे की सीमा पूर्ववर्ती 1 करोड़ डॉलर से बढ़ाकर 1.5 करोड़ डॉलर कर दी। आरबीआई के परामर्श से बैंक स्टॉक दलालों हेतु पोजीशन सीमा, जैसाकि आरबीआई द्वारा अधिकृत किया गया है, सभी अनुबंधों में सकल खुला पोजीशन को संशोधित कर कुल खुले ब्याज का 15 प्रतिशत या 1 बिलियन डॉलर, दोनों में जो भी अधिक हो, कर दिया गया है।

म्युचुअल फंड

म्युचुअल फंडों में अगस्त 2015 से प्रमुख नीतिगत विकासक्रम निम्नलिखित हैं:

क्रेडिट में गिरावट से उत्पन्न घटनाक्रम के आलोक में जोखिम के उच्च स्तर के कारण होनेवाले जोखिम को कम करने और विपरीत ऋण घटनाक्रमों का निस्तारण कर एमएफ को बेहतर स्थिति में लाने हेतु सेबी ने म्युचुअल फंडों द्वारा निवेश पर कड़ा जोखिम सीमा निर्धारित किया है। एकल जारीकर्ता की सीमा जोकि मुद्रा-बाजार उपकरणों और गैर-बाजार उपकरणों के लिए मिला दिया गया है को कम करके शुद्ध परिसंपत्ति मूल्य (एनएवी) के 10 प्रतिशत तक किया गया है, जिसे न्यासी बोर्ड और संपत्ति प्रबंधन कंपनी बोर्ड (एएमसी) के पूर्व अनुमोदन से एनएवी के 12 प्रतिशत तक बढ़ाया जा सकता है। एकल क्षेत्र की जोखिम सीमा को एनएवी के 30 प्रतिशत से कम करके एनएवी के 25 प्रतिशत तक किया गया है। गृह वित्त कंपनियों को 10 प्रतिशत अतिरिक्त जोखिम में परिवर्तन नहीं किया गया है। ऋण योजनाओं हेतु समूह स्तर की सीमा निर्धारित की गई है जिसमें समूह में म्युचुअल फंडों के ऋण योजनाओं का कुल जोखिम (सार्वजनिक क्षेत्र की इकाइयों, सार्वजनिक वित्त संस्थानों और सार्वजनिक क्षेत्र के बैंकों द्वारा जारी प्रतिभूतियों में निवेश को छोड़कर) योजना की कुल परिसंपत्ति के 20 प्रतिशत से अधिक नहीं होगी। (न्यासी बोर्ड के पूर्व अनुमोदन से योजना की कुल परिसंपत्ति के 25 प्रतिशत तक बढ़ाया जा सकता है।)

यह सुनिश्चित करने के लिए कि एमएफएस/एएमसीएस अपनी संपत्तियों का ऋण आकलन करने में समर्थ हैं और क्रेडिट रेटिंग एजेंसियों पर निर्भरता कम करने के लिए एमएफएस/एएमसीएस के पास समुचित नीति और पद्धति होना चाहिए ताकि निगम आय उत्पादों में निवेश से पूर्व अपना ऋण जोखिम आकलन कर सकें।

पहले किसी म्युचुअल फंड योजना के अंतर्गत परिशोधन पर प्रतिबंध संबंधी एक सामान्य प्रावधान था। सेबी ने परिस्थितियां निर्धारित की है जिसके तहत एमएफ/एएमसी यूनिटों के परिशोधन पर प्रतिबंध लगा सकती है। अब प्रतिबंध तभी लगाए जा सकते हैं जब प्रणालीगत संकट हो अथवा बाजार की तरलता बुरी तरह संकुचित होने की या बाजार के क्रियाकलाप में बाधा की परिस्थिति हो।

स्वर्ण ईटीएफएस को स्वर्ण मुद्रीकरण योजना, 2015 में योजना एयूएम के 20 प्रतिशत निवेश की अनुमति दी गई है। इसके अतिरिक्त, यह सुनिश्चित करने के लिए कि एमएफ लावारिस राशि (लाभांश/मोचन) के सही मालिक को खोजने में सक्रिय भूमिका निभाते हैं, म्युचुअल फंडों को अपने वेबसाइट पर उन निवेशकों का नाम और पता डालना है जिनके फोलियो में लावारिस राशि पड़ी है। यह सूचना केवल निवेशक द्वारा अपनी साख (पैन, जन्म-तिथि आदि) देकर तथा एमएफ द्वारा पर्याप्त सुरक्षा नियंत्रण उपायों के साथ, प्राप्त किया जा सकता है।

खुदरा निवेशक

प्रतिभागिता बढ़ाने की दृष्टि से निवासी व्यक्ति विशेष निवेशकों को खाता खोलने का सरलीकृत सरल आवेदन पत्र भरकर ट्रेडिंग खाता तथा डीमैट खाता खोलने की अनुमति दे दी गई।

सेबी का प्रमुख उद्देश्य निवेशकों की सुरक्षा है। इस आशय से सेबी ने 2014-15 में अवैध रूप से धन जुटा रही इकाइयों का त्वरित एवं तत्परता से पता लगाया और उसके दायरे में आ रही कंपनियों पर दंडात्मक एवं निषेधात्मक कार्रवाई की। सेबी ने निवेशकों को सतर्कता पत्र भी जारी किए और बताया कि जिन कंपनियों के विरुद्ध सेबी ने कार्रवाई की है, उनके द्वारा जारी निर्गमों/योजनाओं में निवेश न करें तथा कंपनियों को भी समुचित कानूनी प्रावधानों का पालन किए बगैर प्रतिभूतियां जारी करने/जनता से धन जुटाने के प्रति आगाह किया।

विश्व बैंक की 'डूइंग बिजनेस 2015: गोइंग बियॉण्ड इफिशिएंसी' के अनुसार भारत अल्पांश शेयरधारकों के संरक्षण के मामले में सातवें स्थान पर है। निवेशकों की शिकायतों के समाधान की प्रक्रिया को गति देने के लिए सेबी विभिन्न नियामक उपाय करता रहा है। सेबी शिकायत निपटारा प्रणाली (एससीओआरईएस) ने निवेशकों को उनकी शिकायतों के संबंध में वास्तविक (रियल टाइम) जानकारी प्राप्त करने में सहायता की है। निवेशक अपनी शिकायतों की स्थिति जांचने के लिए सेबी की हेल्पलाइन पर फोन भी कर सकते हैं।

सेबी को अगस्त 2014 में अधिसूचित हुए प्रतिभूति कानून (संशोधन) अधिनियम, 2014 के द्वारा विभिन्न नए अधिकार प्राप्त हो गए हैं। संशोधनों में सेबी को अनुचित तरीकों से प्राप्त लाभ एवं ऋण राशि वापस निकलवाकर निवेशक संरक्षण एवं शिक्षा कोष में डलवाने तथा उसका उपयोग करने, तलाशी करने एवं जब्त करने के स्पष्ट अधिकार, निपटारे, विशेष न्यायालय एवं सरकारी अभियोजक, कुर्की एवं वसूली के स्पष्ट अधिकार, निर्णायक अधिकारियों द्वारा जारी आदेशों की समीक्षा का अधिकार एवं सामूहिक निवेश योजनाओं (सीआईएस) के संदर्भ में अधिक अधिकार प्राप्त हो गए हैं।

सेबी ने 2014-15 में विभिन्न नए नियम लागू किए हैं, जिनमें अन्य नियमों के साथ सेबी (भेदिया कारोबार निरोधक) नियम, सेबी (रियल एस्टेट निवेश ट्रस्ट) नियम, सेबी (शोध विश्लेषक) नियम, सेबी (अवसंरचना निवेश ट्रस्ट) नियम तथा सेबी (शेयर आधारित कर्मचारी लाभ) नियम शामिल हैं।

वित्तीय क्षेत्र विधायी सुधार आयोग की संस्तुतियों के अनुसार ही 2015-16 के बजट में जिंस वायदा बाजार के नियामक अर्थात् वायदा बाजार आयोग (एफएमसी) का विलय भारतीय प्रतिभूति एवं विनिमय बोर्ड (सेबी) में करने का प्रस्ताव किया गया ताकि जिंस डेरिवेटिव बाजार का अधिक मजबूत नियमन और विकास हो।

प्रतिभूति अपीलीय न्यायाधिकरण

प्रतिभूति अपीलीय न्यायाधिकरण (सैट) की स्थापना भारतीय प्रतिभूति एवं विनिमय बोर्ड अधिनियम, 1992 की धारा 15के के अंतर्गत की गई ताकि न्यायाधिकरण सेबी अधिनियम, 1992 और समय-समय पर लागू अन्य कानून के अंतर्गत मिलने वाले अधिकार क्षेत्र, अधिकारों एवं शक्तियों का प्रयोग कर सकें। 27 मई, 2014 और 23 मार्च, 2015 की अधिसूचनाओं के द्वारा क्रमशः पीएफआरडीए और आईआरडीए के अंतर्गत प्राधिकारियों द्वारा दिए गए आदेशों के खिलाफ अपील को शामिल कर सैट के क्षेत्राधिकार के दायरे को विस्तृत किया गया है।

सैट में एक पीठासीन अधिकारी होता है, जो उच्चतम न्यायालय का सेवारत/सेवानिवृत्त न्यायाधीश अथवा उच्च न्यायालय का सेवारत/सेवानिवृत्त मुख्य न्यायाधीश हो सकता है, अथवा उच्च न्यायालय का सेवारत/सेवानिवृत्त न्यायाधीश हो सकता है जिसने उच्च न्यायालय के न्यायाधीश के रूप में कम से कम सात वर्ष कार्य किया हो। इसमें क्षमता, निष्ठा एवं प्रतिष्ठा वाले दो सदस्य होते हैं और वे सभी प्रतिभूति कानून, वित्त, अर्थशास्त्र एवं लेखा से संबंधित समस्याएं निपटाने की क्षमता प्रदर्शित कर चुके होते हैं। वे केंद्र सरकार द्वारा पांच वर्ष के कार्यकाल के लिए नियुक्त किए जाते हैं और पीठासीन अधिकारी 68 वर्ष की आयु तक तथा सदस्य 62 वर्ष की आयु तक दोबारा भी नियुक्त किए जा सकते हैं।

न्यायाधिकरण दीवानी प्रक्रिया संहिता की प्रक्रिया से बंधा नहीं होता है किंतु स्वाभाविक न्याय के सिद्धांतों पर कार्य करता है और उसके पास अपनी प्रक्रिया तथा अपनी सुनवाई का स्थान निर्धारित करने का अधिकार है। अपीलकर्ता प्रतिभूति अपीली प्राधिकरण के समक्ष व्यक्तिगत रूप से उपस्थित हो सकता है अथवा सनदी लेखाकार (सीए), कंपनी सचिव, लागत लेखाकार एवं विधिक प्रतिनिधि अथवा अपने अधिकारी को अपने स्थान पर नियुक्त कर सकता है।

दीवानी न्यायालयों के पास ऐसे किसी भी मामले से संबंधित याचिका पर कार्रवाई का अधिकार नहीं होता है, जिस पर निर्णय का अधिकार सैट के पास होता है और सेबी अधिनियम के अंतर्गत सैट को मिले किसी भी अधिकार के संबंध में अथवा सैट द्वारा की गई अथवा की जाने वाली कार्रवाई पर निषेधाज्ञा जारी करने का अधिकार किसी न्यायालय को नहीं है। सैट के किसी निर्णय/आदेश से असंतुष्ट व्यक्ति उच्चतम न्यायालय में अपील दायर कर सकता है। सैट को अपने ही निर्णय की समीक्षा का अधिकार होता है। सैट ने 1997 में एकल सदस्यीय न्यायाधिकरण के रूप में कार्य करना आरंभ कर दिया और 2003 में तीन सदस्यीय न्यायाधिकरण के रूप में उसका पुनर्गठन किया गया। निम्नलिखित विनियमनों वाले सेबी के अधिकांश मामले इसके समक्ष फाइल किए गए हैं: स्टाक दलाल/उप-दलाल और स्टॉक एक्सचेंज, पर रोक, सट्टेबाजी पूंजी फंड और पीएफआरडीए तथा आईआरडीए के अधिकारियों द्वारा दिए गए आदेशों के खिलाफ अपील।

30 जून, 2016 को सैट के समक्ष लंबित 394 अपील और समयावधि के साथ उनका विवरण नीचे तालिका में दिया गया है।

महीना एवं वर्ष	कुल लंबित अपीलें	3 माह से कम	3 माह से अधिक	6 माह से अधिक	1 वर्ष से अधिक	2 वर्ष से अधिक	12 वर्षो से अधिक	कुल निष्पादन	नई संस्थान
सेबी अधिनियम, 1992 के अंतर्गत लंबित मामले									
जून 2016	389	75	119	84	105	5	1	55	45
आईआरडीए अधिनियम, 1999 के अंतर्गत लंबित मामले									
	5	0	5	0	0	0	0	0	0

टिप्पणी: (i) सेबी अधिनियम, 1992 के अंतर्गत फाईल किए गए अपीलों में से 45 विविध आवेदनों का निष्पादन जून 2016 के दौरान किया गया है।

(ii) सेबी अधिनियम, 1992 के अंतर्गत फाईल किए गए अपीलों में से 1 रिव्यू आवेदन का निष्पादन जून 2016 के दौरान किया गया है।

वित्तीय स्थिरता एवं विकास परिषद

वित्तीय स्थिरता बनाए रखने, अन्तर्नियामक समन्वय बढ़ाने और वित्तीय क्षेत्र को बढ़ाने हेतु तंत्र की मजबूती और संस्थानीकरण के उद्देश्य से शीर्ष स्तर के फोरम के रूप में वित्तीय स्थिरता एवं विकास परिषद (एफएसडीसी) की स्थापना दिसंबर 2010 में की गई थी। इस परिषद के अध्यक्ष देश के वित्त मंत्री हैं और सदस्यों में वित्तीय क्षेत्र नियामकों, भारतीय रिजर्व बैंक (आरबीआई), भारतीय प्रतिभूति और विनियम बोर्ड (सेबी), पेंशन कोष नियामक एवं विकास प्राधिकरण और भारतीय बीमा नियामक एवं विकास प्राधिकरण (आईआरडीएआई) के प्रमुख, वित्त सचिव और/या आर्थिक मामलों का विभाग के सचिव, सचिव, वित्तीय क्षेत्र के विकास संबंधी क्रियाकलापों सहित वित्तीय साक्षरता और वित्तीय समावेशन के साथ अर्थव्यवस्था के सूक्ष्म विवेकशील पर्यवेक्षण को मानीटर करता है। आर्थिक मामलों के विभाग में अवस्थित परिषद का सचिवालय परिषद को सचिवालीय सहयोग देता है।

वित्तीय स्थिरता बोर्ड

कमजोरियों के समाधान और वित्तीय स्थिरता के हित में मजबूत नियामक, पर्यवेक्षकीय और अन्य नीतियों के क्रियान्वयन और विकास हेतु राष्ट्रीय प्राधिकरणों, मानक स्थापित करने वाले निकायों और अंतरराष्ट्रीय वित्तीय संस्थानों को साथ लाकर वर्ष 2009 में जी-20 के तत्वाधान में एफएसबी की स्थापना की गई थी। भारत एफएसबी का एक सक्रिय सदस्य है जिसके तीन सीटों का प्रतिनिधित्व सचिव (ईए), आरबीआई के डिप्टी गवर्नर और चेयरमैन, सेबी द्वारा किया जाता है। मीटिंगों और आवधिक कांफ्रेंस कॉल के माध्यम से एफएसबी के साथ नियमित वार्तालाप होता है। अंतरराष्ट्रीय जरूरतों के हिसाब से एफएसबी क्षेत्राधिकार सदस्यों के साथ सूचनाओं का नियमित आदान-प्रदान होता है। एफएसबी में भारत का दृष्टिकोण प्रस्तुत करने हेतु आर्थिक मामलों के विभाग में अवस्थित एफएसडीसी सचिवालय विभिन्न वित्तीय क्षेत्र के नियामकों और अन्य संबंध एजेंसियों के साथ समन्वय रखता है।

वित्तीय स्थिरता आकलन कार्यक्रम

वित्तीय क्षेत्र आकलन कार्यक्रम अंतरराष्ट्रीय मुद्रा कोष और विश्व बैंक का एक साझा कार्यक्रम है। सितंबर 2010 में अंतरराष्ट्रीय मुद्रा कोष ने भारत सहित प्रणालीगत रूप से महत्वपूर्ण वित्तीय क्षेत्रों के साथ अपने

25 क्षेत्राधिकारों के लिए एफएसएपी के अंतर्गत उनके वित्तीय क्षेत्रों के आकार और अंत:-संलग्नता के आधार पर प्रत्येक पांच वर्ष पर वित्तीय स्थिरता आकलन करना अनिवार्य कर दिया। यह निश्चित करने के लिए कि भूमंडलीय वित्तीय प्रणाली में विकास परिलक्षित हो, आवधिक रूप से इसकी समीक्षा की जाती है। जी–20 फोरम में एफएसबी सदस्यों ने वित्तीय स्थिरता के रखरखाव का ध्यान रखने, वित्तीय क्षेत्र का क्रियान्वयन और पाददर्शिता बढ़ाने अंतरराष्ट्रीय वित्तीय मानदंडों का क्रियान्वयन और समय-समय पर सहकर्मी समीक्षा करने हेतु सहमति और अन्य साक्ष्यों का व्यवहार करते हुए आईएमएफ, विश्व बैंक, एफएसएपी रिपोर्टों तथा इन आकलनों के परिणामों को प्रकाशित करने संबंधी प्रतिबद्धता दर्शाई है।

भारत का एफएसबी विशिष्ट पर्यवेक्षण, जो एफएसबी क्षेत्राधिकार सदस्य है, ने एफएसबी के अंतर्गत सहमत वित्तीय क्षेत्र मानदंडों और नीतियों के क्रियान्वयन के साथ ही वांछित परिणाम प्राप्त करने में उनकी प्रभावशीलता पर केंद्रित समय-समय पर विशिष्ट पर्यवेक्षण कराने हेतु प्रतिबद्धता दर्शाई है। इस प्रतिबद्धता के एक अंश के रूप में भारत ने 2015 में स्वेच्छा से विशिष्ट पर्यवेक्षण कराया। भारत एफएसबी द्वारा विशिष्ट पर्यवेक्षण कराने वाला 17वां देश है। भारत के विशिष्ट पर्यवेक्षण के लिए (i) सूक्ष्म विवेकशील नीति ढांचा, और (ii) नॉन-बैंकिंग वित्तीय कंपनियों का विनियमन और पर्यवेक्षण दो विषय चुने गए थे।

भारत का एफएसएपी 2011-12 के दौरान किया गया था। आईएमएफ और विश्व बैंक के स्कोपिंग मिशन ने वित्तीय स्थिरता, वित्तीय विकास और वित्तीय क्षेत्र निरीक्षण ढांचे से संबंधित आकलन तथा अनुशंसाएं देने के लिए एफएसएपी अद्यतन करने के लिए भारत की यात्रा की। एफएसबी, बीसीबीएस और आईएमएफ का सदस्य होने के नाते भारत जी–20 के तत्वाधान में अंतरराष्ट्रीय नियामक और पर्यवेक्षकीय ढांचे के संकटपूर्व सुधारों में सक्रिय रूप से भाग ले रहा है। भारत चरणबद्ध रूप से और जहां आवश्यक हो स्थानीय परिस्थितियों के अंतरराष्ट्रीय मानदंडों और सर्वश्रेष्ठ व्यवहारों को अपनाने के लिए प्रतिबद्ध हैं अगला एफएसएपी आकलन वर्ष 2017 में होना है।

मौद्रिक नीति ढांचा

सरकार और भारतीय रिजर्व बैंक के बीच मौद्रिक नीति ढांचा अनुबंध 2015 में हुआ जिसमें लचीले मुद्रास्फीति लक्ष्य का प्रावधान था। वृद्धि के लक्ष्य को ध्यान में रखते हुए मूल्य स्थिरता बनाए रखने के उद्देश्य से मौद्रिक नीति समिति (एमपीसी) हेतु सांविधिक और सांस्थानिक ढांचा प्रदान करने हेतु आर्थिक अधिनियम, 2016 द्वारा भारतीय रिजर्व बैंक अधिनियम, 1934 (आरबीआई अधिनियम) में संशोधन किया गया है।

मौद्रिक नीति निर्धारण हेतु समिति-आधारित पहल से मौद्रिक नीति निर्णयों का महत्व बढ़ेगा और इसमें पारदर्शिता आएगी। एमपीसी के छह सदस्यों में से तीन भारतीय रिज़र्व बैंक (आरबीआई) से होंगे। आरबीआई के गवर्नर इसके पदेन अध्यक्ष होंगे और आरबीआई के डिप्टी गवर्नर तथा एक अन्य आरबीआई अधिकारी सदस्य होंगे। एमपीसी के अन्य तीन सदस्यों की नियुक्ति खोज-सह-चयन समिति की अनुशंसा पर केंद्र सरकार द्वारा किया जाएगा। एमपीसी के ये तीनों सदस्य अर्थशास्त्र अथवा बैंकिंग या वित्त या मौद्रिक नीति के विशेषज्ञ होंगे जो चार वर्षों की अवधि हेतु नियुक्त किए जाएंगे और पुनर्नियुक्ति के पात्र नहीं होंगे। एमपीसी की बैठक एक वर्ष में चार बार होगी तथा प्रत्येक बैठक के बाद लिए गए निर्णयों को प्रचारित किया जाएगा।

आरबीआई (संशोधन) अधिनियम, 2016 के प्रावधानों पर अमल किया गया। मौद्रिक नीति समिति के सदस्यों के चयन की प्रक्रिया और उनकी नियुक्ति संबंधी नियम और शर्तें तथा एमपीसी ढांचे के अंतर्गत मुद्रास्फीति लक्ष्य को प्राप्त करने में विफलता संबंधी कारकों को भारत के असाधारण राजपत्र अधिसूचना दिनांक 27 जून, 2016 द्वारा अधिसूचित किया गया है। सरकार ने बैंक के साथ परामर्श कर इस अधिसूचना के प्रकाशन की तिथि से प्रारंभ अवधि से 31 मार्च, 2021 तक मुद्रास्फीति लक्ष्य को अधिसूचित किया है, जो निम्नरूपेण है:

मुद्रास्फीति लक्ष्य	:	4 प्रतिशत
ऊपरी सहनशक्ति स्तर	:	6 प्रतिशत
निचला सहनशक्ति स्तर	:	2 प्रतिशत

साथ ही, मुद्रास्फीति को निर्धारित लक्ष्य के स्तर के अंदर रखने हेतु एमपीसी को बेंचमार्क नीति दर (रेपो रेट) तय करने का कार्य भी सौंपा जाएगा। लक्ष्य के चारों ओर शृंखला का मुख्य लाभ यह है कि यह एमपीसी को मुद्रास्फीति और वृद्धि के बीच अल्पावधि ट्रेड-ऑफ की पहचान के योग्य बनाता है तथा व्यापार चक्र के दौरान लंबे समय में मुद्रास्फीति लक्ष्य का पीछा करने के लिए सक्षम बनाता है। इस रेंज में डाटा सीमाएं, प्रक्षेपण त्रुटियां, अल्पावधि आपूर्ति अंतराल और सीपीआई मुद्रास्फीति के एक प्रमुख कारक कृषि उत्पादन में अस्थिरता शामिल हैं। सीपीआई सूचकांकों में खाद्य पदार्थों का प्रमुख महत्व है। इसमें रेंज के केंद्र पर सार्वजनिक मुद्रास्फीति की उम्मीदों पर परोक्ष दबाव डालने के बावजूद होनेवाले अनपेक्षित लघु-अवधि के झटकों को सहना शामिल है जिससे मध्यम अवधि में मौद्रिक नीति अर्थव्यवस्था को वापस लाएगी और पारदर्शिता तथा पूर्वानुमेयता आएगी।

यदि लगातार तीन त्रैतासिकों तक औसत मुद्रास्फीति का ऊपरी सहनशक्ति स्तर 4 प्रतिशत +2 प्रतिशत यानि, 6 प्रतिशत से अधिक और निचला सहनशक्ति स्तर 4 प्रतिशत −2 प्रतिशत यानि, 2 प्रतिशत से कम हो तो इसे मुद्रास्फीति लक्ष्य की प्राप्ति में विफलता माना जाएगा। आरबीआई अधिनियम के प्रावधानों के अनुसार मद्रास्फीति लक्ष्य को पूरा करने में विफल हो जाने पर आरबीआई केंद्र सरकार के पास एक रिपोर्ट भेजेगा जिसमें मुद्रास्फीति लक्ष्य को प्राप्त करने में विफलता के कारण, आरबीआई द्वारा की जाने वाली प्रस्तावित उपचारात्मक कार्रवाई, तथा प्रस्तावित उपचारात्मक कार्रवाई के समयानुसार क्रियान्वयन के अनुवर्ती समयावधि का आकलन जिसके अंदर मुद्रास्फीति लक्ष्य प्राप्त कर लिया जाएगा, संबंधी विवरण होगा।

विकसित होती जटिल अर्थव्यवस्था की वृद्धि और चुनौतियों पर जोर देते हुए मुद्रास्फीति लक्ष्य का निर्धारण आवश्यक सांविधिक बैक-अप के साथ एक मौद्रिक नीति संबंधी महत्वपूर्ण सुधार है।

दिवाला और दिवालियापन कोड

व्यापार करने में आसानी को बढ़ाने हेतु वैश्विक मानदंडों के अनुरूप भारत में आवश्यक न्यायिक क्षमता वाले उद्यमी अनुकूल कानूनी दिवालियापन ढांचा प्रदान करने के लिए दिवालियापन कानून सुधार समिति का गठन 2014 में किया गया। समिति ने अपनी रिपोर्ट और ड्राफ्ट बिल 2015 में सौंपा। इस आधार तथा सार्वजनिक/भागीदार के परामर्श के आधार पर दिवाला और दिवालियापन कोड, 2016 से संबंधित बिल 2016 में प्रभाव में आया। इस कोड का उद्देश्य है- उद्यमशीलता को बढ़ावा देना, ऋण की उपलब्धता, समयबद्ध रूप में जीवंत व्यापारियों, साझेदार फर्मों तथा व्यवहार्य विशेष और ऐसे व्यक्तियों की परिसंपत्ति

मूल्यों को बढ़ाने और उससे संबंधित मामलों के लिए पनर्गठन और दिवालियापन प्रस्ताव से संबंधित कानूनों के एकीकरण और संशोधन द्वारा सभी भागीदारों के हितों में संतुलन कायम करना। यह कोड निम्नलिखित उद्देश्य को सुनिश्चित करने हेतु एक ढांचे का प्रस्ताव करता है- किसी व्यापार में तनाव का जल्दी पता लगाना, कर्जदाजा, वित्तीय ऋणदाता या परिचालन लेनदार द्वारा दिवालियापन प्रस्ताव की प्रक्रिया प्रारंभ करना, व्यवहार्य व्यवसायों का समय पर पुनरुद्धार, अलाभकारी व्यवसायों का परिसमापन, सभी भागीदारों के नुकसान को न्यूनतम करना और विफल व्यवसायों के मूल्य विनाश से परहेज करना। जुलाई 2016 से दिवाला और दिवालियापन कोड, 2016 का प्रशासन कारपोरेट मामलों के मंत्रालय को स्थानांतरित कर दिया गया है। कारपोरेट मामलों का मंत्रालय इसे क्रियान्वित करने हेतु आवश्यक कदम उठा रहा है।

जी-20

जी-20 की स्थापना 1999 में वित्त मंत्रियों एवं केंद्रीय बैंक के गवर्नरों के मंच के रूप में यह मानकर की गई कि वैश्विक आर्थिक महत्व विकसित अर्थव्यवस्थाओं से उभरते बाजारों वाली अर्थव्यवस्थाओं की ओर व्यापक रूप से स्थानांतरिक हो रही है। विश्व के आर्थिक समन्वयक के रूप में जी-8 की लगातार घटती भूमिका तथा आर्थिक प्रशासन पर वैश्विक बातचीत में उभरते बाजारों वाली अर्थव्यवस्थाओं के बढ़ते वर्चस्व के कारण 1999 में जी-8 के स्थान पर जी-20 आ गया।

जी-20 को वास्तव में प्रमुखता 2008 में मिली, जब 2007-10 के वैश्विक आर्थिक संकट का प्रभावी रूप से उत्तर देते हेतु इसे वित्त मंत्रियों और केंद्रीय बैंक के गवर्नरों के मंच के बजाय राष्ट्रध्यक्षों के मंच का रूप दे दिया गया। यह बहुत प्रभावी रणनीति सिद्ध हुई और जी-20 ने उस अवसर के अनुसार कार्य करते हुए यह सुनिश्चित करने में सहायता की कि विश्व को बड़े आर्थिक संकट से दूर रखा जाए।

जी-20 की पहली शिखर बैठक द्वितीय विश्व युद्ध के बाद के सबसे बड़े आर्थिक संकट की छाया में नवंबर 2008 में वाशिंगटन डीसी में हुई। उसके बाद लंदन (अप्रैल, 2009), पिट्सबर्ग (सितंबर 2009), टोरंटो (जून 2010), सोल (नवंबर 2010), कान्स (नवंबर 2011), लॉस काबोस (जून 2012), सेंट पीट्सबर्ग (सितंबर 2013) ब्रिस्बेन (नवंबर 2014) और अन्ताल्या (नवंबर 2015) में इसकी नौ शिखर बैठकें हो चुकी हैं। जी-20 का अध्यक्ष इस समय चीन है और चीन की अध्यक्षता में शिखर बैठक 2016 में हंगझाऊ में होना है।

जी-20 रूपरेखा कार्य समूह

जी-20 के कार्यों में जी-20 रूपरेखा कार्य समूह की प्रमुख भूमिका है। पिट्सबर्ग शिखर बैठक के दौरान वर्ष 2009 में स्थापित एफडब्ल्यूजी का मुख्य काम है मजबूत, सतत एवं संतुलित सार्वभौमिक वृद्धि हेतु नीतियां बनाना। वर्ष 2016 में चीन की अध्यक्षता वाले जी-20 के अंतर्गत एफडब्ल्यूजी का मुख्य कार्य जी-20 विकसित संरचनात्मक सुधार एजेंडा, जिसके दो मुख्य स्तंभ यथा, संरचनात्मक सुधारों की प्राथमिकताएं, सिद्धांत और जी-20 संरचनात्मक सुधार सूचक पद्धति हैं, पर विचार-विमर्श करना था। अन्य मुद्दे, जिन पर एफडब्ल्यूजी ने 2016 में विस्तार से विचार-विमर्श किया, वे थे सार्वभौमिक अर्थव्यवस्था जैसे ब्रेक्सिट और इसके प्रभाव, भूमंडलीय असंतुलन, जापान और यूरोप में ऋणात्मक ब्याज दरों का प्लवन (स्पिलओवर) प्रभाव और चीन के पुनर्संतुलन प्रयासों का सार्वभौमिक प्रभाव।

जी-20 शेरपा ट्रैक

एजेंडा 2030 की पृष्ठभूमि के खिलाफ, पेरिस समझौता और नैरोबी के परिणामों के आलोक में चीन की अध्यक्षता ने विकास की पारंपरिक एजेंडा मदों, व्यापार और निवेश तथा ऊर्जा पर वर्ष 2016 में अधिक ध्यान केंद्रित किया है। 'विकास के नए रास्ते बनाना' (ब्रेकिंग ए न्यू पाथ ऑफ ग्रोथ) नामक व्यापक विषय के अंतर्गत नवाचार, डिजीटल इकोनॉमी और नई औद्योगिक क्रांति नामक तीन नया एजेंडा मदों को लाया गया। चीन की अध्यक्षता 'समावेशी और अंतर्संबंधित विकास' विषय पर भी केंद्रित है जिसमें एसडीजी के मुद्दे, अफ्रीका में औद्योगीकरण को समर्थन, उद्यमशीलता, कृषि और खाद्य सुरक्षा मुद्दों पर जोर तथा रोज़गार संबंधी मुद्दे सम्मिलित हैं। इनके अलावा भूमंडलीय स्वास्थ्य, रिफ्यूजी की समस्या और आतंकवाद जैसे अन्य मुद्दे भी इस वर्ष विचारार्थ लाए गए हैं और इस तरह जी-20 के फलक का विस्तार हुआ है। भारत ने विभिन्न शेरपा बैठकों, कार्य समूहों और मंत्रीपदीय बैठकों के माध्यम से कुशल व्यावसायिकों की अंतरराष्ट्रीय गतिशीलता, वित्त एवं प्रौद्योगिकी हस्तांतरण, ऊर्जा पहुंच, स्वच्छ कोयला प्रौद्योगिकियों और भ्रष्टाचार और कालेधन के खिलाफ जंग जैसी प्राथमिकता क्षेत्रों को सक्रियता से अपनाया है।

अंताल्या शिखर सम्मेलन 2015 के परिणाम

जी-20 शिखर सम्मेलन 2015 में अंताल्या में सफलतापूर्वक आयोजित किया गया। शेरपा बैठकों, कार्य समूह बैठकों, मंत्रीपदीय बैठकों और पूर्व शिखर सम्मेलनों में गहन वार्ताओं के जरिए अपनी दिलचस्पी स्पष्ट करने और यह सुनिश्चित करने में सफल रहा कि हमारी प्राथमिकताएं नेताओं की शासकीय सूचना में प्रतिबिंबित हों। 2015 की जी-20 देशों की बैठक में निम्नलिखित प्रतिबद्धताएं मुख्यतः भारत के इशारे पर की गई हैं:

(क) अंतरराष्ट्रीय श्रमिक गतिशीलता द्वारा श्रमिक बाजार के अवसर और चुनौतियों के समाधान के प्रति जी-20 की प्रतिबद्धता।

(ख) कृषि, विकास और सार्वजनिक शेयरधारिता समेत बाली पैकेज के सभी अवयवों के क्रियान्वयन हेतु जी-20 की प्रतिबद्धता।

(ग) 2030 एजेंडा के अनुसार विकास की प्राथमिकताएं तय करने के प्रति जी-20 की प्रतिबद्धता।

(घ) जी-20 नेताओं द्वारा समर्थित 'बेस इरोजन एंड प्रोफिट शिफ्टिंग' (बीईपीएस) परियोजना। भारत बीईपीएस पैकेज पर कार्य करने वाली ओईसीडी समिति का सदस्य था।

(ङ) सीओपी 21 के सफल परिणाम हेतु मजबूत कर्षण।

(च) खाद्य नुकसान और कचरों को मापने हेतु जी-20 तकनीक प्लेटफार्म।

भारत के आग्रह पर आरक्षित मुद्रा जारी करने वाले राष्ट्रों की मौद्रिक नीति कार्रवाईयों के प्लवन प्रभावों का अध्ययन किया गया और चूंकि वे नकारात्मक पाए गए, अंताल्या बैठक के नेताओं ने पर्याप्त वैश्विक वित्तीय सुरक्षा कवच सुनिश्चित करने का संकल्प किया। इसके बाद चीन की अध्यक्षता में यह विषय जी-20 द्वारा अंतरराष्ट्रीय वित्तीय संरचना कार्य समूह में उठाया गया है। निवेश बढ़ाने के लिए मजबूत प्रोत्साहन प्रदान करने, खासकर निजी क्षेत्र की भागीदारी द्वारा, नेताओं ने देश विशेष हेतु महत्वाकांक्षी निवेश रणनीतियों का विकास किया है जो सार्वजनिक क्षेत्र को शामिल कर, छोटे और मध्यम उद्योगों को समर्थन तथा ज्ञान साझा करने को बढ़ाकर निवेश पारिस्थितिकी तंत्र में सुधार, दक्ष एवं

अच्छी अवसंरचना के पालन हेतु ठोस नीतियों और कार्रवाइयों को सम्मिलित करती है। ओईसीडी के विश्लेषण से संकेत मिलता है कि इन रणनीतियों से जीडीपी अनुपात में सकल जी-20 निवेश को बढ़ाने में मदद होगी और 2018 तक यह 1 प्रतिशत प्वाइंट आकलित है। निजी क्षेत्र के नेतृत्व वाली विश्व एसएमई फोरम एक नई पहल है जो विकास और रोज़गार में एसएमई के योगदान को सुविधाजनक बनाने हेतु एक भूमंडलीय निकाय के रूप में कार्य करेगा। वैश्विक अर्थव्यवस्था में सुधार को मजबूत बनाने, मजबूत सतत और संतुलित विकास हेतु जी-20 के निर्णायक कार्रवाई की योजना जो अंताल्या कार्रवाई योजना द्वारा निर्धारित है, के प्रति नेताओं ने सहमति दी जो नेताओं की शासकीय सूचना का पूरक है।

वैश्विक वित्तीय प्रणाली के लचीलेपन को बढ़ाने के लिए जी-20 ने वित्तीय सुधार एजेंडा के मुख्य अवयवों को पूरा कर लिया है। इतना बड़ा कि विफल हो जाए (टू-बिग-टू-फेल) को समाप्त करने हेतु नेताओं ने वैश्विक प्रणालीबद्ध प्रमुख बैंकों हेतु कुल घाटा अवशोषक क्षमता (टीएलएसी) पर सामान्य अंतरराष्ट्रीय मानदंड को अंतिम रूप दिया है। वैश्विक प्रणालीबद्ध महत्वपूर्ण बीमाकर्ताओं हेतु उच्चतर नुकसान सहने की क्षमता के प्रथम संस्करण हेतु भी नेताओं ने सहमति दी है। भूमंडलीय स्पष्ट और आधुनिक अंतरराष्ट्रीय कर प्रणाली के लिए नेताओं ने अंताल्या शिखर सम्मेलन में जी-20/ओईसीडी की महत्वाकांक्षी 'बेस इरोजन और प्रॉफिट शिफ्टिंग' (बीईपीएस) परियोजना के अंतर्गत विकसित उपायों के पैकेज का समर्थन किया। नेताओं ने अनुरोध पर सूचना का आदान-प्रदान और सूचना का स्वत: आदान-प्रदान 2017 या 2018 के अंत तक करने की अपनी पूर्व प्रतिबद्धता को दोहराया।

अंततः दिसंबर 2015 में अमरीकी कांग्रेस ने आईएमएफ के 2010 कोटा और शासन सुधारों का अनुमोदन किया। ये सुधार महत्वपूर्ण रूप से अंतरराष्ट्रीय मुद्रा कोष (आईएमएफ) के कोर संसाधनों को बढ़ाते हैं तथा ज्यादा प्रभावी ढंग से अभावों से निपटने में सक्षम बनाते हैं। इससे भूमंडली अर्थव्यवस्था में गतिमान उभरते हुए और विकासशील देशों की बढ़ती भूमिका को बेहतर दर्शाते हुए आईएमएफ के शासन में भी सुधार होता है। कोटा की 14वीं सामान्य समीक्षा (जीआरक्यू) सुधारों के क्रियान्वयन से भारत के कोटा का हिस्सा वर्तमान 2.44 प्रतिशत से बढ़कर 2.75 प्रतिशत हो जाएगा, जिससे भारत आईएमएफ के सबसे ज्यादा कोटाधारक देशों में पूर्व के 11वें स्थान से 8वें स्थान पर आ जाएगा।

चीनी अध्यक्षता की 2016 की प्राथमिकताएं

वर्ष 2016 में चीनी अध्यक्ष सभी सदस्यों के साथ मिलकर एक अभिनव, सबल, अंतर्संबंधित और समावेशी विश्व अर्थव्यवस्था पर कार्य करने हेतु तैयार हैं। अत: 2016 के जी-20 शिखर सम्मेलन के विषय हैं:

(i) भूमंडलीय सतत विकास के लिए नवाचार एक महत्वपूर्ण प्रेरक शक्ति है। चक्रीय नीतियों से लघु अवधि के उतार-चढ़ाव को हल किया जा सकता है परंतु दीर्घावधि वृद्धि बनाए रखने में यह बमुश्किल सक्षम है। जी-20 को नवाचार प्रेरित विकास को बढ़ावा देने, विज्ञान एवं प्रौद्योगिकी, विकास अवधारणाओं और संस्थानों तथा तंत्रों में और व्यापार माडलों में प्रत्येक स्तर पर नवाचार को प्रोत्साहित करने के रूप में नए विकास साधनों का विकास करना चाहिए।

(ii) एक सबल विश्व अर्थव्यवस्था में सभी भागीदारों की भागीदारी की जरूरत है। जी-20 को घरेलू संरचनात्मक सुधारों, अंतरराष्ट्रीय आर्थिक सहयोग और न्यायसंगत, वैध तथा प्रभावी भूमंडलीय आर्थिक शासन के माध्यम से विकास हेतु अधिक से अधिक गतिशीलता को प्रोत्साहित करना

चाहिए। जब विकास के मजबूत अंतर्जात श्रोतों की पहचान की जाती है और प्रत्येक अर्थव्यवस्था में उच्चतर विकास गुणों और दक्षता प्राप्त किया जाता है, तो ही विश्व अर्थव्यवस्था की क्षमता का पूरी तरह विस्तार किया जा सकता है।

(iii) भूमंडलीय दुनिया के विभिन्न देशों में वृद्धि और विकास का अंतर्संबंध इतना गहरा है कि हम साथ ही ऊपर उठते हैं या साथ ही नीचे गिरते हैं। समुदाय की इस भावना से प्रेरित होकर जी-20 को साझा लाभ प्राप्त करने के लिए एक मुक्त विश्व अर्थव्यवस्था के निर्माण, सामान्य चुनौतियों का सामना करने में सहयोग देना, अर्थव्यवस्थाओं के बीच सर्व-आयामी संपर्क और अंत:क्रिया हेतु प्रेरित और सक्षम होना चाहिए।

(iv) चूंकि एक से दूसरे देशों के बीच विकास के स्तर में अंतर होता है, इस अंतर को बढ़ने देने के बजाए कम करना चाहिए। इसी तरह विकास के लाभों को सभी के बीच वितरित करना चाहिए। भूमंडलीय विकास में असमानताओं और असंतुलनों को कम करने हेतु ठोस कार्रवाइयों द्वारा जी-20 अधिक समावेशी विकास के लिए प्रतिबद्ध है।

(v) जी-20 के मुख्य उद्देश्यों में एक है स्थिर और लचीले अंतरराष्ट्रीय वित्तीय आर्किटेक्चर (आईएफए) को प्रोन्नत करना। अपनी जी-20 अध्यक्षता में चीन अपूर्ण कार्यों को पूरा करने और आगे एजेंडों की तलाश शुरू करने के उद्देश्य से आईएफए कार्य समूह (आईएफएडब्ल्यूजी) को बहाल करेगा। जिससे अंतरराष्ट्रीय मौद्रिक प्रणाली (आईएमएस) को बढ़ावा मिले। आईएफएडब्ल्यूजी पांच मुख्य क्षेत्रों पर केंद्रित होगा। आईएमएफ का कोटा और शासन सुधार, स्वायत्त ऋण पुनर्गठन और ऋण स्थिरता, पूंजी प्रवाह के प्रबंधन के उपाय, समुचित और सुसंगत वैश्विक वित्तीय सुरक्षा नेट (जीएफएसएन) और एसडीआर की भूमिका को बढ़ावा देना। संरचनात्मक सुधारों और बढ़ते उत्तरदायित्व की उपलब्धियों के बेहतर आकलन के लिए चीन का ध्यान जी-20 के संरचनात्मक सुधारों और संरचनात्मक सुधार सूचकों के निदेशक सिद्धांतों पर केंद्रित है।

जी-20 वित्तीय ट्रैक की 2016 में उपलब्धियां

जी-20 के वित्त मंत्रियों और केंद्रीय बैंकों के गवर्नरों की बैठक फरवरी, अप्रैल और जुलाई 2016 में हुई। विचार-विमर्श के दौरान जी-20 के वित्त मंत्रियों ने, अन्य बातों के साथ ही, निम्नलिखित उपलब्धियां हासिल कीं:

(i) जी-20 सुधार प्रयासों हेतु संदर्भ के रूप में प्राथमिकताओं और निदेशक सिद्धांतों के सेट के विकास और देश की विविध परिस्थितियों को ध्यान में रखते हुए संरचनात्मक सुधारों की प्रगति तथा संरचनात्मक चुनौतियों को हल करने में उनकी पर्याप्तता की मॉनिटरिंग और आकलन में सुधार हेतु एक सूचक प्रणाली के सृजन द्वारा इसने संरचनात्मक सुधार एजेंडा को आगे बढ़ाया है। विकसित संरचनात्मक सुधार एजेंडा के परिणाम पर एक रिपोर्ट तैयार की गई है हांगझाउ शिखर सम्मेलन में नेताओं द्वारा समर्थन हेतु इसे जमा किया गया है।

(ii) अंतरराष्ट्रीय मौद्रिक प्रणाली और अंतरराष्ट्रीय वित्तीय आर्किटेक्चर से संबंधित मुद्दों पर सहयोग बढ़ाने के उद्देश्य से इस विश्व निकाय ने अंतरराष्ट्रीय वित्तीय आर्किटेक्चर (आईएफए) संबंधी कार्य समूह को बहाल किया है।

(iii) ग्रीन इवेस्टमेंट हेतु निजी पूंजी को गतिशील करने के उपायों पर जी-20 ने प्रस्ताव दिया।

ब्रिक्स वित्तीय और आर्थिक सहयोग

भारत को ब्रिक्स फोरम की अध्यक्षता 2016 में मिली। भारत की अध्यक्षता का विषय था 'उत्तरदायी, समावेशी सामूहिक समाधान तैयार करना' जो ब्रिक्स की प्रकृति को प्रतिध्वनित करता है। इस वर्ष के दौरान भारत ने अपने तत्वाधान में ब्रिक्स देशों के बांड बाजारों में चुनौतियों पर कार्यशाला, वित्तीय समावेशन पर कार्यशाला, अवसंरचना वित्तपोषण और पीपीपी के श्रेष्ठ व्यवहारों पर सेमिनार, अंतरराष्ट्रीय मध्यस्थता तंत्र पर कार्यशाला, निवेश प्रवाह पर कार्यशाला आदि जैसे वित्तीय तथा आर्थिक सहयोग पर कई कार्यक्रम कराए। इसका उद्देश्य सदस्य देशों के बीच अभिनव नीति यंत्रों पर पारस्परिक सीख हेतु अवसर प्रदान करना है।

भारत की अध्यक्षता के दौरान वर्तमान ब्रिक्स पहलों पर उल्लेखनीय प्रगति हुई– नवीन विकास बैंक ने ऋण का पहला सेट सदस्य देशों को जारी किया तथा सदस्य केंद्रीय बैंकों द्वारा एक-दूसरे के पक्ष में स्वैप खाता खोलकर ब्रिक्स कंटीजेंट रिजर्व अरेंजमेंट (सीआरए) से संबंधित बुनियादी कार्य पूरा किया गया।

भारत ने ब्रिक्स के तत्वाधान में नई संस्थानों की स्थापना का विचार रखा, यथा विकसित और विकासशील देशों के बीच साझा समान और पर्याप्त सत्ता संतुलन वाले भूमंडलीय वित्तीय आर्किटेक्चर में सुधार की ब्रिक्स देशों के साझा दृष्टिकोण को साकार करने के उद्देश्य से नवीन विकास बैंक संस्थान और ब्रिक्स रेटिंग एजेंसी की स्थापना। इन नई पहलों पर विचार-विमर्श चल रहा है।

दक्षिण एशियाई क्षेत्रीय सहयोग संगठन और सार्क विकास कोष

दक्षिण एशियाई क्षेत्रीय सहयोग संगठन (सार्क) एक क्षेत्रीय संगठन है जिसकी स्थापना 1985 से ढाका में हुई थी। इसका उद्देश्य दक्षिण एशिया में आर्थिक, सामाजिक, सांस्कृतिक, तकनीकी और वैज्ञानिक सहयोग बढ़ाना है। इसके सदस्य देशों में अफगानिस्तान, बांग्लादेश, भूटान, भारत, नेपाल, मालदीव, पाकिस्तान और श्रीलंका शामिल हैं। इसका सचिवालय काठमांडू में है। इसने इस क्षेत्र के नागरिकों पर प्रभाव डालने वाले मुद्दों के समाधान हेतु कई क्षेत्रीय कन्वेंशन, समझौते किए हैं तथा संस्थान बनाए है।यह विचारों के आदान-प्रदान, क्षेत्रीय कार्यक्रमों और परियोजनाओं के विकास के लिए आम सहमति के आधार का एक मंच है। सामाजिक आर्थिक विकास के लिए भारत ने अब तक 53 करोड़ डॉलर से अधिक की राशि सार्क संस्थानों को दिए हैं। भारत का दक्षिण एशिया के साथ व्यापार इसके भूमंडलीय व्यापार का 5 प्रतिशत है।

दक्षिण एशियाई मुक्त व्यापार क्षेत्र (एसएएफटीए) समझौता और सेवाओं में व्यापार पर सार्क समझौता (एसएटीआईएस) सदस्य राज्यों के बीच सहयोग के दो मुख्य क्षेत्र हैं जिनकी स्थापना क्रमश: 2004 और 2012 में हुई। साफ्टा ने क्षेत्र के अंतर्गत लगभग सभी उत्पादों पर अंतिम शून्य कस्टम ड्यूटी की परिकल्पना की है। चरणबद्ध रूप में समय के साथ कस्टम ड्यूटी में कमी की जा रही है। फेज-। के अंतर्गत और कमी लाने के लिए वार्ता जारी है। एसएटीआईएस इंट्रा-रीजनल निवेशों के विस्तार, सेवा क्षेत्र में व्यापार उदारीकरण आदि प्रदान करता है। इसके अंतर्गत इंट्रा-सार्क व्यापार प्रवाह का सकल आंकडा वर्ष 2013-14 के दौरान 29 लाख डॉलर से अधिक हो चुका है। वर्तमान में, सार्क देशों के बीच, द्विपक्षीय एफटीए के अधिक रियायत देने के कारण, साफ्टा के अंतर्गत व्यापार कुल क्षेत्रीय व्यापार का लगभग 10 प्रतिशत ही है।

सार्क विकास कोष (एसडीएफ) की स्थापना 2008 में सार्क देशों द्वारा क्षेत्र में लोगों के जीवन-यापन में सुधार और आर्थिक वृद्धि तेज करने, सामाजिक प्रगति और गरीबी उन्मूलन हेतु की गई थी। एसडीएफ कई सार्क परियोजनाओं और कार्यक्रमों का क्रियान्वयन तीन मुख्य मुद्दों (सामाजिक, आर्थिक और अवसंरचना) के अंतर्गत की जानी है। वर्ष 2010 में इसके शुरू होने से लेकर सामाजिक मुद्दों के अंतर्गत दस परियोजनाएं यथा, शिक्षा एवं आईसीटी शुरू की गई है। एसडीएफ को लगभग 44.146 करोड़ डॉलर कोष प्राप्त हुआ था जिसमें 28.9 करोड़ डॉलर सदस्य देशों से प्राप्त पूंजी योगदान और भारत द्वारा सामाजिक मुद्दे हेतु 10 करोड़ डॉलर का स्वैच्छिक योगदान शामिल है। परियोजना क्रियान्वयन के लिए एसडीएफ के तीनों मुद्दों में से बाद के दो मुद्दे परिसंचालित किए जा रहे हैं।

विदेशी मुद्रा तरलता की लघु अवधि की जरूरतों को पूरा करने के लिए सार्क देशों के बीच मुद्रा की अदला-बदली की व्यवस्था जिसमें भारत ने 20 लाख डॉलर का योगदान दिया है। इस व्यवस्था के अंतर्गत भारत ने भूटान (10 करोड़ डॉलर के लिए) और श्रीलंका (40 करोड़ डॉलर) के साथ समझौतों पर हस्ताक्षर किए।

भारत में संयुक्त राष्ट्र विकास कार्यक्रम

संयुक्त राष्ट्र की व्यवस्था में विकास सहयोग का सबसे बड़ा माध्यम संयुक्त राष्ट्र विकास कार्यक्रम (यूएनडीपी) है। यूएनडीपी का उद्देश्य कार्यक्रम में शामिल देशों में दरिद्रता उन्मूलन, लैंगिक समानता, महिला सशक्तीकरण एवं पर्यावरण संरक्षण समेत सतत मानव विकास हेतु क्षमता विकास के माध्यम से सहयोग करना है। यूएनडीपी द्वारा उपलब्ध कराई जाने वाली सभी प्रकार की सहायता अनुदान के रूप में होती है।

यूएनडीपी को विभिन्न दाता देशों से प्राप्त होने वाले स्वैच्छिक योगदान से धन मिलता है। यूएनडीपी में भारत का वार्षिक योगदान 45 करोड़ डॉलर तक रहा है, जो विकासशील देशों के बीच बहुत बड़ा योगदान है। वार्षिक योगदान के अतिरिक्त भारत सरकार स्थानीय कार्यालय के व्यय का भी आंशिक भुगतान करता है। यूएनडीपी संसाधनों का देशवार आवंटन सहयोग ढांचे (सीसीएफ) के अंतर्गत पांच वर्ष में एक बार किया जाता है, जो प्रायः भारत की पंचवर्षीय योजना के साथ ही चलता है।

यूएनडीपी के भारत कार्यालय के साथ साझेदारी में तैयार किया गया वर्तमान कंट्री प्रोग्राम (2013-17) भारत-संयुक्त राष्ट्र विकास सहयोग ढांचा (यूएनडीएफ) 2013-17 के अंतर्गत आता है, जिसमें उस अवधि के दौरान भारत सरकार के साथ संयुक्त राष्ट्र व्यवस्था की विकास संबंधी संपूर्ण बातचीत शामिल है। वर्तमान कंट्री प्रोग्राम यूएनडीएएफ के चार परिणामों-समावेशी विकास एवं दरिद्रता उन्मूलन, लोकतांत्रिक प्रशासन, सतत विकास, लैंगिक समानता एवं समावेश पर जोर देगा। वर्तमान कंट्री प्रोग्राम 2013-17 पर मार्च, 2013 में हस्ताक्षर किया गया था और वह 31 दिसंबर, 2017 तक जारी रहेगा। इसका जोर आर्थिक रूप से पिछड़े नौ राज्यों- बिहार, छत्तीसगढ़, झारखंड, मध्य प्रदेश, ओडिशा, राजस्थान, असम, महाराष्ट्र और उत्तर प्रदेश में मुख्यतः लोकतांत्रिक प्रशासन, दरिद्रता उन्मूलन, एचआईवी एवं विकास, आपदा प्रबंधन एवं उर्जा तथा पर्यावरण पर रहेगा।

भारत के कंट्री प्रोग्राम 2013-17 के लिए लगभग 26 करोड़ डॉलर का कुल संसाधन आवंटन किया गया है। 2015-16 में 5.134 करोड़ डॉलर का अनुदान वितरित किया गया था। मार्च 2016 तक कुल 19.923 करोड़ डॉलर का संकल्प किया गया था, जिसमें से 13.986 करोड़ डॉलर का वितरण कर दिया गया है।

द्विपक्षीय सहयोग

आर्थिक मामलों के विभाग का द्विपक्षीय सहयोग डिवीजन जी-8 देशों, संयुक्त राज्य अमेरिका, यूके, जापान, जर्मनी, इटली, कनाडा और रूसी फेडरेशन तथा यूरोपीय केंद्र से द्विपक्षीय विकास सहायता से संबंधित डील करता है। यह डिवीजन विकासशील देशों के लाइन ऑफ क्रेडिट के विस्तार से संबंधित कार्य को भी डील करता है। यह विभिन्न अंतरराष्ट्रीय एजेंसियों/देशों द्वारा चार हफ्तों तक के लघु आवधिक विदेशी प्रशिक्षण पाठ्यक्रमों के प्रशासन के लिए केंद्र बिंदु है।

द्विपक्षीय सरकारी विकास सहायता नीति

भारत अवसंरचना, सामाजिक क्षेत्र के विकास और केंद्र एवं राज्य दोनों जगहों पर भारतीय नागरिकों के ज्ञान/कौशल की वृद्धि के लिए अपने द्विपक्षीय पार्टनरों से ऋण, अनुदान और तकनीकी सहायता के रूप में विदेशी सहायता स्वीकार करता रहा है। 2005 में जारी दिशानिर्देशों की शर्तों के अनुसार द्विपक्षीय विकास सहायता सभी जी-8 देशों, यूएसए, यूके, जापान, जर्मनी, फ्रांस, इटली, कनाडा और रूसी फेडरेशन तथा यूरोपियन कमीशन, से स्वीकार किए जा सकते हैं। जी-8 से बाहर के यूरोपियन यूनियन के देश भी भारत को द्विपक्षीय विकास सहायता दे सकते हैं बशर्ते वे न्यूनतम 2.5 करोड़ डॉलर वार्षिक विकास सहायता के लिए प्रतिबद्ध हों।

भारत-जापान द्विपक्षीय संबंध

जापान 1958 से भारत को सरकारी विकास सहायता (ओडीए) प्रदान करता रहा है ऋण सहायता, अनुदान और तकनीकी सहायता के रूप में जापानी ओडीए से भारत को जापान अंतरराष्ट्रीय सहयोग एजेंसी (जेआईसीए) के माध्यम से प्राप्त होता है। जापान-भारत के लिए सबसे बड़ा द्विपक्षीय दानकर्ता है।

भारत ने जापान सरकार से वित्तीय वर्ष 2015-16 के दौरान 389.629 बिलियन येन (लगभग 21,446 करोड रुपये) के ऋण का वायदा प्राप्त किया है। इसके साथ ही मार्च 2016 तक जापान से वायदा के आधार पर सकल ओडीए ऋण 4637.746 बिलियन येन तक पहुंच गया है।

भारत-यूके द्विपक्षीय विकास सहयोग कार्यक्रम

यूनाइटेड किंगडम (यूके) 1958 से भारत को विकास सहायता प्रदान करता रहा है। यूके से विकास सहायता मुख्य रूप से स्वास्थ्य, शिक्षा, प्रशासनिक सुधारों, झुग्गी विकास आदि के क्षेत्र में सतत विकास लक्ष्यों (एसडीजी) प्राप्त करने के लिए मिलती है। पारस्परिक सहमति वाली सरकारी परियोजनाओं एवं कार्यक्रमों के लिए यूके से सहायता अंतरराष्ट्रीय विकास विभाग (डीएफआईडी) के माध्यम से वित्तीय एवं तकनीकी सहायोग के रूप में प्राप्त होती है। वर्तमान में तीन राज्यों ओडिशा, मध्य प्रदेश और बिहार पर डीएफआईडी का फोकस है।

भारत-यूरोपीय संघ विकास सहयोग

यूरोपीय संघ (ईयू) अनुदान के रूप में विकास सहायता उपलब्ध कराता रहा है। ईयू की प्राथमिकता के क्षेत्र है: वातावरण, सार्वजनिक स्वास्थ्य और शिक्षा। ईयू विकास सहयोग कार्यक्रमों को कंट्री स्ट्रेटजी पेपर (सीएसपी) के माध्यम से लागू करता है। ईयू ने सीएसपी के अंतर्गत भारत को 2007-2010 के बीच बहुवर्षीय सांकेतिक कार्यक्रम-I (एमआईपी-I) तथा 2011 से 2013 के बीच बहुवर्षीय सांकेतिक कार्यक्रम-II (एमआईपी-II) के लिए क्रमशः 26 करोड़ यूरो और 10.5 करोड़ यूरो की राशि प्रदान करने

का वायदा किया था। भारत सरकार के जिन प्रमुख कार्यक्रमों को ईयू तथा अन्य विकास साझेदारों की सहायता प्राप्त हुई, उनमें सर्व शिक्षा अभियान, राष्ट्रीय ग्रामीण स्वास्थ्य मिशन (एनआरएचएम) और प्रजनन एवं बाल स्वास्थ्य (आरसीएच) शामिल हैं। 2012 में भारत सरकार ने 'प्राथमिक एवं माध्यमिक शिक्षा हेतु क्षेत्रगत नीति सहायता कार्यक्रम' परियोजना हेतु ईयू के साथ समझौते पर हस्ताक्षर किए हैं, जिसके अंतर्गत उसे 8 करोड़ यूरो का अनुदान प्राप्त होगा।

यूरोपीय निवेश बैंक (ईआईबी): यूरोपीय निवेश बैंक Banque Europeenne Investissement यूरोपीय संघ की वित्त पोषण संस्था है, जिसका गठन पूंजीगत निवेश प्रदान करने के लिए रोम संधि (1957) के अंतर्गत 1958 में किया गया था। ईआईबी के सदस्य, यूरोपीय संघ के सदस्य देश होते हैं, जो सभी बैंक की पूंजी के ग्राहक होते हैं। यूरोपीय संघ के बाहर ईआईबी का वित्त पोषण परिचालन सैद्धांतिक रूप से बैंक के निजी संसाधनों से किया जाता है और अधिकार प्राप्त होने पर संघ अथवा सदस्य देशों के बजटीय संसाधनों से भी किया जाता है।

भारत में ईआईबी

भारत में ईआईबी की गतिविधियां ईयू तथा भारत के मध्य रणनीतिक साझेदारी की संयुक्त कार्ययोजना (जेएपी) द्वारा संचालित होती हैं। ईआईबी अपनी ऋण गतिविधियों को एफडीआई, प्रौद्योगिकी एवं जानकारी हस्तांतरण के माध्यम से मुख्य रूप से पर्यावरणीय स्थायित्व एवं बड़ी अवसरंचना परियोजनाओं के लिए बढ़ाना चाहता है। भारत में ईआईबी निवेश वित्तीय सहयोग हेतु ढांचा समझौता द्वारा शासित है। यह समझौता भारत और ईआईबी के बीच 1993 में हस्ताक्षरित हुआ।

ईआईबी ऋण

संप्रभु द्विपक्षीय साझेदारों अथवा बहुपक्षीय संस्थाओं से प्राप्त ऋण के उलट ईआईबी के ऋण आधिकारिक विकास सहायता (ओडीए) ऋण नहीं होते हैं और इसीलिए ईआईबी से प्राप्त ऋण ओडीए ऋणों की तुलना में कम छूट वाले होते हैं। ओडीए ऋण केवल केंद्र/राज्य सरकारों अथवा पीएसयू परियोजनाओं के लिए होते हैं, जबकि ईआईबी ऋण को निजी एवं सार्वजनिक दोनों ही क्षेत्र की इकाइयां प्राप्त कर सकती हैं। अलग-अलग मामलों के आधार पर पीएसयू। राज्य निकायों को ईआईबी ऋण के संदर्भ में भारत सरकार की गारंटी प्रदान करने का निर्णय लिया गया है।

स्विजरलैंड

स्विजरलैंड वर्ष 1964 से ही अनुदानों और तकनीकी सहायता के रूप में भारत को आर्थिक और तकनीकी सहायता प्रदान करता रहा है। स्विजरलैंड ने उर्जा क्षेत्र की परियोजना के लिए 40 प्रतिशत अनुदान और 60 प्रतिशत ऋण वाला मिश्रित त्रण प्रदान किया था। दोनों देशों के बीच आवधिक रूप से द्विपक्षीय बैठकें होती हैं। अंतिम बैठक 15 जून, 2016 को नई दिल्ली में हुई थी।

भारत-जर्मनी द्विपक्षीय विकास सहयोग: जर्मनी 1958 से ही अपने आर्थिक सहयोग एवं विकास मंत्रालय (बीएमज़ेड) के माध्यम से भारत को वित्तीय एवं तकनीकी सहयोग प्रदान कर रहा है। 2008 में जर्मनी के पर्यावरण, प्रकृति संरक्षण एवं परमाणु सुरक्षा मंत्रालय ने भी जर्मन सरकार के 'अंतरराष्ट्रीय जलवायु संरक्षण कार्यक्रम' के अंतर्गत भारत को सहयोग आरंभ कर दिया, जो आधिकारिक विकास सहयोग के वर्तमान स्रोतों में कटौती किए बगैर जर्मन सरकार की अतिरिक्त सहायता है।

जर्मनी, अपने वित्तीय सहयोग कार्यक्रम का क्रियान्वयन अपनी सरकार के विकास बैंक केएफडब्ल्यू के माध्यम से करता है। तकनीकी सहयोग कार्यक्रम जीआईजेड (पूर्व में जीटीजेड) के माध्यम से क्रियान्वित किए जाते हैं, जो जर्मन सरकार के पूर्ण स्वामित्व वाला निगम है। वित्तीय सहयोग मानक ऋण (आईडीए ढर्रे वाला ऋण), घटे ब्याज वाला ऋण (ईयूआरआईबीओआरआर आधारित ऋण) तथा अनुदान के रूप में उपलब्ध कराया जाता है। तकनीकी सहयोग केवल अनुदान के रूप में प्रदान किया जाता है।

'भारत-जर्मनी द्विपक्षीय विकास सहयोग हेतु रणनीतिक रूपरेखा' द्विपक्षीय विकास साझेदारी के लिए निर्देशक ढांचे का कार्य करता है। इसका उद्देश्य दरिद्रता उन्मूलन, पर्यावरण क्षरण तथा जलवायु परिवर्तन जैसे विषयों पर भारत सरकार के प्रयासों में पूरक का कार्य करना है। हमारी योजनागत प्राथमिकताओं एवं विकास एजेंडा के अनुसार भारत-जर्मनी द्विपक्षीय विकास सहयोग के अंतर्गत प्राथमिकता वाले इन क्षेत्रों पर ध्यान दिया जाता है: (i) ऊर्जा, जिसमें ऊर्जा सक्षमता, अक्षय ऊर्जा, ऊर्जा क्षेत्र के सुधार शामिल हैं। (ii) पर्यावरण, जिसमें शहरी तथा औद्योगिक पर्यावरण संरक्षण, प्राकृतिक संसाधन शामिल हैं और (iii) सतत आर्थिक विकास, जिसमें ग्रामीण वित्त पोषण, सामाजिक सुरक्षा प्रणालियां, एसएमई विकास एवं वित्त पोषण शामिल हैं।

भारत-फ्रांस विकास सहयोग: फ्रांस सरकार 1968 से ही भारत को विकास संबंधी सहायता प्रदान कर रहा है। किंतु फ्रांसीसी सहायता की सबसे बड़ी कमी यह है कि यह फ्रांस से वस्तुओं एवं सेवाओं की आपूर्ति से संबद्ध रही। इसके अलावा, फ्रांसीसी विकास सहायता की राशि भी बड़ी नहीं थी। वास्तव में 2001-02 से औसत वार्षिक वितरण केवल 28 करोड़ रुपये रहा है।

वर्ष 2006 में फ्रांस सरकार ने फ्रांसीसी विकास एजेंसी (एएफडी) के माध्यम से भारत को संयुक्त विकास सहायता देने का प्रस्ताव दिया। भारत में एएफडी के वित्त पोषण के लिए प्राथमिकता वाले क्षेत्र हैं (i) राष्ट्रीय जलवायु परिवर्तन कार्य योजना (एनएपीसीसी) के ढांचे के भीतर ऊर्जा सक्षमता एवं अक्षय ऊर्जा, (ii) शहरी अवसंरचना (सार्वजनिक परिवहन, जल आदि) और (iii) जैवविविधता का संरक्षण।

संयुक्त राज्य अमरीका

अमरीकी अंतरराष्ट्रीय विकास एजेंसी

भारत को अमरीका की द्विपक्षय विकास सहायता 1951 में आरंभ में हुई। भारत को अमरीकी सहायता मुख्य रूप से अमरीकी अंतरराष्ट्रीय विकास एजेंसी (यूएसएआईडी) के माध्यम से प्राप्त होती है। यूएसएआईडी अभी स्वास्थ्य प्रणाली, खाद्य सुरक्षा को मजबूत करने, कम उत्सर्जन एवं ऊर्जा की पर्याप्त मात्रा वाली अर्थव्यवस्था की ओर शीघ्र बढ़ने, जंगलों के द्वारा कार्बन अवशोषण के माध्यम से ग्रीन हाउस गैसों के कम उत्सर्जन तथा शिक्षकों के प्रशिक्षण एवं विकास के माध्यम से प्राथमिक शिक्षा की गुणवत्ता में सुधार के लिए भारत सरकार के साथ साझेदारी कर रही है।

2010-11 में यूएसएआईडी ने भारत सरकार के साथ खाद्य सुरक्षा, स्वास्थ्य, जलवायु परिवर्तन और शिक्षा के क्षेत्र में छह द्विपक्षीय समझौतों पर हस्ताक्षर किए थे। आपदा प्रबंधन सहायता के क्षेत्र में समझौते समेत इन समझौतों पर सितंबर 2003 में हस्ताक्षर किए गए तथा जल, स्वच्छता और सफाई (वाश) (अक्टूबर 2015 में हस्ताक्षरित) संबंधी एक समझौता हुआ, जिससे यूएसएआईडी के साथ सात समझौते अभी जारी हैं।

अमरीकी व्यापार एवं विकास एजेंसी

यूएस व्यापार एवं विकास एजेंसी (यूएसटीडीए) उभरती हुई अर्थव्यवस्थाओं में प्राथमिकता वाली विकास परियोजनाओं के नियोजन एवं क्रियान्वयन में अमरीकी कारोबारों की प्रतिभागिता बढ़ाकर उन देशों की आर्थिक वृद्धि को प्रोत्साहन देती है। एजेंसी का उद्देश्य व्यापाार के लिए अवसंरचना निर्माण में मदद करना, अमरीकी तकनीकी विशेषज्ञता को विदेश की विकास संबंधी आवश्यकताओं के अनुरूप ढ़ालना और अमरीकी तथा उभरते बाजार वाली अर्थव्यवस्था के बीच दीर्घकालीन व्यापारिक साझेदारी में सहायता करना है। 1992 से अमरीकी व्यापार एवं विकास एजेंसी ने भारत में सार्वजनिक एवं निजी क्षेत्र के प्रायोजकों के साथ 100 से अधिक प्राथमिकता वाली विकास योजनाओं को समर्थन दिया है।

भारत में यूएसटीडीए के कार्यक्रमों की प्राथमिकताओं में ऊर्जा एवं जलवायु परिवर्तन परिवहन (विशेषकर विमानन) एवं सूचना तथा संचार प्रौद्योगिकी शामिल है। 2015-16 में डीईए द्वारा तकनीकी सहयोग हेतु चार अनुदान अनुमोदित किए गए- (i) भारतीय विमान पत्तन प्राधिकरण के साथ प्रो विजन 2 बॉडी स्कैनर पायलट परियोजना हेतु 7,12,456 अमरीकी डॉलर (ii) डीजीसीए के साथ यूएस-भारत विमानन कार्यक्रम के अंतर्गत (एसीपी) तकनीकी सहायता परियोजना फेज-III हेतु 8,08,327 अमरीकी डॉलर (iii) पीपीपी के विकास और निजी पूंजी आकर्षित करने हेतु भारतीय रेलवे को तकनीकी सहायता के लिए 5,18,100 अमरीकी डॉलर (iv) बीपीसीएल के साथ मुंबई रिफाइनरी में बॉटम्स अपग्रेडिंग परियोजना के व्यवहार्यता अध्ययन हेतु 8,36,550 अमरीकी डॉलर (v) विशाखापट्टनम ग्रांट समझौता के लिए स्मार्ट सिटी मास्टर प्लानिंग और क्षेत्र विशिष्ट स्मार्ट सिटी अवसंरचना परियोजना प्लान।

कनाडा

अंतरराष्ट्रीय विकास अनुसंधान केंद्र

कनाडा के अंतरराष्ट्रीय विकास अनुसंधान केंद्र, से सहायता विकास अनुसंधान केंद्र (आईडीआरसी) विभिन्न सरकारी और गैर-सरकारी संगठनों को कृषि, स्वास्थ्य और परिवार कल्याण आदि के क्षेत्र में परियोजनाओं के लिए अनुदान सहायता प्रदान करता है। 2015-16 के दौरान 3.86 मिलियन कनाडाई डॉलर के 11 प्रस्ताव डीईए को अनुमोदन हेतु प्राप्त हुआ। इन 11 प्रस्तावों में से 2.06 मिलियन कनाडाई डॉलर के पांच अनुदानों को डीईए द्वारा अनुमति दे दी गई है। स्थानीय पहल हेतु कनाडाई कोष (सीएफएलआई) कनाडा उच्चायोग के सीधे प्रबंध वाला एक अनुकूल लचीला कार्यक्रम है जो छोटे परंतु स्पष्ट, परिणाम केंद्रित उच्च प्रभाव वाले परियोजनाओं को अनुदान देता है। सहयोग समझौतों के माध्यम से सीएफएलआई तुलनात्मक रूप से गुंजाइश, माप और आकार में संतुलित और स्थानीय अधिकारियों या संगठनों द्वारा कल्पित और डिजाइन किए गए परियोजनाओं को खर्च का पूरा अथवा एक हिस्सों के लिए आर्थिक सहायता प्रदान करता है। वर्ष 2015 के दौरान 28 अनुदान प्रस्ताव जिसकी कुल राशि 3.34 करोड़ थी अनुमोदन हेतु डीईए को प्राप्त हुआ।

विकासशील देशों के लिए ऋण सहायता

ऋण सहायता (एलओसी) भारत की कूटनीतिक रणनीति का एक महत्वपूर्ण भाग है तथा साख बनाने और लंबे समय के लिए साझेदारी निर्माण के कार्य में बहुत उपयोगी रहा है। यह योजना एक उभरते हुए आर्थिक शक्ति, निवेशकर्ता देश और विकासशील देशों हेतु साझेदार के रूप में विदेशों में भारत की

रणनीतिक राजनीतिक और आर्थिक हितों के विकास का भी प्रयास करता है। इस योजना से माल और भारतीय सेवाओं का निर्यात करता है। इस योजना से माल और सेवाओं का भारतीय निर्यात अबतक अप्रयुक्त बाजारों में बढ़ने की उम्मीद है और परियोजना प्लानिंग, सामाजिक-आर्थिक विकास के ऊर्जा, सिंचाई, कृषि, परिवहन आदि विभिन्न क्षेत्रों में डिजाइन एवं क्रियान्वयन में भारत की विशेषज्ञता को सफलतापूर्वक प्रदर्शित किया जा सकेगा। 2005-06 से लागू भारतीय विकास और आर्थिक सहयोग योजना (आईडियाज) के अंतर्गत भारत सरकार अफ्रीका और अन्य विकासशील देशों को ऋण सहायता दे रहा है। वर्तमान योजना के अंतर्गत राजनयिक विचारों और विभिन्न विकासशील देशों से प्राप्त अनुरोध को ध्यान में रखते हुए विदेश मंत्रालय विशिष्ट योजनाओं का चयन करता है। किसी परियोजना प्रस्ताव को अंतिम रूप देने के बाद विदेश मंत्रालय और वित्तमंत्री का अनुमोदन प्राप्त कर ऋण सहायता दी जाती है। वर्तमान में ऋण सहायता भारतीय आयात-निर्यात बैंक द्वारा परिचालित किया जाता है, जो ऋण सहायता हेतु बाजार के संसाधनों से वित्त जुटाता है और देश के वर्गीकरण के अनुसार भारत सरकार द्वारा निर्धारित ऋण की शर्तों पर उधारकर्ता देशों को रियायती ऋण प्रदान करता है।

विदेशी निवेश इकाई

प्रत्यक्ष विदेशी निवेश नीति

औद्योगिक नीति और विकास विभाग (डीआईपीपी) द्वारा प्रकाशित प्रत्यक्ष विदेशी निवेश (एफडीआई) नीति को इस नीति की निरंतर समीक्षा के आधार पर उत्तरोत्तर उदार बनाया गया है तथा अधिक उद्योगों में स्वतः स्वीकृति मार्ग के तहत निवेश की अनुमति दी गई है। वर्तमान नीति के अनुसार अधिकांश क्षेत्रों/गतिविधियों में 100 प्रतिशत प्रत्यक्ष विदेशी निवेश की अनुमति है। स्वतः मार्ग के तहत प्रत्यक्ष विदेशी निवेश हेतु भारत सरकार या भारतीय रिजर्व बैंक (आरबीआई) से पूर्वानुमोदन की आवश्यकता नहीं होती है। निवेशकों को सिर्फ आरबीआई के संबंधित क्षेत्रीय कार्यालय में दस्तावेज जमा करने और सूचित करने की आवश्यकता होती है। सरकारी अनुमोदन मार्ग के अंतर्गत एफडीआई प्रस्तावों के लिए जमा किए गए आवेदनों का परीक्षण किया जाता है और उन्हें विदेशी निवेश संवर्धन बोर्ड (एफआईपीबी) द्वारा अनुमति दी जाती है। औद्योगिक नीति एवं विकास विभाग एक समेकित प्रत्यक्ष विदेशी निवेश नीति दस्तावेज प्रकाशित करता है। हालिया दस्तावेज 7 जून, 2016 को जारी किया गया था। यह www.dipp.nic.in पर उलब्ध है।

क्षेत्रवार दिशानिर्देश और उच्चतम सीमा

(क) निम्नलिखित क्षेत्रों में एफडीआई पर प्रतिबंध है:

(i) लॉटरी कारोबार; (ii) जुआ और सट्टेबाजी; (iii) चिट फंड का कारोबार; (iv) निधि कंपनी; (v) अंतरणीय विकास अधिकारों (टीडीआर) में कारोबार; (vi) रियल एस्टेट कारोबार या फार्म हाउस का निर्माण; रियल एस्टेट कारोबार में टाउनशिप का विकास, आवासीय/वाणिज्यिक परिसर का निर्माण, सड़के अथवा पुलों और सेबी (आरआईईटीएस) विनियम, 2014 के अंतर्गत निबंधित और नियमित रीयल एस्टेट निवेश ट्रस्ट (रिट्स) शामिल नहीं होगा। (vi) सिगार, सुरुट, सिगारिलो और सिगरेट, तंबाकू अथवा उसके विकल्पों का निर्माण और (vii) निजी क्षेत्र के निवेश के लिए निम्नलिखित गतिविधियों/क्षेत्रों को नहीं खोला गया है- (क) परमाणु ऊर्जा और (ख) रेलवे परिचालन।

उच्चतम सीमा और शर्तों वाले क्षेत्र समेकित एफडीआई नीति, 2016 में दिए गए हैं (डीआईपीपी के वेबसाइट www.dipp.gov.in पर उपलब्ध हैं।) अन्य क्षेत्रों, जो सीएफपीसी-2016 में उल्लिखित नहीं है, में स्वत: मार्ग से 100 प्रतिशत एफडीआई की अनुमति है, जो लागू होने वाले कानूनों/विनियमों, सुरक्षा और अन्य शर्तों के विषयाधीन हैं।

राष्ट्रीय निवेश एवं अवसंरचना कोष की अद्यतन स्थिति

भारत सरकार ने अपने आर्थिक कार्यक्रम के मुख्य तत्वों में से एक के रूप में अवसंरचना में निवेश किया है। 12वीं योजना के 'अप्रोच पेपर' के अनुसार 12वीं योजना अवधि (2012-17) के दौरान अवसंरचना में कुल निवेश की जरूरत 45 लाख करोड रुपये से अधिक है। अवसंरचना वित्तपोषण पर भारत सरकार के उच्च स्तरीय समिति की रिपोर्ट, 2014 के अनुसार 1992-2010 के दौरान अवसंरचना में भारत का औसत निवेश जीडीपी का 4.7 प्रतिशत था। रिपोर्ट के अनुसार अवसंरचना क्षेत्र में इक्विट का ताजा प्रवाह पिछले कुछ वर्षों के दौरान उल्लेखनीय रूप से कम हो गया है जिसकी वजह से कई देशी निवेशक आगे निवेश करने से रुक गए हैं।

स्थापना

राष्ट्रीय निवेश एवं अवसंरचना कोष ट्रस्टी लिमिटेड (एनआईआईएफटीएल), जो फंड की ट्रस्टी है तथा एक निवेश प्रबंध कंपनी राष्ट्रीय निवेश एवं अवसंरचना कोष लिमिटेड (एनआईआईएफएल) क्रमश: अक्टूबर 2015 तथा नवंबर 2015 में अनुमोदन के पश्चात ये दोनों कंपनियां निगमित की गई थी। वर्तमान में दोनों कंपनियां 100 प्रतिशत सरकार के अधीन हैं, यद्यपि भविष्य में एनआईआईएफटएल में 51 प्रतिशत निजी भागीदारी होगी। दिसंबर 2015 में एनआईआईएफ को वैकल्पिक निवेश कोष (एआईएफ) श्रेणी-II के रूप में सेबी से पंजीकृत कराया गया है।

विदेश व्यापार खंड

स्वर्ण मुद्रीकरण योजना: देश में निष्क्रिय पड़े सोने का उत्पादक इस्तेमाल और देश की घरेलू जरूरतों हेतु सोने के आयात पर निर्भरता कम करने हेतु सोने को गतिमान बनाने के उद्देश्य से भारत सरकार ने नवंबर 2015 में स्वर्ण मुद्रीकरण योजना प्रारंभ किया। इस योजना के अंतर्गत 337 जमाकर्ताओं से अबतक 4,539 किलोग्राम सोने का संग्रह किया गया है।

अंतरराष्ट्रीय मुद्रा कोष

भारत अंतरराष्ट्रीय मुद्रा कोष (आईएमएफ) का संस्थापक सदस्य है। इसकी स्थापना सहयोगी और स्थायी मौद्रिक ढांचा के विकास हेतु की गई थी। वर्तमान में 188 देश आईएमएफ के सदस्य हैं। स्थापना के बाद से ही इसके उद्देश्यों में कोई बदलाव नहीं हुआ है, परंतु इसके परिचालन में, जिसमें निगरानी, वित्तीय और तकनीकी सहायता शामिल है, विकसित हो रहे विश्व अर्थव्यवस्था में इसके सदस्य देशों की बदलती जरूरतों के हिसाब से विकास हुआ है। आईएमएफ के शासक मंडल में एक गवर्नर और प्रत्येक सदस्य देशों से एक वैकल्पिक गवर्नर होते हैं। भारत के लिए वित्तमंत्री आईएमएफ के शासक मंडल हेतु पदेन गवर्नर हैं। आईएमएफ में भारत के क्षेत्र में तीन अन्य देश बांग्लादेश, भूटान और श्रीलंका है। भारतीय रिजर्व बैंक के गवर्नर भारत के वैकल्पिक गवर्नर हैं।

प्रशासक मंडल की बैठकें

प्रशासक मंडल की सामान्यत: वर्ष में दो बैठकें होती हैं जिसमें संबंधित संस्थानों के कार्य पर चर्चा की जाती है, यथा अंतरराष्ट्रीय मुद्रा कोष (आईएमएफ) और विश्व बैंक की वसंत बैठक (स्प्रिग मीटिंग) और वार्षिक बैठक। समारोह के केंद्र में आईएमएफ की अंतरराष्ट्रीय मौद्रिक और वित्तीय समिति (आईएमएफसी में भारत का प्रतिनिधित्व वित्तमंत्री करते हैं) तथा संयुक्त रूप से विश्व बैंक-आईएमएफ विकास समिति की बैठकें होती हैं, जिनमें आईएमएफ और विश्व बैंक के कार्य की प्रगति पर चर्चा होती है।

भारत का कोटा और रैंकिंग

आईएमएफ कोटा 2010 और शासन सुधार (कोटाओं में 14वीं सामान्य सुधारों सहित) जनवरी 2016 से प्रभाव में आया। इसके बाद आईएमएफ में 2.75 प्रतिशत शेयरधारिता के साथ भारत का कोटा एसडीआर 13,114.40 मिलियन है। आईआईएमफ में कोटा के अनुसार भारत का 8वां स्थान है। आईएमएफ में इस कोटा वृद्धि के परिणामस्वरूप भारत के रिजर्व संपत्ति भाग 1823225,000 एसडीआर (कोटा वृद्धि का 25 प्रतिशत) हेतु भारत की प्रतिभूतियों के माध्यम से स्थानीय मुद्रा भाग (कोटा वृद्धि का 75 प्रतिशत) एसडीआर 5,469,675,000 के आधार पर कोटाओं के 14वीं सामान्य समीक्षा के अंतर्गत एसडीआर 7292.9 मिलियन की कोटा में वृद्धि की गई है।

उधार प्रणाली में भारत का योगदान

उभरते हुए बाजार और विकासशील देशों में वृद्धि को समर्थन देने हेतु तथा आईएमएफ सदस्य देशों से द्विपक्षीय वित्तपोषण द्वारा और इस वित्तपोषण को विस्तारित और अधिक लचीली उधार हेतु नई प्रणाली (एनएबी) में सम्मिलित करके, अप्रैल 2009 में, जी-20 ने आईएमएफ के उपलब्ध संसाधनों में 500 बिलियन डॉलर तक की वृद्धि की सहमति दी (इससे अभाव से पूर्व का कुल ऋण संसाधन करीब 250 बिलियन का तिगुना हो जाएगा)। भूमंडलीय वित्तीय संकट से निपटने के प्रयासों के रूप में अप्रैल 2009 में जी-20 अर्थव्यवस्थाओं ने यह वृद्धि (i) आईएमएफ सदस्यों से द्विपक्षीय वित्तपोषण में वृद्धि द्वारा और (ii) इस वित्तपोषण को विस्तृत औरअधिक लचीले एनएबी में सम्मिलित करने के द्वारा की गई थी। 2011 से प्रभावी संशोधित एनएबी ने एनएबी के अंतर्गत उपलब्ध संसाधनों की अधिकतम राशि एसडीआर 34 बिलियन से बढ़कर एसडीआर 370 बिलियन हो गई।

लॉस काबोस में 2012 में हुए शिखर सम्मेलन में ब्रिक्स देशों ने अपने योगदान की घोषणा की थी, जिसमें भारत, ब्राज़ील और रूस में से प्रत्येक द्वारा 10 अरब अमरीकी डॉलर का अंशदान शामिल है। भारत द्वारा 10 अरब अमरीकी डॉलर के योगदान का क्रियान्वयन भारतीय रिजर्व बैंक (आरबीआई) और आईएमएफ के बीच नोट परचेज एग्रीमेंट (एनपीए) मेकेनिज्म रुपया उधार समझौता प्रणाली के माध्यम से हुआ। आईएमएफ द्वारा इसकी सहमति थी कि नोट परचेज एग्रीमेंट (एनपीए) को कोटा के अंतर्गत तथा एनएबी संसाधन के काफी हद तक खाली हो जाने पर, सुरक्षा के दूसरे लाइन के रूप में व्यवहार में लाया जाएगा।

अंतरराष्ट्रीय वित्त निगम

अंतरराष्ट्रीय वित्त निगम (आईएफसी) विश्व बैंक समूह का एक सदस्य है जो केवल विकासशील देशों के निजी क्षेत्र में निवेश पर ध्यान देता है। 1956 में स्थापित आईएफसी में 184 सदस्य हैं। भारत

आईएफसी का संस्थापक सदस्य है। आईएफसी भारत के लिए एक महत्वपूर्ण विकास साझीदार है, जो देश में निजी क्षेत्र के वित्तपोषण और सलाह को परिचालित करता है। भारत आईएफसी के एकल सबसे बड़े देश के भूमंडलीय ऋण जोखिम का प्रतिनिधित्व करता है। 1958 से अबतक आईएफसी ने 15 अरब अमरीकी डॉलर से अधिक भारत में लगाया है। भारत में आईएफसी का निवेश अवसंरचना, निर्माण, वित्तीय बाजारों, कृषि व्यवसाय, एसएमईएस और नवीकरणीय ऊर्जा जैसे महत्वपूर्ण क्षेत्रों में फैला है। विश्व बैंक समूह के देश साझेदारी रणनीति (सीपीएस) के अनुरूप भारत में आईएफसी का ध्यान भारत के निम्न आय वाले राज्यों पर केंद्रित है।

ब्रिक्स का नवीन विकास बैंक

नवीन विकास बैंक (एनडीबी) की स्थापना उभरती अर्थव्यवस्थाओं में अवसंरचना और सतत विकास पहलों को समर्थन देने के उद्देश्य से की गई है। एनडीबी के संस्थापक सदस्य हैं— ब्राज़ील, रूस, भारत, चीन और दक्षिण अफ्रीका (ब्रिक्स)। इसमें प्रारंभिक योगदान द्वारा एक बिलियन की पूंजी जुटाई गई है। श्री एम.वी. कामथ इस बैंक के पहले अध्यक्ष हैं। नवीन विकास बैंक (एनडीबी) ने अपनी स्थापना (2015 में स्थापित) का एक वर्ष पूरा कर लिया है। बैंक के सभी कार्यात्मक क्षेत्र संबंधित अधिकांश नीतियां और प्रक्रियाएं जनवरी 2016 में हुए निदेशक मंडल की बैठक में अनुमोदित की गई थी। अबतक निदेशक मंडल (बीओडी) की छह बैठकें हो चुकी है और बैंक के परिचालन, मानव संसाधन, वित्त तथा नियंत्रण संबंधी अधिकांश नीतियों को अंतिम रूप दिया गया और अनुमोदित किया गया है। परिचालन प्रारंभ होने के बाद से अब तक एनडीबी के निदेशक मंडल ने सभी सदस्य देशों के लिए 911 मिलियन अमरीकी डॉलर के ऋणों का पहला सेट अनुमोदित किया है तथा आरएमबी 3 बिलियन का पहला बांड निर्गम (लगभग 450 मिलियन अमरीकी डॉलर) पूरा किया है।

एशियाई अवसंरचना निवेश बैंक

एशियाई अवसंरचना निवेश बैंक (एआईआईबी) एक बहुपक्षीय विकास बैंक है जिसकी स्थापना जनवरी 2016 में अवसंरचना परियोजनाओं के वित्तपोषण द्वारा एशिया में सतत आर्थिक विकास को बढ़ावा, उत्पादक संपत्तियों का सृजन और अवसंरचना में सुधार के लिए स्थापित किया गया था। भारत संस्थापक सदस्यों में से एक है और दूसरा सबसे बड़ा शेयरधारक है। अपने शासक मंडल के उद्घाटन बैठक के साथ ही 16 जनवरी, 2016 को बैंक ने अपना परिचालन प्रारंभ किया।

भारत अन्य देशों के साथ, एआईआईबी की बीजिंग में स्थापना हेतु 2016 में अंतरसरकारी समझौता ज्ञापन (एमओयू) पर हस्ताक्षर किया। बाद में, 36 अन्य देशों ने एमओयू का समर्थन किया और भावी संस्थापक सदस्य (पीएफएम) बने। भारत ने 2015 में बीजिंग में बैंक की स्थापना हेतु करारनामा (एओए) पर हस्ताक्षर किया। भारत की एआईआईबी में सबसे बड़ी हिस्सेदारी (अमरीकी डॉलर 8.37 बिलियन की पूंजी सदस्यता के साथ 83.673) है। इससे भारत के पास एआईआईबी के निदेशक मंडल में एक स्वतंत्र और विशिष्ट स्थान सुनिश्चित हुआ।

विश्व बैंक

भारत गरीबी में कमी लाने, अवसंरचना, ग्रामीण विकास, आदि क्षेत्र में विभिन्न विकास परियोजनाओं हेतु अंतरराष्ट्रीय पुनर्निर्माण और विकास बैंक (आईबीआरडी) और अंतरराष्ट्रीय विकास एसोसिएशन (आईडीए) के माध्यम से विश्व बैंक से कर्ज लेता रहा है। भारत सरकार के लिए आईडीए कोष सबसे रियायती

विदेशी ऋण है तथा इसका उपयोग मुख्यत: सहस्त्राब्दी विकास लक्ष्यों को प्राप्त करने में योगदान देनेवाले सामाजिक क्षेत्र की परियोजनाओं में किया जाता है। आईबीआरडी कोष तुलनात्मक रूप से महंगा परंतु विदेशी वाणिज्यिक ऋण से सस्ता है। सरकार द्वारा आईबीआरडी ऋणों का उपयोग मुख्य रूप से अवसंरचना परियोजनाओं के लिए किया जाता है। हालांकि कभी-कभी आईडीए ऋण और आईबीआरडी ऋण को मिलाकर भी उपयोग किया जाता है। भारत के विश्व बैंक परियोजनाओं के वर्तमान पोर्टफोलियों में 27.95 बिलियन अमरीकी डॉलर के वायदे वाली 96 परियोजनाएं हैं। मार्च 2016 तक आईबीआरडी द्वारा जारी किए गए ऋण एवं बकाया (डीओडी) 12.67 बिलियन अमरीकी डॉलर था। आईबीआरडी की हाल की पूंजी वृद्धि के बाद भारत को अतिरिक्त 24,092 शेयर आवंटित किए गए है (सामान्य पूंजी वृद्धि और चयनात्मक पूंजी वृद्धि द्वारा)। इसके परिणामस्वरूप भारत विश्व बैंक में अधिकार वाला 7वां सबसे बड़ा शेयरधारक बन गया है और इसे 2.91 प्रतिशत का मताधिकार प्राप्त है। 2015-16 में भारत ने कुल आवंटित शेयरों का अपना योगदान पूरा कर दिया है।

विश्व बैंकों में भारत का एक कार्यकारी निदेशक है जिसका चुनाव बांग्लादेश, भूटान, भारत और श्रीलंका वाले भारतीय क्षेत्र से किया जाता है। वित्तमंत्री विश्व बैंक समूह में भारत के गवर्नर है तथा आर्थिक मामलों के विभाग के प्रभारी सचिव वैकल्पिक गवर्नर है।

कृषि विकास हेतु अंतरराष्ट्रीय कोष

कृषि विकास हेत अंतरराष्ट्रीय कोष (आईएफएडी) की स्थापना 1977 में सुयुक्त राष्ट्र के 13वें विशेषज्ञता प्राप्त एजेंसी के रूप में की गई थी। यह विकासशील देशों के ग्रामीण क्षेत्रों से गरीबी और भूख उन्मूलन के प्रति समर्पित है। आईएफएडी विकासशील देशों को अभिनव कृषि एवं ग्रामीण विकास कार्यक्रमों एवं परियोजनाओं हेतु कम ब्याज पर ऋण एवं अनुदान देता है। 176 देश आईएफएडी के सदस्य हैं और इन्हें सूचियों में बांटा गया है: सूची-क विकसित देश, सूची-ख तेल उत्पादक देश, और सूची-ग विकासशील देश। भारत सूची-ग में है।

वर्ष 1979 से आईएफएडी ने कृषि, ग्रामीण विकास, जनजातीय विकास आदि क्षेत्रों की परियोजनाओं द्वारा भारत को आर्थिक सहायता प्रदान किया है। इस कोष ने कुल 28 परियोजनाओं को अब तक 926.91 मिलियन अमरीकी डालर का वित्तपोषण किया है।

शासक परिषद आईएफएडी का सबसे बड़ा निर्णायक निकाय है। शासक परिषद की बैठकें प्रतिवर्ष होती है जिसकी अध्यक्षता शासक परिषद ब्यूरो के अध्यक्ष करते हैं। शासक परिषद ब्यूरो में एक अध्यक्ष और दो उपाध्यक्ष होते हैं। आईएफएडी की कार्यकारिणी बोर्ड अध्यक्ष की अध्यक्षता में आईएफएडी के विभिन्न अभियानों के निरीक्षण हेतु उत्तरदायी है। इसके सदस्य और वैकल्पिक सदस्य तीन वर्षों की अवधि के लिए चुने जाते हैं।

वैश्विक पर्यावरण सुविधा

वैश्विक पर्यावरण सुविधा (जीईएफ) साझा वैश्विक पर्यावरण लाभों को प्राप्त करने के उपायों के बढ़ते खर्च को पूरा करने के लिए नए और अतिरिक्त अनुदान और रियायती कोष प्रदान करने के उद्देश्य से अंतरराष्ट्रीय सहयोग हेतु एक तंत्र के रूप में कार्य करता है। जीईएफ पात्र देशों को पांच मुख्य क्षेत्रों में अनुदान देता है: जैव विविधता, जलवायु परिवर्तन, भूमि अवक्रमण, अंतरराष्ट्रीय जल, रसायन एवं कचरा। यह जैविक विविधता पर सम्मेलन (सीबीडी), जलवायु परिवर्तन पर संयुक्त राष्ट्र ढ़ांचा

सम्मेलन (यूएनएफसीसीसी), स्थायी जैविक प्रदूषकों पर स्टॉक होल्म सम्मेलन (पीओपीएस), बंजर से मुकाबले के लिए संयुक्त राष्ट्र सम्मेलन (यूएनसीसीडी), मरकरी के विषय में मिनामाटा सम्मेलन के लिए वित्तपोषक तंत्र के रूप में भी काम करता है तथा ओज़ोन परत (एमपी) नष्ट करने वाले पदार्थों पर मॉनट्रियल प्रोटोकॉल के क्रियान्वयन में भी मदद करता है।

भारत इसके प्रारंभ से ही जीईएफ प्रक्रिया के साथ सक्रिय रूप से शामिल रहा है। यह जीईएफ ट्रस्ट कोष का एक दानकर्ता रहा है। जीईएफ ट्रस्ट फंड को प्रत्येक चार वर्ष पर एक प्रक्रिया के तहत पूरा किया जाता है जिसमें जीईएफ ट्रस्ट कोष में योगदान करने वाले देश वार्ता करते हैं और हाथ में लिए जाने वाले नीति सुधारों के सेट, संसाधनों की प्रोग्रामिंग और प्रतिज्ञा पर भी एक समझौते पर पहुंचते हैं।

एशियाई विकास बैक

भारत एशियाई विकास बैंक (एडीबी) का एक संस्थापक सदस्य है। एडीबी की स्थापना 1966 में हुई थी। एडीबी के 67 सदस्य हैं (48 क्षेत्रीय और 19 गैर-क्षेत्रीय सदस्यों सहित) और इसका मुख्यालय मनीला, फिलीपिंस में है। अप्रैल 2016 तक एडीबी में भारत का मताधिकार 5.363 प्रतिशत है। एशियाई विकास बैंक में एक शासक मंडल, एक निदेशक मंडल, एक अध्यक्ष, 6 उपाध्यक्ष और अन्य आवश्यक अधिकारी तथा कर्मचारी है। बैंक के सभी अधिकार शासक मंडल के गवर्नर में निहित हैं जो अपनी शक्तियों का इस्तेमाल और कार्य निदेशक मंडल की सहायता से करता है।

केंद्रीय वित्त-मंत्री भारत हेतु इसके नामित गवर्नर हैं तथा आर्थिक मामलों के विभाग के सचिव इसके नामित वैकल्कि गवर्नर हैं। भारत बैंक के निदेशक मंडल में कार्यकारी निदेशक का पद भी धारण करता है और इसके क्षेत्र में अफगानिस्तान, बांग्लादेश, भूटान, भारत, लाओस पीडीआर, तजाकिस्तान और तुर्कमेनिस्तान शामिल हैं। बैंक एशिया प्रशांत क्षेत्र में अपने विकासशील सदस्य देशों (डीएमसी) की आर्थिक और सामाजिक प्रगति को बढ़ाने के कार्य में लगा है। इस कार्य हेतु ऋण और इक्विटी निवेष, विकास परियोजनाओं और कार्यक्रमों को लागू करने की तैयारी हेतु तकनीकी सहायता प्रदान करना और अन्य सलाहकार सेवाएं, गारंटी, अनुदान और नीति चर्चाएं इसके मुख्य यंत्र हैं। भारत सरकार द्वारा अपनाई गई पूर्ण बाह्य ऋण प्रबंधन नीति के अंतर्गत जिसमें रियायती शर्तों पर कम व्ययशील श्रोतों से और दीर्घ परिपक्वता अवधि वाले कोष प्राप्त करने पर केंद्रित है, एडीबी से ऋण प्राप्त करता है। भारत ने 1986 में एडीबी से ऋण लेना शुरू किया।

एडीबी का भारत को ऋण प्रदान करने का कार्यक्रम देश के साझेदारी रणनीति (सीपीएस), जो कि भारत की पंचवर्षीय योजना से बंधा है, के अंतर्गत महत्वपूर्ण रूप से विस्तृत हुआ है। भारत में संप्रभु संचालन हेतु एडीबी का सांकेतिक संसाधन कोष लगभग 2 बिलियन अमरीकी डॉलर प्रतिवर्ष का है। तकनीकी सहायता (टीए) कार्यक्रम लगभग 8 मिलियन अमरीकी डॉलर प्रतिवर्ष है। पिछले दशक के दौरान एडीबी ने ऊर्जा, परिवहन, वित्त और शहरी क्षेत्रों से आगे जाकर अपने परिचालन का विस्तार किया है और आजीविका के सतत सृजन, कौशल विकास, नवीकरणीय प्रबंधन (सिंचाई, तटीय क्षेत्र प्रबंधन और बाढ़ नियंत्रण सहित), कृषि व्यवसाय अवसंरचना विकास, और पर्यटन जैसे क्षेत्रों पर ध्यान केंद्रित किया है।

एडीबी सहायता असम, बिहार, छतीसगढ़ जम्मू-कश्मीर, झारखंड, ओडिशा, उत्तराखंड तथा पूर्वोत्तर क्षेत्र (असम, त्रिपुरा, मिजोरम, नगालैंड, सिक्किम और मेघालय) जैसे गरीबी की समस्या, निम्नस्तरीय सामाजिक विकास, कम क्षमता और अपर्याप्त अवसंरचना वाले राज्यों को दी जा रही है।

भारत के लिए एडीबी का तकनीकी सहायता (टीए) कार्यक्रम ऋण कार्यक्रम की लाइन पर बनाया गया है। टीए सहायता का उपयोग क्षमता निर्माण, परियोजनाओं की तैयारी और क्रियान्वयन में सुधार, सरकार की पीपीपी पहल में सहायता और स्कोपिंग अध्ययनों तथा ज्ञान उत्पादों के लिए किया जा रहा है।

व्यय विभाग

व्यय विभाग केंद्र सरकार की सार्वजनिक वित्तीय प्रबंधन प्रणाली और राज्य वित्त से संबंधित मामलों की देखरेख करने वाला नोडल विभाग है। विभाग की प्रमुख गतिविधियों में शामिल है, प्रमुख योजनाओं/परियोजनाओं (योजना और गैर योजना व्यय दोनों) की पूर्व मंजूरी का मूल्यांकन, राज्यों को हस्तांतरित केंद्रीय बजटीय संसाधनों की बल्क हैंडलिंग, वित्त और केंद्रीय वेतन आयोग की सिफारिशों का क्रियान्वयन, वित्तीय सलाहकार के साथ आमने-सामने की बातचीत के जरिए केंद्रीय मंत्रालयों/विभागों में व्यय प्रबंधन की देखरेख और ऑडिट टिप्पणी/टिप्पणियों की निगरानी के जरिए वित्तीय नियमों/विनियमों/आदेशों का प्रबंधन, केंद्र सरकार के खातों की तैयारी, केंद्र सरकार के कार्मिक प्रबंधन के वित्तीय पहलुओं का प्रबंधन, सार्वजनिक सेवाओं की लागत और कीमतों को नियंत्रित करने में केंद्रीय मंत्रालयों/विभागों की सहायता, स्टाफिंग पैटर्न और ओ एवं एम अध्ययन की समीक्षा के जरिए संगठनात्मक पुनर्संरचना में सहायता और सार्वजनिक व्यय के आउटपुट और परिणामों का अनुकूलन करने के लिए प्रणालियों और प्रक्रियाओं की समीक्षा करना। विभाग वित्त मंत्रालय के संसदीय कार्य सहित अन्य संबंधित मामलों का समन्वय भी करता है। राष्ट्रीय वित्तीय प्रबंधन संस्थान (एनआईएफएम) फरीदाबाद पर विभाग का प्रशासनिक नियंत्रण है।

व्यय विभाग को आवंटित कार्य इसके स्थापना प्रभाग, योजना वित्त-I और II प्रभागों, वित्त आयोग प्रभाग, स्टाफ निरीक्षण इकाई, लागत लेखा शाखा, लेखा महानियंत्रक और केंद्रीय पेंशन लेखा कार्यालय के माध्यम से किया जाता है।

सातवां केंद्रीय वेतन आयोग

सातवें केंद्रीय वेतन आयोग की स्थापना फरवरी 2014 में की गई थी। आयोग ने सरकार को नवंबर 2015 को अपनी रिपोर्ट सौंप दी है जिसके अनुसार न्यूनतम मूल वेतन ₹ 18,000 है। वर्तमान पे बैंड और ग्रेड पे को सिविलियन तथा डिफेंस दोनों के लिए वेतन मैट्रिक्स से बदल दिया गया है। वित्त वर्ष 2016-17 हेतु अतिरिक्त वित्तीय भार, आयोग द्वारा किए गए आकलन के अनुसार 1,02,100 करोड़ रुपये होने का अनुमान है।

प्रापण अथवा खरीद नीति: इस विभाग में जून 2011 में एक सार्वजनिक प्रापण प्रकोष्ठ (पीपीसी) की स्थापना सार्वजनिक खरीद पर बनाई गई समिति (सीओपीपी) की रिपोर्ट पर समुचित कार्रवाई करने और सार्वजनिक प्रापण विधेयक का मसौदा और अन्य संबंधित मुद्दों जैसे नियमों का मसौदा तैयार करने और केंद्रीय सार्वजनिक खरीद पोर्टल की स्थापना करने के लिए की गई थी। इसके बाद यह प्रकोष्ठ मजबूत होता गया और एक निदेशक, एक अवर सचिव, एक सहायक निदेशक और एक सहायक के साथ विशेष कार्याधिकारी (पीपीडी) के मार्गदर्शन में एक खरीद नीति प्रभाग (पीपीडी) नामक एक प्रभाग का गठन किया गया।

यह प्रभाग अब ये कार्य करता है: (i) सार्वजनिक प्रापण कानून एवं नियम, अधिसूचनाएं, उनके अंतर्गत आदेश, (ii) वस्तुओं एवं सेवाओं की खरीद पर सामान्य वित्तीय नियमों 2005 के प्रशासन

सहित सार्वजनिक खरीद से संबंधित नीतियां और समझौतों का प्रबंधन, आवश्यक या प्राथमिकता वाली खरीद से संबंधित नीतियां, (iii) खरीद के मानकीकरण से जुड़े मसलों से संबंधित दस्तावेज, (iv) सार्वजनिक खरीद से संबंधित सूचनाओं के प्रकाशन के लिए स्थापित केंद्रीय सार्वजनिक प्रापण पोर्टल से संबंधित मसले, (v) इलेक्ट्रॉनिक खरीद से संबंधित मामले, (vi) खरीद करते समय अधिकारियों द्वारा पेशेवर मानक एवं उपयुक्त प्रशिक्षण और इसके लिए प्रमाणन आवश्यकताएं और (vii) सार्वजनिक खरीद से संबंधित मामलों पर अंतरराष्ट्रीय संस्थाओं के साथ संपर्क।

केंद्रीय सार्वजनिक प्रापण पोर्टल और ई-प्रापण: सार्वजनिक खरीद पर समिति की संस्तुतियों के आधार पर सार्वजनिक खरीद से संबंधित आंकड़े और संपूर्ण जानकारी मुहैया कराने के लिए एक केंद्रीय सार्वजनिक प्रापण पोर्टल (सीपीपी पोर्टल) स्थापित किया गया और www.eprocure.gov.in पर लॉग इन कर इस तक पहुंचा जा सकता है। वर्तमान में इसका प्रयोग कई मंत्रालयों/विभागों, सीपीएसई और स्वायत्त/विधायी संस्थाओं द्वारा किया जाता है। निविदा संबंधी पूछताछ और उनके शुद्धिपत्रों के साथ ही आवंटित किए गए ठेकों की जानकारी के पोर्टल पर ई-प्रकाशन किया जाना 1 जनवरी, 2012 से चरणबद्ध तरीके से आवश्यक कर दिया गया। इसके साथ केंद्र सरकार के मंत्रालयों/विभागों में ई-खरीद को लागू करने का निर्णय लिया गया और चरणबद्ध तरीके से 2 लाख रुपये या अधिक के अनुमानित मूल्य की सभी खरीदों के संबंध में ई-खरीद की शुरुआत करने के संबंध में सभी मंत्रालयों/विभागों को निर्देश भी दिए गए। ई-खरीद का प्रयोग पारदर्शिता और जवाबदेही में वृद्धि कर सकता है और खरीद की प्रक्रिया को प्रभावी बनाता है। इस सुविधा का उपयोग कर वर्तमान में प्रतिमाह 4000 ठके जारी किए जा रहे हैं। इससे केवल सीपीपी के जरिए प्रतिवर्ष लगभग 30,000 करोड़ रुपये का प्रापण होता है। इसके अलावा रेलवे, ओएनजीसी, बीएचईएल जैसे पीएसयू के पास अपना ई-प्रापण पोर्टल है।

स्वच्छ भारत कोष

इस कोष की स्थापना स्कूलों सहित शहरी और ग्रामीण क्षेत्रों में स्वच्छाता स्तर में सुधार के उद्देश्य की प्राप्ति हेतु की गई है। इसे अभिनव/अद्वितीय परियोजनाएं लाने में सक्षम बनाया जाएगा तथा शुरुआत में लड़कियों के लिए शौचालय प्राथमिकता क्षेत्र में होगा। इस कोष से मोटे तौर पर निम्नलिखित गतिविधियों हेतु वित्तपोषण किया जाएगा:

(क) प्राथमिक, माध्यमिक और उच्चतर माध्यमिक सरकारी विद्यालयों में ग्रामीण एवं शहरी क्षेत्रों में, आंगनबाड़ियों (ऐसे केंद्र, जो महिला एवं बाल विकास मंत्रालय की एकीकृत बाल विकास योजना के अंतर्गत 6 वर्ष से कम के बच्चों और उनकी माताओं को सहायता प्रदान करते हैं) में सामुदायिक/एकल शौचालयों का निर्माण;

(ख) प्राथमिक, माध्यमिक और उच्चतर माध्यमिक सरकारी विद्यालयों, आंगनबाड़ियों में बेकार पड़े सामुदायिक/एकल शौचालयों की मरम्मत और नवीकरण;

(ग) निर्मित शौचालयों में जलापूर्ति हेतु निर्माण कार्य;

(घ) निर्मित शौचालयों के रखरखाव की सुविधा हेतु प्रशिक्षण तथा कौशल विकास और स्वच्छता पर शिक्षा के साथ इसका परस्पर संबंध सुनिश्चित करना;

(ङ) ठोस एवं तरल कचरा प्रबंधन सहित ग्रामीण एवं शहरी क्षेत्रों में स्वच्छता और साफ-सफाई में सुधार हेतु अन्य पहले; और

(च) इस कोष में दान 'कंपनी अधिनियम, 2013 के धारा 135 की उपधारा (5) के अंतर्गत निगम सामाजिक दायित्व (सीएसआर)' के अंतर्गत आता है। इस कोष में दान, 'कारपोरेट सामाजिक दायित्व' हेतु खर्च किए गए धन के अलावा आयकर अधिनियम, 1961 की धारा 80 जी के अंतर्गत 100 प्रतिशत छूट के पात्र हैं।

महालेखा नियंत्रक

वित्त मंत्रालय के व्यय विभाग के अंतर्गत महालेखा नियंत्रक (सीजीए) भारत सरकार का प्रधान लेखा सलाहकार है और तकनीकी रूप से सुदृढ़ लेखा प्रणाली की स्थापना और उसके रखरखाव के लिए जिम्मेवार है। सीजीए का कार्यालय केंद्र सरकार के लिए व्यय, राजस्व, देनदारियों और विभिन्न राजकोषीय सूचकों का मासिक और वार्षिक विश्लेषण तैयार करता है।

आईटी पहलें

सार्वजनिक वित्त प्रबंधन पद्धति

सार्वजनिक वित्त प्रबंधन पद्धति (पीएफएमएस) सीजीए द्वारा डिजाइन किया, विकसित स्वामित्व वाला तथा क्रियान्वित एक वेब आधारित ऑनलाइन साफ्टवेयर एप्लीकेशन है। पीएफएमएस का प्राथमिक उद्देश्य भुगतान, प्राप्ति और लेखांकन के व्यापक नेटवर्क की स्थापना द्वारा भारत सरकार के लिए एक समर्थ सार्वजनिक वित्तीय प्रबंधन पद्धति की सुविधा प्रदान करना है। पीएफएमएस विभिन्न शेयरधारकों को वास्तविक समय में, विश्वसनीय और अर्थपूर्ण प्रबंधन सूचना पद्धति तथा प्रभावशाली निर्णय समर्थन पद्धति प्रदान करता है। एनआईसी, डीईआईटीवाई प्रौद्योगिकी साझेदार हैं।

योजना आयोग के एक केंद्रीय क्षेत्र योजना के रूप में पीएफएमएस को भारत सरकार की सभी योजना स्कीमों के अंतर्गत जारी किए गए कोषों की देखरेख तथा कार्यक्रम क्रियान्वयन के सभी स्तरों पर वास्तविक समय की रिपोर्टिंग के उद्देश्य से वर्ष 2009 में शुरू किया गया था। इसके बाद 2013 में इसके क्षेत्र का विस्तार कर लाभार्थियों को सीधा भुगतान यानि, योजना और गैर-योजना दोनों स्कीमों के अंतर्गत प्रत्यक्ष लाभ अंतरण (डीबीटी) को इसके दायरे में लाया गया। पीएफएमएस की कार्य क्षमताओं में नवीनतम वृद्धि 2014 के उत्तरार्द्ध में हुई जब लेखाओं के डिजिटलीकरण पीएफएमएस के माध्यम से करने का विचार किया गया।

प्रत्यक्ष लाभ अंतरण

प्रत्यक्ष लाभ अंतरण (डीबीटी) भारत सरकार द्वारा 2013 में प्रारंभ किया गया एक मुख्य सुधार पहल है। यह विभिन्न सरकारी योजनाओं और कार्यक्रमों के अंतर्गत व्यक्तियों को सीधा नकद अंतरण के लाभ हेतु व्यापक दृष्टि और निर्देश देता है। आधार परियोजना का लाभ लेने हेतु डीबीटी की कल्पना अभीष्ट लाभार्थियों की सही पहचान और दक्षता बढ़ाने, योजनाओं के अंतर्गत लाभों/सेवाओं को प्रदान करने में पारदर्शिता और जवाबदेही के उद्देश्य से की गई थी।

डीबीटी के आदेश को व्यापक बनाया गया तथा इसका विस्तार कर व्यक्तिगत लाभार्थियों को नकद लाभ अंतरण के अवयव वाले सभी केंद्रीय क्षेत्र की योजनाओं और केंद्र प्रायोजित योजनाओं को इसके अंतर्गत लाया गया। डीबीटी के क्षेत्र का पुन: विस्तार कर इसे लाभार्थियों के नकद अंतरण तक ही सीमित नहीं रखा गया, बल्कि आशा, आंगनबाड़ी कार्यकर्ताओं आदि जैसे सरकारी योजनाओं के विभिन्न अवयवों को दिए जानेवाले अंतरणों/मानदेयों और लाभार्थियों को वस्तु हस्तांतरण को भी इसमें शामिल

किया गया। डीबीटी पहल (एलपीजी सब्सिडी हेतु संशोधित डीबीटीएल) जैसी योजनाओं, पुदुचेरी, चंडीगढ़, दमन और दीव एवं दादरा नगर हवेली में सार्वजनिक वितरण, राष्ट्रीय ग्रामीण रोज़गार गारंटी योजना (एनआरईजीएस) जैसी योजनाओं में उत्साहजनक परिणाम का प्रदर्शन किया है।

जून 2016 तक 17 मंत्रालयों/विभागों में क्रियान्वित 74 योजनाओं के डीबीटी पर होने की सूचना है। इसकी स्थापना के बाद से डीबीटी के माध्यम से 1,30,000 करोड़ रुपये से अधिक का हस्तांतरण देश की आबादी के एक चौथाई आबादी को किया गया है।

केंद्रीय पेंशन लेखा कार्यालय

1990 में केंद्रीय (सिविल) पेंशनभोगियों और स्वतंत्रता सेनानियों इत्यादि के लेखा एवं भुगतान के लिए केंद्रीय पेंशन लेखा कार्यालय, व्यय विभाग के अधीनस्थ स्थापित किया गया। सीपीएओ महालेखा नियंत्रक के कार्यालय है। यह अधिकृत बैंकों के जरिये केंद्र सरकार (सिविल) के पेंशनभोगियों को पेंशन के भुगतान की योजना के संचालन के लिए उत्तरदायी है।

मुख्य लागत सलाहकार

मुख्य लागत सलाहकार (सीएसी) का कार्यालय लागत खाता मामलों पर मंत्रालयों और सरकारी उपक्रमों को सलाह देने और उनकी ओर से लागत जांच के काम को शुरू करने के लिए जिम्मेदार है। मुख्य सलाहकार लागत का कार्यालय व्यय विभाग में कार्य कर रहे कई विभागों में से एक है। यह लागत/सनदी लेखाकारों से युक्त एक पेशेवर संस्था है जो लागत और मूल्यांकन, उचित मूल्य तय करने के लिए उद्योग स्तरीय अध्ययनों, उपभोक्ता शुल्कों पर अध्ययनों, केंद्रीय उत्पाद शुल्क में कटौती से संबंधित मामलों, परियोजनाओं के लागत-लाभ विश्लेषण, लागत घटाने पर अध्ययनों, लागत कुशलता, अत्यधिक पूंजी वाली परियोजनाओं की समीक्षा, लाभ विश्लेषण और लागत से संबंधित आधुनिक प्रबंधन उपकरणों के प्रयोग एवं भारत सरकार के मंत्रालयों/विभागों के लिए वाणिज्यिक वित्तीय लेखा से संबंधित मामलों की देखरेख करता है।

राष्ट्रीय वित्तीय प्रबंधन संस्थान

राष्ट्रीय वित्तीय प्रबंधन संस्थान एनआईएफएम की स्थापना वर्ष 1993 में एक पंजीकृत सोसाइटी के तौर पर की गई। केंद्र के कैबिनेट में विचार किया गया कि एनआईएफएम, संघ लोक सेवा आयोग द्वारा वार्षिक सिविल सेवा परीक्षा के जरिये भर्ती किए गए और सरकार में लेखा एवं वित्त से संबंधित विभिन्न सेवाओं के लिए उत्तरदायी वरिष्ठ एवं उच्च प्रबंधकीय पदों पर तैनात किए गए अधिकारियों के लिए एक प्रशिक्षण संस्थान होगा। संस्थान का लक्ष्य न सिर्फ भारत में बल्कि एशिया में वित्तीय प्रबंधन एवं संबंधित विधाओं के क्षेत्र में उत्कृष्ट केंद्र के तौर पर विकसित होना है। यह सुनिश्चित करने के लिए कि एनआईएफएम को विभागीय अकादमियों से अधिक लचीलापन और स्वायत्ता हो, यह निर्णय किया गया कि संस्थान एक कानूनी इकाई होगा जो 'सोसाइटी' कहा जाएगा। ऐसी सोसायटियां अपने नियम और विनियम बनाने हेतु कानूनी रूप से स्वतंत्र इकाइयां होती हैं।

वर्तमान में यह संस्थान एआईसीटीई द्वारा अनुमोदित पांच दीर्घावधि कार्यकम संचालित करता है; लेखा सेवा के परिवीक्षाधीन नए चयनित व्यक्तियों हेतु एक वर्ष का पेशेवर प्रशिक्षण कार्यक्रम, सार्वजनिक वित्तीय प्रबंधन में डिप्लोमा; सरकारी वित्त प्रबंधन में एक वर्षीय डिप्लोमा पाठ्यक्रम; केंद्रीय सरकार, राज्य सरकारों, सार्वजनिक क्षेत्र के उपक्रमों तथा सरकार के अधीन अन्य संगठनों के अधिकारियों हेतु

प्रबंधन में दो-वर्षीय स्नातकोत्तर डिप्लोमा (वित्तीय प्रबंधन) जो एआईयू द्वारा एमबीए समतुल्य मान्यता प्राप्त है और एनबीए द्वारा एक्रेडिटेड है; सक्षम शोधकर्ताओं, शिक्षकों और सलाहकारों के निर्माण हेतु प्रबंधन में एक वर्षीय स्नातकोत्तर डिप्लोमा (वित्तीय बाजार)।

राजस्व विभाग

राजस्व विभाग प्रत्यक्ष एवं अप्रत्यक्ष केंद्रीय करों से संबंधित सभी राजस्व मामलों के संबंध में नियंत्रण रखता है। विभाग केंद्रीय बिक्री कर, स्टांप ड्यूटी और अन्य संबंधित राजकोषीय विधियों से संबंधित अधिनियम के प्रावधानों के अनुसार नियामक उपायों को लागू करने तथा प्रशासन संबंधी कार्य भी करता है। अफीम का उत्पादन और इसके उत्पादनों के निष्पादन पर नियंत्रण भी यह विभाग करता है।

यह विभाग मालों और सेवाओं हेतु अप्रत्यक्ष करों के क्षेत्र में राज्यों के समन्वय से टैक्स संबंधी सुधारों की सुविधा भी प्रदान कर रहा है। इनमें पूर्व के राज्य बिक्री कर का मूल्य वर्धित कर में अंतरण, केंद्रीय बिक्री कर को चरणबद्ध रूप से हटाना, तथा दोहरे वस्तु एवं सेवा कर हेतु ढांचे का संभावित विकास का विस्तृत दायरा शामिल है। कर नीतियां, राष्ट्र के लिए वित्तीय संसाधन जुटाने, अर्थव्यवस्था के सतत विकास, मैक्रो-इकोनॉमिक स्थिरता और सामाजिक क्षेत्र में निवेश हेतु वित्तीय प्रोत्साहन प्रदान कर सामाजिक कल्याण के विकास हेतु तैयार की जाती है।

राज्य मूल्य वर्द्धित कर: भारतीय संविधान की सातवीं अनुसूची की सूची II (राज्य सूची) में प्रविष्टि 54 के अंतर्गत, 'राज्य की सीमा के अंतर्गत वस्तुओं की खरीद या बिक्री पर कर' को राज्य का विषय बताया गया है। पूर्व में राज्यों में प्रचलित बिक्री कर प्रणाली के स्थान पर राज्य वैट को लागू करना अप्रत्यक्ष कर की दृष्टि से महत्वपूर्ण कर सुधार संबंधी कदम है। बिक्री कर/वैट राज्यों का विषय है, अत: केंद्र सरकार ने वैट को सफलतापूर्वक लागू कराने के लिए सेवाप्रदाता की भूमिका निभाती है।

केंद्रीय बिक्री कर

सूची-I (संघ सूची) की प्रविष्टि 92ए के अंतर्गत वस्तुओं की अंतरराज्यीय बिक्री पर कर लगाने का अधिकार केंद्र सरकार के पास है। इसके अलावा अनुच्छेद-269 (3) अंतरराज्यीय वाणिज्य कारोबार के अंतर्गत जब वस्तुओं की खरीद या बिक्री हो तो कर संबंधी निर्णय के लिए सिद्धांत तय करने का अधिकार संसद को देता है। इसी तरह संविधान का अनुच्छेद-286 (2) एक राज्य के बाहर या भारत से निर्यात या भारत में आयात के अंतर्गत वस्तुओं की खरीद या बिक्री होने पर यह तय करने के लिए सिद्धांत तय करने की शक्ति संसद को देता है। इसके अतिरिक्त संविधान का अनुच्छेद-286 (3) संसद द्वारा बनाए कानून के जरिये अंतरराज्यीय व्यापार या वाणिज्य में विशेष महत्व की घोषित की गई वस्तु की बिक्री या खरीद पर राज्यों द्वारा लगाए गए कर पर प्रतिबंध लगाने के लिए अधिकृत करता है।

केंद्रीय बिक्री कर (सीएसटी) अधिनियम, 1956 संविधान द्वारा प्रदान की गई शक्तियों के आधार पर वस्तुओं की अंतरराज्यीय बिक्री पर कर लगाता है और सिद्धांतों का प्रतिपादन करता है और प्रतिबंध लगाता है। सीएसटी अधिनियम, 1956 की धारा 13 (1) द्वारा प्रदान की गई शक्तियों का प्रयोग करते हुए भारत सरकार ने केंद्रीय बिक्री कर (पंजीकरण एवं कारोबार) नियमावली, 1957 भी तैयार की है। हालांकि केंद्रीय बिक्री कर अधिनियम, 1956 एक केंद्रीय अधिनियम है लेकिन भारतीय संविधान के अनुच्छेद-269 के आधार पर राज्य केंद्रीय बिक्री कर का संग्रह एवं उचित विनियोग करता है।

हालांकि केंद्रीय बिक्री कर मूल आधार वाला गैर छूट योग्य कर है, यह प्रस्तावित गंतव्य आधारित वस्तु एवं सेवा कर (जीएसटी) के साथ असंगत है। केंद्रीय बिक्री कर की दर 4 प्रतिशत से घटाकर

3 प्रतिशत 2007 से कर दिया गया था और जून 2008 से 3 प्रतिशत से 2 प्रतिशत कर दिया गया। केंद्रीय बिक्री कर को चरणबद्ध तरीके से हटाने के कारण राज्यों को होने वाले राजस्व घाटे हेतु राज्यों के लिए क्षतिपूर्ति पैकेज पर सहमति हुई थी। राज्यों को राजस्व बढ़ाने के उपायों और बजटीय समर्थन के माध्यम से क्षतिपूर्ति की गई। केंद्रीय बिक्री कर से राजस्व घाटे की राज्यों को क्षतिपूर्ति हेतु राजस्व बढ़ाने के उपायों के रूप में सरकारी विभागों द्वारा फार्म–डी के आधार पर रियायती केंद्रीय बिक्री कर दर पर अंतरराज्यीय खरीद की सुविधा को अप्रैल 2007 से वापस ले लिया गया। राज्यों हेतु तंबाकू उत्पादों पर, राज्यों को केंद्रीय करों के हस्तांतरण में बिना कमी के, मूल्य वर्धित कर लगाने का भी प्रावधान किया गया था।

वस्तु एवं सेवा कर

राष्ट्रीय स्तर पर वस्तु एवं सेवा कर (जीएसटी) लाने का प्रस्ताव, जीएसटी के क्रियान्वयन हेतु डिजाईन और रोडमैप तैयार करने का उत्तरदायित्व राज्य वित्त मंत्रियों की अधिकार प्राप्त समिति को सौंपा गया था। इसमें प्रस्तावित सुधारों को लागू करने से पहले कम से कम 50 प्रतिशत राज्य विधान सभाओं के द्वारा इसका अनुमोदन आवश्यक होगा। जीएसटी के क्रियान्वयन के विभिन्न पहलुओं पर गौर करने के लिए कई सिमतियां बनाई गई हैं।

केंद्रीय उत्पाद एवं सीमा शुल्क बोर्ड

केंद्रीय उत्पाद एवं सीमा शुल्क बोर्ड (सीबीईसी) का कार्य सीमा शुल्क एवं केंद्रीय उत्पाद शुल्क, सेवा कर लगाने और उनका संग्रह करने, तस्करी रोकने और शुल्कों के अपवंचन से संबंधित नीति बनाने और सीमा शुल्क, केंद्रीय उत्पाद शुल्क और सेवा कर से संबंधित सभी प्रशासनिक मामलों से संबंधित है। बोर्ड सीमा शुल्क, केंद्रीय उत्पाद एवं सेवा कर के क्षेत्रीय कार्यालयों, सीमा शुल्क एवं केंद्रीय उत्पाद शुल्क आयुक्तालयों और निदेशालयों की मदद से विभिन्न कार्यों का निष्पादन करता है। बोर्ड यह भी सुनिश्चित करता है कि आयातित एवं देश में उत्पादित वस्तुओं और सेवाओं पर कर कानून के अनुसार हो और संग्रहित करों को संग्रह एजेंसियां अतिशीघ्र राजकोष में जमा कराएं।

सीमा शुल्क, केंद्रीय उत्पाद शुल्क एवं सेवा कर अपील न्यायाधिकरण

सीमा शुल्क, केंद्रीय उत्पाद शुल्क एवं सेवा कर अपील न्यायाधिकरण (पूर्ववर्ती सीमा शुल्क, उत्पाद शुल्क एवं स्वर्ण (नियंत्रण) अपील न्यायाधिकरण) की स्थापना सीमा शुल्क अधिनियम, 1962, केंद्रीय उत्पाद शुल्क अधिनियम, 1944 और स्वर्ण (नियंत्रण) अधिनियम, 1968 के अंतर्गत सीमा शुल्क एवं उत्पाद शुल्क आयुक्तों द्वारा दिए गए आदेशों एवं निर्णयों के विरुद्ध सुनवाई हेतु स्वतंत्र मंच की स्थापना की गई। स्वर्ण (नियंत्रण) अधिनियम, 1968 अब निरस्त कर दिया गया है। वर्तमान में सेवा कर से संबंधित अपीलों को भी शामिल कर लिया गया है। प्रतिपादन मामलों में अधिकरण के पास अपीलीय क्षेत्राधिकार भी है। अध्यक्ष, सीईएसटीएटी की अध्यक्षता में एक विशेष पीठ वाणिज्य मंत्रालय में निर्दिष्ट प्राधिकारी द्वारा पारित किए गए आदेशों के खिलाफ की गई अपीलों की सुनवाई करती है। अधिकरण का मुख्यालय और प्रमुख शाखा दिल्ली में स्थित है और अन्य क्षेत्रीय शाखाएं मुंबई, कोलकाता, चेन्नई बंगलुरु और अहमदाबाद में हैं।

अपीलों का त्वरित निष्पादन सुनिश्चित करने और वादियों तथा विभिन्न क्षेत्रों के उद्योग के लाभ हेतु वित्त मंत्रालय ने सीमा शुल्क, केंद्रीय उत्पाद शुल्क और सेवा कर अपीली न्यायाधिकरण की छह अतिरिक्त शाखाएं दिल्ली, मुंबई, चेन्नई, चंडीगढ़, इलाहाबाद और हैदराबाद में खोली हैं।

प्रत्येक बेंच में एक न्यायिक सदस्य और तकनीकी सदस्य होते हैं। 50 लाख रुपये तक की वित्तीय रकम वाले छोटे मामले, जिनमें ड्यूटी की दर अथवा मूल्यांकन का मुद्दा निहित नहीं है, के निष्पादन हेतु एक सदस्यीय बेंच का भी गठन किया जाता है। यह अधिकरण सीमा शुल्क, उत्पाद, सेवा कर आयुक्त और आयुक्त (अपील) आदेश, के आदेश के खिलाफ अपील सुनने वाला अपीली अधिकारी है। वर्गीकरण, मूल्यांकन आदि मुद्दों से संबंधित न्यायाधिकरण के आदेश के खिलाफ अपील उच्चतम न्यायालय में किया जा सकता है।

सीमा शुल्क, केंद्रीय उत्पाद शुल्क समझौता आयोग

केंद्र सरकार ने केंद्रीय उत्पाद शुल्क अधिनियम, 1944 की धारा 32 के अंतर्गत सीमा शुल्क, केंद्रीय उत्पाद शुल्क समझौता आयोग की स्थापना की। आयोग की प्रधान पीठ नई दिल्ली में है जिसकी अध्यक्षता बोर्ड के अध्यक्ष करते हैं और चेन्नई, मुंबई और कोलकाता में 3 अतिरिक्त पीठ भी हैं, जिनकी अध्यक्षता उपाध्यक्ष करते हैं और प्रत्येक पीठ में दो सदस्य भी हैं। वर्तमान में आयोग की स्वीकृत संख्या 118 है, 30 अधिकारी एवं कर्मचारी नई दिल्ली, मुंबई तथा कोलकाता प्रत्येक में तथा 28 चेन्नई में। आयोग राजस्व विभाग में वित्त मंत्रालय से संबद्ध एक कार्यालय के रूप में कार्य करता है।

समझौता आयोग की स्थापना का मुख्य उद्देश्य खर्चीली और लंबे समय तक चलने वाली कानूनी प्रक्रिया से बचकर विवादों में फंसे सीमा शुल्क और उत्पाद शुल्कों के भुगतान में तेजी लाना और शुल्कों के भुगतान में अपवंचन करने वाले करदाताओं को गलती स्वीकारने का एक अवसर देना है। इसलिए समझौता आयोग को एक स्वतंत्र संस्था के रूप में स्थापित किया गया है जिसमें 'सत्यनिष्ठा और भरपूर क्षमताओं से युक्त' अनुभवी कर अधिकारियों की सेवा ली जाती है जो व्यापार और उद्योग जगत में भरोसा जगाने में सक्षम हैं और जिन्हें 'राजस्व हित' परिभाषित करने और सुरक्षित रखने की जिम्मेदारी दी गई है।

केंद्रीय प्रत्यक्ष कर बोर्ड

केंद्रीय राजस्व बोर्ड अधिनियम, 1963 द्वारा बनाया गया केंद्रीय प्रत्यक्ष कर बोर्ड (सीबीडीटी) भारत में प्रत्यक्ष कर कानूनों के क्रियान्वयन के उत्तरदायित्व वाला शीर्ष निकाय होता है। सीबीडीटी में एक अध्यक्ष और छह सदस्य होते हैं जो सभी शीर्ष वेतनमान वाले भारत सरकार के पदेन विशेष सचिव होते हैं। यह आय कर विभाग पर नियंत्रण वाला प्राधिकरण होता है।

काला धन (अघोषित विदेशी आय तथा संपत्तियां) एवं कर अधिनियम, 2015 का अधिरोपण

2015 में अधिनियमित काला धन (अघोषित विदेशी आय तथा संपत्तियां) तथा कर अधिनियम, 2015 एक सख्त कानून है। इस कानून के तहत काले धन के बारे में घोषणा का सिर्फ एक मौका देने के लिए अनुपालन खिड़की (वन टाइम कंप्लाएस विंडो) जुलाई से सितंबर 2015 तक खोली गई। इयके अंतर्गत घोषकों को कुछ निर्धारित शर्तों के अनुसार अपनी अघोषित विदेशी सपत्ति घोषित करने हेतु, प्रदान की गई। नए कानून के तहत इसके बाद और भी कड़े प्रावधान करने का प्रावधान है।

वित्तीय सेवा विभाग

वित्तीय सेवा विभाग (डीएफएस) मुख्य रूप से सार्वजनिक क्षेत्र के बैंकों (पीएसबी) और वित्तीय संस्थानों से संबद्ध नीतिगत मुद्दों हेतु उत्तरदायी है, जिसमें पीएसबी और वित्तीय संस्थानों की कार्यप्रणाली, अध्यक्ष, प्रबंध निदेशक और मुख्य कार्यकारी अधिकारियों (एमडी एवं सीईओएस), कार्यकारी निदेशकों

(ईडीएस), अध्यक्ष-सह-प्रबंध निदेशकों (सीएमडीएस) की नियुक्ति, विधायी मामले, अंतरराष्ट्रीय बैंकिंग संबंध शामिल हैं। भारतीय रिजर्व बैंक के गवर्नर/डिप्टी गवर्नर की नियुक्ति, राष्ट्रीय कृषि और ग्रामीण विकास बैंक (नाबार्ड), कृषि वित्त नगम, सहकारी बैंकों, क्षेत्रीय ग्रामीण बैंकों (आरआरबीएस) और ग्रामीण कृषि साख से जुड़े मामलों हेतु भी विभाग उत्तरदायी है। यह विभाग सरकार के वित्तीय समावेशन कार्यक्रम, सामाजिक सुरक्षा योजनाओं और ऋण के प्रवाह की सुविधा पर केंद्रित अन्य लक्षित योजनाएं, बीमा क्षेत्र और सार्वजनिक क्षेत्र बीमा कंपनियों से जुड़े मामले, विभिन्न बीमा अधिनियमों के प्रशासन को भी प्रशासित करता है। भारतीय बीमा नियामक एवं विकास प्राधिकरण (आईआरडीएआई) से जुड़े मामले, नई पेंशन योजना (एनपीएस) सहित पेंशन सुधारों से जुड़े मामले, पेंशन कोष नियामक एवं विकास प्राधिकरण (पीएफआरडीए) आदि से संबंधित अन्य मुद्दे भी विभाग देखता है।

क्षेत्रीय ग्रामीण बैंक

क्षेत्रीय ग्रामीण बैंकों (आरआरबीएस) की स्थापना, क्षेत्रीय ग्रामीण बैंक अधिनियम, 1976 के अंतर्गत, सहकारी ऋण योजना के वैकल्पिक सृजन हेतु और ग्रामीण एवं कृषि क्षेत्र के लिए पर्याप्त सांस्थानिक ऋण सुनिश्चित करने हेतु की गई थी। आरआरबी भारत सरकार, संबंधित राज्य सरकार तथा प्रायोजक बैंकों के संयुक्त स्वामित्व में है, इसकी जारी पूंजी क्रमशः 50 प्रतिशत, 15 प्रतिशत और 35 प्रतिशत के अनुपात में है। आरआरबी के सीआरएआर को कम से कम 9 प्रतिशत पर लाने के उद्देश्य से डॉ. के.सी. चक्रबर्ती समिति ने 21 राज्यों के 40 आरआरबीएस को 2,200 करोड़ रुपये की सीमा तक पुनः पूंजीकरण की अनुशंसा की।

किसान क्रेडिट कार्ड

कच्चे माल की खरीद समेत कृषि संबंधी सभी आवश्यकताओं को लचीले, सुविधाजनक एवं किफायती तरीके से पूरा करने के लिए किसानों को बैंकिंग प्रणाली से पर्याप्त एवं समय पर ऋण सुविधा उपलब्ध कराने के उद्देश्य से ऋण आपूर्ति की अनूठी प्रणाली किसान क्रेडिट कार्ड (केसीसी) योजना 1998-99 में आरंभ की गई थी। योजना सभी सहकारी बैंकों, क्षेत्रीय ग्रामीण बैंकों और सार्वजनिक वाणिज्यिक बैंकों द्वारा पूरे देश में चलाई जा रही है। केसीसी कृषि ऋण प्रदान करने की सबसे प्रभावी योजना है। सहकारी बैंकों एवं आरआरबी के संबंध में योजना की निगरानी नाबार्ड करता है और वाणिज्यिक बैंकों के संबंध में आरबीआई निगरानी करता है। आरबीआई एवं नाबार्ड के द्वारा केसीसी की एक नई योजना आरंभ की गई है, जिसमें केसीसी को एटीएम कार्ड के समान एटीएम/पॉइंट ऑफ सेल टर्मिनल पर प्रयोग किया जा सकता है।

देश में चालू/परिचालनीय केसीसी की संख्या की स्थिति निम्नवत् है:

(संख्या लाख में)

सहकारी एवं क्षेत्रीय ग्रामीण बैंक (अप्रैल 2016 को)	वाणिज्यिक बैंक (मार्च 2016 को)	कुल
526.10	234.70	760.80

स्रोत: आरबीआई/नाबार्ड

ग्रामीण अवसंरचना विकास कोष

1995-96 के केंद्रीय बजट में भारत सरकार ने नाबार्ड द्वारा संचालित होने वाला कोष ग्रामीण अवसंरचना विकास कोष (आरआईडीएफ) स्थापित किया, जिसे कृषि/प्राथमिकता वाले क्षेत्रों/दुर्बल क्षेत्रों के ऋण में से देश के अंदर संचालित अनुसूचित वाणिज्यिक बैंकों के पास बची राशि जमा कराकर नाबार्ड में ही स्थापित किया गया। उसके बाद से यह कोष काम कर रहा है और इसके लिए आवंटन प्रतिवर्ष केंद्रीय बजट में कर दिया जाता है। वर्षों से काम करते हुए आरआईडीएफ का दायरा विस्तृत होता गया और अभी यह विभिन्न क्षेत्रों में 34 गतिविधियों हेतु वित्त पोषण करता है।

केंद्रीय बजट में वार्षिक राशि आवंटन 1995-96 (आरआईडीएफ) के 2,000 करोड़ रुपये से लगातार बढ़ते हुए 2016-17 में 25,000 करोड़ रुपये तक पहुंच गया है।

भारतीय जीवन बीमा निगम

भारतीय जीवन बीमा निगम (एलआईसी) की स्थापना संसद के भारतीय जीवन बीमा निगम अधिनियम, 1956 द्वारा की गई थी। एलआईसी बीमा अधिनियम, 1938, एलआईसी अधिनियम, 1956, एलआईसी नियमन, 1959 और बीमा नियामकीय एवं विकास प्राधिकरण अधिनियम, 1999 के अनुसार कार्य करता है। 31 मार्च, 2016 को देश में एलआईसी के 8 क्षेत्रीय कार्यालय, 113 मंडल कार्यालय, 2048 शाखा कार्यालय, 73 ग्राहक क्षेत्र, 1401 सुदूर कार्यालय तथा 1240 लघु कार्यालय हैं। वर्तमान में एलआईसी विदेश के 14 देशों में शाखा कार्यालयों/संयुक्त उपक्रम कंपनियों तथा पूर्ण स्वामित्व वाली सहयोगी कंपनियों के माध्यम से कार्य करती है।

आम आदमी बीमा योजना

समाज के दुर्बल वर्गों के लाभ हेतु भारत सरकार ने उच्च सब्सिडी वाली बीमा योजना 'आम आदमी बीमा योजना' (एएबीवाई) आरंभ की है, जिसका संचालन एलआईसी करती है। सामाजिक सुरक्षा की इस योजना के अंतर्गत गरीबी की रेखा से नीचे एवं गरीबी की रेखा से आंशिक ऊपर के नागरिकों को 48 चिन्हित व्यवसायों के भीतर कवर किया जाता है। प्राकृतिक मृत्यु होने पर योजना 30,000 रुपये की बीमा राशि देती है। दुर्घटना के कारण मृत्यु अथवा पूर्ण विकलांगता (दो आंखें/दो पांव या हाथ गंवाना) होने पर नामित व्यक्ति अथवा लाभार्थी को 75,000 रुपये एवं आंशिक पूर्ण विकलांगता (1 आंख/1 हाथ या पांव गंवाना) होने पर 37,500 रुपये दिए जाएंगे। ये सभी लाभ 200 रुपये प्रति सदस्य प्रति वर्ष के मामूली प्रीमियम पर मिल रहे हैं, जिसमें से 100 रुपये केंद्र सरकार, एलआईसी द्वारा संभाले जा रहे सामाजिक सुरक्षा कोष से वहन करेगी और 100 रुपये की शेष प्रीमियम राशि का सदस्य एवं/अथवा नोडल एजेंसी और/अथवा केंद्र/राज्य सरकार के उस विभाग द्वारा वहन किया जाएगा, जिसे नोडल एजेंसी बनाया गया है। इसके अतिक्ति बीमित व्यक्ति के परिवार में नवीं कक्षा से 12वीं कक्षा तक (आईटीआई पाठ्यक्रम समेत) पढ़ रहे दो बच्चों को 1,200 रुपये प्रति बच्चा प्रति वर्ष की दर से छात्रवृत्ति का अतिरिक्त लाभ भी प्रदान किया जाएगा।

नई पहल

सामाजिक सुरक्षा योजनाएं

अटल पेंशन योजना

अटल पेंशन योजना (एपीवाई) की शुरुआत मई 2015 में असंगठित क्षेत्र के श्रमिकों, जो किसी सांविधिक सामाजिक सुरक्षा योजना के अंतर्गत नहीं आते हैं, के जोखिम के निवारण हेतु की गई थी।

एपीवाई असंगठित क्षेत्र के सभी नागरिकों, जो पेंशन निधि विनियामक एवं विकास प्राधिकरण (पीएफआरडीए) द्वारा संचालित राष्ट्रीय पेंशन योजना(एनपीएस) में शामिल होते हैं, पर केंद्रित है।

एपीवाई की खास बातें

कोई भी भारतीय नागरिक जिसकी आयु 18 से 40 वर्ष के बीच हो अपने बचत बैंक खाता/डाकघर बचत खाता के माध्यम से इससे जुड़ सकता है। 18 वर्ष की उम्र में जुड़ने वालों को न्यूनतम मासिक अंशदान 42 रुपये अथवा 84 रुपये अथवा 126 रुपये अथवा 168 रुपये अथवा 210 रुपये देने वाले भागीदारों को भारत सरकार द्वारा गारंटी शुदा न्यूनतम पेंशन क्रमश: 1000 रुपये अथवा 2000 रुपये अथवा 3000 रुपये अथवा 4000 रुपये अथवा 5000 रुपये है। ग्राहक के निधन के बाद उसके पति/पत्नी को उसकी मृत्यु तक पेंशन की यह राशि मिलती रहेगी। ग्राहक एवं उसके पति/पत्नि दोनों की मृत्यु हो जाने की स्थिति में ग्राहक द्वारा नामित व्यक्ति पेंशन कोष में ग्राहक की आयु 60 वर्ष होने तक जमाधन को पाने के लिए अधिकृत होगा। मार्च 2016 से पूर्व एपीवाई से जुड़ने वाले पात्रता की आयु सीमा वाले ग्राहक, जो आयकर दाता नहीं हैं और जो किसी अन्य सांविधिक सामाजिक सुरक्षा योजना के अंतर्गत नही हैं, केंद्र सरकार द्वारा कुल निर्धारित अंशदान का 50 प्रतिशत तक सह-अंशदान के रूप में 1000 फपये प्रतिवर्ष तक प्राप्त करने के हकदार होंगे। केंद्र सरकार का सह-अंशदान 5 वर्षों तक यानि, 2015-16 से 2019-20 तक उपलब्ध होगा।

ई-एनपीएस

ई-एनपीएस व्यक्तियों को एनपीएस (स्तर-। एवं स्तर-॥) के अंतर्गत अपना व्यक्तिगत पेंशन खाता खोलने हेतु एनपीएस ट्रस्ट द्वारा प्रदत्त एक ऑनलाइन प्लेटफार्म है। यह नए अथवा वर्तमान ग्राहकों को नेट बैंकिंग और डेबिट/क्रेडिट कार्डों का उपयोग करते हुए एनपीएस के अंतर्गत उनके व्यक्तिगत पेंशन खाता में प्राथमिक या बाद के अंशदान का भुगतान करने की भी सुविधा देता है। ई-एनपीएस अटल पेंशन योजना के अंतर्गत किसी व्यक्ति को नामांकन की सुविधा नहीं देता है। कोई व्यक्ति अपने पैन और केवाईसी का विवरण जैसा कि उसके बैंक में जिसमें उसका खाता है, दर्ज है और वह बैंक ई-एनपीएस के पैनल में है देकर अथवा आधार का विवरण देकर एनपीएस के अंतर्गत अपना व्यक्तिगत पेंशन खाता खोल सकता है।

लागू की गई अन्य सुविधाएं

एनपीएस ग्राहकों को गुणवत्तापूर्ण सेवा प्रदान करने के उद्देश्य से ग्राहकों से अंत: क्रिया हेतु नए माध्यम शुरू किए गए हैं।

1. मोबाइल ऐप

एनपीएस हेतु मोबाइल ऐप अब ग्राहकों द्वारा स्थापित कर उपयोग करने हेतु गूगल प्लेस्टोर में एनएसडीएल ई-गांव द्वारा एनपीएस के रूप में उपलब्ध है। इसमें शामिल हैं- (क) लेन देन का विवरण: इस फीचर के उपयोग द्वारा ग्राहक किसी खास वित्तीय वर्ष के लेनदेन का विवरण हेतु निवेदन कर सकता है। दिन की समाप्ति पर यह विवरण ग्राहक के पंजीकृत मेल आईडी पर भेज दिया जाएगा। (ख) खाता का विवरण देखना: ग्राहक अपने एनपीएस खाता के विवरण को देख सकता है। (ग) संपर्क विवरण (टेलीफोन/मोबाइल नं. ई-मेल आईडी) में परिवर्तन: वर्तमान में ग्राहक लॉग-इन प्रमाण-पत्र का प्रयोग कर सीआरए पद्धति में अपना संपर्क विवरण बदल सकता है। यही सुविधा मोबाइल एप्प आदि में भी उपलब्ध है।

बीमा क्षेत्र

वित्तीय क्षेत्र का अभिन्न अंग होने के कारण बीमा भारत की अर्थव्यवस्था में महत्वपूर्ण भूमिका निभाता है। शहरी एवं ग्रामीण क्षेत्रों में व्यक्तियों एवं उद्यमों को मृत्यु, संपत्ति एवं दुर्घटना के खतरों से बचाने एवं सुरक्षा चक्र उपलब्ध कराने के अतिरिक्त बीमा क्षेत्र बचत को प्रोत्साहन देता है एवं अवसंरचना विकास तथा देश की अन्य दीर्घकालिक परियोजनाओं हेतु दीर्घकालिक वित्त भी उपलबध कराता है। बीमा क्षेत्र का विकास सतत आर्थिक कायांतरण के लिए आवश्यक है।

इस क्षेत्र में काम कर रही सार्वजनिक क्षेत्र की कंपनियां निम्नवत् हैं:

1. भारतीय जीवन बीमा निगम
2. नेशनल इंश्योरेंस कंपनी लिमिटेड
3. ओरियंटल इंश्योरेंस कंपनी लिमिटेड
4. यूनाइटेड इंडिया इंश्योरेंस कंपनी लिमिटेड
5. न्यू इंडिया एश्योरेंस कंपनी लिमिटेड
6. जनरल इंश्योरेंस कॉर्पोरेशन ऑफ इंडिया लिमिटेड (राष्ट्रीय पुनर्बीमा कंपनी)
7. एग्रीकल्चर इंश्योरेंस कंपनी ऑफ इंडिया लिमिटेड (सार्वजनिक क्षेत्र की गैर जीवन बीमा कंपनियों की नाबार्ड के साथ मिलकर बनाई गई कंपनी)

बीमा क्षेत्र में सुधार

बीमा क्षेत्र को बीमा नियामकीय एवं विकास प्राधिकरण (आईआरडीए) अधिनियम, 1999 को लागू कर निजी प्रतिभागिता के लिए खोल दिया गया। वर्तमान में आईआरडीए में अध्यक्ष, तीन पूर्णकालिक सदस्य एवं चार अंशकालिक सदस्य होते हैं। प्राधिकरण हैदराबाद, आंध्र प्रदेश में अपने मुख्यालय से कार्य करता है। प्राधिकरण के मुख्य कार्य हैं– (1) बीमाकर्ता एवं बीमा मध्यस्थों को लाइसेंस प्रदान करना (2) वित्तीय एवं नियामकीय निगरानी (3) प्रीमियम की दरों का नियमन और (4) पॉलिसीधारकों के हितों की रक्षा करना।

बीमा क्षेत्र के विकास में सहायता की दृष्टि से प्राधिकरण ने पॉलिसीधारकों के हितों की रक्षा, ग्रामीण एवं सामाजिक क्षेत्रों के प्रति बाध्यताओं, सूक्ष्म बीमा एवं एजेंटों, कॉर्पोरेट एजेंटों, ब्रोकरों तथा थर्ड पार्टी प्रशासकों के लाइसेंस पर नियमन जारी किए हैं। आईआरडीए ने बीमा कंपनियों के पंजीकरण, सॉल्वेंसी मार्जिन, निवेश एवं वित्तीय रिपोर्टिंग संबंधी आवश्यकताओं के संबंध में नियामकीय ढांचा भी लागू किया है।

इस क्षेत्र के खुलने के बाद बीमा उद्योग में भागीदारों की संख्या वर्ष 2000 में सात बीमाकर्ताओं (भारतीय जीवन बीमा निगम, चार सार्वजनिक क्षेत्र के सामान्य बीमाकर्ता, एक विशिष्ट बीमाकर्ता यथा निर्यात ऋण गारंटी निगम एवं राष्ट्रीय पुनर्बीमाकर्ता के रूप में जनरल इंश्योरेंस कॉरपोरेशन) से बढ़कर मार्च 2016 तक 55 बीमकर्ता हो गए हैं, जो जीवन, गैर–जीवन एवं पुनर्बीमा खंडों में (विशिष्टता प्राप्त बीमाकर्ता यथा, निर्यात ऋण गारंटी निगम और भारतीय कृषि बीमा कंपनी [एआईसीआईएल] सहित) काम करते हैं।

प्रधानमंत्री जीवन ज्योति बीमा योजना

सरकार ने गरीबों और वंचितों को लक्षित कर एक सार्वभौमिक सामाजिक सुरक्षा पद्धति विकसित करने हेतु तीन महत्वाकांक्षी सामाजिक सुरक्षा योजनाओं की घोषणा की। ये हैं- प्रधानमंत्री जीवन ज्योति बीमा योजना (पीएमजेजेबीवाई), प्रधानमंत्री सुरक्षा बीमा योजना (पीएमएसबीवाई) और अटल पेंशन योजना (एपीवाई)।

प्रधानमंत्री जीवन ज्योति बीमा योजना (पीएमजेजेबीवाई) एक वर्ष की जीवन बीमा योजना है। जिसका हर वर्ष नवीकरण किया जाएगा। इसमें किसी भी कारण हुई मौत के लिए दो लाख रुपये का जीवन बीमा कवर है और यह 18 से 50 वर्ष के आयु वर्ग (लाइफ कवर 55 वर्ष तक) के लोगों के लिए जिनका बैंक में बचत खाता है और जो उसमें शामिल होने और ऑटो-डेबिट हेतु सहमति देते हैं, उपलब्ध है। इसमें आईटी मोड में क्रियान्वयन के साथ बैंक खाता से जुड़ा नामांकन और उपभोक्ता के बैंक खाता से ऑटो-डेबिट के जरिए प्रीमियम भुगतान शामिल है। इस योजना के क्रियान्वयन से वहन करने की क्षमता के साथ गरीबों तथा वंचितों को लक्षित करना संभव होता है और इससे देश में जीवन बीमा की कम पहुंच की स्थिति में भी सुधार होगा।

प्रधानमंत्री सुरक्षा बीमा योजना

प्रधानमंत्री सुरक्षा बीमा योजना (पीएमएसबीवाई) एक वर्षीय व्यक्तिगत दुर्घटना बीमा योजना है जिसका नवीकरण साल-दर-साल किया जाता है। दुर्घटना होने पर मृत्यु/विकलांगता की स्थिति में बीमा सुरक्षा प्रदान करने वाली यह योजना 18 से 70 वर्ष तक की उम्र के लोगों के लिए हैं और इसका फायदा उन लोगों को दिया जाता है जिनके पास किसी बैंक में खाता है और वे इस योजना में शामिल होने तथा ऑटो डेबिट यानी खाते से स्वत: प्रीमियम काटने के विकल्प को अपनाते हैं। इस योजना के अंतर्गत दुर्घटनावश मृत्यु होने पर 2 लाख रुपये और स्थायी विकलांगता की स्थिति में 1 लाख रुपये दिए जाएंगे। इस योजना में सूचना टेक्नोलॉजी से समन्वित बैंक खाते के आधार पर आसानी से शामिल हुआ जा सकता है और खातेदार के बैंक खाते से स्वत: से ही बीमा प्रीमियम काटने की सुविधा है। गरीबों के लिए इस योजना में शामिल होना बहुत आसान है क्योंकि यह उपेक्षित वर्गों को ध्यान में रखते हुए बनाई गई है। इससे से देश में दुर्घटना बीमा सुविधाओं के विस्तार में भी मदद मिलेगी।

प्रधानमंत्री जनधन योजना

प्रधानमंत्री जनधन योजना (पीएमजेडीवाई) बेहतर वित्तीय समावेशन के लिए बैंकिंग सेवाओं का बढ़ा हुआ उपयोग सुनिश्चित करने हेतु एक राष्ट्रीय मिशन के रूप में इस उद्देश्य के साथ शुरू की गई थी कि हर परिवार में कम से कम एक बैंक खाता हो। पीएमजेडीवाई के उद्देश्यों में निम्नलिखित शामिल हैं- (i) संपूर्ण देश में एक बैंक की शाखा अथवा नियत स्थल पर बिजनेस कॉरेस्पॉन्डेंट (बीसी) जो कम दूरी पर हों के द्वारा बैंकिंग सुविधाओं तक सार्वभौमिक पहुंच, (ii) प्रत्येक परिवार में कम से कम एक बैंक खाता हो जो रुपये डेबिट कार्ड के साथ हो तथा जिसमें एक लाख रुपये तक का दुर्घटना बीमा कवर हो। (iii) 6 महीने तक खाते के संतोषजनक संचालन के बाद रुपये 5000 तक ओवरड्राफ्ट की सुविधा। अगस्त 2014 से जनवरी 2015 के बीच पहली बार खाता खोलने वालों के लिए 30,000 रुपये का जीवन बीमा कवर।

पेंशन सुधार

राष्ट्रीय पेंशन व्यवस्था

सेवानिवृत्ति पर पर्याप्त आय उपलब्ध कराने की दृष्टि से भारत सरकार ने राष्ट्रीय पेंशन योजना (एनपीएस) आरंभ की। 1 जनवरी, 2004 से सरकार में नई नियुक्ति पाने वाले सभी कर्मचारियों (सैन्य बलों के अतिरिक्त) के लिए यह अनिवार्य है और 1 मई, 2009 से स्वैच्छिक आधार पर इसे सभी नागरिकों के लिए भी आरंभ कर दिया गया है। एनपीएस के डिजाइन की विशेषताएं हैं कि यह स्वयं चलने वाली, वहनीय अर्थात् पोर्टेबल एवं बढ़ाए जाने योग्य है। व्यक्तिगत पसंद पर आधारित इस योजना को किफायती एवं प्रभावी पेंशन प्रणाली के रूप में तैयार किया गया है, जो ठोस नियमों के अंतर्गत कार्य करती है। 'विशुद्ध परिभाषित योगदान' योजना के रूप में इस पर प्रतिफल पूरी तरह बाजार द्वारा तय होंगे। एनपीएस लोगों को निवेश के विभिन्न विकल्प उपलब्ध कराती है एवं एक विकल्प से दूसरे विकल्प अथवा एक कोष प्रबंधक से दूसरे प्रबंधक तक जाने की स्वतंत्रता भी कुछ नियामकीय प्रतिबंधों के साथ देती है।

एनपीएस का ढांचा पारदर्शी एवं वेब सक्षम है। यह ग्राहक को अपने निवेश एवं रिटर्न पर नजर रखने देता है। बाधा रहित पोर्टेबिलिटी की सुविधा ग्राहकों को बचत की पूरी अवधि के दौरान एक ही पेंशन खाता स्थायी सेवानिवृत्ति खाता संख्या (पीआरएएन) बनाए रखने में सक्षम बनाती है। पेंशन क्षेत्र के लिए नियामक के रूप में स्थापित पेंशन कोष नियामक एवं विकास प्राधिकरण (पीएफआरडीए) पूर्ण एनपीएस ढांचे के संबंध में अभी तक आरंभ किए गए कार्यक्रमों को सुदृढ़ बनाने में तथा एनपीएस वितरण नेटवर्क की पहुंच बढ़ाने में लगा है। सभी नागरिकों को एनपीएस उपलब्ध कराने की प्रक्रिया में एनपीएस मध्यस्थों की नियुक्ति भी करनी पड़ती है, जिनमें पॉइंट्स ऑफ प्रेजेंस (पीओपी) के रूप में संस्थागत निकाय हैं, जो पेंशन खाता खोलने एवं संग्रह करने के केंद्र के रूप में काम करेंगे, एक केंद्रीकृत रिकॉर्ड कीपिंग एजेंसी (सीआरए) है और निवेशकों की पेंशन संपदा का प्रबंधन करने हेतु पेंशन कोष प्रबंधक है।

अन्य वित्तीय संस्थाओं के अतिरिक्त डाक विभाग को भी पीओपी नियुक्त किया गया है, जिससे पीओपी-एसपी नेटवर्क का पांच गुना से अधिक विस्तार हो गया है। बड़े शहरों में (स्तर-I) 1 मई, 2009 से ही गैर-आहरणीय पेंशन खाते परिचालन में हैं, मझोले शहरों (स्तर-II) में 1 दिसंबर, 2009 से आहरणीय खाते परिचालन में लाए गए हैं। इन उपायों से वृहद् स्तर पर एनपीएस की पूरी संभावनाओं का लाभ उठाने एवं कम शुल्क एवं अधिक प्रतिफल के रूप में ग्राहकों को लाभ पहुंचाने में सहायता मिलने की संभावना है।

स्वावलंबन योजना

भारत सरकार कार्यशील दरिद्रों की वृद्धावस्था आय सुरक्षा के संबंध में अत्यधिक चिंतित है और उन्हें एनपीएस में शामिल होने योग्य बनाने एवं उसके लिए प्रोत्साहित करने पर उसका ध्यान है। असंगठित क्षेत्र में कामगारों को अपनी वृद्धावस्था हेतु स्वेच्छा से बचत करने के लिए प्रोत्साहित करने के उद्देश्य से 2010 में स्वावलंबन योजना नाम का कार्यक्रम आरंभ किया गया। यह सह-योगदान वाली पेंशन योजना है, जिसमें केंद्र सरकार 1,000 रुपये से 12,000 रुपये की वार्षिक बचत वाले प्रत्येक एनपीएस खाते में प्रति वर्ष 1,000 रुपये का योगदान करेगी। सरकार 2010-11, 2011-12 और 2012-13 में पंजीकृत होने वाले लाभार्थियों के खाते में पांच वर्ष तक योगदान देगी। सरकार का वार्षिक योगदान पात्रता वाले लाभाथियों के लिए 2016-17 तक बढ़ा दिया गया है। योजना 76 समूहों के सहयोग से काम करती है।

जिनमें कुछ राज्य सरकार, सार्वजनिक क्षेत्र के बैंक, क्षेत्रीय ग्रामीण बैंक, एमएफआई, एनबीएफसी एवं निजी क्षेत्र के निकाय शामिल है। स्वावलंबन के अंतर्गत नए नामांकन 1 अप्रैल, 2016 से, अटल पेंशन योजना के उद्घाटन के कारण, बंद कर दिए गए हैं। जुलाई 2016 तक एनपीएस-लाइफ/स्वावलंबन में उपभोक्ताओं की कुल संख्या 44.63 लाख थी।

ग्रामीण आवासीय कोष

2008-09 में ग्रामीण आवासीय कोष का गठन किया गया जिससे प्राथमिक ऋण संस्थाओं को ग्रामीण क्षेत्रों में लक्षित समूहों के बीच प्रतिस्पर्धी दरों में आवास ऋण की सुविधा प्रदान करने हेतु धन प्राप्त हो सके। 2008-09 के लिए कोष की कुल धनराशि ₹ 1,178.18 करोड़ थी, जिसमें 2009-10 में ₹ 2,000 करोड़, 2010-11 में भी ₹ 2,000 करोड़, 2011-12 में ₹ 3,000 करोड़, 2012-13 में ₹ 4,000 करोड़, 2013-14 में ₹ 6,000 करोड़ तथा 2014-15 में ₹ 8,000 करोड़ की वृद्धि हुई। 30 जून, 2016 तक कोष के अंतर्गत बैंक द्वारा ₹ 26,778 करोड़ प्राप्त किए गए हैं और बैंक ने लक्षित समूहों के लिए ग्रामीण आवास हेतु पुनर्वित्त पोषण के उद्देश्य से ₹ 24,927 करोड़ खर्च किए हैं।

प्रधानमंत्री मुद्रा योजना

लघु इकाई विकास और पुनर्वित्त एजेंसी बैंक (मुद्रा बैंक) भारत सरकार द्वारा गठित पुनर्वित्त संस्था है जिसका उद्देश्य लघु इकाइयों के विकास हेतु भारत के उद्यमशीलता, खासकर गैर-कारपोरेट जो छोटे व्यवसाय क्षेत्र से आते हैं, को प्रोत्साहित करने हेतु वित्त प्रदान करना है। प्रधानमंत्री मुद्रा योजना के दिशानिर्देशों के तहत मुद्रा बैंक ने अपने तीन उत्पाद शुरू किए हैं जिनके नाम हैं, शिशु, किशोर और तरुण। ये तीनों लघु उत्पाद, लघु इकाइयों या उद्यमियों के विकास के चरणों और वित्त पोषण की आवश्यकता को स्पष्ट करते हैं।

मुद्रा बैंक राज्य स्तरीय संस्थाओं के माध्यम से पुनर्वित्त प्रदान करता है। मुद्रा बैंक एनबीएफसी, एमएफआई, ग्रामीण बैंकों, जिला बैंकों, राष्ट्रीयकृत बैंकों, निजी बैंकों, प्राथमिक ऋण संस्थानों और अन्य बिचौलियों के माध्यम से ऋण वितरित करता है।

उत्पादन, प्रसंस्करण, व्यापार या सेवा क्षेत्र जैसी आय अर्जित करनेवाली गतिविधियों में संलग्न कोई भी भारतीय नागरिक, जिसकी ऋण जरूरत 10 लाख रुपये से भी कम है, प्रधानमंत्री मुद्रा योजना (पीएमएमवाई) के तहत ऋण का लाभ उठाने के लिए बैंकों, एमएफआई वित्तीय संस्थानों या एनबीएफसी से संपर्क कर सकता है। पीएमएमवाई के तहत कृषि क्षेत्र की सहायक गतिविधियों को भी इस योजना में शामिल करने का निर्णय लिया गया है।

ऋण देने की शर्तें यथा, मार्जिन मनी, ब्याज दर, सिक्युरिटी आदि भारतीय रिजर्व बैंक के दिशानिर्देश के के अनुसार हैं। मुद्रा ऋण हेतु एक अलग क्रेडिट गारंटी फंड बनाया गया था। तदनुसार छोटी इकाइयों हेतु क्रेडिट गारंटी फंड (सीजीएफएमयू) का गठन किया गया। इस योजना को अप्रैल 2016 में अधिसूचित किया गया। सीजीएफएमयू पोर्टफोलियो आधारित गारंटी है। ऋण लेनेवालों की परेशानी से मुक्त और उदार ऋण प्रदान करने के उद्देश्य से, शिशु श्रेणी के लिए जिनको कार्यशील पूंजी के रूप में ऋण की जरूरत है, मुद्रा द्वारा रूपी प्लेटफार्म पर मुद्रा कार्ड, जो एक डेबिट कार्ड है, नामक योजना शुरू की गई। इस योजना को अपनाकर बहुत से बैंकों ने मुद्रा कार्ड योजना के माध्यम से कार्यशील पूंजी हेतु ऋण दिया है। पीएमएमवाई के तहत ऋण किसी राज्य/केंद्र सरकार की योजना से जुड़ा हुआ है,

जिसमें सरकार पूंजी अनुदान प्रदान करती है, तो वह पीएमएमवाई के तहत भी पात्र है और छोटे व्यावसायिक उद्योग के लिए उसके पास व्यवसाय की योजना है तो वह 10 लाख रुपये तक मुद्रा ऋणकर्त्ता को अपेक्षित दस्तावेजों के साथ निर्धारित प्र–पत्र में अपना ऋण आवेदन निकटतम बैंक शाखा में जमा करना है।

कौशल विकास के लिए ऋण गारंटी कोष

कौशल ऋण योजना के अनुसार कौशल विकास पाठ्यक्रम करनेवाले पात्र ऋण लेनेवालों को ₹ 1.5 लाख या अवस्थापक द्वारा निर्धारित कोई अन्य रकम तक बिना सहवर्ती प्रतिभूति अथवा थर्ड पार्टी गारंटी के ऋण देनेवाले संस्थानों द्वारा स्वीकृति और भुगतान की गारंटी है। कोई भी भारतीय नागरिक जो राष्ट्रीय कौशल योग्यता ढांचा (एनएसक्यूएफ) के अनुसार न्यूनतम योग्यता प्राप्त हो कौशल ऋण प्राप्त कर सकता है। वर्तमान में कौशल विकास हेतु सांस्थानिक ऋण के लिए अलग विधान नहीं है और कौशल विकास हेतु दिए गए ऋण कृषि, लघु और छोटे उद्योग, शिक्षा आदि जैसे संबंधित क्षेत्रों में शामिल किए जाते हैं। कौशल ऋण के संबंध में कुल बकाए का विवरण उपलब्ध नहीं है। हालांकि, राष्ट्रीय कौशल विकास नीति के अनुसार 2022 तक 50 करोड़ कुशल श्रमिकों के सृजन का लक्ष्य निर्धारित किया गया है। एक वर्ष में लगभग दस लाख लोगों को औसत ऋण 25000 रुपये के हिसाब से इस क्षेत्र में प्रतिवर्ष करीब 2500 करोड़ रुपये की जरूरत होगी, जिसे पूरी तरह इस योजना के अंतर्गत गारंटी दिए जाना अपेक्षित है।

वित्तीय एवं भौतिक उपलब्धियां

क्र.	उपलब्धि का प्रकार	उपलब्धि
1.	वित्तीय उपलब्धि	दिनांक 31 मार्च, 2014 को 490 करोड़ रुपये संग्रह निधि के रूप में प्राप्त।
2.	भौतिक उपलब्धि	पंजीकरण हेतु 74 सदस्य ऋणप्रदाता संस्थानों (एमएलआई) को कहा गया था। इस गारंटी योजना हेतु 17 सदस्य ऋणदाता संस्थानों को पंजीकृत किया गया है। गारंटी योजना को 20 नवंबर, 2015 को अधिसूचित किया गया और गारंटी रॉलआउट की प्रक्रिया जारी है। वित्तीय वर्ष 2016–17 में इसके निष्पादन में महत्वपूर्ण वृद्धि की संभावना है। एक सार्वजनिक क्षेत्र के बैंक को ₹ 1,67,981 पहले गारंटी कवर के रूप में दिए गए हैं।

निवेश और सार्वजनिक संपत्ति प्रबंधन विभाग

विनिवेश विभाग 1999 में एक अलग विभाग के रूप में स्थापित किया गया था और वर्ष 2001 में इसे विनिवेश मंत्रालय बना दिया गया था। वर्ष 2004 से विनिवेश विभाग वित्त मंत्रालय के अंतर्गत विभागों में से एक है। वर्ष 2016 में विनिवेश विभाग का नाम बदलकर निवेश और सार्वजनिक संपत्ति प्रबंधन विभाग कर दिया गया है।

इस विभाग के कार्यों में शामिल है: केंद्रीय सार्वजनिक क्षेत्र के उपक्रमों के शेयर विनिवेश सहित शेयर में केंद्रीय सरकार के निवेश प्रबंधन से जुड़े सभी मामले। बिक्री हेतु ऑफर अथवा प्राइवेट प्लेसमेंट या पूर्व के केंद्रीय सार्वजनिक क्षेत्र के उपक्रमों के किसी अन्य तरीके द्वारा केंद्रीय सरकार के शेयर की

बिक्री से संबंधित सभी मामले। योजनाबद्ध विनिवेश समेत विनिवेश हेतु प्रशासनिक मंत्रालयों, नीति आयोग आदि की अनुशंसाओं पर निर्णय। विनिवेश तथा सार्वजनिक संपत्ति प्रबंधन हेतु स्वतंत्र बाहरी मॉनिटर से संबंधित सभी मामले। राष्ट्रीय निवेश कोष में डाले गए विनिवेश के लाभों के उपयोग के संबंध में वित्तीय नीति।

विनिवेश के लाभ

विनिवेश के जरिए जनता की समृद्धि में भागीदारी द्वारा जनता में केंद्रीय सार्वजनिक क्षेत्र उद्योगों के प्रति स्वामित्व का विकास, आर्थिक विकास को गति देने और उच्चतर व्यय हेतु सरकार के संसाधनों में विस्तार के लिए सीपीएसई में सार्वजनिक निवेश के कुशल प्रबंधन में सक्षमता, सीपीएसई को स्टॉक एक्सचेंजों पर सूचीबद्ध कराने की प्रक्रिया से संस्कृति के विस्तार में सहयोग प्राप्त होता है और सरकार के लिए बजटीय संसाधनों में वृद्धि होती है।

वर्तमान विनिवेश नीति की मुख्य विशेषताएं

विनिवेश पर नीति में महत्वपूर्ण विकास हुआ है। इस नीति की मुख्य विशेषताओं में निम्नलिखित शामिल है- (क) सार्वजनिक क्षेत्र के उपक्रम राष्ट्र की संपत्ति हैं और यह सुनिश्चित करने के लिए कि यह संपत्ति जनता के हाथों में है सीपीएसई में जनता के स्वामित्व का विकास (ख) सीपीएसई की कम संख्या में शेयर बिक्री द्वारा विनिवेश करते समय सरकार अपने पास शेयर का अधिक हिस्सा रखेगी यानि, शेयरहोल्डिंग का कम से कम 51 प्रतिशत और सार्वजनिक क्षेत्र के उपक्रम का प्रबंधकीय नियंत्रण भी रखेगी। (ग) चिह्नित सीपीएसई में प्रबंधकीय नियंत्रण के स्थानांतरण के साथ सरकार की शेयरधारिता का 50 प्रतिशत या अधिक हिस्से की बिक्री द्वारा युक्तिपूर्ण विनिवेश।

सीपीएसई विनिवेश (दिनांक 20 जुलाई, 2016 को)

विक्रय की विधि	विनिवेश प्राप्तियां (₹ करोड़ में)
माइनॉरिटी विक्रय	1,85,715.99
स्ट्रैटेजिक विक्रय	6,344.35
अवशिष्ट विक्रय	6,398.27
एक सीपीएसई के दूसरे सीपीएसई को बहुलांश शेयरधारिता के विक्रय से प्राप्तियां	1,317.23
विशेष लाभांशों, कंट्रोल प्रीमियम, क्रॉस-होल्डिंग, कर्मचारियों को शेयरों की बिक्री आदि जैसे अन्य लेनदेन	12,694.98
कुल	**2,12,470.82**

सीपीएसईएस विनिवेश लक्ष्य और उपलब्धियां

(विगत 5 वर्षों में)

क्र	वित्तीय वर्ष	सीपीएसई के विनिवेश का लक्ष्य (माइनॉरिटी शेयर विक्रय)	विनिवेश से प्राप्त राशि (करोड़ रुपये में)
1	2011–12	40,000	13,894
2	2012–13	30,000	23,957
3	2013–14	40,000	15,819
4	2014–15	43,425	24,349
5	2015–16	41,000 (₹ 28,500 करोड़ के स्ट्रैटेजिक विनिवेश के अलावा)	23,997*

*एनटीपीसी के बोनस डिबेंचर को ईपीएफओ को बिक्री द्वारा करीब 8,152 करोड़ रुपये की अतिरिक्त राशि भी प्राप्त की गई है।

विनिवेश लक्ष्य 2016–17

चालू वित्त वर्ष हेतु विनिवेश लक्ष्य की आकलित राशि ₹ 56,500 करोड़ है, जिसमें सीपीएसईएस के विनिवेश से ₹ 36,000 करोड़ और युक्तिसंगत विनिवेश से ₹ 20,500 करोड़ है।

सुधार के उपाय और नीति संबंधी पहलें

(क) अनुमोदनों एवं कार्यप्रणालियों को तीव्र बनाना

विनिवेश के बजटीय लक्ष्य को ध्यान में रखते हुए विनिवेश विभाग (डीओडी) ने विनिवेश प्रक्रिया को तीव्र करने के लिए अग्रवत कदम उठाए गए: वार्षिक योजना को रोलिंग प्लान में बदलना, सीपीएसईएस के प्रस्तावों की सूची तैयार करके अनुमोदन हेतु प्रस्तुत पाइपलाईन तैयार करना, जोकि वर्तमान में अनुमोदन के विभिन्न स्तरों पर हैं, अनुमोदन प्रक्रिया को तीव्र करना, पीएसयू–ओएफएस शेयरों के लेनदेन में खुदरा निवेशकों हेतु अलग–अलग मामलों के आधार पर 20 प्रतिशत तक शेयरों का आरक्षण ताकि विनिवेश कार्यक्रम को अधिक समावेश बनाया जाए। विभाग द्वारा दिए गए सुझावों के आधार पर सेबी ने ओएफएस लेनदेन हेतु सूचना अवधि को घटाकर टी–2 से टी–1 (टी का मतलब है लेनदेन का दिन) कर दिया है। इससे सूचना दिवस और लेनदेन दिवस के बीच 'कीमत की मार पड़ने' की संभावना को कम करने में मदद मिलेगी तथा खुदरा निवेशकों को ओएफएस लेनदेन में भाग लेने हेतु पर्याप्त समय प्रदान कर उनके हितों की समुचित रक्षा होगी।

(ख) जनता की भागीदारी के विस्तार द्वारा विनिवेश कार्यक्रम को अधिक समावेशी बनाना: स्टॉक एक्सचेंज प्रणाली के माध्यम से सेबी ने शेयरों के ऑफर फॉर सेल (ओएफएस) के ढांचे का विस्तार करते हुए ऑफर के आकार का न्यूनतम 10 प्रतिशत शेयर खुदरा निवेशकों हेतु आरक्षित रखा है। पीएयूओएफएस शेयरों के लेनदेन में अलग–अलग मामलों के आधार पर खुदरा निवेशकों हेतु 20 प्रतिशत शेयरों का आरक्षण कर सरकार ने सीपीएसई विनिवेश कार्यक्रम को अधिक समावेशी बनाया है।

(ग) पीएसयूएस में सरकारी निवेश के समग्र प्रबंध हेतु सरकार के निर्णयों के क्रियान्वयन के लिए विनिवेश विभाग का पुनर्गठन और डीआईपीएएम के रूप में पुनर्नामकरण: आर्थिक विकास को गति देने और उच्चतर व्यय हेतु सरकार के संसाधनों में वृद्धि हेतु केंद्रीय सार्वजनिक क्षेत्र उपक्रमों (सीपीएसईएस) में निवेश के प्रबंध संबंधी सरकार के लक्ष्य के क्रम में विभाग का पुनर्नामकरण किया

गय है। यह आर्थिक वृद्धि को गति देने और सीपीएसईएस में अपने निवेश पर बेहतर रिटर्न प्राप्त कर अपने संसाधनों के सार्थक इस्तेमाल की प्रतिबद्धता हेतु सीपीएसईएस में सरकार के निवेश की मान्यता को रेखांकित करता है।

(घ) सीपीएसई में भारत सरकार के निवेश का समग्र: केंद्रीय सार्वजनिक क्षेत्र के उद्यम (सीपीएसई) का पूंजी पुनर्गठन (कैपिटल रिस्ट्रक्चरिंग) इस विभाग द्वारा 2016 में जारी किया गया था। यह दिशानिर्देश लाभांश के भुगतान, शेयरों की वापस खरीद, बोनस शेयरों को जारी करना और शेयरों की स्प्लिटिंग संबंधी पूर्व के सभी निर्देशों के ऊपर प्रभावी है। ये दिशानिर्देश अग्रवत हैं: (i) ये दिशानिर्देश उन सभी कारपोरेट निकायों पर लागू होगा जिसमें भारत सरकार और/या सरकार द्वारा नियंत्रित एक या अधिक निकाय निगमों का नियंत्रण में अभिरुचि है। यह उन निकाय निगमों के लिए लागू नहीं हेगा जिन्हें अपने सदस्यों के बीच लाभ के बंटवारे की अनुमति नहीं है अथवा कंपनी अधिनियम के 2013 के सेक्शन 8 के अंतर्गत स्थापित कंपनियां या किसी अन्य अधिनियम के वर्तमान प्रावधान के अंतर्गत या जिन्हें घाटा हुआ हो, (ii) इस दिशानिर्देश का लक्ष्य आर्थिक वृद्धि को प्रोत्साहित करने हेतु सीपीएसई/सरकार के कोष का अधिकतम उपयोग है। सीपीएसई को अपने सरप्लस फंड पर व्यावसायिक दृष्टि से सोचना होगा और यदि उनके पास इस धन को व्यवसाय में लगाने हेतु कोई अनुकूल योजना नहीं है तो उन्हें पूंजी पुनर्निमाण के अन्य विकल्पों की खोज करनी चाहिए। (iii) सीपीएसईएस द्वारा व्यवसायिक गतिविधियों हेतु सीधे व्यय/पूंजी व्यय पर तथा आर्थिक गतिविधियों में उच्चतर निवेष हेतु निवल मूल्य और संपत्ति के लाभ पर जोर है। यह दिशानिर्देश कोषों (फंडों) की पार्किंग और उप-अनुकूलतम निवेश को हतोत्साहित करता है। (iv) यदि किसी असाधारण अप्रत्याशित स्थिति के कारण कोई सीपीएसई इन दिशानिर्देशों का पालन करने के सक्षम नहीं है तो यह सुनिश्चित करने के लिए व्यवस्था की गई है कि ऐसे मुद्दे, सुपरिभाषित प्रक्रिया द्वारा सीपीएसई को छूट देने हेतु प्रशासनिक मंत्रालय के एक विशेष स्तर पर वित्तीय सलाहकार के परामर्श से विधिवत्त विचार किया जाए।

राष्ट्रीय निवेश कोष

सरकार ने राष्ट्रीय निवेश कोष (एनआईएफ) का गठन नवंबर 2005 में किया जिसका उद्देश्य केंद्रीय सार्वजनिक क्षेत्र उपक्रमों के विनिवेश से प्राप्तियों को दिशा देना था। एनआईएफ का कोष स्थायी था और सरकार को सतत लाभ प्रदान करने के लिए कोष में कमी किए बिना एनआईएफ को व्यावसायिक प्रबंध करना था। सार्वजनिक क्षेत्र के कुछ चुने हुए म्युचुअल फंडों यथा, यूटीआई ऐसेट मैनेजमेंट कंपनी लिमिटेड और एलआईसी म्युचुअल फंड ऐसेट मैनेजमेंट कंपनी लिमिटेड को एनआईएफ कोष के प्रबंधन का कार्य सौपा गया। इस योजना के अनुसार एनआईए की वार्षिक आय का 75 प्रतिशत का इस्तेमाल शिक्षा, स्वास्थ्य और रोज़गार को बढ़ाने वाले चुने हुए सामाजिक क्षेत्र की योजनाओं के वित्त पोषण हेतु किया जाना था। एनआईएफ के बचे हुए 25 प्रतिशत आय का उपयोग पुनर्निनिवेश करने वाले और लाभदायक पीएयू की पूंजी निवेश की जरूरतों को पूरा करने के लिए किया जाना था। वर्ष 2008-09 के भूमंडलीय मंदी और 2009-10 के भीषण सूखे के कारण उत्पन्न कठिन आर्थिक परिस्थिति को ध्यान में रखते हुए सरकार ने विनिवेश प्राप्तियों के उपयोग हेतु नीति में परिवर्तन किया। इसमें विनेवेश प्राप्तियों का उपयोग व्यय विभाग/योजना आयोग द्वारा नियत चुने हुए सामाजिक क्षेत्र की योजनाओं हेतु सीधे करने हेतु एक बार के लिए छूट दी गई।

एनआईएफ को विनिवेश नीति के अनुरूप रखने के लिए सरकार ने निर्णय लिया कि वित्तीय वर्ष 2013–14 से विनिवेश प्राप्तियों को वर्तमान एनआईएफ में, जोकि सरकारी लेखा के अंतर्गत एक सार्वजनिक लेखा है, जमा किया जाएगा और यह कोष अनुमोदित उद्देश्यों में निवेश किए जाने तक वहीं रहेगा। साथ ही यह भी निर्णय लिया गया कि एनआईएफ का उपयोग निम्नांकित उद्देश्यों हेतु किया जाएगा: यह सुनिश्चित करने के लिए कि सीपीएसई में 51 प्रतिशत की हिस्सेदारी कम नहीं हो सीपीएसई द्वारा अधिकार आधार पर जारी किए जा रहे शेयरों को खरीदना। सेबी (पूंजी और प्रकटीकरण आवश्यकता का मुद्दा) विनियम, 2009 के अनुसार प्रोमोटरों को सीपीएसई के शेयरों का प्राथमिकता आवंटन ताकि सीपीएसई द्वारा अपने पूंजी व्यय कार्यक्रम को पूरा करने हेतु नए शेयर जारी करने संबंधी सभी मामलों में सरकार की शेयरधारिता 51 प्रतिशत से नीचे न हो।

सरकार ने निम्नलिखित उद्देश्यों हेतु एनआईएफ द्वारा वित्तपोषण को भी अनुमोदित किया– आरआरबीएस/आईआईएफसीएल/नाबार्ड/ एक्जिम बैंक में सरकार द्वारा निवेश, विभिन्न मैट्रो परियोजनाओं में इक्विटी निवेश, भारतीय नाभिकीय विद्युत निगम लिमिटेड और यूरेनियम कारपोरेशन ऑफ इंडिया लिमिटेड में निवेश, भारतीय रेल में पूंजी व्यय के लिए निवेश का प्रावधान रखा है।

नोटों का विमुद्रीकरण

सरकार ने 8 नवंबर , 2016 को 500 और 1,000 रुपये के नोटों का प्रचलन बंद करने का फैसला किया। महात्मा गांधी शृंखला के 500 और 1,000 रुपये के सभी पुराने नोटों की भारत में कानूनी मान्यता 9 नवंबर, 2016 से खत्म हो गई।

8 नवंबर , 2016 को टेलीविजन पर सीधे प्रसारित हुए संबोधन में प्रधानमंत्री श्री नरेंद्र मोदी ने घोषणा की कि 500 और 1,000 रुपये के नोटों का प्रयोग उसी दिन की मध्यरात्रि से अमान्य हो जाएगा। उन्होंने पुराने नोटों के बदले महात्मा गांधी शृंखला के 500 रुपये और 2,000 रुपये के नए नोट जारी किए जाने की घोषणा भी की। किंतु 100 रुपये, 50 रुपये, 20 रुपये, 10 रुपये और 5 रुपये के नोटों की कानूनी मान्यता बरक़रार रही और उन पर नीति का कोई प्रभाव नहीं पड़ा।

सरकार ने कहा कि विमुद्रीकरण का कदम वर्तमान नोटों की नकल रोकने का प्रयास तो है ही, जिनका प्रयोग कथित रूप से आतंकवाद की आर्थिक मदद में हो रहा है, साथ ही यह देश में काले धन पर भी प्रहार है।

14 कारपोरेट मामलों का मंत्रालय

कारपोरेट अर्थात कंपनी मामलों का मंत्रालय (एमसीए) केंद्र सरकार के अधोलिखित अधिनियमों के प्रशासन के लिए उत्तरदायी है; (i) कंपनी अधिनियम, 2013, (ii) कंपनी अधिनियम, 1956, (iii) सीमित दायित्व भागीदारी अधिनियम, 2008, (iv) प्रतिस्पर्धा (संशोधन) अधिनियम, 2009 द्वारा संशोधित प्रतिस्पर्धा अधिनियम, 2002, (v) दिवाला एवं नष्टनिधि संहिता, 2016, (vi) चार्टर्ड लेखाकार, अधिनियम, 1949, (vii) लागत एवं कार्य लेखा अधिनियम, 1959, (viii) कंपनी सचिव अधिनियम, 1980, (ix) संस्था पंजीकरण अधिनियम, 1860 और भारतीय भागीदारी अधिनियम, 1932 (केंद्रशासित क्षेत्रों में), (x) भागीदारी अधिनियम, 1932 और (xi) कंपनी राष्ट्रीय निधियों में दान, अधिनियम, 1951।

प्रशासकीय संरचना

मंत्रालय की संगठनात्मक रचना त्रिस्तरीय है, मुख्यालय नई दिल्ली में है, जबकि सात प्रादेशिक कार्यालय (आरडी) अहमदाबाद, चेन्नई, हैदराबाद, कोलकाता, मुंबई, नई दिल्ली और शिलांग में स्थित हैं। इसके अतिरिक्त पंद्रह कंपनी पंजीयक (आरओसी), चौदह शासकीय परिसमापकर (ओएल) और नौ आरओसी-सह-ओएल विभिन्न राज्यों और केंद्रशासित प्रदेशों में कार्यरत हैं।

पंजीकरण के कुछ प्रमुख कार्यों में प्रोसेस रि-इंजीनियरिंग के द्वारा 'नाम उपलब्धता' (आईएनसी-01) और 'निगमन' (आईएनसी-02/07/29) के प्रक्रमण के लिए केंद्रीय पंजीकरण केंद्र (सीआरसी) का गठन करना शामिल है। ई-प्रपत्र के रूप में शुरू किए गए ये दोनों हाल ही में किए गए महत्वपूर्ण बदलाव हैं। जीपीआर के रूप में शुरू की गई यह प्रक्रिया कंपनियों के लिए कारोबार को सरल बनाने के लिए सरकार के इरादे को दृष्टिगत रखते हुए शुरू की गई है। आशा है इससे यथासंभव नियमों को लागू करने में समानता बरती जा सकेगी और विवेकाधिकार की संभावना भी समाप्त हो सकेगी। ई-प्रपत्र के प्रक्रमण को एक से दो कार्यदिवसों में निपटाने के उद्देश्य के मद्देनज़र गहन निगरानी की भी साथ-साथ व्यवस्था की गई है।

कंपनियों के न्यायिक क्षेत्राधिकार वाले रजिस्ट्रारों (पंजीयकों) का यह अधिकार सीआरसी के रजिस्ट्रार द्वारा कंपनियों पर अभी भी बना हुआ है। यह अधिकार अधिनियम के सभी अन्य प्रावधानों और उनके अधीन बने प्रासंगिक नियमों पर भी लागू है। शासकीय परिसमापक मंत्रालय के प्रशासनिक नियंत्रण में रहकर काम करते हैं और वे संबंधित उच्च न्यायालयों से संबद्ध होते हैं। वे मुख्य रूप से कंपनियों के परिसमापन और विघटन से संबंधित न्यायालय के आदेशों के क्रियान्वयन के लिए उत्तरदायी होते हैं।

कंपनी कानून का अधिनियमन

नया कंपनी अधिनियम, 2013, 1956 के कंपनी अधिनियम के स्थान पर लाया गया है। वैश्विक स्तर पर प्रचलित श्रेष्ठतम पद्धतियों के साथ-साथ मौजूदा आर्थिक विकास की आवश्यकताओं का ध्यान रखते हुए इसमें व्यापक संशोधन किए गए हैं। 29 अगस्त, 2013 को बने कंपनी अधिनियम, 2013 की 470 धाराओं में से 326 की अधिसूचना जारी की जा चुकी है। शेष 144 धाराएं जो कंपनियों के समापन (100), पुनर्जीवन एवं पुनर्वास (17) विलय और व्यवस्थाएं प्रबंध (11), हटाना (5) से संबंधित हैं, उनको अभी अधिसूचित करना बाकी है। इनमें से अधिकांश भी दिवाला एवं नष्टनिधि संहिता के पूरी तौर पर अमल में आने के बाद प्रभावी हो जाएंगी।

कंपनी अधिनियम, 2013 का उद्देश्य विश्व में प्रचलित श्रेष्ठतम पद्धतियों के समान ही भारत की कंपनियों का नियमन और प्रशासन चलाना है। कारपोरेट क्षेत्र को अपने मामलों को नियमपूर्वक निपटाने के लिए और अधिक छूट दी गई है, बशर्ते उनके कार्यकलापों का पूर्व रूप से खुलासा किया जाए और उनकी जवाबदेही तय की जाए। कार्यों के अनुमोदन की प्रक्रिया में सरकार का हस्तक्षेप न्यूनतम रहेगा। अधिनियम नए उद्यमियों को और अधिक अवसर प्रदान करता है और कारपोरेट जगत के अपने मामलों के संचालन में सूचना प्रौद्योगिकी के व्यापक प्रयोग की सुविधा प्रदान करता है। इस अधिनियम की प्रमुख विशेषताएं नीचे दी जा रही हैं:

I. कंपनी अधिनयम, 2013 की प्रमुख विशेषताएं

- सरकार के अनुमोदन पर आधारित व्यवस्था के स्थान पर प्रकटीकरण/पारदर्शिता सहित स्वनियमन का प्रावधान।
- कंपनियों के अभिलेखों/बैठकों का ऑटोमेशन - (1) कंपनियों द्वारा इलेक्ट्रॉनिक रूप में दस्तावेजों का संधारण, (2) बोर्ड की बैठक आदि के आयोजन के लिए वीडियो कांफ्रेंसिंग की पद्धति, की वैधानिक मान्यता।
- संक्षिप्त प्रकार के विलयन और सीमापार विलयन सहित त्वरित विलियन और अधिग्रहण।
- त्वरित परिसमापन, रुपये एक करोड़ या उससे कम की कुलपरिसंपत्ति वाली कंपनियों के लिए, शासकीय परिसमापकों को निर्णय का अधिकार दिया गया है।
- राष्ट्रीय कंपनी कानून न्यायाधिकरण (एनसीएलटी) का गठन।
- निष्क्रिय कंपनियों की अवधारणा की शुरुआत (लगातार दो वर्षों तक कारोबार नहीं करने वाली कंपनियों को निष्क्रय घोषित किया जा सकता है।
- एक व्यक्ति कंपनी (ओपीसी) की धारणा प्रारंभ।

II. उत्तम कारपोरेट प्रशासन और कारपोरेट सामाजिक दायित्व

- धारा 149 (4) की वैधानिक अनिवार्यता के तौर पर स्वतंत्र निदेशकों (आईडी) की अवधारणा को मंजूरी।
- बोर्ड की अनेक समितियों (अंकेक्षण समिति, नामांकन और पारिश्रमिक समिति, अंशधारी संबंध समिति और सीएसआर समिति) के गठन का प्रावधान।

- कंपनियों के निर्धारित वर्ग हेतु महिला निदेशक।
- कंपनियों के निर्धारित वर्ग हेतु अनिवार्य प्रकटीकरण सहित, सीएसआर समिति के गठन और सीएसआर नीति तैयार करने हेतु अनिवार्य प्रावधान।

III. प्रबंधन की जवाबदेही बढ़ाना

- दोषी अधिकारी, शब्दावली को और प्रासंगिक बनाने के लिए इसकी समीक्षा की गई है।
- कंपनी के प्रमुख अधिकारियों की जवाबदेही तय करने हेतु मुख्य प्रबंधन कार्मिक (केएमवी) और प्रवर्तक शब्दावली को परिभाषित किया गया है।
- अंशधारियों, कर्मचारियों, समाज और पर्यावरण के प्रति निदेशकों के कर्तव्यों को पारिभाषित किया गया।
- निदेशकों की संख्या की सीमा निर्धारितः 20 कंपनियों जिनमें से 10 सार्वजनिक कंपनियां हो सकती हैं।

IV. समर्थ प्रवर्तन

- केंद्र सरकार को जनहित में, स्वतः जांच का आदेश देने का अधिकार होगा।
- गंभीर धोखाधड़ी अन्वेषण कार्यालय (एसएफआईओ) की वैधानिक मान्यता।
- विशेष अदालतों के गठन का प्रावधान।
- जांच के दौरान, मजिस्ट्रेट के आदेश के बगैर दस्तावेजों की तलाशी और जब्ती।
- जांच के अधीन कंपनी के अवैध लाभों या परिसंपत्तियों को फ्रीज़ (उपयोग से वंचित) करना।

V. ऑडिट उत्तरदायित्व

- लेखा और लेखा परीक्षण मानकों की मान्यता।
- लेखा परीक्षण के लिए अयोग्यता के कड़े मानदंड।
- लेखा परीक्षण विनिर्दिष्ट - गैर अंकेक्षण सेवाएं नहीं कर सकेगा।
- लेखा परीक्षकों का क्रमावर्तन अथवा कार्यकाल।
- बड़ी कंपनियों के लिए आंतरिक लेखा परीक्षण।
- अनुपालन न करने की स्थिति में लेखा परीक्षण के लिए पर्याप्त दीवानी और आपराधिक दायित्व।
- धोखाधड़ी का मामला पाए जाने पर न्यायाधिकरण को लेखा परीक्षक को बदलने का आदेश देने का अधिकार।
- कंपनियों के निर्धारित वर्ग के लिए लागत अभिलेख और लेखा परीक्षण।
- कंपनियों के निर्धारित वर्ग हेतु सचिवालयीन लेखा परीक्षण।
- राष्ट्रीय वित्तीय रिपोर्टिंग प्राधिकरण (एनएफआरए) का गठन किया जाएगा।
- छोटे अंशधारकों का संरक्षण।
- यदि उद्देश्य (ऑब्जेक्ट) अथवा समझौते आदि के दौरान कोई असहमति हो तो (एक्जिट) का अधिकार।

– समझौते, व्यवस्थाओं आदि के दौरान मूल्यांकन अनिवार्य।

– विलय का छोटे अंशधारकों पर प्रभाव का खुलासा अनिवार्य।

– सूचीबद्ध कंपनियों में छोटे निवेशकों का प्रतिनिधित्व करने वाला एक निदेशक जरूरी।

VI. निवेशक संरक्षण

– जनता से जमाराशि स्वीकार करने हेतु कड़े नियम।

– निवेशक शिक्षा और संरक्षण कोश (आईईपीएफ) की सुदृढ़ भूमिका।

– आईईपीएफ से लाभांश के दावे पर कोई समय सीमा नहीं।

– क्लास एक्शन सूट्स की मान्यता।

– छोटे अंशधारियों के अधिकारों के संरक्षण हेतु न्यायाधिकरण के अधिकारों में वृद्धि।

कंपनी (संशोधन) अधिनियम

व्यापार को सुविधाजनक बनाने और अंशधारियों की कतिपय व्यावहारिक चिंताओं को दूर करने के लिए कंपनी अधिनियम, 2013 में संशोधन करने के इरादे से 2015 में कंपनी (संशोधन) अधिनियम पारित किया गया। इन संशोधनों को संबंधित नियमों सहित अधिसूचित कर दिया गया है। ये संशोधित नियम कंपनी अधिनियम, 2013 (अधिनियम) की धारा 462 के अंतर्गत जारी किए गए हैं। संशोधित अधिनियम के प्रावधानों के अंतर्गत (i) निजी कंपनियों, (ii) सरकारी कंपनियों, (iii) धारा 8 की कंपनियों और (iv) निधियों को छूट प्रदान की गई है।

कंपनी (संशोधन) विधेयक

कंपनी कानून समिति 2015 द्वारा की गई सिफारिशों और रिपोर्ट को सार्वजनिक करने पर मिली प्रति-क्रियाओं के आधार पर मंत्रालय ने 2013 कंपनी कानून में कुछ परिवर्तन करने का प्रस्ताव किया है और कंपनी (संशोधन) विधेयक, 2016 को पेश किया है।

कंपनी अधिनियम, 2013 और इससे संबंधित नियम/अधिसूचनाएं/परिपत्र आदि कारपोरेट मंत्रालय की वेबसाइट: www.mca.gov.in पर उपलब्ध हैं।

मंत्रालय ने राष्ट्रीय कंपनी कानून न्यायाधिकरण (एनसीएलटी) और राष्ट्रीय कंपनी कानून अपीली न्यायाधिकरण (एनसीएलएटी) का गठन किया है, जिसकी पीठें दस स्थानों पर हैं।

न्यायमूर्ति (सेवानिवृत्त) एस.जे. मुखोपाध्याय को एनसीएलएटी का और न्यायमूर्ति (सेवानिवृत्त) एम.एम. कुमार को एनसीएलटी का अध्यक्ष नियुक्त किया गया है। एनसीएलटी और एनसीएलएटी के गठन के बाद कंपनी कानून बोर्ड को भंग कर दिया गया है और उसके पास के सारे प्रकरण एनसीएलटी के पास भेज दिए गए हैं।

मंत्रालय ने कंपनी अधिनियम, 2013 के तहत दंडनीय अपराधों के लिए मुकदमा चलाने के लिए विशेष न्यायालयों का गठन किया है। इन विशेष न्यायालयों को कंपनी अधिनियम, 2013 की धारा 435 (1) के अनुसार दो या उससे अधिक समय के कारावास का दंड देने का अधिकार है।

रजिस्ट्री में कंपनियों की संख्या

कंपनी अधिनियम, 2013, कंपनी अधिनियम, 1956 और पूर्व के कंपनी कानूनों के अंतर्गत, 31 मार्च, 2016 तक कुल 15,43,712 कंपनियां पंजीकृत थीं। इनमें से 2,85,845 कंपनियां बंद हो चुकी हैं और 10,360 कंपनियां बंद होने या भंग होने की प्रक्रिया में हैं। इसके अतिरिक्त, 29,639 कंपनियों को खारिज किया जा रहा है, 163 कंपनियों को पुन: क्रियाशील किया जा रहा है, 594 कंपनियों को कंपनी अधिनियम, 2013 की धारा 455 के अंतर्गत निष्क्रिय अथवा प्रसुप्त अवस्था में डाल दिया गया है और 1,38,691 कंपनियों को निष्क्रिय श्रेणी में रख दिया गया है। इन सबको देखते हुए 10,88,780 क्रियाशील कंपनियां थीं।

कारपोरेट सामाजिक दायित्व

कंपनियों के लिए सामाजिक दायित्व (सीएसआर) निभाना कंपनी अधिनियम, 2013 की धारा 135 के अंतर्गत कानूनन अनिवार्य कर दिया गया है। कंपनी अधिनियम, 2013 की धारा 135, अधिसूची VII और कंपनियों के (कारपोरेट सामाजिक दायित्व) नियम, 2014 को 2014 में ही अधिसूचित कर दिया गया था।

मंत्रालय ने समय-समय पर सीएसआर नीति नियम, 2014 में संशोधन किए हैं। परिपत्रों के रूप में स्पष्टीकरण भेजे गए हैं ताकि सीएसआर पर प्रभावी क्रियान्वयन और अनुपालन हो। इसके अतिरिक्त मंत्रालय ने आईआईसीए के साथ मिलकर दायित्व के नियमों को भलीभांति समझाने के लिए कंपनियों और गैर-सरकारी संगठनों के साथ कार्यशालाएं/संगोष्ठियां/सम्मेलन आयोजित किए हैं ताकि प्रभावी तरीके से इन नियमों का क्रियान्वयन हो।

कंपनियों द्वारा सीएसआर के प्रावधानों का वित्त वर्ष 2014-15 में किस सीमा तक पालन किया गया है, इसके 4,257 कंपनियों द्वारा सीएसआर के मद में किए गए व्यय से समझा जा सकता है। इस व्यय की समीक्षा मंत्रालय में की गई है।

वर्ष 2014-15 के दौरान सीएसआर व्यय

(करोड़ रुपये में)

क्र. सं.	कंपनी का प्रकार	कुल कंपनियां	सीएसआर व्यय करने वाली कंपनियों की संख्या	सीएसआर व्यय न करने वाली कंपनियों की संख्या	वास्तविक सीएसआर व्यय 2014-15
1.	सार्वजनिक उपक्रम	169	116	53	2364
2.	निजी क्षेत्र की कंपनियां	4088	1790	2298	5665
	योग	**4257**	**1906**	**2351**	**8029**

2014-15 में विकास से जुड़े विभिन्न क्षेत्रों में सीएसआर व्यय की सूचना निम्नलिखित है:

क्र. सं.	अधिसूची VII में	सीएसआर व्यय (करोड़ रुपये में)
1.	स्वास्थ्य/भूख, निर्धनता एवं कुपोषण	2031.67
2.	शिक्षा/दिव्यांग/आजीविका	2519.92
3.	स्त्री-पुरुष समानता/महिला सशक्तीकरण/ वृद्धाश्रम/असमानता शमन	286.81
4.	पर्यावरण एवं पशु कल्याण	1205.75
5.	कला एवं संस्कृति धरोहर	148.09
6.	खेलों को प्रोत्साहन	150.07
7.	प्रधान मंत्री राष्ट्रीय राहत कोष	132.08
8.	ग्रामीण विकास	920.38
9.	मलिन बस्ती विकास	121.30
10.	स्वच्छ भारत कोष	115.83
11.	स्वच्छ गंगा कोष	17.16
12.	अन्य	379.94
	योग	**8029.00**

सीमित दायित्व भागीदारियां

भारत में 95 प्रतिशत औद्योगिक इकाइयां सूक्ष्म, लघु और मध्यम दर्जे के उद्योग (एमएसएमई) हैं। एमएसएमई के सर्वेक्षण के अनुसार इन उद्योगों में से 90 प्रतिशत से अधिक स्वामित्व वाली कंपनियों के रूप में पंजीकृत हैं। करीब 2 से 3 प्रतिशत भागीदारियों के रूप में और 2 प्रतिशत से भी कम कंपनियों के रूप में पंजीकृत हैं। एमएसएमई क्षेत्र में कारपोरेट रूप का प्रचलन नहीं दिखाई देता है। एमएसएमई मंत्रालय द्वारा एकत्रित आंकड़ों के विश्लेषण से पता चलता है कि अनुपालन की उच्च लागत के कारण एमएसएमई इकाइयां कारपोरेट रूप नहीं धारण कर पाती हैं।

स्वामित्व वाली और भागीदारी वाली कंपनियों का कामकाज इतना जटिल होता है कि बैंक उनकी ऋण पात्रता का आकलन नहीं कर पाते हैं। इसलिए एमएसएमई इकाइयां, बैंकों और अन्य वित्तीय संस्थाओं से आसानी से ऋण नहीं प्राप्त कर पातीं। इस मामले में वे कारपोरेट निकायों की तुलना में नुकसान की स्थिति में रहती हैं। एक ऐसे नए कारपोरेट स्वरूप की आवश्यकता अनुभव की जा रही थी, जो एक ओर तो पारंपरिक भागीदारी की असीमित व्यक्तिगत दायित्व का विकल्प प्रस्तुत करे और दूसरी ओर, सीमित दायित्व वाली कंपनी की विधिसम्मत प्रशासनिक संरचना प्रदान करे। इसी संदर्भ में 2008 में सीमित दायित्व भागीदारी (एलएलपी) अधिनियम बनाया गया, जो 2009 में प्रभावी हो गया।

एलएलपी एक प्रकार की स्वतंत्र व्यापारिक इकाई है जो साझेदारी वाली कंपनी में भागीदारों को संयुक्त और अनेक दायित्वों से व्यक्तिगत साझेदार को संरक्षण प्रदान करती है। व्यापार में आमतौर पर भागीदार के व्यय का दायित्व उसकी निजी परिसंपत्तियों से परे ही रहता है। यह अनुबंध करने और संपत्ति बनाए रखने के लिए स्वतंत्र रूप से सक्षम है। एलएलपी अपने सीमित दायित्व के कारण अनुपालन के मानक को अधिक आसानी से पूरा कर सकेगी। एलएलपी की कारपोरेट संरचना और प्रकटीकरण की वैधानिक अनिवार्यताओं के कारण बाज़ार से ऋण प्राप्त करने के अवसर अधिक हो जाते हैं। 31 मार्च, 2016 तक 57,503 भागीदारियां पंजीकृत थीं, जिनमें से 57,496 क्रियाशील थीं।

एमसीए 21 ई-गवर्नेंस परियोजना

कारपोरेट मामलों के मंत्रालय ने मार्च 2006 में सार्वजनिक एवं निजी क्षेत्र की भागीदारी (पीपीपी) के अंतर्गत 'बिल्ड, ओन, ऑपरेट और ट्रांसफर (बीओओटी) के मॉडल पर 'एमसीए 21' के नाम से रजिस्ट्री से संबंधित के सेवाओं के लिए एक व्यापक ई-गवर्नेंस परियोजना शुरू की। संकल्पना है कि 'सरकारी सेवाओं की रूपरेखा तैयार करने और इनकी प्रदायत्री में सेवोन्मुखी दृष्टिकोण अपनाया जाए।'

अधिनियम के प्रशासन में परियोजना सार्वजनिक सेवाएं प्रदान करने और कंपनी सेवा पर जोर देने वाले दृष्टिकोण अपनाने के लिए शुरू की गई है। विशेष रूप से (i) व्यापार प्रारंभ करने और (ii) व्यापार करने देने में सेवा भाव का दृष्टिकोण।

यह परियोजना सार्वजनिक सेवाएं प्रदान करने और कंपनी अधिनियम के प्रशासन में, विशेष रूप से (i) व्यापार के प्रारंभ और (ii) व्यापार करने में सेवाभाव का दृष्टिकोण अपनाने के लिए शुरू की गई है। कंपनी अधिनियम और एलएलपी अधिनियम के प्रशासन और सार्वजनिक सेवाओं की प्रदायत्री में सेवोन्मुखी दृष्टिकोण अपनाने के उद्देश्य से यह परियोजना क्षेत्रीय कार्यालयों (कंपनी रजिस्ट्रार आरओसी/प्रादेशिक निदेशालयों) और मुख्यालय में लागू की जा चुकी है। सभी सेवाएं ऑनलाइन प्रदान की जा रही हैं। आरओसी अथवा मुख्यालय में भौतिक रूप से उपस्थिति अब जरूरी नहीं रह गई है।

एकल एकीकृत निगमन प्रपत्र की शुरुआत

मंत्रालय ने आईएनसी 29 नाम से एक नया प्रपत्र शुरू किया है, जो एक ही प्रपत्र में तीन सेवाएं प्रदान करता है। अब तक इनके लिए तीन अलग-अलग प्रपत्र प्रयोग होते थे। इस नए प्रपत्र के शुरू हो जाने से संबंधित पक्ष कंपनी का नाम, निदेशक पहचान संख्या (डीआईएन) प्राप्त करने और कंपनी गठित (निगम) करने का कार्य एक ही बार में और एक ही प्रपत्र में कर सकते हैं। इससे देश में नई कंपनी स्थापित (निगम) की प्रक्रिया अब सरल और तेज हो गई है।

लागत लेखा परीक्षण

केंद्र सरकार ने कंपनी अधिनियम, 2013 की धारा 148 के अंतर्गत उन कंपनियों को विनिर्दिष्ट किया है जो वस्तुओं के उत्पादन में अथवा सेवा प्रदायत्री में लगी हैं। इन कंपनियों के लिए सामग्री या श्रम या लागत वाली अन्य वस्तुओं के उपयोग को अपनी लेखा बहियों में दर्ज करना अनिवार्य है। वे कंपनियां जिनके लिए लागत का हिसाब-किताब रखना अनिवार्य है और जिनका कारोबार निर्धारित होता है, उनके लिए एक क्रियाशील लागत लेखा परीक्षक (कॉस्ट एकांउटेंट) से अपने लागत लेखा का अंकेक्षण कराना अनिवार्य है।

केंद्र सरकार ने कंपनी (लागत अभिलेख एवं लेखा परीक्षण) नियम, 2014 को अधिसूचित कर दिया है। इसमें उन कंपनियों की श्रेणी, न्यूनतम सीमा का निर्धारण किया गया है जिनके लिए लागत का लेखा-जोखा रखना और उनका अंकेक्षण कराना अनिवार्य है। उपर्युक्त नियमों में वे 6 नियमित क्षेत्र और 33 गैर-नियमित क्षेत्र सम्मिलित हैं, जो लागत अभिलेख रखने और उनका अंकेक्षण कराने के मामले में कंपनी अधिनियम, 2013 की धारा 148 के दायरे में आते हैं, बशर्ते वे विनिर्दिष्ट न्यूनतम सीमा में आते हों।

लागत अभिलेख से कंपनियों को अपने उपयोग के लिए लागत प्रबंधन, मूल्य डाटाबेस (आधारभूत आंकड़े) तैयार करने में मदद मिलती है। इन अभिलेखों का उपयोग मूल्य निर्धारण प्राधिकरण, नियामक संस्थाएं, विश्व व्यापार संगठन (डब्ल्यूटीओ) की कार्यान्वयन एवं निगरानी एजेंसियां, भारतीय प्रतिस्पर्धा आयोग, गंभीर धोखाधड़ी अन्वेषण कार्यालय (एसएफआईओ), राजस्व अधिकारी जैसी विभिन्न सरकारी एजेंसियों और अन्य संस्थाएं भी करती हैं। मंत्रालय लागत अंकेक्षण रिपोर्टों का विश्लेषण करता है और विनिर्दिष्ट कंपनियों द्वारा नियमों/कानूनों के अनुपालन पर नज़र रखता है।

निवेशक शिक्षण और संरक्षण कोष

कंपनी अधिनियम में निवेशकों की जागरुकता और उनके हितों के संरक्षण के लिए निवेशक शिक्षा एवं संरक्षण कोष (आईईपीएफ) की स्थापना का प्रावधान किया गया है।

मंत्रालय (क) भारतीय चार्टर्ड एकाउंटेंट्स संस्थान (ख) भारतीय कंपनी सचिव संस्थान और (ग) भारतीय लागत लेखा संस्थान जैसी तीन पेशेवर संस्थाओं के साथ मिलकर निवेशक जागरुकता कार्यक्रम (आईएपी) का आयोजन करता रहा है।

नई दिल्ली स्थित सीएससी ई भारत सरकार सेवाएं लि., संचार और सूचना प्रौद्योगिकी मंत्रालय (इलेक्ट्रॉनिक्स और सूचना प्रौद्योगिकी विभाग), 2012-13 से ग्रामीण क्षेत्रों में इस प्रकार के कार्यक्रमों का आयोजन करता आ रहा है। वर्ष 2015-16 के दौरान देशभर में कुल 2291 आईएपी (निवेशक जागरुकता कार्यक्रम) आयोजित किए गए।

आईएपी के आयोजनों के साथ-साथ, वर्ष 2015-16 में दूरदर्शन के समाचार और क्षेत्रीय चैनलों पर क्रालर (सरकते हुए) संदेशों, आकाशवाणी (एआईआर) पर जिंगल्स का प्रसारण आदि कई प्रकार के नए प्रयास शुरू किए गए, ताकि अनधिकृत धन जमा कराने की गतिविधियों के विरुद्ध निवेशकों में जागरुकता पैदा की जा सके।

मंत्रालय ने कंपनियों के लिए एक वेबपेज बनाया है ताकि वे उन निवेशकों का विवरण दे सकें, जिनके पैसों का भुगतान नहीं हुआ है/या जिनके बारे में देय तिथि से 7 वर्ष तक कोई दावा नहीं किया गया है और जो शिक्षा एवं संरक्षण निधि आईईपीएफ में अंतरित नहीं किया गया है।

कंपनी अधिनियम, 1956 की धारा 205 सी, इस तरह की राशि, एक बार आईईपीएफ में अंतरित होने के बाद, लोगों को वापस करने की अनुमति नहीं देती, परंतु कंपनी अधिनियम, 2013 में आईईपीएफ प्राधिकरण के गठन का प्रावधान किया गया है, जो आईईपीएफ में अंतरित की गई इस राशि को वापस करने में मदद करेगा, जिसका भुगतान पहले नहीं हुआ था। इस प्राधिकरण का मुख्य उद्देश्य पात्र निवेशक (दावेदार) को बकाया राशि का भुगतान करना और निवेशक शिक्षा, जागरुकता और संरक्षण को प्रोत्साहन देना है।

भारतीय कारपोरेट विधि सेवा

कारपोरेट मामलों का मंत्रालय, भारतीय कारपोरेट विधि सेवा (आईसीएलएस) का काडर नियंत्रण प्राधिकार है। पूर्ववर्ती कंपनी विधि सेवा का नवंबर 2008 में भारतीय कारपोरेट विधि सेवा के रूप में नया नामकरण किया गया था।

गंभीर धोखाधड़ी अन्वेषण कार्यालय

भारत सरकार ने गंभीर धोखाधड़ी अन्वेषण कार्यालय (एसएफआईओ) का गठन कारपोरेट मंत्रालय के अधीन किया है। कंपनी अधिनियम, 2013 में एसएफआईओ को वैधानिक स्थिति प्रदान की गई है और इसके कार्यों तथा शक्तियों का व्यापक विस्तार किया गया है। अधिनियम में इसके लिए अनेक प्रावधान किए गए हैं।

एसएफआईओ का मुख्य कार्य कंपनियों में गंभीर और जटिल प्रकार के धोखाधड़ी के मामलों की जांचें करना है। एसएसआईओ धोखाधड़ी के ऐसे जटिल मामलों की जांचें अपने हाथ में लेता है, जिनका असर अन्य विभागों और शाखाओं पर पड़ने की संभावना हो। इसके अतिरिक्त यह धन के विनियोग के आकार अथवा प्रभावित व्यक्तियों की संख्या के साथ-साथ कानून, प्रक्रिया अथवा व्यवस्था में सुधार की और जांचों की आवश्यकता की ओर इंगित करने वाले मामलों को भी हाथ में लेता है। यह जांच एक ऐसे बहु-विभागीय दल द्वारा की जाती है, जिसमें लेखाकर्म, फॉरेंसिक अंकेक्षण, कराधान, सीमा शुल्क और केंद्रीय उत्पादन कर, सूचना प्रौद्योगिकी, पूंजीबाजार, वित्तीय कारोबार (बैंक सहित) और केंद्रीय अन्वेषण ब्यूरो (सीबीआई), खूफिया ब्यूरो (आईबी) और प्रवर्तन निदेशालय (ईडी) जैसी एजेंसियों के विशेषज्ञ शामिल होते हैं।

भारतीय कारपोरेट मामले संस्थान

मंत्रालय ने भारतीय कारपोरेट मामले संस्थान (आईआईसीए) का गठन सोसायटी पंजीकरण अधिनियम, 1860 के तहत एक पंजीकृत सोसायटी के रूप में किया था। इसका उद्देश्य एक ऐसे संस्थान के रूप में काम करना है, जो एक ही स्थान पर समन्वित ज्ञान प्रबंधन, भागीदारियों और समस्याओं के निराकरण के जरिए कारपोरेट विकास और सुधारों के लिए नीति निधारण और क्षमता निर्माण की सेवा प्रदान कर सके। संस्थान विभिन्न स्कूलों/केंद्रों के नेटवर्क के माध्यम से भारतीय कंपनी विधि सेवा (आईसीएलएस) के अधिकारियों के साथ-साथ मंत्रालय के लिए काम करने वाले अन्य अधिकारियों के प्रशिक्षण की आवश्यकताओं की पूर्ति करता है। संस्थान कारपोरेट प्रशासन, कारपोरेट सामाजिक दायित्व, निवेशक शिक्षा और संरक्षण आदि जैसे विविध क्षेत्रों के सेवा प्रदाय तंत्र में निरंतर सुधार लाने में सहायता प्रदान करता है।

भारतीय प्रतिस्पर्धा आयोग

भारतीय प्रतिस्पर्धा आयोग का गठन 2003 में प्रतिस्पर्धा अधिनियम, 2002 के अंतर्गत किया गया था। इसका उद्देश्य प्रतिस्पर्धा पर प्रतिकूल प्रभाव डालने वाली पद्धतियों को समाप्त करना, प्रतिस्पर्धा को प्रोत्साहन देना और उसे बनाए रखना, उपभोक्ताओं के हितों को सरंक्षण प्रदान करना और भारत में व्यापार की स्वतंत्रता को बनाए रखना है। प्रतिस्पर्धा में बाधक और प्रभुत्व की स्थिति के दुरुपयोग से संबंधित प्रतिस्पर्धा अधिनियम के प्रावधानों को मई 2009 से प्रभावशील बना दिया गया है और आयोग इन

प्रावधानों के अंतर्गत मामलों का निराकरण कर रहा है। प्रतिस्पर्धा (संशोधन) अधिनियम, 2007 और प्रतिस्पर्धा (संशोधन) अधिनियम, 2009 के जरिए 2002 के प्रतिस्पर्धा अधिनियम में दो बार संशोधन किए गए हैं।

सीसीआई के समक्ष 31 मार्च, 2016 तक, प्रतिस्पर्धा-रोधी समझौते और बीमा, यात्रा, परिवहन, सीमेंट, वाहन निर्माण, अचल संपदा, अवैध निर्माण, वित्तीय क्षेत्र, सरकारी खरीद और मनोरंजन जैसे विविध क्षेत्रों से जुड़े दुरुपयोग के 707 मामले सामने आए हैं। आयोग ने 576 प्रकरणों में (लगभग 81 प्रतिशत) अपना अंतिम निर्णय सुना दिया है। कुछ गंभीर प्रकार के मामलों में सीसीआई ने जुर्माना भी लगाया है।

संयोजन के नियमन के संदर्भ में आयोग को मार्च 2016 तक संयोजन के लिए 392 नोटिस प्राप्त हुई हैं। इनमें से 95 प्रतिशत की निपटान दर से 372 का निर्धारित समय सीमा में ही निपटारा कर दिया गया है।

मंत्रालय के प्रकाशन

मंत्रालय, कंपनी अधिनियम के कामकाज और प्रशासन पर एक रिपोर्ट प्रकाशित करता है। भारतीय प्रतिस्पर्धा आयोग भी एक वार्षिक रिपोर्ट और एक त्रैमासिक समाचार पत्रिका का प्रकाशन करता है।

15 खाद्य और नागरिक आपूर्ति

खाद्य और सार्वजनिक वितरण विभाग देश में खाद्यान्न सुव्यवस्था के प्रबंधन के लिए जिम्मेदार है। देश के लिए खाद्य सुरक्षा सुनिश्चित करने के लिए विभाग ने न्यूनतम समर्थन मूल्य (एमएसपी) पर अनाज की खरीद, भंडारण और वितरण; उपयुक्त नीतिगत साधनों के माध्यम से अनाज, चीनी और खाद्य तेल की उपलब्धता सुनिश्चित करना और अनाज के बफर स्टॉक का रखरखाव; और लक्षित सार्वजनिक वितरण प्रणाली के अंतर्गत कमज़ोर और खासकर समाज के वंचित वर्ग तक उचित मूल्य पर अनाज की उपलब्धता सुनिश्चित करने जैसे मिशन अपनाए हैं।

विभाग की खाद्य प्रबंधन नीति के मुख्य उपायों में अनाज की खरीद, भंडारण और ढुलाई, सार्वजनिक वितरण और अनाज के बफर स्टाक का रखरखाव शामिल हैं।

अनाज की खरीद

विभाग के एक स्वायत्त संगठन के रूप में, भारतीय खाद्य निगम राज्य सरकारों की एजेंसियों की मदद से किसानों को समर्थन मूल्य उपलब्ध कराने के उद्देश्य से विभिन्न राज्यों में गेहूं, धान और मोटे अनाज खरीदता है। प्रत्येक रबी/खरीफ मौसम से पूर्व भारत सरकार, कृषि लागत और मूल्य आयोग (सीएसीपी) की अनुशंसाओं के आधार पर न्यूनतम समर्थन मूल्य की घोषणा करती है, जिसमें विभिन्न कृषिगत निवेशों की लागत तथा किसानों को उनकी उपज के लिए उचित लाभ को ध्यान में रखा जाता है। प्रत्येक विपणन मौसम प्रारंभ होने से पूर्व, खाद्य और सार्वजनिक वितरण विभाग राज्यों के खाद्य सचिवों, एफसीआई और अन्य संबद्ध पक्षों की एक बैठक बुलाता है, जिसमें रबी मौसम से पहले गेहूं और जौ तथा खरीफ विपणन मौसम से पहले धान, चावल और मोटे अनाज की खरीद के प्रबंधन के लिए विस्तृत कार्ययोजना तैयार की जाती है। बैठक में खोले जाने वाले खरीद केंद्रों की संख्या और पैकेजिंग सामग्री तथा भंडारण स्थान जैसे प्रबंधों पर विचार किया जाता है। संबद्ध राज्य की वसूली क्षमता और भौगोलिक विस्तार को देखते हुए, एफसीआई/राज्य सरकार की एजेंसियों द्वारा खरीद मौसम के प्रारंभ होने से पूर्व परस्पर परामर्श से पर्याप्त संख्या में खरीद केंद्र खोले जाते हैं। खरीद मौसम के दौरान अतिरिक्त खरीद केंद्रों की आवश्यकता की समय-समय पर समीक्षा की जाती है तथा अपेक्षित अतिरिक्त खरीद केंद्र भी खोले जाते हैं। राज्य सरकारों को प्रोत्साहित किया जाता है कि वे खरीद की विकेंद्रीकृत प्रणाली अपनाएं ताकि अधिकतम सरकारी खरीद की जा सके, ढुलाई लागत कम की जा सके और न्यूनतम समर्थन मूल्य संबंधी कार्यों की पहुंच का विस्तार किया जा सके। इस प्रणाली के अंतर्गत राज्य सरकारें स्वयं अनाज की खरीद और वितरण करती हैं। राज्य की आवश्यकता से अधिक खरीद की गई मात्रा को देश में कहीं भी वितरण हेतु केंद्रीय पूल में रखा जाता है, जबकि कमी होने की स्थिति में इसकी आपूर्ति केंद्रीय पूल से की जाती है।

देश में हाल के वर्षों में अनाज की पैदावार में भारी वृद्धि और पूर्वी भारत में हरित क्रांति लाने पर ज़ोर दिए जाने की स्थिति में, कई राज्यों में खरीद अभियानों का विस्तार हुआ है, जिसके चलते अनाज का संचित केंद्रीय पूल स्टॉक 319 लाख टन के बफर मानक की तुलना में 2012 की स्थिति के अनुसार 805.16 लाख टन के रिकॉर्ड स्तर पर पहुंच गया था। अत: अब किसानों को उचित समर्थन मूल्य देने, लक्षित सार्वजनिक वितरण प्रणाली (टीपीडीएस) की आवश्यकताएं पूरी करने के लिए सरकारी खरीद को अनुकूलतम स्तर पर रखने, बफर स्टॉक का रखरखाव करने और भविष्य में बाज़ार में बिना किसी असंतुलन के अतिरिक्त अनाज का निपटान करने के लिए, अनाज की खरीद, वितरण और निपटान के बारे में संतुलित नीतिगत दृष्टिकोण अपनाया जा रहा है। पिछले 5 वर्षों के दौरान गेहूं और चावल की खरीद का ब्योरा तालिका-1 में दिया गया है।

तालिका : 1
विगत 5 वर्षों में गेहूं तथा चावल की खरीद (लाख टन में)

रबी विपणन सत्र	गेहूं की खरीद	खरीफ विपणन सत्र	चावल की खरीद
2011-12	283.85	2011-12	350.60
2012-13	381.48	2012-13	340.28
2013-14	250.92	2013-14	315.38
2014-15	280.23	2014-15	320.40
2015-16	280.88	2015-16	338.34*

*17 जून, 2016 को रिपोर्ट की गई स्थिति के अनुसार।

केंद्रीय पूल में अनाज

1 जुलाई, 2016 की स्थिति के अनुसार केंद्रीय पूल में अनाज का स्टॉक 495.95 लाख टन था (194.14 लाख टन चावल और 301.81 लाख टन गेहूं)। 1 जुलाई, 2015 को 545.75 लाख टन के स्टॉक की तुलना में 1 जुलाई, 2016 को अनाज का स्टॉक 9.12 प्रतिशत कम था।

विभिन्न राज्यों/केंद्रशासित प्रदेशों द्वारा लक्षित सार्वजनिक वितरण प्रणाली और अन्य कल्याण कार्यक्रमों के अंतर्गत 2015-16 में 636.55 लाख टन अनाज (चावल और गेहूं) केंद्रीय पूल से उठाया गया, जबकि 2014-15 के दौरान 559.45 लाख टन अनाज केंद्रीय पूल से उठाया गया था। अप्रैल, 2015 से मार्च, 2016 तक लक्षित सार्वजनिक वितरण प्रणाली के अंतर्गत कुल 495.94 लाख टन (करीब 94 प्रतिशत) अनाज (चावल और गेहूं) उठाया गया, जिसमें 273.41 लाख टन चावल और 222.53 लाख टन गेहूं शामिल था। इसकी तुलना में 2014-15 के दौरान 445.75 लाख टन (85.7 प्रतिशत) अनाज केंद्रीय पूल से उठाया गया था। अन्य कल्याण कार्यक्रमों के अंतर्गत आलोच्य वर्ष के दौरान 41.35 लाख टन (79.15 प्रतिशत) अनाज केंद्रीय पूल से लिया गया, जबकि 2014-15 में 41.24 लाख टन (79.12 प्रतिशत) अनाज केंद्रीय पूल से उठाया गया था।

अनाज का आवंटन

राष्ट्रीय खाद्य सुरक्षा अधिनियम, 2013

लोगों की खाद्य सुरक्षा के प्रति वचनबद्धता को और सुदृढ़ बनाने के लिए भारत सरकार ने राष्ट्रीय खाद्य सुरक्षा अधिनियम, 2013 (एनएफएसए) बनाया, जो 10 सितंबर, 2013 से लागू हो गया। इस अधिनियम में मानव जीवन चक्र दृष्टिकोण के अनुसार अनाज और पोषक आहार सुरक्षा का प्रावधान किया गया है। इसके अंतर्गत लोगों को उचित दाम पर समुचित मात्रा में बेहतर भोजन सुनिश्चित करने की व्यवस्था है ताकि वे गरिमापूर्ण जीवन जी सकें। यह अधिनियम खाद्य सुरक्षा के प्रति दृष्टिकोण में बदलाव का सूचक है, जिसमें खाद्य सुरक्षा को कल्याण के एक उपाय की बजाए कानूनी अधिकार का रूप दिया गया है।

यह अधिनियम 75 प्रतिशत ग्रामीण आबादी और 50 प्रतिशत शहरी आबादी को कवर करता है। इसमें लक्षित सार्वजनिक वितरण प्रणाली के अंतर्गत सस्ता अनाज लाभार्थियों को मुहैया कराया जाता है। एक तरह से यह अधिनियम देश की दो तिहाई आबादी को लाभ पहुंचाता है। पात्र व्यक्ति हर महीने क्रमशः 3 रुपये, 2 रुपये और 1 रुपया प्रति किलोग्राम की सस्ती दर से 5 किलोग्राम चावल, गेहूं और मोटे अनाज प्राप्त करने का हक़दार है। वर्तमान अंत्योदय अन्न योजना से संबंधित परिवार, जो निर्धनों में सबसे निर्धन समझे जाते हैं, उपरोक्त मूल्यों पर प्रतिमाह प्रति परिवार 35 किलोग्राम अनाज प्राप्त करते रहेंगे।

इस अधिनियम में जिला और राज्य स्तरों पर शिकायत निवारण तंत्र की व्यवस्था का भी प्रावधान है। पारदर्शिता और जवाबदेही सुनिश्चत करने के लिए अलग से प्रावधान किए गए हैं।

राष्ट्रीय खाद्य सुरक्षा अधिनियम अब 34 राज्यों/केंद्रशासित प्रदेशों में कार्यान्वित किया जा रहा है, जो 73 करोड़ से अधिक लाभार्थियों को कवर करता है, परंतु लक्षित कवरेज करीब 81 करोड़ लोगों को अधिनियम के दायरे में लाने की है। चंडीगढ़, पुदुचेरी और दादरा एवं नगर हवेली के शहरी क्षेत्रों में, यह अधिनियम रोकड़ अंतरण पद्धति के रूप में लागू किया जा रहा है, जिसके अंतर्गत खाद्य सब्सिडी सीधे लाभार्थियों के बैंक खातों में अंतरित की जाती है, जिनके पास मुक्त बाज़ार से अनाज खरीदने का विकल्प होता है।

अंत्योदय अन्न योजना

सार्वजनिक वितरण प्रणाली (टीपीडीएस) में आबादी के निर्धनतम वर्ग पर ध्यान केंद्रित करने और इस वर्ग को लक्ष्य बनाने के उद्देश्य से, दिसंबर 2000 में अंत्योदय अन्न योजना एक करोड़ निर्धन परिवारों के लिए शुरू की गई थी। अंत्योदय अन्न योजना में लक्षित सार्वजनिक वितरण प्रणाली के अंतर्गत शामिल गरीबी रेखा से नीचे के परिवारों में से सबसे गरीब परिवारों की पहचान की जाती है तथा उन्हें गेहूं 2 रुपये प्रति किलोग्राम और चावल 3 रुपये प्रति किलोग्राम की अत्यधिक रियायती दर पर मुहैया कराया जाता है। इस योजना के अंतर्गत राज्य/केंद्रशासित क्षेत्र, डीलरों और खाद्य व्यापारियों का मार्जन तथा ढुलाई लागत सहित वितरण लागत वहन करते हैं और अधिक रियायती दरों पर अधिकतम गरीब व्यक्तियों को सुलभ कराया जाता है। आरंभ में प्रतिमाह प्रति परिवार 25 किलोग्राम अनाज जारी किया गया था जिसे 2002 से बढ़ा कर प्रतिमाह प्रति परिवार 35 किलोग्राम कर दिया गया है। आगे चल कर अंत्योदय अन्न योजना का विस्तार किया गया ताकि 2.50 करोड़ परिवारों को इसमें शामिल किया जा सके। (इतनी ही संख्या में बीपीएल के परिवारों के नाम हटा दिए गए)।

लक्षित सार्वजनिक वितरण प्रणाली (नियंत्रण) आदेश, 2015 में प्रावधान किया गया है कि अंत्योदय परिवारों की राज्यवार संख्या किसी राज्य में उनकी स्वीकृत संख्या से अधिक नहीं होगी। परंतु, किसी अंत्योदय परिवार के राज्य से बाहर प्रवास, सामाजिक और आर्थिक स्थिति में सुधार के कारण अपात्र बन जाने, मृत्यु आदि की स्थिति में उस राज्य से नए अंत्योदय परिवार की पहचान नहीं की जाएगी और उतनी सीमा तक अंत्योदय परिवारों की कुल संख्या कम कर दी जाएगी। अंत्योदय परिवारों की संख्या में कमी होने पर राज्य उतनी सीमा तक प्राथमिकता श्रेणी के व्यक्तियों की कवरेज में वृद्धि कर सकते हैं, परंतु यह वृद्धि निर्धारित सीमा के अधीन होगी।

लक्षित सार्वजनिक वितरण प्रणाली का कंप्यूटरीकरण

खाद्य और सार्वजनिक वितरण विभाग लक्षित सार्वजनिक वितरण प्रणाली संबंधी प्रचालनों के एक छोर से दूसरे छोर तक कंप्यूटरीकरण के एक योजना कार्यक्रम को कार्यान्वित कर रहा है, जिसमें राज्य/केंद्रशासित प्रदेश लागत में हिस्सेदारी करते हैं। इस कार्यक्रम के लिए अपेक्षित 884.07 करोड़ रुपये की लागत में भारत सरकार की हिस्सेदारी 48.937 करोड़ रुपये और राज्यों/केंद्रशासित प्रदेशों की हिस्सेदारी 394.70 करोड़ रुपये की है। राष्ट्रीय खाद्य सुरक्षा अधिनियम के प्रवृत्त होने के बाद यह कार्यक्रम और भी महत्वपूर्ण हो गया है, जिसके अंतर्गत लक्षित सार्वजनिक वितरण प्रणाली के जरिए वितरित किए जाने वाले अनाज के दाम अत्यंत कम होते हैं। प्रथम चरण के दौरान महत्वपूर्ण गतिविधियां और उनके संभावित परिणाम इस प्रकार हैं:- (क) लाभार्थियों से संबंधित डेटाबेस का डिजिटीकरण; इससे लाभार्थियों की सही पहचान हो सकेगी, जाली कार्डों को हटाया जा सकेगा और खाद्य सब्सिडी को बेहतर ढंग से लक्षित किया जा सकेगा; (ख) आपूर्ति श्रृंखला प्रबंधन के कंप्यूटरीकरण से लक्षित लाभार्थियों को राशन की दुकानों पर अनाज समय से उपलब्ध होगा तथा चोरी/अन्यत्र अनाज बेचने पर रोक लगेगी; और (ग) शिकायत निवारण तंत्र और पारदर्शिता पोर्टल का निर्माण और शिकायत निवारण तंत्र की स्थापना से लक्षित सार्वजनिक वितरण प्रणाली के कार्यान्वयन में सार्वजनिक जवाबदेही तय होगी।

रिसाव और विपथन रोकने के लिए विभाग राज्यों/केंद्रशासित प्रदेशों को अनाज के बदले प्रत्यक्ष लाभ अंतरण (डीबीटी) पद्धति अपनाने के लिए भी प्रेरित कर रहा है, जिसमें सब्सिडी घटक सीधे लाभार्थियों के बैंक खातों में अंतरित किया जाता है। इससे लाभार्थियों को यह विकल्प मिलता है कि वे चाहें तो बाज़ार में कहीं से भी अनाज खरीद सकते हैं। इससे उनकी अनाज की पात्रता सुनिश्चित की जा सकती है। इस मॉडल को अपनाने के लिए राज्यों/केंद्रशासित प्रदेशों के लिए यह पूर्व शर्त है कि उन्हें लाभार्थियों के आंकड़ों का पूर्ण डिजिटीकरण करना होगा और उनके बैंक खातों को आधार से जोड़ना होगा। यह कार्यक्रम 2015 से चंडीगढ़ और पुदुचेरी में तथा 2016 से दादरा एवं नगर हवेली में प्रायोगिक आधार पर लागू किया जा रहा है।

लक्षित सार्वजनिक वितरण प्रणाली

अनिवार्य वस्तुओं की आपूर्ति बनाए रखने और उनकी उपलब्धता और वितरण सुनिश्चित करने के लिए 31 अगस्त, 2001 को सार्वजनिक वितरण प्रणाली (नियंत्रण) आदेश, 2001 अधिसूचित किया गया। सार्वजनिक वितरण प्रणाली (नियंत्रण) आदेश, 2001 को राष्ट्रीय खाद्य सुरक्षा अधिनियम, 2013 के अनुरूप बनाने के लिए विभाग ने लक्षित सार्वजनिक वितरण प्रणाली, (नियंत्रण) आदेश, 2015, वर्ष 2015 में अधिसूचित किया। इसका उद्देश्य लक्षित सार्वजनिक वितरण प्रणाली के अंतर्गत अनिवार्य

वस्तुओं, अर्थात अनाज की आपूर्ति बनाए रखना और उनकी उपलब्धता और वितरण सुनिश्चित करना है। किसी भी ऐसे राज्य में, जिसने राष्ट्रीय खाद्य सुरक्षा अधिनियम, 2013 कार्यान्वित न किया हो, अथवा जो उक्त अधिनियम को अलग अलग भागों में कार्यान्वित कर रहा हो, में इस आदेश के समनुरूप प्रावधानों के प्रति सार्वजनिक वितरण प्रणाली (नियंत्रण) आदेश, 2001 के प्रावधान प्रभावी रहेंगे।

नए उपायों और उत्कृष्ट पद्धतियों तथा अद्यतन विकास और उपलब्धियों की जानकारी साझा करने के लिए, विभाग ने खाद्य सुरक्षा नाम का एक त्रैमासिक न्यूजलेटर प्रकाशित करना शुरू किया है।

अन्य कल्याण कार्यक्रम

मध्याह्न भोजन कार्यक्रम

मध्याह्न भोजन कार्यक्रम मानव संसाधन मंत्रालय द्वारा लागू किया जा रहा है। 2015-16 तक, इस कार्यक्रम के अंतर्गत आवंटन बीपीएल दरों से किया गया। परंतु, चालू वर्ष के दौरान इस कार्यक्रम के लिए खाद्य एवं सार्वजनिक वितरण विभाग द्वारा मानव संसाधन विकास मंत्रालय को अनाज, राष्ट्रीय खाद्य सुरक्षा अधिनियम की दरों के अनुसार आवंटित किया गया। इस कार्यक्रम के अंतर्गत सरकारी स्कूलों और सरकार से सहायता प्राप्त स्कूलों तथा स्थानीय निकायों द्वारा संचालित स्कूलों की प्राथमिक और उच्च प्राथमिक कक्षाओं के विद्यार्थियों को कवर किया जाता है। इसके अंतर्गत पके हुए/संसाधित गर्म भोजन के मामले में प्राथमिक स्तर पर 100 ग्राम और उच्च प्राथमिक स्तर पर 150 ग्राम प्रति विद्यार्थी प्रतिदिन अनाज की निःशुल्क आपूर्ति की जाती है और कच्ची खाद्य सामग्री के मामले में प्रति विद्यार्थी, प्रतिमाह 3 किलोग्राम अनाज आवंटित किया जाता है।

कार्यक्रम के अंतर्गत पिछले 3 वर्षों और चालू वर्ष के दौरान वार्षिक आवंटन और वास्तव में अनाज उठाए जाने का ब्योरा तालिका-2 में दिया गया है।

तालिका : 2

मध्याह्न भोजन कार्यक्रम के अंतर्गत वार्षिक आवंटन और वास्तव में उठाए गए अनाज का ब्योरा

(लाख टन में)

वर्ष	आवंटन			उठाया गया अनाज		
	चावल	गेहूं	कुल	चावल	गेहूं	कुल
2013-14	22.79	4.67	27.46	19.86	3.91	23.77
2014-15	23.37	4.09	27.46	20.07	3.63	23.70
2015-16	23.19	4.56	27.75	19.43	3.96	23.39
2016-17	11.35	2.08	13.43*	1.58	0.31	1.89*

*जून 2016 तक उठाया गया। (उठाए गए अनाज में बैकलॉग कोटा भी शामिल है)

* 6 महीने के लिए अर्थात् 1 अप्रैल, 2016 से 30 सितंबर, 2016 तक।

गेहूं आधारित पोषण कार्यक्रम

गेहूं आधारित पोषण कार्यक्रम महिला और बाल विकास मंत्रालय द्वारा चलाया जा रहा है। 2015-16 तक इस कार्यक्रम के अंतर्गत आवंटन बीपीएल दरों से किया जाता था। परंतु, चालू वर्ष के दौरान खाद्य और सार्वजनिक वितरण विभाग द्वारा इस कार्यक्रम के लिए अनाज का आवंटन राष्ट्रीय खाद्य सुरक्षा अधिनियम की दरों के अनुसार किया गया। आवंटित अनाज का इस्तेमाल राज्यों/केंद्रशासित प्रदेशों द्वारा समेकित बाल विकास सेवाएं कार्यक्रम के तहत 6 वर्ष से कम आयु के बच्चों और गर्भवती/स्तनपान कराने वाली माताओं को पोषक/ऊर्जायुक्त आहार देने के लिए किया जाता है। 2016-17 के दौरान, 19.85 लाख टन अनाज इस कार्यक्रम के अंतर्गत जारी किया गया, जिसमें 9.58 लाख टन चावल और 10.27 लाख टन गेहूं शामिल था। 2016-17 के दौरान इस कार्यक्रम के अंतर्गत 24,000 लाख टन मक्का और 21,000 लाख टन रागी आवंटित की गई।

पिछले 3 वर्षों और वर्तमान वर्ष में इस कार्यक्रम के तहत वार्षिक आवंटन/प्राप्ति का ब्योरा तालिका-3 में दिया गया है।

तालिका : 3
गेहूं आधारित पोषक कार्यक्रम के अंतर्गत आवंटन और प्राप्ति

(लाख टन में)

वर्ष	आवंटन			प्राप्ति		
	चावल	गेहूं	कुल	चावल	गेहूं	कुल
2013-14	7.15	9.00	16.15	4.49	8.50	12.99
2014-15	8.03	9.72	17.75	4.68	8.23	12.91
2015-16	8.03	9.64	17.67	5.47	8.26	13.73
2016-17*	9.58	10.27	19.85	0.62	0.78	1.40

* प्राप्ति जून 2016 तक

(प्राप्ति के अंतर्गत बैकलॉग कोटा भी शामिल है)

राजीव गांधी किशोरी सशक्तीकरण योजना- सबला

सबला कार्यक्रम, किशोरियों के लिए पोषण कार्यक्रम और किशोरी शक्ति योजना नाम के दो कार्यक्रमों को मिला कर एक कार्यक्रम के रूप में 2010 को शुरू किया गया था, जिसे देश के 200 चुनिंदा जिलों में कार्यान्वित किया जा रहा है।

केंद्रीय स्तर पर महिला और बाल विकास मंत्रालय इस कार्यक्रम को लागू करता है और राज्य/केंद्रशासित क्षेत्र इस योजना को कार्यान्वित करते हैं। परंतु, इस कार्यक्रम के लिए अनाज, खाद्य और सार्वजनिक वितरण विभाग द्वारा बीपीएल दरों पर आवंटित किया जाता है। इस कार्यक्रम का लक्ष्य 11 से 18 वर्ष की किशोरियों को उनके पोषण और स्वास्थ्य स्थिति में सुधार लाकर और घरेलू कौशल, जीवन जीने के लिए जरूरी योग्यता तथा व्यावसायिक योग्यता जैसी विभिन्न योग्यताओं में उन्नत बनाते हुए उनका सशक्तीकरण करना है। इसका उद्देश्य लड़कियों को परिवार कल्याण, स्वास्थ्य तथा स्वच्छता

के बारे में शिक्षित करना और मौजूदा सार्वजनिक सेवाओं के विषय में जानकारी तथा मार्गदर्शन प्रदान करना भी है। इसके तहत स्कूल छोड़ चुकी लड़कियों को औपचारिक अथवा अनौपचारिक शिक्षा के माध्यम से मुख्यधारा में लाना भी शामिल है। इस कार्यक्रम के अंतर्गत पोषण के लिए प्रत्येक लाभार्थी को वर्ष में 300 दिन तक 100 ग्राम अनाज प्रतिदिन उपलब्ध कराया जाता है। 2015-16 के दौरान इस कार्यक्रम के अंतर्गत 1,625 लाख टन मक्का तमिलनाडु सरकार को आवंटित किया गया। 2016-17 के दौरान इस कार्यक्रम के अंतर्गत 1,750 लाख टन मक्का और 1,100 लाख टन रागी तमिलनाडु सरकार को आवंटित की गई।

पिछले तीन वर्षों और वर्तमान वर्ष में इस कार्यक्रम के तहत अनाज का वार्षिक आवंटन और प्राप्ति का ब्योरा तालिका-4 दर्शाया गया है।

तालिका : 4

सबला के अंतर्गत अनाज का आवंटन और प्राप्ति

(लाख टन में)

वर्ष	आवंटन			प्राप्ति		
	चावल	गेहूं	कुल	चावल	गेहूं	कुल
2013-14	0.75	1.28	2.03	0.39	0.73	1.12
2014-15	0.81	1.26	2.07	0.32	1.22	1.54
2015-16	0.81	1.26	2.07	0.27	0.61	0.88
2016-17*	1.25	1.45	2.70	0.04	0.05	0.09

* प्राप्ति जून 2016 तक

(प्राप्ति के अंतर्गत बैकलॉग कोटा भी शामिल है)

कल्याणकारी संस्थाओं को अनाज आपूर्ति कार्यक्रम

धर्मार्थ संस्थाओं, जैसे भिक्षुक गृहों, नारी निकेतनों और ऐसी ही अन्य कल्याणकारी संस्थाओं, जो लक्षित सार्वजनिक वितरण प्रणाली कार्यक्रम अथवा किसी अन्य कल्याण कार्यक्रम के तहत कवर न हुई हों, की आवश्यकता पूरी करने के लिए राज्यों और केंद्रशासित प्रदेशों को बीपीएल मूल्यों पर अतिरिक्त अनाज (गेहूं और चावल) आवंटित करता है, लेकिन यह आवंटन बीपीएल आवंटन के 5 प्रतिशत से अधिक नहीं होना चाहिए।

वर्ष 2015-16 के दौरान इस कार्यक्रम के अंतर्गत 1.82 लाख टन अनाज (गेहूं/चावल) आवंटित किया गया। 2016-17 की प्रथम छमाही के दौरान 15,894 लाख टन अनाज (गेहूं/चावल) विभिन्न राज्यों/केंद्रशासित प्रदेशों को जारी किया गया।

अजा/अजजा/अपिव छात्रावासों के लिए अनाज आपूर्ति कार्यक्रम

यह कार्यक्रम अक्टूबर 1994 में शुरू किया गया था। जिन छात्रावासों में अजा/अजजा/अपिव से संबद्ध दो तिहाई विद्यार्थी रहते हैं, वे प्रतिमाह प्रति आवासी विद्यार्थी 15 किलोग्राम की दर से अनाज प्राप्त करने के

पात्र हैं। इस कार्यक्रम के अंतर्गत अनाज का आवंटन खाद्य और सार्वजनिक वितरण विभाग द्वारा राज्य/केंद्रशासित प्रदेश सरकारों से प्राप्त अनुरोध के आधार पर किया जाता है।

उपरोक्त दो कार्यक्रमों (कल्याण संस्थाओं और अजा/अजजा/अपिव छात्रावासों) के लिए पिछले 3 वर्षों में किया गया कुल आवंटन/प्राप्ति का ब्योरा तालिका-5 में दिया गया है।

तालिका : 5

अजा/अजजा/अपिव छात्रावासों और कल्याण संस्थाओं के लिए आवंटन/प्राप्ति

वर्ष	कुल आवंटन			कुल प्राप्ति	
	कल्याण संस्थान	अजा/अजजा/ अपिव छात्रावास	कुल	कल्याण संस्थान	अजा/ अजजा/ अपिव छात्रावास
2013-14	2.37	1.66	4.03	3.02	
2014-15	2.11	2.04	4.15	2.86	
2015-16	1.82	2.13	3.95	3.02	
2016-17*	0.16	0.80	0.96#	0.16*	

*प्राप्ति के आंकड़े जून 2016 में एफसीआई से प्राप्त किए गए।

6 महीने के लिए अर्थात् 1 अप्रैल, 2016 से 30 सितंबर, 2016 तक।

प्राप्ति संबंधी आंकड़े एफसीआई ने उपलब्ध कराए हैं।

अन्नपूर्णा योजना

यह कार्यक्रम ग्रामीण विकास मंत्रालय द्वारा कार्यान्वित किया जा रहा है। 65 वर्ष या उससे अधिक आयु के निर्धन वरिष्ठ नागरिक, जो राष्ट्रीय वृद्धावस्था पेंशन योजना के अंतर्गत पेंशन प्राप्त न कर रहे हों, इस योजना के अंतर्गत प्रतिमाह नि:शुल्क 10 किलोग्राम अनाज पाने के हक़दार हैं। अनाज खाद्य एवं सार्वजनिक वितरण विभाग द्वारा बीपीएल मूल्यों पर प्रदान किया जाता है।

इस कार्यक्रम के अंतर्गत पिछले 3 वर्षों और चालू वर्ष के दौरान अनाज के आवंटन और प्राप्ति का ब्योरा नीचे तालिका-6 में दिया गया है:

तालिका : 6

(लाख टन में)

वर्ष	आवंटन			प्राप्ति		
	चावल	गेहूं	कुल	चावल	गेहूं	कुल
2013-14	0.41	0.17	0.58	0.48	0.09	0.57
2014-15	0.51	0.18	0.69	0.22	0.01	0.23
2015-16	0.61	0.19	0.80	0.26	0.06	0.32
2016-17*	0.00	0.00	0.00	0.17	0.00	0.17

*प्राप्ति जून 2016 तक (प्राप्ति में बैकलॉग कोटा भी शामिल है)

मुक्त बाज़ार बिक्री योजना

भारतीय खाद्य निगम सरकार के अनुदेशों पर समय-समय पर मुक्त बाज़ार बिक्री योजना (घरेलू) ओएमएसएस(डी) के अंतर्गत ई-टेंडर के जरिए पूर्व निर्धारित मूल्यों पर खुले बाज़ार में गेहूं की बिक्री करता है, ताकि विशेष रूप से कमी के मौसम के दौरान गेहूं की आपर्ति बढ़ाई जा सके और इस तरह केंद्रीय पूल में अधिक स्टॉक का सदुपयोग किया जा सके और विशेष रूप से कमी वाले क्षेत्रों में खुले बाज़ार में मूल्य सामान्य बनाए रखे जा सकें।

मुक्त बाज़ार बिक्री योजना ओएमएसएस (डी) के अंतर्गत गेहूं और चावल की बिक्री

2015-16 में सरकार ने केंद्रीय पूल के अंतर्गत उपलब्ध गेहूं के समूचे 111 लाख टन के अधिशेष स्टॉक और ग्रेड 'ए' चावल के बीस लाख टन के अधिशेष स्टॉक की बिक्री बल्क व्यापारियों/उपभोक्ताओं/राज्य सरकारों को करने की मंजूरी दी और छोटे व्यापारियों तथा राज्य सरकारों/राष्ट्रीय सहकारी संस्थानों को अलग से अनाज आवंटित किया।

2016-17 में भारतीय खाद्य निगम ने केंद्रीय पूल से खुले बाज़ार में बिक्री योजना के अंतर्गत 65 से 75 लाख टन गेहूं की बिक्री का लक्ष्य रखा है। इस योजना के अंतर्गत वर्ष 2016-17 के दौरान ग्रेड 'ए' चावल की बिक्री के लिए 20 लाख टन का लक्ष्य भी रखा गया है।

2016-17 में ओएमएसएस(डी) के अंतर्गत प्राइवेट बल्क खरीदारों/व्यापारियों के लिए गेहूं की बल्क बिक्री का आरक्षी मूल्य 1,640 रुपये प्रति क्विंटल रखा गया। पंजाब, हरियाणा और मध्य प्रदेश से इतर राज्यों में एफसीआई गोदामों से अधिशेष अनाज खरीदने वाले राज्यों के मामले में इस आरक्षी मूल्य में लुधियाना से एफसीआई के संबद्ध डिपो तक का माल भाड़ा/सड़क ढुलाई प्रभार भी जोड़ दिया जाता है। प्रतिबद्ध मूवमेंट के अंतर्गत बिक्री के लिए एफसीआई गोदामों से लेकर रेलवे रैक में लदाई तक ढुलाई और परिचालन प्रभार भी आरक्षी मूल्य में जोड़ा जाएगा। ओएमएसएस(डी) के अंतर्गत ग्रेड 'ए' चावल की बिक्री के लिए समग्र आरक्षी मूल्य 2016-17 के दौरान 2,400 रुपये प्रति क्विंटल रखा गया है।

पंजाब में ई-नीलामी के जरिए गेहूं खरीदने वाले जम्मू-कश्मीर के खरीदारों हेतु रियायती रिजर्व मूल्य पर विशेष व्यवस्था को हालांकि समाप्त कर दिया गया, परंतु एफसीआई को निर्देश दिया गया है कि वह जम्मू-कश्मीर के खरीदारों को राज्य के भीतर रेल से जुड़े भंडारों/रेलहेड्स पर लुधियाना मूल्य में उचित मूल्य जोड़ने के बाद समुचित स्टॉक उपलब्ध कराए।

पिछले 5 वर्षों और चालू वित्त वर्ष के दौरान ओएमएसएस (डी) के अंतर्गत बेची गई गेहूं और चावल की मात्राओं का ब्योरा तालिका-7 में दिया गया है।

तालिका : 7
ओएमएसएस (डी) के अंतर्गत बेचे गए गेहूं और चावल की मात्रा

(लाख टन में)

क - गेहूं	
वर्ष	मात्रा
2011-12	11.84
2012-13	68.67
2013-14	61.16
2014-15	42.37
2015-16	70.77
2016-17 (जून, 2016 तक)	04.09

(लाख टन में)

ख - चावल	
वर्ष	मात्रा
2011-12	0.19
2012-13	0.99
2013-14	1.68
2014-15	–
2015-16	1.11
2016-17 (जून 2016 तक)	0.14

अनाज का भंडारण

एफसीआई की राज्यवार क्षमताएं

केंद्रीय पूल के अनाज के सुरक्षित भंडारण के लिए एफसीआई के पास सभी राज्यों में कवर्ड गोदामों का स्वयं का ग्रिड है। इसके अतिरिक्त निगम सेंट्रल वेयरहाउसिंग कार्पोरेशन (सीडब्ल्यूसी) और राज्य वेयरहाउसिंग कार्पोरेशनों जैसी राज्य सरकार की एजेंसियों और निजी पार्टियों से भी गोदाम किराए पर लेता है।

निगम के पास पर्याप्त भंडारण क्षमता उपलब्ध है। जून 2016 को उपलब्ध भंडारण क्षमता 811.94 लाख टन की थी, जबकि केंद्रीय पूल में अनाज का भंडारण 534.29 लाख टन किया गया। राज्यवार भंडारण क्षमता का ब्योरा तालिका-8 में दिया गया है:

तालिका : 8
राज्यवार भंडारण क्षमता

(लाख टन में)

क्र. राज्य	एफसीआई की कुल भंडारण क्षमता (स्वयं की/किराये पर)						राज्य एजेंसियों की क्षमता		कुल योग	
	कवर किए गए		सीएपी		कुल		राज्य एजेंसियां			
	स्वयं की	किराये पर	स्वयं की	किराए पर	कवर किए गए	सीएपी	कवर किए गए	सीएपी	कवर किए गए	सीएपी
1. बिहार	3.66	2.60	1.00	0.00	6.26	1.00	7.85	–	14.11	1.00
2. झारखंड	0.67	1.81	0.05	0.00	2.48	0.05	–	–	2.48	0.05
3. ओडिशा	3.12	2.56	0.00	0.00	5.68	–	6.16	–	11.84	–
4. पश्चिम बंगाल	8.50	1.22	0.51	0.00	9.72	0.51	7.82	–	17.54	0.51
5. असम	3.00	0.96	0.00	0.00	3.96	–	2.27	–	6.23	–
6. अरुणाचल प्रदेश	0.20	0.03	0.00	0.00	0.23	–	0.01	–	0.24	–
7. मेघालय	0.14	0.09	0.00	0.00	0.23	–	–	–	0.23	–
8. मिजोरम	0.25	0.00	0.00	0.00	0.25	–	0.42	–	0.67	–
9. त्रिपुरा	0.29	0.06	0.00	0.00	0.35	–	0.32	–	0.67	–
10. मणिपुर	0.28	0.04	0.00	0.00	0.32	–	–	–	0.32	–
11. नगालैंड	0.29	0.13	0.00	0.00	0.42	–	0.07	–	0.49	–
12. दिल्ली	3.36	0.00	0.31	0.00	3.36	0.31	–	–	3.36	0.31

13. हरियाणा	7.68	44.64	3.33	0.00	52.32	3.33	28.66	22.81	80.98	26.14
14. हिमाचल प्रदेश	0.19	0.30	0.00	0.00	0.49	–	–	–	0.49	–
15. जम्मू-कश्मीर	1.03	1.34	0.10	0.00	2.37	0.10	–	–	2.37	0.10
16. पंजाब	22.24	81.71	7.31	0.00	103.95	7.31	42.42	100.44	146.37	107.75
17. राजस्थान	7.06	11.50	1.85	0.90	18.56	2.75	5.00	0.19	23.56	2.94
18. उत्तर प्रदेश	14.95	30.57	5.19	0.00	45.52	5.19	14.12	–	59.64	5.19
19. उत्तराखंड	0.66	1.01	0.21	0.00	1.67	0.21	1.94	–	3.61	0.21
20. आंध्र प्रदेश	7.36	1.47	1.60	0.00	8.83	1.60	15.61	–	24.44	1.60
21. तेलंगाना	5.37	1.26	1.02	0.00	6.63	1.02	9.74	–	16.37	1.02
22. केरल	5.29	0.05	0.21	0.00	534	0.21	–	–	5.34	0.21
23. कर्नाटका	3.81	3.58	1.36	0.00	7.39	1.36	20.36	0.41	27.75	1.77
24. तमिलनाडु	6.24	4.90	0.31	0.00	11.14	0.31	16.44	–	27.58	0.31
25. गुजरात	5.00	1.51	0.27	0.00	6.51	0.27	2.29	–	8.80	0.27
26. महाराष्ट्र	8.85	10.45	1.02	000	19.30	1.02	11.18	–	30.68	1.02
27. गोवा	0.15	0.05	0.00	0.00	0.20	–				
28. मध्य प्रदेश	3.37	0.03	0.36	000	3.40	0.36	103.25	14.28	106.65	14.64
29. छत्तीसगढ़	5.12	3.55	0.01	0.00	8.67	0.01	15.41	–	24.08	0.01
कुल	**128.13**	**207.42**	**26.02**	**0.90**	**335.55**	**26.92**	**311.34**	**138.13**	**646.89**	**165.05**
कुल योग	**335.55**		**2692**		**36247**		**449.47**		**811.94**	

भंडारण क्षमता में बढ़ोतरी

अनाज के उत्पादन और खरीद में निरंतर वृद्धि के प्रबंधन के लिए विभाग देश में कवर्ड भंडारण क्षमता में संवर्धन करने के लिए निजी उद्यमी गारंटी (पीईजी) कार्यक्रम लागू कर रहा है।

वर्ष 2008 में शुरू किए गए पीईजी कार्यक्रम के अंतर्गत गोदामों का निर्माण सार्वजनिक-निजी भागीदारी प्रणाली में किया जाता है और भूमि तथा निर्माण लागत चुनिंदा साझेदारों द्वारा वहन की जाती है। एफसीआई अपनी ओर से निजी निवेशकों को भंडारण क्षमताओं का 10 वर्ष तक इस्तेमाल करने तथा सीडब्ल्यूसी और एसडब्ल्यूसी को 9 वर्ष तक इस्तेमाल करने की गारंटी देता है। भंडारण अंतर को पाटने के लिए एफसीआई राज्य स्तरीय समितियों (एसएलसी) की सिफारिशों के आधार पर गोदामों के निर्माण के वास्ते स्थलों की पहचान करता है। उपयोगकर्ता क्षेत्रों में पीडीएस और ओडब्ल्यूएस की चार माह की आवश्यकता के आधार पर भंडारण अंतराल का आकलन किया जाता है, जबकि खरीदार राज्यों के भंडारण अंतरण का आकलन विगत 3 वर्षों में उच्चतम स्टॉक स्तरों के आधार पर तथा अनाज की खरीद क्षमता को ध्यान में रख कर किया जाता है।

कार्यक्रम के अंतर्गत 150.80 लाख टन की कुल स्वीकृत क्षमता में से 31 मई , 2016 तक 20 राज्यों में विभिन्न स्थलों पर लगभग 134.45 लाख टन क्षमता निर्माण का कार्य पूरा किया गया है।

वेयरहाउसिंग विकास और विनियामक प्राधिकरण

वेयरहाउसिंग क्षेत्र के विकास, कृषि विपणन में सुधार लाने और फार्म सेक्टर के लिए अधिक ऋण की व्यवस्था करने के लिए भारत सरकार ने वेयरहाउसिंग (विकास और विनियमन) अधिनियम, 2007 बनाया, जो 2010 से लागू है। इसके द्वारा सरकार ने देश में नेगोशिएबल वेयरहाउस रसीद प्रणाली शुरू की है। केंद्र सरकार ने इस अधिनियम के उपबंधों के कार्यान्वयन के लिए 2010 को वेयरहाउसिंग विकास और विनियामक प्राधिकरण (डब्ल्यूडीआरए) का गठन किया।

वेयरहाउसों को डब्ल्यूडीआरए में पंजीकरण कराना होगा ताकि उन्हें एनडब्ल्यूआर जारी किए जा सकें। वेयरहाउसों को डब्ल्यूडीआरए कराने से पूर्व अनुमोदित प्रत्यायन एजेंसियों द्वारा प्रत्यायित किया जाता है ताकि यह सुनिश्चित हो सके कि कृषि और अन्य वस्तुओं को वैज्ञानिक और सुरक्षित भंडारण की मूलभूत आवश्यकताएं इन वेयरहाउसों द्वारा भलीभांति पूरी की जा रही हैं। प्राधिकरण ने वेयरहाउसों के प्रत्यायन के लिए 11 प्रत्यायन एजेंसियां अनुमोदित की हैं।

डब्ल्यूडीआरए ने एनडब्ल्यूआर जारी करने के लिए अनाज, दलहन, तिलहन, वनस्पति तेल, मसाले, गिरी और रबड़, तंबाकू, चाय, काफी और मखाना सहित 123 कृषि जिन्स अधिसूचित किए हैं। इसके अलावा एनडब्ल्यूआर जारी करने हेतु आलू, डिहाईड्रेटिड प्याज, अदरक, लहसुन, हल्दी, सेब और किशमिश जैसी 26 बागवानी वस्तुएं भी अधिसूचित की हैं। प्राथमिक कृषि सहकारी समितियों (पीएसी) के वेयरहाउसों को नेगोशिएबल वेयरहाउस रसीद प्रणाली के अंतर्गत कवर किया गया है, ताकि छोटे और सीमांत किसान इस योजना का फायदा उठा सकें। प्राधिकरण ने जून 2016 के मध्य तक सीडब्ल्यूसी, एसडब्ल्यूसी, निजी क्षेत्र, शीत भंडारों के 1,242 गोदामों को पंजीकृत किया, जिनकी कुल भंडारण क्षमता 54.73 लाख टन है। इन वेयरहाउसों में 4,543.38 करोड़ रुपये मूल्य के कृषि जिन्सों के प्रति 58,295 नेगोशिएबल वेयरहाउस रसीदें जारी की हैं। बैंकों ने एनडब्ल्यूआरए के आधार पर 1,458.56 करोड़ रुपये का वित्त पोषण किया है।

देश की एनडब्ल्यूआर प्रणाली के बारे में हितधारकों में जागरूकता पैदा करने के लिए डब्ल्यूआरए फिक्की, असोचम, पीएचडी चेंबर्स, सीएआईटी तथा आईएफसी के सहयोग से विभिन्न स्थानों में सम्मेलनों का आयोजन करता आ रहा है। प्राधिकरण द्वारा नेगोशिएबल वेयरहाउस रसीदों के जमानत वित्तपोषण संबंधी बैंकर्स कॉन्फ्रेंस, वेयरहाउस प्रबंधकों के लिए प्रशिक्षण कार्यक्रम तथा किसानों के लिए जागरूकता कार्यक्रम भी आयोजित किए जाते हैं।

अनाज का फसल कटाई उपरांत प्रबंधन

अनाज के लिए गुणवत्ता मानक

सरकार केंद्रीय पूल के लिए खरीदे गए अनाज की गुणवत्ता पर विधिवत् नियंत्रण रखती है। नई दिल्ली स्थित मंत्रालय का गुणवत्ता नियंत्रण प्रकोष्ठ और बंगलुरु, भोपाल, भुवनेश्वर, कोलकाता, हैदराबाद, लखनऊ और पुणे स्थित क्षेत्रीय कार्यालय एफसीआई और राज्य सरकारों तथा उनकी एजेंसियों द्वारा खरीदे गए, स्टॉक किए गए और वितरण के लिए जारी किए जाने वाले अनाज की गुणवत्ता पर निगरानी रखते हैं। 2015-16 के दौरान, गुणवत्ता नियंत्रण प्रकोष्ठों द्वारा 1,096 अनाज गोदामों का निरीक्षण किया गया। राज्य सरकारों और उनकी एजेंसियों के 1,295 कार्मिकों के प्रशिक्षण के लिए गुणवत्ता नियंत्रण प्रकोष्ठों द्वारा 37 कार्यक्रम संचालित किए गए।

भारतीय अनाज भंडार प्रबंधन और अनुसंधान संस्थान

भारतीय अनाज भंडारण प्रबंधन और अनुसंधान संस्थान (आईजीएमआरआई), हापुड़, और लुधियाना (पंजाब) तथा हैदराबाद (आंध्र प्रदेश) में इसके फील्ड स्टेशन अनाज के वैज्ञानिक भंडारण प्रबंधन से संबंधित प्रशिक्षण तथा अनुसंधान एवं विकास कार्य में संलग्न हैं। आईजीएमआरआई भंडारण एजेंसियों और कीट नियंत्रण ऑपरेटरों के लिए अनाज के भंडारण, निरीक्षण और कीट नियंत्रण आदि के बारे में प्रशिक्षण पाठ्यक्रम भी संचालित करता है। वर्ष 2015-16 के दौरान अनाज के वैज्ञानिक प्रबंधन के बारे में 16 दीर्घावधि/अल्पावधि पाठ्यक्रम शुरू किए गए।

केंद्रीय अनाज विश्लेषण प्रयोगशाला

नई दिल्ली में स्थित केंद्रीय अनाज विश्लेषण प्रयोगशाला (सीजीएएल) गुणवत्ता नियंत्रण अधिकारियों द्वारा लिए गए नमूनों का विश्लेषण करके सरकारी खरीद, भंडारण तथा वितरण के समय अनाज की गुणवत्ता की निगरानी में विभाग की सहायता करती है। 2015-16 के दौरान विभिन्न प्रकार के अनाज के कुल 1,201 नमूनों, प्रोटीन की जांच के लिए 501 नमूनों, और गेहूं में यूरिक एसिड की जांच के लिए 104 नमूनों का विश्लेषण किया गया।

चावल और गेहूं की निर्यात नीति

सरकार ने 2011 से निजी तौर पर रखे गए स्टॉक में से निजी तौर पर गैर-बासमती चावल के निःशुल्क निर्यात की अनुमति दी है। मैसर्स एनसीसीएफ और नैफेड सहित राज्य व्यापारिक उद्यमों को भी निजी तौर पर रखे गए स्टाक से गैर-बासमती चावल के निर्यात की अनुमति प्रदान की है। वर्ष 2011 से गेहूं के निर्यात की अनुमति भी दी गई है।

सीमा शुल्क ईडीआई बंदरगाहों के जरिए भी गैर-बासमती चावल और गेहूं के निर्यात की अनुमति दी गई है। भारत-बांग्लादेश और भारत-नेपाल सीमा पर गैर-ईडीआई लैंड कस्टम स्टेशनों

(एलसीएम) के जरिए भी निर्यात की अनुमति दी गई है। परंतु, इसके लिए डीजीएफटी में गुणवत्ता का पंजीकरण अनिवार्य है। बीज गुणवत्ता के चावल और अन्य चावल (बीज गुणवत्ता से भिन्न भूसायुक्त चावल (धान या मोटा चावल) के निर्यात की अनुमति लाइसेंस के अंतर्गत दी गई है।

प्राइवेट तौर पर गेहूं और चावल के निर्यात की स्थिति

वर्ष 2015-16 के दौरान 63.74 लाख टन गैर-बासमती चावल और 6.14 लाख टन गेहूं 'नियंत्रण मुक्त निर्यात' श्रेणी के अंतर्गत निर्यात किया गया।

2015-16 के दौरान एफसीआई के केंद्रीय पूल भंडारों से गैर-बासमती चावल और गेहूं का निर्यात नहीं किया गया।

सरकारी तौर पर निर्यात की स्थिति

सरकार विदेश मंत्रालय की अनुशंसाओं के आधार पर राजनयिक आधार/मानवीय सहायता के रूप में भी विभिन्न मित्र देशों को गेहूं और चावल का निर्यात करती है। 2015-16 के दौरान केंद्रीय पूल भंडारों से म्यामां में बाढ़ प्रभावित क्षेत्र में 100 लाख टन चावल उपलब्ध कराया गया।

चावल और गेहूं का आयात

2015-16 के दौरान केंद्रीय पूल भंडारों के लिए गेहूं और चावल का आयात नहीं किया गया। परंतु, प्राइवेट व्यापारियों/मिल मालिकों द्वारा 2015-16 में 5,16,167 लाख टन गेहूं और 1,021 लाख टन गैर-बासमती चावल का आयात किया गया।

चीनी

चीनी उत्पादन

भारत विश्व में चीनी का सबसे बड़ा उपभोक्ता और दूसरा सबसे बड़ा उत्पादक देश है। चीनी मौसम वर्ष 2015-16 के दौरान चीनी का उत्पादन 251.60 लाख टन रहने का अनुमान है, जो 30 अप्रैल , 2016 तक 247.19 लाख टन (अनंतिम) था। 2012-13 से 2014-15 की अवधि और 2015-16 के चालू चीनी मौसम (30 अप्रैल, 2016 तक) में राज्यवार चीनी उत्पादन का ब्योरा नीचे दिया गया है:

तालिका : 9

राज्यवार चीनी उत्पादन

(लाख टन में)

राज्य	चीनी मौसम			
	2012-13	2013-14	2014-15	2015-16 (30 अप्रैल, 2016 तक) (अनंतिम)**
पंजाब	4.38	4.73	5.36	6.68
हरियाणा	5.1	5.37	5.73	5.35
राजस्थान	0.04	0.05	0.06	0.04

उत्तराखंड	3.4	2.98	3.28	2.71
उत्तर प्रदेश	75.01	66.13	71.38	67.76
मध्य प्रदेश	2.08	3.51	4.08	3.05
छत्तीसगढ़	0.49	0.68	0.65	0.57
गुजरात	11.3	11.78	11.46	11.08
महाराष्ट्र	79.87	77.2	105.15	86.10
बिहार	5.1	5.96	5.26	5.03
ओडिशा	0.64	0.6	0.43	0.48
पश्चिम बंगाल	0.2	0.06	0.05	0.00
आंध्र प्रदेश	9.84	6.75	5.65	5.49
तेलगांना		3.32	3.21	2.77
कर्नाटक	34.43	41.6	49.89	40.00
तमिलनाडु	19.32	14.18	12.56	9.95
पुदुचेरी	0.53	0.52	0.32	0.03
गोवा	0.1	0.12	0.11	0.10
कुल	**251.83***	**245.54**	**284.63**	**247.19**

* इसमें आयातित कच्ची चीनी से उत्पादित 6.76 लाख टन व्हाइट शुगर शामिल नहीं है।

** आनलाइन पी-2/गन्ना आयुक्त के अनुसार (अस्थाई)।

15 जून, 2016 को देश में 719 संस्थापित चीनी मिलें हैं। इनका क्षेत्रवार वर्गीकरण नीचे दिया गया है:

तालिका : 10
चीनी फैक्टरियों का क्षेत्रवार ब्योरा

क्रम सं.	क्षेत्र	संस्थापित चीनी मिलों की संख्या
1.	सहकारी	327
2.	निजी	349
3.	सार्वजनिक	43
	कुल	**719 ***

*पश्चिम बंगाल तथा गुजरात राज्यों के एक-एक रिफाइनरी को शामिल किया गया है।

गन्ना मूल्य निर्धारण नीति

चीनी (नियंत्रण) आदेश, 1966 में 2009 में किए गए संशोधन के साथ गन्ने के सांविधिक न्यूनतम मूल्य की अवधारणा की जगह वर्ष 2009-10 और परवर्ती चीनी मौसमों के लिए गन्ने का उचित और पारिश्रमिक मूल्य (एफआरपी) की अवधारणा अपनाई गई। केंद्र सरकार द्वारा घोषित गन्ने का मूल्य कृषि

लागत और मूल्य आयोग की अनुशंसाओं के आधार पर निर्धारित किया जाता है। आयोग राज्य सरकारों और चीनी उद्योग संगठनों से परामर्श के बाद मूल्य की अनुशंसा करता है। गन्ना (नियंत्रण) आदेश, 1966 के संशोधित प्रावधान के अनुसार निम्नांकित घटकों के संदर्भ में गन्ने का एफआरपी निर्धारित किया जाता है: क) गन्ना उत्पादन की लागत; ख) उत्पादकों को वैकल्पिक फसलों से लाभ और कृषि जिंसों के मूल्यों की सामान्य प्रवृत्ति; ग) उचित मूल्य पर उपभोक्ताओं को चीनी की उपलब्धता; घ) वह मूल्य जिस पर चीनी उत्पादकों द्वारा गन्ने से बनाई गई चीनी बेची जाती है; ङ) गन्ने से चीनी प्राप्त करना; च) उप-उत्पादों अर्थात् शीरा, खोई और प्रेस मड की बिक्री से अर्जित आय अथवा इन उत्पादों का अधिरोपित मूल्य; छ) जोखिम और लाभ के चलते गन्ना उत्पादकों के लिए उचित मार्जिन।

एफआरपी प्रणाली के अंतर्गत, किसानों को पिराई सीजन खत्म होने अथवा चीनी मिलों या सरकार द्वारा मुनाफों की घोषणा का इंतजार करने की आवश्यकता नहीं है। नई प्रणाली में मुनाफा और जोखिम को ध्यान में रख कर लाभ सुनिश्चित किया जाता है, भले ही चीनी मिल लाभ में हों या न हों और यह किसी एक मिल के निष्पादन पर भी निर्भर नहीं है।

यह सुनिश्चित करने के लिए कि चीनी के अधिक मात्रा वाले गन्ना उत्पादकों को बेहतर मूल्य मिले, और चीनी मिलों के बीच अंतर को देखते हुए, एफआरपी को गन्ने से प्राप्त होने वाली चीनी की मात्रा से जोड़ा गया है, गन्ने से अपेक्षाकृत अधिक चीनी प्राप्त होने पर किसानों को अतिरिक्त लाभ दिया जाता है।

वर्ष 2009-10 से 2016-17 की अवधि के दौरान प्रत्येक चीनी सत्र में चीनी फैक्टरियों द्वारा अदा किया गया गन्ने का एफआरपी नीचे तालिका में दिया गया है:-

तालिका : 11

चीनी फैक्टरियों द्वारा अदा किया गया गन्ने का एफआरपी

चीनी मौसम	एफआरपी (रुपये प्रति क्विंटल)	बुनियादी रिकवरी स्तर	बुनियादी रिकवरी स्तर से ऊपर 1 प्रतिशत की बढ़त पर लाभ (रुपये प्रति क्विंटल)
2009-10	129.84	9.5 प्रतिशत	1.37
2010-11	139.12	9.5 प्रतिशत	1.46
2011-12	145.00	9.5 प्रतिशत	1.53
2012-13	170.00	9.5 प्रतिशत	1.79
2013-14	210.00	9.5 प्रतिशत	2.21
2014-15	220.00	9.5 प्रतिशत	2.32
2015-16	230.00	9.5 प्रतिशत	2.42
2016-17	230.00	9.5 प्रतिशत	2.42

चीनी वितरण की नई पद्धति

आम लोगों के उपभोग की आवश्यक वस्तु होने के नाते मुख्य रूप से गरीबी रेखा से नीचे (बीपीएल) के परिवारों को चीनी की आपूर्ति सार्वजनिक वितरण प्रणाली (पीडीएस) के तहत की जाती है। इसके लिए केंद्र सरकार सब्सिडी प्रदान करती है, इसमें पूर्वोत्तर राज्य, पहाड़ी राज्य और द्वीपीय क्षेत्र शामिल नहीं हैं। इन क्षेत्रों में सर्वसुलभ कवरेज की अनुमति दी गई है। चीनी क्षेत्र को नियंत्रण मुक्त बनाने से पहले, केंद्र सरकार चीनी के आंशिक नियंत्रण की नीति का अनुसरण कर रही थी, जिसके अंतर्गत सार्वजनिक वितरण प्रणाली के जरिए एक समान खुदरा जारी मूल्य (आरआईपी) पर वितरण के लिए चीनी मिलों से चीनी उत्पादन में एक हिस्सा लेवी के रूप में लिया जाता था।

केंद्र सरकार ने अप्रैल 2013 में चीनी मिलों से लेवी बाध्यता को हटा कर तथा खुले बाज़ार में चीनी की बिक्री के लिए इसे नियंत्रित रूप से जारी करने की प्रणाली को समाप्त करके चीनी से नियंत्रण हटा लिया है। नई व्यवस्था के अंतर्गत 13.50 रुपये प्रति किलोग्राम के मौजूदा खुदरा मूल्य पर पीडीएस में चीनी उपलब्ध कराने के लिए राज्य सरकारों/केंद्रशासित प्रदेश प्रशासनों को पारदर्शी प्रणाली के माध्यम से इसे खुले बाज़ार से खरीदने के लिए कहा गया है। केंद्र सरकार राज्यों/केंद्रशासित प्रदेशों को उतनी सीमा तक, जो उनके मौजूदा आवंटनों (लगभग 27 लाख टन) पर आधारित हैं, 18.50 रुपये प्रति किलोग्राम की दर से प्रतिपूर्ति कर रही है। राज्य सरकारें/केंद्रशासित प्रदेश प्रशासन संचालन, ढुलाई और व्यापारी के कमीशन जैसी अतिरिक्त लागत, यदि कोई हो, को वहन कर सकते हैं अथवा उसे खुदरा निर्गम मूल्य (आरआईपी) में शामिल करते हुए उपभोक्ताओं को अग्रसारित कर सकते हैं।

अभी तक 30 राज्यों/केंद्रशासित क्षेत्रों ने इस योजना में भाग लिया है तथा पीडीएस के माध्यम से चीनी वितरण में किसी प्रकार के व्यवधान की सूचना नहीं मिली है।

एथेनॉल मिश्रित पेट्रोल कार्यक्रम

एथेनॉल एक कृषि आधारित उत्पाद है जो मूल रूप से चीनी उद्योग के शीरा जैसे उप-उत्पादों से बनाया जाता है। जिन वर्षों में गन्ने की उपज आवश्यकता से अधिक होती है, और चीनी के दाम गिर जाते हैं, तो चीनी उद्योग किसानों को गन्ने की कीमत नहीं दे पाता है। एथेनॉल मिश्रित पेट्रोल कार्यक्रम प्रदूषण स्तर को कम करने के अतिरिक्त एथेनॉल के उपयोग का एक नया जरिया देगा और इस प्रकार चीनी उत्पादन के दौरान बनने वाले उप-उत्पाद शीरे की उपयोगिता भी सुनिश्चित होगी।

पेट्रोलियम और प्राकृतिक गैस मंत्रालय ने अधिसूचित किया है कि तेल विपणन कंपनियां देशभर में 10 प्रतिशत एथेनॉल मिश्रित पेट्रोल बेचेंगी। सरकार ने ईबीपी कार्यक्रम के अंतर्गत एथेनॉल की खरीद संबंधी नीति संशोधित की है। नई व्यवस्था के अंतर्गत एथेनॉल का एक्स-डिपो मूल्य 48.50 रुपये से 49.50 रुपये प्रति लीटर की रेंज में निर्धारित किया गया है और तेल विपणन कंपनियां अब इस दर पर एथेनॉल की आपूर्ति की इच्छुक चीनी मिलों एवं शराब के कारखानों से ईओआई आमंत्रित करती हैं। यह मूल्य पारिश्रमिक पर आधारित है और नई प्रक्रिया से समूची एथेनॉल आपूर्ति श्रृंखला में सुधार आया है।

चीनी उपक्रमों को वित्तीय सहायता प्रदान करना

चीनी उपक्रमों को वित्तीय सहायता प्रदान करने के लिए योजना (एससीएफएएसयू-2014) 2014 में अधिसूचित की गई, जिसमें चीनी मिलों को प्रतिभागी अनुसूचित बैंकों, क्षेत्रीय ग्रामीण बैंकों और सहकारी बैंकों के जरिए करीब 6,600 करोड़ रुपये के ऋण प्रदान करने की व्यवस्था है, ताकि वे गन्ना मूल्य की बकाया राशि का निपटान कर सकें।

कच्ची चीनी के उत्पादन और विपणन को बढ़ावा देने के लिए प्रोत्साहन योजना

सरकार ने 2013-14 के चीनी मौसम में निर्यात बाज़ार के लिए लक्षित कच्ची चीनी के विपणन और उन्नयन सेवाओं के लिए प्रोत्साहन देने हेतु फरवरी 2014 में एक कार्यक्रम अधिसूचित किया। इस कार्यक्रम के अंतर्गत उपलब्ध प्रोत्साहन राशि का इस्तेमाल चीनी मिलों द्वारा किसानों को भुगतान के लिए किया जाएगा। वित्त वर्ष 2014-15 और 2015-16 के दौरान 12.87 लाख टन कच्ची चीनी के निर्यात के लिए संबद्ध चीनी मिलों को करीब 383.87 करोड़ रुपये की प्रतिपूर्ति की गई।

चीनी विकास कोष

चीनी उपकर अधिनियम, 1982 के अंतर्गत भारत में किसी भी चीनी फैक्ट्री द्वारा उत्पादित एवं बेची जाने वाली समस्त चीनी पर विभिन्न दरों से उपकर वसूल किया जाता है। उपकर की वर्तमान दर 2016 से 124 रुपये प्रति क्विंटल है। चीनी विकास निधि अधिनियम, 1982 में प्रावधान है कि चीनी उपकर अधिनियम 1982 के अंतर्गत वसूल की गई और जुटाई गई धनराशि में से संग्रहण लागत घटा कर बचने वाली राशि और इस अधिनियम के प्रयोजन के लिए केंद्र सरकार द्वारा प्राप्त कोई अन्य राशि विधिवत् विनियोजन के बाद चीनी विकास निधि में जमा की जाएगी।

चीनी विकास कोष अधिनियम, 1982 में प्रावधान है कि कोष का इस्तेमाल निम्नांकित प्रयोजनों के लिए किया जा सकेगा: क) व्यवहार्य दृष्टि से सक्षम किसी चीनी प्रतिष्ठान सहित, किसी चीनी फैक्टरी या उसकी किसी यूनिट के पुनर्वास और आधुनिकीकरण में सहायता के लिए ऋण देने हेतु; ख) व्यवहार्य दृष्टि से सक्षम किसी चीनी प्रतिष्ठान सहित, किसी चीनी फैक्टरी द्वारा उस क्षेत्र में जहां वह स्थित है, गन्ना विकास के लिए चलाए गए किसी कार्यक्रम हेतु ऋण प्रदान करने के लिए; ग) चीनी उद्योग के किसी पहलू के प्रोत्साहन और विकास के लक्ष्य के लिए अनुसंधान परियोजना के संचालन के लिए अनुदान देने हेतु; घ) चीनी के निर्यात प्रोत्साहन के लिए किसी चीनी मिल को निर्यात खेप पर आंतरिक ढुलाई और भाड़ा प्रभार पर किए गए व्यय को चुकाने हेतु; ङ) किसी 2500 टीसीडी या अधिक संस्थापित क्षमता वाली चीनी फैक्टरी को खोई आधारित बिजली उत्पादन की परियोजना लागू करने के लिए ऋण देने हेतु; च) किसी 2500 टीसीडी या अधिक संस्थापित क्षमता वाली चीनी फैक्टरी को अल्कोहल या शीरा से निर्जल अल्कोहल या एथानोल के उत्पादन के लिए ऋण देने हेतु ताकि उसकी सक्षमता में सुधार लाया जा सके; छ) किसी चीनी मिल को चीनी मूल्य स्थिर बनाए रखने के उद्देश्य से सुरक्षित भंडार बनाने और उसके रखरखाव पर होने वाला व्यय चुकाने हेतु; ज) केंद्र सरकार द्वारा समय समय पर अनुमोदित किसी कार्यक्रम के संदर्भ में चीनी फैक्टरियों को वित्तीय सहायता के प्रयोजन से दिए गए ऋण पर ब्याज व्यय चुकाने हेतु; झ) कच्ची चीनी के उत्पादन हेतु विपणन और उन्नयन सेवाओं पर होने वाला व्यय चुकाने हेतु; ञ) अधिनियम के प्रयोजनार्थ किए गए किसी अन्य व्यय को चुकाने हेतु; ट) किसी चीनी मिल को मौजूदा एथेनॉल संयंत्र को शून्य तरल डिस्चार्ज संयंत्र में परिविर्तित करने के लिए ऋण देने हेतु।

चीनी पर स्टाक धारण और कारोबार सीमा लागू करना

व्यापारियों/डीलरों द्वारा जमाखोरी के कारण बाज़ार में कृत्रिम मूल्य वृद्धि की समस्या से निपटने के लिए सरकार ने 2016 से चीनी की स्टॉक धारण और कारोबार सीमा लागू की। निर्देश जारी किए गए हैं कि कोई भी चीनी का व्यापारी उसके द्वारा स्टॉक प्राप्त होने की तारीख से 30 दिन से अधिक कोई स्टॉक नहीं रखेगा और किसी भी समय नीचे वर्णित अनुसार मात्राओं से अधिक मात्रा में चीनी स्टॉक में नहीं रखेगा:

कोलकाता और आसपास के क्षेत्र ऐसे व्यापारी जो बाहर से चीनी मंगवाते हैं:

पश्चिम बंगाल	:	10,000 क्विंटल
अन्य स्थान	:	5,000 क्विंटल

नियत न्यूनतम संकेतात्मक निर्यात कोटा (एमआईईक्यू)

घरेलू चीनी मूल्यों पर मालसूची का दबाव कम करने के उद्देश्य से, सरकार ने प्रत्येक मिल के लिए उनके चीनी उत्पादन के अनुपात के अनुसार निर्दिष्ट निर्यात लक्ष्य तय किए हैं, ताकि 4 एमएमटी चीनी स्टाक को खाली कराया जा सके। इसके अंतर्गत कोई निर्यात सब्सिडी या प्रोत्साहन नहीं दिया जाएगा। उद्योग अभी तक प्रचलित अंतरराष्ट्रीय मूल्यों पर 1.64 एमएमटी चीनी का निर्यात कर चुका है। स्टाक खाली कराने से, घरेलू चीनी के मूल्यों में सुधार आया और वे गन्ने के दामों के अधिक समर्थक स्तरों पर पहुंच गए। इन्हें न्यूनतम निर्दिष्ट निर्यात कोटा कहा जाता है। चूंकि निकट अतीत में चीनी के मूल्यों में उछाल आया है और वर्तमान मूल्य स्तर चालू चीनी मौसम के लिए अधिसूचित गन्ने के एफआरपी (रुपये 230/क्विंटल) के अधिक संगत है, अत: चीनी के निर्यात को बढ़ावा देने की आवश्यकता नहीं है। इसलिए एमआईईक्यू को जून 2016 से वापस ले लिया गया।

उत्पादन सब्सिडी

सरकार ने चीनी मिलों को गन्ने की लागत समायोजित करने और किसानों के गन्ने की बकाया राशि का समय पर भुगतान करने में मदद पहुंचाने के लिए 4.50 रुपये प्रति क्विंटल की दर से उत्पादन सब्सिडी का विस्तार किया है।

इस बात से संतुष्ट होने के बाद कि चीनी के दाम अब चीनी उद्योग की प्रचालनगत व्यवहार्यता के लिए अपेक्षित स्तरों से पर्याप्त ऊंचे हैं, सरकार ने मई 2016 से उत्पादन सब्सिडी स्कीम वापस ले ली है।

खाद्य तेल

देश में खाद्य तेलों के कारगर प्रबंधन में उपभोक्ता को उचित दरों पर खाद्य तेलों की पर्याप्त उपलब्धता सुनिश्चित करने हेतु उठाए गए कारगर कदम शामिल हैं। कृषि मंत्रालय द्वारा 2015-16 (नवंबर-अक्टूबर) के लिए जारी तीसरे अग्रिम अनुमानों के अनुसार तिलहन उत्पादन करीब 258.99 लाख टन रहा है, जो पिछले वर्ष 275.11 लाख टन था। इन तिलहनों से तेल का उत्पादन 2015-16 में करीब 61.93 लाख टन रहने की संभावना है। सभी स्रोतों, प्राथमिक और माध्यमिक सहित, से खाद्य तेलों की निवल उपलब्धता 87.70 लाख टन होने का अनुमान है, जबकि 2014-15 में खाद्य तेलों की निवल

उपलब्धता 92.06 लाख टन थी। इस प्रकार मांग और उपलब्धता के बीच अंतर करीब 60 प्रतिशत है, जिसे आयात के जरिए पूरा किया जाता है।

वनस्पति तेल उद्योग की स्थिति

देश में निदेशालय के साथ पंजीकृत 91 वनस्पति तेल इकाइयां और 417 साल्वेंट एक्स्ट्रेक्शन प्लांट/रिफाइनरीज़ हैं, जिनकी वार्षिक क्षमता करीब 6500 लाख टन कच्चे माल को संसाधित करने की है। विभिन्न कारणों से, मुख्य रूप से कच्चा माल मौसम अनुसार उपलब्ध होने को देखते हुए, खाद्य तेल उद्योग की कुल क्षमता का करीब 35 प्रतिशत उपयोग हो रहा है।

खाद्य तेलों के निर्यात पर प्रतिबंध

खाद्य तेलों के निर्यात पर मार्च, 2008 से प्रतिबंध लगा दिया गया है, जिसमें कुछ उत्पादों को इस प्रतिबंध से बाहर रखा गया है, जैसे सभी इलेक्ट्रॉनिक डेटा इंटरचेंज (ईडीआई) बंदरगाहों और अधिसूचित लैंड कस्टम स्टेशनों (एलसीएस) के जरिए नारियल तेल, कैस्टर आयल, आर्गेनिक खाद्य तेल और लघु वन उत्पादों से पैदा होने वाले कुछ तेल। इसके अतिरिक्त खाद्य तेल के निर्यात की अनुमति 5 किलोग्राम तक के ब्रैंडिड उपभोक्ता पैकेटों में दी गई है, जिनका न्यूनतम निर्यात मूल्य 900 अमरीकी डॉलर प्रति टन हो, जो 2015 में 1,100 अमरीकी डॉलर प्रति टन था। 2015 से चावल की भूसी के तेल का बल्क में निर्यात करने की अनुमति है।

खाद्य तेलों पर आयात शुल्क

खाद्य तेलों की घरेलू आपूर्ति की तुलना में मांग चूंकि निरंतर अधिक बनी हुई है, अत: दो दशक से अधिक समय से इनका आयात करना पड़ रहा है। उपभोक्ताओं को किफायती मूल्यों पर खाद्य तेलों की निर्बाध आपूर्ति बनाए रखने के लिए और किसानों तथा इस उद्योग के हितों को ध्यान में रखते हुए, कच्चे और रिफाइंड खाद्य तेलों पर आयात शुल्क 2015 में बढ़ा कर क्रमश: 12.5 और 20 प्रतिशत कर दिया गया।

खाद्य तेलों का आयात

पिछले कुछ वर्षों के दौरान आयातित खाद्य तेलों की मात्रा तालिका-12 में दी गई हैं:

तालिका : 12

खाद्य तेलों का आयात

तेल वर्ष (नवंबर-अक्टूबर)	मात्रा (लाख टन में)
2013-14	109.76
2014-15	138.53
2015-16 (नवंबर 2015 से अप्रैल 2016)	76.18

स्रोत: डीजीसीआईएस (वाणिज्य विभाग)

अंतरराष्ट्रीय सहयोग

भारत खाद्य संबंधी मामलों में कार्यरत अनेक अंतरराष्ट्रीय एजेंसियों से जुड़ा है। इनमें विश्व खाद्य कार्यक्रम (डब्ल्यूएफपी), सार्क फूड बैंक, खाद्य और कृषि संगठन (एफएओ), अंतरराष्ट्रीय अनाज परिषद् (आईजीसी) और अंतरराष्ट्रीय चीनी संगठन (आईएसओ) आदि शामिल हैं। खाद्य और सार्वजनिक वितरण विभाग से संबंधित अंतरराष्ट्रीय सहयोग की कुछ महत्वपूर्ण गतिविधियों का संक्षिप्त विवरण नीचे दिया गया है:

डब्ल्यूएफपी की राष्ट्र कार्यनीतिक योजना

संयुक्त राष्ट्र विश्व खाद्य कार्यक्रम (यूएनडब्ल्यूएफपी) और भारत सरकार के अंतर्गत कृषि और सहकारिता विभाग के बीच नई राष्ट्र कार्यनीतिक योजना (सीएसपी) 2015–2018 पर हस्ताक्षर किए गए हैं। खाद्य और सार्वजनिक वितरण विभाग को कार्यनीतिक वरीयता क्षेत्र के लिए नोडल विभाग बनाया गया है।

इस योजना के अंतर्गत, डब्ल्यूएफपी पूर्ववर्ती राष्ट्र कार्यक्रम कार्ययोजना (सीपीएपी) 2008–2012 की बजाए अब एक नई भूमिका के अंतर्गत तकनीकी सहायता प्रदान करने पर ध्यान केंद्रित कर रहा है।

सार्क फूड बैंक

फूड बैंक क्षेत्र के लोगों को खाद्य सुरक्षा प्रदान करने के राष्ट्रीय प्रयासों में पूरक भूमिका अदा करेगा। समझौते के अनुसार, सार्क फूड बैंक में अनाज का भंडार रखा जाएगा, जिसका रखरखाव प्रत्येक सदस्य राष्ट्र द्वारा किया जाएगा, जिसमें राष्ट्र के मूल्यांकित हिस्से के अनुसार सिर्फ गेहूं या चावल अथवा दोनों का समीकरण होगा।

2,43,000 लाख टन के कुल भंडार में भारत का प्रारंभिक मूल्यांकित हिस्सा 1,53,200 लाख टन निधारिति किया गया था। वर्तमान में कुल 4,86,000 लाख टन के कुल भंडार में भारत का मूल्यांकित हिस्सा 3,06,400 लाख टन है। आरक्षित मात्रा भारतीय खाद्य निगम (एफसीआई) के निर्दिष्ट गोदामों में विभिन्न कार्यनीतिक स्थानों पर रखी गई है।

खाद्य और कृषि संगठन और विश्व खाद्य सुरक्षा समिति

खाद्य और कृषि संगठन (एफएओ) 1945 में स्थापित संयुक्त राष्ट्र प्रणाली में सबसे बड़ी विशेषज्ञतापूर्ण एजेंसियों में से एक है। इसका लक्ष्य कृषि उत्पादकता में बढ़ोतरी और ग्रामीण आबादी की जीवन स्थितियों में सुधार के जरिए पोषण के स्तरों और जीवन स्तर में सुधार लाना है। विश्व खाद्य सुरक्षा समिति (सीएफएस) खाद्य उत्पादन, खाद्य तक भौतिक और आर्थिक पहुंच सहित विश्व खाद्य सुरक्षा से संबंधित नीतियों की समीक्षा और अनुपालन के लिए एक मंच के रूप में काम करती है। भारत एफएओ और सीएफएस दोनों का सदस्य है। खाद्य सुरक्षा समिति (सीएफएस) डब्ल्यूएफएस कार्य योजना के कार्यान्वयन की प्रगति पर निगरानी रखती है।

जी-20 मामले

जी-20 देशों के कृषि मंत्रियों की बैठक में स्वीकार की गई मंत्रिस्तरीय घोषणा में उल्लिखित उपायों के बारे में प्रगति, अनुवर्ती कार्रवाई की देखरेख के लिए कृषि और सहकारिता विभाग में एक संचालन समिति का गठन किया गया। समिति में विभिन्न संबद्ध मंत्रालयों के प्रतिनिधि शामिल हैं। खाद्य और सार्वजनिक वितरण विभाग को निम्नांकित के लिए नोडल विभाग बनाया गया है: क) त्वरित कार्रवाई मंच और ख) आपात मानवीय खाद्य भंडार।

अंतरराष्ट्रीय अनाज परिषद् (आईजीसी)

भारत अंतरराष्ट्रीय अनाज परिषद् (आईजीसी) का सदस्य है, जिसे 1995 तक अंतरराष्ट्रीय गेहूं परिषद् के नाम से जाना जाता था। यह गेहूं और मोटे अनाज के मामले में सहयोग के लिए निर्यात और आयात करने वाले देशों का अंतर-सरकारी मंच है। यह ग्रेन्स ट्रेड कन्वेंशन, 1995 को प्रशासित करता है। परिषद् का सचिवालय 1949 से लंदन में स्थित है, जो खाद्य सहायता सम्मेलन के अंतर्गत स्थापित खाद्य सहायता समिति को भी सेवाएं प्रदान करता है। अंतरराष्ट्रीय अनाज समझौते में अनाज व्यापार कन्वेंशन और अनाज सहायता कन्वेंशन शामिल हैं। भारत 1995 से अंतरराष्ट्रीय अनाज समझौते और 1995 से लागू अनाज व्यापार कन्वेंशन का हस्ताक्षरकर्ता है। आईजीसी के दो प्रकार के सदस्यों में आयातक सदस्य और निर्यातक सदस्य शामिल हैं। भारत को जुलाई 2003 में निर्यात सदस्य की श्रेणी में शामिल किया गया है तथा समय समय पर आयोजित परिषद् की बैठकों/सत्रों में भारत ने प्रतिनिधित्व किया है। इसके अतिरिक्त विभाग आईजीसी की अन्य बैठकों जैसे- बाज़ार स्थिति समिति की बैठकों और कार्यकारी समिति की बैठकों में भी हिस्सा लेता है।

16 स्वास्थ्य और परिवार कल्याण

केंद्रीय स्वास्थ्य और परिवार कल्याण मंत्रालय को, स्वास्थ्य और परिवार कल्याण, प्रमुख संक्रामक रोगों की रोकथाम और नियंत्रण तथा पारंपरिक और स्वदेशी औषधि पद्धतियों के संवर्धन के क्षेत्र में राष्ट्रीय स्तर पर विभिन्न कार्यक्रमों का कार्यान्वयन करने का दायित्व सौंपा गया है। इसके अलावा, मंत्रालय मौसमी रोगों के प्रकोप और महामारियां फैलने से रोकने तथा उन पर नियंत्रण के लिए तकनीकी सहायता देकर राज्यों की मदद भी करता है। स्वास्थ्य और परिवार कल्याण मंत्रालय या तो सीधे ही केंद्रीय योजनाओं के अंतर्गत या फिर स्वायत्त/सांविधिक निकायों आदि तथा गैर-सरकारी संगठनों को सहायता अनुदान के रूप में व्यय वहन करता है।

केंद्र प्रायोजित परिवार कल्याण कार्यक्रमों के अलावा, मंत्रालय अभिचिह्नित क्षेत्रों में एड्स, मलेरिया तथा तपेदिक के नियंत्रण के लिए विश्व बैंक से सहायता प्राप्त अनेक कार्यक्रमों का कार्यान्वयन कर रहा है। इसके अलावा, विभिन्न राज्यों में विश्व बैंक की सहायता से राज्य स्वास्थ्य व्यवस्था विकास परियोजनाएं कार्यान्वित की जा रही हैं। ये परियोजनाएं संबंधित राज्य सरकारों द्वारा कार्यान्वित की जाती हैं। स्वास्थ्य और परिवार कल्याण मंत्रालय राज्यों को केवल बाह्य सहायता प्राप्त करने में सहयोग देता है। सभी योजनाओं का उद्देश्य, ग्रामीण क्षेत्रों तथा जहां रोग अधिक पनपते हैं, वहां की जरूरतों को ध्यान में रखते हुए प्राथमिक स्वास्थ्य देखभाल केंद्र (पीएचसी) की सुलभता बेहतर बनाने की राष्ट्रीय प्रतिबद्धता को पूरा करना है।

स्वास्थ्य नीति

वर्ष 2002 की राष्ट्रीय स्वास्थ्य नीति (एनएचपी) स्वास्थ्य क्षेत्र के लिए सरकार द्वारा अंगीकृत कार्यनीति का मार्गदर्शन करती है। वर्ष 1983 की राष्ट्रीय स्वास्थ्य नीति से एनएचपी 2002 का उदय हुआ है। भोरे समिति की रिपोर्ट (1946) ने इस नीति को रास्ता दिखाया था, जिसमें अन्य बातों के साथ-साथ देश के भावी स्वास्थ्य विकास सिद्धांतों को रेखांकित किया गया था। इसमें अन्य बातों के साथ-साथ यह विचार भी शामिल था कि, 'कोई भी व्यक्ति आर्थिक रूप से अक्षम होने की वजह से समुचित चिकित्सा देखभाल से वंचित न रहे। आधुनिक चिकित्सा पद्धति की जटिलता को ध्यान में रखते हुए, उचित निदान और इलाज हेतु आवश्यक परामर्श, प्रयोगशाला तथा संस्थागत सुविधाओं से युक्त पूर्ण विकसित स्वास्थ्य सुविधाएं उपलब्ध कराई जाएं।'

देश में मौजूद सामाजिक-आर्थिक परिस्थितियों की पृष्ठभूमि में सार्वजनिक स्वास्थ्य के लक्ष्यों को प्राप्त करने की गति में तेजी लाने के लिए राष्ट्रीय स्वास्थ्य नीति 2002 का स्वरूप तैयार किया गया है। इसमें एनएचपी के कुछ प्रमुख कारकों में स्वास्थ्य सुविधाओं की उपलब्धता से संबंधित कमियों को दुरुस्त करना, विभिन्न राज्यों के बीच अंतर को पाटना, स्वास्थ्य लक्ष्यों की प्राप्ति में ग्रामीण-शहरी

इलाकों में अंतर तथा समाज के सुसंपन्न व आर्थिक दृष्टि से कमजोर वर्गों के बीच सार्वजनिक स्वास्थ्य प्रणाली के तहत असमान पहुंच को कम करना शामिल है।

तदनुसार, इसमें समानता को प्राथमिकता देते हुए, प्राथमिक स्वास्थ्य सुविधाओं का विस्तार करने तथा इनमें सुधार लाने पर खासा जोर दिया गया है। इस नीति के अन्य पहलुओं में स्थानीय स्वशासनों के माध्यम से स्वास्थ्य कार्यक्रमों के कार्यान्वयन पर बल दिया गया है और साथ ही चिकित्सा शिक्षा के उन्नत मानक सुनिश्चित करने की आवश्यकता, सार्वजनिक स्वास्थ्य और परिवार तथा औषधि के क्षेत्र में विशेषज्ञों की कमी दूर करना, डॉक्टरों/बिस्तरों की तुलना में नर्सों के अनुपात में सुधार लाने की आवश्यकता, जेनेरिक प्रकृति की अनिवार्य दवाओं की सीमित संख्या, उपचार संबंधी नियमों की आवश्यकता तथा खाद्य और दवा प्रशासन का उत्तरोत्तर सुदृढ़ीकरण शामिल है।

इसके अलावा, इसमें संगठित शहरी प्राथमिक देखभाल ढांचा, मानसिक स्वास्थ्य सेवाओं के विकेंद्रीकृत नेटवर्क की स्थापना करने तथा मानसिक स्वास्थ्य संस्थाओं की भौतिक अवसंरचना को उन्नत करने का प्रस्ताव दिया गया है। इसमें ऐसे जनसमूहों के लिए अधिक से अधिक जानकारी प्रसारित करने के लिए सूचना, शिक्षा और संप्रेषण नीति का प्रस्ताव दिया गया है, जिन तक केवल जनसंपर्क के साधनों के उपयोग से कारगर पहुंच नहीं बनाई जा सकती। इसमें बच्चों के स्वास्थ्य की जांच और बच्चों में स्वास्थ्य के प्रति जागरुकता पैदा करने के अलावा उन्हें रोकथाम से जुड़ी स्वास्थ्य शिक्षा प्रदान करने के उद्देश्य से स्कूलों में स्वास्थ्य कार्यक्रम की प्राथमिकता पर बल दिया गया है।

पंचवर्षीय योजनाओं में विकासशील अर्थव्यवस्था की गतिशीलता को ध्यान में रखते हुए नीति के कार्यान्वयन हेतु कार्यनीति का खाका तैयार किया जाता है। तदनुसार, स्वास्थ्य क्षेत्र के लिए 12वीं पंचवर्षीय योजना में, ग्रामीण और शहरी दोनों क्षेत्रों को शामिल करके राष्ट्रीय ग्रामीण स्वास्थ्य मिशन को राष्ट्रीय स्वास्थ्य मिशन में तब्दील करने का प्रस्ताव किया गया है। इसमें कम आमदनी वाले चुनिंदा शहरी क्षेत्रों में सार्वजनिक क्षेत्र की प्राथमिक देखभाल सुविधाएं उपलब्ध कराने, विशेषकर जन स्वास्थ्य पर और अधिक ध्यान देने वाले सार्वजनिक क्षेत्र के संस्थानों के स्वास्थ्य देखभाल व्यावसायिकों के लिए शिक्षण और प्रशिक्षण कार्यक्रमों के विस्तार, औषधि और खाद्य विनियामक तंत्र को सुदृढ़ करने, चिकित्सा पद्धति के विनियमन, मानव संसाधन विकास, स्वास्थ्य में सूचना प्रौद्योगिकी को बढ़ावा देने तथा स्वास्थ्य देखभाल हेतु समुचित ढांचा तैयार करने का प्रस्ताव है। सरकार ने राष्ट्रीय स्वास्थ्य नीति 2002 के निरूपण के बाद से स्वास्थ्य क्षेत्र के परिदृश्य में आए बदलावों को ध्यान में रखते हुए, एक नई स्वास्थ्य नीति तैयार करने का निर्णय लिया है। तदनुसार, नई राष्ट्रीय नीति, 2015 का मसौदा सभी हितधारकों के साथ परामर्श हेतु 2014 से पब्लिक डोमेन पर रखा गया है।

राष्ट्रीय स्वास्थ्य मिशन एवं राष्ट्रीय शहरी स्वास्थ्य मिशन

राष्ट्रीय स्वास्थ्य मिशन (एनएचएम) के राष्ट्रीय ग्रामीण स्वास्थ्य मिशन (एनआरएचएम) तथा नया शुरू किया गया राष्ट्रीय शहरी स्वास्थ्य मिशन (एनयूएचएम) नाम से दो उप-मिशन हैं। राष्ट्रीय स्वास्थ्य मिशन में सभी के लिए ऐसी समान, किफायती और गुणवत्तापरक स्वास्थ्य सेवाएं उपलब्ध कराने का प्रस्ताव किया गया है जो लोगों की जरूरतों के अनुकूल और जवाबदेह हों। कार्यक्रम के प्रमुख घटकों में ग्रामीण और शहरी क्षेत्रों में स्वास्थ्य प्रणाली का सुदृढ़ीकरण, प्रजनन मातृत्व-नवजात शिशु और किशोर स्वास्थ्य (आरएमएनसीएच+ए) तथा संक्रामक व गैर-संक्रामक रोग शामिल हैं। राष्ट्रीय स्वास्थ्य मिशन

की रूपरेखा को दिसंबर 2013 में हरी झंडी मिली थी। एनएचएम के अंतर्गत अनेक विशिष्ट उपलब्धियां प्राप्त की गई। एनएचएम के अंतर्गत 7वां कॉमन रिव्यू मिशन (सीआरएम) नवंबर 2013 को 14 राज्यों/केंद्रशासित प्रदेशों में संचालित किया गया था। यह राज्य/केंद्रशासित प्रदेश हैं बिहार, झारखंड, ओडिशा, उत्तर प्रदेश, जम्मू-कश्मीर, हिमाचल प्रदेश, अरुणाचल प्रदेश, मेघालय, नगालैंड, आंध्र प्रदेश, हरियाणा, कर्नाटक, महाराष्ट्र और गुजरात। सीआरएम ने बच्चों की प्राण रक्षा में वृद्धि, जनसंख्या स्थायित्व एवं स्वास्थ्य सेवाओं के समुचित इस्तेमाल का ब्योरा दर्ज किया। हालांकि, सभी राज्यों में यह उन्नति समानरूपी नहीं थी। नवजात मृत्युदर (इन्फेंट मोर्टेलिटी रेट) अर्थात प्रत्येक 1000 सजीव जन्मों में 1 वर्ष की आयु पूर्व मृत्यु में प्रतिवर्ष गिरावट देखी गई। अखिल भारतीय स्तर पर इसकी औसत 42 रही। यद्यपि यह 12वीं योजना के 25 के लक्ष्य से कम रहा, फिर भी कुछ राज्यों ने उल्लेखनीय तरक्की की। गोवा की इन्फेंट मार्टेलरी रेट 10, केरल 12, नगालैंड 18, मणिपुर 10 और तमिलनाडु 21 रही। जच्चा मृत्युदर (एमएमआर) अर्थात मेटरनल मोर्टेलिटी रेशो के अंतर्गत प्रति 1,00,000 सजीव जन्म देने वाली प्रजनन आयु (15 से 49) वाली उन महिलाओं की गणना होती है जो मातृक संबंधी कारणों से प्राण गंवाती हैं। इनकी संख्या 178 रही। हालांकि यह संख्या 12वीं योजना के लक्ष्य 100 से बहुत कम रही। कुछ राज्यों में एमएमआर में असाधारण कमी देखी गई जिनमें केरल में यह दर 66, महाराष्ट्र में 87 और तमिलनाडु में 90 रही।

इस क्षेत्र में नई सुविधाओं और बुनियादी ढांचे में भी महत्वपूर्ण विकास हुआ है, हालांकि योग्यता प्राप्त विशेषज्ञों की कमी अभी तक बड़ी समस्या बनी हुई है। दवाओं की उपलब्धता में भी प्रत्येक स्तर पर सुधार हुआ है और इन दवाओं की प्राप्ति एवं रख-रखाव संबंधी सुगठित सामरिक प्रक्रिया में भी सुधार किया जा रहा है। एनएचएम की एक महत्वपूर्ण उपलब्धि सीधी खरीद से जुड़े खर्चों को 72 से 60 प्रतिशत तक कम करने की भी रही है।

हाल में एनएचएम के अंतर्गत कुछ नई शुरुआत भी की गई हैं। बच्चों में अशक्तता और विकास संबंधी रुकावटों, पोषण से जुड़ी कमियों, रोग और जन्मदोष की जल्दी पहचान कर के उनके जीवन स्तर में सुधार और उन्हें व्यापक स्वास्थ्य सेवाएं प्रदान करने के लिए राष्ट्रीय बाल स्वास्थ्य कार्यक्रम (आरबीएसके) की शुरुआत की गई। राष्ट्रीय किशोर स्वास्थ्य कार्यक्रम (आरकेएसके) को देश की 21 प्रतिशत आबादी यानी 25.3 करोड़ किशोरों के स्वास्थ्य से जुड़ी व्यापक पहल के अंतर्गत शुरू किया गया। इसके अंतर्गत मानसिक स्वास्थ्य, पोषण, नशा, चोट व हिंसा एवं गैर-संक्रामक रोगों से जुड़े विभिन्न नए आयामों को समाहित किया गया है। इस कार्यक्रम में समानवर्गी शिक्षकों के जरिए सामुदायिक हस्तक्षेप किया गया है और अन्य मंत्रालयों एवं राज्य सरकार व नॉलेज पार्टनर्स जैसे सहयोगियों ने भी व्यावहारिक शोध संबंधी आधार दिया है। इन शुरुआतों के साथ ही देशभर में साप्ताहिक आयरन फोलिक एसिड सप्लिमेंटेशन प्रोग्राम (डब्ल्यूआईएफएस) के अंतर्गत ग्रामीण एवं शहरी इलाकों में 10-19 आयुवर्ग के बीच आयरन-फोलिक एसिड (आईएफए) गोलियों का वितरण किया गया। एनएचएम के अधीन शहरी जनसंख्या के स्वास्थ्य का कार्य करने वाली एनयूएचएम शहरी निर्धन वर्ग पर ध्यान केंद्रित करती है और उसका लक्ष्य उपचार के लिए इस वर्ग की जेब पर पड़ने वाले बोझ को कम करना है। एनएचएम के जरिए देश में वैश्विक स्वास्थ्य स्तर व्याप्ति लक्ष्य की दिशा में एक कदम उठाया गया है।

राष्ट्रीय शहरी स्वास्थ्य मिशन

राष्ट्रीय शहरी स्वास्थ्य मिशन (एनयूएचएम) में शहरी लोगों, विशेषकर शहरी गरीबों और अन्य कमजोर वर्गों तक गुणवत्तापरक प्राथमिक स्वास्थ्य देखभाल सुलभ कराकर उनकी स्वास्थ्य स्थिति में सुधार लाने का प्रयत्न किया गया है। एनयूएचएम के चरणबद्ध रूप से सभी राज्यों की राजधानियों, जिला मुख्यालयों तथा 50,000 और इससे ऊपर की आबादी वाले शहरों/कस्बों (2011 की जनगणना के अनुसार) को कवर किया जाएगा। 50,000 से नीचे की जनसंख्या वाले शहरों और कस्बों को एनआरएचएम के तहत कवर किया जाएगा।

एनआरएचएम/एनएचएम के अंतर्गत प्रमुख पहल

आशा

देश में 9.15 लाख से अधिक मान्यता प्राप्त सामाजिक स्वास्थ्य कार्यकर्ताओं (आशा) को लगाया गया है, जो सामुदायिक स्तर की देखभाल के सुविधा-प्रदाता, प्रेरक और प्रदायक के रूप में सेवा प्रदान करती हैं। 'आशा' महिलाओं और बच्चों के स्वास्थ्य पर विशेष ध्यान देने के साथ-साथ ऐसी पहली संपर्क कड़ी है, जिनसे समुदाय, विशेषकर कमजोर वर्ग स्वास्थ्य समस्या के लिए संपर्क कर सकता है। राष्ट्रीय शहरी स्वास्थ्य मिशन वर्ष 2013 से शुरू किया गया था, तभी से शहरी क्षेत्रों में आशा कार्यकर्ताओं का चयन किया जा रहा है। अनेक मूल्यांकन और एक के बाद एक संयुक्त समीक्षा मिशन दर्शाते हैं कि आशा कार्यकर्ता संस्थागत प्रसव, प्रतिरक्षण टीकाकरण, रोग नियंत्रण शक्तियों (विशेषकर मलेरिया, कालाजार तथा लिम्फेटिक फिलराइसिस) में सक्रिय भागीदारी तथा स्तनपान कराने व पोषण पद्धतियों में सुधार लाने में वृद्धि के सकारात्मक परिणामों में योगदान देने में प्रमुख रही हैं। अधिकांश राज्यों ने उन्हें सतत प्रशिक्षण, ऑनसाइट फील्ड परामर्श देने तथा निष्पादन निगरानी सुनिश्चित करने के लिए सक्रिय प्रशिक्षण और सहयोग व्यवस्था बनाई है।

रोगी कल्याण समिति

रोगी कल्याण समिति एक सामान्य समिति होते हुए भी कारगर प्रबंधन ढांचा है। यह एक पंजीकृत समिति है जिसके सदस्य अस्पताल कार्यों का प्रबंधन करने में न्यासियों के रूप में कार्य करते हैं तथा ये सुविधाओं के अनुरक्षण के लिए जिम्मेदार हैं और यह समिति अस्पताल में रोगियों को बेहतर सुविधाओं का प्रावधान सुनिश्चित कराती है। रोगियों के कल्याण संबंधी कार्यकलापों को शुरू करने के लिए संयुक्त कोष के माध्यम से इन समितियों को वित्तीय सहायता प्रदान की जाती है। अभी तक लगभग सभी जिला अस्पतालों (डीएच), उप-जिला अस्पतालों (एसडीएच), सामाजिक स्वास्थ्य केंद्रों (सीएचसी) तथा प्राथमिक स्वास्थ्य केंद्रों में (पीएचसी) सामुदायिक सदस्यों को शामिल करके 31,763 रोगी कल्याण समितियों की स्थापना की जा चुकी है।

जननी सुरक्षा योजना

जननी सुरक्षा योजना का उद्देश्य गर्भवती महिलाओं को प्रसव के लिए सरकारी स्वास्थ्य सुविधाओं का लाभ उठाने के लिए प्रेरित करके मातृत्व मृत्युदर में कमी लाना है। इसके अंतर्गत किसी स्वास्थ्य सुविधा केंद्र में प्रसव कराने हेतु गर्भवती महिलाओं को नकद सहायता प्रदान की जाती है। एनआरएचएम के प्रारंभ में इस योजना के अंतर्गत 8.55 करोड़ महिलाएं लाभान्वित हुई हैं।

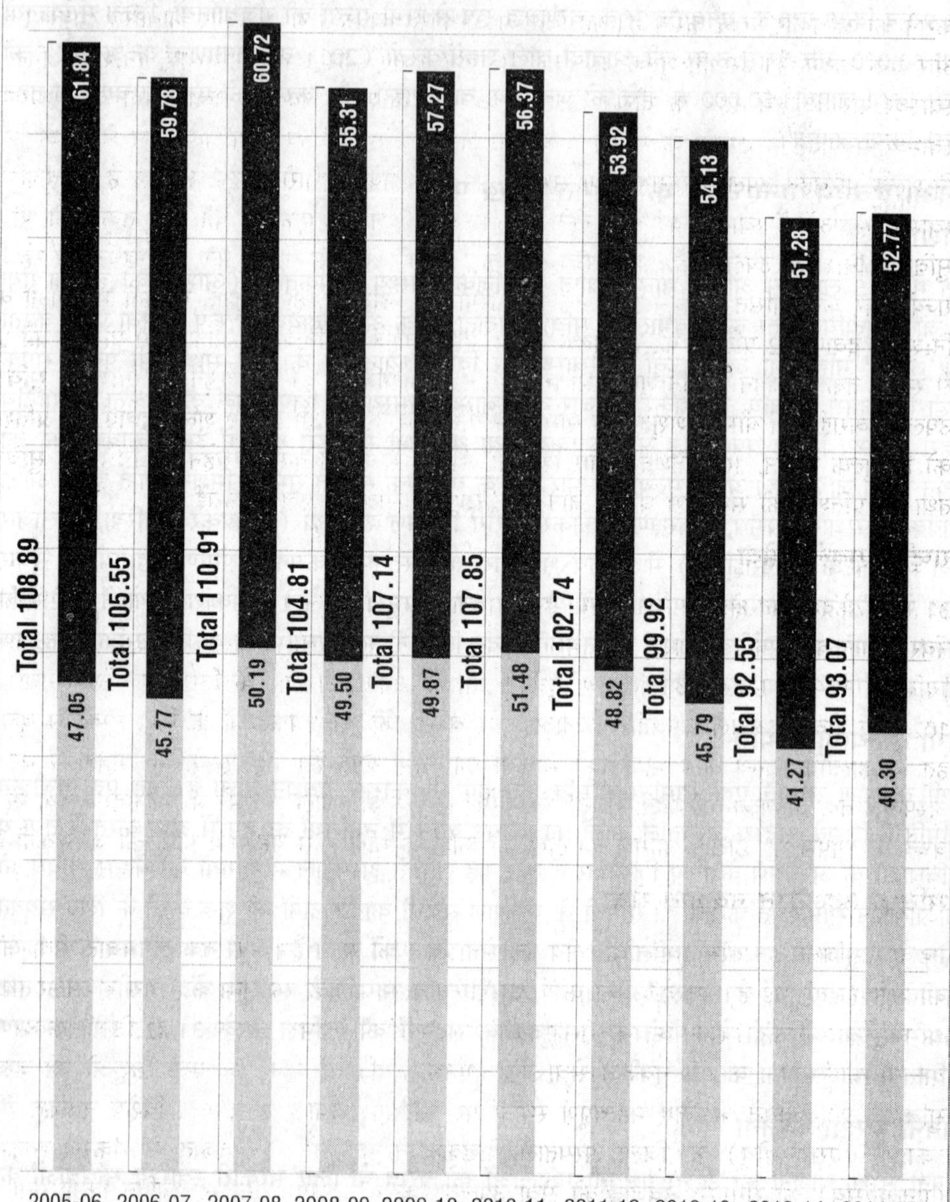
परिवार नियोजन के तरीके अपनाने वाले
(लाखों में)
2005-06
47.05
61.84
Total 108.89
2006-07
45.77
59.78
Total 105.55
2007-08
50.19
60.72
Total 110.91
2008-09
49.50
55.31
Total 104.81
2009-10
49.87
57.27
Total 107.14
2010-11
51.48
56.37
Total 107.85
2011-12
48.82
53.92
Total 102.74
2012-13
45.79
54.13
Total 99.92
2013-14
41.27
51.28
Total 92.55
2014-15*
40.30
52.77
Total 93.07
बंध्याकरण
लूप लगाई
*अनंतिम
KBK

जननी शिशु सुरक्षा कार्यक्रम

जननी शिशु सुरक्षा कार्यक्रम (जेएसएसके) 1 जून, 2011 को प्रारंभ किया गया यह कार्यक्रम सभी महिलाओं को सार्वजनिक स्वास्थ्य संस्थाओं में बिना किसी व्यय के शल्य प्रसव सहित नि:शुल्क प्रसव कराने का अधिकार प्रदान करती है। यह विकल्प आधारित व्यवस्था से अधिकार आधारित व्यवस्था की ओर एक कदम है। इस नि:शुल्क अधिकार में मुफ्त दवाएं और उपभोज्य वस्तुएं, नि:शुल्क निदान, स्वास्थ्य संस्थाओं में रहने के दौरान नि:शुल्क आहार, नि:शुल्क रक्त उपलब्ध कराने का प्रावधान, स्वास्थ्य संस्थाओं में रेफरल के मामले में घर से स्वास्थ्य संस्थाओं तक तथा वापस घर भेजने के लिए नि:शुल्क परिवहन उपलब्ध कराना तथा सभी प्रकार के प्रयोक्ता प्रभारों से छूट शामिल है। सार्वजनिक स्वास्थ्य सेवाओं में स्वास्थ्य का लाभ लेने वाले नवजात शिशुओं (एक वर्ष की आयु तक) को भी ये सुविधाएं नि:शुल्क उपलब्ध हैं। सभी राज्य तथा केंद्र शासित क्षेत्र इस योजना का कार्यान्वयन कर रहे हैं। राज्यों और केंद्र शासित क्षेत्रों से प्राप्त नवीनतम रिपोर्टों के अनुसार, 89 प्रतिशत गर्भवती महिलाओं को नि:शुल्क दवाएं, 82 प्रतिशत को नि:शुल्क निदान, 75 प्रतिशत को नि:शुल्क आहार, 49 प्रतिशत को घर से संस्था तक परिवहन की नि:शुल्क सुविधा और 56.03 प्रतिशत को घर छोड़ने की नि:शुल्क सुविधा उपलब्ध कराई गई। बीमार शिशुओं के मामलों में 73 प्रतिशत शिशुओं को नि:शुल्क दवाएं, 40 प्रतिशत को नि:शुल्क निदान, 10 प्रतिशत बीमार शिशुओं को घर से संस्था तक परिवहन की नि:शुल्क सुविधा तथा 28 प्रतिशत को संस्था से घर ले जाने की नि:शुल्क सुविधा उपलब्ध कराई गई।

राष्ट्रीय एम्बुलेंस सेवा

31 राज्यों/केंद्रशासित क्षेत्रों में यह सुविधा है, जहां लोग एम्बुलेंस बुलाने के लिए 108 या 102 टेलिफोन नंबर डायल कर सकते हैं। 108 नंबर पूरी तरह से आपातकाल रिस्पांस सिस्टम है। इसे मुख्यत: गहन चिकित्सा रोगियों, मासिक आघात तथा दुर्घटना पीड़ितों आदि को लाने के लिए शुरू किया गया है। 102 नंबर सेवा दरअसल गर्भवती महिलाओं और बच्चों की आवश्यकताओं के लिए एम्बुलेंस बुलाने हेतु है। हालांकि, अन्य लोग भी इसकी सेवाओं का लाभ उठाते हैं। जेएसएसके की पात्रता में घर से अस्पताल तक नि:शुल्क परिवहन, रेफरल के मामले में एक अस्पताल से दूसरे में स्थानांतरण तथा मां व बच्चे को वापस घर छोड़ना शामिल है। टोल फ्री कॉल के माध्यम से यह सेवा प्राप्त की जा सकती है।

सुविधा आधारित नवजात सेवा

गृह एवं सुविधा आधारित श्रृंखलाबद्ध नवजात सेवा अवयवों से संपन्न श्रृंखलाबद्ध नवजात सेवा केंद्रों की स्थापना की गई है। इन केंद्रों का कार्य यह सुनिश्चित करना है कि जन्म के समय से लेकर पहले 48 घंटों तक प्रत्येक नवजात को जरूरी सुविधाएं मिल सकें और उसके बाद पहले 42 दिनों तक घर पर यह सुविधाएं उसे प्राप्त हों। नवजात सेवा केंद्र (एनबीसीसी) को जन्म के समय शिशुओं को जरूरी सुविधाएं प्रदान करने के लिए महत्वपूर्ण स्थानों पर स्थापित किया गया है, वहीं विशेष नवजात सेवा इकाइयों (एसएनसीयू) को जिला अस्पतालों/मेडिकल कॉलेजों में एवं नवजात स्थिरीकरण इकाइयों (एनबीएसयू) को रोगग्रस्त नवजात को सेवा उपलब्ध कराने हेतु एफआरयू में स्थापित किया गया है। जून 2015 तक देशभर में 14,441 एनबीसीसी, 2,020 एनबीएसयू एवं 575 एसएनसीयू स्थापित किए जा चुके हैं।

राष्ट्रीय शहरी स्वास्थ्य मिशन

राष्ट्रीय स्वास्थ्य मिशन (एनएचएम) के अंतर्गत एक उप-मिशन के रूप में राष्ट्रीय शहरी स्वास्थ्य मिशन (एनयूएचएम) को स्थापित किया गया था। इसका उद्देश्य मलिन बस्तियों और समाज के कमजोर वर्गों पर विशेष बल देते हुए शहरी लोगों को समान तथा गुणवत्तायुक्त प्राथमिक स्वास्थ्य देखभाल (पीएचसी) उपलब्ध कराना है। एनयूएचएम का उद्देश्य 50,000 से अधिक आबादी वाले शहरों विशेषकर गरीब और अन्य वंचित वर्गों को सुदृढ़ प्राथमिक स्वास्थ्य केंद्रों के माध्यम से लक्षित सेवाएं समान रूप से उपलब्ध कराना और सामुदायिक व शहरी स्थानीय निकायों की भागीदारी सुनिश्चित करना है। केंद्र और राज्य के बीच वित्तपोषण अनुपात 75:25 है। इनमें सिक्किम सहित पूर्वोत्तर राज्य तथा अन्य विशेष श्रेणी के राज्य जैसे जम्मू-कश्मीर, हिमाचल प्रदेश तथा उत्तराखंड नहीं हैं। इनके लिए वित्तपोषण का अनुपात 90:10 है। इस योजना के अंतर्गत वित्तपोषण उपलब्धि प्रगति तालिका-1 में दी गई है।

तालिका : 1

वित्तीय वर्ष 2014-15 और वित्तीय वर्ष 2015-16 के आवंटन एवं निर्गमन संबंधी वित्तीय ब्योरा (एनयूएचएम)

क्र. सं.	राज्य/केंद्रशासित प्रदेश का नाम	2014-15		2015-16	
		आवंटन	निर्गमन	आवंटन	तीसरी तिमाही तक निर्गमित
1.	आंध्र प्रदेश	89.96	57.55	92.16	43.14
2.	बिहार	40.86	16.93	32.28	16.14
3.	छत्तीसगढ़	32.13	24.30	27.98	13.99
4.	गोवा	2.70	1.47	0.98	–
5.	गुजरात	110.58	77.30	65.31	48.98
6.	हरियाणा	53.07	38.63	32.04	24.03
7.	हिमाचल प्रदेश	1.43	1.08	1.08	0.81
8.	जम्मू-कश्मीर	12.71	8.42	12.02	11.22
9.	झारखंड	27.97	16.50	17.34	13.01
10.	कर्नाटक	90.52	64.68	74.80	–
11.	केरल	30.50	23.07	35.55	26.66
12.	मध्य प्रदेश	104.06	78.71	88.17	63.98
13.	महाराष्ट्र	318.52	240.92	214.24	–
14.	ओडिशा	31.37	23.73	26.41	24.59
15.	पंजाब	51.65	39.07	31.96	–
16.	राजस्थान	74.91	56.66	48.70	48.70
17.	तमिलनाडु	156.38	118.28	111.99	111.99

18.	तेलंगाना	64.29	48.63	65.87	49.40
19.	उत्तर प्रदेश	200.97	152.01	136.55	–
20.	उत्तराखंड	12.84	9.71	9.79	4.90
21.	पश्चिम बंगाल	160.69	121.55	115.53	–
22.	अरुणाचल प्रदेश	5.37	0.94	1.61	–
23.	असम	99.53	33.18	36.34	–
24.	मणिपुर	9.71	2.11	3.77	–
25.	मेघालय	17.56	13.17	7.79	–
26.	मिज़ोरम	10.55	4.10	8.85	4.20
27.	नगालैंड	8.19	2.53	8.65	4.07
28.	त्रिपुरा	10.75	1.84	13.92	1.77
29.	सिक्किम	1.34	1.00	3.07	–
30.	दिल्ली	32.50	62.41	54.03	54.03
31.	पुदुचेरी	3.66	2.21	3.33	1.67
32.	अंडमान और निकोबार द्वीपसमूह	0.74	0.47	0.38	–
33.	चंडीगढ़	6.47	2.19	3.10	3.08
34.	दादरा और नगर हवेली	0.90	0.47	0.21	–
35.	दमन और दीव	0.83	0.83	0.00	0.08
36.	लक्षद्वीप	0.22	0.22	–	–
	कुल	**1924.43**	**1345.82**	**1386.00**	**570.44**

राष्ट्रीय जनसंख्या आयोग

राष्ट्रीय जनसंख्या नीति में निर्धारित लक्ष्यों को प्राप्त करने, अंतरक्षेत्रीय समन्वय बढ़ाने, योजना बनाने और कार्यान्वयन में नागरिक समाज को शामिल करने, देश में जनांकिकी रूप से कमजोर राज्यों में निष्पादन बेहतर बनाने की पहल करने तथा इस नीति में निर्धारित लक्ष्यों के समर्थन में अंतरराष्ट्रीय सहयोग की संभावनाएं तलाश करने के मद्देनजर, राष्ट्रीय जनसंख्या नीति (एनपीपी), 2000 की समीक्षा, निगरानी करने और निर्देश देने हेतु मई 2000 में राष्ट्रीय जनसंख्या आयोग का गठन किया गया था। राष्ट्रीय जनसंख्या आयोग में 40 सदस्यों को शामिल करके अप्रैल 2005 में इसका पुनर्गठन किया गया। मौजूदा सदस्यों में उत्तर प्रदेश, मध्य प्रदेश, राजस्थान, बिहार, झारखंड, केरल तथा तमिलनाडु राज्यों के मुख्यमंत्री भी शामिल हैं।

वार्षिक स्वास्थ्य सर्वेक्षण

त्वरित बाल सर्वेक्षण (आरएसओसी) यानी रेपिड सर्वे ऑन चिल्ड्रन के अनुसार भारत में प्रतिरक्षण में 65.2 प्रतिशत की वृद्धि हुई है। राष्ट्रीय परिवार स्वास्थ्य सर्वेक्षण (एनएफएचएस) के अनुसार यह वृद्धि 2013-14 में 35.5 प्रतिशत थी और गत 21 वर्षों में इसमें 92-93 प्रतिशत वृद्धि हुई है। इसके अलावा, डीपीटी3 एवं ओपीवी3 व्याप्ति कार्य को विशेष रूप से गति देने की और इसका लाभ उठाने से चूकने वालों की संख्या में कमी लाने की जरूरत है। निम्न तालिका में आकलन के आधार पर उपलब्धियों का प्रारूप दिया गया है। हाल में 9 राज्यों में वार्षिक स्वास्थ्य सर्वेक्षण (एएचएस 2012-13) में प्रतिरक्षण कार्य में सुधार दर्ज किए गए है।

तालिका : 2

वार्षिक स्वास्थ्य सर्वेक्षण-3 (2012-13)

राज्य	बीसीजी	ओपीवी 3	डीपीटी 3	खसरा	एफआई	पोलियो (शिशु की खुराक)	प्रतिरक्षण नहीं
उत्तराखंड	93.3	85.8	85.2	85.2	79.6	76.1	4.9
छत्तीसगढ़	96.6	83.3	81.8	90.0	74.9	87.8	2.9
राजस्थान	91.5	80.8	79.6	83.5	74.2	80.9	5.8
बिहार	94.7	82.7	81.6	80.3	69.9	69.0	3.7
झारखंड	94.8	80.0	80.0	82.9	69.9	77.2	3.1
असम	93.8	78.1	77.6	80.9	64.4	79.3	3.4
ओडिशा	98.2	82.0	82.8	89.2	68.8	83.6	0.8
मध्य प्रदेश	95.7	77.1	76.3	85.4	66.4	87.1	3.6
उत्तर प्रदेश	86.3	64.1	63.2	65.8	52.7	70.7	7.6

जनसंख्या स्थिरता कोष

जनसंख्या स्थिरता कोष (जेएसके) स्वास्थ्य एवं परिवार कल्याण मंत्रालय के अंतर्गत आने वाली स्वायत्त इकाई है। इसकी स्थापना राष्ट्रीय जनसंख्या समिति की सिफारिश पर की गई थी। इसकी स्थापना 2003 में हुई थी और 2005 में एक आम सभा के साथ इसका पुनः गठन किया गया था। इसे गर्भनिरोधक एवं प्रजनन तथा बाल स्वास्थ्य से जुड़े कार्यों को पूरा करने से जुड़ी योजनाओं, कार्यक्रमों, परियोजना एवं शुरुआत से संबंधित काम करने का अधिकार है। इसका लक्ष्य 2045 तक स्थायी आर्थिक विकास, सामाजिक विकास एवं पर्यावरण संरक्षण के अनुसार जनसंख्या स्थायीकरण को सुनिश्चित करना है।

राष्ट्रीय हेल्पलाइन

राष्ट्रीय हेल्पलाइन का उद्देश्य प्रजनन स्वास्थ्य, यौन स्वास्थ्य, गर्भनिरोधक, गर्भावस्था, बाल स्वास्थ्य तथा संबंधित मुद्दों पर भरोसेमंद सूचना उपलब्ध कराना है। इसमें विशेषकर बिहार, उत्तर प्रदेश, राजस्थान, मध्य प्रदेश, झारखंड तथा छत्तीसगढ़ के किशोर-किशोरियों, नव-विवाहितों तथा विवाह योग्य व्यक्तियों को परामर्श दिया जाता है। किसी भी आयु का कोई अन्य व्यक्ति भी इससे सहायता ले सकता है।

बाल स्वास्थ्य कार्यक्रम

सहस्त्राब्दी विकास लक्ष्यों (एमडीजी) में भारत में 1990 से 2015 के बीच बाल मृत्युदर में दो-तिहाई कमी लाने का प्रण किया गया है। इसके अनुसार 1990 में पांच वर्ष से कम आयुवर्ग में मृत्युदर में 125/1000 से 2015 तक उसे 42/1000 तक कम करने का लक्ष्य तय किया गया है। यह प्रतिबद्धता राष्ट्रीय स्वास्थ्य मिशन (एनएचएम) में भी स्पष्ट की गई है।

बाल मृत्युदर अवस्थिति

वर्तमान समय में, एसआरएस 2013 के अनुसार भारत में पांच वर्ष से कम आयुवर्ग में मृत्युदर 49/1000, बाल मृत्युदर (आईएमआर) 40/1000 एवं नवजात मृत्युदर 28/1000 है। इस आकलन के अनुसार देश में प्रतिवर्ष 5 वर्ष आयुवर्ग से कम करीब 12.7 लाख बच्चों की मृत्यु होती है। 2008-13 के दौरान 5 वर्ष आयुवर्ग से कम बच्चों की मृत्युदर में वार्षिक तौर पर कुल 6.6 प्रतिशत की कमी दर्ज की गई थी, जो दर 1990-2007 के दौरान 3.3 प्रतिशत सालाना थी। हालांकि, 2015 तक इस लक्ष्य को 42/1000 तक लाने के लिए कड़े प्रयास किए जाने की जरूरत थी। देश के चार राज्यों में ही कुल बाल मृत्युदर के 58 प्रतिशत मामले सामने आते हैं, जो हैं- उत्तर प्रदेश (3.5 लाख), बिहार (1.5 लाख), मध्य प्रदेश (1.3 लाख) एवं राजस्थान (1.0 लाख)। 5 वर्ष से कम आयुवर्ग में करीब 45 प्रतिशत बच्चों की मृत्यु जन्म के 7 दिनों के भीतर होती है, वहीं 57 प्रतिशत की मृत्यु जन्म के पहले महीने के भीतर और लगभग 81 प्रतिशत की मृत्यु जन्म के एक वर्ष के भीतर होती है।

भारत में बाल मृत्यु के कारण

भारत में बाल मृत्यु के बड़े कारण (विश्व स्वास्थ्य संगठन, 2012 के अनुसार) हैं- नवजात शिशु संबंधी कारण (53 प्रतिशत), निमोनिया (15 प्रतिशत), अतिसार रोग (12 प्रतिशत), खसरा (3 प्रतिशत) एवं अन्य। इनके अलावा, कुपोषण भी 33 प्रतिशत बच्चों की असमय मृत्यु का कारण बनता है।

राष्ट्रीय बाल स्वास्थ्य कार्यक्रम

राष्ट्रीय बाल स्वास्थ्य कार्यक्रम (आरबीएसके) की शुरुआत प्रखंड स्तरों पर बच्चों के स्वास्थ्य पर नजर रखने और घुमंतू स्वास्थ्य दलों के जरिए त्वरित मध्यवर्ती सेवाएं पहुंचाने हेतु की गई थी। यह दल आंगनवाड़ी केंद्रों पर वर्ष में दो बार 0-6 आयुवर्ग के बच्चों की स्वास्थ्य जांच करते हैं। आरबीएसके में स्वास्थ्य से जुड़ी 30 आम अवस्थाओं की जांच की जाती है। राज्य/केंद्रशासित क्षेत्र उच्च प्रसार/क्षेत्रीय परिस्थितियों के आधार पर योजना की अधिक सेवाओं की भी शुरुआत कर सकते हैं। योजना के अंतर्गत 0-18 आयुवर्ग के 27 करोड़ बच्चों को चरणबद्ध तरीके से लाभ पहुंचाया जाएगा।

राष्ट्रीय किशोर स्वास्थ्य कार्यक्रम

यह शुरुआत जनवरी 2014 में की गई थी, जिसके अंतर्गत देशभर में 25.3 करोड़ किशोरों को उनके घरों तक लाभ पहुंचाना लक्ष्य था। इसके अलावा, समकक्ष व्यक्तियों की मदद से सामुदायिक स्तर पर हस्तक्षेप जिसमें विस्तृत सुविधा आधारित सेवाओं की भी भूमिका हो। इस योजना में प्रजनन एवं यौन स्वास्थ्य से आगे बढ़कर युवाओं के स्वास्थ्य से जुड़े अन्य पहलुओं जैसे जीवनशैली, पोषण, चोट एवं हिंसा (लैंगिक हिंसा सहित), गैर-संक्रामक रोगों, मानसिक स्वास्थ्य एवं नशे को भी समाहित किया गया है।

परिवार नियोजन कार्यक्रम

परिवार नियोजन कार्यक्रम की ऐतिहासिक शुरुआत 1952 में हुई थी। नीति एवं कार्यक्रम क्रियान्वयन की दृष्टि से इस कार्यक्रम में जबर्दस्त परिवर्तन आया है। नैदानिक नजरिए से प्रजनन संबंधी बाल स्वास्थ्य के पक्ष की ओर से क्रमिक रूप से तब्दीली हुई है और राष्ट्रीय जनसंख्या नीति (एनपीपी) 2000 के तहत इसमें समग्र एवं लक्ष्य मुक्त दृष्टिकोण अपनाया गया है। इससे प्रजनन दर में कमी आई है। सामुदायिक आवश्यकता मूल्यांकन पर आधारित राज्य परियोजनाओं के क्रियान्वयन में लक्ष्य मुक्त दृष्टिकोण परिलक्षित होने लगा है।

वर्तमान में, गर्भनिरोधक उपाय, समानता, अपूर्ण जरूरत तथा वर्तमान प्रजनन क्षमता जैसी सामुदायिक आवश्यकताओं को दर्शाने वाले संकेतकों के द्वारा प्रत्येक राज्य के लिए प्रत्याशित उपलब्धि स्तर का अनुमान लगाया गया है। काफी वर्षों से देश के कोने–कोने तक कार्यक्रम को ले जाने हेतु इसका विस्तार किया गया है। यह कार्यक्रम ग्रामीण क्षेत्रों में प्राथमिक स्वास्थ्य केंद्रों, उपकेंद्रों, शहरी परिवार कल्याण केंद्रों तथा शहरी क्षेत्रों में प्रसव पश्चात केंद्रों में पहुंच गया है। तकनीकी प्रगति, गुणवत्ता में सुधार एवं स्वास्थ्य देखभाल के बढ़ते दायरे के चलते भ्रूणपात (सीबीआर) में वृद्धि दर में तेजी से कमी आई है।

परिवार नियोजन प्रभाग के उद्देश्य, कार्यनीतियां तथा क्रियाकलाप विभिन्न नीतिगत दस्तावेजों (एनपीपी: राष्ट्रीय जनसंख्या नीति 2000, एनएचपी: राष्ट्रीय स्वास्थ्य जनसंख्या नीति 2002 तथा एनआरएचएम: राष्ट्रीय ग्रामीण स्वास्थ्य मिशन) में उल्लिखित परिवार कल्याण लक्ष्यों और उद्देश्यों को प्राप्त करने तथा सरकार की प्रतिबद्धताओं (आईसीपीडी: जनसंख्या और विकास पर अंतरराष्ट्रीय कॉन्फ्रेंस, एमडीजी: सहस्राब्दि विकास लक्ष्य, एफपी 2020 शिखर सम्मेलन और अन्य सहित) की दिशा में तैयार तथा संचालित किए जाते हैं।

तालिका : 3

1	**परिवार नियोजन एवं संबंधित मामलों से जुड़े कुछ तथ्य**		
	15 वर्षों में जनसंख्या में 15.7 प्रतिशत वृद्धि का अनुमान	•	2011 में 1210 मिलियन से 2026 तक 1400 मिलियन
	टीएफआर में गिरावट	•	भारत की जनसंख्या को स्थायी करने में सहायक जिसके कारण आर्थिक एवं सामाजिक संभव होगा
	परिवार नियोजन में व्यापक निवेश	•	महिलाओं को सहयोग करना जिससे वह अनचाहे गर्भ से बचें और परिवार नियोजन में सफलता प्राप्त कर जनसंख्या वृद्धि पर पड़ने वाले असर को कम करने में सफल रहें
		•	मातृत्व मृत्यु दर में 35 प्रतिशत की कमी लाना
		•	नवजात मृत्यु दर एवं गर्भपात में कमी लाना
	2017 तक भारत सरकार प्रतिबद्धता	•	मातृत्व मृत्यु अनुपात (एमएमआर) को 100/ 100,000 तक कम करना

	• नवजात मृत्युदर (आईएमआर) से 30/1000 सुरक्षित जन्म • टोटल फर्टिलिटी रेट (टीएफआर) में 2.1 प्रतिशत
2 जनसंख्या वृद्धि पर असर डालने वाले कारक	
परिवार नियोजन की अपूर्णता	• डीएलएचएस-III (2007-08) के अनुसार 21.3 प्रतिशत
विवाह एवं प्रथम प्रसव के समय आयु	• 22.1 प्रतिशत लड़कियों की आयु 18 वर्ष से कम की आयु में हो जाती है जनन संबंधी समग्र आंकड़ों में 5.6 प्रतिशत किशोरियां यानी 15-19 आयु वर्ग की लड़कियां होती हैं
जन्म के बीच अंतर	• 59.3 प्रतिशत जन्म मामलों में दो बच्चों के बीच जन्म का अंतर 3 वर्ष की अनुशंसित दर से कम रहा (एसआरएस 2013)
15-25 आयु वर्ग (महिलाएं)	• टोटल फर्टिलिटी में 52.5 प्रतिशत योगदान • मातृत्व मृत्यु दर में 46 प्रतिशत योगदान
3 देश में मौजूदा जनांकिक परिदृश्य (जनगणना 2011)	
विश्व का 2.4 प्रतिशत भू-भाग	• विश्व की 17.5 प्रतिशत जनसंख्या
1.21 अरब	• जनगणना की 2011 के अनुसार भारत की जनसंख्या
200 मिलियन	• उत्तर प्रदेश की आबादी ब्राज़ील की जनसंख्या से
	अधिक

भारत में जनसंख्या वृद्धि दर

जनगणना वर्ष	जनसंख्या (करोड़ में)	दशकीय विकास (प्रतिशत में)	औसत वार्षिक नमूनागत विकास (प्रतिशत में)
1971	54.82	24.80	2.20
1981	68.33	24.66	2.22
1991	84.64	23.87	2.16
2001	102.87	21.54	1.97
2011	121.02	17.64	1.64

प्रत्यक्ष गिरावट (गत पांच दशकों में)	• अधूरी जन्म दर - 1951 में प्रति 1000 में 40.8 और 2013 में 21.4 • बाल मृत्युदर-1951-61 में 146 से 2013 में 40 • टोटल फर्टिलिटी रेट-1951 में 6.0 से 2013 में 2.3 (संदर्भ - परिशिष्ट-I)। • 2001 एवं 2011 के बीच विकास दर में 21.54 प्रतिशत से 17.64 प्रतिशत की तीव्र गिरावट। • 2001 की अपेक्षा 0-6 जनसंख्या में 3.08 प्रतिशत की गिरावट।
जनसंख्या जोड़	• पिछले दशक की अपेक्षा 2001-2011 के दौरान 18.14 करोड़ की वृद्धि हुई थी जो आंकड़ा 1991-2011 में 18.23 करोड़ का था।
व्यापक गिरावट	• कई दशकों के स्थायित्व के बाद ईएजी राज्यों (उत्तर प्रदेश, बिहार, झारखंड, मध्य प्रदेश, छत्तीसगढ़, राजस्थान, ओडिशा और उत्तराखंड) में जनसंख्या वृद्धि में 2001 के 24.99 प्रतिशत की अपेक्षा 2011 में 20.92 प्रतिशत की गिरावट दर्ज की गई जोकि 4.1 प्रतिशत की रही।
4 टीएफआर में विकास	
टीएफआर में गिरावट	• 2005 में 2.9 से 2013 में 2.3 • उच्च संकेंद्रित राज्यों में गिरावट अधिक व्यापक रही
2.1 या उससे कम की टीएफआर	• 24 राज्यों एवं केंद्रशासित प्रदेशों में
2.1-3.0 टीएफआर	• 10 राज्यों- हरियाणा 2.2, गुजरात 2.3, अरुणाचल प्रदेश 2.3, असम 2.3, छत्तीसगढ़ 2.7, झारखंड 2.6, राजस्थान 2.8, मध्य प्रदेश 2.9, मेघालय 2.9 और दादरा व नगर हवेली 2.9
3.0 से अधिक की टीएफआर	• दो राज्य- बिहार-3.4, उत्तर प्रदेश-3.1

चिकित्सा अनुसंधान

स्वास्थ्य अनुसंधान विभाग (डीएचआर) का उद्देश्य स्वास्थ्य एवं परिवार कल्याण मंत्रालय के नए विभाग तथा अन्य विज्ञान विभागों के आधार के रूप में काम करने वाली भारतीय चिकित्सा अनुसंधान परिषद (आईसीएमआर) के साथ तालमेल से मूल्यांकन/परीक्षण करके उत्पादों/प्रक्रियाओं को नई खोजों में तब्दील करके निदान, उपचार पद्धति तथा निवारक टीकाकरणों से संबंधित अभिनवशीलता को प्रोत्साहित

कर आधुनिक स्वास्थ्य प्रौद्योगिकी लोगों को मुहैया कराना है। इसमें स्वास्थ्य पद्धति से जुड़े अनुसंधान के जरिए इन नई खोजों को सार्वजनिक स्वास्थ्य सेवा में समाहित करना शामिल है।

अनुसंधान योजनाएं

बहुविषयी अनुसंधान इकाइयां: इस योजना का उद्देश्य राज्यों के सरकारी चिकित्सा महाविद्यालयों में 80 बहुविषयी अनुसंधान इकाइयां (एमआरयू) स्थापित करना है ताकि इन महाविद्यालयों में अनुसंधान, नैदानिक देखभाल तथा गैर-संक्रामक रोगों (एनसीडी) पर विशेष ध्यान देते हुए अध्यापन में सुधार के संबंध में अनुसंधान हेतु समर्पित संरचना उपलब्ध कराई जा सके। आईसीएमआर मूल्यांकन और निगरानी के जरिए तकनीकी सहयोग देने की अपनी भूमिका निभा रही है। एमआरयू की स्थापना हेतु कुल 62 सरकारी चिकित्सा महाविद्यालयों को मंजूरी दी गई है तथा 42 चिकित्सा महाविद्यालयों को निधियां जारी की गई हैं। कुछ एमआरयू में अनुसंधान भी शुरू हो गए हैं।

मॉडल ग्रामीण स्वास्थ्य अनुसंधान इकाइयां: यह मॉडल ग्रामीण स्वास्थ्य अनुसंधान इकाइयां (एमआरएचआरयू) कार्यक्रम घाटमपुर (उत्तर प्रदेश) में आईसीएमआर के सफल अनुभव के आधार पर प्रारंभ किया जा रहा है। यह योजना 12वीं पंचवर्षीय योजना के दौरान विभिन्न राज्यों में तरह-तरह की बीमारियों की पहचान और उन्हें दूर करने हेतु राज्यों को नई तकनीक हस्तांतरित करने के उद्देश्य से 15 एमआरएचआरयू स्थापित करने के लिए शुरू की गई थी। अभी तक 12 एमआरएचआरयू इकाइयां स्थापित की गई हैं तथा 8 एमआरएचआरयू पर बहुकेंद्रित परियोजनाओं सहित पांच एमआरएचआरयू में अनुसंधान कार्यकलाप भी शुरू हो गए हैं।

वायरल तथा अन्य संक्रामक बीमारियों हेतु नैदानिक अनुसंधान प्रयोगशालाओं का नेटवर्क: विषाणुजनित बीमारियों तथा टीबी जैसी संक्रामक बीमारियों से निपटने के लिए इस नेटवर्क की स्थापना की जा रही है। इस योजना के अंतर्गत, वायरल तथा संक्रामक रोग प्रयोगशालाओं के इस नेटवर्क का विस्तार करके देश में 160 प्रयोगशालाएं (120 चिकित्सा महाविद्यालय में, 30 राज्यों में तथा 10 क्षेत्रीय प्रयोगशालाएं) स्थापित की जाएंगी। अभी तक कुल 30 वीआरडीएल (5 क्षेत्रीय स्तर की प्रयोगशाला, छह राज्य स्तरीय तथा 19 चिकित्सा स्तरीय वीआरडीएल) की निधियां प्रदान की गई हैं। आईसीएमआर कार्यबल मोड के अंतर्गत, 12 वीआरडीएल (8 ग्रेड-1 और 4 ग्रेड-2 प्रयोगशालाएं) पहले से चल रही हैं। डीएचआर और आईसीएमआर वीआरडीएल अभी देश के 23 राज्यों और तीन केंद्र शासित क्षेत्रों तक पहुंच चुके हैं। इसके अलावा, नियंत्रण/गुणवत्ता आश्वासन तथा वीआरडीएल में काम करने वाले विभिन्न श्रेणी के कर्मचारियों के प्रशिक्षण के लिए नेशनल इंस्टीट्यूट ऑफ वायरोलॉजी (राष्ट्रीय विषाणु विज्ञान संस्थान), पुणे में संसाधन केंद्र स्थापित किया गया है तथा नेशनल इंस्टीट्यूट ऑफ इपिडेमियोलॉजी, चेन्नई में वीआरडीएल के लिए ऑनलाइन डेटा माइनिंग केंद्र स्थापित किया गया है।

स्वास्थ्य अनुसंधान हेतु मानव संसाधन विकास योजना: इस समय स्वास्थ्य अनुसंधान के लिए सही तरीके से प्रशिक्षित मानव संसाधन का अभाव एक बड़ी बाधा रहा है। स्वास्थ्य अनुसंधान विभाग, चिकित्सा महाविद्यालयों तथा अन्य अकादमिक प्रतिष्ठानों के पेशेवर लोगों के लिए उनके कार्यकाल के दौरान भारत में और बाहर प्रशिक्षण कार्यक्रम चलाकर मानव संसाधन ढांचे को सुदृढ़ करने की योजना बना रहा है।

इस योजना के अंतर्गत प्रस्तावित क्रियाकलापें: प्रशिक्षण फैलोशिप; पहचान किए गए अग्रणी क्षेत्रों में अनुसंधानकर्ता; युवा अनुसंधानकर्ता कार्यक्रम: अनुसंधान के लिए युवा विद्यार्थियों को प्रोत्साहित करना; वे योग्य महिलाएं जिन्होंने नौकरी छोड़ दी है तथा इस समय बेरोज़गार हैं, उन्हें स्वास्थ्य अनुसंधान के नए क्षेत्रों में लगाना; विशेष प्रशिक्षण कार्यक्रम विशिष्ट क्षेत्रों में, इसमें प्रशिक्षण के लिए चयनित संस्थानों को समर्थन भी शामिल है; तथा मिड-करियर अनुसंधान फैलोशिप; चिकित्सा महाविद्यालयों के लिए फैकल्टी विकास।

अंतर-क्षेत्रीय अभिसरण और संवर्धन एवं अनुसंधान गवर्नेंस हेतु अनुदान योजना

वर्तमान में, बायो-चिकित्सा अनुसंधान से जुड़े विभिन्न पहलुओं से संबंधित अन्वेषणों में लगभग आठ विज्ञान विभाग कार्य कर रहे हैं। विभाग ने मौजूदा ज्ञान के अंतर की पहचान करने तथा स्वास्थ्य के बारे में मौजूदा खोजों को अमली जामा पहनाने के लिए अनुसंधान अध्ययन हेतु सहायता-अनुदान के रूप में सहयोग देने की योजना बनाई है। कार्यान्वयन अनुसंधान पर विशेष जोर देकर अन्य एजेंसियों के साथ समझौते और सहयोग के द्वारा अन्वेषण और क्रियान्वयन पर विशेष ध्यान दिया जाएगा ताकि उपलब्ध ज्ञान का बेहतर उपयोग किया जा सके।

भारतीय चिकित्सा अनुसंधान परिषद

भारत सरकार के स्वास्थ्य एवं परिवार कल्याण मंत्रालय के अंतर्गत स्वास्थ्य अनुसंधान विभाग (डीएचआर) के अधीन आने वाला भारतीय चिकित्सा अनुसंधान परिषद (आईसीएमआर) देश में बायोमेडिकल अनुसंधान के निरूपण, समन्वय, प्रोत्साहन एवं संचालन करने वाली शीर्ष इकाई है। जनता के स्वास्थ्य से जुड़े परिदृश्य में लगातार होने वाले परिवर्तन के कारण भारत जैसे देश में सीमित संसाधनों के कारण विभिन्न प्रतिस्पर्धात्मक एवं उभरते हुए नए चिकित्सा क्षेत्रों के बीच अनुसंधान में समन्वय स्थापित करना चुनौतीपूर्ण कार्य है। जनता के सामने मुंह बाए खड़ी मौजूदा स्वास्थ्य संबंधी चुनौतियों के अतिरिक्त नई उभरने वाली स्वास्थ्य संबंधी समस्याओं से जुड़े अनुसंधानों में तेजी आई है। अनुसंधान क्षमताओं को मजबूत करना एवं शोध के संबंध में निश्चित एवं सुदृढ़ नीति बनाने को आईसीएमआर अनुसंधान की सफलता का आधार मानता है और विभिन्न परिस्थितियों के आधार पर नई नीतियां अपनाने की सलाह देता है। अपने लक्ष्यों की प्राप्ति के लिए आईसीएमआर ने देश की जरूरत वाले क्षेत्रों को चुनने पर जोर दिया है। पिछले अनुभवों के आधार पर रोधक दवा एवं स्वास्थ्य प्रचार के लिए आवश्यक अध्ययन हेतु वैज्ञानिक आधार को विस्तारित करना, सरल, किफायती एवं व्यापक तौर पर अमल में लाए जाने वाली स्वास्थ्य जांच प्रक्रिया का विकास जो रोगों/स्वास्थ्य समस्याओं का पूर्ववत व सटीक पता लगाने के लिए कारगर होते हैं, समाज विज्ञानी एवं मानव व्यवहार विशेषज्ञों के साथ निकट संबंध रखना एवं समस्याओं के कारण एवं उसके निवारण हेतु अनुसंधान के प्रति सक्रियता बरतना भी इसके प्रमुख कार्य हैं।

जैवचिकित्सकीय अनुसंधान के संबंध में आईसीएमआर आंतरिक एवं बाह्य शोध के जरिए अपने प्रमुख कार्य को अंजाम देता है। 32 स्थायी शोध संस्थानों/केंद्रों के अलावा, देशभर में आईसीएमआर के अनेक क्षेत्रीय केंद्र, शोध इकाइयां भी हैं। आईसीएमआर आंतरिक अनुसंधान को सहयोग देने के लिए (1) विभिन्न शोध क्षेत्रों में शीर्ष अनुसंधान केंद्रों की स्थापना करके; (2) कार्यबल अध्ययन एवं राष्ट्रीय स्तर पर विविधरूपी सहयोगपूर्ण परियोजनाओं एवं (3) देश के विभिन्न हिस्सों से बायोमेडिकल संस्थानों/विश्वविद्यालयों, गैरसरकारी संगठनों में सक्रिय वैज्ञानिकों द्वारा स्वाभाविक रूप से तैयार किए गए ओपन एंडेड तदर्थ शोध परियोजनाओं को बढ़ावा देता है।

किफायती स्वदेशी चिकित्सा प्रौद्योगिकी

आईसीएमआर ने विकास, मूल्यांकन एवं अनेक जन-स्वास्थ्य तकनीकों की प्रदायगी के जरिए भारतीय जनता के लिए बेहतर स्वास्थ्य संवर्धन की दिशा में महत्वपूर्ण योगदान किया है। विभिन्न आईसीएमआर संस्थानों के नेतृत्व में अनेक अनुसंधानों द्वारा नैदानिक किट/उपकरणों और टीकों का विकास किया गया है तथा विगत कुछ वर्षों के दौरान इन्हें आमजन के उपयोग के लिए जारी किया गया है। आईसीएमआर ने सात किफायती तकनीकें विकसित की हैं। इनमें जापानी इनसिफलाइटिस (जेई) के लिए टीके का विकास; थैलीसिमिया त्वरित नैदानिक किट का परीक्षण; सर्वाइकल कैंसर जांच हेतु मैग्निफाइंग उपकरण का विकास; मधुमेह के लिए स्ट्रिप्स तथा पता लगाने की पद्धति; खाद्य जनित पैथोजेन्स का पता लगाने के लिए जांच; विटामिन ए और फेरिटिन अनुमानों की प्रौद्योगिकी; मूत्र और थूक के नमूने से विसरल लीशमैनियासिस हेतु नॉन इनवेसिव निदान प्रक्रिया का विकास शामिल है। उचित औद्योगिक साझेदारों का पता लगाने के जरिए राष्ट्रीय कार्यालयों तथा जनता के उपयोग हेतु इन्हें उपलब्ध कराने के उद्देश्य से इन प्रौद्योगिकियों को व्यावसायिक बनाने के प्रयास किए जा रहे हैं।

अन्य अनुसंधान क्रियाकलाप

एएमआर निगरानी नेटवर्क

आईसीएमआर ने एम्स (नई दिल्ली), पीजीआईएमईआर (चंडीगढ़), जिपमेर (पुद्दुचेरी) तथा सीएमसी (वेल्लोर) जैसे देश के अग्रणी अस्पतालों में एंटी माइक्रोबियल प्रतिरोध संबंधी आंकड़ों का संग्रहण प्रारंभ किया है। नेटवर्क में कम से कम 5 चिकित्सा महाविद्यालयों/अस्पतालों को शामिल करने के लिए इस एएमआर निगरानी नेटवर्क का विस्तार करने की योजना है।

टीबी का स्वदेशी निदान

'मेक इन इंडिया' तथा 'सार्वजनिक-निजी भागीदारी' के प्रधानमंत्री के विजन को अमल में लाने के लिए स्वास्थ्य और परिवार कल्याण मंत्रालय तथा डीबीटी के साथ आईसीएमआर का संयुक्त उद्यम टीबी/एमडीआर का पता लगाने हेतु स्वदेशी प्रौद्योगिकियों के विकास तथा उनके व्यावसायीकरण की दिशा में कार्य करने के लिए अनुसंधानकर्ताओं तथा कंपनियों को प्रोत्साहित करने में सफल रहा है। अन्य प्रौद्योगिकियों का भी मूल्यांकन किया जा रहा है। इस पहल का उद्देश्य निकट भविष्य में हमारे देश में डीआरटीबी के केयर मॉलिक्यूलर टेस्ट को बहुत कम कीमत पर उपलब्ध कराना है।

आरएनटीसीपी

जनजातीय बहुल 6 जिलों में आरएनटीसीपी को मजबूत करने के इंटरवेंशनल मॉडल के प्रदर्शन हेतु बहु-केंद्रीय अध्ययन प्रारंभ किया गया है और इसका उद्देश्य रोगों में कमी लाना तथा रोगों से निपटने के परिणामों में सुधार लाना है।

कुष्ठ रोग

एनजेआईएल एंड ओएमडी, आगरा की सहायता से क्षेत्रीय कुष्ठ प्रशिक्षण और अनुसंधान संस्थान (आरएलटीआरआई) रायपुर में मॉलिक्यूलर प्रयोगशाला की स्थापना की गई है तथा इसे और सुदृढ़ किया जा रहा है। यह प्रयोगशाला निकटवर्ती क्षेत्रों में कुष्ठ रोग का शीघ्र पता लगाने तथा साथ ही इसके निदान में अन्य संस्थाओं को सहायता देने में मदद करेगी।

एचआईवी/एड्स

एचआईवी टीके के विकास को बढ़ावा देने हेतु मनुष्यों पर इसे आजमाने से पूर्व निर्मित टीके की प्रतिरक्षा के वैधीकरण हेतु मकाका मुलाटा (रेसस बंदरों) पर एक अध्ययन शुरू किया गया है।

बायोसेफ्टी

आईसीएमआर ने डीएसटी के सहयोग से अत्यधिक रोगमूलक/अत्यधिक जोखिम वाले रोगजनक पैथोजेन के समूह तथा नए और फिर से उभर रहे विषाणुओं से सुरक्षित ढंग से निपटने हेतु वैज्ञानिक अध्ययनों की जरूरतों को पूरा करने के लिए माइक्रोबियल कंटेनमेंट कॉम्प्लेक्स (एमसीसी) एनआईवी, पुणे के परिसर में एशिया की प्रथम बायोसेफ्टी स्तर–4 (बीएसएल–4) की प्रयोगशाला स्थापित की थी। देश में इबोला विषाणु के प्रवेश की आसन्न आशंका को ध्यान में रखते हुए ईवीडी की तैयारी हेतु प्रयोगशाला का सृजन करने के लिए दो प्रशिक्षण कार्यशालाएं आयोजित की गईं। बायोसेफ्टी एनआईवी द्वारा कारकों, बीएसएल–3 प्रयोगशाला की कार्यपद्धतियों तथा इबोला विषाणु के मॉलिक्यूलर निदान को शामिल करने हेतु कुल 16 प्रयोगशालाओं को प्रशिक्षण दिया गया है।

पोलियोमेलिटिस: वाइल्ड पोलियो विषाणुओं के लिए प्रयोगशाला कंटेनमेंट क्रियाकलापों के चरण–IIए हेतु तैयारी पूरी कर ली गई है।

इन्फ्लूएंजा: एनआईवी, पुणे ने उभरने तथा पुनः उभरने वाले विषाणुओं से आमजन की स्वास्थ्य संबंधी चुनौतियों से मुकाबला करने हेतु सतत विकास की अवसंरचना को सुदृढ़ किया है। देश में इन्फ्लूएंजा जैसी बीमारियों के हाल के प्रकोप के दौरान एनआईवी, पुणे द्वारा ऐसी बीमारियों अथवा गंभीर श्वसन रोगों से पीड़ित रोगियों के 2,545 क्लिनिकल नमूने प्राप्त किए गए। इन्हें ए (एच1एन1) पीडीएम 9 के निदान हेतु राज्य स्वास्थ्य प्राधिकरणों द्वारा भेजा गया था।

एनआईवी ने अपनी नौ इन्फ्लूएंजा प्रयोगशालाओं, एनआईवी, एसकेआईएमएस, श्रीनगर; एनआईसीईडी, कोलकाता; केजीएमयू, लखनऊ; केआईपीएम, चेन्नइ; एम्स दिल्ली; आरएमआरसी, डिब्रुगढ़; आईजीजीएमसी, नागपुर; एनआईवी; केरल फील्ड यूनिट को सहायता तथा नेटवर्क को मजबूती दी। नैदानिक किटें और उनके रीएजेंट इन प्रयोगशालाओं को दिए गए और पूरे नेटवर्क ने संपूर्ण देश में एच1एन1 के सभी मामलों के समय पर तथा सही निदान हेतु एनसीडीसी, स्वास्थ्य और परिवार कल्याण मंत्रालय के साथ तालमेल का कार्य किया।

क्रिमियन कांगो रक्तस्रावी बुखार

एनआईवी ने कांगो रक्तस्रावी बुखार (सीसीएचएफ) के कारण गुजरात के 7 जिलों (अहमदाबाद, अमरेली, पाटन, सुरेंद्रनगर, कच्छ और भुज तथा अरावली जिला) तथा राजस्थान के तीन जिलों (सिरोही, जोधपुर, जैसलमेर जिले) में बहुत से मामलों तथा मौतों की पुष्टि की है। हाल में उत्तर प्रदेश के मुरादाबाद जिले से भी ऐसे मामलों की सूचना दी गई है।

महामारी फैलने की पड़ताल

हाल में एनआईवी ने सीसीएचएफ के अनेक बार फैलने की पुष्टि की। वर्ष 2014 में सीसीएचएफ मामले की सिरोही जिले, राजस्थान और अरावली जिले, गुजरात से पुष्टि हुई।

अनुसंधान अध्ययन

एनआईवी ने गुजरात में इन रोगों को समझने के लिए हाल में मानवों, पशुओं पर गहन निगरानी अध्ययन किए हैं। ये अध्ययन आईडीएसपी, स्थानीय सार्वजनिक स्वास्थ्य अधिकारियों, पशुपालन विभाग और स्थानीय वेक्टर जनित रोग नियंत्रण कार्यक्रम, गुजरात के सहयोग से आयोजित किए गए। इन अध्ययनों से पता चला कि सीसीएचएफ हेतु IgG एंटीबॉडी गुजरात के 15 जिलों के मवेशियों में तथा राजस्थान के सिरोही जिले के पशुओं में मौजूद था। इससे संकेत मिलता है कि यहां पशुओं में पहले भी यह संक्रमण फैला था। टिक्स की हायलोम्मा प्रजाति, जो रोग फैलाने के लिए जानी जाती है, उन क्षेत्रों में भी पॉजीटिव पाई गई जहां से मानव सीसीएचएफ मामलों की रिपोर्ट मिली थी तथा इसकी पुष्टि हुई, जिससे इस प्रकार के विषाणु के मनुष्य में संक्रमण के संकेत मिलते हैं।

राज्य सरकार को सहायता

एनआईवी ने इस रोग की रोकथाम और नियंत्रण हेतु राज्य सरकारों में जागरुकता पैदा करने के लिए अनेक बैठकें आयोजित कर, राज्य को नैदानिक सेवाओं का प्रशिक्षण देकर नैदानिक सेवाओं का सुदृढ़ीकरण किया गया। राज्य सरकार को अनिवार्य सिफारिशें करके, गुजरात और राजस्थान की सार्वजनिक स्वास्थ्य प्रणाली को सहायता भी प्रदान की।

रोग निदान

चूंकि सीसीएचएफ की एंटीबॉडी का पता लगाने के लिए कोई किफायती व्यावसायिक किट बाजार में उपलब्ध नहीं है, इसलिए एनआईवी ने मानवों तथा पशुओं में सीसीएचएफ एंटीबॉडी का पता लगाने के लिए निम्न किफायती इएलआईएसए किटें खुद ही विकसित की हैं:

- एंटी सीसीएचएफवी बोविन IgG एंटीबॉडी डिटेक्शन इएलआईएसए
- एंटी सीसीएचएफवी भेड़ एवं बकरी IgG एंटीबॉडी डिटेक्शन इएलआईएसए
- एंटी सीसीएचएफवी मानव IgG एंटीबॉडी डिटेक्शन इएलआईएसए

आईसीएमआर के अग्रणी कार्यक्रम में जनजातीय लोगों की स्वास्थ्य समस्याओं से निपटने हेतु सतत कार्य करने के लिए तथा मलेरिया, फाइलेरिया, जापानी एन्सेफलाइटिस (जेई), कालाजार, डेंगू और चिकनगुनिया के नियंत्रण पर अध्ययन के लिए जनजातीय स्वास्थ्य अनुसंधान फोरम तथा वेक्टर जनित रोग विज्ञान फोरम सक्रिय है। आईसीएमआर के सात संस्थानों के सहयोग से गोरखपुर में एईएस/जेई की रोकथाम व नियंत्रण हेतु, रोग नियंत्रण और पुनर्वास के लिए विकसित बहुआयामी कार्यनीति के भाग के रूप में एइएस/जेई पर एक अनुसंधान सह-परियोजना शुरू की गई। इस बीमारी से निपटने के लिए सहायता दी जाएगी और आंकड़े सृजित किए जाते रहेंगे।

आईसीएमआर अपने कार्यबल के माध्यम से परियोजनाओं, तदर्थ योजनाओं तथा देश की विभिन्न अनुसंधान संस्थाओं, मेडिकल कॉलेजों तथा विश्वविद्यालयों में फैलोशिप के जरिए विभिन्न बायोमेडिकल विषयों अर्थात एनाटॅमी, एंथ्रोप्रोलॉजी, हिमेटोलॉजी और ह्यूमन जेनेटिक्स में बाह्य अनुसंधान सहायता, समन्वय तथा निगरानी का कार्य करता है। 2014-15 में लगभग 20 तदर्थ परियोजनाएं तथा भिन्न-भिन्न विषयों पर 15 फैलोशिप पूरे किए गए, जिनमें ह्यूमन कोचलियर की वस्कुलो-बाइलियरी एपेरेटस की सर्जिकल एनाटॅमी का अध्ययन, मानव हृदय में एंटीवैन्ट्रीकुलर वाल्व अपरेटस का अल्ट्रास्टक्चर, एज

एस्टीमेशन फ्रॉम टीथ, क्रॉनिक ऑबस्ट्रक्टिव पल्मनरी डिजीज में जेनेटिक अध्ययन, प्राइमरी कान्जेंटियल ग्लूकोमा, स्टीवन्स-जॉन्सन सिंड्रोम (एसजेएस), पीडियाट्रिक सेलियक डिजीज फेज-II, हाइपोस्पेडियास, फेमिलियल हाइपरकोलेस्ट्रोलेमिया, पॉलीसाइस्टिक ओवेरी सिंड्रोम, प्राइमरी नेफरेटिक सिंड्रोम, मूकोपोलिसच्कारिडोसिस टाइप-2, मेल इन्फर्टिलिटी, फ्रेजाइल-X सिंड्रोम, करेक्ट्राइजेशन ऑफ द बर्नार्ड साउलियर सिंड्रोम (बीएसएस), थैलीसीमिया, मॉलिक्यूलर करेक्ट्राइजेशन ऑफ हिमोग्लोबिन, माइलोडिप्लास्टिक सिंड्रोम, सिकल सेल डिजीज जीन पोलिमोरफिज्म, जेनेटिक ऑल्ट्रेशन इन डिजीज प्रोग्रेशन ऑफ क्रॉनिक मेलोयाड ल्यूकेमिया, जीन पोलिमोरफिज्म इन चाइल्डहुड एक्यूट लिम्फोब्लास्टिक ल्यूकेमिया आदि शामिल हैं।

भारत में सहायताप्राप्त प्रजनन प्रौद्योगिकी (एआरटी) क्लिनिकों और बैंकों को प्राधिकृत करने, पर्यवेक्षण तथा विनियमित करने के लिए आईसीएमआर ने भारत में एआरटी क्लिनिकों के प्रत्यायन, पर्यवेक्षण और विनियमन संबंधी राष्ट्रीय दिशानिर्देश विकसित किए हैं। देश में इन दिशानिर्देशों के कार्यान्वयन हेतु आईसीएमआर ने एआरटी क्लिनिकों तथा बैंकों के प्रत्यायन और पर्यवेक्षण हेतु भारत में राष्ट्रीय बोर्डों, राज्य बोर्डों और सहायता प्राप्त प्रजनन प्रौद्योगिकी क्लिनिकों में राष्ट्रीय पंजीयन की स्थापना करने के लिए सहायता प्रजनन प्रौद्योगिकी (विनियमन) विधेयक का प्रारूप विकसित किया है। यह सुनिश्चित करता है कि प्रदत सेवाएं नैतिक हैं तथा सभी संबंधितों के मेडिकल, सामाजिक और विधायी अधिकार नैतिक और अच्छी चिकित्सा पद्धति के मान्यताप्राप्त फ्रेमवर्क के भीतर सरोगेट मदर, अंडक और शुक्राणु प्रदाता सहित नि:संतान दंपत्तियों अथवा अलग-अलग व्यक्तियों के हितों की सुरक्षा करता है।

इस समय 1,457 एआरटी क्लिनिक तथा बैंक चिह्नित किए गए हैं। इनमें से लगभग 825 एआरटी क्लिनिक तथा 152 बैंकों ने अपने संपर्क ब्योरों (कुल 977) की पुष्टि की है तथा शेष 480 एआरटी क्लिनिक और बैंक पुष्टि करने की प्रक्रिया में हैं। 825 एआरटी क्लिनिकों में से केवल 335 को प्रस्तावित एआरटी (विनियमन) विधेयक के प्रावधानों का अनुपालन करता पाया गया है। अत: इन 335 एआरटी क्लिनिकों को आईसीएमआर की राष्ट्रीय रजिस्ट्री के तहत शामिल किया गया है।

आईसीएमआर भारत और अन्य देशों के बीच तथा राष्ट्रीय एवं अंतरराष्ट्रीय एजेंसियों जैसे कि विज्ञान एवं तकनीकी मंत्रालय और भारतीय विदेशी मिशनों तथा विश्व स्वास्थ्य संगठन (डब्ल्यूएचओ) आदि के साथ बायोचिकित्सीय अनुसंधान में अंतरराष्ट्रीय सहयोग का समन्वय करता है।

आईसीएमआर दूसरे देशों के साथ विभिन्न समझौता ज्ञापनों तथा संयुक्त वक्तव्य के तहत अनुमोदित द्विपक्षीय साझा अनुसंधान परियोजनाओं में संलग्न भारतीय वैज्ञानिकों की अंतरराष्ट्रीय यात्रा में सहायता तथा समन्वय भी करता है। विभिन्न अंतरराष्ट्रीय सहयोगात्मक कार्यक्रमों/परियोजनाओं के तहत कुल 28 बार भारतीय और विदेशी वैज्ञानिकों/अधिकारियों ने एक-दूसरे के देशों की यात्राएं की हैं।

औषधीय पादप

35 औषधीय पौधों के गुणवत्ता मानक विकसित किए गए हैं तथा भारतीय औषधीय पौधों की गुणवत्ता मानक खंड-12 की श्रृंखला के रूप में मोनोग्राफ प्रकाशित किए गए हैं। आईसीएमआर और फार्माकोपियल कमीशन ऑफ इंडियन मेडिसिन (पीसीआईएम) द्वारा आयुष मंत्रालय के साथ एक समझौता ज्ञापन पर हस्ताक्षर किए गए जिसके अंतर्गत आईसीएमआर की बाहरी परियोजनाओं के जरिए सृजित 120

पीआरएस, फ़ाइटोकेमिकल रेफ़रेन्स स्टेंडर्ड्स पीसीआईएम को हस्तांतरित कर दिए जाएंगे। आयुर्वेद, सिद्ध और यूनानी दवाओं (एएसयू) की विशेषताओं तथा गुणवत्ता आश्वासनों के चलते इससे पारंपरिक दवाओं को भारत और विदेश में व्यापक स्वीकृति मिलेगी। इस समय चुनिंदा भारतीय पौधों के फाइटोकेमिकल रेफरेंस स्टेंडर्ड (पीआरएस) के खंड 4 को भी अंतिम रूप दिया जा रहा है। पूर्व में 90 पीआरएस घटक तीन खंडों में प्रस्तुत किए गए और डायबिटीज मेलिटस के प्रबंधन में भारतीय औषधीय पौधों के परिप्रेक्ष्य पर आईसीएमआर मोनोग्राफ द्वारा प्रकाशित किए गए। महत्वपूर्ण भारतीय औषधीय पौधों के सुरक्षा कारकों पर एक सार-संग्रह भी संकलित किया जा रहा है।

सामाजिक और व्यवहारात्मक अनुसंधान

आईसीएमआर ने जेंडर और स्वास्थ्य के विभिन्न पहलुओं के संबंध में 16 नई परियोजनाएं, चार नई प्रकार-बाह्य तदर्थ परियोजनाएं तथा दो फैलोशिप शुरू की हैं।

निम्नलिखित क्षेत्रों में परियोजनाएं चलाने के लिए आईसीएमआर-आईसीएसएसआर की नई संयुक्त पहल की योजना बनाई गईः (1) ढांचागत कारकों, स्वास्थ्य का पता लगाने वाले कारकों तथा कारगर प्रदायगी और उपयोगिता को केंद्र बिंदु बनाकर समुदाय द्वारा सेवाओं की कारगर प्रदायगी तथा उपयोगिता से संबंधित मुद्दे, (2) सेवा प्रदायगी और वंचित समूहों/दलितों द्वारा इसके उपयोग से संबंधित मुद्दे, (3) कारगर जानकारी, शिक्षा तथा संचार (आईईसी) और व्यवहार परिवर्तन कार्यनीतियां, (4) मलेरिया, टीवी, पोलियो, कुष्ठ, एचआईवी/एड्स, शिशु मृत्यु, प्रजनन स्वास्थ्य, चिकनगुनिया, डेंगू तथा जेंडर व पोषण आदि मुद्दे।

भारतीय औषधि और होम्योपैथी प्रणाली

भारतीय दवा और होम्योपैथी प्रणाली विभाग (आईएसएम एंड एच) की स्थापना मार्च 1995 में की गई थी तथा नवंबर 2003 में भारतीय औषधि और होम्योपैथी प्रणाली विभाग का नाम बदलकर आयुष (आयुर्वेद, योग और प्राकृतिक चिकित्सा, यूनानी, सिद्ध तथा होम्योपैथी) रखा गया। आयुर्वेद, योग और प्राकृतिक चिकित्सा, यूनानी, सिद्ध तथा होम्योपैथी प्रणालियों में शिक्षा व अनुसंधान के विकास की ओर ध्यान केंद्रित करने के उद्देश्य से आयुष मंत्रालय के स्तर को उन्नत किया गया। मंत्रालय आयुष शैक्षणिक मानकों के उन्नयन, गुणवत्ता नियंत्रण और दवाओं के मानकीकरण, औषधीय पौध सामग्री की उपलब्धता को सुधारने, घरेलू तथा अंतरराष्ट्रीय स्तर पर पद्धतियों की दक्षता के बारे में अनुसंधान और विकास तथा जागरुकता पर जोर देता रहा है। आयुष पद्धतियों के मौजूदा परिवार में सोवा रिग्पा को हाल ही में जोड़ा गया है।

वैज्ञानिक अनुसंधान और शिक्षा को प्रोत्साहन, अच्छी दवाओं के लिए फार्माकोपिकल मानक तय करना, अच्छी प्रयोगशालाओं का विकास, कुशल विनिर्माण पद्धतियां, शिक्षा मानकों का विनियमन करना, एलोपैथिक अस्पतालों में आयुष की स्थापना और प्राथमिक स्वास्थ्य केंद्रों (पीएचसी) तथा सामुदायिक स्वास्थ्य केंद्रों (सीएचसी) में आयुष इकाइयों और जिले में एलोपैथिक अस्पतालों में आयुष विंग्स, आयुष अस्पतालों और औषधियों का उन्नयन, स्वास्थ्य मेलों का आयोजन तथा सूचना, शिक्षा और संचार के अन्य अध्ययनों से जागरुकता पैदा करना- ये ऐसे उपाय हैं जिनके माध्यम से विभाग भारतीय औषधि और होम्योपैथी प्रणाली का विकास करने तथा लोगों तक उसकी व्यापक पहुंच बनाने में सहायता कर रहा है।

आयुर्वेद, सिद्ध, यूनानी तथा होम्योपैथी औषधियों को औषधि व सौंदर्य प्रसाधन अधिनियम, 1940 के दायरे में रखा गया है। चूंकि आयुष क्षेत्र की अधिकतम दवाएं औषधीय पादपों से बनाई जाती हैं; मंत्रालय ने औषधीय पौधों की खेती को प्रोत्साहित करने तथा गुणवत्तापरक कच्ची सामग्री की निरंतर उपलब्धता सुनिश्चित करने के लिए राष्ट्रीय औषधीय पादप बोर्ड की स्थापना की है। 2002 से भारतीय औषधि और होम्योपैथी प्रणाली पर अलग से एक राष्ट्रीय नीति मौजूद है।

भारतीय औषधि भेषज प्रयोगशाला

भारतीय औषधि भेषज (फार्माकोपियल) प्रयोगशाला (पीएलआईएम) आयुष मंत्रालय का अधीनस्थ कार्यालय है और यह गाजियाबाद में स्थित है। राष्ट्रीय स्तर पर भेषज मानक निर्धारण तथा औषधि परीक्षण प्रयोगशाला के रूप में 1970 में इसकी स्थापना हुई। यह औषधि और सौंदर्य प्रसाधन अधिनियम, 1940 के तहत आयुर्वेदिक, सिद्ध और यूनानी (एएसयू) औषधियों के परीक्षण हेतु अपीलीय प्रयोगशाला के रूप में भी कार्य करती है। एकल औषधियों और आयुर्वेदिक, यूनानी एवं सिद्ध भेषजों में शामिल करने के लिए कंपाउंड फॉर्मूलेशन के भेषज मानक विकसित करने तथा इनके वैधीकरण के उद्देश्य से पीएलआईएम की स्थापना की गई थी। प्रयोगशाला, औषधि नियंत्रण प्राधिकारियों तथा अदालतों से प्राप्त वैध औषधि नमूनों के विश्लेषण का काम भी करती है।

होम्योपैथी भेषज प्रयोगशाला

राष्ट्रीय प्रयोगशाला के रूप में होम्योपैथिक औषधियों के मानक तय करने तथा उनकी शुद्धता और गुणवत्ता पहचान और परीक्षण के लिए होम्योपैथी भेषज (फार्माकोपियल) प्रयोगशाला (एचपीएल), गाजियाबाद की स्थापना की गई थी। प्रयोगशाला औषधि एवं सौंदर्य प्रसाधन अधिनियम 1945 की धारा 6 के नियम 3ए के अंतर्गत होम्योपैथी औषधियों की जांच के लिए केंद्रीय दवा प्रयोगशाला के रूप में कार्य करती है। प्रयोगशाला द्वारा तैयार मानक होम्योपैथिक फार्माकोपिया ऑफ इंडिया (एचपीआई) में प्रकाशित होते हैं। विज्ञान और प्रौद्योगिकी विभाग ने एचपीएल को विज्ञान एवं प्रौद्योगिकी संस्थान के रूप में मान्यता दी है।

भारतीय औषधीय और होम्योपैथी भेषज आयोग

आयुर्वेद, सिद्ध, यूनानी औषधियों के गुणवत्ता मानक तय करने और उपभोक्ताओं की आवश्यकता के अनुरूप समय-समय पर उसमें सुधार लाना विभाग की प्राथमिकता है। एएसयू औषधियों की लोकप्रियता और मांग काफी तेजी से बढ़ रही है, इसलिए भारतीय औषधि भेषज आयोग को उन्नत बनाना जरूरी समझा गया है। पीसीआईएम, एएसयू फार्माकोपिया समिति और भारतीय औषधि के लिए फार्माकोपिया प्रयोगशाला (पीएलआईएम) की आवश्यकताओं को पूरा करता है। कैबिनेट से मंजूरी के बाद विभाग ने भारतीय औषधि के लिए फार्माकोपिया आयोग का नया नाम फार्माकोपिया कमीशन ऑफ इंडियन मेडिसिन एंड होम्योपैथी कर दिया है, ताकि इसमें होम्योपैथी भी शामिल हो सके। होम्योपैथिक फार्माकोपिया समिति तथा होम्योपैथिक फार्माकोपिया प्रयोगशाला (एचपीएल) पीसीआईएम एंड एच के तहत लाई गई है। पीसीआईएम एंड एच पूरी तरह स्वायत्त संगठन है और सोसाइटी पंजीकरण अधिनियम, 1960 के तहत पंजीकृत है। पीसीआईएस एंड एच का मुख्य उद्देश्य आवश्यकतानुसार आयुर्वेद, सिद्ध, यूनानी तथा होम्योपैथिक फार्माकोपिया ऑफ इंडिया का प्रकाशन तथा संशोधन है, ताकि आयुष भेषज मानकों का विकास और एकरूपता सुनिश्चित की जा सके और इसे अंतरराष्ट्रीय रूप में स्वीकार करने

योग्य बनाया जा सके। अभी तक 152 आयुर्वेदिक सूत्रों के भेषज मानक और 100 यूनानी सूत्रों के भेषज मानक तैयार किए गए हैं। ये एएसयू औषधियों में इस्तेमाल की गई कच्ची दवाइयों के मानकों के अतिरिक्त हैं।

सार्वजनिक क्षेत्र के प्रतिष्ठान

इंडियन मेडिसिन फार्मास्यूटिकल कारपोरेशन

इंडियन मेडिसिन फार्मास्यूटिकल कारपोरेशन लिमिटेड (आईएमपीसीएल) भारत सरकार का उपक्रम है। इसमें 97.61 प्रतिशत हिस्सेदारी भारत सरकार की है तथा कुमाऊं मंडल विकास निगम लिमिटेड के जरिए उत्तराखंड सरकार की 2.39 प्रतिशत हिस्सेदारी है। कंपनी का पंजीकृत कार्यालय और फैक्टरी मोहन, जिला अल्मोड़ा, उत्तराखंड में है। आईएमपीसीएल आयुष मंत्रालय, नई दिल्ली के प्रशासनिक नियंत्रण में है।

आईएमपीसीएल ने अधिसूचित पिछड़ा क्षेत्र मोहन, जिला अल्मोड़ा, उत्तराखंड में पट्टे पर 38 एकड़ जमीन अधिग्रहण की थी। यह क्षेत्र समुद्र तल से 550 मीटर की ऊंचाई (कॉर्बेट राष्ट्रीय पार्क से सटे घने जंगल के क्षेत्र में स्थित घाटी) पर स्थित है।

आईएमपीसीएल शेड्यूल डी, 'मिनी रत्न' श्रेणी-II, जीएमपी प्रमाणित एवं आईएसओ 9001-2008 प्रमाणित केंद्रीय सार्वजनिक क्षेत्र का उपक्रम है। आईएमपीसीएल ने इन-हाउस आयुष दवा परीक्षण प्रयोगशाला (डीटीएल) की स्थापना और कच्चे व तैयार माल की जांच के लिए डीटीएल की मंजूरी प्राप्त की है। इसकी अधिकृत शेयर पूंजी 75 करोड़ रुपये और भुगतान शेयर पूंजी 41 करोड़ रुपये है।

कंपनी का वाणिज्यिक उत्पादन जून 1983 में प्रारंभ हुआ। उत्पादन मानव श्रम और मशीन, दोनों तरीकों से किया जाता है। कंपनी का उद्देश्य केंद्र सरकार के अस्पतालों, केंद्र सरकार की अनुसंधान इकाइयों तथा राज्यों से संबंधित विभागों और खुले बाजार में बिक्री के लिए सही और प्रभावकारी आयुर्वेदिक व यूनानी औषधियों का उत्पादन और पूर्ति करना है।

आईएमपीसीएल पूरे देश में आयुर्वेदिक और यूनानी औषधियों की आपूर्ति करता है। कंपनी के ऑटोमेशन और तीसरे चरण का आधुनिकीकरण का कार्य प्रगति पर है। आधुनिकीकरण का कार्य पूरा होने पर टेबलेट्स, वटी, कैप्सूल, चूर्ण, अवलेह आदि बनाने की कंपनी की क्षमता कम से कम 8-10 गुना बढ़ जाएगी।

सांविधिक नियामक परिषदें

केंद्रीय भारतीय औषधि परिषद, नई दिल्ली

केंद्रीय भारतीय औषधि परिषद भारतीय औषधि केंद्रीय परिषद अधिनियम, 1970 के अंतर्गत गठित एक सांविधिक निकाय है। यह संस्थान भारतीय औषधि केंद्रीय परिषद अधिनियम, 1970 के भाग 36 के तहत केंद्र सरकार की पूर्व मंजूरी और इस अधिनियम के भाग 22 के तहत अपेक्षित राज्य सरकारों की टिप्पणियां प्राप्त करने के बाद आयुर्वेद, यूनानी तथा सोवा रिग्पा में विनियमों के माध्यम से स्नातक और स्नातकोत्तर शिक्षा पाठ्यक्रम निर्धारित करता है। केंद्रीय परिषद ने अपने लक्ष्यों को प्राप्त करने के लिए 19 विनियम निर्धारित किए हैं।

केंद्रीय होम्योपैथिक परिषद, नई दिल्ली

होम्योपैथी केंद्रीय परिषद अधिनियम, 1973 के अंतर्गत गठित केंद्रीय होम्योपैथी परिषद (सीसीएच), नई दिल्ली एक वैधानिक संस्था है, जो होम्योपैथी की केंद्रीय व्यवस्था का हिसाब-किताब और उससे जुड़े मामले देखती है। केंद्र सरकार ने 2002 में होम्योपैथी केंद्रीय परिषद अधिनियम, 1973 में संशोधन किया और यह संशोधित अधिनियम 2003 से लागू हुआ।

इसके अलावा, परिषद ने उक्त अधिनियम के उपबंधों के अनुसार विभिन्न विनियम भी अधिसूचित किए हैं, वे हैं, (1) होम्योपैथी (डिग्री कोर्स), बीएचएमएस विनियम, 1983; (2) होम्योपैथी (ग्रेडेड डिग्री कोर्स) बीएचएमएस विनियम, 1983, (3) होम्योपैथी (डिप्लोमा पाठ्यक्रम) डीएचएमएस विनियम, 1983; (4) (क) होम्योपैथी (न्यूनतम मानक शिक्षा) विनियम, 1983; (ख) होम्योपैथी केंद्रीय परिषद (होम्योपैथिक महाविद्यालय और संबद्ध अस्पतालों की न्यूनतम मानक अहर्ता) विनियम, 2013; (5) होम्योपैथी (स्नातकोत्तर डिग्री पाठ्यक्रम) एमडी (होम्यो) विनियम, 1989; (6) नए चिकित्सा महाविद्यालय की स्थापना (चिकित्सा महाविद्यालय द्वारा अध्ययन के नए अथवा उच्च पाठ्यक्रम खोलना अथवा प्रशिक्षण तथा प्रवेश क्षमता की बढ़ोतरी), विनियम 2011; (7) होम्योपैथी केंद्रीय परिषद (निरीक्षण एवं विजिटर) विनियम, 1982; (8) होम्योपैथी केंद्रीय परिषद (पंजीकरण) विनियम, 1982; (9) होम्योपैथी प्रैक्टिशनर (व्यावसायिक आचार, शिष्टाचार तथा नीति शास्त्र संहिता) विनियम, 1982; (10) होम्योपैथी केंद्रीय परिषद (अध्यक्ष एवं उपाध्यक्ष का चुनाव) विनियम, 1976; तथा (11) होम्योपैथी केंद्रीय परिषद (सामान्य) विनियम, 1984।

अनुसंधान परिषद

अनुसंधान के लिए पांच शीर्ष परिषदें हैं। ये हैं: केंद्रीय आयुर्वेद अनुसंधान परिषद (सीसीआरएएस), केंद्रीय सिद्ध अनुसंधान परिषद (सीसीआरएस), केंद्रीय यूनानी औषधि अनुसंधान परिषद (सीसीआरयूएम), केंद्रीय होम्योपैथी अनुसंधान परिषद (सीसीआरएच) तथा केंद्रीय योग और प्राकृतिक चिकित्सा अनुसंधान परिषद (सीसीआरवाईएन)। इन परिषदों के आंतरिक और बाह्य अनुसंधान कार्यक्रमों के तहत आयुष से संबंधित अनुसंधान और विकास गतिविधियां चलाई जाती हैं। ये परिषद स्वास्थ्य देखभाल, औषधि अनुसंधान, औषधीय पौधों के सर्वेक्षण तथा खेती, टॉक्सीकोलॉजी और सुरक्षा अध्ययन, दवा मानकीकरण तथा साहित्यिक अनुसंधान कार्य में शामिल हैं।

निम्नलिखित सुधार-उपाय/नीतिगत कार्य शुरू किए गए:

- क्लिनिकल सुरक्षा और दक्षता हेतु श्रेष्ठ आयुर्वेदिक निरूपण का वैधीकरण प्रारंभ किया गया (सुरक्षा और दक्षता)।
- प्रतिष्ठित चिकित्सा संस्थाओं/विश्वविद्यालयों के सहयोग से सहयोगात्मक क्लिनिक अध्ययन शुरू किए गए।
- सीसीआरएच मुख्यालय हेतु आईएसओ: 9001 प्रमाणन प्राप्त किया गया है।

2015-16 के दौरान अनुसंधान परिषद ने विभिन्न राज्यों में अनेक प्रायोगिक परियोजनाएं शुरू की हैं जैसे स्वास्थ्य रक्षण कार्यक्रम, सीसीआरएएस, सीसीआरयूएम तथा सीसीआरएच, जनजातीय स्वास्थ्य देखभाल अनुसंधान परियोजना आदि।

सीसीआरएच बाल स्वास्थ्य हेतु होम्योपैथी के कार्य में भी संलग्न है। सामान्य रोगों में होम्योपैथी के लाभ के बारे में स्वास्थ्य कार्यकर्ताओं, रोगियों तथा देखभालकर्ताओं सहित लक्षित जनसमूह में जागरुकता पैदा करने हेतु इसे कार्यान्वित किया गया है। यह परियोजना असम (कामरूप जिला), दिल्ली (शहरी झुग्गी बस्ती, मायापुरी), महाराष्ट्र (पालघर जिला), ओडिशा (कटक जिला), उत्तर प्रदेश (गौतमबुद्ध नगर जिला) तथा (गोरखपुर जिला) में शुरू की गई है।

केंद्रीय अनुसंधान परिषद ने सरकारी संगठनों/गैर-सरकारी संगठनों/स्वैच्छिक संगठनों के माध्यम से अंतरराष्ट्रीय योग दिवस मनाने के लिए भारत के सभी जिलों में सामान्य रोग प्रोटोकॉल प्रशासित कर योग और प्राकृतिक चिकित्सा में एक माह का शिविर आयोजित करने हेतु योजना शुरू की है। इस योजना के अंतर्गत आमजन के लिए एक माह का नि:शुल्क योग शिविर आयोजित करने हेतु प्रत्येक जिले से चुनिंदा संगठनों को एक लाख रुपये के अनुदान का प्रावधान किया गया है।

इस योजना के अनुसार, देशभर में एक माह के योग शिविर आयोजित किए गए जो जून 2015 को संपन्न हुए। सामान्य योग प्रोटोकॉल वाली योग कक्षा में योग प्रतिभागियों ने अभ्यास किया। इसके बाद स्वास्थ्य संबंधी विभिन्न विषयों पर एक दिवसीय कार्यशाला/संगोष्ठी का आयोजन किया गया।

राष्ट्रीय संस्थान

वर्तमान में भारतीय औषधि प्रणाली के उन्नयन हेतु राष्ट्रीय संस्थान हैं: राष्ट्रीय आयुर्वेद संस्थान, जयपुर; राष्ट्रीय होम्योपैथी संस्थान, कोलकाता; राष्ट्रीय यूनानी औषधि संस्थान, बंगलुरु; राष्ट्रीय सिद्ध संस्थान, चेन्नई; मोरारजी देसाई राष्ट्रीय योग संस्थान, नई दिल्ली; राष्ट्रीय आयुर्वेद विद्यापीठ, नई दिल्ली तथा राष्ट्रीय प्राकृतिक चिकित्सा संस्थान, पुणे।

मंत्रालय आयुर्वेदिक स्नातकोत्तर शिक्षण एवं अनुसंधान संस्थान, जामनगर को वित्तीय सहायता देता है। यद्यपि यह संस्थान गुजरात आयुर्वेद विश्वविद्यालय अधिनियम के नियंत्रण में है।

तीन नए संस्थान- अखिल भारतीय आयुर्वेद संस्थान, नई दिल्ली, पूर्वोत्तर आयुर्वेद और होम्योपैथी संस्थान, शिलांग तथा पूर्वोत्तर फोक मेडिसिन संस्थान, पासीघाट की स्थापना की जा रही है और इनका निर्माण कार्य अग्रिम चरण में है।

इसके अलावा, अखिल भारतीय यूनानी औषधि संस्थान, गाजियाबाद, उत्तर प्रदेश में स्थापित किया जाएगा तथा डीपीआर तैयार करने हेतु परियोजना परामर्शदाता का चयन कर लिया गया है। अखिल भारतीय होम्योपैथी संस्थान, दिल्ली में स्थापित किया जाएगा, जिसके लिए डीडीए ने नरेला, दिल्ली में 10 एकड़ भूमि आवंटित की है।

राष्ट्रीय औषधीय पादप बोर्ड

राष्ट्रीय औषधीय पादप बोर्ड (एनएमपीबी) देश में औषधीय पौधों से संबंधित सभी विषयों के बीच समन्वय करने वाला सर्वोच्च राष्ट्रीय निकाय है। इसकी स्थापना नवंबर 2000 में हुई थी। यह संस्थान संबंधित मंत्रालयों, विभागों तथा एजेंसियों की औषधीय पादप संबंधी कार्यनीति तैयार करने तथा संरक्षण, खेती तथा औषधीय पादप क्षेत्र के समग्र विकास के लिए परामर्शदायी निकाय है। एनएमपीबी फिलहाल दो योजनाओं- 'औषधीय पौधों के संरक्षण, विकास तथा सतत प्रबंधन के लिए केंद्रीय योजना' तथा 'औषधीय पौधों पर राष्ट्रीय मिशन की केंद्र प्रायोजित योजना' को क्रियान्वित कर रहा है।

राष्ट्रीय आयुष मिशन के अंतर्गत आयुष सेवाएं

किफायती आयुष सेवाएं उपलब्ध कराना, देश में स्वास्थ्य देखभाल सेवाओं की गुणवत्ता तथा पहुंच में सुधार लाने से जुड़ी महत्वपूर्ण कार्यनीति है। राष्ट्रीय स्वास्थ्य मिशन (एनआरएचएम) के तहत बड़ी संख्या में प्राथमिक स्वास्थ्य केंद्रों, सामुदायिक स्वास्थ्य केंद्रों तथा जिला अस्पतालों में आयुर्वेद, सिद्ध, यूनानी तथा होम्योपैथी सुविधाएं दी गई हैं। केंद्र के वित्तीय सहयोग से स्वास्थ्य केंद्रों में इन प्रणालियों के चिकित्सकों की तैनाती की गई है। आयुष अस्पतालों तथा औषधालयों के विकास के लिए आयुष विभाग की केंद्र प्रायोजित योजना राज्यों को आयुष सुविधाएं निर्मित करने तथा आवश्यक औषधियों की आपूर्ति के लिए वित्तीय सहायता देती है। इस योजना के अंतर्गत आयुष अस्पतालों तथा औषधालयों की आधारभूत अवसंरचना को उन्नत बनाने के लिए भी वित्तीय सहायता दी जा रही है। राष्ट्रीय स्वास्थ्य मिशन के फ्लैक्सी पूल के अंतर्गत आयुष डॉक्टरों, पैरा–मेडिकल स्टाफ नियुक्त करने तथा उनके प्रशिक्षण के लिए राज्यों को वित्तीय सहायता दी जा रही है। आयुष विभाग ने आयुष क्षेत्र के समग्र विभाग के लिए राज्यों/केंद्रशासित क्षेत्रों की सहायता हेतु राष्ट्रीय आयुष मिशन (एनएएम) का प्रस्ताव किया है।

औषधि गुणवत्ता नियंत्रण

आयुष विभाग का औषधि नियंत्रण प्रकोष्ठ (डीसीसी) सिद्ध, यूनानी तथा होम्योपैथी औषधियों के गुणवत्ता नियंत्रण और नियमन, विनियमों में संशोधन, नए नियम लागू करने तथा औषधि संबंधी अन्य मामलों की जांच का काम करता है। इस प्रकोष्ठ में तकनीकी अधिकारी तैनात किए गए हैं और यह आयुष दवाओं के गुणवत्ता नियंत्रण के लिए केंद्र प्रायोजित योजना चलाता है। यह राज्य लाइसेंसिंग प्राधिकारियों के साथ कानून में एकरूपता सुनिश्चित करने, औषधि परीक्षण प्रयोगशाला की मंजूरी एवं औषधि संबंधी मामलों में समन्वय करता है। डीसीसी दो सांविधिक संस्थाओं–आयुर्वेद, सिद्ध, यूनानी औषधि तकनीकी परामर्श बोर्ड (एएसयूडीटीएबी) तथा आयुर्वेद, सिद्ध, यूनानी औषधि परामर्श समिति (एएसयूडीसीसी) को लिपिकीय सहयोग देता है। दोनों संवैधानिक संस्थाओं का गठन औषधि एवं सौंदर्य प्रसाधन अधिनियम, 1940 के प्रावधानों के तहत हुआ है। विश्व स्वास्थ्य संगठन जीएमपी प्रमाणन योजना तथा एएसयू औषधियों के निर्यात–आयात विषयों के लिए केंद्रीय दवा मानक नियंत्रण संगठन (सीडीएससीओ) के रूप में एक सहयोग तंत्र बनाया गया है। 2015–16 के दौरान औषधि नियंत्रण प्रकोष्ठ ने आयुष दवाओं से संबंधित नियमों और गुणवत्ता सुधार हेतु अनेक कदम उठाए। आयुर्वेद, सिद्ध, यूनानी दवाओं से जुड़े कुशल नैदानिक अभ्यास (जीसीपी) दिशानिर्देशों को भी अंतिम रूप दिया गया एवं गाजियाबाद में फार्माकोपाइयल लेबोरेटरी फॉर इंडियन मेडिसिन (पीएलआईएम) में एक प्रशिक्षण कार्यक्रम/वर्कशॉप आयोजित की गई जिसमें संबंधित नियामकों की क्षमता सुधार पर विचार हुआ। इस वर्कशॉप में राज्य के दवा निरीक्षक एवं आयुष के लाइसेंस प्रदान करने वाले अधिकारियों ने शिरकत की।

सूचना, शिक्षा तथा संचार

आमजन के बीच आयुष प्रणाली के प्रचार को ध्यान में रखते हुए एवं उसे सुदृढ़ करने हेतु व्यापक प्रचार के उद्देश्य से मंत्रालय ने विभिन्न गतिविधियां आयोजित की हैं: (1) मंत्रालय ने गांधीनगर, पंचकुला एवं गोवा में तीन राज्य स्तरीय आरोग्य मेलों का आयोजन किया। दिल्ली, बंगलुरु, गुवाहाटी, रायपुर,

भुवनेश्वर एवं जयपुर में छह राष्ट्रीय स्तरीय आरोग्य मेलों का आयोजन किया गया; (2) ऑल इंडिया रेडियो पर ऑडियो स्पॉट्स प्रसारण किया गया एवं दूरदर्शन में टीवी कार्यक्रम 'आयुष्मान भारत' का प्रसारण किया गया; (3) विभाग के कैलेंडर का प्रकाशन एवं वितरण किया गया; (4) आरोग्य मेलों एवं स्वच्छ भारत के प्रचार के लिए समाचार पत्रों के विज्ञापन जारी किए गए; (5) डीटीसी की लो फ्लोर बसों के पीछे आयुष के संदेशों के जरिए प्रचार किया गया। डीएवीपी के जरिए बस शेल्टरों, मेट्रो स्टेशनों, बस टर्मिनलों में ऑडियो पब्लिसिटी, एलसीडी/प्लाज्मा/टीवी स्क्रीन डिस्प्ले, मेट्रो रेल के अंदरूनी पैनलों, जन प्रसाधनों, स्टील फर्नीचर एवं कियोस्क आदि माध्यमों से भी आउटडोर पब्लिसिटी की गई; (6) प्रतिष्ठित संगठनों/एनजीओ द्वारा 16 स्वास्थ्य मेलों एवं 12 कॉन्फ्रेंसों/सेमिनार/वर्कशॉप्स में शिरकत क गई; और (7) केंद्र/राज्य सरकारों द्वारा आयोजित मेलों में शामिल होने के लिए 141 आयुष उद्योगों को अदायगी।

अंतरराष्ट्रीय सहयोग

विश्व स्वास्थ्य संगठन (डब्ल्यूएचओ)

संयुक्त राष्ट्र की उन एजेंसियों में से है जो भारत सरकार के स्वास्थ्य एवं परिवार कल्याण मंत्रालय के साथ मिलकर काम करता है और उसे तकनीकी सहयोग प्रदान करता है। डब्ल्यूएचओ के अंतर्गत गतिविधियों के दो वित्तीय स्रोत हैं: कंट्री बजट, जिसमें विभिन्न सदस्य देश योगदान करते हैं एवं अतिरिक्त बजट स्रोत जो (क) जो स्वास्थ्य के आम या विशिष्ट पक्षों हेतु विभिन्न स्रोतों के अनुदान से और (ख) अन्य सदस्य देशों या संगठनों/एजेंसियों द्वारा डब्ल्यूएचओ को भेजे गए फंड्स। दक्षिण एशियाई क्षेत्र में भारत कंट्री बजट लाभ प्राप्त करने वाला शीर्ष देश है। बजट दो वर्ष में एक बार, कैलेंडर वर्ष के आधार पर संचालित होता है।

कस्टम ड्यूटी छूट प्रमाण-पत्र

2015-16 के दौरान मंत्रालय द्वारा कस्टम ड्यूटी छूट प्रमाण-पत्र दिया गया:

(1) श्रम एवं रोज़गार मंत्रालय, श्रम शक्ति भवन, रफी मार्ग, नई दिल्ली-110001 के अंतर्गत ईएसआईसी अस्पताल, सनथ नगर (तेलंगाना) एवं

(2) जवाहरलाल इंस्टीट्यूट ऑफ पोस्ट-ग्रेजुएट मेडिकल एजुकेशन एंड रिसर्च, (जेआईपीएमईआर), धनवंतरी नगर, पुदुचेरी - 605 006

फैलोशिप/कॉन्फ्रेंस हेतु विदेश यात्रा

2015-16 के दौरान विदेशों में अंतरराष्ट्रीय कॉन्फ्रेंस/संगोष्ठियों आदि में हिस्सा लेने के लिए 135 मेडिकल कार्यकर्ताओं को विदेश जाने की अनुमति मिली। इनमें 22 मेडिकल कार्यकर्ता सीएचएस कैडर के थे जिन्हें विदेशों में सेमिनार/कॉन्फ्रेंस में हिस्सा लेने के लिए सीएचएस सहयोग योजना के अधीन अधिकतम 1 लाख रुपये वित्तीय सहयोग के रूप में दिए जाते हैं। यह सहयोग इसलिए दिया जाता है ताकि वह अन्य देशों में मेडिसन एवं सर्जरी के क्षेत्रों में होने वाली नवीन प्रगति की जानकारी प्राप्त कर सकें तथा वहां के मेडिकल विशेषज्ञों के साथ अपने विचार साझा कर सकें।

समझौते/एमओयू

2015 में कैंसर अनुसंधान, रोकथाम, नियंत्रण एवं प्रबंधन के क्षेत्र में सहयोग के लिए संयुक्त राज्य अमरीका के नेशनल कैंसर इंस्टीट्यूट (डीएचएचएस) एवं भारत सरकार के बायो-टेक्नोलॉजी विभाग, भारतीय चिकित्सा अनुसंधान परिषद (आईसीएमआर, स्वास्थ्य अनुसंधान विभाग), अखिल भारतीय आयुर्विज्ञान संस्थान (एम्स) के बीच एक समझौता ज्ञापन (एमओयू) पर हस्ताक्षर किए गए।

2015 में ही संयुक्त राज्य अमरीका सरकार के सेंटर्स फॉर डिजीज कंट्रोल एंड प्रिवेंशन (सीडीसी) एवं भारत सरकार के भारतीय चिकित्सा अनुसंधान परिषद (आईसीएमआर, स्वास्थ्य अनुसंधान विभाग) के बीच एक अन्य समझौते पर हस्ताक्षर किए गए। यह समझौता पर्यावरण एवं व्यावसायिक स्वास्थ्य एवं घाव रोकथाम व नियंत्रण में सहयोग हेतु किया गया।

2015 में संयुक्त राज्य अमरीका की सरकार के नेशनल इंस्टीट्यूट ऑफ एलर्जी एंड इन्फेक्शियस डिजीजेज (एनआईएआईडी) एवं भारत सरकार के भारतीय चिकित्सा अनुसंधान परिषद (आईसीएमआर, स्वास्थ्य अनुसंधान विभाग) व बायो-तकनीकी विभाग के बीच आशय-पत्र (एलओआई) पर भी हस्ताक्षर किए गए।

अंतरराष्ट्रीय सम्मेलनों की मंजूरी

2015-16 के दौरान 172 संगठनों/संस्थानों को भारत में स्वास्थ्य संबंधी अंतरराष्ट्रीय महत्व के सम्मेलन करने की मंजूरी प्रदान की गई।

17 आवास

शहरीकरण आर्थिक विकास को निर्धारित करने का एक महत्वपूर्ण कारक है। भारत की 2011 की जनगणना के अनुसार शहरों की संख्या 7,935 हैं जिनमें वैधानिक मान्यता वाले शहर 4,041 और जनगणना की दृष्टि से मान्य 3,894 शहर शामिल हैं। साथ ही शहरी इलाकों में आबादी का अनुपात बढ़कर 2011 में 31.2 प्रतिशत हो गया जो 2001 में 27.8 प्रतिशत था। 377 मिलियन की शहरी आबादी में 18 प्रतिशत आबादी मलिन बस्तियों में रहने वालों की है। शहरों में आवास की कमी के बारे में 12वीं पंचवर्षीय योजना के लिए गठित तकनीकी समूह ने अनुमान लगाया कि 2012 में मकानों की कुल कमी 18.78 मिलियन थी जिनमें पुराने पड़ चुके, घनी बस्ती वाले और बेघर परिवारों के आश्रय शामिल थे जिनमें से करीब 96 प्रतिशत आर्थिक दृष्टि से कमजोर और कम आय वर्ग की श्रेणियों के लिए थे।

शहरीकरण की बढ़ती रफ़्तार ने मकानों की कमी को पूरा करने, सस्ते मकान उपलब्ध कराने के उपाय करने, आजीविका के लिए उपयुक्त अवसर पैदा करने तथा गरीबी उपशमन के लिए कारगर रणनीतियां बनाने जैसी अनेक नीतिगत चुनौतियां खड़ी की हैं। जीविकोपार्जन सहित शहरी आवास और पर्यावास के संबंध में प्रमुख विचारणीय विषयों और पहलों का विवरण यहां दिया जा रहा है जिनको लेकर आवास और शहरी गरीबी उपशमन मंत्रालय चिंतित है।

प्रधानमंत्री आवास योजना – सभी के लिए आवास (शहरी) मिशन

वर्ष 2022 तक सभी को आवास उपलब्ध कराने के कार्य को आगे बढ़ाने के लिए भारत सरकार ने 2015 में प्रधानमंत्री आवास योजना – सभी के लिए आवास (शहरी) मिशन की शुरुआत की। यह मिशन मलिन बस्तियों और अन्य स्थानों पर रहने वाले शहरी गरीबों को ध्यान में रखकर शुरू किया गया है। इसमें शहरी गरीबों की स्थिति सुधारने के कार्य को सरकार द्वारा हाथ में लेने पर इस प्रकार ध्यान दिया गया है: (क) भूमि का संसाधन के रूप में इस्तेमाल करते हुए निजी डेवलपरों की भागीदारी से मलिन बस्तियों का पुनर्विकास तथा ऐसी सभी परियोजनाओं में झोपड़पट्टियों में रहने वाले सभी पात्र लोगों के लिए औसतन प्रति घर एक लाख रुपये की आर्थिक मदद; (ख) कमजोर वर्ग के लिए ऋण से जुड़ी सब्सिडी के जरिये सस्ते आवास को बढ़ावा, जिसमें आर्थिक दृष्टि से कमजोर वर्ग/कम आय वर्ग की श्रेणियों के लिए आर्थिक सहायता पर ब्याज दर 6.5 प्रतिशत होगी ताकि वर्तमान में भुगतान किया जाने वाला ब्याज 4 प्रतिशत से कम हो। ब्याज दर घटने–बढ़ने पर भी आर्थिक सहायता पर ब्याज 6.5 प्रतिशत रहेगा और आर्थिक सहायता दिए जाने के बाद दिया जाने वाला ब्याज घट–बढ़ सकता है। सब्सिडी की अदायगी वर्तमान शुद्ध मूल्य (एनपीवी) के आधार पर आर्थिक दृष्टि से कमजोर वर्ग और कम आय वर्ग के लोगों के लिए प्रति आवास करीब 2.3 लाख रुपये होगी; (ग) सार्वजनिक और निजी क्षेत्रों के साथ भागीदारी से सस्ते मकान: उन परियोजनाओं में जहां 35 प्रतिशत आवास अनिवार्य तौर पर आर्थिक दृष्टि

से कमजोर वर्ग के लिए हैं वहां आर्थिक दृष्टि से कमजोर वर्ग के लिए प्रति आवास 1.5 लाख रुपये की केंद्रीय सहायता दी जाएगी; और लाभान्वित होने वाले व्यक्ति को आवास निर्माण अथवा उसमें वृद्धि के लिए सब्सिडी: मलिन बस्तियों में रहने वालों अथवा राज्य/शहर की परियोजना में घर लेने वालों को प्रति आवास 1.5 लाख रुपये की आर्थिक सहायता दी जाएगी।

30 वर्ग मीटर तक के कारपेट एरिया वाले मकानों के साथ मूलभूत बुनियादी नागरिक सुविधाएं जैसे- पानी, सफाई व्यवस्था, सीवरेज, सड़कें, बिजली, टेलीफोन लाइन आदि तथा सामुदायिक केंद्र, पार्क और खेल के मैदान, आजीविका केंद्र जैसी सामाजिक बुनियादी सेवाएं मुहैया कराई जाएंगी। मकान के आकार का निर्धारण करने के मामले में लचीला रवैया अपनाया जाएगा और राज्य स्तर पर अन्य सुविधाएं मंत्रालय के साथ सलाह–मशविरा कर प्रदान की जाएंगी। मिशन के अंतर्गत आर्थिक रूप से कमजोर वर्गों को शहरी गरीबों के रूप में परिभाषित किया गया है जिनकी वार्षिक आय 3 लाख रुपये तक है और कम आय वर्ग में ऐसे लोग शामिल किए गए हैं जिनकी वार्षिक आय 3 लाख रुपये से लेकर 6 लाख रुपये तक है। जरूरत पड़ने पर मंत्रालय इसकी सीमा में संशोधन का सकता है।

वर्ष 2011 की जनगणना के अनुसार सभी वैधानिक मान्यता प्राप्त शहर और बाद में अधिसूचित हुए शहर मिशन के अंतर्गत शामिल किए जाने के पात्र होंगे। राज्यों/केंद्रशासित प्रदेशों के पास यह सुविधा रहेगी कि वे स्थिति के अनुरूप नियोजन वाले क्षेत्र को शामिल कर सकें जिन्हें व्यवस्थित शहरों और संबद्ध नगरपालिका क्षेत्र के आस–पास वाले क्षेत्र के संदर्भ में अधिसूचित किया गया है।

मिशन के अंतर्गत मकानों की वास्तविक संख्या मांग सर्वेक्षण पर निर्भर करेगी जिसके लिए सभी राज्यों/शहरों को विस्तृत सर्वेक्षण कराना होगा। इसमें लाभ लेने वाले व्यक्ति की जन–धन योजना/अन्य बैंक खाता संख्या और आधार संख्या/मतदाता पहचान पत्र/कोई अन्य विशिष्ट पहचान के विवरण को शामिल कर वास्तविक मांग का आकलन करने के लिए ऑनलाइन पंजीकरण अथवा लाभ लेने वाले व्यक्ति के पैतृक जिले के राजस्व अधिकारी से मकान के स्वामित्व संबंधी प्रमाण–पत्र का विवरण शामिल है। लाभ लेने वाले व्यक्तियों को राज्य/शहरी स्थानीय निकाय (यूएलबी) द्वारा मान्यता दी जाएगी। उपलब्ध आंकड़ों और सर्वेक्षण के परिणामों के आधार पर शहर/राज्य सबके लिए आवास कार्ययोजना तैयार करेंगे।

निम्नलिखित अनिवार्य शर्तों की संभावनाओं पर ध्यान दिया गया है ताकि ऐसा उदार माहौल तैयार किया जा सके जिससे मकानों की संख्या में वृद्धि हो, खासतौर से आपूर्ति पक्ष के नियमों और प्रशासनिक नियंत्रणों को सरल बनाकर देश में कमजोर वर्ग के लिए सस्ते मकान बनाए जा सकें।

यदि भूमि मास्टर प्लान में निश्चित किए गए रिहायशी क्षेत्र में पहले से ही है तो कृषि के अयोग्य भूमि की अलग से इजाज़त लेने की जरूरत को समाप्त करने के लिए राज्य/केंद्रशासित प्रदेश को उपयुक्त बदलाव करने होंगे; राज्य/केंद्रशासित प्रदेश लैंड पूलिंग जैसे नवीन तरीके अपनाकर सस्ते आवास के लिए भूमि निश्चित कर मास्टर प्लान तैयार/संशोधित कर सकते हैं; ऐसी व्यवस्था की जाएगी ताकि एक ही स्थान पर सभी कार्य हो सकें; नक्शे को एक निर्धारित समय पर मंजूरी और यूएलबी स्तर पर भवन निर्माण की इजाज़त; राज्य/केंद्रशासित प्रदेश आर्थिक दृष्टि से कमजोर वर्गों/कम आय वर्ग के लोगों के आवास के लिए नक्शों और भवन निर्माण योजना को पहले से स्वीकृत कराने के आधार पर भवन निर्माण

और नक्शों की मंजूरी के लिए सोच-विचार कर प्रस्ताव रख सकते हैं अथवा भूखंड का एक नियत क्षेत्र से कम आकार होने पर आवासों के लिए मंजूरी में छूट ले सकते हैं।

राज्य/केंद्रशासित प्रदेश मॉडल किराएदार कानून की तर्ज पर मंत्रालय द्वारा तैयार किए जा रहे वर्तमान किराया कानून में संशोधन कर सकते हैं; राज्य/केंद्रशासित प्रदेश अतिरिक्त एफएआर/एफएसआई/टीडीआर प्रदान कर सकते हैं और मलिन बस्तियों के पुनर्विकास और कम लागत के मकान बनाने के लिए घनत्व नियमों में ढील दे सकते हैं।

लाभ लेने वाले परिवार में पति, पत्नी, अविवाहित पुत्र और अविवाहित पुत्रियां शामिल हैं। लाभ लेने वाले परिवार के पास अपने अथवा अपने परिवार के किसी भी सदस्य के नाम पर देश के किसी भी भाग में मकान नहीं होना चाहिए।

प्रौद्योगिकी उप-मिशन

प्रधानमंत्री आवास योजना - सभी के लिए आवास (शहरी) मिशन के अंतर्गत एक प्रौद्योगिकी उप-मिशन की स्थापना की गई है ताकि मकानों के तेजी से निर्माण के लिए आधुनिक, नवसंरचनात्मक, हरित प्रौद्योगिकी और गुणवत्तापूर्ण इमारती सामान अपनाया जा सके। इससे विभिन्न भौगोलिक और जलवायु संबंधी परिस्थितियों के लिए उपयुक्त भवनों के डिजाइन और निर्माण योजनाएं बनाई जा सकेंगी और उन्हें अपनाया जा सकेगा। साथ ही राज्यों/शहरों को आपदा-प्रतिरोधी और पर्यावरण अनुकूल प्रौद्योगिकी स्थापित करने में सहायता मिलेगी।

प्रधानमंत्री आवास योजना - सभी के लिए आवास (शहरी) मिशन के अंतर्गत प्रगति

प्रधानमंत्री आवास योजना - सभी के लिए आवास (शहरी) मिशन के अंतर्गत 34 राज्य सरकारों/केंद्रशासित प्रदेशों के प्रशासनों ने एक सहमति-पत्र पर हस्ताक्षर किए; इसके लिए 2,802 शहरों का चयन किया गया; 1,147 परियोजनाओं के तहत 8.54 लाख मकानों के निर्माण की मंजूरी दी गई; 1,770 मकान पूरे किए गए और 8,004 मकानों को पीएमएवाई (यू) ऋण से जुड़ी सब्सिडी योजना के अंतर्गत खरीदा गया। साथ ही, वर्तमान में चल रही राजीव आवास योजना के अंतर्गत परियोजनाओं को भी पीएमएवाई-एचएफए (यू) मिशन में शामिल कर लिया गया; 28,080 मकान पूरे हो चुके हैं।

दीनदयाल अंत्योदय योजना - राष्ट्रीय शहरी आजीविका मिशन

राष्ट्रीय शहरी आजीविका मिशन (एनयूएलएम) और राष्ट्रीय ग्रामीण आजीविका मिशन (एनआरएलएम) को मिलाकर दीनदयाल अंत्योदय योजना (डीएवाई) नाम दे दिया गया। साथ ही सभी व्यवस्थित शहरों को शामिल करने के लिए एनयूएलएम का दायरा बढ़ा दिया गया है और इसे नया नाम डीएवाई-एनयूएलएम दिया गया है। डीएवाई-एनयूएलएम का प्रमुख लक्ष्य शहरी गरीब हैं, इनमें शहरी बेघर शामिल हैं और इसमें शहरी आबादी के संवेदनशील वर्गों जैसे अनुसूचित जाति, अनुसूचित जन-जाति, अल्पसंख्यकों, महिला प्रधान परिवारों, दिव्यांगों, बेघर लोगों, प्रवासी श्रमिकों और खासतौर से पेशेवर समूहों जैसे- रेहड़ी-पटरी वाले, कूड़ा बीनने वाले, घरेलू नौकर, भिखारी, निर्माण कार्य से जुड़े मजदूर आदि को एकजुट करने पर विशेष बल दिया गया है। डीएवाई-एनयूएलएम के अंतर्गत शहरी बेघरों को विभिन्न चरणों में आवश्यक सेवाओं के साथ आश्रय प्रदान करने की योजना है। इसके अलावा मिशन में शहरी रेहड़ी-पटरी वालों की आजीविका के मुद्दे पर भी ध्यान दिया गया है। इसके लिए उनकी उपयुक्त

स्थानों तक पहुंच को सरल बनाना, संस्थागत ऋण, सामाजिक सुरक्षा तथा बाज़ार में उभरते अवसरों तक पहुंच के लिए कौशल की व्यवस्था की गई है।

डीएवाई-एनयूएलएम के निम्नलिखित भाग हैं:

1. सामाजिक रूप से एकजुट करना और संस्थान का विकास (एसएम और आईडी): एनयूएलएम में मितव्यतता और ऋण आधारित स्व-सहायता समूहों और उनके महासंघों/ सामूहिक संस्थाओं के अंदर शहरी गरीब परिवारों को संगठित करने की व्यवस्था की गई है।

2. क्षमता निर्माण और प्रशिक्षण (सीबी और टी): स्व-सहायता समूहों और उनके महासंघों/ सामूहिक संस्थाओं, केंद्र, राज्य और शहर/कस्बे के स्तर पर सरकारी पदाधिकारियों, बैंकरों, एनजीओ, सीबीओ और अन्य साझेदारों के लगातार क्षमता निर्माण के लिए एनयूएलएम के अंतर्गत एक बहुआयामी मार्ग अपनाने की योजना बनाई गई है। एनयूएलएम राष्ट्रीय स्तर की मिशन प्रबंध इकाइयों का सृजन करेगा ताकि गरीबों के लिए कार्यक्रम के कार्यान्वयन में सहायता की जा सके।

3. कौशल प्रशिक्षण और नियोजन के जरिए रोज़गार (ईएसटी और पी): एनयूएलएम शहरी गरीबों के कौशल विकास/उनके स्तर में सुधार के लिए सहायता प्रदान करने पर अपना ध्यान केंद्रित करेगा ताकि स्व-रोज़गार अथवा बेहतर वेतन वाले रोज़गार के लिए उनकी क्षमता बढ़ाई जा सके।

4. स्व-रोज़गार कार्यक्रम (एसईपी): इस भाग में शहरी गरीब व्यक्तियों/समूहों को वित्तीय सहायता देने पर विशेष ध्यान दिया जाएगा ताकि वे लाभप्रद स्व-रोजगार उद्यम/ सूक्ष्म उद्यम स्थापित कर सकें, जो उनके कौशल, प्रशिक्षण, योग्यता और स्थानीय स्थितियों से मेल खाते हों।

5. शहरी रेहड़ी-पटरी वालों को सहायता: इसके अंतर्गत रेहड़ी-पटरी वालों का बाज़ार विकसित करना, उनके लिए ऋण की व्यवस्था को उदार बनाना, रेहड़ी-पटरी वालों का सामाजिक-आर्थिक सर्वेक्षण, कौशल विकास और सूक्ष्म उद्यम विकास तथा सरकार की विभिन्न सामाजिक सहायता योजनाओं के अंतर्गत उन्हें मिलाना है।

6. शहरी बेघरों के लिए आश्रय (एचयूएच): इसके अंतर्गत शहरी बेघरों के लिए स्थायी आश्रय का निर्माण शामिल है, जहां आवश्यक सेवाएं मौजूद हों।

7. नवीन और विशेष परियोजनाएं (आई और एसपी): इसमें नवीन परियोजनाओं के रूप में अनोखी पहल को बढ़ावा देने पर विशेष ध्यान दिया जाएगा। इन पहलों में मार्ग प्रशस्त करने वाली ऐसी पहलें की जा सकती हैं जिनसे सार्वजनिक-निजी-सामुदायिक साझेदारी (पीपीसीपी) के जरिए शहरी आजीविका के लिए दीर्घकालिक उत्प्रेरक पहुंच मार्ग बन सके।

डीएवाई-एनयूएलएम के अंतर्गत, 6.24 लाख व्यक्तियों को कौशल-प्रशिक्षण प्रदान किया गया; 1.98 लाख लाभान्वितों को वेतन/स्व-रोज़गार के काम में रखा गया और व्यक्तिगत/समूह स्तर पर सूक्ष्म उद्यम स्थापित करने के लिए सहायता प्रदान की गई; एक लाख से अधिक स्व-सहायता समूह बनाए गए और स्व-सहायता समूह बैंक संयोजन कार्यक्रम के अंतर्गत ऋण वितरित किए गए; 58,437 स्व-सहायता समूहों को रिवॉल्विंग फंड (ऐसी निधि जिसकी पुनः पूर्ति की जाती है ताकि इससे ऋण दिया जा सके अथवा बार-बार इस्तेमाल किया जा सके) दिया गया; शहरी बेघरों के लिए 815 आश्रयों की मंजूरी दी गई जिसमें से 345 आश्रय रहने योग्य बन चुके हैं; ऐसे 726 शहरों में 7.76 लाख

रेहड़ी-पटरी वालों की पहचान की गई जिनका सर्वेक्षण हो चुका था; 1.75 लाख रेहड़ी-पटरीवालों को पहचान-पत्र जारी किए गए और 70 शहरों में पटरी पर सामान बेचने की योजना शुरू की गईं।

रेहड़ी-पटरी वाले (आजीविका का संरक्षण और पटरी पर सामान बेचने के नियम) कानून, 2014

भारत में पटरी पर सामान बेचना सदियों पुराना पेशा रहा है और इससे लाखों लोगों की आजीविका चलती है। शहरों में पटरी पर सामान बेचने वालों के अधिकारों की रक्षा करने और पटरी पर सामान बेचने के नियम बनाने के लिए सरकार ने रेहड़ी-पटरी (आजीविका संरक्षण और पटरी व्यापार विनियमन) कानून, 2014 बनाया, जिसके प्रावधानों का उद्देश्य ऐसा सौहार्दपूर्ण माहौल बनाना है जहां रेहड़ी-पटरी वाले परेशान किए जाने और हटाए जाने के डर के बिना स्वतंत्र और पारदर्शी तरीके से अपना व्यवसाय कर सकें। सरकार उचित नियम, योजनाएं आदि बनाने में राज्य सरकारों/केंद्रशासित प्रदेशों के प्रशासनों की सहायता कर रही है जिन्हें इस कानून के अंतर्गत अनिवार्य बना दिया गया है।

मंत्रालय ने केंद्रशासित प्रदेशों अंडमान और निकोबार, चंडीगढ़, दादरा और नगर हवेली, दमन और दीव तथा लक्षद्वीप के लिए नियम अधिसूचित किए हैं। गृह मंत्रालय ने कानून बनाने वाली संस्था के बिना अधीनस्थ कानून (योजना, उप-कानूनों और रेहड़ी-पटरी वालों के लिए योजना) बनाने के लिए केंद्रशासित प्रदेशों के प्रशासकों को अधिकार और शक्तियां दी हैं। असम, छत्तीसगढ़, राष्ट्रीय राजधानी क्षेत्र दिल्ली, ओडिशा, पंजाब, राजस्थान, तमिलनाडु, झारखंड, उत्तराखंड और त्रिपुरा ने नियमों के बारे में सूचित किया है। आंध्र प्रदेश, राष्ट्रीय राजधानी क्षेत्र दिल्ली, ओडिशा, पंजाब, तमिलनाडु, तेलंगाना और त्रिपुरा ने योजना को अधिसूचित कर दिया है।

रियल एस्टेट (विनियमन और विकास) अधिनियम, 2016

रियल एस्टेट (विनियमन और विकास) कानून, 2016 का उद्देश्य रियल एस्टेट नियामक प्राधिकरण की स्थापना और रियल एस्टेट क्षेत्र को बढ़ावा देना तथा उपभोक्ताओं के हितों की रक्षा करना है।

आवास और शहरी गरीबी उपशमन मंत्रालय ने नियम बनाने और नियामक प्राधिकरण तथा अपीलीय न्यायाधिकरण की स्थापना की दिशा में आगे बढ़ने के लिए कानून के कुछ विशेष अनुच्छेदों के बारे में अधिसूचित किया ताकि इसे मई 2016 से कार्यान्वित किया जा सके। कानून बनाने वाली संस्था के बिना केंद्रशासित प्रदेशों के लिए रियल एस्टेट कानून, 2016 के अंतर्गत नियम बनाने के लिए सक्षम प्राधिकारी होने के नाते मंत्रालय ने रियल एस्टेट कानून, 2016 के अंतर्गत प्रतिमान नियमों का मसौदा तैयार किया और इसे जनता की टिप्पणियों के लिए मंत्रालय की वेबसाइट पर अपलोड कर दिया। मसौदा नियमों पर विचार-विमर्श करने के लिए कानून बनाने वाली संस्था के बिना केंद्रशासित प्रदेशों के साथ अलग से सलाह-मशविरा किया गया।

आवास और निर्माण परियोजनाओं के लिए मंजूरी लेने की प्रक्रिया को अन्य मंत्रालयों जैसे-पर्यावरण, वन और जलवायु परिवर्तन, नागर विमानन, संस्कृति, रक्षा और उपभोक्ता मामलों के मंत्रालयों के साथ विचार-विमर्श कर सरल और कारगर बनाया गया है। पीएमएवाई के दिशानिर्देशों में इस दिशा में कुछ कदमों को अनिवार्य बनाया गया है, जैसे- निर्माण परमिटों के लिए एक ही स्थान पर सभी तरह की मंजूरी की ऑनलाइन व्यवस्था, भवन निर्माण की सोच-विचार कर इजाज़त देने की अवधारणा और कुछ विशेष परिस्थितियों में नक्शे को मंजूरी देना आदि शामिल है।

विकास एजेंडा और दीर्घकालिक विकास लक्ष्य

संयुक्त राष्ट्र महासभा (यूएनजीए) ने अपने 68वें सत्र में प्रस्तावित विकास एजेंडा–2015 के बाद (सहस्राब्दी, विकास लक्ष्य, एमडीजी) के लिए 17 उद्देश्यों और 169 लक्ष्यों को स्वीकार किया। इसका शीर्षक था 'दीर्घकालिक विकास लक्ष्य, एसडीजी'। संयुक्त राष्ट्र ने कहा कि 2015 के बाद के विकास एजेंडा में एसडीजी को जोड़ने के लिए ये उद्देश्य और लक्ष्य प्रमुख आधार होंगे, जबकि दो सरकारों के बीच चल रही बातचीत की प्रकिया में अन्य जानकारियों को मान्यता देने पर भी विचार किया जाएगा।

आवास और शहरी गरीबी उपशमन मंत्रालय एसडीजी पर स्वतंत्र कार्यदल के प्रस्ताव पर चल रही समझौता वार्ताओं, खासतौर से इस मंत्रालय के लिए महत्वपूर्ण तीन लक्ष्यों– (1) सभी जगहों से प्रत्येक रूप में गरीबी समाप्त की जाए, (2) निरंतर, संयुक्त और दीर्घकालिक आर्थिक विकास को बढ़ावा दिया जाए, सभी के लिए पूर्ण और उपयोगी रोज़गार तथा प्रतिष्ठित कार्य तथा (3) शहरों और मानव बस्तियों को सुरक्षित, प्रतिरोध क्षमतापूर्ण और वहनीय बनाया जाए।

आवास और शहरी विकास पर एशिया प्रशांत मंत्रिस्तरीय सम्मेलन

आवास और शहरी विकास के बारे में आवास और शहरी गरीबी उपशमन मंत्रालय तथा संयुक्त राष्ट्र–पर्यावास के तत्वावधान में नई दिल्ली में आयोजित पहले एशिया प्रशांत मंत्रिस्तरीय सम्मेलन (एपीएमसीएचयूडी) के बाद दिसंबर 2006 में इसकी स्थापना की गई। एपीएमसीएचयूडी के उद्देश्यों को दिल्ली घोषणा–पत्र में शामिल किया गया जिसे सम्मेलन में भाग लेने के लिए आए एशिया प्रशांत क्षेत्र के देशों ने सर्वसम्मति से स्वीकार कर लिया। भारत एपीएमसीएचयूडी का पहला अध्यक्ष था।

आवास और शहरी विकास के बारे में एशिया प्रशांत मंत्रिस्तरीय सम्मेलन (एपीएमसीएचयूडी) में एशिया प्रशांत के देशों में लंबे समय तक टिकने वाले आवास और शहरी विकास को बढ़ावा देने के लिए क्षेत्रीय सहयोग पर जोर दिया गया क्योंकि इन क्षेत्रों में एशिया प्रशांत क्षेत्र को ऐसी ही समस्याओं का सामना करना पड़ रहा है। विभिन्न सरकारों के बीच संस्थागत प्रक्रिया में आवास और शहरी विकास के क्षेत्र में जानकारी के आदान–प्रदान और अनुभवों को बांटने के लिए एशिया प्रशांत देशों के बीच सहयोग को आगे बढ़ाया गया। इसने एशिया प्रशांत देशों को साधारण चिंताओं और चुनौतियों को क्षेत्रीय और अंतरराष्ट्रीय मंचों पर एक स्वर में उठाने और उनका निपटारा करने के लिए समर्थ बनाया।

एपीएमसीएचयूडी तीसरा ऐसा संगठन है जिसे लातिन अमरीकी क्षेत्र के लिए प्रतिनिधि संगठन के रूप में 1992 में स्थापित लातिन अमरीकी देशों के आवास और शहरी विकास मंत्रियों (एमआईएनयूआरवीआई) के सम्मेलन और अफ्रीकी क्षेत्र के प्रतिनिधित्व के लिए 2005 में स्थापित आवास और शहरी विकास के लिए अफ्रीकी मंत्रिस्तरीय सम्मेलन (एपीएमसीएचयूडी) के बाद संयुक्त राष्ट्र–पर्यावास के तत्वावधान में बनाया गया।

एपीएमसीएचयूडी मंत्रिस्तरीय सम्मेलन दो साल में एक बार आयोजित किया जाता है। सम्मेलन में एक केंद्र (ब्यूरो) का चयन किया जाता है जो संगठन के कामकाज को देखता है और सम्मेलन के फैसलों को कार्यान्वित करता है। केंद्र की बैठक नियमित रूप से, करीब–करीब वर्ष में दो बार होती है। केंद्र को सचिवालय से पूरी मदद मिलती है जिसे नई दिल्ली में स्थापित किया गया है। वर्तमान में भारत एपीएमसीएचयूडी के स्थायी सचिवालय का पोषक है।

एपीएमसीएचयूडी ने 2008 में एशिया प्रशांत क्षेत्रों के बीच सहयोगपूर्ण कार्य के लिए पांच प्रमुख क्षेत्रों की पहचान की। कार्यसमूहों की प्रमुख विषयवस्तु और प्रत्येक कार्यसमूह के मार्गदर्शक देश इस प्रकार हैं: (क) शहरी और ग्रामीण योजना तथा प्रबंध (मार्गदर्शक देश भारत); (ख) मलिन बस्ती सुधार पक्ष (मार्गदर्शक देश ईरान); (ग) मूलभूत सेवाएं (श्रीलंका और मालदीव संयुक्त मार्गदर्शक); (घ) वित्तीय पक्ष (मार्गदर्शक देश कोरिया गणराज्य); और (ङ) प्राकृतिक आपदाओं के संदर्भ में शहरी विकास आदि (मार्गदर्शक देश इंडोनेशिया)।

एपीएमसीएचयूडी में भारत की वचनबद्धता

एपीएमसीएचयूडी का प्रतिनिधित्व सदस्य देशों के आवास और शहरी विकास मंत्री करते हैं; भारत एपीएमसीएचयूडी का पहला अध्यक्ष है और स्थायी सचिवालय का पहला मेजबान रहने के कारण संस्थापक सदस्य है; भारत 2006 से सभी पांच केंद्रों का सदस्य है। विदेशों में एपीएमसीएचयूडी के केंद्रों और एपीएमसीएचयूडी के पथ प्रदर्शक क्रिया-कलापों में भारत पांच कार्यसमूहों के मार्गदर्शक देशों में से एक है। इसे 'शहरी और ग्रामीण योजना और प्रबंध' पर कार्यसमूह-1 नाम दिया गया है।

भारत, नई दिल्ली में 2016 के अंत में आयोजित होने वाले छठे एपीएमसीएचयूडी सम्मेलन का मेजबान है।

राष्ट्रीय शहरी आवास और पर्यावास नीति

शहरी विकास के क्षेत्र में खासतौर से आवास और रियल एस्टेट क्षेत्र में हाल ही में आए जबरदस्त बदलाव की पृष्ठभूमि में राष्ट्रीय शहरी आवास और पर्यावास नीति (एनयूएचएचपी-2007) के कार्यान्वयन, सरकार, एसडीजी द्वारा शुरू किए गए नए कार्यक्रमों/योजनाओं और नए शहरी विकास कार्यक्रम से मिले सबक के बाद यह उपयुक्त समय है जब वर्तमान एनयूएचएचपी, 2007 की समीक्षा की जाए/उसमें संशोधन किया जाए। एक दीर्घकालिक और अमल में लाने योग्य आवास और पर्यावास नीति विकसित करने के लिए आवास और शहरी गरीबी उपशमन मंत्रालय ने एनयूएचएचपी, 2017 तैयार करने के लिए विभिन्न साझेदारों के साथ बातचीत शुरू कर दी है।

शहरी इलाकों के लिए सरकारी आवास नीति का नमूना

देश में आवास क्षेत्र के सामने आने वाली चुनौतियों से निपटने के लिए मंत्रालय राष्ट्रीय शहरी आवास और पर्यावास नीति (एनयूएचएचपी) 2007 लेकर आया। इसमें व्यवस्था थी कि राज्य/केंद्रशासित प्रदेश शहरी आवास और पर्यावास नीति तैयार करेंगे और साथ ही एक राज्य शहरी आवास और पर्यावास कार्ययोजना तैयार करेंगे। इस क्षेत्र की वर्तमान जरूरतों को पूरा करने के लिए आवास नीतियां बनाने में राज्यों की मदद करने के लिए आवास और शहरी गरीबी उपशमन मंत्रालय ने शहरी इलाकों के लिए राज्य आवास नीति तैयार करने का मानक जारी किया।

किराया आवास नीति का मसौदा

12वीं योजनावधि के दौरान अनुमान लगाया गया कि भारत में 18.78 मिलियन शहरी आवासों की कमी है। बढ़ते शहरीकरण के परिणामस्वरूप इसमें आने वाले वर्षों में बढ़ोतरी होगी जो एक चिंता का विषय है। ऐतिहासिक दृष्टि से आवास नीति और इस बारे में किए गए नीतिगत उपायों का जोर मकान का स्वामित्व दिलाने की दिशा में रहा है, मगर स्वामित्व के आधार पर सभी को आवास प्रदान करना

चुनौतीपूर्ण कार्य है। परिवार की बढ़ती जरूरतों के कारण भीड़भाड़ बढ़ गई और किराये पर मकान न मिलने और देश में किराये के मकान संबंधी ढांचा भी नहीं होने के कारण झुग्गी-झोंपड़ी जैसी स्थिति उत्पन्न हो गई। इन मसलों के समाधान के लिए मंत्रालय ने राष्ट्रीय शहरी किराया आवास नीति (एनयूआरएचपी)2015 का मसौदा तैयार किया। मसौदा नीति में भारत में एक आकर्षक, दीर्घकालिक और समग्र किराया आवास नीति की संकल्पना की गई है।

राष्ट्रीय किराया आवास नीति के मसौदे का उद्देश्य किराये पर आवास को एक विकल्प के रूप में परित्यक्तों, बेघरों और विकलांग व्यक्तियों, सामाजिक और आर्थिक दृष्टि से कमजोर/कम आय वर्ग के लोगों के लिए किराए के मकान, विशेष लक्षित समूहों जैसे- श्रमिकों, प्रवासी कामकाजी महिलाओं, छात्रों आदि के लिए किराये के सस्ते मकान, घर खरीदने की इच्छा रखने वाले लोगों के लिए काम चलाऊ प्रबंध और कामकाजी लोगों के लिए किराए पर संस्थागत आवास की व्यवस्था को बढ़ावा देना है।

इस नीति से नियामक और कानूनी रूपरेखा के जरिए किराये पर आवास को नियमनिष्ठ करना; किराए पर आवास के लिए प्रोत्साहन के साथ पूंजी प्रवाह को बढ़ाना; और किराये पर आवास स्टॉक-आरएमसी, रिहायशी आरइआईटी और कर्मचारी आवास आदि के निर्माण, प्रबंध, रखरखाव और संचालन के लिए संस्थानों/संगठनों को बढ़ावा मिलेगा।

किरायेदारों के लिए नया कानून

आवास और शहरी गरीबी उपशमन मंत्रालय ने राज्यों और सभी साझेदारों के साथ नये किरायेदार कानून, 2015 के मसौदे पर बातचीत की। इसकी प्रमुख बातें इस प्रकार हैं: व्यावसायिक और रिहायशी संपत्तियों को किराये पर देने के लिए नियंत्रण संरचना; किराये के संबंध में अनुबंधों के जरिए मकान मालिक और किरायेदार के अधिकारों और दायित्वों का संतुलन; मकान मालिक और किरायेदार के बीच समयावधि, उत्तराधिकार, देय किराया, उनके बीच हुए इकरारनामे आदि; किराया प्राधिकारी के साथ किराये के संबंध में अनुबंध का पंजीकरण; किराये न्यायाधिकरण के जरिए विवादों के निपटारे के लिए न्याय प्रक्रिया तेजी से चलाने; किराया अदालतों के जरिए मकान मालिक द्वारा परिसर पर फिर से कब्जा; खाली नहीं करने की स्थिति में मुआवजा; और सरकारी/कर्मचारी आवास/धर्मार्थ और धार्मिक इमारतों पर लागू नहीं को परिभाषित किया गया है।

अंतरिक्ष प्रौद्योगिकी आधारित उपकरणों का इस्तेमाल

मिशन के प्रभावी कार्यान्वयन और निगरानी के लिए आवास और शहरी गरीबी उपशमन मंत्रालय ने राष्ट्रीय सुदूर संवेदी केंद्र (एनआरएससी), हैदराबाद के जरिए जियोटैगिंग एप्लीकेशन विकसित की ताकि पीएमएवाई-एचएफए (अर्बन) मिशन के लाभान्वित होने वाले भागों के अंतर्गत निर्मित मकानों की वास्तविक प्रगति पर जियो-टैग फोटोग्राफ के जरिए नज़र रखी जा सके।

पीएमएवाई-एचएफए (यू) की जियो टैगिंग पोर्टल विशेषताओं में शामिल है

लाभान्वितों के साथ वर्तमान मकानों की जियोटैग फोटोग्राफ लेने के लिए हाथ में रखने वाले उपकरणों पर मोबाइल एप्लीकेशन और समय-समय पर फोटोग्राफ लेकर निर्माण पर निगरानी; फोटो को भुवन जियो-पोर्टल पर अपलोड करना; पीएमएवाई-एचएफए (शहरी) मिशन के लिए विकसित किए गए

ऑनलाइन एमआईएस के साथ जोड़ना; इससे लाभान्वितों की सही पहचान करने; निर्माण की निगरानी और लाभान्वितों को समय पर धनराशि जारी करने में मदद मिलेगी; और इस आंकड़े का इस्तेमाल कर केंद्र/राज्य/यूएलबी के इस्तेमाल के लिए विभिन्न एमआईएस रिपोर्टों पर विचार कर सकेंगे।

प्रबंधन सूचना प्रणाली

दीनदयाल अंत्योदय योजना: राष्ट्रीय शहरी आजीविका मिशन की प्रगति की निगरानी के लिए वेब आधारित ऑनलाइन प्रबंधन सूचना प्रणाली (एमआईएस) डिजाइन की गई और विकसित की गई। एमआईएस के कार्यान्वयन के लिए राज्यों को प्रशिक्षण दिया गया है। एमआईएस में लाभान्वितों का विवरण, बायोमीट्रिक उपस्थिति, प्रशिक्षण और नियोजन विवरण शामिल होगा और सफल उम्मीदवारों को ऑनलाइन प्रमाण-पत्र दिए जाएंगे। एमआईएस शहर, शहरी स्थानीय निकायों (यूएलबी) और राज्यों की वास्तविक प्रगति की ऑनलाइन निगरानी के लिए संबंधित मिशन प्रबंधन इकाई की मदद करेगा।

प्रधानमंत्री आवास योजना: सभी के लिए आवास (शहरी) मिशन के कार्यान्वयन और निगरानी को सरल और कारगर बनाने को एक केंद्रीकृत वेब आधारित प्रबंधन सूचना प्रणाली विकसित की गई है जो मंत्रालय, राज्य सरकार, राज्य स्तर की केंद्रीय एजेंसियों (एसएलएनए), शहरी स्थानीय निकायों (यूएलबी), केंद्रीय प्रधान एजेंसियों (सीएनए), लाभांवितों और अन्य साझेदारों के बीच सेतु का काम करेगी ताकि लाभान्वितों के विवरण को दक्षता के साथ रखा जा सके, परियोजना प्रबंध को आगे बढ़ाया जा सके और विभिन्न निगरानी रिपोर्टें तैयार की जा सकें। समन्वित शहरी गरीबी प्रबंधन प्रणाली के अंतर्गत तत्कालीन आरएवाई और जेएनएनयूआरएम परियोजनाओं की प्रगति को भी ले लिया गया है।

प्रगति में साझेदार

आवास और शहरी विकास निगम: आवास और शहरी विकास निगम (हुडको) आवास और शहरी बुनियादी ढांचा परियोजनाओं के लिए वित्तीय सहायता देने और उन्हें आगे बढ़ाने के कार्य में लगा हुआ तकनीकी-वित्तीय संस्थान है जिसकी स्थापना 25 अप्रैल, 1970 को पूरी तरह से सरकार के स्वामित्व वाली कंपनी के रूप में की गई थी। इसका उद्देश्य दीर्घकालिक वित्तीय सहायता प्रदान करना तथा आवास और शहरी बुनियादी ढांचा विकास कार्यक्रमों को हाथ में लेना है। इसे 'मिनी रत्न' का दर्जा मिला हुआ है। प्रधानमंत्री आवास योजना (शहरी) के सीएलएसएस के अंतर्गत सब्सिडी को दिशा देने के लिए हुडको को एक केंद्रीय नोडल एजेंसी के रूप में प्राधिकृत किया गया है।

हिंदुस्तान प्रीफैब लिमिटेड: हिंदुस्तान प्रीफैब लिमिटेड (एचपीएल) आवास और शहरी गरीबी उपशमन मंत्रालय के प्रशासनिक नियंत्रण में सार्वजनिक क्षेत्र का एक केंद्रीय उपक्रम है। यह प्रौद्योगिकियों, परंपरागत और पूर्व-निर्मित सामान के जरिए सिविल निर्माण परियोजनाओं को अमल में लाने के लिए परियोजना प्रबंध सेवा में लगा है। एचपीएल 2022 तक सभी के लिए आवास के लक्ष्य को शीघ्रता से हासिल करने के लिए कौशल सुधार के जरिए पूर्व निर्मित और पूर्व-अभियांत्रिक टेक्नोलॉजी को अपनाने और बढ़ावा देने पर जोर दे रहा है। एचपीएल ने सार्वजनिक क्षेत्र के विभिन्न प्रमुख उपक्रमों के लिए स्कूलों में शौचालयों के निर्माण में स्वच्छ भारत अभियान के अंतर्गत प्रमुख भूमिका निभाई है।

भवन निर्माण सामग्री और प्रौद्योगिकी संवर्द्धन परिषदः भवन निर्माण सामग्री और प्रौद्योगिकी संवर्द्धन परिषद (बीएमटीपीसी) 1990 में अस्तित्व में आने के बाद से ही नवीन और वैकल्पिक भवन निर्माण सामग्री तथा निर्माण प्रौद्योगिकी को बढ़ावा दे रही है। प्रौद्योगिकी संवर्द्धन परिषद के रूप में यह अपने अंतर्गत प्रौद्योगिकी उप मिशन के सहारे प्रधानमंत्री आवास योजना (शहरी) के कार्यान्वयन में मंत्रालय की सहायता कर रहा है। बीएमटीपीसी प्रौद्योगिकी उपमिशन के सचिवालय के रूप में काम कर रहा है और इसे विभिन्न राज्यों की परियोजनाओं की जांच के लिए एक एजेंसी के रूप में प्राधिकृत किया गया है।

राष्ट्रीय भवन निर्माण संगठनः राष्ट्रीय भवन निर्माण संगठन आवास और शहरी गरीबी उपशमन मंत्रालय से संबद्ध कार्यालय है और यह देश में आवास और निर्माण गतिविधियों के बारे में सांख्यिकीय जानकारी एकत्र करने, उनका सारणीयन और प्रचार-प्रसार करने के कार्य में लगा हुआ है। यह राज्य सरकारों/निगम अधिकारियों/अनुसंधान और प्रशिक्षण संस्थानों/सांख्यिकी संस्थानों के साथ समन्वय और सहयोग करता है और एक नोडल एजेंसी के रूप में कार्य करता है जो शहरी नीति-निर्माताओं, योजनाकारों और शहरी गरीबी, मलिन बस्तियों, आवास आदि क्षेत्रों से जुड़े अनुसंधानकर्ताओं को आंकड़े देता है और एमआईएस जरूरतों को पूरा करता है।

केंद्र सरकार कर्मचारी कल्याण आवास संगठनः सोसायटी पंजीकरण अधिनियम, 1860 के अंतर्गत पंजीकृत केंद्र सरकार कर्मचारी कल्याण आवास संगठन (सीजीईडब्ल्यूएचओ) का गठन दिल्ली में 1990 में किया गया। यह आवास और शहरी गरीबी उपशमन मंत्रालय के 'अंतर्गत कोई नफा-नुकसान नहीं' के आधार पर केंद्र सरकार के कर्मचारियों के लिए आवास इकाइयों का निर्माण करने वाले एक कल्याणकारी संगठन के रूप में काम करता है। इसके द्वारा हाल ही में ली गई परियोजनाओं में मोहाली (चरण-II), भुवनेश्वर (चरण-II), ग्रेटर नोएडा और एसएएस नगर शामिल हैं।

भारतीय राष्ट्रीय सहकारी आवास संघः भारतीय राष्ट्रीय सहकारी आवास संघ (एनसीएचएफ) सहकारी आवास क्षेत्र का एक राष्ट्रव्यापी संगठन है। एनसीएचएफ का मुख्य उद्देश्य सहकारी आवास गतिविधियों को बढ़ावा देना, उन्हें निर्देशित करना और उनका संयोजन करना है। यह उन राज्यों में शीर्ष सहकारी आवास संघों (एसीएचएफ) को बढ़ावा भी देता है जहां इस तरह के संगठन नहीं हैं और जहां ये कमजोर हैं वहां उन्हें मजबूत करने में लगा हुआ है। साथ ही यह शिक्षा, प्रशिक्षण, अनुसंधान, सम्मेलनों/संगोष्ठियों, प्रकाशन आदि के कार्य से भी जुड़ा हुआ है ताकि सहकारी आवास गतिविधियों में लगे लोगों और संस्थानों को लाभ मिल सके।

18 भारत और विश्व

अंतरराष्ट्रीय स्तर पर भारत का उद्देश्य विश्व के सभी देशों के साथ ऐसे संबंध स्थापित करना है जिससे दुनिया में शांति तथा स्थिरता का माहौल सुनिश्चित हो सके और भारत की आर्थिक वृद्धि तथा विकास के लिए सहायक स्थितियां बन सकें। वैश्विक मामलों में भारत का बढ़ता कद और दुनिया के प्रतिकूल आर्थिक हालात के बावजूद इसका तेजी से बढ़ती अर्थव्यवस्था वाले देश के रूप में उभरना ऐसा अवसर है, जिसका इस्तेमाल भारत की रणनीतियों और अर्थिक विकल्पों की विविधता के लिए किया जा सकता है। इस संदर्भ में भारत ने अप्रैल 2015 से जून 2016 तक अधिकतम लाभकारी विशिष्ट क्षेत्रों में प्रत्येक द्विपक्षीय या बहुपक्षीय भागीदार से एक साथ संबंध बढ़ाने और मजबूत करने का प्रयास किया है। इस दौरान अपनी अंतरराष्ट्रीय पहुंच बढ़ाने के लिए भारत द्वारा किए गए प्रयास इस प्रकार हैं: भौगोलिक तथा विषय की दृष्टि से नए क्षेत्रों को शामिल करने के लिए अपने राजनीतिक दायरे में विस्तार करते हुए विदेशों के साथ संबंधों में अधिक ऊर्जा, तीव्रता तथा बेहतर नियोजन किया। द्विपक्षीय स्तर पर और सार्क की कार्यविधि के तहत निकट पड़ोसी देशों के साथ संबंध मज़बूत किए गए। इनमें बीबीआईएन (बांग्लादेश, भूटान, भारत और नेपाल) के तहत क्षेत्र के भीतर अधिक अनुकूलन के लिए महत्वपूर्ण; विशेषकर संपर्क और बिजली व्यापार क्षेत्र में उप-क्षेत्रीय सहयोग बढ़ाना शामिल है।

भारत के आर्थिक तथा सुरक्षा संबंधी हितों को ध्यान में रखते हुए सहयोग बढ़ाने के लिए हर देश में सबसे अधिक संभावना वाले क्षेत्रों और ऐसे सभी भागीदारों को स्पष्ट, पारदर्शी तथा परस्पर समर्थन पर बल देते हुए विश्व की बड़ी शक्तियों से एक साथ संबंध में मजबूती लाई गई। भारत की विकास आकांक्षाओं के लिए संभावित परंपरागत और गैर-परंपरागत खतरों (आतंकवाद और सीमा पार से साजिशों सहित) से निपटने के लिए व्यापक सुरक्षा रणनीति विकसित की गई। अंतरराष्ट्रीय पहुंच में आर्थिक व्यवहार कुशलता को प्राथमिकता देते हुए कूटनीति और घरेलू विकास उद्देश्यों के बीच संबंध मज़बूत किए गए। भारत के आर्थिक तथा वाणिज्यिक हितों को आगे बढ़ाने के लिए विदेश नीति को एक महत्वपूर्ण हथियार के रूप में इस्तेमाल किया गया। विकसित देशों के साथ संबंधों में, अधिक निवेश आकर्षित करने, विदेशी बाजारों में भारतीय उत्पादों की पहुंच बढ़ाने, भारत में कौशल विकास के लिए क्षमता निर्माण करने, शिक्षा तथा चिकित्सा सेवाओं को बढ़ावा देने और सेवा तथा श्रम गतिशीलता के एजेंडे को आगे बढ़ाने पर ज़ोर दिया गया। अनेक महत्वपूर्ण कार्यक्रमों- मेक इन इंडिया, डिजिटल इंडिया, स्किल इंडिया, क्लीन गंगा, स्मार्ट सिटी और स्टार्ट-अप इंडिया सहित राष्ट्रीय उद्देश्यों में योगदान के लिए कुछ देशों की पहचान उनकी क्षमता के आधार पर की गई। स्वच्छ ऊर्जा, सतत शहरी विकास और सड़क, रेलवे तथा बंदरगाह क्षेत्र में ढांचागत विकास के लिए भी ऐसा ही किया गया। इसके लिए सार्वजनिक तथा निजी क्षेत्र में, आसान शर्तों के साथ अनुदान तथा ऋण सुविधाएं बढ़ाई गईं। निवेश आकर्षित किया गया, संयुक्त उद्यम स्थापित किए गए और संस्थागत संयोजन किया गया। इनके अलावा

मानव संसाधन सामर्थ्य बढ़ाने के लिए विकसित देशों के साथ संबंध लाभकारी बनाकर चिकित्सा, शिक्षा तथा नवीकरण और विज्ञान–प्रौद्योगिकी सहयोग बढ़ाकर तथा उच्च स्तरीय अनुसंधान तथा विकास पर जोर दिया गया।

सुरक्षा संबंधों, संपर्क तथा मज़बूत आर्थिक समाकलन पर आधारित एक्ट पॉलिसी के प्रति परिणाम अनुकूलन, बेहतर ऊर्जा और व्यवहारिकता बरती गई। ऊर्जा संबंधों को बढ़ावा देने के लिए खाड़ी, पश्चिमी और मध्य एशियाई देशों के साथ संबंधों को बढ़ावा दिया गया। सुरक्षा उद्देश्यों को प्रोत्साहन देने और लाभकारी संबंध बनाने के लिए व्यापक आर्थिक सहयोग के प्रयास किए गए। समुद्री अर्थव्यवस्था को बढ़ावा देने सहित तटीय राज्यों के बीच आर्थिक तथा सांस्कृतिक संबंधों को लाभकारी बनाने के साथ-साथ समुद्री सुरक्षा के मुद्दों के समाधान की हिंद महासागर के बारे में रणनीति को बढ़ावा दिया गया। व्यापार तथा ऊर्जा आपूर्ति के लिए समुद्री संपर्क पर निर्भरता और इसकी स्थिति के प्रभाव के कारण भारत की सुरक्षा के लिए समुद्री सुरक्षा महत्वपूर्ण प्राथमिकता है।

प्रवासी भारतीयों के प्रति विशेष पहुंच बनाने तथा उनके कौशल से लाभ उठाने के लिए राजनीतिक प्रभाव और मानव तथा वित्तीय संपत्ति को माध्यम के रूप में इस्तेमाल किया और उन्हें अपने पूर्वजों की भूमि के विकास में योगदान के लिए अवसर प्रदान किए। मंत्रालय ने प्रवासी कामगारों की सुरक्षा और कल्याण के लिए प्रशासनिक और कार्यकारी उपाय किए हैं। सभी संबद्ध पक्षों के लाभ के लिए आव्रजन व्यवस्था में बदलाव कर इसे सरल, दक्ष, पारदर्शी और सुव्यवस्थित बनाया गया है। योग, आयुर्वेद और बौद्ध धर्म के चिंतन जैसी भारत की समृद्ध सभ्यता के सदाचार, इसकी इस्लामी परंपराएं या भारतीय धर्मग्रंथों में वर्णित शुद्ध जीवनशैली का लाभ उठाते हुए कुछ वैश्विक समस्याओं का समाधान पेश किया और लोगों के बीच संबंध मजबूत किए।

भारत के पड़ोसी देश

अफगानिस्तान

अफगानिस्तान के राष्ट्रपति अशरफ गनी की अप्रैल 2015 में भारत की पहली सरकारी यात्रा और इसी वर्ष भारत के प्रधानमंत्री की अफगानिस्तान यात्रा से दोनों देशों के बीच लंबे समय से चले आ रहे, लगातार बढ़ते और गहरे संबंधों को और बल मिला। अफगानिस्तान की रक्षा क्षमताओं को बढ़ाने के लिए भारत द्वारा उसे एमआइ–25 हेलिकॉप्टरों की व्यवस्था और भारत के सहयोग से निर्मित अफगानिस्तान के संसद भवन को भारत के प्रधानमंत्री और अफगानिस्तान के राष्ट्रपति द्वारा संयुक्त रूप से राष्ट्र को समर्पित करने से दोनों देशों के बीच संबंधों को और मजबूती मिली। अफगानिस्तान पर राष्ट्रीय सहयोग के लिए इस्लामाबाद में दिसंबर 2015 में 5वें मंत्रिस्तरीय सम्मेलन–हार्ट ऑफ एशिया–इस्तानबुल प्रोसेस में होने और अफगान राष्ट्रीय सुरक्षा सलाहकार और उप रक्षामंत्री की महत्वपूर्ण यात्राओं से भी दोनों देशों के रिश्ते गहरे हुए। अफगानिस्तान के मुख्य कार्यकारी डॉ. अब्दुल्ला 2016 में भारत यात्रा पर आए और अफगानिस्तान में सुरक्षा स्थिति, शांति तथा सुलह–सफाई और परस्पर हित के आपसी, क्षेत्रीय तथा वैश्विक मुद्दों पर विचार किया।

बांग्लादेश

भारत और बांग्लादेश के संबंध कई तरह की पहल से और मजबूत हुए हैं। जून 2015 में प्रधानमंत्री की ढाका यात्रा से इनमें और मजबूती आई। गौरतलब है कि पिछले कुछ वर्षों के दौरान दोनों देशों के बीच

ऐसे मुद्दों पर प्रगति हुई है, दशकों से जिनका समाधान नहीं हो पा रहा था। दोनों देशों ने आपसी सहयोग के सभी मुद्दों पर मिलजुल कर काम किया। इनमें शामिल हैं- भूमि सीमा विवाद, सुरक्षा, आधारभूत ढांचा विकास, बिजली, व्यापार तथा निवेश, संपर्क, उप क्षेत्रीय सहयोग और लोगों के बीच संपर्क। दोनों देशों के प्रधानमंत्रियों ने वीडियो कॉन्फ्रेंसिंग के जरिए संयुक्त रूप से भारत और बांग्लादेश के बीच, दूसरी सीमा पार ट्रांसमिशन लाइन का उद्‌घाटन किया। इससे बांग्लादेश को त्रिपुरा में पालाटाना बिजली संयंत्र से 100 मेगावाट बिजली और बांग्लादेश से त्रिपुरा को ब्रॉडबैंड इंटरनेट के लिए 10 जीबीपीएस लीज़िंग के लिए इंटरनेशनल बैंडविड्थ की सप्लाई हो सकेगी।

भूटान

भारत और भूटान के बीच परस्पर विश्वास और समझबूझ के कारण निकट और मैत्रीपूर्ण संबंध है। 2015-16 के दौरान सहयोग के सभी क्षेत्रों में निरंतर प्रगति हुई। इन क्षेत्रों में शामिल हैं- पनबिजली, परिवहन, संचार, बुनियादी ढांचा, चिकित्सा, शिक्षा, संस्कृति, सूचना प्रौद्योगिकी, उद्योग और कृषि। उच्चस्तरीय यात्राओं और वार्ताओं से आपसी संबंधों को तेजी से आगे बढ़ाया गया। भूटान के प्रधानमंत्री त्शेरिंग टोब्गे ने 2015 में न्यूयार्क में संयुक्त राष्ट्र सतत विकास शिखर सम्मेलन के दौरान भारत के प्रधानमंत्री से मुलाकात की। वे गोवा में दूसरे इंडिया आइडियाज़ कनक्लेव में भाग लेने के लिए नवंबर 2015 में भारत यात्रा पर आए। भूटान की 11वीं पंचवर्षीय योजना (2013-18) के लिए भारत सरकार के 4,500 करोड़ रुपये के सहायता पैकेज की विकास परियोजना का कार्य इस दौरान तेजी से आगे बढ़ा। भारत ने भूटान की 11वीं पंचवर्षीय योजना की लघु विकास परियोजनाओं के लिए 850 करोड़ रुपये, कार्यक्रम अनुदान के लिए 850 करोड़ रुपये और परियोजना संबंधी सहायता के लिए 2,800 करोड़ रुपये देने की प्रतिबद्धता व्यक्त की है।

चीन

भारत और चीन के संबंधों में 2015 के दौरान लगातार तेजी से बढ़ोतरी हुई। उच्च स्तरीय राजनीतिक आदान-प्रदान और आर्थिक वार्ताओं; दोनों में वृद्धि हुई। मई 2015 में प्रधानमंत्री की चीन यात्रा दोनों देशों के आपसी संबंधों में एक महत्वपूर्ण ऐतिहासिक घटना थी। भारत और चीन इस बात से सहमत थे कि वे दोनों एक साथ क्षेत्र की बड़ी शक्ति के रूप में उभर रहे हैं और विश्व इस सदी को एशिया की सदी में बदलने के लिए सबसे महत्वपूर्ण अवसर प्रदान कर रहा है। दोनों देश अपने राष्ट्रीय विकास लक्ष्यों और सुरक्षा हितों को परस्पर सहयोगात्मक तथा सम्मान की भावना और एक-दूसरे की चिंताओं के प्रति संवेदनशीलता, रुचि और आकांक्षाओं को आगे बढ़ाने पर सहमत हैं।

भारत और चीन के द्विपक्षीय संबंधों को प्रधानमंत्री की यात्रा से और बढ़ावा मिला। इस दौरान विभिन्न क्षेत्रों में महत्वपूर्ण 24 समझौतों/सहमति-पत्रों पर हस्ताक्षर किए गए। ये समझौते रेलवे, व्यापार तथा वाणिज्य, विज्ञान तथा प्रौद्योगिकी, अंतरिक्ष और लोगों के बीच संपर्क के क्षेत्र में किए गए। इनके अलावा 22 अरब अमरीकी डॉलर के 26 वाणिज्यिक/कारोबार समझौते भी किए गए।

नवंबर 2015 में गृहमंत्री की यात्रा भी काफी महत्वपूर्ण है। चीन की ओर से हुई यात्राओं में शामिल हैं- जून 2015 में एनपीसी के चेयरमैन, नवंबर 2015 में चीन के उपराष्ट्रपति और सेंट्रल मिलिट्री कमीशन के वाइस चेयरमैन की यात्रा।

2016 में राष्ट्रपति ने चीन की सरकारी यात्रा की। उन्होंने राष्ट्रपति शी जिनपिंग से द्विपक्षीय बातचीत की। उन्होंने प्रधानमंत्री ली कीकियांग और नेशनल पीपुल्स कांग्रेस के चेयरमैन झांग देजियांग से मुलाक़ात की। उनकी उपस्थिति में भारत और चीन के विश्वविद्यालयों तथा शिक्षा संस्थानों के बीच शैक्षिक सहयोग के 10 समझौता ज्ञापनों पर हस्ताक्षर किए गए।

म्यांमां

भारत और म्यांमां के संबंध बहुआयामी हैं और ये एकसमान ऐतिहासिक और विशिष्ट सांस्कृतिक तथा सभ्यतागत रिश्तों पर आधारित हैं। भारत और म्यांमां के बीच द्विपक्षीय सहयोग का उद्देश्य समावेशी वृद्धि तथा विकास और दोनों देशों तथा क्षेत्र में शांति, समृद्धि तथा स्थिरता को बढ़ावा देना है।

एक-दूसरे देश की उच्चस्तरीय यात्राओं और विभिन्न क्षेत्रों में सहयोग बढ़ाने के लिए संस्थागत व्यवस्था बनाने से दोनों देश के संबंध और मजबूत हुए हैं। म्यांमां के विदेशमंत्री की भारत यात्रा विशेष रूप से महत्वपूर्ण है। उनकी यह यात्रा महत्वपूर्ण क्षेत्रों में सर्वांगीण विकास को बढ़ावा देने के लिए नवगठित भारत-म्यांमां संयुक्त परामर्श आयोग की पहली बैठक के सिलसिले में थी। सहयोग के ये क्षेत्र हैं- सुरक्षा, रक्षा, व्यापार तथा निवेश, विकास भागीदारी गतिविधियां और वैश्विक तथा बहुपक्षीय मुद्दे।

नेपाल

भारत और नेपाल के संबंध तथा सहयोग, खुली सीमाओं, लोगों के बीच व्याप्त संबंधों और बहुआयामी सामाजिक-आर्थिक गतिविधियों से निरूपित होते हैं। भारत ने नेपाल को समृद्ध, शांत, स्थिर और लोकतांत्रिक देश बनाने की बदलाव की प्रक्रिया में सहयोग किया है। इनमें चार क्षेत्रों- आवास, स्वास्थ्य, शिक्षा तथा सांस्कृतिक विरासत के क्षेत्र में और भूकंप पश्चात पुनर्निर्माण सहायता के लिए 250 मिलियन अमरीकी डॉलर अनुदान के उपयोग का समझौता ज्ञापन; तराई क्षेत्र में सड़क आधारभूत ढांचे को मजबूत करने तथा रेल परिवहन के बारे में पत्रों के आदान-प्रदान संबंधी समझौता ज्ञापन शामिल हैं। दोनों देशों के प्रधानमंत्रियों ने मुज़फ्फपुर-ढलकेबार बिजली वितरण लाइन का उद्घाटन किया। पंचेश्वर विकास प्राधिकरण की बैठक मार्च 2016 में काठमांडू में हुई।

पाकिस्तान

2015-16 का वर्ष उच्चस्तरीय बैठकों की दृष्टि से उल्लेखनीय रहा है। औपचारिक तथा अनौपचारिक स्तर की इन बैठकों में दोनों देशों के बीच संबंध सामान्य बनाने पर ज़ोर दिया गया जिससे सार्थक बातचीत का रास्ता खुला। शुरुआत एक समझौते के रूप में हुई, जिसके तहत नई समग्र वार्ता पर सहमति बनी ताकि सभी बकाया मुद्दों को शांतिपूर्ण तरीकों से सुलझाया जा सके। इसके बावजूद सीमा पार से आतंकवाद, संघर्ष विराम उल्लंघन तथा नियंत्रण रेखा (एलओसी) पार से घुसपैठ और अंतरराष्ट्रीय सीमा के मुद्दों पर हमारी चिंता प्रमुखता से बनी रही। प्रधानमंत्री ने शांतिपूर्वक आपसी बातचीत से पाकिस्तान के साथ रिश्ते मजबूत करने की भारत की लंबे समय से चली आ रही नीति को ध्यान में रखते हुए जुलाई में रूस में एससीओ शिखर सम्मेलन से इतर पाकिस्तान के प्रधानमंत्री से बातचीत की। उन्होंने नवंबर 2015 में सीओपी-21 शिखर बैठक में भाग लेने के लिए अपनी पेरिस यात्रा के दौरान भी पाकिस्तान के प्रधानमंत्री के साथ बातचीत की। उफा में बनी सहमति के अनुसार दोनों देशों के राष्ट्रीय सुरक्षा सलाहकारों ने 6 दिसंबर, 2015 को बैंकॉक में मुलाकात की। प्रधानमंत्री दिसंबर 2015 में काबुल से लौटते समय लाहौर में रुके। वे भारत के सहयोग से निर्मित अफगानिस्तान के संसद भवन के उद्घाटन के सिलसिले

में थोड़ी देर के लिए काबुल गए थे। पूर्व घोषित कार्यक्रम के बिना वापसी में उनकी लाहौर यात्रा से भारतीय नेतृत्व की दक्षिण एशिया के नजदीकी पड़ोसी देशों के साथ सामान्य संबंध बनाने की इच्छाशक्ति का पता चलता है।

हिंद महासागर क्षेत्र

भारत ने 2015 में हिंद महासागर को सुरक्षित करने और इस क्षेत्र में स्थिरता तथा समृद्धि के लिए संगठित प्रयास किए। मार्च 2015 में प्रधानमंत्री की सेशेल्स, मॉरिशस और श्रीलंका की यात्रा से इन प्रयासों की दिशा तय की गई। जनवरी 2016 में हिंद महासागर क्षेत्र के लिए विदेश मंत्रालय में एक अलग विभाग बनाकर यह प्रक्रिया शुरू की गई। क्षेत्र के प्रमुख देशों- श्रीलंका, मालदीव, सेशल्स, मॉरिशस को एकजुट किया गया और त्रिपक्षीय समुद्री सुरक्षा वार्ता भारत, श्रीलंका और मालदीव के बीच शुरू की गई ताकि हिंद महासागर में भू-रणनीतिक सुरक्षा संबंधी और आर्थिक तथा विकासात्मक हितों की रक्षा की जा सके। हिंद महासागर क्षेत्र संघ की भविष्य की दिशा के बारे में भारत के रुख का समावेशन किया गया।

श्रीलंका

भारत और श्रीलंका के संबंधों में पिछले वर्ष महत्वपूर्ण बदलाव आया और इनमें काफी सुधार हुआ। कई उच्च स्तरीय यात्राओं के कारण 2015 में दोनों देशों के संबंध नई ऊंचाई तक पहुंच गए। श्रीलंका के प्रधानमंत्री रानिल विक्रमसिंघे ने सितंबर 2015 में भारत की सरकारी यात्रा की। अगस्त 2015 में संसदीय चुनाव के बाद यह उनकी पहली सरकारी यात्रा थी। मई 2016 में श्रीलंका के राष्ट्रपति भारत की कार्यकारी यात्रा पर आए। इसी दौरान भारत ने लगातार वर्षा और भूस्खलन के कारण जान-माल की भारी क्षति से जूझ रहे श्रीलंका को राहत और सहायता प्रदान की। भारत और श्रीलंका के संबंध 'नेबरहुड फर्स्ट' के सिद्धांत के अनुरूप आगे बढ़ रहे हैं।

भारत सरकार ने श्रीलंका को 2005 से 2,300 करोड़ रुपये की अनुदान सहायता दी है। यह मदद श्रीलंका के पूर्वोत्तर प्रांतों में बुनियादी ढांचे के पुनर्निर्माण और देश के विस्थापितों के पुनर्वास के लिए आसान शर्तों के ऋण के रूप में दी गई है। श्रीलंका को 1,372 करोड़ रुपये से अधिक के अनुदान की प्रतिबद्धता से जारी आवास परियोजना सुचारु रूप से आगे बढ़ रही है और इसका दूसरा चरण जल्द पूरा होने की आशा है। मताले में महात्मा गांधी इंटरनेशनल सेंटर, अंपारा मातरा, बादुल्ला और जाफना में भाषा प्रयोगशाला और वावुन्या में 200 बिस्तरों वाला वार्ड परिसर परियोजनाएं 2015 में पूरी हो चुकी हैं, विशेषकर, रक्षा, आर्थिक मामलों, शिक्षा, कृषि, विकास में भागीदारी, संस्कृति और लोगों के बीच आदान-प्रदान जैसे क्षेत्रों में आपसी सहयोग लगातार बढ़ रहा है। दोनों देशों की आर्थिक वृद्धि से परस्पर व्यापक और निवेश बढ़ रहा है। 2014-15 में दोनों देशों के बीच व्यापार तेजी से बढ़ कर 7.45 अरब डॉलर का हो गया। भारत-श्रीलंका में निवेश करने वाले बड़े विदेशी निवेशकों में शामिल है। उसने 2003 से लगभग 1 अरब अमरीकी डॉलर का निवेश किया है। भारत दुनिया में श्रीलंका का सबसे बड़ा व्यापारिक भागीदार है और श्रीलंका भारत से व्यापार करने वाला सार्क का दूसरा सबसे बड़ा भागीदार है। 2015 में श्रीलका जाने वाले पर्यटकों में सबसे अधिक संख्या भारतीयों की थी।

मालदीव

2015 में भारत-मालदीव के बीच राजनीतिक संबंध स्थापित करने की 50वीं वर्षगांठ मनाई गई। भारत की विदेशमंत्री अक्टूबर 2015 में 5वें भारत-मालदीव संयुक्त आयोग की बैठक में भाग लेने मालदीव

गईं। यह बैठक 15 वर्ष तक टलने के बाद आयोजित की गई। मालदीव के राष्ट्रपति अप्रैल 2016 में भारत यात्रा पर आए। इस दौरान परस्पर हित के द्विपक्षीय तथा क्षेत्रीय मुद्दों पर चर्चा की गई। आपसी संबंधों को और मजबूत करने के लिए छह समझौतों/सहमति–पत्रों पर हस्ताक्षर किए गए। स्वर्गीय पूर्व राष्ट्रपति डॉ. एपीजे अब्दुल कलाम के प्रति सम्मान व्यक्त करने के लिए मालदीव के राष्ट्रपति और कैबिनेट के वरिष्ठ मंत्रियों ने माले में भारतीय उच्चायोग में जाकर उन्हें श्रद्धांजलि अर्पित की और शोक पुस्तिका में हस्ताक्षर किए। रक्षा हार्डवेयर तथा क्षमता निर्माण के विभिन्न क्षेत्रों में द्विपक्षीय रक्षा तथा सुरक्षा सहयोग बढ़ाया गया। क्षमता निर्माण उपायों के तहत भारतीय नौसेना के जहाजों तथा विमानों ने मासिक निगरानी की; भारत, श्रीलंका तथा मालदीव ने दूसरी टेबल टॉप एक्सरसाइज़ (टीटीईएक्स–15) में भाग लिया और भारत द्वारा वित्त पोषित परियोजना– मालदीव राष्ट्रीय रक्षा बल (एमएनडीएफ) के लिए समग्र प्रशिक्षण के दूसरे चरण को सौंपा।

मॉरिशस

भारत और मॉरिशस के बीच घनिष्ठ राजनीतिक, आर्थिक और सांस्कृतिक संबंध हैं। मॉरिशस की 70 प्रतिशत आबादी भारतीय मूल के लोगों की है। मॉरिशस वित्तीय सेवाओं का गढ़ है। भारत में सबसे अधिक प्रत्यक्ष विदेशी निवेश मॉरिशस के जरिए आता है। वह अफ्रीका में भारतीय निवेश का भी महत्वपूर्ण जरिया है। भारत और मॉरिशस के बीच लगभग 2 अरब अमरीकी डॉलर का व्यापार होता है। समुद्री सुरक्षा के मुद्दे पर दोनों देशों के बीच मजबूत रक्षा भागीदारी है। 2005 में दोनों देशों के बीच भागीदारी और अधिक बढ़ी। मॉरिशस के प्रधानमंत्री ने अक्टूबर 2015 में दिल्ली में आयोजित तीसरे–भारत अफीका मंच शिखर सम्मेलन में अपने देश के प्रतिनिधिमंडल का नेतृत्व किया। इससे पहले मार्च 2015 में भारत के प्रधानमंत्री ने मॉरिशस की यात्रा की। वे मॉरिशस के राष्ट्रीय दिवस समारोह में मुख्य अतिथि बने। इस दौरान कई आपसी समझौतों को अंतिम रूप दिया गया। इसके बाद हाल में निर्वाचित मॉरिशस के पहले महिला नौसैन्य और तटीय सुरक्षा जहाजों को विशेष आर्थिक क्षेत्र की संयुक्त निगरानी तथा गश्त और हाइड्रोग्राफिक सर्वेक्षण के लिए 2015 के दौरान मॉरिशस भेजा गया।

सेशल्स

वर्ष 2015 को भारत–सेशल्स के बीच विशेष भागीदारी के वर्ष के रूप में मनाया गया। दोनों देशों के बीच क्षमता निर्माण कार्यक्रमों, समुद्री सुरक्षा सहयोग और सांस्कृतिक आदान–प्रदान क्षेत्रों में विकासात्मक भागीदारी है। समुद्री अर्थव्यवस्था, जलवायु परिवर्तन, अक्षय ऊर्जा, पर्यटन और स्वास्थ्य ऐसे उभरते क्षेत्र हैं जिन पर ध्यान केंद्रित किया जा रहा है। सेशल्स की 10 प्रतिशत जनसंख्या भारतीय मूल के लोगों की है। विकास सहायता के क्षेत्र में भारत ने सेशल्स को 43 लाख डॉलर का अनुदान दिया है। यह राशि सार्वजनिक परिवहन की बसें, दवाएं, आईसीटी उपकरण तथा शिक्षा संबंधी सामग्री खरीदने के लिए दी गई है। लोगों के बीच संपर्क और यात्राएं बढ़ाने के लिए अगस्त 2015 से सेशल्स को भारत सरकार की ई–टूरिस्ट वीजा योजना में शामिल किया गया है। अगस्त 2015 में द्विपक्षीय विमान सेवा समझौते पर भी हस्ताक्षर किए गए। दोनों देशों के बीच रक्षा तथा सुरक्षा सहयोग, विशेषकर समुद्री सुरक्षा पर ज़ोर और सेशल्स के व्यापक विशेष आर्थिक सुरक्षा की निगरानी बढ़ी है।

दक्षिण पूर्व एशिया और एशिया प्रशांत

ऑस्ट्रेलिया

2014 में भारत के प्रधानमंत्री की ऑस्ट्रेलिया यात्रा से भारत के साथ उसके संबंधों को गति मिली। ऑस्ट्रेलिया विभिन्न क्षेत्रों में भारत के एक महत्वपूर्ण भागीदार के रूप में उभर रहा है। इन क्षेत्रों में शामिल हैं– खनिज संसाधन, विज्ञान तथा प्रौद्योगिकी, शिक्षा, कौशल और जल संसाधन प्रबंधन का विकास। ऑस्ट्रेलिया के प्रधानमंत्री ने नवंबर 2015 में तुर्की में जी 20 शिखर सम्मेलन के दौरान अलग से भारत के प्रधानमंत्री से मुलाकात की और द्विपक्षीय असैन्य परमाणु सहयोग समझौते को समर्थन की घोषणा की। इससे ऑस्ट्रेलियाई कंपनियां, भारत को यूरेनियम का निर्यात शुरू कर सकती हैं। दोनों देशों के बीच पहले द्विपक्षीय समुद्री अभ्यास– ऑसिनडेक्स से रक्षा सहयोग को काफी बढ़ावा मिला। यह अभ्यास सितंबर 2015 में बंगाल की खाड़ी में किया गया। ऑस्ट्रेलिया में भारतीय समुदाय के लोगों की संख्या लगातार बढ़ रही है और उनका महत्व भी बढ़ रहा है। भारत के लगभग 50,000 विद्यार्थी वहां के विश्वविद्यालयों में पढ़ रहे हैं और भारत अब वहां कुशल प्रवासियों का सबसे बड़ा स्रोत माना जाता है।

ब्रूनेई दरुसलाम

ब्रूनेई दरुसलाम के साथ भारत के द्विपक्षीय संबंध लगातार मज़बूत तथा मैत्रीपूर्ण बने हुए हैं और ब्रूनेई जून 2015 तक आसियान में भारत का संयोजक देश रहा है। पिछले कई वर्षों की तरह दोनों देशों के बीच आधिकारिक स्तर की यात्राओं का सिलसिला जारी रहा। इनमें शामिल हैं– नेशनल डिफेंस कॉलेज ऑफ इंडिया, इसरो और ब्रूनेई के संस्कृति युवा मामलों और खेल उप मंत्री की यात्रा। भारतीय सैन्य बलों के अधिकारी 2012 से ब्रूनेई के स्टाफ कॉलेज में रॉयल ब्रूनेई आर्म्ड फोर्स कमान स्टाफ कोर्स में भाग लेते रहे हैं। भारत के उपराष्ट्रपति ने फरवरी 2016 में ब्रूनेई की यात्रा की। इस दौरान रक्षा-सहयोग, स्वास्थ्य और युवा मामलों तथा खेलों के क्षेत्र में कई समझौतों पर हस्ताक्षर किए गए।

कंबोडिया

भारत और कंबोडिया के संबंध सद्‌भावपूर्ण तथा मैत्रीपूर्ण रहे हैं और ये लगातार मजबूत होते रहे हैं। दोनों देशों के बीच प्राचीन काल से ही घनिष्ठ सांस्कृतिक और सभ्यता संबंधी रिश्ते रहे हैं। भारत के उपराष्ट्रपति इन संबंधों को और प्रगाढ़ करने के लिए सितंबर 2015 में कंबोडिया की यात्रा पर गए। उच्चस्तरीय प्रतिनिधिमंडल का नेतृत्व किया। इस दौरान मेकांग गंगा सहयोग पहल के तहत तुरंत प्रभाव वाली परियोजनाएं लागू करने के बारे में भारत की अनुदान सहायता संबंधी समझौता और पर्यटन सहयोग पर सहमति ज्ञापन पर हस्ताक्षर किए गए। वित्त वर्ष 2015-16 के लिए स्वास्थ्य, महिला सशक्तीकरण, कृषि तथा कौशल विकास संबंधी तुरंत प्रभाव वाली पांच परियोजनाओं में से प्रत्येक के लिए 50,000 डॉलर की अनुदान सहायता की घोषणा की गई।

भारत के पुरातत्व सर्वेक्षण विभाग द्वारा ता प्रोहम मंदिर के संरक्षण और जीर्णोद्धार के पहले और दूसरे चरण का कार्य जुलाई 2015 में सफलतापूर्वक पूरा कर लिया गया।

इंडोनेशिया

वर्ष 2015 के दौरान भारत और इंडोनेशिया के बीच कई उच्चस्तरीय राजनीतिक गतिविधियां हुईं, जिससे संबंधों में नई ऊर्जा के संचार में सहायता मिली और रिश्तों को आवश्यक गति मिली। नवंबर 2015 में

भारत के उपराष्ट्रपति ने इंडोनेशिया की यात्रा की। वर्ष 2015 में रक्षा सहयोग में वृद्धि हुई। जनवरी-सितंबर 2015 के दौरान भारत ने इंडोनेशिया के साथ 11 अरब डॉलर का व्यापार किया। इसमें 8.9 अरब डॉलर का आयात और 2.1 अरब डॉलर का निर्यात शामिल है।

लाओस पीडीआर

इस वर्ष लाओस पीडीआर के साथ भारत के द्विपक्षीय संबंध लगातार ऊंचाइयों को छूते रहे। सहयोग के मुख्य क्षेत्र थे- सिंचाई प्रणाली, बिजली ट्रांसमिशन क्षमता निर्माण तथा मानव संसाधनों संबंधी बुनियादी सुविधा परियोजनाएं। धरोहर स्मारकों के जीर्णोद्धार में सांस्कृतिक सहयोग और नियमित उच्चस्तरीय यात्राओं पर जोर दिया गया। विभिन्न योजनाओं के तहत भारत में अध्ययन के नियमित पाठ्यक्रमों और प्रशिक्षण कार्यक्रमों को 100 से 150 छात्रवृत्तियां दी गईं। पहली बार सितंबर 2015 में भारत के उपराष्ट्रपति ने लाओस की यात्रा की।

मलेशिया

परंपरागत मित्रता और सौहार्द पर आधारित भारत और मलेशिया के संबंधों का लगातार विस्तार हो रहा है तथा ये मजबूत हो रहे हैं। भारत के प्रधानमंत्री नवंबर 2015 में मलेशिया की सरकारी यात्रा पर गए। उन्होंने क्वालालंपुर में नवंबर 2015 में आयोजित 10वें पूर्ण एशिया शिखर सम्मेलन और 13वीं आसियान-भारत शिखर बैठक में भाग लिया। उन्होंने भारत की ओर से मलेशिया को उपहारस्वरूप दिए गए, क्वालालंपुर में ब्रिकफील्ड्स में तोराना गेट का उद्घाटन किया। इस यात्रा के बाद बढ़ती रणनीतिक भागीदारी के लिए एक संयुक्त बयान जारी किया गया।

न्यूज़ीलैंड

भारत के राष्ट्रपति ने 2016 में न्यूज़ीलैंड की यात्रा की। इस दौरान कई समझौतों पर हस्ताक्षर किए गए। न्यूज़ीलैंड के साथ भारत के संबंध, आर्थिक मामलों, विज्ञान, लोगों के बीच संपर्क, क्षेत्रीय तालमेल और वैश्विक महत्व के मुद्दों जैसे विभिन्न क्षेत्रों में लगातार बढ़ रहे हैं।

फिलिपींस

इस दौरान भारत और फिलिपींस के बीच भागीदारी लगातार मज़बूत हुई है। उच्चतम संस्थागत द्विपक्षीय व्यवस्था के तहत द्विवार्षिक संयुक्त आयोग की तीसरी बैठक नई दिल्ली में अक्टूबर 2015 में हुई। नवंबर 2015 में आईएनएस सहयाद्री की मनीला की सद्भावना यात्रा से रक्षा सहयोग लगातार मजबूत हुआ। वैश्विक गिरावट के बावजूद दोनों देशों के बीच व्यापार संबध 2015-16 की पहली छमाही में स्थिर बने रहे। इस दौरान 1.8 अरब डॉलर का व्यापार किया गया और सकारात्मक व्यापार संतुलन भारत के पक्ष में रहा। बड़ी संख्या में भारत की बड़ी-बड़ी आईटी और फार्मा कंपनियों की फिलिपींस में मौजूदगी वहां भारतीय निवेश को दर्शाती हैं। ये कंपनियां आईटी सेवाओं और जेनेरिक क्षेत्र में अच्छा प्रदर्शन कर रही हैं। आधारभूत ढांचा, ऑटोमोबाइल, अक्षय ऊर्जा और कृषि जैसे क्षेत्रों में अब भारतीय निवेश की नई प्रवृत्ति देखने को मिल रही है।

सिंगापुर

भारत और सिंगापुर के बीच राजनयिक संबंधों की स्थापना की 50वीं वर्षगांठ के अवसर पर नवंबर 2105 में भारत के प्रधानमंत्री की सिंगापुर यात्रा के दौरान इनके संबंध महत्वपूर्ण भागीदारी की नई ऊंचाई तक

पहुंच गए। इस दौरान परस्पर हित और सहयोग के क्षेत्रों को रेखांकित करने वाला एक संयुक्त वक्तव्य जारी किया गया। रक्षा सहयोग और बढ़ाने के समझौते पर हस्ताक्षर से दोनों देशों के बीच रक्षा सहयोग मजबूत हुआ। दोनों देशों की नौसेना के बीच व्हाइट शिपिंग इंफार्मेशन के आदान-प्रदान के बारे में टेक्नीकल समझौता, प्रधानमंत्री की इस यात्रा के दौरान लागू किया गया। इसके अलावा दोनों देशों के रक्षा प्रतिष्ठानों और तीनों सेनाओं के बीच नियमित आदान-प्रदान हुआ। भारत और सिंगापुर के बीच घनिष्ठ आर्थिक और वाणिज्यिक संबंध हैं। चालू वर्ष में दोनों देशों के बीच व्यापार में थोड़ी गिरावट आई है। (द्विपक्षीय व्यापार 17 प्रतिशत गिरा)। 2015-16 (अप्रैल-अक्टूबर) के दौरान कुल द्विपक्षीय व्यापार 8.6 अरब डॉलर का था। इसमें से भारत ने 4.2 अरब डॉलर का निर्यात किया।

भारत से सिंगापुर में प्रत्यक्ष विदेशी निवेश अक्टूबर 2015 में बढ़कर 38.9 अरब डॉलर का हो गया, जो 2004-05 में 351 मिलियन डॉलर का था। 2015 में सिंगापुर में भारत का निवेश 2.18 अरब डॉलर पर पहुच गया। सिंगापुर, भारत में प्रत्यक्ष विदेशी निवेश का दूसरा सबसे बड़ा स्रोत है। अप्रैल 2000 से सितंबर 2015 तक सिंगापुर की ओर से भारत में 38.9 अरब डॉलर का निवेश किया गया। सिंगापुर 6.69 अरब डॉलर का प्रत्यक्ष विदेशी निवेश करने वाला सबसे बड़ा निवेशक है।

थाईलैंड

2015 में भारत और थाईलैंड के संबंध लगातार मजबूत हुए हैं। इस दौरान एक-दूसरे के देश की उच्चस्तरीय यात्राएं हुईं और सभी स्तरों पर बातचीत हुई। 2015 में जनवरी से सितंबर की अवधि में 6.18 अरब डॉलर का द्विपक्षीय व्यापार हुआ। समुद्री सहयोग और कानूनी तथा न्यायिक सहयोग के बारे में संयुक्त कार्यदल की पहली बैठक नई दिल्ली में अक्टूबर 2015 में आयोजित की गई। त्रिपक्षीय हाईवे के मोटर वाहन समझौते को अंतिम रूप देने के लिए भारत, म्यामां और थाईलैंड के परिवहन मंत्रालय के अधिकारियों की चार बैठकें हुईं। 2015 में लगभग 10 लाख भारतीय पर्यटक थाईलैंड गए और थाईलैंड से एक लाख से अधिक पर्यटक भारत आए। मार्च 2016 में थाईलैंड के उप प्रधानमंत्री और रक्षामंत्री, भारत की यात्रा पर आए। इसके बाद जून 2016 में थाईलैंड के प्रधानमंत्री भी भारत की सरकारी यात्रा पर आए। उनके साथ वरिष्ठ मंत्रियों और बड़े उद्योगपतियों का प्रतिनिधिमंडल भी था। दोनों देशों ने सागर क्षेत्र, आतंकवाद से निपटने और साइबर सुरक्षा में सहयोग बढ़ाने पर सहमति व्यक्त की। थाईलैंड के तीर्थयात्रियों को भारत तथा नेपाल के शहरों की यात्रा की सुविधा के लिए उन्हें दोहरा प्रवेश ई-टूरिस्ट वीज़ा देने की घोषणा की गई है। वर्ष 2017 में भारत और थाईलैंड के बीच राजनयिक संबंधों की 70वीं वर्षगांठ मनाने का फैसला किया गया है।

वियतनाम

2015-16 के दौरान भारत और वियतनाम के बीच महत्वपूर्ण भागीदारी और मजबूत हुई। आर्थिक सहयोग को महत्व देने के साथ-साथ, द्विपक्षीय व्यापक सहयोग के सभी क्षेत्रों के संदर्भ में 2015-20 के लिए उच्चतम स्तर पर लिए गए फैसलों को लागू करने के प्रयास जारी रहे। रक्षा सहयोग और दोनों देश के तटरक्षकों के बीच सहयोग के समझौता ज्ञापन के लिए एक संयुक्त दृष्टिकोण वक्तव्य पर हस्ताक्षर किए गए। पिछले कुछ वर्षों में दोनों देशों के बीच द्विपक्षीय व्यापार में लगातार वृद्धि हुई है। भारत, अब वियतनाम के दस बड़े व्यापार भागीदारों में शामिल है। दोनों पक्ष 2020 तक 15 अरब डॉलर के नए व्यापार लक्ष्य पर सहमत हुए हैं। रक्षा उत्पादों सहित रक्षा सहयोग क्षेत्र के सभी क्षेत्रों में द्विपक्षीय रक्षा

संबंध व्यापक और घनिष्ठ हो रहे हैं। वियतनाम में भारतीय तकनीकी और आर्थिक सहयोग (आईटीईसी) कार्यक्रम के तहत प्रशिक्षण कार्यक्रम चलाए गए हैं।

प्रशांत द्वीपसमूह के देश

भारत प्रशांत द्वीपसमूह निगम मंच की दूसरी शिखर बैठक जयपुर में 2015 में हुई। इसमें मार्शल द्वीपसमूह, नौरू तथा पलाऊ से तीन राष्ट्र प्रमुख, मिक्रोनेशिया के उपराष्ट्रपति, फिजी, नियुए, पपुआ न्यू गिनी, समोआ, त्वूवालू तथा वनुआतु से छह शासनाध्यक्षों और सोलोमन द्वीपसमूह, टोंगा, कुक द्वीपसमूह तथा किरीबाती से उप प्रधानमंत्री/मंत्री/विशेष दूत ने भाग लिया।

दक्षिण-पूर्व एशियाई राष्ट्र संघ

नवंबर 2014 में म्यामां के ना पेई ताॅ में 12वें आसियान-भारत तथा 9वें पूर्व एशिया शिखर सम्मेलन में भारत के प्रधानमंत्री द्वारा एक्ट ईस्ट पॉलिसी के निरूपित करने के बाद भारत-आसियान महत्वपूर्ण भागीदारी को नई गति मिली।

आसियान, भारत की एक्ट ईस्ट पॉलिसी का समर्थन करता है। भारत ने 2015 में आसियान के सदस्य देशों के साथ राजनीतिक, सुरक्षा, रक्षा और आर्थिक संबंधों को लगातार मज़बूत किया है। उसने आसियान में एक भारतीय मिशन की स्थापना भी की है। यह क्षेत्रीय संरचना को आसियान केंद्रित बनाने की विभिन्न मंचों की गतिविधियों में सक्रिय है। ये मंच हैं- पूर्व एशिया शिखर सम्मेलन, आसियान क्षेत्रीय मंच, आसियान रक्षा मंत्रियों की बैठक प्लस और विस्तारित आसियान मेरिटाइम फोरम। जुलाई 2015 में आसियान-भारत मुक्त व्यापार क्षेत्र में प्रवेश और दिसंबर 2015 में आसियान समूह की स्थापना के साथ भारत आसियान के साथ बेहतर समन्वय और वृहत् एशिया की आशा कर रहा है। भारत और आसियान 2017 में वार्ता संबंधों की 25वीं शिखर स्तर की वार्ता, 15वीं और महत्वपूर्ण भागीदारी की 5वीं वर्षगांठ के सिलसिले में स्मरणीय गतिविधियां शुरू करेंगे।

पूर्व एशिया शिखर सम्मेलन

भारत के प्रधानमंत्री ने 2015 में क्वालालंपुर में 10वें पूर्व एशिया सम्मेलन ईएएस में भाग लिया। उन्होंने इस क्षेत्र के देशों के प्रधानमंत्रियों के साथ आतंकवाद, समुद्री सुरक्षा जैसे- क्षेत्रीय तथा वैश्विक मुद्दों पर भारत का दृष्टिकोण रखा। उन्होंने एशिया प्रशांत में समान हितों और चिंताओं के सामरिक, राजनीतिक और आर्थिक मुद्दों पर वार्ता के लिए प्रमुख नेताओं के नेतृत्व वाले मंच के रूप में पूर्वी एशिया शिखर सम्मेलन की 10वीं वर्षगांठ पर इसे अधिक प्रभावी बनाने के लिए भारत का समर्थन दोहराया।

2015 में भारत ने ईएएस गतिविधियों में सक्रियाता से भाग लेना जारी रखा। उसने जुलाई 2015 में कंबोडिया के साथ मिलकर क्षेत्रीय सुरक्षा संरचना के बारे में फ्नोम पेन्ह में चौथी ईएएस कार्यगोष्ठी का आयोजन किया। ईएएस के तहत् विकास एजेंडे को आगे बढ़ाने के लिए भारत ने अक्टूबर 2015 में नई दिल्ली में अखिल भारतीय आयुर्विज्ञान संस्थान में नर्सिंग तथा ट्रॉमा केयर पर ईएस गोलमेज़ सम्मेलन और नवंबर 2015 में आसियान-भारत सेंटर में समुद्री सुरक्षा तथा सहयोग पर ईएएस सम्मेलन का आयोजन किया।

एशिया यूरोप बैठक

भारत के उपराष्ट्रपति ने जुलाई 2016 में मंगोलिया में आयोजित 11वीं एशिया-यूरोप बैठक एएसईएम में भाग लिया। भारत एएएसईएम में सक्रियता से भाग लेता और योगदान करता है। उसने सहयोग के सुनिश्चित क्षेत्रों में विस्तार के लिए धरोहर शहरों में सतत् शहरीकरण पर 19वीं ग्रीष्म विश्वविद्यालय परियोजना की मेजबानी पुणे में एशिया-यूरोप फाउंडेशन के सहयोग से 2015 में की। 2015 में सीमा शुल्क विभाग के आयुक्तों/एएसईएम महानिदेशकों की 11वीं बैठक गोवा में आयोजित की गई। 2015 में गांधीनगर में ग्रीन बिल्डिंग के बारे में दूसरे एएसईएम गोलमेज़ सम्मेलन और 2016 में नई दिल्ली में युवा वार्ता का आयोजन किया गया। ये आयोजन भारतीय उद्योग परिसंघ की भागीदारी से किए गए।

मेकांग गंगा सहयोग

वियतनाम में 2016 में 7वीं मेकांग-गंगा सहयोग (एमजीए) विदेश मंत्रियों की बैठक में भारत के विदेश राज्य मंत्री ने भाग लिया। इसमें भारत द्वारा एमजीसी टेक्सटाइल संग्रहालय के निर्माण का स्वागत किया गया। कंबोडिया, लाओस पीडीआर, म्यामां तथा वियतनाम (सीएलएमवी देशों) में भारतीय तकनीकी तथा आर्थिक सहयोग के तहत 900 से अधिक वार्षिक छात्रवृत्तियों सहित, क्षमता निर्माण और मानव संसाधन विकास में भारत के योगदान की सराहना भी की गई। मेकांग गंगा घाटी क्षेत्र पर अनुसंधान की सुविधा के लिए नालंदा विश्वविद्यालय में सामान्य पुरातात्विक संसाधन केंद्र की स्थापना पर भारत के प्रस्ताव का बैठक में स्वागत किया गया।

इसमें भारत-सीएलएमवी तुरंत प्रभाव परियोजना कोष के तहत वित्त पोषण के लिए 20 परियोजनाओं की पहचान की गई और मेकांग-गंगा सहयोग (2016-18) को लागू करने की कार्य योजना को मंजूरी दी गई।

पूर्व एशिया

पूर्व एशिया भारत के विस्तारित पड़ोस का भाग है। इस क्षेत्र के साथ सदियों पुराने सांस्कृतिक, व्यापारिक और लोगों के बीच संपर्क के संबंध हैं। एकसमान मूल्यों, शांतिपूर्ण सह-अस्तित्व की परंपराओं, बहुवाद और बौद्धधर्म के शांति के संदर्भ ने इन संबंधों को गहराई प्रदान की है। भारत का राजनीतिक तथा सुरक्षा की दृष्टि से बढ़ता कद और बढ़ती आर्थिक साख के साथ अंतरराष्ट्रीय संबंधों में अधिक सक्रिय भूमिका के लिए इसकी तत्परता से भारत और पूर्व एशिया की निकटता बढ़ रही है।

शांत और स्थिर पूर्व एशिया की भारत के आर्थिक विकास में महत्वपूर्ण भूमिका हो सकती है। भारत के व्यापार में इस क्षेत्र के देशों की भागीदारी काफी अधिक है। यह महत्वपूर्ण है कि अंतरराष्ट्रीय कानून और विवादों के शांतिपूर्ण समाधान के मूल तत्त्वों पर सहमति है; नौवहन तथा विमानन की आज़ादी है और क्षेत्र के मामलों का नियंत्रण विधिसंगत वाणिज्य व्यवस्था के अंतर्गत होता है।

डेमोक्रेटिक पीपुल्स रिपब्लिक ऑफ कोरिया

भारत और डेमोक्रेटिक पीपुल्स रिपब्लिक ऑफ कोरिया (डीपीआरके) के बीच राजनयिक संबंध दिसंबर 1973 में स्थापित हुए। दोनों देश के सौहार्दपूर्ण संबंध हैं। 2015 में डीपीआरके के विदेशमंत्री ने भारत का दौरान किया। डीपीआरके के विदेशमंत्री पहली बार भारत यात्रा पर आए। उन्होंने डीपीआरके को भारत की ओर से दी गई मानवीय सहायता के लिए भारत की प्रशंसा की।

जापान

हाल के वर्षों में भारत और जापान के संबंधों में धीरे-धीरे बदलाव आया है। दोनों देशों के दीर्घावधि राजनीतिक, आर्थिक और सामरिक उद्देश्यों में व्यापक बदलाव देखने को मिला है। 2014 में भारत के प्रधानमंत्री की जापान यात्रा, पड़ोसी देशों के बाद पहली विदेश यात्रा थी। इससे दोनों देशों के बीच विशेष सामरिक तथा वैश्विक भागीदारी बढ़ी। 2015 में जापान के प्रधानमंत्री की भारत यात्रा से इन संबंधों में और प्रगाढ़ता आई। इसका नतीजा यह हुआ कि जापान भारत को प्रमुख ढांचागत परियोजनाओं के लिए धन देने पर सहमत हो गया। रक्षा सहयोग तथा असैन्य परमाणु ऊर्जा क्षेत्र में समझौते भी किए गए। भारत में तीव्र गति की रेलगाड़ी चलाने के समझौते पर भी हस्ताक्षर किए गए।

भारत और जापान, भारत की एक्ट ईस्ट पॉलिसी और जापान की गुणवत्तापूर्ण बुनियादी ढांचे के लिए भागीदारी को अधिक प्रभावी बनाने के लिए प्रतिबद्ध हैं ताकि विश्वसनीय, दीर्घकालिक बुनियादी ढांचा विकसित किया जा सके और उसे मजबूत किया जा सके। इससे भारत में और क्षेत्र में भारत तथा अन्य देशों के बीच संपर्क बढ़ सकेगा। भारत में सामाजिक भौतिक ढांचे के निर्माण में जापान के ओएडी के योगदान को स्वीकृति दी गई। वित्त वर्ष 2015 के दौरान भारत को जापान ओडीए येन ऋण की वचनबद्धता लगभग 400 अरब येन हो सकती है, जो अब तक अधिकतम है। भारत के पोत-सतपुरा, सहयाद्री, शक्ति तथा किर्च ने जून 2016 में सासेबो के हार्बर चरण के साथ जापान में अमरीकी नौसेना तथा जापान के समुद्री स्व रक्षा बल के साथ 20वें मालाबार 2016 अभ्यास में भाग लिया। इस अभ्यास का उद्देश्य तीनों देशें की नौसेनाओं के बीच अंतर सक्रियता बढ़ाना और समुद्री सुरक्षा की प्रक्रियाओं संबंधी समझ-बूझ विकसित करना है।

मंगोलिया

भारत और मंगोलिया दोनों लोकतांत्रिक देश हैं। दोनों की एकसमान बौद्ध विरासत है और सांस्कृतिक आदान-प्रदान का सदियों पुराना इतिहास है। मई 2015 में भारत के प्रधानमंत्री की मंगोलिया यात्रा, किसी भारतीय प्रधानमंत्री द्वारा इस देश की पहली यात्रा थी, जो कि दोनों देशों के संबंधों में महत्वपूर्ण मील का पत्थर थी। इस यात्रा के दौरान दोनों देशों ने आपसी संबंधों को महत्वपूर्ण भागीदारी तक पहुंचाया और द्विपक्षीय सहयोग के नए क्षेत्रों की पहचान की। इनमें एकसमान तथा परस्पर लाभकारी विकास, निवेश तथा आर्थिक सहयोग शामिल हैं। इस संतुलित तथा स्थाई सहयोग से दोनों देशों में समृद्धि आएगी।

कोरिया गणराज्य

2015 में भारत और कोरिया गणराज्य के बीच राजनयिक संबंधों की स्थापना की साठवीं वर्षगांठ मनाई गई। दोनों देशों के बीच आर्थिक, राजनीतिक तथा सुरक्षा हितों की समानता के मद्देनज़र इनके संबंध बहुआयामी और व्यापक हो रहे हैं। इस वर्ष दोनों देशों के बीच विदेश मामलों, रक्षा, व्यापार, निवेश, विज्ञान तथा प्रौद्योगिकी, संस्कृति, लोगों के बीच संपर्क तथा क्षेत्रीय सहयोग सहित सभी क्षेत्रों में हर तरह से भागीदार बढ़ी है, जिससे इनके संबंध गुणात्मक रूप से उच्चतर स्तर पर पहुंच गए हैं। भारत, कोरिया गणराज्य को अपनी 'एक्ट ईस्ट' नीति का महत्वपूर्ण हिस्सा मानता है। दोनों देश द्विपक्षीय भागीदार की कीमत और एशिया प्रशांत क्षेत्र में शांति, स्थिरता तथा सुरक्षा में इसकी भूमिका को समझते हैं।

यूरेशिया

रूस के साथ भारत के रिश्ते, उसकी विदेश नीति का सबसे महत्वपूर्ण आधार हैं। रूस के साथ भारत की विशेष तथा विशेषाधिकृत रणनीतिक भागीदारी बढ़ाने पर इस वर्ष प्रमुखता से ध्यान केंद्रित किया गया। भारत के प्रधानमंत्री ने दूसरे विश्व युद्ध में विजय की स्मृति में 2015 में मास्को में मनाई गई 70वीं वर्षगांठ के समारोह में भाग लिया। प्रधानमंत्री ने दो बार रूस की यात्रा की। उनकी ये यात्राएं उफा में 7वें ब्रिक्स सम्मेलन तथा एससीओ सम्मेलन और 2015 में मॉस्को में 16वें भारत-रूस वार्षिक सम्मेलन के सिलसिले में थीं। जुलाई 2105 में प्रधानमंत्री की सभी पांच मध्य एशियाई देशों- उज़बेकिस्तान, कज़ाख्स्तान, तुर्कमेनिस्तान, किर्गिज़ गणराज्य तथा तज़ाकिस्तान और दक्षिण कॉकसस (अर्मेनिया, अज़रबेजान, जॉर्जिया) की ऐतिहासिक यात्रा से मध्य एशिया के भागीदारों के साथ भारत के संबंधों को बड़ा बल मिला।

रूसी संघ

भारत और रूस के बीच उच्चस्तरीय यात्राओं और विभिन्न रूपों में मंत्री तथा अधिकारी स्तर की वार्ताओं से दोनों देशों के संबंधों में महत्वपूर्ण मज़बूती आई है। इस वर्ष 25 से अधिक समझौतों और सहमति पत्रों पर हस्ताक्षर किए गए हैं। ये समझौते रक्षा, असैन्य परमाणु सहयोग, शिक्षा, विज्ञान तथा प्रौद्योगिकी, हाइड्रोकार्बन, रेलवे, सौर ऊर्जा, वीज़ा सरलीकरण, आयुर्वेद, सैटेलाइट नेविगेशन, भारी इंजीनियरिंग तथा सुपरकंप्यूटिंग जैसे क्षेत्रों में सहयोग के बारे में हैं। 16वें वार्षिक सम्मेलन के दौरान रणनीतिक भागीदारी के मजबूत आधार के रूप में व्यापार और आर्थिक संबंध बढ़ाने पर विशेष ध्यान दिया गया। एक विस्तृत संयुक्त बयान- 'परस्पर विश्वास, नए क्षितिज' जारी किया गया, जो दोनों देशों के बीच संबंधों में व्यापकता और गतिशीलता को दर्शाता है।

भारत और रूस ने द्विपक्षीय संबंधों में महत्वपूर्ण प्रगति के अलावा क्षेत्रीय तथा वैश्विक मुद्दों पर विचार-विमर्श जारी रखा। रूस ने संयुक्त राष्ट्र सुरक्षा परिषद में स्थायी सदस्यता के लिए भारत की उम्मीदवारी, बहुआयामी निर्यात नियंत्रण व्यवस्था और शंघाई सहयोग संगठन जैसी अन्य कार्यविधियों को अपना मजबूत समर्थन दोहराया। दोनों देशों ने रूस की अध्यक्षता में ब्रिक्स की संरचना में सहयोग जारी रखा। द्विपक्षीय व्यापार और निवेश बढ़ाने के लिए कई उपाय किए गए। इनमें कारोबारियों के लिए वीजा व्यवस्था सरल की गई, सूचना के पूर्व आगमन आदान-प्रदान पर अंतरराष्ट्रीय संधि पर हस्ताक्षर (ग्रीन कॉरिडोर), कच्चे हीरे के व्यापार के लिए अधिसूचित क्षेत्र की स्थापना और कृषि निर्यात के लिए बाजार पहुंच शामिल हैं। इस वर्ष के दौरान विशेषकर हाइड्रोकार्बन क्षेत्र में दोनों देशों में बड़े निवेश की घोषणा की गई।

बेलारूस

जून 2015 में भारत के किसी राष्ट्रपति की पहली बेलारूस यात्रा से दोनों देशों के बीच संबंधों को बड़ा प्रोत्साहन मिला। वाणिज्य तथा उद्योग राज्यमंत्री ने अंतरसरकारी आयोग की बैठक के सिलसिले में सितंबर 2015 में बेलारूस की यात्रा की, मई 2015 में बेलारूस के विदेशमंत्री भारत यात्रा पर आए।

उक्रेन और दक्षिण काकेशस

भारत और उक्रेन के संबंध निरंतर आगे बढ़ रहे हैं। सक्रिय सांस्कृतिक तथा कारोबार आदान-प्रदान से अर्मेनिया, जॉर्जिया और अज़रबेजान के साथ भारत के संबंध मजबूत हुए हैं।

मध्य एशिया

जुलाई 2015 में भारत के प्रधानमंत्री की सभी पांच मध्य एशियाई देशों– कज़ाख्स्तान, किर्गी गणतंत्र, तज़ाकिस्तान, तुर्कमेनिस्तान और उज़्बेकिस्तान की यात्रा से इन देशों और क्षेत्र के साथ भारत के संबंध नई ऊंचाई तक पहुंच गए। मंत्रियों और वरिष्ठ अधिकारियों की यात्राओं तथा वार्ताओं से भारत के विस्तारित पड़ोस में स्थित इन देशों के साथ संबंध और मज़बूत हुए।

भारत ने इस क्षेत्र में क्षमता निर्माण और मानव संसाधन में अपना महत्वपूर्ण योगदान जारी रखा। पांच मध्य एशियाई देशों के साथ विभिन्न क्षेत्रों में 22 समझौतों पर हस्ताक्षर किए गए।

अंतरराष्ट्रीय उत्तर–दक्षिण परिवहन गलियारा

इस वर्ष अंतरराष्ट्रीय उत्तर–दक्षिण परिवहन गलियारे (आईएनएसटीसी) ने काफी प्रगति की। आईएनएसटीसी मार्ग के बारे में 'फेडरेशन ऑफ फ्रेट फॉरवर्डर्स एसोसिएशन' द्वारा किए गए पूर्वाभ्यास अध्ययन को आगे बढ़ाते हुए भारत ने जून 2015 में मुंबई में आईएनएसटीसी पर संवाद सत्र की मेज़बानी की। अगस्त 2015 में विशेषज्ञ स्तर की और आईएनएसटीसी परिषद की दिल्ली में बैठकें हुईं। आईएनएसटीसी मार्ग को लोकप्रिय बनाने के लिए दिसंबर 2015 में मुंबई में एक सम्मेलन का आयोजन किया गया। भारत, रूस तथा अज़रबेजान के सीमा शुल्क अधिकारियों ने नवंबर 2015 में अस्त्राखान, रूस में मुलाक़ात की।

तुर्कमेनिस्तान–अफगानिस्तान–पाकिस्तान–भारत गैस पाइपलाइन परियोजना

भारत के राष्ट्रपति ने दिसंबर 2015 में तुर्कमेनिस्तान के मेरी में तुर्कमेनिस्तान के राष्ट्रपति और अफगानिस्तान तथा पाकिस्तान के राष्ट्रपति के साथ तुर्कमेनिस्तान–अफगानिस्तान–पाकिस्तान–भारत गैस पाइप लाइन परियोजना की शुरुआत पर आयोजित समारोह में भाग लिया। मंत्रिमंडल ने 2016 में भारत के अश्काबाट समझौते में शामिल होने को मंजूरी दी। यह पारगमन समझौता, फारस की खाड़ी में पहुंच से पहले उज़्बेकिस्तान, तुर्कमेनिस्तान, ईरान और ओमान के बीच परिवहन गलियारे के बारे में है। भारत को इसकी सदस्यता के लिए समझौते के मूल पक्षों की मंजूरी का इंतजार है। भारत को जुलाई 2015 में प्रधानमंत्री की तुर्कमेनिस्तान यात्रा के दौरान इस समझौते में शामिल होने के लिए आमंत्रित किया गया था।

शंघाई सहयोग संगठन

इस वर्ष शंघाई सहयोग संगठन (एससीओ) के साथ भारत के संबंधों के नए चरण का संदेश दिया गया। संगठन ने जुलाई 2015 में रूस के उफा में राष्ट्रध्यक्षों की परिषद की बैठक के दौरान भारत को सदस्यता की पहल के अपने फैसले की घोषणा की। प्रधानमंत्री ने एससीओ के पूर्ण सत्र को संबोधित किया। भारत के प्रतिनिधियों ने इस वर्ष संगठन की विभिन्न बैठकों में भाग लिया। इन बैठकों में शामिल हैं– स्वास्थ्य, गृह, न्याय, व्यापार तथा वाणिज्य मंत्रियों और एससीओ के महा अभियोक्ताओं की बैठक। भारत ने उज़्बेकिस्तान के ताशकंद में आयोजित राष्ट्राध्यक्षों की परिषद के शिखर सम्मेलन में संगठन के साथ आबंध के समझौता ज्ञापन पर हस्ताक्षर किए। इससे भारत के एससीओ का सदस्य बनने की प्रक्रिया शुरू हुई। इसके बाद एससीओ की संरचना के तहत समय–समय पर विभिन्न दस्तावेज प्राप्त किए जाएंगे।

खाड़ी, पश्चिम एशिया और उत्तर अफ्रीका

खाड़ी क्षेत्र के देशों के साथ भारत के साथ घनिष्ठ ऐतिहासिक संबंध हैं। प्राचीन सभ्यता संबंधी रिश्तों और लोगों के बीच सशक्त संपर्क के कारण इनमें मजबूती आई है। परस्पर उच्चस्तरीय नियमित यात्राओं

से इस वर्ष ये मैत्रीपूर्ण संबंध और प्रगाढ़ हुए। खाड़ी क्षेत्र भारत का सबसे बड़ा व्यापारिक भागीदार है। 2015-16 के दौरान 97 अरब डॉलर से अधिक का द्विपक्षीय व्यापार किया गया। यह क्षेत्र भारत को बड़ी मात्रा में कच्चे तेल और एलएनजी की आपूर्ति करता है। भारत में कच्चे तेल के कुल आयात का 50 प्रतिशत और प्राकृतिक गैस के 70 प्रतिशत का इसी क्षेत्र से आयात होता है। भारत की ऊर्जा सुरक्षा आवश्यकताओं की दृष्टि से यह क्षेत्र महत्वपूर्ण बना हुआ है। भारत को तेल की आपूर्ति करने वाले छह बड़े देशों में से चार- सऊदी अरब, इराक, संयुक्त अरब अमीरात और कुवैत खाड़ी क्षेत्र के हैं। इस क्षेत्र में भारतीय समुदाय के 80 लाख लोग रहते हैं जो मेज़बान देश के विकास में योगदान करते हैं और भारत तथा खाड़ी देशों के बीच कड़ी का काम करते हैं।

दिसंबर 2015 में बहरीन के गृहमंत्री भारत की सरकारी यात्रा पर आए। इस दौरान अंतरराष्ट्रीय आतंकवाद तथा संगठित अपराध और मादक पदार्थों के अवैध व्यापार से निपटने में सहयोग के द्विपक्षीय समझौते पर हस्ताक्षर किए गए। सितंबर 2015 में भारतीय नौसेना के दो पोत- आईएनएस दीपक और तालबार ने बहरीन की सद्भावना यात्रा की।

जून 2014 से आईएसआईएस हमलों से इराक में बनी नाजुक सुरक्षा स्थिति भारत के लिए गंभीर चिंता बनी रही। भारत ने इराक की सरकार के साथ संपर्क बनाए रखने के लिए बगदाद में अपना दूतावास जारी रखा। भारत ने अपने नागरिकों की दूतावास संबंधी सहायता के लिए कुर्दिस्तान के एरबिल में एक नियंत्रण कक्ष बनाया। एरबिल के कैंप आफिस का दर्जा बढ़ाकर महावाणिज्य दूतावास के स्तर का कर दिया गया। इराक में संकट की शुरुआत से भारत सरकार ने 7,195 भारतीय नागरिकों को सहायता उपलब्ध कराई है ताकि वे इराक से सुरक्षित स्वदेश लौट सकें।

भारत, इस्लामिक रिपब्लिक ऑफ ईरान को अपनी वर्तमान आर्थिक तथा सुरक्षा संबंधी स्थितियों में एक महत्वपूर्ण देश मानता है। 2015 में दोनों देशों के नेताओं तथा वरिष्ठ मंत्रियों के बीच बातचीत से द्विपक्षीय संबंधों को बल मिला है। भारत ने जुलाई 2015 में ईरान और पी 5+1 (पी+1 संयुक्त राष्ट्र सुरक्षा परिषद के 5 स्थायी सदस्यों- चीन, फ्रांस, रूस, ब्रिटेन और अमरीका: + जर्मनी के बारे में है। यूरोपीय देशों द्वारा पी 5+1 का ज़िक्र अक्सर ई 3+3 के रूप में किया जाता है) के बीच संयुक्त व्यापक कार्य योजना (जेसीपीओए) पर हस्ताक्षर का स्वागत किया है।

जेसीपीओए में बनी सहमति के अनुसार जनवरी 2016 में इसे लागू करने की घोषणा, सहनशील कूटनीति और बातचीत की जीत है। इससे इस्लामिक रिपब्लिक ऑफ ईरान तथा क्षेत्र के मैत्री स्वभाव के लोगों के लिए शांति और समृद्धि का एक नया अध्याय खुलेगा। इस पर नियमित द्विपक्षीय वार्ताएं और उच्चस्तरीय विचार-विमर्श होता रहा है।

भारत के सड़क परिवहन, राज़मार्ग और जहाजरानी मंत्री मई 2015 में ईरान गए और छाबहार बंदरगाह के बारे में अंतरसरकारी सहमति पत्र पर हस्ताक्षर किए। मई 2016 में भारत के प्रधानमंत्री ईरान की सरकारी यात्रा पर गए। वहां के उच्च नेतृत्व के साथ बातचीत के बाद उनकी उपस्थिति में सहयोग के बारह दस्तावेज़ों पर हस्ताक्षर किए गए। इस दौरान छाबहार परिवहन तथा पारगमन गलियारे की स्थापना की त्रिपक्षीय स्थापना के भारत-ईरान-अफगानिस्तान समझौते पर हस्ताक्षर किए गए और भारत-ईरान संयुक्त वक्तव्य 'सभ्यता मिलान, समसामयिक संदर्भ' जारी किया गया।

इस अवधि के दौरान रक्षा और कृषि जैसे सहयोग के परंपरागत क्षेत्रों में भारत–इस्राइल के द्विपक्षीय जैसे नए क्षेत्रों में सहयोग बढ़ाया गया है। अक्टूबर 2015 में भारत के राष्ट्रपति की पहली बार की गई इस्राइल की यात्रा इस अवधि की एक विशिष्ट घटना थी। इस दौरान वे जॉर्डन भी गए और परस्पर हित के क्षेत्रीय तथा अंतरराष्ट्रीय मुद्दों और द्विपक्षीय संबंधों के सभी मुद्दों पर विस्तार से चर्चा की।

भारत और कुवैत के बीच घनिष्ठ और बहुआयामी संबंध इस वर्ष के दौरान और मजबूत हुए। भारत लगातार कुवैत के 10 बड़े व्यापार भागीदारों में बना हुआ है। कुवैत भारत को कच्चे तेल और एलपीजी मुहैया कराने वाला विश्वसनीय आपूर्तिकर्ता देश है, जो हमारी लगभग 6 प्रतिशत ऊर्जा जरूरतों को पूरा करता है। कुवैत में सबसे अधिक, आठ लाख से अधिक भारतीय रहते हैं। लेबनान के साथ द्विपक्षीय संबंधों में शिक्षण तथा सांस्कृतिक संबंधों पर जोर दिया गया।

ओमान भारत का समुद्र के निकट का पड़ोसी देश है। दोनों देशों के बीच द्विपक्षीय ऐतिहासिक संबंध विकसित होकर रणनीतिक भागीदारी तक पहुंचे हैं। वर्ष 2015 में दोनों देशों के बीच राजनयिक संबंधों की स्थापना की हीरक जयंती मनाई गई और 60वीं वर्षगांठ के उपलक्ष्य में कई सांस्कृतिक कार्यक्रम आयोजित किए गए।

भारत और सऊदी अरब के बीच सद्भाव और मैत्री संबंध हैं, जो इनके सदियों पुराने आर्थिक, सामाजिक तथा सांस्कृतिक रिश्तों को दर्शाते हैं। सऊदी अरब में सबसे अधिक लगभग 30 लाख प्रवासी भारतीय हैं। दोनों देशों ने राजनीतिक, आर्थिक, रक्षा और सुरक्षा के क्षेत्र में तेजी से प्रगति की है।

इनके बीच परस्पर उच्चस्तरीय यात्राएं नियमित रूप से होती हैं और विभिन्न स्तरों पर संपर्क रहता है। 2015 में लगभग 1 लाख, 36 हजार भारतीय हज़ के लिए सऊदी अरब गए। अप्रैल 2016 में भारत के प्रधानमंत्री सऊदी अरब की यात्रा पर गए। इस दौरान परस्पर हित के आपसी, क्षेत्रीय तथा अंतरराष्ट्रीय मुद्दों पर विचार किया गया और कई सहमति–पत्रों पर हस्ताक्षर किए गए।

इस वर्ष के दौरान भारत और कतर के बीच बहुआयामी संबंध और मजबूत हुए। जून 2016 में भारत के प्रधानमंत्री कतर की सरकारी यात्रा पर गए। इस दौरान परस्पर हित के क्षेत्रीय तथा अंतरराष्ट्रीय मुद्दों पर चर्चा की गई और सात समझौतों/सहमति–पत्रों पर हस्ताक्षर किए गए।

सीरिया में जारी संकट के दौरान, भारत ने विवादों के शांतिपूर्वक समाधान का अपना रुख बनाए रखा है। भारत ने सीरिया संघर्ष से जुड़े सभी पक्षों से हिंसा छोड़ने की अपील की है ताकि समग्र राजनीतिक वार्ता का माहौल बन सके और सीरियाई लोगों की वैध अपेक्षाओं को ध्यान में रखते हुए व्यापक राजनीतिक समाधान की दिशा में बढ़ा जा सके। भारत पूरी दृढ़ता से कहता रहा है कि इस संकट का सैन्य समाधान नहीं हो सकता है।

भारत और संयुक्त अरब अमीरात के बीच परंपरागत नज़दीकी और मैत्री संबंधों को इस दौरान एक–दूसरे देश की उच्चस्तरीय यात्राओं से और मजबूती मिली। भारत के प्रधानमंत्री ने अगस्त 2015 में संयुक्त अरब अमीरात की यात्रा की। भारत के प्रधानमंत्री की 34 वर्ष के बाद हुई इस ऐतिहासिक यात्रा से दोनों देशों के बीच संबंधों में बड़ा बदलाव आया और वे व्यापक रणनीतिक भागीदारी में बदल गए। प्रधानमंत्री की इस यात्रा के कुछ ही समय बाद फरवरी 2016 में अबुधाबी के युवराज भारत आए। उनकी इस यात्रा के दौरा कई समझौता ज्ञापनों पर हस्ताक्षर किए गए।

भारत और यमन के लोगों के बीच संपर्क का लंबा इतिहास है। यमन में राजनीतिक तथा सुरक्षा की बिगड़ती स्थिति के कारण भारत सरकार ने सेना और अदिस अबाबा में भारतीय दूतावास के साथ समन्वय से लोगों को वहां से निकालने का अभियान-ऑपरेशन राहत अप्रैल 2015 में चलाया। कुल 6,710 लोगों की वहां से निकलने में मदद की गई। इनमें 4,748 भारतीय तथा 1,952 विदेशी नागरिक थे। इन्हें सना हवाईअड्डे अदन अल हुदयदाह तथा अल मुकल्ला बंदरगाह से हवाई और समुद्र मार्ग से निकाला गया।

2015 में हज़यात्रियों की कुल संख्या 1 लाख 35 हजार 868 थी। इसके लिए विदेश मंत्रालय ने 543 अधिकारियों को प्रतिनियुक्ति पर नियुक्त किया। उसने जेद्दाह में भारत के महावाणिज्य दूतावास को 1.76 करोड़ रुपये की दवाएं और चिकित्सा उपकरण उपलब्ध कराए। दूतावास ने मक्का तथा मदीना में मुख्य कार्यालय, मक्का में 13 शाखा कार्यालय, मदीना में 3 शाखा कार्यालय, जेद्दाह तथा मदीना हज़ टर्मिनल पर डिस्पेंसरी तथा कार्यालय, मक्का के अजीज़िया में 40 बिस्तरों का अस्पताल, मक्का में 13 शाखा डिस्पेंसरियां, मदीना में 10 बिस्तरों वाली मुख्य डिस्पेंसरी और मदीना में ही डिस्पेंसरियां की तीन शाखाएं स्थापित कीं।

अफ्रीका

2015-16 का वर्ष भारत-अफ्रीका भागीदारी की दृष्टि से बहुत विशेष तथा ऐतिहासिक रहा। इस दौरान नेताओं के स्तर पर अभूतपूर्व संपर्क बना रहा। भारत ने अक्टूबर 2015 में तीसरे भारत-अफ्रीका मंच शिखर सम्मेलन की नई दिल्ली में मेज़बानी की। इसमें भारत से राजनयिक संबंधों वाले सभी 54 अफ्रीकी देशों ने भाग लिया। राष्ट्राध्यक्ष/शासनाध्यक्ष के स्तर पर 41 अफ्रीकी देशों ने इसमें हिस्सा लिया, जो एक रिकार्ड है। व्यक्तिगत रूप से सम्मेलन का निमंत्रण देने के लिए 16 राज्यमंत्रियों ने प्रधानमंत्री के विशेष दूत के रूप में 49 अफ्रीकी देशों का दौरा किया। जून 2016 में भारत के राष्ट्रपति की तीन अफ्रीकी देशों की यात्रा से भारत अफ्रीका तक पहुंच में बढ़ोतरी हुई। उनकी यह यात्रा घाना से शुरू हुई और इसके बाद वे 'कोट डी' इवॉयर तथा नामीबिया गए। 2016 में उपराष्ट्रपति, मोरक्को और ट्यूनिशिया की यात्रा पर गए। जुलाई 2016 में प्रधानमंत्री ने चार अफ्रीकी देशों- मोजांबिक, दक्षिण अफ्रीका, तंज़ानिया और केन्या का दौरा किया।

इस दौरान तंज़ानिया, मोज़ांबिक और सेशेल्स के राष्ट्रपति भारत दौरे पर आए। मॉरिशस के राष्ट्रपति ने भी भारत की सरकारी यात्रा की। इनसे मौजूदा संबंधों को मजबूत करने और नए संबध स्थापित करने में मदद मिली। इससे हितों के समाकलन और सांस्कृतिक तथा सभ्यता संबंधी रिश्तों में समन्वय कर विश्व के विभिन्न भागों के साथ संबंधों की योजना बनाने तथा तालमेल की भारत की दक्षता का पता चलता है।

वर्ष 2015 में संयुक्त राष्ट्र स्थापना की 70वीं वर्षगांठ के सिलसिले में अफ्रीका में दो महत्वपूर्ण विश्व सम्मेलनों- विकास के लिए वित्त पोषण पर तीसरा अंतरराष्ट्रीय सम्मेलन (अदिस अबाबा, जुलाई 2015) और विश्व व्यापार संगठन के देशों के मंत्रियों का सम्मेलन (नैरोबी, दिसंबर 2015) का आयोजन किया गया। भारत ने सतत विकास के 2030 के एजेंडे और जलवायु परिवर्तन पर उत्तर 2020 समझौते को अंतिम रूप देने के मुद्दे पर अफ्रीकी भागीदारों के साथ पूरा सहयोग किया। सतत विकास के 2030 के एजेंडे को संयुक्त राष्ट्र महासभा ने सितंबर 2015 में मंजूरी दी थी और जलवायु पर उत्तर 2020

के समझौते को दिसंबर 2015 में पेरिस में यूएनएफसीसीसी की सीओपी 21 में अंतिम रूप दिया गया था। इस वर्ष जून 2015 में अफ्रीकी संघ ने एजेंडा 2063 को भी मंजूरी दी।

भारत-अफ्रीका संबंधों में व्यापार तथा निवेश संबंधी कारोबारी रिश्तों और राजनीतिक संपर्क मजबूत करने पर बल दिया गया है। राजनीतिक संपर्क अनूठे दक्षिण- दक्षिण सहयोग पर आधारित है। इसमें शिक्षा; क्षमता निर्माण; कृषि; ऊर्जा; प्रौद्योगिकी; बुनियादी ढांचा; चिकित्सा आदि सहित बहुआयामी विकास भागीदारी शामिल है। इस भागीदारी में समुद्र संबंधी आर्थिक गतिविधियों, आतंकवाद से निपटने और समुद्री सुरक्षा के क्षेत्र में सहयोग के उभरते मुद्दों पर ध्यान केंद्रित किया गया। लंबे समय से चले आ रहे प्रवासी रिश्ते भी भारत और अफ्रीका के संबंधों का एक महत्वपूर्ण पहलू है।

इस दौरान विभिन्न देशों की ओर से एक-दूसरे के देश की उच्चस्तरीय यात्राएं की गईं और वार्ताएं की गईं। भारत की विदेशमंत्री, अगस्त 2015 में मिस्र की यात्रा पर गईं और उन्होंने वहां के राष्ट्रपति तथा अरब लीग के सचिव से मुलाकात की। अक्टूबर 2015 में भारत-अफ्रीका व्यापारमंत्रियों की चौथी बैठक नई दिल्ली में हुई। इसमें व्यापार मंत्रियों/अधिकारियों और 8 क्षेत्रीय आर्थिक समुदायों सहित 37 प्रतिनिधिमंडलों ने भाग लिया।

जनवरी 2016 में चौथे भारत-अफ्रीका हाइड्रोकार्बन सम्मेलन का नई दिल्ली में आयोजन किया गया। इसमें 25 अफ्रीकी देशों को आमंत्रित किया गया। केन्या के राष्ट्रीय कोषागार ने रिफ्ट वैली टेक्सटाइल्स फैक्ट्री परियोजना के उन्नयन के लिए 29.95 अरब डालर के ऋण सहयोग की स्वीकृति के बारे में जानकारी दी। भारत के कृषि विशेषज्ञों के दल ने कृषि क्षेत्र में द्विपक्षीय सहयोग के क्षेत्रों का पता लगाने के लिए मार्च 2016 में मोज़ांबिक का दौरा किया। भारत और तंज़ानिया के बीच संयुक्त हाइड्रोग्राफी समिति की पहली बैठक मार्च 2016 में दार-ए-सलाम में हुई। ज़ांबिया के लुसाका में अंतरसंसदीय संघ की 134वीं बैठक में 21 सदस्यों के भारतीय संसदीय प्रतिनिधिमंडल ने भाग लिया। भारत-अफ्रीका परियोजना भागीदारी पर 11वीं सीआईआई निर्यात आयात बैंक सभा मार्च 2016 में नई दिल्ली में हुई। इसमें 37 अफ्रीकी देशों के प्रतिनिधियों ने भाग लिया, जिनमें 2 उपराष्ट्रपति और 23 मंत्री थे। इसमें नाईजीरिया भागीदारी देश और घाना अतिथि देश था। इसमें लगभग एक हजार कारोबारी प्रतिनिधियों ने हिस्सा लिया जिनमें 500 से अधिक अफ्रीका से थे। इस दौरान कारोबारियों के बीच 400 से अधिक बैठकें आयोजित की गईं। 2016 के दौरान विदेश मंत्रालय द्वारा 22 अफ्रीकी देशों के पत्रकारों के लिए मेल-जोल बढ़ाने की यात्रा आयोजित की गई।

पश्चिमी अफ्रीकी क्षेत्र अफ्रीका की बड़ी आबादी और ऊर्जा स्रोतों के सबसे बड़े भंडार और तेजी से बढ़ती अर्थव्यवस्था वाले देशों का केंद्र है। पिछले 10 वर्ष में इस क्षेत्र के बहुत से देश-दुनिया के अन्य देशों से काफी आगे निकल गए हैं और इस आर्थिक दृष्टि से दुनिया में मध्यमवर्ग को तेजी से आगे बढ़ने में मदद मिली है।

इस क्षेत्र में बढ़ती जनसंख्या और प्राकृतिक संसाधनों की प्रचुरता से यह सुनिश्चित हुआ है कि पश्चिम अफ्रीका आर्थिक और कारोबार तथा निवेश के भरपूर अवसर उपलब्ध करा रहा है। 2000 से पहले इस क्षेत्र के लिए संयुक्त सकल घरेलू उत्पाद 250 अरब डॉलर से कम होने का अनुमान था। एक दशक के अंदर यह राशि दुगुनी से भी अधिक होकर 565 अरब डॉलर हो गई है। यह वृद्धि आर्थिक और राजनीतिक सुधारों के कारण संभव हुई है, क्योंकि इनके कारण समूचे पश्चिम एशिया में कारोबार के नए

अवसरों का सृजन हुआ है। वास्तव में प्रत्यक्ष विदेशी निवेश में पर्याप्त वृद्धि के कारण सकल घरेलू उत्पाद मे बढ़ोतरी सामने आ रही है। 1990 के दशक के मध्य से पश्चिम अफ्रीका की शासन व्यवस्था में ऐतिहासिक बदलाव आया है। कई देशों में सैन्य शासन के स्थान पर संवैधानिक व्यवस्था कायम हुई है और गृह युद्ध पर विराम लगा है और क्षेत्रीय आर्थिक समाकलन का नवीकरण हुआ है।

पश्चिम अफ्रीका क्षेत्र भारत के लिए लगातार महत्वपूर्ण बना हुआ है। इस क्षेत्र के साथ भारत का द्विपक्षीय व्यापार लगातार बढ़ रहा है। यह 2003 के बाद 15 गुना बढ़कर अब लगभग 31 अरब डॉलर पर आ गया है। भारत कच्चे तेल की अपनी लगभग 18 प्रतिशत जरूरत इसी क्षेत्र से पूरी करता है। इस क्षेत्र के साथ भारत की विकास में बढ़ती भागीदारी, क्षमता निर्माण, कौशल विकास और भौतिक तथा सामाजिक आधारभूत ढांचे पर आधारित रही है। भारत ने क्षेत्र में संवैधानिक व्यवस्था, शांति, सुरक्षा और स्थिरता की बहाली के लिए अंतरराष्ट्रीय प्रयासों में हमेशा सक्रिय सहयोग दिया है। भारत की सेनाएं पश्चिम अफ्रीका के देशों में शांति सेना के कई अभियानों में शामिल रही हैं। तीसरे भारत-अफ्रीका मंच शिखर सम्मेलन से भारत संबंध दोबारा शुरू करने का अवसर मिला है।

अफ्रीका के साथ विकास सहयोग के तहत भारत सरकार ने केन्या में रिफ्ट वैली टेक्सटाइल्स फैक्ट्री (रिवाटैक्स ईस्ट अफ्रीका लि.) के उन्नयन के लिए 29.95 मिलियन डॉलर के ऋण को स्वीकृति दी है, 15 मिलियन की एक और ऋण सहायता की भी मंजूरी दी गई, मुलांजे में ब्लैनटायर तक लिखुबुला नदी से एक नई जल आपूर्ति प्रणाली के निर्माण के लिए मलावी के वास्ते 23.5 मिलियन डॉलर की ऋण सहायता की स्वीकृति दी गई, जाम्बिया के कृषि यंत्रीकरण कार्यक्रम के लिए 40 मिलियन डॉलर की ऋण सहायता को मंजूरी दी गई।

मेडागास्कर के साथ दो समझौता ज्ञापनों पर हस्ताक्षर किए गए हैं। पहला कृषि में सहयोग और दूसरा ग्रामीण विकास में जीओ-इन्फॉरमेटिक्स एप्लीकेशन्स (सीजीएआरडी) के केंद्र की स्थापना से संबंधित है। नामीबिया के सार्वजनिक प्रशासन तथा प्रबंधन संस्थान ने क्षमता निर्माण और आदान-प्रदान के बारे में भारतीय प्रशासनिक स्टाफ कालेज, हैदराबाद और सार्वजनिक उपक्रम संस्थान, हैदराबाद के साथ सहयोग के समझौता ज्ञापनों पर हस्ताक्षर किए हैं। फरवरी 2016 में इलेक्ट्रॉनिक टूरिस्ट वीज़ा का विस्तार किया गया। इसे बोत्स्वाना, नामीबिया, स्विट्ज़रलैंड, जाम्बिया, कोमोरोज़, मेडागास्कर, जिम्बाब्वे, दक्षिण अफ्रीका, लेसोथे, मलावी और एरिट्रिया के लिए भी लागू किया गया।

यूरोप और यूरोपीय संघ

पश्चिमी यूरोप के देशों के साथ संपर्क बढ़ाने पर विशेष रूप से जोर दिया जाता रहा। इस दौरान परस्पर हित के तरजीही क्षेत्रों में इन महत्वपूर्ण देशों के साथ भागीदारी बढ़ाने के लिए विस्तृत दिशानिर्देश तय करने में उच्चस्तरीय यात्राओं की भूमिका महत्वपूर्ण रही।

अप्रैल 2015 में भारत के प्रधानमंत्री की अत्यंत सफल यात्रा से फ्रांस के साथ भारत के संबंध प्रगाढ़ हुए। भारत के प्रधानमंत्री ने सितंबर 2015 में न्यूयार्क में संयुक्त राष्ट्र महासभा की बैठक के दौरान अलग से फ्रांसीसी राष्ट्रपति से मुलाकात की। दोनों नेता नवंबर 2015 में पेरिस में जलवायु परिवर्तन पर संयुक्त राष्ट्र संरचना संधि के पक्षों के सम्मेलन के 21वें सत्र में नेताओं के लिए किए गए आयोजन में भी मिले। उन्होंने संयुक्त रूप से इंटरनेशनल सोलर एलायंस (आईएसए) का शुभारंभ किया। फ्रांस के राष्ट्रपति जनवरी 2016 में भारत के 67वें गणतंत्र दिवस समारोह में मुख्य अतिथि थे।

इसके साथ ही फ्रांस, भारत के गणतंत्र दिवस समारोह पर मुख्य अतिथि के लिए सबसे अधिक निमंत्रण (पांच) पाने वाला देश बन गया। फ्रांस के राट्रपति की भारत यात्रा से फ्रांस के साथ हमारी भागीदारी के आधार रक्षा, असैन्य परमाणु तथा अंतरिक्ष क्षेत्र में द्विपक्षीय सहयोग और बढ़ा। रणनीतिक भागीदारी सूची में नए उभरते क्षेत्रों– आतंकवाद से निपटने, समुद्री सुरक्षा और अक्षय ऊर्जा को भी शामिल किया गया।

अप्रैल 2015 में भारत के प्रधानमंत्री ने वाणिज्य और उद्योग राज्यमंत्री के साथ जर्मनी की यात्रा की। उन्होंने हेनोवर मैसे 2015 का उद्घाटन किया। इसमें भारत ने भागीदार देश के रूप में हिस्सा लिया। प्रधानमंत्री ने जर्मन चांसलर के साथ संयुक्त रूप से भारतीय पवेलियन और भारत–जर्मन कारोबार शिखर सम्मेलन का उद्घाटन भी किया। प्रधानमंत्री ने जर्मनी के उद्योगपतियों को संबोधित करते हुए 'मेक इन इंडिया' और सरकार के अन्य बड़े आर्थिक कार्यक्रमों की चर्चा की। जर्मन चांसलर ने तीसरे भारत–जर्मन अंतर सरकारी परामर्श के लिए अक्टूबर 2015 में भारत की यात्रा की।

भारत के प्रधानमंत्री ने सितंबर 2015 में संयुक्त राष्ट्र महासभा की बैठक में भाग लेने न्यूयार्क जाते समय रास्ते में आयरलैंड की संक्षिप्त सरकारी यात्रा की। प्रधानमंत्री की आयरलैंड की इस पहली यात्रा ने दोनों पक्षों को आपसी संबंध बढ़ाने के प्रयास करने का संकेत दिया और परस्पर हित के प्राथमिक क्षेत्रों में भागीदारी के लिए आगे बढ़ने का प्रारूप पेश किया।

हॉलैंड के प्रधानमंत्री ने 2015 में भारत की सरकारी यात्रा की। उनके साथ विदेश व्यापार तथा विकास निगम के मंत्री तथा कृषि मंत्री, सरकारी अधिकारी और वहां की 80 से अधिक कंपनियों का एक बड़ा प्रतिनिधिमंडल भी था।

वर्ष 2015 में भारत और स्पेन के द्विपक्षीय संबंधों को मजबूती मिली। अप्रैल 2015 में स्पेन के विदेशमंत्री की भारत यात्रा से यह बात स्पष्ट होती है। 43 वर्ष में पहली बार स्पेन के विदेश मंत्री भारत यात्रा पर आए।

नवंबर 2015 में भारत के प्रधानमंत्री की ब्रिटेन यात्रा से दोनों देशों के अनूठे रिश्तों और 11 वर्ष पुरानी रणनीतिक भागीदारी को काफी बढ़ावा मिला। 2006 के बाद भारत के किसी प्रधानमंत्री की यह पहली सरकारी द्विपक्षीय यात्रा थी। उनकी इस यात्रा से भारत के बढ़ते कद को सफलतापूर्वक सामने लाया जा सका। इससे परमाणु, रक्षा, साइबर, आतंकवाद से निपटने, समुद्री सुरक्षा तथा संगठित अपराध और भारत की महत्वपूर्ण परियोजनाओं– स्मार्ट सिटी, स्वच्छ भारत, स्किल इंडिया तथा स्वच्छ ऊर्जा जैसे क्षेत्रों में महत्वपूर्ण भागीदारी बढ़ाने को बल मिला।

मार्च 2016 में भारत के प्रधानमंत्री ने 13वें भारत–यूरोपीय संघ शिखर सम्मेलन में भाग लेने के लिए ब्रसेल्स की यात्रा की। इस सम्मेलन से यूरोपीय संघ के साथ भारत की महत्वपूर्ण भागीदारी को नई ऊर्जा मिली और व्यापार, निवेश तथा प्रौद्योगिकी के क्षेत्र में यूरोपीय संघ के भारत का अग्रणी भागीदार बनने में मदद मिली। इस सम्मेलन का खास नतीजा यह रहा कि प्रवासन और गतिशीलता पर भारत–यूरोपीय संघ संयुक्त घोषणा जारी की गई, जिसमें वास्तविक यात्रियों तथा कुशल कामगारों को वीजा देने की दक्ष प्रक्रिया का प्रावधान है। प्रधानमंत्री ने इस यात्रा के दौरान बेल्जियम के प्रधानमंत्री के साथ द्विपक्षीय बातचीत की। आतंकवाद से निपटने, बंदरगाह तथा समुद्री क्षेत्रों, सूचना प्रौद्योगिकी, विज्ञान तथा प्रौद्योगिकी और अक्षय ऊर्जा सहित परस्पर हित के क्षेत्रों पर बातचीत की गई।

भारत ने मध्य यूरोप के देशों के साथ घनिष्ठ और सद्भावपूर्ण संबंध बनाए रखे। इस वर्ष के दौरान लगातार एक-दूसरे के देश की यात्राओं, कारोबारी वार्ताओं और सांस्कृतिक आदान-प्रदान से द्विपक्षीय संबंध मजबूत हुए। सरकार की नीतियों और विशेषकर मेक इन इंडिया, डिजिटल इंडिया, क्लीन गंगा जैसी परियोजनाओं के बारे में जानकारी देने के लिए संगोष्ठियां आयोजित की गईं। भारत-मध्य यूरोप कारोबार मंच की दूसरी बैठक 2015 में बंगलुरु में आयोजित की गई। इसमें मध्य यूरोप के 18 देशों के प्रतिनिधियों ने भाग लिया।

पोलैंड इस वर्ष इस मंच में भागीदार देश था। क्षेत्र के कई शहरों में अंतरराष्ट्रीय योग दिवस मनाया गया। इस अवसर पर योग कक्षाएं, व्याख्यान और प्रदर्शनियां आयोजित की गईं। भारत और मध्य यूरोप के देशों ने अंतरराष्ट्रीय संगठनों में अधिकारियों के लिए एक-दूसरे के उम्मीदवारों को समर्थन देना जारी रखा। भारत के प्रधानमंत्री ने 2016 में स्विट्जरलैंड की यात्रा की। उन्होंने स्विट्जरलैंड के राष्ट्रपति से मुलाक़ात की और परस्पर हित के विभिन्न द्विपक्षीय, क्षेत्रीय और बहुपक्षीय मुद्दों पर लाभकारी बातचीत की।

कनाडा

हाल के वर्षों में भारत-कनाडा के रिश्तों में बदलाव आया है। लोकतांत्रिक मूल्यों, बहुलवाद, बढ़ती आर्थिक गतिविधियों, नियमित पारस्परिक संपर्क और दोनों देशों के लोगों के बीच दीर्घकालीन संपर्क से संबंधों को नया आधार मिला। अप्रैल 2015 में भारत में प्रधानमंत्री की कनाडा यात्रा से इन संबंधों को नई गति मिली और द्विपक्षीय संबंध नई ऊंचाइयों को छूते हुए महत्वपूर्ण भागीदारी तक पहुंच गए। भारत कनाडा की नवनिर्वाचित सरकार के साथ भी संबंधों को आगे बढ़ाता रहेगा। कनाडा में भारतीय मूल के 12 लाख से अधिक लोग रहते हैं। इनकी आबादी कनाडा की कुल आबादी के 3 प्रतिशत से अधिक है। प्रधानमंत्री ने अपनी यात्रा के दौरान कनाडा के नागरिकों के लिए इलेक्ट्रॉनिक ट्रेवल ऑथॅराइज़ेशन की घोषणा की। कनाडा के नागरिकों के लिए 10 वर्ष की लंबी अवधि के वीज़ा की भी घोषणा की गई।

कनाडा चूंकि 'एनर्जी सुपरपावर' है और यह यूरेनियम, प्राकृतिक गैस, तेल, कोयला, खनिज, पनबिजली, खनन, अक्षय ऊर्जा और परमाणु ऊर्जा में अत्याधुनिक प्रौद्योगिकी के इस्तेमाल की दृष्टि से दुनिया के सर्वाधिक संपन्न देशों में शामिल है, इसलिए कनाडा के साथ संबंधों में ऊर्जा क्षेत्र पर प्राथमिकता के आधार पर ज़ोर दिया गया। प्रशांत उत्तर पश्चिम (पीएनडब्ल्यू), एलएनजी परियोजना ब्रिटिश कोलंबिया हाइड्रोकार्बन क्षेत्र में इंडियन ऑयल की हिस्सेदारी 10 प्रतिशत थी। प्रधानमंत्री की यात्रा के दौरान परमाणु ऊर्जा विभाग और एम/एससीएएमईसीओ इंक, कनाडा ने 2015 से 2020 तक भारत को 3,000 मीट्रिक टन यूरेनियम अयस्क की आपूर्ति के समझौते पर हस्ताक्षर किए। यूरेनियम की पहली खेप दिसंबर 2015 में भारत पहुंची। 2014 में 4.48 अरब डॉलर का द्विपक्षीय व्यापार हुआ। 2014 में कनाडा में भारत का निवेश बढ़कर 2781.1 मिलियन डॉलर हो गया, जबकि कनाडा का भारत में निवेश 789.6 मिलियन डॉलर था। दोनों पक्ष द्विपक्षीय व्यापार और आर्थिक संबध बढ़ाने के लिए व्यापक आर्थिक भागीदारी समझौता- सीईपीए और द्विपक्षीय व्यापार संरक्षण तथा संवर्द्धन समझौता- बीआईपीपीए पर बातचीत कर रहे हैं।

अमरीका

भारत के प्रधानमंत्री ने जून 2016 में अमरीका की यात्रा की। उनकी इस यात्रा का उद्देश्य विभिन्न क्षेत्रों में हुई प्रगति को तेज करना और भविष्य के लिए सहयोग बढ़ाना है। दोनों देशों के बीच असैन्य परमाणु, स्वच्छ ऊर्जा, रक्षा तथा सुरक्षा और आर्थिक, राजनीतिक, रणनीतिक सहयोग और लोगों के बीच संबंधों के ठोस नतीजे सामने आए हैं। प्रधानमंत्री की यात्रा के दौरान कई दस्तावेजों पर हस्ताक्षर किए गए और कई को अंतिम रूप दिया गया। भारत और अमरीका के संबंध दोनों के बढ़ते समान हितों और एक समान लोकतांत्रिक मूल्यों तथा द्विपक्षीय, क्षेत्रीय तथा वैश्विक मुद्दों पर आधारित व्यापक द्विपक्षीय रणनीतिक और वैश्विक भागीदारी तक पहुंच गए हैं। सितंबर 2015 में प्रधानमंत्री की दूसरी अमरीका यात्रा का उद्देश्य विविध क्षेत्रों, विशेषकर अक्षय ऊर्जा, डिजिटल अर्थव्यवस्था, नवाचार और विनिर्माण में अमरीकी उद्योगों के साथ मौजूदा निवेश तथा प्रौद्योगिकी भागीदारी मजबूत करने में अमरीकी पूंजी और प्रौद्योगिकी का लाभ उठाना है। इस वर्ष के दौरान विभिन्न क्षेत्रों में राजनीतिक और क्रियात्मक स्तरों पर बड़े आदान-प्रदान किए गए। इनमें शामिल है- व्यापार, अर्थव्यवस्था, परिवर्तन, आतंकवाद के खिलाफ संघर्ष और अन्य मुद्दे, जिनके लिए सितंबर 2015 में पहली रणनीतिक और वाणिज्यिक वार्ता में अंतिम निर्णय की स्थिति बन गई थी। रक्षा क्षेत्र में संबंधों में काफी वृद्धि हुई। रक्षा प्रौद्योगिकी तथा व्यापार पहल के तहत सह-विकास और सह-उत्पादन पर अधिक ध्यान दिया गया।

इस वर्ष दोनों देशों के रक्षा मंत्रियों ने एक-दूसरे के देश की यात्रा की और परस्पर सहयोग बढ़ाने के लिए 10 वर्ष की भारत-अमरीका रक्षा सहयोग व्यवस्था पर हस्ताक्षर किए।

2015 में (वस्तु और सेवा) व्यापार, निवेश और प्रौद्योगिकी भागीदारी बढ़ने से दोनों देशों के व्यापार और वाणिज्यिक गतिविधियों में लगातार वृद्धि हुई। 2014-15 के दौरान भारत ने अमरीका को 42.45 अरब डॉलर का निर्यात किया जो भारत के कुल निर्यात का 13.67 प्रतिशत था। भारत का अमरीका से आयात 21.82 अरब डॉलर का था जो कि भारत के कुल आयात का 4.87 प्रतिशत था। इस दौरान भारत के पक्ष में व्यापार अधिशेष 20.63 अरब डॉलर का था। वस्तु व्यापार के मामले में अमरीका, भारत का दूसरा सबसे बड़ा सहयोगी है। 2014-15 में भारत में अमरीका का प्रत्यक्ष विदेशी निवेश बढ़कर 1.8 अरब डॉलर हो गया, जोकि 2013-14 में 8060 लाख डॉलर था। इस तरह भारत में अमरीकी निवेश में 126 प्रतिशत की बढ़ोतरी हुई और यह भारत में निवेश करने वाला दुनिया का छठा सबसे बड़ा देश बन गया।

लैटिन अमरीका और कैरेबियन देश

अर्जेंटीना

भारत और अर्जेंटीना के संबंध हमेशा से परस्पर सम्मान और सौहार्द के रहे हैं। 2015 में दोनों देशों के बीच उच्चस्तरीय यात्राओं और व्यापार तथा पर्यटन में वृद्धि से संबंधों में और मजबूती आई। दो महत्वपूर्ण घटनाओं से भारत और अर्जेंटीना के द्विपक्षीय व्यावसायिक संबंधों से आपसी व्यापार संबंधों को बढ़ावा मिला। अर्जेंटीना द्वारा भारत को फार्मा आयात के देशों की सूची में शामिल करने के लिए परिशिष्ट-2 में राष्ट्रपति ने संशोधन किया और भारत ने अर्जेंटीना के सेब, नाशपाती और बेल के निर्यात के लिए फाइटोसैनिटरी मंजूरी दी।

बोलीविया

भारत और बोलीविया के संबंध विशेषकर 2014 में पहले विदेश कार्यालय परामर्श के पूरा होने के बाद लगातार मैत्रीपूर्ण और घनिष्ठ हुए हैं। दोनों देशों के बीच व्यापार प्रतिनिधिमंडलों की यात्रा के बाद संबंधों में और मजबूती आई।

ब्राज़ील

2015 में विशेषकर भारत के प्रधानमंत्री की ब्राज़ील यात्रा से दोनों देशों के संबंध बहुत महत्वपूर्ण और लाभकारी बने। विश्वभर में वस्तुओं की कीमतें गिरने और आर्थिक मंदी का ब्राज़ील के व्यापार पर असर पड़ा और भारत के साथ उसका व्यापार भी प्रभावित हुआ। जनवरी से अक्टूबर के बीच दोनों देशों के बीच लगभग 6.63 अरब डॉलर का व्यापार हुआ। भारत ने ब्राज़ील को 3.73 अरब डॉलर का निर्यात किया और ब्राज़ील ने भारत को 2.9 अरब डॉलर का निर्यात किया। भारत का व्यापार अधिशेष 8,280 लाख डॉलर का रहा।

चिली

2015 में भारत और चिली के रिश्ते अच्छे बने रहे। अप्रैल-अक्टूबर 2015 के दौरान दोनों देशों के बीच व्यापार 1636.46 मिलियन डॉलर हो गया। इसमें भारत ने 404.44 मिलियन डॉलर का निर्यात और 1,232 मिलियन डॉलर का आयात किया।

कोलंबिया

इस वर्ष भारत और कोलंबिया के संबंध लगातार बढ़ते रहे। भारत को कच्चे तेल का निर्यात घटने से दोनों देशों के बीच व्यापार पर असर पड़ा। कोलंबिया ने भारत को 415,38 मिलियन डॉलर का निर्यात किया। यह पिछले वर्ष की इसी अवधि में किए गए निर्यात से 82.41 प्रतिशत कम था। भारत ने कोलंबिया को 909, 72 मिलियन डॉलर का निर्यात किया जो पिछले वर्ष की इसी अवधि की तुलना में 7.15 प्रतिशत कम था। कच्चे तेल के निर्यात और इसकी कीमतों में गिरावट के कारण कोलंबिया से भारत को निर्यात में कमी आई।

इक्वाडोर

इक्वाडोर के साथ भारत के संबंध सद्भावपूर्ण और मजबूत बने रहे। इस दौरान द्विपक्षीय व्यापार में वृद्धि भी जारी रही।

गयाना

इस वर्ष भारत और गयाना के बीच संबंधों में बढ़ोतरी जारी रही। जनवरी 2015 में गयाना के राष्ट्रपति भारत की सरकारी यात्रा पर आए। उन्होंने प्रवासी भारतीय दिवस 2015 के आयोजन में मुख्य अतिथि के रूप में भाग लिया। उन्हें प्रवासी भारतीय सम्मान प्रदान किया गया।

मैक्सिको

जून 2016 में भारत के प्रधानमंत्री की मैक्सिको यात्रा से दोनों देशों के बीच संबंध और मजबूत हुए। प्रधानमंत्री की इस यात्रा का उद्देश्य सितंबर 2015 में संयुक्त राष्ट्र महासभा के 70वें नियमित सत्र के दौरान अलग से हुई वार्ता को जारी रखना था। मैक्सिको के विदेश मंत्री मार्च 2016 में भारत की यात्रा पर

आए और भारत की विदेशमंत्री के साथ द्विपक्षीय बातचीत की। उन्होंने परस्पर सहयोग और बढ़ाने के लिए राजनीतिक, वाणिज्यिक, व्यापार संबंधी, वित्तीय, तकनीकी और अन्य क्षेत्रों में द्विपक्षीय संबंधों की व्यापक समीक्षा की। उन्होंने परस्पर हित के महत्वपूर्ण क्षेत्रीय तथा अंतरराष्ट्रीय मुद्दों पर चर्चा की। वर्ष 2015 को दोनों देशों के बीच राजनयिक संबंधों की स्थापना की 65वीं वर्षगांठ के रूप में मनाया गया। हाल के वर्षों में दोनों देशों के बीच द्विपक्षीय व्यापार काफी बढ़ा है। मैक्सिको के विश्व निर्यात में भारत का 8वां स्थान है। मैक्सिको के विश्व बाजार में भारत 14वां सबसे बड़ा भागीदार है। 2014 में दोनों देशों के बीच 6.4 अरब डॉलर का व्यापार हुआ। भारत में मैक्सिको का निवेश भी बढ़ रहा है।

पेरू

हमेशा की तरह इस वर्ष भी भारत और पेरू के रिश्ते सद्भावपूर्ण बने रहे। 2014–15 में भारत ने पेरू को 819.858 मिलियन डॉलर का निर्यात और 590.395 मिलियन डॉलर का आयात किया।

वेनेजुएला

भारत और वेनेजुएला के बीच सद्भाव के संबंध रहे हैं। वेनेजुएला, भारत को कच्चे तेल की आपूर्ति करने वाले दुनिया के तीसरे बड़े देश के रूप में उभरा है। 2014–15 में भारत ने वेनेजुएला से 12 अरब डॉलर के मूल्य के तेल का आयात किया। 2014–15 में दोनों देशों के बीच व्यापार 12.3 अरब डॉलर का हो गया। 2011 की तुलना में यह 6.6 अरब डॉलर अधिक है।

होंडुरास

भारत और होंडुरास के बीच पहला विदेश कार्यालय विचार–विमर्श पूरा होने के साथ ही दोनों देशों के द्विपक्षीय संबंध मजबूत हुए हैं। इस दौरान दोनों देशों के बीच 213 मिलियन डॉलर का व्यापार हुआ।

निकारागुआ

2014 में पहला भारत और निकारागुआ विदेश कार्यालय परामर्श होने के साथ ही दोनों देशों के द्विपक्षीय संबंध मजबूत हुए हैं। दोनों पक्ष राजनीतिक, आर्थिक, वाणिज्यिक और दूतावास संबंधी रिश्ते मजबूत बनाने के लिए प्रतिबद्ध हैं। इस दौरान द्विपक्षीय व्यापार मामूली वृद्धि दर्ज करते हुए 92 मिलियन डॉलर का हो गया।

बारबाडोस

भारत और बारबोडोस के बीच घनिष्ठ और सद्भावपूर्ण संबंध हैं। ये संयुक्तराष्ट्र, राष्ट्रमंडल और नैम में सक्रियता से वार्ताएं करते हैं। दोनों देशों के बीच पहला विदेश कार्यालय परामर्श बारबाडोस के ब्रिजटाउन में 2015 में आयोजित किया गया। अक्टूबर 2015 में दोनों देशों ने हवाई सेवा समझौते पर हस्ताक्षर किए ताकि यात्रियों को अधिक सुविधाएं मिल सकें और दोनों देशों के बीच सीधी हवाई संपर्क चार्टर्ड विमान सेवाएं शुरू हो सकें। बारबाडोस के नागरिकों के लिए इलेक्ट्रॉनिक ट्रेवल ऑथॅराइज़ेशन व्यवस्था मई 2015 से लागू की जा चुकी है।

संयुक्त राष्ट्र और अंतरराष्ट्रीय संगठन

संयुक्त राष्ट्र

संयुक्त राष्ट्र महासभा का 70वां सत्र सितंबर 2015 में न्यूयार्क में शुरू हुआ। प्रधानमंत्री ने उच्चस्तरीय खंड में भारतीय शिष्टमंडल का नेतृत्व किया। न्यूयार्क में ही सितंबर 2015 में आयोजित जी-4 शिखर सम्मेलन ऐसी पहली बैठक थी जिसमें सभी जी-4 देशों ने उच्चतम स्तर पर प्रतिनिधित्व किया। सम्मेलन की समाप्ति पर जी-4 देशों के नेताओं ने संयुक्त वक्तव्य में महासभा के 69/560 फैसले का स्वागत किया। यह फैसला अंतरसरकारी वार्ताओं के तहत वार्ता के आधार के रूप में 69वीं महासभा के अध्यक्ष द्वारा प्रस्तुत विषयवस्तु के इस्तेमाल के बारे में है। भारत ने जुलाई 2015 में न्यूयार्क में, सोमालिया के तटवर्ती क्षेत्र में डकैती के बारे में संपर्क दल की 18वीं पूर्ण बैठक में भाग लिया। भारत की दृष्टि से विचार-विमर्श के महत्वपूर्ण मुद्दे डकैती की अत्यधिक आशंका वाला क्षेत्र और निजी समुद्री सुरक्षा कंपनियां और निजी अनुबंध पर सैन्य सुरक्षा कर्मियों की तैनाती को नियमित करना था। भारत ने संयुक्त राष्ट्र में प्रारंभिक बयान और शांति सेना के बारे में समिति में 70वीं संयुक्त राष्ट्र महासभा चर्चा सहित शांति सेना के मुद्दे पर सक्रियता से भाग लिया।

भारत का संयुक्त राष्ट्र शांति सेना की कार्रवाइयों में बड़ा योगदान है। उसने अब तक हुई ऐसी 69 कार्रवाइयों में से 48 में एक लाख 80 हजार से अधिक सैनिक भेजे हैं। चुनौतीपूर्ण परिस्थितियों में भारतीय सैनिकों और पुलिसकर्मियों के उच्चस्तरीय प्रदर्शन से उन्हें पूरी दुनिया में बड़ा सम्मान मिला है। भारत ने प्रतिबंध व्यवस्था के सदस्य देशों द्वारा प्रतिबंधों का कड़ाई से पालन सुनिश्चित करने के लिए 1,267 अलकायदा प्रतिबंध समिति और अलकायदा तथा तालिबान निगरानी दल सहित संयुक्त राष्ट्र सुरक्षा परिषद प्रतिबंध समिति के साथ मिलकर काम किया। भारत की विदेशमंत्री 2015 में न्यूयार्क गईं और 21 जून को संयुक्त राष्ट्र में पहले अंतरराष्ट्रीय योग दिवस समारोह का संचालन किया। संयुक्त राष्ट्र ने 2 अक्टूबर, 2015 को 9वें अंतरराष्ट्रीय अहिंसा दिवस पर एक विशेष कार्यक्रम किया। इसका आयोजन न्यूयार्क में संयुक्त राष्ट्र मुख्यालय की ट्रस्टीशिप परिषद में भारत के स्थायी मिशन ने किया था।

दक्षिण एशिया क्षेत्रीय सहयोग संघ

भारत अपनी भौगोलिक, आर्थिक और अंतरराष्ट्रीय हैसियत तथा क्षेत्र के प्रति अपनी वचनबद्धता के कारण दक्षिण एशिया क्षेत्रीय सहयोग संघ-सार्क की धुरी है। सार्क में इसकी बड़ी महत्वपूर्ण भूमिका है। भारत ने सामाजिक और आर्थिक विकास के लिए इसमें 530 मिलियन डॉलर का योगदान दिया है। भारत के प्रधानमंत्री ने (नवंबर 2014) काठमांडू में 18वें सार्क सम्मेलन में कई एकतरफा पेशकश कीं। सार्क देशों के कारोबारियों के लिए 3 से 5 वर्ष का दीर्घावधि कारोबार वीज़ा जारी किया जा रहा है, भारत के उपराष्ट्रीय पोलियो टीकाकरण दिवस में अफगानिस्तान से स्वास्थ्य अधिकारियों/विशेषज्ञों ने भाग लिया। दक्षिण एशियाई विश्वविद्यालय ने सार्क के प्रत्येक देश में कम से कम एक विश्वविद्यालय में भागीदारी की है। सार्क देशों में भारत के दूतावास रोगियों और उनके साथ यात्रा करने वाले सहायकों को प्राथमिकता के आधार पर मेडिकल वीज़ा जारी कर रहे हैं। ऊर्जा सहयोग के बारे में सार्क संरचना समझौते पर हस्ताक्षर किए गए हैं। भारत ने नवंबर 2015 में दक्षिण एशिया वार्षिक आपदा प्रबंधन अभ्यास का आयोजन नई दिल्ली में किया ताकि भागीदारों को आपदा कार्रवाई योजनाओं और सार्क देशों की क्षमताओं पर चर्चा का अवसर मिल सके। अपने पड़ोसी देशों के प्रति भारत के नए दृष्टिकोण के मद्देनजर सार्क में

2004 से उसकी सक्रियता से संगठन में बदलाव आया है, जिससे यह घोषणाओं से आगे बढ़कर क्रियान्वयन की भूमिका में आ गया है। भारत की एकतरफा और व्यापक रूप से अपनी निर्धारित जिम्मेदारियों से अधिक करने की वचनबद्धता को क्षेत्र ने भलीभांति समझा है।

बहुक्षेत्रीय तकनीक और आर्थिक सहयोग के लिए बंगाल की खाड़ी की पहल

बिम्स्टैक 2015 में अप्रैल से दिसंबर के दौरान भारत ने बिम्स्टैक के सभी सदस्यों के लिए एकसमान महत्व वाले क्षेत्रों पर ध्यान केंद्रित किया। ये थे– परिवहन तथा संचार, व्यापार तथा निवेश, प्रौद्योगिकी, ऊर्जा, कृषि, सार्वजनिक स्वास्थ्य, आतंकवाद तथा स्थानांतरणीय अपराधों के खिलाफ संघर्ष और जलवायु परिवर्तन। आतंकवाद के लिए वित्तपोषण की समस्या से निपटने के लिए बिम्स्टैक के उपसमूह की बैठक मई 2015 में भूटान में थिंपू में हुई। परंपरागत चिकित्सा में समन्वय के राष्ट्रीय केंद्रों के बिम्स्टैक नेटवर्क की स्थापना की गई। बिम्स्टैक प्रौद्योगिकी अंतरण सुविधा की स्थापना के बारे में विशेषज्ञ दल की बैठक 2015 में कोलंबो में हुई। बिम्स्टैक व्यापार समझौता वार्ता समिति (टीएनसी) की 20वीं बैठक 2015 में थाइलैंड में खोन खाएन में हुई। आपराधिक मामलों में परस्पर कानूनी सहायता के बारे में बिम्स्टैक समझौते को अंतिम रूप देने में प्रगति हुई है और यह अगली मंत्रिस्तरीय बैठक में हस्ताक्षर के लिए तैयार है।

राष्ट्रमंडल

राष्ट्रमंडल देशों के शासनाध्यक्षों की बैठक (चोगम) माल्टा में नवंबर 2015 में हुई। भारत की विदेशमंत्री ने इसके विभिन्न सत्रों में प्रधानमंत्री का प्रतिनिधित्व किया। इस दौरान जलवायु परिवर्तन के संबंध में कार्यवाही, आतंकवाद, प्रवासन और सतत विकास के लक्ष्यों पर काम करने पर विचार–विमर्श किया गया।

निरस्त्रीकरण और अंतरराष्ट्रीय सुरक्षा मामले

भारत ने सामान्य और पूर्ण निरस्त्रीकरण की दिशा में अपने व्यापक तथा भेदभावरहित परमाणु निरस्त्रीकरण के लक्ष्य के प्रति अपनी वचनबद्धता को पूरा करने के लिए निरस्त्रीकरण तथा अंतरराष्ट्रीय सुरक्षा मामलों पर विभिन्न मंचों पर सक्रिय भूमिका निभाना जारी रखा। इन मुद्दों पर भारत का दृष्टिकोण उसके राष्ट्रीय सुरक्षा हितों और विभिन्न परंपरागत तथा अपरंपरागत सुरक्षा चुनौतियों से निपटने में सहयोगात्मक प्रभावों को बढ़ावा देने में अंतरराष्ट्रीय समुदाय के साथ मिलकर काम करने की उसकी परंपरा के अनुरूप था। भारत ने न्यूयार्क में संयुक्त राष्ट्र की पहली समिति तथा संयुक्त राष्ट्र निरस्त्रीकरण आयोग की बैठक, जिनेवा में निरस्त्रीकरण पर सम्मेलन तथा जैविक तथा टॉक्सिन हथियारों के बारे में सम्मेलन, हेग में रासायनिक हथियारों पर सम्मेलन और जिनेवा में परंपरागत हथियारों के बारे में सम्मेलन और न्यूयार्क में छोटे तथा हल्के हथियारों के संबंध में कार्यवाही के कार्यक्रम में सक्रियता से भाग लिया। भारत के प्रधानमंत्री ने मार्च 2016 में वाशिंगटन डीसी में चौथे परमाणु सुरक्षा सम्मेलन में भारतीय प्रतिनिधिमंडल का नेतृत्व किया। भारत ने 2016 में परमाणु आपूर्त्तिकर्ता समूह (एनएसजी) की सदस्यता के लिए औपचारिक रूप से आवेदन दिया। भारत, वियेना में हेग आचार संहिता (एचसीओसी) केंद्रित अनुबंध को राजनयिक माध्यम से अधिसूचित कर बेलिस्टिक मिसाइल प्रसार के खिलाफ हेग आचारसंहिता में शामिल हुआ। यह आचारसंहिता एक स्वैच्छिक, कानूनी रूप से अबाध्य और अंतरराष्ट्रीय विश्वास बहाली की पारदर्शी व्यवस्था है, जिसके तहत महाविनाश के हथियारों को ले जाने में सक्षम बेलिस्टिक

मिसाइलों का प्रसार रोकने के प्रयास किए जाते हैं। भारत का इस संहिता में शामिल होना इस बात का संकेत है कि वह अप्रसार के वैश्विक लक्ष्यों को अधिक मजबूती से हासिल करने के लिए तत्पर है। 2016 में भारत मिसाइल प्रौद्योगिकी नियंत्रण व्यवस्था में शामिल हो गया।

बहुपक्षीय आर्थिक संबंध

प्रधानमंत्री ने जुलाई 2015 में रूस के उफा में आयोजित 7वें ब्रिक्स सम्मेलन में भारतीय प्रतिनिधिमंडल का नेतृत्व किया। सम्मेलन का मुख्य विचारणीय विषय था, 'ब्रिक्स भागीदारी-वैश्विक विकास का एक सशक्त घटक'। सदस्यों ने सयुक्त राष्ट्र सुधार, अंतरराष्ट्रीय मुद्रा कोष सुधार, विश्व व्यापार संगठन, जी–20, क्षेत्रीय तथा वैश्विक राजनीतिक विकास, आतंकवाद, नए विकास बैंक, आरक्षी सैन्य बल व्यवस्था आईसीटी में सहयोग और ब्रिक्स देशों के बीच सहयोग से संबंधित अन्य मुद्दों पर चर्चा की। सम्मेलन में नेताओं ने उफा घोषणा–पत्र और कार्य योजना को मंजूरी दी। 7वें ब्रिक्स सम्मेलन के नतीजों में शामिल हैं- सांस्कृतिक सहयोग पर समझौता, संयुक्त ब्रिक्स वेबसाइट बनाने के बारे में समझौता ज्ञापन और एनडीबी से सहयोग के बारे में ब्रिक्स अंतरबैंक व्यवस्था के संबंध में सहमति पत्र पर हस्ताक्षर। आर्थिक भागीदारी के लिए ब्रिक्स रणनीति को भी मंजूरी दी गई। इसमें व्यापार, निवेश, वित्त, विनिर्माण, ऊर्जा, कृषि, विज्ञान तथा प्रौद्योगिकी, संपर्क, आईसीटी इत्यादि शामिल हैं।

फरवरी 2016 में भारत ने ब्रिक्स की अध्यक्षता संभाली। उसने अक्टूबर 2016 में गोवा में 8वें ब्रिक्स सम्मेलन की मेजबानी की। अध्यक्ष के रूप में भारत की प्राथमिकताएं हैं- जनता तथा युवाओं से जुड़े मुद्दे और देशभर में ब्रिक्स का विस्तार। देश के शहरों और प्रांतों में ब्रिक्स आयोजन किए जा रहे हैं ताकि इसमें लोगों की भागीदारी तथा इसकी भूमिका बढ़ाई जा सके। भारत की ब्रिक्स अध्यक्षता के दौरान उसका उद्देश्य ये पांच प्रकार के उपाय कर ब्रिक्स देशों के बीच सहयोग बढ़ाना है- 1. ब्रिक्स सहयोग में स्थिरता लाने तथा इसे और मजबूत करने की व्यवस्था करना, 2. उफा और फोर्टालेज़ा शिखर सम्मेलनों में भारत के प्रधानमंत्री की घोषणाओं सहित पिछले सम्मेलनों की घोषणाओं को लागू करना, 3. मौजूदा सहयोग व्यवस्था में समन्वय के साथ सक्रियता बढ़ाना, 4. नवाचार जैसी नई सहयोग व्यवस्था और 5. परस्पर सहमति वाली मौजूदा ब्रिक्स सहयोग व्यवस्था में निरंतरता/ब्रिक्स को जन हितैषी बनाने के लिए सदस्य देशों के लोगों के बीच संपर्क बढ़ाना, ब्रिक्स अध्यक्ष के रूप में भारत की प्राथमिकता है।

इब्सा वार्ता मंच

सितंबर 2015 में इब्सा (भारत, ब्राज़ील और दक्षिण अफ्रीका) वार्ता मंच के वरिष्ठ अधिकारियों की न्यूयार्क में बैठक हुई। जून 2003 में इब्सा की शुरुआत के बाद यह 25वीं बैठक थी। इसमें दक्षिण, दक्षिण सहयोग के बढ़ते महत्व के मद्देनज़र इब्सा की प्रासंगिकता की फिर से पुष्टि की गई। भारत और दक्षिण अफ्रीका ने मैक्रो फाइनेंसिंग, उपग्रह आधारित कार्यकलापों, स्मार्ट सिटी और अंटार्कटिक अभियान के क्षेत्र में भारत द्वारा इब्सा को सहयोग की नई पहल का स्वागत किया।

जी–20 शिखर सम्मेलन

प्रधानमंत्री ने नवंबर 2015 में तुर्की के अंताल्या में 10वें जी–20 शिखर सम्मेलन में भारतीय प्रतिनिधिमंडल का नेतृत्व किया। सम्मेलन में विचारणीय विषयों की कार्यसूची में शामिल थे- आतंकवाद, शरणार्थी संकट, जलवायु परिवर्तन, विश्व व्यापार संगठन के मंत्रियों की 10वीं बैठक, वैश्विक अर्थव्यवस्था, वृद्धि

तथा रोज़गार और निवेश रणनीति, वित्तीय विनियमन, अंतरराष्ट्रीय कर, भ्रष्टाचार, अंतरराष्ट्रीय मुद्रा कोष सुधार और ऊर्जा।

विकास में सहयोग

विकास में सहयोग भारत की विदेश नीति का एक महत्वपूर्ण घटक है। पिछले कुछ वर्षों में विकासशील देशों में भारत का बाह्य विकास सहायता कार्यक्रम काफी आगे बढ़ा है। इसमें ऋण की सुविधा, अनुदान सहायता, तकनीकी परामर्श, आपदा राहत, मानवीय सहायता, छात्रवृत्तियां और लघु अवधि सैन्य तथा असैन्य प्रशिक्षण पाठ्यक्रमों सहित क्षमता निर्माण शामिल हैं।

जनवरी 2012 में विदेश मंत्रालय में विकास भागीदारी प्रशासन की स्थापना की गई ताकि भारत की विकास परियोजनाओं का कार्यान्वयन और निगरानी संकल्पना, शुरुआत तथा अमल सभी स्तरों पर हो सके। ढांचागत, हाइड्रोइलेक्ट्रीसिटी, बिजली प्रेषण, कृषि, शिक्षा, स्वास्थ्य, उद्योग तथा मेज़बान देशों की प्राथमिकता वाले अन्य क्षेत्रों की विभिन्न विकास परियोजनाएं अफगानिस्तान, बांग्लादेश, भूटान, म्यामां, मालदीव, नेपाल, श्रीलंका और अन्य देशों में लागू की जा रही हैं। इसके अलावा भारत के पड़ोसी देशों के साथ सीमापार संपर्क और मजबूत करने के लिए कई योजनाएं शुरू की गई हैं तथा अमल के विभिन्न चरणों में हैं। दक्षिण पूर्व एशिया, मध्य एशिया, अफ्रीका और लैटिन अमरीका में सूचना तथा कंप्यूटर प्रौद्योगिकी (आईसीटी), लघु एवं मध्यम उद्योग और पुरातत्ववीय संरक्षण क्षेत्र की द्विपक्षीय परियोजनाएं भी शुरू की गई हैं।

तीसरा भारत-अफ्रीका मंच शिखर सम्मेलन अक्टूबर 2015 में नई दिल्ली में हुआ। इसका उद्देश्य भारत और दक्षिण अफ्रीका के बीच चिरकालीन संबंधों को नया आयाम देना है। सम्मेलन में 54 अफ्रीकी देशों के राष्ट्राध्यक्षों/शासनाध्यक्षों ने भाग लिया। 'दिल्ली घोषणा 2015' के दृष्टिकोण पत्र और रणनीतिक सहयोग के लिए भारत-अफ्रीका संरचना में भारत में वृद्धि की कहानी का अफ्रीका के एजेंडा 2063 के साथ मिलान के लिए बहुआयामी रणनीति को रेखांकित किया गया है, ताकि परस्पर पुनर्स्थापन को प्रोत्साहित किया जा सके।

अन्य विकासशील देशों को आसान शर्तों पर दी जाने वाली ऋण सहायता को बढ़ाना, भारत की विदेशी विकास सहायता का एक अन्य महत्वपूर्ण पहलू है। पिछले कुछ वर्ष के दौरान विभिन्न देशों को भिन्न-भिन्न क्षेत्रों में मदद के लिए 16,898.23 मिलियन डॉलर की 226 ऋण सहायता दी गई। इसमें से अफ्रीकी देशों को 8,705.21 मिलियन डॉलर तथा 8,193.02 मिलियन डॉलर गैर-अफ्रीकी देशों को दिए गए।

2015-16 के दौरान 161 भागीदार देशों को 10,400 से अधिक प्रशिक्षण कार्यक्रमों की पेशकश की गई। विभिन्न क्षेत्रों जैसे- सूचना प्रशिक्षण तथा दूरसंचार, वित्त तथा लेखा, बैंकिंग, शिक्षा, नियोजन तथा प्रशासन, संसदीय कार्य, अपराध रिकार्ड, वस्त्र, ग्रामीण विकास, अक्षय ऊर्जा, टूल डिज़ाइन, लघु-मध्यम उद्यमों तथा उद्यमशीलता विकास आदि विषयों में भारतीय तकनीकी एवं आर्थिक सहयोग कार्यक्रम के तहत प्रशिक्षण दिया गया। भागीदार देशों के अनुरोध के अनुरूप विभिन्न क्षेत्रों में विशेष पाठ्यक्रम भी चलाए गए। आईटीईसी के पूर्व छात्रों के साथ संपर्क जारी रखने पर ज़ोर देते हुए और डिजिटल इंडिया पहल के तहत आईटीईसी वेब पोर्टल उपलब्ध कराया गया है।

2015–16 में सीरिया, फिलिपींस, जॉर्डन, लेबनान, यमन और नेपाल को मानवीय सहायता उपलब्ध कराई गई।

निवेश और प्रौद्योगिकी संवर्द्धन

2015–16 भारत की आर्थिक कूटनीति की दृष्टि से उत्साहवर्द्धक रहा। भारत के दूतावासों/पोस्ट के माध्यम से विदेश मंत्रालय की आर्थिक गतिविधियों से देश के निवेशकों, उद्यमियों, कर्मियों तथा उपभोक्ताओं के लिए अवसर पैदा हो रहे हैं और देश के आर्थिक उद्देश्य पूरे हो रहे हैं। विदेश मंत्रालय की आर्थिक शाखा, निवेश और प्रौद्योगिकी संवर्द्धन प्रभाग ने भारत के दूतावासों/पोस्ट को आर्थिक दायरा बढ़ाने, व्यापार तथा निवेश विवाद निपटाने, विदेशी उद्यमियों को भारत में कारोबार के अवसरों का पता लगाने और सरकार के महत्वपूर्ण कार्यक्रमों तथा क्षेत्रीय आर्थिक सहयोग के प्रयासों को बढ़ावा देने के लिए व्यापार परिसंघों और चिंतकों को विचार गोष्ठियां तथा सम्मेलनों के आयोजन के लिए वित्तीय सहायता दी।

क्षेत्रीय आर्थिक सहयोग उपायों, विभिन्न राज्य सरकारों की निवेश गतिविधियों, अग्रणी परामर्श कंपनियों को शामिल कर सर्वेक्षण कराने तथा रिपोर्ट तैयार करने की भी मदद दी गई। इसके अलावा विमानन, रेलवे, जहाजरानी, सड़क परिवहन, ऊर्जा संसाधन, शारीरिक विकास, कृषि, स्वास्थ्य, जल तथा साफ–सफाई, वित्त, व्यापार, पर्यटन, संस्कृति और सूचना के क्षेत्र में मंत्रियों के सहयोग से काम किया।

आतंकवाद के खिलाफ संघर्ष

इस वर्ष के दौरान आतंकवाद से निपटने के लिए संयुक्त कार्यदलों के ज़रिए भारत ने विभिन्न भागीदार देशों के साथ विचार–विमर्श किया। भारत ने नवंबर 2015 में ब्रिक्स और जी–20 शिखर सम्मेलन में आतंकवाद के खतरों के प्रति चिंता व्यक्त करते हुए इसके खिलाफ आवाज़ उठाई। उसने 1996 में संयुक्त राष्ट्र में अंतरराष्ट्रीय आतंकवाद पर व्यापक संधि के अपने प्रस्ताव के तहत इस समस्या के समाधान के लिए मिलकर प्रयास करने पर जोर दिया।

वैश्विक साइबर मुद्दे

विदेश मंत्रालय के वैश्विक साइबर मामलों का प्रभाग वैश्विक साइबर मुद्दों से संबंधित सभी मुद्दों को देखता है। डिजिटल इंडिया के उद्देश्यों को हासिल करने और साइबर मुद्दों पर महत्वपूर्ण वैश्विक मंच पर भारत की बढ़ती भूमिका के मद्देनज़र प्रभाग ने 2015–16 के दौरान वैश्विक साइबर मुद्दों पर भारत की नेतृत्व की भूमिका के लिए पूरी सक्रियता से प्रयास किए।

सांस्कृतिक कूटनीति एक और ऐसा क्षेत्र है जिसमें पिछले वर्ष भारत को महत्वपूर्ण सफलता मिली है। अपनी सभ्यता के मूल्यों और लोकाचार के कारण बनी छवि के कारण भारत सतत् विकास जैसे मुद्दों पर अनूठा संदेश दे पाया। दुनियाभर में इस वर्ष और पिछले वर्ष 21 जून को अंतरराष्ट्रीय योग दिवस के आयोजन से भारत के सांस्कृतिक मूल्यों की लोकप्रियता को स्वीकार किया गया। इस वर्ष के दौरान जापान, चीन और रूस सहित दुनिया के कई देशों में भारत के सांस्कृतिक समारोहों और विशेष व्यक्ति या घटना के सम्मान में स्मरणीय सप्ताह का आयोजन किया गया।

पिछले वर्ष भारत ने विश्वभर में भारत के 270 लाख एनआरआई और पीआईओ के साथ अद्‌भुत अंदाज़ में संपर्क साधा। भोपाल में 10वें विश्व हिंदी सम्मेलन में दुनियाभर से भारतीय प्रवासियों और

हिंदी के विद्वानों ने भाग लिया। इस बार इनकी संख्या पहले के सम्मेलनों की तुलना में सर्वाधिक थी। प्रवासी भारतीयों के साथ संबंधों में नई ऊर्जा डालने के लिए मंत्रालय ने दो वर्ष में एक बार आयोजित किए जाने वाले प्रवासी भारतीय दिवस के स्वरूप में संशोधन किया। जनवरी, 2016 में पहली बार दूतावासों में भी प्रवासी भारतीय दिवस मनाया गया। प्रवासी भारतीयों के साथ अधिक लाभकारी और अनवरत संबंध बनाए रखने के लिए 2016 में नई दिल्ली में 10 प्रवासी भारतीय दिवस सम्मेलन आयोजित किए गए। इनमें प्रवासी भारतीयों से संबद्ध मुद्दों पर चर्चा की गई।

विदेश मंत्रालय ने अपनी सार्वजनिक सेवा कार्यप्रणाली को अधिक उपयोगी और नागरिकों तथा विदेशी मेहमानों के लिए अधिक सुविधाजनक बनाने के प्रयास किए।

विदेशों में भारतीय नागरिकों को दूतावास और पोस्ट सहायता प्राप्त करने के लिए ऑनलाइन शिकायत निवारण व्यवस्था- 'मडाड' शुरू की है। लंबे समय से चली आ रही मांग को देखते हुए पीआईओ और ओसीआई योजना का विलय कर दिया गया। पिछले वर्ष की तुलना में इस वर्ष पासपोर्ट आवेदनों की संख्या में काफी बढ़ोत्तरी हुई, क्योंकि बड़ी संख्या में पासपोर्ट सेवा केंद्र और पासपोर्ट मेले लगाए गए। पूर्वोत्तर राज्यों में नए पासपोर्ट सेवा केंद्र भी खोले गए। 96 प्रतिशत आवेदनों के लिए पासपोर्ट जारी करने की प्रक्रिया का समय घटाकर 21 दिन तक कर दिया गया। विदेश मंत्रालय ने युद्धरत यमन से अपने नागरिकों को सुरक्षित स्वदेश लाकर एक बहुत बड़ा काम किया। वहां फंसे 4,700 भारतीयों को सफलतापूर्वक निकाला गया। भारतीय सेना ने लगभग 50 देशों के करीब 2,000 विदेशी नागरिकों को भी वहां से निकलने में सहायता की। इससे भारत की काफी प्रशंसा हुई और उसने स्वयं को क्षेत्र में सुरक्षा प्रदाता के रूप में स्थापित किया। मंत्रालय ने जुलाई 2016 में दक्षिण सूडान में सुरक्षा की स्थिति खराब होने पर वहां से भी भारतीय नागरिकों को निकाला।

सरकार ने विदेश नीति बनाने और लागू करने में राज्य सरकारों की भूमिका बढ़ाई, विशेषकर वाणिज्यिक और सांस्कृतिक कूटनीति की सफलता में राज्यों की भूमिका महत्वपूर्ण मानते हुए विदेश मंत्रालय के नवगठित राज्य प्रभाग ने राज्य सरकारों तक पहुंच बनाई। विभाग, वाणिज्यिक, सांस्कृतिक, शैक्षिक तथा पर्यटन क्षेत्र में और प्रवासी भारतीयों तक पहुंच बनाने के लिए राज्यों के लक्षित देशों और क्षेत्रों की पहचान में उनकी मदद कर रहा है। वह अंतरराष्ट्रीय संपर्क से अधिकतम लाभ उठाने के लिए उचित रणनीति बनाने में भी राज्यों की सहायता कर रहा है। इस दौरान भारतीय और विदेशी शहरों/प्रांतों के बीच कई समझौतों पर हस्ताक्षर किए गए, ताकि उनके बीच शहरी विकास, सांस्कृतिक प्रसार, विरासत संरक्षण में सहयोग और लोगों के बीच संपर्क बढ़ सके। भारत और चीन के बीच उप-राष्ट्रीय सहयोग को प्रोत्साहित करने के लिए दोनों देशों के बीच प्रांतीय राज्य नेताओं के मंच की शुरुआत की गई।

बाह्य प्रचार और सार्वजनिक कूटनीति

इस दौरान विदेश मंत्रालय ने सोशल मीडिया पर अपनी डिजिटल उपस्थिति और बढ़ाई। मंत्रालय को लगभग 3.8 मिलियन लोगों ने देखा। इसमें विदेशों में दूतावास और पोस्ट शामिल नहीं हैं। इस तरह ट्विटर पर इसकी पोस्ट का मासिक औसत 17.5 मिलियन को पार कर गया। फेसबुक पर इसकी मासिक पोस्ट की संख्या 15 मिलियन से अधिक हो गई। दुनियाभर में लगभग 149 भारतीय दूतावास फेसबुक पर और 90 से अधिक दूतावास और पोस्ट ट्विटर पर सक्रिय हैं।

नालंदा विश्वविद्यालय

नालंदा विश्वविद्यालय ने उत्तम शिक्षा के संस्थान के रूप में अंतरराष्ट्रीय स्तर पर अच्छी प्रगति की। इसके स्कूल ऑफ हिस्टोरिकल स्टडीज़ और स्कूल ऑफ इकोलॉजी तथा एन्वायरनमेंट स्टडीज़ में सितंबर 2014 में राजगीर, बिहार में किराए के परिसर में पढ़ाई शुरू की गई थी। वर्ष 2015-16 में इनमें विद्यार्थियों की संख्या 62 हो गई। अब तक 17 ईएएस और नॉन ईएएस देश नालंदा विश्वविद्यालय की स्थापना के समझौता-ज्ञापन पर हस्ताक्षर कर चुके हैं। विश्वविद्यालय के कानूनों/नियमों को अधिसूचित करने की प्रक्रिया 10 जून, 2015 को विश्वविद्यालय के पहले अध्यादेश की अधिसूचना के साथ आगे बढ़ाई गई।

मंत्रालय ने दूतावासों और पोस्ट की मदद से विदेशों में हिंदी के प्रसार और संवर्द्धन के लिए एक कार्यक्रम का आयोजन किया। मंत्रालय दूतावासों के माध्यम से हिंदी से जुड़ी गतिविधियों को बढ़ावा देने के लिए विभिन्न विदेशी विश्वविद्यालयों और शिक्षा संस्थानों की सहायता करता है। मंत्रालय ने सितंबर 2015 में मध्य प्रदेश में भोपाल में 10वें विश्व हिंदी सम्मेलन का आयोजन किया। इसमें कई विदेशी राजनयिकों सहित बड़ी संख्या में प्रतिनिधियों ने भाग लिया। सम्मेलन के मुख्य विचारणीय विषय हिंदी जगत, विस्तार एवं संभावना सहित 12 विषयों पर चर्चा की गई। हिंदी को एक अंतरराष्ट्रीय भाषा के रूप में स्थापित करने के लिए भारत और मॉरिशस के बीच द्विपक्षीय समझौते के तहत मॉरिशस में विश्व हिंदी सचिवालय स्थापित किया गया। मंत्रालय, केंद्रीय हिंदी संस्थान, आगरा में हिंदी पढ़ने वाले विदेशी विद्यार्थियों को छात्रवृत्ति देने में समन्वय का काम करता है। भारत सरकार की आधिकारिक भाषा नीति लागू करने को मंत्रालय उच्च्च प्राथमिकता देता रहा है।

भारतीय सांस्कृतिक संबंध परिषद

2015-16 में भारतीय सांस्कृतिक संबंध परिषद (आईसीसीआर) ने विदेश में भारत के बारे में बेहतर समझ-बूझ को बेहतर करने के लिए विभिन्न प्रकार की गतिविधियों को बढ़ावा दिया। परिषद ने अपनी शैक्षिक और बौद्धिक गतिविधियों के तहत छात्रवृत्ति की विभिन्न योजनाओं के अंतर्गत भारत में अध्ययन करने वालों के लिए 3,339 छात्रवृत्तियां दीं। आईसीसीआर ने मई-जून 2015 के दौरान कल्याणकारी उपायों के रूप में 12 ग्रीष्मकालीन शिविरों का और दिसंबर 2015 से जनवरी 2016 के दौरान 11 शीतकालीन शिविरों का आयोजन किया। परिषद ने नवंबर 2015 में क्षेत्रीय कार्यालयों और विदेशों में कुछ दूतावासों में अंतरराष्ट्रीय छात्र दिवस मनाया। मार्च 2016 में विदेशी छात्रों के लिए भारत में उच्चशिक्षा सम्मेलन का आयोजन किया गया।

आईसीसीआर ने इंडोलॉजिस्ट 2015, अंतरराष्ट्रीय सम्मेलन सहित 7 सम्मेलन/गोष्ठियों का आयोजन किया। विदेश में परिषद के 35 पूर्ण सांस्कृतिक केंद्रों और एक उपकेंद्र ने नृत्य, संगीत, योग, हिंदी वार्ता और प्रदर्शनियों सहित विभिन्न प्रकार की गतिविधियों के जरिए भारत की सांस्कृतिक ताकत को बढ़ावा दिया।

2015 में 21 जून को अंतरराष्ट्रीय योग दिवस के अवसर पर परिषद ने भारत के 30 शिक्षकों को विभिन्न देशों में भेजा ताकि वे योग के बारे में जानकारी दे सकें। परिषद ने हिंदी पत्रिका *गगनांचल* का विशेषांक भी प्रकाशित किया।

आईसीसीआर ने 121 सांस्कृतिक दलों को लगभग 80 देशों में कार्यक्रम प्रस्तुत करने के लिए भेजा। भारत उत्सव, नमस्ते रशिया का मई 2015 में मॉस्को में आयोजन किया गया। भारत में 58 विदेशी समूहों के कार्यक्रमों का आयोजन किया गया, इनमें आईसीसीआर के विभिन्न प्रतिष्ठित समारोह भी शामिल हैं।

परिषद ने विश्व के विभिन्न देशों में 18 प्रदर्शनियां आयोजित कीं, जिनमें से 16 इसके अपने संग्रह की थीं। इसके अलावा दूसरी भारत-चीन महिला कलाकार रेज़िडेंसी मैत्री का शंघाई, चीन में आयोजन किया।

आईसीसीआर ने विभिन्न देशें से प्रतिष्ठित गण्यमान्य व्यक्तियों (23) और शिक्षाविदों (11) को विचारों के आदान-प्रदान के लिए भारत यात्रा के लिए आमंत्रित किया। परिषद ने भारत पर अनुसंधान के लिए कुछ विदेशी विशेषज्ञों को सहायता दी।

सितंबर 2015 में भोपाल में आयोजित 10वें विश्व हिंदी सम्मेलन के अवसर पर *गगनांचल* का विशेष अंक निकाला गया और *काव्य रसधारा* शीर्षक से एक स्मारिका प्रकाशित की गई।

हिंदी विद्वान फादर कामिल बुल्के (बेल्जियम नागरिक) पर एक पुस्तक प्रकाशित की गई। इसका शीर्षक था- *फादर कामिल बुल्के: भारतीयता के प्रकाश पुंज* । परिषद ने विभिन्न देशों में वितरण के लिए एक पत्रिका हिंदी, अंग्रेजी, अरबी, फ्रेंच और स्पेनिश में प्रकाशित की।

विश्व मामलों की भारतीय परिषद

विश्व मामलों की भारतीय परिषद (आईसीडब्ल्यूए) ने इससे संबंधित 2001 के कानून के तहत परिषद ने एशिया, अफ्रीका, यूरोप, अमरीका, लैटिन अमरीका, कैरिबियन और व्यापक वैश्विक भू-रणनीतिक क्षेत्र में राजनीतिक, सुरक्षा और आर्थिक विकास के अध्ययन, विश्लेषण तथा अध्ययन को उच्च प्राथमिकता देना जारी रखा।

परिषद ने सप्रू हाउस पेपर्स, नीति विवरण, विशेष रिपोर्टों, जारी विवरणों तथा आईसीडब्ल्यूए वेबसाइट और फेसबुक पर प्रस्तुत किए गए विचारों के रूप में अपनी जानकारी का प्रसार कर लोगों तक पहुंचने का प्रयास किया। इसने विदेशी संबंधों के महत्वपूर्ण और सामयिक पहलुओं पर पुस्तक परियोजनाओं को प्राधिकृत किया। दर्शकों तक व्यापक पहुंच बनाने के लिए आईसीडब्ल्यूए ने अपने प्रकाशनों का हिंदी भाषा में सीधे प्रकाशन के अलावा अनुवाद भी शुरू किया। इसे भी वेबसाइट पर डाला गया। परिषद ने आम लोगों के लिए पुस्तकालय स्थापित किया है, जिसकी सदस्यता के नियम बहुत आसान हैं। इसने कई आयोजन, व्याख्यान, सम्मेलन आदि का आयोजन भी किया है।

युवाओं में विदेश नीति के बारे में जागरुकता पैदा करने के उद्देश्य को आगे बढ़ाते हुए परिषद ने हिंदी और अंग्रेजी में राष्ट्रीय स्तर की दो निबंध प्रतियोगिताएं आयोजित कीं। ये प्रतियोगिताएं स्कूली बच्चों और स्नातक तक स्नातकोत्तर स्तर के विद्यार्थियों के लिए आयोजित की गईं।

विकसित देशों के लिए अनुसंधान तथा सूचना प्रणाली

विकसित देशों के लिए अनुसंधान तथा सूचना प्रणाली (आरआईएस) नई दिल्ली स्थित स्वायत्त नीति अनुसंधान संस्थान है। इसे अंतरराष्ट्रीय आर्थिक विकास, व्यापार, निवेश और प्रौद्योगिकी से जुड़े मुद्दों पर विशेषज्ञता हासिल है। आरआईएस अपने चिंतकों के उन्नत नेटवर्क के जरिए अंतरराष्ट्रीय मुद्दों और

विकास भागीदारी पर नीति संबद्धता को मजबूत करने का प्रयास करता है। आरआईएस कार्यक्रम में इन चार मुद्दों पर विशेष जोर दिया गया है- (क) वैश्विक आर्थिक मुद्दे और दक्षिण-दक्षिण सहयोग, (ख) व्यापार तथा निवेश पर क्षेत्रीय पहल, (ग) क्षेत्रीय सहयोग, व्यापार और संपर्क सुविधाएं और (घ) नई प्रौद्योगिकी और विकास के मुद्दे। वैश्विक तथा क्षेत्रीय आर्थिक मुद्दों पर विकसित देशों के बीच प्रभावकारी नीति संबंधों वार्ता और क्षमता निर्माण के उद्देश्य को प्रोत्साहन देने के उद्देश्य से आरआईएस ने इस दौरान कई महत्वपूर्ण आयोजन किए। इनमें शामिल हैं- दक्षिण-दक्षिण सहयोग पर सम्मेलन, सतत विकास उद्देश्यों के लिए सड़कों के बारे में राष्ट्रीय विचार-विमर्श, आरईएस समर स्कूल ऑन इंटरनेशनल ट्रेड थ्योरी तथा प्रेक्टिस, भारत अफ्रीका भागीदारी, भावी निर्देशन आदि। संस्थान ने कई प्रकाशन भी निकाले। इनमें शामिल हैं- दक्षिण-दक्षिण सहयोग 2016, दक्षिण एशिया विकास और सहयोग रिपोर्ट 2015, हिंद महासागर में समुद्री अर्थव्यवस्था, भारत-अफ्रीका में सतत विकास में साझेदारी, आसियान-भारत विकास तथा सहयोग रिपोर्ट 2015, भारत-म्यामां सीमा व्यापार नीति 2016 और उपायों पर अमल।

आसियान भारत केंद्र

आसियान भारत केंद्र (एआईसी) की स्थापना 2013 में हुई। यह आसियान के सदस्य देशों और भारत के संसाधन केंद्र के रूप में कार्य करता है। यह भारत और आसियान में चिंतकों तथा संगठनों के साथ पॉलिसी रिसर्च, एडवोकेसी और नेटवर्किंग गतिविधियां चलाता है। इसने इस दौरान कई महत्वपूर्ण आयोजन किए हैं। इनमें शामिल हैं- आसियान-भारत बाह्य संबंधों को मजबूत करने के बारे में चिंतकों के आसियान-भारत नेटवर्क की चौथी गोलमेज, आसियान-भारत सांस्कृतिक संबंधों पर पहला अंतरराष्ट्रीय सम्मेलन, ऐतिहासिक एवं समसामयिक आयाम, आसियान-भारत हवाई संपर्क पर राउंडटेबल, समुद्री सुरक्षा तथा सहयोग पर ईएएस सम्मेलन, आसियान-भारत पर राउंडटेबल : समावेशन तथा विकास और आसियान-भारत विख्यात व्यक्ति व्याख्यानमाला के तहत कई व्याख्यान। इसके अलावा इसने आसियान-भारत विकास तथा सहयोग रिपोर्ट 2015, आसियान-भारत समुद्री संपर्क रिपोर्ट, आसियान-भारत महत्वपूर्ण भागीदारी की गति, आसियान-भारत आर्थिक संबंध : अवसर तथा चुनौतियां जैसी रिपोर्टें प्रकाशित कीं।

सरकार द्वारा किए गए उपर्युक्त प्रयासों से यह वर्ष विदेश नीति की दृष्टि से अपवाद स्वरूप अत्यधिक क्रियाशीलता वाला रहा और भारत ने कई उपलब्धियां तथा सफलताएं हासिल कीं, जिससे दुनिया में उसकी हैसियत बढ़ी।

19 उद्योग

औद्योगिक विकास के प्रयास 1947 में स्वतंत्रता प्राप्त होने के उपरांत शीघ्र ही आरंभ हो गए। 1948 के औद्योगिक नीति प्रस्ताव में औद्योगिक विकास में उद्यमी एवं प्राधिकरण दोनों ही रूपों में राज्य की भूमिका निर्धारित करते हुए नीति की व्यापक रूपरेखा परिभाषित कर दी गई थी। इसके पश्चात् औद्योगिक (विकास एवं नियमन) अधिनियम, 1951 (आईडीआर अधिनियम कहलाने वाला) पूर्णतया लागू किया गया, जो औद्योगिक नीति के क्रियान्वयन हेतु आवश्यक ढांचा उपलब्ध कराता है और राष्ट्रीय विकास के उद्देश्यों एवं लक्ष्यों को ध्यान में रखते हुए केंद्र सरकार को लाइसेंसिंग की प्रणाली आदि के द्वारा औद्योगिक गतिविधियों के वांछित माध्यमों में निवेश करने योग्य बनाता है।

औद्योगिक नीति के मुख्य उद्देश्य हैं (क) उत्पादकता में सतत वृद्धि बनाए रखना, (ख) लाभकारी रोज़गार में वृद्धि करना, (ग) मानव संसाधन का अधिकतम उपयोग करना, (घ) अंतरराष्ट्रीय प्रतिस्पर्द्धात्मकता को प्रोत्साहित करना और (ङ) भारत को वैश्विक परिदृश्य में बड़ा प्रतिभागी एवं खिलाड़ी बनाना। इन उद्देश्यों को प्राप्त करने हेतु भारतीय उद्योग के विनियमन पर, उद्योग को बाज़ार की शक्तियों पर प्रतिक्रिया देने की स्वतंत्रता एवं लचीलापन प्रदान करने पर तथा वृद्धि में सहयोग करने एवं उसे सुदृढ़ बनाने वाली नीतिगत व्यवस्था उपलब्ध कराने पर नीति का जोर है। 1991 के बाद से आरंभ हुए आर्थिक सुधारों में निजी पहलों की महत्वपूर्ण एवं बड़ी भूमिका की परिकल्पना है। कई वर्षों से लगातार नीति को उदार बनाया गया है, जैसा आगे के अनुच्छेदों में स्पष्ट हो जाएगा।

सरकार औद्योगिक उत्पादन तथा वृद्धि तेज करने के लिए लगातार कदम उठा रही है। इनमें स्टार्टअप इंडिया पहल और 'मेक इन इंडिया' कार्यक्रम शामिल हैं, जिसके तहत 25 क्षेत्रों को चुना गया है ताकि भारत में विनिर्माण को तेजी प्रदान की जा सके। कारोबार सुगम बनाने के लिए कदम उठाए गए हैं, जिनमें निवेशक सुविधा प्रकोष्ठ खोलना, ई-बिज पोर्टल आरंभ करना और रक्षा उद्योगों के लिए औद्योगिक लाइसेंसों की नीति उदार बनाना शामिल हैं। गतिशील, जीवंत तथा संतुलित आईपीआर व्यवस्था के लिए 12 मई, 2016 को राष्ट्रीय बौद्धिक संपदा अधिकार (आईपीआर) नीति को मंजूरी दे दी गई है। प्रत्यक्ष विदेशी निवेश (एफडीआई) की नीति तथा प्रक्रियाओं को धीरे-धीरे सरल एवं उदार बनाया गया है। घरेलू पूंजी, प्रौद्योगिकी तथा कौशल में वृद्धि लाने के लिए 20 जून, 2016 को एफडीआई को और भी उदार बना दिया गया है। अत्याधुनिक बुनियादी ढांचे के निर्माण के लिए सरकार दिल्ली मुंबई औद्योगिक गलियारा (डीएमआईडीसी) परियोजना क्रियान्वित कर रही है। इसके अतिरिक्त चार अन्य औद्योगिक गलियारों की परिकल्पना की गई है।

औद्योगिक नीति

1991 के बाद से औद्योगिक नीति का उद्देश्य परमिटों और नियंत्रणों के माध्यम से उद्योगों पर पकड़ बनाने के बजाय औद्योगिक विकास को प्रोत्साहित करना है। इसलिए अधिकतर उद्योगों के लिए

औद्योगिक लाइसेंस समाप्त कर दिए गए और वर्तमान में सुरक्षा, सामरिक एवं पर्यावरण संबंधी विषयों से संबंधित 5 उद्योगों में ही औद्योगिक लाइसेंसों की आवश्यकता होती है: सभी प्रकार के इलेक्ट्रॉनिक एयरोस्पेस एवं रक्षा उपकरण, डेटोनेटिंग फ्यूज, सेफ्टी फ्यूज, बारूद, नाइट्रोसेल्युलोज और माचिस समेत औद्योगिक विस्फोटक, उल्लिखित हानिकारक रसायन जैसे हाइड्रोसायनिक एसिड और उसके व्युत्पाद, फॉसजीन और उसके व्युत्पाद हाइड्रोकार्बन आइसोसायनेट और डाइसोसायनेट, जिनका उल्लेख अन्य कहीं नहीं है (उदाहरण मिथाइल आइसोसायनेट) तथा तंबाकू वाले सिगार एवं सिगरेट तथा तंबाकू से विनिर्मित पदार्थ एवं किण्वन उद्योग।

2014 में रक्षा उपकरणों की सूची इस टिप्पणी के साथ अधिसूचित की गई कि सैन्य एवं असैन्य दोनों प्रकार के उपयोगों वाली सामग्री समेत जो भी सामग्री सूची में विशिष्ट रूप से शामिल नहीं की गई है, उसका लाइसेंस समाप्त माना जाए। उसके उपरांत सभी क्षेत्रों के लिए औद्योगिक लाइसेंसों की आरंभिक अवधि इस प्रावधान के साथ तीन वर्ष के लिए बढ़ा दी गई कि दो-दो वर्ष के दो विस्तार और किए जाएंगे। इस प्रकार वाणिज्यिक उत्पादन आरंभ करने की अवधि अब सात (3+2+2=7) वर्ष है। रक्षा क्षेत्र के लिए औद्योगिक लाइसेंस की आरंभिक वैधता की अवधि बढ़ाकर 15 वर्ष कर दी गई, जिसे वर्तमान एवं भावी लाइसेंसों के लिए 18 वर्ष तक बढ़ाया जा सकता है।

सूक्ष्म, लघु एवं मध्यम उद्यम क्षेत्र के लिए नीति

सरकार ने सूक्ष्म, लघु एवं मध्यम उद्यम विकास (एमएसएमईडी) अधिनियम, 2006 लागू कर दिया, जिससे संयंत्र एवं मशीनरी में निवेश की सीमा बढ़ाकर छोटे उद्यमों हेतु 5 करोड़ रुपये और मझोले उद्यमों हेतु 10 करोड़ रुपये कर दी ताकि अधिकतर औद्योगिक इकाइयों में नियामकीय हस्तक्षेप कम हो सके। समय के साथ सरकार ने एमएसई क्षेत्र द्वारा विनिर्माण के लिए आरक्षित वस्तुओं की सूची में काट-छांट की है। सूक्ष्म एवं लघु उद्योगों द्वारा विनिर्माण के लिए आरक्षित शेष 20 वस्तुओं को अनारक्षित कर दिया गया है। इस समय कोई भी वस्तु केवल लघु एवं सूक्ष्म उद्योगों द्वारा विनिर्माण के लिए आरक्षित नहीं है।

सार्वजनिक क्षेत्र के लिए आरक्षित उद्योग

घरेलू उद्योग के उदारीकरण की नीति के अनुरूप सार्वजनिक क्षेत्र के लिए उद्योगों की संख्या कम कर दी गई है। 2014 में रेल बुनियादी ढांचे में निजी निवेश की अनुमति दे दी गई है। परिणामस्वरूप अभी केवल दो औद्योगिक क्षेत्र निजी क्षेत्र के लिए आरक्षित हैं: परमाणु ऊर्जा एवं रेल परिचालन, जिसमें एवं पीपीपी के माध्यम से उपनगरीय गलियारा परियोजनाओं, उच्च गति वाली रेल परियोजना, समर्पित मालवाहक लाइन का निर्माण, परिचालन एवं रखरखाव, पटरी तथा इंजन/डिब्बों समेत रोलिंग स्टॉक के विनिर्माण एवं रखरखाव की सुविधा, रेल विद्युतीकरण, सिग्नलिंग प्रणाली, मालवहन टर्मिनल, यात्री टर्मिनल, औद्योगिक पार्कों में विद्युतीकृत रेल लाइन समेत रेल लाइन/साइडिंग संबंधित बुनियादी ढांचा एवं मुख्य रेल लाइन से संपर्क तथा मास रैपिड परिवहन प्रणाली शामिल हैं।

उपरोक्त के निर्माण, परिचालन एवं रखरखाव में निजी निवेश (देसी एवं विदेशी) की अनुमति दे दी गई थी।

विशिष्ट उद्योगों का उत्पादन

(लाख टनों में)

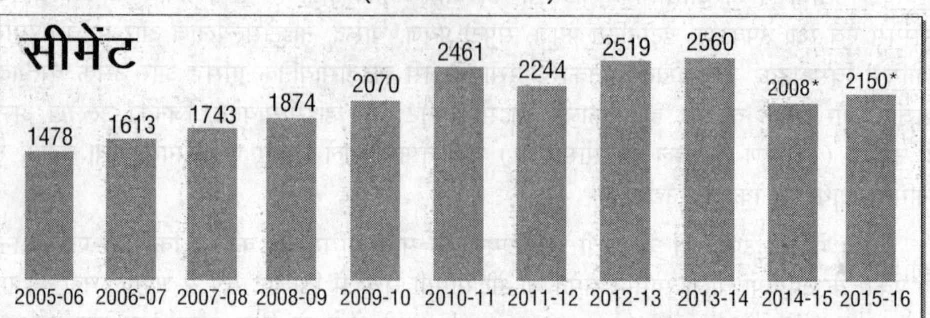

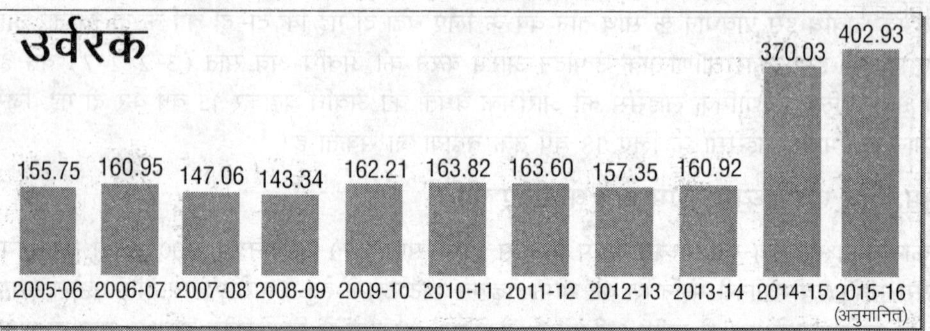

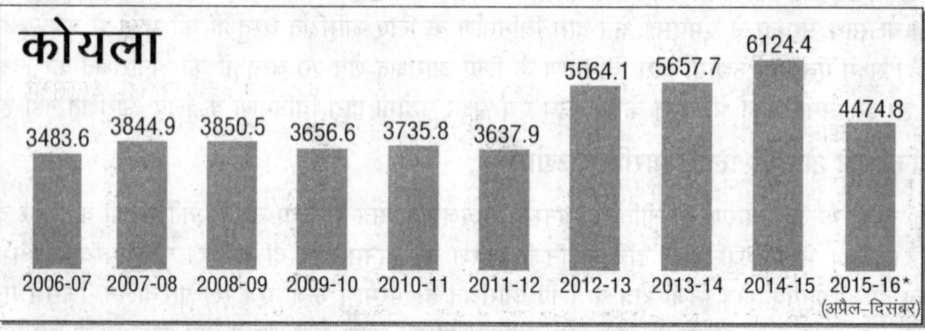

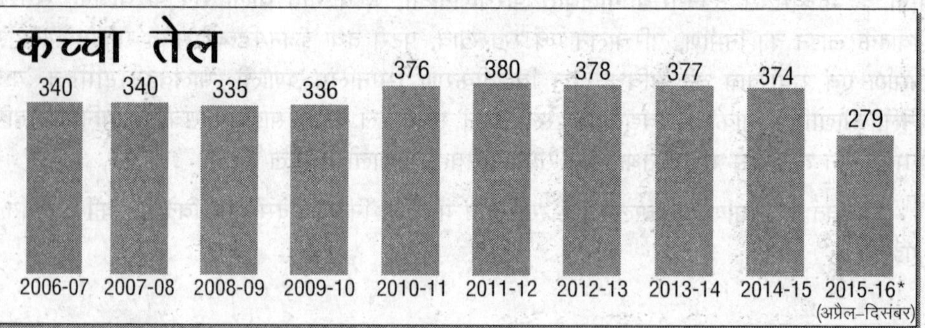

KBK

*अस्थायी

औद्योगिक उद्यमी ज्ञापन

अनिवार्य लाइसेंस प्रणाली के दायरे में नहीं आने वाले एवं सार्वजनिक क्षेत्र के लिए आरक्षित नहीं किए गए उद्योगों को औद्योगिक नीति एवं संवर्द्धन विभाग (डीआईपीपी) में औद्योगिक सहायता सचिवालय (एसआईए) में औद्योगिक उद्यमी ज्ञापन प्रस्तुत करना होता है। ऐसे छूट प्राप्त उद्योगों हेतु औद्योगिक लाइसेंस की आवश्यकता नहीं होती। ऐसे आशय गैर-एमएसएमई क्षेत्र के औद्योगिक उपक्रमों के द्वारा प्रस्तुत किए जाते हैं।

इसके अतिरिक्त प्रक्रियात्मक परिवर्तनों में आमूल-चूल परिवर्तन करते हुए मई, 2014 से औद्योगिक लाइसेंस एवं औद्योगिक उद्यमी ज्ञापन हेतु आवेदन करने की प्रक्रिया पूरी तरह ऑनलाइन कर दी गई है, जिसे मानवीय संपर्क के बगैर ई-बिज वेबसाइट पर चौबीसो घंटे किया जा सकता है।

औद्योगिक निवेश एवं उत्पादन में प्रचलन

1) निवेश अभिरुचि

निवेश अभिरुचियों का आकलन लाइसेंस रहित क्षेत्रों के लिए आए औद्योगिक उद्यमी ज्ञापनों तथा लाइसेंस योग्य क्षेत्र हेतु जारी किए गए औद्योगिक लाइसेंसों के आधार पर किया जाता है। सकल पूंजी निर्माण (जीसीएफ) के आंकड़े वास्तविक निवेश की ओर संकेत करते हैं और आईईएम में उल्लिखित निवेश अभिरुचियां बताती हैं कि उद्योग में कितना निवेश आ सकता है और उद्यमी की धारणा कैसी है। निवेश अभिरुचियां बताती हैं कि निवेशक किस क्षेत्र को प्राथमिकता दे रहे हैं और समय के साथ प्राथमिकताएं किस प्रकार बदल रही हैं।

निवेश अभिरुचियों के संबंध में जानकारी आईडीआर अधिनियम की पहली अनुसूची में सम्मिलित उद्योगों के क्रम में दी गई है, जिन्हें अनुसूचित उद्योग कहा जाता है।

2) औद्योगिक उत्पादन सूचकांक

औद्योगिक उत्पादन सूचकांक (आईआईपी) औद्योगिक प्रदर्शन को मापता है, जिसे केंद्रीय सांख्यिकी कार्यालय (सीएसओ) द्वारा प्रतिमाह संकलित एवं जारी किया जाता है। यह स्थायी भार एवं आधार का प्रयोग करता है।

सीएसओ ने जून, 2011 में आईआईपी के लिए आधार वर्ष को 1993-94 के स्थान पर 2004-05 कर दिया। 2004-05 की शृंखला में औद्योगिक क्षेत्रों का विस्तारित एवं अधिक प्रतिनिधित्व वाला समूह है। इस शृंखला हेतु भार का चित्र जीडीपी में क्षेत्र की सापेक्ष महत्ता का प्रयोग करते हुए बनाया गया है, जो राष्ट्रीय खातों पर आधारित है। आईआईपी को क्षेत्रीय एवं प्रयोग आधारित श्रेणियों में वर्गीकृत किया जाता है। नीचे दी गई तालिका-1 में पिछले पांच वर्ष की क्षेत्रवार एवं प्रयोग आधारित वृद्धि दर प्रदर्शित की गई हैं।

तालिका : 1
औद्योगिक उत्पादन सूचकांक (आईआईपी) में वृद्धि दरें
(आधार : 2004-05) (प्रतिशत में)

	वार्षिक					समग्र
समूह	2011-12	2012-13	2013-14	2014-15	2015-16	अप्रैल-जुलाई 2016-17
क्षेत्रवार वर्गीकरण						
खनन	-2.0	-2.3	-0.6	1.5	2.2	2.0
विनिर्माण	3.0	1.3	-0.8	2.3	2.0	-1.4
विद्युत	8.2	4.0	6.1	8.4	5.7	7.1
सामान्य सूचकांक	2.9	1.1	-0.1	2.8	2.4	-0.2
प्रयोग आधारित वर्गीकरण						
मूल वस्तुएं	5.5	2.5	2.1	7.0	3.6	4.1
पूंजीगत वस्तुएं	-4.0	-6.0	-3.6	6.4	-2.9	-21.3
मध्यवर्ती वस्तुएं	-0.6	1.6	3.1	1.7	2.5	3.8
उपभोक्ता वस्तुएं	4.4	2.4	-2.8	-3.4	3.0	0.7
1) टिकाऊ उपभोक्ता वस्तुएं	2.6	2.0	-12.2	-12.6	11.3	7.3
2) गैर-टिकाऊ उपभोक्ता वस्तुएं	5.9	2.8	4.8	2.8	-1.8	-3.6

स्रोत: केंद्रीय सांख्यिकी कार्यालय

2011-12 में औद्योगिक उत्पादन सूचकांक ने 2.9 प्रतिशत वृद्धि प्रदर्शित की थी और 2012-13 में यह केवल 1.1 प्रतिशत रह गई। 2013-14 में यह और भी घटकर ऋणात्मक 0.1 प्रतिशत रह गई। किंतु 2014-15 में वृद्धि कुछ संभली और 2.8 प्रतिशत वृद्धि दर्ज की गई। 2015-16 में आईआईपी कुछ लुढ़का और 2.4 प्रतिशत की वृद्धि दर्ज की गई, जिसमें विद्युत उत्पादन (5.7 प्रतिशत), खनन (2.2 प्रतिशत) और विनिर्माण (2.0 प्रतिशत) का अच्छा योगदान रहा।

तालिका-2 में आईआईपी द्वारा दर्ज किए गए विनिर्माण के 22 प्रमुख उद्योग समूहों की वृद्धि दर दी गई है। 2015-16 में विनिर्माण क्षेत्र की वृद्धि में सुधार मुख्यतया फर्नीचर (44.4 प्रतिशत), मोटर वाहन, ट्रेलर (7.5 प्रतिशत), परिधान (6.6 प्रतिशत) तथा कोक, परिशोधित पेट्रोलियम उत्पाद तथा परमाणु ईंधन (6.0 प्रतिशत) आदि उद्योग समूहों में वृद्धि के कारण हुआ। किंतु इस वर्ष अभी तक यह सुधार नहीं दिखा है और अप्रैल-जुलाई 2016-17 में 2015-16 की समान अवधि की अपेक्षा उद्योग समूह में 0.2 प्रतिशत की गिरावट है तथा 22 उद्योग उपसमूहों में से सात ने इस अवधि में ऋणात्मक वृद्धि प्रदर्शित की है।

तालिका : 2

आईआईपी वृद्धि दर-उद्योग समूहवार (प्रतिशत में)

उद्योग समूह	भार	2011-12	2012-13	2013-14	2014-15	2015-16	अप्रैल-जुलाई 2016-17
खाद्य उत्पाद एवं पेय पदार्थ	72.76	15.4	2.9	-1.1	4.8	-6.2	-8.9
तंबाकू उत्पाद	15.7	5.4	-0.4	0.8	1.0	-0.2	1.1
वस्त्र	61.64	-1.3	5.9	4.4	2.8	2.6	2.9
परिधान	27.82	-8.5	10.4	19.5	5.1	6.6	-2.7
लगेज, हैंडबैग आदि	5.82	3.7	7.3	5.2	10.4	-1.4	-10.6
काष्ठ एवं काष्ठ उत्पाद	10.51	1.8	-7.1	-2.2	4.4	3.2	-4.2
कागज़ एवं कागज़ उत्पाद	9.99	5.0	0.5	-0.1	3.3	2.8	3.5
रिकॉर्ड किए माध्यम का प्रकाशन, मुद्रण व पुनरुत्पादन	10.78	29.6	-5.1	0.3	-4.1	-9.0	-3.6
कोक, रिफाइंड पेट्रोलियम उत्पाद एवं परमाणु ईंधन	67.15	3.5	8.5	5.2	0.8	6.0	10.1
रसायन एवं रासायनिक उत्पाद	100.59	-0.4	3.8	8.9	-0.3	3.8	3.4
रबर एवं प्लास्टिक उत्पाद	20.25	-0.3	0.2	-2.1	4.5	0.6	2.5
अन्य गैर-धातु खनिज उत्पाद	43.14	4.8	1.9	1.1	2.5	1.6	2.3
मूल धातुएं	113.35	8.7	1.9	0.3	12.7	1.0	2.5
फैब्रिकेटेड धातु उत्पाद	30.85	11.2	-4.7	-7.0	-0.6	1.5	2.9
मशीनरी एवं उपकरण	37.63	-5.8	-4.7	-4.7	4.0	2.6	8.9

कार्यालय, लेखा एवं कंप्यूटिंग मशीनरी	3.05	1.6	-13.9	-15.7	-38.0	0.8	5.5
विद्युत मशीन एवं उपकरण	19.8	-22.2	0.6	14.5	21.1	-11.4	-51.3
रेडियो, टीवी एवं संचार उपकरण	9.89	4.3	5.6	-27.3	-54.4	3.7	12.6
चिकित्सा, प्रिसिजन एवं ऑप्टिकल उपकरण, घड़ियां	5.67	10.9	-2.0	-5.1	-2.3	-2.2	0.7
मोटन वाहन, ट्रेलर	40.64	10.8	-5.3	-9.6	2.5	7.5	5.9
अन्य परिवहन उपकरण	18.25	11.9	-0.1	5.9	6.4	1.3	6.7
फर्नीचर	29.97	-1.8	-5.1	-13.9	7.4	44.4	-0.2
खनन एवं उत्खनन	141.57	-2.0	-2.3	-0.6	1.5	2.2	2.0
विनिर्माण	755.27	3.0	1.3	-0.8	2.3	2.0	-1.4
विद्युत	103.16	8.2	4.0	6.1	8.4	5.7	7.1
सामान्य सूचकांक	1000	2.9	1.1	-0.1	2.8	2.4	-0.2

स्रोत: केंद्रीय सांख्यिकी कार्यालय

आठ प्रमुख उद्योगों में वृद्धि के रुझान

आठ प्रमुख उद्योगों का सूचकांक (आईसीआई) आठ प्रमुख उद्योगों- कोयला, कच्चा तेल, प्राकृतिक गैस, पेट्रोलियम रिफाइनरी उत्पाद, उर्वरक, इस्पात, सीमेंट एवं बिजली के प्रदर्शन का सूचक है। 2004-05 को आधार वर्ष के रूप में प्रयोग कर इस उत्पादन सूचकांक की गणना प्रतिमाह की जाती है।

आईसीआई में शामिल उद्योग का आईआईपी में लगभग 38 प्रतिशत भार है, यद्यपि आईसीआई के समूह में शामिल उद्योगों और आईआईपी के समूह में शामिल उद्योगों के बीच कोई संबंध नहीं है तथा सूचकांकों की गणना की प्रणाली भी अलग-अलग है।

आठ प्रमुख उद्योगों के उत्पादन में वृद्धि का विवरण तालिका-3 में दिया गया है। आठ प्रमुख उद्योगों की समग्र वृद्धि 2015-16 में घटकर 2.7 प्रतिशत रह गई, जो उससे पिछले वर्ष में 4.5 प्रतिशत थी। अप्रैल-जुलाई, 2016-17 में वृद्धि तेज हो गई और आठ उद्योगों के सकल सूचकांक में पिछले वर्ष की समान अवधि की तुलना में 4.9 प्रतिशत तेजी आई। अप्रैल-जुलाई, 2016-17 में कच्चे तेल और प्राकृतिक गैस के उत्पादन में ऋणात्मक वृद्धि दर्ज की गई, जबकि कोयला, रिफाइनरी उत्पाद, उर्वरक, इस्पात, सीमेंट और बिजली की धनात्मक वृद्धि रही।

तालिका : 3

आठ प्रमुख उद्योगों के उत्पादन में वृद्धि (प्रतिशत में)

उद्योग समूह	भार	2011-12	2012-13	2013-14	2014-15	2015-16	अप्रैल-जुलाई 2016-17
कोयला	4.379	1.3	4.6	1.3	8.1	4.5	5.3
कच्चा तेल	5.216	1.0	-0.6	-0.2	-0.9	-1.4	-2.9
प्राकृतिक गैस	1.708	-8.9	-14.5	-13.0	-4.9	-4.2	-3.8
रिफाइनरी उत्पाद	5.939	3.1	29.0#	1.5	0.3	3.8	8.7
उर्वरक	1.254	0.4	-3.4	1.5	-0.1	11.3	8.6
इस्पात	6.684	10.3	4.1	11.5	4.7	-1.5	2.8
सीमेंट	2.406	6.7	7.7	3.1	5.6	4.7	4.6
विद्युत	10.316	8.1	4.0	6.0	8.4	5.4	7.1
कुल सूचकांक	**37.903**	**5.0**	**6.5**	**4.2**	**4.5**	**2.7**	**4.9**

स्रोत: आर्थिक सलाहकार का कार्यालय, डीआईपीपी

#रिफाइनरी उत्पादों की 2012-13 की वार्षिक वृद्धि दरें किसी अन्य वर्ष के साथ तुलना योग्य नहीं हैं चूंकि अप्रैल 2012 से आरआईएल (सेज) के आंकड़े शामिल कर लिए गए हैं।

राष्ट्रीय विनिर्माण नीति

भारत सरकार ने 2011 में राष्ट्रीय विनिर्माण नीति (एनएमपी) अधिसूचित की। इस नीति को अधिसूचित करने का उद्देश्य एक दशक में जीडीपी में विनिर्माण का अंश बढ़ाकर 25 प्रतिशत करना और 10 करोड़ से अधिक रोज़गारों का सृजन करना है। यह नीति राज्यों के साथ मिलकर औद्योगिक विकास करने के सिद्धांत पर आधारित है। केंद्र सरकार इसके लिए समर्थ नीति रूपरेखा विकसित करेगी, उपयुक्त वित्तीय योजनाओं के माध्यम से सार्वजनिक-निजी साझेदारी (पीपीपी) आधार पर अवसंरचना विकास के लिए प्रोत्साहन देगी और राज्य सरकारों को नीति में उपलब्ध कराई गई योजनाओं को अपनाने के लिए प्रोत्साहित किया जाएगा। इस नीति में दिए गए प्रस्ताव सामान्यत: किसी क्षेत्र, स्थान या तकनीक के संदर्भ में निष्पक्ष हैं और हरित तकनीक के उपयोग पर ही रियायत दिए जाने का प्रस्ताव है। राष्ट्रीय निवेश एवं विनिर्माण क्षेत्र (एनआईएमजेड) बहुत महत्वपूर्ण योजना है और इस नीति में दिए गए प्रस्ताव देश भर के विनिर्माण उद्योग पर लागू होते हैं, जिसमें ऐसी परिस्थितियां भी शामिल हैं, जहां उद्योग स्वयं को समूह में संगठित करने और स्थापित स्वयं नियमन का मॉडल अपनाने में सक्षम है।

नीति की प्रमुख विशेषताएं हैं: राष्ट्रीय निवेश एवं विनिर्माण क्षेत्र (एनआईएमजेड); कारोबारी विनियमनों को तर्कसंगत व आसान बनाना; विनिर्माण इकाइयां बंद करने के लिए आसान व त्वरित प्रक्रिया; एसएमई के लिए प्रोत्साहन भत्ते; औद्योगिक प्रशिक्षण और कौशल उन्नयन के कदम; तकनीकी विकास, हरित तकनीक समेत, के लिए वित्तीय एवं संस्थागत तंत्र एवं विशेष ध्यान वाले क्षेत्र।

राष्ट्रीय निवेश एवं विनिर्माण क्षेत्र

राष्ट्रीय निवेश एवं विनिर्माण क्षेत्र (एनआईएमजेड) की स्थापना अत्याधुनिक अवसंरचना से युक्त बड़े एकीकृत औद्योगिक टाउनशिप के रूप में की जा रही है, जहां जमीन का उपयोग क्षेत्रवार हो रहा है; स्वच्छ एवं ऊर्जा दक्ष तकनीक को प्राथमिकता दी जा रही है और आवश्यक सामाजिक अवसंरचना व कौशल विकास सुविधाएं इत्यादि उपलब्ध होंगी। इससे विनिर्माण उद्योगों के लिए सहायक वातावरण का निर्माण होगा। एनआईएमजेड को स्वयं-संचालित एवं स्वायत्तशासी निकाय के रूप में काम करने योग्य बनाने के लिए राज्य सरकार संविधान के अनुच्छेद 243 क्यू (1) (सी) के अंतर्गत उसे औद्योगिक टाउनशिप घोषित कर देगी। इन एनआईएमजेड का प्रबंधन विशेष उद्देश्य वाली कंपनी (एसपीवी) करेगी, जो यह सुनिश्चित करेगी कि क्षेत्र का मास्टर प्लान तैयार हो, क्षेत्र के भीतर लगने वाली औद्योगिक इकाइयों की स्थापना के लिए अनुमतियां पहले ही मिल जाएं और नीति के विभिन्न खंडों में स्पष्ट किए गए अन्य कार्य भी वही करेगी।

- एनआईएमजेड आकार; अवसंरचना योजना के स्तर; नियामकीय प्रक्रियाओं से संबंधित प्रशासनिक ढांचे; निकास नीतियों; वित्तीय प्रोत्साहन इत्यादि के संदर्भ में एसईजेड से भिन्न होंगे। नीति में कहा गया है कि किसी क्षेत्र में एसपीवी की कमान वरिष्ठ सरकारी अधिकारी के हाथ में होगी और इसके साथ ही प्रदूषण नियंत्रण अथवा पर्यावरण की रक्षा से संबंधित कार्य करने के लिए संरक्षण विशेषज्ञ शामिल करना होगा। आवंटियों तथा औद्यागिक इकाइयों के समुचित प्रतिनिधित्व का भी प्रावधान होगा।

मेक इन इंडिया

2014 में 'मेक इन इंडिया' कार्यक्रम आरंभ होने के बाद इसके तहत चिह्नित किए गए 22 प्रमुख क्षेत्रों से संबंधित मंत्रालयों/विभागों ने एक वर्ष और तीन वर्ष में क्रियान्वित होने वाली अपनी कार्य योजनाओं की घोषणा कर दी। संबंधित मंत्रालयों/विभागों ने इन कार्य योजनाओं के क्रियान्वयन पर नजर रखने के लिए योजनाओं की प्रत्येक गतिविधि के लिए मापे जा सकने वाले मील के पत्थर निश्चित कर दिए।

इस विभाग ने अप्रैल, 2016 में 'मेक इन इंडिया डैशबोर्ड' आरंभ किया है, जिसका उद्देश्य यह है कि मंत्रालय/विभाग अपनी कार्य योजनाओं की प्रगति को स्वत: ही देख सकें, अद्यतन कर सकें और समय से पूरा कर सकें। 'मेक इन इंडिया' से संबंधित कार्यक्रमों की कुल प्रगति का मूल्यांकन करने के लिए और किसी भी प्रकार की समस्या को सुलझाने के लिए यह विभाग स्वयं इस डैशबोर्ड पर नजर रखता है। 'मेक इन इंडिया' कार्यक्रम को गति प्रदान करने के लिए स्वास्थ्य एवं परिवार कल्याण मंत्रालय से संबंधित नई कार्य योजनाएं चिह्नित की गई हैं।

'मेक इन इंडिया' कार्यक्रम के अंतर्गत 'सात वर्ष की रणनीति' अपनाई गई है, जिसमें इस नए कार्यक्रम के दायरे में आने वाले क्षेत्रों को पुनर्परिभाषित किया जा रहा है, चिकित्सा उपकरणों जैसे नए क्षेत्र जोड़े जा रहे हैं और विकसित होती अर्थव्यवस्था में प्रासंगिकता खो चुके क्षेत्रों को अलग किया जा रहा है ताकि अर्थव्यवस्था के विकास के साथ रोज़गार सृजन की संभावना भी बढ़ती रहे। पर्यटन तथा आतिथ्य जैसे क्षेत्र रोज़गार सृजन की अपनी क्षमताओं के कारण महत्वपूर्ण हैं।

देश में निवेश के अवसरों तथा संभावनाओं के बारे में जागरुकता उत्पन्न करने, विदेशी बाज़ारों में भारत को पसंदीदा निवेश ठिकाना बनाने और वैश्विक एफडीआई में भारत की हिस्सेदारी बढ़ाने के उद्देश्य से सूचनाओं का प्रसार करने के लिए और निवेशकों के साथ संवाद करने के लिए एक इंटरैक्टिव पोर्टल www.makeinindia.com बनाया गया है।

स्टार्टअप इंडिया

स्टार्टअप इंडिया अभियान का लक्ष्य वृद्धि के अनुकूल वातावरण तैयार कर उद्यमशीलता को मजबूती देना तथा नवाचार को बढ़ावा देना है। यह अभियान देश के आर्थिक खाके में उद्यमों को लंबे समय से प्रतीक्षित बढ़ावा देने का प्रयास करता है। सरलीकरण एवं सहयोग, वित्तीय सहयोग एवं प्रोत्साहन तथा उद्योग-शिक्षा जगत की साझेदारी एवं सहारा जैसे क्षेत्रों में 16 कार्यबिंदुओं वाली एक कार्य योजना की घोषणा की गई। दुनिया भर में माना जाता है कि स्टार्टअप देशों की आर्थिक वृद्धि तेज कर रहे हैं, रोज़गार सृजन कर रहे हैं तथा नवाचार की संस्कृति को बढ़ावा दे रहे हैं। इसीलिए राष्ट्र निर्माण के बड़े लक्ष्य के अंश के रूप में उभरती प्रतिभाओं तथा उद्यमशीलता को बढ़ावा देना सरकार का कर्तव्य है।

यह अभियान आरंभ होने के बाद से मौजूदा नीति-नियमों में कई भविष्योन्मुखी रणनीतिक संशोधन किए गए हैं, जैसे-

स्टार्टअप केंद्र: विभिन्न स्टार्टअप के प्रश्नों के उत्तर देने तथा उन्हें सहायता प्रदान करने के लिए स्टार्टअप इंडिया केंद्र (हब) की स्थापना की गई है। इसके अलावा ट्विटर पर उद्यमियों से संवाद करने की सुविधा 'ट्विटर सेवा' भी आरंभ की गई है।

मोबाइल एप तथा पोर्टल का आरंभ: स्टार्टअप इंडिया पोर्टल तथा मोबाइल एप ने काम शुरू कर दिया है। पोर्टल तथा एप में स्टार्टअप को तुरंत मान्यता दिलाने के लिए आवेदन करने, मान्यता प्रमाणपत्र का सत्यापन करने, इनक्यूबेटर, भारतीय प्रतिभूति एवं विनिमय बोर्ड (सेबी) के पास पंजीकृत फंडों, विभिन्न विभागों द्वारा जारी की गई अधिसूचनाओं की सूचना प्राप्त करने आदि में मदद करते हैं।

त्वरित पेटेंट पंजीकरण एवं कानूनी सहयोग: पेटेंट, ट्रेडमार्क एवं डिजाइनों को तेजी से दाखिल करने में स्टार्टअप की मदद करने के लिए स्टार्टअप आईपीआर संरक्षण (सिप) की योजना आरंभ की गई है। इस योजना के तहत दाखिल किए गए पेटेंट की जांच तेजी से की जाती है। इससे पेटेंट मिलने में लगने वाला समय कम हो जाता है। पेटेंट दाखिल करने का शुल्क भी 80 प्रतिशत तक कम कर दिया गया है।

स्टार्टअप के लिए सरकारी खरीद के नरम नियम: सूक्ष्म एवं लघु उद्यमों के लिए पूर्व अनुभव/कारोबार संबंधी नियम नरम बनाने के लिए खरीद नीति में प्रावधान किए गए हैं।

कर प्रोत्साहन: वित्त अधिनियम 2016 में स्टार्टअप कंपनियों को तीन वर्ष के लिए कर संबंधी प्रोत्साहन दिए गए हैं।

नवाचार केंद्रों का निर्माण एवं सात अनुसंधान पार्कों की स्थापना: 2 अनुसंधान पार्क, 16 प्रौद्योगिकी व्यापार इनक्यूबेटर और 10 स्टार्टअप केंद्र मंजूर किए गए हैं और वे जल्द ही काम करने लगेंगे। चालू वित्त वर्ष में 25-30 नए नवाचार केंद्र आरंभ किए जाने की योजना है।

जैवप्रौद्योगिकी क्षेत्र में स्टार्टअप को प्रोत्साहन: वर्तमान 15 बायो-इनक्यूबेटरों में वृद्धि करने के लिए जैवप्रौद्योगिकी विभाग ने योजना के दिशानिर्देश तैयार किए हैं।

नवाचार केंद्रित कार्यक्रम आरंभ करना: नवाचार केंद्र एवं उच्चतर आविष्कार योजना के लिए मानव संसाधन विभाग ने योजना दिशानिर्देशों को अंतिम रूप दिया है। नेशनल इनीशिएटिव फॉर डेवलपिंग एंड हार्नसिंग इनोवेशंस (निधि) के लिए दिशानिर्देश तैयार किए गए एवं अधिसूचित किए गए।

औद्योगिक/आर्थिक गलियारे

औद्योगिक/आर्थिक गलियारों का विकास सरकार की महत्वपूर्ण नीतिगत पहल है, जिससे औद्योगिक विकास, आय और रोज़गार को प्रोत्साहन मिले। इस बारे में विकास का स्तर निम्नलिखित है:

दिल्ली मुंबई औद्योगिक गलियारा

दिल्ली मुंबई औद्योगिक गलियारा (डीएमआईसी) परियोजना को पश्चिमी समर्पित मालवहन गलियारे के दोनों ओर वैश्विक विनिर्माण एवं निवेश गंतव्य के रूप में विकसित किया जा रहा है और सितंबर 2011 में संस्थागत तथा वित्तीय ढांचे को मंजूरी मिलने के बाद से इसमें महत्वपूर्ण प्रगति हुई है। डीएमआईसी औद्योगिक नगरों को विश्व के अन्य हिस्सों में स्थापित किए गए औद्योगिक नगरों के मानदंडों के अनुरूप बनाया जा रहा है। डीएमआईसी परियोजना क्रियान्वयन न्यास कोष की स्थापना एक न्यास के रूप पर सितंबर 2012 में की गई थी। नए औद्योगिक शहरों के लिए भूमि राज्य सरकार द्वारा दी जाएगी।

क्रियान्वित की जा रही परियोजना की स्थिति की संक्षिप्त जानकारी निम्नलिखित है:

अहमदाबाद धौलेरा विशेष निवेश क्षेत्र

गुजरात सरकार तथा डीएमआईसी ट्रस्ट के बीच शेयरधारक समझौता एवं राज्य समर्थन समझौता हो चुका है तथा नोड/शहर स्तर की एसपीवी ''धौलेरा इंडस्ट्रियल सिटी डेवलपमेंट लिमिटेड'' बनाई गई है। राज्य सरकार ने 1,178 हेक्टेयर भूमि पहले ही एसपीवी को हस्तांतरित कर दी है। इस परियोजना के लिए पर्यावरण संबंधी स्वीकृतियां प्राप्त की जा चुकी हैं और प्राथमिक इंजीनियरिंग कार्य भी पूरा किया जा चुका है।

शेंद्रा बिदकिन औद्योगिक पार्क

महाराष्ट्र सरकार तथा डीएमआईसी ट्रस्ट के बीच शेयरधारक समझौता एवं राज्य समर्थन समझौता हो चुका है तथा नोड/शहर स्तर की एसपीवी ''औरंगाबाद इंडस्ट्रियल टाउनशिप लिमिटेड'' बनाई गई है। महाराष्ट्र औद्योगिक विकास निगम ने एसपीवी को 8.39 वर्ग किमी जमीन सौंप दी है। इस परियोजना के लिए पर्यावरण संबंधी स्वीकृतियां प्राप्त की जा चुकी हैं और विभिन्न ट्रंक बुनियादी ढांचे के लिए प्राथमिक इंजीनियरिंग कार्य भी पूरा किया जा चुका है।

एकीकृत औद्योगिक टाउनशिप, विक्रम उद्योगपुरी

एसपीवी को डीएमआईसी ट्रस्ट और एमपीट्राइफैक एवं एमपीएकेवीएन के बीच साझे उपक्रम के रूप में ''विक्रम उद्योगपुरी लिमिटेड'' के नाम से पुनर्गठित किया गया है। राज्य सरकार ने परियोजना एसपीवी को 1,100 एकड़ जमीन दे दी है। पर्यावरण संबंधी मंजूरियां पहले ही प्राप्त की जा चुकी हैं। एसपीवी को

8.39 वर्ग किमी जमीन सौंप दी है। इस परियोजना के लिए पर्यावरण संबंधी स्वीकृतियां प्राप्त की जा चुकी हैं। मूल बुनियादी ढांचे के निर्माण के लिए ईपीसी ठेकेदार नियुक्त किया जा चुका है और काम आरंभ हो चुका है।

एकीकृत औद्योगिक टाउनशिप

डीएमआईसी ट्रस्ट और ग्रेटर नोएडा औद्योगिक विकास प्राधिकरण के बीच ''इंटीग्रेटेड इंडस्ट्रियल टाउनशिप ग्रेटर नोएडा लिमिटेड'' के नाम से एसपीवी बनाई गई है। राज्य सरकार ने एसपीवी को लगभग 747.5 एकड़ जमीन सौंप दी है। मूल बुनियादी ढांचे के निर्माण के लिए ईपीसी ठेकेदार नियुक्त किया जा चुका है और काम आरंभ हो चुका है।

मॉडल सौर ऊर्जा परियोजना

डीएमआईसीडीसी के पूर्ण स्वामित्व वाली सहायक कंपनी के रूप में ''डीएमआईसीडीसी नीमराणा सोलर पावर लिमिटेड'' की स्थापना हो चुकी है। मैसर्स मिकुनी इंडिया प्राइवेट लिमिटेड और मैसर्स डीएमआईसीडीसी नीमराणा सोलर पावर कंपनी लिमिटेड के बीच 1 मेगावाट बिजली के लिए बिजली खरीद समझौता हो चुका है।

लॉजिस्टिक डेटा बैंक

लॉजिस्टिक डेटा बैंक (एलडीबी) परियोजना ऐसी सेवा के रूप में आरंभ की गई, जो कार्गो की आवाजाही पर नजर रखे और आपूर्ति शृंखला में शामिल विभिन्न पक्षों (बंदरगाह, सीमा शुल्क, रेल, आईसीडी इत्यादि) की वर्तमान आईटी व्यवस्था को एकीकृत कर एक ही स्थान पर रियल टाइम (तुरंत) जानकारी उपलब्ध कराए।

प्रत्यक्ष विदेशी निवेश

अन्य देशों से विशेषकर निवेश के रूप में पूंजी का आगमन बुनियादी ढांचे, उद्योगों एवं अन्य आर्थिक उपक्रमों के वित्तपोषण हेतु पूंजी उपलब्ध कराने में बहुत महत्वपूर्ण योगदान करता है। इक्विटी का आगमन सर्वाधिक स्थिर होता है एवं निवेश के साथ ही नई प्रबंधन विधियां एवं प्रौद्योगिकी भी लाता है। प्रत्यक्ष विदेशी निवेश (एफडीआई) की आमद को प्रोत्साहित करने हेतु नीति की लगातार समीक्षा की जाती है ताकि उसे निवेशकों के अधिक अनुकूल बनाया जा सके। हाल में सरकार ने कई क्षेत्रों में नीतिगत सुधार किए हैं। निम्न क्षेत्रों में या तो क्षेत्रवार सीमा बढ़ाई गई है अथवा आमद के मार्ग को सरकारी मंजूरी के बजाय स्वतः कर दिया गया है:

तालिका : 4

क्षेत्र, जहां पिछले दो वर्ष में एफडीआई सीमा/मार्ग में परिवर्तन हुआ है:

क्र. सं	क्षेत्र/गतिविधि	पूर्व सीमा/मार्ग	संशोधित सीमा/मार्ग
1.	चाय बागान क्षेत्र	100 प्रतिशत सरकारी	100 प्रतिशत स्वतः
2.	कॉफी, रबर, इलायची, पाम ऑयल के वृक्षों तथा जैतून के वृक्षों के बागान	एफडीआई की मंजूरी नहीं	100 प्रतिशत स्वतः

3.	प्रसारण के प्रबंधन की सेवाएं (टेलीपोर्ट, डीटीएच, केबल नेटवर्क, मोबाइल टीवी, हिट्स)	74 प्रतिशत 49 प्रतिशत तक स्वत:	100 प्रतिशत स्वत:
4.	प्रसारण सामग्री सेवाएं: 'समाचार एवं समसामयिक मामलों से इतर' टीवी चैनलों की अपलिंकिंग अथवा डाउनलिंकिंग	100 प्रतिशत सरकारी	100 प्रतिशत स्वत:
5.	प्रसारण सामग्री सेवाएं: (अ) एफएम रेडियो (आ) 'समाचार एवं समसामयिक मामलों' वाले टीवी चैनलों की अपलिंकिंग	26 प्रतिशत सरकारी	49 प्रतिशत सरकारी
6.	हवाईअड्डे - पुराने (ब्राउनफील्ड)	100 प्रतिशत 74 प्रतिशत तक स्वत:	100 प्रतिशत स्वत:
7.	हवाई यातायात सेवाएं - अनिर्धारित	74 प्रतिशत 49 प्रतिशत तक स्वत:	100 प्रतिशत स्वत:
8.	हवाई यातायात सेवाएं - निर्धारित	49 प्रतिशत स्वत:	100 प्रतिशत 49 प्रतिशत तक स्वत:
9.	हवाई यातायात सेवाएं-क्षेत्रीय हवाई यातायात सेवा	अनुमति नहीं	100 प्रतिशत 49 प्रतिशत तक स्वत:
10.	ग्राउंड हैंडलिंग सेवाएं	74 प्रतिशत 49 प्रतिशत तक स्वत:	100 प्रतिशत स्वत:
11.	ड्यूटी फ्री दुकानें	कोई प्रावधान नहीं	100 प्रतिशत स्वत:
12.	खाद्य उत्पादों का खुदरा व्यापार	अनुमति नहीं	100 प्रतिशत 100 प्रतिशत तक सरकारी
13.	रेल बुनियादी ढांचा	अनुमति नहीं	100 प्रतिशत स्वत:
14.	संपत्ति पुनर्गठन कंपनियां	100 प्रतिशत 49 प्रतिशत तक स्वत:	100 प्रतिशत स्वत:
15.	साख सूचना कंपनियां	74 प्रतिशत स्वत:	100 प्रतिशत स्वत:
16.	व्हाइट लेबल एटीएम परिचालन	कोई प्रावधान नहीं	100 प्रतिशत स्वत:
17.	फार्मा-चिकित्सा उपकरण	फार्मा के अंश के रूप में 100 प्रतिशत सरकारी	100 प्रतिशत स्वत:

18.	फार्मा-ब्राउनफील्ड	100 प्रतिशत सरकारी	100 प्रतिशत 74 प्रतिशत तक स्वतः
19.	रक्षा	26 प्रतिशत सरकारी	100 प्रतिशत 49 प्रतिशत तक स्वतः
20.	उपग्रह-स्थापना एवं परिचालन	74 प्रतिशत सरकारी	100 प्रतिशत 100 प्रतशित तक सरकारी
21.	बीमा	26 प्रतिशत स्वतः	49 प्रतिशत स्वतः
22.	पेंशन	कोई प्रावधान नहीं	49 प्रतिशत स्वतः
23.	निजी सुरक्षा एजेंसियां	49 प्रतिशत सरकारी	74 प्रतिशत 49 प्रतिशत तक स्वतः

एफडीआई नीति को सरल बनाने तथा देश में कारोबारी सुगमता लाने के लिए अन्य उपाय इस प्रकार हैं:

(क) मिश्रित सीमा: सरकार ने विदेशी निवेश की मिश्रित सीमा निर्धारित की है। क्षेत्रवार सीमा अर्थात् किसी भी इकाई में विदेशी निवेशकों द्वारा लगाई जाने वाली अधिकतम राशि के बारे में यदि अलग से निर्देश नहीं हों तो वह मिश्रित ही होती है और उसमें सभी प्रकार के विदेशी निवेश, प्रत्यक्ष एवं अप्रत्यक्ष, शामिल होते हैं, चाहे निवेश फेमा की अनुसूची 1 (प्रत्यक्ष विदेशी निवेश) के अंतर्गत हों या 2 (विदेशी संस्थागत निवेशक), 2ए (विदेशी पोर्टफोलियो निवेश), 3 (प्रवासी भारतीय अर्थात् एनआरआई), 6 (विदेशी वेंचर कैपिटल निवेशक), 9 (सीमित उत्तरदायित्व वाली साझेदारी), 10 (डिपॉजिटरी रिसीट) तथा 11 (निवेश वाहक) के अंतर्गत हों। इस उपाय के कारण विभिन्न प्रकार के विदेशी निवेशों में पूरी तरह अदला-बदली हो सकती है।

(ख) शाखा कार्यालय, संपर्क कार्यालय अथवा परियोजना कार्यालय की स्थापना: यदि आवेदक का प्रमुख कारोबार रक्षा, दूरसंचार, निजी सुरक्षा अथवा सूचना प्रसारण से जुड़ा है तो भारत में शाखा कार्यालय, संपर्क कार्यालय अथवा परियोजना कार्यालय या कारोबार के किसी अन्य स्थान की स्थापना के लिए भारतीय रिजर्व बैंक की मंजूरी की आवश्यकता उस सूरत में नहीं होगी, जब संबंधित मंत्रालय अथवा नियामक से एफआईपीबी मंजूरी अथवा लाइसेंस/अनुमति पहले ही प्राप्त हो चुकी है।

(ग) ई-कॉमर्स क्षेत्र में एफडीआई के लिए दिशानिर्देश: सरकार ने ई-कॉमर्स क्षेत्र में एफडीआई के लिए दिशानिर्देश जारी किए हैं। ई-कॉमर्स के मार्केटप्लेस मॉडल में अब 100 प्रतिशत एफडीआई को स्वतः ही मंजूरी मिल जाती है। ई-कॉमर्स, ई-कॉमर्स इकाई, मार्केटप्लेस, इन्वेंटरी आधारित मॉडल जैसे विभिन्न शब्दों को स्पष्ट रूप से परिभाषित भी कर दिया गया है।

(घ) एनआरआई द्वारा निवेश: प्रवासी भारतीयों (एनआरआई), भारतीय मूल के व्यक्तियों (पीआईओ) और भारत के विदेशी नागरिकों (ओसीआई) द्वारा निवेश, जिसे स्वदेश में नहीं भेजा जाएगा, को

प्रवासियों द्वारा किए गए निवेश जितना ही घरेलू निवेश माना जाएगा। नई परिभाषा के अनुसार एनआरआई का अर्थ देश के बाहर रहने वाला ऐसा कोई व्यक्ति है, जो भारत का नागरिक है अथवा नागरिकता अधिनियम, 1955 की धारा 7 (ए) के अनुसार 'भारत के विदेशी नागरिक' का कार्ड रखता है। ऐसी छूट एनआरआई के स्वामित्व वाली कंपनियों, ट्रस्टों और साझेदारियों को भी दी गई है।

(ङ) निर्माण विकास: निर्माण विकास क्षेत्र में बड़े सुधार किए गए हैं। वे हैं- निर्माण विकास परियोजनाओं में 20,000 वर्ग मीटर फ्लोर एरिया की सीमा तथा कारोबार शुरू होने के छह महीने के भीतर कम से कम 50 लाख डॉलर का पूंजीकरण लाने की शर्त समाप्त होना। विदेशी निवेशक को अब तीन वर्ष की लॉक-इन अवधि के बाद परियोजना से निकलने या निवेश अपने देश ले जाने की अनुमति है। निवेश को अपने देश वापस ले जाए बगैर हिस्सेदारी एक प्रवासी से दूसरे प्रवासी के हाथ सौंपे जाने के लिए अब न तो किसी लॉक-इन अवधि की शर्त है और न ही सरकार की मंजूरी की आवश्यकता है। यदि परियोजना अथवा मूल बुनियादी ढांचा लॉक-इन अवधि से पहले ही पूरा हो जाता है तो उससे किसी भी समय निवेश निकाला जा सकता है। टाउनशिप, मॉल/शॉपिंग कॉम्पलेक्स और बिजनेस सेंटरों के परिचालन एवं प्रबंधन के लिए तैयार परियोजनाओं में 100 प्रतिशत एफडीआई को स्वत: मार्ग से मंजूरी प्राप्त है।

(च) बैंकिंग-निजी क्षेत्र: सरकार ने बैंकिंग-निजी क्षेत्र में विदेशी निवेश की पूरी तरह अदलाबदली की अनुमति दे दी है। इस प्रकार तय प्रक्रिया के उपरांत एफआईआई/एफपीआई/क्यूएफआई अब उस क्षेत्र में निर्धारित सीमा का 74 प्रतिशत तक निवेश कर सकते हैं बशर्ते जिस कंपनी में निवेश किया जा रहा है, उसके नियंत्रण तथा प्रबंधन में किसी प्रकार का परिवर्तन नहीं हो।

(छ) विनिर्माण: विनिर्माण क्षेत्र को प्रोत्साहित करने एवं 'मेक इन इंडिया' कार्यक्रम को तेजी प्रदान करने के लिए सरकार ने विनिर्माताओं को अपने उत्पाद स्वत: मार्ग के जरिए ई-कॉमर्स समेत थोक और/अथवा खुदरा माध्यम से बेचने की अनुमति दे दी है। 'विनिर्माण' शब्द को परिभाषित भी कर दिया गया है।

(ज) ट्रेडिंग: ट्रेडिंग क्षेत्र में निवेश को बढ़ावा देने और नीति सरल बनाने के लिए इस क्षेत्र की एफडीआई नीति में परिवर्तन किए गए हैं।

(झ) सीमित जवाबदेही वाली साझेदारी (एलएलपी): इस क्षेत्र में एफडीआई नीति को संशोधित किया गया है ताकि सीमित जवाबदेही वाली साझेदारियों में सरकारी मंजूरी की आवश्यकता नहीं पड़े। स्वत: मार्ग से 100 प्रतिशत एफडीआई की अनुमति वाले क्षेत्रों/गतिविधियों में काम कर रही एलएलपी में स्वत: मार्ग के जरिए 100 प्रतिशत एफडीआई की इजाजत है और एफडीआई से जुड़ी प्रदर्शन की कोई शर्तें भी नहीं हैं।

(ञ) खनन: खनन क्षेत्र में कई अप्रासंगिक शर्तें हटा दी गई हैं।

(ट) बिना परिचालन वाली कंपनियां: बगैर परिचालन वाली कंपनियों के मामले में मंजूरी की आवश्यकताएं भी नरम बना दी गई हैं। निर्णय लिया गया है कि जिस भारतीय कंपनी का न तो कोई परिचालन है और न ही कोई निवेश है, उसमें ऐसी गतिविधियों के लिए विदेशी निवेश हेतु सरकार की मंजूरी आवश्यक नहीं होगी, जो गतिविधियां स्वत: मार्ग में आती हैं और उनमें एफडीआई से संबंधित प्रदर्शन की शर्तें भी नहीं होंगी चाहे कितना भी विदेशी निवेश क्यों न किया जा रहा हो।

(ठ) भारतीय कंपनियों की स्थापना एवं स्वामित्व अथवा नियंत्रण: पिछली एफडीआई नीति के अनुसार प्रतिबंध अथवा सीमा वाले क्षेत्रों/गतिविधियों में भारतीय कंपनी की स्थापना एवं स्वामित्व अथवा नियंत्रण के लिए सरकारी मंजूरी की आवश्यकता होती थी। इस प्रावधान में संशोधन कर अब यह निर्णय किया गया है कि यदि संबंधित कंपनी उन क्षेत्रों/गतिविधियों में परिचालन कर रही है, जो सरकारी मंजूरी के अंतर्गत आते हैं तो उसके लिए सरकारी मंजूरी की आवश्यकता होगी। स्वत: निवेश वाले क्षेत्रों में शेयरों की अदलाबदली के जरिए निवेश करने हेतु सरकारी मंजूरी की आवश्यकता नहीं होगी।

(ड) विदेशी निवेश संवर्द्धन बोर्ड (एफआईपीबी): पिछली विदेशी निवेश नीति के अनुसार विदेशी निवेश संवर्द्धन बोर्ड ने 1,200 करोड़ रुपये तक के विदेशी निवेश की आवक से जुड़े प्रस्तावों पर विचार किया और 1,200 करोड़ रुपये से अधिक वाले प्रस्ताव आर्थिक मामलों की केंद्रीय समिति के सामने रखे गए। प्रस्तावों को जल्द मंजूरी दिलाने के लिए एफआईपीबी की मंजूरी की अधिकतम सीमा 5,000 करोड़ रुपये कर दी गई है।

एफडीआई की आवक

भारत में एफडीआई का आगमन 2000-01 से ही अच्छा रहा है। उसका इक्विटी आगमन 2001-02 के 2.46 अरब डॉलर से बढ़कर 2015-16 में 40 अरब डॉलर तक पहुंच गया है। रिपोर्टिंग की अंतरराष्ट्रीय प्रणाली के अंतर्गत अर्थात् इक्विटी पूंजी, गैर-निगमीकृत निकायों की इक्विटी पूंजी, पुनर्निवेशित आय एवं अन्य पूंजी को मिलाकर कुल एफडीआई आगमन 2000-01 में 4.03 अरब डॉलर था, जो 2015-16 में बढ़कर 55.46 अरब डॉलर हो गया। 2015-16 में कुल 40 अरब डॉलर की इक्विटी आवक हुई। किसी भी वित्त वर्ष के लिए यह सर्वाधिक आंकड़ा है। इससे पहले 35.12 अरब डॉलर की सर्वाधिक एफडीआई इक्विटी आवक 2011-12 में दर्ज की गई थी।

तालिका : 5

एफडीआई आगमन में वृद्धि (बिलियन डॉलर में)

वित्त वर्ष	अंतरराष्ट्रीय प्रचलन	प्रतिशत में वृद्धि	एफडीआई इक्विटी आगमन (डीआईपीपी)	प्रतिशत में वृद्धि
2000-01	4,029	-	2,463	-
2001-02	6,130	(+) 52	4,065	(+) 65
2002-03	5,035	(-) 18	2,705	(-) 33
2003-04	4,322	(-) 14	2,188	(-) 19
2004-05	6,051	(+) 40	3,219	(+) 47
2005-06	8,961	(+) 48	5,540	(+) 72
2006-07	22,826	(+) 155	12,492	(+) 125
2007-08	34,843	(+) 53	24,575	(+) 97
2008-09	41,873	(+) 20	31,396	(+) 28

2009-10	37,745	(-) 10	25,834	(-) 18
2010-11	34,847	(-) 08	21,383	(-) 17
2011-12	46,556	(+) 34	35,121	(+) 64
2012-13	34,298	(-) 26	22,423	(-) 36
2013-14(पी)	36,046	(+) 5	24,299	(+) 8
2014-15(पी)	45,148	(+) 25	30,931	(+) 27
2015-16(पी)	55,457	(+) 23	40,001	(+) 29
योग	**4,24,167**		**2,88,635**	

(पी) सभी आंकड़े अनंतिम हैं और आरबीआई की सहमति इसमें आवश्यक है

तालिका : 6

अप्रैल, 2010 से मई, 2016 तक वित्त वर्षवार एफडीआई इक्विटी आगमन

(राशि मिलियन डॉलर में)

क्र. सं.	उद्योग	2010-11	2011-12	2012-13	2013-14	2014-15	2015-16	2016-17 मई, 2016 तक	कुल
1.	धातुकर्म उद्योग	1,098.14	1,786.14	1,466.23	567.63	359.34	456.31	79.1	5,813.29
2.	खनन	79.51	142.65	57.89	12.73	684.39	520.67	0.77	1,498.62
3.	बिजली	1,271.77	1,652.38	538.68	1,066.08	707.04	868.80	19.01	6,120.76
4.	अपारंपरिक ऊर्जा	214.40	452.17	1,106.52	414.25	615.95	776.51	126.45	3,706.25
5.	कोयला उत्पादन	0.00	0.00	0.00	2.96	0.00	0.00	0.00	2.96
6.	पेट्रोलियम एवं प्राकृतिक गैस	556.43	2,029.98	214.80	112.23	1,079.02	103.02	8.23	4,103.72
7.	बॉयलर एवं वाष्प उत्पादक संयंत्र	0.63	31.79	20.05	0.17	1.33	77.91	4.48	136.37
8.	प्राइम मूवर (इलेक्ट्रिकल जेनरेटर के अतिरिक्त)	166.4	313.75	184.60	212.78	230.70	159.13	16.60	1,283.99
9.	विद्युत उपकरण	153.9	566.39	195.87	134.31	574.8	444.88	43.14	2,113.32
10.	कंप्यूटर सॉफ्टवेयर एवं हार्डवेयर	779.81	796.35	485.96	1,126.27	2,296.04	5,904.36	282.66	11,671.45

11. इलेक्ट्रॉनिक्स	59.72	194.41	38.24	132.58	96.84	208.39	18.07	748.25
12. दूरसंचार	1,664.50	1,997.24	303.87	1,306.95	2,894.94	1,324.40	888.62	10,380.53
13. सूचना प्रसारण (प्रिंट मीडिया समेत)	412.11	675.96	404.04	428.52	254.96	1,009.34	39.20	3,224.13
14. वाहन उद्योग	1,299.41	922.99	1,537.28	1,517.28	2,725.64	2,526.82	297.42	10,826.84
15. हवाई परिवहन (हवाई माल ढुलाई समेत)	136.60	31.22	15.89	45.95	74.56	361.25	5.65	671.12
16. समुद्री परिवहन	300.51	129.36	64.62	20.49	333.22	429.3	9.31	1,286.80
17. बंदरगाह	10.92	0.00	0.00	0.31	1.90	0.00	0.00	13.14
18. रेलवे से संबंधित उपकरण	70.66	42.27	29.85	236.93	129.7	73.99	0.00	583.44
19. औद्योगिक मशीनरी	467.92	620.66	503.83	477.38	716.79	568.26	48.03	3,402.86
20. मशीन उपकरण	11.63	127.87	101.39	64.52	24.06	126.38	12.03	467.90
21. कृषि मशीनरी	0.49	2.77	95.41	48.78	72.35	16.44	3.38	239.61
22. अर्थ-मूविंग मशीनरी	1.77	16.40	5.10	34.44	30.11	97.66	16.43	201.92
23. अन्य मैकेनिकल एवं इंजीनियरिंग उद्योग	108.67	1,295.34	89.45	288.13	186.69	274.57	23.76	2,266.61
24. वाणिज्यिक, कार्यालय संबंधी एवं घरेलू उपकरण	25.12	29.04	24.33	21.13	33.39	36.68	0.12	169.81

25. मेडिकल एवं सर्जिकल उपकरण	32.22	141.61	83.02	173.48	145.93	173.26	0.43	749.95
26. औद्योगिक उपकरण	25.48	3.99	0.58	0.53	0.85	7.42	0.00	38.86
27. वैज्ञानिक उपकरण	2.49	7.08	73.28	45.08	32.34	6.36	0.19	166.81
28. गणित, सर्वेक्षण एवं चित्रकला संबंधी उपकरण	0.00	0.00	6.71	0.00	0.00	0.00	0.00	6.71
29. उर्वरक	18.18	32.60	42.55	20.65	225.32	20.93	0.08	360.31
30. रसायन (उर्वरक के अतिरिक्त)	2,354.40	4,040.71	292.16	786.76	762.76	1,469.95	92.34	9,799.08
31. फोटोग्रफिक रॉ फिल्म एवं कागज़	0.81	0.00	0.00	0.00	0.75	0.00	0.00	1.56
32. रंगाई की सामग्री	5.37	058	0.00	0.00	54.89	3.32	0.00	64.16
33. औषधि	209.3	3,232.28	1,123.46	1,279.34	1,497.74	754.26	452.86	8,549.31
34. वस्त्र (रंगे, छपे समेत)	129.65	164.19	103.89	198.86	197.42	230.13	9.50	1,033.64
35. कागज़ एवं लुग्दी (कागज़ उत्पाद समेत)	6.53	407.35	5.09	23.86	116.21	85.21	6.56	653.81
36. चीनी	0.17	4.44	12.26	3.08	27.77	105.85	0.60	154.17
37. किण्वन उद्योग	57.71	69.70	1077.21	814.58	225.38	202.36	28.86	1,505.81
38. खाद्य प्रसंस्करण उद्योग	188.6	170.21	401.46	3,982.89	515.86	505.88	121.19	5,886.15
39. वनस्पति तेल एवं वनस्पति घी	58.07	65.02	108.39	21.55	148.34	34.22	19.65	455.25

40. साबुन, सौंदर्य प्रसाधन एवं टॉयलेट उत्पाद	102.90	222.08	160.07	108.44	177.22	193.26	0.77	964.74
41. रबर उत्पाद	17.21	187.37	642.18	370.54	284.51	296.15	53.61	1,851.57
42. चमड़ा, चमड़ा उत्पाद एवं पिकर	9.26	8.30	46.70	6.14	34.21	17.13	0.00	121.74
43. गोंद एवं जिलेटिन	0.01	5.84	0.00	0.97	21.44	0.82	7.08	36.15
44. कांच	7.60	32.22	209.16	43.09	41.82	25.78	0.03	359.70
45. सिरेमिक	12.00	9.87	4.33	150.09	35.29	51.21	1.22	264.01
46. सीमेंट एवं जिप्सम उत्पाद	637.68	267.90	12.38	254.01	208.99	19.69	0.10	1,400.75
47. काष्ठ उत्पाद	1.58	29.60	29.17	6.16	8.97	53.17	0.14	128.80
48. रक्षा उद्योग	0.00	3.66	0.41	0.82	0.08	0.10	0.00	5.06
49. परामर्श सेवाएं	274.84	289.89	142.32	285.85	458.13	517.47	61.89	2,030.38
50. सेवा क्षेत्र (वित्तीय सेवा, बैंकिंग, बीमा, गैर वित्तीय व्यापार, आउटसोर्सिंग, आरएंडडी, कूरियर, तकनीकी परीक्षण एवं विश्लेषण, अन्य)	3,296.09	5,215.98	4,832.98	2,225.10	4,443.26	6,889.46	1,862.19	28,765.06
51. अस्पताल एवं निदान केंद्र	256.00	310.43	256.86	684.58	567.85	742.35	74.28	2,892.35
52. शिक्षा	37.94	105.62	172.20	262.09	78.86	230.78	19.86	907.34

53. होटल एवं पर्यटन	308.05	992.86	3,259.05	486.38	777.01	1,332.69	119.47	7,275.52
54. ट्रेडिंग	498.04	731.55	717.80	1,343.39	2,727.96	3,845.32	117.71	9,981.77
55. खुदरा कारोबार (एकल ब्रांड)	26.27	31.70	22.31	11.30	168.72	262.24	7.94	530.47
56. कृषि सेवाएं	43.90	49.02	161.47	91.01	59.95	84.65	1.82	491.82
57. हीरा, स्वर्ण आभूषण	19.59	36.30	52.61	42.56	280.18	58.54	64.27	554.05
58. चाय एवं कॉफी (कॉफी व रबर प्रसंस्करण एवं भंडारण)	3.12	5.32	0.27	5.86	1.43	1.12	0.00	17.12
59. पुस्तक मुद्रण (लिथो मुद्रण उद्योग समेत)	36.63	47.39	14.34	113.78	72.58	122.81	4.64	412.18
60. कॉयर	0.10	0.55	0.15	0.54	1.36	0.00	0.00	2.70
61. निर्माण (बुनियादी ढांचा) कार्य	675.07	386.28	283.89	485.37	870.25	4,510.71	196.38	7,407.95
62. निर्माण विकास: टाउनशिप, आवास, निर्मित अवसंरचना एवं निर्माण विकास परियोजना	1,663.03	3,140.78	1,332.49	1,226.05	769.14	112.55	16.12	8,260.16
63. विविध उद्योग	1,475.97	813.38	229.49	468.74	765.88	668.77	60.54	4,482.77
योग	**21,383.05**	**35,120.80**	**22,423.58**	**24,299.33**	**30,930.50**	**40,000.98**	**5,345.21**	**179,503.45**

कारोबारी वातावरण का सरलीकरण

कारोबार के अनुकूल नियम बनाने जैसे ऑनलाइन एकल खिड़की स्थापित करने, सर्वश्रेष्ठ राष्ट्रीय एवं अंतरराष्ट्रीय प्रक्रियाएं अपनाने, कर प्रणाली का सरलीकरण करने आदि के लिए औद्योगिक नीति एवं संवर्द्धन विभाग (डीआईपीपी) उद्योग संगठन सीआईआई के साथ मिलकर उद्योग एवं उद्योग संगठनों हेतु राज्य कार्यशालाएं आयोजित कर रहा है।

ई-बिज मिशन मोड परियोजना

सरकार ने निवेशकों और व्यापारिक समूहों को ऑनलाइन पंजीकरण उपलब्ध कराने एवं भुगतान सेवाएं देने के लिए राष्ट्रीय ई-प्रशासन परियोजना के अंतर्गत मिशन मोड परियोजना ई-बिज परियोजना आरंभ की है।

भारत में नया व्यापार आरंभ करने के लिए उद्यमी को विभिन्न नियामकीय प्राधिकरणों के पास पंजीकरण कराना होता है और विभिन्न लाइसेंस, मंजूरियां, अनापत्ति प्रमाणपत्र, अनुमोदन आदि प्राप्त करने होते हैं। विभिन्न अधिनियमों, नियमों और प्रक्रियाओं में दिए गए इन पंजीकरणों, लाइसेंसों और अनुमोदनों के संबंध में जानकारी तलाशना कठिन होता है और वे विभिन्न विभागों की वेबसाइटों में बिखरी पड़ी हैं। उद्यमी लाइसेंस संबंधी आवश्यकताओं को समझने के लिए सूचना के जाल में उलझने हेतु विवश होते हैं।

डीआईपीपी द्वारा राष्ट्रीय ई-प्रशासन योजना के अंतर्गत ऑनलाइन ई-बिज मिशन मोड परियोजना का विचार दिया गया। परियोजना का लक्ष्य केंद्र, राज्य एवं स्थानीय प्रशासनों में व्यापार एवं निवेश संबंधी सभी नियामकीय सेवाओं को एक ही पोर्टल पर उपलब्ध कराना है। परियोजना को पीपीपी मॉडल पर बनाया गया है तथा रियायतग्राही को 10 वर्ष के लिए परियोजना का ठेका दिया गया है। अवधि के पहले तीन वर्ष परीक्षण आधार पर होंगे, जबकि शेष 7 वर्ष विस्तार हेतु होंगे, जिनमें परियोजना को पूरे देश में प्रसारित किया जाएगा। परीक्षण चरण के दौरान कुल 50 (26 केंद्रीय+24 राज्य) सेवाओं को पांच परीक्षण राज्यों- आंध्र प्रदेश, दिल्ली, हरियाणा, महाराष्ट्र और तमिलनाडु में क्रियान्वित करने की योजना है। हाल ही में पांच अन्य परीक्षण राज्य- ओडिशा, पंजाब, राजस्थान, उत्तर प्रदेश और पश्चिम बंगाल जोड़े गए हैं।

ई-बिज प्लेटफॉर्म पूर्व-पंजीकरण, पंजीकरण एवं फाइलिंग से संबंधित 20 केंद्रीय सेवाएं उपलब्ध कराता है। इसके अलावा आंध्र प्रदेश की 14 सेवाएं, ओडिशा की 14 और दिल्ली-राष्ट्रीय राजधानी क्षेत्र की दो सेवाएं आरंभ की गई हैं। तीन संयुक्त सेवाएं (समग्र आवेदन पत्र एवं कई सेवाओं के लिए एकबारगी भुगतान), सात सेवाओं वाली आईएनसी 7, पांच सेवाओं वाली आईएनसी 29 और श्रम कानून के अंतर्गत पांच सेवाएं आरंभ की गई हैं।

इन्वेस्ट इंडिया

भारत सरकार ने राष्ट्रीय निवेश प्रोत्साहन एवं सहयोग एजेंसी के रूप में ''इन्वेस्ट इंडिया'' की स्थापना की है, जो वाणिज्य एवं उद्योग मंत्रालय के डीआईपीपी तथा भारतीय वाणिज्य एवं उद्योग महासंघ (फिक्की) एवं राज्य सरकारों का संयुक्त उपक्रम है। 'इन्वेस्ट इंडिया' में एक ''निवेशक सहायता प्रकोष्ठ'' स्थापित किया गया है, जो संभावित निवेशकों की ओर से विभिन्न एजेंसियों के साथ बातचीत और संपर्क के साथ-साथ निवेश संबंधी सभी प्रश्नों पर सहयोग करता है।

बौद्धिक संपदा अधिकार

बौद्धिक संपदा (आईपी) शब्द से प्रतीत होता है कि इसका विषय मस्तिष्क अथवा बुद्धि का उत्पाद है। ये पेटेंट, ट्रेडमार्क, भौगोलिक संकेतकों, औद्योगिक डिजाइन, एकीकृत परिपथ की लेआउट डिजाइन (टोपोग्राफी), पादप विविधता संरक्षण एवं कॉपीराइट के रूप में हो सकते हैं। कानून द्वारा संरक्षित आईपी का किसी भी अन्य संपत्ति के समान व्यापार हो सकता है अर्थात् इन पर स्वामित्व हो सकता है, इन्हें किराये पर दिया जा सकता है, बेचा जा सकता है अथवा खरीदा जा सकता है। अन्य संपत्तियों से इन्हें अलग करने वाली प्रमुख विशेषताएं ये हैं कि न तो इनका स्वरूप है और न ही उपभोग करने से ये समाप्त होती हैं। आईपी ज्ञान आधारित अर्थव्यवस्था की नींव भी होती है। यह अर्थव्यवस्था के सभी क्षेत्रों में होती है और उद्यमों की प्रतिस्पर्द्धात्मक क्षमता सुनिश्चित करने हेतु महत्वपूर्ण होते जा रहे हैं। आईपीआर के सभी पहलुओं का प्रशासन डीआईपीपी के हाथ में होता है। इनका प्रशासन मुंबई मुख्यालय वाले अधीनस्थ कार्यालय पेटेंट, डिजाइन एवं ट्रेडमार्क महानियंत्रक (सीजीपीडीटीएम) के कार्यालय द्वारा होता है।

पेटेंट, डिजाइन एवं ट्रेडमार्क महानियंत्रक का विवरण www.ipindia.nic.in पर उपलब्ध है।

बौद्धिक संपदा अपीलीय बोर्ड

ट्रेडमार्क, भौगोलिक संकेतक पंजीयक एवं पेटेंट नियंत्रक के निर्णयों के विरुद्ध याचिकाओं पर सुनवाई हेतु चेन्नई में बौद्धिक संपदा अपीलीय बोर्ड (आईपीएबी) स्थापित किया गया है (अतिरिक्त जानकारी www.ipabindia.in पर उपलब्ध है)।

अन्य आईपी विधान

पेटेंट, ट्रेडमार्क, डिजाइन एवं भौगोलिक संकेतकों, कॉपीराइट तथा सेमीकंडक्टर इंटरग्रेटिड सर्किट ले-आउट डिज़ाइन से संबंधित कानूनों का प्रशासन डीआईपीपी करता है किंतु आईपीआर के अन्य पक्षों का संरक्षण अन्य प्रकार से होता है। जैसे पादपों की नई प्रजातियों का संरक्षण कृषि एवं सहयोग विभाग द्वारा पादप प्रजाति एवं कृषक अधिकार संरक्षण अधिनियम, 2001 के माध्यम से किया जाता है, जिसे कृषि एवं सहयोग विभाग देखता है। इसी प्रकार पेटेंट कार्यालय पेटेंट अधिनियम, 1970 तथा पेटेंट नियम, 2003 की योजना एवं जैवविविधता अधिनियम, 2002 के अंतर्गत आने वाले प्रावधानों का अनुकरण करने के लिए भी बाध्य है। पेटेंट नियम, 2003 के फॉर्म 1 में एक शपथपत्र होता है, जिस पर आवेदक को इस शपथ के साथ हस्ताक्षर करने होते हैं कि विवरण में बताए गए आविष्कार में भारत से ही जैव सामग्री का प्रयोग किया गया है और उसे पेटेंट प्रदान किए जाने से पूर्व ही सक्षम प्राधिकरण से आवश्यक अनुमतियां ले ली जाएंगी।

आईपीआर प्रणाली को प्रोत्साहन

रचनात्मकता को प्रोत्साहित करने एवं नवाचार तथा रचनात्मकता के प्रति सम्मान की संस्कृति विकसित करने हेतु डीआईपीपी ने देश में बौद्धिक संपदा प्रणाली विकसित करने के उद्देश्य से बहुमुखी रणनीति अपनाई है। ये हैं: अंतरराष्ट्रीय दायित्व पूरे करना, राष्ट्रीय हितों की सुरक्षा करना, प्रशासन को आधुनिक बनाना और जागरुकता उत्पन्न करना।

पेटेंट (संशोधन) नियम

पेटेंट नियम 2003 में बनाए गए थे। उसके बाद 2004, 2006, 2012 और 2014 में इन नियमों में संशोधन किया गया। इन नियमों में 2015 में एक नए संशोधन पर विचार किया गया।

ट्रेडमार्क (संशोधन) अधिनियम

ट्रेडमार्क (संशोधन) अधिनियम, 2010 ने भारत को मैड्रिड संधि लागू करने में सहायता की, जो अंतरराष्ट्रीय ट्रेडमार्क के पंजीकरण की सरल, सहयोगी एवं किफायती प्रणाली है। मैड्रिड संधि में भारत की सदस्यता से भारतीय कंपनियों को केवल एक भाषा में एक ही आवेदन भरकर एवं एक ही मुद्रा में एक बार शुल्क देकर अपने ट्रेडमार्कों का पंजीकरण संधि के सभी सदस्य देशों में कराने का अवसर मिलता है। भारत ने 2013 में संधि लागू की। मैड्रिड संधि भारत में 2013 से प्रभावी है।

आईपीआर जागरुकता कार्यक्रम

आईपी प्रणाली को आधुनिकता प्रदान करने की योजना का बड़ा सहारा जागरुकता फैलाना है क्योंकि इससे हितधारकों को अपने अधिकारों के पंजीकरण से होने वाले लाभों के विषय में पता चलेगा और सामान्य जनता विशेषकर व्यापारिक समुदाय को अन्य लोगों के पास मौजूद आईपीआर के उल्लंघन के खतरों के विषय में अथवा जाली और नकली उत्पादों से निपटने के विषय में जानकारी मिलेगी। इन कार्यक्रमों से राज्य पुलिस बल, न्यायपालिका आदि प्रवर्तन एजेंसियों को भी संवेदनशील बनाने की अपेक्षा है। 2016 में राष्ट्रीय आईपीआर नीति लागू होने के बाद सरकार ने विभिन्न उद्योग संघों के साथ मिलकर इस वर्ष विभिन्न राज्यों में पेटेंट समेत आईपीआर पर 19 जागरुकता कार्यक्रम आयोजित किए हैं।

2015-16 में आईपीओ ने हितधारकों के लिए विभिन्न जागरुकता कार्यक्रम किए। आईपीओ ने 27 बौद्धिक संपदा जागरुकता कार्यक्रमों के लिए धन उपलब्ध कराया और बौद्धिक संपदा से जुड़े सात राष्ट्रीय सम्मेलनों/प्रदर्शनियों में हिस्सा लिया। आईपीओ अधिकारियों ने देश में विभिन्न स्थानों पर बौद्धिक संपदा जागरुकता से जुड़े 48 कार्यक्रमों/सम्मेलनों में संसाधन प्रदाताओं के रूप में हिस्सा लिया। इसके अतिरिक्त राजीव गांधी राष्ट्रीय बौद्धिक संपदा प्रबंधन संस्थान ने 2015-16 में बौद्धिक संपदा अधिकारों के संबंध में प्रशिक्षण एवं जागरुकता के 53 कार्यक्रम किए।

राष्ट्रीय डिजाइन नीति

2007 में घोषित यह नीति, उद्योग की प्रतिस्पर्द्धात्मक क्षमता बढ़ाने में डिजाइन की प्रमुख भूमिका मानती है। इसका ध्यान डिजाइन की शिक्षा का प्रसार, भारतीय डिजाइनों की ब्रांडिंग तथा डिजाइन परिषद् की स्थापना पर है। इस अवधि में भारत की उत्कृष्ट डिजाइन संस्था अर्थात् राष्ट्रीय डिजाइन संस्थान (एनआईडी) का विस्तार और उन्नयन हुआ, जिसके तीन परिसर अहमदाबाद (मुख्य परिसर), गांधी नगर (स्नातकोत्तर परिसर) और बंगलुरु (आरएंडडी परिसर) में हैं। नीति के तहत ही डीआईपीपी के अंतर्गत 2 मार्च, 2009 को एक संस्था भारतीय डिजाइन परिषद् (आईडीसी) की स्थापना की गई। एनआईडी, अहमदाबाद को 'राष्ट्रीय महत्व की संस्था' घोषित करने के लिए 2014 में राष्ट्रीय डिजाइन संस्थान अधिनियम, 2014 को अधिसूचित किया गया। एनआईडी, विजयवाड़ा की स्थापना आचार्य नागार्जुन विश्वविद्यालय में उसके अस्थायी परिसर में की गई और चार वर्षीय पूर्व स्नातक कार्यक्रमों के

लिए 2015-16 में सत्र भी आरंभ हो गया है। 2016-17 के लिए प्रवेश की प्रक्रिया पूरी हो गई है। एनआईडी, कुरुक्षेत्र की स्थापना भी 2016-17 के लिए राजकीय पॉलिटेक्निक की इमारत में अस्थायी परिसर में आरंभ हुई।

राष्ट्रीय आईपीआर नीति

2016 में राष्ट्रीय आईपीआर नीति बनाई गई एवं उसे मंजूरी दी गई। इस नीति के सात उद्देश्य हैं- आईपीआर जागरुकता: पहुंच एवं प्रोत्साहन- समाज के सभी वर्गों में आर्थिक, सामाजिक एवं सांस्कृतिक लाभों के संबंध में जागरुकता उत्पन्न करना; आईपीआर सृजन: आईपीआर सृजन को तेज करना; वैधानिक एवं विधायी ढांचा: मजबूत एवं प्रभावी आईपीआर कानून, जो बृहत्तर जनहित और संपदा के स्वामियों के हितों में संतुलन साध सकें; प्रशासन एवं प्रबंधन: सेवा केंद्रित आईपीआर प्रशासन को आधुनिक एवं मजबूत बनाना; आईपीआर का व्यावसायीकरण: वाणिज्यीकरण के जरिए आईपीआर का मूल्य प्राप्त करना; प्रवर्तन एवं निर्णय: आईपीआर उल्लंघन से निपटने के लिए प्रवर्तन एवं निर्णय प्रक्रिया को मजबूत करना; मानव पूंजी विकास: आईपीआर के शिक्षण, प्रशिक्षण, अनुसंधान एवं कौशल विकास के लिए मानव संसाधन, संस्थानों तथा क्षमताओं को मजबूत बनाना एवं विस्तार करना।

आईपीआर प्रोत्साहन एवं प्रबंधन प्रकोष्ठ

आईपीआर प्रोत्साहन एवं प्रबंधन प्रकोष्ठ (सीआईपीएएम) की स्थापना बौद्धिक संपदाओं के प्रोत्साहन, सृजन एवं वाणिज्यीकरण में सहायता के लिए की गई है। सीआईपीएएम देश में आईपी संपदाओं के प्रोत्साहन, सृजन एवं वाणिज्यीकरण की आवश्यकताएं पूरी करने के लिए पेशेवर संस्था होगी। सीआईपीएएम के लिए नए पद सृजित करने का प्रस्ताव नहीं है। इसके कार्य वर्तमान मानव संसाधन एवं आउटसोर्सिंग के जरिए होंगे। सीआईपीएएम अन्य मंत्रालयों/विभागों से भी संसाधन प्राप्त करेगा। सीआईपीएएम में कामकाजी इकाइयां होंगी, जो आईपीआर नीति के सात चिह्नित उद्देश्यों के लिए कार्य करेंगी।

अंतरराष्ट्रीय मंचों पर आईपीआर पहल

भारत ने अंतरराष्ट्रीय बौद्धिक संपदा के लिए संयुक्त राष्ट्र की विशेष एजेंसी विश्व बौद्धिक संपदा संगठन में चर्चा में शीर्ष भूमिका अपनाई है। वह परंपरागत ज्ञान, आनुवंशिक संसाधनों एवं परंपरागत सांस्कृतिक अभिव्यक्ति पर अंतर-सरकारी समिति (आईजीसी) के कार्यों के नवीकरण पर सहमति बनाने में सक्रिय भूमिका निभाई और आईजीसी से परंपरागत ज्ञान, अनुवांशिक संसाधनों एवं परंपरागत सांस्कृतिक अभिव्यक्ति को संरक्षण देने के उद्देश्य से प्रभावी अंतरराष्ट्रीय विधि माध्यम हेतु चर्चा आरंभ कराने में सफल रहा।

द्विपक्षीय वार्ता एवं आईपीआर

भारत अपने राष्ट्रीय विधानों एवं विभिन्न बहुपक्षीय समझौतों को ध्यान में रखते हुए प्रस्तावित भारत-ईयू द्विपक्षीय व्यापार एवं निवेश संधि (बीटीआईए), यूरोपीय मुक्त व्यापार संगठन (ईएफटीए) और क्षेत्रीय समग्र आर्थिक साझेदारी के अंग के रूप में आईपीआर चैप्टर पर चर्चा कर रहा है।

बौद्धिक संपदा कार्यालयों का आधुनिकीकरण एवं सुदृढ़ीकरण

11वीं पंचवर्षीय योजना के दौरान बौद्धिक संपदा कार्यालयों का आधुनिकीकरण एवं सुदृढ़ीकरण किया गया। इसके लिए कुल 300 करोड़ रुपये का योजनागत व्यय किया गया। उपरोक्त योजना 258 करोड़ रुपये के कुल योजनागत व्यय के साथ 12वीं पंचवर्षीय योजना में भी जारी है। योजना का उद्देश्य देश में बौद्धिक संपदा कार्यालयों की क्षमता सुदृढ़ करना एवं जीवंत बौद्धिक संपदा प्रणाली विकसित करना है। इसका लक्ष्य पेटेंट सहयोग संधि के अंतर्गत भारतीय पेटेंट कार्यालयों को अंतरराष्ट्रीय खोज प्राधिकरण एवं अंतरराष्ट्रीय प्राथमिक जांच प्राधिकरण के रूप में कार्य करने योग्य बनाने के लिए आधुनिक बुनियादी ढांचा विकसित करना भी है, जिसके लिए डब्ल्यूआईपीओ ने भारतीय पेटेंट कार्यालय को अक्टूबर 2007 में 17 देशों/संगठनों के विशिष्ट समूह में शामिल होने की मान्यता दी थी।

राजीव गांधी राष्ट्रीय बौद्धिक संपदा प्रबंधन संस्थान

राजीव गांधी राष्ट्रीय बौद्धिक संपदा प्रबंधन संस्थान (आरजीएनआईआईपीएम) की स्थापना नागपुर में 2012 में अंतरराष्ट्रीय महत्व के संस्थान के रूप में की गई थी, जिसका कार्य प्रशिक्षण, शिक्षा, अनुसंधान है एवं जो बौद्धिक संपदा अधिकारों पर विचार संगठन के रूप में कार्य करता है। 2015–16 में इसने आईपीआर पर 53 प्रशिक्षण एवं जागरुकता कार्यक्रम आयोजित किए। इनमें आईपीआर के संबंध में विभिन्न हितधारकों के लिए 20 जागरुकता कार्यक्रम तथा 33 प्रशिक्षण कार्यक्रम थे, जिनकी अवधि 1 से 5 दिन थी। 2015–16 के दौरान दाखिल पेटेंट आवेदनों की संख्या 2014–15 की अपेक्षा 9.7 प्रतिशत बढ़ी है।

मालभाड़ा सब्सिडी योजना

पर्वतीय, सुदूर एवं दुर्गम क्षेत्रों में औद्योगीकरण की प्रक्रिया में सहायता के लिए औद्योगिक इकाइयों को उनकी तैयार सामग्री एवं कच्चे माल के परिवहन हेतु सब्सिडी प्रदान करने के उद्देश्य से परिवहन सब्सिडी योजना, 1971 के स्थान पर 2013 में मालभाड़ा सब्सिडी योजना (एफएसएस) लागू की गई। योजना सभी औद्योगिक इकाइयों (सार्वजनिक एवं निजी दोनों क्षेत्रों में बागान, रिफाइनरी एवं बिजली उत्पादन को छोड़कर, चाहे उनके आकार कितने भी क्यों न हों) पर लागू होती है। योजना के अंतर्गत प्रोत्साहन पूर्वोत्तर के सभी आठ राज्यों, हिमाचल प्रदेश, उत्तराखंड, जम्मू–कश्मीर, पश्चिम बंगाल के दार्जिलिंग जिले, अंडमान–निकोबार तथा लक्षद्वीप में उपलब्ध है। इकाई तक कच्चा माल लाने और वहां से तैयार सामग्री ले जाने में होने वाले परिवहन व्यय पर सब्सिडी अनुमन्य है। पूर्वोत्तर राज्यों, जम्मू–कश्मीर एवं केंद्रशासित प्रदेशों के लिए 90 प्रतिशत सब्सिडी दी जाती है। हिमाचल प्रदेश, उत्तराखंड एवं पश्चिम बंगाल के दार्जिलिंग जिले के लिए परिवहन व्यय पर 75 प्रतिशत सब्सिडी मिलती है। किंतु पूर्वोत्तर क्षेत्र के भीतर तैयार सामग्री के परिवहन पर 50 प्रतिशत एवं कच्चे माल के परिवहन पर 90 प्रतिशत सब्सिडी दी जाती है। राज्य के भीतर सामग्री के परिवहन पर किसी प्रकार की सब्सिडी नहीं दी जाती। सब्सिडी का लाभ इकाई द्वारा वाणिज्यिक उत्पादन आरंभ किए जाने के उपरांत पांच वर्ष तक मिलता है। इसकी विशेषताएं हैं: फ्लाई ऐश के परिवहन पर सब्सिडी समाप्त कर दी गई है; सनसेट प्रावधान लागू किया गया है ताकि अधिसूचना के 5 वर्ष बाद योजना समाप्त हो जाए; एमएसएमई के लिए 5 वर्ष की अतिरिक्त अवधि के लिए सब्सिडी का प्रावधान लागू किया गया है; बागान, रिफाइनरी, बिजली उत्पाद इकाइयां, कोक उद्योग एवं तंबाकू उत्पादन करने वाली तथा तंबाकू के स्थानापन्न, पान मसाला बनाने वाली इकाइयां, 20 माइक्रॉन से कम मोटाई की प्लास्टिक थैलियां नकारात्मक सूची में डाली गई हैं।

तालिका : 7 (अ)

पेटेंट आवेदनों में रुझान

वर्ष	2004-05	2005-06	2006-07	2007-08	2008-09	2009-10	2010-11	2011-12	2012-13	2013-14	2014-15	2015-16	2016-17*
दर्ज	17466	24505	28940	35218	6812	34287	39400	43197	43674	42950	42774	46916	14564
जांचे गए	14813	11569	14119	11751	10296	6069	11208	11031	12268	18306	22631	16853	3452
दिए गए	1911	4302	7539	15316	16061	6168	7509	4381	4126	4225	5978	6322	2181
निपटारे				15795	17136	11339	12851	8488	9027	11672	14532	21330	5145

*जुलाई 2016 तक

तालिका : 7 (ब)

डिजाइन आवेदनों में रुझान

2015–16 के दौरान डिजाइन आवेदनों की संख्या 2014–15 की अपेक्षा 18.4 प्रतिशत बढ़ी है।

वर्ष	2006-07	2007-08	2008-09	2009-10	2010-11	2011-12	2012-13	2013-14	2014-15	2015-16	2016-17*
दर्ज	5521	6402	6557	6092	7589	8373	8337	8533	9382	11108	3611
जांचे गए	4976	6183	6446	6266	6277	6511	6771	7281	7459	7545	3288
पंजीकृत	4250	4928	4772	6025	9206	6590	7250	7178	7171	7904	1691

*जुलाई 2016 तक

तालिका : 7 (स) - ट्रेडमार्क आवेदनों में रुझान

2015-16 के दौरान डिजाइन आवेदनों की संख्या 2014-15 की अपेक्षा 34.5 प्रतिशत बढ़ी है।

वर्ष	2006-07	2007-08	2008-09	2009-10	2010-11	2011-12	2012-13	2013-14	2014-15	2015-16	2016-17*
दर्ज	103419	123514	130172	141943	179317	183588	194216	200005	210501	283060	93874
जांचे गए	85185	63605	105219	25875	205065	116263	202385	203086	168026	267861	136889
दिए गए	109361	100857	102257	67490	115472	51765	44361	67873	41583	55045	16659
निपटारे			126540	76310	132507	57867	69736	104753	83652	116167	24301

*जुलाई 2016 तक

तालिका : 7 (द) - भौगोलिक संकेतकों में रुझान

वर्ष	2006-07	2007-08	2008-09	2009-10	2010-11	2011-12	2012-13	2013-14	2014-15	2015-16	2016-17*
दर्ज	33	37	44	40	27	148	24	75	47	17	18
पंजीकृत	3	31	45	14	29	23	21	22	20	26	11

*जुलाई 2016 तक

तालिका : 7 (न) - दिए गए/पंजीकृत आईपीआर के तुलनात्मक रुझान

वर्ष	2006-07	2007-08	2008-09	2009-10	2010-11	2011-12	2012-13	2013-14	2014-15	2015-16	2016-17*
पेटेंट	7539	15316	16061	6168	7509	4381	4126	4225	5978	6322	2181
डिजाइन	4250	4928	4772	6025	9206	6590	7250	7178	7171	7904	1691
ट्रेडमार्क	109361	100857	102257	67490	115472	51765	44361	67873	41583	65045	16659
भौगोलिक संकेतक	3	31	45	14	29	23	21	22	20	26	11

*जुलाई 2016 तक

पूर्वोत्तर औद्योगिक एवं निवेश संवर्द्धन

पूर्वोत्तर औद्योगिक एवं निवेश संवर्द्धन नीति (एनईआईआईपीपी), 2007 पूर्ववर्ती पूर्वोत्तर औद्योगिक नीति, 1997 का संशोधित रूप है और उसे 10 वर्ष के लिए लागू किया गया है। सिक्किम समेत पूर्वोत्तर परिषद् के अंतर्गत मान्यता प्राप्त आठ पूर्वोत्तर राज्य इस योजना में आते हैं। इससे क्षेत्र में कहीं भी स्थित उन नई एवं पुरानी इकाइयों को प्रोत्साहन मिलता है, जो औद्योगिक विस्तार करती है और जिसने उस तिथि से 10 वर्ष के भीतर वाणिज्यिक उत्पादन आरंभ किया, जिस तिथि को एनईआईआईपीपी, 2007 की अधिसूचना जारी की गई थी। इकाइयों को वाणिज्यिक उत्पादन आरंभ करने के बाद 10 वर्ष की अवधि के लिए प्रोत्साहन दिया जाता है। जन स्वास्थ्य एवं वातावरण के लिए हानिप्रद उद्योगों जैसे तंबाकू और उसके उत्पाद, पान मसाला, प्लास्टिक की थैली, रिफाइनरी उत्पाद आदि को प्रोत्साहन नहीं मिलता है। आयकर छूट, पूंजीगत निवेश सब्सिडी, केंद्रीय ब्याज सब्सिडी एवं समग्र बीमा के अतिरिक्त राजस्व विभाग द्वारा निर्दिष्ट मूल्यवर्द्धन नियमों के आधार पर उत्पाद कर में छूट के रूप में प्रोत्साहन प्रदान किए जाते हैं। संयंत्र एवं मशीनरी में निवेश पर 30 प्रतिशत की दर से पूंजीगत निवेश सब्सिडी प्रदान की जाती है, जो 1.50 करोड़ रुपये तक सब्सिडी राशि होने पर स्वतः मिल जाती है, 1.50 करोड़ से 30 करोड़ रुपये होने पर अधिकार प्राप्त समिति के अनुमोदन से एवं 30 करोड़ रुपये से अधिक होने पर केंद्रीय मंत्रिमंडल के अनुमोदन से यह सब्सिडी दी जाती है। इसी प्रकार केंद्रीय ब्याज सब्सिडी योजना घटक के अंतर्गत कार्यशील पूंजी ऋण के 3 प्रतिशत तक सब्सिडी दी जाती है। किंतु केंद्रीय समग्र बीमा योजना के अंतर्गत औद्योगिक इकाइयां पूंजीगत संपत्तियों के बीमा हेतु दिए गए बीमा प्रीमियम की शत-प्रतिशत प्रतिपूर्ति के योग्य होती हैं।

एनईआईआईपीपी, 2007 योजना आरंभ होने के बाद से उसके अंतर्गत स्थापित इकाइयों की संख्या, निवेश की मात्रा तथा रोज़गार सृजन का विवरण निम्नवत् है:

तालिका : 8

एनईआईआईपीपी, 2007 के अंतर्गत निवेश एवं रोज़गार

इकाइयों की संख्या	निवेश (करोड़ रुपये में)	सृजित रोज़गार
27738	11466.22	228224

संशोधित औद्योगिक अवसंरचना उन्नयन योजना

गुणवत्तापूर्ण अवसंरचना प्रदान कर घरेलू उद्योग की औद्योगिक प्रतिस्पर्द्धात्मक क्षमता बढ़ाने के उद्देश्य से 2003 में औद्योगिक अवसंरचना उन्नयन योजना (आईआईयूएस) लागू की गई। 2013 में संशोधित औद्योगिक अवसंरचना उन्नयन योजना (एमआईआईयूएस) अधिसूचित की गई। एमआईआईयूएस के अंतर्गत वर्तमान औद्योगिक पार्कों/एस्टेट/क्षेत्र में अवसंरचना के उन्नयन हेतु परियोजनाएं आरंभ की गईं। पिछड़े क्षेत्रों एवं पूर्वोत्तर क्षेत्र में नई परियोजनाओं को भी योजना के अंतर्गत अनुमति प्रदान की गई है। परियोजनाओं का क्रियान्वयन राज्य सरकार की राज्य क्रियान्वयन एजेंसी (एसआईए) कर रही है। परियोजना लागत का 50 प्रतिशत तक (अधिकतम 50 करोड़ रुपये) अनुदान एमआईआईयूएस के अंतर्गत दिया जा रहा है, जिसमें कम से कम 25 प्रतिशत योगदान राज्य क्रियान्वयन एजेंसी का होगा। पूर्वोत्तर राज्यों के लिए एमआईआईयूएस के अंतर्गत केंद्रीय अनुदान 80 प्रतिशत तक और एसआईए का योगदान 10 प्रतिशत होगा। एमआईआईयूएस में दो चरणों की मंजूरी प्रक्रिया रखी गई है। 604.71

करोड़ रुपये के केंद्रीय अनुदान के साथ 24 परियोजनाओं को अंतिम मंजूरी दे दी गई है और 129.91 करोड़ रुपये के अनुदान वाली 6 परियोजनाएं 'सैद्धांतिक' मंजूरी के चरण में हैं। 2016 में एमआईआईयूएस के अंतर्गत 18 परियोजनाओं को कुल 154.35 करोड़ रुपये की केंद्रीय सहायता जारी की जा चुकी है।

तालिका : 9

आईआईयूएस/एमआईआईयूएस परियोजनाओं का संक्षिप्त विवरण निम्नवत् है :

करोड़ रुपये में

पंचवर्षीय योजना	अनुमोदित परियोजनाओं की संख्या	कुल परियोजना लागत	स्वीकृत	जारी (03.08.2016 तक)
10वीं (आईआईयूएस)	25 (23 पूर्ण एवं 2 का क्रियान्वयन किया जा रहा है)	1,558.54	893	870.52
11वीं (आईआईयूएस)	12 (4 पूर्ण एवं 8 का क्रियान्वयन किया जा रहा है)	968.19	633	530.02
कुल (आईआईयूएस)	37 (27 पूर्ण एवं 10 का क्रियान्वयन किया जा रहा है)	2,526.73	1526	1,400.54
12वीं (एमआईआईयूएस)	24	1,697.42	604.71	154.35
कुल	**61**	**4,224.15**	**2,130.71**	**1,554.89**

विशेष श्रेणी के राज्यों जम्मू-कश्मीर, हिमाचल प्रदेश और उत्तराखंड को पैकेज

जम्मू-कश्मीर

जम्मू-कश्मीर के लिए नई औद्योगिक नीति एवं अन्य रियायतें डीआईआईपी ने 2002 में 10 वर्ष की अवधि के लिए लागू कीं। राज्य में औद्योगिक विकास हेतु प्रदान किए गए प्रोत्साहन/रियायतें हैं: (क) केंद्रीय पूंजीगत निवेश सब्सिडी योजना, 2002, (ख) केंद्रीय ब्याज सब्सिडी योजना, 2002, (ग) केंद्रीय समग्र बीमा योजना, 2002, (घ) सभी नई इकाइयों को 5 वर्ष की आरंभिक अवधि हेतु आयकर अधिनियम, 1961 की धारा 80-आईबी के अंतर्गत आयकर में 100 प्रतिशत छूट एवं उसके पश्चात् पांच वर्ष की अतिरिक्त अवधि के लिए कंपनियों को 30 प्रतिशत तथा कंपनियों से इतर इकाइयों को 25 प्रतिशत छूट और (ङ) उत्पाद शुल्क में छूट। जम्मू-कश्मीर के लिए प्रोत्साहन पैकेज 14 जून, 2012 को समाप्त हो गया। लेकिन पैकेज को कुछ संशोधनों के साथ पांच वर्ष के लिए बढ़ा दिया गया है।

हिमाचल प्रदेश एवं उत्तराखंड

डीआईपीपी ने हिमाचल प्रदेश और उत्तराखंड के लिए 2003 में 10 वर्ष की अवधि अर्थात् 2013 तक के लिए नई औद्योगिक नीति एवं अन्य रियायतें लागू कीं। राज्यों में औद्योगिक विकास हेतु प्रदान किए गए प्रोत्साहन/रियायतें हैं: (क) केंद्रीय पूंजीगत निवेश सब्सिडी योजना, 2003, (ख) सभी नई इकाइयों को 5 वर्ष की आरंभिक अवधि हेतु आयकर अधिनियम, 1961 की धारा 80-सी के अंतर्गत आयकर में 100 प्रतिशत छूट एवं उसके पश्चात् पांच वर्ष की अतिरिक्त अवधि के लिए कंपनियों को 30

प्रतिशत तथा कंपनियों से इतर इकाइयों को 25 प्रतिशत छूट और (ग) केंद्रीय उत्पाद शुल्क में रियायत: इन राज्यों में स्थापित अथवा विस्तारित औद्योगिक इकाइयों को सीधे 100 प्रतिशत छूट 2010 तक उपलब्ध थी। योजना 2013 में समाप्त हो गई। किंतु 12वीं पंचवर्षीय योजना के दौरान इसे 2017 तक के लिए बढ़ा दिया गया।

तलिका : 10

विशेष पैकेज के अंतर्गत निवेश एवं रोज़गार सृजन

क्रमांक	राज्य का नाम	निवेश (करोड़ रुपये में)	स्थापित औद्योगिक इकाइयों की संख्या	रोज़गार सृजन (व्यक्ति)
1.	जम्मू-कश्मीर	4,219.501	14,778	1,07,541
2.	हिमाचल प्रदेश	15,983.45	11,404	1,30,633
3.	उत्तराखंड	36,165.32	33,174	2,63,744

भारतीय चमड़ा विकास कार्यक्रम

भारतीय चर्म विकास कार्यक्रम (आईएलडीपी) का लक्ष्य चमड़ा इकाइयों के आधुनिकीकरण तथा तकनीकी उन्नयन के जरिए कच्चे माल का स्रोत बढ़ाना, पर्यावरण संबंधी चिंताएं दूर करना, मानव संसाधन विकास, पारंपरिक चमड़ा कारीगरों की सहायता करना, बुनियादी ढांचे की बाधाएं दूर करना तथा संस्थागत सुविधाएं स्थापित करना है। निम्नलिखित छह उप योजनाओं के क्रियान्वयन के लिए 12वीं पंचवर्षीय योजना के दौरान कुल 990.36 करोड़ रुपये मंजूर किए गए हैं:

चर्म क्षेत्र का एकीकृत विकास (आईडीएलएस): इस उप योजना के अंतर्गत चमड़ा क्षेत्र में किसी इकाई के तकनीकी उन्नयन/आधुनिकीकरण के लिए और/अथवा विस्तार के लिए तथा नई इकाई स्थापित करने के लिए सहायता की जाती है। उप योजना सूक्ष्म एवं लघु उद्यमों के लिए नए संयंत्र एवं मशीनरी की लागत की 30 प्रतिशत तक और अन्य इकाइयों के नए संयंत्र एवं मशीनरी की लागत की 20 प्रतिशत तक सहायता निवेश अनुदान के रूप में प्रदान करती है, लेकिन प्रत्येक उत्पाद लाइन के लिए अधिकतम 2 करोड़ रुपये का अनुदान मिल सकता है।

मानव संसाधन विकास (एचआरडी): एचआरडी अभियान चमड़ा क्षेत्र के लिए संभावित श्रमशक्ति पर केंद्रित है और कौशल विकास एवं तकनीकी विकास पर जोर देता है। इस परियोजना के पीछे व्यक्तियों को प्रशिक्षित करने और मझोली से बड़ी औद्योगिक इकाइयों में काम करने योग्य बनाने की मंशा है। प्रशिक्षकों/सुपरवाइजरों के प्रशिक्षण के साथ ही क्षेत्र में पहले से काम कर रहे लोगों के कौशल में भी वृद्धि की जाती है। प्लेसमेंट से जुड़े कौशल विकास प्रशिक्षण में कम से कम 75 प्रतिशत प्रशिक्षित व्यक्तियों को दिशानिर्देशों के अनुसार उद्योग में काम दिला दिया जाता है।

कारीगरों को सहायता: पारंपरिक फुटवियर और चमड़े की अन्य वस्तुएं बनाने वाले कई क्लस्टर भारत में हैं। इस योजना का उद्देश्य क्लस्टरों को विभिन्न मंचों पर प्रोत्साहन प्रदान करना है क्योंकि वे ग्रामीण भारत की अर्थव्यवस्था के अटूट अंग हैं और उनमें स्थानीय रोज़गार तथा निर्यात सृजन की क्षमता है। देशभर में कारीगरों के क्लस्टरों को उनका डिजाइन बेहतर करने और उत्पाद विकास, क्षमता निर्माण, विपणन सहायता प्रदान करने, साझा सुविधा केंद्र खोलने तथा बाज़ार से संपर्क स्थापित करने में मदद की

जाएगी। इस घटक का मोटा उद्देश्य कारीगरों को बेहतर और ऊंचा रिटर्न सुनिश्चित करना है ताकि उनकी सामाजिक-आर्थिक उन्नति हो सके।

संस्थागत सुविधाओं की स्थापना: आईएलडीपी की इस उप योजना का लक्ष्य फाइबर डिस्ट्रीब्यूटेड डेटा इंटरफेस (एफडीडीआई) के नए परिसर स्थापित कर संस्थागत सुविधा प्रदान करना है ताकि चमड़ा उद्योग में फुटवियर प्रौद्योगिकी, डिजाइनरों, सुपरवाइजरों तथा मैकेनिकों की बढ़ती मांग पूरी की जा सके। एफडीडीआई की दो नई शाखाएं पंजाब और गुजरात में स्थापित की जा रही हैं।

चमड़ा प्रौद्योगिकी, नवाचार एवं पर्यावरण के मुद्दे: यह उप योजना चमड़ा क्लस्टरों को निर्धारित प्रदूषण नियंत्रण निकासी नियमों तथा पर्यावरण के मुद्दों को पूरा करने के लिए वित्तीय सहायता प्रदान करना है। कॉमन एफ्लुएंट ट्रीटमेंट प्लांट की स्थापना/विस्तार/उन्नयन, पर्यावरणीय प्रबंधन के लिए स्वच्छ प्रौद्योगिकियों के क्रियान्वयन के लिए प्रौद्योगिकी का मानकीकरण, टेनरी से निकलने वाले ठोस कचरे का उपयोग और टेनरों एवं टेनरी कामगारों को शिक्षित-प्रशिक्षित करने के लिए कार्यशालाओं का आयोजन इसमें शामिल है।

मेगा चमड़ा क्लस्टर: घरेलू बाज़ार तथा निर्यात में चमड़ा उद्योग की कारोबारी आवश्यकताओं के अनुरूप अत्याधुनिक बुनियादी ढांचे का निर्माण करना एवं उत्पादन श्रृंखला को एकीकृत करना मेगा चमड़ा क्लस्टरों के विकास का प्रमुख उद्देश्य है। मेगा क्लस्टर आधुनिक बुनियादी ढांचे, अत्याधुनिक प्रौद्योगिकी एवं पर्याप्त प्रशिक्षण तथा एचआरडी सामग्री के साथ इकाइयां स्थापित करने में उद्यमियों की सहायता करेंगे। चमड़ा उद्योग के विकास के लिए मेगा चमड़ा क्लस्टरों में न्यूनतम साझा सुविधाएं होंगी। परियोजना की लागत में विभिन्न प्रकार का बुनियादी ढांचा विकास शामिल होगा, जैसे मूलभूत बुनियादी ढांचा, विशेष ढांचा, उत्पादन संबंधी ढांचा, एचआरडी एवं सामाजिक बुनियादी ढांचा, आरएंडडी बुनियादी ढांचा तथा निर्यात सेवाओं से संबंधित ढांचा।

चयनित उद्योगों का प्रदर्शन

उत्पादन के आंकड़े औद्योगिक इकाइयों द्वारा प्रस्तुत की गई उत्पादन विवरणी से तैयार अनुमानों पर आधारित हैं और इसीलिए वे संबंधित उद्योग के समूचे उत्पादन का वास्तविक परिदृश्य कभी नहीं बताते। व्यापार के आंकड़े वाणिज्य विभाग के अनुमानों पर आधारित हैं।

सीमेंट उद्योग

सीमेंट देश में तकनीकी रूप से सर्वाधिक उन्नत उद्योगों में है। अर्थव्यवस्था के आवासीय एवं अवसंरचना क्षेत्र के विकास में इस उद्योग की महत्वपूर्ण भूमिका है। सीमेंट के मूल्य एवं वितरण पर नियंत्रण 1989 से हटा दिया गया और सीमेंट उद्योग को औद्योगिक (विकास एवं नियमन) अधिनियम, 1951 के अंतर्गत लाइसेंस से 1991 में मुक्त कर दिया गया है। उसके बाद से सीमेंट उद्योग ने क्षमता/उत्पादन और प्रसंस्करण प्रौद्योगिकी में बहुत प्रगति की है।

भारत विभिन्न प्रकार के सीमेंट का उत्पादन कर रहा है, जैसे सामान्य पोर्टलैंड सीमेंट (ओपीसी), पोर्टलैंड पोजोलना सीमेंट (पीपीसी), पोर्टलैंड ब्लास्ट फर्नेस स्लैग सीमेंट (पीबीएफएस), ऑयल वेल सीमेंट, व्हाइट सीमेंट आदि। सीमेंट के ये विभिन्न प्रकार भारतीय मानक ब्यूरो के मानकों के अनुसार बनाए जाते हैं और उनकी गुणवत्ता की तुलना विश्व के सर्वश्रेष्ठ सीमेंट से की जा सकती है। भारतीय

सीमेंट उद्योग वैश्विक प्रौद्योगिकी विकास से कदम मिलाकर चला है। उन्नत प्रौद्योगिकी के प्रयोग से उद्योग को ऊर्जा, ईंधन संरक्षण कर एवं पर्यावरण संबंधी चिंताएं दूर कर अपनी क्षमता सुधारने में बहुत सहायता प्राप्त हुई है।

भारत चीन के बाद विश्व में दूसरा सबसे बड़ा सीमेंट उत्पादक है। सीमेंट उद्योग में 64 कंपनियों के अंतर्गत चल रहे 190 बड़े सीमेंट संयंत्र शामिल हैं, जिनकी स्थापित क्षमता 32.45 करोड़ टन है। लगभग 1.11 करोड़ टन अनुमानित वार्षिक क्षमता वाले लगभग 360 लघु सीमेंट संयंत्र चल रहे हैं। 2013-14 और 2014-15 में कुल सीमेंट उत्पादन क्रमशः 25.604 करोड़ टन एवं 27.009 करोड़ टन रहा था। मध्यम एवं बड़े उद्योगों में तैयार सीमेंट पर विभाग 0.75 रुपये प्रति टन की दर से उपकर लेता है। 2013-14 और 2014-15 में सीमेंट पर संग्रहीत उपकर क्रमशः 19.02 करोड़ रुपये एवं 19.06 करोड़ रुपये रहा था और भारत के समेकित कोष में जमा करा दिया गया था। इस राशि में से 2.20 करोड़ रुपये सीमेंट उद्योग के लिए विकास परिषद् के अंतर्गत दिए गए थे, जो अनुसंधान एवं विकास पर होने वाले आवर्ती व्यय हेतु थे।

सिरेमिक उद्योग

देश में सिरेमिक उद्योग मात्र 50 वर्ष पुराना है। इसमें सिरेमिक टाइल्स, सैनिटरीवेयर तथा क्रॉकरी शामिल हैं। सिरेमिक उत्पाद राष्ट्रीय एवं क्षेत्रीय कंपनियों द्वारा बड़े एवं छोटे दोनों उद्योगों में बनाए जाते हैं, जिनके प्रकार, आकार, गुणवत्ता तथा मानक अलग-अलग होते हैं। सिरेमिक टाइल उद्योग 2015 तक लगभग 24,000 करोड़ रुपये का होने का अनुमान है और 12-13 प्रतिशत वार्षिक दर से इसमें वृद्धि हो रही है। टाइल्स के उत्पादन एवं उपभोग के मामले में भारत चीन तथा ब्राजील के बाद विश्व में तीसरे स्थान पर बना हुआ है। उद्योग पूरे भारत में 1.5 लाख से अधिक व्यक्तियों को प्रत्यक्ष एवं परोक्ष रोज़गार प्रदान करता है। टाइल्स के उत्पादन के लिए आवश्यक अधिकतर कच्चा माल देश में ही उपलब्ध होने के कारण टाइल उद्योग समय के साथ बदल रहा है, डिजाइन तथा विनिर्माण में आधुनिक प्रौद्योगिकी का प्रयोग कर रहा है और विश्वस्तरीय टाइल्स बनाने में सक्षम है। उद्योग में 15-16 प्रतिशत की तीव्र गति से वृद्धि करने की असीम संभावना है। भारत में इसकी प्रति व्यक्ति खपत विश्व में सबसे कम की श्रेणी में है, इसलिए विशेष रूप से स्वच्छता, आवास एवं शहरीकरण तथा ''मेक इन इंडिया'' पर सरकार के जोर के कारण इसमें वृद्धि की अकूत संभावना है।

टाइल उद्योग ने सरकार के अभियान का स्वागत बड़े उत्साह के साथ किया है और 'मेड इन इंडिया', 'सभी को आवास' तथा 'स्वच्छ भारत' अभियानों को यथार्थ रूप देने के लिए सरकार के साथ हाथ से हाथ मिलाकर काम करने के लिए पूरी तरह प्रतिबद्ध है। आर्थिक मंदी और उत्पादन लागत में वृद्धि करने वाले कारकों के बाद भी उद्योग ने अच्छी वृद्धि प्रदर्शित की है। उद्योग की सफलता से रोज़गार के महत्वपूर्ण अवसर सृजित होते हैं, निर्यात की विराट संभावना खुलती है, जिससे देश के लिए मूल्यवान विदेशी मुद्रा आती है।

टायर एवं ट्यूब उद्योग

देश के शहरी एवं ग्रामीण क्षेत्रों में ठेलों, ट्रैक्टर, ट्रक तथा बसों से लेकर आधुनिक एक्सप्रेसवे पर दौड़ने वाली आधुनिक यात्री कारों जैसे वाहनों का प्रयोग करते हुए यात्रियों एवं आवश्यक वस्तुओं के आवागमन समेत परिवहन सुनिश्चित करने में टायर अभिन्न भूमिका निभाते हैं। भारत में सभी प्रकार के

टायरों का निर्माण होता है। इन टायरों में मोपेड के 1.5 किलोग्राम के टायरों से लेकर अर्थमूवर्स के 1.5 टन भार तक के टायर होते हैं, बायस प्लाई टायरों से लेकर मजबूत ऑल स्टील रेडियल ट्रक टायर और यात्री कारों के उच्च प्रदर्शन वाले रेडियल एवं ट्यूबलेस टायर तक शामिल हैं। भारत विश्व के चुनिंदा देशों में है, जिन्होंने सभी उद्देश्यों के लिए टायरों के निर्माण में स्वावलंबन प्राप्त कर लिया है। मानव जीवन एवं वाहनों की सुरक्षा एवं गुणवत्ता पूर्ण उत्पादों की उपलब्धता सुनिश्चित करने के उद्देश्य से विभाग द्वारा 2009 में स्वचालित वाहनों के न्यूमैटिक टायर एवं ट्यूब के लिए गुणवत्ता (नियंत्रण) आदेश भी अधिसूचित किया। इससे उन न्यूमैटिक टायरों और ट्यूबों के आयात, बिक्री एवं वितरण पर प्रतिबंध लग गया, जो भारतीय मानक ब्यूरो के मानकों पर खरे नहीं उतरते और जिन पर मानक चिह्न नहीं लगा है। भारतीय टायर उद्योग में 39 कंपनियां और 60 टायर विनिर्माण संयंत्र हैं। बड़ी टायर कंपनियां एमआरएफ लिमिटेड, अपोलो टायर्स, जेके टायर्स, सिएट, गुडइयर, मोदी रबर आदि हैं। तीन भारतीय कंपनियां (एमआरएफ लिमिटेड, अपोलो टायर्स और जेके टायर्स) शीर्ष 25 वैश्विक टायर कंपनियों में शुमार हैं। 2015-16 में देश में 2,441.37 लाख टायरों का निर्माण किया गया, जबकि 2014-15 में 2,605.19 लाख टायर बनाए गए थे। अप्रैल-जून, 2016 में देश में 574.66 लाख टायरों का निर्माण हुआ। भारतीय टायर कंपनियां 75 से अधिक देशों को टायर निर्यात करती रही हैं। 2015-16 में टायरों का निर्यात घटकर 9,052.23 करोड़ रुपये रह गया, जो 2014-15 में 10,070.91 करोड़ रुपये था। अप्रैल-जून, 2016 में 2,381.62 करोड़ रुपये के टायर और ट्यूब का निर्यात हुआ। इस दौरान 901.84 करोड़ रुपये के टायर-ट्यूब का आयात हुआ। 2014-15 में आयातित टायर एवं ट्यूब का मूल्य 3,375.27 करोड़ रुपये था, जो 2015-16 में 2,707.95 करोड़ रुपये था।

रबर उत्पाद उद्योग

टायर-ट्यूब के अतिरिक्त रबर उत्पादों के उद्योग में 4,550 छोटी एवं सूक्ष्म इकाइयां हैं, जो लगभग 5.50 लाख प्रत्यक्ष रोज़गार प्रदान करती हैं। रबर उद्योग विभिन्न प्रकार के उत्पाद जैसे रबर के एप्रन, गर्भनिरोधक, फुटवियर, रबर होज, तार, जीन, बैटरी के डिब्बे, लेटेक्स उत्पाद, कन्वेयर बेल्ट, सर्जिकल ग्लव्स, गुब्बारे, सांचे से बनी रबर की वस्तुएं आदि तैयार करता है। रबर का सामान बनाने वाले उद्योग में प्राकृतिक रबर, विभिन्न प्रकार की कृत्रिम रबर, कार्बन ब्लैक, रबर रसायन आदि मुख्य कच्चे माल होते हैं। 2015-16 में रबर उद्योग का कारोबार 41,965 करोड़ रुपये रहा, जो 2014-15 में 32,000 करोड़ रुपये ही था। 2015-16 में 6,010.18 करोड़ रुपये के ही रबर उत्पादों का निर्यात किया गया, जबकि 2014-15 में 6,543.36 करोड़ रुपये का निर्यात हुआ था। अप्रैल-जून, 2016 में 1,451.93 करोड़ रुपये की रबर वस्तुओं का निर्यात हुआ है। 2015-16 में रबर वस्तुओं का आयात घटकर 11,019.22 करोड़ रुपये रह गया, जो 2014-15 में 12,167.35 करोड़ रुपये था। अप्रैल-जून, 2016 में रबर वस्तु उद्योग ने 2,843.73 करोड़ रुपये का आयात किया।

सिगरेट उद्योग

सिगरेट उद्योग कृषि आधारित श्रम केंद्रित उद्योग है। उद्योग (विकास एवं नियमन) अधिनियम, 1951 की पहली अनुसूची में सिगरेट भी शामिल है और इसके लिए औद्योगिक लाइसेंस की आवश्यकता पड़ती है। 2015-16 में 7,93,338.21 लाख सिगरेटों का उत्पादन हुआ है। 2015-16 में तंबाकू एवं विनिर्मित तंबाकू उत्पादों (एचएस कोड 24) का निर्यात एवं आयात क्रमशः 80,423.13 लाख रुपये एवं 13,103.01 लाख रुपये रहा।

पेंट एवं सहायक उत्पाद उद्योग

अनिवार्य लाइसेंसिंग से मुक्त पेंट एवं सहायक उत्पाद उद्योग मुख्य रूप से पेंट, इनेमल, वॉर्निश, रंजक, छपाई की स्याही, कृत्रिम वर्ण आदि से मिलकर बना होता है। राष्ट्रीय संपदा को क्षरण से बचाकर ये अर्थव्यवस्था में महत्वपूर्ण भूमिका निभाते हैं। इन वस्तुओं को संगठित तथा असंगठित दोनों क्षेत्रों में बनाया जाता है। 2015-16 में सभी प्रकार के पेंट और छपाई की स्याही का क्रमशः 7,98,715.22 टन और 2,29,693.88 टन उत्पादन हुआ था। इस दौरान निर्यात एवं आयात क्रमशः 1,25,543.81 लाख रुपये और 3,11,624.50 लाख रुपये रहा है।

कांच उद्योग

कांच उद्योग लाइसेंस मुक्त उद्योगों की श्रेणी में आता है। इसमें सात प्रकार के उत्पाद - शीट एवं फ्लैट ग्लास (शीट, फ्लोट, फिगर्ड, वायर्ड, सेफ्टी, मिरर ग्लास), ग्लास फाइबर एवं ग्लास वूल, हॉलो ग्लासवेयर, लैबोरेटरी ग्लासवेयर, टेबल एवं किचन ग्लास वेयर, कांच की चूड़ियां और कांच का अन्य सामान आते हैं। भारत के चपटे कांच उत्पादों की स्वीकार्यता पूरी दुनिया में बढ़ रही है। 2015-16 में 87,544.08 हजार वर्ग मीटर कांच की शीट, 31,17,950.40 वर्ग मीटर टफेन्ड ग्लास, 49,967.40 टन फाइबर ग्लास एवं 9,18,969 टन कांच की बोतलों का उत्पादन हुआ है। 2015-16 में कांच एवं कांच के सामान का निर्यात और आयात क्रमशः 1,97,231.81 लाख रुपये और 2,05,725.40 लाख रुपये का आयात किया गया।

कागज़ उद्योग

भारत विश्व के सबसे तेजी से बढ़ रहे कागज़ बाज़ारों में बना हुआ है। बढ़ते ज्ञान आधार एवं सरकार की प्रमुख योजनाओं जैसे सर्व शिक्षा अभियान, राष्ट्रीय माध्यमिक शिक्षा अभियान, विकलांगों हेतु माध्यमिक विद्यालयों में समावेशी शिक्षा, प्रौढ़ शिक्षा एवं कौशल विकास योजना, शिक्षा का अधिकार से मिलने वाले योगदान ने कागज़ एवं दफ्ती की मजबूत मांग सुनिश्चित की है। उद्योग को जुलाई, 1997 में लाइसेंस प्रणाली से बाहर कर दिया गया था। वर्तमान नीति के अनुसार लुग्दी एवं कागज़ उद्योग में स्वतः मार्ग से 100 प्रतिशत एफडीआई की अनुमति है। कागज़, गत्ता एवं अखबारी कागज़ का निर्माण करने वाली लगभग 800 इकाइयां हैं, जिनकी कुल स्थापित क्षमता लगभग 220 लाख टन है। इसमें से 30 लाख टन क्षमता का उपयोग नहीं होता। कुल परिचालन क्षमता लगभग 190 लाख टन है। भारतीय कागज़ उद्योग बंटा हुआ है, जिसमें 10 से 1,500 टन प्रतिदिन की क्षमता वाली छोटी, मझोली एवं बड़ी कागज़ मिलें हैं। ये इकाइयां लकड़ी एवं कृषि अवशेष तथा पुराने कागज़ का प्रयोग कच्चे माल के रूप में करती हैं। उत्पादन में इन इकाइयों का अंश क्रमशः 30 प्रतिशत, 20 प्रतिशत एवं 60 प्रतिशत है।

कागज़ एवं गत्ता क्षेत्र

देसी कागज़ एवं गत्ता क्षेत्र कागज़ के सभी प्रमुख प्रकारों का उत्पादन करता है, जिनकी बाज़ार में मांग है, जैसे लिखने एवं छपाई का कागज़ (38 प्रतिशत), पैकिंग श्रेणी का कागज़ (54 प्रतिशत), अखबारी कागज़ (8 प्रतिशत) तथा विशेष कागज़ (1 प्रतिशत से कम)। किंतु कुछ विशेष प्रकार के कागज़ों जैसे कोटेड कागज़, प्रतिभूति कागज़ एवं चेक कागज़ आदि का देश में आयात किया जा रहा है। 2014-15 में 1.478 करोड़ टन कागज़ का उत्पादन हुआ, जो उससे पिछले वर्ष में 1.424 करोड़ टन ही था।

2014-15 में 13.60 लाख टन कागज़ एवं गत्ते का आयात किया गया, जबकि उससे पिछले वर्ष में आयात का आंकड़ा 11.9 लाख टन ही था। दूसरी ओर 2014-15 में लगभग 6 लाख टन कागज़ एवं गत्ते का निर्यात किया गया, जो 2013-14 के 5.5 लाख टन आयात आंकड़े से अधिक था।

अखबारी कागज़ उद्योग

देश में अखबारी कागज़ उद्योग को न्यूजप्रिंट नियंत्रण आदेश (एनसीओ), 2004 से नियंत्रित किया जाता है। इस आदेश की अनुसूची में सूचीबद्ध मिलों को वास्तविक प्रयोग के अनुसार उत्पाद शुल्क से छूट मिलती है। वर्तमान में एनसीओ की अनुसूची में 121 मिलें पंजीकृत हैं। किंतु केवल 25 लाख टन की स्थापित क्षमता के साथ केवल 62 मिलें अखबारी कागज़ का उत्पादन कर रही हैं। अखबारी कागज़ का घरेलू उत्पादन 2013-14 के 14.4 लाख टन से घटकर 2014-15 में केवल 12.4 लाख टन रह गया। देश में अखबारी कागज़ की आधी से अधिक मांग आयात से पूरी की जाती है।

नमक उद्योग

विश्व में नमक उत्पादन में चीन और अमेरिका के बाद भारत का तीसरा स्थान है और हमारी वार्षिक उत्पादन क्षमता 268.87 लाख टन है। आयोडीन युक्त नमक के मामले में भारत चीन के बाद दूसरे स्थान पर है। स्वतंत्रता के समय किल्लत एवं आयात के दौर से अभी तक देश ने शानदार प्रगति की है। कुछ ही समय में नमक उत्पादन में स्वावलंबन प्राप्त कर लिया गया और निर्यात बाज़ार में प्रवेश कर लिया गया। नमक उत्पादन एवं निर्यात निम्नवत् है:

तालिका : 11

नमक उद्योग का प्रदर्शन

(आंकड़े लाख टन में)

	उत्पादन			निर्यात		
नमक उद्योग	2013-14	2014-15	2015-16	2013-14	2014-15	2015-16
	230.19	268.87	276.44	59.61	56.76	65.67

2016-17 (मई तक) में 92.23 लाख टन नमक का उत्पादन हो चुका है। 12.15 लाख टन नमक का निर्यात हुआ है।

विस्फोटक

मझोले एवं लघु उद्योग में विस्फोटक नियमों के अंतर्गत लाइसेंस प्राप्त 67 कारखाने विस्फोटकों का उत्पादन कर रहे हैं। 138 साइट मिक्स्ड विस्फोटक इकाइयां हैं और कार्ट्रिज विस्फोटकों के विभिन्न वर्गों/श्रेणियों के विनिर्माण हेतु 119 लाइसेंस जारी किए गए हैं। साइट मिक्स्ड विस्फोटक इकाइयों की विस्फोटक उत्पादन की कुल 15,36,510.5 मी. टन लाइसेंस युक्त क्षमता है। बारूद की लाइसेंस युक्त उत्पादन क्षमता 855.55 मी. टन है, जबकि स्लरी/इमल्शन विस्फोटकों की 7,04,296 मी. टन, पेंट/कास्ट बूस्टर/टीएनटी की 21,359.67 मी. टन, सेफ्टी फ्यूज की 26.16 करोड़ मीटर, डिटोनेटिंग फ्यूज की 78.8 करोड़ मीटर तथा डिटोनेटर की 116.615 करोड़ मीटर क्षमता है।

हल्का इलेक्ट्रिकल उद्योग

बिजली के तारों एवं केबल का उद्योग

बिजली के तार एवं केबल का उद्योग देश में बिजली के सामान के क्षेत्र में सबसे पहले स्थापित होने वाले उद्योगों में है। देश में व्यापक प्रकार के तार एवं केबल बनाए जाते हैं, जिनमें जेली फिल्ड टेलीफोन केबल, ऑप्टिक फाइबर केबल, लोकल एरिया नेटवर्क केबल, स्विचबोर्ड केबल, को-एक्सियल केबल, वीसैट केबल जैसे संचार केबल और बिजली के तार, वाइंडिंग करने वाले तार, ऑटोमोटिव/बैटरी केबल, यूपीएस केबल, लचीले तार, लो वोल्टेज पावर केबल और ईएचटी केबल जैसे बिजली के तार शामिल हैं। पावर केबल उद्योग को मुख्य रूप से चार श्रेणियों- घरेलू तार (440 वोल्ट तक), एलटी (1.1 से 3.3 केवी), एचटी (11 से 66 केवी) और ईएचवी (66 केवी और अधिक) में विभाजित किया जा सकता है। सुव्यवस्थित आरएंडडी संयंत्र इस उद्योग के विकास के प्रमुख कारक हैं। भारत में सेंट्रल पावर रिसर्च इंस्टीट्यूट (सीपीआरआई), इलेक्ट्रिकल रिसर्च एंड डेवलपमेंट एसोसिएशन (ईआरडीए) जैसी प्रख्यात प्रयोगशालाओं में अंतरराष्ट्रीय मानकों पर खरी उतरने वाली अत्याधुनिक उत्पाद परीक्षण सुविधाएं हैं। सभी प्रकार के इंसुलेटेड केबल एवं वायर का उत्पादन 2014-15 में 64.55 करोड़ किलोमीटर और 2015-16 में 65.85 करोड़ किलोमीटर रहा। 2014-15 में वायर एवं केबल का निर्यात 4,306.74 करोड़ रुपये एवं आयात 5,820.33 करोड़ रुपये रहा। 2015-16 में 4,841.66 करोड़ रुपये का निर्यात एवं 5,461.80 करोड़ रुपये का आयात हुआ।

पारेषण टावर

पारेषण टावर लंबी दूरी तक बिजली ले जाने वाली उच्च वोल्टेज पारेषण लाइनों को सहारा देते हैं। भारत में बड़े बिजली संयंत्र विशेषकर मेगा एवं अल्ट्रा मेगा बिजली संयंत्र बढ़ते जा रहे हैं। परिणामस्वरूप यहां कम किंतु बड़े बिजली उत्पादन संयंत्र होंगे मगर बिजली के पारेषण की मांग बढ़ती जाएगी। भारत के पारेषण नेटवर्क को अंतरक्षेत्रीय पारेषण लाइनों के माध्यम से राष्ट्रीय ग्रिड में जोड़ने की योजना आधिक्य वाले क्षेत्रों से बिजली को कमी वाले क्षेत्रों में पहुंचाने में सहायता करेगी। देश की भावी आवश्यकताओं एवं निर्यात मांग को ध्यान में रखते हुए उद्योग के पास 1,000 केवी तक के पारेषण टावरों के परीक्षण की सुविधा है। पारेषण टावरों का निर्यात एवं आयात 2014-15 में क्रमशः 1,929.97 करोड़ रुपये तथा 31.12 करोड़ रुपये रहा था। 2015-16 में ये आंकड़े क्रमशः 2,494.84 करोड़ रुपये एवं 31.26 करोड़ रुपये रहे थे।

क्रेन

सामग्री उठाने के लिए क्रेन की लगभग सभी औद्योगिक क्षेत्रों में बड़ी मांग है। देश में विभिन्न प्रकार की क्रेन बनाई जाती हैं, जिनमें इलेक्ट्रिक ओवरहेड ट्रैवलिंग क्रेन, मोबाइल क्रेन, लैडल क्रेन, हाइड्रॉलिक क्रेन, क्रैब क्रेन, फ्लोटिंग क्रेन, कंट्रोलर क्रेन आदि शामिल हैं। विभिन्न क्षेत्रों तथा निर्माण उद्योग में औद्योगिक गतिविधियां बढ़ने के कारण वृद्धि की अच्छी संभावना है। 2014-15 में 17,063.63 टन तथा 2015-16 में 14,597.16 टन क्रेन का उत्पादन हुआ। क्रेन का निर्यात एवं आयात 2014-15 में क्रमशः 689.23 करोड़ रुपये एवं 1,852.07 करोड़ रुपये तथा 2015-16 में क्रमशः 1,173.08 करोड़ रुपये एवं 2,395.92 करोड़ रुपये रहा।

लिफ्ट एवं एस्केलेटर

औद्योगिक क्षेत्रों के अलावा बहुमंजिला आवासीय परिसर, अंतरराष्ट्रीय मानकों वाले विशाल मॉल एवं सुपरमार्केट के निर्माण, हवाई अड्डों और रेलवे स्टेशनों के आधुनिकीकरण में अत्यधिक निवेश के कारण लिफ्ट एवं एस्केलेटर का प्रयोग तेजी से बढ़ रहा है। भारत में विभिन्न प्रकार की लिफ्ट एवं एस्केलेटर बनाए जाते हैं। इनमें सिंगल स्पीड, डबल स्पीड, गियरलेस, हाइड्रॉलिक, सर्वो एवं वेरिएबल वोल्टेज वेरिएबल फ्रीक्वेंसी (वीवीवीएफ) एलीवेटर शामिल हैं। 2014-15 में 1,323.98 करोड़ रुपये और 2015-16 में 1,126.36 करोड़ रुपये की लिफ्ट का उत्पादन हुआ था। लिफ्ट, एस्केलेटर, कन्वेयर आदि का निर्यात एवं आयात 2014-15 में क्रमश: 520.15 करोड़ तथा 2,329.53 करोड़ रुपये तथा 2015-16 में क्रमश: 556.17 करोड़ तथा 2,412.05 करोड़ रुपये रहा था।

रेफ्रिजरेटर

टेलिविजन को छोड़ दें तो रेफ्रिजरेटर भारत में उपभोक्ताओं की सर्वाधिक आकांक्षा वाले उत्पाद रहे हैं। बाज़ार में विभिन्न प्रकार के ब्रांडों के आने से रेफ्रिजरेटर उद्योग बेहद प्रतिस्पर्द्धी हो गया है और उपभोक्ताओं के पास अधिक विकल्प आ गए हैं। देश में बनने वाले रेफ्रिजरेटरों में इस समय दो मूलभूत डिजाइन प्रयोग की जा रही हैं। इन्हें सामान्य भाषा में डायरेक्ट कूलिंग एवं फ्रॉस्ट फ्री कहा जाता है। विश्व भर में फ्रॉस्ट फ्री श्रेणी का चलन बढ़ रहा है। दोहरी आय वाले परिवारों की संख्या बढ़ने के कारण 180 लीटर के पारंपरिक रेफ्रिजरेटरों के स्थान पर दो दरवाजों वाले 220 लीटर अथवा अधिक क्षमता के रेफ्रिजरेटरों की मांग बढ़ती जा रही है। 2014-15 में 92,34,100 तथा 2015-16 में 92,30,130 रेफ्रिजरेटरों का निर्माण हुआ था। रेफ्रिजरेटरों का निर्यात एवं आयात 2014-15 में क्रमश: 1,689.66 करोड़ रुपये एवं 2,379.37 करोड़ रुपये तथा 2015-16 में क्रमश: 1,681.13 करोड़ रुपये एवं 2,571.44 करोड़ रुपये रहा।

वॉशिंग मशीन

भारत में वॉशिंग मशीन बाज़ार को सेमी-ऑटोमैटिक एवं फुली-ऑटोमैटिक में विभाजित किया जा सकता है। खर्च करने योग्य आय बढ़ने एवं आकांक्षाएं बढ़ने के कारण अधिक क्षमता वाली वॉशिंग मशीनों एवं फुली-ऑटोमैटिक वॉशिंग मशीनों की ओर रुझान बढ़ रहा है। माइक्रोकंट्रोलर चतुरता प्रदान करने के अलावा विश्वसनीयता बढ़ाते हैं, लागत कम करते हैं और बिजली की बचत भी करते हैं। 2014-15 में संगठित क्षेत्र में 39.91 लाख और 2015-16 में 43.10 लाख वॉशिंग मशीनों का निर्माण किया गया। वॉशिंग मशीन का निर्यात एवं आयात 2014-15 में क्रमश: 266.91 करोड़ रुपये एवं 924.53 करोड़ रुपये रहा तथा 2015-16 में क्रमश: 345.32 करोड़ रुपये एवं 885.41 करोड़ रुपये रहा।

एयर कंडीशनर

बदलती जीवन शैली के कारण बदले हुए सामाजिक-आर्थिक वातावरण में एयर कंडीशनर आवश्यकता बनते जा रहे हैं। एयर कंडीशनर के बाज़ार को तीन श्रेणियों: विंडो एसी, स्प्लिट एसी और सेंट्रल एसी में विभाजित किया जा सकता है। स्थान कम होने तथा बहुमंजिला इमारतों में फ्लैटों में रहने वाले लोगों की संख्या बढ़ने के कारण तथा शोर भी कम होने के कारण स्प्लिट एसी की लोकप्रियता बढ़ती जा रही है। बिजली मंत्रालय के अधीन सांविधिक संस्था ऊर्जा दक्षता ब्यूरो (बीईई) ने एयर कंडीशनरों के लिए ऊर्जा की बचत के आधार पर स्टार रेटिंग प्रदान करना आरंभ किया है ताकि उपभोक्ताओं को अधिक से

अधिक ऊर्जा बचाने वाले उत्पाद खरीदने में सहायता हो। संगठित क्षेत्र में 2014-15 में 26.50 लाख और 2015-16 में 27.97 लाख एयर कंडीशनर बनाए गए। एयर कंडीशनर का निर्यात एवं आयात 2014-15 में क्रमशः 799.79 करोड़ रुपये एवं 5,372.07 करोड़ रुपये रहा तथा 2015-16 में क्रमशः 905.23 करोड़ रुपये एवं 5,354.04 करोड़ रुपये रहा।

लेड एसिड स्टोरेज बैटरी

लेड एसिड बैटरियां करंट एवं बिजली का संग्रह करती हैं और एक समय बाद खाली (आवेशहीन अर्थात् डिस्चार्ज्ड) हो जाती हैं। उन्हें वाहनों में प्रयोग किया जाता है और यूपीएस, नियंत्रण कक्षों, बिजलीघरों, दूरसंचार आदि के लिए बैकअप बिजली के रूप में औद्योगिक प्रयोग भी होता है। इसके अतिरिक्त घरों में इमरजेंसी लाइट, टेलीफोन प्रणाली तथा खनन में प्रकाश स्रोत के रूप में भी इनका प्रयोग होता है। लेड एसिड बैटरियों का नया प्रयोग बिजली चालित वाहनों में भी होने लगा है। बैटरी की औसत आयु लगभग 2 वर्ष होती है, इसलिए इन बैटरियों को वाहन अथवा मशीन के प्रयोग के दौरान बार-बार बदलना पड़ता है। लेड एसिड बैटरियों के सुरक्षित निस्तारण हेतु पर्यावरण एवं वन मंत्रालय ने पर्यावरण (संरक्षण) अधिनियम, 1986 के अंतर्गत बैटरियां (प्रबंधन एवं रखरखाव) नियम, 2001 अधिसूचना जारी की है। संगठित क्षेत्र की इकाइयों ने 2014-15 में 86.05 लाख और 2015-16 में 84.96 लाख लेड एसिड बैटरियों का निर्माण किया था। लेड एसिड बैटरियों का निर्यात एवं आयात 2014-15 में क्रमशः 1,231.99 करोड़ रुपये एवं 3,365.44 करोड़ रुपये तथा 2015-16 में क्रमशः 1,280.41 करोड़ रुपये एवं 5,038.91 करोड़ रुपये रहा था।

शुष्क बैटरियां

शुष्क बैटरियां सबसे ज्यादा इस्तेमाल होने वाली वस्तुओं में हैं। ये सबसे पुराने प्रकार की बैटरियां हैं, जो आज भी प्रयोग हो रही हैं। प्रौद्योगिकी विकास के कारण शुष्क बैटरी का प्रदर्शन लगातार सुधरा है। नए प्रकार की शुष्क बैटरियों का जीवन लंबा होता है और उन पर अधिक विश्वास किया जा सकता है एवं रिचार्ज करने योग्य सेल भी आ गए हैं। रक्षा, दूरसंचार एवं इलेक्ट्रॉनिक्स की आवश्यकताएं पूरी करने हेतु देश में निकल कैडमियम बैटरियां एवं अन्य रिचार्जेबल बैटरियां बनती हैं। सेल्युलर फोन, लैपटॉप एवं आयातित खिलौनों की लोकप्रियता में वृद्धि से नए प्रकार की बैटरियों के लिए बाज़ार खुल सकता है, जिन बैटरियों का अभी निर्माण नहीं हो रहा है। 2014-15 में 210.362 करोड़ और 2015-16 में 194.67 करोड़ शुष्क बैटरियां बनाई गई थीं। शुष्क बैटरियों का निर्यात एवं आयात 2014-15 में क्रमशः 93.59 करोड़ रुपये एवं 672.41 करोड़ रुपये और 2015-16 में क्रमशः 70.33 करोड़ रुपये और 728.66 करोड़ रुपये रहा।

बल्ब एवं ट्यूब

देश में विभिन्न प्रकार के बल्ब एवं ट्यूब का निर्माण किया जाता है, जिनमें सामान्य बल्ब जैसे फिलामेंट वाले बल्ब, हैलोजन बल्ब, गैस डिस्चार्ज बल्ब जैसे फ्लोरेसेंट ट्यूबलाइट, कॉम्पैक्ट फ्लोरेसेंट लैंप, उच्च दाब युक्त मरकरी वाले बल्ब, मेटल हैलाइड लैंप, निम्न दाब एवं उच्च दाब वाले सोडियम वेपर लैंप तथा विभिन्न प्रकार के विशेष बल्ब शामिल हैं। बिजली महंगी होने के कारण बिजली की कम खपत करने वाले बल्बों का विकास हुआ, जो दिन के प्रकाश के समान रोशनी दे रहे हैं। कॉम्पैक्ट फ्लोरेसेंट लैंप (सीएफएल), जो समान प्रकाश देने के लिए सामान्य बल्ब की अपेक्षा केवल 20 प्रतिशत

बिजली का उपभोग करते हैं और उस बल्ब से 8 गुना अधिक चलते हैं, अधिक लोकप्रिय हो रहे हैं। सामान्य बल्ब एवं फ्लोरेसेंट लैंप की अपेक्षा एलईडी में अधिक सक्षम प्रकाश देने और पर्यावरण को कम हानि पहुंचाने की संभावना है। एलईडी का प्रयोग बिजली के लोड को बहुत कम कर सकता है क्योंकि लगभग 22 से 25 प्रतिशत बिजली प्रकाश हेतु ही प्रयोग की जाती है, जिससे बिजली की अत्यधिक मांग हो जाती है। देश में एलईडी का उत्पादन आरंभ हो गया है किंतु अधिक मूल्य के कारण ये बहुत अधिक लोकप्रिय नहीं हैं। संगठित क्षेत्र की इकाइयों द्वारा 2014-15 में क्रमश: 73.69 करोड़ और 19.545 करोड़ जीएलएस लैंपों एवं फ्लोरेसेंट ट्यूबों का निर्माण किया गया। 2015-16 में संगठित क्षेत्र की इकाइयों द्वारा क्रमश: 67.144 करोड़ और 19.556 करोड़ जीएलएस लैंपों एवं फ्लोरेसेंट ट्यूबों का निर्माण किया गया। बिजली के बल्बों एवं ट्यूबों का निर्यात एवं आयात 2014-15 में क्रमश: 902.56 करोड़ रुपये एवं 2,447.18 करोड़ रुपये तथा 2015-16 में क्रमश: 968.92 करोड़ रुपये एवं 3,839.81 करोड़ रुपये रहा।

हल्का इंजीनियरिंग उद्योग

हल्का इंजीनियरिंग उद्योग विभिन्न क्षेत्रों वाला विविधता भरा उद्योग है। इस समूह में बेयरिंग, स्टील पाइप एवं ट्यूब, फास्टनर आदि उद्योग शामिल होते हैं। इंजीनियरिंग उद्योग में आने वाले उत्पादों का सामान्यत: पूंजीगत वस्तु उद्योग में कच्चे माल के रूप में प्रयोग होता है। इसलिए इस क्षेत्र में मांग सामान्यत: पूंजीगत वस्तु उद्योग की मांग पर निर्भर करती है

रोलर बेयरिंग उद्योग

रोलर बेयरिंग लगभग सभी मशीनों जैसे वाहन, इलेक्ट्रिक मोटर, डीजल इंजन, औद्योगिक मशीनरी तथा मशीन औजार आदि में घूमने वाले हिस्सों में आवश्यक पुर्जे के रूप में प्रयोग किए जाते हैं। बेयरिंग का प्रयोग विभिन्न क्षेत्रों में किया जाता है। इसलिए उत्पाद भी विभिन्न प्रकार के होते हैं। देसी विनिर्माता सामान्य उद्देश्य के विभिन्न उत्पादों के विश्वविख्यात विनिर्माताओं के समान गुणवत्ता एवं सटीकता वाले बेयरिंग बना रहे हैं, जहां आर्थिक आधार पर स्वदेशी उत्पादन को न्यायोचित ठहराने के लिए मांग बहुत अधिक है। विशेष प्रयोग में आने वाले जिन बेयरिंग में उच्च प्रौद्योगिकी और/अथवा कम मात्रा की आवश्यकता होती है, उनका अब भी आयात किया जा रहा है। कम अथवा अधिक तापमान जैसी कठिन कामकाजी परिस्थितियों में बेहतर प्रदर्शन करने वाले छोटे आकार एवं कम वजन के बेयरिंग का विकास करने की अकूत संभावना है। इस उद्योग में 35 प्रतिशत मांग वाहन उद्योग से आती है। बिजली उद्योग से 12 प्रतिशत, आफ्टर मार्केट (रिप्लेसमेंट) उद्योग से 40 प्रतिशत और अन्य उद्योगों से बाकी मांग आती है। 2014-15 में 890.725 करोड़ और 2015-16 में 899.339 करोड़ बॉल-बेयरिंग का निर्माण हुआ था। बॉल एवं रोल बेयरिंग का निर्यात एवं आयात 2014-15 में क्रमश: 2,674.64 करोड़ रुपये एवं 5,544.54 करोड़ रुपये और 2015-16 में क्रमश: 2,680.91 करोड़ एवं 5,716.80 करोड़ रुपये रहा।

लौह कास्टिंग

इंजीनियरिंग उद्योगों की वृद्धि एवं विकास में लौह कास्टिंग की प्रमुख भूमिका है चूंकि वाहन, औद्योगिक मशीनरी, बिजली संयंत्र, रसायन एवं उर्वरक संयंत्र आदि के लिए ये आवश्यक मध्यवर्ती का कार्य करते हैं। भारतीय ढलाई उद्योग विश्व में पांचवां सबसे बड़ा है। अब देश में यह सुस्थापित है और बड़े, मझोले, लघु एवं सूक्ष्म क्षेत्र में फैला हुआ है। ढलाई उद्योग की विशेषता इसका विशिष्ट स्थानों पर

होना है। प्रत्येक ढलाई क्लस्टर किसी विशिष्ट बाज़ार की आवश्यकताएं पूरी करता है। उदाहरण के लिए कोयंबटूर क्लस्टर पंप सेट कास्टिंग के लिए, कोल्हापुर और बेलगाम क्लस्टर वाहनों की कास्टिंग, राजकोट क्लस्टर डीज़ल इंजन कास्टिंग और बाटला तथा जालंधर क्लस्टर मशीनरी के हिस्सों एवं कृषि उपकरणों के लिए प्रसिद्ध हैं। अमेरिका, जापान, जर्मनी जैसे विकसित देश सख्त प्रदूषण नियंत्रण नियमों के कारण अपने यहां क्षमता नहीं बढ़ा सकते। इसलिए भारत इस क्षेत्र में वर्चस्व बना सकता है और विश्व को कास्टिंग का महत्वपूर्ण आपूर्तिकर्ता बन सकता है। स्टील कास्टिंग एवं सीआई कास्टिंग का उत्पादन 2014-15 में 4,80,129.16 टन तथा 2015-16 में 4,64,375.73 टन रहा था। कास्टिंग का निर्यात एवं आयात 2014-15 में क्रमशः 6,825.76 करोड़ रुपये एवं 458.73 करोड़ रुपये तथा 2015-16 में 6,305.20 करोड़ एवं 609.70 करोड़ रुपये रहा।

प्रोसेस नियंत्रण उपकरण उद्योग

भौतिक, रासायनिक एवं जैविक स्वभाव की निगरानी एवं मापन हेतु आवश्यक विभिन्न उपकरण एवं प्रणालियां प्रोसेस नियंत्रण उपकरणों में आते हैं। उन्हें दाब, ताप, आर्द्रता, तरलता स्तर, प्रवाह, विशिष्ट गुरुत्व, पीएच समेत रासायनिक संघटन एवं विभिन्न प्रकार के स्पेक्ट्रोमेट्री तथा स्पेक्ट्रोफोटोमेट्री जैसे प्रोसेस वैरिएबल्स के मापन एवं नियंत्रण में प्रयोग किया जाता है। प्रोसेस नियंत्रण उपकरण आधुनिक औद्योगिक गतिविधियों के अभिन्न अंग बन गए हैं। यह उद्योग प्रमुख उद्योग है, जो ऑटोमेशन के लिए उपकरण उपलब्ध कराता है। उच्च लागत वाले विशाल एवं परिष्कृत प्रोसेस उद्योगों जैसे उर्वरक, इस्पात, बिजली संयंत्र, रिफाइनरी, पेट्रोरसायन, सीमेंट एवं अन्य प्रोसेस उद्योगों मे उनकी महत्ता है। आधुनिक प्रौद्योगिकी माइक्रोप्रोसेसर आधारित केंद्रीकृत नियंत्रण प्रणाली है। प्रोसेस नियंत्रण उपकरणों का निर्यात एवं आयात 2014-15 में क्रमशः 1,393.26 करोड़ रुपये एवं 3,933.31 करोड़ रुपये तथा 2015-16 में 1,598.35 करोड़ रुपये और 4,760.65 करोड़ रुपये रहा।

सीमलेस स्टील पाइप एवं ट्यूब

सीमलेस स्टील पाइप एवं ट्यूब सभी प्रकार के आकारों जैसे पतले, छोटे, नन्हे, संकरे एवं अन्य विशेष पाइप के रूप में आते हैं और बॉयलर तथा पाइपलाइन में प्रयोग होते हैं। इन्हें विमान, प्रक्षेपास्त्र तथा घर्षणरोधी बेयरिंग, आयुध आदि में प्रयोग किया जाता है। अत्यधिक शक्ति एवं जंग-रोधी गुण इन्हें तेल एवं गैस उद्योग, रसायन उद्योग तथा वाहन उद्योग हेतु सटीक बनाते हैं। बेयरिंग एवं बॉयलर उद्योग से लगभग 30 प्रतिशत मांग आती है। उद्योग 14 इंच बाहरी व्यास तक के ट्यूब बनाने में सक्षम है। सीमलेस स्टील पाइप एवं ट्यूब उद्योग का निर्यात एवं आयात 2014-15 में क्रमशः 3,274.51 करोड़ रुपये एवं 5,477.59 करोड़ रुपये और 2015-16 में क्रमशः 1,639.72 करोड़ एवं 4,216.33 करोड़ रुपये रहा।

इलेक्ट्रिकल रेजिस्टेंस वेल्डेड स्टील पाइप एवं ट्यूब

उपयोगकर्ता ग्राहकों की आवश्यकता के आधार पर इलेक्ट्रिकल रेजिस्टेंस वेल्डेड (ईआरडब्ल्यू) स्टील पाइप एवं ट्यूब विभिन्न गुणवत्ता, दीवार की अलग-अलग मोटाई एवं अलग-अलग व्यास में उपलब्ध हैं। उच्च क्षमता वाले ईआरडब्ल्यू स्टील पाइप एवं ट्यूब में उच्च जंगरोधी क्षमता, उच्च नम्यता, उच्च शक्ति एवं उच्च कठोरता होती है। इन पाइप का प्रयोग फेंसिंग, लाइनिंग पाइप, ऑयल कंट्री ट्यूबुलर, स्केफोल्डिंग, पानी एवं गैस के परिवहन, ढांचागत इंजीनियरिंग उद्देश्य आदि में होता है। तेल एवं गैस

उद्योग, बुनियादी ढांचे एवं वाहन उद्योग की ओर से मांग बढ़ने के कारण ईआरडब्ल्यू स्टील पाइप के निर्माण में अत्यधिक वृद्धि हुई है। इसकी ढेरों इकाइयां एमएसएमई क्षेत्र में हैं। ईआरडब्ल्यू स्टील पाइप एवं ट्यूब का निर्यात एवं आयात 2014-15 में क्रमशः 293.43 करोड़ रुपये एवं 16.36 करोड़ रुपये और 2015-16 में क्रमशः 172.55 करोड़ रुपये एवं 11.80 करोड़ रुपये रहा।

सबमर्ज्ड आर्क वेल्डेड पाइप

दो प्रकार के सबमर्ज्ड आर्क वेल्डेड (सॉ) पाइप- लॉन्गिट्यूडिनल एवं हेलिकल वेल्डेड सॉ पाइप- होते हैं। लॉन्गिट्यूडिनल सॉ पाइप को उच्च दाब वाली गैस पाइप लाइन में तथा 25 मिलीमीटर से अधिक मोटाई वाले पाइप की आवश्यकता होने पर प्रयोग किया जाता है। हेलिकल वेल्डेड पाइप कम दाब वाले कार्यों में प्रयोग किए जाते हैं। हेलिकल सॉ पाइप लॉन्गिट्यूडिन पाइप से सस्ते होते हैं। तेल एवं गैस के परिवहन एवं जल के पारेषण के कारण देश में सॉ पाइप की अत्यधिक मांग है। सॉ पाइप उद्योग का निर्यात एवं आयात 2014-15 में क्रमशः 4,481.52 करोड़ रुपये एवं 473.19 करोड़ रुपये और 2015-16 में क्रमशः 3,475.97 करोड़ एवं 219.57 करोड़ रुपये रहा।

औद्योगिक फास्टनर

भारत में फास्टनर उद्योग को दो श्रेणियों: उच्च नम्यता वाले (हाई टेंसाइल) एवं कम इस्पात वाले (माइल्ड स्टील) फास्टनर में विभाजित किया जा सकता है। उच्च टेंसाइल एवं माइल्ड स्टील फास्टनर में सामान्यतः नट, बोल्ड, स्टड, रिवेट एवं पेच आते हैं। माइल्ड स्टील फास्टनर प्रमुख रूप से असंगठित क्षेत्र में बनाए जाते हैं, जबकि उच्च टेंसाइल वाले फास्टनर के लिए बेहतर प्रौद्योगिकी की आवश्यकता होती है और उन्हें संगठित क्षेत्र की कंपनियां बनाती हैं। इस उद्योग की सर्वाधिक मांग वाहन उद्योग से आती है। टिकाऊ उपभोक्ता एवं रेलवे उच्च टेंसाइल वाले फास्टनरों के प्राथमिक उपयोगकर्ता हैं। वाहन उद्योग से फास्टनर उद्योग को गति मिलने की अपेक्षा है। संगठित क्षेत्र में नट एवं बोल्ट का उत्पादन 2014-15 में 1,10,005 टन और 2015-16 में 1,08,917.31 टन रहा था। औद्योगिक फास्टनर का निर्यात एवं आयात 2014-15 में क्रमशः 5,788.46 करोड़ रुपये एवं 4,309.16 करोड़ रुपये और 2015-16 में 3,346.41 करोड़ एवं 4,564.10 करोड़ रुपये रहा।

स्टील फॉर्जिंग

फॉर्जिंग मध्यवर्ती उत्पाद हैं, जिन्हें टिकाऊ उपभोक्ता उत्पाद के निर्माण में वास्तविक पुर्जे बनाने वाले बड़े पैमाने पर प्रयोग करते हैं। भारतीय फॉर्जिंग उद्योग को चार श्रेणियों- बड़े, मझोले, लघु एवं सूक्ष्म में बांटा जा सकता है। इस उद्योग का बड़ा भाग लघु एवं मझोली इकाइयों/उद्यमों (एसएमई) से बना है। उद्योग में पहले श्रम का अत्यधिक प्रयोग होता था किंतु वैश्वीकरण बढ़ने के साथ ही अब इसमें पूंजी का अधिक प्रयोग होने लगा है। फॉर्जिंग पर निर्भर रहने वाले उद्योगों में वाहन, कृषि मशीनरी एवं उपकरण, वाल्व, फिटिंग एवं पेट्रोरसायन प्रणाली, हाथ के औजार एवं हार्डवेयर, ऑफ-हाईवे एवं रेलरोड-उपकरण, सामान्य औद्योगिक उपकरण, आयुध एवं समुद्र तथा वैमानिकी शामिल हैं। फॉर्जिंग की मांग में मुख्य भूमिका वाहन उद्योग की है। कुल फॉर्जिंग उत्पादन का लगभग 65 प्रतिशत अंश इसी क्षेत्र में प्रयोग होता है। संगठित क्षेत्र में 2014-15 में 4,62,766.06 टन एवं 2015-16 में 4,80,394.61 टन स्टैंपिंग एवं फॉर्जिंग का उत्पादन हुआ। फॉर्जिंग उद्योग का निर्यात एवं आयात 2014-15 में क्रमशः 5,279.87 करोड़ रुपये एवं 3,767.45 करोड़ रुपये और 2015-16 में 6,115.68 करोड़ रुपये एवं 4,635.85 करोड़ रुपये रहा।

साइकल उद्योग

साइकल उद्योग सबसे प्रतिष्ठित उद्योगों में है। भारत चीन के बाद विश्व का दूसरा सबसे बड़ा साइकल निर्माता देश है। अधिकतर विनिर्माण इकाइयां पंजाब एवं तमिलनाडु में स्थित हैं तथा लुधियाना (पंजाब) साइकल का प्रमुख निर्माण केंद्र है। उद्योग निर्यात बढ़ाने का प्रयास कर रहा है क्योंकि भारतीय साइकलों, साइकल के पुर्जों एवं साइकल के एक्सेसरीज के निर्यात की बहुत संभावना है। भारत में साइकल कंपनियां अब शहरी बाज़ारों पर ध्यान दे रही हैं तथा पेशेवर एवं एडवेंचर श्रेणियों में अपना आधार बढ़ा रही हैं। 2014-15 में संगठित क्षेत्र में सभी प्रकार की कुल 13.246 करोड़ साइकलों का निर्माण हुआ था और 2015-16 में आंकड़ा 13.922 करोड़ रहा था। साइकल का निर्यात एवं आयात 2014-15 में क्रमश: 360.54 करोड़ रुपये एवं 194.32 करोड़ रुपये और 2015-16 में 285.34 करोड़ रुपये एवं 205.58 करोड़ रुपये रहा।

हल्की औद्योगिक मशीनरी का क्षेत्र

खाद्य प्रसंस्करण मशीन

आय के स्तर में वृद्धि, कार्य बल में महिलाओं की संख्या बढ़ने, तेजी से बढ़ते शहरीकरण, बदलती जीवन शैली एवं बड़े स्तर पर मीडिया के प्रचार के कारण प्रसंस्कृत खाद्य एवं पेय उत्पादों की घरेलू मांग बढ़ने के कारण खाद्य प्रसंस्करण मशीनों के लिए भारतीय बाज़ार लगातार वृद्धि कर रहा है। फल एवं सब्जी प्रसंस्करण, मांस, मुर्गीपालन, दुग्ध एवं समुद्री खाद्य, डिब्बाबंद भोजन, शीतल पेय एवं अनाज प्रसंस्करण में वृद्धि की सर्वाधिक संभावना है। खाने-पीने की आदतों में तेजी से बदलाव होने एवं देश में उपभोक्तावादी संस्कृति पनपने के कारण खाद्य प्रसंस्करण उद्योग में तेज वृद्धि होने की संभावना है। मशीन निर्माताओं ने डेयरी मशीनरी एवं खाद्य प्रसंस्करण की अन्य प्रमुख मशीनें बनाने में दक्षता प्राप्त कर ली है। संगठित क्षेत्र में 2014-15 और 2015-16 में क्रमश: 44.43 करोड़ रुपये और 74.36 करोड़ रुपये की खाद्य प्रसंस्करण मशीनों का निर्माण किया गया। खाद्य प्रसंस्करण मशीनों का निर्यात एवं आयात 2014-15 में क्रमश: 1,049.35 करोड़ रुपये एवं 1,133.76 करोड़ रुपये और 2015-16 में 854.85 करोड़ तथा 1,201.38 करोड़ रुपये रहा।

पैकेजिंग मशीनरी उद्योग

उपभोक्ता उत्पादों अथवा औद्योगिक उत्पादों की पैकेजिंग, मार्केटिंग रणनीतियों में विशिष्ट गुण बनकर उभर रही है। पैकेजिंग प्रौद्योगिकी में विकास ने उत्पादों का सौंदर्य बढ़ाने में ही नहीं बल्कि उनकी जीवन अवधि बढ़ाने में भी योगदान किया है। कुछ मामलों में विशेष पैकेजिंग तकनीकी आवश्यकता बन गई है। औद्योगिक क्षेत्र में वृद्धि की संभावनाएं और उपभोक्ताओं में पैकेजिंग के प्रति बढ़ती जागरुकता देखते हुए इस क्षेत्र में महत्वपूर्ण वृद्धि की अपेक्षा है। बड़ी संख्या में उत्पादों की पैकेजिंग हेतु देश में विभिन्न प्रकार की पैकेजिंग मशीनरी उपलब्ध हैं। सामान्य रूप से मिलने वाली कुछ पैकिंग मशीनों में कोडिंग की मशीन एवं ऑनलाइन प्रिंटिंग मशीन, फीडिंग एवं लेबलिंग मशीन, स्ट्रिप पैकेजिंग मशीन, फॉर्म फिल एवं सील मशीन, कार्टन फिलिंग मशीन, पूर्णतया स्वचालित बैग निर्माण मशीन एवं स्वचालित माइक्रोप्रोसेसर नियंत्रित पैकेजिंग मशीन शामिल हैं। पैकेजिंग मशीन उद्योग का निर्यात एवं आयात 2014-15 में क्रमश: 798.21 करोड़ रुपये एवं 1,627.33 करोड़ रुपये तथा 2015-16 में 852.15 करोड़ रुपये एवं 2,469.37 करोड़ रुपये रहा।

जल प्रदूषण नियंत्रण उपकरण

जल प्रदूषण रोकने के प्रति जागरुकता में वृद्धि होने और प्रसंस्करण उद्योगों समेत विभिन्न प्रयोग के लिए कठोर पर्यावरण नियंत्रण मानक लागू किए जाने के कारण जल/बेकार जल शोधन उद्योग में अत्यधिक वृद्धि होने की संभावना है। जल प्रदूषण नियंत्रण उपकरणों की विभिन्न श्रेणियों में बेकार जल शोधन संयंत्र, पेयजल शोधन संयंत्र एवं अपशिष्ट शोधन संयंत्र शामिल हैं। शोधन की प्रक्रिया में पहला चरण प्राथमिक शोधन है और उसमें नीचे बैठे हुए अथवा तैरते हुए प्रदूषणकारी तत्व हटाए जाते हैं। उद्योगों में सामान्य रूप से क्लेयरिफायर एवं ऑयल–वाटर सेपरेटर उपकरण प्रयोग किए जाते हैं। द्वितीयक शोधन कचरे से जैविक सामग्री को बहुत कम करने के लिए बनाया जाता है। सामान्य उपकरण आकर्षक स्लज, फिल्टर, जैविक रिएक्टर आदि हैं। तृतीयक शोधन में प्राथमिक एवं द्वितीयक शोधन के दौरान छूट गए प्रदूषणकारी तत्वों एवं घुले ठोस, जीवों एवं विषैले तत्वों को हटाने के लिए पॉलिशिंग की जाती है। तृतीयक भौतिक प्रक्रियाओं में छानना एवं कार्बन का अवशोषण शामिल है। कार्बनिक एवं अकार्बनिक, जैव अपघटन से बचने वाले तत्वों को हटाने के लिए रासायनिक प्रक्रिया का उपयोग होता है। इसमें अवक्षेपण, ऑक्सीकरण एवं निराकरण शामिल हैं। जैविक क्रियाओं में जैवअपघटन शामिल है। जैविक पदार्थों को अपघटित करने के लिए सामान्यतः जीवाणु, फफूंद, खमीर एवं शैवाल का प्रयोग किया जाता है। उसके बाद जल से कोशिका ऊतकों को सफाई के द्वारा हटा दिया जाता है। पूरे संयंत्र सामान्यतः संगठित क्षेत्र में विनिर्मित किए जाते हैं और अनेक उपकरण लघु क्षेत्र में बनाए जाते हैं। जल प्रदूषण नियंत्रक उपकरणों का निर्यात एवं आयात 2014–15 में क्रमशः 501 करोड़ रुपये एवं 623.15 करोड़ रुपये रहा तथा 2015–16 में 750.16 करोड़ रुपये एवं 939.56 करोड़ रुपये रहा।

वायु प्रदूषण नियंत्रण उपकरण

औद्योगीकरण एवं शहरीकरण ने भारत की वायु की गुणवत्ता का बहुत क्षरण किया है। देश में वायु प्रदूषण की समस्या को विभिन्न उद्योगों हेतु कठोर पर्यावरण नियंत्रण मानक अपनाए जाने के कारण विशेष रूप से महानगरों एवं बड़े शहरों में अधिक महत्व मिल रहा है। इसीलिए प्रदूषण नियंत्रण उपकरण उद्योग भी महत्वपूर्ण हो गया है। इसके अतिरिक्त न्यायिक आदेशों ने वायु प्रदूषण नियंत्रण के उपाय करने के लिए निश्चित दिशा उपलब्ध कराई है। नियंत्रण की विधियों का चयन प्रदूषणकारी तत्वों की प्रकृति, प्रवाह दर (प्रदूषणकारी तत्वों के उत्सर्जन की मात्रा), कणों का आकार एवं संग्रह की वांछित क्षमता पर निर्भर करता है। वायु प्रदूषण नियंत्रण उपकरणों को सेटिंग चैंबर्स, साइक्लोन एवं मल्टी–साइक्लोन, बैग फिल्टर, वेट स्क्रबर, स्प्रे टॉवर, वेंचरी स्क्रबर, आयनाइजिंग स्क्रबर एवं इलेक्ट्रोस्टेटिक प्रेसिपिटेटर में वर्गीकृत किया जा सकता है। उद्योग मूलभूत एवं विस्तृत इंजीनियरिंग करने तथा टर्नकी आधार पर संयंत्रों की आपूर्ति करने में सक्षम है। वायु प्रदूषण नियंत्रक उपकरणों का निर्यात एवं आयात 2014–15 में क्रमशः 703.49 करोड़ रुपये एवं 1,440.68 करोड़ रुपये और 2015–16 में क्रमशः 680.96 करोड़ रुपये एवं 1,311.80 करोड़ रुपये रहा।

औद्योगिक गियर

औद्योगिक गियर में मुख्यतः गियर एवं गियर बॉक्स होते हैं। गियर का प्रयोग दो मूलभूत उद्देश्यों से होता है: घूर्णन की गति को बढ़ाना अथवा घटाना एवं शक्ति अथवा टॉर्क को बढ़ाना एवं घटाना। मशीन के अहम अंग हाने के कारण गियर का विभिन्न उद्योगों में अत्यधिक प्रयोग होता है। इन उद्योगों में

ऑटोमोटिव उद्योग, कोयला संयंत्र उद्योग, इस्पात संयंत्र उद्योग, कागज़ उद्योग, खनन एवं कई अन्य उद्योग शामिल हैं। इन उद्योगों में इनका व्यापक प्रयोग होता है। गियर एवं गियर बॉक्स के विनिर्माण में उच्च सूक्ष्मता वाली मशीनें एवं सटीक असेंबली का प्रयोग होता है क्योंकि मशीनी शक्ति को शोर के बगैर एवं कम से कम हानि के साथ अंतरित करना होता है। देश में विभिन्न प्रकार के गियर जैसे स्पर गियर, हेलिकल गियर, वॉर्म गियर, स्पाइरल गियर आदि बनाए जाते हैं। गियर एवं गियर बॉक्स की मांग मुख्य रूप से औद्योगिक मशीनरी, मशीन टूल्स एवं उपभोक्ता तथा वाहन उद्योगों के विकास पर निर्भर करती है। विशेष रूप से वाहन उद्योग में औद्योगिक वृद्धि की संभावनाएं देखते हुए गियर एवं गियर बॉक्स की मांग तेजी से बढ़ने की अपेक्षा है। गियर एवं गियरिंग का निर्यात एवं आयात 2014-15 में क्रमश: 1,028.21 करोड़ रुपये एवं 1,857.58 करोड़ रुपये और 2015-16 में 1,162.67 करोड़ रुपये तथा 2,027.13 करोड़ रुपये रहा।

(स्रोत: निर्यात-आयात आंकड़े- निर्यात-आयात डाटा बैंक, वाणिज्य विभाग... उत्पादन आंकड़े- औद्योगिक सांख्यिकी इकाई, डीआईपीपी)

थोक मूल्य सूचकांक

थोक मूल्यों के सूचकांक अंकों की मौजूदा शृंखला (आधार: 2004-05=100) को सितंबर 2010 में आरंभ किया गया। इस शृंखला में 5,482 उद्धरणों के साथ 676 जिंस शामिल हैं। तालिका 14 में वर्ष 2005-06 से 2016-17 की अवधि के लिए सभी जिंसों और (i) प्राथमिक वस्तुएं (ii) ईंधन एवं ऊर्जा (iii) विनिर्मित उत्पाद जैसे तीन प्रमुख समूहों के चुनिंदा समूहों/उप-समूहों के थोक मूल्यों के सूचकांक अंकों की जानकारी दी गई:

विनिर्माण क्षेत्र में थोक मूल्य सूचकांक आधारित महंगाई

विनिर्माण क्षेत्र के लिए थोक मूल्य सूचकांक (आधार: 2004-05=100) पर आधारित महंगाई दर वर्ष 2015-16 में (अप्रैल 2015 से मार्च 2016 तक) (-) 1.1 प्रतिशत से बढ़कर 2016-17 में (अगस्त, 2016 तक अस्थायी आंकड़ों के अनुसार) 1.55 प्रतिशत हो गई। वर्ष 2015-16 (अप्रैल से अगस्त, 2015) की अपेक्षा 2016-17 (अप्रैल से अगस्त, 2016 तक अस्थायी रूप से) महंगाई में बढ़ोतरी दर्ज करने वाले समूहों में खाद्य उत्पाद, पेय पदार्थ, तंबाकू और तंबाकू उत्पाद, कपड़ा, लकड़ी और लकड़ी उत्पाद, कागज़ एवं कागज़ उत्पाद, चमड़ा एवं चमड़ा उत्पाद, अधातु उत्पाद, मशीनरी एवं मशीन उपकरण और परिवहन, उपकरण एवं पुर्जे शामिल हैं। जिन समूहों ने 2015-16 (अप्रैल से अगस्त, 2015) की अपेक्षा 2016-17 (अप्रैल से अगस्त, 2016 तक अस्थायी रूप से) महंगाई सूचकांकों में गिरावट दर्ज की, उनमें रबर एवं प्लास्टिक उत्पाद, रसायन एवं रासायनिक उत्पाद तथा मूल धातुएं, मिश्र धातुएं व धातु उत्पाद शामिल हैं। तालिका 15 में विनिर्माण उत्पाद समूह के लिए डब्ल्यूपीआई पर आधारित महंगाई की जानकारी दी गई है।

थोक मूल्य के सूचकांक के आंकड़ों की जानकारी (आधार: 2004-05=100) वित्त वर्ष औसत और डब्ल्यूपीआई के लिहाज से महंगाई दर तालिका 14-15 में दी गई है:

तालिका : 14

थोक मूल्यों के सूचकांक आंकड़े (आधार: 2004-05=100) वित्त वर्षवार

जिंस	भार	2005-06	2006-07	2007-08	2008-09	2009-10	2010-11	2011-12	2012-13	2013-14	2014-15	2015-16
सभी जिंस	100.00	104.5	111.4	116.6	126.0	130.8	143.3	156.1	167.6	177.6	181.2	177.67
1 प्राथमिक वस्तुएं	20.1182	104.3	114.3	123.9	137.5	154.9	182.4	200.3	220.0	241.6	248.8	245.40
(अ) खाद्य उत्पाद	14.3371	105.4	115.5	123.6	134.8	155.4	179.6	192.7	211.8	238.9	253.4	253.90
(ब) गैर-खाद्य उत्पाद	4.2576	96.7	102.3	114.4	129.2	136.2	166.6	182.7	201.9	213.2	212.1	215.27
(स) खनिज	1.5235	115.2	136.6	152.8	186.5	202.9	253.3	320.7	346.9	346.5	308.5	249.83
2 ईंधन ऊर्जा	14.9102	113.6	120.9	121.0	135.0	132.1	148.3	169.0	186.5	205.4	203.5	189.13
(अ) कोयला	2.0942	117.6	117.7	121.7	151.3	156.5	165.3	191.0	208.6	190.8	189.8	189.90
(ब)खनिज तेल	9.3644	116.7	127.4	126.3	141.8	135.8	157.5	184.0	202.5	226.0	219.6	195.77
(स) बिजली	3.4516	102.6	105.3	106.2	106.4	107.4	113.2	115.0	129.8	158.7	168.0	170.50
3 विनिर्मित उत्पाद	64.9716	102.4	108.2	113.4	120.4	123.1	130.1	139.5	147.1	151.5	155.1	154.13
(क) खाद्य उत्पाद	9.9740	101.2	106.5	110.3	119.9	136.1	141.2	151.2	163.5	168.8	172.9	171.73
(ख) पेय पदार्थ, तंबाकू और तंबाकू उत्पाद	1.7625	104.7	110.0	117.2	128.3	136.2	146.2	163.3	175.3	186.0	200.8	205ए27
(ग) कपड़ा	7.3264	98.9	100.8	101.5	103.2	106.7	119.6	128.5	131.4	139.0	142.6	140.80
(घ) काष्ठ एवं काष्ठ उत्पाद	0.5874	105.7	111.9	119.4	130.7	143.3	149.0	161.0	171.0	179.1	187.8	195.00

(च) कागज़ एवं कागज़ उत्पाद	2.0335	103.6	108.4	111.6	116.3	118.9	125.2	131.9	136.6	143.0	150.7	153.23
(छ) चर्म एवं चर्म उत्पाद	0.8351	104.3	112.5	116.0	122.3	128.4	127.1	130.0	134.2	143.1	145.0	144.07
(ज) रबर एवं प्लास्टिक उत्पाद	2.9870	101.9	107.6	112.2	117.3	118.2	126.1	133.6	137.5	146.0	149.9	149.00
(झ) रसायन एवं रसायन उत्पाद	12.0177	103.8	108.9	112.8	118.1	117.8	124.0	134.7	143.6	148.9	152.8	151.27
(ट) गैर-धातु खनिज उत्पाद	2.5560	103.4	115.4	128.3	131.7	140.9	144.6	152.9	163.3	166.2	172.9	176.73
(ठ) मूल धातु, अलॉय एवं धातु उत्पाद	10.7479	102.2	111.7	123ण2	138.0	129.5	140.7	156.3	166.1	164.5	165.6	160.10
(ड) मशीनरी एवं मशीन उपकरण	8.9315	103.6	110.1	114.1	117.4	118.0	121.3	125.1	128.4	131.6	134.6	134.93
(ढ) परिवहन, उपकरण एवं कलपुर्जे	5.2128	102.7	105.0	107.6	113.3	116.8	120.3	124.6	129.8	134.5	136.2	137.63

*जुलाई, 2016 तक। जून और जुलाई, 2016 के अस्थायी आंकड़े शामिल।

तालिका : 15

वित्त वर्षवार डब्ल्यूपीआई महंगाई दर, आधार वर्ष: 2004-05

जिंस	भारांष	2006.07	2007.08	2008.09	2009.10	2010.11	2011.12	2012.13	2013.14	2014.15	2015.16
3 विनिर्मित उत्पाद	64.9716	5.7	4.8	6.2	2.2	5.7	7.3	5.4	3.0	2.4	.0.6
(क) खाद्य उत्पाद	9.9740	5.3	3.5	8.7	13.5	3.7	7.1	8.1	3.2	2.4	.0.5
(ख) पेय पदार्थ, तंबाकू और तंबाकू उत्पाद	1.7625	5.1	6.5	9.5	6.1	7.4	11.7	7.4	6.1	7.9	3.8
(ग) कपड़ा	7.3264	1.9	0.7	1.6	3.4	12.1	7.5	2.2	5.8	2.6	.2.0
(घ) काष्ठ एवं काष्ठ उत्पाद	0.5874	5.8	6.7	9.5	9.6	4.0	8.1	6.2	4.7	4.9	3.9
(च) कागज़ एवं कागज़ उत्पाद	2.0335	4.6	3.0	4.2	2.2	5.3	5.4	3.5	4.6	5.4	2.5
(छ) चर्म एवं चर्म उत्पाद	0.8351	8.0	3.1	5.5	4.9	.1.0	2.3	3.2	6.7	1.3	.0.6
(ज) रबर एवं प्लास्टिक उत्पाद	2.9870	5.6	4.3	4.5	0.7	6.7	6.0	2.9	6.2	2.6	.0.7
(झ) रसायन एवं रसायन उत्पाद	12.0177	5.0	3.6	4.6	.0.3	5.3	8.6	6.6	3.6	2.6	.1.3
(ट) गैर-धातु खनिज उत्पाद	2.5560	11.6	11.2	2.6	7.0	2.7	5.7	6.8	1.8	4.0	5.3

(ठ) मूल धातु, अलॉय एवं धातु उत्पाद	10.7479	9.3	10.3	12.0	6.1	8.7	11.1	6.3	0.9	0.6	4.0
(ड) मशीनरी एवं मशीन उपकरण	8.9315	6.3	3.7	2.9	0.5	2.8	3.1	2.6	2.6	2.3	0.8
(ढ) परिवहन, उपकरण व कलपुर्जे	5.2128	2.2	2.5	5.4	3.1	3.0	3.5	4.2	3.6	1.3	1.3

*जुलाई, 2016 तक। जून और जुलाई, 2016 के आंकड़े अस्थायी।

*2016-17 के आंकड़े अप्रैल, मई और जून महीने के लिए मासिक सूचकांकों के औसत में वर्ष दर वर्ष प्रतिशत परिवर्तन को दर्शाते हैं।

नवाचार, ग्रामीण उद्योग एवं उद्यमशीलता को प्रोत्साहन देने वाली योजना

नवाचार, ग्रामीण उद्योग एवं उद्यमशीलता को प्रोत्साहन देने वाली योजना (अ स्कीम फॉर प्रमोटिंग इनोवेशन, रूरल इंडस्ट्री एंड ऑन्त्रप्रेन्यरशिप अर्थात् एस्पायर) 2015 में आरंभ की गई, जिसका उद्देश्य कृषि आधारित उद्योग में स्टार्टअप खड़े करने के लिए ग्रामीण आजीविका व्यापार इनक्यूबेटर (एलबीआई), प्रौद्योगिकी व्यापार इनक्यूबेटर (टीबीआई) और कोष (फंड ऑफ फंड्स) के जरिए नवाचार एवं ग्रामीण उद्यमशीलता को बढ़ावा देना है। 2015-16 में 22 एलबीआई और 2 टीबीआई को मंजूरी मिली है और देवरिया (उप्र) एवं राजकोट (गुजरात) में दो एलबीआई केंद्रों का परिचालन आरंभ किया जा चुका है। एमएसएमई मंत्रालय एमएसएमई क्षेत्र के प्रोत्साहन एवं विकास के लिए विभिन्न योजनाएं एवं कार्यक्रम भी क्रियान्वित कर रहा है। प्रमुख योजनाओं/कार्यक्रमों में प्रधानमंत्री रोज़गार सृजन कार्यक्रम (पीएमईजीपी), पारंपरिक उद्योगों के लिए स्कीम ऑफ फंड फॉर रीजेनरेशन ऑफ ट्रेडीशनल इंडस्ट्रीज (स्फूर्ति), ऋण गारंटी योजना, ऋण से जुड़ी पूंजी सब्सिडी योजना (सीएलसीएसएस), राष्ट्रीय विनिर्माण प्रतिस्पर्द्धात्मकता कार्यक्रम, सूक्ष्म एवं लघु उद्यम क्लस्टर विकास कार्यक्रम (एमएसई-सीडीपी), विपणन विकास सहायता, कौशल विकास कार्यक्रम, अंतरराष्ट्रीय सहयोग योजना आदि शामिल हैं।

प्रधानमंत्री रोज़गार सृजन कार्यक्रम

प्रधानमंत्री रोज़गार सृजन कार्यक्रम (पीएमईजीपी) नए सूक्ष्म उद्यम स्थापित करने और केवीआईसी, राज्य खादी एवं ग्रामोद्योग बोर्ड (केवीआईबी) तथा जिला उद्योग केंद्र (डीआईसी) के जरिए देश के ग्रामीण एवं शहरी क्षेत्रों में रोज़गार के अवसर सृजित करने के लिए आरंभ की गई ऋण से जुड़ी सब्सिडी योजना है। सामान्य वर्ग के लाभार्थी ग्रामीण क्षेत्रों में परियोजना की लागत की 25 प्रतिशत और शहरी क्षेत्रों में 15 प्रतिशत मार्जिन मनी सब्सिडी प्राप्त कर सकते हैं। विशेष वर्गों जैसे अनुसूचित जाति/जनजाति/महिला/विकलांग/अल्पसंख्यक/पूर्व सैनिक/पूर्वोत्तर क्षेत्र के लाभार्थियों हेतु ग्रामीण क्षेत्रों में 35 प्रतिशत और शहरी क्षेत्रों में 25 प्रतिशत मार्जिन मनी सब्सिडी का प्रावधान है। परियोजना की अधिकतम लागत विनिर्माण क्षेत्र में 25 लाख रुपये और सेवा क्षेत्र में 10 लाख रुपये है। आरंभ से लेकर जनवरी, 2016 तक 7,004.40 करोड़ रुपये की मार्जिन मनी का उपयोग कर 3.50 लाख सूक्ष्म उद्यम आरंभ किए जा चुके हैं। इन इकाइयों से 29.82 लाख लोगों को रोज़गार मिला है।

भारतीय वस्त्र उद्योग

भारतीय वस्त्र उद्योग बहुत समृद्ध और विविधतापूर्ण गतिविधियों से भरा है, जिसमें एक ओर हाथ से बुनने वाले कपड़ों का क्षेत्र है तो दूसरी ओर भारी पूंजी वाला मिल क्षेत्र है। इसमें विकेंद्रीकृत पावरलूम, होजरी एवं बुनाई उद्योग तथा हस्तशिल्प क्षेत्र तो है ही, विभिन्न प्रकार के रेशे भी इसमें प्रयोग होते हैं, जिनमें मानवनिर्मित रेशे, कपास, रेशम, जूट और ऊन शामिल हैं। यह उद्योग दूसरे देशों के वस्त्र उद्योग से इसीलिए भिन्न है क्योंकि यहां इस उद्योग का कृषि तथा देश की संस्कृति और परंपराओं से बेहद करीबी संबंध है। इसमें घरेलू और विदेशी दोनों प्रकार की विभिन्न बाज़ार श्रेणियों के लिए उपयुक्त उत्पाद तैयार करने की क्षमता है। औद्योगिक उतपादन एवं रोज़गार सृजन तथा देश के लिए निर्यात आय के रूप में यह उद्योग महत्वपूर्ण भूमिका निभाता है। विनिर्माण उत्पादन में इसका 10 प्रतिशत, भारत के सकल घरेलू उत्पाद में 2 प्रतिशत और देश की निर्यात आय में 13 प्रतिशत योगदान है। 4.5 करोड़ से अधिक लोगों को प्रत्यक्ष रोज़गार देने वाला कपड़ा उद्योग देश में रोज़गार सृजन के सबसे बड़े स्रोतों में शामिल है।

इंडिया हैंडलूम ब्रांड

हथकरघा क्षेत्र को लगातार प्रोत्साहन देने की दृष्टि से 2015 में 'इंडिया हैंडलूम' ब्रांड आरंभ किया गया, जिसका उद्देश्य ग्राहकों का विश्वास जीतने के लिए सामाजिक एवं पर्यावरणीय अनुपालन पूरे करने के साथ कच्चे माल, प्रसंस्करण, सजावट, बुनाई, डिजाइन एवं अन्य मानकों के मामले में हथकरघा उत्पादों की गुणवत्ता की पुष्टि करना है। ब्रांड आरंभ करने का मुख्य उद्देश्य नए डिजाइनों के साथ गुणवत्तापूर्ण उत्पादों का उत्पादन सुनिश्चित करना है ताकि दोषरहित, हाथ से बुने और पर्यावरण को बिल्कुल भी क्षति नहीं पहुंचाने वाले उत्पादों पर जोर देकर ग्राहकों का विश्वास और भरोसा जीता जा सके।

संशोधित प्रौद्योगिकी उन्नयन कोष योजना: 'मेक इन इंडिया' अभियान को सहारा देने के इरादे से उचित मशीनरी के लिए एकबारगी पूंजी सब्सिडी देकर कपड़ा उद्योग का प्रौद्योगिकी उन्नयन करने हेतु वर्तमान संशोधित पुनर्गठित प्रौद्योगिकी कोष योजना (आरआरटफ्स) के स्थान पर संशोधित प्रौद्योगिकी उन्नयन कोष योजना (ए-टफ्स) आरंभ की गई। परिधान एवं तकनीकी वस्त्र जैसे जिन क्षेत्रों में रोज़गार तथा निर्यात की अधिक संभावनाएं हैं, वे 30 करोड़ रुपये की अधिकतम सीमा के साथ 15 प्रतिशत पूंजी सब्सिडी के पात्र होंगे। एकदम नए शटल रहित लूम (बुनाई की तैयारी एवं बुनाई समेत) पर बुनाई, प्रसंस्करण, जूट, रेशम और हथकरघा जैसी श्रेणियों को अधिकतम 20 करोड़ रुपये की सीमा के साथ 10 प्रतिशत सब्सिडी प्राप्त होगी। एटफ्स के अंतर्गत 2015 से 2022 तक सात वर्षों के लिए 17,822 करोड़ रुपये का बजट प्रावधान किया गया है, जिसमें 12,671 करोड़ रुपये पहले से तय की गई जिम्मेदारियों के लिए और 5,151 करोड़ रुपये नए मामलों के लिए होंगे। संशोधित पुनर्गठित प्रौद्योगिकी कोष योजना (आरआरटफ्स) के स्थान पर संशोधित प्रौद्योगिकी उन्नयन कोष योजना (ए-टफ्स) लाने के लिए प्रस्ताव 2016 में प्रस्तुत किया गया।

अंतरराष्ट्रीय कपास सलाहकार समिति सम्मेलन: भारत ने 11 वर्षों के बाद 2015 में अंतरराष्ट्रीय कपास सलाहकार समिति (आईसीएसी) के पूर्ण सम्मेलन की मेजबानी की।

कपास किसानों का संरक्षण: भारतीय कपास निगम ने कपास सत्र 2015-16 के लिए सभी कपास उत्पादक राज्यों में न्यूनतम समर्थन मूल्य सुनिश्चित करने के लिए राज्य सरकारों के साथ मिलकर व्यापक प्रबंध किए हैं। कपास उत्पादक राज्यों के लिए विशेष कार्यक्रम चलाए गए हैं ताकि कपास किसान मजबूर होकर कम दाम पर बिक्री न करें। कपास सत्र 2015-16 में किसानों के लिए ऑनलाइन भुगतान की व्यवस्था करने, तेलंगाना में किसानों को बारकोड वाले कार्ड मुहैया कराने और किसानों को नमी की मात्रा के बारे में तथा मिलावटी प्रदूषण से दूर रहने के लिए जागरुक करने के उद्देश्य से आईईसी गतिविधियां चलाने के लिए विशेष कदम उठाए गए हैं।

कपड़ा उद्योग के लिए बुनियादी ढांचा: एकीकृत कपड़ा पार्क योजना (एसआईटीपी) कपड़ा क्षेत्र की बुनियादी ढांचा संबंधी बाधाओं को क्लस्टर के आधार पर दूर करती है। केंद्र सरकार साझा बुनियादी ढांचा एवं साझा सुविधाओं के लिए सहयोग के रूप में परियोजना की लागत के 40 प्रतिशत हिस्से के तौर पर अधिकतम 40 करोड़ रुपये प्रदान करेगी। 2014-15 और 2015-16 में 24 नए पार्क मंज़ूर किए गए। पिछड़े हुए राज्यों में औद्योगीकरण को बढ़ावा देने के लिए कम औद्योगीकरण वाले राज्यों से आए प्रस्तावों को चयन प्रक्रिया में प्राथमिकता दी गई है।

कपड़ा क्षेत्र में कौशलः इस उद्योग में कुशल कामगारों की कमी दूर करने के लिए मंत्रालय एकीकृत कौशल विकास योजना (आईएसडीएस) को क्रियान्वित कर रहा है। इसके अंतर्गत 2017 तक कपड़ा क्षेत्र को 15 लाख अतिरिक्त कुशल कामगार मुहैया कराने का लक्ष्य है। योजना को रोज़गार पर अधिक जोर के साथ दोबारा तैयार किया गया है। योजना के अंतर्गत न्यूनतम 70 प्रतिशत प्लेसमेंट अनिवार्य कर दिया गया है। आईएसडीएस के अंतर्गत प्रशिक्षण प्राप्त कर पिछले दो वर्ष में लगभग 2.60 लाख लोगों को कपड़ा उद्योग में रोज़गार प्रदान किया जा चुका है। क्रियान्वयन और निगरानी में आसानी के लिए प्रशिक्षण कार्यक्रमों को ई-प्लेटफॉर्म से जोड़ा गया है।

एकीकृत प्रसंस्करण विकास योजनाः पर्यावरण क्षति के मसले पर अदालत/एनजीटी के आदेशों के कारण एसएमई की बहुतायत वाले कपड़ा प्रसंस्करण क्लस्टरों और जॉब वर्क इकाइयों पर बंदी का साया मंडरा रहा था। तमिलनाडु, राजस्थान, पंजाब आदि में प्रमुख कपड़ा प्रसंस्करण क्लस्टर बंद हो गए और लाखों लोग बेरोज़गार हो गए। मंत्रालय ने एकीकृत प्रसंस्करण विकास योजना के अंतर्गत उद्योग को सहायता का प्रस्ताव किया, जिसके तहत साझा कचरा शोधन संयंत्रों तथा शून्य तरल उत्सर्जन प्रौद्योगिकी के लिए परियोजना लागत की 50 प्रतिशत तक पूंजी सहायता प्रदान की जानी थी और उसकी अधिकतम सीमा 75 करोड़ रुपये थी। 2015-16 में पांच परियोजनाएं मंजूर की गई हैं, जिनमें 3 राजस्थान में और 1-1 तमिलनाडु तथा पंजाब में हैं।

रेशम उत्पादन क्षेत्र में नए कार्यक्रम आरंभ किए गए, जिनमें रेशम का उत्पादन रोककर आयातित स्थानापन्न को बढ़ावा देना, बेहतर किस्मों के विकास से गुणवत्ता वाले रेशम कीटों के उत्पादन पर जोर देना, बेहतर किस्मों का विकास करना, सर्वश्रेष्ठ कोकून प्रौद्योगिकी नवाचारों को बढ़ावा देना तथा निर्यात को बढ़ावा देने के लिए पर्यावरण के अनुकूल जैविक रेशम वन्य रेशम को प्रोत्साहित करना शामिल हैं।

फोकस इनक्यूबेशन केंद्रः संभावनाशील उद्यमियों को तकनीकी वस्त्र क्षेत्र में प्रवेश करने में सहायता के लिए कपड़ा मंत्रालय तकनीकी वस्त्र प्रौद्योगिकी मिशन (टीएमटीटी) के अंतर्गत स्थापित उत्कृष्टता केंद्रों में प्लग एंड प्ले मॉडल पर छह फोकस इनक्यूबेशन केंद्र स्थापित कर रहा है। फोकस इनक्यूबेशन केंद्र स्थापित करने के लिए छह उत्कृष्टता केंद्रों एटीआईआरए, डीकेटीई, एनआईटीआरए, पीएसजी कॉलेज ऑफ टेक, एसएएसएमआईआरए तथा एसआईटीआरए को 17.45 करोड़ रुपये जारी किए गए हैं।

जूट साझा सुविधा केंद्र स्थापना योजनाः महिला स्वयं सहायता समूहों के जरिए जूट के विविध उत्पादों को बढ़ावा देने के लिए साझा सुविधा केंद्रों (सीएफसी) की स्थापना की योजना 2015 में लागू की गई। योजना के अंतर्गत राष्ट्रीय जूट बोर्ड के जरिए बुनियादी ढांचा, एकीकृत डिज़ाइन, प्रशिक्षण एवं बाज़ार विकास प्रदान कर गुणवत्ता के आश्वासन के साथ मूल्यवर्द्धन, उत्पादन के रास्ते मुहैया कराए जाएंगे। योजना जूट क्लस्टरों में काम करने वाले महिला स्वयं सहायता समूहों के सदस्यों की मदद करेगी।

हथकरघों में ब्लॉक स्तर के क्लस्टरः हथकरघा बुनकरों की सहायता के लिए ब्लॉक स्तर के क्लस्टरों का एक नया कार्यक्रम वाराणसी के 9 ब्लॉकों में आरंभ किया गया है। इन ब्लॉकों में 9 साझा सुविधा केंद्र स्थापित किए गए, जिनमें यार्न डिपो, इंटरनेट वाला कार्यालय, वाइंडिंग/वार्पिंग/डाइंग जैसी लूम से पहले की सुविधाएं तथा बुनकरों के लिए वर्कशेड प्रशिक्षण जैसी सुविधाएं हैं। इन्हें तकनीकी तौर पर योग्य पूर्णकालिक कर्मचारियों की मदद मिल रही है। डिजाइन संबंधी सहायता बुनकर सेवा केंद्र, वाराणसी और एक प्रतिष्ठित निजी डिजाइनर के जरिए मिल रही है। ब्लॉक स्तर के 114 क्लस्टर मंजूर किए गए हैं।

कपास

कपास भारत में उगाई जाने वाली सबसे महत्वपूर्ण वाणिज्यिक फसलों में शामिल है। लगभग 58 लाख कपास किसानों तथा कपास प्रसंस्करण एवं व्यापार जैसी संबंधित गतिविधियों में शामिल 4-5 करोड़ लोगों की आजीविका चलाने में इसकी प्रमुख भूमिका है। भारतीय वस्त्र उद्योग में विभिन्न प्रकार के धागों और रेशों का प्रयोग होता है। उद्योग की कच्चे माल की खपत में कपास और मानव निर्मित रेशों तथा फिलामेंट धागों का अनुपात 59:41 है। इसीलिए भारतीय अर्थव्यवस्था के सर्वांगीण विकास की दृष्टि से कपास तथा कपास उद्योग बहुत महत्वपूर्ण है। प्रतिवर्ष 300 लाख गांठ (1 गांठ के 170 किलो) कपास की खपत होती है। कपास उद्योग को सहारा देने के लिए भारत सरकार दो बुनियादी स्टेपल समूहों मध्यम लंबे स्टेपल ओर लंबे स्टेपल कपास के लिए न्यूनतम समर्थन मूल्य (एमएसपी) की घोषणा करती है। मंत्रालय के अंतर्गत भारतीय कपास निगम (सीसीआई) कपास की कीमतें एमएसपी के स्तर तक पहुंच जाने पर एमएसपी परिचालन के लिए नामित एजेंसियों में से एक है। आदेश के अनुसार और परेशानी में बिक्री रोकने के लिए एमएसपी कार्यवाही के तहत सीसीआई निर्धारित बाज़ारों में कच्चा कपास सीधे किसानों से खरीदता है और उसकी कोई मात्रा भी निश्चित नहीं है।

जूट

राष्ट्रीय अर्थव्यवस्था में जूट का महत्वपूर्ण स्थान है। पूर्वी क्षेत्र विशेषकर पश्चिम बंगाल, में यह प्रमुख उद्योग है। प्राकृतिक, अक्षय, जैविक और पर्यावरण के अनुकूल उत्पाद होने के कारण गोल्डन फाइबर के नाम से विख्यात जूट सुरक्षित पैकेजिंग के सभी मानकों पर खरा उतरता है। जूट उद्योग तृतीयक क्षेत्र सहित संगठित मिलों और विविधीकृत इकाइयों में करीब 3.70 लाख कर्मचारियों को प्रत्यक्ष रोज़गार उपलब्ध कराता है और 40 लाख किसान परिवारों को जीविका के साधन जुटाने में मदद करता है। इसके अतिरिक्त भारी तादाद में लोग जूट के व्यापार से भी जुड़े हैं। इस उद्योग को विभिन्न नीतिगत पहलों से मदद मिलती है, जिनमें जूट पैकेजिंग से संबंधित सांविधिक एवं अनिवार्य नियम, एमएसपी परिचालन तथा जूट उद्योग के आधुनिकीकरण एवं विविधीकरण को प्रोत्साहन शामिल हैं।

रेशम

भारत दुनिया में रेशम का दूसरा सबसे बड़ा उत्पादक देश है। देश में 2014 में कुल 28,708 टन रेशम का उत्पादन हुआ। इसमें रेशम की चार किस्मों में से मलबरी की हिस्सेदारी करीब 74.5 प्रतिशत (21,390 एमटी), टसर की 8.5 प्रतिशत (2,434 एमटी), एरी की 16.5 प्रतिशत (4,726 एमटी) और मूगा की हिस्सेदारी 0.5 प्रतिशत (158 एमटी) है। 2013-14 में देश में 26,480 टन रेशम उत्पादन हुआ। केंद्रीय रेशम बोर्ड देश में रेशम उत्पादन तथा रेशम को बढ़ावा देने के लिए बड़ी संख्या में योजनाएं तथा नीतियां लागू करता है। 2014-15 में कच्चे रेशम के उत्पादन में अच्छी खासी वृद्धि हुई। सूखे, बेमौसम बारिश, चक्रवात आदि के बावजूद 2014-15 में रेशम उत्पादन में उल्लेखनीय प्रगति हुई। वर्ष के लिए निर्धारित लक्ष्य पूरी तरह प्राप्त कर लिया गया। 2014-15 के अंत तक देश में रेशम का उत्पादन बढ़कर 28,708 एमटी हो गया, जो 2013-14 में 26,480 एमटी था। इस प्रकार इसमें 8.4 प्रतिशत वृद्धि हुई। आयातित स्थानापन्न बाईवोटाइन सिल्क का उत्पादन 51 प्रतिशत वृद्धि के साथ 2,559 एमटी से बढ़कर 3,870 एमटी तक पहुंच गया। वन्य रेशम का उत्पादन 4.5 प्रतिशत वृद्धि के साथ 7,004 एमटी से 7,318 एमटी तक पहुंच गया। मूगा रेशम ने अब तक का सर्वाधिक 158 एमटी उत्पादन किया और वृद्धि का नया चक्र आरंभ किया।

ऊन

केंद्रीय ऊन विकास बोर्ड कपड़ा मंत्रालय के नियंत्रण में और बोर्ड की प्रशासनिक संस्था के निर्देशों के अंतर्गत कार्य करता है। यह बोर्ड ऊन क्षेत्र के विकास एवं वृद्धि से संबंधित मामलों के बारे में कपड़ा मंत्रालय की सलाहकार संस्था के रूप में भी काम करता है। मंत्रालय पश्मीना ऊन का और भी विकास करने के लिए 30 करोड़ रुपये के बजट प्रावधान के साथ केंद्रीय ऊन विकास बोर्ड के जरिए जम्मू–कश्मीर के लद्दाख एवं कारगिल क्षेत्र में पश्मीना ऊन विकास कार्यक्रम भी संचालित कर रहा है।

हथकरघा

कृषि के बाद हथकरघा बुनाई सबसे बड़ी आर्थिक गतिविधियों में है, जो 43 लाख से अधिक बुनकरों और सहयोगी कामगारों को प्रत्यक्ष तथा परोक्ष रोज़गार मुहैया कराता है। देश के कपड़ा उत्पादन में इस क्षेत्र का लगभग 15 प्रतिशत योगदान है और देश की निर्यात आय में भी यह योगदान करता है। हथकरघा क्षेत्र में उत्पादन में गिरावट का सिलसिला विकास एवं कल्याण के उपायों के परिणामस्वरूप लगभग थम गया है, लेकिन हथकरघा क्षेत्र में लगे बुनकरों की संख्या लगातार गिर रही है।

हस्तशिल्प

हस्तशिल्प उद्योग की देश की अर्थव्यवस्था में महत्वपूर्ण भूमिका है। यह ग्रामीण एवं कस्बाई क्षेत्रों में शिल्पकारों के बड़े वर्ग को रोज़गार प्रदान करता है और सांस्कृतिक विरासत को संरक्षित रखते हुए देश के लिए बड़ी मात्रा में विदेशी मुद्रा लाता है। इस समय हस्तशिल्प रोज़गार सृजन एवं निर्यात में महत्वपूर्ण योगदान करता है। किंतु असंगठित होने के कारण एवं शिक्षा की कमी, कम पूंजी, नई प्रौद्योगिकी नहीं होने, बाज़ार के प्रति दक्षता नहीं होने एवं खराब संस्थागत ढांचा होने के कारण हस्तशिल्प क्षेत्र को हानि उठानी पड़ रही है। इस क्षेत्र में 68.86 लाख शिल्पकारों को रोज़गार मिलने का अनुमान है और 2015 में हस्तनिर्मित कालीन समेत हस्तशिल्प उत्पादों का 22,375 करोड़ रुपये का निर्यात हुआ।

पावरलूम

पावरलूम क्षेत्र विकेंद्रीकृत एवं असंगठित है तथा वस्त्र उत्पादन एवं रोज़गार सृजन के संदर्भ में वस्त्र उद्योग का सबसे महत्वपूर्ण भाग है। यह 61.72 लाख लोगों को रोज़गार प्रदान करता है और देश में होने वाले कुल वस्त्र उत्पादन में 60 प्रतिशत योगदान करता है। निर्यात के लिए 60 प्रतिशत से अधिक कपड़ा भी पावरलूम क्षेत्र से ही प्राप्त होता है। रेडीमेड परिधान एवं घरेलू वस्त्र क्षेत्र कपड़े संबंधी अपनी आवश्यकता पूरी करने हेतु पावरलूम क्षेत्र पर बहुत अधिक निर्भर होता है।

दिसंबर 2015 में देश में लगभग 24.69 लाख पावरलूम थे। इस क्षेत्र का प्रौद्योगिकी स्तर सादा लूम से उच्च प्रौद्योगिकी वाले शटल रहित लूम तक है। इस क्षेत्र में लगभग 1.25 लाख शटल रहित लूम हैं। 75 प्रतिशत से अधिक शटल रहित लूम खराब और 15 वर्ष से भी ज्यादा पुराने हैं तथा उनमें प्रोसेस अथवा गुणवत्ता नियंत्रण के लिए कोई भी उपकरण नहीं है।

मिल उद्योग

संगठित कपड़ा उद्योग में लघु उद्योग तथा गैर लघु उद्योग में कुल लगभग 3,400 कपड़ा मिलें हैं। स्पिंडलों की कुल स्थापित क्षमता दुनिया में सबसे ज्यादा है और 5 करोड़ से अधिक स्पिंडल और 8.42 लाख रोटर हैं। मिल उद्योग लगभग 250 करोड़ वर्ग मीटर कपड़े तथा 250 करोड़ किलो मानव निर्मित रेशे तथा मानव निर्मित फिलामेंट धागे का उत्पादन करता है।

परिधान एवं वस्त्र

भारतीय वस्त्र उद्योग में परिधान का बड़ा क्षेत्र है, जिसमें 1.23 करोड़ से अधिक लोग काम करते हैं तथा 36 लाख टन वस्त्र-परिधान का उत्पादन होता है। भारत के कपड़ा निर्यात में 43 प्रतिशत योगदान तैयार परिधान क्षेत्र का ही है, जिसमें सूती परिधान तथा एक्सेसरीज, मानव निर्मित रेशे के परिधान तथा अन्य परिधान शामिल हैं।

निर्यात संवर्द्धन

बारहवीं पंचवर्षीय योजना के अंत अर्थात् मार्च, 2017 तक भारत का वस्त्र एवं परिधान निर्यात 64.41 अरब डॉलर होने का अनुमान व्यक्त किया गया है। देश के कुल निर्यात में वस्त्र उद्योग का 12 प्रतिशत हिस्सा है। संयुक्त राष्ट्र वाणिज्य एवं व्यापार आंकडों के अनुसार चीन के बाद भारत दुनिया का दूसरा सबसे बड़ा कपड़ा एवं परिधान निर्यातक है और सालाना 38.6 अरब डॉलर का निर्यात करता है। परिधान के निर्यात में भारत 16.5 अरब डॉलर के परिधान निर्यात के साथ चीन, बांग्लादेश, इटली, जर्मनी और वियतनाम के बाद छठे स्थान पर है।

वस्त्र संवर्द्धन के लिए योजनाएं

हथकरघा

हथकरघों के विकास के लिए केंद्र द्वारा प्रायोजित इकलौते कार्यक्रम के रूप में राष्ट्रीय हथकरघा विकास कार्यक्रम (एनएचडीपी) लागू किया गया है और समग्र हथकरघा विकास योजना भी उसी का हिस्सा है। हथकरघों के प्रोत्साहन के लिए योजनाओं में शामिल हैं:

संस्थागत ऋण/बुनकर क्रेडिट कार्ड योजना: हथकरघा कामगारों को सब्सिडीयुक्त कर्ज मुहैया कराने के लिए सरकार ने दिसंबर, 2012 में 'हथकरघा क्षेत्र के लिए संस्थागत ऋण' आरंभ किया, जिसे एकीकृत हथकरघा विकास योजना के अंतर्गत लागू किया गया। इसके तहत (अ) बुनकर क्रेडिट कार्ड जारी होते हैं, (आ) मंजूर ऋणों पर 3 वर्ष के लिए 3 प्रतिशत की रियायती ब्याज दर लागू होती है, (इ) 4,200 रुपये प्रति बुनकर की दर से मार्जिन मनी सहायता दी जाती है और (ई) तीन वर्ष के लिए ऋण गारंटी दी जाती है।

ब्लॉक स्तरीय क्लस्टर कार्यक्रम: ब्लॉक स्तरीय क्लस्टर कार्यक्रम जून, 2015 में आरंभ किया गया। इसे केंद्र सरकार द्वारा अधिक वित्तीय सहायता के साथ क्लस्टरों की जरूरतों के अनुरूप बनाया गया है। साझा सुविधा केंद्रों (साझा सेवा केंद्रों समेत) की स्थापना करने, वस्त्र डिजाइनर सह विपणन अधिकारी नियुक्त करने, वर्कशेड बनाने, क्लस्टर विकास अधिकारी की नियुक्ति करने, प्रौद्योगिकी उन्नयन करने आदि जैसी गतिविधियों के लिए 2 करोड़ रुपये तक की वित्तीय सहायता प्रदान की जाती है। जिला स्तर पर डाई हाउस बनाने के लिए 50 लाख रुपये तक की वित्तीय सहायता भी उपलब्ध कराई जाती है।

समग्र हथकरघा क्लस्टर विकास योजना: इस योजना के दिशानिर्देश अगस्त 2015 में संशोधित किए गए ताकि ब्लॉक स्तरीय क्लस्टर कार्यक्रम की व्यवस्था हो सके।

हस्तशिल्प

देश में हस्तशिल्प क्षेत्र की सर्वांगीण वृद्धि एवं विकास के लिए सरकार ने 2015 में सात केंद्रीय योजनाएं (बाबा साहेब आंबेडकर हस्तशिल्प विकास योजना, डिजाइन एवं प्रौद्योगिकी उन्नयन योजना, विपणन

सहायता एवं सेवा योजना, अनुसंधान एवं विकास योजना, मानव संसाधन विकास योजना, हस्तशिल्प दस्तकार समग्र कल्याण योजना, बुनियादी ढांचा एवं प्रौद्योगिकी विकास योजना) आरंभ कीं। हाल ही में विभिन्न योजनाओं की समीक्षा की गई है और उन्हें राष्ट्रीय हस्तशिल्प विकास कार्यक्रम (एनएचडीपी) के झंडे तले ला दिया गया ताकि हस्तशिल्प क्लस्टरों के सर्वांगीण विकास के एकीकृत प्रयास पर जोर दिया जा सके। एनएचडीपी के घटक इस प्रकार हैं: आंबेडकर हस्तशिल्प विकास योजना; दस्तकार सशक्तिकरण योजना; डिजाइन एवं प्रौद्योगिकी उन्नयन; मानव संसाधन विकास; दस्तकारों को प्रत्यक्ष लाभ एवं बुनियादी ढांचा तथा प्रौद्योगिकी सहयोग।

रेशम उत्पादन

रेशम उत्पादन को बढ़ावा देने वाला केंद्रीय रेशम बोर्ड अनुसंधान एवं विकास, अनुसंधान विस्तार, चार सतहों वाले रेशम कीट उत्पादन नेटवर्क के रखरखाव, वाणिज्यिक रेशम कीट उत्पादन में अग्रणी बनने, उत्पादन की विभिन्न प्रक्रियाओं का मानकीकरण करने एवं गुणवत्ता मानक तैयार करने, घरेलू एवं अंतरराष्ट्रीय बाज़ारों में भारतीय रेशम को बढ़ावा देने तथा सरकार को रेशम उत्पादन एवं रेशम उद्योग से संबंधित सभी मामलों में सलाह देने जैसे कार्य करता है। बोर्ड के अधिकार क्षेत्र में आने वाली इन गतिविधियों को विभिन्न राज्यों में स्थित बोर्ड की 324 इकाइयां इन केंद्रीय योजनाओं के अंतर्गत पूरा करती हैं: अनुसंधान एवं विकास, प्रशिक्षण एवं सूचना प्रौद्योगिकी कार्यक्रम; बीज संगठन/समन्वय एवं बाज़ार विकास; गुणवत्ता प्रमाणन प्रणालियां और निर्यात/ब्रांड संवर्द्धन एवं प्रौद्योगिकी उन्नयन।

इनके अलावा रेशम बोर्ड राज्य सरकारों को उत्प्रेरण विकास कार्यक्रम लागू करने में भी मदद करती हैं, जिसका लक्ष्य बेहतर प्रौद्योगिकी, बोर्ड की अनुसंधान एवं विकास इकाइयों में विकसित नवाचारों को एकरूप करना एवं प्रसार करना तथा हितधारकों को बेहतर प्रौद्योगिक अपनाने के लिए प्रोत्साहित करना है ताकि उत्पाद, उत्पादकता और रेशम की गुणवत्ता में वृद्धि हो एवं प्राथमिक उत्पादकों की आय भी बढ़ सके।

जूट

जूट प्रौद्योगिकी मिशन राष्ट्रीय जूट नीति का प्रमुख घटक रहा है और जूट क्षेत्र में तमाम वर्तमान तथा भावी कार्यक्रमों के क्रियान्वयन का जरिया है। राष्ट्रीय जूट नीति, 2005 के अनुसार कपड़ा मंत्रालय तथा उसके अधीनस्थ विभिन्न संगठन जूट किसानों तथा जूट कामगारों को सहारा देने के लिए जूट उत्पादों के विविधीकरण को प्राथमिकता देते रहे हैं।

राष्ट्रीय जूट बोर्ड की योजनाएं: जूट उद्योग को प्रोत्साहन देने वाली योजनाओं को प्राथमिक तौर पर राष्ट्रीय जूट बोर्ड ही क्रियान्वित करता है।

पावरलूम

पावरलूम क्षेत्र को बढ़ावा देने वाली योजनाओं में एकीकृत पावरलूम उद्योग विकास योजना, सादा पावरलूम के उन्नयन की योजना, सामूहिक वर्कशेड योजना, समग्र पावरलूम मेगा क्लस्टर विकास योजना आदि शामिल हैं। योजनाओं की कुछ विशेषताएं इस प्रकार हैं:

एकीकृत पावरलूम उद्योग विकास योजना के अंतर्गत मुख्य घटक हैं, (अ) समूह में काम कर रहे और साझा सुविधा केंद्र स्थापित करने की इच्छा रखने वाले पावरलूम बुनकरों को बुनियादी ढांचा संबंधी सहायता मुहैया कराने के लिए साझा सुविधा केंद्र (सीएफसी) और (आ) विशेष उद्देश्य वाली संस्थाओं/

कंसोर्टियम को थोक भाव पर धागा खरीदने योग्य बनाने और विकेंद्रीकृत पावरलूम क्षेत्र में छोटे बुनकरों को वाजिब दाम पर धागा मुहैया कराने के लिए ब्याज मुक्त कोष उपलब्ध कराने हेतु यार्न बैंक राशि।

खादी एवं ग्रामोद्योग आयोग

खादी एवं ग्रामोद्योग आयोग अधिनियम, 1956 (1956 का 61) के अंतर्गत स्थापित खादी एवं ग्रामोद्योग आयोग (केवीआईसी) ग्रामीण क्षेत्रों में रोज़गार के अवसर प्रदान करने एवं ग्रामीण अर्थव्यवस्था को शक्ति प्रदान करने में जुटे एमएसएमई मंत्रालय के अधीन सांविधिक संस्था है। केवीआईसी को कम प्रति व्यक्ति निवेश के साथ ग्रामीण क्षेत्रों में गैर कृषि रोज़गार के सतत अवसर सृजित करने के लिए विकेंद्रीकृत क्षेत्र में प्रमुख संगठन माना गया है। यह कौशल विकास, प्रौद्योगिकी अंतरण, अनुसंधान एवं विकास, मार्केटिंग जैसी गतिविधियां संचालित करता है तथा ग्रामीण क्षेत्रों में रोज़गार/स्व-रोज़गार के अवसर सृजित करने में सहायता करता है। केवीआईसी के मुख्य उद्देश्य हैं:- ग्रामीण क्षेत्रों में रोज़गार प्रदान करने का सामाजिक उद्देश्य; विक्रय योग्य वस्तुओं के उत्पादन का आर्थिक उद्देश्य; लोगों में स्वावलंबन विकसित करने एवं सशक्त ग्रामीण सामुदायिक भावना निर्मित करने का व्यापक उद्देश्य।

खादी शिल्पकारों हेतु वर्कशेड योजना

खादी कताईकारों और बुनकरों को वृद्धि, आय सृजन एवं बेहतर कार्यशील वातावरण तैयार करने एवं उन्हें कताई और बुनाई का अपना काम प्रभावी तरीके से करने में सहायता करने हेतु 2008-09 में 'खादी शिल्पकारों हेतु वर्कशेड योजना' आरंभ की गई। इस योजना के अंतर्गत गरीबी रेखा से नीचे के खादी शिल्पकारों को वर्कशेड के निर्माण हेतु वित्तीय सहायता खादी संस्थाओं के माध्यम से प्रदान की जाती हैं, जिनसे खादी शिल्पकार जुड़े होते हैं।

कॉयर बोर्ड

कॉयर उद्योग के समग्र विकास को प्रोत्साहित करने एवं इस पारंपरिक उद्योग से जुड़े कामगारों की जीवन स्थितियां सुधारने के लिए कॉयर उद्योग अधिनियम, 1953 के अंतर्गत स्थापित कॉयर बोर्ड एक सांविधिक निकाय है। कॉयर उद्योग के विकास हेतु बोर्ड का कार्य कॉयर उद्योग के वैज्ञानिक, तकनीकी एवं आर्थिक अनुसंधान एवं विकास की गतिविधियां संचालित करना, कॉयर एवं कॉयर उत्पादों के निर्यात तथा आंतरिक उपभोग से संबंधित आंकड़ों का संग्रह करना, नए उत्पादों एवं डिजाइन का विकास करना, निर्यात एवं आंतरिक बिक्री के प्रोत्साहन हेतु प्रचार करना, भारत और विदेश में कॉयर एवं कॉयर उत्पादों का विपणन करना, निर्माताओं एवं निर्यातकों के बीच अनुचित प्रतिस्पर्द्धा पर अंकुश लगाना, उत्पादों के विनिर्माताओं हेतु इकाइयों की स्थापना में सहयोग करना, भूसी, कॉयर फाइबर, कॉयर धागे के निर्माताओं एवं कॉयर उत्पादों के विनिर्माताओं के बीच सहकारी संगठनों को प्रोत्साहन देना, उत्पादकों एवं विनिर्माताओं के लिए मौद्रिक प्रतिफल सुनिश्चित करना आदि शामिल हैं।

केंद्रीय सार्वजनिक उपक्रम

सार्वजनिक उपक्रम विभाग केंद्र सरकार के सभी सार्वजनिक उपक्रमों (सीपीएसई) के लिए नोडल विभाग है और उनसे संबंधित नीति तैयार करता है। यह विशेषकर सीपीएसई में प्रदर्शन में सुधार एवं मूल्यांकन, स्वायत्तता तथा वित्तीय चर्चा एवं कार्मिक प्रबंधन हेतु नीतिगत निर्देश तैयार करता है। इसके अतिरिक्त यह सीपीएसई से संबंधित कई क्षेत्रों में सार्वजनिक उद्यम सर्वेक्षण के रूप में सूचना संग्रह करता है एवं रखता है।

प्रमुख गतिविधियां

अपनी भूमिका निभाते हुए विभाग अन्य मंत्रालयों, केंद्रीय सार्वजनिक उपक्रमों तथा संबंधित संगठनों से तालमेल बिठाता है। विभाग के कुछ महत्वपूर्ण कार्य इस प्रकार हैं: सभी सार्वजनिक उपक्रमों को प्रभावित करने वाले सामान्य नीतिगत मामलों का समन्वय; सहमति पत्र की प्रणाली समेत सार्वजनिक उपक्रमों के प्रदर्शन का मूल्यांकन एवं निगरानी; सार्वजनिक उपक्रमों की स्थायी मध्यस्थता व्यवस्था से संबंधित मामले; स्वैच्छिक सेवानिवृत्ति योजना के अंतर्गत केंद्रीय सार्वजनिक उपक्रमों के कर्मचारियों से चर्चा, प्रशिक्षण एवं पुनर्वास; केंद्रीय सार्वजनिक उपक्रमों का प्रदर्शन सुधारने के उपाय तथा उनकी क्षमता निर्माण के अन्य उपाय; सार्वजनिक उपक्रमों के पुनर्जीवन, पुनर्गठन अथवा बंदी से संबंधित सलाह देना और उनका तरीका भी तय करना तथा केंद्रीय सार्वजनिक उपक्रमों का वर्गीकरण करना तथा उन्हें 'रत्न' का दर्जा प्रदान करना।

सार्वजनिक उपक्रम सर्वेक्षण

सार्वजनिक उपक्रम विभाग देश में सीपीएसई के वित्तीय एवं भौतिक प्रदर्शन के विषय में सार्वजनिक उपक्रम सर्वेक्षण कहलाने वाली समग्र रिपोर्ट प्रति वर्ष संसद के सामने प्रस्तुत करता है।

सार्वजनिक उपक्रम सर्वेक्षण में केंद्रीय सार्वजनिक उपक्रम (सीपीएसई) होते हैं, जिन्हें या तो कंपनी अधिनियम के अंतर्गत सरकारी कंपनियों के रूप में अथवा संसद के विशिष्ट विधानों के अंतर्गत सांविधिक निगमों के रूप में स्थापित किया गया है। इतना ही नहीं सर्वेक्षण में केवल उन सरकारी कंपनियों को शामिल किया जाता है, जिनकी चुकता पूंजी में केंद्र सरकार का इन कंपनियों की सहयोग कंपनियों समेत 50 प्रतिशत से अधिक अंश होता है। किंतु सार्वजनिक क्षेत्र के वाणिज्यिक बैंक एवं सार्वजनिक क्षेत्र की बीमा कंपनियां इनमें शामिल नहीं होती हैं।

2014–15 में केंद्रीय सार्वजनिक उपक्रमों का प्रदर्शन:

सीपीएसई की कुल संख्या	298
कामकाजी सीपीएसई की संख्या	235
निवेश (करोड़ रुपये में)	10,96,057
आरक्षित एवं अधिशेष (करोड़ रुपये में)	7,71,672
कुल कारोबार (करोड़ रुपये में)	19,95,902
कुल लाभ (करोड़ रुपये में)	1,03,003
मुनाफे वाले उपक्रमों का मुनाफा (करोड़ रुपये में)	1,30,363 (157 उपक्रम)
घाटे वाले उपक्रमों का घाटा (करोड़ रुपये में)	27,360 (77 उपक्रम)
सीपीएसई द्वारा चुकाया गया लाभांश (करोड़ रुपये में)	56,527
केंद्रीय कोष में योगदान (करोड़ रुपये में)	2,00,585
सीपीएसई द्वारा विदेशी मुद्रा अर्जन (करोड़ रुपये में)	1,03,071
रोज़गार (संख्या)	12,91,174
बाज़ार पूंजीकरण (करोड़ रुपये में)	13,27,127

2014-15 में 19,95,902 करोड़ रुपये का कुल कारोबार मौजूदा बाज़ार मूल्य के अनुसार 125,41,208 करोड़ रुपये के सकल घरेलू उत्पाद का 15.91 प्रतिशत बैठता है। निर्माण में सर्वाधिक योगदान पेट्रोलियम, कोयला, इस्पात, बिजली, बिजली उत्पादन एवं सेवाओं के विपणन का है।

समझौता ज्ञापन

सीपीएसई के प्रबंधन एवं भारत सरकार/होल्डिंग कंपनी के बीच पारस्परिक सहमति वाले समझौते को एमओयू कहते हैं। इस समझौते के अंतर्गत सीपीएसई को वर्ष के आरंभ में समझौते में निर्धारित लक्ष्य प्राप्त करने होते हैं एवं वर्ष के अंत में अपनी उपलब्धियों के आधार पर स्वयं मूल्यांकन प्रस्तुत करना होता है। सरकार ने अर्जुन सेनगुप्ता समिति की रिपोर्ट (1984) में की गई संस्तुतियों के आधार पर 1986 में एमओयू प्रणाली आरंभ की। रिपोर्ट में कहा गया था कि सीपीएसई पांच वर्ष के लिए प्रशासनिक मंत्रालय के साथ समझौता करें तथा प्रगति की प्रतिवर्ष समीक्षा हो। 1991 में नई औद्योगिक नीति की घोषणा के उपरांत सरकार ने एमओयू व्यवस्था पर अधिक जोर दिया। उपरोक्त नीति विवरण को देखते हुए एमओयू व्यवस्था के दायरे में लगभग सभी सीपीएसई को ले लिया गया।

एमओयू प्रणाली के विशिष्ट उद्देश्य हैं: प्रबंधन को अधिक स्वायत्तता देकर सीपीएसई का प्रदर्शन सुधारना; लक्ष्यों एवं उद्देश्यों में अस्पष्टता समाप्त करना; वस्तुनिष्ठ मानदंड के अनुरूप प्रबंधन के प्रदर्शन का मूल्यांकन करना एवं बेहतर भावी प्रदर्शन हेतु प्रोत्साहन प्रदान करना।

परामर्श, पुनः प्रशिक्षण एवं पुनर्नियुक्ति योजना

स्वैच्छिक सेवानिवृत्ति योजना/स्वैच्छिक सेवामुक्ति योजना अथवा उपक्रम की बंदी/पुनर्गठन के कारण सेवामुक्त किए गए सार्वजनिक उपक्रमों के कर्मचारियों अथवा आश्रितों के लिए विभाग परामर्श, पुनर्प्रशिक्षण एवं पुनर्नियुक्ति योजना के नाम से सामाजिक सुरक्षा की योजना चला रहा है। योजना का लक्ष्य कर्मचारियों को स्व/वैतनिक रोज़गार के लिए सक्षम बनाने हेतु लघु अवधि के कौशल विकास/उद्यमशीलता विकास प्रशिक्षण कार्यक्रम संचालित करना है।

पिछले दो वर्ष में अर्थात् 2014-15 और 2015-16 में नोडल एजेंसियों के 26 कर्मचारी सहायता केंद्रों द्वारा केंद्रीय सार्वजनिक उपक्रमों के 5,525 अलग हुए कर्मचारियों/आश्रितों को कंप्यूटर से संबंधित पाठ्यक्रमों, मोबाइल फोन की मरम्मत, वेल्डिंग, मोटर वाइंडिंग, स्क्रीन प्रिंटिंग जैसे क्षेत्रों/धंधों में कौशल विकास/उद्यमशीलता विकास प्रशिक्षण दिया गया। इस योजना के अंतर्गत इन दोनों वर्षों में 5.20 करोड़ रुपये (संशोधित अनुमान) का योजनागत कोष आवंटित किया गया है। 2016-17 में भी 3.20 करोड़ रुपये के आवंटन के साथ सार्वजनिक उपक्रमों के 2,000 कर्मचारियों/आश्रितों को प्रशिक्षण दिए जाने का प्रस्ताव है।

स्थायी मध्यस्थता संस्था

सीपीएसई, बैंकों, पोर्ट ट्रस्टों आदि के मध्य पारस्परिक अथवा सीपीएसई एवं सरकारी विभागों के मध्य वाणिज्यिक विवाद (रेलवे, आयकर, सीमा शुल्क एवं उत्पाद शुल्क के अतिरिक्त) के न्यायालय के बाहर समाधान हेतु विभाग में 1989 में स्थायी मध्यस्थता संस्था (पीएमए) स्थापित की गई थी। विवादों को सचिव, डीपीई के समक्ष रखना होता है, जो पीएमए के मध्यस्थ, संयुक्त सचिव एवं विधि सचिव द्वारा नियुक्त किए गए विधि मंत्रालय के विधिक सलाहकार को पक्षों के विवाद में निर्णय हेतु मध्यस्थता

के लिए मनोनीत करता है। पीएमए में मध्यस्थता अधिनियम, 1996 अथवा कोई अन्य कानून लागू नहीं होता है। मध्यस्थ के निर्णय को विधि सचिव के समक्ष चुनौती दी जा सकती है, जो लिखित रिकॉर्ड तथा मौखिक प्रमाणों के आधार पर निर्णय दे देता है। पीएमए को स्वत:-सहायता के दृष्टिकोण से बनाया गया है और विवाद से संबंधित पक्षों को मध्यस्थता शुल्क साझा करना होता है। पिछले पांच वर्ष में पीएमए ने 41 पुराने मामलों के साथ-साथ 169 नए मामलों पर विचार किया। उस दौरान उसने 164 मामलों (कुल लंबित मामलों के 79 प्रतिशत) में फैसले सुनाए हैं।

सार्वजनिक उपक्रमों की स्वायत्तता

सरकार का प्रयास है कि सार्वजनिक उपक्रमों को स्वायत्तशासी बोर्ड द्वारा प्रबंधित कंपनियां बनाया जाए। सरकार ने लाभ कमाने वाले उपक्रमों के निदेशक मंडलों को महारत्न, नवरत्न, मिनीरत्न जैसी विभिन्न योजनाओं के अंतर्गत पूंजीगत व्यय, संयुक्त उपक्रमों/सहयोगी कंपनियों में निवेश, विलय एवं अधिग्रहण एवं मानव संसाधन विकास आदि के क्षेत्रों में अतिरिक्त अधिकार प्रदान किए हैं। इस समय 7 महारत्न, 17 नवरत्न और 73 मिनीरत्न सार्वजनिक उपक्रम हैं।

निदेशक मंडलों का कॉर्पोरेट प्रशासन एवं व्यवसायीकरण

कारपोरेशन प्रशासन का अर्थ प्रबंधन व्यवस्थाओं में पारदर्शिता होना है और शेयरधारकों, निदेशकों, ऑडिटरों एवं प्रबंधन को एक दूसरे के ऊपर कुछ अधिकार देकर (चेक एंड बैलेंस) कंपनी के कामकाज की पूरी प्रणाली तैयार करना है।

सार्वजनिक उपक्रमों का वर्गीकरण

निवेश, नियोजित पूंजी, शुद्ध बिक्री, कर पूर्व लाभ, कर्मचारियों एवं इकाइयों की संख्या, क्षमता वृद्धि, प्रति कर्मचारी राजस्व, बिक्री/नियोजित पूंजी, क्षमता उपयोग, प्रति कर्मचारी मूल्यवर्द्धन जैसे मात्रात्मक कारकों एवं राष्ट्रीय महत्व, कंपनी के सामने आने वाली समस्याओं की जटिलता, प्रौद्योगिकी के स्तर, विस्तार एवं गतिविधियों के विविधीकरण की संभावना एवं अन्य क्षेत्रों से प्रतिस्पर्द्धा जैसे गुणात्मक कारकों के आधार पर सार्वजनिक उपक्रमों को चार अनुसूचियों 'ए', 'बी', 'सी' और 'डी' में बांटा गया है।

रत्न का दर्जा दिए जाने, सार्वजनिक उपक्रमों के मुख्य कार्य अधिकारियों और पूर्णकालिक कामकाजी निदेशकों के वेतनमान तथा निदेशक मंडल से नीचे के पदों हेतु उच्चतम स्तर आदि पर सार्वजनिक उपक्रमों के वर्गीकरण का प्रभाव पड़ता है। मार्च, 2015 तक अनुसूची 'ए' के 64, अनुसूची 'बी' के 68, अनुसूची 'सी' के 45 और अनुसूची 'डी' के 4 सार्वजनिक उपक्रम थे।

कॉर्पोरेट सामाजिक दायित्व (सीएसआर) एवं सततता

कंपनी अधिनियम, 2013 की धारा 135 के प्रावधानों के अनुसार 500 करोड़ रुपये की शुद्ध संपत्ति अथवा 1,000 करोड़ रुपये के कारोबार या 5 करोड़ रुपये के शुद्ध लाभ की अधिनियम द्वारा तय सीमा को पार करने वाले केंद्रीय सार्वजनिक उपक्रमों समेत लाभ कमाने वाली सभी कंपनियां अपनी सीएसआर नीति के अंतर्गत पिछले तीन वर्ष में हुए औसत शुद्ध लाभ (कर पूर्व लाभ) का कम से कम 2 प्रतिशत खर्च कर सकती हैं। 127 सार्वजनिक उपक्रमों के बारे में उपलब्ध सूचना के अनुसार 2014-15 में इन 127 उपक्रमों का औसत कर पूर्व लाभ 3,492.29 करोड़ रुपये था। 2014-15 में इन 127 उपक्रमों का कुल सीएसआर व्यय 2,450.23 करोड़ रुपये था।

इस्पात

लौह एवं इस्पात उद्योग हेतु योजना बनाने एवं विकास करने के लिए, आवश्यक कच्चे माल जैसे लौह अयस्क, चूना पत्थर, डोलोमाइट, मैंगनीज अयस्क, क्रोमाइट, लौह-अलॉय, स्पंज आयरन आदि के विकास एवं संबंधित कामकाज के लिए मंत्रालय ही उत्तरदायी होता है।

उत्पादन, खपत एवं वृद्धि

यहां दी गई तालिका पिछले पांच वर्ष में और अप्रैल-दिसंबर 2015-16 में देश में कुल तैयार इस्पात (अलॉय+गैर अलॉय) के बिक्री हेतु उत्पादन, आयात, निर्यात तथा वास्तविक उपभोग के रुझान प्रदर्शित करती है:

कुल तैयार इस्पात (अलॉय+गैर अलॉय) (लाख टन)				
वर्ष	बिक्री हेतु उत्पादन	आयात	निर्यात	वास्तविक उपभोग
2010-11	686.2	66.6	36.4	664.2
2011-12	756.9	68.6	45.9	710.2
2012-13	816.8	79.3	53.7	734.8
2013-14	876.7	54.5	59.8	740.9
2014-15	921.6	93.2	55.9	769.9
2015-16* *अप्रैल-दिसंबर	677.1	83.9	29.1	589.4

स्रोत: जेपीसी: *अनंतिम

कच्चे इस्पात का उत्पादन 2010-11 से क्षमता के साथ लगातार बढ़ता रहा है। पिछले पांच वर्ष के दौरान और अप्रैल-दिसंबर, 2015-16 में कच्चे इस्पात का उत्पादन, क्षमता एवं क्षमता उपयोग यहां दिया गया है:

कच्चा इस्पात			
वर्ष	क्षमता (लाख टन)	उत्पादन (लाख टन)	क्षमता उपयोग (प्रतिशत)
2010-11	803.6	706.7	88
2011-12	908.7	742.9	82
2012-13	970.2	784.2	81
2013-14	1010.2	816.9	80
2014-15	1098.5	889.8	81
अप्रैल-दिसंबर 2015-16*	1167.4^	670.8	77#

स्रोत: जेपीसी: *अनंतिम, ^प्रो-राटा, वार्षिक आंकड़ों पर आधारित। #प्रो राटा, वार्षिक क्षमता पर आधारित

2014–15 के अंत तक पांच वर्षों में कच्चे इस्पात के उत्पादन में 6.2 प्रतिशत की संचयी औसत वृद्धि दर इजाफा हुआ है। उत्पादन में यह वृद्धि क्षमता में 8 प्रतिशत संचयी औसत वृद्धि दर के कारण हुई है, जो 2010–11 की 803.6 लाख टन से बढ़कर 2014–15 में 1,098.5 लाख टन तक पहुंच गई। पांच वर्ष की इस अवधि में बिक्री के लिए कुल तैयार इस्पात का उत्पादन 8.7 प्रतिशत की औसत वार्षिक दर से बढ़ा और 2011–12 के 686.2 लाख टन से बढ़कर 2014–15 में 921.6 लाख टन हो गया। वास्तविक उपभोग इस दौरान 5.3 प्रतिशत की संचयी वार्षिक वृद्धि दर से बढ़ते हुए 2014–15 में 769.9 लाख टन हो गया।

2013–14 को छोड़ दें तो 2007–08 से ही हर वर्ष भारत तैयार इस्पात का शुद्ध आयातक रहा है। पिछले पांच वर्ष में निर्यात में 11 प्रतिशत और आयात में 5 प्रतिशत संचयी वार्षिक वृद्धि दर से बढ़त हुई है। कच्चे इस्पात के उपरोक्त प्रदर्शन में इस्पात निर्माण के इलेक्ट्रिक तरीके विशेषकर इंडक्शन फर्नेस रूट की तेज वृद्धि का काफी योगदान है और 2014–15 में इस तरीके से देश में कुल 32 प्रतिशत तथा अप्रैल–दिसंबर, 2016 में कुल 31 प्रतिशत कच्चा इस्पात उत्पादन हुआ। इस प्रकार कच्चे इस्पात के उत्पादन में इसका योगदान बढ़ता जा रहा है। पिछले पांच वर्ष के दौरान देश में कच्चे इस्पात के कुल उत्पादन में विभिन्न प्रक्रियाओं की हिस्सेदारी अप्रैल–दिसंबर, 2015–16 के आंकड़ों के साथ नीचे दी गई है:

प्रक्रिया	**कच्चा इस्पात**	**प्रक्रिया द्वारा उत्पादन**	**हिस्सेदारी (प्रतिशत)**
बेसिक ऑक्सीजन फर्नेस	43	42	44
इलेक्ट्रिक आर्क फर्नेस	24	26	25
इंडक्शन फर्नेस	33	32	31
योग	**100**	**100**	**100**

स्रोत: जेपीसी: *अनंतिम

भारत स्पंज आयरन का भी अग्रणी निर्माता है और देश के खनिज प्राचुर्य वाले राज्यों में कोयले से चलने वाली इकाइयां बड़ी संख्या में हैं। पिछले कुछ वर्षों में कोयले वाला तरीका प्रमुख योगदान करने वाला बनकर उभरा है और 2014–15 तथा अप्रैल–दिसंबर, 2015 (अस्थायी आंकड़े) में भी देश में कुल स्पंज आयरन उत्पादन में इसकी 90 प्रतिशत से अधिक हिस्सेदारी थी। स्पंज आयरन उद्योग में क्षमता साल दर साल बढ़ती रही है और 2014–15 में कुल 462.3 लाख टन क्षमता थी। भारत 2003 से ही हर वर्ष विश्व का सबसे बड़ा स्पंज आयरन बना रहा है। यह तालिका देश में स्पंज आयरन का कुल उत्पादन दिखाती है, जिसमें उत्पादन के कोयले तथा गैस आधारित तरीके की पिछले पांच वर्ष तथा अप्रैल–दिसंबर, 2015–16 की हिस्सेदारी भी प्रदर्शित है:

	स्पंज आयरन का उत्पादन (लाख टन में)					
	2010–11	2011–12	2012–13	2013–14	2014–15	अप्रैल–दिसंबर 2015–16 *
कोयला आधारित	192.7	198	190.7	201.9	218.9	146.6
गैस आधारित	60.7	51.7	39.4	26.8	23.5	15.9
योग	253.4	249.7	230.1	228.7	242.4	162.5

स्रोत: जेपीसी: *अनंतिम

भारत पिग आयरन का भी महत्वपूर्ण उत्पादक है। उदारीकरण के बाद निजी क्षेत्र में कई इकाइयां लगने के कारण आयात में जबरदस्त कमी ही नहीं आई है बल्कि भारत पिग आयरन का शुद्ध निर्यातक भी बन गया है। 2014-15 में देश में बिक्री के लिए पिग आयरन उत्पादन में निजी क्षेत्र की 91 प्रतिशत भागीदारी थी। पिछले पांच वर्ष तथा अप्रैल-दिसंबर 2015-16 के लिए पिग आयरन की उपलब्धता की स्थिति नीचे दर्शाई गई है:

	पिग आयरन की घरेलू उपलब्धता (हजार टन में)					
	2010-11	2011-12	2012-13	2013-14	2014-15	अप्रैल-दिसंबर 2015-16 *
बिक्री के लिए उत्पादन	5683	5371	6870	7950	9694	7202
आयात	9	8	21	34	23	18
निर्यात	358	491	414	943	540	216
खपत	5296	4975	6501	7110	9057	7127

स्रोत: जेपीसी: *अनंतिम

भारतीय इस्पात की वैश्विक रैंकिंग

वर्ल्ड स्टील एसोसिएशन द्वारा जारी अस्थायी आंकड़ों के अनुसार 2015 में दुनिया भर में 16,228 लाख टन कच्चे इस्पात का उत्पादन हुआ, जो 2014 की तुलना में 2.8 प्रतिशत कम था। 2015 में चीन का कच्चा इस्पात उत्पादन 8,040 लाख टन तक पहुंच गया, जो पिछले वर्ष की अपेक्षा 2.3 प्रतिशत कम था। चीन दुनिया में कच्चे इस्पात का सबसे बड़ा उत्पादक बना रहा और 2015 में एशिया के कुल उत्पादन में उसकी 73 प्रतिशत एवं विश्व के कुल उत्पादन में 50 प्रतिशत हिस्सेदारी रही। 2015 में भारत तीसरा सबसे बड़ा कच्चा इस्पात उत्पादक रहा और उसने 2014 के मुकाबले 2.6 प्रतिशत वृद्धि प्रदर्शित की।

		कच्चे इस्पात का वैश्विक उत्पादन: 2015*	
स्थान	**देश**	**मात्रा (लाख टन)**	**2014 की अपेक्षा प्रतिशत में परिवर्तन**
1	चीन	8038.3	-2.3
2	जापान	1052	-5.0
3	भारत	896	2.6
4	अमरीका	789.2	-10.5
5	रूस	711.1	-0.5
6	द. कोरिया	696.7	-2.6
7	जर्मनी	426.7	-0.6
8	ब्राज़ील	332.4	-1.9
9	तुर्की	315.2	-7.4
10	यूक्रेन	229.3	-15.6
	विश्व	16228	-2.8

स्रोत: डब्ल्यूएसए: *अनंतिम

इस्पातः प्रमुख तथ्य

भारतीय इस्पात परिदृश्यः अप्रैल-दिसंबर 2015-16 *		
कुल तैयार इस्पात (अलॉय+गैर अलॉय)	**मात्रा (लाख टन)**	**परिवर्तन (प्रतिशत)****
बिक्री हेतु उत्पादन	677.1	-1.8
आयात	83.9	29.2
निर्यात	29.1	-29.7
वास्तविक उपभोग	589.4	4.4
कच्चा इस्पात		
उत्पादन	670.8	0.9
क्षमता उपयोग (प्रतिशत)	770	-

स्रोतः जेपीसी; *अनंतिम; **पिछले वर्ष की समान अवधि की तुलना में

उर्वरक

सकल घरेलू उत्पाद में लगभग सातवें भाग का योगदान देने वाली कृषि हमारी लगभग दो-तिहाई जनसंख्या का पालन-पोषण करती है। इसके अतिरिक्त यह शेष अर्थव्यवस्था को प्रत्यक्ष और परोक्ष सहारा भी प्रदान करती है। खाद्यान्न उत्पादन में आत्मनिर्भरता तथा आत्मावलंबन पर पंचवर्षीय योजनाओं में लगातार जोर दिया गया है और इस दिशा में सतत् प्रयासों के फलस्वरूप कृषि उत्पादन एवं उत्पादकता में अच्छी खासी वृद्धि हुई है। यह बात इसी तथ्य से स्पष्ट है कि खाद्यान्न उत्पादन 1951-52 के 5.2 एमटी से बढ़कर 2014-15 में 25.268 करोड़ एमटी तक पहुंच गया है। खाद्यान्न की घरेलू आवश्यकता पूरी करने और निर्यात के लिए अधिशेष उत्पादन करने में रासायनिक उर्वरक की महत्वपूर्ण भूमिका भी सर्वविदित है।

अभी देश यूरिया की उत्पादन क्षमता में 80 प्रतिशत स्वावलंबन प्राप्त कर चुका है। फलस्वरूप भारत नाइट्रोजन युक्त उर्वरक की अपनी आवश्यकता आयात के अतिरिक्त देसी उद्योग से पूरी कर सका है। इसी प्रकार फॉस्फेट युक्त उर्वरक की भी 50 प्रतिशत घरेलू आवश्यकता पूरी करने लायक क्षमता देश में ही है। किंतु इसके लिए कच्चे माल तथा मध्यस्थ सामग्री का आम तौर पर आयात ही करना पड़ता है। चूंकि देश में पोटाश के व्यावहारिक स्रोत/भंडार नहीं हैं, इसलिए उसकी आवश्यकता आयात से ही पूरी करनी पड़ती है।

उर्वरक उद्योग का विकास

2014-15 में सभी प्रकार के उर्वरकों का वास्तविक उत्पादन 370.03 लाख एमटी रहा था। 2015-16 में इनका उत्पादन 402.93 लाख एमटी रहा, जो पिछले वर्ष की तुलना में 8.89 प्रतिशत अधिक रहा। 2015-16 में यूरिया की स्थापित क्षमता 207.53 लाख एमटी, डीएपी की 83.32 लाख एमटी और मिश्रित उर्वरकों की क्षमता 60.72 लाख एमटी तक पहुंच गई।

फिलहाल देश में 30 बड़े संयंत्र यूरिया, 21 संयंत्र डीएपी तथा मिश्रित उर्वरक और 2 इकाइयां सह-उत्पाद के रूप में अमोनियम सल्फेट का उत्पादन कर रही हैं। इसके अलावा 105 मझोली और लघु इकाइयां सिंगल सुपर फॉस्फेट बना रही हैं। 2015-16 में क्षेत्रवार स्थापित क्षमता इस प्रकार है:

2015-16 में यूरिया, डीएपी और मिश्रित उर्वरकों की क्षेत्रवार स्थापित क्षमता

क्रमांक	क्षेत्र	वार्षिक स्थापित क्षमता		
		यूरिया *	डीएपी	मिश्रित उर्वरक
1.	सार्वजनिक क्षेत्र	63.09	–	21.64
2.	सहकारी क्षेत्र	54.19	27.00	16.35
3.	निजी क्षेत्र	90.25	56.32	22.73
	योग	**207.53**	**83.32**	**60.72**

*यूरिया की पुनराकलित क्षमता में शामिल

सार्वजनिक उपक्रम

फर्टिलाइजर कारपोरेशन ऑफ इंडिया लिमिटेड

1 जनवरी, 1961 को स्थापित एफसीआई को 1978 से नेशनल फर्टिलाजर कारपोरेशन लिमिटेड (एनएफसी) के साथ मिलाकर पांच कंपनियों एफसीआई, एनएफएल, हिंदुस्तान फर्टिलाइजर कारपोरेशन लिमिटेड (एचएफसी), राष्ट्रीय केमिकल्स एंड फर्टिलाइजर्स लिमिटेड (आरसीएफ) एवं प्रोजेक्ट्स एंड डेवलपमेंट इंडिया लिमिटेड (पीडीआईएल) में विभाजित कर दिया गया। पुनर्संरचना के उपरांत एफसीआई के पास सिंदरी (झारखंड), गोरखपुर (उत्तर प्रदेश), रामगुंडम (आंध्र प्रदेश) और तलचर (ओडिशा) में चार इकाइयां हैं, जिनकी 5.87 लाख एमटी की कुल नाइट्रोजन उत्पादन क्षमता है। कोरबा (छत्तीसगढ़) में भी एक परियोजना है, जो बीच में ही छोड़ दी गई।

हिंदुस्तान फर्टिलाइजर कारपोरेशन लिमिटेड

हिंदुस्तान फर्टिलाइजर कारपोरेशन लिमिटेड (एचएफसी) का गठन 1978 में पूर्ववर्ती फर्टिलाइजर कारपोरेशन ऑफ इंडिया लिमिटेड (एफसीआईएल) तथा एनएफएल ग्रुप ऑफ कंपनीज के पुनर्गठन के परिणामस्वरूप किया गया था। एचएफसीएल में बरौनी इकाई (बिहार), दुर्गापुर इकाई एवं हल्दिया इकाई (पश्चिम बंगाल) तथा नामरूप इकाई (असम) थीं। नामरूप इकाई को 2002 में अलग कर ब्रह्मपुत्र वैली फर्टिलाइजर कारपोरेशन लिमिटेड (बीवीएफसीएल) के नाम से अलग कंपनी बना दी गई।

राष्ट्रीय केमिकल्स एंड फर्टिलाइजर्स लिमिटेड

राष्ट्रीय केमिकल्स एंड फर्टिलाइजर्स लिमिटेड (आरसीएफ) का गठन 1978 में पूर्ववर्ती फर्टिलाइजर कारपोरेशन ऑफ इंडिया लिमिटेड (एफसीआईएल) के पुनर्गठन के उपरांत हुआ था। गठन के समय कंपनी के पास ट्रॉम्बे (मुंबई के निकट) में केवल एक चालू इकाई थी और दो बड़ी परियोजनाओं ट्रॉम्बे 4 तथा ट्रॉम्बे 5 विस्तार पर काम चल रहा था। ट्रॉम्बे से लगभग 100 किलोमीटर दूर गैस से चलने वाली थल-वैशेट उर्वरक परिसर को बाद में आरसीएफ ने तैयार किया और उसने वाणिज्यिक उत्पादन 1985 में आरंभ किया।

नेशनल फर्टिलाइजर्स लिमिटेड

नेशनल फर्टिलाइजर्स लिमिटेड (एनएफएल) की स्थापना 1974 में बठिंडा (पंजाब) एवं पानीपत (हरियाणा) में एलएसएचएस के साथ दो नाइट्रोजन संयंत्र बनाने के लिए की गई, जिनमें से प्रत्येक की 5.11 लाख टन वार्षिक यूरिया उत्पादन क्षमता थी। 1978 में एफसीआई का पुनर्गठन होने के उपरांत उसकी नांगल इकाई (नांगल विस्तार परियोजना समेत) भी एनएफएल को दे दी गई।

प्रोजेक्ट्स एंड डेवलपमेंट इंडिया लिमिटेड

प्रोजेक्ट्स एंड डेवलपमेंट इंडिया लिमिटेड (पीडीआईएल) तथा पूर्ववर्ती फर्टिलाइजर्स कारपोरेशन ऑफ इंडिया लिमिटेड (एफसीआईएल) को 1978 में अलग कंपनी के रूप में पंजीकृत कराया गया। कंपनी का पंजीकृत कार्यालय नोएडा, उत्तर प्रदेश में है।

फर्टिलाइजर एंड केमिकल्स त्रावणकोर इंडिया लिमिटेड

फर्टिलाइजर एंड केमिकल्स त्रावणकोर इंडिया लिमिटेड (फैक्ट) का गठन 1943 में किया गया था। 1947 में फैक्ट ने कोच्चि के निकट उद्योगमंडल में 50,000 एमटी प्रतिवर्ष स्थापित क्षमता के साथ अमोनियम सल्फेट का उत्पादन आरंभ किया। 1980 में फैक्ट सार्वजनिक उपक्रम बन गई और 1982 के अंत में भारत सरकार इसकी बड़ी शेयरधारक हो गई। हल्की शुरुआत के बाद फैक्ट उर्वरकों एवं पेट्रोरसायनों के विनिर्माण एवं विपणन, इंजीनियरिंग परामर्श एवं डिजाइन तथा औद्योगिक उपकरणों के फैब्रिकेशन एवं स्थापना में हितों वाली बहु-विभागीय संगठन बन गई।

मद्रास फर्टिलाइजर्स लिमिटेड

मद्रास फर्टिलाइजर्स लिमिटेड (एमएफएल) की स्थापना भारत सरकार तथा अमरीका की अमोको इंडिया इन्कारपोरेशन के संयुक्त उपक्रम के रूप में 1906 में की गई थी, जिसमें भारत सरकार की इक्विटी शेयर पूंजी 51 प्रतिशत थी। अमोको ने 1985 में अपनी हिस्सेदारी का विनिवेश कर दिया, जिसे भारत सरकार एवं एनआईओसी ने अपने-अपने अनुपात में 1985 में खरीद लिया। नई शेयरधारिता व्यवस्था के अनुसार भारत सरकार के पास 67.55 प्रतिशत एवं एनआईओसी के पास 32.45 प्रतिशत हिस्सेदारी थी। 1997 तक भारत सरकार के पास 69.78 प्रतिशत एवं एनआईओसी के पास 30.22 प्रतिशत हिस्सेदारी थी। उसी वर्ष एमएफएल ने 5 रुपये प्रति शेयर प्रीमियम के साथ 10 रुपये अंकित मूल्य के 2,86,30,000 शेयरों के साथ पहला सार्वजनिक निर्गम जारी किया। इनमें से 2,58,09,710 शेयरों को अभिदान मिल गया।

ब्रह्मपुत्र वैली फर्टिलाइजर कारपोरेशन लिमिटेड

ब्रह्मपुत्र वैली फर्टिलाइजर कारपोरेशन लिमिटेड (बीवीएफसीएल) की नामरूप (असम) में दो परिचालन इकाइयां हैं। इसका कॉर्पोरेट कार्यालय भी नामरूप में स्थित है। कंपनी के अन्य प्रतिष्ठानों में नोएडा तथा कोलकाता में जनसंपर्क कार्यालय एवं गुवाहाटी, सिलीगुड़ी तथा पटना में विपणन कार्यालय हैं। 2009 में कंपनी की अधिकृत शेयर पूंजी एवं चुकता पूंजी क्रमशः 510 करोड़ रुपये एवं 355.83 करोड़ रुपये थी।

एफसीआई-अरावली जिप्सम मिनरल इंडिया लिमिटेड

एफसीआई-अरावली जिप्सम मिनरल इंडिया लिमिटेड (एफएजीएमआईएल) की स्थापना फर्टिलाइजर कारपोरेशन ऑफ इंडिया लिमिटेड की जोधपुर माइनिंग ऑर्गनाइजेशन से अलग होने के बाद 2003 में कंपनी अधिनियम, 1956 के अंतर्गत सार्वजनिक उपक्रम के रूप में की गई थी।

रसायन एवं पेट्रोरसायन उद्योग

रसायन एवं पेट्रोरसायन उद्योग ज्ञान एवं पूंजी के भारी उपयोग वाला उद्योग है। बढ़ते हुए उद्योग का यह अभिन्न अंग है। इसमें मूलभूत रसायन तथा उनके उत्पाद, पेट्रोरसायन, उर्वरक, पेंट, वार्निश, गैस, साबुन, इत्र और टॉयलेटरी तथा औषधि आते हैं। रसायन उद्योग के भीतर विविधीकरण बहुत अधिक है और इसमें 80,000 से अधिक वाणिज्यिक उत्पाद आते हैं। मूलभूत जरूरतें पूरी करने और जीवन की गुणवत्ता सुधारने में उद्योग का महत्वपूर्ण स्थान है। यह उद्योग देश के औद्योगिक एवं कृषि विकास की रीढ़ है और कई डाउनस्ट्रीम उद्योगों मसलन वस्त्र, कागज़, पेंट, साबुन, डिटरजेंट, औषधि, वार्निश आदि उद्योगों को बुनियादी सामग्री देता है। भारत में कई उत्कृष्ट एवं विशेष रसायन बनते हैं, जिनका फूड एडिटिव, पिगमेंट, पॉलिमर एडिटिव और रबर उद्योग में एंटी-ऑक्सीडेंट के तौर पर प्रयोग होता है।

रसायन उद्योग में 100 प्रतिशत एफडीआई की अनुमति है। अधिकतर रासायनिक एवं पेट्रोरासायनिक उत्पादों का उत्पादन लाइसेंस प्रणाली से मुक्त है। उद्यमी को औद्योगिक नीति एवं संवर्द्धन विभाग के पास एक औद्योगिक उद्यमी ज्ञापन (आईईएम) जमा करना होता है बशर्ते इसमें स्थान की दिक्कत नहीं आ रही हो। हानिकारक होने के कारण केवल ये रसायन अनिवार्य लाइसेंसिंग सूची में आते हैं: हाइड्रोसाइनिक एसिड और उसके व्युत्पन्न पदार्थ, फॉसजीन और उसके व्युत्पन्न पदार्थ और हाइड्रोकार्बन के आइसोसाइनेट तथा डाई-आइसोसाइनेट। 2009-10 से 2015-16 के बीच कुछ प्रमुख रसायनों तथा पेट्रोरसायनों का उत्पादन इस प्रकार है: 2015-16 में प्रमुख रसायनों तथा पेट्रोरसायनों का उत्पादन 24,783 हज़ार एमटी रहा था, जो 2014-15 के 23,103 हज़ार एमटी से 7.3 प्रतिशत अधिक था।

औद्योगिक उत्पादन सूचकांक

औद्योगिक उत्पादन सूचकांक (2004-05 में आधार 100) के संकलन में 1,000 के भारांश में रसायन तथा रासायनिक उत्पादों का योगदान 100.59 है। 2016 के लिए सामान्य सूचकांक...

पेट्रोलियम रसायन पेट्रोरसायन निवेश क्षेत्र

पेट्रोलियम, रसायन तथा पेट्रोरसायन क्षेत्र को एकीकृत एवं पर्यावरण के अनुकूल तरीके से बड़े स्तर पर बढ़ावा देने के लिए क्लस्टर कार्यक्रम पेट्रोलियम रसायन पेट्रोरसायन निवेश क्षेत्र (पीसीपीआईआर) नीति को 2007 में आरंभ किया गया। इसकी जानकारी विभाग की वेबसाइट (www.chemicals.nic.in) पर भी उपलब्ध है। यह नीति उद्योग की उभरती आवश्यकताओं को पूरा करने का कदम है। सरकार ने आंध्र प्रदेश (विशाखापत्तनम-काकीनाड़ा), गुजरात (दाहेज), ओडिशा (पारादीप) और तमिलनाडु (कुड्डालोर-नागपट्टिनम) में चार पीसीपीआईआर मंजूर किए हैं, जिनमें 7.63 लाख करोड़ रुपये का निवेश होने तथा लगभग 34 लाख लोगों को रोज़गार मिलने का अनुमान है। इन पीसीपीआईआर का क्रियान्वयन अलग-अलग चरणों में है। पीसीपीआईआर की परियोजनाएं तैयार होने में लंबा समय लगता है और पूरी क्षमता प्राप्त करने में 15-20 वर्ष लग जाते हैं।

प्लास्टिक पार्क योजना

क्लस्टर दृष्टिकोण वाली इस योजना का उद्देश्य विनिर्माण को बढ़ावा देने के लिए बुनियादी ढांचा तथा सहयोगी ढांचा तैयार कर प्लास्टिक पार्क की स्थापना करना है। भारत सरकार इसके लिए अधिकतम 40 करोड़ रुपये की सीमा के साथ परियोजना लागत का 50 प्रतिशत तक अनुदान देती है। परियोजना की

बाकी लागत राज्य सरकार अथवा उसकी एजेंसियों, लाभार्थी उद्योगों एवं वित्तीय संस्थानों से मिले ऋण के द्वारा पूरी की जाती है।

कुल मिलाकर 40 प्लास्टिक पार्कों की स्थापना को मंजूरी दी गई है, जिन पर 405 करोड़ रुपये खर्च होने हैं। इनमें से 4 जगतसिंहपुर (ओडिशा), रायसेन (मध्य प्रदेश), तिनसुकिया (असम) और तिरुवल्लूर (तमिलनाडु) में बनाए जा रहे हैं। छह अन्य पार्क देवघर (झारखंड), ग्वालियर (मध्य प्रदेश), राजनांदगांव (छत्तीसगढ़), उधमसिंह नगर (उत्तराखंड), पानीपत (हरियाणा) और बांकुड़ा (पश्चिम बंगाल) में चिह्नित किए गए हैं। इस कार्यक्रम से 'मेक इन इंडिया' को तेजी मिलेगी और भारी संख्या में रोज़गार सृजन होगा।

सार्वजनिक उपक्रम

हिंदुस्तान इन्सेक्टिसाइड लिमिटेड

हिंदुस्तान इन्सेक्टिसाइड लिमिटेड (एचआईएल) की स्थापना डीडीटी के निर्माण एवं आपूर्ति हेतु 1954 में की गई थी। 1957 में कंपनी ने उद्योगमंडल, केरल में और 1977 में रसायनी, महाराष्ट्र में कीटनाशक मैलाथियन बनाने के लिए कारखाने लगाए। एचआईएल की तीसरी इकाई 2003 में बठिंडा, पंजाब में लगाई गई। रसायनी और उद्योगमंडल के कारखानों में डीडीटी विनिर्माण तथा कृषिरसायन बनाने की सुविधा है तथा बठिंडा में केवल फॉर्म्यूला का विनिर्माण एवं पैकेजिंग होती है। एचआईएल की अधिकृत एवं चुकता शेयर पूंजी क्रमशः 100 करोड़ रुपये एवं 91.33 करोड़ रुपये है। इसकी पूरी हिस्सेदारी सरकार के पास है। कंपनी पिछले 10 वर्ष से लगातार लाभ अर्जित कर रही है। पिछले तीन वर्ष में कारोबार तथा शुद्ध लाभ/हानि के संदर्भ में वित्तीय प्रदर्शन इस प्रकार है:

(करोड़ रुपये में)

वर्ष	कारोबार	शुद्ध लाभ/हानि
2013–14	330.35	1.84
2014–15	340.27	1.60
2015–16 (अनंतिम)	304.20	1.36

एचआईएल स्वास्थ्य एवं परिवार कल्याण मंत्रालय के राष्ट्रीय मच्छर जनित रोग नियंत्रण कार्यक्रम के लिए डीडीटी की आपूर्ति करने वाली एकमात्र कंपनी है। कंपनी कुछ अफ्रीकी देशों को डीडीटी और ब्राजील और अर्जेंटीना जैसे देशों को मैलाथियन एवं मैंकोजेब जैसे उत्पाद निर्यात करती है। कृषि क्षेत्र को वाजिब कीमत पर गुणवत्ता वाले कीटनाशकों की आपूर्ति सुनिश्चित करने के लिए एचआईएल 1970 के दशक के उत्तरार्द्ध में कृषि रसायनों में भी उतर आई और उसके पास कई प्रकार के तकनीकी एवं फॉर्म्युलेशन ग्रेड के कीटनाशक हैं। अपनी स्थिति और मजबूत करने के लिए उसने बीज कारोबार में भी प्रवेश कर लिया। कृषि मंत्रालय से इसे राष्ट्रीय स्तर की बीज एजेंसी का दर्जा मिला है और यह राष्ट्रीय खाद्य सुरक्षा अभियान (एनएफएसएम), राष्ट्रीय तिलहन एवं ऑयल पाम मिशन (एनमूप) तथा एकीकृत बागवानी विकास मिशन (एमआईडीएच) जैसी सरकार प्रायोजित योजनाओं के लिए बीजों का उत्पादन एवं आपूर्ति करती है।

उत्पादों की संख्या बढ़ाने तथा डीडीटी पर कंपनी की निर्भरता कम करने के लिए कंपनी ने ब्यूप्रोफेजिन, क्लोरपाइरिफॉस, एसिफेट, इमिडाक्लोप्रिड, ग्लाइफॉसेट आदि को भी अपने उत्पादों में जोड़ा है। खरपतवारनाशी पेंडिमेथालिन के उत्पादन के लिए उद्योगमंडल, केरल में संयंत्र निर्माणाधीन है। इसने सरकारी उर्वरक कंपनियों जैसे आरसीएफ, एनएफएल आदि के साथ गठजोड़ भी किया है, जिसके तहत एचआईएल के उत्पादन इनके डीलर नेटवर्क पर बेचे जाते हैं। एचआईएल को उर्वरकों के आयात के लिए हाल ही में उर्वरक विभाग ने एजेंसी के तौर पर नामित किया है। उर्वरक कारोबार में प्रवेश के साथ ही कंपनी कृषि क्षेत्र के लिए सभी समाधान एक ही स्थान पर देने वाली कंपनी बनना चाहती है।

हिंदुस्तान ऑर्गेनिक केमिकल्स लिमिटेड

मूलभूत कार्बनिक रसायनों में आत्मनिर्भरता प्राप्त करने के लिए दिसंबर, 1960 में हिंदुस्तान ऑर्गेनिक केमिकल्स लिमिटेड (एचओसीएल) की नींव डाली गई। कंपनी की रसायनी (महाराष्ट्र) और कोच्चि (केरल) में दो विनिर्माण इकाइयां हैं। रसायनी इकाई (रासायनिक यौगिक) ने 1970-71 में तथा कोच्चि इकाई (फेनॉल यौगिक) ने 1987-88 में उत्पादन आरंभ किया। एचओसीएल भारत में डाईनाइट्रोजन टेट्रॉक्साइड बनाने वाली इकलौती कंपनी है और इस रसायन की आपूर्ति इसरो को उपग्रह प्रक्षेपण कार्यक्रम के लिए की जाती है। एचओसीएल की एक सहयोगी कंपनी मैसर्स हिंदुस्तान फ्लोरोकार्बन्स लिमिटेड है, जो रुद्रारम, तेलंगाना में है और हाईटेक इंजीनियरिंग प्लास्टिक पॉली टेट्रा फ्लोरो एथिलीन (पीटीएफई) एवं क्लोरो डाई-फ्लोरो मीथेन (सीएफएम-22) का उत्पादन करती है।

पिछले तीन वर्ष में कारोबार तथा शुद्ध लाभ/हानि के संदर्भ में एचओसीएल का वित्तीय प्रदर्शन इस प्रकार है:

(करोड़ रुपये में)

वर्ष	कारोबार	शुद्ध लाभ/हानि
2013-14	236.80	(176.25)
2014-15	167.19	(215.49)
2015-16 (अनंतिम)	109.15	(173.77)

एचओसीएल को 1997 में मिनी रत्न कंपनी घोषित कर दिया गया। किंतु 1997-98 के बाद से कंपनी के सामने आ रही वित्तीय समस्याओं के कारण 2005 में यह दर्जा वापस ले लिया गया क्योंकि 1990 के दशक के आरंभ में भारतीय अर्थव्यवस्था के उदारीकरण एवं वैश्वीकरण के कारण अंतरराष्ट्रीय कंपनियों से मिल रही स्पर्द्धा के कारण यह घाटे में आ गई। 2003-04 तक नकारात्मक निवल संपत्ति के कारण कंपनी को फरवरी, 2005 में बीआईएफआर के हाथों सौंप दिया गया। सरकार ने मार्च, 2006 में कंपनी को संकट से उबारने के लिए पैकेज मंजूर किया, जिसमें कंपनी को अधिक ब्याज दर वाले बॉन्ड, बैंक ऋण चुकाने, वीआरएस लागू करने आदि के लिए तरजीही शेयर पूंजी के जरिए 270 करोड़ रुपये की नकद पूंजी दी गई। पैकेज लागू होने के बाद कंपनी ने 2006-07 और 2007-08 में लाभ अर्जित किया और बीआईएफआर से बाहर आ गई।

हिंदुस्तान फ्लोरोकार्बन्स लिमिटेड

हिंदुस्तान ऑर्गेनिक केमिकल्स लिमिटेड की सहयोगी कंपनी हिंदुस्तान फ्लोरोकार्बन्स लिमिटेड (एचएफएल) की स्थापना 1983 में की गई। यह तेलंगाना के मेदक जिले में रुद्रारम में स्थित है। कंपनी ने 1987 में उत्पादन आरंभ किया और यह पॉली टेट्रा फ्लोरो एथिलीन (पीटीएफई) एवं क्लोरो डाई-फ्लोरो मीथेन (सीएफएम-22) का उत्पादन करती है। पीटीएफई का रसायन, मैकेनिकल, इलेक्ट्रिकल तथा इलेक्ट्रॉनिक उद्योगों में व्यापक उपयोग होता है और रक्षा एवं एयरोस्पेस उद्योगों में इसका रणनीतिक उपयोग है। सीएफएम-22 का उपयोग रेफ्रिजरेंट के रूप में तथा पीटीएफई के उत्पादन में होता है।

पिछले तीन वर्ष में कारोबार तथा शुद्ध लाभ/हानि के संदर्भ में एचएफएल का वित्तीय प्रदर्शन इस प्रकार है:

(करोड़ रुपये में)

वर्ष	कारोबार	शुद्ध लाभ/(हानि)
2013-14	31.34	(24.82)
2014-15	32.74	(3.77)
2015-16 (अनंतिम)	35.27	(11.11)

एचएफएल 1987-88 में अपनी स्थापना के समय से ही घाटे में रही, जिसके कारण इसकी निवल संपत्ति कम होती गई और 1994 में इसे बीआईएफआर में भेज दिया गया। 2007 में बीआईएफआर ने एचएफएल के पुनरुत्थान के लिए पैकेज मंजूर किया। फिर पटरी पर आने तथा वृद्धि के लिए एचएफएल ने फ्लोरो श्रेणी के विशेष रसायन तैयार करने और अपने संयंत्र में एक उत्पाद के बजाय कई उत्पाद बनाने की रणनीति अपनाई है ताकि पीटीएफई पर निर्भरता कम की जा सके। संयंत्र की मरम्मत की योजनाओं तथा नई पहलों के लिए एचएफएल को 2014-15 में 16.80 करोड़ रुपये का योजनागत ऋण प्रदान किया गया, जिसमें अधिक लाभ मार्जिन वाले संशोधित पीटीएफई के लिए 3.60 करोड़ रुपये भी शामिल हैं। एचएफएल बीआईएफआर में बनी हुई है क्योंकि उसकी निवल संपत्ति नकारात्मक ही है। बीमार, घाटे वाले तथा गैर निष्पादन वाले सार्वजनिक उपक्रमों की पड़ताल नीति आयोग कर रहा है। एचएफएल पर आगे की कार्रवाई इस बारे में सरकार के अंतिम निर्णय पर निर्भर करेगी।

असम गैस क्रैकर परियोजना (ब्रह्मपुत्र क्रैकर एंड पॉलिमर लिमिटेड)

केंद्र सरकार, ऑल असम स्टूडेंट्स यूनियन (आसू) और ऑल असम गण संग्राम परिषद् (एएजीएसपी) के बीच निपटारे के समझौते के फलस्वरूप असम गैस क्रैकर परियोजना (एजीसीपी) आरंभ की गई। बाद में परियोजना को क्रियान्वित करने के लिए 2007 में रसायन एवं पेट्रोरसायन विभाग के अधीन केंद्रीय सार्वजनिक उपक्रम के तौर पर साझे उपक्रम वाली कंपनी ''ब्रह्मपुत्र क्रैकर एंड पॉलिमर लिमिटेड (बीसीपीएल)'' बनाई गई।

स्वायत्तशासी निकाय

केंद्रीय प्लास्टिक एवं प्रौद्योगिकी संस्थान

केंद्रीय प्लास्टिक एवं प्रौद्योगिकी संस्थान (सिपेट) आईएसओ 9001:2008 क्यूएमएस, आईएसओ/आईईसी-17025, आईएसओ/आईईसी-17020 प्रमाणन वाला उत्कृष्ट प्लास्टिक संस्थान है, जो रसायन

एवं पेट्रोरसायन विभाग के अंतर्गत आता है और 1968 में स्थापित किया गया था। सिपेट की विविध गतिविधियों में प्लास्टिक इंजीनियरिंग एवं प्रौद्योगिकी के सभी क्षेत्रों जैसे डिजाइन, सीएडी/सीएएम/सीएई, टूल, प्लास्टिक प्रसंस्करण, परीक्षण एवं गुणवत्ता आश्वासन आदि में प्लास्टिक तथा संबंधित उद्योगों में ''कौशल विकास, उद्योग, शिक्षा जगत एवं अनुसंधान तथा विकास के लिए प्रौद्योगिकी सहयोग (स्टार)'' शामिल है।

कीटनाशक सूत्रीकरण प्रौद्योगिकी संस्थान

कीटनाशक सूत्रीकरण प्रौद्योगिकी संस्थान (आईपीएफटी) की स्थापना 1991 में रसायन एवं उर्वरक मंत्रालय के रसायन एवं पेट्रोरसायन विभाग के अधीनस्थ स्वायत्तशासी संस्था के रूप में की गई। संस्थान की स्थापना का एक मुख्य उद्देश्य पर्यावरण के अनुकूल कीटनाशकों की फॉर्म्यूलेशन प्रौद्योगिकी तैयार करनी है। आईपीएफटी ने कीटनाशक उद्योग के साथ मिलकर अच्छा तालमेल बिठा लिया है और अभी तक वह भारतीय तथा विदेशी कंपनियों को 50 से अधिक कीटनाशकों की फॉर्म्यूलेशन प्रौद्योगिकी सौंप चुका है। आईपीएफटी नई पीढ़ी के कीटनाशी फॉर्म्यूलेशन की दिशा में योगदान करने के लिए विभिन्न फॉर्म्यूलेशन प्रौद्योगिकियों का प्रयोग कर रहा है, जिनमें नैनो इमलशन, माइक्रोइमल्शन, नोवेल जेल टेक्नोलॉजी, कंट्रोल्ड रिलीज फॉर्म्यूलेशन्स (सीआरएफ), माइक्रोइन्कैप्सुलेशन तथा टैबलेट फॉर्म्यूलेशन पर आधारित नैनो प्रौद्योगिकी भी शामिल है।

औषधि क्षेत्र

औषधि विभाग की स्थापना 2008 में रसायन एवं उर्वरक मंत्रालय के अंतर्गत की गई ताकि अत्यधिक क्षमता वाले औषधि उद्योग की वृद्धि के लिए ध्यान केंद्रित किया जा सके।

औषधि विभाग ने राष्ट्रीय औषधि मूल्य निर्धारण नीति-2012 (एनपीपीपी-2012) को अधिसूचित कर दिया। इसका उद्देश्य औषधि उद्योग की वृद्धि में सहयोग हेतु नवाचार एवं प्रतिस्पर्द्धा के भरपूर मौके मुहैया कराते हुए भी किफायती मूल्य पर ''आवश्यक वस्तुओं'' की उपलब्धता सुनिश्चित करने के लिए दवाओं के मूल्य निर्धारण हेतु नियामकीय ढांचा लागू करना था ताकि रोज़गार तथा सभी के साझा आर्थिक कल्याण के लक्ष्य पूरे हो सकें। इस नीति की मुख्य विशेषताएं ये हैं कि देश की अधिसंख्य जनसंख्या की स्वास्थ्य संबंधी आवश्यकताएं पूरी करने वाली तथा राष्ट्रीय आवश्यक औषधि सूची (एनएलईएम)-2011 के अंतर्गत आने वाली सभी औषधियों के मूल्य पर नियंत्रण रहेगा। एचआईवी, मधुमेह, हृदय रोग, कैंसर समेत 27 से अधिक रोग श्रेणियों में लगभग 680 औषधियां मूल्य नियंत्रण के दायरे में आती हैं।

राष्ट्रीय औषधि मूल्य निर्धारण नीति

इस प्रकार एनपीपीपी-2012 को लागू करने के लिए राष्ट्रीय आवश्यक औषधि सूची-2011 (एनएलईएम-2011) के अनुसार विशिष्ट खुराकों के मूल्यों पर नियंत्रण के उद्देश्य से नया औषधि (मूल्य नियंत्रण) आदेश, 2013 लाया गया। राष्ट्रीय आवश्यक औषधि सूची-2011 (एनएलईएम-2011) के अनुसार विशिष्ट खुराकों तथा शक्तियों वाली दवाओं को अधिकतम मूल्य की अवधारणा पर आधरित मूल्य नियंत्रण के तहत लाया गया है। इसमें सभी ब्रांडेड दवाओं तथा/अथवा उन दवाओं के ऐसे जेनेरिक प्रारूप, जिनकी उस दवा के कुल घरेलू बाज़ार में कारोबार में 1 प्रतिशत अथवा अधिक हिस्सेदारी है, के लिए सामान्य औसत मूल्य का प्रयोग किया गया है। एनएलईएम-2011 के अंतर्गत सूचीबद्ध नहीं की गई

औषधियों पर नजर रखी जाती है और कोई भी विनिर्माता कीमत में पिछले 12 महीनों के अधिकतम खुदरा मूल्य के 10 प्रतिशत से अधिक वृद्धि नहीं कर सकता।

चिकित्सा उपकरण उद्योग

चिकित्सा उपकरण उद्योग विविध उत्पादों वाला उद्योग है, जो विभिन्न प्रकार के उपकरण बनाता है। चिकित्सा उपकरणों का विनिर्माण एवं व्यापार सधी हुई रफ्तार से बढ़ रहा है। दो अंकों की वृद्धि दर स्वास्थ्य सेवा में इसकी अहमियत की सूचक है। चिकित्सा उपकरण उद्योग मुख्यतः आयात पर निर्भर करता है। उन्नत प्रौद्योगिकी वाले अधिक नए उपकरण और प्रौद्योगिकी सुविकसित ढांचे तथा नवाचार चक्र से प्राप्त होते हैं, जिसे भारत में विकसित करने की आवश्यकता है ताकि देसी उद्योग को बढ़ावा दिया जा सके और आयात पर हमारी निर्भरता कम हो सके।

औषधि विपणन पद्धतियों के लिए एकसमान संहिता

दवाओं तथा चिकित्सा उपकरण उद्योग के लिए एकसमान औषधि विपणन पद्धति संहिता को 2015 से छह महीने के लिए स्वैच्छिक आधार पर लागू किए जाने की घोषणा की गई।

इंडियन ड्रग्स एंड फार्मास्युटिकल लिमिटेड

जरूरी जीवनरक्षक दवाओं और औषधियों में आत्मनिर्भरता बढ़ाने के प्राथमिक उद्देश्य से 1961 में इंडियन ड्रग्स एंड फार्मास्युटिकल्स लिमिटेड की स्थापना की गई। कंपनी के पास फिलहाल तीन विनिर्माण संयंत्र ऋषिकेश (उत्तराखंड), हैदराबाद (आंध्र प्रदेश) और गुरुग्राम (हरियाणा) में हैं। आईडीपीएल के पास पूर्ण स्वामित्व वाली दो सहायक कंपनियां आईडीपीएल (तमिलनाडु) लिमिटेड, चेन्नई (तमिलनाडु) और बिहार ड्रग्स एंड ऑर्गेनिक केमिकल्स लिमिटेड, मुजफ्फरनगर (बिहार) हैं। इसके अलावा आईडीपीएल के पास दो संयुक्त उपक्रम हैं, जिन्हें संबंधित राज्य सरकारें मदद देती हैं। ये हैं राजस्थान ड्रग्स एंड फार्मास्युटिकल्स लिमिटेड (आरडीपीएल), जयपुर और ओडिशा ड्रग्स एंड केमिकल्स लिमिटेड (ओडीसीएल), भुवनेश्वर। हालांकि सरकार ने आईडीपीएल से आरडीपीएल को अलग करने का निर्णय लिया है और यह प्रक्रिया अभी जारी है।

बंगाल केमिकल्स एंड फार्मास्युटिकल्स लिमिटेड

बंगाल केमिकल्स एंड फार्मास्युटिकल्स लिमिटेड (बीसीपीएल) निजी क्षेत्र की बीमार कंपनी थी, जिसका नाम बंगाल केमिकल्स एंड फार्मास्युटिकल्स वर्क्स था। 1961 में बंगाल केमिकल्स एंड फार्मास्युटिकल्स लिमिटेड (बीसीपीएल) के नाम से सार्वजनिक क्षेत्र की कंपनी स्थापित कर दी गई। कंपनी की चार विनिर्माण इकाइयां माणिकताल, कोलकाता, उत्तरी 24 परगना (पश्चिम बंगाल), मुंबई (महाराष्ट्र) और कानपुर (उप्र) में हैं। कंपनी विभिन्न प्रकार के औद्योगिक रसायनों का निर्माण एवं बिक्री करती है, कॉस्मेटिक्स और घरेलू उत्पादों के अलावा विभिन्न प्रकार की दवाएं और औषधियां बनाती है। इसके लोकप्रिय घरेलू उत्पादों में कैंथराइडिन हेयर ऑयल और लैंप ब्रांड फिनायल प्रमुख हैं।

खनिज

खान मंत्रालय प्राकृतिक गैस, पेट्रोलियम और परमाणु खनिजों को छोड़कर सभी खनिजों के सर्वेक्षण एवं उत्खनन के लिए, एल्युमिनियम, तांबा, जिंक, सीसा, सोना, निकल इत्यादि जैसे गैर-लौह धातुओं के खनन और धातु शोधन के लिए और खान एवं खनिज (विनियमन एवं विकास) अधिनियम, 1957

और इसके अंतर्गत प्राकृतिक गैस, पेट्रोलियम और परमाणु खनिजों को छोड़कर सभी खानों एवं खनिजों के संबंध में बनाए गए नियमों के साथ-साथ तटीय क्षेत्र खनिज (विनियमन एवं विकास) अधिनियम, 2002 और इसके अंतर्गत बनाए गए नियमों के प्रशासन के लिए जिम्मेदार है।

खान मंत्रालय को आवंटित विषयों की सूची में शामिल हैं:

(क) समय-समय पर संसद द्वारा या संसद द्वारा बनाए गए किसी कानून के अंतर्गत जल या महाद्वीपीय सीमा या विशेष आर्थिक क्षेत्र और भारत के अन्य समुद्री क्षेत्र के अंतर्गत समुद्र के भीतर खानों और खनिजों सहित भारत की सीमा के भीतर खानों के विनियमन एवं खनिजों के विकास के संबंध में कानून तैयार करना।

(ख) कोयला, लिग्नाइट और बालू के अलावा खानों के विनियमन और खनिजों के विकास और कानून द्वारा घोषित केंद्र के नियंत्रण के दायरे में परमाणु ऊर्जा अधिनियम, 1962 के उद्देश्य के लिए उल्लिखित किसी अन्य खनिज के साथ विभिन्न राज्यों में खनिजों के विकास एवं विनियमन से जुड़े प्रश्न और इनसे जुड़े मामले।

(ग) किसी अन्य मंत्रालय/विभाग को विशेष रूप से आवंटित नहीं की गई धातुएं और खनिज जैसे एल्युमिनियम, जस्ता, तांबा, सोना, हीरा, सीसा और निकल।

(घ) मंत्रालय के साथ मिलकर काम करने वाले सभी उद्योगों का नियोजन, विकास, नियंत्रण और सहायता।

(च) भारतीय भूवैज्ञानिक सर्वेक्षण तथा भारतीय खान ब्यूरो का प्रशासन एवं प्रबंधन।

(छ) धातुकर्म-ग्रेड सिलिकॉन।

राष्ट्रीय खनिज नीति, 2008 की विशेषताएं

राष्ट्रीय खनिज नीति की समीक्षा के लिए योजना आयोग द्वारा गठित की गई होडा समिति की सिफारिशों को दोहराते हुए एक नई राष्ट्रीय खनिज नीति, 2008 को सरकार ने मंजूरी दी। इस नीति की सिफारिशें हैं- उत्खनन के लिए अत्याधुनिक एवं सर्वोत्कृष्ट प्रौद्योगिकी का प्रयोग हो; खनन में बरबादी शून्य हो; सर्वेक्षण एवं संभावनाएं तलाशने में जोखिम पूंजी आकर्षित करने के लिए पूंजी बाज़ार व्यवस्था का विकास हो; रियायतों का आवंटन करने में पारदर्शिता बरती जाए; जनता की प्रतिक्रिया का अनुमान लगाते हुए अयस्क निकायों की नीलामी की जाए; स्वतंत्र खनन प्रशासन अधिकरण हो तथा जैव विविधता इत्यादि के मामलों का ख्याल रखने के लिए स्थायी विकास का प्रारूप तैयार किया जाए।

खनिज विधान

भारत में कई खनिजों के प्रचुर भंडार हैं। भारतीय संविधान के कई प्रावधानों के अनुसार खानों एवं खनिजों का विकास एवं विनियमन संघ के नियंत्रण में आता है।

खानों एवं खनिजों के विकास एवं विनियमन के लिए केंद्रीय कानून खान एवं खनिज (विकास एवं विनियमन) अधिनियम (एमएमडीआर), 1957 है। एमएमडीआर अधिनियम की धारा 13 प्रमुख खनिजों के लिए खनिज छूट देने के लिए विनियमन संबंधी नियम बनाने की शक्ति सरकार को देती है। खनिज छूट नियम, 1960 इसके अनुसार ही बनाए गए हैं। यह पर्यावरण की रक्षा के लिए और खनिजों

के व्यवस्थित विकास एवं संरक्षण के लिए नियम बनाने का अधिकार सरकार को देती है जिसके अनुसार खनिज संरक्षण एवं विकास नियम, 1988 बनाए गए। एमएमडीआर अधिनियम, 1957 की धारा 15 छोटे खनिजों के संबंध में पट्टे का आवंटन करने, खनन पट्टे का आवंटन या अन्य खनिज छूटों के विनियमन के लिए नियम बनाने की अनुमति राज्य सरकारों को देती है, जिसके अनुसार सभी राज्य सरकारों और कुछ केंद्रशासित प्रदेशों ने इस संबंध में अपने-अपने नियम बनाए हैं।

ग्रेनाइट संरक्षण एवं विकास नियम, 1999 और संगमरमर विकास एवं संरक्षण नियम, 2002 भी एमएमडीआर अधिनियम की धारा 18 के अंतर्गत बनाए गए हैं ताकि देश में ग्रेनाइट एवं संगमरमर संसाधनों का संरक्षण और व्यवस्थित विकास किया जा सके। एमएमडीआर अधिनियम, 1957 को 2015 में एमएमडीआर संशोधन अधिनियम, 2015 के जरिए संशोधित किया गया। एमएमडीआर संशोधन अधिनियम की सबसे खास बात खनन पट्टे या प्रतिस्पर्धी बोली के जरिए लाइसेंस जारी करने के लिए साधारण और पारदर्शी प्रणाली के लिए प्रावधान करना है।

संशोधन अधिनियम के अंतर्गत निम्नलिखित नियम बनाए और अधिसूचित किए गए हैं: खनिज (खनिज सामग्री के प्रमाण) नियम, 2015; खनिज (नीलामी) नियम, 2015 और खनिज (गैर-विशेष आवीक्षण परमिट) नियम, 2015। राज्य सरकारों की सहायता करने के लिए मंत्रालय ने आदर्श निविदा दस्तावेज जारी किया, जिसमें खान विकास एवं उत्पादन अनुबंध और आदर्श जिला खनिज फाउंडेशन ट्रस्ट करार शामिल है।

खनिज संसाधन

संयुक्त राष्ट्र प्रारूप वर्गीकरण (यूएनएफसी) 2010 के आधार पर विभिन्न खनिजों के भंडार/संसाधनों के वर्गीकरण का काम पूरा किया गया और राष्ट्रीय खनिज भंडार तैयार किया गया। यूएनएफसी में त्रिआयामी व्यवस्था है, जिसकी तीन धुरियां हैं - आर्थिक उपयुक्तता, व्यवहार्यता विश्लेषण और भूगर्भीय विश्लेषण।

यूएनएफसी तीन अंक के कोड पर आधारित प्रणाली है, जहां पहला अंक आर्थिक उपयुक्तता से संबंधित होता है, व्यवहार्यता का प्रतिनिधित्व दूसरे अंक से होता है और भूगर्भीय पक्ष तीसरे अंक से प्रदर्शित होता है। इनमें से तीनों धुरियों के और भी कोड होते हैं, जो घटते क्रम में आते हैं।

कुल खनिज संसाधन: भंडार के साथ शेष संसाधन मिलकर कुल खनिज संसाधन तैयार करते हैं।

खनिज भंडार: मापे गए और/या इंगित खनिज संसाधन का आर्थिक रूप से खनन योग्य हिस्सा: 1. प्रमाणित खनिज भंडार (111) और 2. संभावित खनिज भंडार (121) और (122)

खनिज संसाधन: यह कुल शेष खनिज संसाधन होते हैं, जिनकी पहचान खनिज भंडार के रूप में नहीं हुई है: 1. मापे गए खनिज संसाधन- (331); 2. इंगित खनिज संसाधन- (332); 3. अनुमानित खनिज संसाधन-(333); 4. सर्वेक्षण किए गए खनिज संसाधन-(334); 5. पूर्वव्यवहार्यता खनिज संसाधन-(221) और (222) तथा 6. व्यवहार्यता खनिज संसाधन-(211)

धातु खनिज

2014-15 में लगभग 12.891 करोड़ टन लौह अयस्क उत्पादन होने का अनुमान है, जो उससे पिछले वर्ष की अपेक्षा 15 प्रतिशत कम है। कुल उत्पादन का लगभग 46 प्रतिशत हिस्सा एनएमडीसी, सेल तथा

उड़ीसा माइनिंग कारपोरेशन जैसे सार्वजनिक उपक्रमों से आया। शेष 54 प्रतिशत हिस्सा निजी क्षेत्र का रहा, जिसमें टाटा स्टील (टिस्को) भी शामिल है। वर्ष के दौरान सबसे ज्यादा 40 प्रतिशत उत्पादन ओडिशा ने किया। उसके बाद छत्तीसगढ़ (23 प्रतिशत), कर्नाटक (16 प्रतिशत), झारखंड (15 प्रतिशत) रहे और बाकी 6 प्रतिशत उत्पादन आंध्र प्रदेश, मध्य प्रदेश, महाराष्ट्र, राजस्थान और तेलंगाना में हुआ।

तांबे का उत्पादन 2014-15 में लगभग 1.08 लाख टन रहा, जो उससे पिछले वर्ष की अपेक्षा लगभग 23 प्रतिशत कम था। तांबा अयस्क में धातु की औसत मात्रा 23.13 प्रतिशत थी।

2014-15 में लगभग 21.64 लाख टन क्रोमाइट का उत्पादन हुआ, जो 1 वर्ष पहले की अवधि की तुलना में 25 प्रतिशत कम था। देश में क्रोमाइट का लगभग समूचा (99.95 प्रतिशत) उत्पादन ओडिशा में हुआ। मामूली सा उत्पादन कर्नाटक में भी किया गया। कुल उत्पादन में 37 प्रतिशत योगदान सार्वजनिक क्षेत्र की तीन कंपनियों ओडिशा माइनिंग कारपोरेशन (ओएमसी), मैसूर मिनरल लिमिटेड (एमएमएल) और इंडस्ट्रियल डेवलपमेंट कारपोरेशन ऑफ ओडिशा लिमिटेड (आईडीसीओएल) का रहा। शेष 63 प्रतिशत उत्पादन निजी क्षेत्र ने किया।

2014-15 में लगभग 23.45 लाख टन मैंगनीज अयस्क का उत्पादन हुआ, जो उससे पिछले वर्ष की अपेक्षा 11 प्रतिशत कम था। 2014-15 के कुल उत्पादन में 49 प्रतिशत योगदान के साथ एमओओईएल हमेशा की तरह सबसे बड़ा उत्पादक बना रहा। 2014-15 में मैंगनीज अयस्क के कुल उत्पादन में सर्वाधिक 37.68 प्रतिशत हिस्सेदारी मध्य प्रदेश की रही। उसके बाद महाराष्ट्र (28.56 प्रतिशत), ओडिशा (13.90 प्रतिशत), आंध्र प्रदेश (10.82 प्रतिशत) रहे और शेष उत्पादन कर्नाटक, तेलंगाना, झारखंड तथा राजस्थान से आया।

2014-15 में 1,440 किलोग्राम प्राथमिक स्वर्ण (आयातित अयस्क से मिले स्वर्ण सह-उत्पाद को हटाकर) का उत्पादन हुआ, जो पिछले वर्ष की अपेक्षा 8 प्रतिशत कम रहा। कर्नाटक स्वर्ण का सबसे बड़ा उत्पादक रहा और कुल उत्पादन में उसकी 99 प्रतिशत हिस्सेदारी रही। शेष उत्पादन झारखंड से हुआ।

2014-15 में 2.223 करोड़ टन के आंकड़े के साथ बॉक्साइट के उत्पादन में उससे पिछले वर्ष की अपेक्षा 0.4 प्रतिशत की मामूली कमी आई। 2014-15 में देश में बॉक्साइट खनन में लगी प्रमुख कंपनियां नालको, उत्कल एल्युमिना इंडस्ट्रियल लिमिटेड, हिंडाल्को और बालको थीं। 2014-15 में कुल उत्पादन का लगभग 42 प्रतिशत हिस्सा ओडिशा से आया। उसके बाद गुजरात (25 प्रतिशत), महाराष्ट्र (12 प्रतिशत), झारखंड (9 प्रतिशत), छत्तीसगढ़ (7 प्रतिशत) और मध्य प्रदेश (4 प्रतिशत) ने योगदान किया।

2014-15 के दौरान 1.98 लाख टन सीसे के अयस्क का उत्पादन हुआ, जो पिछले वर्ष की अपेक्षा 2 प्रतिशत अधिक है और 15.02 लाख टन जस्ते के अयस्क का उत्पादन हुआ, जो 1 प्रतिशत अधिक रहा। सीसे के अयस्क में धातु की औसत मात्रा 56.29 प्रतिशत रही और जस्ता अयस्क में जस्ते की मात्रा 51.48 प्रतिशत थी। 2014-15 में जस्ते और सीसे का समूचा उत्पादन राजस्थान में ही हुआ था।

अधातु खनिज

वर्ष 2014-15 में कुल 7,323.42 करोड़ रुपये के अधातु खनिजों का उत्पादन हुआ, जो पिछले वर्ष की अपेक्षा 3 प्रतिशत कम रहा। उस वर्ष में अधातु खनिजों के कुल मूल्य में चूना पत्थर की सबसे अधिक 68.30 प्रतिशत हिस्सेदारी रही। अन्य महत्वपूर्ण अधातु खनिज फॉस्फोराइट/रॉक फॉस्फेट

(6.33 प्रतिशत), बेराइट्स (4.74 प्रतिशत), डोलोमाइट (3.57 प्रतिशत), जिप्सम (2.06 प्रतिशत), काओलिन (1.65 प्रतिशत), गार्नेट (1.48 प्रतिशत), बॉल क्ले (1.40 प्रतिशत), टैल्क/सोपस्टोन/स्टीलाइट (1.31 प्रतिशत) और सिलिका बालू (1.29 प्रतिशत) थे। शेष अन्य अधातु खनिज थे।

वर्ष 2014-15 में 29.30 करोड़ टन चूना पत्थर (लाइम स्टोन) का उत्पादन हुआ, जो उससे पिछले वर्ष की अपेक्षा 4 प्रतिशत अधिक रहा। भारत में चूना पत्थर का व्यापक उत्पादन होता है। 2014-15 में हुए कुल उत्पादन में 87.22 प्रतिशत योगदान आठ प्रमुख राज्यों ने किया, जिनमें राजस्थान की 21.02 प्रतिशत, मध्य प्रदेश की 13.31 प्रतिशत, आंध्र प्रदेश की 12.10 प्रतिशत, गुजरात की 8.79 प्रतिशत, कर्नाटक की 8.21 प्रतिशत, तेलंगाना की 8.18 प्रतिशत, छत्तीसगढ़ की 8.03 प्रतिशत और तमिलनाडु की 7.58 प्रतिशत हिस्सेदारी रही। कुल उत्पादन में शेष 12.78 प्रतिशत योगदान चूना पत्थर का उत्पादन करने वाले अन्य राज्यों का रहा।

फॉस्फोराइट/रॉक फॉस्फेट का उत्पादन वर्ष 2014-15 में कुल 15.80 लाख टन रहा, जो उससे पिछले वर्ष की तुलना में 9 प्रतिशत अधिक था। 91 प्रतिशत उत्पादन सार्वजनिक क्षेत्र की कंपनियों ने किया था। कुल उत्पादन में 86 प्रतिशत हिस्सेदारी तो राजस्थान स्टेट माइन्स एंड मिनरल्स लिमिटेड (आरएसएमएमएल) की झमरकोटरा खान की ही रही। राजस्थान और मध्य प्रदेश ने उत्पादन में क्रमशः 95.09 प्रतिशत और 4.91 प्रतिशत योगदान दिया। डोलोमाइट का उत्पादन 2014-15 में 62.09 लाख टन रहा, जो 2013-14 की अपेक्षा 15 प्रतिशत कम था। छत्तीसगढ़ (39 प्रतिशत), आंध्र प्रदेश (11 प्रतिशत) और कर्नाटक (9 प्रतिशत) डोलोमाइट के प्रमुख उत्पादक राज्य रहे। वर्ष के दौरान शेष 41 प्रतिशत उत्पादन आठ राज्यों- मध्य प्रदेश, तेलंगाना, ओडिशा, गुजरात, राजस्थान, झारखंड, महाराष्ट्र और उत्तराखंड में हुआ।

वर्ष 2014-15 में 38.61 लाख टन काओलिन का उत्पादन हुआ, जो पिछले वर्ष की तुलना में 20 प्रतिशत कम था। 2014-15 में काओलिन के कुल उत्पादन का लगभग 63.62 प्रतिशत गुजरात से आया। उसके बाद राजस्थान (16.40 प्रतिशत), केरल (14.54 प्रतिशत) और पश्चिम बंगाल (2.1 प्रतिशत) का योगदान रहा, जबकि शेष (3.33 प्रतिशत) योगदान आंध्र प्रदेश, झारखंड, कर्नाटक और मध्य प्रदेश ने दिया।

वर्ष 2014-15 में 24.78 लाख टन जिप्सम का उत्पादन हुआ, जो पिछले वर्ष की तुलना में 20 प्रतिशत कम रहा। जिप्सम का लगभग समूचा उत्पादन राजस्थान (98.84 प्रतिशत) में ही हुआ और शेष जम्मू-कश्मीर से आया।

मैग्नेसाइट का उत्पादन वर्ष 2014-15 में कुल 2.76 लाख टन था, जो उससे पिछले वर्ष की तुलना में 40 प्रतिशत अधिक था। वर्ष 2014-15 में कुल 7.74 लाख टन टैल्क/सोपस्टोन/स्टीलाइट का उत्पादन हुआ, जो उससे पिछले वर्ष के मुकाबले लगभग 13 प्रतिशत कम था। 2014-15 में कुल उत्पादन में प्रमुख राज्य राजस्थान का 81.78 प्रतिशत योगदान रहा। पांच प्रमुख उत्पादक राज्यों ने स्टीलाइट के कुल उत्पादन में 60 प्रतिशत योगदान दिया।

लघु खनिज

2014-15 में 46,678 करोड़ रुपये मूल्य के लघु खनिजों का उत्पादन होने का अनुमान व्यक्त किया गया। देश में उत्पादित कुल लघु खनिजों के मूल्य में 29.59 प्रतिशत हिस्सेदारी के साथ आंध्र प्रदेश शीर्ष

पर रहा। 20.24 प्रतिशत योगदान के साथ गुजरात दूसरे स्थान पर रहा। इसके बाद राजस्थान ने 16.19 प्रतिशत, महाराष्ट्र ने 12.64 प्रतिशत, उत्तर प्रदेश ने 8.3 प्रतिशत, कर्नाटक ने 3.45 प्रतिशत, केरल ने 2.98 प्रतिशत, जम्मू-कश्मीर ने 1.13 प्रतिशत और मध्य प्रदेश ने 1.03 प्रतिशत योगदान किया। अन्य राज्यों तथा केंद्रशासित प्रदेशों का योगदान 1 प्रतिशत से भी कम रहा। वस्तुवार विश्लेषण में पता चला कि लघु खनिजों के कुल मूल्य में सर्वाधिक 25.7 प्रतिशत हिस्सेदारी इमारती पत्थरों की थी। उसके बाद सड़क धातुओं की 23.9 प्रतिशत, ईंट मिट्टी की 15.5 प्रतिशत, सामान्य बालू की 14 प्रतिशत, मारबल की 4.1 प्रतिशत, बजरी की 3.5 प्रतिशत, कंकड़ की 2.7 प्रतिशत, चूना पत्थर की 2.6 प्रतिशत, लाल मिट्टी की 2.4 प्रतिशत, क्वार्टजाइट और बलुआ पत्थर की 1.6 प्रतिशत तथा सामान्य मिट्टी की 1.4 प्रतिशत हिस्सेदारी रही। शेष खनिजों की अलग-अलग हिस्सेदारी 1 प्रतिशत से भी कम थी और लघु खनिजों के मूल्य में उनकी कुल हिस्सेदारी 2.6 प्रतिशत रही।

खनिज एवं धातु उत्पादन

खनिज उत्पादन के सूचकांक (आधार वर्ष 2004-05) के अभी तक के कुल रुझानों को देखते हुए 2014-15 के 126.5 की तुलना में 2015-16 में 129.2 के आंकड़े का अनुमान है अर्थात् 2.1 प्रतिशत की वृद्धि है। 2015-16 में कुल 2,68,955 करोड़ रुपये के खनिज (परमाणु खनिजों के अतिरिक्त) उत्पादन का अनुमान लगाया गया है, जो पिछले वर्ष की अपेक्षा 5.05 प्रतिशत कम है। 2015-16 में कुल धातु-खनिज मूल्य में से 68.01 प्रतिशत अथवा 1,82,920 करोड़ रुपये के ईंधन खनिज, 11.55 प्रतिशत अथवा 31,066 करोड़ रुपये के धातु खनिज एवं 20.44 प्रतिशत अथवा 54,969 करोड़ रुपये के अधातु एवं लघु खनिज होने का अनुमान है।

भारतीय भूगर्भ सर्वेक्षण

देश में पृथ्वी विज्ञान का उत्कृष्ट संगठन भारतीय भूगर्भ सर्वेक्षण (जीएसआई) सरकार, उद्योग एवं भूवैज्ञानिक क्षेत्र को पृथ्वी विज्ञान की मूलभूत जानकारी का प्रमुख प्रदाता है। मुख्यतः कोयले का अनुसंधान करने वाले विभाग के रूप में 1851 में आरंभ हुए जीएसआई ने पिछले 164 वर्ष में अपनी गतिविधियों में कई गुना विस्तार किया है और राष्ट्र निर्माण के लगभग सभी क्षेत्रों में प्रत्यक्ष अथवा परोक्ष योगदान किया है। स्वतंत्रता के उपरांत शानदार विकास करने वाले इस्पात, कोयला, धातु, सीमेंट एवं बिजली जैसे जीवंत उद्योग राष्ट्रीय विकास में जीएसआई के योगदान का उत्कृष्ट उदाहरण हैं।

जीएसआई के पास अब डेढ़ शताब्दी में एकत्र की गई सबसे अधिक एवं व्यापक पृथ्वी विज्ञान संबंधी जानकारी है। भारत सरकार द्वारा निर्धारित (21 मई, 2009 को संशोधित) इसके परिचालन अधिकार पत्र में जीएसआई की गतिविधियों एवं दायित्वों का विवरण दिया गया है, जिसमें पृथ्वी विज्ञान से संबधित लगभग सभी गतिविधियां शामिल हैं। राष्ट्रीय भूवैज्ञानिक सूचना एवं ज्ञान के आधार को भूमि, समुद्री एवं वायवीय सर्वेक्षणों के माध्यम से तैयार एवं अद्यतन करना एवं उनका प्रसार करना जीएसआई का प्राथमिक लक्ष्य है।

जीएसआई की वर्तमान गतिविधियों में सतह की मैपिंग, वायवीय एवं दूरसंवेदी सर्वेक्षण, तट से दूर सर्वेक्षण, खनिज एवं ऊर्जा संसाधनों का अन्वेषण, इंजीनियरिंग भूविज्ञान, भूतकनीकी जांच, भू-पर्यावरणीय अध्ययन, जल संसाधनों का भूविज्ञान, भू-जोखिमों का अध्ययन, अनुसंधान एवं विकास, प्रशिक्षण तथा क्षमता निर्माण एवं सूचना सेवाएं आदि शामिल हैं। अब जीएसआई खान मंत्रालय से संबद्ध

कार्यालय के रूप में कार्य करता है। इसका मुख्यालय कोलकाता में है। जीएसआई के छह क्षेत्रीय कार्यालय कोलकाता, जयपुर, लखनऊ, हैदराबाद, नागपुर और शिलांग में स्थित हैं। जीएसआई का प्रशिक्षण कार्यालय हैदराबाद में है।

भारतीय खान ब्यूरो

1948 में स्थापित भारतीय खान ब्यूरो (आईबीएम) खान मंत्रालय के अधीन वैज्ञानिक एवं तकनीकी संगठन है, जिस पर कोयले, पेट्रोलियम एवं प्राकृतिक गैस, परमाणु खनिजों एवं लघु खनिजों के अतिरिक्त खनिज संसाधनों के संरक्षण तथा व्यवस्थित अन्वेषण का सांविधिक एवं विकासात्मक दायित्व है। आईबीएम का मुख्यालय नागपुर में है और नागपुर में यूएनडीपी के सहयोग से बने आधुनिक खनिज प्रसंस्करण प्रयोगशाला परीक्षण संयंत्र के अतिरिक्त देशभर में उसके 12 क्षेत्रीय एवं 2 उप क्षेत्रीय कार्यालय हैं। अजमेर और बंगलुरु में उसके दो क्षेत्रीय अयस्क ड्रेसिंग प्रयोगशाला एवं परीक्षण संयंत्र भी हैं।

भारतीय खान ब्यूरो (आईबीएम) खान एवं खनिज (विकास एवं नियमन) अधिनियम, 1957 के प्रासंगिक प्रावधानों तथा खनिज संरक्षण एवं विकास नियम, 1988 तथा खनिज छूट अधिनियम, 1960 एवं पर्यावरण (संरक्षण) अधिनियम, 1986 और उनके अंतर्गत बनाए गए नियमों के अनुसार नियामकीय कार्य करता है। यह खनन भूवैज्ञानिक अध्ययन, अयस्क बेनिफिसिएशन तथा पर्यावरण अध्ययन के विभिन्न पक्षों में वैज्ञानिक, तकनीकी-आर्थिक, अनुसंधान केंद्रित अध्ययन भी करता है।

आईबीएम खनन उद्योग को खनिज संसाधनों का भूवैज्ञानिक आकलन करने तथा बेनिफिसिएशन संयंत्रों समेत खनन परियोजनाओं की व्यवहार्यता रिपोर्ट तैयार करने की तकनीकी परामर्श सेवाएं प्रदान करता है। यह खनिजों का मानचित्र बनाता है और देश भर में पट्टे वाले क्षेत्र एवं फ्रीहोल्ड क्षेत्र में खनिज संसाधनों के भंडार का आकलन करता है। यह खनन क्षेत्रों में समुदाय विकास कार्यक्रमों को प्रोत्साहन देता है और उनकी निगरानी करता है। आईबीएम खान एवं खनिज के डेटाबैंक के रूप में भी कार्य करता है और सांख्यिकीगत जानकारी प्रकाशित करता है। यह खनिज जिंसों पर तकनीकी प्रकाशन/मोनोग्राफ/बुलेटिन भी तैयार करता है। यह खनिज उद्योग, व्यापार, कानून आदि के सभी पक्षों पर केंद्र एवं राज्य सरकारों को परामर्श देता है।

सार्वजनिक उपक्रम

खान मंत्रालय के प्रशासनिक नियंत्रण में तीन सार्वजनिक उपक्रम हैं। नेशनल एल्युमीनियम कंपनी लिमिटेड (नालको) और हिंदुस्तान कॉपर लिमिटेड (एचसीएल) खनन एवं खनिज प्रसंस्करण के क्षेत्र में कार्यरत हैं और मिनरल एक्सप्लोरेशन कारपोरेशन लिमिटेड (एमईसीएल) खनिज अन्वेषण के क्षेत्र में काम कर रही है।

नेशनल एल्युमीनियम कंपनी लिमिटेड

नेशनल एल्युमीनियम कंपनी लिमिटेड (नालको) इस्पात एवं खान मंत्रालय के अधीन नवरत्न की श्रेणी का केंद्रीय सार्वजनिक उपक्रम है। सार्वजनिक क्षेत्र में इसकी स्थापना 1981 में हुई थी और इसका पंजीकृत मुख्यालय भुवनेश्वर में है। कंपनी समूह 'ए' की केंद्रीय उपक्रम है, जिसका खनन, धातु एवं बिजली क्षेत्रों में एकीकृत एवं विविध परिचालन है तथा 2013-14 में इसका बिक्री कारोबार 7,024 करोड़ रुपये रहा था।

कंपनी के पास ओडिशा में कोरापुट जिले के दमनजोड़ी में 68.25 लाख टन वार्षिक क्षमता वाली बॉक्साइट खान एवं 22.75 लाख टन वार्षिक क्षमता वाली एल्युमिना रिफाइनरी है तथा ओडिशा के ही अंगुल में 4.60 लाख टन वार्षिक क्षमता वाला एल्युमीनियम स्मेल्टर तथा 1,200 मेगावॉट क्षमता वाला कैप्टिव बिजली संयंत्र भी है। एल्युमिना/एल्युमीनियम के निर्यात एवं कॉस्टिक सोडा के आयात के लिए नालको के पास विजाग बंदरगाह में थोक परिवहन सुविधाएं भी हैं और वह कोलकाता तथा पारादीप बंदरगाहों पर भी सुविधाओं का उपयोग करती है। कंपनी के पंजीकृत बिक्री कार्यालय दिल्ली, कोलकाता, मुंबई, चेन्नई तथा बंगलुरु में हैं तथा घरेलू विपणन के लिए देश में विभिन्न स्थानों पर उसके नौ गोदाम हैं। कंपनी धातुकर्म श्रेणी के एल्युमिना का किफायती उत्पादन करती है। टिकाऊ गुणवत्ता वाले उत्पादों के कारण कंपनी के 2013-14 के बिक्री कारोबार में लगभग 53 प्रतिशत योगदान निर्यात से हुई आय का था और 2012-13 में कंपनी को तीसरा सर्वाधिक शुद्ध निर्यात राजस्व अर्जित करने वाला केंद्रीय उपक्रम बताया गया था। नालको देश में सार्वजनिक क्षेत्र की पहली कंपनी है, जिसने मई, 1989 में लंदन मेटल एक्सचेंज (एलएमई) पर पंजीकरण कराकर बड़े स्तर पर अंतरराष्ट्रीय बाज़ार में कदम रखा था। कंपनी 1992 से बंबई स्टॉक एक्सचेंज (बीएसई) पर सूचीबद्ध है। आईएसओ 9001, आईएसओ 14001, ओएचएसएएस 18000 एवं एसए 8000 प्रमाणन के अतिरिक्त कंपनी ने ऊर्जा प्रबंधन प्रणाली के लिए आईएसओ 50001 मानक भी अपनाए हैं।

क्षमता का उपयोग करने, तकनीक अपनाने, निर्यात के प्रदर्शन तथा लाभ अर्जित करने के मामले में लगातार अच्छा प्रदर्शन करने वाली नालको भारत की औद्योगिक क्षमता का उज्ज्वल उदाहरण है।

विविधीकरण योजना के अंतर्गत नालको अपनी मूलभूत शक्ति से इतर संभावनाएं देख रही है और अक्षय ऊर्जा के क्षेत्र में कदम रख भी चुकी है। नालको ने पवन ऊर्जा के दो संयंत्र सफलतापूर्वक आरंभ कर दिए हैं।

हिंदुस्तान कॉपर लिमिटेड

हिंदुस्तान कॉपर लिमिटेड (एचसीएल) खान मंत्रालय के प्रशासनिक नियंत्रण के अधीन भारत सरकार का मिनी रत्न उपक्रम है, जिसका गठन कंपनी अधिनियम, 1956 के अंतर्गत 1967 में किया गया था। तांबे के भंडार के अन्वेषण एवं उत्खनन से संबंधित सभी संयंत्रों, परियोजनाओं, योजनाओं एवं अध्ययन की बागडोर संभालने के लिए भारत सरकार के इस उपक्रम की स्थापना की गई थी और राष्ट्रीय खनिज विकास निगम से स्मेल्टिंग और रिफाइनिंग का अधिग्रहण भी इसी में शामिल था। यह तांबे का पूर्ण उत्पादन करने वाली देश की एकमात्र कंपनी है क्योंकि यह खनन एवं बेनिफिसिएशन से लेकर स्मेल्टिंग, रिफाइनिंग तक और परिशोधित तांबा धातु को बिक्री योग्य उत्पादों में ढालने तक तांबा उत्पादन के सभी कार्य स्वयं करती है।

कंपनी तांबे के कैथोड, कॉन्टिन्यूअस कास्ट कॉपर रॉड एवं सह उत्पाद जैसे एनोड स्लाइम (सोना, चांदी युक्त), कॉपर सल्फेट एवं सल्फ्यूरिक एसिड बेचती है। बिक्री राजस्व में 90 प्रतिशत से अधिक योगदान कॉन्टिन्यूअस कॉपर रॉड का होता हे। एचसीएल की खानें एवं संयंत्र चार परिचालन इकाइयों में फैले हैं, जो राजस्थान, मध्य प्रदेश, झारखंड और महाराष्ट्र में हैं। राजस्थान के खेतड़ीनगर में इसका खेतड़ी कॉपर कॉम्प्लेक्स (केसीसी), झारखंड के घाटशिला में इंडियन कॉपर कॉम्प्लेक्स (आईसीसी), मध्य प्रदेश के मलंजखंड में मलंजखंड कॉपर प्रोजेक्ट (एमसीपी) और महाराष्ट्र के तालोजा में तालोजा कॉपर प्रोजेक्ट (टीसीपी) हैं।

मिनरल एक्सप्लोरेशन कारपोरेशन लिमिटेड

मिनरल एक्सप्लोरेशन कारपोरेशन लिमिटेड (एमईसीएल) आईएसओ 9001-2008 प्रमाणन के साथ देश में सार्वजनिक क्षेत्र की उत्कृष्ट खनिज अन्वेषण कंपनी है। 1972 में अपने गठन के बाद से कंपनी ने विस्तृत खनिज अन्वेषण एवं खान विकास की 1,290 से अधिक परियोजनाएं पूरी की हैं और राष्ट्रीय खनिज भंडार में 15,011 करोड़ टन की वृद्धि की है।

स्वायत्तशासी निकाय

नेशनल इंस्टीट्यूट ऑफ रॉक मैकेनिक्स

संस्थान को विज्ञान एवं प्रौद्योगिक मंत्रालय के वैज्ञानिक एवं औद्योगिक अनुसंधान विभाग द्वारा वैज्ञानिक एवं औद्योगिक अनुसंधान संगठन के रूप में एवं खान सुरक्षा महानिदेशालय द्वारा खनन मशीनों एवं वायर रोप के परीक्षण हेतु प्रमाणित परीक्षण केंद्र के रूप में मान्यता प्रदान की गई है। संस्थान शिला उत्खनन से संबंधित विभिन्न सरकारी मंत्रालयों/विभागों, सार्वजनिक एवं निजी क्षेत्र के संगठनों द्वारा वित्तपोषित अनुसंधान परियोजनाएं पूरी करता है।

एनआईआरएम नए क्षेत्रों जैसे तेल एवं गैस (इन ईंधनों के रणनीतिक भंडारण हेतु विशाल भूमिगत गुफाएं खोदने से संबंधित परियोजनाएं), मेट्रो रेल (भूमिगत रेल सुरंगें एवं भूमिगत स्टेशन) और नदियों को जोड़ने की विशाल परियोजनाओं तथा अन्य बुनियादी ढांचा परियोजनाओं में भी अपनी गतिविधियां फैला रहा है।

नेशनल इंस्टीट्यूट ऑफ माइनर्स हेल्थ

नेशनल इंस्टीट्यूट ऑफ माइनर्स हेल्थ, नागपुर (एनआईएमएच) खान मंत्रालय के अधीन स्थापित स्वायत्तशासी संस्थान है, जिसका उद्देश्य खनन एवं खनिज आधारित उद्योगों में कार्यरत लोगों में व्यावसायिक स्वास्थ्य को एवं व्यावसायिक खतरों के निरोध को प्रोत्साहित करना है। संस्थान व्यावसायिक स्वास्थ्य, कार्य स्थल की निगरानी से संबंधित अनुसंधान एवं विकासात्मक गतिविधियों में जुटा है। संस्थान ने व्यावसायिक स्वास्थ्य एवं स्वच्छता के क्षेत्र में गुणवत्तापूर्ण समग्र तकनीकी सहायता सेवाएं प्रदान करने की प्रतिष्ठा एवं ब्रांड छवि विकसित की है।

जवाहरलाल नेहरू एल्युमीनियम अनुसंधान विकास एवं डिजाइन केंद्र

जवाहरलाल नेहरू एल्युमीनियम अनुसंधान विकास एवं डिजाइन केंद्र (जेएनएआरडीडीसी), खान मंत्रालय और यूएनडीपी के संयुक्त उपक्रम के रूप में 1989 में स्थापित "उत्कृष्टता केंद्र" है, जिसका उद्देश्य भारत में उभरते आधुनिक एल्युमीनियम उद्योग को अनुसंधान एवं विकास संबंधी सहायता प्रदान करना है। केंद्र 1996 से काम कर रहा है।

केंद्र को विज्ञान एवं प्रौद्योगिकी मंत्रालय के वैज्ञानिक एवं औद्योगिक अनुसंधान विभाग ने वैज्ञानिक एवं औद्योगिक अनुसंधान संगठन के रूप में मान्यता प्रदान की है। बॉक्साइट से लेकर तैयार उत्पाद तक सभी प्रकार का अनुसंधान एवं विकास एक ही स्थान पर करने वाला भारत का यह एकमात्र संस्थान है।

20 विधि और न्याय

विधि और न्याय मंत्रालय भारत सरकार का सबसे पुराना विभाग है। यह 1833 से पुराना है जब ब्रिटिश संसद ने चार्टर अधिनियम बनाया था। इस अधिनियम में पहली बार एक ही प्राधिकार, गवर्नर जनरल ऑफ काउंसिल को विधायी शक्तियां प्रदान की गईं थीं। इस प्राधिकार के प्रभाव और इंडियन काउंसिल्स एक्ट 1861 की धारा 22 के अंतर्गत निहित अधिकारों से गवर्नर जनरल की काउंसिल ने वर्ष 1834 से वर्ष 1920 तक देश के लिए कानून बनाए। भारत सरकार अधिनियम, 1919 की शुरुआत के बाद गठित भारतीय विधानमंडल ने विधायी शक्तियों का प्रयोग किया। भारत सरकार अधिनियम, 1919 के बाद भारत सरकार अधिनियम, 1935 आया। भारतीय स्वतंत्रता अधिनियम, 1947 के पारित होने के साथ ही भारत एक स्वतंत्र उपनिवेश बन गया और स्वतंत्र उपनिवेश के विधानमंडल ने इंडिया (अस्थायी संविधान) आर्डर, 1947 द्वारा रूपांतरित भारत सरकार अधिनियम 1935 की धारा 100 के प्रावधानों के अंतर्गत 1947 से 1949 तक कानून बनाए। 26 जनवरी, 1950 को लागू भारत के संविधान के अंतर्गत संसद को विधायी शक्तियां प्रदान की गईं।

विधि का स्रोत

भारत में विधि का प्रमुख स्रोत संविधान, संविधि (कानून), प्रचलित कानून और निर्णयविधि हैं। कानून संसद, राज्य और केंद्रशासित प्रदेशों की विधानसभाओं द्वारा बनाए जाते हैं। इनके अलावा अनेक अधीनस्थ कानून हैं जिन्हें नियमों, विनियमों और उप-कानूनों के रूप में केंद्र/राज्य सरकारों तथा स्थानीय प्राधिकारों जैसे नगर-निगमों, नगर-पालिकाओं, ग्राम पंचायतों और स्थानीय निकायों द्वारा बनाया गया है। ये अधीनस्थ कानून संसद अथवा संबद्ध राज्य अथवा केंद्रशासित प्रदेश के विधानमंडलों द्वारा प्रदान किए गए अधिकार के अंतर्गत बनाए जाते हैं। उच्च अदालतों जैसे उच्चतम न्यायालय और उच्च न्यायालय के न्यायिक फैसले कानून के महत्वपूर्ण स्रोत हैं। भारतीय क्षेत्र के अंदर सभी अदालतें उच्चतम न्यायालय के फैसलों को मानने के लिए बाध्य हैं। स्थानीय परिपाटियां और परंपराएं जो वैधानिकता, नैतिकता आदि के विरुद्ध नहीं हैं, उन्हें भी मान्यता प्राप्त है और कुछ क्षेत्रों में न्याय करते समय अदालतों द्वारा इन्हें भी ध्यान में रखा जाता है।

कानून बनाना

केंद्रीय सूची में सूचीबद्ध विषयों पर कानून बनाने का अधिकार संसद को प्राप्त है। राज्य सूची के मामलों पर राज्य विधानमंडल कानून बनाने में सक्षम हैं। राज्य सूची अथवा समवर्ती सूची में शामिल नहीं किए गए मामलों पर कानून बनाने का अधिकार केवल संसद को प्राप्त है। समवर्ती सूची में शामिल कानून संसद और राज्य विधानमंडल दोनों के द्वारा बनाए जा सकते हैं, लेकिन प्रतिकूलता की स्थिति में, संसद द्वारा बनाया गया कानून प्रभावी होगा। प्रतिकूलता की स्थिति में संसद द्वारा बनाया गया कानून तब तक

निष्प्रभावी होगा जब तक परवर्ती कानून को राष्ट्रपति की मंजूरी नहीं मिल जाती और ऐसी स्थिति में वह उस राज्य में प्रभावी रहेगा।

न्यायपालिका

संपूर्ण न्यायिक व्यवस्था के शीर्ष में भारत का उच्चतम न्यायालय है। प्रत्येक राज्य अथवा राज्यों के समूह के लिए एक उच्च न्यायालय है और उच्च न्यायालयों के अंतर्गत अधीनस्थ न्यायालयों का अनुक्रम है। कुछ राज्यों में छोटे-मोटे और स्थानीय प्रकृति के दीवानी और फौजदारी विवादों का निपटारा करने के लिए न्याय पंचायत, पंचायत अदालत, ग्राम कचहरी आदि नामों से पंचायत अदालतें काम कर रही हैं। इन अदालतों के अधिकार क्षेत्र के लिए विभिन्न राज्यों के कानून उपलब्ध हैं।

प्रत्येक ज़िले में शीर्ष अदालत ज़िला और सत्र न्यायाधीश की होती है। यह ज़िला अदालत दीवानी न्याय सीमा की प्रधान अदालत है और इसमें मृत्युदंड दिए जाने वाले मामलों सहित हर तरह के अपराधों का मुकदमा चलाया जा सकता है। ज़िला और सत्र न्यायाधीश ज़िले में सर्वोच्च न्यायिक प्राधिकार है। उसके नीचे दीवानी न्याय करने का अधिकार रखने वाली अदालतें हैं जिन्हें विभिन्न राज्यों में मुंसिफ, उप-न्यायाधीश, सिविल न्यायाधीश और इसी तरह के अन्य न्यायाधीशों के नाम से जाना जाता हैं। इसी प्रकार से दीवानी अदालतों में मुख्य न्यायिक मजिस्ट्रेट और प्रथम और द्वितीय श्रेणी के न्यायिक मजिस्ट्रेट आते हैं।

उच्चतम न्यायालय

ब्रिटिश शासनकाल के दौरान, किंग इन काउंसिल, अथवा प्रीवि काउंसिल जैसा कि आमतौर पर बुलाया जाता था, भारत में अदालतों द्वारा दिए गए फैसलों और आदेशों पर की गई अपीलों को सुनने का सर्वोच्च मंच था। 1833 में न्यायिक समिति अधिनियम लागू होने के बाद, इसे प्रीवि काउंसिल की न्यायिक समिति कहा जाने लगा। न्यायिक समिति के फैसलों का सलाहकार मंच में वर्णन किया जाता था, हालांकि, व्यवहार में सम्राट हमेशा उसकी सलाह मानता था और यह सोचा भी नहीं जा सकता कि उसकी रिपोर्ट को अमल में नहीं लाया जाएगा। प्रीवि काउंसिल एक चैनल के रूप में काम करती थी, जिसके जरिए अंग्रेजों के विचारों को भारतीय कानूनों के साथ सम्मिलित किया गया। इसने भारतीय और अंग्रेजों की कानूनी व्यवस्था के बीच सेतु का काम किया, जिस पर इंग्लैंड से भारत तक कानूनी ज्ञान पहुंचा। इसी निकाय के ज़रिए भारत में कानूनी व्यवस्था के आधार के रूप में ब्रिटिश शासनकाल के अंतर्गत इंग्लैंड के सामान्य कानून की शुरुआत की गई। अपने करियर के दौरान भारत की सर्वोच्च अपील अदालत के रूप में करीब 200 वर्षों की अवधि के लिए, प्रीवि काउंसिल ने 2,500 फैसले सुनाए और आज तक ये फैसले भारत में अनेक बिंदुओं पर कानून का प्रमुख स्रोत हैं।

हालांकि भारत में उच्चतम न्यायालय की स्थापना की मांग बढ़ रही थी, यह महसूस किया जाने लगा था कि प्रीवि काउंसिल में अपील करना काफी खर्चीला है और आम आदमी की पहुंच से बाहर है। भारत सरकार अधिनियम, 1935 ने भारत में संघीय संविधान पेश किया, जिसमें केंद्र और अन्य सांविधानिक इकाइयों के बीच शक्तियों का वितरण किया गया। भारत के केंद्रीय न्यायालय ने 1 नवंबर , 1937 से काम करना शुरू कर दिया। पहले से ही, केंद्रीय न्यायालय का अधिकार क्षेत्र काफी सीमित था, यह केंद्र और अन्य संविधानिक इकाइयों के बीच आपस में, परामर्शी तथा उच्च न्यायालय के निर्णय पर अपीलीय न्याय करने के अधिकार तक सीमित था। मूल रूप से न्याय करने के अधिकार का इस्तेमाल

करते हुए दिए गए फैसलों, अथवा केंद्रीय न्यायालय अथवा प्रीवि काउंसिल की अवकाश अवधि में केंद्रीय न्यायालय से अपीलें प्रीवि काउंसिल में जा सकती थीं। वे सार्वजनिक महत्व के ऐसे सवालों पर सलाह दे सकती थीं जैसा अपने विवेक से गवर्नर जनरल द्वारा उल्लिखित किया जाता था। केंद्रीय न्यायालय का अपीलीय अधिकार क्षेत्र 1948 की अधिनियम संख्या 1 के लागू होने पर बढ़ गया और उन्हीं परिस्थितियों में उच्च न्यायालय के फैसलों से केंद्रीय न्यायालय को अपीलें प्रदान की जाती थीं, जिनमें अपीलों को विशेष अनुमति के बिना और किसी अन्य मामले में केंद्रीय अदालत की विशेष अनुमति के बिना प्रीवि काउंसिल में लाया जा सकता था। हालांकि प्रीवि काउंसिल में केंद्रीय न्यायालय अथवा काउंसिल की अनुमति से अपील करना अभी भी संभव था।

अगस्त 1947 में स्वतंत्रता प्राप्त कर अपनी राजनीतिक आकांक्षाओं को हासिल करने के बाद, भारत सरकार की ओर से केंद्रीय न्यायालय के अधिकार क्षेत्र को बढ़ाने और उसे अधिक शक्तियां प्रदान करने की मांग उठी। 10 अक्टूबर , 1949 से प्रीवि काउंसिल में अपीलों की व्यवस्था को समाप्त कर दिया गया और अपीलीय न्याय करने का संपूर्ण अधिकार केंद्रीय न्यायालय में निहित कर दिया गया। 26 जनवरी,1950 को केंद्रीय न्यायालय ने नए संविधान के अंतर्गत भारत के उच्चतम न्यायालय के गठन का मार्ग प्रशस्त किया। भारत का उच्चतम न्यायालय नई दिल्ली में तिलक मार्ग पर स्थित है।

28 जनवरी, 1950 को उच्चतम न्यायालय के उद्घाटन के बाद न्यायालय की कार्यवाही संसद भवन के एक हिस्से में शुरू हुई। न्यायालय अपनी वर्तमान इमारत में 4 अगस्त, 1958 को आया। 1950 के मूल संविधान में उच्चत्तम न्यायालय में एक मुख्य न्यायाधीश और 7 अधीनस्थ न्यायाधीशों की व्यवस्था की गई और इनकी संख्या बढ़ाने का कार्य संसद पर छोड़ दिया गया। शुरुआती वर्षों में मामलों पर सुनवाई करने के लिए उच्चतम न्यायालय के सभी न्यायाधीश एक साथ बैठा करते थे। जैसे-जैसे न्यायालय का काम बढ़ता गया और मामले बकाया होते चले गए , संसद ने न्यायाधीशों की संख्या बढ़ाकर 1956 में 10, 1960 में 13, 1977 में 17, 1986 में 25 और 2009 में 30 कर दी जो 1950 में केवल 7 थी। जैसे ही न्यायाधीशों की संख्या बढ़ी वे दो और तीन की छोटी पीठों में बैठने लगे। ज़रूरत पड़ने पर मतभेदों और विवादों का निपटारा करने के लिए 5 और इससे अधिक न्यायधीशों की बड़ी पीठ बनने लगी।

भारत का उच्चतम न्यायालय राष्ट्रपति द्वारा नियुक्त प्रधान न्यायाधीश और 30 अन्य न्यायाधीशों से मिलकर बना है। उच्चतम न्यायालय के न्यायाधीश 65 वर्ष की उम्र में सेवानिवृत्त होते हैं। उच्चतम न्यायालय का न्यायाधीश नियुक्त होने के लिए किसी भी व्यक्ति का भारत का नागरिक होना ज़रूरी है और वह कम से कम पांच वर्ष के लिए उच्च न्यायालय अथवा ऐसे ही दो या अधिक न्यायालयों में न्यायाधीश रह चुका हो, अथवा उच्च न्यायालय में अधिवक्ता अथवा कम से कम दस वर्ष के लिए दो या अधिक ऐसी ही अदालतों में अधिवक्ता रह चुका हो। राष्ट्रपति की राय में उसका एक प्रतिष्ठित विधिवेत्ता होना ज़रूरी है। उच्च न्यायालय के न्यायाधीश की उच्चतम न्यायालय के तदर्थ न्यायाधीश के रूप में नियुक्ति और उच्चतम न्यायालय और उच्च न्यायालयों के सेवानिवृत्त न्यायाधीशों के लिए उच्चतम न्यायालय के न्यायाधीशों के रूप में बैठने और कार्य करने के लिए प्रावधान मौजूद हैं।

संविधान में विभिन्न तरीकों से उच्चतम न्यायालय के न्यायाधीशों की स्वतंत्रता सुनिश्चित करने की कोशिश की गई है। उच्चतम न्यायालय के न्यायाधीश को केवल उसी स्थिति में हटाया जा सकता

है जब संसद के प्रत्येक सदन में संबोधन के बाद राष्ट्रपति आदेश पारित करें और इसके लिए उस सदन में दो-तिहाई सदस्यों की मौजूदगी और मतदान ज़रूरी है। अभद्र व्यवहार अथवा अक्षमता साबित होने के आधार पर न्यायाधीश को हटाने के लिए इसे उसी सत्र में राष्ट्रपति के समक्ष रखा जाएगा। कोई भी व्यक्ति जो उच्चतम न्यायालय का न्यायाधीश है उसके किसी भी न्यायालय अथवा भारत के अन्य किसी प्राधिकार में वकालत करने पर रोक है।

उच्चतम न्यायालय की कार्यवाही केवल अंग्रेज़ी में ही होती है। उच्चतम न्यायालय के 2013 के नियमों ने 1966 के नियमों का स्थान लिया है। ये नियम उच्चतम न्यायालय में वकालत करने और उसकी कार्यप्रणाली को नियमित करने के लिए संविधान के अनुच्छेद-145 के अंतर्गत तैयार किए गए हैं। माननीय न्यायाधीश टी.एस.ठाकुर भारत के 43वें प्रधान न्यायाधीश हैं।

वेबसाइट: www.supremecourtofindia.nic.in

उच्च न्यायालय

उच्च न्यायालय राज्य के न्यायिक प्रशासन का प्रमुख है। देश में 24 उच्च न्यायालय हैं, जिनमें से तीन उच्च न्यायालयों का अधिकार क्षेत्र एक राज्य से अधिक है। केंद्रशासित प्रदेशों में केवल दिल्ली में अपना उच्च न्यायालय है। अन्य छह केंद्रशासित प्रदेश विभिन्न राज्यों के उच्च न्यायालयों के अधिकार क्षेत्र के अंतर्गत आते हैं। प्रत्येक उच्च न्यायालय में एक मुख्य न्यायाधीश और राष्ट्रपति द्वारा समय-समय पर नियुक्त किए गए अन्य न्यायाधीश हैं। भारत के प्रधान न्यायाधीश और राज्य के राज्यपाल की सलाह से राष्ट्रपति उच्च न्यायालय के मुख्य न्यायाधीश की नियुक्ति करते हैं। उच्च न्यायालय के न्यायाधीशों की नियुक्ति की प्रक्रिया में केवल इतना अंतर है कि उच्च न्यायालय में न्यायाधीशों की नियुक्ति की सिफारिश संबद्ध उच्च न्यायालय के मुख्य न्यायाधीश द्वारा की जाती है।

न्यायाधीश 62 वर्ष की उम्र तक कार्यभार संभाल सकते हैं। न्यायाधीश की नियुक्ति के योग्य होने के लिए किसी का भी भारत का नागरिक होना ज़रूरी है और उसने 10 वर्ष तक भारत में न्यायिक कार्यालय संभाला हो अथवा इतनी ही अवधि के लिए लगातार उच्च न्यायालय अथवा ऐसी ही दो या अधिक अदालतों में अधिवक्ता के रूप में वकालत की हो।

उच्च न्यायालय के अधिकार क्षेत्र और उसकी पीठ

प्रत्येक उच्च न्यायालय को अपने अधिकार क्षेत्र के अंदर आने वाली सभी अदालतों और न्यायाधिकरणों की देखरेख करने का अधिकार है। वह ऐसी अदालतों से कामकाज का ब्यौरा मांग सकता है, सामान्य नियम बना सकता है और उन्हें जारी कर सकता है और अदालतों की कार्यवाही को नियमित करने तथा तरीका तय करने के लिए निर्धारित फार्म बना सकता है जिसमें खाता प्रविष्टियों और बचत खातों का ब्योरा रखा जा सकता है। आगे दी गई तालिका में उच्च न्यायालयों की पीठ और उनके क्षेत्राधिकार की जानकारी दी गई है।

उच्च न्यायालयों का नाम, उनकी प्रमुख पीठ, पीठ और उनके अधिकार क्षेत्र

क्र. सं.	उच्च न्यायालय	प्रमुख पीठ	अधिकार क्षेत्र	स्थायी पीठ और पीठ जिस तारीख से पीठ ने काम करना शुरू किया
1.	इलाहाबाद	इलाहाबाद	उत्तर प्रदेश	लखनऊ (01.07.1948)
2.	आंध्र प्रदेश	हैदराबाद	आंध्र प्रदेश	–
3	मुंबई	मुंबई	महाराष्ट्र, गोवा; दमन और दीव दादरा और नगर हवेली	नागपुर (01.05.1960) पणजी (01.07.1948) औरंगाबाद (27.08.1984)
4.	कलकत्ता	कोलकाता	पश्चिम बंगाल, अंडमान निकोबार और द्वीप समूह	जलपाईगुड़ी सर्किट पीठ (काम शुरू करना बाकी)
5.	छत्तीसगढ़	बिलासपुर	छत्तीसगढ़	–
6.	दिल्ली	नई दिल्ली	राष्ट्रीय राजधानी क्षेत्र दिल्ली	–
7.	गुवाहाटी	गुवाहाटी	असम, नगालैंड, मिज़ोरम और अरुणाचल प्रदेश	कोहिमा (10.02.1990) आईज़ोल (05.07.1990) इटानगर (12.08.2000)
8.	गुजरात	सोला (अहमदाबाद)	गुजरात	–
9.	हिमाचल प्रदेश	शिमला	हिमाचल प्रदेश	–
10.	जम्मू-कश्मीर	जम्मू-श्रीनगर	जम्मू-कश्मीर	–
11.	झारखंड	रांची	झारखंड	–
12.	कर्नाटक	बंगलुरु	कर्नाटक	सर्किट पीठ धारवाड़ (07.02.2008) गुलबर्गा (07.02.2008)
13.	केरल	कोच्चि	केरल और लक्षद्वीप द्वीप	–
14.	मध्य प्रदेश	जबलपुर	मध्य प्रदेश	ग्वालियर (01.11.1956) इंदौर (01.11.1956)
15.	मद्रास	चेन्नई	तमिलनाडु और पद्दुचेरी	मदुरई (24.07.2004)
16.	ओडिशा	कटक	ओडिशा	–
17.	पटना	पटना	बिहार	–
18.	पंजाब और हरियाणा	चंडीगढ़	पंजाब, हरियाणा और चंडीगढ़	चंडीगढ़

19.	राजस्थान	जोधपुर	राजस्थान	जयपुर (31.01.1977)
20.	सिक्किम	गंगटोक	सिक्किम	–
21.	उत्तराखंड	नैनीताल	उत्तराखंड	नैनीताल
22.	मणिपुर	इंफाल	मणिपुर	–
23.	मेघालय	शिलांग	मेघालय	–
24.	त्रिपुरा	अगरतला	त्रिपुरा	–

* देश में 24 उच्च न्यायालय हैं

** इनमें से केवल 6 उच्च न्यायालयों (इलाहाबाद, मुंबई, गुवाहाटी, मध्य प्रदेश, मद्रास, और राजस्थान) में 11 स्थायी पीठ हैं केवल कर्नाटक उच्च न्यायालय धारवाड़ और गुलबर्गा दो सर्किट पीठें हैं।

विभिन्न उच्च न्यायालयों और उच्चतम न्यायालय में 1 अप्रैल, 2016 को न्यायाधीशों और अतिरिक्त न्यायाधीशों के मंजूर पदों की संख्या नीचे दी गई है।

उच्चतम न्यायालय और उच्च न्यायालय में न्यायाधीशों के मंजूर पदों और कार्य कर रहे न्यायाधीशों की संख्या:

क्र. सं.	**कोर्ट का नाम**	**मंजूर संख्या**			**कार्यरत संख्या**			**मंजूर संख्या के अनुसार रिक्त पद**		
क.	भारत का उच्चतम न्यायालय	31			25			06		
ख.	उच्च न्यायालय	स्था.	अति.	कुल	स्था.	अति.	कुल	स्था.	अति.	कुल
1.	इलाहाबाद	76	84	160	63	07	70	13	77	90
2.	हैदराबाद स्थित न्यायाधिकरण उच्च न्यायालय*	46	15	61	25	0	25	21	15	36
3.	मुंबई	71	23	94	57	09	66	14	14	28
4.	कलकत्ता	45	13	58	35	09	44	10	04	14
5.	छत्तीसगढ़	17	05	22	09	..	09	08	05	13
6.	दिल्ली	45	15	60	34	05	39	11	10	21
7.	गुवाहाटी	18	06	24	07	07	14	11	01	10
8.	गुजरात	39	13	52	27	03	30	12	10	22
9.	हिमाचल प्रदेश	10	03	13	07	..	07	03	03	06
10.	जम्मू-कश्मीर	13	04	17	08	01	09	05	03	08
11.	झारखंड	19	06	25	08	04	12	11	02	13
12.	कर्नाटक	47	15	62	27	04	31	20	11	31
13.	केरल	27	11	38	26	09	35	01	02	03

14.	मध्य प्रदेश	40	13	53	27	02	29	13	11	24
15.	मद्रास	56	19	75	34	0	34	22	19	41
16.	मणिपुर	04	01	05	04	01	05	0	0	0
17.	मेघालय	03	01	04	02	0	02	01	01	02
18.	ओडिशा	20	07	27	15	06	21	05	01	06
19.	पटना*	40	13	53	24	05	29	16	08	24
20.	पंजाब और हरियाणा*	64	21	85	36	11	47	28	10	38
21.	राजस्थान	38	12	50	21	03	24	17	09	26
22.	सिक्किम	03	0	03	02	0	02	01	0	01
23.	त्रिपुरा	04	0	04	04	0	04	0	0	0
24.	उत्तराखंड	09	02	11	06	0	06	03	02	05
	कुल	**754**	**302**	**1056**	**508**	**86**	**594**	**246**	**216**	**462**

* कार्यवाहक मुख्य न्यायाधीश

उच्चतम न्यायालय और उच्च न्यायालयों की शक्तियां

उच्चतम न्यायालय को अधिकार है कि वह किसी भी व्यक्ति अथवा प्राधिकार और सरकार को अपने अधिकार क्षेत्र के अंदर मौलिक अधिकारों को लागू करने और किसी अन्य उद्देश्य के लिए निर्देश, आदेश दे सकता है अथवा रिट जारी कर सकता है। इसमें ऐसी रिट भी शामिल हैं जिनकी प्रकृति बंदी प्रत्यक्षीकरण याचिका, परमादेश निषेधाज्ञा, को वारंटो (अधिकार पृच्छा) और उत्प्रेषण-लेख की हो। इन शक्तियों का इस्तेमाल किसी भी उच्च न्यायालय द्वारा भी किया जा सकता है जो उन क्षेत्रों के संबंध में न्याय करने के अधिकार का इस्तेमाल कर रहा हो जिनमें इस शक्ति का इस्तेमाल करने के लिए न्यायिक कार्रवाई की मांग के लिए दावा पूर्ण रूप से अथवा आंशिक रूप से पर्याप्त हो, चाहे ऐसी सरकार अथवा प्राधिकार अथवा ऐसे व्यक्ति की रिहायश उन क्षेत्रों के भीतर न हो।

अधीनस्थ अदालतें

अधीनस्थ अदालतों का ढांचा और कामकाज कुल मिलाकर देशभर में एक जैसा है। अदालतों के पदनाम उनके कामकाज की जानकारी देते हैं। ये अदालतें हर प्रकार के दीवानी अथवा फौजदारी मुकदमों का निपटारा उन्हें प्राप्त शक्तियों के अनुसार करती हैं। ये अदालतें निर्धारित कार्यपद्धतियों यानी कोड ऑफ सिविल प्रोसीजर 1908 और कोड ऑफ क्रिमिनल प्रोसीजर (सी.आर.पी.सी.), 1973 और राज्य स्तर पर संशोधनों द्वारा उन्हें मज़बूत बनाने वाले दो महत्वपूर्ण कोडों का पालन करती हैं। अखिल भारतीय न्यायाधीश एसोसिएशन के मामले में डब्ल्यूपी (दीवानी) 1022/1989 में उच्चतम न्यायालय के निर्देश के अनुसार देशभर में अधीनस्थ न्याय प्रणाली के न्यायिक अधिकारियों के लिए एकसमान पदनाम लाया गया। यानी दीवानी पक्ष और फौजदारी पक्ष में ज़िला और अतिरिक्त ज़िला न्यायाधीश, सिविल न्यायाधीश (सीनियर डिवीजन) और सिविल न्यायाधीश (जूनियर डिवीजन), सत्र न्यायाधीश, अतिरिक्त

सत्र न्यायाधीश, मुख्य न्यायायिक मजिस्ट्रेट और न्यायिक मजिस्ट्रेट आदि की जानकारी सीआरपीसी में दी गई है। सभी राज्य सरकारों/केंद्रशासित प्रशासनों द्वारा इनमें से किसी भी श्रेणीयों के साथ उनके समकक्ष को दिखाकर वर्तमान पदों में ज़रूरत पड़ने पर उचित तालमेल किया जाता है। भारत के संविधान के अनुच्छेद-235 के अंतर्गत अधीनस्थ न्यायिक सेवा के सदस्यों पर प्रशासनिक नियंत्रण संबद्ध उच्च न्यायालय के पास है। इसके अलावा संविधान के अनुच्छेद-233 और 234 के साथ व्याख्या करने वाले अनुच्छेद-309 के प्रावधान के अंतर्गत प्रदान की गई शक्तियों का इस्तेमाल करते समय राज्य सरकार ऐसे राज्य के संबंध में अधिकार क्षेत्र का इस्तेमाल करते हुए उच्च न्यायालय की सलाह से नियम और विनियम बना सकती है। राज्य न्यायिक सेवाओं के सदस्य इन नियमों और विनियमों से संचालित होते हैं।

न्याय प्रदान करने और कानूनी सुधारों के लिए राष्ट्रीय मिशन

न्याय प्रदान करने और कानूनी सुधारों के लिए राष्ट्रीय मिशन की स्थापना अगस्त 2011 में की गई। इसके दो उद्देश्य हैं, (i) देरी और बकाया मामलों को कम करके पहुंच बढ़ाना; और (ii) ढांचागत परिवर्तनों और कामकाज के मानक और क्षमताओं को स्थापित करके जवाबदेही बढ़ाना। यह मिशन पांच रणनीतिक पहलों पर ज़ोर दे रहा है: (i) नीतिगत और विधायी परिवर्तनों की रूपरेखा तैयार करना (ii) मानव संसाधन विकास पर विशेष ध्यान केंद्रित करना (iii) बेहतर न्याय प्रदान करने के लिए सूचना और संचार प्रौद्योगिकी और उपकरणों का फायदा उठाना (iv) कार्य प्रणालियों और अदालतों की कार्यवाही को फिर से व्यावहारिक बनाना तथा (v) बुनियादी ढांचे में सुधार। मिशन ने न्यायिक प्रशासन में बकाया और लंबित मामलों को विभिन्न चरणों में निपटाने के लिए समन्वित प्रयास किया जिसमें अन्य बातों के अलावा कंप्यूटरीकरण, अधीनस्थ न्यायपालिका की क्षमता बढ़ाने, बहुत अधिक विवादों वाले इलाकों में नीतिगत और विधायी उपाय करने, मामलों के त्वरित निपटारे के लिए अदालत की कार्यवाही को फिर से व्यावहारिक बनाने सहित अदालतों के लिए बेहतर बुनियादी ढांचा तैयार करना शामिल है। मिशन ने अपने उद्देश्यों को पूरा करने की दिशा में प्रत्येक रणनीतिक क्षेत्रो में अनेक कदम उठाए हैं। न्याय संबंधी मानक और जवाबदेही विधेयक पर संसद द्वारा विचार किया जा रहा है। उच्च न्यायालय के न्यायाधीशों की सेवानिवृत्ति आयु बढ़ाने के लिए संविधान संशोधन विधेयक भी संसद के समक्ष है। अखिल भारतीय न्यायिक सेवा (एआईजेएस) के गठन के लिए एक विस्तृत प्रस्ताव तैयार किया गया है। राज्यों ने शासकीय स्तर पर मुकदमेबाज़ी को कम करने के उद्देश्य से इस बारे में अपनी नीतियां तैयार की हैं। राज्य सरकारों से अनुरोध किया गया है कि वे राज्य की एजेंसियों द्वारा मुकदमेबाज़ी कम करने के लिए इस बारे में अपनी नीतियों के प्रभाव का आकलन करें। चेक बाउंस के मामलों से जुड़े बढ़ते मुकदमों पर अंकुश लगाने के लिए अन्य नीतिगत और प्रशासनिक उपायों के साथ निगोशिएबल इन्स्ट्रूमेंट अधिनियम में आवश्यक संशोधनों का सुझाव देने के लिए एक अंतरमंत्रालयी समूह का गठन किया गया। समूह ने अनेक सुझाव दिए जिनमें चेक बाउंस के मामलों की संख्या को कम करने के लिए अनेक कार्यविधि और विधायी परिवर्तनों सहित अनेक उपाय सुझाए गए। इन उपायों को वित्तीय सेवाओं के विभाग और भारतीय रिज़र्व बैंक ने आगे बढ़ाया।

मोटर-वाहन अधिनियम 1988 के अंतर्गत चालान मामलों से उत्पन्न मुकदमेबाज़ी को सीमित करने के लिए सड़क परिवहन और राजमार्ग मंत्रालय से इस संबंध में उचित कदम उठाने का अनुरोध किया गया। वह राज्यों/केंद्रशासित प्रदेशों के परिवहन विभाग के लिए ठोस दिशानिर्देश तैयार कर रहा है

जिसमें अदालतों का सहारा लिए बिना चालान का भुगतान करने की प्रणाली को सरल बनाने के लिए उचित प्रशासनिक उपाय करने की सलाह दी गई है। न्यायिक सुधार के एक महत्वपूर्ण पहलू का संबंध मामलों को जल्द निपटाने के लिए अदालतों में कानूनी कार्यवाहियों को फिर से व्यावहारिक बनाना है। राष्ट्रीय अदालत प्रबंधन प्रणालियों (एनसीएमएस) की विस्तृत योजना तैयार कर ली गई है और भारत के उच्चतम न्यायालय द्वारा अधिसूचित कर दी गई है। एनसीएमएस के अंतर्गत अदालत की उत्कृष्टता की एक राष्ट्रीय रूप-रेखा (एनएफसीई) तैयार की गई जो उन अदालतों के कामकाज के लिए औसत दर्जे के मानक तय करगी। गुणवत्ता, उत्तरदायित्व और समय की पाबंदी से जुड़े मुद्दों का समाधान करते हुए अदालतों में पड़े मामलों के तेज़ी से निपटारे के लिए राष्ट्रीय मिशन को अनेक सुझाव प्राप्त हुए। इनमें से एक सुझाव यह था कि अदालत की कार्यविधि में देरी को कम करने के लिए प्रकिया शुल्क को समाप्त किया जाए। यह सुझाव दिया गया कि यदि ज़रूरत पड़े तो इस तरह के खर्चों को शामिल करने के लिए अदालत शुल्क में उपयुक्त तरीके से संशोधन किया जा सकता है। इन सुझावों को राज्य सरकारों और उच्च न्यायालयों के पास विचार के लिए भेज दिया गया है।

ग्राम न्यायालय

ग्राम न्यायालयों की स्थापना और उनके प्रचालन के लिए राज्य सरकारों/केंद्रशासित प्रशासनों को वित्तीय सहायता प्रदान करने के लिए एक केंद्रीय क्षेत्र की योजना दिसंबर 2009 में शुरू की गई। अब तक 10 राज्यों ने 194 ग्राम न्यायालयों को अधिसूचित किया है, जिनमें से 159 कार्य कर रही हैं। उच्च न्यायालयों के मुख्य न्यायाधीशों और राज्यों के मुख्यमंत्रियों का सम्मेलन अप्रैल 2013 में हुआ, अन्य बातों के साथ ये फैसला किया गया कि राज्य सरकारें और उच्च न्यायालय जहां कहीं भी संभव हो वहां अपनी स्थानीय समस्याओं को ध्यान में रखकर ग्राम न्यायालयों की स्थापना के बारे में फैसला करें। इस बात पर विशेष ध्यान दिया गया कि उन ताल्लुकों को ग्राम न्यायालय योजना में शामिल किया जाए जहां नियमित अदालतों की स्थापना नहीं की गई है।

न्यायिक बुनियादी ढांचा

न्यायिक बुनियादी ढांचे की पर्याप्तता अदालतों में लंबित पड़े मामलों में कटौती की पहली आवश्यकता है। अधीनस्थ न्याय व्यवस्था के लिए बुनियादी ढांचा विकास की ज़िम्मेदारी राज्य सरकारों की है। केंद्र सरकार न्यायिक बुनियादी ढांचे के विकास के लिए केंद्र द्वारा प्रायोजित योजना के अंतर्गत वित्तीय सहायता जारी कर राज्य सरकारों के संसाधनों में वृद्धि करती है। यह योजना 1993-94 से लागू है और इसमें 2011 में संशोधन किया गया। इसमें अदालतों की इमारतों का निर्माण और न्यायिक अधिकारियों के आवास की सुविधा शामिल है। मार्च 2016 को केंद्र सरकार ने 2011-12 से प्रभावी संशोधित निधियन ढांचे के अंतर्गत राज्य सरकारों और केंद्रशासित प्रशासनों के लिए 3,694 करोड़ रुपये की राशि जारी की। यह 1993-2011 तक योजना के आरंभिक चरण में केंद्र सरकार द्वारा प्रदान की गई 1,245 करोड़ रुपये की राशि में पर्याप्त वृद्धि को दर्शाता है। 14वें वित्त आयोग की सिफारिशों पर राज्य सरकारों को प्रदान की गई निधियों के अधिक हस्तांतरण के साथ, योजना के अंतर्गत निधि सहभाजन ढांचे में और संशोधन कर 2015-16 से केंद्र और राज्य सरकारों के बीच इसका अनुपात 60:40 किया गया। पूर्वोत्तर क्षेत्र के राज्यों और हिमालयी राज्यों के लिए इसका अनुपात 90:10 रखा गया।

उच्च न्यायालयों से 31 दिसंबर, 2015 को एकत्र की गई सूचना के अनुसार देश में ज़िला और अधीनस्थ न्यायालयों के लिए 16,513 अदालत हॉल/अदालत कक्ष उपलब्ध थे। इनके अलावा 2,447 अदालत हॉल/अदालत कक्ष निर्माणधीन हैं। दिसंबर 2015 को उच्च न्यायालयों द्वारा दी गई जानकारी के अनुसार 16,070 न्यायाधीशों/न्यायिक अधिकारियों की कार्यरत संख्या के साथ इन संख्याओं की तुलना करने पर न्यायिक मानव श्रम की वर्तमान क्षमता के लिए पर्याप्त अदालत कक्ष/अदालत हॉल उपलब्ध हैं। ज़िला और अधीनस्थ न्यायालयों में न्यायिक अधिकारियों/न्यायाधीशों की मंजूर संख्या की आवश्यकता के अनुसार अदालत कक्षों/अदालत हॉलों की उपलब्धता पर विशेष ध्यान दिया जा रहा है। ज़िला और अधीनस्थ न्यायालयों में न्यायिक अधिकारियों के लिए आवासीय इकाइयों की उपलब्धता के संबंध में पर्याप्त प्रगति हुई है। दिसंबर 2015 को अधीनस्थ न्यायालयों के लिए 14,420 आवासीय इकाइयां उपलब्ध थीं और 1,868 आवासीय इकाइयां निर्माणाधीन हैं।

ई-अदालतें समेकित मिशन मोड परियोजना कंप्यूटरीकरण

ई-अदालतें समेकित मिशन मोड परियोजना राष्ट्रीय ई-शासन परियोजनाओं जिसे देश के उच्च न्यायालयों और ज़िला/अधीनस्थ अदालतों में लागू किया गया है। भारत के उच्चतम न्यायालय की ई-समिति द्वारा भारतीय न्याय व्यवस्था 2005 में सूचना और संचार प्रौद्योगिकी को लागू करने के लिए राष्ट्रीय नीति और कार्य योजना के आधार पर इस परियोजना की संकल्पना की गई। न्याय व्यवस्था को आईसीटी सक्षम बनाने के उद्देश्य से एक कार्ययोजना तैयार करने के लिए 2004 में ई-समिति का गठन किया गया जिसमें भारत के प्रधान न्यायाधीश के रूप में प्रमुख संरक्षक और तदर्थ अध्यक्ष को रखा गया।

परियोजना के अंतर्गत सरकार ने मार्च 2014 तक 935 करोड़ रुपये के कुल बजट के साथ 14,249 ज़िला और अधीनस्थ अदालतों के कंप्यूटरीकरण की मंजूरी दे दी। ई-अदालत परियोजना का उद्देश्य वादियों, अधिवक्ताओं और न्याय व्यवस्था को देश की ज़िला और अधीनस्थ अदालतों के व्यापक कंप्यूटरीकरण द्वारा निर्दिष्ट सेवाएं प्रदान करना और न्यायिक प्रणाली को आईसीटी सक्षम बनाने में वृद्धि करना है।

13वें वित्त आयोग का अनुदान

न्याय प्रदान करने में सुधार के उद्देश्य से तेरहवें वित्त आयोग ने 2010-15 की अवधि में 5,000 करोड़ रुपये से अधिक का अनुदान देने की सिफारिश की।

तेरहवें वित्त आयोग की सिफारिशों के अनुसार न्याय प्रदान करने की प्रणाली में सुधार के लिए सहायता अनुदान जारी करने और उसके इस्तेमाल के लिए दिशानिर्देशों को अंतिम रूप दे दिया गया है और इसे राज्य सरकारों के बीच प्रसारित कर दिया गया है। उसके अलावा अनुदानों के इस्तेमाल की समीक्षा के लिए न्याय विभाग में एक समीक्षा समिति का गठन किया गया। तेरहवें वित्त आयोग के अंतर्गत अब तक राज्यों को 1,426.46 करोड़ रुपये की राशि जारी की जा चुकी है।

अधिकारविहीन लोगों के लिए न्याय की पहुंच

अधिकारविहीन लोगों की न्याय तक पहुंच बनाने के लिए संयुक्त राष्ट्र विकास कार्यक्रम (यूएनडीपी) के साथ साझेदारी में न्याय विभाग, विधि और न्याय मंत्रालय, एक दशक लंबा कार्यक्रम (2008-2017) लागू कर रहा है। इस परियोजना को आठ यूएनडीएएफ राज्यों बिहार, छत्तीसगढ़, झारखंड,

मध्य प्रदेश, राजस्थान, उत्तर प्रदेश, महाराष्ट्र और ओडिशा तक बढ़ाया गया है। इस परियोजना में इस बात पर ज़ोर दिया गया है कि कानूनी, सामाजिक और आर्थिक क्षेत्रों में न्याय की पहुंच में बाधाओं को दूर करने के लिए योजनाएं तैयार करके अधिकारविहीन लोगों की न्याय तक पहुंच को मज़बूत बनाया जाए। यह परियोजना वर्तमान में कार्यान्वयन के दूसरे चरण में है। 2008 से 2012 तक विस्तारित पहले चरण ने इस दिशा में महत्वपूर्ण योगदान किया है। पहले चरण की कुछ उपलब्धियां इस प्रकार हैं: (i) अधिकारविहीन समुदायों को उनके कानूनी अधिकारों के प्रति जागरूक करने के लिए समुदाय के 20 लाख से अधिक लोगों तक कानूनी साक्षरता पहल की पहुंच; (ii) राष्ट्रीय साक्षरता मिशन योजना (साक्षर भारत) के अंतर्गत प्रौढ़ साक्षरता कार्यक्रम में कानूनी साक्षरता का समावेश; (iii) विभिन्न पृष्ठभूमि वाले 7,000 से अधिक पैरालीगल (अधिवक्ताओं की सहायता करने वाले विशेष प्रशिक्षण प्राप्त व्यक्ति) को प्रशिक्षण; और (iv) लॉ स्कूलों द्वारा चलाए जा रहे कानूनी सहायता क्लीनिकों के बारे में भारत में कराए गए पहले सर्वेक्षण और अनेक राज्य कानूनी सेवाओं के प्राधिकारों के आकलन की आवश्यकता है ताकि न्याय तक पहुंच बनाने में अधिकारविहीन समुदाय के सामने आने वाली बाधाओं को बेहतर तरीके से समझा जा सके।

परियोजना के दूसरे चरण का विस्तार 2013 से 2017 तक किया गया है। इस चरण में परियोजना का उद्देश्य पिछले चरण की उपलब्धियों को आगे बढ़ाना और न्याय की मांग पर कार्य जारी रखना तथा न्याय दिलाना सुनिश्चित करना है। परियोजना के अंतर्गत न्याय विभाग में एक तकनीकी सहायता दल भी रखा गया है जिसका विशेष उद्देश्य न्याय दिलाने और कानूनी सुधारों के राष्ट्रीय मिशन की सहायता करना है।

परियोजना के दूसरे चरण में मांग और आपूर्ति पक्ष दोनों ही तरफ विशेष ध्यान देना जारी रहेगा। भौगोलिक कवरेज के मामले में परियोजना में आठ राज्यों बिहार, छत्तीसगढ़, झारखंड, मध्य प्रदेश, महाराष्ट्र, ओडिशा, राजस्थान और उत्तर प्रदेश के एक-दो चुने हुए ज़िलों में बेहतर प्रभाव के लिए प्रयासों पर ज़ोर दिया जाएगा। परियोजना में पिछले चरण में हासिल परिणामों को जारी रखने का प्रयास किया जाएगा। यह परियोजना राष्ट्रीय मिशन को अंत:स्थापित तकनीकी सहायता प्रदान करेगी ताकि मिशन के उद्देश्यों को हासिल करने में न्याय विभाग की सहायता की जा सके। दक्षिण सहयोग को बढ़ावा देने के लिए भारत और दुनिया के अन्य देशों के बीच सूचना और अध्ययन के आदान-प्रदान में परियोजना सहायता करेगी जिससे गरीबों को बेहतर कानूनी सहायता प्रदान करने के लिए कार्यनीतियों, पहुंच मार्ग और साधन उपलब्ध करा कर अच्छी कार्यप्रणालियों से सीखने के अवसर पैदा किए जा सकें।

विदेशी मुद्रा के लिए अपीलीय न्यायाधिकरण

विदेशी मुद्रा के लिए अपीलीय न्यायाधिकरण की स्थापना विदेशी मुद्रा प्रबंधन अधिनियम (फेमा), 1999 की धारा 18 के अंतर्गत जून 2000 में की गई। फेमा की धारा 19 के अंतर्गत, केंद्र सरकार अथवा कोई भी व्यक्ति विशेष निदेशक (अपील), अथवा धारा 17 के उप खंड (i) में उल्लिखित के अलावा किसी निर्णायक प्राधिकार द्वारा दिए गए आदेश से असंतुष्ट केंद्र सरकार अथवा कोई भी व्यक्ति, अपीलीय न्यायाधिकरण में अपील करने को प्राथमिकता दे सकता है। इसे असंतुष्ट व्यक्ति अथवा केंद्र द्वारा आदेश मिलने की तारीख से 45 दिन के भीतर दायर किया जा सकता है।

फेमा की धारा 20 में व्यवस्था है कि अपीलीय न्यायाधिकारण में एक अध्यक्ष और उतने सदस्य होने चाहिए जितने केंद्र सरकार उचित समझे। अपीलीय न्यायाधिकरण के अधिकार क्षेत्र का इस्तेमाल पीठों द्वारा किया जा सकता है। पीठ का गठन अध्यक्ष द्वारा किया जा सकता है, जिसमें एक या अधिक सदस्य हो सकते हैं जो भी अध्यक्ष को उपयुक्त लगे। अपीलीय न्यायाधिकरण की पीठें सामान्य तौर पर नई दिल्ली और ऐसे अन्य स्थानों पर बैठती हैं जिसे केंद्र सरकार, अध्यक्ष से सलाह कर अधिसूचित करे। अध्यक्ष किसी भी सदस्य का तबादला एक पीठ से दूसरी पीठ में कर सकता है। यदि किसी भी अवस्था में ऐसा लगता है कि मामले की सुनवाई दो सदस्यों की पीठ द्वारा की जानी चाहिए, अध्यक्ष उस मामले को उस पीठ में स्थानांतरित कर सकता है जिसे वह इसके योग्य समझे। कोई भी व्यक्ति जो उच्च न्यायालय के न्यायाधीश की योग्यता रखता हो अथवा उच्च न्यायालय का न्यायाधीश रह चुका हो, उसे न्यायाधिकरण का अध्यक्ष नियुक्त किया जा सकता है। जो व्यक्ति ज़िला न्यायाधीश के लिए योग्यता प्राप्त हो उसकी न्यायाधिकरण के सदस्य के रूप में नियुक्ति की जा सकती है। धारा 49 की उप-धारा (5) के खंड (ख) के अंतर्गत सभी अपीलें जो पीईआरए बोर्ड के समक्ष लंबित हैं, उन्हें हस्तांतरित कर दिया गया है और विदेशी मुद्रा प्रबंधन अधिनियम के अंतर्गत गठित अपीलीय न्यायाधिकरण के नियंत्रण में हैं।

वैकल्पिक विवाद समाधान के लिए अंतरराष्ट्रीय केंद्र

वैकल्पिक विवाद समाधान के लिए अंतरराष्ट्रीय केंद्र (आईसीएडीआर) का पंजीकरण सोसायटी अधिनियम 1860 के अंतर्गत 31 मई, 1995 को किया गया। यह एक स्वायत्तशासी संगठन है जो विधि और न्याय मंत्रालय, भारत सरकार के तत्वावधान में काम कर रहा है। इसका मुख्यालय नई दिल्ली में और क्षेत्रीय केंद्र हैदराबाद और बंगलुरु में है। इसकी स्थापना विवादों के जल्दी समाधान और अदालतों में लंबित मामलों के बोझ को कम करने के लिए वैकल्पिक विवाद समाधान के तरीके को बढ़ावा देने, उसे लोकप्रिय बनाने और उसका प्रचार करने के लिए किया गया।

प्रवर्तन एजेंसियां

पुलिस

देश में पुलिस बल को सार्वजनिक व्यवस्था बनाए रखने और अपराधों की रोकथाम और उनका पता लगाने की ज़िम्मेदारी सौंपी गई है। संविधान के अंतर्गत सार्वजनिक व्यवस्था और पुलिस राज्य का विषय है, पुलिस का रखरखाव और नियंत्रण राज्यों द्वारा किया जाता है।

राज्य में पुलिस बल का नेतृत्व पुलिस महानिदेशक/पुलिस महानिरीक्षक द्वारा किया जाता है। राज्य को उपयुक्त क्षेत्रीय खंडों में विभाजित किया गया है जिसे रेंज कहा जाता है और प्रत्येक पुलिस रेंज पुलिस उप-महानिरीक्षक के प्रशासनिक नियंत्रण में है। अनेक ज़िले रेंज का गठन करते हैं। ज़िला पुलिस को पुलिस डिवीजनों, सर्कलों और पुलिस स्टेशनों में उप-विभाजित किया गया है। इसके अलावा नागरिक पुलिस, राज्यों की अपनी सशस्त्र पुलिस और पृथक गुप्तचर शाखाएं, अपराध शाखाएं आदि हैं। बड़े शहरों जैसे- दिल्ली, कोलकाता, मुंबई, चेन्नई, बंगलुरु, हैदराबाद, अहमदाबाद, नागपुर, पुणे आदि में पुलिस सीधे तौर पर पुलिस आयुक्त के अंतर्गत आती है जिसके पास मजिस्ट्रेट स्तर के अधिकार हैं। विभिन्न राज्यों में सभी वरिष्ठ पुलिस पद भारतीय पुलिस सेवा (आईपीएस) कैडर द्वारा संचालित हैं, जिसके लिए नियुक्ति अखिल भारतीय परीक्षा के आधार पर होती है।

केंद्र सरकार केंद्रीय पुलिस बलों, गुप्तचर ब्यूरो (आईबी), केंद्रीय जांच ब्यूरो (सीबीआई), पुलिस अधिकारियों और अपराध विज्ञान के प्रशिक्षण के लिए संस्थानों की देखरेख करती है ताकि विशेष आपराधिक मामलों की जांच करने में कानून और व्यवस्था बनाए रखने के लिए खुफिया जानकारी एकत्र करने में राज्यों की सहायता की जा सके और राज्य सरकारों के वरिष्ठ पुलिस अधिकारियों को प्रशिक्षण प्रदान किया जा सके।

भारत-तिब्बत सीमा पुलिस

भारत-तिब्बत सीमा पुलिस (आईटीबीपी) की स्थापना चीनी हमले के मद्देनज़र 24 अक्टूबर, 1962 को की गई ताकि काराकोरम दर्रे से लीपूलेख दर्रे तक 2115 किलोमीटर लम्बी भारत-तिब्बत सीमा पर अग्रिम पंक्ति में खुफिया तंत्र और सुरक्षा को पुनः संगठित किया जा सके। शुरुआत में केवल चार बटालियनों की मंज़ूरी दी गई। अतिरिक्त ज़िम्मेदारियों और 1976 में पुनः परिभाषित कार्य को देखते हुए बल का 1978 में पुनर्गठन किया गया और सेवा बटालियनों की संख्या बढ़ाकर 9 कर दी गई जिनमें चार विशेषज्ञ बटालियनें और दो प्रशिक्षण केंद्र शामिल थे। सीमा की पहरेदारी, विद्रोही गतिविधियों का मुकाबला करने और आंतरिक सुरक्षा भूमिकाओं के संबंध में समय-समय पर आईटीबीपी को सौंपे गए अतिरिक्त कार्यों के साथ इसकी बटालियनों की संख्या धीरे-धीरे बढ़ती गई और वर्तमान में आईटीबीपी में 52 सेवा बटालियनें, चार विशेषज्ञ बटालियनें, 17 प्रशिक्षण केंद्र और दो संचालन केंद्र हैं। 52 सेवा बटालियनों में से दो बटालियनों को आपदा प्रबंधन बटालियनों में तब्दील कर दिया गया है और उन्हें राष्ट्रीय आपदा मोचन बल (एनडीआरएफ) में स्थानांतरित कर दिया गया है। एक सीमा एक बल का पालन करते हुए, भारत-चीन सीमा के 3,488 किलोमीटर लंबे क्षेत्र को सीमा की रखवाली के लिए आईटीबीपी को सौंपा गया है और फलस्वरूप 2004-05 में इसने सिक्किम और अरुणाचल प्रदेश में असम राइफल्स का स्थान लिया है।

मूल रूप से आईटीबीपी पहाड़ों के लिए प्रशिक्षित बल है और इसके अधिकतर अधिकारी और जवान पेशेवर तरीके से प्रशिक्षित पर्वतारोही और स्की करने में सक्षम हैं। इन्होंने 2012 में सफल पर्वतारोहण अभियान के साथ माउंट एवरेस्ट चार बार फतह करने सहित हिमालय की 180 चोटियों पर चढ़ाई की है। आईटीबीपी के पर्वतारोहियों ने नेपाल, ईरान, जापान और दक्षिण अफ्रीका की चोटियों पर भी सफलतापूर्वक चढ़ाई की है। आईटीबीपी के स्की करने वाले राष्ट्रीय चैंपियन रह चुके हैं और उन्होंने शीतकालीन ओलंपिक में भाग लिया है। उन्होंने ब्रह्मपुत्र, सिंधु और गंगा नदियों के अशांत और तेज़ पानी में साहसी व्हाइट वाटर राफ्टिंग में भाग लिया है और इस क्षेत्र में अंतरराष्ट्रीय उपलब्धियां हासिल की हैं।

वेबसाइट: www.itbpolice.nic.in

सीमा सुरक्षा बल

सितंबर 1965 में भारत-पाक युद्ध तक पूर्व और पश्चिम दोनों तरफ भारत और पाकिस्तान की अंतरराष्ट्रीय सीमाओं पर संबद्ध देशों का राज्य पुलिस बल तैनात था। इस व्यवस्था की कुछ अंतर्निहित कमियां युद्ध के दौरान सामने आईं और यह फैसला किया गया कि पाकिस्तान से लगी अंतरराष्ट्रीय सीमाओं की रखवाली के लिए एक बल होना चाहिए।

उपरोक्त आधार वाक्य के आधार पर विभिन्न राज्य पुलिस बटालियनों का बीएसएफ में एकीकरण करके दिसंबर 1965 में बीएसएफ अस्तित्व में आया। इस बल को केवल 25 बटालियनों की मदद से खड़ा किया गया जबकि आज इसकी 175 बटालियनें हैं। वर्तमान में यह पाकिस्तान और बांग्लादेश के साथ 6,623 किलोमीटर लंबी अंतरराष्ट्रीय सीमा पर तैनात है। इसके अलावा बीएसएफ विभिन्न आंतरिक सुरक्षा कर्तव्यों में महत्वपूर्ण भूमिका निभाता है।

शांति के समय के दौरान बीएसएफ की भूमिका इस प्रकार है: (i) सीमावर्ती इलाकों में रह रहे लोगों के बीच सुरक्षा की भावना को बढ़ावा देना; (ii) सीमा पार से अपराधों की रोकथाम, भारत के क्षेत्र में अनाधिकृत प्रवेश अथवा निकासी; (iii) सीमा पर तस्करी और किसी अन्य गैर-कानूनी गतिविधियों को रोकना; (iv) घुसपैठ रोकने का कर्तव्य; और (v) सीमा पार की खुफिया जानकारी एकत्र करना।

युद्ध के समय के दौरान बीएसएफ की भूमिका इस प्रकार है: (i) सौंपे गए क्षेत्रों में मैदान संभालना; (ii) दुश्मन की केंद्रीय सशस्त्र पुलिस अथवा अनियमित बलों के खिलाफ सीमित आक्रामक कार्रवाई; (iii) सेना के नियंत्रण के तहत् व्यवस्थित दुश्मन के क्षेत्र में कानून और व्यवस्था बनाए रखना; (iv) युद्धबंदियों के शिविरों की पहरेदारी; (v) सीमावर्ती इलाकों में सेना के लिए गाइड के रूप में कार्य करना; (vi) शरणार्थियों के नियंत्रण में सहायता; (vii) क्षेत्रों का प्रावधान; और (viii) छापों सहित गुप्तचर के साथ जुड़े विशेष कार्य करना।

वेबसाइट: www.bsf.nic.in

असम राइफल्स

असम राइफल्स की स्थापना 1835 में कछार लेवी के रूप में की गई और यह भारत का सबसे पुराना केंद्रीय अर्द्धसैनिक बल है। इस बल की स्थापना प्रारंभिक तौर पर पहाड़ी क्षेत्रों के आस-पास रहने वाले जंगली और बेलगाम आदिवासियों से असम की जलोढ़ समतल भूमि की रक्षा करने के लिए की गई थी। यह शुरुआत में सम्मिलित इकाई थी जो असम राइफल्स के रूप में विकसित हो गई। धीरे-धीरे ऐसी कुछ और इकाइयों की स्थापना की गई और उन्हें सुदूरवर्ती इलाकों में चौकियां स्थापित करने के लिए तैनात किया गया और इन्होंने ब्रिटिश सरकार के प्रभुत्व को बढ़ाने में नागरिक प्रशासन के मज़बूत हथियार के रूप में काम किया। बल ने दुर्गम और निर्जन इलाकों को खोलने और विकास गतिविधियां हाथ में लेने में मदद की; प्रशासन से इन्हें अनेक पुरस्कार मिले। पूर्वोत्तर के लोगों को राष्ट्र की मुख्यधारा में शामिल करने की दिशा में असम राइफल्स का योगदान वास्तव में महत्वपूर्ण है। इस क्षेत्र से उनका लंबा जुड़ाव बल में झलकता है और उन्हें प्रेमपूर्वक पूर्वोत्तर का पहरेदार और पहाड़ी जनता का मित्र कहा जाता है। बल की 46 बटालियनें हैं और पूर्वोत्तर क्षेत्र में आंतरिक सुरक्षा की देखरेख और भारत-म्यामां सीमा की रखवाली करने में इसकी दोहरी भूमिका है।

शुरुआत में यह एक नागरिक बल था और सिर्फ स्थानीय प्रशासन के मज़बूत हथियार के रूप में कार्य करता था। धीरे-धीरे जब ब्रिटिश सरकार ने अग्रवर्ती नीति अपनाई, मिलिशिया का कार्य मुख्य रूप से रक्षात्मक से बदलकर आक्रामक हो गया। उसके अभियानों का क्षेत्र केवल असम तक ही सीमित नहीं रहा, बल्कि पूर्वोत्तर क्षेत्र के जनजातीय इलाकों में भी फैल गया। भूमिका में बदलाव से बल की नामावली और चरित्र में भी बदलाव आया।

वेबवाइट: www.assamrifles.gov.in

राष्ट्रीय सुरक्षा गार्ड

70 के दशक के दौरान पश्चिम में राष्ट्रीय और अंतरराष्ट्रीय आतंकवाद ने सिर उठा लिया था। यह विमान अपहरण, लोगों को बंधक बनाने, गणमान्य और अन्य व्यक्तियों की हत्याओं सहित अनेक रूपों में सामने आ रहा था। कानून और व्यवस्था का सामान्य तंत्र और पश्चिम के रक्षा बल इस बुराई से निपटना चाहते थे। विशेष हथियारों से लैस और प्रशिक्षित बल जैसे ब्रिटेन का एसएएस, अमरीका का डेल्टाफोर्स और पश्चिम जर्मनी जीएसजी-9 की विदेश में स्थापना हो चुकी थी। अमृतसर के स्वर्ण मंदिर में 1984 में सेना के ऑपरेशन ब्लू स्टार के समय नीतिगत गुप्तचर पर आधारित सर्जिकल कार्रवाई करने के लिए भारत में विशेष बल के गठन की आवश्यकता महसूस की गई। स्वर्ण मंदिर में की गई कार्रवाई ने न केवल उसे भारी नुकसान पहुंचाया बल्कि इसमें बड़ी संख्या में लोग हताहत हुए और इन सबसे ऊपर सिखों के मानस को ठेस पहुंची। ब्रिटेन में एसएएस, फ्रांस में जीआईजीएन, जर्मनी में जीएसजी-9, इज़राइल में शार-एट-मटकल और अमरीका में डेल्टा फोर्स जैसे विशेष बलों का अध्ययन और विश्लेषण करने के बाद राष्ट्रीय सुरक्षा गार्ड (एनएसजी) की संकल्पना और उसका गठन किया गया। फलस्वरूप गृह मंत्रालय के अंतर्गत केंद्रीय आकस्मिक बल के रूप में अक्टूबर 1995 में एनएसजी की स्थापना की गई। इसे सेना और केंद्रीय सशस्त्र पुलिस के चुने हुए और अत्यधिक प्रेरित जवानों की मदद से बनाया गया है। 53 प्रतिशत जवान सेना से लिए गए हैं जबकि केंद्रीय सशस्त्र पुलिस जैसे बीएसएफ, सीआरपीएफ और आईटीबीपी का योगदान 47 प्रतिशत है। एनएसजी की गौरवशाली विरासत रही है और इसे देशों द्वारा बहुत आदर से देखा जाता है। अपनी स्थापना के समय से ही इसके कमांडो 114 प्रमुख सफल आतंकवादी विरोधी कार्रवाइयों में शामिल हुए हैं। इसे अनेक पुरस्कार मिल चुके हैं और तीन अशोक चक्रों, दो कीर्ति चक्रों, तीन शौर्य चक्रों और दस पीपीएमजी से सम्मानित किया जा चुका है। एनएसजी के 9 कमांडो ने एनएसजी के आदर्श वाक्य सर्वत्र सर्वोत्तम सुरक्षा के अनुरूप आचरण करते हुए सर्वोच्च बलिदान दिया है।

वेबसाइट: www.nsg.gov.in

केंद्रीय रिज़र्व पुलिस बल

केंद्रीय रिज़र्व पुलिस बल (सीआरपीएफ) का गठन जुलाई 1939 में क्राउन रिप्रेजेंटेटिव्स पुलिस के रूप में नीमच में किया गया था। स्वतंत्रता के बाद इसे नया नाम केंद्रीय रिज़र्व पुलिस बल दिया गया और तत्कालीन गृह मंत्री स्वर्गीय सरदार बल्लभ भाई पटेल ने उसके लिए बहुआयामी भूमिका की संकल्पना की। सीआरपीएफ की झोली में अनेक उपलब्धियां हैं। यह सीआरपीएफ ही थी जिसने 21 अक्टूबर, 1959 को लद्दाख में हॉट स्प्रिंग्स पर चीनी हमले का हिम्मत से सामना किया जब सीआरपीएफ के एक छोटे गश्ती दल पर अधिक संख्या में मौजूद चीनी सैनिकों द्वारा घात लगाकर हमला किया गया। इसमें सीआरपीएफ के दस जवानों ने अपने प्राणों की आहुति दी। अब हर वर्ष 21 अक्टूबर को पुलिस स्मरण दिवस के रूप में मनाया जाता है। बल ने 1965 में एक बार फिर अपनी वीरता को साबित किया जब सैकिंड बीएन सीआरपीएफ की एक छोटी टुकड़ी ने गुजरात में सरदार पोस्ट पर 9 अप्रैल को पाकिस्तानी बिग्रेड द्वारा किए गए एक हमले का मुंहतोड़ जवाब दिया, जिसमें 34 पाकिस्तानी सैनिक मारे गए और 4 को ज़िंदा पकड़ लिया गया। सैनिक युद्ध के इतिहास में कभी भी ऐसा नहीं हुआ था कि थोड़े से पुलिसकर्मी इस तरीके से संपूर्ण पैदल सेना के दल को खदेड़ दें। इस घटना में सीआरपीएफ के 6 बहादुर

जवानों ने अपनी शहादत दी, हमारे बहादुर जवानों को श्रद्धांजलि अर्पित करने के लिए 9 अप्रैल को अब हर वर्ष बल में वीरता दिवस के रूप में मनाया जाता है।

सीआरपीएफ को अंतरराष्ट्रीय स्तर पर कोसोवो, हैती और श्रीलंका में भी तैनात किया गया। श्रीलंका में सीआरपीएफ की दो बटालियनें और महिला बटालियन की एक कंपनी भारतीय शांति सेना का हिस्सा थी। एलटीटीई का पहला बड़ा हमला सीआरपीएफ के खिलाफ था, गैर-परंपरागत युद्ध का प्रयोग करते हुए इस हमले का मुंहतोड़ जवाब दिया गया। अब संयुक्त राष्ट्र के इतिहास में पहली बार, पूरी तरह गठित महिला इकाई को संयुक्त राष्ट्र शांति मिशन के तहत् लाइबेरिया में तैनात किया गया है। 13 दिसंबर, 2001 को जब आतंकवादियों ने संसद भवन पर हमला किया, उस वक्त सीआरपीएफ के बहादुर जवानों ने इस हमले को सफलतापूर्वक नाकाम किया। दोनों तरह से हुई गोलीबारी में, पांचों आतंकवादी मारे गए। महिला कैप्टन कमलेश कुमारी, जिसने इस घटना के दौरान अपने प्राणों की आहुति दी, उन्हें उनकी बहादुरी के लिए शांति काल में दिया जाने वाला शौर्य पुरस्कार अशोक चक्र मरणोपरांत प्रदान किया गया। जब 5 सशस्त्र आतंकवादियों ने जुलाई 2005 में अयोध्या में राम जन्म भूमि/ बाबरी मस्जिद परिसर में घुसने का प्रयास किया और बाहरी सुरक्षा घेरे को भेदकर घुस गए, उनका मुकाबला अंदरूनी सुरक्षा घेरे में तैनात सीआरपीएफ जवानों से हुआ। सीआरपीएफ के जवानों ने बहादुरी से मुकाबला करते हुए आतंकवादियों के खराब मंसूबों पर पानी फेर दिया और मौके पर सभी का सफाया कर दिया।

सीआरपीएफ की 1939 में एक बटालियन थी जो बढ़कर चार जोनों, 20 प्रशासनिक क्षेत्रों, 2 संचालन क्षेत्रों, 36 प्रशासनिक रेंजर, 7 संचालन रेंजर, 228 बटालियनों, 41 ग्रुप केंद्रों, 15 प्रशिक्षण संस्थानों और 4 संयुक्त अस्पतालों तक पहुंच गई है। यह देश का एकमात्र केंद्रीय सशस्त्र पुलिस बल है जिसमें 3 महिला बटालियनें हैं। अधिकतर बल आतंकवादी और विद्रोही गतिविधियों से निपटने के लिए जम्मू-कश्मीर; वामपंथी उग्रवाद से प्रभावित राज्यों और पूर्वोत्तर राज्यों में तैनात हैं। वर्तमान में इसकी 10 कोबरा इकाइयां, नक्सल गतिविधियों से निपटने के लिए विशेष रूप से प्रशिक्षित बल है। कोबरा बटालियनों को सामरिक दृष्टि से नक्सल प्रभावित इलाकों में तैनात किया गया है। सीआरपीएफ ने हमेशा से प्राकृतिक आपदाओं के समय महत्वपूर्ण भूमिका निभाई है। जब विनाशकारी - सुनामी ने जान-माल को नुकसान पहुंचाया अथवा जब जम्मू-कश्मीर के भूकंप ने विशाल क्षेत्र में तबाही मचाई और बड़े पैमाने पर जीवन को अस्त-व्यस्त किया, सीआरपीएफ ने राहत, बचाव और पुनर्वास प्रयासों में महत्वपूर्ण भूमिका निभाई। आज हमारी सीआरपीएफ की दो बटालियनें आपदा प्रबंधन बटालियनों के रूप में कार्य कर रही हैं और उन्हें पुणे तथा अहमदाबाद में रखा गया है।

वेबसाइट: www.crpf.gov.in

रेपिड एक्शन फोर्स

रेपिड एक्शन फोर्स (आरएएफ) को अक्टूबर 2003 में प्रेजीडेंशियल कलर प्रदान किया गया। सीआरपीएफ पहला ऐसा केंद्रीय सशस्त्र बल है जिसके पास दो प्रेजीडेंशियल कलर हैं। आरएएफ को साम्प्रदायिक समस्याओं से निपटने के लिए स्थापित किया गया और वह लगातार जम्मू-कश्मीर तथा पंजाब में उग्रवाद, पूर्वोत्तर में विद्रोही गतिविधियों से निपट रहा है। आरएएफ को अंतरराष्ट्रीय स्तर पर संयुक्त राष्ट्र शांति सेना के लिए हैती, बोस्निया और कोसोवो में, राहत और बचाव (ओडिशा में भीषण तूफान, गुजरात और जम्मू-कश्मीर में भूकंप) के लिए तैनात किया गया। आरएएफ ने भारी संख्या में भक्तजनों

के एकत्र होने से भगदड़ की आशंका की स्थिति (अमरनाथ यात्रा, जगन्नाथ यात्रा आदि) से भी निपटा है। वह एलडब्ल्यूई प्रभावित राज्यों में नक्सलवाद से निपटने के साथ ही प्रमुख धर्मस्थलों अयोध्या, काशी, मथुरा, वैष्णो देवी और रघुनाथ मंदिर, जम्मू की रखवाली कर रहा है। श्री अमरनाथ श्राईन बोर्ड को भूमि के हस्तांतरण को समाप्त करने के मुद्दे पर कानून और व्यवस्था की स्थिति, राजस्थान में गुज्जर आंदोलन के कारण कानून और व्यवस्था की गंभीर स्थिति, जम्मू-कश्मीर में पथराव की गंभीर घटना से प्रभावी तरीके से निपटा है और विभिन्न राज्यों में सफलतापूर्वक चुनाव की निगरानी की है।

केंद्रीय औद्योगिक सुरक्षा बल

1969 में स्थापित, केंद्रीय औद्योगिक सुरक्षा बल (सीआईएसएफ) 59 घरेलू और अंतरराष्ट्रीय हवाईअड्डों सहित 303 इकाइयों को सुरक्षा और 87 औद्योगिक उपक्रमों को अग्नि सुरक्षा प्रदान कर रहा है। अर्थव्यवस्था के वैश्वीकरण और उदारीकरण के साथ, सीआईएसएफ अब सार्वजनिक क्षेत्र के उपक्रम तक केंद्रित संगठन नहीं रह गया है। बल्कि यह आतंकवाद और नक्सल प्रभावित इलाकों सहित विभिन्न क्षेत्रों में देश के प्रमुख महत्वपूर्ण बुनियादी ढांचागत ठिकानों को सुरक्षा प्रदान करने वाली देश की प्रमुख बहु-कौशल सुरक्षा एजेंसी बन गई है। सीआईएसएफ इस समय 308 इकाइयों को सुरक्षा प्रदान कर रहा है जिनमें परमाणु ऊर्जा संयंत्र, अंतरिक्ष प्रतिष्ठान, रक्षा उत्पादन इकाइयां, खानें, तेल क्षेत्र और रिफाइनरियां, प्रमुख समुद्री बंदरगाह, भारी इंजीनियरिंग इस्पात संयंत्र, फर्टिलाइज़र इकाइयां, हवाईअड्डे, हाइड्रो इलेक्ट्रिक/ताप बिजली संयंत्र, संवेदनशील सरकारी इमारतें और यहां तक कि धरोहर स्मारक (ताजमहल और लाल किला सहित) और प्रतिष्ठित निजी क्षेत्र की इकाइयां शामिल हैं। बल देश का सबसे बड़ा अग्नि सुरक्षा सेवा प्रदाता है। यह 86 औद्योगिक उपक्रमों की अग्नि से सुरक्षा करता है। सीआईएसएफ को रत्नागिरी गैस और ताप बिजली स्टेशन लिमिटेड, राजीव गांधी ताप बिजली परियोजना, हिसार, हरियाणा में प्रतिष्ठापित किया गया। कंधार में इंडियन एयरलाइंस के विमान अपहरण के मद्देनज़र सीआईएसएफ को हवाईअड्डों की सुरक्षा का विशेष कार्य सौंपा गया। इस समय मुंबई, दिल्ली, चेन्नई और कोलकाता अंतरराष्ट्रीय हवाईअड्डों सहित देश के सभी प्रमख हवाईअड्डों की सुरक्षा का काम बल ने अपने हाथ में लिया हुआ है। इसके अलावा इसने 45 सरकारी इमारतों की सुरक्षा की ज़िम्मेदारी भी ली है, जिनमें दिल्ली में नॉर्थ ब्लॉक, साउथ ब्लॉक का कुछ हिस्सा और सीजीओ कॉम्पलेक्स शामिल है। सीआईएसएफ अधिनियम में संशोधन किया गया ताकि बल भुगतान के आधार पर निजी/संयुक्त उद्यम वाले औद्योगिक उपक्रमों को सुरक्षा प्रदान कर सके जो देश की सुरक्षा और अर्थव्यवस्था के लिए महत्वपूर्ण हैं। नवंबर 2008 में मुंबई आतंकवादी हमले के बाद निजी क्षेत्र को सीधे सुरक्षा प्रदान करने के लिए बल का दायरा बढ़ा दिया गया। निजी क्षेत्र के 175 से ज्यादा प्रतिष्ठानों ने सीआईएसएफ सुरक्षा के लिए पहले से ही अनुरोध भेजा हुआ है। बंगलुरु में बहुराष्ट्रीय सूचना प्रौद्योगिकी सेवा कंपनी के मुख्यालय-इनफोसिस टेक्नोलॉजीज़ लिमिटेड पहली ऐसी निजी क्षेत्र की कंपनी थी जिसे अगस्त 2009 में सीआईएसएफ सुरक्षा प्राप्त हुई। सीआईएसएफ देश के खजाने पर किसी प्रकार का बोझ नहीं है। उन सभी हवाईअड्डों पर जहां सीआईएसएफ तैनात है इसने वहां खोए और पाए सामान के लिए अपनी वेबसाइट: www.cisf.gov.in पर अक्टूबर 2009 में यात्रियों के लिए जनोपयोगी सेवा आरंभ की।

वेबसाइट: www.cisf.gov.in

सशस्त्र सीमा बल

सशस्त्र सीमा बल (एसएसबी) भारतीय केंद्र की सीमा की रखवाली करने वाला नवीनतम बल है। इसे भारत-नेपाल और भारत-भूटान की सीमाओं की रखवाली का काम सौंपा गया है। सशस्त्र सीमा बल 2001 से भारत-नेपाल सीमा की रखवाली कर रहा है। इसे 2004 में भारत-भूटान सीमा की रखवाली की अतिरिक्त ज़िम्मेदारी सौंपी गई। सशस्त्र सीमा बल भारत-चीन युद्ध के बाद 1963 के शुरू में विशेष सेवा ब्यूरो के नाम से अस्तित्व में आया। इसका शुरुआती लक्ष्य लोगों का मनोबल बढ़ाना और तत्कालीन नेफा, उत्तरी असम, उत्तरी बंगाल, उत्तर प्रदेश, हिमाचल प्रदेश और जम्मू-कश्मीर (लद्दाख) की पहाड़ियों के सीमावर्ती क्षेत्र की आबादी के मन में मुकाबले की भावना पैदा करना था। 1965-1991 के दौरान इसके संचालन का क्षेत्र मणिपुर, त्रिपुरा, जम्मू, मेघालय, सिक्किम, राजस्थान, गुजरात, मिज़ोरम, दक्षिण बंगाल और नगालैंड से लगे सीमावर्ती इलाकों तक बढ़ाया गया।

शुरुआत में एसएसबी की भूमिका: (i) सीमावर्ती इलाकों की आबादी में सुरक्षा और विरोध की भावना पैदा करना; (ii) राष्ट्रीय जागरूकता और सुरक्षा चेतना को बढ़ावा देना; और (iii) शत्रु से मुकाबला करने के लिए सीमा पर रहने वाले लोगों को एकजुट करना और उन्हें तैयार करना।

नागरिक सुरक्षा (सिविल डिफेंस)

नागरिक सुरक्षा में ऐसे उपाय शामिल हैं जिनका संबंध वास्तव में युद्ध से नहीं है। नागरिक सुरक्षा के तहत् भारत अथवा क्षेत्र के किसी भी भाग में वायु, भूमि, समुद्र अथवा किसी भी अन्य स्थान से होने वाले शत्रुओं के हमले से किसी भी व्यक्ति, संपत्ति, स्थान अथवा वस्तु को सुरक्षा प्रदान करना अथवा उसके प्रभाव से बचाना है, चाहे ऐसे उपाय पहले किए जाएं, हमले के दौरान किए जाएं अथवा हमले के बाद किए जाएं अथवा किसी आपदा से पहले, उसके दौरान अथवा उसके बाद आपदा प्रबंधन के उद्देश्य से किए जाएं।

नागरिक सुरक्षा अधिनियम, 1968 के लिए संसद द्वारा पारित संशोधन विधेयक के ज़रिए आपदा प्रबंधन के क्षेत्र में नागरिक सुरक्षा घटकों की अतिरिक्त भूमिका को कानूनी मंजूरी दी गई। इसके तहत् आपदा/त्रासदियां, चाहे प्राकृतिक हों अथवा मानव निर्मित, उनसे पहले, उनके दौरान और उनके बाद उत्पन्न आपात स्थितियों में आपदा प्रबंधन की अतिरिक्त भूमिका नागरिक सुरक्षा के जवान निभाएंगे।

नागरिक सुरक्षा के स्वयंसेवी सामाजिक और कल्याणकारी सेवाओं में प्रशासन को सहायता प्रदान करने और प्राकृतिक, मानव-निर्मित आपदाओं की रोकथाम, उनमें कमी लाने के साथ-साथ आपदा के बाद राहत कार्यों और कानून तथा व्यवस्था की स्थिति कायम करने जैसी विभिन्न रचनात्मक और राष्ट्र निर्माण की गतिविधियों में लगे हुए हैं। इसके संगठन का प्रशिक्षण तीन स्तरों में किया जाता है। मास्टर प्रशिक्षुओं का प्रशिक्षण और विशेषज्ञता प्राप्त प्रशिक्षण राष्ट्रीय नागरिक सुरक्षा कॉलेज, नागपुर में दिया जाता है और टीम/नेतृत्व प्रशिक्षण राज्य नागरिक सुरक्षा संस्थानों में दिया जाता है। नागरिक सुरक्षा संगठन में स्वयंसेविओं का प्रशिक्षण अल्प अवधि के प्रशिक्षण कार्यक्रमों के रूप में प्रशिक्षण प्राप्त प्रशिक्षुओं द्वारा स्थानीय/कस्बा स्तरों पर दिया जाता है। 11वीं पंचवर्षीय योजना के दौरान देश में नागरिक सुरक्षा की रूप-रचना में नयापन लाने के लिए 2009 में 100 करोड़ रुपये की लागत से केंद्र द्वारा प्रायोजित एक योजना शुरू की गई। योजना में 10 राज्यों में नए नागरिक रक्षा प्रशिक्षण संस्थानों (सीडीटीआई) के गठन और 17 राज्यों में सीडीटीआई के बुनियादी ढांचे के नवीनीकरण के अलावा 100 बहु-जोखिम

वाले ज़िलों का चयन नागरिक सुरक्षा बुनियादी ढांचे के गठन के लिए किया गया। 40 चुने हुए कस्बों में आंतरिक सुरक्षा कार्यों के संबंध में नागरिक सुरक्षा स्वयंसेवियों को प्रशिक्षण देने और उनका इस्तेमाल करने के लिए एक पायलट परियोजना शुरू की गई।

होम गार्ड

होमगार्ड स्वयंसेवी बल है, इसकी स्थापना आंतरिक अशांति और सांप्रदायिक दंगों को नियंत्रित करने में पुलिस की मदद करने के उद्देश्य से दिसंबर 1946 में की गई थी। इसके बाद स्वयंसेवी नागरिकों के बल की संकल्पना को अनेक राज्यों ने अपनाया। 1962 में चीनी हमले को ध्यान में रखकर केंद्र ने राज्यों और केंद्रशासित प्रदेशों को सलाह दी कि वे अपने वर्तमान स्वयंसेवी संगठनों का एकसमान स्वयंसेवी बल, होमगार्ड के रूप में विलय कर लें। होमगार्डों की भूमिका आंतरिक सुरक्षा बनाए रखने में पुलिस के सहायक के रूप में कार्य करना, किसी भी प्रकार की आपात स्थिति जैसे- हवाई हमले, अग्नि, तूफान, भूकंप, महामारी आदि में समुदाय की मदद करना, आवश्यक सेवाएं बनाए रखने में मदद करना, सांप्रदायिक सौहार्द को बढ़ावा देना और कमज़ोर वर्गों की रक्षा करने में प्रशासन की सहायता करना, सामाजिक-आर्थिक और कल्याणकारी गतिविधियों में भागीदारी और नागरिक सुरक्षा कर्त्तव्यों का निर्वाह करना है। होमगार्ड दो प्रकार के हैं- ग्रामीण और शहरी। सीमावर्ती राज्यों में, सीमा खंड की होमगार्ड बटालियन भी बनाई गई है, जो सीमा सुरक्षा बल के सहायक के रूप में कार्य करती है। संगठन केरल को छोड़कर सभी राज्यों और केंद्रशासित प्रदेशों में फैला हुआ है। बाहरी आक्रमण की स्थिति में संवेदनशील इलाकों में अंतरराष्ट्रीय सीमा/तटवर्ती इलाकों पर घुसपैठ को रोकने, वीवीआईपी और संचार लाइनों की पहरेदारी के लिए सीमा सुरक्षा बल के सहायक के रूप में सेवाएं देने के लिए सात सीमावर्ती राज्यों में सीमा खंड होमगार्डों (बीडब्ल्यूएचजी) की कुल 18 बटालियनें स्थापित की गई हैं ये हैं पंजाब (6 बटालियनें), राजस्थान (4 बटालियनें), गुजरात (4 बटालियनें) और असम, मेघालय, त्रिपुरा तथा पश्चिम बंगाल में एक-एक बटालियन स्थापित की गई है।

होमगार्ड की स्थापना होमगार्ड अधिनियम और राज्यों/केंद्रशासित प्रदेशों के नियमों के अंतर्गत की गई थी। इनकी नियुक्ति समाज के विभिन्न वर्गों जैसे डॉक्टरों, इंजीनियरों, वकीलों, निजी क्षेत्र के संगठनों, कॉलेज और विश्वविद्यालय के छात्रों, कृषि और औद्योगिक कामगारों आदि से जाती है जो समुदाय की बेहतरी के लिए संगठन को अपना खाली समय दे सकें। भारत के सभी नागरिक जिनकी उम्र 18-50 वर्ष है, होमगार्ड के सदस्य बन सकते हैं। होमगार्ड में सदस्यता का सामान्य कार्यकाल 3 से 5 वर्ष का होता है। होमगार्ड के जवानों को वीरता, उत्कृष्ट और सराहनीय सेवाओं के लिए राष्ट्रपति पदक प्रदान किया जाता है। जब भी किसी होमगार्ड को ड्यूटी/प्रशिक्षण के लिए बुलाया जाता है, उसे खर्चे के लिए निर्धारित दरों पर ड्यूटी/प्रशिक्षण भत्ता दिया जाता है। संगठन में होमगार्ड के सदस्यों को कानून और व्यवस्था बनाए रखने में पुलिस की सहायता करने, अपराध रोकने, डकैती के विरुद्ध उपाय करने, सीमा पर गश्त, निषेधाज्ञा, बाढ़ राहत, अग्निशमन, चुनाव ड्यूटी और सामाजिक कल्याण की गतिविधियों के लिए प्रशिक्षित किया जाता है। राष्ट्रीय आपात काल की स्थिति में, नागरिक सुरक्षा के कुछ हिस्से का कार्य भी होमगार्ड को सौंप दिया जाता है। गृह मंत्रालय होमगार्ड संगठन की भूमिका, उसके लक्ष्य, उसके बढ़ने, प्रशिक्षण, सुसज्जित करने, स्थापना और अन्य मामलों में मदद करता है। होमगार्डों पर होने वाले खर्च को वर्तमान वित्तीय नीति के अनुसार आमतौर पर केंद्र और राज्य सरकारों के बीच बांट लिया जाता है।

दमकल सेवा

दमकल सेवा राज्य का विषय है और इसे अनुच्छेद-243-डब्ल्यू के संदर्भ में भारत के संविधान की 11वीं अनुसूची में नगर निगम के कार्यों के रूप में शामिल किया गया है। राज्य सरकारों/नगर निगम निकायों की मुख्य ज़िम्मेदारी राष्ट्रीय बिल्डिंग कोड को लागू करना और दमकल सेवाओं को मज़बूत बनाने और उन्हें सुसज्जित करने के लिए पर्याप्त संसाधन आवंटित करना है ताकि उनके अधिकार क्षेत्र में नागरिकों की जान-माल की सुरक्षा सुनिश्चित की जा सके। 13वें वित्त आयोग ने देश भर में दमकल और आपात सेवाओं को नया रूप देने की बात को स्वीकार करते हुए सिफारिश की कि शहरी स्थानीय निकायों को प्रदान की गई आर्थिक सहायता के एक हिस्से को उनके संबद्ध इलाकों की दमकल सेवाओं के पुनर्निर्माण पर खर्च किया जाए। इसके अलावा वित्त आयोग ने यह भी सिफारिश की कि 10 लाख (2001 की जनगणना) से अधिक की आबादी वाले सभी नगर निगम अपने संबद्ध इलाकों में आग लगने के खतरे की जानकारी देने और ऐसी घटनाएं कम करने संबंधी योजना तैयार करें। भारत सरकार पूरक पहल के रूप में अग्नि और आपात सेवाओं को मज़बूत बनाने के लिए देश में 200 करोड़ रुपये की लागत से एक केंद्र प्रायोजित योजना को लागू कर रही है। यह योजना आधुनिक प्रौद्योगिकी जैसे आधुनिक दमकलों, मिस्ट टेक्नोलॉजी के साथ हाई प्रेशर पंप, त्वरित प्रतिक्रिया टीम वाहन, तलाशी और बचाव के लिए कॉम्बी उपकरण और विभिन्न साझेदारों का क्षमता निर्माण करके अग्नि शमन और बचाव क्षमताओं में मौजूदा अंतर को भरने का प्रयास है।

पर्सनल लॉ

भारत में विभिन्न धर्मों और मतों को मानने वाले लोग हैं। विवाह, तलाक, उत्तराधिकार, गोद लेने, वसीयत आदि से जुड़े पारिवारिक मामलों में वे विभिन्न पर्सनल लॉ के अधीन हैं। पर्सनल लॉ की विषयवस्तु भारत के संविधान की 7वीं अनुसूची की समवर्ती सूची की सूची III-की प्रविष्टि 5 से संबंधित है और इसलिए संविधान के अनुच्छेद-254 के प्रावधान संघीय विधायिका-संसद का विषय हैं। राज्य विधानसभाएं भी इससे जुड़े कानून बना सकती हैं।

विवाह

विवाह और तलाक से जुड़े कानून को विभिन्न कानूनों में विधिबद्ध किया गया है जो विभिन्न धर्मों के लोगों पर लागू होते हैं। ये हैं: (1) धर्मान्तरण विवाह विच्छेद अधिनियम, 1866; (2) तलाक अधिनियम, 1869; (3) भारतीय ईसाई विवाह अधिनियम, 1872; (4) काज़ी अधिनियम, 1180; (5) आनंद विवाह अधिनियम, 1909; (6) भारतीय उत्तराधिकार अधिनियम, 1925; (7) पारसी विवाह और तलाक अधिनियम, 1936; (8) मुस्लिम विवाह विच्छेद अधिनियम, 1939; (9) विशेष विवाह अधिनियम, 1954; (10) हिंदू विवाह अधिनियम, 1955; (11) विदेशी विवाह अधिनियम, 1969; और (12) मुस्लिम महिला (तलाक पर अधिकारों की रक्षा) अधिनियम, 1986.

विशेष विवाह अधिनियम, 1954 में विवाह की विशेष विधि की व्यवस्था की गई और इस तरह के विवाहों के पंजीकरण का विस्तार जम्मू-कश्मीर को छोड़कर समूचे भारत में हो गया, लेकिन यह जम्मू-कश्मीर राज्य में रहने वाले भारत के नागरिकों पर भी लागू होता है। इस अधिनियम से संचालित विशेष तौर से इस अधिनियम के अंतर्गत विवाह का पंजीकरण करा सकते हैं चाहे वे विभिन्न धर्मों और मतों को मानने वाले क्यों न हों। इस अधिनियम में यह भी व्यवस्था है कि किसी भी रीति से

होने वाले विवाह को विशेष विवाह अधिनियम के अंतर्गत पंजीकृत किया जा सकता है, यदि वह अधिनियम की ज़रूरतों को पूरा करता हो। अथवा मिरगी शब्द को हटाने के लिए अधिनियम की धारा 4(बी) में संशोधन किया गया। निर्वाह धन पेंडेटे लाइट के लिए आवेदन अथवा भरण-पोषण और नाबालिग बच्चों की शिक्षा के लिए आवेदन को प्रतिवादी के नोटिस देने की तारीख से 60 दिन के भीतर निपटाने के लिए धारा 36 और 38 में संशोधन किया गया। हिंदू विवाह अधिनियम, 1955 द्वारा हिंदुओं में प्रचलित व्यावहारिक कानून को विधिबद्ध करने का प्रयास किया गया। ये अधिनियम जिसका विस्तार जम्मू-कश्मीर राज्य को छोड़कर पूरे भारत में हुआ और यह उन क्षेत्रों में रहने वाले हिंदुओं पर भी लागू होता है जहां इस अधिनियम का विस्तार हुआ है, जो क्षेत्र इन क्षेत्रों से बाहर हैं। यह उन हिंदुओं (अपने किसी भी स्वरूप अथवा विकास में) बौद्धों, सिखों, जैनियों और उन लोगों पर भी लागू होता है जो धर्म से मुसलमान, ईसाई, पारसी अथवा यहूदी नहीं हैं। तथापि यह अधिनियम किसी अनुसूचित जाति के सदस्यों पर तब तक लागू नहीं होता जब तक केंद्र सरकार अपने सरकारी राजपत्र में अधिसूचना द्वारा निर्देश न दे। तलाक के संबंध में प्रावधान हिंदू विवाह अधिनियम की धारा 13 और विशेष विवाह अधिनियम की धारा 27 में निहित हैं। इन अधिनियमों के अंतर्गत जिन सामान्य कारणों के आधार पर पति अथवा पत्नी तलाक की मांग कर सकते हैं। वे हैं- व्याभिचार, परित्याग, क्रूरता, दिमागी अस्वस्थता, यौन रोग, कोढ़, आपसी सम्मति और सात वर्ष से जीवित होने की जानकारी न हो।

ईसाई समुदाय के संबंध में, विवाह और तलाक से जुड़े प्रावधान क्रमशः भारतीय ईसाई विवाह अधिनियम, 1872 और भारतीय तलाक अधिनियम, 1869 की धारा 10 में निहित हैं। इस धारा के अंतर्गत कोई भी पति अपनी पत्नी से व्याभिचार के आधार पर तलाक ले सकता है और पत्नी अपने पति के धर्म परिवर्तन करने और किसी अन्य महिला से विवाह करने अथवा (क) किसी सगे-संबंधी के साथ यौन संबंध स्थापित करने (ख) व्याभिचार के साथ दो पत्नियां रखने; (ग) व्याभिचार के साथ दूसरी महिला से विवाह; (घ) बलात्कार, गुदा मैथुन अथवा पाशविकता; (ङ) व्याभिचार के साथ ऐसी क्रूरता जो व्याभिचार के बिना उसे तलाक की हक़दार बनाए, मेंसा एतोरो (तलाक की ऐसी व्यवस्था जो रोमन कैथोलिक चर्च ने बनाई जो व्याभिचार, विकृत आचरण, क्रूरता के आधार पर न्यायिक तौर पर अलग होने के बराबर है) और (च) दो वर्ष अथवा अधिक समय के लिए बिना किसी तर्कसंगत कारण के परित्याग के साथ व्याभिचार का दोषी पाए जाने पर तलाक ले सकती है।

तलाक के मामले में मुस्लिम महिलाओं के विरुद्ध भेदभावपूर्ण प्रावधानों को हटाने और आपसी सम्मति से विवाह-विच्छेद के लिए तलाक अधिनियम, 1869 में भारतीय तलाक (संशोधन) कानून 2001 के ज़रिए व्यापक संशोधन किए गए। साथ ही, 1869 के अधिनियम की धारा-41 में संशोधन विवाह कानून (संशोधन) अधिनियम, 2001 द्वारा किया गया ताकि निर्वाह धन पेनडेंते लाइट अथवा भरण-पोषण और अल्प वयस्क बच्चों की शिक्षा संबंधी आवेदन का निपटारा प्रतिवादी नोटिस की तारीख से 60 दिन के अंदर निपटाया जा सके। मुसलमानों के संबंध में, विवाह देश में मौजूद मुसलमान कानून द्वारा संचालित है। तलाक के मामले में किसी मुस्लिम पत्नी के पास अपने विवाह को तोड़ने के संबंध में अधिक प्रतिबंधित अधिकार हैं। लिखे नहीं गए और परंपरागत कानून मुस्लिम महिला को अपनी स्थिति सुधारने के लिए निम्नलिखित रूपों के अंतर्गत विवाह तोड़ने की इजाज़त देते हैं: (क) तलाक-ए-तफवीदः यह प्रदत्त तलाक की एक विधि है। इसके अनुसार पति विवाह समझौते में तलाक का अपना अधिकार दूसरों को सौंप देता है जो गारंटी देता है, अन्य बातों के साथ, उसके दूसरी पत्नी लाने पर, पहली पत्नी को उसे तलाक देने का अधिकार है; (ख) खुलाः यह विवाह के पक्षों के

बीच विच्छेद का एक समझौता है जिसमें पत्नी विवाहसूत्र से मुक्त होने के लिए कुछ निमित्त देती है। शर्तें मोल-तोल का मामला हैं और आमतौर से पत्नी को मेहर अथवा उसका एक हिस्सा देते हैं और (ग) मुबारत: यह आपसी सम्मति से लिया जाने वाला तलाक है।

साथ ही, मुस्लिम विवाह अधिनियम, 1939 द्वारा, किसी मुस्लिम पत्नी को अपने विवाह को तोड़ने का हक इन आधारों पर दिया गया है; (i) चार वर्ष से पति का ठौर-ठिकाना पता न हो; (ii) पति ने दो वर्ष से पत्नी की परवरिश न की हो; (iii) सात वर्ष या अधिक समय के लिए पति जेल में रहा हो; (iv) पति बिना किसी उपयुक्त कारण के तीन वर्ष तक अपने वैवाहिक दायित्वों को पूरा करने में विफल रहा हो; (v) पति की नपुंसकता; (vi) दो वर्ष लंबा पागलपन; (vii) कोढ़ अथवा संक्रामक यौन रोग से पीड़ित हो; (viii) 15 वर्ष की उम्र से पहले ही विवाह हो चुका हो और विवाह को शारीरिक संबंध स्थापित करके पूर्ण नहीं किया हो; और (ix) क्रूरता।

पारसी विवाह और तलाक अधिनियम, 1936 पारसियों के वैवाहिक संबंधों के बारे में है। अधिनियम में पारसी शब्द को पारसी जोरोएस्ट्रियन के रूप में परिभाषित किया गया है। जोरोएस्ट्रियन वह व्यक्ति है जिसने जोरोएस्ट्रियन धर्म को अपनाया है। इसका जातिगत महत्व है। इस अधिनियम के अंतर्गत प्रत्येक विवाह और तलाक को अधिनियम में निर्धारित प्रक्रिया के अनुसार पंजीकृत होना चाहिए। केवल पारसी विवाह और तलाक अधिनियम, 1936 के प्रावधानों से तैयार इस अधिनियम का दायरा बढ़ाया गया है ताकि इसे हिंदू विवाह अधिनियम 1955 के समकक्ष लाया जा सके। पारसी विवाह और तलाक अधिनियम, 1936 की धारा 39 और 49 में विवाह कानून (संशोधन) और अल्प वयस्क बच्चों की शिक्षा का निपटारा पत्नी अथवा पति को नोटिस मिलने की तारीख से 60 दिन के भीतर निपटारा करने के द्वारा संशोधन किया गया। यहूदियों के विवाह संबंधी कानूनों के लिए , भारत में कोई विधिबद्ध कानून नहीं है। यहां तक कि आज तक, वे अपने धार्मिक कानूनों से संचालित हैं। यहूदी विवाह को आपस में इकरारनामा नहीं मानते, बल्कि दो व्यक्तियों के बीच ऐसा संबंध मानते हैं जिसमें काफी समर्पित कर्तव्य शामिल हैं। विवाह को व्याभिचार अथवा क्रूरता के आधार पर अदालतों के ज़रिए तोड़ा जा सकता है। विवाह एक स्त्री से विवाह करने का रिश्ता है।

गोद लेना

हालांकि गोद लेने के लिए कोई सामान्य कानून नहीं है, लेकिन हिंदू दत्तक ग्रहण और भरण-पोषण अधिनियम, 1956 और हिंदुओं के बीच और संख्या की दृष्टि से नगण्य व्यक्तियों के कुछ वर्गों में इसकी इजाज़त है। चूंकि गोद लेना किसी बच्चे का कानूनी संबंधन है, यह पर्सनल लॉ की विषय वस्तु बनाता है। मुसलमानों, ईसाइयों और पारसियों के कोई दत्तक ग्रहण कानून नहीं हैं और उन्हें अभिभावक और देखरेख अधिनियम, 1890 के अंतर्गत अदालत की शरण में जाना पड़ता है। इस अधिनियम के अंतर्गत मुसलमान, ईसाई और पारसी केवल पोषक देखभाल के लिए बच्चे को ले जा सकते हैं। पोषक देखभाल के अंतर्गत रह रहा बच्चा जब वयस्क यानी 18 वर्ष का हो जाता है, वह इन सभी संबंधों को तोड़ने के लिए स्वतंत्र है। इसके अलावा ऐसे बच्चे के पास उत्तराधिकार का कानूनी अधिकार नहीं होता। विदेशी, जो भारतीय बच्चों को गोद लेना चाहते हैं उन्हें उक्त कानून के अंतर्गत अदालत का सहारा लेना पड़ेगा।

गोद लेने से संबंधित हिंदू कानून में संशोधन किया गया और उसे हिंदू दत्तक ग्रहण और भरण-पोषण अधिनियम, 1956 में विधिबद्ध किया गया, जिसके अंतर्गत कानूनी हैसियत से पुरुष अथवा हिंदू महिला पुत्र अथवा पुत्री को गोद ले सकती है। एक नाबालिग बच्चे के अभिभावक के सवाल से निपटने में, जैसाकि अन्य क्षेत्रों के पारिवारिक कानून में है, कोई समान कानून नहीं है। हिंदू कानून, मुस्लिम कानून और अभिभावक तथा संरक्षक अधिनियम,1890 तीन अलग-अलग कानूनी व्यवस्थाएं हें जो प्रचलन में हैं। एक अभिभावक स्वाभाविक अभिभावक हो सकता है, वसीयती अभिभावक हो सकता है अथवा अदालत द्वारा नियुक्त अभिभावक हो सकता है। अभिभावक के सवाल का फैसला करने में दो पृथक बातों को ध्यान में रखना होगा-नाबालिग की शख्सियत और उसकी संपत्ति। अक्सर एक ही व्यक्ति को दोनों नहीं सौंपे जाते। हालांकि पर्सनल लॉ (संशोधन) कानून, 2010 के ज़रिए हिंदू दत्तक ग्रहण और भरण-पोषण अधिनियम,1956 में संशोधन किया गया ताकि केवल अपने विवाहित होने के आधार पर पुत्र अथवा पुत्री को गोद लेने के लिए विवाहित महिला की अयोग्यता को समाप्त किया जा सके और यह व्यवस्था की जा सके कि पिता की सहमति से और पिता को मां की सहमति से अपने बच्चों को किसी को गोद लेने के लिए सौंपने का समान अधिकार होगा।

हिंदू अल्पमत और संरक्षकता अधिनियम, 1956 ने अल्पमत और संरक्षकता से जुड़े हिंदुओं के कानूनों को विधिबद्ध किया है। गैर-विधिबद्ध कानून के मामले में इसमें पिता के उच्चतर अधिकार की पुष्टि की गई है। इसमें निर्धारित किया गया है कि कोई भी बच्चा 18 वर्ष की उम्र तक नाबालिग है। मां के पूर्वगामी अधिकार को केवल पांच वर्ष से कम उम्र के बच्चों को रखने के लिए मान्यता दी जाएगी। नाज़ायज बच्चों के मामले में, तथाकथित पिता के मुकाबले मां का दावा अधिक होगा। इस अधिनियम में नाबालिग और उसकी संपत्ति के बीच कोई अंतर नहीं रखा गया है इसलिए अभिभावक के पद का दोनों पर नियंत्रण रहेगा। मुस्लिम लॉ (शरीयत) के अंतर्गत, पिता प्रधान होता है। इसमें अभिभावक के पद और संरक्षण में अंतर रखा गया है। अभिभावक के पद के लिए, जिसका आमतौर पर संपत्ति के संरक्षक के रूप में उल्लेख होता है, सुन्नियों के अनुसार, पिता वरीय है और उसकी अनुपस्थिति में उसका निर्वाहक यदि पिता द्वारा किसी निर्वाहक की नियुक्ति नहीं की गई है, तो नाना अभिभावक के पद की ज़िम्मेदारी उठाएंगे न कि निर्वाहक। दोनों मत हालांकि इस बात से सहमत हैं कि अपने जीवनकाल में पिता ही एकमात्र संरक्षक है। पिता की मृत्यु के बाद भी मां को स्वाभाविक संरक्षक के रूप में मान्यता नहीं दी गई है। स्वाभाविक संरक्षक के अधिकारों के संबंध में, इस बारे में कोई संदेह नहीं है कि पिता का अधिकार संपत्ति और बच्चे की शख्सियत दोनों में है। यहां तक कि जब मां नाबालिग बच्चे की संरक्षक होती है, पिता का देखरेख और नियंत्रण का सामान्य अधिकार बरकरार रहता है। पिता हालांकि मां को वसीयती संरक्षक नियुक्त कर सकता है। अतः हालांकि मां को स्वाभाविक संरक्षक के रूप में पहचान नहीं मिलेगी, लेकिन पिता की इच्छानुसार उसकी नियुक्ति पर कोई आपत्ति नहीं है।

मुस्लिम लॉ इस बात की मान्यता देता है कि नाबालिग बच्चों (हिज़ानत) को रखने का मां का पूर्ण अधिकार है। यहां तक कि पिता भी उसे इससे वंचित नहीं कर सकता। दुर्व्यवहार एकमात्र ऐसी शर्त है जो मां को इस अधिकार से वंचित करती है। किस आयु में संरक्षण में रखने का मां का अधिकार समाप्त होता है, शिया का मत है कि हिज़ानत के प्रति मां का अधिकार केवल बच्चे के खड़े होकर चलने तक है जो बच्चे के दो वर्ष की आयु पूरी करने पर समाप्त हो जाता है, जबकि हनाफी का मत हे कि यह अवधि नाबालिग बच्चे के सात वर्ष की उम्र तक पहुंचने तक रहती है। लड़कियों के मामले में,

शिया कानून मां के अधिकार का लड़की के सात वर्ष की उम्र हासिल करने तक समर्थन करता है और हनाफी मत उसके यौवन अवस्था तक पहुंचने तक मानता है।

अभिभावक के पद और संरक्षक के संबंध में सामान्य कानून अभिभावक और संरक्षक अधिनियम, 1890 में निहित हैं। इसमें स्पष्ट तौर पर कहा गया है कि पिता का अधिकार प्रमुख है और तब तक किसी अन्य व्यक्ति की नियुक्ति नहीं की जा सकती जब तक पिता अस्वस्थ नहीं हैं। यह अधिनियम यह भी व्यवस्था करता है कि अधिनियम के अंतर्गत संरक्षक की नियुक्ति करते समय बच्चों के कल्याण को भी ध्यान में रखा जाए। हालांकि पर्सनल लॉ (संशोधन) कानून, 2010 से अभिभावक और संरक्षक अधिनियम, 1890 में संशोधन किया गया था ताकि मां को भी पिता के साथ बच्चे के अभिभावक के रूप में नियुक्त करने के लिए शामिल किया जा सके और अदालतें ऐसी स्थिति में नाबालिग बच्चे के अभिभावक के रूप में किसी अन्य व्यक्ति की नियुक्ति न करें जब तक ऐसे नाबालिग के माता-पिता में से कोई भी एक उसका अभिभावक के रूप में स्वस्थ हो।

भरण-पोषण

पति का अपनी पत्नी को संभालने का दायित्व विवाह की स्थिति से उत्पन्न होता है। भरण-पोषण का अधिकार पर्सनल लॉ का एक हिस्सा है। कोड ऑफ क्रिमिनल प्रोसीजर, 1973 के अंतर्गत भरण-पोषण का अधिकार न केवल पत्नी और आश्रित बच्चों का है, बल्कि गरीब माता-पिता और तलाकशुदा पत्नी का भी है। पत्नी आदि के दावे, हालांकि पति के पास पर्याप्त साधनों पर निर्भर करते हैं। सभी आश्रित व्यक्तियों के लिए भरण-पोषण का दावा 500 रुपये प्रतिमाह तक सीमित है। लेकिन इस सीमा को कोड ऑफ क्रिमिनल प्रोसीजर (संशोधन) कानून, 2001 द्वारा हटा दिया गया। कोड ऑफ क्रिमिनल प्रोसीजर के अंतर्गत भरण-पोषण के अधिकार को शामिल करने का लाभ है कि जल्द और सस्ता उपाय हो सके। हालांकि तलाकशुदा पत्नियां जिन्हें प्रचलित पर्सनल लॉ के अंतर्गत भुगतान किया गया धन प्राप्त होता है वह कोड ऑफ क्रिमिनल प्रोसीजर के अंतर्गत भरण-पोषण का दावा करने की हक़दार नहीं हैं।

हिंदू कानून के अंतर्गत, पत्नी को अपने पति से भरण-पोषण का दावा करने का पूर्ण अधिकार है। लेकिन वह अपना अधिकार खो सकती है यदि वह शुचिता के रास्ते से भटक जाए। भरण-पोषण के उसके अधिकार को हिंदू दत्तक ग्रहण और भरण-पोषण अधिनियम,1956 में विधिबद्ध किया गया है। भरण-पोषण की राशि का आकलन करते समय, अदालत पति की दशा और देनदारियां जैसे विभिन्न कारणों को ध्यान में रखती है। वह यह भी अनुमान लगाती है कि क्या पत्नी का पति से अलग रहना न्यायोचित है। अधिनियम में तर्कसंगत कारणों की व्याख्या की गई है। भरण-पोषण पेंडेंटे लाइट (अनिर्णीत मुकदमा) और यहां तक कि मुकदमे का खर्च पति या पत्नी में से कोई एक उठाएगा। उनमें से एक की आय का अगर कोई साधन नहीं है तो यह दूसरे की ज़िम्मेदारी होगी। यही सिद्धांत स्थायी भरण-पोषण के भुगतान को संचालित करता है।

मुस्लिम लॉ के अंतर्गत, मुस्लिम महिला (तलाक पर अधिकारों का संरक्षण) कानून, 1986 उन मुस्लिम महिलाओं के अधिकारों की रक्षा करता है जिन्हें उनके पति ने तलाक दे दिया है अथवा उन्होंने तलाक ले लिया है तथा इसके अतिरिक्त घटना से संबंधित समस्या को रखकर भरण-पोषण किया जाएगा। यह अधिनियम अन्य बातों के अलावा यह व्यवस्था भी करता है कि तलाकशुदा महिला (क) पर्याप्त और न्यायपूर्ण भरण-पोषण का प्रबंध पाने और उसके पूर्व पति द्वारा इद्दत की अवधि के

भीतर भुगतान करने; (ख) अपने जन्मे बच्चों के जन्म की तारीख से दो वर्ष की अवधि के लिए पूर्व पति से पहले अथवा बाद में खुद भरण-पोषण करने; (ग) विवाह के समय अथवा मुस्लिम कानून के अनुसार किसी भी समय तय मेहर अथवा दहेज की रकम के बराबर उसे भुगतान करने पर सहमति (घ) विवाह से पहले अथवा विवाह के समय अथवा विवाह के बाद उसके रिश्तेदारों अथवा मित्रों अथवा पति अथवा पति के किसी भी रिश्तेदार अथवा मित्र द्वारा उसे दी गई संपत्ति की हक़दार है।

इसके अलावा, अधिनियम में यह भी व्यवस्था हे कि यदि कोई तलाकशुदा मुस्लिम महिला इद्दत की अवधि के बाद खुद का भरण-पोषण करने में समर्थ नहीं है, मजिस्ट्रेट उसके रिश्तेदारों को निर्देश दे सकता है कि उसे पर्याप्त और न्यायपूर्ण भरण-पोषण दिया जाए क्योंकि मुस्लिम लॉ के अनुसार मृत्यु होने पर उसकी पैतृक संपत्ति पर उनका अधिकार हो सकता है। वह तलाकशुदा महिला की ज़रूरतों, विवाह के दौरान उसके द्वारा भोगे गए स्तर के संबंध में उपयुक्त और जायज़ भरण-पोषण निर्धारित करेगा और महिला की ली गई पैतृक संपत्ति की मात्रा के अनुपात में ऐसे रिश्तेदारों की धन दौलत और उनके द्वारा दिए गए भरण-पोषण का भुगतान उस अवधि में करना होगा जिसका ज़िक्र मजिस्ट्रेट अपने आदेश में करता है। अगर ऐसी तलाकशुदा महिला के बच्चे हों, तो मजिस्ट्रेट ऐसे बच्चों को महिला को भरण-पोषण का भुगतान करने का आदेश दे सकता है और यदि बच्चे भरण-पोषण का भुगतान करने में असमर्थ रहते हैं, तो मजिस्ट्रेट ऐसी तलाकशुदा महिला के माता-पिता को भरण-पोषण का भुगतान करने का आदेश दे सकते हैं। ऐसे रिश्तेदारों की अनुपस्थिति में अथवा जहां ऐसे रिश्तेदार उसे भरण-पोषण देने की स्थिति में नहीं हैं, मजिस्ट्रेट वक्फ अधिनियम, 1995 की धारा 13 के अंतर्गत स्थापित उस इलाके के वक्फ बोर्ड को उसके द्वारा निर्धारित भरण पोषण का भुगतान करने का निर्देश दे सकता है जहां महिला रहती है।

पारसी विवाह और तलाक अधिनियम, 1936 भरण-पोषण दोनों निर्वाह खर्च, पेनडेंटे लाइट और स्थायी निर्वाह खर्च के लिए पत्नी के अधिकार को मान्यता देता है। अदालत में लंबित वैवाहिक मुकदमें के दौरान निर्वाह खर्च के रूप में अदालत द्वारा अधिकतम राशि के संबंध में दिया गया आदेश, पति की कुल आमदनी का 5वां हिस्सा होगा। स्थायी भरण-पोषण के रूप में मात्रा तय करते समय, अदालत यह पता लगाएगी कि क्या न्यायोचित है, इसके लिए वह पति की भुगतान क्षमता, पत्नी की अपनी संपत्ति और संबद्ध पक्षों के आचरण को ध्यान में रखेगा। आदेश तब तक लागू रहेगा जब तक पत्नी पवित्र और अविवाहित रहती है। तलाक अधिनियम, 1869 अन्य बातों के अलावा ईसाई पत्नी के भरण-पोषण अधिकारों से संचालित है। इसके प्रावधान वही हैं जो पारसी कानून के हैं और भरण-पोषण की इजाज़त देते समय दोनों निर्वाह खर्च, पेनडेंटे लाईट और स्थायी भरण-पोषण लागू होते हैं।

उत्तराधिकार

उस समय अस्तित्व में रहे निर्वसीयत और वसीयतनामा उत्तराधिकार कानून को मज़बूत बनाने के लिए भारतीय उत्तराधिकार कानून 1925 बनाया गया। यह अधिनियम पुदुचेरी में लागू नहीं होता, जबकि उत्तराधिकार के संबंध में कानून को मजबूत बनाते समय, दो योजनाओं, एक जिसका संबंध भारतीय ईसाइयों, यहूदियों और विशेष विवाह अधिनियम, 1954 के अंतर्गत विवाहित व्यक्तियों की संपत्ति के उत्तराधिकार से था और दूसरा पारसियों के उत्तराधिकार से संबंधित था, को अपनाया गया।

पहली योजना में, जो पारसियों के अलावा अन्य पर लागू की गई, किसी व्यक्ति की मृत्यु निर्वसीयत (वसीयत किए बिना) मृत्यु हो जाती है और उसके परिवार में उसकी विधवा पत्नी और उसके नज़दीकी वंश के लोग हैं, तो उसकी विधवा संपत्ति का एक तिहाई नियत हिस्सा लेने की हक़दार है और नज़दीकी वंश के लोग शेष दो तिहाई हिस्सा लेने के हक़दार हैं। विधवा महिलाओं के अधिकारों में सुधार लाने के लिए बाद में इस कानून में संशोधन किया गया और यह व्यवस्था की गई कि जहां किसी व्यक्ति की निर्वसीयत मृत्यु हो जाती है, उसके परिवार में उसकी पत्नी है और नज़दीकी वंश का कोई नहीं है और संपत्ति का मूल्य 5,000 रुपये से अधिक नहीं है, ऐसी स्थिति में विधवा महिला पति की पूरी संपत्ति की हक़दार है। जहां संपत्ति का कुल मूल्य 5,000 रुपये से अधिक है, वह चार प्रतिशत भुगतान पर ब्याज के साथ 5,000 रुपये ले सकती है और बची हुई संपत्ति में वह अपने हिस्से की हक़दार है। यह अधिनियम संपत्ति की वसीयत करने के लिए किसी व्यक्ति के अधिकार पर रोक नहीं लगाता।

दूसरी योजना के अंतर्गत, अधिनियम निर्वसीयत पारसियों के उत्तराधिकार के लिए व्यवस्था की गई है। भारतीय उत्तराधिकार (संशोधन) अधिनियम, 1991 से इस कानून में संशोधन किया गया ताकि माता-पिता की संपत्तियों में पुत्र और पुत्री दोनों को समान हिस्सा मिल सके चाहे वह पिता अथवा माता की हो। इसमें पारसियों के लिए यह भी व्यवस्था की गई कि वे बेरोक-टोक किसी धार्मिक अथवा धर्मार्थ उद्देश्य से अपनी संपत्ति वसीयत में दे सकते हैं। वास्तव में संशोधित कानून में यह व्यवस्था की गई कि जब किसी पारसी की निर्वसीयत मृत्यु हो जाती है और परिवार में पत्नी अथवा पति और बच्चे रह जाते हैं, संपत्ति का विभाजन होगा ताकि विधवा, विधुर और प्रत्येक बच्चे को समान हिस्सा मिल सके। इसके अलावा जब किसी पारसी की मृत्यु के बाद उसके परिवार में एक या दोनों माता-पिता, विधवा/विधुर रह जाते हैं, संपत्ति का विभाजन इस प्रकार होगा कि माता-पिता या माता अथवा पिता को प्रत्येक बच्चे की संपत्ति का आधा हिस्सा दिया जाएगा।

इस कानून में संशोधन भारतीय उत्तराधिकार (संशोधन) अधिनियम, 2002 द्वारा किया गया। यह महसूस किया गया कि मुख्य अधिनियम की धारा 32 विधवाओं के लिए भेदभावपूर्ण है और भेदभाव को समाप्त करने के लिए धारा 32 के प्रावधानों को हटा दिया गया। इस संशोधित अधिनियम द्वारा धारा 213 में भी संशोधन किया गया ताकि ईसाइयों को भी अन्य समुदायों के बराबर लाया जा सके।

हिंदुओं, बौद्धों, सिखों अथवा जैनियों के बीच वसीयतनामे से जुड़े कानून के संदर्भ में कुछ प्रतिबंध भी हैं और तीसरी अनुसूची में शामिल भारतीय उत्तराधिकार अधिनियम 1925 की धारा-57 में संशोधन किया गया है। हिंदुओं में निर्वसीयत उत्तराधिकार से संबंधित कानून को हिंदू उत्तराधिकार कानून, 1956 में विधिबद्ध किया गया। जम्मू-कश्मीर राज्य को छोड़कर इसका पूरे भारत में विस्तार हुआ। अधिनियम की उल्लेखनीय विशेषताओं में महिला द्वारा बिना वसीयत वाली संपत्ति का पुरुषों के बराबर उत्तराधिकार हासिल करने के अधिकार को मान्यता देना था। इसमें इस व्यवस्था को समाप्त किया गया कि महिला वारिस के जीवनकाल तक ही उसके पास संपत्ति का स्वामित्व रहेगा। साथ ही (देखें हिंदू उत्तराधिकार (संशोधन) कानून, 2005), हिंदू उत्तराधिकार कानून, 1956 में संशोधन किया गया ताकि एक संयुक्त हिंदू संपत्ति में सह समांशभागी पुत्री को समान हिस्सा मिल सके।

भारत में अधिकांश मुसलमान सुन्नी कानून के हनाफी मत का अनुसरण करते हैं। अदालतों का मानना है कि मुसलमान तब तक हनाफी कानून के अधीन हैं जब तक यह स्थापित न हो जाए कि वह असंगत है। हालांकि शिया और सुन्नी मतों के बीच अनेक विशेषताएं सर्वनिष्ठ हैं लेकिन कुछ बातों में मतभेद हैं। सुन्नी कानून कुरान की उत्तराधिकार की आयतों को इस्लाम पूर्व व्यावहारिक कानून के जोड़ के रूप में मानता है। उसने पुरुष पूर्वजों की श्रेष्ठ स्थिति को सुरक्षित रखा है। हिंदू और ईसाई कानूनों के विपरीत, मुस्लिम कानून किसी व्यक्ति के वसीयत के अधिकार पर रोक लगाता है। एक मुसलमान अपनी संपत्ति का केवल एक-तिहाई वसीयत में दे सकता है। वारिस की इजाज़त के बिना किसी अजनबी को वसीयत देना वैध है यदि वह संपत्ति के एक-तिहाई से अधिक नहीं है, लेकिन किसी वारिस को अन्य वारिसों की मंजूरी के बिना वसीयत में देना अमान्य है। उत्तराधिकार प्रारंभ करने के बाद वसीयत देने के लिए वारिस की मंजूरी अवश्य ली जानी चाहिए और वसीयत देने वाले को वसीयतकर्ता के जीवनकाल के दौरान वसीयत देने की मंजूरी को उसकी मृत्यु के बाद लौटाया जा सकता है। शिया कानून में मुसलमानों को प्रयोग के लिए उपलब्ध कराने के लिए वसीयत देने की आज़ादी है।

आनंद विवाह (संशोधन) कानून, 2012

सिखों के विवाह अधिकार जिन्हें आनंद कहा जाता था, उनकी वैधता के संदेहों को मिटाने के लिए आनंद विवाह कानून, 1909 बनाया गया और इसमें विवाह के पंजीकरण की व्यवस्था नहीं प्रदान की गई। हिंदू विवाह कानून, 1955 धर्म द्वारा सभी हिंदुओं, बौद्धों, जैनियों अथवा सिखों पर लागू होता है। यह उन सभी व्यक्तियों पर भी लागू होता है जो मुसलमान, ईसाई, पारसी अथवा यहूदी नहीं हैं बशर्ते वे यह स्थापित न कर दें कि वे इस कानून से पहले हिंदू कानून, रीति-रिवाज़ों और परिपाटियों से नियंत्रित नहीं थे। हिंदू विवाह कानून, 1955 की धारा 8 में हिंदू विवाह के पंजीकरण की व्यवस्था है और क्योंकि हिंदू विवाह अधिनियम, 1955 की धारा 2 के अंतर्गत सिखों को हिंदुओं की परिभाषा में शामिल किया गया है, रस्म के अनुसार होने वाले सिख विवाह जिसे आनंद कारज कहा जाता है अथवा अन्य प्रचलित रस्मों को यहां हिंदू विवाह कानून, 1955 की धारा 8 के प्रावधानों के अंतर्गत पंजीकृत किया जा सकता है।

आनंद विवाह कानून, 1909 में संशोधन किया गया ताकि आनंद कारज के रूप में मशहूर आनंद विवाह के पंजीकरण की व्यवस्था हो सके।

चुनाव कानून और चुनाव सुधार

संसद , राज्य विधानसभाओं और राष्ट्रपति तथा उप राष्ट्रपति पद के लिए चुनाव कराने के संबंध में कानून: (i) जन प्रतिनिधित्व कानून , 1950; (ii) जन प्रतिनिधित्व कानून , 1951; (iii) राष्ट्रपति और उप-राष्ट्रपति चुनाव कानून , 1952; (iv) परिसीमन कानून , 2002; (v) आंध्र प्रदेश विधान परिषद कानून , 2005; और (vi) तमिलनाडु विधान परिषद कानून , 2010 को विधि और न्याय मंत्रालय के विधायी संबंधी विभाग द्वारा प्रभाव में लाया जाएगा।

हमारे देश की चुनाव प्रणाली जिसे चुनावों का फर्स्ट-पास्ट-द-पोस्ट सिस्टम भी कहा जाता है, उसके छियासठ वर्ष पूरे हो चुके हैं।

देश में लगातार बदलते चुनावी परिदृश्य ने अनेक अवसरों पर चुनाव कानूनों में सुधार को आवश्यक बना दिया। चुनावों के दौरान हुए अनुभवों, निर्वाचन आयोग की सिफारिशों, राजनैतिक दलों, जानी-मानी हस्तियों समेत विभिन्न स्रोतों से प्राप्त प्रस्तावों और विधायिकाओं तथा विभिन्न सार्वजनिक निकायों में हुई चर्चाओं को ध्यान में रखते हुए पिछली सरकारों ने समय-समय पर अनेक उपाय किए ताकि चुनाव सुधार किए जा सकें, हालांकि चुनाव सुधारों के व्यापक पैकेज के असर की आवश्यकता को अस्वीकार नहीं किया जा सकता। वर्तमान में समग्रता के साथ चुनाव सुधार का मुद्दा भारत के विधि आयोग के पास जांच और रिपोर्ट के लिए भेजा जा चुका है। विधि आयोग की रिपोर्ट मिलने पर साझेदारों के साथ इस मामले पर विचार-विमर्श कर इसकी जांच की जाएगी।

निर्वाचन क्षेत्रों का परिसीमन

प्रतिनिधित्व व्यवस्था में लोकसभा और विधानसभा निर्वाचन क्षेत्रों का आवधिक पुनर्व्यवस्थापन अनिवार्य है जहां एक सदस्य वाले निर्वाचन क्षेत्र का इस्तेमाल राजनैतिक प्रतिनिधित्व को चुनने के लिए किया जाता है। पिछली प्रकाशित जनगणना के आंकड़ों के आधार पर चुनाव संबंधी सीमाएं तय की जाती हैं और यह तुलनात्मक रूप से आबादी के बराबर होती हैं। समान रूप से बसे हुए निर्वाचन क्षेत्र मतदाताओं को विधायिका में समान महत्व के मत डालने का अधिकार प्रदान करते हैं। जिन निर्वाचन क्षेत्रों की आबादी में बहुत परिवर्तन आया है- जिस स्थिति को खराब विभाजन कहा जाता है- वह लोकतंत्र के केंद्रीय सिद्धांत का उल्लंघन करती है, सभी मतदाताओं को समान महत्व के मत डालने का अधिकार हो। परिसीमन और चुनाव संसदीय लोकतंत्र के दो प्रमुख स्तंभ हैं।

भारत के पहले परिसीमन आयोग का गठन 1952 में, दूसरे का 1962 में और तीसरे का 1973 में किया गया था। 1971 की जनगणना के आधार पर परिसीमन का तीसरा प्रयोग वर्ष 1975 में पूरा हुआ। वर्तमान परिसीमन 2001 की जनगणना पर आधारित है, जिसे 30 वर्ष बाद हाथ में लिया गया। जनसंख्या में करीब 87 प्रतिशत की वृद्धि हुई है और देश में निर्वाचन क्षेत्रों की प्रकृति कुल मिलाकर खराब विभाजन वाली है।

सरकार ने राष्ट्रीय जनसंख्या नीति योजना के अंतर्गत जनसंख्या स्थिरीकरण कार्यक्रम में राज्य सरकारों के निर्भीक होकर लगे रहने के लिए उन्हें सक्षम बनाने के प्रेरक उपायों में वर्ष 2026 तक ताज़ा परिसीमन का काम हाथ में लेने पर वर्तमान संवैधानिक रोक को बढ़ाने का फैसला किया। यह भी फैसला किया गया कि निर्वाचन क्षेत्रों का पुनर्व्यवस्थापन और उसकी बुद्धिसंगत व्याख्या करने का कार्य एक साथ हाथ में लिया जाए। राज्यों के विधानमंडलों के लिए आवंटित सीटों की संख्या को प्रभावित किए बिना इनमें वर्ष 1991 की जनगणना के आधार पर अनुसूचित जातियों और अनुसूचित जनजातियों के लिए आरक्षित सीटों को भी शामिल किया जाए ताकि विभिन्न निर्वाचन क्षेत्रों में आबादी/मतदाताओं की असंगत वृद्धि के कारण उत्पन्न असंतुलन को ठीक किया जा सके। संविधान (87वां संशोधन) अधिनियम, 2001 को 2002 में कानून बनाया गया। इसके पश्चात् परिसीमन कानून 2002 के प्रावधानों के अंतर्गत 2002 में परिसीमन आयोग का गठन किया गया। उच्चतम न्यायालय के सेवानिवृत्त न्यायाधीश न्यायमूर्ति कुलदीप सिंह को इसका अध्यक्ष बनाया गया और भारत के निर्वाचन आयोग में निर्वाचन आयुक्त और राज्य निर्वाचन आयुक्त श्री बी.बी. टंडन को इसका पदेन सदस्य नियुक्त किया गया। आयोग का प्रमुख कार्य प्रत्येक राज्य में निचले सदन में क्षेत्रीय निर्वाचन क्षेत्रों के खंडों की सीटों के क्षेत्रीय स्तर पर बंटवारे का पुनर्व्यवस्थापन करना था। इसके बाद संविधान (87वां संशोधन) कानून,

2003 लागू किया गया और इस कानून के ज़रिए क्षेत्रीय निर्वाचन क्षेत्रों के परिसीमन का आधार बदलकर 1991 की जनगणना के स्थान पर 2001 की जनगणना कर दिया गया।

परिसीमन के नियम हालांकि देशभर में अलग हैं, फिर भी सीमांकन का कार्य आमतौर पर एक जैसा है। भारत में सीमांकन के कार्य के लिए आमतौर पर आवश्यक है: (क) राज्यों और राज्य के भीतर जिलों को सीटों का आवंटन; (ख) मानचित्रों, आबादी के आंकड़ों और संबद्ध इलाके की भौगोलिक प्राकृतिक/प्रशासनिक स्थिति को दर्शाने वाले विवरण को दर्ज कर एक डेटाबेस तैयार करना; (ग) लोकसभा और राज्य विधानसभाओं के सांविधिक प्रतिनिधियों को जोड़ना; (घ) राज्यों और जिलों को भौगोलिक इकाइयों में बांटना जिन्हें निर्वाचन क्षेत्र कहा जाता है; (ङ) परिसीमन की प्रक्रिया में सार्वजनिक सहयोग के लिए विस्तृत अभ्यास; (च) निर्वाचन क्षेत्रों का सार और मूल्यांकन; और (छ) अंतिम आदेश को पारित तथा प्रकाशित करना। निर्वाचन क्षेत्रों के परिसीमन के बारे में परिसीमन कानून, 2002 में स्पष्ट व्याख्या की गई है। यह कानूनी रूपरेखा एक स्वतंत्र और निष्पक्ष परिसीमन आयोग की व्यवस्था करती है। आयोग के अंतिम आदेश सरकार द्वारा किसी प्रकार के सुधार अथवा वीटो का विषय नहीं हैं।

परिसीमन आयोग पारदर्शी तरीके से कार्य करता है। इसके लिए कार्यपद्धति और दिशानिर्देश स्पष्ट तौर पर स्थापित किए गए हैं और पहले से प्रकाशित कर लिए गए हैं। निर्वाचन क्षेत्रों की रूपरेखा तैयार करते समय आयोग-जहां तक व्यावहारिक हो, आपस में एक-दूसरे से रुचि रखने वाले समुदायों जैसे जहां एक तरह के आदिवासी, जाति अथवा नस्ल के लोग हैं और जिन्हें भौगोलिक दृष्टि से अथवा प्राकृतिक विशेषताओं जैसे पर्वतों, जंगलों, नदियों आदि द्वारा परिभाषित किया गया है, को ध्यान में रखा है। आयोग ने संवैधानिक और सांविधिक प्रावधानों के अनुसार अनुसूचित जातियों और अनुसूचित जनजातियों के लिए आरक्षित निर्वाचन क्षेत्रों का सीमांकन किया है। संविधान के अनुच्छेद-82 के दूसरे प्रावधान और अनुच्छेद-170 की उपधारा (3) के दूसरे प्रावधान के पालन में परिसीमन की अंतिम स्थिति प्राप्त होने के बाद, 19 फरवरी, 2008 को राष्ट्रपति का आदेश जारी कर देशभर में नये परिसीमन को प्रभावी बनाया गया। हालांकि परिसीमन कानून, 2002 की धारा 10(बी) ने झारखंड राज्य के संबंध में 2007 के परिसीमन आदेश के कानूनी प्रभाव को निरस्त कर दिया।

परिसीमन आयोग द्वारा परिसीमन आदेशों के बारे में निर्दिष्ट तिथि की अधिसूचना देने वाले राष्ट्रपति के आदेश के जारी होने के साथ इसके अमल में आने से यह ज़रूरी हो गया कि संबद्ध प्रावधानों और परिसीमन आयोग द्वारा अधिसूचित परिसीमन आदेशों के ज़रिए किए गए परिवर्तनों को प्रतिबिंबित करने वाले जन-प्रतिनिधित्व कानून, 1950 की पहली और दूसरी अनुसूची में संशोधन किया जाए। फलस्वरूप ज़रूरतों के अनुरूप, जन प्रतिनिधित्व कानून, 1950 में संशोधन करते हुए परिसीमन की सहमति के साथ जन प्रतिनिधित्व (संशोधन) कानून, 2008 बनाया गया जो 16 अप्रैल, 2008 से प्रभावी हो गया। इस संशोधन कानून के ज़रिए अन्य संशोधनों सहित जन प्रतिनिधित्व कानून, 1950 की पहली अनुसूची और दूसरी अनुसूची को हटा दिया गया। जन प्रतिनिधित्व कानून, 1950 में अन्य बातों के साथ एक नई धारा 8(ए) को शामिल किया गया, जिसमें यह व्यवस्था की गई कि यदि भारत के राष्ट्रपति इस बात से संतुष्ट हैं कि अरुणाचल प्रदेश, असम, मणिपुर या नगालैंड राज्यों में वर्तमान स्थिति और हालात परिसीमन का कार्य कराने के लिए हितकर हैं, तो वे, आदेश द्वारा, इनमें से किसी भी राज्य के संबंध में परिसीमन कानून 2002 की धारा 10(ए) के अंतर्गत जारी स्थगन आदेश को रद्द कर सकते

हैं और भारत के निर्वाचन आयोग द्वारा राज्यों में परिसीमन का कार्य कराने की व्यवस्था कर सकते हैं। इसके अलावा भारत के निर्वाचन आयोग को यह अधिकार है कि वह जन प्रतिनिधित्व कानून, 1950 की उप-धारा (धारा 8(ए) के 2) के अनुसार उपर्युक्त चार राज्यों के संबंध में जल्द से जल्द ताज़ा परिसीमन का काम हाथ में ले, हो सकता है कि इन राज्यों के संबंध में इसे स्थगन आदेशों को रद्द करने के बाद कराया जाए। परिसीमन का कार्य नये सिरे से शुरू किया जाएगा जब इन राज्यों में परिसीमन का कार्य कराने के लिए स्थिति हितकर होगी।

राष्ट्रपति के 2008 के आदेश के जारी होने के बाद, परिसीमन आयोग ने कर्नाटक, पश्चिम बंगाल, उत्तर प्रदेश, तमिलनाडु, राष्ट्रीय राजधानी क्षेत्र दिल्ली, बिहार और गुजरात राज्यों के संबंध में अपने पूर्व के आदेशों में संशोधन करते हुए आठ आदेश/शुद्धिपत्र जारी किए। आयोग ने अपने 2008 के आदेश में संशोधन/ बदलाव करते हुए राष्ट्रपति का एक अन्य आदेश जारी करना अनिवार्य कर दिया और इसे 22 दिसंबर, 2008 को जारी किया गया जिससे परिसीमन आयोग द्वारा जारी आदेश/शुद्धिपत्र में संशोधन प्रभावी हो गए।

महिलाओं के लिए सीटों का आरक्षण

संसद और राज्य विधानसभाओं में महिलाओं को पर्याप्त प्रतिनिधित्व देने की मांग वर्षों से लगातार उठती रही है। इस मांग को वर्ष 1992 में संविधान में 73 और 74 संशोधनों के ज़रिए समर्थन मिला। संविधान में संशोधन और संसद तथा राज्य विधानसभाओं में आरक्षण प्रदान करने का एक प्रस्ताव सामने आया। वर्ष 1996, 1998 और 1999 में संसद में इस संबंध में तीन विधेयक पेश किए जा चुके हैं।

इलेक्ट्रॉनिक वोटिंग मशीन

इलेक्ट्रॉनिक वोटिंग मशीन (ईवीएम) का इस्तेमाल देश में प्रयोग के आधार पर 1982 में शुरू किया गया। ईवीएम के सार्वभौमिक इस्तेमाल में दो दशक से अधिक समय लगा और 2004 में लोकसभा चुनावों के दौरान देशभर के सभी मतदान केंद्रों में ईवीएम का इस्तेमाल किया गया। इसके बाद से लोकसभा और राज्य विधानसभाओं के सभी चुनावों में ईवीएम का इस्तेमाल किया जा रहा है। निर्वाचन आयोग के आदेश पर सार्वजनिक क्षेत्र के दो उपक्रमों, भारत इलेक्ट्रॉनिक्स लिमिटेड (बैल), बंगलुरु और इलेक्ट्रॉनिक्स कॉरपोरेशन ऑफ इंडिया लिमिटेड (ईसीआईएल), हैदराबाद ने 1989 में ईवीएम विकसित की।

मतदाता फोटो पहचान-पत्र

निर्वाचन आयोग ने 1993 में देशभर में मतदाता फोटो पहचान-पत्र का इस्तेमाल शुरू किया ताकि चुनावों में जाली मतदान को रोका जा सके। पंजीकृत मतदाता को फोटो पहचान-पत्र जारी करने का आधार मतदाता सूची है। मतदाता सूची को आमतौर पर चुनाव संबंधी तारीख के रूप में हर वर्ष पहली जनवरी से संशोधित किया जाता है। भारत का प्रत्येक नागरिक जिसकी उम्र इस तारीख को 18 वर्ष या अधिक है वह मतदाता सूची में शामिल होने के योग्य है और वह इसके लिए आवेदन कर सकता है। एक बार उसके मतदाता सूची में पंजीकृत हो जाने पर, उसे मतदाता पहचान-पत्र मिल जाएगा। मतदाता पहचान-पत्र जारी करने की योजना, निरंतर चलने वाली प्रक्रिया है जिसके लिए कोई समय सीमा तय नहीं की जा सकती।

हालांकि ऐसे सभी व्यक्तियों के लिए मतदाता पहचान-पत्र जल्द से जल्द जारी करने के लिए लगातार प्रयास किए जा रहे हैं जिनके नाम मतदाता सूची में दर्ज हो चुके हैं। इनमें से कुछ प्रयास इस प्रकार हैं: (i) सभी मतदाताओं के लिए मतदाता पहचान-पत्र बनाने के लिए विशेष फोटोग्राफी अभियान; (ii) मतदाता पहचान-पत्र बनाने के लिए मतदाताओं को अपनी फोटो की प्रतियां देने की इजाज़त; (iii) फोटो एकत्र करने और सभी मतदाताओं के फोटो पहचान-पत्र बनाने के लिए आयोग द्वारा बूथ स्तर के अधिकारियों की नियुक्ति; (iv) मतदाताओं के नामांकन और मतदाता पहचान-पत्र बनाने पर विशेष ध्यान देने के लिए 25 जनवरी राष्ट्रीय मतदाता दिवस के रूप में घोषित; (v) मतदाता पहचान-पत्र तैयार करने की प्रक्रिया की जानकारी मतदाता को देने के लिए विशेष प्रचार अभियान ; और (vi) निर्देश जारी कर दिए गए हैं कि मतदाता पहचान-पत्र संख्या एक बार जारी हो जाने पर यह मतदाता के पूरे जीवनकाल में वैध रहेगी चाहे उसका पता बदल जाए।

विदेश में रहने वाले भारतीय नागरिकों को मतदान का अधिकार

जन प्रतिनिधित्व कानून, 1950 की धारा 19 में व्यवस्था है कि प्रत्येक व्यक्ति जिसकी उम्र चुनाव संबंधी तारीख पर 18 वर्ष से कम नहीं है और वह निर्वाचन क्षेत्र का साधारणत: निवासी है तो वह उस निर्वाचन क्षेत्र की मतदाता सूची में पंजीकृत होने का हक़दार है। साधारणत: निवासी का अर्थ इस अधिनियम की धारा 20 में दिया गया है। मतदाता पंजीकरण अधिकारियों के लिए पुस्तिका में अध्याय-III के अंतर्गत निर्दिष्ट किया गया है कि कोई भी व्यक्ति जो व्यवसाय अथवा रोज़गार के सिलसिले में देश से बाहर गया है उसे उस स्थान से बाहर निकला हुआ माना जाएगा। किसी इमारत अथवा किसी अन्य अचल संपत्ति का केवल स्वामित्व होने से मालिक को निवासी होने की योग्यता नहीं मिलती।

बड़ी संख्या में भारत के नागरिक विभिन्न कारणों से भारत से बाहर रह रहे हैं। वे लगातार मांग कर रहे हैं कि उन्हें मतदान करने का अधिकार प्रदान किया जाए। सरकार ने मांग के सभी पहलुओं पर विचार किया और फलस्वरूप 27 फरवरी, 2006 को राज्यसभा में जन प्रतिनिधित्व (संशोधन) विधेयक 2006 पेश किया ताकि उन भारतीय नागरिकों के नाम उस निर्वाचन क्षेत्र की मतदाता सूची में दर्ज हो सकें जहां के वे साधारणत: निवासी हैं और जिसका ज़िक्र उनके पासपोर्ट में है तथा जो रोज़गार, शिक्षा अथवा किसी अन्य सिलसिले में बाहर होने के कारण अपने सामान्य निवास में उपस्थित नहीं हैं ताकि वे चुनाव के समय यदि अपने निर्वाचन क्षेत्र में हैं तो मतदान कर सकें। कार्मिक, जन शिकायत, कानून और न्याय पर विभाग संबंधी संसद की स्थायी समिति ने 4 अगस्त, 2006 को राज्यसभा में पेश अपनी सोलहवीं रिपोर्ट में विधेयक का अध्ययन करने पर उक्त विधेयक को अक्षरश: स्वीकार किया और सिफारिश की कि इस विषय में एक व्यापक विधेयक लाया जाए जिसमें अप्रवासी भारतीयों के नामांकन के तरीके, मतदान की कार्यप्रणाली और चुनाव लड़ने के सशर्त नियमों के बारे में विस्तार से बताया गया हो।

स्थायी समिति की सिफारिशों का पालन करते हुए, सरकार ने राज्यसभा में 27 फरवरी, 2006 को पेश किए जन प्रतिनिधित्व (संशोधन) विधेयक, 2006 को वापस ले लिया और अन्य बातों के साथ एक नया विधेयक जन प्रतिनिधित्व (संशोधन) विधेयक, 2010 अगस्त 2010 में पेश किया ताकि जन प्रतिनिधित्व कानून, 1950 में संशोधन किया जा सके जिससे (क) प्रबंध किया गया है कि भारत का प्रत्येक नागरिक, जिसका नाम मतदाता सूची में शामिल नहीं किया गया है और जिसे किसी अन्य देश की नागरिकता नहीं मिली है और जो अपने रोज़गार, शिक्षा अथवा किसी अन्य कारण से भारत में अपने

साधारणतः निवास स्थान में उपस्थित नहीं है और भारत के बाहर है (चाहे अस्थायी तौर पर अथवा नहीं), वह उस निर्वाचन क्षेत्र की मतदाता सूची में अपना नाम दर्ज कराने का हक़दार है जहां भारत में उसका निवास है जिसका ज़िक्र उसके पासपोर्ट में किया गया हो; (ख) प्रबंध किया गया है कि मतदाता पंजीकरण अधिकारी मतदाता सूचियों में संशोधन करे और यथोचित सत्यापन के बाद मतदाता सूचियों में नाम शामिल करे; और (ग) केंद्र सरकार को यह अधिकार प्रदान करे कि वह भारत के निर्वाचन आयोग से सलाह करने के बाद, नियमों द्वारा, उस समय के अंदर बताए और ऐसे व्यक्तियों के नाम मतदाता सूची में दर्ज करने का तरीका और प्रक्रिया बताई जाए।

इस विधेयक ने जन प्रतिनिधित्व (संशोधन) कानून, 2010 के रूप में कानून का रूप लिया। इस कानून के प्रावधानों का पालन करके केंद्र सरकार ने निर्वाचन आयोग की सलाह से 3 फरवरी, 2011 को मतदाता पंजीकरण (संशोधन) नियम, 2011 और मतदाता पंजीकरण (दूसरा संशोधन) नियम, 2011 तैयार किया और उसे प्रकाशित किया। केंद्र सरकार कानून को फरवरी 2011 में अमल में लाकर आवश्यक अधिसूचना जारी कर चुकी है। विदेशों में रहने वाले भारतीय अब स्व-सत्यापित दस्तावेज़ जमा करके अपने संबद्ध निर्वाचन क्षेत्र की मतदाता सूची में अपना नाम दर्ज करा सकते हैं।

अनुसूचित जाति और अनुसूचित जनजाति की सीटों का आरक्षण

हमारे संविधान निर्माताओं को इस तथ्य की अच्छी तरह जानकारी थी कि भारत में अनुसूचित जाति और अनुसूचित जनजाति दशकों से हमारे समाज में दबा हुआ और सुविधाओं से वंचित वर्ग है और उनके लिए विशेष व्यवस्था करने की ज़रूरत है ताकि उनकी स्थिति में बड़े पैमाने पर सुधार लाया जा सके। इस उद्देश्य के लिए, हमारे संविधान में अनेक विशेष प्रावधानों को शामिल किया गया। ऐसा ही एक प्रावधान लोकसभा और राज्य विधानसभाओं में इन समुदायों के लिए सीटों के आरक्षण से संबंधित है। इस प्रावधान को संविधान के अनुच्छेद-330 और 332 में स्थान मिला। इसी तरह वे कठिनाइयों और समस्याओं के प्रति संवेदनशील हैं जो स्वतंत्र भारत में एंग्लो इंडियन समुदाय के लोगों के सामने आई होंगी। इसके परिणामस्वरूप संविधान के अनुच्छेद-331 के अंतर्गत राष्ट्रपति द्वारा लोकसभा में उस समुदाय के दो व्यक्तियों को मनोनीत कर समाज के इस छोटे वर्ग को प्रतिनिधित्व प्रदान करके संविधान में उनके लिए पर्याप्त सुरक्षा की व्यवस्था की गई।

इसी प्रकार, राज्य विधानसभाओं में इस समुदाय के एक सदस्य को राज्यपाल द्वारा मनोनीत करने का प्रावधान किया गया। आरंभ में संविधान लागू होने के बाद दस वर्ष की अवधि के लिए उक्त प्रावधान किए गए थे। हालांकि अनुसूचित जाति और अनुसूचित जनजाति की सामाजिक-आर्थिक स्थिति में सुधार के लिए सरकार ने समय-समय पर पहल की, लेकिन वे अब भी अन्य समुदायों से पीछे हैं। यहां तक कि राजनैतिक क्षेत्र में भी वे अभी पूरी तरह से नहीं उभर पाए हैं और अपने बल पर प्रतिनिधि संस्थाओं में पर्याप्त संख्या के साथ निर्वाचित नहीं हुए हैं। इसी तरह एंग्लो इंडियंस के एक वर्ग को भी निर्वाचित संस्थानों में प्रतिनिधित्व की ज़रूरत है। इसी प्रकार से आरंभ में दस वर्ष के लिए किए गए प्रावधानों का समय-समय पर विस्तार किया गया था। हाल में संविधान के ज़रिए (एक सौ नौवें संशोधन) विधेयक, 2009 के ज़रिए संसद के दोनों सदनों ने दस वर्ष के लिए इस अवधि के विस्तार की मंज़ूरी दे दी और इसे जनवरी 2010 में राष्ट्रपति की मंज़ूरी मिल गई। इस विधेयक को संविधान (95वें संशोधन) कानून, 2009 के रूप में लागू कर दिया गया।

21 श्रम, कौशल विकास और रोज़गार

श्रम और रोज़गार मंत्रालय भारत सरकार के सबसे महत्वपूर्ण तथा पुराने मंत्रालयों में से एक है। इस मंत्रालय का प्रमुख उत्तरदायित्व, सामान्य तौर पर कामगारों, मज़दूरों तथा विशेष तौर पर निर्धन, वंचित और उपेक्षित वर्गों के हितों की रक्षा करना है। इसके अलावा, मंत्रालय का उद्देश्य अधिक उत्पादन तथा उत्पादकता के लिए कामकाज के स्वस्थ माहौल का निर्माण करने के साथ-साथ व्यावसायिक कौशल प्रशिक्षण तथा रोज़गार सेवाएं विकसित तथा समंवित करना भी है। उदारीकरण की इस प्रकिया के साथ कदम से कदम मिलाकर चलने के उद्देश्य से मंत्रालय का ध्यान संगठित एवं असंगठित, दोनो ही क्षेत्रों के श्रमिकों के कल्याण को संवर्धन देने तथा उन्हें सामाजिक सुरक्षा उपलब्ध कराने पर केंद्रित है। उन उद्देश्यों की प्राप्ति के लिए विभिन्न श्रम कानूनों का क्रियान्वयन किया जाता है, जो कर्मचारियों के रोज़गार एवं सेवाओं की शर्तों को विनियमित करता है। चूंकि, श्रम भारतीय संविधान के अंतर्गत समवर्ती सूची का विषय है, राज्य सरकारों को भी इस क्षेत्र में कानून बनाने का अधिकार दिया गया है।

बेवसाइट:www.labour.gov.in

नई पहल

राष्ट्रीय करियर (जीवन वृति) सेवा परियोजना

राष्ट्रीय करियर सेवा (एनसीएस) परियोजना का संचालन मंत्रालय द्वारा किया जा रहा है। इस परियोजना का उद्देश्य एक मिशन मोड परियोजना के माध्यम से करियर काउंसलिंग, व्यावसायिक मार्गदर्शन, प्रशिक्षुता की जानकारी, इंटर्नशिप आदि जैसी रोज़गार संबंधित सेवाएं प्रदान करना है। एनसीएस पोर्टल (www.ncs.gov.in) ने कार्य करना आरम्भ कर दिया है। इस पोर्टल को 2015 में राष्ट्र को समर्पित कर दिया गया था। एनसीएसपी का हेल्पडेस्क बहुभाषाई है जो मंगलवार से रविवार (सुबह 8 बजे से रात तक 8 बजे तक) तक कार्य करता है। इस हेल्पलाइन का 18004251514 नंबर है। इस हेल्पडेस्क द्वारा लगभग 300 व्यवसायों से संबंधित जानकारी दी जाती है।

ईएसआईसी 2.0 के स्वास्थ्य सुधार के एजेंडे के तहत नई पहल

बेहतर स्वास्थ्य सेवाएं प्रदान करने के उद्देश्य से 2015 में कर्मचारी राज्य बीमा निगम (ईएसआईसी) के स्वास्थ्य सुधार एजेंडे की एक शृंखला शुरू की गई, जिसका विवरण इस प्रकार है :

- ईएसआई लाभार्थियों (बीमित व्यक्तियों और उनके परिवारों) के लिए इलेक्ट्रॉनिक हेल्थ रिकॉर्ड की ऑनलाइन उपलब्धता।
- अभियान इंद्रधनुष: एक हफ्ते के दौरान विबग्योर (VIBGYOR) पैटर्न के तहत प्रतिदिन बेडशीट्स बदलना सुनिश्चित करना (प्रतिदिन बैडशीट बदलना)।

- मेडिकल हेल्पलाइन: ईएसआईसी अस्पतालों में आपातकालीन सहयता के लिए 1800113839 नंबर।
- ईएसआईसी अस्पतालों में वरिष्ठ नागरिकों और दिव्यांगों के लिए विशेष ओपीडी।

श्रम सुविधा पोर्टल

मंत्रालय ने 'श्रम सुविधा' नाम के एक एकीकृत पोर्टल की स्थापना की है, ताकि मज़दूरों की शिकायत पर श्रम कानूनों को लागू किया जा सके और जटिलता को कम करने के साथ इस दिशा में पारदर्शिता और ज़िम्मेदारी तय की जा सके। मंत्रालय के तहत 4 प्रमुख संगठन आते हैं, जो इस प्रकार हैं: (1) मुख्य श्रम आयुक्त कार्यालय (मध्य); (2) खान सुरक्षा महानिदेशालय; (3) कर्मचारी भविष्य निधि संगठन; और (4) कर्मचारी राज्य बीमा निगम।

पारदर्शी श्रम निरीक्षण योजना

औचक निरीक्षण की एक कम्प्यूटरीकृत सूची को लक्ष्य आधारित मानदंडों के लिए तैयार किया जाता है। गंभीर मामलों को जरूरी निरीक्षणों की सूची में शामिल किया जाता है। डाटा और सुबूतों के परीक्षण और शिकायत के आधार पर निरीक्षण निर्धारित किया जाता है। निरीक्षण की ज़रूरी रिपोर्ट 72 घंटे के भीतर अपलोड हो जाती है। 2016 में श्रम निरीक्षण योजना लागू होने के बाद अभी तक 1,54,064 निरीक्षण किए जा चुके हैं, जिनमें से 1,44,011 पहले ही श्रम सुविधा पोर्टल पर अपलोड हो चुके हैं।

श्रम और रोज़गार मंत्रालय ने 8 श्रम कानूनों के लिए एक एकीकृत वार्षिक योजना शुरू की है। इसके तहत् अलग से रिटर्न भरने की जगह एकीकृत ऑनलाइन रिटर्न फाइल करने की सुविधा को आसान बनाया गया है। इसके तहत निम्न कानून हैं: (1) मज़दूरी भुगतान अधिनियम, 1936; (2) न्यूनतम मज़दूरी अधिनियम, 1948; (3) मातृत्व लाभ अधिनियम, 1961; (4) अनुबंधित श्रमिक (विनियमन एवं उन्मूलन) अधिनियम, 1970; (5) बिल्डिंग और अन्य विनिर्माण क्षेत्र के श्रमिक अधिनियम, 1996 (रोज़गार के नियम और सेवाओं की शर्तें); (6) बोनस भुगतान अधिनियम, 1965; (7) अंतरराज्यीय प्रवासी मज़दूर अधिनियम, 1979 (रोज़गार के नियम और सेवाओं की शर्तें); और (8) औद्योगिक विवाद अधिनियम, 1947।

सामान्य पंजीकरण

पांच केंद्रीय श्रम अधिनियमों के तहत् सामान्य पंजीकरण की सुविधा के लिए औद्योगिक नीति और संवर्धन विभाग ने ई बिज पोर्टल विकसित किया है। इसके तहत निम्न अधिनियम कवर किये जाते हैं- कर्मचारी भविष्य निधि और विविध प्रावधान अधिनियम, 1952, कर्मचारी राज्य बीमा अधिनियम, 1948, बिल्डिंग और अन्य विनिर्माण क्षेत्र का श्रमिक अधिनियम, 1996 (रोज़गार के नियम और सेवाओं की शर्तें), अनुबंधित श्रमिक (विनियमन एवं उन्मूलन) अधिनियम, 1970, अंतरराज्यीय प्रवासी मज़दूर अधिनियम, 1979 (रोज़गार के नियम और सेवाओं की शर्तें)।

श्रमिक कोड

श्रम और रोज़गार मंत्रालय ने श्रम कानूनों को जवाबदेही से और पारदर्शी तरीके से लागू करने के लिए कई तरह के कदम उठाए हैं जिनका उद्देश्य प्रत्येक श्रमिक की सुरक्षा, स्वास्थ्य और सामाजिक सुरक्षा

प्रदान करना है और श्रमिकों के सभी मामलों का निस्तांतरण करना है। इन कदमों में तकनीक के ज़रिए प्रशासनिक सुधार भी शामिल हैं। इनके अलावा विधायी सुधारों के माध्यम से पहले से मौजूद कानूनों को सरल और एकीकृत कर 4 श्रमिक कोड में बांटा गया है।

विधायी पहल

छोटे कारखानों के लिए विधेयक

सरकार ने छोटे कारखानों के लिए विधेयक का एक मसौदा तैयार किया है। इस विधेयक के तहत 40 से कम कर्मचारियों वाली उत्पादन इकाइयों में तैनात श्रमिकों के लिए कार्यों और सेवाओं की शर्तों को नियमित किया गया है। इन छोटे कारखानों के लिए इस विधेयक में 6 श्रम कानूनों को सरल और एकीकृत कर लिया गया है। इस अधिनियम से छोटे कारखानों के लिए कार्य करना आसान होगा और इस प्रकार छोटे कारखानों में कार्य करने वाले श्रमिकों को भी अन्य जगह काम करने वाले श्रमिकों की तर्ज़ पर सामाजिक तथा स्वास्थ्य सुरक्षा की सुविधा मिलेगी।

मंत्रालय 43 श्रम कानूनों के प्रावधानों को युक्तिसंगत बनाने के लिए इन 4 श्रम कोड में एकीकृत करने के लिए कार्य कर रहा है।

सामाजिक सुरक्षा

कर्मचारी राज्य बीमा निगम

कर्मचारी राज्य बीमा निगम, कर्मचारियों को बीमारी, मातृत्व और कार्य के दौरान चोट लगने की स्थिति में मेडिकल और नकद सुविधाएं प्रदान करता है। कर्मचारी राज्य बीमा अधिनयम, 1948 में बनाया गया था। कर्मचारी राज्य बीमा निगम (ईएसआईसी) ईएसआई योजना 1952 से लागू की गई। इसकी उपलब्धियां इस प्रकार हैं।

- ईएसआईसी योजना का विस्तारीकरण 101 नए क्षेत्रों में किया गया है जिसमें 2015-16 के दौरान 1.28 लाख नये कर्मचारी जुड़े।
- इस योजना का लाभ लेने वाले लाभार्थियों की संख्या अब 7.89 करोड़ को पार कर गई है।
- राजीव गांधी श्रमिक कल्याण योजना (बेरोज़गारी भत्ता) के तहत 1683 दावों को स्वीकार किया गया और इस योजना पर कुल 7.72 करोड़ रुपये की लागत आई।
- ईएसआईसी निगम ऐसी पहली संस्था बन गई है जिसने अपने कर्मचारियों का पंजीकरण ई-बिज पोर्टल के माध्यम से किया है।
- सभी पीडीबी/डीबी भुगतान ईसीएस के माध्यम से किये जा रहे हैं।
- ईएसआई योजना की सामाजिक सुरक्षा योजना का विस्तारीकरण मिज़ोरम और पोर्टब्लेयर तक हो चुका है।
- ईएसआई योजना को ज़िलों के औद्योगिक/व्यापारिक क्लस्टर में शुरू किया गया है। अब इसे राज्यों के उन 393 ज़िलों में लागू करने का लक्ष्य है, जहां ये क्लस्टर स्थित हैं।
- चुने गए शहरी और महानगरीय क्षेत्रों में प्रमुख आधार पर असंगठित क्षेत्र के समूहों के लिए, जैसे रिक्शा चालक, ऑटोरिक्शा चालकों के लिए स्वास्थ्य योजनाएं शुरू की गई हैं।

- ईएसआई योजना के कवरेज क्षेत्र में विस्तार किया गया है जिसमें निर्माण कार्य वाले क्षेत्र के श्रमिकों को भी शामिल किया गया है। 2015 से ईएसआई योजना का लाभ उठाने के लिए इसमें निर्माण क्षेत्र में काम करने वाले श्रमिकों को भी शामिल किया गया है।
- www.esic.in तथा www.esic.nic.in के माध्यम से ईएसआईसी से संबधित शिकायतों के ऑनलाइन निवारण के लिए ईएसआईसी ने स्वतंत्र लोक शिकायत मॉड्यूल की शुरुआत की है।
- 2015 में ईएसआईसी अस्पतालों और डिस्पेंसरियों से संबंधित जानकारी के लिए वेबसाइट www.esichospitals.gov.in की शुरुआत की गई।

कर्मचारी भविष्य निधि संगठन

कर्मचारी भविष्य निधि संगठन और विविध प्रावधान अधिनियम, 1952 ऐसे कारखानों और जगहों पर कार्यरत श्रमिकों को भविष्य निधि, पेंशन योजना और बीमा योजना प्रदान करता है जहां कर्मचारियों की संख्या 20 या इससे अधिक है। इसके तहत तीन प्रकार की योजनाएं हैं:

- कर्मचारी भविष्य निधि योजना, 1952
- कर्मचारी पेंशन योजना, 1995 और,
- कर्मचारी जमा संबंधी बीमा योजना, 1976

विभिन्न क्षेत्रों में ईपीएफ संस्था के तहत हासिल की गई प्रगति और सुधारों का वर्णन इस प्रकार है :

सदस्यता

इस अधिनियम के तहत 8,61,123 प्रतिष्ठानों को कवर किया गया है जिनमें से 4,737 छूट प्राप्त संस्थान हैं। कर्मचारी भविष्य निधि के कुल सदस्यों की संख्या पेंशन निधि के 1,325.34 लाख सदस्यों के साथ 1,584.70 लाख रही।

सदस्यों द्वारा योगदान

तीनों योजनाओं का कुल कोष संचयी योगदान 7,94,586.67 करोड़ रहा है।

ब्याज दर

ईपीएफ के सदस्यों को 2014-15 में 8.75 फीसदी की दर से ब्याज दर देने की घोषणा की गई है। 2016 में गैर छूट प्राप्त संस्थानों के 1465.38 लाख वार्षिक खातों की स्टेटमेंट जारी की गई।

न्यूनतम पेंशन का क्रियान्वयन

सरकार ने 2014 में एक अधिसूचना जारी की जिसमें सदस्य/विधवा/दिव्यांग/नामांकित सदस्य को 1,000 रुपये मासिक पेंशन, यतीम पेंशनरों को 750 रुपये प्रतिमाह तथा बाल पेंशनरों को 250 रुपये प्रतिमाह पेंशन देने का नियम है। आरंभ में यह 2014-15 के लिए लागू था।

वर्तमान में पेंशन के वितरण के लिए बैंकों की कोर बैंकिंग प्रणाली का उपयोग किया जा रहा है। फील्ड ऑफिसर को यह निर्देश जारी हो चुके हैं कि पेंशनर के खाते में महीने के पहले कार्यदिवस तक पेंशन पहुंच जानी चाहिए।

संस्थानों का ऑनलाइन पंजीकरण

ईपीएफओ कर्मचारियों के लिए संस्थानों के पंजीकरण ऑनलाइन के लिए एक पोर्टल की शुरुआत की है।

यूनिवर्सल खाता संख्या

ईपीएफ के खाताधारकों के लिए यूनिवर्सल खाता संख्या (यूएएन) की औपचारिक तौर पर शुरुआत हो चुकी है। पोर्टेबिलिटी यूएएन कार्यक्रम की एक अंतर्निहित सुविधा है। यदि कर्मचारी अपने खाते को बदलता है तो यूएएन भविष्य निधि की स्वचालित पोर्टेबिलिटी की सुविधा प्रदान करता है। इसके माध्यम से अपने ग्राहकों की जानकारी प्राप्त होती है। आवंटित 6.38 करोड़ यूएन में से 1.09 सदस्यों ने अपने यूएएन सक्रिय किए हैं।

औद्योगिक संबंध

श्रम और रोज़गार मंत्रालय का एक घोषित उद्देश्य सामंजस्यपूर्ण औद्योगिक संबंधों को बनाए रखना है। केंद्र और राज्य, दोनों की औद्योगिक संबंध व्यवस्था के निरंतर प्रयासों के कारण, समग्र औद्योगिक संबंध आमतौर पर शांतिपूर्ण और सौहार्दपूर्ण बने हुए हैं। हालांकि 2010 के दौरान हड़तालों और तालाबंदी की संख्या 371 दर्ज की गई जो कि सितंबर 2015 में 104 थी। इस दौरान इन आंकड़ो में उल्लेखनीय कमी दर्ज की गई। इसी तरह ये आंकड़े 2010 में 23.13 मिलियन थे जो सितंबर 2015 में घटकर 1.66 मिलियन (अनंतिम) पर आ गए। स्थानिक/औद्योगिक नज़रिये से देखा जाए तो हड़ताल और तालाबंदी की घटनाओं के बारे में विभिन्न राज्यों/केंद्रशासित प्रदेशों के बीच व्यापक अंतर था। इस बंद और हड़ताल के मुख्य कारण वेतन भत्तों, बोनस, कार्मिक छंटनी, अनुशासनहीनता और हिंसा तथा अन्य कारण थे।

औद्योगिक विवाद अधिनियम, 1947, के प्रावधानों के तहत 22 औद्योगिक न्यायधिकरण सह श्रम अदालतों की स्थापना की गई है, जिनमें केंद्र सरकार का महत्वपूर्ण योगदान है। ये ट्रिब्यूनल धनबाद (झारखंड), मुंबई, नई दिल्ली और चंडीगढ़ (दोनों में दो-दो कोर्ट), कोलकाता, जबलपुर, कानपुर, नागपुर, लखनऊ, बंगलुरु, जयपुर, चेन्नई, हैदराबाद, भुवनेश्वर, अहमदाबाद, एर्नाकुलम, आसनसोल, और गुवाहाटी में हैं। दो औद्योगिक ट्रिब्यूनल मुंबई और कोलकाता में एक राष्ट्रीय ट्रिब्यूनल के रूप में कार्य कर रहे हैं।

अदालतों में लंबित मामलों की संख्या कम करने के लिए वैकल्पिक शिकायत निवारण व्यवस्था के तौर पर सीजीआईटी और श्रम अदालतों का गठन किया जा रहा है। 2015 तक 11 लोक अदालतों का आयोजन किया गया जिनमें 94 मामलों का निपटारा किया गया। लोक अदालतों की प्रक्रिया के माध्यम से औद्योगिक विवादों को आपसी सहमति से संबंधित पक्षों के बीच सुलझाया जाता है। लोक अदालतों और उनमें निपटाए गए मामलों की संख्या तद्नुसार घटती बढ़ती रहती है।

अति संवेदनशील वर्ग

बाल श्रम

बाल श्रम गंभीर चिंता का विषय है और भारत सरकार इस समस्या के समाधान के लिए प्रतिबद्ध है। वह इससे निपटने के लिए एक व्यापक बहु-आयामी रणनीति अपना रही है। इनमें सांविधिक तथा विधायी उपाय, बचाव तथा पुनर्वास कार्य, अनिवार्य प्राथमिक शिक्षा उपायों के अलावा सामाजिक सुरक्षा, गरीबी

उन्मूलन और रोज़गार सृजन की योजनाएं लागू करना शामिल है। इनका उद्देश्य ऐसी स्थिति बनाना है जिसमें परिवारों को अपने बच्चों को श्रमिक न बनाना पड़े। सरकार ने ऐसे बच्चों को काम से हटाने और उनके पुनर्वास की नीति अपनाई है। इस काम की शुरुआत कुछ निषिद्ध व्यवसायों और प्रक्रियाओं से शुरू की गई है।

बाल श्रम पर नीति

बाल श्रम पर राष्ट्रीय नीति की घोषणा अगस्त 1987 में की गई थी। इसका उद्देश्य बाल श्रम की जटिल समस्या का समाधान व्यापक और समावेशी रूप से करना है। इस नीति के तहत बनाई गई कार्य योजना बहुआयामी है और इसमें निम्न उपाय शामिल हैं:

(क) विधायी कार्य योजना: विधायी कार्य योजना के तहत, बाल श्रम (निषेध एवं विनियमन) अधिनियम के अनुसार, इसकी शुरुआत 1986 में की गई थी। इस कानून के अनुसार, अधिसूचित जोखिमभरे, व्यवसायों तथा प्रक्रियाओं में 14 वर्ष से कम आयु वर्ग के बच्चों का नियोजन निषेध है। वर्तमान में 18 जोखिम भरे व्यवसाय तथा 65 प्रक्रियाएं हैं जिनमें बच्चों का नियोजन निषेध है।

(ख) परियोजना आधारित कार्य योजना: सरकार ने देश में बाल श्रमिकों के पुर्नवास के लिए 1988 में राष्ट्रीय बाल श्रम परियोजना (एनसीएलपी) की शुरुआत की। इस केंद्रीय योजना के तहत कार्य करने वाले बच्चों की पहचान बाल श्रम सर्वेक्षण के माध्यम से की जाती है और उसके बाद बच्चों को काम से हटाया जाता है और उन्हें विशेष प्रशिक्षण केंद्रों में रखा जाता है जिससे उन्हें शिक्षा की मुख्यधारा में आने में मदद मिल सके। इन विशेष प्रशिक्षण केंद्रों में बच्चों को व्यवासायिक प्रशिक्षण, मध्याह्न भोजन, वजीफा, स्वास्थ्य सुविधाएं, नियमित स्वास्थ्य जांच इत्यादि उपलब्ध कराए जाते हैं। इसके अलावा सरकार इनके परिवारों तक पहुंचने का प्रयास करती है जिससे उन्हें विभिन्न विकासोन्मुखी और आय/रोज़गार सृजन के कार्यक्रमों के तहत लाया जा सके ताकि उनकी आर्थिक हालत में सुधार हो सके। इस योजना के तहत मंत्रालय विभिन्न प्रचार माध्यमों जैसे– इलेक्ट्रानिक और प्रिंट में विज्ञापन के माध्यम से बाल श्रम के खिलाफ जागरुकता कार्यक्रमों का संचालन करता है।

1988 में सरकार ने देश में बाल श्रमिकों की समस्या से सर्वाधिक ग्रस्त 12 ज़िलों में राष्ट्रीय बाल श्रम परियोजना की शुरुआत की थी। वर्तमान में देश के 270 ज़िलों में एनसीएलपी योजना स्वीकृत है। लगभग 2,860 विशेष प्रशिक्षण केंद्र संचालित हो रहे हैं जिनमें एनसीएलपी योजना के तहत लगभग 1.30 लाख बच्चों ने पंजीकरण कराया है। इस योजना के माध्यम से 11.77 लाख बच्चों को औपचारिक शिक्षा व्यवस्था की मुख्यधारा में लाया जा चुका है।

इस तरह की सामाजिक बुराइयों के पीछे मुख्य कारण गरीबी है। इस तरह के बच्चों के शैक्षिक पुनर्वास के लिए इन बच्चों के परिवारों का आर्थिक पुनर्वास किया जा रहा है जिससे इन बच्चों और इनके परिवारों को भारत सरकार के विभिन्न मंत्रालयों और विभागों की योजनाओं का लाभ मिल सके।

आरटीई के साथ एनसीएलपी योजना का संयोजन

शिक्षा का अधिकार कानून, 2009 बनाने के साथ एनसीएलपी योजना को इसके साथ जोड़ना ज़रूरी था। मानव संसाधन विकास मंत्रालय ने एनसीएलपी स्कूलों को सेवा प्रशिक्षण केंद्रों के रूप में कार्य करने की अनुमति दे दी ताकि गैर पंजीकृत और स्कूल न जाने वाले बच्चों को निशुल्क और अनिवार्य शिक्षा नियम

2010 के तहत बाल अधिकारों के नियम 5 और शिक्षा के अधिकार की धारा 4 के प्रावधानों के अनुसार प्रशिक्षण दिया जा सके।

सरकार बाल श्रम (निषेध और नियमन) कानून लागू करने पर भी बहुत ज़ोर दे रही है। इस कानून के प्रावधानों को कड़ाई से लागू करने के लिए इसमें व्यापक संशोधन का प्रस्ताव किया गया है।

श्रम एवं रोज़गार मंत्रालय और इससे संबद्ध कार्यालयों की महिला कर्मियों की कार्यस्थल पर यौन उत्पीड़न की शिकायतों को निपटाने के लिए एक समिति गठित की गई है।

बंधुआ मज़दूर

बंधुआ मज़दूरों का पुर्नवास

राज्य सरकारों द्वारा किए जा रहे प्रयासों को पूर्णता प्रदान करने हेतु श्रम एवं रोज़गार मंत्रालय द्वारा मई 1978 में बंधुआ मज़दूरों के पुनर्वास के लिए एक केंद्र प्रायोजित योजना आरम्भ की गई। इस योजना के अन्तर्गत राज्य सरकारों को बंधुआ मज़दूरों के पुनर्वास के लिए अनुदान (50:50 के आधार पर) केंद्रीय सहायता दी जाती है। बंधुआ मज़दूरों की पहचान करने, जागरुकता पैदा करने वाली गतिविधियों तथा मूल्यांकन अध्ययन के लिए ज़िलावार सर्वेक्षण करने हेतु शत-प्रतिशत सहायता उपलब्ध कराने के लिए मई 2000 में इस योजना में व्यापक संशोधन किए गए। पुनर्वास सहायता राशि भी 10,000 रुपये प्रति बंधुआ मज़दूर से बढाकर 20,000 रुपये कर दी गई है। इसके अलावा उत्तर पूर्वी राज्यों के मामले में, यदि राज्य अपना समान योगदान नहीं दे पाते हैं, तो शत-प्रतिशत पुनर्वास अंशदान उपलब्ध कराया जाता है।

वेतन और बोनस

न्यूनतम मज़दूरी अधिनियम 1948

न्यूनतम वेतन अधिनियम, 1948 का उद्देश्य विशेषकर असंगठित क्षेत्र के कामगारों के हितों की रक्षा करना है। न्यूनतम मज़दूरी अधिनियम 1948 के अंतर्गत केंद्र तथा राज्य दोनों ही सरकारें अधिनियम के अन्तर्गत अनुसूचित रोज़गारों के लिए मज़दूरी की न्यूनतम दर निर्धारित करने के लिए उपयुक्त सरकारें हैं। केंद्र के अधीन अनुसूचित रोज़गारों की संख्या 45 है, जबकि राज्यों के लिए इन रोज़गारों की संख्या 1697 है। न्यूनतम मज़दूरी अधिनियम 1948 के दो स्तरों पर लागू करना सुनिश्चित किया जाता है। केंद्रीय स्तर पर इसे मुख्य श्रम आयुक्त के कार्यालय के निरीक्षण अधिकारियों और राज्य स्तर पर राज्य प्रवर्तन तंत्र के जरिए लागू किया जाता है।

न्यूनतम वेतन को महंगाई के प्रभाव से बचाने के लिए केंद्र सरकार ने उपभोक्ता मूल्य सूचकांक पर आधारित चर महंगाई भत्ता लागू किया है। 26 राज्यों/केंद्रशासित प्रदेशों ने इसे न्यूनतम वेतन के घटक के रूप में अपनाया है। केंद्र/राज्य सरकारें समय-समय पर इसमें संशोधन करती रहती हैं। केंद्र ने अंतिम बार 2015 में इन दरों में संशोधन किया था।

देशभर में मज़दूरी की दरों में समानता रखने और इनके बीच असमानता कम करने के उद्देश्य से 1991 में राष्ट्रीय ग्रामीण श्रम आयोग की सिफारिशों के आधार पर राष्ट्रीय बुनियादी न्यूनतम मज़दूरी (एनएफएलएमडब्ल्यू) की संकल्पना पर विचार किया गया। केंद्र सरकार ने 2015 एनएफएलएमडब्ल्यू में संशोधन कर इसे 137 रुपये से बढ़ाकर 160 रुपये प्रतिदिन कर दिया गया। हालांकि ध्यान देने योग्य बात है कि राष्ट्रीय न्यूनतम मज़दूरी दर एक गैर-संवैधानिक उपाय है।

वेतन भुगतान

वेतन भुगतान अधिनियम, 1936 मुख्यत: यह सुनिश्चित करता है कि वेतन का भुगतान समय पर कर दिया जाए और कर्मचारियों के वेतन में से कोई भी अनाधिकृत कटौती न की जाए। अधिनियम की धारा 1 की उप-धारा (6) के अन्तर्गत प्रदत्त शक्तियों का प्रयोग करते हुए केंद्र सरकार ने, राष्ट्रीय नमूना सर्वेक्षण संगठन द्वारा प्रकाशित उपभोक्ता व्यय सर्वेक्षण के आधार पर 2012 से वेतन सीमा बढ़ाकर 10,000 रुपये से बढ़ाकर 18,000 रुपये प्रतिमाह कर दी है।

बोनस भुगतान

बोनस भुगतान अधिनियम, 1965 में बदलाव किया गया है जिसके तहत वैधानिक पात्रता सीमा में धारा 2 (13) में संशोधन कर पात्रता सीमा क्रमश: 10 हज़ार रुपये से बढाकर 21 हज़ार रुपये प्रतिमाह कर दी गई और धारा 12 में संशोधन कर पात्रता सीमा बढाकर 7 हज़ार रुपये से बढ़ाकर 3,500 रुपये कर दी गई। कर्मचारियों के लिए सरकार द्वारा न्यूनतम वेतन, जो भी अधिक है, वो तय किया गया है। बोनस भुगतान अधिनियम, 1965 में बदलाव 2014 से लागू हो गया है।

व्यावसायिक सुरक्षा और स्वास्थ्य

श्रमिकों की व्यावसायिक सुरक्षा और स्वास्थ्य के रूप में भारत का संविधान खान सुरक्षा महानिदेशालय (डीजीएमएस) और फैक्ट्री सलाह सेवा और श्रम संस्थान महानिदेशालय (DGFASLI) के अधिकारियों के माध्यम से लागू कर रहा है।

डीजीएमएस खान अधिनियम 1952 के तहत निरीक्षकों की नियुक्ति कर खान उद्योग में कार्यरत श्रमिकों के लिए सुरक्षा और स्वास्थ्य संबंधी नियमों को लागू करवाता है। गोदी (डॉक) सुरक्षा के निरीक्षकों के माध्यम से डीजीएफएएसएलआई गोदियों में सुरक्षा कानूनों को लागू करवाता है। यह राष्ट्रीय स्तर पर एक समन्वयक एजेंसी के तौर पर कार्य करता है, जो विभिन्न राज्यों के अधीन कार्य करता है।

ओएसएच के क्षेत्र की कुछ महत्वपूर्ण गतिविधियां/पहलें

श्रम और रोज़गार मंत्रालय प्रतिवर्ष अपने श्रमिकों को प्रधानमंत्री श्रम पुरस्कार, राष्ट्रीय सुरक्षा पुरस्कार और विश्वकर्मा राष्ट्रीय पुरस्कार तथा राष्ट्रीय सुरक्षा पुरस्कार (खान) वितरित करता है।

प्रधानमंत्री श्रम पुरस्कार केंद्र तथा राज्य सरकारों के सार्वजनिक क्षेत्र के उपक्रमों/विभागों में कार्यरत ऐसे व्यक्तियों को दिया जाता है, जिनका निष्पादन सराहनीय रहा हो और जिन्होंने पूरे समर्पण से अपने कार्यों का निर्वहन किया हो। निजी क्षेत्र की ऐसी विनिर्माण इकाइयां, जहां 500 या इससे अधिक लोग कार्य करते हैं को भी ये पुरस्कार दिए जाते हैं।

विश्वकर्मा राष्ट्रीय पुरस्कार (वीआरपी) उन श्रमिकों या श्रम समूहों को दिये जाते हैं जो अपने बेहतरीन सुझावों से उत्पादकता बढ़ाने और सुरक्षा तथा स्वास्थ्य में सुधार के साथ विदेशी मुद्रा की बचत के मामले में महत्वपूर्ण योगदान देते हैं। फैक्टरी अधिनियम, 1948 के तहत, राष्ट्रीय सुरक्षा पुरस्कार (एनएसए), औद्योगिक प्रतिष्ठानों द्वारा अच्छे सुरक्षा प्रदर्शन को मान्यता देने और दुर्घटना प्रतिरोधी कार्यक्रमों के लिए प्रबंधन तथा कर्मचारियों को दिया जाता है। राष्ट्रीय सुरक्षा पुरस्कार, फैक्ट्री अधिनियम, 1948 गोदी (डॉक) कर्मचारी (सुरक्षा, स्वास्थ्य तथा कल्याण) अधिनियम के तहत औद्योगिक

प्रतिष्ठानों और 1986 और भवन तथा अन्य निर्माण कर्मी (रोज़गार नियमन तथा सेवा की शर्तों) अधिनियम 1996 के तहत् नियोक्ताओं द्वारा किए गए सुरक्षा के सर्वोत्तम उपायों के लिए दिए जाते हैं।

अनुसंधान और प्रशिक्षण

केंद्रीय श्रमिक शिक्षा बोर्ड

- केंद्रीय श्रमिक शिक्षा बोर्ड (सीबीडब्ल्यूई) की स्थापना 1958 में की गई थी। यह एक त्रिपक्षीय समिति है जो श्रमिकों के शिक्षा कार्यक्रम को राष्ट्रीय, क्षेत्रीय तथा गांव स्तर पर लागू करती है। बोर्ड प्रशिक्षण कार्यक्रमों की ज़िम्मेदारी का निर्वहन करता है, ये कार्यक्रम संगठित और गैर संगठित क्षेत्रों के श्रमिकों और ग्रामीण तथा अनियमित क्षेत्रों के कर्मचारियों के लिए होते हैं।
- बोर्ड के प्रशिक्षण कार्यक्रमों का मुख्य उद्देश्य श्रमिक समाज के सभी लोगों के बीच जागरुकता फैलाना है। समन्वयक और प्रबंधक स्तरीय कैडर को भी संयुक्त शिक्षा कार्यक्रमों के माध्यम से कवर किया जाता है।
- नागपुर में इसका मुख्यालय होने के साथ बोर्ड के 50 क्षेत्रीय कार्यालय और 9 उप क्षेत्रीय महानिदेशालय पूरे देश में फैले हुए हैं। 6 क्षेत्रीय महानिदेशालय दिल्ली, गुवाहटी, कोलकाता, चेन्नई, मुंबई और भोपाल में स्थित हैं जो संबंधित ज़ोन के क्षेत्रीय महानिदेशालयों की गतिविधियों पर नज़र रखते हैं।
- बोर्ड का एक सर्वोच्च स्तरीय प्रशिक्षण संस्थान– भारतीय श्रमिक शिक्षा संस्थान मुंबई में स्थित है, जिसकी स्थापना 1970 में केंद्रीय श्रमिक संघ संगठनों, परिसंघों, स्वैच्छिक संगठनों के लिए राष्ट्रीय स्तर के प्रशिक्षण और बोर्ड अधिकारियों के प्रशिक्षण कार्यक्रमों के लिए की गई थी।
- 1970 से 2015 तक बोर्ड विभिन्न प्रकार के 1185 कार्यक्रम आयोजित कर चुका है। राष्ट्रीय स्तर पर आईआईडब्ल्यूई में 29,024 प्रतिभागी भाग ले चुके हैं। ग्रामीण क्षेत्रों में बोर्ड ने विभिन्न समयाविध के 4,55,435 कार्यक्रम आयोजित कर चुका है जिनमें 13564603 श्रमिक भाग ले चुके हैं।
- बोर्ड असंगठित क्षेत्र के श्रमिकों के बीच जागरुकता कार्यक्रम करता है, जिसमें विभिन्न श्रमिक कल्याण और विकास कार्यक्रमों द्वारा विभिन्न कल्याणकारी योजनाओं की जानकारी दी जाती है।
- सीबीडब्ल्यूई द्वारा 2012 में महात्मा गांधी राष्ट्रीय ग्रामीण रोज़गार गारंटी योजना के लाभार्थियों के लिए विशेष कार्यक्रम शुरू किया गया।

वी. वी. गिरी राष्ट्रीय श्रम संस्थान

वी. वी. गिरी राष्ट्रीय श्रम संस्थान (वीवीजीएनएलआई) भारत सरकार के श्रम और रोज़गार मंत्रालय का एक स्वायत्तशासी निकाय है, जिसकी स्थापना जुलाई 1974 में की गई थी। अपनी शुरुआत के साथ ही यह श्रम अनुसंधान और प्रशिक्षण के क्षेत्र में एक महत्वपूर्ण संस्थान के रूप में उभरा है। यह अपने प्रशिक्षण के माध्यम से संगठित और असंगठित क्षेत्र के कामगारों को अनुसंधान, प्रशिक्षण, शैक्षिक तथा अन्य प्रकार की सुविधाएं प्रदान करता है।

आईएलओ के अंतरराष्ट्रीय श्रम सम्मेलन का 104वां सत्र

भारत आईएलओ का संस्थापक सदस्य है और यह श्रमिकों के कल्याण के लिए वैश्विक स्तर पर सक्रिय रुप से योगदान कर रहा है। अंतरराष्ट्रीय श्रम सम्मेलन (आईएलसी) का 104वां सत्र और गर्वनिंग बॉडी का 324वां सत्र 2015 में जिनेवा में आयोजित किया गया था। इसमें भारत के एक उच्च स्तरीय प्रतिनिधिमंडल का नेतृत्व श्रम और रोज़गार मंत्री श्री बंडारू दत्तात्रेय ने किया था। एक भारतीय प्रतिनिधिमंडल ने सितंबर 2015 में तुर्की में अंकारा में जी-20 देशों के श्रम और रोज़गार मंत्रियों की बैठक में भाग लिया।

रोज़गार महानिदेशालय

रोज़गार और प्रशिक्षण महानिदेशालय (डीजीईटी) के प्रशिक्षण महानिदेशालय को कौशल विकास और उद्यमिता मंत्रालय में स्थानांतरित कर दिया गया है, जिसका उद्देश्य नए मंत्रालय के अधीन प्रशिक्षण और कौशल विकास गतिविधियों का आयोजन करना है।

मंत्रालय राष्ट्रीय करियर सेवा (एनसीएस) परियोजना का क्रियान्वयन कर रहा है। रोज़गार समवर्ती विषय है जिसके संचालन की ज़िम्मेदारी केंद्र और राज्य सरकारों की है। नीतियों, प्रक्रिया, नियम, दिशा-निर्देशों के संचालन की ज़िम्मेदारी केंद्र सरकार की है जबकि रोज़गार संबंधी प्रशासनिक कार्यों की ज़िम्मेदारी संबंधित राज्य सरकारों/केंद्रशासित प्रदेशों की होती है। अधिकतर राज्यों के रोज़गार महानिदेशालय राज्यों की राजधानी में स्थित हैं। इन गतिविधियों के अलावा, डीजीए प्रशिक्षण संस्थानों का संचालन कर लक्षित ग्रुपों को प्रशिक्षण प्रदान करता है।

24 राज्यों में अनुसूचित जातियों/जनजातियों के लिए 24 कोचिंग-कम-गाइडलाइंज़ सेंटर (सीजीसी) बनाए गए हैं। अनुसूचित जातियों/जनजातियों वर्ग के जो लोग नौकरी की तलाश कर रहे हैं उन्हें इन केंद्रों द्वारा व्यावसायिक दिशा-निर्देश और प्रशिक्षण प्रदान किया जाता है। टाईपिंग की प्रैक्टिस की सुविधा प्रदान करने के अलावा 14 केंद्रों में नौकरी की तलाश कर रहे अनुसूचित जातियों/जनजातियों के लोगों को शार्ट हैंड का प्रशिक्षण दिया जा रहा है। इसके अलावा इन केंद्रों के माध्यम से अनुसूचित जातियों/जनजातियों के अभ्यर्थियों के लिए रोज़गार के बेहतर अवसर प्रदान करने हेतु भर्ती पूर्व प्रशिक्षण कार्यकर्मों का आयोजन किया जाता है, जिससे वो कर्मचारी चयन बोर्ड द्वारा आयोजित होने वाली समूह सी की परीक्षा में शामिल होते हैं।

कौशल विकास

कौशल भारत

कौशल भारत (स्किल इंडिया) भारत सरकार की एक पहल है जिसे शुरू करने का उद्देश्य देश के युवाओं का कौशल विकास कर उन्हें सशक्त बनाना है, जिससे युवाओं को और अधिक रोज़गार मिल सके तथा वो अपने कार्य क्षेत्र में और अधिक निपुण बन सकें। वर्तमान में भारत का 65 फीसदी युवा, कामगार आयु समूह का है। अगर कभी इसका लाभ लेने की बात होती है तो इसका मार्ग युवाओ के कौशल विकास के जरिए ही निकलेगा, जिससे न केवल युवाओं का व्यक्तिगत विकास होगा बल्कि देश की आर्थिक उन्नति भी होगी।

कौशल भारत देश के 40 क्षेत्रों में पाठ्यक्रम पेश करता है जो उद्योगों और सरकार के नेशनल स्किल क्वालिफिकेशन फ्रेमवर्क मानकों के अनुरूप होते हैं। यह कोर्स एक व्यक्ति को कार्य के व्यवहारिक विस्तार और उसके तकनीकी अभ्यास में ध्यान केंद्रित करने की मदद करता है, जिससे वह अपनी नौकरी के लिए पूर्ण रूप से तैयार हो सके और कंपनी को उसके प्रोफाइल के लिए प्रशिक्षण देने की आवश्यकता ना पड़े।

कौशल मिशन कार्यक्रम की जबदरस्त सराहना हुई है। भारतीय कार्यक्षेत्र में 1 करोड़ से अधिक नवागंतुकों को प्रशिक्षण देने के लक्ष्य को पहली बार हासिल किया गया है। केंद्र सरकार के कार्यक्रम और एनएसडीसी के सहयोग से 1.04 करोड़ भारतीयों को प्रशिक्षण दिया गया जिसमें प्रशिक्षण सहयोगी के रूप में निजी क्षेत्र भी शामिल थे।

भारत की आज़ादी के 68 वर्षों बाद, पहली बार कौशल विकास और उद्यमिता मंत्रालय का गठन किया गया, जिसका लक्ष्य युवाओं को कौशल विकास के ज़रिए रोज़गार के अवसर प्रदान करना है। भारत के कौशल विकास पारिस्थितिकी तंत्र में कई महत्वपूर्ण सुधार और बेहतर नीतियों को देखा गया है, जिनसे देश के कर्मचारियों को फिर से सक्रिय बनाने में मदद की है। यह युवाओं को नौकरी के लिए तैयार कर रहा है और इससे अंतरराष्ट्रीय बाज़ार में उनके लिए अवसर बढ़ रहे हैं। इसके प्रमुख कार्यक्रम प्रधानमंत्री कौशल विकास योजना (पीएमकेवीवाई) द्वारा ही अभी तक 20 लाख लोगों को प्रशिक्षित किया जा चुका है और सफल भविष्य के तैयार भी किया जा चुका है।

राष्ट्रीय कौशल विकास मिशन

राष्ट्रीय कौशल विकास मिशन प्रशिक्षण गतिविधियों के संदर्भ में विभिन्न क्षेत्रों और राज्यों के संयोजन के लिए स्थापित किया गया है। इतना ही नहीं, कुशल भारत का विज़न प्राप्त करने के लिए राष्ट्रीय कौशल विकास मिशन न सिर्फ कौशल के प्रयासों को संगठित और समन्वित करेगा, बल्कि गति और गुणवत्ता के साथ बढ़े पैमाने पर कौशल का लक्ष्य प्राप्त करने के लिए सभी क्षेत्रों में निर्णय लेने की प्रक्रिया में भी तेज़ी लाएगा। इसका कार्यान्वयन कौशल विकास एवं उद्यमिता मंत्रालय (एमएसडीई) द्वारा संचालित सुव्यस्थित व्यवस्था के माध्यम से किया जाएगा। मिशन के उदेश्यों की प्राप्ति के लिए मुख्य संस्थागत व्यवस्थाओं को तीन स्तरों में बांटा गया है, जिनमें शीर्ष स्तर पर नीतिगत मार्गदर्शन के लिए गवर्निंग काउंसिल, संचालन समीति और मिशन की कार्यकारी शाखा के रूप में मिशन निदेशालय (एक कार्यकारी समिति सहित) शामिल है। मिशन निदेशालय को तीन अन्य संस्थाओं की सहायता मिलेगी: राष्ट्रीय कौशल विकास एजेंसी (एनएसडीए), राष्ट्रीय कौशल विकास निगम (एनएसडीसी) और प्रशिक्षण महानिदेशालय (डीजीटी)। इन सभी का मिशन निदेशालय से संपर्क है, तांकि राष्ट्रीय संस्थागत व्यवस्था को सुचारू रूप से कार्य करने में मदद प्रदान की जा सके। मिशन के समग्र लक्ष्यों की प्राप्ति के लिए मूलभूत अंगों के रूप में शुरुआत में सात उप-मिशनों का प्रस्ताव किया गया है। ये हैं: (1) संस्थागत प्रशिक्षण, (2) बुनियादी ढांचा, (3) अभिसरण, (4) प्रशिक्षक, (5) विदेश में रोज़गार, (6) सतत आजीविका और (7) सार्वजनिक अवसंरचना का लाभ उठाना।

राष्ट्रीय कौशल विकास एवं उद्यमिता नीति

मंत्रालय सबका साथ, सबका विकास नीति का एक अभिन्न अंग है और आने वाले वर्षों में मानव संसाधनों का संपूर्ण विकास कर उन्हें अवसर प्रदान करना इसकी प्रतिबद्धता है। एक व्यापक और विस्तृत नीति को विकसित करना इस प्रक्रिया का अभिन्न हिस्सा है। पहले से मौजूद कौशल विकास नीति (एनपीएसडी) 2009 को मौजूदा राष्ट्रीय नीति के परिप्रेक्ष्य में नए सिरे से देखने की आवश्यकता है।

राष्ट्रीय कौशल विकास एवं उद्यमिता नीति, 2015 का उद्देश्य बड़े पैमाने पर गति और स्तर (गुणवत्ता) की चुनौती के साथ निपटना है। इसका लक्ष्य देशभर में संचालित की जा रही कौशल निर्माण संबंधी समस्त गतिविधियों को सामान्य मापदंडों के अनुरूप बनाने और कौशल को मांग केंद्रों के साथ जोड़ने के लिए एकछत्र ढांचा उपलब्ध कराना है। उद्देश्यों और अपेक्षित निष्कर्ष निर्धारित करने के अलावा विभिन्न संस्थागत ढांचों की पहचान के प्रयास किए जाएंगे, जो संभावित निष्कर्षों तक पहुंचने का माध्यम बन सकेंगे। राष्ट्रीय नीति इस बारे में भी स्पष्टता और सामंजस्य उपलब्ध कराएगी कि देशभर में कौशल विकास के प्रयासों को मौजूदा संस्थागत प्रबंधों के साथ कैसे लाया जाए। यह नीति कौशल विकास को रोज़गार पाने की बेहतर संभावनाओं और उत्पादकता के साथ जोड़ेगी।

22 जनसंचार

सूचना और प्रसारण मंत्रालय रेडियो, टेलीविजन, फिल्मों, प्रकाशन, विज्ञापन जैसे जनसंचार के साधनों और संचार के पारंपरिक तरीकों जैसे- नाटक, संगीत और नृत्य के जरिए लोगों को निर्बाध रूप से सूचना उपलब्ध कराने में महत्वपूर्ण भूमिका निभाता है। मंत्रालय विभिन्न आयु वर्ग के लोगों की मनोरंजन संबंधी जरूरतों को पूरा करने का प्रयास करता है और लोगों को राष्ट्रीय एकता, पर्यावरण संरक्षण, स्वास्थ्य एवं परिवार कल्याण, निरक्षरता खत्म करने, महिलाओं, बच्चों, अल्पसंख्यकों और समाज के अन्य कमजोर वर्गों से संबंधित मुद्दों के प्रति जागरूक करता है। मंत्रालय चार खंडों में विभाजित है यथा- सूचना खंड, प्रसारण खंड, फिल्म खंड और एकीकृत वित्त खंड। मंत्रालय अपने कार्य 21 मीडिया इकाइयों/संबद्ध और अधीनस्थ कार्यालयों, स्वायत्त निकायों और सार्वजनिक क्षेत्र के उपक्रमों द्वारा करता है।

सूचना खंड, प्रकाशन और प्रेस से संबंधित नीतिगत मुद्दों के अलावा सरकार की प्रचार से जुड़ी जरूरतों को पूरा करने पर काम करता है। मंत्रालय का सामान्य प्रशासन संबंधी कामकाज भी इसी खंड के अधीन है।

प्रसारण खंड, इलेक्ट्रॉनिक मीडिया से संबंधित मामलों व निजी टीवी चैनलों के प्रसारणों की विषयवस्तु के नियमन ही साथ आकाशवाणी व दूरदर्शन के कार्यक्रमों तथा केबल टीवी और सामुदायिक रेडियो चैनलों के संचालन संबंधी मामलों की देख-रेख की जिम्मेदारी भी संभालता है। इलेक्ट्रॉनिक मीडिया मॉनिटरिंग सेंटर (ईएमएमसी) जो अधीनस्थ कार्यालय है, वह भी इस विभाग के प्रशासनिक नियंत्रण में कार्य करता है।

मंत्रालय का फिल्म खंड , फिल्म जगत से जुड़े मामले देखता है। वृत्तचित्रों का निर्माण और वितरण, फिल्म उद्योग के विकास और उसे बढ़ावा देने, प्रशिक्षण, फिल्म समारोहों के आयोजन, फिल्मों के आयात और निर्यात से संबंधित सभी पहलुओं पर यह खंड काम करता है। एकीकृत वित्त खंड, मंत्रालय के वित्तीय मामलों को देखता है।

प्रसार भारती

प्रसार भारती देश में लोक सेवा प्रसारक है, जिसके दो घटक आकाशवाणी और दूरदर्शन हैं। 23 नवंबर , 1997 को प्रसार भारती का गठन किया गया और इसका मुख्य उद्देश्य रेडिया और दूरदर्शन पर संतुलित प्रसारण का विकास सुनिश्चित करके लोगों को सूचित, शिक्षित और उनका मनोरंजन करना है।

वेबसाइट: www.prasarbharati.gov.in

उद्देश्य

प्रसार भारती अधिनियम 1990 के अंतर्गत प्रसार भारती निगम के मुख्य उद्देश्य इस प्रकार हैं- (1) देश की एकता, अखंडता और देश के संविधान द्वारा संस्थापित मूल्यों को बनाए रखना, (2) राष्ट्रीय एकता

को बढ़ावा देना, (3) लोक हित के सभी मामलों की सूचना पाने के नागरिकों के अधिकार की रक्षा करना और निष्पक्ष और संतुलित सूचना प्रदान करना, (4) शिक्षा और साक्षरता के प्रसार, कृषि, ग्रामीण विकास, पर्यावरण, स्वास्थ्य और परिवार कल्याण, विज्ञान और तकनीक जैसे क्षेत्रों पर विशेष ध्यान देना, (5) महिलाओं से जुड़े मुद्दों के बारे में जागरुकता फैलाना और बच्चों, वृद्धों और समाज के अन्य कमजोर वर्गों के हितों की रक्षा के लिए विशेष कदम उठाना, (6) विभिन्न संस्कृतियों, खेलों और युवा मामलों पर पूरा ध्यान देना, (7) सामाजिक न्याय को बढ़ावा देना और कामगारों और अल्पसंख्यकों तथा जनजातीय समुदायों के अधिकारों की रक्षा करना और (8) प्रसारण तकनीक का विकास, इसकी सुविधाओं का विस्तार और शोध को बढ़ावा देना।

प्रसार भारती बोर्ड

प्रसार भारती निगम, प्रसार भारती बोर्ड द्वारा चलाया जाता है जिसमें एक अध्यक्ष, एक कार्यकारी सदस्य (जिसे मुख्य कार्यपालक अधिकारी के नाम से भी जाना जाता है), सदस्य (वित्त), सदस्य (कार्मिक), छह अंशकालिक सदस्य, सूचना और प्रसारण मंत्रालय का एक प्रतिनिधि तथा आकाशवाणी और दूरदर्शन के महानिदेशक पदेन सदस्यों के रूप में शामिल होते हैं। अध्यक्ष एक अंशकालिक सदस्य होता है, जिसका कार्यकाल तीन साल और सेवानिवृत्ति की आयु 70 वर्ष होती है। कार्यकारी सदस्य पूर्णकालिक सदस्य होता है जिसका कार्यकाल पांच वर्ष और सेवानिवृत्ति की आयु 65 वर्ष होती है। सदस्य (वित्त) और सदस्य (कार्मिक) भी पूर्णकालिक सदस्य होते हैं जिनका कार्यकाल छह वर्ष और सेवानिवृत्ति की आयु 62 वर्ष होती है। प्रसार भारती बोर्ड की बैठक समय-समय पर होती है जिसमें महत्वपूर्ण नीतिगत मामलों पर विचार-विमर्श होता है तथा कार्यकारी को नीतिगत दिशानिर्देशों का पालन करने के निर्देश दिए जाते हैं।

आकाशवाणी

रेडियो के अविष्कार और कुछ पश्चिमी देशों में रेडियो प्रसारण की शुरुआत के बाद मुंबई, कोलकाता, और चेन्नई जैसे भारतीय शहरों में कुछ निजी रेडियो क्लब द्वारा प्रसारण शुरू हुआ।

जून 1923 में बॉम्बे के एक रेडियो क्लब द्वारा पहला कार्यक्रम प्रसारित किया गया था। इसके बाद एक प्रसारण सेवा की स्थापना हुई जिसमें भारत सरकार और एक निजी कंपनी भारतीय ब्रॉडकास्टिंग कंपनी लिमिटेड के बीच समझौते के तहत 23 जुलाई, 1927 को मुंबई और कोलकाता में एक साथ प्रायोगिक आधार पर रेडियो प्रसारण शुरू किया गया। 1930 में कंपनी के दिवालिया होने पर प्रसारण नियंत्रक विभाग के अंतर्गत भारतीय राजकीय प्रसारण सेवा का गठन किया गया और 1935 में लियोनेल फील्डन को भारत में प्रसारण नियंत्रक नियुक्त किया गया। भारतीय राजकीय प्रसारण सेवा का नाम जनवरी 1936 में बदलकर ऑल इंडिया रेडियो कर दिया गया। एक से चार वर्ष की अवधि तक ऑल इंडिया रेडियो को संचार विभाग, सूचना और प्रसारण विभाग और सूचना और कला विभाग के अधीन रखा गया और 10 सितंबर, 1946 से ये सूचना और प्रसारण मंत्रालय के अधीन है। विभाजन के समय भारत में छह रेडियो केंद्र थे (दिल्ली, मुंबई, कोलकाता, चेन्नई, तिरुचिरापल्ली और लखनऊ) जिसमें से तीन रेडियो केंद्र पाकिस्तान में चले गए (लाहौर, पेशावर और ढाका अब बांग्लादेश में है)।

1,000 किलोवाट के दो अति शक्तिशाली मीडियम वेव ट्रांसमीटर 1969 में कोलकाता के पास मोगरा और 1971 में राजकोट में लगाए गए। चार 500 किलोवाट के अति शक्तिशाली शॉर्ट वेव ट्रांसमीटर 1994 में बंगलुरु में शुरू किए गए जिससे ये केंद्र दुनिया के सबसे बड़े प्रसारण केंद्रों में शामिल हो गया। मद्रास में 23 जुलाई, 1977 को देश की पहली एफएम सेवा की शुरुआत हुई। 1985 में सभी आकाशवाणी केंद्रों को 5 चैनल रिसीवर टर्मिनल उपलब्ध कराए गए। 1994 में मुंबई और 1995 में चेन्नई में मल्टी-ट्रैक रिकॉर्डिंग स्टूडियों की शुरुआत हुई।

अवसंरचना

1957 से ऑल इंडिया रेडियो को आकाशवाणी के नाम से जाना जाने लगा। ब्रिटिश काल से मूल राज्यों द्वारा संचालित किए जा रहे आकाशवाणी मैसूर, हैदराबाद रेडियो और रेडियो कश्मीर आदि जैसे रेडियो स्टेशनों का दायित्व आकाशवाणी ने संभाल लिया।

1947 में मात्र 18 ट्रांसमीटर से पहली पंचवर्षीय योजना के अंत तक 46, दूसरी पंचवर्षीय योजना के अंत तक 59, तीसरी पंचवर्षीय योजना के अंत तक 110 और 11वीं पंचवर्षीय योजना के अंत तक 433 ट्रांसमीटर हो गए। इस प्रकार मार्च 2015 तक आकाशवाणी के देशभर में कुल 595 ट्रांसमीटर हो गए जिनमें से 145 मीडियम वेव, 48 शार्ट वेव और 402 एफएम ट्रांसमीटर हैं। 1947 के छह रेडियों केंद्रों की तुलना में मार्च 2015 में देशभर में 414 रेडियो केंद्र हो गए।

सॉफ्टवेयर

आकाशवाणी कई वर्षों से त्रि-स्तरीय प्रणाली का उपयोग राष्ट्रीय, क्षेत्रीय और स्थानीय प्रसारण में कर रहा है। वह अपने स्टेशनों के जरिए महाद्वीपीय आयाम और बहुलवादी समाज में श्रोताओं की सूचना, शिक्षा और मनोरंजन संबंधी जरूरतें पूरी करता है। ये स्टेशन 23 भाषाओं और 146 बोलियों में समाचार, संगीत, बोले गए शब्द और अन्य कार्यक्रम पूरे देश की जनता तक पहुंचाने की कोशिश करता है, जो सौ अरब से अधिक हो चुकी है।

आकाशवाणी का विविध भारती नामक मनोरंजन चैनल 3 अक्टूबर , 1957 को शुरू हुआ और इस चैनल पर 1 नवंबर, 1967 से विज्ञापनों का प्रसारण होने लगा। पहला रेडियो संगीत सम्मेलन 1954 में आयोजित किया गया और उसके बाद से यह हर साल आयोजित होने लगा। कार्यक्रम, अभियांत्रिकी, समाचार और श्रोता अनुसंधान में उत्कृष्टता को बढ़ावा देने के लिए 1974 में आकाशवाणी के वार्षिक पुरस्कारों की स्थापना की गई। 1 अप्रैल, 1976 को दूरदर्शन को आकाशवाणी से अलग कर दिया गया। चुनावों से पूर्व राजनीतिक पार्टियों का पहला प्रसारण आकाशवाणी के विविध स्टेशनों से 1977 से शुरू हुआ। आकाशवाणी के शिलांग परिसर से 3 जनवरी, 1990 से आकाशवाणी की पूर्वोत्तर सेवा शुरू हुई। शाम के समय लोकसेवा प्रसारण शुरुआत में रोज़ाना करीब साढ़े पांच घंटे तक होता था। इसे तीन प्रसारणों तक बढ़ा दिया गया है। 50 केवी एसडब्ल्यू ट्रांसमीटर के जरिए सभी पूर्वोत्तर राज्यों की विभिन्न भाषाओं/बोलियों में संगीत कार्यक्रमों के अलावा हिंदी और अंग्रेजी में कार्यक्रम प्रसारित किए जाते हैं। फोन-इन-प्रोग्राम्स भी शुरू किए गए हैं।

चैनल एवं कार्यक्रम

आठ दशकों में ऑल इंडिया रेडियो ने जबरदस्त तरक्की की है और वह दुनिया के सबसे विशाल मीडिया संगठनों में से एक हो गया है। वर्तमान में इसके 407 स्टेशन और 578 ट्रांसमीटर हैं। देश की विविध प्रकार की सांस्कृतिक जरूरतें पूरी करने के लिए नई प्रौद्योगिकियों और कार्यक्रम बनाने की तकनीकों के जरिए इसके नेटवर्क में विस्तार किया गया है। आकाशवाणी की सेवाओं का डिजिटलीकरण किया जा रहा है।

उद्देश्य

जनता के कल्याण और खुशहाली को बढ़ावा देने के लिए उसे सूचना, शिक्षा और मनोरंजन उपलब्ध कराने हेतु (बहुजन हिताय बहुजन सुखाय) आकाशवाणी की ओर से निम्नलिखित प्रयास किए जाते हैं:

(क) देश की एकता और संविधान में निहित लोकतांत्रिक मूल्यों को बरकरार रखना, (ख) बिना किसी विचारधारा या अपनी विचारधारा की वकालत किए बगैर विपरीत दृष्टिकोणों सहित राष्ट्रीय, क्षेत्रीय, स्थानीय और अंतरराष्ट्रीय हित संबंधी सूचना का निष्पक्ष और संतुलित प्रवाह प्रस्तुत करना, (ग) सभी वर्गों के लोगों को जागृत, सूचित, प्रबुद्ध, शिक्षित करने, उनका मनोरंजन करने और उन्हें समृद्ध बनाने के लिए विविध कार्यक्रमों का निर्माण और प्रसारण करना, (घ) कृषि, शिक्षा, स्वास्थ्य और परिवार कल्याण तथा विज्ञान और प्रौद्योगिकी क्षेत्र में कार्य के विस्तार सहित विकास से संबंधित गतिविधियों के सभी आयामों से जुड़े कार्यक्रमों का निर्माण और प्रसारण करना (ङ) युवाओं, सामाजिक और सांस्कृतिक अल्पसंख्यकों, जनजातीय आबादी और सीमावर्ती क्षेत्रों, पिछड़े अथवा दूरदराज के इलाकों में रहने वाली आबादी की विशेष जरूरतों और हितों को ध्यान में रखते हुए, ग्रामीण, निरक्षर और वंचित आबादी को सेवाएं प्रदान करना, (च) ग्रामीण आबादी, अल्पसंख्यक समुदायों, महिलाओं, बच्चों, निरक्षर और साथ ही साथ (छ) समाज के कमजोर एवं असहाय वर्गों को सेवाएं प्रदान करना और राष्ट्रीय एकता को बढ़ावा देना।

त्रि-स्तरीय प्रसारण

अपने उद्देश्यों की पूर्ति करने के लिए आकाशवाणी ने गुजरते वर्षों के साथ प्रसारण की राष्ट्रीय, क्षेत्रीय और स्थानीय नामक त्रि-स्तरीय व्यवस्था शुरू की है। ये इस महाद्वीपीय आयाम वाले देश और बहुलवादी समाज के श्रोताओं की सूचना, शिक्षा और मनोरंजन संबंधी जरूरतें अपने स्टेशनों के माध्यम से पूरी करता है। ये स्टेशन देश की लगभग समस्त आबादी जो 2011 की जनगणना के अनुसार 121.0 करोड़ है, के लिए समाचार, संगीत, बोले गए शब्द और अन्य कार्यक्रम उपलब्ध कराते हैं। इसकी व्यापक पहुंच, विशेषकर ग्रामीण और जनजातीय इलाकों में इसकी पहुंच इसे प्राथमिक और कई बार सूचना और मनोरंजन का एकमात्र स्रोत बनाती है।

देशभर के ज्यादातर हिस्सों में मीडियम वेव पर सुने जाने वाले राष्ट्रीय सेवा के राष्ट्रीय कार्यक्रम पहले चरण की प्रसारण जरूरतें पूरी करते हैं। हाल ही में यह प्रसारण शॉर्ट वेव पर भी शुरू हो चुका है। क्षेत्रीय और उपक्षेत्रीय स्टेशन क्षेत्रीय भाषाओं में कार्यक्रम देकर और क्षेत्रीय सांस्कृतिक गतिविधियों को बढ़ावा देकर प्रसारण का दूसरा चरण उपलब्ध कराते हैं। इसके अलावा महानगरों में एफएम चैनल यानी एफएम रेनबो और एफएम गोल्ड जनता की विशेषकर युवाओं की आधुनिक जरूरतें पूरी करते हैं। 34 स्थानों पर विविध भारती भी प्रसारण व्यवस्था की एफएम पद्धति अपना चुका है। एफएम पद्धति पर

402 स्थानीय रेडियो स्टेशन हैं जो देश के विभिन्न भागों में छोटे शहरों के श्रोताओं की जरूरतों और पसंद के अनुसार कार्यक्रम प्रसारित करते हैं। स्थानीय स्टेशनों के अलावा पूर्वोत्तर भारत में स्थानीय जनजातीय आबादी की जरूरतें पूरी करने के लिए पांच स्थानों पर सामुदायिक रेडियों केंद्र भी स्थापित किए गए हैं।

राष्ट्रीय चैनल

आकाशवाणी की प्रसारण सेवा तीन-स्तरीय है। ये हैं- राष्ट्रीय, क्षेत्रीय और स्थानीय। राष्ट्रीय चैनल इसकी प्रथम अवस्था है। राष्ट्रीय चैनल की शुरुआत 18 मई, 1988 को हुई थी और इसमें शाम 6.50 बजे से अगली सुबह 6.10 बजे तक रात्रिकालीन प्रसारण होता है।

राष्ट्रीय प्रसारण सेवा के दायरे में पूरा देश आता है और इसलिए इस चैनल के कार्यक्रम ऐसे बनाए जाते हैं कि वे समस्त राष्ट्र के विविधतापूर्ण सांस्कृतिक ताने-बाने और लोकाचार का प्रतिनिधित्व कर सकें।

क्षेत्रीय चैनल

क्षेत्रीय चैनल ज्यादातर राज्यों की राजधानियों और प्रत्येक राज्य के प्रमुख भाषाई, सांस्कृतिक क्षेत्रों में हैं। ऐसे 127 चैनल 29 राज्यों और 6 केंद्रशासित प्रदेशों में हैं। आकाशवाणी की लोक प्रसारण सेवा इकाई- क्षेत्रीय चैनल अपने श्रोताओं के जीवन को समृद्ध बनाने के उद्देश्य से सूचना और मनोरंजन प्रदान करने के लिए कार्यक्रमों का प्रसारण करते हैं। क्षेत्रीय चैनल मोटेतौर पर मीडियम वेव फ्रीक्वेंसी पर प्रसारण करते हैं और वे कंपोजिट प्रोग्रामिंग मिक्स का अनुसरण करते हैं। वे भारतीय शास्त्रीय संगीत पर प्रमुख बल देते हुए कला और संस्कृति को बढ़ावा देते हैं। प्रमुख चैनलों के कुल प्रसारण का करीब 40 प्रतिशत संगीत पर आधारित होता है जिसमें शास्त्रीय संगीत, सुगम, लोक, फिल्म और अन्य भाषाओं का संगीत शामिल है। समाचार और समसामयिक मामलों के कार्यक्रम प्रसारण समय का 20 से 30 प्रतिशत हिस्सा हैं। रेडियो नाटक और ड्रामा, स्वास्थ्य और परिवार कल्याण कार्यक्रम, महिलाओं और बच्चों के कार्यक्रम, ग्रामीण जनता को सशक्त बनाने के लक्ष्य वाले खेती और घरेलू कार्यक्रम प्रमुख चैनलों के अन्य महत्वपूर्ण खंड हैं। ये चैनल आकाशवाणी के सभी चैनलों में से सबसे ज्यादा पहुंच वाले हैं। वे अपने श्रोताओं तक उस भाषा में पहुंच बनाने का प्रयास करते हैं जो सभी लोगों द्वारा समझी जाती हो।

स्थानीय रेडियो केंद्र

देशभर में इस समय 86 स्थानीय रेडियो केंद्र (एलआरएस) हैं। ये केंद्र क्षेत्र की स्थानीय आबादी तक पहुंच बनाकर उन्हें उपयोगी सेवाएं प्रदान करते हैं।

सामुदायिक रेडियो केंद्र

स्थानीय जनजातीय आबादी को ध्यान में रखते हुए देश के पूर्वोत्तर राज्यों में पांच स्थानों पर सामुदायिक रेडियो केंद्र खोले गए हैं।

एफएम रेनबो

आकाशवाणी के एफएम रेनबो चैनल की शुरुआत उस वक्त हुई, जब बड़े शहरों में रेडियो सुनने वालों की संख्या घट रही थी। एफएम रेडियो ने श्रोताओं को बाधारहित और उच्च गुणवत्ता का संगीत उपलब्ध

करवाकर इस कमी को सफलतापूर्वक दूर किया। एफएम रेडियो पर प्रस्तुतकर्ताओं के नए अंदाज ने भी श्रोताओं की अपेक्षाओं और बदलती जरूरतों को पूरा किया। प्रस्तोता की बातचीत की शैली ने युवाओं की नब्ज पकड़ी है और उन्हें रेडियो के करीब आने के लिए प्रेरित किया है। चौबीसों घंटे के प्रसारण के दौरान श्रोताओं को मनोरंजन की बिल्कुल नए तरह की शैली प्रस्तुत की जाती है। जल्दी ही एफएम रेडियो ने आधुनिक रेडियो का दर्जा प्राप्त कर लिया, क्योंकि वह उनके अंदाज में बात कर रहा था और उन्हें सुनने का मजा दे रहा था। श्रोताओं के प्रतिशत के लिहाज से रेडियो का पुराना गौरव एक बार फिर बहाल हो चुका है।

वर्तमान में पूरे देश में आकाशवाणी के 402 एफएम ट्रांसमीटर हैं। इस प्रकार यह देश के 32.5 प्रतिशत क्षेत्र और 45 प्रतिशत जनसंख्या को कवर करते हैं। इनमें से एफएम रेनबो चैनल 23 स्थानों पर उपलब्ध हैं जिनमें दिल्ली, मुंबई, चेन्नई, कोलकाता, बंगलुरु, लखनऊ, पणजी, जालंधर, कानपुर, कोच्चि, पुदुचेरी, शिलांग, कसौली, कटक, कोडाईकनाल, तिरुचिरापल्ली, कोयम्बटूर, हैदराबाद, विशाखापत्तनम, रायबरेली, जम्मू , श्रीनगर और विजयवाड़ा शामिल हैं। इसके अलावा दिल्ली रेनबो, मसूरी, अलीगढ़, से पूर्णतया तथा धर्मशाला और भटिंडा से आंशिक तौर पर रिले होता है। एफएम चैनल पर प्रसारित होने वाले कार्यक्रमों में पॉप संगीत, फिल्मी गीत और शास्त्रीय एवं भक्ति संगीत, समाचारों की हेडलाइंस आदि शामिल हैं।

एफएम गोल्ड

एफएम गोल्ड चैनल की शुरुआत दिल्ली में सितंबर 2001 को एक ज्ञान और मनोरंजक चैनल के रूप में हुई, जिसमें 30 प्रतिशत समाचार और समसामयिक कार्यक्रम और 70 प्रतिशत मनोरंजक कार्यक्रम शामिल थे। एफएम गोल्ड चैनल इस समय पांच स्थानों— चार महानगरों दिल्ली, मुंबई, कोलकाता और चेन्नई तथा लुधियाना में उपलब्ध है। इस अतिरिक्त चैनल ने मनोरंजन और ज्ञान के साथ-साथ श्रोताओं को चुनने के लिए आकाशवाणी के अन्य प्रसारणों और क्षेत्र के निजी एफएम स्टेशनों के अलावा एक और विकल्प प्रदान किया। ये चैनल मनोरंजन और ज्ञान के साथ-साथ यातायात, एयरलाइंस, रेल सेवाओं और मौसम के बारे में भी जानकारी देने की कोशिश कर रहे हैं।

डीटीएच सेवा

टेलीविजन सेट का इस्तेमाल करने वाले उपभोक्ताओं के लिए डीटीएच रेडियो चैनल के माध्यम से सैटेलाइट सेवा प्रदान की जाती है। डीटीएच सेवा प्रसार भारती के डीटीएच प्लेटफार्म के जरिए दिल्ली के टोडापुर से अपलिंक द्वारा उपलब्ध है। ये टेरिस्ट्रीयल प्रसारण सेवा नहीं है और इसके कार्यक्रम सामान्य रेडियो सेट्स पर नहीं सुने जा सकते। यह 24 घंटे की डिजिटल प्रसारण सेवा है। इसके कार्यक्रमों की योजना इस प्रकार बनाई जाती है कि पुनः प्रसारण कम से कम होता है।

विविध भारती

लोकप्रिय विविध भारती सेवा 37 सीबीएस-वीबी केंद्रों से दिन में 15 घंटे मनोरंजन उपलब्ध कराती है। विविध भारती सेवा देशभर में 65 स्थानीय रेडियो स्टेशनों और 100 वॉट एफएम ट्रांसमीटरों के जरिए भी प्रसारित होती है।

समाचार सेवा प्रभाग

आकाशवाणी का समाचार सेवा प्रभाग(एनएसडी) विभिन्न वर्गों के लोगों तक पहुंच कायम करने के लक्ष्य के साथ अपनी उपस्थिति विविध क्षेत्रों में बढ़ा रहा है। लोगों तक उनकी भाषा में समाचार पहुंचाने के लिए नि:शुल्क एआईआर एसएमएस न्यूज सर्विस प्रारंभ करके मोबाइल टेक्नोलॉजी का उपयोग किया जा रहा है। वर्ष 2014-15 के दौरान समाचार सेवा प्रभाग ने सोशल मीडिया पर अपनी उपस्थिति में पर्याप्त वृद्धि की है और बड़े पैमाने पर श्रोताओं तक पहुंच बनाने के लिए कई महत्वपूर्ण उपलब्धियां हासिल कीं।

एनएसडी 91 भाषाओं, बोलियों, क्षेत्रीय, विदेश और डीटीएच सेवाओं में प्रतिदिन लगभग 651 बुलेटिनों का प्रसारण करता है। इन बुलेटिनों की कुल अवधि 56 घंटे है। विभिन्न आकाशवाणी केंद्रों से एफएम पर प्रति घंटे ख़बरों की 346 सुर्खियां प्रसारित की जा रही हैं। समाचार सेवा प्रभाग रोज़ाना दिल्ली मुख्यालय से 179 समाचार बुलेटिन प्रसारित करता है जो कुल 21 घंटे 42 मिनट के होते हैं।

समाचार सेवा प्रभाग की 45 क्षेत्रीय समाचार इकाइयां (आरएनयू), लोगों की सूचना संबंधी आवश्यकताओं को पूरा करने में महत्वपूर्ण भूमिका निभाती हैं। आरएनयू ख़बर को क्षेत्र विशेष के लिहाज से और लोगों के अनुकूल बनाने के लिए 76 क्षेत्रीय भाषाओं, बोलियों में बुलेटिन और कार्यक्रम बनाती हैं। क्षेत्रीय समाचार इकाइयां 529 बुलेटिन हर रोज प्रसारित करती हैं, जिनकी कुल प्रसारण अवधि करीब 35 घंटे है। इनमें क्षेत्रीय, विदेशी, डीटीएच सेवाएं, एफएम हेडलाइंस और न्यूज ऑन फोन बुलेटिन शामिल हैं। ये इकाइयां हर महीने 1,076 समाचार आधारित कार्यक्रम भी प्रसारित करती हैं, जिनकी कुल अवधि करीब 140 घंटे होती है। राज्य विधानसभाओं के सत्र के समय इन इकाइयों से विशेष कार्यक्रम भी प्रसारित किए जाते हैं।

एफएम हेडलाइंस शहरों और कस्बों में अपने दैनिक व्यस्त कार्यक्रमों के दौरान संक्षिप्त जानकारी प्राप्त करने का जरिया है। वर्तमान समय में आरएनयू द्वारा 16 भाषाओं में 252 हेडलाइन बुलेटिन तैयार किए जा रहे हैं। इसके अलावा पांच आरएनयू मुंबई, बंगलुरु, तिरुअनंतपुरम, जयपुर और रायपुर से पांच भाषाओं में 88 घंटे का अपडेट न्यूज ऑन फोन (एनओपी) के रूप में प्राप्त हो रहा है।

नि:शुल्क एसएमएस न्यूज़ सेवा

एसएमएस सेवा की शुरुआत अंग्रेजी में सितंबर 2013 को हुई थी और इसका आंकड़ा अगस्त 2014 तक करीब 3 लाख तक पहुंच गया था। एनएसडी ने अक्टूबर 2014 में 9 अन्य भाषाओं में एसएमएस के माध्यम से न्यूज हेडलाइंस भेजना शुरू किया। सितंबर 2014 तक नि:शुल्क एसएमएम सेवा हिंदी, मराठी, संस्कृत, डोगरी, नेपाली, गुजराती, तमिल, मलयालम, और असमिया में शुरू की गई। इस सेवा के लिए पंजीकृत लोगों की संख्या अब 6 लाख का आंकड़ा पार कर गई है। इस सेवा में, एनएसडी 16 भाषाओं यथा- गुजराती, असमिया, तमिल, मलयालम, हिंदी, मराठी, डोगरी, संस्कृत, नेपाली, अंग्रेजी, बांग्ला, उड़िया, उर्दू, पंजाबी, अरुणाचली और कश्मीरी में एसएमएस के माध्यम से लोगों के लिए राष्ट्रीय/अंतरराष्ट्रीय न्यूज हेडलाइंस का प्रसारण कर रहा है। स्वाधीनता दिवस, बजट प्रस्तुत करने के दौरान और मन की बात आदि जैसे विशेष अवसरों पर एसएमएस के जरिए लाइव न्यूज अपडेट भेजे जाते हैं।

एनएसडी की इकाइयां

समाचार संग्रहण और प्रसारण सुगम बनाने के लिए एनएसडी में विभिन्न इकाइयां हैं यथा– रिपोर्टिंग इकाई, वार्ता और समसामयिक कार्यक्रम इकाई, संदर्भ इकाई और अनुश्रवण इकाई। इन इकाइयों के सहयोग से एनएसडी घटनाओं, प्रमुख कार्यक्रमों और स्वच्छ भारत अभियान, प्रधानमंत्री जन धन योजना, आदर्श सरीखी सरकार की नई पहलों जैसे विविध समाचारों और घटनाओं को समग्र दृष्टिकोण से प्रस्तुत करने में सक्षम हो सका। एनएसडी प्रधानमंत्री/राष्ट्रपति के विदेश दौरों/यात्राओं के भी व्यापक कवरेज में सक्षम हो सका।

मन की बात कार्यक्रम

मन की बात कार्यक्रम के लिए वेबसाइट news-on-air.nic.in पर लाइव वेबकास्टिंग की जाती है। इस प्रयोजन के लिए विशेष विंडो और पेज सृजित किया गया है। माननीय प्रधानमंत्री द्वारा मन की बात कार्यक्रम के अंतर्गत रेडियो पर राष्ट्र को संबोधन की 14 कड़ियां आईटी यूनिट द्वारा सफलतापूर्वक कवर की गईं। एनएसडी के ट्वीटर अकाउंट @airnewsalerts के जरिए अंग्रेजी और हिंदी में लाइव ट्विटिंग की जाती है। एनएसडी के ट्वीट्स का करीब 30 प्रतिशत प्रधानमंत्री कार्यालय के आधिकारिक अकाउंट @pmoindia द्वारा रि–ट्वीट किया जाता है। 16 भाषाओं में 9 लाख से अधिक व्यक्तियों को लाइव एसएमएस भेजे जाते हैं। कार्यक्रमों का ऑडियो उनके प्रसारण होने के तत्काल बाद साउंड क्लाउड पर अपलोड किया जाता है। कार्यक्रमों के लिंक ट्वीटर और फेसबुक दोनों पर उपलब्ध कराए जाते हैं।

प्रतिलेखन और कार्यक्रम विनिमय सेवा

आकाशवाणी में प्रतिलेखन और कार्यक्रम विनिमय सेवा भी है जिसमें सेंट्रल आर्काइव्स, साउंड आर्काइव्स, डिजिटल साउंड आर्काइव्स, डिजिटल लाइब्रेरी, रेडियो आत्मकथा, प्रतिलेखन इकाई और नवीकरण इकाई शामिल हैं।

केंद्रीय अभिलेखागार

आकाशवाणी की लिप्यंतरण सेवा अप्रैल 1954 को प्रारंभ हुई थी और इसे सभी गणमान्य व्यक्तियों के भाषणों की लिपि तैयार करने का काम सौंपा गया था। इसमें भारत के राष्ट्रपति और प्रधानमंत्री के भाषणों का विशेष संदर्भ तैयार करना महत्वपूर्ण था। यह यूनिट विनियल डिस्क लेबल्ड 'एआईआर–टीएस रिकार्ड्स' की प्रोसेसिंग के दायित्व का भी निर्वाह करती है ताकि भावी प्रसारण के लिए रिकार्डिंग्स को संरक्षित किया जा सके। वर्ष 1959 से इस सेवा को 'ट्रांसक्रिप्शन एंड प्रोग्राम एक्सचेंज सर्विस' यानी लिप्यंतरण एवं कार्यक्रम आदान–प्रदान सेवा का नाम दिया गया। प्रोसेस किए गए रिकॉर्ड लागत की दृष्टि से उपयुक्त सिद्ध न हो पाने के कारण प्रोसेसिंग कार्य 1967 में बंद कर दिया गया और एनालॉग मैगनेटिक टेप्स आदि नए संरक्षण माध्यम इस्तेमाल किए गए।

साउंड आर्काइव्स

आकाशवाणी की साउंड आर्काइव्स को राष्ट्रीय ऑडियो साउंड आर्काइव्स नाम दिया जा सकता है, क्योंकि इसके पास विभिन्न श्रेणियों में संगीत युक्त और बोले गए शब्दों की कीमती रिकॉर्डिंग का खजाना है। भारतीय संगीत रिकार्डिंग का ये सबसे बड़ा ऑडियो पुस्तकालय है। इस पुस्तकालय में महात्मा गांधी के भाषणों का एक अलग संग्रह मौजूद है, जिसमें सोदेपुर आश्रम, कोलकाता में 11 मई,

1947 को दिया गया पहला प्रार्थना भाषण और दिल्ली स्थित बिड़ला हाउस में 29 जनवरी, 1948 का अंतिम प्रार्थना भाषण भी शामिल है। दिल्ली आकाशवाणी से गांधीजी का 12 नवंबर, 1947 का एकमात्र प्रसारण भी सुरक्षित है। पुस्तकालय में भारत के सभी राष्ट्रपतियों और प्रधानमंत्रियों की रिकॉर्डिंग्स मौजूद है। रवींद्रनाथ टैगोर, सुभाष चंद्र बोस, डॉ. बी.आर. अंबेडकर, सरदार पटेल, सरोजनी नायडु और बहुत-सी अन्य जानी-मानी हस्तियों की आवाज़ की रिकॉर्डिंग्स भी संरक्षित हैं। इसके अलावा पुरस्कार विजेता रेडियो ड्रामा, फीचर, वृत्तचित्र और अन्य स्मारक व्याख्यान पुस्तकालय में मौजूद है।

डिजिटल साउंड आर्काइव्स

प्रतिलेखन एवं कार्यक्रम विनिमय सेवा (टी एंड पीईएस) ने सारे एनालॉग कंटेंट का डिजिटीकरण करने की वृहद परियोजना का दायित्व लिया है। इस दिशा में प्रमुख कदम उठाए गए हैं। यह समिति बेहतरीन पद्धतियां अपनाने में डिजिटल साउंड आर्काइव का मार्गदर्शन कर रही है। आकाशवाणी ने आईएएसए (इंटरनेशनल एसोसिएशन ऑफ साउंड आर्काइव्स) के छह दिवसीय वार्षिक सम्मेलन में बढ़-चढ़कर हिस्सा लिया है। अंतरराष्ट्रीय विशेषज्ञों ने आर्काइव्स का दौरा किया है। उन्होंने सुविधाओं की सराहना की है और उनके आधुनिकीकरण के लिए बहुमूल्य सहयोग उपलब्ध कराया है।

आर्काइव डिजीटल लाइब्रेरी

रेडियो आत्मकथा

रेडियो आत्मकथा श्रेणी में समाज के विभिन्न क्षेत्रों की विख्यात हस्तियों की रिकॉडिंग्स को सुरक्षित रखा गया है। आकाशवाणी का सेंट्रल आर्काइव्स जाने-माने संगीतज्ञों, सार्वजनिक हस्तियों, साहित्यकारों आदि की रेडियो आत्मकथा की बहुमूल्य रिकॉर्डिंग्स का समृद्ध खजाना है। इन प्रमुख हस्तियों में श्री जे.आर.डी. टाटा, उस्ताद अली अकबर खान, श्री हरिवंश राय बच्चन और डॉ. वर्गीज कुरियन शामिल हैं। आकाशवाणी के विभिन्न केंद्रों के सहयोग से प्रमुख हस्तियों की पहचान की गई।

कार्यक्रम आदान-प्रदान पुस्तकालय

इस इकाई का मुख्य उद्देश्य अच्छी गुणवत्ता वाले कार्यक्रमों का केंद्रों के बीच जरूरत के मुताबिक आदान-प्रदान है। पीईयू पुस्तकालय में लगभग 8,000 टेप्स हैं, जिनमें संगीत और बोले गए शब्दों के कार्यक्रम इसी उद्देश्य के लिए संरक्षित किए गए हैं। विविध भारतीय भाषाओं में संगीत और बोले गए शब्दों के आइटम्स के अलावा, पीईयू पुस्तकालय बांग्ला, अंग्रेजी, गुजराती, कन्नड़, मलयालम, मराठी, उड़िया, संस्कृत, तमिल और तेलुगू भाषा के सबक भी संरक्षित कर रहा है।

प्रतिलेखन इकाई

प्रतिलेखन इकाई का मुख्य कार्य राष्ट्रपति और प्रधानमंत्री के भाषणों का प्रतिलेखन तैयार करना और उन्हें भावी पीढ़ियों के लिए संस्करणों के रूप में संरक्षित करना है। आकाशवाणी के विभिन्न केंद्रों से भाषण की रिकॉर्डिंग्स के टेप्स और उनका प्रतिलेखन प्राप्त किया जाता है। सभी प्रतिलेखनों के जिल्दबंद संस्करण तैयार करके आर्काइव्स में रखे जाते हैं।

नवीकरण इकाई

आर्काइव्स की पुरानी संगीत रिकॉर्डिंग्स का नवीकरण करन के लिए कुछ वर्ष पहले संयुक्त राष्ट्र विकास कार्यक्रम की सहायता से इस इकाई का गठन किया गया था। सैंकड़ों घंटों के संगीत और महात्मा गांधी,

पंडित नेहरू आदि की आवाज़ की रिकॉर्डिंग्स का यहां नवीकरण किया गया। वर्तमान में यह इकाई आकाशवाणी और दूरदर्शन द्वारा जारी की जाने वाली रिकॉर्डिंग्स की ऑडियो की गुणवत्ता का ध्यान रखती है।

विदेश सेवा विभाग

विदेश सेवा प्रभाग

अंतरराष्ट्रीय/विदेश प्रसारण सेवा विदेश नीति और सरकारी कूटनीति में जो महत्वपूर्ण भूमिका अदा कर रही है, उसे स्पष्ट करने की आवश्यकता नहीं है। इंग्लैंड के साथ औपनिवेशिक संपर्क के कारण, भारत और इंग्लैंड में प्रसारण लगभग एक साथ प्रारंभ हुआ। इसी प्रकार बीबीसी द्वारा प्रथम विदेशी प्रसारण 1938 में अरबी भाषा में शुरू किए जाने के बाद आकाशवाणी ने भी 1 अक्टूबर, 1939 को विशुद्ध रूप से दूसरे विश्व युद्ध के दौरान मित्र देशों के प्रचार के माध्यम के रूप में विदेश प्रसारण पश्तो भाषा में शुरू किया। इसका लक्ष्य क्षेत्र में जर्मनी रेडियो ब्लिट्जक्रेग के प्रचार का सामना करना और विश्व के इस भाग में बीबीसी के प्रयासों को बल प्रदान करना था। स्वतंत्रता प्राप्ति के साथ ईएसडी को एक उभरते हुए राष्ट्र, एक प्राचीन सभ्यता की आवाज़ और कूटनीति के एक साधन के रूप में नया रूप धारण करना पड़ा। विभिन्न प्रकार के संकटों के समय एक कारगर प्रचार मशीनरी के रूप में भी उसे अपनी भूमिका निभानी थी। तभी से आकाशवाणी का विदेश सेवा विभाग भारत और शेष विश्व के बीच एक महत्वपूर्ण कड़ी बन गया है, विशेषकर उन देशों में, जहां भारतीय लोगों के रहने की वजह से भारत के हित उनके साथ गुंथ गए हैं।

लगभग 100 देशों को कवर करते हुए 27 भाषाओं में कार्यक्रम प्रसारित करने वाले विदेश सेवा प्रभाग की गिनती विश्व के चुनिंदा विदेश सेवा प्रभागों में होती है। यह प्रभाग विदेशी श्रोताओं तक पहुंच बनाने के लिए अंग्रेजी, फ्रेंच, रूसी, स्वाहिली, अरबी, फारसी, तिब्बती, चीनी, थाई, बर्मी और भाषा इंडोनेशिया में कार्यक्रम प्रसारित करता है। प्रवासी भारतीय श्रोताओं के लिए यह विभाग हिंदी, बांग्ला, तमिल, तेलुगू, मलयालम, कन्नड़ और गुजराती में कार्यक्रमों का प्रसारण करता है, जबकि भारतीय उपमहाद्वीप और निकटतम पड़ोसी देशों के श्रोताओं के लिए उर्दू, पंजाबी, सिंधी, सैराइकी, सिंहली और नेपाली भाषा में कार्यक्रम प्रसारित किए जाते हैं।

विदेश प्रसारण सेवा में सभी कार्यक्रमों का मुख्य ध्येय एक सुदृढ़ धर्मनिरपेक्ष, लोकतांत्रिक गणराज्य के रूप में भारत की वास्तविक छवि प्रस्तुत करना है। श्रोताओं को यह अहसास कराना है कि भारत एक सशक्त, प्रगतिशील राष्ट्र है, जो आर्थिक, औद्योगिक और प्रौद्योगिकी संबंधी तीव्र प्रगति में संलग्न है। भारत की विस्तृत तकनीकी कार्मिक क्षमता और उसकी उपलब्धियों तथा पारिस्थितिकी संतुलन संबंधी तथ्यों को सरल और सामान्य कार्यक्रमों के जरिए प्रस्तुत किया जाता है।

विदेश सेवा प्रभाग का प्रसारण दक्षेस देशों, पश्चिम एशिया, खाड़ी और दक्षिण पूर्वी एशियाई देशों को मूलत: घरेलू सेवाओं के लिए नियत रात 9 बजे का अंग्रेजी समाचार बुलेटिन प्राप्त करने का निर्देश देता है। इसके अलावा, विदेश सेवा प्रभाग सभी प्रसारणों पर दुनियाभर के समसामयिक और प्रासंगिक मामलों पर समीक्षाएं और प्रेस समीक्षाएं प्रसारित करता है।

श्रोता अनुसंधान इकाई

बदलते जनसंचार परिदृश्य के साथ श्रोता अनुसंधान महत्वपूर्ण स्थान पा चुका है। दुनियाभर में लगभग सभी बड़े मीडिया संगठन आतंरिक स्तर पर किसी न किसी रूप में या मार्केट रिसर्च के रूप में श्रोता अनुसंधान में जुटे हैं, क्योंकि कोई भी मीडिया संगठन श्रोताओं(उपभोक्ताओं) की क्षमता और अपनी मीडिया विषयवस्तु के लिए बाज़ार को जाने बगैर अपने अपर्याप्त संसाधनों को दाव पर नहीं लगा सकता।

आकाशवाणी इस क्षेत्र में अग्रणी रहा है। उसके पास देशभर में श्रोता अनुसंधान इकाइयों का विशाल नेटवर्क है जो 1946 से मौजूद है। यह कार्यक्रम के निर्माताओं को कार्यक्रम का फीडबैक उपलब्ध कराता है, ताकि वे लक्षित श्रोताओं की जरूरतों, रुचियों और महत्वाकांक्षाओं के अनुरूप कार्यक्रम की योजना, डिजाइन और उनमें सुधार ला सकें।

वेबसाइट: www.allindiaradio.gov.in

दूरदर्शन

दूरदर्शन प्रसारण की शुरुआत दिल्ली में सितंबर 1959 को प्रायोगिक सेवा के तौर पर हुई थी। हाल के वर्षों में इसने जबरदस्त प्रगति की है और वह दुनिया के प्रमुखी टीवी संगठनों में से एक बन चुका है। बीतते वर्षों के साथ दूरदर्शन सिर्फ देश के कोने-कोने तक अपने नेटवर्क का ही विस्तार नहीं किया, बल्कि वह टीवी प्रसारण के क्षेत्र में नवीन प्रौद्योगिकीय घटनाओं के साथ ही कदम से कदम मिलाकर चला है। वर्तमान में दूरदर्शन के 33 उपग्रह चैनल हैं और इसका 67 स्टूडियो और 1,416 ट्रांसमीटरों वाला विशाल नेटवर्क भी है, जिसके बल पर यह देश की करीब 92 प्रतिशत आबादी तक कवरेज उपलब्ध कराता है। इसके अलावा दूरदर्शन फ्री-टू-एयर डीटीएच सेवा भी प्रदान कर रहा है।

डीडी नेशनल

डीडी नेशनल, विश्व का सर्वाधिक बड़े टेरस्ट्रीयल नेटवर्क वाला लोक सेवा प्रसारक है। यह देश की लगभग 92.0 प्रतिशत आबादी एवं 81.0 प्रतिशत भू-भाग को कवर करता है। लोक सेवा प्रसारक होने के कारण चैनल ने सामाजिक-आर्थिक परिवर्तन के क्रम में तेजी लाने, राष्ट्रीय एकता को बढ़ावा देने, लोगों में एकता एवं भाईचारे के भाव उपजाने तथा वैज्ञानिक प्रकृति को बढ़ाने में सार्थक योगदान करना जारी रखा है। जनसंख्या नियंत्रण, परिवार कल्याण, पर्यावरण संरक्षण, पारिस्थितिकीय संतुलन के साधनों और महिलाओं एवं बच्चों के कल्याण के उपायों के बारे में यह जनता के बीच जागरुकता फैलाने के लिए जानकारी/शिक्षा और सूचना के प्रसार में योगदान देता है। यह चैनल मनोरंजन, सूचना और शिक्षा का स्वस्थ मिश्रण उपलब्ध कराता है। इसकी सेवाएं टेरस्ट्रीयल मोड में प्रात: 5.30 से लेकर मध्य रात्रि तक उपलब्ध हैं। उपग्रह मोड में ये सेवाएं चौबीसों घंटे उपलब्ध हैं।

डीडी न्यूज

डीडी न्यूज भारत का एकमात्र स्थलीय सह उपग्रह समाचार चैनल है। भारत का लोक सेवा प्रसारक समाचार चैनल होने के नाते यह सफलतापूर्वक विभिन्न विचारों को व्यक्त करने और साथ ही सनसनी रहित, संतुलित, निष्पक्ष और सटीक ख़बर देने की अपनी जिम्मेदारी का निर्वहन कर रहा है। डीडी न्यूज को नवंबर 2003 को डीडी मेट्रो चैनल के स्थान पर 24 घंटे के समाचार चैनल के रूप में शुरू किया गया था। इसके उपग्रह प्रसारण पूरे देश में उपलब्ध हैं। डीडी न्यूज स्थलीय संचार द्वारा देश के 49 प्रतिशत भौगोलिक क्षेत्र तक पहुंच बनाए हुए है। यह वर्तमान में हिंदी, अंग्रेजी, उर्दू और संस्कृत भाषाओं में

समाचार प्रसारित करता है। इसमें लाइव प्रसारण द्वारा 17 घंटे विभिन्न भाषाओं में 30 से अधिक समाचार बुलेटिनों का प्रसारण होता है। डीडी न्यूज चैनल हर रोज तीन खेल बुलेटिन, एक बिज़नेस शो तथा सामयिक विषयों पर दैनिक कार्यक्रम, स्वास्थ्य, युवा मुद्दों, सिनेमा, कला और सांस्कृतिक योजनाओं, रोज़गार के अवसर, बाज़ार की घटनाओं आदि पर भी विशेष शो का प्रसारण करता है। डीडी न्यूज ने जून 2015 में भारत की प्रथम संस्कृत समाचार पत्रिका 'वार्तावली' भी शुरू की। डीडी न्यूज अपने सहयोगी चैनलों यानी डीडी नेशनल, डीडी इंडिया, डीडी उर्दू और डीडी किसान के लिए भी समाचार बनाता है। डीडी न्यूज की देशभर में 30 क्षेत्रीय समाचार इकाइयां हैं, जो एक दिन में 22 भाषाओं/बोलियों में 100 से ज्यादा बुलेटिन प्रसारित करती हैं। यह डीडी न्यूज की जरूरतें भी पूरी करती है और समाचार बुलेटिनों और कार्यक्रमों में भी सहयोग करती हैं। डीडी न्यूज सोशल मीडिया प्लेटफॉर्म पर भी बहुत सक्रिय है। अंग्रेजी में इसकी वेबसाइट: www.ddinews.go.in और हिंदी में इसकी वेबसाइट: www.ddinews.go.in/hindi है।

डीडी इंडिया

दूरदर्शन ने 14 मार्च, 1995 को अपना अंतरराष्ट्रीय चैनल प्रारंभ करके दुनिया के लिए अपनी खिड़कियां खोल दीं। पहले इस चैनल का नाम डीडी वर्ल्ड रखा गया, जिसे बाद में 2002 में बदल कर डीडी इंडिया कर दिया गया। अंतरराष्ट्रीय दर्शकों को ध्यान में रखते हुए भारत के सामाजिक, सांस्कृतिक, राजनीतिक और आर्थिक परिदृश्य के बारे में इस चैनल पर कार्यक्रम प्रस्तुत किए जाते हैं। अब इसकी पहुंच 38 देशों (सूची संलग्न) तक है, जो इनसैट-4बी के दायरे में हैं।

डीडी भारती

दूरदर्शन का डीडी भारती चैनल भारतीय संस्कृति और धरोहर को प्रामाणिकता के साथ संरक्षित रखने और उसे बड़े पैमाने पर जनता के समक्ष प्रस्तुत करने के लिए जनवरी 2002 में प्रारंभ किया गया। यह एकमात्र चैनल है, जो भारत में कला और संस्कृति के लिए समर्पित है। डीडी भारती ने चैनल की प्रकृति और दर्शकों को ध्यान में रखते हुए राष्ट्रीय-अंतरराष्ट्रीय स्तर की कई सार्वजनिक संस्थानों और गैर सरकारी संगठनों के लेखागार में उपलब्ध दुर्लभ कार्यक्रमों का न्यायपूर्ण चुनाव कर उन्हें प्राप्त करने के लिए उनके साथ भागीदारियां की हैं।

डीडी उर्दू

डीडी उर्दू 2006 को अस्तित्व में आया नवंबर 2007 से जिसका प्रसारण चौबीसों घंटे होने लगा। यह चैनल समाचार, स्वाधीनता दिवस, गणतंत्र दिवस समारोह जैसे आयोजनों का सीधा प्रसारण, राष्ट्र के नाम राष्ट्रपति और प्रधानमंत्री के संदेशों, राज्य नेताओं पर विशेष कार्यक्रमों के प्रसारण के अतिरिक्त लक्षित दर्शकों के लिए धरोहर, संस्कृति, साहित्य, सूचना, शिक्षा और समाज से संबंधित मुद्दों का सार दर्शाने वाले नए और पुनः प्रसारित, प्राप्त और इन-हाउस सॉफ्टवेयर का मिश्रण उपलब्ध कराता है। इस प्रसारण का प्रमुख उद्देश्य/विषय लक्षित दर्शकों के शैक्षिक एवं सामाजिक दृष्टिकोण के आधुनिकीकरण से संबंधित है।

स्पोटर्स चैनल

स्पोर्ट्स चैनल 1999 में प्रारंभ किया गया। एक महीने के भीतर ही इस चैनल के प्रसारण का समय 10 घंटे से बढ़ाकर 12 घंटे कर दिया गया तथा जून 2000 से इसका प्रसारण 24 घंटे का कर दिया गया।

दूरदर्शन व्यावसायिक सेवा

दूरदर्शन व्यावसायिक सेवा एक स्वंतत्र प्रकोष्ठ है, जो मुख्यालय, दूरदर्शन केंद्रों, विपणन प्रभागों और डीसीडी द्वारा एयर टाइम की बिक्री, एजेंसियों/ग्राहकों/निर्माताओं से राजस्व एकत्र करने के किए जा रहे सभी व्यावसायिक कार्यकलापों में ताल-मेल बैठाने के लिए उत्तरदायी है। यह प्रसार भारती बोर्ड के अनुमोदन से विपणन प्रभागों और क्षेत्रीय केंद्रों से प्राप्त सूचना के अनुसार व्यावसायिक नीतियों का गठन करने और दर कार्ड को अद्यतन करने के लिए उत्तरदायी है।

डीडी आर्काइव्स

वर्ष 1959 से 2003 तक डीडी आर्काइव्स कुल मिलाकर एक भंडारगृह जैसा था, जो सिर्फ इसलिए किसी रिकॉर्डिंग को नहीं मिटाता था, क्योंकि उसे लोगों द्वारा महत्वपूर्ण समझा जाता था। वर्ष 2003 में डीडी आर्काइव्स नए दृष्टिकोण के साथ खुद में नयापन लेकर आया और उसने ऑडियो-विज़ुअल डिजिटल वर्ल्ड की चुनौतियों का सामना करने के लिए स्वयं को तैयार किया।

केंद्रीय निर्माण केंद्र

दिल्ली स्थित केंद्रीय निर्माण केंद्र (सीपीसी) वर्तमान में दूरदर्शन के चैनलों- डीडी न्यूज, डीडी स्पोर्ट्स, डीडी इंडिया, डीडी नेशनल और डीडी भारती जैसे डीडी चैनलों के प्रसारण के प्रबंधन के लिए उत्तरदायी है। इसने वृत्तचित्र और डीडी के लिए अन्य विशेष कार्यक्रम बनाने में विशेषज्ञता हासिल की है।

दर्शक अनुसंधान

देशभर में दूरदर्शन के विभिन्न केंद्रों के साथ कुल 19 दर्शक अनुसंधान इकाइयां काम कर रही हैं। वर्ष 1976 से ये इकाइयां प्रसारण से संबंधित विभिन्न अनुसंधान परीक्षण में लगी हैं। ये क्षेत्रीय इकाइयां रांची, जयपुर, दिल्ली, अहमदाबाद, नागपुर, चेन्नई, बंगलुरु, लखनऊ, हैदराबाद, भुवनेश्वर, भोपाल, कोलकाता, गुवाहाटी, मुंबई, गोरखपुर, राजकोट, जालंधर, तिरुअनंतपुरम और श्रीनगर में काम कर रही हैं।

विकास की गतिविधियां

डिजिटलीकरण

उच्च क्षमता वाले 40 डिजिटल ट्रांसमीटरों की संस्थापना की परियोजनाओं का कार्यान्वयन 11वीं पंचवर्षीय योजना की जारी योजना के रूप में दो चरणों में किया जा रहा है। पहले चरण में, 19 डिजिटल ट्रांसमीटर्स का कार्यान्वयन किया जा रहा है। 16 डिजिटल हाई पॉवर ट्रांसमीटरों (एचपीटी) को लगाने का कार्य पूरा हो चुका है और ये पहले ही चालू हो चुके हैं। शेष तीन डिजिटल एचपीटी पूर्ण होने के करीब हैं। इन 19 डिजिटल एचटीपी के वर्तमान योजनावधि में चालू होने की संभावना है। शेष 21 डिजिटल हाई पॉवर ट्रांसमीटर्स 12वीं पंचवर्षीय योजना के अंतर्गत नयी योजनाओं के अंग के तहत स्वीकृत 23 अतिरिक्त डिजिटल हाई पॉवर ट्रांसमीटरों के साथ लगाए जाएंगे। इन 44 डिजिटल हाई पॉवर ट्रांसमीटरों की स्थापना का कार्य प्रारंभ हो चुका है। इनमें से 21 डीटीटी 11वीं पंचवर्षीय योजना तथा 23 डीटीटी 12वीं पंचवर्षीय योजना के तहत स्वीकृत की गई हैं। ट्रांसमीटर उपकरण के विनिर्देशों को अंतिम रूप दिया जा चुका है। इन 44 डिजिटल हाई पॉवर ट्रांसमीटरों को लगभग 2 वर्ष के भीतर चरणबद्ध रूप से स्थापित किए जाने की संभावना है। 40 डिजिटल हाई पॉवर ट्रांसमीटर्स के स्थानों को 11वीं पंचवर्षीय योजना में और 23 डिजिटल हाई पॉवर ट्रांसमीटरों के स्थानों को 12वीं पंचवर्षीय योजना में स्वीकृति प्रदान की गई।

चौबीसों घंटे प्रसारण वाले नए सैटेलाइट चैनल

चौबीसों घंटे प्रसारण वाला एक नया प्रादेशिक सैटेलाइट चैनल विजयवाड़ा दूरदर्शन केंद्र से प्रारंभ किया गया है।

डीटीएच

दूरदर्शन के डीटीएच प्लेटफॉर्म 'डीडी फ्री डिश' पर टीवी चैनलों की संख्या 59 से बढ़ाकर 112 तक ले जाने के लिए उन्नत उपकरण की स्थापना का कार्य पूरा हो चुका है। उन्नत प्लेटफॉर्म का चालू होना कंडीशनल एक्सेस सिस्टम (सीएएस) के कार्यान्वयन पर निर्भर करेगा। वर्तमान में 64 टीवी चैनल डीटीएच प्लेटफॉर्म पर उपलब्ध हैं। प्रसार भारती बोर्ड ने 'डीडी फ्री डिश' पर सीएएस का कार्यान्वयन करने के लिए 16 अक्टूबर, 2015 को हुई अपनी 129वीं बैठक में डीईआईटीवाई द्वारा अनुमोदित भारतीय सीएएस वेंडर, मैसर्स बाइडिजाइन के साथ समझौते को मंजूरी दे दी।

हाई डेफिनेशन टेलीविज़न

(एचडीटीवी) एचडी टीवी का आशय ऐसे वीडियो रेजोल्यूशन से है, जो परंपरागत टेलीविजन सिस्टम्स (स्टैंडर्ड-डेफिनेशन टीवी) से 5 गुणा अधिक होता है। एचडी टीवी की मुख्य विशेषताएं इस प्रकार हैं: इसमें तस्वीर साफ और विचलन रहित होती है, रंग ज्यादा जीवंत दिखाई देते हैं, इसकी वाइड स्क्रीन पर चित्र ज्यादा वास्तविक प्रतीत होते हैं। वर्तमान में निम्नलिखित एचडीटीवी परियोजनाएं कार्यान्वित की जा रही हैं: (1) दिल्ली, मुंबई, कोलकाता और चेन्नई में एचडीटीवी ट्रांसमीटर्स (सभी स्थानों पर ट्रांसमीटर्स संस्थापित करने का कार्य पूरा हो चुका है और चालू होने के लिए तैयार हैं) (2) दिल्ली में मल्टी-कैमरा मोबाइल निर्माण सुविधा। (3) कोलकाता और चेन्नई में एचडीटीवी स्टुडियो (अभिविन्यास आयोजना और विनिर्देशों को अंतिम रूप देने की प्रक्रिया जारी)।

आधुनिकीकरण, सुदृढ़ीकरण और पुराने उपकरणों को बदलना

दूरदर्शन अपने नेटवर्क के आधुनिकीकरण, पुराने उपकरणों को अत्याधुनिक उपकरणों में बदलने और मौजूदा सुविधाओं में सुधार के लिए हमेशा से प्रयासरत रहा है। वर्तमान में, दूरदर्शन नेटवर्क के आधुनिकीकरण और उसकी उन्नति के लिए निम्नलिखित प्रमुख परियोजनाएं लागू की गईं हैं/की जा रही हैं:

स्थलीय ट्रांसमीटर्स (क) कणकवली (महाराष्ट्र) और श्योपुरकलां (मध्य प्रदेश) में 2 पुराने 100 वॉट एलपीटी को 500 वॉट ऑटोमोड (1+1) एलपीटी से बदल दिया गया है। (ख) निम्नलिखित 15 मौजूदा पुराने ऐनालॉग हाई पॉवर ट्रांसमीटरों को बदलना

वेबसाइट: www.ddindia.nic.in

इलेक्ट्रॉनिक मीडिया मॉनिटरिंग सेंटर

टेलीविजन चैनलों द्वारा प्रसारित की जाने वाली अवांछनीय सामग्री से अपने नागरिकों की रक्षा करने के नियम का पालन विश्व के सभी प्रमुख लोकतंत्र करते हैं। भारत में इलेक्ट्रॉनिक मीडिया मॉनिटरिंग सेंटर (ईएमएमसी) को टीवी चैनलों द्वारा प्रसारित की जा रही सामग्री की निगरानी का कार्य सौंपा गया है। ईएमएमसी विश्व के उन प्रमुख संगठनों में से एक है जोकि प्रसारण क्षेत्र और प्रसारकों द्वारा प्रसारित की

जाने वाली सामग्री की निगरानी करते हैं। यह केंद्र देश में सरकार के स्वामित्व वाली मीडिया इकाइयों में सबसे नवीनतम है।

यहां यह बताया जाना जरूरी है कि कंटेंट की निगरानी की जरूरत इसलिए पड़ती है क्योंकि टेलीविजन उद्योग में घटिया रियलिटी शो, टॉक शो, न्यूज, वृत्तचित्रों और सोप ऑपेरा के खिलाफ विभिन्न हलकों से शिकायतें आती हैं।

ईएमएमसी लगभग 600 चैनलों की सामग्री पर नज़र रखता है और उन्हें रिकॉर्ड करता है, जोकि भारतीय क्षेत्र में दिखाए जाते हैं जिससे केबल टेलीविजन नेटवर्क (विनियमन) अधिनियम, 1995 के तहत आने वाले नियम के उल्लंघन की जांच की जा सके। केबल टेलीविजन नेटवर्क (विनियमन) अधिनियम, 1995 के कई नियम हैं जिनका सभी प्रसारण संस्थाओं द्वारा पालन किया जाना चाहिए। भारतीय दर्शकों के लिए प्रसारित चैनलों के संशोधित अपलिंकिंग और डाउन लिंकिंग दिशानिर्देशों के लिए संभावित उल्लंघनों का निरीक्षण अपेक्षित है जिससे संबंधित उपाय किए जा सकें।

इलेक्ट्रॉनिक मीडिया मॉनिटरिंग सेंटर लोक महत्व के मामलों को चिह्नित करता है और यदि आवश्यक हो, तो मंत्रालय को मूल्यांकन और कार्रवाई करने के लिए उनके संबंध में जानकारी देता है। ईएमएमसी सरकार द्वारा वांछित विषयों पर मंत्रालय के लिए विशेष रिपोर्ट तैयार और प्रस्तुत करता है। सफलता का एक उदाहरण स्थापित करते हुए ईएमएमसी ने 1 जनवरी, 2015 से रेडियो की निगरानी प्रारंभ की है। ईएमएमसी का नया विंग वर्तमान में संभावित उल्लंघनों का पता लगाने के लिए सामुदायिक रेडियो स्टेशनों (सीआरएस) की निगरानी कर रहा है। वर्तमान में देशभर के 30 सामुदायिक रेडियो स्टेशनों की निगरानी यह देखने के लिए की जा रही है कि कहीं वे भारत सरकार और सामुदायिक रेडियो स्टेशन के बीच सामान्य समझौता(जीओपीए) और आकाशवाणी के कार्यक्रम और विज्ञापन कोड का उल्लंघन करने वाले प्रसारण तो नहीं कर रहें। कम समय में सीआरएस की सामग्री में अनेक स्पष्ट उल्लंघन पाए गए जिनके संबंध में ईएमएमसी ने मंत्रालय को जानकारी दी। ये स्पष्ट उल्लंघन न केवल अश्लील और अभद्र कार्यक्रमों को लेकर हैं बल्कि ऐसी सामग्री के लिए भी हैं जो मंत्रालय के सामान्य नियमों का उल्लंघन करती है।

ईएमएमसी कथित उल्लंघन पर अपनी रिपोर्ट, रिकॉर्डेड क्लिप के साथ समीक्षा समिति को सौंपता है जो उल्लंघनों की जांच करती है और अपने निष्कर्षों को अंतर-मंत्रालयी समिति और अन्य निकायों को आगे की कार्रवाई के लिए अग्रेषित करती है।

चैनलों की बढ़ती संख्या के कारण उन सभी के बीच ज्यादा से ज्यादा दर्शकों को आकर्षित करने को लेकर होड़ मची रहती है, जिसके कारण अधिकतर चैनल अपनी हद पार कर जाते हैं और अक्सर उस हद तक पहुंच जाते हैं, जहां उन्हें नहीं जाना चाहिए। नियामक दिशानिर्देशों के प्रति टीवी चैनलों का ढीला-ढाला रवैया बहुत हद तक चिंता का विषय बनता जा रहा है, खासकर जब एक औसत भारतीय परिवार पहले से अधिक समय तक टीवी देखता है। टीवी देखने की प्रवृत्ति में भी परिवर्तन आया है, क्योंकि टेलीविजन उद्योग पिछले कुछ वर्षों में काफी बड़ा हो गया है। टीवी शो भी लगातर विकसित हो रहे हैं और अधिक से अधिक दर्शकों को आकर्षित करने के लिए कई बार अनुचित सामग्री का सहारा लेते हैं। यह देखा गया है कि कुछ टीवी शो कम उम्र के दर्शकों को प्रभावित करते हैं और यह एक समस्या बनता जा रहा है। टेलीविजन ने छोटे बच्चों के जीवन को बहुत हद तक प्रभावित किया है। घर

पर ही बच्चे का संपर्क हिंसा और विषम संस्कृति से हो रहा है। मास मीडिया अपने कार्यक्रमों के प्रसारण के दौरान कई बार जनहित के दायित्व भूल जाता है।

विज्ञापन क्षेत्र भारतीय टेलीविजन उद्योग का एक महत्वपूर्ण हिस्सा है। लोगों पर टीवी मीडिया के बढ़ते प्रभाव के साथ यह उपभोक्तावाद का एक उत्प्रेरक बन गया है। विज्ञापन के क्षेत्र में रचनात्मकता के लिए अपार संभावनाएं हैं। लोग विज्ञापनों को इसलिए पसंद करते हैं, क्योंकि वे बाज़ार में आए नए उत्पादों के बारे में जानकारी देते हैं और उनके बारे में जागरुकता उत्पन्न करते हैं। हमारे द्वारा किसी उत्पाद को खरीदने या न खरीदने का फैसला अक्सर पूरी तरह संबंधित कंपनियों द्वारा संचालित की जा रही प्रचार की गतिविधियों से प्रभावित होता है। इसलिए व्यापार के अनुचित तरीकों, भ्रामक विज्ञापनों और तंबाकू और शराब जैसे अस्वास्थ्यकर उत्पादों के विज्ञापन के व्यापक प्रतिकूल प्रभाव के कारण भारत सरकार उचित कानूनों, आदेशों और निर्देशों के माध्यम से अंकुश लगाने या कम से कम उत्पादों के विज्ञापन को प्रतिबंधित करने का प्रयास करती है। स्वास्थ्य के लिए प्रतिकूल उत्पादों को प्रतिबंधित करने के सरकार के निर्देश के फलस्वरूप शराब और तंबाकू बनाने वाली प्रमुख कंपनियों ने 'सरोगेट विज्ञापन' का रास्ता अपनाया है। इन विज्ञापनों को दर्शकों को इसलिए दिखाया जाता है ताकि वे शराब और तबांकू के ब्रांडों को भूल न जाएं क्योंकि उन्हें प्रत्यक्ष रूप से दिखाना प्रतिबंधित है।

रियलिटी शोज के दौर के आगमन से भारतीय टीवी उद्योग में कई टीवी चैनलों ने काफी अच्छी टीआरपी हासिल की। जब हर दूसरा टीवी चैनल 'उधार के विचारों और मूल्यों पर आधारित रियलिटी कार्यक्रम' का अपना संस्करण लेकर आ रहा है, सरकार के लिए यह सुनिश्चित करना बहुत जरूरी है कि अभिव्यक्ति की आजादी के नाम पर वे हमारे देश के युवाओं के मन के साथ न खेलें। अन्य टीवी कार्यक्रमों की तुलना में इस तरह के कार्यक्रमों का बच्चों पर बहुत प्रभाव पड़ता है क्योंकि वे वास्तविक जीवन स्थितियों की व्याख्या करते हैं। रियलिटी शो वयस्कों के लिए होते हैं और उचित ज्ञान, समझ और मार्गदर्शन के बिना इस तरह के कार्यक्रम बच्चों को गुमराह कर सकते हैं। कुछ रियलिटी शो में बच्चे ही प्रतिभागी होते हैं जिन पर प्रदर्शन करने का जबरदस्त दबाव होता है। इसके अलावा बच्चे टेलीविजन पर ऐसे कार्यक्रमों को देखकर चकित होते हैं और स्वयं और अपने साथियों से उसी तरह के व्यवहार की उम्मीद करने लगते हैं।

बड़ी संख्या में भ्रामक विज्ञापन कुछ उत्पादों के संबंध में निराधार दावे करते हैं। सूचना एवं प्रसारण मंत्रालय ने आगाह किया है कि विज्ञापनों में उत्पादों के ऐसे चमत्कारी गुणों के बारे में नहीं बताना चाहिए जिन्हें साबित नहीं किया जा सकता है। यह इस विज्ञापन संहिता, विशेष रूप से केबल टेलीविजन नेटवर्क विनियमन अधिनियम, 1995 के तहत आने वाले केबल टेलीविजन नेटवर्क नियम के नियम 7 (5) का का उल्लंघन है।

प्रेस और प्रिंट मीडिया

भारत के समाचार-पत्रों के पंजीयक

भारत के समाचार-पत्रों के पंजीयक का कार्यालय (आरएनआई) सूचना एवं प्रसारण मंत्रालय का एक संबद्ध कार्यालय है। अपने वैधानिक और व्युत्पन्न कार्यों के तहत यह समाचार-पत्रों के नामों को मंजूरी देता और उन्हें सत्यापित करता है, उन्हें पंजीकृत करता है एवं उनके प्रसार के दावों की जांच करता है तथा उन्हें स्थापित करता है। कार्यालय हर वर्ष 31 दिसंबर तक सूचना एवं प्रसारण सचिव को देश में प्रेस की

स्थिति पर 'प्रेस इन इंडिया' रिपोर्ट सौंपता है। इसे भारत में 'प्रेस इन इंडिया' के नाम से प्रकाशित किया जाता है। अपने गैर-वैधानिक कार्यों के तहत, आरएनआई पंजीकृत प्रयोगकर्ताओं को अख़बारी कागज (न्यूजप्रिंट) के आयात के लिए पात्रता प्रमाण-पत्र जारी करता है, साथ ही मुद्रण मशीनरी आदि के आयात के लिए भी अनिवार्यता प्रमाण-पत्र जारी करता है।

शीर्षक का सत्यापन

आरएनआई को शीर्षकों के सत्यापन के लिए इच्छुक प्रकाशकों के आवेदन जिलाधिकारी द्वारा विधिवत अग्रेषित किए जाते हैं और कार्यालय पीआरबी अधिनियम की धारा 6 के तहत सत्यापन प्रक्रियाओं पर कार्य करता है। 2015 के दौरान आरएनआई ने नामों के सत्यापन के लिए 15,293 आवेदनों की जांच की जिनमें से 9,272 नाम सत्यापित किए गए। आवेदकों की सुविधा के लिए आरएनआई ने अपनी वेबसाइट पर ऑनलाइन आवेदन की सुविधा शुरू की है। संबद्ध डीएम द्वारा आगे की प्रक्रिया के लिए आवेदक से भरे हुए फॉर्म का प्रिंटआउट निकालने की अपेक्षा की जाती है जिसे आरएनआई को अग्रेषित करने के लिए संबद्ध डीएम को सौंपा जाता है। आवेदकों को आरएनआई द्वारा आवेदन प्राप्ति और नाम के सत्यापन के संबंध में एसएमएस और ई-मेल के माध्यम से सूचित किया जाएगा जिससे पारदर्शिता बनी रहे। आवेदनों की स्थिति के बारे में आरएनआई के वेबसाइट से जाना जा सकता है। विसंगति-पत्र और नाम सत्यापन-पत्र भी आरएनआई वेबसाइट से डाउनलोड किए जा सकते हैं।

शीर्षकों से रोक हटाना

शीर्षक के सत्यापन के बाद प्रकाशकों को उस शीर्षक का पंजीकरण कराना होता है। यदि 2 वर्ष तक आरएनआई को पंजीकरण के लिए दस्तावेज उपलब्ध नहीं होते, तो शीर्षक से रोक हटा ली जाती है और वह शीर्षक अन्य इच्छुक आवेदकों के लिए उपलब्ध हो जाता था।

पंजीकरण

शीर्षक के सत्यापन के बाद अधिनियम के तहत प्रकाशक को जिला मजिस्ट्रेट द्वारा विधिवत प्रमाणीकृत घोषणा-पत्र , प्रमाणीकरण के बाद निर्दिष्ट दिनों के भीतर प्रकाशित प्रथम अंक की एक प्रति और कोई विदेशी टाई-अप न होने के संबंध में एक शपथ-पत्र सौंपना होता है। यह सुनिश्चित होने के बाद कि पीआरबी अधिनियम के विभिन्न प्रावधानों और उसके तहत निर्दिष्ट नियमों के तहत प्रकाशन प्रकाशित और मुद्रित किया गया है, अख़बार/पत्रिका को एक रजिस्ट्रेशन नंबर आवंटित किया जाता है और आरएनआई के रजिस्टर में प्रविष्टि कर दी जाती है। इसके बाद प्रकाशक को पंजीकरण का प्रमाण-पत्र (सीआर) जारी किया जाता है। 2015 के दौरान कुल 5,737 पंजीकरण प्रमाण-पत्र जारी किए गए जिसमें 4,315 नए मामले और 1,422 संशोधित मामले शामिल हैं।

वार्षिक विवरण

पीआरबी अधिनियम की धारा 19डी के तहत, समाचार-पत्र के प्रकाशक से अपेक्षा की जाती है कि वह हर वर्ष 31 मई तक फॉर्म-2 में वार्षिक विवरण, जोकि समाचार-पत्र पंजीकरण (सेंट्रल) नियम, 1956 में निर्दिष्ट है, प्रेस रजिस्ट्रार को सौंपे जिसमें नियम के तहत विभिन्न सूचनाएं दर्ज होती हैं। यह हर प्रकाशक के लिए बाध्यकारी है कि वह अपने प्रकाशन में हर साल फरवरी माह के अंतिम दिन के बाद पहले अंक में फार्म-4 में स्वामित्व और अन्य संबंधित विवरणों को प्रकाशित करे। वार्षिक विवरण वह

बुनियादी दस्तावेज है जिसके आधार पर आरएनआई प्रेस संबंधी संकलन और विश्लेषण करता है जिसे उसकी वार्षिक रिपोर्ट 'भारत में प्रेस' में शामिल किया जाता है। पहली बार 2013-14 में शत-प्रतिशत ऑनलाइन वार्षिक विवरण प्राप्त हुए थे जिनकी संख्या 19,755 थी। 2014-15 में 23,394 वार्षिक विवरण प्राप्त किए गए।

पत्र सूचना कार्यालय

पत्र सूचना कार्यालय (पीआईबी) सरकार की नीतियों, कार्यक्रमों, प्रयासों और उपलब्धियों को प्रिंट एवं इलेक्ट्रॉनिक मीडिया तक फैलाने की नोडल एजेंसी है। यह सरकार तथा मीडिया के मध्य एक सेतु के रूप में कार्य करती है और मीडिया में आ रही जनता की प्रतिक्रियाओं को सरकार तक पहुंचाती है। वेबसाइटः www.pib.gov.in

प्रधानमंत्री इकाई

प्रधानमंत्री कार्यालय को प्रचार एवं मीडिया सहयोग उपलब्ध कराने के लिए पीआईबी के पास एक समर्पित इकाई है। यह इकाई 365 दिन चौबीसों घंटे कार्य करती है। यह इकाई पीएमओ, कैबिनेट सचिवालय एवं पीएमओ के अन्य वरिष्ठ अधिकारियों के लिए अवकाश वाले दिन सहित प्रतिदिन कई रिपोर्ट्स का संकलन करती है। यह यूनिट दो पाली में सुबह 6.30 बजे से रात 8 बजे तक कार्य करती है। कैबिनेट की बैठक/ब्रीफिंग्स या फिर प्रधानमंत्री की अन्य व्यस्तताओं के कारण कई बार देर तक और अवकाश वाले दिन भी अतिरिक्त कार्य घंटों की भी आवश्यकता पड़ती है। यूनिट राष्ट्रव्यापी प्रचार करने तथा प्रधानमंत्री कार्यालय हेतु फीडबैक लेने के लिए व्यापक रूप से क्षेत्रीय/शाखाओं का दौरा भी करती है।

सोशल मीडिया

देश में एयरवेज में खुलापन लाने से चौबीसों घंटे के अंग्रेजी, हिंदी एवं अन्य भाषाओं के चैनलों की संख्या में काफी वृद्धि हुई है। पीआईबी द्वारा वीडियो जारी किए जाते हैं, जिनसे इलेक्ट्रॉनिक मीडिया में सरकार का पक्ष ज्यादा प्रभावी ढंग से रखने में सुगमता होती है।

पिछले एक वर्ष में, पीआईबी ने बेहद सीमित संसाधन होने के बावजूद सोशल मीडिया पर अपनी उपस्थिति संपर्क, फॉलोअर्स और प्लेटफॉर्म्स की संख्या दोनों संदर्भों में बड़े पैमाने पर बढ़ाई है।

- **ट्विटरः** गत एक वर्ष के दौरान पीआईबी के ट्विटर हैंडल/PIB_India पर फॉलोअर्स की संख्या नवंबर अंत तक 3.7 लाख से 6.8 लाख तक यानी लगभग दोगुनी हो चुकी है। इस हैंडल पर प्रतिमाह औसतन 1.2 करोड़ इंप्रेशन्स जेनरेट होते हैं।
- **प्लेटफॉर्म्सः** पीआईबी ने तीन और प्लेटफॉर्म्स- फेसबुक, इंस्टाग्राम एवं वाइन पर भी अपनी उपस्थिति दर्ज कराई है। फेसबुक पर एक वर्ष के भीतर ही पीआईबी ने 50,000 से अधिक फॉलोअर्स को आकर्षित किया। पीआईबी की इंस्टाग्राम गैलरी www.instagram.com/pibindia में आकर्षक तस्वीरें अपलोड की जाती हैं, जबकि वाइन प्लेटफॉर्म को छोटे समाचार वीडियो के लिए इस्तेमाल किया जाता है। इसके अलावा, पीआईबी ने एक ब्लॉग pibindia.wordpress.com भी शुरू किया है जिसमें सरकारी कार्यक्रमों एवं नीतियों पर सॉफ्ट स्टोरीज एवं फीचरनुमा आलेख पोस्ट किए जाते हैं।

- **यूट्यूब:** गत एक वर्ष के दौरान पीआईबी के यूट्यूब चैनल www.youtube.com/pibindia के ग्राहकों की संख्या दोगुनी यानी 6,800 से अधिक हो गई है। यूट्यूब पेज को तीन गुना यानी 3.6 लाख लोग देख रहे हैं, जबकि वीडियो की संख्या पांच गुना यानी 750 से अधिक पहुंच चुकी है।

ऑनलाइन प्रत्यायन प्रणाली

पीआईबी विदेशी मीडिया सहित मीडिया प्रतिनिधियों को अपने नई दिल्ली स्थित मुख्यालय से मान्यता प्रदान करता है। मान्यता प्रक्रिया को त्वरित एवं प्रभावी ढंग से लागू करने के लिए पीआईबी द्वारा प्रत्यायन के लिए पूर्णत: ऑनलाइन प्रणाली 2010 से संचालित की जा रही है। पत्र-सूचना कार्यालय ने वर्ष 2014-15 के दौरान ऑनलाइन प्रत्यायन प्रणाली का सफलतापूर्वक उपयोग किया। 2015 के दौरान ब्यूरो द्वारा कुल 474 मान्य प्रेस कार्ड जारी किए हैं।

आपात स्थितियों में कंट्रोल रूम

आपात स्थिति से निपटने के लिए पीआईबी के पास एक न्यूजरूम/कंट्रोल रूम है, जो सालभर, किसी भी समय, चाहे दिन हो या रात सक्रिय रहता है। किसी भी आपात और अनपेक्षित परिस्थिति में भी बहुत कम समय में अचानक प्रेस कॉन्फ्रेंस आयोजित करने तथा उसे उसी समय पीआईबी केंद्रों के माध्यम से देशभर में वेबकास्ट करने की व्यवस्था रात 9 बजे के बाद भी हमेशा तैयार रहती है। आपात स्थिति तथा संकट के समय में कंट्रोल रूम रोज़ाना चौबीसों घंटे काम करता है।

पत्रकार कल्याण कोष

पत्र-सूचना कार्यालय 'पत्रकार कल्याण कोष' की योजना लागू करता रहा है। संशोधित योजना पत्रकारों एवं उसके परिवारों को कठिनाई की स्थिति में राहत देने के लिए एक बार अनुग्रह राशि देती है। इस योजना के दायरे में आने वाले पत्रकारों के लिए 5 लाख रुपये तक की सहायता राशि मंजूर की जा सकती है। घोर विपत्ति जैसे- पत्रकार की मृत्यु या स्थायी विकलांगता की स्थिति में पत्रकार के परिवार को सहायता दी जा सकती है। कैंसर, गुर्दा खराब होने, हृदय रोग, ब्रेन हैमरेज जैसी बड़ी बीमारियों के इलाज के खर्च हेतु भी सहायता दी जाती है। दुर्घटनाग्रस्त होने तथा गंभीर चोट के कारण हॉस्पिटल में दाखिल होने की स्थिति में भी वित्तीय सहायता दी जाती है।

प्रेस टूर

सामाजिक-आर्थिक विकास, आधारभूत ढांचा, विकास योजनाओं आदि मुद्दों पर चुनिंदा राज्यों की राजधानियों में आयोजित होने वाला मीडिया संवाद सत्र 'मीडिया आउटरीच प्रोग्राम' के तौर पर होता है। इसमें शुरुआत में, महत्वपूर्ण केंद्रीय मंत्री एवं मंत्रालयों के अन्य संबंधित अधिकारियों को संवाद सत्र में राष्ट्रीय व स्थानीय मीडिया के साथ सरकार की योजनाओं पर विमर्श करने के लिए बुलाया जाता है। अभी तक ऐसे दो मीडिया संवाद सत्र आयोजित किए जा चुके हैं। शहरी/ग्रामीण आबादी के लिए केंद्र सरकार की कल्याणकारी योजनाओं से शहरी/ग्रामीण पत्रकारों को परिचित कराने के लिए वार्तालाप कार्यक्रम का आयोजन किया जाता है। मीडिया संवाद सत्रों के दौरान केंद्र सरकार के विभिन्न कार्यक्रमों/परियोजनाओं से संबंधित बुकलेट्स/छोटी प्रचार पुस्तिकाएं भी वितरित की जाती हैं। 2015-16 में नवंबर तक 54 वार्तालापों का आयोजन किया जा चुका है। देशभर में ग्रामीण/शहरी क्षेत्रों में केंद्र सरकार द्वारा चलाई जा रही विभिन्न योजनाओं/परियोजनाओं की सफलता की गाथाएं बताने के लिए पीआईबी के स्थानीय व शाखा कार्यालय प्रेस दौरों का आयोजन करते हैं।

भारतीय अंतरराष्ट्रीय फिल्म समारोह

पत्र–सूचना कार्यालय ने गोवा में भारत के 46वें अंतरराष्ट्रीय फिल्म समारोह (आईएफएफआई)– 2015 के दौरान एक मीडिया केंद्र स्थापित किया था, जिसका कार्य समारोह स्थल से मीडिया को समारोह के बारे में सूचनाएं भेजना था। यह मीडिया केंद्र 18 नवंबर से 30 नवंबर, 2015 तक कार्यरत रहा। समारोह में शिरकत करने वाले मीडियाकर्मियों को मीडिया केंद्र से हितकारी एवं प्रोत्साहक कार्य वातावरण प्राप्त हुआ। फिल्म समारोह के लिए 455 मीडियाकर्मियों को ऑनलाइन रजिस्ट्रेशन के जरिए मान्यता दी गई।

फीडबैक, फीचर एवं फोटो सेवाएं

पत्र–सूचना कार्यालय के महत्वपूर्ण कार्यों में से एक कार्य मीडिया में सरकारी नीतियों और कार्यक्रमों के बारे में, तथा उसके विचारों एवं धारणाओं से सरकार को अवगत कराना है। इस बारे में देश की राजधानी में प्रकाशित होने वाले अंग्रेजी एवं हिंदी के समाचारों से, पीआईबी के स्थानीय/शाखा कायालयों से स्थानीय भाषा के समाचार–पत्रों से प्राप्त होने वाले और टीवी समाचार चैनलों, वेब मीडिया एवं पत्रिकाओं से इनपुट प्राप्त किए जाते हैं। पीआईबी इस फीडबैक को अपने संबंधित मंत्रालयों एवं विभागों को भेजता है।

इसके अलावा, पीआईबी अधिकारी मंत्रालयों/अपने विभागों से जुड़े महत्वपूर्ण मुद्दों पर भी मीडिया के रुझानों के इनपुट भेजते हैं। विशेष सेवाओं के तौर पर पीआईबी का फीडबैक सेल दैनिक एवं विशेष संकलन भी तैयार करता है जो मंत्रालयों के इस्तेमाल हेतु राष्ट्रीय एवं स्थानीय दैनिक व नियतकालिक पत्र–पत्रिकाओं के संपादकीयों व समाचारों पर आधारित होते हैं। कार्यालय की फीचर यूनिट द्वारा जारी फीचर, सफलता की कहानियां, बैकग्राउंडर्स, सूचनांश, फोटो फीचरों को प्रादेशिक मीडिया में वितरण के लिए स्थानीय/शाखा कार्यालयों में अनुवाद हेतु भेजा जाता है। पीआईबी की फीचर यूनिट औसतन सालाना 200 फीचर्स जारी करती है।

अप्रैल 2015 से अक्टूबर 2015 तक 137 फीचर्स जारी किए गए। इनमें पीआईबी की प्रकाशन परिधि में आने वाले सभी विषय समाहित किए जाते हैं। इसके लिए केंद्रीय मंत्रियों, सचिवों, वैज्ञानिकों, अर्थशास्त्रियों, विशेष पत्रकारों एवं मुख्यालय, स्थानीय व शाखा कार्यालयों में कार्यरत पीआईबी अधिकारी योगदान करते हैं। फीचर्स यूनिट गणतंत्र दिवस एवं स्वतंत्रता दिवस के अवसर पर सरकारी नीतियों एवं कार्यक्रमों पर प्रकाश डालने वाले विशेष फीचर भी जारी करती है।

समाचार एजेंसियां

प्रेस ट्रस्ट ऑफ इंडिया

प्रेस ट्रस्ट ऑफ इंडिया (पीटीआई) भारत की सबसे बड़ी बिना मुनाफे वाली सहकारी संस्था है, जो देश के अख़बारों द्वारा चलाई जाती है और ज़िसका उद्देश्य अपने सभी ग्राहकों को संतुलित और निष्पक्ष ख़बरें प्रदान करना है। पीटीआई की स्थापना अगस्त 1947 को हुई, लेकिन इसने काम करना फरवरी 1949 से शुरू किया। पीटीआई की सेवाएं हिंदी और अंग्रेजी में उपलब्ध हैं। भाषा पीटीआई की हिंदी समाचार सेवा है। पीटीआई के ग्राहकों में 500 भारतीय और कई विदेशी अख़बार शामिल हैं। देश के सभी बड़े टेलीविजन और रेडियो चैनल और बीबीसी लंदन जैसे विदेशी चैनल इसकी सेवाएं इस्तेमाल करते हैं। पीटीआई के पास इनसेट उपग्रह पर एक ट्रांसपॉडर की सहायता से अपनी सैटेलाइट डिलिवरी प्रणाली है जिसकी बदौलत उसकी सेवाएं देशभर में कहीं भी सीधे प्राप्त की जा सकती हैं। अब ज्यादा से ज्यादा

ग्राहक सैटेलाइट के जरिए पीटीआई की सेवाएं प्राप्त कर रहे हैं। पीटीआई की फोटो सेवा को सैटेलाइट के साथ-साथ डायल-अप के जरिए भी प्राप्त किया जा सकता है।

पीटीआई ने के-यू बैंड के जरिए समाचारों का सैटेलाइट ट्रांसमिशन भी शुरू कर दिया है जिससे ग्राहक ये सेवाएं सस्ते सैटेलाइट रिसीवर की सहायता से प्राप्त कर सकते हैं। पीटीआई इंटरनेट पर भी उपलब्ध है। एजेंसी की समाचार सेवा www.ptinews.com पर उपलब्ध है। उपभोक्ताओं के पास इंटरनेट पर पीटीआई की किसी भी सेवा को प्राप्त करने का विकल्प मौजूद है। वर्ल्ड स्पेस रेडियो प्रसारण के जरिए भी पीटीआई के समाचार उपलब्ध हैं। पीटीआई की फोटो सेवा को सैटेलाइट के साथ-साथ डायल-अप के जरिए भी प्राप्त किया जा सकता है। पीटीआई अब तस्वीरों का पुरालेखण कर रही है। देश के लगभग हर जिले और कस्बे में पीटीआई के 400 से ज्यादा पत्रकार और लगभग 500 स्ट्रिंगर्स मौजूद हैं। प्रतिदिन कुल मिलाकर पीटीआई अपने ग्राहकों को अलग-अलग श्रेणियों में 2,000 से ज्यादा ख़बरें और 200 से ज्यादा फोटोग्राफ प्रदान करती है।

पीटीआई संवाददाता दुनियाभर में प्रमुख शहरों और महत्वपूर्ण स्थानों पर काम करते हैं। दुनिया में अपनी पहुंच व्यापक बनाने के लिए पीटीआई के कई विदेशी समाचार एजेंसियों के साथ आदान-प्रदान संबंधी समझौते हैं। वर्तमान में भारत में समाचार एजेंसी बाज़ार के नब्बे प्रतिशत हिस्से पर पीटीआई का कब्जा है। समाचार और फोटो सेवाओं के अलावा पीटीआई फीचर, विज्ञान सेवा, आर्थिक सेवा, डाटा इंडिया और न्यूज स्कैन और स्टॉक स्कैन सेवाएं भी उपलब्ध कराती है। पीटीआई टीवी बड़े निगमों के लिए वृत्तचित्र सेवा भी प्रदान करता है। पीटीआई ने भारत में समाचार सेवा प्रदान करने के लिए एसोसिएटेड प्रेस (एपी) और एजेंसी फ्रांस प्रेस (एएफपी) के साथ करार किया हुआ है। एपी की तस्वीरें और अंतरराष्ट्रीय व्यावसायिक सूचनाएं देशभर में पीटीआई के माध्यम से वितरित होती हैं।

यूनाइटेड न्यूज ऑफ इंडिया

यूनाइटेड न्यूज ऑफ इंडिया (यूएनआई) का गठन कंपनी अधिनियम, 1956 के अंतर्गत 1959 में किया गया था और इसने 1961 से काम करना शुरू किया। पिछले पांच दशकों में यूएनआई भारत में एक बड़े समाचार संगठन के रूप में विकसित हुई है जिसने समाचार एकत्रित करने और उसके प्रसार में एक स्वस्थ प्रतियोगिता को जन्म दिया। इसने 1982 में पूर्ण रूप से हिंदी सेवा 'यूनीवार्ता' की शुरुआत की। इसी दशक में यूएनआई ने फोटो सेवा और ग्राफिक सेवा की भी शुरुआत की। जून 1992 में यूएनआई ने पहली बार उर्दू समाचार सेवा की शुरुआत की। यूएनआई की फोटो सेवा प्रतिदिन लगभग 200 तस्वीरें वितरित करती है जिनमें यूरोपीय प्रेस फोटो एजेंसी (ईपीए) और रॉयटर्स से प्राप्त 60 अंतरराष्ट्रीय तस्वीरें भी होती हैं। इसकी ग्राफिक सेवा पांच-छह ग्राफिक हर रोज वितरित करती है।

वेबसाइट: www.uniindia.gov.in

नैम समाचार नेटवर्क

नैम न्यूज नेटवर्क (एनएनएन) गुटनिरपेक्ष देशों की समाचार एजेंसियों के बीच समाचार और फोटो विनिमय के लिए एक नयी इंटरनेट आधारित व्यवस्था है। इस नेटवर्क की वेबसाइट: www.namnewsnetwork.org पर प्रेस ट्रस्ट ऑफ इंडिया सहित गुटनिरपेक्ष देशों की समाचार एजेंसियां समाचार और फोटो के रूप में योगदान करती हैं। मलेशिया की समाचार एजेंसी 'बरनामा' कुआलालंपुर से इस नेटवर्क को संभाल रही है।

अप्रैल 2006 से अस्तित्व में आई एनएनएन ने गुटनिरपेक्ष समाचार एजेंसी पूल (एनएएनएपी) की जगह ली, जिसने गुटनिरपेक्ष देशों के बीच 30 वर्षों तक समाचार विनिमय किया। इंटरनेट सस्ते और विश्वसनीय संचार माध्यम है और वह एनएनएन के 116 सदस्यों वाले गुटनिरपेक्ष देशों के समूह के बीच सूचना का निरंतर प्रवाह करता है। एनएएनएपी की स्थापना 1976 में हुई और यह सदस्य देशों के बीच सूचना के प्रसार का पहला प्रयास था। जिन दिनों संचार लागत बहुत अधिक थी, उस दौरान एनएएनएपी ने गुटनिरपेक्ष समूह के देशों की समाचार एजेंसियों को समाचारों के आदान-प्रदान के लिए संचार के चैनल उपलब्ध कराए ताकि उन सभी में समाचारों के विनिमय का एक साझा नेटवर्क स्थापित हो सके। वेबसाइट: www.namnewsnetwork.org

भारतीय प्रेस परिषद

भारतीय प्रेस परिषद संवैधानिक अर्धन्यायिक स्वायत्त प्राधिकरण है, जिसे प्रेस की स्वतंत्रता सुरक्षित रखने तथा भारत में समाचार-पत्रों और समाचार एजेंसियों के स्तर को बरकरार रखने व उसे सुधारने के दोहरे कार्यों की पूर्ति के लिए संसद से अधिदेश प्राप्त है। यह अधिकारियों और प्रेस कर्मियों दोनों के लिए समान अर्धन्यायिक प्राधिकरण की तरह कार्य करती है। परिषद में एक अध्यक्ष और 28 सदस्य होते हैं। परिपाटी के अनुसार, जहां इसके अध्यक्ष भारत के उच्चतम न्यायालय के वर्तमान/सेवानिवृत्त न्यायाधीश रहे हैं, वहीं इसके 28 सदस्यों में से 20 प्रेस का प्रतिनिधित्व करते हैं तथा पाठकों के हितों की निगरानी करने वाले 8 अन्य सदस्य संसद (लोकसभा-3 और राज्य सभा-2) तथा देश के प्रमुख साहित्यिक एवं विधिक निकायों का प्रतिनिधित्व करते हैं यथा- विश्वविद्यालय अनुदान आयोग, भारतीय विधि परिषद तथा साहित्य अकादमी। कानून के अंतर्गत अपने कार्यों के निष्पादन के लिए परिषद के पास अपना कोष होता है, जिसमें पंजीकृत समाचार-पत्रों पर उनके प्रसार के आधार पर लगाया जाने वाला शुल्क और केंद्र सरकार से प्राप्त अनुदान और अन्य पावतियां शामिल हैं।

परिषद के वर्तमान अध्यक्ष न्यायमूर्ति चंद्रमौली कुमार प्रसाद हैं। वित्त वर्ष 2015-16 के लिए परिषद का कुल स्वीकृत बजट 663 लाख रुपये है। परिषद मुख्य रूप से पत्रकारिता के आदर्शों के उल्लंघन के खिलाफ प्रेस की शिकायत या प्रेस द्वारा अपनी स्वतंत्रता में हस्तक्षेप की शिकायतों के मामलों पर निर्णय के माध्यम से अपने कार्यों का निर्वहन करती है। जांच के बाद यदि कोई समाचार-पत्र या समाचार एजेंसी पत्रकारिता के आदर्शों के मानकों के खिलाफ या लोक रुचि या एक संपादक या श्रमजीवी पत्रकार कोई भी पेशेवर कदाचार करते पाया जाता है तो परिषद उन्हें चेतावनी, धिक्कार या निंदा या उनके आचरण को अस्वीकृत कर सकती है। परिषद के पास यह अधिकार है कि वह प्रेस की स्वतंत्रता में बाधक सरकार सहित किसी भी संस्था के आचरण पर अपनी टिप्पणी कर सकती है। परिषद के निर्णय अंतिम होते हैं और संविधान के प्रासंगिक लेख के तहत रिट के माध्यम को छोड़कर किसी न्यायालय में इस पर सवाल नहीं उठाया जा सकता है।

परिषद के समक्ष शिकायतें

2015 के दौरान भारतीय प्रेस परिषद के पास 677 शिकायतें पहुंची, जिसमें से 181 मामले प्रेस द्वारा दर्ज कराए गए जबकि 496 मामले प्रेस के खिलाफ दर्ज हुए, पूर्व के लंबित मामलों को मिलाकर कुल मामले 1938 हैं। इनमें से परिषद ने 149 मामलों पर निर्णय सुनाया (परिषद के समक्ष प्रस्तुत 4 मामलों समेत), जबकि 591 मामले बिना मौखिक पूछताछ के बंद कर दिए गए। परिषद ने 2015 के दौरान 740 मामलों को खारिज कर दिया।

प्रेस और पंजीकरण अपीलीय बोर्ड

प्रेस और पंजीकरण कानून, 1867 की धारा 8सी भारतीय प्रेस परिषद की धारा 6 या उक्त अधिनियम की धारा 8बी के तहत मजिस्ट्रेट के आदेश पर अपीलीय क्षेत्राधिकार दिया गया है। इस बोर्ड में एक चेयरमैन और एक सदस्य होता है। भारतीय प्रेस परिषद अपने सदस्यों में से एक सदस्य को नामित करता है। समीक्षाधीन अवधि में दो बैठकों के दौरान इसने 9 मामलों की सुनवाई की है।

राष्ट्रीय प्रेस दिवस 2015

राष्ट्रीय प्रेस दिवस हर साल आयोजित किया जाता है। इस साल का विषय 'अभिव्यक्ति के माध्यम के रूप में कार्टून और कैरीकेचर का प्रभाव' रखा गया था, ताकि मौजूदा दौर के संदर्भ में कार्टून और कैरिकेचर के प्रभावों पर विचार-विमर्श को प्रोत्साहन दिया जा सके। इस समारोह में पत्रकारिता में उत्कृष्टता के लिए विभिन्न श्रेणियों में राष्ट्रीय पुरस्कार प्रदान किए गए। भारत के माननीय राष्ट्रपति के चित्रण पर एक प्रदर्शनी भी इस अवसर पर प्रदर्शित की गई।

वेबसाइटः www.presscouncil.nic.in

नया मीडिया प्रकोष्ठ

वर्ष 1945 में स्थापित, अनुसंधान, संदर्भ और प्रशिक्षण प्रभाग का नाम अब 'नया मीडिया प्रकोष्ठ' रखा गया है और यह सूचना और प्रसारण मंत्रालय के लिए सूचना सेवा एकांश के रूप में काम करता है। यह मंत्रालय, उसकी मीडिया इकाइयों तथा जनसंचार से संबद्ध अन्य इकाइयों के इस्तेमाल के लिए पृष्ठभूमि, संदर्भ और अनुसंधान सामग्री प्रदान करता है।

प्रमुख गतिविधियां

सोशल मीडिया

नया मीडिया प्रकोष्ठ, मीडिया रिपोर्ट्स, विषयवस्तु विश्लेषण, ईएमएमएस की रिपोर्ट्स, प्रधानमंत्री की यात्राओं, बाढ़ और अन्य राष्ट्रीय घटनाओं पर विशेष रिपोर्ट्स के बारे में भेजी गई रिपोर्ट्स की 24×7 कार्य करने के आधार पर निगरानी करता है और जून 2014 से इन रिपोर्ट्स को दैनिक आधार पर विभिन्न वरिष्ठ नौकरशाहों और अन्य विशिष्ट व्यक्तियों को भेज रहा है।

भारत-वार्षिक संदर्भ पुस्तिका

प्रकोष्ठ अंग्रेजी में *इंडिया-ए रैफरेंस एनुवल* के नाम से एक सालाना संदर्भ पुस्तिका का प्रकाशन करता है जो केंद्रीय मंत्रालयों/विभागों, राज्यों/केंद्रशासित प्रदेशों के प्रशासन और सार्वजनिक क्षेत्र के उपक्रमों के विकास और प्रगति की जानकारी का संकलन होता है। इसे हिंदी में *भारत* नाम से प्रकाशित किया जाता है।

नेशनल डॉक्यूमेंटेशन सेंटर ऑन मास कम्युनिकेशन

नेशनल डॉक्यूमेंटेशन सेंटर ऑन मास कम्युनिकेशन (एनडीसीएमसी) की स्थापना 1976 में मंत्रालय ने जनसंचार के कार्यक्रमों और रुझानों से संबंधित सूचनाओं का उसकी आवधिक सेवाओं के जरिए के संग्रह, व्याख्या और प्रसार करने के लिए गठित अपने एक प्रभाग के अंग के रूप में की थी।

फोटो प्रभाग

भारत सरकार की विभिन्न गतिविधियों को विजुअल सहायता प्रदान करने के उद्देश्य से स्थापित फोटो प्रभाग एक स्वतंत्र मीडिया इकाई और सूचना और प्रसारण मंत्रालय का अधीनस्थ कार्यालय है तथा यह फोटोग्राफी के क्षेत्र में देश में अपनी किस्म की सबसे बड़ी निर्माण इकाई है। फोटो प्रभाग की स्थापना 1959 में इस माध्यम के महत्व को देखते हुए, पृथक विभाग की स्थापना करने के सरकार के निर्णय के परिणामस्वरूप की गई थी, क्योंकि तस्वीर सबसे ज्यादा विश्वसनीय और सटीक ब्योरो प्रस्तुत करती हैं साथ ही साथ सही प्रक्षेपण के लिए नए माध्यम को मान्यता देती है, व्यावसायिक विशेषज्ञों की देखरेख में आर्काइवल रिकॉर्ड तैयार करती है। यह कार्य प्रकाशन विभाग और पत्र सूचना कार्यालय और डीएवीपी की फोटो इकाई को जोड़कर किया गया, ताकि कार्यकलापों का दोहराव समाप्त हो सके। यह प्रभाग भारत सरकार की उपलब्धियों और कार्यकलापों के देश और विदेशों में प्रसार और अन्य उद्देश्यों के लिए फोटोग्राफिक विजुअल तैयार करता है। अपनी स्थापना से लेकर अब तक के 50 साल में प्रभाग के पास लगभग 10 लाख चित्रों का संकलन है। प्रभाग ने अपनी स्थापना के 50 वर्ष पूरे करने के अवसर पर साल 2010 में राष्ट्रीय फोटो–चित्र पुरस्कारों की शुरुआत की ताकि देश की कला, संस्कृति, विकास, विरासत, इतिहास, दैनिक जीवन, समाज और इसकी परंपराओं को प्रोत्साहित किया जा सके और इससे देशभर के पेशेवर और उभरते हुए छायाकारों को बढ़ावा दिया जा सके। आधिकारिक गतिविधियों का प्रचार–प्रसार करने के लिए प्रभाग की अपनी वेबसाइट है। प्रभाग तस्वीरों को ई–कॉमर्स के माध्यम से बेचे जाने की प्रक्रिया में है।

अन्य मीडिया इकाइयों से तालमेल

मीडिया की अन्य इकाइयों से तालमेल स्थापित करने के लिए प्रभाग ने कई उपाय किए हैं। 8–10 लाख अभिलेखीय और वर्तमान चित्रों के बीच वैश्विक स्तर पर तालमेल के लिए प्रभाग ने अपनी एक वेबसाइट लॉन्च की है। इस वेबसाइट के माध्यम से प्रभाग ने छवियों को ई–कॉमर्स के जरिए खरीदने और बेचने की प्रक्रिया शुरू करने की तैयारी की है। अभिलेखीय छवियों की ऑन लाइन और ऑफ लाइन प्राप्ति के लिए एक उच्च क्षमता वाला सर्वर लगाया गया है। समाचार–पत्रों और पत्र–सूचना कार्यालय को चित्र भेजने में देरी न हो इसके लिए फोटो समाचार नेटवर्क पूरी तरह से डिजिटल शैली में काम कर रहा है। दैनिक गतिविधियों के डिजिटल और फोटो चित्रों की आपूर्ति के लिए पीआईबी की आधिकारिक वेबसाइट को प्रभाग पूरी तरह से मदद करता है। उपराष्ट्रपति, प्रधानमंत्री और वीवीआईपी हस्तियों के साथ यात्रा पर जाने वाले छायाकारों को डिजिटल कैमरों के साथ ही लैपटॉप और वी–डाटा कार्ड से लैस किया गया है ताकि घटना स्थल से डिजिटल छवियों को अपलोड और डाउनलोड किया जा सके। विज्ञापन एवं दृश्य प्रचार निदेशालय प्रदर्शनी के उद्देश्य से बड़ी डिजिटल छवियों की आपूर्ति कर सके इसके लिए भी प्रभाग पूरी सुविधाएं उपलब्ध कराता है।

प्रकाशन विभाग

प्रकाशन विभाग भारत सरकार के प्रमुख प्रकाशन संगठनों में से एक है, जो राष्ट्रीय महत्व के विषयों पर आधारित पुस्तकों और पत्रिकाओं की रचना, बिक्री और वितरण में संलग्न है। 1941 में स्थापित यह विभाग बाल साहित्य सहित राष्ट्रीय महत्व और भारत की समृद्ध सांस्कृतिक विरासत जैसे विषयों पर प्रकाश डालने वाली पुस्तकों और पत्रिकाओं के प्रकाशन के लिए अधिदेशित है। विभाग अन्य विषयों के

अलावा भारतीय पैनोरमा के विविध पहलुओं यथा- कला और संस्कृति, देश और लोगों, वनस्पति और जीव-जंतुओं, आधुनिक भारत के निर्माताओं और सांस्कृतिक नेताओं की जीवनियों, विभिन्न क्षेत्रों की प्रमुख भारतीय हस्तियों, भारत के इतिहास और स्वतंत्रता संग्राम पर पुस्तकों और पत्रिकाओं का प्रकाशन करता है।

गांधीजी के जीवन और दर्शन पर आधारित पुस्तकें विभाग के लिए गौरवपूर्ण हैं। विभाग ने गांधीवादी दर्शन पर अनेक पुस्तकों का प्रकाशन किया है जिनमें 100 खंडों में अंग्रेज़ी में *कलेक्टेड वर्क्स ऑफ महात्मा गांधी* (सीडब्ल्यूएमजी) और हिंदी में *संपूर्ण गांधी वाङ्मय* शामिल है, जिसे गांधीजी के लेखन का सबसे व्यापक और प्रामाणिक संग्रह माना जाता है। प्रकाशकों के बीच विभाग की विश्वसनीयता है और यह विषयवस्तु की प्रामाणिकता और प्रकाशनों के किफायती दामों के लिए विख्यात है। प्रकाशन विभाग ने गुजरात विद्यापीठ के साथ मिलकर प्रमुख गांधीवादी विद्वानों की निगरानी में *कलेक्टिव वर्क्स ऑफ महात्मा गांधी* का ई-संस्करण (ई-सीडब्ल्यूएमजी) भी तैयार किया है। इसकी मास्टर कापी सुरुचिपूर्ण सज्जा के साथ डिजायन किए गए डीवीडी के सेट के रूप में सर्चेवल फार्मेट में उपलब्ध है। महात्मा गांधी द्वारा रचित शब्दों को स्थायी और टैम्पर प्रूफ इलेक्ट्रॉनिक फॉर्मेट में संरक्षित करने के माध्यम से किया गया यह महान कार्य राष्ट्रीय धरोहर को संरक्षित करने की दिशा में चिरस्थायी योगदान है। ई-सीडब्ल्यूएमजी विश्वसनीय गांधीवादी साहित्य के समग्र संग्रह गांधी हैरिटेज पोर्टल पर भी उपलब्ध हैं।

पिछले साल से प्रकाशन विभाग राष्ट्रपति के कार्यालय के विविध पहलुओं को भावी पीढ़ियों के लिए संरक्षित रखने के लिए शृंखलाबद्ध रूप से ऐसी अनेक उच्च कोटि की पुस्तकों के प्रकाशन में संलग्न है, जो राष्ट्रपति भवन की विरासत की झलक प्रस्तुत करती हैं। माननीय उच्चतम न्यायालय के लिए एक अन्य महत्वपूर्ण धरोहर *कोर्ट्स इन इंडिया-पास्ट टू प्रेज़ेंट* का प्रकाशन किया है। विभाग ने निर्वाचन आयोग के लिए भी पुस्तक का प्रकाशन किया है, जो चुनावों के आयोजन से जुड़े विविध अनुभवों को प्रस्तुत करती है।

पत्रिकाएं

पुस्तकों के अलावा, प्रकाशन विभाग 18 मासिक पत्रिकाएं भी प्रकाशित करता है, जिनमें योजना- अंग्रेजी, हिंदी और 11 अन्य भाषाओं में, *आजकल* (हिंदी और उर्दू), *बाल भारती* (हिंदी) *कुरुक्षेत्र* (अंग्रेजी और हिंदी) और साप्ताहिक पत्र *रोज़गार समाचार* (अंग्रेजी, हिंदी और उर्दू में) का प्रकाशन शामिल है। विभाग की पत्रिकाओं के पाठक बहुत बड़ी संख्या में हैं और इन पत्रिकाओं की जनता के बीच विश्वसनीयता बहुत अधिक है। ये पत्र और पत्रिकाएं आर्थिक विकास, ग्रामीण पुनर्निर्माण, सामुदायिक विकास, बाल साहित्य और रोज़गार एवं करियर के अवसरों पर सूचना जैसे व्यापक विषय वाले क्षेत्रों में सरकार के प्रयासों को परिलक्षित करते हैं।

योजना: *योजना* का प्रकाशन 1957 से किया जा रहा है और यह विभाग की प्रमुख पत्रिका है, जो समाज के सभी वर्गों तक नियोजित विकास का संदेश पहुंचाती है और विकास के सामाजिक-आर्थिक पहलुओं पर सभी तरह के विचारों का प्रतिनिधित्व करने वालों में स्वस्थ बहस को बढ़ावा देने के मंच का कार्य करती है। *योजना* की कुल मिलाकर प्रतिमाह 2 लाख से ज्यादा प्रतियां बिकती हैं और इसकी गणना विकास पत्रकारिता के क्षेत्र में सबसे ज्यादा प्रसार वाली पत्रिकाओं में होती है। 13 भाषाओं में

प्रकाशित होने वाली यह पत्रिका क्षेत्रीय विकास, नवाचार तथा पहल पर प्रकाश डालते हुए समूचे भारत की तस्वीर प्रस्तुत करती है।

कुरुक्षेत्र: 1952 से अंग्रेज़ी और हिंदी में प्रकाशित की जा रही *कुरुक्षेत्र*, ग्रामीण विकास से संबंधित विषयों को समर्पित विशिष्ट मासिक पत्रिका है। यह ग्रामीण क्षेत्र में कार्यक्रमों, नीतियों और विकास के प्रयासों के कार्यान्वयन की स्थिति के बारे वैचारिक आदान-प्रदान का मंच उपलब्ध कराती है। *कुरुक्षेत्र* के दोनों संस्करणों (अंग्रेजी और हिंदी) का मिश्रित प्रसार लगभग एक लाख प्रतिगाह है।

बाल भारती: बच्चों की इस लोकप्रिय हिंदी मासिक पत्रिका का प्रकाशन 1948 से नियमित रूप से किया जा रहा है। इसका उद्देश्य लघु कथाओं, कविताओं, चित्र सहित कहानियों तथा जानकारी से भरपूर लेखों के माध्यम से बच्चों का स्वस्थ मनोरंजन करने के साथ-साथ उन्हें शिक्षित करना और उनमें मानवीय मूल्यों तथा वैज्ञानिक सोच का संचार करना है।

आजकल: यह प्रतिष्ठित साहित्यिक पत्रिका है, जो हिंदी में 1945 से और उर्दू में 1942 से प्रकाशित की जा रही है। यह पत्रिका विशेष अंक प्रकाशित करती है और भारतीय संस्कृति तथा साहित्य के विभिन्न आयामों पर सामग्री का प्रकाशन करती है।

एम्प्लाइमेंट न्यूज/रोज़गार समाचार: यह हर शनिवार को जारी होने वाला साप्ताहिक अख़बार है और यह हिंदी, अंग्रेज़ी तथा उर्दू में एक साथ प्रकाशित होता है। इसकी शुरुआत 1976 में हुई थी। यह केंद्र/और राज्य सरकारों, सार्वजनिक क्षेत्र के उपक्रमों, स्वायत्त निकायों, विश्वविद्यालयों द्वारा विज्ञापित रिक्तियों के बारे में सूचना प्रदान करता है। व्यावसायिक पाठ्यक्रमों के लिए प्रवेश के नोटिस, परीक्षा के नोटिस और यूपीएससी, एसएससी जैसे संगठनों और अन्य सामान्य भर्ती निकायों के परिणामों का प्रकाशन करता है। इनके अलावा, इस साप्ताहिक-पत्र में संपादकीय खंड होता है, जिसमें समसामयिक विषयों और करियर के अवसरों के बारे में लेखों का प्रकाशन होता है।

औसतन प्रति सप्ताह 2.2 लाख मिश्रित प्रसार वाला यह पत्र नौकरी पाने के इच्छुक लोगों में लोकप्रिय है। इसके प्रिंट और ई-संस्करण, दोनों वेबसाइट: www.employmentnews.gov.in पर ऑनलाइन सब्सक्राइब किए जा सकते हैं।

डिजिटल आर्काइव्स की रचना और ई-पुस्तकें तैयार करना: प्रकाशन विभाग ने अब अपने प्रकाशनों को संरक्षित और प्रचारित करने के उद्देश्य से उनका डिजिटीकरण करने का महत्वपूर्ण दायित्व ग्रहण किया है तथा वह विक्रय योग्य पुस्तकों की ई-बुक्स तैयार करवा रहा है। 1,000 से ज्यादा प्रकाशनों के डिजिटल आर्काइव बनाने का कार्य प्रगति पर है। डीपीडी के डिजिटल आर्काइव, प्रकाशन विभाग की स्थापना के बाद से प्रकाशित की गई पुस्तकों को भावी पीढ़ियों के लिए संरक्षित कर रहे हैं। चुनिंदा पुस्तकों की ई-बुक्स बिक्री के लिए गूगल प्ले, कोबो और अमेजॉन जैसे ई-कॉमर्स प्लेटफॉर्म्स पर भी उपलब्ध हैं। वर्ष 2015 से, प्रमुख प्रकाशन-वार्षिक संदर्भ ग्रंथ *इंडिया* और *भारत* का डिजिटीकरण कर दिया गया है और उन्हें पूर्णतया सर्चेबल फार्मेट और डाउनलोड किए जा सकने वाली ई-बुक्स में परिवर्तित कर दिया गया है, ताकि उन्हें विविध मंचों में उपयोग में लाया जा सके। विविध विषयों पर 100 से ज्यादा प्रमुख पुस्तकें पहले ही ई-कॉमर्स मंचों पर अपलोड की जा चुकी हैं। ई-बुक्स में हाइलाइटिंग, सर्चिंग, बुकमार्किंग, नोटिंग और टैक्स्ट टू स्पीच जैसी विविध विशेषताएं हैं, जो भिन्न-भिन्न युवा पाठकों की पढ़ने में रुचि का ध्यान रख सकती हैं।

पुस्तकों और पत्रिकाओं की ऑनलाइन बिक्री: डीपीडी ने लेखा महानियंत्रक (सीजीए), वित्त मंत्रालय के साथ सहयोग से भारतकोष पेमेंट गेटवे के माध्यम से अपनी प्रकाशित पत्रिकाओं की ऑनलाइन बिक्री के लिए एक पोर्टल भी विकसित किया है। 2016 में प्रारंभ किया गया यह पोर्टल पत्रिकाओं के सब्सक्रिब्शन के लिए व्यापक रूप से उपयोग में लाया जा रहा है। डीपीडी ने इस पोर्टल का उपयोग करते हुए लोकप्रिय साप्ताहिक-पत्र *रोज़गार समाचार* को भी डिजिटल फॉर्मेट (ई-रोज़गार समाचार) में जारी किया है। चुनिंदा पुस्तकों को भी सीजीए पोर्टल के माध्यम से ऑनलाइन बिक्री के लिए उपलब्ध कराया गया है।

सूची और व्यापार संबंधी कार्यकलापों का कंप्यूटरीकरण: सूची प्रबंधन, रॉयल्टी के भुगतान, बिक्री, लेखा, ग्राहक प्रबंधन, बिक्री एम्पोरियम के साथ नेटवर्किंग सहित प्रकाशन विभाग की समूची व्यापार संबंधी प्रक्रिया का कंप्यूटरीकरण किया जा रहा है। इस वेबसाइट का भी नवीकरण किया जा रहा है। इस परियोजना के पूर्ण होते ही कामकाज में दक्षता आएगी और डीपीडी की वेबसाइट के माध्यम से ऑनलाइन बिक्री और व्यापार संबंधी प्रक्रियाएं ऑनलाइन संभव हो सकेंगी।

संगठनात्मक ढांचा: प्रकाशन विभाग निदेशालय का नेतृत्व अपर महानिदेशक करते हैं। विभागों की कमान संपादकीय, उत्पादन, व्यापार एवं प्रशासन के लिए उत्तरदायी निदेशकों के हाथ में है। महाप्रबंधक, रोज़गार समाचार का दायित्व निदेशक द्वारा निभाया जाता है।

वेबसाइट: विभाग की एक समर्पित वेबसाइट: www.publicationsdivision.nic.in है, योजना के लिए वेबसाइट: www.yojana.gov.in और रोज़गार समाचार के लिए वेबसाइट www.employmentnews.gov.in है।

प्रकाशन विभाग फेसबुक www.facebook.com/prakashan.vibhag और ट्विटर @DPD_India पर भी मौजूद है।

व्यापार एवं वितरण नेटवर्क

प्रकाशन विभाग द्वारा प्रकाशित पुस्तकों और पत्रिकाओं की बिक्री एवं वितरण सूचना भवन स्थित उसके मुख्यालय और दिल्ली सचिवालय, मुंबई, चेन्नई, कोलकाता, पटना, लखनऊ, हैदराबाद, तिरुअनंतपुरम स्थित कार्यालयों के माध्यम से किया जाता है। इसके अलावा गुवाहाटी, कोलकाता, चेन्नई, अहमदाबाद, मुंबई, तिरुअनंतपुरम, बंगलुरु और हैदराबाद स्थित *योजना* क्षेत्रीय कार्यालयों द्वारा भी यह कार्य किया जाता है। मुख्यालय और क्षेत्रीय कार्यालयों के पैनल में शामिल पंजीकृत एजेंटों का नेटवर्क बिक्री और विपणन कार्यों में सहायता करता है। अपने प्रकाशनों के प्रदर्शन और उन्हें जनता के निकट लाने के लिए निदेशालय देशभर में आयोजित होने वाले पुस्तक मेलों में भाग लेता है और बड़े ऑर्डर लेने के लिए भारत सरकार, राज्य सरकारों के संबद्ध मंत्रालयों और विभागों और पुस्तकालयों को राज़ी करता है। बिक्री, विज्ञापन एवं ग्राहक शुल्कों से राजस्व अर्जित होता है। अर्जित किए गए राजस्व को सरकार के खाते में जमा कराया जाता है।

व्यापार संबंधी प्रश्नों के उत्तर dpd@sb.nic.in, businesswng@gmail.com और pdjucir@gmail.com पर ईमेल भेजकर प्रकाशन विभाग की वेबसाइट से प्राप्त किए जा सकते हैं।

फिल्म प्रभाग

पिछले 67 वर्षों से फिल्म प्रभाग देश के इतिहास को श्रव्य–दृश्य रूप से बयान करता आया है। यह प्रभाग घटनाओं और उपलब्धियों का प्रलेखन और उन्हें राष्ट्र के साथ साझा करता आया है, ताकि भारतीय जन मानस को राष्ट्र निर्माण गतिविधियों में सक्रिय भागीदारी के लिए अनुप्रेरित किया जा सके।

फिल्म प्रभाग के लक्ष्य और उद्देश्य देश के राष्ट्रीय स्वरूप पर केंद्रित हैं ताकि लोगों को शिक्षित और प्रोत्साहित करते हुए राष्ट्रीय कार्यक्रमों का क्रियान्वयन किया जा सके। गरज यह भी है कि भारतीय और विदेशी दर्शकों के समक्ष भारत की समृद्ध विरासत वाली तस्वीर पेश की जा सके। फिल्म प्रभाग का एक लक्ष्य यह भी है कि देश के वृतचित्र आंदोलन को मजबूती और रफ्तार प्रदान किया जाए क्योंकि यह देश के सूचना, संवाद और सौहार्द के क्षेत्र में अत्यधिक महत्व रखता है। फिल्म प्रभाग वृतचित्र, लघु फिल्में, एनिमेशन फिल्में और समाचार–पत्रिकाएं तैयार करता है। प्रभाग देशभर के लगभग 4 हज़ार सिनेमाघरों की जरूरतों को पूरा करता है और साथ ही देश के गैर–सिनेमाई क्षेत्रों जैसे कि ज़मीनी प्रचार, दूरदर्शन, शैक्षणिक संस्थाओं, फिल्म सोसायटियों और स्वैच्छिक संगठनों को भी जानकारी तथा निर्माण के लिए सामग्री उपलब्ध कराता है। फिल्म प्रभाग की विज्ञप्ति में नाट्य क्षेत्र में राज्य सरकारों के वृतचित्रों और समाचारों को भी ज़गह दी जाती है। फिल्म प्रभाग भारत के साथ–साथ विदेशों में भी वृतचित्रों और फिल्मों के वितरण अधिकार, उनके प्रिंट, स्टॉक शॉट और डीवीडी तथा वीसीडी बेचता है। फिल्म निर्माण के अलावा फिल्म प्रभाग फिल्म निर्माताओं को अपने रिकॉर्डिंग थियेटर, एडिटिंग कक्ष और अन्य सिने उपकरण किराए पर उपलब्ध कराता है।

अभिलेखीय शोध केंद्र

अभिलेखीय शोध केंद्र– एआरसी शोध सुविधा उपलब्ध कराने वाला प्रमुख केंद्र है जिसकी शुरुआत 26 अक्टूबर, 2013 में की गई थी। यह सुविधा इसलिए उपलब्ध कराई गई है ताकि फिल्मों से जुड़ी विपुल संपदा को साझा किया जा सके। एआरसी ने फिल्म प्रभाग के संपूर्ण अभिलेखागार को 15 शोध केंद्रों पर उपलब्ध कराया है। अनुसंधान इत्यादि के उद्देश्य से इन पंद्रह केंद्रों पर फिल्म प्रभाग का अभिलेखागार उपलब्ध रहेगा।

भारतीय सिनेमा का संग्रहालय

भारतीय सिनेमा के इतिहास में सिनेमा के राष्ट्रीय संग्रहालय की अवधारणा एक महत्वपूर्ण कदम है। भारतीय सिनेमा के 100 साल के ऐतिहासिक महत्व से जुड़ी बहुत–सी सामग्री उचित देखरेख या संरक्षण के अभाव में या तो नष्ट या खराब हो गई है अथवा उपेक्षित है। इन सामग्री के लिए संग्रहालय जरूरी साबित होगा। चूंकि भारत में कोई फिल्म संग्रहालय नहीं है इसलिए यह संग्रहालय सिर्फ आम आदमी ही नहीं बल्कि फिल्मकारों, समीक्षकों और विद्यार्थियों के लिए भारतीय सिनेमा के विकास क्रम को जानने के लिए भारत ही नहीं विश्व के लिए एक बड़ा खजाना साबित होगा।

फिल्म संग्रहालय की कुल लागत 121.55 करोड़ रुपये होगी और यह दो अलग चरणों में बनाया जाएगा। पहले चरण में यह संग्रहालय गुलशन महल के एक हिस्से में 6 हजार वर्ग फुट में फैला हुआ है। गुलशन महल का शुमार धरोहर भवन के रूप में है जिसका हाल ही में कायाकल्प किया गया है।

एफडी जोन

एफडी जोन फिल्म प्रभाग का ऐसा प्रयास है जिसमें स्वतंत्र फिल्मकार वृतचित्र, लघु फिल्में और एनिमेशन फिल्मों की नियमित रूप से स्क्रीनिंग करते हैं। यहां कला के क्षेत्र में उभरने वाली नई प्रतिभाओं को अवसर दिया जाता है और साथ ही उद्देश्यपूर्ण सिनेमा को प्राथमिकता प्रदान की जाती है। हरेक स्क्रीनिंग के लिए स्वतंत्र फिल्मकार स्वैच्छिक स्तर पर फिल्म प्रभाग तथा बाहर की फिल्मों को जमा करते हैं। बाहरी फिल्मों के प्रदर्शन के दौरान उनसे जुड़े निर्देशक, सिनेमेटोग्राफर या एडीटर, साउंड रिकॉर्डिस्ट तथा समूह के अन्य प्रमुख लोगों को भी आमंत्रित किया जाता है ताकि दर्शकों से संवाद किया जा सके। ये स्क्रीनिंग निःशुल्क होती है और सभी के लिए खुली रहती है।

राष्ट्रीय फिल्म विकास निगम लिमिटेड (एनएफडीसी)

राष्ट्रीय फिल्म विकास निगम लिमिटेड (एनएफडीसी) का गठन भारत सरकार ने 1975 में (शत-प्रतिशत स्वामित्व भारत सरकार के निकाय के हाथ)किया था। इस संस्था का प्राथमिक उद्देश्य भारतीय फिल्म उद्योग के संगठित, सक्षम और एकीकृत विकास के लिए योजना बनाना और उसे प्रोत्साहित करना है। फिल्म वित्त निगम (एफएफसी) तथा भारतीय मोशन पिक्चर्स निर्यात निगम (आईएमपीईसी)के विलय से 1980 में एनएफडीसी का पुनर्गठन हुआ।

पूर्व फिल्म वित्त निगम का गठन 1964 में हुआ था। इसका उद्देश्य युवा प्रतिभावान फिल्म निर्माताओं को वित्तीय सहायता उपलब्ध कराना था जबकि आईएमपीईसी का गठन फिल्मों के आयात-निर्यात के नियमन और अपरिष्कृत भंडारण के प्रबंधन के लिए हुआ था। भारतीय फिल्म उद्योग के विकास को समुचित माहौल उपलब्ध कराने के लिए एक निकाय की जरूरत को समझते हुए भारत सरकार ने एफएफसी और आईएमपीईएस का विलय एनएफडीसी में कर दिया। एनएफडीसी ने अब तक 200 से ज्यादा फिल्मों को या तो वित्तीय सहायता दी है या निर्माण किया है। विभिन्न भारतीय भाषाओं में बनी इन फिल्मों को व्यापक पैमाने पर सराहा गया है और इन्होंने राष्ट्रीय और अंतरराष्ट्रीय स्तर पर कई पुरस्कार भी जीते हैं। निगम का कॉरपोरेट कार्यालय मुंबई में है, जबकि इसके तीन क्षेत्रीय कार्यालय चेन्नई, कोलकाता और दिल्ली में और एक शाखा कार्यालय तिरुअनंतपुरम में है।

वेबसाइट: www.nfdc.nic.in

फिल्म समारोह निदेशालय

फिल्म समारोह निदेशालय की स्थापना 1973 में सूचना और प्रसारण मंत्रालय के अधीन की गई। इस निदेशालय का उद्देश्य अच्छे सिनेमा को प्रोत्साहन देना है। इसके लिए यह निम्नलिखित वर्गों में अपनी गतिविधियों का संचालन करता है- (क) भारतीय अंतरराष्ट्रीय फिल्म समारोह, (ख) राष्ट्रीय फिल्म पुरस्कार तथा दादा साहेब फाल्के पुरस्कार, (ग) सांस्कृतिक आदान-प्रदान कार्यक्रम तथा विदेशों में मिशनों के जरिए भारतीय फिल्मों के प्रदर्शन का आयोजन, (घ) भारतीय पैनोरमा का चयन, (ङ) विदेशों में अंतरराष्ट्रीय फिल्म समारोहों में भागीदारी, (च) भारत सरकार की ओर से विशेष फिल्मों का प्रदर्शन (छ) प्रिंट संग्रहण तथा प्रलेखन।

ये गतिविधियां, सिनेमा के क्षेत्र में भारत और अन्य देशों के बीच विचारों, संस्कृति तथा अनुभव के आदान-प्रदान के लिए बेजोड़ मंच प्रदान करती हैं। ये भारतीय सिनेमा को सशक्त मंच प्रदान करती हैं

तथा भारतीय फिल्मों के लिए व्यावसायिक अवसरों को बढ़ावा देती हैं। देश के भीतर इसने विश्व सिनेमा की नवीनतम प्रवृत्तियां आम जनता, फिल्म उद्योग तथा विद्यार्थियों तक पहुंचाने का काम किया है।

भारत का अंतरराष्ट्रीय फिल्म समारोह

सूचना और प्रसारण मंत्रालय और गोवा सरकार द्वारा संयुक्त रूप से आयोजित भारत का 46वां अंतरराष्ट्रीय फिल्म महोत्सव (इफ्फी), फिल्म प्रदर्शन, मास्टर क्लासेस, विचार–विमर्श और अन्य घटनाओं की दस दिवसीय अवधि के पश्चात् 30 नवंबर, 2015 को सफलतापूर्वक समाप्त हुआ। 45वें इफ्फी के दौरान 95 देशों की कुल 287 फिल्मों का प्रदर्शन किया गया।

आईसीएफटी – यूनेस्को फेलिनी मेडल

देश में पहली बार, भारत के अंतरराष्ट्रीय फिल्म महोत्सव (इफ्फी), 2015 ने पेरिस की अंतरराष्ट्रीय फिल्म, टीवी और दृश्य–श्रव्य संचार परिषद (आईसीएफटी) के सहयोग से किसी फिल्म को यूनेस्को फेलिनी मेडल से साथ विशेष आईसीएफटी पुरस्कार से सम्मानित किया जोकि यूनेस्को के आदर्शों को प्रदर्शित करती है।

राष्ट्रीय फिल्म पुरस्कार

राष्ट्रीय फिल्म पुरस्कार राष्ट्रीय, सिनेमा के क्षेत्र में सर्वोच्च पुरस्कार हैं जोकि सिनेमाई उत्कृष्टता को रेखांकित करते हैं। राष्ट्रीय पुरस्कार के साथ–साथ सिनेमा का सर्वोच्च सम्मान दादा साहब फाल्के पुरस्कार भारत के राष्ट्रपति द्वारा दिया जाता है। 3 मई, 1913 को पहली भारतीय फीचर फिल्म *राजा हरिश्चंद्र* के प्रदर्शन के मद्देनजर यह निर्णय लिया गया कि हर वर्ष 3 मई को राष्ट्रीय फिल्म पुरस्कार दिए जाएंगे। तदनुसार, 62वें राष्ट्रीय फिल्म पुरस्कार 2015 को प्रदान किए गए।

62वें राष्ट्रीय फिल्म पुरस्कार

सर्वश्रेष्ठ फीचर फिल्म का पुरस्कार चैतन्य तमहाने द्वारा निर्देशित फिल्म *कोर्ट* (मराठी) ने जीता। संपूर्ण मनोरंजन प्रदान करने के लिए सर्वश्रेष्ठ लोकप्रिय फिल्म का पुरस्कार उमंग कुमार निर्देशित फिल्म *मैरीकॉम* (हिंदी) को दिया गया। विजय कुमार बी को फिल्म *नानूअवैनाल्लाअवालु* के लिए सर्वश्रेष्ठ अभिनेता और कंगना राणौत को फिल्म *क्वीन* (हिंदी) के लिए सर्वश्रेष्ठ अभिनेत्री का पुरस्कार दिया गया। तोर्शा बैनर्जी निर्देशित फिल्म *टेंडर इज द साइट* को सर्वश्रेष्ठ गैर–फीचर फिल्म का पुरस्कार दिया गया। सिनेमा पर सर्वश्रेष्ठ पुस्तक का पुरस्कार *साइलेंट सिनेमा* नामक पुस्तक को दिया गया जिसके लेखक पासुपुलेती पूर्णचंद्र राव हैं जबकि तनुल ठाकुर को सर्वश्रेष्ठ फिल्म समालोचक का सम्मान दिया गया। भारतीय सिनेमा में सराहनीय योगदान के लिए वर्ष 2014 का प्रसिद्ध दादा साहब फाल्के पुरस्कार विख्यात अभिनेता और निर्माता श्री शशि कपूर को दिया गया। 62वीं पुरस्कार विजेता फिल्मों का सार्वजनिक प्रदर्शन 4–13 मई, 2015 के दौरान सिरी फोर्ट सभागार परिसर, नई दिल्ली में किया गया। वर्ष 2015 का प्रसिद्ध दादा साहब फाल्के पुरस्कार वरिष्ठ अभिनेता और निर्माता श्री मनोज कुमार को 3 मई, 2015 को नई दिल्ली में आयोजित एक समारोह में दिया गया।

वेबसाइट: www.dff.nic.in

राष्ट्रीय फिल्म अभिलेखागार (एनएफएआई)

कला और ऐतिहासिक दस्तावेज के रूप में सिनेमा के संरक्षण का अपना महत्व है और दुनियाभर में इसे मान्यता दी गई है। सिनेमा को इसके तमाम रूपों और प्रकारों में संरक्षित करने के लिए एक ऐसा संगठन जरूरी है जिसका स्थायी ढांचा हो, जिसे फिल्म उद्योग का विश्वास प्राप्त हो और जिसके पास पर्याप्त संसाधन तथा विशेषज्ञता हो। इसीलिए मंत्रालय की मीडिया इकाई के रूप में फरवरी 1964 में भारतीय राष्ट्रीय फिल्म अभिलेखागार की स्थापना की गई। इसके निम्नलिखित उद्देश्य और लक्ष्य हैं: राष्ट्रीय सिनेमा की विरासत का पता लगाना, प्राप्त करना और भावी पीढ़ियों के लिए संरक्षण करना तथा विश्व सिनेमा का प्रतिनिधित्व करने वाला एक संग्रह तैयार करना, फिल्मों से संबंधित आंकड़ों को वर्गीकृत और अभिलेखबद्ध करना, सिनेमा पर अनुसंधान को प्रोत्साहन देना तथा इसके नतीजों का प्रकाशन-वितरण करना, देश में फिल्म संस्कृति को बढ़ावा देने के केंद्र के रूप में कार्य करना और विदेशों में भारत की सांस्कृतिक उपस्थिति सुनिश्चित करना, एनएफएआई ने अपने अस्तित्व के 50 वर्षों के दौरान लक्ष्यों को प्राप्त करने की दिशा में कई उपलब्धियां हासिल की हैं।

फिल्म भंडारण/संरक्षण

एनएफएआई में अंतरराष्ट्रीय मानकों और विशिष्टताओं से युक्त लगभग 19 अत्याधुनिक फिल्म संरक्षण सुविधाएं/कक्ष हैं। इन कक्षों में लगभग 2 लाख फिल्म रील के भंडारण की क्षमता है। मुख्य इमारत में तीन कक्ष और पुणे में फेज़-2 सुविधा में 16 कक्ष हैं। फिल्म कक्षों में श्वेत-श्याम फिल्मों, रंगीन फिल्मों और नाइट्रेट आधारित फिल्मों के लिए निम्नलिखित तापमान रखे जाते हैं:

फिल्मों का प्रकार	तापमान	संबंधित आर्द्रता
नाइट्रेट फिल्में	14 डिग्री सेल्सियस	40 प्रतिशत
श्वेत-श्याम फिल्में	14 डिग्री सेल्सियस	40 से 50 प्रतिशत
रंगीन फिल्में	2 डिग्री सेल्सियस+-1 डिग्री सेल्सियस	24 प्रतिशत से +-5 प्रतिशत

फिल्म एप्रीसिएशन कोर्स

फिल्म एप्रीसिएशन कोर्स फिल्म संस्कृति के प्रसार के तहत एक महत्वपूर्ण गतिविधि ऐसी फिल्म शिक्षा योजना है, जिसमें भारतभर में विभिन्न शैक्षिक और सांस्कृतिक संस्थाओं के सहयोग से आयोजित किए जाने वाले दीर्घ या लघु अवधि के फिल्म एप्रीसिएशन कोर्स शामिल हैं।

यह कोर्स मुख्य रूप से फिल्म संबंधी प्रशिक्षकों जैसे- फिल्म अध्ययन, संचार, पत्रकारिता के शिक्षक, फिल्म संस्था आयोजक, फिल्म आलोचक, शोधार्थी, फिल्म से संबंधित सरकारी अधिकारी, तकनीशियन और फिल्म में दिलचस्पी रखने वाले अन्य लोगों की जरूरतों को पूरा करने के लिए तैयार किया गया है।

फिल्मों की आपूर्ति

भारत में फिल्म संस्कृति के प्रसार के लिए एनएफएआई विभिन्न गतिविधियां चलाता है। उसके वितरण पुस्कालय में देशभर में लगभग 25 सक्रिय फिल्म क्लब/सदस्य हैं। देशभर में विभिन्न प्रदर्शन कार्यक्रमों और फिल्म समारोहों के लिए आर्काइव फिल्मों की आपूर्ति करता है।

फिल्म समारोहों में शिरकत

एनएफएआई ने देश-विदेश में विभिन्न फिल्म समारोह में हिस्सा लेकर महोत्सव के लिए निर्धारित विलक्षण विषयों पर विभिन्न रेट्रस्पेक्टिव में उत्कृष्ट भारतीय फिल्मों और पोस्टरों प्रदर्शनियों के संग्रह का प्रदर्शन किया।

निर्माताओं/कॉपीराइट स्वामियों को सहायता

एनएफएआई निर्माताओं/कॉपीराइट स्वामियों को मौलिक नेगेटिवों की मरम्मत, डुप्लीकेट कॉपियां तैयार करने और प्रसारण के उद्देश्य से वीडियो कॉपी करने के लिए फिल्मों की आपूर्ति के संदर्भ में अपनी सेवाएं प्रदान कर रहा है। राष्ट्रीय और उपग्रह नेटवर्कों पर प्रसारित अनेक सेल्युलाइट क्लासिक फिल्मों को इसी संग्रह से प्राप्त किया गया था।

राष्ट्रीय फिल्म विरासत मिशन

भारत की फिल्म विरासत को पहले जैसा स्वरूप देने और संरक्षित करने हेतु नवंबर 2014 में राष्ट्रीय फिल्म विरासत मिशन (एनएफएचएम), 597.41 करोड़ रुपये की एक परियोजना शुरू की गई। यह 12वीं पंचवर्षीय योजना का अंग है, जो 13वीं पंचवर्षीय योजना में जारी रहेगी। यह पहल फिल्म उद्योग द्वारा बेहद सराही जाएगी। नयी योजना आयोजना में एनएफएआई के पास उपलब्ध फिल्मों का डिजिटीकरण/उन्हें पहले जैसा स्वरूप देने का कार्य किया जाएगा।

राष्ट्रीय फिलम विरासत मिशन के उद्देश्यों में सम्मिलित हैं: (1) फिल्म संग्रह की फिल्म की स्थिति का मूल्यांकन करना और फिल्म की बाकी बची अवधि का पता लगाना, (2) 1,32,000 फिल्म रीलों का बचाव और संरक्षण, (3) 1,086 खास फीचर फिल्मों और भारतीय सिनेमा के 1,152 शॉट्र्स 2के/4के चित्र एवं ध्वनि प्रतिपादन और प्रत्येक फिल्म के लिए नई तस्वीरों और साउंड इंटर-निगेटि्वस की रिकॉर्डिंग, (4) 1,160 फीचर फिल्मों और 1,660 शॉट्र्स का डिजिटाइजेशन, (5) एनएफएचएम के अंतर्गत प्रतिपादित सामग्री के पुणे स्थित एनएफएआई परिसर में धूल मुक्त और कम नमी, कम तापमान की स्थिति में संरक्षण के लिए अभिलेखीय और संरक्षण सुविधाओं का निर्माण, (6) संरक्षण और संग्रहण के क्षेत्र में कार्यशालाओं और पाठ्यक्रम प्रशिक्षण और इस क्षेत्र में विशेषज्ञ अंतरराष्ट्रीय संस्थाओं के सहयोग से संग्रहण करना।

वेबसाइट: www.nfaipune.gov.in

बाल चित्र समिति, भारत

बाल चित्र समिति, भारत (सीएफएसआई) की स्थापना 1955 में बच्चों को फिल्मों के माध्यम से उच्च आदर्शों की प्रेरणा देने वाला मनोरंजन प्रदान करने के उद्देश्य से की गई थी। समिति बच्चों की फिल्मों का निर्माण, संग्रहण, वितरण, प्रदर्शन और संवर्धन करती है। सीएफएसआई का मुख्यालय मुंबई में है और नई दिल्ली तथा चेन्नई में इसके क्षेत्रीय शाखा कार्यालय हैं। सीएफएसआई का मिशन देश-विदेश में बाल फिल्म आंदोलन को प्रोत्साहित, सशक्त और प्रसारित करते हुए बाल फिल्मों को बढ़ावा देना है। समिति द्वारा निर्मित/प्राप्त फिल्मों का प्रदर्शन राज्य/जिला स्तर पर बाल फिल्म समारोहों, में किया जाता है। साथ ही साथ इनका प्रदर्शन वितरकों तथा गैर-सरकारी संगठनों आदि के जरिए थिएटरों और स्कूलों में गैर-थिएटर मंचों से किया जाता है।

वर्ष 2015 के दौरान 7,502 नि:शुल्क शो आयोजित किए गए जिन्हें 21,24,054 बच्चों ने देखा। सीएफएसआई डीवीडी और वीसीडी पर भी फिल्मों का विपणन करती है। कुल 3,455 डीवीडी/वीसीडी की बिक्री हुई जिसके परिणामस्वरूप 3,93,260 रुपये का राजस्व प्राप्त हुआ। सीएफएसआई की 14 फिल्में राष्ट्रीय नेटवर्क कार्यक्रम चुलबुली फिल्में, चटपटी गपशप पर प्रसारित की गई जिसमें 9.45 लाख रॉयल्टी मिली। राज्य स्तरीय बाल फिल्म समारोह 8 पूर्वोत्तर राज्यों में आयोजित किए गए। सीएफएसआई ने 20 चुनिंदा फिल्मों का पैकेज मुहैया कराया जो अगस्त 2014 से मार्च 2015 के दौरान सभी राज्यों के थिएटरों और सभागारों में दिखाया गया। 16 जिलों में आयोजित 54 शो के दौरान 21,796 बच्चों ने उसे देखा।

बाल फिल्म महोत्सव का आयोजन तिरुवनामलई जिले में 17 अगस्त, 2015 से 24 अगस्त, 2015 तक किया गया। 18 थिएटरों में 105 शो आयोजित किए गए। इनसे रिकॉर्ड संख्या में 55,740 बच्चे लाभांवित हुए।

वेबसाइट: www.cfsindia.org

विज्ञापन एवं दृश्य प्रचार निदेशालय

विज्ञापन एवं दृश्य प्रचार निदेशालय (डीएवीपी) की स्थापना 1955 में हुई थी और ये भारत सरकार की नोडल मल्टी-मीडिया विज्ञापन एजेंसी है। गत 60 वर्षों के दौरान ये निदेशालय लगभग सभी मंत्रालयों, विभागों, स्वायत्तशासी संस्थाओं और सार्वजनिक क्षेत्र के उपक्रमों की संचार संबंधी जरूरतों को, एक ही स्थान पर किफायती दरों पर सेवा उपलब्ध करा के पूरा करता आ रहा है। ये निदेशालय ग्रामीण और शहरी लोगों को सरकार की नीतियों और कार्यक्रमों के बारे में सूचित और शिक्षित करता है और उन्हें विकाशशील गतिविधियों में भागीदार बनने के लिए प्रेरित करता है। इसके लिए निदेशालय प्रिंट मीडिया विज्ञापनों, श्रव्य-दृश्य विज्ञापनों, मुद्रित प्रचार सामग्री, प्रदर्शनियों और बाह्य प्रचार, न्यू मीडिया और मास मेलिंग जैसे संचार के साधनों का इस्तेमाल करता है। डीएवीपी के मुख्यालय के संगठनात्मक ढांचे के कई खंड हैं जैसे- अभियान, विज्ञापन, बाह्य प्रचार, मुद्रित प्रचार, प्रदर्शनी, मास मेलिंग, श्रव्य-दृश्य खंड, डिजाइन स्टूडियो, प्रशासन और खाता। इसके बंगलुरु और गुवाहाटी स्थित दो क्षेत्रीय कार्यालय हैं, जो इन क्षेत्रों में निदेशालय की गतिविधियों का संचालन करते हैं।

डीएवीपी की देशभर में 32 क्षेत्रीय प्रदर्शनी इकाइयां हैं। क्षेत्रीय प्रदर्शनी इकाई सरकार और जनता के बीच महत्वपूर्ण संचार कड़ी के रूप में काम करती है। ये क्षेत्रीय प्रदर्शनी इकाइयां, देश के दूर-दराज के इलाकों में मल्टी-मीडिया प्रदर्शनियां लगाकर प्रमुख राष्ट्रीय मामलों पर केंद्र सरकार की सामाजिक और विकासप्रद नीतियों और कार्यक्रमों के बारे में लोगों को सूचित करती हैं।

वेबसाइट: www davp.nic.in

क्षेत्रीय प्रचार निदेशालय

क्षेत्रीय प्रचार निदेशालय (डीएफपी), एक मीडिया इकाई है। यह भारत सरकार के अंतर्गत लोगों से सीधे संपर्क करने वाला एकमात्र निदेशालय है। डीएफपी लोगों से सीधे संपर्क साधकर और माइक्रो स्तर की संचार गतिविधियों यथा- प्रभावशाली व्यक्तियों को जानकारी प्रदान कर, लक्षित लाभार्थियों के साथ परस्पर संवाद , सामूहिक चर्चाओं, प्रश्नोत्तरी और अन्य प्रतियोगिताएं जैसे- स्वस्थ मां और बच्चा शो, फाटो प्रदर्शनियों, जलसों, फिल्म प्रदर्शनों, जनसभाओं के आयोजन के जरिए प्रभावी ढंग से तैयार संचार

कार्यक्रमों का लक्षित और संभावित लाभार्थियों के बीच संचालन करता है। इस प्रक्रिया में डीएफपी को अन्य केंद्रीय और राज्यस्तरीय विभागों/एजेंसियों से भी सहायता मिलती है।

इसके 22 क्षेत्रीय कार्यालय और कुल 207 क्षेत्रीय प्रचार इकाइयां हैं, जो देशभर में फैली हैं और ज्यादातर जिला मुख्यालयों में स्थित हैं। हर क्षेत्रीय कार्यालय के अंतर्गत छह से 14 क्षेत्रीय प्रचार इकाइयां हैं। अपनी गतिविधियों के लिए क्षेत्रीय प्रचार इकाई के पास वाहन और अन्य श्रव्य और दृश्य उपकरण होते हैं। डीएफपी के संचार दल सरकारी योजनाओं और नीतियों के बारे में जनता को, विशेषकर दूरदराज के ग्रामीण इलाकों में जनता को जागरूक करते हैं।

डीएफपी ने अपने क्षेत्रीय कार्यालयों और क्षेत्रीय प्रचार इकाइयों में कामकाज को सुगम बनाने के लिए सूचना और संचार तकनीक (आईसीटी) को प्रभावी ढंग से अपनाया है। सभी क्षेत्रीय कार्यालय और क्षेत्रीय प्रचार इकाइयां अपने कार्यक्रमों, वित्त और प्रशासन संबंधी विषयों पर ऑनलाइन रिपोर्ट देती हैं। ड़ीएफपी वेबसाइट काफी सूचनाप्रद है और 22 क्षेत्रीय कार्यालयों की अपनी वेबसाइट्स हैं।

डीएफपी अपनी पहुंच संबंधी गतिविधियों पर प्रकाश डालने और सरकार के कार्यक्रमों और नीतियों के बारे में संदेशों का प्रचार करने के लिए यूट्यूब, फेसबुक और ट्वीटर जैसे सोशल मीडिया का उपयोग कर रहा है।

वेबसाइट: www.dfp.nic.in

गीत एवं नाटक प्रभाग

गीत और नाटक प्रभाग को ऑल इंडिया रेडियो की एक इकाई के रूप में 1954 में स्थापित किया गया था और विकास संचार के अधिदेश के साथ 1956 में एक स्वतंत्र मीडिया इकाई का दर्जा दिया गया था। यह संचार के एक माध्यम के रूप में कला प्रदर्शन का उपयोग करने वाला देश का सबसे बड़ा संगठन है। प्रभाग सांप्रदायिक सद्‌भाव, राष्ट्रीय एकता, धर्मनिरपेक्षता, सांस्कृतिक विरासत को बढ़ावा देने, स्वास्थ्य, पर्यावरण, शिक्षा, आदि जैसे राष्ट्रीय विषयों पर ध्वनि और प्रकाश कार्यक्रमों के माध्यम से नाटक, नृत्य नाटिका, ओपेरा, लोक एवं पारंपरिक गायन जैसे कला रूपों की एक विस्तृत श्रृंखला का उपयोग करता है।

वेबसाइट: www.sdd.nic.in

भारतीय फिल्म और टेलीविजन संस्थान, पुणे

भारतीय फिल्म संस्थान की स्थापना 1960 में की गई थी। 1974 में टेलीविजन शाखा खोलने के बाद इसे भारतीय फिल्म एवं टेलीविजन संस्थान का नाम दिया गया। अक्टूबर 1974 में यह संस्थान सोसायटी पंजीकरण कानून, 1860 के अंतर्गत एक सोसायटी बन गया। सोसायटी में मशहूर हस्तियां हैं जिनमें फिल्म, टेलीविजन, संचार से जुड़े लोग तथा संस्थान के छात्र और पदेन सरकारी सदस्य शामिल हैं। संस्थान एक संचालक परिषद के अंतर्गत कार्य करता है जिसका प्रमुख अध्यक्ष होता है। शिक्षा परिषद संस्थान की शैक्षिक नीतियां और योजनाएं तैयार करती है। स्थायी वित्त समिति संस्थान के वित्त से जुड़े मामलों को देखती है। संस्थान के दो खंड हैं- फिल्म और टेलीविजन खंड, जो दोनों श्रेणियों में पाठ्यक्रम चलाए जाते हैं। इनमें तीन वर्षीय डिप्लोमा पाठ्यक्रम से लेकर फिल्म निर्देशन, सिनेमेटोग्राफी, ऑडियोग्राफी और फिल्म संपादन में स्नातकोत्तर डिप्लोमा शामिल हैं। संस्थान अभिनय में दो वर्षीय

स्नातकोत्तर डिप्लोमा पाठ्यक्रम, कला निर्देशन और निर्माण डिजाइन में दो वर्षीय स्नातकोत्तर प्रमाण-पत्र पाठ्यक्रम चलाता है तथा एक साल का स्नातकोत्तर सर्टिफिकेट कोर्स चलाता है।

भारतीय फिल्म एवं टेलीविजन संस्थान फिल्म निर्माण और टेलीविजन निर्माण कला और तकनीक में आधुनिकतम शिक्षा प्रदान करता है। दूरदर्शन और अन्य संस्थाओं के अधिकारियों को सेवारत प्रशिक्षण दिया जाता है। यह संस्थान आधुनिकतम डिजिटल और प्रसारण उपकरणों से लैस है जैसे- नॉन लीनियर बीटा कैम और ए/बी ऑल एडिटिंग सेटअप, डिजिटल कैमरा जैसे- सोनी बीवीपी-500 पी, सॉफ्ट क्रोमा कीयर, डिजीटल स्पेशल इफेक्ट्स जेनेरेटर, एलियास सॉफ्टवेयर के साथ सिलीकॉन ग्राफिक्स 02 वर्कस्टेशन, आधुनिक फिल्म कैमरा और रिकार्डिंग स्टूडियो आदि जो संस्थान के प्राध्यापकों और छात्रों को एक अलग अनुभव प्रदान करते हैं।

वेबसाइट: www.ftiindia.in

सत्यजीत रे फिल्म एवं टेलीविजन संस्थान, कोलकाता

सत्यजीत रे फिल्म एवं टेलीविजन संस्थान (एसआरएफटीआई), कोलकाता की स्थापना एक स्वायत्तशासी शैक्षणिक संस्थान के रूप में की गई थी और इसे पश्चिम बंगाल सोसायटीज पंजीकरण कानून, 1961 के अधीन पंजीकृत कराया गया। फिल्म जगत की मशहूर हस्ती सत्यजीत रे के नाम पर कोलकाता में भारत सरकार द्वारा स्थापित यह देश का दूसरा राष्ट्रीय स्तरीय फिल्म प्रशिक्षण संस्थान है। संस्थान, निर्देशन और पटकथा लेखन, सिनेमैटोग्राफी, संपादन और ऑडियोग्राफी में तीन वर्षीय स्नातकोत्तर डिप्लोमा पाठ्यक्रम चलाता है। इनके अलावा संस्थान टेलीविजन और फिल्म से संबंधित लघु और मध्यम अवधि के पाठ्यक्रम भी चलाता है। समाजशास्त्र, संस्कृति एवं फिल्म और टेलीविजन की टेक्नोलॉजी के बारे में शोध एवं अन्वेषण अध्ययन ऐसे अन्य क्षेत्र हैं, जिन पर एसआरएफटीआई द्वारा ध्यान दिया जाता है।

एसआरएफटीआई का संचालन भारत सरकार द्वारा गठित सोसायटी द्वारा किया जाता है। अध्यक्ष के नेतृत्व में यह सोसायटी संचालक परिषद के जरिए संस्थान को चलाती है। संचालक परिषद का गठन सोसायटी के चुनिंदा सदस्यों से किया जाता है। यह संचालक परिषद संस्थान के सभी कार्यकारी कार्यों की सर्वोच्च संस्था है। यह आवश्यकता पड़ने पर अकादमिक परिषद , स्थायी वित्त समिति आदि जैसी विविध समितियों/निकायों का गठन भी करती है।

अरुणाचल प्रदेश में फिल्म एवं टेलीविजन संस्थान

देश के पूर्वोत्तर क्षेत्र के सर्वांगीण विकास की सरकार की पहल और फिल्म एवं टेलीविजन क्षेत्र में पूर्वोत्तर की प्रतिभाओं को प्रोत्साहित करने के मकसद से मंत्रालय किसी भी पूर्वोत्तर राज्य में फिल्म एवं टेलीविजन संस्थान, पुणे और सत्यजीत रे फिल्म एवं टेलीविजन संस्थान, कोलकाता की तर्ज पर फिल्म एवं टेलीविजन संस्थान स्थापित करने का प्रस्ताव किया है। एसआईएफटीआई, कोलकाता को राज्यों में जाकर व्यावहार्यता अध्ययन करने और राज्य सरकारों के साथ बातचीत करने का दायित्व सौंपा गया। एसआरएफडीआई की टीम ने मणिपुर, असम, अरुणाचल प्रदेश, त्रिपुरा और मिज़ोरम का दौरा करने के बाद जोलिंग (जोट) ईटानगर-अरुणाचल प्रदेश और चिंगस्वू , इंफाल मणिपुर दो साइटों की प्रस्तावित संस्थान के लिए सिफारिश की है।

भारतीय जनसंचार संस्थान

सोसायटी पंजीकरण कानून, 1860 के अंतर्गत सोसायटी के रूप में पंजीकृत भारतीय जनसंचार संस्थान (आईआईएमसी) की स्थापना 1965 में की गई थी। संस्थान की स्थापना जनसंचार के क्षेत्र में शिक्षण, प्रशिक्षण और अनुसंधान के उद्देश्य के साथ की गई थी।

वर्तमान में, संस्थान प्रिंट पत्रकारिता, रेडियो और टेलीविजन पत्रकारिता और विज्ञापन और जनसंपर्क में कई स्नातकोत्तर डिप्लोमा पाठ्यक्रम चलाता है। 1969 से संस्थान, एशियाई, अफ्रीकी, देशों के मध्यमस्तरीय पत्रकारों के लिए विकास पत्रकारिता का स्नातकोत्तर डिप्लोमा पाठ्यक्रम भी चलाता है। ये पाठ्यक्रम विदेश मंत्रालय के तत्वावधान में चलाया जाता है। इसके अलावा संस्थान छोटी अवधि के पाठ्यक्रम भी चलाता है जो एक सप्ताह से लेकर तीन महीने तक के होते हैं। ये पाठ्यक्रम केंद्र , राज्य सरकार में मीडिया प्रचार विभागों में काम करने के इच्छुक मीडियाकर्मियों के लिए होते हैं। ये संस्थान विभिन्न राष्ट्रीय और अंतरराष्ट्रीय एजेंसियों के साथ मिलकर प्रशिक्षण कार्यक्रम, गोष्ठी, कार्यशाला आदि आयोजित करता और अनुसंधान परियोजनाएं चलाता है।

संस्थान न सिर्फ भारत बल्कि अन्य विकासशील देशों की सूचना संबंधी जरूरतों के लिए उपयोगी सूचना ढांचे को बनाने और मजबूत करने में अपना योगदान देता है। संस्थान अपनी विशेषज्ञ और सलाहकार सेवाएं केंद्र और राज्य सरकारों के संस्थानों/अंगों, सार्वजनिक क्षेत्र के उपक्रमों, विश्वविद्यालयों, और अन्य शैक्षणिक संस्थाओं को प्रदान करता है। संस्थान के प्रशिक्षण कार्यक्रमों की बढ़ती लोकप्रियता और क्षेत्रीय महत्वाकांक्षाओं को पूरा करने के लिए इसकी एक शाखा 1993 में ओडिशा के धेनकनाल में खोली गई।

वर्तमान में यहां दो स्नातकोत्तर डिप्लोमा पाठ्यक्रम, अंग्रेजी पत्रकारिता और उड़िया पत्रकारिता में चलाए जाते हैं। भारत सरकार, सूचना और प्रसारण मंत्रालय के माध्यम से संस्थान को वित्तीय सहायता प्रदान करती है। संस्थान की गतिविधियों की देखरेख के लिए कार्यकारी परिषद होती है जिसके अध्यक्ष पदेन रूप में सूचना और प्रसारण मंत्रालय के सचिव होते हैं और वे संस्थान (सोसायटी) के अध्यक्ष भी होते हैं। इनके साथ-साथ परिषद में मीडिया के क्षेत्र की प्रसिद्ध हस्तियां तथा संस्थान के फैकल्टी के सदस्य भी होते हैं। अपने चार दशक से अधिक के निरंतर अथक परिश्रम और बेहतरीन प्रदर्शन की बदौलत संस्थान ने 'उत्कृष्टता के केंद्र' का दर्जा हासिल किया है।

शिक्षण और प्रशिक्षण संस्थान: संस्थान की शैक्षिक और प्रशिक्षण गतिविधियों को चार कार्यक्रमों में विभाजित किया जा सकता है- छात्रों के लिए स्नातकोत्तर डिप्लोमा कार्यक्रम: इनके अंतर्गत पत्रकारिता में चार पाठ्यक्रम और विज्ञापन एवं जनसंपर्क में एक पाठ्यक्रम शामिल है: (1) अंग्रेजी पत्रकारिता में स्नातकोत्तर डिप्लोमा पाठ्यक्रम, (2) हिंदी पत्रकारिता में स्नातकोत्तर डिप्लोमा पाठ्यक्रम, (3) उड़िया पत्रकारिता में स्नातकोत्तर डिप्लोमा पाठ्यक्रम, (4) अंग्रेजी और हिंदी में रेडियो और टेजीविजन पत्रकारिता में स्नातकोत्तर डिप्लोमा पाठ्यक्रम, (5) अंग्रेजी और हिंदी में विज्ञापन और जनसंपर्क में स्नातकोत्तर डिप्लोमा पाठ्यक्रम।

इस चार महीने के पाठ्यक्रम की एशियाई, अफ्रीकी, लैटिन अमरीकी और अन्य विकासशील देशों के कार्यरत पत्रकारों के बीच खूब मांग है। पाठ्यक्रम के हर समूह में 20 से 25 प्रतिभागी होते हैं। संस्थान हर वर्ष ऐसे दो पाठ्यक्रम चलाता है।

अल्पावधि पाठ्यक्रम, कार्यशालाएं, गोष्ठियां और सम्मेलन

भारत और अन्य विकासशील देशों के संदर्भ में जनसंचार से जुड़े विभिन्न मुद्दों के बारे में बेहतर समझ कायम करने में योगदान देने और उभरती नई तकनीकों और उनके बारे में जागरुकता बढ़ाने के लिए संस्थान अल्पावधि पाठ्यक्रम, कार्यशालाएं, गोष्ठियां और सम्मेलन आयोजित करता रहता है। सूचना और प्रसारण मंत्रालय की विभिन्न मीडिया इकाइयों के अधिकारियों के लिए समय-समय पर अल्पावधि पाठ्यक्रम चलाता रहता है। रक्षा अधिकारियों और केंद्र और राज्य सरकारों में मीडिया और प्रचार विभागों में काम करने वाले लोगों को पेशेवर प्रशिक्षण प्रदान करने के लिए संस्थान एक सप्ताह से लेकर 12 हफ्तों तक के कार्यक्रम चलाता है।

अपना रेडियो एआर-1

संस्थान का सामुदायिक रेडियो सप्ताह में पांच दिन दोपहर बारह बजे से दो बजे तक दो घंटों के लिए 96.9 मेगाहर्ट्ज पर कार्यक्रम प्रसारित करता है। ये रेडियो प्रतिदिन दोपहर तीन बजे से शाम पांच बजे तक पुन:प्रसारण भी करता है। अपना रेडियो का दायरा 10 से 12 किलोमीटर तक है। रेडियो का एक प्रसारण स्टूडियो, दो रिकॉर्डिंग स्टूडियो और कई ध्वनि संपादन वर्कस्टेशन हैं।

वेबसाइट: www.iimc.nic.in

ब्रॉडकास्ट इंजीनियरिंग कंसल्टेंट्स इंडिया लिमिटेड

ब्रॉडकास्ट इंजीनियरिंग कंसल्टेंट्स इंडिया लिमिटेड (बेसिल) लाभ अर्जित करने वाला एक सार्वजनिक उपक्रम है, जिसकी स्थापना 1995 में हुई थी। इसका उद्देश्य निजी प्रसारणकर्ताओं को राष्ट्रीय प्रसारणकर्ताओं की विशेषज्ञता उपलब्ध कराना था। वर्तमान में, बेसिल प्रसारण अभियांत्रिकी में एक स्थापित सलाहकार, समेकित प्रणाली और समाधान उपलब्ध कराने वाली एजेंसी है। बेसिल द्वारा कई प्रकार की प्रसारण प्रणालियों का संचालन और रखरखाव भी किया जाता है। इसके ग्राहकों में सरकारी, अर्द्धसरकारी, विदेशी और निजी संगठन शामिल हैं।

खाड़ी युद्ध के बाद प्रसारण क्षेत्र खुल गया और उपग्रह के जरिए प्रसारण की जरूरत महसूस की गई। ऐसे में प्रसारण अभियांत्रिकी क्षेत्र में भावी कंपनी/विभाग को परामर्श देने के लिए एक विशेषज्ञ एजेंसी की आवश्यकता महसूस हुई। तब तक इस प्रकार की विशेषज्ञता सिर्फ आकाशवाणी और दूरदर्शन के पास थी। इस प्रकार इस तरह की एक एजेंसी को सलाहकार के रूप में स्थापित करने का निर्णय लिया, जिसे प्रसारण इंजीनियरिंग के क्षेत्र में विशेषज्ञता हासिल थी। इस तरह 250 लाख रुपये की प्राधिकृत पूंजी (चुकता पूंजी 136.50 लाख रुपये) के साथ बेसिल का गठन हुआ।

बेसिल के विशेषज्ञता क्षेत्र निम्नलिखित हैं- फ्रीक्वेंसी, कवरेज योजना और अनुमान आदि के साथ रेडियो और टीवी प्रसारण सुविधाओं की स्थापना आदि, सीधे प्रसारण और डाटा प्रसारण में सक्षम ईथरनेट संयोजकता सहित ध्वनि और दृश्य के लिए अत्याधुनिक स्टूडियो सुविधाओं की स्थापना, केबल टीवी प्रणालियों और एचआईटी (हेड एंड इन द स्काई) तथा वायरलाइन प्रसारण की स्थापना, सामुदायिक रेडियो केंद्रों की स्थापना के लिए टर्न-की समाधान, इलेक्ट्रॉनिक मीडिया निगरानी समाधान (रेडियो और टीवी टेरिस्ट्रीयल या सैटेलाइट) और जीएसएम, सीडीएमए और वी-सैट के लिए सुरक्षा संबंधित निगरानी प्रणाली की अवधारणा से लेकर उसे शुरू करने तक की व्यवस्था, सभी प्रकार के

प्रसारण इंजीनियरिंग उपकरणों और प्रणालियों की बिक्री और सहायता, नई तकनीक से डीएसएनजी वाहनों का डिजाइन और एकीकरण, प्रसारण केंद्रों, टीवी स्टूडियो, सैटेलाइट अर्थ स्टेशन और इलेक्ट्रॉनिक मीडिया निगरानी क्षेत्र के संचालन और प्रबंधन के लिए पेशेवर लोग उपलब्ध कराना, सुरक्षा बलों और खुफिया एजेंसियों के लिए विभिन्न प्रकार के निगरानी, अवरोधक और कूटलेखन, विकोडन उपकरणों की आपूर्ति और सहायता।

बेसिल के ग्राहकों में सरकारी, अर्द्धसरकारी, विदेशी और निजी संगठन शामिल हैं। इसे भारत में कई तरह की पहल करने का श्रेय प्राप्त है जिनमें प्रथम टेलीपोर्ट की स्थापना करना, पहली बार अवसंचना स्थापित करना, बंगलुरु में 7 एफएम चैनलों को मिलाते हुए भारत में पहली बार मल्टी चैनल प्रसारण शुरू करना, राष्ट्रपति सचिवालय और लोकसभा टीवी के लिए पहली बार एचडीटीवी स्टुडियो सेटअप को डिजाइन और स्थापित करना शामिल है।

वेबसाइटः www.becil.com

23 आयोजना

भारत में आयोजना के लक्ष्य और सामाजिक उद्देश्य संविधान में उल्लिखित राज्य के नीति-निदेशक सिद्धांतों के आधार पर निर्धारित किए जाते हैं। इसमें सार्वजनिक तथा निजी क्षेत्र को एक-दूसरे का पूरक समझा जाता है। निजी क्षेत्र के तहत संगठित उद्योगों के अलावा लघु उद्योग, कृषि, व्यापार, आवास, निर्माण और संबंधित क्षेत्र आते हैं। विकास के लिए उचित ऐच्छिक सहयोग के साथ राष्ट्रीय प्रयास में व्यक्तिगत प्रयासों और निजी पहल को ज़रूरी और अभीष्ट माना जाता है।

नीति आयोग

भारतीय राष्ट्रीय परिवर्तन संस्थान (नीति आयोग) की स्थापना 2015 में की गई। इसने 1950 में स्थापित योजना आयोग का स्थान लिया।

यह नई संस्था सार्वजनिक और भारत सरकार के सीमित दायरे से परे जाकर विकास की समग्र पहल द्वारा शक्ति प्रदान करने वाले समग्र वातावरण का पोषण करते हुए विकासमान प्रक्रिया में उत्प्रेरक का काम करती है। इसकी अवधारणा की बुनियाद है:

सहकारी संघवाद के सिद्धांतों पर ज़ोर देते हुए राष्ट्रीय विकास में बराबर के साझीदार के रूप में राज्यों की सशक्त भूमिका; सरकार के सभी स्तरों पर सुशासन एवं बेहतरीन कार्यों तथा ज्ञान और नीतिगत विशेषज्ञता प्रदान कर थिंक टैंक के रूप में काम करने वाले आंतरिक और बाह्य संसाधनों का ज्ञान भंडार; और संयुक्त विकासात्मक लक्ष्य पाने में प्रगति की खामियों को दूर करना और केंद्र तथा राज्यों के विभिन्न मंत्रालयों को साथ लाकर क्रियान्वयन हेतु एक साझा मंच।

उद्देश्य: राष्ट्रीय उद्देश्यों को दृष्टिगत रखते हुए राज्यों की सक्रिय भागीदारी के साथ राष्ट्रीय विकास, प्राथमिकताओं, क्षेत्रों और नीतियों का एक साझा दृष्टिकोण विकसित करना। नीति आयोग की परिकल्पना प्रधानमंत्री और मुख्यमंत्रियों की प्रेरक शक्ति बनेगा तथा 'राष्ट्रीय एजेंडा' का आधार बनेगा; इस तथ्य की महत्ता स्वीकारते हुए कि मज़बूत राज्य ही मज़बूत राष्ट्र का निर्माण कर सकता है, पहल और क्रियाविधि के माध्यम से सहकारी संघवाद को बढ़ावा देना; यह सुनिश्चित करना कि जो क्षेत्र, विशेष रूप से इसे सौंपे गए हैं, उनकी आर्थिक कार्यनीति और नीति में राष्ट्रीय सुरक्षा के हितों को शामिल किया गया है; समाज के उन वर्गों पर विशेष रूप से ध्यान देना जिनके आर्थिक प्रगति से समुचित रूप से लाभान्वित न हो पाने का जोखिम हो; रणनीतिक और दीर्घावधि नीति तथा कार्यक्रम का ढांचा तैयार कर पहल करना तथा उनकी प्रगति और क्षमता की निगरानी करना। निगरानी और फीडबैक के आधार पर मध्यावधि संशोधन सहित नवीन सुधार किए जाएंगे; महत्वपूर्ण हितधारकों तथा समान विचारधारा वाले राष्ट्रीय और अंतरराष्ट्रीय विशेषज्ञों के साथ ही शैक्षिक और नीति अनुसंधान संस्थानों के बीच भागीदारी को परामर्श और प्रोत्साहन देना; राष्ट्रीय और अंतरराष्ट्रीय विशेषज्ञों, पेशेवरों और अन्य भागीदारों के सहयोग से ज्ञान, नवाचार और उद्यम प्रोत्साहन व्यवस्था स्थापित करना; विकास के एजेंडे में गति लाने के क्रम में

अंतरक्षेत्रीय और अंतर्विभागीय मुद्दों के समाधान हेतु मंच प्रदान करना; और राष्ट्रीय विकास एजेंडा और उपरोक्त उद्देश्यों की पूर्ति के लिए अन्य आवश्यक गतिविधियां संपादित करना।

नीति आयोग का गठन

नीति आयोग के गठन की व्यवस्था इस प्रकार है:

(क) भारत के प्रधानमंत्री इसके अध्यक्ष हैं।

(ख) इसकी शासी परिषद में सभी राज्यों के मुख्यमंत्री तथा विधान सभाओं वाले सभी केंद्रशासित प्रदेशों यथा- दिल्ली और पुदुचेरी तथा अन्य केंद्रशासित प्रदेशों के उप राज्यपाल शामिल हैं।

(ग) एक से अधिक राज्य या क्षेत्र पर प्रभाव डालने वाले विशेष मुद्दों और आकस्मिकताओं की स्थिति में क्षेत्रीय परिषदों का गठन किया जाएगा। ये एक निर्धारित अवधि के लिए गठित होंगी। प्रधानमंत्री क्षेत्रीय परिषदों के संयोजक होंगे और उस क्षेत्र के सभी राज्यों के मुख्यमंत्री तथा केंद्रशासित प्रदेश के उप राज्यपाल इसके सदस्य होंगे। इनकी अध्यक्षता नीति आयोग के अध्यक्ष या उनके नामित प्रतिनिधि करते हैं।

(घ) प्रधानमंत्री द्वारा नामित विशेष रूप से आमंत्रित संबंधित क्षेत्र का ज्ञान रखने वाले विशेषज्ञ, व्यवसायी और विशिष्टजन।

(ङ) पूर्णकालिक संगठनात्मक ढांचे में अध्यक्ष के रूप में प्रधानमंत्री के अलावा निम्नलिखित होंगे :

(i) **उपाध्यक्ष:** प्रधानमंत्री द्वारा नियुक्त

(ii) **सदस्य:** पूर्णकालिक

(iii) **अंशकालिक सदस्य:** अधिकतम दो, जो अग्रणी विश्वविद्यालयों, शोध संस्थानों तथा अन्य संबद्ध संस्थानों से चुने जाएंगे, पदेन रूप में होंगे। अंशकालिक सदस्यों की नियुक्ति चक्रीय आधार पर होगी।

(iv) **पदेन सदस्य:** अधिकतम चार सदस्य जिनका मनोनयन केंद्रीय मंत्रिपरिषद् में से प्रधानमंत्री द्वारा किया जाएगा।

(v) भारत सरकार के सचिव स्तर के मुख्य कार्यकारी अधिकारी जिसकी नियुक्ति एक निश्चित अवधि के लिए प्रधानमंत्री द्वारा की जाएगी।

(vi) आवश्यकता के अनुसार सचिवालय।

वर्तमान में नीति आयोग का निम्नरूपेण गठन अनुमोदित है:

अध्यक्ष: श्री नरेंद्र मोदी, प्रधानमंत्री।

उपाध्यक्ष: डॉ. अरविंद पनगढ़िया, कैबिनेट मंत्री के रैंक में

पूर्णकालिक सदस्य

(क) डॉ. बिबेक देवरॉय, राज्यमंत्री के रैंक में।

(ख) डॉ. वी.के. सारस्वत, पूर्व सचिव, रक्षा अनुसंधान एवं विकास, राज्यमंत्री के रैंक में।

(ग) प्रो. रमेश चंद, दिल्ली विश्वविद्यालय के आर्थिक विकास संस्थान के पूर्व प्रोफेसर और प्रमुख तथा पंजाब कृषि विश्वविद्यालय, लुधियाना के प्रोफेसर।

पदेन सदस्य

(क) श्री राजनाथ सिंह, गृहमंत्री।

(ख) श्री अरुण जेटली, वित्त मंत्री कारपोरेट मामलों के मंत्री।

(ग) श्री सुरेश प्रभु, रेल मंत्री।

(घ) श्री राधा मोहन सिंह, कृषि मंत्री।

विशेष आमंत्रित

(क) श्री नितिन जयराम गडकरी, सड़क परिवहन तथा राजमार्ग मंत्री और जहाज़रानी मंत्री।

(ख) श्री थावर चंद गहलोत, सामाजिक न्याय एवं अधिकारिता मंत्री।

(ग) श्रीमती स्मृति जुबिन ईरानी, मानव संसाधन विकास मंत्री (अब कपड़ा मंत्री)।

नीति आयोग की शासी परिषद का कार्यसंचालन

नीति आयोग की शासी परिषद की पहली बैठक 2015 में नई दिल्ली में आयोजित की गई। इसकी दूसरी बैठक 15 जुलाई, 2015 को हुई। इसमें प्रधानमंत्री ने इस दृष्टिकोण को दोहराया कि सभी विकासात्मक प्रयासों का केंद्रबिंदु राज्य होने चाहिए। संघीय ढांचे की दिशा में कार्य करने के लिए केंद्र और राज्यों दोनों की प्राथमिकताओं और सहयोगात्मक कार्यवाही पर चर्चा के लिए कई बैठकें आयोजित की गईं। नीति आयोग में हुई इन बैठकों में राज्यों के साथ मिलकर काम करने की नीति पर विचार किया गया। यह कार्य नवंबर 2015 में हुए उस सम्मेलन में पूरा कर लिया गया जिसका विषय था- नीति आयोग की भूमिका: राज्यों के साथ सलाह मशवरा। इस सम्मेलन में धीरे-धीरे नियोजन से ध्यान हटाकर नीति पर केंद्रित करने पर ज़ोर दिया गया, ताकि सार्वजनिक और निजी दोनों क्षेत्र आवश्यकता के अनुरूप कार्य कर सकें। बदलती आर्थिक परिस्थितियों के कारण यह बहुत महत्वपूर्ण है, क्योंकि वर्तमान में अधिकतर निवेश निजी क्षेत्र में हो रहा है। यह भी देखा गया है कि अधिकतर राज्यों की अर्थव्यवस्था कई देशों की अर्थव्यवस्था से भी बड़ी हो गई है। इसके परिणामस्वरूप उन्हें न केवल केंद्र सरकार बल्कि अंतरराष्ट्रीय सरकारों और गैर-सरकारी निकायों के साथ भी बड़े सौदे करने की ज़रूरत होती है।

नीति आयोग के मुख्य क्रिया-कलाप

राज्यों के साथ समन्वय से सहकारी संघवाद को प्रोत्साहित करते हुए नीति को गत्यात्मकता और दिशा प्रदान करने में सरकार के 'थिंक टैंक' के रूप में नीति आयोग सहायक रहा है। इसके कुछ मुख्य क्रिया-कलाप हैं: नीति आयोग के उपाध्यक्ष, पूर्णकालिक सदस्यों और मुख्य कार्यकारी अधिकारी की नियुक्ति कर ली गई है; नवंबर 2016 में नई दिल्ली में एक राष्ट्रीय सम्मेलन 'राज्यों के परामर्श से नीति आयोग की भूमिका' आयोजित किया गया।

चौदहवां वित्त आयोग

प्रत्येक पांच वर्ष पर गठित किया जाने वाला वित्त आयोग एक संवैधानिक संस्था है जिसे केंद्र-राज्य संघीय संबंधों को परिभाषित करने का व्यापक अधिकार है। इसका सबसे महत्वपूर्ण कार्य केंद्र द्वारा संग्रहित कर राजस्व के विभाजन हेतु सिफारिश करना अथवा केंद्र तथा राज्यों के बीच 'विभाज्य पूल' की अनुशंसा तथा प्रत्येक राज्य को दिए जाने वाले हिस्से को निर्धारित करना है।

चौदहवें वित्त आयोग ने दिसंबर 2014 में अपनी अनुशंसाएं सरकार को सौंपी। इसकी महत्वपूर्ण अनुशंसाओं में विभाज्य पूल का बड़ा हिस्सा 42 प्रतिशत राज्यों को हस्तांरित करने का है, जोकि तेरहवें वित्त आयोग द्वारा प्रदत्त 32 प्रतिशत हिस्से से ज्यादा है।

तद्नुसार 2015-16 (संशोधित अनुमान) में राज्यों को कुल 5.06 लाख करोड़ रुपये हस्तांरित किए गए, जोकि इससे पिछले वर्ष की तुलना में लगभग 50 प्रतिशत से भी अधिक है। 2016-17 के बजट अनुमान में यह राशि बढ़ाकर 5.70 लाख करोड़ रुपये कर दी गई। केंद्र प्रायोजित योजनाओं के लिए राज्यों द्वारा अधिक धन की मांग को देखते हुए ऐसा किया गया। इसके अलावा 14वें वित्त आयोग ने अनुदान सहायता 1.65 लाख करोड़ रुपये से बढ़ाकर 5.37 लाख करोड़ रुपये करने की अनुशंसा की है।

केंद्रीय योजना 2015-16 संशोधित अनुमान और 2016-17 बजट अनुमान

सार्वजनिक क्षेत्र के उपक्रमों के आंतरिक और बाह्य बजट संसाधनों सहित केंद्रीय योजना के लिए 2016-17 का बजट अनुमान 7.06 लाख करोड़ रुपये है, जोकि 2015-16 के बजट अनुमान से लगभग 1.23 लाख करोड़ रुपये अधिक है। 2014-15 में आंतरिक और बाह्य बजट संसाधनों सहित केंद्रीय बजट 4.21 लाख करोड़ रुपये का था। 2014-15 में केंद्रीय बजट में आंतरिक और बाह्य बजट संसाधनों का हिस्सा 2.29 लाख करोड़ रुपये था।

केंद्रीय करों में राज्यों का हिस्सा बढ़ने से राज्य योजना में केंद्रीय सहायता 2015-16 के बजट अनुमान में 2014-15 की तुलना में कम हो गई। 2015-16 में यह 2.16 लाख करोड़ रुपये थी जबकि 2014-15 में यह 2.70 लाख करोड़ रुपये थी। 2016-17 के बजट में राज्यों को केंद्रीय सहायता 2.42 लाख करोड़ रुपये थी।

ढांचागत क्षेत्र में निवेश

12वीं पंचवर्षीय योजना अवधि में (2012-17) 55,74,663 करोड़ रुपये के निवेश का अनुमान है। इसमें 48 प्रतिशत निजी क्षेत्र की भागीदारी है। 2012-13 की वार्षिक योजना में निवेश के लिए 7,51,012 करोड़ रुपये का अनुमान था जबकि वास्तविक निवेश इसका 74 प्रतिशत यानि 5,52,431 करोड़ रुपये का हुआ। इसी प्रकार 2013-14 की वार्षिक योजना के लिए 8,87,454 करोड़ रुपये का अनुमान था, लेकिन 71 प्रतिशत निवेश का लक्ष्य हासिल किया जा सका जोकि 6,26,884 करोड़ रुपये है।

2014-15 में 7,13,099 करोड़ रुपये के निवेश का अनुमान था जो 2012-13 में हासिल किए गए निवेश लक्ष्य से अधिक है। 2015-16 में 8,92,085 करोड़ रुपये और 2016-17 में 10,38,324 करोड़ रुपये के निवेश का अनुमान बहुत अधिक है, क्योंकि बिजली, सड़कों, रेलवे, बंदरगाह और दूरसंचार जैसे- कई क्षेत्रों में हाल में की गई पहल के कारण इसमें वृद्धि की गई है। इन प्रयासों का उद्देश्य परियोजनाओं पर अमल में तेज़ी लाना और अतिरिक्त क्षमता हासिल करना है। वर्ष 2015-16 और 2016-17 के बजट में ढांचागत क्षेत्र में अधिक आवंटन से निजी निवेश में वृद्धि की संभावना बनी है। ढांचागत क्षेत्र में 2016-17 के बजट में 2,21,246 करोड़ रुपये परिव्यय का अनुमान था।

योजना के पहले दो वर्ष में हुए कम निवेश और बाकि तीन वर्षों में अनुमानित निवेश के आधार पर 12वीं योजना का अनुमान संशोधित कर 38,22,822 करोड़ रुपये कर दिया गया। यह 55,74,663

करोड़ रुपये के मूल योजना अनुमानों से लगभग 69 प्रतिशत अधिक है। 12वीं योजना के लिए सार्वजनिक निवेश (केंद्र और राज्य) का संशोधित अनुमान, लक्ष्य (28,90,823 करोड़ रुपये से संशोधित कर 25,41.599 करोड़ रुपये) का 88 प्रतिशत है। जबकि निजी निवेश संशोधित अनुमान का 48 प्रतिशत (26,83,840 करोड़ रुपये से संशोधित कर 12,81,223 करोड़ रुपये) है। इस प्रकार निजी क्षेत्र का अनुमानित निवेश को पूरा नहीं कर पाने का कारण 12वीं योजना में ढांचागत निवेश के अनुमान में कमी होना है। निजी क्षेत्र में निवेश की कमी के प्रमुख कारण ढांचागत परियोजनाओं के वित्तपोषण से जुड़े मुद्दे हैं।

संशोधित अनुमानित निवेश अब भी 11वीं पंचवर्षीय योजना में चालू मूल्य पर हासिल किए गए 23,77,746 करोड़ रुपये का 1.6 गुना है। 12वीं योजना में निजी निवेश के संशोधित हिस्से का अनुमान लगभग 34 प्रतिशत है, जबकि मूल अनुमान 48 प्रतिशत था। यह 11वीं योजना में हासिल किए गए लक्ष्य से 37 प्रतिशत कम है। संशोधित अनुमानों के अनुसार 12वीं योजना के लिए सकल घरेलू उत्पाद के प्रतिशत के रूप में कुल मिलाकर निवेश कम होकर 6.11 प्रतिशत हो जाएगा जबकि 11वीं योजना में मूल अनुमान 8.18 प्रतिशत का था और 7 प्रतिशत अनुमान को हासिल कर लिया गया। 12वीं पंचवर्षीय योजना, 11वीं योजना के दौरान ढांचागत क्षेत्र में उल्लेखनीय निष्पादन की पृष्ठभूमि में तैयार की गई थी। इसमें ढांचागत क्षेत्र में 55.75 लाख हज़ार करोड़ रुपये (चालू मूल्य पर) के निवेश का अनुमान है। यह राशि इस क्षेत्र में 11वीं योजना में किए गए निवेश से दुगुनी से भी अधिक है। 12वीं योजना में ढांचागत क्षेत्र में प्रत्यक्ष रूप से अधिक के निजी निवेश और सार्वजनिक-निजी भागीदारी से बढ़ावा देने की नीति अपनाई है। ढांचागत क्षेत्र में निजी क्षेत्र की हिस्सेदारी 12वीं योजना में बढ़ाकर 48 प्रतिशत कर दी गई, जबकि 11वीं योजना में यह 37 प्रतिशत थी।

12वीं योजना के पहले दो वर्षों में कम निवेश और शेष तीन वर्षों में अनुमानित निवेश के आधार पर अनुमानित निवेश को संशोधित कर 38.23 लाख करोड़ रुपये कर दिया गया। यह 55.75 लाख करोड़ रुपये के मूल योजना अनुमान का लगभग 69 प्रतिशत है। सार्वजनिक निवेश (केंद्र और राज्य) का संशोधित अनुमान लक्ष्य (26.91 लाख करोड़ रुपये से संशोधन कर 25.42 लाख करोड़ रुपये) का 88 प्रतिशत है। निजी निवेश में संशोधन का अनुमान लक्ष्य (26.84 लाख करोड़ रुपये से 12.81 लाख करोड़ रुपये) का 48 प्रतिशत है। इस तरह निजी क्षेत्र निवेश का अनुमान हासिल न होने का कारण 12वीं योजना में ढांचागत निवेश के अनुमान में कमी किया जाना है।

पहली पंचवर्षीय योजना

1951 में बड़े पैमाने पर खाद्यान्नों के आयात और मुद्रास्फीति को ध्यान में रखकर पहली पंचवर्षीय योजना (1951-56) में कृषि को सर्वोच्च प्राथमिकता दी गई, जिसमें सिंचाई और बिजली परियोजनाएं प्रमुख थीं। इस उद्देश्य की पूर्ति के लिए सार्वजनिक क्षेत्र के कुल व्यय 2,069 करोड़ रुपये (जो बाद में बढ़कर 2,378 करोड़ रुपये हो गया) का 44.6 प्रतिशत आवंटित किया गया। योजना का लक्ष्य निवेश की दर को राष्ट्रीय आय के पांच प्रतिशत से बढ़ाकर लगभग सात प्रतिशत करने का रखा गया।

दूसरी पंचवर्षीय योजना

दूसरी पंचवर्षीय योजना (1956-1957 से 1960-1961) का लक्ष्य विकास के प्रारूप को बढ़ावा देना था। इसका उद्देश्य अंततः भारत में एक समाजवादी समाज का प्रारूप स्थापित करना था। इसका प्रमुख

लक्ष्य था (1) राष्ट्रीय आय में 25 प्रतिशत की बढ़ोतरी करना, (2) आधारभूत और भारी उद्योगों पर विशेष ज़ोर देकर तीव्र औद्योगीकरण करना, (3) रोज़गार के अवसरों का बड़े पैमाने पर प्रसार और (4) आय और धन की असमानता कम करना और आर्थिक शक्ति का समान वितरण करना। योजना का लक्ष्य 1960-61 तक पूंजी निवेश की दर को बढ़ाकर राष्ट्रीय आय के लगभग सात प्रतिशत से बढ़ाकर 11 प्रतिशत करने का रखा गया। इसमें औद्योगीकरण, लौह एवं इस्पात के उत्पादन में बढ़ोतरी, नाइट्रोजनीकृत उर्वरकों सहित भारी रसायनों तथा भारी इंजीनियरिंग एवं मशीन निर्माण उद्योगों के विकास पर ज़ोर दिया गया।

तीसरी पंचवर्षीय योजना

तीसरी पंचवर्षीय योजना (1961-62 से 1965-66) का लक्ष्य आत्मनिर्भर विकास को प्राप्त करने में उल्लेखनीय प्रगति हासिल करना था। इसके तात्कालिक उद्देश्य (1) राष्ट्रीय आय को 5 प्रतिशत वार्षिक से अधिक करना और आगामी पंचवर्षीय योजना में विकास की यह दर जारी रह सके, इसके लिए निवेश के प्रारूप को सुनिश्चित करना; (2) खाद्यान्न में आत्मनिर्भरता प्राप्त करना और उद्योग तथा आयात की ज़रूरतों को पूरा करने के लिए कृषि उत्पादन बढ़ाना; (3) इस्पात, रसायन, ईंधन और ऊर्जा जैसे आधारभूत उद्योगों का प्रसार और मशीन निर्माण की क्षमता का विकास करना ताकि 10 वर्षों के भीतर देश के अपने संसाधनों से औद्योगीकरण की ज़रूरतों को पूरा किया जा सके। (4) देश के श्रम शक्ति संसाधनों का पूर्ण उपयोग करना और रोज़गार के अवसरों में पर्याप्त विस्तार करना; और (5) अधिक से अधिक अवसरों की समानता का उत्तरोत्तर विकास करना और आय व धन की असमानता में कमी लाना तथा आर्थिक शक्ति का समान वितरण करना था। इस योजना में राष्ट्रीय आय में लगभग 30 प्रतिशत की वृद्धि कर इसे 1960-61 के 14,500 करोड़ रुपये से बढ़ाकर 1965-66 तक लगभग 19,000 करोड़ रुपये (1960-61 की दर पर) करने और इसी अवधि में प्रतिव्यक्ति आय में 17 प्रतिशत वृद्धि कर इसे 330 रुपये से बढ़ाकर 386 रुपये करने का लक्ष्य रखा गया था।

वार्षिक योजना

1965 में भारत-पाकिस्तान युद्ध से उत्पन्न स्थिति, निरंतर दो वर्ष भीषण सूखा, मुद्रा का अवमूल्यन, कीमतों में सामान्य वृद्धि और योजना के निर्धारण के लिए उपलब्ध संसाधनों में क्षरण होने के कारण चौथी पंचवर्षीय योजना के निर्णय में देरी हुई। इसके स्थान पर 1966 और 1969 के बीच चौथी योजना मसौदा की रूपरेखा के तहत् तीन वार्षिक योजनाएं तैयार की गईं।

चौथी पंचवर्षीय योजना

चौथी पंचवर्षीय योजना (1969-1974) में कृषि उत्पादन में उतार-चढ़ाव के साथ-साथ विदेशी सहायता की अनिश्चितता के प्रभाव को कम करने के लिए विकास की गति को तीव्र करने का लक्ष्य रखा गया। इसमें समानता और सामाजिक न्याय को बढ़ावा देने के लिए तैयार किए गए कार्यक्रमों के माध्यम से जीवन-स्तर को ऊपर उठाने की बात कही गई थी। इस योजना में विशेषतौर पर रोज़गार और शिक्षा के प्रावधानों के ज़रिये कम सुविधा प्राप्त और दुर्बल वर्ग की स्थिति में सुधार लाने पर विशेष ज़ोर दिया गया। समानता को बढ़ावा देने के लिए धन, आय और आर्थिक शक्ति के केंद्रीकरण में कमी लाने के लिए प्रयास किए जाने की बात थी। योजना में शुद्ध घरेलू उत्पाद (1968-1969 के फैक्टर कॉस्ट पर) को 1969-1970 में 29,071 करोड़ रुपये से बढ़ाकर 1973-74 में 38,306 करोड़ रुपये करने का लक्ष्य निर्धारित किया गया। विकास की परिकल्पित औसत वार्षिक चक्रवृद्धि दर 5.7 प्रतिशत थी।

पांचवीं पंचवर्षीय योजना

पांचवीं पंचवर्षीय योजना (1974-79) गंभीर मुद्रास्फीति के दबावों की पृष्ठभूमि में तैयार की गई थी। इसके प्रमुख उद्देश्यों में आत्मविश्वास प्राप्त करना तथा गरीबी रेखा के नीचे रह रहे लोगों के खपत मानक में वृद्धि करने के लिए उपायों को अपनाना था। इस योजना में मुद्रास्फीति को नियंत्रण में लाने और आर्थिक स्थिति में स्थायित्व पाने को भी उच्च प्राथमिकता दी गई थी। इसमें राष्ट्रीय आय में 5.5 प्रतिशत की वार्षिक वृद्धि दर का लक्ष्य भी तय किया गया था। पांचवीं पंचवर्षीय योजना के संदर्भ में चार वार्षिक योजनाएं पूर्ण की गईं। इसके उपरांत पांचवीं पंचवर्षीय योजना को 1978-79 के वार्षिक योजना के अंत के साथ ही समाप्त करने का निर्णय लिया गया।

छठी पंचवर्षीय योजना

छठी पंचवर्षीय योजना (1980-85) का सबसे प्रमुख उद्देश्य गरीबी उन्मूलन था। इसमें कृषि एवं औद्योगीकरण के लिए एक साथ अवसंरचना को मज़बूत करने की रणनीति अपनाई गई थी। सभी क्षेत्रों में वृहत प्रबंधन, कार्यक्षमता और व्यापक निगरानी के साथ व्यवस्थित दृष्टिकोण से अंतर्संबंधित समस्याओं के निराकरण पर बल दिया गया था। इसके साथ ही स्थानीय स्तर पर विकास की विशेष योजनाओं को निर्मित करने में जन भागीदारी तथा योजनाओं के तीव्र और प्रभावी क्रियान्वयन को सुनिश्चित करने को प्रमुखता दी गई थी। छठी योजना का वास्तविक खर्च, कुल सार्वजनिक क्षेत्र के परिव्यय 97,500 करोड़ रुपये (1979-80 के मूल्य) की तुलना में 1,09,291.7 करोड़ रुपये (वर्तमान मूल्य) था। इस प्रकार इसमें सामान्य अवधि में 12 प्रतिशत की वृद्धि दर्ज हुई। योजना के लिए औसत वार्षिक विकास दर का लक्ष्य 5.2 प्रतिशत निर्धारित किया गया था।

सातवीं पंचवर्षीय योजना

सातवीं पंचवर्षीय योजना (1985-90) में नीतियों और कार्यक्रमों पर बल दिया गया था, यह योजना खाद्यान्न, रोज़गार के अवसरों में बढ़ोतरी और विकास, आधुनिकीकरण, आत्मनिर्भरता और सामाजिक न्याय आदि नियोजन के बुनियादी सिद्धांतों की संरचना में उत्पादकता पर केंद्रित था। खाद्यान्न उत्पादन की विकास दर 1967-68 और 1988-89 के बीच की दीर्घावधि में 2.68 प्रतिशत की तुलना में सातवीं योजना के दौरान 3.23 प्रतिशत पर पहुंच गई। कुल मिलाकर अनुकूल मौसम, प्रोत्साहित करने वाले विभिन्न कार्यक्रमों के क्रियान्वयन और सरकार तथा किसानों के सम्मिलित प्रयासों के कारण अस्सी के दशक में विकास दर 2.55 प्रतिशत हो गई। बेरोज़गारी और उसके परिणामस्वरूप गरीबी की स्थिति में कमी लाने के लिए उपलब्ध कार्यक्रमों के अलावा जवाहर रोज़गार योजना जैसे विशेष कार्यक्रम शुरू किए गए। पहचान कायम कर चुके संगठनों को भूमिका दी गई, लघु स्तरीय और खाद्य प्रसंस्करण उद्योग इस संबंध में भूमिका निभा सकते थे। सातवीं योजना का कुल खर्च कुल सार्वजनिक क्षेत्र के परिकल्पित परिव्यय 1,80,000 करोड़ रुपये की तुलना में 2,18,729.62 करोड़ रुपये (वर्तमान मूल्य) रहा, इस प्रकार इसमें सामान्य अवधि में 21.52 प्रतिशत की वृद्धि दर्ज हुई। इस योजना के दौरान सकल घरेलू उत्पाद (जीडीपी) 5.8 प्रतिशत की औसत दर से बढ़ा। यह निर्धारित विकास दर से 0.8 प्रतिशत अधिक था।

आठवीं वार्षिक योजनाएं

आठवीं पंचवर्षीय योजना (1990-95) केंद्र में तेज़ी से बदल रही राजनीतिक स्थिति के कारण आरंभ नहीं की जा सकी। आठवीं पंचवर्षीय योजना 1992 से शुरू हुई और 1990-91 और 1991-92 को पृथक वार्षिक योजना के रूप में देखा गया। आठवीं पंचवर्षीय योजना (1990-95) की पृष्ठभूमि में तैयार की गई इन वार्षिक योजनाओं का मूल उद्देश्य रोज़गार और सामाजिक बदलाव को बढ़ावा देना था।

आठवीं पंचवर्षीय योजना

आठवीं पंचवर्षीय योजना (1992-97) की शुरुआत 1990-91 के दौरान भुगतान संतुलन की स्थिति और महंगाई की स्थिति में विकृति आ जाने के बाद उसकी भरपाई के लिए शुरू की गईं ढांचागत समायोजन नीतियों और दीर्घ स्थिरीकरण नीतियों के तुरंत बाद की गई थी। उसके बाद विभिन्न संरचनात्मक समायोजन नीतियों को लाया गया ताकि अर्थव्यवस्था को उच्च विकास दर के पथ पर लाया जा सके और इसे सुदृढ़ किया जा सके तथा इस प्रकार से भविष्य में भुगतान संतुलन और महंगाई की संकट की स्थिति को रोका जा सके। इन सुधारों के कारण आने वाले नीतिगत बदलावों में से कुछ का आठवीं योजना में जायज़ा लिया गया। इस योजना में औसत वार्षिक वृद्धि दर 5.6 प्रतिशत और औसत औद्योगिक विकास दर 7.5 प्रतिशत तय की गई। इन विकास लक्ष्यों को सापेक्ष मूल्य स्थिरता और देश के भुगतान संतुलन में ठोस सुधार करके पाने की योजना बनाई गई। आठवीं पंचवर्षीय योजना के दौरान आर्थिक प्रदर्शन की कुछ प्रमुख विशेषताएं थीं:- (क) तीव्र आर्थिक विकास, (ख) निर्माण क्षेत्र और कृषि व सहायक क्षेत्र का तीव्र विकास, (ग) आयात और निर्यात में उल्लेखनीय वृद्धि दर, व्यापार और चालू खाता घाटे में सुधार तथा केंद्र सरकार के वित्तीय घाटे में उल्लेखनीय कमी। हालांकि, केंद्रीय क्षेत्र के उपक्रमों (पीएसयू) एवं विभिन्न विभागों द्वारा आंतरिक और अतिरिक्त बजटीय संसाधनों के अनुचित वितरण के कारण केंद्रीय क्षेत्र में व्यय की कमी रही। राज्यों के मामले में, वर्तमान राजस्व के संतुलन में कमी, राज्य विद्युत बोर्डों तथा राज्य सड़क परिवहन निगमों के अनुदान में कमी, नकारात्मक शुरुआती संतुलन, गैर-योजनागत व्यय में बढ़ोतरी और लघु बचतों के संग्रह में कमी होने से उचित संसाधनों को जुटाने में विफलता, राज्यों में धन की कमी का बड़ा कारण था। आठवीं योजना का कुल खर्च कुल सार्वजनिक क्षेत्र के परिव्यय 4,34,100 करोड़ रुपये (1991-92 के मूल्य) की तुलना में 1996-1997 (संशोधित अनुमान) को लेते हुए वर्तमान मूल्य पर 4,95,669 करोड़ रुपये रहा, तथा 14.2 प्रतिशत की वृद्धि दर्ज हुई। आठवीं योजना में औसत वार्षिक विकास दर 5.6 प्रतिशत परिकल्पित की गई थी। इसके स्थान पर इस योजना के दौरान 6.8 प्रतिशत की वार्षिक विकास दर हासिल हुई।

नौवीं पंचवर्षीय योजना

नौवीं पंचवर्षीय योजना (1997-2002) भारत की आज़ादी के 50 वर्ष पूरे होने पर शुरू की गई थी। इस योजना में जीडीपी की सात प्रतिशत वार्षिक दर हासिल करने का लक्ष्य रखा गया था और सात केंद्रीय आधारभूत न्यूनतम सेवाओं (बेसिक मिनिमम सर्विसेज- बीएमएस) पर ज़ोर दिया गया था। समयबद्ध तरीके से जनसंख्या को पूर्ण रूप से शामिल करने हेतु इन सेवाओं के लिए अतिरिक्त केंद्रीय सहायता निश्चित की गई। इसके तहत स्वच्छ पेयजल, प्राथमिक स्वास्थ्य सेवा की सुविधाएं, प्राथमिक शिक्षा का सार्वभौमिकरण, बेघर गरीब परिवारों के लिए सार्वजनिक आवास सहायता, बच्चों को पोषण सहायता, सभी गांवों और बस्तियों के लिए सड़कें और गरीबों को ध्यान में रखकर जन वितरण प्रणाली को सुव्यवस्थित करना शामिल था। इस योजना में सुदृढ़ राजस्व संग्रह और विशेषकर छूट संबंधी

अनावश्यक खर्चों को नियंत्रित कर, उपभोक्ता शुल्क की प्राप्ति कर, राज्यों और पंचायती राज संस्थाओं पर और अधिक विश्वास रखते हुए नियोजन एवं क्रियान्वयन का विकेंद्रीकरण कर केंद्र, राज्यों और सार्वजनिक क्षेत्र के उपक्रमों (पीएसयू) सहित सरकार के राजस्व घाटे में कमी लाने के लिए राजकोषीय समेकन की नीति अपनाई गई थी।

नौवीं पंचवर्षीय योजना के विशेष उद्देश्य थे (1) पर्याप्त उत्पादक रोज़गार उत्पन्न करने और गरीबी उन्मूलन को ध्यान में रखकर कृषि एवं ग्रामीण विकास को प्रमुखता; (2) स्थिर मूल्य के साथ आर्थिक विकास की दर को तीव्रतर करना; (3) सभी के लिए खाद्य एवं पोषण सुरक्षा सुनिश्चित करना, विशेषकर समाज के कमज़ोर वर्ग पर ध्यान दिया गया था; (4) निश्चित समय सीमा में सुरक्षित पेय जल, प्राथमिक स्वास्थ्य सेवा की सुविधा, सार्वभौम प्राथमिक शिक्षा, सभी के लिए आश्रय और संपर्क की आधारभूत न्यूनतम सेवा मुहैया कराना; (5) जनसंख्या वृद्धि दर को नियंत्रित करना; (6) सभी स्तरों पर लोगों को लामबंद करना और जनभागीदारी सुनिश्चित करना; (7) महिलाओं और अनुसूचित जाति, अनुसूचित जनजाति व अन्य पिछड़ी जातियों, सामाजिक रूप से पिछड़े समूहों तथा अल्पसंख्यकों को सामाजिक-आर्थिक बदलाव और विकास का वाहक बनाकर सशक्त करना, (8) पंचायती राज संस्थाओं, सहकारी और स्व-सहायता समूहों जैसे जन भागीदारी वाली संस्थाओं को बढ़ावा देना और विकसित करना; (9) आत्मनिर्भर बनाने वाले प्रयासों को मज़बूत करना। नौंवी योजना के लिए जीडीपी वृद्धि दर 6.5 प्रतिशत प्रतिवर्ष तय की गई, पहले दृष्टि-पत्र में यह 7 प्रतिशत तय की गई थी। विकास दर के लक्ष्य में यह कटौती नौंवी योजना के पहले दो वर्ष में राष्ट्रीय और वैश्विक आर्थिक परिस्थितियों को देखते हुए की गई थी। निर्धारित लक्ष्य की तुलना में औसत वार्षिक विकास दर 5.5 प्रतिशत रही।

दसवीं पंचवर्षीय योजना

राष्ट्रीय पंचवर्षीय विकास परिषद् (एनडीसी) ने दिसंबर 2002 में दसवीं पंचवर्षीय योजना (2002-07) का अनुमोदन किया था। इस योजना में एनडीसी के अधिदेश उद्देश्यों को बढ़ाते हुए दस वर्षों में प्रतिव्यक्ति आय को दुगुना करने और वार्षिक विकास दर जीडीपी के आठ प्रतिशत का लक्ष्य रखा गया। चूंकि आर्थिक विकास ही एकमात्र उद्देश्य नहीं था, बल्कि योजना में विकास के लाभ का उपयोग लोगों के जीवन-स्तर में सुधार करना था। इसके लिए निम्नलिखित लक्ष्य निर्धारित किए गए: वर्ष 2007 तक गरीबी के अनुपात को कम कर 26 प्रतिशत से 21 प्रतिशत पर लाना, दशकीय जनसंख्या वृद्धि को 1991-2001 में 21.3 प्रतिशत से घटाकर 2001-2011 में 16.2 प्रतिशत पर लाना, लाभकारी रोज़गार में वृद्धि, कम से कम श्रम बल को जोड़कर गति बनाए रखना, 2003 तक सभी बच्चों को स्कूल भेजना और 2007 तक सभी बच्चे स्कूल में पांच वर्ष पूर्ण करें यह सुनिश्चित करना, साक्षरता तथा मज़दूरी दरों में लिंग के अंतर में 50 प्रतिशत कमी लाना, शिक्षा दर को 1999-2000 में 65 प्रतिशत से बढ़ाकर 2007 में 75 प्रतिशत करना, सभी गांवों को पेयजल उपलब्ध कराना; शिशु मृत्युदर को 1999-2000 में 72 प्रतिशत से घटाकर 2007 में 45 प्रतिशत किया जाना; मातृ मृत्यु अनुपात को में चार प्रतिशत से घटाकर दो प्रतिशत पर लाना; वन/पेड़ से घिरे क्षेत्र को 19 प्रतिशत से बढ़ाकर 25 प्रतिशत किया जाना; और प्रमुख प्रदूषित नदी क्षेत्रों की सफाई करना।

दसवीं पंचवर्षीय योजना की कई विशेषताएं हैं जिनमें प्रमुख विशेषताएं निम्नलिखित हैं: पहला, योजना में श्रम बल में तीव्र वृद्धि को प्रमुखता दी गई। वर्तमान विकास दर और उत्पादन में श्रम की उपयोगिता को देखते हुए भारत में बेरोज़गारी बढ़ने की संभावना थी, जिसके परिणामस्वरूप समाज में

बेचैनी बढ़ती, इसलिए दसवीं योजना में 5 करोड़ नौकरी के अवसर पैदा करने का लक्ष्य रखा गया। इसके लिए कृषि, सिंचाई, वानिकी, लघु एवं मझौले उद्यम, सूचना एवं संचार प्रौद्योगिकी एवं अन्य सेवाओं जैसे वृहत रोज़गारपरक क्षेत्रों पर विशेष ज़ोर दिया गया। योजना में गरीबी और सामाजिक संकेतकों के अस्वीकार्य निम्न स्तर के मुद्दे का हल दिया गया। यद्यपि ये सभी पिछली योजनाओं के उद्देश्यों में शामिल थे, वर्तमान योजना में विशेष निगरानी लक्ष्यों को शामिल किया गया, जिन्हें विकास लक्ष्यों के साथ ही पूर्ण किया जाना था।

अर्थव्यवस्था के वृद्धिशील पूंजी-उत्पादन अनुपात (आईसीओआर) नौंवी योजना के 4.5 प्रतिशत से घटकर दसवीं योजना में 3.6 हो गया। आईसीओआर में यह कमी मुख्य तौर पर मौजूदा क्षमता के कुशल उपयोग और पूंजी के उपयुक्त क्षेत्रवार आवंटन और इसके प्रभावी उपयोग से पाई जा सकी। अत: विकास लक्ष्य को हासिल करने के लिए जीडीपी के 28.4 प्रतिशत की निवेश दर की आवश्यकता पड़ी। इसे जीडीपी की 26.8 प्रतिशत घरेलू बचत और 1.6 प्रतिशत की बाहरी जमा से पूरा किया गया। अतिरिक्त घरेलू बचत का एक बड़ा हिस्सा सरकार की बचत को जीडीपी के -4.5 प्रतिशत (2001-02) से घटाकर -0.5 प्रतिशत (2006-07) कर पूरा किया गया।

दसवीं योजना के अंतिम चार वर्षों (2003-04 से 2006-07) में औसत विकास दर आठ प्रतिशत से कुछ अधिक थी, इस प्रकार संपूर्ण दसवीं योजना के दौरान विकास दर 7.7 प्रतिशत रही। यद्यपि यह दसवीं योजना के लिए 8 प्रतिशत के लक्ष्य से कम रही, लेकिन यह किसी योजना में हासिल की गई विकास दर में उच्चतम है।

ग्यारहवीं पंचवर्षीय योजना

ग्यारहवीं पंचवर्षीय योजना (2007-12) ने समावेशी विकास, अर्थव्यवस्था की बढ़ती ताकत पर निर्माण के साथ उभर कर आई कमज़ोरियों को दूर करने के लिए एक व्यापक रणनीति प्रदान की। इसमें पांच वर्षों के दौरान 9 प्रतिशत की विकास दर हासिल करना और योजना के अंत में इसे तीव्र कर 10 प्रतिशत पर पहुंचाने का लक्ष्य रखा गया था।

बारहवीं पंचवर्षीय योजना

बारहवीं पंचवर्षीय योजना में जिस व्यापक दृष्टि और आकांक्षा को पूर्ण करने की बात है, उसे तीव्र, सतत् और ज्यादा समावेशी विकास के उप शीर्षक के तहत् दर्शाया गया है। विकास का उद्देश्य अपने लोगों की आर्थिक और सामाजिक स्थिति में व्यापक बदलाव लाना है, इसे बारहवीं योजना में पूर्ण रूप से आत्मसात किया गया है। तथापि इस उद्देश्य की प्राप्ति हेतु जीडीपी में तीव्र वृद्धि आवश्यक है।

बारहवीं योजना के दृष्टि-पत्र में इस पंचवर्षीय योजना (2012 से 2017) के दौरान औसत विकास दर जीडीपी के 9 प्रतिशत पर लाने का लक्ष्य रखा गया। यह लक्ष्य उस वर्ष के यूरो 682 जोन संकट, (जिसके कारण वैश्विक अर्थव्यवस्था की संभावनाओं में भारी फेरबदल देखा गया) और घरेलू अर्थव्यवस्था में मंदी के दायरे का पता लगने से पूर्व निर्धारित किया गया था। बारहवीं योजना में यह परिकल्पित किया गया है कि जीडीपी में वर्तमान कमी को विशेष तौर पर मुद्रास्फीति के दबाव को नियंत्रण में रखने के लिए जमा राशि में बढ़ोतरी के साथ ही निवेश में विस्तार जैसे मज़बूत सुधारात्मक उपाय कर जीडीपी को बढ़ाया जा सकता है। हालांकि, जब हमारी पूर्ण विकास क्षमता 9 प्रतिशत के आस-पास रहती है, तब इस स्तर तक वृद्धि केवल चरणबद्ध तरीके से हो सकती है, विशेषकर तब, जब योजना की प्रथम आधी अवधि के दौरान कमज़ोर वैश्विक अर्थव्यवस्था रहने की संभावना है।

गरीबी में कमी के लिए समावेशण

प्रचलित तेंदुलकर पद्धति के अनुसार 2011-12 के लिए गरीबी का अनुमान लगाया गया और इसे जुलाई 2013 में जारी किया गया। 2011-12 में गरीबी की दर अखिल भारतीय स्तर पर 21.9 प्रतिशत, ग्रामीण स्तर पर 25.7 प्रतिशत और शहरी स्तर पर 13.7 प्रतिशत होने का अनुमान था। भारत में गरीबी उन्मूलन के लिए कार्यदल ने अपनी रिपोर्ट में कहा कि तेंदुलकर या उच्चतर गरीबी रेखा के पक्ष में आम राय नहीं है। कार्यदल ने निष्कर्ष दिया कि गरीबी पर अंतिम निर्णय लिए जाने से पहले देश के बड़े विशेषज्ञों द्वारा और अधिक गहराई से विचार किया जाना चाहिए। उसने सलाह दी कि गरीबी की रेखा तय करने वाले स्तर के बारे में कोई भी फैसला लेने के लिए एक विशेषज्ञ दल का गठन किया जाए।

प्रमुख पहल

12वीं पंचवर्षीय योजना का अनुमानित खर्च दस्तावेज़

शासी परिषद की पहली बैठक में लिए गए फैसले की अनुवर्ती कार्रवाई के रूप में 12वीं योजना का अनुमानित खर्च तैयार करने का काम शुरू किया गया। इसमें मोटेतौर पर (2012-17) के पहले चार वर्षों की उपलब्धियों और योजना के अंतिम वर्ष (2016-17) के लिए वित्तीय लक्ष्यों (बजट अनुमान) को शामिल किया गया है। पूर्व (पुराने) के तरीके से हटकर, यह अनुमानित खर्च दस्तावेज़ इन नौ विषयों पर आधारित है: (1) अर्थव्यवस्था तथा नीतियां; (2) वृहत् आर्थिक कारण; (3) रोज़गार तथा कौशल विकास; (4) शासन; (5) मानव संसाधन विकास; (6) भौतिक ढांचा; (7) पर्यावरण संरक्षण; (8) कृषि तथा ग्रामीण रूपांतरण और (9) शहरी रूपांतरण।

12वीं पंचवर्षीय योजना में इन तीन मुद्दों पर विशेष ध्यान दिया गया है- मज़बूत समावेशी विकास, अपर्याप्त कार्यवाही और नीतिगत बाधा। इनसे वार्षिक सकल घरेलू उत्पाद की औसत वृद्धि दर क्रमश: 8 प्रतिशत, से साढ़े 6 प्रतिशत और 5 से साढ़े 5 प्रतिशत रह सकती है। पुरानी सकल घरेलू उत्पाद शृंखला के अनुरूप वर्ष 2012-13 और 2013-14 का निष्पादन संभवत: नीतिगत अड़चनों जैसी स्थिति के कारण खराब रहा। बाद के वर्षों में अर्थव्यवस्था में सुधार हुआ। 12वीं योजना सरकार द्वारा की गई महत्वपूर्ण पहल और राष्ट्रीय विकास के एकसमान दृष्टिकोण को समाविष्ट करने का अवसर प्रदान करती है। मौजूदा वित्त वर्ष (2016-17) 12वीं योजना का अंतिम वर्ष है, नीति आयोग ने नीतियां और कार्य योजना बनाने के लिए केंद्रीय मंत्रालयों, राज्य सरकारों, शिक्षण और ज्ञानक्षेत्र के विशेषज्ञों के साथ सलाह-मशविरा शुरू किया है।

अटल नवाचार मिशन

सरकार ने देश में नवाचार और उद्यमशीलता की संस्कृति को बढ़ावा देने के लिए नीति आयोग में अटल नवाचार मिशन की स्थापना की है। इस मिशन के तहत जिन प्रमुख पहल की पहचान की गई है, उनमें शामिल हैं: (क) स्कूलों में अटल सुधार प्रयोगशालाएं स्थापित करना ताकि युवा मस्तिष्क में जिज्ञासा, रचनात्मकता और कल्पनाशीलता को विकसित किए जा सके और उनमें अभिकल्पना की मानसिकता, संगणना सोच, अनुकूली ज्ञान जैसे कौशल पैदा किया जा सके। मिशन पहले वर्ष 10 लाख रुपये की पांच वर्ष के बाद 10 लाख रुपये की और एकमुश्त अनुदान सहायता उपलब्ध कराएगा। (ख) अटल उद्भवन केंद्रों की स्थापना करना ताकि, पूंजीगत उपकरणों के संदर्भ में उपयुक्त भौतिक ढांचे के साथ देशभर में उच्च स्तरीय उद्भवन सुविधाएं विकसित की जा सकें और स्टार्ट अप की निगरानी के लिए

क्षेत्रवार निर्यात की उपलब्धिता से संचालन सुविधाओं को दुगुना किया जा सके। (ग) क्षमता संवर्द्धन के लिए देश के विभिन्न भागों में उद्‌भवन केंद्रों की स्थापना के वास्ते सहायता बढ़ाना। इसके अलावा मिशन देश में जटिल सामाजिक-आर्थिक समस्याओं के समाधान के लिए अभिनव प्रौद्योगिकी के विकास के वास्ते अटल महा चुनौती पुरस्कार शुरू करेगी। ये प्रौद्योगिकी सस्ती, रखरखाव की दृष्टि से कम खर्चीली, टिकाऊ और देश की स्थानीय स्थितियों के अनुरूप होनी चाहिए।

प्रधान मंत्री कृषि सिंचाई योजना

प्रधानमंत्री कृषि सिंचाई योजना (पीएमकेएसवाई) जल्द से जल्द और अधिक से अधिक क्षेत्रों में सिंचाई की पक्की व्यवस्था करने के लिए 2015 में शुरू की गई थी। इसके प्रमुख घटक हैं- (1) राष्ट्रीय परियोजनाओं सहित बड़ी और मध्यम सिंचाई के लिए त्वरित सिंचाई लाभ कार्यक्रम; (2) हर खेत को पानी, जिसमें जलग्रहण क्षेत्र विकास तथा जल प्रबंधन कार्य, सतही लघु सिंचाई, भू-जल से सिंचाई और जलाशयों की मरम्मत तथा नवीनीकरण; (3) लघु सिंचाई के संवर्द्धन के लिए प्रति बूंद से अधिक फसल; (4) वर्षा जल संरक्षण, बहते जल का प्रबंधन, भूमि-कटाव को रोकना, प्राकृतिक वनस्पति प्रबंधन और भू-जल पुनर्भरण।

प्रधानमंत्री कृषि सिंचाई योजना के त्वरित सिंचाई लाभ कार्यक्रम के तहत 99 परियोजनाओं पर अमल को वरीयता दी गई। इनसे 76 लाख हेक्टेयर से अधिक क्षेत्र में सिंचाई की सुविधा उपलब्ध हो सकेगी। इन परियोजनाओं में से 23 को 2016-17 के दौरान 31 परियोजनाओं को 2017-18 के दौरान और शेष 45 परियोजनाओं को दिसंबर 2019 तक पूरा करने का लक्ष्य रखा गया है। त्वरित सिंचाई लाभ कार्यक्रम के तहत सभी 99 परियोजनाओं में जलग्रहण क्षेत्र विकास और जल प्रबंधन कार्य शामिल होंगे, ताकि यह सुनिश्चित किया जा सके कि सिंचाई की जो सुविधाएं उपलब्ध कराई गई हैं उनका इस्तेमाल समय गंवाए बिना किया जाए। हर खेत को पानी घटक के तहत सिंचाई की सुविधाओं के समुचित इस्तेमाल के लिए उन परियोजनाओं को प्राथमिकता के आधार पर लागू किया जाए जिन्हें देश में लघु, मध्यम और बड़ी परियोजनाओं के लिए तैयार किया गया है।

मृदा स्वास्थ्य कार्ड

तीन वर्षों के अंतराल पर 1,400 लाख जोत की भूमि के मृदा उर्वरता स्थिति के निर्धारण हेतु 568.54 करोड़ रुपये के व्यय की पहल की गई है। मृदा प्रयोगशालाओं, मृदा नमूनों के विश्लेषण तथा मृदा स्वास्थ्य कार्ड के वितरण को अधिक समर्थ बनाने के लिए राज्यों को निधि दी जाएगी और यह कार्य समय-समय पर निरंतर किया जाएगा।

एग्री-टेक ढांचा निधि

एग्री-टेक ढांचा निधि (एटीआईएफ) द्वारा वर्ष 2015-16 से 2017-18 तक के लिए 200 करोड़ रुपये के व्यय से राष्ट्रीय कृषि बाजार के विकास की योजना बनाई गई है। राष्ट्रीय बाजार की ओर बढ़ने के उद्देश्य के साथ एटीआईएफ का लक्ष्य राज्यों में समुचित ई-मार्केट प्लेटफार्म की पहल द्वारा कृषि बाजार सुधारों के कार्यान्वयन का है। इससे किसानों की वेयरहाउस आधारित बिक्री द्वारा बाजार तक पहुंच बढ़ेगी और उत्पादों के मंडी तक परिवहन की ज़रूरत दूर होगी।

लोक वित्त प्रबंधन पद्धति

लोक वित्त प्रबंधन पद्धति (पीएफएमएस) जिसे पहले केंद्रीय प्लान स्कीम्स मॉनिटरिंग पद्धति (सीपीएसएमएस) के नाम से जाना जाता था, नीति आयोग (पूर्व के योजना आयोग) की एक केंद्रीय क्षेत्र योजना है। इसकी शुरुआत अप्रैल 2008 में हुई। यह भारत सरकार की योजनाओं के फंड प्रबंधन हेतु ऑनलाइन प्रबंधन सूचना पद्धति (एमआईएस) तथा निर्णय समर्थन पद्धति (डीएसएस) की स्थापना करने पर लक्षित है। यह पद्धति भारत सरकार की योजनाओं के अंतर्गत निधि परिव्यय तथा राज्यों/केंद्रशासित क्षेत्रों में विभिन्न स्तरों पर इन योजनाओं के वास्तविक समय के आधार पर कार्यान्वयन के अंतर्गत उपयोग की रिपोर्ट का ट्रैक रखने के लिए परिकल्पित है। पीएफएमएस बैंकिंग नेटवर्क के साथ इंटरफेस के द्वारा लाभार्थी प्रबंधन के शुरू से अंत तक और लाभार्थियों के बैंक खातों/आधार से जुड़े बैंक खातों और एमआईएस की सुविधा प्रदान करती है।

वित्त

लोक प्रबंधन प्रणाली को 12वीं पंचवर्षीय योजना के दौरान चार वर्ष (2013-14 से 2016-17) में लागू करने के लिए दिसंबर 2013 में 1,080 करोड़ रुपये के कुल परिव्यय को मंजूरी दी गई। चार स्तरीय समर्पित संगठनात्मक ढांचे को मंजूरी द्वी गई। इनमें परियोजना कार्यान्वयन समिति, केंद्रीय परियोजना निगरानी इकाई, सभी राज्यों में राज्य परियोजना निगरानी इकाइयां और जिला परियोजना निगरानी इकाइयां शामिल हैं।

पीएफएमएस को केंद्रीय स्तर पर सभी 98 मंत्रालयों/विभागों में पूरी तरह कार्यान्वित किया गया है। प्लान योजनाओं की स्वीकृति देना, बिल बनाना। निधि का स्थानांतरण केवल पीएफएमएस द्वारा होता है। केंद्र से राज्यों/केंद्रशासित क्षेत्रों को स्वीकृति, आवंटन, कार्यरत एजेंसियों और अन्य मंजूरी का पूर्ण विवरण एमआईएस/पीएफएमएस पर उपलब्ध है। यह एप्लीकेशन प्रमुख लेखा एप्लीकेशनों- सीजीए के ई-पेमेंट गेटवे सीओएमपीएसीटी और ई-लेखा से जुड़ा है, इस कारण यह व्यापक प्रबंधन सूचना प्रणाली और निर्णय समर्थन पद्धति के लिए वित्तीय तथा लेखा आंकड़ों को जोड़ती है। 103 बैंकों के कोर बैंकिंग सोल्यूशन (सीबीएस) के साथ एक इंटरफेस भी विकसित किया गया है। जिससे बैंक शेष और लागू करने वाली सरकार से अनुदान पाने वाली एजेंसियों के लेन-देन का ब्योरा उपलब्ध होता है।

राज्यों और विधानसभा वाले केंद्रशासित प्रदेशों की समेकित निधि में दिए गए कोष की निगरानी और केंद्रीय मंत्रालयों से जिन योजनाओं को धन का अंतरण किया जाता है उनके खर्च की जानकारी के लिए राज्यों के महालेखाकारों तथा कोषागार के साथ आंकड़ों के आदान-प्रदान के वास्ते भी एक इंटरफेस विकसित किया गया है। लोक वित्त प्रबंधन पद्धति को 2015 से व्यय विभाग को हस्तांतरित कर दिया गया है।

सबके लिए आवास

भारत सरकार ने सबके लिए आवास को अपनी एक प्राथमिकता के रूप में घोषित किया है। सबके लिए आवास की दो योजनाएं हैं- शहरी विकास मंत्रालय द्वारा लागू की गई प्रधानमंत्री आवास योजना और आवास तथा गरीबी उन्मूलन मंत्रालय द्वारा लागू की जा रही प्रधानमंत्री आवास योजना (शहरी)। 2022 तक सबके लिए आवास के लक्ष्य को प्राप्त करने के लिए अगले सात वर्षों में ग्रामीण क्षेत्रों में लगभग 3 करोड़ और शहरी क्षेत्रों में करीब 2 करोड़ मकान बनाए जाने हैं।

स्वच्छ भारत मिशन

स्वच्छ भारत मिशन (एसबीएम) शहरी विकास मंत्रालय और पेयजल एवं स्वच्छता मंत्रालय का संयुक्त मिशन है। देश को अक्टूबर 2019 तक स्वच्छ बनाने के लक्ष्य के साथ सरकार ने 2 अक्टूबर, 2014 को स्वच्छ भारत मिशन की शुरुआत की।

स्मार्ट सिटी मिशन

केंद्र द्वारा प्रायोजित स्मार्ट सिटी मिशन जून 2015 में शुरू किया गया था। इसका उद्देश्य शहरी कायाकल्प के तहत एक सौ शहरों का स्मार्ट सिटी के रूप में विकास करना है। इसके अंतर्गत ऐसे शहरों को बढ़ावा दिया जाएगा। जो प्रमुख आधारभूत ढांचा और अपने नागरिकों को अच्छा जीवन स्तर उपलब्ध कराएंगे। इन शहरों में ये सुविधाएं होंगी- (1) पर्याप्त जलापूर्त्ति, (2) सुनिश्चित बिजली आपूर्ति, (3) ठोस कचरा प्रबंधन सहित साफ-सफाई, (4) दक्ष शहरी गतिशीलता तथा सार्वजनिक परिवहन, (5) विशेषकर गरीबों के लिए सस्ता आवास, (6) वृहत् सूचना प्रौद्योगिकी कनेक्टिविटी तथा डिजटीकरण, (7) सुशासन, विशेषकर ई-गवर्नेंस तथा नागरिक भागीदारी, (8) पर्यावरण संरक्षण, (9) नागरिकों-विशेषकर बच्चों, महिलाओं तथा बुजुर्गों की सुरक्षा, (10) स्वास्थ्य तथा शिक्षा। मिशन के लिए परिव्यय पांच वर्ष में 48 हज़ार करोड़ रुपये (केंद्र का हिस्सा) होगा। 2015-16 के दौरान केंद्र ने इसके लिए 1,475.38 करोड़ रुपये जारी किए हैं। 2016-17 के बजट में मिशन के लिए 3,205 करोड़ रुपये का प्रावधान किया गया।

स्मार्ट सिटी का चयन राष्ट्रव्यापी दो चरण की चुनौती प्रक्रिया के ज़रिए किया गया। पहले चरण में केंद्र ने अगस्त 2015 में 98 संभावित स्मार्ट शहरों का चयन किया। दूसरे चरण में जनवरी 2016 में ऐसे 20 शहरों का चयन किया गया। ये शहर हैं- भुवनेश्वर, पुणे, जयपुर, सूरत, कोच्ची, अहमदाबाद, जबलपुर, विशाखापत्तनम, सोलापुर, दावणगेड़े, इंदौर, नई दिल्ली नगर निगम, कोयम्बटूर, काकीनाडा, बेलागावी, उदयपुर, गुवाहाटी, चेन्नई, लुधियाना और भोपाल। 2016-17 में 40 और शहरों का चयन किया जाना है। मई 2016 में 13 फास्ट ट्रैक शहरों का चयन किया गया। ये हैं- लखनऊ, वारंगल, धर्मशाला, चंडीगढ़, रायपुर, न्यू टाउन कोलकाता, भागलपुर, पणजी, पोर्ट ब्लेयर, इंफाल, रांची, अगरतला और फरीदाबाद। सितंबर 2016 में 27 और स्मार्ट शहरों का चयन किया गया है। ये हैं- अमृतसर, कल्याण-डोंबीविली, उज्जैन, तिरुपति, नागपुर, मंगलोर, वेल्लौर, ठाणे, ग्वालियर, आगरा, नासिक, राउरकेला, कानपुर, मदुरई, तुमाकुरा, कोटा, तंजावुर, नामची, जालंधर, शिवमोग्गा, सालेम, अजमेर, वाराणसी, कोहिमा, हुबली-धारवाड़, औरंगाबाद और वडोदरा। अब तक 60 स्मार्ट सिटी का चयन किया जा चुका है।

वामपंथी अतिवाद प्रभावित जिलों हेतु अतिरिक्त केंद्रीय सहायता

नवंबर 2010 में 60 जनजातीय पिछड़े जिलों में सरकार ने एकीकृत कार्ययोजना (आईएपी) का प्रारंभ किया जिसे बाद में बढ़ाकर 9 राज्यों के 82 जिलों में लागू कर दिया गया। ये राज्य हैं- आंध्र प्रदेश, बिहार, छत्तीसगढ़, झारखंड, मध्य प्रदेश, महाराष्ट्र, ओडिशा, उत्तर प्रदेश और पश्चिम बंगाल। यह योजना मार्च 2013 तक संचालित रही। 2013-14 में 88 जिलों को आर्थिक सहायता देने का निर्णय लिया गया जिसमें आईएपी के अंतर्गत आने वाले 82 जिले शामिल हैं। यह सहायता 'वामपंथी अतिवाद प्रभावित जिलों हेतु अतिरिक्त केंद्रीय सहायता' योजना के अंतर्गत 12वीं पंचवर्षीय योजना के शेष वर्षों हेतु जारी रखने का निर्णय किया गया।

इस योजना के अंतर्गत 2013-14 और 2014-15 के लिए प्रत्येक जिले को 30 करोड़ रुपये प्रतिवर्ष आवंटित किए गए।

पिछड़ा क्षेत्र अनुदान कोष

विकास प्रक्रिया में क्षेत्रीय असंतुलन को दूर करने के लिए ओडिशा के कालाहांडी, बालानगीर तथा कोरापुट जिलों के लिए पिछड़ा क्षेत्र अनुदान कोष के राज्य घटक के तहत् बिहार और पश्चिम बंगाल के लिए विशेष योजना तत्कालीन योजना आयोग द्वार लागू की जा रही थी। 2015-16 के दौरान विशेष योजना के तहत ओडिशा के कालाहांडी, बालानगीर तथा कोरापुर जिलों के लिए 132.07 करोड़ रुपये, बिहार के लिए 1887.57 करोड़ रुपये और पश्चिम बंगाल के लिए 836.77 करोड़ रुपये एकमुश्त सहायता के रूप में जारी किए गए।

ग्रामीण विकास

भारत की लगभग 70 प्रतिश आबादी गांवों में रहती है। इनमें 25 प्रतिशत लोग गरीबी में जीवन व्यतीत कर रहे हैं। नीति आयोग सरकार की उन बड़ी योजनाओं की देखरेख करता है जो यह सुनिश्चित करती है कि विकास के लाभ ग्रामीण भारत तक पहुंचें और वहां रहने वालों को गरीबी की रेखा से ऊपर उठाकर सशक्त बनाया जा सके। ग्रामीण विकास मंत्रालय, महात्मा गांधी राष्ट्रीय ग्रामीण रोज़गार गारंटी योजना अधिनियम, (मनरेगा), अब प्रधानमंत्री आवास योजना के नाम से जानी जाने वाली इंदिरा आवास योजना, दीनदयाल अंत्योदय योजना (पूर्व में राष्ट्रीय ग्रामीण आजीविका मिशन नाम से जानी जाने वाली) और राष्ट्रीय सामाजिक सहायता कार्यक्रम लागू कर रहा है। आयोग पेयजल एवं स्वच्छता मंत्रालय की ग्रामीण पेयजल तथा स्वच्छता योजनाओं की प्रगति की निगरानी भी करता है।

2016-17 के दौरान विभिन्न कार्यक्रमों के लिए योजना और गैर-योजना प्रावधान इस प्रकार हैं: मनरेगा- 38,500 करोड़ रुपये, प्रधानमंत्री आवास योजना- 5,000 करोड़ रुपये, दीनदयाल अंत्योदय योजना- 3,000 करोड़ रुपये और राष्ट्रीय सामाजिक सहायता कार्यक्रम- 9,500 करोड़ रुपये।

मनरेगा मांग आधारित कार्यक्रम है और इसके लिए आवंटन वर्ष की समाप्ति पर मांग के अनुसार घट-बढ़ सकता है। इसके तहत 31 अक्टूबर, 2016 तक 38,190.23 करोड़ रुपये व्यय किए गए।

सांसद आदर्श ग्राम योजना

ग्रामीण विकास के क्षेत्र में नई पहल के रूप में 2014 में भारत सरकार द्वारा सांसद आदर्श ग्राम योजना (एसएजीवाई) की शुरुआत की गई। ये आदर्श ग्राम ग्रामीण समुदाय में स्वास्थ्य, सफाई, हरियाली और सौहार्द्र के केंद्र के रूप में काम करेंगे। इस योजना के दिशानिर्देशों के अनुसार सभी संसद सदस्यों को अपने निर्वाचन क्षेत्र के एक गांव को गोद लेकर 2016 तक और अन्य दो गांवों को 2019 तक आदर्श गांव बनाना है।

आदर्श ग्राम की आबादी समतल क्षेत्रों में तीन हज़ार से पांच हज़ार होगी तथा पहाड़ी, जनजातीय और दुर्गम क्षेत्रों में एक हज़ार से तीन हज़ार होगी। इस योजना के अंतर्गत अपने अथवा अपनी पत्नी के गांव को छोड़कर कोई भी गांव चुनने की आज़ादी सांसद को है। वह योजना आईएवाई, पीएमजीएसवाई, एमजीएनआरईजीएस, आरकेवीवाई, एनआरएलएम, राष्ट्रीय स्वास्थ्य मिशन, सर्व शिक्षा अभियान, पिछड़ा क्षेत्र अनुदान निधि, संसद सदस्य स्थानीय क्षेत्र विकास योजना, एमएलए की योजनाओं और सीएसआर फंडों से प्राप्त संसाधनों का सम्मिलित रूप से उपयोग करेगी और इसके लिए अतिरिक्त वित्त पोषण की

ज़रूरत नहीं होगी। सक्षम स्वतंत्र एजेंसियों द्वारा परियोजना का मध्यावधि तथा परियोजना पश्चात् मूल्यांकन किया जाएगा।

आरयूआरबीएएन (रूर्बन) मिशन

सरकार ने ग्रामीण क्षेत्रों में आधारभूत ढांचा आधारित एकीकृत परियोजना के लिए 2014 में डॉ. श्यामा प्रसाद मुखर्जी (रूर्बन) मिशन की शुरुआत की। इस मिशन का उद्देश्य है- ग्रामीण क्षेत्रों में बुनियादी सुविधाएं प्रदान करना तथा गांवों से शहरों की ओर पलायन रोकना। यह योजना आर्थिक गतिविधियों तथा कौशल विकास और पर्याप्त नागरिक सुविधाएं तथा सहयोगी सेवाएं प्राप्त करने में ग्रामीण क्षेत्रों की मदद है। विभिन्न योजनाओं के लिए धन के वास्ते सार्वजनिक-निजी भागीदारी को वरीयता दी जाएगी। इस मिशन को ई-गवर्नेंस के साथ जोड़ा जाएगा और यह समयबद्ध रूप में अपने लक्ष्य को प्राप्त करेगा। सहकारिताओं, गैर-सरकारी संगठनों और अन्य क्षेत्रों के सबसे अच्छे तरीकों को सही तरह से योजना में लागू किया जा सकता है। इस योजना के लिए 2015-16 और 2016-17 में 300-300 करोड़ रुपये का प्रावधान किया गया।

गरीबी उन्मूलन के लिए दिशानिर्देशक

नीति आयोग के शासी परिषद् की पहली बैठक में लिए गए निर्णय के फलस्वरूप देश में गरीबी उन्मूलन पर एक कार्यदल 2015 में गठित किया गया। आधार-पत्र में गरीबी के बारे में चर्चा के दो अलग-अलग पहलुओं का समाधान किया गया। ये पहलू थे- गरीबी का आंकलन कैसे हो और इसे कैसे दूर किया जाए। पत्र के अनुसार गरीबी का आकलन परंपरागत रूप से गरीबी की रेखा से किया जाता है। भारत में इसका इस्तेमाल समय और स्थान के संदर्भ में गरीबी के प्रभाव का पता लगाने के लिए किया जाता है। गरीबी की रेखा के अन्य संभावित प्रयोग है- गरीबों की पहचान करना और सभी राज्यों में गरीबी-रोधी व्यय का आवंटन, इन्हें अन्य तरीकों से पूरा किया जाता है। आधार-पत्र उस स्तर पर गरीबी रेखा तय की जाती है। यह इस अवधारणा पर आगे और विचार-विमर्श की सिफारिश करता है कि आधिकारिक गरीबी रेखा का उद्देश्य सरकारी योजनाओं के लाभ के वितरण के उद्देश्य के लिए गरीबों की पहचान करना ही नहीं बल्कि अत्यधिक गरीबी से निपटने में हुई प्रगति का पता लगाना है। गरीबी उन्मूलन के लिए दो प्रकार की रणनीति की सिफारिश की गई है। ये है- तीव्र तथा सतत् रोज़गार के साथ आर्थिक वृद्धि और गरीबी-रोधी कार्यक्रमों को अधिक प्रभावी बनाने में मदद करना।

24 ग्रामीण और शहरी विकास

आज़ादी के बाद से ही भारत कल्याणकारी देश रहा है और इसका प्राथमिक उद्देश्य देश की जनता का कल्याण करना रहा है। नीतियां और कार्यक्रम ग्रामीण गरीबी उन्मूलन के उद्देश्य से बनाए गए हैं। ग्रामीण गरीबी के उन्मूलन के लिए नीतियां और कार्यक्रम बनाना भारत में नियोजित विकास का मुख्य उद्देश्य रहा है। ऐसा महसूस किया गया कि गरीबी उन्मूलन की दीर्घकालिक कार्यनीति का आधार विकास प्रक्रिया में उत्पादक रोज़गार के अवसरों को बढ़ाना है। विकास की सभी योजनाएं और रूपरेखा गरीबी उन्मूलन, अज्ञानता मिटाने, बीमारी तथा अवसरों की असमानता दूर करने और देश वासियों को बेहतर तथा उच्च स्तरीय जीवन प्रदान करने के मूलभूत आधार पर की गई है।

ग्रामीण विकास का अभिप्राय जहां एक ओर लोगों का बेहतर आर्थिक विकास करना है, वहीं दूसरी ओर व्यापक सामाजिक बदलाव लाना भी है। ग्रामीणों को आर्थिक विकास की बेहतर संभावनाएं प्रदान करने के लिए ग्रामीण विकास कार्यक्रमों में लोगों की भागीदारी बढ़ाने, योजना का विकेंद्रीकरण, बेहतर भूमि सुधार तथा आसानी से ऋण उपलब्धता की परिकल्पना की गई है। प्रारंभ में विकास का मुख्य बल कृषि, उद्योग, संचार, शिक्षा, स्वास्थ्य तथा संबद्ध क्षेत्रों पर रहा, लेकिन बाद में यह महसूस किया गया कि त्वरित विकास तभी हो सकता है, जब सरकारी प्रयासों की पूर्ति निचले स्तर पर लोगों की प्रत्यक्ष और अप्रत्यक्ष भागीदारी से हो।

इसीलिए 1952 में योजना आयोग (अब नीति आयोग) के अंतर्गत सामुदायिक परियोजना प्रशासन नामक संगठन की स्थापना की गई। इसका उद्देश्य सामुदायिक विकास से संबंधित कार्यक्रमों को कार्यान्वित करना था। सामुदायिक विकास कार्यक्रम का शुभारंभ 2 अक्टूबर, 1952 को किया गया। यह ग्रामीण विकास के इतिहास में मील का पत्थर था। इस कार्यक्रम में समय-समय पर अनेक परिवर्तन हुए और यह विभिन्न मंत्रालयों के अधीन रहा। अक्टूबर 1974 में खाद्य और कृषि मंत्रालय के अंग के रूप में ग्रामीण विकास विभाग अस्तित्व में आया। अगस्त 1979 में इस विभाग का दर्जा बढ़ाकर इसे ग्रामीण पुनर्गठन मंत्रालय का नाम दिया गया। फिर इसका नया नामकरण हुआ- ग्रामीण विकास मंत्रालय। फिर इसे कृषि एवं ग्रामीण विकास मंत्रालय के अधीन एक विभाग के रूप में बदल दिया गया। बाद में सितंबर 1985 में इसका नाम कृषि मंत्रालय कर दिया गया। 1991 में विभाग को फिर से ग्रामीण विकास मंत्रालय का दर्जा दिया गया। 1992 में इसके अधीन एक अन्य विभाग- 'बंजर भूमि विकास' का गठन किया गया। मार्च 1995 में इस मंत्रालय का नाम बदल कर ग्रामीण क्षेत्र तथा रोज़गार मंत्रालय रखा गया और इसमें तीन नये विभाग शामिल किए गए यथा- ग्रामीण रोज़गार तथा गरीबी उन्मूलन विभाग, ग्रामीण विकास विभाग और बंजर भूमि विकास विभाग जिनका उद्देश्य गरीबी उन्मूलन, रोज़गार सृजन, अवसंरचना विकास तथा सामाजिक सुरक्षा है। ग्रामीण क्षेत्रों का एकीकृत विकास भारत सरकार के चिर उद्देश्यों में से एक है।

ग्रामीण विकास के लिए प्रमुख कार्यक्रम

ग्रामीण क्षेत्रों में ग्रामीण विकास मंत्रालय द्वारा चलाए जा रहे प्रमुख कार्यक्रम इस प्रकार हैं:

महात्मा गांधी राष्ट्रीय ग्रामीण रोज़गार गारंटी अधिनियम: ग्रामीण विकास मंत्रालय द्वारा देश के ग्रामीण इलाकों में महात्मा गांधी राष्ट्रीय ग्रामीण रोज़गार गारंटी अधिनियम(एमजीएनआरईजीए) लागू किया गया। यह अधिकार पर आधारित वेतन रोज़गार कार्यक्रम है। इसका उद्देश्य देश के ग्रामीण इलाकों में रहने वाले परिवारों की आजीविका संबंधी सुरक्षा बढ़ाना है। इसके तहत वैसे हर परिवार को वित्तीय वर्ष में कम से कम सौ दिन निश्चित वेतन सहित रोज़गार मुहैया कराया जाता है, जिसके वयस्क सदस्य हाथ से किए जाने वाले अकुशल कार्य करने को तैयार होते हैं।

इस योजना के उद्देश्य हैं: प्रत्येक ग्रामीण परिवार के एक वयस्क सदस्य को प्रत्येक वित्तीय वर्ष में कम से कम 100 दिन गारंटीशुदा अकुशल मजदूरी/रोज़गार मांग के अनुसार उपलब्ध कराना परिणामस्वरूप निर्धारित गुणवत्ता और स्थायित्व वाली रचनात्मक परिसंपत्तियों का निर्माण; निर्धन आजीविका संसाधन के आधार को सशक्त करना; सामाजिक समावेशन को अतिसक्रिय रूप से सुनिश्चित करना और पंचायती राज संस्थाओं को सुदृढ़ करना।

वर्ष 2015 में योजना के परिणाम

वर्ष 2015 में योजना के परिणाम निम्न हैं: रोज़गार सृजन: वर्ष 2015-16 में 3.63 करोड़ परिवारों को रोज़गार उपलब्ध कराया गया तथा रोज़गार के 134.96 करोड़ श्रम दिवस सृजित किए गए। निर्धन और वंचितों की बढ़ती पहुंच: स्वलक्षित प्रकृति वाले इस कार्यक्रम में अ.जा./अ.ज.जा., महिलाओं जैसे वंचित तबकों की अत्यधिक भागीदारी रही। प्राकृतिक संसाधन आधार का सुदृढ़ीकरण: वर्ष 2015-16 में 102.32 लाख कार्य (पुराने और नए कार्य) किए गए। इसमें से 32 प्रतिशत जल संरक्षण के लिए, 28.33 प्रतिशत अ.जा/अ.ज.जा/बीपीएल तथा आईएवाई लाभार्थियों की मालिकाना भूमि पर सिंचाई सुविधा का प्रावधान, 12.56 प्रतिशत ग्रामीण संपर्क तथा 6.47 प्रतिशत भूमि विकास के लिए।

राष्ट्रीय ग्रामीण आजीविका मिशन

राष्ट्रीय ग्रामीण आजीविका मिशन(एनआरएलएम) प्रारंभ किया गया, जिसे बाद में वर्ष 2011 में आजीविका का नाम दिया गया। इसका उद्देश्य चरणबद्ध तरीके से ग्रामीण गरीब परिवारों को स्वयं सहायता समूह के अंतर्गत संगठित करना है। मिशन का उद्देश्य समय के साथ-साथ लोगों की आजीविका बढ़ाने के लिए उन्हें दीर्घकालिक सहयोग देना एवं उनकी जीवनशैली में सुधार करके उन्हें गरीबी से बाहर निकालना है। एनआरएलएम का उद्देश्य अन्य राज्य एजेंसियां तथा गैर-सरकारी संगठनों द्वारा प्रोत्साहन के साथ-साथ सभी निर्धन महिला स्वयं-सहायता समूह की सहायता करना है। स्वयं-सहायता समूह व्यवस्था को और अधिक कारगर बनाने के उद्देश्य से एनआरएलएम को मई 2013 में सुदृढ़ किया गया। पुनर्गठित एनआरएलएम की प्रमुख विशेषताओं में निम्निलिखित शामिल हैं:

(1) चरणबद्ध तरीके से स्वयं-सहायता समूह नेटवर्क में देश में प्रत्येक ग्रामीण निर्धन परिवार से कम से कम एक महिला सदस्य कों लेना;

(2) अनुसूचित जातियों (अ.जा) और अनुसूचित जनजातियों (अ.ज.जा.), विशेषकर वंचित जनजाति समूहों, अक्षम और अन्य कमजोर और वंचित परिवारों से महिलाओं को जुटाने पर विशेष बल;

(3) ग्रामीण एवं ग्राम समूह स्तरों पर स्व-सहायता समूहों दलों से प्रोत्साहित करना, ग्राम स्तर पर ग्राम स्व-सहायता केंद्र एवं ग्राम समूह स्तरों पर ग्राम समूह केंद्रों का उन्नयन;

(4) स्वनिधि की कमी को पूरा करने के लिए प्रति पात्र स्वयं-सहायता समूह हेतु 10,000-15,000 रुपये की चक्रीयन निधि प्रदान करना;

(5) निर्धन परिवारों की सामुदायिक स्तरीय खाद्य सुरक्षा, स्वास्थ्य और पोषाहारी सुरक्षा तथा ऐसी अन्य प्राथमिक आवश्यकताओं को पूरा करने के लिए उपयुक्त वीएलएफ को मानदंडों के अनुसार असुरक्षा कमी फंड (वीआरएफ) का प्रावधान;

(6) प्रत्येक स्वयं-सहायता समूह को बैंक ऋण से जोड़ने की व्यापक सहायता ताकि प्रत्येक स्वयं-सहायता सदस्य 5 से 8 वर्ष तक के लिए एक लाख रुपये का संचयी बैंक ऋण प्राप्त करने में सक्षम हो;

(7) सभी आईएपी जिलों सहित चुनिंदा 150 जिलों में सभी महिला स्व-सहायता समूह 3 लाख रुपये की बकाया राशि पर 7 प्रतिशत ब्याज भुगतान करने के पात्र होंगे। समय पर ऋण अदा करने वाले महिला स्वयं-सहायता समूहों को 4 प्रतिशत की प्रभावी दर घटा कर 3 प्रतिशत की अतिरिक्त आर्थिक सहायता मिलेगी। सुविधा को अतिरिक्त 100 जिलों में विस्तारित करने का प्रस्ताव है;

(8) एनआरएलएम का 25 प्रतिशत आवंटन कौशल विकास और नियोजन समर्थन घटक के लिए निश्चित की है जो ग्रामीण युवाओं में कौशल का निर्माण और उन्हें सापेक्षिक रूप से अर्थव्यवस्था के उच्च मजदूरी रोज़गार के क्षेत्रों में नियोजित करना चाहता है।

(9) अभी तक, 29 राज्यों (गोवा को छोड़कर सभी राज्य) तथा 1 संघ राज्य क्षेत्र (पुद्दुचेरी) ने एनआरएलएम को पार किया है। देश के 460 जिलों, 3,186 ब्लाकों में दूसरा कार्यान्वयन प्रारंभ कर दिया है तथा अभी तक 27,63,188 स्व-सहायता दलों को उन्नत किया गया है।

वित्त वर्ष 2015-16 (एनआरएलपी सहित) तथा वित्त वर्ष 2016-17 (जून तक) के दौरान एनआरएलएम के अंतर्गत वास्तविक तथा वित्तीय प्रगति दर्शाने वाले प्रत्येक विवरण आगे दिए गए हैं:

ग्रामीण स्व-रोज़गार प्रशिक्षण संस्थान

सरकार ने देश के प्रत्येक जिले में एक ग्रामीण स्व-रोज़गार प्रशिक्षण संस्थान (आरएसईटीआई) खोलने का निर्णय लिया है। आरएसईटीआई राज्य सरकारों के सक्रिय सहयोग से प्राश्रित बैंकों द्वारा की गई अग्रणीय पहल है। भारत सरकार ग्रामीण निर्धन अभ्यर्थियों के प्रशिक्षण की लागत की प्रतिपूर्ति करने के अलावा 1 करोड़ रुपये की एक बारगी अवसंरचना सहायता प्रदान करती है, राज्य सरकार लागतविहीन अथवा नाममात्र के प्रभारों पर भूमि उपलब्ध कराती है तथा बैंक आरएसईटीआई की रोजमर्रा के कार्य के प्रति उत्तरदायी होते हैं। आरएसईटीआई का प्रमुख जोर ग्रामीण उद्यमियों के अल्पकालिक प्रशिक्षण एवं उनकी दीर्घकालिक मदद पर रहता है ताकि वह लघु उद्योग स्थापित कर सकें। आरएसईटीआई प्रति वर्ष स्वरोज़गार हेतु 750 ग्रामीण युवाओं को उनके निवास स्थानों के निकट प्रशिक्षित करने का लक्ष्य रखता है। आरएसईटीआई उन्हें बढ़ते प्रतिस्पर्धात्मक माहौल में उनके प्रयासों को व्यावहारिक तथा सतत बनाने के लिए समय-समय पर कौशल उन्नयन प्रशिक्षण भी उपलब्ध कराता है। इस समय देश में 583 आरएसईटीआई कार्य कर रही हैं।

महिला किसान सशक्तीकरण परियोजना

महिला किसान सशक्तीकरण परियोजना (एमकेएसपी) महिला कृषकों की विशिष्ट जरूरतों को पूरा करने तथा विशेषकर छोटे और वंचित किसानों को सामाजिक-आर्थिक तथा तकनीकी तौर पर करने के लिए एनआरएलएम का उप-घटक है। इस कार्यक्रम के अंतर्गत 34 लाख महिला किसानों को 16 राज्यों में कुल 110 करोड़ रुपये के परिव्यय पर सहायता उपलब्ध कराई जा रही है।

वित्तीय वर्ष 2015-16 के दौरान एनआरएलएम में स्टार्ट-अप ग्रामीण उद्यमवृत्ति कार्यक्रम (एसवीईपी) नामक नई योजना को शामिल किया गया है। एसवीईपी एनआरएलएम, एसएसजी एवं उसके सहयोगी दल आश्रित उद्यमों की कार्य स्थापना के पहले महत्वपूर्ण छह महीनों के दौरन कार्य की शुरुआत एवं व्यावसायिक सहयोग हेतु ऋण, कार्यकौशल, जानकारी उपलब्ध कराएगी। एसवीईपी उनको उद्यम लगाने में सहायता करके ग्रामीण निर्धनों को निर्धनता से बाहर लाने में सहायता करेगा तथा उद्यमों के अच्छी तरह से स्थापित होने तक सहायता प्रदान करेगा। यह कार्यकारी हस्तक्षेप संबंधित कार्यक्रम के ज्ञान, सलाह एवं वित्तीय पक्षों जैसी कमजोर बुनियादी पारिस्थितिकी का भी निवारण करेगा। एसवीईपी के अंतर्गत 16 राज्यों के 46 ब्लॉक्स को कवर करने के प्रस्ताव को अनुमोदित किया गया है।

प्रधानमंत्री ग्राम सड़क योजना

सरकार ने ग्रामीण संपर्क को बेहतर बनाने के लिए दिसंबर 2000 में प्रधानमंत्री ग्राम सड़क योजना (पीएमजीएसवाई) की शुरुआत केंद्र सरकार द्वारा प्रायोजित के तौर पर की थी। हालांकि, संविधान के अनुसार ग्राम मार्ग निर्माण राज्य की जिम्मेदारी होती है। योजना का प्राथमिक उद्देश्य मैदानी क्षेत्रों में 500 व इससे अधिक आबादी वाले कोर नेटवर्क के साथ विश्वसनीय संपर्कविहीन (2001 की जनगणना अनुसार) बसावटों को हर मौसम में (आवश्यक कैनाल क्रास निकास संरचना पुलिया सहित, जो पूरे वर्ष संचालन योग्य हो) बेहतर कनेक्टिविटी प्रदान करना है। विशेष श्रेणी के राज्यों (पूर्वोत्तर, सिक्किम, हिमाचल प्रदेश, जम्मू-कश्मीर तथा उत्तराखंड), रेगिस्तानी क्षेत्रों, जनजातीय(अनुसूची-V) क्षेत्रों तथा गृह मंत्रालय/योजना आयोग द्वारा चिह्नित 88 चुनिंदा जनजातीय एवं पिछड़े जिलों के मामले में इसका उद्देश्य पात्रता वाले 250 से अधिक आबादी के साथ कोर नेटवर्क के तहत संपर्कविहीन बसावटों को जोड़ना है। कार्यक्रम में बारहमासी एकल संपर्क की परिकल्पना की गई है।

खेत से बाज़ार तक पूर्ण संपर्क को सुनिश्चित करने के लिए कार्यक्रम में चालू माध्यम रास्तों का तथा प्रमुख ग्रामीण संपर्कों का उन्नयन तय मानकों के साथ करना है। यद्यपि यह कार्यक्रम का केंद्रबिंदु नहीं हैं। पीएमजीएसवाई-2 के अंतर्गत 11,234 किलोमीटर सड़कों को उन्नत बनाने की स्वीकृति दी गई है। कुल लक्ष्य 50 हजार किलोमीटर सड़कों को उन्नत करना है।

- टूल किट, जांच तथा वैधता विकसित करने के लिए, सिटीजन प्रशिक्षण मॉड्यूल विकसित करना; प्रोटोटाइप एवी/आईईसी कंटेंट का विकास करना; उन्हें सांख्यिकीय सॉफ्टवेयर, जांच और वैधता में दक्ष करना।
- नागरिक निगरानी प्रक्रिया को बढ़ाने/सुदृढ़ करने के लिए ओएमएमएएस के साथ डिजिटल सीआरसी समर्थित जीपीएस का विकास।
- आदर्श नागरिक निगरानी प्रकिया/कार्यप्रणाली का विकास, जांच तथा वैधता, जिसे पीएमजीएसवाई कार्यान्वयन में प्रतिकृत/संस्थानीकृत किया जा सकता है।

- प्रत्येक राज्य में मास्टर प्रशिक्षकों की एक टीम रखना, जो संबंधित राज्यों में सभी पीएमजीएसवाई सड़कों की नागरिक निगरानी को सुग्राह्य बनाएगी।

प्रधानमंत्री ग्राम सड़क योजना के अंतर्गत असम, झारखंड, कर्नाटक, मेघालय, ओडिशा, राजस्थान व उत्तराखंड सम्मिलित हैं।

शुरुआत से निधियों की उपलब्धता

पीएमजीएसवाई के अंतर्गत राज्यों को कार्यक्रम के तहत जारी की गई निधियों की स्थिति तालिका के अनुसार है :

(रुपये करोड़ में)

क्र. सं.	वर्ष (र्षों)	कार्यक्रम के लिए निर्मुक्त राशि	प्रशासन के लिए निर्मुक्त राशि	एडीबी सहायता के अंतर्गत निर्मुक्त	डब्ल्यूबी सहायता के अंतर्गत निर्मुक्त	कुल निर्मुक्त राशि
1.	2000-01	2,435	0	–	–	2,435
2.	2001-02	2,493	7	–	–	2,500
3.	2002-03	2,497	3	–	–	2,500
4.	2003-04	2,299	26	–	–	2,325
5.	2004-05	2,111	37	93	220	2,461
6.	2005-06	3,770	40	193	218	4,221
7.	2006-07	4,415	100	1,000	750	6,265
8.	2007-08	3,834+ 4,500*	66	1,950	650	11,000
9.	2008-09	5,380+ 7,500*	151	2,000	250	15,281
10.	2009-10	10,390+ 6,500*	140	800	10	17,840
11.	2010-11	21,325	185	800	90	22,400
12.	2011-12	10,598	83	1,075	627	12,383
13.	2012-13	3,272	125	425	575	4,397
14.	2013-14	4,553	164	–	643	5,360
15.	2014-15	6,475	95	1,182	2,208	9,960
16.	2015-16	11,158**	341**	1,550**	2,126**	15,175**
	कुल	**1,15,505**	**1,563**	**11,068**	**8,367**	**1,36,503**

*ऋण के रूप में नाबार्ड से

** केंद्रीय सहायता

ग्रामीण आवास

घर को सर्वत्र एक बुनियादी मानव जरूरत माना गया है। निर्धन व्यक्तियों के लिए ग्रामीण आवास की कमी को घटाना तथा उसकी गुणवत्ता में सुधार लाना सरकार की निर्धनता उन्मूलन कार्यनीति का महत्वपूर्ण घटक है। ग्रामीण विकास मंत्रालय द्वारा कार्यान्वित ग्रामीण आवास योजना इंदिरा आवास योजना (आईएवाई) का उद्देश्य ग्रामीण क्षेत्रों में गरीबी रेखा से नीचे जीवनयापन कर रहे परिवारों को

आवास उपलब्ध कराना है। इस योजना के प्रारंभ से 360 लाख आवासों के निर्माण के लिए सहायता उपलब्ध कराई गई, जिस पर मार्च 2016 तक कुल 1,06,798.83 करोड़ रुपये का व्यय हुआ।

वर्ष 2022 तक 'सबके लिए आवास' की सरकार की प्राथमिकता के संदर्भ में ग्रामीण आवास योजना आईएवाई को प्रधानमंत्री आवास योजना-ग्रामीण (पीएमएवाई-जी) के रूप में पुनगर्ठित किया गया और इसे वर्तमान वित्तीय वर्ष 2016-17 से लागू किया गया है। पीएमवाई-जी योजना की मुख्य विशेषताओं में (क) वर्ष 2016-17 से 2018-19 तक की 3 वर्ष की अवधि में ग्रामीण क्षेत्रों में एक करोड़ आवासों के निर्माणार्थ सहायता उपलब्ध कराना, (ख) मैदानी क्षेत्रों में 70,000 से 1.20 लाख रुपये तथा पहाड़ी राज्यों, दुर्गम क्षेत्रों तथा आईएपी जिलों में 75,000 रुपये से 1.30 लाख रुपये तक की इकाई सहायता का संवर्धन, (ग) ऑटोमैटिक एक्सकल्यूजन केटेगरी और डी के अंतर्गत आने वाले परिवारों को छोड़कर बेघर परिवारों, कच्ची दीवारों के घरों में रहने वालों तथा दो कमरों अथवा इससे कम कमरों से कम के कच्ची छत के मकानों में रहने वाले परिवारों को शामिल करते हुए सामाजिक-आर्थिक तथा जातिगत-जनगणना (एसईसीसी 2011) के आधार पर लाभार्थियों का पता लगाना तथा साथ ही लाभार्थी को स्वच्छ भारत कोष तथा महात्मा गांधी राष्ट्रीय ग्रामीण रोज़गार गारंटी योजना (मनरेगा) सहित स्वच्छ भारत मिशन अथवा किसी अन्य निधियन समर्पित स्रोत के तहत शौचालय निर्माण के लिए सहायता के रूप में 12,000 रुपये तथा संकेंद्रण के माध्यम से महात्मा गांधी राष्ट्रीय ग्रामीण रोज़गार गारंटी योजना के अंतर्गत मैदानी क्षेत्रों में 90 व्यक्ति दिवसों तथा पहाड़ी राज्यों, दुर्गम क्षेत्रों और आईएपी जिलों में 95 दिवसों की सहायता मिलेगी।

राष्ट्रीय सामाजिक सहायता कार्यक्रम

भारत के संविधान में राज्य के नीति निदेशक तत्व राज्यों को निर्देश देते हैं कि वह अपने सामर्थ्य के अनुसार कल्याणकारी योजनाएं लागू करें। भारतीय संविधान का अनुच्छेद-41 राज्यों को निर्देश देता है कि वे अपने नागरिकों को बेरोज़गारी, वृद्धावस्था, बीमारी तथा नि:शक्तता में सहायता दें और अपनी विकास एवं आर्थिक क्षमता के आधार पर उनकी मदद करें। इस आदर्श सिद्धांत के अनुरूप भारत सरकार ने 1995 को राष्ट्रीय सामाजिक सहायता कार्यक्रम (एनएसएपी) शुरू किया।

एनएसएपी वृद्धों, विधवाओं एवं गरीबी रेखा से नीचे के परिवारों के मुखिया की मृत्यु की सूरत में उन्हें एक बार सहायता प्रदान करने से जुड़ा कार्यक्रम है। एनएसएपी निहित योजना वर्ष 2002-03 से लेकर 2013-14 तक राज्य योजना के अंतर्गत थी। एनएसएपी की योजना के कार्यान्वयन हेतु निधि का आवंटन वर्ष 2013-14 तक वित्त मंत्रालय तथा गृह मंत्रालय के बजट शीर्षों के अंतर्गत था। राज्यों एवं केंद्रशासित क्षेत्रों के लिए एनएसएपी की सभी योजनाओं हेतु निधि का आवंटन संयुक्त रूप से वित्त एवं गृह मंत्रालयों के बजट प्रमुखों द्वारा जारी किया गया। इसमें किसी राज्य द्वारा हिस्सेदारी का कोई प्रावधान नहीं है। यह सुनिश्चित किया जाता है कि सभी लाभार्थियों को एक समान न्यूनतम सहायता उपलब्ध हो। राज्य इस सहयोग में अपनी ओर से अलग से अंशदान कर सकते हैं। वर्तमान में एनएसएपी में इंदिरा गांधी राष्ट्रीय वृद्धावस्था पेंशन योजना (आईजीएनओएडब्ल्यूपीएस), इंदिरा गांधी राष्ट्रीय विधवा पेंशन योजना (आईजीएनडब्ल्यूपीएस), इंदिरा गांधी राष्ट्रीय विकलांगता पेंशन योजना (आईजीएनडीपीएस), राष्ट्रीय परिवार योजना (एनएफबीएस) और अन्नपूर्णा शामिल हैं। पात्रता तथा उपलब्ध कराई गई सहायता का ब्योरा नीचे दिया गया है।

इंदिरा गांधी राष्ट्रीय वृद्धावस्था पेंशन योजना (आईजीएनओएपीएस): 60-79 वर्ष के आयु वर्ग में पात्रता मानदंड को पूरा करने वाले बीपीएल व्यक्तियों को प्रतिमाह 200 रुपये की पेंशन/सहायता दी जाती है तथा 80 वर्ष अथवा इससे अधिक आयु के व्यक्तियों को प्रतिमाह 500 रुपये की पेंशन/सहायता प्रदान की जाती है। दिसंबर 2015 तक 152 लाख लाभार्थियों को इस योजना के तहत लाभान्वित किया गया है।

इंदिरा गांधी राष्ट्रीय विधवा पेंशन योजना (आईजीएनडब्ल्यूपीएस): इसे 2009 में प्रारंभ किया गया। इस योजना के अंतर्गत, 40-79 वर्ष के आयुवर्ग में गरीबी रेखा से नीचे जीवनयापन करने वाले परिवारों की विधवाओं को प्रतिमाह 300 रुपये की पेंशन/सहायता प्रदान की जाती है। 80 वर्ष की आयु के उपरांत लाभार्थी को प्रतिमाह 500 रुपये की पेंशन/सहायता पाने के लिए आईजीएनओएपीएस में स्थानांतरित किया जाता है। नवीनतम रिपोर्ट (दिसंबर 2015 तक) के अनुसार, इस योजना के अंतर्गत 39 लाख लाभार्थियों को लाभान्वित किया गया है।

इंदिरा गांधी राष्ट्रीय विकलांगता पेंशन योजना (आईजीएनडीपीएस): इस योजना को वर्ष 2009 में शुरू किया गया था। इस योजना के अंतर्गत 18-79 वर्ष की आयु वर्ग के गरीबी रेखा से नीचे जीवनयापन करने वाले परिवारों से संबंधित गंभीर अथवा बहु-विकलांगता वाले व्यक्तियों को प्रतिमाह 300 रुपये की सहायता पेंशन प्रदान की जाती है। 80 वर्ष की आयु होने पर, लाभार्थी को प्रतिमाह 500 रुपये की पेंशन/सहायता पाने के लिए आईजीएनओएपीएस में शिफ्ट किया जाता है। दिसंबर 2015 तक इस योजना के अंतर्गत 5.53 लाख लाभार्थियों को लाभान्वित किया जा चुका है।

राष्ट्रीय परिवार लाभ योजना (एनएफबीएस): इस योजना के अंतर्गत, 18-59 वर्ष की आयु वर्ग के प्रमुख कमाने वाले व्यक्ति की मृत्यु के मामले में गरीबी रेखा से नीचे के परिवार को 20,000 रुपये की एकबारगी सहायता मुहैया कराई जाती है। दिसंबर 2015 तक इस योजना के अंतर्गत 40 लाख लाभार्थियों को लाभान्वित किया गया है।

अन्नपूर्णा: अन्नपूर्णा योजना के अंतर्गत तत्कालीन राष्ट्रीय वृद्धावस्था पेंशन योजना के अंतर्गत शामिल करने से रह गए लाभाथिर्यों को प्रतिमाह 10 किलो खाद्यान निःशुल्क उपलब्ध कराया जाता है।

कार्यान्वयन

वर्ष 2002-03 से 2013-14 तक एनएसएपी के अंतर्गत योजनाएं राज्य योजना के अंतर्गत थी। इन योजनाओं के लिए निधियां योजना आयोग द्वारा आवंटित की गई थीं तथा एनएसएपी के अंतर्गत एक साथ सभी योजनाओं के लिए संयुक्त रूप से राज्यों को वित्त मंत्रालय द्वारा तथा केंद्रशासित प्रदेशों को गृह मंत्रालय द्वारा अतिरिक्त केंद्रीय सहायता के रूप में निधियां जारी की गई। इस मामले में ग्रामीण विकास मंत्रालय द्वारा निर्धारित सिद्धांतों के आधार पर अनुशंसाएं की गईं। वर्ष 2014-15 से एनएसएपी को केंद्र प्रायोजित योजना (सीएसएस) में बदला गया तथा ग्रामीण विकास मंत्रालय द्वारा योजनावार राज्यों/केंद्र राज्य क्षेत्रों की निधि जारी की गई। राज्यों में मुख्य रूप से सामाजिक कल्याण विभाग द्वारा एनएसएपी को कार्यान्वित किया जा रहा है। चूंकि योजना का अभिप्राय ग्रामीण तथा शहरी, गरीब रेखा से नीचे जीवनयापन करने वाले व्यक्तियों से है। ग्राम पंचायतों और नगरपालिकाओं की सक्रिय भागीदारी की अनुशंसा की जाती है। राज्यों को लाभार्थियों की सूची के सत्यापन और उन्हें दुरुस्त करने के लिए वर्ष में कम से कम एक बार सामाजिक लेखा-परीक्षा के आदेश भी दिए गए हैं। ग्रामीण क्षेत्र में ग्राम सभाओं

तथा नगर पालिकाओं में वार्ड समितियों को इस प्रयोजनार्थ डिजाइन किया गया है। राज्यों/केंद्र राज्य क्षेत्रों को जारी की गई निधि का 3 प्रतिशत तक उपयोग में लाने को प्रशासनिक खर्चों के लिए इस्तेमाल करने को कहा गया है।

दीनदयाल उपाध्याय ग्रामीण कौशल योजना

दीनदयाल उपाध्याय ग्रामीण कौशल योजना मंत्रालय के अंतर्गत स्थापन से जुड़ा कौशल प्रशिक्षण कार्यक्रम है। इसकी घोषणा 2014 को की गई। योजना राष्ट्रीय विकास कौशल नीति का महत्वपूर्ण अंश है और इसका महत्वाकांक्षी कार्यक्रम वैश्विक मानकों तथा आवश्यकताओं के अनुरूप वेतन व्यवस्था संबंधित कौशल कार्यक्रमों का मानक निर्धारित करना है। इसका अंतिम उद्देश्य ग्रामीण भारत को कुशल श्रम के वैश्विक प्राथमिक स्रोत के रूप में विकसित कर भारत की विशाल आबादी को जनसांख्यिकी लाभ पहुंचाना है। परिणाम के रूप में यह योजना वैसे 5.5 करोड़ गरीब ग्रामीण युवकों को लाभ देगी, जिन्हें स्थायी रोज़गार के जरिए प्रशिक्षित किया जा सकता है। इस तरह यह योजना गरीबी उन्मूलन में महत्वपूर्ण भूमिका निभा सकती है।

डीडीयू-जीकेवाई भारत में मानक कुशलता प्रदान करने की अग्रणी योजना है। यह पहली योजना है, जो प्रशिक्षण के लिए संचालन प्रक्रियाओं के मानक को अधिसूचित करती है। यह पहली योजना है, जो आईटी समाधानों को लागू करती है, यथा- प्रशिक्षुओं के लिए आवश्यक टैबलेट, आधार से जुड़ी बायोमीट्रिक हाजिरी सुविधा और प्रशिक्षण केंद्रों तथा वर्गों के टाइम रिकॉर्ड। डीडीयू-जीकेवाई का मूल स्वर्ण जयंती स्वरोज़गार योजना (एसजीएसवाई) में है। 1999 में एकीकृत ग्रामीण विकास कार्यक्रम (आईआरडीपी) को नया आकार देकर एसजीएसवाई बनाया गया। इसमें विशेष परियोजनाओं के लिए 15 प्रतिशत आवंटन का प्रावधान है। 2010 में एसजीएसवाई को राष्ट्रीय ग्रामीण आजीविका मिशन (एनआरएलएम), जिसे आजीविका के रूप में नई पहचान दी गई। सितंबर 2013 में ग्रामीण विकास मंत्रालय के नए दिशानिर्देश भी अधिसूचित किए गए ताकि इसका दायरा बढ़ाया जा सके। 25 सितंबर , 2014 को अंत्योदय दिवस पर, आजीविका कौशल को सुधार कर घरेलू तथा विश्व स्तर पर कार्यों के लिए ग्रामीण निर्धन युवाओं को कौशल प्रदान करने के अवसर मुहैया कराने पर बल देते हुए डीडीयू-जीकेवाई के रूप में नया नाम दिया गया है।

उद्देश्य:

(क) ग्रामीण निर्धन युवाओं को बाजार प्रासंगिक कार्यों एवं रोज़गार प्रासंगिक क्षमताओं में कौशलयुक्त बनाना;

(ख) अपने लाभार्थियों को नियमित और सतत् रोज़गार सुनिश्चित करना तथा कौशल उन्नत करके उनकी स्थायी करियर प्रगति सुनिश्चित करना; और

(ग) अपने लाभार्थियों का स्वतंत्र मूल्यांकन तथा वैश्विक रूप से स्वीकार्य प्रमाणन सुनिश्चित करना।

प्रमुख विशेषताएं

डीडीयू-जीकेवाई पीपीपी आधार पर 3 सूत्री कार्यान्वयन अपनाता है। इसमें शिल्प, नीति, केंद्रीय निवेश एवं तकनीकी सहयोग, राज्य के निवेशों के लिए उत्तरदायी एसआरएलएम/राज्य कौशल मिशनों, कार्यान्वयन एवं निगरानी नियंत्रण तथा परियोजना कार्यान्वयन एजेंसियों (पीआईए) के अलावा कौशल

प्रशिक्षण, संघटन, प्रशिक्षण एवं स्थापना के लिए जिम्मेदार सार्वजनिक एवं निजी क्षेत्रों की लामबंदी प्रमुख है।

(i) इस कार्यक्रम का बल 15 से 35 वर्ष आयु वर्ग के निर्धन परिवारों के ग्रामीण युवाओं पर है जो :

(क) एमजीएनआरईजीए कामगार परिवार, जिनमें परिवार के सदस्यों ने कार्य के 15 दिन साथ-साथ पूरे किए हों,

(ख) आरएसबीवाई परिवार,

(ग) अंत्योदय अन्न योजना कार्ड परिवार,

(घ) बीपीएल-पीडीएस कार्ड परिवार,

(ड) एनआरएलएम-एसएचजी परिवार, तथा

(च) एसईसीसी 2011 के स्व-समावेशन पैरामीटरों के अंतर्गत शामिल परिवारों से संबंधित है।

(ii) सामाजिक तौर पर वंचित समूहों के आवश्यक कवरेज द्वारा उम्मीदवार का पूर्ण सामाजिक समावेशन सुनिश्चित किया जाता है, 50 प्रतिशत आवंटन अ.जा/अ.ज.जा समूहों, 15 प्रतिशत अल्पसंख्यकों तथा 33 प्रतिशत महिलाओं के लिए और 3 प्रतिशत दिव्यांगों के लिए है।

(iii) उम्मीदवारों का क्षेत्रीय समावेशन इस प्रकार किया जाता है: जम्मू-कश्मीर के युवाओं के लिए 'हिमायत' नामक विशेष उप-योजना। नौ राज्यों के वामपंथी उग्रवाद प्रभावित 27 जिलों में ग्रामीण परिवारों के युवाओं के लिए 'रोशनी' नामक विशेष कार्यक्रम तथा डीडीयू-जीकेवाई के शीर्ष निवेश का 10 प्रतिशत पूर्वोत्तर क्षेत्र की परियोजनाओं के लिए अपेक्षित है।

(iv) दिशानिर्देशों और मानक प्रचालन प्रक्रिया (एसओपी) के अपने ढांचे, एनएसडीसी की एसएससी द्वारा विकसित एनसीवीटी अथवा क्यूपी-एनओएस के पाठ्यक्रम, परियोजना के रेटिंग/ग्रेडिंग सिस्टम तथा राज्य कार्यान्वयन परियोजनाओं के तहत गुणवत्ता पर बल दिया जाता है।

(v) प्रतिमाह 6,000 रुपये का न्यूनतम वेतन अथवा न्यूनतम पारिश्रमिक, जो भी अधिक हो, न्यूनतम 70 प्रतिशत सफल प्रत्याशियों के लिए पारिश्रमिक स्थापन का आदेश है।

(vi) कार्यबल और समाज में समावेशिता हेतु अभ्यर्थियों को रोज़गार के बाद समर्थन।

(vii) पीआईए को नौकरी सुरक्षित रखने, करियर प्रगति तथा विदेश प्लेसमेंट हेतु समर्थन भी दिया जाता है।

(viii) कौशल परियोजनाओं के आवंटन में ऐसे प्रशिक्षण साझेदारों को प्राथिमिकता दी जाती है, जो विदेशी रोज़गार तथा पुराने संरक्षित स्थापन रोज़गार संबंधी प्रशिक्षण और समर्थन दे सकें।

(ix) यह कार्यक्रम चैंपियन नियोक्ता नीति, संरक्षित नियोक्ता नीति और उद्योग प्रशिक्षण नीति के माध्यम से उद्योग के साथ सक्रिय भागीदारी के तहत मेक इन इंडिया अभियान को प्रोत्साहित करता है।

पारदर्शिता और जवाबदेही निश्चित होगी:

(क) प्रशिक्षकों और प्रशिक्षुओं के लिए यूनिक आईडी के आधार पर बायोमीट्रिक हाजिरी से;

(ख) प्रत्येक प्रशिक्षण स्थल पर प्रशिक्षण के लिए ऑनलाइन सूची तैयार करके;

(ग) प्रत्येक कक्षा एवं प्रयोगशाला (लैब सैशन) की सीसीटीवी व ऑडियो रिकार्डिंग से;

(घ) भुगतान का पता लगाने हेतु सार्वजनिक वित्तीय प्रबंधन प्रणाली में परियोजना कार्यान्वयन एजेंसियों की मैपिंग से;

(ङ) वास्तविक समय आधारित प्रदर्शन की रपट तैयार करने से;

(च) निगरानी व्यवस्था की विश्वसनीयता एवं वैधता जांचने के लिए अतिरिक्त निगरानी व्यवस्था से;

(छ) राज्य स्तर की निगरानी व्यवस्था के अलावा परियोजना मूल्यांकन एवं उसकी निगरानी से जुड़ी स्वतंत्र व्यवस्था से। यह कार्य एनएबीसीओएनएस एवं ग्रामीण विकास राष्ट्रीय संस्थान जैसी अधिकृत तकनीकी सहयोग एजेंसियों के जरिए किया जाता है। वर्ष 2015 के दौरान 12 परियोजनाएं स्वीकृत की गई हैं। इस दौरान 1,77,986 अभ्यर्थियों की तुलना में 1,90,330 लाख अभ्यर्थी प्रशिक्षित किए गए तथा दिसंबर 2015 तक 66,254 अभ्यर्थियों की नियुक्ति हुई।

सांसद आदर्श ग्राम योजना

वर्ष 2014 में सांसद आदर्श ग्राम योजना आरंभ की गई और योजना के दिशानिर्देश लोकनायक जयप्रकाश नारायण की जयंती पर जारी किए। महात्मा गांधी की ग्रामीण विकास की अवधारणा आदर्श ग्राम के माध्यम से 'स्वराज' को 'सुराज' में बदलने की रही। सांसद आदर्श ग्राम योजना का लक्ष्य महात्मा गांधी की दृष्टि को वर्तमान संदर्भ में ध्यान रखते हुए वास्तविक रूप देना है। एसएसजीवाई का उद्देश्य अवसंरचना विकास से अधिक गांवों में निश्चित मूल्य स्थापित करना है ताकि वे अन्य लोगों के लिए आदर्श में बदल सकें। इन मूल्यों में जनभागीदारी को अपनाना और ग्रामीण जीवन से संबंधित सभी पक्षों में समाज के सभी वर्गों की भागीदारी सुनिश्चित करना, विशेषकर निर्णय लेने और शासन प्रणाली के मामले में भागीदारी सुनिश्चित करना है।

योजना की प्रमुख विशेषताएं : (i) मार्च 2019 तक सांसदों द्वारा चुने गए तीन आदर्श ग्रामों को विकसित करना है। इनमें से एक गांव का विकास लक्ष्य 2016 तक हासिल करना है। इसके बाद प्रतिवर्ष ऐसे पांच आदर्श गांव चुने जाएंगे और 2024 तक विकसित किए जाएंगे; (ii) जनभागीदारी पर बल; (iii) सांसद कार्यक्रम का निदेशन और नेतृत्व करेंगे; (iv) यह कोई अवसंरचना केंद्रित योजना नहीं है; (v) उद्देश्य है गांव का समग्र विकास। यह कार्यक्रम मुख्य रूप से लोगों की शक्ति को उभारने के लिए है। वर्तमान सरकारी योजना/कार्यक्रम को आपस में मिलाने और कार्यान्वयन के लिए है तथा नियोजन और कार्यान्वयन में नीचे से ऊपर के दृष्टिकोण को अपनाना है। हालांकि सांसद इस कार्यक्रम की अगुवाई और मार्गदर्शन करेंगे, वहीं व्यक्तिगत स्तर पर सांसदों की नेतृत्व क्षमता व प्रतिबद्धता के कारण आदर्श ग्राम पंचायतों को विकसित करने का लक्ष्य पूरा हो सकेगा।

प्रत्येक चिह्नित ग्राम पंचायत के लिए एक ग्राम विकास योजना तैयार की जाएगी, जिसका विशेष बल गरीब परिवारों को गरीबी से बाहर निकालने में मदद करने पर होगा। इसके अलावा, आदर्श ग्रामों के रूप में सफलता प्राप्त गांव के अनुभवों का अध्ययन किया जाएगा, साथ ही विभिन्न केंद्र पोषित तथा केंद्र क्षेत्रीय योजनाओं के संसाधनों के बीच समन्वय स्थापित किया जाएगा।

योजना के अंतर्गत, फरवरी 2015 तक सांसदों द्वारा 661 ग्राम पंचायतों को निर्धारित किया गया है। प्रत्येक राज्य में एक राज्य नोडल अधिकारी नियुक्त किया गया। राज्य स्तर पर सभी कार्यक्रमों का समन्वय करने के लिए सभी जिला कलेक्टरों/जिला मजिस्ट्रेटों के साथ योजना की व्याख्या करने के लिए दो बार वीडियो कान्फ्रेंसिंग की गई। राज्य नोडल अधिकारी ने योजना की व्याख्या की तथा उनसे आदर्श जीपी की पहचान के लिए योजना के कार्यान्वयन के लिए सांसदों की सहायता करने की आवश्यकता पर बल दिया।

सभी योग्य हिस्सेदारों के लिए एक व्यापक क्षमता-निर्माण योजना तैयार की गई है। प्रत्येक राज्य/केंद्रशासित प्रदेश ने राज्य प्रशिक्षुओं की टीम बनाई गई है, जो वस्तुत: अपने राज्यों के सांसदों तथा कलेक्टरों के अभिविन्यास में मदद करेगी: 29 राज्यों/केंद्रशासित प्रदेशों ने सांसदों और जिला कलेक्टरों के लिए राज्य अभिविन्यास कार्यक्रम आयोजित किए; दिशानिर्देशों की 10,000 प्रतियां मुद्रित तथा वितरित कराई गईं। एसएजीवाई दिशानिर्देश सात क्षेत्रीय भाषाओं (गुजराती, कन्नड, मराठी, पंजाबी, तमिल, तेलुगु और उर्दू) में अनुदित कराए गए तथा दिशानिर्देश खंड के अंतर्गत वेबसाइट: www.saanjhi.gov.in पर उपलब्ध कराए गए।

प्रत्येक गतिविधि के परिणामों का मापन ग्राम विकास योजना में तय भौतिक और वित्तीय लक्ष्यों के संदर्भ में प्रत्येक तिमाही को किया जाएगा। साथ ही, 12वीं पंचवर्षीय योजना के मूलभूत निगरानी योग्य सूचकों का आवश्यकतानुसार उपयोग किया जाएगा। जहां तक संभव होगा, समय-समय पर परिणामों की निगरानी की जाएगी। सक्षम स्वतंत्र एजेंसी द्वारा कार्य का मध्यावधि मूल्यांकन किया जाएगा। इसी तरह परियोजना के बाद कार्य और परिणामों का मूल्यांकन किया जाएगा। 2015 तक 697 ग्राम पंचायतों को अंगीकार किया गया।

राष्ट्रीय भूमि सुधार आधुनिकीकरण कार्यक्रम

राष्ट्रीय भूमि सुधार आधुनिकीकरण कार्यक्रम (एनएलआरएमपी) योजना का नाम बदलकर डिजिटल इंडिया भूमि रिकार्ड आधुनिकीकरण कार्यक्रम (डीआईएलआरएमपी) किया गया है। डीआईएलआरएमपी के अंतर्गत, 27 राज्यों/केंद्रशासित क्षेत्रों ने अपने संबंधित क्षेत्रों में भूमि के रिकार्ड के पंजीयन को कंप्यूटरीकृत किया है, 19 राज्यों/केंद्रशासित क्षेत्रों ने आरओआर के मैनुअल रूप से जारी होने को रोका है तथा 22 राज्यों/केंद्रशासित क्षेत्रों ने अपनी-अपनी वेबसाइट अपलोड की हैं। इसके अलावा, 25 राज्यों/केंद्रशासित क्षेत्रों ने पंजीकरण का कंप्यूटरीकरण किया है तथा 11 राज्यों/केंद्रशासित राज्य क्षेत्रों ने भूमि रिकॉर्डों को पंजीकृत किया है।

इस अवधि के दौरान प्रशिक्षण के संबंध में एनआईआरडी और पीआर ने देश में, 864 प्रशिक्षण कार्यक्रम आयोजित किए जिनमें 22,032 प्रशिक्षुओं ने भाग लिया। इसके अलावा 28 राज्य ग्रामीण विकास संस्थानों के सहयोग से 400 एनआईआरडी एवं पीआर नेटवर्किंग कार्य का भी आयोजन हुआ।

पंचायती राज

पंचायती राज मंत्रालय (एमओपीआर) वर्ष 2004 में बनाया गया। इसका प्रमुख उद्देश्य संविधान के भाग 9 के उपबंधों, अनुच्छेद-243 जेडडी और पीईएसए के अनुसार जिला योजना समितियों से संबंधित उपबंधो का अनुपालन सुनिश्चित करना है।

पंचायतें भारत के संविधान में अधिदेशित स्थानीय सरकारों की तरह होती हैं। संविधान के अनुसार, 20 लाख से कम आबादी वाले राज्यों, जहां दो स्तरीय पंचायतें बनाई जा सकती हैं, को छोड़कर प्रत्येक पांच वर्ष में चुनावों के माध्यम से तीन स्तरीय पंचायतें बनाई जाती हैं। संविधान ग्राम पंचायत में सभी चुनिंदा नुमाइंदों अर्थात ग्राम सभा को मान्यता प्रदान करता है। संविधान में प्रावधान है कि अध्यक्षों की सीटें तथा कार्यालय अनुसूचित जाति तथा अनुसूचित जनजाति के लिए उनकी संबंधित आबादी के अनुपात में आरक्षित किए जाएं तथा एससी/एसटी आरक्षणों में सीटें तथा अध्यक्ष कार्यालय महिलाओं के लिए एक तिहाई से कम न हों। संविधान के अनुच्छेद-243 जेडडी में प्रत्येक जिले में जिला योजना समितियों (डीपीसी) गठित करने का प्रावधान है। इनकी मदद से जिलों में पंचायतों एवं नगर पालिकाओं के विकास कार्यों को मजबूती प्रदान की जाती है तथा समूचे जिले के लिए विकास योजनाओं का प्रारूप तैयार किया जाता है।

संविधान में प्रावधान है कि राज्य चुनाव आयोगों की स्थापना की जाए तथा इन्हें पंचायतों के चुनाव कराने, चुनावी प्रारूप की तैयारी का अधीक्षण, निर्देश और नियंत्रण दिया जाए। संविधान में आगे यह भी उल्लेख है कि राज्य वित्त आयोगों (एसएफसी) की प्रत्येक पांच वर्षों में स्थापना की जाए। राज्य वित्त आयोग करों, शुल्क, टोल, फीसों आदि की राज्यपाल से सिफारिश करेगा। इसके अलावा, कर शुल्क, टोल एवं फीस को पंचायतों को सौंपा अथवा उनके द्वारा नियुक्त किया जाता है। वहीं राज्य की समेकित निधि से पंचायतों को सहायता एवं पंचायतों की वित्तीय स्थिति को सुधारने के लिए आवश्यक उपाय भी करता है।

उक्त व्यापक ढांचे के भीतर चूंकि स्थानीय सरकार राज्य का विषय है, एवं पंचायती राज को उनके राज्यों में लागू करने से जुड़े विभिन्न पक्षों के निर्धारण में विधानसभाओं की महत्वपूर्ण भूमिका रहती है। पंचायतें स्थानीय सरकारों के संस्थानों के तौर पर कार्य करती है एवं आर्थिक, विकास एवं सामाजिक न्याय से जुड़ी योजनाओं को कार्यान्वित करती हैं। इसके बावजूद, पंचायतों को शक्तियां एवं अधिकार सौपना राज्यों की जिम्मेदारी होती है। संविधान की 11वीं अनुसूची में निदिष्ट 29 मामलों सहित पंचायतों के अधिकारों की रूपरेखा पर राज्य विधानसभाओं को निर्णय लेना होता है। ग्राम संभाओं की शक्तियां भी राज्यों द्वारा निर्धारित की जाती है। इसके अलावा, राज्य पंचायतों की क्षमताओं के निर्धारण एवं जिम्मेदारी व पारदर्शिता हेतु अनुकूल ढांचा विकसित करने में भी महत्वपूर्ण भूमिका निभाते हैं।

पंचायतों का आधारभूत विवरण

मंत्रालय का कार्य संविधान (पंचायतों से संबंधित) के भाग 9 का कार्यान्वयन, अनुच्छेद-243 जेडडी के अनुसार जिला योजना समिति संबंधित प्रावधानों एवं अनुसूचित क्षेत्र धारा (पीईएसए) 1996 तक पंचायतों की पहुंच के प्रावधान का कार्य है। आज देश में 2.55 लाख से अधिक पंचायतें हैं, जिनमें 2,48,263 ग्राम पंचायतें, 6618 ब्लाक पंचायतें तथा 595 जिला पंचायतें शामिल हैं। 30 लाख से अधिक पंचायत प्रतिनिधि हैं, जिनमें लगभग 14.37 लाख निर्वाचित महिला प्रतिनिधि भी शामिल हैं। पंचायत राज्य विषय है तथा पंचायती राज मंत्रालय अपनी योजना, राज्यों के माध्यम से जानकारी के आदान-प्रदान से पंचायती राज को बढ़ावा देता है।

राजीव गांधी पंचायत सशक्तीकरण अभियान

पंचायती राज संस्था के कार्यों में सुधार लाने के लिए, पंचायती राज मंत्रालय 12वीं पंचवर्षीय योजना-अवधि में राजीव गांधी पंचायत सशक्तीकरण अभियान (आरजीपीएसए) का कार्यान्वयन कर रहा है। आरजीपीएसए पंचायतों को जनशक्ति, अवसंरचना, प्रशिक्षण मुहैया कराकर तथा पंचायतों को शक्तियों के हस्तांतरण को बढ़ावा देकर उनके कारगर कार्यकरण में शक्तियों के अनुचित हस्तांतरण, जनशक्ति की कमी, अपर्याप्त अवसंरचना तथा सीमित क्षमता की प्रमुख बाधाओं का निराकरण करता है तथा जवाबदेही का ढांचा निर्धारित करता है। इन कार्यों के लिए वर्ष 2014-15 तक राज्यों को विपुल निधियां जारी की गई हैं।

वर्ष 2015-16 से इस योजना के अंतर्गत राज्यों को निधियां हस्तांतरित की गई। 191 करोड़ रुपये की राशि केंद्र सरकार के कार्यों के लिए 2015-16 में आरजीपीएसए हेतु प्रदान की गई। केंद्रीय घटक के अंतर्गत प्राप्त इन निधियों का मुख्य उद्देश्य राज्यों के लिए 14वें वित्त आयोग पुरस्कार (एफएफसी) के तहत उनकी क्षमता निर्माण को पूरा करना, विशेषकर ग्राम पंचायत विकास योजना के लिए प्रशिक्षण सहायता देना था। जीपीडीपी, प्रशिक्षण अवसंरचना तथा पेसा हेतु मानव संसाधन और ई-शासन की क्षमता-निर्माण के लिए एवं कार्यालय प्रबंध लागतों हेतु सहायता दी जाती है।

राष्ट्रीय ग्राम स्वराज अभियान

संवैधानिक रूप से अधिदेशित पंचायती राज प्रणाली पूरे देश में लागू है। इसमें लगभग 2.55 लाख निर्वाचित पंचायतें और 30 लाख निर्वाचित प्रतिनिधि हैं। ग्राम पंचायतों के विपुल संसाधनों का हस्तांतरण 14वें वित्त आयोग पुरस्कार तथा महात्मा गांधी राष्ट्रीय ग्रामीण रोज़गार गांरटी योजना (मनरेगा) का समेकन करने वाली सहभागी स्थानीय संरचना की शुरुआत के अंतर्गत वर्ष 2015-2020 की अवधि के लिए 2,00292.20 करोड़ रुपये विशेष रूप से बुनियादी स्तरों पर पंचायती राज सुदृढ़ीकरण हेतु उपलब्ध महत्वपूर्ण एकीकृत संसाधनों से किया गया। इस अवसर को व्यापक क्षमता-निर्माण प्रयास के तहत सहयोग किए जाने की आवश्यकता है। सतत विकास लक्ष्यों (एसडीजी) की पूर्ति के लिए प्रशासनिक क्षमताओं के विकास करने के उद्देश्य से पंचायती राज संस्थाओं की सहायता हेतु राष्ट्रीय ग्राम स्वराज अभियान नामक नई पुनर्गठित योजना की 2016 में घोषणा की गई।

राष्ट्रीय ग्राम स्वराज अभियान की ये उपयोजनाएं: (क) क्षमता निर्माण; (ख) ई-पंचायतों संबंधी मिशन मोड परियोजना; (ग) पंचायत भवनों में एटीएम सेवाएं; तथा (घ) पंचायतों को प्रेरणादायक बनाना

इसके अलावा, एफएफसी पुरस्कार ने स्थानीय स्तर पर संकेंद्रण योजनाओं के लिए अवसर सृजित किए हैं तथा लोगों को बुनियादी सुविधाएं व सेवाएं उपलब्ध कराते हुए पंचायतों को नेतृत्व भी प्रदान किया। नई योजना का बल 'ग्रामोदय से भारत उदय' कार्यक्रम के आधार पर होगा, जो पंचायत स्तर पर संसाधनों के संकेंद्रण के माध्यम से सामाजिक सशक्तीकरण, आर्थिक सशक्तीकरण तथा योग्य ग्राम सभाओं पर प्रकाश डालता है। एमओपीआर ने राज्यों का ग्राम पंचायत विकास योजना (जीपीडीपी) के संबंध में विशिष्ट दिशानिर्देशों को विकसित करने में सहयोग दिया है। इसके अंतर्गत एफएफसी निधियां, मनरेगा निधियां, स्वच्छ भारत निधियां आदि वह सब स्रोत आते हैं जिन पर पंचायतों का अधिकार रहता है। सहभागी प्रक्रिया के माध्यम से ग्राम पंचायत विकास योजनाओं हेतु जागरुकता के तहत इस योजना के

लिए 1.45 लाख ग्राम पंचायतों को तैयार किया। क्षमता विकास की चुनौती भी तेजी से बढ़ रही है। जीपी स्तर पर सभी निर्वाचित प्रतिनिधियों और कार्यकर्ता तथा ग्राम समूह, ब्लाक और जिला स्तरों पर सभी सहयोग संरचनाओं को सहभागी योजना में अपनी भूमिकाओं के लिए तैयार रहने की जरूरत है। अत: आरजीएसए के अंतर्गत जीपीडीपी के विभिन्न पहलुओं पर विशेष बल देते हुए सभी हितधारकों की क्षमता बढ़ाने तथा प्रशिक्षण सुविधाओं का समर्थन करने व वृद्धि के व्यापक प्रयास किए जाएंगे।

क्षमता निर्माण हेतु मंत्रालय द्वारा की गई शुरुआत में शामिल हैं: स्थानीय शासन के सभी हितधारकों को प्रशिक्षणार्थ सहायता; प्रशिक्षण क्षमता निभाने, प्रशिक्षण के लिए अवसंरचना और मानव संसाधन हेतु सहायता; सूचना प्राप्त करने तथा शासन हेतु कंप्यूटरों और ई-शासन टूलों को उपलब्ध कराने के लिए सहायता; पीईएसए (पेसा) गावों में शासन के सुदृढ़ीकरण हेतु सहायता; सहायक सामग्री तथा दिशानिर्देश तैयार किए गए हैं तथा राज्यों और प्रशिक्षण संस्थाओं में प्रचार किया। जीपीडीपी संबंधी टूलकिट; पर्यावरण विकास परामर्श; जीपीडीपी संबंधी केंद्रीय दिशानिर्देश; बुनियादी आयोजना की पुस्तिका, स्वसहायता दल-जीपी संकेंद्रण संबंधी परामर्श; जीपीडीपी की सहभागी योजना का ढांचा। क्षमता-निर्माण के लिए परामर्शदाता संस्था के रूप में राष्ट्रीय ग्रामीण विकास संस्थान और पंचायती राज (एनआईआरडी एंड पीआर) के साथ सहयोग। संयुक्त राष्ट्र विकास कार्यक्रम द्वारा सहायता प्राप्त पंचायती राज संस्थाओं की क्षमताओं के सुदृढ़ीकरण परियोजना (एससीपीआरआई) के अंतर्गत ग्राम पंचायतों हेतु पाठन सामग्री विकसित की।

ई-पंचायत पहल

मंत्रालय देश में लगभग 2.5 लाख पंचायत, जिनमें लगभग 30 लाख निर्वाचित सदस्य तथा लगभग 10 लाख पीआरआई कार्यरत लाभ प्राप्त कर रहे हैं, को आंतरिक कार्यप्रवाह प्रक्रिया से स्वचालित बनाने की दिशा में और स्थानीय शासन में सुधार करने तथा बुनियादी स्तर पर लोकतांत्रिक प्रक्रिया को कारगर ढंग से चलाने में राज्य सरकारों के साथ कार्य कर रहा है। इस संबंध में ई-पंचायत भारत सरकार के डिजिटल भारत कार्यक्रम के अंतर्गत मिशन मोड प्रोजेक्ट (एमएमपी) में से एक है। यह परियोजना पंचायतों को विकेंद्रित स्वशासी संस्थाओं के अंग के रूप में और अधिक पारदर्शी, जवाबदेह तथा कारगर बनाकर पंचायती राज संस्थाओं की कार्यप्रणाली को पूरी तरह से बदलने का प्रयास करती है। इससे सही अर्थों में लोकतंत्र विकेंद्रित होगा।

राज्यों को मंत्रालय की एकल आरजीपीएसए योजना राष्ट्रीय ग्राम स्वराज अभियान (आरजीएसए) के पुनर्गठन के अंतर्गत के माध्यम से ई-पंचायत के कार्यान्वयन के लिए जनशक्ति, कंप्यूटरों तथा क्षमता निर्माण हेतु वित्तीय सहायता भी प्रदान की जा रही है। ई-पंचायत एमएमपी के अंतर्गत पंचायतों के विभिन्न कार्यों हेतु मूल सामूहिक विनियोग का एक समूह विकसित किया गया है। इसमें योजना, बजटिंग, कार्यान्वयन, लेखांकन, निगरानी, सामाजिक लेखा-परीक्षा और प्रमाण-पत्रों, लाइसेंसों आदि को जारी करने जैसी नागरिक सेवाओं का प्रतिपादन शामिल है।

चौदहवें वित्तीय कमीशन की सिफारिशें

2015-20 के अरसे के दौरान चौदहवें वित्त आयोग (एफएफसी) पुरस्कार में देशभर की ग्राम पंचायतों के लिए 2,00,292.20 करोड़ रुपये की राशि अनुमोदित की गई। यह राशि संविधान के भाग IX के अंतर्गत सामूहिक तौर पर 26 राज्यों को जारी की गई जिससे वहां प्रतिवर्ष प्रति व्यक्ति 488 रुपये की सहायता राशि

उपलब्ध हो सके और नियमित अंतराल पर वैधानिक रूप से नियत कार्यों को पूरा किए जाने के लिए वित्तीय सहयोग सुनिश्चित हो सके। एफएफसी ने मेघालय, मिज़ोरम, त्रिपुरा और असम, मणिपुर के पहाड़ी जिलों के क्षेत्रों, नगालैंड तथा मिज़ोरम के ग्रामीण क्षेत्रों में अनुसूचित 6 क्षेत्रों में अनुदानों की अनुशंसा नहीं की है। मंत्रालयों द्वारा जारी दिशानिर्देशों के अनुसरण में वित्त मंत्रालय (व्यय विभाग) द्वारा विभिन्न राज्यों को अनुदान आवंटित तथा जारी किए हैं। दिशानिर्देश उस मंत्रालय की वेबसाइट www.finmin.nic.in/ffc/guidelines.asp पर भी उपलब्ध हैं।

राज्यों को नवीनतम राज्य वित्त आयोग (एसएफसी) रिपोर्ट में संस्तुत अनुमोदित फार्मूला के अनुसार ग्राम पंचायतों को अनुदान वितरण करना है। हालांकि एसएफसी फार्मूला की अनुपस्थिति में, 2011 जनगणना के आधार पर 10 प्रतिशत क्षेत्र में 90 प्रतिशत वृहद आबादी के अनुसार अनुदान वितरित किया जाना चाहिए। एसएफसी अनुदान सहित अन्य अनुदानों को जारी करने तथा उपयोग की बेहतर निगरानी के लिए ऑनलाइन प्रणाली (एमआईएस) विकसित की गई हैं। पीआरआईए सॉफ्ट (वेब आधारित पंचायत लेखांकन सॉफ्टवेयर) तथा योजना प्लस (वेब आधारित सहभागी योजना सॉफ्टवेयर) पंचायती राज संस्थाओं (पीआरआई) में पारदर्शिता और जवाबदेही में सहायता करने वाली ई-पंचायत मिशन मोड परियोजना (एमएमपी) के अंतर्गत दो महत्वपूर्ण अनुप्रयोग हैं, जिन्हें राज्यों के अपनाने के लिए मंत्रालय द्वारा विकसित किया गया है।

पेयजल और स्वच्छता मंत्रालय

वर्ष 1999 में ग्रामीण विकास मंत्रालय में पेयजल आपूर्ति विभाग बनाया गया था, जिसे बाद में 2010 में पुनः पेयजल एवं स्वच्छता विभाग नाम दिया गया था। ग्रामीण जल आपूर्ति एवं स्वच्छता के महत्व को ध्यान में रखते हुए भारत सरकार ने वर्ष 2011 में पेयजल एवं स्वच्छता मंत्रालय बनाया और एक अलग मंत्रालय के रूप में इसे अधिसूचित किया। पेयजल एवं स्वच्छता मंत्रालय देश में सरकार द्वारा ग्रामीण पेयजल हेतु चलाए जा रहे महत्वपूर्ण कार्यक्रम अर्थात राष्ट्रीय ग्रामीण पेयजल कार्यक्रम (एनआरडीडब्ल्यूपी) एवं स्वच्छता के लिए चलाए जा रहे स्वच्छ भारत मिशन (ग्रामीण) के लिए समग्र रूप से नीति, योजना, उसके लिए वित्त पोषण का कार्य करने तथा समन्वय का कार्य करने वाले नोडल मंत्रालय है।

राष्ट्रीय ग्रामीण पेयजल कार्यक्रम

राष्ट्रीय ग्रामीण पेयजल कार्यक्रम (एनआरडीडब्ल्यूपी) एक केंद्र प्रायोजित योजना है, जिसका उद्देश्य देश की ग्रामीण आबादी को पर्याप्त स्वच्छ पेयजल उपलब्ध कराना है। राष्ट्रीय ग्रामीण पेयजल कार्यक्रम (एनआरडीडब्ल्यूपी) भारत निर्माण का एक घटक है, जो बुनियादी ढांचा निर्माण पर ध्यान केंद्रित करता है। इसके परिणामस्वरूप ग्रामीण क्षेत्रों में पेयजल आपूर्ति योजनाओं के सफल संचालन के लिए अवस्थापना एवं क्षमताओं के विकास के लिए व्यापक माहौल तैयार हुआ तथा इस क्षेत्र के लिए महत्वपूर्ण अतिरिक्त संसाधनों की व्यवस्था हुई है।

स्वच्छ भारत अभियान

राष्ट्रपिता महात्मा गांधी की जयंती 2 अक्टूबर, 2014 को स्वच्छ भारत अभियान की शुरुआत की गई। स्वच्छ भारत अभियान की अवधारणा के अनुसार शौचालय, कचरा प्रबंधन, गांवों की सफाई एवं साफ व प्रचुर मात्रा में पेयजल सुविधा सुलभ होनी चाहिए। इस कार्यक्रम की शुरुआत पेयजल एवं स्वच्छता मंत्रालय ने की है।

महात्मा गांधी की 150वीं जयंती, यानी 2019 तक स्वच्छ भारत को वास्तविक रूप प्रदान करने के लिए एक विस्तृत कार्य योजना भी तैयार की जा चुकी है। इस अभियान के अंतर्गत 2019 तक सार्वजनिक शौचालयों की संख्या मौजूदा 3 प्रतिशत से तीन गुना से बढ़ाकर 10 प्रतिशत करने का लक्ष्य है। वर्तमान के 14,000 शौचालय प्रतिदिन के निर्माण से बढ़ाकर इसे 48,000 प्रतिदिन करने की योजना है। इस कार्य योजना के तहत् भारत को पांच वर्षों में खुले में शौच (ओडीएफ) से मुक्त बनाने पर ज़ोर दिया गया है।

स्वच्छ भारत के अंश के तौर पर शुरुआत में देश के सभी स्कूलों में लड़कों व लड़कियों के लिए शौचालय बनाने को प्राथमिकता दी जा रही है। इसे एक वर्ष में पूरा करने का लक्ष्य रखा गया है। ग्रामीण इलाकों में स्वच्छता से संबंधित सुविधाओं के लिए निम्न मानदंड प्रस्तावित किए गए हैं।

(क) जलापूर्ति एवं स्वच्छता को अमल में लाने पर राज्यों के साथ समझौता ताकि इन सुविधाओं के बीच विनियमितता बनी रहे और राज्यों में धनराशि बेकार न जाए।

(ख) राज्यों को 'उचित समय' के सिद्धांत पर सुविधाएं पहुंचाना। केंद्र इस पर सख्ती से अमल करेगा ताकि भारत सरकार पर अतिरिक्त वित्तीय बोझ न पड़े।

(ग) उन घरों को शौचालय निर्माण के लिए नाबार्ड, सिडबी (अथवा सुरक्षा के तौर पर संपत्ति न रखवाने वाले प्राथमिक क्षेत्र के बैंकों) जैसी संस्थाओं के माध्यम से छोटे ऋण दिलाना, जो राहत प्राप्त करने योग्य हैं या जो स्नान की व्यवस्था वाले बेहतर शौचालय बनाना चाहते हैं।

(घ) ब्लॉक स्तर पर स्वच्छता समन्वयकों का ढांचा तैयार करना, जो साफ-सफाई से जुड़ी गतिविधियों को मजबूत करने व सूचना प्रसारित करने में ग्राम पंचायतों का मुख्य आधार बनें।

(ङ) देश की प्रत्येक ग्राम पंचायत में स्वच्छता दूत (संदेशवाहक) का चयन, उसे स्वच्छता संबंधी कौशल में प्रशिक्षित करना, सिखाना व प्रदर्शन संबंधित प्रोत्साहन देना। एवं

(च) मंत्रालय के एमआईएस द्वारा प्रत्येक घर की गहन जांच की जाएगी। पेयजल मंत्रालय द्वारा सर्वेक्षण आधारित आंकड़ों के आधार पर हाल में ऐसे घरों की विस्तृत सूची तैयार की गई है। इसके अतिरिक्त, केंद्र और राज्यों के शीर्ष अधिकारी कार्य पुष्टि के लिए सीधे सरपंचों से बात करेंगे।

स्वच्छ भारत मिशन (ग्रामीण)

भारत सरकार की प्रथम पंचवर्षीय योजना के भाग के रूप में भारत में ग्रामीण स्वच्छता क्षेत्र में वर्ष 1954 में शुरुआत की गई थी। भारत सरकार ने 1986 में केंद्रीय ग्रामीण स्वच्छता कार्यक्रम (सीआरएसपी) के रूप में एक ढांचागत योजना शुरू की थी, जिसका प्राथमिक उद्देश्य ग्रामीणों की जीवन शैली के स्तर को बेहतर बनाना तथा महिलाओं को निजता एवं गरिमा प्रदान करना था। संपूर्ण स्वच्छता अभियान मांगजनित दृष्टिकोण के साथ 1999 से शुरू किया गया था, जिसमें ग्रामीणों के बीच जागरुकता पैदा करने के लिए सूचना, शिक्षा एवं संप्रेषण, मानव संसाधन विकास, क्षमता विकास गतिविधियों और स्वच्छता सुविधाओं के लिए मांग सृजन पर अधिक बल दिया गया था। निर्मल भारत अभियान, जो संपूर्ण स्वच्छता अभियान का उत्तरवर्ती कार्यक्रम था, को वर्ष 2012 से शुरू किया गया, जिसका उद्देश्य निर्मल ग्रामों का सृजन करना तथा मनरेगा योजना के साथ तालमेल के जरिए उन्हें अधिक प्रोत्साहन

प्रदान करना था। यद्यपि ये कार्यक्रम काफी हद तक सफल रहे, लेकिन अभी भी ग्रामीण आबादी का एक बड़ा भाग शेष है, जिसे शौचालय की सुविधा नहीं मिली है।

इस कार्यक्रम को महत्वपूर्ण रूप से बढ़ावा देने तथा स्वच्छता के मुद्दे पर राष्ट्र का ध्यान आकृष्ट करने के लिए प्रधानमंत्री श्री नरेन्द्र मोदी द्वारा नई दिल्ली में एक विशेष कार्यक्रम में 2014 में स्वच्छ भारत मिशन (ग्रामीण) की शुरुआत की गई। नई कार्यनीति का बल राज्य की विशिष्ट आवश्यकताओं को ध्यान में रखकर राज्य सरकारों को छूट देकर अपनी कार्यान्वयन नीति एवं तंत्र पर निर्णय लेने के लिए स्वच्छ भारत की ओर अग्रसर होना है। ग्रामीण पेयजल आपूर्ति राज्य का विषय है और इसे संविधान की 11वीं अनुसूची में शामिल किया गया है। यह उन विषयों में है, जिसे राज्य; पंचायतों को सौंप सकते हैं। ग्रामीण पेयजल आपूर्ति के क्षेत्र में पंचायती राज संस्थानों की भागीदारी पर खासतौर से ध्यान दिया जाता है।

जल क्षेत्र में भारत सरकार के प्रमुख कार्यक्रम समस्याग्रस्त गांवों में पेयजल आपूर्ति की कवरेज को बढ़ाने हेतु राज्यों/केंद्रशासित प्रदेशों की सहायता करने के लिए त्वरित ग्रामीण जलापूर्ति कार्यक्रम (एआरडब्लयूएसपी) के अंतर्गत 1972-73 में शुरुआत की। जल गुणवत्ता, उचित प्रौद्योगिकी कार्यक्रम, मानव संसाधन विकास सहायता तथा अन्य संबंधित कार्यकलाप पर ज़ोर देते हुए प्रौद्योगिकी मिशन वर्ष 1986 में शुरू किया गया, जिसको बाद में वर्ष 1991 में राजीव गांधी राष्ट्रीय पेयजल मिशन का नाम दिया गया। वर्ष 1999-2000 में पेयजल योजनाओं की योजना बनाने, कार्यान्वयन तथा प्रबंधन में समुदाय को शामिल करने के लिए सेक्टर सुधार परियोजनाएं शुरू की, जिन्हें स्वजलधारा कार्यक्रम के रूप में वर्ष 2002 में प्रवर्धित किया गया। इस कार्यक्रम को वर्ष 2009 में संशोधित किया गया तथा राष्ट्रीय ग्रामीण पेयजल कार्यक्रम का नाम दिया गया।

राष्ट्रीय ग्रामीण पेयजल कार्यक्रम (एनआरडीडब्ल्यूजी) एक केंद्रीय प्रायोजित योजना है जिसका उद्देश्य देश की ग्रामीण जनता को पर्याप्त तथा सुरक्षित पेयजल उपलब्ध कराना है। यह भारत निर्माण का एक घटक है जो ग्रामीण अवसंरचना पर केंद्रित है। इस कारण क्षेत्र को अतिरिक्त महत्वपूर्ण संसाधनों का प्रावधान एवं ग्रामीण क्षेत्रों में पेयजल आपूर्ति संबंधी कार्यों को सफलतापूर्वक पूरा करने के लिए अवसंरचना एवं क्षमता विकास में सहयोग मिला।

भारत निर्माण

ग्रामीण आधारभूत सुविधाओं का निर्माण करने के लिए भारत सरकार द्वारा 2005 में भारत निर्माण कार्यक्रम शुरू किया गया। कार्यक्रम का प्रथम चरण 2005-06 से 2008-09 तक की अवधि में कार्यान्वित किया गया, जबकि चरण दो 2009-10 से 2011-12 तक की अवधि में। ग्रामीण पेयजल भारत निर्माण के छह घटकों में एक है।

शहरी विकास

शहरी विकास मंत्रालय का दायित्व व्यापक नीति निर्देश तैयार करना तथा शहरी विकास के क्षेत्र में कार्यक्रमों की निगरानी करना है। शहरी विकास राज्य का विषय है, लेकिन भारत सरकार समन्वय तथा निगरानी भूमिका निभाती है और केंद्रीय तथा केंद्र-प्रवर्तित योजनाओं के माध्यम से सहायता पहुंचाती है। मंत्रालय नीतिगत, दिशानिर्देशों, विधायी मार्गदर्शन और क्षेत्रीय कार्यक्रमों के जरिए शहरी क्षेत्र के विभिन्न विषयों का समाधान करता है।

भारत में शहरीकरण एक महत्वपूर्ण और अपरिवर्तनीय प्रक्रिया बन गई है और राष्ट्रीय आर्थिक वृद्धि तथा गरीबी को कम करने का महत्वपूर्ण निर्धारक है। बड़े शहरों की संख्या में वृद्धि शहरीकरण की प्रक्रिया की विशेषता है। यद्यपि भारत के बारे में यह कहा जा सकता है कि यह ग्रामीणबहुल समाज से अर्द्धशहरी समाज में बदलने के दौर से गुजर रहा है। वर्तमान वृद्धि दर से भारत में शहरी जनसंख्या 2030 तक आश्चर्यजनक रूप से 57.5 करोड़ हो जाएगी। वर्ष 2011 की जनगणना के अनुसार, भारत में लगभग 52 शहरों की जनसंख्या दस लाख से अधिक थी।

राष्ट्रीय विरासत नगर विकास एवं संवर्धन योजना

राष्ट्रीय विरासत नगर विकास एवं संवर्धन योजना (एचआरआईडीएवाई) 2015 में शुरू की गई। शुरू में इसमें 12 शहरों को रखा गया। इस योजना का लक्ष्य देश में विरासत वाले शहरों की आत्मा और उनकी अनोखी विशेषता का रखरखाव और उनका पुनरुद्धार है। इस मिशन को एक केंद्रीय क्षेत्र योजना के तहत संचालित किया गया। इसे प्रारंभिक तौर पर 12 चिह्नित शहरों- अजमेर, अमरावती, अमृतसर, बदामी, द्वारका, गया, कांचीपुरम, मथुरा, पुरी, वाराणसी, वेलनकन्नी और वारंगल में कार्यान्वित किया गया।

जवाहरलाल नेहरू शहरी राष्ट्रीय नवीकरण मिशन

जवाहरलाल नेहरू शहरी राष्ट्रीय नवीकरण मिशन (जेएनएनयूआरएम) 2005 को शुरू किया गया। सुधार- प्रेरित और नियोजित विकास के उद्देश्य से यह शहरी अवस्थापना, सेवा आपूर्ति तंत्रों, सामुदायिक भागीदारी तथा नागरिकों के प्रति शहरी स्थानीय निकायों और अर्धराज्यीय एजेंसियों की जवाबदेही में कुशलता लाने पर ध्यान केंद्रित करने वाला कार्यक्रम है। इसने शहरी अवस्थापना क्षेत्र में निवेश बढ़ाने का प्रयास किया है तथा इन निवेशों को बनाए रखने के लिए सुधार प्रारंभ किया है। जलापूर्ति, सीवरेज और वर्षा जल निकासी क्षेत्रों के लिए परियोजनाओं की स्वीकृति को प्राथमिकता दी गई है। शहरी परिवहन क्षेत्र के लिए भी परियोजनाएं स्वीकृत की गई हैं जिनमें सड़क, फ्लाईओवर का निर्माण और बस द्रुत परिवहन प्रणाली शामिल हैं। सार्वजनिक परिवहन प्रणाली की सहायता और विकास के लिए इस कार्यक्रम के अंतर्गत बसों की खरीद के लिए वित्तपोषण भी किया जाता है।

यह कार्यक्रम देश के 65 चुनिंदा शहरों के लिए संसाधनों के उच्च स्तर और प्रबंधन पर ध्यान केंद्रित करता है। 65 शहरों में से 35 शहर दस लाख से अधिक आबादी वाले हैं और अन्य 30 शहर या तो राज्यों की राजधानियां हैं अथवा विरासत और पर्यटन महत्व के शहर हैं। राज्यों/केंद्रशासित प्रदेशों के अन्य शहर शहरी अवस्थापना विकास योजना (यूआईडीएसएसएमटी) के तहत वित्तपोषण के पात्र हैं।

शहरी अवसंरचना और शासन

जेएनएनयूआरएम का उप-अंश एवं शहरी अवसंरचना और शासन (यूआईजी) का बढ़ाया गया सत्र 2014 को समाप्त हुआ। जेएनएनयूआरएम के पहले चरण के अंतर्गत जेएनएनयूआरएम के शहरी अवस्थापना एवं शासन उप-मिशन के अंतर्गत 27,655.13 करोड़ रुपये की एसीए के साथ 60,200.78 करोड़ रुपये की कुल लागत से 538 परियोजनाएं स्वीकृत की गई हैं, जिसमें से 21,119.24 करोड़ रुपये की धनराशि 65 मिशन शहरों को पहले ही जारी की गई है। प्रोत्साहन पैकेज के अंतर्गत 2,101.05 करोड़ रुपये की एसीए धनराशि के साथ कुल 4,748.97 करोड़ रुपये की लागत से 15,485 बसें स्वीकृत की गई हैं,

जिसमें से 1,546.72 करोड़ रुपये की धनराशि पहले से जारी की गई है। इसके अतिरिक्त, जेएनएनयूआरएम के अंतर्गत विभिन्न क्षमता निर्माण गतिविधियों (पीआईयू/पीएमयू/आईआरएमए/डीपीआर/सीपीडी/ई-शासन आदि) के लिए 469.86 करोड़ रुपये की एसीए की वचनबद्धता की गई है, जिसमें से आज तक 188.62 करोड़ रुपये जारी किए गए हैं। यूआईजी उप-मिशन के अंतर्गत पूर्व में स्वीकृत कुल 538 परियाजनाओं में से 243 परियोजनाएं दिसंबर 2014 तक पूरी हो चुकी हैं और 295 परियोजनाएं विभिन्न चरणों में हैं।

छोटे तथा मझोले शहरों के लिए शहरी आधारभूत ढांचा विकास योजना

छोटे तथा मझोले शहरों के लिए शहरी आधारभूत ढांचा विकास योजना (यूआईडीएसएसएमटी) जो जेएनएनयूआरएम का अंश है, के लिए बढ़ाई गई अवधि वर्ष 2014 में पूरी हो चुकी है। यूआईडीएसएसएमटी के प्रथम चरण के अंतर्गत 11,197.20 करोड़ रुपये की एसीए के साथ कुल 13,886.27 करोड़ रुपये की लागत से 801 परियोजनाएं स्वीकृत की गई हैं, जिसमें से 9968.05 करोड़ रुपये 668 छोटे तथा मझोले शहरों के लिए पहले ही जारी किए जा चुके हैं। यूआईडीएसएसएमटी उप-मिशन के अंतर्गत आरंभ की गई 801 परियोजनाएं में दिसंबर 2014 तक 454 परियोजनाएं पूरी हो चुकी है और 347 कार्यान्वयन के विभिन्न चरणों में हैं।

सात मेगा शहरों के निकट सेटेलाइट शहरों में शहरी अवसंरचना विकास के लिए योजना

शहरी विकास मंत्रालय सात मेगा शहरों के निकट सेटेलाइट शहरों में शहरी अवस्थापना विकास के लिए पायलट योजना लागू कर रहा है। इस योजना के उद्देश्य निम्नलिखित हैं:

I. सात मेगा शहरों के आस-पास पेयजल, सीवर, कचरा प्रबंधन जैसी अवसंरचना सुविधाएं विकसित करना तथा मेगा शहरों पर दबाव कम करने में इनके विकास को सुचारू करना।

II. ई-गवर्नेंस, संपत्ति कर, दोहरी प्रवेश लेखा, सीमा मुक्त वातावरण बनाना, राष्ट्रीय भवन संहिता के अनुपालन के साथ ढांचागत सुरक्षा के तौर-तरीके, जल तथा बेकार जल की उपयोगिता एवं सेवा स्तर मानकों को लागू करना।

III. उचित उपयोग शुल्क शेष, बुनियादी सेवाओं के लिए बजट निर्धारण तथा शहरी निर्धन वर्ग के लिए कम से कम 10 से 15 प्रतिशत आवासीय स्थल, आपदा प्रबंधन प्रावधान के लिए उप-नियम बनाना, जल संरक्षण, उसकी सफाई व पुनः इस्तेमाल तथा निजी-सार्वजनिक भागीदारी (पीपीपी) की परियोजनाओं के कार्यान्वयन के लिए व्यवस्था को मजबूत बनाना।

कायाकल्प एवं शहरी रूपांतरण के लिए अटल मिशन

कायाकल्प एवं शहरी रूपांतरण के लिए अटल मिशन(अमृत) वर्ष 2015 में प्रारंभ किया गया। इस मिशन का उद्देश्य 500 शहरों/कस्बों में बुनियादी शहरी अवसंरचना में सुधार लाना है, जिन्हें मिशन शहरों/कस्बों के रूप में जाना जाएगा। यह मिशन एक केंद्रीय प्रायोजित योजना (सीएसएस) के रूप में संचालित किया जा रहा है। इसका उद्देश्य केंटोनमेंट बोर्डों (सिविलियन क्षेत्रों) तथा शीर्ष शहरों, मुख्य नदियों की धारा तथा पर्यटन और पहाड़ी गंतव्यों पर कुछ शहरों जैसे कतिपय अन्य शहरों सहित निर्धारित नगर पालिकाओं वाले एक लाख से अधिक जनता वाले सभी शहरों तथा कस्बों को शामिल करना है।

अमृत (एएमआरयूटी) का उद्देश्य है (1) प्रत्येक गृहवासी को पानी की सुनिश्चित आपूर्ति के साथ सीवर कनेक्शन की उपलब्धत; (2) हरियाली और सुव्यवस्थित खुले स्थान यानी पार्क आदि के साथ शहरों की गुणवत्ता सुनिश्चित की जाए/बढ़ाई जाए; और (3) सार्वजनिक परिवहन या गैर मोटर परिवहन द्वारा पर्यावरण प्रदूषण को कम किया जाए। (पैदल चलना और साइकिल चलाना)। सहकारिता की भावना के तहत अमृत योजना के आयोजन और क्रियान्वयन में राज्यों को बराबर का भागीदार बनाती है। इसी के तहत सहयोगी संघीय ढांचे की भावना को बल मिलता है। अभी तक इस मिशन के अंतर्गत 497 शहर/कस्बों का चयन किया गया है।

प्रति शहर 25 लाख रुपये अथवा पात्रता के अनुसार अग्रिम राशि, जो 25 लाख रुपये से नीचे है, यूएलबी द्वारा सेवा स्तर सुधार योजनाओं (एसएलआईपी) की तैयारी के लिए राज्यों/केंद्रशासित क्षेत्रों को जारी की गई है। एसएलआईपी के आधार पर राज्य वार्षिक कार्य योजना (एसएएपी) तैयार करेगा। 123.38 करोड़ रुपये की राशि इस मिशन के ए एंड ओई के तहत एसएलआईपी की तैयारी के लिए राज्यों/केंद्रशासित प्रदेशों को जारी की गई।

स्मार्ट सिटीज मिशन

इस मिशन की शुरुआत वर्ष 2015 में गई थी। स्मार्ट सिटीज मिशन पूर्ण तथा एकीकृत योजना के सिद्धांतों पर समग्र शहरी इको-सिस्टम के विकास करने के विचार पर आधारित है। इसका ज़ोर सतत् और समावेशी विकास पर है तथा दूसरी अवधारणा सघन क्षेत्रों को देखने, प्रतिकृति मॉडल के सृजन पर है, जो अन्य आकांक्षी शहरों के लिए मार्गदर्शक का कार्य करेगी। देश के विभिन्न क्षेत्रों और भागों में इसी तरह के शहरों को बनाने की उत्प्रेरणा के लिए स्मार्ट सिटी मिशन का तात्पर्य उदाहरण प्रस्तुत करना है जो स्मार्ट सिटी के भीतर तथा बाहर दोनों तरफ से प्रतिकृत कर सकता है। यह मिशन केंद्रीय प्रायोजित योजना (सीएसएस) के रूप में प्रचालित है। 98 संभाव्य स्मार्ट सिटीज के नामों को अंतिम रूप देने तथा राष्ट्रीय तथा अंतरराष्ट्रीय विशेषज्ञों के पैनल द्वारा उनके स्मार्ट सिटी प्रस्तावों के मूल्यांकन के बाद सरकार ने प्रथम 20 शहरी क्षेत्रों, जिन्हें स्मार्ट सिटीज के रूप में विकसित किया जाएगा, की सूची की घोषणा की।

स्मार्ट सिटीज मिशन के दृष्टिकोण का उद्देश्य उन शहरों को बढ़ावा देना है, जो मूलभूत अवसंरचना उपलब्ध करा सकें तथा अपने नागरिकों को एक विशिष्ट गुणवत्तापूर्ण जीवन, साफ और सतत पर्यावरण तथा 'स्मार्ट' समाधान के अनुप्रयोग दे सकें। इस योजना का उद्देश्य स्थायी एवं समावेशी विकास है तथा इससे जुड़ी प्रमुख अवधारणा है सुगठित क्षेत्रों की स्थापना तथा उस मॉडल को अन्य महत्वाकांक्षी शहरों के लिए प्रेरक के तौर पर इस्तेमाल करना।

स्मार्ट सिटीज से जुड़े आधारभूत तत्वों में हैं: (i) समुचित जलापूर्ति; (ii) सुनिश्चित बिजली आपूर्ति; (iii) स्वच्छता जिसमें ठोस अपशिष्ट प्रबंधन मौजूद हो; (iv) सक्षम शहरी गतिशीलता एवं जन यातायात; (v) वहन योग्य आवासीय सुविधा, विशेषकर निर्धन वर्ग के लिए; (vi) मजबूत आईटी कनेक्टिविटी एवं डिजिटलाइजेशन; (vii) कुशल शासन, विशेषकर ई-गवर्नेंस एवं नागरिक सहभागिता; (viii) संधारणीय पर्यावरण; (ix) नागरिकों, विशेषकर महिलाओं, बच्चों एवं बुजुर्गों की सुरक्षा; एवं (x) स्वास्थ्य व शिक्षा।

स्मार्ट सिटीज मिशन के चरण-2 के लिए चयनित शहरों की सूची

क्र. सं.	राज्य/केंद्रशासित प्रदेशों के नाम	चयनित शहरों की सं.		चयन किए जाने वाले संभाव्य शहर
1.	अंडमान और निकोबार द्वीप समूह	1	1.	पोर्टब्लेयर
2.	आंध्र प्रदेश	3	1.	विशाखापट्टनम
			2.	तिरुपति
			3.	काकीनाडा
3.	अरुणाचल प्रदेश	1	1.	पासीघाट
4.	असम	1	1.	गुवाहाटी
5.	बिहार	3	1.	मुजफ्फरपुर
			2.	भागलपुर
			3.	बिहार शरीफ
6.	चंडीगढ़	1	1.	चंडीगढ़
7.	छत्तीसगढ़	2	1.	रायपुर
			2.	बिलासपुर
8.	दमन एवं दीव	1	1.	दीव
9.	दादरा तथा नगर हवेली	1	1.	सिलवासा
10.	दिल्ली	1	1.	नई दिल्ली नगर परिषद
11.	गोवा	1	1.	पणजी
12.	गुजरात	6	1.	गांधीनगर
			2.	अहमदाबाद
			3.	सूरत
			4.	वडोदरा
			5.	राजकोट
			6.	दहोद
13.	हरियाणा		1.	करनाल
			2.	फरीदाबाद
14.	हिमाचल प्रदेश	1	1.	धर्मशाला
15.	झारखंड	1	1.	रांची
16.	कर्नाटक	6	1.	बंगलुरु
			2.	बेलागवी
			3.	शिवमोगा
			4.	हुबली-धारवाड़

			5.	तुमकुरू
			6.	दावणगेरे
17.	केरल	1	1.	कोच्चि
18.	लक्षद्वीप	1	1.	कवरत्ती
19.	मध्य प्रदेश	7	1.	भोपाल
			2.	इंदौर
			3.	जबलपुर
			4.	ग्वालियर
			5.	सागर
			6.	सतना
			7.	उज्जैन
20.	महाराष्ट्र	10	1.	नवी मुंबई
			2.	नासिक
			3.	थाणे
			4.	ग्रेटर मुंबई
			5.	अमरावती
			6.	सोलापुर
			7.	नागपुर
			8.	कल्याण-दोंबीवली
			9.	औरंगाबाद
			10.	पुणे
21.	मणिपुर	1	1.	इंफाल
22.	मेघालय	1	1.	शिलांग
23.	मिज़ोरम	1	1.	आइजोल
24.	नगालैंड	1	1.	कोहिमा
25.	ओडिशा	2	1.	भुवनेश्वर
			2.	राउरकेला
26.	पुदुचेरी	1	1.	आउलग्रेट
27.	पंजाब	3	1.	लुधियाना
			2.	जालंधर
			3.	अमृतसर
28.	राजस्थान	4	1.	जयपुर
			2.	उदयपुर
			3.	कोटा
			4.	अजमेर

29.	सिक्किम	1	1.	नाम्ची
30.	तमिलनाडु	12	1.	तिरुचिरापल्ली
			2.	तिरुनेलवेली
			3.	डिंडीगुल
			4.	तंजावुर
			5.	तिरुप्पुर
			6.	सलेम
			7.	वेल्लौर
			8.	कोयंबटूर
			9.	मदुरै
			10.	इरोड़
			11.	थूथुकुड़ी
			12.	चेन्नई
31.	तेलंगाना	2	1.	ग्रेटर हैदराबाद
			2.	ग्रेटर वारंगल
32.	त्रिपुरा	1	1.	अगरतला
33.	उत्तर प्रदेश	12	1.	मुरादाबाद
			2.	अलीगढ़
			3.	सहारनपुर
			4.	बरेली
			5.	झांसी
			6.	कानपुर
			7.	इलाहाबाद
			8.	लखनऊ
			9.	वाराणसी
			10.	गाजियाबाद
			11.	आगरा
			12.	रामपुर
34.	उत्तराखंड	1	1.	देहरादून
35.	पश्चिम बंगाल	4	1.	न्यू टाउन कोलकाता
			2.	बिधाननगर
			3.	दुर्गापुर
			4.	हल्दिया
	कुल		**98**	

शहरी परिवहन

शहरों के बढ़ते आकार के साथ बढ़ती हुई आबादी से शहरी परिवहन की मांग में तेजी से वृद्धि हुई है। निजी मोटर वाहन उपयोग में वृद्धि, सार्वजनिक परिवहन, पैदल यात्रियों की सुविधा और गैर-मोटर साधनों की अनदेखी के परिणामस्वरूप शहरों में भीड़ बढ़ी है, प्रदूषण बढ़ा है, दुर्घटना की दरें बढ़ी हैं और पेट्रोलियम पदार्थों की खपत बढ़ी है। शहरी क्षेत्रों में आवाजाही सक्रिय करने के लिए सार्वजनिक परिवहन सुविधा, पैदल यात्री सुविधा तथा गैर-मोटर साधनों में सुधार की अत्यधिक जरूरत है, जिससे अर्थव्यवस्था में वृद्धि होगी। ऐसे सुधारों से शहरी गरीबों पर प्रभाव पड़ेगा और रोज़गार, शिक्षा, स्वास्थ्य सुविधाओं तक उनकी पहुंच बढ़ेगी। प्रत्येक शहरी समूह के लिए भूमि उपयोग योजनाओं के साथ शहरी नियोजन के लिए परिवहन तथा यातायात योजनाओं के एकीकरण की उचित नीति पर ध्यान देने की जरूरत है।

केंद्र सरकार द्वारा एक राष्ट्रीय शहरी परिवहन नीति तैयार की गई है। इस नीति का फोकस वाहनों की गति के स्थान पर लोगों की गति पर है। इस नीति में एकीकृत भूमि उपयोग, परिवहन नियोजन, सार्वजनिक परिवहन में महत्वपूर्ण सुधार, आवाजाही के लिए गैर-मोटर साधनों को प्रोत्साहन, पार्किंग के लिए पर्याप्त स्थान तथा शहरी परिवहन नियोजन में व्यापक उपाय किए गए हैं।

(i) दिल्ली मेट्रो

दिल्ली मेट्रो फेज़-3 और इसका विस्तार क्षेत्र 41,078.79 करोड़ रुपये की लागत पर 135.003 कि.मी. की लंबी दूरी को कवर करता है। वर्ष 2015 में जहांगीरपुरी से समयपुर बादली तक 4.373 कि.मी. का विस्तार क्षेत्र का प्रचालन किया गया तथा बदरपुर से वाईएमसीए चौक फरीदाबाद तक 13.875 कि.मी. तक का प्रचालन किया गया।

(ii) बंगलुरु मेट्रो

रेल परियोजना बंगलुरु मेट्रो रेल कार्पोरेशन लिमिटेड केंद्र तथा कर्नाटक सरकारों की बराबर भागीदारी से कंपनी अधिनियम संयुक्त उद्यम कंपनी 1956 की धारा 617 के अंतर्गत 50:50 के समान अनुपात पर स्थापित है। वर्ष 2015 में पीनया उद्योग और नागासंद्रा के मध्य 3.5 कि.मी. की दूरी (पहुंच 3-बी) तक मेट्रो प्रचालन किया, 7 कि.मी. तक के मगदी रोड से मैसूर रोड तक पहुंच-2 को बाद में चालू किया गया। अभी तक फेज़-2 में कुल 27 कि.मी. तक मेट्रो का प्रचालन किया गया। केंद्र ने वर्ष 2014 में 26,407 करोड़ रुपये की कुल लागत पर 61 स्टेशनों तथा 72.045 कि.मी. की रूट दूरी तक बंगलुरु मेट्रो रेल परियोजना फेज़-1 को मंजूर किया।

(iii) मुंबई मेट्रो

भारत सरकार की रेल परियोजना ने तीन कॉरिडोरों में मुंबई मेट्रो परियोजना को अनुमोदित किया, जो इस प्रकार है : (क) 2,356 करोड़ रुपये की लागत पर 11.40 कि.मी. की दूरी को कवर करने वाली मुंबई मेट्रो रेल लाइन-1 (वरसोवा-अंधेरी-घाटकोपर); (ख) 7,660 करोड़ रुपये की कुल लागत पर 31.871 कि.मी. की दूरी को कवर करने वाली मुंबई मेट्रो रेल लाइन-2 (चारक्कोप-बांद्रा-मनखुर्द); (ग) 23,136 करोड़ रुपये की लागत पर 32.5 कि.मी. की दूरी को कवर करने वाली मुंबई मेट्रो रेल लाइन-3 (कोलाबा-बांद्रा-सीपज)।

25 वैज्ञानिक और प्रौद्योगिकी विकास

विज्ञान एवं प्रौद्योगिकी में देश की क्षमता तथा सामर्थ्य बढ़ाने के अपने प्रयास के अंतर्गत विज्ञान एवं प्रौद्योगिकी विभाग ने वैज्ञानिक एवं तकनीकी उत्पादन बढ़ाने में भारतीय विज्ञान एवं प्रौद्योगिकी समुदाय की सहायता करने के लिए विभिन्न योजनाओं का क्रियान्वयन किया। विभाग ने जिन महत्वपूर्ण क्षेत्रों पर अपना ध्यान केंद्रित किया, उनमें से कुछ हैं: विज्ञान के अत्याधुनिक क्षेत्रों में वैश्विक स्तर पर प्रतिस्पर्द्धी अनुसंधान एवं विकास (आर एंड डी) हेतु वैज्ञानिकों तथा प्रौद्योगिकीविदों की संख्या बढ़ाना, आर एंड डी संस्थानों को प्रोत्साहन देना तथा वैज्ञानिक अनुसंधान में भारत का स्थान ऊंचा करने के लिए ढांचागत सुविधाएं तैयार करना, विज्ञान के प्रोत्साहन हेतु साझेदारी के लिए बहु-हितधारक प्रणाली स्थापित करने में सहयोग करना, राष्ट्रीय अभियानों के माध्यम से प्रौद्योगिकी लागू करना, राष्ट्रीय चुनौतियों के समाधान के लिए प्रौद्योगिकी के व्यवसायीकरण हेतु संस्थाओं एवं उद्योग की क्षमता में वृद्धि करना, समाज के सामाजिक-आर्थिक लाभ के लिए उसे विज्ञान एवं प्रौद्योगिकी की जानकारी उपलब्ध कराना एवं विज्ञान तथा प्रौद्योगिकी क्षेत्र के लिए नीति बनाना।

वेबसाइट: www.dst.gov.in

विज्ञान एवं प्रौद्योगिकी विभाग

विज्ञान, प्रौद्योगिकी एवं नवाचार नीति

2013 में आरंभ की गई नई विज्ञान, प्रौद्योगिकी एवं नवाचार (एसटीआई) नीति में विज्ञान तथा प्रौद्योगिकी क्षेत्र में नई पहलों अथवा नवाचारों पर जोर दिया गया है। एसटीआई नीति में वैश्विक स्तर पर प्रतिस्पर्द्धात्मक क्षमता प्राप्त करने और विज्ञान के क्षेत्र को देश के विकास के एजेंडा से जोड़ने की आकांक्षा दिखती है। नीति का मुख्य लक्ष्य है साइंस, रिसर्च एंड इनोवेशन सिस्टम फॉर हाई टेक्नोलॉजी लेड पाथ फॉर इंडिया (सृष्टि)। विज्ञान, अनुसंधान तथा नवाचार प्रणालियों का एकीकरण करने और भारत को विज्ञान के क्षेत्र में शीर्ष पांच या छह ज्ञान शक्तियों में पहुंचाने की इच्छा नई एसटीआई नीति में स्पष्ट रूप से बताई गई है। इस सपने को साकार करने के लिए विभाग ने पहले ही एक समर्पित नीति अनुसंधान प्रकोष्ठ गठित कर दिया है। देश में विज्ञान, प्रौद्योगिकी तथा नवाचार के क्षेत्र में क्रियान्वित करने की दृष्टि से नए कार्यक्रम एवं कार्ययोजनाएं तैयार करने के लिए शैक्षिक संस्थानों में पांच नीति अनुसंधान केंद्र स्थापित किए गए हैं।

विज्ञान एवं अभियांत्रिकी अनुसंधान

विज्ञान एवं अभियांत्रिकी अनुसंधान बोर्ड (एसईआरबी) की स्थापना से विज्ञान एवं अभियांत्रिकी के अग्रणी क्षेत्रों में अनुसंधान तथा विकास में बहुत सहायता प्राप्त हुई है। बोर्ड के बहुआयामी कार्यक्रमों ने विभिन्न विज्ञान एवं प्रौद्योगिकी हितधारकों तक उसकी पहुंच को सुनिश्चित किया है। वैज्ञानिक करियरों

के विभिन्न चरणों पर प्रतिभा पलायन की दिशा को उलटने के लिए बोर्ड ने हाल ही में कई नए कार्यक्रम आरंभ किए हैं, जैसे नए अध्यापकों द्वारा अनुसंधान जल्द आरंभ किए जाने हेतु प्रयोगशाला की स्थापना के लिए युवा अध्यापकों को अर्ली करियर रिसर्च अवाड्र्स (ईसीआरए)। ईसीआरए के अंतर्गत प्रति वर्ष 300 अभ्यर्थियों की सहायता की जाएगी। राष्ट्रीय पोस्ट डॉक्टरल फेलोशिप (एनपीडीएफ) योजना हमारे 3,000 वैज्ञानिकों में से सर्वश्रेष्ठ को हमारी शोध एवं विकास (आर एंड डी) संस्थाओं, उद्योग तथा विश्वविद्यालयों की सेवा करने एवं उन्हें मजबूत बनाने के लिए भारत में रहने का अवसर देगी। अनुसंधान के उत्कृष्ट क्षेत्रों में गुणवत्तायुक्त श्रमशक्ति को बढ़ावा देने के लिए 2015-16 में विदेशी डॉक्टोरल फेलोशिप आरंभ की गई है। इस कार्यक्रम के अंतर्गत, भारतीय विश्वविद्यालयों/संस्थानों से स्नातक की उपाधि प्राप्त करने वाले भारतीय छात्रों को विदेश में अंतरराष्ट्रीय प्रतिष्ठा वाली शैक्षिक संस्थाओं में विज्ञान, प्रौद्योगिकी, अभियांत्रिकी तथा चिकित्सा के चुनिंदा क्षेत्रों में पीएचडी करने के लिए फेलोशिप प्रदान की जाएगी।

युवा प्रतिभाओं को विज्ञान की ओर आकर्षित करना

इनोवेशन इन साइंस पर्सूट फॉर इंस्पायर्ड रिसर्च (इंस्पायर) विज्ञान एवं अनुसंधान के लिए प्रतिभाओं को आकर्षित करने के लिए चलाया जा रहा कार्यक्रम है। 10 से 15 वर्ष के आयु वर्ग में 13 लाख से अधिक विद्यार्थियों को इंस्पायर (प्रेरणा) छात्रवृत्ति दी गई है। स्कूली छात्रों को उनकी नई खोजों के लिए पिछले दो वर्ष में लगभग 3,40,000 इंस्पायर (प्रेरणा) छात्रवृत्तियां दी गई हैं। कक्षा 11 के विज्ञान पढ़ रहे छात्रों को भारत तथा विदेश के नोबेल विजेताओं समेत प्रमुख वैज्ञानिक हस्तियों से मिलने का मौका देने के लिए 5 दिनों के विज्ञान शिविर आयोजित किए जाते हैं ताकि उन्हें नई खोजों का आनंद मिल सके।

महिला वैज्ञानिकों के लिए अवसर

विज्ञान एवं प्रौद्योगिकी विभाग ने अपनी प्रमुख योजना 'किरण' (नॉलेज इन्वॉल्वमेंट इन रिसर्च एडवांसमेंट थ्रू नर्चरिंग) के अंतर्गत विज्ञान में महिलाओं के लिए विभिन्न कार्यक्रम आरंभ किए हैं। इस अनूठी पहल के जरिए विभाग उन महिला वैज्ञानिकों को भौतिक एवं गणित विज्ञान, रसायन विज्ञान, जीव विज्ञान, पृथ्वी एवं वायुमंडलीय विज्ञान तथा अभियांत्रिकी प्रौद्योगिकी में अनुसंधान पूरा करने का अवसर प्रदान करता है, जिन्हें अपना करियर पारिवारिक कारणों से बीच में ही छोड़ना पड़ा था। 2,500 से अधिक महिलाएं इस योजना का लाभ उठा चुकी हैं। 2015-16 में अनुसंधान एवं विकास की 139 नई परियोजनाओं की सहायता की गई थी। दूसरा पक्ष सामाजिक लाभ के लिए जमीनी स्तर पर विज्ञान एवं प्रौद्योगिकी समाधानों पर केंद्रित है। इस श्रेणी में विभिन्न क्षेत्रों में परियोजना प्रारूप में 35 नई परियोजनाएं तथा इंटर्नशिप प्रारूप में 12 परियोजनाएं भी मंजूर की गई हैं। तीसरा घटक है बौद्धिक संपदा अधिकारों (आईपीआर) के क्षेत्र में एक वर्ष की इंटर्नशिप प्रदान करना, जिसमें सैद्धांतिक प्रशिक्षण के साथ विभिन्न कानूनी फर्मों में व्यावहारिक प्रशिक्षण भी शामिल है।

अंतरराष्ट्रीय विज्ञान एवं प्रौद्योगिकी सहयोग

देश की विज्ञान एवं प्रौद्योगिकी (एस एंड टी) प्रतिस्पर्द्धात्मकता बढ़ाने के लिए विभाग अंतरराष्ट्रीय विज्ञान एवं प्रौद्योगिकी सहयोग कार्यक्रम पर बल दे रहा है। बड़ी संख्या में संयुक्त अनुसंधान एवं विकास (आर एंड डी) परियोजनाओं, बहु-संस्थागत नेटवर्क अनुसंधान परियोजनाएं तथा व्यावहारिक अनुसंधान एवं विकास परियोजनाएं (आर एंड डी) परियोजनाओं को द्विपक्षीय तथा बहुपक्षीय (एस एंड टी) सहयोग

प्रणाली के जरिए क्रियान्वित किया जा रहा है, जिससे अंतरराष्ट्रीय विज्ञान एवं प्रौद्योगिकी सहयोग एवं साझेदारी में उभरते रुझानों का संकेत मिलता है। कुछ हालिया कार्यक्रम हैं: अफ्रीका तथा पड़ोसी देशों पर केंद्रित नए कार्यक्रम, इजरायल के साथ जल एवं साइबर सुरक्षा संधियां, जापान के साथ विशाल डाटा, कृत्रिम बुद्धिमत्ता तथा इंटरनेट संबंधी समझौते, अमरीका तथा ब्रिटेन के साथ स्वच्छ ऊर्जा कार्यक्रम, किफायती स्वास्थ्य सेवा, स्वच्छ प्रौद्योगिकी एवं सूचना तथा संचार प्रौद्योगिकी (आईसीटी) के क्षेत्र में ब्रिटेन के साथ न्यूटन-भाभा कार्यक्रम, दक्षिण कोरिया के साथ रोबोटिक्स के क्षेत्र में संयुक्त आर एंड डी केंद्र, दक्षिण अफ्रीका के साथ बुनियादी स्तर का नवाचार और ब्रिक्स के साथ यंग साइंटिस्ट फोरम तथा इनोवेशन सर्कल।

नैनो विज्ञान एवं प्रौद्योगिकी

अनुसंधान के उभरते क्षेत्र में समग्र रूप से अनुसंधान एवं विकास (आर एंड डी) को बढ़ावा देने के लिए 2007 में 'राष्ट्रीय नैनो विज्ञान एवं प्रौद्योगिकी अभियान' आरंभ किया गया था। नैनो अभियान के मुख्य उद्देश्य हैं- आधारभूत अनुसंधान को बढ़ावा देना, अनुसंधान के बुनियादी ढांचे का विकास, नैनो एप्लिकेशन एवं प्रौद्योगिकी का विकास, मानव संसाधन विकास, अंतरराष्ट्रीय गठबंधन तथा राष्ट्रीय विमर्श आरंभ करना। इस उभरते क्षेत्र में वैज्ञानिक प्रकाशनों के क्षेत्र में भारत ने दुनियाभर के देशों में तीसरा स्थान प्राप्त किया है।

जलवायु परिवर्तन

राष्ट्रीय जलवायु परिवर्तन कार्ययोजना के अंतर्गत आरंभ किए गए राष्ट्रीय सतत हिमालयी पारिस्थितिकी मिशन (एनएमएसएचई) तथा जलवायु परिवर्तन पर रणनीतिक ज्ञान के राष्ट्रीय मिशन (एमएमएसकेसीसी) विभाग द्वारा क्रियान्वित किए जा रहें हैं। इन राष्ट्रीय मिशनों के परिणाम या उत्पाद के रूप में छह प्रमुख अनुसंधान कार्यक्रम आरंभ किए गए हैं तथा उन्हें सहायता प्रदान की गई है। उपयोगकर्ताओं तथा समुदाय को हिमालय के विषय में जानकारी आसानी से उपलब्ध कराने के लिए हिमालयाज क्लाइमेट चेंज पोर्टल (http://knowledgeportal-nmshe.in/) आरंभ किया गया है।

राष्ट्रीय एजेंडा के अनुरूप नए कार्यक्रम

राष्ट्रीय सुपर कंप्यूटिंग मिशन को मार्च 2015 में मंजूरी प्राप्त हुई। भारत को विश्वस्तरीय कंप्यूटर क्षमता वाले देशों में पहुंचाने के लिए यह महत्वाकांक्षी कार्यक्रम है। मिशन को विज्ञान एवं प्रौद्योगिकी विभाग (डीएसटी) तथ इलेक्ट्रॉनिक्स एवं सूचना प्रौद्योगिकी विभाग (डाइटी) द्वारा संयुक्त रूप से क्रियान्वित किया जा रहा है, जिसमें सात वर्ष लगेंगे तथा 4,500 करोड़ रुपये खर्च होंगे।

डीएसटी ने योग एवं ध्यान के क्षेत्र में अनुसंधान को पुन: प्रोत्साहित करने के लिए 2015-16 में एक नया कार्यक्रम साइंस एंड टेक्नोलॉजी फॉर योग एंड मेडिटेशन (सत्यम) आरंभ किया है। 6 करोड़ रुपये की 15 आर एंड डी परियोजनाओं को पहले ही सहायता दी जा चुकी है।

प्राथमिक विज्ञान को अनुसंधान में बदलने के लिए डीएसटी की वर्तमान स्वायत्तशासी संस्थाओं में पांच तकनीकी अनुसंधान केंद्र स्थापित किए गए हैं।

नवाचार के वातावरण को बगैर किसी व्यवधान के बढ़ावा देने के लिए नेशनल इनीशिएटिव फॉर डेवलपिंग एंड हार्नेसिंग इनोवेशंस (निधि) आरंभ किया गया है। नवाचार तथा बाजार मूल्य श्रृंखला के

बीच प्रमुख संपर्कों को सहायता प्रदान की जाएगी तथा देशभर में विभिन्न बिंदुओं (प्रत्येक बिंदु 3 निकटवर्ती जिलों का क्लस्टर होगा) को मजबूत किया जाएगा ताकि नवाचार, उद्यमशीलता एवं पोषण के जरिए राष्ट्र के निर्माण का अभियान पूरा हो सके। वर्तमान 65 बिंदुओं को बढ़ाकर 125 बिंदु करने का लक्ष्य है। निधि के विशिष्ट घटक हैं- नवाचार को तलाशने के लिए प्रतियोगिताएं; प्रमोशन एंड एक्सीलरेशन ऑफ यंग एंड एस्पाइरिंग इनोवेटर्स एंड स्टार्टअप्स (प्रयास)–विचार से लेकर नमूने तक सहायता; ऑन्त्रप्रेन्यर इन रेजिडेंस (ईआईआर)–जोखिम कम करने के लिए सहायता की व्यवस्था; स्टार्टअप को बढ़ावा देने के लिए छात्रों को प्रोत्साहित करने के उद्देश्य से शैक्षिक संस्थाओं में नवाचार एवं उद्यमशीलता विकास केंद्रों (आईईडीसी) के जरिए स्टार्टअप–निधि; मानव संसाधन विकास मंत्रालय के सहयोग से स्टार्ट–अप केंद्र–उच्च शिक्षा की राष्ट्रीय संस्थाओं में उद्यमशीलता की भावना भरना; टेक्नोलॉजी बिजनेस इनक्यूबेटर (टीबीआई)–नए विचारों को स्टार्टअप में बदलना; एक्सीलरेटर–केंद्रित हस्तक्षेप के जरिए स्टार्टअप को गति देना; सीड सपोर्ट सिस्टम (एसएसएस)–आरंभिक अवस्था में निवेश प्रदान करना; उत्कृष्टता केंद्र–स्टार्टअप को वैश्विक स्तर पर जाने अथवा आकार बढ़ाने में सहायता करने के लिए विश्वस्तरीय प्रतिष्ठान।

मानक (मिलियन माइंड्स ऑगमेंटिंग नेशनल एस्पिरेशंस एंड नॉलेज)

सांस्कृतिक हस्तक्षेप के जरिए नवाचार पिरामिड के आधार में विस्तार करने के लिए 10 लाख स्कूली विद्यार्थियों से किसी भी भाषा में राष्ट्रीय आवश्यकताओं के अनुकूल विचार आमंत्रित किए जाने हैं। शीर्ष विचारों का मार्गदर्शन करने, प्रारंभिक नमूने का विकास करने, जिला स्तर से राष्ट्रीय स्तर तक प्रदर्शित करने एवं बौद्धिक संपदा संरक्षण प्रदान करने में सहायता दी जाएगी।

स्वच्छ भारत में योगदान करने के उद्देश्य से एक नया कार्यक्रम 'क़चरा प्रबंधन' हेतु प्रौद्योगिकी विकास आरंभ किया गया है ताकि क़चरा प्रबंधन में देश के सामने आ रही समस्याओं के तकनीकी समाधान प्राप्त हो सकें। इसमें अस्पताल का क़चरा, प्लास्टिक क़चरा, ई–क़चरा आदि आएगा। प्रस्तावों के पहले आमंत्रण को बहुत अच्छी प्रतिक्रिया मिली है।

भारतीय सर्वेक्षण विभाग

विज्ञान एवं प्रौद्योगिकी मंत्रालय के अधीन देश का सर्वेक्षण करने तथा मानचित्र तैयार करने वाला राष्ट्रीय संगठन भारतीय सर्वेक्षण विभाग 1967 में स्थापित किया गया था। राष्ट्र की प्रमुख मानचित्रण एजेंसी के रूप में इसे जो भूमिका दी गई है, उसके अनुसार भारतीय सर्वेक्षण विभाग पर यह सुनिश्चित करने का विशेष दायित्व है कि देश के भूभाग का सर्वेक्षण कर उसका सटीक मानचित्रण किया जाए ताकि तीव्र एवं एकीकृत विकास के लिए आधार मानचित्र प्राप्त हो सकें एवं उसे यह भी सुनिश्चित करना है कि भारत की प्रगति, समृद्धि एवं सुरक्षा में सभी संसाधनों का पूरा योगदान रहे। भारतीय सर्वेक्षण विभाग की प्रमुख जिम्मेदारी 1:250K, 1:50K तथा 1:25K पैमानों पर स्थलीय भाग के मानचित्र तैयार करना है। 1:250K तथा 1:50K पैमानों पर पूरे देश के स्थलीय भाग के मानचित्र तैयार हो चुके हैं तथा मानचित्रों को समय–समय पर अद्यतन किया जा रहा है ताकि स्थान की नवीनतम जानकारी प्रदर्शित की जा सके। केंद्र/राज्य सरकारों एवं अन्य प्रयोगकर्ता एजेंसियों द्वारा बताई गई प्राथमिकताओं को ध्यान में रखते हुए राष्ट्रीय आवश्यकता के अनुरूप 1:25K पैमाने पर सर्वेक्षण आरंभ किया गया। इससे भूगणितीय एवं भू–भौतिकी क्षेत्र में, भूकंप विज्ञान तथा ग्लेशियरों के अध्ययन में, अंटार्कटिका में भारतीय वैज्ञानिक

अभियानों तथा डिजिटल मानचित्रण एवं डिजिटल फोटोग्रामेट्री से संबंधित परियोजनाओं में सहभागिता करने हेतु अपनी विशेषज्ञता का उपयोग करने के लिए भी कहा गया है ताकि विज्ञान एवं प्रौद्योगिकी विभाग के साथ तालमेल वाली प्राथमिक जानकारी उपलब्ध हो सके।

भारतीय सर्वेक्षण विभाग ने विभिन्न मानदंडों पर स्थानिक मानचित्रों के डिजिटल मानचित्र डेटाबेस के निर्माण का जिम्मा भी अपने हाथों में लिया है। इस डिजिटल जानकारी का उपयोग विभिन्न एजेंसियां योजना बनाने एवं जीआईएस के लिए कर रही हैं। इसने जलविद्युत, सिंचाई, कमान क्षेत्र, नहर क्षेत्र, छावनी क्षेत्र योजनाओं समेत विकास संबंधी विभिन्न योजनाओं का विशाल स्तर पर सर्वेक्षण भी किया है। भारत की बाहरी सीमा तय करना, देश में प्रकाशित होने वाले मानचित्रों में उनका चित्रण करना तथा राज्यों के मध्य सीमाओं के सीमांकन पर परामर्श देना भी विभाग की ही जिम्मेदारी है। द्विपक्षीय संधियों के अंतर्गत भारतीय सर्वेक्षण विभाग मानचित्रण, सर्वेक्षण संबंधी शिक्षा, प्रौद्योगिकी हस्तांतरण एवं सर्वेक्षण संबंधी अन्य कई प्रौद्योगिकियों के मामले में नाइजीरिया, अफगानिस्तान, केन्या, इराक, नेपाल, श्रीलंका, जिम्बाब्वे, इंडोनेशिया, भूटान, मॉरीशस आदि देशों को भी सहायता प्रदान करता है। संयुक्त राष्ट्र के निर्देश के कारण भारतीय सर्वेक्षण विभाग एशिया-प्रशांत क्षेत्र के देशों को भी स्थानिक जानकारी संबंधी बुनियादी ढांचे की क्षमता निर्माण में सहायता प्रदान करता है।

यूएनडीपी की सहायता के अंतर्गत स्थापित किया गया सर्वेक्षण प्रशिक्षण संस्थान, हैदराबाद विभाग, राज्य/केंद्र सरकारों के अन्य संगठनों तथा पड़ोसी देशों द्वारा प्रायोजित प्रशिक्षुओं को सर्वेक्षण एवं मानचित्रण के विभिन्न क्षेत्रों में प्रशिक्षण प्रदान करने वाला उत्कृष्ट संस्थान है।

2005 में घोषित राष्ट्रीय मानचित्र नीति को ध्यान में रखते हुए उपयोगकर्ता समुदाय के लिए यूटीएम सर्वेक्षण एवं मानचित्रण की सभी गतिविधियों में इस्तेमाल होने वाली जीपीएस प्रणाली के अनुकूल यूटीएम प्रोजेक्शन एवं डब्ल्यूजीएस-84 आंकड़े पर आधारित ओपन सीरीज मानचित्र प्रकाशित किए जा रहे हैं। लैंबर्ट कन्फॉर्मल कोनिक प्रोजेक्शन तथा डब्ल्यूजीएस-84 आंकड़े पर आधारित रक्षा शृंखला के मानचित्र रक्षा बलों के लिए प्रकाशित किए जा रहे हैं, जिन्हें गोपनीय घोषित किया गया है। भारत तथा अन्य देशों के विभिन्न बंदरगाहों पर समुद्री स्तर के आंकड़े देखकर हिंद महासागर में ज्वार संबंधी जानकारी उपलब्ध कराने में भारतीय सर्वेक्षण विभाग सबसे आगे है। जलवायु विज्ञान संबंधी नमूने तैयार करने, समुद्री स्तर में परिवर्तन का विश्लेषण करने, सुनामी का पूर्वानुमान लगाने जैसे वैज्ञानिक अध्ययन क्षेत्रों के लिए ये महत्वपूर्ण हैं। इसके अतिरिक्त समुद्री यात्रा के लिए भी ये महत्वपूर्ण जानकारी उपलब्ध कराते हैं।

विभिन्न स्तरों पर तथा विभिन्न एजेंसियों द्वारा भू-स्थानिक जानकारी तैयार की जा रही है। उनका प्रयोग विभिन्न उद्देश्यों के लिए किया जा रहा है, जिनमें विभिन्न स्रोतों से मिली जानकारी का एकीकरण करना होता है। जानकारी के एकीकरण के लिए भारतीय सर्वेक्षण विभाग ने देशभर में फैले मानक भू-नियंत्रण बिंदुओं का नेटवर्क स्थापित कर जिऑइड की ऊर्ध्वाधर जानकारी को पुनर्परिभाषित करने का भारी भरकम काम अपने हाथ में लिया है। इससे भू-स्थानिक जानकारी प्राप्त करने में जुटे उद्योगों तथा अन्य एजेंसियों के साथ-साथ राज्य भू-कर विभाग को राष्ट्रीय संदर्भ प्रणाली में अपना काम करने में सुविधा होगी।

भारतीय सर्वेक्षण विभाग मानचित्रण के क्षेत्र में राष्ट्रीय आवश्यकताओं की पूर्ति करता है, किंतु विशेष उपयोगकर्ताओं की आवश्यकताओं के अनुसार विशेष विषयों पर मानचित्र उपलब्ध कराने का

काम विभाग के अंतर्गत आने वाले राष्ट्रीय एटलस एवं विषयगत मानचित्रण संगठन (नैटमो) करता है। यह अन्य प्रासंगिक सामाजिक-आर्थिक जानकारी के साथ संसाधन मानचित्रों का एकीकरण करने तथा उन्हें विकासात्मक नियोजन के लिए उपयोगी स्थानिक प्रारूप में प्रदर्शित करने के उद्देश्य से विभिन्न क्षेत्रों पर भी अपना ध्यान केंद्रित रखता है। नैटमो अपने मानचित्रों के लिए प्रायोगिक आधार पर रिवर्स प्रिंटिंग की तकनीकी भी विकसित करने का प्रयास कर रहा है। यह मानचित्र मुद्रण में धातु रंगों के प्रयोग की तकनीक लाने का प्रयास भी कर रहा है। इन सुविधाओं को आधुनिक भी बनाया जा रहा है।

वेबसाइटः www.surveyofindia.gov.in

वैज्ञानिक एवं औद्योगिक अनुसंधान परिषद

वैज्ञानिक एवं औद्योगिक अनुसंधान परिषद (सीएसआईआर) 1942 में स्थापित की गई स्वायत्तशासी संस्था है, जो विज्ञान एवं प्रौद्योगिकी के विभिन्न क्षेत्रों में अपनी अत्याधुनिक अनुसंधान एवं विकास की जानकारी के लिए जानी जाती है। पूरे देश में उपस्थिति रखने वाले सीएसआईआर के पास 38 राष्ट्रीय प्रयोगशालाओं, 39 जनशिक्षण केंद्रों, 3 नवाचार परिसरों तथा 5 इकाइयों का गतिशील नेटवर्क है। आर एंड डी में उसकी विशेषज्ञता तथा अनुभव लगभग 4,000 सक्रिय वैज्ञानिकों के कारण है, जिन्हें लगभग 7,000 वैज्ञानिक एवं तकनीकी कर्मियों से सहायता मिलती है। रेडियो और अंतरिक्ष भौतिकी, समुद्र विज्ञान, भू-विज्ञान, भू-भौतिकी, रसायन, औषधि, जीनोम अध्ययन, जैव प्रौद्योगिकी एवं नैनो प्रौद्योगिकी से लेकर खनन, वैमानिकी, यंत्रीकरण, पर्यावरण अभियांत्रिकी और सूचना प्रौद्योगिकी समेत विज्ञान एवं प्रौद्योगिकी के विभिन्न विषय इसके दायरे में आते हैं। सामाजिक प्रयासों से संबंधित विभिन्न क्षेत्रों में यह महत्वपूर्ण तकनीकी हस्तक्षेप करता है, जिनमें पर्यावरण, स्वास्थ्य, पेयजल, खाद्य, आवास, ऊर्जा, चमड़ा, कृषि एवं गैर कृषि क्षेत्र शामिल हैं। पूरे देश के लिए द्रव्यमान, दूरी, समय, तापमान, प्रवाह आदि को मापने के मानकों का ध्यान सीएसआईआर ही रखता है। सीएसआईआर ने पारंपरिक ज्ञान डिजिटल पुस्तकालय (टीकेडीएल) बनाया है और वही उसका संरक्षक है, जो भारतीय पारंपरिक ज्ञान के अनैतिक वाणिज्यिक दुरुपयोग के खिलाफ शक्तिशाली हथियार है। यह माइक्रोबियल टाइप कल्चर कलेक्शन (एमटीसीसी) और जीन बैंक का संचालन करता है। भारत के बौद्धिक संपदा आंदोलन का अगुआ सीएसआईआर आज अपने पेटेंट के जखीरे को समृद्ध कर रहा है ताकि चुनिंदा प्रौद्योगिकी क्षेत्रों में देश को वैश्विक प्रतिष्ठा मिल सके।

वेबसाइटः www.csir.res.in

परमाणु ऊर्जा

परमाणु ऊर्जा विभाग (डीएई) की स्थापना 1954 में हुई थी और यह परमाणु ऊर्जा प्रौद्योगिकी के विकास, कृषि, चिकित्सा, उद्योग के क्षेत्रों तथा मूलभूत अनुसंधान में विकिरण प्रौद्योगिकियों के उपयोग में लगा है। उनमें से कुछ हैंः (अ) स्वदेशी तथा अन्य आजमाई हुई प्रौद्योगिकियों का प्रयोग कर परमाणु ऊर्जा की हिस्सेदारी बढ़ाना और संबंधित ईंधन चक्र की सुविधाओं वाले फास्ट ब्रीडर रिएक्टर एवं थोरियम रिएक्टर विकसित करना; (आ) रेडियोआइसोटोप के उत्पादन के लिए अनुसंधान रिएक्टरों का निर्माण एवं परिचालन करना तथा चिकित्सा, कृषि एवं उद्योग के क्षेत्रों में विकिरण प्रौद्योगिकी का प्रयोग करना; (इ) एक्सीलरेटर, लेजर जैसी उन्नत प्रौद्योगिकियों का विकास करना तथा उद्योगों में प्रौद्योगिकी हस्तांतरण को प्रोत्साहित करना; (ई) परमाणु ऊर्जा तथा उससे संबंधित अग्रणी वैज्ञानिक क्षेत्रों में मूलभूत अनुसंधान में सहायता करना, विश्वविद्यालयों एवं शैक्षिक संस्थाओं से संपर्क करना, डीएई के कार्यक्रमों

पर प्रभाव डालने वाली आर एंड डी परियोजनाओं में मदद करना तथा अनुसंधान के संबंधित क्षेत्रों में अंतरराष्ट्रीय सहयोग; तथा (उ) राष्ट्रीय सुरक्षा में योगदान करना। संगठनों के एकीकृत समूह के रूप में कार्य करने वाला विभाग पांच अनुसंधान केंद्रों, तीन औद्योगिक संगठनों, पांच सार्वजनिक उपक्रमों और तीन सेवा संगठनों से मिलकर बना है। परमाणु एवं संबंधित क्षेत्रों एवं गणित में बाहरी अनुसंधान को बढ़ावा देने तथा वित्तीय सहायता प्रदान करने के लिए इसमें दो बोर्ड हैं। यह प्राथमिक विज्ञान, खगोल विज्ञान, खगोल भौतिकी, कैंसर अनुसंधान, शिक्षा आदि के क्षेत्र में अनुसंधान में जुटे अंतरराष्ट्रीय प्रतिष्ठा वाले सात संस्थानों की मदद भी करता है और एक सोसायटी की सहायता भी करता है, जो डीएई के कर्मचारियों की संतानों को शैक्षिक सुविधाएं प्रदान करती है। डीएई के प्रमुख कार्यक्रमों के अंतर्गत उसकी उपलब्धियों तथा गतिविधियों का विवरण इस प्रकार है।

वेबसाइट: www.dae.nic.in

परमाणु ऊर्जा कार्यक्रम: प्रथम चरण

प्रेशराइज्ड हेवी वाटर रिएक्टर एवं लाइट वाटर रिएक्टर

न्यूक्लियर पावर कारपोरेशन ऑफ इंडिया लिमिटेड (एनपीसीआईएल) लाभांश देने वाली कंपनी है, जिसे क्रिसिल तथा केयर से एएए क्रेडिट रेटिंग हासिल हुई है और जिसपर परमाणु ऊर्जा रिएक्टरों के लिए स्थान ढूंढ़ने, डिजाइन तैयार करने, निर्माण करने, आरंभ करने तथा परिचालन करने का उत्तरदायित्व है।

आरंभ की जा रही परियोजनाएं

कुड़नकुलम परमाणु बिजली परियोजना (केकेएनपीपी) इकाई - 2 (1000 मेगावाट)

निर्माणाधीन परियोजनाएं

1. काकरापार परमाणु बिजली परियोजना (केएपीपी) इकाई - 3 एवं 4 (700-700 मेगावाट)
2. राजस्थान परमाणु बिजली परियोजना (आरएपीपी) इकाई - 7 एवं 8 (700-700 मेगावाट)

मंजूरी प्राप्त परियोजनाएं

1. कुड़नकुलम परमाणु बिजली परियोजना (केकेएनपीपी) इकाई-3 एवं 4 (1000-1000 मेगावाट एलडब्ल्यूआर)
2. गोरखपुर अणु विद्युत परियोजना हरियाणा (जीएचएवीपी) इकाई-1 एवं 2 (700-700 मेगावाट पीएचडब्ल्यूआर)

गुणवत्ता का भरोसा

एनपीसीआईएल परियोजनाओं एवं स्टेशनों के लिए गुणवत्ता विश्वास (क्यूए)/निगरानी की गतिविधियां संचालित करती है। केकेएनपीपी-1 एवं 2, टीएपीएस-1 एवं 2, टीएपीएस-3 एवं 4, केएपीएस-1 एवं 2, एनएपीएस-1 एवं 2, आरएपीएस-5 एवं 6, आरएपीएस- 3 एवं 4 तथा केजीएस-3 एवं 4 के सेवा से पूर्व अथवा सेवा के दौरान निरीक्षण को सफलतापूर्वक पूरा किया गया है। केपीपी-3 एवं 4 और केजीएस-3 एवं 4 परियोजनाओं का कारपोरेट गुणवत्ता आश्वासन ऑडिट योजनाबद्ध तरीके से पूरा किया गया है। चालू स्टेशनों की कारपोरेट समीक्षाएं वर्ल्ड एसोसिएशन ऑफ न्यूक्लियर ऑपरेटर्स

(वानो) के दिशानिर्देशों के आधार पर की गई हैं। एनपीसीआएल बार्क, भाविनी तथा डीआरडीओ को गुणवत्ता विश्वास संबंधी परामर्श सेवाएं प्रदान करती रही है। एनपीसीआईएल के मुख्यालय में भी कई निदेशालय आईएसओ:9001 प्रमाणन प्राप्त हैं। प्रमाणन देने वाली संस्था ने निगरानी अथवा पुनः प्रमाणन के लिए इन सभी निदेशालयों की जांच सफलतापूर्वक पूरी कर ली है।

फ्रंट एंड फ्यूल साइकल (ईंधन चक्र)

फ्रंट एंड फ्यूल साइकल में अयस्कों का खनन, पिसाई और प्रसंस्करण तथा ईंधन का निर्माण जैसी गतिविधियां शामिल हैं। इसके अतिरिक्त प्रेशराइज्ड हेवी वाटर रिएक्टर में मॉडरेटर और कूलैंट के रूप में प्रयोग होने वाले भारी जल का उत्पादन भी परमाणु ऊर्जा कार्यक्रमों का प्रमुख घटक होता है।

डीएई के पास यूरेनियम खनन तथा खजिन प्रसंस्करण की व्यापक क्षमताएं हैं और भारी जल के उत्पादन तथा प्रेशराइज्ड हेवी वाटर रिएक्टरों के लिए जर्कोनियम मिश्र धातु के घटकों तथा अन्य सामग्री तथा आपूर्तियों के मामले में स्वावलंबी है। हैदराबाद में न्यूक्लियर फ्यूल कॉम्प्लेक्स प्रेशराइज्ड हेवी वाटर रिएक्टरों, बॉयलिंग वाटर रिएक्टरों तथा फास्ट ब्रीडर रिएक्टरों के लिए फ्यूल असेंबली तैयार करता है।

भारी जल का निर्माण

विभाग को आम आदमी के लिए किफायती दाम पर परमाणु ऊर्जा उपलब्ध कराने योग्य बनाने के उद्देश्य से सभी प्रेशराइज्ड हेवी वाटर रिएक्टरों (पीएचडब्ल्यूआर) के लिए कम लागत में भारी जल तैयार कर भारी जल बोर्ड ने परमाणु ऊर्जा कार्यक्रम के पहले चरण में सफल योगदान किया है। भारी जल बोर्ड इस समय भारी जल की घरेलू मांग पूरी करने में ही स्वयं सक्षम नहीं है बल्कि डीएई के निर्धारित परमाणु ऊर्जा कार्यक्रम के अनुरूप भावी पीएचडब्ल्यूआर और एएचडब्ल्यूआर के लिए भारी जल उपलब्ध कराने के लिए तैयार भी है। पिछले कुछ समय में भारी जल बोर्ड इस रणनीतिक सामग्री का सबसे बड़ा वैश्विक उत्पादक और भरोसेमंद आपूर्तिकर्ता बनकर उभरा है। परमाणु उपयोग से इतर जीव विज्ञान, औषधि तथा तकनीक के क्षेत्रों में ड्यूटीरियम एवं भारी जल के उपयोग की व्यापक संभावना को देखते हुए भारी जल बोर्ड इस क्षेत्र में आर एंड डी गतिविधियां भी संचालित कर रहा है।

उत्पादन, विशिष्ट ऊर्जा उपभोग, स्ट्रीम फैक्टर तथा संयंत्र सुरक्षा के मामले में बोर्ड का प्रदर्शन इस अवधि में बहुत शानदार रहा। 2015-16 की वार्षिक कार्ययोजना के अनुसार मनुगुरु, कोटा, हजीरा तथा थाल में एचडब्ल्यूपी ने उस अवधि में वार्षिक टर्न अराउंड कार्यों को पूरा किया।

भारी जल बोर्ड ने वित्त वर्ष 2015-16 के लिए निर्धारित उत्पादन लक्ष्य की तुलना में 112 प्रतिशत उत्पादन किया और विशिष्ट ऊर्जा उपभोग 28.6 गीगाजूल/किग्रा रहा।

विविधीकरण की गतिविधियां

भारी जल बोर्ड ने भारतीय परमाणु ऊर्जा कार्यक्रम के लिए इन कोर तथा आउट ऑफ कोर सामग्री हेतु प्रौद्योगिकियों के विकास, प्रदर्शन एवं स्थापना के क्षेत्र में अपने दायित्व के मोर्चे पर बड़ी प्रगति की है। इस सामग्री की आवश्यकता परमाणु ईंधन चक्र के फ्रंट एंड तथा बैक एंड दोनों में ही पड़ती है और यह मुख्य रूप से तीन क्षेत्रों के लिए होती है- परमाणु ईंधन चक्र की फ्रंट एंड तथा बैक एंड हाइड्रोमेटालर्जी संबंधी गतिविधियों हेतु विलायक (सॉल्वेंट) के रूप में; विभिन्न दुर्लभ धातुओं को प्राप्त करने के लिए सॉल्वेंट एक्सट्रैक्शन प्रौद्योगिकी के प्रदर्शन के लिए तथा फास्ट ब्रीडर रिएक्टरों के लिए 10बी एवं सामाजिक प्रयोग के लिए 18ओ जैसे स्थिर आइसोटोप का निर्माण करने में।

सॉल्वेंट प्रौद्योगिकी

सॉल्वेंट के क्षेत्र में टीबीपी (ट्राईब्यूटाइल फॉस्फेट) और डी2ईएचपीए के निर्माण के लिए एचडब्ल्यूपी, वडोदरा तथा तलचर के औद्योगिक प्रतिष्ठानों ने बहुत अच्छा काम किया है और एनएफसी, एनआरबी तथा डीएई की अन्य सभी इकाइयों की समूची आवश्यकता पूरी करने में भारी जल बोर्ड की सहायता की है।

विशेष तथा भविष्य में काम आने वाले सॉल्वेंट जैसे डी2ईएचपीए-2, टीआईएपी, डीएचओए तथा टीएपीओ के विकास के लिए एचडब्ल्यूपी, तूतीकोरिन स्थित वर्सटाइल सॉल्वेंट सिंथेसिस पायलट प्लांट में प्रयासों को अभियान का रूप दे दिया गया है, जहां इन सॉल्वेंट के औद्योगिक उत्पादन के लिए जानकारी का संग्रह किया जा रहा है। भारी जल बोर्ड ने आत्मनिर्भर बनने के उद्देश्य से इन सॉल्वेंटों का उत्पादन औद्योगिक स्तर पर करने के लिए सॉल्वेंट उत्पादन संयंत्र (एसपीपी) लगाना शुरू कर दिया है। बोर्ड कुछ विशेष सॉल्वेंट जैसे डीजीए, कैलिजरीन आदि का निर्माण डीएई की इकाइयों के साथ मिलकर करने की योजना भी बना रहा है।

बोरॉन संवर्द्धन

फास्ट ब्रीडर रिएक्टरों पर आधारित परमाणु ऊर्जा कार्यक्रम के दूसरे चरण के लिए आवश्यक कच्चा माल तैयार करने की योजना के अनुरूप भारी जल बोर्ड ने आइसोटोप को अलग करने की प्रक्रिया में अपने दशकों के अनुभव का इस्तेमाल करते हुए संवर्द्धित बोरॉन उत्पादन के लिए स्वदेशी तकनीकों के विकास, प्रदर्शन एवं प्रयोग का जिम्मा अपने हाथ लिया। विभिन्न रासायनिक रूपों में 95 प्रतिशत से अधिक संवर्द्धन स्तर के साथ बोर्ड के पास अब इस क्षेत्र में संपूर्ण क्षमता है। परमाणु ऊर्जा कार्यक्रम के दूसरे चरण की मदद करने के लिए पीएफबीआर के पहले कोर को समूचा संवर्द्धित बोरॉन बोर्ड ने ही सफलतापूर्वक उपलब्ध कराया है।

सोडियम धातु

फास्ट ब्रीडर रिएक्टर के लिए सोडियम एक अन्य महत्वपूर्ण सामग्री है, जो रिएक्टर को ठंडा करने के लिए कूलैंट के रूप में काम करती है। भारतीय आर एंड डी संगठनों के साथ नेटवर्क तैयार कर भारी जल बोर्ड ने परमाणु ग्रेड वाले सोडियम के उत्पादन के लिए स्वदेशी और अधिक सुरक्षित क्लोज्ड इलेक्ट्रोलिटिक सेल प्रौद्योगिकी विकसित की है। औद्योगिक स्तर के प्रतिष्ठान की आकांक्षा के साथ लगातार बढ़ते आकार वाले सेल का परीक्षण किया जाता है।

अन्वेषण एवं खनन

परमाणु खनिज अन्वेषण एवं अनुसंधान निदेशालय (एएमडी) ने एकीकृत, बहुविषयक पद्धति की मदद से तथा यूरेनियम, थोरियम एवं दुर्लभ धातुओं के संवर्द्धन के केंद्रित दृष्टिकोण के साथ श्रमशक्ति का समझदारी के साथ उपयोग कर अन्वेषण की गतिविधियों को वर्ष भर तेज गति के साथ जारी रखा। इसका परिणाम यह हुआ कि आंध्र प्रदेश, मेघालय, राजस्थान तथा झारखंड के क्षेत्रों में 15,775 टन से भी अधिक यूरेनियम ऑक्साइड का अतिरिक्त भंडार तैयार हो गया। देश का यूरेनियम भंडार 31 दिसंबर, 2015 तक बढ़कर 2,29,936 टन यूरेनियम ऑक्साइड तक पहुंच गया है।

विस्तृत जांच के लिए लक्ष्य निर्धारित करने के उद्देश्य से देश के विभिन्न भागों में भू-रासायनिक सर्वेक्षण (4,040 वर्ग किमी) कराया गया है। स्थलीय भू-भौतिकी सर्वेक्षणों (लगभग 560 वर्ग किमी) से हरियाणा में चालक क्षेत्र तथा कर्नाटक एवं झारखंड में उच्च आवेश वाले क्षेत्रों का पता चला है। राजस्थान तथा कर्नाटक के लगभग 42,559 किलोमीटर लंबे क्षेत्र में वायवीय सर्वेक्षण तथा दूरसंवेदी सर्वेक्षण भी कराए गए हैं।

दुर्लभ धातुओं तथा दुर्लभ मृदा (आरएमआरई) की जांच से छत्तीसगढ़, तमिलनाडु तथा कर्नाटक में इनके महत्वपूर्ण भंडारों का पता चला है।

तटीय बालू तथा अपटतीय जांचों में पूर्वी तट के किनारे भारी खनिज के भंडारों की संभावना पता चली है। आंध्र प्रदेश, ओडिशा और तमिलनाडु में कुल भारी खनिजों के जमाव वाले महत्वपूर्ण क्षेत्र पहचान में आए हैं। गहराई तक मूल्यांकन करने के लिए तटीय बालू की जांच में सोनिक ड्रिलिंग आरंभ की गई।

भारत में यूरेनियम अयस्क का खनन एवं प्रसंस्करण यूरेनियम कारपोरेशन ऑफ इंडिया लिमिटेड द्वारा किया जाता है। यह निगम झारखंड राज्य में काम करता है, जहां इसके पास जादूगुड़ा, भाटिन, नरवापहाड़, तुरमडीह, बागजाता, बंदूहुरंग, मोहुलडीह में सात खानें हैं और जादूगुड़ा तथा तुरमडीह में दो प्रसंस्करण संयंत्र हैं। आंध्र प्रदेश के तुम्मलपल्ली में भी एक नई खान तथा एक प्रसंस्करण संयंत्र निर्माणाधीन हैं। इंडियन रेयर अर्थ्स लिमिटेड मिनी रत्न (प्रथम श्रेणी) कंपनी है और यह तटीय बालू में पाए जाने वाले खनिजों तथा दुर्लभ मृदा के यौगिकों का खनन एवं उत्पादन करती है।

यूरेनियम के प्राकृतिक जमाव के शोधन हेतु तथा परमाणु श्रेणी की शुद्ध अमोनियम यूरेनेट तैयार करने हेतु उसका पुनर्चक्रण करने हेतु बार्क में मेटल रिडक्शन प्रौद्योगिकी एवं क्रचरा प्रबंधन सुविधा का उन्नयन आरंभ किया गया।

ईंधन उत्पादन (फ्यूल फैब्रिकेशन)

न्यूक्लियर फ्यूल कॉम्प्लेक्स (एनएफसी) एनपीसीआईएल के प्रेशराइज्ड हेवी वाटर रिएक्टरों (पीएचडब्ल्यूआर) तथा बॉयलिंग वाटर रिएक्टरों (बीडब्ल्यूआर) के लिए ईंधन का उत्पादन एवं आपूर्ति करता है। इस अवधि में पीएचडब्ल्यूआर ईंधन, पीएचडब्ल्यूआर ईंधन ट्यूब, नियोबियन धातु तथा एसएस ट्यूब आदि का सर्वकालिक सर्वाधिक उत्पादन किया गया।

बिलेट की दो चरण वाली रेडियल फोर्जिंग तथा एक चरण वाली प्लिजरिंग के नए रास्ते से 700 मेगावाट वाले पीएचडब्ल्यूआर के लिए 202 प्रेशर ट्यूबों का उत्पादन किया गया और इस प्रकार आने वाले केएपीपी-3 एवं 4 और आरएपीपी-7 एवं 8 के लिए समूची आवश्यकता पूरी कर दी गई।

एनएफसी ने 12वीं पंचवर्षीय योजना के दौरान 19 नई परियोजनाएं तथा एमटीए के अंतर्गत 3 नई परियोजनाएं आरंभ कीं। मैसर्स एनपीसीआईएल की मांग के अनुरूप वर्तमान उत्पादन संयंत्रों के उन्नयन एवं आधुनिकीकरण के साथ-साथ आगे बनने वाले 700 मेगावाट के पीएचडब्ल्यूआर तथा 300 मेगावाट के एएचडब्ल्यूआर की ईंधन तथा जर्कअलॉय संबंधी जरूरतें पूरी करने के लिए ये परियोजनाएं आरंभ की गईं।

बैक एंड फ्यूल साइकल

ईंधन का पुनर्प्रसंस्कण एवं क़चरा प्रबंधन

ईंधन का पुनर्प्रसंस्करण करने वाले सभी संयंत्र अपनी तय क्षमता के अनुसार काम कर रहे हैं। पावर रिएक्टर फ्यूल रिप्रोसेसिंग प्लांट-3ए आरंभ कर दिया गया। विकिरण वाले थोरियम से 233यू प्राप्त करने के लिए पावर रिएक्टर थोरिया रिप्रोसेसिंग फैसिलिटी आरंभ की गई। विकिरण वाले थोरियम के पुनर्प्रसंस्करण एवं 233यू के मात्रात्मक अलगाव/प्राप्ति का प्रदर्शन तीन चरण वाले परमाणु कार्यक्रम में महत्वपूर्ण मील का पत्थर है।

उच्चीकृत काचन प्रणाली, तारापुर ने जूल मेल्टर में रेडियोधर्मी तरल अपशिष्ट का विट्रिफिकेशन (कांच में बदलना) पूरा किया। केंद्रीकृत अपशिष्ट प्रबंधन संयंत्र, कलपक्कम ने डीएई की कलपक्कम स्थिति विभिन्न इकाइयों को रेडियोधर्मी अपशिष्ट के प्रबंधन की सेवाएं तथा फिल्टर परीक्षण की सेवाएं अबाध रूप से देना जारी रखा। प्लूटोनियम संयंत्र, ट्रॉम्बे ने विखंडनीय एवं उर्वर सामग्री तैयार करने के लिए ध्रुव से मिले खर्च हुए ईंधन का प्रसंस्करण जारी रखा। रेडियोधर्मी क़चरे के प्रबंधन हेतु स्वदेशी स्तर पर विकसित सॉल्वेंट का प्रयोग कर निष्क्रिय लवण घटकों से रेडियो तत्व अलग करने की नई विधि आजमाई गई।

बिजली क्षेत्र के लिए अनुसंधान एवं विकास

परमाणु बिजली कार्यक्रम के लिए अनुसंधान एवं विकास संबंधी सहायता डीएई के अनुसंधान केंद्रों से मिलती है।

भारत के प्रेशराइज्ड वाटर रिएक्टरों की साम्यावस्था के विन्यास में ईंधन का प्रयोग बढ़ाया गया ताकि 235यूरेनियम की 4.22 प्रतिशत औसत मात्रा वाली फ्यूल असेंबली के साथ 45 गीगावाट प्रतिदिन प्रति टन ऊर्जा (डिस्चार्ज बर्नअप) प्राप्त की जा सके। हाइड्रोजन प्रज्वल के दौरान विभिन्न भौतिक एवं रासायनिक प्रक्रियाओं को समझने के लिए प्रायोगिक आंकड़ों का उपयोग कर दहन, ज्वाला में तीव्रता तथा विस्फोट के संख्यात्मक नमूने विकसित किए गए एवं उनकी पुष्टि की गई। सीमित तत्व विश्लेषण तथा सीमिति लोड अनुमानों द्वारा एचडब्ल्यूपी, कोटा के दूसरे चरण वाले हॉट टावर के बचे हुए जीवन का आकलन किया गया और उसकी परिचालन योग्यता का पता लगाया गया।

स्वास्थ्य सुरक्षा एवं वातावरण

एनपीसीआईएल ने दिसंबर 2015 के अंत तक रिएक्टरों का 430 रिएक्टर वर्षों का सुरक्षित परिचालन दर्ज किया। परिचालन केंद्रों की सुरक्षा की समीक्षा नियमित रूप से की गई। सुरक्षा की दृष्टि से सभी महत्वपूर्ण प्रस्तावों तथा दस्तावेजों की समीक्षा बहुविषयक सुरक्षा समीक्षा समिति द्वारा की गई ताकि नियामकीय अनुपालन पूरे हो सकें। एएलएआरए (न्यूनतर से न्यूनतर जो आसानी से हासिल की जा सके) के सिद्धांतों का पालन करते हुए परमाणु ऊर्जा संयंत्रों में सुरक्षा के सर्वोच्च मानक बरकरार रखे गए और इस प्रकार विभिन्न परमाणु ऊर्जा संयंत्रों में श्रमिकों के लिए विकिरण की व्यक्तिगत एवं सामूहिक मात्रा परमाणु ऊर्जा नियामकीय बोर्ड द्वारा मंजूर सीमाओं के भीतर ही रखी गई। संयंत्रों से निकले हुए रेडियोधर्मी क़चरे को बोर्ड द्वारा निर्धारित आधिकारिक सीमाओं से बहुत कम रखा गया।

एनपीसीआईएल ने परमाणु ऊर्जा संयंत्रों के परिचालन के कारण सार्वजनिक स्थानों पर विकिरण का उत्सर्जन कम से कम रखना है। एनपीसीआईएल के सभी चालू संयंत्रों में आईएसओ-14001:2004 के अनुसार प्रमाणित पर्यावरण प्रबंधन प्रणाली (ईएमएस) तथा आईएसओ-18001:2007 के अनुसार प्रमाणित पेशेवर स्वास्थ्य एवं सुरक्षा प्रबंधन प्रणाली (ओएचएसएमएस) को बरकरार रखा जाता है और लगातार सुधार के लिए ऑडिट (आंतरिक, वाह्य तथा प्रबंधन) किए गए।

संयंत्र में विभिन्न स्थानों पर थोरॉन गैस के घनत्व पर नजर रखने के लिए ट्रॉम्बे में पीआरटीआरएफ में ऑनलाइन थोरॉन निगरानी नेटवर्क लगाया गया और आरंभ किया गया। मुंबई तथा तारापुर में बार्क के विभिन्न संयंत्रों में संपूर्ण शरीर/फेफड़ों एवं जैव अपशिष्टों (मल-मूत्र) के नमूनों के विश्लेषण द्वारा पेशेवर कर्मचारियों का आंतरिक जोखिम आकलन किया गया।

भारी जल बोर्ड के सभी संयंत्र आईएसओ गुणवत्ता प्रबंधन प्रणाली, पर्यावरण प्रबंधन प्रणाली एवं ओएसएचए द्वारा प्रमाणित हैं। भारी जल के संयंत्रों के सकल सुरक्षा मानक देश में समतुल्य रासायनिक उद्योगों की तुलना में बहुत बेहतर हैं।

परमाणु ऊर्जा कार्यक्रमः द्वितीय चरण

फास्ट ब्रीडर रिएक्टर

परमाणु ऊर्जा उत्पादन कार्यक्रम के दूसरे चरण के लिए इंदिरा गांधी परमाणु अनुसंधान केंद्र (आईजीसीएआर) सोडियम से ठंडे होने वाले फास्ट ब्रीडर रिएक्टरों तथा उससे जुड़ी ईंधन चक्र प्रौद्योगिकियों का विकास कर रहा है। ब्रीडर रिएक्टर जितने ईंधन की खपत करते हैं, उससे ज्यादा ईंधन का उत्पादन करते हैं।

आईसीसीएआर के फास्ट रिएक्टर कार्यक्रम को रिएक्टर अभियांत्रिकी, धातु कर्म, सामग्री विज्ञान, यंत्रीकरण, सुरक्षा आदि के क्षेत्र में उसके अनुसंधान तथा विकास प्रयासों से बल मिलता है। कलपक्कम पर 25 वर्ष से भी अधिक समय से काम कर रहे फास्ट ब्रीडर टेस्ट रिएक्टर (एफबीटीआर) ने भी फास्ट रिएक्टरों से संबंधित प्रौद्योगिकी के विकास में सहायता की है।

आईजीसीएआर द्वारा विकसित फास्ट ब्रीडर रिएक्टर प्रौद्योगिकी पर आधारित 500 मेगावाट क्षमता का प्रोटोटाइप फास्ट ब्रीडर रिएक्टर (पीएफबीआर) कलपक्कम में लगाया जा रहा है। परियोजना को डीएई का सार्वजनिक उपक्रम भारतीय नाभिकीय विद्युत निगम लिमिटेड (भाविनी) क्रियान्वित कर रहा है।

बार्क फास्ट रिएक्टरों के लिए ईंधन का अनुसंधान, विकास तथा निर्माण करने में, ईंधन के पुनर्प्रसंस्करण के लिए प्रौद्योगिकी में, क़चरा प्रबंधन में तथा श्रमशक्ति के स्वास्थ्य एवं सुरक्षा में योगदान करता है।

प्रोटोटाइप फास्ट ब्रीडर रिएक्टर

पीएफबीआर पूल श्रेणी का रिएक्टर है, जिसमें यूरेनियम प्लूटोनियम के ऑक्साइड को ईंधन के रूप में प्रयोग किया जाता है। इसमें कूलेंट के रूप में तरल सोडियम प्रयुक्त होता है। परियोजना वर्तमान मद्रास परमाणु ऊर्जा केंद्र से 500 मीटर दक्षिण में स्थित है। जनवरी 2016 के अंत तक परियोजना में कुल 97.64 प्रतिशत भौतिक प्रगति हो चुकी है।

फास्ट ब्रीडर टेस्ट रिएक्टर

2015-16 में आईजीसीएआर का उत्कृष्ट उत्पाद फास्ट ब्रीडर टेस्ट रिएक्टर एफबीआर कार्यक्रम के लिए ईंधन, संरचनात्मक सामग्री तथा विशेष न्यूट्रॉन डिटेक्टरों के परीक्षण में महत्वपूर्ण भूमिका निभाता रहा। 29 दिसंबर , 2015 को एक टर्बो रिएक्टर द्वारा 5 मेगावाट बिजली का उत्पादन कर रिएक्टर की शक्ति पहली बार 26.1 मेगावाट थर्मल कर दी गई। इस समय 24वां विकिरण अभियान आरंभ कर दिया गया है। यूरेनियम-233 का उत्पादन करने के लिए रिएक्टर में लगभग 122 थोरियम सबअसेंबलियां लगाई गईं। फुकुशिमा के बाद की सिफारिशों समेत सारकॉप की सिफारिशों एवं भूकंप सूचक उपकरणों को क्रियान्वित किया गया।

एफबीआर ईंधन

कलपक्कम में एफबीटीआर के लिए यूरेनियम-प्लूटोनियम मिश्रित कार्बाइड ईंधन पिनों एवं पीएफबीआर के संपूर्ण कोर के लिए ईंधन पिनों की आपूर्ति बार्क को की गई। पिघले हुए लीथियम पोटेशियम क्लोराइड-प्लूटोनियम क्लोराइड इलेक्ट्रोलाइट में यूरेनियम-प्लूटोनियम-जिर्कोनियम मिश्र धातु की इलेक्ट्रोरिफाइनिंग का प्रदर्शन आईजीसीएआर में किया गया।

फास्ट रिएक्टर के ईंधन का पुनर्प्रसंस्करण

पुनर्प्रसंस्करण कार्यक्रम की दिशा में कोरल (कॉम्पेक्ट रिप्रोसेसिंग फैसिलिटी फॉर एडवांस्ड फ्यूल्स इन लेड सेल्स) संयंत्र के परिचालन ने सुदूर प्रबंधन एवं रखरखाव के क्षेत्र में तथा एफबीटीआर ईंधन के पुनर्प्रसंस्करण के साथ उत्पाद की शुद्धता प्राप्त करने में बहुत अनुभव प्रदान किया। फास्ट रिएक्टर फ्यूल साइकल संयंत्र में विभिन्न इमारतों के निर्माण में भी खासी प्रगति हो रही है।

एफबीआर से संबंधित प्रौद्योगिकियां

फास्ट रिएक्टरों तथा उनसे संबंधित ईंधन चक्र के लिए आर एंड डी से संबंधित गतिविधियों की दिशा में विभिन्न प्रायोगिक कार्य जैसे 100 टन का शेक टेबल आरंभ करना, उच्च तापमान पर सोडियम में विकिरण अध्ययन करने के लिए अनुसंधान आरंभ करना, ट्यूब संयंत्र में अनूठी आउट ऑफ पाइल टेस्ट लूप, दरार तथा बैलूनिंग पूरी की गई।

भविष्य के एफबीआर

पानी में हाइड्रॉलिक अध्ययन करने के लिए भावी एफबीआर के पूल की अनुकृति पेश करने वाला 5/8वें पैमाने का 90 डिग्री सेक्टर का मॉडल तैयार किया गया। एफबीआर के कोर की सबअसेंबलियों के समूह में प्रवाह के कारण होने वाले कंपन की विशेषताओं का अध्ययन करने के लिए एक नई इकाई आरंभ की गई।

स्वास्थ्य, सुरक्षा एवं पर्यावरण

रेडियोधर्मी प्रतिष्ठानों के लिए प्रभावी रेडियोलॉजी निगरानी एवं स्वास्थ्य भौतिकी सेवाएं प्रदान की गईं। आईजीसीएआर तथा बार्क के प्रतिष्ठानों में लगभग 2,500 पेशेवर कर्मचारियों के लिए टीएलडी (थर्मो ल्युमिनिसेंस डोसिमीटर) कार्मिक निगरानी सेवाएं, आईजीसीएआर की विभिन्न सक्रिय प्रयोगशालाओं के लगभग 800 पेशेवर कर्मियों, सक्रिय प्रयोगशालाओं में काम कर रहे ठेके के

कर्मचारियों के लिए संपूर्ण शरीर की जांच (होल बॉडी काउंटिंग), नियमित तथा विशेष निगरानी प्रक्रियाएं और 150 से अधिक पेशेवर कर्मियों की जैव क्रियाओं की जांच की सुविधा भी प्रदान की गई।

परमाणु ऊर्जा कार्यक्रमः तृतीय चरण

थोरियम आधारित रिएक्टर

विश्व की ऊर्जा मांग के बड़े हिस्से को पूरा करने के लिए क्लोज्ड फ्यूल साइकल वाली परमाणु ऊर्जा एकमात्र टिकाऊ विकल्प है। दुनिया में यूरेनियम से अधिक संसाधन थोरियम के हैं। इसीलिए थोरियम को व्यापक स्तर पर 'भविष्य का ईंधन' माना जाता है। भारतीय परमाणु ऊर्जा कार्यक्रम के तीसरे चरण का उद्देश्य वाणिज्यिक स्तर पर बिजली उत्पादन के लिए थोरियम को बतौर ईंधन प्रयोग करना है। थोरियम के ईंधन चक्र में थोरियम-232 को विखंडनीय आइसोटोप यूरेनियम-233 में बदल दिया जाता है, जो परमाणु ईंधन है। इस कार्यक्रम के एक भाग के रूप में बार्क 300 मेगावाट का उन्नत हेवी वाटर रिएक्टर (एडब्ल्यूएचआर) का विकास कर रहा है। ईंधन के रूप में थोरियम का प्रयोग और हल्के जल को कूलेंट तथा भारी जल को मॉडरेटर के रूप में इस्तेमाल करने वाले इस रिएक्टर में कई उन्नत परोक्ष सुरक्षा गुण होंगे।

उन्नत हेवी वाटर रिएक्टर

उन्नत (एडवांस्ड) हेवी वाटर रिएक्टर (एएचडब्ल्यूआर) के साम्यावस्था वाले कोर क्लस्टर, जिसमें (थोरियम, प्लूटोनियम-यूरेनियम) मॉक्स ईंधन का इस्तेमाल होता है, को बेहतर प्रदर्शन के योग्य बनाया गया है। मुख्य ऊष्मा परिचालन प्रणाली में दबाव को तेजी से कम करने के लिए ऑटो डिप्रेशराइजेशन सिस्टम विकसित किया गया है ताकि कोर की सुरक्षा सुनिश्चित करने के लिए ठंडे पानी को समय से प्रवाहित किया जा सके। थोरियम-233 यूरेनियम ऑक्साइड ईंधन के स्वचालित एवं सुदूर निर्माण के सभी पक्षों का प्रदर्शन करने के लिए बार्क में एक अनुकृति तैयार की गई तथा लगाई गई।

अन्य थोरियम रिएक्टर प्रणालियां

850 मेगावाट के इंडियन मॉल्टन सॉल्ट ब्रीडर रिएक्टर में ईंधन पुनः डालने तथा उसमें से पिघला हुआ लवणीय ईंधन निकालने की प्रक्रिया की गणना दहन की विभिन्न अवस्थाओं में की गई। सोडियम को कामकाजी तरल के रूप में इस्तेमाल करते हुए उच्च तापमान वाला हीट पाइप तैयार किया गया और उसका परीक्षण किया गया। उच्च शुद्धता वाले बेरिलियम ऑक्साइड को तैयार करने तथा वैकम हॉट प्रोसेसिंग द्वारा उच्च घनत्व वाला तलछट का आयताकार बेरिलिया सिरेमिक तैयार करने की प्रक्रिया विकसित की गई। बेरिलियम के अयस्क से बेरिलियम निकालने के दौरान उत्पन्न होने वाले ठोस क़चरे के सुरक्षित निपटान के लिए क़चरे में मौजूद बेरिलियम को निष्क्रिय कर विट्रिफिकेशन करने की प्रक्रिया विकसित की गई। पी-4 संयंत्रों की नियंत्रण छड़ों एवं बी-3 परियोजना की बंद करने वाली छड़ों के लिए बोरॉन मिश्र धातु के यौगिक $(TiCr)B_2+MoSi_2$ तथा B4c+Zro3 तैयार किए गए। पाइरोलिटिक कार्बन एवं सिलिकन कार्बाइड वाली सीएचटीआर ईंधन ट्यूब की आंतरिक एवं बाहरी सतह पर प्रेरण (इंडक्शन) की ऊष्मा का प्रयोग करते हुए कार्बन की वाष्प के जमाव वाली स्प्रे कोटिंग के जरिए पर्त चढ़ाने का काम आरंभ किया गया।

कलपक्कम मिनी (कामिनी) रिएक्टर

अंतरिक्ष विभाग के लिए विभिन्न पाइरो उपकरणों की न्यूट्रॉन रेडियोग्राफी हेतु कामिनी रिएक्टर का सफल परिचालन किया गया। पीएफबीआर के न्यूट्रॉन प्रवाह के मापन के लिए आवश्यक उच्च तापमान वाले विखंडन चैंबरों का सफल परीक्षण किया गया।

अनुसंधान रिएक्टर

ध्रुव ने उच्च सुरक्षा स्तर तथा उपलब्धता कारक पर 100 मेगावाट थर्मल की ऊर्जा पर परिचालन किया। देशभर के कई अनुसंधानकर्ताओं ने वैज्ञानिक अनुसंधान के लिए यूजीसी-डीएई गठबंधन की न्यूट्रॉन बीम सुविधा का प्रयोग किया।

उन्नत प्रौद्योगिकियां

डीएई के अनुसंधान केंद्र एक्सीलरेटर, लेजर, उन्नत सामग्री, रोबोटिक्स, सुपरकंप्यूटर, यंत्रीकरण एवं अन्य उन्नत प्रौद्योगिकियों के विकास में लगे रहते हैं। बार्क, आरआरसीएटी, वीईसीसी तथा ब्रिट विकिरण प्रौद्योगिकियों के विकास एवं फसल की बेहतर किस्मों, फसल सुरक्षा की तकनीकों, कटाई के बाद के लिए विकिरण आधारित तकनीकों, रेडियो-निदान के लिए तकनीकों तथा कैंसर जैसे रोगों के रेडियोधर्मी उपचार, सुरक्षित पेयजल हेतु तकनीकों एवं बेहतर पर्यावरण तथा औद्योगिक वृद्धि हेतु उनके उपयोग में भी जुटा है।

एक्सीलरेटर

आरआरसीएटी में अनेक सेल वाली 1.3 गीगाहट्र्ज की सुपरकंडक्टिंग रेडियो फ्रीक्वेंसी (एससीआरएफ) कैविटी के प्रसंस्करण के लिए इकाई स्थापित की गई है। इस इकाई का प्रयोग कर नौ सेल वाली 1.3 गीगाहट्र्ज की एससीआरएफ कैविटी बनाई गई है तथा औसतन 50 माइक्रॉन सामग्री हटाने के लिए इसकी इलेक्ट्रो-पॉलिश की गई है। अनेक सेल वाली 1.3 गीगाहट्र्ज एससीआरएफ कैविटी की आरएफ रेजोनेटिंग फ्रीक्वेंसी एवं फील्ड फ्लैटनेस को सही करने के लिए स्वदेशी स्तर पर ही एक अर्द्ध स्वचालित कैविटी ट्यूनिंग मशीन को डिजाइन तथा विकसित किया गया। अनेक सेल वाली एससीआरएफ कैविटी की आंतरिक सतह को चमकाने के लिए स्वदेशी स्तर पर अपकेंद्री बैरल वाली पॉलिशिंग मशीन की डिजाइन तैयार की गई और उसका विकास किया गया।

लेजर प्रौद्योगिकी का विकास तथा प्रयोग

4 मिमी तक मोटाई वाली नियोबियम एससीआरएफ कैविटी की लेजर द्वारा वेल्डिंग करने के लिए आरआरसीएटी में 20 किलोवाट की अधिकतम शक्ति वाले स्पंदन उपलब्ध कराने वाली फाइबर युक्त स्पंदित Nd:YAG लेजर विकसित की गई है। प्रोटोटाइप फास्ट ब्रीडर रिएक्टर की विकिरण वाली ईंधन सबअसेंबलियों को दूर से ही अलग करने के लिए स्पंदन वाली Nd:YAG लेजर विकसित की गई है। एक ही दोलक का प्रयोग कर 400 वाट बिजली का उत्पादन करने वाली Yb द्रव्य युक्त सतत तरंग (CW) वाली फाइबर लेजर तैयार की गई है। 1060 नैनोमीटर तरंग दैर्ध्य पर 1 किलोवाट ऊर्जा वाली डायोड साइड पंप युक्त सतत तरंग युक्त Nd:YAG लेजर भी तैयार की गई है। 975 नैनोमीटर डायोड लेजर से पंप होने वाले विशाल क्षेत्र के Er द्रव्य युक्त फाइबर का प्रयोग करने वाली और 25 वाट ऊर्जा का उत्पादन करने वाली Er द्रव्य युक्त फाइबर लेजर विकसित की गई है, जो आंखों के लिए सुरक्षित 1,600 नैनोमीटर तरंगदैर्ध्य पर प्रस्फुटित होती है।

इलेक्ट्रॉनिक्स एवं यंत्रीकरण

इलेक्ट्रॉनिक्स कारपोरेशन ऑफ इंडिया लिमिटेड (ईसीआईएल) परमाणु ऊर्जा, रक्षा, अंतरिक्ष प्रौद्योगिकी, सुरक्षा, सूचना प्रौद्योगिकी एवं ई-प्रशासन क्षेत्रों के लिए इलेक्ट्रॉनिक उपकरणों की डिजाइनिंग, विकास, निर्माण, आपूर्ति, स्थापना एवं आरंभ में लगी रही। इस वर्ष कुछ नए उत्पादों में यूरेनियम एनालाइजर, सॉलिड स्टेट डिजिटल वीडियो रिकॉर्डर सिस्टम, रेडार टारगेट इको सिम्युलेटर, हाई पावर सॉलिड स्टेट स्विच, टीडीएम सिग्नल एनालाइजर और डी-मल्टीप्लेक्सर एवं लाइनक्स आधारित ईसीएससीएडीए सर्वर सॉफ्टवेयर शामिल हैं।

रोबोटिक्स

न्यूरोसर्जरी करने के लिए बार्क में रोबोट पर आधारित फ्रेमलेस स्टीरियोटेक्टिक प्रणाली विकसित की गई है, जिसमें फ्रेम आधारित प्रणाली के बराबर सटीकता है और मरीजों के लिए आराम का स्तर भी उतना ही है। बेहद सूक्ष्मता वाले रोबोट का प्रयोग कर यह फ्रेमरहित स्टीरियोटैक्सी का स्वचालन कर देता है। 4 डीओएफ (डिग्री ऑफ फ्रीडम) वाली सर्जिकल कोऑर्डिनेट मीजरिंग मैकेनिज्म (एससीएमएम), 6 डीओएफ वाली पैरेलल काइनेमैटिक मैकेनिज्म (6डी-पीकेएम) पर आधारित रोबोट एवं न्यूरोसर्जरी के दौरान शल्य चिकित्सक की सहायता के लिए विजुअलाइजेशन डिस्प्ले इस प्रणाली के प्रमुख घटक हैं।

क्रायोजेनिक्स

वीईसीसी में सुपरकंडक्टिंग इलेक्ट्रॉन और हेवी आयन लाइनैक्स के लिए तरल हीलियम एवं तरल नाइट्रोजन हेतु क्रायोजेन वितरण लाइन, हीलियम के लिए वातावरण के नीचे निर्वात की परत वाली लाइन, हीलियम बफर टैंकों एवं कंप्रेसरों के बीच गर्म हीलियम की लाइन वाली क्रायोजेनिक प्रणाली तथा 500 वाट का हीलियम लिक्विफायर लगाए जा रहे हैं। क्रायोजेनिक प्रणाली की डिजाइन को अंतिम रूप दे दिया गया है।

रेडियोआइसोटोप एवं विकिरण प्रौद्योगिकी तथा उनके प्रयोग

स्वास्थ्य सेवा, उद्योग, कृषि एवं अनुसंधान में विभिन्न रेडियोआइसोटोप के विकास तथा प्रयोगों में डीएई महत्वपूर्ण भूमिका निभाता रहा है। डीएई के सतत प्रयासों के परिणामस्वरूप आज भारत आइसोटोप प्रौद्योगिकी के अग्रणी देशों में शामिल है।

रेडियोआइसोटोप ट्रॉम्बे के ध्रुव अनुसंधान रिएक्टर में, एक्सीलरेटर कोलकाता तथा एनपीसीआईएल के विभिन्न परमाणु बिजली संयंत्रों में बनाए जाते हैं। समीक्षाधीन अवधि के दौरान चिकित्सा, औद्योगिक एवं अनुसंधान के लिए बार्क द्वारा विभिन्न प्रकार के आइसोटोप तैयार किए गए एवं उपलब्ध कराए गए। विकिरण एवं आइसोटोप प्रौद्योगिकी बोर्ड (बीआरआईटी) ने चिकित्सा एवं औद्योगिक उपयोग के लिए विभिन्न प्रकार के रेडियोआइसोटोप उत्पाद एवं विकिरण प्रौद्योगिकी उपकरणों का निर्माण किया तथा आपूर्ति की। विकिरण द्वारा चिकित्सा उत्पादों के कीटाणुनाश एवं मसालों तथा संबंधित उत्पादों के विकिरण द्वारा प्रसंस्करण के लिए बीआरआईटी के संयंत्रों ने चिकित्सा तथा कृषि उद्योग को सेवाएं देना जारी रखा। विकिरण प्रौद्योगिकी पर आधारित उपकरणों एवं प्रौद्योगिकियों से विभिन्न प्रकार के औद्योगिक तथा सामाजिक क्षेत्रों को लाभ प्राप्त हुआ।

कृषि

ट्रॉम्बे मूंगफली (टीजी) की किस्मों टीजी 79 और टीजी 80 को भारत भर में मूल्यांकन के लिए भारतीय कृषि अनुसंधान परिषद के पास भेजा गया। टीजी किस्म के 340 क्विंटल प्रजनक बीजों का उत्पादन बार्क, गौरीबिदानुर में ठेके पर खेती के जरिए किया गया और उन्हें विभिन्न राज्यों में बीज एजेंसियों को वितरित कर दिया गया। काले चने की किस्मों टीएयू-1, टीएयू-2, टीपीयू-4, टीयू94-2 और टीयू-40 के बीजों का बहुगुणन किया गया। यूरेनियम को उद्ग्रहण करने तथा उसकी पहचान के लिए उचित वर्ण रंजक तैयार करने के उद्देश्य से क्रम तय किया गया।

गेहूं के पौधे में एक बैंड वाले डीएनए मार्कर के त्वरित आकलन के लिए एवं वांछित गुणों का तेजी से चयन करने के लिए ज़ेल मुक्त प्रोटोकॉल तय किया गया। ज्वार के 148 नए स्वदेशी एवं दुर्लभ जर्मप्लाज्म में एक साथ फूल आने, बीजों के सेट तथा संकर विकास में उपयोग होने की संभावनाओं का मूल्यांकन किया गया। उन्नत ट्राइकोडर्मा वायरस से उत्परिवर्तित गुण का पूरी तरह जैविक, बीज पर चढ़ने वाला जैव फफूंदनाशी विकसित किया गया।

खाद्य प्रौद्योगिकी

विकिरण उपचार वाले प्याज के छिलकों का प्रयोग प्राकृतिक खाद्य एडिटिव के स्रोत के रूप में किए जाने की संभावनाओं का मूल्यांकन किया गया। खाने के लिए तैयार (RTE), दराज में रखे जाने लायक मटन मसाला को गामा विकिरण द्वारा तैयार करने की विधि का मानकीकरण किया गया। 1 किलो केजीवाई मात्रा पर विकिरण प्रसंस्करण द्वारा एवं पानी में 15 मिनट के लिए 800 डिग्री सेल्सियस पर गर्म कर सेंकने के लिए तैयार चपाती बनाने की प्रक्रिया का मानकीकरण किया गया। पुदीने के रस का प्रयोग कर संश्लेषित किए गए चांदी के नैनोकण को बैक्टीरिया ई कोलाई, एस ऑरियस, बी सीरियस तथा पी एयरुजिनोसा का नाशक पाया गया। सक्रिय सूक्ष्मजीवरोधी फिल्में बनाने के लिए पीवीए फिल्म में तांबे के नैनोअणु प्रविष्ट कराए गए। हाइड्रोक्लोरिक अम्ल के बजाय टार्टरिक अम्ल का प्रयोग कर एवं एस्कॉर्बिक अम्ल का प्रयोग बंद कर लीची के प्रसंस्करण की प्रौद्योगिकी में सुधार तथा परिवर्तन किया गया और प्रक्रिया को अधिक किफायती बनाया गया। बेहद कम प्रसंस्करण वाली कसी हुई बंदगोभी की कटाई के बाद की गुणवत्ता पर एलाइलिसोथायोसायनेट (AICT) और कम तापमान पर भंडारण किए जाने का प्रभाव जांचा गया। विकिरण से प्रसंस्कृत ग्वार गम को खाद्य रेशे के रूप में तैयार करने की प्रौद्योगिकी संभावनाशील उद्यमियों को दिए जाने के लिए तैयार है।

परमाणु चिकित्सा एवं स्वास्थ्य सेवा

थायरॉयड, हृदय रोग आदि विभिन्न बीमारियों के परमाणु चिकित्सा द्वारा निदान एवं उपचार से 12,000 से अधिक रोगियों को लाभ हुआ। सिंटीग्राफी एवं पीईटी-सीटी सेक्शन ने लगभग 12,000 निदान संबंधी स्कैन किए। महंगे एवं चिकित्सा की दृष्टि से महत्वपूर्ण पेप्टाइड जैसे- डोटा-टेट, हाइनिक-टॉक, साइक्लिक-आरजीडी आदि को स्वदेशी स्तर पर ही प्राप्त करने के लिए ठोस चरण वाले पेप्टाइड संश्लेषण का प्रयोग करने की सुविधा विकसित की गई है। शल्य चिकित्सा के लायक नहीं रह गए यकृत कैंसर के लिए आयातित 90वाई आधारित उत्पादों के किफायती विकल्प के रूप में 188आरईएन-डीईटीटीसी/लिपियोडॉल तैयार करने हेतु दो वाइल वाले किट का विकास किया गया।

थायरॉयड में गड़बड़ी का पता लगाने और उपचार करने के लिए तरल एवं कैप्सूल दोनों ही रूपों में सोडियम आयोडाइड के 20,000 से अधिक रेडी टु यूज रेडियोफार्मास्यूटिकल्स, न्यूरोएंडोक्राइन गांठ का पता लगाने एवं उपचार कराने के लिए 131आई-मेटा आयडो बेंजाइल ग्वानिडिन की खेप, हड्डियों में दर्द के लिए 32पी, 153एसएम और 177एलयू की आपूर्ति रेडी टू यूज इंजेक्शन के रूप में देशभर के परमाणु चिकित्सा केंद्रों एवं अस्पतालों में भेजे गए।

रेडियो प्रौद्योगिकी के सामाजिक प्रयोग के लिए वीईसीसी ने अस्पतालों में (99एमटीसी) पर्ट एक्नेटेट के निर्माण एवं प्रयोग हेतु टीसीएम-ऑटोसोलेक्स जेनरेटर स्थापित करने एवं उसका मूल्यांकन करने के उद्देश्य से बीआरआईटी, कोलकाता के साथ गठबंधन किया है। साइक्लोट्रॉन में 99एमटीसी के प्रत्यक्ष उत्पादन, एनएटीवाई से 89जिर्कोनियम के उत्पादन की व्यवहार्यता एवं लक्षित मैट्रिक्स से 89जिर्कोनियम के रेडियोरासायनिक अलगाव, 68जीई/68जीए जेनरेटर के मूल्यांकन तथा 99एमओ-99एमटीसी जेनरेटर को तैयार करने के लिए क्रॉस लिंक्ड काइटोसैन के निर्माण पर आईएईए के संयोजन वाली अनुसंधान परियोजना (CRP) के अंग के रूप में वीईसी साइक्लोट्रॉन में 99एमटीसी के उत्पादन के लिए और साइक्लोट्रॉन से बने 99एमटीसी की रेडियोन्यूक्लिडिक शुद्धता निर्धारित करने के लिए संवर्द्धित 100एमओ का विकिरण उपचार भी किया गया है।

भारी जल के वैकल्पिक प्रयोग

परमाणु चिकित्सा तथा जैव-रासायनिक अनुसंधान में प्रयोग वाली ऑक्सीजन-18 की संभावित आवश्यकता को भांपते हुए भारी जल बोर्ड ने एचडब्ल्यूपी, तूतीकोरिन में ऑक्सीजन-18 के संवर्द्धन की तकनीक का सफलतापूर्वक विकास कर लिया है। ऑक्सीजन-18 का उत्पादन करने वाले संयंत्र में औद्योगिक स्तर की क्षमता एचडब्ल्यूपी, मनुगुरु में लगाई गई है। सभी कॉलमों का डीएम पानी के साथ सफल परिचालन हो चुका है। परमाणु श्रेणी का भारी जल आवेशित किया गया और जुलाई 2015 से ही उसका संवर्द्धन चल रहा है।

जीव विज्ञान, औषधि तथा तकनीकी क्षेत्रों में ड्यूटीरियम के प्रयोग की विराट संभावनाएं देखे हुए भारी जल बोर्ड ने इस क्षेत्र में आर एंड डी गतिविधियों को बढ़ावा देने तथा उनमें सहायता करने के लिए एक कार्ययोजना बनाई है। कई भारतीय कंपनियों और सरकारी संस्थानों जैसे भारतीय कृषि अनुसंधान परिषद, भारतीय पशु चिकित्सा अनुसंधान संस्थान, प्लाज्मा अनुसंधान संस्थान, टाटा इंस्टीट्यूट ऑफ फंडामेंटल रिसर्च आदि ने इस क्षेत्र में रुचि दिखाई है तथा बोर्ड ने उनके आर एंड डी कार्यों में सहयोग के लिए कम मात्रा में भारी जल की आपूर्ति भी की है।

भारी जल के गैर-परमाणु प्रयोगों पर विकास संबंधी गतिविधियों के अंश के रूप में ड्यूटीरियम युक्त एनएमआर सॉल्वेंट के निर्माण की प्रक्रिया एचडब्ल्यूपी, वडोदरा में प्रयोगशाला स्तर पर विकसित की गई हैं। इन अणुओं के संश्लेषण के लिए इस्तेमाल होने वाले भारी जल की खपत को कम से कम करने के लिए प्रक्रिया को उन्नत भी बनाया गया है। भारी जल बोर्ड तथा बीआरआईटी के बीच हुए समझौते के तहत बीआरआईटी ने इन सॉल्वेंट को देश के विभिन्न प्रतिष्ठित अनुसंधान संस्थानों में बेचना भी आरंभ कर दिया है।

कैंसर निदान एवं उपचार सेवाएं

इस अवधि में टीएमसी ने लगभग 140 उपकरण प्राप्त किए। सरफेस प्लाज्मोन रेजोनेंस सिस्टम, रेफ्रिजरेटेड शेकर इनक्यूबेटर, टेबलटॉप सेंट्रीफ्यूग, इनवर्टेड माइक्रोस्कोप, थर्मल साइक्लर, जल शुद्धिकरण प्रणाली, माइक्रो प्लेट रीडर, जेल डॉक्यूमेंटेशन सिस्टम, रियल टाइम पीसीआर मशीन जैसे प्रमुख उपकरणों को स्थापित भी किया जा चुका है। वक्ष, गर्भाशय, सर्विक्स तथा मुंह के कैंसर की आशंका वाली महिलाओं का पता लगाने के लिए घरों का सर्वेक्षण जारी रहा। आंध्र प्रदेश में कैंसर अस्पताल की स्थापना के लिए निर्माण कार्य आरंभ हो चुका है। चंडीगढ़ में कैंसर अस्पताल के लिए ठेका दिया जा चुका है। क्लिनिकल अनुसंधान सचिवालय तथा परमाणु ऊर्जा विभाग की क्लिनिकल परीक्षण इकाई ने अस्पताल में कैंसर विज्ञान के क्षेत्र में अनुसंधान को बढ़ावा देने में प्रमुख भूमिका निभाई है। एसीटीआरईसी में भेजे जाने वाले तथा वहां पंजीकृत होने वाले मरीजों की संख्या वर्ष-दर-वर्ष बढ़ती गई है। वर्ष के अंत में क्लिनिकल प्रयोग के लिए एक नया सर्व-सुविधासंपन्न लीनियर एक्सीलरेटर स्थापित किया गया तथा आरंभ किया गया। स्वदेश में ही विकसित और भाभाट्रॉन-2 टेलीकोबाल्ट इकाई में स्थापित मल्टी लीफ कोलिमेटॉर प्रणाली को क्लिनिकल प्रयोग के लिए नियामक की मंजूरी प्राप्त हो गई। एसीटीआरईसी में लगभग 2000 बड़े ऑपरेशन किए गए। दवा के विकास में जुटी क्लिनिकल औषधि विज्ञान प्रयोगशाला की उपलब्धियों में रेडियो संरक्षक कारक के रूप में क्लोरोफाइलिन की पूर्व क्लिनिकल जांच को बढ़ावा देना एवं उसकी प्रौद्योगिकी किसी उद्योग को सौंपना शामिल हैं।

विकिरण प्रसंस्करण

आइसोमेड, बीआरआईटी में दिसंबर 2015 तक अंतिम जीवाणुनाश के लिए 5116 घन मीटर स्वास्थ्य उत्पादों का प्रसंस्करण किया गया।

उत्पादों को कम एवं मझोली श्रेणी का गामा विकिरण प्रदान करने के लिए आयात के विकल्प के रूप में गामा विकिरण सूचक बटनों का स्वदेश में ही विकास किया गया।

लगभग 2933 टन मसालों एवं न्यूट्रास्यूटिकल एवं रंगीन रंजक जैसे अन्य उत्पादों को इस अवधि में प्रसंस्कृत किया गया।

विकिरण प्रसंस्करण संयंत्र, वाशी को डोजीमीटर कैलिब्रेशन प्रयोगशाला के रूप में एनएबीएल की मान्यता प्राप्त हो गई।

विकिरण प्रौद्योगिकी पर आधारित उपकरण एवं सेवाएं

बीआरआईटी ने भारत के भीतर विभिन्न एनडीटी उपयोगकर्ताओं को 81 रेडियोग्राफी कैमरे, रोली-2 और रोली-3 प्रदान किए। 800 घन इंच वाला कोबाल्ट-60 रखने वाला एक ब्लड इरेडिएटर रूबी हॉस्पिटल, पुणे को दिया गया। पहला 137सीएस आधारित ब्लड इरेडिएटर भी इसी अवधि में बनाया गया।

इस वर्ष के दौरान बार्क में 'भाभाट्रॉन' की छह इकाइयां आरंभ की गईं और कुल 36 इकाइयां चालू स्थिति में आ गईं। एसीटीआरईसी में एक इकाई को मल्टी-लीफ कॉलिमेटर से जोड़ दिया गया, जिसका उद्देश्य बेहतर अनुकूलता प्राप्त करना है। रेडियोथेरेपी सिम्युलेटर 'इमेजिन' की 6 इकाइयों की स्थापना हुई है, जिससे 'इमेजिन' की चालू इकाइयों की कुल संख्या 10 तक पहुंच गई है। माननीय प्रधानमंत्री की मंगोलिया यात्रा के दौरान उस देश को एक-एक 'भाभाट्रॉन' और 'इमेजिन' भेंट किए गए। पोस्टल डोसिमीट्री ऑडिट फैंटम तथा मंद तीव्रता वाली रेडियोथेरेपी की विधियां भी विकसित की गईं।

जल शुद्धिकरण, जल से लवण हटाना एवं आइसोटोप जल विज्ञान

समुद्री जल की रिवर्स ऑस्मोसिस की पारंपरिक प्रक्रिया से पहले शोधन के लिए बार्क में 250 घनमीटर/घंटा क्षमता वाला अल्ट्रा फिल्ट्रेशन संयंत्र लगाया गया।

दूषित जल से फ्लोराइड हटाने के लिए सादा एवं किफायती विधि पर आधारित तथा अनूठा रासायनिक एजेंट विकसित किया गया। बार्क ने घरों के गंदे पानी का शोधन करने तथा साथ में जैव ईंधन उत्पान के लिए बायोमास इकट्ठा करने में सक्षम सोलर फोटो-बायोरिएक्टर की डिजाइन तैयार की है।

खान के गड्ढों से नीचे जाने वाले जल में भूमिगत जल तथा सतह के पानी पर लौह अयस्क खनन का प्रभाव जांचने के लिए गोवा में आइसोटोप जल विज्ञान संबंधी जांच की गई। अनुसंधान की प्रणाली समझने के लिए बिहार के पटना जिले में एक आदर्श परियोजनास्थल पर जल निकायों का पता लगाने में आइसोटोप तकनीकों का प्रयोग किया गया।

प्राथमिक एवं व्यावहारिक अनुसंधान

डीएई के कार्यक्रमों की दृष्टि से प्रासंगिक मूलभूत एवं व्यावहारिक अनुसंधान विभाग के अनुसंधान केंद्रों में किए जाते हैं तथा स्वायत्तशासी अनुसंधान संस्थानों को अनुदान सहायता प्रदान की जाती है। समीक्षाधीन अवधि में इन अनुसंधान संस्थानों द्वारा मूलभूत एवं व्यावहारिक अनुसंधान के क्षेत्रों में किए गए प्रमुख कार्य इस प्रकार हैं।

गणित एवं अभिकलन विज्ञान

दो चरणों वाली तापगतिकी विधियों का प्रयोग कर कार्बन नैनोट्यूब के जरिए तरल का बेहद तेज परिवहन बार्क में कराया गया।

एसएनआईपी में चुनौतीपूर्ण एकीकरण योग्य समस्या का समाधान स्थान-समय के अनूठे प्रयोग से किया गया। ध्रुवीकृत स्पिन रिवर्सल ऑपरेटरों का प्रयोग कर एसडी-एनएस प्रणाली से जुड़े समाधान योग्य स्पिन कोलागेरो नमूनों की नई श्रेणी तैयार की गई।

एचआरआई में भार से जुड़ी जीरो सम समस्याओं के लिए नए परिणाम प्राप्त कर लिए गए हैं। रामानुजन ताऊ फलन के साथ जुड़े सममितीय वर्ग एल-फलन के इन्वर्स मेलिन प्रारूप के अनंतर्स्पर्शी व्यवहार के बारे में जैगियर के अनुमान का सामान्यीकरण किया गया। जिन सीमाबद्ध समूहों का अरेखीय स्थिर चरित्र एक ही श्रेणी का है, वे गाल्वा संयुग्म हैं और उनका वर्गीकरण कर लिया गया है। विकृत लाप्लास के लिए हार्डी-साबोलेव असमानता सिद्ध की गई है।

गणित की विभिन्न परियोजनाओं के लिए राष्ट्रीय तथा अंतरराष्ट्रीय संस्थानों के साथ संयुक्त परियोजनाओं में गणितीय विज्ञान संस्थान शामिल रहा।

भौतिकी

बार्क में सरोगेसी रेशियो विधि से पहली बार 55Fe रेडियो केंद्रक के लिए संलयन प्रौद्योगिकी के प्रयोग हेतु न्यूट्रॉन से प्रेरित क्रॉस सेक्शन निर्धारित किए गए। माउंट आबू, राजस्थान में इमेजिंग कैमरा वाले TeV एटमॉसफियरिक चेरेनकोव टेलिस्कोप ने आकाशगंगा से बाहर के अत्यधिक ऊर्जा वाले, कम रेड शिफ्ट वाले, कठोर गामा किरण उत्सर्जक स्रोतों का अध्ययन जारी रखा। लद्दाख के हमले में मेजर एटमॉसफियरिक

चेरेनकोव एक्सपेरिमेंट टेलिस्कोप की स्थापना प्रगति पर है। बार्क तथा वीएसएससी के बीच समझौते के अंतर्गत कॉलिमीटर वाली एक असेंबली और न्यूट्रॉन रेडियोथेरेपी के लिए बनाया गया प्लेटफॉर्म वीएसएससी, त्रिवेंद्रम में लगाया गया।

टीआईएफआर, एस्ट्रोसैट में खगोल विज्ञान में भारत का पहला खगोल उपग्रह भेजा गया और कक्षा में स्थापित किया गया। तीन पेलोड की डिजाइनिंग और निर्माण का काम टीआईएफआर में किया गया। उसमें सभी उपकरण निर्धारित विवरण के अनुसार कार्य कर रहे हैं। राष्ट्रीय रेडियो अंतरिक्ष-भौतिकी केंद्र में जाइंट मीटरवेव रेडियो टेलिस्कोप ने एक विशाल रेडियो अंतरिक्ष गंगा खोज डाली और जीएमआरटी के उन्नयन पर अच्छी प्रगति की गई।

टीआईएफआर में प्रायोगिक भौतिकी के क्षेत्र में संघनित पदार्थ, पदार्थ-विज्ञान, परमाणु एवं आणविक भौतिकी के क्षेत्र में महत्वपूर्ण प्रगति हुई है। सुपरकंडक्टिंग सर्किट के अनुसंधान तथा सेमीकंडक्टर अनुसंधान, एकल क्रिस्टल के संश्लेषण तथा उनके गुणों के अध्ययन पर प्रगति की गई।

संघनित द्रव्य भौतिकी, सतह भौतिकी, परमाणु भौतिकी, व्यावहारिक परमाणु भौतिकी, सैद्धांतिक भौतिकी और खगोल भौतिकी एवं प्लाज्मा भौतिकी के विभिन्न क्षेत्रों में अनुसंधान गतिविधियों के मामले में एसआईएनपी पर महत्वपूर्ण प्रगति हुई।

वीईसीसी में BaF_2 डिटेक्टरों का प्रयोग कर टोटल अब्जॉर्प्शन गामा स्पेक्ट्रोस्कोपी (टैग्स) प्रणाली को डिजाइन किया गया तथा सटीक बीटा डिके फीडिंग मापन के लिए परीक्षण किया गया, जिसका प्रयोग रिएक्टर की क्षय ऊर्जा के आकलन में किया जाता है। तात्कालिक संलयन प्राप्तियों के द्रव्यमान एवं आवेश वितरण का आकलन सूक्ष्मदर्शी से करने की विधि विकसित की गई।

एनआईएसईआर ने ब्रह्मांड विज्ञान तथा आकाशगंगा के निर्माण, ब्लैक होल एवं स्ट्रिंग सिद्धांत, कण भौतिकी एवं क्वार्कग्लूको प्लाज्मा, हैड्रॉन स्पेक्ट्रम विज्ञान, सांख्यिकीय यांत्रिकी एवं सॉफ्ट मैटर, क्वांटम ऑप्टिक्स तथा अरैखिक गति विज्ञान, चुंबकत्व एवं सुपरकंडक्टिविटी एवं घनीभूत द्रव्य भौतिकी के कई अन्य क्षेत्रों में अनुसंधान जारी रखा।

सिन्क्रोट्रॉन और उनके प्रयोग

राजा रामन्ना सेंटर फॉर एडवांस्ड टेक्नोलॉजी ने उन्नत मूलभूत अनुसंधान करने के लिए सिन्क्रोट्रॉन विकिरण स्रोत इंडस-1 एवं 2 स्थापित किए हैं।

वर्ष के दौरान दोनों सिन्क्रोट्रॉन विकिरण स्रोतों इंडस-1 और इंडस-2 ने लगातार कार्य किया। इंडस-2 का परिचालन 200 मिलीएंपियर के बीम प्रवाह तथा 2.5 गीगाइलेक्ट्रॉन वोल्ट ऊर्जा पर हुआ, जबकि इंडस-1 को 100 मिलीएंपियर प्रवाह और 450 मेगाइलेक्ट्रॉन वोल्ट पर चलाया गया। इंडस-2 की स्टोरेज रिंग में बेहद स्थिर इलेक्ट्रॉन बीम जा रही है। इंडस सिन्क्रोट्रॉन विकिरण स्रोतों के बेहतर प्रदर्शन के कारण प्रयोगकर्ताओं की संख्या में बहुत वृद्धि हुई है। प्रयोगकर्ताओं के प्रयोग 2013 के 190 से दोगुने होकर 2015 में 390 तक पहुंच गए हैं। इंडस-2 में प्रयोगकर्ताओं के प्रयोगों के लिए 13 किरणें 4,370 घंटों तक उपलब्ध रहीं।

इंडस-2 स्टोरेज रिंग में पिछले वर्ष स्थापित किए गए दो समलत अन्डुलेटरों (तरंगों) यू1 और यू2 ने काम आरंभ कर दिया, जिनमें से एक परमाणु, आणविक तथा प्रकाश विज्ञान (अमॉस) की किरणों

के लिए एवं दूसरा एंगल रिजॉल्व्ड फोटोइलेक्ट्रॉन स्पेक्ट्रोस्कोपी किरणों के लिए है। अन्डुलेटरों से निकलने वाली सिन्क्रोट्रॉन विकिरण किरण एवं उसके आसपास की चुंबक की छवियां फ्लुरेसंट स्क्रीन बीम व्यूअर की मदद से रिकॉर्ड कर ली गईं।

ऑफलाइन परीक्षणों के बाद इंडस–2 के एलएस–5 सेक्शन में स्थायी चुंबकीय ब्लॉकों की मदद से एपल–2 (एडवांस्ड प्लेनर पोलराइज्ड लाइट एमिटर–2) श्रेणी का अन्डुलेटर लगाया गया।

इंडस–2 के एक्स–रे लिथोग्राफी बीमलाइन (बीएल–7) का प्रयोग कर सुएक्स कूट नाम वाले नए एंटिमनी रहित पदार्थ से एक्स–रे लेंस बनाए गए हैं, जिनका उपयोग हार्ड एक्स–रे रिजीम में किया जाता है। जब इस लेंस का प्रयोग डायमंड लाइट सोर्स, यूके पर किया गया तो 0.8 माइक्रॉन फोकस व्यास वाली फुल विड्थ एट हाफ मैक्सिमम (एफडब्ल्यूएचएम) किरण प्राप्त हुई। इसके बाद 30 किलो इलेक्ट्रॉन वोल्ट वाली इलेक्ट्रॉन बीम लिथोग्राफी का प्रयोग करते हुए बेहद पतली टाइटेनियम फिल्म पर पॉलीमिथाइल मेथाक्राइलेट की 25 मिमी फोकस दूरी वाली फ्रेस्नल जोन प्लेट (एफजेडपी) तैयार की गई। उन्हें कैपिलरी डिस्चार्ज पर आधारित आर्गन एक्स–रे लेजर (तरंगदैर्ध्य: 46.9 नैनोमीटर) पर फोकस केंद्रित करने के लिए तैयार किया गया है।

किरणों एवं अग्रांत (फ्रंट एंड) के विभिन्न घटकों की स्थापना एवं निर्वात परीक्षण पर कार्य किया गया। दो चरणों वाला छोटा डिफरेंशियल पंपिंग सिस्टम विकसित किया गया है, उसका परीक्षण किया गया है और उसे इंडस–2 पर बीएल–3 में स्थापित किया गया है ताकि किरणों के उच्च एवं निम्न निर्वात वाले क्षेत्रों के बीच सुगमता से आवाजाही हो सके।

बार्क में इंडस–2 की प्रोटीन क्रिस्टलोग्राफी बीमलाइन PXBL21 का प्रयोग कर विभिन्न महत्वपूर्ण प्रोटीनों के कणों की बनावट निर्धारित की गई और उनकी जानकारी प्रोटीन डेटाबैंक के डेटाबेस में दर्ज की गई। इंडस–1 आईआरएस में आईआर बीमलाइन पर कम तापमान वाली तरल नाइट्रोजन (77K) तथा तरल हीलियम (4.2K) इन्फ्रारेड अवशोषण/परावर्तन सुविधा स्थापित की गई।

संलयन तथा अन्य प्लाज्मा प्रौद्योगिकी

प्लाज्मा अनुसंधान संस्थान में स्टेडी–स्टेट सुपरकंडक्टिंग टोकामार्क–1 (एसएसटी–1) ने अपने सभी फर्स्ट वॉल घटकों की स्थापना तथा एकीकरण को सफलतापूर्वक पूरा करने के साथ ही उन्नयन का पहला चरण पूरा कर लिया।

बार्क में उच्च तापमान पर प्रयोगों के लिए डिस्प्रोजियम टाइटेनेट सामग्री का विशिष्ट संघटन तैयार करने के लिए नई तकनीक विकसित की गई है। पाइप वाले कंडक्टरों में लंबे केबल (सीआईसीसी) बनाने के लिए स्थान बचाने वाली अनूठी ऑनलाइन निर्माण सुविधा स्थापित की गई। इसमें फिरकी पर 200 मीटर लंबा सीआईसीसी बनाया गया।

रसायन विज्ञान

बार्क ने लीथियम आयन बैटरी में एनोड (नैनो लीथियम टाइटेनेट) तथा कैथोड (नैनो लीथियम आयरन फॉस्फेट कार्बन कंपोजिट) पदार्थों के लिए पदार्थ प्रौद्योगिकी विकसित की है। बार्क ने अंतरराष्ट्रीय दिशानिर्देशों का पालन करते हुए राष्ट्रीय भौतिकी प्रयोगशाला, नई दिल्ली के साथ मिलकर देश का पहला क्वाट्ज प्रमाणन वाला संदर्भ पदार्थ तैयार किया है।

रसायन विज्ञान तथा जीव विज्ञान में उच्च अध्ययनों के लिए अत्याधुनिक द्विविमीय इन्फ्रारेड स्पेक्ट्रममापी विकसित किया गया। एनसीसीसीएम, हैदराबाद को भोजन में प्रमुख तत्वों तथा अवशेष तत्वों की मात्रा की एकरूपता, स्थायित्व एवं पहचान के लिए यूरोपीय संघ द्वारा आपूर्तिकर्ता के रूप में प्रमाणित कर दिया गया है। विभिन्न कॉम्प्लेक्सिंग एजेंट, सॉरबेंट तथा होस्ट मैट्रिक्स के साथ लैंथेनाइड एवं एक्टिनाइड के प्रजाति उद्‌भव का अध्ययन करने के लिए टाइम रिजॉल्व्ड लेजर इंड्यूस्ड फ्लूरसेंस स्पेक्ट्रोमीटर स्थापित और कार्यशील किया गया है। कैंसर रोधी दवा डॉक्सोरुबिसिन की नियंत्रित तथा सतत आपूर्ति के लिए जैव अनुकूल तथा कार्य विशेष में प्रवृत्त हाइड्रोजन बीड का एक नया प्रकार तैयार किया गया।

टीआईएफआर में सरफेस इन्हांस्ड रमन स्पेक्ट्रम विज्ञान का प्रयोग कर शारीरिक स्थितियों में मेंब्रेन प्रोटीन की संरचना निर्धारित करने के लिए एक तकनीक विकसित की गई।

एसआईएनपी में नैनो पदार्थों की विभिन्न संरचनाएं विकसित की गई हैं, जिनमें ट्यूनिंग योग्य गोल्ड नैनो फ्लॉवर, सिल्वर नैनो वायर, सेलेनियम नैनो स्फियर आदि शामिल हैं और दवाओं की आपूर्ति तथा जैव-विश्लेषक खोज में उनका सफल प्रयोग किया गया है। अंतरराष्ट्रीय गठबंधन के तहत जीएसआई, जर्मनी में काम कर रहे समूह के साथ परमाणु रसायन समूह ने नए तत्व 117 की स्वतंत्र रूप से पुष्टि की तथा नए आइसोटोप 266Lr की खोज की।

एनआईएसईआर ने स्कूल ऑफ केमिकल साइंसेज में उन्नत अनुसंधान गतिविधियों के साथ छात्रों को स्नातक तथा परास्नातक स्तर का उच्च गुणवत्ता वाला ज्ञान देना जारी रखा।

जीव विज्ञान

बार्क में आधुनिक एवं आर्थिक क्लस्टर्ड रेग्युलरली इंटरस्पेस्ड शॉर्ट पैलिंड्रॉमिक रिपीट्स कैसकेड आधारित उपकरण का विकास किया गया और माइकोबैक्टीरिया से होने वाले क्षय रोग में जीनोम संपादन एवं जीन दमन में उसका प्रयोग किया गया।

टीआईएफआर में मलेरिया अनुसंधान के क्षेत्र में प्रगति की गई और एक प्रोटीन की पहचान की गई, जिससे मलेरिया का टीका बन सकता है। राष्ट्रीय जैविक विज्ञान केंद्र में कोशिका का संघटन, सिग्नलिंग तथा आनुवंशिकी समझने एवं विभिन्न पैमानों पर पारिस्थितिकी क्रियाओं को समझने में काफी प्रगति हुई।

एसआईएनपी में जटिल वृहद्‌णु प्रणालियों की निगरानी वास्तविक समय में करने के लिए दो रंगों वाली सिंगल मॉलिक्यूल फ्रेट इमेजिंग सुविधा विकसित की गई। रोग जीव विज्ञान के क्षेत्र में अनुसंधान का ध्यान रुधिर विज्ञान संबंधी एवं तंत्रिका विज्ञान संबंधी दो बड़े विकारों पर केंद्रित रहा। अनुजातीय नियामक प्रोटीन तथा न्यूक्लियर लैमिन्स एवं रोगों में उनकी संलिप्तता का अध्ययन करने के लिए नए कदम उठाए गए।

पदार्थ विज्ञान

बीटा एल्युमिना, बेरिलियम ऑक्साइड तथा सॉलिड ऑक्साइड फ्यूल सेल (SOFC) सिरेमिक्स जैसे कई संक्रियात्मक एवं ऊर्जा बचाने वाले सिरेमिक बार्क में तैयार किए गए हैं। अत्यधिक दहन वाले प्रयोगों के लिए निकल-क्रोमियम पर आधारित मिश्र धातुएं स्वदेश में ही तैयार की गई हैं। स्वयं बनाई गई

कार्बन नैनोट्यूब को बेहतर कठोरता वाले पॉलिमेरिक फाइबर में बिखेरकर कंपोजिट फाइबर तैयार किए गए। अत्यंत उच्च तापमान पर होने वाले प्रयोगों के लिए निकल–क्रोमियम–आयरन से बनी अति उत्तम मिश्र धातु पर एल्युमिनाइड की परत तैयार की गई। गैलियम की सहायता से होने वाली डिफ्यूजन बॉन्डिंग की तकनीक पर आधारित स्टेनलेस स्टील 304L स्टील को जर्कअलॉय–4 से जोड़ने की विधि विकसित की गई, जिसमें निकल तथा टाइटेनियम की पर्तों का इस्तेमाल हुआ।

(बार्क तथा एनएफसी के गठबंधन से) स्वदेश में निर्मित निकल–क्रोमियम मिश्र धातु के विभिन्न नमूनों को वैरिएबल एनर्जी साइक्लोट्रॉन से निकलने वाली प्रोटॉन किरणों से विकरित किया गया। विकिरण का प्रतिरोध करने की क्षमता को जांचने के लिए आयातित मिश्र धातु के साथ तुलनात्मक अध्ययन किया गया है। विभिन्न विरूपित एवं विकिरण प्राप्त मिश्र धातुओं की सूक्ष्म संरचनागत विशेषताओं का अध्ययन एक्स–रे डिटेक्शन तथा फील्ड एमिशन स्कैनिंग इलेक्ट्रॉन माइक्रोस्कोपी के द्वारा किया गया।

लो–बीटा एससीआरएफ कैविटी में प्रयोग के लिए नियोबियम के पाइप/316L स्टेनलेस स्टील के जोड़ तैयार करने की नई स्वदेशी तकनीक आरआरसीएटी में विकसित की गई। कम तापमान (2–300K) एवं उच्च चुंबकीय क्षेत्र (70kOe तक) में इलास्टिक स्थिरांक वाले पदार्थ की माप के लिए रेजोनेंट अल्ट्रासाउंड स्पेक्ट्रोस्कोपी तकनीक पर आधारित प्रायोगिक प्रतिष्ठान को डिजाइन किया गया तथा बनाया गया। विभिन्न फोटॉन प्रयोगों के लिए विभिन्न तकनीकों द्वारा उच्च गुणवत्ता वाले कई कण तैयार किए गए हैं। इनमें लेजर के लिए अर्बियम तथा क्रोमियम की पॉलिश वाला YVO4, पाइरोइलेक्ट्रिक इंफ्रारेड सेंसरों के लिए क्रोमियम की पॉलिश वाला स्ट्रोन्टियम बेनियम नियोबेट क्रिस्टल तथा सिंटिलेशन डिटेक्टरों के लिए ट्रांसस्टिलबीन शामिल हैं।

ग्रेफीम की परमाणु जितनी पतली पर्तों की अभियांत्रिकी तथा असेंबली टीआईएफआर में पदार्थ अनुसंधान में एक प्रमुख उपलब्धि रही, जिसका प्रयोग पॉलिश के जरिए अनूठे ऊर्जा एवं संवेदी प्रयोगों में किया जा सकता है। फ्लूरिनेटेड ग्रेफीन का उपयोग कर सब–पिको मोलर स्तर में आयोनाइज्ड तथा अन–आयोनाइज्ड अमोनिया का पता लगाने योग्य अमोनिया सेंसर का विकास किया गया।

कैंसर अनुसंधान

नवी मुंबई में स्थित एसीटीआरईसी में दो उप–इकाइयां हैं– 111 शैय्या वाला अनुसंधान अस्पताल अर्थात् क्लिनिकल अनुसंधान केंद्र जिसमें कैंसर रोगियों के अनुसंधान तथा उपचार पर ध्यान केंद्रित रहता है और कैंसर अनुसंधान संस्थान (सीआरआई), जिसमें कैंसर पर मूलभूत तथा व्यावहारिक अनुसंधान पर ध्यान दिया जाता है। वर्ष के दौरान सीआरआई की 20 प्रधान जांचकर्ता नीत प्रयोगशालाओं ने बड़ी संख्या में मूलभूत तथा व्यावहारिक अनुसंधान परियोजनाओं को क्रियान्वित किया।

मानवीय वक्ष कैंसर कोशिकाओं की रेडियो–संवेदना बढ़ाने के लिए बार्क में नॉन–टॉक्सिक हर्बल रेडियोप्रोटेक्टर बीआरएम विकसित किया गया। फेफड़ों तथा अन्य अंगों के लिए रेडियो–सुरक्षा की प्रौद्योगिकी को रोगनिरोधी अथवा उपचार संबंधी रेडियोप्रोटेक्टर के रूप में एवं रेडियोथेरेपी में सहायक के रूप में क्लिनिकल परीक्षण हेतु निजी क्षेत्र को दे दिया गया। ट्यूमर की तस्वीर देने वाले एजेंट 18F-FLT के पूर्ववर्ती की स्वदेश में निर्माण की विधि विकसित की गई है, जिसका उपयोग ट्यूमर के फैलाव , उसकी स्थिति का पता लगाने एवं रोगी पर उपचार के प्रभाव का पता लगाने के लिए कम कीमत का पीईटी ट्रेसर तैयार करने में किया जाएगा।

अंतरराष्ट्रीय अनुसंधान गठबंधन

बार्क द्वारा तैयार किए गए पाइपिंग घटकों एवं प्रणालियों की प्रायोगिक जानकारी को आर्थिक सहयोग एवं विकास संगठन-परमाणु ऊर्जा एजेंसी ने उच्च भूकंपीय भार के अंतर्गत मेटालिक कंपोनेंट मार्जिन के लिए मानक बताया है। जेएचआर कार्यक्रम में भारतीय योगदान के अंश के रूप में जूल्स हॉरोवित्ज रिएक्टर, फ्रांस की स्थापना के लिए लाइट वाटर रिएक्टर में विकिरण की मदद से स्ट्रेस कॉरोजन क्रैकिंग की घटना का अध्ययन करने हेतु कॉरोजन लूप प्रयोग तैयार किया गया।

वीईसीसी में 2015 में दो बड़े आकार के गैस डिटेक्टर-गैस इलेक्ट्रॉन मल्टिप्लायर (जेम) और रिजिज्टिव प्लेट चैंबर (आरपीसी) तैयार किए गए हैं और उनका सफल परीक्षण किया गया है। विषम चतुर्भुज की आकृति (80 सेमी लंबाई और 40 सेमी बड़ी चौड़ाई) वाला जेम चैंबर वास्तविक आकार का नमूना मॉड्यूल है, जिसे डार्मस्टैड, जर्मनी में आगामी फेयर प्रतिष्ठान में कंप्रेस्ड बैरयॉनिक मैटर के लिए तैयार किया गया है।

लार्ज हैड्रॉन कोलाइडर तथा कॉम्पैक्ट म्यूऑन सोलेनॉयड प्रयोग के लिए टीआईएफआर ने जानकारी संग्रह, गुणवत्ता निगरानी तथा विश्लेषण में हिस्सा लिया है। आरयूएन-1 आंकड़ों के आधार पर विभिन्न प्रकार विश्लेषण भी किए जा रहे हैं। सीएमएस गठबंधन प्रथम चरण के डिटेक्टर के उन्नयन के लिए समग्र कार्यक्रम भी चला रहा है। बेले 2 सिलिकन वर्टेक्स डिटेक्टर (एसवीडी) के लिए बिजली से चलने वाले नमूने के निर्माण में मील का महत्वपूर्ण पत्थर हासिल किया गया। उत्तर बंगलुरु के हिसारागट्टा, हुबली स्थित शिवकोटे में अंतरराष्ट्रीय सैद्धांतिक विज्ञान केंद्र के नए परिसर का उद्घाटन 2015 में किया गया। केंद्र में विभिन्न विषयों में अनुसंधान सफलतापूर्वक आगे बढ़ा।

एसआईएनपी में एलिस तथा सीएमएस प्रयोगों में सीईआरएन के साथ तथा पिकासो प्रयोग में स्नोलैब के साथ अंतरराष्ट्रीय गठबंधन जारी रहे। एलिस तथा सीएमएस प्रयोगों ने बेहद उच्च दक्षता के साथ जानकारी का संग्रह किया तथा एसआईएनपी के सदस्यों ने आंकड़ों के संग्रह, विश्लेषण तथा महत्वपूर्ण भौतिकी परिणाम प्राप्त करने में सक्रिय सहभागिता की।

आईएमएससी ने भारत स्थित न्यूट्रिनो वेधशाला (इनो) तथा डिनो (डार्क मैटर ऐट इनो) पर अंतरराष्ट्रीय संस्थानों के साथ, स्वास्थ्य एवं रोग में गणित पर ईयू-एफपी7 इंडो-यूरोपियन नेटवर्क के साथ तथा बेले एंड बेले 2 गठबंधन के साथ संयुक्त परियोजनाएं जारी रखीं।

आईटीईआर परियोजनाएं

आईटीईआर के लिए लेड-लीथियम से ठंडे होने वाले सिरेमिक ब्रीडर के टेस्ट ब्लैंकेट मॉड्यूल के डिजाइन, सामग्री विकास, थर्मो फ्लूड एमएचडी विश्लेषण तथा विभिन्न पहलुओं में प्लाज्मा अनुसंधान संस्थान (आईपीआर), भाभा परमाणु अनुसंधान केंद्र (बार्क) तथा इंदिरा गांधी परमाणु अनुसंधान केंद्र (आईजीसीएआर) ने सहभागिता की है। आईटीईआर-इंडिया प्रयोगशाला में अच्छी प्रगति की गई है तथा विभिन्न दूसरी आवश्यक गतिविधियां की जा रही हैं, जिन्हें समूची प्रक्रिया एवं मंजूरी के बाद आपूर्तिकर्ता को सौंप दिया जाएगा।

अन्य गतिविधियां

अनुसंधान एवं शिक्षा से संबंध

परमाणु ऊर्जा विभाग राष्ट्रीय ख्याति प्राप्त संस्थानों को अनुदान सहायता प्रदान कर, बाहरी अनुसंधान के लिए वित्तीय सहायता देकर एवं वैज्ञानिक अनुसंधान के लिए डीएई-यूजीसी गठबंधन के जरिए अनुसंधान को शिक्षा से जोड़ता है।

बार्क में अनुसंधान रिएक्टर ध्रुव न्यूट्रॉन बीम अनुसंधान के लिए राष्ट्रीय प्रतिष्ठान बना हुआ है। देश में विभिन्न शैक्षिक संस्थानों से अनेक शोधार्थियों ने वैज्ञानिक अनुसंधान के लिए यूजीसी-डीएई गठबंधन की छत तले इस रिएक्टर का उपयोग किया है। वैरिएबल एनर्जी साइक्लोट्रॉन का उपयोग वीईसीसी के प्रायोगिक समूहों तथा अनेक राष्ट्रीय प्रयोगशालाओं तथा शैक्षिक संस्थानों के प्रयोगकर्ताओं ने अनुसंधान के विभिन्न क्षेत्रों में प्रयोगों के लिए किया। आईजीसीएआर की न्यूक्लियर काउंटिंग एवं कैलिब्रेशन की सुविधा दक्षिणी भाग में बीआरएनएस परियोजनाओं में जुटी विभिन्न संस्थाओं, शोधकर्ताओं एवं उद्योगों को भी उपलब्ध कराई गई। राष्ट्रीय प्रतिष्ठान इंडस सिंक्रोट्रॉन रेडिएशन सोर्स का प्रयोग देशभर के विभिन्न विश्वविद्यालयों, राष्ट्रीय संस्थानों एवं शोध प्रयोगशालाओं के वैज्ञानिकों एवं छात्रों ने किया।

मानव संसाधन विकास एवं ज्ञान प्रबंधन

होमी भाभा राष्ट्रीय संस्थान

मानव संसाधन विकास मंत्रालय द्वारा मानद विश्वविद्यालय का दर्जा प्राप्त होमी भाभा राष्ट्रीय संस्थान (एचबीएनआई) के दस वर्ष पूरे हो गए। एचबीएनआई ने अपने आठ शिक्षा मंडलों में विभिन्न पाठ्यक्रमों— रसायन विज्ञान, अभियांत्रिकी विज्ञान, स्वास्थ्य विज्ञान, जीव विज्ञान, गणितीय विज्ञान, भौतिक विज्ञान, सामरिक अध्ययन तथा स्नातक अध्ययन द्वारा अपने शैक्षिक कार्यक्रम जारी रखे। विद्यार्थियों को पीएचडी समेत उपाधियां तथा डिप्लोमा दिए गए। एचबीएनआई ने देश-विदेश में उत्कृष्ट अनुसंधान एवं शैक्षिक संस्थानों के साथ अपने संपर्क और भी मजबूत किए।

प्रशिक्षण

बार्क में ओरिएंटेशन कोर्स फॉर इंजीनियरिंग ग्रेजुएट्स एंड साइंस पोस्ट ग्रेजुएट्स तथा डीएई ग्रेजुएट फेलोशिप स्कीम्स के तहत उच्च मानकों के साथ प्रशिक्षुओं का चयन किया गया।

आईजीसीएआर में प्रशिक्षु वैज्ञानिक अधिकारियों के लिए प्रशिक्षण कार्यक्रम एवं शामिल किए गए शोधार्थियों अभियांत्रिकी एवं मूलभूत विज्ञान के अग्रणी क्षेत्रों में डॉक्टोरल कार्यक्रम जारी रखे गए।

बार्क ट्रेनिंग स्कूल के एएमडी परिसर, हैदराबाद में भू-विज्ञान तथा भू-भौतिकी के प्रशिक्षु वैज्ञानिक अधिकारियों को प्रशिक्षित करने की प्रक्रिया छठे वर्ष भी जारी रही।

एक्सीलरेटर, लेजर तथा उनके अनुप्रयोगों के क्षेत्रों में विश्वविद्यालय के विद्यार्थियों को प्रशिक्षण देकर आरआरसीएटी में मानव संसाधन विकास की गतिविधियां जारी रखी गईं।

प्रशिक्षणेषु दक्षप्रायते-प्रशिक्षण से सशक्तीकरण के अपने ध्येयवाक्य के अनुरूप प्रशासनिक प्रशिक्षण संस्थान (एटीआई) ने भारत सरकार के कार्मिक एवं प्रशिक्षण विभाग तथा यूएनडीपी से प्रशिक्षण के प्रबंधन की श्रेणी में 2015 का प्रशिक्षण में उत्कृष्टता का राष्ट्रीय सम्मान प्राप्त कर राष्ट्रीय

स्तर पर अपनी उपस्थिति दर्ज कराई। इस वर्ष में संस्थान ने विभिन्न प्रकार के कार्यक्रम संचालित किए, जिनमें गहन तथा व्यापक जानकारी के लिए सेवानिवृत्ति के उपरांत प्रवेश तथा सेवा के दौरान कुछ अवधि के लिए कार्यक्रम, विषय विशेष के अनुरूप कार्यशालाएं शामिल हैं।

डीएई की सभी सहायता प्राप्त संस्थाओं जैसे एसआईएनपी, टीएमसी, आईओपी, एचआरआई तथा आईएमएससी ने विभिन्न प्रशिक्षण कार्यक्रमों के जरिए विद्यार्थियों एवं शोधार्थियों को प्रशिक्षण प्रदान करना जारी रखा।

प्रायोजित अनुसंधान

परमाणु विज्ञान में बाहरी अनुसंधान को प्रोत्साहन

परमाणु विज्ञान अनुसंधान बोर्ड ने युवा वैज्ञानिकों को अनुसंधान के क्षेत्र में करियर बनाने हेतु प्रेरित करने के लिए उन्हें परियोजनाएं प्रदान करना एवं अत्यधिक प्रतिभाशाली युवा वैज्ञानिकों एवं तकनीकीविदों को पहचानने एवं प्रोत्साहित करने के लिए डॉ. के एस कृष्णन रिसर्च असोसिएटशिप प्रदान करना जारी रखा। आईआईटी में एमटेक कर रहे स्नातक स्तर के विद्यार्थियों को प्रवेश देने के लिए डीएई ग्रेजुएट फेलोशिप स्कीम (डीजीएफएस), वरिष्ठ स्तर के विशेषों के बीच अल्पावधि संवाद को बढ़ावा देने के लिए अतिथि वैज्ञानिक कार्यक्रम एवं प्रख्यात वैज्ञानिकों तथा अभियंताओं को विभाग के विभिन्न कार्यक्रमों से लंबे समय के लिए जोड़ने हेतु राजा रामन्ना फेलोशिप जारी रहीं। राष्ट्रीय एवं अंतरराष्ट्रीय स्तर पर ख्यातिलब्ध वैज्ञानिकों एवं तकनीकीविदों की सेवाएं प्राप्त करने के लिए होमी भाभा चेयर स्थापित की गई।

वर्ष 2015-16 के दौरान दिसंबर 2015 तक 214 नई शोध परियोजनाओं को मंजूरी प्रदान की गई है।

डीजीएफएस के अंतर्गत विभिन्न आईआईटी में एमटेक कर रहे विद्यार्थियों को फेलोशिप दी गईं। डीजीएफएस-पीएचडी कार्यक्रम के अंतर्गत नए विद्यार्थियों को प्रवेश दिया गया।

गणित को प्रोत्साहन

राष्ट्रीय उच्चतर गणित बोर्ड ने अनुसंधान परियोजनाओं, कार्यशालाओं, संगोष्ठियों में प्रतिभागिता के लिए यात्रा अनुदान, सामूहिक अनुसंधान करने के लिए अनुदान तथा सम्मेलन आयोजित करने के लिए वित्तीय सहायता आदि के जरिए विभिन्न योजनाओं के अंतर्गत विशुद्ध एवं व्यावहारिक गणित के क्षेत्र में गतिविधियों को प्रोत्साहित करने हेतु अनुदान देना जारी रखा।

माध्यमिक स्तर पर प्रतिभाशाली युवा विद्यार्थियों के लिए गणित ओलंपियाड का प्रभारी बोर्ड ही रहा। इस वर्ष छह सदस्यीय दल ने चियांग माई, थाईलैंड में 56वें अंतरराष्ट्रीय गणित ओलंपियाड में 1 रजत और 2 कांस्य जीते तथा तीन बार उसका सम्मान समेत उल्लेख भी किया गया।

बोर्ड ने पेइचिंग, चीन में 10 से 14 अगस्त, 2015 तक संपन्न प्रतिष्ठित अंतरराष्ट्रीय औद्योगिक एवं व्यावहारिक गणित कांग्रेस-2015 में हिस्सा लेने के लिए 51 प्रतिनिधियों को प्रायोजित किया है।

सहायता अनुदान

सहायता प्राप्त संस्थाओं को अनुदान

परमाणु ऊर्जा विभाग की सहायता प्राप्त संस्थाएं उसकी अभिन्न अंग हैं। विभाग की नौ सहायता प्राप्त संस्थाओं को आवर्ती तथा गैर-आवर्ती खर्च के मामले में 100 फीसदी वित्तीय सहायता मिलती है। ये संस्थाएं अपनी परियोजनाओं के मामले में अधिक तेजी से बढ़ रही हैं। यूनिवर्सिटी ऑफ मुंबई एंड डिपार्टमेंट ऑफ एटॉमिक एनर्जी सेंटर फॉर एक्सीलेंस इन बेसिक साइंसेज (यूएम-डीएई-सीबीएस) को 1 जनवरी, 2016 से परमाणु ऊर्जा विभाग की सहायता प्राप्त संस्था का दर्जा प्राप्त हो गया है।

कैंसर चिकित्सालयों को अनुदान

परमाणु ऊर्जा विभाग त्रिपक्षीय समझौते (विभाग, पूर्वोत्तर परिषद एवं असम सरकार के बीच हुए) के तहत डॉ. बी बरुआ कैंसर इंस्टीट्यूट, गुवाहाटी को अनुदान दे रहा है।

ओलंपियाड कार्यक्रम

होमी भाभा सेंटर फॉर साइंस एजूकेशन ने अंतरराष्ट्रीय भौतिकी ओलंपियाड की मेजबानी सफलतापूर्वक की।

सूचना प्रौद्योगिकी अनुप्रयोग विकास

आईजीसीएआर में सूचना प्रौद्योगिकी अनुप्रयोग विकास की मुख्य बातों में बीएचईएल वाष्प जल प्रणाली/टर्बो जेनरेटर सिम्युलेटर का एकीकरण, परीक्षण एवं आरंभ; विकिरण की निगरानी के लिए बेतार का संवेदी नेटवर्क स्थापित करना; पाइरोप्रोसेसिंग आर एंड डी प्रतिष्ठान के पावर मैनिपुलेटर एवं कंटेनमेंट बॉक्स का 3डी नमूना तैयार करना एवं एनिमेशन बनाना; आईजीसीएआर के लिए उन्नत आईटी संचालित कस्टमाइजेबल नॉलेज मैनेजमेंट पोर्टल बनाना एवं हवा की सतत निगरानी की प्रणाली तैयार करना शामिल हैं।

गठबंधन के कार्यक्रम

इनक्यूबेशन के अंतर्गत उद्योग के साथ गठजोड़ में रेडियोप्रोटेक्टर ड्रग तकनीक के विकास, हीरे से निकले अपशिष्ट चूर्ण के प्रसंस्करण की पद्धति के विकास एवं फ्लोराइड हटाने वाले रीजेंट के विकास में मदद करना शामिल है।

बार्क द्वारा ग्रामीण जनता के लिए विकसित की गई प्रौद्योगिकियों को बढ़ावा देने के लिए 12वीं पंचवर्षीय योजना के अंतर्गत शैक्षिक संस्थानों के साथ मिलकर देशभर में डीएई के प्रौद्योगिकी प्रदर्शन एवं प्रसार प्रतिष्ठान केंद्रों की स्थापना का प्रस्ताव है। भारत भर से प्राप्त 24 प्रस्तावों में से 7 संस्थानों का दौरा तथा उनके साथ आरंभिक बैठकें की जा चुकी हैं। दो संस्थानों के साथ सहमति पत्रों को भी अंतिम रूप दिया जा चुका है।

सामाजिक कार्यक्रम

एडवांस्ड नॉलेज एंड रूरल टेक्नोलॉजी इंप्लीमेंटेशन (आकृति) टेक पैक के अंतर्गत बार्क की प्रौद्योगिकियों के साथ ग्रामीण उद्यमशीलता को बढ़ावा देने के लिए कंपनियों/संगठनों तथा व्यक्तियों के साथ चार समझौतों को मंजूरी दे दी गई। समझौतों से फोल्डेबल सोलर ड्रायर, डोमेस्टिक वाटर प्यूरिफायर, सॉयल

ऑर्गेनिक कार्बन डिटेक्शन एंड टेस्टिंग किट, निसर्गुण, वाइब्रोथर्मल डिसइन्फेक्टर, सोलर बीडब्ल्यूआरओ, डिप एन ड्रिंक मेंब्रेन पाउच, लीची प्रिजर्वेशन एवं बनाना टिश्यू कल्चर जैसी तकनीकों को विशेष रूप से ग्रामीण क्षेत्र में ही लगाने का लाइसेंस प्राप्त हो जाएगा।

बौद्धिक संपदा अधिकार

कैलेंडर वर्ष 2015 के दौरान पेटेंट की योग्यता जांचने के लिए दस नए आविष्कारों एवं एक राष्ट्रीय चरण की प्रविष्टि की समीक्षा की गई। डीएई ने पेटेंट के आठ नए आवेदन जमा किए, जिनमें दो आवेदन पीसीटी (पेटेंट सहयोग संधि) के अंतर्गत थे, पांच भारतीय थे और एक अमरीका से था।

पहले जमा किए गए सात आवेदनों के अंतर्गत विभाग को इस वर्ष पेटेंट प्राप्त हो गए। इनमें दो-दो भारत और अमरीका में तथा एक-एक कनाडा, यूरोप एवं दक्षिण अफ्रीका में है।

पेटेंट के अलावा डीएई ने इस अवधि के दौरान ट्रेडमार्क के 200 आवेदन भी किए हैं। इन्हें विभिन्न श्रेणियों के अंतर्गत भरा गया है और इनमें 49 लोगों, 31 शब्दयुक्त मार्क हैं, जिनमें डीएई और उसकी 29 इकाइयों के संक्षिप्त नाम वाले शब्द एवं डीएई का नारा 'राष्ट्र की सेवा में परमाणु' भी शामिल हैं।

सार्वजनिक उपक्रम

परमाणु ऊर्जा विभाग के सार्वजनिक उपक्रमों— न्यूक्लियर पावर कारपोरेशन ऑफ इंडिया लिमिटेड, यूरेनियम कारपोरेशन ऑफ इंडिया लिमिटेड, इंडियन रेयर अर्थ्स लिमिटेड और इलेक्ट्रॉनिक्स कारपोरेशन ऑफ इंडिया लिमिटेड का आर्थिक प्रदर्शन नीचे दिया गया है (भाविनी का वाणिज्यिक परिचालन अभी आरंभ होना है)।

न्यूक्लियर पावर कारपोरेशन ऑफ इंडिया लिमिटेड

वर्ष 2015-16 के लिए करोपरांत शुद्ध लाभ लगभग 2,300 करोड़ रुपये रहने का अनुमान है। पिछले वित्त वर्ष (2014-15) में करोपरांत शुद्ध लाभ 2,201 करोड़ रुपये था। एनपीसीआईएल के बॉण्डों को क्रिसिल तथा केयर से एएए (सर्वाधिक सुरक्षित) रेटिंग मिलती रही है।

यूरेनियम कारपोरेशन ऑफ इंडिया लिमिटेड

वर्ष 2014-15 में कंपनी का कुल प्रदर्शन संतोषजनक रहा। 2014-15 में कंपनी की कुल आय 890.24 करोड़ रुपये (उससे पूर्व के वर्ष में 814.30 करोड़ रुपये) रही। इस वर्ष के दौरान 11.34 करोड़ रुपये का कर पूर्व लाभ प्राप्त हुआ। डीएई के साथ हुए सहमति पत्रों के मामले में कंपनी का प्रदर्शन अच्छा रहा।

इंडियन रेयर अर्थ्स लिमिटेड

वर्ष 2015-16 में कंपनी का सकल बिक्री कारोबार 434.64 करोड़ रुपये (अस्थायी) रहने का अनुमान है, जो उससे पिछले वर्ष में 420.97 करोड़ रुपये रहा था। 2015-16 में 22.67 करोड़ रुपये (अस्थायी) का घाटा होने का अनुमान है, जबकि 2014-15 में 3.15 करोड़ रुपये का कर पूर्व लाभ हुआ था।

इलेक्ट्रॉनिक्स कारपोरेशन ऑफ इंडिया लिमिटेड

सहमति पत्रों के अनुसार उत्पादन एवं शुद्ध बिक्री प्रत्येक के लिए 1620 करोड़ रुपये के निर्धारित लक्ष्य की तुलना में कंपनी ने दिसंबर 2015 तक 721 करोड़ रुपये का उत्पादन किया और 690 करोड़ रुपये की शुद्ध बिक्री की।

भारत का अंतरिक्ष कार्यक्रम

देश में अंतरिक्ष संबंधी गतिविधियां 1962 में भारतीय राष्ट्रीय अंतरिक्ष अनुसंधान समिति (आईएनसीओएसपीएआर) के गठन के साथ आरंभ हुईं। उसी वर्ष तिरुअनंतपुरम के निकट तुंबा इक्वेटोरियल रॉकेट लॉन्चिंग स्टेशन पर भी कार्य आरंभ हो गया। अगस्त 1969 में भारतीय अंतरिक्ष अनुसंधान संगठन (इसरो) की स्थापना की गई। जून, 1972 में अंतरिक्ष आयोग की स्थापना की गई तथा अंतरिक्ष विभाग स्थापित हुआ और 1972 में ही इसरो को अंतरिक्ष विभाग के अधीन कर दिया गया। अंतरिक्ष आयोग ने देश के सामाजिक-आर्थिक लाभ के लिए अंतरिक्ष विज्ञान एवं प्रौद्योगिकी के विकास एवं प्रयोग को बढ़ावा देने के उद्देश्य से नीतियां बनाईं तथा भारतीय अंतरिक्ष कार्यक्रम के क्रियान्वयन पर नजर रखी। अंतरिक्ष विभाग ने इन कार्यक्रमों को मुख्यतया भारतीय अंतरिक्ष अनुसंधान संगठन (इसरो), भौतिक अनुसंधान प्रयोगशाला (पीआरएल), राष्ट्रीय वायुमंडलीय अनुसंधान प्रयोगशाला (एनएआरएल), पूर्वोत्तर अंतरिक्ष अनुप्रयोग केंद्र (एनई-एसएसी) तथा सेमी-कंडक्टर प्रयोगशाला (एससीएल) के जरिए क्रियान्वित किया। 1992 में सरकारी स्वामित्व वाली कंपनी के रूप में गठित एंट्रिक्स कारपोरेशन अंतरिक्ष संबंधी उत्पादों तथा सेवाओं की मार्केटिंग करती है। अंतरिक्ष प्रणालियों की स्थापना तथा उनके प्रयोगों का समन्वय राष्ट्रीय स्तर की समितियां, इनसैट कोऑर्डिनेशनल कमेटी (आईसीसी), राष्ट्रीय प्राकृतिक संसाधन प्रबंध प्रणाली पर योजना समिति (पीसीएनएनआरएमएस) एवं अंतरिक्ष विज्ञान पर सलाहकार समिति (एडीसीओएस) करती हैं।

वर्ष 2015 भारतीय अंतरिक्ष कार्यक्रम की ऐसी कई उपलब्धियों का गवाह बना, जिनकी ओर देश का ही नहीं विदेश का भी ध्यान गया। मंगलयान ने मंगल ग्रह के चारों ओर अपनी कक्षा में छह महीने की वांछित अवधि सफलतापूर्वक पूरी की, जिससे भारत मंगल पर अपने पहले ही अभियान में पूर्ण सफलता प्राप्त करने वाला पहला देश बन गया। इसके अतिरिक्त स्वदेशी क्रायोजेनिक अपर स्टेज (सीयूएस) के साथ लगातार दूसरे जीएसएलवी-एमके2 के सफल प्रक्षेपण ने क्रायोजेनिक रॉकेट भेजने की इसरो की क्षमता का प्रदर्शन किया है। इस वर्ष में भारत की बहु तरंगदैर्ध्य वाली अंतरिक्ष वेधशाला एस्ट्रोसैट आरंभ हुई और उसका सफल परिचालन भी आरंभ किया गया। इसके अतिरिक्त पीएसएलवी-सी27 और पीएसएलवी-सी31 द्वारा भारतीय क्षेत्रीय मार्गदर्शक उपग्रह प्रणाली के चौथे और पांचवे उपग्रहों आईआरएनएसएस-1डी तथा आईआरएनएसएस-1ई का आवश्यक सब-जियोसिन्क्रोनस ट्रांसफर ऑर्बिट (सब-जीटीओ) में प्रक्षेपण भी वर्ष 2015-16 के दौरान ही हुआ। इसी वर्ष में भारत के नवीनतम संचार उपग्रह जीसैट-15 का प्रक्षेपण भी संचार ट्रांसपोंडरों तथा गगन पेलोड के साथ किया गया। और पीएसएलवी द्वारा 17 विदेशी उपग्रहों का प्रक्षेपण, जिनमें से 11 का प्रक्षेपण दो समर्पित व्यावसायिक पीएसएलवी अभियानों में किया गया था, इस अवधि में भारतीय अंतरिक्ष कार्यक्रम की एक और

उपलब्धि रही। वर्ष 2015-16 में भारतीय अंतरिक्ष कार्यक्रम की महत्वपूर्ण घटनाएं समयक्रम के अनुसार इस प्रकार हैं:

24 मार्च, 2015 को भारत के मंगलयान, जो पहले मंगल के चारों ओर निर्धारित कक्षा में सफलतापूर्वक प्रवेश कर चुका था, ने मंगल की कक्षा में छह महीने की वांछित अवधि पूरी की। फरवरी, 2016 समाप्त होने तक अंतरिक्षयान मंगल की कक्षा में 17 महीने पूरे कर चुका था।

आईआरएनएसएस समूह के सात उपग्रहों में से चौथे आईआरएनएसएस-1डी को पीएसएलवी-सी27 ने 28 मार्च, 2015 को सफलतापूर्वक सब जीटीओ में प्रक्षेपित कर दिया। यह पीएसएलवी का 29वां प्रक्षेपण था और उसका लगातार 28वां सफल अभियान भी था। आईआरएनएसएस समूह देश तथा पड़ोसी क्षेत्रों में विभिन्न उपयोगकर्ताओं को उपग्रह के आधार पर स्थिति, समय एवं वेग की सेवाएं उपलब्ध कराने में मदद करेगा।

पीएसएलवी की 30वीं उड़ान पीएसएलवी-सी28 10 जुलाई, 2015 को हुई, जिसमें यान ने ब्रिटेन के 447-447 किलोग्राम वजन वाले तीन डीएमसी3 उपग्रहों को और ब्रिटेन के ही दो सहायक पेलोड को 647 किलोमीटर ऊंचाई पर आवश्यक सन सिन्क्रोनस कक्षाओं में प्रविष्ट कराया।

जीएसएलवी की नौवीं उड़ान जीएसएलवी-डी6, जो देश में ही तैयार क्रायोजेनिक अपर स्टेज के साथ उसकी तीसरी उड़ान भी थी, ने 27 अगस्त, 2015 को 2117 किलोग्राम के जीसैट-6 संचार उपग्रह को जियोसिन्क्रोनस ट्रांसफर ऑर्बिट में सफलतापूर्व प्रविष्ट करा दिया। यह स्वदेशी क्रायोजेनिक अपर स्टेज के साथ जीएसएलवी (जीएसएलवी-एमके2) की लगातार दूसरी सफलता थी।

भारत के पहले बहु तरंगदैर्ध्य खगोल विज्ञान अभियान एस्ट्रोसैट को पीएसएलवी-सी30 द्वारा 28 सितंबर, 2015 को छह डिग्री झुकाव वाली 650 किमी की कक्षा में सफलतापूर्वक भेजा गया और उसके साथ विदेश के छह उपग्रह भी थे।

संचार प्रेषानुकरों और जीपीएस से लैस जियो ऑगमेंटेड नेविगेशन (गगन) पेलोड के साथ भारत के नवीनतम संचार उपग्रह को यूरोपीय एरियन-5 ने 11 नवंबर, 2015 को फ्रेंच गुयाना के कूरू से जीटीओ में प्रक्षेपित किया।

सिंगापुर के 400 किलो के टेलियोस-1 समेत छह विदेशी उपग्रहों को लेकर पीएसएलवी की तीस सेकंड की उड़ान पीएसएलवी-सी29 ने 16 दिसंबर, 2016 को 550 किमी ऊंचाई पर उन्हें सफलतापूर्वक कक्षा में स्थापित कर दिया। यह पीएसएलवी की लगातार 31वीं सफलता थी।

आईआरएनएसएस समूह के सात उपग्रहों में से पांचवे आईआरएनएसएस-1ई को पीएसएलवी-सी31 ने 20 जनवरी, 2016 को सफलतापूर्वक सब-जीटीओ में स्थापित कर दिया। फरवरी, 2016 के अंत तक इसरो के पास सात व्यावसायिक संचार उपग्रहों, मौसम की जानकारी देने वाले विशिष्ट उपग्रह, पृथ्वी का पर्यवेक्षण करने वाले उपग्रह, मार्गसूचक उपग्रह, बहु तरंगदैर्ध्य खगोल विज्ञान वेधशाला तथा मंगल का चक्कर लगा रहा यान हैं।

वेबसाइट: www.isro.org

प्रक्षेपण यान कार्यक्रम

समीक्षाधीन वर्ष 2015-16 के दौरान इसरो के कर्मठ प्रक्षेपण यान पीएसएलवी ने अपने 'एक्सएल' प्रारूप में दो अलग-अलग उड़ानों पीएसएलवी-सी27 और पीएसएलवी-31 में दो मार्गसूचक उपग्रह आईआरएनएसएस-1डी तथा 1ई को आवश्यक सब जियोसिन्क्रोनस ट्रांसफर ऑर्बिट (जीटीओ) में स्थापित कर दिया। इसके अलावा पीएसएलवी के 'एक्सएल' प्रारूप ने अपनी 30वीं उड़ान (पीएसएलवी-सी28) के द्वारा ब्रिटेन के पांच उपग्रहों को 647 किमी की सन सिन्क्रोनस ऑर्बिट में स्थापित कर दिया। पीएसएलवी-एक्सएल ने अपनी 31वीं उड़ान (पीएसएलवी-30) में छह विदेशी उपग्रहों के साथ भारत के पहले बहु तरंगदैर्ध्य खगोल विज्ञान अभियान एस्ट्रोसैट को प्रक्षेपित किया। अपने 'कोर अलोन' प्रारूप में पीएसएलवी ने 400 किलो के उपग्रह टेलियोस-1 समेत सिंगापुर के छह उपग्रहों को 550 किमी की कक्षा में स्थापित कर दिया, जिससे उसकी विश्वसनीयता एवं विविधता एक बार फिर सिद्ध हो गई। भारतीय प्रक्षेपण यान कार्यक्रम में एक अन्य प्रमुख घटना 27 अगस्त, 2015 को जीएसएलवी-एमके2 की लगातार दूसरी सफल उड़ान थी, जिसमें स्वदेशी क्रायोजेनिक अपर स्टेज भी लदा था। इस उड़ान ने क्रायोजेनिक प्रक्षेपण तकनीक में इसरो की ताकत को और भी सिद्ध कर दिया।

चार टन के उपग्रहों को जियोसिन्क्रोनस ट्रांसफर ऑर्बिट (जीटीओ) में प्रक्षेपित करने की क्षमता वाले एलवीएम3 (जीएसएलवी-एमके3) प्रक्षेपण यान की गतिविधियों में इस वर्ष के दौरान अच्छी प्रगति रही और इसके हेड एंड भाग तथा उड़ान में परिवर्तन की पुष्टि के लिए इसके एस200 बूस्टर का सफल परीक्षण भी हुआ। इसके साथ ही इसके तीसरे चरण के सीई-20 क्रायोजेनिक इंजन के अतिरिक्त अवधि के परीक्षण भी किए गए। इसके अलावा सेमी क्रायोजेनिक प्रपल्शन इंजन, एयर ब्रीदिंग प्रपल्शन तथा पुन: प्रयोग योग्य प्रक्षेपण यान प्रौद्योगिकी के क्षेत्र में अनुसंधान तथा विकास गतिविधियां भी चल रही हैं ताकि अंतरिक्ष जाने की लागत में कमी आ सके। मानव को अंतरिक्ष पहुंचाने के लिए महत्वपूर्ण प्रौद्योगिकियों के विकास में भी उल्लेखनीय प्रगति हुई।

उपग्रह कार्यक्रम

आईआरएनएसएस समूह के चौथे और पांचवें उपग्रहों आईआरएनएसएस-1डी तथा 1ई को क्रमश: 28 मार्च, 2015 तथा 20 जनवरी, 2016 को पीएसएलवी-सी27 तथा पीएसएलवी-सी31 में सफलतापूर्वक चढ़ाया गया। आईआरएनएसएस उपग्रहों में आई-1के ढांचा है, जिसमें लगभग 1660 मेगावाट बिजली संभालने की क्षमता है तथा 1425 किलोग्राम भार है। अपने तीन पूर्ववर्ती उपग्रहों की ही तरह आईआरएनएसएस-1डी तथा 1ई में दिशा तथा मार्ग बताने वाला (नेविगेशन) पेलोड तथा सी-बैंड रेंज वाला पेलोड है। उपग्रहों में लेजर रेंजिंग के लिए कॉर्नर रेट्रो रिफ्लेक्टर भी हैं। आईआरएनएसएस-1डी तथा 1ई के नेविगेशन पेलोड, रेंजिंग पेलोड तथा टीटीएंडसी ट्रांसपोंडर के कक्षा के भीतर परीक्षण (आईओटी) इसी वर्ष के दौरान सफलतापूर्वक पूरे किए गए तथा नेविगेशन गतिविधियों के लिए उपग्रहों को मंजूरी दे दी गई। 2117 किलो का उन्नत संचार उपग्रह जीसैट-6 भी 27 अगस्त, 2015 को जीएसएलवी-डी6 द्वारा सफलतापूर्वक जीटीओ में स्थापित किया गया, जो एस-बैंड में पांच स्पॉट बीम तथा सी-बैंड में एक नेशनल बीम के जरिए सेवा देगा। उसके उपरांत उपग्रह को उसकी प्रपल्शन प्रणाली की मदद से उसकी भूस्थैतिक कक्षा में स्थापित कर दिया गया। केयू-बैंड के संचार ट्रांसपोंडरों वाला भारत के नवीनतम संचार उपग्रह जीसैट-15 को यूरोपियन एरिएन-5 वीए 227 में 11 नवंबर, 2015 को

चढ़ा दिया गया और बाद में उसे एमसीएफ, हासन से चरणों में लिक्विड अपोजी मोटर चलाकर उसी की भू-स्थैतिक कक्षा में सफलतापूर्वक स्थापित कर दिया गया।

देश की भावी आवश्यकताएं पूरी करने के लिए बनाए जा रहे नए उपग्रहों में आईआरएनएसएस-1एफ और 1जी, जिन्हें पीएसएलवी में चढ़ाए जाने की योजना है, जीसैट-9 और जीसैट-6ए संचार उपग्रहों, जिन्हें जीएसएलवी-एमके2 द्वारा प्रक्षेपित किए जाने की योजना है, जीसैट-19, जिसे जीएसएलवी-एमके3 (एलवीएम3) के द्वारा प्रक्षेपित किया जाएगा और जीसैट-17, जीसैट-18 तथा जीसैट-11 संचार उपग्रह, जिन्हें दूसरों की मदद से प्रक्षेपित किया जाएगा, शामिल हैं। भू प्रेक्षण उपग्रहों के क्षेत्र में कार्टोसैट उपग्रह श्रेणी में कार्टोसैट-2ई और कार्टोसैट-3, रिसोर्ससैट श्रेणी में रिसोर्ससैट-2ए, ओशनसैट श्रेणी में ओशनसैट-3 और स्कैटसैट-1, मौसम की जानकारी के लिए इनसैट श्रेणी में इनसैट-3डीआर तथा जीआईसैट-1 को 12वीं पंचवर्षीय योजना के दौरान डिजाइन करने, विकसित करने और बनाने की योजना है।

अंतरिक्ष विज्ञान कार्यक्रम

मंगलयान अभियान भारत का पहला अंतरग्रही अंतरिक्षयान अभियान तथा मंगल के लिए भारत का पहला अंतरिक्षयान अभियान है। 1340 किलो के उड़ान द्रव्यमान के साथ मंगलयान में पांच प्रकार के पेलोड-मार्स कलर कैमरा, थर्मल इन्फ्रारेड इमेजिंग स्पेक्ट्रोमीटर, मंगल के लिए मीथेन सेंसर, लाइमैन अल्फा फोटोमीटर तथा मार्स इक्जॉस्फियर न्यूट्रल कंपोजिशन एनालाइजर हैं। मंगलयान अभियान में मूल रूप से मानवरहित अंतरिक्षयान बनाने, मंगल के लिए प्रक्षेपित करने तथा सही स्थान तक पहुंचाने की प्रौद्योगिकी का प्रदर्शन करने एवं मंगल की कक्षा में उसे स्थापित कर ग्रह के बारे में जानकारी प्राप्त करने की परिकल्पना है।

सतीश धवन अंतरिक्ष केंद्र, श्रीहरिकोटा से 5 नवंबर, 2013 को पीएसएलवी-सी25 द्वारा पृथ्वी के पास दीर्घवृत्ताकार कक्षा में प्रक्षेपित किए गए अंतरिक्षयान को 24 सितंबर, 2014 को मंगल की कक्षा में सफलतापूर्वक स्थापित कर दिया गया। मंगलयान अभियान मूल रूप से एक तकनीकी अभियान है, जिसने इसरो को अधिक स्वायत्तशासी कामकाज तथा प्रपल्शन एवं अन्य अंतरिक्षयान प्रणालियों की कठोर क्षमताओं के साथ अभियान के महत्वपूर्ण पड़ाव प्राप्त करने में सक्षम बनाया।

इस वर्ष की एक और उल्लेखनीय घटना एक अन्य अंतरिक्ष विज्ञान अभियान एस्ट्रोसैट रही, जिसे भारत के जाने-माने प्रक्षेपणयान पीएसएलवी द्वारा 28 सितंबर, 2015 को सफलतापूर्वक प्रक्षेपित किया गया। एस्ट्रोसैट विद्युत चुंबकीय स्पेक्ट्रम के प्रत्यक्ष, पराबैंगनी तथा एक्सरे क्षेत्रों में ब्रह्मांड को एक साथ देखने की क्षमता वाली भारत की पहली बहु तरंगदैर्ध्य वेधशाला है। पूर्व नियोजित कक्षा में स्थापना के उपरांत एस्ट्रोसैट ने अपने पांच पेलोड के गहन कक्षा परीक्षणों के उपरांत कामकाज शुरू कर दिया। इसरो के भविष्य के अंतरिक्ष विज्ञान अभियानों में चंद्रयान-2 है, जो चंद्रयान-1 अभियान की अगली कड़ी है और जिसमें चंद्रमा का अन्वेषण करने के लिए लैंडर और रोवर लगे होंगे। इसे जीएसएलवी में चढ़ाया जाएगा। इसी प्रकार सूर्य के अध्ययन के लिए वैज्ञानिक अभियान आदित्य-1 है, जिसमें एक कोरोनाग्राफ समेत पांच वैज्ञानिक पेलोड होंगे। आदित्य को एल1 लेग्रेंजियन बिंदु के चारों ओर आभामंडल की कक्षा में पहुंचाए जाने की योजना है।

अंतरिक्ष अनुप्रयोग तथा आपदा प्रबंधन

देश में राष्ट्रीय प्राकृतिक संसाधन प्रबंधन प्रणाली (एनएनआरएमएस) के सुस्थापित बहुमुखी क्रियान्वयन ढांचे के जरिए राष्ट्रीय, राज्य तथा स्थानीय स्तर पर सहायक दूरसंवेदी अनुप्रयोग परियोजनाएं संचालित हो रही हैं। वर्ष के दौरान भारतीय दूरसंवेदी उपग्रह समूह ने कृषि फसल सूची, कृषि सूखे, दावानल, भूस्खलन एवं भूकंप निगरानी, भूजल संभावना मापन, सूची, ग्लेशियर वाली झील/जलीय निकाय, रेशम कीट पालन विकास तथा उपग्रह की मदद से खोज एवं बचाव के क्षेत्र में सहायता की। भारतीय अंतरिक्ष कार्यक्रम की विशिष्टता अनुप्रयोग केंद्रित प्रयास तथा देश को उनसे मिले लाभ रहे। इनसैट/जीसैट उपग्रहों द्वारा टेली एजुकेशन तथा टेली मेडिसिन के क्षेत्र में सामाजिक सेवाएं देना इस वर्ष के दौरान भी जारी रहा। आज टेलीएजुकेशन नेटवर्क में लगभग 60,000 कक्षाएं विभिन्न शैक्षिक संस्थाओं तथा विश्वविद्यालयों से जुड़ी हैं। इसरो टेलीमेडिसिन नेटवर्क में 380 अस्पताल हैं, जो 302 ग्रामीण अस्पतालों से जुड़े हैं और 18 सचल वैन हैं, जो विशेषकर ग्रामीण क्षेत्रों में नागरिकों को स्वास्थ्य सुविधा प्रदान करने के लिए 60 सुपर स्पेशलिटी अस्पतालों से जुड़ी हैं।

इसरो के आपदा प्रबंधन सहायता (डीएमएस) कार्यक्रम ने आपदा प्रबंधन की गतिविधियों को मजबूत करने के लिए राज्य तथा केंद्र सरकार के विभागों को स्थान आधारित सूचना तथा सेवाएं प्रदान करना जारी रखा है। वर्ष के दौरान प्रमुख गतिविधियों में बाढ़ की सभी घटनाओं की निगरानी करना, नेपाल भूकंप के दौरान आपदा प्रबंधन तथा जम्मू-कश्मीर में भूस्खलन से अवरुद्ध फुटकल नदी की निगरानी करना शामिल था। 2015 में 10 राज्यों में बाढ़ की निगरानी की गई और नक्शे बनाए गए तथा बाढ़ के 105 से अधिक नक्शे संबंधित राज्यों एवं केंद्र के अधिकारियों को उपलब्ध कराए गए। साथ ही उन्हें भुवन तथा एनडीईएम वेब पोर्टलों के जरिए वेब उपयोगकर्ताओं को भी उपलब्ध कराया गया। असम के लखीमपुर जिले के कुछ हिस्सों के लिए बाढ़ की गहराई के लिए लाइडर पर आधारित प्रायोगिक नक्शे बनाए गए तथा 23 अगस्त, 25 अगस्त एवं 4 सितंबर, 2015 में भीषण बाढ़ के दौरान राज्य एजेंसियों को दिए गए।

अंतरिक्ष वाणिज्य

अंतरिक्ष विभाग की वाणिज्यिक शाखा एंट्रिक्स कारपोरेशन भारतीय अंतरिक्ष उत्पादों एवं सेवाओं की मार्केटिंग वैश्विक बाज़ार में करती आई है। एंट्रिक्स के साथ वाणिज्यिक करार के तहत 1999 से अभी तक पीएसएलवी द्वारा अंतरराष्ट्रीय ग्राहकों के 57 उपग्रह सफलतापूर्वक प्रक्षेपित किए जा चुके हैं। 2015 में पीएसएलवी ने विदेश से 17 उपग्रहों का सफल प्रक्षेपण किया। पीएसएलवी के जरिए उपग्रहों के प्रक्षेपण के लिए कई अंतरराष्ट्रीय ग्राहकों के प्रस्तावों पर चर्चा चल रही है और सक्रिय रूप से विचार किया जा रहा है।

भारतीय अंतरिक्ष उद्योग

वर्ष के दौरान भारतीय अंतरिक्ष उद्योग का योगदान जारी रहा। अतीत में उसने भारतीय अंतरिक्ष कार्यक्रम के लिए आवश्यक उपतंत्रों को साकार करने में महत्वपूर्ण योगदान किया है। अंतरिक्ष विभाग ने विभिन्न कार्यक्रम क्रियान्वित करते हुए 500 से अधिक छोटे, मझोले एवं बड़े उद्योगों को साथ लिया है। अंतरिक्ष विभाग ने अभी तक लगभग 300 प्रौद्योगिकियां वाणिज्यिकीकरण के लिए भारतीय उद्योगों को सौंपी हैं तथा विभिन्न क्षेत्रों में तकनीकी परामर्श दिया है।

अंतरराष्ट्रीय सहयोग

अंतरराष्ट्रीय सहयोग भारत की अंतरिक्ष गतिविधियों का अटूट अंग रहा है और नई वैज्ञानिक एवं तकनीकी चुनौतियों का सामना करने, शांतिपूर्ण उद्देश्यों के लिए बाहरी अंतरिक्ष के उपयोग के लिए अंतरराष्ट्रीय खाका परिभाषित करने, अंतरिक्ष नीतियों को बेहतर बनाने तथा देशों के मध्य वर्तमान संबंधों का निर्माण एवं सशक्तिकरण करने के उद्देश्य से विभिन्न अंतरिक्ष एजेंसियों एवं अंतरिक्ष से संबंधित निकायों के साथ द्विपक्षीय एवं बहुपक्षीय संबधों को महत्व देना जारी रखा है। इस वर्ष के दौरान इसरो ने फ्रांस, कनाडा, रूस और चीन की अंतरिक्ष एजेंसियों तथा अमरीकी भूविज्ञान सर्वेक्षण, जेट प्रपल्शन लैबोरेटरी और कुवैत इंस्टीट्यूट ऑफ साइंटिफिक रिसर्च के साथ सहयोग के समझौतों पर हस्ताक्षर किए।

भारतीय अंतरिक्ष विज्ञान एवं प्रौद्योगिकी संस्थान

मानव संसाधन क्षमता का निर्माण करने और भारतीय अंतरिक्ष कार्यक्रम की बढ़ती मांग पूरी करने के लिए मानद विश्वविद्यालय भारतीय अंतरिक्ष विज्ञान तथा प्रौद्योगिकी (आईआईएसटी) की स्थापना 2007 में तिरुअनंतपुरम में की गई। इसरो ने गुणवत्तायुक्त मानव संसाधन उपलब्ध कराने का अपना प्राथमिक उद्देश्य पूरा करने के लिए बीटेक के 2011 बैच के 99 विद्यार्थियों को 2015 में इसरो के विभिन्न केंद्रों में वैज्ञानिक/अभियंता के रूप में नियुक्त किया।

भू-विज्ञान मंत्रालय

भू-विज्ञान मंत्रालय पृथ्वी तंत्र के विभिन्न घटकों जैसे वायुमंडल, समुद्र, क्रायोस्फियर, जियोस्फियर तथा बायोस्फियर के बीच जटिल अंतरसंबंधों के अध्ययन की दृष्टि से इस तंत्र के विज्ञान से संबंधित विभिन्न समस्याओं के निपटारे का प्रयास करता रहा है। इस प्रयास का उद्देश्य पृथ्वी तंत्र तथा उसके घटकों के संबंध में हमारी समझ को बेहतर करना है ताकि देश के सामाजिक-पर्यावरण संबंधी लाभों के लिए सेवाओं में सुधार किया जा सके। 2015 में कई बड़ी उपलब्धियां प्राप्त की गईं और कुल मिलाकर यह उपयोगी वर्ष रहा। प्रमुख उपलब्धियां रहीं- (अ) अंतरराष्ट्रीय भारतीय समुद्र अभियान, (आ) अंतरराष्ट्रीय समुद्र ड्रिलिंग कार्यक्रम, (इ) ध्रुवीय अवलोकनों को बेहतर बनाना, (ई) ओशन मिक्सिंग मॉनसून प्रयोग, (उ) मौसम की बेहतर भविष्यवाणी तथा वर्ष 2015 के लिए मॉनसून की भविष्यवाणी में सुधार, (ऊ) कोहरा अभियान 2015-16, (ए) बोरहोल भू-भौतिकी अनुसंधान प्रयोगशाला (बीआरजीएल) (ऐ) नेपाल भूकंप की निगरानी, (ओ) समुद्री स्थिति की भविष्यवाणी। विभिन्न योजनाओं के अंतर्गत की गई गतिविधियों के विशेषताएं नीचे दी गई हैं।

वायुमंडलीय एवं जलवायु अनुसंधान, अवलोकन विज्ञान सेवाएं (अक्रॉस)

2015 में दक्षिण-पश्चिम मॉनसून की भविष्यवाणी बनाम वास्तविक वर्षा: मॉनसूनी वर्षा के लिए वर्ष के अनुमान अच्छी सटीकता के साथ उपलबध कराए गए। पहली बार 2015 में मॉनसून की वर्षा में कमी का एकदम सटीक अनुमान लगाया गया। देश के लिए मॉनसून में दीर्घावधि औसत (एलपीए) की कुल 88 प्रतिशत वर्षा का अनुमान था, जिसमें 4 प्रतिशत कमी या वृद्धि हो सकती थी और वास्तविक वर्षा इस औसत की 86 प्रतिशत रही। सक्रियता तथा विराम के चक्रों की भविष्यवाणी पहले से बेहतर हुई है। बाढ़ की भविष्यवाणी के लिए विभिन्न नदी बेसिनों के लिए मात्रात्मक वर्षा का अनुमान उपलब्ध कराया गया। मॉनसून से जुड़ी मात्रात्मक वर्षा का अनुमान लगाने के लिए प्रायोगिक आधार पर गतिशील मॉडल अपनाए गए। कुल 36 मौसम उपमंडलों में से 18 में, जिनके अंतर्गत देश का कुल 55 प्रतिशत क्षेत्रफल

आता है, सामान्य वर्षा हुई और 17 उपमंडलों (देश का 39 प्रतिशत क्षेत्रफल) में वर्षा सामान्य से कम रही। देश के कुल 6 प्रतिशत क्षेत्रफल वाले पश्चिमी राजस्थान उपमंडल में अत्यधिक वर्षा हुई। देश में कुल मासिक वर्षा जून में एलपीए की 116 प्रतिशत, जुलाई में 84 प्रतिशत, अगस्त में 78 प्रतिशत और सितंबर में एलपीए की 76 प्रतिशत रही। इस वर्ष केरल के ऊपर मॉनसून 5 जून में आया, जबकि 4 दिन पहले और बाद की संभावना के साथ 30 मई की भविष्यवाणी की गई थी।

कृषि मौसम संबंधी परामर्श सेवाएं (एएएस)

एएएस सेवाएं अब कृषि जलवायु क्षेत्र स्तर (4-6 जिलों का क्लस्टर) से बढ़ाकर जिला स्तर तक पहुंचा दी गईं और अब देश के 608 जिलों में ये उपलबध हैं। फिलहाल 115.40 लाख से अधिक किसान एएएस सेवाओं के तहत क्षेत्रीय भाषाओं में फसल संबंधी परामर्श प्राप्त कर रहे हैं। 37 जिलों (342 ब्लॉकों) के लिए ब्लॉक स्तर की भविष्यवाणी प्रायोगिक स्तर पर आरंभ की गई है।

समुद्र सेवाएं, प्रौद्योगिकी, पर्यवेक्षण, संसाधन, मॉडलिंग तथा विज्ञान (ओ-स्टॉर्म्स)

ऑटोनॉमस कोरिंग सिस्टम (एसीएस) पर आधारित समुद्री परीक्षण किए गए तथा केजी बेसिन, बंगाल की खाड़ी में 1057 मीटर की गहराई पर ड्रिलिंग की व्यावहारिकता का परीक्षण किया गया, जिसमें समुद्र की तलहटी से 24 मीटर नीचे तक खुदाई की गई। चेन्नई में तट से दूर 816 मीटर गहराई पर भी ऐसे ही परीक्षण किए गए और समुद्री तलहटी से 40 मीटर नीचे तक खुदाई की गई। ईएसएसओ-राष्ट्रीय समुद्र प्रौद्योगिकी संस्थान, नेल्लोर की आधारशिला 25 अप्रैल, 2015 को रखी गई। बकिंघम कैनाल, स्वर्णमुखी नदी तथा नेल्लोर, आंध्र प्रदेश के निकट समुद्र के सामने खुले नए प्रतिष्ठान पर पामनजी तट के खुले समुद्र का जल लेकर उसके शारीरिक-रासायनिक एवं जैविक मापदंडों के विश्लेषण हेतु आधाररेखा का सर्वेक्षण सफलतापूर्वक पूरे एक वर्ष के लिए किया गया। समुद्री शैवाल जैवप्रौद्योगिकी के एक भाग के रूप में बायोडीजल निकाला गया और इस ईंधन से ईएसएसओ-एनआईओटी के वाहन को 25 अप्रैल, 2015 को नेल्लोर से चेन्नई तक सफलतापूर्वक चलाया गया।

समुद्र विज्ञान एवं सेवाएं

भारतीय सुनामी आरंभिक चेतावनी केंद्र ने हिंद महासागर में और उसके आसपास सुनामी लाने वाले भूकंपों पर नजर रखी और संभावित सुनामियों के किसी भी खतरे की स्थिति में उचित संदेश जारी किए। चक्रवात 'अशोबा' (8-10 जून, 2015) के दौरान आंधी तथा तूफान के बारे में मंत्रालय की आरंभिक चेतावनियों ने प्रशासन को जान-माल की क्षति कम करने में सहायता की। तटरक्षक बल ने समय पर मिली सहायता की सराहना की, जिससे 11 जून, 2015 को कराईकल के तट से गुम हुए तटरक्षक बल विमान को ढूंढने में उन्हें मदद मिली। भू-विज्ञान मंत्रालय ने समुद्री भविष्यवाणी की सेवाएं श्रीलंका तथा सेशेल्स को भी उपलब्ध कराईं। पड़ोसी देशों सेशेल्स तथा श्रीलंका के लिए समुद्र की स्थिति की भविष्यवाणी करने वाली सेवाओं का उद्घाटन 10 जुलाई, 2015 को केंद्रीय भू-विज्ञान मंत्री डॉ. हर्षवर्द्धन ने नई दिल्ली में किया।

मछली मारने के संभावित क्षेत्रों (पीएफजेड) के लिए परामर्श तथा मछुआरों के लिए विशिष्ट (टूना) परामर्श जारी किए जाते रहे। तुरंत संदर्भ के लिए पीएफजेड परामर्शों की पुस्तिका तैयार की गई। भारतीय जहाजरानी निगम द्वारा संचालित जहाजों में 11 अतिरिक्त स्वचालित मौसम केंद्र (एडब्ल्यूएस) स्थापित कर तथा हिंद महासागर में 20 अतिरिक्त आर्गो बेड़े तैनात कर प्रेक्षण का नेटवर्क सशक्त किया

गया। प्रेक्षण प्लेटफॉर्म-लंगर वाले तैरते जहाजों रामा, तरंगों पर सवार तैरने वाले नेटवर्क, तटीय एवं भूमध्यरेखीय एडीसीपी, सुनामी संबंधी नेटवर्क एवं ज्वार का अनुमान लगाने वाले नेटवर्क का नियमित रखरखाव किया गया। ओशन मिक्सिंग एंड मॉनसून कार्यक्रम के अंतर्गत बंगाल की खाड़ी के उत्तरी क्षेत्र में 21 अगस्त से 15 सितंबर, 2015 के बीच समुद्री यात्रा में ओआरवी सागर निधि का आयोजन किया गया और उसमें समुद्र के ऊपरी भाग में मिक्सिंग की प्रक्रिया के अध्ययन हेतु बेहद उच्च रिजॉल्यूशन वाली जानकारी एकत्र की गई।

प्रेक्षण के इस अभियान में सी ग्लाइडर, अंडरवे सीटीडी तथा इनहेरंट ऑप्टिकल प्रोफाइलर (आईओपी) समेत कई अत्याधुनिक उपकरणों का प्रयोग किया गया। उच्च रिजॉल्यूशन वाली समुद्री पूर्वानुमान तथा पुनर्विश्लेषण प्रणाली (हूफ्स) परियोजना के अंश के रूप में दक्षिण-पूर्वी अरब सागर के लिए बेहद उच्च रिजॉल्यूशन वाली दूसरी समुद्री पूर्वानुमान प्रणाली स्थापित की गई और इसके साथ ही भारत का समूचा पश्चिमी समुद्र तट अब इसके दायरे में आ गया है। यह प्रणाली लगभग 2.25 किमी गुणा 2.25 किमी के आकाशीय रिजॉल्यूशन पर समुद्र के त्रिविमीय ढांचे की एकदम सटीक भविष्यवाणी करने में सक्षम है। बंगाल की खाड़ी के लिए हूफ्स स्थापित करने के लिए आर एंड डी प्रयास प्रगति पर हैं।

मैरीकल्चर के द्वारा भारी स्तर पर मछलियों का उत्पादन करना मत्स्य प्रोटीन की लगातार बढ़ती मांग को पूरी करने का व्यावहारिक विकल्प है। इसके अलावा उपलब्ध समुद्री अभियांत्रिकी तथा जैविक विशेषज्ञता के साथ समुद्र की विभिन्न परिस्थितियों में वाणिज्यिक रूप से महत्वपूर्ण समुद्री मछलियों के लिए खुले समुद्र में स्थिर पिंजड़ों की प्रणाली तैयार की गई। यह प्रौद्योगिकी तट पर रहने वाले मछुआरों के लिए आजीविका का आदर्श विकल्प प्रतीत होती है, जो देश में रोजगार के पर्याप्त अवसर प्रदान करती है और राष्ट्र का मत्स्य खाद्य उत्पादन का लक्ष्य भी प्राप्त करती है।

भारतीय तटों पर लहरों के नक्शे की एक पुस्तिका प्रकाशित की गई है, जिसने पानी से संबंधित मूलभूत जानकारी जैसे लहरों की ऊंचाई, लहरों के समीप आने तथा उनकी अवधि को सार्वजनिक कर दिया है। यह जानकारी अभी तक उपलब्ध नहीं थी। यह कृत्रिम लहरों की जानकारी का प्रयोग कर अतीत की जानकारी से निकाले गए आंकड़े पेश करती है। इसमें हिंद महासागर का अधिकतर भाग शामिल है, जिसमें बंगाल की खाड़ी तथा अरब सागर भी है। आईआईओई का 50वां स्थापना दिवस मनाने के लिए मंत्रालय ने यूनेस्को के अंतरसरकारी समुद्र विज्ञान आयोग के साथ मिलकर हिंद महासागर में आईआईओई-2 आरंभ करने की दिशा में कदम बढ़ा दिए हैं।

ध्रुवीय एवं क्रायोस्फियर रिसर्च (पेसर)

जुलाई, 2014 में भेजी गई भारतीय आर्कटिक वेधशाला 15 जुलाई, 2015 को सफलतापूर्वक वापस आ गई। एनआईओटी-ओओएस द्वारा तैयार एवं तैनात वेधशाला ने अच्छी तरह से काम किया है और लगातार एक वर्ष तक जानकारी इकट्ठी की है, जो एक ही स्थान पर रहकर प्रेक्षण करने के क्षेत्र में बड़ी उपलब्धि है। एनआईओटी-ओओएस/ओए के दल ने एनसीएओआर के साथ मिलकर आर्कटिक में 19 जुलाई, 2015 को अतिरिक्त जैव-भू-रसायन तथा ध्वनि संवेदियों के साथ नई आर्कटिक वेधशाला तैनात कर दी। सतह पर तैरने वाला अगली पीढ़ी का निशान, जो बंगाल की खाड़ी में सागर भूमि प्लवन प्रणाली के अंग के रूप में स्वदेश में ही तैयार एवं तैनात किया गया था, एक वर्ष से भी अधिक समय तक सफलतापूर्वक कार्य करने के बाद वापस आ गया तथा ठीक अवस्था में पाया गया।

पोलर रिमोट ऑपरेबल व्हीकल (प्रूव) के विकास के साथ ही ध्रुवीय क्षेत्रों में प्रदर्शन के लिए प्रौद्योगिकी भी तैयार कर ली गई है। 10 फरवरी, 2015 को प्रियदर्शिनी लेक, अंटार्कटिका में प्रूव को तैनात कर दिया गया। प्रणाली के कामकाज का सफल परीक्षण हुआ और उसने श्वेत/श्याम, रंगीन तथा हाई डेफिनिशिन कैमरों की मदद से तलहटी की वीडियोग्राफी की, जिसमें शैवाल के कालीन बिछे दिखे।

भूकंप विज्ञान एवं भू-विज्ञान अनुसंधान (सेज)

समय के अलग-अलग बिंदुओं पर पर्वत निर्माण, परिवर्तन, क्षरण तथा जलवायु के सह-विकास का अध्ययन करने के लिए मई, 2015 में पूर्वी अरब सागर में लक्ष्मी बेसिन मे दो स्थानों (यू1458 और यू1457) पर खुदाई की गई। समुद्र की तलहटी से क्रमशः 1,109.4 और 1,108.6 मीटर नीचे तक खुदाई करने के बाद लक्ष्मी बेसिन में यू1456 और यू1457 क्षेत्रों से तलछट के दो टुकड़े (सेडिमेंट कोर) प्राप्त किए गए। राष्ट्रीय भूकंप विज्ञान केंद्र ने भूकंपीय मानचित्रों के अपने राष्ट्रव्यापी नेटवर्क की सहायता से 25 अप्रैल, 2015 को नेपाल में भूकंप (7.9 तीव्रता) आने का समाचार दिया, जो काठमांडू से 80 किमी उत्तर-पश्चिम में आया था।

इसे समूचे उत्तर और पूर्वी भारत तथा मध्य भारत के कुछ हिस्सों में भी महसूस किया गया। मुख्य झटके से ढेर सारे भूकंपीय एवं भूगणितीय आंकड़े प्राप्त हुए। भारत में भूकंपीय त्वरण के मानचित्र (मोशन एक्सीलरोग्राफ) संबंधी मजबूत नेटवर्क ने विलक्षण जानकारी तैयार की, जिससे क्षीणता संबंधों, स्थान प्रतिक्रिया तथा स्रोत गतिकी आदि पर नई सूचना प्राप्त हुई।

महाराष्ट्र के कोयना-वारना क्षेत्र वैज्ञानिक डीप ड्रिलिंग जांच के लिए कराड, महाराष्ट्र में बोरहोल भू-भौतिकी अनुसंधान प्रयोगशाला (बीजीआरएल) स्थापित की गई है। भारत के पश्चिमी तट के निकट स्थित कोयना क्षेत्र रिजर्वायर ट्रिगर्ड सीजमिसिटी (आरटीएस) का सबसे अदभुत उदाहरण है। भूकंप से पहले, उसके दौरान और उसके बाद भूकंप के निकट के क्षेत्र में इंट्राप्लेट, सक्रिय फॉल्ट जोन में मौजूदा पहाड़ियों के भौतिक लक्षणों, उसमें मौजूद तरल के दबाव, जलवैज्ञानिक मानकों, तापमान तथा अन्य मानदंडों को सीधे मापने के लिए महाराष्ट्र के कोयना इंट्राप्लेट भूकंपीय क्षेत्र में वैज्ञानिक डीप ड्रिलिंग की बड़ी राष्ट्रीय परियोजना आरंभ की गई है।

राष्ट्रीय भूकंप विज्ञान केंद्र को मंत्रालय से संबद्ध कार्यालय के रूप में स्थापित किया गया था, जिसके उद्देश्य थे: (अ) कम से कम समय में सभी प्रयोगकर्ता एजेंसियों को भूकंप से संबंधित जानकारी उपलब्ध कराना, (आ) विभिन्न एजेंसियों द्वारा मांगे गए भूकंप के जोखिम से संबंधित उत्पाद उपलब्ध कराना, जो क्षेत्र विशेष में भूकंप के प्रभाव को कम करें, (इ) विशुद्ध एवं व्यावहारिक भूकंप विज्ञान तथा भूकंप से पूर्व की घटनाओं, भूकंप की प्रक्रिया एवं नमूनों के क्षेत्र में अनुसंधान करना। 44 भूकंप वेधशालाओं के उन्नयन तथा 34 नई भूकंप वेधशालाओं की स्थापना की परियोजना आरंभ की गई है। कुल 23 भूकंप वेधशालाओं का उन्नयन किया गया है और एक नई वेधशाला स्थापित की गई है। एनसीएस सूक्ष्मक्षेत्रीय अध्ययनों में भी लगा है और उसने 1:10,000 के पैमाने पर हाल ही में दिल्ली के राष्ट्रीय राजधानी क्षेत्र का भूकंपीय जोखिमों से संबंधित सूक्ष्मक्षेत्रीय विश्लेषण भी किया है। एनसीएस ने 5 लाख से अधिक जनसंख्या वाली तथा भूकंपीय क्षेत्र 3, 4 और 5 में स्थित 30 अतिरिक्त भारतीय शहरों के भूकंपीय सूक्ष्मक्षेत्रीय अध्ययन का काम भी आरंभ किया है।

पहुंच

प्राकृतिक, तकनीकी एवं मानवजनित आपदाओं से निपटने एवं विशेष रूप से जान-माल की क्षति को कम से कम करने के लिए सूचनाओं के आदान प्रदान हेतु सहयोग के उद्देश्य से क्षेत्रीय एकीकृत बहुविपत्ति आरंभिक चेतावनी प्रणाली (राइम्स) की स्थापना की गई। हिंद महासागर के 23 देश- अफगानिस्तान, आर्मेनिया, बांग्लादेश, भूटान, कोमोरोस, भारत, लाओ गणराज्य, मालदीव, मंगोलिया, मोजांबिक, म्यांमार, नेपाल, पापुआ न्यू गिनी, पाकिस्तान, फिलीपींस, सेशेल्स, श्रीलंका, तंजानिया, थाईलैंड, तिमोर-लेस्टे, उज्बेकिस्तान तथा वियतनाम फिलहाल राइम्स के सदस्य हैं।

राष्ट्रीय प्रतिष्ठान

मंत्रालय के सहयोग से मार्च 2015 में आईयूएसी, नई दिल्ली में 14कार्बन के लिए समर्पित एक्सीलरेटर मास स्पेक्ट्रोमेट्री मापन प्रतिष्ठान स्थापित किया गया है। यह प्रतिष्ठान 14 कार्बन के मापन तथा रेडियोकार्बन डेटिंग एवं भू-विज्ञान के अनुप्रयोगों के लिए कार्बन के आइसोटोप की बहुत कम सांद्रता को मापने के लिए प्रयोग की जाएगी। इस प्रतिष्ठान को एमओईएस-आईयूएसी एएमएस प्रतिष्ठान का नाम दिया गया है। यह प्रतिष्ठान भारत में शोधकर्ताओं को 14कार्बन के अपने नमूनों का विश्लेषण करने एवं रेडियोकार्बन डेटिंग करने में सहयोग देगा।

उच्च क्षमता वाली कंप्यूटिंग प्रणाली (एचपीसी)

ईएसएसओ-एनसीएमआरडब्ल्यूएफ में अधिकतम 350 टेराफ्लॉप संगणना क्षमता एवं 67 टेराबाइट मेमरी वाली एचपीसी प्रणाली भास्कर 2 जून, 2015 को विज्ञान एवं प्रौद्योगी तथा भू-विज्ञान मंत्री द्वारा राष्ट्र को समर्पित की गई। भास्कर के आरंभ होने से ईएसएसओ की कुल एचपीसी सुविधा बढ़कर 1.1 पीटाफ्लॉप की अधिकतम संगणना क्षमता, 1.7 इंटरनेशनल इंटरफेस तक पहुंच गई। पिछले एक वर्ष में अमरीका, चीन, कतर सरकार, जर्मनी, स्वीडन तथा बांग्लादेश के साथ कुल छह सहमति-पत्रों पर हस्ताक्षर किए गए, जो क्रमशः समुद्री वैज्ञानिक अनुसंधान तथा भू-विज्ञान से जुड़े अन्य विषयों के क्षेत्र में सहयोग के लिए थे। इन सहमति-पत्रों के अंतर्गत कार्यक्रमों के क्रियान्वयन हेतु कई कदम उठाए गए हैं।

स्वायत्तशासी संस्थान

विभाग ने जैविक विज्ञान एवं जैवप्रौद्योगिकी के क्षेत्र में मूलभूत, व्यावहारिक एवं समरेखीय (ट्रांसलेशनल) अनुसंधान के लिए कई स्वायत्तशासी संस्थान स्थापित किए हैं।

राष्ट्रीय प्रतिरक्षा विज्ञान संस्थान (एनआईआई), नई दिल्ली

बेहतर निदान तथा उपचार के लिए रोग लक्षण विज्ञान के आधार की समझ विकसित करने के उद्देश्य से रोग की प्रक्रिया से संबंधित आधुनिक जीव विज्ञान के अग्रणी क्षेत्रों में एनआईआई के अनुसंधान प्रयास जारी रहे। संस्थान में नए अनुसंधान के परिणामस्वरूप महत्वपूर्ण बौद्धिक संपदा उत्पन्न हुई है और कई प्रौद्योगिकियां उद्योग को दी गई हैं।

राष्ट्रीय कोशिका विज्ञान केंद्र (एनसीसीएस), पुणे

एनसीसीएस का अनुसंधान कोशिका की संघटना एवं कार्य, जीनोम संरचना तथा नियमन, नियामक आरएनए एवं जीन अभिव्यक्ति, वृहदाण्विक संचना एवं कोशिका कार्य, स्टेम कोशिका तथा पुनरुदभाव,

कैंसर एवं अन्य रोगों के जीव विज्ञान, रोगजनन तथा कोशिकीय प्रतिक्रिया एवं सूक्ष्मजीव पारितंत्र पर केंद्रित रहा।

डीएनए फिंगरप्रिंटिंग एवं निदान केंद्र (सीडीएफडी), हैदराबाद

सीडीएफडी अपनी विविध गतिविधियों में उत्कृष्टता प्राप्त की है, जिसमें डीएनए आधारित सेवाएं, कानून प्रवर्तन एजेंसियों तथा देश के अन्य विभागों को मानव डीएनए प्रोफाइलिंग की सेवाएं, जीन विकारों के निदान तथा परामर्श की सेवाएं तथा निर्यात के लिए बासमती चावल का प्रमाणन एवं अन्य क्षेत्रों में वृहदणु जीव विज्ञान अनुसंधान शामिल हैं। अंतरराष्ट्रीय समीक्षा पत्रिकाओं के प्रकाशन तथा पेटेंट में केंद्र का रिकॉर्ड शानदार रहा है।

राष्ट्रीय मस्तिष्क अनुसंधान केंद्र (एनबीआरसी), मानेसर

एनबीआरसी के अनुसंधान संबंधी प्रयास देशभर के संस्थानों के बीच संपर्क के जरिए भारत में तंत्रिका विज्ञान को बढ़ावा देने और उसके स्वास्थ्य एवं रोगों में मस्तिष्क के कार्यों को समझने, तंत्रिका विज्ञान में बहुविषयक अनुसंधान करने की क्षमता वाला प्रशिक्षित मानव संसाधन तैयार करने पर केंद्रित हैं। मिर्गी अनुसंधान के लिए केंद्र के भाग के रूप में मैग्नेटो-एन्सेफैलोग्राम ने इस वर्ष पूरी तरह कार्य करना आरंभ कर दिया। अब इसे मिर्गी की सर्जरी में समस्या का सही स्थान जानने एवं मस्तिष्क की जांच में मूलभूत तथा ट्रांसलेशनल अनुसंधान में प्रयोग किया जा रहा है।

जैविक विज्ञान संस्थान (आईएलएस), भुवनेश्वर

आईएलएस में अनुसंधान गतिविधियां प्रौद्योगिकी विकास के जरिए संक्रामक रोग जीव विज्ञान, जीन गतिविधियों के विभिन्न पक्षों तथा नियमन एवं ट्रांसलेशन शोध पर केंद्रित रहीं।

राष्ट्रीय जैवचिकित्सा जीनोमिक्स संस्थान (एनआईबीएमजी), कल्याणी

एनआईबीएमजी ने विभिन्न प्रकार के कैंसर, गंभीर रोग (जैसे गंभीर पैन्क्रियटाइटिस और अल्कोहल के बगैर भी यकृत में वसा जमने का रोग) तथा संक्रामक रोग (जैसे क्षय रोग, हिपेटाइटिस सी, सेप्सिस) के जीनोमिक आधार का पता लगाने के लिए अनुसंधान के प्रयास जारी रखे हैं। बिना अल्कोहल के ही यकृत में वसा जमा होने के रोग पर जैवचिकित्सा जीनोमिक्स केंद्र की प्रमुख परियोजना को इस वर्ष गति मिली और विभिन्न रोगियों के डीएनए की एक्जोम सीक्वेंसिंग की गई।

क्षेत्रीय जैव प्रौद्योगिकी केंद्र (आरसीबी), गुरुग्राम

आरसीबी की स्थापना यूनेस्को के छाते तले जैवप्रौद्योगिकी में शिक्षा, प्रशिक्षण तथा अनुसंधान के लिए श्रेणी 2 के केंद्र के रूप में की गई थी। केंद्र क्षेत्रीय आवश्यकताओं के अनुसार प्रासंगिकता पर जोर देते हुए विज्ञान, अभियांत्रिकी तथा चिकित्सा के एकीकरण वाले विषयों पर समसामयिक अनुसंधान करता है।

इंस्टीट्यूट ऑफ स्टेम सेल साइंस एंड रिजेनेरेटिव मेडिसिन (इनस्टेम), बंगलुरु

इनस्टेम, बंगलुरु में छह वैज्ञानिक विषय तथा एक क्लिनिकल ट्रांसलेशनल इकाई हैं। ये हैं: सेंटर फॉर इनफ्लेमेशन एंड टिश्यू होमियोस्टेसिस, सेंटर फॉर ब्रेन डेवलपमेंट एंड रिपेयर, सेंटर फॉर कार्डियोवैस्कुलर बायोलॉजी एंड डिजीज, सेंटर फॉर केमिकल बायोलॉजी एंड थेरप्यूटिक्स, टेक्नोलॉजी टीम एंड रेग्युलेशन ऑफ सेल फेट। क्रिश्चियन मेडिकल कॉलेज, वेल्लोर में स्थित क्लिनिकल ट्रांसलेशनल यूनिट में क्लिनिकल रूपांतरण संबंधी संभावनाओं पर प्रयास किए जा रहे हैं।

26 परिवहन

परिवहन की सुगठित और समन्वित व्यवस्था देश के सतत आर्थिक विकास में महत्वपूर्ण भूमिका निभाती है। देश की मौजूदा परिवहन व्यवस्था में रेल, सड़क, जहाज़रानी, हवाई परिवहन सहित परिवहन के विभिन्न साधन शामिल हैं। पिछले वर्षों में परिवहन क्षेत्र ने अपने नेटवर्क के विस्तार और व्यवस्था के विकास; दोनों ही क्षेत्रों में काफी प्रगति की है। जहाज़रानी मंत्रालय और सड़क परिवहन तथा राजमार्ग मंत्रालय , रेलवे और नागर विमानन को छोड़कर परिवहन के विभिन्न क्षेत्रों के विकास के लिए नीतियां और कार्यक्रम बनाते और लागू करते हैं।

रेल

भारत में रेल, मालभाड़े और यात्रियों के लिए परिवहन का प्रमुख साधन है। यह देश के सुदूर इलाकों से लोगों को जोड़ता है तथा व्यापार करने, सैर-सपाटा, तीर्थ-यात्रा और शिक्षा को संभव बनाता है। भारतीय रेलवे विगत 163 से अधिक वर्षों के दौरान बड़ी समेकन शक्ति रहा है। यह देश के आर्थिक जीवन से संबद्ध है तथा इसने उद्योग और कृषि के विकास को तेज करने में सहायता की है। वर्ष 1853 में एक बहुत ही संतुलित शुरुआत से जब पहली रेलगाड़ी मुंबई से थाणे 34 किलोमीटर की दूरी के लिए चली, भारतीय रेलवे ने 10,773 लोकोमोटिवों, 51,798 यात्री सेवा वाहनों, 7,000 अन्य कोचिंग वाहनों और 2,54,006 वैगनों के साथ 66,030 किलोमीटर की रूट लंबाई में फैले 7,137 स्टेशनों के वृहत नेटवर्क का विकास किया है। इस प्रकार अपने अस्तित्व के 163 वर्षों में भारतीय रेलवे का विकास असाधारण रहा है। इसने देश के आर्थिक, औद्योगिक और सामाजिक विकास में महत्वपूर्ण भूमिका निभाई है। इस नेटवर्क में 66,030 रूट किलोमीटर तक फैली बहु-गेज लाइनें हैं। वर्ष 2013-14 की तुलना में वर्ष 2014-15 के लिए कुछ महत्वपूर्ण दक्षता सूचकांक निम्नानुसार हैं:

दक्षता	ब्रॉड गेज				मीटर गेज			
सूचकांक	2011-12	2012-13	2013-14	2014-15	2011-12	2012-13	2013-14	2014-15
प्रतिदिन प्रति निवल टन किलोमीटर	9,261	8,453	8,068*	8,113*	632	907	1245	1029
सभी मालगाड़ियों की गति (किलोमीटर प्रति घंटा) (सभी कर्षण)	25.0	25.5	25.9	23.8*	14.1	14.0	14.5	16.5
कुल वैगन का लोड किया गया प्रतिशत(किलोमीटर)	66.1	65.4	65.1	65.2	51.5	52.3	52.4	50.9

प्रति मालगाडी निवल भार (टनों में)	1711	1732	1592*	1703	443	455	565	902
प्रति इंजन घंटा निवल टन किलोमीटर	20,466	19468	18804*	18586	2151	2386	3453*	5467
प्रतिदिन प्रति किलोमीटर यात्री वाहन	550	558	565*	581*	203	191	138	89

(*संशोधित)

लगभग 36.66 प्रतिशत रेलमार्ग एवं 45.19 प्रतिशत चालू रेलपथ व 46.84 प्रतिशत कुल रेलपथ का विद्युतिकरण हो चुका है। नेटवर्क को 17 मंडलों में बांटा गया है। यह मंडल प्राथमिक प्रचालक इकाइयां हैं। इन 17 क्षेत्रों एवं उनके मुख्यालयों का ब्योरा नीचे दिया गया है:

आंचलिक रेलवे	मुख्यालय
मध्य	मुंबई
पूर्वी	कोलकाता
पूर्वी तट	भुवनेश्वर
पूर्वी मध्य	हाजीपुर
उत्तरी	नई दिल्ली
उत्तर-मध्य	इलाहाबाद
उत्तर-पूर्व	गोरखपुर
उत्तर-पूर्व-फ्रंटियर	मालीगांव (गुवाहाटी)
उत्तर-पश्चिम	जयपुर
दक्षिण	चेन्नई
दक्षिण मध्य	सिकंदराबाद
दक्षिण-पूर्व	कोलकाता
दक्षिण-पूर्व-मध्य रेलवे	बिलासपुर
दक्षिण-पश्चिम रेलवे	हुबली
पश्चिम	मुंबई
पश्चिम-मध्य रेलवे	जबलपुर
मेट्रो रेलवे	कोलकाता

वर्ष 2015 में सेवाओं में भारतीय रेलवे की चल स्टॉक गाड़ियों के बेड़े में 43 स्टीम, 5,714 डीजल और 5,016 विद्युत लोकोमोटिव शामिल हैं। इस समय रेलवे मालभाड़े, यातायात के लिए उच्चतम हार्स पावर के ईंधन-दक्ष लोकोमोटिवों, उच्च गति वाले कोच तथा आधुनिक बोगियों के नए डिजाइन बनाने की प्रक्रिया में है। पैनल इंटरलॉकिंग, रूट रिले इंटर-लॉकिंग, केंद्रीयकृत यातायात नियंत्रण ऑटोमेटिक सिग्नलिंग और बहु-घटकीय रंगीन प्रकाश की सिग्नलिंग जैसी आधुनिक तकनीकों को क्रमिक रूप से लाया जा रहा है। रेलवे ने वर्षों से स्वदेशी चल स्टॉक के उत्पादन और अन्य उपकरणों की किस्मों के संबंध में प्रभावी प्रगति की है तथा अब अधिकांश मदों में आत्मनिर्भर हो गया है।

रेलवे का मुख्य उद्देश्य यातायात की संभावित प्रमात्रा को ले जाने के लिए परिवहन अवसंरचना का विकास तथा अर्थव्यवस्था की विकासात्मक जरूरतों को पूरा करना रहा है। वर्ष 1950-51 में सुव्यवस्थित युग के प्रारंभ से, भारतीय रेलवे ने कुछ वर्षों में वार्षिक योजनाओं के अलावा नौ पंचवर्षीय योजनाएं कार्यान्वित की हैं। योजनाओं के दौरान, तंत्र आधुनिकीकरण के व्यापक कार्यक्रम पर जोर डाला गया। अपनी सीमाओं तक विस्तार की क्षमता के साथ लागत-प्रभावी प्रौद्योगिकी के परिवर्तनों का निवेश रेल परिवहन की नित बढ़ती मांग को पूरा करने में अनिवार्य बना। परिसंपत्तियों के पुनर्वास की दिशा में निर्देशित प्रमुख बल के साथ-साथ प्रौद्योगिकीय बदलावों और मानकों का उन्नयन रेल पथ, लोकोमोटिवों, यात्री कोचों, वैगन बोगी डिजाइनों, सिग्नलिंग तथा दूरसंचार के महत्वपूर्ण क्षेत्रों में प्रारंभ किया गया।

सार्वजनिक उपक्रम

रेल मंत्रालय के प्रशासनिक नियंत्रण में 13 उपक्रम अर्थात् (1) रेल इंडिया तकनीक और आर्थिक सेवाएं लिमिटेड (आरआईटीईएस), (2) इंडियन रेलवे कंस्ट्रक्शन (इरकॉन) इंटरनेशनल लिमिटेड, (3) भारतीय रेल वित्त निगम लिमिटिड (आईआरएफसी), (4) कंटेनर कारपोरेशन ऑफ इंडिया लिमिटेड (कॉनकोर), (5) कोंकण रेलवे कारपोरेशन लिमिटेड (केआरसीएल), (6) मुंबई रेलवे विकास कारपोरेशन लिमिटेड (एमआरवीसी), (7) इंडियन रेलवे केटरिंग और टूरिज्म कारपोरेशन लिमिटेड (आईआरसीटीसी), (8) रेलटेल कारपोरेशन ऑफ इंडिया लिमिटेड (रेल टेल), (9) रेल विकास निगम लिमिटेड (आरवीएनएल), (10) मुंबई रेल विकास निगम लिमिटेड (एमआरवीएनएल), (11) डेडिकेटिड फ्रंट कॉरीडोर कारपोरेशन ऑफ इंडिया लिमिटेड (डीएफसीसीआईएल), (12) भारत वैगन एंड इंजीनियरिंग कंपनी लिमिटेड (बीडब्ल्यूईएल), (13) बर्न स्टैंडर्ड कंपनी लिमिटेड (बीएससीएल) और (14) ब्रेथवेट एंड कंपनी लिमिटेड (बीसीएल)

अनुसंधान और विकास

लखनऊ में अनुसंधान अभिकल्प और मानक संगठन (आरडीएसओ) भारतीय रेलवे की अनुसंधान और विकास (आर एंड डी) संगठन है। यह तकनीकी मामलों में भारतीय रेलवे की सलाहकार के रूप में कार्य करती है। यह रेलवे विनिर्माण और डिजाइन से संबद्ध अन्य संगठनों को परामर्शी सेवाएं भी देती है।

रेल वित्त

1924-25 से रेलवे वित्त सामान्य राजस्व से पृथक रहा। उनके पास अपनी स्वयं की निधि हैं तथा संसद में पृथक रूप से रेल बजट पेश किया जाता है। हालांकि रेलवे निवेशित पूंजी पर लाभांश के रूप में सामान्य राजस्व में योगदान करता है। अंशदान की मात्रा की संसद की परिपाटी (कन्वेंशन) समिति द्वारा समय-समय पर समीक्षा की जाती है।

मालभाड़ा यातायात

औद्योगिक और कृषि क्षेत्रों में तीव्र प्रगति ने विशेषकर कोयला, लौह और इस्पात अयस्कों, पेट्रोलियम उत्पादों तथा खाद्यान्नों, उर्वरकों, सीमेंट, चीनी, नमक, खाद्य तेलों आदि अनिवार्य वस्तुओं जैसे प्रमुख क्षेत्रों ने रेल परिवहन की अत्यधिक मांग को जन्म दिया है। मालभाड़ा यातायात राजस्व से 1950-51 में 7 करोड़ 32 लाख टन से बढ़कर वर्ष 2011-12 में 96 करोड़ 90 लाख टन हो गया है। वर्ष 2014-15 में रेलवे ने 110 करोड़ 10 लाख मिलियन टन माल ढुलाई की, जिसका 109 करोड़ 52 लाख टन राजस्व अर्जक रहा और 58 करोड़ 30 लाख टन गैर-राजस्व देने वाला था तथा वर्ष 2013-14 में 666 अरब की तुलना में 683 बिलियन का एनटीकेएम प्राप्त किया। मालभाड़ा उपार्जन वर्ष 2013-14 में 91,570.85 करोड़ रुपये से बढ़कर वर्ष 2014-15 में 103,100.15 करोड़ रुपये तक गया, जिससे 12.59 प्रतिशत की वृद्धि दर्ज की गई।

यात्री सुविधाएं

रेलवे ने @railminindia के संचालन के साथ ही फेसबुक, ट्विटर और यूट्यूब पर तीन सोशल मीडिया प्लेटफार्मों की शुरुआत की। इसने ट्विटर के माध्यम से अपने प्रकार की प्रथम वास्तविक समय 24x7 जन शिकायत प्रणाली नियोजित की तथा यात्रा करने वाले यात्रियों को चिकित्सा, सुरक्षा तथा अन्य आपातकालीन सहायता मुहैया कराई। यात्रा के दौरान किसी अप्रिय घटना की सूचना देने तथा आपातकालीन मदद मांगने के लिए अखिल भारत सुरक्षा हेल्पलाइन-182 की स्थापना की गई। अखिल भारत यात्री हेल्पलाइन 138 यात्रा के दौरान सभी अन्य पूछताछ/शिकायतों के लिए मुहैया कराई गई। ई-खानपान सुविधा 100 स्टेशनों पर प्रारंभ की गई। इसके लिए 408 रेलवे स्टेशन निर्धारित किए गए। स्लीपर क्लास में प्रति कोच नीचे की दो सीटों के आरक्षण कोटे को बढ़ाकर वरिष्ठ नागरिकों और महिलाओं के लिए चार की गईं। तत्काल आरक्षण समय-सीमा को यात्रियों को सुविधा उपलब्ध कराने तथा ई-टिकट पोर्टल पर बाधा को दूर करने के दोहरे प्रयोजन से भिन्न-भिन्न समय पर रखा गया है। टिकट बुकिंग प्रारंभ होने के प्रथम तीस मिनट तक सभी एजेंटों को टिकट बुकिंग करने से रोका गया है। प्रतीक्षा सूची की ई-टिकटों की तरह रेलगाड़ियों के रद्द होने पर संपुष्ट/आरएसी ई-टिकटों की स्वतः धन-वापसी टीडीआर फाइल किए बिना दी जाती है। आरक्षित टिकटों की बुकिंग की समय-सीमा अप्रैल 2015 से 120 दिन तक बढ़ाई गई। रियायती पास पर टिकट लेने की सुविधा दिव्यांगों के लिए तथा अधिकृत पत्रकारों के लिए शुरू की गई। आदर्श स्टेशनों के उन्नयन के लिए निर्धारित किए गए 1,252 स्टेशनों में से अभी तक 986 स्टेशन अपग्रेड किए गए हैं। 160 स्टेशन विगत दो वर्षों में विकसित किए गए। प्रति मिनट 2,000 टिकटों की अपेक्षा 7,200 ऑनलाइन टिकट बुक करने वाली आधुनिक व्यवस्था स्थापित की गई है और इसके जरिये प्रति मिनट 50,000 की जगह पूछताछ के 2,00,000 मामले निपटाए जा सकते हैं। आरक्षण चार्ट तैयार होने के बाद भी टिकटें खरीदने में यात्रियों को समर्थ बनाने के लिए कंप्यूटरीकृत यात्री आरक्षण प्रणाली (पीआरएस) का युक्तीकरण किया गया। निपटान-योग्य लीनेन की बुकिंग नई दिल्ली रेलवे स्टेशन और निजामुद्दीन रेलवे स्टेशन, मुंबई सेंट्रल (बीसीटी), छत्रपति शिवाजी टर्मिनस (सीएसटीएम) और दक्षिण रेलवे में रेलगाड़ियों पर प्रारंभ की गई। मुद्रा सिक्का सह-कार्ड संचालित स्वतः (ऑटोमेटिक) टिकट बिक्री मशीनें चयनित स्टेशनों पर लगाई गईं। विश्व में सबसे बड़ी सार्वजनिक निःशुल्क वाई-फाई प्रणालियों में से एक प्रणाली 26 स्टेशनों पर आरंभ की गई, जिसका 100 स्टेशनों तक विस्तार करने की योजना है। आईआरसीटीसी वेबसाइट अथवा फोन नं.- 139 का उपयोग करके संपुष्ट, आरएसी

तथा प्रतीक्षा सूचीबद्ध पीआरएस काउंटर टिकटों को रद्द करवाने को आसान बनाया गया। आईआरसीटीसी वेबसाइट के माध्यम से टिकट का भुगतान करने के लिए अंतरराष्ट्रीय डेबिट तथा क्रेडिट कार्डों को स्वीकार करने का प्रावधान किया गया। आरक्षित और अनारक्षित टिकटों की बिक्री के लिए टिकट देने के टर्मिनलों का संचालन करने हेतु निजी एजेंटों को अनुमति देने के उद्देश्य से यात्री टिकट/सेवा केंद्र (वाईटीएसके) योजना शुरू की गई। दिव्यांगों के लिए उपलब्ध सीटों की संख्या को 2 से बढ़ा कर 4 कर दिया गया है। टिकट के लिए प्रतीक्षा सूची में नामजद यात्रियों को संपुष्ट स्थान उपलब्ध कराने तथा साथ ही उपलब्ध स्थान के अधिकतम उपयोग के उद्देश्य से वैकल्पिक रेलगाड़ी समायोजन प्रणाली (एटीएएस) आरंभ की गई। यह सुविधा अब नई दिल्ली-जम्मू , नई दिल्ली-लखनऊ, दिल्ली-हावड़ा, दिल्ली-चेन्नई, दिल्ली-मुंबई तथा दिल्ली-सिकंदराबाद क्षेत्रों में उपलब्ध है। दृष्टिहीन यात्रियों को यात्रा में सुविधा देने के उद्देश्य से 3,000 कोचों पर ब्रेल साइनेज (ब्रेल संकेत) का प्रावधान किया गया है। वातानुकूलित प्रथम दर्जे के कोचों में फोल्ड की जाने वाली सीढ़ी लगाई गई। यात्रियों हेतु बायो-डिग्रेडेबल बैगों का प्रावधान प्रायोगिक आधार पर शुरू किया गया। सुरक्षा हेल्पलाइन 182 को क्रियाशील बनाया गया तथा महिला सुरक्षा मुद्दों को अधिक प्राथमिकता देते हुए ट्विटर के माध्यम से सही समय पर शिकायत समाधान को क्रियाशील बनाया गया।

अवसंरचना सृजन

मंत्रालय ने उच्चगति वाली रेलगाड़ियों की खरीद करने की प्रक्रिया प्रारंभ की है, जिससे यात्रियों को ले जाने वाली रेलगाड़ियों की औसत गति में सुधार आएगा और इससे यात्रा में लगने वाला समय भी घटेगा। कुल 508 किलोमीटर को कवर करने हेतु शिंकनसेन प्रौद्योगिकी का उपयोग करके मुंबई-अहमदाबाद उच्च गति रेल परियोजना के लिए भारत और जापान के बीच समझौता-ज्ञापन पर हस्ताक्षर हुए। रेल विभाग ने देश में उच्च गति की रेलयात्रा के नए युग की शुरुआत करते हुए दिल्ली और आगरा के बीच 160 किलोमीटर प्रतिघंटे की अधिकतम गति वाली देश की पहली अर्ध-उच्च गति की रेलगाड़ी, गतिमान एक्सप्रेस चलाई। रेलवे ने वर्ष 2009-2014 तक 1,528 औसत किलोमीटर की तुलना में वर्ष 2015-16 में 2,828 किलोमीटर की ब्रॉडगेज लाइनों की शुरुआत की।

सर्वाधिक चुनौतीपूर्ण रेल परियोजनाओं में से एक, 1500वी डीसी से 25000वी एसी कर्षण प्रणाली का रूपांतरण मध्य रेलवे के समग्र मुंबई मंडल में सफलतापूर्वक पूरा किया गया है।

सुधार

दक्षता और पारदर्शिता हेतु ई-खानपान, ई-व्हीलचेयर, ई-द्वारपालिका आदि के कदम उठाए गए। प्रमुख शैक्षणिक संस्थाओं में रेल अनुसंधान के चार केंद्रों की स्थापना की गई। सेवारत तथा सेवानिवृत्त रेलकर्मियों, दोनों की शिकायत निवारण हेतु ऑनलाइन प्रणाली का विकास प्रारंभ किया गया।

हरित पहल

जैसलमेर में 26 मेगावाट के पवन चक्की विद्युत संयंत्र शुरू किए गए। रेलवे ने पिछले दो वर्षों में रेलगाड़ियों में 27,000 जैव-शौचालय उपलब्ध कराए। उत्तरी रेलवे ने रेवाड़ी से रोहतक स्टेशन के बीच प्रथम हरित डीईएमयू रेलगाड़ी चलाई। डिब्रूगढ़ राजधानी की वातानुकूलित कोच के प्रथम क्लास में परख के लिए वैक्यूम शौचालय प्रणाली और स्वदेशी जैव-शौचालय प्रणाली की सबसे अच्छी सुविधाओं का संयोजन कर संयुक्त शौचालय प्रणाली लगाई गई, जो सितंबर 2015 से कारगर तरीके से

चल रही है। इस प्रणाली में मलोत्सर्ग के लिए किसी मल निपटान सुविधा की जरूरत नहीं होती। इस प्रणाली में मल के बहाव हेतु पानी का उपयोग बहुत कम मात्रा में होता है। एक केंद्रित तथा समेकित रीति से सभी पर्यावरण संबंधी मुद्दों के निराकरण के लिए एक नया पृथक पर्यावरण प्रबंधन निदेशालय बनाया गया। भारतीय रेल ने प्रथम चरण में हरियाणा और पंजाब सरकार के साथ हस्ताक्षर-युक्त करार से रेलपथ के साथ-साथ वृक्ष लगाने का बड़ा कार्य शुरू किया है।

शुचिता

रेलवे वृहत रूप में स्वच्छ भारत अभियान से जुड़ गया है। इसने साफ-सफाई पर एक समेकित नीति का सृजन किया है। श्रमदान अभियान के माध्यम से स्वच्छ रेल, स्वच्छ भारत अभियान में भाग लेने के लिए 27 धर्मार्थ संस्थाओं/सामाजिक संगठनों को आमंत्रित किया गया।

कोच में किसी भी किस्म के सफाई कार्य के लिए 'क्लीन माई कोच' योजना की शुरुआत की गई। कोई भी यात्री मोबाइल नं. 58888 पर एसएमएस भेज सकता है अथवा ऐप के माध्यम से बुक तथा उसके अनुरोध पर ध्यान दिया जाता है। 50 प्रमुख स्टेशनों की साफ-सफाई के के लिए व्यावसायिक एजेंसियों को आउटसोर्स किया गया है। रेलवे स्टेशनों के लिए तीसरे पक्ष के माध्यम से साफ-सफाई लेखा-जांच को संस्थाओं को सौंपा गया है। समय-समय पर साफ-सफाई के आधार पर स्टेशनों की रैंकिंग की जाएगी।

पूर्वोत्तर तथा जम्मू-कश्मीर में कनेक्टिविटी

भारतीय रेलवे ने ब्रॉड गेज रेलवे नक्शे पर कटरा, जम्मू-कश्मीर को लाने वाली उधमपुर-कटरा ब्रॉड गेज लाइन को पूरा किया। जम्मू-कश्मीर राज्य में बनिहाल-बारामुला फास्ट (डीईएमयू) तथा बडगाम-बारामुला डीईएमयू नामक यात्रियों को लाने-ले जाने वाली तीव्र रेलगाड़ी को शुरू किया गया। असम की बराक वेली को सीमलेस बीजी कनेक्टिविटी उपलब्ध कराने के लिए लुम्डिंग-सिलचर बड़े गेज सेक्शन का उद्घाटन किया गया। मेघालय में गुवाहाटी से मेडीपथेर तक पहली रेलगाड़ी की शुरुआत के साथ मेघालय रेलवे के नक्शे पर आया। प्रधानमंत्री ने मिज़ोरम की राजधानी आइज़ोल को रेल से जोड़ने के लिए एक नई लाइन की नींव रखी।

त्रिपुरा की राजधानी अगरतला ब्रॉड गेज रेल नक्शे पर आई। निकट भविष्य में पूर्वोत्तर में मीटर गेज को पूर्ण रूप से हटाया जाना है।

रेल लाइन परियोजनाओं में सार्वजनिक-निजी भागीदारी पीपीपी

वर्ष 2015-16 में भारतीय रेलवे ने पीपीपी के माध्यम से 15,000 करोड़ रुपये की कमाई की।

मालभाड़ा

मालभाड़ा नीतियों को सरल बनाने की शुरुआत की गई। स्टील संयंत्रों और थर्मलपावर हाउस के निकट कम दूरी के मालभाड़े के लिए आसान परिवहन व्यवस्था शुरू की गई। पटना के निकट गंगा पर दीघा रेल सेतु पर 'रोल ऑन-रोल ऑफ स्कीम' (गंतव्य के शुरुआती बिंदु से अंतिम बिंदु तक) चलाई गई। इसके अंतर्गत माल से लदे ट्रकों को गंगा क्षेत्र के इर्द-गिर्द भीड़भरे मार्गों से बचाने के लिए फ्लैट वैगनों के जरिये चलाया जाएगा। व्यस्त अवधि शुल्क हटाया गया है। पारंपरिक रिक्त प्रवाह दिशा में लोड किए गए ट्रैफिक के लिए स्वचालित किराया छूट स्कीम शुरू की गई।

रेल संचालन में सुरक्षा

दुर्घटनाओं को पूरी तरह से रोकने की दिशा में कार्य करना। टीपीडब्ल्यूएस यूरोपियन रेलगाड़ी नियंत्रण प्रणाली (ईटीसीएस) लेवल-1 की तरह एक सुरक्षित स्वचालित रेलगाड़ी संरक्षण (एटीपी) प्रणाली है। 160 किलोमीटर प्रतिघंटा पर टीपीडब्ल्यूएस परीक्षण सफलतापूर्वक किए गए।

विविध

रेलवे ने महाराष्ट्र के लातूर जिले के सूखा प्रभावित क्षेत्रों में पेयजल परिवहन के सफलतापूर्वक इंतजाम किए। रेलवे ने नेपाल भूकंप के दौरान 'रेल नीर' बोतलें मुहैया कराकर तथा नेपाली शरणार्थियों को ले जाकर मदद का हाथ बढ़ाया। रेलवे ने जम्मू-कश्मीर बाढ़ के दौरान भी सहायता की। यमन से लौटने वाले भारतीय नागरिकों की मदद करने में भी रेलवे अग्रणी रहा। रेलवे भारोत्तोलकों (5 महिलाओं और 1 पुरुष) ने पुणे में आयोजित राष्ट्रमंडल युवा, जूनियर और सीनियर भारत्तोलन प्रतियोगिता में भारत का प्रतिनिधित्व किया और यहां रेलवे खिलाड़ियों ने पदक जीते।

सड़कें

परिवहन के रूप में सड़क देश के आर्थिक विकास के लिए एक महत्वपूर्ण बुनियादी ढांचा है। यह विकास की गति, संरचना तथा स्वरूप को प्रभावित करता है। सड़क परिवहन और राजमार्ग मंत्रालय तत्कालीन जहाज़रानी, सड़क परिवहन और राजमार्ग मंत्रालय को वर्ष 2009 में दो स्वतंत्र मंत्रालयों में बांट कर बनाया गया। इसमें सड़क परिवहन और राजमार्ग के निर्माण और रखरखाव के मामले आते हैं। मोटर वाहन अधिनियम 1988 का प्रशासन और केंद्रीय मोटर वाहन नियम 1989 पड़ोसी देशों के साथ वाहनों की आवाजाही, सीमा पार प्रबंध करने के अलावा राष्ट्रीय राजमार्गों के उपयोग हेतु सड़क परिवहन, पर्यावरणीय मुद्दों, मोटरवाहन मानदंड, उपयोगकर्ता शुल्कदर के निर्धारण से संबंधित व्यापक नीतियां बनाता है। यातायात (यात्री और माल) से निपटने के लिए राष्ट्रीय राजमार्गों की क्षमता को औद्योगिक विकास की गति के अनुरूप बढ़ाने की जरूरत है। भारत में 52.32 लाख कि.मी. से बड़ा सड़क नेटवर्क है। इसमें राष्ट्रीय राजमार्ग, एक्सप्रेस-वे, राज्य राजमार्ग, प्रमुख जिला सड़कें, अन्य जिला सड़कें तथा ग्रामीण सड़कें शामिल हैं, जिनकी लंबाई का विवरण निम्न है:

राष्ट्रीय राजमार्ग/एक्सप्रेस-वे	1,00,475 किलोमीटर
राज्य राजमार्ग	1,48,256 किलोमीटर
अन्य सड़कें	49,83,579 किलोमीटर

राष्ट्रीय राजमार्गों का विकास और रखरखाव

सरकार वर्ष 2000 से ही राष्ट्रीय राजमार्ग विकास परियोजना (एनएचडीपी) कार्यान्वित कर रही है। एनएचडीपी मुख्य रूप से भारतीय राष्ट्रीय राजमार्ग प्राधिकरण (एनएचएआई) द्वारा कार्यान्वित किया जा रहा है।

भारतीय राष्ट्रीय राजमार्ग प्राधिकरण

भारतीय राष्ट्रीय राजमार्ग प्राधिकरण (एनएचएआई) केंद्र सरकार द्वारा इसको दिए गए अथवा सौंपे गए राष्ट्रीय राजमार्ग के विकास, रखरखाव और प्रबंधन के लिए गठित किया गया था। अध्यक्ष की नियुक्ति

के साथ वर्ष 1995 में इसकी शुरुआत हुई थी। वर्तमान में, भारतीय राष्ट्रीय राजमार्ग प्राधिकरण का एक अध्यक्ष, छह पूर्णकालिक सदस्य तथा चार अंशकालिक (पदेन) सदस्य हैं। प्राधिकरण के देशभर में फैले आंचलिक कार्यालय, क्षेत्रीय कार्यालय, परियोजना कार्यान्वयन इकाई (पीआईयू) तथा कॉरिडोर प्रबंधन इकाइयों के रूप में क्षेत्रीय कार्यालय हैं।

सीमा सड़क विकास बोर्ड

सीमा सड़क विकास बोर्ड (बीआरडीबी) को देश के सीमावर्ती क्षेत्रों में सड़क संपर्क के विकास कार्यों का समन्वय करने के लिए 1960 में स्थापित किया गया था। चूंकि अपर्याप्त संपर्क सुविधाओं के कारण इन क्षेत्रों में आर्थिक विकास एवं सुरक्षा संबंधी कार्यों के लिए कई तरह की रुकावटें आ रही थीं। बोर्ड के पास सरकार के विभाग की तरह वित्तीय और अन्य शक्तियां हैं,जिसके सभी कार्यों पर अध्यक्ष का नियंत्रण होता है। बोर्ड की सभी मंजूरी बोर्ड के सचिवालय द्वारा दी जाती हैं। सड़क परिवहन और राजमार्ग मंत्रालय बीआरडीबी को निधि प्रदान करता है। सीमा सड़क संगठन (बीआरओ) बीआरडीबी सचिवालय की कार्यकारी शाखा है।

वर्तमान वर्ष 2015–16 के दौरान राज्य पीडब्ल्यूडी (लोक निर्माण विभाग) को सुपुर्द किए गए राष्ट्रीय राजमार्ग के लिए 4207.56 करोड़ रुपये आवंटित किए गए तथा बीआरओ को सुपुर्द किए गए राष्ट्रीय राजमार्गों के लिए कोई राशि नहीं दी गई। 4207.56 करोड़ रुपये के अलावा, राज्य लोकनिर्माण विभाग को सौंपे गए राष्ट्रीय राजमार्गों के लिए स्थायी सेतु शुल्क निधि से 250 करोड़ रुपये की राशि आवंटित की गई है।

सड़क परिवहन

घनी आबादी वाले क्षेत्रों में पहुंच की दिक्कत को देखते हुए सड़क परिवहन मालभाड़े एवं यात्रियों को लाने–ले जाने के लिए परिवहन का सबसे पसंदीदा और किफायती साधन माना जाता है। इस प्रकार, यह देश के आर्थिक विकास तथा सामाजिक एकीकरण के लिए महत्वपूर्ण है। सड़क परिवहन वर्ष 2011–12 में भारत के सकल घरेलू उत्पाद (जीडीपी) में 4.8 प्रतिशत हिस्से के साथ भारत के महत्वपूर्ण परिवहन क्षेत्र के रूप में उभरा है। यद्यपि राष्ट्रीय राजमार्ग वर्ष 2012 में कुल सड़क नेटवर्क का 1.58 प्रतिशत संस्थापित किया गया, ये कुल सड़क यातायात का 40 प्रतिशत वहन करते हैं। आसान उपलब्धता, व्यक्तिगत जरूरतों के अनुसार फेरबदल एवं कम खर्च जैसे कारक सड़क परिवहन के पक्ष में जाते हैं। सड़क परिवहन, रेलवे, पोत परिवहन तथा वायुयान यातायात की पूरक सेवा के रूप में भी कार्य करता है। वर्ष 2002 से 2012 के दौरान पंजीकृत मोटरवाहनों की कुल संख्या प्रतिवर्ष 10.5 प्रतिशत बढ़ती रही है। सड़कों और रेलवे द्वारा कुल यातायात आवाजाही में सड़क यातायात का अंश वर्ष 1950–51 में मालभाड़े यातायात के 13.8 प्रतिशत और यात्री यातायात का 15.4 प्रतिशत से बढ़कर वर्ष 2011–12 में क्रमश: भाड़ा यातायात का अनुमानित 64.5 प्रतिशत और यात्री यातायात का 85.9 प्रतिशत हो गया है।

सड़क सुरक्षा

राष्ट्रीय सड़क सुरक्षा नीति सड़क सुरक्षा मुद्दों, सड़क सुरक्षा सूचना आंकड़ा आधार की स्थापना, ड्राइविंग लाइसेंस प्रणाली के सुदृढ़ीकरण और प्रशिक्षण, सड़क सुरक्षा कानूनों को बेहतर रूप में लागू करने आदि से संबंधित जागरुकता पर जोर देती है। मंत्रालय द्वारा संचालित सड़क सुरक्षा संबंधी महत्वपूर्ण योजनाओं

में सड़क सुरक्षा पर प्रचार उपाय और जागरुकता अभियान, ड्राइविंग प्रशिक्षण के लिए संस्थानों की स्थापना संबंधी योजना, असंगठित क्षेत्र में चालकों के रिफ्रेशर प्रशिक्षण और मानव संसाधन विकास, राष्ट्रीय राजमार्ग दुर्घटना राहत सेवा स्कीम (एनएचएआरएसएस), निरीक्षण और प्रमाणन केंद्रों की स्थापना तथा सड़क सुरक्षा और प्रदूषण जांच उपकरण आदि शामिल हैं।

राष्ट्रीय राजमार्ग दुर्घटना राहत सेवा योजना

राष्ट्रीय राजमार्ग दुर्घटना राहत सेवा योजना में (एनएचएआरएसएस) दुर्घटनाओं के बाद राहत और बचाव उपायों के लिए सड़क दुर्घटना के शिकार लोगों को नजदीकी स्वास्थ्य सहायता केंद्र के लिए राज्यों/केंद्र राज्य क्षेत्रों/गैर-सरकारी संगठनों को एंबुलेंस तथा क्रेन उपलब्ध कराना अपरिहार्य है। अभी तक, इस योजना के अंतर्गत 347 टन क्रेनें तथा 106 छोटी, मध्य आकार की क्रेनें उपलब्ध कराई गई हैं। इस योजना के अंतर्गत राज्यों/केंद्रशासित प्रदेशों/गैर-सरकारी संगठनों को 509 एंबुलेंस उपलब्ध कराई गई हैं।

इसके अलावा मंत्रालय ने भी 140 निर्धारित राज्य सरकार अस्पतालों में आघात देखभाल सुविधाओं को उन्नत करके राष्ट्रीय राजमार्गों के स्वर्ण चतुर्भुज, पूर्वोत्तर और पूर्व-पश्चिम कॉरिडोरों के साथ-साथ आघात केंद्र के समेकित नेटवर्क की स्थापना की। स्वास्थ्य और परिवार कल्याण मंत्रालय की योजना के अंतर्गत उन्नत किए गए 140 निर्धारित अस्पतालों को 140 उन्नत लाइफ सपोर्ट एंबुलेंस उपलब्ध कराई हैं।

भारतीय राजमार्ग अभियंता अकादमी

भारतीय राजमार्ग अभियंता अकादमी (आईएएचई) मंत्रालय के प्रशासनिक नियंत्रण में एक पंजीकृत सोसायटी है। यह केंद्र एवं राज्य सरकारों का सामूहिक निकाय है और इसकी स्थापना 1983 में हुई थी। इसकी स्थापना भर्ती एवं सेवा अवधि के दौरान देश में राजमार्ग इंजीनियरों के प्रशिक्षण की जरूरत को देखते हुए की गई थी।

भारत माला परियोजना

प्रस्तावित भारत माला परियोजना के अंतर्गत मंत्रालय ने तटीय/ सीमावर्ती क्षेत्रों, पिछड़े क्षेत्रों, धार्मिक स्थलों, पर्यटन स्थलों को सड़क से जोड़ने के लिए राष्ट्रीय राजमार्ग पर लगभग 1,500 पुलों के निर्माण/ पुनर्वास/चौड़ीकरण, 200 रेलवे अंडरपासों तथा रेलवे ओवरब्रिजों/जिला मुख्यालयों को नए घोषित राष्ट्रीय राजमार्ग से जोड़ने में सुधार, चार धाम (उत्तराखंड में केदारनाथ, बद्रीनाथ, यमुनोत्री तथा गंगोत्री) के लिए कनेक्टिविटी सुधार कार्यक्रम को और बेहतर करने के उद्देश्य से राष्ट्रीय राजमार्ग नेटवर्क की विस्तृत समीक्षा की।

सेतु भारतम कार्यक्रम

राष्ट्रीय राजमार्गों पर सुरक्षित यात्रा के लिए पुलों को बनाने का सेतु भारतम कार्यक्रम वर्ष 2016 में शुरू किया गया था। सेतु भारतम कार्यक्रम का उद्देश्य वर्ष 2019 तक सभी रेलवे लेवल क्रासिंग से सभी राष्ट्रीय राजमार्गों को मुक्त करना है। यह रेलवे लेवल क्रासिंग पर बार-बार होने वाली दुर्घटनाओं तथा

मौतों को रोकने के लिए किया जा रहा है। मंत्रालय ने सूचित किया कि 20,800 करोड़ रुपये की लागत से लेवल क्रासिंग पर कार्यक्रम के अंतर्गत 208 रेलवे ओवर ब्रिज (आरओबी)/रेलवे अंडर ब्रिज (आरयूबी) बनाए जाने हैं। 208 आरओबी का ब्योरा इस प्रकार है:

आंध्र प्रदेश-33, असम-12, बिहार-20, छतीसगढ़-5, गुजरात-8, हरियाणा-10, हिमाचल प्रदेश-5, झारखंड-11, कर्नाटक-17, केरल-4, मध्य प्रदेश-6, महाराष्ट्र-12, ओडिशा-4, पंजाब-10, राजस्थान-9, तमिलनाडु-9, उत्तराखंड-2, उत्तर प्रदेश-9, पश्चिम बंगाल-22।

इसके अलावा, लगभग 1,500 पुराने तथा जीर्ण-शीर्ण सेतुओं को भी लगभग 30,000 करोड़ रुपये की लागत पर चरणबद्ध ढंग से बदल कर/चौड़ा कर/सुदृढ़ कर के सुधारा जाएगा। सड़क परिवहन और राजमार्ग मंत्रालय ने नोएडा, उत्तर प्रदेश स्थित भारतीय राजमार्ग इंजीनियर अकादमी में भारतीय सेतु प्रबंधन प्रणाली (आईबीएमएस) भी स्थापित की है। इसका उद्देश्य चल निरीक्षण इकाइयों के उपयोग से भारत में राष्ट्रीय राजमार्गों पर सभी पुलों की स्थिति का सर्वेक्षण तथा सूचीबद्ध करना है। इस प्रयोजनार्थ 11 परामर्शदायी कंपनियां नियुक्त की गई हैं। 50,000 पुलों की फेहरिस्त पहले ही बनाई जा चुकी है।

पोत परिवहन

पोत परिवहन मंत्रालय तत्कालीन पोत परिवहन, सड़क परिवहन और राजमार्ग मंत्रालय को दो स्वतंत्र मंत्रालयों में बांटकर वर्ष 2009 में बनाया गया। समुद्री परिवहन किसी देश के आर्थिक विकास के लिए महत्वपूर्ण अवसंरचना होती है। यह विकास की गति, संरचना और स्वरूप को प्रभावित करती है। पोत परिवहन मंत्रालय के अंतर्गत पोत तथा बंदरगाह क्षेत्र आते हैं, जिनमें जहाज़ निर्माण और जहाज़ मरम्मत प्रमुख बंदरगाहों और अंतरदेशीय जल परिवहन भी शामिल है। मंत्रालय को इन क्षेत्रों संबंधी नीतियां और कार्यक्रम बनाने तथा उनके कार्यान्वयन का कार्य सौंपा गया है।

समुद्री विकास

भारत में समुद्री क्षेत्र में बंदरगाह, पोत परिवहन, समुद्री जहाज़ निर्माण और समुद्री जहाज़ मरम्मत तथा अंतरदेशीय जल प्रणालियां शामिल हैं। भारत में 12 प्रमुख बंदरगाह तथा लगभग 200 गैर-प्रमुख बंदरगाह हैं। भारतीय पोत परिवहन उद्योग ने गत कई वर्षों से भारतीय अर्थव्यवस्था के परिवहन क्षेत्र में महत्वपूर्ण भूमिका निभाई है। समुद्री परिवहन के माध्यम से मात्रा के अनुसार देश का लगभग 95 प्रतिशत तथा मूल्य के अनुसार 68 प्रतिशत व्यापार किया जाता है। अत: पोत परिवहन और समुद्री संसाधन, समुद्री डिजाइन और निर्माण, बंदरगाह मानवसंसाधन विकास से संबंधित मुद्दे, वित्त, सहायक तथा नई प्रौद्योगिकियों को उभरते परिदृश्य के आलोक में विकसित किए जाने की जरूरत है। पोत परिवहन विश्व के सर्वाधिक दक्ष परिवहन साधनों के रूप में अविवादित रहा है तथा उद्योग की पहचान बनाने, लाभप्रद बनाने तथा गुणवत्ता को बढ़ाने के लिए प्रत्येक संभव प्रयास किए जाने की जरूरत है।

भारत का मुख्य भूमि के साथ ही द्वीपों के साथ पश्चिमी और पूर्वी क्षेत्रों में फैला लगभग 7,517 कि.मी. का लंबा तट है तथा यह देश के व्यापार का एक महत्वपूर्ण प्राकृतिक संसाधन है।

समुद्री कार्यसूची

समुद्री कार्यसूची 2010-20 में वर्ष 2020 के लिए 3,130 एमटी (मीट्रिक टन) पत्तन क्षमता का लक्ष्य निर्धारित किया गया है। इस क्षमता का 50 प्रतिशत से अधिक गैर-प्रमुख पत्तनों में सृजित किया जाना है, क्योंकि इन पत्तनों से संचालित यातायात 1,280 एमटी तक बढ़ने की उम्मीद है। समुद्री कार्यसूची का

उद्देश्य न केवल अधिक क्षमता का सृजन करना बल्कि पत्तन निष्पादन का संवर्धन करना भी है। संचालन के इस वृहद स्तर से लेन-देन की लागत घटने एवं भारतीय बंदरगाहों को वैश्विक स्तर पर प्रतिस्पर्धात्मक बनाने में मदद मिलेगी तथा वर्ष 2020 तक प्रमुख और गैर-प्रमुख पत्तनों में प्रस्तावित निवेश लगभग 2,77,380 करोड़ रुपये होने की उम्मीद है। इसमें से अधिकांश निवेश निजी क्षेत्र के प्रत्यक्ष विदेशी निवेश (एफडीआई) के जरिये आएगा। पोत निर्माण एवं रखरखाव के लिए 100 प्रतिशत प्रत्यक्ष विदेशी निवेश स्वत: अनुमोदित मार्ग के जरिये आएगा। निजी क्षेत्र की भागीदारी न केवल पत्तन अवसंरचना में निवेश को बढ़ाएगी बल्कि नवीनतम प्रौद्योगिकी और बेहतर प्रबंधन पद्धतियों के माध्यम से पत्तनों को सक्षम करेगी। जन निधि पत्तन चैनलों को गहरा करने, पत्तनों से दूरदराज के अंदरूनी क्षेत्रों आदि तक रेल तथा सड़क संपर्क जैसी साझा उपयोग की अवसंरचना सुविधाओं के लिए मुख्य रूप से रखी जाएगी।

पत्तन क्षेत्र

2015 के दौरान देशभर के बड़े व छोटे बंदरगाहों से लगभग 786 मिलिटन कार्गो (एमटी) की आवाजाही की गई। यातायात पिछले वर्ष की तदनुरूपी अवधि की तुलना में 1.4 प्रतिशत बढ़ा। 12 प्रमुख बंदरगाहों पर अप्रैल-दिसंबर, 2015 के दौरान 447.05 एमटी के यातायात की व्यवस्था की गई, जिसमें पिछले वर्ष की तदनुरूपी अवधि की तुलना में लगभग 3.18 प्रतिशत बढ़ोतरी दर्शाई गई है। 2015-2016 के दौरान दिसंबर 2015 तक, 12 प्रमुख पत्तनों पर पिछले वर्ष की तदनुरूपी अवधि में 433.27 एमटी की तुलना में 477.05 एमटी यातायात हुआ। कार्गो की संरचना इस प्रकार है:

(मिलियन टन में)

वर्ष	पीओएल	लौह अयस्क	एफ एंड आरएम	कोयला	कंटेनर (टीइयू मिलियन में)	अन्य कार्गो	कुल
2005-06	142.09	79.17	12-19	58.76	61.98(4.61)	69.38	423.57
2006-07	154.34	80.58	14.13	59.98	73.44(5.54)	81.31	463.78
2007-08	168.75	91.80	16.63	64.93	92.27(6.71)	84.94	519.31
2008-09	176.14	94.04	18.23	70.40	93.14(6.59)	78.59	530.53
2009-10	175.09	100.33	17.72	71.71	101.24(6.90)	95.00	561.09
2010-11	179.17	87.06	19.99	72.73	113.93(7.52)	96.97	570.03
2011-12	179.10	60.40	20.39	78.78	120.10(7.78)	101.36	560.14
2012-13	185.98	28.47	14.74	86.66	119.82(7.70)	110.12	545.79
2013-14	187.31	24.66	13.74	104.73	114.64(7.46)	110.42	555.50
2014-15	188.77	17.91	16.20	117.86	119.44(7.96)	1231.16	581.34
अप्रैल दिसंबर 2015	144.28	7.86	13.18	95.12	91.20(6.09)	95.41	447.05

प्रमुख बंदरगाह

कोलकाता बंदरगाह

कोलकाता बंदरगाह देश में एकमात्र नदी क्षेत्रीय प्रमुख बंदरगाह है, जिसकी स्थापना करीब 138 वर्ष पूर्व की गई थी। यह पश्चिम बंगाल, बिहार, झारखंड, उत्तर प्रदेश, मध्य प्रदेश, असम, पूर्वोतर के पहाड़ी राज्यों सहित दो बंदरगाह विहीन देशों- नेपाल और भूटान को सेवाएं प्रदान करता है। बंदरगाह के दो डॉक सिस्टम हैं। हुगली नदी के पूर्वी तट पर कोलकाता डॉक सिस्टम (केडीएस) और पश्चिमी मट पर हल्दिया डॉक कॉम्प्लेक्स (एचडीसी) स्थित है।

पारादीप बंदरगाह

पारादीप बंदरगाह भारत के प्रमुख बंदरगाहों में से एक है। भारत के प्रथम प्रधानमंत्री पंडित जवाहरलाल नेहरू ने ओडिशा में बंगाल की खाड़ी के पूर्वी तट पर महानदी के संगम के पास वर्ष 1962 में इस बंदरगाह का शिलान्यास किया था। भारत सरकार ने वर्ष 1965 में राज्य सरकार से बंदरगाह का प्रबंध अपने हाथ में लिया। इसमें लौह अयस्क गोदी का निर्माण पूरा हुआ तथा आईएनएस 'इन्वेस्टिगेटर' को मार्च 1966 में पहली बार लंगर डालने का अवसर प्राप्त हुआ। भारत सरकार ने वर्ष 1966 में पूर्वी तट पर प्रथम बड़े बंदरगाह के साथ ही पारादीप पोर्ट ट्रस्ट (पीपीटी) को भारत के आठवें प्रमुख बंदरगाह के तौर पर घोषित किया। पारादीप पोर्ट अक्षांश 20^{0}-15'-55.44 उत्तर और देशांतर 86^{0}-40-27-34' पूर्व में दक्षिण कोलकाता से 210 नॉटिकल मील की दूरी और विशाखापत्तनम से 260 समुद्री मील की दूरी पर उत्तर में स्थित है।

नया मंगलोर बंदरगाह

मई 1974 में नए मंगलोर बंदरगाह को नौवें प्रमुख बंदरगाह के रूप में घोषित किया गया था और औपचारिक रूप से वर्ष 1975 में इसका उद्घाटन किया गया। मेजर पोर्ट ट्रस्ट्स अधिनियम, 1963 का विस्तार न्यू मंगलोर पोर्ट के लिए 1980 में किया गया और इस दौरान एक नया पोर्ट ट्रस्ट बोर्ड का गठन हुआ था। पिछले कुछ वर्षों के दौरान इस बंदरगाह की क्षमता 1 लाख टन कार्गो से बढ़कर 2013-14 में 39.37 मिलियन टन तक जा पहुंची है। बंदरगाह के माध्यम से आयात की गई प्रमुख वस्तुओं में मंगलोर रिफाइनरी एंड पेट्रोकेमिकल्स लिमिटेड (एमआरपीएल) और पीओएल क्रूड, कोयला, लौह अयस्क, रसोई गैस, उर्वरक, खाद्य तेल, चूना पत्थर, लकड़ी के गट्ठे, सीमेंट, तरल रसायन, कंटेनरीकृत कार्गों आदि और निर्यात किए जाने वाली प्रमुख वस्तुओं में हैं- पीओएल उत्पाद, लौह अयस्क छर्रे, ग्रेनाइट पत्थर, मक्का, गेहूं , काफी, काजू जैसे कंटेनरीकृत कार्गो आदि हैं।

कोच्चि बंदरगाह

कोच्चि का आधुनिक बंदरगाह सर राबर्ट ब्रिस्टो के अथक प्रयासों के उपरांत वर्ष 1920-1940 की अवधि के दौरान विकसित किया गया था। वर्ष 1930-31 तक बंदरगाह को औपचारिक रूप से 30 फीट ड्राफ्ट वाले जहाजों के लिए खोला गया था। कोच्चि बंदरगाह विलिंग्टन द्वीप के 9.58 उत्तरी अक्षांश एवं 76.14 पूर्व में भारत के दक्षिणी-पश्चिमी तट पर स्थित है। यह मुंबई से 930 कि.मी. दक्षिण और कन्याकुमारी से 320 कि.मी. उत्तर पर स्थित है। भारत के दक्षिण-पश्चिमी तट के महत्वपूर्ण स्थान पर और भारत-पश्चिमी समुद्री व्यापार के मुहाने पर स्थित यह बंदरगाह दक्षिण-पश्चिम भारत के औद्योगिक एवं कृषि उत्पादों की आवाजाही का सबसे प्रमुख प्रवेश द्वार है। इसके निकटवर्ती इलाकों में

केरल, तमिलनाडु और कर्नाटक के कुछ हिस्से आते हैं। बंदरगाह के अंदर के क्षेत्रों में यातायात के प्रवाह पर किया गया एक अध्ययन यह संकेत दर्शाता है कि कुल यातायात के हिसाब से 97 प्रतिशत केरल से आता है। कोच्चि बंदरगाह के निकटवर्ती अंदरूनी क्षेत्रों में कंटेनरीकरण के विकास के साथ भारत के विभिन्न क्षेत्रों में विस्तृत होता जा रहा है और देश के विभिन्न भार केंद्रों के आंतरिक कंटेनर डिपो की स्थापना हो रही है। यूरोप, सुदूर-पूर्व और ऑस्ट्रेलिया के बीच अंतरराष्ट्रीय समुद्री मार्ग निकटता के साथ कोच्चि व्यापार के अवसरों की पेशकश कर कंटेनर लाइनों की एक बड़ी संख्या को आकर्षित कर सकता है। कोच्चि बंदरगाह में पिछले वर्ष के दौरान 19.85 एमटी (मिलियन टन) की तुलना में वर्ष 2013-14 के दौरान 20.89 एमटी यातायात हुआ था।

जवाहरलाल नेहरू बंदरगाह

1980 के मध्य निर्मित और 1989 से प्रयोग में आने वाले जवाहरलाल नेहरू बंदरगाह ने विश्वस्तरीय अंतरराष्ट्रीय कंटेनरों के रखरखाव वाले बंदरगाह के रूप में पहचान बनाई है। यह बंदरगाह भारत में निजी क्षेत्र की भागीदारी जैसी नई पहल द्वारा बंदरगाह विकास में पथ-प्रदर्शक रहा है। यह एल्फेंटा द्वीप के निकट मुंबई बंदरगाह के पूर्वी तट के किनारे पर $18^{0}56$, 43" उत्तर और $72^{0}56$, 24" के मध्य में स्थित है। बंदरगाह 12.50 मीटर क्षमता तक के जलयानों हेतु प्रयुक्त होता है।

मुंबई बंदरगाह

मुंबई बंदरगाह पूर्ण रूप से एकीकृत बहु-प्रयोजन बंदरगाह है, जहां कंटेनर, शुष्क, तरल एवं अन्य बड़ी मात्रा में थोक कार्गो की आवाजाही होती है। बंदरगाह का प्रयोग करने वाले यानों की आवश्यकता पूर्ति हेतु इसमें व्यापक स्तर पर द्रव्य एवं शुष्क गोदी सुविधा उपलब्ध है। यहां पर तीन नौका घाट हैं, जिनके नाम हैं- प्रिंस, विक्टोरिया और इंदिरा घाट। इनका कुल क्षेत्र 46.30 हेक्टेयर तथा 7,776 मीटर समुद्री बेसिन के अंदर और बंदरगाह दीवार के साथ 853 मीटर है। इन तीनों में सबसे पुरानी वर्ष 1880 से प्रयोग में लाया जाने वाला प्रिंस घाट है, जो अर्धज्वारीय है। इसमें 6.4 मीटर आकृति की आठ गोदी है। 1888 से प्रयोग में लाई गई विक्टोरिया घाटें भी अर्धज्वारीय हैं। इसमें 6.7 मीटर आकृति की 14 गोदी हैं। प्रिंस और विक्टोरिया बेसिन अब भरे जा रहे हैं, जो ऑफशोर कंटेनर परियोजना के अंतर्गत कंटेनर भंडारण यार्ड के रूप में प्रयोग में लाए जाएंगे। ये शिपिंग हेतु बंद कर दिए गए हैं।

भारतीय नौवहन निगम

भारतीय नौवहन निगम (एससीआई) की स्थापना 1961 में हुई थी। वर्तमान में अधिकृत पूंजी 450 करोड़ और प्रदत्त पूंजी 423.45 करोड़ रुपये है। 1992 से एससीआई निजी कंपनी से सार्वजनिक कंपनी बन गई है। एससीआई को भारत सरकार द्वारा अगस्त 2009 में 'नवरत्न' दर्जा दिया गया था। वर्तमान में इस कंपनी के 80.12 प्रतिशत शेयर सरकार के पास हैं तथा शेष वित्तीय संस्थाओं, सार्वजनिक एवं अन्य (एनआरआई कारपोरेट इकाइयों इत्यादि) के पास हैं।

कोच्चि शिपयार्ड

देश का सबसे बड़ा कोच्चि शिपयार्ड केरल के कोच्चि में दक्षिण पश्चिम तट पर स्थित है। 1972 से निगमित किया गया कोच्चि शिपयार्ड 1,10,000 डीब्ल्यूटी क्षमता के जलयानों का निर्माण और 1,25,000 डीडब्ल्यूटी क्षमता तक के जलयानों की मरम्मत कर सकता है। घाट में टैंक, बल्क करियर्स, पोर्ट क्राफ्ट,

नाव, रस्सियां, यात्री नाव सहित विभिन्न प्रकार के पोतों का निर्माण किया है। सीएसएल द्वारा विगत दिनों में जो निर्माण कार्य किए गए उनमें बहामास के मै. क्लिपर ग्रुप के लिए मालवाहक करियर्स; सउदी अरब के मै. एटीसीओ के लिए फायरफाइटिंग टग्स एवं नॉर्वे के मै. डीप सी. सप्लाइज, संयुक्त राज्य अमरीका के मै. टाइडवॉल्टर एवं नीदरलैंड्स के मै. ब्रून ऑफशोर के लिए प्लेटफॉर्म सप्लाई वेसल्स प्रमुख हैं।

इस यार्ड को वर्ष 2010 तक मिले ऑर्डर में नॉर्वे, अमरीका, नीदरलैंड और भारत की शिपिंग कंपनियों को प्लेटफॉर्म आपूर्ति पोत तथा साइप्रस और भारत की शिपिंग कंपनियों के लिए हैंडलिंग टग लंगर सम्मिलित हैं। अब तक 1,200 जहाज़ों की मरम्मत कर चुका यह पोर्ट बोर्ड देश का अग्रणी मरम्मती यार्ड है। इसके उन्नयन और मरम्मत कार्यों में शामिल हैं- ओएनजीसी से संबद्ध नावों एवं जैकअप रिसाव यंत्र, आवधिक मरम्मत कार्य। इसने नौसेना तथा तटरक्षक बल के विमान वाहक का उन्नयन किया है। यह यार्ड विगत कई वर्षों से लगातार लाभ अर्जित कर रहा है। इस उपलब्धि को देखते हुए सरकार ने 2008 में इसे 'मिनीरत्न' का दर्जा प्रदान किया।

हुगली डॉक और पोर्ट इंजीनियर्स लिमिटेड

हुगली डॉक और पोर्ट इंजीनियर्स लिमिटेड (एचडीपीईएल), कोलकाता 1984 में केंद्रीय सार्वजनिक क्षेत्र का उपक्रम बन गया था। पश्चिम बंगाल के हावड़ा जिले में इस कंपनी के दो कार्यकारी उपक्रम हैं जिनमें से एक साइकिया और दूसरा नजीरगंज में है। इनकी यान निर्माण की क्षमता 1,100 टन और यान मरम्मत की क्षमता 125 यान प्रतिवर्ष है। शुष्क गोदी (ड्राई डॉक) और जेटी के अतिरिक्त यहां पर छह पोत संचरण मंच भी हैं। यह यार्ड विभिन्न प्रकार की नाव (यात्री नाव सहित) और ड्रेजर, टग, तैरती शुष्क डॉक, मछलीमार नौकाएं, आपूर्ति व सहयोगी नौकाओं, बहुउपयोगी हार्बर, आम नौकाओं, लाइटहाउस टेंडर पोत, मूरिंग लांचेस इत्यादि सहित विभिन्न उत्पाद बनाने में और उनकी मरम्मत में समर्थ है।

पोत परिवहन क्षेत्र

पोत परिवहन देश के आर्थिक विकास, विशेषकर भारत के अंतरराष्ट्रीय व्यापार में महत्वपूर्ण भूमिका निभाता है। भारतीय पोत परिवहन उद्योग देश की ऊर्जा सुरक्षा में भी महत्वपूर्ण भूमिका निभाता है, क्योंकि कोयला, कच्चा तेल और प्राकृतिक गैस जैसे ऊर्जा संसाधनों का जलयानों से मुख्य रूप में परिवहन किया जाता है। इसके अलावा, संकटपूर्ण स्थिति के दौरान, भारतीय पोत परिवहन आवश्यक वस्तुओं की अबाधित आपूर्ति में योगदान करता है तथा रक्षा की द्वितीय पंक्ति के रूप में कार्य करता है। मात्रा के अनुसार देश का लगभग 95 प्रतिशत व्यापार तथा मूल्य के अनुसार 68 प्रतिशत व्यापार समुद्र के रास्ते किया जा रहा है।

सफल पोत परिवहन किसी भी देश में वस्तुओं एवं सेवा व्यापार का महत्वपूर्ण सूचक होती है। 31 दिसंबर , 2015 की स्थिति के अनुसार, भारत में 10.51 मिलियन समग्र टनभार (जीटी) के 1,247 जहाज़ों का बेड़ा था, जिसमें भारत के सार्वजनिक क्षेत्र के पोत परिवहन निगम के साथ 38 प्रतिशत का सबसे बड़ा शेयर था। इसमें 9 मिलियन (जीटी) वाले 373 जहाज़ भारत के विदेशी व्यापार तथा बाकी तटीय व्यापार की पूर्ति करते हैं।

1 जनवरी, 2015 के अनुसार, पनामा, लाइबेरिया तथा मार्शल द्वीप सबसे बड़ी पोत रजिस्ट्रियां हैं। दूसरे साथ-साथ इनकी विश्व के टनभार के 41.81 प्रतिशत शेयर में गणना की जाती है। मार्शल द्वीप में

वर्ष-दर-वर्ष 13.32 प्रतिशत से अधिक प्रभावी विकास दर्ज किया गया। कई ओपन रजिस्ट्रियों सहित विकासशील देशों में विश्व बेड़े की 3 से अधिक तिमाहियां दर्ज की गईं। ओपन रजिस्ट्रियां वे रजिस्ट्रियां हैं जिनमें मालिक को जिस देश में समुद्री जहाज़ पंजीकृत है, उसकी राष्ट्रीयता का होने की आवश्यकता नहीं होती है। किसी विदेशी झंडे के अंतर्गत पंजीकृत टनभार (जहां मालिक की राष्ट्रीयता पोत पर दिखने वाले झंडे से विलग हो) कुल विश्व का 71 प्रतिशत होता है।

ग्रीस के पास दुनिया में सबसे अधिक जलयान हैं, जोकि पूरी दुनिया के जलयानों का 16.11 प्रतिशत हैं। इसके बाद जापान, चीन, जर्मनी एवं सिंगापुर का स्थान है। समुद्री जहाज़ वाले शीर्ष पांच देश आधे से अधिक टनभार (डीडब्ल्यूटी) का नियंत्रण करते हैं। दस शीर्ष समुद्री जहाज़ स्वामित्व वाले देशों में से पांच एशिया से हैं, चार यूरोप से और एक संयुक्त राज्य अमरीका से है।

तटवर्ती पोत परिवहन

घरेलू कार्गो संचलन में तटवर्ती पोत परिवहन का हिस्सा अंतरदेशीय जलमार्गों के माध्यम से 0.5 प्रतिशत सहित लगभग 7 प्रतिशत है। भारत की निकटवर्ती तटरेखा 5,400 कि.मी. लंबी है एवं 1,190 द्वीपों में यह 2,100 कि.मी. तक फैली है। अतः देश में तटीय पोत परिवहन की विशाल क्षमता है। तटीय पोत परिवहन भारी-भरकम कार्गो के लिए सबसे उपयुक्त है। वर्तमान में यह परिवहन मर्चेंट शिपिंग एक्ट, 1958 में प्रतिस्थापित तट व्यापार पर एक नीति के माध्यम से विनियमित किया जाता है। मध्यवर्ती उपाय के रूप में, तटीय कार्गो के हरित चैनल मंजूरी की स्कीम तथा तटीय पोतों को लाइट हाउस संदेश से छूट प्राप्त होती है। प्रमुख बंदरगाहों पर सभी तटीय पोतों को तट संबंधी प्रभार पर 40 प्रतिशत छूट दी जाती है।

अंतरदेशीय जल परिवहन

अंतरदेशीय जलमार्गों 1, 2, 3, 4, और 5 के विकास और रखरखाव के लिए विभिन्न परियोजनाएं (गंगा नदी, ब्रह्मपुत्र, पश्चिम तटीय नहर, कृष्णा-गोदावरी नदियों सहित काकीनाडा व पुदुचेरी एवं ब्राह्मणी नदी, पूर्व तटीय नहर, मताई नदी व महानदी डेल्टा नदियां) भारत के अंतरदेशीय जलमार्ग प्राधिकरण (आईडब्लयूएआई) द्वारा कार्यान्वित की गई हैं। यह परियोजनाएं आवश्यकतानुसार अंतरदेशीय जल परिवहन (आईडब्ल्यूटी) उपलब्ध कराने/उन्नयन कराने/रखरखाव करने के लिए कार्यान्वित हुई। अक्टूबर 2013 में शुरू किए गए बंगाल की खाड़ी में सैंडहैडस से एनटीपीसी के फरक्का विद्युत संयंत्र तक आयातित कोयले का परिवहन जारी है। बर्ह में एनटीपीसी ऊर्जा संयंत्र की इसी तरह की परियोजना को अंतिम रूप दिया जा रहा है। हल्दिया से इलाहाबाद 1,620 किलोमीटर तक एनडब्ल्यू-1 संबंधी क्षमता संवर्धन की जल मार्ग विकास परियोजना का कार्यान्वयन 4,200 करोड़ रुपये की अनुमानित लागत पर शुरू किया गया है।

भारत का तलछट निगम

भारत का तलछट निगम लि. (डीसीआई) देश के प्रमुख बंदरगाहों को समेकित तलछट सेवा उपलब्ध कराने के लिए वर्ष 1976 में स्थापित किया गया था। डीसीआई पोत परिवहन मंत्रालय के प्रशासनिक नियंत्रण में एक मिनीरत्न श्रेणी-1 सार्वजनिक क्षेत्र का उपक्रम है। यह कंपनी अनुसूची 'बी' की कंपनी है। दूसरे ग्राहकों में प्रमुख बंदरगाह, गैर-प्रमुख बंदरगाह, भारतीय नौसेना, राज्य सरकारें आदि शामिल

हैं। इस कंपनी के पास 10 ट्रेलर सक्शन हॉपर ड्रजर्स (आईएसएचडी) तथा 3 कटर सक्शन ड्रजर्स हैं। कंपनी की प्रदत्त पूंजी 28 करोड़ रुपये है, जिसे प्रत्येक 10 रुपये के इक्विटिविटी शेयरों में विभक्त किया गया है। इसके 78.56 प्रतिशत अर्थात 2,19,97,700 शेयर भारत के राष्ट्रपति के पास हैं। यह कंपनी मुंबई, राष्ट्रीय, दिल्ली तथा कोलकाता स्टॉक एक्सचेंज में सूचीबद्ध है। शेयरधारकों की संख्या लगभग 53,000 है। कंपनी ने कुल मिलाकर समाज के प्रति अपने दायित्व की पूर्ति के लिए निगम सामाजिक दायित्व नीति अंगीकार की है।

सागरमाला परियोजना

सागरमाला कार्यक्रम के लिए राष्ट्रीय परिप्रेक्ष्य योजना वर्ष 2016 में तैयार की गई। सभी 173 परियोजनाएं सागरमाला आदि रूप की चार परियोजनाओं के तहत प्रारंभिक रूप से अभिनिर्धारित हैं। परियोजना आदिरूप तथा अभिनिर्धारित परियोजनाएं निम्न हैं:

क्र सं	आदिरूप परियोजना	परियोजना की संख्या
1.	बंदरगाह आधुनिकीकरण	53
2.	बंदरगाह कनेक्टिविटी	83
3.	बंदरगाह औद्योगीकरण	29
4.	तटीय समुदायिक विकास	8

26 बंदरगाह कनेक्टिविटी परियोजनाएं अभिनिर्धारित की गईं, जिनमें से 2 पूरी कर ली गई हैं तथा 18 रेल मंत्रालय में कार्यान्वयनाधीन हैं। अधिकांशतः परियोजनाएं 2019-20 तक पूरी कर ली जाएंगी। परियोजना हेतु भारतीय पोत निगम लिमिटेड को पीएमसी कार्य दिया गया है तथा 1 परियोजना स्वयं बंदरगाह द्वारा कार्यान्वित की जा रही है। 4 लाख करोड़ रुपये के अनुमानित निवेश पर राष्ट्रीय परिप्रेक्ष्य योजना के अंतर्गत अभिनिर्धारित परियोजनाओं का कार्यान्वयन निजी अथवा पीसीपी रीति के माध्यम से प्रासंगिक बंदरगाहों, राज्य सरकारों/समुद्री बोर्डों, केंद्रीय मंत्रालयों द्वारा वित्तीय वर्ष 2016-17 से शुरू किया जाएगा। पोत परिवहन मंत्रालय द्वारा सागरमाला के अंतर्गत एसपीवी परियोजना को समान सहयोग देने तथा आवासीय परियोजनाओं के लिए निधियन सहायता हेतु सागरमाला विकास कंपनी (एसडीसी) की स्थापना की जानी है। सागरमाला परामर्शदाताओं ने अनुमान लगाया है कि अभिनिर्धारित औद्योगिक संघ परियोजनाएं आगामी दस वर्षों में 40 लाख प्रत्यक्ष नौकरियों सहित लगभग एक करोड़ नई नौकरियों का सृजन करने में समर्थ होंगी।

नागरिक उड्डयन

नागरिक उड्डयन मंत्रालय नागरिक उड्डयन के विकास और विनियमन हेतु राष्ट्रीय नीति एवं कार्यक्रमों के सूत्रीकरण तथा नागरिक विमानन के लिए योजनाओं को तैयार और उन्हें लागू कराने के प्रति उत्तरदायी है। इसके कार्यों में हवाईअड्डों की सुविधाएं, हवाई ट्रैफिक सेवा, यात्री और सामान की हवाई ढुलाई, नागरिक उड्डयन प्रचालनों की सुरक्षा, हवाई परिवहन सेवा का विनियमन, हवाईअड्डों के लाइसेंस, हवाई ढुलाई पायलट और हवाईजहाज़ के रखरखाव तथा इंजीनियरों की सेवाएं सम्मिलित हैं। मंत्रालय के पास रेलवे सुरक्षा आयोग इंस्टिट्यूट का प्रशासनिक नियंत्रण भी है, जो रेल यात्री और रेलवे अधिनियम के अंतर्गत उसके चालन और सफर के दौरान सुरक्षा के प्रति भी उत्तरदायी है।

भारत अंतरराष्ट्रीय नागरिक उड्डयन संगठन (आईसीएओ) का सदस्य है और शुरुआत से ही इसकी परिषद में भी शामिल है। नागरिक उड्डयन प्रखंड के तीन प्रमुख प्रभाग हैं- नियामक, ढांचागत और परिचालन। भारत में नागरिक उड्डयन के क्षेत्र में हाल के वर्षों में अभूतपूर्व प्रगति हुई है। आज की तारीख में देश में बड़ी संख्या में कंपनियां यात्री परिवहन और कार्गो सेवा प्रदान कर रही हैं। हवाई परिवहन सार्वजनिक एवं निजी दोनों ही क्षेत्रों में हैं। सार्वजनिक क्षेत्र में भारतीय राष्ट्रीय उड्डयन कंपनी लिमिटेड (एयर इंडिया) और उसकी सहायक अलांयस एयर, एयर इंडिया चार्टर्स लिमिटेड (एयर इंडिया एक्सप्रेस) इत्यादि हैं।

एयर इंडिया, इंडियन एयरलाइंस, अलायंस एयर और एयर इंडिया चार्टर्स लिमिटेड के अतिरिक्त वर्तमान में छह निजी कंपनियां जेट एयरवेज (इंडिया लिमिटेड) जेटलाइट एयरलाइंस, गो एयरलाइंस (इंडिया) प्रा. लिमिटेड, स्पाइसजेट लिमिटेड, पैरामाउंट एयरवेज लिमिटेड और इंटर ग्लोब एविएशन लिमिटेड (इंडिगो) हैं, जो भारत के विभिन्न घरेलू क्षेत्रों में उड़ानें और संपर्क सूत्र उपलब्ध करा रही हैं। इनके अलावा, निर्धारित उड़ानों अर्थात प्रादेशिक हवाई सेवा आरंभ की गई है जो इस क्षेत्र में तथा छोटे शहरों में संपर्क को और अधिक विस्तार देंगी। एमडीएलआर एयरलाइंस उत्तरी क्षेत्र में प्रादेशिक निर्धारित एयरलाइंस के रूप में कार्यरत है। तीन कार्गो एयरलाइंस ब्लू एविएशन प्रा. लिमिटेड, डेक्कन कार्गो एंड एक्सप्रेस लॉजिस्टिक (प्रा.) लिमिटेड और आर्यन कार्गो एक्सप्रेस प्रा. लिमिटेड देश में निर्धारित कार्गो सेवा संचालित कर रही हैं।

नागरिक उड्डयन ब्यूरो

नागरिक उड्डयन सुरक्षा ब्यूरो (बीसीएएस) का गठन डीजीसीए की एक इकाई के रूप में जनवरी 1978 में हुआ था। इस प्रकोष्ठ की भूमिका सार्वजनिक उड्डयन सुरक्षा मामलों में इनके कर्मचारियों के समन्वय, निगरानी, जांच और उन्हें प्रशिक्षित करना था। नागरिक उड्डयन मंत्रालय के अंतर्गत इसे जून 1985 की कनिष्क दुर्घटना के उपरांत अप्रैल 1987 में स्वतंत्र विभाग की मान्यता प्रदान की गई। बीसीएएस की मुख्य जिम्मेदारी सुरक्षा के संदर्भ में भारत में अंतरराष्ट्रीय एवं घरेलू तथा हवाईअड्डों और विदेशों के हवाईअड्डों से उड़ान भरने वाले भारतीय विमानों के सुरक्षा मानकों और उपायों को निर्धारित करना है। यह देश में नागरिक उड्डयन सुरक्षा का नियामक है, जो नियमित जांच और सुरक्षा ऑडिट द्वारा नागरिक उड़ानों में पूर्व आरोहण सुरक्षा और तोड़फोड़ विरोधी उपायों तथा उसके क्रियान्वयन हेतु उत्तरदायी है। बीसीएएस का उद्देश्य नागरिक उड्डयन संचालन को गैरकानूनी व्यवधानों से सुरक्षित रखना तथा इसके कर्मचारियों को परस्पर योजना एवं समन्वय सहित उड्डयन सुरक्षा की जिम्मेदारियों के प्रति सजग करते हुए उन्हें आवश्यक प्रशिक्षण प्रदान करना है।

बीसीएएस के प्रमुख हैं, सुरक्षा आयुक्त (नागरिक उड्डयन), जो भारत में राष्ट्रीय नागरिक सुरक्षा कार्यक्रमों के विकास, रखरखाव, नवीकरण और इसे लागू करने और इस संबंध में अंतरराष्ट्रीय कर्तव्यों को पूर्ण करने के उपयुक्त प्राधिकारी हैं। बीसीएएस का मुख्यालय नई दिल्ली में है तथा वर्तमान में इसके चार क्षेत्रीय कार्यालय दिल्ली, मुंबई, कोलकाता और चेन्नई हवाईअड्डों पर स्थित हैं। बीसीएएस का पुनर्गठन और उसे मजबूती प्रदान करने के लिए इसके चार और नए क्षेत्रीय कार्यालय बनाने का प्रस्ताव है। बीसीएएस मुख्यालय में उच्च प्रबंधन स्तर को बल प्रदान करने हेतु संयुक्त सुरक्षा आयुक्त (सीए) के पद का भी सृजन किया गया है।

इंदिरा गांधी राष्ट्रीय उड़ान अकादमी

इंदिरा गांधी राष्ट्रीय उड़ान अकादमी (आईजीआरयूए) उड़ान के स्तर और व्यावसायिक पायलटों के बुनियादी प्रशिक्षण में बेहतर सुधार लाने के लिए फुरसतगंज, रायबरेली (उत्तरप्रदेश) में स्थापित की गई थी। अकादमी सबसे आधुनिक और परिष्कृत प्रशिक्षु विमान, अद्यतन दृश्य–श्रव्य प्रशिक्षण उपकरणों और प्रभावी बुनियादी प्रशिक्षण के लिए अन्य सुविधाओं से लैस है। यहां विमानन के क्षेत्र और उड़ान प्रशिक्षण में लंबा अनुभव रखने वाले योग्य उड़ान और जमीनी प्रशिक्षक कार्यरत हैं। अकादमी का उद्देश्य केवल पायलट ही नहीं बल्कि वैमानिकी में प्रभावी प्रणाली प्रबंधक तैयार करना भी है। अकादमी के उड़ान प्रशिक्षु एयरलाइनों के कॉकपिट में सुगमता से अपने पारगमन के लिए आवश्यक मानकों को हासिल करते हैं। अकादमी मंत्रालय के अधीन एक स्वायत्त संस्था है।

अकादमी ने अपने मौजूदा बुनियादी ढांचे में उल्लेखनीय विस्तार किया है। 20 कमरे के बालिका छात्रावास सहित पूरी तरह से सुसज्जित कमरों की संख्या 72 से बढ़ाकर 144 तक, यानी दोगुनी कर दी गई है। कार्यों में तीन 'डी' टाइप अफसरों के लिए निर्मित आवासीय क्वार्टर, स्टोर/कक्षा कक्ष इमारतों, सड़कों का रंगरोगन, छात्रावासों में सौर जलतापन प्रणाली की 60 टीआर×3 के एयर कंडीशनिंग संयंत्र की स्थापना, जलापूर्ति की नई लाइन बिछाना, खेल परिसर, मनोरंजन केंद्र, रसोई आदि शामिल हैं। अन्य प्रमुख बुनियादी ढांचे का भी उन्नयन किया गया है। विमानपत्तन में रनवे, रि–कापर्टेटिंग, नए हैंगर का निर्माण, एप्रान का विस्तार, हाई मास्टलाइटिंग की व्यवस्था आदि की गई है। इंस्ट्रूमेंट लैंडिंग सिस्टम (आईएलएस) और प्रिसिजन अप्रोचपाथ इंडिकेटर (पीएपीआई) जैसी नेविगेशन सहायता सहित एक्सक्लूसिव रनवे और एटीसी, रात्रि उड़ान सुविधाओं जैसी अकादमी की अवसंरचना उड़ान प्रशिक्षण संस्था की विशेषता हैं, जो समकालीन अंतरराष्ट्रीय मानकों से मेल खाते हैं।

भारतीय विमानपत्तन प्राधिकरण

भारतीय विमानपत्तन प्राधिकरण (एएआई) दूर–दराज के क्षेत्रों सहित देश के कोने–कोने में हवाईअड्डे के निर्माण में अग्रणी है। भारतीय विमानपत्तन प्राधिकरण अप्रैल 1995 में अस्तित्व में आया था। प्राधिकरण 23 नागरिक परिक्षेत्रों सहित 115 हवाईअड्डों का प्रबंधन करता है। इसके अलावा भारतीय विमानपत्तन प्राधिकरण 11 अन्य हवाईअड्डों पर सीएनएस–एटीएम की सुविधा प्रदान करता है। बंगाल की खाड़ी और अरब सागर में राष्ट्रीय हवाई क्षेत्र का लगभग 2.8 मिलियन समुद्री वर्ग मील क्षेत्र हवाई यातायात सेवाओं के लिए प्राधिकरण को सौंपा गया है।

आधुनिकीकरण के तहत देहरादून, जयपुर, कुल्लू, उदयपुर, गया, कूच बिहार, डिब्रूगढ़, लीलाबारी, अहमदाबाद घरेलू टर्मिनल भवन के लिए प्रस्थान ब्लॉक में नए टर्मिनल भवन स्थापित किए गए हैं। औरंगाबाद, भुज, गोंदिया, पोरबंदर, मैसूर, बंगलुरु, त्रिची, वाइजैग, श्रीनगर, त्रिवेंद्रम, वाराणसी, बारापानी (शिलांग), अहमदाबाद (नया अंतरराष्ट्रीय टर्मिनल बिल्डिंग) और मदुरै में नवीन यात्री टर्मिनल इमारत बनाई गई है। इन टर्मिनलों में आरामदायक लाउंज/उपयोगकर्ता के अनुकूल सुविधाएं और उत्तम माहौल के अतिरिक्त आधुनिक यात्री सुविधा है।

राष्ट्रीय उड़ान प्रशिक्षण संस्थान

सीएई, कनाडा के सहयोग से भारतीय विमान प्राधिकरण (एएआई) ने राष्ट्रीय उड़ान प्रशिक्षण संस्थान प्राइवेट लिमिटेड (एनएफटीआईपीएल) के नाम से एक संयुक्त उद्यम को स्थापित किया है। यह

संस्थान महाराष्ट्र के गोंदिया में स्थित है। इस संयुक्त उद्यम कंपनी में सीएई की 51 फीसदी पूंजी है, जबकि भारतीय विमानपत्तन प्राधिकरण का हिस्सा 49 फीसदी है।

राजीव गांधी राष्ट्रीय उड़ान प्रशिक्षण संस्थान

राजीव गांधी राष्ट्रीय उड़ान प्रशिक्षण संस्थान (आरजीएनएफटीआई) का संचालन सितंबर 2008 में शुरू किया गया। इस संस्थान की स्थापना का उद्देश्य योग्य और सुप्रशिक्षित पायलटों को तैयार करना है। 12 एकड़ के क्षेत्रफल में फैले इस संस्थान में अत्याधुनिक प्रतिकृतियां, प्रशासनिक खंड, कक्षा/कक्ष, लड़कों और लड़कियों के लिए छात्रावास, खेल परिसर और वाई-फाई सक्षम कैफेटेरिया है। प्रशिक्षण प्रतिकृतियों और सात एकल इंजन विमान (डीए 42) बेड़े के माध्यम से पूर्ण किया जाता है।

गगन परियोजना

जीपीएस की मदद से भू-संवर्धित नेविगेशन (गगन) एक ऐसी संवर्धन प्रणाली है, जिसकी सहायता से नागरिक उड्डयन की आवश्यकताओं को पूरा करने के लिए जीपीएस संकेतों को अधिक सटीक और निर्बाध बनाया जाता है। इसे भारतीय विमानपत्तन प्राधिकरण और इसरो द्वारा संयुक्त रूप से तीन चरणों में कार्यान्वित किया जा रहा है। विश्वसनीय प्रौद्योगिकी प्रदर्शन प्रणाली को दूसरे और तीसरे चरणों में पूर्ण परिचालन क्षमता प्रणाली के लिए उन्नत किया जाएगा। इसरो द्वारा निर्मित जीसैट चतुर्थ का खर्च गगन वहन करेगा। इस उपग्रह द्वारा अफ्रीका से लेकर ऑस्ट्रेलिया तक विशाल भौगोलिक क्षेत्र को कवर किया जाएगा और इसी कारण गगन का सेवा क्षेत्र भारतीय हवाई क्षेत्र से कहीं आगे होगा। इसके कार्यान्वित होने के बाद यह अधिकांश भूमि आधारित नौवहन साधनों का स्थान लेगा। इस कारण हवाई जहाजों में सटीक पहुंच और श्रेणी 1 तक लैंडिंग गाइडेंस संभव हो सकेगी। अब तक क्षेत्रीय कारणों से अनुपलब्ध रहे इंस्ट्रूमेंट लैंडिंग सिस्टम के कारण यह सुविधा नहीं थी। भारतीय विमानपत्तन प्राधिकरण सरकारी निर्णय के अनुसार समयबद्ध तरीके से देश में 35 गैर मेट्रो विमानपत्तनों का उन्नयन और आधुनिकीकरण कर रहा है।

ग्रीनफील्ड विमानपत्तन

बंगलुरु के नजदीक देवनहल्ली में ग्रीनफील्ड विमानपत्तन परियोजना का 2,068 करोड़ रुपये की संशोधित लागत पर सार्वजनिक-निजी भागीदारी (पीपीपी) से 30 वर्षों के लिए निर्माण, स्वसंचालन तथा हस्तांतरण आधार पर कार्यान्वयन किया गया। कर्नाटक सरकार तथा भारतीय विमानपत्तन प्राधिकरण दोनों की 26 प्रतिशत इक्विटी है तथा कार्यनीतिक संयुक्त उद्यम भागीदारी 74 प्रतिशत है। हिस्सेदारी में एएआई का निवेश 50 करोड़ रुपये का है। जर्मनी की सीमंस एवं स्विट्जरलैंड की यूनीक ज्यूरिख के साथ भारत की लार्सन एंड ट्यूब्रो इंडिया लिमिटेड की अगुवाई में अन्य साझीदार इस संबंध में एक रणनीतिक व्यावसायिक संघ के लिए चुने गए हैं। एयरपोर्ट की शुरुआत 2008 में हुई थी। राजीव गांधी अंतरराष्ट्रीय विमानपत्तन, एक ग्रीनफील्ड विमानपत्तन आंध्र प्रदेश सरकार द्वारा सार्वजनिक-निजी भागीदारी से बिल्ड ओन आप्रेट एंड ट्रांसफर (बीओओटी) आधार पर हैदराबाद के नजदीक शमसाबाद में विकसित किया गया है। परियोजना की अनुमानित लागत 2,920 करोड़ रुपये हैं। भारतीय विमानपत्तन प्राधिकरण और आंध्र प्रदेश सरकार की 26 प्रतिशत हिस्सेदारी है और शेष 74 प्रतिशत मैसर्ज जीएमआर प्रतिष्ठानों और मलेशियन एयरपोर्ट होल्डिंग बेर्हन्द (एमएएचबी) के संघ के पास है।

हवाईअड्डों के लिए ग्रीनफील्ड नीति

सरकार ने 2008 में ग्रीनफील्ड हवाईअड्डों के लिए नीति बनाई। इस नीति का मकसद देश में हवाईअड्डों के बुनियादी ढांचे को मजबूत बनाना और उसकी सुविधा बढ़ाने की मंजूरी प्रक्रिया को कारगर बनाना है। यह अनुमोदन प्रक्रिया को और अधिक पारदर्शी और उम्मीद के मुताबिक बनाने का प्रयास करता है।

एयर इंडिया

एयर इंडिया और इंडियन एयरलाइंस ने विलय के बाद 2007 में भारतीय राष्ट्रीय विमानन कंपनी (एयर इंडिया) के गठन पर आधिकारिक दर्जा प्राप्त कर लिया। इसने अपना शुभंकर 'महाराजा' के रूप में बनाए रखा है, जबकि विलय के बाद नई इकाई एयर इंडिया के रूप में जानी जाती है।

होटल कारपोरेशन ऑफ इंडिया लिमिटेड का (एचसीआई) पूरी तरह से एयर इंडिया लिमिटेड के स्वामित्व वाली पब्लिक लिमिटेड कंपनी है और कंपनी अधिनियम 1956 के तहत इसे 1971 में तब शामिल किया गया, जब एयर इंडिया ने दुनिया की एयरलाइनों के बीच अपनी प्रचलित साख को बनाए रखते हुए होटल उद्योग में प्रवेश करने का फैसला किया। इसका उद्देश्य भारत में पर्यटन में वृद्धि, अंतरराष्ट्रीय हवाईअड्डों और पर्यटन महत्व के अन्य स्थानों पर यात्रियों के लिए बेहतर उत्पाद पेश करना था। हालांकि 2002-03 में एचसीआई की तीन संपत्तियां- इंडो हॉक होटल लिमिटेड (सेंटूर होटल,राजगीर), सेंटूर होटल, जुहू बीच और सेंटूर होटल, मुंबई हवाईअड्डा बिक गई थीं। एचसीआई की शेष इकाइयों में दिल्ली और मुंबई में सेंटूर होटल, दिल्ली हवाईअड्डा, सेंटूर होटल लेकव्यू , श्रीनगर और दिल्ली तथा मुंबई में फ्लाइट रसोई है।

एयर इंडिया एक्सप्रेस के पास पट्टे पर सात और छह स्वामित्व वाले बी737-800 विमानों का बेड़ा है। 26 केरल/खाड़ी उड़ानों के साथ एयर इंडिया एक्सप्रेस के संचालन को नए मार्गों के नेटवर्क से जोड़ दिया गया है। वर्तमान में 57 अंतरराष्ट्रीय उड़ानें विभिन्न मार्गों पर संचालन कर रही हैं। इसके अलावा, एयर इंडिया एक्सप्रेस एयर इंडिया की ओर से चेन्नई/कुआलालंपुर सेक्टर पर पांच साप्ताहिक उड़ानें भी भेजती है। 2007 से प्रभावी भारत और बहरीन/दोहा के बीच एयर इंडिया की उड़ानें एयर इंडिया एक्सप्रेस द्वारा संचालित की जा रही हैं। 2007 से इस बेड़े में विस्तार के साथ एयर इंडिया एक्सप्रेस प्रति सप्ताह लगभग 130 उड़ानें संचालित कर सकता है। तिरुचिरापल्ली, जयपुर, लखनऊ, हैदराबाद और कोलकाता जैसे नए शहरों को इस नेटवर्क से जोड़ा जाना है। वहीं मौजूदा मार्गों में से कुछ पर बाज़ार की आवश्यकताओं के अनुरूप आवृतियों में वृद्धि हो सकती है।

प्रभावी ढंग से बोइंग 737 विमान बेड़े का उपयोग करने के लिए और वर्तमान में इंडियन एयरलाइंस लिमिटेड की उत्पादकता और लाभप्रदता में सुधार हेतु तत्कालीन इंडियन एयरलाइंस लिमिटेड को लाभ केंद्र के रूप में कार्य करने के लिए एलायंस एयर को 1996 में स्थापित किया गया था। वर्तमान में एलायंस एयर ने 4 एटीआर-42 को पट्टे पर लिया है और पूर्वोत्तर क्षेत्र में 2003 से निर्धारित संचालन किया जा रहा है।

बुनियादी सुविधाओं में सुधार के लक्ष्य के तौर पर, एयर इंडिया नए विमानों के निर्माण की प्रक्रिया में है। बी737 के निर्माण बेस के तौर पर तिरुअनंतपुरम में एक एमआरओ सुविधा स्थापित की जा रही है। इसी तरह हैंगर सुविधा भी पूरी होने वाली है। बी777 और बी787 विमानों के लिए दिल्ली में अतिरिक्त आधार स्थापित करने का एक हिस्सा है, व्यापक हैंगर सुविधा निकाय इन विमानों के लिए दिल्ली में स्थापित किया जा रहा है।

वेब के उपयोग में बढ़ रही वृद्धि के साथ एयर इंडिया अपने यात्रियों को इंटरनेट के माध्यम से टिकट बुक करने और खरीदने की सुविधा प्रदान करता है। वर्तमान में लगभग 90 फीसदी से ज्यादा घरेलू विमानों के टिकट ई-टिकट होते हैं। एनएसीआईएल आरक्षण के लिए चौबीस घंटे का टोल फ्री नंबर स्थापित किया गया है जिसके द्वारा यात्री सीटों की बुकिंग, सेवाओं और उड़ान के आगमन/प्रस्थान आदि की जानकारी प्राप्त करते हैं। ये कॉल सेंटर मुंबई में बेलापुर और दिल्ली के पास गुरुग्राम में यात्रियों की जरूरतों को पूरा करने के लिए स्थापित किए गए हैं।

पवन हंस हेलीकॉप्टर्स लिमिटेड

पवन हंस हेलिकॉप्टर्स लिमिटेड (पीएचएचएल) की स्थापना अक्तूबर 1985 में हुई थी और शुरुआत के एक वर्ष के अरसे में ही इसने तेल क्षेत्रों, पहाड़ी एवं दुर्गम क्षेत्रों के अलावा पर्यटन के लिए भी हेलिकॉटर सेवाएं शुरू कर दी थीं। वर्तमान में पीएचएचएल की अधिकृत पूंजी 120 करोड़ रुपये है और इसकी चुकता पूंजी 113.76 करोड़ रुपये है। इसमें से भारत सरकार 78.5 फीसदी शेयर रखती है और शेष ओएनजीसी के पास है। इसका कारपोरेट कार्यालय दिल्ली में है और क्षेत्रीय कार्यालय दिल्ली और मुंबई में स्थित है। वर्तमान में कंपनी के पास 35 हेलीकाप्टरों का बेड़ा है, जिसमें 18 एसए - 365 एन डौफिन, 8 डौफिन AS365 N3, 3 Bell 206 L4, 4 Bell 407 और 2MI-172 हेलीकाप्टर्स हैं। कंपनी को गठन के बाद से 4 लाख से अधिक घंटे उड़ान और अपने बेड़े पर 15 लाख उड़ानें उतारने की उपलब्धि हासिल है।

अक्टूबर 1986 के बाद से पवनहंस ओएनजीसी के लिए अपतटीय संचालन के लिए हेलीकाप्टर सेवा प्रदान करता रहा है। इसमें मुंबई के समुद्री तट स्थित रिसाव के पास जुटे लोगों और पुर्जों को दिन-रात ढोने का काम शामिल है। पवन हंस मुंबई मुख्य भूमि से 130 कि.मी. की दूरी तक ओएनजीसी रिग्स (मदर प्लेटफॉर्म्स एवं ड्रिलिंग रिग्स) एवं उत्पादन प्लेटफॉर्म्स (कुओं) तक सेवाएं देती है। इस समय ओएनजीसी के अनुबंध के तहत पवन हंस के 12 डॉफिन एन एवं एन3 हेलिकॉप्टर्स हैं। नए अनुबंध के एएस-4 के अनुसार कंपनी इन सभी हेलिकॉप्टरों के जरिये सफलतापूर्वक सेवा दे रही है।

पीएचएचएल कई राज्य सरकारों जैसे- अरुणाचल प्रदेश, पंजाब, मेघालय, त्रिपुरा, सिक्किम, झारखंड, लक्षद्वीप और अंडमान-निकोबार द्वीप समूह के लिए हेलीकाप्टर समर्थन सेवाएं प्रदान करता है। यह गुवाहाटी में गृह मंत्रालय और गेल के लिए भी हेलीकॉप्टर सेवाएं प्रदान कर रहा है। पीएचएचएल हेलीपैड के निर्माण के बाद मई-जून और सितंबर-अक्टूबर के सीजन में केदारनाथ के पवित्र मंदिर के लिए फाटा से हेलीकॉप्टर सेवा प्रदान करता है। कंपनी 2008 में एक प्रतिस्पर्धी बोली के तहत वैष्णो देवी में कटरा से सांझीछत के बीच तीन साल के लिए दो हल्के भार वाले हेलीकॉप्टर की सेवा देने के संबंध में सफलता हासिल कर चुकी है। कंपनी ने विद्युत संचार लाइनों के रोधन की स्वच्छता हेतु पावर ग्रिड कॉर्पोरेशन इंडिया लिमिटेड के लिए पांच महीने एक प्रायोगिक परियोजना शुरू की। ये अभियान भारत में पहली बार सफलतापूर्वक पूरे किए गए। कंपनी को गुजरात सरकार के डौफिन एन3 हेलीकॉप्टरों, मैसर्स एचएएल के साथ ओएनजीसी के 2 ध्रुव हेलीकाप्टरों, मैसर्स एचएएल के साथ गृहमंत्रालय के 4 ध्रुव हेलीकॉप्टर के संचालन और रखरखाव का भी अनुबंध मिला है। पवन हंस मेघालय, त्रिपुरा, सिक्किम और अरुणाचल प्रदेश की राज्य सरकारों के तत्वावधान में 148 साप्ताहिक उड़ानों से 64 क्षेत्रों में 39 स्थलों से उड़ानें संचालित करती है।

27 जल संसाधन

जल संसाधन, नदी विकास और गंगा संरक्षण मंत्रालय देश के जल संसाधनों के विकास और विनियमन के लिए नीतियों और कार्यक्रमों का निर्धारण करता है। इनमें क्षेत्रीय आयोजना, समन्वयन, नीतिगत दिशानिर्देश, परियोजनाओं का तकनीकी परीक्षण और तकनीकी-आर्थिक समीक्षा, विशिष्ट परियोजनाओं को केंद्रीय सहायता उपलब्ध कराना, बाहरी सहायता सुगम बनाना तथा अंतरराज्यीय जल विवाद के समाधान के लिए सहायता, बड़ी, मझोली और लघु सिंचाई के संदर्भ में नीति का निर्धारण, आयोजना और मार्गदर्शन, भू-जल प्रबंधन, कमान क्षेत्र का विकास, बाढ़ प्रबंधन, बांध सुरक्षा एवं नदी विकास तथा गंगा संरक्षण (सहायक नदियों के संरक्षण सहित), पंचाटों के निर्णयों का कार्यान्वयन, जल गुणवत्ता आकलन, द्विपक्षीय/बाहरी सहायता और भारत तथा पड़ोसी देशों की समान नदियों से संबंधित मामले आदि शामिल हैं।

राष्ट्रीय जल मिशन

जलवायु परिवर्तन और उससे संबंधित मामलों से निपटने के लिए सरकार ने जलवायु परिवर्तन पर राष्ट्रीय कार्ययोजना (एनएपीसीसी) तैयार की है, जिसमें आठ राष्ट्रीय मिशनों के माध्यम से जलवायु परिवर्तन के प्रभाव से होने वाली चुनौतियों से निपटने के लिए सिद्धांतों का निरूपण और अपनाए जाने वाले दृष्टिकोण की पहचान की गई है और राष्ट्रीय जल मिशन एनएपीसीसी के अंतर्गत आने वाले मिशनों में से एक है। राष्ट्रीय जल मिशन का प्रमुख उद्देश्य 'एकीकृत जल संसाधन विकास और प्रबंधन के माध्यम से जल संरक्षण, न्यूनतम बर्बादी तथा राज्यों के अंदर और बाहर दोनों जगह इसका अधिक समान वितरण सुनिश्चित करना है।' इस मिशन के पांच निर्धारित लक्ष्य हैं: (क) सार्वजनिक क्षेत्र में व्यापक जल डाटाबेस तथा जल संसाधनों पर जलवायु परिवर्तन के प्रभाव का मूल्यांकन करना, (ख) जल संरक्षण, संवर्धन तथा सरंक्षण के लिए नागरिकों और राज्य कार्रवाई को बढ़ावा देना, (ग) अधिक दोहन वाले क्षेत्रों सहित संवेदनशील क्षेत्रों पर ध्यान केंद्रित करना, (घ) जल उपयोग कुशलता को 20 प्रतिशत बढ़ावा देना और (ङ) बेसिन स्तरीय एकीकृत जल संसाधनों के प्रबंधन को प्रोत्साहन देना। इन लक्ष्यों को प्राप्त करने के लिए विभिन्न कार्यनीतियां निर्धारित की गई हैं, जिन्होंने हितधारकों की सक्रिय भागीदारी के साथ सतत विकास और प्रभावी प्रबंधन के लिए एकीकृत नियोजन की दिशा में अग्रसर किया है।

राष्ट्रीय जल मिशन द्वारा किए जाने वाले मुख्य कार्यकलाप हैं:- (1) सार्वजनिक क्षेत्र में व्यापक जल आंकड़ा आधार: इंडिया-डब्ल्यूआरआईएस (वॉटर रिसोर्स इंफॉर्मेशन सिस्टम-जल संसाधन सूचना प्रणाली), केंद्रीय जल आयोग द्वारा जल संसाधनों के बारे में जानकारी उपलब्ध कराने वाला पोर्टल विकसित किया गया है। सतह जल और भू-जल से संबंधित समस्त आंकड़े इंडिया-डब्ल्यूआरआईएस पर उपलब्ध कराए गए हैं। सतह जल और भू-जल संसाधन के बारे में जीआईएस आंकड़े इंडिया-डब्ल्यूआरआईएस की साइट पर प्रदर्शित किए गए हैं। (2) एनडब्ल्यूएम वेब पोर्टल: एनडब्ल्यूएम का

एक स्वतंत्र वेब पोर्टल लॉन्च किया गया है। इस पोर्टल का लक्ष्य जल संसाधनों के समस्त पहलुओं के बारे में जल संसाधनों, संगठनों और उनकी गतिविधियों के बारे में समस्त जानकारी एक ही स्थान पर उपलब्ध कराना है। (3) जल संसाधनों पर जलवायु परिवर्तन के प्रभाव का आकलन एनडब्ल्यूएम ने जल संसाधन मंत्रालय की अनुसंधान एवं विकास योजना के अंतर्गत आईआईटी, एनआईटी, आईआईएससी और एनआईएच जैसे संस्थानों के सहयोग से जलवायु परिवर्तन के प्रभाव के आकलन के लिए आठ नदी बेसिनों (महानदी, माही, लुनी, तापी, सतलुज, साबरमती, सुबर्णरेखा और ताद्री से कन्याकुमारी तक पश्चिम की ओर बहने वाली नदियां) की पहचान की है। (4) सहभागितापूर्ण सिंचाई प्रबंधन (पीआईएम)- जल उपयोगकर्ता केंद्रों (डब्ल्यूयूए) के राष्ट्रीय सम्मेलन का आयोजन सीएसएमआरएस नई दिल्ली में 2014 को आयोजित किया गया। डब्ल्यूयूए और उत्तरी (जम्मू-कश्मीर, हिमाचल प्रदेश, उत्तराखंड, पंजाब, राजस्थान और हरियाणा) पश्चिमी राज्यों (महाराष्ट्र, मध्य प्रदेश, गुजरात, छत्तीसगढ़ और गोवा) क्षेत्रों के अधिकारियों को कवर करने वाले दो क्षेत्रीय सम्मेलन अगस्त 2005 में पंजाब कृषि विश्वविद्यालय और 2016 में औरंगाबाद में आयोजित किए गए। पीआईएम क्षत्रीय सम्मेलनों का मुख्य उद्देश्य कमान वाले क्षेत्रों में जल का समान वितरण सुनिश्चित करना, जल संरक्षण के बारे में जागरुकता फैलाना, भू-जल तालिका में कमी और बर्बादी न्यूनतम होने देना और खेत पर जल की दक्ष तकनीक अपनाना आदि था।

राष्ट्रीय जल नीति

राष्ट्रीय जल संसाधन परिषद द्वारा राष्ट्रीय जल नीति, 2012 को स्वीकार किया गया। राष्ट्रीय जल नीति, 2012 में देश में जल संसाधनों के संरक्षण, विकास और बेहतर प्रबंधन के लिए कई सिफारिशें की गई हैं। राष्ट्रीय जल प्रारूप कानून, व्यापक अधिनियम, अंतरराज्यीय नदियों और नदी घाटियों के सर्वोत्तम विकास के लिए समग्र कानून की जरूरत पर जोर, जल का कुशल उपयोग सुनिश्चित करने के लिए विभिन्न उद्देश्यों के लिए जल के इस्तेमाल हेतु मापदंड विकसित करना, प्रत्येक राज्य के लिए जल विनियामक प्राधिकरण की स्थापना करना और जल का पुनः चक्रण और पुनः इस्तेमाल नीति की कुछ महत्वपूर्ण सिफारिशें हैं। नीति में जल संसाधन परियोजनाओं एवं सेवाओं का प्रबंधन तथा सामुदायिक सहभागिता पर भी बल दिया गया है। प्राकृतिक संसाधन अक्षय निधि के साथ एक सीध वाली फसल पद्धति, सूक्ष्म सिंचाई, स्वचालित सिंचाई परिचालन, वाष्पीकरण-वाष्पोत्सर्जन न्यूनीकरण आदि के माध्यम से सिंचाई में पानी की बचत को प्रोत्साहन देने, समुदाय की भागीदारी से वैज्ञानिक तौर पर नियोजित पद्धति से नदियों, नदी मार्गों, जल निकायों और अवसंरचनाओं का संरक्षण करने और अत्यधिक दोहन वाले क्षेत्रों में भू-जल स्तरों में गिरावट पर रोक लगाने पर बल दिया गया है।

राष्ट्रीय जल संसाधन परिषद

राष्ट्रीय जल संसाधन परिषद (एनडब्ल्यूआरसी) का गठन भारत सरकार द्वारा मार्च 1983 में किया गया। प्रधानमंत्री इसके अध्यक्ष और केंद्रीय जल संसाधन नदी विकास एवं गंगा संरक्षण मंत्री इसकी उपाध्यक्ष हैं। केंद्रीय जल संसाधन राज्य मंत्री, संबद्ध केंद्रीय मंत्री/राज्य मंत्री, सभी राज्यों के मुख्यमंत्री और केंद्रशासित प्रदेशों के उपराज्यपाल/प्रशासक इसके सदस्य हैं। जल संसाधन नदी विकास एवं गंगा संरक्षण मंत्रालय के सचिव इस परिषद के सचिव हैं।

राष्ट्रीय जल बोर्ड

भारत सरकार ने राष्ट्रीय जल नीति के कार्यान्वयन में हुई प्रगति का जायजा लेने और समय-समय पर इस प्रगति की जानकारी राष्ट्रीय जल संसाधन परिषद को देने के लिए सितंबर 1990 में राष्ट्रीय जल बोर्ड का गठन किया था। संबद्ध केंद्रीय मंत्रालयों के सचिव, केंद्रीय जल आयोग के अध्यक्ष, समस्त राज्यों/केंद्रशासित प्रदेशों के मुख्य सचिव इसके सदस्य हैं तथा सदस्य (जल आयोजना एवं परियोजना), केंद्रीय जल आयोग, इस बोर्ड के सदस्य सचिव हैं।

मंत्रालय द्वारा निम्नलिखित संदर्भ की शर्तों के साथ जल संसाधनों एवं राज्यों के सिंचाई मंत्रियों का राष्ट्रीय मंच गठित किया गया: (1) समय-समय पर जल संसाधन क्षेत्र में आवश्यक विविध सुधारों पर विचार-विमर्श करना और राष्ट्रीय स्तर पर सर्वसम्मति कायम करने के प्रयास करना, (2) केंद्र और/या राज्य सरकारों द्वारा जल के बेहतर प्रबंधन के लिए विचारों के आदान-प्रदान के लिए उपयुक्त मंच प्रदान करना और नवीन विचारों और पहलों में सहयोग प्रदान करना।

यह मंच 12 सदस्यों का एक स्थायी मंच है, जिसमें यह प्रावधान है कि इसके आधे सदस्य हर दो साल बाद सेवानिवृत्त हो जाएंगे और देश के उन्हीं क्षेत्रों के सदस्य उनका स्थान लेंगे। इस प्रकार प्रारंभिक छह सदस्यों के अतिरिक्त, इनका कार्यकाल दो वर्ष का होगा, प्रत्येक सदस्य का कार्यकाल 4 वर्ष का होगा।

स्वच्छ गंगा के लिए राष्ट्रीय मिशन

'नमामि गंगे' कार्यक्रम गंगा नदी को स्वच्छ और सुरक्षित बनाने के प्रयासों को अगले 5 साल में 20,000 करोड़ रुपये के बजट परिव्यय के साथ समग्र रूप से एकीकृत करता है। इसकी प्रगति की रफ़्तार में तेज़ी लाने के लिए केंद्र ने परिसंपत्तियों के कम से कम 10 साल तक की अवधि के लिए परिचालन और अनुरक्षण के लिए विभिन्न गतिविधियों/परियोजनाओं और योजनाओं के 100 प्रतिशत वित्त पोषण करने का फैसला किया है। इस कार्यक्रम में प्रमुख रूप से 2020 तक प्रदूषण में कमी लाने, गंगा के साथ सटे 118 प्राथमिकता वाले शहरों के लिए परिशोधन की क्षमता में खामियां को दूर करने पर ध्यान केंद्रित किया गया है। खुले में शौच की समस्या से निजात पाने के लिए गंगा के साथ सटी 1,657 ग्राम पंचायतों में पूर्ण स्वच्छता कवरेज का कार्य किया जाएगा। प्रदूषण फैलाने के लिए मोटे तौर पर चिह्नित उद्योगों को बिल्कुल भी तरल अपशिष्ट न बहाने और रिसने वाले पदार्थों के लिए समयोचित निगरानी केंद्रों की स्थापना करने का निर्देश दिया गया। हरिद्वार, ऋषिकेश, गढ़मुक्तेश्वर, मथुरा, वृंदावन, कानपुर, इलाहाबाद, वाराणसी, पटना, साहिबंगज, कोलकाता और नवद्वीप जैसे प्रमुख शहरी केंद्रों के लिए समग्र नदी सतह एवं घाट स्वच्छता कार्यक्रम प्रारंभ किया गया है। इस कार्यक्रम के तहत ठोस अपशिष्ट प्रबंधन और नालों की पर्यावरणीय निगरानी/निरीक्षण शामिल होगी। नदी तटों के साथ गहन वनीकरण अभियान भी प्रारंभ किया गया है जिसमें मूल/औषधीय प्रजातियों को दोबारा उगाने और समग्र हस्तक्षेप उपलब्ध कराने पर ध्यान केंद्रित किया गया है, जो तलछट के दबाव में कमी, भू-जल पुनर्भरण और प्रदूषण के नॉन-प्वाइंट स्रोत में कमी लाते हुए गंगा को स्वच्छ बनाने का समग्र उद्देश्य पूर्ण करती है।

जल क्रांति अभियान

मंत्रालय वर्ष 2015-16 के दौरान देश में जल संरक्षण एवं प्रबंधन को सुदृढ़ बनाने के लिए सभी पणधारियों को शामिल करते हुए एक व्यापक एवं एकीकृत दृष्टिकोण से 'जल क्रांति अभियान' का

आयोजन करते हुए इसे जन आंदोलन का रूप प्रदान कर रहा है। जल क्रांति अभियान के उद्देश्य निम्नलिखित हैं: जल सुरक्षा और विकास स्कीमों (उदाहरण के लिए सहभागिता सिंचाई प्रबंधन) में पंचायती राज संस्थाओं और स्थानीय निकायों सहित सभी पणधारियों की जमीनी स्तर पर भागीदारी को सुदृढ़ बनाना, जल संसाधन के संरक्षण एवं प्रबंधन में परंपरागत जानकारी का उपयोग करने के लिए प्रोत्साहन देना, सरकार , गैर-सरकारी संगठनों, नागरिकों आदि में विभिन्न स्तरों से क्षेत्र स्तरीय विशेषज्ञता का उपयोग करना और ग्रामीण क्षेत्रों में जल सुरक्षा के माध्यम से आजीविका सुरक्षा में संवर्धन करना। जल क्रांति अभियान के अंतर्गत कार्यकलाप निम्नलिखित हैं: जल ग्राम योजना, मॉडल कमान क्षेत्र विकसित करना, प्रदूषण उपशमन, जन जागरुकता कार्यक्रम और अन्य कार्यकलाप।

जल संसाधनों की संभावना

देश में जल की औसत सालाना उपलब्धता 1,869 अरब घन मीटर (बीसीएम) आंकी गई है। इसमें से जल संसाधन का कुल उपयोग 1,123 बीसीएम आंका गया है, जिसमें से 690 बीसीएम सतही जल और 433 बीसीएम पुनर्भरणीय भूमि जल संसाधन हैं।

त्वरित सिंचाई लाभ कार्यक्रम

ऐसी परियोजनाएं, जो राज्यों की संसाधन क्षमता से परे हैं अथवा पूर्ण होने के अंतिम चरण में हैं, का त्वरित कार्यान्वयन कराने के उद्देश्य से देश की वृहद/मध्यम सिंचाई परियोजनाओं को केंद्रीय ऋण सहायता उपलब्ध कराने के लिए 1996-97 में त्वरित सिंचाई लाभ कार्यक्रम शुरू (एआईबीपी) किया गया। परियोजनाओं का चयन करते समय पांचवीं योजना से पूर्व तथा पांचवीं योजना की परियोजनाओं पर विशेष बल दिया गया है। उन परियोजनाओं को भी प्राथमिकता दी गई है जिनसे आदिवासी और सूखा-प्रवण क्षेत्रों को लाभ पहुंच रहा है। 1999-2000 से इस कार्यक्रम के तहत विशेष श्रेणी के राज्यों (पूर्वोत्तर राज्यों और पहाड़ी राज्यों, सिक्किम, उत्तरांचल, जम्मू-कश्मीर, हिमाचल प्रदेश और ओडिशा के कोरापुट, बोलनगीर एवं कालाहांडी जिलों) की सतही लघु सिंचाई परियोजनाओं (एसएमआई) को भी केंद्रीय ऋण सहायता उपलब्ध कराई गई है। इस कार्यक्रम के आंरभ से 297 सिंचाई/बहुउद्देश्यीय परियोजनाओं को वित्त पोषण के लिए एआईबीपी के अंतर्गत लाया गया है। इनमें से 143 परियोजनाएं पूर्ण हो चुकी हैं और 5 परियोजनाएं बंद कर दी गई हैं। पूर्ण हो चुकी परियोजनाओं के माध्यम से 24.39 लाख हेक्टेयर सिंचाई क्षमता सृजित की गई है। एआईबीपी के अंतर्गत राज्यों को मार्च 2015 तक इन सभी परियोजनाओं के लिए 67,539.52 करोड़ रुपये की संचयी केंद्रीय ऋण सहायता/अनुदान उपलब्ध कराई गई है। इस कार्यक्रम से 25 राज्य लाभांवित हुए हैं।

प्रधानमंत्री कृषि सिंचाई योजना (पीएमकेएसवाई)

वर्ष 2015-16 के दौरान प्रधानमंत्री कृषि सिंचाई योजना की शुरुआत की गई थी। इसका लक्ष्य खेत तक पानी की वास्तविक पहुंच बढ़ाना और आश्वस्त सिंचाई के अंतर्गत कृषि योग्य भूमि बढ़ाना, खेत पर जल के दक्ष उपयोग में सुधार लाना, टिकाऊ जल संरक्षण पद्धतियां शुरू करना आदि था। इस योजना का मुख्य उद्देश्य निम्नलिखित है: खेत के स्तर पर सिंचाई में निवेश का अभिसरण प्राप्त करना (जिला स्तर और यदि आवश्यकता हो तो उपजिला स्तर तक जल के उपयोग की योजना तैयार करना), खेत पर पानी की वास्तविक पहुंच बढ़ाना और आश्वस्त सिंचाई के अंतर्गत कृषि योग्य भूमि बढ़ाना (हर खेत को पानी), सटीक-सिंचाई और पानी की बचत की अन्य प्रौद्योगिकियों को अपनाना (प्रति बूंद अधिक फसल),

जलीय चट्टानों के पुनर्भरण में वृद्धि करना और सतत जल संरक्षण पद्धतियां शुरू करना, मृदा और जल संरक्षण के प्रति वॉटरशेड दृष्टिकोण का उपयोग करते हुए वर्षा सिंचित क्षेत्रों का एकीकृत विकास सुनिश्चित करना, भू-जल के अपवाह पर रोक लगाना, आजीविका के विकल्प उपलब्ध कराना और अन्य एनआरएम गतिविधियां, जल संचयन, जल प्रबंधन और किसानों तथा निचले स्तर पर काम करने वालों के लिए फसल संरेखन से संबंधित गतिविधियों के विस्तार को बढ़ावा देना, अर्द्धशहरी कृषि के लिए परिशोधित नगर निगम जल की पुन: उपयोग की संभावनाओं का पता लगाना और सटीक सिंचाई के लिए बड़े पैमाने पर निजी निवेश आकृष्ट करना।

जल संसाधन, नदी विकास और गंगा संरक्षण मंत्रालय को पीएमकेएसवाई के दो प्रमुख संघटकों यथा- एआईबीपी और पीएमकेएसवाई-एचकेकेपी का दायित्व सौंपा गया है। पीएमकेएसवाई-एआईबीपी के अंतर्गत बड़ी और मझोली सिंचाई/बहुद्देशीय सिंचाई (एमएमआई) परियोजनाओं का वित्तपोषण किया जा रहा है। इसके अलावा मरम्मत, जल निकायों का नवीकरण और संरक्षण (आरआरआर), सतही लघु सिंचाई (एसएमआई) परियोजनाएं और कमान क्षेत्र विकास एवं जल प्रबंधन (सीएडीडब्ल्यूएम) परियोजनाओं का वित्त पोषण पीएमकेएसवाई- हर खेत को पानी (एचकेकेपी) के अंतर्गत किया जा रहा है।

पीएमकेएसवाई के अंतर्गत लक्ष्य 2015-16 के दौरान उपलब्धियां निम्नलिखित हैं:

योजनाएं	2015-16 से		2015-16	
	2019-20 परिव्यय (करोड़)	लाभ (भूमि हेक्टेयर)	सी ए (करोड़)	लाभ/लक्ष्य (भूमि हेक्टेयर)
अ. एआईबीपी ब. पीएमकेएसवाई(एचकेकेपी)	11060	7.5	2327.82	1.2
सतह लघु सिंचाई	9050	2.0	601.92	0.3
सीएडी एंड डब्ल्यूएम		15.0	1142.71	2.0
भू-जल		2.5	0.0	0.3
जल निकायों का आरआरआर		1.5	161.18	0.2
कुल	**20110**	**28.5**	**4233.63**	**4.0 ***

*अंतिम सूचना प्रतीक्षित है। हालांकि प्रारंभिक सूचना के अनुसार 4 लाख हेक्टेयर का लक्ष्य पार होने की संभावना है।

परियोजनाओं की प्राथमिकता और नवीन वित्तपोषण व्यवस्था

इसके अतिरिक्त 99 परियोजनाओं को 2019-20 तक पूर्ण किए जाने के लिए प्राथमिकता दी गई है। 23 परियोजनाएं (प्राथमिकता-1) को 2016-17 तक पूर्ण करने के लिए और 31 अन्य परियोजनाओं (प्राथमिकता-2) को 2017-18 तक पूर्ण करने के लिए चिह्नित किया गया है। शेष 45 परियोजनाओं (प्राथमिकता-3) को दिसंबर 2019 तक पूर्ण करने के लिए चिह्नित किया गया है। समस्त चिह्नित 99 परियोजनाओं को पूर्ण करने के लिए कुल 77,595 करोड़ रुपये का अनुमान लगाया गया है। इसमें

प्राक्कलित सीए 1,342 करोड़ रुपये सहित परियोजना कार्यों के लिए 48,546 करोड़ रुपये और सीएडी कार्यों के लिए 29,049 करोड़ रुपये की धनराशि प्राक्कलित है। इन परियोजनाओं द्वारा संभावित तौर पर 76.03 लाख हेक्टेयर (लाख हेक्टेयर)उपयोग अनुमानित है।

सरकार ने इन परियोजनाओं को समयबद्ध रूप से पूरा करने, मिशन स्थापित करने, साथ ही साथ नाबार्ड के माध्यम से केंद्र और राज्य की हिस्सेदारी की व्यवस्था करने को मंजूरी दी है।

कमान क्षेत्र विकास एवं जल प्रबंधन

उद्देश्यः केंद्र द्वारा प्रायोजित कमान क्षेत्र विकास (सीएडी) कार्यक्रम किसान के खेत तक उपयुक्त मात्रा में सिंचाई का पानी पहुंचाने की प्रणाली विकसित करने के लिए जल उपयोग की दक्षता और उत्पादन तथा प्रति यूनिट भूमि, पानी और फसल की उत्पादकता बढ़ाने के उद्देश्य के साथ किसानों की सामाजिक-आर्थिक स्थितियों को बेहतर बनाने के लिए वर्ष 1974-75 में शुरू किया गया था। इस कार्यक्रम में सिंचित कृषि से संबंधित सभी गतिविधियों को कमान क्षेत्र विकास प्राधिकरण के अधीन बहु-विषयक टीम के साथ समन्वित तरीके से एकीकृत करने की परिकल्पना की गई है।

कवरेजः शुरुआत में सीएडी कार्यक्रम के तहत 60 बृहद् तथा मध्यम सिंचाई परियोजनाएं शुरू की गईं, जो लगभग 15 मिलियन हेक्टेयर के जोतने योग्य कमान क्षेत्र (सीसीए) के लिए थी। 2004 से इस कार्यक्रम को पुनर्गठित किया गया और इसका नाम कमान क्षेत्र विकास एवं जल प्रबंधन (सीएडीडब्ल्यूएम) रख दिया गया। नई परियोजनाओं को शामिल करने, 219 पूर्ण परियोजनाओं को हटाने तथा कुछ परियोजनाओं को जोड़ने के बाद वर्तमान में 142 परियोजनाएं कार्यान्वित की जा रही हैं। 29 परियोजनाओं की समापन रिपोर्ट अब तक प्राप्त नहीं हुई है या 12वीं योजना के दिशानिर्देशों के अनुसार कार्यक्रम के अंतर्गत पुनः शामिल की जानी हैं। यह कार्यक्रम प्रधानमंत्री कृषि सिंचाई योजना (पीएमकेएसवाई)-हर खेत को पानी के अंतर्गत 2015-16 से कार्यान्वित किया जा रहा है।

कार्यक्रम संघटक

कमान क्षेत्र विकास एवं जल प्रबंधन कार्यक्रम के संघटक के इस प्रकार हैं: (क) ऑन फॉर्म विकास कार्यों (ओएफडी) का सर्वेक्षण, आयोजना और डिजाइन बनाना, (ख) ऑन फॉर्म विकास कार्यों में फील्ड चैनल का निर्माण और समतल भूमि/आकार एवं खेती की सीमाओं का पुनः निर्धारण करना, (ग) अतिरिक्त जल के निकासी के लिए फील्ड, मध्यवर्ती और लिंक नालों का निर्माण, (घ) 4.25 क्यूसेक (150 क्यूसेक) क्षमता की वितरण प्रणाली की कमियों में सुधार करना, (ङ) जलमग्न क्षेत्रों के पुनरुद्धार के लिए पूरक पारंपरिक तकनीक से लेकर विशिष्ट जलनिकास तकनीक के इस्तेमाल के साथ जलमग्न क्षेत्र का पुनरुद्धार, (च) जल उपयोगकर्ता केंद्र के लिए एकमुश्त क्रियाशील अनुदान, (छ) मद के तहत सॉफ्टवेयर गतिविधियों के लिए जरूरी राशि के साथ भूमि और जल प्रबंधन संस्थान (डब्ल्यूएएलएमआई) तथा अन्य केंद्रीय और राज्य संस्थानों के माध्यम से प्रशिक्षण/अनुकूली परीक्षण/प्रदर्शन करना तथा भारत सरकार से 75 प्रतिशत अनुदान से कार्यक्रम की निगरानी और मूल्यांकन करना, डब्ल्यूएएलएमआई/आईएमटीआई को एकमुश्त अवसंरचना अनुदान और (ज) स्थापना लागत-मद (ख), (ग), (घ) तथा (ङ) पर कुल केंद्रीय सहायता का 10 प्रतिशत।

12वीं पंचवर्षीय योजना के दौरान कार्यक्रम में मोटे तौर पर निम्नलिखित प्रमुख प्रावधान किए गए: (1) सिंचाई में जल के दक्षतापूर्ण उपयोग को बढ़ावा देने के लिए राज्यों को सूक्ष्म सिंचाई के लिए बुनियादी ढांचे का विकास करने हेतु वित्तीय सहायता उपलब्ध कराई गई है, ताकि खेतों में नहरों के निर्माण के विकल्प के तौर पर स्प्रिंक्लर/ड्रिप सिंचाई का उपयोग सुगम बनाया जा सके। बिना किसी अधिकतम सीमा के प्रत्येक परियोजना का कम से कम 10 प्रतिशत सीसीए सूक्ष्म सिंचाई के अंतर्गत कवर किया जाएगा। इस मद के अंतर्गत सहायता स्प्रिंक्लर और ड्रिप सिंचाई प्रणालियों (ड्रिप और स्प्रिंक्लर सिंचाई प्रणालियों के लिए सहायता कृषि मंत्रालय की योजना के अंतर्गत उपलब्ध है) में स्वीकार्य नहीं है, लेकिन स्टिलिंग टैंक, पम्प हाउस के निर्माण तथा किसान के खेतों तक पाइप बिछाने तक सीमित है, (2) किसी नई परियोजना/कमान का समावेशन वर्ष 2015-16 के स्वीकृत जिला सिंचाई परियोजना (डीआईपी)/राज्य सिंचाई योजना (एसआईपी), के अनुसार प्रशासित होगा। राज्य स्तरीय अनुमोदन समिति (एसएलएससी)/राज्य टीएसी द्वारा अनुमोदित सीएडी एवं डब्ल्यूएम परियोजनाएं सीएडी एवं डब्ल्यूएम कार्यक्रम के अंतर्गत सचिव (डब्ल्यूआर, आरडी एवं जीआर) की स्वीकृति सहित शामिल की जाएंगी। भू-जल के संयुक्त उपयोग सहित लिफ्ट सिंचाई योजनाएं , सतह लघु सिंचाई/सतह लघु सिंचाई योजनाओं के समूह कार्यक्रम में शामिल की जा सकती हैं। वर्ष 2015-16 के लिए, कार्यक्रम की मौजूदा प्रक्रिया राज्य सरकार की इस शपथ पर जारी रहेगी कि इस परियोजना को डीआईपी/एसआईपी के अंतर्गत शामिल किया जाएगा, वर्तमान में जारी सीएडी एवं डब्ल्यूएम परियोजनाएं भी डीआईपी/एसआईपी का अंग होंगी।

इस कार्यक्रम के अंतर्गत, सहभागितापूर्ण सिंचाई प्रबंधन (पीआईएम) पर बल दिया गया है और इसलिए , निम्नलिखित विशेषताएं इसके कार्यान्वयन के लिए अनिवार्य बना दी गई हैं: (1) केंद्रीय सहायता को पीआईएम कानून के साथ जोड़ा गया है। जब तक ऐसा नहीं होता, जल उपयोगकर्ता केंद्रों (डब्ल्यूयूए) के गठन और सशक्तीकरण के वैकल्पिक प्रबंधन करने होंगे। (2) परियोजना संघटकों से पहले डब्ल्यूयूए इस स्थिति में होनी चाहिए ताकि लाभार्थियों को प्रारंभ से ही कार्यक्रम कार्यान्वयन की गतिविधियों में शामिल किया जा सके। (3) 4.25 क्यूमेक (150 क्यूसेक) क्षमता की वितरिकाओं तक व्यवस्था की कमियों में सुधार लाने के लिए केंद्रीय सहायता को वितरिका समितियों के गठन और भविष्य में अनुरक्षण के लिए इन वितरिकाओं को ऐसी समितियों के सुपुर्द करने संबंधी मामले से जोड़ा गया है।

कार्यक्रम कार्यान्वयन

जल संसाधन मंत्रालय का कमान क्षेत्र विकास और जल प्रबंधन प्रकोष्ठ राष्ट्रीय स्तर पर कमान क्षेत्र विकास कार्यक्रम के कार्यान्वयन का समन्वयन और निगरानी करता है। परियोजनाओं की प्रगति की निगरानी राज्यों से प्राप्त होने वाली कार्यक्रम की वास्तविक और वित्तीय प्रगति रिपोर्ट्स और केंद्रीय जल आयोग की क्षेत्रीय इकाइयों की छहमाही निगरानी के माध्यम से की जाती है। कार्य की गुणवत्ता क्षेत्र के दौरों सहित निगरानी के जरिए सुनिश्चित की जाती है। इस संबंध में तकनीकी दिशानिर्देश और नियमावलियां राज्यों को वितरित की गई हैं। विभिन्न तकनीकी और प्रबंधकीय पहलुओं पर विविध बैठकों, कार्यशालाओं और विचारगोष्ठियों के आयोजन के साथ साथ कार्यकर्ताओं को समय-समय पर विशिष्ट विष्यों पर प्रशिक्षित किया जाता है। व्यवस्था की कमियों में सुधार के संघटकों, जल प्लावित क्षेत्रों की प्राप्ति तथा जमीनी कार्यों के मामले में खेत, मध्यवर्ती और संबद्ध नालों के निर्माण के लिए मनरेगा के साथ विलय की संभावनाओं का भी पता लगाया जा रहा है।

वित्तीय पद्धति

समस्त कार्यक्रम संघटकों के लिए वित्त पोषण की पद्धति किसानों और खेत में काम करने वाले कामगारों व अधिकारियों के प्रशिक्षण, अनुकूल परीक्षणों और प्रदर्शनों, विचार गोष्ठियों/सम्मेलनों/कार्यशालाओं, कार्यक्रम की निगरानी और मूल्यांकन आदि जैसे राज्य द्वारा प्रायोजित सॉफ्टवेयर संघटकों और डब्ल्यूयूए की अवसंरचना को सशक्त और अद्यतन बनाने के लिए डब्ल्यूएएलएमआई/आईएमटीआई को मिलने वाली एकमुश्त वित्तीय सहायता, जिसके लिए वित्त पोषण का अनुपात केंद्र और राज्यों के बीच 75:25 का है, के अतिरिक्त केंद्र और राज्य के बीच 50:50 भागीदारी के आधार पर है। पंजीकृत जल उपयोगकर्ता केंद्रों के लिए 1,200 रुपये प्रति हेक्टेयर एकमुश्त कार्यात्मक अनुदानों (केंद्रः राज्यः किसान के लिए 45:45:10) का भी प्रावधान है। इस निधि से उपचित ब्याज का उपयोग सिंचाई प्रणाली को उन्नत बनाने और इस कार्यक्रम के अंतर्गत अवसंरचना के विकास पर किया जाएगा।

कमान विकास क्षेत्र और जल प्रबंधन कार्यक्रम के अंतर्गत प्रगति

11वीं पंचवर्षीय योजना (2008-09 से 2011-12) के दौरान कमान विकास क्षेत्र और जल प्रबंधन कार्यक्रम के लिए स्वीकृत परिव्यय 1,600 करोड़ रुपये और वास्तविक लक्ष्य 1.32 मिलियन हेक्टेयर था। 12वीं पंचवर्षीय योजना के लिए परिव्यय 1,500 करोड़ रुपये और वास्तविक लक्ष्य 7.6 मिलियन हेक्टेयर है। मध्य अवधि के मूल्यांकन में कुल लक्ष्य घटाकर 3.6 मिलियन हेक्टेयर कर दिया गया है।

वास्तविक उपलब्धियां- वास्तविक कार्य के मूलभूत संघटक खेत में नहरों का निर्माण है। वर्ष 1974-75 में आरंभ से लेकर मार्च 2015 तक 20.8 मिलियन हेक्टेयर सीसीए को कवर किया जा चुका है। 11वीं और 12वीं योजना के दौरान इस संघटक पर कार्य की प्रगति तालिका-1 में दी गई है।

तालिका : 1

11वीं और 12वीं योजना में फील्ड चैनलों के निर्माण की दिशा में हुई वास्तविक प्रगति

(मिलियन हेक्टेयर)

11वीं योजना		
अवधि	लक्ष्य	उपलब्धियां
2008-09 से 2011-12	1.32	1.686
12वीं योजना		
2012-13	0.35	0.361
2013-14	0.50	0.308
2014-15	0.50	0.146*

* दिसंबर 2014 तक राज्यों से प्राप्त रिपोर्ट्स के अनुसार

योजना जारी रखने को कैबिनेट से मंजूरी मिलने में हुआ विलंब और उसके बाद दिशानिर्देश जारी करने में हुए विलंब ने प्रगति पर प्रतिकूल प्रभाव डाला है।

वित्तीय उपलब्धियां

सीएडी कार्यक्रम के 1974-75 में प्रारंभ होने के बाद से मार्च 2015 तक राज्यों को 5,953 करोड़ रुपये की केंद्रीय सहायता जारी की जा चुकी है। 2015-16 के दौरान (सितंबर 2016 तक) 283 करोड़ रुपये की राशि जारी की जा चुकी है। 11वीं और 12वीं योजना के दौरान राज्य क्षेत्र की योजना के अंतर्गत जारी की गई केंद्रीय सहायता का विवरण तालिका-2 में दर्शाया गया है।

तालिका : 2

11वीं और 12वीं योजना में सीएडी और डब्ल्यूएम के अंतर्गत जारी केंद्रीय सहायता

11वीं योजना		(रुपये करोड़ में)		
अवधि	योजना आयोग द्वारा 11वीं योजना का परिव्यय	बजट प्राक्कलन आवंटन	जारी	बजट प्राक्कलन के संदर्भ में जारी राशि का प्रतिशत
2008-09 से 2011-12	1,833	1,833	1,680.12	92 प्रतिशत
12वीं योजना				
2012-13	811	811	365.18	45 प्रतिशत
2013-14	1,766	1,766	179.98	10 प्रतिशत
2014-15	1,077	1,077	199.99*	18.6 प्रतिशत

*आरई में निधियों का बजट आवंटन घटकर 200 करोड़ रुपये रह गया।

जल प्लावित क्षेत्रों की पुनः प्राप्ति

सिंचाई के विकास ने जहां एक ओर कृषि उपज में बढ़ोतरी की है, वहीं बहुत-सी सिंचाई कमानों में जल भराव और मृदा लवणता/क्षारीयता जैसी उससे संबद्ध समस्याओं के रूप में प्रतिकूल प्रभाव भी उत्पन्न किया है। जल के दक्षतापूर्ण प्रबंधन और उपयुक्त निवारक उपाय अपनाकर जलभराव की समस्या में काफी हद तक कमी लाई जा सकती है। हालांकि भरसक प्रयास किए जाने के बावजूद जलभराव की समस्या बहुत से सिंचाई कमान क्षेत्रों में सामने आई है और इसलिए इन क्षेत्रों की पुनः प्राप्ति आवश्यक हो गई है, ताकि उनसे सर्वोत्तम कृषि उपज ली जा सके। जल संसाधन मंत्रलाय, भारत सरकार ने जल प्लावित क्षेत्रों की पुनः प्राप्ति के संघटक को 1996 से केंद्र द्वारा प्रायोजित कमान क्षेत्र विकास कार्यक्रम में शामिल किया है। पीएमकेएसवाई (हर खेत को पानी) के अंतर्गत, इसे इसलिए भी शामिल किया गया है, ताकि जमीनी कार्यों के मामले में संभावनाओं का पता लगाया जा सके। अब तक 9 राज्यों यथा- बिहार, गुजरात, मध्य प्रदेश, जम्मू-कश्मीर, कर्नाटक, केरल, महाराष्ट्र, ओडिशा और उत्तर प्रदेश की 823 योजनाएं 122.53 हजार हेक्टेयर जल प्लावित क्षेत्रों की पुनः प्राप्ति हेतु मंजूर की गई हैं। मार्च 2014 तक इनमें से 82.4 हजार हेक्टेयर क्षेत्र की इन राज्यों द्वारा पुनः प्राप्ति की जा चुकी है।

सहभागिता सिंचाई प्रबंधन

राष्ट्रीय जल नीति जल संसाधन प्रबंधन में सहभागितापूर्ण दृष्टिकोण पर बल देती है। यह स्वीकार किया गया है कि लाभार्थियों की भागीदारी से सिंचाई प्रणाली के बेहतर अनुरक्षण और सिंचाई जल के कारगर उपयोग में बहुत मदद मिलेगी। सिंचाई के प्रबंधन में किसानों की भागीदारी में परिचालन एवं अनुरक्षण के लिए दायित्व का हस्तांतरण और 2008-09 से अपने-अपने क्षेत्राधिकार में जल उपयोगकर्ताओं के केंद्र के प्रति जल शुल्क की वसूली शामिल होगी। केंद्र, राज्य और किसानों द्वारा क्रमश: 45:45:10 के अनुपात में साझा किए जाने वाला एकमुश्त कार्यात्मक अनुदान 1,200 रुपये प्रति हेक्टेयर की दर पर आउटलेट लेवल पर जल उपयोगकर्ता केंद्रों को प्रोत्साहन के रूप में भुगतान किया जाएगा, जिससे मिलने वाला ब्याज अनुरक्षण के लिए उपयोग में लाया जाएगा।

16 राज्यों यथा: आंध्र प्रदेश, असम, बिहार, छत्तीसगढ़, गोवा, गुजरात, कर्नाटक, केरल, मध्य प्रदेश, महाराष्ट्र, नगालैंड, ओडिशा, राजस्थान, सिक्किम, तमिलनाडु और उत्तर प्रदेश ने या तो अलग कानून बनाया है या सिंचाई प्रबंधन में किसानों को सम्मिलित करने के लिए अपने सिंचाई कानूनों में संशोधन किया है। अन्य राज्य भी इस दिशा में कदम उठा रहे हैं। अब तक विभिन्न राज्यों में सिंचाई परियोजनाओं के विभिन्न कमानों के अंतर्गत 17.84 मिलियन हेक्टेयर क्षेत्र को कवर करने 84,779 जल उपयोगकर्ता केंद्रों का गठन किया गया है।

बाढ़ प्रबंधन

देश में बाढ़ से होने वाली तबाही बार बार होने वाली सालाना घटना है। तकरीबन हर साल देश का कोई न कोई हिस्सा बाढ़ की चपेट में आता है। बाढ़ के कारण जान-माल, सार्वजनिक और निजी संपत्ति का भारी नुक़सान होता है और लोगों के बीच मनोवैज्ञानिक एवं भावनात्मक अस्थिरता उत्पन्न होती है और इसके अलावा बुनियादी ढांचे को भी नुकसान पहुंचता है। राष्ट्रीय बाढ़ आयोग (आरबीए) ने वर्ष 1980 में देश में 40 मिलियन हेक्टेयर कुल बाढ़ प्रवण क्षेत्र होने का अनुमान व्यक्त किया था, जिसे 11वीं पंचवर्षीय योजना के दौरान योजना आयोग द्वारा बाढ़ प्रबंधन पर गठित किए गए कार्य समूह ने राज्यों से प्राप्त जानकारी के आधार पर संशोधित कर 45.64 मिलियन हेक्टेयर कर दिया। राष्ट्र के विकास से संबंधित गतिविधियों में बाढ़ का उचित प्रबंधन एक महत्वपूर्ण घटक है। बाढ़ की विभिषिका से मानव जीवन, भूमि और संपत्ति की रक्षा करने के लिए पिछले 5 दशकों से राज्य सरकारों को बाढ़ प्रबंधन से जुड़े कार्यों में सम्मिलित किया गया है और 10वीं पंचवर्षीय योजना के अंत तक कुल 18.22 मिलियन हेक्टेयर क्षेत्र को उचित सुरक्षा मुहैया कराई गई। जल संसाधन पर योजना आयोग द्वारा गठित कार्य समूह ने 11वीं योजना के दौरान 2.81 मिलियन हेक्टेयर अतिरिक्त क्षेत्र को संरक्षित करने का लक्ष्य रखा। भारत सरकार केंद्र द्वारा प्रायोजित अनेक योजनाओं के माध्यम से बाढ़ प्रवण राज्यों को वित्तीय सहायता उपलब्ध कराते हुए बाढ़ प्रबंधन और महत्वपूर्ण स्थानों पर कटावरोधी कार्यों में भी सहयोग दे रही है।

राज्य सरकारों को महत्वपूर्ण स्थानों पर बाढ़ प्रबंधन कार्यों में वित्तीय सहायता उपलब्ध कराने के लिए जल संसाधन मंत्रालय द्वारा केंद्रीय योजना के अंतर्गत 'बाढ़ प्रबंधन कार्यक्रम' (एफएमपी) नामक राज्य क्षेत्र की योजना की शुरुआत की थी। भारत सरकार ने इस योजना को 12वीं योजना में जारी रखने की मंजूरी दी है।

केंद्रीय भूमि जल बोर्ड

केंद्रीय भूमि जल बोर्ड (सीजीडब्ल्यूबी) जल संसाधन मंत्रालय के अंतर्गत बहुविषयक वैज्ञानिक संगठन हैं, जिसे प्रौद्योगिकियों का विकास और प्रसार करने, भारत के भू-जल संसाधनों के वैज्ञानिक एवं सतत विकास और उनके अन्वेषण, आकलन, संरक्षण, वृद्धि, प्रदूषण से बचाव एवं आर्थिक एवं पारिस्थितिकीय दक्षता तथा समानता के सिद्धांतों पर उनके वितरण सहित प्रबंधन के लिए राष्ट्रीय नीतियों की निगरानी व कार्यान्वयन करने का अधिदेश प्राप्त है।

मुख्य कार्यकलाप

बोर्ड के मुख्य कार्यकलापों में भू-जल प्रबंधन अध्ययन, खुदाई द्वारा भू-जल की तलाश, मात्रा व गुणवत्ता के लिए भू-जल अवलोकन, कुओं के नेटवर्क के माध्यम से भू-जल के स्तरों और जल की गुणवत्ता की निगरानी, देश के भू-जल संसाधनों का आवधिक आकलन आदि शामिल है। बोर्ड भू-जल के ह्रास, समुद्री जल की पहुंच, भू-जल के दूषित होने, भू-जल और सतही जल के संयुक्त उपयोग और भू-जल, जल संतुलन आदि से जुड़े विविध पहलुओं पर विशेष अध्ययन कराता है। सीजीडब्ल्यूबी जल संरक्षण, वर्षा जल संचयन, कृत्रिम संभरण आदि के बारे में जागरुकता जगाने के लिए विविध अभियान और प्रशिक्षण कार्यक्रम भी आयोजित करता है।

प्रमुख कार्यकलापों का संक्षिप्त विवरण निम्नलिखित हैः

1. जलभृत मानचित्रण और जलभृत प्रबंधन योजनाः जलभृत प्राकृतिक चट्टानी संरचनाएं होती हैं, जो जल का भंडारण कर सकती हैं और किफायती रूप से जल प्रदान कर सकती हैं। 12वीं योजना में सीजीडब्ल्यूबी ने जलभृतों की पहचान करने, उनका खाका तैयार करने, उनका निरूपण और कारगर प्रबंधन सुगम बनाने के लिए जलभृत प्रबंधन पर राष्ट्रीय परियोजना का दायित्व ग्रहण किया है, ताकि भू-जल संसाधनों की निरंतरता सुनिश्चित की जा सके। यह परियोजना 11वीं और 12वीं योजना अवधि में जारी रखने का प्रस्ताव है और इसके अंतर्गत देश के 23.25 लाख किलोमीटर मानचित्रण योग्य क्षेत्रों को कवर करने का प्रस्ताव है। 12वीं योजना (2012-17) के दौरान 8.89 लाख किलोमीटर क्षेत्र को इस परियोजना के अंतर्गत कवर किए जाने की संभावना है और शेष क्षेत्र को 2017-22 के दौरान कवर किया जाएगा। इस परियोजना के प्रमुख उद्देश्य हैं: (1) जलभृतों का प्राथमिक क्षेत्रों (आकलन इकाइयों साथ ही साथ जल की गुणवत्ता और अन्य समस्याओं/असुरक्षित क्षेत्रों की अति दोहित, महत्वपूर्ण और अर्द्ध महत्वपूर्ण श्रेणियां) में 1:50, 000 पैमाने पर 3डी में खाका तैयार करना, (2) भू-जल की गुणवत्ता सहित जलभृतों का विस्तृत निरूपण, (3) जलभृतों के प्रबंधन की योजनाओं का निरूपण। परियोजना में स्थानीय स्तरों पर भू-जल प्रबंधन के लिए निचले स्तर पर हितधारकों को शामिल करते हुए भागीदारीपूर्ण दृष्टिकोण की भी परिकल्पना की गई है।

मार्च 2016 तक 2.28 लाख वर्ग कि.मी. क्षेत्र के लिए जलभृत मानचित्र और जलभृत प्रबंधन की तैयार करने की योजना पूरी कर ली गई है।

2. जलापूर्ति जांचः बोर्ड सरकारी एजेंसियों की जलापूर्ति में वृद्धि करने के लिए लघु अवधि जलापूर्ति जांच करता है। सामान्यतः रक्षा के अलावा अन्य सभी विभागों पर न्यूनतम वित्तीय प्रभाव पड़ता है। बोर्ड ने मार्च 2016 तक कुल 221 जांच की हैं।

3. भू-जल का कृत्रिम संभरण और वर्षा जल संचयनः केंद्रीय भूमि जल बोर्ड ने 11वीं योजना के दौरान आंध्र प्रदेश, अरुणाचल प्रदेश, बिहार, छत्तीसगढ़, दिल्ली, गुजरात, हिमाचल प्रदेश, जम्मू-कश्मीर, झारखंड, कर्नाटक, केरल, मध्य प्रदेश, महाराष्ट्र, नगालैंड, ओडिशा, पंजाब, राजस्थान, तमिलनाडु, तेलंगाना, उत्तर प्रदेश, पश्चिम बंगाल और चंडीगढ़ (22 राज्यों और केंद्रशासित प्रदेशों में) में भू-जल के कृत्रिम संभरण और वर्षा जल संचयन के लिए ठोस परियोजनाओं का कार्यान्वयन किया है। 99.87 करोड़ रुपये की लागत से 1661 कृत्रिम संभरण संरचनाओं के निर्माण की परिकल्पना वाली अन्य 133 परियोजनाओं को मंजूरी दी गई और मार्च 2015 तक 92.69 करोड़ रुपये जारी की गई। वर्ष 2015-16 के दौरान कुल 43 कृत्रिम संभरण संरचनाओं का निर्माण किया गया और योजना के अंतर्गत कुल 1,434 संरचनाओं का निर्माण किया गया।

4. केंद्रीय भूमि जल प्राधिकरणः पर्यावरण (संरक्षण) अधिनियम, 1986 की धारा (3) की उपधारा (3) के अंतर्गत देश में भू-जल प्रबंधन के विनियमन और नियंत्रण और विकास के उद्देश्य से केंद्रीय भूमि जल बोर्ड का गठन केंद्रीय भूमि जल प्राधिकरण (सीजीडब्ल्यूए) के रूप में किया गया। केंद्रीय भू-जल प्राधिकरण (सीजीडब्ल्यूए) के विनियामक कार्यों को सुचारू बनाने के तहत राजस्व जिलों के जिला मजिस्ट्रेट/उपायुक्तों को अधिसूचित क्षेत्रों में पेय/घरेलू उपयोग के लिए भू-जल निकालने की अनुमति प्रदान करने के लिए प्राधिकृत अधिकारी नियुक्त किया गया है। उन्हें अधिसूचित क्षेत्रों में पेय/घरेलू उपयोग के लिए भू-जल निकालने की अनुमति के अनुरोधों पर सीजीडब्ल्यूए की ओर से जारी दिशानिर्देशों के अनुसार कार्यवाही करने का परामर्श दिया गया है। केंद्रीय भू-जल प्राधिकरण ने देश में उद्योगों/परियोजनाओं द्वारा भू-जल निकालने के लिए एनओसी प्रदान करने के लिए भी संशोधित दिशानिर्देशों का निरुपण किया है।

5. भूमि जल विकासः देश के विभिन्न हिस्सों में भूमि जल संभावनाओं में बहुत अधिक विविधताएं हैं। जहां एक ओर कुछ इलाके सिंधु-गंगा (इंडो-गेंगेटिक) जलोढ़क जैसे हैं, जिनमें भू-जल की अपार संभावनाएं मौजूद हैं, वहीं कठोर चट्टानी इलाकों में भू जल संसाधन सीमित हैं। इसी तरह, देश के विभिन्न क्षेत्रो में भू-जल के विकास में एकरूपता नहीं है। देश के कुछ क्षेत्रों में अत्यधिक गहन विकास के कारण भू-जल का अतिदोहन हुआ है, जिसके परिणामस्वरूप भू-जल स्तर में गिरावट आई है, जबकि कुछ इलाके भू जल विकास के लिए अब तक सुरक्षित है।

सीजीडब्ल्यूबी, राज्य भूमि जल विभागों के साथ मिलकर समय-समय पर देश में भू-जल संसाधनों का आकलन करता है। वर्ष 2011 को आधार वर्ष मानते हुए किए गए ताजा आकलन के अनुसार, देश का कुल पुनर्भरणीय भू-जल संसाधन 433 अरब घन मीटर (बीसीएम) है। प्राकृतिक निस्सरण 35 बीसीएम रखते हुए देश की निवल वार्षिक भू-जल उपलब्धता 398 बीसीएम है। पूरे देश के लिए वर्ष 2011 के वार्षिक भू-जल ड्राफ्ट का आकलन सालाना 245 बीसीएम लगाया गया है। भू-जल विकास की समग्र अवस्था 62 प्रतिशत है।

देश की 6,607 आकलन इकाइयों (ब्लॉक/मंडल/तालुका/जिला) में से 1071 इकाइयां 'अतिदोहित', 217 इकाइयां 'गंभीर', 697 इकाइयां 'अर्ध गंभीर', 92 इकाइयां लवणीय एवं 4,530 इकाइयां भू-जल विकास के दृष्टिकोण से 'सुरक्षित' हैं।

6. राजीव गांधी राष्ट्रीय भूमि जल प्रशिक्षण एवं अनुसंधान संस्थान: राजीव गांधी राष्ट्रीय भूमि जल प्रशिक्षण एवं अनुसंधान संस्थान (आरजीएनजीडब्ल्यूटीआरआई) रायपुर, छत्तीसगढ़ में स्थित है और केंद्रीय भूमि जल बोर्ड और केंद्रीय एवं राज्य सरकार के अन्य संगठनों, अकादमिक संस्थानों, गैर-सरकारी संगठनों आदि की प्रशिक्षण संबंधी जरूरतें पूरी करता है। 12वीं योजना के दौरान आरजीएनजीडब्ल्यूटीआरआई जलभृत प्रबंधन पर राष्ट्रीय परियोजना की जरूरतों को ध्यान में रखते हुए तीन चरणीय (राष्ट्रीय स्तर, राज्यीय स्तर और ब्लॉक स्तर) प्रशिक्षण कार्यक्रम का कार्यान्वयन कर रहा है। आरजीएनजीडब्ल्यूटीआरआई को भूमि जल के क्षेत्र में अनुसंधान करने का भी अधिदेश प्राप्त है। वर्ष 2015-16 में विभिन्न प्रशिक्षण कार्यक्रम आयोजित किए गए, जिनका उल्लेख नीचे किया गया है:

प्रशिक्षण	संचालित किए गए प्रशिक्षणों की संख्या	प्रतिभागियों की संख्या
श्रेणी-1 (राष्ट्रीय स्तर)	34	690
श्रेणी-2 (राज्य स्तर)	25	825
श्रेणी-3 (प्रखंड स्तर)	46	7,437
कुल	**105**	**8,952**

7. जल विज्ञान परियोजना-2: विश्व बैंक द्वारा वित्त पोषित जल विज्ञान परियोजना-2 के अंतर्गत बिहार, राजस्थान, महाराष्ट्र, कर्नाटक और तमिलनाडु के भागों को कवर करने वाले देश के छह विविध हाइड्रोलॉजिकल क्षेत्रों में जलभृत मानचित्रण के संबंध में प्रायोगिक परियोजनाएं शुरू की गई हैं। सीएसआईआर- राष्ट्रीय भू-भौतिकी अनुसंधान संस्थान, हैदराबाद को उन्नत भू-भौतिकी तकनीकों का उपयोग करते हुए जलभृत निरुपण तथा विभिन्न हाइड्रोलॉजिकल क्षेत्रों में विविध भू-भौतिकी तकनीकों का प्रभाव स्थापित करने के लिए परामर्शदाता के रूप में साथ जोड़ा गया है। उत्खनन और भू-भौतिकी अध्ययन सहित हाइड्रोलॉजिकल अध्ययनों से प्राप्त आंकड़ों का मिलान करने से जलभृत प्रणाली का निरूपण किया गया है और प्रत्येक क्षेत्र में इसके लक्षण स्थापित किए गए हैं। जलभृत प्रतिक्रिया मॉडलिंग तकनीकों का उपयोग करते हुए जलभृत मानचित्र तैयार किए गए हैं और जलभृत प्रबंधन योजनाओं का निरूपण किया गया है।

केंद्रीय जल आयोग

केंद्रीय जल आयोग का मुखिया इसका अध्यक्ष होता है, जिसका दर्जा भारत सरकार के पदेन सचिव के समान होता है। केंद्रीय जल आयोग का कार्य तीन स्कंधों, अर्थात् अभिकल्प एवं अनुसंधान स्कंध, जल आयोजना एवं परियोजना स्कंध तथा नदी प्रबंधन स्कंधों में बंटा हुआ है। संबद्ध कार्य संबंधित प्रकोष्ठों के अंतर्गत वर्गीकृत किए जाते हैं और प्रत्येक प्रकोष्ठ का मुखिया एक पूर्णकालिक सदस्य होता है, जिसका दर्जा भारत सरकार के पदेन अपर सचिव के समान होता है। प्रत्येक स्कंध, जिसमें अनेक इकाइयां/संगठन शामिल हैं, उसे सौंपे गए कार्यों के अधिकार क्षेत्र में आने वाले कार्यों और कर्तव्यों के निपटान करने के लिए उत्तरदायी है। इसमें मुख्य अभियंता की अध्यक्षता वाला एक पृथक मानव संसाधन प्रबंधन एकक है, जो केंद्रीय जल आयोग के मानव संसाधन प्रबंध/विकास, वित्तीय प्रबंधन, प्रशिक्षण और प्रशासनिक मामलों से संबंधित कार्यों को देखते हैं।

जल संसाधन क्षेत्र में बेहतर परिणाम प्राप्त करने तथा राज्य सरकार के विभागों के साथ बेहतर समन्वय स्थापित करने की दृष्टि से केंद्रीय जल आयोग ने प्रमुख नदी बेसिनों में मुख्य अभियंता की अध्यक्षता में 13 क्षेत्रीय कार्यालयों की स्थापना की है। ये कार्यालय बंगलुरु, भोपाल, भुवनेश्वर, चंडीगढ़, कोयम्बटूर, दिल्ली, गांधीनगर, हैदराबाद, लखनऊ, नागपुर, पटना, शिलांग तथा सिलीगुड़ी में स्थित हैं। केंद्र और राज्य के सेवारत अभियंताओं, गैर-सरकारी संगठनों आदि को प्रशिक्षण देने के लिए पुणे स्थित राष्ट्रीय जल अकादमी सीडब्ल्यूसी का प्रशिक्षण संस्थान है और यह अध्यक्ष के मार्गदर्शन में कार्य करता है।

कार्य

केंद्रीय जल आयोग सामान्यतः बाढ़ प्रबंधन, सिंचाई, पेयजल आपूर्ति तथा जल विद्युत उत्पादन के उद्देश्य के लिए सबंधित राज्य में जल संसाधनों के नियंत्रण, संरक्षण और उपयोग के लिए स्कीमों के बारे में संबंधित राज्य सरकारों के साथ विचार-विमर्श करके इन्हें प्रारंभ करने, समन्वय करने और विकसित करने के सामान्य उत्तरदायित्व को निभाता है। आयोग, आवश्यकता पड़ने पर इस प्रकार की किसी भी स्कीम का निर्माण तथा निष्पादन कार्य भी कर सकता है। उपर्युक्त उत्तरदायित्वों को पूरा करने के लिए केंद्रीय जल आयोग के प्रमुख कार्य इस प्रकार हैं:- राज्य सरकारों द्वारा प्रस्तावित सिंचाई, बाढ़ नियंत्रण एवं बहुउद्देशीय परियोजनाओं का तकनीकी-आर्थिक मूल्यांकन करना, जल मार्गों, ज्वारीय नदियां, वर्षा, अपवाह तथा तापमान, भू-जल संसाधनों, जलाशयों की गाद, द्रवचालित संरचनाओं का व्यवहार, पर्यावरणीय पहलुओं आदि के बारे में आंकड़े इकट्ठा करना, संग्रहण में समन्वय करना, प्रकाशित करना तथा इनका विश्लेषण करना और इन मामलों के बारे में केंद्रीय आसूचना ब्यूरो के रूप में कार्य करना, भारत के सभी प्रमुख बाढ़ प्रवण अंतरराज्यीय नदी बेसिनों को बाढ़ पूर्वानुमान सुविधाएं उपलब्ध कराना, भौतिक एवं विश्रीय लक्ष्यों की प्राप्ति सुनिश्चित करने हेतु चुनिंदा वृहद एवं मध्यम सिंचाई परियोजनाओं का प्रबोधन। त्वरित सिंचाई लाभ कार्यक्रम (एआईबीपी) और कमान क्षेत्र विकास (सीएडी) कार्यक्रम, आरआरआर और एफएमपी के अंतर्गत परियोजनाओं के प्रबोधन को भी इसकी फील्ड गतिविधियों में शामिल कर लिया गया है, भारत सरकार अथवा संबधित राज्य सरकार की ओर से किसी भी नदी घाटी विकास योजना का निर्माण कार्य शुरू करना, बाढ़ प्रबंधन, सिंचाई, नौवहन, जल-विद्युत विकास आदि जैसी नदी घाटी विकास योजनाओं के विभिन्न पहलुओं तथा संबद्ध संरचनाओं और अभिकल्प विशेषताओं पर अनुसंधान कार्य करना तथा समन्वय करना, विद्यमान और भावी बांध-सुरक्षा पहलुओं का अध्ययन करना तथा बांध सुरक्षा उपायों के लिए उपस्करों को मानकीकृत करना, नदी व्यवहार का दृष्टांकन करने के लिए तटीय अपरदन/तटीय क्षरण समस्याओं को देखने के लिए आकारकीय अध्ययन शुरू करना तथा ऐसे सभी मामलों पर केंद्रीय तथा राज्य सरकारों को सलाह देना।

प्रमुख कार्यकलाप

हाइड्रोलॉजिकल पर्यवेक्षण

केंद्रीय जल आयोग देशभर में समस्त प्रमुख नदी बेसिनों पर 954 जल मौसम वैज्ञानिक पर्यवेक्षण केंद्रों के नेटवर्क का संचालन कर रहा है, ताकि (1) जल स्तर (गैज-या विस्तार), (2) स्त्राव, (3) जल की गुणवत्ता, (4) गाद (5) प्रमुख स्थानों पर बर्फ के निरीक्षण सहित चुनिंदा मौसम विज्ञानी मानकों का पर्यवेक्षण किया जा सके। इस प्रकार संग्रहीत आंकड़ों का उपयोग जल संसाधन परियोजनाओं के नियोजन और विकास, जलवायु परिवर्तन संबंधी अध्ययनों, जल की उपलब्धता संबंधी अध्ययनों,

बाढ़/अंतर्वाह के पूर्वानुमान, अंतरराष्ट्रीय और अंतर-राज्यीय मामलों के परीक्षण, रिवर मार्फालॉजी अध्ययन, अंतरदेशीय जलमार्ग विकास, जलाशय गाद संबंधी अध्ययन और अनुसंधान से संबंधित कार्यकलापों आदि के लिए किया जाएगा।

जल गुणवत्ता प्रबोधन

केंद्रीय जल आयोग भारत के सभी बृहत् नदी बेसिनों को शामिल करके 396 प्रमुख स्थानों पर जल गुणवत्ता की निगरानी कर रहा है। सीडब्ल्यूसी भौतिक-रसायन मानकों के विश्लेषण के लिए त्रि-आयामी प्रयोगशाला का अनुरक्षण कर रहा है। भारत की मुख्य नदियों पर स्तर-एक प्रयोगशालाएं 370 क्षेत्रीय जल गुणवत्ता प्रबोधन केंद्रों पर स्थित हैं जिनमें नदी जल के भौतिक पैरामीटर जैसे तापमान, रंग, गंध, विशेष चालकता, कुल धुलनशील ठोस पदार्थ, फॉस्फोरस और घुलनशील ऑक्सीजन का पता लगाया जाता है। इसके अलावा नदी जल की 25 भौतिक रसायन विशेषताओं और जीवाणु संबंधी पैरामीटरों का विश्लेषण करने के लिए चुनिंदा प्रभागीय मुख्यालयों पर 18 स्तर- दो प्रयोगशालाएं स्थित हैं। 5 स्तर-तीन/दो+प्रयोगशालाएं वाराणसी, दिल्ली, हैदराबाद और कोयम्बटूर में कार्य कर रही हैं जहां पर भारी अवयवों/विषैले पैरामीटरों और कीटाणुनाशकों सहित 41 पैरामीटरों जिसमें शामिल हैं, का विश्लेषण किया जाता है। जल की गुणवत्ता संबंधी आंकड़ों का उपयोग विभिन्न एजेंसियों द्वारा जल संसाधन परियोजना, अनुसंधान उद्देश्यों आदि के लिए उपयोग में लाए जाते हैं। संग्रह किए गए जल की गुणवत्ता संबंधी आंकड़े जल संसाधन परियोजनाओं के नियोजन और विकास से संबंधित उपयोगों में उपयोग किए जाते हैं।

बाढ़ पूर्वानुमान

इस समय 187 बाढ़ पूर्वानुमान केंद्र हैं इनमें से 150 स्तरीय पूर्वानुमान केंद्र तथा 37 अंतर्वाह पूर्वानुमान केंद्र वृहत बांधों/बैराजों पर हैं। इनमें 72 नदी उप बेसिनों सहित देश में 11 प्रमुख नदी प्रणालियों को शामिल किया गया है। इनमें 20 संबद्ध राज्य- आंध्र प्रदेश, अरुणाचल प्रदेश, असम, बिहार, छत्तीसगढ़, गुजरात, हरियाणा, झारखंड, जम्मू-कश्मीर, कर्नाटक, मध्य प्रदेश, महाराष्ट्र, ओडिशा, राजस्थान, तमिलनाडु, तेलंगाना, त्रिपुरा, उत्तरांचल, उत्तर प्रदेश और पश्चिम बंगाल और एक केंद्र शासित प्रदेश दादरा एवं नगर हवेली और राष्ट्रीय राजधानी क्षेत्र दिल्ली शामिल हैं। केंद्रीय जल आयोग बाढ़ मौसम के दौरान प्रतिवर्ष औसतन लगभग 6,000 पूर्वानुमान जारी कर रहा है। सामान्यतय: ये पूर्वानुमान नदी क्षेत्र, बाढ़ पूर्वानुमान केंद्रों और बेस केंद्रों के आधार पर 12 से 48 घंटे पहले जारी किए जाते हैं। विंडोस आधारित माइक-2 सॉफ्टवेयर का उपयोग करते हुए गणितीय मॉडल वाली कार्यपद्धति का उत्तरोत्तर उपयोग बाढ़ पूर्वानुमान के लिए किया जा रहा है।

सर्वेक्षण और जांच

सीडब्ल्यूसी पूर्वोत्तर क्षेत्र, सिक्किम, उत्तराखंड, बिहार और जम्मू-कश्मीर के अनुरोध पर सिंचाई, पनबिजली और अन्य उपयोगों के लिए जल संसाधन जल क्षमता के विकास के लिए संबंधित राज्यों के अनुरोध पर विस्तृत परियोजना रिपोर्ट (डीपीआर) तैयार करने के लिए सर्वेक्षण और जांच कर रहा है। जिन परियोजनाओं के बारे में वर्तमान में जांच की जा रही है, उनमें कालेजखोला जलविद्युत परियोजना (सिक्किम), रुक्नी और सोनाई सिंचाई परियोजना (असम), काली खोला जलविद्युत परियोजना (सिक्किम), तारुम छू जलविद्युत परियोजना (सिक्किम), त्वालांग जलविद्युत परियोजना (मिज़ोरम) शामिल हैं।

परियोजना मूल्यांकन

केंद्रीय जल आयोग को सौंपे गए महत्वपूर्ण कार्यकलापों में से एक कार्य है, राज्य सरकारों द्वारा प्रस्तावित सिंचाई, बाढ़ नियंत्रण और बहुउद्देश्यीय परियोजनाओं का तकनीकी-आर्थिक मूल्यांकन करना। इस कार्य का निष्पादन एवं समन्वय परियोजना मूल्यांकन संगठन (पीएओ) द्वारा किया जाता है। इसके अलावा, केंद्रीय विद्युत प्राधिकरण (सीईए) द्वारा आरईसी स्वीकृत हेतु राज्य विद्युत बोर्डों/निजी क्षेत्र के संगठनों द्वारा प्रस्तावित जल विद्युत परियोजनाओं की केंद्रीय जल आयोग में जल विज्ञान, सिविल डिजाइन, अंतर-राज्यीय मुद्दों और लागत की दृष्टि से जांच की जाती है तथा थर्मल परियोजनाओं की कूलिंग और अन्य प्रयोजनों के लिए जल की उपलब्धता की व्यवस्था के लिए जांच की जाती है। राज्य सरकारों/शहरी विकास मंत्रालय द्वारा भेजे जाने पर जल आपूर्ति योजनाओं के तकनीकी पहलुओं और बाढ़ नियंत्रण योजनाओं के लागत संबंधी पहलुओं (गंगा बेसिन और ब्रह्मपुत्र बेसिन के लिए परियोजनाओं के अलावा) की भी जांच की जाती है।

परियोजना निगरानी

वृहद तथा मध्यम सिंचाई परियोजनाओं के केंद्र, राज्य और परियोजना स्तर पर प्रबोधन करने के लिए एक त्रि-स्तरीय प्रबोधन प्रणाली 1975 में प्रारंभ की गई थी। केंद्रीय स्तर पर यह कार्य केंद्रीय जल आयोग को सौंपा गया था। प्रबोधन का मुख्य उद्देश्य वास्तविक और वित्तीय लक्ष्यों की उपलब्धि सुनिश्चित करना तथा सिंचाई क्षमता के सृजन के लक्ष्यों को प्राप्त करना है। प्रबोधन से आवश्यक आगमों का पता लगाने, किसी कमी/बाधाओं हेतु कारणों का विश्लेषण करने और उपचारी उपाय आदि सुझाने में मदद मिलने की संभावना है, ताकि परियोजनाओं को समयबद्ध ढंग से पूरा किया जा सके। व्यावहारिक निगरानी भुवन वेब सर्विसेज (सेट एआईबीपी) पर उपलब्ध प्रॉसैस्ड कार्टोसेट छवियों का उपयोग करते हुए उपग्रह आधारित ऑनलाइन निगरानी की सहायता से की जा रही है।

नदी बेसिनों के हिमालयी क्षेत्र में ग्लेशियर झीलों/जल निकायों की निगरानी

सीडब्ल्यूसी 2011 से मासिक आधार पर भारतीय नदी बेसिनों के हिमालयी क्षेत्र में ग्लेशियर झीलों/जल निकायों की निगरानी कर रहा है। अक्टूबर 2015 की निगरानी रिपोर्ट के अनुसार 437 जीएल/डब्ल्यूबी का क्लाउ फ्री डाटा उपलब्ध था। इनमें से 234 जीएल/डब्ल्यूबी ने जल फैलाव वाले क्षेत्र में कमी दर्शाई गई है, 55 में वृद्धि दर्शाई गई है, 145 ने कोई महत्वपूर्ण बदलाव+/-5 प्रतिशत) नहीं दर्शाया है, जबकि एक ग्लेशियर झील और दो जल निकाय सूख गए हैं। 234 में से 9 तीस प्रतिशत से ज्यादा सूख गए हैं और 55 जल निकायों में से 6 के क्षेत्र में 30 प्रतिशत से ज्यादा वृद्धि दर्शाई गई है।

जल विज्ञानीय अध्ययन

जल विज्ञानीय अध्ययन जल संसाधन परियोजना का आधार है। किसी भी परियोजना की सफलता मोटे तौर पर जलविज्ञानीय जानकारियों द्वारा प्रशासित होती हैं। विस्तृत परियोजना रिपोर्ट (डीपीआर) या पूर्व संभाव्यता (पीएफआर) अवस्था पर जानकारी निम्नलिखित रूप में उपलब्ध है: (1) जल उपलब्धता/उपज अध्ययन, (2) बाढ़ प्राक्कलन अभिकल्प, (3) तलछट अध्ययन, (4) परिवर्तन बाढ़ अध्ययन।

उपरोक्त के अलावा, बांध सुरक्षा दिशानिर्देशों के अनुसार मौजूदा परियोजनाओं के लिए बाढ़ जल विज्ञान की समीक्षा के लिए विशेष अध्ययन भी किए गए हैं।

डिजाइन परामर्श

केंद्रीय जल आयोग भारत और पड़ोसी देशों यथा- नेपाल, भूटान, अफगानिस्तान, म्यामां, श्रीलंका और अफ्रीकी देशों की ज्यादातर विशाल जल परियोजनाओं के डिजाइन से डिजाइन परामर्श के माध्यम से या परियोजनाओं के तकनीकी मूल्यांकन के लिए सक्रिय रूप से संबद्ध है। विशिष्ट आवश्यकताओं की पूर्ति और विभिन्न क्षेत्रों की डिजाइन से संबंधित विशेष समस्याओं के निराकरण के लिए चार डिजाइन इकाइयां कार्य कर रही हैं। इन इकाइयों के हाइडल सिविल डिजाइन, कंकरीट एंड मैसनरी बांध डिजाइन, तटबंध डिजाइन, गेट डिजाइन और बैराज और नहर डिजाइन के लिए विशेषज्ञता प्राप्त निदेशालय हैं।

बांध पुनर्वास एवं सुधार परियोजना

बांध पुनर्वास एवं सुधार परियोजना (डीआरआईपी) भागीदार राज्यों और केंद्रीय जल आयोग के लिए संस्थागत सुदृढ़ीकरण संघटक सहित सात राज्यों (झारखंड, कर्नाटक, केरल, मध्य प्रदेश, ओडिशा, तमिलनाडु और उत्तराखंड) में 225 विशाल बांधों के पुनर्वास से संबंधित विश्व बैंक की सहायता वाली परियोजना है। यह परियोजना छह साल की अवधि में कार्यान्वयन के लिए 18 अप्रैल, 2012 से प्रभावी हुई। बांध सुरक्षा संगठन,सीडब्ल्यूसी को उसकी गुणवत्ता प्रबंधन प्रणालियों के लिए भारतीय मानक ब्यूरो से वर्ष 2015 के दौरान आईएसओ 9001:2008 का प्रमाणन प्राप्त हुआ है। केंद्रीय जल आयोग को डीआरआईपी के अंतर्गत विशाल बांधों की मजबूती और सुरक्षा को बढ़ावा देने के लिए 'सीबीआईपी अवार्ड 2016' भी प्राप्त हुआ है।

बड़े बांधों का राष्ट्रीय रजिस्टर

सीडब्ल्यूसी द्वारा अनुरक्षित बड़े बांधों के राष्ट्रीय रजिस्टर (एनआरएलडी) के अनुसार देश में 5,174 बड़े बांध हैं। इनमें से 4,861 बड़े बांधों का निर्माण पूरा हो चुका है और 313 बड़े बांध निर्माणाधीन हैं। एनआरएलडी सीडब्ल्यूसी वेबसाइट पर उपलब्ध है।

जल संसाधन सूचना प्रणाली

सीडब्ल्यूसी और इसरो ने 2010 में संयुक्त रूप से जल संसाधन सूचना प्रणाली (इंडिया-डब्ल्यूआरआईएस) विकसित की थी। इसके बाद, इंडिया-डब्ल्यूआरआईएस वेबसाइट के चार संस्करण प्रारंभ किए गए। संस्करण- 4.1 जुलाई 2015 में प्रारंभ किया गया और यह सार्वजनिक क्षेत्र में 1:250000 पैमाने पर उपलब्ध है। सूचना प्रणाली में जल संसाधन परियोजनाओं अनेक जीआईएस लेअर्स या परतें, प्रमुख जल निकायों, भूमि उपयोग/भूमि कवर, बंजर भूमि, भूमि अवकर्षण आदि के संबंध में विषयक परतें, पर्यावरण संबंधी परतें साथ ही साथ अवसंरचना और अन्य प्रशासनिक परते मौजूद हैं। सूचना प्रणाली में जूम, ओवरव्यू, बुकमार्क, विषयवस्तु की तालिका आदि जैसी समस्त मौलिक मानचित्रण अवलोकन और नेवीगेशन क्षमताएं मौजूद हैं। जल-मौसम विज्ञान संबंधी आंकड़ों के प्रसार की नीति 2013 (जल संसाधन मंत्रालय) के प्रावधान के अनुसार, सीडब्ल्यूसी जीएंडडी स्टेशनों के समस्त उपलब्ध (अनक्लासिफाइड) आंकड़े इंडिया-डब्ल्यूआरआईएस वेबसाइट पर उपलब्ध कराए गए हैं।

प्रशिक्षण एवं क्षमता निर्माण

केंद्रीय जल आयोग, जल क्षेत्र के व्यवसायियों के लिए हर साल प्रशिक्षण की पेशकश करता है। इन प्रशिक्षणों का आयोजन राष्ट्रीय जल अकादमी, सीडब्ल्यूसी मुख्यालय और सीडब्ल्यूसी के क्षेत्र कार्यालयों

द्वारा किया जाता है। राष्ट्रीय जल अकादमी, सीडब्ल्यूसी जल संसाधनों की आयोजना, डिजाइन, मूल्यांकन, निर्माण, परिचालन और निगरानी को कवर करने वाले जल संसाधन विकास और प्रबंधन के समस्त पहलुओं और जल क्षेत्र की अत्याधुनिक तकनीक के अनुप्रयोग को कवर करने वाले प्रशिक्षण प्रदान का उत्कृष्ट केंद्र है। एनडब्ल्यूए के कार्यक्रम एनजीओ, मीडिया, निजी क्षेत्र के संगठनों, अकादमिक संस्थाओं, पीएसयू, व्यक्तियों और विदेशी नागरिकों सहित जल क्षेत्र के समस्त हितधारकों के लिए खुले हैं।

राष्ट्रीय जल अकादमी, पुणे

राष्ट्रीय जल अकादमी (एनडब्ल्यूए) मंत्रालय द्वारा केंद्रीय जल आयोग द्वारा खड़गवासला, पुणे में स्थापित एक संस्थान है। एनडब्ल्यूए का उद्देश्य जल संसाधन नियोजन, विकास एवं प्रबंधन के विभिन्न पहलुओं पर समस्त हितधारकों के प्रशिक्षण एवं क्षमता निर्माण में 'उत्कृष्ट केंद्र' के रूप में कार्य करना और जल संसाधन क्षेत्र में निरंतर आधार पर नई उभरती प्रौद्योगिकियों में प्रशिक्षण प्रदान करने के लिए राष्ट्रीय स्तर पर संस्थागत क्षमता विकसित करना है। एनडब्ल्यूए जल संसाधन विकास और प्रबंधन के तकनीकी और गैर-तकनीकी सहित समस्त पहलुओं पर प्रशिक्षण कार्यक्रमों का आयोजन करती है। तकनीकी क्षेत्र में डिजाइन, परियोजना नियोजन, हाइड्रोलॉजिकल विज्ञान, सिंचाई प्रबंधन एवं कृषि, पनबिजली, सूचना प्रौद्योगिकी, नदी बेसिन प्रबंधन और बेसिन नियोजन आदि विषय शामिल हैं। गैर-तकनीकी क्षेत्र में पर्यावरण संबंधी विज्ञान, सामाजिक विज्ञान, आर्थिक पहलु , प्रबंधन विकास, कानूनी मामले और नीतिगत मामले आदि शामिल हैं। एनडब्ल्यूए को विश्व मौसम विज्ञान संगठन (डब्ल्यूएमओ) के क्षेत्रीय प्रशिक्षण केंद्र (आरटीसी) के रूप में मान्यता दी गई है और यह डब्ल्यूएमओ के सहयोग से एशियाई देशों के लिए हाइड्रॉलिक्स, जल विज्ञान, जल मौसम विज्ञान जैसे विषयों पर दूरस्थ शिक्षा कार्यक्रमों का संचालन कर रही है। हाल ही में, एनडब्ल्यूए के पोर्टफोलियो के साथ ई-एसडब्ल्यूआईएस (सतह जल सूचना प्रणाली), ई-वॉटर, संभावित अधिकतम अवक्षेपण (पीएमपी), की तैयारी, एटलस, भुवन सॉफ्टवेयर का उपयोग करते हुए सिंचाई परियोजनाओं की निगरानी, जलविद्युत परियोजनाओं का आधुनिकीकरण एवं क्षमता संवर्धन आदि जैसे बहुत से नए क्षेत्र जोड़े गए हैं।

1988 में अपने प्रारंभ के समय से ही, एनडब्ल्यूए ने केंद्रीय जल अभियांत्रिकी सेवाओं के अधिकारियों के लिए कैडर प्रशिक्षण कार्यक्रम, राज्य एवं केंद्रीय संगठनों के लिए क्षमता निर्माण, पीएमकेएसवाई के अंतर्गत कार्यक्रम, शिक्षकों, गैर-सरकारी संगठनों, पंचायती राज संस्थानों, मीडियाकर्मियों, युवा प्रतिनिधियों आदि जैसे समस्त अन्य हितधारकों, के लिए कार्यक्रम, जल संसाधन क्षेत्र में समस्त हितधारकों के लिए क्षमता निर्माण एवं प्रशिक्षण में अपार योगदान दिया है। एनडब्ल्यूए विदेशी नागरिकों के लिए भी कार्यक्रम का संचालन करता है।

केंद्रीय मृदा एवं सामग्री अनुसंधानशाला

केंद्रीय मृदा एवं सामग्री अनुसंधानशाला (सीएसएमआरएस) नई दिल्ली, भू-तकनीकी अभियांत्रिकी और सिविल इंजीनियरिंग पदार्थों, विशेष रूप से नदी घाटी परियोजनाओं के निर्माण एवं वर्तमान बांधों की सुरक्षा के मूल्यांकन के लिए अन्वेषण, प्रयोगशाला जांच और बुनियादी एवं व्यावहारिक अनुसंधान के क्षेत्र में एक अग्रणी संस्थान है। इस अनुसंधानशाला का प्रारंभिक कार्य केंद्र तथा राज्य सरकारों के विभिन्न विभागों तथा भारत सरकार के उपक्रमों के लिए सलाहकार और परामर्शदाता के रूप में कार्य करना है।

अनुसंधान केंद्र के पास उत्कृष्ट सुविधाएं और उच्च योग्यताप्राप्त अधिकारी हैं और उसने भू–तकनीकी अभियांत्रिकी और निर्माण सामग्री के चित्रण के क्षेत्र में विशिष्ट क्षमताएं प्राप्त की हैं। यह अनुसंधानशाला मौजूदा जलीय या हाईड्रोलिक संरचनाओं की सुरक्षा के मूल्यांकन और पड़ोसी देश भूटान में परियोजनाओं सहित विविध नदी घाटी परियोजनाओं की निर्माण के गुणवत्ता नियंत्रण में संलग्न है। अनुसंधानशाला के कार्यों के अंतर्गत निम्नलिखित प्रमुख क्षेत्रों को शामिल किया गया है: प्रसरणशील मृदा, परिक्षेपी मृदा, आर्गेनिक मृदा संबंधी अध्ययन और मृदा, रॉक फिल, मृदा यांत्रिकी, मृदा गतिकी, भू–संश्लेषण, अंकीय मॉडलिंग वाली संरचनाओं का गुणवत्ता नियंत्रण तथा रॉकफिल बांधों का गुणवत्ता नियंत्रण। निर्माण सामग्री के सर्वेक्षण एवं लक्षण, क्रंकीट मिश्रणों के डिजाइन, रोलर कॉम्पैक्टेड क्रंकीट, बॉटम ऐश के साथ रेत का विकल्प, तापीय अध्ययन एवं क्रंकीट संरचनाओं के गुणवत्ता नियंत्रण सहित कंक्रीट प्रौद्योगिकी, मरम्मत और पुनर्वास के लिए सामग्री की जांच/निगरानी, पेट्रोग्राफी, कंक्रीट का टिकाऊपन, खनिज विज्ञान, जल की गुणवत्ता, क्षारीय समस्त प्रतिक्रिया, पॉलीमर, तलछट जैसी नवीन सामग्री सहित कंक्रीट निदानिकी आदि, एसएससी/एसएफआरसी/एचपीसी/एचएससी/सीएफआरडी, शिला यांत्रिकी (1) में नींव शिला अभिकरण, यथास्थान माप अर्थात खिंचाव एवं विकृति, भू–भौतिकी जांच अंकीय मॉडलिंग शामिल है और शिला यांत्रिकी (2) में शिला यांत्रिकी प्रयोगशाला अन्वेषण कार्यशाला एवं मापयंत्रण और इलेक्ट्रॉनिक्स शामिल हैं।

केंद्रीय जल एवं विद्युत अनुसंधान स्टेशन

केंद्रीय जल और विद्युत अनुसंधान स्टेशन (सीडब्ल्यूपीआरएस) केंद्रीय जल संसाधन, नदी विकास एवं गंगा संरक्षण मंत्रालय के अंतर्गत वर्ष 1916 से बांध निर्माण, नदी अभियांत्रिकी परियोजनाओं, बाढ़ नियंत्रण और ऊर्जा अपव्यय, तटीय हार्बर और बंदरगाहों, परमाणु ऊर्जा संयंत्रों और अवसंरचना संबंधी बुनियादों के संबंध में मूलभूत और लागू अनुसंधान के माध्यम से राष्ट्र की जरूरतों के प्रति अपनी सेवाएं प्रदान कर रहा है। 1971 से केंद्रीय विद्युत और जल अनुसंधान स्टेशन की पहचान एशिया एवं प्रशांत (ईएससीएपी–एस्कैप) की क्षेत्रीय प्रयोगशाला के रूप में है। वर्ष 1961 में अपनी स्थापना के समय से ही सीडब्ल्यूपीआरएस व्यापक सामर्थ्य और प्रभाव प्राप्त करने के लिए एकीकृत बुनियादी, प्रायोगिक और अनुसंधान आधारित अनुसंधान एवं विकास कार्यक्रमों में सुधार पर बल देने की दिशा में उदारतापूर्वक कार्य करता आया है।

देश के एक अग्रणी हाईड्रोलिक अनुसंधान संस्थान के रूप में सीडब्ल्यूपीआरएस विभिन्न परियोजनाओं को भौतिक हाईड्रोलिक मॉडलों, गणितीय मॉडलों और व्यावहारिक एवं प्रयोगशाला प्रयोगों का उपयोग करते हुए अनुसंधान एवं विकास तथा परामर्श संबंधी सहायता प्रदान करने के लिए अधिदेशित है। नदी प्रशिक्षण उपायों और बांध एवं संबंधित संरचनाओं के विभिन्न संघटकों के अनुकूलन, सुरक्षा, डिजाइन और परीक्षण के लिए जल संसाधनों और संबंधित विज्ञान से संबंधित बुनियादी अनुसंधान किए जाते हैं। एकछत्र के अंतर्गत सात प्रमुख सिविल अभियांत्रिकी विषयों की विशेषज्ञता के साथ सीडब्ल्यूपीआरएस के पास बहुविषयों से संबंधित समस्याओं का सिंगल विंडो सॉल्यूशन उपलब्ध कराने का विशिष्ट लाभ है।

सीडब्ल्यूपीआरएस के मुख्य कार्यकलाप निम्नलिखित हैं:

नदी, तटीय जल भंडारण के डिजाइन और परिवहन हाइड्रॉलिक्स संरचनाओं के अनुकूलन के लिए समग्र अनुसंधान एवं विकास संबंधी जानकारी प्रदान करने हेतु हाइड्रॉलिक्स और संबद्ध विषयों में प्रयुक्त

अनुसंधान का दायित्व लेना, विशिष्ट समस्याओं के लिए नवाचार एवं विश्वस्तरीय अनुसंधान एवं विकास मुहैया कराने के लिए बुनियादी और मूलभूत अनुसंधान कराना, प्रकाशनों और प्रशिक्षण कार्यक्रमों के माध्यम से हाइड्रॉलिक अनुसंधान बिरादरी के बीच अनुसंधान के निष्कर्षों का प्रसार करना, विभिन्न मंत्रालयों और विभागों को उनकी गतिविधियों के दायरे में परामर्श सेवाओं की पेशकश करना और मानकों को विकसित और अद्यतन (आईएसओ एंड बीआईएस) करना और निर्धारित व्यवस्थाओं का अनुपालन सुनिश्चित करने के लिए शीर्ष विनियामक एजेंसियों को परामर्श देना।

सीडब्ल्यूपीआरएस में अनुसंधान पुख्ता अभियांत्रिकी पद्धति पर आधारित होता है और उसके द्वारा संचालित अनेक परियोजनाओं के राष्ट्रीय और अंतरराष्ट्रीय स्वरूप होता है। यह ग्राहकों के वातावरण और चुनौतियों को समझते हुए उन्हें गंभीर परिदृश्य के साथ वास्तविक समाधानों की पेशकश कर उनके साथ गहन संबंध स्थापित करता है। सरकार को विविध विशेषज्ञता समितियों में भागीदारी के माध्यम से उसकी गतिविधियों के दायरे में परामर्श सेवाएं भी प्रदान की जाती हैं। हाईड्रोलिक अनुसंधान बिराधरी के बीच अनुसंधान के निष्कर्षों का प्रसार और अन्य संस्थाओं के कर्मियों को प्रशिक्षण प्रदान करते हुए उनकी अनुसंधान गतिविधियों को प्रोत्साहन देने का दायित्व भी ग्रहण किया गया है। उपलब्ध अवसंरचना और विशेषज्ञता पर विचार करते हुए सीडब्ल्यूपीआरएस की पहचान विश्व बैंक की सहायता वाली राष्ट्रीय जलविज्ञान परियोजना के अंतर्गत समस्त राज्यों/केंद्रशासित प्रदेशों के लिए हाईड्रो-मेट्रोलॉजिकल और जल गुणवत्ता उपकरणों के चयन, कमिशन और गुणवत्ता नियंत्रण समग्र मार्गदर्शन प्रदान करने के लिए एक नोडल एजेंसी के रूप में की गई है।

फरक्का बैराज परियोजना

फरक्का बैराज परियोजना का मुख्यालय पश्चिम बंगाल के मुर्शीदाबाद जिले में है और यह केंद्रीय जल संसाधन, नदी विकास और गंगा संरक्षण मंत्रालय का अधीनस्थ कार्यालय है। फरक्का बैराज परियोजना प्राधिकरण का गठन 1961 में फरक्का बैराज परियोजना के कार्यान्वयन और परिचालन करने के बाद फरक्का बैराज, जंगीपुर बैराज, फीडर नहर, नेवीगेशन लॉक और संबंधित संरचनाओं वाले फरक्का बैराज परियोजना परिसर और अनुरक्षण करने के अधिदेश के साथ की गई थी। इस बैराज में 112 गेट (108 मेन गेट और 4 फिश लॉक गेट) और लगभग 40,000 क्यूसेक (1,035 क्यूमेक) पानी फीडर नहर में छोड़ने के लिए 11 हैड रेगुलेटर गेट हैं। यह परियोजना 1961 में प्रारंभ की गई थी और यह मई 1975 में चालू और राष्ट्र को समर्पित की गई थी।

फरक्का बैराज परियोजना परिसर का मुख्य उद्देश्य भगीरथी-हुगली नदी प्रणाली की व्यवस्था और नौपरिवहन में सुधार लाते हुए कोलकाता बंदरगाह के संरक्षण और अनुरक्षण के लिए गंगा जल की पर्याप्त मात्रा को 38.38 किलोमीटर लंबी फीडर नहर के माध्यम से भगीरथी-हुगली नदी प्रणाली में छोड़ना है। फरक्का में गंगा से ऊंची जगह से भगीरथी में आपूर्ति बढ़ने से लवणता में कमी आती है और कोलकाता और आस-पास के इलाकों के लिए मीठे पानी की आपूर्ति सुनिश्चित होती है। फरक्का में गंगा पर बना रेल-सह-सड़क पुल पूर्वोत्तर के साथ शेष देश का सीधा सड़क एवं रेल संपर्क स्थापित हुआ है। हुगली-भगीरथी नदी प्रणाली, फीडर नहर और फरक्का में नेवीगेशन लॉक हल्दिया-इलाहाबाद अंतर्देशीय जलमार्ग (राष्ट्रीय राजमार्ग संख्या-1) के भाग का निर्माण करते हैं। फीडर नहर फरक्का में स्थित एनटीपीसी लिमिटेड की फरक्का सुपर थर्मल पॉवर परियोजना को 2,100 मेगावॉट जलापूर्ति भी करती है।

गंगा बाढ़ नियंत्रण आयोग

गंगा बाढ़ नियंत्रण आयोग (जीएफसीसी) जल संसाधन, नदी विकास एवं गंगा संरक्षण मंत्रालय का अधीनस्थ कार्यालय है जिसका मुख्यालय पटना में है, इसका गठन गंगा बेसिन राज्यों में बाढ़ और इसका प्रबंधन देखने के लिए गंगा बाढ़ नियंत्रण बोर्ड के सचिवालय और कार्यकारी स्कंध के रूप में 1972 में हुआ था। माननीय केंद्रीय जल संसाधन मंत्री और बेसिन राज्यों के मुख्यमंत्री या उनके प्रतिनिधि और सदस्य जीएफसीसी की अध्यक्षता करते हैं और योजना आयोग के अध्यक्ष इस बोर्ड के सदस्य सचिव हैं।

गंगा बाढ़ नियंत्रण आयोग जीएफसीसी निम्नलिखित प्रकार के विभिन्न कार्यकलाप करता है: बाढ़ प्रबंधन की व्यापक योजना तैयार करना व उसको अपडेट करना, बाढ़ प्रबंधन योजनाओं का तकनीकी–आर्थिक मूल्यांकन, सड़क और रेल पुलों के नीचे जल मार्गों की पर्याप्तता का मूल्यांकन, बाढ़ नियंत्रण कार्यों के क्रियान्वयन की रूपरेखा बनाना, गुणवत्ता नियंत्रण और रखरखाव के लिए दिशानिर्देश बनाना, केंद्र सरकार और राज्य सरकार द्वारा वित्त पोषित समस्त बाढ़ प्रबंधन योजनाओं की निगरानी करना।

बाणसागर नियंत्रण बोर्ड

बाणसागर नियंत्रण बोर्ड केंद्रीय जल संसाधन मंत्रालय, भारत सरकार का अधीनस्थ कार्यालय है। इस बोर्ड का गठन 1976 में किया गया था। यह मध्य प्रदेश, उत्तर प्रदेश और बिहार की सरकारों के बीच सोन नदी के जल और बाणसागर बांध की लागत के बंटवारे के संबंध में हुए समझौते के अनुरूप था। इस संकल्प की प्रमुख विशेषताएं निम्नलिखित हैं: मध्य प्रदेश, उत्तर प्रदेश और बिहार की सरकारों के परामर्श से बाण सागर नियंत्रण बोर्ड का गठन बाणसागर बांध और मध्य प्रदेश में उससे जुड़े समस्त कार्यों के कुशल, मितव्ययी और शीघ्र निष्पादन के मद्देनज़र किया गया। लेकिन नहर प्रणालियों को इससे अलग रखा गया, क्योंकि इनका कार्यान्वयन संबंधित राज्यों– मध्य प्रदेश, उत्तर प्रदेश और बिहार द्वारा किया जाएगा। तकनीकी और वित्तीय पहलुओं सहित इस परियोजना का समग्र प्रभार बोर्ड के पास है। निर्माण का वास्तविक कार्य मध्य प्रदेश सरकार के संबंधित मुख्य अभियंता के निर्देशन में नियंत्रण बोर्ड द्वारा किया जाएगा। तीनों राज्य सरकारों ने बोर्ड के निर्देशों के अंतर्गत कार्य, आपूर्ति और सेवाओं के अनुबंध के लिए मध्य प्रदेश के मुख्य अभियंता को अधिकार सौंपने पर सहमति व्यक्त की है। समस्त कार्यों के संदर्भ में संविदा का कार्यान्वयन मध्य प्रदेश के राज्यपाल के नाम पर किया जाएगा।

बेतवा नदी बोर्ड

बेतवा नदी में उपलब्ध जल संसाधनों को इस्तेमाल में लाने का फैसला उत्तर प्रदेश और मध्य प्रदेश द्वारा लिया गया। इसके बाद उत्तर प्रदेश और मध्य प्रदेश की विविध अंतर–राज्यीय परियोजनाओं के त्वरित, सुचारू और प्रभावी कार्यान्वयन के लिए, दोनों राज्य एक त्रिपक्षीय नियंत्रण बोर्ड का गठन करने पर सहमत हुए। बेतवा नदी बोर्ड का गठन 1976 में संसद के एक अधिनियम के तहत राजघाट बांध परियोजना और बिजली घर के कार्यावन्यन के लिए किया गया। बेतवा नदी बोर्ड अधिनियम, 1976 के समग्र मार्गदर्शन में परियोजना प्राधिकरण ने परियोजना का निर्माण कार्य शुरू किया। उपरोक्त परियोजना के लाभ और लागत दोनों राज्य सरकारों द्वारा समान रूप से साझा किए जाते हैं।

रेडियल गेट्स लगाए जाने के साथ ही शीर्ष स्तर तक बांध के निर्माण का कार्य संपन्न हो गया। तभी से दोनों राज्यों में बिजली उत्पादन और सिंचाई के लिए नियमित तौर पर जल रोकने का कार्य जारी

है। 2015 में मॉनसून के दौरान 371.00 एफआरएल पानी रोका गया और वर्ष 2015-16 के दौरान 369 लाख यूनिट बिजली का उत्पादन हुआ। राजघाट बांध द्वारा सृजित राजघाट बांध का नाम बदलकर 'रानी लक्ष्मीबाई सागर' रखा गया।

सरदार सरोवर निर्माण सलाहकार समिति

सरदार सरोवर निर्माण सलाहकार समिति (एसएससीएसी) का गठन भारत सरकार द्वारा नर्मदा जल विवाद न्यायाधिकरण (एनडब्ल्यूडीटी) के निर्देशों के अनुसार सितंबर 1980 में किया गया। जल संसाध मंत्रालय का सचिव इस समिति का अध्यक्ष बनाया गया था। न्यायाधिकरण का विचार था कि परियोजना की इकाई-1 (बांध और संबद्ध कार्य) तथा इकाई-3 (विद्युत परिसर) का कुशलतापूर्वक, किफायती एवं जल्द कार्यान्वयन सुनिश्चित करने की दृष्टि से निर्माण सलाहकार समिति वांछनीय और आवश्यक है। एसएससीएसी की प्रमुख संरचना में भारत सरकार और गुजरात, मध्य प्रदेश, महाराष्ट्र और राजस्थान के वरिष्ठतम अधिकारी शामिल हैं।

समिति के कार्यकलाप

बांध और बिजली घर के परियोजना प्राक्कलनों की जांच करना और प्रशासनिक मंजूरी की सिफ़ारिश करना, तकनीकी विशेषताओं और डिजाइन से संबंधित सभी प्रस्तावों की जांच करना और सिफारिश करना, स्वीकृत कार्यक्रम के अनुसार कार्यों के निर्माण और अन्य उद्देश्यों के लिए निधियों की आवश्यकता की जांच करना, परियोजना के कार्यान्वयन में संलग्न अधिकारियों को तकनीकी और वित्तीय दोनों तरह की शक्तियां सौंपने के संबंध में जांच करना और सिफारिश करना, कार्य की विभिन्न श्रेणियों के लिए विनिर्देशों की जांच करना और उनकी सिफारिश करना, कार्य और खर्च, दोनों की प्रगति रिपोर्ट्स की समीक्षा करना।

तुंगभद्रा बोर्ड

तुगंभद्रा बोर्ड का गठन भारत के राष्ट्रपति महोदय द्वारा तुंगभद्रा परियोजना को पूरा करने तथा इसके प्रचालन व देखरेख करने के लिए आंध्र प्रदेश राज्य अधिनियम, 1953 की धारा 66, की उप-धारा (4) के तहत निहित शक्तियों का उपयोग करते हुए किया गया था। बोर्ड में भारत सरकार द्वारा नियुक्त एक अध्यक्ष और 4 सदस्य होते हैं, जिनमें आंध्र प्रदेश, कर्नाटक, तेलंगाना और भारत सरकार में से प्रत्येक का एक-एक प्रतिनिधि होता है। बोर्ड अपने कार्यों की देखरेख के लिए एक पूर्णकालिक सचिव नियुक्त करता है। बोर्ड को सौपे गए कार्यों के निर्वहन में, यह राज्य सरकार की शक्तियों का उपयोग करता है। यह अपने स्वयं के कारोबार का नियम बनाता है। आंध्र प्रदेश और कर्नाटक सरकारें सहमत समान अनुपात में निधियां प्रदान करती हैं तथा समान अनुपात में विभिन्न विनिर्दिष्ट पदों पर स्टाफ को नियुक्त भी करती हैं।

अपर यमुना नदी बोर्ड

'अपर यमुना' का अभिप्राय उद्‌गम स्थल यमुनोत्री से दिल्ली के ओखला बैराज तक यमुना की पहुंच से है। सह बेसिन राज्यों- उत्तर प्रदेश, हरियाणा, राजस्थान, हिमाचल प्रदेश और राष्ट्रीय राजधानी क्षेत्र दिल्ली के मुख्यमंत्रियों के बीच ओखला तक यमुना की उपयोग योग्य धारा के प्रवाह के आवंटन के संबंध में 1994 में सहमति-पत्र पर हस्ताक्षर हुए। भारत सरकार ने बेसिन राज्यों के लिए पानी के नियमन

एवं आपूर्ति के लिए 1995 में अपर यमुना नदी बोर्ड का गठन किया। नवगठित उत्तरांचल (अब उत्तराखंड) राज्य को भी अपर यमुना नदी बोर्ड का सदस्य बनाया गया। अपर यमुना नदी बोर्ड जल संसाधन मंत्रालय, भारत सरकार के अंतर्गत अधीनस्थ कार्यालय है।

ब्रह्मपुत्र बोर्ड

ब्रह्मपुत्र बोर्ड का गठन 1980 में संसद के अधिनियम, अर्थात 'ब्रह्मपुत्र बोर्ड अधिनियम' (1980 का 46) तहत ब्रह्मपुत्र में बाढ़ और भूमि कटाव नियंत्रित करने के उपायों एवं और इससे संबंधित मामलों की योजना बनाने एवं एकीकृत कार्यान्वयन करने के उद्देश्य से किया गया था। बोर्ड ने 11 जनवरी, 1982 से असम के गुवाहाटी स्थित अपने कार्यालय से कार्य करना शुरू किया था। बोर्ड के अधिकार क्षेत्र में ब्रह्मपुत्र बेसिन के दायरे में आने वाले राज्यों– अरुणाचल प्रदेश, असम, मेघालय, मणिपुर, मिज़ोरम, नगालैंड, त्रिपुरा, सिक्किम तथा पश्चिम बंगाल का एक भाग शामिल है।

बोर्ड के मुख्य कार्यों में सिंचाई, पनबिजली, नेवीगेशन और अन्य लाभपूर्ण उद्देश्यों के लिए बाढ़+तट के कटाव पर नियंत्रण तथा जलनिकासी में रुकावट की स्थिति में सुधार, ब्रह्मपुत्र और बराक नदी प्रणाली के जल संसाधनों के विकास और उपयोग के लिए सर्वेक्षण और जांच करना और मास्टर प्लान बनाना शामिल है।

ब्रह्मपुत्र बोर्ड ने कुल मिलाकर 57 मास्टर प्लान तैयार किए हैं और 12वीं योजना के दौरान 11 अतिरिक्त मास्टर प्लान (मेघालय के लिए 9, त्रिपुरा और मणिपुर के लिए 1-1) तैयार करने का दायित्व ग्रहण किया गया है। बोर्ड ने ब्रह्मपुत्र और बराक बेसिन तथा मेघालय की दक्षिण की ओर बहने वाली नदियों में बहुउद्देशीय नदी–घाटी परियोजनाओं के सर्वेक्षण और जांच का दायित्व ग्रहण किया है। वर्तमान में पांच बहुउद्देश्यीय नदी घाटी परियोजनाएं (मेघालय में सिमसेंग, अरुणाचल प्रदेश में नोहा–देहिंग, असम–अरुणाचल सीमा में जियाधल, असम–मेघालय सीमा पर कुलिसी और किलिंग) ब्रह्मपुत्र बोर्ड द्वारा तैयार की जा रही हैं।

उपरोक्त के अलावा, ब्रह्मपुत्र और बराक बेसिनों में 49 स्वीकृत मास्टर प्लांस के निष्कर्षों पर आधारित तंग जलनिकासी वाले 41 क्षेत्रों की पहचान की गई है। इनमें से 2 जलनिकासी विकास योजनाएं– डीडीएस (हेरांग और बारपेटा के पूर्व में, दोनों असम में) पूरी की जा चुकी हैं। 5 डीडीएस का कार्यान्वयन जारी है। शेष डीडीएस मूल्यांकन/सुधार/जांच की विभिन्न अवस्थाओं में हैं।

बोर्ड ने 40,000 हेक्टेयर क्षेत्र के लाभ, 54,160 कृषि भूमि की सिंचाई और 3 मेगावॉट संलग्न बिजली उत्पादन के लिए बाढ़ सुधार हेतु असम की पगलाडिया नदी पर पगलाडिया परियोजना के निर्माण का दायित्व ग्रहण किया है। बोर्ड ने उत्तरी गुवाहाटी के रुद्रेश्वरी में पदार्थ परीक्षण प्रयोगशालाओं (मृदा, कंकरीट, निर्माण सामग्री और फाउंडेशन रॉक) के अलावा 4 मॉडल ट्रे और एक अवनलिका सहित हाईड्रोलिक प्रयोगशाला की सुविधायुक्त नॉर्थ ईस्टर्न हाइड्रॉलिक एंड एलाइड रिसर्च इंस्टीट्यूट (एनईएचएआरआई) की स्थापना की है।

राष्ट्रीय जल विकास अभिकरण

राष्ट्रीय जल विकास अभिकरण (एनडब्ल्यूडीए) की स्थापना भारत सरकार ने जल संसाधन, नदी विकास और गंगा संरक्षण मंत्रालय के अधीन जुलाई 1982 में सोसायटी पंजीकरण अधिनियम, 1860 के

तहत राष्ट्रीय परिप्रेक्ष्य योजना के प्रायद्वीपीय संघटकों के अंतर्गत लिंक्स की व्यवहार्यता के अध्ययन के लिए की थी। एनडब्ल्यूडीए पूर्णत: भारत सरकार की अनुदान सहायता द्वारा संचालित होती है। बाद में, 1990-91 में एनडब्ल्यूडीए ने हिमालयी अवयवों के अध्ययन का भी संकल्प लिया।

अभिकरण निम्नलिखित मुख्य उद्देश्यों के साथ कार्य करती है: (क) जल संसाधन विकास के लिए तत्कालीन सिंचाई मंत्रालय (अब जलसंसाधन मंत्रालय) और केंद्रीय जल आयोग द्वारा तैयार किए गए राष्ट्रीय परिप्रेक्ष्य के प्राय:द्वीपीय नदी विकास एवं हिमालय नदी विकास घटकों की संभाव्यता स्थापित करने के लिए संभावित जलाशय स्थलों और लिंक नहरों को आपस में जोड़ने के प्रस्तावों का विस्तृत सर्वेक्षण व अन्वेषण करना, (ख) निकट भविष्य में बेसिन राज्यों की समुचित आवश्यकताओं को पूरा करने के बाद विभिन्न प्रायद्वीपीय नदी प्रणाली एवं हिमालय नदी प्रणाली में जल की मात्रा, जिसे अन्य बेसिनों/राज्यों में अंतरित किया जा सकता है, के बारे में विस्तृत अध्ययन करना, (ग) राज्यों द्वारा प्रस्तावित अंतरराज्य लिंक्स की पूर्व संभाव्यता/संभाव्यता/ विस्तृत परियोजना रिपोर्ट्स तैयार करना। एफआर/डीपीआर से पहले ऐसे प्रस्तावों के लिए संबंधित सह-बेसिन राज्यों की सहमति प्राप्त की जा सकती है और (घ) अन्य वे सभी कार्य करना जिन्हें सोसायटी उक्त उद्देश्यों को पूरा करने के लिए आवश्यक, प्रासंगिक, पूरक या प्रेरक समझे।

नर्मदा नियंत्रण प्राधिकरण

नर्मदा जल विवाद न्यायाधिकरण (एनडब्ल्यूडीटी) के फैसलों को लागू करने के लिए धारा-14 के तहत उसके आदेश के अंतर्गत भारत सरकार ने नर्मदा जल योजना का निरूपण किया जिसने 1980 में अन्य के साथ-साथ नर्मदा नियंत्रण प्राधिकरण (एनसीए) और नर्मदा नियंत्रण प्राधिकरण के लिए पुनर्विलोकन समिति (आरसीएनसीए) का गठन किया, ताकि न्यायाधिकरण के निर्णयों और निर्देशों का उचित कार्यान्वयन किया जा सके। नर्मदा नियंत्रण प्राधिकरण (एनसीए) न्यायाधिकरण के आदेशों के कार्यान्वयन के लिए नर्मदा जल का भंडारण, बंटवारा विनियमन और नियंत्रण, सरदार सरोवर परियोजना से जल हितलाभों का बंटवारा, मध्य प्रदेश द्वारा विनियमित निर्गम, सरदार सरोवर के अंतर्गत शामिल होने के लिए भूमि और परिसंपत्तियों का सरदार परियोजना के लिए संबंधित राज्यों द्वारा अधिग्रहण, बेदखल होने वाले लोगों को क्षतिपूर्ति, पुर्नवास और पुनर्स्थापना और लागत की हिस्सेदारी तथा पर्यावररण की सुरक्षा के उपायों के कार्यान्वयन के संदर्भ में शक्तियां प्रदान की गई हैं।

भारत सरकार के जल संसाधन, नदी विकास और गंगा संरक्षण मंत्रालय के सचिव प्राधिकरण के अध्यक्ष हैं। इसमें केंद्रीय मंत्रालयों- विद्युत, पर्यावरण एवं वन, सामाजिक न्याय एवं अधिकारिता तथा जनजातीय कल्याण के सचिव, चारों राज्यों अर्थात मध्य प्रदेश, महाराष्ट्र, गुजरात और राजस्थान के मुख्य सचिव, केंद्र सरकार द्वारा नियुक्त एक कार्यकारी सदस्य एवं तीन पूर्णकालिक सदस्य तथा पक्षकार राज्यों द्वारा सदस्य के रूप में नामांकित चार अंशकालिक सदस्य सम्मिलित हैं।

राष्ट्रीय जल विज्ञान संस्थान

राष्ट्रीय जल विज्ञान संस्थान (एनआईएच) की स्थापना 1978 में भारत सरकार के जल संसाधन, नदी विकास और गंगा संरक्षण मंत्रालय (भारत सरकार) के अंतर्गत स्वायत्तशासी संगठन के रूप में की गई थी। यह भारत में जलविज्ञान तथा जल संसाधन विकास से संबंधित बुनियादी, प्रयुक्त और कार्यनीतिक अनुसंधान के सभी पहलुओं का दायित्व लेने, सहायता, प्रोत्साहन और समन्वयन के लिए एक अग्रणी

अनुसंधान एवं विकास संस्थान है। इस संस्थान का मुख्यालय रूड़की (उत्तराखंड) में स्थित है। देश के विभिन्न हिस्सों को कवर करने वाले क्षेत्र से संबंधित अनुसंधान कराने के लिए इस संस्थान के चार क्षेत्रीय केंद्र- बेलगाम, जम्मू, काकीनाडा एवं भोपाल में तथा गुवाहटी एवं पटना में दो बाढ़ प्रबंधन अध्ययन केंद्र हैं।

इस संस्थान के उद्देश्य हैं: (क) जल विज्ञान के सभी पहलुओं पर क्रमबद्ध और वैज्ञानिक कार्य का दायित्व लेना, सहायता, प्रोत्साहन एवं समन्वय करना, (ख) जल विज्ञान के क्षेत्र में अन्य राष्ट्रीय एवं अंतरराष्ट्रीय संगठनों के साथ सहयोग एवं समन्वय स्थापित करना, (ग) संस्था के उद्देश्यों की प्राप्ति के लिए अनुसंधान और संदर्भ पुस्तकालय की स्थापना तथा रखरखाव एवं इसे पुस्तक, समीक्षा, पत्रिका तथा अन्य प्रासंगिक प्रकाशनों से सुसज्जित करना एवं (घ) ऐसी गतिविधियां करना, जिन्हें संस्था उन उद्देश्यों की प्राप्ति के लिए आवश्यक, आकस्मिक या सहायक मानती है, जिनके लिए संस्थान की स्थापना की गई थी। इन उद्देश्यों की पूर्ति के लिए संस्थान ने जलविज्ञान में नाभिकीय अनुप्रयोगों, जल की गुणवत्ता, मृदा जल, सुदूर संवेदन और जीआईएस अनुप्रयोग, हिम और हिमनद, संख्यात्मक भू-जल मॉडलिंग और हाइड्रोलॉजिकल मापयंत्रण के क्षेत्र में अत्याधुनिक प्रयोगशाला सुविधाओं की स्थापना की है।

यह संस्थान जलविज्ञान के विशिष्ट क्षेत्रों में प्रौद्योगिकी के हस्तांतरण, मानव संसाधन विकास और संस्थागत विकास में उत्कृष्ट केंद्र के रूप में कार्य करता है और संबद्ध राष्ट्रीय एवं अंतरराष्ट्रीय संगठनों के सहयोग से उपयोगकर्ता द्वारा परिभाषित, मांग आधारित अनुसंधान कराता है। संस्थान फील्ड इंजीनियरों, वैज्ञानिकों और शोधकर्ताओं, गैर-सरकारी संगठनों के लिए प्रशिक्षण कार्यक्रमों के आयोजन के माध्यम से क्षमता विकास की गतिविधियों को प्रबलता से जारी रखता है। संस्थान ने अंतरराष्ट्रीय रूप से वित्तपोषित कई परियोजनाओं का दायित्व वहन किया है, इनमें यूएनडीपी, यूएसएआईडी, यूनेस्को, विश्व बैंक, नीदरलैंड, स्वीडन और यूरोपीय केंद्र की परियोजनाएं शामिल हैं। एनआईएच के कुछ महत्वपूर्ण योगदानों में शहरों में जलापूर्ति बढ़ाने और जल प्रबंधन, पनबिजली विद्युत परियोजनाओं के लिए हिमालयी नदियों की धारा के प्रवाह में हिमनदों का योगदान, जलसंभर विकास, झीलों के जल गुणवत्ता प्रबंधन योजनाएं, शहरों में जल निकासी का नेटवर्क, बाढ़ जल प्लावन मानचित्रण और बाढ़ जोखिम क्षेत्रांकन, बड़े शहरों में जल गुणवत्ता आकलन से संबंधित वास्तविक समस्याओं के समाधान के लिए अध्ययन शामिल हैं।

नेशनल प्रोजेक्ट्स कंस्ट्रक्शन कार्पोरेशन लिमिटेड

राष्ट्र के आर्थिक विकास के लिए आवश्यक अवसंरचना जुटाने हेतु एक अग्रणी निर्माण कंपनी के तौर पर नेशनल प्रोजेक्ट्स कंसट्रक्शन कारपोरेशन लिमिटेड (एनपीसीसी) की स्थापना 1957 में की गई थी। एनपीसीसी लिमिटेड ने तापीय एवं जल विद्युत परियोजनाओं, नदी-घाटी परियोजनाओं, औद्योगिक संरचनाओं, भवनों के लिए परियोजना प्रबंधन परामर्शी सेवाओं, आवास, सड़कों, पुलों और अवसंरचना परियोजनाओं के सिविल निर्माण कार्यों को करने के लिए आईएसओ 9001-2008 गुणवत्ता प्रबंधन की आवश्यकताओं का अनुपालन किया है। अपने 59 वर्ष कार्यकाल के दौरान यह कंपनी विभिन्न राष्ट्रीय महत्व की परियोजनाओं को संकल्पना से संचालन स्तर तक पूर्ण करने में सफलतापूर्वक जुड़ी रही है। इनमें से कुछ देश के दूरदराज के जोखिमभरे स्थानों पर स्थित हैं। कारपोरेशन पिछले पांच साल से मुनाफे में चल रहा है। इंस्टीट्यूट ऑफ इकोनॉमिक स्टडीज़ द्वारा नेशनल प्रोजेक्ट्स कंसट्रक्शन कारपोरेशन

लिमिटेड को 2015 में सीएमडी को 'उद्योग रत्न अवार्ड 2015' और 'एक्सीलेंस अवार्ड 2015' से नवाजा गया। इसे आईसीआरए द्वारा भी ए प्लस की क्रेडिट रेटिंग भी प्रदान की गई। आज, एनपीसीसी 'मिनी रत्न' का दर्जा प्राप्त करने के लिए ज्यादा बड़ी ऊंचाइयां छू रहा है।

वाप्कोस लिमिटेड

वाप्कोस लिमिटेड (वाप्कोस) केंद्रीय जल संसाधन, गंगा संरक्षण एवं नदी विकास मंत्रालय के अंतर्गत एक 'मिनी रत्न-।' सार्वजनिक क्षेत्र का उपक्रम है। कंपनी अधिनियम 1956 के अंतर्गत 26 जून , 1969 को स्थापित वाप्कोस देश-विदेश में जल संसाधनों, विद्युत व ढांचागत क्षेत्रों के सभी अंगों में परामर्श सेवाएं उपलब्ध करा रही है। वाप्कोस जल संसाधन, विद्युत, ढांचागत विकास क्षेत्र की परियोजनाओं में परामर्श सेवाएं देने के लिए आईएसओ 9001:2008 की गुणवत्ता आश्वासन जरूरतें पूरी करती है।

जल संसाधन, नदी विकास और गंगा संरक्षण मंत्रालय के तत्वावधान में एक तकनीकी-वाणिज्यिक संगठन के रूप में वाप्कोस, भारत सरकार के विभिन्न संगठनों और राज्य सरकारों के विभागों में विकसित प्रतिभा और विशेषज्ञता का उपयोग करता है। कंपनी में बहुविषयक परियोजना टीम्स उपलब्ध कराने की अंतर्निहित क्षमता है, जिनमें उसके अपने पेशेवरों का कोर समूह और केंद्रीय जल आयोग, केंद्रीय विद्युत प्राधिकरण, केंद्रीय भू-जल बोर्ड, केंद्रीय जल और विद्युत अनुसंधान स्टेशन, केंद्रीय मृदा एवं सामग्री अनुसंधानशाला, सर्वे ऑफ इंडिया, भारतीय भू-सर्वेक्षण जैसे भारत सरकार के विविध संगठनों और अन्य राज्यों के विभागों के विशेषज्ञ शामिल हैं।

28 कल्याण

पूर्व कल्याण मंत्रालय को 1985-86 में महिला एवं शिशु विकास विभाग और कल्याण विभाग में बांट दिया गया था। साथ ही अनुसूचित जाति विकास प्रभाग, अनुसूचित जनजाति विकास प्रभाग और अल्पसंख्यक तथा पिछड़ा वर्ग कल्याण विभाग को गृह मंत्रालय से और वक्फ प्रभाग को विधि मंत्रालय से स्थानांतरित करते हुए तत्कालीन कल्याण मंत्रालय बनाया गया था। तद्नुसार मई 1998 में मंत्रालय का नाम बदलकर सामाजिक न्याय एवं अधिकारिता मंत्रालय कर दिया गया। अक्टूबर 1999 में जनजातीय विकास प्रभाग को इस मंत्रालय से अलग करते हुए पृथक जनजातीय कार्य मामले मंत्रालय का गठन किया गया। जनवरी 2007 में अल्पसंख्यक प्रभाग और वक्फ इकाई भी इस मंत्रालय से निकलकर पृथक मंत्रालय बने। सामाजिक न्याय एवं अधिकारिता मंत्रालय को दो विभागों में बांट दिया गया है। ये हैं- सामाजिक न्याय एवं अधिकारिता और विकलांग सशक्तीकरण विभाग।

अनुसूचित जातियों का कल्याण

संवैधानिक ढांचा

संबद्ध संवैधानिक प्रावधानः अनुसूचित जातियों की सुरक्षा के मद्देनज़र संविधान में कई प्रावधान शामिल किए गए हैं। इनमें से निम्नलिखित दो अधिनियमों का लक्ष्य अनुसूचित जातियों एवं अनुसूचित जनजातियों के खिलाफ़ (1) छुआछूत तथा (2) अत्याचार को खत्म करते हैं, और इसलिए ये अधिनियम, अनूसूचित जातियों के लिए काफी महत्वपूर्ण हैं।

नागरिक अधिकार संरक्षणः मई 1955 में, भारतीय संविधान के अनुच्छेद-17 का अनुसरण करते हुए छुआछूत (अपराध) अधिनियम, 1955 में अधिनियमित और अधिसूचित किया गया। इसके उपरांत इसमें संशोधन किया गया और वर्ष 1976 में 'नागरिक अधिकार संरक्षण अधिनियम, 1955' के तौर पर इसका दोबारा नामकरण किया गया। इस अधिनियम, के तहत नियम यथा- 'नागरिक अधिकार संरक्षण नियम 1977' से संबंधित अधिसूचना वर्ष 1977 में जारी की गई। यह अधिनियम, पूरे देश में लागू है और इसमें छुआछूत करने वालों को दंडित करने का प्रावधान है। इस अधिनियम, को संबंधित राज्य सरकारों व केंद्रशासित प्रदेशों के प्रशासकों द्वारा लागू किया गया।

अनुसूचित जाति एवं अनुसूचित जनजाति (अत्याचार निवारण) अधिनियमः अनुसूचित जाति एवं अनुसूचित जनजाति (अत्याचार निवारण) अधिनियम, 1989 (पीओए अधिनियम,) 1990 से अस्तित्व में आया। इस कानून का उद्देश्य अनुसूचित जातियों एवं अनुसूचित जनजातियों से इतर लोगों द्वारा अनुसूचित जातियों एवं अनुसूचित जनजातियों के लोगों के खिलाफ किए जाने वाले अपराधों का निवारण करना है। इस नियम के तहत समग्र विषय 'अनुसूचित जाति (अजा) एवं अनुसूचित जनजाति (अजजा) अधिनियम, (अत्याचार निवारण) नियम 1995' शीर्षक से वर्ष 1995 में अधिसूचित किए

गए थे। इनमें अन्य बातों के अतिरिक्त राहत एवं पुनर्वास संबंधी नियम भी शामिल हैं। इसके बाद से इन नियमों में संशोधन नहीं किया गया है।

अनुसूचित जाति एवं अनुसूचित जनजाति (अत्याचार निवारण) अधिनियम, 2015

पीओए अधिनियम, में अत्याचार निवारण के प्रावधानों के बावजूद अनुसूचित जाति (अजा) एवं अनुसूचित जनजाति (अजजा) के लोगों पर हो रहे निरन्तर अत्याचार विचारणीय विषय हैं।

अनुसूचित जाति एवं अनुसूचित जनजाति के लोगों पर हो रहे अत्याचार की बढ़ती घटनाओं से यह ज्ञात होता है कि अपराधियों को पीओए अधिनियम, व्यावहारिक प्रभाव का पर्याप्त आभास नहीं हुआ है। इसलिए अधिनियम, को पर्याप्त सशक्त बनाने पर विचार करते हुए इसमें प्रासंगिक प्रावधानों की मदद से इस अधिनियम, को अधिक प्रभावशाली बनाना है। इस अधिनियम, के सभी नियामकों से राय-परामर्श की प्रक्रिया से पीओए अधिनियम, में संशोधन हेतु प्रावधानों के दृष्टिगत स्पष्टत: पांच क्षेत्रों को लिया गया है।

राष्ट्रीय अनुसूचित जाति आयोग

राष्ट्रीय अनुसूचित जाति एवं अनुसूचित जनजाति आयोग का गठन 1990 में संविधान के अनुच्छेद, 383 के तहत किया गया था। इस आयोग को 89वें संविधान संशोधन अधिनियम, 2003 के बाद दो आयोगों- राष्ट्रीय अनुसूचित जाति आयोग और राष्ट्रीय अनुसूचित जनजाति आयोग में बांट दिया गया। राष्ट्रीय अनुसूचित जाति आयोग अनुसूचित जन जाति के लोगों को उपलब्ध कराई गई सुरक्षा की निगरानी तथा उनके कल्याण से संबंधित मसलों की समीक्षा के लिए उत्तरदायी हैं।

संविधान के अनुच्छेद, 338(5) में एनसीएससी के निम्नलिखित कार्य सम्मिलित हैं:

(क) अनुसूचित जातियों के लिए इस संविधान या वर्तमान में लागू किसी अन्य कानून या सरकार के किसी आदेश के अधीन उपलब्ध सुरक्षा उपायों से संबंधित सभी विषयों का अन्वेषय और निगरानी करना तथा ऐसे सुरक्षा उपायों की कार्यशीलता का मूल्यांकन करना;

(ख) अनुसूचित जातियों को उनके अधिकारों और सुरक्षा उपायों से वंचित करने से संबंधित शिकायतों की जांच करना;

(ग) अनुसूचित जातियों के सामाजिक-आर्थिक विकास की योजना प्रक्रिया में भाग लेना और सलाह देना तथा केंद्र और किसी राज्य के अधीन उनके विकास की दिशा में हुई प्रगति का मूल्यांकन करना;

(घ) उन सुरक्षा उपायों की कार्यशीलता के बारे में प्रतिवर्ष और ऐसे अन्य समयों पर जो आयोग ठीक समझे, राष्ट्रपति को रिपोर्ट पेश करना;

(ङ) ऐसी रिपोर्ट्स में उन सुरक्षा उपायों के प्रभावी कार्यान्वयन के लिए केंद्र या किसी राज्य द्वारा किए जाने वाले उपायों तथा अनुसूचित जातियों के संरक्षण, कल्याण तथा सामाजिक आर्थिक विकास के लिए अन्य उपायों की सिफारिश करना; और

(च) अनुसूचित जातियों के संरक्षण, कल्याण, विकास तथा प्रगति के संबंध में ऐसे अन्य कृत्यों का निर्वहन करना, जो राष्ट्रपति, संसद द्वारा बनाए गए किसी कानून के उपबंधों के अधीन रहते हुए नियम द्वारा विनिर्दिष्ट करें।

वेबसाइट: www.ncsc.nic.in

शैक्षिक सशक्तीकरण

बच्चों के लिए मैट्रिक पूर्व छात्रवृत्ति

यह योजना केंद्र द्वारा प्रायोजित है। यह योजना राज्य सरकारों व केंद्रशासित प्रदेशों के प्रशासकों द्वारा कार्यान्वित की जाती है। इस योजना के तहज अनुमोदित हर प्रकार के व्यय का 100 प्रतिशत भारत सरकार द्वारा केंद्रीय सहायता के अंतर्गत उपलब्ध कराया जाता है। अंतिम पंचवर्षीय योजना के अंतरिम अवधि में इस योजना के तहत जो व्यय निर्धारित है उतना ही व्यय राज्य सरकारों व केंद्रशासित प्रदेशों के प्रशासकों द्वारा व्यय किया जाता है।

अनुसूचित जातियों के विद्यार्थियों के लिए मैट्रिक पूर्व छात्रवृत्ति

यह योजना वर्ष 2012 में अधिसूचित हुई। यह केंद्र द्वारा प्रायोजित योजना है और यह राज्य सरकारों व केंद्रशासित प्रदेशों के प्रशासकों द्वारा कार्यान्वित हैं और इस योजना के तहत अनुमोदित व्यय का 100 प्रतिशत सहयोग भारत सरकार से उपलब्ध कराया जाता है। इस योजना पर व्यय हेतु अनुमोदित धनराशि राज्य सरकारों व केंद्रशासित प्रदेशों के प्रशासकों द्वारा आहूत व्यय के बराबर होगी, जो वास्तविक व्यय उनके द्वारा उपलब्ध कराया जाएगा वह पिछली पंचवर्षीय योजनाओं में अनुमोदित व्यय के बराबर वार्षिक बजट में आहूत इस योजना के तहत व्यय के अनुमान के भी बराबर होगा।

अनुसूचित जातियों के विद्यार्थियों के लिए राष्ट्रीय समुद्रपारीय छात्रवृत्ति

इस योजना के तहत शिक्षण संस्थानों द्वारा अनुमोदित वास्तविक शुल्क, मासिक अनुरक्षण भत्ता, देशांतरण वीजा शुल्क एवं बीमा किस्त इत्यादि, वार्षिक आकस्मिकता भत्ता, आनुषंगिक यात्रा भत्ता उपलब्ध कराया जाता है। इस योजना के तहत लाभार्थी के माता-पिता या संरक्षक के केवल दो बच्चे ही लाभ प्राप्त कर सकते हैं। उन्हीं माता-पिता या संरक्षक का दूसरा बच्चा तभी लाभार्थी होगा जब उस वर्ष में अभी भी जगह उपलब्ध हो। इस योजना के तहत प्रस्तावित लाभार्थी की आयु 35 वर्ष से अधिक नहीं होनी चाहिए। वर्ष 2014-15 में कुल 100 महिला आवेदकों को यह छात्रवृत्ति देना निश्चित हुआ है। इस योजना के तहत पीएचडी के छात्र को अधिकतम 4 वर्षों तक और मास्टर डिग्री पाठ्यक्रम के तहत 3 वर्षों तक वित्तीय सहयोग उपलब्ध कराया जाता है। इस योजना के तहत लाभार्थ अभ्यर्थी या उसके माता-पिता की मासिक आय 50,000 रुपये से अधिक नहीं होनी चाहिए।

बाबू जगजीवन राम छात्रावास योजना

इस योजना का उद्देश्य अनुसूचित जाति के ऐसे बालक और बालिकाओं को छात्रावास की सुविधा मुहैया कराना है, जो माध्यमिक, उच्चतर माध्यमिक स्कूलों, कॉलेजों और विश्वविद्यालयों में पढ़ रहे हैं। इस योजना के तहत नये छात्रावासों के निर्माण तथा वर्तमान छात्रावासों के विस्तार के लिए राज्य सरकार/केंद्र शासित प्रदेश प्रशासन और केंद्रीय और राज्य विश्वविद्यालयों/संस्थाओं को पात्रता के आधार पर केंद्रीय सहायता दी जाती है, जबकि एनजीओ (गैर-सरकारी संगठन) और निजी क्षेत्र के डीम्ड विश्वविद्यालयों को केवल मौजूदा छात्रावास के विस्तार के लिए सहायता मिल सकती है।

अनुसूचित जाति के विद्यार्थियों के लिए राजीव गांधी राष्ट्रीय फेलोशिप योजना

इस योजना के अंतर्गत विश्वविद्यालयों, शोध संस्थाएं और वैज्ञानिक संस्थाओं में एम.फिल, पीएचडी व समकक्ष शोध डिग्रियों में शोध अध्ययन के लिए अनुसूचित जातियों के विद्यार्थियों को वित्तीय सहायता

दी जाती है। विश्वविद्यालय अनुदान आयोग (यूजीसी) के माध्यम से इस योजना को लागू किया गया है। हर वर्ष 2,000 शोध फेलोशिप (कनिष्ठ अनुसंधान फेलोशिप) अनुसूचित जाति के विद्यार्थियों को प्रदान की जाती है। वर्ष 2010-11 से फेलोशिप की संख्या बढ़ाकर 1,333 से 2,000 कर दी गई। अनुसूचित जाति के अभ्यर्थियों की पर्याप्त संख्या में गैर-मौजूदगी के चलते शेष रह गई फेलोशिप अगले शैक्षणिक सत्र में प्रदान करने के लिए शामिल कर ली जाती है। अभ्यर्थियों की संख्या उपलब्ध फेलोशिप से अधिक होने की स्थिति में यूजीसी स्नातकोत्तर परीक्षा में प्राप्त किए गए अंकों में प्रतिशत के आधार पर विद्यार्थियों का चयन करता है। इस योजना के अंतर्गत कोई आय सीमा निर्धारित नहीं की गई है।

आर्थिक सशक्तीकरण

विशेष केंद्रीय सहायता

एससीए अनुसूचित जाति उपयोजना (एससीएसपी) के लिए विशेष केंद्रीय सहायता (एससीए) केंद्रीय क्षेत्र की योजना है जिसकी शुरुआत 1980 में की गई थी। इसके तहत राज्यों, केंद्रशासित प्रदेशों को उनकी अनुसूचित जाति उपयोजना के लिए शत-प्रतिशत अनुदान दिया जाता है। इसका मुख्य उद्देश्य गरीबी रेखा से नीचे जीवनयापन करने वाले अनुसूचित जातियों के परिवारों के आर्थिक विकास के लिए परिवार केंद्रित योजनाओं को बढ़ावा देना है।

राज्य अनुसूचित जाति विकास निगम को सहायता

वर्ष 1979 में राज्य अनुसूचित जाति विकास निगमों (एससीडीसी) की पूंजी हिस्सेदार में 49:51 के अनुपात में केंद्र प्रायोजित योजनाओं को शामिल करने की शुरुआत की गई। वर्तमान में 27 राज्यों/केंद्रशासित प्रदेशों में एससीडीसी कार्य कर रहे हैं। एससीडीसी के मुख्य कार्यों में अनुसूचित जाति के योग्य परिवारों की पहचान करना एवं उन्हें आर्थिक विकास की योजनाओं के तहत लाने के लिए प्रेरित करना, ऋण सहायता के लिए वित्तीय संस्थाओं के लिए योजना प्रायोजित करना, देय राशि का भार कम करने के लिए वित्तीय सहायता के तौर पर कम ब्याज दर पर मार्जिन राशि और सब्सिडी देना और उन्हें गरीबी मिटाने वाले अन्य कार्यक्रमों से जोड़ना शामिल है। एससीडीसी लक्षित समूह को मार्जिन राशि और सब्सिडी के माध्यम से ऋण और सहायता उपलब्ध करवाकर एससीडीसी महत्वपूर्ण भूमिका निभा रहे हैं।

राष्ट्रीय अनुसूचित जाति वित्त व विकास निगम

राष्ट्रीय अनुसूचित जाति वित्त व विकास निगम (एनएसएफडीसी) की स्थापना 1989 में कंपनी अधिनियम, 2013 (वर्तमान में) की धारा 8 (पूर्व कंपनी अधिनियम, 1955 की धारा 25) के तहत की गई थी। एनएसएफडीसी का प्रमुख उद्देश्य गरीबी रेखा से दोगुना नीचे जीवनयापन करने वाले अनुसूचित जाति के परिवारों को रियायती दरों पर ऋण उपलब्ध करवाकर वित्तीय सहायता (जो वर्तमान में ग्रामीण क्षेत्रों में प्रतिवर्ष 98,000 रुपये तथा शहरी क्षेत्रों में 1,20,000 रुपये है) प्रदान करना और लक्षित समूह के युवाओं को कौशल और उद्यमिता विकास के लिए प्रशिक्षण उपलब्ध कराना है, ताकि उनका आर्थिक विकास हो सके। राष्ट्रीय सफाई कर्मचारी एवं विकास निगम (एनएसकेएफडीसी) की स्थापना जनवरी 1997 को कंपनी अधिनियम 1956 की धारा 25 के अंतर्गत गैर-लाभकारी कंपनी के रूप में की गई थी। एनएसकेएफडीसी सामाजिक न्याय और अधिकारिता मंत्रालय, भारत सरकार के अंतर्गत एक शीर्ष निगम है। निगम का लक्षित समूह 'मैला ढोने वाले' का अभिप्राय है कि ऐसा व्यक्ति, जिसे किसी व्यक्ति

अथवा स्थानीय प्राधिकरण अथवा सार्वजनिक या निजी एजेंसी ने मानव मल-मूत्र साफ करने, ढोने, उसे ठिकाने लगाने अथवा किसी अन्य तरीके से उस मानव मल को किसी अस्वास्थ्यकर शौचालय अथवा खुले नाले अथवा गड्ढे में फेंकने के काम में लगाया हो, जहां अस्वास्थ्यकर शौचालयों से लाया गया मानव मल फेंका जाता हो अथवा रेलवे ट्रैक या अन्य खुले स्थानों या परिसरों में फेंकने के लिए नियोजित किया हो, जैसा कि केंद्र सरकार अथवा राज्य सरकार अधिसूचित कर सकते हैं कि मानव मल के पूरी तरह अपघटित होने से पहले उसे ढोने, 'मैला ढोने' की व्याख्या इसके अनुसार की जानी चाहिए। वेबसाइट: www.ncsk.nic.in

दिव्यांगों का कल्याण

दिव्यांगों के कल्याण और सशक्तीकरण के लिए लक्षित गतिविधियों से जुड़े विभिन्न नीतिगत मामलों पर ध्यान केंद्रित करने और उन पर सार्थक बल देने के लिए सामाजिक न्याय एवं अधिकारिता मंत्रालय में मई 2012 को एक पृथक विभाग निशक्तजन कार्य विभाग बनाया गया। यह विभाग निशक्तता और दिव्यांगों से संबद्ध मामलों के लिए विभिन्न हितधारकों से संबद्ध केंद्रीय मंत्रालयों, राज्यों/केंद्रशासित प्रदेशों, गैर-सरकारी संगठनों आदि के बीच गहन तालमेल कायम करने सहित एक नोडल एजेंसी के रूप में कार्य करता है।

2011 की जनगणना के अनुसार देश में 2.68 करोड़ व्यक्ति निशक्तता के शिकार हैं (जो कुल आबादी का 2.21 प्रतिशत है)। दिव्यांगों की कुल आबादी में से करीब 1.50 करोड़ पुरुष तथा 1.18 करोड़ महिलाएं हैं। इनमें दृश्य, श्रव्य, वाणी और लोकोमोटर निशक्तता के शिकार, मानसिक रोगी, मानसिक रूप से अल्पविकसित, बहुल निशक्तताओं एवं अन्य निशक्तताओं से पीड़ित लोग शामिल हैं।

संबद्ध संवैधानिक प्रावधान

भारत का संविधान अपनी प्रस्तावना के जरिए अन्य बातों के अलावा अपने सभी नागरिकों को न्याय, सामाजिक, आर्थिक और राजनीतिक विचार अभिव्यक्ति, विश्वास, आस्था और आराधना की स्वतंत्रता, स्थिति तथा अवसरों की समानता प्रदान करता है। संविधान का खंड-3 सभी नागरिकों को (और कुछ मामलों में अनिवासियों को भी) छह मौलिक अधिकार प्रदान करता है। इनमें समानता का अधिकार, स्वतंत्रता का अधिकार, शोषण के विरुद्ध अधिकार, धार्मिक स्वतंत्रता का अधिकार, सांस्कृतिक और शैक्षिक अधिकार तथा संवैधानिक उपायों का अधिकार शामिल हैं। ये सभी अधिकार विकलांग व्यक्तियों को भी उपलब्ध हैं। हालांकि, संविधान के इस खंड में ऐसे व्यक्तियों के बारे में विशेष तौर पर कोई उल्लेख नहीं किया गया है।

राज्य के नीति निदेशक सिद्धांतों को संविधान के खंड-4 में शामिल किया गया है, हालांकि इन्हें न्यायालय नहीं ले जाया जा सकता है, बावजूद इसके देश के शासन में इन्हें मूल सिद्धांत घोषित किया गया है। ये सिद्धांत राज्य नीति के अनिवार्य आधार हैं। ये निर्देशों के रूप में हैं, जो भविष्य के सभी विधानमंडलों और कार्यकारियों का मार्गदर्शन करने के लिए जारी किए गए हैं। अनुच्छेद-41: कार्य का अधिकार, शिक्षा का अधिकार कुछ मामलों में सार्वजनिक सहायता का अधिकार में प्रावधान किया गया है, 'राज्य अपनी आर्थिक क्षमता और विकास की सीमा में रहते हुए कार्य के अधिकार, शिक्षा के अधिकार और बेरोज़गारी, वृद्धावस्था, बीमारी और अक्षमता तथा अनुपयुक्त इच्छा के अन्य मामलों में सार्वजनिक सहायता का प्रभावशाली प्रावधान करेगा।' इसके अलावा अनुच्छेद, 243-जी की 11वीं अनुसूची तथा अनुच्छेद-243 डब्ल्यू की 12वीं अनुसूची, जिसमें समाज के कमज़ोर वर्गों के अलावा दिव्यांग व्यक्तियों

के कल्याण और उनके हितों की रक्षा सहित आर्थिक विकास और सामाजिक न्याय की योजनाओं के कार्यान्वयन के लिए क्रमश: पंचायतों और नगरनिगमों के अधिकारों और उत्तरदायित्वों का उल्लेख किया गया है। उपरोक्त अनुसूचियों के संबंधित अंश नीचे दिए गए हैं: अनुच्छेद, 243-जी की 11वीं अनुसूची 'दिव्यांग जन एवं मंदबुद्धि लोगों के कल्याण सहित सामाजिक कल्याण' (प्रवेश संख्या 26) अनुच्छेद, 23-डब्ल्यू की 12वीं अनुसूची: 'दिव्यांग व्यक्तियों एवं मंदबुद्धि लोगों के कल्याण सहित समाज के कमज़ोर वर्गों के हितों की रक्षा' (प्रवेश संख्या 09)। विभाग का संबंध दिव्यांगों की निशक्तता तथा कल्याण एवं सशक्तीकरण के विभिन्न पहलुओं से संबंधित निम्नलिखित कानूनों से है:-

1. भारतीय पुनर्वास परिषद अधिनियम, 1992;
2. विकलांग (समान अवसर, अधिकार संरक्षण और पूर्ण भागीदारी) अधिनियम, 1995; तथा
3. ऑटिज़्म, मस्तिष्क पक्षाघात, मंदबुद्धि और बहु-निशक्तता के शिकार व्यक्तियों के कल्याण के लिए राष्ट्रीय न्यास, 1991

सुगम भारत अभियान

दिव्यांगजनों के सशक्तीकरण विभाग (डीइपीडब्ल्यूडी) ने दिव्यांगों की सार्वभौमिक पहुंच के लिए सुगम्य भारत अभियान की रूपरेखा तैयार की है। दिव्यांगों की सार्वभौमिक पहुंच के बढ़ावे के लिए इस अभियान ने तीन समानांतर क्षेत्रों में काम करने का लक्ष्य बनाया है। ये क्षेत्र हैं- माहौल तैयार करना, परिवहन पारिस्थितिकी तंत्र और सूचना एवं संचार पारिस्थितिकी तंत्र। इस अभियान के महत्वाकांक्षी लक्ष्यों को समयबद्ध तरीके से हासिल करने के लिए सूचना प्रौद्योगिकी और सोशल मीडिया के उपयोग से इस अभियान के हितधारकों के बीच इसका व्यापक प्रचार एवं उनकी पहल और वचनबद्धता हासिल करना निश्चित किया है। दिव्यांगों के सशक्तीकरण विभाग ने हितधारकों से आग्रह किया है कि वे बड़े शहरों की 50 से 100 इमारतों और सार्वजनिक वेबवाइटों की सूची तैयार करें जिससे सार्वभौमिक पहुंच को बढ़ावा मिलेगा और दिव्यांगों की जिंदगी इससे बेहतर होगी। इन वेबसाइट्स और इमारतों की एक बार शिनाख़्त होने के बाद व्यावसायिक एजेंसियों द्वारा इनका 'सुगम लेखा परिक्षण' कराया जाएगा। इससे मिले सबूतों और उनके पुनर्सत्यापन के आधार पर इन रूपांतरित इमारतों, यातायात और वेबसाइटों को विभिन्न सरकारी विभागों द्वारा अपने नियंत्रण में ले लिया जाएगा। यह दिव्यांगों के सामाजिक और आर्थिक सशक्तीकरण के विभिन्न उपायों को लागू कराने वाली दिव्यांगों के कार्यान्वयन योजना अधिनियम, (एसआईपीडीए) की एक बृहद योजना का हिस्सा है। देशभर में 'सुगम्य पर्यटन', सुगम्य अस्पताल' और सुगम्य थानों' के सृजन हेतु दिव्यांगों के सशक्तीकरण विभाग द्वारा गृह मंत्रालय, स्वास्थ्य एवं परिवार कल्याण मंत्रालय और 'पर्यटन मंत्रालय' से गठबंधन किया जा रहा है। यह विभाग प्रमाणपत्र का प्रस्तुतीकरण, बोलने की पाठ्य विषयवस्तु और श्रव्य विवरणिका जैसे रूपकों को दूरदर्शन कार्यक्रमों में शामिल करने और इनकी सुगम्यता को बढ़ावा देने हेतु सूचना और प्रसारण मंत्रालय से भी समन्वय स्थापित किया है।

डीईपीडब्ल्यूडी मोबाइल एप के साथ-साथ वेब पोर्टल का सृजन कार्यक्रम भी चला रहा है ताकि अगम्य स्थानों में प्रवेश पाने हेतु बहुत बड़े पैमाने पर निवेदन किया जा सके। अपने मोबाइल फोन पर एप्प डाउनलोड करके किसी भी अगम्य स्थान (जैसे विद्यालय, अस्पताल, सरकारी कार्यालय इत्यादि) की तस्वीरें खींचकर या वीडियो बनाकर उसी रूप में सुगम्य भारत के पोर्टल पर अपलोड किया जा सकेगा।

यह पोर्टल सुगम लेखा परीक्षण, वित्तीय प्रतिबंध और इमारतों के विकृत होने पर दण्ड अभिहीत करके उसके लिए पूर्णतः सुगम्य बनाने हेतु निवेदन को कार्यान्वित करेगा। यह मोबाइल एप और पोर्टल बड़े व्यापारिक उद्यमों और सार्वजनिक क्षेत्र के उद्यमों को इस अभियान में भागीदारी का आग्रह भी करेगा जिससे अंकेक्षण सुगम बनाने और वेबसाइट, यातायात/इमारतों का रूपांतरण कराने में उनकी मदद मिल सके।

अनुसूचित जनजातियों का विकास

अनुसूचित जनजाति कार्य मंत्रालय का गठन 1999 में भारतीय समाज के सबसे वंचित वर्ग अनुसूचित जनजाति (अजजा) के एकीकृत सामाजिक-आर्थिक विकास के समन्वित और योजनाबद्ध उद्देश्य के साथ सामाजिक न्याय एवं अधिकारिता मंत्रालय के विभाजन के बाद किया गया था। मंत्रालय के गठन से पहले जनजातीय कार्य निम्नलिखित विभिन्न मंत्रालयों द्वारा संपन्न किए जाते थेः 1. आज़ादी से लेकर सितंबर 1985 तक 'जनजातीय प्रभाग' के नाम से गृह मंत्रालय के प्रभाग के रूप में; 2. कल्याण मंत्रालयः सितंबर 1985 से मई 1998 तक; 3. सामाजिक न्याय एवं अधिकारिता मंत्रालय मई 1998 से सितंबर 1999 तक।

अनुसूचित क्षेत्र और जनजातीय क्षेत्रः अन्य समुदायों से भिन्न अनुसूचित जनजातीयां समूहों में रहती हैं, इसलिए उनके विकास की गतिविधियां चलाने में क्षेत्रवार दृष्टिकोण सरलता से अपनाया जा सकता है और उनके हितों की रक्षा के लिए कानूनी प्रावधान भी किए जा सकते हैं। भूमि हस्तांतरण और अन्य सामाजिक कारकों के संबंध में अनुसूचित जनजातियों के हितों की रक्षा के लिए संविधान की 'पांचवीं' और 'छठी' अनुसूची में व्यवस्था की गई है।

संविधान के अनुच्छेद, 244(1) के तहत पांचवीं अनुसूची में 'अनुसूचित क्षेत्रों' को ऐसे क्षेत्रों के रूप में परिभाषित किया गया है, जिन्हें राज्य के राज्यपाल से परामर्श के बाद राष्ट्रपति द्वारा अनुसूचित क्षेत्र घोषित करने का आदेश जारी किया जा सकता है। संविधान के अनुच्छेद-244(2) के तहत छठी अनुसूची असम, मेघालय, त्रिपुरा और मेघालय के उन क्षेत्रों से संबद्ध है जिन्हें 'जनजातीय क्षेत्र' घोषित किया गया है और ऐसे क्षेत्रों के लिए जिला परिषदों/अथवा क्षेत्रीय परिषदों का प्रावधान किया गया है। इन परिषदों को व्यापक विधायी, न्यायिक और कार्यकारी अधिकार दिए गए हैं। पांचवीं अनुसूची वाले क्षेत्रः पांचवीं अनुसूची के तहत 'अनुसूचित क्षेत्रों' की घोषणा के मापदंड इस प्रकार हैं- (क) जनजातीय आबादी का बाहुल्य, (ख) क्षेत्र का तर्कसंगत आकार और सघनता, (ग) व्यवहार्य प्रशासनिक सत्ता जैसे जिला, ब्लॉक या तालुका और (घ) पड़ोसी क्षेत्रों की तुलना में क्षेत्र का आर्थिक पिछड़ापन।

राज्य के संदर्भ में 'अनुसूचित क्षेत्रों' का निर्धारण संबद्ध राज्यपाल की सलाह से राष्ट्रपति के अधिसूचित आदेश द्वारा होता है। 'अनुसूचित क्षेत्रों' में फेरबदल, बढ़ोतरी और कटौती करने, नए क्षेत्र शामिल करने या 'अनुसूचित क्षेत्रों' से संबद्ध किसी आदेश को रद्द करने के लिए भी यही तरीका अपनाया जाता है।

अनुसूचित क्षेत्रों के लाभ हैंः (क) राज्यपाल को अपने राज्य के अनुसूचित क्षेत्रों के लिए निम्नलिखित के संदर्भ में कानून बनाने का अधिकार है- 1) जनजातीय भूमि के हस्तांतरण पर रोक या प्रतिबंध, 2) अनुसूचित जनजातियों के सदस्यों के रुपये उधार देने को कारोबार को नियंत्रित करना। ऐसा कोई कानून बनाते समय राज्यपाल, संसद या राज्य की विधायिका के किसी कानून को निरस्त या

संशोधित कर सकता है। (ख) राज्यपाल सार्वजनिक अधिसूचना जारी करके आदेश दे सकता है कि संसद या किसी राज्य की विधायिका का कोई कानून विशेष राज्य के किसी अनुसूचित क्षेत्र या उसके किसी हिस्से पर लागू नहीं होगा। (ग) अनुसूचित क्षेत्र वाले राज्य के राज्यपाल राष्ट्रपति को हर वर्ष या जब भी राष्ट्रपति मांगेगें, उन्हें रिपोर्ट देंगे। यह रिपोर्ट राज्य के अनुसूचित क्षेत्र के प्रशासन और केंद्र के कार्यकारी अधिकारों के तहत क्षेत्र के प्रशासन और राज्य को निर्देश देने के संबंध में होगी। (घ) अनुसूचित क्षेत्र वाले राज्य में जनजातीय सलाहकार परिषद (टीएसी) स्थापित की जाएगी। इस परिषद की भूमिका राज्यपाल द्वारा भेजे गए राज्य की जनजातियों के कल्याण और प्रगति से संबद्ध मामलों पर राज्य सरकारों को परामर्श देना है। जनजातीय सलाहकार परिषद में सदस्यों की संख्या 20 से अधिक नहीं होगी, जिसमें लगभग तीन-चौथाई अनुसूचित जनजाति के विधायक होने चाहिए। जनजातीय सलाहकार परिषद की स्थापना भारत के राष्ट्रपति के निर्देश पर किसी ऐसे राज्य में भी की जा सकती है, जहां अनुसूचित जनजातियां हों, लेकिन अनुसूचित क्षेत्र न हों। (ङ) पंचायतों (अनुसूचित क्षेत्रों में विस्तार) अधिनियम, 1996 (पीईएसए) के प्रावधान के अनुसार संविधान के 9वें भाग में दिए गए पंचायतों संबंधी प्रावधानों का विस्तार अनुसूचित क्षेत्रों तक किया गया है। इसमें अनुसूचित जनजातियों के लाभ के लिए विशेष प्रावधान किए गए हैं। संविधान के अनुच्छेद-244 की छठी अनुसूची के तहत असम, मेघालय, त्रिपुरा और मिज़ोरम के जनजातीय इलाकों में स्वायत्त जिलों की पहचान की गई है। इन स्वायत्त जिलों में भी स्वायत्त क्षेत्रों की पहचान का प्रावधान किया गया है। इन्हें छठी अनुसूची के अनुच्छेद 20 की सारणी के भाग-1, 2, 2(क) और 3 में दिया गया है। दूसरे शब्दों में कहा जा सकता है कि ऐसे क्षेत्र जहां छठी अनुसूची के प्रावधान लागू होते हैं, जनजातीय क्षेत्रों के रूप में जाने जाते हैं। जनजातीय क्षेत्रों का राज्यवार ब्योरा निम्नलिखित है:-

भाग-1 असम

1. उत्तरी कछार पर्वतीय जिला
2. कारबी-आंगलोंग जिला और
3. बोडो भूमि टेरिटोरियल क्षेत्रीय जिले।

भाग-2 मेघालय

1. खासी पर्वतीय जिला
2. जयंतिया पर्वतीय जिला और
3. गारो पर्वतीय जिला

भाग-2 (क) त्रिपुरा

1. त्रिपुरा जनजातीय जिला

भाग-3 मिज़ोरम

1. चकमा जिला
2. मारा जिला और
3. लई जिला

जिला या क्षेत्रीय परिषदों को जिले में प्राथमिक विद्यालयों, औषधालयों, बाज़ारों, पोखरों, नौकाओं, मत्स्य क्षेत्रों, सड़कों, भूतल परिवहन और जलमार्गों की स्थापना, निर्माण और प्रबंधन के संबंध में राज्यपाल की मंजूरी से नियम बनाने का अधिकार दिया गया है। उत्तरी कछार पर्वतीय इलाकों और कारबी-आंगलोंग की स्वायत्त परिषदों को माध्यमिक शिक्षा, कृषि, सामाजिक सुरक्षा और सामाजिक बीमा, सार्वजनिक स्वास्थ्य तथा सफाई, लघु सिंचाई आदि क्षेत्रों के संबंध में भी मुकदमों की सुनवाई के लिए नागरिक प्रक्रिया संहिता और आपराधिक प्रक्रिया संहिता के तहत अधिकार दिए गए हैं। इन्हें अपने क्षेत्र में राजस्व और कर एकत्र करने के लिए राजस्व प्राधिकरण के अधिकार और प्राकृतिक संसाधनों के नियमन और प्रबंधन के लिए अन्य अधिकार भी दिए गए हैं।

अनुसूचित जनजाति घोषित करने की प्रक्रिया: भारत के संविधान के अनुच्छेद-366(25) के तहत अनुसूचित जनजातियों को इस प्रकार परिभाषित किया गया है: संविधान के अनुच्छेद-342 के तहत आने वाली अनुसूचित जनजातियों के समान जनजातियां या जनजातीय समुदाय या ऐसी जनजातियों या जनजातीय समुदायों के समूह अनुसूचित जनजातियों की श्रेणी में आते हैं। अनुच्छेद-342 के तहत अनुसूचित जनजातियों की पहचान के मामले में प्रक्रिया निर्धारित की गई है। अनुच्छे-342(1) के अनुसार राष्ट्रपति किसी राज्य या केंद्रशासित प्रदेश के संदर्भ में और राज्य के मामले में राज्यपाल से परामर्श के बाद जनजातियों या जनजातीय समुदायों या उनके समूहों को अनुसूचित जनजातियों के रूप में अधिसूचित कर सकते हैं। यह अनुच्छेद, जनजाति या उसके समूह को उनके राज्य या केंद्रशासित प्रदेश में इन समुदायों को उनके लिए संविधान में प्रदत्त संरक्षण उपलब्ध कर, संवैधानिक दर्जा प्रदान कर सकता है। इस प्रकार अनुच्छेद-342(1) के अनुसार केवल वे जनजातियां अनुसूचित जनजातियां मानी जाएंगी, जिनके बारे में राष्ट्रपति प्रारंभिक सार्वजनिक अधिसूचना के जरिए तत्संबंधी घोषणा करेंगे। इस सूची में किसी तरह का संशोधन संसदीय कानून की धारा 342(2) के जरिए ही किया जा सकता है। संसद कानून बनाकर किसी भी जनजाति या जनजातीय समुदाय या उससे किसी समूह को अनुसूचित जनजातियों की सूची में जोड़ सकती है या उससे हटा सकती है। अनुसूचित जनजातियों की सूची राज्य विशेष के बारे में है। आवश्यक नहीं कि किसी एक राज्य में अनुसूचित जनजाति घोषित समुदाय को किसी दूसरे राज्य में भी अनुसूचित जनजाति माना जाए।

जनजातियों को अनुसूचित श्रेणी में सम्मिलित करना और उससे हटाना: इस प्रकार किसी राज्य/केंद्रशासित प्रदेश विशेष के संबंध में अनुसूचित जनजातियों का प्रारंभिक विनिर्देश संबंधित राज्य सरकारों के साथ परामर्श के बाद राष्ट्रपति के अधिसूचित आदेश के जरिए होता है। इस अनुच्छेद, में यह प्रावधान भी है कि अनुसूचित जनजातियों की राज्यवार/केंद्रशासित प्रदेश वार सूची बनाई जाए न कि अखिल भारतीय आधार पर।

सामान्यत: किसी समुदाय को अनुसूचित जनजाति घोषित करने के मापदण्ड है:

(क) आदिम विशेषताओं के संकेत;

(ख) विशिष्ट संस्कृति;

(ग) व्यापक तौर पर सार्वजनिक संपर्क से बचना; और

(घ) भौगोलिक अलगाव यानी पिछड़ापन।

संविधान में इनका उल्लेख नहीं है लेकिन ये मानदंड पूरी तरह से स्थापित हो चुके हैं। इनमें 1931 की जनगणना की परिभाषाओं और प्रथम पिछड़ा वर्ग आयोग (कालेलकर समिति) 1955, अनुसूचित

जाति/अनुसूचित जनजाति सूचियों के संशोधन संबंधी परामर्श समिति (लोकूर समिति) 1965 और अनुसूचित जाति एवं अनुसूचित जनजाति आदेश (संशोधन) विधेयक 1967 पर संसद की समिति, (चंदा समिति) 1969 की रिपोर्ट को ध्यान में रखा गया है। भारत के संविधान के अनुच्छेद-342 के अंतर्गत 700 से अधिक (इनमें से कई एक से अधिक राज्यों में हैं) जनजातियों को अधिसूचित किया गया है। वे देश के विभिन्न राज्यों और केंद्रशासित प्रदेशों में फैली हैं। उल्लेखनीय है कि हरियाणा, पंजाब और केंद्रशासित प्रदेशों-चंडीगढ़, दिल्ली और पुदुचेरी में किसी भी समुदाय को अनुसूचित जनजाति निर्दिष्ट नहीं किया गया है।

जनजातियों का दर्जा सुनिश्चित करना

सामन्यतः अगर कोई व्यक्ति जन्म के आधार पर जनजातीय समुदाय का होने का दावा करता है, तो निम्न बातों की पुष्टि की जानी चाहिए: (क) वह व्यक्ति जिस समुदाय का होने का दावा कर रहा है क्या वह और उसके अभिभावक वास्तव में उस समुदाय से संबंध रखते हैं, (ख) क्या वह समुदाय संबंधित राज्य के संदर्भ में अनुसूचित जनजातियों को निर्दिष्ट करने वाले राष्ट्रपति के आदेश में शामिल हैं, (ग) क्या वह व्यक्ति उस राज्य और उस राज्य के तहत उस क्षेत्र से संबंध रखता है, जहां उस समुदाय को अनुसूचित किया गया है, (घ) वह कोई भी धर्म अपना सकता है, (ङ) वह व्यक्ति या उसके माता-पिता/दादा-दादी आदि को इस संदर्भ में लागू राष्ट्रपति के आदेश की अधिसूचना के दिन उस राज्य/केंद्रशासित प्रदेश का स्थायी निवासी होना चाहिए, (च) अगर किसी व्यक्ति की जनजाति उसके गृह राज्य/केंद्रशासित प्रदेश में अनुसूचित है और वह व्यक्ति इस संदर्भ में लागू राष्ट्रपति के आदेश की अधिसूचना जारी होने के समय नौकरी या पढ़ाई के सिलसिले में अस्थायी आवास से दूर हो तो वह भी अनुसूचित जनजाति का माना जा सकता है, (छ) लेकिन उसे अपने स्थायी आवास के स्थान पर अनुसूचित जनजाति का नहीं माना जाएगा, भले ही उसकी जनजाति को राष्ट्रपति के आदेश के तहत उसके अस्थायी आवास वाले राज्य में अनुसूचित जनजाति घोषित किया गया हो, (ज) लेकिन उसे अपने अस्थायी आवास के स्थान पर अनुसूचित जनजाति का नहीं माना जाएगा, भले ही उसकी जनजाति को राष्ट्रपति के आदेश के तहत उसके अस्थायी आवास वाले राज्य में अनुसूचित जनजाति घोषित किया गया हो, (झ) अगर किसी व्यक्ति का जन्म इस संदर्भ में राष्ट्रपति की अधिसूचना जारी होने के बाद हुआ हो, तो अनुसूचित जनजाति के दर्जे के प्रयोजन के लिए उसका आवास स्थान राष्ट्रपति के आदेश की अधिसूचना के समय उसके माता-पिता का स्थायी आवास होगा। यह लक्षद्वीप की अनुसूचित जनजातियों पर लागू नहीं है, जिनके लिए अनुसूचित जनजाति के दर्जे की पात्रता के लिए केंद्रशासित प्रदेश में जन्म लेना जरूरी है।

प्रवास पर अनुसूचित जनजाति के दावे निम्नलिखित हैं:

(क) जब कोई व्यक्ति राज्य के उस हिस्से के जहां उसका समुदाय अधिसूचित है, को छोड़कर उसी राज्य के ऐसे हिस्से में जाता है, जहां उसका समुदाय अनुसूचित नहीं है, तब भी वह व्यक्ति उस राज्य से संबंधित अनुसूचित जनजाति का सदस्य बना रहेगा।

(ख) जब कोई व्यक्ति एक राज्य से दूसरे राज्य में प्रवास करता है तब वह व्यक्ति केवल उसी राज्य की अनुसूचित जनजाति का सदस्य माना जाएगा, जहां का वह मूल निवासी है, न कि उस राज्य का जहां वह रह रहा है।

विवाह के माध्यम से अनुसूचित जनजाति का होने का दावा

इस संदर्भ में मार्गदर्शन करने वाला सिद्धांत कहता है कि किसी ऐसे व्यक्ति को जो जन्म से अनुसूचित जनजाति का सदस्य नहीं है, केवल इस आधार पर अनुसूचित जनजाति का सदस्य नहीं जाना जाएगा, क्योंकि उसने अनुसूचित जनजाति के सदस्य से विवाह किया है। इसी प्रकार कोई अनुसूचित जनजाति का सदस्य इसी जाति का सदस्य बना रहेगा, चाहे उसने किसी ऐसे व्यक्ति से विवाह किया हो जो अनुसूचित जनजाति का न हो।

अनुसूचित जनजाति प्रमाण-पत्र जारी करना

अनुसूचित जनजाति निर्धारक प्रमाण–पत्र अनुसूचित जनजाति के लोग निम्नलिखित अधिकारियों में से किसी एक अधिकारी से प्राप्त कर सकते है:–

1. जिला मजिस्ट्रेट/अपर जिला मजिस्ट्रेट/जिलाधीश/उपायुक्त/अपर उपायुक्त/उप जिलाधीश प्रथम श्रेणी/वेतन भोगी मजिस्ट्रेट/सिटी मजिस्ट्रेट/उपमंडलीय जिलाधीश/तालुका मजिस्ट्रेट/कार्यकारी मजिस्ट्रेट/अपर सहायक आयुक्त (प्रथम श्रेणी वैतनिक मजिस्ट्रेट के दर्जे से नीचे का न हो);
2. मुख्य महाप्रांतीय मजिस्ट्रेट/अपर मुख्य महाप्रांतीय मजिस्ट्रेट/महाप्रांतीय मजिस्ट्रेट;
3. राजस्व अधिकारी, जो तहसीलदार के दर्जे से कम न हो,
4. उम्मीदवार और उसका परिवार आमतौर पर जिस क्षेत्र में रहता है, वहां का उपमंडलीय अधिकारी;
5. प्रशासक/प्रशासक विकास अधिकारी का सचिव (लक्षद्वीप द्वीप समूह)।

अगर कोई अधिकारी बिना उचित सत्यापन के लापरवाही से अनुसूचित जनजाति प्रमाण–पत्र जारी करता है, तो उसके विरुद्ध भारतीय दंड संहिता के संबंधित प्रावधानों के तहत कार्रवाई की जाएगी। यह कार्रवाई उन अनुशासनात्मक नियमों के तहत होने वाली कार्रवाई के अतिरिक्त होगी, जिनके दायरे में वे आते हैं।

अनुसूचित जनजाति के उन व्यक्तियों को जो रोज़गार और शिक्षा आदि के उद्देश्य से एक राज्य से दूसरे राज्य में आए हैं, उन्हें अपने मूल राज्य से अनुसूचित जनजाति प्रमाण–पत्र हासिल करने में काफी मुश्किलें आती हैं। इस कठिनाई को दूर करने की दिशा में यह निर्णय लिया गया है कि राज्य सरकार व केंद्रशासित प्रशासन का निर्धारित अधिकारी ऐसे व्यक्ति को अपने माता/पिता को उनके मूल्य राज्य के निर्धारित अधिकारी द्वारा जारी प्रमाण–पत्र हाजिर करने पर अनुसूचित जनजाति प्रमाण–पत्र जारी कर सकता है। अगर अधिकारी को लगता है कि प्रमाण–पत्र जारी करने से पहले विस्तृत जांच जरूरी है तो वह जांच के बाद प्रमाण–पत्र जारी कर सकता है। प्रमाण–पत्र इस आधार के बिना जारी किया जाएगा कि संबंधित जनजाति उस राज्य/केंद्रशासित प्रदेश में अनुसूचित है या नहीं, जहां वह व्यक्ति प्रवास के लिए आया है।

राष्ट्रीय अनुसूचित जनजाति आयोग

अनुसूचित जातियों और अनुसूचित जनजातियों के लिए संविधान में उपलब्ध कराए गए विभिन्न सुरक्षा उपायों तथा अन्य संरक्षणात्मक कानूनों के प्रभावी कार्यान्वयन के लिए 1950 में स्थापित अनुसूचित जाति/अनुसूचित जनजातियों के आयुक्त के कार्यालय के अलावा 1978 में अनुसूचित जातियों और अनुसूचित

जनजातियों के लिए एक बहुसदस्यीय आयोग की स्थापना की गई। 1992 में इन दोनों संगठनों की जगह एक संवैधानिक बहुसदस्यीय राष्ट्रीय अनुसूचित जाति और अनुसूचित जनजाति आयोग की स्थापना की गई। हालांकि अनुसूचित जनजाति की जरूरतों और समस्याओं तथा समाधानों के लिए अनुसूचित जाति से अलग दृष्टिकोण की जरूरत थी, ऐसे में अनुसूचित जनजाति के अधिकारों की रक्षा के लिए जनजातीय विकास और स्वतंत्र मशीनरी की जरूरत महसूस की गई। तद्नुसार संविधान के 338वें अनुच्छेद, का संशोधन करते हुए और संविधान (89वां संशोधन) अधिनियम, 2003 के माध्यम से नया अनुच्छेद-338ए शामिल करते हुए 19 फरवरी, 2004 को एक पृथक राष्ट्रीय अनुसूचित जनजाति आयोग गठित किया गया।

राज्यों के लिए जनजातीय उपयोजना

वर्तमान जनजातीय उपयोजना (टीएसपी) रणनीति पहले पहल 1972 में शिक्षा और समाज कल्याण मंत्रालय द्वारा जनजातीय लोगों के त्वरित सामाजिक, आर्थिक विकास के लिए गठित एक विशेषज्ञ समिति ने तैयार की थी, तथा पहली बार पांचवी पंचवर्षीय योजना में स्वीकृत की गई थी। टीएसपी रणनीति कुछ सुधारों के साथ आज तक जारी है और राज्यों के टीएसपी के संदर्भ में विशिष्ट विशेषताएं निम्नलिखित हैं:

1. राज्य की जनजातीय उपयोजना के तहत उपलब्ध कराया गया धन कम से कम प्रत्येक राज्य अथवा केंद्रशासित प्रदेश की अनुसूचित जनजाति, आबादी के समान अनुपात में होना चाहिए;
2. राज्य अथवा केंद्रशासित प्रदेश की जनजातियों तथा जनजातीय क्षेत्रों को राज्य/केंद्रशासित प्रदेश की समग्र योजना से प्राप्त लाभ के अलावा टीएसपी के अंतर्गत लाभ दिए गए हैं।
3. उपयोजना को: (क) जनजातीय लोगों की समस्याओं और जरूरतों तथा उनके विकास की गंभीर खामियों की पहचान करनी चाहिए; (ख) टीएसपी के लिए उपलब्ध संसाधनों की पहचान करनी चाहिए; (ग) विकास के लिए व्यापक नीतिगत प्रारूप तैयार करना चाहिए; (घ) विभाग के अनुसार विस्तृत योजना तैयार करनी चाहिए; (ङ) उसके कार्यान्वयन के लिए उपयुक्त प्रशासनिक रणनीति परिभाषित करनी चाहिए; च) निगरानी और मूल्यांकन के लिए विशिष्ट व्यवस्था का उल्लेख किया जाना चाहिए।

राष्ट्रीय अनुसूचित जनजाति वित्त एवं विकास निगम

अनुसूचित जनजातियों के आर्थिक विकास पर ध्यान केंद्रित करने और उसकी गति को तेज करने के उद्देश्य से राष्ट्रीय अनुसूचित जाति और अनुसूचित जनजाति वित्त एवं विकास निगम को विभाजित कर अप्रैल 2001 में जनजातीय कार्य मंत्रालय के अंतर्गत राष्ट्रीय अनुसूचित जनजाति वित्त एवं विकास निगम (एनएसटीएफडीसी) की स्थापना की गई। इसे कंपनी अधिनियम, की धारा 25 (ऐसी कंपनी जो लाभ के लिए नहीं हैं) के तहत लाइसेंस दिया गया। इस समय एनएसटीएफडीसी की प्राधिकृत शेयर पूंजी ₹ 500 करोड़ और प्रदत्त पूंजी ₹ 230.50 करोड़ है। एनएसटीएफडीसी के लिए निर्धारित उद्देश्यों (स्वरोज़गार उद्यमों/गतिविधियां आरंभ करने के लिए) को प्राप्त करने के लिए ऐसे जनजातीय परिवार जिनकी वार्षिक पारिवारिक आय गरीबी रेखा के नीचे रहने वालों से दोगुनी है, एनएसटीएफडीसी से वित्तीय सहायता ले सकते हैं। एनएसटीएफडीसी लक्षित समूह को कौशल और उद्यमिता विकास के लिए अनुदान के रूप में भी वित्तीय सहायता प्रदान करता है। वित्तीय सहायता संबद्ध मंत्रालय/राज्य सरकार

और केंद्रशासित प्रदेश द्वारा नामित सरकारी एजेंसियों के जरिए प्रदान की जाती है। इसका उद्देश्य योग्य अनुसूचित जनजातियों की आय में सुधार और उनकी सामाजिक-आर्थिक स्थिति में सुधार करना है। एनएसटीएफडीसी लघु वनोत्पादों की खरीद/विपणन के लिए भी वित्तीय सहायता उपलब्ध कराता है, ताकि अनुसूचित जनजातियों को उपज/उत्पादों को हताशा में बेचने से रोका जा सके।

लाभार्थियों की पात्रता के मापदंड

लाभार्थी अनुसूचित जनजाति का होना चाहिए और उसकी वार्षिक पारिवारिक आय गरीबी रेखा की आय सीमा के दुगुना (डीपीएल) से अधिक नहीं होनी चाहिए। (वर्तमान में ग्रामीण क्षेत्रों में डीपीएल ₹ 39,500 और शहरी क्षेत्रों में ₹ 54,500 प्रतिवर्ष है।)। स्वसहायता समूहों (एसएचजी) के मामले में स्वसहायता समूहों के सभी सदस्य अनुसूचित जनजाति के होने चाहिए और उनकी वार्षिक पारिवारिक आय गरीबी रेखा की सीमा के दुगुने तक होनी चाहिए। इसी प्रकार सहकारी समिति के संदर्भ में ऐसी सहकारी समिति जिसके 80 प्रतिशत या इससे अधिक सदस्य अनुसूचित जनजाति के हों, अनुसूचित जनजाति के व्यक्ति को ऋण जारी कर सकती है। एनएसटीएफडीसी, जनजातीय लोगों के आर्थिक विकास के लिए निम्नलिखित कार्यक्रम चला रहा है:-

आय बढ़ाने वाले कार्यक्रमों के लिए सावधि ऋण उपलब्ध कराया जाता है। विपणन सहायता-सहयोग के तहत जनजातियों द्वारा उपजाए गए वन-उत्पाद/सेवाएं/कृषि उत्पाद की खरीद या विपणन के लिए केंद्र/राज्य सरकार की एजेन्सियों और राष्ट्रीय स्तर की फेडरेशन की कार्यगत पूंजी आवश्यकता को पूरा करने के लिए वित्तीय सहायता उपलब्ध कराई जाती है। एससीए के जरिए लाभार्थियों को विपणन सहायता दी जाती है, ब्याज दर सावधि ऋण ब्याज दर के समान होती है। उन केंद्र/राज्य/केंद्रशासित प्रदेश के संगठन, राष्ट्रीय स्तर के फेडरेशन जो खरीद से सीधे जुड़े हों, उन्हें 7 प्रतिशत प्रतिवर्ष की ब्याज दर से विपणन सहायता उपलब्ध कराई जाती है।

विशेष योजनाएं

(क) आदिवासी महिला सशक्तीकरण योजना (एएमएसवाई) एक विशिष्ट योजना है, इसके तहत अनुसूचित जनजाति की महिलाओं के आर्थिक विकास के लिए अत्यधिक रियायती ब्याज दर पर धनराशि दी जाती है। इसके लिए एनएसटीएफडीसी प्रति स्वतंत्र इकाई/लाभ केंद्र 50 हजार रुपये लागत वाली योजनाओं/परियोजनाओं के लिए सावधि ऋण उपलब्ध कराता है। योजना-परियोजना की लागत के 99 प्रतिशत तक की वित्तीय सहायता निगम द्वारा दी जाती है। एससीए द्वारा प्रतिवर्ष अधिकतम चार प्रतिशत तक की सालाना ब्याजदर लाभार्थी महिला से ली जा सकती है।

(ख) लघु ऋण योजना लाभ में चल रहे वर्तमान स्वसहायता समूहों के लिए अनुसूचित जनजाति के योग्य व्यक्तियों को छोटे और रोजगार उद्यमों/कार्यों के लिए वित्तीय सहायता उपलब्ध कराने हेतु बनाई गयी है। एससीए द्वारा लक्षित समूह के लिए योजना/योजनाओं के अनुसार मार्जिन राशि या सब्सिडी उलब्ध करायी जा सकती है। सब्सिडी नहीं लिने और/या एससीए बैंक द्वारा अंश उपलब्ध न कराए जाने की स्थिति में एनएसटीएफडीसी अधिकतम प्रति सदस्य ₹ 15,000 के हिसाब से सावधि ऋण के रूप में शतप्रतिशत धनराशि उपलब्ध कराता है।

ट्राइबल कोऑपरेटिव मार्केटिंग डवलपमेंट फेडरेशन ऑफ इंडिया लिमिटेड

बहुराष्ट्रीय सहकारी समिति अधिनियम, 1984 (एमएससीएस अधिनियम, 1984) के तहत राष्ट्रीय स्तर के शीर्षस्थ निकाय के रूप में वर्ष 1987 में भारतीय जनजातीय सहकारी विपणन विकास केंद्र मर्यादित (यानी ट्राइबल को-ऑपरेटिव मार्केटिंग डेवलपमेंट फेडरेशन ऑफ इण्डिया लिमिटेड-ट्राइफेड) की स्थापना की गयी थी। बहुराज्य सहकारी समिति अधिनियम, 2002 (एमएससीएस अधिनियम, 2002) के अधिनियम के बाद ट्राइफेड को इसी अधिनियम, के अंतर्गत पंजीकृत मान लिया गया और यह अधिनियम की दूसरी अनुसूची में राष्ट्रीय सहकारी संस्था के रूप में भी सूचीबद्ध है।

वेबसाइट: www.trifed.in

ट्राइफेड की नियमावली में बहुराज्यीय सहकारी समिति के नियम 2002 के साथ पठित नए बहुराज्यीय सहकारी समिति अधिनियम, 2002 के अनुरूप अप्रैल 2003 में परिवर्तन किया गया। इस संशोधित अधिदेश के अनुसार ट्राइफेड ने जनजतियों से लघु वनोत्पाद (एमएफपी) और अतिरिक्त कृषि उत्पादों (एसएपी) की खरीद बंद कर दी है। (यह खरीद अब राज्य स्तर की जनजातीय सहकारी समिति/फेडरेशन्स द्वारा की जाती है)। ट्राइफेड अब जनजातीय उत्पादों के लिए बाजार का विकास करने और सदस्य को 'सेवा प्रदान करने वाली' इकाई के रूप में कार्य कर रहा है।

ट्राइफेड अपनी दुकानों (ट्राइब्स इंडिया) के जरिए जनजातीय लोगों द्वारा बनाए गए उत्पादों (प्राकृतिक और जैविक/ऑर्गेनिक उत्पाद, हस्तशिल्प उत्पाद आदि) के विपणन विकास में लगा है। दुकानों द्वारा इन उत्पादों की बिक्री परेषण/भेजे हुए माल (कंसाइनमेंट बेसिस) पर की जाती है।

वनों पर जनजातियों के अधिकार को मान्यता

अनुसूचित जनजाति और अन्य पारंपरिक वन्य निवासी (वन अधिकार को मान्यता) अधिनियम, 2006 के तहत वनों में रहने वाली अनुसूचित जनजाति और अन्य वनवासियों के वनों पर अधिकार को मान्यता दी गई है। ये लोग पीढ़ियों से इन वनों में रह रहे थे लेकिन औपनिवेशिक काल के दौरान वनों पर इनके अधिकार को समाप्त कर दिया गया और स्वतंत्रता प्राप्ति के बाद इस ऐतिहासिक भूल को दोहराया गया और उनके साथ अन्याय हुआ। यह अधिनियम, 31 दिसंबर, 2007 को अधिसूचित किया गया।

अधिनियम, के प्रावधानों के कार्यान्वयन के लिए अनुसूचित जनजाति और अन्य पारिवारिक वन्य निवासी (वन अधिकार को मान्यता) नियम 1 जनवरी, 2008 को अधिसूचित किए गए और इनमें अधिनियम, के अंतर्गत राज्य सरकारों द्वारा जिला स्तरीय समिति और राज्य स्तर की निगरानी समिति जैसी विविध समितियों के गठन की परिकल्पना की गई। सभी राज्यों से अधिनियम, के प्रावधानों के कार्यान्वयन के लिए नोडल अधिकारी नामित करने का अनुरोध किया गया है। राज्य सरकारों से निम्नलिखित आवश्यक कदम उठाने का अनुरोध किया गया है; जागरुकता कार्यक्रमों, मुद्रित सामग्री जैसे क्षेत्रीय भाषाओं में पोस्टरों के जरिए अधिनियम, और नियमों के उद्देश्यों, प्रावधानों तथा प्रक्रियाओं के बारे में जागरुकता फै लाना सुनिश्चित करें। अधिनियम,ों और नियमों का सभी क्षेत्रीय भाषाओं में अनुवाद तथा प्रकाशन व सभी ग्राम सभाओं, वन अधिकार समितियों और पंचायती राज, ग्रामीण विकास, जनजातीय एवं समाज कल्याण वन वन विभागों सहित सभी सरकारी विभागों में इसका वितरण सुनिश्चित करें। राज्य के अधिकारियों, नागरिक प्रतिनिधियों और गैर-सरकारी संगठनों को इस दिशा में प्रशिक्षित करना, जिससे वे जागरुकता कार्यक्रमों में सहायता कर सकें। उपमंडल तथा जिला स्तरीय समितियों को अधिनियम, व नियमों के उद्देश्य, प्रावधानों व प्रक्रियाओं के प्रति संवेदनशील जागरूक बनाना।

अधिनियम, के अनुसार वन अधिकारों व भूमि अधिकारों के वितरण की पहचान का उत्तरदायित्व राज्य सरकार पर है। अधिनियम, के कार्यान्वयन के लिए अधिसूचित नियमों के तहत सभी राज्य सरकारों को निर्देश दिया गया है कि वे अनूसूचित जनजाति तथा अन्य परंपरागत वन निवासी (वन अधिकारों को मान्यता) अधिनियम, 2006 के अनुसार वन अधिकारों को अमली जामा पहनाने की प्रक्रिया जल्द से जल्द पूरी करें। वेबसाइट www.tribal.gov.in पर परीक्षण के उद्देश्य से 4 जून, 2008 से अधिनियम, के कार्यान्वयन की ऑनलाइन निगरानी के लिए वेब आधारित एमआईएस की शुरुआत की गई है। हालांकि अंतिम वेबसाइट वही होगी, जो वर्तमान में सुरक्षा-लेखा परीक्षा स्वीकृति प्राप्त करने की प्रक्रिया में है।

वनबंधु कल्याण योजना

2015-16 में वनबंधु कल्याण योजना (वीकेवाई) के तहत अनुमोदित मुख्य कार्यक्रम इस प्रकार हैं- शिक्षा/आधारभूत संरचनात्मक ढांचा/विद्यालयों एवं छात्रावासों में शौचालय निर्माण, स्वास्थ्य/खेल/स्वच्छ पेयजल, स्वरोज़गार/कौशल विकास/फलों की खेती/जीविकोपार्जन/डेरी, दुग्ध उत्पादन/मत्स्य पालन, सिंचाई, सांस्कृतिक कार्यक्रम/पर्यटन-व्यवसाय, नियंत्रण प्रकोष्ठ/बाज़ार/पर्यटन/विद्युतीकरण/सौर ऊर्जा।

जनजातीय बच्चों की शिक्षा के लिए व्यापक उपयोजना

मंत्रालय अनुसूचित जनजातियों को पर्याप्त शिक्षा उपलब्ध कराने के उद्देश्य से शिक्षा से जुड़े आधारभूत ढांचा एवं अनुसूचित जाति के बच्चों को छात्रवृत्ति के माध्यम से प्रोत्साहित करने हेतु अपनी शिक्षा उपयोजनाओं को पुनर्गठित कर रही है। यह कार्ययोजना मंत्रालय से उपयोजना-लाभार्थी का सीधा संपर्क स्थापित करने के साथ ही छात्रवृत्ति को पाने की प्रक्रिया को सरल बनाने एवं शिक्षा संबंध गतिविधियों में तकनीकी सहायता से अभिप्रेरित है। राज्य-दर-राज्य जरूरतों में अंतर होता है। इसी कारण प्रत्येक राज्य एवं केंद्रशासित प्रदेशों के अनुसार प्रायोजित योजनाओं में लचीलापन उनकी जरूरतों के अनुसार होना आवश्यक है। इस व्यापक योजना व्यापक उपयोजना में निम्नलिखित योजनाएं समाहित की हैं: (क) आश्रम विद्यालयों को स्थापित करना और उन्हें सशक्त बनाना, (ख) छात्रावासों का निर्माण करना और उन्हें सशक्त बनाना, (ग) जनजातीय क्षेत्रों में व्यावसायिक प्रशिक्षण उपलब्ध कराना, मैट्रिक परीक्षा के बाद छात्रवृत्ति उपलब्ध कराना, और मैट्रिक से पूर्व की पढ़ाई हेतु छात्रवृत्ति उपलब्ध कराना।

अनुसूचित जनजातियों के विद्यार्थियों के लिए राष्ट्रीय समुद्रपारीय छात्रवृत्तियां (एनओएस)

अनुसूचित जनजाति कार्य मंत्रालय ने अनुसूचित जनजातियों के विद्यार्थियों को संशोधित राष्ट्रीय समुद्रपारीय छात्रवृत्ति (एनओएस) देना मंजूर किया है। इस योजना के तहत विदेशों में उच्चशिक्षा-स्नातकोत्तर, पीएचडी और पोस्ट डॉक्टोरल शोध कार्यक्रमों की विदेशों में पढ़ाई हेतु अनुसूचित जनजाति के चुने हुए विद्यार्थियों को छात्रवृत्ति उपलब्ध करवा रही है। मंत्रालय ने अनुसूचित जाति के छात्रों के लिए अत्याधिक लाभकारी बनाने हेतु इसके कुछ प्रावधानों में संशोधन किया है।

अध्ययन के क्षेत्र में व्यापक प्रसार करने के लिए मौजूदा 15 छात्रों की संख्या को बढ़ाकर 20 छात्रों को छात्रवृत्ति उपलब्ध कराने का प्रावधान किया गया है। इस योजना को अत्याधिक प्रभावी बनाने के उद्देश्य से 20 में 3 छात्रवृत्तियां विशेष कर अनुसूचित जनजाति के अतिसंवेदनशील समूहों (पीवीटीजीएस) और 30 प्रतिशत छात्रवृत्ति लड़कियों को उपलब्ध कराना निश्चित किया गया है। संशोधित योजना में शिक्षा के विस्तृत क्षेत्रों को शामिल करने के लिए विभिन्न विषयों को अनेक समूहों में पुनर्संगठित किया गया है ताकि अनुसूचित जाति के अधिकाधिक छात्रों को लाभान्वित किया जा सके, इसके दृष्टिगत पूर्व

के 35 विषयों को बढ़ाकर 52 विषय कर दिए गए हैं। पूर्व में छात्रवृत्ति पात्रता योग्यता 60 प्रतिशत प्राप्तांक को घटाकर 55 प्रतिशत कर दिया गया है ताकि एनओएस के तहत अधिक से अधिक संख्या में अनुसूचित जनजाति के छात्र इस छात्रवृत्ति के लिए आवेदन करने के काबिल हो सकें। सालाना पारिवारिक आय की अधिकतम सीमा ₹ 6 लाख कर दी गयी है। हालांकि बाकी सभी मानक छात्रवृत्ति उपलब्ध कराने हेतु समान हैं, परंतु निम्न आय वर्ग के छात्रों को प्राथमिकता दी गयी है। इसी प्रकार मुद्रास्फीति को ध्यान में रखते हुए वित्तीय सहायता, उपकरणों संबंधी व्यय-अनुदान और अत्यन्त जरूरी यात्रा-व्यय की मौद्रिक मात्रा को 10 प्रतिशत बढ़ा दिया गया है।

वनों पर आधारित अधिनियम

2015 में पीआरएजीएटीआई के तहत वन अधिकार अधिनियम (एफआरए) 2005 का पुनर्मूल्यांकन किया गया। एफआरए को एक अभियान की तर्ज पर लागू करने के उद्देश्य से मंत्रालय ने राज्य सरकारों द्वारा इसके कार्यान्वयन की वस्तुस्थिति के पुनर्मूल्यांकन हेतु अनेक कदम उठाए हैं। ओडिशा 3,54,404 (3,49,400 व्यक्तिगत स्वामित्वाधिकार एवं 5,004 सामुदायिक स्वामित्वाधिकार) स्वामित्वाधिकारों को दिलाकर देश में शीर्ष स्थान पर है। मध्य प्रदेश सबसे अधिक वन क्षेत्रों को इस अधिनियम, के तहत स्वामित्वाधिकार दिलाकर देश में शीर्ष स्थान पर है। महाराष्ट्र में कुल 20,36,382.10 एकड़ वन-क्षेत्र पर स्वामित्वाधिकार उपलब्ध कराया गया है। इस वर्ष के दौरान राष्ट्रीय संसाधन केंद्र ने ओडिशा के टीआरआई कैंपस में मंत्रालय द्वारा संचालित कार्यक्रम का आयोजन किया, इसके तहत न केवल ओडिशा, बल्कि अन्य राज्यों, जो एफआरए को अपने यहां कार्यान्वित कर रहे हैं, उनको प्रशिक्षण देने वाले मास्टर प्रशिक्षकों को प्रशिक्षण दिया गया। अनेक राज्यों ने वन-अधिकार अधिनियम, एवं वन-अधिकार नियमों को स्थानीय तथा जनजातीय भाषाओं में अनुवाद कराया है।

अन्य पिछड़ा वर्गों का कल्याण

दूसरे पिछड़ा वर्ग आयोग (आमतौर पर मंडल आयोग नाम से ज्ञात) का गठन अनुच्छेद, 340 के अंतर्गत किया गया था। इस आयोग ने 1980 में अपनी रिपोर्ट सौंपी। इस रिपोर्ट के आधार पर भारत सरकार ने सामाजिक और आर्थिक दृष्टि से पिछड़े वर्गों ('अन्य पिछड़ा वर्ग' या ओबीसी कहलाने वाले) के लिए केंद्र सरकार के पदों में 27 प्रतिशत आरक्षण का प्रावधान किया। उच्चतम न्यायालय ने एक बहुमत फैसले के द्वारा इन याचिकाओं का निपटान कर दिया। इसे इन्द्रा साहनी मामले के फैसले के रूप में जाना जाता है। इस फैसले में न्यायालय ने 'क्रीमीलेयर' को हटाए जाने की शर्त पर भारत केंद्र के नागरिक पदों और सेवाओं में ओबीसी के लिए 27 प्रतिशत आरक्षण को वैध ठहराया। भारत सरकार ने 1993 में केंद्र सरकार के 27 प्रतिशद पदों और सेवाओं को आरक्षित कर दिया, जिन्हें अन्य पिछड़ा वर्ग (ओबीसी) के पक्ष में सीधी भर्ती से भरा जाना था। जनवरी 2006 में संविधान के अनुच्छेद-15 में संशोधन और जनवरी 2007 में केंद्रीय शैक्षिक संस्थान (दाखिलों में आरक्षण) अधिनियम, के साथ ही केंद्रीय शैक्षिक संस्थानों में दाखिले के लिए भी अन्य पिछड़ा वर्ग को सूचीबद्ध किया जाना प्रासंगिक हो गया। इस कानून के अंतर्गत, ओबीसी छात्र केंद्रीय शैक्षिक संस्थानों में शैक्षिक सत्र 2008-09 से तीन वर्षों की अवधि तक चरणबद्ध रूप से 27 प्रतिशत आरक्षण के हकदार हैं। राष्ट्रीय पिछड़ा वर्ग आयोग अधिनियम, 1993 के प्रावधानों के अनुरूप् 1993 में राष्ट्रीय पिछड़ा वर्ग आयोग (एनबीसी) का गठन किया गया था। वेबसाइट www.ncbc.nic.in

विकलांग

विकलांग (समान अवसर, अधिकार संरक्षण और पूर्ण भागीदारी) अधिनियम, 1995 की धारा–2(टी), (पीडब्ल्यूडी अधिनियम, 1995 के रूप में भी उल्लिखित) में 'विकलांग' को परिभाषित करते हुए कहा गया है कि ऐसा व्यक्ति जिसकी किसी भी प्रकार की कम से कम 40 प्रतिशत विकलांगता चिकित्सीय प्राधिकरण द्वारा प्रमाणित की गई हो। यह विकलांगता (क) अन्धता, (ख) कम दृष्टि, (ग) कुष्ठ रोग से मुक्त, (घ) श्रवणशक्ति का ह्रास, (ङ) चलन (लोकोमोटर) विकलांगता, (च) मानसिक रुग्णता, (छ) मानसिक मंदता, (ज) आत्मविमोह, (झ) प्रमस्तिष्क पक्षाघात या (ग) दो या अधिक, यानी छ, ज और झ बिंदुओं का मिश्रण। (पीडब्ल्यूडी अधिनियम, 1995 की धारा–2 (ट) इसे आत्मविमोह, प्रमस्तिष्क पक्षाघात, मंद बुद्धि और बहु–विकलांगता के शिकार व्यक्तियों के कल्याण के लिए राष्ट्रीय न्यास अधिनियम, 1999 की धारा–2 के साथ पठित।

मानसिक स्वास्थ्य अधिनियम

मानसिक रुग्णता को विकलांग (समान अवसर, अधिकार संरक्षण और पूर्ण भागीदारी) अधिनियम, 1995 के अंतर्गत एक प्रकार की निशक्तता माना गया है। मानसिक रूप से रुग्ण व्यक्ति का इलाज और देखभाल मानसिक स्वास्थ्य अधिनियम, 1987 के तहत की जाती है। यह कानून स्वास्थ्य एवं परिवार कल्याण मंत्रालय द्वारा प्रभाव में लाया जाता हैं

विकलांग अधिनियम

विकलांग (समान अवसर, अधिकार संरक्षण और पूर्ण भागीदारी) अधिनियम, 1995 व्यापक कानून को मूर्त रूप प्रदान किया गया और फरवरी 1996 में इसे लागू किया गया। यह कानून शिक्षा, रोज़गार और व्यासायिक प्रशिक्षण, काम के अनुकूत परिवेश के निर्माण, विकलांगों के लिए पुनर्वास सेवाओं के प्रावधान, संस्थागत सेवाओं और केंद्र और राज्य दोनों स्तर पर बेरोज़गारी भत्ता तथा शिकायत निवारण तंत्र जैसे सहायक सामाजिक सुरक्षा उपायों आदि बातों पर ध्यान देते हुए रोकथाम और प्रोत्साहन सहित दोनों पहलुओं से दिव्यांग के पुनर्वास पर बल देता है। आत्मविमोह, प्रमस्तिष्क पक्षाघात, मंदबुद्धि और बहु–विकलांगता के शिकार व्यक्तियों के कल्याण के लिए राष्ट्रीय न्यास; यह न्यास एक संवैधानिक निकाय है जिसकी स्थापना 'आत्मविमोह, प्रमस्तिष्क पक्षाघात और मंदबुद्धि के शिकार व्यक्तियों के लिए राष्ट्रीय न्यास और बहु–विकलांगता अधिनियम, 1999 के तहत की गई है। इस न्यास का मूल उद्देश्य इस तरह की निशक्तता के शिकार व्यक्तियों को आत्मनिर्भर बनाना है जिससे वे यथासंभव स्वतंत्र रूप से जी सकें। न्यास जरूरत के मुताबिक सेवाएं प्रदान करने वाले पंजीकृत संगठनों को सहायता प्रदान करता है और जरूरतमंद विकलांग व्यतियों के लिए कानूनी संरक्षण नियुक्त करने की प्रक्रिया तय करता है।

विकलांगों के लिए मुख्य आयुक्त का कार्यालय

विकलांग (समान अवसर, अधिकार संरक्षण और पूर्ण भागीदारी) अधिनियम, 1995 की धारा 57 के तहत नियुक्त मुख्य आयुक्त महत्वपूर्ण वैधानिक पदाधिकारी हैं मुख्य आयुक्त के प्रमुख कार्यों और उत्तरदायित्वों में विकलांगों के लिए राज्य आयुक्तों के काम में समन्वय, केंद्र सरकार द्वारा दिए गए धन के इस्तेमाल की निगरानी, विकलांगों के लिए उपलब्ध सुविधाओं की पहुंच सुनिश्चित करना, और अधिकारों की रक्षा के उपाय और इस संबंध में शिकायतों का निवारण शामिल है। मुख्य आयुक्त

विकलांगों के लिए बने किसी कानून, नियम आदि को लागू नहीं किए जाने के मामले में अपनी ओर से कार्रवाई कर सकता है। उसे गवाह को बुलाने, जांच और किसी दस्तावेज को मांगने जैसे दीवानी अदालत के अधिकार को बुलाने के अधिकार भी प्राप्त हैं।

पुनर्वास परिषद

भारतीय पुनर्वास परिषद एक सांविधानिक निकाय है, जिसकी स्थापना भारतीय पुनर्वास परिषद अधिनियम, 1992 के तहत की गई है। यह परिषद विकलांगों के पुनर्वास और विशिष्ट शिक्षा के संदर्भ में व्यवसायों की विभिन्न श्रेणियों के लिए प्रशिक्षण, नीति और कार्यक्रम तय करने के लिए जिम्मेदार है। इसके कार्यों में शामिल हैं- (1) देशभर में सभी प्रशिक्षण संस्थानों में विभिन्न स्तरों पर प्रशिक्षण पाठ्यक्रमों का मानकीकरण और नियमन, (2) पारस्परिक समझौते के आधार पर विकलांगों के पुनर्वास के संदर्भ में देश में और देश के बाहर प्रशिक्षण पाठ्यक्रम चलाने वाले प्रशिक्षण संस्थानों/विश्वविद्यालयों को मान्यता देना, (3) पुनर्वास और विशिष्ट शिक्षा में अनुसंधान को बढ़ाना, (4) पुनर्वास के क्षेत्र में मान्य योग्यता रखने वाले व्यवसायों को एक केंद्रीय पुनर्वास रजिस्टर रखना, (5) पुनर्वास शिक्षा कार्यक्रम जारी रखने को प्रोत्साहन देना और इसके लिए निशक्तता के क्षेत्र में कार्यरत संगठनों के साथ मिलकर काम करना। वेबसाइट: www.rehabcouncil.nic.in

राष्ट्रीय संस्थान

विकलांगता की विभिन्न समस्याओं से प्रभावी ढंग से निपटने के लिए विकलांगता के प्रत्येक प्रमुख क्षेत्र में निम्नलिखित राष्ट्रीय संस्थानों/उच्चस्तरीय संस्थाओं की स्थापना की गई है- (1) राष्ट्रीय दृष्टिबाधित संस्थान देहरादून, (2) राष्ट्रीय अस्थिरोग विकलांग संस्थान, कोलकाता, (3) अली थावर गंज राष्ट्रीय बधिर संस्थान, मुंबई, (4) राष्ट्रीय मानसिक विकलांग संस्थान, सिकंदराबाद, (5) राष्ट्रीय पुनर्वास प्रशिक्षण और अनुसंधान संस्थान, कटक (6) शारीरिक विकलांग संस्थान, नई दिल्ली, और (7) बहुविकलांग सशक्तीकरण संस्थान, चन्नई। ये संस्थान मुख्य रूप से मौलिक अनुसंधान के संचालन, कार्मिक विकास के लिए प्रशिक्षण पाठ्यक्रमों के आयोजन और देशभर में सेवाएं प्रदान करने के प्रति उत्तरदायी हैं। आर्टीफिशियल लिम्ब्स मैन्युफैक्चरिंग कॉरपोरेशन ऑफ इंडिया (एएलआईएमसीओ) कानपुर, कृत्रिम अंगों का निर्माण करने वाला सार्वजनिक क्षेत्र का एक निकाय है जो विकलांगों के लए सहायक उपकरणों का निर्माण करता है। निगम द्वारा निर्मित उत्पाद भारतीय मानक ब्यूरो द्वारा स्वीकृत आईएसआई मानकों के अनुरूप होते हैं। यहां निर्मित उत्पादों को कोलकाता, मुंबई, चेन्नई, भुवनेश्वर और दिल्ली स्थित क्षेत्रीय विपणन केंद्रों तथा राष्ट्रीय संस्थानों, स्वयंसेवी संगठनों के जरिए बेचा जाता है।

विकलांगों के लिए पांच समन्वित क्षेत्रीय केंद्र (सीआरसी) श्रीनगर, लखनऊ, भोपाल, सुन्दरनगर और गुवाहाटी में स्थापित किए गए हैं। पुनर्वास के क्षेत्र में पेशेवर कर्मचारी तैयार करने के लिए इन केंद्रों में प्रशिक्षण केंद्र चलाए जाते हैं और विकलांग व्यक्तियों को पुनर्वास सेवाएं उपलब्ध कराई जाती हैं। रीढ़ की हड्डी और हड्डी संबंधी अन्य विकलांगताओं के लिए मोहाली, कटक, जबलपुर और बरेली में चार क्षेत्रीय पुनर्वास केंद्र क्षतिग्रस्त रीढ़ की हड्डी के उपचार और उपचार के बाद की बुनियादी सुविधाएं प्रदान कर रहे हैं जिससे प्रभावित व्यक्ति स्वतंत्र रूप से अपना कार्य कर सकें।

आर्थिक विकास

राष्ट्रीय विकलांग वित्त एवं विकास निगम (एनएचएफडीसी) विकलांगों के आर्थिक विकास के लिए ऋण सुविधाएं प्रदान करने वाला शीर्ष संस्थान है। यह सहायता राज्य सरकारों/केंद्रशासित प्रदेशों के प्रशासनों और गैर-सरकारी संगठनों द्वारा अधिकृत एजेंसियों के माध्यम से उपलब्ध कराई जाती है। निगम स्नातक और उच्च शिक्षा जारी रखने के लिए ऋण प्रदान करता है। इसके अतिरिक्त यह तकनीकी और उद्यमशीलता के कौशल को उन्नत बनाने में भी सहायता करता है जिससे लाभार्थी सक्षमतापूर्वक अपनी उत्पादन इकाइयों का संचालन कर सके।
वेबसाइट: www.nhfdc.nic.in

विकलांगों के लिए कृत्रिम अंगों और उपकरणों की खरीद/फिटिंग योजना का उद्देश्य जरूरतमंद विकलांगों को टिकाऊ, अत्याधुनिक और वैज्ञानिक विधि से निर्मित मानक सहायक उपकरणों की सहायता उपलब्ध कराना है, जिससे उनकी निशक्तता से जुड़ी परेशानियां कम हो सकें और उनकी आर्थिक क्षमता बढ़ सके तथा शारीरिक, सामाजिक तथा मनोवैज्ञानिक रूप से उनका पुनर्वास हो सके। यह योजना स्वयंसेवी संगठनों, मंत्रालय के तहत आने वाले राष्ट्रीय संस्थानों, एएलआईएमसीओ, जिला पंचायतों, डीआरडीए आदि के माध्यम से लागू की जा रही हैं। अमल करने वाली एजेंसियों को सहायता उपकरण आदि खरीदने, ढांचा तैयार करने और उनका वितरण आदि के लिए अनुदान सहायता उपलब्ध कराई जाती है। इस योजना के अंतर्गत सर्जरी/चिकित्सीय सुविधाएं भी उपलब्ध कराई जाती हैं जो शायद इन उपकरणों और सहायक पुर्जों को लगाने के लिए ज़रूरी हों।

सामाजिक सुरक्षा

सामाजिक सुरक्षा के क्षेत्र में मंत्रालय वृद्ध व्यक्तियों के कल्याण और मादक पदार्थों की लत के शिकार लोगों के पुनर्वास के प्रति वचनबद्ध हैं। लक्षित समूहों के लिए निम्नलिखित कार्यक्रम चलाए जा रहे हैं।

वृद्धजनों के लिए राष्ट्रीय नीति

वृद्धजनों के लिए राष्ट्रीय नीति (एनपीओपी) की घोषणा जनवरी 1999 में की गई। इसका मुख्य उद्देश्य है- व्यक्ति को स्वयं अपनी और अपने जीवन साथी को वृद्धावस्था की तैयारी के लिए प्रोत्साहित करना, परिवारों को अपने बुजुर्ग सदस्यों की देखभाल के लिए प्रोत्साहित करना, बुजुर्गों की देखभाल कर रहे परिवारों की अतिरिक्त मदद के लिए स्वयंसेवी और गैर-सरकारी संस्थाओं का साथ देना और उन्हें सक्षम बनाना, असहाय वृद्धजनों के स्वास्थ्य की देखभाल और संरक्षण, वृद्धजनों को स्वास्थ्य सुविधाएं उपलब्ध कराना, वृद्धों के लिए सेवा और संरक्षण देने वाले लोगों को अनुकेंद्रान तथा प्रशिक्षण सुविधाएं उपलब्ध कराना और वृद्धों में ऐसी जागरुकता पैदा करना जिससे वे आत्मनिर्भर बन सकें।

वृद्धजनों के लिए राष्ट्रीय परिषद

सरकार ने वृद्धजनों के लिए राष्ट्रीय परिषद (एनसीओपी) का पुनगर्ठन किया, जो वृद्धों के बारे में नीतियां और कार्यक्रम तैयार करने में सरकार को सलाह और सहायता देती है। यह वृद्धों से संबंधित राष्ट्रीय नीति के कार्यान्वयन और वृद्धजनों के लिए की गई विशेष पहलों के बारे में सरकार को फीडबैक उपलब्ध कराती है। एनसीओपी वृद्धजनों के कल्याण हेतु नीतियों और कार्यक्रमों के निरूपण और कार्यान्वयन के संबंध में सरकार को परामर्श देने और समन्वय करने वाली सर्वोच्च संस्था है। वृद्धजनों के

लिए एकीकृत कार्यक्रम के अंतर्गत गैर-सरकारी संगठनों को परियोजना लागत का 90 प्रतिशत तक वित्तीय सहायता दी जाती है। यह सहायता राशि वृद्धाश्रम बनाने और उसकी देखभाल करने, डे केयर सेंटर, सचल चिकित्सा सुविधा इकाइयां खोलने और उनका संचालन करने और वृद्धजनों को गैरसंस्थागत सेवाएं उपलब्ध कराने पर खर्च की जाती है।

मद्यपान और मादक पदार्थों के सेवन की रोकथाम और नशे की लत के शिकार लोगों का पुनर्वास

इस योजना के तहत गैर-सरकारी संगठनों को मादक पदार्थों और मद्यपान की लत के शिकार लोगों के पुनर्वास के खर्च के लिए 90 प्रतिशत (पूर्वोत्तर राज्यों, जम्मू-कश्मीर और सिक्किम में 95 प्रतिशत) तक की अनुदान सहायता दी जाती है। इस योजना के अंतर्गत स्वयंसेवी संगठनों को विभिन्न सामाजिक वर्गों के पुनर्वास के कार्यक्रमों के लिए सहायता दी जाती है, जो मंत्रालय की वर्तमान योजनाओं के तहत नहीं आते। यह योजना विशेष रूप से उन क्षेत्रों में प्रायोजित परियोजनाओं के लिए सहायता उपलब्ध कराती है, जहां मंत्रालय आने वाले समय में स्वतंत्र रूप से कार्यक्रम शुरू करना चाहता हो। वेश्याओं के बच्चों के पुनर्वास के लिए अनेक कार्यक्रमों को मदद दी जाती है। विधवाओं के पुनर्वास के लिए चलाई जा रही परियोजनाओं और सदमे के शिकार बच्चों और महिलाओं, विशेष रूप से शारीरिक हिंसा और यौन उत्पीड़न के शिकार बच्चों और महिलाओं को परामर्श और सहायता देने वाली परियोजनाओं को सक्षम बनाने के उपाए किए गए हैं।

अल्पसंख्यकों के कल्याण के उपाय

राष्ट्रीय अल्संख्यक आयोग (एनसीएम) अधिनियम, 1992 के अंतर्गत पांच धार्मिक समुदायों- मुसलमान, ईसाई, सिख, बौद्ध और पारसी को अल्पसंख्यक अधिसूचित किया गया है। इन पांचों समुदायों की तादाद देश की कुल आबादी का 18.47 प्रतिशत है। सरकार ने अल्पसंख्यकों के कल्याण के लिए ये कदम उठाए हैं:- अल्संख्यक कार्य मंत्रालय का गठन जनवरी, 2006 को किया गया। इसके गठन का उद्देश्य अल्पसंख्यकों से जुड़े मामलों पर ध्यान केंद्रित करना और अल्संख्यक समुदायों के लाभ के लिए चलाए जा रहे नियामक और विकास कार्यक्रमों की समग्र नीतिगत योजना, समन्वय, मूल्यांकन और समीक्षा करना है। मंत्रालय (1) राष्ट्रीय अल्संख्यक आयोग अधिनियम, 1992, (2) वक्फ अधिनियम, 1995, और (3) दरगाह ख्वाजा साहब अधिनियम, 1955 के कार्यान्वयन एवं प्रशासन के लिए भी ज़िम्मेवार है। कम समय में ही मंत्रालय ने न केवल पूरी तरह से काम करना शुरू कर दिया है, बल्कि् जारी योजनाओं/कार्यक्रमों को सरल और सुचारू बनाने और अल्संख्यक समुदायों के कल्याण के लिए नवीन व प्रभावी योजनाएं/कार्यक्रम शुरू करने के प्रयास भी किए गए हैं। मंत्रालय और उसके अधीनस्थ संगठनों द्वारा चलाई जा रही योजना का विवरण/विकास इस प्रकार है।

वेबसाइट: www.ncm.nic.in, www.minorityaffairs.gov.in

अल्पसंख्यकों के कल्याण के लिए नए 15 सूत्री कार्यक्रम

अल्संख्यकों के कल्याण के लिए प्रधानमंत्री के नए 15 सूत्री कार्यक्रम की घोषणा जून 2006 में की गयी थी। इसके उद्देश्य इस प्रकार हैं: (क) शैक्षिक अवसरों में बढ़ोतरी, (ख) मौजूदा और नई योजनाओं, स्वरोज़गार के लिए ऋण सहायता में वृद्धि और राज्य व केंद्र सरकार की नौकरियों में भर्ती के जरिए आर्थिक गतिविधियों ओर रोज़गार में अल्संख्यकों की उचित भागीदारी सुनिश्चित करना, (ग) ढांचागत विकास से जुड़ी परियोजनाओं में उचित भागीदारी सुनिश्चित करते हुए अल्संख्यकों के जीवन-स्तर में

सुधार लाना, (घ) सामुदायिक हिंसा की रोकथाम और नियंत्रण करना। नए कार्यक्रमों का एक महत्वपूर्ण उद्देश्य यह सुनिश्चित करना है कि वंचितों के लिए बनाई गई सरकारी योजनाओं का लाभ अल्संख्यक समुदाय के वंचित वर्गों को मिले। इन योजनाओं का लाभ समान रूप से अल्संख्यकों तक पहुंचे थे, सुनिश्चित करने के लिए नये कार्यक्रम में अल्पसंख्यकों की अधिक संख्या वाले क्षेत्रों में विकास परियोजनाओं का कुछ हिस्सा केंद्रित करने पर विचार किया गया है। यह भी प्रावधान किया गया है कि जहां तक संभव हो, विभिन्न योजनाओं के अंतर्गत 15 प्रतिशत वास्तविक लक्ष्य एवं वित्तीय परिव्यय अल्संख्यकों के लिए निर्धारित हो।

अल्संख्यक विद्यार्थियों के लिए विशेष छात्रवृत्ति योजनाएं

अल्संख्यक समुदाय के विद्यार्थियों के लिए केंद्र द्वारा प्रयोजित तीन छात्रवृत्ति योजनाएं शुरू की गई हैं। बालिकाओं की उचित भागीदारी सुनिश्चित करने के लिए इन तीनों योजनाओं में 30 प्रतिशत छात्रवृत्तियां उनके लिए निर्धारित की गई हैं। ये योजनाएं इस प्रकार हैः-

1. केंद्र सरकार द्वारा प्रायोजित मेरिट सह-साधन आधारित छात्रवृत्ति योजना 2007 में प्रारंभ की गई थी। यह योजना राज्य सरकारों/केंद्रशासित प्रदेशों के प्रशासकों द्वारा कार्यान्वित की जा रही है। इसका पूरा खर्च केंद्र सरकार द्वारा वहन किया जा रहा है।

2. अल्संख्यक समुदायों के विद्यार्थियों के लिए मैट्रिक के पश्चात् छात्रवृत्ति योजना नवंबर 2007 में आरंभ की गई थी। यह केंद्र सरकार के शत-प्रतिशत वित्तपोषण से राज्य सरकारों/केंद्रशासित प्रदेशों के प्रशासनों द्वारा कार्यान्वित की जा रही है। मैट्रिक के पश्चात् छात्रवृत्ति योजना भारत के सरकारी उच्चतर माध्यमिक विद्यालय/कॉलेज के साथ आवासीय सरकारी उच्चतर माध्यमिक विद्यालय/कॉलेज और राज्य सरकार/केंद्रशासित प्रशासकों द्वारा पारदर्शी ढंग से अधिसूचित और चुने हुए योग्य निजी संस्थानों से संबंधित कम से कम 50 प्रतिशत अंक पिछले वर्ष के अंतिम परीक्षा में पाने वाले विद्यार्थियों को जिनके माता-पिता/संरक्षक की सालाना आय ₹ 2 लाख से अधिक नहीं हो, उन्हें यह छात्रवृत्ति उपलब्ध कराई जाती है। इसमें 30 प्रतिशत छात्रवृत्ति लड़कियों को देना निश्चित किया गया है। यदि किसी कारणवश पर्याप्त संख्या में छात्राएं नहीं हो तो योग्य बालक छात्रों को ये छात्रवृत्तियां दी जाती हैं।

3. अल्संख्यक समुदाय के विद्यार्थियों के लिए मैट्रिक पूर्व छात्रवृत्ति योजना को जनवरी 2008 को मंजूरी दी गई थी। यह केंद्र द्वारा प्रायोजित योजना (सीएसएस) के रूप में प्रारंभ की गयी थी और इसमें केंद्र एवं राज्य के बीच निधि उपलब्ध कराने का भागीदारी अनुपात क्रमशः 75: 25 है और केंद्रशासित प्रदेशों को इस योजना के अंतर्गत केंद्र से शत-प्रतिशत सहायता उपलब्ध कराई जाती है। यह राज्य सरकारों/केंद्रशासित प्रदेशों के प्रशासकों द्वारा लागू की जाती है। पिछले साल की अंतिम परीक्षा में कम से कम 50 प्रतिशत अंक पाने वाले छात्र, जिनके माता-पिता/अभिभावकों की सालाना आमदनी एक लाख रुपये से अधिक नहीं हो, वे इस योजना के अंतर्गत मैट्रिक पूर्व छात्रवृत्ति के हकदार हैं। 12वीं पंचवर्षीय योजना की अवधि 2012-17 के दौरान 414.50 लाख छात्रवृत्तियां और नवीकरण प्रदान करने के लिए ₹ 5000 करोड़ के परिव्यय का प्रावधान किया गया है। 30 प्रतिशत छात्रवृत्तियां छात्राओं के लिए निश्चित की गई हैं। ₹ 1040.11 करोड़ की छात्रवृत्तियां दी गयीं, जिससे 64.73 लाख छात्रों को लाभ पहुंचा। जिसमें से 51.03 प्रतिशत छात्रवृत्तियां लड़कियों को प्रदान की गईं।

राष्ट्रीय अल्संख्यक आयोग

गृह मंत्रालय द्वारा पारित प्रस्ताव के आधार पर जनवरी 1978 में स्थापित अल्संख्यक आयोग राष्ट्रीय अल्संख्यक आयोग अधिनियम, 1992 लागू होने के बाद संवैधानिक निकाय बन गया और इसका नाम राष्ट्रीय अल्संख्यक आयोग कर दिया गया। पहला संवैधानिक राष्ट्रीय आयोग 17 मई, 1993 को गठित किया गया। एनसीएम अधिनियम, 1992 को 1995 में संशोधित किया गया और इसके तहत आयोग में उपाध्यक्ष के पद का प्रावधान किया गया। 1995 में संशोधन के साथ आयोग में सदस्य संख्या (अध्यक्ष एवं उपाध्यक्ष सहित) 7 कर दी गई। अधिनियम, की धारा 3(2) के तहत प्रावधान है कि अध्यक्ष सहित 5 सदस्य अल्संख्यक समुदाय से होंगे।

वेबसाइट: www.ncm.nic.in

राज्य अल्संख्यक आयोग

तेरह राज्य सरकारों ने अल्संख्यकों के लिए सांविधानिक आयोग स्थापित किए। इन राज्यों में आंध्र प्रदेश, असम, बिहार, छत्तीसगढ़, राष्ट्रीय राजधानी क्षेत्र दिल्ली, झारखंड, कर्नाटक, महाराष्ट्र, मध्य प्रदेश, राजस्थान, उत्तर प्रदेश, तमिलनाडु व पश्चिम बंगाल शामिल हैं। वहीं दो राज्यों मणिपुर व उत्तराखण्ड ने गैर-सांविधानिक आयोग का गठन किया।

धार्मिक एवं भाषायी अल्संख्यकों के लिए राष्ट्रीय आयोग

भारत सरकार ने धार्मिक और भाषायी अल्संख्यकों के सामाजिक-आर्थिक रूप से पिछड़े वर्गों के कल्याण की आवश्यकता को समझा है। सरकार ने धार्मिक और भाषायी अल्संख्यकों के सामाजिक-आर्थिक रूप से पिछड़े वर्गों की पहचान का आधार तय करने के लिए विस्तृत जांच और उनके कल्याण के उपाय सुझाने हेतु राष्ट्रीय धार्मिक और भाषायी अल्संख्यक आयोग का गठन किया है। इसे सौंपे गए कार्य हैं: (क) धार्मिक और भाषायी अल्संख्यकों के बीच मौजूद सामाजिक आर्थिक रूप से पिछड़े वर्गों की पहचान के मानदंड सुझाना, (ख) धार्मिक और भाषायी अल्संख्यकों के बीच मौजूद सामाजिक-आर्थिक रूप से पिछड़ों के कल्याण के उपाय सुझाना। ये उपाय शिक्षा और सरकारी नौकरियों में आरक्षण के संदर्भ में भी होंगे, (ग) उनकी सिफारिशों को लागू करने के लिए आवश्यक संवैधानिक, कानूनी और प्रशासनिक तौर-तरीके सुझाना और उनकी राय और सिफारिशों के बारे में रिपोर्ट पेश करना। भाषायी अल्संख्यकों के लिए विशेष अधिकारी का कार्यालय (आमतौर पर भाषायी अल्पसंख्यकों के आयुक्त (सीएलएम) के रूप में जाना जाने वाला) जुलाई 1957 में स्थापित किया गया। इसकी स्थापना संविधान की धारा 350(बी) के प्रावधानों के तहत की गई। सीएलएम भाषायी अल्संख्यकों को प्रदत्त संरक्षण संबंधी राष्ट्रीय और संवैधानिक योजनाओं के लागू नहीं किए जाने से जुड़ी हर प्रकार की शिकायतों का निपटारा करता है। ये मुद्दे भाषायी अल्संख्यकों/समूहों/ समितियों या संगठनों द्वारा राज्य सरकारों और केंद्रशासित प्रदेशों के प्रशासनिक और राजनीति के उच्चतम स्तर के ध्यान में लाए जाते हैं और यह इन शिकायतों को दूर करने के उपाय सुझाता है।

केंद्रीय वक्फ परिषद

वक्फ मुस्लिम कानून द्वारा मान्यता प्राप्त धार्मिक, पवित्र अथवा धर्मार्थ उद्देश्यों के लिए चल अथवा अचल परिसंपत्तियों का स्थायी समर्पण है। इन धार्मिक पहलुओं के अलावा वक्फ सामाजिक और आर्थिक उत्थान का माध्यम भी हैं। वक्फ के लिए केंद्रीय विधान के प्रशासन का उत्तरदायित्व सामाजिक

न्याय एवं अधिकारिता मंत्रालय का है। वक्फ बोर्ड के कामकाज से संबंधित मुद्दों और देश में वक्फ के समुचित प्रशासन से संबंधित मुद्दों के बारे में परामर्श देने के लिए केंद्र सरकार ने दिसंबर 1964 में केंद्रीय वक्फ परिषद की स्थापना एक संवैधानिक निकाय के रूप में की। इसकी स्थापना वक्फ अधिनियम, 1954 की धारा 8ए (अब वक्फ अधिनियम, 1995 की धारा (9) की उपधारा (1) के रूप में पठित) के अंतर्गत की गई। वर्तमान परिषद का मार्च 2005 में पुनर्गठन किया गया। वक्फ के प्रभारी केंद्रीय मंत्री, केंद्रीय वक्फ परिषद के अध्यक्ष भी हैं। केंद्रीय वक्फ परिषद निम्नलिखित योजनाओं के माध्यम से विकास में भी महत्वपूर्ण भूमिका निभा रही है– शहरी वक्फ संपत्तियों का विकास एवं शैक्षिक विकास कार्यक्रम।

वेबसाइट: www.centralwakfcovncil.org

दरगाह ख्वाजा साहेब अधिनियम

इस अधिनियम, के अंतर्गत दरगाह ख्वाजा मोइनुद्दीन चिश्ती (आरए) के धर्मार्थ दार और दनगाह के समुचित प्रशासन के लिए प्रावधान किए जाते हैं। इस केंद्रीय अधिनियम, के तहत दरगाह धर्मादा के प्रशासन, नियंत्रण और प्रबंधन को दरगाह समिति के रूप में जानी जाने वाली प्रतिनिधि समिति के निहित कर दिया गया है। इस समिति की नियुक्ति केंद्र सरकार द्वारा की जाती है। राजस्थान के अजमेर में स्थिति ख्वाज मोइनुद्दीन चिश्ती की दरगाह अंतर्राष्ट्रीय ख्याति प्राप्त वक्फ है। इस दरगाह का संचालन दरगाह ख्वाजा साहेब अधिनियम, 1955 के तहत किया जाता है। भारत सरकार, शहरी विकास मंत्रालय के सहयोग और स्थानीय प्रशासन के जरिए राजस्थान सरकार की सक्रिय भागीरी से दरगाह समिति सालाना उर्स के दौरान दरगाह आने वाले लाखों जायरीनों (तीर्थयात्रियों) को ठहरने की, सविधा प्रदान करने के लिए एक योजना भी चला रही है। यह सुविधा पहले 'विश्राम स्थली' के नाम से जानी जाती थी और अब इसका नामकरण 'गरीब नवाज मेहमानखाना' के तौर पर कर दिया गया है। दरगाह ख्साज साहेब के जायरीनों को सुविधाओं/आराम के लिए बुनियादी सुविधाएं उपलब्ध कराई गई हैं।

महिला एवं बाल विकास मंत्रालय

महिलाओं और बच्चों का विकास सर्वाधिक महत्वपूर्ण है और इसी से समग्र विकास की गति निर्धारित होती है। महिला एवं बाल विकास मंत्रालय जनवरी 2006 से एक पृथक मंत्रालय के रूप में अस्तित्व में आया। इसका प्रमुख उद्देश्य महिलाओं और बच्चों के मामले में सरकारी कार्यों की खामियों को दूर करना तथा महिलाओं और पुरुषों के बीच समानता लाना और बच्चों पर केंद्रित कानून नीतियां एवं कार्यक्रम बनाने के लिए विभिन्न मंत्रालयों और क्षेत्रों के बीच संकेद्रण को बढ़ावा देना है। मंत्रालय का प्रमुख उत्तरदायित्व महिलाओं और बच्चों के अधिकारों और सरोकारों से संबंधित कार्यों को आगे बढ़ाना तथा उनकी उत्तरजीविता, सुरक्षा, विकास, भागीदारी को समग्र रूप से प्रोत्साहित करना है। मंत्रालय की परिकल्पना यह है कि हिंसा व भेदभाव से मुक्त वातावरण में सशक्त महिलाएं सम्मान से रहें और विकास में पुरुषों के समान भागीदारी निभा सकें तथा सुपोषित बच्चों को सुरक्षित वातावरण में विकास करने और बढ़ने के सभी अवसर मिलें। बच्चों के लिए इसका मिशन विभिन्न क्षेत्रों से संबंधित नीतियों एवं कार्यक्रमों के माध्यम से बाल–अधिकारों के प्रति जागरुकता बढ़ाकर, शिक्षा, पोषण सुविधाएं उपलब्ध करवाकर तथा उनके समग्र विकास और उन्नति के लिए संस्थागत एवं विधायी समर्थन प्रदान करके बच्चों के विकास, देखरेख और सुरक्षा को निश्चित करना है।

महिलाओं एवं बच्चों से संबंधित कानून

मंत्रालय पर बच्चों और महिलाओं से संबंधित निम्नलिखित अधिनियमों को लागू करने की जिम्मेदारी है: (क) अनैतिक व्यापार (निरोधक) अधिनियम, 1956 (1986 में संशोधित), (ख) महिलाओं का अश्लील प्रस्तुतीकरण (निरोधक) कानून 1986 (1986 का 60), (ग) दहेज निरोधक कानून 1961 (1986 में संशोधित), (घ) सती प्रथा (निरोधक) कानून 1987 (1987 का 3), (ङ) बालविवाह निषेध अधिनियम, 2006 (जनवरी 2007 में अधिसूचित), (च) घरेलू हिंसा से महिलाओं की सुरक्षा अधिनियम, 2005, (छ) राष्ट्रीय महिला अधिनियम, 1990, (ज) शिशु दुग्ध विकल्प, दुग्धपान बोतल और शिशु आहार (उत्पादन, आपूर्ति और वितरण पर नियंत्रण) अधिनियम, 1992 (1992 का 41), (झ) बाल अधिकार संरक्षण आयोग अधिनियम, 2005, और) किशोर न्याय (बच्चों की देखरेख एवं संरक्षण) अधिनियम, 2000, (ट) बच्चों का लैंगिक अपराधों से संरक्षण (पीओसीएसओ) अधिनियम, 2012 और पीओएसओ नियम, 2012 तथा (ठ) कार्यस्थलों पर महिलाओं का यौन उत्पीड़न (रोकथाम, प्रतिरोध एवं निवारण) 2012, संसद ने किशोर न्याय (बच्चों की देखरेख और संरक्षण, संशोधन विधेयक अगस्त 2011 में परित कर दिया। मंत्रालय के कार्यक्षेत्र में मुख्यत: महिलाओं और बच्चों के लिए योजनाएं, नीतयां और कार्यक्रम बनाना, उनसे संबंधित कानून बनाना और उनमें संशोधन करना तथा महिला और बाल विकास क्षेत्र में कार्यरत सरकारी और गैर-सरकारी संगठनों का मार्गदर्शन और उनमें समन्वय लाना शामिल है। मंत्रालय की योजनाएं और कार्यक्रम, उसके विकासात्मक कार्यक्रमों में पूरक और सहायक भूमिका निभाते हैं।

महिला सशक्तीकरण की राष्ट्रीय नीति

महिलाओं की प्रगति, विकास और सशक्तीकरण सुनिश्चित करने के उद्देश्य से 2001 में महिला सशक्तीकरण की राष्ट्रीय नीति (एनपीआरडब्ल्यू) का प्रतिपादन भविष्य की रूपरेखा के रूप में किया गया। एनपीआरडब्ल्यू में महिलाओं के साथ हर तरह का भेदभाव समाप्त करने, कानून प्रणाली सहित मौजूदा संस्थाओं को सशक्त बनाने, स्वास्थ्य संबंधी देखरेख और अन्य सेवाओं तक बेहतर पहुंच उपलब्ध कराने, निर्णय लेने के क्रम में महिलाओं की भागीदारी के समान अवसर उपलब्ध कराने और विकास की प्रक्रिया में महिलाओं से जुड़े सरोकारों को मुख्यधारा में लाने आदि के लिए विस्तृत निर्देश निर्धारित किए गए। सरकार की नीतियां/कार्यक्रम महिला सशक्तीकरण की राष्ट्रीय नीति के उद्देश्यों के अनुरूप महिलाओं पर विशेष ध्यान देते हुए समावेशी विकास प्राप्त करने की दिशा में निर्देशित हैं। महिलाओं और पुरुषों में समानता के लक्ष्य को हासिल करने के लिए सरकार ने महिलाओं के समग्र सशक्तीकरण के लिए कई कदम उठाए हैं। इस लक्ष्य को ध्यान में रखते हुए सभी क्षेत्रों में विकास से जुड़ी योजनाओं में महिलाओं की केंद्रीयता स्वीकार कर नियोजन की प्रक्रिया में पूर्णतया कल्याणोन्मुखी दृष्टिकोण विकसित करने पर मुख्य रूप से ध्यान दिया गया है।

वेबसाइट: www.wcd.nic.in

महिलाओं के लिए योजनाएं

सबला: सबला की शुरुआत 2010-11 में की गई थी और यह 205 जिलों में प्रायोगिक आधार पर लागू है। इसका उद्देश्य 11-18 साल की किशोरियों का (स्कूल छोड़ चुकी किशोरियों पर ध्यान केंद्रित करते हुए) सर्वांगीण विकास करना है। सबला राज्य सरकारों/केंद्रशासित प्रदेशों के माध्यम से चलाई जाने

वाली शत-प्रतिशत केंद्रीय वित्त पोषित योजना है। इसके अंतर्गत पूरक पोषण को छोड़कर अन्य सभी घटकों के लिए केंद्र सरकार वित्त पोषण करेगी। पूरक पोषण की लागत में केंद्र की ओर से राज्यों को 50 प्रतिशत सहायता दी जाएगी। इस योजना को आंगनवाड़ी केंद्रों के जरिए लागू किया जाता है। योजना के दो मुख्य घटक हैं- पोषण और गैर-पोषण। पोषण के अंतर्गत 11 से 18 वर्ष की सभी किशोरियों और 14 से 18 वर्ष की स्कूली लड़कियों (या स्कूल छोड़ चुकी लड़कियों) को घर ले जाने के लिए कच्चे राशन या पके हुए गर्म भोजन के रूप में पोषण दिया जाता है। इस योजना के अंतर्गत प्रत्येक 11-18 वर्ष की किशोरी को साल में 300 दिन 600 ग्राम प्रति किशोरी, 18-20 ग्राम प्रोटीन और माइक्रोन्यूट्रिएन्ट्स (जो सुझाए गए आहार की मात्रा-डायट्री एलाउंस का करीब 1/3 है) प्रतिदिन दिए जाते हैं। स्कूल न जा पाने वाली ऐसी किशोरियों (11-14 साल) को कच्चे राशन या पके हुए भोजन के रूप में पूरक आहार दिया जाता है। किशोरियों को दिया जाने वाला पूरक पोषण गर्भवती और स्तनपान कराने वाली (पी एण्ड एल) माताओं के मानक के अनुसार निर्धारित किया गया है। आहार का मौलिक लक्ष्य जहां किशोरियों के स्वास्थ्य और पोषण के स्तर में सुधार लाना है वहीं दूसरे घटकों को विकास से जुड़ी जरूरतें पूरी करना है। इन घटकों में स्कूल न जा पाने वाली किशोरियों (11 से 18) को आईएफए अनुपूरण स्वास्थ्य जांच एवं निर्दिष्ट सेवाएं पोषण एवं स्वास्थ्य, शिक्षा, किशोर प्रजनन संबंधी यौन स्वास्थ्य (एआरएसएच) परिवार कल्याण के बारे में परामर्श/मार्गदर्शन, जीवन कौशल के बारे में शिक्षण, सार्वजनिक सेवाओं और व्यवसायिक प्रशिक्षण तक पहुंच (16-18 साल की किशोरियों) के बारे में मार्गदर्शन उपलब्ध कराया जा रहा है।

इंदिरा गांधी मातृत्व सहयोग योजना (आईजीएमएसवाई) के अंतर्गत गर्भवती एवं स्तनपान कराने वाली महिलाओं के स्वास्थ्य और पोषण की स्थिति में सुधार लाने के लिए उन्हें नकद राशि देकर उनके लिए अनुकूल वातावरण बनाने के उद्देश्य से अक्टूबर 2010 में एक सशर्त नकद भुगतान योजना शुरू की गई थी। यह योजना गर्भावस्था के दौरान छुट्टी की वजह से महिलाओं को होने वाली वेतन हानि की आंशिक प्रतिपूर्ति करने का प्रयास करती है, ताकि उन्हें गर्भावस्था के अंतिम दिनों तक अथवा बच्चे के जन्म के तुरंत बाद आर्थिक कारणों से काम पर न जाना पड़े। इसके अंतर्गत गर्भवती व स्तनपान कराने वाली (पी एण्ड एल) महिलाओं को उनके पहले दो जीवत बच्चों के 6 माह की आयु तक तीन किस्तों में ₹ 4000 की सहायता मातृ एवं शिशु स्वास्थ्य से संबंधित कुछ विशिष्ट शर्तें पूरी करने पर दी जाती है। यह योजना देश के चुनिंदा 53 जिलों में आईसीडीएस का मंच इस्तेमाल में लाते हुए प्रायोगिक आधार पर चलाई जा रही हैं आईजीएमएसवाई के तहत कुल 12.5 लाख गर्भवती एवं स्तनपान कराने वाली माताओं द्वारा प्रतिवर्ष योजना का लाभ उठाने की संभावना है। इस योजना के तहत 19 वर्ष से अधिक आयु वाली गर्भवती महिलाएं अपने पहले दो जीवित बच्चों के लिए इसका लाभ उठा पयेंगी। संगठित क्षेत्र के सभी कामगारों को इस योजना के दायरे में शामिल नहीं किया गया है; क्योंकि उनके लिए मातृत्व अवकाश का प्रावधान है। इंदिरागांधी मातृत्व सहयोग योजना (आईजीएमएसवाई) के अंतर्गत लाभार्थी को नकद भुगतान बैंक/डाकघरों के खाते के जरिए किया जाता है। नगद भुगतान की शर्तें राज्य सरकारों/केंद्रशासित प्रदेशों की सरकारों द्वारा तय की जाती हैं। नकद भुगतान केवल सार्वजनिक बैंकों, डाकघरों, सहकारी बैंकों, व्यावसायिक गतिविधियों वाले बैंकों आदि के माध्यम से ही किया जा सकेगा। इस योजना को अब प्रत्यक्ष लाभ अन्तरण (डीबीटी) कार्यक्रम के दायरे में लाया गया है।

मंत्रालय द्वारा मध्य गांगेय क्षेत्रों में महिला सशक्तीकरण एवं आजीविका कार्यक्रम- 'प्रियदर्शिनी' नामक यह प्रायोगिक परियोजना उत्तर प्रदेश के 5 जिलों के 13 ब्लाकों और बिहार के दो जिलों में चलाई जा रही है। यह परियोजना आईएफएडी की सहायता से चलाई जा रही है। इसका उद्देश्य स्वसहायता समूहों के गठन के माध्यम से परियोजना क्षेत्र में कमज़ोर वर्गों की महिलाओं और किशोरियों का समग्र सशक्तीकरण (आर्थिक और सामाजिक) करना और उनकी आजीविका के अवसरों में सुधार लाना है। 2016-17 में समाप्त हो रही परियोजना अवधि में एक लाख से ज्यादा परिवारों को योजना के दायरे में लाया जाना है तथा 7200 स्वसहायता समूह गठित किए जाने हैं। हालांकि परियोजना आजीविका में सुधार को दृष्टि में रखकर शुरू की गई है, लेकिन लाभार्थी अन्ततः अपनी राजनैतिक, कानूनी और स्वास्थ्य संबंधी समस्याओं से निपटने में भी सक्षम होंगे।

इसके कार्यान्वयन के लिए राष्ट्रीय कृषि एवं ग्रामीण विकास बैंक (नाबार्ड) अग्रणी कार्यक्रम एजेंसी है। क्षेत्रीय स्तर के सभी काम फील्ड एनजीओ करेंगे, जबकि रिसोर्स एनजीओ इसके प्रभावी कार्यान्वयन हेतु तकनीकी सलाह और सेवाएं प्रदान करेंगे। कार्यक्रम के तहत स्वसहायता समूहों को आय के सृजन और संबद्ध गतिविधियों, उत्पादों के विपणन तथा सामाजिक विषयों आदि के बारे में प्रशिक्षण दिया जाएगा।

स्वाधार

स्वाधार योजना 2001-02 के दौरान केंद्रीय क्षेत्र की योजना के रूप में प्रारंभ की गई। इस योजना के तहत कठिन परिस्थितियों में रहने वाली और पारिवारिक, सामाजिक और आर्थिक सहायता से वंचित महिलाओं, मसलन बेसहारा विधवाएं, जिनके परिवार वालों ने उनको वृंदावन, काशी आदि धार्मिक स्थानों पर छोड़ दिया है, जेल से रिहा की गई महिला कैदी, प्राकृतिक आपदा की शिकार ऐसी महिलाएं जो बेघर हैं, वेश्यालयों या अन्य स्थानों से भागी या मुक्त कराई गई महिलाएं/बालिकाएं, आतंकवाद की शिकार महिलाएं, जिनके पास जीने के लिए आर्थिक जरिया नहीं है, मानसिक रूप से विक्षिप्त महिलाएं और एचआईवी/एड्स से पीड़ित महिलाएं; जिनके परिवार वालों ने उन्हें छोड़ दिया है, आदि महिलाओं को समग्र और एकीकृत सेवाएं उपलब्ध कराई जाती हैं। इस योजना में उपलब्ध कराई जाने वाली सेवाओं में भोजन, कपड़ा, आश्रय, स्वास्थ्य देखभाल, परामर्श और कानूनी सहायता, शिक्षा के माध्यम से सामाजिक और आर्थिक पुनर्वास, जागरुकता पैदा करना, कौशल बढ़ाना और व्यवहार संबंधी प्रशिक्षण का प्रबंध शामिल है। योजना के तहत मुसीबत से घिरी महिलाओं के लिए हैल्पलाइन भी उपलब्ध कराई जाती है। यह योजना समाज कल्याण/महिला एवं बाल विकास विभाग, महिला विकास निगम, शहरी स्थानीय निकायों, प्रतिष्ठित सार्वजनिक/निजी न्यासों या स्वयंसेवी संगठनों आदि के माध्यम से कार्यान्वित की जाती हैं; बशर्ते उन्हें अलग परियोजनाओं के आधार पर इस तरह की महिलाओं के पुनर्वास का वांछित अनुभव और विशेषज्ञता प्राप्त हो।

अल्पावधि प्रवास गृह

अल्पावधि प्रवास गृह योजना के तहत बेघर महिलाओं और लड़कियों को स्वयंसेवी संगठनों के माध्यम से अस्थायी आवास, रखरखाव और पुनर्वास सेवाएं उपलब्ध कराई जाती हैं। योजना के तहत जरूरतमंद महिलाओं और लड़कियों को छह महीने से तीन साल तक आश्रय गृहों में रुकने की अनुमति होती है। उसके बाद उन्हें बच्चों के संस्थानों में स्थानान्तरित किया जा सकता है। अपनी मां के साथ रहने वाले या आश्रयगृह में पैदा होने वाले बच्चों को 7 वर्ष की आयु तक वहां में रहने की अनुमति दी जाती है, इसके

बाद उन्हें शिशु संस्थानों में स्थानान्तरित किया जा सकता हैं यहां रहने वाली महिलाओं को प्रशिक्षण और कौशल विकास के जरिए आर्थिक दृष्टि से स्वतंत्र और आत्मनिर्भर बनाया जाता है। कामकाजी महिलाओं के लिए हॉस्टल की सुविधा; मौजूद महिला हॉस्टलों में रहने की सुयोग्य, सुरक्षित और सस्ती सुविधा रोज़गार के बाजार में महिलाओं को वृहत् गतिशीलता को बढ़ावा देने और अपने गृहनगरों से दूर रहकर उन्हें कार्य को सहज बनाने हेतु उपलब्ध कराई जाती है।

उज्ज्वला

अवैध व्यापार के रोकथाम के लिए 2009 में 'उज्ज्वला' नाम से व्यापक योजना शुरू की गई। इस योजना के पांच विशेष घटक हैं: (1) रोकथाम–सामुदायिक निगरानी, समूह, किशोर समूह बनाना, पुलिस, सामुदायिक नेताओं को जागरुक करना, जागरुकता फै लाने संबंधी सामग्री तैयार करना और कार्यशालाओं का आयोजन करना आदि। (2) मुक्त कराना– शोषण वाले स्थान से पीड़ित को सुरक्षित मुक्त कराना। (3) पुनर्वास– पीड़ित को बुनियादी सुविधाएं जैसे भोजन, कपड़ा, परामर्श, चिकित्सा सहायता, कानूनी सहायता व्यावसायिक प्रशिक्षण और आय अर्जित करने वाली गतिविधियों सहित सुरक्षित आश्रय उपलब्ध कराना। (4) पुनः जोड़ना–पीड़ित की इच्छानुसार उसे परिवार/समुदाय में दुबारा जोड़ना और संबद्ध करना। (5) स्वदेश भेजना–सीमा पार के पीड़ितों को सुरक्षित उनके मूल देश वापस भेजने में सहायता करना।

जेंडर बजटिंग पहल

यह महिलाओं को मुख्य धारा में लाने के लक्ष्य को हासिल करने का सशक्त माध्यम है, ताकि विकास के लाभ पुरुषों के समान ही महिलाओं तक भी पहुंचना सुनिश्चत हो सके। जेंडर बजटिंग लेखांकन का कार्य नहीं, बल्कि एक सतत प्रक्रिया है, ताकि नीति कार्यक्रम निर्धारण उसके कार्यान्वयन और समीक्षा में महिलाओं संबंधी परिप्रेक्ष्य निरंतर बना रह सके। भारत में जेंडर बजटिंग को संस्थागत रूप देने के लिए वित्त मंत्रालय ने वर्ष 2005 में सभी मंत्रालयों/विभागों में जेंडर बजटिंग प्रकोष्ठ का अनिवार्य रूप से गठन किए जाने का आदेश दिया। महिला एवं बाल विकास मंत्रालय ने जेंडर बजटिंग के लिए नोडल एजेंसी के रूप में इसे राष्ट्रीय और राज्य स्तरों तक ले जाने के लिए कई उपाय किए हैं। मंत्रालय ने जिन क्षेत्रों में प्रमुख रूप से बल दिया है, उनमें सभी मंत्रालयों/विभागों में जेंडर बजटिंग प्रकोष्ठ (जीबीसी) का गठन, आंतरिक एवं बाहरी क्षमताओं को सशक्त और जीबीसी में विशेषज्ञता स्थापित करना, ताकि वे नीतियों/योजनाओं/कार्यक्रमों में महिलाओं को मुख्यधारा में लाने का दायित्व निभा सकें। अब तक 56 मंत्रालयों ने जीबीसी की स्थापना की है, जिनके अपने मंत्रालय एवं विभिन्न मंत्रालयों के बीच जेंडर बजटिंग के उपायों के समन्वय के लिए केंद्रबिंदु के रूप में कार्य करने की संभावना है।

राष्ट्रीय महिला सशक्तीकरण मिशन

नेशनल मिशन फॉर इम्पावरमेंट ऑफ वूमन (एनएमईडब्ल्यू) केंद्र द्वारा प्रायोजित योजना (सीएसएस) है, जिसकी शुरुआत भारत सरकार ने 2010 को महिलाओं के समग्र सशक्तीकरण के उद्देश्य की थी। इस मिशन का लक्ष्य विभिन्न मंत्रालयों/भारत सरकार साथ ही साथ राज्य सरकारों के विभागों को योजनाओं/कार्यक्रमों के सम्मिलिन द्वारा महिलाओं का सशक्तीकरण करना है। इसके पास महिलाओं के कल्याण और सामाजिक–आर्थिक विकास से जुड़े सभी कार्यक्रमों को सशक्त बनाने और उनके बीच समन्वय सुगम बनाने का अधिदेश है। मिशन में एक कार्यकारी निदेशक है तथा इसके सदस्य गरीबी उन्मूलन,

सामाजिक सशक्तीकरण, स्वास्थ्य और पोषण, जेंडर बजटिंग, महिलाओं के अधिकार और कानून कार्यान्वयन, हाशिये पर रहने वाली और कमज़ोर महिलाओं का सशक्तीकरण, मीडिया जागरुकता, जनसंचार और सूचना प्रौद्योगिकी जैसे क्षेत्रों के विशेषज्ञ हैं।

मंत्रालयों के बीच समन्वय और निगरानी के लिए केंद्रीय निगरानी समिति और अंतर-मंत्रालय समिति का गठन किया गया है।

अभिसरण मॉडल का लक्ष्य महिलाओं के कल्याण और विकास के कार्यक्रमों का अभिसारित कार्यान्वयन करना है। इस मॉडल में जिला (कुछ शहरी समुदायों सहित) तहसील/वार्ड और क्षेत्र स्तर पर अभिसरण सहसुविधा केंद्रों का गठन शामिल होगा। गांव के स्तर पर महिला केंद्र, महिलाओं के संपर्क का प्रथम बिंदु है और इसे 'पूर्णशक्ति केंद्र' (पीएसके) के नाम से जाना जाता है। महिलाओं के लिए यह केंद्र अभिसरण केंद्रों का अनोखा मॉडल है, जो विभिन्न सरकारी कार्यक्रमों के माध्यम से होने वाले फायदों तक पहुंच बनाने के लिए समर्पित है। पूर्णशक्ति केंद्र व्यावहारिक स्तर के कार्य का मुख्य बिंदु है जिसके माध्यम से बिल्कुल निचले स्तर की महिलाओं तक सेवाएं पहुंचाना सुगम हो सकेगा।

वेबसाइट: www.nmew.gov.in

बाल लिंग अनुपात

एनएमईडब्ल्यू बच्चों में गिरते लिंग अनुपात के मामले को देखने वाली नोडल एजेंसी है। सभी संबंधित पक्षों के साथ परामर्श करके एनएमईडब्ल्यू द्वारा अब एक राष्ट्रीय कार्ययोजना तैयार की जा रही है। बच्चों के गिरते लिंग अनुपात का समाधान तलाशने के लिए सरकारी अधिकारियों, सिविल सोसायटी संगठनों (सीएसओ), डॉक्टरों और कानूनी विशेषज्ञों सहित सभी विविध हितधारकों को एक मंच पर लाने के लिए जनवरी 2013 में राष्ट्रीय स्तर पर बैठक आयाजित की गई।

बेटी बचाओ, बेटी पढ़ाओ

पांच वर्ष की आयु वर्ग में लिंग अनुपात की घटती दर को देखते हुए सरकार ने 'बेटी बचाओ, बेटी पढ़ाओ' (बीबीबीपी) नामक नई योजना की शुरुआत की है। इसके दोहरे लक्ष्य में न केवल लिंग असमानता की दर में संतुलन लाना है बल्कि कन्याओं को शिक्षा दिलाना भी है। ₹100 करोड़ की शुरुआती राशि के साथ, इस योजना के जरिए महिलाओं के लिए कल्याणकारी सेवाओं के प्रति जागरुकता फैलाने का काम किया जा रहा है। सरकार द्वारा लिंग समानता के कार्य को मुख्यधारा से जोड़ने के अतिरिक्त, स्कूली पाठ्यक्रमों में भी लिंग समानता से जुड़ा एक अध्याय रखा जाएगा। इसके आधार पर विद्यार्थियों, अध्यापकों और समुदाय कन्या शिशु और महिलाओं की जरूरतों के प्रति अधिक संवेदनशील बनेंगे और समान सौहार्द विकास होगा। 'बेटी पढ़ाओ' योजना के अंतर्गत जिन महत्वपूर्ण गतिविधियों पर काम किया जा रहा है, वे हैं: एस एम सी को सक्रिय करना, जिससे लड़कियों की स्कूलों में भर्तियां हो सकें, स्कूलों में बालिका मंच की शुरुआत, कन्याओं के लिए शौचालय का निर्माण, कस्तूरबा गांधी बाल विद्यालयों को पूरा करना, पढ़ाई छोड़ चुकी लड़कियों को माध्यमिक स्कूलों में भर्ती करने के लिए व्यापक अभियान और माध्यमिक और उच्चतर माध्यमिक विद्यालयों में लड़कियों के लिए हॉस्टल का निर्माण करवाना।

बेटी बचाओ, बेटी पढ़ाओ योजना का व्यापक लक्ष्य बालिका शिशु को विशेष महत्व देते हुए उन्हें शिक्षा में सक्षम बनाना है। इस योजना के उद्देश्य इस प्रकार हैं- लिंग के आधार पर भेदभाव और उनका

विलोपन बालिका शिशु के अस्तित्व को सुरिक्षत करना और बालिका शिशु के शिक्षा को भी। 'बेटी बचाओ-बेटी पढ़ाओ' जनसंचार अभियान का उद्देश्य है बिना भेदभाव के बालिकाओं के जन्म, पालन-पोषण और शिक्षा को सुनिश्चित करना ताकि वे इस देश का एक सशक्त नागरिक हो सकें। इस अभियान को कम से कम समय में प्रभावी होने के लिए सामुदायिक स्तर पर 100 जिलों के विभिन्न भागीदारों को एक मंच पर लाकर राष्ट्रीय, प्रादेशिक व जिला स्तर पर कार्यान्वित किया जा रहा है।

यू ट्यूबः www.youtube.com/user/betibachaobetipadhao
माई गवर्नमेंट: www.mygov.in/groupinfo/beti-bachao-betipadhao
vikaspedia: www.vikaspedia.in/social-welfare/woman-and-child-devlopment/betibachao-beti-padhao

केंद्रीय समाज कल्याण बोर्ड की योजना

परिवार परामर्श केंद्र (एफसीसी): इन केंद्रों के माध्यम से अत्याचार की शिकार, पारिवारिक असहयोग और सामाजिक बहिष्कार की समस्या का सामना कर रही महिलाओं को परामर्श, रेफरल और पुनर्वास सेवाएं उपलब्ध कराई जाती हैं तथा प्राकृतिक अथवा मानवीय आपदाओं के समय भी संकटकालीन सहायता और सदमे से उबरने के लिए सेवाएं प्रदान की जाती हैं। ये केंद्र महिलाओं से संबंधित सामाजिक मुद्दों के बारे में जागरुकता फैलाने और आम लोगों की राय बनाने का काम भी करते हैं। एफसीसी रेफरल और पुनर्वास संवाएं उपलब्ध कराने के लिए स्थानीय प्रशासन, पुलिस, न्यायालयों, कानूनी सलाह इकाइयों, चिकित्सा और मनोविज्ञान संस्थानों, व्यावसायिक प्रशिक्षण केंद्रों, उपलब्धि गृहों आदि के सहयोग से कार्य करते हैं। एफसीसी द्वारा परामर्शदाताओं के माध्यम से व्यावसायिक परामर्श की सेवाएं प्रदान की जाती हैं। बहुत से राज्यों में तो संबंधित सरकारों ने घरेलू हिंसा से महिलाओं की सुरक्षा अधिनियम, 2005 के अंतर्गत एफसीसी को सेवा प्रदाता और परामर्शदाताओं को संरक्षण अधिकारी घोषित किया गया है।

महिलाओं की शिक्षा के लिए संक्षिप्त पाठ्यक्रमः केंद्रीय समाज कल्याण बोर्ड ने महिलाओं की शिक्षा के लिए संक्षिप्त पाठ्यक्रम योजना ऐसी वयस्क लड़कियों/महिलाओं की आवश्यकताओं की पूर्ति के लए शुरू की, जो शिक्षा की मुख्यधारा से नहीं जुड़ पाईं और जिन्होंने औपचारिक स्कूलों की पढ़ाई अधूरी छोड़ दी। इस योजना के तहत जनजातीय, पर्वतीय और पिछड़े क्षेत्रों को प्राथमिकता दी जाती है। इसका लक्ष्य 15 वर्ष से अधिक आयु की लड़कियों/महिलाओं को शिक्षा का अवसर प्रदान करना है। इसके साथ-साथ कौशल विकास/व्यावसायिक प्रशिक्षण की सुविधा, प्राथमिक, माध्यमिक/हाईस्कूल और मैट्रिक स्तर पर उपलब्ध करायी जाती है। योजना में इस बात पर मुख्य ध्यान दिया जाता है कि पाठ्यक्रम की विषयवस्तु आवश्यकता के अनुरूप हो और बहु-स्थानीय जरूरतों के मुताबिक संशोधित किया जाए तथा साथ ही महिलाओं को सशक्त बनाने के लिए उसे शैक्षिक स्तर की विविध अवस्थाओं को लक्षित करके तैयार किया जाए।

जागरुकता सृजन कार्यक्रमः इस योजना का लक्ष्य ग्रामीण और निर्धन महिलाओं की आवश्यकताओं की पहचान करना और विकास एवं अन्य संबंधित कार्यक्रमों में उनकी सक्रिय भागीदारी बढ़ाना है। इसके अंतर्गत शिविर लगाकर स्थानीय मुद्दों पर विशेष ध्यान देते हुए महिलाओं की स्थिति, महिलाएं और कानून, महिलाएं एवं स्वास्थ्य, सामुदायिक स्वास्थ्य एवं साफ-सफाई, महिलाओं के लिए प्रौद्योगिकी, पर्यावरण और अर्थव्यवस्था जैसे मामलों पर विचार-विमर्श किया जाता है। इस योजना का लक्ष्य

जागरुकता सृजन शिविरों के आयोजन के माध्यम से जानकारी प्रदान करते हुए महिलाओं का सशक्तीकरण करना तथा विकास और निर्णय लेने की प्रक्रिया में उनकी भागीदारी बढ़ाना।

स्त्री शक्ति पुरस्कार: सामाजिक विकास के क्षेत्र में महिलाओं की उपलब्धियों के सम्मान में केंद्र सरकार ने स्त्री शक्ति पुरस्कार के नाम से छह राष्ट्रीय पुरस्कारों की स्थापना की है। इन पुरस्कारों के अंतर्गत ₹ 3 लाख नकद और प्रशस्ति पत्र दिया जाता है और यह पुरस्कार भारतीय इतिहास की प्रमुख महिला हस्तियों के नाम पर रखे गए हैं, जो अपने साहस और सत्यनिष्ठा के लिए विख्यात हैं:- देवी अहिल्या बाई होल्कर, कण्णगी, माता जीजा बाई, रानी गिडनेलू जेलियांग, रानी लक्ष्मी बाई और रानी रुद्रम्मा देवी।

नीति और योजनाएं

राष्ट्रीय बालनीति: भारत सरकार ने 2013 में बच्चों के लिए राष्ट्रीय बाल नीति (एनपीसी) स्वीकार की। यह नई नीति देश में सभी बच्चों के अधिकारों की रक्षा के प्रति सरकार की प्रतिबद्धता की पुष्टि करती है। नीति में 18 साल की उम्र के नीचे के सभी व्यक्तियों को बच्चों की श्रेणी में रखा गया है। नीति के अंतर्गत बचपन को जीवन का अभिन्न अंग माना गया है, जिसकी अपनी अहमियत है और इसलिए बच्चों के सर्वांगीण विकास और उनकी सुरक्षा के लिए दीर्घकालीन, टिकाऊ, बहुपक्षीय, समेकित और समावेशी दृष्टिकोण आवश्यक है। इस नीति में दिए गए मार्गदर्शी सिद्धांतों का सम्मान सरकार को राष्ट्रीय, राज्य और स्थानीय स्तर पर बच्चों को प्रभावित करने वाले अपने कार्यों और उपायों में आवश्यक रूप से करना होगा। नीति के अंतर्गत दिए गए कुछ प्रमुख मार्गदर्शी सिद्धांत इस प्रकार हैं- प्रत्येक बच्चे को समान अधिकार है, बच्चों से संबंधित कार्यों और निर्णयों में बच्चों के हितों को प्राथमिकता दी जाए और बच्चों के सर्वांगीण विकास के लिए पारिवारिक वातावरण सबसे ज्यादा अनुकूल है। नीति में कहा गया है कि प्रत्येक बच्चे को जीवित रहने, स्वास्थ्य, पोषण, शिक्षा, विकास, सुरक्षा और सहभागिता का बराबर हक है और इन्हें प्राथमिकता वाले क्षेत्र भी घोषित किया गया है। बच्चों की बहुपक्षीय, परस्पर संबद्ध जरूरतों और उनके लिए सामूहिक कार्रवाई की आवश्यकता को देखते हुए नीति में शासन के भागीदारी, व्यापक और विश्वसनीय जानकारी का आधार, पर्याप्त संसाधनों का प्रावधान और बच्चों के लिए और उनके साथ कार्य करने वाले सभी लोगों को संवेदनशील बनाने और उनकी क्षमता निर्माण पर खास बल दिया गया है। लैंगिक अपराधों से बालकों का संरक्षण अधिनियम, 2012: बच्चों के शोषण के मामलों से निपटने के लिए सरकार ने लैंगिक अपराधों से बालकों का संरक्षण अधिनियम, 2012 बनाया है। यह कानून इसके तहत निर्मित नियमों सहित 14 नवंबर, 2012 से लागू किया गया है।

इस कानून में 18 वर्ष से कम उम्र के किसी भी व्यक्ति को 'बच्चा' परिभाषित किया गया है। इसमें लिंग के आधार पर कोई भेदभाव नहीं किया गया है और इसलिए यह बच्चों और बच्चियों को एक समान संरक्षण देता है। यह कानून कड़ी प्रजा का प्रावधान करता है, जो अपराध की गंभीरता के मुताबिक निर्धारित की गई है। अलग-अलग समय के लिए साधारण से सक्षम कारावास की सजा देने का प्रावधान है। इसके अलावा जुर्माने का भी प्रावधान किया गया है जिसके बारे में फै सला अदालत करेगी। अगर यह अपराध सुरक्षा बल का सदस्य, पुलिस अधिकारी या सरकारी कर्मचारी करता है तो उसे ज्यादा 'गंभीर' माना जाएगा। न्याय की प्रक्रिया में हर अवस्था पर बच्चे के हितों की रक्षा को सर्वोपरि रखते हुए कानून में इस तरह के अपराधों की सुनवाई के लिए विशेष अदालतों के गठन का प्रावधान है।

कानून पर अमल की निगरानी करने का अधिकार राष्ट्रीय बाल अधिकार संरक्षण आयोग (एनसीपीसीआर) और राज्य स्तरीय बाल अधिकार संरक्षण आयोगों (एससीपीसीआर) को दिया गया है।

खाद्य और पोषण बोर्ड: महिला एवं बाल विकास मंत्रालय के अधीन खाद्य और पोषाहार बोर्ड नीति निर्धारण, रणनीति बनाने और साथ ही साथ देश के लोगों के पोषण स्तर में सुधार लाने के नवीन उपायों की पहचान करने में संलग्न है। यह पोषाहार शिक्षा और विस्तार के माध्यम से सस्ते, स्थानीय उपलब्ध खाद्य पदार्थों को बढ़ावा, होम-स्केल प्रॉसेसिंग के माध्यम से फलों और सब्जियों का संरक्षण तथा पोषाहार में स्वास्थ्य कर्मचारियों के प्रशिक्षण के माध्यम से लोगों की आहार आदतों में सुधार पर भी जोर देता है। एफएनबी केंद्रीय स्तर पर एक तकनीकी शाखा, चार क्षेत्रीय कार्यालयों, दिल्ली, मुंबई, कोलकाता और चेन्नई में गुणवत्ता नियंत्रण प्रयोगशालाओं तथा 29 राज्यों एवं केंद्रशासित प्रदेशों में अवस्थित 43 सामुदायिक खाद्य एवं पोषाहार विस्तार इकाइयों (सीएफएनईयू) के माध्यम से संचालित होता है।

राष्ट्रीय पोषण नीति 1993 में तैयार की गई थी, इसके बाद 1995 में राष्ट्रीय कार्ययोजना विकसित की गई थी। राष्ट्रीय कार्ययोजना में कुपोषण से निपटने की समन्वित कार्रवाइ करने के लिए सरकार के विभिन्न क्षेत्रों की पहचान की गई है। चिकित्सा अधिकारियों/नर्सिंग अधिकारियों, बाल विकास परियोजना अधिकारियों/सुपरवाइजरों/मध्यान्ह भोजन योजना लागू करने वाले स्कूलों के प्रधानाचार्यों और साथ ही साथ क्षेत्रीय कार्यकर्ताओं को प्रशिक्षित करने के लिए कई कार्यक्रम चलाए गए हैं। समुदायों के लिए पोषण जागरुकता कार्यक्रमों के अलावा घरेलू फल एवं सब्जी संरक्षण कार्यक्रम भी आयोजित किए गए हैं, जो किशोरियों और महिलाओं में कौशल विकास को भी प्रोत्साहन देते हैं। बेहतर पोषण स्तर हासिल करने के लिए ऐसी पोषक व्यंजन विधियों को बढ़ावा दिया गया है, जिन पर ज्यादा खर्च नहीं होता हो। समेकित बाल विकास योजना से संपर्क के जरिए पूरक पोषण, स्वास्थ्य और पोषण शिक्षा की बेहतर गुणवत्ता सुनिश्चित की जाती है। आईएमएस कानून को लागू कर शिशुओं और छोटे बच्चों के पोषण संबंधी सही आचार-व्यवहार को बढ़ावा दिया गया है।

कामकाजी माताओं के लिए राजीव गांधी राष्ट्रीय क्रेच योजना: राजीव गांधी राष्ट्रीय क्रेच योजना ऐसे परिवारों के 0-6 आयु वर्ग के बच्चों को दिनभर देखभाल की सुविधा प्रदान करती है जिनकी मासिक आय ₹ 12,000 से कम है। इस योजना में बच्चे को सुरक्षित जगह उपलब्ध कराने के अलावा पूरक आहार, स्कूल-पूर्व शिक्षा और आपात स्वास्थ्य देखभाल आदि जैसी सुविधाएं भी दी जाती हैं। यह योजना वर्तमान में केंद्रीय सामाजिक कल्याण बोर्ड (सीएसडब्ल्यूबी) तथा भारतीय बाल कल्याण परिषद (आईसीसीडब्ल्यू) के माध्यम से चल रही है। इस योजना में ₹ 3,532 प्रति माह प्रति क्रेच को अनुदान देने का प्रावधान है, जो योजनाबद्ध पद्धति का 90 प्रतिशत या वास्तविक व्यय का, जो भी कम हुआ तक सीमित है और बचा हुआ खर्च कार्यान्वयन एजेंसियों द्वारा वहन किया जाता है।

दो वर्ष की अवधि में प्रत्येक क्रेच का एक दौरा आवश्यक है। संशोधित परिव्यय नियमों और अतिरिक्त मॉडल के साथ योजना की संरचना में बदलाव लाया जा रहा है।

एकीकृत बाल सुरक्षा योजना (आईसीपीएस): महिला और बाल विकास मंत्रालय वित्तीय वर्ष 2009-10 से केंद्र द्वारा समग्र रूप से प्रायोजित इस योजना का कार्यान्वयन राज्य व केंद्रशासित प्रदेशों के

माध्यमों से पूर्व निर्धारित परिव्यय लागत-विभाजन पद्धति के आधार पर कर रहा हैं इस योजना का उद्देश्य मुसीबत में फंसे बच्चों के कल्याण में योगदान देना और ऐसे कार्यों और स्थितियों में कमी लाना है, जिनकी वजह से बच्चों का उत्पीड़न, उपेक्षा, शोषण, परित्याग और माता-पिता से अलगाव होता है। आईसीपीएस की देखरेख और संरक्षण की जरूरत वाले बच्चों तथा किसी भी मुसीबत में फंसे बच्चों को सुरक्षात्मक, सांविधिक देखभाल और पुनर्वास सेवाएं प्रदान करती हैं, साथ ही किसी भी असहाय बच्चे को किशोर न्याय (बच्चों की देखरेख और संरक्षण) अधिनियम, 2000 और उसके संशोधन अधिनियम, 2006 के तहत बच्चों को सुरक्षा देती है। आईसीपीएस राज्य सरकार/केंद्रशासित प्रदेश के प्रशासनों को स्वयं अथवा गैर-सरकारी संगठनों की मदद से सेवाओं का संचालन करने के लिए वित्तीय सहायता प्रदान करती है। इन सेवाओं में शामिल हैं: (क) बच्चों के लिए विभिन्न तरह के आवास, (ख) मुसीबत में फंसे बच्चों तक आपात स्थिति में चाइल्ड लाइन के माध्यम से पहुंचना, (ग) शहरी और अर्धशहरी क्षेत्रों में बच्चों की देखभाल और रक्षा के आश्रय की व्यवस्था, (घ) प्रायोजन के जरिए परिवार आधारित गैर-संस्थागत देखरेख, पालक देखरेख एवं दत्तक ग्रहण। इस योजना में जे जे अधिनियम, के तहत बाल कल्याण समितियां (सीडब्ल्यूसी) और किशोर न्याय बोर्ड (जेजेबी) जैसी संवैधानिक संस्थाओं के गठन के लिए वित्तीय सहयता भी प्रदान की जाती है। योजना के प्रभावी कार्यान्वयन और बच्चों को गुणवत्तापूर्ण सेवाएं उपलब्ध कराने को सुनिश्चित करने के लिए राज्य सरकारों/केंद्र प्रदेशों के प्रशासनों से प्राप्त जानकारी के अनुसार अब तक देशभर में 619 बाल कल्याण समितियां और 608 किशोर न्याय बोर्ड गठित किए जा चुके हैं। आईसीपीएस के तहत राज्य और जिला स्तर पर समर्पित स्टाफ सहित सेवा प्रदाय ढांचा स्थापित करने के लिए वित्तीय सहायता भी प्रदान की जाती है।

चाइल्ड लाइन सेवाएं: मुसीबत में फंसे बच्चों की मदद के लिए आपात टेलीफोन के 1098 नम्बर की 24 घंटे की नि:शुल्क सेवा उपलब्ध कराई गई है। चाइल्ड लाइन 276 जिलों/शहरों में काम कर रही है। चाइल्ड लाइन के मुख्य उद्देश्य है: (1) आपात स्थित में फंसे बच्चों को तुरन्त मदद पहुंचाना और उनकी पहुंच ऐसी सेवाओं के प्रति समर्पित सरकारी और गैरसरकारी एजेंसियों के बीच नेटवर्किंग के लिए मंच उपलब्ध कराना, (2) बच्चों की आवश्यकताओं के मद्देनजर अस्पताल, मेडिकल कर्मियों, पुलिस, नगरनिगम को संवेदनशील बनाना, (3) बच्चों के अधिकारों का संरक्षण सुनिश्चित करना और (4) समुदायों को मुसीबत में फंसे बच्चों की जरूरत के समय सहायता देने के मौके उपलब्ध कराना। चाइल्ड लाइन सेवा का समन्वय, निगरानी और विस्तार चाइल्ड लाइन इंडिया फाउंडेशन कराता है। इसका काफी हद तक वित्तपोषण भारत सरकार द्वारा किया जाता है।

देखरेख व संरक्षण की जरूरत वाले कामकाजी बच्चों के कल्याण के लिए योजना: यह योजना कामकाजी बच्चों को औपचारिक शिक्षा, व्यावसायिक प्रशिक्षण आदि उपलब्ध कराने के उद्देश्य से जनवरी 2005 से कार्यान्वित की जा रही है, ताकि मुख्यधारा वाली शिक्षा में ऐसे बच्चों का प्रवेश/पुन: प्रवेश हो सके, जो कभी किसी शिक्षण प्रणाली का हिस्सा नहीं बने या फिर किसी कारणवश उनकी पढ़ाई बीच में रोक दी गई। ऐसा इन बच्चों को भविष्य के शोषण से बचाने के दृष्टिकोण से किया जा रहा है। इस योजना के तहत गैर-सरकारी संगठनों को कामकाजी बच्चों के लिए कंपोजिट केंद्र खोलने के लिए वित्तीय सहायता दी जाती है। यह सहायता विशेषकर ऐसे क्षेत्रों के लिए है, जो श्रम एवं रोज़गार मंत्रालय की राष्ट्रीय बाल श्रम परियोजना और भारत-अमेरिका परियोजना जैसी किसी योजना के दायरे में नहीं आते। वर्तमान में मंत्रालय इस योजना के अंतर्गत 14 राज्यों/केंद्रशासित प्रदेशों में 100 बच्चों वाली 116

परियोजनाओं को मदद दे रहा है। यह योजना सात राज्यों- आंध्र प्रदेश, छत्तीसगढ़, ओडिशा, झारखंड, बिहार, उत्तर प्रदेश और पंजाब के 11 ब्लॉकों में कार्यान्वित की जा रही है।

बाल पुरस्कारः असाधारण उपलब्धि के लिए राष्ट्रीय बाल पुरस्कार की स्थापना 1996 में की गई। इसकी शुरुआत शिक्षा, कला, संस्कृति और खेलकूद आदि विभिन्न क्षेत्रों में असाधारण उपलब्धि हासिल करने वाले बच्चों को सम्मानित करने के लिए की गई। किसी भी क्षेत्र में असाधारण उपलब्धि हासिल करने वाले 4 से 15 आयु वर्ग के बच्चों को इस पुरस्कार से सम्मानित किया जाता है। प्रतिवर्ष एक स्वर्णपदक और 35 रजत पदक (प्रत्येक राज्य/केंद्रशासित प्रदेश के लिए एक) दिए जाते हैं। राष्ट्रीय बाल कल्याण पुरस्कार (एनसीडब्ल्यूए) की स्थापना 1979 में पांच संस्थानों और 3 व्यक्तियों को बाल कल्याण के क्षेत्र में उनकी विशिष्ट उपलब्धि के लिए सम्मानित करने के लिए की गई थी।

अंतर्राष्ट्रीय सहयोग

महिलाओं के प्रति भेदभाव समाप्त करने संबंधी संधि

भारत ने महिलाओं के प्रति भेदभाव समाप्त करने संबंधी संधि (सीईडीएडब्ल्यू) पर 1980 में हस्ताक्षर किए थे और एक आपत्ति और दो घोषित वक्तव्यों के साथ 1993 को उसकी पुष्टि कर दी थी। यह संधि शामिल सदस्य देशों को महिलाओं के प्रति भेदभाव दूर करने के लिए अपने यहां कानून बनाने और दूसरे उपाय करने की आज़ादी की गारंटी देने के लिए बाध्य करती है।

वैधानिक और स्वायत्त संगठन

राष्ट्रीय महिला आयोग

राष्ट्रीय महिला आयोग (एनसीडब्ल्यू) का गठन महिलाओं के हितों की रक्षा के लिए बनाए गए राष्ट्रीय महिला आयोग अधिनियम, 1990 का अनुसरण करते हुए राष्ट्रीय स्तर पर एक संवैधानिक निकाय के रूप में जनवरी 1991 को किया गया था। आयोग को प्राप्त व्यापक अधिदेश के अंतर्गत महिलाओं के विकास के लगभग सभी पहलू अर्थात् संविधान और अन्य कानूनों में महिलाओं को प्रदत्त कानूनी सुरक्षा उपायों एवं अन्य कानूनों की जांच करना तथा सरकार को इनके प्रभावी कार्यान्वयन के उपायों की सिफारिश करना, महिलाओं को प्रभावित करने वाले वर्तमान संवैधानिक प्रावधानों एवं अन्य कानूनों की समीक्षा करना तथा इस तरह के कानूनों में व्याप्त किसी कमी, अपर्याप्तता तथा दोष को उनके अधिकारों से वंचित किए जाने के मामलों पर स्वतः संज्ञान लेना आदि और सक्षम अधिकारियों के समक्ष इन्हें प्रस्तुत करना, महिलाओं से संबंधित मुद्दों पर अध्ययन-शोध करना, महिलाओं के सामाजिक-आर्थिक विकास हेतु योजना प्रक्रिया में भाग लेना तथा सलाह देना तथा इसमें हुई प्रगति का मूल्यांकन करना, जेलों, सुधार केंद्रों आदि, जहां महिलाएं अभिरक्षा में रखी जाती हैं, का निरीक्षण करना और जहां कहीं आवश्यकता हो, सुधारात्मक कार्रवाइ का प्रचार करना शामिल है। राष्ट्रीय महिला आयोग ने एमटीपी अधिनियम, 1971 और अनैतिक व्यापार (निवारण) अधिनियम, 1956 की इस दृष्टिकोण से समीक्षा की है कि कहीं इन अधिनियमों के मौजूदा प्रावधानों में समीक्षा की है कि कहीं इन अधिनियमों के मौजूदा प्रावधानों में संशोधन की आवश्यकता तो नहीं। इस संबंध में की गई सिफारिशें सरकार के विचाराधीन हैं।

वेबसाइटः www.ncw.nic.in

अनिवासी भारतीय (एनआरआई) के साथ होने वाले विवाहों से संबंधित मामलों से निपटने के लिए सरकार द्वारा राष्ट्रीय स्तर पर समन्वयकर्ता एजेंसी के रूप में भारतीय महिला आयोग को नामित

किया है। आयोग का अनिवासी भारतीय प्रकोष्ठ अंतर्देशीय विवाहों से संबंधित भारत से और विदेशों से प्राप्त ऐसी शिकायतों, जिसमें महिलाओं के अधिकारों का हनन किया गया हो या जिसमें महिलाओं के साथ गंभीर अन्याय किया गया हो, जैसे मामलों को देखता है।

आयोग दिल्ली और राजधानी क्षेत्र में महिलाओं तथा बालिकाओं के हितों की रक्षा के लिए दिल्ली पुलिस के साथ मिलकर 'हिंसामुक्त घर' - महिला का अधिकार' नामक परियोजना चला रहा है। इस परियोजना का उद्देश्य महिलाओं के साथ होने वाली हिंसा के मामलों व उन पर होने वाले अन्य अत्याचारों जैसे मामलों से निपटने के लिए पुलिसकर्मियों को प्रशिक्षित करना और उसके प्रति संवेदनशील बनाना है। इस उद्देश्य के लिए दिल्ली पुलिस, राष्ट्रीय महिला आयोग और टाटा इंस्टीट्यूट ऑफ सोशल साइंसेस, मुंबई के बीच एक सहमति-पत्र पर हस्ताक्षर किए गए। राष्ट्रीय महिला आयोग ने अलग-अलग क्षेत्रों में उपलब्धियां हासिल करने वाली महिलाओं को सम्मानित करने की भी पहल की हैं:

राष्ट्रीय बाल अधिकार संरक्षण आयोग (एनसीपीसीआर)

राष्ट्रीय बाल अधिकार संरक्षण आयोग (एनसीपीसीआर) अधिनियम, 2005, जनवरी 2006 में अधिसूचित किया गया था। राष्ट्रीय बाल अधिकार संरक्षण आयोग की स्थापना मार्च 2007 अधिनियम, के प्रावधानों के तहत बाल अधिकारों को लागू करने और बच्चों से संबंधित कार्यक्रमों तथा कानूनों के प्रभावी कार्यान्वयन के लिए की गई थी। आयोग का मिशन भारत में बच्चों के अधिकारों का संरक्षण, प्रोत्साहन और रक्षा करना है। यह सुनिश्चित करना इसका दायित्व है कि देश में सभी कानून, नीतियां, कार्यक्रम, पद्धतियां और प्रशासनिक संरचना भारत के संविधान और बाल अधिकारों से संबद्ध संयुक्त राष्ट्र संधि में प्रतिष्ठापित बाल अधिकारों (सीआरसी) के अनुरूप हों। इस अधिनियम, के प्रावधानों के तहत असम, बिहार, छत्तीसगढ़, दिल्ली, गोवा, कर्नाटक, मध्यप्रदेश, महाराष्ट्र, मणिपुर, ओडिशा, पंजाब, राजस्थान, सिक्किम, तमिलनाडु, उत्तराखंड, पश्चिम बंगाल और नागालैंड में राज्य आयोगों की स्थापना की गई है। बच्चों के लिए मुफ्त एवं अनिवार्य शिक्षा का अधिकार अधिनियम, 2009, अप्रैल 2010 से लागू है। एनसीपीसीआर राज्य आयोगों के साथ मिलकर अधिनियम, को लागू करने में महत्वपूर्ण भूमिका निभा रही है। बच्चों का लैंगिक अपराधों से संरक्षण अधिनियम, 2012 (पीओसीएसओ), 14 नवंबर, 2012 को लागू किया गया था। इस कानून में 18 साल से कम उम्र के सभी बच्चों के प्रति लैंगिक हमले, लैंगिक उत्पीड़न और अश्लील साहित्य के अपराधों से बच्चों के संरक्षण का प्रावधान है। साथ ही इस कानून में भारतीय दंड संहिता की खामियों को दूर करके पीड़ित वयस्क और बच्चों में कोई भेदभाव न करके उसकी रक्षा का प्रावधान है। एससीपीसीआर को बच्चों का लैंगिक अपराधों से संरक्षण अधिनियम, 2012 (पीओसीएसओ), 2012 के कार्यान्वयन पर निगरानी रखने का दायित्व भी सौंपा गया है।

वेबसाइट: www.ncpcr.gov.in

राष्ट्रीय महिला कोष

राष्ट्रीय महिला कोष (आरएमके) अनौपचारिक क्षेत्र में जरूरतमंद और गरीब महिलाओं के सामाजिक आर्थिक उत्थान के लिए उनकी आजीविका संबंधी गतिविधियों, आवास, लघु उद्यमों आदि के लिए ग्राहकों के अनुकूल बिना जमानती अग्रिम और परेशानी रहित तरीके से सूक्ष्म वित्त प्रदान करता है। आरएमके ने देश में गरीब महिलाओं के स्वसहायता समूहों को गैर-सरकारी संगठनों, महिला संगठनों, सहकारी समितियों, शहरी महिला सहकारी बैंकों, सरकारी स्वायत्त संस्थाओं, कंपनी अधिनियम, की

धारा 25 के तहत पंजीकृत अलाभकारी कंपनियों आदि जैसे बुनियादी स्तर पर कार्य करने वाले मध्यवर्ती संगठनों की व्यापक रेंज के जरिए सूक्ष्म ऋण प्रदान करने के लिए एक वैकल्पिक ऋण सुपुर्दगी तंत्र को विकसित करने में अग्रणी भूमिका निभाई है। आरएमके ने सूक्ष्म वित्त, थ्रिफ्ट और क्रेडिट और क्रेडिट संरचना को लोकप्रिय बनाने और एसएचजी के स्थायित्व तथा गरीब महिलाओं के लिए उद्यम विकास के वास्ते इन मध्यवर्तियों के जरिए कई उपाय किए हैं। आरएमके से ऋण प्राप्त करने की पात्रता के लिए मध्यवर्ती सूक्ष्म वित्त संगठनों (आईएमओ) के पास थ्रिफ्ट और क्रेडिट प्रबंधन का तीन साल या उससे अधिक का अनुभव होना चाहिए और वे मुनाफे के लिए काम करने वाले नहीं होने चाहिए। मध्यवर्ती सूक्ष्मवित्त संगठनों (आईएमओ) को 8 प्रतिशत की दर से ऋण आरएमके देता है औरे आईएमओ अधिकतम 18 प्रतिशत की दर से महिला लाभार्थियों को घटती देय राशि पद्धति के आधार पर ऋण उपलब्ध कराते हैं। देश के कई भागों, खासकर पूर्वोत्तर राज्यों में बैंकों की कमी और सबको ऋण मिलने के बराबर अवसर नहीं मिलने, मूलभूत ढांचे और जागरुकता की कमी के कारण राष्ट्रीय महिला कोष ने महिलाओं की जरूरतों को समझते हुए पूर्वोत्तर राज्यों में ऋण नियमों को लचीला बनाया है ताकि उन्हें ऋण आसानी से मिल सके। राष्ट्रीय महिला कोष सूक्ष्म ऋण के माध्यम से महिलाओं को सशक्त बनाना चाहता है। राष्ट्रीय महिला कोष से ऋण लेने वाले संगठनों को महिला स्वयं सहायता समूह के सदस्यों को शिक्षा, साक्षरता, स्वास्थ्य, स्वच्छता, पोषण, एड्स/एचआईवी और कानूनी अधिकारों आदि के प्रति जागरुक बनाने का दायित्व सौंपा जाता है। राष्ट्रीय महिला कोष के सूक्ष्म ऋण की सुविधा अंडमान और निकोबार द्वीप समूह और जम्मू-कश्मीर सहित 27 राज्यों/केंद्रशासित प्रदेशों में उपलब्ध है।

वेबसाइट: www.rmk.nic.in

राष्ट्रीय जन सहयोग एवं बाल विकास संस्थान

राष्ट्रीय जन सहयोग एवं बाल विकास संस्थान (एनआईपीसीसीडी) भारत सरकार के महिला और बाल विकास मंत्रालय के अधीन एक स्वायत्त संस्थान है, जो महिला एवं बाल विकास के समग्र क्षेत्र में स्वैच्छिक कार्यों तथा अनुकेंद्रान, प्रशिक्षण और प्रलेखन को बढ़ावा देने के प्रति समर्पित अग्रणी संगठन है। संस्थान के उद्देश्य हैं:-

सामाजिक विकास के स्वैच्छिक कार्यों का विकास करना और उन्हें बढ़ावा देना, बाल विकास पर व्यापक दृष्टिकोण अपनाना और राष्ट्रीय बाल नीति के अनुपालन के लिए उपयुक्त आवश्यकता पर आधारित कार्यक्रमों को बढ़ावा देना, सामाजिक विकास के क्षेत्र में सरकारी एवं स्वैच्छिक कार्य के बीच समन्वय सशक्तीकरण की राष्ट्रीय नीति, सरकारी और स्वैच्छिक प्रयासों के माध्यम से महिलाओं और बच्चों के लिए कार्यक्रम आयोजित करने हेतु संरचना और संभावना विकसित करना और अंतर्राष्ट्रीय और क्षेत्रीय एजेंसियों, अनुसंधान संस्थाओं, विश्वविद्यालयों और संस्थान की तरह ही क्रियाकलापों में लगे तकनीकी निकायों के साथ संपर्क स्थापित करना।

समेकित बाल विकास सेवाएं

समेकित बाल विकास सेवाएं (आईसीडीएस) योजना भारत सरकार के प्रमुख कार्यक्रमों में से एक है और बच्चों के शैशवकाल में विकास के लिए दुनिया का विशालतम और अपनी तरह का अनूठा कार्यक्रम है। इस कार्यक्रम का लक्ष्य स्वास्थ्य, पोषण और छोटे बच्चों की विकास संबंधी जरूरतें, गर्भवती महिलाओं और बच्चों की देखरेख करने वाली माताओं पर विशेष ध्यान देना है। एनआईपीसीसीडी

1975 से समेकित बाल विकास योजना (आईसीडीएस) के अधिकारियों और कर्मचारियों के प्रशिक्षण के लिए एक शीर्ष संस्था के रूप में कार्य कर रहा है। एक नोडल संसाधन एजेंसी के रूप में संस्थान पर समेकित बाल विकास योजना (आईसीपीएस) के अंतर्गत राष्ट्रीय और क्षेत्रीय स्तर पर कर्मचारियों के क्षमता निर्माण और प्रशिक्षण की जिम्मेदारी है। संस्थान ने यूनीसेफ के साथ मिलकर आईसीपीएस के तहत प्रशिक्षण पाठ्यक्रम को अंतिम रूप दिया है और प्रभावी बाल संरक्षण में कार्य कर रहे हैं विविध हितधारकों के लिए वैधानिक प्रारूप में की गई परिकल्पना के अनुरूप प्रशिक्षण नियमावली तैयार की है। बाल विकास से संबद्ध क्षेत्रों में संस्थान इस समय सबसे अधिक माता और बच्चों के स्वास्थ्य एवं पोषण, शिशुओं की देखरेख एवं शिक्षा, बचपन की अक्षमता, बच्चों में पूर्ण मानसिक स्वास्थ्य तथा बच्चों की देखरेख से संबद्ध सेवाओं पर देता है। गैर-सरकारी संगठनों के प्रतिनिधियों, अभिभावकों, शिक्षकों और कई सरकारी विभागों के अधिकारियों सहित विविध समूहों के लिए विभिन्न कार्यक्रम आयोजित किए गए हैं।

संस्थान 2005-06 में बाल मार्गदर्शन और परामर्श के क्षेत्र में एकवर्षीय नियमित एडवांस डिप्लोमा का संचालन कर रही हैं ताकि बच्चों और उनके परिवारों को विभिन्न अवस्थाओं में मार्गदर्शन प्रदान करने के लिए पेशेवर व्यवसायियों की कमी को पूरा किया जा सके। मौजूदा समय में संस्थान विशेष तौर पर महिलाओं के संबंध में योजना बनाने और उन्हें मुख्यधारा में लाने, जेंडर बजटिंग, महिलाओं के सामाजिक, आर्थिक और राजनैतिक रूप से सशक्तीकरण, कार्यस्थल पर महिलाओं के यौन शोषण को रोकने, कन्या भ्रूण हत्या, महिलाओं पर होने वाली हिंसा को रोकने जैसे मामलों पर बल देता है। 2013-14 के दौरान संस्थान के मुख्य कार्यों में हितधारकों के लैंगिक अपराधों से बच्चों का संरक्षण (पीओसीएसओ) अधिनियम, एवं नियम, 2012 पर क्षमता निर्माया कार्यक्रम, इंदिरा गांधी मातृत्व सहयोग योजना (आईजीएमएसवाई) के तहत जिलों में सेवा उपलब्ध कराने के अनुभवों पर हितधारकों से परामर्श करना, 12वीं पंचवर्षीय योजना के अंतर्गत समेकित बाल विकास योजना को मजबूत बनाने और पुनर्गठित् करने के लिए कार्यशालाएं आयोजित करना, अत्यधिक कुपोषित बच्चों के लिए समेकित बाल विकास योजना (आईसीडीएस) के कर्मचारियों को विशेष तौर पर संवेदनशील ढंग से कार्य करने का प्रशिक्षण देना और उनके फॉलोअप और महिलाओं तथा बच्चों के कुपोषण को समाप्त करना जैसे मामलों से संबंधित अनुसंधान कार्य में भी लगा है। यह संस्थान सरकारी एवं स्वयंसेवी एजेंसियों को महिलाओं और बच्चों के लिए बनाई नीतियों और कार्यक्रमों के कार्यान्वयन और प्रोत्साहन के तकनीकी सलाह और परामर्श भी देता है।

वेबसाइट: www.nipccd.nic.in

केंद्रीय समाज कल्याण बोर्ड

केंद्रीय समाज कल्याण बोर्ड (सीएसडब्ल्यूबी) की स्थापना अगस्त 1953 में स्वयंसेवी संगठनों के माध्यम से समाज कल्याण गतिविधियों को बढ़ावा देने तथा महिलाओं एवं बच्चों के कल्याण के कार्यक्रम चलाने के उद्देश्य से की गई थी। केंद्रीय समाज कल्याण बोर्ड के कार्यक्रमों का देशभर में कार्यान्वयन करने में सहायता देने के लिए सभी राज्यों और केंद्रशासित प्रदेशों के अधिकार क्षेत्र वाले 33 राज्य केंद्रीय समाज कल्याण बोर्डों की स्थापना की गई है। बोर्ड सरकार और स्वयंसेवी क्षेत्र के बीच सेतु का कार्य करता है। बोर्ड परिवार परामर्श कार्यक्रमों, अल्पावधि गृह, जागरुकता विकास परियोजनाओं, महिलाओं की शिक्षा के लिए संक्षिप्त पाठ्यक्रम और अन्य सहायक सेवाओं के माध्यम से महिलाओं से

सशक्तीकरण के लिए समन्वित प्रयास कर रहा है। वर्ष 1969 में बोर्ड को कंपनी अधिनियम, के अंतर्गत एक धर्मार्थ कंपनी के रूप में पंजीकृत किया गया। बोर्ड उभरती जरूरतों को भलीभांति पूरा करने के लिए अपने कार्यक्रमों में पूरी तरह बदलाव ला रहा है और उन्हें फिर से डिजाइन कर रहा है। केंद्रीय बोर्ड विकास से संबंधित योजनाओं के पारदर्शी तरीके से कार्यान्वयन के लिए प्रतिबद्ध है, इसलिए बोर्ड के कार्यक्रमों में पारदर्शिता लाने, बेहतर निगरानी और प्रभावी कार्यान्वयन के उद्देश्य से एक वेब-आधारित एप्लीकेशन सिस्टम यानी ई-आवेदन (इलेक्ट्रॉनिक एप्लीकेशन फॉर वूमेन एंपावरमेंट एंड डेवलपमेंट एक्शन बाई एनजीओ) विकसित किया गया है।

वेबसाइट: www.cswb.gov.in

केंद्रीय दत्तक संसाधन प्राधिकरण (कारा)

केंद्रीय दत्तक संसाधन प्राधिकरण (कारा) भारत सरकार के महिला एवं बाल विकास मंत्रालय के अधीन एक स्वायत्त निकाय है। यह भारतीय बच्चों को गोद लेने संबंधी नोडल निकाय के रूप में कार्य करता है तथा देश में और अंतर्देशीय दत्तक ग्रहण पर नजर रखना और नियंत्रित करना इसका उत्तरदायित्व है। सरकार द्वारा 2003 में अंतर्देशीय दत्तक, 1993 हेग समझौते को स्वीकृत करने के साथ ही इसके प्रावधानों के अनुसार 'कारा' को अंतरदेशीय दत्तक के लिए एक केंद्रीय प्राधिकरण के रूप में संगठित किया गया। कारा का उद्देश्य है- (1) देश में गैर-संस्थागत बाल देखरेख सेवा में नोडल इकाई के रूप में कार्य करना, (2) अनाथ, छोड़ दिए गए और समर्पित बच्चों को गोद लेने की प्रक्रिया को सरल करना और प्रोत्साहन देना, (3) दत्तक प्रक्रिया और डिलीवरी सिस्टम को व्यवस्थित करना। दत्तक ग्रहण प्रक्रियाओं का विवरण www.adoptionindia.nic.in पर उपलब्ध है। केयरिंग्स (चाइल्ड एडॉप्शन रिसोर्स इंफॉर्मेशन एंड गाइडलाइन सिस्टम): दत्तक प्रणाली में अधिक पारदर्शिता के लिए एक आईटी एप्लीकेशन केयरिंग्स वेब आधारित प्रबंधन प्रणाली के द्वारा संपर्क करने तथा सेतु बनाने का एक ऑनलाइन मंच है। यह शीघ्रता के साथ गोद लेना सुगम बनाता है, दत्तक प्रक्रिया पारदर्शिता सुनिश्चित करता है, कार्यान्वयन से संबद्ध एजेंसियों का उत्तरदायित्व बढ़ाता है, तालमेल को बेहतर बनाने के लिए हितधारकों का नेटवर्क तैयार करता है और प्रभावी नीति-निर्माण तथा अनुसंधान के लिए राष्ट्रीय डाटावेस बनाकर रखता है।

सुकन्या समृद्धि खाता

भारत सरकार द्वारा बेटी बचाओ, बेटी पढ़ाओ योजना के साथ-साथ सुकन्या समृद्धि खाता कार्यक्रम भी अधिसूचित किया गया है। सभी तरह की छोटी बचत योजनाओं के बावजूद सुकन्या समृद्धि कार्यक्रम से देश की नौजवान बालिकाओं के आत्मसम्मान और उनके जीवन पर अत्यन्त सार्थक प्रभाव पड़ा है। इस योजना का उद्देश्य बालिका शिशुओं की शिक्षा और उनकी शादी पर होने वाले परिव्यय को वहन करके उनके उज्ज्वल भविष्य को सुनिश्चित करना है। इस योजना के तहत बालिका शिशु के 10 वर्ष की आयु का होने से पूर्व तक उसके नाम पर उसके माता-पिता या वैधानिक अभिभावक खाता खोल सकते हैं। सरकारी अधिसूचना के अनुसार बालिका शिशु का खाता पोस्ट आफिस के किसी शाखा या किसी अनुमोदित सार्वजनिक क्षेत्र के बैंक में खोला जा सकता है। इस योजना के तहत ब्याज दर अत्यन्त आकर्षक 9.2 प्रतिशत है, जो वार्षिक चक्रवृद्धि के रूप में जुड़ेगा। यह ब्याज दर प्रतिवर्ष सरकार द्वारा संशोधित किए जाने का प्रावधान है, जिसकी घोषणा केंद्र बजट के समय की जाएगी। इसके अंतर्गत

न्यूनतम जमा राशि ₹ 1,000 और अधिकतम जमा राशि ₹ 1,50,000 प्रतिवर्ष हो सकती है। एक माह में या एक वर्ष में जमा कराने की संख्या की कोई सीमा नहीं निश्चित की गई है।

यह खाता खुलने की तिथि से 21 वर्ष तक के लिए ही वैध होगा, जिसके बाद यह खाता मैच्योर हो जाएगा और जिस बालिका शिशु के नाम से यह खाता खोला गया था उस धन राशि को उसे दे दिया जाएगा। यदि खाता मैच्योर होने के बाद धनराशि नहीं निकाली जाती है तो कुल धनराशि में इस योजना में समय-समय पर अधिसूचित ब्याज दर के अनुसार निरन्तर वृद्धि होती रहेगी। 21 वर्ष की खाता की अवधि पूरा होने से पहले जब कभी भी बालिका शिशु की शादी हो जाएगी यह खाता स्वतः ही बंद हो जाएगा। खाता खुलने की तारीख से 14 वर्ष तक के बीच भुगतान किया जा सकता है। इस अवधि के बाद लागू ब्याज दर के अनुसार धनराशि में केवल साधारण ब्याज ही जुड़ेगा। यदि माता-पिता या अभिभावक द्वारा न्यूनतम ₹ 1000 वार्षिक जमा नहीं किया जाता है तो भी खाता चालू रहेगा। ऐसी स्थिति में ₹ 50 वार्षिक जुर्माना के साथ न्यूनतम वांछित राशि उस वर्ष जमा कराके खाता आसानी से पुनः चालू करवा सकते हैं। देयतापूर्व निकासी-देयता अवधि 21 वर्ष पूरा होने से पहले जमा धनराशि केवल बालिका शिशु जिसके नाम खाता खोला गया था, 18 वर्ष की आयु की होने के बाद ही निकाल सकती है। कोई माता-पिता या अभिभावक प्रति बालिका शिशु के एक बैंक खाता खोल सकता है, और इस तरह के अधिकतम दो बैंक खाता दो बालिका शिशुओं के नाम खोल सकता है। यदि दो जुड़वां बालिकाएं हों तो द्वितीय बार जन्म देने के समय तो दो बैंक खाता खोला जा सकता है, या यदि पहले बार 3 बालिका शिशुओं को जन्म देती है तो 3 बैंक खाता तीनों बालिका शिशुओं के नाम खोले जा सकते हैं।

29 युवा कार्यक्रम और खेल

युवा कार्यक्रम और खेल मंत्रालय पूर्ण तौर पर खेल और युवा कार्यक्रम और खेल मंत्रालय के राज्य मंत्री (स्वतंत्र प्रभार) के समग्र दिशानिर्देशन में कार्य करता है। वर्ष 2008 में मंत्रालय के अधीन 2 विभागों, युवा कार्यक्रम विभाग और खेल विभाग का गठन किया गया। प्रत्येक विभाग भारत सरकार के एक सचिव के अधीन कार्य करता है।

युवा कार्यक्रम

युवा देश की आबादी में सबसे बहुआयामी और तेज-तर्रार वर्ग का प्रतिनिधित्व करते हैं। भारत दुनिया के सबसे युवा देशों में से है। भारत की करीब 65 प्रतिशत आबादी की आयु 35 साल से कम है। देश की आबादी का 27.5 प्रतिशत 15-29 वर्ष आयु वर्ग में है। 2025 तक भारत दुनिया की चौथी सबसे बड़ी अर्थव्यवस्था होगी। इस मामले में सिर्फ अमेरिका, चीन और जापान ही भारत से आगे होंगे। उस समय विश्व के सकल घरेलू उत्पाद (जीडीपी) में भारत की हिस्सेदारी 5.5 से 6 फीसदी तक की होगी। जहां दुनिया के ज्यादातर देशों के समक्ष बूढ़े श्रम बल का जोखिम होगा, वहीं भारत की जनांकिक पृष्ठभूमि अनुकूल होगी। एक अनुमान के अनुसार 2020 तक भारत की औसत आयु सिर्फ 28 साल होगी जबकि अमरीका के लिए यह 38 साल, चीन के लिए 42 साल और जापान के लिए 48 साल होगी। यह जनांकिक लाभ एक बड़ा अवसर उपलब्ध कराता है। हालांकि इस जनसांख्यिकी संबंधी बढ़त लाभ का फायदा उठाने के लिए जरूरी है कि अर्थव्यवस्था में श्रमबल में होने वाली वृद्धि का समर्थन करने की क्षमता हो और युवाओं के पास उत्पादक तरीके से अर्थवव्यवस्था में योगदान करने के लिए शिक्षा कौशल, स्वास्थ्य, जागरुकता और अनुकूल जरूरतें हो। भारत सरकार फिलहाल युवा विकास कार्यक्रम में सालाना 90,000 करोड़ रुपये खर्च करती है, यानी कि प्रत्येक युवा पर व्यक्तिगत रूप से 2,710 रुपये वार्षिक। इसके अलावा राज्य सरकारें और अन्य अंशधारक भी युवा विभाग के लिए कार्य कर रहे हैं, जिससे युवाओं का विकास किया जा सके और युवाओं की उत्पादक भागीदारी सुनिश्चत की जा सके। हालांकि युवाओं को अपनी पूरी क्षमता हासिल करने के लिए और अधिक समन्वित और केंद्रित प्रयासों की जरूरत है।

रियो ओलंपिक

भारतीय स्टार पी.वी. सिंधु ने रियो ओलंपिक में महिला बैडमिंटन की एकल स्पर्धा में रजत पदक जीता। साक्षी मलिक महिलाओं की 58 किलोग्राम फ्रीस्टाइल कुश्ती में कांस्य पदक जीत कर देश का नाम रौशन करने वाली पहली महिला पहलवान और ओलंपिक पदक दिलाने वाली चौथी महिला बनीं।

राष्ट्रीय युवा नीति

राष्ट्रीय युवा नीति, 2014 (एनवाईपी-2014) भारत के युवाओं के चौतरफा विकास की समूचे देश की प्रतिबद्धता को दोहराती है, जिससे वे अपनी पूरी क्षमता का इस्तेमाल कर राष्ट्र निर्माण की प्रक्रिया में उत्पादक तरीक से योगदान कर सके। यह नीति युवाओं को 15-29 साल के आयु वर्ग के सदस्यों के रूप में परिभाषित करती है। एनवाईपी भारतीय युवाओं के लिए समग्र दृष्टिकोण पेश करती है। इसका मकसद देश के युवाओं को सशक्त कर उनकी पूरी क्षमता का इस्तेमाल करना और उनके जरिए भारत को विश्व समुदाय के बीच उचित स्थान दिलवाना है। इस परिकल्पना को साकार करने के लिए विचार या दृष्टिकोण को हासिल करने के लिए एनवाईपी में पांच परिभाषित लक्ष्यों की पहचान की गई है, जिन्हें आगे बढ़ाने की जरूरत है। प्रत्येक लक्ष्य के तहत प्राथमिकता के क्षेत्र भी हैं। एनवाईपी के तहत लक्ष्यों और प्राथमिक क्षेत्रों का ब्योरा निम्नवत है:

लक्ष्य	प्राथमिकता वाले क्षेत्र
उत्पादक कार्यबल बनाना जो भारत के आर्थिक विकास में सतत योगदान कर सके	1. शिक्षा 2. रोज़गार एवं कौशल विकास 3. उद्यमशीलता
भविष्य की चुनौतियों के मद्देनजर सुदृढ़ और स्वस्थ पीढ़ी का विकास करना	4. स्वास्थ्य एवं स्वस्थ जीवन शैली 5. खेल-कूद
राष्ट्रीय स्वामित्व के निर्माण हेतु सामाजिक मूल्य प्रदान करना तथा सामुदायिक सेवा प्रोत्साहन	6. सामाजिक मूल्यों का प्रोत्साहन 7. सामुदायिक सक्रियता
प्रशासन के सभी स्तरों पर भागीदारी तथा नागरिक सक्रियता में सहायता	8. राजनीति एवं प्रशासन में भागीदारी 9. युवा सक्रियता
जोखिम में पड़े में युवाओं को सहयोग तथा वंचित और उपेक्षित युवाओं को समान अवसर देना	10. समावेश 11. सामाजिक न्याय

राष्ट्रीय युवा नेतृत्व कार्यक्रम

राष्ट्रीय युवा नेतृत्व कार्यक्रम (एनवाईएलपी) का लक्ष्य युवाओं में नेतृत्व क्षमता का विकास करना है ताकि वे अपनी पूरी क्षमता के उपयोग में सक्षम हों और इस तरह राष्ट्र निर्माण में योगदान कर सकें। इस कार्यक्रम का लक्ष्य युवाओं को अपने-अपने क्षेत्रों में श्रेष्ठता हासिल करने के लिए प्रोत्साहित करना है ताकि वे विकास की प्रक्रिया का नेतृत्व कर सकें। इसका उद्देश्य युवाओं की जबरदस्त ऊर्जा का उपयोग राष्ट्र निर्माण में करना है। इस कार्यक्रम का लाभ 15-29 साल के युवा वर्ग को मिलेगा। जो राष्ट्रीय युवा नीति, 2014 की परिभाषा के अनुरूप है।

कार्यक्रम के घटक

राष्ट्रीय युवा नेता कार्यक्रम की परिकल्पना केंद्रीय क्षेत्र की योजना के रूप में की गई है। इसके निम्नलिखित घटक हैं: पड़ोसी युवा संसद (एनवाईपी); विकास के लिए युवा कार्यक्रम (वाईएफडीपी); राष्ट्रीय युवा

नेतृत्व पुरस्कार (एनवाईएलए); राष्ट्रीय युवा सलाहकार परिषद (एनवाईएसी) और राष्ट्रीय युवा विकास कोष (एनवाईडीएएफ)।

नेहरू युवा केंद्र संगठन

नेहरू युवा केंद्र संगठन (एनवाईकेएस) की शुरुआत 1972 में हुई थी। यह विश्व में युवाओं के सबसे बड़े संगठनों में से एक है। एनवाईकेएस में फिलहास 2.85 लाख यूथ क्लबों/महिला मंडलों के जरिए 81 लाख युवा नामांकित हैं। एनवाइकेएस की पहुंच अपने केंद्रों के जरिए 623 जिलों में है। इस कार्यक्रम का उद्देश्य युवाओं में व्यक्तित्व और नेतृत्व क्षमता का विकास उन्हें राष्ट्र निर्माण की गतिविधियों में शामिल कराना है। एनवाईकेएस की गतिविधियों के केंद्र में साक्षरता और शिक्षा, स्वास्थ्य एवं परिवार कल्याण, साफ–सफाई और स्वच्छता, पर्यावरण संरक्षण, सामाजिक मामलों पर जागरुकता, महिला सशक्तीकरण, ग्रामीण विकास, कौशल विकास और स्वरोज़गार, उद्यमशीलता विकास, नागरिक शिक्षा, आपदा राहत तथा पुनर्वास आदि शामिल हैं। इन केंद्रों से जुड़े युवा न केवल सामाजिक रूप से जागरूक होते हैं बल्कि स्वैच्छिक प्रयासों से सामाजिक विकास कार्य से भी जुड़े हैं।

एनवाईकेएस की गतिविधियां

एनवाईकेएस के कार्यक्रमों/गतिविधियों को व्यापक रूप से निम्न श्रेणियों में वर्गीकृत किया गया जा सकता है– (क) अपने बजटीय संसाधनों से एनवाईकेएस द्वारा क्रियान्वित किए जाने वाले प्रमुख कार्यक्रम (विभाग द्वारा जारी ब्लॉक अनुदान); (ख) एएनपीवाईएडी (राष्ट्रीय युवा एवं किशोर विकास कार्यक्रम) के वित्तपोषण से आयोजित कार्यक्रम; (ग) अन्य मंत्रालयों के संगठनों के वित्तपोषण/संगठनों के सहयोग से आयोजित कार्यक्रम; (घ) विभिन्न विकास विभागों/एजेंसियों के सहयोग से आयोजित कार्यक्रम, गतिविधियां। एनवाईकेएस के सभी कार्यक्रम राज्य सरकारों, निर्वाचित स्थानीय निकायों और विभिन्न विकास विभागों/एजेंसियों के नजदीकी सहयोग और सक्रिय भागीदारी से क्रियान्वित किए जाते हैं।

राष्ट्रीय युवा कोर

देश में 2010–11 में राष्ट्रीय युवा कोर (एनवाईसी) की शुरुआत हुई। पूर्व की योजनाओं मसलन–नेशनल सर्विस वालंटियर स्कीम (एनएसवीएस) और राष्ट्रीय सदभावना योजना (आरएसवाई) को राष्ट्रीय युवा कोर योजना में समाहित किया गया। एनवाईसी योजना का क्रियान्वयन एनवाईकेएस के जरिए किया जा रहा है। इस योजना के तहत 18 से 25 साल के युवाओं को वालंटियर या कार्यकर्ता के रूप में अधिकतम दो साल के लिए राष्ट्र निर्माण गतिविधियों में लगाया जाता है। एनवाईसी कार्यकर्ता के लिए न्यूनतम शैक्षिक योग्यता दसवीं पास है और उन्हें पच्चीस सौ रुपये मासिक मानदेय दिया जाता है। एनवाईसी कार्यकर्ता का चयन जिला कलेक्टर/ संबंधित जिलों के उपायुक्त की अगुवाई वाली चयन समिति द्वारा किया जाता है। कार्यकर्ताओं को इसमें शामिल होने के समय 15 दिन का शुरुआती प्रशिक्षण तथा दूसरे साल में 7 दिन का रिफ्रेशर प्रशिक्षण दिया जाता है। कार्यकाल पूरा होने से पहले एनवाईकेएस उन्हें कौशल विकास के लिए प्रशिक्षण देता है ताकि वे कोई लाभप्रद रोज़गार हासिल कर सकें। दो साल का कार्यकाल पूरा हो जाने पर दूसरे स्वयंसेवकों की भर्ती की जाती है। सामान्य तौर पर प्रत्येक ब्लॉक में दो एनवाईसी कार्यकर्ताओं को लगाया जाता है। वे ब्लॉक में एनवाईकेएस की विस्तारित इकाई के रूप में कार्य करते हैं और एनवाईकेएस के विभिन्न कार्यक्रमों और पहलों के क्रियान्वयनों में सक्रिय भूमिका

निभाते हैं। 2014-15 के दौरान दो साल का कार्यकाल पूरा करने वाले एनवाईसी कार्यकर्ताओं के स्थान पर 5008 एनवाईसी कार्यकर्ता चुने गए और शुरुआती प्रशिक्षण के बाद उन्हें ब्लॉकों में भेजा गया।

राष्ट्रीय युवा योजना

राष्ट्रीय युवा योजना (एनएसएस) की शुरुआत 1969 में की गई थी। इसका प्रारंभिक मकसद, स्वैच्छिक सामुदायिक सेवा के जरिए छात्र के व्यक्तित्व और चरित्र का विकास करना है। एनएसएस का उद्देश्य है- सेवा के माध्यम से शिक्षा। एनएसएस का आदर्श महात्मा गांधी के विचारों से प्रेरित है और इसका आदर्श वाक्य है ''मैं नहीं, बल्कि आप''। कोई भी एनएसएस कार्यकर्ता 'खुद' से आगे 'समुदाय' को रखता है।

एनएस का उद्देश्य कार्यकर्ताओं में निम्न गुणों या दक्षताओं का विकास करना है: (क) जिस समुदाय में काम करना है, उसको समझना और साथ ही उस समुदाय के संदर्भ में खुद को समझना, (ख) समुदाय की समस्याओं और जरूरतों को समझना और खुद को समस्या निपटान प्रक्रिया का हिस्सा बनाना, (ग) खुद में सामाजिक और नागरिक दायित्व का विकास करना, (घ) व्यक्तिगत और समुदाय की समस्या के व्यावहारिक निवारण के लिए अपने ज्ञान का प्रयोग करना, (ङ) समुदाय को भागीदारी के लिए एकजुट करने का कौशल हासिल करना, (च) नेतृत्व और लोकतांत्रिक मूल्यों का गुण हासिल करना तथा (छ) आपात स्थिति या प्राकृतिक आपदा से निपटने की क्षमता हासिल करना, (ज) राष्ट्रीय एकता और सामाजिक सद्भाव का व्यवहार।

एनएस की शुरुआत 1969 में 37 विश्वविद्यालयों को शामिल करते हुए 40 हज़ार कार्यकर्ताओं के साथ हुई थी। आज एनएसएस के पास 351 विश्वविद्यालयों, 16,056 कॉलेजों/तकनीकी संस्थानों और 12,004 उच्च माध्यमिक स्कूलों में लगभग 36.42 लाख कार्यकर्ता नामांकित हैं। अब तक 4.60 करोड़ छात्र एनएसएस से लाभान्वित हुए हैं।

राजीव गांधी युवा विकास संस्थान

राजीव गांधी युवा विकास संस्थान (आरजीएनआईवाईडी) श्रीपेरम्बदूर, तमिलनाडु, भारत सरकार के युवा कार्यक्रम और खेल मंत्रालय के तहत आरजीएनआईवाईडी अधिनियम, 2012 के अंतर्गत राष्ट्रीय महत्व का संस्थान है। सोसायटी पंजीकरण अधिनियम, 1975 के तहत 1993 में इसका गठन सोसायटी के रूप में हुआ। मानव संसाधन विकास मंत्रालय ने 2008 में 'डे-नोवो' श्रेणी के समकक्ष संस्थान को विश्वविद्यालय के समकक्ष संस्थान का दर्जा दिया। आरजीएनआईवाईडी युवा विकास के विभिन्न बिंदुओं के लिए स्नातकोत्तर अकादमिक कार्यक्रमों की पेशकश करता है। युवा विकास के महत्वपूर्ण क्षेत्रों में अनुसंधान के अलावा सरकारी एजेंसियों तथा युवा संगठनों के लिए प्रशिक्षण कार्यक्रमों का संयोजन करता है। इसके अलावा यह देश में विस्तार और पहुंच की पहलों को आगे बढ़ाता है।

यह संस्थान थिंक टैंक के रूप में कार्य करता है। युवाओं से संबंधित गतिविधियों का यह देश में प्रमुख संस्थान है। राष्ट्रीय स्तर पर शीर्ष संस्थान के रूप में यह एनएसएस, एनवाईकेएस तथा अन्य युवा संगठनों के साथ-साथ प्रशिक्षण कार्यक्रमों के क्रियान्वयन के लिए मिलकर कार्य करता है। यह ग्रामीण, शहरी और आदिवासी क्षेत्रों में युवाओं को युवा विकास की गतिविधियों में सहयोग करने को प्रशिक्षित करने के लिए एक नोडल एजेंसी के रूप में कार्य करता है। आरजीएनआईवाईडी देश में यूथ आब्जर्वेटरों और डिपोजिटरी की भूमिका अदा करने के साथ युवाओं से संबंधित मसलों का कार्य करता है।। इसका व्यापक नेटवर्क है। कई संगठन युवा लोगों के विकास और कल्याण के लिए कार्य कर रहे हैं और

संरक्षक की भूमिका भी निभा रहे हैं। आरजीएनआईवाईडी का लक्ष्य युवा विकास और अकादमिक विशिष्टता के लिए वैश्विक रूप से मान्य और प्रशंसनीय केंद्र की पहचान बनाने की है।

पुनर्जागरण कार्यक्रम

एक साल लंबे पुनर्जागरण कार्यक्रम एवं यात्रा की शुरुआत महात्मा गांधी की जंयती के अवसर पर 2 अक्टूबर, 2014 को देश के चार कोनों, लेह (जम्मू-कश्मीर), कन्याकुमारी (तमिलनाडु), रोईंग (अरुणाचल प्रदेश) और ओखा (गुजरात) से हुई थी जिसका समापन एकात्म मानववाद के प्रवर्तक पंडित दीनदयाल उपाध्याय की जन्मशती के अवसर पर दीन दयाल उपाध्याय धाम, नगला चंद्रभान, मथुरा में हुआ।

राष्ट्रीय युवा एवं किशोर विकास कार्यक्रम

राष्ट्रीय युवा एवं किशोर विकास कार्यक्रम (एनपीवाईएडी) मंत्रालय की एक महत्वपूर्ण योजना है। इस योजना के अंतर्गत युवा एवं किशोर विकास गतिविधियों के लिए सरकारी/गैर सरकारी संगठनों को वित्तीय सहायता प्रदान की जाती है। यह योजना अप्रैल 2008 से परिचालन में है। एनपीवाईएडी में मुख्य पांच घटकों के तहत सहायता उपलब्ध कराई जाती है: (क) युवा व्यक्तित्व और नेतृत्व विकास प्रशिक्षण, (ख) राष्ट्रीय एकीकरण कार्यक्रम, यूथ फेस्टिवल, बहुसांस्कृतिक गतिविधियां आदि, (ग) रोमांच का प्रसार, तेनजिंग नॉर्ग राष्ट्रीय एडवेंचर पुरस्कार, (घ) किशोरों का विकास और सशक्तीकरण, जीवन कौशल शिक्षा, काउंसलिंग, केरियर के बारे में सलाह आदि तथा (ङ) तकनीकी एवं संसाधन विकास, युवा मामलों पर शोध और अध्ययन, प्रलेखन, संगोष्ठियां/कार्यशालाएं।

राष्ट्रीय युवा पुरस्कार

राष्ट्र निर्माण/सामुदायिक सेवा क्षेत्रों में विशिष्ट योगदान के लिए राष्ट्रीय युवा पुरस्कार हर साल युवाओं और गैर-सरकारी संगठनों को दिए जाते हैं। प्रत्येक विजेता को सम्मान के रूप में एक प्रमाण-पत्र के साथ 40 हज़ार रुपये नकद एवं मेडल भी प्रदान किए जाते हैं। स्वैच्छिक युवा संगठनों को एक प्रमाण-पत्र, मेडल और 2 लाख रुपये की राशि दी जाती है। 2016 के राष्ट्रीय युवा पुरस्कार विभिन्न राज्यों और केंद्रशासित प्रदेशों के 25 युवाओं और दो संगठनों को दिए गए।

यूथ हॉस्टल

यूथ हॉस्टलों का निर्माण युवाओं को यात्रा करने के लिए प्रोत्साहित करने हेतु किया गया है, जिससे युवा आबादी देश की समृद्ध सांस्कृतिक विरासत को अनुभव कर सके। यूथ हॉस्टलों का निर्माण राज्य और केंद्र सरकार के संयुक्त उद्यमों द्वारा किया जाता है। जहां केंद्र सरकार निर्माण की लागत का बोझ उठाती है, वहीं राज्य सरकारें पूर्ण विकसित जमीन मुफ़्त में उपलब्ध कराती हैं। साथ ही वे जलापूर्ति, बिजली और संपर्क मार्ग की सुविधा भी मुहैया कराती है। यूथ हॉस्टल मुख्य रूप से ऐतिहासिक और सांस्कृतिक महत्व वाले क्षेत्रों, शिक्षा केंद्रों, पर्यटन स्थलों जैसे स्थानों में स्थित होते हैं। यूथ हॉस्टलों में युवाओं को रहने की एक बेहतर सुविधा उचित मूल्य पर उपलब्ध होती है।

इनकी देख-रेख केंद्र सरकार द्वारा नियुक्त प्रबंधकों द्वारा की जाती है। मंत्रालय इन प्रबंधकों का चयन सेवानिवृत्त सैन्य कर्मियों में से करता है। इनमें उन लोगों को प्राथमिकता दी जाती है जो यूथ हॉस्टल के आस-पास के इलाकों में रहते हैं और जिन्हें हिंदी, अंग्रेजी के अलावा स्थानीय भाषा की भी

जानकारी होती है। इस नई नीति के तहत कोई स्नातक जिसके पास होटल मैनेजमेंट, यूथ डेवलेपमेंट, एमबीए, एलएसडब्ल्यू, एमएसडब्ल्यू की डिग्री हो और जिसके पास हॉस्टल, होटल उद्योग के संचालन का 3 साल का अनुभव हो या फिर बोर्डिंग स्कूल/गेस्ट हाउस चलाने का अनुभव हो या केंद्र अथवा राज्य सरकार के सेवानिवृत्त अधिकारी, जो युवा गतिविधियों के क्षेत्र में कार्य करने का अनुभव रखते हों, वे यूथ हॉस्टलों में प्रबंधक पद पर नियुक्ति के पात्र हैं। इस पद के लिए आयु सीमा 35 से 62 वर्ष तक की है जो अनुबंध की तारीख से गिनी जाती है। अभी तक देशभर में 83 यूथ हॉस्टलों का निर्माण किया गया है तथा एक और यूथ हॉस्टल रोईंग (अरुणाचल प्रदेश) में निर्माण के अंतिम चरण में है। इन 83 हॉस्टलों में से 11 हॉस्टल नेहरू युवा केंद्र। भारतीय खेल प्राधिकरण (साई) और संबंधित राज्य सरकारों को स्थानांतरित किए गए हैं, जिससे वे इसका महत्तम उपयोग युवाओं और खेल विकास के लिए कर सकें। शेष 72 हॉस्टल विभाग के सीधे नियंत्रण में हैं। चार यूथ हॉस्टलों- डलहौजी (हिमाचल प्रदेश), जोधपुर (राजस्थान), मैसूर (कर्नाटक) और पुदुचेरी को आईएसओ 9001:2008 प्रमाणन मिला है। दो अन्य यूथ हॉस्टल- आगरा (उत्तर प्रदेश) तथा पणजी (गोवा) में आईएसओ 9001:2008 प्रमाणन के लिए चुने गए हैं।

स्काउटिंग एवं गाइडिंग

विभाग देश में स्काउट और गाइड आंदोलन को प्रोत्साहन देने के लिए स्काउटिंग एवं गाइडिंग संगठनों को सहायता उपलब्ध कराता है। यह युवा लड़कों और लड़कियों के चरित्र-निर्माण और उनमें आत्मविश्वास, आदर्शवाद और देशभक्ति और सेवा की भावना उत्पन्न निर्माण करने का अंतरराष्ट्रीय आंदोलन है। स्काउटिंग एवं गाइडिंग का मकसद लड़कों और लड़कियों का संतुलित शारीरीक और मानसिक विकास उत्पन्न करना भी है। स्काउटिंग एवं गाइडिंग संगठनों को विभिन्न कार्यक्रमों जैसे- प्रशिक्षण शिविरों के आयोजन, कौशल विकास कार्यक्रम और रेलियों के आयोजन आदि के लिए वित्तीय सहायता प्रदान की जाती है। इनकी अन्य गतिविधियों में प्रौढ़ साक्षरता ने पर्यावरण संरक्षण, सामुदायिक सेवा, स्वास्थ्य जागरुकता तथा साफ-सफाई, स्वच्छता को बढ़ावा देने से संबंधित कार्यक्रम शामिल हैं। वर्ष 2015-16 के दौरान विभाग ने कुल 1.50 करोड़ रुपये स्वीकृत किए जिसमें भारत स्काउट्स-गाइड्स और हिंदुस्तान स्काउट एवं गाइड्स की विभिन्न गतिविधियों के लिए 75-75 लाख रुपये शामिल थे।

खेल

खेलकूद हमेशा से ही मानव व्यक्तित्व के विकास का महत्वपूर्ण अंग रहा है। मनोरंजन और शारीरिक चुस्ती के साथ खेलकूद स्वस्थ प्रतिस्पर्धा और समुदाय के भीतर लगाव की भावना पैदा करने में महत्वपूर्ण भूमिका निभाते हैं। खेलों में उपलब्धियां हमेशा से ही राष्ट्रीय गौरव एवं प्रतिष्ठा का स्रोत रही है। आधुनिक खेल अब बेहद प्रतिस्पर्धी हो गए हैं। आज खेलकूद के लिए आधुनिक उपकरणों, अवसंरचना तथा आधुनिक वैज्ञानिक समर्थन की आवश्यकता की वजह से अंतरराष्ट्रीय स्तर पर खेल परिदृश्य को पूरी तरह से बदल गया है। आधुनिक उपकरण एवं अवसंरचना, वैज्ञानिक सहयोग आदि की बढ़ती मांग के मद्देनजर भारत सरकार द्वारा खिलाड़ियों की मदद के लिए कई पहलें की गई हैं।

राष्ट्रीय खेल नीति

राष्ट्रीय खेल नीति, 2001 मुख्य रूप से खेलों में विशिष्टता को प्रोत्साहन देती है और इसे व्यापक बनाती है। इस नीति की प्रमुख बातें इस प्रकार हैं: (i) खेलकूद के आधार को व्यापक करना और विशिष्टता

हासिल करना; (ii) बुनियादी ढांचे का उन्नयन और विकास; (iii) राष्ट्रीय खेल महासंघों तथा अन्य उचित निकायों को समर्थन और सहयोग; (iv) खेलों में वैज्ञानिक और कोचिंग समर्थन को मजबूत करना; (v) खेलों को बढ़ावा देने के लिए प्रोत्साहन; (vi) महिलाओं, अनुसूचित जनजाति और ग्रामीण युवाओं की भागीदारी बढ़ाना; (vii) खेलों के प्रचार-प्रसार में कारपोरेट क्षेत्र को शामिल करना; (viii) आम जनता में खेल के प्रति शौक को प्रोत्साहित करना।

राजीव गांधी खेल अभियान

केंद्र प्रायोजित राजीव गांधी खेल अभियान (आरजीकेए) की शुरुआत 2014 में पंचायत युवा क्रीड़ा और खेल अभियान (पीवाईकेकेए) के स्थान पर हुई थी। नई योजना के तहत 12वीं पंचवर्षीय योजना के शेष तीन वर्षों तथा 13वीं पंचवर्षीय योजना के दौरान लगभग 9 हजार करोड़ रुपये का अनुमानित परिव्यय रखा गया है। इस स्कीम का मुख्य उद्देश्य युवाओं के बीच खेलों का प्रचार-प्रसार करना तथा खेलों को उनके जीवन का अंग बनाना है। इसके अलावा देशभर में खेल सुविधाओं की पहुंच में सुधार, खेल प्रतिभाओं की पहचान और खेलों में श्रेष्ठता हासिल करने के लिए खेल प्रतिस्पर्धाओं का आयोजन शामिल है। योजना के तहत देश के प्रत्येक ग्रामीण ब्लॉक पंचायत में एकीकृत खेल परिसर का निर्माण किया जाएगा। प्रत्येक खेल परिसर पर 1,765 करोड़ रुपये की लागत आएगी और इसमें 11 आउटडोर और इनडोर खेलों की सुविधा होगी। अधिकतम 16 खेलों में तीन स्थानीय खेलों को शामिल करने की भी सुविधा होगी। आउटडोर खेलों में एथेलेटिक्स, तीरंदाजी, बैडमिंटन, बास्केटबॉल, फुटबॉल, हैंडबॉल, हॉकी, कबड्डी, खो-खो, टेनिस और वॉलीबॉल शामिल हैं। इनडोर गेम्स में मुक्केबाजी, कुश्ती, टेबल टेनिस, भारोत्तोलन शामिल हैं। इन सबके अलावा एक जिम का प्रावधान भी है। प्रत्येक खेल परिसर में तीन खेल प्रशिक्षक होंगे जिनमें एक महिला प्रशिक्षक भी शामिल है। योजना के तहत खेल उपकरणों और एक युवा संसाधन केंद्र के लिए सहायता भी उपलब्ध कराई जाएगी। साथ ही विशेष रूप से महिलाओं के लिए सेल्फ डिफेंस प्रशिक्षण का प्रावधान भी किया गया है। प्रतिभाओं की पहचान के लिए प्रतियोगिताओं के आयोजन के साथ-साथ विशेष श्रेणी के खेलों मसलन महिला प्रतियोगिता और पूर्वोत्तर क्षेत्र खेल के लिए भी धन उपलब्ध कराया जाएगा।

शहरी खेलों को प्रोत्साहन

सरकार ने 2010-11 में पायलट आधार पर शहरी खेलकूद ढांचे के सृजन के लिए सहायता योजना शीर्षक से योजना पेश की थी। यह योजना खेल सुविधाओं के सृजन/उन्नयन तथा प्रशिक्षकों के प्रशिक्षण से संबंधित है। इसके अलावा योजना के तहत राज्य सरकारों और नेशनल प्लेईंग फील्ड एसोसिएशन को देशभर में खेल के मैदानों के संरक्षण के लिए वित्तीय सहायता उपलब्ध कराई जाती है। योजना के तहत राज्य सरकारें, स्थानीय निकाय, स्कूल, कॉलेज, विश्वविद्यालय और खेल नियंत्रण बोर्ड सहायता पाने के पात्र हैं।

खेलों में विशिष्टता को प्रोत्साहन

भारत सरकार ने 1984 में भारतीय खेल प्राधिकरण (साई) की स्थापना पंजीकृत सोसायटी के रूप में की थी। इसका मकसद दिल्ली में आयोजित एशियाड-1982 के दौरान बनाए खेलकूद बुनियादी ढांचे का प्रभावी तरीके से रख-रखाव और महत्तम इस्तेमाल सुनिश्चित करना है। अब यह देश में खेलकूद के प्रसार तथा खिलाड़ियों को राष्ट्रीय तथा अंतरराष्ट्रीय स्तर पर खेलों में श्रेष्ठता हासिल करने का प्रशिक्षण

प्रदान करने वाली नोडल एजेंसी है। 1987 में द सोसायटी फॉर नेशनल इंस्टीट्यूट ऑफ फिजिकल एजुकेशन एंड स्पोर्टस (एसएनआईपीईएस) का साई में विलय किया गया। इसके साथ-साथ नेताजी सुभाष नेशल इंस्टीट्यूट ऑफ स्पोर्ट्स (एनएसएनआईएस) पटियाला और संबंधित बंगलुरु, कोलकाता और गांधीनगर के केंद्र, तिरुअनंतपुरम का लक्ष्मीबाई नेशनल कॉलेज ऑफ फिजिकल एजुकेशन साई के तहत आ गए। अब इसके 8 क्षेत्रीय केंद्र बंगलुरु, गांधीनगर, कोलकाता, सोनीपत, भोपाल, इंफाल, चंडीगढ़ और लखनऊ में हैं। इसके अलावा साई हिमाचल प्रदेश के सिलारू में हाई एल्टिटूड ट्रेनिंग सेंटर (एचएटीसी) का भी परिचालन करता है।

साई (एसएआई) सब जूनियर, जूनियर और वरिष्ठ स्तर पर कई योजनाएं चलाता है। ये हैं- राष्ट्रीय खेल प्रतिभा प्रतियोगिता (एनएसटीसी), आर्मी ब्वॉयज स्पोर्टस कंपनी (एबीएससी), साई ट्रेनिंग प्रशिक्षण केंद्र और विशेष क्षेत्रीय खेल। इसका मकसद राष्ट्रीय और अंतरराष्ट्रीय स्तर पर श्रेष्ठता हासिल करना है। साई ने अपने प्रत्येक क्षेत्रीय केंद्र में विशिष्ट खिलाड़ियों के लिए विशिष्टता केंद्र भी स्थापित किए हैं। इनमें एक केंद्र राष्ट्रीय खेल संस्थान पटियाला में है।

लक्ष्मीबाई राष्ट्रीय शारीरिक शिक्षा संस्थान

लक्ष्मीबाई राष्ट्रीय शारीरिक शिक्षा संस्थान ग्वालियर की स्थापना शुरुआत में एक कालेज के रूप में 17 अगस्त, 1957 को हुई थी। यह भारत की आजादी की पहली लड़ाई का शताब्दी वर्ष था। यह विश्वविद्यालय ग्वालियर में स्थित है, जहां झांसी की रानी लक्ष्मीबाई ने देश के स्वतंत्रता संग्राम में अपनी जान दे दी थी। संस्थान द्वारा शारीरीक शिक्षा और खेलों में दिए गए योगदान के मद्देनज़र 1995 में इसका उन्नयन डीम्ड विश्वविद्यालय के रूप में किया गया। इसका वित्तपोषण पूर्ण रूप से भारत सरकार द्वारा किया जाता है।

यह संस्थान निम्न पूर्णकालिक कोर्स प्रदान करता है- (1) शारीरिक शिक्षा में स्नातक (बीपीई) (4 साल का डिग्री कोर्स), (2) शारीरिक शिक्षा में स्नातकोत्तर की डिग्री (एमपीई) (2 साल का पाठ्यक्रम) (3) शारीरिक शिक्षा (1 साल का पाठ्यक्रम) में एम फिल (4) शारीरिक शिक्षा में पीएचडी। उपरोक्त के अलावा, संस्थान द्वारा सर्टिफिकेट, डिप्लोमा और पोस्ट ग्रेजुएट पाठ्यक्रम भी चलाए जाते हैं, जो इस प्रकार हैं:- (क) साहसिक खेल, (ख) विशेष खेल, (ग) युवा कार्यक्रम, (घ) सूचना प्रौद्योगिकी, (ङ) खेल कोचिंग, (च) योग और वैकल्पिक चिकित्सा, (छ) खेल प्रबंधन, और (ज) खेल पत्रकारिता।

यह संस्थान पूर्व सैन्यकर्मियों के लिए सेवारत प्रशिक्षण कार्यक्रम, विश्वविद्यालयों, कॉलेजों और स्कूलों में शारीरीक शिक्षा के शिक्षकों के लिए रिफ्रेशर एवं ओरियंटेशन कार्यक्रमों का भी आयोजन करता है। इस संस्थान में विदेशों से भी छात्र आते हैं। एलएनआईपीई का पूर्वोत्तर कैंपस गुवाहाटी, असम में स्थापित किया गया है। इसने 2010-11 में परिचालन शुरू कर दिया था।

खेलों को बढ़ावा

इस योजना के तहत भारत सरकार राष्ट्रीय खेल महासंघों (एनएसएफ) को देश में राष्ट्रीय चैम्पियनशिप और अंतरराष्ट्रीय प्रतियोगिताओं के आयोजन के लिए सहायता उपलब्ध कराती है। इसके अलावा विदेशों में अंतरराष्ट्रीय प्रतियोगिताओं में भाग लेने, प्रशिक्षण शिविरों के आयोजन, खेल उपकरणों की खरीद, विदेशी प्रशिक्षकों की व्यवस्था करने में मदद करती है।

खेल और युवा मामलों के मंत्रालय ने प्रतिभा, खोज और प्रशिक्षण से संबंधित मौजूदा योजना का 2014 में संशोधन करते हुए इसे 'खेलों में मानव संसाधन के विकास' का नया नाम दिया। संशोधित योजना के तहत सरकार देश में खेलकूद और खेलों के संपूर्ण विकास के लिए खेल विज्ञान और खेल चिकित्सा, खेल प्रशिक्षण और अंपायर में मानव संसाधन के विकास पर ध्यान केंद्रित कर रही है। इससे देश इन क्षेत्रों में समय के साथ आत्मनिर्भर बन सकेगा और विशेष रूप से प्रस्तावित नेशनल इंस्टीट्यूट ऑफ स्पोर्ट्स साइंसेज एंड मेडिसिन की जरूरतों को पूरा कर सकेगा।

राष्ट्रीय खेल विकास कोष

राष्ट्रीय खेल विकास कोष (एनएसडीएफ) की स्थापना देश में खेलकूद और खेलों के प्रोत्साहन के लिए की गई है। इसका उद्देश्य देश में खेलों को आगे बढ़ाने के लिए सरकार के अलावा गैर सरकारी स्रोतों, निजी कॉरपोरेट क्षेत्र और प्रवासी भारतीयों से संसाधन जुटाना है। इस कोष में योगदान आकर्षित बनाने के लिए इस पर सौ फीसदी आयकर छूट दी जाती है। इसकी शुरुआत करते हुए सबसे पहले सरकार ने 1998-99 में इसमें 2 करोड़ रुपये का योगदान दिया। इसके अलावा, सरकार अन्य स्रोतों से मिले योगदान के समान योगदान करती है। एनएसडीएफ के अंतर्गत उपलब्ध कोष का इस्तेमाल खेल को प्रोत्साहित करने तथा विशेष खेलों एवं खिलाड़ियों को राष्ट्रीय तथा अंतरराष्ट्रीय स्तर की उत्कृष्टता हासिल कराने; खिलाडियों, प्रशिक्षुकों तथा खेल विशेषज्ञों को संबंधित खेल क्षेत्र में विशेष प्रशिक्षण एवं कोचिंग देने; खेल में उत्कृष्टता बढ़ाने के लिए यथा आवश्यक बुनियादी सुविधाओं के निर्माण एवं रखरखाव के लिए; खेल में श्रेष्ठता को बढ़ावा देने के उद्देश्य से सरकारी तथा गैर-सरकारी संगठनों को उपकरण आपूर्ति करने; खेल में उत्तमता लाने हेतु समस्याओं की पहचान करने तथा अनुसंधान एवं विकासात्मक अध्ययन करने के लिए किया जाता है।

खिलाड़ियों को प्रोत्साहन संबंधित योजना

युवा कार्यक्रम और खेल मंत्रालय खिलाड़ियों को खेलों में आगे बढ़ने के लिए प्रोत्साहन हेतु निम्न विभिन्न योजनाओं का क्रियान्वयन करता है:

राजीव गांधी खेल रत्न पुरस्कार

यह योजना 191-92 में शुरू की गई थी। इसका उद्देश्य खिलाड़ियों को सम्मानित करना है, जिससे उनका दर्जा बढ़ सके और उन्हें समाज में अधिक शिष्टता और सम्मान मिल सके। इस योजना के तहत किसी खिलाड़ी को पुरस्कार दिए जाने वाले वर्ष के पिछले चार साल में शानदार प्रदर्शन के लिए सम्मानित किया जाता है। इस पुरस्कार में 7.5 लाख रुपये की राशि प्रदान की जाती है।

अर्जुन पुरस्कार

अर्जुन पुरस्कार की स्थापना 1961 में हुई थी। इसके तहत किसी खिलाड़ी का पिछले चार साल के दौरान अंतरराष्ट्रीय स्तर पर प्रदर्शन शानदार होना चाहिए। जिस साल पुरस्कार की सिफारिश की गई हो, उस वर्ष उसका प्रदर्शन विशिष्ट रहा होना चाहिए। इसके अलावा, उस खिलाड़ी ने नेतृत्व, खेल भावना और अनुशासन का गुण भी दिखाया हो। इस पुरस्कार के तहत एक स्टेच्यू, एक प्रमाण-पत्र, समारोह की ड्रेस और 5 लाख रुपये नकद दिए जाते हैं। हर साल 15 से अधिक पुरस्कार नहीं दिए जा सकते हैं।

ध्यान चंद लाइफटाइम अचीवमेंट पुरस्कार

खेलों में चंद लाइफटाइम अचीवमेंट्स के लिए ध्यान चंद पुरस्कार 2002 में शुरू किया गया था। यह पुरस्कार उन खिलाड़ियों को सम्मानित करने के लिए दिया जाता है जिन्होंने अपने प्रदर्शन से खेलों में योगदान दिया और सक्रिय खेल कैरियर से सेवानिवृत्ति के बाद भी वे खेल को आगे बढ़ाने के लिए योगदान दे रहे हैं। इस पुरस्कार में स्टेच्यू , एक प्रमाण-पत्र, समारोह की ड्रेस और पांच लाख रुपये नकद दिए जाते हैं। प्रत्येक वर्ष तीन से ज्यादा पुरस्कार नहीं दिए जा सकते हैं।

द्रोणाचार्य पुरस्कार

द्रोणाचार्य पुरस्कार की स्थापना 1985 में हुई थी। यह पुरस्कार उन प्रशिक्षकों को सम्मानित करने के लिए दिया जाता है जिनके द्वारा प्रशिक्षित खिलाड़ियों और टीमों ने अंतरराष्ट्रीय स्तर पर उल्लेखनीय नतीजे दिए हों। इस पुरस्कार के तहत गुरु द्रोणाचार्य की प्रतिमा, प्रमाण-पत्र, समारोह की ड्रेस और पांच लाख रुपये नकद दिए जाते हैं। एक साल में 5 से ज्यादा पुरस्कार नहीं दिए जा सकते हैं।

मौलाना अबुल कलाम आज़ाद ट्रॉफी

यह ट्रॉफी 1956-57 में शुरू हुई थी। अंतर विश्वविद्यालयी प्रतियोगिताओं में सर्वश्रेष्ठ प्रदर्शन करने वाले विश्वविद्यालयों को मौलाना अबुल कलाम आज़ाद (माका) ट्रॉफी प्रदान की जाती है। यह ट्रॉफी रोलिंग होती है, जो पिछले विजेता से नए विजेता के पास जाती है। माका ट्रॉफी का एक छोटा प्रतिरूप भी विश्वविद्यालय को दिया जाता है, जिसे वे अपने पास रखते हैं, इसके अतिरिक्त विश्वविद्यालय को 10 लाख रुपये का नकद पुरस्कार भी दिया जाता है। दूसरे और तीसरे स्थान पर रहने वाले विश्ववद्यालयों को क्रमश: पांच लाख और तीन लाख रुपये का पुरस्कार दिया जाता है।

राष्ट्रीय खेल प्रोत्साहन पुरस्कार

खिलाड़ियों और प्रशिक्षकों से अलग खेलों के विकास में योगदान देने वाली इकाइयों को सरकार ने वर्ष 2009 से एक नया पुरस्कार राष्ट्रीय खेल प्रोत्साहन पुरस्कार देना शुरू किया है। इसमें 4 श्रेणियां है- उभरती युवा प्रतिभा की पहचान और उन्हें प्रोत्साहन देना, कॉरपोरेट सामाजिक दायित्व के जरिए खेलों को प्रोत्साहन, खेल से जुड़े लोगों को रोज़गार और खेल कल्याण उपाय और खेलों का विकास ऊपर वर्णित सभी श्रेणियों में इस पुरस्कार के तहत एक प्रशंसा पत्र और ट्रॉफी दी जाती है। इसमें कोई नकद राशि नहीं दी जाती है।

अंतरराष्ट्रीय खेल प्रतिस्पर्धाओं के विजेताओं और उनके प्रशिक्षकों को विशेष पुरस्कार

यह योजना 1986 में बेहद शानदार प्रदर्शन करने वाले खिलाड़ियों को प्रेरित करने और प्रोत्साहित करने के लिए शुरू की गई थी। इसका मकसद युवाओं के खेल को करियर के रूप में चुनने के लिए प्रोत्साहित करना भी है। इस योजना के तहत साल के दौरान आयोजित अंतरराष्ट्रीय खेल प्रतियोगिताओं के पदक विजेताओं और उनके प्रशिक्षकों को निम्न दरों के आधार पर विशेष पुरस्कार दिया जाता है:

(क) श्रेणी: मुक्त श्रेणी खेल

क्र. सं	खेल प्रतियोगिता का नाम	पुरस्कार की राशि (रुपये में)		
		स्वर्ण पदक	रजत पदक	कांस्य पदक
1.	ओलंपिक खेल (ग्रीष्म एवं शीतकालीन)	75 लाख	50 लाख	30 लाख
2.	एशियाई खेल	30 लाख	20 लाख	10 लाख
3.	राष्ट्रमंडल खेल	30 लाख	20 लाख	10 लाख
4.	विश्व चैंपियनशिप और विश्व कप (प्रत्येक चार साल में एक बार आयोजित) ऑल इंग्लैंड बैडमिंटन चैंपियन	40 लाख	25 लाख	15 लाख
5.	विश्व चैंपियनशिप/विश्व कप (दो साल में आयोजित)	20 लाख	14 लाख	8 लाख
6.	विश्व चैंपियनशिप/ विश्व कप (एक साल में एक बार आयोजित)	10 लाख	7 लाख	4 लाख
7.	एशियन चैंपियनशिप (चार वर्ष वर्ष में एक बार)	15 लाख	10 लाख	5 लाख
8.	एशियन चैंपियनशिप (दो वर्ष में एक बार)	7.5 लाख	5 लाख	2.5 लाख
9.	एशियन चैंपियनशिप (एक वर्ष में एक बार)	3.75 लाख	2.5 लाख	1.25 लाख
10.	राष्ट्रमंडल चैंपियनशिप (चार वर्ष में एक बार आयोजित)	15 लाख	10 लाख	5 लाख
11.	राष्ट्रमंडल चैंपियनशिप (दो वर्ष में एक बार आयोजित)	7.5 लाख	5 लाख	2.5 लाख
12.	राष्ट्रमंडल चैंपियनशिप (एक वर्ष में एक बार आयोजित)	3.75 लाख	2.5 लाख	1.25 लाख
13.	अंतरराष्ट्रीय विश्वविद्यालय खेल	3.75 लाख	2.5 लाख	1.25 लाख

(ख) श्रेणी: पैरा स्पोर्ट्स

क्र.सं.	खेल प्रतियोगिता का नाम	पुरस्कार की राशि (रुपये में)		
		स्वर्ण पदक	रजत पदक	कांस्य पदक
1.	पैरा ओलंपिक खेल (ग्रीष्म एवं शीतकालीन)	75 लाख	50 लाख	30 लाख
2.	पैरा एशियन खेल	30 लाख	20 लाख	10 लाख
3.	राष्ट्रमंडल खेल (पैरा एथलेटिक्स)	30 लाख	20 लाख	10 लाख
4.	आईपीसी वर्ल्ड कप/चैपिंयनशिप (दो साल में एक बार आयोजित)	20 लाख	14 लाख	8 लाख
5.	आईपीसी वर्ल्ड कप/चैपिंयनशिप (दो साल में एक बार आयोजित)	10 लाख	7 लाख	4 लाख

(ग) श्रेणी: नेत्रहीन-खेल

क्र.सं.	खेल प्रतियोगिता का नाम	पुरस्कार की राशि (रुपये में)		
		स्वर्ण पदक	रजत पदक	कांस्य पदक
1.	आईबीएसए वर्ल्ड चैंपियनशिप	10 लाख	7 लाख	4 लाख

श्रेणी: बधिर-खेल

क्र.सं.	खेल प्रतियोगिता का नाम	पुरस्कार की राशि (रुपये में)		
		स्वर्ण पदक	रजत पदक	कांस्य पदक
1.	बधिर ओलंपिक खेल	15 लाख	10 लाख	5 लाख

(घ) श्रेणी: विशेष ओलंपिक खेल

क्र.सं.	खेल प्रतियोगिता का नाम	पुरस्कार की राशि (रुपये में)		
		स्वर्ण पदक	रजत पदक	कांस्य पदक
1.	विशेष ओलंपिक (ग्रीष्मकालीन और शीतकालीन)	5 लाख	3 लाख	1 लाख

प्रतियोगिता से कम से कम 180 दिन पहले से पदक विजेताओं को प्रशिक्षित करने वाले प्रशिक्षकों को भी नकद पुरस्कार दिए जाते हैं। प्रशिक्षित खिलाड़ी को जितनी पुरस्कार राशि दी जाती है, उसके प्रशिक्षक को उसकी 50 फीसदी राशि पुरस्कार में दी जाती है। यदि प्रशिक्षक एक से अधिक हों तो राशि को बराबर हिस्सों में बांटा जाता है।

शानदार प्रदर्शन करने वाले खिलाड़ियों को पेंशन के लिए खेल कोष की योजना

यह खेल योजना 1994 में ऐसे खिलाड़ियों को पुरस्कृत करने के लिए शुरू की गई थी। जो भारतीय नागरिक हैं, जिन्होंने ओलंपिक खेलों, वर्ल्ड कप, विश्व चैंपियनशिप, एशियाई खेल, राष्ट्रमंडल खेल तथा पैरा ओलंपिक खेलों में स्वर्ण, रजत या कांस्य पदक जीता है और 30 साल की आयु पूरी होने के बाद सक्रिय खेलों से संन्यास ले लिया है। ऐसे खिलाड़ियों को बढ़ी हुई दरों पर जुलाई 2008 से जीवनभर के लिए पेंशन दी जा रही है: (i) ओलंपिक खेलों के पदक विजेता: 10 हज़ार रुपये मासिक; (ii) विश्वकप, विश्व चैंपियनशिप और एशियाई खेलों में स्वर्ण पदक विजेता: 8 हज़ार रुपये मासिक; (iii) विश्वकप, विश्व चैंपियनशिप और एशियाई खेलों में रजत अथवा कांस्य पदक विजेता: 7 हज़ार रुपये मासिक; (iv) एशियाई या राष्ट्रमंडल खेलों में स्वर्ण पदक विजेता: 7 हज़ार रुपये मासिक; (v) एशियाई या राष्ट्रमंडल खेलों में रजत तथा कांस्य पदक विजेता: 6 हज़ार रुपये मासिक; (vi) पैरालंपिक खेलों में स्वर्ण पदक विजेता: 5 हज़ार रुपये मासिक; (vii) पैरालंपिक खेलों में रजत पदक विजेता: 4 हज़ार रुपये मासिक; (viii) पैरालंपिक खेलों में कांस्य पदक विजेता: 3 हज़ार रुपये मासिक।

खिलाड़ियों के लिए राष्ट्रीय कल्याण कोष

राष्ट्रीय कल्याण कोष की स्थापना 1982 में की गई थी जिसका मुख्य मकसद अपने प्रदर्शन से देश को गौरव दिलाने वाले ऐसे खिलाड़ियों की सहायता करना था जो इस समय खराब हालत में जीवनयापन कर रहे हैं। इस कोष के जरिए प्रशिक्षण या अंतरराष्ट्रीय प्रतियोगिता में भाग लेते समय गंभीर रूप से घायल होने पर खिलाड़ी या उसके परिवार को, बेहद खस्ता हालत में रह रहे खिलाड़ियों के परिवार, खेलकूद में मदद करने वालों मसलन- रेफरी, कोच या अंपायर जिनकी वित्तीय हालत अब खराब है, को अनुग्रह के रूप में आर्थिक सहायता दी जाती है। इस योजना के तहत ऐसे लोगों की मदद की जाती है जिनकी सभी स्रोतों से सालाना 2 लाख रुपये से कम है। इस कोष का प्रबंधन और परिचालन एक समिति द्वारा किया जाता है। युवा कार्यक्रम और खेल मंत्री इसके अध्यक्ष होते हैं।

अन्य पहलें

दिव्यांगों के बीच खेल प्रोत्साहन की योजना

मंत्रालय ने शारीरिक बाधाग्रस्त लोगों के बीच खेलकूद को बढ़ावा देने के लिए 2009 में एक योजना शुरू की थी। इस योजना का मकसद खेलकूद में ऐसे लोगों की भागीदारी को व्यापक बनाना है। इस योजना के प्रमुख तत्व इस प्रकार हैं: (i) स्कूलों में खेल प्रशिक्षण, खपत और गैर खपत वाली वस्तुओं और खेल उपकरणों की खरीद के लिए अनुदान; (ii) प्रशिक्षकों के प्रशिक्षण के लिए अनुदान; (iii) विकलांगों के लिए जिला, राज्य और राष्ट्रीय स्तर की प्रतियोगिताओं के आयोजन के लिए अनुदान। इस योजना के सफल क्रियान्वयन से समाज के शारीरिक बाधाग्रस्त वर्ग के लोगों को मुख्यधारा से जोड़ा जा सकेगा।

डोपिंग रोधी गतिविधियों के लिए सहायता की योजना

मेडिकल कमिशन ऑफ इंटरनेशनल ओलंपिक कमेटी/वर्ल्ड एंटीडोपिंग एजेंसी (वाडा) द्वारा प्रतिबंधित शक्तिवर्धक दवाओं आदि का जानबूझकर या अनजाने में इस्तेमाल डोपिंग के दायरे में आता है। सोने का पदक या गौरव हासिल करने के लिए दुनियाभर में बड़ी संख्या में खिलाड़ी क्षमता बढ़ाने वाले पदार्थ,

दवाओं आदि का इस्तेमाल करने के लालच में आ जाते हैं। भारत भी इस बुराई में अपवाद नहीं है। वैश्विक एंटी डोपिंग समुदाय के सहयोग से डोंपिग पर अंकुश लगाने के प्रयासों की जरूरत के मद्देनजर भारत सरकार वाडा के संस्थापक बोर्ड के सदस्यों में से है। वाडा का गठन अंतरराष्ट्रीय ओलंपिक समिति की पहल पर हुआ है।

राष्ट्रीय डोपिंग रोधी एजेंसी

यह एजेंसी देश में डोपिंग नियंत्रण कार्यक्रमों का प्रोत्साहन, समन्वय और निगरानी करने वाला राष्ट्रीय संगठन है। वाडा के एंटी डोपिंग नियम वाडा की एंटी डोपिंग संहिता के अनुरूप हैं।

राष्ट्रीय डोप परीक्षण प्रयोगशाला

राष्ट्रीय डोप परीक्षण प्रयोगशाला डोप नमूनों का परीक्षण करती है और इस विषय पर वाडा एवं वाडा से मान्यता प्राप्त प्रयोगशालाओं के साथ नजदीकी सहयोग से अनुसंधान करती है। राष्ट्रीय डोप प्रशिक्षण प्रयोगशाला को सितंबर 2008 में वाडा की मान्यता मिली थी। अक्टूबर 2006 से यह परिवीक्षाधीन थी। राष्ट्रीय डोप परीक्षण प्रयोगशाला अब वाडा से मान्यता प्राप्त दुनिया भर की 35वीं और एशियाई क्षेत्र की छठी प्रयोगशाला है।

आओ और खेलो योजना

2010 के राष्ट्रमंडल खेलों के दौरान उल्लेखनीय लागत के साथ नए सिरे से तैयार किए अपने पांच स्टेडियमों के महत्तम इस्तेमाल के लिए भारतीय खेल प्राधिकरण ने 2011 में 'आओ और खेलो' योजना शुरू की थी। इनमें जवाहरलाल नेहरू स्टेडियम, डॉ. कर्णी सिंह शूटिंग रेंज, डॉ. एसपीएम तरण ताल परिसर, मेजर ध्यानचंद हॉकी स्टेडियम और इंदिरा गांधी इंडोर स्टेडियम (जिम्नास्टिक, कुश्ती और साइक्लिंग वेलोड्रम) को 2011 में खिलाड़ियों को पेशेवर प्रशिक्षण और नवोदित खेल प्रतिभाओं के लिए खोल दिया गया। इसका मकसद खेलों में भागीदारी बढ़ाना और स्टेडियमों का अधिकतम उपयोग करना है। आओ और खेलो योजना के प्रति काफी उत्साहवर्धक प्रतिक्रिया देखने को मिली और करीब 10 हजार प्रशिक्षुओं ने बैडमिंटन, मुक्केबाजी, बॉस्केटबॉल, क्रिकेट, साइक्लिंग, फुटबॉल, हॉकी, जूडो, शूटिंग, तैराकी, टेबल-टेनिस, वॉलीबॉल, भारोत्तोलन तथा कुश्ती आदि के लिए खेल सुविधाओं का लाभ उठाने और प्रशिक्षण तथा अभ्यास के लिए अपना नामांकन कराया। दिल्ली में इस योजना की सफलता के बाद साई ने अक्टूबर 2011 से अपने सभी केंद्रों पर यह योजना शुरू की। इसका मकसद स्थानीय युवाओं को उपलब्ध खेल सुविधाएं इस्तेमाल करने को प्रोत्साहित करना और विशेष रूप से शुरुआत करने जा रहे खिलाड़ियों को प्रशिक्षण उपलब्ध कराना है। इससे खेल सुविधाओं का महत्तम इस्तेमाल हो सकेगा। इस योजना से प्रतिभा की खोज भी हो सकेगी। इस योजना से उभरने वाली शानदार प्रतिभाओं का दल बनाया जायेगा और यह एसटीसी और एसएजी की नियमित आवासीय खेल प्रोत्साहन योजना में शामिल किए जाने का प्रविष्टि लिंक भी साबित होगा। इस योजना के जरिए सामने आने वाली प्रतिभाओं को मंत्रालय और साई की विभिन्न अन्य योजनाओं के माध्यम से वित्तीय सहायता दी जा सकेगी।

राष्ट्रीय खेल प्रतिभा खोज योजना

युवा कार्यक्रम और खेल मंत्रालय ने 8-12 आयु वर्ग के बच्चों में प्रतिभाओं की पहचान के लिए एक नई योजना, राष्ट्रीय खेल प्रतिभा खोज योजना (एनएसटीएसएस) शुरू की थी। इस योजना के तहत पहचानी गई प्रतिभाओं को आगे बढ़ने में मदद दी जाती है। इस योजना का उद्देश्य: (क) 8-12 आयु वर्ग के विद्यार्थियों में से ऐसी खेल प्रतिभाओं की तलाश करना है (कक्षा-4 से कक्षा 6 में प्रवेश के लिए) जो किसी भी तरह की शारीरिक दुर्बलता से युक्त और मानव शास्त्रीय, शीरीरिक और मानसिक से युक्त हों। (ख) जिला स्तर के खेल स्कूलों/केंद्रीय खेल स्कूलों/राष्ट्रीय खेल अकादमियों आदि में खेल क्षमताओं, प्रतिभाओं को आगे बढ़ाने में मदद करना, जिससे वे अंतरराष्ट्रीय और राष्ट्रीय खेल प्रतिभागिताओं में अपना जौहर दिखा सके।

30 राज्य तथा केंद्रशासित प्रदेश

आंध्र प्रदेश

क्षेत्रफल : 1,60,200 वर्ग किलोमीटर		**जनसंख्या**	: 4.9 करोड़ (जनगणना 2011 अनंतिम)
राजधानी : हैदराबाद		**मुख्य भाषाएं**	: तेलुगू, उर्दू, हिंदी, बंजारा

इतिहास और भूगोल

आंध्र प्रदेश के संबंध में प्रारंभिक उल्लेख *ऐतरेय ब्राह्मण* (2000 ईसा पूर्व) में मिलता है। इसमें संकेत दिए गए हैं कि आंध्र निवासी मूल रूप से आर्य जाति के थे और उत्तर भारत में रहते थे, जहां से वे विंध्य पर्वतों के दक्षिण में चले गए और बाद में गैर-आर्यों के साथ घुल-मिल गए। इतिहासविदों के अनुसार आंध्र प्रदेश का नियमित इतिहास 236 ईसा पूर्व से शुरू होता है। इसी वर्ष सम्राट अशोक का निधन हुआ था। उसके बाद की शताब्दियों में सातवाहनों, शकों, इक्ष्वाकुओं, पूर्वी चालुक्यों और ककातियों ने तेलुगू देश पर शासन किया। बाद में विजयनगर और कुतुबशाही शासकों का शासन रहा और उनके बाद मीर कमरुद्दीन और निज़ाम के नाम से प्रसिद्ध उसके उत्तराधिकारियों ने आंध्र पर शासन किया। धीरे-धीरे 17वीं शताब्दी से अंग्रेजों ने निज़ाम के कई हिस्सों पर नियंत्रण कर लिया और मद्रास प्रांत की स्थापना की। स्वतंत्रता के बाद तेलुगू भाषी क्षेत्रों को मद्रास प्रेजीडेंसी से अलग कर 1 अक्टूबर, 1953 को नए आंध्र प्रदेश राज्य का गठन किया गया। राज्य पुनर्गठन अधिनियम, 1956 पारित होने के साथ ही हैदराबाद तथा आंध्र प्रदेश राज्यों को मिला दिया गया। परिणामस्वरूप 1 नवंबर, 1956 को आंध्र प्रदेश राज्य अस्तित्व में आया।

आंध्र प्रदेश भारत के दक्षिण पूर्वी तटीय क्षेत्र में स्थित है। यह राज्य भारत का आठवां सबसे बड़ा राज्य है, जिसका क्षेत्रफल 1,60,205 वर्ग किलोमीटर है। 2011 के जनगणना के अनुसार यह राज्य दसवें स्थान पर है, जिसकी जनसंख्या 4,93,86,799 है।

भारत के सभी राज्यों में गुजरात के बाद आंध्र प्रदेश दूसरा सबसे बड़ा राज्य है जिसकी तटरेखा 972 किलोमीटर है। इस राज्य की सीमाओं में उत्तर पश्चिम में तेलंगाना, उत्तर में छत्तीसगढ़, उत्तर पूर्व में ओडिशा, पश्चिम में कर्नाटक, दक्षिण में तमिलनाडु और पूर्व में तटरेखा वाली बंगाल की खाड़ी है। इस राज्य के उत्तर पूर्व में गोदावरी नदी के डेल्टा में पुद्दुचेरी के एक जिले के 30 वर्ग किलोमीटर का एक छोटा-सा क्षेत्र है।

आंध्र प्रदेश पुनर्गठन अधिनियम, 2014

आंध्र प्रदेश पुनर्गठन अधिनियम, 2014 जोकि तेलंगाना अधिनियम भी कहलाता है, भारतीय संसद का अधिनियम है, के अनुसार आंध्र प्रदेश का विभाजन दो राज्यों में हुआ है- तेलंगाना और शेष आंध्र प्रदेश। इस अधिनियम में संपत्ति और ऋण के विभाजन के सारे पहलू स्पष्ट हैं साथ ही प्रस्तावित नए राज्यों की सीमाएं और हैदराबाद का दर्जा निर्धारित है।

कृषि

आंध्र प्रदेश के करीब 62 प्रतिशत हिस्से की आबादी का मुख्य व्यवसाय खेती है। चावल राज्य की मुख्य फसल है तथा राज्य के कुल अनाज उत्पादन में चावल का हिस्सा 77 प्रतिशत है। अन्य प्रमुख फसलें हैं— ज्वार, बाजरा, रागी, तंबाकू, कपास, गन्ना, मक्का, दालें तथा अरबी इत्यादि। राज्य के कुल क्षेत्रफल के 23 प्रतिशत हिस्से में वन हैं। महत्वपूर्ण वन उत्पादों में सागवान, यूक्लिप्टस, काजू, बांस और इमारती लकड़ी इत्यादि शामिल हैं।

सरकार न्यूनतम लागत तथा अधिकतम आय के लिए स्थायी कृषि उत्पादन के मिशन पर काम कर रही है। मिशन को वास्तविक रूप देने के लिए सरकार अनेक योजनाएं जैसे- नौ घंटे मुफ्त विद्युत आपूर्ति, सब्सिडी वाले बीज, सब्सिडी पर फसल ऋण उपलब्ध कराने तथा बेहतर कृषि व्यवस्था लागू कर रही है। आंध्र प्रदेश का सहकारी तथा व्यावसायिक बैंकों द्वारा कृषि ऋण देने में पहला स्थान है। इसका केंद्र सरकार की ऋण माफी योजना तथा राज्य सरकार की प्रोत्साहन योजना से लगभग एक करोड़ किसानों को ₹ 16,000 करोड़ का फायदा हुआ।

सिंचाई

'जलयज्ञम' कार्यक्रम के तहत कुल 86 परियोजनाओं को शामिल किया गया है, जिसमें से 44 बड़ी, 30 मझोली, 4 बांधों के तटबंध तथा 8 आधुनिकीकरण परियोजनाएं हैं। इस कार्यक्रम का उद्देश्य सभी संभव स्रोतों से धन प्राप्त कर सभी चालू तथा नई परियोजनाओं को रिकॉर्ड समय में पूरा करना है, जिसमें पानी की कमी वाले सभी क्षेत्रों में सिंचाई सुविधा उपलब्ध करवाने को उच्च प्राथमिकता दी गई है।

बिजली

राज्य की महत्वपूर्ण बिजली परियोजनाएं हैं— नागार्जुन सागर और नीलम संजीव रेड्डी सागर (श्रीसेलम पनबिजली परियोजना), ऊपरी सिलेरू, निचला सिलेरू, तुंगभद्रा पनबिजली परियोजना और नेल्लोर, रामगुंडम, कोठागुडम, विजयवाड़ा और मुड्डानूर तापबिजली परियोजना। 770 मेगावाट स्थापित क्षमता वाली श्रीसेलम (दायां तट) पनबिजली परियोजना, 900 मेगावाट क्षमता की श्रीसेलम (बायां तट) पनबिजली परियोजना और 960 मेगावाट क्षमता वाली नागार्जुन सागर परियोजना राज्य में पनबिजली के प्रमुख स्रोत हैं। 1,260 मेगावाट क्षमता वाला विजयवाड़ा ताप बिजलीघर तथा 1,220 मेगावाट क्षमता वाला कोठागुडम ताप बिजलीघर ताप बिजली के प्रमुख स्रोत हैं। 1,000 मेगावाट क्षमता वाले कोयले पर आधारित सिंहाद्रि ताप बिजलीघर का उद्देश्य संपूर्ण बिजली उत्पादन से प्रदेश की बिजली आवश्यकता को पूरा करना है।

उद्योग

राज्य सरकार छोटे पैमाने के उद्योगों, छोटे-मोटे क्षेत्रों और बड़े तथा मध्यम पैमाने के उद्योगों को प्रोत्साहन देने के लिए विभिन्न कदम उठा रही है। राज्य सरकार निर्माण क्षेत्र को प्रोत्साहन देने के लिए सेज (विशेष आर्थिक जोन) में विद्युत शुल्क, भूमि आवंटन में रियायत देकर तथा श्रम कानूनों को उदार बना रही है। राज्य ने केंद्र सरकार से सक्रिय निजी भागीदारी द्वारा 59 आईटी/आईटीईएस सेज खोलने की सिफारिश की है।

खान एवं भूविज्ञान

आंध्र प्रदेश पूरे विश्व में चट्टानी तथा खनिज विविधता के लिए प्रसिद्ध है। इसे 'रत्नगर्भा' कहा जाता है। राज्य में उच्च स्तरीय क्राइसोलाइट एसबेस्टस का सबसे बड़ा भंडार है। राज्य के अन्य महत्वपूर्ण खनिज तांबा, मैगनीज, अभ्रक, कोयला तथा चूना पत्थर है। सिंगरेनी कोयला खदान से पूरे दक्षिण भारत में कोयले की आपूर्ति होती है। विभिन्न उद्योगों तथा खनिज आधारित निर्माण उद्योग को प्रोत्साहन दिए जाने से खनिजों की खपत बढ़ रही है। राज्य 10-11 करोड़ टन औद्योगिक खनिज तथा 20 करोड़ घन मीटर पत्थर और भवन निर्माण सामग्री का उत्पादन करता है। देश में बैरिट्स तथा चूना पत्थर उत्पादन में यह पहले स्थान पर है। लघु खनिज उत्पादों से राजस्व अर्जित करने में भी यह प्रथम स्थान पर तथा सकल खनिज पदार्थों से राजस्व अर्जित करने में द्वितीय स्थान पर है (क्षेत्र की देश के कुल खनिज मूल्य उत्पादन में लगभग 9-10 प्रतिशत भागीदारी है) तथा देश के महत्वपूर्ण खनिज उत्पादक राज्यों में, खनिज राजस्व अर्जन में आंध्र प्रदेश प्रथम स्थान पर है।

आवास

सरकार ने राज्य के मध्यवर्गीय लोगों के लिए एक अनूठी व अद्वितीय स्व-वित्तपोषित आवास योजना 'राजीव स्वगृह' शुरू की है। इसका उद्देश्य गृहविहीन मध्यवर्गीय परिवारों को राज्य में शहरी/म्युनिसिपल क्षेत्र में अपना घर उपलब्ध करवाना है। योजना के तहत समान बाजार मानदंडों वाले घर मार्केट दर से 25 प्रतिशत कम मूल्यों पर उपलब्ध करवाए जाएंगे। इस योजना के तहत निर्माण का कार्य प्रगति पर है।

स्वास्थ्य

'राजीव आरोग्यश्री' आंध्र प्रदेश में चल रही अद्वितीय स्वास्थ्य बीमा योजना है। इस योजना के तहत गंभीर रोग से पीड़ित निर्धनों के लिए दो लाख रुपये तक की उपचार सुविधा का प्रावधान है। सभी कार्डधारी 942 रोगों का उपचार करा सकते हैं। 344 कारपोरेट, निजी तथा सरकारी अस्पतालों में निःशुल्क उपचार किया जाता है। 'आरोग्यश्री' योजना अपने-आप में एक अनूठी योजना है, क्योंकि किसी भी अन्य राज्य/सरकारी एजेंसी ने निर्धनों को बड़ी बीमारियों के लिए कोई स्वास्थ्य लाभ योजना उपलब्ध नहीं कराई है। मरीज अपनी मर्जी से अस्पताल का चुनाव कर सकता है। किसी भी तरह के दुरुपयोग या जालसाजी से बचने के लिए यह पूरी प्रक्रिया स्वास्थ्य शिविरों के लगाए जाने से लेकर स्क्रीनिंग, परीक्षण, उपचार, फॉलो-अप तथा भुगतान के दावे तक वेब आधारित प्रोसेसिंग के जरिये बिल्कुल पारदर्शी कर दी गई है।

सूचना प्रौद्योगिकी

सूचना प्रौद्योगिकी के क्षेत्र में राज्य तेजी से आगे बढ़ रहा है। अवसरों का लाभ उठाने के मामले में यह अन्य राज्यों से बहुत आगे है। आईटी क्षेत्र में कुशल मानव संसाधन के अधिकतम उपयोग के लिए राज्य सरकार ने बहुत-सी योजनाएं शुरू की हैं।

परिवहन

सड़कें : राज्य में मौजूदा सड़कों- आर एवं बी की कुल लंबाई 69,051 कि.मी. है जिसमें राज्य से गुजरने वाले राष्ट्रीय राजमार्ग 4,472 कि.मी. राज्य राजमार्ग 10,519 किमी, मुख्य जिला सड़कें 32,170 कि.मी. तथा ग्रामीण सड़कें 21,714 कि.मी. है। राज्य में आर एवं बी सड़क नेटवर्क के संदर्भ के तहत घनत्व 0.23 किमी प्रति वर्ग कि.मी. तथा 0.86 कि.मी. प्रति 1,000 व्यक्ति है।

रेलवे : राज्य के 5,107 कि.मी. रेल मार्ग में से 4,633 कि.मी. बड़ी लाइन के, 437 मीटर गेज के तथा 37 किमी नैरो गेज के हैं।

उड्डयन : शमशाबाद, तिरुपति तथा विशाखापत्तनम महत्वपूर्ण हवाईअड्डे हैं। शमशाबाद से अंतरराष्ट्रीय हवाई सेवा उपलब्ध है।

बंदरगाह : भारत सरकार का मुख्य बंदरगाह विशाखपत्तनम तथा राज्य सरकार के 13 छोटे बंदरगाह राज्य में स्थित हैं। समुद्री गतिविधियों जैसे- अंतरराष्ट्रीय शिपिंग, तटीय शिपिंग, पोत मरम्मत, मछली पकड़ने, विशिष्ट उद्योगों के लिए केप्टिव पोर्ट (निजी बंदरगाह), हर मौसम के लिए अनुकूल बंदरगाहों, पर्यटन तथा खेलों आदि के लिए बंदरगाह महत्वपूर्ण विकास की क्षमता रखते हैं।

पर्यटन स्थल

आंध्र प्रदेश पर्यटन विकास निगम ने ईको-पर्यटन, बीच-पर्यटन तथा क्रूज-पर्यटन जैसे नए पर्यटन कार्यक्रमों से पर्यटन को बढ़ावा देना जारी रखा है। निगम सभी प्रमुख स्थानों पर 52 होटल चलाता है। जिनमें घरेलू परिवेश से सुसज्जित 1,043 कमरे और 2,222 बिस्तर हैं। राज्य के भीतर और बाहर प्रमुख पर्यटन स्थलों तक पहुंचने के लिए निगम के पास 144 बसें हैं।

हैदराबाद में चारमीनार, सालारजंग संग्रहालय और गोलकुंडा किला, वारंगल में सहस्त्र स्तंभ मंदिर और किला, यादागिरिगुट्टा में श्रीलक्ष्मी नरसिंह स्वामी मंदिर, नागार्जुनकोंडा, नागार्जुन सागर में बौद्धस्तूप, तिरुमाला-तिरुपति में श्री वेंकटेश्वर मंदिर, श्रीसेलम का श्रीमल्लिकार्जुनस्वामी मंदिर, विजयवाड़ा का कनक दुर्गा मंदिर, अन्नावरम में श्री सत्यनारायण स्वामी मंदिर, सिंहाचलम में श्री वराह नरसिंह स्वामी मंदिर, भद्राचलम में श्री सीताराम मंदिर, अरकुघाटी, होर्सले पहाड़ियां, नेलापट्टू आदि आंध्र प्रदेश के महत्वपूर्ण पर्यटन स्थल हैं।

वेबसाइट: www.ap.gov.in

सरकार

राज्यपाल : श्री ई.एस.एल. नरसिम्हन

मुख्यमंत्री : एन. चंद्रबाबू नायडू

मुख्य सचिव : श्री एस. पी. टकर

उच्च न्यायालय का अधिकार क्षेत्र : आंध्र प्रदेश तथा तेलंगाना

अरुणाचल प्रदेश

क्षेत्रफल : 83,743 वर्ग किलोमीटर

राजधानी : ईटानगर

जनसंख्या : 13.84 लाख (जनगणना 2011 अनंतिम)

मुख्य आदिवासी : मोनपा, मिजी, अका, शेरदुकपेन, न्यीशी, अपतानी, तगिन, हिलमिरि, अदी, दिगारू-मिशमी, इदु-मिशमी, मिजु-मिशमी, खामटी, नोकटे, तंगसा और वांचू

इतिहास और भूगोल

अरुणाचल प्रदेश को 20 फरवरी, 1987 को पूर्ण राज्य का दर्जा मिला। 1972 तक यह पूर्वोत्तर सीमांत एजेंसी के नाम से जाना जाता था। 20 जनवरी, 1972 को इसे केंद्रशासित प्रदेश का दर्जा मिला और अरुणाचल प्रदेश नाम दिया गया। 15 अगस्त, 1975 को चयनित विधानसभा का गठन किया गया तथा पहली मंत्री परिषद ने कार्यभार ग्रहण किया। प्रथम आम चुनाव फरवरी 1978 में करवाए गए। राज्य में 16 जिले हैं। राज्य की

राजधानी ईटानगर पापुम पारा जिले में हैं। ईटानगर नाम ईटा किले पर पड़ा है जिसका अर्थ है ईटों का किला। 14वीं सदी में निर्मित इस किले का *जिक्र कालिका* पुराण तथा महाभारत में अरुणाचल प्रदेश का उल्लेख मिलता है। यहां पुराणों में वर्णित प्रभु पर्वत नामक स्थान है। अरुणाचल प्रदेश के विभिन्न भागों में फैले पुरातात्विक अवशेषों से पता चलता है कि इसकी समृद्ध सांस्कृतिक परंपरा रही है।

कृषि और बागवानी

अरुणाचल प्रदेश के लोगों के जीवनयापन का मुख्य आधार कृषि है। यहां कि अर्थव्यवस्था मुख्यतः झूम खेती पर आधारित है। अब नकदी फसल जैसे- आलू और बागवानी की फसलें जैसे- सेब, संतरे और अन्नानास आदि को बढ़ावा दिया जा रहा है।

उद्योग और खनिज

राज्य की विशाल खनिज संपदा का पता लगाने तथा उसके संरक्षण के लिए 1991 में अरुणाचल प्रदेश खनिज विकास और व्यापार निगम लिमिटेड (एपीएमडीटीसीएल) की स्थापना की गई। निगम ने नामचिक-नामफुक कोयला क्षेत्र को अपने अधिकार में ले लिया है। शिल्पियों को विविध उद्यमों में प्रशिक्षण देने के लिए राज्य में दो औद्योगिक प्रशिक्षण संस्थान हैं। ये प्रशिक्षण संस्थान रोइंग और दपोरिजो में स्थित हैं।

त्योहार

राज्य के कुछ महत्वपूर्ण त्योहारों में अदीस लोगों द्वारा मनाए जाने वाले *सोपिन* और *सोलुंग;* मोनपा लोगों का त्योहार *लोस्सार;* अपतानी लोगों का *द्रीः* तगिनों का *सी-दोन्याई;* इदु-मिशमी समुदाय का *रेह;* निशीस लोगों का *न्योकुम,* हिल-मिरी और *शरदकूपन* समुदाय का बूरी बूत आदि शामिल हैं। अधिकांश त्योहारों पर पशुओं की बलि चढ़ाने का रिवाज़ आम है।

पर्यटन स्थल

राज्य के प्रमुख पर्यटन स्थल हैं— तवांग, दिरांग, बोमडिला, टीपी, ईटानगर, मालिनीथान, लीकाबाली, पासी घाट, अलोंग, तेजू , मियाओ, रोइंग, दापोरिजो, नामदफा, भीष्मकनगर, परशुराम कुंड और खोंसा।

वेबसाइट : www.arunachalpradesh.gov.in

सरकार

राज्यपाल : श्री वी. शनमुग्नाथन	**मुख्य सचिव** : सुश्री शकुंतला गामलिन
मुख्यमंत्री : श्री प्रेम खांडु	**उच्च न्यायालय का अधिकार क्षेत्र :** गुवाहाटी उच्च न्यायालय के अधिकार क्षेत्र में आता है।

असम

क्षेत्रफल : 78,438 वर्ग किलोमीटर	**जनसंख्या** : 3.12 करोड़ (जनगणना 2011)
राजधानी : दिसपुर	**मुख्य भाषा** : असमिया, बोडो

इतिहास और भूगोल

असम भारत के उत्तर-पूर्वी कोने में 89°42 पूर्व से 96° पूर्व देशांतर और 24°8 उत्तर से 28°2 उत्तर अक्षांश के बीच स्थित है। सदियों से लोग तथा विभिन्न समुदाय असम के उपजाऊ वातावरण तथा प्रचुर प्राकृतिक

संसाधनों से आकर्षित होते रहे हैं। लोगों के दल आए, मिले और घुल-मिल गए। संस्कृतियों तथा रीति-रिवाज़ों का विलय हुआ और इस प्रक्रिया में एक समृद्ध और मिश्रित संस्कृति का विकास हुआ।

असम, जिसे 'लाल नदी और नीली पहाड़ियों की भूमि' के नाम से भी जाना जाता है, देश के सर्वाधिक आकर्षक तथा रमणीक राज्यों में से एक है। विशाल नदी ब्रह्मपुत्र इस राज्य से होकर बहती है, जो इसके दोनों किनारों पर बसे लोगों की जीवनरेखा के समान है। माना जाता है कि असम शब्द संस्कृत के 'असोमा' शब्द से बना है, जिसका अर्थ है- अनुपम अथवा अद्वितीय। एक अन्य अर्थ के अनुसार यह शब्द मूल रूप से 'अहोम' से बना है। ब्रिटिश शासन में इसके विलय से पूर्व लगभग छह सौ वर्ष तक इस भूमि पर 'अहोम' राजाओं ने शासन किया। ऑस्ट्रिक, मंगोलियन, द्रविड़ और आर्य जैसी विभिन्न जातियां प्राचीन काल से इस प्रदेश की पहाड़ियों और घाटियों में समय-समय पर आकर बसीं और यहां की समृद्ध मिश्रित संस्कृति में अपना योगदान किया।

प्राचीनकाल में असम को 'प्राग्ज्योतिष' अर्थात 'पूर्वी ज्योतिष' का स्थान कहा जाता था। बाद में इसका नाम कामरूप पड़ गया। कामरूप राज्य का सबसे प्राचीन उल्लेख इलाहाबाद में समुद्रगुप्त के शिलालेख में मिलता है। इसमें कामरूप का उल्लेख 'प्रत्यंत' यानी ऐसे सीमावर्ती देश के रूप में मिलता है, जो गुप्त साम्राज्य की अधीनता स्वीकार करता था और जिसके साथ उसके संबंध मैत्रीपूर्ण थे। चीन का विद्वान यात्री ह्वेनसांग लगभग 743 ईस्वी में राजा कुमार भास्कर बर्मन के निमंत्रण पर कामरूप आया। उसने कामरूप का उल्लेख 'कामोलुपा' के रूप में किया। 11वीं शताब्दी के अरब इतिहासकार अलबरूनी की पुस्तक में भी कामरूप का उल्लेख मिलता है। इस प्रकार महाकाव्य काल से लेकर 12वीं शताब्दी तक समूचे आर्यावर्त में पूर्वी सीमांत देश को प्राग्ज्योतिष और कामरूप के नाम से जाना जाता था। यहां के राजा अपने आपको प्राग्ज्योतिष का नरेश कहते थे।

सन् 1228 में पूर्वी पहाड़ियों पर 'अहोम' लोगों के पहुंचने से इतिहास में नया मोड़ आया। उन्होंने लगभग छह सौ वर्षों तक असम पर शासन किया। जब राजदरबार में व्याप्त असंतोष और लड़ाई-झगड़ा के कारण 'अहोम' शासकों की शक्ति क्षीण होने लगी तो पूर्वी सीमा से बर्मी लोगों ने आक्रमण किया। उन्होंने यंडाबू संधि के तहत 1826 में असम को ब्रिटिश सरकार को सौंप दिया।

असम 78,438 वर्ग किलोमीटर क्षेत्र में फैला है, जोकि देश के कुल क्षेत्रफल का 2.39 प्रतिशत है। अंतरराष्ट्रीय सीमाएं, जो लगभग 3,200 कि.मी. तक फैली है, राज्य को घेरे हुए हैं। उत्तरपूर्वी राज्यों का प्रवेशद्वार असम, भूटान तथा अरुणाचल प्रदेश से घिरा है, असम की भौगोलिक विशिष्टता यह है कि इसमें गिर्द-भारत के छह में से तीन भौगोलिक विभाजन मौजूद हैं- उत्तरी हिमालय (पूर्वी चोटियां), उत्तरी मैदान (ब्रह्मपुत्र के मैदान) और दक्खन घाटियां (कार्बी एंग्लोंग)। ब्रह्मपुत्र के कारण असम की जलवायु ठंडी है और यहां बेहद वर्षा होती है। कार्बी एंग्लोंज, उत्तरी कचार और गुवाहाटी के निकट की पहाड़ियां कभी दक्षिण भारतीय घाटियों का हिस्सा थे जो अब पृथक हो चुके हैं। दक्षिण में बरेल रेंज से निकलने वाली बराक कचार जिले में बहती है। यह 40-50 किमी चौड़ी घाटी में बहती है और बांग्लादेश पहुंच कर इसका नाम सुर्मा नदी हो जाता है।

कृषि

असम का क्षेत्रफल 78,438 वर्ग कि.मी. है और इसे बेहद उपजाऊ भूमि तथा बड़ी मात्रा में जल संसाधनों का वरदान प्राप्त है। ब्रह्मपुत्र और बराक नदी अपनी 121 छोटी और सूक्ष्म सहायक नदियों और शाखाओं के साथ दोनों घाटियों में बहती हैं तथा राज्य को हमेशा उपजाऊ और शीतल रखती हैं। राज्य के जीडीपी में कृषि

योगदान में 40 प्रतिशत की वृद्धि हुई है। चावल का उत्पादन बढ़कर 54.40 लाख मी.टन हो गया है। इसी तरह खाद्यानों का उत्पादन भी 41.72 लाख मी.टन से बढ़कर 57.22 लाख मी.टन हो गया है।

वन एवं वन्यजीव

असम में कुल 29,282 वर्ग कि.मी. क्षेत्र वन एवं वृक्ष आच्छादित है जो राज्य के कुल क्षेत्र का 37.33 प्रतिशत है। राज्य में 13,870 वर्ग कि.मी. आरक्षित वन, 3,013 वर्ग कि.मी. प्रस्तावित आरक्षित वन, 5,850 वर्ग कि.मी. अवर्गीकृत राज्य वन और 3,925 वर्ग कि.मी. संरक्षित क्षेत्र नेटवर्क है।
(स्रोत: एफएसआई डाटा और 'असम 2011' पृष्ठ-152)

असम में स्तनपायी जानवरों की करीब 180 प्रजातियां पाई जाती हैं, जिसमें गोल्डन लंगूर, हलुक लंगूर, बौना हॉग, हिस्पीड खरगोश, सफेद पंखवाला लकड़ी बत्तख, बाघ, धूमिल तेंदुआ, हाथी, दलदली हिरण, गंगा की डॉल्फिन आदि प्रजातियां हैं, जिनका अस्तित्व खतरे में हैं। राज्य में पक्षियों की 800 से अधिक प्रजातियां तथा सरीसृपों की करीब 195 प्रजातियां पाई जाती हैं। वन्यजीव संरक्षण उपायों को सख्ती से लागू किए जाने के फलस्वरूप राज्य में बाघों की संख्या बढ़ी है और 2010-11 के 143 से बढ़कर 2014 में 167 हो गई है। 2015 की गणना के मुताबिक असम में गैंडों की संख्या 2,624 है। वन समुदायों को टिकाऊ आजीविका प्रदान करने हेतु भी प्रयास किए जा रहे हैं।

उद्योग

आज का असम स्थायी तौर पर पर्यावरण के अनुकूल संपत्तियों के सृजन द्वारा नई पूंजी गठन पर जोर दे रहा है। आज के गतिशील निवेश वातावरण का उद्देश्य है- क्षेत्र की मुख्य क्षमता पर आधारित अर्थव्यवस्था का निर्माण ताकि संसाधनों का दक्षतापूर्ण प्रबंधन हो सके। प्रकृति, जल, कृषि, मानव संसाधन तथा भौगोलिक स्थिति इस राज्य की मुख्य ताकत है।

पीएमआरवाई योजना (2008 तक) और पीएमईजीपी योजना के अंतर्गत लघु उद्योगों और सेवा क्षेत्र को ऋण दिया जा रहा है। इन योजनाओं के अंतर्गत 2011 से 2014 के बीच 2,76,022 बेरोजगार युवाओं को स्वरोजगार के अवसर प्रदान किया गया है। मुख्यमंत्री कर्मज्योति अचोनी (एमएमकेए) योजना के अंतर्गत वर्ष 2014 तक विभिन्न एसएचजी के लाभार्थियों के बीच 3,946.11 लाख रुपये के यंत्र, उपकरण एवं कच्ची सामग्रियां वितरित की गई थीं। राज्य सरकार ने 2010-11 में 'एंजेल फंड' की शुरुआत की जिसके अंतर्गत लघु उद्योगों की स्थापना हेतु उद्यमियों को 5 लाख रुपये तक का ऋण नाममात्र ब्याज पर दिया जाता है। अभी तक 506 लाभार्थियों ने इस योजना का लाभ उठाया है। आने वाले दिनों में इसे विस्तार देने की योजना है।

राज्य सरकार की औद्योगिक नीतियों के फलस्वरूप 2014 में 41,573 उद्योगों की स्थापना हुई है। इनमें 34,255.74 करोड़ रुपये का निवेश हुआ है तथा 1,92,504 लोगों को प्रत्यक्ष रोज़गार मिला है।

बिजली

राज्य में बिजली उत्पादन 2001 में 935 एमयू की तुलना में 2014-15 में 1894.7 एमयू रहा। उपभोक्ताओं की संख्या भी 2001 के 9 लाख से बढ़कर 33 लाख हो गई है। इसी तरह, प्रतिव्यक्ति बिजली की उपलब्धता भी 2001 के 83 यूनिट से बढ़कर 232 यूनिट हो गई है। बिजली उत्पादन, वितरण और ट्रांसमिशन के क्षेत्रों में समयानुसार उन्नयन और नवीकरण कार्य के चलते ही यह संभव हो पाया है।

राजीव गांधी ग्रामीण विद्युतीकरण योजना के अंतर्गत राज्य सरकार ने गरीबी रेखा से नीचे के करीब 12 लाख परिवारों को मुफ्त बिजली कनेक्शन दिया है।

परिवहन एवं संचार

राज्य सरकार ग्रामीण सड़क नेटवर्क के सुधार और विस्तार तथा पुराने लकड़ी के पुलों को सीमेंट, कंक्रीट के पुल बनाकर बदलने के कार्य को उच्च प्राथमिकता दे रही है। वर्ष 2001 से अब तक 23,000 कि.मी. से अधिक सभी मौसम के अनुकूल सड़क और करीब 3,800 आरसीसी पुल बनाए जा चुके हैं तथा करीब 5,000 कि.मी. मौसम के अनुकूल सड़क तथा 1,250 आरसीसी पुल का कार्य प्रगति पर है। बराक घाटी तथा धेमाजी और लखिमपुर जिलों में सड़क नेटवर्क में सुधार का कार्य मुख्यमंत्री के विशेष पैकेज द्वारा किया जा रहा है।

त्योहार

असम में, भारत में मनाए जाने वाले सभी त्योहार मनाए जाते हैं। यहां के स्थानीय त्योहारों की एक विशिष्ट श्रृंखला है जो इस भूमि के सांस्कृतिक सौंदर्य को बढ़ाती है। 'बिहु' असम का महत्वपूर्ण त्योहार है। असमिया नववर्ष के दौरान पड़ने वाला रंगोली 'बिहु' या 'बोहाग बिहु' मुख्य 'बिहु' त्योहार है, परंतु फसल कटाई के समय आने वाला 'भोगली बिहु' या 'माघ बिहु' भी उतना ही महत्वपूर्ण पर्व है। 'कांगली' या 'कटी बिहु' नामक तीसरा 'बिहु' भी है जिसे केवल प्रेम की उपासना के लिए ही मनाया जाता है। कभी-कभार इसमें यौन उन्मुक्तता की भी झलक दिखती है। इसकी धुनें भी खासी कर्ण प्रिय होती है।

सबसे बड़ा जनजातीय समूह बोडो 'खेरई पूजा' को त्योहार की तरह मनाता है, जो कई स्थानों पर मेले का रूप ले लेता है। 'खेरई' पूजा में शमानिस्टिक नृत्य प्रस्तुत किया जाता है जिसमें कुछ महिला कलाकार भाव समाधि में चली जाती हैं और कुछ सिर को तेजी से हिलाती-उछालती, हवा में अपने बाल लहराती हैं। बैथों बोडो समुदाय की एक महत्वपूर्ण पूजा है।

पर्यटन

पिछले कुछ वर्षों के दौरान असम, जिसे पूर्वोत्तर का द्वार कहा जाता है, लोकप्रिय पर्यटन गंतव्य के रूप में उभरा है। अपने प्राकृतिक सौंदर्य, वातावरण, भौगोलिक स्थिति, अनूठी वनस्पतियों और जीव-जगत, जैव विविधता, अछूते जंगल, उन्नत चोटियों तथा हरी-भरी घाटियों की वजह से असम इको-टूरिज्म तथा वन्यजीव का प्रमुख स्थान बन गया है। असम समुद्र तल से करीब 79.5 मीटर की ऊंचाई पर स्थिति है। इसके पांच राष्ट्रीय उद्यान, उन्नीस वन्यजीव अभयारण्य और तीन पक्षी अभयारण्य दुर्लभ वनस्पतियों और जीवों के भंडार हैं।

वेबसाइट : www.assam.gov.in

सरकार

राज्यपाल	: श्री बनवारी लाल पुरोहित	**मुख्य सचिव**	:	श्री विनोद कुमार पिपरसेनिया
मुख्यमंत्री	: श्री सरभानंद सोनोवाल	**गुवाहाटी उच्च न्यायालय का अधिकार क्षेत्र**	:	गुवाहाटी उच्च न्यायालय के अधिकार क्षेत्र में आता है।

बिहार

क्षेत्रफल	: 94,163 वर्ग किलोमीटर	**जनसंख्या**	: 10.41 करोड़ (जनगणना 2011)
राजधानी	: पटना	**मुख्य भाषा**	: हिंदी

इतिहास और भूगोल

बिहार का उल्लेख वेदों, पुराणों और प्राचीन महाकाव्यों आदि में मिलता है तथा यह राज्य महात्मा बुद्ध और 24 जैन तीर्थंकरों की कर्मभूमि रहा है। ईसा पूर्व काल में इस क्षेत्र पर बिम्बिसार, पाटलिपुत्र शहर की स्थापना करने वाले उदयन, चंद्रगुप्त मौर्य और मौर्य वंश के सम्राट अशोक सहित मौर्य, शुंग तथा कण्व राजवंश के नरेशों ने राज किया। इसके पश्चात कुषाण शासकों का समय आया और बाद में गुप्त वंश के चंद्रगुप्त विक्रमादित्य ने बिहार पर राज किया। मध्यकाल में मुस्लिम शासकों का इस क्षेत्र पर अधिकार रहा। बिहार पर विजय पाने वाला पहला मुस्लिम शासक मोहम्मद बिन बख्तियार खिलजी था। खिलजी वंश के बाद तुगलक वंश तथा मुगल वंश का आधिपत्य था।

बिहार भारत के प्रमुख राज्यों में से एक है। इसके उत्तर में नेपाल, पूर्व में पश्चिम बंगाल, पश्चिम में उत्तर प्रदेश तथा दक्षिण में झारखंड राज्य हैं। यहां अनेक नदियां बहती हैं, जिनमें प्रमुख है गंगा। अन्य नदियां हैं—सोन, पुनपुन, फल्गु, कर्मनाशा, दुर्गावती, कोसी, गंडक, घाघरा आदि।

कृषि

बिहार का कुल भौगोलिक क्षेत्र लगभग 93.60 लाख हेक्टेयर है जिसमें से केवल 55.54 लाख हेक्टेयर पर ही खेती होती है। वैसे राज्य में लगभग 72.95 लाख हेक्टेयर भूमि कृषि योग्य है। यहां की प्रमुख खाद्य फसलें हैं: धान, गेहूं, मक्का और दालें। मुख्य नकदी फसलें हैं: गन्ना, आलू, तंबाकू, तिलहन, प्याज, मिर्च, पटसन और मेस्ता। लगभग 6.22 लाख हेक्टेयर क्षेत्र में वन फैले हैं जो राज्य के कुल भौगोलिक क्षेत्र का करीब 6.65 प्रतिशत है। लगभग 30.64 हजार हेक्टेयर शुद्ध तथा 44.33 हजार हेक्टेयर सकल क्षेत्र में विभिन्न स्रोतों से सिंचाई सुविधा प्राप्त हुई।

सिंचाई

बिहार में 28.73 लाख हेक्टेयर की सिंचाई क्षमता है जो बड़ी और मझोली सिंचाई परियोजनाओं से जुटाई जाती है और 6.63 लाख हेक्टेयर लघु सिंचाई परियोजनाओं से जुटाई जाती है।

वेबसाइट : www.gov.bih.nic.in

सरकार

राज्यपाल	: श्री राम नाथ कोविंद	**मुख्य सचिव**	:	अंजनी कुमार सिंह
मुख्यमंत्री	: श्री नीतीश कुमार	**उच्च न्यायालय का अधिकार क्षेत्र**	:	पटना उच्च न्यायालय

छत्तीसगढ़

क्षेत्रफल	: 1,35,192 वर्ग किलोमीटर	**जनसंख्या**	: 2.56 करोड़ (जनगणना 2011)
राजधानी	: रायपुर	**मुख्य भाषा**	: हिंदी

इतिहास और भूगोल

मध्य प्रदेश के एक हिस्से को निकालकर बनाया गया यह राज्य भारतीय संघ के 26वें राज्य के रूप में 1 नवंबर, 2000 को अस्तित्व में आया। यह राज्य यहां के वासियों की लंबे समय से चली आ रही मांग को पूरा करता है। प्राचीनकाल में इस क्षेत्र को दक्षिण कौशल के नाम से जाना जाता था। इस क्षेत्र का

उल्लेख *रामायण* और *महाभारत* में भी मिलता है। छठी और बारहवीं शताब्दियों के बीच सरभपूरिया, पांडुवंशी, सोमवंशी, कलचुरी और नागवंशी शासकों ने इस क्षेत्र पर शासन किया। कलचुरियों ने छत्तीसगढ़ पर 980 से लेकर 1791 तक राज किया। 1845 में अंग्रेजों के आक्रमण के बाद ब्रिटिश शासनकाल में राजधानी रतनपुर के बजाय रायपुर का महत्व बढ़ गया। 1904 में संबलपुर ओडिशा में चला गया और सरगुजा रियासत बंगाल से छत्तीसगढ़ के पास आ गई।

छत्तीसगढ़ पूर्व में दक्षिणी झारखंड और ओडिशा से, पश्चिम में मध्य प्रदेश और महाराष्ट्र से, उत्तर में उत्तर प्रदेश और पश्चिमी झारखंड से और दक्षिण में आंध्र प्रदेश से घिरा है। छत्तीसगढ़ क्षेत्रफल के हिसाब से देश का नौवां बड़ा राज्य है और जनसंख्या की दृष्टि से इसका 17वां स्थान है।

कृषि

137.9 लाख हेक्टेयर भौगोलिक क्षेत्र में से कुल कृषि क्षेत्र 47.70 लाख हेक्टेयर है। खरीफ की फसल लगभग 47.60 लाख हेक्टेयर तथा रबी फसल 16.61 लाख हेक्टेयर है। विभिन्न सिंचाई स्रोतों के चलते वर्तमान में खरीफ फसल क्षेत्र 13.55 लाख हेक्टेयर है, जो कृषि योग्य क्षेत्र का 29 प्रतिशत है।

छत्तीसगढ़ में 34.61 लाख कृषि परिवारों में से 77 प्रतिशत छोटे और सीमांत किसान हैं। 33 प्रतिशत परिवार आदिवासी तथा 12 प्रतिशत अनुसूचित जाति के हैं। कृषि मौसम जोन तीन प्रकार-उत्तरी पहाड़ी, छत्तीसगढ़ समतल तथा बस्तर के पठार के हैं। औसत वर्षा 1307.3 से.मी. वार्षिक है।

खरीफ मौसम की प्रमुख फसल धान है, जिसका कुल खरीफ फसल में 76 प्रतिशत का योगदान है। इसके अलावा, यहां उगाई जाने वाली प्रमुख फसलों में मक्का, सोयाबीन, मूंगफली, उड़द तथा काबुली चना शामिल हैं। इसी प्रकार रबी फसलों में गेहूं, चना, सरसों तथा अलसी शामिल हैं।

सिंचाई और बिजली

जब यह राज्य अस्तित्व में आया, तब इसकी कुल सिंचाई क्षमता 13.28 लाख हेक्टेयर थी जोकि कुल बुवाई क्षेत्र का 23 प्रतिशत थी। अब यह बढ़कर 18.44 लाख हेक्टेयर हो गई है, जो कुल बुवाई क्षेत्र का 33.15 प्रतिशत है।

पूरी हो चुकी मुख्य परियोजनाएं हैं: महानदी जलाशय परियोजना, हसदेव बंगो परियोजना, तांदुला, कोडर, जोंक डी/एस, खारुंग, मनियारी टैंक तथा पेयरी (सिकासर परियोजना,) जोंक परियोजना, खड़ंग परियोजना और मड़ियानी परियोजना। राज्य बिजली बोर्ड की कुल क्षमता 1,924.70 मेगावाट है, जिसमें से 1,786 मेगावाट तापबिजली और 138.7 पनबिजली है।

खनिज संसाधन

छत्तीसगढ़ में आर्थिक रूप से महत्वपूर्ण अनेक प्रकार के खनिज पाए जाते हैं। कोयला, कच्चा लोहा, चूना पत्थर, बॉक्साइट, तथा डोलोमाइट के विशाल भंडार राज्य के विभिन्न हिस्सों में पाए जाते हैं। उत्तरी छत्तीसगढ़ के जिले जैसे सरगुजा, रायगढ़, कोरिया तथा बिलासपुर विशाल कोयला भंडारों के लिए जाने जाते हैं। 1 अप्रैल, 2012 को 12 कोयला खानों में राज्य के पास 50,846 मिलियन टन भंडार थे। 2.5 प्रतिशत राष्ट्रीय आंकड़े के मुकाबले राज्य जीएसडीपी में खनिजों का योगदान लगभग 13.63 प्रतिशत का है।

उद्योग

छत्तीसगढ़ में प्राकृतिक संसाधनों का असीम भंडार है जिस पर राज्य की अर्थव्यवस्था टिकी है। सीमेंट, ऊर्जा, खनन, इस्पात तथा अल्युमिनियम जैसे प्रमुख क्षेत्रों में छत्तीसगढ़ और राज्यों के मुकाबले बेहतर स्थिति में है। भारत के सबसे समृद्ध खनिज वाले राज्यों में से एक छत्तीसगढ़ सबसे प्रतिस्पर्धी कीमत पर सीमेंट उत्पादन का अवसर प्रदान करता है। विशाल प्राकृतिक संसाधनों के साथ ही उद्योगों के लिए भी पर्याप्त कुशल मानव संसाधन उपलब्ध हैं।

परिवहन

सड़कें : पीडब्ल्यूडी के तहत राज्य में सड़कों की कुल लंबाई 31,803 कि.मी. है। राष्ट्रीय राजमार्गों की लंबाई 2,226 कि.मी., प्रांतीय राजमार्गों की लंबाई 5,240 कि.मी., जिला सड़कों की लंबाई 10,539.80 कि.मी. और ग्रामीण और अन्य सड़कों की लंबाई 13,798 कि.मी. है। राज्य में सड़कों की लंबाई 17.75 कि.मी. से 21.40 किमी प्रति 100 कि.मी. बढ़ी है।

प्रधानमंत्री ग्रामीण सड़क योजना के तहत 19,718 कि.मी. सड़क निर्माण हुआ है। प्रधानमंत्री ग्राम सड़क योजना के तहत न जुड़ने वाले दूर-दराज के क्षेत्रों को जोड़ने के लिए राज्य सरकार की मुख्यमंत्री ग्राम सड़क योजना के तहत ₹ 2,000 करोड़ की लागत से 4,000 कि.मी. सड़कें दो साल में बनाई जाएंगी।

रेल : रायपुर, विलासपुर, दुर्ग, राजनांदगांव, रायगढ़ और कोरबा यहां के प्रमुख रेलवे स्टेशन हैं।

पर्यटन स्थल

भारत के केंद्र में स्थित छत्तीसगढ़ में समृद्ध सांस्कृतिक परंपरा और आकर्षक प्राकृतिक विविधता है। राज्य में प्राचीन स्मारक, दुर्लभ वन्यजीव, नक्काशीदार मंदिर, बौद्धस्थल, महल, जल-प्रपात, पर्वतीय पठार, रॉक पेंटिंग और गुफाएं हैं।

वेबसाइट : www.cgstate.gov.in

सरकार

राज्यपाल	:	श्री बलराम जी दास टंडन	**मुख्य सचिव**	:	श्री विवेक कुमार धांद
मुख्यमंत्री	:	डॉ. रमन सिंह	**उच्च न्यायालय का अधिकार क्षेत्र**	:	छत्तीसगढ़

गोवा

क्षेत्रफल	:	3,702 वर्ग किलोमीटर	**जनसंख्या**	:	14.59 लाख (जनगणना 2011)
राजधानी	:	पणजी	**मुख्य भाषाएं**	:	कोंकणी (राजभाषा)
			अन्य भाषाएं	:	मराठी, हिंदी, अंग्रेजी, कन्नड़

इतिहास और भूगोल

गोवा प्राचीनकाल में गोमांचल, गोपाकपट्टम, गोपकपुरी, गोवापुरी और गोमांतक आदि कई नामों से विख्यात रहा है। इस प्रदेश की लंबी ऐतिहासिक परंपरा रही है। गोवा के प्रारंभिक इतिहास के संबंध में स्पष्ट जानकारी नहीं है। ईसा पूर्व पहली शताब्दी में गोवा सातवाहन साम्राज्य का अंग था। उसके बाद कदंब, मलखेड़ के राष्ट्रकूटों, चालुक्य तथा सिलहार राजवंशों का इस पर शासन रहा। 14वीं शताब्दी के

अंत में यादवों का साम्राज्य समाप्त हुआ और दिल्ली के खिलजी वंश ने इस पर अपना अधिकार किया। इस प्रकार गोवा मुस्लिम शासकों के अधीन आ गया। 1498 में वास्कोडिगामा द्वारा भारत के लिए समुद्री मार्ग की खोज के बाद कई पुर्तगाली यात्री भारत पहुंचे। 1510 में एल्फांसो द अलबुकर्क ने विजयनगर के सम्राट की सहायता से गोवा पर आक्रमण कर इस पर कब्जा कर लिया। 1542 में जेसुइट संत फ्रांसिस जेवियर के आगमन से गोवा में धर्म परिवर्तन का काम आरंभ हुआ। 17वीं शताब्दी के उत्तरार्द्ध के कुछ वर्षों को छोड़कर, जब शिवाजी ने गोवा तथा उसके आस-पास के कुछ क्षेत्रों पर अधिकार किया, समूचे क्षेत्र पर पुर्तगालियों का शासन जारी रहा।

भारत के स्वतंत्र होने के बाद भी गोवा पुर्तगालियों के कब्जे में रहा, किंतु पुर्तगाली शासक गोवावासियों की आकांक्षाओं को पूरा नहीं कर पाए और अंततः 19 दिसंबर, 1961 को गोवा को मुक्त करा लिया गया और इसे दमन तथा दीव के साथ मिलाकर केंद्रशासित प्रदेश बनाया गया। मई 1987 को गोवा को पूर्ण राज्य का दर्जा दिया गया और दमन तथा दीव को अलग केंद्रशासित प्रदेश बना दिया गया। गोवा भारतीय प्रायद्वीप के पश्चिमी तट पर स्थित है। इसके उत्तर में तेरेखोल नदी बहती है, जो गोवा को महाराष्ट्र से अलग करती है। इसके दक्षिण में कर्नाटक का उत्तर कन्नड़ जिला और पूर्व में पश्चिमी घाट तथा पश्चिम में अरब सागर है। पणजी, मडगांव, वास्को, मापुसा, तथा पोंडा राज्य के प्रमुख शहर हैं।

कृषि

गोवा में कुल 1,60,320 हेक्टेयर क्षेत्र में खेती होती है जबकि कुल उत्पादन 1,08,333 टन होता है। कृषि को बढ़ावा देने और युवाओं को इस गतिविधि की ओर आकर्षित करने हेतु सरकार द्वारा कई योजनाएं चलाई गई हैं। सौर ऊर्जा बैटरी फेंसिंग पर किसानों को 90 प्रतिशत सब्सिडी दी जाती है। पॉलीहाउस और ग्रीन हाउस निर्माण के लिए भी 90 प्रतिशत तक सब्सिडी प्रदान की जाती है। इसी तरह की सब्सिडी ड्रिप सिंचाई तथा बायोगैस प्लांट निर्माण के लिए भी उपलब्ध है। गन्ने की उपज बढ़ाने के उद्देश्य से सरकार ने ड्रिप सिंचाई पर 90 प्रतिशत की रियायत उपलब्ध कराने का प्रस्ताव किया। कृषि रत्न, कृषि विभूषण तथा कृषि भूषण के नाम से सरकार राज्य की अर्थव्यवस्था में योगदान करने वाले प्रगतिशील किसानों को क्रमश दो लाख, एक लाख तथा पचास हजार रुपये के राज्य स्तर के तीन पुरस्कार प्रदान करती है।

जल संसाधन

बड़ी तथा मंझोली सिंचाई के तहत एक महत्वाकांक्षी संयुक्त उपक्रम परियोजना- तिल्लारी सिंचाई परियोजना का लक्ष्य 21,056 हेक्टेयर की सिंचाई क्षमता और घरेलू तथा औद्योगिक प्रयोग के लिए 11.03 एमसीएम जल का सृजन करने का है। इस प्रकार पैदा की गई क्षमता के बेहतर एवं सक्षम उपयोग के लिए इसे सिंचाई के उद्देश्य से प्रयोग करने के अलावा, इससे राज्य की घरेलू तथा औद्योगिक इकाइयों को कच्चे पानी की आपूर्ति करने और पीडब्ल्यूडी की आपूर्ति में वृद्धि करने का प्रस्ताव है। जल संसाधन विभाग ने सिंचाई के लिए कच्चे पानी की आपूर्ति करने के अलावा पीडब्ल्यूडी की कच्चे पानी की आपूर्ति में भी वृद्धि की है। असोनरा वॉटर वर्क्स की आपूर्ति साल में चापोरा नदी से 25 एमएलडी और अम्थाने टैंक से 10 एमएलडी बढ़ाई गई है। ओपा वॉटर वर्क्स की आपूर्ति कलय नदी से 50 एमएलडी कच्चे पानी से बढ़ाई गई है। गुंजम में 35 एमएलडी कच्चा पानी मादी नदी से खांदेपुर नदी को पहुंचाया जाता है।

समाज कल्याण

केंद्र सरकार की बीपीएल परिवारों को प्रदान की जाने वाली राष्ट्रीय बीमा स्वास्थ्य योजना की तर्ज पर राज्य सरकार के सभी नागरिकों को 'स्वर्ण जयंती आरोग्य बीमा' नाम से बीमा पॉलिसी के माध्यम से सुरक्षा प्रदान करने की योजना है।

उद्योग

राज्य औद्योगिक नीति के साथ-साथ राज्य बायोटेक नीति लागू रहेगी और उन्हें आगे बढ़ावा दिया जाएगा। गोवा के शिल्पकारों को प्रोत्साहन देने के लिए गोवा और गोवा से बाहर 'गोवा हाट-सह-शिल्प ग्राम' तथा विश्वभर में हस्तशिल्प सामानों की बिक्री के लिए ई-पोर्टल विकसित करने का प्रस्ताव है।

कला और संस्कृति

पुस्तकालयों को सूचना और ज्ञान केंद्र बनाने के लिए गोवा में सरकार की पुस्तकालय अभियान पर जोर देने की इच्छा है। ऑडियो-वीडियो प्रलेखन के माध्यम से गोवा राज्य की लोक कथा, लोक उत्सव, अन्य सांस्कृतिक परंपराओं तथा अमूर्त विरासत का प्रलेखन करने का आशय है। इसके लिए कला और संस्कृति की मौजूदा स्कीम में ही बजटीय प्रावधान किया गया है।

परिवहन

सड़कें : राज्य में राष्ट्रीय राजमार्ग की लंबाई 264 किलोमीटर तथा प्रांतीय राजमार्गों की लंबाई 279.4 किलोमीटर है। इसके अलावा, 4501.18 किलोमीटर जिला तथा अन्य मार्ग हैं।

रेलवे : गोवा कोंकण रेलवे के माध्यम से मुंबई, मंगलोर और तिरुवनंतपुरम से जुड़ा है। इस रेलमार्ग पर अनेक तेज रफ्तार रेलगाड़ियां शुरू की गई हैं। वास्कोडिगामा दक्षिण मध्य रेलवे के बंगलुरु और बेलगांव स्टेशनों से जुड़ा है। इस मार्ग का इस्तेमाल फिलहाल केवल माल यातायात के लिए हो रहा है।

उड्डयन : डबोलिम हवाईअड्डे से मुंबई, दिल्ली, तिरुवनंतपुरम, कोच्चि, चेन्नई, और बंगलुरु के लिए नियमित विमान सेवाएं हैं।

बंदरगाह : मरमुगांव राज्य का प्रमुख बंदरगाह है। यहां मालवाहक जहाजों के लिए सुविधाएं उपलब्ध हैं। इसके अलावा पणजी, तिराकोल, चपोरा, बेतूल और तालपोना में भी छोटे बंदरगाह हैं, मगर इनमें से पणजी प्रमुख व्यस्त बंदरगाह है। हाल में यहां जहाजों के लिए एक पत्तन (पोर्ट) चालू हुआ है।

पर्यटन स्थल

गोवा के महत्वपूर्ण पर्यटन स्थल हैं— कोलवा, कालनगुटे, वागाटोर, बागा, हरमल, अंजुना और मीरामार समुद्र तट; पुराने गोवा में बैसीलिका ऑफ बोम जीसस और सेंट केथेड्रल चर्च; कावलेम, मारडोल, मंगेशी तथा बनडोरा मंदिर; अगुअडा, तेरेखोल, चपोरा और काबो डि रामा किले; प्राकृतिक सौंदर्य के लिए प्रसिद्ध हैं। दूधसागर और हरवालेम जलप्रपात तथा माएम झील रिसॉर्ट हैं। राज्य में समृद्ध वन्यप्राणी उद्यान हैं, जैसे— बोंडला, कोटीगांव तथा मोलेम वन्यप्राणी उद्यान और चोराव में डॉ. सालिम अली पक्षी उद्यान, जिसका कुल क्षेत्रफल 354 वर्ग किलोमीटर है।

वन

गोवा में 33 प्रतिशत राष्ट्रीय आवश्यकता के मुकाबले 34 प्रतिशत वन हैं तथा करीब 67 प्रतिशत वृक्षों से आच्छादित हैं। वृक्षारोपण को एक जन आंदोलन बनाने हेतु संस्थानों तथा उद्योगों को एक लाख पौध वितरित की गई और 6 लाख पौधे रोपे गए।

स्वास्थ्य

गोवा मधुमेह पंजीकरण आरंभ करने वाला देश का पहला राज्य बना। मडगांव तथा मापुसा में नये जिला अस्पताल और पोंडा में नया 170 बिस्तर वाला संक्रामक रोग अस्पताल महत्वपूर्ण हैं। सन्क्यूलिम, बिचालिम तथा वालपोई में नये अस्पताल निर्माणाधीन हैं।

वेबसाइट : www.goa.gov.in

सरकार

राज्यपाल	:	श्रीमती मृदुला सिन्हा	**मुख्य सचिव**	:	श्री आर. के श्रीवास्तव
मुख्यमंत्री	:	श्री लक्ष्मीकांत पारसेकर	**उच्च न्यायालय का अधिकार क्षेत्र**	:	बॉम्बे हाई कोर्ट की गोवा खंडपीठ के अधिकार क्षेत्र में आता है।

गुजरात

क्षेत्रफल	:	1,96,024 वर्ग किलोमीटर	**जनसंख्या**	:	60,439,692 (जनगणना 2011–अनंतिम)
राजधानी	:	गांधीनगर	**मुख्य भाषा**	:	गुजराती

इतिहास और भूगोल

गुजरात का इतिहास ईसा पूर्व लगभग 2,000 साल पुराना है। यह माना जाता है कि भगवान कृष्ण मथुरा छोड़कर सौराष्ट्र के पश्चिम तट पर जा बसे, जो द्वारका यानी प्रवेशद्वार कहलाया। बाद के वर्षों में मौर्य, गुप्त तथा अन्य अनेक राजवंशों ने इस प्रदेश पर राज किया। चालुक्य (सोलंकी) राजाओं का शासनकाल गुजरात में प्रगति और समृद्धि का युग था। इस गौरवपूर्ण काल के पश्चात गुजरात को मुसलमानों, मराठों और ब्रिटिश शासन के दौरान बुरे दिन देखने पड़े। आज़ादी से पहले गुजरात का वर्तमान क्षेत्र मुख्य रूप से दो भागों में बंटा था— एक ब्रिटिश क्षेत्र और दूसरा देसी रियासतें। राज्यों के पुनर्गठन के कारण सौराष्ट्र के राज्यों और कच्छ के केंद्रशासित प्रदेश के साथ पूर्व के ब्रिटिश गुजरात को मिलाकर सबसे बड़े द्विभाषी बंबई राज्य का गठन हुआ। 1 मई, 1960 को वर्तमान गुजरात राज्य अस्तित्व में आया। यह भारत के पश्चिम तट पर स्थित है। इसके पश्चिम में अरब सागर, उत्तर में पाकिस्तान तथा उत्तर पूर्व में राजस्थान, दक्षिण पूर्व में मध्य प्रदेश और दक्षिण में महाराष्ट्र है।

महात्मा गांधी स्वच्छता मिशन

2014 को राष्ट्रव्यापी स्वच्छता अभियान शुरू किया गया, जिसका उद्देश्य 2 अक्टूबर, 2019 को महात्मा गांधी की 150वीं जयंती तक देश को गंदगी मुक्त करना है। गुजरात 'स्वच्छ भारत अभियान' को क्रियान्वित करने में सर्वाधिक सक्रिय राज्य है और इसने पूरे राज्य में 'स्वच्छ गुजरात, स्वस्थ गुजरात' अभियान चलाया हुआ है, जिससे राज्य में खुले में शौच की पद्धति को बिल्कुल समाप्त किया जा सके।

शहरी मिशन

कस्बों तथा शहरों में भूमिगत सीवरेज, सड़कें तथा पेयजल आपूर्ति जैसी बुनियादी सुविधाओं हेतु विकास कार्यों के लिए अनुदान मंजूर किया गया है। पेयजल आपूर्ति पर विशेष जोर दिया जा रहा है। पेयजल आपूर्ति के लिए 30 योजनाएं पूरी की गई, जबकि 68 अन्य योजनाएं प्रगति पर हैं। 7 सीवरेज संबंधी योजनाएं पूरी हो चुकी हैं और 143 प्रगति पर हैं। अपशिष्ट जल प्रशोधन के लिए लगभग 27 सीवरेज प्रशोधन संयंत्र प्रगति पर हैं।

यू-विन कार्ड श्रमेव जयते

श्रमिकों के अधिकारों की रक्षा हेतु पहल करते हुए 'श्रमेव जयते कार्यक्रम' योजना का आरंभ किया गया। राज्य सरकार असंगठित क्षेत्र के श्रमिकों को एक मंच पर लेकर आई और 'श्रमयोगी कल्याण मेला' के ज़रिये 4 लाख से भी अधिक श्रमिकों का पंजीकरण किया। साथ ही, 18,519 लाभार्थियों में 12.40 करोड़ रुपये मूल्य की किटें बांटी गई। असंगठित क्षेत्र के श्रमिकों के कार्य को पहचान देने के उद्देश्य से सरकार की इन्हें यू-विन (अनऑर्गेनाइज़्ड वर्कर आईडेंटीफिकेशन नंबर)कार्ड जारी करने की योजना है। अब तक असंगठित क्षेत्र के लगभग 7 लाख श्रमिकों का पंजीकरण हो चुका है। इस योजना के अंतर्गत, असंगठित क्षेत्र के श्रमिकों को भविष्य निधि, कर्मचारी कौशल उन्नयन और वृद्धाश्रमों के लाभों तक पैठ मिल सकेगी।

स्वावलंबन अभियान

पंडित दीनदयाल उपाध्याय युवा साहसिकता योजना के तहत, 7,000 युवाओं के लक्ष्य के मुकाबले 12,653 युवाओं को ब्याज सहायता उपलब्ध कराई गई। पंडित दीनदयाल उपाध्याय युवा उद्यमिता योजना के तहत आईटीआई प्रशिक्षार्थियों के लिए स्वरोज़गार ऋणों पर ब्याज रियायत दी गई तथा 50,443 शारीरिक रूप से नि:शक्तजनों को प्रमाण-पत्र उपलब्ध कराए गए।

कृषि

कृषि संवृद्धि दर को बढ़ाने और इसमें और सुधार लाने के उद्देश्य से सरकार ने 2014-15 को 'कृषि विकास वर्ष' के रूप में मनाया। शुष्क क्षेत्रों को वर्षा जल उपलब्ध कराने के उद्देश्य से सरकार जल संरक्षण तथा जल प्रबंधन गतिविधियों को उच्च प्राथमिकता दे रही है। किसानों को खेती की आधुनिक प्रौद्योगिकियों और वैज्ञानिक कृषि विधियों से अवगत कराने हेतु हर वर्ष 'कृषि महोत्सव' मनाया जा रहा है।

गुजरात कपास, मूंगफली तथा तंबाकू का प्रमुख उत्पादक है और वस्त्र, साबुन तथा तेल जैसे महत्वपूर्ण उद्योगों में भी निवेश उपलब्ध कराता है। अन्य मुख्य नकदी फसलें हैं: धान, गेहूं और बाजरा।

उद्योग

2013-14 में गुजरात औद्योगिक विकास निगम ने कुल 269 औद्योगिक संपदाओं को मंजूरी दी। गुजरात को 'वस्त्र केंद्र' बनाने के उद्देश्य से राज्य सरकार ने गुजरात वस्त्र नीति-2012 की घोषणा की। मछुआरों की पहचान आसान करने के उद्देश्य से उन्हें बायोमीट्रिक कार्ड उपलब्ध कराने में गुजरात का पूरे देश में पहला स्थान रहा और इस काम में राज्य ने शत-प्रतिशत सफलता हासिल की है।

सिंचाई एवं बिजली

सतही जल तथा भूमिगत जल के ज़रिये कुल सिंचाई क्षमता 47.59 लाख हेक्टेयर की आंकी गई है, जिसमें सरदार सरोवर (नर्मदा) परियोजना का 17.92 लाख हेक्टेयर भी शामिल है। यह परियोजना राज्य के 17 जिलों के 74 तालुकों में फैली 18.45 लाख हेक्टेयर क्षेत्र को वार्षिक सिंचाई लाभ उपलब्ध करायेगी। सरकार ने 'गुजरात जल प्रयोक्ता प्रतिभागिता सिंचाई प्रबंधन अधिनियम-2007' पारित किया है। इस योजना के अंतर्गत 5,03,019 हेक्टेयर भूमि को कवर किया गया है।

विद्युत

सौर ऊर्जा क्षेत्र को बढ़ावा देने के उद्देश्य से 2009 में सौर नीति बनाने वाला गुजरात पहला राज्य है। इस परियोजना की स्थापित क्षमता 400 मेगावाट की है। चनदर्सन गांव नहर के निकट मेहसाना जिले में स्थापित विश्व की पहली फोटोवोल्टिक परियोजना 16 लाख यूनिट बिजली का उत्पादन करती है।

सड़कें

सड़क मार्ग राज्य के विकास में निर्णायक भूमिका निभाता है। एक नई पद्धति के तहत, राज्य सरकार ने एक मज़बूत सड़क तंत्र के निर्माण के लिए निजी क्षेत्र को सड़क निर्माण कार्य में शामिल किया है। बढ़ती जनसंख्या की आवश्यकताओं को पूरा करने के उद्देश्य से अहमदाबाद में त्वरित आवाजाही के लिए बस रैपिड ट्रांज़िट सिस्टम (बीआरटीसी) सुविधा शुरू की गई है।

बंदरगाह

पिछले दशक में गुजरात ने देश के प्रमुख समुद्रवर्ती राज्य का दर्जा प्राप्त किया है। देश के गैर-प्रमुख बंदरगाहों के कुल यातायात का लगभग 80 प्रतिशत और सभी बंदरगाहों के कुल यातायात का लगभग 48 प्रतिशत गुजरात के बंदरगाहों से संचालित होता है जो राज्य के लिए गौरव का विषय है। यहां 41 छोटे और एक बड़ा बंदरगाह है, जिसका नाम है कांदला बंदरगाह।

त्योहार

सुरेंद्रनगर जिले के तरणेतर गांव में भाद्रपद मास (अगस्त/सितंबर) भगवान शिव की स्तुति में तरणेतर मेला लगता है। पोरबंदर के निकट माधवपुर में माधवराय मेला लगता है। चैत्र (मार्च/अप्रैल) के शुक्ल पक्ष की नवमी को यह मेला लगता है। बनासकांठा जिले में अंबा देवी को समर्पित अंबाजी मेला लगता है। भगवान कृष्ण के जन्मोत्सव जन्माष्टमी पर लगने वाला मेला साल का सबसे बड़ा मेला है। यह द्वारका तथा डाकोर में बड़े धूमधाम से मनाया जाता है। नवरात्रि विश्व का सबसे बड़ा नृत्य मेला, जगन्नाथ रथ यात्रा-प्रसिद्ध रथ उत्सव, उत्तरी गुजरात के भगवान सूर्य मंदिर की पृष्ठभूमि में मोधेरा नृत्य उत्सव-उत्तरार्द्ध महोत्सव, रण उत्सव-कच्छ के विस्तृत मरुस्थल में चांदनी रातों में गुजरात के कुछ प्रसिद्ध मेले तथा उत्सव हैं। इसके अलावा, मकर-संक्रांति, डांग दरबार, शामलाजी मेला तथा भावनाथ मेला यहां के कुछ अन्य त्योहार हैं।

पर्यटन केंद्र

राज्य में पर्यटन की दृष्टि से महत्वपूर्ण द्वारका सोमनाथ, पालीताना, पावागढ़, अंबाजी, भद्रेश्वर, शामलाजी, तरंगा और गिरनार जैसे धार्मिक स्थलों के अलावा महात्मा गांधी की जन्मभूमि पोरबंदर तथा पुरातत्व एवं वास्तुकला की दृष्टि से उल्लेखनीय पाटन, सिद्धपुर, घुरली, दाभेई, वडनगर, मोधेरा, लोथल और अहमदाबाद

जैसे स्थान हैं। अहमदपुर, मांडवी, चोरवाड़, उभारत तथा तीथल जैसे समुद्री तट, सपुतड़ा पर्वतीय स्थल, गिर वनों में शेरों का अभयारण्य, कच्छ क्षेत्र के छोटे से मरुस्थल में जंगली गधों का अभयारण्य राज्य के प्रमुख पर्यटन स्थलों में से हैं। इसके अलावा साबरमती नदी का मुहाना : विकास का स्तर तथा पर्यटन की संभावनाएं दर्शाता है, वडोदरा में सुर सागर झील: पर्यटकों के आकर्षण का केंद्र, नालसरोवर पक्षी विहार: दुनियाभर से आए प्रवासी पक्षियों का गृह है।

बेवसाइट : www.gujratindia.com

सरकार

राज्यपाल :	श्री ओम प्रकाश कोहली	**मुख्य सचिव** :	श्री जे. एन. सिंह
मुख्यमंत्री :	श्री विजयभाई आर. रूपानी	**उच्च न्यायालय का अधिकार क्षेत्र** :	गुजरात उच्च न्यायालय के क्षेत्र में आता है।

हरियाणा

क्षेत्रफल :	44,212 वर्ग किलोमीटर	**जनसंख्या** :	2.54 करोड़ (जनगणना 2011)
राजधानी :	चंडीगढ़	**मुख्य भाषा** :	हिंदी

इतिहास और भूगोल

हरियाणा का इतिहास बड़ा गौरवपूर्ण है तथा यह वैदिक काल से आरंभ होता है। यह राज्य पौराणिक भरत वंश की जन्मभूमि माना जाता है, जिसके नाम पर इस देश का नाम भारत पड़ा। हरियाणा की भूमि कला और संस्कृति का उत्पत्ति स्थल रही है। 1915 में ई. गाय पिलग्रिम द्वारा की गई पुरातत्वीय खोज से स्थापित होता है कि 1.5 करोड़ वर्ष पहले प्राचीन मानव शिवालिकों में रहते थे। *वामन पुराण* में जिक्र है कि राजा कुरु ने कुरुक्षेत्र में सोने का हल चलाया था जिसे भगवान शिव के नंदी ने सात कोस के क्षेत्र में खींचा था।

पौराणिक तथा वैदिक संदर्भों के अनुसार हरियाणा का इतिहास बहुत गरिमामयी है। वेदव्यास ने *महाभारत* की रचना यहीं की। भगवान कृष्ण ने अर्जुन को कर्त्तव्य का पाठ यहीं पढ़ाया था। *महाभारत* का महायुद्ध इसी भूमि पर लड़ा गया। उत्तरी भारत का द्वार होने के नाते यह क्षेत्र कई लड़ाइयों की युद्धभूमि रहा है। हूण, तुर्क और तुगलकों ने भारत पर चढ़ाई की और कई निर्णायक युद्ध इसी धरती पर लड़े गए। 14वीं शताब्दी के अंत में तैमूर अपनी फौज इसी रास्ते से दिल्ली लाया। बाद में, सन 1526 में पानीपत की ऐतिहासिक लड़ाई में मुगलों ने लोधियों को हराया। 1556 में एक अन्य निर्णायक युद्ध इसी भूमि पर लड़ा गया जिसने भारत में ब्रिटिश राज आने और दिल्ली के भारत साम्राज्यिक राजधानी और दिल्ली के भारत की साम्राज्यिक राजधानी बनने तक मुगलों की सत्ता कायम रखी।

इसके बाद हरियाणा दिल्ली का ही हिस्सा बन गया और 1857 में स्वतंत्रता के प्रथम महासंग्राम से पूर्व तक यह गुमनाम बना रहा। विद्रोह को कुचलने के बाद जब ब्रिटिश प्रशासन फिर से स्थापित हुआ तो झज्जर और बहादुरगढ़ के नवाबों, बल्लभगढ़ के राजा तथा रिवाड़ी के राव तुलाराम की सत्ता छीन ली गई। उनके क्षेत्र या तो ब्रिटिश क्षेत्रों में मिला लिए गए या पटियाला, नाभा और जींद के शासकों को सौंप दिए गए। इस तरह हरियाणा पंजाब प्रांत का हिस्सा बन गया। नवंबर 1966 को पंजाब के पुनर्गठन के बाद हरियाणा पूर्ण राज्य बन गया।

हरियाणा के पूर्व में उत्तर प्रदेश, पश्चिम में पंजाब, उत्तर में हिमाचल प्रदेश और दक्षिण में राजस्थान है। राष्ट्रीय राजधानी क्षेत्र दिल्ली हरियाणा से जुड़ा है। राष्ट्रीय राजधानी क्षेत्र दिल्ली के दायरे में हरियाणा भी है। मात्र 1.37 प्रतिशत भू-क्षेत्र और देश की कुल आबादी के केवल दो प्रतिशत से भी कम के साथ हरियाणा ने अपनी अलग पहचान बनाई है। चाहे कृषि हो या उद्योग, नहर सिंचाई हो या ग्रामीण विद्युतीकरण, हरियाणा हमेशा ही आधुनिकता की ओर बढ़ता रहा है। राज्य को अपने सभी गांवों में बिजली, पक्की सड़कें तथा पेयजल उपलब्ध कराने वाले पहले राज्यों में से एक होने की प्रतिष्ठा प्राप्त है। देश के सर्वाधिक समृद्ध राज्यों में से एक, हरियाणा सर्वाधिक प्रतिव्यक्ति आय की दृष्टि से, गोवा के बाद, दूसरे स्थान पर है।

कृषि

हरियाणा की 65 प्रतिशत से अधिक जनसंख्या की जीविका का आधार कृषि है। देश के कुल खाद्यान्न उत्पादन में दूसरा सबसे बड़ा योगदान हरियाणा का रहता है। राज्य का खाद्यान्न उत्पादन जो इसके अस्तित्व में आने के समय केवल 25.92 लाख टन था, जो कुल 162.25 लाख टन पहुंच गया है। यह मुख्यत: हरियाणा में एक के बाद एक सरकार द्वारा कृषि संवर्धन के लिए अपनाए गए समग्र दृष्टिकोण के चलते और उत्पादन तथा उत्पादकता बढ़ाने के उद्देश्य से उठाये गए विभिन्न कदमों की वजह से हुआ। फसलों में विविधता लाने के लिए गन्ना, कपास, तिलहन और सब्जियों तथा फलों जैसी नकदी फसलें अधिक उगाई जा रही हैं। राज्य में गहन और विस्तृत खेती को बढ़ावा देने के प्रयास जारी हैं। संसाधन संरक्षण प्रौद्योगिकियों तथा कार्बनिक कृषि के प्रचार के ज़रिये चिरस्थायी कृषि को संवर्द्धन दिया जा रहा है।

सिंचाई

1,429 नहरों का ठोस तंत्र हरियाणा की सिंचाई प्रणाली को आधार प्रदान करता है, जिसमें 6.83 लाख ट्यूबवेल और पंपसेटों की भूमिका भी कुछ कम नहीं है। कुल 38.09 लाख हेक्टेयर भूमि कृषि के अंतर्गत है। राज्य में प्रमुख सिंचाई परियोजनाएं हैं-पश्चिमी यमुना नहर, भाखड़ा नहर और गुड़गांव नहर प्रणाली। भारत में पहली बार लिफ्ट सिंचाई प्रणाली को व्यावहारिक आकार देते हुए, हरियाणा ने जवाहर लाल नेहरू नहर परियोजना के जरिये जल का स्तर निचले स्तरों से ऊंची शुष्क ढलानों तक पहुंचाया है। हरियाणा बहुउद्देशीय सतलुज-ब्यास परियोजना के लाभार्थियों में से है। इसके साथ दो अन्य लाभार्थी पंजाब तथा राजस्थान हैं।

बिजली

हरियाणा देश का ऐसा पहला राज्य है जहां 1970 में ही सभी गांवों में बिजली पहुंचा दी गई थी। धीरे-धीरे हरियाणा बिजली क्षेत्र में विद्युत अभाव वाले क्षेत्र से विद्युत 'सरप्लस' वाला राज्य बन रहा है। बिजली की कुल स्थापित उत्पादन क्षमता 5801.82 मेगावाट है। इसमें से हरियाणा विद्युत उत्पादन निगम लि. की स्थापित क्षमता 3230.5 मेगावाट है। राजीव गांधी तापीय विद्युत परियोजना (आरजीटीपीपी) हिसार 1200 मेगावाट, पानीपत तापीय ऊर्जा स्टेशन 1367.8 मेगावाट, दीनबंधु छोटूराम परियोजना, हिसार से 600 मेगावाट और यमुना नगर की इकाई से 62.7 मेगावाट उत्पादन होता है। बाकी केंद्रीय क्षेत्र के उत्पादन स्टेशनों से आने वाला हरियाणा का हिस्सा तथा दीर्घावधि विद्युत अनुबंधों से प्राप्त होने वाली बिजली होती है।

शिक्षा

हरियाणा आधुनिक तक्षशिला तथा नालंदा का रूप ले रहा है और शिक्षा के हब के रूप में अग्रसर है। प्राथमिक शिक्षा को सभी बच्चों की पहुंच में लाने और विश्वस्तरीय मानकों पर उच्च शिक्षा उपलब्ध करवा कर हरियाणा शिक्षा का आधुनिक केंद्र बनने के पथ पर तेज़ी से अग्रसर है। प्राथमिक शिक्षा राज्य के हर हिस्से में उपलब्ध कराई जा रही है। 2011 की जनगणना के अनुसार हरियाणा में साक्षरता दर 76.64 प्रतिशत है जबकि अखिल भारतीय दर 74.04 प्रतिशत है। महिला साक्षरता दर 66.77 प्रतिशत तथा पुरुष साक्षरता दर 85.38 प्रतिशत है। ग्रामीण आबादी के लिए एक कि.मी. के दायरे में प्राथमिक विद्यालय, 1.17 कि.मी. के दायरे में माध्यमिक विद्यालय, 1.45 कि.मी. के दायरे में हाई स्कूल तथा 2.10 कि.मी. के दायरे में उच्चतम माध्यमिक विद्यालय हैं।

उद्योग

सरकार की निवेश और औद्योगिक समर्थित नीतियों ने हरियाणा को निवेश की आंख का तारा बना दिया है और राज्य को औद्योगिक क्रांति के कगार पर खड़ा कर दिया है। राज्य में 1,354 बड़ी और मंझोली तथा 80,000 लघु उद्योग इकाइयां हैं। हरियाणा कारों, ट्रैक्टरों, मोटरसाइकिलों, साइकिलों, रेफ्रिजरेटरों, वैज्ञानिक उपकरणों आदि का सबसे बड़ा उत्पादक है। इसके अलावा, हरियाणा विश्व बाजार में बासमती चावल का सबसे बड़ा निर्यातक है। पचरंगा अचार के अलावा पानीपत की हथकरघे की बनी वस्तुएं और कालीन विश्वभर में प्रसिद्ध हैं।

स्वास्थ्य

उचित मूल्य पर हर जगह स्वास्थ्य सुविधाएं देने के लिए जिला और उप-खंड अस्पतालों का राज्य व्यापी नेटवर्क है। स्टाफ तथा उपकरणों द्वारा इन्हें मज़बूत किया जा रहा है और रेफेरल सेवाओं की कमियों को दूर किया जा रहा है। राज्यव्यापी स्वास्थ्य केंद्रों के अंतर्गत 56 अस्पताल, 109 सामुदायिक स्वास्थ्य केंद्र, 467 प्राथमिक स्वास्थ्य केंद्र, 2,630 उप-केंद्र, 15 जिला टीबी केंद्र, 639 आयुर्वेदिक, होम्योपैथी तथा यूनानी केंद्र, 90 शहरी स्वास्थ्य पोस्ट (आरसीएच) कार्य कर रहे हैं।

सूचना प्रौद्योगिकी

राज्य में आईटी/साइबर पार्कों की स्थापना के लिए 85 प्रस्तावों, जिनकी सिफ़ारिश इस उद्देश्य से बनाई गई समिति द्वारा की गई है, में से 35 को टाउन एण्ड कंट्री प्लानिंग विभाग द्वारा लाइसेंस प्रदान कर दिए गए हैं। 13 प्रस्तावों की निर्माण योजना और 8 प्रस्तावों की ज़ोनिंग योजना को विभाग द्वारा मंजूरी दे दी गई है और शेष प्रक्रिया में है। इसके अतिरिक्त, आईटी तथा आईटीई क्षेत्रों में 28 एसईजेड प्रस्तावों को सरकार द्वारा अनुशंसा तथा अनुमोदन किया गया है। इनमें से चार सेज कार्य कर रहे हैं और शेष पर कार्य चल रहा है। इन परियोजनाओं से अगले पांच वर्षों में आईटी क्षेत्र में 13 लाख लोगों के लिए रोज़गार पैदा होने की उम्मीद है।

परिवहन

हरियाणा में सड़क और रेल परिवहन यात्रा का प्रमुख साधन है। हवाई यातायात की भी छोटी-सी भूमिका है। हरियाणा में सभी गांव पक्की सड़कों से जुड़े हैं। राज्य में सड़कों की कुल लंबाई 35,303 किलोमीटर से अधिक है।

राज्य के अंदर और राज्य से बाहर रेल की महत्वपूर्ण भूमिका है। कालका, अंबाला, कुरुक्षेत्र, रोहतक, जींद, हिसार, अंबाला, पानीपत और जाखल के रेलवे स्टेशन प्रमुख हैं। जगाधरी शहर में रेलवे की एक वर्कशॉप है। हरियाणा में असैनिक हवाईअड्डे- हिसार, करनाल, पिंजौर, नारनौल और भिवानी में हैं।

पर्यटन स्थल

हाइवे पर्यटन में अग्रणी हरियाणा में 43 पर्यटन परिसर हैं जिनमें 846 रिहायशी कमरे हैं। हरियाणा में प्रतिवर्ष 70 लाख पर्यटक आते हैं। पर्यटन को बढ़ावा देने के लिए राज्य सरकार ने बहुआयामी रणनीति बनाई है। राजमार्गों पर सभी रणनीतिक जगहों और दिल्ली के आस-पास 'फुरसत में पर्यटन और सम्मेलन पर्यटन' को बढ़ावा देने के लिए पर्यटन परिसर विकसित किए गए हैं।

इसके अलावा, पर्यटकों एवं स्थानीय लोगों की जरूरतों को पूरा करने के लिए प्रमुख शहरों एवं जिला मुख्यालयों में भी पर्यटन सुविधाएं स्थापित की गई हैं। पर्यटन परिसरों में से कुछ हैं: दिल्ली के निकट सूरजकुंड तथा बडकल झील, सुल्तानपुर पक्षी विहार, (सुल्तानपुर), गुरुग्राम में सोहना तथा दमदमा और मनोरम चीड़ वन के लिए प्रसिद्ध मोरनी हिल्स। अन्य महत्वपूर्ण रिज़ॉर्ट हैं- एथनिक इंडिया राय, ब्लू जे (समालखा), स्काईलार्क (पानीपत), चक्रवर्ती झील और ओएसिस (उचाना), पराकीट (पीपली), किंगफिशर (अंबाला), मैगपाई (फरीदाबाद), दबचिक (होडल), शमा (गुड़गांव), जंगल बब्लर (दारुहेड़ा), गौरैया (बहादुरगढ़), मैना (रोहतक), ब्लू बर्ड (हिसार), रेड बिशप (पंचकुला) और पिंजौर गार्डन (पिंजौर)।

वेबसाइट : www.haryana.gov.in

सरकार

राज्यपाल :	श्री कप्तान सिंह सोलंकी	**मुख्य सचिव** :	श्री देपिन्दर सिंह धेसी
मुख्यमंत्री :	श्री मनोहर लाल खट्टर	**उच्च न्यायालय का अधिकार क्षेत्र** :	पंजाब और हरियाणा

हिमाचल प्रदेश

क्षेत्रफल :	55,673 वर्ग किलोमीटर	**जनसंख्या** :	68.65 लाख (जनगणना 2011)
राजधानी :	शिमला	**मुख्य भाषा** :	हिंदी और पहाड़ी

इतिहास और भूगोल

हिमाचल प्रदेश पश्चिमी हिमालय की गोद में बसा हुआ है। इसे 'देवभूमि' के रूप में जाना जाता है और कहा जाता है कि इस पर देवी-देवताओं की कृपा है। पूरे प्रदेश में पत्थर और लकड़ी के मंदिर बने हुए हैं। यहां की समृद्ध संस्कृति और परंपराओं की वजह से यह प्रदेश अद्वितीय है। सदाबहार हिमाचल हिमाच्छादित घाटियों, रूपहले पर्वत शिखरों, ग्लेशियर तथा घने-ऊंचे चीड़, प्रवाहमय नदियों, मनोरम झीलों और आकर्षक वनस्पति तथा जीव-जन्तुओं से सुसज्जित है, जिसका प्रभाव जादुई और भावना संगीतमय है।

अप्रैल 1948 में इस क्षेत्र की 27,000 वर्ग कि.मी. में फैली लगभग 30 रियासतों को मिलाकर इस राज्य को केंद्रशासित प्रदेश बनाया गया। 1954 में जब 'सी' श्रेणी की रियासत बिलासपुर को इसमें

मिलाया गया, तो इसका क्षेत्रफल बढ़कर 28,241 वर्ग कि.मी. हो गया। 1966 में इसमें पंजाब के पहाड़ी क्षेत्रों को मिलाकर इसका पुनर्गठन किया गया तो इसका क्षेत्रफल बढ़कर 55,673 वर्ग कि.मी. हो गया। आज हिमाचल प्रदेश को न केवल पहाड़ी क्षेत्रों के विकास का मॉडल माना जाता है, बल्कि शिक्षा, स्वास्थ्य और सामाजिक सेवाओं में इस प्रदेश ने उल्लेखनीय विकास किया है।

कृषि

कृषि हिमाचल प्रदेश का प्रमुख व्यवसाय है। यह राज्य की अर्थव्यवस्था में महत्वपूर्ण भूमिका निभाती है। यह 69 प्रतिशत कामकाजी आबादी को सीधा रोजगार मुहैया कराती है। कृषि और उससे संबंधित क्षेत्र से होने वाली आय प्रदेश के कुल घरेलू उत्पाद का 22.1 प्रतिशत है। कुल भौगोलिक क्षेत्र 55,673 वर्ग कि.मी. में से 9.79 लाख हेक्टेयर भूमि के स्वामी 9.14 लाख किसान हैं। मझोले और छोटे किसानों के पास कुल भूमि का 86.4 प्रतिशत भाग है।

बागवानी

प्रकृति ने हिमाचल प्रदेश को व्यापक कृषि जलवायु परिस्थितियां प्रदान की हैं जिसकी वजह से किसानों को समशीतोष्ण से लेकर उपोष्णकटिबंधीय तक विविध फल उगाने में सहायता मिली है। बागवानी के अंतर्गत आने वाले प्रमुख फल हैं— सेब, नाशपाती, आड़ू, बेर, खुबानी, गुठली वाले फल, नींबू प्रजाति के फल, आम, लीची, अमरूद और झरबेरी आदि।

बागवानी के एकीकृत विकास के लिए, बागवानी प्रौद्योगिकी मिशन क्रियान्वित किया जा रहा है। यह मिशन 'अंत से अंत' तक की अवधारणा पर आधारित है जिसके तहत राज्य में बागवानी विकास की सभी तरह की संभावनाओं का पता लगाया जाएगा। इस योजना के अंतर्गत विभिन्न जलवायु वाले कृषि क्षेत्रों में चार उत्कृष्टता केंद्र बनाए जाएंगे और जल संरक्षण, वर्मीकंपोस्ट ग्रीन हाउस, कार्बनिक कृषि और कृषि तकनीकों से जुड़ी सभी सुविधाएं प्रदान की जाएंगी।

सड़कें

हिमाचल प्रदेश में, खासतौर से राज्य के पहाड़ी क्षेत्रों में सड़कें जीवनरेखा होने के साथ-साथ आवाजाही का मुख्य साधन हैं। इसके कुल 55,673 वर्ग किलोमीटर क्षेत्र में से 36,700 वर्ग किलोमीटर क्षेत्र बसा हुआ है और 16,807 बसे हुए गांव असंख्य पहाड़ियों के ढलानों और घाटियों में बिखरे हुए हैं। जब यह राज्य 1948 में अस्तित्व में आया, तो यहां केवल 288 कि.मी. लंबी सड़कें थीं। आज यहां 14 राष्ट्रीय राजमार्गों के साथ 1752.830 कि.मी. लंबी सडकें हैं।

पनबिजली उत्पादन

हिमाचल प्रदेश के पांच नदी-थालों में जबर्दस्त पनबिजली क्षमता है। ये पांच नदी प्रणालियां— चिनाब, रावी, व्यास, सतलुज और यमुना पश्चिमी हिमालय से निकलती हैं और हिमाचल प्रदेश से होकर गुजरती हैं। बिजली क्षेत्र में विकास की रणनीति के तहत पनबिजली क्षमता को वास्तविकता में परिणत करना और बिजली क्षेत्र में सुधार लाना शामिल है ताकि बिजली क्षेत्र की कार्यक्षमता बढ़े और उपभोक्ताओं को उचित दर पर अच्छी गुणवत्ता की बिजली उपलब्ध हो सके और उद्योग तथा पर्यटन क्षेत्र को प्रचुर मात्रा में बिजली की आपूर्ति हो। राज्य में कुल चिह्नित क्षमता 23,230 मेगावाट है, जो देशभर की पनबिजली क्षमता का एक चौथाई है। इसमें से 6,480 मेगावाट विभिन्न संस्थाओं से पहले ही पैदा की जा रही है। 7,602 मेगावाट की परियोजनाओं पर काम चल रहा है।

इस तथ्य से इंकार नहीं किया जा सकता कि जिस प्रकार से सरकार ने बिजली विकास की रफ्तार तेज करने का कार्यक्रम तैयार किया है, उससे हिमाचल प्रदेश देश का 'बिजली राज्य' बनने की ओर अग्रसर है। राज्य के सभी गांवों तक बिजली पहुंचाई जा चुकी है।

औद्योगिक विकास

हिमाचल प्रदेश ने पिछले कुछ वर्षों में औद्योगीकरण के क्षेत्र में उल्लेखनीय प्रगति की है। प्रदूषण मुक्त वातावरण, बिजली की पर्याप्त आपूर्ति, तेजी से विकसित होता मूलभूत ढांचा, शांतिपूर्ण माहौल और जवाबदेह तथा पारदर्शी प्रशासन राज्य की औद्योगिक नीति की विशेषताएं हैं। राज्य में 349 बड़े और मझोले तथा लगभग 33,284 छोटे उद्योग लगाए जा चुके हैं जिन पर करीब ₹ 4,822.54 करोड़ की पूंजी लगी हुई है और इनमें 2 लाख लोगों को रोजगार मिला हुआ है। इस क्षेत्र का योगदान सकल घरेलू उत्पाद का 17 प्रतिशत है। इस क्षेत्र से ₹ 6,000 करोड़ का वार्षिक कारोबार होता है।

सूचना प्रौद्योगिकी

हिमाचल प्रदेश सरकार ने राज्य को सूचना प्रौद्योगिकी के शिखर पर ले जाने के लिए 'नैसकॉम' के सहयोग से 'सूचना प्रौद्योगिकी विज़न-2010' तैयार किया है। इसके तहत यह फैसला किया गया है कि इससे संबद्ध सेवाओं और शैक्षिक संस्थानों समेत सभी सूचना प्रौद्योगिकी परियोजनाओं को उद्योग का दर्जा दिया जाए। इसलिए वर्तमान औद्योगिक नीति के अंतर्गत उद्योगों को उपलब्ध सभी प्रोत्साहन सुविधाएं राज्य की सूचना प्रौद्योगिकी इकाइयों को भी दी जा रही हैं।

जैव-प्रौद्योगिकी

जैव-प्रौद्योगिकी के महत्व को देखते हुए राज्य में विद्यमान जैव-प्रौद्योगिकी की संभावनाओं के दोहन पर विशेष ध्यान दिया जा रहा है। इसके लिए अलग से जैव-प्रौद्योगिकी विभाग खोला गया है। राज्य ने अपनी जैव-प्रौद्योगिकी नीति तैयार की है। सरकार की तरफ से जैव-प्रौद्योगिकी इकाइयों को वही रियायतें दी जा रही हैं जो अन्य औद्योगिक इकाइयों को मिलती हैं। राज्य सरकार का सोलन जिले में जैव-प्रौद्योगिकी पार्क की स्थापना का प्रस्ताव है।

सिंचाई और जलापूर्ति

गांवों में पीने का पानी की सुविधा उपलब्ध कराया गया है और अब तक राज्य में 15,000 हैंडपंप लगाए जा चुके हैं। जल आपूर्ति और सिंचाई क्षेत्रों में सुधार के लिए राज्य सरकार ने ₹ 339 करोड़ की लागत से एक परियोजना आरंभ की है। यह परियोजना सिंचाई तथा पीने के पानी के लिए जीटीजेड के सहयोग से चलाई जा रही है।

वानिकी

राज्य का कुल भौगोलिक क्षेत्रफल 55,673 वर्ग किलोमीटर है। वन रिकार्ड के अनुसार, कुल वन क्षेत्र 37,033 वर्ग किलोमीटर है। इसमें से 16,376 वर्ग किलोमीटर क्षेत्र ऐसा है जहां पहाड़ी चारागाह वाली वनस्पतियां नहीं उगाई जा सकती क्योंकि यह स्थायी रूप से बर्फ से ढका रहता है। संवारने लायक वन क्षेत्र केवल 20,657 वर्ग किलोमीटर है।

राज्य सरकार नई परियोजनाओं के माध्यम से अधिकतम क्षेत्र को हरितपट्टी के दायरे में लाने का प्रयास कर रही है। इसके लिए राज्य सरकार की अपनी, भारत सरकार की और बाहरी सहायता से चल

रही परियोजनाओं को क्रियान्वित किया जा रहा है। विश्व बैंक ने मध्य हिमालय में समन्वित जलाशय विकास परियोजना के लिए 365 करोड़ स्वीकृत किए हैं। चालू पंचवर्षीय योजना 10 जिलों के 42 विकास खंडों की सभी पंचायतों में अगले पांच वर्षों में क्रियान्वित की जाएगी। राज्य में 2 राष्ट्रीय पार्क और 32 वन्यजीव अभयारण्य हैं। वन्यजीव अभयारण्य के अंतर्गत कुल क्षेत्र 5,562 वर्ग कि.मी., राष्ट्रीय पार्क के अंतर्गत 1,440 वर्ग कि.मी. है। इस तरह कुल संरक्षित क्षेत्र 7,002 वर्ग कि.मी. है।

शिक्षा

समग्र विकास निष्पादन की दृष्टि से हिमाचल प्रदेश तीसरा सर्वश्रेष्ठ राज्य है। प्राथमिक शिक्षा तथा अध्यापक-विद्यार्थी अनुपात में हिमाचल प्रदेश प्रथम स्थान पर रहा। राज्य में साक्षरता के क्षेत्र में क्रांति हुई है और साक्षरता के मामले में हिमाचल प्रदेश केरल के बाद दूसरे स्थान पर है। राज्य में लगभग 17,000 शिक्षण संस्थान हैं जिनमें तीन विश्वविद्यालय, दो मेडिकल कॉलेज, सरकारी क्षेत्र का एक इंजीनियरिंग कॉलेज और अनेक तकनीकी, व्यावसायिक तथा अन्य शिक्षण संस्थाएं शामिल हैं। राज्य सरकार आवश्यकता आधारित विस्तार के अलावा गुणात्मक सुधार सुनिश्चित करने पर विशेष जोर दे रही है।

पर्यटन

पर्यटन उद्योग को हिमाचल प्रदेश में उच्च प्राथमिकता दी गई है और हिमाचल सरकार ने इसके विकास के लिए समुचित ढांचा विकसित किया है जिसमें जनोपयोगी सेवाएं, सड़कें, संचार-तंत्र, हवाईअड्डे, यातायात सेवाएं, जलापूर्ति और जनस्वास्थ्य सेवाएं शामिल हैं। राज्य सरकार राज्य को 'हर मौसम में, हर सूरत में गंतव्य' का रूप देने के लिए कटिबद्ध है। राज्य पर्यटन विकास निगम राज्य की आय में 10 प्रतिशत का योगदान करता है। यह निगम बिक्री कर, सुख-सुविधा कर और यात्री कर के रूप में ₹ 200 करोड़ वार्षिक आय का योगदान करता है।

राज्य में तीर्थों और नृवैज्ञानिक महत्व के स्थलों का समृद्ध भंडार है। राज्य को व्यास, पाराशर, वशिष्ठ, मार्कण्डेय और लामाओं आदि ऋषियों के निवास स्थल होने का गौरव प्राप्त है। गर्म पानी के स्रोत, ऐतिहासिक दुर्ग, प्राकृतिक और मानवकृत झीलें, पर्यटकों के लिए असीम सुख और आनंद का स्रोत हैं।

राज्य सरकार स्थायी पर्यटन को बढ़ावा देने के लिए निजी क्षेत्र को इस बात के लिए प्रोत्साहित कर रही है कि वह पर्यटन संबंधी ढांचे को इस तरह विकसित करे ताकि राज्य की प्राकृतिक स्थिति और पर्यावरण अक्षुण्ण बना रहे। मुख्य जोर रोजगार सृजन और पर्यटन की अवधारणा को बढ़ावा देने पर है। पर्यटन की दृष्टि से राज्य के संवर्धन और विकास के लिए राज्य सरकार जिन क्षेत्रों पर विशेष ध्यान दे रही है, वे हैं: (1) इतिहास संबंधी पर्यटन, (2) नए क्षेत्रों/पर्यटक गंतव्यों को चिह्नित करना और ग्रामीण पर्यटन को बढ़ावा देना, (3) ढांचे का सुधार, (4) तीर्थ पर्यटन, (5) आदिवासी पर्यटन, (6) प्रकृति पर्यटन, (7) स्वास्थ्य पर्यटन, (8) साहसिक पर्यटन को प्रोत्साहन, (9) वन्यजीवन पर्यटन, (10) सांस्कृतिक पर्यटन।

वेबसाइट : himachal.gov.in

सरकार

राज्यपाल :	आचार्य देवव्रत	**मुख्य सचिव** :	श्री वी. सी. फरखा
मुख्य मंत्री :	श्री वीरभद्र सिंह	**उच्च न्यायालय का अधिकार क्षेत्र** :	हिमाचल प्रदेश

जम्मू - कश्मीर

क्षेत्रफल	: 2,22,236* वर्ग किलोमीटर	**जनसंख्या**	: 1.25 करोड़ (2011 जनगणना)
राजधानी	: श्रीनगर (ग्रीष्मकाल में) जम्मू (शीतकाल में)	**मुख्य भाषाएं**	: उर्दू, डोगरी, कश्मीरी, लद्दाखी, बाल्टी, पहाड़ी, पंजाबी, गूजरी और दादरी।

इतिहास और भूगोल

राजतरंगिणी तथा *नीलमत पुराण* नामक दो प्रामाणिक ग्रंथों में यह आख्यान मिलता है कि कश्मीर की घाटी कभी बहुत बड़ी झील हुआ करती थी। इस कथा के अनुसार कश्यप ऋषि ने यहां से पानी निकाल लिया और इसे मनोरम प्राकृतिक स्थल में बदल दिया। किंतु भू-गर्भशास्त्रियों का कहना है कि भू-गर्भीय परिवर्तनों के कारण खदियानयार, बारामुला में पहाड़ों के धंसने से झील का पानी बहकर निकल गया और इस तरह पृथ्वी पर स्वर्ग कहलाने वाली कश्मीर घाटी अस्तित्व में आई। ईसा पूर्व तीसरी शताब्दी में सम्राट अशोक ने कश्मीर में बौद्ध धर्म का प्रसार किया। बाद में कनिष्क ने इसकी जड़ें और गहरी की। छठी शताब्दी के आरंभ में कश्मीर पर हूणों का अधिकार हो गया। यद्यपि 530 ईसवी में घाटी फिर स्वतंत्र हो गई, लेकिन इसके तुरंत बाद इस पर उज्जैन साम्राज्य का नियंत्रण हो गया। विक्रमादित्य राजवंश के पतन के पश्चात कश्मीर पर स्थानीय शासक राज करने लगे। वहां हिंदू और बौद्ध संस्कृतियों का मिश्रित रूप विकसित हुआ। कश्मीर के हिंदू राजाओं में ललितादित्य (697 से 738 ईसवी) सबसे प्रसिद्ध राजा हुए जिनका राज्य पूर्व में बंगाल तक, दक्षिण में कोंकण, उत्तर-पश्चिम में तुर्किस्तान, और उत्तर-पूर्व में तिब्बत तक फैला था। ललितादित्य ने अनेक भव्य भवनों का निर्माण किया। कश्मीर में इस्लाम का आगमन 13वीं और 14वीं शताब्दी में हुआ। मुस्लिम शासकों में ज़ैन-उल-आबदीन (1420-70) सबसे प्रसिद्ध शासक हुआ, जो कश्मीर में उस समय सत्ता में आया, जब तातारों के हमले के बाद हिंदू राजा सिंहदेव भाग गए। बाद में चक शासकों ने जैन-उल-आबदीन के पुत्र हैदरशाह की सेना को खदेड़ दिया और 1586 तक कश्मीर पर राज किया। सन 1586 में अकबर ने कश्मीर को जीत लिया। 1752 में कश्मीर तत्कालीन कमजोर मुगल शासक के हाथ से निकलकर अफगानिस्तान के अहमद शाह अब्दाली के हाथों में चला गया। 67 वर्षों तक पठानों ने कश्मीर घाटी पर शासन किया।

जम्मू का उल्लेख *महाभारत* में भी मिलता है। अखनूर से प्राप्त हड़प्पा कालीन अवशेषों तथा मौर्य, कुषाण और गुप्त काल की कलाकृतियों से जम्मू के प्राचीन स्वरूप पर नया प्रकाश पड़ा है। जम्मू 22 पहाड़ी रियासतों में बंटा हुआ था। डोगरा शासक राजा मालदेव ने कई क्षेत्रों को जीतकर अपने विशाल राज्य की स्थापना की। 1733 से 1782 तक राजा रंजीत देव ने जम्मू पर शासन किया। किंतु उनके उत्तराधिकारी दुर्बल थे, इसलिए महाराजा रंजीत सिंह ने जम्मू को पंजाब में मिला लिया। बाद में उन्होंने डोगरा शाही खानदान के वंशज राजा गुलाब सिंह को जम्मू राज्य सौंप दिया। गुलाब सिंह रंजीत सिंह के गवर्नरों में सबसे शक्तिशाली बन गए और लगभग समूचे जम्मू क्षेत्र को उन्होंने अपने राज्य में मिला लिया। 1947 तक जम्मू पर डोगरा शासकों का शासन रहा। इसके बाद महाराजा हरि सिंह ने 26 अक्टूबर, 1947 को भारतीय संघ में विलय के समझौते पर हस्ताक्षर किए।

---

* क्षेत्रफल में पाकिस्तान के अवैध कब्जे वाला 78,114 वर्ग कि.मी. क्षेत्र, पाकिस्तान द्वारा चीन को अवैध रूप से दिया गया 5,180 वर्ग कि.मी. क्षेत्र और चीन के अवैध कब्जे वाला 37,555 वर्ग कि.मी. क्षेत्र शामिल है। जनसंख्या के आंकड़ों में पाकिस्तान और चीन के अवैध कब्जों वाले क्षेत्रों की जनसंख्या शामिल नहीं है जहां जनगणना नहीं कराई जा सकी।

परिवहन

सड़कें : राज्य 400 वर्ग कि.मी. लंबे एक राजमार्ग (राष्ट्रीय राजमार्ग नंबर 1ए) द्वारा शेष देश से जुड़ा हुआ है, जिसका रखरखाव सीमा सड़क संगठन (बीआरओ) द्वारा किया जाता है। रेल यातायात शुरुआती चरण में होने कारण राज्य पूरी तरह से सड़क मार्ग पर निर्भर है, जो राज्य के दूर-दराज के क्षेत्रों को जोड़ने का मुख्य जरिया हैं। जम्मू-श्रीनगर राष्ट्रीय राजमार्ग (एनएच 1ए) के रखरखाव का खर्च विश्व में सबसे अधिक है।

रेलवे : भौगोलिक कठिनाइयों के कारण राज्य में रेल का विकास, अन्य राज्यों के समान नहीं हो पाया है। अभी तक जम्मू रेल लाइन को ऊधमपुर तक बढ़ाया गया है (53 कि.मी.)। ऊधमपुर- बानिहाल रेल लाइन का काम चल रहा है और काजीगुंड से बारामुला के नीचे इन्ट्रा रेल लिंक पूरा हो चुका है। जुलाई 2014 को राज्य में पहली कटरा-उधमपुर ट्रेन शुरू हुई।

उड्डयन : राज्य में तीन प्रमुख हवाईअड्डे हैं, जो राज्य के तीन क्षेत्रों और देश के बीच हवाई संपर्क उपलब्ध कराते हैं। इसमें से श्रीनगर हवाईअड्डे को अंतरराष्ट्रीय स्तर का बनाकर इसका नाम शेख-उल-आलम हवाईअड्डा रखा गया है। लेह तथा जम्मू हवाईअड्डों का भी उन्नयन किया गया है। करगिल मुख्यालय पर एक अन्य हवाईअड्डे को डकोटा सेवा से जोड़ा गया है।

कृषि

कृषि राज्य की अर्थव्यवस्था का महत्वपूर्ण घटक है। राज्य की लगभग 70 प्रतिशत आबादी प्रत्यक्ष या परोक्ष रूप से अपनी जीविका कृषि से अर्जित करती है। राज्य की अर्थव्यवस्था मुख्य रूप से कृषि आधारित है। 49 प्रतिशत (2011) कार्यरत आबादी में से 42 प्रतिशत किसान तथा 7 प्रतिशत कृषि मजदूर हैं, जो अपनी आजीविका के लिए प्रत्यक्ष रूप से कृषि पर निर्भर हैं। कृषि संवृद्धि का ग्रामीण रोजगार तथा आय पर प्रत्यक्ष प्रभाव पड़ने के अलावा इसका ग्रामीण गैर कृषि-क्षेत्रों से महत्वपूर्ण द्वितीयक संबंध अधिक निर्णायक है। केसर, शहद, तथा बासमती जैसे दुर्लभ उत्पादों के निर्यात में कृषि का महत्वपूर्ण योगदान है और यह कई उद्योगों की कच्चे माल की मांग की आपूर्ति करने का भी महत्वपूर्ण जरिया है।

सिंचाई

सिंचाई खेती का एक अनिवार्य घटक है और विश्व के उन सभी हिस्सों में उपयोग में लाई जाती है जहां बारिश का पानी धरती को पर्याप्त नमी नहीं दे पाता। विश्व में खेती के लिए बारिश के पानी के अतिरिक्त सिंचाई की जरूरत पड़ती है। मौसमी बरसात वाले क्षेत्रों में फसल कटाई सुनिश्चित करने और उपज बढ़ाने के उद्देश्य से बारिश के मौसम के अलावा पानी की जरूरत सिंचाई से पूरी की जाती है। राज्य में उपलब्ध सिंचाई क्षमता के केवल 50 प्रतिशत का ही दोहन किया गया है। राज्य की संभावित सिंचाई क्षमता 1,358 हजार हेक्टेयर है जिसमें 250 हजार हेक्टेयर बड़ी और मझोली सिंचाई के जरिये तथा 1,108 हजार हेक्टेयर लघु सिंचाई से विकसित की जानी है।

बागवानी

जम्मू-कश्मीर देश तथा विदेशों में अपने बागवानी उत्पादों के लिए प्रसिद्ध है। राज्य में सभी प्रकार के बागवानी उत्पादों के लिए पर्याप्त संभावनाएं हैं जिनमें सेब, नाशपाति, प्लम, खुबानी, आड़ू, बादाम, चेरी

जैसे समशीतोष्ण और आम, अमरूद, नींबू, लीची आदि जैसे उपोष्णकटिबंधीय फल शामिल है। इसके अलावा, यहां कुछ स्थानों पर केसर तथा जीरा जैसे महत्वपूर्ण मसाले भी उगाए जाते हैं। बागवानी राज्य के तेजी से उभरते क्षेत्रों में से एक है। इसका महत्व राज्य के निर्यात क्षेत्र में इसका 7-8 प्रतिशत के योगदान से आंका जा सकता है। कृषि राजस्व में 45 प्रतिशत योगदान बागवानी क्षेत्र का है। 6 लाख परिवारों के लगभग 30 लाख लोग बागवानी व्यापार में लगे हैं।

उद्योग

आर्थिक विकास, सतत निवेश के उच्च स्तर, आय में निरंतर वृद्धि तथा रोजगार उत्पादन के लिए औद्योगीकरण के अलावा कोई दूसरा विकल्प नहीं है।

औद्योगीकरण के नए युग की शुरुआत के लिए 2004 में व्यापक औद्योगिक नीति बनाई गई जो 2015 तक जारी रही। इसके तहत राज्य में उद्योग को योजनाबद्ध प्रोत्साहन दिया गया है। इसे मुख्यतः उपभोक्ता राज्य के रूप में जाना जाता है क्योंकि इसकी आवश्यकताओं का स्तर इसके उत्पादन स्तर के बराबर है। राज्य औद्योगिक नीति के तहत स्थानीय लोगों को रोजगार देने वाली इकाइयों की योजना के लिए उद्योगों को प्रोत्साहन दिया जाएगा, जिससे निकट भविष्य में इसे उत्पादक राज्य बनाया जा सके।

हथकरघा : यह श्रम आधारित कुटीर उद्योग है जिसमें रोजगार के काफी अवसर हैं। इस उद्योग की वृद्धि के लिए राज्य सरकार उत्पाद के डिजाइन एवं विविधीकरण, ऋण सुविधाएं तथा कौशल और हथकरघा उन्नयन के माध्यम से बुनकरों की उत्पादकता बढ़ाने पर ध्यान केंद्रित कर रही है। व्यापक प्रचार तथा विपणन प्रोत्साहनों के जरिए हथकरघा उत्पादों के लिए बाजारी पैठ विस्तृत की जा रही है।

पर्यटन

जम्मू-कश्मीर महत्वपूर्ण पर्यटन स्थल है, जो सदियों से पर्यटकों को आकर्षित करता आ रहा है। घने हरे जंगल, मीठे झरने, सदाबहार नदियां, चीड़ के जंगलों के मनोहर नजारे और कश्मीर घाटी का सुहावना मौसम-धरती का यह स्वर्ग अंतरराष्ट्रीय स्तर पर प्रसिद्ध पर्यटन स्थल है, जबकि जम्मू क्षेत्र-मंदिरों की भूमि के रूप में बड़ी संख्या में पर्यटकों को आकर्षित करता है जिनमें प्रमुख मंदिर माता वैष्णों देवी का है। लद्दाख-मूनलैंड, विशेष रूप से विदेशियों का प्रिय गंतव्य स्थल है जो रोमांचक पर्यटन का मशहूर केंद्र है।

बिजली

राज्य की पनबिजली क्षमता 20,000 मेगावाट है जिसमें से 16,480 मेगावाट चिह्नित कर ली गई है। इसमें से केवल 2457.96 मेगावाट अर्थात् 15 प्रतिशत का अब तक दोहन हो चुका है जो कि राज्य क्षेत्र में 760.46 मेगावाट 21 बिजली परियोजनाओं से प्राप्त होता है, जबकि 1680 मेगावाट केंद्रीय क्षेत्र की तीन बिजली परियोजनाओं (690 मेगावाट सलाल पनबिजली परियोजना, 480 मेगावाट (यूरि-I पनबिजली परियोजना) तथा 390 मेगावाट डलहस्ती तथा 120 मेगावाट (सेवा-II) और 17.5 मेगावाट दो निजी क्षेत्र की परियोजनाओं से प्राप्त होता है। 450 मेगावाट क्षमता वाली प्रतिष्ठित बघलियार जल विद्युत परियोजना का पहला चरण जम्मू-कश्मीर राज्य विद्युत विकास निगम द्वारा 5,827 करोड़ रुपये की लागत से पूरा किया चुका है।

मेले और त्योहार

मेले और त्योहार राज्य की विविध सांस्कृतिक और सामाजिक विरासत का प्रतिबिंब हैं। सभी हिंदू, मुस्लिम और सिख त्योहार पूरे हर्षोल्लास के साथ मनाए जाते हैं। भारत के अन्य भागों की तरह जम्मू-कश्मीर में भी दीवाली (पटाखे, मिठाई इत्यादि के लिए प्रसिद्ध हिंदू त्योहार), होली (रंग एवं मिठाइयों के लिए प्रसिद्ध हिंदू त्योहार), मुस्लिम त्योहार जैसे- ईद-उल-फितर, ईद-उल-जुहा तथा मिलाद-उन-नबी मनाए जाते हैं।

वेबसाइट : www.jk.gov.in

सरकार

राज्यपाल	: श्री एन.एन. वोहरा	**मुख्य सचिव**	: श्री ब्रज राज शर्मा
मुख्यमंत्री	: श्रीमती महबूबा मुफ़्ती सईद	**उच्च न्यायालय का अधिकार क्षेत्र**	: जम्मू-कश्मीर तथा लद्दाख

झारखंड

क्षेत्रफल	: 79,716 वर्ग किलोमीटर	**जनसंख्या**	: 3,29,8,134 (जनगणना 2011)
राजधानी	: रांची	**मुख्य भाषा**	: हिंदी

इतिहास और भूगोल

झारखंड 15 नवंबर, 2000 को संघ के 28वें राज्य के रूप में अस्तित्व में आया। यह आदिवासियों की गृहभूमि है, जो लंबे समय से एक अलग राज्य का सपना देख रहे थे। एक कथा के अनुसार, ओडिशा के राजा जयसिंह देव ने तेरहवीं शताब्दी में स्वयं को झारखंड का शासक घोषित कर दिया था। झारखंड में मुख्य रूप से छोटानागपुर पठार और संथाल परगना के वन क्षेत्र शामिल हैं। यहां की विशिष्ट सांस्कृतिक परंपराएं हैं। स्वतंत्रता प्राप्ति के बाद के युग में झारखंड मुक्ति मोर्चा ने नियमित आंदोलन किया, जिसकी वजह से सरकार ने 1995 में झारखंड क्षेत्र स्वायत्त परिषद् की स्थापना की और अंततः पूर्ण राज्य अस्तित्व में आया।

झारखंड पूर्व में पश्चिम बंगाल, पश्चिम में उत्तर प्रदेश और छत्तीसगढ़, उत्तर में बिहार तथा दक्षिण में ओडिशा से घिरा हुआ है।

कृषि

राज्य के 79,714 वर्ग कि.मी. क्षेत्र में से 18,423 वर्ग कि.मी. क्षेत्र में वन हैं। कृषि और संबंधित गतिविधियां झारखंड की अर्थव्यवस्था का प्रमुख आधार हैं। कृषि योग्य भूमि का क्षेत्रफल केवल 38 लाख हेक्टेयर है।

सिंचाई और बिजली

दामोदर, मयूराक्षी, बराकर, उत्तरी कोयल, दक्षिणी कोयल, संख, सुवर्णरेखा, खरकई और अजय राज्य के प्रमुख जल स्रोत हैं। राज्य में कुल बुवाई क्षेत्र 18 लाख हेक्टेयर है जिसमें 8 प्रतिशत क्षेत्र में ही सिंचाई की सुविधा उपलब्ध है।

झारखंड की स्थापित विद्युत क्षमता 2,590 मेगावाट है। इसमें शामिल हैं : 420 मेगावाट (तेनुघाट ताप बिजलीघर), 840 मेगावाट (पतरातू ताप बिजलीघर), 130 मेगावाट (सिंदरी पनबिजली परियोजना)

और 1,200 मेगावाट (दामोदर घाटी निगम ताप/पनबिजली परियोजना)। ताप व पनबिजली पर आधारित विभिन्न बिजलीघरों की क्षमता बढ़ाकर 4,736 मेगावाट की जा सकती है। इसमें 686 मेगावाट पनबिजली उत्पादन शामिल है।

उद्योग और खनिज

झारखंड के कुछ बड़े उद्योग हैं: सार्वजनिक क्षेत्र का बोकारो स्टील प्लांट, जमशेदपुर में निजी क्षेत्र की टाटा आयरन एंड स्टील कंपनी (टिस्को)। अन्य प्रमुख उद्योग हैं: टाटा इंजीनियरिंग एंड लोकोमोटिव कंपनी (टेल्को), टिमकेन इंडिया लिमिटेड (जमशेदपुर), भारत कोकिंग कोल लिमिटेड (धनबाद), खिलाड़ी सीमेंट फैक्टरी (पलामू), इंडियन एल्युमिनियम (मुरी), एसीसी सीमेंट (चाइबासा), सेंट्रल कोलफील्ड्स लिमिटेड (रांची), उषा मार्टिन, उषा बेल्ट्रान, यूरेनियम कारपोरेशन (आई) लिमिटेड (जादूगोड़ा), हिंदुस्तान कॉपर लिमिटेड (मुसाबनी), टिन प्लेट कंपनी ऑफ इंडिया लिमिटेड (जमशेदपुर), इंडियन एक्सप्लोसिव लिमिटेड (गोमिया) और हिंडालको बॉक्साइट (लोहरदगा), आदि।

झारखंड खनिज संसाधनों के मामले में बहुत समृद्ध है। प्रमुख उपलब्ध खनिज हैं: कोयला, कच्चा लोहा, चूना पत्थर, खनिज तांबा, बॉक्साइट, पाइराइट, चीनी मिट्टी, काइनाइट, चिकनी मिट्टी, डोलोमाइट, ग्रेफाइट, बैंटोनाइट, साबुन पत्थर, बिल्लौरी रेत और सिलिका बालू। इस नवगठित राज्य में विशेषकर सिंहभूम, बोकारो, हजारीबाग, रांची, कोडरमा और धनबाद में कोयला, अभ्रक और अन्य खनिजों के दोहन की अपार क्षमताएं हैं।

परिवहन

सड़कें : राज्य में सड़कों की कुल लंबाई 4,311 किलोमीटर है। इसमें 1,500 किलोमीटर राष्ट्रीय राजमार्ग और 2,711 किलोमीटर प्रांतीय राजमार्ग शामिल हैं।

रेलवे : राज्य में सुविकसित रेलवे प्रणाली है। रांची, बोकारो, धनबाद और जमशेदपुर कुछ प्रमुख रेलवे स्टेशन हैं।

उड्डयन : विमान सेवा से रांची दिल्ली, पटना और मुंबई से जुड़ा है। जमशेदपुर, बोकारो, गिरिडीह, देवघर, हजारीबाग, डाल्टनगंज तथा नोआमुंडी में हवाईपट्टियां हैं।

पर्यटन स्थल

राज्य में अनेक मनोरम स्थल हैं। ये हैं: इचागढ़ पक्षी विहार, उद्धव पक्षी विहार— साहिबगंज (पठारा झील), चाचरो मगरमच्छ पालन केंद्र— कोडरमा (तिलैया बांध), चंद्रपुरा पक्षी विहार, जवाहरलाल नेहरू जैविक उद्यान (बोकारो), तेनुघाट पक्षी विहार, डालमा वन्यजीव अभयारण्य (जमशेदपुर), टाटा स्टील जैविक उद्यान (जमशेदपुर), पलकोट वन्यजीव अभयारण्य (गुमला), भगवान बिरसा जैविक उद्यान (रांची), बिरसा हिरन अभयारण्य (कालमाटी रांची), बेतला राष्ट्रीय उद्यान (पलामू), रांची मत्स्य केंद्र (रांची), हजारीबाग राष्ट्रीय उद्यान, तातोलोई गर्म पानी झरना (दुमका) और सारंदा वन।

उपर्युक्त के अलावा झारखंड में कुछ मशहूर मंदिर हैं: झारखंड धाम, लंगता बाबा मंदिर/मजार, बिंधवासिनी मंदिर, मसनजोर धाम आदि।

वेबसाइट : www.jharkhand.gov.in

सरकार

राज्यपाल	: श्रीमती द्रौपदी मुर्मू	**मुख्य सचिव**	:	श्रीमती राजबाला वर्मा
मुख्यमंत्री	: श्री रघुबर दास	**उच्च न्यायालय का अधिकार क्षेत्र**	:	झारखंड

कर्नाटक

क्षेत्रफल	: 1,91,791 वर्ग किलोमीटर	**जनसंख्या**	:	6.11 करोड़ (जनगणना 2001-अनंतिम)
राजधानी	: बंगलुरु	**मुख्य भाषा**	:	कन्नड़

इतिहास और भूगोल

कर्नाटक का लगभग 2,000 वर्ष से भी अधिक पुराना लिखित इतिहास उपलब्ध है। कर्नाटक पर नंद, मौर्य और सातवाहन राजाओं के शासन के अलावा चौथी शताब्दी के मध्य से इस क्षेत्र पर स्थानीय राजवंशों—बनवासी के कदंब तथा गंगों का अधिकार रहा। श्रावणबेलगोला में विश्व प्रसिद्ध गोमतेश्वर की विशाल प्रस्तर प्रतिमा गंग वंश के एक मंत्री चावुंडराया ने ही बनवाई थी। श्री गोमतेश्वर की यह विशाल प्रस्तर प्रतिमा जैन कला में सबसे भव्य है। इसे तथा अन्य स्मारकों को देखने असंख्य आगंतुक श्रावणबेलगोला आते हैं। बादामी के चालुक्य वंश (500 से 735 ई. तक) ने नर्मदा से कावेरी तक के विस्तृत क्षेत्र में पुलिकेशी द्वितीय (609 से 642 ई.) के समय से राज किया और उसने कन्नौज के शक्तिशाली सम्राट हर्षवर्धन को पराजित किया। इस राजवंश ने बादामी, एहोल और पट्टादकल में अनेक सुंदर कलात्मक तथा कालजयी स्मारकों का निर्माण किया। इनमें चट्टानों को तराशकर बनाए गए मंदिर भी शामिल हैं। एहोल देश के ऐसे स्थानों में से है जहां मंदिर वास्तुकला पनपी। चालुक्यों की जगह लेने वाले माल्खेड के राष्ट्रकूटों ने तो (753 से 973 ई.) *कन्नौज साम्राज्य के वैभव वाले युग* में वहां के शासकों से कर भी प्राप्त किये। इस काल में कन्नड़ साहित्य का विकास हुआ। भारत के श्रेष्ठ जैन विद्वान इन राजाओं के दरबारों की शोभा बढ़ाते थे। कल्याण के चालुक्य राजाओं (973 से 1189 ई.) और उनके परवर्ती हलेबिड के होयसाल सामंतों ने सुंदर मंदिरों का निर्माण किया और साहित्य तथा ललित कलाओं को प्रोत्साहित किया। सुविख्यात न्यायशास्त्री विज्ञानेश्वर (कृतिः *मिताक्षर*) कल्याण के रहने वाले थे। महान धार्मिक नेता वासवेश्वर भी कल्याण साम्राज्य के मंत्री थे। विजयनगर साम्राज्य (1336 से 1646 ई.) ने अपनी देशज परंपराओं का पोषण किया और कला, धर्म तथा संस्कृत, कन्नड़, तेलुगु और तमिल साहित्य को प्रोत्साहित किया। इस काल में विदेशों में व्यापार खूब फला-फूला। बहमनी सुलतानों (राजधानी : गुलबर्ग एवं बाद में बीदर) और बीजापुर के आदिलशाहों ने भारतीय-सारासैनिक शैली के भव्य भवनों का निर्माण किया और उर्दू व फारसी साहित्य को प्रोत्साहन दिया। पुर्तगालियों के आगमन से राज्य में कई नई फसलों (तंबाकू, मक्का, मिर्च, मूंगफली, आलू आदि) की खेती होने लगी। पेशवा (1818) और टीपू सुलतान (1799) की पराजय के पश्चात कर्नाटक ब्रिटिश शासन के अधीन हो गया। 19वीं शताब्दी में ईसाई मिशनरियों ने अंग्रेजी शिक्षा तथा मशीनों से छपाई का प्रसार किया तथा परिवहन, संचार और उद्योग के क्षेत्र में क्रांति आई। शहरी नगरों में मध्य वर्ग का उदय हुआ। मैसूर साम्राज्य ने औद्योगीकरण एवं सांस्कृतिक विकास की शुरुआत की। स्वतंत्रता आंदोलन के बाद राज्य के एकीकरण का आंदोलन प्रारंभ हुआ।

स्वतंत्रता के बाद 1953 में मैसूर राज्य बना और कन्नड़ भाषियों की अधिकता वाले विभिन्न क्षेत्रों का एकीकरण किया गया। 1956 में कन्नड़ प्रभुत्व वाले सभी क्षेत्रों को शामिल कर विस्तारित मैसूर राज्य बना और 1973 में इसका नाम बदलकर 'कर्नाटक' कर दिया गया।

कर्नाटक 11°31' और 18°14' उत्तरी अक्षांश के बीच तथा 74°12' और 78°10' पूर्वी देशांतर के बीच में भारतीय प्रायद्वीप के पश्चिम केंद्रीय भाग में स्थित है।

वन और वन्यजीव

वन विभाग राज्य के 20.15 प्रतिशत भौगोलिक क्षेत्र का प्रबंध करता है। वनों को इस प्रकार वर्गीकृत किया गया है— सुरक्षित वन, संरक्षित वन, अवर्गीकृत वन, ग्रामीण वन और निजी वन। यहां 5 राष्ट्रीय पार्क और 23 वन्यजीव अभयारण्य है। ईंधन की लकड़ी, चारा और इमारती लकड़ी की कमी को पूरा करने के लिए बेकार जंगलों और भूमि को विकसित किया जा रहा है। पश्चिमी घाट की कोमल पर्यावरण प्रणाली के संरक्षण और विकास पर बल दिया जा रहा है। प्रोजेक्ट टाइगर और प्रोजेक्ट एलीफेंट जैसी अनेक योजनाएं केंद्रीय सहायता से लागू की जा रही हैं। विदेशी सहायता से शुरू की गई दो परियोजनाओं– पश्चिमी घाट वानिकी और पर्यावरण परियोजना (डीएफआईडी) तथा पूर्वी मैदान वानिकी और पर्यावरण परियोजना (जेबीआईएस) में लागू संयुक्त वन नियोजन एवं प्रबंधन की अवधारणा के परिणामस्वरूप ग्रामीण वन समीतियों की स्थापना द्वारा ग्रामीण वन नियोजन एवं प्रबंधन हुआ है।

कृषि

कर्नाटक की करीब 66 प्रतिशत आबादी ग्रामीण है और लगभग 55.60 प्रतिशत श्रम शक्ति कृषि श्रमिक हैं। राज्य की 60 प्रतिशत (114 लाख हेक्टेयर) भूमि खेती योग्य है, जिसके 72 प्रतिशत क्षेत्र में भरपूर वर्षा होती है। केवल 28 प्रतिशत क्षेत्र में ही सिंचाई की जाती है। राज्य में 10 कृषि मौसम क्षेत्र हैं। लाल मिट्टी राज्य की प्रमुख मृदा प्रकार है, जिसके बाद काली मिट्टी आती है। कुल भूमि का केवल 5.17 प्रतिशत हिस्सा ही बुआई क्षेत्र है।

डेयरी

कर्नाटक देश के प्रमुख दुग्ध उत्पादकों में से एक है। कर्नाटक मिल्क फेडरेशन के पास 21 डेयरी प्रसंस्करण संयत्र हैं जिनकी क्षमता 26.45 लाख लीटर प्रतिदिन है तथा 42 प्रतिशत शीत केंद्रों की क्षमता 14.60 लाख लीटर है।

बागवानी

राज्य में 16.80 लाख हेक्टेयर क्षेत्र में बागवानी होती है। इसमें 101 लाख मी. टन उत्पादन होता है। केंद्र सरकार ने 'राष्ट्रीय बागवानी मिशन' के तहत ₹ 171.29 करोड़ कर्नाटक के लिए निर्धारित किए हैं।

विद्युत उत्पादन

कर्नाटक देश का ऐसा अग्रणी राज्य है जहां पनबिजली संयंत्र स्थापित किए गए। आज कर्नाटक की बिजली उत्पादन की स्थापित क्षमता 7,222.91 मेगावाट है और 31,229 मिलियन यूनिट बिजली का उत्पादन होता है।

जैव प्रौद्योगिकी

कर्नाटक राज्य और विशेषकर बंगलुरु शहर देश का सबसे बड़ा जैव भंडार बन गया है।

परिवहन

सड़कें : कर्नाटक में सड़कों की लंबाई 83,749 कि.मी. से बढ़ाकर 2,15,849 कि.मी. की गई है। कर्नाटक राजमार्ग सुधार परियोजना विश्व बैंक की सहायता से 2,375 कि.मी. सड़क को सुधारेगी यानी

900 कि.मी. का उन्नयन और 1,475 कि.मी. का पुनर्वास। इसमें प्रांतीय राजमार्ग और जिला सड़कें शामिल हैं। इस पर अनुमानित ₹ 2,402.51 करोड़ खर्च होंगे। यह सहायता सड़कों और पुलों के निर्माण और सुधार के लिए ग्रामीण ढांचागत विकास फंड के तहत दी जा रही है।

बंदरगाह : राज्य में 155 समुद्री मील (300 कि.मी.) लंबे समुद्र तट पर केवल एक बड़ा बंदरगाह है— मंगलोर में यानी न्यू मंगलोर पोर्ट। इसके अलावा 10 छोटे बंदरगाह हैं: कारवाड, बेलेकेरी, ताद्री, भत्कल, कुंडापुर, हंगरकट्टा, मालपे, पदुबिद्री, होन्नावर और पुराना मंगलोर। इन 10 बंदगाहों में से केवल कारवाड़ हर मौसम के लिए है, अन्य सभी रिवराइन एंकरेज लाइटरेज पोर्ट हैं।

उड्डयन : अंतरराष्ट्रीय यात्रियों में 50 प्रतिशत और घरेलू यात्रियों में 44 प्रतिशत की वृद्धि के साथ नागरिक उड्डयन के क्षेत्र में जबर्दस्त विकास हुआ है।

पर्यटन

'एक राज्य कई दुनिया' के रूप में जाना जाने वाला कर्नाटक दक्षिण भारत का प्रमुख पर्यटन केंद्र बनता जा रहा है। सूचना प्रौद्योगिकी और जैव प्रौद्योगिकी के केंद्र कर्नाटक में हाल ही में बहुत पर्यटक आए हैं। यह राज्य अपने स्मारकों की विरासत और प्राकृतिक पर्यटन के गंतव्य के रूप में प्रसिद्ध है। स्वर्ण रथ, जिसका नाम दक्षिण भारत की विश्व धरोहर 'हम्पी' के प्रस्तर रथ के नाम पर रखा गया है, प्राचीन धरोहरों, भव्य महलों, वन्यजीवन और सुनहरे समुद्र-तटों के बीच भ्रमण करेगा। इसकी 7 रात और 8 दिन की यात्रा प्रत्येक सोमवार को बंगलुरु से शुरू होती है। मैसूर में श्रीरंगपटन, मैसूर महल, नगरहोल राष्ट्रीय पार्क (कबीनी) की सैर कराते हुए 11वीं शताब्दी के होयसाला स्थापत्य और विश्व धरोहर श्रवणबेलगोला, बेलूर, हलेबिडु, हंपी से होते हुए बदामी, पट्टादकल और ऐहोल की त्रिकोणीय धरोहर से गोवा के सुनहरे समुद्र-तटों का अवलोकन कराते हुए अंत में यह बंगलुरु वापस आती है।

कर्नाटक में धरोहर वाले महल, घने वन और पवित्र स्थलों की भरमार है। 'होमस्टे' नामक नई अवधारणा ने राज्य में पर्यटन के नए आयाम जोड़ दिए हैं। हंपी और पट्टकल को विश्व धरोहर स्थल घोषित कर दिया गया है।

वेबसाइट : www.karnataka.gov.in

सरकार

राज्यपाल :	श्री वाजूभाई रुद्रभाई वाला	**मुख्य सचिव :**	श्री अरविंद जाधव
मुख्यमंत्री :	श्री सिद्धरमैया	**उच्च न्यायालय का अधिकार क्षेत्र :**	कर्नाटक

केरल

क्षेत्रफल :	38,852 वर्ग किलोमीटर	**जनसंख्या :**	3.34 करोड़ (जनगणना 2011)
राजधानी :	तिरुवनंतपुरम	**मुख्य भाषा :**	मलयालम

इतिहास और भूगोल

केरल भारतीय उपमहाद्वीप के दक्षिण-पश्चिम छोर पर स्थित है। जब स्वतंत्र भारत में छोटी रियासतों का विलय हुआ तब त्रावनकोर तथा कोचीन रियासतों को मिलाकर जुलाई 1949 को त्रावणकोर-कोचीन

राज्य बना दिया गया, किंतु मालाबार मद्रास प्रांत के अधीन रहा। राज्य पुनर्गठन अधिनियम, 1956 के तहत त्रावणकोर–कोचीन राज्य तथा मालाबार को मिलाकर नवंबर 1956 को केरल राज्य बनाया गया।

पूर्व में ऊंचे पश्चिमी घाट और पश्चिम में अरब सागर के बीच स्थित इस प्रदेश की चौड़ाई 35 कि.मी. से 120 कि.मी. तक है। भौगोलिक दृष्टि से केरल को पर्वतीय क्षेत्र, घाटी, मध्यवर्ती मैदान तथा तटवर्ती क्षेत्र में विभाजित किया जा सकता है। केरल नदियों और तालाबों के मामले में समृद्ध है। 44 नदियां (41 पश्चिम की ओर और 3 पूर्व की ओर बहने वाली) अपनी सहायक नदियों और उपधाराओं के साथ केरल से होकर गुजरती हैं। समुद्री झीलें केरल में आकर्षण का केंद्र तथा आर्थिक दृष्टि से महत्वपूर्ण हैं।

कृषि

हरे–भरे धान के खेत, नारियल के पेड़, खुशबूदार मसाले के बागान और 'गॉड्स ओन कंट्री' के रूप में मशहूर केरल भारत के दक्षिणी छोर पर बसा है। उपजाऊ जमीन तथा समशीतोष्ण उष्णकटिबंधीय केरल को विभिन्न प्रकार की फसलों की खेती के लिए आदर्श क्षेत्र बनाती हैं, जिनमें नारियल, चावल, रबर, केला, मसाले, फल, सब्जियां, काजू, आलू, चाय, कॉफी, सुपारी तथा औषधीय पौधे आदि शामिल हैं।

उद्योग

केरल औद्योगिक केंद्र के रूप में देश का उभरता और पसंदीदा राज्य है जहां विविध क्षेत्रों में अनेक अवसर हैं। राज्य सरकार ने सभी क्षेत्रों में मजबूत निवेश के लिए निवेशक हितैषी औद्योगिक नीति लागू करने की पहल की है, जिससे हर क्षेत्र में विश्वस्तरीय मानक हासिल करने के उद्देश्य त्वरित, समग्र तथा स्थायी आर्थिक संवृद्धि के साथ केरल को जीवंत उद्यमी समाज में बदला जा सके।

इसके अलावा, सप्लीमेंट्री गैस इंफ्रास्ट्रक्चर परियोजना, कोच्चि, इलेक्ट्रॉनिक हार्डवेयर पार्क, कोच्चि, लाइफसाइंस पार्क, तिरुवंतपुरम कोकोनट इंडस्ट्रियल पार्क, कुट्टियाडी तथा कोच्चि पालक्कड एमआईएमएस परियोजना जैसी अन्य परियोजनाएं केंद्र सरकार के समक्ष विचाराधीन हैं।

सिंचाई

राज्य में भूतल सिंचाई का प्रमुख हिस्सा है। सिंचाई के लिए कुल 18 बांध हैं। सिंचाई विकास मुख्यतः बड़ी तथा मध्यम दर्जे की सिंचाई परियोजनाओं के विकास पर, सतही जल संसाधनों के विकास पर केंद्रित है। प्रत्येक योजना में बड़ी तथा मध्यम दर्जे की सिंचाई परियोजनाओं के विकास को प्राथमिकता दी गई है। सिंचाई सुविधाओं से लाभान्वित होने वाली प्रमुख फसल धान की है। केरल में कृषि के मोर्चे पर तेजी से हो रहे बदलावों से चावल की खेती के क्षेत्र में उल्लेखनीय गिरावट आई है। बदलावों के चलते चावलों की खेती की गुरुत्व सिंचाई सेवा के लिए विकसित की गई वितरण प्रणाली को भी फिर से श्रेणीबद्ध करने की आवश्यकता है।

पेयजल आपूर्ति

देश में मानव गतिविधियों के बढ़ने के साथ ही पानी की मांग भी बढ़ रही है। पेयजल सुविधा प्रदान करना राज्यों की प्रमुख जिम्मेदारी है। 71 प्रतिशत ग्रामीण आबादी तथा 29 प्रतिशत शहरी आबादी के लिए पेयजल उपलब्ध है। पेयजल आपूर्ति योजनाओं से लाभान्वित लोगों की संख्या ग्रामीण क्षेत्रों में 169.30 लाख और शहरी क्षेत्रों में 70.41 लाख है।

बिजली

सभी विकास गतिविधियों में बिजली क्षेत्र की भूमिका अहम है। स्पष्टत: औद्योगिक क्षेत्र में नई पहल के लिए बिजली समस्या मुख्य अवरोधक है। बिजली की मांग बढ़ती जा रही है इसलिए बिजली उत्पादन भी बढ़ना चाहिए। जल विद्युत आधारित परियोजनाओं के लिए मानसून आवश्यक है। वर्षा कम होने पर आम तौर पर बिजली संकट पैदा हो जाता है। केरल उन कुछ राज्यों में से है जहां बिजली की कमी है और यह राज्य 60 प्रतिशत बिजली दूसरे राज्यों से खरीदता है। सबसे बड़ी उपलब्धि यह है कि राज्य के सभी गांवों में बिजली है। बिजली की जरूरत बढ़ रही है और उसी अनुसार उसके उत्पादन भी बढ़ाए जाने की जरूरत है। पनऊर्जा के लिए मानसून बेहद जरूरी है। पनऊर्जा केरल में सबसे भरोसेमंद स्रोत है।

परिवहन

अब किसी भी देश के समग्र विकास में परिवहन एक निर्णायक भूमिका निभाता है, क्योंकि यह देशों के बीच सामाजिक, सांस्कृतिक तथा व्यापारिक विकास को सक्षम बनाता है। परिवहन की ढांचागत सुविधाओं में स्थापित प्रतिष्ठान, सड़कें, रेलमार्ग, वायुमार्ग, जलमार्ग, नहरें, पाइपलाइन तथा टर्मिनल शामिल हैं। केरल में परिवहन प्रणाली अच्छी है। केरल में सड़कों का रखरखाव राष्ट्रीय राजमार्ग प्राधिकरण, पब्लिक वर्क्स डिपार्टमेंट, स्थानीय निकायों, सिंचाई विभाग, केरल राज्य विद्युत बोर्ड, वन विभाग, रेलवे इत्यादि का दायित्व है।

केरल में पब्लिक वर्क्स डिपार्टमेंट की राज्य सड़कों की कुल लंबाई 318116 कि.मी. तथा राष्ट्रीय राजमार्गों की कुल लंबाई 1542 कि.मी. है। राज्य सड़कों में 4341.65 कि.मी प्रमुख जिला सड़कें शामिल हैं। वर्ष के दौरान राज्य में मौजूदा सड़कों का सुधार, मरम्मत तथा रख-रखाव, विकास तथा उन्नयन जैसी प्रमुख गतिविधियां हुई।

बंदरगाह : केरल राज्य भारतीय प्रायद्वीप के दक्षिण-पश्चिम छोर पर है। इसकी तटीय लंबाई 585 कि.मी. है और इसकी औसत चौड़ाई लगभग 60 कि.मी. है। कोच्चि में इसका एक प्रमुख बंदरगाह है तथा 17 अन्य छोटे बंदरगाह हैं। केरल की भौगोलिक स्थिति अंतरराष्ट्रीय शिपिंग मार्ग से बेहद करीब है। यहां 17 छोटे बंदरगाह हैं, जिनमें से तीन को, उनमें उपलब्ध गोदी, पोतभार संचालन और भंडारण सुविधाओं के आधार पर मध्यवर्ती बंदरगाह माना जाता है। इन्होंने देश के उद्योग, व्यापार, वाणिज्य तथा कृषि विकास में पर्याप्त योगदान किया है।

रेलवे : रेलमार्ग निश्चित रूप से देश की औद्योगिक उन्नति का कारण हैं और यह आज भी देश का सबसे विशाल रोज़गार प्रदाता है। केरल में रेलमार्ग की कुल लंबाई 1257 कि.मी. है और यह 13 रेलमार्गों को कवर करता है। तिरुवंतपुरम, पालक्कड तथा मदुरै में मौजूद रेल मंडल संयुक्त रूप से रेल संचालन का कार्य-भार संभालते हैं।

हवाई परिवहन : केरल में तीन- तिरुवंतपुरम, कोच्चि तथा कोरिकोड हवाईअड्डे हैं, जो घरेलू तथा अंतरराष्ट्रीय, दोनों ही प्रकार की उड़ानों का संचालन करते हैं। तिरुवंतपुरम तथा कोझिकोड हवाईअड्डा कोच्चि इंटरनेशनल एयरपोर्ट लिमिटेड का है, जिसकी स्थापना केरल सरकार द्वारा सार्वजनिक तथा निजी क्षेत्र की भागीदारी (पीपीपी) से की गई है।

त्योहार

केरल में कई रंग-बिरंगे त्योहार मनाये जाते हैं। ओणम यहां का विशिष्ट त्योहार है, जो फसल कटाई के समय में आता है। अब यह खगोलीय नव वर्ष दिवस पर मनाया जाता है। नवरात्रि सरस्वती पूजा के रूप में मनाई जाती है। महाशिवरात्रि पेरियार नदी के तट पर एक शानदार उत्सव के रूप में मनाई जाती है, जिसकी तुलना कुंभ मेले से की जाती है। 41 दिन चलने वाला यह उत्सव, जोकि सबरीमाला स्वामी मंदिर में मकरविलाक्कु के साथ पड़ता है, देश-विदेश से लाखों लोगों को आकर्षित करता है। वल्लमकलि अथवा नौका दौड़ केरल की खासियत है। पुन्नयदा झील में आयोजित की जाने वाली नेहरू ट्राफी नौका रेस के अलावा, केरल के सभी नौका उत्सव धार्मिक होते हैं। त्रिशूर में हर वर्ष अप्रैल-मई में पूरम उत्सव मनाया जाता है, जिसमें सुसज्जित हाथियों का एक शानदार जुलूस निकलता है और अनूठी आतिशबाजी का प्रदर्शन किया जाता है। ईसाइयों के प्रमुख त्योहार क्रिसमस तथा ईस्टर हैं। पुम्बा रिवरबेड पर हर वर्ष होने वाला मॉरमॉन सम्मेलन एशिया में ईसाइयों की सबसे बड़ी गोष्ठी है। मुस्लिम मिलाद-ए-शरीफ, रमजान, ईद-उल-फितर तथा बकरीद मनाते हैं।

पर्यटन

केरल भारत के दक्षिण-पश्चिम छोर पर स्थित है। इसकी अनूठी भौगोलिक स्थिति ने इसे विश्व के सर्वाधिक पसंदीदा गंतव्यों में से एक बना दिया है। *गॉडस ओन कंट्री* कहे जाने वाले केरल को नेशनल ज्योग्राफिक ट्रैवलर द्वारा 50 ऐसे गंतव्यों में से एक के रूप में चुना है, जहां हर एक को जीवन में एक बार जाना ही चाहिये। इसे दुनिया में मौजूद 13 जन्नतों में से एक बताया गया है। इसके अनूठे ईको टूरिज्म प्रयास, संस्कृति तथा परंपराएं और इसकी विविध जनसांख्यिकी ने इसे विश्व के सर्वाधिक लोकप्रिय गंतव्यों में से एक बना दिया है। सौम्य जलवायु, शांत समुद्र तट, अप्रवाही जल (बैक वॉटर) का प्रशांत प्रसार, हरे-भरे पहाड़ी स्थल, तथा अनोखे वन्य जीव इस भूमि के प्रमुख आकर्षण हैं। केरल घूमने का एक अनूठा लाभ ये भी है, कि यहां अधिकांश पर्यटन स्थल एक-दूसरे से केवल दो-चार घंटे की दूरी पर ही हैं। केरल ने अपनी संस्कृति तथा धर्मनिरपेक्ष माहौल से दुनियाभर के लोगों को आकर्षित किया है। वेबसाइट : www.kerala.gov.in

सरकार

राज्यपाल	:	जस्टिस पी. सदासिवम	**मुख्य सचिव**	:	श्री एस.एम. विजयानंद
मुख्यमंत्री	:	श्री पिनाराई विजयन	**अधिकार क्षेत्र**	:	केरल और लक्षद्वीप

मध्य प्रदेश

क्षेत्रफल	:	3,08,252 वर्ग किलोमीटर	**जनसंख्या**	:	7.27 करोड़ (जनगणना 2011-अनंतिम)
राजधानी	:	भोपाल	**मुख्य भाषा**	:	हिंदी

इतिहास और भूगोल

क्षेत्रफल की दृष्टि से मध्य प्रदेश देश का दूसरा सबसे बड़ा राज्य है, जिसका क्षेत्रफल 3,08,000 वर्ग किलोमीटर है। भौगोलिक दृष्टि से यह देश में महत्वपूर्ण स्थान पर है। सम्राट अशोक ने सबसे पहले उज्जैन पर शासन किया। मध्य भारत का काफी बड़ा हिस्सा गुप्त साम्राज्य (300-500 ई.) का भाग था। ग्यारहवीं शताब्दी के प्रारंभ में मध्य भारत में मुसलमानों का आगमन हुआ। सबसे पहले महमूद गजनी

यहां आया और फिर मुहम्मद गौरी, जिसने वहां के कुछ भागों को अपनी दिल्ली की सल्तनत में मिला लिया। मध्य भारत मुगल साम्राज्य का भी हिस्सा रहा। मराठों का प्रभाव आरंभ होने से लेकर 1794 में माधोजी सिंधिया के देहांत तक मध्य भारत पर मराठों का बोलबाला रहा। परंतु उसके बाद छोटे-छोटे स्वतंत्र राज्य बनने लगे। ये छोटे राज्य ही आगे चलकर ब्रिटिश सत्ता के पैर जमने का कारण बने।

इंदौर की रानी अहिल्याबाई होल्कर, गोंड की महारानी कमलापति और रानी दुर्गावती आदि कुछ महान महिला शासकों ने अपने उत्कृष्ट शासन से अपनी अमिट छाप छोड़ी। मध्य प्रदेश नवंबर 1956 को अस्तित्व में आया। नये राज्य छत्तीसगढ़ की स्थापना के लिए इसे नवंबर 2000 को पुनर्गठित किया गया है। मध्य प्रदेश के उत्तर में अब उत्तर प्रदेश, पूर्व में छत्तीसगढ़, दक्षिण में महाराष्ट्र और पश्चिम में गुजरात तथा राजस्थान है।

अर्थव्यवस्था

मध्य प्रदेश ने आर्थिक विकास के क्षेत्र में एक के बाद एक सफलताएं हासिल की हैं और आज देश में इसकी सफलता अनेक अध्ययनों का विषय है। एक दशक के दौरान ही इसकी जीएसडीसी ₹ 1 लाख करोड़ से ₹ 5 लाख तक पहुंच चुकी है।

कृषि

देश में मध्य प्रदेश की कृषि विकास दर में पिछले चार वर्षों में औसतन 20 प्रतिशत की वृद्धि हुई है। फार्म सेक्टर में बेहतर प्रदर्शन के लिए राज्य सरकार के पिछले चार वर्षों से लगातार भारत सरकार का कृषि कर्मन सम्मान प्राप्त हुआ है। दालों, तिलहन, सोयाबीन, ग्राम, फलियां, लहसुन, अमरूद एवं औषधीय व सुगंधित जड़ी-बूटियों के उत्पादन में राज्य देश में अग्रणी है। यहां बागवानी को भी बड़े तौर पर प्रश्रय दिया जा रहा है। इसके लिए स्थान में तीन गुणा इजाफा कर उसे 5 से 15 लाख हेक्टेयर तक बढ़ा दिया गया है। आवश्यकतानुसार फलों और सब्जियों की पहचान कर ऐसे 600 स्थानों की पहचान की जा रही है। जहां बागवानी फसलों के लिए 50 हजार हेक्टेयर जमीन का इस्तेमाल किया जाएगा।

कृषि राज्य की अर्थव्यवस्था का आधार है, क्योंकि राज्य की 74.73 प्रतिशत आबादी ग्रामीण क्षेत्रों में रहती है और खेती पर निर्भर है। राज्य की करीब 49 प्रतिशत जमीन खेती योग्य है।

उद्योग और खनिज

मध्य प्रदेश ने इलेक्ट्रॉनिक्स, दूरसंचार, मोटरवाहनों, सूचना प्रौद्योगिकी आदि उच्च-तकनीकी उद्योगों के क्षेत्र में प्रवेश कर लिया है। दूरसंचार प्रणालियों के लिए यह राज्य ऑप्टिकल फाइबर का उत्पादन कर रहा है। इंदौर के पास पीठमपुर में बड़ी संख्या में मोटर-वाहन उद्योग स्थापित हुए हैं। राज्य में सार्वजनिक क्षेत्र के प्रमुख उद्योग हैं— भोपाल में भारत हेवी इलेक्ट्रिकल्स लि., होशंगाबाद में सिक्युरिटी पेपर मिल, देवास में नोट छापने का प्रेस, नेपानगर में अखबारी कागज की मिल और नीमच में अल्कालॉयड फैक्टरी, सागर जिले में बीना के निकट अगासोड में ओमन बीना रिफाइनरी।

पीठमपुर में जल्दी ही एक मालवाहक विमान परिसर स्थापित किया जा रहा है। केंद्र सरकार ने इंदौर में विशेष आर्थिक क्षेत्र स्थापित कर लिया है। समग्र आर्थिक विकास नीति लागू कर प्रत्यक्ष विदेशी निवेश को प्रोत्साहित किया जा रहा है।

राज्य ने निवेश को आकर्षित करने के लिए आकर्षक छूट देने के लिए औद्योगिक प्रोत्साहन नीति की घोषणा की है। भारत सरकार ने धार जिले के पीठमपुर में एक राष्ट्रीय ऑटोमोटिव परीक्षण, अनुसंधान तथा विकास परियोजना को मंजूरी दे दी है। खनिज उत्पादन के क्षेत्र में राज्य का विशिष्ट स्थान है। राज्य में 21 तरह के खनिज निकाले जाते हैं। यह राज्य चंदेरी और माहेश्वर के पारंपरिक हस्तशिल्प और हथकरघे से बने कपड़ों के लिए प्रसिद्ध है।

सिंचाई

सिंचाई हेतु क्षेत्र को प्राथमिकता देते हुए दस वर्षों में 7.5 लाख हेक्टयर से बढ़ाकर 40 लाख हेक्टेयर कर दिया गया है। नर्मदा–क्षिप्रा लिंक प्रोजेक्ट भी सफलतापूर्वक पूरा किया जा चुका है। पिछले पांच वर्षों के दौरान तीन बड़ी, पांच मझोली और 700 लघु सिंचाई परियोजनाओं को पूरा किया गया जिसके बाद नहर सिंचाई क्षमता में 2.5 गुना इजाफा हुआ है।

बिजली

मध्य प्रदेश में बिजली उत्पादन क्षेत्र में असाधारण सफलता मिली है। बारह वर्ष पहले राज्य में बिजली की कमी होती थी, परंतु आज यहां बिजली की बहुतायत है। पिछले बारह वर्षों में विद्युत उत्पादन 4,500 मेगावाट से बढ़कर 17,169 मेगावाट हो चुका है। पिछले 5 वर्षों में बिजली उत्पादन 64 प्रतिशत बढ़ा है। देश का सबसे बड़ा 130 मेगावाट का सौर ऊर्जा संयंत्र नीमच में स्थापित हो चुका है और दुनिया का सबसे बड़ा 750 मेगावाट क्षमता वाला बिजली संयंत्र रीवा जिले में स्थापित किया जा रहा है।

उद्योग

लघु , छोटे और मझोले उद्योगों को बढ़ावा देने के लिए एमएसएमई विभाग की स्थापना की गई है। राज्य सरकार की एमएसएमई नीति के अमलीकरण के लिए उद्योग आधारित ज्ञापन के अंतर्गत 50,000 इकाइयों का पंजीकरण किया गया है। ₹ 5 हजार करोड़ के निवेश से स्थापित उन इकाइयों में 2 लाख से अधिक लोगों को रोजगार मिला है। निकट भविष्य में 1 लाख अन्य एमएसएमई को पंजीकृत करने का लक्ष्य है।

परिवहन

सड़कें : मध्य प्रदेश में सड़कों की कुल लंबाई 58,423 किलोमीटर है। राष्ट्रीय राजमार्गों की लंबाई 4,709 कि.मी. और प्रांतीय राजमार्गों की लंबाई 10,501 कि.मी. है। राज्य में सड़कों के निर्माण तथा सुधार का कार्य बड़े पैमाने पर किया जा रहा है तथा लगभग 70 हजार कि.मी. सड़कों का निर्माण तथा सुधार किया जाएगा।

रेलवे : उत्तर भारत को दक्षिण भारत से जोड़ने वाला प्रमुख रेलमार्ग मध्य प्रदेश से होकर गुजरता है। राज्य में भोपाल, बीना, ग्वालियर, इंदौर, इटारसी, जबलपुर, कटनी, रतलाम और उज्जैन मुख्य जंक्शन हैं। रेलवे के क्षेत्रीय मंडल मुख्यालय भोपाल, रतलाम और जबलपुर में हैं।

त्योहार

राज्य में कई त्योहार और उत्सव मनाए जाते हैं। आदिवासियों का एक महत्वपूर्ण त्योहार भगोरिया है, जो परंपरागत हर्षोल्लास से मनाया जाता है। खजुराहो, भोजपुर, पचमढ़ी और उज्जैन में शिवरात्रि पर्व के दौरान स्थानीय परंपराओं का रंग दिखाई देता है। चित्रकूट और ओरछा में रामनवमी पर्व के आयोजन की

अनोखी परंपरा है। ओरछा, मालवा और पचमढ़ी के उत्सवों में कला और संस्कृति का बड़ा सुंदर मेल दिखाई देता है। ग्वालियर के तानसेन संगीत समारोह, मैहर के उस्ताद अलाउद्दीन खां संगीत समारोह, उज्जैन के कालिदास समारोह और खजुराहो के नृत्य समारोह मध्य प्रदेश के कुछ प्रसिद्ध कला उत्सव हैं।

पर्यटन स्थल

अपनी मध्यकालीन विशेषताओं को सहेजकर रखे हुए मध्य प्रदेश के शहर, स्फूर्ति भर देने वाले वन्य जीव अभयारण्य, अतुलनीय प्राकृतिक सौंदर्य वाले स्थान और देश के पवित्रतम तथा महत्वपूर्ण तीर्थ इस राज्य में पर्यटकों के आकर्षण के केंद्र हैं। पचमढ़ी का अद्‌भुत सौंदर्य, भेड़ाघाट की चमचमाती संगमरमरी चट्टानें और जलप्रपातों का शोर, कान्हा राष्ट्रीय उद्यान, जहां अनूठे बारहसिंगे रहते हैं, बांधवगढ़ राष्ट्रीय उद्यान जहां प्रागैतिहासिक गुफाएं और वन्य जीव हैं—ये सब राज्य के प्रमुख आकर्षण हैं। ग्वालियर, मांडू, दतिया, चंदेरी, जबलपुर, ओरछा, रायसेन, सांची, विदिशा, उदयगिरि, भीमबेटका, इंदौर और भोपाल ऐतिहासिक महत्व के स्थल हैं। माहेश्वर, ओंकारेश्वर, उज्जैन, चित्रकूट और अमरकंटक ऐसे स्थान हैं जहां आकर तीर्थयात्रियों के मन को शांति मिलती है। खजुराहो के मंदिर विश्व में अनूठे हैं। इसके अलावा, ओरछा, भोजपुर और उदयपुर के मंदिर इतिहास में रुचि रखने वाले लोगों और श्रद्धालुओं को आकर्षित करते हैं। सतना, सांची, विदिशा, ग्वालियर, इंदौर, मंदसौर, उज्जैन, राजगढ़, भोपाल, जबलपुर, रीवां और अन्य अनेक स्थानों के संग्रहालयों में पुरातत्वीय महत्व के भंडारों को संरक्षित रखा गया है। माहेश्वर, ओंकारेश्वर तथा अमरकंटक को उनके धार्मिक महत्व के अनुसार समग्र विकास के लिए पवित्र शहर घोषित किया गया है। बुरहानपुर को नए पर्यटन केंद्र के रूप में विकसित किया जा रहा है।

वेबसाइट : www.mp.gov.in

सरकार

राज्यपाल :	श्री ओम प्रकाश कोहली (अतिरिक्त प्रभार)	**मुख्य सचिव**	: श्री एंथनी जे. सी. देसा
मुख्यमंत्री :	श्री शिवराज सिंह चौहान	**उच्च न्यायालय का अधिकार क्षेत्र**	: मध्य प्रदेश

महाराष्ट्र

क्षेत्रफल :	3,07,713 वर्ग किलोमीटर	**जनसंख्या** :	11.24 करोड़ (जनगणना 2011)
राजधानी :	मुंबई	**मुख्य भाषा** :	मराठी

इतिहास और भूगोल

महाराष्ट्र के प्रथम प्रसिद्ध शासक सातवाहन (ई.पू. 230 से 225 ई.) थे जोकि महाराष्ट्र के संस्थापक थे। उन्होंने अपने पीछे बहुत से साहित्यिक, कलात्मक तथा पुरातात्विक प्रमाण छोड़े हैं। इसके बाद वाकाटक आए, जिन्होंने सर्व-भारतीय साम्राज्य की स्थापना की। उनके शासनकाल में महाराष्ट्र में शिक्षा, कला तथा धर्म सभी दिशाओं में विकास हुआ। उनके शासन के दौरान ही अजंता की गुफाओं में उच्च कोटि के भित्तिचित्र बनाए गए। वाकाटकों के बाद कुछ समय के लिए कलचुरी वंश ने शासन किया और फिर चालुक्य सत्ता में आए। इसके बाद तटवर्ती इलाकों में शिलाहारों के अलावा महाराष्ट्र पर राष्ट्रकूट तथा

यादव शासकों का नियंत्रण रहा। यादवों ने मराठी को शासन की भाषा बनाया और दक्षिण के एक बड़े भाग पर अपना आधिपत्य कायम किया।

हालांकि बहमनी शासकों ने महाराष्ट्र तथा इसकी संस्कृति को कुछ हद तक समन्वित किया, पर शिवाजी के कुशल नेतृत्व में महाराष्ट्र का सर्वांगीण विकास हुआ और यह एक अलग पहचान के साथ उभरकर सामने आया। शिवाजी ने स्वराज तथा राष्ट्रीयता की एक नई भावना पैदा की। उनकी प्रचंड शक्ति ने मुगलों को भारत के इस भाग में आगे नहीं बढ़ने दिया। पेशवाओं ने दक्षिण के पठार से लेकर पंजाब पर हमला बोलकर मराठाओं का आधिपत्य स्थापित किया।

स्वतंत्रता संग्राम में महाराष्ट्र सबसे आगे था। भारतीय राष्ट्रीय कांग्रेस का जन्म भी यहीं हुआ। मुंबई तथा महाराष्ट्र के अन्य शहरों के अनगिनत नेताओं ने पहले तिलक और बाद में महात्मा गांधी के मार्गदर्शन में कांग्रेस के आंदोलन को आगे बढ़ाया। गांधीजी ने भी अपने आंदोलन का केंद्र महाराष्ट्र को बनाया था और गांधी युग में राष्ट्रवादी देश की राजधानी सेवाग्राम थी।

देश के राज्यों के भाषायी पुनर्गठन के फलस्वरूप मई 1960 को महाराष्ट्र राज्य का प्रशासनिक प्रादुर्भाव हुआ। यह राज्य आसपास के मराठी भाषी क्षेत्रों को मिलाकर बनाया गया, जोकि पहले चार अलग-अलग प्रशासनों के नियंत्रण में थे। इनमें मूल ब्रिटिश मुंबई प्रांत में शामिल दमन तथा गोवा के बीच का जिला, हैदराबाद के निज़ाम की रियासत के पांच जिले, मध्य प्रांत (मध्य प्रदेश) के दक्षिण के आठ जिले तथा आसपास की ऐसी अनेक छोटी-छोटी रियासतें शामिल थीं, जो समीपवर्ती जिलों में मिल गई थीं। महाराष्ट्र प्रायद्वीपीय भारत के उत्तर में बसा हुआ है और भौगोलिक दृष्टि से एक समान है। यहां का मुंबई बंदरगाह अरब सागर का महत्वपूर्ण बंदरगाह है। भौतिक दृष्टि से यह राज्य मुख्यतः पठारी है। महाराष्ट्र पठारों का पठार है। इसके उठे हुए पश्चिमी किनारे सह्याद्रि पहाड़ियों का निर्माण करते हैं और समुद्र तट के समानांतर हैं तथा इसकी ढलान पूर्व तथा दक्षिण-पूर्व की ओर धीरे-धीरे बढ़ती है। उत्तरी भाग में सतपुड़ा की पहाड़ियां हैं, जबकि अजंता तथा सतमाला पहाड़ियां राज्य के मध्य भाग से होकर जाती हैं। अरब सागर राज्य की पश्चिमी सीमा का प्रहरी है, जबकि गुजरात और मध्य प्रदेश इसके उत्तर में हैं। राज्य की पूर्वी सीमा पर छत्तीसगढ़ और तेलंगाना और कर्नाटक तथा आंध्र प्रदेश इसके दक्षिण में हैं।

कृषि

महाराष्ट्र के लगभग 65 प्रतिशत श्रमिक कृषि तथा संबंधित गतिविधियों पर निर्भर हैं। यहां की प्रमुख फसलें हैं— धान, ज्वार, बाजरा, गेहूं, तूर, मूंग, उड़द, चना और अन्य दलहन। यह राज्य तिलहनों का प्रमुख उत्पादक है और मूंगफली, सूरजमुखी, सोयाबीन प्रमुख तिलहनी फसलें हैं। महत्वपूर्ण नकदी फसलें हैं— कपास, गन्ना, हल्दी और सब्जियां।

उद्योग

महाराष्ट्र को देश का पावर हाउस माना जाता है और राज्य की राजधानी मुंबई देश की वित्तीय तथा वाणिज्यिक गतिविधियों का केंद्र है। राज्य की अर्थव्यवस्था में औद्योगिक क्षेत्र का महत्वपूर्ण स्थान है। खाद्य उत्पाद, ब्रेवरीज, तंबाकू और इससे बनी चीजें, सूती कपड़ा, कपड़े से बना सामान, कागज और इससे बनी चीजें, मुद्रण और प्रकाशन, रबड़, प्लास्टिक, रसायन व रासायनिक उत्पाद, मशीनें, बिजली की मशीनें, यंत्र व उपकरण तथा परिवहन उपकरण और उनके कलपुर्जे आदि का राज्य के औद्योगिक उत्पादन में महत्वपूर्ण योगदान है।

परिवहन

सड़कें : सड़कों की कुल लंबाई 2.43 लाख कि.मी. है, जिसमें राष्ट्रीय राजमार्गों की लंबाई 4,376 कि.मी., प्रांतीय राजमार्गों की 34,157 कि.मी., प्रमुख जिला सड़कों की 50,256 कि.मी., अन्य जिला सड़कों की लंबाई 46,817 कि.मी. और ग्रामीण सड़कों की कुल लंबाई 1,06,601 कि.मी. है।

रेलवे : महाराष्ट्र में 5,983 कि.मी. रेल मार्ग है जोकि देश में कुल रेल मार्ग का 9.2 प्रतिशत है।

उड्डयन : राज्य में 3 अंतरराष्ट्रीय तथा 5 घरेलू हवाईअड्डे हैं। मुंबई अंतरराष्ट्रीय हवाईअड्डे पर भीड़ कम करने के लिए नवी मुंबई में एक और हवाईअड्डे के निर्माण का प्रस्ताव है।

बंदरगाह : मुंबई प्रमुख बंदरगाह है। राज्य में दो बड़े और 48 छोटे अधिसूचित बंदरगाह हैं।

पर्यटन स्थल

यहां के महत्वपूर्ण पर्यटन केंद्र हैं: अजंता, एलोरा, औरंगाबाद, एलिफेंटा, कन्हेरी और कारला गुफाएं, महाबलेश्वर, माथेरन और पंचगनी, जवाहर, मालशेजघाट, अंबोली, चिकलधारा और पन्हाला पर्वतीय स्थल। पंढरपुर, नासिक, शिरडी, नांदेड़, औंधा नागनाथ, त्रयंबकेश्वर, तुलजापुर, गणपतिपुले, भीमशंकर, हरिहरेश्वर, शेगांव, कोल्हापुर, जेजुरी तथा अंबजोगई प्रसिद्ध धार्मिक स्थल हैं।

वेबसाइट : www.maharashtra.gov.in

सरकार

राज्यपाल :	श्री चिन्नामनी विद्यासागर राव	**मुख्य सचिव** :	श्री स्वाधीन क्षत्रिय
मुख्यमंत्री :	श्री देवेन्द्र फडणवीस	**उच्च न्यायालय का अधिकार क्षेत्र** :	महाराष्ट्र और गोवा, दीव और दमन, दादरा और नगर हवेली

मणिपुर

क्षेत्रफल	: 22,327 वर्ग किलोमीटर	**जनसंख्या**	: 28.56 लाख (जनगणना 2011)
राजधानी	: इंफाल	**मुख्य भाषा**	: मणिपुरी

इतिहास और भूगोल

ईसा युग के प्रारंभ होने से पहले से ही मणिपुर का लंबा और शानदार इतिहास है। यहां के राजवंशों का लिखित इतिहास सन् 33 में नोगंडा लैरेन पखंगबा के राज्याभिषेक के साथ शुरू होता है। उसके बाद अनेक राजाओं ने मणिपुर पर शासन किया। मणिपुर की स्वतंत्रता और संप्रभुता 19वीं सदी के आरंभ तक बनी रही। उसके बाद सात वर्ष (1819 से 1826 तक) बर्मी लोगों ने यहां पर कब्जा करके शासन किया। 1891 में मणिपुर ब्रिटिश शासन के अधीन आ गया। 1947 में इसे पुन: आज़ादी मिली और 1950 को यह एक मुख्य आयुक्त के अधीन भारतीय संघ में भाग 'सी' के राज्य के रूप में मिला दिया गया। 1950-51 के दौरान एक सलाहकार के रूप में सरकार बनी। बाद में 1957 में इसके स्थान पर एक प्रादेशिक परिषद गठित की गई जिसमें 30 चयनित तथा 2 मनोनीत सदस्य थे। इसके बाद 1963 में केंद्रशासित प्रदेश अधिनियम के अंतर्गत 30 चयनित तथा 3 मनोनीत सदस्यों की एक विधानसभा स्थापित की गई। दिसंबर 1969 से प्रशासक का दर्जा मुख्य आयुक्त से बढ़ाकर उपराज्यपाल कर दिया

गया। 1972 को मणिपुर को पूर्ण राज्य का दर्जा मिला और 60 निर्वाचित सदस्यों वाली विधानसभा गठित की गई। इसमें से 19 अनुसूचित जनजाति और 1 अनुसूचित जाति के लिए आरक्षित है। राज्य से लोकसभा में दो और राज्यसभा में एक प्रतिनिधि है।

मणिपुर भारत की पूर्वोत्तर सीमा पर स्थित है। मणिपुर के पूर्व में उपरी म्यामां, उत्तर में नगालैंड, पश्चिम में असम का काचार जिला और दक्षिण में म्यामां की चिन पहाड़ियां और मिज़ोरम से घिरा हुआ है। मणिपुर की सीमा रेखा कुल 854 कि.मी. है जिसमें 352 कि.मी. पूर्व तथा दक्षिण पूर्व में म्यामां की अंतरराष्ट्रीय सीमा रेखा है। भौगोलिक दृष्टि से यह अनोखी स्थिति है, क्योंकि यह भारत को दक्षिण पूर्व एशिया से मिलाता है। यह 23.80^0 से 25.68^0 उत्तरी अक्षांश और 93.03^0 से 94.78^0 पूर्वी देशांतर के बीच स्थित है।

राज्य का कुल क्षेत्र 22,327 वर्ग कि.मी. है। मध्य भाग में एक छोटा अंडाकार मैदान है। इंफाल घाटी के नाम से जाना जाने वाला यह मध्य भाग समुद्र तल से लगभग 790 मीटर ऊपर है। यह घाटी चारों ओर से पहाड़ियों से घिरी हुई हैं। पहाड़ियां राज्य के 9/10 हिस्से को घेरे हुए हैं। पहाड़ियां उत्तर में ऊंची है और दक्षिण में कम होते होते समाप्त हो जाती हैं। घाटी भी दक्षिण की ओर ढल जाती है।

कृषि

कृषि और संबद्ध गतिविधियां राज्य की अर्थव्यवस्था का मुख्य आधार हैं। 70 प्रतिशत आबादी इस पर निर्भर करती है। घाटी तथा पर्वत राज्य के दो प्रमुख भौगोलिक क्षेत्र हैं। घाटी को *चावल का कटोरा* कहा जाता है। घाटी में उष्णकटिबंधीय से उष्ण-समशीतोष्ण जलवायु है। पहाड़ियों पर उष्ण-समशीतोष्ण से समशीतोष्ण जलवायु है, जहां पर्वतों की औसत ऊंचाई समुद्र तल से 3,000 मीटर ऊपर की है। राज्य में विशिष्ट तरह का शीतकाल और गर्म, आर्द्र तथा बरसाती ग्रीष्मकाल होता है। पिछले 10 वर्षों में राज्य में औसतन 1482.20 मि.मी. वर्षा हुई। जून, जुलाई तथा अगस्त में सर्वाधिक वर्षा होती है। राज्य में कृषि का विकास भी असमान है क्योंकि यह बरसात पर निर्भर करती है।

12वीं पंचवर्षीय योजना के दौरान अनाज, तेल, गन्ना और आलू में स्व-सुरक्षा हासिल करने पर जोर है।

वन

राज्य में 701 वर्ग कि.मी. अत्यधिक घना, 5474 वर्ग कि.मी. कम घना तथा 11,105 वर्ग किमी खुला वन क्षेत्र है। साल 2005 से 2007 तक भारतीय वन सर्वेक्षण के अनुसार वन क्षेत्र में 328 वर्ग कि.मी. की बढ़त हुई है। वन क्षेत्र में यह वृद्धि मुख्यतः बंजर झूम क्षेत्रों में पुनर्उत्पत्ति हो जाने की वजह से हुई है।

सिंचाई

वर्ष 1980 से राज्य में मझोली और बड़ी सिंचाई परियोजनाएं शुरू की जा चुकी हैं। अभी तक 8 बड़ी और मध्यम सिंचाई एवं बहुउद्देशीय परियोजनाएं शुरू की जा चुकी है जिनमें से 5 परियोजनाएं-लोकतक लिफ्ट सिंचाई परियोजना, खोपम बांध परियोजना, इंफाल बैराज परियोजना, सेकमी बैराज परियोजना और सिंगडा बहुउद्देशीय परियोजना पूरी कर ली गई है।

वाणिज्य तथा उद्योग

हथकरघा उद्योग बड़ा और महत्वपूर्ण कुटीर उद्योग है। इससे बुनकरों की सामाजिक-आर्थिक दशा सुधरती है, आधुनिक मशीनी युग में भी इसकी उत्कृष्टता बरकरार है। नेशनल कांउसिल ऑफ अप्लाइड इकनॉमिक रिसर्च (एनसीएईआर) द्वारा कराई गई तीसरी बुनकरों और सहयोगी कामगारों की राष्ट्रीय हथकरघा जनगणना 2010 के मुताबिक, मणिपुर बुनकर परिवार हिस्सेदारी में सबसे ऊपर है। राज्य में कुल 218.753 हथकरघा कारीगर हैं (जिसमें 2,00,607 बुनकर और 18,146 श्रमिक) जोकि देश में चौथे स्थान पर है। राज्य में 1,90,634 हथकरघा हैं जिसका देश में तीसरा स्थान है और जिसमें वर्ष 2009-10 में सूत की खपत 1,86,703 किलोग्राम रही जोकि देश में तीसरे स्थान पर है। कुल हथकरघा श्रमिकों में से लगभग 91 प्रतिशत को-ऑपरेटिव/मास्टर वीर्वस कॉर्पोरेशन/केवीआईसी/निजी क्षेत्र के मालिकों से अलग, स्वतंत्र रूप से काम कर रहे हैं। इसलिए मणिपुर देश के सर्वश्रेष्ठ चार ऐसे राज्यों में से एक है, जो हथकरघा उद्योग को संवर्द्धित तथा पोषित कर राज्य की जनसंख्या के एक बड़े हिस्से के लिए रोज़गार पैदा कर रहा है।

बिजली

मणिपुर राज्य की विद्युत आपूर्ति पूरी तरह पूर्वोत्तर क्षेत्र (एनईआर) में स्थित केंद्रीय क्षेत्र के विद्युत उत्पादन स्टेशन पर निर्भर है। चूंकि राज्य में उत्पादन स्टेशन जल आधारित हैं इसलिए कम पानी की स्थिति में उत्पादन घट जाता है और परिणामस्वरूप मणिपुर के हिस्से में भारी कमी आ जाती है।

परिवहन

सड़कें : चूंकि राज्य में कोई अंतर्देशीय जलमार्ग, रेलवे या रोपवे नहीं हैं अतः सड़क परिवहन ही विकास के लिए एकमात्र संचार साधन है। सारी विकास गतिविधियां सड़क परिवहन सुविधाओं पर निर्भर हैं।

सड़कों की कुल लंबाई 12,618 कि.मी. है, जिसमें राष्ट्रीय राजमार्ग, एनईसी, बीआरटीएफ़ तथा ग्रामीण विकास के तहत सड़कें शामिल हैं।

तीन राष्ट्रीय राजमार्ग संख्या 39, 53 तथा 150 राज्य के सभी जिलों को जोड़ते हैं। राजधानी इंफाल राष्ट्रीय राजमार्ग 39 द्वारा उत्तर में नगालैंड तथा पूर्व म्यामां से तथा एनएच 53 पश्चिम में असम से तथा एनएच 150 दक्षिण में मिज़ोरम से जोड़ता है।

उड्डयन : इंफाल पूर्वोत्तर का दूसरा सबसे बड़ा हवाईअड्डा है। यह आईजॉल, गुवाहाटी, अगरतला और दीमापुर, कोलकाता, पुणे, सिलचर, बंगलुरु तथा नई दिल्ली से वायु सेवा द्वारा जुड़ा है।

इंफाल हवाईअड्डे को अंतरराष्ट्रीय स्तर का बनाया जा रहा है। रात्रि में विमान उतारने हेतु ढांचागत सुविधाएं मुहैया करवा दी गई हैं और यहां से रात्रि उड़ानें शुरू कर दी गई हैं।

रेलवे : मई 1990 में जिरीबम में रेल का अंतिम स्टेशन हेड खोले जाने के साथ ही राज्य देश के रेल मानचित्र पर अंकित हो गया। यह इंफाल से 225 कि.मी. है। इंफाल का निकटवर्ती रेल का अंतिम स्टेशन दिमापुर (नगालैंड) 215 कि.मी. है।

जिरीबम-तुपुल इंफाल रेलवे लाइन को राष्ट्रीय परियोजना घोषित किया गया है। लाइन का निर्माण 2014 तक (तुपुल तक) पूरा होने का लक्ष्य रखा गया है और इसे इंफाल तक 2016 में बढ़ाया जाएगा।

त्योहार

मणिपुर में वर्षभर त्योहार मनाए जाते हैं। शायद ही कोई महीना हो जब कोई त्योहार न मनाया जाता हो। त्योहार मणिपुर निवासियों की सामाजिक, सांस्कृतिक तथा धार्मिक आकांक्षाओं के प्रतीक हैं। राज्य के प्रमुख त्योहार हैं— लाई हारोबा, रास लीला, चिराओबा, निंगोल चाक-कुबा, रथ यात्रा, ईद-उल-फितर, इमोइनुइराटपा, गान-नागाई, लुई-नगाई-नी, ईद-उल-जुहा, योशांग (होली), दुर्गा पूजा, मेरा होचोंगबा, दिवाली, कुट तथा क्रिसमस आदि।

पर्यटन केंद्र

मणिपुर न केवल उत्तर पूर्वी क्षेत्र का प्रवेश द्वार है बल्कि शौकीन पर्यटकों के लिए एक रोमांचक गंतव्य भी है। स्वास्थ्यप्रद जलवायु तथा मनमोहक प्राकृतिक भू-दृश्यों से मणिपुर पर्यटकों को बार-बार आने के लिए लुभाता है। मुख्य पर्यटन केंद्र— कांगला, श्रीश्री गोविंदाजी मंदिर, ख्वाराम्बंद बाजार (इमा किथेल), युद्ध स्मारक, शहीद मीनार, नूपी लेन (स्त्रियों का युद्ध) स्मारक परिसर, खोगंमपट्ट उद्यान, आजाद हिंद सेना (मोइरंग) स्मारक, लोकतक झील, केइबुल लामजो राष्ट्रीय उद्यान, सेंदरा, मोरह, सिरोय पहाड़ियां, ड्यूको घाटी, राज्य संग्रहालय, कैना पर्यटक आवास, खोंग्जोम युद्ध स्मारक परिसर तथा भारत शांति स्मारक (रेड हिल), इत्यादि।

वेबसाइट : www.manipur.gov.in

सरकार

राज्यपाल :	डॉ. नजमा हेपतुल्ला	**मुख्य सचिव**	:	श्री ओ. नाबाकिशोर सिंह
मुख्यमंत्री :	श्री ओ. इबोबी सिंह	**उच्च न्यायालय का अधिकार क्षेत्र**	:	गुवाहाटी उच्च न्यायालय की स्थायी पीठ, इंफाल पीठ ने 14 मार्च, 1992 से कार्य करना आरंभ किया।

मेघालय

क्षेत्रफल	: 22,429 वर्ग किलोमीटर	**जनसंख्या**	: 29.67 लाख (जनगणना 2011)
राजधानी	: शिलांग	**मुख्य भाषा**	: खासी, पनर, गारो तथा अंग्रेजी

इतिहास और भूगोल

मेघालय का गठन असम के अंतर्गत 2 अप्रैल, 1970 को एक स्वायत्तशासी राज्य के रूप में किया गया। एक पूर्ण राज्य के रूप में मेघालय 21 जनवरी, 1972 को अस्तित्व में आया। इसकी उत्तरी और पूर्वी सीमाएं असम से और दक्षिणी तथा पश्चिमी सीमाएं बांग्लादेश से मिलती हैं। मेघालय, जिसका शाब्दिक अर्थ है- 'मेघों का आलय' यानी बादलों का घर, मूलतः एक पहाड़ी राज्य है। यहां मुख्यतः खासी, जयंतिया और गारो आदिवासी समुदाय के लोग रहते हैं। मेघालय के मध्य और पूर्वी भाग, जिसमें खासी और जयंतिया पहाड़ियां हैं, विशाल पठारी क्षेत्र हैं। इस इलाके में विस्तृत मैदान, पहाड़ियां और नदी-घाटियां हैं। इस पठार के दक्षिणी इलाके में गहरे खड्ड तथा खड़ी ढलानें हैं और पहाड़ की तलहटी पर समतल भूमि की संकरी पट्टी बांग्लादेश की अंतरराष्ट्रीय सीमा के साथ लगी है।

कृषि

मेघालय बुनियादी तौर पर कृषि प्रधान राज्य है। यहां की लगभग 81 प्रतिशत जनसंख्या आजीविका के लिए मुख्य रूप से खेती-बाड़ी पर निर्भर है। यहां की मिट्टी और जलवायु बागवानी के अनुकूल होने के कारण बागवानी के विकास की यहां काफी क्षमता है। शीतोष्ण, उपोष्ण और उष्ण कटिबंधीय फलों और सब्जियों के उत्पादन की भी यहां अच्छी संभावनाएं हैं।

चावल और मक्का यहां की मुख्य फसलें हैं। इनके अतिरिक्त मेघालय अपने संतरे (खासी मेंडेरियन), अनानास, केला, कटहल और आलूबुखारा, नाशपाती तथा आड़ू जैसे शीतोष्ण फलों के लिए प्रसिद्ध है। नकदी फसलों तथा प्रचलित व परंपरागत ढंग से उगाई जाने वाली फसलों में आलू, हल्दी, अदरक, काली मिर्च, सुपारी, पान, टैपियोका, छोटे रेशे वाली कपास, पटसन और मेस्टा, सरसों और तोरिया शामिल हैं। इस समय गैर-परंपरागत फसलों जैसे तिलहनों (मूंगफली, सोयाबीन और सूरजमुखी), काजू, स्ट्रॉबेरी, चाय और कॉफी, मशरूम, जड़ी-बूटियों, आर्किड और व्यावसायिक दृष्टि से उगाई जाने वाले फूलों की खेती पर विशेष ध्यान दिया जा रहा है।

वन

राज्य में कुल 9,49,56,000 हेक्टेयर वन क्षेत्र है जिसमें आरक्षित, सुरक्षित, राष्ट्रीय उद्यान और श्रेणीहीन उद्यान आते हैं।

मुख्य वन्य उत्पादन हैं- लकड़ी, बांस, ईख, झाड़ू की डंडी, बेंत, औषधीय जड़ी-बूटियां और पौधे, इलायची और छप्पर घास। अजालीस तथा बुरुंश से खासी तथा जयंतियां पहाड़ियां भरे हुए होते हैं। इन जंगलों में कई खूबसूरत ऑर्किड भी पाए जाते हैं। जयंतियां पहाड़ियों में कीट-पतंगों को खाने वाले अनोखे पिचर पौधे भी मिलते हैं। यह बोटेनिकल अजूबे हैं। ऐसा कहा जाता है कि पौधे दुनिया में और कहीं वहीं मिलते। जंगली साइटरस और बौना लिली जैसे दुर्लभ और रोचक पौधे भी यहां मिलते हैं।

वन्य जीव

मेघालय का वन्य जीवन बहुत ही समृद्ध है। यहां पर हाथी, भालू, बाघ, जंगली सुअर, तेंदुए, गोल्डन बिल्लियां, तेंदुआ, बिल्लियां, जंगली बिल्लियां, विभिन्न प्रकार के हिरण, बिन्टुरान्गस, स्लोलोरिस, विभिन्न प्रकार के बंदर, सुनहरी लंगूर और हूलाक, उड़ने वाली गिलहरी तथा विशालकाय गिलहरियां पाई जाती हैं। यहां पर बहुत ही दिलचस्प और दुर्लभ जाति के पक्षी भी पाए जाते हैं, जैसे- हॉर्नबिल, तीतर, टील, स्नाइप, हंस, बतख और कोयल। इन सब की रक्षा के लिए कानून बनाए गए हैं। राज्य में दो राष्ट्रीय उद्यान हैं: नोकरेक और बालपकरम, और दो वन्य जीवन अभयारण्य हैं- नोंगखाइलम और सीजू।

उद्योग

राज्य में सबसे महत्वपूर्ण कृषि रहित उद्योग सीमेंट है। चूना पत्थर की बहुतापत के कारण यहां अनेक सीमेंट प्लांट सक्रिय हैं। इसके अलावा, सेवा उद्योग, बेकरी, फर्नीचर निर्माण, लौह एवं इस्पात निर्माण, टायर पुनर्निर्माण आदि लघु उद्योग भी लगातार बढ़ रहे हैं। मेघालय उद्योग विकास संगठन छोटे उद्यमियों से पंजीकरण करने हेतु प्रोत्साहित करता है ताकि वह वित्तीय एवं लाभांश सहभागिता के आधार पर छोटे एवं लघु क्षेत्रों में उद्योग को मिलने वाले सहयोग और प्रशिक्षण का लाभ उठा सकें।

रोचक स्थल

मेघालय में अनेक रमणीक पर्यटन स्थल हैं। राजधानी शिलांग में अनेक खूबसूरत स्थल हैं। वार्ड झील, फान नोंगलेत पार्क, उच्चस्तरीय पोलो मैदान, एलिफेंट फाल्स और शहर की ओर देखती शिलांग पहाड़ियां प्रमुख हैं। उमियम शिलांग से 17 किमी की दूरी पर स्थित है और राज्य में प्रमुख पर्यटन स्थल के तौर पर पहचान बना रहा है। इसी तरह शिलांग चोटी शहर से 10 किमी की दूरी पर स्थित है और समुद्र तट से यह 1960 मीटर की ऊंचाई पर स्थित है।

शिलांग चोटी समुद्र तट से 1960 मीटर की ऊंचाई पर स्थित आदर्श पिकनिक स्थल है और यह शहर से 10 किमी की दूरी पर स्थित है। भारी वर्षापात के लिए प्रसिद्ध सोहरा शिलांग से 56 किमी पर स्थित है। इसी तरह शिलांग के दक्षिण-पश्चिम में स्थित मॉसिन्रम शिलांग-माफलांग मार्ग के एक ओर स्थित है। यहां सोहरा जितनी ही वर्षा होती है।

जक्रेम जाना-माना हेल्थ रिजॉर्ट है जहां सल्फर जल के स्रोत हैं। माना जाता है कि यहां से निकलने वाले जल में औषधीय तत्व होते हैं। यह शिलांग से 64 किमी दूर है। रानीकोर शिलांग से 140 किमी दूर है। यह स्थान रमणीक सौंदर्य से आच्छादित है। दावकी की दूरी शिलांग से 96 किमी है। यह बेहद सुंदर पिकनिक स्पॉट है जहां स्वच्छ जल धाराएं और गहरे पानी के स्रोत हैं। इसके एक ओर खासी की पहाड़ियां हैं और दूसरी ओर बांग्लादेश पड़ता है।

परिवहन

सड़कें : मेघालय से छह राष्ट्रीय राजमार्ग (कुल 606 किलोमीटर) गुजरते हैं। राज्य में 9,350 कि.मी. लंबे मार्ग हैं। प्रत्येक 100 वर्ग कि.मी. मार्ग घनत्व 41.69 किमी है।

उड्डयन : राज्य में एकमात्र हवाईअड्डा उमरोई में है, जो शिलांग से 35 किलोमीटर दूर है।

वेबसाइट : www.meghalaya.gov.in

सरकार

राज्यपाल	: श्री वी. शणमुगंनाथन	**मुख्य सचिव**	: श्री पी. बी. ओ. वरजरी
मुख्यमंत्री	: डॉ. मुकुल संगमा	**उच्च न्यायालय का अधिकार क्षेत्र**	: गुवाहाटी उच्च न्यायालय/शिलांग में उच्च न्यायालय की खंडपीठ है।

मिज़ोरम

क्षेत्रफल	: 21,081 वर्ग किलोमीटर	**जनसंख्या**	: 10.97 लाख (जनगणना 2011 अनंतिम)
राजधानी	: आईजॉल	**मुख्य भाषा**	: मिज़ो, लुशाई और अंग्रेजी

इतिहास और भूगोल

मिज़ोरम पर्वतीय प्रदेश है। फरवरी 1987 में यह भारत का 23वां राज्य बना। 1972 में केंद्रशासित प्रदेश बनने से पहले तक यह असम का एक जिला था। 1891 में ब्रिटिश कब्जे में जाने के बाद कुछ वर्षों तक उत्तर का लुशाई पर्वतीय क्षेत्र असम के और आधा दक्षिणी भाग बंगाल के अधीन रहा। 1898 में दोनों को मिलाकर एक जिला बना दिया गया जिसका नाम पड़ा— लुशाई हिल्स जिला और यह असम के मुख्य

आयुक्त के प्रशासन में आ गया। 1972 में पूर्वोत्तर क्षेत्र पुनर्गठन अधिनियम लागू होने पर मिज़ोरम केंद्रशासित प्रदेश बन गया। भारत सरकार और मिजो नेशनल फ्रंट के बीच 1986 में हुए ऐतिहासिक समझौते के फलस्वरूप 20 फरवरी, 1987 को इसे पूर्ण राज्य का दर्जा दिया गया। पूर्व और दक्षिण में म्यामां और पश्चिम में बांग्लादेश के बीच स्थित होने के कारण भारत के पूर्वोत्तर कोने में मिज़ोरम सामरिक दृष्टि से अत्यधिक महत्वपूर्ण राज्य है। राज्य में प्राकृतिक सौंदर्य बिखरा पड़ा है तथा इस क्षेत्र में प्रकृति की विभिन्न छटाएं देखने को मिलती हैं। यह क्षेत्र विभिन्न प्रजातियों के प्राणियों तथा वनस्पतियों से संपन्न है।

19वीं शताब्दी में यहां ब्रिटिश मिशनरियों का प्रभाव फैल गया और इस समय तो अधिकांश मिजो लोग ईसाई धर्म को ही मानते हैं। मिज़ो भाषा की अपनी कोई लिपि नहीं है। मिशनरियों ने मिज़ो भाषा और औपचारिक शिक्षा के लिए रोमन लिपि को अपनाया।

कृषि

मिज़ोरम के 60 प्रतिशत लोग कृषि तथा संबद्ध गतिविधियों में लगे हैं। कृषि की मुख्य प्रणाली झूम या स्थानांतरित कृषि है। कुल क्षेत्र का 21 प्रतिशत धान/मौसमी फसलों वाला क्षेत्र है। लगभग 63 प्रतिशत पर झूम खेती होती है। विनाशक और अनुत्पादक झूम खेती को बदलने के लिए राज्य सरकार ने नई भूमि उपयोग नीति लागू की है, जो सभी जिलों को कवर करती है। झूम खेती क्षेत्र 2014-15 के अंतर्गत घटकर 20,000 हेक्टेयर रह गया है जो कि 11वीं योजना में 44,947 हेक्टेयर था। यह कमी 55.36 प्रतिशत की रही। झूम खेती में यह कमी एमएलयूपी, नारियल तेल विकास कार्यक्रम, गन्ना खेती कार्यक्रम, आरकेवीई एवं आरएडी को अमल में लाए जाने के कारण आई है।

बागवानी

अनुमानित 21 लाख हेक्टेयर भूमि में से 6.30 लाख हेक्टेयर भूमि बागवानी के लिए उपलब्ध है। बागवानी की मुख्य फसलें फल हैं। इनमें मैडिरियन संतरा, केला, सादे फल, अंगूर, हटकोरा, अन्नानास और पपीता आदि शामिल हैं। इसके अलावा यहां एंथुरियम, बर्ड आफ पेराडाइज, आर्किड, चिरासेथिंमम, गुलाब तथा अन्य कई मौसमी फूलों की खेती होती है। मसालों में अदरक, हल्दी, काली मिर्च और चिड़िया की आंख वाली मिर्चें भी उगाई जाती हैं। इजराइल की मेसर्स अर्गोस (एग्रीप्रोजेक्टस) के साथ चिती में बहुउद्देशीय पैकिंग हाउस स्थापित किया गया है।

पुष्पोत्पादन मिज़ोरम में फलता-फूलता पेशा है। प्रौद्योगिकी मिशन कार्यक्रम के अंतर्गत 2002 में एंथूरियम की खेती शुरू की। आज मिज़ोरम एंथूरियम कट फूल देश के अन्य राज्यों और विदेशों में निर्यात हो रहा है। 2006 में हाईटेक ग्रीन हाउस के तहत गुलाब की व्यापारिक खेती शुरू की गई। अब लगभग 10,000 गुलाब के फूल रोज़ाना उगाए जा रहे हैं।

वन

मिज़ोरम देश में सबसे अधिक घने वन क्षेत्रों में से एक है। इंडिया स्टेट ऑफ फॉरेस्ट रिपोर्ट-2015 के अनुसार राज्य का 91.47 प्रतिशत क्षेत्र वनों से ढका है। कटिबंधीय अर्ध सदाबहार, कटिबंधीय नम पर्णपाती, उपकटिबंधीय वृहदपर्णी हिल एवं उपकटिबंधीय चीड़ वृक्ष यहां आमतौर पर पाए जाते हैं। यहां के 31 प्रतिशत (6,446 वर्ग कि.मी.) क्षेत्र में बांस की बहुतायत होती है। राज्य में बांस की 35 किस्में पाई जाती हैं जिनमें 77 प्रतिशत में मेलोकना बेसिफेरा (मॉतक) किस्म के बांस पाए जाते हैं।

झूम की खेती प्राचीन परंपरा थी और यह वन क्षेत्र के लिए नुकसानदेह होती थी। राज्य में सरकार की नवीन भूमि उपयोग नीति के तहत हाल के दशकों में इस में कमी आई है। प्रतिवर्ष वनरोपण और उनके रखरखाव संबंधी गतिविधियों के चलते लोकप्रिय एवं असरकारी ग्रीन मिज़ोरम कार्यक्रम चल रहा है। राष्ट्रीय वनरोपण कार्यक्रम के अंतर्गत 4,700 हेक्टेयर वनरोपण किया गया है।

सिंचाई

राज्य की पहाड़ी प्रकृति के चलते सभी सिंचाई परियोजनाएं लघु परियोजनाएं हैं। मिज़ोरम रिमोट सेंसिंग एप्लीकेशन सेंटर के अनुसार कुल वेट राइस कल्टीवेशन क्षेत्र अनुमानित 74,644 हेक्टेयर है। अब तक 18,228 हेक्टेयर कमांड एरिया से 439 लघु परियोजनाएं पूरी हो चुकी हैं जो 1,559 हेक्टेयर क्षेत्र कवर करती हैं। 2016-17 के दौरान 1,117.90 हेक्टेयर क्षेत्र कवर करने के लिए 25 नई लघु परियोजनाएं शुरू की जाएंगी जिससे 1,656 हेक्टेयर सिंचाई क्षमता का विकास होगा। प्रस्तावित परियोजना से राज्य भर में 791 किसानों को लाभ पहुंचेगा।

उद्योग

अपनी स्थलाकृति तथा भौगोलिक स्थिति और कम विकसित ढांचा तथा परिवहन समस्याओं के कारण औद्योगिक विकास धीमा है। हालांकि म्यामां और बांग्लादेश के साथ सीमा व्यापार खुलने और भारत सरकार की 'लुक एक्ट ईस्ट पॉलिसी' तथा राज्य में शांति के चलते भविष्य में औद्योगीकरण की रफ़्तार तेज होने के आसार हैं।

राज्य के सामाजिक-आर्थिक विकास में लघु उद्योग का विशेष स्थान है। ग्रामीण क्षेत्रों में उद्योगों को संवर्धन देने के उद्देश्य से राज्य सरकार 35 प्रशिक्षकों के साथ एक क्षेत्रीय औद्योगिक विकास निगम और दो सामान्य सुविधा केंद्र चला रही है।

चाय की वैज्ञानिक तरीके से खेती आरंभ की गई है। निर्यातोन्मुखी औद्योगिक इकाइयों (ईओयूज) की स्थापना को बढ़ावा देने के लिए एप्परेल प्रशिक्षण तथा डिजाइन केंद्र तथा रत्नों की कटाई तथा पॉलिश करने की इकाइयां लगाने की योजना है। कुटीर उद्योगों में हथकरघा तथा हस्तशिल्प को उच्च प्राथमिकता दी जाती है तथा ये दोनों क्षेत्र मिज़ोरम तथा इसके पड़ोसी राज्यों— मेघालय तथा नगालैंड में उपभोक्ताओं की मांग को पूरा करने के लिए फल-फूल रहे हैं।

बिजली

भारत के 18वें ऊर्जा सर्वेक्षण के अनुसार, मिज़ोरम की कुल बिजली आवश्यकता 201 मेगावाट है और उसे 103.09 मेगावाट ऊर्जा आवंटित (आमतौर पर वास्तविक समय में ऊर्जा प्राप्यता 60 मेगावाट रहती है) होती है। प्रतिव्यक्ति बिजली खपत 280 किलोवाट है। वर्तमान जरूरत 102 मेगावाट है परंतु राज्य 29.35 मेगावाट उत्पादन स्टेशनों से केवल 15 मेगावाट ऊर्जा ही बना पाता है। एनईईपीसीओ, एनएचपीसी, एनटीपीसी जैसी केंद्रीय इकाइयों के रंगनदी स्थित लोकतक जैसे विभिन्न स्रोतों से शेष आवश्यकता हेतु ऊर्जा आयात की जाती है।

परिवहन

सड़कें : सड़कें राज्य के भीतर, राज्य से बाहर तथा अंतरराष्ट्रीय सीमाओं के पार संचार, परिवहन, यात्रियों और सामान ढोने का साधन हैं। राज्य में सड़कों की कुल लंबाई 6,349.60 कि.मी. है और सड़क घनत्व

3,00,012 कि.मी. प्रति 100 वर्ग कि.मी. है। 6 राष्ट्रीय राजमार्ग राज्य से गुजरते हैं। एनएच-54 आईजॉल को सिल्चर के जरिये बाकी देश से जोड़ता है। आईजॉल अब शिलांग और गुवाहाटी से भी जुड़ा है।

रेल : असम सीमा के पास बैराबी में ब्रॉड गेज रेल लिंक स्थापित की गई है।

उड्डयन : लेंगपुई हवाईअड्डे तक कोलकाता, इंफाल और गुवाहाटी से उड़ाने पहुंचती हैं। आइजॉल को लेंगलेई, ल्वांगतलाई, सेहा, चांग्ते, सेरछिप, चम्फाई, कोलासिब, ख्वाजोल, ममित और हनाथियल तक आंतरिक हेलिकॉप्टर सेवा भी जोड़ती है।

त्योहार

मिज़ो लोग मूलतः किसान हैं। अतः उनकी तमाम गतिविधियां तथा त्योहार भी झूम खेती से ही जुड़े हैं। त्योहार के लिए मिज़ो शब्द 'कुट' है। मिज़ो लोगों के विभिन्न त्योहारों में से आजकल केवल तीन मुख्य त्योहार 'चपचार कुट', 'मिम कुट' और 'थालफवांगकुट' मनाए जाते हैं।

पर्यटन स्थल

मिज़ोरम प्रचुर वानस्पतिक दृश्यावली और मधुर जलवायु वाला क्षेत्र है। समुद्र तल से लगभग 3,715 फुट की ऊंचाई पर स्थित पर्वतीय नगर आईजॉल, मिज़ोरम का धार्मिक और सांस्कृतिक केंद्र है। म्यामां की सीमा के निकट चंफाई एक सुंदर पर्यटन स्थल है। तामदिल एक प्राकृतिक झील है जहां मनोहरी वन हैं। यह आइजॉल से 76 किलोमीटर और पर्यटक स्थल सैतुअल से 10 किलोमीटर की दूरी पर है। वानतांग जलप्रपात मिज़ोरम में सबसे ऊंचा और अति सुंदर जलप्रपात है। यह थेनज़ोल कस्बे से पांच किलोमीटर दूर है जो हथकरघा का प्रमुख क्षेत्र है। फांगपुई इस राज्य की सबसे ऊंची चोटी है। यह 2157 मीटर की ऊंचाई पर स्थित है और पर्वतारोहियों के लिए बड़ा आकर्षण है। आइजॉल से 30 किमी की दूरी पर राईक चोटी भी है। पुराने मिजो गांव की तर्ज पर ही आइजॉल से 24 किमी दूर फाक्आइन में एक गांव स्थापित किया गया है। ह्मुईफांग तलांग और कियालसुक तलांग आइजॉल से क्रमशः 50 और 66 किमी दूर हैं और प्रमुख पर्यटन आकर्षण हैं। पर्यटन विभाग ने राज्य में सभी बड़े कस्बों में पर्यटक आवास गृह तथा अन्य कस्बों में राजमार्ग रेस्तरां तथा यात्री सरायों का निर्माण किया है। जोबौक के निकट जिला पार्क में अल्पाइन पिकनिक हट तथा बेरो तिलिंग में मनोरंजन केंद्र भी बनाए गए हैं। रेइक त्लांग में मिज़ो गांव, आधुनिक मिज़ो गांव और रिजॉर्ट बनाए गए हैं।

वेबसाइट : www.mizoram.gov.in

सरकार

राज्यपाल	:	ले. जनरल. निर्भय शर्मा (सेवानिवृत)	**मुख्य सचिव**	:	श्री पु.यू. लालमलस्वमा
मुख्यमंत्री	:	श्री पू.यू. ललथनहवला	**उच्च न्यायालय का अधिकार क्षेत्र**	:	यह गुवाहाटी उच्च न्यायालय के अधिकार क्षेत्र में आता है। मिज़ोरम में न्यायालय की एक खंडपीठ है।

नगालैंड

क्षेत्रफल	:	16,579 वर्ग किलोमीटर	**जनसंख्या**	:	19.79 लाख (जनगणना 2011-अनंतिम)
राजधानी	:	कोहिमा	**मुख्य भाषाएं**	:	अंग्रेजी, हिंदी, 16 आदिवासी बोलियां, नागामी

इतिहास और भूगोल

नगालैंड 1963 को भारतीय संघ का 16वां राज्य बना। यह राज्य पूर्व में म्यामां, उत्तर में अरुणाचल प्रदेश, पश्चिम में असम और दक्षिण में मणिपुर से घिरा हुआ है। यह पूर्व में 98° तथा 96° देशांतर तथा भूमध्य रेखा के उत्तर में 26.6° तथा 27.4° अक्षांश के बीच बसा हुआ है।

नगा लोग भारतीय-मंगोल वर्ग के लोगों में से हैं, जो भारत की उत्तर-पूर्वी पहाड़ियों से सटे क्षेत्रों और पश्चिमी म्यामां के ऊपरी भाग में रहते हैं। नगालैंड की प्रमुख जनजातियां हैं: अंगामी, आओ, चाखेसांग, चांग, खिआमनीउंगन, कुकी, कोन्याक, कचारी लोथा, फौम, पोचुरी, रेंग्मा, संगताम, सुमी, यिमचुंगरू और ज़ेलिआंग। नगा भाषा एक जनजाति से दूसरी जनजाति और कभी-कभी तो एक गांव से दूसरे गांव में भी अलग हो जाती है। तथापि इन्हें तिब्बत-बर्मा भाषा परिवार में वर्गीकृत किया गया है। बारहवीं-तेरहवीं शताब्दी में इन लोगों का आज के असम के अहोम लोगों से धीरे-धीरे संपर्क हुआ, लेकिन इससे इन लोगों के रहन-सहन पर कोई विशेष प्रभाव नहीं पड़ा। लेकिन उन्नीसवीं शताब्दी में अंग्रेजों के आगमन पर यह क्षेत्र ब्रिटिश प्रशासन के अधीन आ गया। स्वतंत्रता के पश्चात 1957 में यह क्षेत्र केंद्रशासित प्रदेश बन गया और असम के राज्यपाल द्वारा इसका प्रशासन देखा जाने लगा। यह नगा हिल्स तुएनसांग क्षेत्र कहलाया। यह जनता की आकांक्षाओं पर खरा नहीं उतरा और असंतोष पनपने लगा। अत: 1961 में इसका नाम बदलकर 'नगालैंड' रखा गया और इसे भारतीय संघ के राज्य का दर्जा दिया गया, जिसका विधिवत उद्‌घाटन दिसंबर 1963 को हुआ।

कृषि

नगालैंड मूलत: कृषि की भूमि है। लगभग 70 प्रतिशत जनता कृषि पर निर्भर है। राज्य में कृषि क्षेत्र का महत्वपूर्ण योगदान है। चावल यहां का मुख्य भोजन है। कुल क्षेत्र के 70 प्रतिशत में धान की खेती होती है और राज्य के कुल खाद्यान्न उत्पादन का 75 प्रतिशत चावल है। यहां मुख्यत: 'स्लेश' और 'बर्न' खेती प्रचलित है, जिसे स्थानीय तौर पर झूम के नाम से जाना जाता है। कुल कृषि क्षेत्र 7,21,924 हेक्टेयर है।

वन

कुल 16,579 वर्ग किलोमीटर भूमिक्षेत्र में से करीब 8,62,9.30 हेक्टेयर क्षेत्र में वन हैं। पेरेन जिले में इंतंकी राष्ट्रीय उद्यान, तुएनसांग जिले में फाकिम, दीमापुर जिले में रंगापहाड़ और मोन जिले में सिंघफैन वन्य जीव अभयारणय तथा दीमापुर जिले में प्राणी उद्यान है।

बिजली

राज्य में छोटी जल विद्युत परियोजनाओं की कुल स्थापित क्षमता मात्र 27.84 मेगावाट है जबकि मांग 95 मेगावाट है। अधिकतर बिजली केंद्रीय बिजली आवंटन क्षेत्र से मिलती है।

सिंचाई

राज्य सिंचाई परियोजनाओं का निर्माण कर रहा है ताकि मुख्यत: पहाड़ी झरनों की धारा मोड़कर घाटी में धान की खेती की सिंचाई में काम आए और 82,150 हेक्टेयर क्षेत्र की सिंचाई हो सके, राज्य कोहिमा जिले के चीचेमा गांव में तमेजी एमआई परियोजना लागू कर रहा है।

परिवहन

दीमापुर देश से हवाई और रेल यातायात से जुड़ा है। राष्ट्रीय राजमार्ग 39 दीमापुर से वाया कोहिमा मणिपुर तक जाता है। एनएच 39 शीघ्र ही सरकार की 'लुक ईस्ट पॉलिसी' के तहत अंतरराष्ट्रीय मार्ग बनने वाला है। शेष राज्य केवल सड़कों से ही जुड़ा हुआ है, जिनकी कुल लंबाई 24,709 किलोमीटर है। इसमें राष्ट्रीय राजमार्ग 61 तथा राज्य राजमार्ग भी शामिल हैं। राज्य सभी जिला मुख्यालयों में डाक सेवाओं, टेलीफोन और मोबाइल सेवाओं से जुड़ा हुआ है।

पर्यटन

प्रतिबंधित क्षेत्र परमिट (आरएपी) में ढील देने से राज्य में अंतरराष्ट्रीय पर्यटकों का आना-जाना शुरू हो गया है, अत: यहां देशी-विदेशी पर्यटक प्रतिवर्ष बड़ी संख्या में आते हैं।

पर्यटन विभाग प्रतिवर्ष दिसंबर माह के प्रथम सप्ताह में 'हॉर्नबिल' उत्सव आयोजित करता है, जिसमें राज्य की सभी जनजातियां एक जगह आकर उत्सव मनाती हैं और अपनी पारंपरिक वस्तुओं, खाद्य पदार्थों और शिल्पगत चीजों का प्रदर्शन करती तथा बेचती हैं। तीन पारंपरिक उत्सवों—कोहिमा जिले के तोउफेमा में *सेकरेन्यी* (फरवरी); लोंगलेंग उपमंडल के पोंगो में *मोन्यू* (अप्रैल) तथा मोकोकचुंग जिले के चुचुयिमलांग में *मोआत्सु* (मई) की उत्सव गंतव्यों के रूप में पहचान की गई है।

संगीत और नृत्य नगा जनजीवन के मूलभूत अंग हैं। वीरता, सुंदरता, प्रेम और उदारता का गुणगान करने वाले लोकगीत और लोकगाथाएं पीढ़ी-दर-पीढ़ी चली आ रही हैं। इसी तरह नृत्य हर उत्सव का महत्वपूर्ण हिस्सा है। हर त्योहार पर दावत, नाच-गाना और उल्लास होता है। विभिन्न आदिवासी समूह तथा उनके त्योहार हैं:- अंगामी-सेकरेन्यी, चाखेसांग-सुख्रुन्ये तथा त्सुखेन्ये, चांग-नाकन्युलेम, खियाम्नियुंगन-त्सोकुम, कुकी-मिमकुट, कोन्यक-आओलियांग मोन्यु, कचारी-बुशु, लोथा-तोखू, फोम-मोन्यु, पोचुरी-येमशी, रेम्मा-नगदा, सुमी-तुलनी, संगतम-एमोंगमोंग, यिमचंग्रु-मितिमिन्यो, ज़ेलियांग-मिलिंगी/हेगा लेंग्सिंम्गी/चेगागड़ी आदि।

उद्योग

राज्य में औद्योगीकरण की प्रक्रिया अभी भी अपनी शैशवावस्था में है, लेकिन और अधिक उद्योग लगाने की आवश्यकता को स्पष्ट रूप से पहचान लिया गया है। 'उद्यमी वर्ष 2010' के अंतर्गत, नगालैंड के सभी 11 जिलों में उद्यमी जागरुकता कार्यक्रम चलाये गए। राज्य ने 17 सिट्रोनेला प्रदर्शन फार्म (जिसे आर्थिक संयंत्र कहा जाता है) स्थापित किए हैं। ये राज्यभर में स्थापित किये गए हैं। नगालैंड हथकरघा तथा हस्तशिल्प विकास निगम लिमिटेड, दीमापुर राज्य के स्वामित्व वाला निगम संगठन है, जिस पर राज्य में हथकरघा तथा हस्तशिल्प उत्पादों के संवर्धन तथा विपणन का दायित्व है। गणेशनगर, दीमापुर में एक औद्योगिक विकास केंद्र स्थापित किया गया है ताकि उद्यमियों तथा शिक्षित बेरोज़गार युवाओं को उद्योगों के संवर्धन देने हेतु प्रोत्साहित किया जा सके।

उद्यमियों का मार्ग-निर्देशन करने तथा इन्हें पूंजी सहायता उपलब्ध कराने हेतु प्रमुख संवर्द्धन संगठन नगालैंड औद्योगिक विकास निगम है।

वेबसाइट : www.nagaland.gov.in

सरकार

राज्यपाल	: श्री पी. बी. आचार्य	**मुख्य सचिव**	: श्री पंकज कुमार
मुख्यमंत्री	: श्री टी. आर. ज़िलियंग	**उच्च न्यायालय**	: नगालैंड गुवाहाटी उच्च न्यायालय के अधिकार क्षेत्र में आता है। कोहिमा में न्यायालय की खंडपीठ है।

ओडिशा

क्षेत्रफल	: 1,55,707 वर्ग किलोमीटर	**जनसंख्या**	: 4.2 करोड़ (जनगणना 2011)
राजधानी	: भुवनेश्वर	**मुख्य भाषा**	: ओडिया

इतिहास और भूगोल

ओडिशा का इतिहास प्राचीन काल में कलिंग, उत्कल तथा ओद्रा के नाम से विख्यात था। महावीर और बुद्ध के समय तक भारत के संपूर्ण पूर्वी तट पर कलिंग उत्कल क्षेत्र ने खूब प्रसिद्धि पाई। मौर्य सम्राट अशोक की कलिंग विजय एक युगांतरकारी घटना बनी। अशोक ने कलिंग जीत तो लिया, किंतु युद्ध की मार-काट से उसके मन में आत्मग्लानि पैदा हो गई। अशोक के बदलने से भारत ही नहीं संपूर्ण एशिया का धार्मिक और सांस्कृतिक इतिहास बदल गया। ईसा पूर्व दूसरी शताब्दी के पूवार्द्ध में महामेघवाहन खारवेल राजा के शासन काल में ओडिशा के इतिहास का अगला महान युग शुरू हुआ। खारवेल के शासन के दौरान कलिंग साम्राज्य उत्तर में गंगा तक और दक्षिण में गोदावरी तक विस्तृत हो गया। परिणामस्वरूप, शैलोद्य, भोमकार, सोमवामसी तथा गंग जैसे वंशों ने न केवल महान साम्राज्य स्थापित किया बल्कि कला, साहित्य तथा संस्कृति को संवर्द्धन दिया। कोणार्क का विश्व प्रसिद्ध सूर्य मंदिर 13वीं शताब्दी में नरसिंह देव द्वारा बनवाया गया था। पुरी स्थित प्रसिद्ध जगन्नाथ मंदिर 12वीं शताब्दी में अनंग भीमदेव द्वारा तथा भुवनेश्वर का लिंगराज मंदिर 11वीं शताब्दी में जजाति, द्वितीय द्वारा बनवाया गया था। 16वीं शताब्दी के मध्य से 1592 तक ओडिशा पर पांच मुस्लिम राजाओं ने शासन किया। 1592 में अकबर ने ओडिशा को अपने राज्य में शामिल कर लिया। मुगलों के पतन के बाद ओडिशा पर मराठों का अधिकार हो गया। 1803 में ब्रिटिश आधिपत्य से पहले ओडिशा मराठा राजाओं के अधीन रहा।

1936 को आधुनिक ओडिशा का जन्म हुआ। स्वतंत्रता के पश्चात ओडिशा तथा इसके आस-पास की रियासतों ने भारत सरकार को अपनी प्रभुसत्ता सौंप दी। रियासतों (गवर्नर के अधीन प्रांतों) के विलय संबंधी आदेश 1949 के अंतर्गत जनवरी 1949 में ओडिशा की सभी रियासतों का ओडिशा राज्य में पूर्ण विलय कर दिया गया।

ओडिशा बंगाल की खाड़ी के तट पर स्थित है। इसके उत्तर पूर्व में पश्चिम बंगाल, उत्तर में झारखंड, पश्चिम में छत्तीसगढ़ तथा तेलंगाना और दक्षिण में आंध्र प्रदेश है। राज्य के विविध भौगोलिक तटीय मैदान, पर्वतीय स्थलाकृति, पठार, हरी-भरी नदी घाटियां, जल संभर, झरने तथा झीलों वाली ढलानें और विविध घनत्व वाले जंगल शामिल हैं। ये हैं— उत्तरी पठार, मध्य नदी थाला, पूर्वी पहाड़ियां और तटवर्ती मैदान।

ओडिशा का नाम परिवर्तन

1803 में ब्रिटिश ने ओडिशा पर आधिपत्य जमाया। ब्रिटिश प्रशासन को ओडिशा नाम उच्चारण और ओडिया भाषा समझने में कठिनाई हुई। इसलिए उन्होंने इसका नाम बदलकर उड़ीसा तथा भाषा को उड़िया कर दिया। यद्यपि ओड्रा से निकले ओडिशा का जिक्र 1435 ई. में मिलता है। आज़ाद भारत में 74 वर्षों पश्चात ओडिशा के लोगों तथा सरकार ने इसका नाम बदलकर ओडिशा तथा भाषा ओडिया कर दी। लंबी जद्दोजहद के बाद 2011 को राज्य सभा में इस आशय का प्रस्ताव पास हुआ।

कृषि

कृषि राज्य की अर्थव्यवस्था की रीढ़ है। 65 प्रतिशत जनता कृषि कार्य में लगी हुई है। कई अनुकूल पहलों के जरिए सरकार कृषि क्षेत्र के विकास को प्राथमिकता दे रही है। फसलों की उत्पादकता बढ़ाने में बीजों की अहम भूमिका है अतः सरकार ने बीज प्रतिस्थापन दर बढ़ाने हेतु प्रभावी कदम उठाए गए हैं। साथ ही, 6 चलित मृदा परीक्षण प्रयोगशालाएं ग्रामीण क्षेत्रों में मृदा विश्लेषण प्रक्रिया को तेज करने के लिए लगाई गई हैं।

सिंचाई और बिजली

सिंचाई कृषि के लिए सबसे महत्वपूर्ण हिस्सा है। राज्य में जलनिधि स्कीम के तहत किसानों को प्राइवेट लिफ्ट इरिगेशन पॉइंटस (पीएलआईपी) को 50 प्रतिशत सब्सिडी देकर बढ़ावा दिया जा रहा है। फसल उत्पादन के लिए जल के उचित प्रयोग पर पर्याप्त जोर दिया जा रहा है और इसके चलते, ड्रिप और स्प्रिंकलर सिंचाई के तहत 4,564 हेक्टेयर फसल लाई गई है। राज्य में कृषि योग्य 61.65 लाख हेक्टेयर भूमि है जिसमें से 49 प्रतिशत को सिंचाई सुविधा प्रदान की गई। त्वरित सिंचाई विकास के लिए सरकार विभिन्न किसान केंद्रित योजनाओं को लागू करने जैसे बीजू कृषक विकास योजना (बीकेवीवाई), डीप बोरवेल निर्माण कार्यक्रम, मेगालिफ्ट और चेक बांध निर्माण, मध्यम और बड़ी सिंचाई परियोजनाओं के निर्माण की गतिविधियां बढ़ा दी गई हैं, जिससे चालू परियोजनाएं 12वीं योजना अवधि में पूरी की जा सकें।

उद्योग

कुशल प्रशासन और उद्योग हितैषी वातावरण के बल पर ओडिशा प्रमुख कंपनियों के लिए मुख्य निर्माण केंद्र बनने की राह पर है। परिणामस्वरूप इस्पात, सीमेंट, अल्युमिनियम ऊर्जा, ऑटोपार्ट, ऑइल रिफाइनरी, टाइटेनिम ऑक्साइड तथा 4 एंसिलरी तथा डाउन स्ट्रीम उद्योग आधारित बहुत से निवेश प्रस्ताव राज्य में प्राप्त हो रहे हैं। अब तक विभिन्न क्षेत्रों में 93 कंपनियों ने समझौता ज्ञापनों पर हस्ताक्षर किए हैं जिनमें कुल 4,62,768.74 करोड़ रुपये का निवेश होना है। ऐसे औद्योगीकरण राज्य में सहायक और डाउनस्ट्रीम उद्योगों के विकास के व्यापक आधार के लिए अवसर पैदा कर रहे हैं।

परिवहन

सड़कें : राज्य के संपूर्ण विकास के लिए और तेज रफ्तार आर्थिक प्रगति को और मजबूती प्रदान करने के उद्देश्य से सरकार ने राज्य में कई सड़क और पुल परियोजनाएं हाथ में ली हैं, जिसके तहत पिछड़े क्षेत्रों को विशेष महत्व दिया जा रहा है। आर्थिक महत्ता स्कीम के तहत 9 सड़क परियोजनाएं शुरू की गई, इनमें से 8 पूरी हो चुकी हैं।

रेलवे : ओडिशा राष्ट्रीय रेल नेटवर्क से भलीभांति जुड़ा है। राज्य में 2339 कि.मी. रेल लाइनें हैं जिनमें 91 कि.मी. नैरोगेज है। ओडिशा ईस्ट कोस्ट रेलवे का हिस्सा है जो देश में व्यावसायिक ढुलाई और यात्री ट्रैफिक का सबसे बड़ा मार्ग है।

उड्डयन : भुवनेश्वर हवाईअड्डे का आधुनिकीकरण तथा विस्तार प्रगति पर है। भुवनेश्वर से दिल्ली, कोलकाता, मुबंई, बंगलुरु तथा हैदराबाद के लिए सीधी विमान सेवा उपलब्ध है। राज्य के विभिन्न स्थानों पर 13 हवाईपट्टियां और 16 हेलीपैड हैं।

बंदरगाह : समुद्री कारोबार तथा बंदरगाह आधारित उद्योग को गति प्रदान करने हेतु संभावित बंदरगाह स्थलों पर सरकार हर मौसम के लिए उपयुक्त बंदरगाह विकसित करने के लिए कदम उठा रही है। धामरा बंदरगाह, जिसकी स्थापना पीपीपी तहत की गई है, ने इस वर्ष के दौरान संचालन शुरू कर दिया है।

पर्यटन : पर्यटन से लाभ बढ़ाने के उद्देश्य से नई पर्यटन नीति बनाई जा रही है। इसके तहत निजी क्षेत्र की भागीदारी, पर्यटन अवसंरचना को एक जगह लाना तथा विपणन और संवर्धन बढ़ाया जाएगा। पर्यटकों की सुरक्षा के लिए सरकार ने पर्यटन पुलिस का गठन कर पुरी के समुद्र तटों, कोणार्क तथा गोपालपुर में तैनाती की गई है। गोल्डन ट्रायंगल तथा डायमंड ट्रायंगल में भी पर्यटन पुलिस कोष्ठ बनाये गए हैं।

ओडिशा में पर्यटन की संभावना को देखते हुए सरकार ने पर्यटन को विकास के लिए केंद्रित क्षेत्र के रूप में चिह्नित किया है। 320 पर्यटन केंद्रों की पहचान की गई है। राष्ट्रीय तथा अंतरराष्ट्रीय पर्यटन मानचित्र पर ओडिशा को सर्वाधिक पसंदीदा स्थान बनाने के लिए कदम उठाए गए हैं।

वेबसाइट : www.odisha.gov.in

सरकार

राज्यपाल:	श्री एस. सी. जमीर	**मुख्य सचिव**	:	श्री आदित्य प्रसाद पधी
मुख्यमंत्री :	श्री नवीन पटनायक	**उच्च न्यायालय का अधिकार क्षेत्र**	:	ओडिशा

पंजाब

क्षेत्रफल :	50,362 वर्ग किलोमीटर	**जनसंख्या**	:	2,77,43,338 (जनगणना 2011)
राजधानी :	चंडीगढ़	**मुख्य भाषा**	:	पंजाबी

इतिहास और भूगोल

प्राचीन पंजाब किसी जमाने में विस्तृत भारत-ईरानी क्षेत्र का हिस्सा रहा है। बाद के वर्षों में यहां मौर्य, यूनानी, शक, कुषाण, गुप्त जैसी अनेक शक्तियों का उत्थान और पतन हुआ। मध्यकाल में पंजाब मुसलमानों के अधीन रहा। सबसे पहले गजनवी, फिर गौरी, गुलाम वंश, खिलजी वंश, तुगलक, लोदी और मुगल वंशों का पंजाब पर अधिकार रहा। पंद्रहवीं और सोलहवीं शताब्दी में पंजाब के इतिहास ने नया मोड़ लिया। गुरु नानक देव जी की शिक्षाओं से यहां भक्ति आंदोलन ने जोर पकड़ा। सिख पंथ ने एक धार्मिक और सामाजिक आंदोलन को जन्म दिया, जिसका मुख्य उद्देश्य धर्म और समाज में फैली कुरीतियों को दूर करना था। दसवें गुरु गोबिंद सिंह जी ने सिखों को खालसा पंथ के रूप में संगठित किया तथा उन्हें सदियों के दमन और अत्याचार के खिलाफ एकजुट किया। उन्होंने देशभक्ति, धर्मनिरपेक्षता और मानवीय

मूल्यों पर आधारित पंजाबी राज की स्थापना की। एक फारसी लेखक के शब्दों में, महाराजा रणजीत सिंह ने पंजाब को 'मदम कदा' अर्थात् नरक से 'बाग-ए-बहिश्त' यानी स्वर्ग में बदल दिया। किंतु उनके देहांत के बाद अंदरूनी साजिशों और अंग्रेजों की चालों के कारण पूरा साम्राज्य छिन्न-भिन्न हो गया। अंग्रेजों और सिखों के बीच दो निष्फल युद्धों के बाद 1849 में पंजाब ब्रिटिश शासन के अधीन हो गया।

स्वतंत्रता आंदोलन में गांधीजी के आगमन से बहुत पहले ही पंजाब में ब्रिटिश शासन के खिलाफ संघर्ष आरंभ हो चुका था। अंग्रेजों के खिलाफ यह संघर्ष सुधारवादी आंदोलनों के रूप में प्रकट हो रहा था। लाला लाजपत राय ने स्वतंत्रता संग्राम में अग्रणी भूमिका निभाई। चाहे देश में हो या विदेश में, पंजाब स्वतंत्रता संग्राम में हर मोर्चे पर आगे रहा। देश की आज़ादी के बाद भी पंजाब के कष्टों का अंत नहीं हुआ और उसे विभाजन की विभीषिका का सामना करना पड़ा जिसमें बड़े पैमाने पर रक्तपात तथा विस्थापन हुआ। विस्थापित लोगों के पुनर्वास के साथ-साथ राज्य को नए सिरे से संगठित करने की भी चुनौती थी।

पूर्वी पंजाब की आठ रियासतों को मिलाकर नए राज्य 'पेप्सू' अर्थात् पूर्वी पंजाब राज्य संघ-पटियाला का निर्माण किया गया। पटियाला को इसकी राजधानी बनाया गया। 1956 में पेप्सू को पंजाब में मिला दिया गया और चंडीगढ़ को इसकी राजधानी बनाया गया। बाद में 1966 में पंजाब से कुछ हिस्से निकालकर हरियाणा बनाया गया। पंजाब देश के उत्तर-पश्चिम भाग में स्थित है। इसके पश्चिम में पाकिस्तान, उत्तर में जम्मू-कश्मीर, उत्तर-पूर्व में हिमाचल प्रदेश और दक्षिण में हरियाणा तथा राजस्थान हैं। पंजाब से 13 लोक सभा सदस्य तथा 117 विधान सभा सदस्य चुने जाते हैं।

सिंचाई

राज्य का कुल भौगोलिक क्षेत्र 50.36 लाख हेक्टेयर वर्ग किलोमीटर है, जिसमें से लगभग 42.90 लाख हेक्टेयर क्षेत्र में कृषि होती है। सन् 1947 में देश के विभाजन के बाद, सन् 1960 में भारत तथा पाकिस्तान के बीच हुई सिंधु जल संधि में भारत के जल प्रयोग का अधिकार केवल तीन पूर्वी नदियों-सतलुज, व्यास तथा रावी तक सीमित कर दिया गया। राज्य में तीन बांध हैं- सतलुज नदी पर बना भाखड़ा बांध (भंडारण क्षमता 5.60 एमएएफ) व्यास नदी पर बना पोंग बांध (भंडारण क्षमता 5.91 एमएएफ) तथा व्यास नदी के 3.82 एमएएफ जल के भाखड़ा जलाशय में विपथन (डायवर्ज़न) के लिए पोंग बांध के ऊर्ध्वप्रवाह (अपस्ट्रीप) पर एक डायवर्ज़न बांध और रावी नदी पर बना रंजीत सागर बांध (भंडारण क्षमता 1.90 एमएएफ)। वर्तमान में 30.88 लाख हेक्टेयर क्षेत्र की सिंचाई की जाती है, जो कि कुल कृषि भूमि का 71.98 प्रतिशत है। नहर सतही जल वितरण प्रणाली के अंतर्गत राज्य की छह प्रमुख प्रणालियों को कवर करती है।

उद्योग

पंजाब में 1.59 लाख लघु और 454 (परियोजनाएं) बड़ी और मझोली इकाइयां हैं। ये इकाइयां साइकिल के पुर्जे, सिलाई मशीन, हाथ के यंत्र, मशीन यंत्र, ऑटो पार्ट्स, बिजली के सामान स्पोर्ट्स गुड्स, सर्जिकल इंस्ट्रूमेंट्स, चमड़े का सामान, होजरी, ऊनी कपड़े, नट-बोल्ट, टेक्सटाइल गुड्स, वस्त्र, चीनी, खाद्य तेल आदि का उत्पादन करती हैं। इन इकाइयों में लगभग 13.85 लाख लोगों को रोजगार मिला हुआ है।

इसके अतिरिक्त राज्य में विकास के लिए लघु एवं सूक्ष्म समूह विकास कार्यक्रम के अंतर्गत 46 समूहों (क्लस्टर) को भारत सरकार को प्रस्तावित किया गया है। इनमें से 28 प्रस्तावों को भारत सरकार द्वारा

कार्यक्रम के अंतर्गत विभिन्न स्तरों पर कार्यान्वयन हेतु नैदानिक अध्ययन रिपोर्ट तैयार करने के लिए अनुमोदित किया गया है।

कृषि

पंजाब ने कृषि के क्षेत्र में असाधारण सफलता हासिल की है। राज्य में करीब 4.2 मिलियन कृषि योग्य भूमि है जो देशभर के कृषि योग्य कुल क्षेत्र का 3 प्रतिशत है। यहां देश के गेहूं उत्पादन का 18.4 प्रतिशत और चावल का 10.4 प्रतिशत उत्पादित होता है। दोनों फसलों के लिए कुल क्षेत्र 11.3 प्रतिशत और 6.6 प्रतिशत है। पंजाब ने पिछले चार दशकों में केंद्रीय अनाज भंडारण में चावल में 25-50 प्रतिशत और गेहूं में 38-75 प्रतिशत तक योगदान दिया है। दुनिया में समूचे गेहूं उत्पादन में पंजाब का सातवां स्थान है। कनाडा और ऑस्ट्रेलिया के बाद यह तीसरा सबसे अधिक उत्पादन करता है जो दुनिया में गेहूं व्यापार का लगभग 1/10 हिस्सा है। चावल उत्पादन में थाईलैंड के बाद इसका बिक्री योग्य उत्पाद दूसरे स्थान पर है।

व्यापक फसल विविधिकरण योजना के अंतर्गत मक्का, कपास एवं अन्य वैकल्पिक फसलों पर जोर दिया जा रहा है। खरीफ के मौसम में मक्का की जोत 1.5 से बढ़कर 1.72 लाख हेक्टेयर तक पहुंच चुकी है। फसल को बाज़ार में सही तरीके से पहुंचाने के लिए विभाग ने एसबीएस नगर और होशियारपुर के सैला खुर्द में मक्का सुखाने के दो संयंत्रों की स्थापना को भी सहयोग दिया है। इसके अलावा, 2016-17 में मक्का जुताई के लिए पंजाब ने 2 लाख हेक्टेयर जमीन का लक्ष्य तैयार किया है।

जालंधर के करतारपुर और होशियारपुर के खनौरा में राष्ट्रीय बागवानी मिशन के अंतर्गत उत्कृष्टता केंद्र स्थापित किया गया है। भारत-डच समझौते के अंतर्गत आलू एवं फूलों की बागवानी में उत्कृष्टता केंद्रों की स्थापना की गई है। लीची और नाशपाती के लिए अत्याधुनिक तकनीक से सुसज्जित प्रयोगशाला और नर्सरी भी स्थापित की जाएंगी। राज्य सरकार ने गन्ना उत्पादकों को पिछली बकाया संपूर्ण राशि भुगतान करने का विश्वास दिलाया है और इसके लिए 2015-16 के दौरान 331 करोड़ रुपये वितरित किए गए। 2016-17 के लिए 350 करोड़ की राशि निर्धारित की गई है।

बिजली

पंजाब के दो नए ताप ऊर्जा संयंत्रों, राजपुरा प्लांट (1400 मेगावाट) तथा तलवंडी साबो (1980 मेगावाट) की वजह से राज्य देश में अधिशेष बिजली वाला प्रदेश बन गया है।

पंजाब ऊर्जा विकास एजेंसी

राज्य सरकार के नए और नवीकरणीय स्रोत विभाग ने पंजाब एनर्जी डेवलपमेंट एजेंसी (पीईडीए) के साथ मिलकर 1,100 मेगावाट क्षमता एनआरएसई ऊर्जा संयंत्र लगाए हैं जिनमें से 491 मेगावाट क्षमता वाले सौर ऊर्जा संयंत्र 8,000 करोड़ के निवेश से लगाए गए हैं जो कि 4.30 करोड़ पेड़ लगाए जाने के बराबर है। इस पहल से प्रत्यक्ष एवं परोक्ष रूप से 5,000 युवाओं को रोज़गार मिला। 2022 तक पंजाब ने 2,550 मेगावाट क्षमता वाले सौर ऊर्जा संयंत्र की स्थापना का लक्ष्य रखा है।

सड़कें

राज्य में मार्गों की कुल लंबाई 71,742 कि.मी. है जिसमें 2,630 कि.मी. राष्ट्रीय राजमार्ग, 1,133 कि.मी. राज्य राजमार्ग हैं। लिंक मार्गों में पीडब्ल्यूडी बीएंडआर 31,696 कि.मी. और पंजाब मंडी बोर्ड 29,338 कि.मी. मार्गों की देखरेख करता है।

नागरिक उड्डयन

पंजाब में दो अंतरराष्ट्रीय हवाईअड्डे अमृतसर (राजासांसी) और मोहाली में हैं। मोहाली हवाईअड्डे के टर्मिनल भवन का पहला चरण पूरा हो चुका है और चालू किए जाने की प्रतीक्षा में है।

मेले और त्योहार

दशहरा, दिवाली, होली के अतिरिक्त मुक्तसर में माघी मेला, किला रायपुर में ग्रामीण खेल, पटियाला का बसंत, आनंदपुर साहिब में होला मोहल्ला, तलवंडी साबो में बैसाखी, सरहिंद में रौजा शरीफ का उर्स, छप्पर में छप्पार मेला, फरीदबोट में फरीद आगमन पर्व, गांव राम तीरथ में राम तीरथ, सरहिंद में शहीदी जोड़-मेल, जालंधर में हरबल्लभ संगीत सम्मेलन बाबा सोदल प्रमुख मेले और त्योहार हैं। इनके अतिरिक्त, अमृतसर, पटियाला, कपूरथला में भी प्रतिवर्ष तीन पारंपरिक मेले आयोजित किए जाते हैं और यह पर्यटकों के बीच बहुत प्रसिद्ध हैं।

वेबसाइट : www.punjabgovt.gov.in

सरकार

राज्यपाल :	श्री वी.पी. सिंह बदनोरे	**मुख्य सचिव**	: श्री सर्वेश कौशल
मुख्यमंत्री :	श्री प्रकाश सिंह बादल	**उच्च न्यायालय का अधिकार क्षेत्र**	: पंजाब, हरियाणा और चंडीगढ़

राजस्थान

क्षेत्रफल :	3,42,239 वर्ग किलोमीटर	**जनसंख्या** :	6.86 करोड़ (जनगणना 2011)
राजधानी :	जयपुर	**मुख्य भाषाएं** :	हिंदी और राजस्थानी

इतिहास और भूगोल

क्षेत्रफल की दृष्टि से राजस्थान भारत का सबसे बड़ा राज्य है। आज़ादी से पहले यह क्षेत्र राजपूताना या राजपूत एक योद्धा समुदाय कहलाता था। राजस्थान का इतिहास प्रागैतिहासिक काल से शुरू होता है। ईसा पूर्व 3,000 से 1,000 के बीच यहां की संस्कृति सिंधु घाटी सभ्यता जैसी थी। सातवीं शताब्दी में यहां चौहान राजपूतों का प्रभुत्व बढ़ने लगा और बारहवीं शताब्दी तक उन्होंने साम्राज्य स्थापित कर लिया था। चौहानों के बाद इस योद्धा जाति का नेतृत्व मेवाड़ के गहलोतों ने संभाला। मेवाड़ के अलावा जो अन्य रियासतें ऐतिहासिक दृष्टि से प्रमुख रहीं, वे हैं— मारवाड़, जयपुर, बूंदी, कोटा, भरतपुर और अलवर। अन्य सभी रियासतें इन्हीं रियासतों से बनीं। इन सभी रियासतों ने 1818 में अधीनस्थ गठबंधन की ब्रिटिश संधि स्वीकार कर ली जिसमें राजाओं के हितों की रक्षा की व्यवस्था थी, लेकिन इस संधि से आम जनता स्वाभाविक रूप से असंतुष्ट थी।

1857 के विद्रोह के बाद लोग स्वतंत्रता आंदोलन में भाग लेने के लिए महात्मा गांधी के नेतृत्व में एकजुट हुए। 1935 में अंग्रेजी शासन वाले भारत में प्रांतीय स्वायत्तता लागू होने के बाद राजस्थान में नागरिक स्वतंत्रता तथा राजनीतिक अधिकारों के लिए आंदोलन और तेज हो गया। 1948 में इन बिखरी हुई रियासतों को एक करने की प्रक्रिया शुरू हुई, जो 1956 में राज्य में पुनर्गठन कानून लागू होने तक जारी रही। सबसे पहले 1948 में मत्स्य संघ बना जिसमें चंद राज्यों के हिस्से थे, लेकिन धीरे-धीरे अन्य राज्य भी इस संघ में आकर मिलने लगे। 1949 तक बीकानेर, जयपुर, जोधपुर तथा जैसलमेर जैसे राज्य भी

इस संघ से जुड़ गए और यह क्षेत्र वृहत राजस्थान संयुक्त राज्य (यूनाइटेड स्टेट्स ऑफ ग्रेटर राजस्थान) बन गया। अंततः 1950 में वर्तमान राजस्थान औपचारिक रूप से अस्तित्व में आया और अजमेर राज्य, आबू रोड तालुका और सुनेल तप्पा भी शामिल हो गए।

राज्य का पूरा पश्चिमी भाग पाकिस्तान से सटा हुआ है, उत्तर में पंजाब है, उत्तर पूर्व में उत्तर प्रदेश दक्षिण पूर्व में मध्य प्रदेश और दक्षिण पश्चिम में गुजरात है।

कृषि

2014-15 में राज्य का कुल अनुमानित बुवाई क्षेत्र 241.21 लाख हेक्टेयर था और अनुमानित खाद्यान्न उत्पादन 182.76 लाख मी. टन था। मुख्य फसलें हैं— चावल, जौ, ज्वार, बाजरा, मक्का, चना, गेहूं, तिलहन, दालें, कपास और तंबाकू। इसके अलावा, पिछले कुछ वर्षों में सब्जियों और संतरा तथा माल्टा जैसे नींबू प्रजाति के फलों के उत्पादन में काफी वृद्धि हुई है। लाल मिर्च, सरसों, मेथी और जीरा व्यावसायिक फसलें हैं।

उद्योग

राजस्थान सांस्कृतिक रूप में समृद्ध होने के साथ-साथ खनिजों के मामले में भी समृद्ध रहा है और अब देश के औद्योगिक परिदृश्य में भी तेजी से उभर रहा है। राज्य के प्रमुख केंद्रीय प्रतिष्ठानों में देवारी (उदयपुर) और चंदेरिया (चित्तौड़गढ़) में हिंदुस्तान जिंक स्मेल्टर प्लांट, खेतड़ी नगर (झुंझनूं) में हिंदुस्तान तांबा संयंत्र, सांभर (जयपुर) में हिंदुस्तान सॉल्ट लिमिटेड, अजमेर में एचएमटी लिमिटेड और कोटा में प्रिसीज़न इंस्ट्रूमेंट्स फैक्ट्री शामिल है। मार्च 2015 तक राज्य में लघु उद्योगों की 4.16 लाख इकाइयां थीं, जिनमें 23,302 करोड़ रुपये की पूंजी लगी थी और लगभग 18.74 लाख लोगों को रोज़गार मिला हुआ था। मुख्य उद्योग हैं : वस्त्र, ऊनी कपड़े, इंजीनियरिंग के समान, इलेक्ट्रॉनिक वस्तुएं ऑटोमोबाइल्स, खाद्य प्रसंस्करण, रत्न एवं गहने, संगमरमर के स्लैब एवं टाइलें, कांच और सिरामिक, सीमेंट, ऑक्सीजन, जस्ता, उर्वरक, रेल के डिब्बे, बॉल बियरिंग, पानी व बिजली के मीटर, टेलीविजन सेट, सल्फ्यूरिक एसिड, सिंथेटिक धागे, हस्तशिल्प की वस्तुएं, स्टेनलेस स्टील, रि-रोलिंग, स्टील फाउंड्री तथा तापरोधी ईंटें आदि। बहुमूल्य और कम मूल्य के रत्नों के अलावा कास्टिक सोडा, कैल्शियम कार्बाइड, नाइलोन तथा टायर आदि अन्य महत्वपूर्ण औद्योगिक इकाइयां हैं।

राजस्थान में जिंक, पन्ना, गार्नेट, जिप्सम, चांदी, अभ्रक, धातु विशेष और अभ्रक के प्रचुर भंडार हैं। राज्य से भारी मात्रा में निर्यात भी होता है इसीलिए निर्यात संवर्द्धन औद्योगिक उद्यान की स्थापना सीतापुरा (जयपुर), बोरांडा (जोधपुर) में की गई है और उसे चालू भी कर दिया गया है। निर्यात को संवर्द्धन देने के लिए इन्लैंड कंटेनर डिपो जयपुर, भीलवाड़ा, जोधपुर और भिवाड़ी (अलवर) में स्थापित किए गए हैं। सीतापुरा में रत्न और आभूषणों के लिए विशेष आर्थिक जोन और बोरांडा (जोधपुर) में हस्तकला के लिए विशेष आर्थिक क्षेत्र स्थापित किए गए है। जयपुर के पीपीपी मॉडल में बहुउद्देशीय विशेष आर्थिक क्षेत्र (जोन) महेन्द्रा वर्ल्ड सिटी भी स्थापित की गई है।

खनिज

राजस्थान भारत में खनिज उत्पादन करने वाले राज्यों में से एक प्रमुख राज्य है। राज्य के पास खान और खनिज के क्षेत्र में एक गौरवशाली विरासत है और खनिज संपदा के संबंध में झारखंड के बाद दूसरे स्थान पर है। राज्य को खनिजों का संग्रहालय के रूप में सम्मानित किया गया हैं जहां पर धातु और गैर-धातु दोनों खनिज पाए

जाते हैं। इसके अतिरिक्त प्रसिद्ध इमारत का पत्थर और रेडियो एक्टिव खनिज, लिग्नाइट, पेट्रोलियम एवं प्राकृतिक गैस के संसाधन भी पाए जाते हैं। महत्वपूर्ण खनिज जिनका नाम शुरू से इस राज्य से जुड़ा हुआ है: वे हैं अलौह धातु जैसे- सीसा, जस्ता, ताबां और फेरोमैगनीशियन धातु जैसे कि टंगस्टन, बहुत से औद्योगिक खनिज और विभिन्न प्रकार के आयामी एवं सजावटी पत्थर पाए जाते हैं। यहां 79 खनिज उपलब्ध हैं जिनमें से 57 का वाणिज्यिक उत्पादन होता है। वर्तमान में राज्य वोलास्टोनाइट, सीसा-जस्ता, कैलसाइट तथा सेलेनाइट का एक मात्र उत्पादक है। चांदी, संगमरमर, कैडमियम, बॉल क्ले, रॉक फॉस्फेट, जिप्सम, फेल्डसपार का राजस्थान एक प्रमुख उत्पादक राज्य है। राज्य में पाए जाने वाले विभिन्न रंगों के पत्थर जैसे- मार्बल, ग्रेनाइट, सैंडस्टोन तथा कोटास्टोन की न केवल देश बल्कि विदेश में भी भारी मांग है। पश्चिमी राजस्थान में तेल तथा प्राकृतिक गैस के स्रोत पता लगने के बाद राज्य का कच्चा तेल उत्पादक के रूप में बांबे हाई के बाद दूसरा स्थान हो गया है।

भारत के 85 प्रतिशत से भी अधिक वोलास्टोनाइट, पोटाश, सीसा-जस्ता तथा चांदी के संसाधन राज्य में है। राज्य में देश के कुल संसाधनों में से पोटाश (94 प्रतिशत), सीसा-जस्ता अयस्क (89 प्रतिशत), वोलास्टोनाइट (88 प्रतिशत), चांदी अयस्क (87 प्रतिशत), जिप्सम (82 प्रतिशत), फुलर्सअर्थ (74 प्रतिशत), डायटोमाइट (72 प्रतिशत), फेल्डस्पार (66 प्रतिशत), मारबल (64 प्रतिशत), एस्बेस्टेस (61 प्रतिशत), तांबा अयस्क (50 प्रतिशत), केल्साइट (50 प्रतिशत), पाउडर साबुन का पत्थर (49 प्रतिशत), ग्रेनाइट (42 प्रतिशत), बॉल-क्ले (38 प्रतिशत), रॉक फॉस्फेट (30 प्रतिशत), फ्लोराइट (29 प्रतिशत), टंग्सटन अयस्क (27 प्रतिशत), लेटेराइट (26 प्रतिशत), स्वर्ण अयस्क (प्राथमिक) (23 प्रतिशत), माइका (21 प्रतिशत), तथा चीनी मिट्टी (16 प्रतिशत) है।

सिंचाई

मार्च 2015 के अंत तक राज्य में विभिन्न बड़ी, मंझोली और छोटी सिंचाई परियोजनाओं के जरिए सिंचाई की व्यवस्था की गई और अब कुल सिंचित क्षमता 38.22 लाख हेक्टेयर हो गई है। 2014-15 के दौरान 10,969 हेक्टेयर की अतिरिक्त सिंचाई क्षमता (इंदिरा गांधी नहर परियोजना सहित) का सृजन किया गया।

बिजली

राज्य में स्थापित बिजली क्षमता मार्च 2015 तक 15986.87 मेगावाट तक पहुंच गई जिसमें 5357.35 मेगावाट राज्य की परियोजनाओं, 853.44 मेगावाट समन्वित परियोजनाओं तथा 2803.47 मेगावाट केंद्रीय विद्युत उत्पादन स्टेशनों से प्राप्त की गई। पवन, सौर तथा जैविक परियोजनाओं से 3916.61 मेगावाट और 3056 मेगावाट निजी क्षेत्र की परियोजनाओं से प्राप्त हुई।

महात्मा गांधी राष्ट्रीय ग्रामीण रोजगार गारंटी स्कीम

भारत सरकार द्वारा शुरू की गई यह योजना 2006 को प्रथम चरण के तहत 6 जिलों (बांसवाड़ा, डूंगरपुर, झालावाड़, करौली, सिरोही तथा उदयपुर) में लागू की गई। द्वितीय चरण में 2007 को अन्य 6 जिलों (बाड़मेर, चित्तौड़गढ़, जैसलमेर, जालौर, सवाई, माधोपुर तथा टोंक) में लागू की गई। तीसरे चरण में 2008 को यह योजना राज्य के बाकी जिलों में लागू कर दी गई।

परिवहन

सड़कें : राजस्थान में सड़कों की अनुमानित कुल लंबाई 2,07019 कि.मी. है।

रेलवे : जोधपुर, जयपुर, बीकानेर, सवाई माधोपुर, कोटा, उदयपुर और भरतपुर राज्य के प्रमुख रेलवे जंक्शन हैं। राज्य में रेलवे लाइन की कुल लंबाई 5871.65 कि.मी. है जिसमें 4801.18 कि.मी. ब्रॉड गेज, 983.71 कि.मी. मीटर गेज तथा 86.76 कि.मी. छोटी लाइन शामिल हैं।

जयपुर मेट्रो: मानसरोवर से जयपुर रेलवे स्टेशन तक मेट्रो ट्रैक कार्य का चरण-1ए पूरा हो चुका है। इस मार्ग की कुल लंबाई 9.72 कि.मी. है। चरण-1बी: चांद पोल से बड़ी चोपड़ तक कुल 2.35 कि.मी. मेट्रो लाइन का काम प्रगति पर है।

उड्डयन : जयपुर हवाईअड्डे से सभी प्रमुख शहर जुड़े हैं। इनमें दिल्ली, मुंबई, अहमदाबाद, कोलकता, चेन्नई, हैदराबाद, बंगलुरु, पुणे और गुवाहाटी के लिए नियमित घरेलू विमान सेवाएं हैं। दुबई, मस्कट तथा शारजाह के लिए जयपुर से अंतरराष्ट्रीय विमान सेवाएं भी उपलब्ध हैं।

त्योहार

राजस्थान मेलों और उत्सवों की धरती है। होली, दीपावली, विजयदशमी, क्रिसमस जैसे प्रमुख राष्ट्रीय त्योहारों के अलावा अनेक देवी-देवताओं, संतों और लोकनायकों तथा नायिकाओं के जन्मदिन मनाए जाते हैं। यहां के महत्वपूर्ण मेले हैं-तीज, गणगौर, होली-धुलैंडी, पतंग तथा राजस्थान दिवस (जयपुर), अजमेर शरीफ और गलियाकोट के वार्षिक उर्स (अजमेर) तथा पुष्कर मेला रामदेवजी मवेशी मेला, (नागौर) ऊंट मेला (बीकानेर), मरुस्थल उत्सव (जैसलमेर), बेनेश्वर मेला (डूंगरपुर), ब्रज-होली महोत्सव (भरतपुर) केलादेवी मेला, श्री महावीर जी मेला (करोली), रनकपुर उत्सव, गोदवार उत्सव (पली), मेवाड़ उत्सव (उदयपुर), ग्रीष्म और शीत उत्सव माउंट आबू (सिरोही), कजली तीज और बूंदी उत्सव (बूंदी), दशहरा उत्सव और साहसिक उत्सव (कोटा), मत्सय उत्सव (अलवर), मारवाड़ उत्सव (जोधपुर), चन्द्रभागा मेला (झालावाड़), जम्भेश्वर मेला और कोलायत मेला (नोखा-बीकानेर)और खाटू श्यामजी मेला (खाटू-सीकर) आदि।

पर्यटन स्थल

राज्य में पर्यटन के प्रमुख केंद्र हैं- जयपुर, जोधपुर, उदयपुर, बीकानेर, माउंट आबू, रणथंभौर राष्ट्रीय उद्यान (बाघ रिजर्व)- सवाई माधोपुर, अलवर में सरिस्का बाघ विहार, भरतपुर में केवलादेव राष्ट्रीय उद्यान, पक्षी विहार, अजमेर, जैसलमेर, पाली, चित्तौड़गढ़, बूंदी, कोटा, झालावाड़ और शेखावटी आदि।

वेबसाइट : www.rajsthan.gov.in

सरकार

राज्यपाल	:	श्री कल्याण सिंह	**मुख्य सचिव**	:	श्री ओ. पी. मीणा
मुख्यमंत्री	:	श्रीमती वसुंधरा राजे	**उच्च न्यायालय का अधिकार क्षेत्र**	:	राजस्थान

सिक्किम

क्षेत्रफल	:	7,096 वर्ग किलोमीटर	**जनसंख्या**	:	6.11 लाख (जनगणना 2011)
राजधानी	:	गंगटोक	**मुख्य भाषाएं**	:	लेप्चा, भूटिया, नेपाली, लिंबू, सिक्किमी

इतिहास और भूगोल

सिक्किम का प्रारंभिक इतिहास 13वीं शताब्दी से आरंभ होता है जब लेप्चा चीफटेन प्रमुख थेकोंग-टेक और तिब्बत के राजकुमार खे-बूमसा के बीच उत्तरी सिक्किम में काबी लुंगत्सोक में भाईचारे के एक समझौते पर हस्ताक्षर हुए। इसके बाद 1641 में तिब्बत के सम्मानित लामा संतों ने पश्चिमी सिक्किम के युकसाम प्रांत की ऐतिहासिक यात्रा की, जहां उन्होंने खे-बूमसा के छठी पीढ़ी के वंशज फुंत्सोग नामग्याल का सिक्किम के पहले चोग्याल के रूप में राज्याभिषेक किया और इस तरह सिक्किम में नामग्याल राजवंश का उदय हुआ। समय के बदलाव के साथ सिक्किम लोकतांत्रिक प्रक्रिया से गुजरा और 1975 में वह भारतीय संघ का अभिन्न अंग बन गया। 8वीं सदी में गुरु पद्मसंभव ने अपने तिब्बत प्रवास के दौरान इस स्थान को आशीर्वाद दिया था। सिक्किम में सभी समुदायों के लोग आपसी सद्भाव से रहते हैं। सिक्किम में भिन्न-भिन्न मतों से जुड़े लोग हैं और शायद यह भारतीय संघ में सांप्रदायिक सद्भाव और मानवीय संबंधों को बढ़ावा देने वाला सर्वाधिक शांति वाला राज्य है जिसकी भारत जैसे बहु-सामाजिक व्यवस्था वाले देश में नितांत आवश्यकता भी है।

विश्व की तीसरी सबसे ऊंची चोटी, कंचनजंघा, जिसे सिक्किम की रक्षा देवी माना जाता है, इस राज्य पर अपनी मंत्रमुग्ध करने वाले प्राकृतिक सौंदर्य की छटा बिखेरती है। सिक्किम जैव विविधताओं से भरा दुनिया के 18 प्रमुख क्षेत्रों में एक है। राज्य में आवृतबीजी वनस्पतियों की 5,000 प्रजातियां पाई जाती हैं जो देशभर में पाई जाने वाली आवृतबीजी प्रजातियों का एक तिहाई है। फूल वाले पौधों की 4,500 जातियां, फर्न तथा एल्गी की 362 जातियां, 30 प्रजातियां प्राइमल की तथा बांस की 28 प्रजातियां, आर्किड की 550 प्रजातियां, रोडेन्ड्रान की 36 प्रजातियां, ओक की 11 प्रजातियां, उभयचर जीवों की 50 प्रजातियां, पक्षियों की 600 प्रजातियां, मछलियों की 48 प्रजातियां, स्तनधारियों की 150 प्रजातियां, तितली की 700 प्रजातियां तथा सरीसृपों की 80 प्रजातियां राज्य में पाई जाती हैं।

दुर्लभ और विश्व स्तर पर खतरे की आशंका वाले हिम तेंदुए, तिब्बत की अरगली भेड़, लाल पांडा, याक और साथ में अधिक ऊंचाइयों पर पालतु बोविड, काली गर्दन वाले (क्रेन) सारस और फेरेरियम आदि यहां पाई जाने वाली कुछ महत्वपूर्ण प्रजातियां हैं।

पर्यटन

पूर्वी हिमालय क्षेत्र में स्थित सिक्किम भारत के सबसे सुंदर प्रदेशों में से है। विश्व के तीन सबसे ऊंचे पर्वतों में से एक कंचनजंघा यहीं हैं, जिसे इस क्षेत्र में रक्षक के रूप में पूजा जाता है। सिक्किम की हिमाच्छादित पर्वतमालाएं, घने जंगल, आकर्षक वनस्पति तथा जीव-जंतु, अविरल झरने, पवित्र झीलें, धार्मिक गुफाएं, गर्म पानी के औषधीय स्रोत, प्रपात के समान गिरती नदियां और सौम्य धाराएं इसे सदाबहार पर्यटन स्थल बनाती हैं। यहां रह रहे विभिन्न समुदायों की संस्कृति की मिश्रित छटा लिए हुए यह राज्य एक-दूसरे समुदायों के सभी त्योहार तथा जश्न समान हर्षोल्लास के साथ मनाता है। ध्यान लगाने हेतु एकांत चाहने वालों से लेकर साहसिक पर्यटन के लिए छुट्टियों पर जाने वालों तक के लिए यहां भरपूर आनंद है। अधिक रोमांच चाहने वालों के लिए ट्रैकिंग है, रिवर राफटिंग है, माउंटेन बाइकिंग से लेकर, रॉक क्लाइम्बिंग, पैराग्लाइडिंग और एंग्लिंग तक सभी कुछ है। यहां आप बर्ड वॉचिंग और बर्फ़ीली पहाड़ियों का अहसास पाने के लिए माउंटेनफ्लाइट का लुत्फ भी उठा सकते हैं।

कृषि

कृषि क्षेत्र में बेबी कॉर्न और स्वीट कॉर्न जैसी फसलों की शुरुआत से सरकार ने महत्वपूर्ण कार्य किया है, जिससे किसान परिवारों की आय बढ़ी है। नमी परिस्थितियों में उगने वाली फसलों तथा और अन्य अनाज जिनकी उच्च वैश्विक मांग है, जैसे- कुट्टू, ज्वार तथा अन्य मोटे अनाज पर अधिक जोर है।

बागवानी

फलों का उत्पादन 5,250 टन से बढ़कर 22,240 टन हो गया यानी 323 प्रतिशत की रिकार्ड वृद्धि। सब्जियों का उत्पादन 22,130 टन से बढ़कर 78,820 टन हो गया यानी 256 प्रतिशत की बढ़त। सर्वाधिक महत्वपूर्ण वृद्धि बागवानी में देखी गई जहां 200 हेक्टेयर के उत्पादन में 230 लाख कट फूल और पौध सामग्री का उत्पादन हुआ।

सिंचाई

सिंचाई तथा बाढ़ नियंत्रण विभाग ने 3866.68 हेक्टेयर कृषि योग्य भूमि को सिंचाई सुविधा उपलब्ध कराई है। 11वीं पंचवर्षीय योजना 2010-11 के दौरान जल संसाधन मंत्रालय ने 225 योजनाओं को त्वरित सिंचाई लाभ कार्यक्रम के तहत स्वीकृत प्रदान की गई।

बिजली

केंद्रीय जल आयोग के मूल्यांकन के अनुसार सिक्किम की कुल जल विद्युत क्षमता लगभग 8,000 मेगावाट है। सिक्किम सरकार ने वर्ष 2004 में राज्य में विशाल जल विद्युत क्षमता के दोहन की दृष्टि से जल विद्युत विकास के विभिन्न पहलुओं की जांच के लिए हाइड्रो समिति गठित की और जल विद्युत परियोजनाओं का शीघ्र कार्यान्वयन करने के लिए सिफारिशें की।

परिवहन

सड़कें : गंगटोक सड़क मार्ग से कोलकाता के दार्जिलिंग जिले और सिक्किम के सभी जिला मुख्यालयों से जुड़ा है। राज्य में सड़कों की कुल लंबाई 3672.32 कि.मी. है और पुलों की संख्या 216 है। इसमें 873.40 कि.मी. सड़कें सीमा सड़क संगठन ने बनाई हैं।

रेलवे और उड्डयन : राज्य के निकटवर्ती रेलवे स्टेशन सिलीगुड़ी (113 कि.मी.) और न्यू जलपाईगुड़ी (125 कि.मी.) हैं, जो इसे कोलकाता, दिल्ली तथा अन्य शहरों और बागडोगरा हवाईअड्डे से जोड़ते हैं। पूर्वी सिक्किम के पक्योंग में ग्रीन फील्ड हवाईअड्डे का निर्माण किया जा रहा है। गंगटोक और बागडोगरा के बीच नियमित हेलीकाप्टर सेवा उपलब्ध है।

सूचना प्रौद्योगिकी

आईटी परियोजनाओं के माध्यम से आम आदमी का जीवन सुधारने के लिए राज्य सरकार ने राज्यभर में, ग्रामीण इलाकों सहित कई कदम उठाए हैं, जैसे- 45 समुदायिक सेवा केंद्रों (सीएससी) की स्थापना, स्टेट-वाइड एरिया नेटवर्क (स्वान), जिससे सूचना-प्रौद्योगिकी बिल्कुल बुनियादी स्तर पर पैठ बना सके। इससे सरकार के साथ जनता का संपर्क काफी बढ़ा है और कुछ राज्य सेवाओं की गुणवत्ता में सुधार आया है। शेरथंग के सीएससी को *लिम्का बुक ऑफ रिकॉर्ड्स* द्वारा सर्वोच्च साइबर कैफे घोषित किया गया है।

वेबसाइट : www.sikkim.gov.in

सरकार

राज्यपाल	: श्री श्रीनिवास पाटिल	**मुख्य सचिव**	: श्री ए.के. श्रीवास्तव
मुख्यमंत्री	: श्री पवन चामलिंग	**उच्च न्यायालय का अधिकार क्षेत्र**	: सिक्किम

तमिलनाडु

क्षेत्रफल	: 1,30,060 वर्ग किलोमीटर	**जनसंख्या**	: 7.21 करोड़ (जनगणना 2011)
राजधानी	: चेन्नई	**मुख्य भाषा**	: तमिल

इतिहास और भूगोल

तमिलनाडु का इतिहास अत्यंत प्राचीन है। यद्यपि प्रारंभिक काल के संगम ग्रंथों में इस क्षेत्र के इतिहास का अस्पष्ट उल्लेख मिला है, किंतु तमिलनाडु का लिखित इतिहास पल्लव राजाओं के समय से ही उपलब्ध है। दक्षिण भारत पर कई शताब्दियों तक चोल, चेर और पांड्य राजाओं का शासन रहा। चौथी शताब्दी के पूर्वार्द्ध में पल्लवों का वर्चस्व कायम हुआ। उन्होंने ही द्रविड़ शैली की प्रसिद्ध मंदिर वास्तुकला का सूत्रपात किया। अंतिम पल्लव राजा अपराजित थे, जिनके राज्य में लगभग दसवीं शताब्दी में चोल शासकों ने विजयालय और आदित्य के मार्गदर्शन में अपना महत्व बढ़ाया। ग्यारहवीं शताब्दी के अंत में तमिलनाडु पर चालुक्य, चोल, पांड्य जैसे अनेक राजवंशों का शासन रहा। इसके बाद के 200 वर्षों तक दक्षिण भारत पर चोल साम्राज्य का आधिपत्य रहा।

मुसलमानों ने भी धीरे-धीरे अपनी स्थिति मजबूत कर ली जिसे चौदहवीं शताब्दी के मध्य में बहमनी सल्तनत कायम हुई। लगभग उसी समय विजयनगर साम्राज्य ने तेजी से अपनी स्थिति मजबूत बना ली और समूचे दक्षिण भारत तक अपना प्रभाव बढ़ा लिया। शताब्दी के अंत तक विजयनगर साम्राज्य दक्षिण की सर्वोच्च शक्ति बन चुका था, किंतु 1564 में तालीकोटा की लड़ाई में दक्षिण के सुलतानों की सामूहिक फौजों से वह पराजित हो गया।

तालीकोटा के युद्ध के बाद कुछ समय तक स्थिति अस्पष्ट रही, लेकिन इस बीच यूरोप के व्यापारी अपने व्यापारिक हितों के लिए दक्षिण भारत में अपने पैर जमाने के लिए एक-दूसरे से होड़ करने लगे। पुर्तगाल, हॉलैंड, फ्रांस और इंग्लैंड के व्यापारी एक के बाद एक आए और उन्होंने अपने व्यापारिक केंद्र स्थापित कर लिए, जिन्हें उन दिनों फैक्ट्रीज़ कहा जाता था। ईस्ट इंडिया कंपनी ने 1611 में मछलीपट्टनम (जो अब आंध्र प्रदेश में है) में अपनी फैक्ट्री लगाई और धीरे-धीरे उन्होंने स्थानीय शासकों को एक-दूसरे के खिलाफ करके उनके क्षेत्र हथिया लिए। ब्रिटिश लोगों ने भारत में सबसे पहले तमिलनाडु में अपनी बस्ती बसाई। 1901 में मद्रास प्रेसीडेंसी बना जिसमें दक्षिण प्रायद्वीप के अधिकतर हिस्से शामिल थे। बाद में संयुक्त मद्रास राज्य का पुनर्गठन किया गया और वर्तमान तमिलनाडु राज्य अस्तित्व में आया।

तमिलनाडु के उत्तर में आंध्र प्रदेश और कर्नाटक, पश्चिम में केरल, पूर्व में बंगाल की खाड़ी और दक्षिण में हिंद महासागर है।

कृषि

मेत्तूर बांध 2011 को खोल दिया गया, जिससे धान के कृषि क्षेत्र में 1,80,000 एकड़ का इज़ाफ़ा हुआ। इससे लगभग 1,22,230 किसान लाभान्वित हुए। किसानों का बोझ कम करने हेतु कृषि आगतों तथा खेती की मशीनरी इत्यादि के लिए वैट में 4 प्रतिशत की रियायत दी गई, जिससे 63.40 लाख किसानों को लाभ हुआ।

पर्यटन

कला तथा संस्कृति का वास्तविक खज़ाना, तमिलनाडु पर्यटकों के लिए हमेशा ही प्रमुख आकर्षण रहा है। तमिलनाडु बीते समय की कला तथा संस्कृति की जो उत्कृष्ट अभिव्यक्ति पेश करता है, वह देश में और कहीं भी देखने को नहीं मिलती। कला तथा संस्कृति को सुरक्षित रखने के मामले में तमिलनाडु प्रसिद्ध प्रतिमाओं, दीवारों तथा स्तंभों पर खुदी कलाकृतियों तथा चित्रकारियों, मंदिरों की विशाल मीनारों; गोपुरम् का स्वामी है। तमिलनाडु में पर्यटकों के आकर्षण के कई स्थल हैं, जिनमें 1076 किलोमीटर का समुद्र तट, 30,000 से भी अधिक मंदिर तथा पूजा स्थल, जो ईसवी सन् की शुरुआत से भी कहीं पहले के हैं, जल–प्रपात, अभयारण्य, पहाड़ी स्थान, बांस बने हस्तशिल्प तथा हथकरघा, ऐतिहासिक स्थल, पाक शैली, व्यापार के अवसर इत्यादि शामिल हैं।

पर्यटकों की सुविधा के लिए तमिलनाडु पर्यटन विभाग सभी महत्वपूर्ण पर्यटन स्थलों पर बुनियादी ढांचागत सुविधाएं तथा सेवाएं बेहतर बनाने के अथक प्रयास कर रहा है। चिकित्सा पर्यटन, शिक्षा पर्यटन, साहसिक पर्यटन, ग्रामीण पर्यटन तथा व्यापार पर्यटन जैसी वैकल्पिक मांगों के जरिये भी राज्य पर्यटकों के आगमन में भारी इज़ाफा कर पाने में सफल रहा है।

भू–तत्व तथा खनिज

खनिज कई महत्वपूर्ण उद्योगों के लिए मूल संसाधन होते हैं और सकल राज्य घरेलू उत्पाद तथा औद्योगिक संवृद्धि में महत्वपूर्ण योगदान देते हैं। खनिजों को आर्थिक विकास का मेरुदंड माना जाता है और इन्हें देश की संपदा समझा जाता है। राज्य की विकासात्मक गतिविधियां और इसकी आर्थिक समृद्धि खनिज संपदा की उपलधता तथा इसके विवेकपूर्ण दोहन से प्रतिबिंबित होती हैं।

राज्य लिग्नाइट, चूना पत्थर, गार्नेट सैंड, सिलिका सैंड, स्फटिक तथा फेल्डस्पार, ग्रेफाइट, तेल तथा प्राकृतिक गैस, मैग्नेसाइट, लौह अयस्क इत्यादि जैसे कई औद्योगिक खनिजों से संपन्न है। यहां आम प्रयोग वाले कुछ साधारण खनिजों के भंडार भी पाये जाते हैं, जैसे विश्व प्रसिद्ध काला ग्रेनाइट तथा मल्टी कलर ग्रेनाइट, जिससे राज्य में सीमेंट, रिफैक्ट्री, कांच, सेरामिक तथा ग्रेनाइट पॉलिशिंग उद्योग स्थापित करने में सहायता मिली है।

परिवहन

सड़कें : 62,294 कि.मी. सड़कों का नेटवर्क राजमार्ग विभाग के नियंत्रण में है।

रेलवे : (1) रेलवे लाइन की लंबाई 3,846 किलोमीटर है। (2) मार्च 2015 तक रनिंग ट्रेक की लंबाई 4,943 किलोमीटर है।

मुख्य स्टेशन हैं: चेन्नई सेंट्रल, तिरुचिरापल्ली, मदुरै, तिरुनलवेल्ली, नागरकोइल, कोयंबटूर, इरोड, सलेम, जोलारपेट्टी, कटपडी और एराकोणम।

बंदरगाह : चेन्नई, एन्नौर और तूतीकोरिन चेन्नई राज्य के प्रमुख बंदरगाह हैं। इसके अलावा, सात सरकारी छोटे बंदरगाहों– कुड्डेलोर, नागापट्टीनम, रामेश्वरम, पंवन, कोलाचेल, कन्याकुमारी, वेलिनोक्कम – सहित 23 घोषित छोटे बंदरगाह हैं। 16 घोषित कैप्टिव छोटे पोर्ट हैं जिनमें कट्टूपल्ली, एन्नोर माइनर पोर्ट, पीवाई–3 ऑयल फील्ड और तिरुकड्डीयूर संचालन में है और अन्य वैधानिक मंजूरी प्राप्त करने और विकास के विभिन्न चरणों में है।

वेबसाइट : www.tn.gov.in

सरकार

राज्यपाल	: श्री सीएच विद्यासागर राव	**मुख्य सचिव**	:	डॉ. पी. राम मोहन राव
मुख्यमंत्री	: श्री ओ. पन्नरिसेल्वम	**उच्च न्यायालय का अधिकार क्षेत्र**	:	मद्रास उच्च न्यायालय अधिकार क्षेत्र

त्रिपुरा

क्षेत्रफल	: 10,486 वर्ग किलोमीटर	**जनसंख्या**	: 36.74 लाख (जनगणना 2011 अनंतिम)
राजधानी	: अगरतला	**मुख्य भाषाएं**	: बांग्ला और कोकबोरक

इतिहास

त्रिपुरा की अपनी अनोखी जनजातीय संस्कृति तथा दिलचस्प लोकगाथाएं हैं। इसके इतिहास को त्रिपुरा नरेश के बारे में 'राजमाला' गाथाओं तथा इतिहासकारों के वर्णनों से जाना जा सकता है। महाभारत और पुराणों में भी त्रिपुरा का उल्लेख मिलता है। राजमाला के अनुसार त्रिपुरा के शासकों को 'फा' उपनाम से पुकारा जाता था जिसका अर्थ 'पिता' होता है। 14वीं शताब्दी में बंगाल के शासकों द्वारा त्रिपुरा नरेश की मदद किए जाने का भी उल्लेख मिलता है। त्रिपुरा के शासकों को मुगलों के बार-बार आक्रमण का भी सामना करना पड़ा जिसमें आक्रमणकारियों को कमोबेश सफलता मिलती रहती थी। कई लड़ाइयों में त्रिपुरा के शासकों ने बंगाल के सुल्तानों को हराया। 19वीं शताब्दी में महाराजा वीरचंद्र किशोर माणिक्य बहादुर के शासनकाल में त्रिपुरा में नए युग का सूत्रपात हुआ। उन्होंने अपने प्रशासनिक ढांचे को ब्रिटिश भारत के नमूने पर बनाया और कई सुधार लागू किए। उनके उत्तराधिकारों ने 15 अक्टूबर, 1949 तक त्रिपुरा पर शासन किया। इसके बाद त्रिपुरा भारत संघ में शामिल हो गया। शुरू में यह भाग-सी के अंतर्गत आने वाला राज्य था और 1956 में राज्यों के पुनर्गठन के बाद यह केंद्रशासित प्रदेश बना। 1972 में इसने पूर्ण राज्य का दर्जा प्राप्त किया।

त्रिपुरा बांग्लादेश तथा म्यामां की नदी घाटियों के बीच स्थित है। इसके तीन तरफ बांग्लादेश है और केवल उत्तर-पूर्व में यह असम और मिज़ोरम से जुड़ा हुआ है।

कृषि

त्रिपुरा की अर्थव्यवस्था मुख्यत: कृषि पर आधारित है। 24 प्रतिशत भूमि इसी क्षेत्र से जुड़ी है। 51 प्रतिशत आबादी अपनी आजीविका के लिय कृषि पर ही निर्भर है।

सिंचाई

त्रिपुरा राज्य मुख्यत: पहाड़ी इलाका है। इसका भौगोलिक क्षेत्र 10,49,169 हेक्टेयर है। अनुमान है कि 2,55,241 हेक्टेयर भूमि कृषि योग्य है। 11,700 हेक्टेयर भूमि क्षेत्र में सिंचाई व्यवस्था है।

पर्यटन

त्रिपुरा देश के उत्तर पूर्वी क्षेत्र में छोटा परंतु मनोरम राज्य है। यह लगभग 10,491,69 वर्ग कि.मी. में फैला हुआ है। इसके उत्तर, दक्षिण और दक्षिण पूर्व में अंतरराष्ट्रीय सीमाएं हैं। इसके पूर्व में बांग्लादेश है और इसकी सीमा दो राज्यों- असम तथा मिज़ोरम से लगी हुई है। इस खूबसूरत राज्य में 19 पारंपरिक जनजातियां, बंगाली, मणिपुरी तथा अन्य रहते हैं।

त्रिपुरा के मनोहारी दृश्य, इसकी समृद्ध और विविध संस्कृति, पुरातत्व तथा वास्तुकला, इसकी हस्तशिल्प और हस्तकला के रंग, डिजाइन और शिल्पकारी सब अपनी ओर खींचते हैं। त्रिपुरा की झीलें, मौसम, पेड़-पौधे और इससे ऊपर यहां के लोगों की मेहमाननवाजी सब आकर्षित करते हैं। एक बार जो यहां आता है, वह बार-बार आना चाहता है।

वेबसाइट: www.tripura.gov.in

सरकार

राज्यपाल	: श्री तथागत रॉय	**मुख्य सचिव**	: श्री यशपाल सिंह
मुख्यमंत्री	: श्री माणिक सरकार	**उच्च न्यायालय का अधिकार क्षेत्र**	: त्रिपुरा उच्च न्यायालय

तेलंगाना

क्षेत्रफल	: 11,4,840 वर्ग कि.मी.	**जनसंख्या**	: 3,51,93,978 (जनगणना 2011 अनंतिम)
राजधानी	: हैदराबाद	**प्रमुख भाषा**	: तेलुगू तथा उर्दू

भारत के 29वें राज्य तेलंगाना का गठन 2014 को हुआ। इसकी राजधानी हैदराबाद है। 1956 में राज्यों के भाषाई पुनर्गठन के अनुसार तेलंगाना आंध्र प्रदेश राज्य का हिस्सा था। हैदराबाद सहित तेलंगाना के दस जिले हैं। इनके नाम हैं- आदिलाबाद, खम्मम, करीमनगर, महबूबनगर, मेडक, नलगोंडा, निज़ामाबाद, रंगारेड्डी और वारंगल।

तेलंगाना का इतिहास

तेलंगाना नाम का संदर्भ त्रिलिंगा देसा शब्द से है। राज्य में कालेस्वरम, श्रीसेलम और द्रकश्रमम्म में भगवान शंकर के तीन प्राचीन मंदिरों की उपस्थिति के वजह से यह नाम अर्जित हुआ। एक और ऐतिहासिक कारण यह है कि निजामों के राज में यह क्षेत्र तेलुगू अंगना के नाम से जाना जाता था ताकि इसे मराठी भाषी क्षेत्रों से अलग पहचाना जा सके। इस क्षेत्र में सातवाहन, काकतिया, चालुक्य, मुगल कुतुबशाही और असफजाही जैसे महान राजवंशों ने शासन किया। सतवाहनों ने तेलंगाना में दूसरी शताब्दी बीसी (ईसापूर्व) से दूसरी शताब्दी (ईसवी) तक लगभग 400 वर्षों तक शासन किया फिर भी काकतिया का वास्तुकला में योगदान अधिक प्रभावशाली माना जाता हैं। काकतियों में प्रतापरूद्रा महान शासक था, जिसने 1,323 ईस्वी तक शासन किया।

तेलंगाना और आंध्र के विलय को रद्द करने के लिए कई आंदोलन हुए जिनमें से 1969, 1972 और 2009 वाले आंदोलन प्रमुख थे। तेलंगाना को नया राज्य बनाने के लिए होने वाले आंदोलनों ने इन दशकों के दौरान गति पकड़ी। भारत सरकार ने 2009 को तेलंगाना राज्य के गठन की प्रक्रिया घोषित की। घोषणा के तुरंत बाद तटीय आंध्र और रायल सीमा क्षेत्रों में हिंसक विरोध प्रदर्शन हुए और दिसंबर 2009 को इस फैसले पर अमल रोक दिया गया। हैदराबाद और तेलंगाना के अन्य जिलों में आंदोलन जारी रहा। अलग राज्य की

मांग करते हुए सैकड़ों आत्मदाह, हड़ताल, विरोध प्रदर्शन और सार्वजनिक जीवन की गड़बड़ी के मामले सामने आए है।

जुलाई 2013 में कांग्रेस कार्यसमिति ने सर्वसम्मति से एक अलग राज्य के गठन की सिफारिश का प्रस्ताव पारित किया। विभिन्न चरणों के बाद विधेयक संसद में रखा गया। फरवरी 2014 को आंध्र प्रदेश पुनर्गठन अधिनियम, 2014, आंध्र प्रदेश के उत्तर पश्चिम से दस जिलों वाले तेलंगाना राज्य के गठन के लिए भारतीय संसद में पारित किया गया।

भूगोल

तेलंगाना भारतीय प्रायद्वीप के पूर्वी समुद्र तट के मध्य खंड में दक्कन के पठार पर स्थित है। इसमें 1,14,800 वर्ग किलोमीटर (44,300 वर्ग मील) क्षेत्र शामिल है। राज्य में 79 प्रतिशत जलग्रहण क्षेत्र के साथ गोदावरी नदी और लगभग 69 प्रतिशत जलग्रहण क्षेत्र वाली कृष्णा नदी दो मुख्य नदियां बहती हैं, परंतु फिर भी अधिकतर क्षेत्र सूखा है। तेलंगाना में भीमा, मंजीरा और मूसी जैसी और भी बहुत-सी छोटी-छोटी नदियां बहती है। राज्य के उत्तर तथा उत्तर पश्चिम में महाराष्ट्र, पश्चिम में कर्नाटक, उत्तर पूर्व में छत्तीसगढ़ और पूर्व में ओडिशा है।

कृषि

चावल राज्य की मुख्य फसल है। तंबाकू, आम, कपास और गन्ना अन्य महत्वपूर्ण फसलें हैं। प्रमुख खरीफ के मोटे अनाज में यहां मक्का, ज्वार, बाजरा तथा रागी का उत्पादन होता है। राज्य के कुल भौगोलिक क्षेत्र में से 40.5 प्रतिशत कुल बुवाई क्षेत्र, 23.9 प्रतिशत वन के तहत, 10.5 प्रतिशत परती भूमि, 7.7 प्रतिशत गैर-कृषि उपयोग के लिए और 5.4 प्रतिशत बंजर एवं अकृष्य क्षेत्र के अंतर्गत आता है। कुल फसली क्षेत्र 46.54 लाख हेक्टेयर है। कृषि उत्पादन वहां होने वाली वर्षा पर निर्भर करता है। यहां प्रमुख प्रभाव दक्षिण-पश्चिमी मानसून का है।

कला और शिल्प

हस्तकला तेलंगाना का अभिन्न अंग रहा है। यह क्षेत्र अदभुत हस्तशिल्प प्रदान करता है जैसे बिदरी शिल्प, बंजारा सुई शिल्प, डोकरा धातु शिल्प, निर्मल कला, कांस्य की ढलाई। बारीक सुई की कारीगरी हो, कांस्य की अद्भुत ढलाई हो या धातु शिल्प या फिर अति उत्तम पाषाण शिल्प, तेलंगाना में हस्तकला के व्यापक संग्रह देखने को मिलते हैं।

त्योहार

'बट्ठूकम्मा' राज्य का एक रंगीन और जीवंत त्योहार है। फूलों का यह अद्वितीय त्योहार यहां की सांस्कृतिक पहचान का प्रतीक है। 'देवी महाकाली' की पूजा वाला 'बोनालू' वार्षिक हिंदू त्योहार भी हर्षोल्लास के साथ मनाया जाता है। दशहरा, समक्का सारक्का यात्रा, पीरला पान्डगा और रमजान आदि त्योहार भी तेलंगाना में धूमधाम से मनाए जाते हैं।

वेबसाइट : www.telangana.gov.in

सरकार

राज्य पाल	: श्री ई. एस. एल. नरसिम्हा	**मुख्य सचिव**	: डॉ. राजीव शर्मा
मुख्य मंत्री	: श्री के. चंद्रशेखर राव	**उच्च न्यायालय का अधिकार क्षेत्र**	: हैदराबाद उच्च न्यायालय

उत्तराखंड

क्षेत्रफल : 53,483 वर्ग किलोमीटर **जनसंख्या** : 1.01 करोड़ (जनगणना 2011)
राजधानी : देहरादून **मुख्य भाषाएं** : हिंदी, अंग्रेजी, गढ़वाली और कुमाऊंनी

इतिहास

उत्तराखंड का उल्लेख प्राचीन हिंदू धर्मग्रंथों में केदारखंड, मानसखंड और हिमवंत के रूप में हुआ है। इस क्षेत्र पर कुषाणों, कुनिंदों, कनिष्क, समुद्रगुप्त, पौरवों, कतूरियों, पालों, चंद्रों, पंवारों और ब्रिटिश शासकों ने समय-समय पर राज किया है। इसके पवित्र स्थलों और तीर्थस्थलों के कारण बहुधा इसे देवताओं की धरती-'देवभूमि' कहा जाता है। उत्तराखंड के पर्वतीय क्षेत्र पर्यटकों व तीर्थयात्रियों को निर्मल प्राकृतिक दृश्य प्रदान करते हैं। वर्तमान उत्तराखंड राज्य पहले आगरा और अवध संयुक्त प्रांत का हिस्सा था। यह प्रांत 1902 में अस्तित्व में आया। 1935 में इसे संक्षेप में केवल संयुक्त प्रांत कहा जाने लगा। जनवरी 1950 में संयुक्त प्रांत का नाम 'उत्तर प्रदेश' रखा गया। 2000 को भारत का 27वां राज्य बनने से पूर्व तक उत्तराखंड उत्तर प्रदेश का हिस्सा बना रहा।

हिमालय की तलहटी में स्थित उत्तराखंड राज्य की अंतरराष्ट्रीय सीमाएं उत्तर में चीन (तिब्बत) और पूर्व में नेपाल से मिलती हैं। इसके उत्तर-पश्चिम में हिमाचल प्रदेश और दक्षिण में उत्तर प्रदेश है।

कृषि

यहां की 90 प्रतिशत आबादी कृषि पर निर्भर है। राज्य का कुल खेती योग्य क्षेत्र 7,67,459 हेक्टेयर है।

उद्योग और खनिज

राज्य में चूनापत्थर, रॉक फॉस्फेट, संगमरमर, डोलोमाइट, मैग्नेसाइट, तांबा, ग्रेफाइट, जिप्सम आदि के प्रचुर भंडार हैं। राज्य में 6,280.48 करोड़ रुपये के निवेश से 37,928 लघु औद्योगिक इकाइयां हैं, जिनमें 1,62,453 लोगों को रोज़गार मिला हुआ है।

सिंचाई और बिजली

राज्य के 5,61,733 हेक्टेयर कृषि क्षेत्र में सिंचाई की जा रही है। राज्य के पास पनबिजली उत्पादन की जबर्दस्त क्षमता है। यमुना, भागीरथी, भीलांगना, अलकनंदा, मंदाकिनी, सरयू, गौरी, कोसी और काली नदियों पर अनेक पनबिजली संयंत्र हैं, जिनमें बिजली का उत्पादन हो रहा है। राज्य की कुल विद्युत उत्पादन क्षमता 25,450 मेगावाट है, जिसमें 13,667 मेगावाट की परियोजनाओं को मंजूरी दी जा चुकी है। राज्य के 15,761 गांवों में से 15,298 गांवों में बिजली पहुंचा दी गई है।

परिवहन

सड़कें : राज्य में पक्की सड़कों की कुल लंबाई 33,914 किलोमीटर है। सार्वजनिक निर्माण विभाग की सड़कों की लंबाई 25,665 किमी, स्थानीय निकायों द्वारा बनाई गई सड़कों की लंबाई 2,674 किमी है।

रेलवे : प्रमुख रेलवे स्टेशन हैं: देहरादून, हरिद्वार, रुड़की, कोटद्वार, काशीपुर, हल्द्वानी, ऊधमसिंह नगर, रामनगर और काठगोदाम।

उड्डयन : जौली ग्रांट (देहरादून) और पंतनगर (ऊधमसिंह नगर) में हवाईपट्टियां हैं। नैनी-सैनी (पिथौरागढ़), गौचर (चमोली) और चिनयालिसौर (उत्तरकाशी) में हवाईपट्टियां बनाई जा रही हैं। पवनहंस लि. ने रुद्रप्रयाग से केदारनाथ तक तीर्थ यात्रियों के लिए हेलीकॉप्टर सेवा शुरू की है।

त्योहार

विश्व प्रसिद्ध कुंभ मेला/अर्द्ध कुंभ मेला हरिद्वार में प्रति बारहवें/छठे वर्ष के अंतराल में मनाया जाता है। अन्य प्रमुख मेले/त्योहार हैं: देवीधुरा मेला (चंपावत), पूर्णागिरि मेला (चंपावत), नंदा देवी मेला (अल्मोड़ा), गौचर मेला (चमोली), बैसाखी (उत्तरकाशी), माघ मेला (उत्तरकाशी), उत्तरायणी मेला (बागेश्वर), विशु मेला (जौनसार भाबर), पीरान-कलियार (रुड़की)। नंदा देवी राज जात यात्रा हर बारहवें वर्ष होती है।

पर्यटन स्थल

तीर्थयात्रियों/पर्यटकों के आकर्षण के प्रमुख स्थल हैं: गंगोत्री, यमुनोत्री, बद्रीनाथ, केदारनाथ, हरिद्वार, ऋषिकेश, हेमकुंड साहिब, नानकमत्ता आदि। कैलाश मानसरोवर की यात्रा कुमाऊं क्षेत्र से होकर की जाती है। विश्व प्रसिद्ध फूलों की घाटी, पिंडारी ग्लेसियर, रूपकुंड, दयारा बुग्याल, औली तथा मसूरी, देहरादून, चकराता, नैनीताल, रानीखेत, बागेश्वर, भीमताल, कौसानी और लैंसडाउन जैसे पर्वतीय स्थल पर्यटकों के आकर्षण के महत्वपूर्ण स्थल हैं।

वेबसाइट : www.uk.gov.in

सरकार

राज्यपाल	: श्री के. के. पॉल	**मुख्य सचिव**	:	श्री शत्रुघ्न सिंह
मुख्यमंत्री	: श्री हरीश रावत	**उच्च न्यायालय का अधिकार क्षेत्र**	:	उत्तराखंड

उत्तर प्रदेश

क्षेत्रफल : 2,36,286 वर्ग किलोमीटर	**जनसंख्या** : 19.98 करोड़ (जनगणना 2011 अनंतिम)
राजधानी : लखनऊ	**मुख्य भाषाएं** : हिंदी और उर्दू

इतिहास

उत्तर प्रदेश का इतिहास बहुत प्राचीन और दिलचस्प है। उत्तर वैदिक काल में इसे ब्रह्मर्षि देश या मध्य देश के नाम से जाना जाता था। यह वैदिक काल के कई महान ऋषि-मुनियों, जैसे- भारद्वाज, गौतम, याज्ञवल्क्य, वशिष्ठ, विश्वामित्र और वाल्मीकि आदि की तपोभूमि रहा। आर्यों की कई पवित्र पुस्तकें भी यहीं लिखी गईं। ईसा पूर्व छठी शताब्दी में उत्तर प्रदेश दो नए धर्मों जैन और बौद्ध के संपर्क में आया। बुद्ध ने अपना सर्वप्रथम उपदेश सारनाथ में दिया और अपने संप्रदाय की शुरुआत की तथा उत्तर प्रदेश के ही कुशीनगर में उन्होंने निर्वाण प्राप्त किया। उत्तर प्रदेश में कई नगर जैसे- अयोध्या, प्रयाग, वाराणसी और मथुरा विद्या अध्ययन के प्रसिद्ध केंद्र बन गए थे। मध्य काल में उत्तर प्रदेश मुस्लिम शासकों के अधीन हो गया जिससे हिंदू और इस्लाम धर्मों के संपर्क से नई मिली-जुली संस्कृति का जन्म हुआ। तुलसीदास और सूरदास, रामानंद और उनके मुस्लिम शिष्य कबीर तथा कई अन्य संतों ने हिंदी और अन्य भाषाओं के विकास में योगदान किया।

उत्तर प्रदेश ने अपनी बौद्धिक श्रेष्ठता को ब्रिटिश शासनकाल में भी बनाए रखा। अंग्रेजों ने आगरा और अवध नामक दो प्रांतों को मिलाकर एक प्रांत बनाया जिसे आगरा और अवध संयुक्त प्रांत के नाम से पुकारा जाने लगा। बाद में 1935 में इसे संक्षेप में केवल संयुक्त प्रांत कर दिया गया। स्वतंत्रता प्राप्ति के पश्चात् जनवरी 1950 में संयुक्त प्रांत का नाम 'उत्तर प्रदेश' रखा गया। उत्तर प्रदेश के उत्तर में उत्तराखंड और हिमाचल प्रदेश, पश्चिम में हरियाणा, दक्षिण में मध्य प्रदेश तथा पूर्व में बिहार राज्य है। उत्तर प्रदेश को दो प्रमुख भागों में विभक्त किया जा सकता है : 1. दक्षिणी पर्वत तथा 2. गंगा का मैदान।

कृषि

लगभग 66 प्रतिशत जनसंख्या का मुख्य व्यवसाय कृषि है। राज्य में कुल 164.17 लाख हेक्टेयर क्षेत्र में कृषि होती है।

उद्योग और खनिज

राज्य में कुल 6,12,338 लघु इकाइयां थीं जिनमें 7172 करोड़ रुपये की पूंजी लगी हुई थी। सार्वजनिक क्षेत्र के अंतर्गत चूनापत्थर, मैग्नेसाइट, कोयला, रॉक फास्फेट, डोलोमाइट और सिलिकन रेत का खनन किया जाता है। छोटे खनिजों तथा कुछ और बड़े खनिजों, जैसे- चूनापत्थर, सिलिका, मैगनेसाइट, फाइरोफाइलाइट और डायोस्पार के बड़े पैमाने पर उत्पादन का अधिकतर कार्य निजी क्षेत्र में है। खनिज आधारित महत्वपूर्ण उद्योगों में सोनभद्र का बड़ा सीमेंट संयंत्र शामिल है।

सिंचाई और बिजली

उत्तर प्रदेश राज्य बिजली बोर्ड को पुनर्गठित करके उत्तर प्रदेश विद्युत निगम, उत्तर प्रदेश राज्य विद्युत उत्पादन और उत्तर प्रदेश पनबिजली निगम की स्थापना की गई है। कुल स्थापित क्षमता अब बढ़कर 5,077 मेगावाट हो गई है।

विद्युत आर्थिक विकास का महत्वपूर्ण घटक है। उत्तर प्रदेश राज्य बिजली बोर्ड के आरंभ में ताप और पनबिजली की कुल स्थापित क्षमता 2,635 मेगावाट थी जो अब 5,414 मेगावाट (बिगड़ी हुई दर 5,885.75 मेगावाट) है।

परिवहन

सड़कें : लोक निर्माण विभाग की सड़कों की कुल लंबाई 1,46,728 किलोमीटर है। इसमें 3,820 किलोमीटर लंबे राष्ट्रीय राजमार्ग, 8,391 किलोमीटर लंबे प्रांतीय राजमार्ग, 1,19,726 किलोमीटर अन्य जिला सड़कें तथा 1,34,517 किलोमीटर ग्रामीण सड़कें हैं।

रेलवे : रेलवे के उत्तरी नेटवर्क का मुख्य जंक्शन लखनऊ है। अन्य महत्वपूर्ण रेल जंक्शन हैं- आगरा, कानपुर, इलाहाबाद, मुगलसराय, झांसी, मुरादाबाद, वाराणसी, टुंडला, गोरखपुर, गोंडा, फैजाबाद, बरेली और सीतापुर।

उड्डयन : प्रदेश में लखनऊ, कानपुर, वाराणसी, इलाहाबाद, आगरा, झांसी, बरेली, हिंडन (गाजियाबाद), गोरखपुर, सरसावा (सहारनपुर) और फुर्सतगंज (रायबरेली) में हवाईअड्डे हैं।

त्योहार

इलाहाबाद में प्रत्येक बारहवें वर्ष कुंभ मेला आयोजित होता है जोकि संभवतः दुनिया का सबसे बड़ा मेला है। इसके अलावा, इलाहाबाद में प्रत्येक 6 साल में अर्द्ध कुंभ मेले का आयोजन भी होता है।

इलाहाबाद में ही प्रत्येक वर्ष जनवरी में माघ मेला भी आयोजित होता है, जहां बड़ी संख्या में लोग संगम में डुबकी लगाते हैं। अन्य मेलों में मथुरा, वृंदावन व अयोध्या के झूला मेले शामिल हैं, जिनमें प्रतिमाओं को सोने एवं चांदी के झूलों में रखा जाता है। ये झूला मेले एक पखवाड़े तक चलते हैं। कार्तिक पूर्णिमा के अवसर पर गंगा में डुबकी लगाना अत्यंत पवित्र माना जाता है और इसके लिए गढ़मुक्तेश्वर, सोरन, राजघाट, काकोरा, बिठूर, कानपुर, इलाहाबाद, वाराणसी और अयोध्या में बड़ी संख्या में लोग एकत्रित होते हैं। आगरा जिले के बटेश्वर कस्बे में पशुओं का प्रसिद्ध मेला लगता है। बाराबंकी जिले का देवा मेला मुस्लिम संत वारिस अली शाह के कारण काफी प्रसिद्ध हो गया है। इसके अतिरिक्त, यहां हिंदू तथा मुस्लिमों के सभी प्रमुख त्योहारों को राज्यभर में मनाया जाता है।

पर्यटन स्थल

उत्तर प्रदेश में सभी प्रकार के सैलानियों के लिए आकर्षण की कई चीजें हैं। प्राचीन तीर्थ स्थानों में वाराणसी, विंध्याचल, अयोध्या, चित्रकूट, प्रयाग, नैमिषारण्य, मथुरा, वृंदावन, देवा शरीफ, फतेहपुर सीकरी में शेख सलीम चिश्ती की दरगाह, सारनाथ, श्रावस्ती, कुशीनगर, संकिसा, कंपिल, पिपरहवा और कौशांबी प्रमुख हैं। आगरा, अयोध्या, सारनाथ, वाराणसी, लखनऊ, झांसी, गोरखपुर, जौनपुर, कन्नौज, महोबा, देवगढ़, बिठूर और विंध्याचल में हिंदू एवं मुस्लिम वास्तुशिल्प और संस्कृति के महत्वपूर्ण खजाने हैं।

वेबसाइट : www.up.gov.in

सरकार

राज्यपाल	: श्री राम नाईक	**मुख्य सचिव**	:	श्री राहुल प्रसाद भटनागर
मुख्यमंत्री	: श्री अखिलेश यादव	**उच्च न्यायालय का अधिकार क्षेत्र**	:	इलाहाबाद उच्च न्यायालय

पश्चिम बंगाल

क्षेत्रफल	: 88,752 वर्ग किलोमीटर	**जनसंख्या**	: 9.13 करोड़ (जनगणना 2011-अनंतिम)
राजधानी	: कोलकाता	**मुख्य भाषा**	: बांग्ला

इतिहास

बंगाल अथवा बांग्ला नाम प्राचीन राज्य वंग या बंग से लिया गया है। हालांकि राज्य में खुदाई के दौरान 20,000 वर्ष पुरानी पाषाणकालीन वस्तुएं प्राप्त हुई हैं। द्रविड़ों, तिब्बत-बर्मन और ऑस्ट्रो-एशियाई लोगों ने इसे बसाया। यह क्षेत्र प्राचीन भारत के वंग राज्य का हिस्सा था। यह मगध सम्राज्य का एक हिस्सा था। महावीर और बुद्ध के समय में यह भारत के चार प्रमुख राज्यों में से एक था, जिसके तहत कई जनपद थे। प्राचीन ग्रीस ने लगभग 100 ई. पूर्व बंगाल को गंगारीदाई का नाम दिया, जिसका मतलब ऐसी धरती जिसके हृदय में गंगा है। बंगाल का पहला स्वतंत्र राजा शशांक था जिसने 7वीं सदी की शुरुआत में राज किया। कुछ अवधि की अव्यवस्था के बाद, लगभग चार सौ वर्ष तक बौद्ध अनुयायी पाल वंश ने इस क्षेत्र पर शासन किया। इसके बाद छोटी अवधि के लिए हिंदू सेन वंश का शासन भी रहा।

बंगाल में सूफी मिशनरी 12वीं शताब्दी में इस्लाम धर्म लेकर आये। बाद में मुस्लिम हमलावरों ने मस्जिद, मदरसा और सूफी खानकाह के निर्माण से रूपांतरण की प्रक्रिया शुरू की। सोलहवीं शताब्दी में मुगलकाल के प्रारंभ से पहले बंगाल पर अनेक मुसलमान राजाओं और सुल्तानों ने शासन किया।

मुगलों के पश्चात् आधुनिक बंगाल का इतिहास यूरोपीय तथा अंग्रेजी व्यापारिक कंपनियों के आगमन से आरंभ होता है। 1757 में प्लासी के युद्ध ने इतिहास की धारा को मोड़ दिया जब अंग्रेजों ने पहले-पहल बंगाल और भारत में अपने पांव जमाए। 1905 में राजनीतिक लाभ के लिए अंग्रेजों ने बंगाल का विभाजन कर दिया। राज्य के पूर्व में बांग्लादेश, पश्चिम में नेपाल, उत्तर-पूर्व में भूटान, उत्तर में सिक्किम, पश्चिम में बिहार और झारखंड, दक्षिण-पश्चिम में ओडिशा तथा दक्षिण में बंगाल की खाड़ी है।

कृषि

लगभग 70 प्रतिशत आबादी की आय का मुख्य स्रोत कृषि है। जूट और चावल राज्य की मुख्य फसलें हैं, इसके बाद चाय, मक्का, तंबाकू और गन्ना की फसलें हैं। कृषि उत्पादन और उत्पादकता पर नीति निर्णयों संबंधी गतिविधियों पर राज्य सरकार चिंतित है। प्रौद्योगिकी विकास, स्थानांतरण, बीजों, उर्वरकों, सब्सिडी, ऋण आदि कृषि सामग्री/सहायता की उपलब्धता और समय से वितरण सुनिश्चित करना इसमें शामिल है। मृदा परीक्षण, मृदा संरक्षण, जल संरक्षण, बीज परीक्षण, बीज प्रमाणन, उर्वरकों और कीटनाशकों की गुणवत्ता नियंत्रण के माध्यम से सहायक सेवाएं उपलब्ध कराना राज्य सरकार ने सुनिश्चित किया है।

उद्योग

औद्योगिक प्रोत्साहन तथा आर्थिक विकास की राज्य की नीति की प्रमुख विशेषताएं विदेशी तकनीक और निवेश को प्रोत्साहन देना, विद्युत उत्पादन में निजी क्षेत्र का निवेश तथा औद्योगिक ढांचे का सुधार और उन्नयन करना है। पेट्रोरसायन, डाउनस्ट्रीम उद्योग, इलेक्ट्रॉनिक तथा सूचना प्रौद्योगिकी, लौह एवं इस्पात, मेटलर्जी तथा इंजीनियरिंग, वस्त्र उद्योग, चमड़ा तथा चमड़े के उत्पाद, खाद्य प्रसंस्करण, औषधीय पौधे, खाद्य तेल, सब्जी का प्रसंस्करण तथा एक्वाकल्चर पर ज्यादा ध्यान दिया जा रहा है।

बिजली और सिंचाई

पश्चिम बंगाल में राज्य, केंद्र और निजी क्षेत्र मिलकर बिजली क्षेत्र को निवेश का अच्छा क्षेत्र बनाते हैं। आर्थिक वृद्धि, रोज़गार सृजन, गरीबी उन्मूलन तथा मानव विकास के लिए यह महत्वपूर्ण आधार है। आसान उपलब्धता तथा सस्ती होने के चलते पश्चिम बंगाल में तापीय बिजली प्रमुख है। राज्य के पास 3:97 ताप और पनबिजली का प्रतिकूल मिश्रण है। नवीकरणीय ऊर्जा क्षेत्र में भी पर्याप्त प्रगति हुई हैं। डब्ल्यूबीआरईडीए, जो राज्य में प्रौद्योगिकी प्रदर्शन परियोजना के क्रियान्वयन के लिए प्रमुख एजेंसी है, ने सुंदरवन, पश्चिमी मिदनापुर, बांकुड़ा तथा मालदा, मुर्शिदाबाद क्षेत्रों के दूर-दराज में लोगों को फायदा पहुंचाया है।

परिवहन

परिवहन विभाग लोगों तथा माल ढुलाई दोनों के लिए बेहतर परिवहन सुविधा प्रदान करने तथा परिवहन आधारित अवसंरचना और नीति बनाने के लिए उत्तरदायी है। राज्य परिवहन उपक्रम सामाजिक प्रतिबद्धता में निर्णायक भूमिका निभा रहा है।

विभाग ने परिदृश्यों के सुधार के लिए कुछ कदम उठाए हैं- जैसे मोटर वाहन विभाग का कंप्यूटरीकरण, सड़क सुरक्षा योजनाएं, बस स्टैंड योजनाएं, टीओआईपी योजनाएं, प्रदूषण नियंत्रण, ऑटोमोबाइल प्रदूषण को कम करने के लिए 2-स्ट्रोक वाले ऑटो रिक्शा का प्रतिस्थापन 4-स्ट्रोक वाले ऑटो रिक्शा से करना, 15 वर्ष से अधिक पुरानी बसों को बदलना आदि।

वेबसाइट : www.westbengal.gov.in

सरकार

राज्यपाल	:	श्री केशरी नाथ त्रिपाठी	**मुख्य सचिव**	:	श्री बासुदेब बनर्जी
मुख्यमंत्री	:	सुश्री ममता बनर्जी	**उच्च न्यायालय का अधिकार क्षेत्र**	:	कलकत्ता हाई कोर्ट जिसके क्षेत्राधिकार में अंडमान व निकोबार द्वीपसमूह भी आते हैं।

अंडमान और निकोबार द्वीपसमूह

क्षेत्रफल	:	8,249 वर्ग किलोमीटर	**जनसंख्या**	:	3,79,944 (जनगणना 2011)
राजधानी	:	पोर्ट ब्लेयर	**मुख्य भाषाएं**	:	हिंदी, निकोबारी, बांग्ला, तमिल, मलयालम और तेलुगू

इतिहास और भूगोल

केंद्रशासित प्रदेश अंडमान और निकोबार द्वीपसमूह 6° और 14° उत्तरी अक्षांश तथा 92° और 94° पूर्वी देशांतर में स्थित है। 10° उत्तरी अक्षांश के उत्तर में स्थित द्वीप अंडमान द्वीपसमूह कहलाते हैं जबकि 10° उत्तरी अक्षांश के दक्षिण में स्थित द्वीप निकोबार द्वीपसमूह कहलाते हैं। यहां की जलवायु नम, उष्णकटिबंधीय और तटीय है। इस समस्त द्वीपसमूह में दक्षिण-पश्चिमी तथा उत्तर-पूर्वी-दोनों मानसूनों की वर्षा होती है। सर्वाधिक वर्षा मई और दिसंबर के महीनों में होती है।

इस द्वीपसमूह के मूल निवासी जंगलों में रहते थे और शिकार तथा मछलियां पकड़कर अपना गुजारा चलाते थे। अंडमान के द्वीपसमूहों में महा अंडमानी, ओंगे, जरवा और सेंटीनली नाम की चार निग्रेटो जातियां हैं तथा निकोबार द्वीपसमूह में निकोबारी तथा शोमपेन नाम की दो मंगोलाइड जातियां हैं।

कृषि

कुल 8,249 वर्ग किमी के भाग में से केवल 6 प्रतिशत (50,000 हेक्टेयर) में से भी घटकर 47,000 हेक्टेयर भूमि 2004 के सुनामी के बाद कृषि के अंतर्गत है। धान यहां की प्रमुख खाद्यान्न फसल है जो कि मुख्यत: अंडमान द्वीपसमूह में उगाई जाती है जबकि निकोबार द्वीपसमूह की मुख्य नकदी फसलें नारियल और सुपारी हैं। रबी के मौसम के दौरान दालें, तिलहन और सब्जियां उगाई जाती हैं, जिसके बाद धान की फसल बोई जाती है। यहां के किसान पहाड़ी जमीन पर भिन्न-भिन्न प्रकार के फल, जैसे- आम, चीकू, संतरा, केला, पपीता, अन्नानास और कंद-मूल आदि उगाते हैं। यहां बहुफसल व्यवस्था के अंतर्गत मसाले, जैसे- मिर्च, लौंग, जायफल तथा दालचीनी आदि भी उगाई जाते हैं। इन द्वीपों में रबड़, रेड आयल, ताड़ तथा काजू आदि भी थोड़ी-बहुत मात्रा में उगाए जाते हैं।

वन

इन द्वीपों के कुल भौगोलिक क्षेत्र का 7,171 वर्ग किलोमीटर भाग वनों से ढका हुआ है। लगभग सभी प्रकार के वन जैसे उष्णकटिबंधीय आर्द्र सदाबहार वन, उष्णकटिबंधीय अर्द्ध सदाबहार वन, आर्द्र पर्णपाती, गिरि शिखर पर होने वाले तथा तटवर्ती और दलदली वन पाए जाते हैं। यहां विभिन्न प्रकार की लकड़ियां पाई जाती हैं। सबसे बहुमूल्य लकड़ियां पाडोक तथा गरजन की हैं। ये निकोबार में नहीं मिलतीं।

वन्यजीव

इन द्वीपों में 96 वन्यजीव अभयारण्य, नौ राष्ट्रीय पार्क तथा एक जैव संरक्षित क्षेत्र (बायोस्फियर रिजर्व) हैं। स्तनपायी-अब तक अधिसूचित कुल 55 स्थलीय एवं 7 समुद्री स्तनपायी प्रजातियों में से 32 क्षेत्र विशेष में पाई जाती हैं। पक्षी इन द्वीपों में पक्षियों की 246 प्रजातियां एवं उपप्रजातियां मिलती हैं जिनमें से 99 प्रजातियां एवं उपप्रजातियां क्षेत्र विशेष में पाई जाती हैं। सरीसृप- इस राज्य में सरीसृपों की 76 प्रजातियां पाई जाती हैं, जिसमें से 24 क्षेत्र विशेष तक सीमित हैं। समुद्री जीव- इन द्वीपों के समुद्र में मछलियों की 1,200 से अधिक प्रजातियां, इकाइनो डर्म की 359, घोंघा (मोलस्क) समूह की 1,067 तथा अन्य सूक्ष्म प्रजातियां पाई जाती हैं। कशेरूकी प्राणियों में मुख्यतः ड्यूगॉग, डॉल्फिन, व्हेल, खारे पानी के घड़ियाल, समुद्री कछुए तथा समुद्री सर्प इत्यादि मिलते हैं। अभी तक 61 वर्गों के प्रवालों की 424 प्रजातियों के बारे में जानकारी मिली है। पूर्वी तट पर मुख्यतः झब्बेदार (फ्रिंजिंग) प्रकार के तथा पश्चिमी तट पर अवरोधी (बैरियर) प्रकार के प्रवाल पाए जाते हैं।

उद्योग

राज्य में 1,833 लघु व मध्यम उद्यम एवं हस्तशिल्प इकाइयां पंजीकृत हैं। झींगा मछली प्रसंस्करण के क्षेत्र में दो इकाइयां शत-प्रतिशत निर्यातोन्मुख हैं। इसके अतिरिक्त सीपी एवं लकड़ी आधारित हस्तशिल्प इकाइयां हैं। छोटे पैमाने की इकाइयां पेंट तथा वार्निश, छोटी आटा पिसाई चक्कियां, शीतल पेय एवं शराब, स्टील फर्नीचर एवं अन्य उपकरण, रेडीमेड कपड़े, लोहे के दरवाजे, ग्रिल इत्यादि के उत्पादन का कार्य करती हैं। लघु औद्योगिक इकाइयां सीपी शिल्प, बेकरी उत्पाद, चावल निकालने तथा फर्नीचर बनाने का कार्य भी कर रही हैं। अंडमान एवं निकोबार द्वीपसमूह समन्वित विकास निगम ने पर्यटन, मत्स्य उद्योग तथा औद्योगिक ऋण के क्षेत्रों में काम करना आरंभ कर दिया है।

परिवहन

मोटर परिवहन विभाग उत्तरी और दक्षिणी द्वीपसमूह के 14 केंद्रों से सेवा संचालित करता है। विभाग के पास कुल 264 बसें हैं, जो अंडमान-निकोबार द्वीपसमूह के मुख्यतः ग्रामीण क्षेत्रों में चलती हैं। वर्ष 2007 से एटीआर एक्सप्रेस सेवा के लिए कंप्यूटरीकृत टिकट प्रणाली शुरू की गई है। यहां से अग्रिम टिकट प्राप्त किए जा सकते हैं।

पर्यटन

अंडमान और निकोबार द्वीपसमूह पर्यावरण अनुकूल सुरक्षित पर्यटक स्थल के रूप में विख्यात है। पर्यटकों के इस स्वर्ग में सेल्यूलर जेल, रॉस आइलैंड तथा हैवलॉक आइलैंड जैसे विशिष्ट स्थान हैं। अंडमान के उष्णकटिबंधीय सदाबहार घने वन, सुंदर रूपहले व रेतीले समुद्र तट, सर्पाकार मैंग्रोव युक्त

क्रीक, दुर्लभ समुद्री वनस्पतियों एवं जीव-जंतुओं की प्रजातियों युक्त समुद्री परिवेश तथा मूंगे यहां पर्यटकों को एक स्मरणीय अनुभव प्रदान करते हैं। समुद्र तट पर बने रिसार्ट्स, जलक्रीड़ा केंद्रों तथा पानी के साहसिक खेलों, ट्रेकिंग, आइलैंड कैंपिंग, प्रकृति के बीच निवास (नेचर ट्रेल) स्कूबा डाइविंग जैसे साहसिक पर्यटन के रूप में यहां पर्यटन की अपार संभावनाएं हैं।

यात्रा पर आने वाले पर्यटकों के ठहरने की आरामदेह व्यवस्था के लिए पर्यटन विभाग की ओर से द्वीपों के विभिन्न भागों में विश्राम गृहों का संचालन किया जाता है। यहां के प्रमुख पर्यटक स्थलों में नृत्य संग्रहालय, समुद्री संग्रहालय, जलक्रीड़ा परिसर, गांधी पार्क, उत्तरी खाड़ी (नार्थ बे), वाइपर आइलैंड, रॉस आइलैंड, चिड़िया टापू (बर्ड वाचिंग), रेडस्किन आइलैंड, कोर्बिन्स कोव बीच तथा नील आइलैंड, हैवलॉक आइलैंड, सिंक्वे, लघु अंडमान, दिगलीपुर (रॉस एवं स्मिथ) इत्यादि हैं।

मुख्यभूमि से द्वीप हवाई और समुद्री यात्रा द्वारा अच्छी तरह जुड़ा हुआ हैं। कोलकाता और चेन्नई से पोर्ट ब्लेयर के बीच इंडियन एयरलाइंस, डेक्कन और जेटलाइट की नियमित उड़ानें हैं। चेन्नई, कोलकाता और विशाखापत्तनम से यहां के लिए नियमित यात्री नौका सेवा है।

वेबसाइट : www.and.nic.in

सरकार

उप-राज्यपाल : प्रो. जगदीश मुखी

मुख्य सचिव : श्री अनिंदो मजूमदार

उच्च न्यायालय : अंडमान निकोबार द्वीप समूह कोलकाता उच्च न्यायालय के अधिकार क्षेत्र में आता है।

चंडीगढ़

क्षेत्रफल :	114 वर्ग किलोमीटर	**जनसंख्या** :	10.55 लाख (जनगणना 2011)
राजधानी :	चंडीगढ़	**मुख्य भाषाएं** :	हिंदी, पंजाबी

इतिहास और भूगोल

चंडीगढ़ आधुनिक शिल्पकला के वैभव से संपन्न प्रदेश है। शिवालिक पहाड़ियों की नयनाभिराम तलहटी में बसा चंडीगढ़ वास्तविक अर्थों में एक खूबसूरत शहर है। फ्रांसीसी वास्तुशिल्पी ला कार्बूजिए द्वारा निर्मित यह शहर आधुनिक स्थापत्य कला तथा नगर नियोजन का शानदार उदाहरण है। चंडीगढ़ और उसके आस-पास के क्षेत्र को 1 नवंबर, 1966 को केंद्रशासित प्रदेश बनाया गया। यह हरियाणा और पंजाब दोनों की राजधानी भी है। इसके उत्तर और पश्चिम में पंजाब तथा पूर्व और दक्षिण में हरियाणा है।

प्रशासन

चंडीगढ़ प्रशासन मोटे तौर पर चार मोर्चों पर आगे बढ़ रहा है। पहला यह कि इसका उद्देश्य सूचना और प्रौद्योगिकी की मदद से सुगम और पारदर्शी प्रशासन देना है। यह सूचना अधिकार कानून के प्रावधानों को सबसे पहले लागू करने वालों में से है। कई सेवाएं, जिनके लिए पहले लोगों को सरकारी दफ्तरों के चक्कर लगाने पड़ते थे, अब कंप्यूटर और मोबाइल फोनों पर उपलब्ध हैं। सारे नियमों की इस दृष्टि से समीक्षा की जा रही है कि उन्हें किस तरह सरल बनाया जाए ताकि वे आम आदमी के अनुकूल हो सकें। उद्देश्य यह है कि झंझट कम से कम हो और नागरिकों को प्रशासन के चक्कर कम से कम काटने पड़ें।

दूसरा यह कि प्रशासन आर्थिक गतिविधियों को प्रोत्साहित करके आर्थिक ज्ञान पर आधारित उद्योग, उच्चस्तरीय वाणिज्यिक कार्यकलाप जैसी अधिक मूल्यवर्द्धक सुविधाएं प्रदान करके विकास की उच्च दर प्राप्त करने के लिए काम कर रहा है। चंडीगढ़ में प्रतिव्यक्ति आय पहले से ही देश में सबसे ज्यादा है।

तीसरा यह कि प्रशासन बिजली आपूर्ति, जल आपूर्ति, स्वास्थ्य और शिक्षा सेवा जैसी मूलभूत सेवाएं और सार्वजनिक परिवहन की ऐसी सेवाएं प्रदान करना चाहता है जो उन्नत देशों के मुकाबले की हों। चौथा यह कि प्रशासन इस वास्तविकता के प्रति पूरी तरह सचेत है कि विकास का लाभ प्रत्येक व्यक्ति तक समान रूप से नहीं पहुंचता। इसलिए इस बात पर विशेष जोर दिया जा रहा है कि विकास उन लोगों तक पहुंचे जहां अभी तक नहीं पहुंचा है।

परिवहन

चंडीगढ़ प्रशासन ने प्रयोक्ता-अनुकूल परिवहन प्रणाली की आवश्यकता को महसूस करते हुए जल्द ही, जन त्वरित परिवहन प्रणाली शुरू करने का निश्चय किया है। चंडीगढ़ प्रशासन तथा पंजाब और हरियाणा राज्य सरकारें मिल कर इस परियोजना पर काम कर रही हैं।

सीटीयू (चंढीगढ़ ट्रांसपोर्ट अंडरटेकिंग) का कंप्यूटरीकरण किया जा रहा है तथा 70 प्रतिशत कार्य पूरा हो चुका है। अपनी फ्लीट की निगरानी के लिए उपक्रम चरणबद्ध ढंग से ग्लोबल पोजिशनिंग प्रणाली; जीपीएस भी स्थापित करेगा।

ग्रामीण विकास

गरीब तथा पिछड़े तबके के लोगों के लिए चलाई जा रही योजनाओं की जानकारी उन्हें मुहैया कराने के लिए विभिन्न गांवों में 14 विधि जागरुकता सेमिनार आयोजित किए गए। यह पहल राज्य विधि सेवा प्राधिकरण द्वारा की गई। खाजरी तथा पालसोरा गांव में सीमेंट कंक्रीट फुटपाथ तथा नालियों को ढकने का काम पूरा कर लिया गया है। मौली जागरण गांव में 70 प्रतिशत काम पूर्ण हो गया है।

सूचना प्रौद्योगिकी

चंडीगढ़ प्रशासन की महत्वपूर्ण परियोजना राजीव गांधी चडीगढ़ टेक्नोलॉजी पार्क का निर्माण कार्य पूरी तेजी से चल रहा है। तृतीय चरण का कार्य पूरा हो जाने पर 35,000 लोगों को प्रत्यक्ष रोजगार मिलेगा। इससे आरजीसीटीपी के प्रत्यक्ष रोजगार में 67,000 की वृद्धि होगी तथा चंडीगढ़ में 2,00,000 परोक्ष रोजगार के अवसर पैदा होंगे। उद्यमी विकास केंद्र की स्थापना आरजीसीटीपी में 1.5 एकड़ में की जा रही है।

चंडीगढ़ जनता को प्रयोक्ता अनुकूल तथा त्वरित सेवाएं उपलब्ध कराने के लिए सूचना प्रौद्योगिकी के प्रयोग में रोल मॉडल बन चुका है। ई-गवर्नेंस पहल के तहत धनास, खुड्डा जस्सु, कैंबवाला, रायपुर खुर्द, रायपुर कलां, मक्खन माजरा तथा बहलाना में ग्राम संपर्क केंद्र स्थापित किए गए। पलसोरा, दादू माजरा, हल्लू माजरा, खुदा अलीसर, दरिया, मौली जागरण तथा मालोया में ग्राम संपर्क केंद्र कर रहे हैं। प्रशासन ऊर्जा संरक्षण के लिए भी कार्य कर रहा है। टाटा बीपी सोलर लिमिटेड को वनस्पति उद्यान में ऊर्जा पार्क स्थापित करने का आर्डर दिया गया है। गांवों की सभी स्ट्रीट लाइटों के स्थान पर सोलर स्ट्रीट लाइटें लगाई जाएंगी।

समाज कल्याण

प्रशासन के लिए समाज कल्याण प्रमुख मुद्दा है। प्रशासन ने अनेक जनोपयोगी योजनाएं शुरू की हैं। जाति व्यवस्था की बुराई को दूर करने तथा अंतरजातीय विवाह को प्रोत्साहन देने के लिए यदि दंपत्ति में से कोई एक अनुसूचित जाति का हो तो दंपति को ₹ 5,000 की प्रोत्साहन राशि दी जाती थी, उसे बढ़ाकर ₹ 50,000 कर दिया गया है।

बालिका समृद्धि योजना के तहत बीपीएल परिवार की नवजात कन्या शिशु को 500 रुपये देने का प्रावधान है। प्रशासन ने विशेष देखरेख वाले 50 बच्चों के लिए सेक्टर 38 स्थित प्रयास भवन में प्रारंभिक (प्रायरेटरी) स्कूल खोलने का निर्णय किया है। सड़कों पर रहने वाले 900 बच्चों को व्यावसायिक प्रशिक्षण देने के लिए मालोया में व्यावसायिक प्रशिक्षण केंद्र के निर्माण का कार्य प्रगति पर है। प्रशासन ने चाइल्ड हेल्प लाइन भी शुरू की है।

स्वास्थ्य

जरूरतमंद मरीजों को पीजीआई के विशेषज्ञ डॉक्टरों की सलाह तथा उच्चस्तरीय चिकित्सा सेवा सुनिश्चित करने हेतु सेक्टर-32 स्थित सरकारी मेडिकल कॉलेज तथा अस्पताल में टेलीमेडिसिन परियोजना शुरू की गई है। सेक्टर 16 स्थिर गवर्नमेंट मल्टी स्पेशलिस्ट अस्पताल में आपातकालीन ऑपरेशन कक्ष के साथ 28 बिस्तरों वाली ट्रॉमा सेंटर इकाई शुरू की गई है। प्रशासन ने प्रजनन एवं बाल स्वास्थ्य के निगरानी संकेतक में सुधार के लिए परियोजना शुरू की है जिसकी लागत प्रति जच्चा-बच्चा ₹ 5,273 प्रतिमाह है।

सरकारी मेडिकल कॉलेज तथा अस्पताल में प्री-एनेस्थिसिया, पोस्ट-एनेस्थिसिया तथा पोस्ट ऑपरेटिव रूम सहित सात आधुनिकतम ऑपरेशन थिएटर बनवाएं हैं। मानसिक रूप से विकलांग बच्चों के लिए सेक्टर-15 में एक रिहाइशी आवास 'समर्थ' बनाया गया है।

उद्योग

प्रशासन मौली जागरण गांव के राजस्व इस्टेट में औद्योगिक क्षेत्र के तीसरे चरण का विकास कर रहा है।

शिक्षा

चंडीगढ़ प्रशासन सारंगपुर में 130 एकड़ क्षेत्र में बहुसंस्थानिक एवं विश्वस्तरीय 'चंडीगढ़ एजुकेशन सिटी' बना रहा है। पहली से पांचवीं कक्षा तक की सामान्य श्रेणी की बालिकाओं के लिए उपस्थिति छात्रवृत्ति को 30 रुपये प्रतिमाह से बढ़ाकर 250 रुपये प्रतिमाह कर दिया गया है। छह से 14 आयुवर्ग तथा पहली से कक्षा आठ तक की अनुसूचित जाति के छात्रों के लिए उपस्थिति छात्रवृत्ति को 30 रुपये से बढ़ाकर 250 रुपये प्रतिमाह कर दिया गया है।

कक्षा 9 से 12 तक के अनुसूचित जाति/जनजाति के प्रतिभाशाली विद्यार्थियों के लिए छात्रवृत्ति को बढ़ाकर 300 रुपये प्रतिमाह कर दिया है, जो पहले 20 तथा 25 रुपये प्रतिमाह थी।

चंडीगढ़ प्रशासन ने 1.5 लाख प्रतिवर्ष से कम आमदनी वाले मुसलमान, ईसाई, अन्य पिछड़े वर्ग, विकलांगों, स्वतंत्रता सेनानियों के परिवारजन, भूतपूर्व सैनिक, विधवा तथा तलाकशुदा परिवारों के बच्चों की ट्यूशन शुल्क में छूट देने का निर्णय लिया है। झुग्गियों में रहने वाले तथा कम आय वर्ग के परिवारों से ऐसे बच्चे जो स्कूल नहीं जा रहे हैं, उन्हें स्कूल में भर्ती होने पर 250 रुपये प्रतिमाह प्रोत्साहन राशि दी जाएगी।

पर्यटन

प्रशासन पर्यटन को बढ़ावा देने के लिए अनेक पहल कर रहा है जैसे विवाह पर्यटन। चिकित्सीय, शैक्षिक तथा मनोरंजन सुविधाओं में वृद्धि कर प्रशासन सिनेमैटिक, खेल तथा चिकित्सा पर्यटन को बढ़ावा दे रहा है। चंडीगढ़ अंतरराष्ट्रीय हवाईअड्डा क्षेत्र में पर्यटन को प्रोत्साहन देने में महत्वपूर्ण भूमिका निभा रहा है।

बिजली

सभी निवासियों के लिए पर्याप्त बिजली का प्रावधान प्रशासन का ध्यान आकर्षित कर रहा है। वोल्टेज प्रोफाइल को सुधारने तथा विद्युत वितरण नेटवर्क पर दबाव को कम करने के लिए इलेक्ट्रिक विंग ने विभिन्न स्थानों पर स्थित 66 किलोवाट ग्रिड सब–स्टेशनों में 80 एमवीएआर स्वचालित कैपेसिटर बैंक लगाने की योजना बनाई है। सभी सरकारी भवनों में सीएफएल अनिवार्य कर दिया गया है। इसी प्रकार शैक्षणिक भवन अपने परिसर के पार्किंग स्थानों पर सौर ऊर्जा का प्रयोग करेंगे।

वेबसाइट: www.chandigarh.gov.in

सरकार

प्रशासक : श्री वी.पी. सिंह बदनोरे

प्रशासक के सलाहकार : श्री परिमल राय

उच्च न्यायालय का अधिकार क्षेत्र : चंडीगढ़ और पंजाब, हरियाणा उच्च न्यायालय के अधिकार क्षेत्र में आता है।

दादरा और नगर हवेली

क्षेत्रफल : 491 वर्ग किलोमीटर

जनसंख्या : 3.44 लाख (जनगणना 2011–अनंतिम)

राजधानी : सिलवासा

मुख्य भाषाएं : गुजराती, हिंदी तथा अंग्रेजी

इतिहास और भूगोल

जनता द्वारा 1954 को मुक्त कराने तक पुर्तगालियों ने इस प्रदेश पर शासन किया। 1954 से 1961 तक यह प्रदेश लगभग स्वतंत्र रूप से काम करता रहा जिसे 'स्वतंत्र दादरा एवं नगर हवेली प्रशासन' ने चलाया, लेकिन 1961 को यह प्रदेश भारतीय संघ में शामिल हो गया और तब से भारत सरकार केंद्रशासित प्रदेश के रूप में इसका प्रशासन कर रही है। पुर्तगाल के चंगुल से इस क्षेत्र की मुक्ति के बाद से 'वरिष्ठ पंचायत' प्रशासन की परामर्शदात्री संस्था के रूप में कार्य कर रही थी परंतु इसे अगस्त 1989 में भंग कर दिया गया और अखिल भारतीय स्तर पर संविधान संशोधन के अनुरूप दादरा और नगर हवेली जिला पंचायत और 11 ग्राम पंचायतों की एक प्रदेश परिषद गठित कर दी गई। दादरा और नगर हवेली 491 वर्ग कि.मी. में फैला छोटा–सा क्षेत्र है। यह गुजरात और महाराष्ट्र राज्यों से घिरा हुआ है। इसके दो भाग हैं: एक दादरा और दूसरा नगर हवेली। निकटतम रेलवे स्टेशन वापी में है, जो सिलवासा से 18 किलोमीटर दूर है। सिलवासा दादरा और नगर हवेली की राजधानी है। सिलवासा नगर परिषद 2006 में अस्तित्व में आई और यह मुख्यत: दो नगरों से बनी है– सिलवासा और आमली। 2011 की जनगणना में अन्य पांच गांवों–दादरा, नरोली, समरवाणी, मस्त तथा रखोली को गैर–संवैधानिक जनगणना शहर माना गया।

कृषि

दादरा और नगर हवेली मुख्यतः ग्रामीण क्षेत्र है, जहां 79 प्रतिशत आदिवासी रहते हैं। इसका कृषि क्षेत्र लगभग 21,115 हेक्टेयर है। मुख्य फसल धान (खरीफ) है तथा नागली और पहाड़ी बाजरा अन्य प्रमुख फसलें हैं। फलों में आम, चीकू तथा केले का मुख्य उत्पादन होता है तथा कुल भू-भाग के 40 प्रतिशत क्षेत्र में वन हैं। पिछले कुछ वर्षों से गन्ने की खेती में वृद्धि हुई है। सिंचित क्षेत्रों में बहु-फसल पद्धति के उपाय किए जा रहे हैं। गैर-सरकारी संगठन, बीएआईएफ, भारतीय एग्रो इंडस्ट्रीज़ फाउंडेशन द्वारा नाबार्ड के वित्तीय सहयोग से दादरा तथा नगर हवेली के जनजातीय क्षेत्र में वाडी विकास कार्यक्रम शुरू किया गया है।

उद्योग

1965-66 से पहले यहां कोई उद्योग नहीं था। केवल कुछ दस्तकार परंपरागत रूप से बर्तन, चप्पल, जूते जैसे चमड़े का कुछ सामान और बांस की चीजें बनाते थे। 1967-68 में दान उद्योग सहकारी संघ लि. ने सहकारी क्षेत्र में औद्योगिक संपदा की स्थापना करके छोटे पैमाने पर औद्योगिक विकास के काम की शुरुआत की। आर्थिक उदारता नीति लागू होने के बाद औद्योगिक विकास में उछाल आया। इसके बाद सिलवासा, मसात और खदोली में तीन सरकारी औद्योगिक संपदाएं विकसित की गईं। 1863 लघु उद्योग, 430 मझोली/लघु उद्योग इकाइयां कार्यरत थीं, जिनमें 46,000 लोग काम कर रहे थे।

सिंचाई और बिजली

इस क्षेत्र के स्वतंत्र होने से पहले, यहां किसी प्रकार की सिंचाई सुविधाएं नहीं थीं और किसानों को पूरी तरह से वर्षा पर ही निर्भर रहना पड़ता था। प्रदेश के भारतीय संघ में सम्मिलित होने के बाद लघु सिंचाई क्षेत्र में पर्याप्त उपाय किए गए हैं। अब तक सिंचाई कुओं से संबंधित 128 लिफ्ट सिंचाई परियोजनाएं पूरी की जा चुकी हैं जिससे 1,851 हेक्टेयर और अधिक सिंचाई क्षमता बढ़ी है। मंझोली सिंचाई परियोजना जैसे दमनगंगा आरक्षित जल परियोजना के जरिए इस केंद्रशासित प्रदेश में 115 कि.मी. छोटी नहरें और डिस्ट्रीब्यूटरी काम कर रही हैं। 4,300 हेक्टेयर में सभी तरह के फील्ड चैनलों में विकास कार्य पूरा हो चुका है तथा 4,049 हेक्टेयर में परीक्षण किया गया है।

स्वतंत्रता के बाद प्रशासन ने पड़ोसी राज्य गुजरात के सहयोग से ग्रामीण विद्युतीकरण का काम हाथ में बिजली की मांग गुजरात बिजली बोर्ड वापी सिलवासा से केवल एक सर्किट के जरिए पूरी कर रहा है और सीमित संख्या में उपभोक्ताओं को बिजली उपलब्ध होती है। 1979 में पहला 66 के.वी. सब-स्टेशन आमली में स्थापित किया गया। इस सब-स्टेशन के चालू होने पर बिजली विभाग सभी गांवों को बिजली उपलब्ध कराने की स्थिति में है।

परिवहन

केंद्रशासित प्रदेश पूरी तरह महाराष्ट्र और गुजरात के सड़क नेटवर्क पर निर्भर है क्योंकि मुंबई से इन दोनों राज्यों को पार करने के उपरांत ही प्रदेश में पहुंचा जा सकता है। वर्तमान में सड़कों की कुल लंबाई 635 कि.मी. है जिसमें से 570 कि.मी. पक्की हैं। लगभग सभी गांव ऐसी सड़कों से जुड़े हैं जो हर मौसम में ठीक रहती हैं। मुंबई से अहमदाबाद का रेल मार्ग वापी से भी जुड़ा है। निकटतम हवाईअड्डा मुंबई है। बढ़ते यातायात की जरूरतों के मद्देनजर प्रदेश में सड़कें चौड़ी करने का काम हाल में शुरू किया गया

है। तेजी से बढ़ रहे औद्योगीकरण को देखते हुए सिलवासा और आस–पास के क्षेत्रों में अन्य छुट–पुट कार्यों के अलावा चार लेन सड़क–निर्माण का कार्य शुरू किया गया है।

पर्यटन स्थल

घने वन क्षेत्र तथा अनुकूल जलवायु को देखते हुए यहां पर्यटन क्षेत्र को उच्च प्राथमिकता दी गई है। पर्यटन की दृष्टि से प्रमुख स्थान हैं–ताड़केश्वर शिव मंदिर, बिन्द्राविन, खानवेल का हिरण पार्क, वाणगंगा झील और द्वीप उद्यान, दादरा, वनविहार उद्यान, लघु प्राणी विहार, बाल उद्यान, आदिवासी म्यूजियम और सिलवासा स्थित हिरवावन उद्यान। सिलवासा के यात्री पर्यटन को बढ़ावा देने के लिए हर साल तारपा उत्सव और विश्व पर्यटन दिवस आदि आयोजित किए जाते हैं।

त्योहार

इस क्षेत्र में सामान्यतया सभी हिंदू, मुस्लिम और ईसाई त्योहार मनाए जाते हैं। आदिवासी अपने ही त्योहार मनाते हैं। ढोडिया और वर्ली जनजातियां 'दिवसो' त्योहार मनाती हैं और ढोडिया जनजाति रक्षाबंधन भी मनाती है। वर्ली और कोली जनजातियां भावड़ा त्योहार मनाती हैं। यहां की सभी जातियों के लोग फसल काटने से पहले ग्राम देवी की पूजा करते हैं तथा फसल काटने के बाद 'काली पूजा' का त्योहार मनाते हैं।

वेबसाइट : www.dnh.nic.in

सरकार

प्रशासक	:	श्री विक्रम देवदत्त
उच्च न्यायालय का अधिकार क्षेत्र	:	मुंबई उच्च न्यायालय के अधिकार क्षेत्र के अंतर्गत आता है।

दमन और दीव

क्षेत्रफल	:	111 वर्ग किलोमीटर	**जनसंख्या**	:	2,42,911 (जनगणना 2011–अनंतिम)
राजधानी	:	दमन	**मुख्य भाषाएं**	:	गुजराती

इतिहास और भूगोल

दमन और दीव तथा गोवा देश की आज़ादी के बाद भी पुर्तगाल के अंधीन रहे। 1961 में इन्हें भारत का अभिन्न हिस्सा बना दिया गया। 30 मई, 1987 को गोवा को राज्य का दर्जा दिए जाने के बाद दमन और दीव को अलग केंद्रशासित प्रदेश बनाया गया। दमन मुंबई से लगभग 193 किलोमीटर दूर है। यह पूर्व में गुजरात, पश्चिम में अरब सागर, उत्तर में कोलक नदी तथा दक्षिण में कलाई नदी से घिरा है। गुजरात का वलसाड, दमन का पड़ोसी जिला है। दीव दो पुलों से जुड़ा हुआ द्वीप है। दीव का पड़ोसी जिला गुजरात का जूनागढ़ है।

कृषि और सिंचाई

दमन और दीव में कुल सिंचित क्षेत्र 393.93 हेक्टेयर है, जबकि असिंचित क्षेत्र 3304.73 हेक्टेयर है। यहां की महत्वपूर्ण फसलें धान, रागी, बाजरा, ज्वार, मूंगफली, दालें, सेम, गेहूं, चीकू, आम, केला, नारियल और गन्ना हैं। इस क्षेत्र में कोई बड़ा जंगल नहीं है।

उद्योग और बिजली

दमन और दीव में 2,930 मझोली तथा लघु उद्योग इकाइयां हैं। दमन में ओमनीबस औद्योगिक विकास निगम द्वारा दो औद्योगिक क्षेत्रों का विकास किया गया है। दाभेल, भीमपोर, काचीगाम और कदाइया दूसरे औद्योगिक क्षेत्र हैं।

सभी गांवों में बिजली पहुंच गई है। दमन और दीव को पश्चिमी क्षेत्र के केंद्रीय बिजलीघरों से पर्याप्त बिजली मिल रही है।

परिवहन

सड़कें : सड़कों की कुल लंबाई क्रमशः 191 कि.मी. और 78 कि.मी. है।

रेलवे : दमन और दीव रेलमार्ग से नहीं जुड़े हैं। दमन का निकटतम रेलवे स्टेशन वापी है जो पश्चिम रेलवे के मुंबई–दिल्ली मार्ग पर है। दीव का समीपवर्ती रेलवे स्टेशन मीटर गेज लाइन पर स्थित दलवाड़ा है।

उड्डयन : दमन और दीव दोनों में ही हवाईअड्डे हैं। दीव विमान सेवा से जुड़ा हुआ है तथा मुंबई से दीव तक की नियमित विमान सेवा उपलब्ध है।

पर्यटन स्थल

दमन के प्रमुख पर्यटन केंद्र हैं– बॉम जीसस चर्च, अवर लेडी ऑफ सी चर्च, अवर लेडी ऑफ रेमेडिओज चर्च, मोती दमन और नानी दमन के किले, जंपौर और देवका समुद्र तट, नानी दमन और मोती दमन जेट्टी में सार्वजनिक उद्यान, परगोला गार्डन, मोती दमन; एम्यूजमेंट पार्क, देवका; दमनगंगा टूरिस्ट कॉम्प्लेक्स, काचिगाम; सत्य सागर उद्यान; मिरासोल गार्डन, मिरासोल वाटर पार्क।

दीव में सेंट पॉल चर्च, दीव फोर्ट और पानीकोटा फोर्ट, नागोआ और चक्रतीर्थ तथा घोघला और समर हाउस चिल्ड्रन पार्क प्रमुख पर्यटन स्थल हैं।

वेबसाइट : www.daman.nic.in

सरकार

प्रशासक	:	श्री प्रफुल्ल पटेल
उच्च न्यायालय का अधिकार क्षेत्र	:	मुंबई उच्च न्यायालय के अधिकार क्षेत्र के अंतर्गत आता है।

दिल्ली

क्षेत्रफल	: 1,483 वर्ग किलोमीटर	**जनसंख्या**	: 1.68 करोड़ (जनगणना 2011)
राजधानी	: दिल्ली	**मुख्य भाषाएं**	: हिंदी, पंजाबी, उर्दू और अंग्रेजी

इतिहास और भूगोल

महाकाव्य महाभारत काल से ही दिल्ली का विशेष उल्लेख रहा है। दिल्ली का शासन एक वंश से दूसरे वंश को हस्तांतरित होता गया। यह मौर्यों से आरंभ होकर पल्लवों तथा मध्य भारत के गुप्तों से होता हुआ 13वीं से 15वीं सदी तक अफगान के तुर्क और अंत में 16वीं सदी में मुगलों के हाथों में पहुंचा। 18वीं सदी के उत्तरार्द्ध और 19वीं सदी के पूर्वार्द्ध में दिल्ली में अंग्रेजी शासन की स्थापना हुई। 1911 में कोलकाता से राजधानी दिल्ली स्थानांतरित होने पर यह शहर सभी तरह की गतिविधियों का केंद्र बन

गया। 1956 में इसे केंद्रशासित प्रदेश का दर्जा प्राप्त हुआ। देश के उत्तरी भाग में स्थित दिल्ली पूर्व दिशा को छोड़कर सभी ओर से हरियाणा राज्य से घिरी है, पूर्व में उत्तर प्रदेश की सीमा इससे लगती है। दिल्ली के इतिहास में 69वां संविधान संशोधन विधेयक एक महत्वपूर्ण घटना है, जिसके फलस्वरूप राष्ट्रीय राजधानी क्षेत्र अधिनियम, 1991 में लागू हो जाने से दिल्ली में विधानसभा का गठन हुआ।

कृषि

गेहूं, बाजरा, ज्वार, चना और मक्का यहां की प्रमुख फसलें हैं, लेकिन अब किसान अनाज वाली फसलों की बजाय फलों और सब्जियों, दुग्ध उत्पादन, मुर्गी पालन, फूलों की खेती को ज्यादा महत्व दे रहे हैं। ये गतिविधियां खाद्यान्नों, फसलों के मुकाबले अधिक लाभदायक साबित हुई हैं।

उद्योग

दिल्ली न केवल उत्तर भारत का सबसे बड़ा व्यावसायिक केंद्र है, बल्कि यह लघु उद्योगों का भी सबसे बड़ा केंद्र है। इनमें टेलीविजन, टेपरिकार्डर, हल्का इंजीनियरिंग साज-सामान, मशीनें, मोटरगाड़ियों के हिस्से-पुर्जे, खेलकूद का सामान, साइकिलें, पी.वी.सी. से बनी वस्तुएं, जूते-चप्पल, कपड़ा, उर्वरक, दवाएं, होजरी का सामान, चमड़े की वस्तुएं, सॉफ्टवेयर आदि विभिन्न वस्तुएं बनाई जाती हैं।

नई सहस्राब्दी के लिए दिल्ली की नई औद्योगिक नीति के अंतर्गत इलेक्ट्रॉनिक्स, दूरसंचार, सॉफ्टवेयर उद्योग तथा सूचना प्रौद्योगिकी को समर्थ सेवा बनाने वाले उद्योग लगाने पर बल दिया गया है। दिल्ली में ऐसी औद्योगिक इकाइयां लगाने को प्रोत्साहन दिया जा रहा है, जिनसे प्रदूषण नहीं फैलता और जिनमें कम कामगारों की आवश्यकता होती है।

रिहाइशी और उद्योगों के लिए वर्जित क्षेत्रों में काम कर रही इकाइयों को दूसरे स्थानों पर ले जाने के लिए राष्ट्रीय राजधानी क्षेत्र दिल्ली सरकार ने 1,900 एकड़ भूमि बवाना, होलंबी कलां और होलंबी खुर्द में नए औद्योगिक परिसर के विकास के लिए अधिग्रहित की है। डीएसआईडीसी द्वारा विकसित बवाना इंडस्ट्रियल एरिया एशिया का सबसे बड़ा औद्योगिक क्षेत्र है और 1,900 एकड़ से भी अधिक में फैला है। नरेला में 900 प्लॉट विकसित किए जा चुके हैं तथा 600 अन्य प्लॉट विकसित किए जा रहे हैं।

सिंचाई और बिजली

दिल्ली के गांवों का तेजी से शहरीकरण होने की वजह से सिंचाई के अंतर्गत आने वाली खेती योग्य भूमि धीरे-धीरे कम होती जा रही है। राज्य में 'केशोपुर प्रवाह सिंचाई योजना चरण तृतीय' तथा 'जल संशोधन संयंत्र से सुधार एवं प्रवाह विस्तार सिंचाई प्रणाली' नामक दो योजनाएं चलाई जा रही हैं। राष्ट्रीय राजधानी क्षेत्र, दिल्ली के ग्रामीण क्षेत्र में 350 हेक्टेयर की सिंचाई राज्य नलकूपों द्वारा और 1,376 हेक्टेयर की सिंचाई अतिरिक्त पानी द्वारा की जा रही है। इसके अलावा 4,900 हेक्टेयर भूमि की सिंचाई हरियाणा सरकार के अधीन पश्चिमी यमुना नहर द्वारा की जा रही है।

दिल्ली के लिए इसकी अपनी उत्पादन इकाइयों- राजघाट बिजलीघर, इंद्रप्रस्थ स्टेशन और बदरपुर ताप बिजलीघर सहित गैस टरबाइन पर आधारित इकाई से 850-900 मेगावाट बिजली प्राप्त होती है। शेष बिजली उत्तर क्षेत्रीय ग्रिड से प्राप्त की जाती है। दिल्ली में कई बिजली उत्पादन इकाइयां शुरू करने की योजना है। इंद्रप्रस्थ एस्टेट में प्रगति कम्बाइंड साइकिल पावर प्रोजेक्ट स्थापित किया जा चुका है। 330 मेगावाट प्रगति पावर परियोजना निर्माणाधीन है और जल्दी ही चालू होने वाली है। बिजली वितरण को सुचारू बनाने के लिए दिल्ली विद्युत बोर्ड का निजीकरण कर दिया गया है और दिल्ली की बिजली

व्यवस्था अब देश की दो जानी-मानी संस्थाओं- बीएसईएस तथा टाटा पावर (एनडीपीएल) द्वारा देखी जा रही है।

परिवहन

दिल्ली सड़कों, रेल लाइनों और विमान सेवाओं के जरिये भारत के सभी भागों से भलीभांति जुड़ी हुई हैं। यहां तीन हवाईअड्डे हैं। इंदिरा गांधी अंतरराष्ट्रीय हवाईअड्डा अंतरराष्ट्रीय उड़ानों के लिए पालम हवाईअड्डा, घरेलू उड़ानों के लिए तथा सफदरजंग हवाईअड्डा, प्रशिक्षण उड़ानों के लिए इस्तेमाल किया जा रहा है। दिल्ली में तीन महत्वपूर्ण रेलवे स्टेशन भी हैं। ये दिल्ली जंक्शन, नई दिल्ली रेलवे स्टेशन और निजामुद्दीन रेलवे स्टेशन के नाम से जाने जाते हैं। तीन अंतर्राज्यीय बसअड्डे- कश्मीरी गेट, सराय काले खां और आनंद विहार में हैं।

दिल्ली शहर में बढ़ते वाहन प्रदूषण और यातायात की अस्त-व्यस्त स्थिति को देखते हुए भारत सरकार ने मास रेपिड ट्रांजिट प्रणाली (एमआरटीएस) लागू करने का निर्णय लिया। यह परियोजना कार्यान्वित की जा रही है और इसमें अत्याधुनिक तकनीक का इस्तेमाल किया जा रहा है। मेट्रो रेल परियोजना दिल्ली में आ गई है जिसकी छह लाइनों की लंबाई 190 कि.मी. है।

त्योहार

महानगर होने की वजह से यहां भारत के सभी प्रमुख त्योहार मनाए जाते हैं। इनके अलावा, दिल्ली पर्यटन और परिवहन विकास निगम कुछ वार्षिक उत्सवों का भी आयोजन करते हैं। ये हैं: रोशनआरा उत्सव, शालीमार उत्सव, कुतुब मेला, शीतकालीन मेला, उद्यान पर्यटन मेला, जहान-ए-खुसरो उत्सव तथा आम महोत्सव।

पर्यटन स्थल

दिल्ली के प्रमुख पर्यटन केंद्रों में लाल किला, जामा मस्जिद, कुतुब मीनार, इंडिया गेट, लक्ष्मीनारायण (बिड़ला) मंदिर, हुमायूं का मकबरा, लोटस टेंपल, अक्षरधाम आदि प्रमुख हैं। दिल्ली राज्य पर्यटन और परिवहन विकास निगम पर्यटकों को यहां के विभिन्न स्थानों की सैर कराने के लिए विशेष बस सेवाएं चलाता है। निगम ने पैरा सेलिंग, रॉक क्लाइंबिंग और बोटिंग जैसी साहसिक पर्यटन गतिविधियों के लिए सुविधाएं विकसित की हैं। निगम ने दो 'दिल्ली हाट' का विकास किया है, जहां विभिन्न राज्यों की खाद्य वस्तुएं और पेय एक ही जगह उपलब्ध हैं। दिल्ली के विभिन्न भागों में ऐसी ही 'हाट' बनाने की योजना है। निगम दिल्ली के अनेक भागों में 'कॉफी होम' भी चला रहा है। दिल्ली के दक्षिणी जिले में 'पंचेंद्रियों का पार्क' (गार्डन ऑफ फाइव सेंसेज) भी खुला है जो दिल्ली में आने वाले बहुत-से पर्यटकों के आकर्षण का केंद्र है।

वेबसाइट : www.delhi.gov.in

सरकार

उप-राज्यपाल	: श्री नजीब जंग	**मुख्य सचिव**	:	डॉ. एम.एम. कुट्टी
मुख्य मंत्री	: श्री अरविंद केजरीवाल	**उच्च न्यायालय का अधिकार क्षेत्र**	:	दिल्ली

लक्षद्वीप

क्षेत्रफल	: 30 वर्ग किलोमीटर	**जनसंख्या**	: 64,000 (जनगणना 2011)
राजधानी	: कवारत्ती	**मुख्य भाषाएं**	: मलयालम, धिवेही और (द्वीप भाषा)

इतिहास और भूगोल

इन द्वीपों के बारे में, इनके पूर्व इतिहास के बारे में अधिक जानकारी उपलब्ध नहीं है। समझा जाता है कि पहले-पहल लोग आकर अमीनी, अनद्रौत, कवारत्ती और अगात्ती द्वीपों पर बसे। पहले यह विश्वास किया जाता था कि द्वीप में आकर बसने वाले मूल लोग हिंदू थे और लगभग 14वीं शताब्दी में किसी समय अरब व्यापारियों के प्रभाव में आकर मुसलमान बन गए। परंतु हाल में पुरातत्वीय खोजों से पता चलता है कि लगभग छठी या सातवीं शताब्दी के आसपास यहां बौद्ध रहते थे। सर्वप्रथम इस्लाम धर्म को अपनाने वाले जिन लोगों और निवासियों का पता चलता है। वे हिजरी वर्ष 139 (आठवीं शताब्दी) के समय के मालूम होते हैं। इस तारीख का पता अगात्ती में हाल में खोजे गए मकबरों के पत्थरों पर खुदी तारीखों से लगता है। स्थानीय परंपरागत मान्यताओं के अनुसार, इस द्वीप में अरब सूफी उबैदुल्ला हिजरी सन 41 में इस्लाम को लेकर आए।

शायद 16वीं शताब्दी तक स्वतंत्र इन द्वीपों में बसने वाले लोगों को पुर्तगालियों के उपनिवेशों के आधिपत्य से मुक्ति पाने के लिए चिरक्कल के राजा की सहायता लेनी पड़ी। इससे वह यहां अपना प्रभुत्व जमा सका और बाद में इन द्वीपों को कन्नानूर में मोपला समुदाय के प्रमुख अली राजा को जागीर के रूप में सौंप दिया जो बाद में स्वतंत्र शासक बन बैठा। अरक्कल शासन लोकप्रिय नहीं हुआ और 1787 में टीपू सुल्तान ने इन द्वीपों पर कब्जा करने की उत्तर के द्वीपवासियों की याचिका को स्वीकार कर लिया। टीपू सुल्तान के पतन के बाद ये द्वीप ईस्ट इंडिया कंपनी के अधिकार में दे दिए गए , परंतु इन पर कन्नानूर के शासक वस्तुतः तब तक शासन करते रहे जब तक कि अंततः बीसवीं शताब्दी के आरंभ में अंग्रेजों ने इन पर कब्जा नहीं कर लिया। 1956 में इन द्वीपों को मिलाकर केंद्रशासित प्रदेश बना दिया गया और तब से इसका शासन केंद्र सरकार के प्रशासक के माध्यम से चल रहा है। 1973 में लक्का दीव, मिनीकाय और अमीनदीवी द्वीपसमूहों का नाम लक्षद्वीप कर दिया गया। लक्षद्वीप प्रवाल द्वीपों का एक समूह है जिसमें 12 प्रवाल द्वीप, तीन प्रवाल भित्ति और 6 जलमग्न बालू के तट शामिल हैं। यहां के कुल 36 द्वीपों में से केवल 11 में आबादी है। ये द्वीप उत्तर में 8° और 12°3' अक्षांश पर तथा पूर्व में 71° और 74° देशांतर पर केरल तट से लगभग 280 से 480 कि.मी. दूर अरब सागर में फैले हुए हैं।

कृषि

यहां की प्रमुख फसल नारियल है और प्रतिवर्ष 60 मिलियन नारियल का उत्पादन होता है। 2,689 हेक्टेयर भूमि में यहां खेती की जाती है। यहां के नारियल को जैव उत्पाद (आर्गेनिक प्रोडक्ट) के रूप में जाना गया है। भारत में सर्वाधिक नारियल उत्पादन लक्षद्वीप में होता है तथा प्रति हेक्टेयर उपज 20,600 नारियल है और प्रत्येक पेड़ से प्रतिवर्ष औसतन 82 नारियलों का उत्पादन होता है। लक्षद्वीप के नारियलों में विश्व के अन्य नारियलों के मुकाबले सर्वाधिक तेल (82 प्रतिशत) पाया जाता है।

मछली पालन

मछली पकड़ना यहां का अन्य प्रमुख कार्य है। इसके चारों ओर के समुद्र में मछलियां बहुत अधिक हैं। लक्षद्वीप में प्रतिव्यक्ति मछली की उपलब्धता देश में सर्वाधिक है।

उद्योग

नारियल के रेशे और उससे बनने वाली वस्तुओं का उत्पादन यहां का मुख्य उद्योग है। सरकारी क्षेत्र के अधीन नारियल के रेशों की सात फैक्ट्रियां, 5 रेशा उत्पादन एवं प्रदर्शन केंद्र और 7 रेशा बंटने वाली इकाइयां हैं। इन इकाइयों में नारियल रेशों और सुतली के उत्पादन के अतिरिक्त नारियल के रेशे से बनी रस्सियां, कॉरीडोर मैट, चटाइयों और दरियों आदि का भी उत्पादन किया जाता है। विभिन्न द्वीपों में निजी क्षेत्र में भी कई नारियल रेशा इकाइयां काम कर रही हैं।

परिवहन

इस समय मुख्य द्वीपीय क्षेत्र में और अंत:द्वीपीय क्षेत्र एम. वी. कावारत्ती, एम. वी. अरब सागर, एम. वी. टीपू सुल्तान, एम. वी. भारत सीमा, एम. वी. मिनिकॉय, एम. वी. अमनदिवी तथा एम. वी. दीपसेतु संचालित हैं। इसके अतिरिक्त तीन 150 यात्री हाई स्पीड वैसल (उच्च गति जहाज़) (एचएससी पराली, एचएससी वलियापनी और एचएससी चिरयापनी), तीन 50 यात्री वाले उच्च गति जहाज़ (एचएससी स्किप जैक, एचएससी ब्लू मार्लिन) और (एचएससी ब्लेक मार्लिन), एक 15 यात्री उच्च गति जहाज़, एचएसी वीरंजली और दो 100 यात्री फेरी जहाज़ (एमवी खदीजा बीवी और एम.वी. हमीद बी) अंतर द्वीपीय क्षेत्रों में कनेक्टिविटी बनाए रखती हैं। तीन 150 यात्री एचएससी आवश्यकता अनुसार द्वीप और मुख्य क्षेत्र को जोड़ते है। चार कार्गो बार्ज- उबैदुल्ला, थिनाकारा, लाकादिव तथा चेरियम कार्गो सुविधा उपलब्ध कराते हैं। द्वीपों से कावारत्ती तथा मुख्य भूमि तक गंभीर रोगियों को पहुंचाने के लिए प्रशासन चार्टर पर दो पवन हंस हेलीकॉप्टर चलाता है। एयरलाइंस अगाती और कोची को जोड़ने के लिए भी रविवार छोड़कर इंडियन एयरलाइन की वायुयान सेवा उपलब्ध है।

पर्यटन केंद्र

एक महत्वपूर्ण उद्योग के रूप में पर्यटन का विकास हो रहा है। अगाती, बंगारम, कलपेनी, कादमत, कावारत्ती तथा मिनीकॉय आदि मुख्य पर्यटन स्थल हैं।

वेबसाइट: www.lakshadweep.gov.in

सरकार

प्रशासक : श्री जे.के. दादू — **कलक्टर और विकास आयुक्त** : जे. अशोक कुमार

उच्च न्यायालय का अधिकार क्षेत्र : लक्षद्वीप केरल उच्च न्यायालय के अधिकार क्षेत्र में आता है।

पुदुचेरी

क्षेत्रफल : 490 वर्ग किलोमीटर — **जनसंख्या** : 12.48 लाख (जनगणना 2011-अनंतिम)

राजधानी : पुदुचेरी — **मुख्य भाषाएं** : तमिल, तेलुगू, मलयालम, फ्रेंच और अंग्रेजी

इतिहास और भूगोल

पुदुचेरी के क्षेत्र में दक्षिण में फैले पुदुचेरी, कराईकल, माहे और यनाम के वे क्षेत्र शामिल हैं जहां पहले फ्रांसीसियों का शासन था। पुदुचेरी इस प्रदेश की राजधानी है जो कभी भारत में फ्रांस वालों का मूल मुख्यालय हुआ करता था। यह 138 वर्षों तक फ्रांसीसी शासन के अधीन रहा और 1954 को भारत में इसका विलय हो गया। इसके पूर्व में बंगाल की खाड़ी और शेष तीन तरफ तमिलनाडु है। पुदुचेरी से

लगभग 150 किलोमीटर दक्षिण में पूर्वी तट पर कराईकल है जबकि माहे पश्चिम में केरल से घिरे पश्चिमी घाटों के मालाबार तट पर स्थित है। यहां पर कालीकट हवाईअड्डे से पहुंचा जा सकता है जो माहे से 70 किलोमीटर दूर है। यनाम आंध्र प्रदेश के पूर्वी गोदावरी जिले से सटा हुआ है और विशाखापट्टनम हवाईअड्डे से 200 कि.मी. की दूरी पर है।

कृषि

तकनीक वितरण एवं तकनीकी सुधार की सामरिक मदद से कृषि विभाग कृषि समुदाय की आय बढ़ाने को प्रतिबद्ध है। खेती के लिए क्षेत्र में कमी आने के बावजूद प्रशासन हमेशा ही स्थान विशेष की जरूरत के अनुसार मौजूदा स्रोत एवं तकनीकी हस्तक्षेप फसलों की पैदावार बढ़ाने के लिए सकारात्मक रहा है। खेत मजदूरों की कमी के बावजूद संपूर्ण मशीनीकरण की मदद से धान और गन्ने की पैदावार को बढ़ावा देना हमेशा ही प्राथमिकता रही है। कृषि कार्यों को समय पर पूरा करने के लिए कृषि विज्ञान केंद्र के सहयोग से किसानों की मदद के लिए उचित कीमत पर धान रोपण करने वालों को उपलब्ध कराया जाता है।

उद्योग

पुदुचेरी का कुल क्षेत्र 479 वर्ग कि.मी. है और पिछली जनगणना के अनुसार यहां की कुल आबादी 12.44 लाख है। यहां दक्षिण भारत के चार तटीय क्षेत्र जुड़ते हैं। यह चेन्नई से 170 कि.मी. दक्षिण में, कराईकाल इसके 150 कि.मी. दक्षिण में, यनाम, आंध्र प्रदेश के काकीनाडा जिले में यहां से 900 कि.मी. दूर और केरल का माहे यहां से 650 कि.मी. की दूरी पर स्थित है। निवेश योग्य अतिरिक्त पूंजी की आवश्यकता को देखते हुए प्रशासन ने यहां के आधारभूत ढांचे के विकास की दिशा में बड़े कदम उठाए हैं।

निवेशोन्मुख होने के कारण पिछले कुछ वर्षों में यहां बड़ी संख्या में निवेश और औद्योगिक विकास देखा गया है। हालांकि, पिछले कुछ वर्षों से अर्थव्यवस्था की आम सुस्तचाल के कारण औद्योगिक मंदी भी देखने को मिली है इसके बावजूद, विकास जारी है। पुद्दुचेरी में 77 बड़े, 8,955 लघु , छोटी और मझोली औद्योगिक इकाइयां हैं। इनमें 2,843 करोड़ रुपये का निवेश है और यह इकाइयां क्षेत्र की जीवनधारा हैं और इनमें करीब एक लाख लोग काम करते हैं।

सिंचाई

पुदुचेरी क्षेत्र में यूरोपीय संघ के वित्तीय सहयोग से कई पानी की टंकियों को फिर से चालू किया गया है। शंकरपरानी तथा पेन्नार नदी पर विभिन्न स्थानों पर 8 बेड बांधों का निर्माण कार्य पूरा हो चुका है। इसके अलावा भूजल की रि-चार्जिंग हेतु अर्तिचिकुप्पम, सेल्लीपेट में पंबीयार, वादुकुप्पम में मालातार पर पुद्दुचेरी तथा मुलियार में बांध बनाने हेतु आवश्यक प्रस्तावों पर विचार किया जा रहा है।

बिजली

बिजली की जरूरतें केंद्र सरकार के बिजली उत्पादन केंद्रों से अपना हिस्सा लेकर और पड़ोसी राज्यों के बिजली बोर्डों– तमिलनाडु बिजली बोर्ड, केरल राज्य बिजली बोर्ड से बिजली खरीदकर और पुदुचेरी पावर कॉरपोरेशन लिमिटेड से पूरी की जाती है। यहां की कुल बिजली उपलब्धता 396.58 मेगावॉट है।

परिवहन

विभिन्न प्रकार की 677.525 कि.मी. लंबी सड़कों का रखरखाव पुदुचेरी पीडब्ल्यूडी द्वारा किया जा रहा है। पुलों के निर्माण तथा सड़कों का सुधार कार्य चल रहा है।

पर्यटन

क्षेत्र का मिश्रित सांस्कृतिक इतिहास बहुत रोचक है और इसके कारण इसकी अनोखी छवि उभरती है। शहर के पुराने हिस्से को बुलेवार्ड टाउन कहा जाता है। यह चार बुलेवार्ड्स से जुड़ा है जो एक समय शहर की बाहरी सीमा निश्चित करते थे। बुलेवार्ड टाउन में तमिल और फ्रांसीसी अंशों का स्थापत्य झलकता है, जिनके बीच एक नहर बहती है और इन्हें एक आयताकार ग्रिड योजना की मदद से जोड़ा गया है। फ्रांसीसी कस्बे में इमारतें यूरोपियन तरीके से बनी हैं जिन्हें कटिबंधीय जलवायु को ध्यान में रखकर बनाया गया है, जबकि तमिल क्षेत्र में यह स्थानीय शैली से निर्मित हैं। शहर के दोनों विशिष्ट हिस्सों की सड़कें भी उन्हीं के अनुसार विशिष्ट दिखती हैं। पर्यटकों को प्रसिद्ध ऐतिहासिक स्थल अरिकन्मेडु जरूर देखना चाहिए जिसे 200 ईसा पूर्व रोमनों ने खोजा था। आज यहां उत्खनन का कार्य चल रहा है। इस क्षेत्र का फ्रांसीसी-तमिल स्थापत्य पर गहरा असर पड़ा है। पुदुचेरी में कुछ ऐतिहासिक इमारतें भी हैं और शहर के स्थापत्य पर तमिल एवं फ्रांसीसी क्षेत्रों में पारंपरिक शैली से बने घरों का गहरा असर पड़ा है। इसी संयोजन से आई मंडपम का निर्माण हुआ था। यह स्मारक नेपोलियन तृतीय के शासनकाल में बनवाया गया था। 1773 में बना आनंद रंगपिल्लई का भवन तथा अपने गॉथिक स्थापत्य के लिए प्रसिद्ध सेक्रेड हार्ट ऑफ जीसस गिरजाघर दर्शनीय स्थल हैं।

ओथेमन किले के बारे में कहा जाता है कि इसका निर्माण थटचोलि ओथेनन ने किया था। ओथेनन को उत्तरी मालाबार यानी माहे क्षेत्र के रॉबिन हुड सरीखे लोक नायक के तौर पर याद किया जाता है। आज इस किले के कुछ ही अंश शेष बचे हैं।

वेबसाइट : www.py.gov.in

सरकार

उपराज्यपाल	: डॉ. किरण बेदी, आईपीएस (सेवानिवृत्त)	**मुख्य सचिव**	: श्री मनोज परिदा
मुख्यमंत्री	: श्री वी. नारायणसामी	**उच्च न्यायालय का अधिकार क्षेत्र**	: पुदुचेरी मद्रास उच्च न्यायालय के अधिकार क्षेत्र में आता है।

31 राष्ट्रीय घटनाक्रम

(दिसंबर 2015 से 15 दिसंबर, 2016 तक)

दिसंबर–2015

- केंद्रीय मंत्रिमंडल ने आंध्र प्रदेश, छत्तीसगढ़, गोवा, जम्मू , केरल और कर्नाटक में छह नए भारतीय प्रौद्योगिकी संस्थानों (आईआईटी) की स्थापना को मंजूरी दी।
- 'सुगम्य भारत अभियान' (एसेसिबल इंडिया कैंपेन) को पूरे देश में व्यापक रूप से शुभारंभ किया गया जिससे दिव्यांगों के लिए सार्वभौमिक पहुंच, विकास के लिए समान अवसर, स्वतंत्र जीवन और एक समावेशी समाज में जीवन के सभी पहलुओं में भागीदारी करना संभव हो।
- महिला एवं बाल विकास मंत्रालय द्वारा कार्यस्थल पर महिलाओं के खिलाफ यौन उत्पीड़न (रोकथाम, निषेध और निवारण) अधिनियम , 2013 पर हैंडबुक जारी की गई।
- कौशल विकास मंत्रालय और उद्यमिता (एमएसडीई)और भारी उद्योग विभाग (डीएचआई) ने विनिर्माण क्षेत्र में कौशल विकास पर एक समझौता ज्ञापन पर हस्ताक्षर किए। इस ज्ञापन में पूंजीगत वस्तुओं और मोटर वाहन क्षेत्र पर विशेष बल दिया गया है।
- राज्यसभा की प्रवर समिति ने रियल एस्टेट (नियमन एवं विकास) विधेयक, 2015 को मंजूरी दे दी।
- भारत और यूनाइटेड किंगडम ने संयुक्त पहल '2016: यूके-इंडिया ईयर ऑफ एजुकेशन, रिसर्च एंड इनोवेशन' का शुभारंभ।
- केंद्र सरकार ने राज्य सरकार, उद्योग मंडल और केंद्र के सहयोग से सार्वजनिक-निजी भागीदारी (पीपीपी) आधार पर रांची, नागपुर और पुणे में तीन भारतीय सूचना प्रौद्योगिकी संस्थान (आईआईआईटी) को स्थापित करने हेतु एक समझौता ज्ञापन और दस्तावेज पर हस्ताक्षर किए।
- लोकसभा ने ऐतिहासिक 'परमाणु ऊर्जा (संशोधन) विधेयक, 2015' को पारित किया जो 1962 के परमाणु ऊर्जा अधिनियम में संशोधन करता है और भारतीय परमाणु ऊर्जा निगम लिमिटेड (एनपीसीआईएल) सहित अन्य परमाणु ऊर्जा इकाइयों को सार्वजनिक क्षेत्र के उपक्रमों (पीएसयू) और सरकारी क्षेत्र की कंपनियों के साथ संयुक्त उपक्रम चलाने की अनुमति देता है।
- इसरो ने श्रीहरिकोटा से पोलर सैटेलाइट प्रक्षेपण यान पीएसएलवी–सी29 के छह उपग्रहों को सफलतापूर्वक प्रक्षेपित किया।
- कैबिनेट ने देश में कोयला और लिग्नाइट वाले क्षेत्रों में भूमिगत कोयला गैसीकरण (यूसीजी) के विकास के लिए एक नीतिगत ढांचे को मंजूरी दी।

- उच्च शिक्षा पर छठा अखिल भारतीय सर्वेक्षण (एआईएसएचई) नई दिल्ली में शुरू किया गया।
- कैबिनेट ने लखनऊ मेट्रो रेल परियोजना फेज-1ए को मंजूरी दी। 22.878 किलोमीटर की दूरी वाली इस यात्रा में 22 स्टेशन शामिल होंगे।
- आधारभूत विकास के पीपीपी मॉडल की रिविजिटिंग और रिवाइटलाइजेशन से संबंधित एक समिति का गठन किया गया।
- प्रधानमंत्री श्री नरेन्द्र मोदी ने नई दिल्ली स्थित विज्ञान भवन में दलित उद्यमियों के राष्ट्रीय सम्मेलन का उद्घाटन किया।

जनवरी-2016

- नदी सूचना प्रणाली (आरआईएस) का शुभारंभ किया गया। अपनी तरह की अनूठी यह प्रणाली गंगा नदी के पहले राष्ट्रीय जलमार्ग-1 पर सुरक्षित और सटीक नेविगेशन की सुविधा प्रदान करेगी।
- पेट्रोलियम एवं प्राकृतिक गैस मंत्रालय (एमओपीएनजी) ने एलपीजी वितरण की कुशल और नागरिक अनुकूल सेवाएं प्रदान करने के लिए देश के एलपीजी उपभोक्ताओं और नागरिकों को जोड़ने के लिए एक ऑनलाइन पहल की शुरुआत की।
- एयरोसोल निगरानी एवं अनुसंधान की एक प्रणाली और भारतीय मौसम विज्ञान विभाग की उपयोगकर्ता अनुकूल वेबसाइट शुरू किया गया।
- सार्वजनिक स्वास्थ्य के आधारभूत ढांचे को मजबूत करने के लिए मोबाइल स्वास्थ्य सेवाओं-मोबाइल अकादमी, किलकारी, एम-सेसेशन और टीबी मिस्ड कॉल पहल का शुभारंभ किया गया।
- प्रधानमंत्री श्री नरेन्द्र मोदी ने नई दिल्ली में 'स्टार्ट अप इंडिया' 'पहल की शुरुआत की।
- इसरो के प्रक्षेपण यान पीएसएलवी-सी 31 ने सफलतापूर्वक 1,425 किलो के आईआरएनएसएस-1ई को प्रक्षेपित किया जोकि भारतीय क्षेत्रीय नेगिवेशन उपग्रह प्रणाली (आईआरएनएसएस) का पांचवां उपग्रह है।
- जम्मू-कश्मीर में शुरू हुई योजना 'नई मंज़िल' का उद्देश्य अल्पसंख्यकों को सशक्त करना है।

फरवरी-2016

- राष्ट्रपति श्री प्रणब मुखर्जी ने जयपुर , राजस्थान में आतंकवाद विरोधी सम्मेलन-2016 का उद्घाटन किया।
- वैज्ञानिक और औद्योगिक अनुसंधान परिषद् (सीएसआईआर) ने टाइप-टू डायबटीज के लिए 'बीजीआर-34' नामक देश की पहली आयुर्वेदिक औषधि लांच की।
- वित्त मंत्रालय के आधिकारिक यूट्यूब चैनल का शुभारंभ।
- प्रधानमंत्री श्री नरेन्द्र मोदी ने असम के डिब्रूगढ़ के निकट स्थित लेपेटकाटा में पेट्रोकेमिकल परिसर ब्रह्मपुत्र क्रेकर और पॉलीमर लिमिटेड को देश के नाम समर्पित किया।
- प्रधानमंत्री श्री नरेन्द्र मोदी ने गुवाहाटी स्थिति सरुसाजई खेल परिसर में 12वें दक्षिण एशियाई खेलों का उद्घाटन किया।

- भारत के नागर विमानन महानिदेशालय (डीजीसीए) और संयुक्त राज्य अमरीका की टेक्निकल डेवलपमेंट एजेंसी (यूएसटीडीए) ने नई दिल्ली में भारत विमानन सुरक्षा तकनीकी सहायता के द्वितीय चरण के लिए अनुदान समझौते पर हस्ताक्षर किए।
- कर्मचारी भविष्य निधि संगठन (ईपीएफओ) के विश्वव्यापी नेटवर्क संचालन केंद्र (जी-एनओसी) का द्वारका, नई दिल्ली में उद्घाटन किया गया।
- हैदराबाद में एक समारोह में राष्ट्रीय कृमि मुक्ति दिवस का शुभारंभ किया गया।
- मलेरिया के उन्मूलन के लिए राष्ट्रीय फ्रेमवर्क का शुभारंभ किया गया।
- 'भारतीय हथकरघा' ब्रांड की एकीकृत वेबसाइट: www.indiahandloombrand.gov.in का प्रारंभ किया गया।
- चौबीसवीं राष्ट्रीय होम्योपैथिक कांग्रेस 'होम्यो-विजन 2016' का नागपुर में उद्घाटन हुआ।
- प्रधानमंत्री ने मुंबई में 'मेक इन इंडिया वीक' का उद्घाटन किया।
- सरकार ने सागरमाला परियोजना के तहत तटीय क्षेत्रों में बुनियादी सुविधाओं को बढ़ाने के लिए 150 महत्वपूर्ण परियोजनाओं को चिह्नित किया।
- लेखा महानियंत्रक के कार्यालय (सीजीए) द्वारा विकसित गैर-कर रसीद पोर्टल (एनटीआरपी) का उद्घाटन किया गया।
- सरकार ने राष्ट्रीय पूंजीगत वस्तु नीति का अनावरण किया।
- देशभर में स्वच्छता के विभिन्न क्षेत्रों में उत्तम कार्य करने के लिए केंद्र सरकार ने पंद्रह शहरों को सम्मानित किया।
- भारत ने देश में विकसित पृथ्वी-द्वितीय मिसाइल का परीक्षण किया जोकि 500 से 1000 किलो तक के आयुध का वहन करने में सक्षम है। चांदीपुर स्थित परीक्षण रेंज से किया गया यह परीक्षण यूजर ट्रायल का एक अंग है।
- कैबिनेट ने विश्व व्यापार संगठन (डब्ल्यूटीओ) के व्यापार सुविधा समझौते (टीएफए) के तहत प्रतिबद्धताओं की अधिसूचना , डब्ल्यूटीओ सचिवालय में टीएफए के प्रोटोकॉल की मंजूरी के अनुसमर्थन एवं स्वीकृति और राष्ट्रीय व्यापार सुविधा समिति (एनसीटीएफ) के संविधान को मंजूरी दी।
- कैबिनेट ने आयुष मंत्रालय और विश्व स्वास्थ्य संगठन, जिनेवा के बीच परंपरागत औषधि के क्षेत्र में सहयोगपरक गतिविधियों पर केंद्रित एक समझौते को मंजूरी दी।
- प्रधानमंत्री श्री नरेन्द्र मोदी ने प्रधानमंत्री फसल बीमा योजना के लिए परिचालन संबंधी दिशानिर्देशों का अनावरण किया।
- संदर्भ वार्षिकी- *इंडिया 2016* और *भारत 2016* के प्रिंट और डिजिटल संस्करणों को नई दिल्ली में जारी किया गया।
- 'स्वच्छ पर्यटन मोबाइल ऐप' का शुभारंभ किया गया।

- रेल बजट पेश किया गया; यात्री और मालभाड़ा दरों में कोई वृद्धि नहीं, 65,000 से अधिक अतिरिक्त बर्थ, 100 स्टेशनों पर वाई-फाई सेवाएं , साफ-सफाई और रेल यात्रा को सुरक्षित बनाने सहित यात्री सुविधाओं में सुधार मुख्य आकर्षण।
- आर्थिक सर्वेक्षण 2015-16 संसद में प्रस्तुत किया गया।
- सरकार ने सार्वजनिक क्षेत्र के बैंकों के प्रशासन में सुधार के उद्देश्य से बैंक्स बोर्ड ब्यूरो के गठन की घोषणा की।
- केंद्रीय बजट 2016-17 संसद में प्रस्तुत किया गया।

मार्च-2016

- सरकार ने केंद्रीय सार्वजनिक क्षेत्र के उपक्रमों (सीपीएसई) के रणनीतिक विनिवेश के लिए प्रक्रिया और तंत्र की रचना के प्रस्ताव को मंजूरी दी।
- प्रधानमंत्री ने केंद्र सरकार के कर्मचारियों को तार्किक आधार पर उचित बताने के लिए एक टास्क फोर्स का गठन किया।
- लोकसभा में आधार (वित्तीय और अन्य सब्सिडी, लाभ तथा सेवाओं का लक्षित वितरण) विधेयक-2016 पेश किया गया।
- राष्ट्रीय राजमार्ग पर सुरक्षित और सहज यात्रा के लिए पुल का निर्माण करने हेतु 50,000 करोड़ रुपये के निवेश के साथ 'सेतु भारतम' नामक महत्वाकांक्षी कार्यक्रम का शुभारंभ किया गया।
- सरकार ने प्रदूषण की मात्रा के आधार पर उद्योगों का एक नया वर्गीकरण जारी किया।
- ऑनलाइन विपणन मंच महिला ई-हाट का प्रारंभ किया गया ताकि महिला उद्यमियों के लिए अपने उत्पादों को बेचना सुविधाजनक हो।
- रियल एस्टेट के लिए नियामक प्राधिकरण की स्थापना करने के उद्देश्य से राज्यसभा ने रियल एस्टेट (नियमन एवं विकास) विधेयक, 2015 पारित किया।
- कैबिनेट ने बीपीएल परिवारों को रसोई गैस कनेक्शन उपलब्ध कराने के लिए 8,000 करोड़ रुपये मूल्य की प्रधानमंत्री उज्ज्वला योजना को मंजूरी दी।
- भारतीय अंतरिक्ष अनुसंधान संगठन (इसरो) ने रॉकेट पीएसएलवी सी 32 का उपयोग करते हुए देश के छठे अनन्य नेविगेशन उपग्रह आईआरएनएसएस 1एफ का अंतरिक्ष में सफल प्रक्षेपण किया।
- संसद ने रियल एस्टेट (नियमन एवं विकास) विधेयक, 2015 पारित किया। जिसका उद्देश्य एक ओर घर खरीदने वालों के हितों की रक्षा करना है तो दूसरी तरफ पारदर्शिता और उत्तरदायित्व बढ़ाते हुए इस क्षेत्र की विश्वसनीयता बढ़ाना है।
- राज्य नामित एजेंसियों (एसएनए) द्वारा कोयले के वितरण के लिए एक वेब पोर्टल का शुभारंभ।
- सरकार ने डिजिटल इंडिया पहल में पारदर्शिता लाने और खाद्यान्न भंडारों में घाटे को कम करने के लिए भारतीय खाद्य निगम (एफसीआई) के डिपो ऑनलाइन सिस्टम की शुरुआत की।

- प्रधानमंत्री श्री नरेन्द्र मोदी ने नई दिल्ली में राष्ट्रीय स्तर की कृषि मेला-सह-प्रदर्शनी 'कृषि उन्नति मेला' का उद्घाटन किया।
- प्रधानमंत्री ने अलीपुर रोड, दिल्ली में डॉ. अंबेडकर राष्ट्रीय स्मारक की आधारशिला रखी।
- 5वीं राष्ट्रीय फोटोग्राफी पुरस्कार के विजेताओं को सम्मानित किया गया।
- देश के विभिन्न शहरों और कस्बों में तरल पेट्रोलियम गैस (एलपीजी)/प्राकृतिक गैस (एनजी), एलपीजी/एनजी के साथ डीजल और एलपीजी/एनजी के साथ पेट्रोल से चलने वाले जेनसेटस के लिए नए पर्यावरणीय मानकों को अधिसूचित किया गया।
- ग्राहक की समय से पहले मृत्यु हो जाने पर, पति या पत्नी को शेष अवधि के लिए योगदान देने का विकल्प देते हुए अटल पेंशन योजना (एपीवाई) में संशोधन किया गया।
- स्वच्छ भारत मिशन (ग्रामीण) [एसबीएम (जी)] के लिए विश्व बैंक के 15,000 लाख डॉलर के सहयोग को कैबिनेट ने अपनी मंजूरी दी।
- कैबिनेट ने प्रधानमंत्री आवास योजना- ग्रामीण के तहत ग्रामीण आवासीय योजना के कार्यान्वयन को मंजूरी दी।
- कैबिनेट ने भारत को 'अशगाबत संधि' को स्वीकार करने की मंजूरी दी। यह संधि मध्य एशिया और फारस की खाड़ी के बीच वस्तुओं के परिवहन के लिए एक अंतरराष्ट्रीय परिवहन और ट्रांजिट कॉरिडोर के निर्माण पर केंद्रित है।
- ई-अपशिष्ट (प्रबंधन और हैंडलिंग) नियम, 2011 के स्थान पर ई-अपशिष्ट प्रबंधन नियम, 2016 को अधिसूचित किया गया।
- सार्वभौमिक टीकाकरण कार्यक्रम के अंग के रूप में रोटावायरस वैक्सीन शुरू किया गया।
- 63वें राष्ट्रीय फिल्म पुरस्कार, 2015 की घोषणा की गई। *बाहुबली* सर्वश्रेष्ठ फ़ीचर फ़िल्म घोषित की गई और संपूर्ण मनोरंजन प्रदान करने के लिए *बजरंगी भाईजान* को सर्वश्रेष्ठ लोकप्रिय फिल्म घोषित किया गया।
- गोवा में डेफएक्स्पो इंडिया का उद्घाटन किया गया।
- प्रदूषण और अपशिष्ट प्रबंधन के मुद्दों से निपटने के लिए निर्माण और विध्वंस अपशिष्ट प्रबंधन नियम, 2016 प्रभावी ढंग से अधिसूचित किया गया।
- सरकार ने प्रतिस्पर्धी लाभ के लिए बौद्धिक संपदा की सूचना और मार्गदर्शन हेतु सिंगल विंडो इंटरफेस-भारतीय बौद्धिक संपदा पैनोरमा को जारी किया।

अप्रैल-2016

- कम लागत और पर्यावरण के अनुकूल सौर प्रकाश उपकरण का शुभारंभ किया गया।
- मंत्रिमंडल ने राष्ट्रीय जल विज्ञान परियोजना के कार्यान्वयन को मंजूरी दी।
- विश्व स्वास्थ्य दिवस के अवसर पर 'स्वच्छ भारत ऐप्लीकेशन' और 'एएनएम ऑनलाइन ऐप्लीकेशन- अनमोल' प्रारंभ किया गया।

- राजधानी में 'मेक इन इंडिया एक्शन प्लान' और 'स्टेट लेवल बिजनेस रिफॉर्म एक्शन प्लान' के डैशबोर्ड शुरू किए गए जिससे इन दोनों कार्ययोजनाओं पर हुई प्रगति की निगरानी की जा सके।
- प्रधानमंत्री श्री नरेन्द्र मोदी ने राष्ट्रीय कृषि बाजार के लिए 'ई-व्यापार मंच ई-नाम' परियोजना का शुभारंभ किया।
- राष्ट्रीय स्मारक प्राधिकरण (एनएमए) के वेब पोर्टल एनओसी ऑनलाइन ऐप्लीकेशन और प्रसंस्करण प्रणाली (एनओएपीएस) का शुभारंभ किया गया।
- रिमोट सेंसिंग और भौगोलिक सूचना प्रणाली के क्षेत्र में ऐप्लीकेशंस के निर्माण के लिए भारतीय अंतरिक्ष अनुसंधान संगठन (इसरो) ने रेलवे के साथ एक समझौता ज्ञापन (एमओयू) पर हस्ताक्षर किए।
- राष्ट्रीय एलईडी कार्यक्रम- सभी के लिए सस्ती एलईडी द्वारा उन्नत ज्योति (उजाला) का शुभारंभ किया गया।

मई-2016

- प्रधानमंत्री श्री नरेन्द्र मोदी ने बलिया, उत्तर प्रदेश में प्रधानमंत्री उज्ज्वला योजना की शुरुआत की जिसका उद्देश्य गरीबी रेखा से नीचे रहने वाले पांच करोड़ लोगों को रसोई गैस कनेक्शन उपलब्ध कराना है।
- प्रधानमंत्री ने वाराणसी में अस्सी घाट पर पर्यावरण के अनुकूल सौर ऊर्जा संचालित ई-नौकाओं के लिए एक योजना की शुरुआत की।
- रेलवे ने एक ई-एनेबल्ड परियोजना-परियोजना प्रबंधन और सूचना प्रणाली (पीएमआईएस) का शुभारंभ किया।
- राष्ट्रपति प्रणब मुखर्जी ने 63वें राष्ट्रीय फिल्म पुरस्कार समारोह में वयोवृद्ध अभिनेता मनोज कुमार को फिल्म उद्योग में उनके योगदान के लिए प्रतिष्ठित 'दादा साहेब फाल्के' पुरस्कार से सम्मानित किया।
- श्रीनगर, जम्मू-कश्मीर में खादी के लिए कताई एवं बुनाई केंद्र और मार्केटिंग प्लाजा- हरमुख खादी ग्राम उद्योग संस्थान का उद्घाटन किया गया।
- क़चरे के बेहतर प्रबंधन के लिए एकीकृत अपशिष्ट प्रबंधन प्रणाली (आईडब्ल्यूएमएस) पर वेब आधारित ऐप्लीकेशन www.iwms.nic.in शुरू किया गया।
- गंगा नदी के संरक्षण के लिए साहिबगंज, झारखंड में 'नमामि गंगे' कार्यक्रम के तहत ग्रामीण स्वच्छता पहल से संबंधित नौ परियोजनाओं की शुरुआत की गई।
- देश में ही विकसित मल असंयमिता प्रबंधन प्रणाली 'Qora' का शुभारंभ किया गया।
- आईसीडीएस की कॉमन ऐप्लीकेशन सॉफ्टवेयर (आईसीडीएस-कैस) और सूचना और संचार प्रौद्योगिकी सक्षम रियल टाइम मॉनिटरिंग (आईसीटी-आरटीएम) की शुरुआत की गई।

जून-2016

- एशिया के पहले 'जिप्स गिद्ध पुनरोद्भव कार्यक्रम' का शुभारंभ।
- विश्व पर्यावरण दिवस के अवसर पर बाघ एक्सप्रेस ट्रेन शुरू की गई।
- नवीन और नवीकरणीय ऊर्जा मंत्रालय (एमएनआरई) ने गैर-हवादार राज्यों को पवन ऊर्जा उपलब्ध कराने के लिए केंद्रीय पारेषण उपयोगिता (सीटीयू) के पारेषण नेटवर्क से जुड़ी 1000 मेगावाट की पवन ऊर्जा परियोजना की शुरुआत की।
- पीएसएलवी-सी34 ने एकल उड़ान में 20 उपग्रहों को सफलतापूर्वक प्रक्षेपित किया।
- प्रधानमंत्री श्री नरेन्द्र मोदी ने 14 परियोजनाओं को प्रारंभ करके फ्लैगशिप स्मार्ट सिटी मिशन की शुरुआत की।
- वॉटर जेट फास्ट अटैक क्राफ्ट की शृंखला में चौथे युद्ध पोत (एफओ-डब्ल्यूजेएफएसी) का शुभारंभ किया गया।

जुलाई-2016

- 'राष्ट्रीय खनिज अन्वेषण नीति' का शुभारंभ किया गया।
- भारत के निर्वाचन आयोग ने मतदाता सूची में सुधार करने और मतदान केंद्रों के स्थानों और क्षेत्रों को अनुकूलतम बनाने के लिए 'राष्ट्रीय मतदाता सूची में सुधार' (एनईआरपी) 2016 की शुरुआत की।
- पर्यटन मंत्रालय ने स्वदेश दर्शन योजना के तहत 21 राज्यों और केंद्रशासित प्रदेशों में 2,048 करोड़ रुपये मूल्य की 25 परियोजनाओं को मंजूरी दी।
- भारतीय अंतरिक्ष अनुसंधान संगठन (इसरो) ने कार्टोसैट-2 नामक पृथ्वी अवलोकन उपग्रह को सफलतापूर्वक प्रक्षेपित किया।

अगस्त-2016

- 500 शहरों के स्वच्छ सर्वेक्षण का शुभारंभ किया गया।
- कैंसर, दिल की बीमारियों और दूसरी बीमारियों की सस्ती औषधियां बांटने के उद्देश्य से एनईआईजीआरआईएचएमएस- शिलांग, रिम्स- इंफाल और एम्स- जोधपुर में अमृत आउटलेट्स का उद्घाटन किया गया।
- महिला एवं बाल विकास मंत्रालय द्वारा बाल यौन शोषण की रिपोर्ट करने के लिए एक ऑनलाइन शिकायत बॉक्स, पॉस्को ई-बॉक्स की शुरुआत की गई।
- इसरो के स्क्रैमजेट इंजन टेक्नोलॉजी डेमन्स्ट्रेटर की उड़ान का सफलतापूर्वक परीक्षण किया गया।
- रक्षा मंत्रालय के तहत सीमा सड़क संगठन (बीआरओ) ने देश के उत्तर और पूर्व राज्यों में बड़े पैमाने पर वृक्षारोपण अभियान की शुरुआत की।
- साक्षी मलिक ने रियो ओलंपिक 2016 में कुश्ती में कांस्य पदक जीता।
- पी.वी. सिंधु ने रियो ओलंपिक 2016 में बैडमिंटन में रजत पदक जीता।

सितंबर-2016

- राष्ट्रपति श्री प्रणब मुखर्जी ने भारत के भूस्थिर उपग्रह प्रक्षेपण यान जीएसएलवी-एफ05 की 10वीं उड़ान पर भारतीय अंतरिक्ष अनुसंधान संगठन (इसरो) को बधाई दी। इस यान ने मौसम उपग्रह 'इनसेट-3डीआर' को पृथ्वी की कक्षा में स्थापित किया है।
- भारतीय तट रक्षक बल के छह अपतटीय गश्ती पोतों (ओपीवी) की शृंखला के तीसरे पोत 'सारथी' को नौसेना में शामिल किया गया।
- प्रधानमंत्री श्री नरेन्द्र मोदी ने पीएसएलवी-सी35/मौसम उपग्रह स्कैटसैट-1 और 7 अन्य सह-यात्री उपग्रहों के सफल प्रक्षेपण पर इसरो को बधाई दी।

अक्टूबर-2016

- अंतरराष्ट्रीय वृद्धजन दिवस (आईडीओपी), 1 अक्टूबर को राष्ट्रपति श्री प्रणब मुखर्जी ने वृद्धजनों व संगठनों को 'वयोश्रेष्ठ सम्मान' भेंट किए।
- उत्तर प्रदेश एवं बिहार राज्य सरकारों के साथ पर्यटन मंत्रालय ने वाराणसी-सारनाथ में 'पांचवें अंतरराष्ट्रीय बुद्धिस्ट कॉन्क्लेव' का आयोजन किया।
- प्रधानमंत्री श्री नरेन्द्र मोदी ने नई दिल्ली में प्रवासी भारतीय केंद्र का उद्घाटन किया।
- भारत ने जलवायु परिवर्तन संबंधी पेरिस समझौते को स्वीकार किया।
- गुजरात एवं आंध्र प्रदेश पहले राज्य बने जहां शहरी क्षेत्रों को खुले में शौच से मुक्त (ओडीएफ) घोषित किया गया; महात्मा गांधी की 147वीं जयंती को पोरबंदर पहला ओडीएफ जिला घोषित हुआ।
- चार जिलों में केरोसीन के प्रत्यक्ष लाभ अंतरण (डीबीटी) को अमल में लाने वाला झारखंड पहला राज्य बना।
- मार्ग परिवहन एवं राजमार्ग एवं जहाज़रानी मंत्रालय ने इंडियन ब्रिज मैनेजमेंट सिस्टम (आईबीएमएस) की शुरुआत की जिसके जरिए देश के सभी पुलों की सूची एवं उनकी ढांचागत स्थिति का पता लगाया जाएगा ताकि उनकी मरम्मत एवं रखरखाव का काम किया जा सके।
- गोवा में पहली ब्रिक्स अंडर-17 फुटबॉल प्रतियोगिता का आयोजन किया गया।
- राष्ट्रपति श्री प्रणब मुखर्जी ने पहले वैश्विक विकास सम्मेलन का आयोजन किया जिसका थीम 'बियांड 2015: पीपल, प्लेनेट एंड प्रोग्रेस' रहा। इसका आयोजन नई दिल्ली के द एनर्जी एंड रिसोर्सेज इंस्टीट्यूट (टीईआरआई) ने किया।
- भारतीय पुरातत्व विभाग द्वारा संरक्षित सभी ऐतिहासिक एवं पुरातत्विक स्थलों को पॉलीथीन मुक्त क्षेत्र घोषित किया गया।
- यूरोप के एरियेन 5 वीए-231 लांच व्हीकल ने सफलतापूर्वक भारत के संचार उपग्रह जीसैटी-18 को लांच किया।
- भारत के सुदूर एवं अधिक ऊंचाई वाले स्टेशन 'हिमांश' को हिमालय में शुरू किया गया।

- न्यू डेवेलपमेंट बैंक ऑफ इंडिया (एनडीबी) के साथ आम सहयोग हेतु मंत्रिमंडल ने एक्सपोर्ट-इंपोर्ट बैंक ऑफ इंडिया (एग्जिम बैंक) एवं ब्रिक्स राष्ट्रों के अन्य वित्तीय विकास संस्थानों के बीच समझौता-पत्र को मंजूरी दी।
- मांट्रियल प्रोटोकॉल के हाइड्रोफ्लोरोकार्बन (एचएफसी) संशोधन की सराहना हेतु भारत ने रवांडा के किगाली में 28वीं बैठक के दौरान दुनिया के अन्य देशों का समर्थन किया।
- गोवा में आयोजित पहली ब्रिक्स अंडर-17 फुटबॉल प्रतियोगिता-2016 ब्राज़ील ने जीती।
- अक्टूबर 2016 में नई दिल्ली के प्रगति मैदान में पहले ब्रिक्स व्यापार मेले का आयोजन।
- भारतीय नौसेना ने त्वरित हमलावर क्षमतावान जहाज़ आईएनएस तिहायू को पूर्वी नौसैनिक कमान में शामिल किया।
- नागरिक उड्डयन मंत्रालय ने विश्व में अपनी तरह की पहली क्षेत्रीय कनेक्टिविटी योजना 'उड़ान' की शुरुआत की जिसके जरिए स्थानीय स्तरों पर सस्ती एवं लाभदायक उड़ानें शुरू की जाएंगी।
- भारतीय तटरक्षक जहाज़ 'आर्यमन' एवं 'अतुल्य' को बेड़े में शामिल किया गया।
- ईस्टर्न डेडिकेटेड फ्रेट कॉरिडोर-III (ईडीएफसी-III) परियोजना के डेडिकेटेड फ्रेट कॉरिडोर कारपोरेशन ऑफ इंडिया लिमिटेड (डीएफसीसीआईएल) के लिए भारत ने विश्व बैंक के साथ 650 मिलियन अमेरीकी डॉलर के गारंटी एग्रीमेंट पर हस्ताक्षर किए।
- भारत ने ईरान को 38-29 से हराकर कबड्डी विश्व कप 2016 जीता।
- प्रधानमंत्री श्री नरेंद्र मोदी ने नई दिल्ली में पहले राष्ट्रीय जनजातीय कार्निवल का उद्घाटन किया।
- सशस्त्र सेनाओं के कर्मियों सहित कामकाजी वोटरों को ई-पोस्टल बैलेट के जरिए वोट डालने के लिए सरकार ने 1961 के कंडक्ट ऑफ इलेक्शन रूल्स के नियम 23 के संशोधन के संबंध में अधिसूचना जारी की।
- मंत्रिमंडल ने नेशनल एकेडमिक डिपॉजिटरी की स्थापना को मंजूरी दी।
- केंद्र सरकार ने भारत व भूटान के बीच व्यापार, वाणिज्य एवं पारगमन संबंधित समझौते को मंजूरी दी।
- भारत ने गोवा में 8वें ब्रिक्स शिखर सम्मेलन की मेजबानी की।
- भारत एवं यूरोपीय संघ के बीच जल सहयोग पर केंद्रीय मंत्रिमंडल ने आपसी समझौते को मंजूरी दी।
- प्रधानमंत्री श्री नरेन्द्र मोदी ने राष्ट्रीय अनुसूचित जाति/जनजाति केंद्र एवं लघु, मझोले एवं मध्यम उद्योगों (एमएसएमई) जीरो डिफेक्ट-जीरो इफेक्ट योजना लांच की।
- नीति आयोग ने पहले कृषि विपणन और काश्त अनुकूल सुधार इंडेक्स की शुरुआत की। इस सूची में महाराष्ट्र का पहला स्थान रहा।

नवंबर 2016

- स्वच्छ भारत मिशन (ग्रामीण) के अंतर्गत केरल खुले में शौच से मुक्त होने वाला तीसरा और अब तक का सबसे बड़ा राज्य बना।

- केरल एवं तमिलनाडु ने राष्ट्रीय खाद्य सुरक्षा अधिनियम (एनएफएसए) लागू किया। इसके साथ ही यह अधिनियम सभी राज्यों एवं केंद्रशासित प्रदेशों में लागू हुआ।
- पर्यावरण , वन एवं जलवायु परिवर्तन मंत्रालय ने मणिपुर की लोकतक झील के संरक्षण एवं रखरखाव के लिए चार सदस्यीय दल का गठन किया।
- सुरक्षित गर्भ एवं सुरक्षित प्रसव के जरिए जच्चा और बच्चा की मृत्युदर में कमी लाने के लिए प्रधानमंत्री सुरक्षित मातृत्व अभियान (पीएमएसएमए) की शुरुआत।
- नई दिल्ली में भारत एवं संयुक्त राष्ट्र के डिजास्टर रिस्क रिडक्शन ने एशियन मिनिस्टेरियल कॉन्फ्रेंस ऑन डिजास्टर रिस्क रिडक्शन (एएमसीडीआरआर) 2016 के दौरान सहयोग वक्तव्य पर हस्ताक्षर किए।
- चुनाव आयोग ने पुदुचेरी की नेल्लिथोपे विधानसभा के उपचुनावों में कामकाजी मतदाताओं के लिए इलेक्ट्रॉनिक ट्रांसमिटिड पोस्टल बैलेट की शुरुआत की।
- पहले अंतरराष्ट्रीय कृषि-जैवविविधता सम्मेलन का नई दिल्ली में आयोजन हुआ जिसमें किसानों सहित अन्य हिस्सेदारों के बीच संवाद स्थापना पर जोर दिया गया। इसके जरिए कृषि-जैवविविधता प्रबंधन एवं आनुवांशिक स्रोत संरक्षण में सबकी भूमिका को बेहतर तरीके से समझा जा सकेगा।
- भारत में डब्ल्यूएचओ फ्रेमवर्क कन्वेंशन ऑन टोबेको कंट्रोल (एफसीटीसी) के दलों के सातवें सत्र की बैठक आयोजित की गई जिसमें एफसीटीसी एवं तंबाकू उत्पादों के गैर-कानूनी व्यापार को समाप्त करने से जुड़े मसविदे पर पुनः विचार होगा।
- संपूर्ण महिला चालक दल वाले भारतीय नौसेना के जहाज़ महादेई ने गोवा से दक्षिण अफ्रीका के केपटाउन तक की यात्रा शुरू की।
- भारत और जापान के बीच दोहरा कराधान संशोधन सम्मेलन (डीटीएसी) के संशोधन से जुड़ा मसविदा अमल में लाया गया।
- स्वास्थ्य एवं परिवार कल्याण मंत्रालय ने *हेल्दी इंडिया इनिशियेटिव* पत्रिका एवं 'नो मोर टेंशन' नामक मोबाइल ऐप की शुरुआत की।
- कौशल विकास एवं उद्यमिता मंत्रालय ने प्रधानमंत्री युवा योजना की शुरुआत की जिससे युवाओं में उद्यमशीलता को बढ़ावा दिया जाएगा।
- आतंकवाद को नकली भारतीय नोटों (एफआईसीएन) के जरिए मिलने वाले सहयोग और अन्य गैरकानूनी गतिविधियों पर नकेल कसने एवं काले धन खत्म करने के लिए सरकार ने 8 नवंबर, 2016 के बाद से 500 एवं 1000 रुपये के नोटों पर रोक लगाने की घोषणा की।
- राष्ट्रीय कौशल विकास एजेंसी एवं ब्रिटिश काउंसिल ने कौशल विकास के क्षेत्र में संयुक्त शोध परियोजनाओं हेतु उपक्रम के लिए एक समझौता-पत्र पर हस्ताक्षर किए।
- सरकार ने लेह में नेशनल इंस्टीट्यूट ऑफ सोवा रिग्पा (तिब्बती दवा पद्धति) की स्थापना को मंजूरी दी। जम्मू-कश्मीर सोवा रिग्पा को इंडियन मेडिसिन सेंट्रल काउंसिल (आईएमसीसी) अधिनियम, 2010 के संशोधन के बाद भारत सरकार ने मान्यता दी है।

- नवंबर 19 से 25, 2016 के दौरान देशभर में 'कौमी एकता सप्ताह' (राष्ट्रीय एकीकरण सप्ताह) का आयोजन किया गया।
- गोवा के पणजी में 20 से 28 नवंबर, 2016 के दौरान 47वें अंतरराष्ट्रीय फिल्म समारोह का आयोजन किया गया। इस अवसर पर रेजा मीरकरामी की ईरानी फिल्म डॉटर को सर्वश्रेष्ठ फिल्म के गोल्डन पिकॉक पुरस्कार से पुरस्कृत किया गया।
- प्रधानमंत्री श्री नरेंद्र मोदी ने ग्रामीण क्षेत्रों के लिए 'सबके लिए आवास' योजना की शुरुआत की। योजना के जरिए 2022 तक प्रत्येक ग्रामीण घर को पर्यावरण की दृष्टि से सुरक्षित और पक्का बनाने का लक्ष्य है।
- भारत एवं आण्विक शोध के लिए यूरोपीय संगठन (सीईआरएन) ने भारत को सीईआरएन का सहभागी सदस्य राष्ट्र बनाने के लिए मुंबई में एक समझौते पर हस्ताक्षर किए।
- एपी–15 गाइडेड मिसाइल डिस्ट्रॉयर आईएनएस चेन्नई को भारतीय नौसेना में शामिल किया गया।
- भारत एवं स्विटजरलैंड ने ऑटोमैटिक एक्सचेंज ऑफ इंफॉर्मेशन (एईओआई) को अमल में लाए जाने वाले 'संयुक्त घोषणा–पत्र' पर हस्ताक्षर किए जिसके अंतर्गत भारतीय नागरिकों के स्विस बैंकों के खातों की जानकारी प्राप्त हो सकेगी।
- केंद्रीय मंत्रिमंडल ने असम, बिहार, हिमाचल प्रदेश, झारखंड, महाराष्ट्र, मध्य प्रदेश, जम्मू–कश्मीर एवं उत्तराखंड के संबंध में अन्य पिछड़ा वर्ग की केंद्रीय सूची में समावेशन/संशोधन से जुड़े प्रस्ताव को मंजूरी दी।
- भारत एवं यूके ने बौद्धिक संपदा के क्षेत्र में द्विपक्षीय सहयोग से जुड़े समझौता मसौदे पर हस्ताक्षर किए।
- सर्वोच्च न्यायालय ने सिनेमा हॉलों को फिल्म दिखाए जाने से पहले राष्ट्रीय गान सुनाए जाने का निर्देश दिया।

15 दिसंबर, 2016

- भारतीय चिकित्सा अनुसंधान परिषद् (आईसीएमआर) ने भारतीय कृषि अनुसंधान परिषद् (आईसीएआर) के साथ एक ज्ञापन–पत्र पर हस्ताक्षर किए जिसके अंतर्गत जूनोज़ेस, एंटी माइक्रोबियल रेजिस्टेंस, न्यूट्रिशियन एवं पेस्टीसाइड रेजिड्यूज के क्षेत्रों में सहयोग किया जाएगा।
- केंद्रीय मानव संसाधन विकास मंत्री श्री प्रकाश जावडेकर ने 'वित्तीय साक्षरता अभियान' की नई दिल्ली में शुरुआत की।
- तमिलनाडु की मुख्यमंत्री सेल्वी जयललिता का चेन्नई में निधन।
- प्रधानमंत्री श्री नरेन्द्र मोदी एवं अफगानिस्तान के राष्ट्रपति अशरफ घनी ने अमृतसर में संयुक्त रूप से छठी हार्ट ऑफ एशिया मिनिस्टेरियल कॉन्फ्रेंस का उद्घाटन किया।
- ब्यूरो ऑफ पुलिस रिसर्च एंड डेवलपमेंट (बीपीआरएंडडी) एवं केरल पुलिस ने संयुक्त रूप से ऑल इंडिया पुलिस साइंस कांग्रेस का उद्घाटन कोवलम, तिरुअनंतपुरम में किया।

- बौद्धिक संपदा के क्षेत्र में सहयोग करने के लिए भारत एवं यूनाइटेड किंगडम (यूके) के साझा प्रयास से जुड़े समझौता ज्ञापन को मंत्रिमंडल की मंजूरी।
- आउटर स्पेस के शांतिपूर्ण इस्तेमाल के लिए भारत एवं अफगानिस्तान के सहयोग के समझौता ज्ञापन को मंत्रिमंडल की मंजूरी।
- इसरो के पोलर सेटेलाइट व्हीकल सी36 (पीएसएलवी-सी36) ने रिसोर्सेजएटी-2ए नामक रिमोट सेंसिंग सेटेलाइट को सफलतापूर्वक सन सिन्क्रोनस ऑर्बिट में स्थापित किया।
- मंत्रिमंडल ने कॉन्फ्रेंस ऑफ पार्टीज (सीओपी) में जलवायु परिवर्तन से जुड़ी वार्ताओं में भारत की नीति को यूनाइटेड नेशंस फ्रेमवर्क ऑन क्लाइमेट चेंज (यूएनएफसीसी) के अनुसार किए जाने को मंजूरी दी।
- मंत्रिमंडल ने भारत एवं ताजिकिस्तान के बीच आय पर कर के मामले में राजस्व बचाने एवं दोहरे कर निर्धारण को हटाने के लिए समझौते को मंजूरी दी।
- मंत्रिमंडल ने भारतीय अंतरिक्ष अनुसंधान संस्थान (इसरो) एवं यूनाइटेड स्टेट्स जियोलॉजिकल सर्वे (यूएसजीएस) के बीच अमरीका के लैंड रिमोट सेंसिंग सेटेलाइट डेटा के सहयोगी इस्तेमाल एवं आदान-प्रदान को मंजूरी दी।
- हरियाणा में महिला पुलिस स्वयंसेविका पहल की शुरुआत हुई। इसके अंतर्गत पुलिस विभाग एवं गांव के स्थानीय समुदायों के बीच सहयोग के लिए, विशेषकर इसी कार्य में प्रशिक्षित महिला स्वयंसेविकाएं माध्यम बनेंगी।
- भारत ने एमएसएमई प्रोजेक्ट- प्रोग्रामेटिक फ्रेमवर्क फॉर एनर्जी एफिशियंसी नामक परियोजना में ऊर्जा दक्षता के लिए वित्त पोषण के वास्ते 5.19 मिलियन डॉलर की अतिरिक्त राशि प्राप्ति के एक अनुदान समझौते पर हस्ताक्षर किए।

32 सामान्य सूचना

राष्ट्रपति द्वारा अनुमोदित व्यक्तियों की रैंक और वरीयता क्रम इस प्रकार है:

1. राष्ट्रपति
2. उप-राष्ट्रपति
3. प्रधानमंत्री
4. अपने-अपने राज्यों में राज्यों के राज्यपाल
5. पूर्व राष्ट्रपति

5क. उप-प्रधानमंत्री

6. भारत के प्रधान न्यायाधीश
   लोकसभा अध्यक्ष
7. केंद्र के कैबिनेट मंत्री
   राज्यों के मुख्यमंत्री (अपने राज्य में)
   उपाध्यक्ष, नीति आयोग
   पूर्व प्रधानमंत्री
   राज्यसभा एवं लोकसभा में विपक्ष के नेता

7क. भारत-रत्न अलंकरण प्राप्तकर्ता

8. भारत में मान्यता प्राप्त अन्य देशों के असाधारण तथा पूर्णाधिकारी राजदूत तथा राष्ट्रमंडल देशों के उच्चायुक्त
   राज्यों के मुख्यमंत्री (अपने-अपने राज्यों के बाहर)
   राज्यों के राज्यपाल (अपने-अपने राज्यों के बाहर)
9. उच्चतम न्यायालय के न्यायाधीश

9क. संघ लोक सेवा आयोग के अध्यक्ष
मुख्य निर्वाचन आयुक्त
भारत के नियंत्रक एवं महालेखा-परीक्षक

10. राज्यसभा के उप-सभापति
    राज्यों के उप-मुख्यमंत्री
    लोकसभा उपाध्यक्ष
    नीति आयोग के सदस्य
    केंद्र के राज्यमंत्री (और रक्षा मंत्रालय में रक्षा मामलों के लिए कोई अन्य मंत्री)

11. भारत के महान्यायवादी
मंत्रिमंडल सचिव
अपने-अपने केंद्रशासित प्रदेशों में उप-राज्यपाल

12. पूर्ण जनरल या समकक्ष रैंक के सेनाध्यक्ष

13. भारत में मान्यता प्राप्त विदेश के असाधारण दूत तथा पूर्णाधिकारी मंत्री

14. राज्य विधायिकाओं के सभापति और अध्यक्ष (अपने-अपने राज्यों में)
अपने क्षेत्राधिकार में उच्च न्यायालयों के मुख्य न्यायाधीश

15. अपने-अपने राज्यों के कैबिनेट मंत्री
अपने-अपने केंद्रशासित प्रदेशों में मुख्यमंत्री और दिल्ली के मुख्य कार्यकारी पार्षद, केंद्र के उपमंत्री

16. लेफ्टिनेंट जनरल या समकक्ष रैंक के स्थापन्न सेनाध्यक्ष

17. केंद्रीय प्रशासनिक अधिकरण के अध्यक्ष
राष्ट्रीय अल्पसंख्यक आयोग के अध्यक्ष
अनुसूचित जाति एवं जनजाति आयोग के अध्यक्ष
अपने-अपने क्षेत्राधिकार के बाहर उच्च न्यायालयों के मुख्य न्यायाधीश
उच्च न्यायालयों के उत्तरवर्ती न्यायाधीश

18. अपने-अपने राज्यों से बाहर राज्यों के कैबिनेट मंत्री
अपने-अपने राज्यों से बाहर राज्य विधानमंडलों के सभापति और अध्यक्ष
एकाधिकार एवं प्रतिबंधक व्यापार कार्यकलाप आयोग के अध्यक्ष
अपने-अपने राज्यों में राज्य विधानमंडलों के उप-सभापति और उपाध्यक्ष
अपने-अपने राज्यों में राज्यों के राज्यमंत्री
अपने-अपने केंद्रशासित प्रदेशों में मंत्री और दिल्ली के कार्यकारी पार्षद,
अपने-अपने केंद्रशासित प्रदेशों की विधानसभाओं के अध्यक्ष तथा दिल्ली महानगर परिषद के अध्यक्ष

19. अपने-अपने केंद्रशासित प्रदेशों में मंत्रिपरिषद रहित केंद्रशासित प्रदेशों के मुख्य आयुक्त
अपने-अपने राज्यों के उपमंत्री
अपने-अपने केंद्रशासित प्रदेशों में वहां की विधानसभाओं के उपाध्यक्ष और दिल्ली महानगर परिषद के उपसभापति

20. अपने-अपने राज्यों से बाहर राज्य विधानमंडलों के उप-सभापति और उपाध्यक्ष
अपने-अपने राज्यों से बाहर राज्यों के राज्यमंत्री
अपने-अपने क्षेत्राधिकार से बाहर उच्च न्यायालयों के उत्तरवर्ती न्यायाधीश

21. संसद सदस्य

22. अपने-अपने राज्यों से बाहर राज्यों के उप-मंत्री

23. सेना कमांडर/थल सेना उपाध्यक्ष या अन्य सेवाओं में समकक्ष पदाधिकारी
अपने-अपने राज्यों में राज्य सरकारों के मुख्य सचिव
भाषाई अल्पसंख्यक आयुक्त

अनुसूचित जाति एवं जनजाति आयुक्त
अल्पसंख्यक आयोग के सदस्य
राष्ट्रीय अनुसूचित जाति एवं जनजाति आयोग के सदस्य
पूर्ण जनरल रैंक तथा समकक्ष रैंक के अधिकारी
भारत सरकार के सचिव (इस पद को पदेन रूप में धारण करने वाले अधिकारियों सहित)
अल्पसंख्यक आयोग के सचिव
अनुसूचित जाति और जनजाति आयोग के सचिव
राष्ट्रपति के सचिव
प्रधानमंत्री के सचिव
राज्यसभा/लोकसभा के सचिव
सॉलिसिटर जनरल
केंद्रीय प्रशासनिक अधिकरण के उपाध्यक्ष

24. लेफ्टिनेंट जनरल या समकक्ष रैंक के अधिकारी

25. भारत सरकार के अपर सचिव
अपर सॉलिसिटर जनरल
राज्यों के महाधिवक्ता
प्रशुल्क आयोग (टैरिफ कमीशन) के अध्यक्ष
प्रभारी राजदूत तथा अंतरिम कार्यवाहक उच्चायुक्त
अपने-अपने केंद्रशासित प्रदेशों से बाहर के मुख्यमंत्री और दिल्ली के मुख्य कार्यकारी पार्षद
अपने-अपने राज्य से बाहर राज्यों के मुख्य सचिव
उप-नियंत्रक एवं महालेखा परीक्षक
अपने-अपने केंद्रशासित प्रदेशों से बाहर केंद्रशासित प्रदेशों की विधानसभाओं के उपाध्यक्ष तथा दिल्ली महानगर परिषद के उपसभापति
निदेशक केंद्रीय अन्वेषण ब्यूरो
महानिदेशक सीमा सुरक्षा बल
महानिदेशक केंद्रीय रिज़र्व पुलिस बल
निदेशक, गुप्तचर ब्यूरो
अपने-अपने केंद्रशासित प्रदेशों से बाहर उप-राज्यपाल
केंद्रीय प्रशासनिक अधिकरण
एकाधिकार एवं प्रतिबंधिक व्यापार कार्यकलाप आयोग के सदस्य
संघ लोकसेवा आयोग के सदस्य
अपने-अपने केंद्रशासित प्रदेशों से बाहर केंद्रशासित प्रदेशों तथा दिल्ली के मंत्री और कार्यकारी पार्षद
मेजर जनरल तथा समकक्ष रैंक के सशस्त्र बलों के प्रमुख स्टाफ अधिकारी
अपने-अपने केंद्रशासित प्रदेशों से बाहर केंद्रशासित प्रदेशों की विधानसभाओं के सभापति और दिल्ली महानगर परिषद के अध्यक्ष

26. भारत सरकार के संयुक्त सचिव और समकक्ष स्तर के अधिकारी
मेजर जनरल और समकक्ष रैंक के अधिकारी।

नोट

नोट-1: वरीयता सूची केवल राजकीय और रस्मी समारोहों के लिए है और इसका दैनिक सरकारी कार्य से कोई संबंध नहीं है।

नोट-2: वरीयता सूची में उल्लिखित व्यक्ति अपने क्रम के अनुसार स्थान ग्रहण करेंगे। एक ही क्रम में वर्णित प्रविष्टियां वर्णमाला क्रम के अनुसार दी गई हैं। एक ही क्रम में जोड़े गए नामों के वरीयता क्रम उसमें की गई प्रविष्टि की तारीख के अनुसार होंगे। यद्यपि एक ही क्रम में शामिल विभिन्न राज्यों और केंद्रशासित प्रदेशों के गणमान्य व्यक्ति, अपने राज्य तथा केंद्रशासित प्रदेशों से बाहर किसी समारोह में उपस्थित हैं तथा उनकी प्रविष्टि की तारीख सुनिश्चित करना कठिन है तो उनको उक्त क्रम में प्रविष्टि की तारीख के अनुसार वरीयता क्रम निर्धारित किए जा चुके व्यक्तियों के बाद संबंधित राज्यों तथा केंद्रशासित प्रदेशों के नामों के वर्णमाला क्रम के अनुसार वरीयता क्रम दिया जा सकता है।

नोट-3: क्रम 7 में पूर्व प्रधानमंत्रियों का वरीयता क्रम केंद्र के कैबिनेट मंत्रियों तथा लोकसभा और राज्यसभा में विरोधी दल के नेताओं से पहले होगा। अपने-अपने राज्यों में राज्यों के मुख्यमंत्रियों का वरीयता क्रम संबंधित राज्यों में आयोजित सरकारी समारोहों में कैबिनेट मंत्रियों से पहले होगा।

नोट-4: क्रम 8 में (क) असाधारण राजदूतों और पूर्णाधिकारी राजदूतों तथा भारत में मान्यताप्राप्त राष्ट्रमंडल देशों के उच्चायुक्तों का अग्रता क्रम सामूहिक रूप से अपने-अपने राज्यों के बाहर राज्यों के राज्यपालों से ऊपर होगा।

नोट-5: विदेश मंत्रालय दूसरे देशों के गणमान्य व्यक्तियों और भारतीय राजदूतों/उच्चायुक्तों तथा पूर्णाधिकारी मंत्रियों की भारत यात्रा के दौरान उन्हें समुचित रैंक प्रदान कर सकता है।

नोट-6: नोट-2 में निर्धारित प्रक्रिया के बावजूद क्रम 10 में वर्णित व्यक्तियों का पारस्परिक अग्रता-क्रम निम्नलिखित होगा:- (1) उप-सभापति, राज्यसभा (2) उपाध्यक्ष, लोकसभा (3) रक्षा माम्लों को देखने वाले रक्षा मंत्रालय में केंद्र के राज्य मंत्री तथा कोई अन्य मंत्री (4) राज्यों के उप-मुख्यमंत्री तथा (5) नीति आयोग के सदस्य। यद्यपि अपने-अपने राज्यों से बाहर राज्यों के उप-मुख्यमंत्रियों का अग्रत-क्रम हमेशा इस क्रम में वर्णित अन्य सभी गणमान्य व्यक्तियों के रैंक से नीचे होगा।

नोट-7: एक ही दिन निर्वाचित होने की स्थिति में राज्यों की विधान परिषद के सभापतियों का अग्रता-क्रम विधानसभाओं के अध्यक्षों से ऊपर होगा।

नोट-8: बड़े राजकीय समारोहों में संसद सदस्यों को आमंत्रित किए जाने की स्थिति में उनके लिए आरक्षित स्थान प्रधान न्यायाधीश, लोकसभा अध्यक्ष तथा राजदूतों के बाद होना चाहिए।

नोट-9: केंद्रशासित प्रदेशों की विधानसभाओं के अध्यक्ष तथा दिल्ली महानगर परिषद के सभापति का अग्रता-क्रम उसी क्रम में शामिल मंत्रियों तथा दिल्ली के कार्यकारी पार्षदों से पहले होगा।

नोट-10: क्रम संख्या 23 में (क) विदेश सचिव को छोड़कर विदेश मंत्रालय के सचिवों का पारस्परिक अग्रता-क्रम वही होगा जो भारतीय विदेश सेवा के ग्रेड-I में उनका वरिष्ठतम क्रम है तथा दोनों ही विदेश सचिव के बाद होगा। (ख) अल्पसंख्यक आयोग और अनुसूचित जाति और अनुसूचित जनजाति आयोग के सदस्यों का अग्रता-क्रम हमेशा इन आयोगों के सचिवों से ऊपर होगा। (ग) दिल्ली/नई दिल्ली में होने वाले सरकारी समारोहों, सेना कमांडरों/ थल सेना उपाध्यक्षों तथा अन्य सेवाओं में उनके समकक्ष अधिकारियों का अग्रता-क्रम हमेशा भारत सरकार के सचिवों के बाद होगा।

नोट-11: क्रम संख्या 25 में (क) विदेश मंत्रालय के अपर सचिवों का पारस्परिक अग्रता-क्रम वही होगा जो भारतीय विदेश सेवा के ग्रेड-II में उनका वरिष्ठतम क्रम है। (ख) अपर सॉलिसिटर जनरल का अग्रता-क्रम राज्यों के महाधिवक्ताओं से ऊपर होगा। (ग) उप-राज्यपालों का अग्रता-क्रम मुख्यमंत्रियों और दिल्ली के मुख्य कार्यकारी पार्षद से ऊपर होगा तथा मुख्यमंत्रियों और दिल्ली के मुख्य कार्यकारी पार्षद का अग्रता-क्रम विधानसभाओं के अध्यक्षों तथा दिल्ली महानगर परिषद के अध्यक्ष के बाद होगा। (घ) केंद्रशासित प्रदेशों की विधानसभाओं के उपाध्यक्षों तथा दिल्ली महानगर परिषद के उप-सभापति का अग्रता-क्रम केंद्रशासित प्रदेशों के मंत्रियों और दिल्ली के कार्यकारी पार्षदों के बाद होगा।

नोट-12: क्रम संख्या 26 के प्रयोजनार्थ भारत सरकार के संयुक्त सचिवों के समकक्ष पदों के अग्रता-क्रम का निर्धारण गृह मंत्रालय द्वारा किया जाएगा।

भारत के राष्ट्रपति[1]

नाम	अवधि
डॉ. राजेंद्र प्रसाद (1884-1963)	26 जनवरी, 1950 — 13 मई, 1962
डॉ. सर्वपल्ली राधाकृष्णन (1888-1975)	13 मई, 1962 — 13 मई, 1967
डॉ. ज़ाकिर हुसैन (1897-1969)	13 मई, 1967 — 03 मई, 1969
वराहगिरि वेंकट गिरि (1894-1980)(कार्यवाहक)	3 मई, 1969 — 20 जुलाई, 1969
न्यायमूर्ति मुहम्मद हिदायतुल्लाह (1905-1992) (कार्यवाहक)	20 जुलाई, 1969 — 24 अगस्त, 1969
वराहगिरि वेंकट गिरि (1894-1980)	24 अगस्त, 1969 — 24 अगस्त, 1974
डॉ. फखरुद्दीन अली अहमद (1905-1977)	24 अगस्त, 1974 — 11 फरवरी, 1977
बी.डी. जत्ती (1912-2002) (कार्यवाहक)	11 फरवरी, 1977 — 25 जुलाई, 1977
नीलम संजीव रेड्डी (1913-1996)	25 जुलाई, 1977 — 25 जुलाई, 1982
ज्ञानी जैल सिंह (1916-1994)	25 जुलाई, 1982 — 25 जुलाई, 1987
आर. वेंकटरामन (1910-2009)	25 जुलाई, 1987 — 25 जुलाई, 1992
डॉ. शंकर दयाल शर्मा (1918-1999)	25 जुलाई, 1992 — 25 जुलाई, 1997
के.आर. नारायणन (1920-2005)	25 जुलाई, 1997 — 25 जुलाई, 2002
डॉ. ए.पी.जे. अब्दुल कलाम (1931-2015)	25 जुलाई, 2002 — 25 जुलाई, 2007
श्रीमती प्रतिभा देवीसिंह पाटिल (जन्म 1934)	25 जुलाई, 2007 — 25 जुलाई, 2012
श्री प्रणब मुखर्जी (जन्म 1935)	25 जुलाई, 2012 से अब तक

भारत के उप-राष्ट्रपति[2]

नाम	अवधि
डॉ. सर्वपल्ली राधाकृष्णन (1888-1975)	13, मई, 1952 — 12 मई, 1962
डॉ. ज़ाकिर हुसैन (1897-1969)	13 मई, 1962 — 12 मई, 1967
वराहगिरि वेंकट गिरि (1894-1980)	13 मई, 1967 — 3 मई, 1969
गोपाल स्वरूप पाठक (1896-1982)	31 अगस्त, 1969 — 30 अगस्त, 1974
बी.डी. जत्ती (1912-2002)	31 अगस्त, 1974 — 30 अगस्त, 1979
न्यायमूर्ति मुहम्मद हिदायतुल्लाह (1905-1992)	31 अगस्त, 1979 — 30 अगस्त, 1984
आर. वेंकटरमन (1910-2009)	31 अगस्त, 1984 — 24 जुलाई, 1987
डॉ. शंकर दयाल शर्मा (1918-1999)	3 सितंबर, 1987 — 24 जुलाई, 1992
के.आर. नारायणन (1920-2005)	21 अगस्त, 1992 — 24 जुलाई, 1997
कृष्णकांत (1927-2002)	21 अगस्त, 1997 — 21 जुलाई, 2002
भैरों सिंह शेखावत (1923-2010)	19 अगस्त, 2002 — 21 जुलाई, 2007
श्री मोहम्मद हामिद अंसारी (जन्म 1937)	11 अगस्त, 2007 से अब तक

1. स्रोत : भारत के राष्ट्रपति की वेबसाइट : http://presidentofindia.nic.in
2. स्रोत : भारत के उप-राष्ट्रपति की वेबसाइट : http://vicepresidentofindia.nic.in

भारत के प्रधानमंत्री[3]

नाम	अवधि
पं. जवाहरलाल नेहरू (1889-1964)	15 अगस्त, 1947 — 27 मई, 1964
गुलज़ारी लाल नंदा (1898-1998) (कार्यवाहक)	27 मई, 1964 — 09 जून, 1964
लाल बहादुर शास्त्री (1904-1966)	9 जून, 1964 — 11 जनवरी, 1966
गुलज़ारी लाल नंदा (1898-1998) (कार्यवाहक)	11 जनवरी, 1966 — 24 जनवरी, 1966
इंदिरा गांधी (1917-1984)	24 जनवरी, 1966 — 24 मार्च, 1977
मोरारजी देसाई (1896-1995)	24 मार्च, 1977 — 28 जुलाई, 1979
चरण सिंह (1902-1987)	28 जुलाई, 1979 — 14 जनवरी, 1980
इंदिरा गांधी (1917-1984)	14 जनवरी, 1980 — 31 अक्टूबर, 1984
राजीव गांधी (1944-1991)	31 अक्तूबर, 1984 — 02 दिसंबर, 1989
विश्वनाथ प्रताप सिंह (1931-2008)	2 दिसंबर, 1989 — 10 नवंबर, 1990
चन्द्रशेखर (1927-2007)	10 नवंबर, 1990 — 21 जून, 1991
पी.वी. नरसिम्हा राव (1921-2004)	21 जून, 1991 — 16 मई, 1996
अटल बिहारी वाजपेयी (जन्म 1924)	16 मई, 1996 — 01 जून, 1996
एच.डी. देवेगौड़ा (जन्म 1933)	1 जून, 1996 — 21 अप्रैल, 1997
इंद्र कुमार गुजराल (जन्म 1919- 2012)	21 अप्रैल, 1997 — 19 मार्च, 1998
अटल बिहारी वाजपेयी (जन्म 1924)	19 मार्च, 1998 — 22 मई, 2004
डॉ. मनमोहन सिंह (जन्म 1932)	22 मई, 2004 — 26 मई, 2014
नरेंद्र मोदी (जन्म 1950)	26 मई, 2014 से अब तक

भारत के मुख्य न्यायाधीश[4]

नाम	अवधि
हरिलाल जे. कानिया	26 जनवरी, 1950 — 06 नवंबर, 1951
एम. पतंजलि शास्त्री	7 नवंबर, 1951 — 03 जनवरी, 1954
मेहर चंद महाजन	4 जनवरी, 1954 — 22 दिसंबर, 1954
बी.के. मुखर्जी	23 दिसंबर, 1954 — 31 जनवरी, 1956
एस.आर. दास	1 फरवरी, 1956 — 30 सितंबर, 1959
भुवनेश्वर प्रसाद सिन्हा	1 अक्तूबर, 1959 — 31 जनवरी, 1964
पी.बी. गजेंद्रगडकर	1 फरवरी, 1964 — 15 मार्च, 1966
ए.के. सरकार	16 मार्च, 1966 — 29 जून, 1966

3. स्रोत : प्रधानमंत्री कार्यालय की वेबसाइट : http://pmindia.nic.in

4. स्रोत : भारत के सर्वोच्च न्यायालय की वेबसाइट : http://supremecourtofindia.nic.in

के. सुब्बाराव	30 जून, 1966	—	11 अप्रैल, 1967
के.एन. वांचू	12 अप्रैल, 1967	—	24 फरवरी, 1968
एम. हिदायतुल्लाह	25 फरवरी, 1968	—	16 दिसंबर, 1970
जे.सी. शाह	17 दिसंबर, 1970	—	21 जनवरी, 1971
एस.एम. सीकरी	22 जनवरी, 1971	—	25 अप्रैल, 1973
ए.एन. रे	26 अप्रैल, 1973	—	28 जनवरी, 1977
एम.एच. बेग	29 जनवरी, 1977	—	21 फरवरी, 1978
वाई.वी. चंद्रचूड़	22 फरवरी, 1978	—	11 जुलाई, 1985
पी. एन. भगवती	12 जुलाई, 1985	—	20 दिसंबर, 1986
आर. एस. पाठक	21 दिसंबर, 1986	—	18 जून, 1989
ई.एस. वेंकटरमैया	19 जून, 1989	—	17 दिसंबर, 1989
एस. मुखर्जी	18 दिसंबर, 1989	—	25 सितंबर, 1990
रंगनाथ मिश्र	25 सितंबर, 1990	—	24 नवंबर, 1991
के.एन. सिंह	25 नवंबर, 1991	—	12 दिसंबर, 1991
एम.एच. कानिया	13 दिसंबर, 1991	—	17 नवंबर, 1992
एल.एम. शर्मा	18 नवंबर, 1992	—	11 फरवरी, 1993
एम.एन. वेंकटचलैया	12 फरवरी, 1993	—	24 अक्टूबर, 1994
ए.एम. अहमदी	25 अक्टूबर, 1994	—	24 मार्च, 1997
जे.एस. वर्मा	25 मार्च, 1997	—	17 जनवरी, 1998
एम.एम. पंछी	18 जनवरी, 1998	—	9 अक्टूबर, 1998
ए.एस. आनंद	10 अक्टूबर, 1998	—	31 अक्टूबर, 2001
एस.पी. भरूचा	1 नवंबर, 2001	—	5 मई, 2002
बी.एन. कृपाल	6 मई, 2002	—	7 नवंबर, 2002
जी.बी. पटनायक	8 नवंबर, 2002	—	18 दिसंबर, 2002
वी.एन. खरे	19 दिसंबर, 2002	—	1 मई, 2004
एस. राजेन्द्र बाबू	2 मई, 2004	—	31 मई, 2004
आर.सी. लाहोटी	1 जून, 2004	—	31 अक्टूबर, 2005
वाई.के. सब्बरवाल	1 नवंबर, 2005	—	13 जनवरी, 2007
के.जी. बालाकृष्णनन	14 जनवरी, 2007	—	11 मई, 2010
एस.एच. कपाड़िया	12 मई, 2010	—	28 सितंबर, 2012
अल्तमश कबीर	29 सितंबर, 2012	—	18 जुलाई, 2013
पी. सदाशिवम	19 जुलाई, 2013	—	26 अप्रैल, 2014
आर.एम. लोढ़ा	27 अप्रैल, 2014	—	27 सितंबर, 2014
एच.एल. दत्तू	28 सितंबर, 2014	—	2 दिसंबर, 2015
टी. एस. ठाकुर	3 दिसंबर, 2015 से अब तक		

भारत के मुख्य निर्वाचन आयुक्त[5]

नाम	अवधि		
सुकुमार सेन	21 मार्च, 1950	—	19 दिसंबर, 1958
के.वी.के. सुंदरम	20 दिसंबर, 1958	—	30 सितंबर, 1967
एस.पी. सेन वर्मा	1 अक्टूबर, 1967	—	30 सितंबर, 1972
डॉ. नगेंद्र सिंह	1 अक्टूबर, 1972	—	06 फरवरी, 1973
टी. स्वामीनाथन	7 फरवरी, 1973	—	17 जून, 1977
एस.एल. शकधर	18 जून, 1977	—	17 जून, 1982
आर.के. त्रिवेदी	18 जून, 1982	—	31 दिसंबर, 1985
आर.वी.एस. पेरी शास्त्री	1 जनवरी, 1986	—	25 नवंबर, 1990
श्रीमती वी.एस. रमादेवी	26 नवंबर, 1990	—	11 दिसंबर, 1990
टी.एन. शेषन	12 दिसंबर, 1990	—	11 दिसंबर, 1996
एम.एस. गिल	12 दिसंबर, 1996	—	13 जून, 2001
जे.एम. लिंगदोह	14 जून, 2001	—	7 फरवरी, 2004
टी.एस. कृष्णामूर्ति	8 फरवरी, 2004	—	15 मई, 2005
बी.बी. टंडन	16 मई, 2005	—	29 जून, 2006
एन. गोपालस्वामी	30 जून, 2006	—	20 अप्रैल, 2009
नवीन बी. चावला	21 अप्रैल, 2009	—	29 जुलाई, 2010
एस.वाई. कुरैशी	30 जुलाई, 2010	—	10 जून, 2012
वी.एस. संपत	11 जून, 2012	—	15 जनवरी, 2015
एच.एस.ब्रह्मा	16 जनवरी, 2015	—	18 अप्रैल, 2015
नसीम जैदी	19 अप्रैल, 2015 से अब तक		

कैबिनेट सचिव[6]

कैबिनेट सचिव	अवधि		
श्री एन.आर. पिल्लै	6 फरवरी, 1950	—	13 मई, 1953
श्री वाई.एन. सूक्तांकर	14 मई, 1953	—	31 जुलाई, 1957
श्री एम.के. वेल्लोडी	1 अगस्त, 1957	—	4 जून, 1958
श्री विष्णु सहाय	1 जुलाई, 1958	—	10 नवंबर, 1960
श्री बी.एन. झा	10 नवंबर, 1960	—	8 मार्च, 1961
श्री विष्णु सहाय	9 मार्च, 1961	—	15 अप्रैल, 1962
श्री एस.एस. खेड़ा	15 अप्रैल, 1962	—	18 नवंबर, 1964
श्री धर्म वीरा	18 नवंबर, 1964	—	27 जून, 1966
श्री डी.एस. जोशी	27 जून, 1966	—	31 दिसंबर, 1968
श्री बी. शिवरामन	1 जनवरी, 1969	—	30 नवंबर, 1970

5. स्रोत : http://eci.nic.in

6. स्रोत : कैबिनेट सचिवालय की वेबसाइट : http://cabsec.nic.in

श्री टी. स्वामीनाथन	1 दिसंबर, 1970	—	2 नवंबर, 1972
श्री बी.डी. पांडे	2 नवंबर, 1972	—	31 मार्च, 1977
श्री एन.के. मुखर्जी	31 मार्च, 1977	—	31 मार्च, 1980
श्री एस.एस. ग्रेवाल	2 अप्रैल, 1980	—	30 अप्रैल, 1981
श्री सी.आर. कृष्णास्वामी राव	30 अप्रैल, 1981	—	8 फरवरी, 1985
श्री पी.के.कौल	8 फरवरी, 1985	—	22 अगस्त, 1986
श्री बी.जी. देशमुख	23 अगस्त, 1986	—	27 मार्च, 1989
श्री टी.एन. शेषन	27 मार्च, 1989	—	23 दिसंबर, 1989
श्री वी.सी. पांडे	23 दिसंबर, 1989	—	11 दिसंबर, 1990
श्री नरेश चंद्रा	11 दिसंबर, 1990	—	31 जुलाई, 1992
श्री एस. राजगोपाल	1 अगस्त, 1992	—	31 जुलाई, 1993
श्री ज़फर सैफुल्ला	31 जुलाई, 1993	—	31 जुलाई, 1994
श्री सुरेंद्र सिंह	1 अगस्त, 1994	—	31 जुलाई, 1996
श्री टी.एस.आर. सुब्रह्मण्यन	1 अगस्त, 1996	—	31 मार्च, 1998
श्री प्रभात कुमार	1 अप्रैल, 1998	—	31 अक्टूबर, 2000
श्री टी.आर. प्रसाद	1 नवंबर, 2000	—	31 अक्टूबर, 2002
श्री कमल पांडे	1 नवंबर, 2002	—	14 जून, 2004
श्री बी.के. चतुर्वेदी	14 जून, 2004	—	13 जून, 2007
श्री के.एम. चंद्रशेखर	14 जून, 2007	—	13 जून, 2011
श्री अजीत कुमार सेठ	14 जून, 2011	—	13 जून, 2015
श्री प्रदीप कुमार सिन्हा	13 जून, 2015 से अब तक		

संघ लोक सेवा आयोग के अध्यक्ष[7]

नाम	अवधि		
सर रॉस बार्कर	अक्टूबर 1926	—	अगस्त 1932
सर डेविड पेट्री	अगस्त 1932	—	1936
सर आयरे गोर्डन	1937	—	1942
सर एफ.डब्ल्यू. रॉबर्टसन	1942	—	1947
श्री एच.के. कृपलानी	1 अप्रैल, 1947	—	13 जनवरी, 1949
श्री आर.एन. बनर्जी	14 जनवरी, 1949	—	9 मई, 1955
श्री एन. गोविंदराजन	10 मई, 1955	—	9 दिसंबर, 1955
श्री वी.एस. हेजमाड़ी	10 दिसंबर, 1955	—	9 दिसंबर, 1961
श्री बी.एन. झा	11 दिसंबर, 1961	—	22 फरवरी, 1967
श्री के.आर. दामले	18 अप्रैल, 1967	—	2 मार्च, 1971

7. स्रोत : यूपीएससी की वार्षिक रिपोर्ट 2008-09

श्री आर.सी.एस. सरकार	11 मई, 1971	—	1 फरवरी, 1973
डॉ. ए.आर. किदवई	5 फरवरी, 1973	—	4 फरवरी, 1979
डॉ. एम.एल. शहारे	16 फरवरी, 1979	—	16 फरवरी, 1985
श्री एच.के.एल. कपूर	18 फरवरी, 1985	—	5 मार्च, 1990
श्री जे.पी. गुप्ता	5 मार्च, 1990	—	2 जून, 1992
श्रीमती आर.एम. बाथ्यू (खरबुली)	23 सितंबर, 1992	—	23 अगस्त, 1996
श्री एस.जे.एस. चटवाल	23 अगस्त, 1996	—	30 सितंबर, 1996
श्री जे.एम. कुरैशी	30 सितंबर, 1996	—	11 दिसंबर, 1998
लेफ्टिनेंट जनरल सुरिंदर नाथ (सेनानिवृत)	11 दिसंबर, 1998	—	25 जून, 2002
श्री पी.सी. होता	25 जून, 2002	—	8 सितंबर, 2003
श्री माता प्रसाद	08 सितंबर, 2003	—	4 जनवरी, 2005
डॉ. एस.आर. हाशिम	4 जनवरी, 2005	—	1 अप्रैल, 2006
श्री गुरबचन जगत	1 अप्रैल, 2006	—	30 जून, 2007
श्री सुबीर दत्ता	30 जून, 2007	—	16 अगस्त, 2008
प्रो. डी.पी. अग्रवाल	16 अगस्त, 2008	—	16 अगस्त, 2014
श्रीमती रजनी राजदान	16 अगस्त, 2014	—	22 नवंबर, 2014
श्री दीपक गुप्ता	22 नवंबर, 2014	—	20 सितंबर, 2016
श्रीमती अल्का सिरोही	20 सितंबर, 2016 से अब तक		

भारत रत्न से सम्मानित व्यक्ति

क्रम संख्या	नाम	वर्ष
1.	श्री चक्रवर्ती राजगोपालाचारी (1878-1972)	1954
2.	डॉ. सर्वपल्ली राधाकृष्णन (1888-1975)	1954
3.	डॉ. चंद्रशेखर वेंकटरमन (1888-1970)	1954
4.	डॉ. भगवान दास (1869-1958)	1955
5.	डॉ. मोक्षागुंडम विश्वेश्वरैया (1861-1962)	1955
6.	पं. जवाहरलाल नेहरू (1889-1964)	1955
7.	पं. गोविंद बल्लभ पंत (1887-1961)	1957
8.	डॉ. धोंडो केशव कर्वे (1858-1962)	1958
9.	डॉ. बिधानचंद्र रॉय (1882-1962)	1961
10.	श्री पुरुषोत्तम दास टंडन (1882-1962)	1961
11.	डॉ. राजेंद्र प्रसाद (1884-1963)	1962
12.	डॉ. ज़ाकिर हुसैन (1897-1969)	1963
13.	डॉ. पांडुरंग वामन काणे (1880-1972)	1963
14.	श्री लाल बहादुर शास्त्री (मरणोपरांत) (1904-1966)	1966
15.	श्रीमती इंदिरा गांधी (1917-1984)	1971

16.	श्री वराहगिरि वेंकट गिरि (1894-1980)	1975
17.	श्री कुमारास्वामी कामराज (मरणोपरांत) (1903-1975)	1976
18.	मदर मेरी टेरेसा बोजाक्सहियू (मदर टेरेसा) (1910-1997)	1980
19.	आचार्य विनोबा भावे (मरणोपरांत) (1895-1982)	1983
20.	खान अब्दुल गफ़्फ़ार खां (1890-1988)	1987
21.	श्री मरुदुर गोपालन रामचंद्रन (मरणोपरांत) (1917-1987)	1988
22.	डॉ. भीमराव रामजी अंबेडकर (मरणोपरांत) (1891-1956)	1990
23.	डॉ. नेल्सन रोलिहलाहला मंडेला (1918-2013)	1990
24.	श्री राजीव गांधी (मरणोपरांत) (1944-1991)	1991
25.	सरदार वल्लभभाई पटेल (मरणोपरांत) (1875-1950)	1991
26.	श्री मोरारजी रणछोड़जी देसाई (1896-1995)	1991
27.	मौलाना अबुल कलाम आज़ाद (मरणोपरांत) (1888-1958)	1992
28.	श्री जहांगीर रतनजी दादाभाई टाटा (1904-1993)	1992
29.	श्री सत्यजीत राय (1921-1992)	1992
30.	श्री गुलजारी लाल नंदा (मरणोपरांत) (1898-1998)	1997
31.	श्रीमती अरुणा आसफ अली (मरणोपरांत) (1909-1996)	1997
32.	डॉ. ए.पी.जे. अब्दुल कलाम (1931-2015)	1997
33.	श्रीमती मदुरई शनमुखवादिवु सुब्बालक्ष्मी (1916-2005)	1998
34.	श्री चिदंबरम सुब्रमण्यम (1910-2000)	1998
35.	लोकनायक जयप्रकाश नारायण (मरणोपरांत) (1902-1979)	1999
36.	प्रोफेसर अमर्त्य सेन (जन्म 1933)	1999
37.	लोकप्रिय गोपीनाथ बारदोलोई (मरणोपरांत) (1890-1950)	1999
38.	पंडित रविशंकर (1920-2012)	1999
39.	सुश्री लता दीनानाथ मंगेशकर (जन्म 1929)	2001
40.	उस्ताद बिस्मिल्लाह खां (1916-2006)	2001
41.	पं. भीमसेन गुरुराज जोशी (1922-2011)	2009
42.	प्रो. सी.एन.आर. राव (जन्म 1934)	2014
43.	श्री सचिन रमेश तेंदुलकर (जन्म 1973)	2014
44.	पं. मदन मोहन मालवीय (मरणोपरांत) (1861-1946)	2015
45.	अटल बिहारी वाजपेयी (जन्म 1924)	2015

पद्म विभूषण

सुश्री यामिनी कृष्णमूर्ति

श्री रजनीकांत

श्रीमती गिरिजा देवी

श्री रामोजी राव

डॉ. विश्वनाथन शांता
श्री श्री रविशंकर
श्री जगमोहन
डॉ. वासुदेव कलकुंते आंत्रे
श्री अविनाश दीक्षित (विदेशी)
स्वर्गीय धीरू भाई अंबानी(मरणोपरांत)

पद्म भूषण

श्री अनुपम खेर
श्री उदित नारायण झा
श्री राम वी. सुतार
श्री हिसनाम कन्हाईलाल
श्री विनोद राय
डॉ. यारिग्गदा लक्ष्मी प्रसाद
प्रो. एन.एस. रामानुज ततआचार्य
डॉ. बरजिंदर सिंह हमदर्द
प्रोफ़ेसर डी. नागेश्वर रेड्डी
स्वामी तेजोमायानंद
श्री हाफिज कंट्रैक्टर
श्री रवीन्द्र चंद्र भार्गव
डॉ वेंकट रामाराव अल्ला
सुश्री सायना नेहवाल
सुश्री सानिया मिर्जा
सुश्री इंदु जैन
स्वर्गीय स्वामी दयानंद सरस्वती(मरणोपरांत)
श्री राबर्ट ब्लैकविल (विदेशी)
श्री पलोनजी शपूरजी मिस्त्री(एनआरआई/पीआईओ)

पद्मश्री

श्रीमती प्रतिभा प्रहलाद
श्री भीखुदन गड़वी
श्री श्रीभाष चंद्र सुपाकर
श्री अजय देवगन
सुश्री प्रियंका चोपड़ा
पं. तुलसीदास बोरकर

डॉ. सोमा घोष

श्री नील माधब पंडा

श्री एस.एस. राजामौली

श्री मधुर भंडारकर

प्रो. एम. वेंकटेश कुमार

सुश्री गुलाबी सपेरा

श्रीमती ममता चंद्राकर

सुश्री मालिनी अवस्थी

श्री जयप्रकाश लेखीवाल

श्री के. लक्ष्मा गौड़

श्री भालचंद्र दत्तात्रेय मोंधे

श्री नरेश चंद्र लाल

श्री धीरेंद्रनाथ बेजबरुआ

श्री प्रहलाद चंद्र तासा

डॉ. रवींद्र नागर

श्री दयाभाई शास्त्री

डॉ. संतेषीवरा भीरप्पा

श्री हलदर नाग

श्री कामेश्वरम ब्रह्मा

प्रो. पुष्पेश पंत

श्री जवाहरलाल कौल

श्री अशोक मलिक

डॉ. मन्नम गोपीचंद

प्रो. रविकांत

प्रो. राम हर्ष सिंह

प्रो. शिव नारायण कुरील

डॉ. सब्यसाची सरकार

डॉ. अल्ला गोपाल कृष्ण गोखले

प्रो. टी. के. लाहिरी

डॉ. प्रवीण चंद्र

प्रो. (डॉ.) दलजीत सिंह गंभीर

डॉ. चंद्रशेखर शेषाद्री थोगुलुवा

डॉ. अनिल कुमारी मल्होत्रा
प्रो. एम.वी. पद्म श्रीवास्तव
डॉ. सुधार वी. शाह
डॉ. एम.एम. जोशी
प्रो. (डॉ.) जॉन इबनेजर
डॉ. नयुद्दमा यार्लगद्द
श्री साइमन ओरांव
श्री इम्तियाज कुरैशी
श्री पीयूष पांडे
श्री सुभाष पालेकर
श्री रवींद्र कुमार सिन्हा
डॉ. एच.आर. नागेंद्र
श्री एम.सी. मेहता
श्री एम.एन. कृष्ण मणि
श्री उज्ज्वल निकम
श्री तोखेहो सेमा
डॉ. सतीश कुमार
डॉ. मिलस्वामी अन्नादुरई
प्रो. दीपांकर चटर्जी
प्रो. (डॉ.) गणपति दादासाहेब यादव
श्रीमती (प्रो.) वीणा टंडन
श्री ओंकार नाथ श्रीवास्तव
सुश्री सुनीता कृष्णन
श्री अजॉय कुमार दत्ता
श्री एम. पंडित दासा
श्री पी.पी. गोपीनाथन नायर
श्रीमती मेडेलिन हरमैन डी ब्लिक
श्री श्रीनिवासन दमल कंदलाई
श्री सुधाकर ओल्वे
डॉ. टी.वी. नारायण
श्री अरुणाचलम मुरुगंथम

सुश्री दीपिका कुमारी
श्री सुशील दोषी
श्री महेश शर्मा
श्री सौरभ श्रीवास्तव
श्री दिलीप संघवी
डॉ. केकी होरमुसजी घरदा
श्री प्रकाश चंद सुराणा (मरणोपरांत)
श्री सईद जाफ़री (एनआईआर/पीआईओ/मरणोपरांत)
श्री माइकल पोस्टेल (विदेशी)
श्री सलमान अमीन सल खान (एनआरआई/पीआईओ)
श्रीमती हुई लैन झांग (विदेशी)
श्री प्रेद्रग के निकिक (विदेशी)
डॉ. सुंदर आदित्य मेनन (एनआरआई/पीआईओ)
श्री अजयपाल सिंह बांगा (एनआरआई/पीआईओ)

स्रोत : वेबसाइट : www.mha.nic.in

जीवन रक्षक पदक पुरस्कार

सर्वोत्तम जीवन रक्षा पदक (3)

1.	श्री उल्लास उन्नीकृष्णन (मरणोपरांत)	केरल
2.	श्री मुन्ना उर्फ रामदर्स सिसोदिया (मरणोपरांत)	मध्य प्रदेश
3.	श्री अंकित कुमार मिश्रा (मरणोपरांत)	उत्तर प्रदेश

उत्तम जीवन रक्षा पदक (9)

1.	श्री शिवकुमार आर	कर्नाटक
2.	श्री लालदिनपुइया	मिज़ोरम
3.	श्री शैतान सिंह (मरणोपरांत)	राजस्थान
4.	डॉ. जितेंद्र कुमार सोनी	राजस्थान
5.	मास्टर शौर्य वीर सिंह (मरणोपरांत)	मध्य प्रदेश
6.	कुमारी रिया चौधरी (मरणोपरांत)	उत्तर प्रदेश
7.	कुमारी मोनिका उर्फ मनीषा (मरणोपरांत)	उत्तराखंड
8.	मास्टर गौरव कुमार भारती (मरणोपरांत)	उत्तर प्रदेश
9.	श्री रवींद्र पाल सिंह (मरणोपरांत)	उत्तर प्रदेश

जीवन रक्षा पदक (38)

1.	श्री विकास कुमार सिंह	छत्तीसगढ़
2.	श्री अमर सिंह गौंड	छत्तीसगढ़
3.	मास्टर अभिषेक पी.वी	केरल
4.	श्री टोमी थॉमस	केरल
5.	श्री प्रवीण पी.के	केरल
6.	श्री जिनीष	केरल
7.	श्री रबीश	केरल
8.	श्री विपिन	केरल
9.	श्री किरन दास	केरल
10.	श्री प्रदीप एम.वी	केरल
11.	श्री हरीश कुमार भील	राजस्थान
12.	श्री सतीश वैजनाथ राव, बोलगावे	महाराष्ट्र
13.	सुश्री पोडो सोबा	मिज़ोरम
14.	श्री स्यामोल कांति चकमा	मिज़ोरम
15.	मास्टर लालदुहावमा	मिज़ोरम
16.	श्रीमती आर. जियोंगमावी	मिज़ोरम
17.	श्री आर. रोंथनलुंगा	मिज़ोरम
18.	श्री कुलदीप सिंह कुंपावत	राजस्थान
19.	श्री ऋषिपाल सिंह कुंपावत	राजस्थान
20.	श्री जवाहर सिंह यादव	उत्तर प्रदेश
21.	श्री नरेंदर सिंह	उत्तराखंड
22.	श्री श्रीप्रकाश	उत्तर प्रदेश
23.	श्री केशव कुमार यादव	उत्तर प्रदेश
24.	श्री अमित कुमार	हरियाणा
25.	मास्टर आदित्य राज अंजानिया	राजस्थान
26.	कुमारी अभिरुचि श्रीवास्तव	मध्य प्रदेश
27.	मास्टर मोहम्मद वाहिद पी.	केरल
28.	मास्टर रोमारियो जॉनसन	केरल
29.	मास्टर अक्षय आनंद तांबे	महाराष्ट्र
30.	श्री मोहित कुमार मोंगारे	छत्तीसगढ़
31.	श्री कन्हैया गादिया	छत्तीसगढ़
32.	श्री अविनाश पांडे	उत्तर प्रदेश
33.	मोहम्मद जावेद हुसैन	बिहार

34.	श्री ओंकार सिंह	जम्मू-कश्मीर
35.	श्री रिजेन वांचोक	जम्मू-कश्मीर
36.	श्री मंजीत सिंह	पंजाब
37.	श्री योगेश कुमार	हरियाणा
38.	श्री नरेंद्र सिंह	उत्तराखंड

साहित्य अकादमी पुरस्कार 2015

भाषा	शीर्षक एवं विधा	लेखक
असमिया	आकाशर छबि आरु अन्यान्य गल्प (लघु कहानी)	कुलसैकिया
बोडो	बायदि देंखो बायदि गाब (काव्य)	ब्रजेन्द्र कुमार ब्रह्म
डोगरी	परछामें दी लो (काव्य)	ध्यान सिंह
अंग्रेजी	क्रॉनिकल ऑफ ए कॉर्पस बीयरर (उपन्यास)	साइरस मिस्त्री
गुजराती	अंते आरंभ (खंड 1 और II) (निबंध)	रसिक शाह
हिंदी	आग की हंसी (काव्य)	रामदरश मिश्र
कन्नड़	अक्षय काव्य (काव्य)	के. वी. तिरुमलेश
कश्मीरी	जमिस त कशीरी मंज कशीर नातिया अदबुक तवारिख (समालोचना)	बशीर भद्रवाही
कोंकणी	कर्ण पर्व (नाटक)	उदय भेंब्रे
मैथिली	खिस्सा (कहानी)	मनमोहन झा
मलयालम	अराचार (उपन्यास)	के.आर. मीरा
मणिपुरी	अहिंगना येकशिल्लिबा मङ (काव्य)	क्षेत्री राजन
मराठी	चलत-चित्रव्यूह (संस्मरण)	अरुण खोपकर
नेपाली	समयका प्रतिविम्बहरू (लघु कथाएं)	गुप्त प्रधान
उड़िया	महिषासुर मुहन (लघु कथाएं)	विभूति पट्टनायक
पंजाबी	मात लोक (उपन्यास)	जसविंदर सिंह
राजस्थानी	गवाड (उपन्यास)	मधु आचार्य 'आशावादी'
संस्कृत	वनदेवी (महाकाव्य)	रामशंकर अवस्थी
संताली	पारसी खातिर (नाटक)	रबिलाल टुडू
सिंधी	महंगी मुर्क (लघु कथाएं)	माया राही
तमिल	इलक्किया सुवडुकल (निबंध)	ए . माधवन
तेलुगु	विमुक्त (लघु कथाएं)	वोल्गा
उर्दू	तसव्वुफ और भक्ति (तनकीदी और तकाबुली मुतलीया) (समालोचना)	शमीम तारिक़

बांग्ला पुरस्कार की घोषणा बाद में की जाएगी।

नोबेल पुरस्कार विजेता

अमर्त्य सेन (जन्म 1933): प्रोफेसर अमर्त्य सेन को 1998 में अर्थशास्त्र में नोबेल पुरस्कार से सम्मानित किया गया था। वे यह सम्मान प्राप्त करने वाले पहले एशियाई हैं। शांति निकेतन में जन्में यह अर्थशास्त्री लोक कल्याणकारी अर्थशास्त्र में पारंगत हैं। उन्होंने कई पुस्तकें तथा शोध-पत्र और आम अर्थशास्त्रियों से अलग तरह के लेख लिखे हैं। वह मानवतावादी अर्थशास्त्री माने जाते हैं। उन्होंने भुखमरी, गरीबी, लोकतंत्र में समानता और सामाजिक समस्याओं पर उत्कृष्ट लेखन से अपनी पहचान बनाई। पहले केनेथ ऐरो नाम के अर्थशास्त्री ने असंभाव्यता सिद्धांत का प्रतिपादन किया था और कहा था कि पूर्ण निजी विकल्पों को संपूर्ण समाज के लिए संतोषजनक पसंद बना पाना संभव नहीं है। प्रोफेसर सेन ने दिखाया कि गणितीय आधार पर समाज के कमज़ोर परिणामों को समाप्त करने के उपाय ढूंढे जा सकते हैं।

सुब्रह्मण्यम चंद्रशेखर(1910-1995): भारत में जन्मे इस खगोल भौतिकी विज्ञानी को 1983 में भौतिक शास्त्र के लिए नोबेल पुरस्कार से सम्मानित किया गया। चेन्नई के प्रेसीडेंसी कॉलेज में पढ़े सुब्रह्मण्यम चंद्रशेखर नोबेल पुरस्कार विजेता सर सी.वी. रमन के भतीजे थे। बाद में चंद्रशेखर अमेरिका चले गए, जहां उन्होंने खगोल भौतिक शास्त्र तथा सौरमंडल से संबंधित विषयों पर अनेक पुस्तकें लिखीं। उन्होंने व्हाइट ड्वार्फ यानी श्वेत बौने नाम के नक्षत्रों के बारे में सिद्धांत का प्रतिपादन किया। इन नक्षत्रों के लिए उन्होंने जो सीमा निर्धारित की है, उसे चंद्रशेखर सीमा कहा जाता है। उनके सिद्धांत से ब्रह्मांड की उत्पत्ति के बारे में अनेक रहस्यों का पता चला।

मदर टेरेसा (1910-1997): मदर टेरेसा को 1979 में नोबेल शांति पुरस्कार मिला। मदर का जन्म अल्बानिया में स्कोपजे नामक स्थान पर हुआ था, जो अब यूगोस्लाविया में है। उनका बचपन का नाम एग्नस गोंक्सहा बोजाक्सिऊ था। सन 1928 में वह आयरलैंड की संस्था सिस्टर्स आफ लोरेटो में शामिल हुईं और मिशनरी बनकर 1929 में कोलकाता आ गईं। उन्होंने बेसहारा और बेघर लोगों के दुख दूर करने का महान व्रत लिया। निर्धनों और बीमारों की सेवा के लिए उन्होंने मिशनरीज ऑफ चैरिटी नाम की संस्था बनाई और कुष्ठ रोगियों, नशीले पदार्थों की लत के शिकार लोगों तथा दीन-दुखियों के लिए निर्मल हृदय नाम की संस्था बनाई। यह संस्था उनकी गतिविधियों का केंद्र बनी। उन्होंने पूरी निष्ठा से न सिर्फ बेसहारा लोगों की नि:स्वार्थ सेवा की, बल्कि विश्व शांति के लिए भी प्रयास जारी रखे। उन्हीं की बदौलत भारत शांति के लिए अपने एक नागरिक द्वारा नोबेल प्राप्त करने का गौरव प्राप्त कर सका है।

हरगोबिंद खुराना (1922-2011): हरगोबिंद खुराना को चिकित्सा के क्षेत्र में अनुसंधान के लिए 1968 में नोबेल पुरस्कार दिया गया। भारतीय मूल के डॉ. खुराना का जन्म पंजाब में रायपुर (जो अब पाकिस्तान में है) में हुआ था। उन्होंने लिवरपूल विश्वविद्यालय से रसायन शास्त्र में डाक्टरेट की डिग्री ली। सन 1960 में वह विसकौनसिन विश्वविद्यालय में प्राध्यापक बने। उन्होंने अपनी खोज से आनुवांशिक कोड की व्याख्या की और प्रोटीन संश्लेषण में इसकी भूमिका का पता लगाया। इसके लिए उन्हें नोबल पुरस्कार से सम्मानित किया गया।

चंद्रशेखर वेंकट रमन (1888-1970): भौतिक शास्त्र के लिए नोबेल पुरस्कार प्राप्त करने वाले पहले भारतीय डॉ. चंद्रशेखर वेंकटरमन थे। उन्हें 1930 में यह पुरस्कार प्राप्त हुआ। रमन का जन्म तमिलनाडु में तिरुचिरापल्ली के पास तिरुवाइक्कावल में हुआ था। उन्होंने चेन्नई के प्रेसीडेंसी कॉलेज में

शिक्षा प्राप्त की। बाद में वह कोलकाता विश्वविद्यालय में भौतिक शास्त्र के प्रोफेसर बने। चंद्रशेखर वेंकटरमन ने अनेक पुरस्कार और सम्मान प्राप्त किए। उन्हें सर की उपाधि से भी सम्मानित किया गया और प्रकाशकी के क्षेत्र में महत्वपूर्ण अनुसंधान के लिए नोबेल पुरस्कार मिला। उन्होंने अपने अनुसंधान में इस बात का पता लगाया कि किस तरह अपसरित प्रकाश में अन्य तरंग, लंबाई की किरणें भी मौजूद रहती हैं। उनकी खोज को रमन प्रभाव के नाम से भी जाना जाता है। सन 1928 में की गई इस खोज से पारदर्शी माध्यम से होकर गुज़रने वाली प्रकाश किरणों में आवृत्ति परिवर्तन की व्याख्या की गई है।

रवींद्रनाथ ठाकुर (1861-1943): रवींद्रनाथ ठाकुर, साहित्य के लिए नोबेल पुरस्कार पाने वाले पहले भारतीय थे। गुरुदेव के नाम से प्रसिद्ध रवींद्रनाथ ठाकुर का जन्म 7 मई, 1861 को कोलकाता में हुआ। उन्हें उनकी कविताओं की पुस्तक *गीतांजलि* के लिए 1913 का साहित्य का नोबेल पुरस्कार दिया गया। रवींद्रनाथ ठाकुर ने अनेक प्रेमगीत भी लिखे हैं। *गीतांजलि* और *साधना* उनकी महत्वपूर्ण कृतियां हैं। महान कवि, नाटककार और उपन्यासकार के रूप में प्रसिद्ध गुरुदेव ने भारत के राष्ट्र गान की भी रचना की। सन 1901 में उन्होंने शांति निकेतन की स्थापना की, जो बाद में विश्वभारती विश्वविद्यालय के नाम से प्रसिद्ध हुआ।

वेंकटरामन रामकृष्णन (जन्म 1952): वेंकटरामन रामकृष्णन को 2009 में रसायन विज्ञान के नोबेल पुरस्कार से सम्मानित किया गया। इन्हें यह पुरस्कार कोशिका के अंदर प्रोटीन का निर्माण करने वाले राइबोसोम को कार्यप्रणाली व संरचना के उत्कृष्ट अध्ययन के लिए दिया गया है। वेंकटरामन तमिलनाडु के चिदंबरम में पैदा हुए थे। उन्होंने 1971 में बड़ौदा के एम.एस. विश्वविद्यालय से भौतिकी में स्नातक तक की पढ़ाई पूरी की। उन्हें ओहियो विश्वविद्यालय से 1971 में पीएचडी की डिग्री प्राप्त हुई। उनका झुकाव भौतिकी से जीव विज्ञान की ओर हुआ और उन्होंने 1976 से 1978 तक कैलीफोर्निया विश्वद्यिालय में जीव विज्ञान स्नातक विद्यार्थी के रूप में रोडोस्पीन नामक अणु का अध्ययन किया।

कैलाश सत्यार्थी (जन्म 1954): कैलाश सत्यार्थी को बच्चों और युवाओं के दमन के विरुद्ध तथा सभी बच्चों की शिक्षा के अधिकार की लड़ाई के लिए 2014 का नोबल शांति पुरस्कार दिया गया। उनका जन्म मध्य प्रदेश के विदिशा में ड्ुआ। उन्होंने इलेक्ट्रिकल इंजीनियरिंग में डिग्री तथा हाई वोल्टेज इंजीनियरिंग में स्नातकोत्तर डिग्री प्राप्त की। 1980 में इलेक्ट्रीकल इंजीनियर के करियर को तिलांजलि देते हुए 'बचपन बचाओ' आंदोलन की शुरुआत की। उन्होंने बाल श्रम के खिलाफ अंतरराष्ट्रीय आंदोलन का नेतृत्व भी किया। यह सभी बच्चों के अधिकारों के संरक्षण और प्रोत्साहन के लिए एकजुटता का विश्वस्तरीय अभियान था।

कमांडर इन चीफ

नाम	कार्यकाल
जनरल सर रॉब लोकार्ट	15 अगस्त, 1947 - 31 दिसंबर, 1947
जनरल सर रॉय बूचर	1 जनवरी, 1948 - 14 जनवरी, 1949
जनरल (फील्ड मार्शल) के.एम. करियप्पा	15 जनवरी, 1949 - 14 जनवरी, 1953
जनरल महाराज राजेंद्र सिंहजी	15 जनवरी, 1953 - 31 मार्च, 1955

थल सेनाध्यक्ष

नाम	कार्यकाल
जनरल महाराज राजेंद्र सिंहजी	15 जनवरी, 1953 – 14 मई, 1955
जनरल एस.एम. श्रीनागेश	15 मई, 1955 – 7 मई, 1957
जनरल के.एस. तिमैया	8 मई, 1957 – 7 मई, 1961
जनरल पी.एन. थापर	8 मई, 1961 – 19 नवंबर, 1962
जनरल जे.एन. चौधरी	20 नवंबर, 1962 – 7 जून, 1966
जनरल पी.पी. कुमारमंगलम	8 जून, 1966 – 7 जून, 1969
फील्ड मार्शल एस.एच.एफ.जे. मानेकशॉ	8 जून, 1969 – 15 जनवरी, 1973
जनरल जी.जी. बेवूर	16 जनवरी, 1973 – 31 मई, 1975
जनरल टी.एन. रैना	1 जून, 1975 – 31 मई, 1978
जनरल ओ.पी. मल्होत्रा	1 जून, 1978 – 31 मई, 1981
जनरल के.वी. कृष्णा राव	1 जून, 1981 – 31 जुलाई, 1983
जनरल ए.एस. वैद्य	1 अगस्त, 1983 – 31 जनवरी, 1985
जनरल के. सुंदरजी	1 फरवरी, 1985 – 31 मई, 1988
जनरल वी.एन. शर्मा	1 जून, 1988 – 30 जून, 1990
जनरल एस.एफ. रोड्रिग्स	1 जुलाई, 1990 – 30 जून, 1993
जनरल बी.सी. जोशी	1 जुलाई, 1993 – 19 नवंबर, 1994
जनरल एस. रायचौधरी	20 नवंबर, 1994 – 30 सितंबर, 1997
जनरल वी.पी. मलिक	1 अक्टूबर, 1997 – 30 सितंबर, 2000
जनरल एस. पद्मनाभन	1 अक्टूबर, 2000 – 30 सितंबर, 2002
जनरल एन.सी. विज	31 दिसंबर, 2002 – 31 जनवरी, 2005
जनरल जे.जे. सिंह	1 फरवरी, 2005 – 30 सितंबर, 2007
जनरल दीपक कपूर	30 सितंबर, 2007 – 30 मार्च, 2010
जनरल वी.के. सिंह	31 मार्च, 2010 – 31 मई, 2012
जनरल बिक्रम सिंह	1 जून, 2012 – 31 जुलाई, 2014
जनरल दलबीर सिंह	1 अगस्त, 2014 से अब तक

स्रोत : www.indianarmy.nic.in

नौसेना अध्यक्ष

नाम	कार्यकाल
रियर एडमिरल जे.टी.एस. हाल	15 अगस्त, 1947 – 14 अगस्त, 1948
एडमिरल सर एडवार्ड पैरी	14 अगस्त, 1948 – 13 अक्टूबर, 1951

एडमिरल सर मार्क पीजे	13 अक्टूबर, 1951 - 21 जुलाई, 1955
वाइस एडमिरल सर स्टीफन कार्लाइल	21 जुलाई, 1955 - 21 अप्रैल, 1958
वाइस एडमिरल आर.डी. कटारी	22 अप्रैल, 1958 - 4 जून, 1962
वाइस एडमिरल बी.एस. सोमन	4 जून, 1962 - 3 मार्च, 1966
एडमिरल ए.के. चटर्जी	3 मार्च, 1966 - 27 फरवरी, 1970
एडमिरल एस.एम. नंदा	28 फरवरी, 1970 - 28 फरवरी, 1973
एडमिरल एस.एन. कोहली	28 फरवरी, 1973 - 28 फरवरी, 1976
एडमिरल जे.एल. करसेटजी	29 फरवरी, 1976 - 28 फरवरी, 1979
एडमिरल आर.एल. परेरा	28 फरवरी, 1979 - 28 फरवरी, 1982
एडमिरल ओ.एस. डॉसन	28 फरवरी, 1982 - 30 नवंबर, 1984
एडमिरल आर.एच. तहिलियानी	30 नवंबर, 1984 - 30 नवंबर, 1987
एडमिरल जे.जी. नादकर्णी	30 नवंबर, 1987 - 30 नवंबर, 1990
एडमिरल एल. रामदास	30 नवंबर, 1990 - 30 सितंबर, 1993
एडमिरल वी.एस. शेखावत	30 सितंबर, 1993 - 30 सितंबर, 1996
एडमिरल विष्णु भागवत	30 सितंबर, 1996 - 30 दिसंबर, 1998
एडमिरल सुशील कुमार	30 दिसंबर, 1998 - 29 दिसंबर, 2001
एडमिरल माधवेंद्र सिंह	29 दिसंबर, 2001 - 30 जुलाई, 2004
एडमिरल अरुण प्रकाश	31 जुलाई, 2004 - 30 अक्टूबर, 2006
एडमिरल सुरीश मेहता	31 अक्टूबर, 2006 - 31 अगस्त, 2009
एडमिरल निर्मल वर्मा	31 अगस्त, 2009 - 31 अगस्त, 2012
एडमिरल डी.के. जोशी	31 अगस्त, 2012 - 16 अप्रैल, 2014
एडमिरल रॉबिन के. धवन	17 अप्रैल, 2014 - 31 मई, 2016
एडमिरल सुनील लांबा	31 मई, 2016 से अब तक

स्रोत:- www.India.gov.in

वायु सेना अध्यक्ष

नाम	कार्यकाल
एयर मार्शल सर थॉमस डब्ल्यू. एमहर्स्ट	15 अगस्त, 1947 - 21 फरवरी, 1950
एयर मार्शल सर रोनाल्ड आई. चैपमैन	22 फरवरी, 1950 - 9 दिसंबर, 1951
एयर मार्शल सर जेराल्ड ई. गिब्स	10 दिसंबर, 1951 - 31 मार्च, 1954
एयर मार्शल एस. मुखर्जी	1 अप्रैल, 1954 - 8 नवंबर, 1960
एयर मार्शल ए. एम. इंजीनियर	1 दिसंबर, 1960 - 31 जुलाई, 1964
एयर चीफ मार्शल अर्जन सिंह	1 अगस्त, 1964 - 15 जुलाई, 1969

एयर चीफ मार्शल पी.सी. लाल	16 जुलाई, 1969 - 15 जनवरी, 1973
एयर चीफ मार्शल ओ.पी. मेहरा	16 जनवरी, 1973 - 31 जनवरी, 1976
एयर चीफ मार्शल एच. मूलगांवकर	1 फरवरी, 1976 - 31 अगस्त, 1978
एयर चीफ मार्शल आई.एच. लतीफ	1 सितंबर, 1978 - 31 अगस्त, 1981
एयर चीफ मार्शल दिलबाग सिंह	1 सितंबर, 1981 - 3 सितंबर, 1984
एयर चीफ मार्शल एल.एम. कात्रे	4 सितंबर, 1984 - 1 जुलाई, 1985
एयर चीफ मार्शल डी.ए.ला. फोंटेन	3 जुलाई, 1985 - 31 जुलाई, 1988
एयर चीफ मार्शल एस.के. मेहरा	1 अगस्त, 1988 - 31 जुलाई, 1991
एयर चीफ मार्शल एन.सी. सूरी	31 जुलाई, 1991 - 31 जुलाई, 1993
एयर चीफ मार्शल एस.के. कौल	1 अगस्त, 1993 - 31 दिसंबर, 1995
एयर चीफ मार्शल एस.के. सरीन	31 दिसंबर, 1995 - 31 दिसंबर, 1998
एयर चीफ मार्शल ए.वाई. टिपणीस	31 दिसंबर, 1998 - 31 दिसंबर, 2001
एयर चीफ मार्शल एस. कृष्णास्वामी	31 दिसंबर, 2001 - 31 दिसंबर, 2004
एयर चीफ मार्शल एस.पी. त्यागी	31 दिसंबर, 2004 - 31 मार्च, 2007
एयर चीफ मार्शल एफ.एच. मेजर	31 मार्च, 2007 - 31 मई, 2009
एयर चीफ मार्शल पी.वी. नाइक	31 मई, 2009 - 31 जुलाई, 2011
एयर चीफ मार्शल एन.ए.के. ब्राउन	31 जुलाई, 2011 - 31 दिसंबर, 2013
एयर चीफ मार्शल अरूप राहा	31 दिसंबर, 2013 से अब तक

स्रोत : www.indianairforce.nic.in

परमवीर चक्र विजेता

1. मेजर सोमनाथ शर्मा, कुमाऊं रेजीमेंट (मरणोपरांत), नवंबर 1947 (कश्मीर ऑपरेशन 1947-48)।
2. सेकेंड लेफ्टिनेंट आर.आर. राणे, कॉर्प्स ऑफ इंजीनियर्स, अप्रैल 1948 (कश्मीर ऑपरेशन 1947-48)।
3. कंपनी हवलदार मेजर पीरू सिंह, राजपूताना राइफल्स (मरणोपरांत), जुलाई 1948 (कश्मीर ऑपरेशन 1947-48)।
4. लांस नायक करम सिंह, सिख रेजीमेंट, अक्टूबर 1948 (कश्मीर ऑपरेशन 1947-48)।
5. नायक जदुनाथ सिंह राजपूत रेजीमेंट (मरणोपरांत), फरवरी 1948 (कश्मीर ऑपरेशन 1947-48)।
6. कैप्टन गुरबचन सिंह सलारिया, गोरखा राइफल्स (मरणोपरांत), दिसंबर 1961 (कांगो)।
7. मेजर धन सिंह थापा, गोरखा राइफल्स, अक्टूबर 1962 (लद्दाख)।
8. सूबेदार जोगिंदर सिंह, सिख रेजीमेंट (मरणोपरांत), अक्टूबर 1962 (नेफा)।
9. मेजर शैतान सिंह, कुमाऊं रेजीमेंट (मरणोपरांत), नवंबर 1962 (लद्दाख)।
10. कंपनी क्वार्टर मास्टर हवलदार अब्दुल हमीद, ग्रेनेडियर्स (मरणोपरांत), सितंबर 1965 (पाकिस्तान के खिलाफ ऑपरेशन के दौरान)।

11. लेफ्टिनेंट कर्नल ए.बी. तारापोर, पूना हॉर्स (मरणोपरांत), अक्टूबर 1965 (पाकिस्तान के खिलाफ ऑपरेशन के दौरान)।
12. फ्लाइंग ऑफिसर निर्मलजीत सिंह सेखों, फ्लाइंग पायलट (मरणोपरांत), दिसंबर 1971 (भारत-पाक युद्ध)।
13. मेजर होशियार सिंह, ग्रेनेडियर्स, दिसंबर 1971 (भारत-पाक युद्ध)।
14. सेकेंड लेफ्टिनेंट अरुण खेतरपाल, 17 पूना हॉर्स (मरणोपरांत), दिसंबर 1971 (भारत-पाक युद्ध)।
15. लांस नायक अल्बर्ट एक्का, ब्रिगेड ऑफ गार्ड्स (मरणोपरांत), दिसंबर 1971 (भारत-पाक युद्ध)।
16. नायब सूबेदार बाना सिंह, जे. एंड. के. लाइट इनफैंटरी, जून 1987 (सियाचीन ग्लेशियर ऑपरेशन)।
17. मेजर रामास्वामी परमेश्वरन, महार रेजीमेंट (मरणोपरांत), नवंबर 1987 (श्रीलंका में आईपीकेएफ ऑपरेशन)।
18. कैप्टन विक्रम बत्रा, 13 जे. एंड. के. राइफल्स (मरणोपरांत), जून 1999 (करगिल में ऑपरेशन विजय)।
19. लेफ्टिनेंट मनोज कुमार पांडेय, 11 गोरखा राइफल्स (मरणोपरांत), जुलाई 1999 (करगिल में ऑपरेशन विजय)।
20. राइफल मैन संजय कुमार, 13 जे. एंड. के. राइफल्स, जुलाई 1999 (करगिल में ऑपरेशन विजय)।
21. कमांडर योगेंद्र सिंह यादव, 18 ग्रेनेडियर्स, जुलाई 1999 (करगिल में ऑपरेशन विजय)।

वीरता पुरस्कार

गणतंत्र दिवस, 2016 को निम्नलिखित वीरता पुरस्कारों की घोषणा की गई:

पुरस्कार	कुल	मरणोपरांत
अशोक चक्र	1	1
कीर्ति चक्र	2	1
शौर्य चक्र	8	3
बार टू सेना पदक	1	–
सेना पदक/नौसेना पदक /वायु सेना पदक	48	7
विशिष्ट सेवा पदक	**कुल**	**मरणोपरांत**
परम विशिष्ट सेवा पदक	20	–
उत्तम युद्ध सेवा पदक	5	–
बार टू अति विशिष्ट सेवा पदक	3	–
अति विशिष्ट सेवा पदक	29	–
युद्ध सेवा पदक	14	–
बार टू सेना पदक/नौसेना पदक/वायु सेना पदक	3	–
सेना पदक/नौसेना पदक/वायु सेना पदक(कर्तव्यपरायणता)	37	–
बार टू विशिष्ट सेवा पदक	5	–
विशिष्ट सेवा पदक	71	

स्वतंत्रता दिवस, 2016 के अवसर पर निम्नलिखित वीरता पुरस्कारों की घोषणा की गई:

पुरस्कार	कुल	मरणोपरांत
अशोक चक्र	1	1
कीर्ति चक्र	–	–
शौर्य चक्र	14	7
बार टू सेना पदक (वीरता)	–	–
सेना पदक (वीरता)	63	12
नौसेना पदक (वीरता)	2	–
वायु सेना पदक (वीरता)	2	–

स्रोत: http//pib.nic.in

देश के राजमार्गों की राज्यवार सूची

क्र. सं.	राज्यों के नाम	राजमार्ग संख्या	कुल लंबाई किलोमीटर में
1.	आंध्र प्रदेश	4, 5, 7, 9, 16, 18, 18ए, 42 नई, 43, 63, 67 विस्तार नई, 150 नई, 167 नई, 202, 20 5, 214, 214ए, 216, 219, 221, 222, 234, 326, 326ए, 67 नई, 71नई, 161नई, 340नई, 340सी नई, 353 नई, 363 नई, 365 नई, 544डी नई, 565 नई, 765 नई	5231 .74
2.	अरुणाचल प्रदेश	52, 52ए, 153, 229, 52बी विस्तार, 37 विस्तार, 315ए, 713 नई, 513 नई, 313 नई, 713ए नई,	2513.74
3.	असम	6 नई, 31, 31बी, 31सी, 36, 37, 37ए, 37ई 38, 39, 44, 51, 52, 52ए, 52बी, 53, 54, 61, 62, नई 117ए नई, 127बी नई, 127ई नई, 151,152, 153. 154, 315ए नई, 127सी तथा 127डी नई, 329 नई, 427 नई, 627 नई, 702 नई, 702बी नई, 702सी नई 702डी तथा 715ए नई	3811.67
4.	बिहार	2, 2सी, 19, 28, 28ए, 28बी, 30, 30ए, 31, 57, 57ए, 77, 80,81, 82, 83, 84, 85, 98, 99, 101, 102,103,104, 105, 106, 107, 110,122ए नई, 131ए नई, 133 नई, 133बी नई, 219 नई, 227ए नई, 327ए नई, 327 विस्तार नई, 333 नई, 333ए नई, 333बी नई, 527ए नई, 527सी नई. 727 ए नई तथा 766सी	4678.79
5.	चंडीगढ़	21	15.28
6.	छत्तीसगढ़	6, 12ए, 16, 43, 78, 111, 130ए नई, 130बी नई, 130सी नई, 130डी नई, 149बी नई, 163ए नई, 200, 202, 216, 217, 221, 343 नई, 930 नई	3078.40
7.	दिल्ली	1, 2, 8, 10, 24 तथा 236	80.00
8.	गोवा	4ए. 17,17ए तथा 17बी	262.00
9.	गुजरात	एनई-I, 6, 8, 8A, 8बी, 8डी, 8ई, 14, 15, 56, 58 नई, 58 विस्तार नई, 59,113 228,251 नई, 753बी नई, 848 तथा 848ए नई, 848बी नई, 341नई, 68 विस्तार, नई, 147ए नई,168 नई, 168A नई, 351नई, 927डी नई तथा 953 नई	4970.90
10.	हरियाणा	1, 2, 8, 10, 11नई, 21ए, 22, 54 नई, 64, 65, 71, 71 A, 72, 73, 73ए , 71बी,148बी नई, 236, 248ए नई, 254 नई, 334बी नई, 352ए, 444ए नई, 703 नई, 709 विस्तार, नई, 709ए नई तथा एनई-II	2622.48
11.	हिमाचल प्रदेश	1ए, 3 नई, 20, 20ए, 21, 21ए, 22, 70, 72, 72ए, 88, 73ए, 154ए नई, 305 नई, 503 नई, 503ए नई, 503 विस्तार, नई, 505 नई, 705 नई, 907ए नई	2622.48
12.	जम्मू-कश्मीर	1ए. 1बी, 1सी, 1डी, 3 नई, 144 नई, 144ए नई, 301 नई, 444 नई, 501 नई, 701 नई, 244 नई	2593.00
13.	झारखंड	2, 6, 23, 31, 32. 33, 43 नई, 75, 78, 80, 98, 99, 100, 114ए नई, 133 नई, I33ए नई, 133बी, 143 नई, 143ए नई, 220 नई, 333 नई, 333ए नई, 343 नई तथा 419 नई	2653.64
14.	कर्नाटक	4, 4ए, 7, 9, 13, 17, 48, 50 नई, 63, 67, 67 नई, 150, 150 विस्तार, नई, 150ए नई, 167 नई, 169ए नई, 173 नई, 206, 207, 209, 212, 218, 234, 275 नई, 367 नई, 766सी	6502.29

15. केरल	17, 47, 47ए, 47सी, 49, 183A नई, 185 नई, 208, 212, 213, तथा 220	1811.52
16. मध्य प्रदेश	3, 7, 12, 12ए, 25, 26, 26ए, 26बी, 27, 56 नई, 59, 59ए, 69, 69ए, 75, 76, 78, 86, 92, 927ए नई तथा 339ए	5193.57
17. महाराष्ट्र	3, 4, 4सी, 6, 7, 8, 9,13,16, 17, 26बी, 50, 5O नई, 69,150 विस्तार, नई, 161 नई, 204, 211, 222, 348 नई, 848 नई, 160 नई, 166 नई, 166ए नई, 348 नई, 348ए नई, 353सी नई, 353डी नई, 353ई नई, 361 नई, 363 नई, 547ई नई, 548 नई, 753 नई, 753ए 150, 166ए नई, 753बी नई, 848ए, 930 नई, ए 953 नई, 965 नई	7434.79
18. मणिपुर	39, 53, 102 नई, 102ए नई, 102बी नई, 102सी नई, 129ए नई, 108ए नई, 129 नई, 137 नई, 137ए नई, 150, 155, 702ए नई	1745.74
19. मेघालय	40, 44, 51, 62 तथा 127बी नई	1204.36
20. मिजोरम	6 नई, 44ए, 54, 54ए, 548, 102बी नई, 150, 154, 302 नई, 306 ए नई तथा 502ए नई	1381.00
21. नगालैंड	36, 39, 61, 129 नई, 150, 155, 702 नई, 702ए नई तथा 702बी नई, 702डी	1150.09
22. ओडिशा	5, 5ए. 6, 23, 42, 43, 60, 75, 130सी नई, 153बी नई, 157 नई, 200, 201, 203, 203ए, 215, 217, 220 नई, 224. 326 नई तथा 326 ए नई	4644.52
23. पुदुचेरी	45ए तथा 66	64.03
24. पंजाब	I, 1ए, 10, 15, 20, 21, 22, 64, 70, 71, 72, 95, 103 ए नई, 154ए, 205ए नई, 254 नई, 344ए नई, 344बी नई, 503 आदि, नई, 503A नई, 703 नई 703ए नई, 754 नई, तथा 148बी नई	2769.15
25. राजस्थान	3, 1ए नई, 123 नई (3ए पुरानी). 8, 11, 11 A, I Iबी, I Iसी, 12, 14, 15, 25 विस्तार, नई, 54 नई, 65.458 नई तथा 65ए पुरानी, 71बी, 76, 58 आदि, नई तथा 76ए पुरानी. 758 नई तथा 76ए पुरानी, 79, 79ए नई, 89, 90. 113. 112. 114. 116,148बी नई, 148डी नई तथा II6ए पुरानी. 158 नई, 162ए नई, 162 विस्तार, नई, 168 नई, 168A नई, 248A नई, 325 नई, 709 विस्तार, नई, 927A नई	7906.20
26. सिक्किम	31 ए, 310, 310ए नई, 510 नई, 710 नई	309.00
27. तमिलनाडु	4. 5, 7, 7ए, 45, 45ए, 45ए, 45सी, 46, 47.47बी. 49, 66, 67, 68, 205. 207, 208, 209, 210, 219, 220, 226. 226 विस्तार, 227. 230. 234. 381 नई, तथा 532 नई	5006.14
28. त्रिपुरा	44, 44ए, 108ए तथा 208 नई	577.00
29. तेलंगाना	7, 9, 16 202, 221,222, 223, 326 नई, 167 नई, 150 नई, 363 नई, 365 नई, 565 नई, 161, 765 नई, 50 नई, 563 नई तथा 365ए नई	2635.84
30. उत्तराखंड	9 नई, 58, 72, 72ए, 72बी,73, 74, 87, 94,107ए नई, 108, 109, 123, 119. 121 , 125, 309ए नई, 309बी नई, 334ए तथा 707ए नई	2841.92
31. उत्तर प्रदेश	2, 2ए, 3, 123 नई (3ए पुरानी), 7, 11, 12ए, 19, 24, 24ए, 24बी, 25, 25ए, 26, 27, 28, 28बी, 28सी, 29, 56, 56ए, 56बी, 58, 72ए, 73, 74, 75, 76, 86, 87, 91, 91ए, 92, 93 ,96, 97, 119, 219 नई, 227ए नई, 231, 232, 232ए, 233, 235, 330, 330ए नई, 330 बी नई, 334बी नई, 709ए, 727ए नई, 730 नई, 730ए नई, 731ए नई, 931 नई, 931ए नई तथा एनई-II	8483.00
32. पश्चिम बंगाल	2, 2बी, 6, 10, 31, 31ए, 3सी, 31डी, 32, 34, 35, 41, 55,60, 60ए, 80, 81. 114ए नई, 116बी नई, 117, 131ए, 133ए नई, 317ए, 327बी, 419 नई, 512 नई तथा 717.	2909.80
33. अंडमान एवं निकोबार द्वीप समूह	223	330.70
34. दादर नगर हवेली	848ए नई	31.00
35. दमन एवं दीव	848बी नई तथा 251नई	22.00
कुल		**100087.08**

स्रोतः सड़क, परिवहन एवं राजमार्ग मंत्रालय

संविधान में संशोधन

1. संविधान (प्रथम संशोधन) अधिनियम,1950— इस संशोधन में संविधान के अनुच्छेद-19 में वर्णित वाणी की स्वतंत्रता और अभिव्यक्ति की स्वतंत्रता के आधार तथा कोई वृत्ति, उपजीविका,व्यापार या कारोबार करने के अधिकार पर प्रतिबंध लगाने के नए अधिकारों की व्यवस्था है। इन प्रतिबंधों का प्रावधान सार्वजनिक व्यवस्था, विदेशी राज्यों के साथ मैत्रीपूर्ण संबंधों अथवा बोलने की स्वतंत्रता के अधिकार के संदर्भ में अपराध-उद्दीपन और व्यावसायिक या तकनीकी अर्हताएं विहित करने अथवा कोई व्यापार या कारोबार चलाने के अधिकार के संदर्भ में राज्य आदि द्वारा कोई व्यापार, कारोबार, उद्योग अथवा सेवा चलाने के संबंध में किया गया है। इस संशोधन द्वारा दो नए अनुच्छेद-31क और 31ख तथा नौवीं अनुसूची को शामिल किया गया, ताकि भूमि सुधार कानूनों को चुनौती न दी जा सके।

2. संविधान (द्वितीय संशोधन) अधिनियम, 1952— इस संशोधन द्वारा लोकसभा चुनाव के लिए प्रतिनिधित्व के अनुपात को पुनः समायोजित किया गया।

3. संविधान (तृतीय संशोधन) अधिनियम, 1954— इस संशोधन द्वारा सूची 3 (समवर्ती सूची) की प्रविष्टि 33 प्रतिस्थापित की गई है, ताकि वह अनुच्छेद-396 के समरूप हो सके।

4. संविधान (चतुर्थ संशोधन) अधिनियम, 1955— निजी संपत्ति को अनिवार्यतः अर्जित या अधिग्रहीत करने की राज्य की शक्तियों की फिर से ठीक-ठीक ढंग से व्याख्या करने और इसे उन मामलों से जहां राज्य की विनियमनकारी और प्रतिषेधात्मक विधियों के प्रवर्तन से किसी व्यक्ति को संपत्ति से वंचित किया गया हो, अलग करने के लिए संविधान के अनुच्छेद-31(2) में संशोधन किया गया। संविधान के अनुच्छेद-31क की परिधि का जमींदारी उन्मूलन जैसे आवश्यक कल्याणकारी क़ानूनों तक विस्तार करने तथा शहरी एवं ग्रामीण क्षेत्रों के समुचित आयोजन और देश के खनिज तथा तेल स्रोतों पर पूरा नियंत्रण करने के उद्देश्य से इस अनुच्छेद का संशोधन किया गया। नौवीं अनुसूची में छह अधिनियम भी शामिल किए गए। राज्य-एकाधिपत्यों के लिए उपबंध करने वाली विधियों के समर्थन में अनुच्छेद-305 में भी संशोधन किया गया।

5. संविधान (पांचवां संशोधन) अधिनियम,1955— इस संशोधन में अनुच्छेद-3 में संशोधन किया गया, जिसमें राष्ट्रपति को यह शक्ति दी गई कि वह राज्य विधान-मंडलों द्वारा अपने-अपने राज्यों के क्षेत्र, सीमाओं आदि पर प्रभाव डालने वाली प्रस्तावित केंद्रीय विधियों के बारे में अपने विचार भेजने के लिए कोई समय-सीमा निर्धारित कर सकते हैं।

6. संविधान (छठा संशोधन) अधिनियम, 1956— इस संशोधन द्वारा अंतरराज्यीय व्यापार और वाणिज्य में वस्तुओं के क्रय-विक्रय पर करों के संबंध में अनुच्छेद-269 और 286 में कुछ परिवर्तन किए गए। संविधान की सातवीं अनुसूची की केंद्र में एक प्रविष्टि 92क शामिल की गई।

7. संविधान (सातवां संशोधन) अधिनियम, 1956— राज्य पुनर्गठन आयोग की सिफ़ारिशों को लागू करने और पारिणामिक परिवर्तनों को शामिल करने के उद्देश्य से यह संशोधन किया गया। मोटे तौर पर तत्कालीन राज्यों और राज्य क्षेत्रों का राज्यों और केंद्रशासित प्रदेशों के रूप में वर्गीकरण किया गया। संशोधन में लोकसभा का गठन, प्रत्येक जनगणना के पश्चात पुनः समायोजन, नए उच्च न्यायालयों की स्थापना और उच्च न्यायालय के न्यायाधीशों आदि के बारे में उपबंधों की भी व्यवस्था की गई है।

8. संविधान (आठवां संशोधन) अधिनियम, 1960— संसद और राज्य विधानमंडलों में अनुसूचित जातियों तथा अनुसूचित जनजातियों के लिए और नाम निर्देशन द्वारा आंग्ल भारतीय समुदाय के लिए स्थानों के आरक्षण की अवधि 10 वर्ष तक और बढ़ाने के लिए अनुच्छेद-334 में संशोधन किया गया।

9. संविधान (नौवां संशोधन) अधिनियम, 1960— भारत और पाकिस्तान की सरकारों के बीच हुए करारों के अनुसरण में पाकिस्तान को कतिपय राज्य क्षेत्रों का हस्तांतरण करने की दृष्टि से यह संशोधन किया गया। यह संशोधन इसलिए आवश्यक हुआ कि बेरुबाड़ी के हस्तांतरण के मामले में उच्चतम न्यायालय ने यह निर्णय दिया था कि किसी राज्य-क्षेत्र को किसी दूसरे देश को देने के करार को अनुच्छेद-3 के अधीन बनाई गई किसी विधि द्वारा क्रियान्वित नहीं किया जा सकता, अपितु इसे संविधान में संशोधन करके ही क्रियान्वित किया जा सकता है।

10. संविधान (10वां संशोधन) अधिनियम, 1961— दादरा और नगर हवेली के क्षेत्र को केंद्रशासित प्रदेश के रूप में शामिल करने और राष्ट्रपति की अधिनियम बनाने की शक्तियों के तहत् उसमें प्रशासन की व्यवस्था करने के लिए अनुच्छेद-240 और पहली अनुसूची को संशोधित किया गया।

11. संविधान (11वां संशोधन) अधिनियम, 1961— इस संशोधन का उद्देश्य संविधान के अनुच्छेद-66 और 71 का इस दृष्टि से संशोधन करना था, जिसमें उपयुक्त निर्वाचक मंडल में किसी ख़ाली पद के आधार पर राष्ट्रपति और उप-राष्ट्रपति के निर्वाचन को चुनौती न दी जा सके।

12. संविधान (12वां संशोधन) अधिनियम, 1962— इस संशोधन के द्वारा गोवा, दमन और दीव को केंद्रशासित प्रदेश के रूप में शामिल किया गया और इस प्रयोजन के लिए अनुच्छेद-240 का संशोधन किया गया।

13. संविधान (13वां संशोधन) अधिनियम, 1962— इस संशोधन द्वारा भारत सरकार और नगा पीपुल्स कंवेंशन के बीच हुए एक करार के अनुसरण में नगालैंड राज्य के संबध में विशेष उपबंध करने के लिए एक नया अनुच्छेद-371(ए) जोड़ा गया।

14. संविधान (14वां संशोधन) अधिनियम, 1962— इस अधिनियम के द्वारा पुद्दुचेरी केंद्रशासित प्रदेश के रूप में प्रथम अनुसूची में जोड़ा गया और इस अधिनियम द्वारा हिमाचल प्रदेश, मणिपुर, त्रिपुरा, गोवा, दमन और दीव तथा पुदुचेरी के केंद्रशासित प्रदेशों के लिए संसदीय विधि द्वारा विधानमंडलों का गठन किया जा सका।

15. संविधान (15वां संशोधन) अधिनियम, 1963— इस संशोधन द्वारा उच्च न्यायालय के न्यायाधीशों की सेवानिवृत्ति की आयु बढ़ाने और एक उच्च न्यायालय से दूसरे उच्च न्यायालय में स्थानांतरित किए जाने वाले न्यायाधीशों को प्रतिपूरक भत्ता देने का उपबंध किया गया। इस अधिनियम द्वारा सेवानिवृत्त न्यायाधीशों को उच्च न्यायालय के न्यायाधीशों के स्थान पर नियुक्त किए जाने की भी व्यवस्था की गई है। अनुच्छेद-226 का भी विस्तार किया गया, ताकि उच्च न्यायालयों को यह शक्ति दी जा सके कि वे किसी प्राधिकारी को निर्देश, आदेश या हुक्मनामा (रिट) जारी कर सकें। यदि ऐसी शक्ति के प्रयोग के लिए वाद का कारण उन राज्य क्षेत्रों में उत्पन्न हुआ हो, जिनमें वहां का उच्च न्यायालय क्षेत्राधिकार का प्रयोग करता है, चाहे उस सरकारी अधिकारी का स्थान इन राज्य क्षेत्रों के अंदर नहीं हो। इस अधिनियम द्वारा सेवा आयोगों के अध्यक्ष की अनुपस्थिति में उसकी शक्तियों का प्रयोग किसी एक सदस्य द्वारा किए जाने का भी प्रावधान है।

16. संविधान (16वां संशोधन) अधिनियम, 1963— इस अधिनियम द्वारा अनुच्छेद-19 में संशोधन किया गया, जिसमें भारत की प्रभुसत्ता और अखंडता के हित में वाक और अभिव्यक्ति की स्वतंत्रता, शांतिपूर्ण और शस्त्रहीन सम्मिलन तथा संस्था बनाने के अधिकारों पर प्रतिबंध लगाया गया। संसद और राज्य विधानमंडलों के निर्वाचन के लिए उम्मीदवारों द्वारा ली जाने वाली शपथ या अधिनियम का संशोधन करके उसमें यह शर्त भी शामिल की गई कि वे भारत की प्रभुसत्ता और अखंडता को अक्षुण रखेंगे। इन संशोधनों का उद्देश्य राष्ट्रीय एकता को बढ़ावा देना है।

17. संविधान (17वां संशोधन) अधिनियम, 1964— अनुच्छेद-31क में और आगे संशोधन किया गया, जिसके अनुसार निजी खेती के अधीन भूमि का अधिग्रहण तब तक नहीं किया जा सकता, जब तक कि प्रतिपूर्ति के रूप में उसका बाज़ार मूल्य न दिया जाए। साथ ही, इस संशोधन द्वारा उक्त अनुच्छेद में दी गई 'संपदा' की परिभाषा को पीछे की तारीख से लागू किया गया। नौवीं अनुसूची में भी संशोधन किया गया और उसमें 44 और अधिनियम शामिल किए गए।

18. संविधान (18वां संशोधन) अधिनियम, 1966— इस अधिनियम द्वारा अनुच्छेद-3 का संशोधन यह स्पष्ट करने के लिए किया गया कि 'राज्य' शब्द में केंद्रशासित प्रदेश भी शामिल होगा और इस अनुच्छेद के तहत् नया राज्य बनाने की शाक्ति में किसी राज्य या केंद्रशासित प्रदेश के एक भाग को किसी दूसरे राज्य या केंद्रशासित प्रदेश से मिलाकर एक नया राज्य या केंद्रशासित प्रदेश बनाने की शक्ति को भी शामिल किया गया।

19. संविधान (19वां संशोधन) अधिनियम, 1966— निर्वाचन न्यायाधिकरणों को समाप्त करने और उच्च न्यायालय द्वारा चुनाव याचिकाओं की सुनवाई किए जाने के निर्णय के परिणामस्वरूप अनुच्छेद-324 का संशोधन इस पारिणामिक परिवर्तन के लिए किया गया।

20. संविधान (20वां संशोधन) अधिनियम, 1966— यह संशोधन चन्द्रमोहन बनाम उत्तर प्रदेश सरकार के मामले में उच्चतम न्यायालय के उस निर्णय के कारण आवश्यक हुआ, जिसमें उच्चतम न्यायालय ने उत्तर प्रदेश राज्य में जिला न्यायाधीशों की कतिपय नियुक्तियों को निरस्त घोषित कर दिया था। एक नया अनुच्छेद-233ए जोड़ा गया और राज्यपाल द्वारा की गई नियुक्तियों को वैध बना दिया गया।

21. संविधान (21वां संशोधन) अधिनियम, 1967— इस अधिनियम द्वारा सिंधी भाषा को अष्टम अनुसूची में शामिल किया गया।

22. संविधान (22वां संशोधन) अधिनियम, 1969— यह अधिनियम असम राज्य में एक नए स्वायत्त राज्य मेघालय का निर्माण करने की दृष्टि से लागू किया गया।

23. संविधान (23वां संशोधन) अधिनियम, 1969— अनुसूचित जातियों और अनुसुचित जनजातियों तथा आंग्ल भारतीयों के लिए संसद और राज्य विधानमंडलों में स्थानों के आरक्षण की अवधि 10 वर्ष तक और बढ़ाने के लिए अनुच्छेद-334 का संशोधन किया गया।

24. संविधान (24वां संशोधन) अधिनियम, 1971— यह संशोधन गोलकनाथ के मामले में उत्पन्न स्थिति के संदर्भ में पारित हुआ। तदनुसार इस अधिनियम द्वारा मूल अधिकारों सहित संविधान में संशोधन करने के संसद के अधिकारों के बारे में सभी प्रकार के संदेहों को दूर करने के लिए अनुच्छेद-13 और अनुच्छेद-368 में संशोधन किया गया।

25. संविधान (25वां संशोधन) अधिनियम, 1971— इस संशोधन द्वारा बैंकों के राष्ट्रीयकरण के मामले को देखते हुए अनुच्छेद-31 में संशोधन किया गया। 'मुआवज़ा' शब्द की 'पर्याप्त मुआवज़ा' के रूप में न्यायिक व्याख्या को देखते हुए 'मुआवज़ा' शब्द के स्थान पर 'रकम' शब्द रखा गया।

26. संविधान (26वां संशोधन) अधिनियम, 1971— इस संशोधन द्वारा भारतीय रियासतों के शासकों के 'प्रिवी' और विशेषाधिकारों को समाप्त किया गया। यह संशोधन माधवराव के मामले में उच्चतम न्यायालय के निर्णय के परिणामस्वरूप पारित किया गया।

27. संविधान (27वां संशोधन) अधिनियम, 1971— यह संशोधन अधिनियम उत्तर-पूर्वी राज्यों के पुनर्गठन के कारण आवश्यक कतिपय बातों की व्यवस्था करने के लिए पारित किया गया। एक नया अनुच्छेद-239ख जोड़ा गया, जिससे कुछ केंद्रशासित प्रदेशों के प्रशासन अध्यादेश जारी करने के लिए समर्थ हो गए।

28. संविधान (28वां संशोधन) अधिनियम, 1972— यह संशोधन भारतीय सिविल सेवा के सदस्यों की छुट्टी, पेंशन और अनुशासन के मामलों के संबंध में विशेषाधिकारों को समाप्त करने के लिए पारित किया गया।

29. संविधान (29वां संशोधन) अधिनियम, 1972— संविधान की नौवीं अनुसूची का संशोधन करके उसमें भूमि सुधार के बारे में केरल के दो अधिनियम शामिल किए गए।

30. संविधान (30वां संशोधन) अधिनियम, 1972— इस संशोधन का उद्देश्य अनुच्छेद-133 का संशोधन करके उसमें निर्धारित 20,000 रुपये की मूल्यांकन परीक्षा समाप्त करना तथा उसके स्थान पर सिविल कार्यवाही में उच्चतम न्यायालय में अपील की व्यवस्था करना है, जो केवल उच्च न्यायालय के इस प्रमाण-पत्र पर ही की जा सकेगी कि उस मामले में सामान्य महत्व की विधि का सारवान प्रश्न शामिल है और उच्च न्यायालय की राय में उस प्रश्न पर उच्चतम न्यायालय द्वारा निर्णय लिए जाने की आवश्यकता है।

31. संविधान (31वां संशोधन) अधिनियम, 1973— इस अधिनियम द्वारा अन्य बातों के साथ-साथ लोकसभा में राज्यों के प्रतिनिधित्व की अधिकतम संख्या 500 से बढ़कर 525 तथा केंद्रशासित प्रदेशों के सदस्यों की अधिकतम संख्या को 25 से घटाकर 20 किया गया।

32. संविधान (32वां संशोधन) अधिनियम, 1973— इस अधिनियम द्वारा आंध्र प्रदेश राज्य के विभिन्न क्षेत्रों में समान अवसर प्रदान करने वाले उपबंध को लागू करने के लिए आवश्यक संवैधानिक प्राधिकारी की व्यवस्था की गई और लोक सेवाओं से संबंधित शिकायतों की सुनवाई की अधिकारिता का एक प्रशासनिक न्यायाधिकरण गठित किया गया। इसके द्वारा संसद को यह शक्ति भी दी गई कि वह उस राज्य में एक केंद्रीय विश्वविद्यालय की स्थापना के लिए कानून बना सकती है।

33. संविधान (33वां संशोधन) अधिनियम, 1974— इस संशोधन द्वारा संसद सदस्यों और राज्य विधानमंडलों से त्यागपत्र दिए जाने की प्रक्रिया को सुचारू बनाने के लिए अनुच्छेद-101 तथा 190 में संशोधन किया गया।

34. संविधान (34वां संशोधन) अधिनियम, 1974— इस अधिनियम द्वारा विभिन्न राज्य विधानमंडलों द्वारा बनाए गए 20 और काश्तकारी व भूमि सुधार कानूनों को नौवीं अनुसूची में शामिल किया गया।

35. संविधान (35वां संशोधन) अधिनियम, 1974— इस अधिनियम द्वारा एक नया अनुच्छेद-2(क) जोड़ा गया, जिसके द्वारा सिक्किम को भारतीय केंद्र के सह-राज्य का दर्जा दिया गया। अनुच्छेद-80-81 में परिणामिक संशोधन किए गए। एक नई अनुसूची, अर्थात 10वीं अनुसूची जोड़ी गई जिसमें सिक्किम के भारतीय केंद्र में शामिल होने की शर्तें दी गईं हैं।

36. संविधान (36वां संशोधन) अधिनियम, 1975— सिक्किम को भारतीय केंद्र का पूर्ण सदस्य बनाने और संविधान की प्रथम अनुसूची में शामिल करने और सिक्किम को राज्यसभा और लोकसभा में एक-एक स्थान देने के लिए यह अधिनियम बनाया गया। संविधान (35वां संशोधन) अधिनियम द्वारा जोड़े गए अनुच्छेद-2(क) और 10वीं अनुसूची को हटाकर अनुच्छेद-80 और 81 में समुचित संशोधन किया गया।

37. संविधान (37वां संशोधन) अधिनियम, 1975— इस अधिनियम द्वारा केंद्रशासित प्रदेश अरुणाचल प्रदेश में विधानसभा की व्यवस्था की गई, संविधान के अनुच्छेद-240 का भी संशोधन किया गया और यह उपबंध किया गया कि विधानमंडल वाले अन्य केंद्रशासित प्रदेशों की तरह केंद्रशासित प्रदेश अरुणाचल प्रदेश के लिए विनियम बनाने की राष्ट्रपति की शक्ति का प्रयोग तब किया जा सकेगा, जब विधानसभा या तो भंग हो गई हो या उसके कार्य निलंबित हों।

38. संविधान (38वां संशोधन) अधिनियम, 1975— इस अधिनियम द्वारा संविधान के अनुच्छेद-123, 213 और 352 में संशोधन करके यह उपबंध किया गया कि इन अनुच्छेदों में उल्लिखित राष्ट्रपति या राज्यपाल के संवैधानिक निर्णय को किसी न्यायालय में चुनौती दी जा सकेगी।

39. संविधान (39वां संशोधन) अधिनियम, 1975— इस अधिनियम द्वारा राष्ट्रपति, उपराष्ट्रपति, प्रधानमंत्री और लोकसभा अध्यक्ष के निर्वाचन संबंधी विवादों पर ऐसे प्राधिकारी द्वारा विचार किया जा सकेगा, जो संसदीय कानून द्वारा नियुक्त किया जाए। इस अधिनियम द्वारा नौवीं अनुसूची में कतिपय केंद्रीय क़ानूनों को भी शामिल किया गया।

40. संविधान (40वां संशोधन) अधिनियम, 1976— इस अधिनियम द्वारा राष्ट्रीय महासागरीय सीमा अथवा पूरी तरह भारत के आर्थिक क्षेत्र में आने वाली सभी खानों, खनिज पदार्थों और अन्य मूल्यवान वस्तुओं को केंद्र के अधिकार में निहित करने का उपबंध किया गया। इसमें इस बात का भी उपबंध किया गया कि भारत के आर्थिक क्षेत्र के सभी अन्य संसाधन भी पूरी तरह केंद्र के अधिकार में होंगे। इस अधिनियम द्वारा इस बात का भी उपबंध किया गया कि राष्ट्रीय जल सीमा देश के भू-भाग और भारत की आर्थिक क्षेत्र की सीमाएं पूरी तरह विनिर्दिष्ट होंगी, जो समय-समय पर संसद अथवा संसद द्वारा निर्मित क़ानून के अधीन निर्धारित की जाएंगी। साथ ही साथ, नौवीं अनुसूची में कुछ और अधिनियम जोड़े गए।

41. संविधान (41वां संशोधन) अधिनियम, 1976— इस अधिनियम के द्वारा अनुच्छेद-316 में संशोधन करके राज्य लोक सेवा और संयुक्त लोक सेवा आयोगों के सदस्यों की सेवा-निवृत्ति की आयु को 60 से बढ़ाकर 62 वर्ष कर दिया गया।

42. संविधान (42वां संशोधन) अधिनियम, 1976— इस अधिनियम द्वारा संविधान में अनेक महत्वपूर्ण संशोधन किए गए। ये संशोधन मुख्यत: स्वर्णसिंह आयोग की सिफ़ारिशों को लागू करने के लिए थे। कुछ महत्वपूर्ण संशोधन समाजवाद, धर्मनिरपेक्षता और राष्ट्र की अखंडता के उच्चादर्शों को

स्पष्ट रूप से परिभाषित करने, नीति निर्देशक सिद्धांतों को अधिक व्यापक बनाने और उन्हें उन मूल अधिकारों, जिनकी आड़ लेकर सामाजिक-आर्थिक सुधारों को निष्फल बनाया जाता रहा है, पर वरीयता देने के उद्देश्य से किए गए। इस संशोधनकारी अधिनियम द्वारा नागरिकों के मूल कर्त्तव्यों के संबंध में एक नया अध्याय जोड़ा गया और समाज विरोधी गतिविधियों से चाहे वे व्यक्तियों द्वारा हों या संस्थाओं द्वारा, निपटने के लिए विशेष उपबंध किए गए। क़ानूनों की संवैधानिक वैधता से संबंधित प्रश्नों पर निर्णय लेने के लिए न्यायाधीशों की न्यूनतम संख्या निर्धारित करने तथा किसी क़ानून को संवैधानिक दृष्टि से अवैध घोषित करने के लिए कम-से-कम दो तिहाई न्यायाधीशों की विशेष बहुमत व्यवस्था करके न्यायापालिका संबंधी उपबंधों में भी संशोधन किया गया। उच्च न्यायालयों में अनिर्णित मामलों की बढ़ती हुई संख्या को कम करने के लिए और सेवा, राजस्व, सामाजिक-आर्थिक विकास और प्रगति के संदर्भ में कतिपय अन्य मामलों के शीघ्र निपटारे को सुनिश्चित करने के लिए इस संशोधनकारी अधिनियम द्वारा संविधान के अनुच्छेद-136 के अधीन ऐसे मामलों में उच्चतम न्यायालय के अधिकार क्षेत्र को सुरक्षित रखते हुए प्रशासनिक और अन्य न्यायाधिकरणों के गठन के लिए उपबंध किया गया। अनुच्छेद-226 के अधीन उच्च न्यायालयों के रिट अधिकार क्षेत्र में भी कुछ संशोधन किया गया।

43. संविधान (43वां संशोधन) अधिनियम, 1977— इस अधिनियम के द्वारा अन्य बातों के साथ-साथ, संविधान (42वां संशोधन) अधिनियम, 1976 के लागू होने से उच्चतम न्यायालय और उच्च न्यायालयों के अधिकार क्षेत्र में जो कटौती हो गई थी, उसे बहाल करने का उपबंध किया गया और तदनुसार उक्त संशोधन द्वारा संविधान में शामिल किए गए अनुच्छेद-32क, 131क, 144क, 226क और 228क को इस अधिनियम द्वारा हटा दिया गया। इस अधिनियम द्वारा अनुच्छेद-31 को भी, जिसके द्वारा राष्ट्र विरोधी गतिविधियों के कतिपय क़ानून बनाने के लिए संसद को विशेष शक्तियां दी गई थीं, हटा दिया गया।

44. संविधान (44वां संशोधन) अधिनियम, 1978— संपत्ति के अधिकार को, जिसके कारण संविधान में कई संशोधन करने पड़े, मूल अधिकार के रूप में हटाकर केवल विधिक अधिकार बना दिया गया। फिर भी यह सुनिश्चित किया गया कि संपत्ति के अधिकार को मूल अधिकारों की सूची से हटाने से अल्पसंख्यकों के अपनी पसंद के शिक्षा संस्थानों की स्थापना करने और संचालन संबंधी अधिकारों पर कोई प्रभाव न पड़े। संविधान के अनुच्छेद-352 का संशोधन करके यह उपबंध किया गया कि आपात स्थिति की घोषणा के लिए एक कारण 'सशस्त्र विद्रोह' होगा। आंतरिक गड़बड़ी, यदि यह सशस्त्र विद्रोह नहीं है तो आपात स्थिति की घोषणा के लिए आधार नहीं होगा। व्यक्तिगत स्वतंत्रता के अधिकार को जैसा कि अनुच्छेद-21 और 22 में दिया गया है, इस उपबंध द्वारा और अधिक शक्तिशाली बनाया गया है जिसके तहत् निवारक नज़रबंदी कानून के अंतर्गत दो महीने से अधिक नज़रबंद नहीं किया जा सकता, जब तक कि सलाहकार बोर्ड यह रिपोर्ट नहीं देता कि ऐसी नज़रबंदी के पर्याप्त कारण हैं। इसके लिए अतिरिक्त संरक्षण की व्यवस्था इस अपेक्षा से की गई कि सलाहकार बोर्ड का अध्यक्ष किसी समुचित उच्च न्यायालय का सेवारत न्यायाधीश होगा और बोर्ड का गठन उस उच्च न्यायालय के मुख्य न्यायाधीश की सिफ़ारिशों के अनुसार किया जाएगा।

विलंब से बचने के लिए अनुच्छेद-132 और 134 में संशोधन किया गया और एक नया अनुच्छेद-134क जोड़ा गया जिसके द्वारा यह उपबंध किया गया कि निर्णय, अंतिम आदेश अथवा सज़ा सुनाए जाने के तत्काल बाद संबंधित पक्ष के मौखिक आवेदन के आधार पर अथवा यदि उच्च न्यायालय

उचित समझे तो स्वयं ही उच्चतम न्यायालय में अपील करने के प्रमाण-पत्र मंजूर किए जाने पर विचार करे। इस अधिनियम द्वारा किए गए अन्य संशोधन मुख्य रूप से आंतरिक आपात स्थिति की अवधि के दौरान किए गए संशोधन के कारण संविधान में आई विकृतियों को दूर करने अथवा सुधार करने के लिए हैं।

45. संविधान (45वां संशोधन) अधिनियम, 1980— यह अधिनियम संसद तथा राज्य विधान सभाओं में अनुसूचित जातियों अनुसूचित जनजातियों और आंग्ल भारतीयों के लिए स्थानों के आरक्षण संबंधी व्यवस्था को 10 वर्षों की अवधि के लिए और बढ़ाने के उद्देश्य से पारित किया गया।

46. संविधान (46वां संशोधन) अधिनियम, 1982— इसके द्वारा अनुच्छेद-269 में संशोधन किया गया, ताकि अंतरराज्यीय व्यापार और वाणिज्य के दौरान भेजे जाने वाले सामान पर लगाया गया कर राज्यों को सौंप दिया जाए। इस अनुच्छेद का संशोधन इस दृष्टि से भी किया गया, ताकि संसद क़ानून द्वारा यह निर्धारित कर सके कि किस स्थिति में भेजा जाने वाला माल अंतरराज्यीय व्यापार या वाणिज्य के तहत् भेजा हुआ माना जाएगा। केंद्र सूची में एक नई प्रविष्टि 92 ख भी शामिल की गई, ताकि ऐसी स्थिति में जब माल अंतरराज्यीय व्यापार या वाणिज्य के दौरान भेजा जाए तो उस माल पर कर लगाया जा सके। अनुच्छेद-286 के खंड 3 का संशोधन किया गया, ताकि संसद क़ानून द्वारा कार्य-संविदा के निष्पादन के दौरान वस्तुओं के हस्तांतरण में, किराया-ख़रीद अथवा किस्तों में अदायगी के आधार पर माल की सुपुर्दगी पर कर लगाने की प्रणाली, दरों और अन्य बातों के संबंध में प्रतिबंध और शर्तें विनिर्दिष्ट कर सकें। 'माल के क्रय और विक्रय पर कर' की परिभाषा में यह जोड़ने के लिए अनुच्छेद-366 का यथोचित संशोधन किया गया कि उसमें नियंत्रित वस्तुओं के प्रतिफलार्थ अंतरण, कार्य-संविदा के निष्पादन से संबंधित वस्तुओं के रूप में संपत्ति का अंतरण, किराया-खरीद अथवा किस्तों में अदायगी आदि की प्रणाली में माल की सुपुर्दगी को भी शामिल किया जा सके।

47. संविधान (47वां संशोधन) अधिनियम, 1984— इस संशोधन का उद्देश्य संविधान की नवम अनुसूची में कतिपय भूमि सुधार अधिनियमों को शामिल करना है, ताकि उन अधिनियमों को लागू किए जाने में रुकावट डालने वाली मुकदमेबाजी को रोका जा सके।

48. संविधान (48वां संशोधन) अधिनियम, 1984— संविधान के अनुच्छेद-356 के अधीन पंजाब राज्य के बारे में राष्ट्रपति द्वारा जारी की गई उद्घोषणा तब तक एक वर्ष से अधिक समय तक लागू नहीं रह सकती, जब तक कि उक्त अनुच्छेद-के खंड 5 में उल्लिखित शर्त पूरी नहीं होती। चूंकि यह महसूस किया गया है कि उक्त उद्घोषणा का लागू रहना आवश्यक है, इसलिए यह संशोधन किया गया है, ताकि इस मामले में अनुच्छेद-356 के खंड 5 में उल्लिखित शर्तें लागू न होने पाएं।

49. संविधान (49वां संशोधन) अधिनियम, 1984— त्रिपुरा सरकार ने सिफ़ारिश की थी कि संविधान की छठी अनुसूची के उपबंधों को उस राज्य के जनजातीय क्षेत्रों में लागू किया जाए। इस अधिनियम द्वारा किए गए संशोधन का उद्देश्य राज्य में काम कर रही स्वायत्तशासी जिला परिषद को संवैधानिक सुरक्षा प्रदान करना है।

50. संविधान (50वां संशोधन) अधिनियम, 1984— संविधान के अनुच्छेद-33 द्वारा संसद को यह निर्धारित करने के लिए क़ानून बनाने की शक्ति दी गई है कि संविधान के भाग 3 द्वारा प्रदत्त किसी अधिकारी को सशस्त्र सेनाओं अथवा लोक-व्यवस्था बनाए रखने के लिए ज़िम्मेदार बलों पर लागू करने

में किस सीमा तक प्रतिबंधित अथवा निराकृत किया जाए, ताकि उनके द्वारा कर्तव्यों के उचित निर्वहन और उनमें अनुशासन बनाए रखने को सुनिश्चित किया जा सके।

अनुच्छेद-33 की परिधि में निम्नलिखित बातों को लाने के लिए इसका संशोधन प्रस्तावित है:

(1) राज्य की अथवा उसके प्रभार या कब्जे में संपत्ति के संरक्षण के लिए प्रभारित बलों के सदस्य, अथवा

(2) आसूचना अथवा प्रति-आसूचना के प्रयोजन के लिए राज्य द्वारा स्थापित ब्यूरो अथवा अन्य संगठनों में नियुक्त व्यक्ति, अथवा

(3) किसी बल, ब्यूरो अथवा संगठन के प्रयोजन के लिए स्थापित दूरसंचार प्रणालियों में नियुक्त अथवा उनसे संबंधित व्यक्ति।

अनुभव से पता चला है कि इनके द्वारा कर्तव्यों के उचित निर्वहन तथा उनमें अनुशासन बनाए रखने को सुनिश्चित्त करने की आवश्यकता राष्ट्रीय हित में अत्यंत महत्वपूर्ण है।

51. संविधान (52वां संशोधन) अधिनियम, 1984— इस अधिनियम द्वारा अनुच्छेद-330 में संशोधन किया गया, ताकि मेघालय, नगालैंड, अरुणाचल प्रदेश और मिज़ोरम की अनुसूचित जनजातियों के लिए संसद में स्थान सुरक्षित किए जा सकें। साथ ही साथ, स्थानीय जनजातियों की आकांक्षाओं को पूरा करने के लिए अनुच्छेद-332 में संशोधन करके नगालैंड और मेघालय की विधानसभाओं में भी इसी तरह का आरक्षण किया गया।

52. संविधान (52वां संशोधन) अधिनियम, 1985— इस संशोधन द्वारा यह व्यवस्था की गई है कि यदि संसद-सदस्य या विधानसभा-सदस्य दल-बदल करता है या उस दल द्वारा निकाल दिया जाता है, जिसने उसे चुनाव में खड़ा किया था, या कोई निर्दलीय उम्मीदवार जो चुने जाने के छह महीने के अंदर किसी राजनीतिक दल का सदस्य बन जाता है, वह सदन का सदस्य होने के अयोग्य करार दिया जाएगा। इस अधिनियम में राजनीतिक दलों के विभाजन तथा विलय के संबंध में समुचित प्रावधान है।

53. संविधान (53वां संशोधन) अधिनियम, 1986— यह भारत सरकार और मिज़ोरम सरकार द्वारा मिज़ोरम नेशनल फ्रंट के साथ 30 जून, 1986 को हुए मिज़ोरम समझौते को लागू करने के लिए बनाया गया है। इसके लिए नया अनुच्छेद-371-जी संविधान में जोड़ा गया है, जिसमें अन्य बातों के अलावा, मिज़ो लोगों के धार्मिक और सामाजिक रीति-रिवाजों, परंपरागत क़ानून और विधि के संबंध में संसद द्वारा क़ानून बनाने की मनाही, दीवानी तथा फ़ौजदारी संबंधी मामलों, जिन पर मिज़ो लोगों के परंपरागत क़ानून के अनुसार निर्णय लिया जाता है तथा जमीन के स्वामित्व और हस्तांतरण के बारे में भी तब तक संसदीय क़ानून लागू नहीं होगा जब तक मिज़ोरम की विधानसभा इसे मंजूरी नहीं दे देती। लेकिन यह धारा मिज़ोरम राज्य में संशोधन के जारी होने से पहले से लागू होने वाले केंद्रीय क़ानूनों पर लागू नहीं होगी। नई धारा में यह भी व्यवस्था है कि मिज़ोरम विधानसभा में कम-से-कम 40 सदस्य होंगे।

54. संविधान (54वां संशोधन) अधिनियम, 1986— इस अधिनियम द्वारा उच्चतम न्यायालय एवं उच्च न्यायालयों के न्यायाधीशों के वेतन को निम्न प्रकार से बढ़ाया गया है:

1.	भारत के प्रधान न्यायाधीश	₹ 10,000 प्रतिमाह
2.	उच्चतम न्यायालय के न्यायाधीश	₹ 9,000 प्रतिमाह
3.	उच्च न्यायालयों के मुख्य न्यायाधीश	₹ 9,000 प्रतिमाह
4.	उच्च न्यायालयों के न्यायाधीश	₹ 8,000 प्रतिमाह

इस अधिनियम द्वारा द्वितीय अनुसूची के भाग 'घ' में संशोधन करके वेतन को उपर्युक्त प्रकार से बढ़ाया गया है तथा अनुच्छेद-125 एवं 221 में यह प्रावधान रखा गया है कि संसद क़ानून बनाकर भविष्य में न्यायाधीशों के वेतन में सुधार कर सकती है।

55. संविधान (55वां संशोधन) अधिनियम, 1986— इसमें केंद्रशासित प्रदेश अरुणाचल प्रदेश को राज्य का दर्जा दिए जाने के भारत सरकार के प्रस्ताव को लागू किया गया है। इसके लिए संविधान में एक नया अनुच्छेद-371 एच जोड़ा गया है। अन्य बातों के अलावा, इस अनुच्छेद में अरुणाचल प्रदेश के राज्यपाल को प्रदेश की अत्यंत नाजुक स्थिति के कारण क़ानून और व्यवस्था के क्षेत्र में विशेष ज़िम्मेदारी सौंपी गई है। इसके अनुसार अपने दायित्वों को पूरा करने में राज्यपाल मंत्रिपरिषद में सलाह-मशविरा करके की जाने वाली कार्रवाई के बारे में अपना व्यक्तिगत निर्णय ले सकेंगे। यदि राष्ट्रपति चाहें तो राज्यपाल की यह ज़िम्मेदारी खत्म की जा सकेगी। नए अनुच्छेद के अनुसार यह भी व्यवस्था की गई है कि अरुणाचल प्रदेश राज्य की विधानसभा में 30 से कम सदस्य नहीं होंगे।

56. संविधान (56वां संशोधन) अधिनियम, 1987— भारत सरकार के केंद्रशासित प्रदेश गोवा, दमन व दीव के गोवा जिले में शामिल क्षेत्र को गोवा राज्य के रूप में तथा उसी केंद्रशासित प्रदेश के दमन व दीव में शामिल क्षेत्र को दमन व दीव नामक एक नए केंद्रशासित प्रदेश के रूप में गठन का प्रस्ताव किया है। इस संदर्भ में यह प्रस्तावित किया गया कि नए राज्य गोवा की विधानसभा में 40 सदस्य होंगे। केंद्रशासित प्रदेश गोवा, दमन व दीव की मौजूदा विधानसभा में 30 निर्वाचित सदस्य हैं तथा तीन मनोनीत सदस्य हैं। ऐसा विचार किया गया कि जब तक मौजूदा विधानसभा की पांच वर्ष की अवधि समाप्त होकर नए निर्वाचन न कर लिए जाएं, तब तक गोवा राज्य के लिए बनी नई विधानसभा में दमन व दीव का प्रतिनिधित्व करने वाले दो सदस्यों को शामिल न किया जाए। अतएव, नए राज्य गोवा को ऐसी विधानसभा देने का निश्चय किया गया, जिसमें 30 से कम सदस्य न हों। इस संशोधन ने न... प्रस्ताव को प्रभावी बनाने के लिए अपेक्षित विशेष प्रावधान को प्रभावी बनाया।

57. संविधान (57वां संशोधन) अधिनियम, 1987— संविधान (51 संशोधन) अधिनि... 1984 ...के लिए लोकसभा में नगालैंड, मेघालय, मिज़ोरम और अरुणाचल प्रदेश की अनुसूचित जनजा... ...शोधित करके स्थान आरक्षित करने तथा संविधान के अनुच्छेद-330 व 332 को समुचित प्रकार से... ...त करने के लिए नगालैंड और मेघालय की विधानसभाओं में अनुसूचित जनजातियों के लिए स्थान अ... ...का उद्देश्य यह था अधिनियमित किया गया था। यद्यपि ये क्षेत्र जनजाति-बहुल हैं, तथापि इस संशो... ..., क्योंकि वे विकसित कि इस क्षेत्र में रहने वाली जनजातियां अपना न्यूनतम प्रतिनिधित्व तो कर ही... ...1 संशोधन) अधिनियम वर्ग के लोगों के साथ चुनाव लड़ने में सक्षम नहीं हैं। यद्यपि संविधा...

औपचारिक रूप से प्रभावी था, फिर भी यह पूरी तरह से तब तक लागू नहीं हो सकता था, जब तक यह निर्धारित न हो जाए कि इन क्षेत्रों में अनुसूचित जनजातियों के लिए किन-किन स्थानों का आरक्षण करना है। किसी भी राज्य में अनुसूचित जाति व जनजातियों के लिए स्थानों का आरक्षण संविधान के अनुच्छेद-332 के अंतर्गत संविधान के अनुच्छेद-332(3) के प्रावधानों को ध्यान में रखकर ही निर्धारित किया जाता है, किंतु उत्तर-पूर्वी राज्यों की ऐतिहासिक पृष्ठभूमि को देखते हुए, इन राज्यों की अनुसूचित जनजातियों के विकास व अन्य संबंधित बातों पर विचार करके यह जरूरी समझा गया कि इन क्षेत्रों में रहने वाली अनुसूचित जनजातियों के आरक्षण के लिए विशेष प्रावधान किए जाएं, ताकि ये लोग भी, जैसा कि संविधान में संकल्पना की गई है, सामान्य जीवन व्यतीत कर सकें। संविधान के अनुच्छेद-332 को अस्थाई प्रावधान बनाने के लिए फिर से संशोधित किया गया, जिससे अनुच्छेद-170 के अंतर्गत वर्ष 2000 के बाद पहली जनगणना के आधार पर अनुसूचित जनजातियों के लिए स्थानों के आरक्षण का पुनः निर्धारण किया जा सके। इस संशोधन में यह इच्छा व्यक्त की गई कि यदि ऐसे राज्यों की विधानसभाओं (जो संशोधित अधिनियम के लागू होने की तिथि पर अस्तित्व में थीं) में सभी स्थान अनुसूचित जनजातियों के सदस्यों द्वारा अधिग्रहीत किए गए हों, तो एक को छोड़कर सभी स्थान अनुसूचित जनजातियों के लिए आरक्षित किए जाएं तथा अन्य किसी मामले में जहां पर स्थानों की संख्या कुल संख्या के बराबर हो, एक ऐसा अनुपात हो जिसमें मौजूदा विधानसभा के सदस्यों की संख्या मौजूदा विधानसभा के कुल सदस्यों की संख्या के बराबर हो। यह अधिनियम इन उद्देश्यों को प्राप्त करता है।

58. संविधान (58वां संशोधन) अधिनियम, 1987— हिंदी में संविधान के प्राधिकृत पाठ की मांग सामान्यतः रही है। विधि प्रक्रिया में संविधान का आसानी से प्रयोग किया जा सके, इसके लिए आवश्यक है कि इसका हिंदी पाठ भी प्राधिकृत हो। संविधान का कोई भी हिंदी संस्करण न केवल संवैधानिक सभा द्वारा प्रकाशित हिंदी अनुवाद के अनुरूप हो, बल्कि हिंदी में केंद्रीय अधिनियमों के प्राधिकृत पाठों की भाषा, शैली व शब्दावली के भी अनुरूप हो। संविधान को संशोधित करके राष्ट्रपति को यह शक्ति प्रदान की गई है कि वह अपने प्राधिकार के तहत् संविधान के हिंदी अनुवाद को, जिस पर संवैधानिक सभा के सदस्यों ने अपने हस्ताक्षर किए हुए हैं तथा जिनमें उन सभी परिवर्तनों को शामिल कर लिया गया है जिससे यह हिंदी भाषा के केंद्रीय अधिनियमों के प्राधिकृत पाठों की भाषा, शैली व शब्दावली के अनुरूप हो, प्रकाशित करा सकें। राष्ट्रपति को यह शक्ति भी प्रदत्त की गई है कि वह संविधान में किए गए प्रत्येक अंग्रेज़ी संशोधन का हिंदी अनुवाद प्रकाशित करवाएं।

9. संविधान (59वां संशोधन) अधिनियम, 1988— इस अधिनियम द्वारा संविधान के अ च्छेद-356 (5) का संशोधन किया गया, जिससे कि अनुच्छेद-356 के खंड (1) के अधीन राष्ट्र की उद्घोषणा का एक की अवधि से आगे विस्तार किया जा सके और यदि आवश्यक हो तो पंजाब में अशांति की स्थिति बनी रहने के कारण अनुच्छेद-356 के खंड (4) के अधीन यथा अनुज्ञेय त र्ष की अवधि तक प्रभावी बनाया जा सके। इस अधिनियम द्वारा आपात स्थिति की उद्घोषणा से धित संविधान के अनुच्छेद-352 का, पंजाब राज्य में इसे लागू किए जाने की बाबत संशोधन किए के परिणामस्वरूप, अनुच्छेद-358 और अनुच्छेद-359 का भी संशोधन किया गया है। पंजाब राज्य के ध में अनुच्छेद-352, 358 और 359 के संशोधन की तारीख 30 मार्च, 1988 से जो इस संशोधन के की तारीख है, दो वर्ष की अवधि के लिए ही प्रवर्तनीय रहेंगे।

60. संविधान (60वां संशोधन) अधिनियम, 1988— अधिनियम, संविधान, के खंड (2) का इस दृष्टि से संशोधन करता है, जिससे कि व्यवसायों, व्यापारों, आजीविकाओं और नियोजनों पर कर की अधिकतम सीमा को 250 रुपये प्रतिवर्ष से बढ़ाकर 2,500 रुपये प्रतिवर्ष किया जा सके। इस कर में वृद्धि करने से राज्यों को अतिरिक्त स्रोत जुटाने में सहायता मिलेगी। धारा (2) के उपबंध का लोप किया गया है।

61. संविधान (61वां संशोधन) अधिनियम, 1989— इस अधिनियम के द्वारा संविधान के अनुच्छेद-326 का संशोधन करके मताधिकार की आयु 21 से घटकर 18 वर्ष कर दी गई, ताकि देश के उस युवा-वर्ग को जिसे अभी तक कोई प्रतिनिधित्व नहीं मिल पाया था, अपनी भावनाएं व्यक्त करने का अवसर मिल सके और वे राजनीतिक प्रक्रिया का अंग बन सकें।

62. संविधान (62वां संशोधन) अधिनियम, 1989— संविधान के अनुच्छेद-334 में यह प्रावधान है कि अनुसूचित जातियों तथा अनुसूचित जनजातियों की सीटों के आरक्षण तथा लोकसभा और विधानसभाओं में आंग्ल-भारतीय समुदाय के प्रतिनिधित्व से संबंधित व्यवस्था संविधान में लागू होने के 40 वर्ष बाद समाप्त हो जाएगी। हालांकि अनुसूचित जातियों और जनजातियों ने गत 40 वर्षों में पर्याप्त प्रगति की है, किंतु संविधान सभा के सामने इस तरह की व्यवस्था बनाते समय जो कारण थे, वे अभी बरकरार हैं। इस अधिनियम के द्वारा अनुच्छेद-334 को संशोधित करके यह व्यवस्था की गई कि अनुसूचित जातियों और जनजातियों का आरक्षण और आंग्ल-भारतीय समुदाय का मनोनयन द्वारा प्रतिनिधित्व अगले 10 वर्षों तक जारी रहेगा।

63. संविधान (63वां संशोधन) अधिनियम, 1989— संविधान (59 संशोधन) अधिनियम मार्च 1988 में लागू किया गया, जिससे पंजाब में आपात स्थिति की घोषणा और राज्य में राष्ट्रपति शासन की अवधि के संबंध में कुछ परिवर्तन किए गए थे। इस पर पुनर्विचार करने पर सरकार ने निर्णय किया कि संशोधन में पंजाब में आपात स्थिति की घोषणा के संबंध में जिस विशेष अधिकारों की व्यवस्था की गई थी, उनकी अब जरूरत नहीं रही। तद्नुसार, अनुच्छेद-356 की धारा 5 तथा अनुच्छेद-359(क) को हटा दिया गया है।

64. संविधान (64वां संशोधन) अधिनियम, 1990— इस अधिनियम के द्वारा संविधान के अनुच्छेद-356 की धारा 4 व 5 के अंतर्गत संविधान के अनुच्छेद-356 की धारा 1 के तहत् पंजाब के संबंध में 11 मई, 1987 को संशोधित की गई घोषणा की अवधि को साढ़े तीन वर्ष के लिए और बढ़ा दिया गया।

65. संविधान (65वां संशोधन) अधिनियम, 1990— संविधान के अनुच्छेद-338 में एक विशेष अधिकारी का प्रावधान है, जो संविधान के तहत् अनुसूचित जातियों और जनजातियों के हितों से संबंधित मामलों की जांच करेगा और इस संबंध में राष्ट्रपति को अपनी रिपोर्ट भेजेगा। यह अनुच्छेद-संशोधित कर दिया गया है जिसमें अनुसूचित जातियों और जनजातियों के लिए राष्ट्रीय आयोग के गठन की व्यवस्था की गई है, जिसमें एक अध्यक्ष, एक उपाध्याक्ष तथा पांच अन्य सदस्य होंगे, जिन्हें राष्ट्रपति अपनी मुहर से नियुक्त करेंगे। संशोधित अनुच्छेद में आयोग के कार्यों के बारे में विस्तार से बताया गया है और उसके उन कदमों के बारे में भी बताया गया है, जो उसे केंद्र अथवा राज्य सरकार को कमीशन की रिपोर्ट के प्रभावी कार्यांवयन के लिए उठाने होंगे। इसमें यह भी व्यवस्था की गई है कि आयोग के पास शिकायत

पर की जाने वाली जांच के दौरान वे सभी अधिकार होंगे, जो कि एक न्यायिक अदालत को होते हैं और आयोग की रिपोर्ट संसद और राज्य विधानसभाओं के समक्ष रखी जाएगी।

66. संविधान (66वां संशोधन) अधिनियम, 1990— इस अधिनियम के तहत् भूमि सुधार तथा कृषिभूमि की सीमा से संबंधित राज्य सरकारों के उन 55 नियमों को संविधान की नौवी अनुसूची में शामिल तथा सुरक्षित कर दिया गया है, जिन्हें आंध्र प्रदेश, बिहार, गुजरात, हिमाचल प्रदेश, कर्नाटक, केरल, मध्य प्रदेश, चेन्नई, ओडिशा, राजस्थान, तमिलनाडु, उत्तर प्रदेश, पश्चिम बंगाल और केंद्रशासित प्रदेश पुदुचेरी के प्रशासन ने इस आशय से बनाया था कि इन्हें अदालत में चुनौती नहीं दी जा सकेगी।

67. संविधान (67वां संशोधन) अधिनियम, 1990— संविधान के 64वें संशोधन के तहत् पंजाब के संबंध में 11 मई, 1987 को की गई घोषणा को साढ़े तीन वर्ष किया था जिसे अब बढ़ाकर चार वर्ष किया गया। 67वें संशोधन के तहत् अनुच्छेद–356 की धारा 4 को पुनः संशोधित करके इस अवधि को बढ़ाकर चार वर्ष कर दिया गया है।

68. संविधान (68वां संशोधन) अधिनियम, 1991— संविधान के 67वें संशोधन के तहत् पंजाब के संबंध में 11 मई, 1987 को की गई घोषणा को बढ़ाकर चार वर्ष किया गया था। 68वें संशोधन के तहत् अनुच्छेद–356 की धारा 4 को संशोधित करके इस अवधि को बढ़ाकर पांच वर्ष कर दिया गया है।

69. संविधान (69वां संशोधन) अधिनियम, 1991— भारत सरकार ने 24 दिसंबर, 1987 को दिल्ली के प्रशासन से संबंधित विभिन्न मामलों का अध्ययन करने तथा प्रशासनिक ढांचे को चुस्त बनाने के उपाय सुझाने के लिए एक कमेटी गठित की थी। पूरी जांच–पड़ताल और अध्ययन के बाद इस समिति ने यह सिफ़ारिश की थी कि दिल्ली एक केंद्रशासित प्रदेश बना रहे और इसमें एक विधानसभा तथा एक मंत्रिपरिषद भी हो, जो आम आदमी से संबंधित मामलों के बारे में पूरी तरह से अधिकार संपन्न हो। कमेटी ने सिफ़ारिश की थी कि स्थायित्व और सुदृढ़ता को दृष्टि में रखते हुए ऐसी व्यवस्था की जाए, जिससे राष्ट्रीय राजधानी को अन्य केंद्रशासित प्रदेशों की तुलना में एक विशेष दर्जा प्राप्त हो। यह अधिनियम उपरोक्त सिफ़ारिशों को लागू करने के लिए पारित किया गया।

70. संविधान (70वां संशोधन) अधिनियम, 1992— संविधान (69वां संशोधन) विधेयक, 1991 और राष्ट्रीय राजधानी सीमा क्षेत्र सरकार, विधेयक 1991 पर संसद के दोनों सदनों में विचार प्रकट करते समय केंद्रशासित प्रदेशों की विधानसभाओं के निर्वाचित सदस्यों को भी संविधान के अनुच्छेद–54 के अंतर्गत राष्ट्रपति के चुनाव के लिए निर्वाचनमंडल में शामिल करने के पक्ष में विचार प्रकट किए गए। इस समय राष्ट्रपति के निर्वाचन से संबंधित अनुच्छेद–54 में निर्वाचनमंडल के लिए केवल निर्वाचित संसद सदस्यों और राज्यों के विधानसभा सदस्यों (इसमें केंद्रशासित प्रदेश शामिल नहीं है) को शामिल करने का प्रावधान है। इसी प्रकार अनुच्छेद–55 में इस प्रकार के चुनाव के तरीके के लिए राज्यों की विधानसभाओं की भी बात की गई है। अनुच्छेद–55 में शामिल की गई एक व्याख्या के अनुसार अनुच्छेद–54 और 55 में राज्य के संदर्भ में इस बात का प्रावधान किया गया कि इसमें राष्ट्रपति के निर्वाचन के लिए निर्वाचनमंडल में राष्ट्रीय राजधानी सीमा क्षेत्र दिल्ली और केंद्रशासित प्रदेश पुदुचेरी को भी शामिल किया जाएगा। इससे अनुच्छेद–239ए के प्रावधानों के तहत् केंद्रशासित प्रदेश पुदुचेरी के लिए बनाई गई विधानसभा के निर्वाचित सदस्यों और अनुच्छेद–239ए के अंतर्गत राष्ट्रीय राजधानी सीमा क्षेत्र दिल्ली की प्रस्तावित विधानसभाओं के निर्वाचित सदस्यों को भी निर्वाचनमंडल में शामिल किया जा सकेगा।

71. संविधान (71वां संशोधन) अधिनियम, 1992— संविधान की आठवीं अनुसूची में कुछ और भाषाएं जोड़ने की मांग चल रही थी। इस अधिनियम से संविधान की आठवीं अनुसूची में संशोधन करके इसमें कोंकणी, मणिपुरी और नेपाली भाषाओं को शामिल किया गया है।

72. संविधान (72वां संशोधन) अधिनियम, 1992— त्रिपुरा राज्य में जहां गड़बड़ी का माहौल बना हुआ है, शांति और सद्भाव कायम करने के लिए गत 1 अगस्त, 1988 को भारत सरकार और नेशनल वालेंटियर्स त्रिपुरा के बीच एक समझौते को लागू करने के लिए संविधान (72वां संशोधन) अधिनियम, 1972 के माध्यम से संविधान के अनुच्छेद-332 में संशोधन किया गया है, ताकि त्रिपुरा राज्य विधानसभा में अनुसूचित जनजातियों के लिए सुरक्षित सीटों की संख्या निर्धारित करने के लिए तब तक के लिए अस्थाई व्यवस्था की जा सके, जब तक कि संविधान के 170वें अनुच्छेद के अंतर्गत वर्ष 2000 के बाद प्रथम जनगणना के आधार पर सीटों का तालमेल न हो जाए।

73. संविधान (73वां संशोधन) अधिनियम, 1993— संविधान के अनुच्छेद-40 में सुरक्षित किए गए राज्यों के नीति निर्देशक सिद्धांतों में से एक में यह कहा गया है कि राज्यों को ग्राम पंचायतों का गठन करने और उन्हें वे सभी अधिकार प्रदान करने के लिए क़दम उठाने चाहिए, जो उन्हें एक स्वायत्तशासी सरकार की इकाइयों के रूप में काम करने के लिए आवश्यक हैं। इसका उद्देश्य अन्य चीजों के अलावा, एक गांव में अथवा गांवों के समूह में ग्रामसभा स्थापित करना, गांव के स्तर पर तथा अन्य स्तरों पर पंचायतों का गठन करना, गांव और उसके बीच के स्तर पर पंचायतों की सभी सीटों के लिए सीधे चुनाव करना, ऐसे स्तरों पर पंचायतों के यदि सरपंच हैं तो उनका चुनाव कराना, पंचायतों में सदस्यता के लिए और सभी स्तरों पर पंचायत के पदाधिकारियों के चुनाव के लिए जनसंख्या के आधार पर अनुसूचित जाति और जनजातियों के लिए सीटों का आरक्षण, महिलाओं के लिए कम-से-कम एक-तिहाई सीटों का आरक्षण, पंचायतों के लिए पांच साल की कार्यवधि तय करना और यदि कोई पंचायत भंग हो जाती है तो छह महीने के भीतर उसका चुनाव कराने की व्यवस्था करना है।

74. संविधान (74वां संशोधन) अधिनियम, 1993— विभिन्न कारणों से अनेक राज्यों के स्थानीय निकाय कमजोर और बेअसर हो गए हैं। इनमें नियमित चुनाव न होना, लंबे समय तक भंग रहना और कर्त्तव्यों तथा अधिकारों का समुचित हस्तांतरण न होना शामिल हैं। इसके परिणामस्वरूप, शहरी स्थानीय निकाय एक स्वायत्तशासी सरकार की जीवंत लोकतांत्रित इकाई के रूप में कारगर ढंग से कम नहीं कर पा रहे हैं। इन खामियों को देखते हुए संविधान में पालिकाओं के संबंध में एक नया भाग ९ ए शामिल किया गया है, ताकि अन्य चीज़ों के अलावा निम्नलिखित प्रावधान किए जा सकें: तीन तरह की पालिकाओं का गठन, जैसे कि ग्रामीण से शहरी क्षेत्र में परिवर्तित हो रहे क्षेत्रों के लिए नगर पंचायतों, छोटे शहरी क्षेत्रों के लिए नगर परिषदें और बड़े शहरी क्षेत्रों के लिए नगर निगम।

75. संविधान (75वां संशोधन) अधिनियम, 1994— इन दिनों विभिन्न राज्यों में जो किराया नियंत्रण क़ानून लागू हैं, उनमें कई खामियां हैं, जिनके कारण अनेक अवांछनीय परिणाम हो रहे हैं। किराया नियंत्रण क़ानूनों के कुछ वैधानिक दुष्परिणाम हैं- लगातार बढ़ती हुई मुकदमेबाजी, न्यायलायों द्वारा समय पर न्याय न दे पाना, किराया नियंत्रण क़ानूनों से बचने के तरीके निकालना और किराए के लिए मिल सकने वाले मकानों की निरंतर कमी। उच्चतम न्यायालय ने देश में किराया नियंत्रण क़ानूनों की अनिश्चित और तर्करहित स्थिति को ध्यान में रखते हुए प्रभाकरण नय्यर और अन्य बनाम तमिलनाडु राज्य (सिविल रिट पेटीशन संख्या 506 ऑफ 1986) तथा अन्य रिट याचिकाओं के संदर्भ में यह

विचार प्रकट किया था कि उच्चतम न्यायालय और उच्च न्यायालयों को किराया क़ानूनों के जबर्दस्त भार से मुक्त कर दिया जाना चाहिए। इन मुकदमों में अपील करने के अवसर कम कर दिए जाने चाहिएं। किराया नियंत्रण क़ानून, सरल, विवेकपूर्ण और स्पष्ट होने चाहिएं। मुकदमेबाजी जल्दी ही अवश्य समाप्त हो जानी चाहिए।

इस कानून द्वारा संविधान के भाग 14(क) के अनुच्छेद-323(ख) में संशोधन किया गया है ताकि किराएदारों और मकान मालिकों को समय पर राहत मिल सके। इस संशोधन में राज्य स्तर पर किराया नियंत्रण न्यायाधिकरण स्थापित करने और अन्य सभी अदालतों में मकान मालिक-किराएदार से संबंधित मुकदमे दायर करने पर रोक लगाने की व्यवस्था है। इस व्यवस्था के कारण से मुकदमों के फैसलों की अपील संविधान के अनुच्छेद-136 के तहत् केवल उच्चतम न्यायालय में की जा सकेगी।

76. संविधान (76वां संशोधन) अधिनियम, 1994— पिछड़े वर्गों, अनुसूचित जातियों और जनजातियों के लिए शिक्षा संस्थाओं और सरकारी नौकरियों में स्थान आरक्षित करने की नीति का लंबा इतिहास 1921 में तमिलनाडु से शुरू हुआ था। राज्य सरकार अधिकांश लोगों की आवश्यकता के अनुरूप आरक्षित स्थानों की संख्या समय-समय पर बढ़ती रही। अब आरक्षित स्थानों की संख्या बढ़कर 69 प्रतिशत हो गई है-18 प्रतिशत अनुसूचित जातियां, एक प्रतिशत अनुसूचित जनजातियां और 50 प्रतिशत अन्य पिछड़े वर्ग। उच्चतम न्यायालय ने इंदिरा साहनी और अन्य बनाम भारत सरकार और अन्य (एआईआर 1993 एससी 477) में 16 नवंबर, 1992 को फैसला दिया कि अनुच्छेद-16(4) के अधीन कुल आरक्षित स्थानों की संख्या 50 प्रतिशत से अधिक नहीं होनी चाहिए।

तमिलनाडु सरकार ने तमिलनाडु पिछड़े वर्गों, अनुसूचित जातियों और जनजातियों (शिक्षा संस्थाओं में स्थान और राज्य के अधीन नौकरियां या पद आरक्षण) विधेयक 1993 पारित कर, इसे संविधान के अनुच्छेद-31सी की व्यवस्थाओं के अनुसार भारत के राष्ट्रपति के विचारार्थ भारत सरकार के पास भेजा। भारत सरकार ने राज्य सरकार के इस क़ानून की व्यवस्थाओं का अनुमोदन किया और राष्ट्रपति ने तमिलनाडु के इस विधेयक को स्वीकृति दे दी। इस निश्चय के परिणास्वरूप यह जरूरी था कि 1994 के तमिलनाडु क़ानून, 45 को संविधान की नौवीं अनुसूची की परिधि में लाया जाए, ताकि संविधान के अनुच्छेद-31बी के अधीन न्यायालयों द्वारा विचार न कर सकने के बारे में इस क़ानून को संरक्षण मिल सके।

77. संविधान (77वां संशोधन) अधिनियम, 1995— अनुसूचित जाति और जनजाति वर्ग के लोगों को 1955 से ही पदोन्नतियों में आरक्षण की सुविधा मिल रही है। लेकिन इंदिरा साहनी और अन्य बनाम भारत सरकार और अन्य के मुकदमे में 16 नवंबर, 1992 को उच्चतम न्यायालय ने अपने निर्णय में कहा कि संविधान के अनुच्छेद-16(4) के अंतर्गत नियुक्तियों अथवा पदों का आरक्षण केवल शुरू में की जाने वाली नियुक्ति पर लागू होता है तथा इसे पदोन्नतियों के मामले में आरक्षण पर लागू किया जा सकता है। उच्चतम न्यायालय के इस फ़ैसले से अनुसूचित जाति और जनजाति के हितों पर विपरीत प्रभाव पड़ेगा। चूंकि अनुसूचित जाति और जनजाति के लोगों का राज्य की नौकरियों में प्रतिनिधित्व अभी उस स्तर तक नहीं पहुंचा है जिस स्तर पर होना चाहिए था, अत: अनुसूचित जाति और जनजाति के लिए पदोन्नति में आरक्षण प्रदान करने की वर्तमान छूट को जारी रखना आवश्यक है। अनुसूचित जाति और जनजाति के हितों की रक्षा के प्रति सरकार की वचनबद्धता को देखते हुए सरकार ने अनुसूचित जाति और जनजाति के लिए पदोन्नतियों में आरक्षण की वर्तमान नीति को जारी रखने का फैसला किया है।

इसके लिए यह आवश्यक था कि संविधान के अनुच्छेद-16 में एक नई धारा (4ए) जोड़कर उसमें संशोधन किया जाए, ताकि अनुसूचित जाति और जनजाति को पदोन्नतियों में आरक्षण प्रदान किया जा सके। यह क़ानून उपरोक्त उद्देश्य पूरा करने के लिए है।

78. संविधान (78वां संशोधन) अधिनियम, 1995— संविधान का अनुच्छेद-31बी नौवीं अनुसूची में शामिल उन क़ानूनों को इस आधार पर क़ानूनी चुनौती देने से संवैधानिक छूट प्रदान करता है कि इससे संविधान के खंड-3 में सुरक्षित मौलिक अधिकारों का उल्लंघन होता है। इस अनुसूची में विभिन्न राज्यों की सरकारों और केंद्रीय सरकार द्वारा बनाए गए क़ानूनों की सूची है, जो अन्य चीजों के अलावा भूमि-सहित संपत्ति के हितों और अधिकारों को प्रभावित करती है। पहले जब कभी यह महसूस किया गया कि जिन प्रगतिशील क़ानूनों की परिकल्पना जनता के हित में गई है, उन्हें मुकदमेबाजी का ख़तरा है तो उसके लिए नौवीं अनुसूची का सहारा लिया गया। तदनुसार, भूमि सुधारों और कृषि योग्य भूमि की हदबंदी से संबंधित विभिन्न राज्यों के क़ानूनों को पहले ही नौंवीं अनुसूची में शामिल कर लिया गया है। चूंकि सरकार भूमि सुधारों को महत्व देने के प्रति वचनबद्ध है, अतः भूमि सुधार क़ानूनों को नौंवीं अनुसूची में शामिल करने का फैसला लिया गया, ताकि उन्हें अदालतों में चुनौती न दी जा सके। बिहार, कर्नाटक, केरल, उड़ीसा, राजस्थान, तमिलनाडु और पश्चिम बंगाल की सरकारों ने भूमि से संबंधित अपने क़ानूनों को नौवीं अनुसूची में शामिल करने का सुझाव दिया है।

चूंकि उन क़ानूनों में संशोधन को, जो पहले ही नौंवी अनुसूची में शामिल हैं, क़ानूनी चुनौती से स्वतः छूट नहीं मिली हुई है, अतः नौवीं अनुसूची में कुछ मूलभूत क़ानूनों के साथ-साथ अनेक संशोधित क़ानूनों को भी शामिल किया गया है, ताकि यह सुनिश्चित किया जा सके कि लागू होने पर ये क़ानून मुकदमेबाजी से प्रभावित नहीं होंगें।

79. संविधान (79वां संशोधन) अधिनियम, 1999— इस क़ानून द्वारा सरकार ने अनुसूचित जातियों और जनजातियों तथा एंग्लो इंडियंस के लिए लोकसभा और विधानसभाओं में आरक्षण दस वर्षों के लिए बढ़ा दिया है।

80. संविधान (80वां संशोधन) अधिनियम, 2000— दसवें वित्त आयोग की सिफरिशों के आधार पर संविधान (80वां संशोधन) अधिनियम-2000 में केंद्र और राज्यों के बीच करों से एकत्र राजस्व बांटने के बारे में वैकल्पिक योजना पर अमल करने की व्यवस्था की गई है। इस योजना के अनुसार आयकर, उत्पाद शुल्कों, विशेषतः उत्पाद शुल्कों तथा रेल यात्री किरायों पर कर के बदले अनुदानों के लिए अब तक राज्य सरकारों को केंद्रीय करों तथा शुल्कों से एकत्र कुल राजस्व का जितना हिस्सा मिलता था अब उसका 26 प्रतिशत भाग राज्यों को दिया जाएगा।

81. संविधान (81वां संशोधन) अधिनियम, 2000— इस संशोधन के द्वारा व्यवस्था की गई है कि संविधान के अनुच्छेद-16 की किसी भी व्यवस्था के अनुसार अनुसूचित जातियों और जनजातियों के लिए आरक्षित, वर्ष में जितने ख़ाली सरकारी पद हैं यदि वे पद उसी वर्ष नहीं भरे जाते हैं तो उन पर आगामी वर्ष में या वर्षों में नियुक्ति की जाएगी जिन्हें नियुक्ति वर्ष के कुल पदों के पचास प्रतिशत आरक्षित पदों की अधिकतम में शामिल नहीं किया जाएगा।

82. संविधान (82वां संशोधन) अधिनियम, 2000— इस संशोधन के द्वारा यह व्यवस्था की गई है कि केंद्र या किसी राज्य के मामलों से संबद्ध किसी सेवा के किन्हीं वर्गों या वर्ग अथवा पदों पर पदोन्नति

देने के लिए अनुसूचित जातियों और जनजातियों के सदस्यों के पक्ष में किसी परीक्षा के अर्हता अंकों में अथवा मूल्यांकन के स्तरों में नरमी बरतने के लिए की गई किसी व्यवस्था को संविधान के अनुच्छेद-335 का कोई भी प्रावधान राज्य को नहीं रोक सकेगा।

83. संविधान (83वां संशोधन) अधिनियम, 2000— इस क़ानून द्वारा संविधान के अनुच्छेद-243 (ए) में संशोधन कर व्यवस्था की गई है कि अनुसूचित जातियों और जनजातियों से पूरी तरह आबाद अरुणाचल प्रदेश की पंचायतों में अनुसूचित जातियों के लिए किसी प्रकार का आरक्षण करने की आवश्यकता नहीं है।

84. संविधान (84वां संशोधन) अधिनियम, 2001— इस क़ानून द्वारा संविधान के अनुच्छेद-82 और 170(3) की शर्तों में संशोधन किया गया है ताकि वर्ष 1991 की जनगणना के दौरान सुनिश्चित की गयी आबादी के आधार पर प्रत्येक राज्य के लिए आबंटित लोकसभा सीटों और राज्यों की विधानसभा सीटों की संख्या में कोई परिवर्तन किए बगैर राज्यों में निर्वाचन क्षेत्रों को परिवर्तित तथा पुनर्गठित किया जा सके। इसमें अनुसूचित जाति और जनजाति के निर्वाचन क्षेत्र भी शामिल हैं। ऐसा विभिन्न निर्वाचन क्षेत्रों में आबादी-मतदाताओं की संख्या में अनियमित वृद्धि के कारण पैदा हुए असंतुलन को दूर करने के लिए किया गया है। इससे वर्ष 1991 की जनगणना के दौरान सुनिश्चित की गयी आबादी के आधार पर राज्यों की विधानसभाओं और लोकसभा के लिए आरक्षित, अनुसूचित और जनजाति की सीटों की संख्या भी फिर से निर्धारित की जा सकेगी।

85. संविधान (85वां संशोधन) अधिनियम, 2001— इस क़ानून द्वारा संविधान के अनुच्छेद-16 (4ए) में संशोधन किया गया है ताकि अनुसूचित जाति और अनुसूचित जनजाति के सरकारी कर्मचारियों को आरक्षण नियमों के तहत् पदोन्नति के मामले में आनुषंगिक वरीयता प्रदान की जा सके। इसे 17 जून , 1995 से प्रभावी माना गया है।

86. संविधान (86वां संशोधन) अधिनियम, 2002— इसका संबंध अनुच्छेद-21 के पश्चात् जोड़े गए नए अनुच्छेद-21 ए से है। नया अनुच्छेद-21ए, शिक्षा के अधिकार से संबंधित है- 'राज्य को छह से 14 साल तक के सभी बच्चों को निशुल्क तथा अनिवार्य शिक्षा उपलब्ध करानी होगी। यह संबंधित राज्य द्वारा निर्धारित क़ानून के तहत् होगी।'

संविधान के अनुच्छेद-45 में निम्नलिखित अनुच्छेद जोड़ा गया है जिसमें छह साल से कम उम्र के बच्चों की शुरुआती देखभाल और उनकी शिक्षा की व्यवस्था की गई है। अनुच्छेद-45 'राज्य को तब तक सभी बच्चों की शुरुआती देखभाल और शिक्षा की व्यवस्था करने के लिए प्रयास करना होगा जब तक वह छह साल की आयु का नहीं हो जाता है।' संविधान के अनुच्छेद-51 ए में संशोधन करके (जे) के बाद नया अनुच्छेद-(के) जोड़ा गया है, 'इसमें छह साल से 14 साल तक की आयु के बच्चे के माता-पिता या अभिभावक अथवा संरक्षक को अपने बच्चे को शिक्षा दिलाने के लिए अवसर उपलब्ध कराने का प्रावधान है।'

87. संविधान (87वां संशोधन) अधिनियम, 2003— संविधान के अनुच्छेद-81 के खंड (3) के उपबंध में धारा (II) में, '1991' की जगह '2001' लिखा जाए।

संविधान के अनुच्छेद-82 के तीसरे उपबंध की धारा (II) में '1991' की जगह '2001' लिखा जाए।

संविधान के अनुच्छेद-170 व्याख्या में धारा 2 (1) के उपबंध में '1991' की जगह '2001' लिखा जाए।

अनुच्छेद-330 में व्याख्या में, उपखंड में '1991' की जगह '2001' लिखा जाए।

88. संविधान (88वां संशोधन) अधिनियम, 2003— यह संशोधन केंद्र सरकार द्वारा सरकारी बजट में अधिसूचित होने की तारीख से प्रभावी माना जाएगा।

संविधान के अनुच्छेद-268 के बाद निम्नलिखित अनुच्छेद जोड़ा जाए:

'268 ए (1) सेवाओं पर कर भारत सरकार द्वारा लगाया जाएगा और इन करों का संग्रहण और उपयोग भारत सरकार और राज्यों द्वारा धारा (2) में दिए प्रावधानों के अनुसार किया जाएगा।'

(2) किसी भी वित्तीय वर्ष में धारा (1) में दिए गए प्रावधानों के मुताबिक लगाए गए ऐसे किसी भी कर को (क) भारत सरकार और राज्य एकत्रित करेंगे; (ख) भारत सरकार और राज्यों द्वारा इसका उचित इस्तेमाल किया जाएगा और यह संग्रहण और उपयोग उन सिद्धांतों के आधार पर किया जाएगा जैसा कि संसद के क़ानून के द्वारा निर्धारित किया हो।

संविधान के अनुच्छेद-270 की धारा (1) में 'अधिनियम 268 और 269' के स्थान पर 'अधिनियम, 268, 268ए और 269' लिखा जाए।

संविधान की सातवीं अनुसूची में सूची I-केंद्रीय सूची में 92 बी के बाद '92सी-सेवाओं पर कर' को सूचीबद्ध किया जाए।

89. संविधान (89वां संशोधन) अधिनियम, 2003— यह संशोधन उस दिन से प्रभावी होगा जिस दिन से केंद्र सरकार इसे अधिसूचना द्वारा सरकारी गजट में शामिल करेगी।

संविधान के अनुच्छेद-338 में :

(ए) उपांतिक (मार्जिनल) शीर्षक की जगह निम्नलिखित उपांतिक शीर्षक लिखा जाए: 'अनुसूचित जातियों के लिए राष्ट्रीय आयोग'

(बी) धारा (1) और (2) के स्थान पर निम्नलिखित धाराएं शामिल की जाएं:

1. अनुसूचित जातियों के लिए एक आयोग होना चाहिए जिसे अनुसूचित जातियों के लिए राष्ट्रीय आयोग के नाम से जाना जाए।
2. संसद द्वारा इस बारे में बनाए गए कानून के प्रावधानों के मुताबिक आयोग में एक अध्यक्ष, उपाध्यक्ष तथा तीन अन्य सदस्य होंगे और नियुक्त किए गए अध्यक्ष, उपाध्यक्ष तथा तीन अन्य सदस्यों की सेवा की शर्तें तथा कार्यकाल राष्ट्रपति द्वारा तय नियमों से निर्धारित होंगे।

(सी) धारा (5), (9) तथा (10) में जहां भी अनुसूचित जनजाति शब्द प्रयुक्त हुआ हो, उसे हटा दिया जाए। अनुच्छेद-338 के स्थान पर निम्नलिखित अनुच्छेद जोड़ा जाए।

"**338ए**- (1) अनुसूचित जनजातियों के लिए एक आयोग होना चाहिए जिसे अनुसूचित जनजातियों के लिए राष्ट्रीय आयोग के नाम से जाना जाएगा।

(2) संसद द्वारा इस संदर्भ में पारित किसी क़ानून के प्रावधानों के मुताबिक, आयोग में एक अध्यक्ष, उपाध्यक्ष तथा तीन अन्य सदस्य होंगे और नियुक्त किए गए अध्यक्ष, उपाध्यक्ष तथा तीन अन्य सदस्यों की सेवा शर्तें तथा कार्यकाल राष्ट्रपति द्वारा तय नियमों से निर्धारित होंगे।

(3) आयोग के अध्यक्ष, उपाध्यक्ष तथा अन्य सदस्यों की नियुक्ति राष्ट्रपति द्वारा अपने हाथ से जारी सीलबंद वारंट द्वारा की जाएगी।

(4) आयोग को अपनी कार्यप्रक्रिया स्वयं निर्धारित करने का अधिकार होगा।

(5) आयोग का यह कर्तव्य होगा कि- (क) संविधान या वर्तमान में लागू अन्य किसी क़ानून के अंतर्गत या सरकार द्वारा जारी किसी आदेश के तहत् अनुसूचित जातियों को दी गई सुरक्षा से संबंधित सभी मामलों की छानबीन एवं निगरानी तथा इन तय सुरक्षा मानदंडों का मूल्यांकन; (ख) अनुसूचित जनजातियों को उनके अधिकारों तथा सुरक्षा से वंचित करने के संदर्भ में किसी विशेष शिकायत की जांच; (ग) अनुसूचित जनजातियों के सामाजिक-आर्थिक विकास की योजना प्रक्रिया में शामिल होना एवं सलाह देना और केंद्र तथा किसी राज्य के अंतर्गत उनके विकास का मूल्यांकन; (घ) निर्धारित सुरक्षा मानकों के कारगर होने या न होने के बारे में आयोग अपनी रिपोर्ट वार्षिक तथा अन्य किसी ऐसे समय, जब उसे उचित लगे, राष्ट्रपति को सौंपेगा; (ङ) ऐसी रिपोर्ट अथवा सिफ़ारिशें करेगा, उपाय सुझाएगा जो केंद्र या किसी राज्य सरकार द्वारा इन सुरक्षा उपायों को प्रभावी ढंग से लागू करने के लिए किए जाएंगे ताकि अनुसूचित जनजातियों के हितों की रक्षा, उनका कल्याण और आर्थिक-सामाजिक विकास हो सके। (च) अनुसूचित जनजातियों के संरक्षण, कल्याण एवं विकास तथा उनकी प्रगति संबंधी ऐसे अन्य कार्य करेगा जोकि संसद द्वारा बनाए गए किसी क़ानून के मुताबिक राष्ट्रपति निर्दिष्ट करे।

(6) राष्ट्रपति यह सुनिश्चित करें कि ऐसी सभी रिपोर्ट संसद के प्रत्येक सदन के समक्ष रखी जाएं। साथ ही, केंद्र से संबंधित सिफ़ारिशों के संदर्भ में उठाए गए या प्रस्तावित कदमों के बारे में ज्ञापन भी हो जिसमें किसी सिफ़ारिश को अगर स्वीकार नहीं किया गया हो तो उसका कारण भी निर्दिष्ट हो।

(7) जहां ऐसी कोई रिपोर्ट, या उसका कोई हिस्सा, किसी ऐसे मामले से संबंधित हो जोकि किसी राज्य सरकार से संबद्ध हो, ऐसी रिपोर्ट की एक प्रति राज्य के राज्यपाल को भेजी जानी चाहिए जोकि यह सुनिश्चित करे कि वह रिपोर्ट राज्य विधानमंडल के समक्ष रखी जाए। साथ ही, राज्य से संबद्ध सिफ़ारिश को अगर स्वीकार नहीं किया गया है, तो उसकी अस्वीकृति के कारणों के बारे में भी बताया जाए।

(8) आयोग को धारा 5 की उपधारा (ए) में दिए गए किसी मामले की छानबीन करने या उपधारा बी के तहत् किसी शिकायत की जांच करने के लिए वे सभी शक्तियां प्राप्त हैं जो किसी मुकदमें की सुनवाई के दौरान सिविल कोर्ट को प्राप्त होती हैं, विशेषतौर से निम्नलिखित मामलों के संदर्भ में, जो इस प्रकार हैं:

(क) भारत के किसी भी हिस्से से किसी व्यक्ति की उपस्थिति के लिए उसे सम्मन जारी करना तथा उसकी उपस्थिति दर्ज करना और शपथ से उसकी जांच करना; (ख) किसी दस्तावेज की खोज तथा प्रस्तुति की आवश्यकता पड़ने पर; (ग) शपथ-पत्र पर प्रमाण प्राप्त करने पर; (घ) किसी अदालत या कार्यालय से कोई सार्वजनिक रिकार्ड या प्रति प्राप्त करने के लिए प्रार्थना; (ङ) गवाहों तथा दस्तावेज़ों

की जांच-परख के लिए कमीशन जारी करना, (च) अन्य कोई मामला जो किसी नियम के मुताबिक राष्ट्रपति सामने रखे।

(9) केंद्र तथा सभी राज्य सरकारें अनुसूचित जनजातियों को प्रभावित करने वाले सभी बड़े नीतिगत मामलों पर आयोग से विचार-विमर्श करेंगी।''

90. संविधान (90वां संशोधन) अधिनियम, 2003— संविधान के अनुच्छेद-332 की धारा (6) में निम्नलिखित उपबंध जोड़ा जाए, जो कि इस प्रकार है: 'असम राज्य के लिए विधानसभा चुनावों हेतु बोडोलैंड प्रादेशिक क्षेत्रीय जिला सहित निर्वाचन क्षेत्रों में अनुसूचित जनजातियों तथा गैर-अनुसूचित जनजातियों का प्रतिनिधित्व, जैसा कि अधिसूचित हो, तथा जो वर्तमान में बोडोलैंड क्षेत्रीय जिला गठित होने से पहले हैं, को बरक़रार रखा जाए।'

91. संविधान (91वां संशोधन) अधिनियम, 2003— संविधान के अनुच्छेद-75 में धारा (1) के बाद निम्नलिखित धाराएं जोड़ी जाएं, जो कि इस प्रकार हैं:

'(1ए) मंत्रीपरिषद में प्रधानमंत्री सहित मंत्रियों की कुल संख्या सदन के सदस्यों की कुल संख्या के 15 प्रतिशत से अधिक नहीं होनी चाहिए।'

(1बी) संसद के किसी भी सदन का सदस्य जो कि किसी भी राजानीतिक दल से संबद्ध हो तथा उसे दसवीं अनुसूची के पैरा 2 के अंतर्गत उस सदन का सदस्य बनने के अयोग्य घोषित कर दिया हो, वह धारा (1) के तहत् मंत्री के पद पर नियुक्ति के लिए भी अयोग्य माना जाएगा और यह अवधि उसे अयोग्य घोषित किए जाने की तारीख से शुरू होगी और उस तारीख तक लागू रहेगी जिस अवधि तक उसका सदस्य के रूप में कार्यकाल समाप्त नहीं होता या उस अवधि के समाप्त होने से पहले उस तारीख तक, जब वह कहीं से संसद के किसी भी सदन के लिए हुए चुनाव में खड़ा हुआ हो, और उसे निर्वाचित घोषित किया गया हो, जो भी पहले हो।

संविधान के अनुच्छेद-164 में धारा (1) के बाद निम्नलिखित धाराएं जोड़ी जाएं:

'(1ए) राज्य में मंत्रीपरिषद में मुख्यमंत्री सहित मंत्रियों की कुल संख्या राज्य की विधानसभा के सदस्यों की कुल संख्या के 15 प्रतिशत से अधिक नहीं होनी चाहिए:

बशर्ते राज्य में मंत्रियों की कुल संख्या मुख्यमंत्री सहित 12 से कम नहीं हो:

बशर्ते जहां किसी राज्य में मंत्रीपरिषद में मंत्रियों की कुल संख्या मुख्यमंत्री सहित संविधान (91वां संशोधन) अधिनियम, 2003 लागू होने की तारीख को उपरोक्त 15 प्रतिशत या पहले उपखंड में निर्दिष्ट संख्या से ज्यादा हो, जैसा भी मामला हो, तब उस राज्य में मंत्रियों की कुल संख्या को इस धारा के प्रावधानों के मुताबिक निर्धारित करने के लिए राष्ट्रपति द्वारा इस बारे में सार्वजनिक अधिसूचना जारी करने की तारीख के छह महीने के भीतर इस धारा के प्रावधानों का पालन किया जाए।

(1बी) राज्य विधानसभा या राज्य विधानमंडल के किसी भी सदन, जहां विधानपरिषद हो, का सदस्य जो किसी भी राजनीतिक दल से संबद्ध हो तथा जिसे दसवीं अनुसूची के पैरा 2 के तहत् उस सदन का सदस्य बनने के अयोग्य घोषित कर दिया गया हो, धारा (1) के तहत् उसे मंत्री पद पर नियुक्ति के लिए भी अयोग्य माना जाएगा तथा वह अवधि उसे अयोग्य घोषित किए जाने की तारीख से उस तारीख तक जारी रहेगी जब तक उसकी उस सदस्य के रूप में नियुक्ति की अवधि समाप्त नहीं हो

जाती या उस अवधि के समाप्त होने से पहले, उस तारीख से, जब वह राज्य विधानसभा या विधानमंडल के किसी भी सदन के लिए चुनाव लड़े, जहां विधानपरिषद हो, जैसा भी मामला हो, उसे निर्वाचित घोषित किया जाए, जो भी पहले हो।

संविधान के अनुच्छेद-361ए के बाद निम्नलिखित अनुच्छेद जोड़ा जाए, जो इस प्रकार है:

'316-बी- किसी भी राजनीतिक दल से संबद्ध सदन का सदस्य जिसे दसवीं अनुसूची के पैरा 2 के अंतर्गत सदन की सदस्यता के अयोग्य घोषित किया गया हो, वह उस अवधि में किसी लाभकारी राजनीतिक पद के लिए भी अयोग्य माना जाएगा। यह उसे अयोग्य घोषित किए जाने की तारीख से तब तक के लिए होगा, जब तक उसकी सदस्य के रूप में नियुक्ति की अवधि समाप्त नहीं हो जाती या उस तारीख तक, जब वह सदन के लिए कोई चुनाव लड़े और निर्वाचित घोषित किया जाए, जो भी पहले हो।'

व्याख्या इस अनुच्छेद के उद्देश्य से-(ए) 'सदन' का अर्थ वही समझा जाएगा जो दसवीं अनुसूची के पैरा 1 की धारा (ए) में दिया गया हैं। (बी) शब्द 'लाभकारी राजनीतिक पद' से तात्पर्य किसी कार्यालय में (I) भारत सरकार या राज्य सरकार के तहत्, जहां ऐसे कार्यालय में वेतन या पारिश्रमिक भारत सरकार या राज्य सरकार के सार्वजनिक राजस्व से दिया जाता हो, जैसा भी मामला हो, या (II) ऐसा संकाय, जो निगमित हो या नहीं, पूरी तरह या आंशिक रूप से भारत सरकार या राज्य सरकार के अधीन हो तथा ऐसे कार्यालय का वेतन या परिश्रमिक ऐसे संकाय द्वारा दिया जाता है, ऐसे मामलों को छोड़कर जहां ऐसा वेतन या पारिश्रमिक प्रतिपूरक के रूप में दिया जाता हो।

संविधान की दसवीं अनुसूची में (ए) पैरा 1 में धारा बी में शब्दों तथा संख्या को 'पैरा 3 या, जैसा भी मामला हो, हटा दिया जाए;' (बी) पैरा 2 के उप-पैरा (1) में शब्दों तथा संख्या 'पैरा 3, 4 तथा 5', के स्थान पर 'पैरा 4 तथा 5' लिखा जाए; (सी) पैरा 3 को हटा दिया जाए।

92. संविधान (92वां संशोधन) अधिनियम, 2003— संविधान की आठवीं अनुसूची में:

(क) वर्तमान प्रविष्टि 3 को प्रविष्टि 5 किया जाए तथा प्रविष्टि 5 से पहले निम्नलिखित प्रविष्टि जोड़ी जाएं: '3 बोडो; 4 डोगरी'। (ख) वर्तमान 4 से 7 तक की प्रविष्टि को क्रमश: प्रविष्टि 6 से 9 लिखा जाए; (ग) वर्तमान प्रविष्टि 8 के स्थान पर प्रविष्टि 11 लिखा जाए तथा प्रविष्टि 11 से पहले निम्नलिखित प्रविष्टि को जोड़ा जाए: '10 मैथिली' (घ) वर्तमान 9 से 14 तक की प्रविष्टि के स्थान पर क्रमश: 12 से 17 लिखा जाए; (ङ) वर्तमान प्रविष्टि 15 की जगह प्रविष्टि 19 लिखा जाए और प्रविष्टि 19 से पहले निम्नलिखित प्रविष्टि जोड़ी जाए: '18 संथाली' (च) वर्तमान प्रविष्टि 16 से 18 के स्थान पर क्रमश: प्रविष्टि 20 से 22 लिखा जाए।

93. संविधान (93वां संशोधन) अधिनियम, 2006— बड़ी संख्या में अनुसूचित जाति, जनजाति के छात्रों और सामाजिक तथा शिक्षा के स्तर पर पिछड़े हुए अन्य वर्गों के नागरिकों के लिए व्यावसायिक शिक्षा सहित उच्च शिक्षा प्राप्त करना एक महत्वपूर्ण समस्या है। शिक्षा संस्थानों में, अनुसूचित जाति और जनजाति और अन्य पिछड़े वर्गों के नागरिकों के दाखिले के लिए सीटों के आरक्षण की व्यवस्था, संविधान के अनुच्छेद-15 की धारा (4) के प्रावधानों के तहत् की गई है। इस समय सहायता प्राप्त अथवा प्रशासन द्वारा संचालित संस्थानों में विशेष तौर पर व्यावसायिक शिक्षा के लिए जो सीटें उपलब्ध हैं वे गैर-सहायता प्राप्त निजी संस्थानों की तुलना में सीमित हैं। संविधान के अनुच्छेद-30 की धारा

(1) के प्रावधानों के तहत् सभी अल्पसंख्यकों को अपनी इच्छानुसार शिक्षण संस्थान स्थापित करने और उसे संचालित करने का अधिकार है। अल्पसंख्यक वर्गों को संस्थानों की स्थापना और उसके संचालन के बारे में जो अधिकार मिले हुए हैं, उनकी रक्षा करना आवश्यक है। इसके फलस्वरूप जिन संस्थानों को सरकार ने अनुच्छेद-30 की धारा (1) के तहत् अल्पसंख्यक घोषित कर रखा है, उन्हें इस क़ानून के दायरे से बाहर रखा गया है।

सामाजिक और शिक्षा के स्तर पर पिछड़े हुए वर्गों के नागरिकों, अर्थात अनुसूचित जाति व जनजाति तथा अन्य पिछड़े वर्गों के छात्रों को, अनुच्छेद-30 की धारा (1) के तहत् आने वाले अल्पसंख्यक शिक्षण संस्थानों को छोड़कर बाकी गैर सहायता प्राप्त शिक्षण संस्थानों में दाखिला देने के मामले में अनुच्छेद-15 के प्रावधानों का विस्तार किया गया है। अनुच्छेद-15 की नयी धारा (5) के तहत् संसद तथा राज्यों की विधायिकाएं ऊपर दिए गए उद्देश्य के लिए समुचित कानून बना सकती हैं।

94. संविधान (94वां संशोधन) अधिनियम, 2006— संविधान के अनुच्छेद-164 की धारा (1) के प्रावधान में 'बिहार' शब्द के स्थान पर 'झारखंड, छत्तीसगढ़' शब्द का इस्तेमाल किया जाएगा।

95. संविधान (95वां संशोधन) अधिनियम, 2009— लोकसभा और राज्यसभा तथा विधानमंडलों में अनुसूचित जातियों और अनुसूचित जनजातियों के लिए स्थानों के आरक्षण की अवधि 60 से बढ़ाकर 70 वर्ष करने के लिए अनुच्छेद-334 में सशोधन या गया।

96. संविधान (96वां संशोधन) अधिनियम, 2011— संविधान की आठवीं अनुसूची में 'उडिया' के स्थान पर 'ओड़िया' लिखा जाए।

97. संविधान (97वां संशोधन) अधिनियम, 2011— अनुच्छेद-19(ग) में अथवा 'संघों' शब्दों के बाद अथवा 'सहकारी सोसायटी' शब्द जोड़े गए अनुच्छेद-43(ख) यानी सहकारी सोसायटियों के संवर्धन को शामिल किया गया और खंड I...8(ख) यानी सहकारी सोसायटी जोड़ा गया।

98. संविधान (98वां संशोधन) अधिनियम, 2012— संविधान में अनुच्छेद-371(जे) जोड़ा गया। इसका उद्देश्य कर्नाटक के राज्यपाल को हैदराबाद-कर्नाटक क्षेत्र के विकास के लिए कदम उठाने के लिए शक्ति प्रदान करना था।

99. संविधान (99वां संशोधन) अधिनियम, 2014— नए अनुच्छेद-124क,124ख,124ग को संविधान के अनुच्छेद-124 के बाद शामिल किया गया। यह अधिनियम प्रस्तावित राष्ट्रीय न्यायिक नियुक्ति आयोग के संगठन तथा अधिकार को तैयार करता है।

100. संविधान (100वां संशोधन) अधिनियम, 2016— संविधान की पहली अनुसूची को 16 मई, 1974 को हस्ताक्षरित भू-सीमा के सीमांकन से समझौते तथा दिनांक 6 सितंबर , 2011 को हस्ताक्षरित उसके मूल पत्र के अनुसरण में हानिकर आधिपत्य को बनाए रखते हुए तथा विदेशी अंतः क्षेत्र की अदला-बदली के माध्यम से भारत द्वारा राज्य क्षेत्र का हस्तांतरण करने के प्रयोजन को लागू करने के लिए संशोधित किया गया।

स्रोत : www.indiacode.nic.in

परिशिष्ट

भारत सरकार

श्री प्रणब मुखर्जी – राष्ट्रपति

मो. हामिद अंसारी – उपराष्ट्रपति

मंत्रिपरिषद

(15 दिसंबर, 2016 तक)[1]

श्री नरेंद्र मोदी	प्रधान मंत्री; साथ ही निम्न मंत्रालयों का प्रभार है: कार्मिक, लोक शिकायत और पेंशन, परमाणु ऊर्जा विभाग, अंतरिक्ष विभाग एवं अन्य सभी महत्वपूर्ण नीतिगत मामले और अन्य सभी पोर्टफोलियो जो किसी विभाग/अन्य मंत्री को आवंटित नहीं किए गए हैं।

कैबिनेट मंत्री

श्री राजनाथ सिंह	गृह मंत्री
श्रीमती सुषमा स्वराज	विदेश मंत्री
श्री अरुण जेटली	वित्त मंत्री, कारपोरेट मामलों के मंत्री
श्री एम. वेंकैया नायडू	शहरी विकास मंत्री, आवास एवं शहरी गरीबी उपशमन मंत्री और सूचना एवं प्रसारण मंत्री
श्री नितिन जयराम गडकरी	सड़क परिवहन तथा राजमार्ग मंत्री और जहाज़रानी मंत्री
श्री मनोहर पर्रिकर	रक्षा मंत्री
श्री सुरेश प्रभु	रेल मंत्री
श्री डी.वी. सदानंद गौड़ा	सांख्यिकी एवं कार्यक्रम कार्यान्वयन मंत्री
सुश्री उमा भारती	जल संसाधन, नदी विकास और गंगा संरक्षण मंत्री
श्री रामविलास पासवान	उपभोक्ता मामलों, खाद्य एवं सार्वजनिक वितरण मंत्री
श्री कलराज मिश्र	सूक्ष्म, लघु एवं मध्यम उद्यम मंत्री
श्रीमती मेनका संजय गांधी	महिला एवं बाल विकास मंत्री
श्री अनंतकुमार	रसायन एवं उर्वरक मंत्री और संसदीय कार्यमंत्री
श्री रवि शंकर प्रसाद	विधि एवं न्याय मंत्री और इलेक्ट्रॉनिक्स एवं सूचना प्रौद्योगिकी मंत्री
श्री जगत प्रकाश नड्डा	स्वास्थ्य एवं परिवार कल्याण मंत्री

1 स्रोत : कैबिनेट सचिवालय की वेबसाइट : www.cabsec.nic.in/council-ministerofstatephp,

श्री अशोक गजपति राजू पशुपति	नागर विमानन मंत्री
श्री अनंत गीते	भारी उद्योग और सार्वजनिक उपक्रम मंत्री
श्रीमति हरसिमरत कौर बादल	खाद्य प्रसंस्करण उद्योग मंत्री
श्री नरेंद्र सिंह तोमर	ग्रामीण विकास मंत्री, पंचायतीराज मंत्री और पेयजल एवं स्वच्छता मंत्री
श्री चौधरी बीरेंद्र सिंह	इस्पात मंत्री
श्री जुअल ओराम	जनजातीय मामलों के मंत्री
श्री राधा मोहन सिंह	कृषि एवं किसान कल्याण मंत्री
श्री थावर चंद गहलोत	सामाजिक न्याय और अधिकारिता मंत्री
श्रीमती स्मृति जुबिन ईरानी	कपड़ा मंत्री
डॉ. हर्षवर्धन	विज्ञान एवं प्रौद्योगिकी मंत्री और पृथ्वी विज्ञान मंत्री
श्री प्रकाश जावडेकर	मानव संसाधन विकास मंत्री

राज्यमंत्री (स्वतंत्र प्रभार)[2]

राव इंद्रजीत सिंह	योजना राज्यमंत्री (स्वतंत्र प्रभार) शहरी विकास राज्यमंत्री और आवास एवं शहरी गरीबी उपशमन मंत्री
श्री बंडारू दत्तात्रेय	श्रम और रोजगार मंत्रालय में राज्यमंत्री (स्वतंत्र प्रभार)
श्री राजीव प्रताप रूडी	कौशल विकास और उद्यमिता मंत्रालय में राज्यमंत्री (स्वतंत्र प्रभार)
श्री विजय गोयल	युवा मामले एवं खेल राज्यमंत्री (स्वतंत्र प्रभार) और जल संसाधन, नदी विकास एवं गंगा संरक्षण राज्यमंत्री
श्री श्रीपद येस्सो नाइक	आयुर्वेद, योग एवं प्राकृतिक चिकित्सा, यूनानी, सिद्ध और होम्योपैथी (आयुष) मंत्रालय के राज्यमंत्री (स्वतंत्र प्रभार) और स्वास्थ्य एवं परिवार कल्याण राज्यमंत्री
श्री धर्मेंद्र प्रधान	पेट्रोलियम एवं प्राकृतिक गैस राज्यमंत्री (स्वतंत्र प्रभार)
श्री पीयूष गोयल	विद्युत राज्यमंत्री (स्वतंत्र प्रभार); कोयला राज्यमंत्री (स्वतंत्र प्रभार); नवीन एवं नवीकरणीय ऊर्जा मंत्रालय के राज्यमंत्री (स्वतंत्र प्रभार) और खनन राज्यमंत्री (स्वतंत्र प्रभार)
डॉ. जितेंद्र सिंह	पूर्वोत्तर विकास राज्यमंत्री (स्वतंत्र प्रभार); प्रधानमंत्री कार्यालय में राज्यमंत्री; कार्मिक, लोक शिकायत और पेंशन मंत्रालय में राज्यमंत्री; परमाणु ऊर्जा राज्यमंत्री; और अंतरिक्ष विभाग में राज्यमंत्री

2 स्रोत : कैबिनेट सचिवालय की वेबसाइट : www.cabsec.nic.in/council-ministerofstate.php,

श्रीमती निर्मला सीतारमण	वाणिज्य और उद्योग राज्यमंत्री (स्वतंत्र प्रभार)
डॉ. महेश शर्मा	संस्कृति राज्यमंत्री (स्वतंत्र प्रभार) और पर्यटन राज्यमंत्री (स्वतंत्र प्रभार)
श्री मनोज सिन्हा	संचार राज्यमंत्री (स्वतंत्र प्रभार) और रेल राज्यमंत्री
श्री अनिल माधव दवे	पर्यावरण, वन एवं जलवायु परिवर्तन राज्यमंत्री (स्वतंत्र प्रभार)
श्री मुख्तार अब्बास नक़वी	अल्पसंख्यक मामलों के राज्यमंत्री (स्वतंत्र प्रभार) और संसदीय कार्य राज्यमंत्री

राज्यमंत्री[3]

जनरल (सेवानिवृत्त) वी.के. सिंह	विदेश राज्यमंत्री
श्री संतोष कुमार गंगवार	वित्त राज्यमंत्री
श्री फग्गन सिंह कुलस्ते	स्वास्थ्य एवं परिवार कल्याण राज्यमंत्री
श्री एस. एस. अहलूवालिया	कृषि एवं किसान कल्याण राज्यमंत्री और संसदीय कार्य राज्यमंत्री
श्री रामदास अठावले	सामाजिक न्याय और सशक्तीकरण मंत्रालय में राज्यमंत्री
श्री राम कृपाल यादव	ग्रामीण विकास राज्यमंत्री
श्री हरिभाई पार्थीभाई चौधरी	सूक्ष्म, लघु एवं मध्यम उद्यम मंत्रालय में राज्यमंत्री
श्री गिरिराज सिंह	सूक्ष्म, लघु एवं मध्यम उद्यम मंत्रालय में राज्यमंत्री
श्री हंसराज गंगाराम अहीर	गृह राज्यमंत्री
श्री रमेश चंदप्पा जिगजिनेगी	पेयजल और स्वच्छता राज्यमंत्री
श्री राजन गोहेन	रेल राज्यमंत्री
श्री परषोत्तम रूपाला	कृषि एवं किसान कल्याण राज्यमंत्री और पंचायती राज मंत्रालय में राज्यमंत्री
श्री एम. जे. अकबर	विदेश राज्यमंत्री
श्री उपेन्द्र कुशवाहा	मानव संसाधन विकास राज्यमंत्री
श्री राधाकृष्णन पी	सड़क, परिवहन एवं राजमार्ग मंत्रालय में राज्यमंत्री और जहाज़रानी राज्यमंत्री
श्री किरेन रिजिजू	गृह राज्यमंत्री
श्री कृष्ण पाल	सामाजिक न्याय एवं अधिकारिता राज्यमंत्री
श्री जसवंत सुमनभाई भाभोर	जनजातीय मामलों के मंत्रालय में राज्यमंत्री
डॉ. संजीव कुमार बालयान	जलसंसाधन, नदी विकास और गंगा संरक्षण मंत्रालय में राज्यमंत्री
श्री विष्णु देव साईं	इस्पात राज्यमंत्री
श्री सुदर्शन भगत	कृषि एवं किसान कल्याण राज्यमंत्री

3 स्रोत : कैबिनेट सचिवालय की वेबसाइट : www.cabsec.nic.in/council_ministerofstate.php,

श्री वाई. एस. चौधरी	विज्ञान एवं प्रौद्योगिकी राज्यमंत्री और भूमि विज्ञान राज्यमंत्री
श्री जयंत सिन्हा	नागर विमानन राज्यमंत्री
कर्नल राज्यवर्धन सिंह राठौर	सूचना और प्रसारण राज्यमंत्री
श्री बाबुल सुप्रियो	भारी उद्योग एवं सार्वजनिक उपक्रम राज्यमंत्री
साध्वी निरंजन ज्योति	खाद्य प्रसंस्करण उद्योग राज्यमंत्री
विजय सांपला	सामाजिक न्याय एवं सशक्तीकरण मंत्रालय में राज्यमंत्री
श्री अर्जुन राम मेघवाल	वित्त राज्यमंत्री और कंपनी मामलों के मंत्रालय में राज्यमंत्री
डॉ. महेन्द्र नाथ पांडेय	मानव संसाधन विकास राज्यमंत्री
श्री अजय टम्टा	कपड़ा राज्यमंत्री
श्रीमती कृष्णा राज	महिला एवं बाल विकास राज्यमंत्री
श्री मनसुख एल. मंडाविया	सड़क परिवहन एवं राजमार्ग राज्यमंत्री; जहाजरानी राज्यमंत्री; और रसायन एवं उर्वरक राज्यमंत्री
श्रीमती अनुप्रिया पटेल	स्वास्थ्य एवं परिवार कल्याण राज्यमंत्री
श्री सी. आर. चौधरी	उपभोक्ता मामले, खाद्य एवं सार्वजनिक वितरण राज्यमंत्री
श्री पी. पी. चौधरी	विधि एवं न्याय राज्यमंत्री
डॉ. सुभाष रामराव भामरे	रक्षा राज्यमंत्री

नोट : 12 जुलाई, 2016 तक

राज्यसभा

राज्यसभा सदस्य (राज्यवार सूची 15 दिसंबर, 2016 तक)[4]

सभापति : श्री मोहम्मद हामिद अंसारी

उपसभापति : प्रो. पी.जे. कुरियन

क्र.सं.	नाम	दल/समूह
राज्य		
अरुणाचल प्रदेश (1)		
1.	श्री मुकुट मीथि	भारतीय राष्ट्रीय कांग्रेस
असम (7)		
2.	श्री बिस्वजीत देमेरी	बीपीएफ
3.	श्री भुवनेश्वर कालिता	भारतीय राष्ट्रीय कांग्रेस
4.	डॉ. संजय सिंह	भारतीय राष्ट्रीय कांग्रेस
5.	डॉ. मनमोहन सिंह	भारतीय राष्ट्रीय कांग्रेस

4 स्रोत : http://rajyasabha.nic.in

6.	श्री शांतियूस कुजूर	भारतीय राष्ट्रीय कांग्रेस
7.	श्रीमती रानी नरह	भारतीय राष्ट्रीय कांग्रेस
8.	श्री रिपुन बोरा	भारतीय राष्ट्रीय कांग्रेस

आंध्र प्रदेश (11)

9.	श्रीमती रेणुका चौधरी	भारतीय राष्ट्रीय कांग्रेस
10.	डॉ. टी. सुब्बारामी रेड्डी	भारतीय राष्ट्रीय कांग्रेस
11.	डॉ. के. केशव राव	तेलंगाना राष्ट्र समिति
12.	श्री मोहम्मद अली खान	भारतीय राष्ट्रीय कांग्रेस
13.	श्री वाई. एस. चौधरी	तेलुगू देशम पार्टी
14.	डॉ. के. चिरंजीवी	भारतीय राष्ट्रीय कांग्रेस
15.	श्री टी. देवेंदर गौड	तेलुगू देशम पार्टी
16.	श्रीमती थोटा सीतारमण लक्ष्मी	तेलुगू देशम पार्टी
17.	श्री सुरेश प्रभु	भारतीय जनता पार्टी
18.	श्री टी. जी. वेंकटेश	तेलुगू देशम पार्टी
19.	श्री वी. विजयासाई रेड्डी	वाईएसआरसीपी

ओडिशा (10)

20.	श्री दिलीप कुमार टिर्की	बीजू जनता दल
21.	श्री ए.वी. स्वामी	निर्दलीय
22.	श्री ए.यू. सिंहदेव	बीजू जनता दल
23.	श्रीमती सरोजिनी हेम्ब्रम	बीजू जनता दल
24.	श्री रंजीब बिस्वाल	भारतीय राष्ट्रीय कांग्रेस
25.	नरेंद्र कुमार स्वायन	बीजू जनता दल
26.	श्री भास्कर राव नेक्कांति	बीजू जनता दल
27.	श्री प्रसन्ना आचार्य	बीजू जनता दल
28.	श्री विष्णु चरण दास	बीजू जनता दल
29.	श्री अनुभव मोहंती	बीजू जनता दल

उत्तर प्रदेश (31)

30.	श्री नरेश अग्रवाल	समाजवादी पार्टी
31.	श्री किरणमय नंदा	समाजवादी पार्टी
32.	श्री दर्शन सिंह यादव	समाजवादी पार्टी
33.	चौधरी मुनव्वर सलीम	समाजवादी पार्टी
34.	श्री प्रमोद तिवारी	भारतीय राष्ट्रीय कांग्रेस

35.	श्री आलोक तिवारी	समाजवादी पार्टी
36.	प्रो. राम गोपाल यादव	समाजवादी पार्टी
37.	श्री अमर सिंह	समाजवादी पार्टी
38.	श्री कपिल सिब्बल	भारतीय राष्ट्रीय कांग्रेस
39.	कुमारी मायावती	बहुजन समाज पार्टी
40.	श्री वीर सिंह	बहुजन समाज पार्टी
41.	श्रीमती जया बच्चन	समाजवादी पार्टी
42.	श्री सतीश चंद्र मिश्रा	बहुजन समाज पार्टी
43.	श्री मुंकुआद अली	बहुजन समाजवादी पार्टी
44.	श्री विनय कटियार	भारतीय जनता पार्टी
45.	श्री राजाराम	बहुजन समाजवादी पार्टी
46.	श्री विशम्भर प्रसाद निशाद	समाजवादी पार्टी
47.	डॉ. चन्द्रपाल सिंह यादव	समाजवादी पार्टी
48.	श्री जावेद अली खान	समाजवादी पार्टी
49.	डॉ. ताजीन फातिमा	समाजवादी पार्टी
50.	श्री नीरज शेखर	समाजवादी पार्टी
51.	श्री पी.एल. पुनिया	भारतीय राष्ट्रीय कांग्रेस
52.	श्री मनोहर पर्रिकर	भारतीय जनता पार्टी
53.	श्री रवि प्रकाश वर्मा	समाजवादी पार्टी
54.	श्री अशोक सिद्धार्थ	बहुजन समाज पार्टी
55.	श्री बेनी प्रसाद वर्मा	समाजवादी पार्टी
56.	श्री रेवती रमन सिंह	समाजवादी पार्टी
57.	श्री शिव प्रताप शुक्ला	भारतीय जनता पार्टी
58.	श्री संजय सेठ	समाजवादी पार्टी
59.	चौधरी सुखराम सिंह यादव	समाजवादी पार्टी
60.	श्री सुरेंद्र सिंह	समाजवादी पार्टी

उत्तराखंड (3)

61.	श्री प्रदीप टम्टा	भारतीय राष्ट्रीय कांग्रेस
62.	श्री राज बब्बर	भारतीय राष्ट्रीय कांग्रेस
63.	श्री महेंद्र सिंह मेहरा	भारतीय राष्ट्रीय कांग्रेस

कर्नाटक (12)

64.	श्रीमती निर्मला सीतारमण	भारतीय जनता पार्टी
65.	श्री डी. कुपेंद्र रेड्डी	जनता दल (एस)
66.	प्रो. एम.वी. राजीव गौड़ा	भारतीय राष्ट्रीय कांग्रेस
67.	श्री के.सी. राममूर्ति	भारतीय राष्ट्रीय कांग्रेस
68.	श्री बासवाराज पाटिल	भारतीय जनता पार्टी
69.	श्री रामकृष्णा रंगासाईं	भारतीय जनता पार्टी
70.	श्री राजीव चंद्रशेखर	निर्दलीय
71.	श्री जयराम रमेश	भारतीय राष्ट्रीय कांग्रेस
72.	डॉ. प्रभाकर कोरे	भारतीय जनता पार्टी
73.	श्री बी.के. हरिप्रसाद	भारतीय राष्ट्रीय कांग्रेस
74.	श्री ऑस्कर फर्नांडिस	भारतीय राष्ट्रीय कांग्रेस
75.	श्री के. रहमान खान	भारतीय राष्ट्रीय कांग्रेस

केरल (9)

76.	श्री व्यालार रवि	भारतीय राष्ट्रीय कांग्रेस
77.	श्री ए.के. एंटोनी	भारतीय राष्ट्रीय कांग्रेस
78.	श्री अब्दुल वहाब	आईयूएमएल
79.	प्रो.पी.जे. कुरियन	भारतीय राष्ट्रीय कांग्रेस
80.	श्री सी.पी. नारायण	भारतीय कम्युनिस्ट पार्टी (मा)
81.	श्री जॉय अब्राहम	केरल कांग्रेस (एम)
82.	श्री के.के. रागेश	भारतीय कम्युनिस्ट पार्टी (मा)
83.	श्री एम.पी. वीरेन्द्र कुमार	जनता दल यूनाइटेड
84.	श्री के. सोमाप्रसाद	भारतीय कम्युनिस्ट पार्टी (मा)

गोवा (1)

85.	श्री शांताराम नाइक	भारतीय राष्ट्रीय कांग्रेस

गुजरात (11)

86.	श्री परषोतम रूपाला	भारतीय जनता पार्टी
87.	श्री अरुण जेटली	भारतीय जनता पार्टी
88.	श्री अहमद पटेल	भारतीय राष्ट्रीय कांग्रेस
89.	श्री दिलीपभाई पंड्या	भारतीय जनता पार्टी
90.	श्रीमती स्मृति ईरानी	भारतीय जनता पार्टी

91. श्री मनसुख एल. मंडविया — भारतीय जनता पार्टी
92. श्री चुन्नीभाई कांजीभाई गोहेल — भारतीय जनता पार्टी
93. श्री महंत शंभुप्रसाद जी. तुंड्या — भारतीय जनता पार्टी
94. श्री लाल सिंह वडोडिया — भारतीय जनता पार्टी
95. श्री मधुसूदन मिस्त्री — भारतीय राष्ट्रीय कांग्रेस
96. श्री शंकरभाई एन. वेगड — भारतीय जनता पार्टी

छत्तीसगढ़ (5)

97. श्री मोतीलाल वोरा — भारतीय राष्ट्रीय कांग्रेस
98. डॉ. भूषन लाल जांगडे — भारतीय जनता पार्टी
99. श्री रामविचार नेतम — भारतीय जनता पार्टी
100. श्रीमती छाया वर्मा — भारतीय राष्ट्रीय कांग्रेस
101. श्री रणविजय सिंह जूदेव — भारतीय जनता पार्टी

जम्मू-कश्मीर (4)

102. श्री शमशेर सिंह मनहास — भारतीय जनता पाटी
103. मीर मुहम्मद फयाज़ — जम्मू-कश्मीर पीडीपी
104. श्री नज़ीर अहमद लावे — जम्मू-कश्मीर पीडीपी
105. श्री गुलाम नबी आज़ाद — भारतीय राष्ट्रीय कांग्रेस

झारखंड (6)

106. श्री प्रेमचंद गुप्ता — राष्ट्रीय जनता दल
107. डॉ. मुख्तार अब्बास नक़वी — भारतीय जनता पार्टी
108. श्री परिमल नाथवानी — भारतीय राष्ट्रीय कांग्रेस
109. श्री प्रदीप कुमार बालमुचू — भारतीय राष्ट्रीय कांग्रेस
110. श्री संजीव कुमार — झारखंड मुक्ति मोर्चा
111. श्री महेश पोद्दार — भारतीय जनता पार्टी

पश्चिम बंगाल (16)

112. श्री विवेक गुप्ता — अखिल भारतीय तृणमूल कांग्रेस
113. श्री मोहम्मद नदिमुल हसन — अखिल भारतीय तृणमूल कांग्रेस
114. श्री कुणाल कुमार घोष — अखिल भारतीय तृणमूल कांग्रेस
115. श्री कंवर दीप सिंह — अखिल भारतीय तृणमूल कांग्रेस
116. श्री डेरेक ओ. ब्रायन — अखिल भारतीय तृणमूल कांग्रेस
117. श्री डी. बंद्योपाध्याय — अखिल भारतीय तृणमूल कांग्रेस

118.	श्री पी. भट्टाचार्य	भारतीय राष्ट्रीय कांग्रेस
119.	श्री सुखेंदु शेखर रॉय	अखिल भारतीय तृणमूल कांग्रेस
120.	प्रोफेसर जोगेन चौधरी	अखिल भारतीय तृणमूल कांग्रेस
121.	श्री मिथुन चक्रवर्ती	अखिल भारतीय तृणमूल कांग्रेस
122.	श्री अहमद हसन	अखिल भारतीय तृणमूल कांग्रेस
123.	श्री रीताब्रता बनर्जी	भारतीय कम्युनिस्ट पार्टी (मा)
124.	श्री तपन कुमार सेन	भारतीय कम्युनिस्ट पार्टी (मा)
125.	श्री मुकुल रॉय	अखिल भारतीय तृणमूल कांग्रेस
126.	श्री सीताराम येचुरी	भारतीय कम्युनिस्ट पार्टी (मा)
127.	सुश्री डोला सेन	अखिल भारतीय तृणमूल कांग्रेस
पंजाब (7)		
128.	श्री प्रताप सिंह बाजवा	भारतीय राष्ट्रीय कांग्रेस
129.	श्री श्वेत मलिक	भारतीय जनता पार्टी
130.	श्री शमशेर सिंह ढिल्लों	भारतीय राष्ट्रीय कांग्रेस
131.	श्री नरेश गुजराल	शिरोमणि अकाली दल
132.	सरदार बलविन्दर सिंह भुंदर	शिरोमणि अकाली दल
133.	सरदार सुखदेव सिंह ढींसा	शिरोमणि अकाली दल
134.	श्रीमती अंबिका सोनी	भारतीय राष्ट्रीय कांग्रेस
पुदुचेरी (1)		
135.	श्री एन. गोकुलकृष्णन	एआईएडीएमके
बिहार (16)		
136.	श्री गोपाल नारायण सिंह	भारतीय जनता पार्टी
137.	श्रीमती मीसा भारती	राष्ट्रीय जनता दल
138.	श्री धर्मेंद्र प्रधान	भारतीय जनता पार्टी
139.	श्री आर. के. सिन्हा	भारतीय जनता पार्टी
140.	श्री रामनाथ ठाकुर	जनता दल यूनाईटेड
141.	श्री हरिवंश	जनता दल यूनाइटेड
142.	श्री कहक़शन परवीन	जनता दल यूनाइटेड
143.	श्री रामचंद्र प्रसाद सिंह	जनता दल यूनाइटेड
144.	डॉ. अनिल कुमार साहनी	जनता दल यूनाइटेड
145.	श्री राम जेठमलानी	राष्ट्रीय जनता दल

146.	डॉ. महेन्द्र प्रसाद	जनता दल यूनाइटेड
147.	श्री रवि शंकर प्रसाद	भारतीय जनता पार्टी
148.	श्री वशिष्ठ नारायण सिंह	जनता दल यूनाइटेड
149.	श्री शरद यादव	जनता दल यूनाइटेड
150.	डॉ. सी. पी. ठाकुर	भारतीय जनता पार्टी
151.	श्री अली अनवर अंसारी	जनता दल यूनाइटेड

महाराष्ट्र (19)

152.	श्री अमर शंकर साबले	भारतीय जनता पार्टी
153.	श्री पी. चिदंबरम	भारतीय राष्ट्रीय कांग्रेस
154.	डॉ. विकास महात्मे	भारतीय जनता पार्टी
155.	डॉ. विनय पी. सहस्राबुद्धे	भारतीय जनता पार्टी
156.	श्री रजनी पाटिल	भारतीय राष्ट्रीय कांग्रेस
157.	श्री रामदास अठावले	आरपीआई (ए)
158.	श्री संजय दत्तात्रेय काकडे	भारतीय राष्ट्रीय कांग्रेस
159.	श्री माज़ीद मेमन	राष्ट्रवादी कांग्रेस पार्टी
160.	श्री शरद पवार	राष्ट्रवादी कांग्रेस पार्टी
161.	श्रीमती वंदना चव्हाण	राष्ट्रवादी कांग्रेस पार्टी
162.	श्री डी.पी. त्रिपाठी	राष्ट्रवादी कांग्रेस पार्टी
163.	श्री अनिल देसाई	शिवसेना
164.	श्री अजय संचेती	भारतीय जनता पार्टी
165.	श्री पीयूष गोयल	भारतीय जनता पार्टी
166.	श्री हुसैन दलवायी	भारतीय राष्ट्रीय कांग्रेस
167.	श्री राजकुमार धूत	शिवसेना
168.	श्री संजय राउत	शिवसेना
169.	श्री प्रफुल्ल पटेल	राष्ट्रवादी कांग्रेस पार्टी
170.	श्री राजीव शुक्ला	भारतीय राष्ट्रीय कांग्रेस

मध्य प्रदेश (10)

171.	श्री एम.जे. अकबर	भारतीय जनता पार्टी
172.	श्री विवेक के. तन्खा	भारतीय राष्ट्रीय कांग्रेस
173.	श्री प्रभात झा	भारतीय जनता पार्टी
174.	श्री प्रकाश जावडेकर	भारतीय जनता पार्टी

175.	श्री सत्यव्रत चतुर्वेदी	भारतीय राष्ट्रीय कांग्रेस
176.	श्री मेघराज जैन	भारतीय जनता पार्टी
177.	श्री अनिल माधव दवे	भारतीय जनता पार्टी
178.	श्री थावर चंद गहलौत	भारतीय जनता पार्टी
179.	डॉ. सत्यनारायण जटिया	भारतीय जनता पार्टी
180.	श्री दिग्विजय सिंह	भारतीय राष्ट्रीय कांग्रेस
मणिपुर (1)		
181.	हाज़ी अब्दुल सलाम	भारतीय राष्ट्रीय कांग्रेस
मेघालय (1)		
182.	श्रीमती वान्सुक सीइयम	भारतीय राष्ट्रीय कांग्रेस
मिज़ोरम (1)		
183.	श्री रोनाल्ड सापा तलाऊ	भारतीय राष्ट्रीय कांग्रेस
तमिलनाडु (18)		
184.	श्री आर. वैद्यलिंगम	एआईएडीएमके
185.	श्री ए . विजयकुमार	एआईएडीएमके
186.	श्री एस.आर. बालासुब्रह्मण्यम	एआईएडीएमके
187.	श्री टी.के.एस. ईलानगोवन	डीएमके
188.	श्री आर.एस. बराथी	डीएमके
189.	श्री ए . नवानीथाकृष्णन	एआईएडीएमके
190.	श्री टी.के. रंगराजन	भारतीय कम्युनिस्ट पार्टी (मा)
191.	श्रीमती कनिमोज़ी	डीएमके
192.	श्री डी. राजा	भारतीय कम्युनिस्ट पार्टी
193.	डॉ. ए. मैत्रेयान	एआईएडीएमके
194.	श्री तिरुची सिवा	डीएमके
195.	श्री के.आर. अर्जुनन	एआईएडीएमके
196.	डॉ. ए . लक्ष्मणन	एआईएडीएमके
197.	श्री टी. रथीनवल	एआईएडीएमके
198.	श्री ए .के. सेल्वालाज	एआईएडीएमके
199.	श्रीमती शशिकला पुष्पा	एआईएडीएमके
200.	श्रीमती विजिला सत्यानंद	एआईएडीएमके
201.	श्री एम मुत्थूकुरप्पन	एआईएडीएमके

तेलंगाना (7)

202.	श्री आनंद भास्कर रापोलु	भारतीय राष्ट्रीय कांग्रेस
203.	श्री पल्लवी गोवर्धन रेड्डी	भारतीय राष्ट्रीय कांग्रेस
204.	श्री सी.एम. रमेश	तेलुगू देशम पार्टी
205.	डॉ. के.वी.पी. रामचंद्र राव	भारतीय राष्ट्रीय कांग्रेस
206.	श्री गरिकापति मोहन राव	तेलुगू देशम पार्टी
207.	श्री वी. लक्ष्मीकांत राव	तेलुगू देशम पार्टी
208.	श्री धर्मपुरी श्रीनिवास	टीआरएस

त्रिपुरा (1)

209.	श्रीमती झरना दास बैद्या	भारतीय कम्युनिस्ट पार्टी (मा)

नगालैंड (1)

210.	श्री के.जी. केनिए	नगालैंड पीपुल्स फ्रंट

राजस्थान (10)

211.	श्री राजकुमार वर्मा	भारतीय जनता पार्टी
212.	श्री हर्षवर्धन सिंह डूंगरपुर	भारतीय जनता पार्टी
213.	श्री विजय गोयल	भारतीय जनता पार्टी
214.	श्री राम नारायण डूडी	भारतीय जनता पार्टी
215.	श्री नारायण लाल पंचारिया	भारतीय जनता पार्टी
216.	श्री एम. वेंकैया नायडू	भारतीय जनता पार्टी
217.	डॉ. अभिषेक मनु सिंघवी	भारतीय राष्ट्रीय कांग्रेस
218.	श्री ओम प्रकाश माथुर	भारतीय जनता पार्टी
219.	श्री भूपेंद्र यादव	भारतीय जनता पार्टी
220.	श्री नरेंद्र बुडानिया	भारतीय राष्ट्रीय कांग्रेस

राष्ट्रीय राजधानी क्षेत्र (3)

221.	श्री परवेज़ हाशमी	भारतीय राष्ट्रीय कांग्रेस
222.	डॉ. कर्णसिंह	भारतीय राष्ट्रीय कांग्रेस
223.	श्री जनार्दन द्विवेदी	भारतीय राष्ट्रीय कांग्रेस

सिक्किम (1)

224.	श्री हिशी लाचुंगपा	एसडीएफ

हिमाचल प्रदेश (3)

225.	श्रीमती विप्लव ठाकुर	भारतीय राष्ट्रीय कांग्रेस
226.	श्री आनंद शर्मा	भारतीय राष्ट्रीय कांग्रेस
227.	श्री जगत प्रकाश नड्डा	भारतीय जनता पार्टी

हरियाणा (5)

228.	कुमारी शैलजा	भारतीय राष्ट्रीय कांग्रेस
229.	श्री राम कुमार कश्यप	इंडियन नेशनल लोकदल
230.	चौधरी बीरेंद्र सिंह	भारतीय जनता पार्टी
231.	श्री शादी लाल बत्तरा	भारतीय राष्ट्रीय कांग्रेस
232.	डॉ. सुभाष चंद्रा	निर्दलीय

नामांकित (12)

233.	श्री के. परासरण	नामांकित
234.	श्री के.टी.एस. तुलसी	नामांकित
235.	डॉ. नरेंद्र जाधव	नामांकित
236.	श्री स्वप्न दासगुप्ता	नामांकित
237.	श्री सुरेश गोपी	भारतीय जनता पार्टी
238.	श्रीमती एम.सी. मैरी	नामांकित
239.	श्री संभाजी साहू छत्रपति	नामांकित
240.	श्री सचिन रमेश तेंदुलकर	नामांकित
241.	सुश्री अनु आगा	नामांकित
242.	सुश्री रेखा	नामांकित
243.	डॉ. सुब्रह्मणयम स्वामी	भारतीय जनता पार्टी
244.	श्रीमती रूपा गांगुली	भारतीय जनता पार्टी

16वीं: लोकसभा

(राज्यवार सूची 15 दिसंबर, 2016 तक)[5]

अध्यक्ष : श्रीमती सुमित्रा महाजन
उपाध्यक्ष : डॉ. एम. थंबी दुरई
महासचिव : श्री अनूप मिश्रा

क्र.सं.	निर्वाचन क्षेत्र	सदस्य का नाम	दल
अरुणाचल प्रदेश (2)			
1.	अरुणाचल पूर्व	श्री निनोंग इरिंग	भारतीय राष्ट्रीय कांग्रेस
2.	अरुणाचल पश्चिम	श्री किरेन रिजिजू	भारतीय जनता पार्टी

5 स्रोत : http://loksabha.nic.in

असम (13)

3.	स्वशासी जिला(अ.जा.)	श्री बिरेनसिंह इंगती	भारतीय राष्ट्रीय कांग्रेस (अ.ज.जा.)
4.	बारपेटा	श्री सिराजुद्दीन अजमल	एआईयूडीएफ
5.	धुबरी	श्री बदरुद्दीन अजमल	एआईयूडीएफ
6.	डिब्रुगढ़	श्री रामेश्वर तेली	भारतीय जनता पार्टी
7.	गुवाहाटी	श्रीमती विजय चक्रवर्ती	भारतीय जनता पार्टी
8.	जोरहाट	श्री कामाख्या प्रसाद तासा	भारतीय जनता पार्टी
9.	कलियाबोर	श्री गौरव गोगोई	भारतीय राष्ट्रीय कांग्रेस
10.	करीमगंज(अ.जा.)	श्री राधेश्याम बिश्वास	एआईयूडीएफ
11.	कोकराझार	श्री नबा (हीरा) कुमार सरनीया	निर्दलीय
12.	मंगलदोई	श्री रमेन डेका	भारतीय जनता पार्टी
13.	नागांव	श्री राजेन गोहेन	भारतीय जनता पार्टी
14.	सिल्चर	कुमारी सुष्मिता देव	भारतीय राष्ट्रीय कांग्रेस
15.	तेजपुर	श्री राम प्रसाद सरमा	भारतीय जनता पार्टी

आंध्र प्रदेश (25)

16.	अमलापुरम(अ.जा.)	डॉ. रवींद्र बाबू पांडुला	तेलुगू देशम पार्टी
17.	अनकापल्ली	श्री मुत्तमसेट्टी श्रीनिवास राव (अवंती)	तेलुगू देशम पार्टी
18.	अनंतपुर	श्री जे.सी. दिवाकर रेड्डी	तेलुगू देशम पार्टी
19.	अराकु(अ.ज.जा.)	श्रीमती गीता कोथापल्ली	वाईएसआर कांग्रेस पार्टी
20.	बापतला(अ.जा.)	श्री श्रीराम मलयाद्रि	तेलुगू देशम पार्टी
21.	चित्तूर(अ.जा.)	डॉ. नारामल्ली शिवप्रसाद	तेलुगू देशम पार्टी
21.	एलूरू	श्री वेंकटेश्वर राव (बाबू) मगंती	तेलुगू देशम पार्टी
22.	गुंटूर	श्री जयदेव गल्ला	तेलुगू देशम पार्टी
23.	हिंदूपुर	श्री क्रिस्टप्पा निम्मला	तेलुगू देशम पार्टी
24.	कडपा	श्री वाई.एस. अविनाश रेड्डी	वाईएसआर कांग्रेस पार्टी
25.	काकीनाडा	श्री नरसिम्हम थोटा	तेलुगू देशम पार्टी
26.	कुरनूल	श्रीमती रेणुका बुत्ता	वाईएसआर कांग्रेस पार्टी
27.	मछलीपट्टनम	श्री कोनाकल्ला नारायण राव	तेलुगू देशम पार्टी
28.	नांदयाल	श्री एस.पी.वाई. रेड्डी	वाईएसआर कांग्रेस पार्टी

29.	नरसारावपेट	श्री रायापति सम्बासिवा राव	तेलुगू देशम पार्टी
30.	नरसापुरम	श्री गोकाराजू गंगा राजू	भारतीय जनता पार्टी
31.	नेल्लौर	श्री मेकापति राजमोहन रेड्डी	वाईएसआर कांग्रेस पार्टी
32.	ओंगोले	श्री येरम वेंकट सुब्बारेड्डी	वाईएसआर कांग्रेस पार्टी
33.	राजामुंदरी	श्री मुरली मोहन मगंती	तेलुगू देशम पार्टी
34.	राजमपेट	श्री मिदून रेड्डी	वाईएसआर कांग्रेस पार्टी
35.	श्रीकाकुलम	श्री किन्जरापु राम मोहन नायडू	तेलुगू देशम पार्टी
36.	तिरुपति(अ.जा.)	डॉ. वाराप्रसाद राव वेलगापल्ली	वाईएसआर कांग्रेस पार्टी
37.	विजयवाड़ा	श्री श्रीनिवास केसिनेनी	तेलुगू देशम पार्टी
38.	विशाखापट्टनम	डॉ. हरि बाबू कंभमपति	भारतीय जनता पार्टी
39.	विजयानगरम	श्री अशोक गजपति राजू	तेलुगू देशम पार्टी

ओडिशा (21)

40.	आस्का	श्री लडू किशोर स्वायन	बीजू जनता दल
41.	बालासोर	श्री रवीन्द्र कुमार जेना	बीजू जनता दल
42.	बारगढ़	डॉ. प्रभास कुमार सिंह	बीजू जनता दल
43.	बरहामपुर	श्री सिद्धांत महापात्रा	बीजू जनता दल
44.	भद्रक(अ.जा.)	श्री अर्जुन चरण सेठी	बीजू जनता दल
45.	भुवनेश्वर	डॉ. प्रो. प्रसन्न कुमार पाटसाणी	बीजू जनता दल
46.	बोलांगीर	श्री कलिकेश नारायण सिंह देव	बीजू जनता दल
47.	कटक	श्री भर्तृहरि महताब	बीजू जनता दल
48.	ढेनकनाल	श्री तथागत सत्पथी	बीजू जनता दल
49.	जगतसिंहपुर(अ.जा.)	डॉ. कुलमणि सामल	बीजू जनता दल
50.	जाजपुर(अ.जा.)	श्रीमती रीता तराई	बीजू जनता दल
51.	कालाहांडी	श्री अर्का केशरी देव	बीजू जनता दल
52.	कंधमाल	श्रीमती प्रत्युषा राजेश्वरी सिंह	बीजू जनता दल
53.	केंद्रपाड़ा	श्री बैजयंत जय पांडा	बीजू जनता दल
54.	क्योंझर(अ.ज.जा.)	श्रीमती शकुंतला लागुरी	बीजू जनता दल
55.	कोरापुट(अ.ज.जा.)	श्री झीना हीकाका	बीजू जनता दल
56.	मयूरभंज(अ.ज.जा.)	श्री रामचन्द्र हंसदा	बीजू जनता दल
57.	नबरंगपुर(अ.ज.जा.)	श्री बलभद्र माझी	बीजू जनता दल
58.	पुरी	श्री पिनाकी मिश्रा	बीजू जनता दल

59.	संबलपुर	श्री नागेन्द्र कुमार प्रधान	बीजू जनता दल
60.	सुंदरगढ़(अ.ज.जा.)	श्री जुआल ओराम	भारतीय जनता पार्टी

उत्तर प्रदेश (80)

61.	आगरा(अ.जा.)	प्रो. रामशंकर	भारतीय जनता पार्टी
62.	अकबरपुर	श्री देवेन्द्र (उर्फ) भोले सिंह	भारतीय जनता पार्टी
63.	अलीगढ़	श्री सतीश कुमार गौतम	भारतीय जनता पार्टी
64.	इलाहाबाद	श्री श्याम चरण गुप्त	भारतीय जनता पार्टी
65.	अंबेडकर नगर	श्री हरिओम पाण्डेय	भारतीय जनता पार्टी
66.	अमेठी	श्री राहुल गांधी	भारतीय राष्ट्रीय कांग्रेस
67.	अमरोहा	श्री कंवर सिंह तवंर	भारतीय जनता पार्टी
68.	आंवला	श्री धर्मेंद्र कुमार	भारतीय जनता पार्टी
69.	आजमगढ़	श्री मुलायम सिंह यादव	समाजवादी पार्टी
70.	बदायूं	श्री धर्मेंद्र यादव	समाजवादी पार्टी
71.	बागपत	डॉ. सत्यपाल सिंह	भारतीय जनता पार्टी
72.	बहराइच(अ.जा.)	सुश्री सावित्री बाई फूले	भारतीय जनता पार्टी
73.	बलिया	श्री भरत सिंह	भारतीय जनता पार्टी
74.	बांदा	श्री भैरों प्रसाद मिश्र	भारतीय जनता पार्टी
75.	बांसगांव(अ.जा.)	श्री कमलेश पासवान	भारतीय जनता पार्टी
76.	बाराबंकी(अ.जा.)	श्रीमती प्रियंका सिंह रावत	भारतीय जनता पार्टी
77.	बरेली	श्री संतोष कुमार गंगवार	भारतीय जनता पार्टी
78.	बस्ती	श्री हरीश द्विवेदी	भारतीय जनता पार्टी
79.	भदोही	श्री वीरेन्द्र सिंह	भारतीय जनता पार्टी
80.	बिजनौर	कुंवर भारतेन्द्र सिंह	भारतीय जनता पार्टी
81.	बुलंदशहर	श्री भोला सिंह	भारतीय जनता पार्टी
82.	चंदौली	डॉ. महेन्द्र नाथ पाण्डेय	भारतीय जनता पार्टी
83.	देवरिया	श्री कलराज मिश्र	भारतीय जनता पार्टी
84.	धौरहरा	श्रीमती रेखा अरुण वर्मा	भारतीय जनता पार्टी
85.	डुमरियागंज	श्री जगदम्बिका पाल	भारतीय जनता पार्टी
86.	एटा	श्री राजवीर (राजू भैय्या) सिंह	भारतीय जनता पार्टी
87.	इटावा(अ.जा.)	श्री अशोक कुमार दोहरे	भारतीय जनता पार्टी
88.	फैज़ाबाद	श्री लल्लू सिंह	भारतीय जनता पार्टी

89.	फर्रुखाबाद	श्री मुकेश राजपूत	भारतीय जनता पार्टी
90.	फतेहपुर	साध्वी निरंजन ज्योति	भारतीय जनता पार्टी
91.	फतेहपुर सीकरी	श्री बाबूलाल चौधरी	भारतीय जनता पार्टी
92.	फिरोज़ाबाद	श्री अक्षय यादव	समाजवादी पार्टी
93.	गौतमबुद्ध नगर	श्री महेश शर्मा	भारतीय जनता पार्टी
94.	गाज़ियाबाद	जन. (सेवानिवृत्त)विजय कुमार सिंह	भारतीय जनता पार्टी
95.	गाजीपुर	श्री मनोज कुमार सिन्हा	भारतीय जनता पार्टी
96.	घोसी	श्री हरिनारायण राजभर	भारतीय जनता पार्टी
97.	गोंडा	श्री कीर्तिवर्धन सिंह	भारतीय जनता पार्टी
98.	गोरखपुर	श्री योगी आदित्यनाथ	भारतीय जनता पार्टी
99.	हमीरपुर	कुंवर पुष्पेंद्र सिंह चंदेल	भारतीय जनता पार्टी
100.	हरदोई(अ.जा.)	श्री अंशुल वर्मा	भारतीय जनता पार्टी
101.	हाथरस(अ.जा.)	श्री राजेश कुमार दिवाकर	भारतीय जनता पार्टी
102.	जालौन(अ.जा.)	श्री भानु प्रताप सिंह वर्मा	भारतीय जनता पार्टी
103.	जौनपुर	डॉ. कृष्ण प्रताप सिंह	भारतीय जनता पार्टी
104.	झांसी	सुश्री उमा भारती	भारतीय जनता पार्टी
105.	कैराना	श्री हुकुम सिंह	भारतीय जनता पार्टी
106.	कैसरगंज	श्री बृजभूषण शरण सिंह	भारतीय जनता पार्टी
107.	कन्नौज	श्रीमती डिम्पल यादव	समाजवादी पार्टी
108.	कानपुर	डॉ. मुरली मनोहर जोशी	भारतीय जनता पार्टी
109.	कौशांबी(अ.जा.)	श्री विनोद कुमार सोनकर	भारतीय जनता पार्टी
110.	खीरी	श्री अजय (टेनी) मिश्रा	भारतीय जनता पार्टी
111.	कुशीनगर	श्री राजेश पाण्डेय	भारतीय जनता पार्टी
112.	लालगंज(अ.जा.)	श्रीमती नीलम सोनकर	भारतीय जनता पार्टी
113.	लखनऊ	श्री राजनाथ सिंह	भारतीय जनता पार्टी
114.	मछलीशहर	श्री राम चरित्र निषाद	भारतीय जनता पार्टी
115.	महाराजगंज	श्री पंकज चौधरी	भारतीय जनता पार्टी
116.	मैनपुरी	श्री तेज प्रताप सिंह यादव	समाजवादी पार्टी
117.	मथुरा	श्रीमती हेमामालिनी	भारतीय जनता पार्टी
118.	मेरठ	श्री राजेन्द्र अग्रवाल	भारतीय जनता पार्टी
119.	मिर्जापुर	श्रीमती अनुप्रिया पटेल	अपना दल

120. मिसरिख(अ.जा.)	श्रीमती अंजु बाला	भारतीय जनता पार्टी
121. मोहनलालगंज(अ.जा.)	श्री कौशल किशोर	भारतीय जनता पार्टी
122. मुरादाबाद	श्री कुंवर सर्वेश कुमार	भारतीय जनता पार्टी
123. मुजफ्फरनगर	डॉ. संजीव कुमार बालियान	भारतीय जनता पार्टी
124. नगीना(अ.जा.)	डॉ. यशवंत सिंह	भारतीय जनता पार्टी
125. फूलपुर	श्री केशव प्रसाद (कुशवाहा) मौर्य	भारतीय जनता पार्टी
126. पीलीभीत	श्रीमती मेनका संजय गांधी	भारतीय जनता पार्टी
127. प्रतापगढ़	श्री कुंवर हरिवंश सिंह	अपना दल
128. रायबरेली	श्रीमती सोनिया गांधी	भारतीय राष्ट्रीय कांग्रेस
129. रामपुर	डॉ. नैपाल सिंह	भारतीय जनता पार्टी
130. रॉबर्ट्सगंज(अ.जा.)	श्री छोटेलाल	भारतीय जनता पार्टी
131. सहारनपुर	श्री राघव लखनपाल	भारतीय जनता पार्टी
132. सलेमपुर	श्री रविंदर कुशवाहा	भारतीय जनता पार्टी
133. संभल	श्री सत्यपाल सिंह	भारतीय जनता पार्टी
134. संत कबीर नगर	श्री शरद त्रिपाठी	भारतीय जनता पार्टी
135. शाहजहांपुर(अ.जा.)	श्रीमती कृष्णा राज	भारतीय जनता पार्टी
136. श्रावस्ती	श्री दद्दन मिश्रा	भारतीय जनता पार्टी
137. सीतापुर	श्री राजेश वर्मा	भारतीय जनता पार्टी
138. सुल्तानपुर	श्री वरुण फिरोज गांधी	भारतीय जनता पार्टी
139. उन्नाव	डॉ. स्वामी साक्षीजी महाराज	भारतीय जनता पार्टी
140. वाराणसी	श्री नरेन्द्र मोदी	भारतीय जनता पार्टी
उत्तराखंड (5)		
141. अल्मोड़ा(अ.जा.)	श्री अजय टम्टा	भारतीय जनता पार्टी
142. गढ़वाल	मेजर जनरल भुवन चन्द्र खंडूरी एवीएसएम (सेवानिवृत्त)	भारतीय जनता पार्टी
143. हरिद्वार	डॉ. रमेश पोखरियाल निशंक	भारतीय जनता पार्टी
144. नैनीताल-ऊधमसिंह नगर	श्री भगत सिंह कोश्यारी	भारतीय जनता पार्टी
145. टिहरी गढ़वाल	श्रीमती माला राजलक्ष्मी शाह	भारतीय जनता पार्टी
कर्नाटक (28)		
146. बागलकोट	श्री पी.सी. गद्दीगौदर	भारतीय जनता पार्टी
147. बंगलुरु सेंट्रल	श्री पी.सी. मोहन	भारतीय जनता पार्टी

148.	बंगलुरु उत्तर	श्री डी.वी.सदानंद गौड़ा	भारतीय जनता पार्टी
149.	बंगलुरु ग्रामीण	श्री डी.के. सुरेश	भारतीय राष्ट्रीय कांग्रेस
150.	बंगलुरु दक्षिण	श्री अनंत कुमार	भारतीय जनता पार्टी
151.	बेलगाम	श्री सुरेश चनबसप्पा अंगड़ी	भारतीय जनता पार्टी
152.	बेल्लारी(अ.ज.जा.)	श्री बी. श्रीरामुलु	भारतीय जनता पार्टी
153.	बीदर	श्री भगवंत खुबा	भारतीय जनता पार्टी
154.	बीजापुर(अ.जा.)	श्री रमेश चंदप्पा जिगाजिनागी	भारतीय जनता पार्टी
155.	चामराजनगर	श्री आर. ध्रुवनारायण	भारतीय राष्ट्रीय कांग्रेस
156.	चिकबलपुर	श्री एम. वीरप्पा मोइली	भारतीय राष्ट्रीय कांग्रेस
157.	चिक्कोडी	श्री प्रकाश बबन्ना हुक्केरी	भारतीय राष्ट्रीय कांग्रेस
158.	चित्रदुर्ग(अ.जा.)	श्री बी.एन. चन्द्रप्पा	भारतीय राष्ट्रीय कांग्रेस
159.	दक्षिण कन्नड	श्री नलिन कुमार कटील	भारतीय जनता पार्टी
160.	दावणगेरे	श्री गौडर मल्लिकार्जुनप्पा सिद्देश्वर	भारतीय जनता पार्टी
161.	धारवाड	श्री प्रहलाद वेंकटेश जोशी	भारतीय जनता पार्टी
162.	गुलबर्गा(अ.जा.)	श्री मल्लिकार्जुन खड़गे	भारतीय राष्ट्रीय कांग्रेस
163.	हसन	श्री एच.डी. देवगौड़ा	जनता दल
164.	हावेरी	श्री शिवकुमार सी. उदासी	भारतीय जनता पार्टी
165.	कोलार	डॉ. के.एच. मुनियप्पा	भारतीय राष्ट्रीय कांग्रेस
166.	कोप्पल	श्री सनगन्ना अमरप्पा कराड़ी	भारतीय जनता पार्टी
167.	मांडया	श्री सी.एस. पुट्टराजू	जनता दल(से.)
168.	मैसूर	श्री प्रताप सिन्हा	भारतीय जनता पार्टी
169.	रायचूर	श्री बी.वी. नायक	भारतीय राष्ट्रीय कांग्रेस
170.	शिमोगा	श्री बी.एस. येदियुरप्पा	भारतीय जनता पार्टी
171.	तुमकुर	श्री एस.पी. मुदाहनुमेगौड़ा	भारतीय राष्ट्रीय कांग्रेस
172.	उदुपी चिकमंगलूर	कुमारी शोभा कारान्दलाजे	भारतीय जनता पार्टी
173.	उत्तर कन्नड़	श्री अनंत कुमार हेगड़े	भारतीय जनता पार्टी
केरल (20)			
174.	अलप्पुजा	श्री के.सी. वेणुगोपाल	भारतीय राष्ट्रीय कांग्रेस
175.	अलथूर	श्री परयमपरम्बिल कुट्टप्पन बीजू	भारतीय कम्युनिस्ट पार्टी (मा.)
176.	अट्टिंगल	डॉ. अनिरुद्धन संपत	भारतीय कम्युनिस्ट पार्टी (मा.)
177.	चालाकुडी	श्री इन्नोसेंट	निर्दलीय
178.	एर्णाकुलम	प्रो. के.वी. थॉमस	भारतीय राष्ट्रीय कांग्रेस

179.	इदुक्की	श्री (एडवोकेट) जॉएस जॉर्ज	निर्दलीय
180.	कन्नूर	श्रीमती पी.के. श्रीमथि टीचर	भारतीय कम्युनिस्ट पार्टी (मा.)
181.	कासरगोड	श्री पी. करुणाकरन	भारतीय कम्युनिस्ट पार्टी (मा.)
182.	कोल्लम	श्री एन.के. प्रेमचन्द्रन	आर.एस.पी.
183.	कोट्टायम	श्री जोज के. मणि	के.सी.(मा)
184.	कोझीकोड	श्री एम.के. राघवन	भारतीय राष्ट्रीय कांग्रेस
185.	मलप्पुरम	श्री ई. अहमद	आई.यू.एम.एल
186.	मवेलीकारा	श्री सुरेश कोडिकुन्निल	भारतीय राष्ट्रीय कांग्रेस
187.	पलक्कड	श्री एम. बी. राजेश	भारतीय कम्युनिस्ट पार्टी (मा.)
188.	पथनमथीट्टा	श्री एंटो एंटोनी	भारतीय राष्ट्रीय कांग्रेस
189.	पोन्नानी	श्री ई.टी. मोहम्मद बशीर	आई.यू.एम.एल
190.	तिरुअनंतपुरम	डॉ. शशि थरूर	भारतीय राष्ट्रीय कांग्रेस
191.	त्रिचूर	श्री सी.एन. जयदेवन	भारतीय कम्युनिस्ट पार्टी
192.	वडकरा	श्री रामचंद्रन मुल्लापल्ली	भारतीय राष्ट्रीय कांग्रेस
193.	वयनाड	श्री एम. आई. शनवास	भारतीय राष्ट्रीय कांग्रेस
गोवा (2)			
194.	उत्तर गोवा	श्री श्रीपद येस्सो नाइक	भारतीय जनता पार्टी
195.	दक्षिण गोवा	एडवोकेट नरेंद्र केशव सवईकार	भारतीय जनता पार्टी
गुजरात (26)			
196.	अहमदाबाद पूर्व	श्री परेश रावल	भारतीय जनता पार्टी
197.	अहमदाबाद पश्चिम(अ.जा.)	डॉ. प्रो. किरिट प्रेमजीभाई सोलंकी	भारतीय जनता पार्टी
198.	अमरेली	श्री नारणभाई भीखाभाई काछड़िया	भारतीय जनता पार्टी
199.	आणंद	श्री दिलीप एम. पटेल	भारतीय जनता पार्टी
200.	बनासकांठा	श्री हरिभाई पार्थीभाई चौधरी	भारतीय जनता पार्टी
201.	बारडोली	श्री प्रभुभाई नागरभाई वासवा	भारतीय जनता पार्टी
202.	भरूच	श्री मनसुखभाई धनजीभाई वासवा	भारतीय जनता पार्टी
203.	भावनगर	डॉ. भारती धीरूभाई शियाल	भारतीय जनता पार्टी
204.	छोटा उदयपुर	श्री रामसिंह पाटालियाभाई राठवा	भारतीय जनता पार्टी
205.	दाहोद	श्री जसवंतसिंह सुमनभाई भाभोर	भारतीय जनता पार्टी
206.	गांधीनगर	श्री लालकृष्ण आडवाणी	भारतीय जनता पार्टी

207.	जामनगर	श्रीमती पूनमबेन हेमंतभाई माडम	भारतीय जनता पार्टी
208.	जूनागढ़	श्री राजेशभाई नारनभाई चुडासमा	भारतीय जनता पार्टी
209.	कच्छ(अ.जा.)	श्री विनोद चावड़ा	भारतीय जनता पार्टी
210.	खेडा	श्री देवुसिंह जयसिंहभाई चौहान	भारतीय जनता पार्टी
211.	मेहसाणा	श्रीमती जयश्रीबेन पटेल	भारतीय जनता पार्टी
212.	नवसारी	श्री सी.आर. पाटिल	भारतीय जनता पार्टी
213.	पंचमहल	श्री प्रभातसिंह प्रतापसिंह चौहान	भारतीय जनता पार्टी
214.	पाटन	श्री लीलाधरभाई खोडाजी वाघेला	भारतीय जनता पार्टी
215.	पोरबंदर	श्री विट्ठलभाई हंसराजभाई रडाडिया	भारतीय जनता पार्टी
216.	राजकोट	श्री मोहनभाई कल्याणजीभाई कुंदरिया	भारतीय जनता पार्टी
217.	साबरकांठा	श्री दीपसिंह शंकरसिंह राठौड़	भारतीय जनता पार्टी
218.	सूरत	श्रीमती दर्शना विक्रम जरदोश	भारतीय जनता पार्टी
220.	सुरेन्द्रनगर	श्री देवजीभाई गोविंदभाई फतेपारा	भारतीय जनता पार्टी
221.	वडोदरा	श्रीमती रंजन बेन धनंजय भट्ट	भारतीय जनता पार्टी
222.	वलसाड(अ.ज.जा.)	डॉ. के.सी.पटेल	भारतीय जनता पार्टी

चंडीगढ़ (1)

223.	चंडीगढ़	श्रीमती किरण अनुपम खेर	भारतीय जनता पार्टी

छत्तीसगढ़ (11)

224.	बस्तर(अ.ज.जा.)	श्री दिनेश कश्यप	भारतीय जनता पार्टी
225.	बिलासपुर	श्री लखन लाल साहू	भारतीय जनता पार्टी
226.	दुर्ग	श्री ताम्रध्वज साहू	भारतीय राष्ट्रीय कांग्रेस
227.	जांजगीर-चंपा(अ.जा.)	श्रीमती कमला देवी पाटले	भारतीय जनता पार्टी
228.	कांकेर (अ.ज.जा.)	श्री विक्रम उसेंडी	भारतीय जनता पार्टी
229.	कोरबा	डॉ. बंशीलाल महतो	भारतीय जनता पार्टी
230.	महासमुंद	श्री चंदुलाल साहू	भारतीय जनता पार्टी
231.	रायगढ़(अ.ज.जा.)	श्री विष्णुदेव साई	भारतीय जनता पार्टी
232.	रायपुर	श्री रमेश बैस	भारतीय जनता पार्टी
233.	राजनन्दगांव	श्री अभिषेक सिंह	भारतीय जनता पार्टी
234.	सरगुजा(अ.ज.जा.)	श्री कमल भान सिंह मराबी	भारतीय जनता पार्टी

जम्मू-कश्मीर (6)

235.	बारामूला	श्री मुजफ्फर हुसैन बेग	जम्मू-कश्मीर पीडीपी
236.	जम्मू	श्री जुगल किशोर शर्मा	भारतीय जनता पार्टी

237. लद्दाख	श्री थुपस्तान छेवांग	भारतीय जनता पार्टी
238. श्रीनगर	श्री तारिक हमीद कर्रा	जम्मू-कश्मीर पीडीपी
239. उधमपुर	डॉ. जीतेंद्र सिंह	भारतीय जनता पार्टी
240. अनंतनाग	रिक्त	रिक्त

झारखंड (14)

241. चतरा	श्री सुनील कुमार सिंह	भारतीय जनता पार्टी
242. धनबाद	श्री पशुपति नाथ सिंह	भारतीय जनता पार्टी
243. दुमका(अ.ज.जा.)	श्री शिबू सोरेन	झारखंड मुक्ति मोर्चा
244. गिरिडीह	श्री रवीन्द्र कुमार पाण्डेय	भारतीय जनता पार्टी
245. गोड्डा	श्री निशिकांत दूबे	भारतीय जनता पार्टी
246. हज़ारीबाग	श्री जयंत सिन्हा	भारतीय जनता पार्टी
247. जमशेदपुर	श्री बिद्युत बरन महतो	भारतीय जनता पार्टी
248. खूंटी(अ.ज.जा.)	श्री करिया मुंडा	भारतीय जनता पार्टी
249. कोडरमा	डॉ. रवीन्द्र कुमार राय	भारतीय जनता पार्टी
250. लोहरदगा(अ.ज.जा.)	श्री सुदर्शन भगत	भारतीय जनता पार्टी
251. पलामू(अ.जा.)	श्री विष्णु दयाल राम	भारतीय जनता पार्टी
252. राजमहल(अ.ज.जा.)	श्री विजय कुमार हंसदा	झारखंड मुक्ति मोर्चा
253. रांची	श्री रामटहल चौधरी	भारतीय जनता पार्टी
254. सिंहभूम(अ.ज.जा.)	श्री लक्ष्मण गिलुवा	भारतीय जनता पार्टी

पश्चिम बंगाल (42)

255. अलीपुरद्वार(अ.ज.जा.)	श्री दशरथ तिर्की	अखिल भारतीय तृणमूल कांग्रेस
256. आरामबाग(अ.जा.)	श्रीमती अपरूपा पोद्दार	अखिल भारतीय तृणमूल कांग्रेस
257. आसनसोल	श्री बाबुल सुप्रियो	भारतीय जनता पार्टी
258. बहरामपुर	श्री अधीर रंजन चौधरी	भारतीय राष्ट्रीय कांग्रेस
259. बलूरघाट	कुमारी अर्पिता घोष	अखिल भारतीय तृणमूल कांग्रेस
260. बनगांव(अ.जा.)	श्रीमती ममता ठाकुर	अखिल भारतीय तृणमूल कांग्रेस
261. बांकुरा	श्रीमती देव वर्मा (मुनमुन सेन)	अखिल भारतीय तृणमूल कांग्रेस
262. बारासाट	डॉ. (श्रीमती) काकोली घोष दस्तिदार	अखिल भारतीय तृणमूल कांग्रेस
263. बर्धमान-पूर्व(अ.जा.)	श्री सुनील कुमार मंडल	अखिल भारतीय तृणमूल कांग्रेस
264. बर्धमान-दुर्गापुर	डॉ. प्रो. ममताज़ संघमिता	अखिल भारतीय तृणमूल कांग्रेस

265.	बैरकपुर	श्री दिनेश त्रिवेदी	अखिल भारतीय तृणमूल कांग्रेस
266.	बसीरहाट	श्री इदरिस अली	अखिल भारतीय तृणमूल कांग्रेस
267.	बीरभूम	श्रीमती शताब्दी रॉय (बनर्जी)	अखिल भारतीय तृणमूल कांग्रेस
268.	बिष्णुपुर(अ.जा.)	श्री सौमित्र खान	अखिल भारतीय तृणमूल कांग्रेस
269.	बोलपुर(अ.जा.)	डॉ. अनुपम हाजरा	अखिल भारतीय तृणमूल कांग्रेस
270.	कूचबिहार(अ.जा.)	श्री प्रार्था प्रतिम रे	अखिल भारतीय तृणमूल कांग्रेस
271.	दार्जिलिंग	श्री एस.एस. अहलुवालिया	भारतीय जनता पार्टी
272.	डायमंड हार्बर	श्री अभिषेक बनर्जी	अखिल भारतीय तृणमूल कांग्रेस
273.	दमदम	प्रो. सौगत राय	अखिल भारतीय तृणमूल कांग्रेस
274.	घाटल	श्री दीपक (देव) अधिकारी	अखिल भारतीय तृणमूल कांग्रेस
275.	हुगली	डॉ. (श्रीमती) रत्ना डे (नाग)	अखिल भारतीय तृणमूल कांग्रेस
276.	हावड़ा	श्री प्रसून बनर्जी	अखिल भारतीय तृणमूल कांग्रेस
277.	जादवपुर	प्रो. (डॉ.) सुगाता बोस	अखिल भारतीय तृणमूल कांग्रेस
278.	जलपाईगुड़ी(अ.जा.)	श्री बिजय चन्द्र बर्मन	अखिल भारतीय तृणमूल कांग्रेस
279.	जंगीपुर	श्री अभिजीत मुखर्जी	भारतीय राष्ट्रीय कांग्रेस
280.	जयनगर(अ.जा.)	श्रीमती प्रतिमा मंडल	अखिल भारतीय तृणमूल कांग्रेस
281.	झाड़ग्राम(अ.ज.जा.)	डॉ. उमा सरेन	अखिल भारतीय तृणमूल कांग्रेस
282.	कांथी	श्री शिशिर कुमार अधिकारी	अखिल भारतीय तृणमूल कांग्रेस
283.	कोलकाता दक्षिण	श्री सुब्रत बक्शी	अखिल भारतीय तृणमूल कांग्रेस
284.	कोलकाता उत्तर	श्री सुदीप बंदोपाध्याय	अखिल भारतीय तृणमूल कांग्रेस
285.	कृष्णानगर	श्री तापस पॉल	अखिल भारतीय तृणमूल कांग्रेस
286.	मालदाह दक्षिण	श्री अबूहशीम खान चौधरी	भारतीय राष्ट्रीय कांग्रेस
287.	मालदाह उत्तर	श्रीमती मौसम नूर	भारतीय राष्ट्रीय कांग्रेस
288.	मथुरापुर(अ.जा.)	श्री चौधरी मोहन जटुआ	अखिल भारतीय तृणमूल कांग्रेस
289.	मेदिनीपुर	श्रीमती संध्या रॉय	अखिल भारतीय तृणमूल कांग्रेस
290.	मुर्शिदाबाद	मोहम्मद बदरुद्दुज़ा खान	भा.क.पा.(मा.)
291.	पुरुलिया	डॉ. मृगांका महतो	अखिल भारतीय तृणमूल कांग्रेस
292.	रायगंज	मोहम्मद सलीम	भा.क.पा.(मा.)
293.	राणाघाट(अ.जा.)	डॉ. तापस मंडल	अखिल भारतीय तृणमूल कांग्रेस
294.	सेरमपुर	श्री कल्याण बनर्जी	अखिल भारतीय तृणमूल कांग्रेस
295.	तमलुक	श्री अधिकारी दिबेंदु	अखिल भारतीय तृणमूल कांग्रेस
296.	उलूबेरिया	सुल्तान अहमद	अखिल भारतीय तृणमूल कांग्रेस

पंजाब (13)

297.	अमृतसर	कैप्टन अमरिंदर सिंह	भारतीय राष्ट्रीय कांग्रेस
298.	आनंदपुर साहिब	श्री प्रेम सिंह चंदूमाजरा	शिरोमणि अकाली दल
299.	भटिंडा	श्रीमती हरसिमरत कौर बादल	शिरोमणि अकाली दल
300.	फरीदकोट(अ.जा.)	प्रो. साधू सिंह	आम आदमी पार्टी
301.	फतेहगढ़ साहिब(अ.जा.)	श्री हरिंदर सिंह खालसा	आम आदमी पार्टी
302.	फिरोजपुर	श्री शेर सिंह गुबाया	शिरोमणि अकाली दल
303.	गुरदासपुर	श्री विनोद खन्ना	भारतीय जनता पार्टी
304.	होशियारपुर(अ.जा.)	श्री विजय सांपला	भारतीय जनता पार्टी
305.	जालंधर	श्री संतोख सिंह चौधरी	भारतीय राष्ट्रीय कांग्रेस
306.	खडूर साहिब	श्री रणजीत सिंह ब्रह्मपुरा	शिरोमणि अकाली दल
307.	लुधियाना	श्री रवनीत सिंह	भारतीय राष्ट्रीय कांग्रेस
308.	पटियाला	डॉ. धर्मवीर गांधी	आम आदमी पार्टी
309.	संगरूर	श्री भगवंत मान	आम आदमी पार्टी

पुदुचेरी (1)

310.	पुदुचेरी	श्री आर. राधाकृष्णन	एआईएनआरसी

बिहार (40)

311.	अररिया	श्री तस्लीमुद्दीन	राष्ट्रीय जनता दल
312.	आरा	श्री राजकुमार सिंह	भारतीय जनता पार्टी
313.	औरंगाबाद	श्री सुशील कुमार सिंह	भारतीय जनता पार्टी
314.	बांका	श्री जयप्रकाश नारायण यादव	राष्ट्रीय जनता दल
315.	बेगूसराय	श्री भोला सिंह	भारतीय जनता पार्टी
316.	भागलपुर	श्री शैलेश कुमार (बुलो मंडल)	राष्ट्रीय जनता दल
317.	बक्सर	श्री अश्वनी कुमार चौबे	भारतीय जनता पार्टी
318.	दरभंगा	श्री कीर्ति झा आजाद	भारतीय जनता पार्टी
319.	गया(अ.जा.)	श्री हरि मांझी	भारतीय जनता पार्टी
320.	गोपालगंज(अ.जा.)	श्री जनक राम	भारतीय जनता पार्टी
321.	हाजीपुर(अ.जा.)	श्री रामविलास पासवान	लोक जनशक्ति पार्टी
322.	जहानाबाद	डॉ. अरुण कुमार	आरएलएसपी
323.	जमुई(अ.जा.)	श्री चिराग पासवान	लोक जनशक्ति पार्टी
324.	झंझारपुर	श्री बीरेन्द्र कुमार चौधरी	भारतीय जनता पार्टी

325.	काराकट	श्री उपेन्द्र कुशवाहा	आरएलएसपी
326.	कटिहार	श्री तारिक अनवर	राष्ट्रवादी कांग्रेस पार्टी
327.	खगड़िया	चौधरी महबूब अली कैसर	लोक जनशक्ति पार्टी
328.	किशनगंज	श्री असरारुल हक मुहम्मद	भारतीय राष्ट्रीय कांग्रेस
329.	मधेपुरा	श्री राजेश रंजन (पप्पू यादव)	राष्ट्रीय जनता दल
330.	मधुबनी	श्री हुक्मदेव नारायण यादव	भारतीय जनता पार्टी
331.	महाराजगंज	श्री जनार्दन सिंह सिगरीवाल	भारतीय जनता पार्टी
332.	मुंगेर	श्रीमती वीणा देवी	लोक जनशक्ति पार्टी
333.	मुजफ्फरपुर	श्री अजय निषाद	भारतीय जनता पार्टी
334.	नालंदा	श्री कौशलेंद्र कुमार	जनता दल यूनाइटेड
335.	नवादा	श्री गिरिराज सिंह	भारतीय जनता पार्टी
336.	पश्चिम चंपारण	डॉ. संजय जायसवाल	भारतीय जनता पार्टी
337.	पाटलिपुत्र	श्री राम कृपाल यादव	भारतीय जनता पार्टी
338.	पटना साहिब	श्री शत्रुघ्न प्रसाद सिन्हा	भारतीय जनता पार्टी
339.	पूर्णिया	श्री संतोष कुमार	जनता दल यूनाइटेड
340.	पूर्वी चंपारण	श्री राधा मोहन सिंह	भारतीय जनता पार्टी
341.	समस्तीपुर(अ.जा.)	श्री रामचन्द्र पासवान	लोक जनशक्ति पार्टी
342.	सारण	श्री राजीव प्रताप रूडी	भारतीय जनता पार्टी
343.	सासाराम(अ.जा.)	श्री छेदी पासवान	भारतीय जनता पार्टी
344.	शिवहर	श्रीमती रमा देवी	भारतीय जनता पार्टी
345.	सीतामढ़ी	श्री राम कुमार शर्मा	आरएलएसपी
346.	सिवान	श्री ओम प्रकाश यादव	भारतीय जनता पार्टी
347.	सुपौल	श्रीमती रंजीत रंजन	भारतीय राष्ट्रीय कांग्रेस
348.	उजियारपुर	श्री नित्यानन्द राय	भारतीय जनता पार्टी
349.	वैशाली	श्री रामकिशोर सिंह	लोक जनशक्ति पार्टी
350.	वाल्मीकि नगर	श्री सतीश चंद्र दूबे	भारतीय जनता पार्टी

महाराष्ट्र (48)

351.	अहमदनगर	श्री दिलीप कुमार मनसुखलाल गांधी	भारतीय जनता पार्टी
352.	अकोला	श्री संजय शामराव धोत्रे	भारतीय जनता पार्टी
353.	अमरावती	श्री आनंदराव अडसुल	शिवसेना
354.	औरंगाबाद	श्री चन्द्रकांत भाऊराव खैरे	शिवसेना

355.	बारामती	श्रीमती सुप्रिया सदानंद सुले	राष्ट्रवादी कांग्रेस पार्टी
356.	बीड	डॉ. प्रीतम गोपीनाथ मुंडे	भारतीय जनता पार्टी
357.	भंडारा-गोंदिया	श्री नानाभाऊ फाल्गुनराव पटोले	भारतीय जनता पार्टी
358.	भिवंडी	श्री कपिल मोरेश्वर पाटिल	भारतीय जनता पार्टी
359.	बुलढाना	श्री प्रतापराव जाधव	शिवसेना
360.	चन्द्रपुर	श्री हंसराज गंगाराम अहीर	भारतीय जनता पार्टी
361.	धुले	डॉ. सुभाष रामराव भामरे	भारतीय जनता पार्टी
362.	दिन्डोरी(अ.ज.जा.)	श्री हरिश्चंद्र देवराम चव्हाण	भारतीय जनता पार्टी
363.	गढ़चिरोली-चिमूर(अ.ज.जा.)	श्री अशोक महादेवराव नेते	भारतीय जनता पार्टी
364.	हातकणंगले	श्री राजू शेट्टी उर्फ देवप्पा अन्ना	एस.डब्ल्यू.पी
365.	हिंगोली	श्री राजीव शंकरराव सातव	भारतीय राष्ट्रीय कांग्रेस
366.	जलगांव	श्री ए.टी. (नाना) पाटिल	भारतीय जनता पार्टी
367.	जालना	श्री रावसाहेब पाटिल दानवे	भारतीय जनता पार्टी
368.	कल्याण	डॉ. श्रीकांत एकनाथ शिंदे	शिवसेना
369.	कोल्हापुर	श्री धनंजय भीमराव महादिक	राष्ट्रवादी कांग्रेस पार्टी
370.	लातूर(अ.जा.)	डॉ. सुनील बलीराम गायकवाड़	भारतीय जनता पार्टी
371.	माधा	श्री विजय सिंह मोहिते पाटिल	राष्ट्रवादी कांग्रेस पार्टी
372.	मावल	श्री श्रीरंग अप्पा बारणे	शिवसेना
373.	मुंबई दक्षिण-मध्य	श्री राहुल रमेश शेवाले	शिवसेना
374.	मुंबई-उत्तर	श्री गोपाल चिनैय्या शेट्टी	भारतीय जनता पार्टी
375.	मुंबई उत्तर-मध्य	श्रीमती पूनम महाजन	भारतीय जनता पार्टी
376.	मुंबई उत्तर-पूर्व	डॉ. किरीट सोमैया	भारतीय जनता पार्टी
377.	मुंबई उत्तर-पश्चिम	श्री गजानन चंद्रकांत कीर्तिकर	भारतीय जनता पार्टी
378.	मुंबई-दक्षिण	श्री अरविंद गणपत सावंत	शिवसेना
379.	नागपुर	श्री नितिन जयराम गडकरी	भारतीय जनता पार्टी
380.	नांदेड़	श्री अशोक शंकर राव चौहान	भारतीय राष्ट्रीय कांग्रेस
381.	नंदुरबार(अ.ज.जा.)	डॉ. हिना विजयकुमार गावीत	भारतीय जनता पार्टी
382.	नासिक	श्री हेमंत तुकाराम गोडसे	शिवसेना
383.	उस्मानाबाद	प्रो. रवीन्द्र विश्वनाथ गायकवाड़	शिवसेना
384.	पालघर (अ.ज.जा.)	श्री चिंतामन नवशा वनागा	भारतीय जनता पार्टी

385. परभनी	श्री संजय हरिभाऊ जाधव	शिवसेना
386. पुणे	श्री अनिल (उर्फ पैडमेकर) गुलाब राव शिरोले श्री	भारतीय जनता पार्टी
387. रायगढ़	श्री अनंत गंगाराम गीते	शिवसेना
388. रामटेक(अ.ज.जा.)	श्री कृपाल बालाजी तुमाने	शिवसेना
389. रत्नागिरि-सिंधुदुर्ग	श्री विनायक भाऊराव राउत	शिवसेना
390. रावेर	श्रीमती रक्षा निखिल खड़से	भारतीय जनता पार्टी
391. सांगली	श्री संजय (काका) रामचंद्र पाटिल	भारतीय जनता पार्टी
392. सतारा	श्री उदयनराजे प्रतापसिंह भोंसले	राष्ट्रवादी कांग्रेस पार्टी
393. शिरडी (अ.जा.)	श्री सदाशिव किसन लोखंडे	शिवसेना
394. शिरूर	श्री शिवाजी अधलराव पाटिल	शिवसेना
395. शोलापुर (अ.जा.)	श्री शरद कुमार मारुति बंसोडे	भारतीय जनता पार्टी
396. ठाणे	श्री रंजन बाबूराव विचारे	शिवसेना
397. वर्धा	श्री रामदास चन्द्रभानजी तडस	भारतीय जनता पार्टी
398. यवतमाल-वाशिम	सुश्री भावना गवली(पाटिल)	शिवसेना

मध्य प्रदेश (29)

399. बालाघाट	श्री बोध सिंह भगत	भारतीय जनता पार्टी
400. बेतूल(अ.ज.जा.)	श्रीमती ज्योति धुर्वे	भारतीय जनता पार्टी
401. भिंड(अ.जा.)	डॉ. भागीरथ प्रसाद	भारतीय जनता पार्टी
402. भोपाल	श्री आलोक संजर	भारतीय जनता पार्टी
403. छिंदवाड़ा	श्री कमल नाथ	भारतीय राष्ट्रीय कांग्रेस
404. दमोह	श्री प्रहलाद सिंह पटेल	भारतीय जनता पार्टी
405. देवास	श्री मनोहर उटवाल	भारतीय जनता पार्टी
406. धार(अ.ज.जा.)	श्रीमती सावित्री ठाकुर	भारतीय जनता पार्टी
407. गुना	श्री ज्योतिरादित्य माधवराव सिंधिया	भारतीय राष्ट्रीय कांग्रेस
408. ग्वालियर	श्री नरेन्द्र सिंह तोमर	भारतीय जनता पार्टी
409. होशंगाबाद	श्री उदय प्रताप सिंह	भारतीय जनता पार्टी
410. इंदौर	श्रीमती सुमित्रा महाजन(ताई)	भारतीय जनता पार्टी
411. जबलपुर	श्री राकेश सिंह	भारतीय जनता पार्टी
412. खजुराहो	श्री नागेन्द्र सिंह	भारतीय जनता पार्टी
413. खंडवा	श्री नन्दकुमार सिंह चौहान	भारतीय जनता पार्टी

414. खरगौन(अ.ज.जा.)	श्री सुभाष पटेल	भारतीय जनता पार्टी
415. मंडला(अ.ज.जा.)	श्री फग्गन सिंह कुलस्ते	भारतीय जनता पार्टी
416. मंदसौर	श्री सुधीर गुप्ता	भारतीय जनता पार्टी
417. मुरैना	श्री अनूप मिश्रा	भारतीय जनता पार्टी
418. राजगढ़	श्री रोदमल नागर	भारतीय जनता पार्टी
419. रतलाम(अ.ज.जा.)	श्री कांतिलाल भूरिया	भारतीय राष्ट्रीय कांग्रेस
420. रीवा	श्री जनार्दन मिश्र	भारतीय जनता पार्टी
421. सागर	श्री लक्ष्मी नारायण यादव	भारतीय जनता पार्टी
422. सतना	श्री गणेश सिंह	भारतीय जनता पार्टी
423. सीधी	श्रीमती रीति पाठक	भारतीय जनता पार्टी
424. टीकमगढ़(अ.जा.)	डॉ. वीरेन्द्र कुमार	भारतीय जनता पार्टी
425. उज्जैन(अ.जा.)	प्रो. चिंतामणि मालवीय	भारतीय जनता पार्टी
426. विदिशा	श्रीमती सुषमा स्वराज	भारतीय जनता पार्टी
427. शहडोल(अ.जा.)	श्री ज्ञान सिंह	भारतीय जनता पार्टी
मणिपुर (2)		
428. आंतरिक मणिपुर	डॉ. थोकचोम मेन्या	भारतीय राष्ट्रीय कांग्रेस
429. बाहरी मणिपुर (अ.ज.जा.)	श्री थांगसो बाइटे	भारतीय राष्ट्रीय कांग्रेस
मेघालय (2)		
430. शिलांग(अ.ज.जा.)	श्री विनसेंट एच. पाला	भारतीय राष्ट्रीय कांग्रेस
431. तुरा(अ.ज.जा.)	श्री कोनराड कोंग्काल संगमा	एनपीपी
मिज़ोरम (1)		
432. मिज़ोरम(अ.ज.जा.)	श्री सी.एल. रुआला	भारतीय राष्ट्रीय कांग्रेस
तमिलनाडु (39)		
433. अर्कोनम	श्री जी.हरी	एआईएडीएमके
434. अरानी	श्री एलुमलाई वी	एआईएडीएमके
435. चेन्नई मध्य	श्री एस.आर. विजय कुमार	एआईएडीएमके
436. चेन्नई उत्तर	श्री टी.जी. वेंकटेश बाबू	एआईएडीएमके
437. चेन्नई दक्षिण	डॉ. जयकुमार जयवर्धन	एआईएडीएमके
438. चिदंबरम(अ.जा.)	श्री एम. चंद्राकाशी	एआईएडीएमके
439. कोयंबटूर	श्री नागराजन पी.	एआईएडीएमके

440.	कुड्डालोर	श्री ए. अरुणमोझिथेवन	एआईएडीएमके
441.	धर्मपुरी	डॉ. अंबुमनि रामादास	पीएमके
442.	डिंडीगुल	श्री एम.उदयकुमार	एआईएडीएमके
443.	इरोड	श्री एस. सेल्वाकुमार चिन्नैयन	एआईएडीएमके
444.	कल्लाकुरिची	डॉ. के. कामराज	एआईएडीएमके
445.	कांचीपुरम(अ.जा.)	श्रीमती के. मरगाथम	एआईएडीएमके
446.	कन्याकुमारी	श्री पोन राधाकृष्णन	भारतीय जनता पार्टी
447.	करूर	डॉ. एम. थंबिदुरै	एआईएडीएमके
448.	कृष्णागिरि	श्री के. अशोक कुमार	एआईएडीएमके
449.	मदुरै	श्री आर. गोपालकृष्णन	एआईएडीएमके
450.	मयिलादुतुरई	श्री आर.के. भारती मोहन	एआईएडीएमके
451.	नागापट्टिनम(अ.जा.)	डॉ. के. गोपाल	एआईएडीएमके
452.	नामाक्कल	श्री पी.आर. सुंदरम	एआईएडीएमके
453.	नीलगिरि(अ.जा.)	श्री गोपालकृष्णन चिन्नाराज	एआईएडीएमके
454.	पैरम्बलूर	श्री आर.पी. मरुदराजा	एआईएडीएमके
455.	पोल्लाची	श्री सी. महेंद्रन	एआईएडीएमके
456.	रामनाथपुरम	श्री ए. अनवर राजा	एआईएडीएमके
457.	सेलम	श्री वी. पन्नीर सेल्वम	एआईएडीएमके
458.	शिवगंगा	श्री पी.आर सेनथिलनाथन	एआईएडीएमके
459.	श्रीपेंरुम्बुदूर	श्री कृष्णन रामचंद्रन	एआईएडीएमके
460.	तेनकासी(अ.जा.)	श्रीमती एम. वसंती	एआईएडीएमके
461.	तंजावूर	श्री परसुरमन के	एआईएडीएमके
462.	थेनी	श्री आर. पार्थिपन	एआईएडीएमके
463.	थूथुक्कुडी	एडवोकेट जयसिंह त्यागराज नटर्जी	एआईएडीएमके
464.	तिरुचिरापल्ली	श्री पी. कुमार	एआईएडीएमके
465.	तिरुनेलवेली	श्री के.आर.पी. प्रभाकरन	एआईएडीएमके
466.	तिरूप्पुर	श्रीमती वी.सत्यबामा	एआईएडीएमके
467.	तिरुवल्लूर(अ.जा.)	डॉ. पोन्नुसामी वेणुगोपाल	एआईएडीएमके
468.	तिरुवन्नामलाई	श्रीमती आर. वनरोजा	एआईएडीएमके

469. वेल्लौर	श्री बी. सेनगुट्टवन	एआईएडीएमके
470. विलुपुरम(अ.जा.)	श्री एस. राजेंद्रन	एआईएडीएमके
471. विरुधुनगर	श्री टी. राधाकृष्णन	एआईएडीएमके
तेलंगाना (17)		
472. आदिलाबाद(अ.ज.जा.)	श्री नागेश गोडम	ते.रा.स.
473. भोंगीर	डॉ. बूरा नरसैया गौड,	ते.रा.स.
474. चेवेल्ला	श्री कोण्डा विश्वेश्वर रेड्डी	ते.रा.स.
475. हैदराबाद	श्री असदुद्दीन ओवैसी	एआईएमआईएम
476. करीमनगर	श्री विनोद कुमार बोइनापल्ली	ते.रा.स.
477. खम्मम	श्री पोंगुलेटि श्रीनिवास रेड्डी	वाईएसआर कांग्रेस पार्टी
478. महबूबाबाद	डॉ. (प्रो.) अजमीरा सीताराम नाईक	ते.रा.स.
479. महबूबनगर	श्री ए.पी. जितेन्द्र रेड्डी	ते.रा.स.
480. मल्काजगिरि	श्री चा. मल्ला रेड्डी	तेलुगू देशम पार्टी
481. मेडक	श्री कोथा प्रभाकर रेड्डी	ते.रा.स.
482. नगरकुरनूल(अ.जा.)	श्री नन्दी येल्लईया	भारतीय राष्ट्रीय कांग्रेस
483. नालगौंडा	श्री सुकेंद्र रेड्डी गुत्था	भारतीय राष्ट्रीय कांग्रेस
484. निजामाबाद	श्रीमती कविता कल्वकुंतला	ते.रा.स.
485. पेड्डापल्ले(अ.जा.)	श्री बलका सुमन	ते.रा.स.
486. सिकन्दराबाद	श्री बंडारू दत्तात्रेय	भारतीय जनता पार्टी
487. वारंगल	श्री पासुनूरी दयाकर	ते.रा.स.
488. ज़ाहीराबाद	श्री भीमराव बसवंतराव पाटील	ते.रा.स.
त्रिपुरा (1)		
489. त्रिपुरा पूर्व(अ.ज.जा.)	श्री जितेन्द्र चौधरी	भारतीय कम्युनिस्ट पार्टी (मा)
490. त्रिपुरा पश्चिम	श्री शंकर प्रसाद दत्ता	भा.क.पा.(मा.)
दादर और नगर हवेली (1)		
491. दादर और नागर हवेली(अ.ज.जा.)	श्री नतुभाई गोमनभाई पटेल	भारतीय जनता पार्टी
नगालैंड (1)		
492. नगालैंड	श्री नेफिउ रिओ	एन.पी.एफ.

राजस्थान (25)

493. अजमेर	प्रो. सांवर लाल जाट	भारतीय जनता पार्टी
494. अलवर	श्री चांद नाथ योगी	भारतीय जनता पार्टी
495. बांसवाड़ा(अ.ज.जा.)	श्री मानशंकर निनामा	भारतीय जनता पार्टी
496. बाड़मेर	कर्नल सोना राम चौधरी वीएसएम (सेवानिवृत्त)	भारतीय जनता पार्टी
497. भरतपुर(अ.जा.)	श्री बहादुर सिंह कोली	भारतीय जनता पार्टी
498. भीलवाड़ा	श्री सुभाष चन्द्र बहेड़िया	भारतीय जनता पार्टी
499. बीकानेर(अ.जा.)	श्री अर्जुन राम मेघवाल	भारतीय जनता पार्टी
500. चित्तौड़गढ़	श्री सी.पी. जोशी	भारतीय जनता पार्टी
501. चुरू	श्री राहुल कस्वां	भारतीय जनता पार्टी
502. दौसा(अ.ज.जा.)	श्री हरीश चन्द्र मीणा	भारतीय जनता पार्टी
503. श्रीगंगानगर(अ.जा.)	श्री निहाल चंद चौहान	भारतीय जनता पार्टी
504. जयपुर	श्री रामचरण बोहरा	भारतीय जनता पार्टी
505. जयपुर ग्रामीण	कर्नल राज्यवर्धन सिंह राठौर	भारतीय जनता पार्टी
506. जालौर	श्री देवजी मानसिंहराम पटेल	भारतीय जनता पार्टी
507. झालावाड़-बारां	श्री दुष्यंत सिंह	भारतीय जनता पार्टी
508. झुंझुनू	श्रीमती संतोष अहलावत	भारतीय जनता पार्टी
509. जोधपुर	श्री गजेन्द्र सिंह शेखावत	भारतीय जनता पार्टी
510. करौली-धौलपुर (अ.जा.)	डॉ. मनोज राजोरिया	भारतीय जनता पार्टी
511. कोटा	श्री ओम बिरला	भारतीय जनता पार्टी
512. नागौर	श्री सी.आर. चौधरी	भारतीय जनता पार्टी
513. पाली	श्री पी.पी. चौधरी	भारतीय जनता पार्टी
514. राजसमंद	श्री हरिओम सिंह राठौड़	भारतीय जनता पार्टी
515. सीकर	श्री सुमेधानंद सरस्वती	भारतीय जनता पार्टी
516. टोंक-सवाई माधोपुर	श्री सुखबीर सिंह जौनपुरिया	भारतीय जनता पार्टी
517. उदयपुर	श्री अर्जुनलाल मीणा	भारतीय जनता पार्टी

राष्ट्रीय राजधानी क्षेत्र दिल्ली (7)

518. चांदनी चौक	डॉ. हर्षवर्धन	भारतीय जनता पार्टी
519. पूर्वी दिल्ली	श्री महेश गिरी	भारतीय जनता पार्टी

520. नई दिल्ली	श्रीमती मीनाक्षी लेखी	भारतीय जनता पार्टी
521. उत्तर-पूर्व दिल्ली	श्री मनोज कुमार तिवारी	भारतीय जनता पार्टी
522. उत्तर-पश्चिम दिल्ली(अ.जा.)	डॉ. उदित राज	भारतीय जनता पार्टी
523. दक्षिण दिल्ली	श्री रमेश बिधूड़ी	भारतीय जनता पार्टी
524. पश्चिम दिल्ली	श्री प्रवेश साहिब सिंह	भारतीय जनता पार्टी

सिक्किम (1)

525. सिक्किम	श्री प्रेम दास राय	सिक्किम डेमोक्रेटिक फ्रंट

लक्षद्वीप (1)

526. लक्षद्वीप(अ.ज.जा.)	श्री फैजल पी.पी. मोहम्मद	राष्ट्रवादी कांग्रेस पार्टी

हिमाचल प्रदेश (4)

527. हमीरपुर	श्री अनुराग सिंह ठाकुर	भारतीय जनता पार्टी
528. कांगड़ा	श्री शांता कुमार	भारतीय जनता पार्टी
529. मंडी	श्री राम स्वरूप शर्मा	भारतीय जनता पार्टी
530. शिमला(अ.जा.)	श्री वीरेन्द्र कश्यप	भारतीय जनता पार्टी

हरियाणा (10)

531. अंबाला(अ.जा.)	श्री रतन लाल कटारिया	भारतीय जनता पार्टी
532. भिवानी-महेंद्रगढ़	श्री धर्मबीर सिंह	भारतीय जनता पार्टी
533. फरीदाबाद	श्री कृष्ण पाल गुर्जर	भारतीय जनता पार्टी
534. गुरुग्राम	श्री राव इंद्रजीत सिंह	भारतीय जनता पार्टी
535. हिसार	श्री दुष्यंत चौटाला	इंडियन नेशनल लोकदल
536. करनाल	श्री अश्विनी कुमार	भारतीय जनता पार्टी
537. कुरूक्षेत्र	श्री राज कुमार सैनी	भारतीय जनता पार्टी
538. रोहतक	श्री दीपेन्द्रसिंह हुड्डा	भारतीय राष्ट्रीय कांग्रेस
539. सिरसा(अ.जा.)	श्री चरणजीत सिंह रोड़ी	इंडियन नेशनल लोकदल
540. सोनीपत	श्री रमेश चन्द्र कौशिक	भारतीय जनता पार्टी

अंडमान और निकोबार द्वीप समूह (1)

541. अंडमान और निकोबार द्वीपसमूह	श्री बिष्णु पद रे	भारतीय जनता पार्टी

दमन और दीव (1)

542. दमन और दीव	श्री लालूभाई बाबूभाई पटेल	भारतीय जनता पार्टी

Bharat-07/2017

Bharat-11/2017

सामान्य अध्ययन के लिए भारत का सर्वश्रेष्ठ संस्थान...
IAS
PCS
GS World
Committed to Excellence
ISO 9001 : 2008 Certified
Distance Learning Programme
सामान्य अध्ययन
(प्रारंभिक + मुख्य परीक्षा)
30 Booklets ₹ 12,500/-
NIRAJ SINGH
(Managing Director)
DIVYASEN SINGH
(Co-ordinator)
!! संस्थान द्वारा चलाये जा रहे कोर्स !!
सामान्य अध्ययन प्रारम्भिक परीक्षा कार्यक्रम
सामान्य अध्ययन मुख्य परीक्षा कार्यक्रम
सामान्य अध्ययन फाउंडेशन कोर्स
सी-सैट कक्षा कार्यक्रम
निबन्ध कक्षा कार्यक्रम
!! हमारे कक्षा कार्यक्रम की विशेषताएँ !!
नियमित कक्षा टेस्ट
छात्रों के द्वारा परिचर्चा (Debate) कार्यक्रम
व्यक्तित्व विकास हेतु विशेषज्ञों का मार्गदर्शन
उत्तर लेखन संवर्द्धन कार्यक्रम
अद्यतन एवं गुणवत्ता पूर्ण अध्ययन सामग्री
!! करेंट अफेयर्स विशेष !!
दैनिक स्तर पर अंग्रेजी समाचार पत्रों का भावानुवाद एवं संबंधित तथ्य सार संग्रह
साप्ताहिक स्तर पर हिंदी समाचार पत्रों के सम्पादकीय एवं संबंधित तथ्य सार संग्रह
साप्ताहिक समसामायिक कक्षा कार्यक्रम
मासिक समसामायिक पत्रिका (न्यूज वर्ल्ड)
PREMSUKH DELU
(IPS)
DHAWAL JAISWAL
(IPS)
सिविल सेवा-2015
में
चयनित अभ्यर्थी
AJIT KR. VERMA
HARSH INDORA
BIJENDER SINGH
MANJU MEENA
A well organised and managed programme of studies............
सिविल सेवा परीक्षा की नवीन मांग को देखते हुए हमारे संस्थान के द्वारा कई नए कार्यक्रम आरम्भ किये गये हैं-
अभ्यार्थियों को आंकड़ों की जकड़ से मुक्त कर विश्लेषण की ओर उन्मुख करना।
साप्ताहिक स्तर पर समसामयिक विकास की कक्षा का आयोजन तथा समसामयिक विकास को परंपरागत टॉपिक से जोड़ना।
निबन्ध के महत्व को देखते हुये उसकी तैयारी की दीर्घकालीन रणनीति।
DELHI CENTRE
705, 2nd Floor, Main Road, Mukherjee Nagar, Delhi-110009
Ph.: 011-27658013, 7042772062/63
ALLAHABAD CENTRE
GS World House, Stainly Road, Near Traffic Choraha, Allahabad
Ph.: 0532-2266079, 8726027579
LUCKNOW CENTRE
A-7, Sector-J, Puraniya Chauraha Aliganj, Lucknow
Ph.: 0522-4003197, 8756450894
JAIPUR CENTRE
Hindaun Heights 57, Shri Gopal Ngr, Near Mahesh Ngr Police Station, Jaipur Ph.:7340020323, 7340020324
http://www.gsworldias.com
http://facebook.com/gsworld1
WhatsApp No. 9654349902

हमारे प्रकाशन

प्रकाशन विभाग

सूचना एवं प्रसारण मंत्रालय, भारत सरकार

सूचना भवन, सी जी ओ कॉम्पलेक्स, लोधी रोड, नई दिल्ली -110003

वेब साइट : publicationsdivision.nic.in

Bharat-08/2017

Bharat-09/2017